Die Symbolleiste STANDARD

 Öffnet ein leeres Dokument.
Strg N

 Öffnet ein Dokument.
Strg O

 Speichert das aktuelle Dokument.
Strg S

 Druckt das aktuelle Dokument.
Strg P

 Aktiviert die Seitenansicht.
Alt Strg I

 Aktiviert die Rechtschreibprüfung.
F7

 Löscht eine Passage in Zwischenablage.
Strg X

 Kopiert eine Passage in Zwischenablage.
Strg C

 Fügt den Inhalt der Zwischenablage ein.
Strg V

 Kopiert eine Formatierung.
Strg ⇧ C

 Nimmt Eingaben zurück.
Strg Z

 Stellt Rücknahmen wieder her.
Alt ⇧ ⇐

 Aktiviert die AutoFormat-Funktion.
Strg J

 Fügt AutoText ein oder nimmt ihn auf.
Alt Strg V

 Fügt eine Tabelle, Zeile, Spalte oder Zellen ein.

 Formatiert den Spaltensatz im aktuellen Abschnitt.

 Aktiviert die Symbolleiste ZEICHNUNG.

 Fügt ein Graph-Diagramm-Objekt ein.

 Zeigt alle nicht druckbaren Zeichen an.
Strg ⇧ +

 Zeigt den Zoomfaktor der Dokumentanzeige.

 Aktiviert die kontextsensitive Hilfe.
⇧ F1

Achtung:

Die breiteren Symbole der horizontalen Symbolleisten verändern ihr Aussehen, wenn die Symbolleisten vertikal angeordnet werden. Im folgenden werden in diesem Fall beide Symbole gezeigt.

Die Symbolleiste FORMATIERUNG

Zeigt die aktuelle Formatvorlage. `Strg`+`⇧`+`S`	Formatiert Kursivschrift. `Strg`+`⇧`+`K`	Formatiert den Absatz im Blocksatz. `Strg`+`B`
Zeigt die aktuelle Schriftart. `Strg`+`⇧`+`A`	Formatiert Unterstreichung. `Strg`+`⇧`+`U`	Formatiert absatzweise mit Numerierung.
Zeigt den aktuellen Schriftgrad. `Strg`+`⇧`+`P`	Formatiert den Absatz linksbündig. `Strg`+`L`	Formatiert mit Aufzählungszeichen.
Formatiert Fettschrift. `Strg`+`⇧`+`F`	Formatiert den Absatz zentriert. `Strg`+`E`	Verringert den Absatzeinzug.
	Formatiert den Absatz rechtsbündig. `Strg`+`R`	Vergrößert den Absatzeinzug.
		Aktiviert die Symbolleiste RAHMEN.

Bewegung im Text

Bewegung der Einfügemarke	Tasten(kombination)
Ein Wort nach links	`Strg`+`←`
Ein Wort nach rechts	`Strg`+`→`
Einen Absatz nach oben	`Strg`+`↑`
Einen Absatz nach unten	`Strg`+`↓`
Zum Anfang der Zeile	`Pos 1`
Zum Ende der Zeile	`Ende`
Um einen Fensterinhalt nach oben	`Bild↑`
Um einen Fensterinhalt nach unten	`Bild↓`
Zum Anfang des Dokuments	`Strg`+`Pos 1`
Zum Ende des Dokuments	`Strg`+`Ende`
Zum oberen Fensterende	`Strg`+`Bild↑`
Zum unteren Fensterende	`Strg`+`Bild↓`
Zur vorigen Position zurück	`⇧`+`F5`

Das Word 6 für Windows Buch

Das Word 6 für Windows Buch

Dr. Raymond Wiseman
Michael Tischer

DÜSSELDORF · SAN FRANCISCO · PARIS · SOEST (NL)

Fast alle Hard- und Software-Bezeichnungen, die in diesem Buch erwähnt werden, sind gleichzeitig auch eingetragene Warenzeichen und sollten als solche betrachtet werden. Der Verlag folgt bei den Produktbezeichnungen im wesentlichen den Schreibweisen der Hersteller.

Der Verlag hat alle Sorgfalt walten lassen, um vollständige und akkurate Informationen in diesem Buch bzw. Programm und anderen evtl. beiliegenden Informationsträgern zu publizieren. SYBEX-Verlag GmbH, Düsseldorf, übernimmt weder Garantie noch die juristische Verantwortung oder irgendeine Haftung für die Nutzung dieser Informationen, für deren Wirtschaftlichkeit oder fehlerfreie Funktion für einen bestimmten Zweck. Ferner kann der Verlag für Schäden, die auf eine Fehlfunktion von Programmen, Schaltplänen o.ä. zurückzuführen sind, nicht haftbar gemacht werden, auch nicht für die Verletzung von Patent- und anderen Rechten Dritter, die daraus resultiert.

Projektmanagement/Lektorat: Beate Majetschak
Redaktion: Brigitte Hamerski, Mathias Kaiser
Satz: text korrekt Carola Richardt, Essen / projektion service Klaus Weber GmbH, Düsseldorf
Belichtung: projektion service Klaus Weber GmbH, Düsseldorf
Farbreproduktionen: Mouse House Design GmbH, Düsseldorf
Umschlaggestaltung: Mouse House Design GmbH, Düsseldorf
Druck und buchbinderische Verarbeitung: Bercker, Kevelaer

ISBN 3-8155-0039-7
1. Auflage 1994
2. Auflage 1994
3. Auflage 1994
4. Auflage 1994
5. Auflage 1995
6. Auflage 1995

Dieses Buch ist keine Original-Dokumentation zur Software der Firma Microsoft. Sollte Ihnen dieses Buch dennoch anstelle der Original-Dokumentation zusammen mit Disketten verkauft worden sein, welche die entsprechende Microsoft-Software enthalten, so handelt es sich wahrscheinlich um Raubkopien der Software. Benachrichtigen Sie in diesem Fall umgehend Microsoft GmbH, Edisonstr. 1, 85716 Unterschleißheim – auch die Benutzung einer Raubkopie kann strafbar sein. Der Verlag und Microsoft GmbH.

Alle Rechte vorbehalten. Kein Teil des Werkes darf in irgendeiner Form (Druck, Fotokopie, Mikrofilm oder in einem anderen Verfahren) ohne schriftliche Genehmigung des Verlages reproduziert oder unter Verwendung elektronischer Systeme verarbeitet, vervielfältigt oder verbreitet werden.

Printed in Germany
Copyright © 1994 by SYBEX-Verlag GmbH, Düsseldorf

Inhaltsverzeichnis

	Einleitung	XIX

Teil I	**Grundlagen der Textverarbeitung mit Word für Windows**	

Kapitel 1:	**Word für Windows auf Ihrem PC**	**3**
	Die Fähigkeiten von Word für Windows	5
	Die Anforderungen von Word für Windows	7
	Arbeitsumgebung Windows	9
	Die Zwischenablage	10
	Die Systemsteuerung	10
Kapitel 2:	**Der erste Start**	**11**
	Der Start von Word für Windows	13
	Der Bildschirm von Word für Windows	14
	Schreibfläche	15
	Kopfleiste	17
	Systemmenü	18
	Die Maximierfelder	21
	Die Titelleiste	21
	Der Rahmen	22
	Die Menüleiste	22
	Das Dokumentmenü	22
	Das Dokumentfenster	24
	Die Menüs	25
	Die Hilfe	27
	Das Dialogfenster	30
	Die Statuszeile	33
	Die Bildlaufleisten	34
	Die Symbolleisten	36
	Das Lineal	38
	Word für Windows beenden	39
Kapitel 3:	**Textverarbeitung**	**41**
	Text erfassen	43
	Absatz	43
	Zeile	44
	Zeichen	44
	Nicht druckbare Zeichen	44

	Einfügen von Text an einer beliebigen Stelle	47
	Bewegung und Änderungen im Text	48
	Löschen	51
	Speichern eines Textes - Das Dokument	55
	Angaben zur Datei-Information	59
	Erfaßten Text speichern und beenden	61
	Neue Datei öffnen	62
	Word für Windows beenden	63
Kapitel 4:	**Textausgabe**	**65**
	Dokumente laden	67
	Die letzten Dateien	67
	Andere Dateien laden	67
	Auswahl einer Datei	68
	Fremde Dateiformate öffnen	73
	Der Schreibschutz	80
	Einstellungen für den Druckvorgang	82
	Druckerauswahl mit Word für Windows	83
	Überprüfen des Druckbildes	84
	Drucken des Dokuments	86
	Druckdateien ausdrucken	94
Kapitel 5:	**Passagen markieren, löschen und kopieren**	**97**
	Text markieren	99
	Mit der Maus markieren	99
	Mit der Tastatur markieren	104
	Den markierten Bereich löschen (Entfernen)	108
	In die Zwischenablage löschen (Ausschneiden)	109
	Aus der Zwischenablage einfügen	109
	In die Zwischenablage kopieren	110
	Eine markierte Passage verschieben	112
	Eine markierte Passage kopieren	113
Kapitel 6:	**Dokumente sichern**	**117**
	Speichern unter	119
	Dateinamen ändern	120
	Fremde Dateiformate speichern	120
	Optionen	126
Kapitel 7:	**Zeichen formatieren**	**133**
	Zeichenformatierung	135
	Schriftarten	137
	Schriftgrad	138
	Fett, Kursiv und Unterstrichen	139
	Verborgener Text	140

	Durchstreichen	140
	Kapitälchen	141
	Groß-/Kleinschreibung	141
	Farbige Schriften	143
	Hoch- und Tiefstellen	143
	Laufweite und Unterschneidung	144
	Zeichenformatierung als Standardschrift setzen	145
	Zeichenformatierung aufheben	146
	Zeichenformatierungen mit der Maus übernehmen	147
Kapitel 8:	**Absätze formatieren**	**151**
	Absatzformatierung	153
	Links, rechts, zentriert und Blocksatz	154
	Einzüge	155
	Absatzeinzüge über das Lineal setzen	157
	Zeilenabstände	158
	Absatzformatierung aufheben	160
	Absatzkontrolle	161
	Absätze und Zeilen zusammenhalten	161
	Fester Seitenumbruch	162
	Zeilennumerierung	162
	Silbentrennung verhindern	162
	Tabulatoren	166
	Tabulatoren über das Lineal setzen	170
Kapitel 9:	**Suchen und Ersetzen**	**171**
	Nach Zeichen suchen	173
	Zeichen ersetzen	177
	Suchvariablen und Suchkriterien	180
	Suche nach Sonderzeichen	181
	Suche nach logischen Mustern	184
	Suchen und Ersetzen mit ASCII- und ANSI-Codes	187
	Suchen und Ersetzen mit der Zwischenablage	189
	Nach Formatierungen suchen	189
	Formatierte Zeichen suchen und ersetzen	191
	Formatierte Absätze suchen und ersetzen	194
	Formatvorlagen suchen und ersetzen	197
Kapitel 10:	**Hilfefunktionen für Word für Windows**	**199**
	Direktzugriff auf die Hilfe	201
	Hilfethema über den Inhalt suchen - F1	202
	Das Menü des Hilfeprogramms	203
	Hilfethema über ein Schlüsselwort suchen	205
	Einen Hilfetext zurückgehen	207
	Hilfethema kopieren	207

Hilfethema ausdrucken	208
Aufruf der Hilfe über das Menü	208
Kurzübersicht zu Word für Windows	209
Beispiele und Demos, Tips und Tricks	210
Programminformation	211
Systemkonfiguration	211
Drucken	212
Systembibliotheken	213
Schriftarten	213
Rechtschreibung	213
Grafikfilter	213
Textumwandlungsprogramme	214
Anzeige	214
Ausgeführte Anwendungsprogramme	214
OLE-Registrierung	214

Kapitel 11: Die persönliche Konfiguration von Word für Windows   **217**

Die Dokumentanzeige zoomen	219
Dokumentansichten	221
Normalansicht	221
Layoutansicht	222
Gliederung	224
Zentraldokument	224
Individuelle Optionen von Word für Windows	225
Ganzer Bildschirm	226
Ansicht	228
Allgemein	231
Bearbeiten	233
Drucken	235
Überarbeiten	235
Benutzer-Info	236
Kompatibilität	237
Dateiablage	241
Speichern	243
Rechtschreibung	245
Grammatik	245
AutoFormat	245
WinWord an Ihre Bedürfnisse anpassen	245
Symbolleisten bearbeiten	247
Symbole kreieren	248
Menüs	250
Tastatur	257
Weitere Einstellungen	258

	Die Arbeit mit Dokumentfenstern	260
	In Ausschnitte geteilte Fenster	263
Kapitel 12:	**Thesaurus, Rechtschreibprüfung, AutoKorrektur, Silbentrennung, Grammatik**	**267**
	Fremdsprachliche Texte prüfen	269
	Der Thesaurus	271
	Synonyme nachschlagen	271
	Präzise suchen mit Bedeutungen	273
	Die Rechtschreibprüfung	275
	Start der Rechtschreibprüfung	276
	Berichtigung	277
	Wörterbücher erstellen	282
	Automatische Korrekturliste	286
	Die AutoKorrektur	287
	Die Silbentrennung	291
	Trennzonen vorgeben	292
	Automatisches Trennen	294
	Manuelles Trennen mit Kontrolle	295
	Manuelle Trennungen entfernen	296
	Grammatik	297
	Optionen der Grammatiküberprüfung	298
	Die Grammatikprüfung	302
	Readability Statistics	304

Teil II   Desktop Publishing mit Word für Windows

Kapitel 13:	**Seiten, Abschnitte und Spalten formatieren**	**309**
	Feste Seitenwechsel	311
	Seitenumbrüche	311
	Spaltenumbrüche	313
	Abschnittsumbrüche	314
	Seiten formatieren	316
	Dokumentvorlagen verwenden	318
	Seitenränder	319
	Seitenränder über das Lineal einstellen	323
	Papierformat	326
	Papierzufuhr	330
	Seitenlayout	331
	Spaltensatz	339
	Spalten über das Lineal einstellen	344

Kapitel 14:	**Kopf- und Fußzeilen, Seitenzahlen, Zeitangaben und Sonderzeichen**	**349**
	Seitenzahlen	351
	Seitenzahlen einfügen	351
	Seitenzahlen formatieren	352
	Kopf- und Fußzeilen	355
	Kopf- und Fußzeilen erfassen	357
	Positionieren der Kopf- und Fußzeilen	360
	Zeichenformat der Seitenzahlen	362
	Verschiedene Kopf- und Fußzeilen je nach Seite	362
	Kopf-/Fußzeilen ändern	366
	Datum und Zeit	367
	Sonderzeichen einfügen	368
Kapitel 15:	**Fußnoten**	**373**
	Fußnoten einfügen	375
	Fußnotenzeichen vergeben	375
	Fußnoten erfassen	377
	Fuß-Endnoten bearbeiten	379
	Trennlinie zum Text bestimmen	382
	Fuß-/Endnotenzählung und Plazierung	384
	Verweiszeichen ändern	387
	Fußnoten in Endnoten und Endnoten in Fußnoten wandeln	388
	Fußnoten löschen und kopieren	390
Kapitel 16:	**Schnelle Bewegung im Dokument**	**393**
	Gehe zu	395
	Prozentuale Bewegungen im Dokument	397
	Die abschnittsweise Bewegung im Dokument	398
	Die seitenweise Bewegung im Dokument	399
	Die zeilenweise Bewegung im Dokument	401
	Fußnoten, Endnoten und Anmerkungen anspringen	401
	Grafiken, Formeln, Objekte und Tabellen anspringen	403
	Zielangaben kombinieren	404
	Textmarken definieren	405
	Textmarken benutzen	406
Kapitel 17:	**Die Arbeit mit Tabellen**	**409**
	Tabellen in Word für Windows	411
	Tabellen einfügen	412
	Tabellen-Assistent und -AutoFormat	415
	Bewegungen und Markierungen in Tabellen	418
	Löschen, Kopieren und Einfügen in Tabellen	422

	Zellen löschen und einfügen	426
	Zellen verbinden	432
	Tabellen formatieren	433
	Die Funktion der Maus bei der Tabellengestaltung	437
	Tabellen mit Rahmen gestalten	439
	Text in Tabellen wandeln	440
	Tabellen in Text wandeln	445
	Berechnungen in Tabellen und Texten	446
	Sortieren in Tabellen und im Text	454
Kapitel 18:	**Rahmen, Schattieren und Positionieren**	**459**
	Rahmen formatieren	461
	Schattierungen hinterlegen	466
	Elemente positionieren	469
	Positions- und Rahmenänderungen mit der Maus	474
	Positionieren und Größenänderungen über numerische Werte	477
	Positionsrahmen mit Text verschieben und verankern	482
	Freier Rand	484
	Breite des Positionsrahmens	484
	Höhe des Positionsrahmens	485
	Positionen löschen	486
	Initiale formatieren	487
	Elemente im Text verschieben und kopieren	487
	Mehrere Absätze positionieren	489
Kapitel 19:	**Grafiken, Beschriftungen und Querverweise**	**491**
	Grafiken und Texte	493
	Grafikdatei importieren	495
	Grafiken über die Zwischenablage einfügen	502
	Grafiken ändern	504
	Beschriftungen	514
	Querverweise	521
Kapitel 20:	**Dokumentvorlagen, Formatvorlagen und AutoText**	**527**
	Mit Dokumentvorlagen die Arbeit erleichtern	529
	Die Datei NORMAL.DOT	530
	Eine Dokumentvorlage aktivieren	531
	AutoText-Einträge	534
	AutoText-Einträge erstellen	535
	AutoText-Einträge einsetzen	537
	AutoText-Einträge löschen und überschreiben	539
	Der AutoText-Eintrag Sammlung	541

Formatvorlagen	542
Formatvorlagen bearbeiten	544
Formatvorlagen einsetzen	554
Formatvorlagen suchen und ersetzen	560
Formatvorlagen speichern	561
Formatvorlagen organisieren	561
Formatvorlagen per Katalog wechseln	564
Einen Text automatisch formatieren	566
Die Vorlagenstruktur von Word für Windows	571
Dokumentvorlagen neu erstellen	572
Dokumentvorlagen auf der Basis von Dokumenten erstellen	574
Dokumentvorlagen verwalten	578
Organisieren	583

Teil III Fortgeschrittene Anwendungen mit Word für Windows

Kapitel 21:	**Dateiverwaltung sicher im Griff**	**589**
	Datei-Information	591
	Informieren, Ergänzen und Ändern	592
	Die Dokument-Statistik	594
	Der Datei-Manager	596
	Detaillierte Suche	597
	Suchergebnisse bearbeiten	601
Kapitel 22:	**Dokumente überarbeiten**	**607**
	Korrekturen im Dokument	609
	Mit Anmerkungen arbeiten	609
	Anmerkungen eingeben	612
	Dokumente schützen	613
	Anmerkungen lesen	615
	Dokumente überarbeiten	616
	Überarbeitungen annehmen und ablehnen	619
	Versionen vergleichen	622
	Änderungen zusammenführen	625
Kapitel 23:	**Gliederungen, Zentraldokumente, Verzeichnisse und Indizes**	**627**
	Die Gliederung	629
	Gliederungsebenen erstellen	629
	Gliederungsebenen zuordnen	633
	Gliederungsebenen ein- und ausblenden	638

	Textorganisation mit der Gliederung	639
	Zentraldokumente	641
	Index und Verzeichnisse erstellen	653
	Wörter in Index aufnehmen	654
	Index erstellen	660
	Inhaltsverzeichnis über Formatvorlagen erstellen	661
	Inhaltsverzeichnis über Einträge erstellen	664
	Weitere Verzeichnisse erstellen	666
	Handhabung der Verzeichnisse im Dokument	667
	Überschriften und Absätze numerieren	669
	Überschriften numerieren	669
	Nummern und Aufzählungszeichen	673
Kapitel 24:	**Objekte, Word 6.0-Grafik und Datenbankverbindungen**	**679**
	Dokumente verbinden	681
	Die Arbeit mit Objekten - OLE	684
	OLE über die Zwischenablage	684
	Objekte bearbeiten	687
	Verknüpfungen verwalten	688
	Das Einbetten von Objekten	691
	OLE-Anwendungen	692
	MS Word 6.0-Grafik	695
	Word 6.0-Grafiken	695
	Linie	697
	Rechteck	698
	Elipsen	698
	Bogen	698
	Freihandlinie	698
	Objekte kopieren und aktualisieren	705
	Offene Datenbankverbindungen	706
	Datenbanken importieren mittels ODBC	706
	Datentabellen bearbeiten	710
Kapitel 25:	**Briefumschläge, Etiketten und Serienbriefe**	**713**
	Briefumschläge erstellen	715
	Etiketten drucken	717
	Vorgehensweise beim Seriendruck	719
	Hauptdokument erstellen	721
	Datenquelle	721
	Steuerdatei bearbeiten	724
	Hauptdokument bearbeiten	728
	Serienbriefdruck	736
	Seriendruckdokument auflösen	739
	Felder in Serienbriefen	740

Kapitel 26:	**Elektronische Nachrichten und Formulare**	**745**
	Word für Windows im Netz	747
	Dokumentvorlagen gemeinsam nutzen	747
	Gleichzeitiges Öffnen von Dokumenten	748
	Elektronische Nachrichten	750
	Verteiler	752
	Seriendruck ins Netz	753
	Formulare	754
	Formulare erstellen	754
	Formularfelder einfügen	756
	Optionen für Text-Formularfelder	757
	Optionen für Kontrollkästchen-Formularfelder	760
	Optionen für DropDown-Formularfelder	761
	Hilfe hinzufügen	761
	Dokument schützen	762
	Formulare speichern und drucken	763

Teil IV Professionelles Arbeiten mit Word für Windows

Kapitel 27:	**Felder und Feldfunktionen**	**767**
	Felder: Ein universales Konzept	769
	Verdeutlichung von Feldern im Dokument	771
	Einfügen von Feldern	771
	Feldfunktionen direkt eingeben	774
	Feldergebnisse anzeigen	776
	Felder präzisieren	781
	Feldfunktionen einsetzen	785
Kapitel 28:	**Referenz der Feldfunktionen von Word für Windows**	**789**
	Feldfunktionen von Word für Windows	791
	= (Ausdruck)	791
	Abschnitt	794
	AbschnittSeiten	794
	AktualDat	795
	Angeben	795
	AnzSeiten	795
	AnzWörter	796
	AnzZeichen	796
	AutoNr	796
	AutoNrDez	797

AutoNrGli	797
Autor	798
AutoText	798
BenutzerAdr	799
Benutzerinitialen	799
Benutzername	799
Bestimmen	800
Dateigrösse	801
Dateiname	801
Datensatz	804
DokVorlage	804
DruckDat	805
Druck	805
Einbetten	810
EinfügenGrafik	811
EinfügenText	811
Eingeben	812
ErstellDat	813
Formel	814
Frage	820
FussEndNoteRef	821
FVRef	822
Gehezu	823
Gespeichertvon	824
Index	825
Info	827
Inhalt	828
Kommentar	829
MakroSchaltfläche	829
Nächster	830
Nwenn	830
Privat	830
RD	831
Ref	832
Schlüssel	832
Seite	833
SeitenRref	833
Seq	833
SeriendruckFeld	837
SeriendruckSeq	837
SondZeichen	838
SpeicherDat	839
Thema	839

	Titel	840
	Überarbeitungsnummer	840
	Überspringen	841
	Vergleich	841
	Verknüpfung	842
	Versetzen	843
	Verzeichnis	844
	Wenn	847
	XE	848
	Zeit	849
	Allgemeine Schalter	850
	*	851
	\#	852
	\@	855
Kapitel 29:	**Makros - Ein Einstieg**	**859**
	Kurzer Überblick	861
	Aufzeichnen von Makros	863
	Start der Makroaufzeichnung	864
	Ausführung von Makros	868
	Editieren von Makros	870
	Neue Makros erstellen	873
	Makros mit Kurzwahltasten verbinden	875
	Makros in Menüs einbinden	878
	Makros in Symbolleisten einbinden	881
	Makros speichern	883
	Makros in Vorlagen organisieren	883
Kapitel 30:	**WordBASIC - Programmieren mit WinWord**	**887**
	Das Konzept von WordBASIC	889
	Aufbau eines Makroprogramms	890
	Mehrere Befehle in einer Zeile	892
	Kommentare	892
	Verlängerung von Zeilen	893
	Das Hauptprogramm	893
	Variablen und Ausdrücke	894
	Zahlen	894
	Numerische Ausdrücke	895
	String-Variablen	897
	String-Operatoren	898
	Arrays	899
	Datum und Uhrzeit	901
	Prozeduren und Funktionen	903
	Prozeduren	904

Funktionen	905
Der Gültigkeitsbereich von Variablen	906
Den Programmablauf kontrollieren	909
Der GOTO-Befehl	909
Entscheidungsfindung mit dem IF-Befehl	910
Multiple Auswahlen mit SELECT-CASE	913
Programmwiederholungen mit FOR-NEXT	914
Schleifenwiederholungen durch WHILE-WEND	915
Abfangen von Fehlermeldungen	916
STOP – Der Ausstieg	917
Befehle und Funktionen	918
Interaktion mit dem Anwender	920
Zugriff auf Dateien	923
Einfügemarke bewegen und Text markieren	927
Zugriff auf ein Dokument	932
String-Funktionen und numerische Funktionen	936
Formatierungen	938
WordBASIC und Dialogfenster	944
Menübefehle und Dialogfenster	945
Dialogfenster durch den Anwender ausfüllen lassen	953
Dialogfenster entwerfen und einsetzen	958
Nachträgliche Installation des Dialog-Editors	961
Dialogfenster entwerfen mit dem Dialog-Editor	962
Bearbeiten von Dialogelementen	971
Übergabe des Programmcodes an WinWord	973
Dialogfenster per Hand codieren	974
CheckBox	975
ComboBox	976
DropListBox	976
ListBox	977
GroupBox	977
OKButton und CancelButton	978
OptionGroup und OptionButton	978
Picture	979
PushButton	980
Text	980
TextBox	981
Auto-Makros	981
Vordefinierte Befehle modifizieren	983
Fehlersuche in WordBASIC-Programmen	985
Untersuchung von Variableninhalten	987
Dynamischer Datenaustausch unter Windows	989

Kapitel 31:	Makroreferenz	991
	Inhaltsverzeichnis der Makrobefehle – thematisch sortiert	993
	Referenz der Makrobefehle	1003

Anhang

Anhang A:	Installation von Word 6 für Windows	1447
	Installation auf einem Einzelplatzrechner	1447
	Installation im Netzwerk	1448
	Wartungsinstallation	1448
Anhang B:	Die Assistenten	1450
	Der Agenda-Assistent	1450
	Der Brief-Assistent	1451
	Der Fax-Assistent	1451
	Der Kalender-Assistent	1451
	Der Lebenslauf-Assistent (Lebenslf-Assistent)	1452
	Der Memo-Assistent	1452
	Der Rundschreiben-Assistent (Rundschr-Assistent)	1452
	Der Tabellen-Assistent	1453
	Der Urkunden-Assistent	
	(Urkunde-Assistent)	1453
	Die Dokumentvorlage Konvert.DOT	1453
Anhang C:	Die CD-ROM	1455
	Programme löschen	1455
	Inhalt der CD-ROM:	1456

Stichwortverzeichnis   1475

Danksagung

Bei einem Werk dieses Umfangs stehen auch hinter den Autoren Mitarbeiter. Unser Dank geht namentlich an Bruno Jennrich, der uns bei der Erstellung der Makroreferenz behilflich war, an Michael Horsch, in dessen Händen die Erstellung der CD lag, an Stefan Willeke, der mit klugen Kürzungen und Anregungen dafür sorgte, daß dieses Buch nicht noch dicker wurde. Auf der CD finden Sie zwei funktionsfähige Testversionen großer Windowsanwendungen: Daß AskSam für Windows darunter ist, ermöglichten Frau und Herr Parizek von North American Software. Herrn Magulski verdanken Sie die Beigabe des combit adress managers für Windows.
Prof. Dr. Manfred Frank sei herzlich gedankt, daß er uns für die beiliegende Diskette den Text seiner vieldiskutierten Paulskirchen-Rede zur Verfügung stellte.

Michael Tischer und Raymond Wiseman im Januar 1994

Einleitung

Word für Windows macht Textbearbeitung zu einem PC-Erlebnis. Und genau dies versuchen wir Ihnen in diesem Buch zu vermitteln. Sie lernen mit uns die volle Kapazität dieser großen Textverarbeitung von A bis Z kennen, mit der gewohnten Sorgfalt recherchiert und gut lesbar umgesetzt.

Doch beginnen wir an dieser Stelle wie auch schon bei unseren "Das Büchern" zu Word für Windows 1 und Word für Windows 2 mit der kleinen Überraschung, die die Programmierer für Sie in WinWord versteckt haben. Um es vorwegzunehmen: Das Feuerwerk der ersten beiden Versionen fehlt dieses Mal, aber die Liste der Beteiligten wurde dafür um einen wichtigen Eintrag erweitert. Doch der Reihe nach.

Starten Sie WinWord, betätigen sie die Tastenkombination [Strg][F] oder klicken Sie mit der Maus auf das Symbol FETT, um die Fettschrift zu aktivieren und geben Sie folgende drei Zeichen ein:

T3!

Nun starten Sie die neue Funktion AutoFormat, indem Sie entweder die Tastenkombination [Strg][J] betätigen oder auf das Symbol AUTOFORMAT klicken. Danach öffnen Sie das Hilfemenü - es wird durch ein unterstrichenes Fragezeichen gekennzeichnet - und wählen Sie den Befehl INFO ([Alt][⇧][B][O]). Im Dialogfenster plazieren Sie den Mauszeiger auf dem WinWord-Symbol in der linken oberen Ecke und klicken es mit der linken Maustaste an. Dies öffnet ein Fenster, das Ihnen Einblick in die Crew gibt, die sich um Ihre WinWord-Version verdient machte. Durch einen Klick ins Fenster oder einen Druck auf die Leertaste, beschleunigen Sie den Durchlauf der Liste. Aber passen Sie auf, daß Sie den wichtigsten Eintrag nicht verpassen: Sie finden ihn fast am Ende dieses kleinen Vorspanns.

Word für Windows wurde einfacher und benutzerfreundlicher gestaltet. Das neue Programmlayout wirkt sich auf den gesamten Bildschirm aus, das nun durchgängig im 3-D-Effekt gestaltet wurde.

Die Überarbeitung von Word für Windows bringt einige Änderungen in der Menüstruktur mit sich, die für "alte" WinWord-Kenner gewöhnungsbedürftig sind. So findet sich der Seriendruck im Menü EXTRAS und die Einstellung der Numerierung und Aufzählungen im FORMAT-Menü, während das Einrichten der Seite wiederum im Menü DATEI aufgerufen wird. Allerdings ist mit WinWord die Anpassung des Programms an Ihre persönlichen Bedürfnisse beinahe ein Kinderspiel. Mit der [Alt]-Taste und der Maus lassen sich beispielsweise die Symbole in den Symbolleisten beliebig verschieben. So lassen sich eigene Symbolleisten zusammenstellen. Ähnlich einfach ist die Anpassung von Menüs und Tastaturbelegungen.

Die Anzahl der geöffneten Dokumente ist nur durch die Systemkapazität begrenzt. Die einzelnen Dokumentfenster lassen sich nun auch zu Symbolen verkleinern. Zum horizontalen Lineal, dessen Funktion sich auch auf den Spaltensatz erstreckt, kommt in der Layoutansicht - dem alten Druckbild - ein vertikales Lineal. In der Layoutansicht lassen sich zudem mehrere Druckseiten nebeneinander anzeigen. Wie viele Seiten nebeneinander passen, ist von der Auflösung der Grafikaustattung Ihres Rechners abhängig. Die Bearbeitung des Textes und der Objekte ist in allen Größen möglich.

Ergänzt wurde in WinWord ein neuer Ansichtsmodus namens Zentraldokument. Dieser Modus funktioniert als globale Erweiterung der Gliederungsansicht. In einem Zentraldokument lassen sich mehrere externe Textdateien zu einem neuen großen Dokument verbinden oder umgekehrt ein umfangreiches Dokument in einzelne Dateien splitten.

Viele Funktionen des neuen WinWord arbeiten automatisch. So erkennt AutoText - es löst die alte Textbausteinfunktion ab - auch unvollständige Bausteinnamen. AutoKorrektur korrigiert Ihre Tippfehler während des Schreibens. Die Trennhilfe läuft auf Wunsch während der Texterfassung direkt im Hintergrund mit. AutoFormat formatiert fertige Texte selbsttätig in Überschriftsebenen, Standardtext und Listen. Auch Tabellen lassen sich automatisch gestalten und die Berechnung mit Standardoperationen bereitet keine Probleme mehr. Überarbeitung erfuhren auch andere Funktionen wie beispielsweise die Indexerfassung, das Erstellen von Querverweisen und das Suchen und Ersetzen, deren Dialogboxen auch während der Texterfassung geöffnet bleiben können.

Die Funktionen zum Suchen und Ersetzen von Text erfuhren mächtige Ergänzungen. Per Mustervergleich lassen sich Suchläufe in der Datei detailliert steuern. Zudem brauchen Sie sich die zahlreichen Kürzel für die druckbaren Zeichen nicht länger zu merken, sondern wählen diese aus einer Liste aus. Das SUCHEN-Fenster ist direkt zum ERSETZEN-Dialog erweiterbar.

Hilfe bei der eigenen Organisation bringt der neue Datei-Manager. Wiederkehrende Suchaktionen lassen sich benennen und speichern. Hierbei werden nicht nur die Suchkriterien gesichert, sondern auch das Ergebnis der Suche, so daß bei einem späteren Zugriff auf die alte Suche ein Index zur Verfügung steht und sich langwierige Wiederholungen erübrigen. Die gesamte Struktur des Datei-Managers wurde grundlegend modifiziert, so daß einfache Suchläufe schneller und detaillierte Suchen präziser eingegeben werden können. Für die detaillierte Suche besteht hier ebenfalls die Möglichkeit des Mustervergleichs, mit dem sich in Dateien exakt nach Wortanfängen oder -endungen, nach besonderen Zeichenketten und anderem suchen läßt.

Ein Punkt, der viele Anwender immer wieder vor Probleme stellte, betraf die Beschriftung von Abbildungen mit automatischen Nummernfolgen. Diese numerierten Beschriftungen lassen sich nun für Bilder, Tabellen, Gleichungen und nach Gusto auch für andere Textelemente komfortabel über ein eigenes Dialogfenster erfassen und für Objekte sogar gänzlich automatisieren. Was die numerische Kennzeichnung von Listen betrifft, genügt ein Klick auf das Numerierungs-Symbol, um WinWord zur Vergabe einer Nummer zu veranlassen. Statt dessen können per Aufzählungs-Symbol auch Aufzählungszeichen aktiviert werden. Das Symbol fungiert als Schalter, und solange die Funktion eingeschaltet ist, beginnt jeder neue Absatz mit einer Nummer oder einem Aufzählungszeichen. Für die spezielle Numerierung von Überschriften gibt es sogar einen eigenen Menüpunkt.

Eine echte Novität bringt WinWord dem Textverarbeiter durch eine umfangreiche Belegung der alternativen - meist rechten - Maustaste, die ein objektorientiertes Mausmenü aufruft. 24 verschiedene Menüs richten sich nach der vorliegenden Markierung. Stets öffnet ein Klick auf die alternative Maustaste ein Menü, das sich auf den Kontext bezieht und neben Ausschneiden, Kopieren und Einfügen auch Befehle zur Formatierung, Aktualisierung von Feldern, Modifikation von Grafiken oder Gestaltung von Tabellen bietet.

Doch auch in anderen Bereichen gewinnt die Maus: Drag-and-Drop - das Ziehen und Ablegen von markierten Passagen - ermöglicht jetzt den Austausch zwischen Dokumenten. Beim Verschieben oder Kopieren achtet WinWord auf die Stellung der Leerzeichen der markierten Zeichenkette. Landet sie vor einem Punkt oder anderem Satzzeichen, entfällt automatisch das überflüssige Leerzeichen am Ende; genauso werden links oder rechts Leerzeichen beim Verschieben ergänzt, wenn es der Textfluß erfordert.

Die Rücknahme-Funktion, mit der sich Befehle und Eingaben ungeschehen machen lassen, wurde gravierend erweitert. Bis zu einhundert Befehle lassen sich rückgängig machen. Gelistet werden sie in einer Liste der Standard-Symbolleiste. Gleich nebenan steht ein Symbol mit der gleichen Bandbreite, mit dem die rückgangig gemachten Befehle zurückgeholt werden können. Doch die Symbolleisten bieten noch mehr: So lassen sich Formate mit der Maus kopieren, indem die Gestaltung einer markierten Zeichenfolge per Klick auf das Pinsel-Symbol aufgenommen und mit der Maus einfach über eine andere Zeichenkette gestrichen wird. Auch hier treffen Sie wieder auf die Schalterfunktion. Erfolgt ein Doppelklick auf das Pinsel-Symbol, kann die Formatierung beliebig oft vergeben werden.

Apropos Formatierung: Die Gestaltung von Zeichen war einer der wenigen Punkte, in denen bislang noch das traditionelle Word für DOS die Nase vorne hatte. Dieses Manko findet mit WinWord ein Ende: Zeichenformate lassen sich auch in WinWord separat in einer Formatvorlage speichern. Wichtig ist auch, daß die Verwaltung von Schriften erweitert wurde. Gleich neben dem Formatvorlagenfeld der Standard-Symbolleiste finden sich zu Beginn des Schriftartfeldes die letzten 10 Schriften, die in der Sitzung im Dokument vergeben wurden. Dies macht Gestaltungsarbeiten im Text spürbar leichter. Für Schriften, die nicht im System vorhanden sind, bietet WinWord eine Ersetzungstabelle, und für die Weitergabe von Dokumenten gibt es noch eine andere Möglichkeit: TrueType-Schriften lassen sich in Dokumentdateien als Grafik einbetten, so daß der Text auch auf dem fremden Rechner im Originallayout lesbar und druckbar bleibt.

Der Druck von Dokumenten erfolgt nun sehr schnell und ohne Zeitverzögerungen. Erstaunlich ist bei jedem Druckvorgang aufs neue, wie rasch WinWord die Textverarbeitung wieder freigibt. Eines der größten alten Handikaps ist ausgemerzt; der Druck von Dokumenten erfolgt tatsächlich im Hintergrund. Die Seriendruckfunktion wurde sicherer gestaltet. Eine feste Drei-Schritt-Folge gewährleistet, daß bei der Kombination von Serientext und Steuerdatei keine Fehler unterlaufen. Hilfreich ist auch, daß Daten für Steuerdateien mittels einer Datenmaske erfaßt werden können. Hierbei bestimmen Sie bereits im ersten Schritt, ob Sie auf der Basis der Daten Briefe, Etiketten oder einen Katalog erstellen möchten. Die Formatierung von Umschlägen und Etiketten ist dank der üppigen Anzahl gespeicherter Formate einfach, wobei bei Umschlägen auch die Einzugsrichtung direkt vorgegeben werden kann.

Die Serienbrieffunktion kann übrigens auch im Netz genutzt werden. Wer seine Dokumente statt mit der gelben mit elektronischer Post auf den Weg schickt, dem wird von WinWord durch Anbindung an MAPI-taugliche Nachrichtensysteme - zum Beispiel MS Mail - der Briefkasten geöffnet. Er kann nicht nur sein Dokument als reinen Text oder als Objekt direkt in eine Mailbox einbinden, sondern auch über einen Verteiler bestimmen, wer das Dokument vorgelegt bekommt. Dabei läßt sich im Verteiler festlegen, in welcher Abfolge die E-Mail von Empfänger zu Empfänger wandert.

Für den elektronischen Dokumentversand ist sicherlich auch interessant, daß mittels des neuen Formulargenerators das Erstellen von Formularen ermöglicht wird. Damit der Bearbeiter weiß, was der Autor von ihm erwartet, lassen sich die einzelnen Felder mit Hilfetexten versehen. Sicher wird die Abarbeitung eines Formulars zudem durch die Möglichkeit, jedes Feld mit Makros zu belegen, die beim Eintritt oder Austritt aus dem Formularfeld in

Aktion treten. Ob die Daten pur oder mit dem formatierten Formular gespeichert oder gedruckt werden, ist Einstellungssache.

Die Tabellengestaltung erhielt zahlreiche neue Funktionen. Das TABELLE-Menü hat nun einen TABELLE AUTOFORMAT-Befehl, der den Tabellen Form und Farbe gibt und Daten gar mit 3-D-Effekten plastisch in den Vordergrund treten läßt. Außerdem läßt sich per vertikalem Lineal die Zellenhöhe einstellen. Damit bei großen Tabellen nicht mehr nur halbe Zellen beim Ausdruck auf dem Papier landen, funktioniert endlich auch der Seitenumbruch innerhalb von Zellen. Beim eigenen SORTIEREN-Befehl, den das Menü TABELLE bietet, läßt sich nicht nur nach drei hierarchischen Schlüsseln sortieren, sondern auch die Kopfzeile der Tabelle vom Sortiervorgang ausnehmen.

Ganz einfach macht der Tabellen-Assistent das Erstellen von Tabellen.

Die große Palette neuer Befehle, um die WordBasic bereichert wurde, kommt Ihnen bei der Makroprogrammierung zugute.

WinWords Hilfe bietet wieder einen eigenen Teil zu WordBasic. Sie wartet nicht nur mit Erklärungen auf, sondern zeigt auch anhand von Beispielen und Demos, wie es geht. Ein Referenzteil bietet zudem Definitionen, Übersichten und Anworten auf allgemeine Fragen zu WinWord. Bei der Arbeit mit Word für Windows werden sämtliche Befehle in der Statuszeile kommentiert. Sobald der Mauszeiger auf ein Symbol zeigt, erscheint (nach entsprechender Einstellung) unter ihm der Name der Funktion, die durch einen Klick auf das Symbol ausgeführt wird. Hilfreich ist zudem die Möglichkeit, per Maushilfe auch direkt Auskünfte über Textformatierungen in einem eingeblendeten Info-Fenster abzurufen.

Die hier kurz beschriebene Funktionsfülle von WinWord will selbstverständlich geordnet und verwaltet werden. Nach wie vor erfolgt die Strukturierung von persönlichen Anpassungen des Programms über Vorlagen. Ein eigenes Verwaltungsmodul übernimmt die Kommunikation zwischen den Vorlagen und hilft Ihnen, Formatvorlagen, Symbolleisten, AutoText und Makros von einer Vorlage in eine andere zu transferieren. So kann das Anpassen von Dokumentvorlagen auch im nachhinein komfortabel erfolgen.

Allgemeine Datensicherheit für Dokumente ermöglicht die Kennwortvergabe in mehreren Stufen.

Wieder einmal kommt WinWord nicht allein, sondern mit Zusatzprogrammen. Das Zeichenprogramm - es ist mit MS Word-Grafik in die Objektliste eingetragen - ist nun direkt in WinWord integriert, kann aber auch von anderen Anwendungen genutzt werden. Das Grafik-Modul - ausgestattet mit einer eigenen Symbolleiste, geht weit über MS Draw der zweiten WinWord-

Version hinaus. Gezeichnete Objekte lassen sich direkt in den Text eingliedern, oder ihm hinterlegen. Für den Textumfluß braucht es allerdings weiterhin einen Positionsrahmen, der nun sehr deutlich sichtbar und mit einem Anker versehen ist, was die Plazierung im Dokument erleichtert. Auf Formsatz muß der Anwender jedoch leider verzichten.

OLE 2.0 bringt ein neues Zusammenspiel der Programme. Ein Doppelklick auf ein eingebettetes Objekt bringt bei OLE 2.0 nicht mehr den Wechsel ins fremde Programm, sondern die sinnvolle Erweiterung der laufenden Anwendung. Diese Arbeit im Hintergrund beherrscht auch WordArt 2.0, das ebenfalls zum Lieferumfang von Word für Windows gehören wird.

Selbstverständlich gehören Rechtschreibprüfung und Thesaurus weiterhin zu WinWord; auf eine deutsche Grammatikfunktion verzichtet Microsoft jedoch weiterhin. Die deutsche Grammatik ist halt ein schweres Thema. Der englischen Grammatik zeigt WinWord sich aber auch in der deutschen Version gewachsen. Bei entsprechend markierten Passagen bietet sich die Hilfe des Prüfprogramms für die englische Sprache als komfortable Kontrollmöglichkeit.

Das Word für Windows Buch führt Sie nicht nur umfassend in die Vielfalt der Funktionen von Word für Windows ein, sondern es bietet sich an als Kompendium für spezielle Fragen und als Nachschlagewerk für die tägliche Arbeit. Das Buch ist aber gleichzeitig als Lehrbuch nutzbar, denn es führt Schritt für Schritt in die Textverarbeitung mit Word für Windows ein. Der Lernprozess wird durch Beispiele unterstützt, mit denen Sie die erklärten Funktionen üben können.

Die Beispiele und Musterlösungen liegen diesem Buch zusammen mit weiteren Texten auf einem Datenträger bei, so daß Sie während der Lernphase Ihre Zeit nicht für die Erfassung von Übungstexten verschwenden. Selbstverständlich können Sie die Funktionen von Word für Windows auch an eigenen Texten kennenlernen. Für Ihre Fragen stehen ausführliche Inhaltsverzeichnisse zur Verfügung. Referenztabellen gewährleisten überdies die präzise Orientierung.

Aufbau des Buches

Das Word für Windows Buch setzt sich das Ziel, Sie umfassend in die Funktionen von Word für Windows einzuführen. Sukzessive behandelt es die Einsatzmöglichkeiten von Word für Windows. Übersichtliche Gliederungen ermöglichen zudem den schnellen Zugriff auf bestimmte Themen.

Einleitung

In der Marginalspalte wird auf besondere Tastaturbefehle und Mauseingaben verwiesen. Weitere Icons kennzeichnen Tips, Hinweise und Übungen. Diese Icons haben folgendes Aussehen:

An dieser Stelle werden Ihnen Tips und Tricks zur Arbeit mit Word für Windows gegeben.

An dieser Stelle werden Ihnen Hinweise rund um Word für Windows gegeben.

An dieser Stelle stehen Übungen, mit denen Sie Ihre Kenntnisse in Word für Windows erproben und vertiefen können.

An dieser Stelle gibt es besondere Informationen für die Benutzung der Maus in Word für Windows.

An dieser Stelle gibt es besondere Informationen zu Tastaturbefehlen von Word für Windows.

Das Bedienungskonzept von Windows ist auf den Einsatz der Maus ausgerichtet. Mit diesem Eingabeinstrument lassen sich Windows und seine Applikationsprogramme leicht und komfortabel bedienen. Microsoft schließt aber bei Word für Windows die Benutzer ohne Maus nicht aus. Die meisten Mausoperationen lassen sich auch mit Tastatureingaben umsetzen. Die Befehlseingabe erfolgt mit der Maus durch Anklicken von Menüs und Befehlen, mit der Tastatur über Buchstabenkurzwahl. Beide Eingabearten werden in diesem Buch ausführlich berücksichtigt:

- Die Namen der Menüs, Befehle und Schaltflächen werden in Kapitälchen angeführt: Datei > Öffnen.

- Die Tastatureingaben werden durch einen speziellen grafischen Zeichensatz deutlich gekennzeichnet: [Strg][F12].

- Die Symbole, die mit der Maus anzuwählen sind, werden neben dem Text dargestellt.

- Eingaben, die Sie über die Tastatur vornehmen, werden ebenfalls durch einen Zeichensatz kenntlich gemacht: [T][E][X][T][E][I][N][G][A][B][E].

Gliederung des Buches

Das Word-für-Windows-Buch wendet sich an alle Anwender von Word für Windows. Unerheblich ist hierbei, ob Sie Einsteiger sind und sich mit diesem Buch Schritt für Schritt in die Bedienung und die mannigfachen Optionen von Word für Windows einarbeiten möchten oder ob Sie ein fortgeschrittener Anwender sind, der sein praktisches und theoretisches Wissen vertiefen und erweitern möchte.

Nach dem "Inhalt auf einem Blick", der das Buch einleitet, folgt ein ausführliches Inhaltsverzeichnis, in dem die Überschriften sämtlicher Ebenen aufgeführt werden.

Auf die Installation von Word für Windows geht der **Anhang A** ein. Diese Beschreibung, die Ihnen die Installation erleichtert, wurde ans Ende des Word-für-Windows-Buches genommen, da Programme in der Regel nur einmal auf einem Rechner installiert werden.

Anhang B beinhaltet eine Aufstellung der Assistenten, die Microsoft zur einfacheren Bedienung von Word für Windows mitliefert. Wenn Sie mit diesem Assistenten arbeiten möchten und Informationen zu ihrer Aufgabenstellung suchen, finden Sie sie in diesem Anhang.

Zusammen mit diesem Buch erhalten Sie auf einer CD-ROM Software zum Testen und Kennenlernen. **Anhang C** zeigt, worum es sich hierbei handelt.

Das Word-für-Windows-Buch selbst ist in vier Teile gegliedert. Jeder dieser Teile setzt sich wiederum aus Kapiteln zusammen, die für das ganze Buch fortlaufend numeriert sind. Diese Kapitel werden durch Unterkapitel thematisch weiter spezifiziert; die Unterkapitel sind nicht numerisch geordnet.

31 Kapitel zu Word für Windows

Teil I: Die Grundlagen der Textverarbeitung mit Word für Windows:

Kapitel 1 führt in die Fähigkeiten von Word für Windows allgemein ein und weist Sie auf die Systemvoraussetzungen hin, die der PC, die Peripherie und die Software zum Betrieb von Word für Windows erfüllen sollte.

In **Kapitel 2** steigen Sie in Word für Windows ein. Dem ersten Start folgt die Erklärung des Bildschirmaufbaus von Windows und der grundlegenden Bedienung von Word für Windows. Der aktiven Textbearbeitung steht nun nichts mehr im Wege.

Kapitel 3 beschäftigt sich mit der Texterfassung. Sie erfahren, wie Text über die Tastatur eingegeben und berichtigt wird. Abschließend speichern Sie den Text in einer Datei, damit er für spätere Sitzungen zur Verfügung steht.

Kapitel 4 zeigt Ihnen, wie Sie einen Text ausdrucken. Zunächst laden Sie das gespeicherte Dokument und überprüfen das Textlayout. Schließlich drucken Sie den Text auf dem Drucker aus. Ihr erster Text kommt zu Papier.

Thema von **Kapitel 5** ist das Markieren von Textpassagen. Markierte Passagen können Sie löschen, kopieren und bearbeiten. Sie lernen, wie mittels Zwischenablage, Funktionstasten oder Mausaktionen Text verschoben und direkt kopiert wird.

Kapitel 6 behandelt das Sichern von Dokumenten, wobei Sie erfahren, wie Texte unter einem neuen Dateinamen oder im Dateiformat einer anderen Textverarbeitung gespeichert werden. Schließlich wird gezeigt, wie Sie Ihre Dokumente gegen unberechtigten Zugriff und fremden Einblick schützen.

Kapitel 7 geht auf die Möglichkeiten des Formatierens von Zeichen ein. Als Zeichenformatierungen werden jene Eingaben bezeichnet, die das Aussehen von Zeichen verändern, also z. B. Zeichen größer oder fett drucken. Mit Formatierungen können Sie die Druckdarstellung Ihres Textes verändern, ohne Einfluß auf seinen Inhalt zu nehmen.

Kapitel 8 zeigt Ihnen, wie Absätze formatiert werden. Durch Formatierungen läßt sich beispielsweise der Zeilenabstand innerhalb eines Absatzes bestimmen oder ein Rahmen um einen Absatz zeichnen. Auch der Gebrauch von Tabulatoren wird in diesem Kapitel behandelt.

In **Kapitel 9** wird das automatische Suchen und Ersetzen von Zeichenketten in einem Text behandelt. Sie lernen, wie Zeichen gesucht werden, und erfahren, daß innerhalb von Word für Windows noch andere Suchkriterien genutzt werden können und auch logische Suchen mittels Operatoren möglich sind. Die Funktion ERSETZEN ermöglicht Ihnen, Text, der gefunden wurde, direkt durch einen anderen Text zu ersetzen. Auch hier erwartet Sie ein breites Spektrum verschiedener Möglichkeiten.

Kapitel 10 geht auf interne Hilfefunktionen von Word für Windows ein. Vom Hilfeaufruf und Start des integrierten Lernprogramms bis zum Nachschlagen von Stichworten, dem Einsatz von eigenen Lesezeichen und der einfachen Soforthilfe von Word für Windows deckt das behandelte Spektrum alle Hilfefunktionen inklusive der Systeminformation mit MS Info ab.

Kapitel 11 erklärt Ihnen, wie Sie Word für Windows individuell einstellen. Sie erfahren Wissenswertes über Maßeinheiten und automatische Speicherintervalle. Die Funktion der rechten Maustaste, die in WinWord eine große Bedeutung hat, wird ebenfalls vorgestellt und auch die Möglichkeiten, ihre

Menüs nach Bedarf zu ändern. Vor allem aber macht Sie dieses Kapitel mit den verschiedenen Darstellungsmöglichkeiten vertraut, in denen Sie Ihren Text am Monitor anzeigen können.

Kapitel 12 widmet sich dem Thesaurus - einem Synonymwörterbuch, das Ihnen seine Dienste während der Texterstellung anbietet -, der Rechtschreibprüfung, mit deren Hilfe Sie gegen Orthographiefehler angehen, und der Silbentrennung, die automatisch bei der Texterfassung oder halbautomatisch im Nachhinein für den sauberen Zeilenumbruch sorgt. Doch auch bei der Korrektur während der Arbeit steht WinWord hilfreich zur Seite: Die AutoKorrektur achtet darauf, daß ihre Tippfehler nicht zu Papier kommen.

Teil II: Desktop Publishing mit Word für Windows

Kapitel 13 beschäftigt sich den Seitenumbrüchen, durch die innerhalb eines Textes neue Druckseiten beginnen. Eine spezielle Form ist der Abschnittsumbruch, mit dem Sie das Format bestimmen können, in dem Ihr Schriftstück zu Papier gebracht wird. Zu dieser Gestaltung gehören die Einstellung der Blattgröße und der freien Seitenränder. Außerdem erfahren Sie, wie Sie Ihren Text auf der Seite in Spalten setzen.

Kapitel 14 hat als Thema die Kopf- und Fußzeilen. Diese Zeilen erscheinen - einmal erstellt - automatisch auf jeder Druckseite am oberen oder unteren Rand und können z.B. Ihren Namen, den Titel eines Schriftstückes, die Seitenzahl und/oder Zeitangaben beinhalten.

Kapitel 15 widmet sich dann den Fußnoten. Es zeigt, wie Fußnoten erstellt werden und wo Sie sie plazieren können.

Kapitel 16 erläutert die Funktion des GEHEZU-Befehls. Mit diesem Befehl können Sie verschiedene Seiten Ihres Textes direkt ansteuern oder beispielsweise von Fußnote zu Fußnote springen und vieles mehr. Auch Textmarken, die als Lesezeichen bezeichnet werden könnten, stehen als Sprungziel bereit. Mit ihnen können auch weiträumige Textpassagen mit einem Namen belegt werden, auf den sich dann später Bezug nehmen läßt.

Kapitel 17 erklärt Ihnen die Arbeit mit Tabellen - vielleicht das vielseitigste Instrument von Word für Windows. Sie eignen sich gleichermaßen für Gestaltungen und für Kalkulationen.

In **Kapitel 18** erfahren Sie, wie Texten, Tabellen und auch Grafiken eine feste Position für den Ausdruck des Schriftstücks zugewiesen werden. Hierdurch kann das Layout eines Dokuments präzise bestimmt werden. Einmal positionierte Elemente können Sie beliebig mit der Maus verschieben. So läßt sich ein Schriftstück Seite für Seite gestalten, ohne daß Schere und Klebstoff gebraucht werden.

Kapitel 19 zeigt, wie Sie Grafiken in Texte einbinden können. Mit Word für Windows lassen sich Grafiken direkt aus Grafikdateien und auch aus anderen Anwendungen einladen und in der Größe anpassen. Wie Sie mit der Maus oder über Tastatureingaben Grafiken beschneiden, verkleinern und vergrößern, erklärt dieses Kapitel. Außerdem machen Sie mit der Fähigkeit von Word für Windows Bekanntschaft, Grafiken und Diagramme automatisch auf dem neusten Stand zu halten. Schließlich erfahren Sie, wie Sie mit Bildunterschriften die Abbildungen und Tabellen Ihres Textes übersichtlich dokumentieren und die Numerierung stets auf dem aktuellen Stand halten.

Kapitel 20 weist Sie in die Arbeit mit AutoText-Einträgen, Format- und Dokumentvorlagen ein. Sie haben die Möglichkeit, wiederkehrende Zeichenketten und auch Grafiken als AutoText-Einträge zu speichern, die Ihnen dann auf Tastendruck zur Verfügung stehen. Ebenso können Sie Formatierungen, die Sie immer wieder brauchen, als Formatvorlagen definieren und abspeichern. Schließlich bietet sich für alle Anwendungen, die Sie auf diese Weise konkretisieren, die Dokumentvorlage als geeignetes Reservoir. In eigenen Dokumentvorlagen haben Sie stets alle Formatierungen zur Hand, die Sie für ein bestimmtes Dokument brauchen.

Teil III: Fortgeschrittene Anwendungen mit Word für Windows

Kapitel 21 erklärt Ihnen die Dateiverwaltung von Word für Windows. Mit der Datei-Information und dem Datei-Manager behalten Sie die Übersicht über die Dateien, die sich im Lauf der Zeit ansammeln. Sie können Dateien nach verschiedenen Kriterien gezielt suchen und mit dem Datei-Manager direkt der Weiterverarbeitung, z.B. dem Druck, zuleiten, wobei ein spezielles Vorschaufenster direkten Einblick in den Inhalt von Dateien gibt.

Kapitel 22 macht Sie mit den Korrekturfunktionen von Word für Windows vertraut. Sie erfahren, wie Anmerkungen in einen Text eingegeben werden, die das Schriftstück nicht verändern, wohl aber dem Autor leicht zugänglich sind, und lernen, Korrekturen mit speziellen Markierungen vorzunehmen. Schließlich sehen Sie, wie Dokumente mit Word für Windows verglichen und an abweichenden Stellen markiert werden.

Kapitel 23 erläutert die Gliederungsfunktion. Mit ihrer Hilfe strukturieren Sie Dokumente übersichtlich in verschiedenen Ebenen und können die Reihenfolge einzelner Absätze verändern. Die Kurzübersicht der Gliederungsfunktion gewährleistet auch bei langen Texten direkten Zugriff auf die einzelnen Kapitel. Durch Zentraldokumente läßt sich zudem die Gliederungsfunktion auch dateiübergreifend nutzen. In einem Zentraldokument werden verschiedene Textdateien zusammengefaßt und so verwaltet, als handle es sich um ein einziges Dokument. Auch das Numerieren von Gliederungen und Absätzen ist Thema dieses Kapitels. Zum Abschluß erfahren Sie, wie Sie auf komfortable Weise Inhaltsverzeichnisse und Indizes zu Texten erstellen.

Kapitel 24 erklärt OLE. Zunächst wird gezeigt, wie Sie Texte aus anderen Dokumenten übernehmen. Daran schließt das Verküpfen von Dateien an. Dieses Verfahren ermöglicht Ihnen die Übernahme von Daten aus anderen Dateien, wobei die Informationen automatisch auf dem neuesten Stand gehalten werden. Textstellen werden hierbei durch Koordinaten oder Textmarken eingegrenzt. Eine besondere Form des Einfügens von fremden Daten bietet die Einbettung von Objekten. Hierbei aktiviert Word für Windows selbst das Programm, das für die Bearbeitung der Objekte gebraucht wird.

In **Kapitel 25** finden Sie Wissenswertes über den Druck von Briefumschlägen, Ettiketten und Serienbriefen, bei dem ein vorgefertigter Serientext automatisch mit wechselnden Informationen aus einer Steuerdatei erstellt wird.

Teil IV: Professionelles Arbeiten mit Word für Windows

Kapitel 26 öffnet Ihnen WinWord in Netzumgebungen. Das Versenden von E-Mails gehört hierzu ebenso, wie der Einsatz der Netzwerkschaltflächen in den Dialogfenstern. Und auch fürs papierlose Formularwesen bringt WinWord einige Neuerungen, die sich gerade im Netz bezahlt machen.

Kapitel 27 beschäftigt sich mit den Feldfunktionen. Mit Feldern gewährleistet Word für Windows eine hohe Flexibilität. Sie können über Felder Informationen in Dokumente einfügen, die nicht starr vorgegeben sein sollen, sondern variabel sind. Ein Beispiel hierfür ist die Angabe des Datums und der Uhrzeit. Solche Felder bleiben stets auf dem aktuellen Stand, ohne daß ein Dokument geändert werden muß. Wie Sie mit Feldfunktionen arbeiten und welche Möglichkeiten sich Ihnen hier eröffnen, zeigt dieses Kapitel.

Kapitel 28 gibt Ihnen eine vollständige Referenz der Feldfunktionen von Word für Windows. So haben Sie ein Kompendium, das Ihnen beim professionellen Einsatz des Programms zur Hand geht und bei individuellen Lösungen für fortgeschrittene Aufgaben hilft.

Kapitel 29 führt Sie in die Makrobearbeitung von Word für Windows ein. Mit Makros lassen sich Eingabefolgen automatisieren, so daß Sie zur Wiederholung der Eingabe nur mehr das Makro starten müssen. Makros können aufgezeichnet werden, wobei die Befehlsfolge, die Sie während der Aufzeichnung eingeben, mitgeschrieben wird. Ein eigenes Bearbeitungsfenster erlaubt es Ihnen, Einblick in das aufgezeichnete Makro zu nehmen und es zu modifizieren. Auch für eine Testfunktion ist bei Word für Windows gesorgt, so daß Sie das Makro direkt überprüfen können. Schließlich lassen sich Makros in Menüs einbinden oder bestimmten Tastenschlüsseln zuweisen, so daß Sie Word für Windows mit einer ganz persönlichen Bedienungsstruktur ausstatten können.

Kapitel 30 stellt dann WordBasic, die Sprache, in der Makros geschrieben werden, in ihren Einzelheiten vor. Sie erhalten das Hintergrundwissen, das Sie ermächtigt, komplizierte Abläufe mit Word für Windows selbst zu programmieren.

Kapitel 31 sorgt schließlich dafür, daß Sie den Überblick über die Befehle von WordBasic und Word für Windows behalten. In diesem Kapitel werden die Makrobefehle referiert und erklärt.

Der Aufbau dieses Buches wurde so konzipiert, daß Sie auf der Suche nach Lösungen umfassende Hilfe innerhalb eines Kapitels finden. So können Sie bei Problemen und Fragen direkt im Kapitel nachschlagen, in dem das Thema behandelt wird. Andererseits wurde ein großes Augenmerk darauf gelegt, die Kapitelstruktur möglichst stringent zu gestalten, so daß bei einer sukzessiven Arbeit der Anwender Schritt für Schritt in die profesionelle Textverarbeitung mit Word für Windows eingeführt wird.

Wichtiger Hinweis:

Auf der beiliegenden Diskette finden Sie die Übungstexte und Beispiele dieses Buches in verschiedenen Textformaten. Außerdem beinhalten sie den Text der Rede, die Prof. Dr. Manfred Frank am 9. November 1992 in der Frankfurter Paulskirche hielt (PAULSKRD.DOC). Informationen zu AskSam für Windows enthält die Datei ASKSAM.ASC. Die beiliegenden Anwendungsprogramme finden Sie auf der CD dieses Buches.

Teil I

Grundlagen der Textverarbeitung mit Word für Windows

1
Word für Windows auf Ihrem PC

Die Fähigkeiten von Word für Windows	Seite	5
Die Anforderungen von Word für Windows	Seite	7
Arbeitsumgebung Windows	Seite	9
Die Zwischenablage	Seite	10
Die Systemsteuerung	Seite	10

Die Fähigkeiten von Word für Windows

Word für Windows ist eine professionelle Textverarbeitung. Obwohl es mehr kann, als einfach nur Texte erfassen und gestalten, bleibt es doch fest verwurzelt im Anwendungsbereich Text, für das es sich als ideale Lösung zeigt. Da Word für Windows eine Textverarbeitung für Windows ist, nutzt es die Fähigkeiten der grafischen Oberfläche. Word für Windows zeigt, daß Textverarbeitung nicht mit der Eingabe von Text enden muß, sondern damit erst beginnt.

Text ist nicht gleich Text. Daß Inhalte ihre Entsprechung im Layout eines Textes erfahren sollten, ist eine Weisheit, die nicht zuletzt mit der Verbreitung des Desktop Publishing einher ging. Word für Windows bietet alle Funktionen, die eine professionelle Textverarbeitung heute aufweisen muß, und weit mehr: Es macht die Arbeit am Text einfach und läßt Ihnen die Konzentration auf die Textinhalte. Außerdem verfügt es über viele Funktionen und Optionen, die ein Desktop-Publishing-Programm auszeichnen. Durch diese Kombination überschreitet Word für Windows die schon durchlässigen Grenzen, die aber noch immer zwischen den beiden Anwendungsbereichen bestehen.

Grenzüberschreitend wirkt Word für Windows auch, was die Kommunikation betrifft. Es versteht die Dateiformate der meisten anderen Textverarbeitungen, kann ihre Dateien einlesen und auch wieder Dateien in den fremden Formaten abspeichern. Außerdem ist es hervorragend dazu geeignet, in Netzwerke integriert zu werden. Der Zugriff auf andere Netzlaufwerke wird in die Dialogboxen integriert, wenn WinWord beim Start eine Netzumgebung erkennt. Darüber hinaus arbeitet WinWord direkt mit E-Mail-Systemen zusammen, die MAPI (Message Application Programming Interface) unterstützen. Solche Mail-Systeme, wie beispielsweise MS Mail 3.0 oder höher bzw. die Mail-Version, die Windows for Workgroups beiliegt, nutzten WinWord optimal und ermöglichen sogar die Erstellung hierarchischer Verteiler. Bei der normalen Textkommunikation sprechen Funktionen wie Rechtschreibprüfung mit parallelem Zugriff auf mehrere Wörterbücher, Trennhilfe mit einstellbarem Trennbereich und Thesaurus mit Bedeutungs- und Synonymliste für sich. Sie werden ergänzt durch automatische Funktionen, die während der Texterfassung Ihre persönlichen Tippfehler berichtigen oder die Silbentrennung während des Schreibens erledigen.

Durch Feldfunktionen, die in den Text eingefügt werden, bleiben Eingaben flexibel. Neben einfachen Zeit- und Datumsfeldern reicht der Anwendungsbereich der Feldfunktionen bis zur Einbettung von Objekten und zu dynamischen Verknüpfungen mit Daten anderer Programme, die sich automatisch aktualisieren lassen. Die Inhalte der fremden Dateien werden hierfür durch einen sogenannten Link mit dem Text verknüpft. Ihre Quelle bleibt extern als separate Datei bestehen. Bei dieser Funktion handelt es sich um das sogenannte Object Linking, den ersten Teil des Object Linking and Embedding, das kurz und prägnat OLE genannt wird.

Word für Windows beherrscht OLE 2.0, also neben dem Linking auch das Object Embedding. Hierbei werden Objekte, die mittels anderer Applikationen erstellt wurden - dies können Texte, Grafiken, Diagramme, Tabellen oder andere Daten sein - in einen Text direkt eingebettet. Sie sind also Teil der Textdatei, obwohl ihr Ursprung in einem anderen Programm ist. Auf das Quellprogramm kann von Word für Windows aus direkt zugegriffen werden, so daß die eingebetteten Objekte weiter bearbeitet werden können. Während bei OLE 1.0 noch die fremde Anwendung in den Vordergrund sprang, halten sich OLE-2.0-taugliche Programme im Hintergrund und bringen lediglich ihre Funktionen in WinWord ein.

Microsoft ergänzte den Lieferumfang von Word für Windows durch einige Applikationsprogramme, mit denen Sie Diagramme, Formeln und Schriften gestalten können. Außerdem bringt Ihnen MS Info direkt die wichtigsten Informationen über die Systemumgebung Ihres Rechners auf den Bildschirm. Ein separates Grafikprogramm, wie es sich in WinWord 2 noch fand, fehlt diesmal: Die Grafikfunktion wurde direkt in WinWord aufgenommen. Dies bringt große Vorteile bei der Mischung von Text und Bildern. Da WinWord-Grafiken zudem als OLE 2.0-Objekte eingesetzt werden können, steht die Funktionalität des Grafik-Servers auch anderen Anwendungsprogrammen offen.

Ein anderes Element, das in einer Textverarbeitung zunächst verwundert und dann durch seine Leistungsfähigkeit überzeugt, ist die Tabelle. Sie erfüllt in Word für Windows gleich mehrere Aufgaben, ist gleichzeitig für Kalkulationen und Berechnungen, wie auch für Textstrukturierung und Layoutaufgaben zuständig.

Die grafische Oberfläche Windows bietet ein gutes Fundament für die Einbindung von Grafiken in Texte und eine Darstellung, die dem Druckbild entspricht. In diesem Zusammenhang wird gerne das Zauberwort WYSIWYG genannt, das dem Benutzer verspricht, daß die Bildschirmanzeige mit dem Ergebnis des Drucks übereinstimmt. Word für Windows bietet diese Möglichkeit, einen Blick in die Zukunft des Dokuments zu werfen. Es zeigt die Schriften an, wie der eingestellte Drucker sie ausgeben kann, es stellt die Proportionen der Seite während der Texterfassung dar und bietet auch Übersichten über mehrere Seiten, wobei die Text- und Grafikfunktionen von WinWord voll erhalten bleiben.

Texte und Grafiken lassen sich auf Seiten fest positionieren, bleiben aber weiterhin variabel. Die Elemente lassen sich mit der Maus oder sogar über die Tastatur anders plazieren, und der Text umfließt die positionierten Elemente. Der Anwender sieht nicht nur, welche Grafik ihn beim Ausdruck erwartet, sondern hier wird auch die Basis für die Einpassung von Grafiken in Dokumente geboten. Grafiken können beschnitten, gerahmt und prozentual angepaßt werden. So lassen sich während der Textverarbeitung große Grafiken auf kleine Ausschnitte beschneiden und diese Ausschnitte wieder vergrößern. Hierfür braucht Word für Windows nicht verlassen zu werden. Eine Import-Funktion lädt Grafiken ein, die als Datei gespeichert sind, und wandelt sie um, so daß sie angezeigt werden können. Neben der Möglichkeit des Grafikimportes bietet sich noch das Einfügen von Grafiken, Daten und Texten über die Zwischenablage von Windows.

Word für Windows ist also eine professionelle Textverarbeitung, die die Tür zum Desktop Publishing weit öffnet. Dank der überlegten Gestaltung von Word für Windows, bei der die einfache Bedienung im Vordergrund stand, können Sie auch als Einsteiger schnell zu ersten Ergebnissen kommen. Dadurch bietet Word für Windows die Möglichkeit, sukzessive die Funktionen der professionellen Textverarbeitung kennenzulernen.

Für all jene Anwender aber, die noch tiefer in Word für Windows vordringen möchten, sei ein Blick in die Makrosprache empfohlen, die Word für Windows bietet. Daß diese Sprache auch zur Aufzeichnung von Makros dient, ist nur die Spitze eines Eisbergs.

Die Anforderungen von Word für Windows

Daß ein Programm der Kapazität, die Word für Windows bietet, auch einen PC braucht, der diesen Anforderungen entspricht, versteht sich von selbst. Im folgenden sind die Systemanforderungen aufgeführt, die erfüllt sein sollten.

Mindestens erforderlich ist ein Computer mit einem 80386DX oder kompatiblen Prozessor. Diese Computer werden gemeinhin 386er genannt. Der PC sollte mit mindestens 25 MHertz getaktet sein. Empfehlenswert sind allerdings Rechner, die auf einem Prozessor der 486er-Bauart basieren, kurz 486er genannt, und als Taktfrequenz 33 MHertz oder mehr leisten. Mathematische Coprozessoren oder integrierte mathematische Prozessoren, wie der 486DX sie bietet, nutzt WinWord bei der Arbeit mit Tabellen. Das Minium an Arbeitsspeicherkapazität ist mit 4 MByte Festspeicher erreicht. Mit weniger brauchen Sie eigentlcih nicht die Dienste von WinWord in Anspruch zu nehmen. Alles, was darüber hinaus geht, kommt Ihnen bei der Arbeit mit WinWord zugute.

Neben dem Diskettenlaufwerk muß ein großes Speichermedium, also zumindest eine Festplatte, für den Betrieb von Word für Windows vorhanden sein. Die Festplatte braucht je nach Installation über 20 MByte freie Plattenkapazität für Word für Windows. Außerdem müssen Sie Windows installiert haben, um Word für Windows starten zu können. Wenn Sie außerdem mit anderen Programmen arbeiten, was dem Normalfall entspricht, sind 100 MByte sehr schnell belegt. Daher kann eine Empfehlung nur auf Festplatten mit 200 MByte und mehr abzielen, denn immerhin soll ja genügend Raum für die große Textverarbeitung bleiben.

Bedenken Sie, daß auch die Dateien, die Sie erstellen, freien Raum brauchen; wenn Sie mit Sicherheitskopien arbeiten, sogar die doppelten Menge. Eine 200 MByte-Festplatte wird dann schnell zu klein. Beachten Sie außerdem die Zugriffsgeschwindigkeit der Festplatte. Sie sollte für Word für Windows unter 20 Millisekunden liegen, da ansonsten die Wartezeiten unangenehm werden.

Zur Bedienung des Rechners ist jede AT-kompatible Tastatur geeignet. Es kann jede Maus, die einem gebräuchlichen Standard (MS Mouse, Mouse Systems, Logitech Mouse usw.) entspricht, eingesetzt werden. Eine Maus, die vollständig MS-Mouse-kompatibel ist, gewährleistet den problemlosen Einsatz. Wichtigstes Argument ist aber, daß die Maus gut in der Hand liegt. Unter den Modellen der verschiednen Markenhersteller - beispielsweise Logitec, Sicos oder Microsoft - sollte sich aber eine ergonomische Variante finden lassen, die zu Ihrer Hand paßt.

Bei der Wahl des Monitors muß darauf geachtet werden, daß die Bildwiederholfrequenz über 70 Hertz liegt. Das Flimmern von Monitoren, die keinen ergonomischen Normen entsprechen, geht nicht nur aufs Gemüt, sondern auch an die Augen. Optimalen Überblick geben Monitore mit 43 cm (17 Zoll) oder 50 cm (20 Zoll) Bilddiagonale. Doch auch schon 38-cm (15-Zoll)-Monitore leisten bei reiner Textverarbeitung gute Dienste. 35-cm (14-Zoll)-Monitore erweisen sich auf Dauer als zu klein. Beachten Sie, daß die Funktionalität von WinWord mit der Höhe der möglichen Auflösung steigt. Dies wirkt sich speziell im Layoutmodus an, in dem je nach Grafikausstattung mehr als 50 Seiten gleichzeitig angezeigt werden können.

Aus diesem Grund ist eine Super-VGA-Auflösung (800 x 600) durchaus nützlich. Unter Standard-VGA (640 x 480) lohnt sich der Einsatz von WinWord nicht. Spezielle Windows-Beschleuniger-Grafikkarten sollten Sie einsetzen, wenn Sie vornehmlich mit Windows arbeiten. Der Prozessor solcher Karten sorgt für einen rascheren Bildaufbau und eine bessere Bildwiederholungsrate. Das kommt Ihrer Geduld und Ihren Augen zugute. Achten Sie aber stets darauf, daß Monitor und Grafikkarte zusammenpassen müssen und deren Werte aufeinander abgestimmt sind.

Bei den Druckern gibt es keine Einschränkungen. Um die Möglichkeiten von Word für Windows voll auszunutzen, empfiehlt sich jedoch ein Laserdrucker, der entweder PostScript-fähig oder kompatibel zum HP LaserJet (HP PCL 4 oder 5) ist. Auch Tintenstrahldrucker der neuen Generation bringen sehr gute grafische Leistungen unter Windows. In diesem Marktsegment bieten sich auch preisgünstige Alternativen für Farbdrucker, wenn Sie Wert auf bunte Ausdrucke legen. Nadeldrucker sind nach wie vor die robustesten Druckmaschinen und können daher auch in Umgebungen eingesetzt werden, in denen ein erhöhtes Staubaufkommen herrscht - z.B. in Lagerhallen. Sie eignen sich auch hervorragend für den Listendruck und für die Beschriftung von Etiketten. Modelle neuester Bauart sind inzwischen relativ leise geworden und beherrschen oft die Verwaltung verschiedener Papierarten, die über diverse Einzüge gleichzeitig zum Druck bereitstehen. So sind sie die vielseitigsten Drucker, wenn auch nicht die mit dem besten Schriftbild, obwohl sich auch hier sehr viel getan hat.

Das Betriebssystem sollte DOS 5.0 oder eine höhere Version sein, auf das dann Windows 3.1 oder Windows für Workgroups aufsetzt. Alternativ hierzu kann auch Windows NT oder die Windows-Box von OS/2 2.1 zum Einsatz kommen.

Arbeitsumgebung Windows

Word für Windows ist für den Einsatz mit der Benutzeroberfläche Windows konzipiert. Dieses Konzept gewährleistet Ihnen den Bedienungskomfort, den Sie von Windows oder anderen Windows-Applikationen gewohnt sind oder an den Sie sich bald gewöhnen. Als Applikationen oder Anwendungen werden in diesem Zusammenhang alle jene Programme bezeichnet, die für die Benutzeroberfläche Windows programmiert wurden.

Diese Programme zeichnen sich durch eine gleichbleibende Benutzerführung aus. Es kommen immer Pull-Down-Menüs zum Einsatz, also Menüs, deren Namen am oberen Bildschirmrand angeordnet sind und sich nach unten öffnen. In den Pull-Down-Menüs sind die Befehle und Optionen thematisch geordnet. Auch die Anordnung der Menüs ist soweit wie möglich standardisiert, z.B. bezieht sich der erste Menüname fast immer auf

Dateioperationen. Nachdem Ihnen diese Struktur einmal bekannt ist, kommen Sie auch mit unbekannten Programmen schnell zurecht.

Windows bietet außer der gleichbleibenden Benutzeroberfläche noch zwei Funktionen, in deren direkten Genuß Sie kommen:

Die Zwischenablage

ist ein Speicherprogramm, mit dem Sie Daten, Texte und Grafiken zeitweise ablegen, um später wieder direkt auf die gespeicherten Informationen zuzugreifen. Über die Zwischenablage können Sie Daten auch zwischen verschiedenen Applikationen austauschen und - sofern Sie mit Windows für Workgroups arbeiten - sogar zwischen verschiedenen Arbeitsgruppenrechnern verschieben.

Die Systemsteuerung

ist die Direktionsetage von Windows. Hier werden Drucker eingerichtet, Schriftarten installiert, Ländereinstellungen vorgenommen und Dezimaltrennzeichen, Datum und Uhrzeit vorgegeben. Außerdem läßt sich die Geschwindigkeit von Tastatur und Maus regeln und vieles mehr. Der große Vorteil dieser zentralen Steuerung besteht darin, daß Sie diese Angaben zur Arbeitsumgebung nur einmal vornehmen müssen. Die Applikationsprogramme von Windows benutzen die voreingestellten Werte und die Treiberprogramme, die Windows zur Verfügung stellt. Mit der Systemsteuerung haben Sie freien Zugriff auf die eingestellten Werte und können beispielsweise einen neuen Drucker installieren. Als besondere Einrichtungsoption bietet Windows zudem ein Setup-Programm, mit dem Sie auch die Einstellungen, die Sie bei der Installation festlegen mußten, im nachhinein modifizieren können. Hierzu gehören Bildschirm, Tastatur, Maus und das Netzwerk, also zentrale Themen der Systemanpassung.

2

Der erste Start

Der Start von Word für Windows	**Seite**	**13**
Der Bildschirm von Word für Windows	**Seite**	**14**
Schreibfläche	Seite	15
Kopfleiste	Seite	17
Systemmenü	Seite	18
Die Maximierfelder	Seite	21
Die Titelleiste	Seite	21
Der Rahmen	Seite	22
Die Menüleiste	Seite	22
Das Dokumentmenü	Seite	22
Das Dokumentfenster	Seite	24
Die Menüs	Seite	25
Die Hilfe	Seite	27
Das Dialogfenster	Seite	30
Die Statuszeile	Seite	33
Die Bildlaufleisten	Seite	34
Die Symbolleisten	Seite	36
Das Lineal	Seite	38
Word für Windows beenden	Seite	39

Der Start von Word für Windows

Für den Start von Word für Windows bieten sich Ihnen verschiedene Möglichkeiten. So ist es nach wie vor möglich, WinWord aus der DOS-Ebene heraus zu starten.

Hierfür geben Sie ein:

`win winword`

Normalerweise wird jedoch erst Windows und danach WinWord gestartet. Bei Windows sind die verfügbaren Programme in Programmgruppen geordnet. Nach der Standardinstallation findet sich das Symbol von Word für Windows namens MICROSOFT WORD in der Programmgruppe MICROSOFT OFFICE. Klicken Sie dieses Symbol doppelt an oder markieren Sie es mit den Cursortasten und starten es mit ⏎.

Word für Windows können Sie auch über das Menü DATEI mit dem Befehl AUSFÜHREN (Alt D A) starten. Hierbei können Sie zudem Dateinamen oder Startparameter angeben. Geben Sie in das Feld BEFEHLSZEILE den Programmnamen WINWORD.EXE ein und - falls gewünscht - nachfolgend den Dateinamen des Dokuments, das direkt beim Start geöffnet werden soll. Beachten Sie, daß auch der Pfad benannt werden muß, unter dem der Zugriff auf die gewünschte Datei erfolgt, beispielsweise:

`winword d:\daten\text.doc`

Außer dem direkten Öffnen von Dateien kann auch durch die Parameter /n und /m der Start von WinWord gesteuert werden. Während

`winword /n`

die Textverarbeitung ohne das leere Eröffnungsdokument startet, kann mit

`winword /mBefehl`

beim Start ein Makro oder ein WinWord-Befehl zur Ausführung übergeben werden. So startet direkt die interaktive Einführung in Word für Windows, wenn Sie unter DATEI > AUSFÜHREN folgende Befehlszeile eingeben:

`winword /mKurzübersicht`

Starten Sie nun Word für Windows zum ersten Mal durch einen Doppelklick auf das Anwendungssymbol MICROSOFT WORD.

Der Bildschirm von Word für Windows

Nach dem Start von Word für Windows erscheint zunächst das Fenster TIPS UND TRICKS. Hierbei handelt es sich um Hinweise, mit denen WinWord Sie bei dem Start begrüßt. Um auf diese trickreiche Einführung ins Programm zu verzichten, deaktivieren Sie im Dialogfenster TIPS UND TRICKS einfach die Option TIPS BEI JEDEM START VON WORD ANZEIGEN ([Alt][T]).

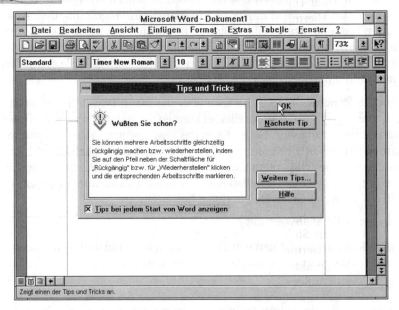

Abb. 2.1: Das TIPS UND TRICKS-Fenster

Die Arbeit mit WinWord beginnt stets mit einem leeren Dokument namens DOKUMENT1.

Dieses Standarddokument werden Sie bei jedem Start vorfinden, jedenfalls so lange, bis Sie durch Startergänzungen andere Anweisungen geben. In diesem Dokument können Sie direkt Texteingaben vornehmen. Bevor Sie damit beginnen, sollten Sie sich allerdings mit dem Bildschirmaufbau von Word für Windows vertraut machen.

Der Bildschirm aller Windows-Programme ist nach den gleichen Prinzipien gestaltet. Wenn Sie bereits mit anderen Programmen unter Windows arbeiten, wird Ihnen der Aufbau der Bedienungsoberfläche von Word für Windows weitgehend bekannt sein. Aber auch dem unerfahrenen Windows-Anwender wird die Einarbeitung dank der guten Strukturierung keine Schwierigkeiten bereiten.

Schreibfläche

In der "Mitte" des Bildschirms befindet sich die Schreibfläche, jener Ort, an dem sich Ihre Texteingaben und Dokumentgestaltungen zeigen.

Unter einem Dokument versteht sich der gesamte Inhalt einer Datei. Dazu gehören bei einer Textverarbeitung selbstverständlich in erster Linie die Texteingaben. Hiermit ist das Spektrum dessen, was ein Dokument ausmacht, aber noch nicht abgedeckt. Sämtliche Ergänzungen des Textes, z.B. Grafiken und Tabellen, gehören ebenso zu einem Dokument wie Anmerkungen und Fußnoten. Auch die Formatierung, die Sie Ihrem Schriftstück für den Ausdruck angedeihen lassen, sind Teile eines Dokumentes. Das Dokument umfaßt also alle Informationen einer Datei, die in der Druckausgabe sichtbar werden. Darüber hinaus gibt es Dokumentdateien, die Arbeiten für andere Dokumente leisten, z.B. Listen aller möglichen Empfänger eines Serienbriefes. Alle Dokumentdateien lassen sich im Textfenster von Word für Windows anzeigen.

Dokument

Während der Erfassung wird der Ort, an dem die nächste Eingabe dargestellt wird, auf der Schreibfläche durch die Einfügemarke gekennzeichnet. Die Einfügemarke hat die Form eines senkrechten Striches. Ihre Position kennzeichnet die Stelle, an der die nächste Eingabe angezeigt wird. Die senkrechte Markierung wird durch die Eingabe schrittweise nach rechts verschoben; die aktuelle Eingabe erscheint also immer links von der Einfügemarke. Außer durch Texteingaben läßt sich die Einfügemarke mit der Maus, den Cursor- und anderen Richtungstasten bewegen. Das Ende eines Dokumentes wird durch die Schlußmarke angezeigt; einzig in der Druckbilddarstellung fehlt die Markierung für das Ende des Dokuments.

Einfüge-marke

Die Schlußmarke hat die Form eines waagerechten Striches. Während der Erfassung wird die Schlußmarke automatisch nach unten verschoben. Die Reduzierung des Dokumentinhaltes, z.B. durch Löschen, hat eine Verschiebung der Einfügemarke nach oben zur Folge. Die Schlußmarke kann nur durch Modifizierung des Dokumentinhaltes bewegt werden. Rechts bzw. unterhalb der Schlußmarke sind keine Eingaben möglich.

Innerhalb eines Dokumentes können Sie sich auf vielfältige Weise mit Richtungstasten bewegen. Die einfachste Bewegungsart, die Word für Windows Ihnen zur Verfügung stellt, basiert auf der Maus, dem dienstbaren Geist der grafischen Oberfläche.

Mauszeiger

Der Mauszeiger symbolisiert durch seine Form, welche Aktionsmöglichkeiten sich für den Mauseinsatz augenblicklich bieten. Möglichkeiten der Texteingabe werden durch einen senkrechten Strich mit zwei Begrenzungslinien gekennzeichnet; die Einfügemarke wird durch ein Anklicken der linken Maustaste an die Position des Mauszeigers gesetzt. Daß sich Möglichkeiten der direkten Eingabe bieten, zeigt der nach oben links gerichtete Pfeil an. Je nach Situation übernimmt die Maus hierbei Befehlseingaben oder die Einstellung spezieller Werte.

Anklicken, Doppelklicken, Dreifachklicken und Niederhalten einer Maustaste sind die Varianten der Eingabe über die Maus. In der Regel werden die Mausbefehle mit der primären Maustaste eingegeben, die auf die linke Maustaste (Zeigefinger der rechten Hand) voreingestellt ist. Die Belegung der linken und rechten Maustaste können Sie in der Windows-Systemsteuerung tauschen, falls Sie die primäre Maustaste lieber mit dem Zeigefinger der linken Hand betätigen möchten. In diesem Buch wird von der Standardbelegung ausgegangen, das heißt die Bezeichnung "linke Maustaste" verweist auf die primäre Maustaste.

Wenn keine spezielle Maustaste angegeben wird, die betätigt werden soll, handelt es sich stets um die linke Taste. Wenn für einen Befehl die rechte Maustaste gedrückt werden soll, so wird dies im Text ausdrücklich erwähnt. In der Regel aktiviert die rechte Maustaste in Word für Windows ein Mausmenü - das sogenannte "Shortcut-Menü", über das Sie Befehle direkt über die Maus anwählen.

Generell wird zwischen vier Handhabungen der Maus unterschieden:

Mausbedienung

Bezeichnung	Aktion
Anklicken (Klick)	Maustaste kurz drücken und sofort loslassen.
Doppelt anklicken (Doppelklick)	Maustaste sofort hintereinander zweimal kurz drücken und loslassen.
Dreifach anklicken (Tripelklick)	Maustaste sofort hintereinander dreimal kurz drücken und loslassen.
Ziehen	Maustaste drücken, unten halten und die Maus mit niedergehaltener Taste bewegen.

Tab. 2.1: Verschiedene Handhabungen der Maustaste

2 • Der erste Start

Je nach Arbeitsprozeß werden in Word für Windows verschiedene Symbole für den Mauszeiger angezeigt:

Symbol	Bedeutung
I	Erfassungsmodus
↖	Befehlswahl, Einstellungen
↗	Markierung
↕ ⤢ ↔ ⤡	Änderung der Größe des Fensterrahmens
↕	Teilung des Dokumentfensters
↔‖↔	Einstellung der Druckformatspalte
↓	Markierung von Spalten in Tabellen
+	Öffnen eines Positionsrahmens im Dokument
↕ ↔ ↗ ↖	Änderung der Größe von Grafik- und Positionsrahmen
↖✥	Positionierung von Elementen
↖?	Abfrage von Informationen zu Befehlen, Bildschirmbereichen und Formatierungen
⌘	Shortcuts zuweisen
—	Menüs löschen

Tab. 2.2: Die Symbole des Mauszeigers

Kopfleiste

Jedes Programmfenster von Windows hat eine Kopfleiste. Diese Kopfleiste ist Bestandteil von Windows, auf dessen Bedienungsoberfläche die Programme zurückgreifen.

So dient die Kopfleiste der Information und der direkten Programmsteuerung.

In der Mitte der Kopfleiste ist der Programmtitel "Microsoft Word" und der Name des aktiven Dokuments - z.B. "Dokument1" - zu sehen. Links neben dem Titel ist ein Feld, dessen Symbol an einen Briefkasten oder - assoziativ näherliegend - an die Vorderansicht eines Diskettenlaufwerks erinnert. Hinter diesem Symbol verbirgt sich die Steuerung des Fensters, in dem das Programm Word für Windows läuft.

Systemmenü

Das Systemmenü ist grundsätzlich aufrufbar, wenn Word für Windows geladen ist. Es spielt dabei keine Rolle, ob Word für Windows in der Vollbilddarstellung oder in einem Programmfenster läuft. Auch wenn Sie Word für Windows auf ein Symbol reduziert haben, können Sie weiterhin das Systemmenü aufrufen und über dieses Menü Word für Windows wieder aktivieren. Das Systemmenü verbirgt sich in diesem Fall direkt hinter dem Word für Windows-Symbol.

Wenn Sie eine Maus einsetzen, können Sie sowohl das Symbol des Systemmenüs als auch das Word für Windows-Symbol durch Positionieren des Mauszeigers und Anklicken aktivieren. Im aktivierten Menü klicken Sie wiederum den auszuführenden Befehl an. Diese Methode der Befehlseingabe, die für sämtliche Menüs gilt, erweist sich gerade in der Orientierungsphase als sehr effizient, da der Benutzer stets den ausgeschriebenen Befehl vor Augen hat, diesen aber nicht eingeben muß. Der geübtere Anwender kann seine Arbeit durch die Tastenschlüssel (wenn vorhanden) beschleunigen, die neben den Befehlen in den einzelnen Menüs vermerkt sind, und auf die in diesem Buch deutlich hingewiesen wird. Diese Tastenschlüssel übermitteln Word für Windows den gewünschten Befehl, ohne daß zuvor das Menü aktiviert ist.

Um Word für Windows direkt zu aktivieren, brauchen Sie das Programmsymbol nur doppelt anzuklicken. Läuft Word für Windows bereits in einem geöffneten, aber überlagerten Fenster, so genügt es, das Fenster an einer beliebigen Stelle einfach anzuklicken. Dieser Aktivierung mittels Maus entspricht die Tastenkombination [Alt][⇆]. Hierfür wird die [Alt]-Taste niedergehalten und die [⇆]-Taste so oft betätigt, bis das Programmsymbol von Word für Windows oder sein Fenster markiert ist.

Diese beiden Tastenschlüssel haben eine ähnliche Funktion und können - auch bei der Benutzung einer Maus - die Arbeit mit Windows beschleunigen:

[Alt][Esc] wechselt durch die Programme. Mit jedem Tastendruck wird das nächstfolgende Programm aktiviert. Hierbei werden nur jene Programme berücksichtigt, die bereits gestartet wurden. Alle Programme werden von Windows in Art eines Stapels verwaltet, der Task-Liste.

[Alt][⇆] aktiviert ein Programm direkt. Um Word für Windows über sein Symbol aufzurufen, halten Sie die [Alt]-Taste nieder und drücken die [⇆]-Taste so oft, bis das Word für Windows-Symbol dargestellt wird. Anschließend lassen Sie beide Tasten los, und das Fenster von Word für Windows wird automatisch "wiederhergestellt". Die Reihenfolge der Programme in der Task-Liste ist dafür entscheidend, wie oft Sie die [⇆]-Taste betätigen müssen.

Mit der Tastatur öffnen Sie das Systemmenü des aktiven Programms durch die Tastenkombination [Alt][___]. Falls Sie Word für Windows auf ein Symbol reduziert haben und wieder aktivieren möchten, müssen Sie mit der Tastenkombination [Alt][Esc] zum Word für Windows-Symbol wechseln. Sollten verschiedene Programme präsent sein, wechseln Sie durch mehrmaliges Betätigen der Tastenkombination zum richtigen Symbol, ehe Sie das Systemmenü mit [Alt][___] aufrufen.

Sieben Befehle stehen Ihnen in diesem Menü zur Verfügung. Bei der Bedienung mit der Tastatur wählen Sie mit den Cursortasten ([↓]/[↑]) den Befehl aus und bestätigen Ihre Wahl durch [↵]. Auch die Buchstabenkurzwahl steht Ihnen zur Verfügung. Hierfür geben Sie im aktiven Menü einfach den unterstrichenen Buchstaben des gewünschten Befehls ein. Wenn Sie mit der Tastatur arbeiten, bieten sich die Tastenschlüssel besonders an, mit denen ein Befehl direkt von der Textebene aufgerufen wird. Um Ihnen die Einarbeitung in diese Befehlskurzform zu erleichtern, werden die Tastenschlüssel in diesem Buch an den relevanten Stellen wiederholt. Die einzelnen Befehle haben folgende Bedeutung:

Befehl	Bedeutung	
WIEDERHERSTELLEN	schaltet von der Vollbilddarstellung von Word für Windows auf die Anzeige in einem Programmfenster zurück. Das Symbol von Word für Windows wird mit diesem Befehl auf die zuletzt aktive Darstellungsart umgeschaltet.	[Alt][F5]
VERSCHIEBEN	dient zur Positionierung des Programmfensters oder des Symbols mit den Cursortasten. Die Position des Fensters wird nach dem Aufruf der Funktion mit den Cursortasten bestimmt und mit [↵] beendet.	

Befehl		Bedeutung
	Größe ändern	dient zur Modifizierung der Größe des Programmfensters. Die Größe wird nach dem Aufruf der Funktion mit den Cursortasten bestimmt, wobei der erste Tastendruck die zu ändernde Rahmenseite bestimmt und anschließend der Rahmen bewegt wird. Die Größenänderung wird mit ⏎ beendet.
Alt F9	Symbol	reduziert Word für Windows auf ein Symbol
Alt F10	Vollbild	aktiviert die Vollbilddarstellung von Word für Windows
Alt F4	Schließen	beendet die Arbeit mit Word für Windows und entfernt es aus dem Speicher. Zuvor wird per Abfrage überprüft, ob Neueingaben oder Änderungen abgespeichert werden sollen.
Strg Esc	Wechseln zu	erlaubt über eine sogenannte "Task-Liste", zwischen einzelnen, parallel laufenden Programmen zu wechseln, die Programme überlappend und nebeneinander darzustellen oder zu beenden.

Tab. 2.3: Die Befehle des Systemmenüs

Wenn Sie das Systemmenü aufrufen, sehen Sie, daß manche der Befehle tiefschwarz, andere grau angezeigt werden. Es stehen immer nur die Befehle in schwarzer Schrift zur Verfügung; die anderen Befehle sind nicht aktiv, können also auch nicht aufgerufen werden.

Es versteht sich von selbst, daß während der aktiven Vollbilddarstellung von Word für Windows nicht noch einmal Vollbild angewählt werden kann. Aber auch andere Befehle sind während der Vollbilddarstellung nicht aktiv, z.B. Bewegen und Größe ändern.

Einige der Befehle des Systemmenüs, mit denen Sie Word für Windows steuern, können auch direkt mit der Maus ausgeführt werden. So beenden Sie Word für Windows, indem Sie das Systemmenü doppelt anklicken. Es erscheint daraufhin die Sicherheitsabfrage, ob noch etwas zu speichern sei - allerdings nur, solange ungespeicherte Änderungen vorliegen. Außerdem haben Sie in diesem Dialogfenster die Möglichkeit, Hilfe anzufordern oder die Aktion abzubrechen. Wenn Sie die Abfrage bejahen oder verneinen, wird Word für Windows geschlossen.

Die Maus bietet sich vor allem für Funktionen an, deren Folge grafische Bewegungen sind. Für grafische Veränderungen ist in der Regel die Maus das geeignete Bedienungselement und wird daher von Windows besonders unterstützt. Dies trifft hier für die Befehle WIEDERHERSTELLEN, VOLLBILD, SYMBOL, BEWEGEN oder VERSCHIEBEN und GRÖSSE ÄNDERN zu.

Die Maximierfelder

Auf der rechten Seite der Kopfleiste befinden sich neben dem Programmtitel zwei Symbole, die Maximierfelder genannt werden. Sie sind durch Pfeile gekennzeichnet. Bedient werden sie mit der Maus: ein Anklicken des gewünschten Feldes genügt, um einen Befehl auszuführen. Das Feld rechts außen ist wechselnd für die Befehle WIEDERHERSTELLEN und VOLLBILD zuständig, abhängig davon, welche Darstellung momentan aktiv ist.

WIEDERHERSTELLEN wird im Feld durch einen Doppelpfeil symbolisiert. Ein Anklicken dieses Symbols stellt die zuletzt aktive Fenstergröße wieder her.

Der einfache Pfeil nach oben steht für den Befehl VOLLBILD und maximiert die Fenstergröße von Word für Windows auf den ganzen Bildschirm.

Das linke der beiden Felder weist stets einen Pfeil nach unten auf. Wenn Sie es anklicken, initiieren Sie die Symboldarstellung: Word für Windows wird zum Symbol verkleinert.

Ein Doppelklick auf das Symbol öffnet das Fenster von Word für Windows wieder in seiner alten Größe und mit seinem letzten Inhalt. Auf diese Weise können parallel zu Word für Windows andere Windows-Anwendungen benutzt werden.

Die Titelleiste

In der Mitte der Kopfleiste wird, wie Sie bereits sahen, angezeigt, daß Sie zur Zeit mit Word für Windows arbeiten. Der Name des Dokuments ist aber keine zwingende Ergänzung an dieser Stelle. Wenn Sie ein Dokument in einem separaten Fenster bearbeiten, wird der Pfad und der Name des Dokuments oberhalb des Dokumentfensters angezeigt. In der Titelleiste erscheint dann nur noch der Name des Programms.

Abgesehen von dieser Information dient die Leiste dem Mausbenutzer als wertvolles Steuerungselement. Wenn Word für Windows in einem Programmfenster läuft, können Sie das Fenster mit der Maus verschieben. Positionieren Sie hierfür den Mauszeiger auf der Titelleiste, halten Sie die linke Maustaste nieder, und bewegen Sie das Fenster in seiner ganzen Größe auf dem Bildschirm. Um zwischen der Vollbilddarstellung und dem Programmfenster umzuschalten, klicken Sie die Titelleiste doppelt an.

Auch das Programmsymbol kann übrigens mit gedrückter linker Maustaste verschoben werden.

Der Rahmen

Das Programmfenster wird, solange nicht die Vollbilddarstellung aktiv ist, von einem Rahmen umschlossen. Dieser Rahmen dient nicht nur der Optik, sondern gibt Ihnen die Steuerung der Fenstergröße an die Hand. Wenn Sie den Mauszeiger auf einer Seite des Rahmens positionieren, verändert er sein Symbol zu einem Doppelpfeil. Drücken Sie die linke Maustaste. Der aktivierte Rahmen verändert jetzt seine Farbe.

Ziehen Sie den Rahmen mit gedrückter Maustaste und verändern Sie mit ihm den Spielraum des laufenden Programms. Auf diese Weise bestimmen Sie die gewünschte Fenstergröße auf einfachste Art.

Während Sie an den senkrechten und waagerechten Fensterseiten den Rahmen nur nach links/rechts bzw. oben/unten ziehen können, ermöglichen Ihnen die Ecken des Fensters zwei Bewegungsrichtungen in einem Arbeitsgang. Plazieren Sie den Mauszeiger auf einer der Fensterecken, deren Bereich durch kleine Striche von den Rahmenseiten getrennt ist. Das Maussymbol stellt hier ebenfalls einen Doppelpfeil dar, der allerdings diagonal angeordnet ist. Nun können Sie den Rahmen mit der Maus sowohl horizontal als auch vertikal ziehen.

Die Menüleiste

In der Zeile unter der Kopfleiste finden sich die Arbeitsmenüs von Word für Windows. An der äußersten linken Position ist wieder ein Menü symbolisiert, mit dessen Hilfe sich das Dokumentfenster verwalten läßt. Neben ihm stehen die einzelnen Arbeitsmenüs, die für die Bedienung von Word für Windows vorgesehen sind. Rechts wird das Hilfemenü durch ein Fragezeichen symbolisiert.

Das Dokumentmenü

Das Dokumentmenü wird durch Anklicken mit der Maus oder mit dem Tastenschlüssel [Alt]-[-] aktiviert. Seine Befehle entsprechen weitgehend den Funktionen des Systemmenüs, nur eben im kleineren Rahmen. Genau wie dieses kann die Befehlswahl im aktiven Menü über Anklicken, Buchstabenkurzwahl oder Auswahl mit den Cursortasten und Bestätigung mit ⏎ vorgenommen werden. Überdies stehen Ihnen wieder Tastenkombinationen zur Verfügung, mit denen Sie die Befehle aufrufen, ohne zuvor das Menü zu aktivieren.

Befehl	Bedeutung	
WIEDERHERSTELLEN	ordnet dem Dokument ein eigenes Fenster zu, das heißt: es können innerhalb von Word für Windows mehrere Dokumente in verschiedenen Fenstern gleichzeitig angezeigt werden. Pfad und Dateiname des Dokuments werden bei der Darstellung in Einzelfenstern in der Kopfzeile des Dokumentfensters angezeigt; auch das Dokumentmenü befindet sich nun in der Kopfzeile des Dokumentfensters.	Strg F5
	Größen und Positionen, die Sie Ihren Dokumentfenstern zugewiesen haben, hält Word für Windows auch während der Vollbilddarstellung fest. Wenn Sie WIEDERHERSTELLEN (Strg F5) wählen, schaltet Word für Windows auf die vorab erstellte Aufteilung zurück.	
VERSCHIEBEN	ermöglicht das Positionieren des Dokumentfensters mit den Cursortasten.	Strg F7
GRÖßE ÄNDERN	ermöglicht die Änderung der Größe des Dokumentfensters mit den Cursortasten.	Strg F8
VOLLBILD	schaltet das Dokument auf Vollbilddarstellung, das heißt: Das Dokument füllt das Programmfenster aus, ohne Darstellungsraum für ein anderes Dokument zu lassen. Es können jedoch andere Dokumente im Hintergrund präsent sein, die zwar momentan nicht zu sehen sind, auf die aber direkt gewechselt werden kann. Pfad und Dateiname des aktiven Dokuments werden im Gesamtfenster neben dem Programmtitel vermerkt.	Strg F10
	Während der Vollbilddarstellung ist kein separater Rahmen vorhanden und das Fenster kann nicht verschoben werden.Die Größen und Positionen, die Sie den Fenstern zugewiesen haben, hält Word für Windows auch während der Vollbilddarstellung fest. Wenn Sie WIEDERHERSTELLEN wählen, schaltet Word für Windows auf die vorab erstellte Aufteilung zurück.	

Befehl		Bedeutung
Strg F4	SCHLIEßEN	beendet die Arbeit am aktiven Dokument und schließt das Dokumentfenster; Änderungen und Ergänzungen werden gespeichert, sofern die Rückfrage positiv beantwortet wird.
Strg F6	NÄCHSTES FENSTER	wechselt zum nächsten Dokumentfenster unter der Voraussetzung, daß zuvor mehr als ein Dokumentfenster geöffnet wurde. Wenn das aktive Dokument in der Vollbilddarstellung angezeigt wird, gilt dieser Modus auch für das nächste Dokument; Word für Windows tauscht das oberste Dokument gegen das nachfolgende aus. Sollte der Bildschirm aber in mehrere Dokumentfenster unterteilt sein, behält Word für Windows die Anordnung bei und springt ein Fenster weiter.
		Fensterwechsel in der umgekehrten Richtung werden mit dem Tastenschlüssel Strg ⇧ F6 initiiert.
		Die Größen und Positionen, die Sie Ihren Dokumentfenstern zuweisen, hält Word für Windows auch während der Vollbilddarstellung fest. Wenn Sie WIEDERHERSTELLEN (Strg F5) wählen, schaltet Word für Windows auf die vorab erstellte Aufteilung zurück.

Tab. 2.4: Die Befehle des Dokumentmenüs

Das Dokumentfenster

Bei der Darstellung gerahmter Dokumentfenster wird das Dokumentmenü in die Kopfzeile des Fensters übernommen. Mittig angeordnet steht dann in dieser Zeile die Quellenangabe der Datei, die nun nicht mehr in der Titelzeile des Programmfensters erscheint. Rechts neben Pfad und Dateinamen befindet sich ein Maximierfeld, gekennzeichnet durch den aufwärtsgerichteten Pfeil.

Das Maximierfeld hat die gleiche Funktion wie der Tastenschlüssel Strg F10. Durch Anklicken dieses Feldes mit der Maus kann direkt auf die Vollbildanzeige im Rahmen des Programmfensters umgeschaltet werden. Außerdem haben Sie die Möglichkeit, den Dokumenttitel doppelt anzuklicken; die Wirkung entspricht der des Maximierfelds. Die Möglichkeiten, den Rahmen des Dokumentfensters zu verändern, entsprechen denen des Programmfensters.

Mit der Maus läßt sich durch Ziehen der Titelzeile das ganze Dokumentfenster auf dem Bildschirm verschieben. Seine Dimensionen werden über den Rahmen verändert, der sowohl seitenweise als auch über die Ecken vergrößert und verkleinert werden kann. Wieder ändert sich der Mauszeiger zum symbolischen Doppelpfeil. Die linke Maustaste wird niedergehalten, woraufhin der Rahmen seine Farbe ändert und gezogen werden kann.

Folgende Bildschirmaufteilungen stehen Ihnen unter Word für Windows zur Verfügung:

1. Programm: Vollbild
   Dokument: Vollbild
2. Programm: Fenster
   Dokument: Vollbild
3. Programm: Vollbild
   Dokument: Fenster
4. Programm: Fenster
   Dokument: Fenster
5. Programm: Icon
   Dokument: nicht sichtbar

Durch diese Varianten sind Sie in der Lage, verschiedene Dokumente und Programme gleichzeitig auf dem Monitor präsent zu haben und außerdem so anzuordnen, wie es Ihrer Aufgabenstellung entspricht.

Die Dokumentfenster von Word für Windows weisen noch ein Feld auf, das allerdings über kein Symbol verfügt. Es befindet sich in der rechten unteren Ecke zwischen den Bildlaufpfeilen. Wenn Sie den Mauszeiger auf dieses Feld setzen und die linke Maustaste niederhalten, können Sie das Dokumentfenster auf die gewünschte Größe ziehen.

Dieses hohe Maß an Flexibilität, auf das Sie mit Word für Windows zurückgreifen können, ermöglicht Ihnen selbst bei komplexen Zusammenhängen übersichtliche Lösungen.

Die Menüs

Die Menüleiste dient vor allem zum Aufruf der einzelnen Menüs. Menüs werden durch einfaches Anklicken mit der Maus aktiviert.

Über die Tastatur rufen Sie die einzelnen Menüs auf, indem Sie die Alt-Taste mit einem unterstrichenen Buchstaben der Menüleiste kombinieren. Es spielt hierbei keine Rolle, ob Sie zunächst die Alt-Taste und danach den Buchstaben eingeben, oder beide Tasten zugleich drücken. In beiden Fällen wird das Menü geöffnet, auf das sich der Buchstabe bezieht.

Wenn Sie zuerst die [Alt]-Taste drücken, sehen Sie, daß das erste Menüfeld markiert ist; das erste Menüfeld ist bei der Vollbilddarstellung des Dokuments das Dokumentmenü oder bei der Fensterdarstellung des Dokuments das Menü DATEI.

Nun können Sie auch mit den Cursortasten ([←]/[→]) ein Menü auswählen; das markierte Menü öffnen Sie entweder mit den Cursortasten ([↑]/[↓]) - was nahe liegt - oder mit der [←┘]-Taste. Auch das Sytemmenü können Sie auf diese Weise mit den Cursortasten erreichen. Diese Vorgehensweise bietet sich an, wenn Sie Word für Windows noch nicht besonders gut kennen und keine Maus zur Verfügung haben. Das Wandern und Auswählen mit den Cursortasten geht dann in der Regel schneller als der suchende Blick nach unterstrichenen Buchstaben. Auf die Dauer sollten Sie sich aber für die Tastatur die Kurzwahlbuchstaben einprägen, da dies im Endeffekt die Arbeit merklich beschleunigt.

In den Menüs treffen Sie wieder auf Befehle in schwarzer und grauer Färbung. Die schwarzen Befehle können angewählt werden, während die graugetönten Befehle zur Zeit nicht verfügbar sind. Außerdem gibt es noch eine andere Kennzeichnung von Befehlen in Menüs. Es handelt sich um Häkchen √ und Punkte •, die manchen Befehlen vorangestellt sind. Diese Zeichen zeigen Ihnen an, daß der Befehl momentan aktiv ist. Wenn Sie den Befehl noch einmal anwählen, deaktivieren Sie ihn wieder.

Zur Übersicht seien hier noch einmal alle Menüs und ihre Tastenkombinationen aufgelistet:

Menü	Tastenschlüssel
Sytemmenü	[Alt][ ]
Dokumentmenü	[Alt][-]
Datei	[Alt][D]
Bearbeiten	[Alt][B]
Ansicht	[Alt][A]
Einfügen	[Alt][E]
Format	[Alt][T]
Extras	[Alt][X]
Tabelle	[Alt][L]
Fenster	[Alt][F]
? (Hilfe)	[Alt][⇧][ß]

Tab. 2.5: Tastenschlüssel zum Menüaufruf

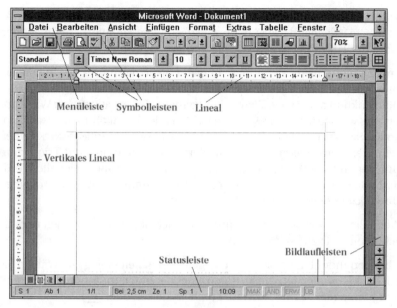

Abb. 2.2: Der Word-Arbeitsplatz

Die Hilfe

Word für Windows gibt Ihnen Rat und Hilfe zu fast allen Fragen. Der einfachste Weg hierzu führt über das Symbol "Hilfe". Ein Mausklick auf das Symbol ergänzt den Mauszeiger um ein Fragezeichen; alternativ hierzu kann auch die Tastenkombination ⇧ F1 angewandt werden. Mit dem Fragezeichen wird einfach der Befehl oder Bildschirmbereich angeklickt, zu dem ergänzende Informationen erfragt werden sollen. Beim Klick auf eingegebenen Text, wird automatisch die Formatierung des aktuellen Zeichens genannt. Ein Doppelklick auf das Symbol "Hilfe" öffnet die Stichwortsuche des Hilfeprogramms, in der Sie einfach eingeben, wonach Sie suchen.

Für den hilfreichen Rat steht Ihnen zudem ein separates Menü zur Verfügung, dessen Bestimmung durch ein Fragezeichen am äußersten rechten Ende der Menüleiste gekennzeichnet ist. Wenn Sie dieses Fragezeichen anklicken oder durch die Tastenkombination Alt Strg ß aktivieren, öffnet sich ein Menü, dessen sämtliche Befehle auf Hilfeleistungen ausgerichtet sind, die Sie in Anspruch nehmen können.

Beim Aufruf der Hilfe über den Tastenschlüssel Alt Strg ß müssen Sie die Alt und die ⇧ -Taste gleichzeitig gedrückt halten, bevor Sie ß betätigen.

Hilfeaufruf

Schneller und einfacher ist der direkte Aufruf der Hilfe durch die Funktionstaste [F1]; über diese Funktionstaste erhalten Sie sofort Zugriff auf den Index der Hilfe.

Im Hilfemenü bietet sich Ihnen an erster Stelle der Aufruf des Inhalts an. Hier werden Ihnen die verschiedenen Themengebiete innerhalb der Hilfefunktion aufgezeigt. Wenn Sie allgemeine Informationen zu WinWord suchen, wählen Sie ARBEITEN MIT WORD. Unter dem Punkt BEISPIELE UND DEMOS finden Sie Beispiele aus der Arbeit mit WinWord. Unter REFERENZEN finden Sie allgemeine Referenzen zu WinWord, aber auch Tips und Tricks zum Umgang mit WinWord. PROGRAMMIEREN IN MICROSOFT WORD zeigt alle Word-Basic-Befehle auf, und schließlich erhalten Sie unter SOFTWARE SERVICE einen Überblick über den Service von Microsoft.

Wenn Sie SUCHEN anwählen, können Sie nach Stichworten suchen und die gefundenen Themen darstellen.

Über den Index haben Sie Zugriff auf einzelne Themengebiete. Wählen Sie mit der Maus oder den Cursortasten eines der unterstrichenen Gebiete aus, und bestätigen Sie Ihre Auswahl durch Anklicken oder [↵].

Auch auf den nächsten Informationsebenen erwarten Sie wieder Stichworte, aus denen Sie Ihre Wahl treffen. Auf diese Weise nähern Sie sich sukzessive der gesuchten Information.

In der KURZÜBERSICHT wird Ihnen in Demonstrationsprogrammen die Arbeitsweise von WinWord und die neuen Funktionen von Word für Windows nahegebracht.

Unter BEISPIELE UND DEMOS finden Sie Beispiele und selbstablaufende Demonstrationen zu verschiedenen Funktionen von WinWord.

TIPS UND TRICKS entspricht dem Fenster, das beim Starten von WinWord angezeigt wird.

Zu den unterstrichenen Begriffen können mit Mausklick oder [↵] weiterführende Informationen angefordert werden. Außerdem lassen sich zu den unterpunkteten Begriffen auf die gleiche Weise Definitionen anzeigen. Somit ist es leicht, sich kundig zu machen und Mißverständnisse zu vermeiden.

Auch das Hilfeprogramm von Word für Windows weist das typische Windows-Erscheinungsbild auf: Sein Fenster hat eine eigene Titelzeile und ein Systemmenü. In der Menüzeile finden sich wieder an der üblichen Stelle die Menüs DATEI und BEARBEITEN, gefolgt von den Menüs LESEZEICHEN und ?.

Sie erkennen anhand der beiden Menüzeilen schon einen Bestandteil der normierten Windows-Oberfläche: Die Menüs zur Steuerung der Datei und der Bearbeitung bilden den Anfang der Menüleiste. Auf diese Struktur werden Sie bei Programmen von Windows immer wieder treffen. Auch die Hilfe hat übrigens ein Hilfe-Menü ([Alt][⇧] [B]), in dem Sie mit Immer im Vordergrung ([V]) vorgeben, daß das Hilfefenster auch bei der Arbeit mit WinWord sichtbar bleibt.

Außerdem verfügt das Hilfefenster über fünf Schaltflächen, mit denen Sie die Suche nach Lösungen noch effektiver gestalten können:

Symbol	Funktion
Inhalt	wechselt zum Inhaltsverzeichnis des Hilfeprogramms von Word für Windows.
Suchen	erlaubt Ihnen die Suche mittels eigener Stichworte oder anhand einer vorgegebenen Themenliste.
Zurück	ermöglicht Ihnen, in der Hilfe den Weg zurückzuverfolgen, den Sie mit Ihren Fragestellungen gegangen sind.
Bisher	zeigt Ihnen die Themen an, die Sie bisher angesprungen haben.
Index	bringt Sie zum Indextext der Hilfe.

Tab. 2.6: Die Funktionen des Hilfefensters

Wenn Sie ein Fenster So wird´s gemacht aufgerufen haben, können Sie dieses als ständigen Begleiter im Vordergrund anordnen. Wählen Sie hierzu einfach den gleichnamigen Befehl. Den in So wird´s gemacht angezeigten Hilfetext können Sie mit Drucken auf Ihrem Drucker ausgeben. Geschlossen wird So wird´s gemacht über den Befehl Schließen.

Über die Möglichkeiten, die das Menü des Hilfeindex Ihnen bietet, informiert Sie das Kapitel 9 ausführlich.

Als letzten Punkt finden Sie schließlich im Menü Hilfe die Option Info. Info ([Alt][⇧] [B][O]) gibt Ihnen die Versionsnummer und einen Herstellerverweis Ihres Word für Windows an.

Weitere Informationen zu Ihrem System erhalten Sie durch Anwahl von Systeminfo ([S]) Hierbei handelt es sich um das mitgelieferte Programm MSINFO, das Ihnen Übersicht über Ihr System verschafft. Weitere Informationen zu MSINFO finden Sie im Kapitel 9.

Das Dialogfenster

Vielleicht ist Ihnen aufgefallen, daß im Hilfemenü die Option INFO durch drei nachfolgende Punkte gekennzeichnet ist. Diese Erweiterung, auf die Sie noch häufiger treffen werden, verweist immer auf ein nachfolgendes Dialogfenster.

Während der Dialog bei INFO recht einfach gehalten ist, dienen die Felder der meisten Dialogfenster der Abfrage von Einstellungen und der Modifizierung von Befehlen. Fünf Arten des Dialogfeldes sind grundsätzlich zu unterscheiden:

1. Schaltflächen weisen eine nahezu rechteckige Form (abgerundete Ecken) auf und sind beschriftet. Fast immer steht Ihnen die Alternative zwischen OK (⏎) und ABBRECHEN (Esc) offen; mitunter bieten sich Ihnen weitere Befehle, z.B. LÖSCHEN.

   Die Schaltfläche Optionen aktiviert ein weiteres Dialogfenster, in dem ergänzende, meist allgemeinere Angaben zur gewählten Funktion eingegeben werden können.

   Während auf ein zusätzliches Dialogfenster mit drei Punkten verwiesen wird, zeigt das Symbol ">>", daß eine Anwahl der betreffenden Schaltfläche das aktive Dialogfenster erweitert. Die Schaltflächen werden mit der Maus oder der Buchstabenkurzwahl bedient bzw. mittels der ⇥ -Taste angewählt und mit der ⏎-Taste aktiviert.

   In einigen Dialogfenstern werden Schaltflächen dargestellt, die einen nach unten gerichteten Pfeil aufweisen. Durch Anklicken einer derartigen Schaltfläche wird ein PullDown-Menü geöffnet, das sinnverwandte Befehle enthält.

2. Das Kontrollkästchen, das eine quadratische Form hat und dessen Aktivität durch ein X gekennzeichnet ist: Über das Kontrollfeld können Sie verschiedene Möglichkeiten aktivieren, z.B. Fett- und Kursivschrift. Kontrollfelder können meistens parallel geschaltet werden, das heißt, mehrere Optionen können gleichzeitig aktiviert werden. Selbstverständlich dürfen diese Optionen sich nicht behindern. Kontrollfelder aktivieren Sie mit der Maus oder mit der Buchstabenkurzwahl.

3. Das Optionsfeld, das kreisförmig ist: Die Schaltung einer Option - angezeigt durch einen Punkt - schließt weitere Optionen des gleichen Befehlsbereichs aus. Der Bereich ist durch einen Rahmen gekennzeichnet. Geschaltet wird durch Mausklick oder über Buchstabenkurzwahl.

4. Das Listenfeld, in dem mittels Maus oder Cursortasten ein Eintrag ausgewählt werden kann. In vielen Fällen bietet ein Listenfeld Zugriff auf

2 • Der erste Start

verschiedene Einträge. Hier wird in einem rechteckigen Fenster der aktive Eintrag der Liste angezeigt. Hat das Listenfeld einen abwärtsgerichteten Pfeil an seiner rechten Seite, so heißt es DropDown-Listenfeld: Mit den Cursortasten ([↑]/[↓]) wird die Liste geöffnet und durchlaufen. Das Öffnen der Liste erfolgt auch beim Anklicken des Pfeils. Die Auswahl wird mit dem Mauszeiger oder den Cursortasten ([↑]/[↓]) getroffen und durch ein Klicken auf die Maustaste bzw. durch Betätigung der [↵]-Taste bestätigt. Auch der direkte Eintrag über die Tastatur bietet sich bisweilen in einem Feld oberhalb der Liste an; in diesem Fall lautet der Fachterminus für das Dialogfeld "Combobox".

5. Das Textfeld, bei dem es sich um ein rechteckiges Eingabefeld handelt, in das Sie Werte oder Bezeichnungen direkt eingeben. Angewählt wird dieses Feld wiederum durch einen Mausklick oder die Buchstabenkurzwahl. Textfelder, in die Werte eingegeben werden sollen, verfügen häufig über zwei Pfeilfelder an ihrer rechten Seite. Über diese beiden Pfeile lassen sich die Werte im Feld aufwärts oder abwärts regeln. Sie drehen also durch die Skala der zulässigen Werteingaben, was diesem Feld auch den Namen "Drehfeld" einträgt. Diese Drehung kann bei aktiviertem Feld auch über die Cursortasten [↑] und [↓] eingegeben werden. Allerdings erlaubt der manuelle Zahleneintrag ins Feld oft eine präzisere Angabe der Werte, da das Drehen des Wertes im Feld doch in recht großen Schritten abläuft.

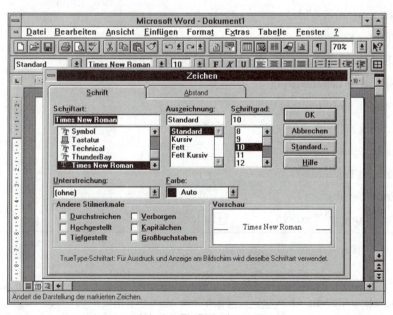

Abb. 2.3: Ein Dialogfenster

Drücken Sie grundsätzlich beim Einsatz der Buchstabenkurzwahl in Dialogfenstern die (Alt)-Taste. Zwar funktioniert die Buchstabenkurzwahl auch ohne (Alt)-Taste, solange Sie sich nicht auf einem Listen- oder Textfeld befinden. Falls der Cursor aber unbeachteterweise doch in einem Eingabefeld ist, wird der Eintrag durch den Buchstabenbefehl überschrieben, wenn Sie die (Alt)-Taste nicht drücken. Dies ist ausgesprochen ärgerlich, wenn es sich um Werte handelt, die wieder neu eingegeben werden müssen. Brechen Sie in diesem Fall die Dialogeingabe mit (Esc) ab, und aktivieren Sie das Dialogfenster neu. Dies kostet zwar Zeit, ist aber die sicherste Lösung. Um solche Umwege zu vermeiden, sollten Sie von vornherein in Dialogfenstern immer die Buchstabenkurzwahl in Kombination mit der (Alt)-Taste einsetzen.

In Dialogfenstern können Sie auch ohne Maus oder Buchstabenkurzwahl Ihre Auswahl treffen:

Bewegung/Befehl	Taste
OK	(←)
Abbrechen	(Esc)
Nächstes Feld	(⇥)
Voriges Feld	(⇧)(⇥)
Nächstes Kreisfeld	(→) oder (↓)
Voriges Kreisfeld	(←) oder (↑)
Liste aktivieren	(Alt)(↑) oder (Alt)(↓)
Nächsten Listeneintrag	(↓)
Vorigen Listeneintrag	(↑)
Anfang Zeile im Textfeld	(Strg)(Pos 1)
Ende Zeile im Textfeld	(Strg)(Ende)
Anfang Textfeld	(Pos 1)
Ende Textfeld	(Ende)
Bewegung im Textfeld	(→) oder (←)

Tab. 2.7: Bewegungen in Dialogfenstern

Dialogfenster haben ein Systemkontrollmenü, das auf die gewohnte Art durch Anklicken oder (Alt)(   ) geöffnet werden kann. Sein Inhalt ist allerdings auf zwei Befehle reduziert: VERSCHIEBEN ((V)) und SCHLIESSEN ((L)). Mittels der Befehle oder der äquivalenten Mausbedienungen - Ziehen der Kopfleiste oder doppeltes Anklicken des Systemmenüs - können Sie Dialogfenster positionieren oder Schließen. Besonders die Möglichkeit der Positionierung macht sich bei all jenen Dialogfenstern positiv bemerkbar, die Aktionen im Text steuern (z.B. SUCHEN oder SILBENTRENNUNG). Bei diesen Vorgängen ist es nützlich, die Übersicht im Text zu behalten.

Wenn Sie ein Dialogfenster schließen, beenden Sie diese Funktion, nicht aber Word für Windows. Damit Ihnen allerdings keine Fehlgriffe unterlaufen, sollten Sie hierfür lieber die [Esc]-Taste verwenden. Zwar funktioniert auch der Tastenschlüssel [Alt][F4], doch dieser kann, unbedacht eingesetzt, unerwünscht weitreichende Folgen haben.

Die Statuszeile

Nachdem die Elemente des oberen Fensterbereichs behandelt wurden, gilt es nun den Blick nach unten zu lenken. Am unteren Rand des Programmfensters befindet sich eine Zeile, die über den aktuellen Status der Arbeit am Dokument informiert. Die Statuszeile wechselt daher je nach Arbeitsprozeß ihr Aussehen, worauf in diesem Buch stets im Kapitelzusammenhang ausführlich eingegangen wird. Generell können vier Aufgabenbereiche der Statuszeile unterschieden werden:

Arbeitssituation	Aufgabe der Statuszeile
Texterfassung	Die Statuszeile gibt Informationen zur aktuellen Arbeitssituation.
Menü- und Befehlswahl	Sie erhalten Kurzinformationen zum markierten Menü oder Befehl bzw. werden auf weiterführende Hilfe verwiesen.
Selbsttätige Prozesse	Hier werden innerhalb der Statuszeile Informationen zum Arbeitsprozeß gegeben (z.B. bei DATEI > SPEICHERN).

Tab. 2.8: Aufgaben der Statuszeile

Solange keine spezielle Arbeitssituation besteht, auf die Word für Windows mit einer modifizierten Statuszeile Bezug nimmt, fungiert sie als Informationsbörse zum aktuellen Stand des Dokuments. Über folgende Daten hält Sie die Statuszeile auf dem Laufenden:

Anzeige	Bedeutung
S	aktuelle Seite (Position der Einfügemarke)
Ab	aktueller Abschnitt (Position der Einfügemarke)
1/1	Seite/Gesamtseiten
Bei	aktueller Abstand vom oberen Blattrand (Position der Einfügemarke)
Ze	aktuelle Zeile (Position der Einfügemarke)
Sp	aktuelles Zeichen vom linken Rand der Seite bzw. Spalte
12:00	aktuelle Uhrzeit.

Tab. 2.9: Die Dokumentanzeige der Statuszeile

Voraussetzung der Angabe von "aktueller Abstand vom oberen Blattrand" (Bei) und "aktuelle Zeile" (Ze) ist, daß der Seitenumbruch im Hintergrund aktiv ist ([Alt][X][O] ALLGEMEIN [Alt][S]).

Im rechten Bereich der Statuszeile werden wichtige Tastatur- und Befehlsschaltungen durch inverse Buchstabenfelder dokumentiert, also z.B. ob der Überarbeiten-Modus eingeschaltet ist, ob Eingaben bestehenden Text überschreiben usw. Die Abkürzungen bedeuten:

Anzeige	Bedeutung	Taste(n)
MAK	Makro-Aufzeichnung	[Alt][X][K] [Alt][I][↵]
ÄND	Überarbeiten-Modus	[Alt][X][B][W][↵]
ERW	Markierungserweiterung	[F8]
ÜB	Überschreib-Modus	[Einfg]

Tab. 2.10: Die Infofelder der Statuszeile

Ein Doppelklick auf eines dieser Felder schaltet den dokumentierten Modus ein bzw. aus.

Die Bildlaufleisten

Die Inhalte der Dokumentfenster lassen sich bei Word für Windows mit den Bildlaufleisten steuern. Auch dies ist ein Komfort, den Sie bei Windows regelmäßig nutzen. Die Bedienung der Bildlaufleisten erfolgt ausschließlich mit der Maus.

2 • Der erste Start

Word für Windows verfügt pro Dokumentfenster über zwei Bildlaufleisten, so daß Sie senkrecht und waagerecht durch Ihre Dokumente rollen können.

Unter EXTRAS > OPTIONEN ([Alt][X][O]) können Sie unter ANSICHT die HORIZONTALE BILDLAUFLEISTE ([Alt][Z]) und VERTIKALE BILDLAUFLEISTE ([Alt][V]) ein- oder ausblenden. Dies empfiehlt sich, wenn Sie ohne Maus arbeiten oder trotz Maus keinen Gebrauch von den Bildlaufleisten machen; außerdem dient der so vergrößerte Bildschirm mitunter der besseren Übersicht. Mehr zu der Gestaltung des persönlichen Bildschirms erfahren sie in Kapitel 10.

Eine Bildlaufleiste besteht in ihrer Grundversion aus drei Elementen: den beiden Bildlaufpfeilen an den Enden des Balkens, der Bildlaufbox, die die aktuelle Einfügeposition in Relation zum Umfang des Dokuments wiedergibt, und den Bildauffeldern oberhalb/unterhalb bzw. rechts/links der Bildlaufbox.

Die vertikale Bildlaufleiste wird in der Druckbildansicht am unteren Ende außerdem um zwei weitere Symbole mit Doppelpfeilen bereichert, die dem seitenweisen Blättern im Dokument dient.

Folgende Möglichkeiten der Bedienung eröffnen die Bildlaufleisten:

Eingabe in vertikaler Bildlaufleiste	Aktion	
Bildlaufpfeil anklicken	Bildschirmanzeige eine Zeile nach oben rollen	▲
Bildlaufpfeil anklicken	Bildschirmanzeige eine Zeile nach unten rollen	▼
Bildlauffeld oben anklicken	Bildschirmanzeige um einen Fensterinhalt nach oben rollen	
Bildlauffeld unten anklicken	Bildschirmanzeige um einen Fensterinhalt nach unten rollen	
Bildlaufbox vertikal ziehen	Bildschirmanzeige relativ zur Länge des Gesamtdokuments verschieben	▯
Doppelpfeil anklicken	Nächste Dokumentseite anzeigen (nur in Layoutansicht)	▲
Doppelpfeil anklicken	Vorige Dokumentseite anzeigen (nur in Layoutansicht)	▼

Eingabe in horizontaler Bildlaufleiste	Aktion
Bildlaufpfeil anklicken	Bildschirmanzeige nach links rollen
Bildlaufpfeil anklicken	Bildschirmanzeige nach rechts rollen
Bildlauffeld rechts anklicken	Bildschirmanzeige um einen Fensterinhalt nach links rollen
Bildlauffeld links anklicken	Bildschirmanzeige um einen Fensterinhalt nach rechts rollen
Bildlaufbox horizontal ziehen	Bildschirmanzeige relativ zur Breite des Gesamtdokuments verschieben

Tab. 2.11: Funktionen der Bildlaufleisten

Beachten Sie, daß sich die Einfügemarke nach einer Rollbewegung noch an der alten Stelle befindet. Sie können dies leicht überprüfen, indem Sie die Anzeige in der Statuszeile beobachten, die Ihnen Auskunft über die Position der Einfügemarke gibt. Wenn Sie direkt eine Eingabe vornehmen, erfolgt diese am alten Platz, zu dem automatisch zurückgerollt wird. Dieses Prinzip erweist sich als ausgesprochen nützlich, wenn Sie an anderer Stelle des Dokumentes bloß etwas nachschlagen möchten, die Eingabe aber direkt weitergehen soll; dann nämlich können Sie sich das Zurückrollen sparen. Um die Einfügemarke an die neue Position zu setzen, bedienen Sie sich der Maus oder der Cursortasten.

Die Symbolleisten

Unter der Menüleiste sind weitere Leisten angeordnet, die verschiedene Aufgaben haben. Alle drei Leisten eignen sich vor allem für die Bedienung mit der Maus.

Bei der ersten Leiste handelt es sich um die Standard-Symbolleiste, über die bestimmte Funktionen von Word für Windows für Sie direkt zum Abruf bereitstehen. Sie brauchen mit der Maus lediglich ein Symbol anzuklicken, um einen Befehl oder eine Befehlsfolge zu aktivieren. Meist wird der Befehl selbsttätig direkt ausgeführt, so daß Sie keine weiteren Eingaben vornehmen müssen. Einige Symbole öffnen ein weiteres Fenster, in dem Sie den gewünschten Befehl spezifizieren können. Wenn Sie mit dem

Mauszeiger auf ein Symbol weisen, wird Ihnen in der Statusleiste die Belegung und Verfügbarkeit des Befehls erklärt.

Außerdem erscheint nach einem kurzen Augenblick in einem kleinen Kästchen unterhalb des Symbols der Name des zugeordneten Befehls. Diese Auskunft zum Symbol läßt sich unter ANSICHT > SYMBOLLEISTEN (Alt)(A)(S)) über das Kontrollkästchen QUICKINFO ANZEIGEN deaktivieren bzw. wieder aktivieren.

Falls Sie keinen Gebrauch von der Standard-Symbolleiste machen, können Sie sie im Menü ANSICHT SYMBOLLEISTEN (Alt)(A) (S)) per Mausklick ein- und ausschalten. Während die Standard-Symbolleiste aktiv ist, wird ihr Menübefehl angekreuzt gekennzeichnet. Genauso können Sie die anderen vordefinierten Symbolleisten ein- und ausschalten. In der Liste der vordefinierten Leisten steht Ihnen übrigens auch eine Symbol Sammlung mit der Bezeichnung Word für Window 2.0 zur Verfügung, die weitgehend der Funktionsleiste von WinWord 2.0 entspricht.

*Funktions-
leiste
ein- und
ausblenden*

Das Aktivieren und Deaktivieren von Symbolleisten geht übrigens noch schneller, wenn Sie eine Symbolleiste mit der rechten Maustaste anklicken. In diesem Fall erscheint das zugeordnete Shortcut-Menü, in dem die aktiven Symbolleisten per Häkchen gekennzeichnet sind. Die Anwahl eines Namens schaltet die entsprechende Symbolleiste an bzw. aus.

Allerdings finden Sie in dieser Kurzliste nicht alle verfügbaren Symbolleisten. Die Leiste namens "Word für Windows 2.0" fehlt beispielsweise. Auf diese Leisten greifen Sie im Shortcut-Menü über den Befehl SYMBOLLEISTEN zurück, der das oben beschriebene Dialogfenster öffnet.

Unter der Standard-Symbolleiste wird die Symbolleiste für die Formatierung, also die Gestaltung des Dokuments angezeigt. Diese Leiste verfügt über Listenfelder und Symbole, die sich der Textgestaltung - der Formatierung des Dokuments - widmen.

*Symbolleiste
FORMATIERUNG*

Die Symbole der Symbolleiste FORMATIERUNG werden auf die gleiche Art und Weise bedient wie die Symbole der Standard-Symbolleiste: Ein einfacher Klick auf das Symbol genügt, um die symbolisierte Formatierung umzusetzen. Die Funktion bezieht sich hierbei stets auf die Stellung der Einfügemarke im Dokument. Zeichenformatierungen wie FETT, KURSIV oder UNTERSTRICHEN beziehen sich stets auf das Wort, in dem die Einfügemarke steht. Absatzformatierungen wie zentiert, links- oder rechtsbündig und Blocksatz gelten für den aktuellen Absatz. Wenn eine Markierung gesetzt ist, wird die markierte Passage dem Befehl entsprechend gestaltet.

*Symbole und
Listenfelder*

Das Lineal

Über der Schreibfläche des Fensters wird das Lineal angezeigt. Das Lineal ist entsprechend der aktiven Maßeinheit skaliert. Voreingestellt ist die Einheit Zentimeter. Der Wechsel der Maßeinheit wird über EXTRAS > OPTIONEN ([Alt][X][O]) in der Kategorie ALLGEMEIN über das Listenfeld MAßEINHEIT ([M]) vollzogen.

Das Lineal dient der Einstellung von Seitenrändern, Absatzeinzügen und Tabulatoren. Wenn die Einfügemarke in einer Tabelle steht, schaltet das Lineal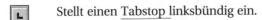 auf die tabellenorientierte Arbeitsweise um. In diesem Modus können Sie die Spalten und Felder von Tabellen formatieren.

Links außen, außerhalb des eigentlichen Lineal befindet sich das Feld zum Wechsel der Tabulatoreinstellung. Sie schalten zwischen den einzelnen Tabulatoren mit einem Mausklick um:

- Stellt einen Tabstop linksbündig ein.
- Stellt einen Tabstop zentriert ein.
- Stellt einen Tabstop rechtsbündig ein.
- Stellt einen Tabstop dezimal ein; hierbei ist die Stellung des Dezimaltrennzeichens (Komma) entscheidend für die Ausrichtung der Zeichen.

Folgende Einstellungen können Sie innerhalb des Lineals vornehmen:

Funktion	Maus
Absatzeinzug links	Symbol linker Absatzeinzug am unteren Dreieck mit Maus im Lineal ziehen
Erstzeileneinzug	Symbol linker Absatzeinzug am oberen Dreieck mit Maus im Lineal ziehen
	Das Ziehen des rechteckigen Feststellers unterhalb der linken Einzugssymbole rückt den Absatz insgesamt ein bzw. aus.
Absatzeinzug rechts	Symbol rechter Absatzeinzug mit Maus im Lineal ziehen
Tabstopposition setzen	Position im Lineal anklicken; gesetzt wird die momentan aktive Tabulatorausrichtung
Tabstopposition löschen	Tabstop mit der Maus nach oben oder nach unten aus dem Lineal ziehen.

Funktion	Maus	
Tabstoppositon ändern	Mit linker Maustaste Tabulator im Lineal ziehen	
Linker Seitenrand	Symbol linker Seitenrand mit Maus im Lineal ziehen	
Rechter Seitenrand	Symbol rechter Seitenrand mit Maus im Lineal ziehen.	
Tabellenspalten	Symbol Tabellenspalte mit Maus im Lineal auf die gewünschte Breite ziehen.	

Tab. 2.12: Die Bedienung des Lineals

Falls Sie keinen Gebrauch vom Lineal machen, können Sie es im Menü ANSICHT mit dem Befehl LINEAL ausschalten ([Alt][A][L]) und auf die gleiche Weise auch wieder aktivieren. Während das Lineal aktiv ist, wird sein Menübefehl durch ein vorangestelltes Häkchen gekennzeichnet. Sämtliche Einstellungen zu Seitenrändern, Absatzeinzügen, Tabulatoren und Tabellen lassen sich statt mit dem Lineal auch über Menübefehle eingeben.

Lineal ein- und ausblenden

Word für Windows beenden

Nachdem nun der Bildschirmaufbau, die wichtigsten Elemente und die zentralen Steuerungsbefehle bekannt sind, können Sie den Bildschirm ein wenig verändern:

Wenn Sie im Besitz einer Maus sind, sollten Sie durch Anklicken der Maximierfelder zwischen Vollbild und Fensterdarstellung umschalten und in der Fensterdarstellung durch Ziehen mit dem Mauszeiger die Rahmengröße und die Position des Fensters verändern. Klicken Sie auch einmal die einzelnen Menüs an, und betrachten Sie deren Inhalt. Zum Schluß können nen Sie Word für Windows über das Systemmenü verlassen. Sie erinnern sich: es verbirgt sich hinter dem Briefkastensymbol in der oberen linken Ecke. Klicken Sie es an, und wählen Sie SCHLIEẞEN. Damit beenden Sie Ihre Arbeit mit Word für Windows.

Falls Sie gerne mit der Tastatur arbeiten - bei der Textverarbeitung liegen Tasten meist näher als die Maus -, sollten Sie sich die wichtigsten Tastenschlüssel einprägen.

Wechseln Sie zwischen Vollbild ([Alt][F10]) und Programmfenster ([Alt][F5]). Probieren Sie diesen Wechsel auch für das Dokumentfenster aus, wobei Sie hier mit [Strg][F10] und [Strg][F5] hin- und herschalten. Auch die Tastenkombination für die Positionierfunktionen des Programmfensters - die Tastenkombinationen [Alt][   ][V] und [Alt][   ][G] - sollten Sie sich einprägen. Gerade im Bereich der Positionierung von Fenstern lohnt sich ein wenig Übung, die schließlich die fehlende Maus ersetzt. Probieren Sie außerdem die Möglichkeit der Buchstabenkurzwahl für einzelne Menüs, indem Sie die [Alt]-Taste niederhalten und die unterstrichenen Menübuchstaben drücken. Schließlich verlassen Sie Word für Windows über das Systemmenü ([Alt][   ][L]) oder mit dem Tastenschlüssel [Alt][F4].

Falls Sie Text auf der Schreibfläche eingegeben haben, fragt das Programm ab, ob Sie Ihre Eingaben speichern möchten. Sie können dies durch NEIN ([N]) ablehnen, durch JA ([J]) annehmen, die Aktion ABBRECHEN ([Esc]) oder HILFE ([H]) anfordern. Wie Dokumente als Dateien gespeichert werden, erfahren Sie im nächsten Kapitel.

3
Textverarbeitung

Text erfassen	Seite	43
Absatz	Seite	43
Zeile	Seite	44
Zeichen	Seite	44
Nicht druckbare Zeichen	Seite	44
Einfügen von Text an einer beliebigen Stelle	Seite	47
Bewegung und Änderungen im Text	Seite	48
Löschen	Seite	51
Speichern eines Textes - Das Dokument	Seite	55
Angaben zur Datei-Information	Seite	59
Erfaßten Text speichern und beenden	Seite	61
Neue Datei öffnen	Seite	62
Word für Windows beenden	Seite	63

3 • Textverarbeitung

Text erfassen

Zunächst starten Sie Word für Windows wie im vorhergehenden Kapitel erklärt. Nachdem im letzten Kapitel die grundlegenden Elemente des WinWord-Bildschirms behandelt wurden, beginnt nun die Arbeit am Text. Bevor Sie aber den Text aus Abbildung 3.1 abtippen, sollten Sie ihn sich einmal genauer anschauen. Außer den gewohnten Zeichen, die Sie von der normalen Schreibmaschinentastatur kennen, werden hier einige Zeichen abgebildet, die Sie im Ausdruck nicht finden werden. Die folgenden Abschnitte gehen auf Eingabe, Darstellung und Funktion dieser nicht druckbaren Zeichen ein. Der Übungstext in Abbildung 3.1 ist als Anregung gedacht. Der Text ist außerdem auf der beiliegenden Diskette als BRF_BIT-.DOC gespeichert.

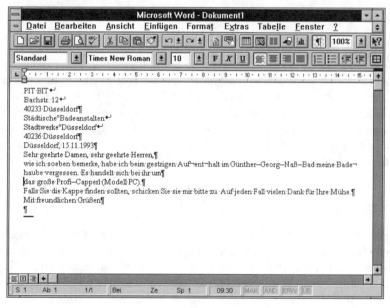

Abb. 3.1: Brief von Pit Bit

Was Sie schreiben, setzt sich aus drei Grundelementen zusammen: Zeichen, Zeilen und Absätzen.

Absatz

Während die normale Zeicheneingabe so funktioniert, wie Sie es von der Schreibmaschine gewohnt sind, hat die Taste für die Zeilenschaltung bei der Textverarbeitung eine andere Bedeutung. Die Zeilen werden nämlich

43

automatisch vom Programm umbrochen. Wenn das letzte Wort einer Zeile so lang ist, daß es die Randbegrenzung überschreiben würde, übernimmt Word für Windows es automatisch in die nachfolgende Zeile. Diese Funktion wird als "Wordwrapping" bezeichnet.

Der automatische Zeilenumbruch ermöglicht Ihnen, Ihren Text zu erfassen, ohne die Zeilenenden zu beachten. Diese Aufgabe übernimmt Word für Windows für Sie. Hiervon sollten Sie auch auf jeden Fall Gebrauch machen, da die ⏎-Taste, mit der bei der Schreibmaschine ja das Zeilenende angegeben und der Wagenrücklauf initiiert wird, bei Word für Windows eine andere Bedeutung hat. Die ⏎-Taste signalisiert dem Programm das Ende eines Absatzes. Welche Bedeutung das hat, wird in Kapitel 7 beschrieben. Von Anfang an sollten Sie ein Absatzende jedoch nur dann eingeben, wenn wirklich ein Absatz beendet ist.

Zeile

Nun gibt es ja bisweilen auch folgende Situation: Eine Zeile ist zwar noch nicht randvoll, dennoch soll der nachfolgende Text in eine neue Zeile geschrieben werden. Auch hier vermeiden Sie die Eingabe des Absatzendezeichens. Word für Windows kennt für diesen Zweck eine spezielle Zeilenschaltung, die über die Tastenkombination ⇧ ⏎ eingegeben wird. Diese Schaltung beginnt mit dem nachfolgenden Text eine neue Zeile, ohne den Absatz zu beenden.

Zeichen

Zeichen werden gewöhnlich über die alphanumerische Tastatur eingegeben, die von der Anordnung her der Tastatur einer Schreibmaschine entspricht. Neben Buchstaben, Zahlen, Satz-, Rechen- und anderen Zeichen (z.B. Klammern) gibt es nichtdruckbare Zeichen. Hiermit sind jene Zeichen gemeint, die zwar am Bildschirm angezeigt werden können, im Ausdruck aber nicht erscheinen.

Nicht druckbare Zeichen

Die nicht druckbaren Zeichen können Sie an- und abschalten. Für die Einstellung der nicht druckbaren Zeichen ist im Menü EXTRAS > OPTIONEN (Alt X O) die Registerkarte ANSICHT zuständig. Im Bereich NICHT DRUCKBARE ZEICHEN können Sie ALLE (Alt A) auf Anzeige schalten oder die gewünschten Zeichen separat aktivieren.

3 • Textverarbeitung

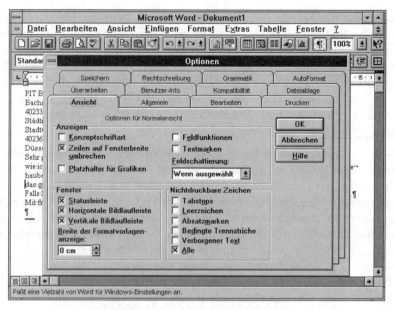

Abb. 3.2: Das Dialogfenster OPTIONEN

Die Aufgabe, alle nicht druckbaren Zeichen zur Anzeige zu bringen, erfüllt kürzer die Schaltfläche der Formatierungsleiste, die assoziativ deutlich mit dem Absatzendezeichen ¶ gekennzeichnet ist. Auch der Tastenschlüssel Strg ⇧ + erfüllt den gleichen Zweck, nämlich die Anzeige aller Sonderzeichen auf dem Bildschirm einzuschalten, ohne daß Sie zuerst das Menü aktivieren müssen.

Wenn Sie das Symbol anklicken oder die Tastenkombination drücken, sehen Sie viele jener Zeichen vor sich, die unbemerkt das Aussehen Ihres Textes steuern. So haben Sie z.B. das Absatzendezeichen ¶ vor Augen. Falls Sie kein Absatzende auf dem Bildschirm haben, betätigen Sie einfach die ⏎-Taste. Wenn Sie die ⇧-Taste gemeinsam mit der ⏎-Taste drücken, wird das Zeichen für das Zeilenende ↵ angezeigt. Auch das Tabulatorzeichen → können Sie sich schnell einmal anschauen, indem Sie die ⇥-Taste betätigen.

Ein Sonderzeichen, das Ihnen ständig begegnen wird, ist der kleine Punkt zwischen den einzelnen Wörtern, der in halber Höhe der Zeile steht: ·. Dieser Punkt symbolisiert die Eingabe einer Leerstelle.

Eine Leerstelle zwischen zwei Wörtern berechtigt Word für Windows, eine Zeile an diesem Punkt zu umbrechen. Hiervon macht das Programm - wie oben beschrieben - immer dann Gebrauch, wenn das letzte Wort einer Zeile

45

zu lang ist, um ganz in die Zeile aufgenommen zu werden. Mitunter kommen aber im Laufe eines Textes Wörter vor, die auf keinen Fall auseinandergerissen werden sollen, sondern immer in unmittelbarer Folge in einer Zeile erscheinen sollen. Dieser sogenannte "geschützte Wortzwischenraum" wird dem Programm über eine Tastenkombination mitgeteilt: Geben Sie statt des einfachen Leerzeichens zwischen diesen Wörtern (Strg)(⇧)(⎵) ein. In der Bildschirmdarstellung wird solch ein geschützter Zwischenraum durch das Gradzeichen ° dargestellt.

Selbstverständlich wurde bei Word für Windows auch die Möglichkeit berücksichtigt, Wörter am Zeilenende zu trennen. Hierfür steht neben dem automatischen Trennprogramm, das in Kapitel 11 behandelt wird, auch die manuelle Eingabe von Trennungen zur Verfügung. Bekannt ist Ihnen das normale Trennzeichen "-", das normalerweise die übliche Trennfunktion am Zeilenende hinreichend erfüllt. Problematischer schaut es aus, wenn Sie einen bearbeiteten und bereits getrennten Text neu formatieren, also z.B. ein anderes Papierformat vorgeben oder die Seitenränder ändern. Dann kommen nämlich die gesetzten Trennzeichen mitten in den Zeilen vor, wo sie zwar nichts zu suchen haben, dennoch aber gedruckt werden.

Um solchen Trennungsproblemen vorzubeugen, bietet Word für Windows Ihnen ein Trennzeichen, das eine bedingte Trennstelle anzeigt. Es wird durch die Kombination (Strg)(-) eingegeben und unterscheidet sich in der Sonderzeichenanzeige vom normalen Trennzeichen durch die Form: Sein rechtes Ende weist ein Häkchen nach unten auf (¬). Wenn die Sonderzeichen unsichtbar sind, verschwinden auch die bedingten Trennstriche innerhalb der Zeile. Sie treten nur am Zeilenende in Aktion, also genau dort, wo Sie sie brauchen. So können Sie auch später Maße und Schriften ändern, ohne daß feste Trennstriche das Druckbild stören.

Ebenso wie es geschützte Wortzwischenräume gibt, an deren Stelle kein Umbruch erfolgen darf, können auch geschützte Trenn- oder besser: Gedankenstriche, eingegeben werden. Diese Striche eignen sich beispielsweise für zusammengesetzte Wörter, deren Umbruch zu Mißverständnissen führen könnte. Eingegeben werden sie mit der Kombination (Strg)(⇧)(-) und dargestellt als doppelt lange Version des Trennstrichs. Lassen Sie sich von dieser Sonderzeichenanzeige nicht irritieren, im Druck und bei ausgeschalteten Sonderzeichen hat der Strich die normale Länge. Wichtig ist in diesem Fall nur, daß solch ein Strich von Word für Windows als untrennbare Stelle interpretiert wird.

In der folgenden Tabelle finden Sie noch einmal die wichtigsten Sonderzeichen in der Übersicht:

Nicht druckbare Zeichen	Anzeige	Taste(n)
Absatzende	¶	[↵]
Zeilenende	↵	[⇧][↵]
Wortzwischenraum	·	[ ]
Geschützter Wortzwischenraum	°	[Strg][⇧][ ]
Trennstelle	-	[-]
Bedingte Trennstelle	¬	[Strg][-]
Geschützter Bindestrich	—	[Strg][⇧][-]
Tabulator	Ý	[⇥]

Tab. 3.1: Die nicht druckbaren Zeichen

Tippen Sie zur Übung den Beispieltext aus Abb. 3.1. Beachten Sie die Sonderzeichen, die in der Abbildung dargestellt sind, und geben Sie diese entsprechend der Vorlage ein. Schalten Sie dann die Sonderzeichendarstellung aus ([Strg][⇧][+]), und schauen Sie sich die Änderungen an, die sich im Textbild ergeben haben.

Einfügen von Text an einer beliebigen Stelle

Ein Text, der von einer Textverarbeitung erfaßt wurde, hat nicht die feste Konsistenz, die handschriftliche, getippte oder gedruckte Texte aufweisen. Das Programm übernimmt die Verwaltung des erfaßten Textes. Hierdurch erweist sich Word für Windows als ausgesprochen flexibel, wenn Sie Text ergänzen oder löschen wollen. Sie fügen den Text einfach hinzu oder entfernen ihn, ganz wie es Ihnen gefällt. Daß keine Lücken oder Überschreibungen entstehen, daß Zeilen weitergeschoben oder zusammengezogen und an der richtigen Stelle umbrochen werden, dafür sorgt Word für Windows.

Die Einstellung, die es Ihnen erlaubt, Textpassagen inmitten des schon erfaßten Textes zu ergänzen, heißt Einfügemodus. Dieser Modus ist wohl die Standardeinstellung beim Arbeiten mit Textverarbeitungen. Sein Gegenstück ist der Überschreibmodus, der am Ende dieses Kapitels behandelt wird.

Bevor Sie den folgenden Teil durcharbeiten, sollten Sie sich davon überzeugen, daß der Überschreibmodus nicht aktiv ist, Sie sich also im Einfügemodus befinden. Der Überschreibmodus wird mit der (Einfg)-Taste an- und ausgeschaltet; er ist aktiv, wenn in der Statusleiste "ÜB" hervorgehoben ist. Schalten Sie den Überschreibmodus in diesem Fall aus.

Bewegung und Änderungen im Text

Nachdem ein Text eingegeben wurde, fallen oft Punkte ins Auge, die zu ändern wären. Hierbei kann es sich um Fehler handeln, aber auch um Formulierungen, die anders eleganter wären, oder Ergänzungen, die den Text präziser machen. Word für Windows bietet Ihnen die Möglichkeit, Texte im Nachhinein zu bearbeiten. Um sich im Text zu bewegen, stehen verschiedene Möglichkeiten zur Verfügung.

Die Maus ist das flexibelste Instrument, um in einem Text die Position zu ändern. Während der Texteingabe ist der Mauszeiger zwar nicht sichtbar, wird aber sofort angezeigt, wenn Sie die Maus bewegen. Er erscheint jedoch nicht an der Stelle der Einfügemarke, sondern dort, wo er vor Beginn der Eingabe zuletzt plaziert war.

Falls Sie den Mauszeiger einmal nicht sofort entdecken können, führen Sie die Maus vertikal oder horizontal zum Bildschirmrand, wo der Mauszeiger als Pfeilsymbol leicht sichtbar ist.

Sie versetzen die Einfügemarke mit der Maus, indem Sie den Mauszeiger auf die gewünschte Textposition setzen und eine Maustaste drücken. Die Einfügemarke erscheint nun an der gewählten Position, und Sie können mit der Tastatureingabe fortfahren.

Neben der Maus bietet sich auch die Möglichkeit, die Einfügemarke direkt mit den Cursortasten zu bewegen. Die Tasten ← und → bringen die Einfügemarke zeichenweise nach links bzw. rechts, die Tasten ↑ und ↓ zeilenweise nach oben oder unten.

Versuchen Sie diese Bewegungen im Beispielbrief. Gehen Sie ans Ende der Zeile, in der Pit Bit seine Badekappe beschreibt, und fügen Sie innerhalb der Klammer noch die Farbbezeichnung ein:

```
das große Profi-Capperl (Modell PC, rot-weiß).
```

Neben den Einzelschritten durch den Text bieten sich weitere Tasten für die Durchquerung größerer Passagen an.

Wortweise bewegen - [Strg][←] und [Strg][→]

Indem Sie die [Strg]-Taste zusammen mit der [←]-Taste betätigen, wandert die Einfügemarke wortweise nach links; in die umgekehrte Richtung wandert sie wortweise durch die Tastenkombination [Strg][→]. Die Einfügemarke wird hierbei immer am Anfang des vorhergehenden bzw. folgenden Wortes plaziert. Als Wörter werden hierbei alle zusammenhängenden Buchstaben- und Ziffernfolgen diagnostiziert, die nicht durch Leer-, Satz- oder Rechenzeichen getrennt werden; hierzu sind auch Währungssymbole, Paragraphenzeichen und Klammern zu zählen. Eine ununterbrochene Folge von den vorgenannten Symbolen wird wiederum wie ein Wort behandelt.

Um diese Funktion zu testen, wandern Sie zunächst vorwärts und rückwärts durch den Brief des Herrn Bit. Gehen Sie nun zum Ende des Briefes und fügen Sie eine Gleichung an:

```
2+2=4
```

Wenn Sie diese Gleichung mit [Strg][←] rückwärts durchlaufen, sehen Sie, daß die Einfügemarke zeichenweise vorrückt. Verändern Sie die Gleichung in

```
22$+22$=44$
```

und bewegen Sie sich wieder mit einer [Strg]-Kombination in ihr. Die zusammengeschriebenen Zahlen werden jetzt als eine Einheit angesehen. Wenn Sie nun auch noch die Rechenzeichen verdoppeln oder den Zahlen das Dollar-Zeichen ($) anfügen, zeigt sich im Versuch, daß für Word für Windows auch die Symbolblöcke Sprungeinheiten sind.

Absatzweise bewegen - [Strg][↑] und [Strg][↓]

Wenn Sie die [Strg]-Taste in Verbindung mit [↑] oder [↓] einsetzen, springt die Einfügemarke von Absatz zu Absatz. Die Marke wird hierbei stets am Anfang des vorhergehenden bzw. des folgenden Absatzes positioniert.

Plazieren Sie mit [Strg][↑] die Einfügemarke am Anfang der Adresse des Empfängers und fügen Sie "An die" und eine Zeilenschaltung vor "Städtische Badeanstalten" ein. Nun positionieren Sie die Einfügemarke direkt hinter "Städtische" und ergänzen ein "n", so daß die Adresse so ausschaut:

```
An die
Städtischen Badeanstalten
Stadtwerke Düsseldorf
40235 Düsseldorf
```

Zum Anfang bzw. Ende der Zeile bewegen - [Pos 1] und [Ende]

Um die Einfügemarke an den Anfang oder das Ende einer Zeile zu bewegen, benutzen Sie die Tasten [Pos 1] bzw. [Ende]. Beide Tasten beziehen sich stets auf die Zeile, in der die Einfügemarke zur Zeit steht.

Einen persönlichen Adressaten können Sie nun leicht in der Adresse ergänzen: Setzen Sie die Einfügemarke mit [↓] auf die "Stadtwerke"-Zeile und positionieren Sie sie mit [Pos 1] an den Zeilenanfang. Schreiben Sie nun den Namen des Bademeisters und geben danach eine Zeilenschaltung ein:

```
An die
Städtischen Badeanstalten
Herrn B. Rause
Stadtwerke Düsseldorf
40235 Düsseldorf
```

Cursorbewegung um einen Fensterinhalt nach oben oder unten - [Bild ↑] und [Bild ↓]

Bei längeren Dokumenten ist es sehr hilfreich, schnell einmal eine Bildschirmseite vorwärts oder rückwärts zu blättern. Mit der Taste [Bild ↑] springen Sie einen Fensterinhalt nach oben und mit der Taste [Bild ↓] in die umgekehrte Richtung einen Fensterinhalt nach unten. So läßt sich bei längeren Texten schnell einmal nachschauen, in welchem Zusammenhang die aktuelle Passage steht. Hierfür ist der aktuelle Übungstext allerdings zu kurz.

Cursorbewegung zum Dokumentanfang oder Dokumentende - [Strg][Pos 1] und [Strg][Ende]

Zum Anfang oder Ende eines Dokuments kommen Sie direkt mit den Kombinationen [Strg][Pos 1] oder [Strg][Ende]. Das ist sehr hilfreich, wenn Sie mit umfangreichen Dokumenten arbeiten.

In unserem kleinen Brief können Sie nun den Titel ergänzen, den Herr Bit in der Hektik des Schreibens vergessen hat. Verleihen Sie ihm einen Doktortitel, indem Sie mit [Strg][Pos 1] an den Anfang des Briefes springen und ein "Dr." vor seinem Namen ergänzen.

Cursorbewegung zum Fensteranfang bzw. Fensterende - [Strg][Bild ↑] und [Strg][Bild ↓]

Um an den Anfang oder das Ende des aktuellen Dokumentfensters zu gelangen, stehen Ihnen die Tastenkombinationen [Strg][Bild ↑] und [Strg][Bild ↓] zur Verfügung. Während Anfang- und Endpunkt des Dokuments feste Stellen sind, verhält sich die fensterorientierte Sprungoption selbstverständlich relativ zur Fenstergröße und bezieht sich auf den momentan dargestellten Teil des Dokuments. Die Einfügemarke wird durch den Sprung vor das erste Zeichen der ersten Zeile bzw. hinter das letzte Zeichen der letzten Zeile gesetzt. Wenn die letzte Zeile des Fensters mit einem Absatzende aufhört, wird die Einfügemarke am Ende der vorletzten Zeile plaziert.

Rückkehr zur vorherigen Position - ⇧ F5

Nachdem an einer Stelle Änderungen vorgenommen wurden, soll häufig zur letzten Einfügeposition zurückgekehrt werden. Die Arbeit des Suchens und Positionierens der Einfügemarke ersparen Sie sich, wenn Sie auf die Tastenkombination ⇧ F5 zurückgreifen. Auch diese Funktion ist - besonders in langen Texten - ein sehr nützliches Bedienungsinstrument.

Bewegung der Einfügemarke (Zusammenfassung)

Folgende Tabelle bietet noch einmal eine Übersicht über die Bewegungen der Einfügemarke im Text mittels der Tastatur:

Bewegung der Einfügemarke	Tasten(kombination)
ein Wort nach links	Strg ←
ein Wort nach rechts	Strg →
einen Absatz nach oben	Strg ↑
einen Absatz nach unten	Strg ↓
zum Anfang der Zeile	Pos 1
zum Ende der Zeile	Ende
um einen Fensterinhalt nach oben	Bild ↑
um einen Fensterinhalt nach unten	Bild ↓
zum Anfang des Dokuments	Strg Pos 1
zum Ende des Dokuments	Strg Ende
zum oberen Fensterende	Strg Bild ↑
zum unteren Fensterende	Strg Bild ↓
zur vorigen Position zurück	⇧ F5

Tab. 3.2: Tastaturbewegung der Einfügemarke

Löschen

Das Löschen ist eine der besonderen Eigenschaften von Textverarbeitungen. Da der Text noch nicht auf dem Papier ist, sondern bislang nur im Speicher des Computers erfaßt wurde, haben Sie die Möglichkeit, ohne Tipp-Ex oder Lift-Off-Bänder Eingaben zu entfernen.

Hierbei können nicht nur Zeichen, sondern auch Sonderzeichen wie Zeilen- und Absatzschaltungen gelöscht werden. Word für Windows bietet Ihnen verschiedene Möglichkeiten des Löschvorganges an.

Endgültig löschen mit ⌫

Die Rückschritt-Taste, über die ja auch Schreibmaschinen verfügen, hat bei der Textverarbeitung eine modifizierte Bedeutung. Während bei der mechanischen Maschine die ⌫-Taste den zeichenweisen Wagenrücklauf verursacht, ohne Änderungen im Text vorzunehmen, entfernt die gleiche Taste bei der Textverarbeitung am PC den Text, der links von ihr steht, und zwar solange sie gedrückt ist.

Wenn Sie die Strg-Taste in Verbindung mit der ⌫-Taste benutzen (Strg+⌫), löschen Sie das letzte Wort vor der Einfügemarke. Falls sich die Einfügemarke mitten in einem Wort befindet, wird nur der linke Teil des Wortes entfernt.

Die ⌫-Taste wirkt wie ein Radiergummi, mit dem Sie die Zeile von rechts nach links behandeln. Prägen Sie sich diese doppelte Funktion der ⌫-Taste ein.

Um sich in einer Textzeile rückwärts zu tasten, ohne das Geschriebene zu verändern, müssen Sie stets ←, die Kombination Strg+← oder Pos 1 verwenden. Anderenfalls löschen Sie unbeabsichtigt Text, den Sie dann wieder neu erfassen müssen.

Setzen Sie die Einfügemarke mit Strg+Ende ans Ende des Textes, und löschen Sie mit der ⌫-Taste die Gleichung.

Endgültig löschen mit Entf

Statt eine Zeile vom Ende her aufzuräumen, bietet sich alternativ eine andere Möglichkeit. Wenn Sie Zeichen löschen möchten, die rechts der Einfügemarke stehen, ist es ein überflüssiger Schritt, die Einfügemarke zunächst hinter den Zeichen zu positionieren und dann zurückzulaufen. Zeichen rechts der Einfügemarke löschen Sie mit der Entf-Taste. Hierbei "verschluckt" die Einfügemarke Zeichen für Zeichen, bis Sie die Entf-Taste wieder loslassen. Die Tastenkombination Strg+Entf löscht das Wort rechts der Einfügemarke bzw. den Wortteil, der rechts der Einfügemarke steht.

Zur Übung sollten Sie "Auf jeden Fall" löschen. Positionieren Sie mit Hilfe der Richtungstasten die Einfügemarke auf dem Satzanfang, und drücken Sie dann die Entf-Taste, bis die drei Wörter verschwunden sind. Nun versehen Sie "vielen" noch mit einem großen "V".

```
"Vielen Dank für Ihre Mühe."
```

3 • Textverarbeitung

Überschreiben mit Einfg

Zu Beginn dieses Übungsteils wurde darauf verwiesen, daß der Überschreibmodus nicht aktiv sein darf. Der Überschreibmodus ist eine weitere Möglichkeit, Änderungen in einen Text einzufügen; allerdings überschreibt die Änderung den bestehenden Text, wenn durch "ÜB" in der Statuszeile hervorgehoben wird, daß der Überschreibmodus eingeschaltet ist. Geschaltet wird der Modus mit der Einfg -Taste.

Ändern Sie nun die Anrede im Brief, der ja inzwischen persönlich adressiert ist, indem Sie den alten Text überschreiben. Diese Vorgehensweise erspart Ihnen den Zwischenschritt des Löschens. Setzen Sie die Einfügemarke an den Anfang der Zeile "Sehr geehrte Damen ...", und schalten Sie mit Einfg in den Überschreibmodus. Geben Sie nun den Namen des Bademeisters ein, und löschen Sie die restlichen Zeichen der Zeile. Das Ergebnis ist

```
Sehr geehrter Herr Rause,
```

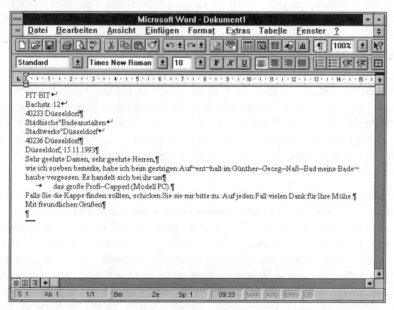

Abb. 3.3: Die Endversion des Briefes von Pit Bit

Sie können Ihre Arbeit optimieren, indem Sie überlegt zwischen Überschreibmodus und Einfügemodus wechseln. Beachten Sie aber, daß Sie sich eine Grundeinstellung für die reguläre Textarbeit angewöhnen sollten. Falls Sie in der Regel den Einfügemodus bevorzugen, schalten Sie den Überschreibmodus immer direkt nach Gebrauch wieder aus. Ansonsten kann es bei der nächsten Einfügung, die Sie machen, zur bösen Überraschung kommen; daß ungewollt überschrieben wurde, wird meist zu spät gemerkt.

Den letzten Befehl zurücknehmen - Strg Z

Mitunter kommt aber jeder gute Rat zu spät, und der Blick auf den Bildschirm zeigt Ihnen, daß etwas geschehen ist, was nun gar nicht in Ihrer Absicht lag. Für diese Fälle verfügt Word für Windows über die Option, die letzten 100 Befehle zurückzunehmen.

Die Rücknahme des letzten Befehls bewirken Sie, indem Sie in der Funktionsleiste einmal auf die linke Hälfte des Symbols "Rückgängig" klicken. Diesem Symbol entspricht die Tastenkombination Strg Z, die ebenfalls die letzte Eingabe ungeschehen macht.

Äquivalent zur Eingabekombination Strg Z können Sie den Tastenschlüssel Alt ⇐ benutzen.

Mitunter werden zu viele Schritte rückgängig gemacht. Für diesen Fall hat WinWord das Symbol "Wiederherstellen", dem die Tastenkombination Alt ⇧ ⇐ entspricht. Mit diesem Befehl können Sie sukzessive die aufgehobenen Befehle wieder gültig machen.

Möchten Sie mehrere Befehle rückgängig machen oder wiederherstellen, klicken Sie das entsprechende Symbol so oft an, bis alle Befehle aufgehoben oder reaktiviert wurden, die Sie zurücknehmen wollen. Wenn Sie auf die Pfeile neben den Symbolen klicken, öffnet sich eine Liste, in der Sie von oben nach unten die Befehle mit der Maus markieren können, die Sie zurücknehmen möchten. Sie können bis zu 100 Schritte rückgängig machen bzw. wiederherstellen.

Die Funktion RÜCKGÄNGIG ist linear aufgebaut, das heißt, Sie können nicht einen einzelnen Vorgang zurücknehmen, den Sie vor einiger Zeit gemacht haben, sondern Sie müssen dann alle Eingaben zurücknehmen, die Sie nach dieser Fehleingabe gemacht haben. Aus diesem Grund sollten Sie RÜCKGÄNGIG immer sofort nach einem Eingabefehler anwählen; einen Tastendruck später bezieht sich die Funktion nicht mehr auf Ihre Falscheingabe, sondern zuerst auf die Aktion, die folgte. RÜCKGÄNGIG eignet sich besonders für Befehle, die zurückgenommen werden sollen, oder Löschungen, die Sie ungeschehen machen möchten.

Sie finden die Funktion RÜCKGÄNGIG außerdem im Menü BEARBEITEN als Befehl RÜCKGÄNGIG (Alt B R). Im Menü ist hinter dem Befehl RÜCKGÄNGIG außerdem vermerkt, um welche Art der Rücknahme es sich handelt. Wenn Sie den Weg über das Menü wählen, wissen Sie stets, welche Aktion zurückgenommen wird.

Bei einigen Aktionen, z.B. dem Speichern eines Dokuments, kann RÜCK-
GÄNGIG Ihnen nicht weiterhelfen. Wenn dieser Fall eintritt, wird Ihnen im
Menü unter BEARBEITEN die letzte Aktion angezeigt, die Sie zurücknehmen
können.

Den letzten Befehl wiederholen - [Strg][Y]

Sie können Befehle aber nicht nur zurücknehmen, Sie können sie auch
wiederholen. Hierzu dient im Menü BEARBEITEN der Befehl WIEDERHOLEN
([Alt][B][W]) oder einfacher das Drücken der Funktionstaste [F4]. Gerade bei
Bearbeitungen, bei denen mehrmals der gleiche Befehl angewendet werden soll, ist die Wiederholfunktion ausgesprochen praktisch. Die Wiederholung eines Befehls wird gestört durch das Umsetzen der Einfügemarke,
egal ob Sie die Einfügemarke mit den Richtungstasten oder mit der Maus
umpositionieren. Welcher Befehl aktuell zur Wiederholung ansteht, ist im
Menü BEARBEITEN hinter WIEDERHOLEN vermerkt.

Mitunter ist eine Wiederholung des letzten Befehls ausgeschlossen. In diesem Fall wird dies hinter dem grau markierten Menübefehl WIEDERHOLEN
angegeben. In der folgenden Tabelle sind die Lösch- und Bearbeitungs-
funktionen noch einmal zusammengefaßt:

Funktionen	Tasten
Zeichen links der Einfügemarke löschen	[⇐]-Taste
Wort links der Einfügemarke löschen	[Strg][⇐]
Zeichen rechts der Einfügemarke löschen	[Entf]
Wort rechts der Einfügemarke löschen	[Strg][Entf]
Überschreibmodus (Anzeige in der Statuszeile "ÜB")	[Einfg]
Zurücknahme des letzten Befehls	[Strg][Z] oder [Alt][⇐]
Wiederholung des letzten Befehls	[F4]

Tab. 3.3: Die Lösch-, Rücknahme- und Wiederholtasten

Speichern eines Textes
- Das Dokument

Die beste Art, einen Text gegen ungewollte Veränderungen zu schützen,
ist, ihn als Datei zu speichern. Der Inhalt einer solchen Datei wird als Dokument bezeichnet. Jedes Dokument hat einen Dateinamen und eine Er-

Benennen einer Datei

weiterung. Die Erweiterung des Dateinamens ist durch einen Punkt vom Namen getrennt und lautet bei Word für Windows voreingestellt "DOC".

Der Name einer Datei kann bis zu acht Zeichen lang sein. Üblicherweise beginnt er mit einem Buchstaben. Er kann alle Buchstaben und Zahlen enthalten. Andere Zeichen sind unzulässig oder sollten zumindest aus Kompatibilitätsgründen nicht gebraucht werden. Selbst wenn es möglich ist, eine Datei mit einem Dateinamen zu speichern, der Zeichen enthält, die aus der Reihe fallen - z.B. einen Dateinamen in Klammern - so ist es nicht gesagt, daß Sie diese Datei auf einem anderen System auch wieder öffnen können.

Allgemein gebräuchlich sind in Dateinamen Trennstrich (-) und der Unterstrich (_). Diese beiden Zeichen eignen sich besonders zur Gliederung von Dateinamen, da die Namen keine Leerzeichen enthalten dürfen. Ein Beispiel für einen so gegliederten Dateinamen ist:

```
brief_01.doc
```

Aus solchen Namen läßt sich sofort ersehen, worum es sich handelt; zudem bietet die Numerierung die Möglichkeit, Dateien zu ordnen. Falls Sie mehr Platz zur Numerierung brauchen, sollten Sie die Textbezeichnung sinnvoll abkürzen. Der Name

```
bf_01-03.doc
```

verweist beispielsweise auf den ersten Brief im März des Jahres.

Jeder Dateiname sollte nach Möglichkeit nur ein einziges Mal vergeben werden, da es ansonsten sehr leicht zu Mißverständnissen kommen kann. Innerhalb eines Verzeichnisses ist es sowieso nicht möglich, zwei Dateien unter dem selben Namen zu speichern; im Zweifelsfall wird die ältere Datei von der neuen, gleichnamigen überschrieben und geht Ihnen somit verloren.

Allerdings können Sie einen Dateinamen in verschiedenen Verzeichnissen doppelt verwenden. Machen Sie hiervon im Sinne Ihrer Datensicherheit keinen Gebrauch: Die Gefahr, daß eine der beiden Dateien überschrieben, gelöscht oder einfach nur mit der anderen verwechselt wird, ist groß. Eindeutige Namen sind das A und O der gut strukturierten Dateiverwaltung.

Zwar sind Ihrer Phantasie bei der Benennung von Dateien fast nur durch die Zeichenzahl Grenzen gesetzt, dennoch sollten Sie sich aber bemühen, möglichst einfache Dateinamen zu finden. Dateinamen, die eine direkte Assoziation des Dokumentinhalts ermöglichen, bewähren sich in der täglichen Praxis. Namen, die eher ein Ratespiel als eine Information darstellen, erfordern bei der Suche von Dateien unnötigen Zeitaufwand.

3 • Textverarbeitung

Um eine Datei zu speichern, klicken Sie das Symbol "Speichern" in der Funktionsleiste an. Die gleiche Funktion hat im Menü DATEI der Befehl SPEICHERN ([Alt][D][S]). Alternativ steht hierfür die Tastenkombination [⇧][F12] oder - falls Sie keine [F12]-Taste auf Ihrer Tastatur haben - [⇧][Alt][F2] zur Verfügung. Solange das Dokument noch keinen Dateinamen hat, öffnet sich nun das Dialogfenster SPEICHERN UNTER.

Speichern unter neuem Dateinamen

Wenn das Dokument bereits gespeichert wurde, wird es durch diesen Befehl automatisch unter dem bestehenden Dateinamen gesichert. Falls das nicht in Ihrer Absicht liegt, da Sie der aktuellen Version des Dokuments einen neuen Dateinamen zuweisen möchten, müssen Sie entweder den Befehl DATEI > SPEICHERN UNTER ([Alt][D][U]) oder die entsprechende Funktionstaste [F12] (bzw. [Alt][F2]) eingeben.

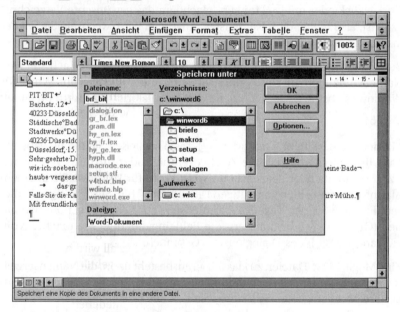

Abb. 3.4: Das Dialogfenster SPEICHERN UNTER

Im Dialogfenster SPEICHERN UNTER tragen Sie im Feld, in dem die Einfügemarke steht, den neuen Dateinamen ein. Die Datei wird dann im aktiven Verzeichnis gespeichert, das neben dem Namensfeld angezeigt ist. Sie sollten den Dateinamen erst vergeben, wenn das gewünschte Laufwerk und Verzeichnis aktiv sind.

Das aktuelle Disketten- oder Festplattenlaufwerk wechseln Sie über das Listenfeld LAUFWERKE ([Alt][L]). In der Liste sind sämtliche verfügbaren Laufwerkskennungen und Laufwerksnamen angegeben. Vor den Einträgen ist durch Symbole die Art der Laufwerke gekennzeichnet. Wählen Sie mit der Maus - ein Klick auf das Pfeilsymbol neben dem Feld öffnet die Liste - oder mit den Cursortasten ⬆/⬇ das gewünschte Laufwerk.

Um das Verzeichnis zu wechseln, aktivieren Sie das Auswahlfenster VERZEICHNISSE ((Alt)(V)). Wählen Sie mit der Maus oder den Cursortasten ein Verzeichnis aus. Die Verzeichnisse sind mit ihren Namen eingetragen, das oberste Verzeichnis einer Platte (Root Directory) wird durch die Kennung des Laufwerks und einen Backslash (\) charakterisiert. Außerdem symbolisieren "Ordner", ob das Verzeichnis geöffnet oder geschlossen ist. Falls Sie Verzeichnisebenen nach oben wechseln möchten, markieren Sie das Symbol "Geöffneter Ordner". Das Symbol "Geschlossener Ordner" wechselt eine Verzeichnisebene nach unten. Der Wechsel wird mit einem Doppelklick oder mit ⏎ initiiert. Nachdem das gewünschte Verzeichnis aktiv ist, also neben dem Namensfeld angezeigt wird, wechseln Sie wieder ins Feld DATEINAME zurück ((Alt)(D)).

Benennen Sie die Datei im Eingabefeld. Sie brauchen nur den achtstelligen Namen einzugeben. Die Namenserweiterung .DOC vergibt Word für Windows selbsttätig. Der Eintrag für den Beispielbrief von Herrn Bit lautet:

```
brf_bit
```

Mit der OK-Bestätigung oder der ⏎-Taste schließen Sie die Eingabe ab. Falls Ihr Dateiname zu viele Zeichen enthält oder unzulässige Zeichen - z.B. Kommata oder Leerzeichen - weist Word für Windows Sie in einem Alarmfenster auf einen "ungültigen Dateinamen" hin. Sie bestätigen in diesem Fall, daß Sie den Text des Alarmfensters zur Kenntnis genommen haben (OK oder ⏎) und ändern die Fehleingabe, oder Sie machen vom Hilfeangebot ((H)) des Dialogfensters Gebrauch.

Dateiendungen selbst gestalten

Eine Möglichkeit, Dateien zu klassifizieren, besteht darin, die Namenserweiterung nicht von Word für Windows automatisch eintragen zu lassen, sondern selbst einzugeben. So können Sie z. B. alle Brieftexte durch die Erweiterung .BRF kennzeichnen. Mit dieser Art der Klassifizierung haben Sie dann die vollen acht Zeichen des Dateinamens als Benennung zur Verfügung; welcher Art der Inhalt ist, wird in der Erweiterung angegeben. Diese Methode, verschiedene Textkategorien über Erweiterungen festzulegen, erfordert allerdings einen Überblick über die Namenserweiterungen, die das Betriebssystem und die Programme schon belegt haben. Solche besetzten Erweiterungen sollten Sie auf keinen Fall verwenden. Welche Erweiterungen Sie unbedingt meiden sollten, können Sie am eigenen PC feststellen. Gehen Sie die Verzeichnisse durch, schauen Sie sich die Erweiterungen an, die bereits zum Einsatz kommen, und streichen Sie sie von der Liste der verfügbaren Erweiterungen.

Die selbstdefinierten Erweiterungen tragen Sie durch einen Punkt getrennt direkt hinter dem Dateinamen ein. Das ersetzt dann die automatische Erweiterung .DOC von Word für Windows. Allerdings hat dies zur Konsequenz, daß Sie auch beim Laden dieser Dateien die Erweiterung mit angeben müssen.

Wenn es Sie interessiert, was sich hinter OPTIONEN ([Alt][O]) und GEMEINSAMER DATEIZUGRIFF ([Alt][G]) verbirgt, so lesen Sie bitte das Ende des Kapitels 6 (Speichern unter). Dort wird auf die verschiedenen Funktionen des erweiterten Dialogfensters SPEICHERN UNTER eingegangen.

Angaben zur Datei-Information

Nachdem Sie den Dateinamen mit OK oder [↵] bestätigt haben, wird die Datei gespeichert. Es empfiehlt sich allerdings, die Sicherung des Dokuments nicht damit bewenden zu lassen, sondern das Dokument auch kurz zu kommentieren. Diese Angaben zur Datei, für die WinWord ein eigenes Dialogfenster besitzt, heißen DATEI-INFO. Hierbei handelt es sich um eine Information zum Dokument, die WinWord in die Datei aufnimmt und mit ihr speichert. Dieses Dialogfenster rufen Sie mit dem Befehl DATEI > DATEI-INFO auf.

Noch besser ist es, sich die DATEI-INFO automatisch beim Speichern eines neuen Dokuments vorlegen zu lassen. Dies erfolgt, wenn Sie unter EXTRAS > OPTIONEN im Register SPEICHERN das Feld AUTOMATISCHE ANFRAGE FÜR DATEI-INFO aktivieren. In diesem Fall wird immer, wenn ein neuer Dateiname eingegeben wurde, das Formular eingeblendet, in dem Sie Ihre Datei näher spezifizieren.

In der DATEI-INFO ist Ihr Autorenname bereits eingetragen. Als Titel wird Ihnen als Vorschlag der erste Absatz Ihres Textes - maximal die ersten 255 Zeichen - genannt. Der TITEL ([Alt][T]) soll nicht identisch mit dem Dateinamen sein, sondern ist eine wertvolle Möglichkeit, die komprimierte Information des Namens auszubreiten. Sinnvoll ist es, den Titel des Dokuments so zu gestalten, daß er nachvollziehbare Beziehungen zum Dateinamen aufweist. So lassen sich Dateiname und Titel leicht in Verbindung bringen und der Inhalt der Datei mit einem Dateinamen assoziieren.

Titel

Im Feld THEMA ([Alt][E]) ist dann Raum für Ergänzungen zum Inhalt des Dokuments. Eine kurzgefaßte und aussagestarke Definition des Inhalts erspart später oft das Öffnen einer falschen Datei.

Thema

Wechseln Sie zum Feld AUTOR ([Alt][A]), um den Namen des Autors zu ändern. Sie können den Namen einfach überschreiben. So läßt sich direkt nachvollziehen, wer ein Dokument erstellt hat. Besonders wichtig ist diese

Autor

Information, wenn mehrere Personen am selben PC arbeiten. Word für Windows bezieht diese Information aus der Benutzer-Info, die über EXTRAS > OPTIONEN > BENUTZER-INFO im Eingabefeld NAME eingestellt werden kann.

Schlüssel- Das Feld SCHLÜSSELWÖRTER ([Alt][S]) ist für die Eingabe zentraler Begriffe des
wörter Dokuments vorgesehen. Wenn Sie hier bei verschiedenen Dokumenten die gleichen Schlüsselwörter eintragen, ist es später einfach, mit Word für Windows Dokumente thematisch zu ordnen und gezielt auf diese Dokumente zuzugreifen.

Kommentar Im Feld KOMMENTAR ([Alt][K]) können Sie zusätzliche Informationen oder Anweisungen zum Dokument speichern. Diese Informationen geben raschen Einblick in die Spezifika des Dokuments oder leiten den Benutzer im Gebrauch der Datei an.

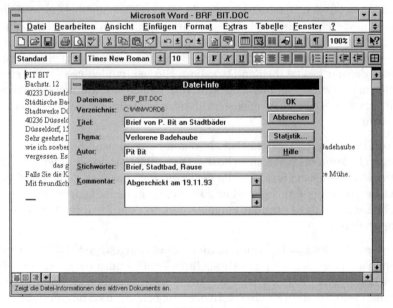

Abb. 3.5: Das Dialogfenster DATEI-INFO

 Für den Beispielbrief des Herrn Bit, der in diesem Kapitel erstellt wurde, sieht die Datei-Info folgendermaßen aus:

```
TITEL:              Brief von P.Bit an Stadtbäder
THEMA:              Verlorene Badehaube
AUTOR:              Pit Bit
SCHLÜSSELWÖRTER:    Brief, Stadtbad, Rause
KOMMENTAR:          abgeschickt am 19.11.93
```

Sie brauchen die Datei-Info nicht oder nur teilweise auszufüllen. Es erweist sich aber bei der weiteren Arbeit mit Word für Windows als ausgesprochen nützlich, von dieser Funktion möglichst umfassend Gebrauch zu machen. Das Auffinden von Dateien und der strukturierte Zugriff auf Dateigruppen werden durch das Instrument DATEI-INFO mit wachsender Anzahl der Dateien spürbar erleichtert. Umständlich ist es, alle Datei-Infos erst dann nachzutragen, wenn sich ihr Nutzen in der eigenen Praxis erweist. Mehr zum professionellen Einsatz von DATEI-INFO und dem DATEI-MANAGER, der die Einträge zu nutzen weiß, finden Sie in Kapitel 21.

Nachdem Sie die Eingaben ins DATEI-INFO-Fenster gemacht haben, die Sie für nennenswert halten, speichern Sie Ihr Dokument ab. Wenn die DATEI-INFO selbsttätig beim Befehl SPEICHERN UNTER aktiviert wurde, erfolgt die Speicherung der Angaben automatisch. Ihre Eingaben sind nun in der Dokumentdatei gesichert und stehen zur weiteren Bearbeitung zur Verfügung.

Wenn Sie im weiteren Verlauf der Arbeit ein aktualisiertes Dokument speichern möchten, das schon als Datei gesichert wurde, also bereits einen Namen und Datei-Informationen hat, erfolgt keine neuerliche Abfrage, was das Speichern beschleunigt. Häufiges Speichern ist übrigens die beste Sicherung, die Sie Ihrer Arbeit angedeihen lassen können. Die Tastenkombination [Alt][F12] leistet hierbei sehr gute Dienste, und ihr regelmäßiger Gebrauch sollte während der Texterfassung zur lieben Gewohnheit werden.

Immer, wenn Sie ein Dokument speichern, werden Sie in der Statuszeile über den Namen der Datei und den Fortgang des Speicherns auf dem Laufenden gehalten.

Erfaßten Text speichern und beenden

Um ein Dokumentfenster zu schließen, wählen Sie im Menü DATEI den Befehl SCHLIEẞEN ([Alt][D][C]) an. Falls seit dem letzten Speichern Änderungen in diesem Dokument vorgenommen wurden, fragt das Programm mit einem Alarmfenster nach, ob diese Änderungen gespeichert werden sollen ([J]), oder ob die Datei nicht aktualisiert werden soll ([N]). Auch für den Abbruch ([Esc]) und für den Hilfeaufruf ([H]) bietet sich hier noch einmal Gelegenheit.

Falls das aktive Dokument noch nie gespeichert wurde und dies nun geschehen soll, folgen vor dem Schließen die Abfragen, die Ihnen vom normalen ersten Speichern einer Datei bekannt sind. Anschließend wird das Dokumentfenster der Datei geschlossen. Für das Schließen des aktiven Dokumentfensters stehen Ihnen weitere Möglichkeiten zur Verfügung.

Das Word für Windows Buch

 Für die Tastatur bietet sich zum Schließen der Tastenschlüssel (Strg)(F4) an. Auch der Weg über das Dokumentmenü und den dort enthaltenen Befehl SCHLIEßEN steht Ihnen offen ((Alt)(-)(L)).

 Um mit der Maus ein Dokumentfenster zu schließen, klicken Sie das Dokumentmenü doppelt an.

Der weitere Ablauf entspricht dem oben beschriebenen Abschluß über DATEI > SCHLIEßEN ((Alt)(D)(S)). Wenn Sie mehrere Dokumentfenster geöffnet haben - die Anzahl der maximal geöffneten Fenster ist nur durch Ihre Systemressourcen begrenzt - und ein Fenster schließen, aktiviert Word für Windows automatisch das nächste Dokumentfenster.

Neue Datei öffnen

Nachdem Sie Ihr letztes aktives Dokument geschlossen haben, zeigt sich Word für Windows ohne Schreibfläche.

 Möchten Sie wieder ein neues Dokument öffnen, klicken Sie das Symbol "Neu" der Funktionsleiste an. Alternativ hierzu benutzen Sie im Menü DA-TEI den Befehl NEU ((Alt)(D)(N)). Bei diesem Befehl wird ein Dialogfenster angezeigt, in dem Sie wählen können, ob Sie ein Dokument für eine DATEI ((Alt)(D)) oder eine VORLAGE ((Alt)(V)) öffnen möchten.

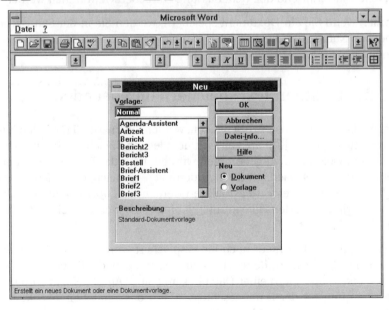

Abb. 3.6: Das Dialogfenster NEU

Vorlagen - auch Dokumentvorlagen genannt - sind eine spezielle Form von *Vorlagen*
Dokumenten, in denen Formatierungen, Druckformate und gleichbleibende Texte gespeichert sind, auf die Sie bei neuen Dateien zurückgreifen können. In der Vorlagenliste sind bereits einige Beispiele für Dokumentvorlagen aufgeführt, die zum Lieferumfang von Word für Windows gehören. Voreingestellt steht die Markierung in dieser Liste auf NORMAL, der Vorlage, in der alle globalen Anweisungen gespeichert sind. Sie können die Liste VORLAGE ([Alt][O]) mit den Cursortasten ([↓] und [↑]) oder über die Bildlaufleiste mit der Maus durchwandern. Wie sie sehen, bietet Word für Windows Vorlagenbeispiele für Briefverkehr, Notizen, Berichte und Artikel. Erklärungen zu den markierten Vorlagen werden im Feld BESCHREIBUNG angezeigt. Außer den vorgegebenen Vorlagen können Sie eigene Dokumentvorlagen erstellen, die Ihnen die Arbeit mit Word für Windows erleichtern.

Wenn Sie auf der Basis der Vorlage NORMAL eine Datei erstellen, entsprechen die Formatierungen wieder denen, mit denen der Brief des Herrn Bit erstellt wurde. Hierfür brauchen Sie einfach nur die Einstellungen, die Ihnen beim Aufruf des Dialogfensters präsentiert werden, mit [↵] zu bestätigen.

Der Befehl DATEI-INFO ([Alt][I]) ermöglicht es Ihnen, die Dateiinformationen einzutragen, bevor Sie mit der Arbeit am Dokument beginnen. Ob Sie diese Reihenfolge bevorzugen oder die Informationen lieber nach Abschluß der Arbeit eingeben, ist Geschmacksfrage.

Word für Windows beenden

Auch für das Beenden einer Arbeitssitzung mit Word für Windows haben Sie Alternativen.

Zunächst können Sie den Weg über das Menü DATEI wählen, das für alle Befehle zuständig ist, die sich auf die Dateiverwaltung mit Word für Windows beziehen. Im Menü DATEI wählen Sie BEENDEN ([Alt][D][B]).

Wenn Sie den Weg über das Systemmenü und den dort ebenfalls vorhandenen Befehl SCHLIEßEN bevorzugen, benutzen Sie die Tastenkombination [Alt][ ][L].

Als Tastenschlüssel und schnellste Lösung bietet sich Ihnen für diese Aktion [Alt][F4] an.

Mit der Maus klicken Sie das Systemmenü doppelt an. Alternativ hierzu können Sie es durch einen einfachen Klick öffnen und in ihm den Befehl SCHLIEßEN wählen. Außerdem steht selbstverständlich im Menü DATEI der Befehl BEENDEN zur Verfügung.

Sicherungs-abfragen Welchen Weg Sie auch wählen, die Abfolge bleibt sich gleich: Wenn noch geänderte Dokumente aktiv sind, werden Sie gefragt, ob Sie die Dateien speichern möchten. Diese Abfrage erfolgt separat für jedes aktive modifizierte Dokument, und einzeln entscheiden Sie über das Sichern der Version (J) oder das Verwerfen der letzten Änderungen (N), den Abbruch (Esc) oder den Hilfeaufruf (H). Falls bei der Beendung der Sitzung noch unbenannte Dokumente vorliegen, stellt auch dies kein Problem dar; Dialogfenster zur Benennung und für die Einträge in die Datei-Info werden automatisch geöffnet. Nachdem diese Arbeiten abgeschlossen wurden und nur, wenn Sie den Verlauf nicht mit (Esc) unterbrochen haben, wird Word für Windows beendet.

 Nachdem die Arbeit mit Word für Windows eingestellt wurde, befinden Sie sich im Programm-Manager von Windows. Hier steht Ihnen der Zugang zu anderen Programmen von Windows offen. Zur Rückkehr zur DOS-Systemebene verhilft Ihnen noch einmal der Tastenschlüssel (Alt)(F4) oder der Weg durchs Systemmenü, das als vertrautes Bildschirmelement noch immer am gewohnten Platz zu finden ist.

Abb. 3.7: Die Schlußabfrage von Word für Windows

4
Textausgabe

Dokumente laden	Seite	67
Die letzten Dateien	Seite	67
Andere Dateien laden	Seite	67
Auswahl einer Datei	Seite	68
Fremde Dateiformate öffnen	Seite	73
Der Schreibschutz	Seite	80
Einstellungen für den Druckvorgang	**Seite**	**82**
Druckerauswahl mit Word für Windows	Seite	83
Überprüfen des Druckbildes	**Seite**	**84**
Drucken des Dokuments	**Seite**	**86**
Druckdateien ausdrucken	Seite	94

Dokumente laden

Eine neue Arbeitssitzung beginnt oft da, wo die alte endete. Das bedeutet, Sie brauchen wieder das Dokument, das Sie zuletzt gespeichert haben. Zunächst starten Sie Word für Windows. Um nun ein bereits bestehendes Dokument zur Vorlage zu bringen, öffnen Sie die Datei, in der es gesichert wurde.

Die letzten Dateien

Wenn Sie eine Datei laden möchten, die Sie erst vor kurzem bearbeitet haben, bietet Word für Windows Ihnen hierfür den schnellen Zugriff. Im Menü DATEI sind am Ende der Befehlsliste bis zu 9 zuletzt bearbeitete Dateien genannt und durchnumeriert. Die Angabe der Dateien erfolgt mit ihren Pfaden. Sie können diese Dateien direkt laden. Klicken Sie hierfür einfach den Dateinamen an oder benutzen Sie die Tastenkombination [Alt][D] und nachfolgend die Nummer, unter der die gewünschte Datei im Menü genannt wird. Daraufhin wird die Datei geöffnet und das Dokument am Bildschirm dargestellt. Diese Option macht es leicht, dort fortzufahren, wo die Arbeit ein Ende fand.

Wenn der Brief von Herrn Bit die letzte Datei war, die Sie geschlossen haben ([Strg][F4]), steht sie nun im Menü DATEI an erster Stelle der Dateiliste. Sie laden sie durch Anklicken oder mit [Alt][D][1].

Andere Dateien laden

Selbstverständlich erschöpft sich die Arbeit nicht im Bearbeiten der zuletzt benutzten Dokumente. Wenn Sie Dateien öffnen möchten, die vor dieser Spanne liegen, klicken Sie einfach das Symbol "Öffnen" in der Funktionsleiste an und treffen Ihre Auswahl im hierdurch aktivierten Dialogfenster. Diese Funktion bietet Ihnen Zugriff auf die gespeicherten Dokument-Dateien ihres Rechners.

Zugriff auf das Dialogfenster ÖFFNEN haben Sie auch über das Menü DATEI mit dem Befehl ÖFFNEN ([Alt][D][F]) oder mittels des entsprechenden Tastenschlüssels [Strg][F12].

Der Tastenschlüssel [Strg][Alt][F2] hilft Ihnen über die Eröffnungsrunde, wenn bei Ihrer Tastatur die Funktionstaste [F12] fehlt. Diese Tastenkombination erfüllt genau den gleichen Zweck wie die [Strg][F12]-Kombination. Beide geben den Zugriff auf das Dialogfenster ÖFFNEN frei. Bei manchen älteren Tastaturen oder solchen Tastaturen, die aus Platzgründen kompakt gehalten sind, müssen Sie auf die Funktionstasten über F10 verzichten. Word für Windows verfügt für diesen Fall über Ersatzkombinationen.

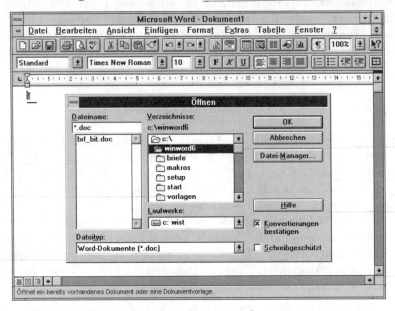

Abb. 4.1: Das Dialogfenster ÖFFNEN

Auswahl einer Datei

Nachdem Sie das Dialogfenster ÖFFNEN aufgerufen haben, wechseln Sie zunächst zum Verzeichnis, in dem Ihre Datei gespeichert ist; dann markieren Sie die Datei und laden sie durch Anklicken auf OK.

 Mit der Maus ist sowohl das Wechseln der Verzeichnisse als auch das Laden einer Datei sehr einfach. Ein Doppelklick auf das gewünschte Symbol führt jeweils ans Ziel.

 Um eine Verzeichnisebene nach oben zu wechseln, klicken Sie in der Liste VERZEICHNISSE das Symbol "Geöffneter Ordner" doppelt an; es markiert den Zugriff in eine übergeordnete Ablage. In die unteren Verzeichnisregionen gelangen Sie über die Symbole "Geschlossener Ordner". Neben den Ordnern sind jeweils die Namen der Verzeichnisse und bei der obersten Ebene der Kennbuchstabe des Laufwerks angegeben.

 Das aktive Laufwerk wechseln Sie im Listenfeld LAUFWERKE. Hier werden neben den Symbolen für die einzelnen Laufwerkarten die Laufwerkskennungen und ihre Namen gelistet; Diskettenlaufwerke bleiben allerdings unbenannt. In der Liste, die durch einen Klick auf den Pfeil an ihrer rechten Seite geöffnet wird, aktivieren Sie durch Klicken ein anderes Laufwerk.

Neben der Liste ist eine Laufleiste verfügbar, mit der Sie in längeren Listen schnell das Ziel ansteuern. Entweder Sie bewegen sich in der Liste in Einzelschritten nach oben und unten, wofür die beiden Laufpfeile am oberen und unteren Ende der Bildlaufleiste bestimmt sind, oder Sie bewegen sich durch Ziehen der Laufbox, die Ihren relativen Standort in der Liste widerspiegelt. Sobald Sie das Verzeichnis zu Gesicht bekommen, klicken Sie es einfach doppelt an.

Laufleisten in Listenfeldern

Wenn Sie an einem vernetzten Rechner arbeiten, gibt es eine weitere Schaltfläche im Dialogfenster ÖFFNEN und in den anderen Dialogfenstern, die sich in irgendeiner Weise auf das Öffnen und Speichern von Dateien beziehen: NETZWERK. Wenn Sie diese Schaltfläche anklicken, können Sie sich den Zugriff auf jene Verzeichnisse des Netzes verschaffen, die Ihnen zur Benutzung freigegeben wurden. Näheres zum Datei-Management im Netz erfahren Sie in Kapitel 21.

Wenn Sie Ihr Zielverzeichnis erreicht haben, bleiben Ihnen zwei Möglichkeiten, Ihre Datei zu laden. Zum einen können Sie den Dateinamen durch einen Mausklick markieren; er wird dann im Feld DATEINAME angezeigt und die Datei durch Anklicken des OK-Feldes geladen. Zum anderen bietet sich der kürzere Weg, den Dateinamen doppelt anzuklicken und so die Datei ohne Umwege direkt zu laden.

Mit der Maus können Sie mehrere Dateien auf einen Streich öffnen. Sie müssen hierzu lediglich in der Liste DATEINAME die Dateien mit der Maus markieren, die gleichzeitig geöffnet werden sollen. Hierbei bieten sich drei Möglichkeiten: Dateien, die untereinander stehen, markieren Sie, indem Sie die Maus bei gedrückter linker Taste über die Dateinamen ziehen. Stattdessen können Sie einen Bereich auch markieren, indem Sie die erste Datei anwählen und bei gedrückter ⇧-Taste die letzte Datei der Auswahl anklicken. Einzelne Dateien, die nicht untereinander stehen, markieren Sie, indem Sie die Strg-Taste drücken, während Sie die Dateinamen mit der Maus anklicken.

Für die Tastatur bieten sich zwei Alternativen, eine Datei zu öffnen.

1. Sie können direkt im Feld DATEINAME Laufwerk, Pfad und Name der Datei eingeben, die Sie laden möchten. Falls Sie diese Angaben im Kopf haben, ist es mitunter die schnellste Art, die Informationen einfach einzutippen und mit der ⏎-Taste zu bestätigen.

   Laufwerkbezeichnungen bestehen immer aus dem Kennbuchstaben des Laufwerks und einem Doppelpunkt. Pfadangaben zu Verzeichnissen werden immer mit einem Backslash (\) eingeleitet. Der Backslash

69

kann in der Regel bei einer AT-Tastatur (MFII-Layout) mit dem Tastenschlüssel [AltGr][ß] aufgerufen werden. Die [AltGr]-Taste liegt bei diesem Tastaturlayout rechts neben der Leertaste. Falls es Ihnen mit diesem Tastenschlüssel nicht gelingt den Backslash darzustellen, können Sie ihn mit folgendem Verfahren aufrufen: Halten Sie die [Alt]-Taste (links der [___]-Taste) nieder und geben Sie auf dem numerischen Tastaturblock die [9] und nachfolgend die [2] ein. Hierbei muß [Num] aktiv sein, der numerische Block also im Zahlenmodus stehen.

Eine Direkteingabe des Laufwerks, des Verzeichnispfads und des Dateinamens sieht beispielsweise so aus:

```
a:\doc\keinzeit
```

Falls Sie sich bereits im gewünschten Verzeichnis befinden, können Sie sich die Pfadangabe ersparen und einfach nur den Dateinamen eingeben. Die Erweiterung des Dateinamens sparen Sie sich wieder, vorausgesetzt, daß die Datei die Erweiterung .DOC trägt, die Word für Windows automatisch vergibt.

2. Der andere Weg, eine Datei über die Tastatur zu laden, entspricht der Vorgehensweise mit der Maus. Die Mausbewegungen werden hierbei entsprechend in Tastaturbefehle umgesetzt. Sie aktivieren zunächst die Listen LAUFWERKE ([Alt][L]) und VERZEICHNISSE ([Alt][V]) und wählen mit den Cursortasten [↑]/[↓] das Laufwerk oder das Verzeichnis aus und bestätigen jeweils mit [↵]. Mittels der Ordner-Symbole können Sie sich beim Wechsel durch die Verzeichnisebenen orientieren. Wenn das richtige Verzeichnis aktiviert ist, wechseln Sie in die Liste DATEI ([Alt][D]) und markieren mit den Cursortasten den Dateinamen, der nun im Feld DATEINAME angezeigt wird. Mit [↵] wird die Datei geöffnet und das Dokument geladen.

Falls Sie einen Dateinamen mit der Tastatur vorgeben, müssen Sie darauf achten, daß die Schreibweise mit dem gespeicherten Namen exakt übereinstimmt; die einzige Ausnahme von dieser Aufmerksamkeitsregel ist die Groß- und Kleinschreibung, da vom Betriebssystem der Unterschied zwischen großen und kleinen Buchstaben nicht einbezogen wird.

Die Erweiterung .DOC   Unterschieden wird jedoch zwischen Trenn- und Unterstrich, zwischen allen Sonderzeichen und selbstverständlich auch zwischen den einzelnen Zahlen. Auch die Erweiterung ist von der genauen Unterscheidung betroffen. Daher sollten Sie die Erweiterung nicht angeben, solange sie dem Standard .DOC entspricht. Solange keine andere Erweiterung und kein Erweiterungspunkt angegeben wurde, wird diese Standarderweiterung beim Öffnen automatisch ergänzt, so daß Sie bei der Schreibweise keinen Fehler machen können.

Falls Sie sich einmal der Schreibweise eines Namens nicht sicher sind, können Sie Platzhalter für Zeichen oder Zeichengruppen einsetzen. Die Platzhalter agieren variabel; so wie die Joker im Kartenspiel sind Sie für alles gut: Das Fragezeichen (?) ersetzt ein beliebiges Zeichen und das Sternchen (*) minimal 1 und maximal 8 Zeichen innerhalb eines Dateinamens. Wenn Sie also einmal nicht genau Bescheid wissen, haben Sie noch immer zwei Joker in der Hand, mit der Sie Ihre Auswahl treffen. Öffnen lassen sich Dateien allerdings nicht mit den beiden Jokern, denn für diesen Vorgang ist der korrekte und vollständige Name der Datei erforderlich.

Die Platzhalter ? und *

Es gibt eine Möglichkeit, die Vorteile der beiden Wege zur Dateiöffnung sinnvoll zu verbinden. In dieser Verbindung selektieren Sie zunächst eine Dateigruppe und wählen danach die richtige Datei aus; dieses Vorgehen schafft bessere Übersicht. Um eine Dateigruppe für den Ladevorgang auszuwählen, tragen Sie einen Teil des Namens der gesuchten Datei ins Feld DATEINAME (Alt D) ein und besetzen die unbekannten Stellen mit Jokern. Danach beginnen Sie mit dem Verzeichniswechsel. Ein Joker sollte zumindest im Namen enthalten sein, da Word für Windows den Namen ansonsten als nicht gefunden für weitere Verzeichniswechsel verwirft. Eine Vorgabe für den Dateinamen der Form

```
brf*.doc
```

bringt nur noch die .DOC-Dateien zur Anzeige, deren Name mit BRF beginnen. Die Dateierweiterung müssen Sie bei dieser Vorgehensweise übrigens mit angeben.

Wechseln Sie nun die Verzeichnisse wie gewohnt; die Dateiliste auf der linken Seite bleibt solange leer, bis Sie auf eine Datei stoßen, die Ihrer vorgegebenen Spezifikation entspricht.

Wenn Ihre gesuchte Datei angezeigt wird, sind Sie im richtigen Verzeichnis angelangt. Jetzt brauchen Sie nur noch die Datei zu markieren und mit ⏎ zu bestätigen, und Ihr Dokument wird geöffnet.

Wenn Sie Dateien mit eigenen Erweiterungen speichern, wie im vorhergehenden Kapitel beschrieben wurde, und so Ihre Dokumente bereits im Namen klassifizieren, können Sie mit den Platzhalterzeichen "*" und "?" gezielt auf bestimmte Dokumentkategorien zugreifen. Bei diesem Verfahren zeigt Ihnen die Vorgabe

```
*.brf
```

nur die Brief-Dokumente an. Beachten Sie, daß Dateien mit eigenen Erweiterungen von Word für Windows nicht gelistet werden, solange Sie die Standarderweiterung .DOC nicht überschreiben.

Die Auswahl, welche Dateien zur Auswahl angezeigt werden sollen, kann auch über das Listenfeld AUFZULISTENDER DATEITYP ([Alt][A]) getroffen werden.

In diesem Feld stehen gängige Dateitypen zusammen mit ihren spezifischen Endungen zur Auswahl bereit:

Dateityp und Endung	Wirkung
Word für Windows (*.doc)	Zeigt alle Dateien an, die mit der Namenserweiterung .DOC gespeichert wurden. Hierzu gehören auch die Dokumente mit der Standarderweiterung von Word für Windows.
Dokumentvorlagen (*.dot)	Zeigt alle Dateien an, die mit der Namenserweiterung .DOT gespeichert wurden. Dies betrifft besonders die Dokumentvorlagen von Word für Windows.
Rich Text Format (*.rtf)	Zeigt alle Dateien an, die mit der Namenserweiterung .RTF gespeichert wurden. Hierbei handelt es sich in der Regel um ASCII-Dateien in einem speziellen Kommunikationsformat von Microsoft, das neben dem Text auch die Formatierung des Dokuments festhält.
Textdateien (*.txt)	Zeigt alle Dateien an, die mit der Namenserweiterung .TXT gespeichert wurden. Dies betrifft viele Dateien, die in einem reinen Textformat (ASCII) gespeichert wurden, aber auch manche - vor allem deutschsprachige - Textverabeitungen wie z.B. Word für DOS.
Alle Dateien (*.*)	Zeigt alle Dateien an.

Tab. 4.1: Dateierweiterungen des Feldes AUFZULISTENDER DATEITYP

Falls Sie sich alle Dateien anzeigen lassen, werden auch jene Dateien in der Dateiliste aufgeführt, die keine Texte enthalten, sondern Programme oder Informationen zu Programmen. Diese Dateien können Sie zum größten Teil nicht öffnen. Selbst wenn Sie diese Dateien auf dem Bildschirm darstellen können, sollten Sie eine Bearbeitung solcher Dateien tunlichst vermeiden.

Zur Übung sollten Sie sich mit

brf*.*

alle Briefe anzeigen lassen, die auf der beiliegenden Diskette gespeichert sind. Wandern Sie durch die Verzeichnisse und beobachten Sie die angezeigten Dateinamen und Endungen.

Fremde Dateiformate öffnen

Die Platzhalter erweisen sich auch als ausgesprochen nützlich, wenn Sie eine Datei laden möchten, die nicht im Format von Word für Windows vorliegt. Textdateien anderer Textverarbeitungen tragen oft andere Namenserweiterungen, z.B. .TXT. Word für Windows ist für das Einlesen fremder Dateiformate ausgerüstet.

Word für Windows erkennt selbständig, wenn eine Datei in einem fremden Format vorliegt, übrigens auch, wenn diese Datei die Erweiterung .DOC tragen sollte. Wenn Word für Windows bemerkt, daß die Datei nicht das Standardformat von Word für Windows aufweist, blendet das Programm das Dialogfenster DATEIUMWANDLUNG ein.

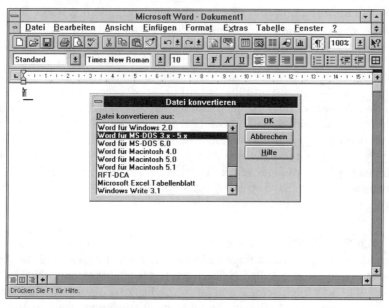

Abb. 4.2: Das Dialogfenster zur Umwandlung von Textdateien

Hier sind die Dateiformate gelistet, die Sie mit Word für Windows einlesen können. Das zugrundeliegende Dateiformat wird anhand der Endung analysiert. Grundlage für diese Formaterkennung ist die Liste der Formatkonverter, die in der WINWORD6.INI und in der WIN.INI gespeichert sind.

| WINWORD6.-
| INI
| WIN.INI

WINWORD6.INI und WIN.INI sind die Konfigurationsdateien von WinWord und Windows. Beide werden beim Start von WinWord eingelesen; auf die WIN.INI wird selbstverständlich auch beim Start von Windows zugegriffen. Zu den Startvorgaben von WinWord gehört unter anderem die Liste der Konvertierungsprogramme, die installiert wurden. WINWORD6.INI und WIN.INI sind in verschiedene Sektionen unterteilt. Die Überschriften der Sektionen sind in eckige Klammern gesetzt. Die Textkonverter finden Sie jeweils in der Sektion [MSWord Text Converters]. Den einzelnen Konvertierungsprogrammen - sie tragen die Erweiterung .CNV - werden in dieser Sektion einerseits die Namen der Textverarbeitungen und andererseits deren Dateiendungen zugeordnet. Die beiden Dateien sind im reinen Textformat (ASCII) gespeichert und lassen sich editieren.

Es liegt in Ihrer Hand, diese Eintragungen zu modifizieren. Da die INI-Dateien sehr sensibel auf Modifikationen reagieren, ist kein Befehl zum direkten Ändern der INI-Einstellungen von WinWord in ein Menü aufgenommen worden. Wollen Sie Änderungen an der WINWORD6.INI vornehmen, können Sie mit EXTRAS > ANPASSEN (Alt X A) die Registerkarte MENÜS (Alt M) aufrufen und unter KATEGORIEN den Eintrag EXTRAS wählen. Nun müssen Sie diesem Menü Sie unter BEFEHLE nur noch den Eintrag EXTRASWEITEREEINSTELLUNGEN markieren, HINZUFÜGEN (Alt U) anwählen und das Dialogfenster SCHLIEẞEN (↵). Von nun an können Sie im Menü EXTRAS den Befehl WEITERE EINSTELLUNGEN aufrufen. Wählen Sie die ANWENDUNG (Alt A) > MSWORD TEXT CONVERTERS, und Ihnen wird unter STARTOPTIONEN jener Bereich der WINWORD6.INI angezeigt, der die Konvertiereinstellungen bestimmt. Sie können die einzelnen Einträge bearbeiten, indem Sie eine Zeile unter STARTOPTIONEN (Alt T) markieren, anschließend im Textfeld EINSTELLUNG (Alt E) verändern und mit EINSTELLEN (Alt I) in die INI-Datei aufnehmen. Um einem Konverter eine andere Dateierweiterung als typisches Merkmal anzugeben, setzen Sie die Einfügemarke im Textfeld EINSTELLUNG mit (Ende) ans Ende der Zeile und fügen die drei Zeichen der gewünschten Erweiterung an.

Einträge von Erweiterungen

Es steht Ihnen frei, die alte Erweiterung zu löschen oder bestehen zu lassen, da auch mehrere Einträge zu jedem Konverter möglich sind. Die Erweiterungen müssen lediglich durch ein Leerzeichen getrennt sein. Auch die Groß- und Kleinschreibung ist in Ihr Ermessen gestellt; die Platzhalterzeichen ? und * können allerdings nicht verwendet werden. Außerdem sollten Sie darauf achten, daß jede Endung nur einem Konverter zugeordnet ist.

Die Einträge der WIN.INI können Sie auf die gleiche Weise im Dialogfenster WEITERE EINSTELLUNGEN bearbeiten, wenn Sie unter ANWENDUNG den Eintrag MSWORD EDITABLE SECTIONS markieren und im Feld OPTION eingeben:

4 • Textausgabe

MSWord Text Converters (WIN.INI)

Nachdem dieser Eintrag mit EINSTELLEN bestätigt wurde, steht die entsprechende Konverter-Sektion der WIN.INI in der ANWENDUNG-Liste als MSWORD TEXT CONVERTERS (WIN.INI) bereit.

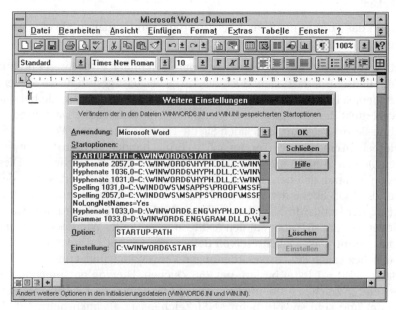

Abb. 4.3: Die Änderung der WINWORD6.INI unter WEITERE EINSTELLUNGEN

Nach der Modifikation eines STARTOPTIONEN-Eintrags der WINWORD6.INI oder WIN.INI - auf die unter ANWENDUNG stets in Klammern verwiesen wird - bestätigen Sie die Änderung mit EINSTELLEN ([Alt][I]). Bestehende Einträge können Sie mit LÖSCHEN ([Alt][L]) entfernen. Abschließend verlassen Sie mit OK oder SCHLIEẞEN das Dialogfenster. Hierdurch werden die neuen Einträge der WINWORD6.INI direkt für Word für Windows gültig.

Wenn Sie im Dialogfenster ÖFFNEN ([Strg][F12]) eine Datei öffnen, die ein anderes Format als das der Dokumentdateien und Vorlagen von Word für Windows hat, wird das Dateiformat dieser Datei in der Regel automatisch erkannt und die Datei zur Anzeige konvertiert. Anders sieht die Sachlage aus, wenn Sie im Dialogfenster ÖFFNEN das Kontrollkästchen KONVERTIERUNGEN BESTÄTIGEN ([Alt][K]) markieren. In diesem Fall erscheint bei einem Dokument im Fremdformat das Dialogfenster DATEI KONVERTIEREN, in dem ein Vorschlag zur Umwandlung markiert ist.

Konvertierung bestimmen

Wenn für die Dateierweiterung des Dokuments, das Sie öffnen möchten, kein Eintrag in der WINWORD6.INI oder der WIN.INI vorliegt und Word für Windows das Dateiformat nicht automatisch erkennt, wird ebenfalls das Dialogfenster DATEI KONVERTIEREN geöffnet, in dessen Liste nun der allgemeine Eintrag NUR TEXT markiert ist. Sie bestätigen ihn mit ⏎. Mit der Maus brauchen Sie das gewünschte Programmformat nur doppelt anzuklicken.

Wenn das Format nicht umgesetzt werden kann, erhalten Sie eine Meldung in einem Dialogfenster.

Mitunter kann Word für Windows einen Dateiinhalt zwar lesen und auf dem Bildschirm darstellen, doch die Textanzeige ist gestört durch Steuerzeichen, schwarze Quader oder ähnliches. In diesem Fall wurde bei der Wahl nicht das richtige Format getroffen. Schließen Sie die Datei wieder, ohne sie zu speichern, und laden Sie die Datei noch einmal. Wenn es sich hierbei um einen reinen Text im ASCII-Format handelt, werden die schwarzen Quader zumeist an Stelle der Umlaute und des "ß" erscheinen. Dies liegt oft daran, daß der Text im ASCII-Zeichensatz gespeichert wurde, der auf der DOS-Ebene der Standard für PCs ist. Der Konvertiermodus "Nur Text", der standardmäßig aktiv ist, wenn keine konkrete Zuordnung stattfindet, bezieht sich aber auf den ANSI-Code, der unter Windows zum Einsatz kommt. Das Zeichenreservoir des erweiterten ASCII-Codes, der heute bei nahezu allen PC-Textverarbeitungen Verwendung findet und auf 8-Bit-Basis (8 Bit = 1 Byte) basiert, hat 256 Zeichen. Hiervon entsprechen die ersten 128 Zeichen (Codenummern 0 bis 127) dem 7-Bit-ASCII-Code (ISO-Code) und sind sowohl beim ANSI-Zeichensatz als auch beim ASCII-Zeichensatz (PC) gleich. Die zweite Hälfte der 8-Bit-Zeichensätze (die Zeichen mit den Codenummern von 128 bis 255) differiert allerdings zwischen ASCII-Zeichensatz (IBM-PC) und ANSI-Zeichensatz (MS-Windows). Um Texte, die im ASCII-8-Bit-Zeichensatz (IBM-PC) gespeichert wurden, richtig in Word für Windows einzulesen, muß in der Dateiumwandlungsliste der Eintrag MS-DOS TEXT gewählt werden.

Beachten Sie bitte, daß die Liste der Konvertierprogramme beim Öffnen einer Datei nur dann angezeigt wird, wenn WinWord das Dateiformat des gewünschten Dokuments nicht automatisch identifiziert oder im Dialogfenster ÖFFNEN das Kontrollfeld KONVERTIERUNGEN BESTÄTIGEN markiert ist. Das Dialogfenster DATEI KONVERTIEREN nennt die verschiedenen Programme, deren Datenformate konvertiert werden können. Neben den Filtern, die bei der aktuellen Installation von WinWord aufgenommen wurden, finden sich in der Liste Textfilter, die mit anderen Programmen installiert wurden, beispielsweise Word für Windows 2.0.

Die Identifikation des Konvertierungsprogramms ist in der Regel einfach: Wählen Sie den Eintrag der Liste, der mit dem Erstellungsprogramm des Dokuments übereinstimmt, das Sie öffnen möchten. Außer den Standard-

4 • Textausgabe

formaten verschiedener Textverarbeitungen bietet WinWord auch Filter für Tabellenkalkulationen.

Auf Datenbanken greifen Sie in WinWord mit dem Befehl EINFÜGEN > DATENBANK zurück, der in Kapitel 24 erläutert wird.

Neben den Dokumentformaten, die bestimmten Anwendungen zugeordnet sind, umfaßt die Liste einige allgemeine Formate, die in der Tabelle 4.2 kurz erläutert werden. Außerdem erfahren Sie Wissenswertes zu Formattypen.

Listeneintrag	Dateiformat
Nur Text	In der reinen Textdatei ohne Formatierungen sind die Umlaute und anderen länderspezifischen Zeichen im Windows-ANSI-Code gespeichert.
MS-DOS Text	In der reinen Textdatei ohne Formatierungen sind die Umlaute und anderen länderspezifischen Zeichen im PC-ASCII-Zeichensatz gespeichert.
Rich Text Format (RTF)	Die vorliegende Datei wurde im Rich Text Format gespeichert. Hierbei handelt es sich um ein Textverarbeitungsformat von Microsoft. Textformatierungen werden in Befehle umgewandelt, die als Codes im ASCII-Zeichensatz in die Datei eingetragen sind. Diese Anweisungen können wiederum von anderen Programmen, die RTF verstehen, in eigene Formatinformationen rückübersetzt werden. In diesem Format ist es z.B. möglich, Textdateien von MS Word für Macintosh zu übernehmen.
MS-DOS Text mit Layout	In der vorliegenden reinen Textdatei mit Umlauten und anderen länderspezifischen Zeichen im PC-ASCII-Zeichensatz wurden die Einrückungen und Zeilenabstände durch Leerzeichen, Tabulatoren und Absatzschaltungen (sogenannten "Carriage Returns") festgeschrieben und sollen beim Öffnen in flexible Formatierungen von Word für Windows umgewandelt werden.

Listeneintrag	Dateiformat
Text mit Layout	In der vorliegendenn reinen Textdatei mit Umlauten und anderen länderspezifischen Zeichen im Windows-ANSI-Zeichensatz wurden die Einrückungen und Zeilenabstände durch Leerzeichen, Tabulatoren und Absatzschaltungen (sogenannten "Carriage Returns") festgeschrieben und sollen in flexible Formatierungen von Word für Windows umgewandelt werden.
RFT-DCA	Dateien mit der Erweiterung .RFT "Revisable Form Text" (möglich ist auch die Erweiterung .DCA "Document Content Architecture") wurden im IBM-5520-Format gespeichert, das unter anderem auch die DisplayWrite zur Textspeicherung verwenden.
Tabellen Excel Lotus 1-2-3	Bevor die Tabelle geöffnet wird, erhalten Sie im Dialogfenster ARBEITSBLATT ÖFFNEN die Möglichkeit, einen NAMEN ODER ZELLBEREICH (An) anzugeben oder aus dem Listenfeld auszuwählen. Auf diese Art läßt sich die Datenmenge begrenzen, die übernommen werden soll. Wenn für einen Bereich der Tabelle ein Name festgelegt wurde, können Sie diesen Bereich über die Anwahl des Namens aus dem Listenfeld NAME ODER ZELLBEREICH auswählen. Um einen Bereich über Koordinaten zu spezifizieren, geben Sie einfach die Spalte und Zeile der Tabelle an. Hierfür benutzen Sie einfach die Koordinaten, die auch in der Tabellenkalkulation Verwendung finden. Um einen Bereich zu definieren geben Sie zwei Eckkoordinaten durch einen Doppelpunkt getrennt ein: D5:G10

Beachten Sie, daß Sonderzeichen - z.B. Dollarzeichen -, die mitunter Koordinaten kennzeichnen, nicht eingegeben werden dürfen. Außerdem muß zuerst die Spalte und dann die Zeile genannt werden. Die Schreibweise der Buchstaben (groß oder klein) bleibt Ihnen überlassen. Allerdings sollten Sie bei der manuellen Eingabe von Bereichsnamen die Schreibweise wählen, die auch in der Tabellenkalkulation verwendet wurde.

4 • Textausgabe

Listeneintrag	Dateiformat
	Kalkulationsdiagramme importieren Sie über die Zwischenablage oder Sie nutzen hierfür die Kapazität des Applikationsprogramms MS Graph, das sich beim Installationsprozeß von Word für Windows einrichten läßt; Zugriff auf MS Graph bietet das Symbol "Diagramm" in der Funktionsleiste.

Tab. 4.2: Liste der konvertierbaren Dateiformate (DATEI > ÖFFNEN)

Als Erweiterung für ASCII-Dateien werden gewöhnlich .TXT, .DOC, .ASC und .TX8 verwendet; es kommen aber auch viele andere Erweiterungen zum Einsatz, zum Teil in sinnträchtigen Namensverbindungen. Als Beispiel mag der Dateiname READ.ME dienen. .TXT und .DOC sind überdies die gängigen Erweiterungen, mit denen fast alle Textverarbeitungen ihre Dateien versehen.

Um Dateien anderer Programme problemlos in Word für Windows einzulesen, ist es wichtig, daß Sie die Herkunft der Dateien zweifelsfrei bestimmen. Falls Sie verschiedene Textverarbeitungen einsetzen, sollten Sie es vermeiden, alle Dateien .TXT zu nennen. Besser sind Dateinamen, die die Herkunft der Datei offenlegen. Auch hier bietet sich wieder ein Einsatzbereich, in dem sich verschiedene Dateierweiterungen anbieten. Sinnvoll ist z.B. die durchgängige Kennzeichnung reiner ASCII-Dateien durch die Erweiterung .ASC oder .TX8 (hieraus geht auch das 8-Bit-Format des ASCII-Zeichensatzes hervor). Dann werden Sie Dateien mit Formatzeichen schon nicht mehr mit ASCII-Dateien verwechseln. Wenn Sie verschiedene Textverarbeitungen im Einsatz haben, geben Sie den Dokumentdateien jeder Textverarbeitung einen Kennbuchstaben, beispielsweise .TXA, .TXB, .TXC usw. So können Sie die Quelle der Datei und das richtige Dateiformat leicht nachvollziehen. Das spart am Ende unnötige Versuche mit der falschen Konvertierung.

Bei der Konvertierung von Dateien, die mit Word für DOS erstellt wurden, erscheint mitunter die Meldung, daß die Druckformatvorlage nicht auffindbar sei. Hierbei handelt es sich um eine Datei, in der definierte Druckformate gespeichert wurden, die in der Dokumentdatei Verwendung finden. Die Abfrage unterbleibt, wenn die Datei mit der Druckformatvorlage beim Konvertieren selbsttätig entdeckt werden kann. Ist dies nicht der Fall, bestätigen Sie die Meldung und wählen im folgenden Dialogfenster ÖFFNEN Pfad und Namen der Druckformatdatei in den Feldern LAUFWERKE ([Alt][L]), VERZEICHNISSE ([Alt][V]) und DATEI NAME ([Alt][N]) aus.

Druckformate von Word für DOS

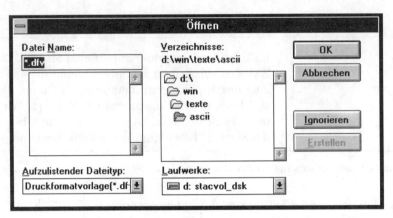

Abb. 4.4: Das Dialogfenster ÖFFNEN zum Öffnen einer Word-für-DOS-Druckformatvorlage

Wenn Sie mit OK oder ⏎ bestätigen, wird die angegebene Druckformatvorlage für die Formatierung des Dokuments verwendet. Sie können diese Druckformate mit Word für Windows anschließend modifizieren. Mit IGNORIEREN (Alt I) öffnen Sie die Datei ohne Zugriff auf die Druckformatvorlage. Hierbei werden nur die Formatierungen berücksichtigt, die direkt in der Datei festgehalten sind. Esc oder ABBRECHEN schließt das Dialogfenster, ohne die zuvor ausgewählte Dokumentdatei zu öffnen. Mehr über die Arbeit mit Formatvorlagen erfahren Sie in Kapitel 17.

Der Schreibschutz

Wenn Sie ein Dokument öffnen möchten, an dem keine Veränderungen vorgenommen werden sollen, empfiehlt es sich, das Kontrollkästchen SCHREIBGESCHÜTZT (Alt S) zu aktivieren, bevor Sie mit ⏎ oder OK den Ladevorgang initiieren. Der Schreibschutz verhindert, daß Dateien aus Versehen modifiziert werden. Sie können das Dokument zwar bearbeiten, können Ergänzungen und Löschungen vornehmen und die modifizierte Form ausdrucken. Abspeichern können Sie ein schreibgeschütztes Dokument nicht, jedenfalls nicht unter seinem ursprünglichen Namen. Falls Sie die neue Version speichern möchten, müssen Sie ihr einen eigenen Dateinamen geben.

Gerade bei Dateien, die in einem fremden Dateiformat gespeichert sind und daher nicht verändert werden sollen, bietet sich das Öffnen mit Schreibschutz an.

Üben Sie das Öffnen einer Datei mit Schreibschutz anhand der Datei BRF_BIT.ASC, die auf der Diskette im Verzeichnis \ASC gespeichert ist;

4 • Textausgabe

übrigens sind auf der Diskette alle Dateien mit der Erweiterung ASC im ASCII-Format (PC) gespeichert. Bevor Sie die Datei laden, schützen Sie sie gegen Schreibzugriffe. Öffnen Sie das Dokument und konvertieren Sie es (MS-DOS-TEXT). Sofort nach dem Öffnen wird Ihnen in der Statuszeile der Dateiname, die Anzahl der Zeichen des Dokuments und in Klammern der schreibgeschützte Status angezeigt. Nach einem Moment verschwindet diese Anzeige wieder. Im Dokument können Sie nun nach Belieben schreiben, ändern und verwerfen. Sie sind in Ihren Handlungen nicht eingeschränkt; solange, bis Sie das Dokument speichern möchten ([⇧][F12]).

Word für Windows informiert Sie darüber, daß die Datei schreibgeschützt ist, in einem Dialogfenster, über das sich auch HILFE ([H]) anfordern läßt. Nachdem Sie mit OK ([↵]) bestätigt haben, daß Sie diese Mitteilung zur Kenntnis genommen haben, erhalten Sie automatisch Gelegenheit, die veränderte Datei unter einem neuen Namen zu sichern.

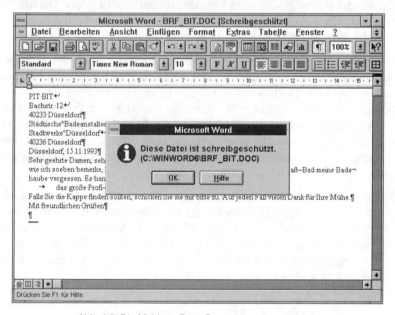

Abb. 4.5: Die Meldung DIESE DATEI IST SCHREIBGESCHÜTZT

Für einen neuen Namen reicht es aus, ein Zeichen des alten Namens zu verändern; so ist die Verwandtschaft zwischen beiden Dateien klar ersichtlich, die unterschiedlichen Versionen des Textes sind aber separat gesichert.

Wenn Sie direkt mit der Eingabe des Namens beginnen, wird der Dateiname überschrieben. Empfehlenswert ist es, zunächst die Taste [Pos 1] zu drükken, durch die die Einfügemarke am Anfang des Eingabefeldes positioniert wird. Im Dateinamen wird nun mit → die Einfügemarke an die gewünschte Stelle gesetzt, an der Zeichen ergänzt, überschrieben (Einfg) oder gelöscht (Entf) werden sollen. So ersparen Sie sich die komplette Neueingabe eines Dateinamens. Das gleiche Prinzip der Änderung findet auch in anderen Eingabefeldern Verwendung, z.B. bei der Modifikation von Datei-Informationen.

Ändern Sie den Namen der Datei BRF_BIT.ASC in BRF_BITX.DOC; die Datei wird im Format von Word für Windows gespeichert.

Nachdem Sie den neuen Dateinamen mit ↵ bestätigt haben, wird Ihnen wieder die Datei-Info vorgelegt, in der die alten Angaben noch immer eingetragen sind. Sie können die einzelnen Felder überschreiben oder verändern, wie im obigen Hinweis erklärt. Dann speichern Sie Ihre neue Datei, die auf der schreibgeschützten Version aufbaut, ab. Der neue Dateiname wird daraufhin in die Titelzeile übernommen und alle weiteren Änderungen, die Sie speichern, werden in die neue Datei geschrieben.

Der Ausdruck "SCHREIBGESCHÜTZT" bezieht sich also nicht auf den Eingabevorgang auf der Schreibfläche, sondern auf den Speichervorgang, bei dem Änderungen des Dokuments in eine Datei geschrieben werden. Diesen Schreibvorgang unterbinden Sie, wenn Sie eine Datei vor dem Öffnen vor Schreibzugriffen schützen, allerdings nur für die aktuelle Arbeit. Wenn Sie die Datei das nächste Mal ohne Schreibschutz öffnen, z.B. über die Liste der letzten vier Dateien im Menü DATEI, ist sie wieder für alle Änderungen offen.

Für Standardbriefe, die immer wieder ausgedruckt, aber im einzelnen nicht gespeichert werden sollen, bietet der Schreibschutz eine einfache und ernstzunehmende Alternative. Die Schriftstücke brauchen nicht einzeln erstellt zu werden und die Quelldatei bleibt unverändert für wiederkehrenden Einsatz. Auf Ihrer Grundlage kann jeder Brief individuell gestaltet und ausgedruckt werden.

Einstellungen für den Druckvorgang

Bevor Sie den Drucker in Betrieb nehmen, sollten Sie noch einmal alle Einstellungen überprüfen. Der Druck kann nämlich nur korrekt vonstatten gehen, wenn der Drucker die Informationen, die er erhält, auch richtig umsetzen kann. Das hört sich einfacher an, als es ist. Durch die Vielzahl

4 • Textausgabe

von Drucksystemen, die am Markt vertreten sind, gibt es auch eine Vielzahl von Sprachen, die ein Programm beherrschen muß. Nur so kann es dem einzelnen Drucker verständlich sein. Da innerhalb des Programms eine andere Sprache gesprochen wird als nach außen, braucht es einen Übersetzer, der auf einen Drucker oder eine Druckergruppe spezialisiert ist.

Die Aufgabe dieser vermittelnden Verständigung übernimmt der Druckertreiber. Die Druckertreiber gehören nicht zum Lieferumfang von Word für Windows, sondern sie sind Teil von Windows. Alle Windows-Programme können auf diese Treiber gemeinsam zurückgreifen. Das spart zum einen Platz auf der Festplatte, da nun nicht jedes Programm seine eigenen Druckertreiber bei sich hat; zum anderen erspart es Installationsarbeit. Sie brauchen nun nur noch einmal den richtigen Druckertreiber einzustellen, der dann für alle Programme gilt, die Sie unter Windows einsetzen.

Druckertreiber

Die Systemsteuerung von Windows verwaltet die Druckertreiber und andere Einstellungen zentral. Die Auswahl des richtigen Druckertreibers findet gewöhnlich bei der Installation von Windows statt.

Mitunter ist es aber im nachhinein notwendig, die Systemsteuerung von Windows zu aktivieren und einen weiteren Druckertreiber einzurichten. Sollten Sie weitere Informationen zur optimalen Installation von Windows benötigen, so finden Sie Informationen hierzu in der einschlägigen Windows-Literatur, beispielsweise in Jörg Schiebs Windows-Büchern, die im Sybex-Verlag erschienen sind.

Druckerauswahl mit Word für Windows

ÜBER DATEI > DRUCKEN > DRUCKER (Alt D D Alt C) können Sie in der Liste DRUCKER (Alt D) mit Maus oder Cursortasten den Drucker auswählen, zu dem Sie unter Optionen (Alt O) spezifische Angaben vornehmen möchten. Dieses Dialogfenster ändert sich je nach vorgewähltem Drucker.

Sie können nun die Abstufungen von Grafik und Text, die Druckschwärzung und die Option TRUETYPE-SCHRIFTEN ALS GRAFIK DRUCKEN ändern. Alle Angaben wirken sich direkt auf die Druckersteuerung von Windows aus. Das heißt: Alle anderen Programem unter Windows finden die gleichen Druckereinstellungen vor.

Auswirkungen der Wahl Ihres Druckertreibers sehen Sie direkt in der Bildschirmanzeige. Word für Windows setzt die Zeichen Ihres Dokuments am Bildschirm so um, wie sie in der Druckausgabe Form gewinnen werden.

Wenn Sie verschiedene Drucker zur Verfügung haben, können Sie schnell überprüfen, welches Druckbild Ihnen am besten gefällt und welcher Drucker die Schriftart zur Verfügung stellt, die Sie sich gedacht haben. Wählen Sie für den Vergleich einfach einen anderen Drucker aus der Auswahlliste und bestätigen Sie Ihre Wahl mit ⏎. Das Ergebnis steht dann am Monitor zur Begutachtung bereit.

Zur Übung sollten Sie nun die Datei KEINZEIT.TXT (Format: Word für DOS) laden, die auf der Diskette im Verzeichnis \TXT gespeichert ist. Die zugehörenden Druckformate finden Sie unter KEIN.DFV im selben Verzeichnis. Geben Sie diese Druckformatdatei an, falls Sie in einer Meldung danach gefragt werden.

Nachdem das Dokument geöffnet ist, sehen Sie es sich in Ruhe an. Word für Windows hat die Formatierungen, die mit Word für DOS erstellt wurden, übernommen. Es ist also sehr einfach, fertig formatierte Texte in Word für Windows zu übernehmen. Wenn Sie verschiedene Druckertreiber installiert haben, wechseln Sie einmal zwischen den Treibern und beobachten Sie, ob sich auf dem Bildschirm Veränderungen ergeben. Dies muß nicht sein, ist aber der Fall, wenn ein Drucker die eingestellte Schriftart oder Größe des Dokuments nicht beherrscht. Word für Windows greift dann auf den nächstliegenden Font zurück. Anders kann die Sachlage aussehen, wenn Sie einen Fontmanager installiert haben, der die Darstellung und den Ausdruck von Schriften ermöglicht, über die der Drucker von Hause aus nicht verfügt.

Überprüfen des Druckbildes

Bevor Sie den Ausdruck Ihres Dokuments starten, überzeugen Sie sich von dem Bild, das Ihr Dokument auf dem Papier abgeben wird. Hierfür klicken Sie auf das Symbol SEITENANSICHT oder aktivieren im MENÜ DATEI die SEITEN-ANSICHT (Alt D H). In der Seitenansicht zeigt Word für Windows, wie die Druckausgabe Ihres Dokuments aussehen wird. Diese Anzeige kann selbstverständlich nur dann mit dem tatsächlichen Ausdruck übereinstimmen, wenn der passende Druckertreiber gewählt wurde. Sollte der Treiber nicht dem angeschlossenen Drucker entsprechen, kann Word für Windows das Layout nicht korrekt berechnen.

Einsatzbereich der Seitenansicht ist vor allem das Layout des Dokuments. Texteingaben sind während dieses Darstellungsmodus allerdings auch möglich. Um ergänzende Eingaben zum Inhalt des Dokumentes zu machen, ohne die Seitenansicht zu verlassen, sollten Sie die Funktion "Lupe" ausschalten. Solange sie aktiv ist, bewirkt sie, daß ein Mausklick die Ansicht vergrößert oder wieder verkleinert.

Sie können in der Seitenansicht mittels der Schaltflächen EINE SEITE und MEHRERE SEITEN wählen, ob Sie die einseitige oder mehrseitige Bildschirmanzeige Ihres Dokuments bevorzugen. Die Anzahl der Seiten, die angezeigt werden sollen, markieren Sie im grafischen Fenster des Symbols MEHRERE SEITEN mit der Maus. Wenn Sie zudem ein Dokument erstellt haben, in dem - wie im Buchdruck üblich - gerade und ungerade Seiten gespiegelt sind, dann ist die Ansicht MEHRERE SEITEN von Vorteil, da immer genau die Seiten nebeneinander erscheinen, die auch später im Doppel gebunden werden. Solche Dokumente mit gespiegelten Seiten erstellen Sie, indem Sie unter DATEI > SEITE EINRICHTEN im Register SEITENRÄNDER das Kontollkästchen GEGENÜBERLIEGENDE SEITEN aktivieren.

Der Schalter LINEAL blendet die beiden Lineale horizontal und vertikal ein. Anhand dieser beiden Lineale können Sie in der Seitenansicht die Seitenränder verändern. Ein Doppelklick auf das vertikale Lineal öffnet auch in der Seitenansicht das Dialogfenster SEITE EINRICHTEN, worüber Sie vollen Zugriff auf die Gestaltung der Seiten eines Dokumentes haben. Auf die Möglichkeiten des Desktop Publishing mit Word für Windows geht Teil II dieses Buches ein.

Mittels der Schaltfläche GRÖSSE ANPASSEN ist es möglich, Ihren Text um eine Seite zu verkürzen. Wenn Sie das Symbol anklicken, versucht WinWord, das Dokument um eine Seite zu verkürzen, indem es die Schriftgröße um einen halben bis einen Punkt verringert. Dieses ist solange möglich, bis die Schrift zu klein wird oder nur noch eine Seite übrigbleibt.

Wenn Sie WinWord bzw. Windows mit einer kleineren Auflösung benutzen, kann es vorkommen, daß in der Seitenansicht die einzelnen Absätze und Worte sehr schlecht zu erkennen sind. Um die Lesbarkeit zu erhöhen, können Sie sämtliche Bildschirmelemente außer der Symbolleiste SEITENANSICHT mit dem Symbol GANZER BILDSCHIRM ausschalten. Hierdurch wird der gesamte Bildschirm für die Dokumentanzeige genutzt. Lediglich sie Symbolleiste bleibt in der bestehenden Form erhalten.

Um wieder zurück zu der vorherigen Ansicht zu gelangen, klicken Sie einfach mit der linken Maustaste auf das Symbol SCHLIEßEN oder betätigen die [Esc]-Taste. Sollten Sie aus der Seitenansicht direkt in eine andere Ansicht wechseln wollen, können Sie sich auch der Symbole links neben der vertikalen Bildlaufleiste bedienen. Sollten Sie mit der Tastatur arbeiten, müssen Sie den Sprung aus der Seitenansicht mit dem direkten Anspringen einer anderen Ansicht verbinden. Mit [Strg][Alt][N] gelangen Sie in die Normalansicht, mit [Strg][Alt][G] in die Gliederungsansicht und mit [Strg][Alt][L] in die Layoutansicht.

Das Word für Windows Buch

 Mit dem Hilfesymbol aktivieren Sie den Fragemodus des Mauszeigers. Nun können Sie Formatierungen überprüfen, indem Sie einfach ein Zeichen oder Element des Dokuments mit dem Fragezeiger anklicken. Selbstverständlich steht auch auf die übliche Weise, Hilfe zu einzelnen Befehlen und Elementen des WinWord-Arbeitsplatzes zu erhalten, zur Verfügung.

 Wenn Sie sich nun davon überzeugt haben, daß Ihr Dokument Ihren Wünschen entspricht, können Sie den Ausdruck mit dem Symbol "Drucken" starten. Beachten Sie jedoch, daß das Symbol "Drucken" den Druckvorgang sofort in Gang setzt und das Dialogfenster DRUCKEN übergeht.

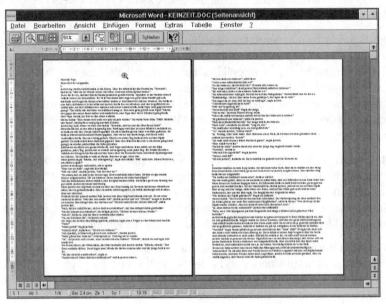

Abb. 4.6: Die Seitenansicht

 Überzeugen Sie sich vom Layout der Geschichte "Keine Zeit für Langeweile" (Datei: KEINZEIT.TXT). Schauen Sie sich das Dokument in ein- und zweiseitiger Darstellung an. Auch die Begrenzungen können Sie sich anzeigen lassen. Durch doppeltes Anklicken der Seite machen Sie bereits Bekanntschaft mit der Druckbildansicht von Word für Windows.

Drucken des Dokuments

 Den Druck eines Dokuments können Sie im Erfassungsmodus oder in der Seitenansicht in der Symbolleiste durch Anklicken des Symbols "Drucken" einleiten. Das Symbol "Drucken" startet direkt den Ausdruck des gesamten Dokuments. Es erfolgen hierbei keine weiteren Abfragen. Achten Sie darauf, daß der Drucker angeschaltet und "On Line" ist, wenn Sie das Symbol anklicken.

Die Standardeinstellungen für den Ausdruck können Sie unter EXTRAS > OPTIONEN ([Alt][X] [O]) im Register DRUCKEN modifizieren. Auf dieses Register leitet auch die Schaltfläche OPTIONEN ([Alt][O]) des Dialogfensters DRUCKEN über.

Um den Druckvorgang zu spezifizieren, z.B. eine bestimmte Seitenfolge, wählen Sie statt des Symbols den Menübefehl DATEI > DRUCKEN ([Alt][D] [D]). Das Dialogfenster DRUCKEN läßt sich auch über den Tastenschlüssel [Strg][⇧][F12] öffnen. Wenn Sie den Ausdruck mit einem dieser Befehle angemeldet haben, statt das Symbol "Drucken" anzuklicken, bietet sich Ihnen dies die Möglichkeit, im Dialogfenster DRUCKEN die Druckausgabe zu steuern.

Drucken können Sie zunächst das gesamte Dokument. Dieser Befehl entspricht dem Symbol DRUCKEN in der Funktionsleiste. Dies erschöpft aber nicht das Spektrum der druckbaren Dateiinhalte. Aktivieren Sie die Liste DRUCKEN ([Alt][D]), um sich einen Überblick zu verschaffen. Sie sehen, daß Sie außer dem DOKUMENT selbst auch DATEI-INFO, ANMERKUNGEN, FORMATVORLAGEN, AUTOTEXT-BAUSTEINE und sogar die TASTENBELEGUNG der aktiven Datei im Druck ausgeben können. Die Dateiinformation haben Sie bereits kennengelernt; die anderen Punkte geben Ihnen einen kleinen Ausblick auf die flexible Anpassung von Word für Windows und die Möglichkeiten der präzisen Dokumentation der individuellen Anpassungen. Markieren Sie DOKUMENT und schließen Sie die Liste wieder ([Alt][↑]).

Unter den BEREICHS-Optionen des Dialogfensters DRUCKEN bestimmen Sie, inwieweit das Dokument ausgedruckt werden soll. ALLES ([Alt][A]) gibt hierbei das ganze Dokument an den Drucker. Mit Seiten ([Alt][S]) grenzen Sie die Seiten ein, die ausgegeben werden sollen. Wenn Sie mehrere Seiten in Folge drucken wollen, trennen Sie die erste und letzte Seite mit einem Bindestrich (-), sollen mehrere einzelne Seiten gedruckt werden, so trennen Sie die einzelnen Seiten mit einem Semikolon (;). Sie können auch mit Abschnittsnummerierungen arbeiten: Wollen Sie einen ganzen Abschnitt drucken, so geben Sie die Abschnittsnummer an, z.B. "A1". Für Abschnitte gilt das gleiche wie für Seiten. Sie können mit Semikolon und Bindestrich verbunden werden. Wenn Sie mehrere Seiten innerhalb eines Abschnittes drucken wollen, geben Sie erst die Seite und dann den Abschnitt an, z.B. "S1A2-S5A2". Gleiches gilt auch für abschnittsübergreifende Druckaufträge, wie z.B. "S9A2-S3A3". Wenn Sie Ihrem Dokument einen Briefumschlag als separaten Abschnitt vorangestellt haben, so geben Sie im Eingabefeld SEI-

Druckbereich festlegen

TEN "0" ein (alle Eingaben ohne Anführungszeichen). Weiterhin besteht auch die Möglichkeit, nur gerade oder ungerade Seiten zu drucken. Wählen Sie hierzu im Listenfeld DRUCKEN ([Alt][N]) den Eintrag UNGERADE SEITEN bzw. GERADE SEITEN. Wenn Sie nur die aktuelle Seite des Dokuments drucken möchten, auf der die Einfügemarke zur Zeit steht, wählen Sie die Option AKTUELLE SEITE ([Alt][U]) an. Wenn Sie nur eine markierte Passage ausdrucken wollen, wählen Sie MARKIERUNG ([Alt][M]). Dieses Optionsfeld ist nur anwählbar, wenn eine Markierung im Dokument gesetzt ist. Wie Sie mit Markierungen im Dokument arbeiten, erfahren Sie in Kapitel 5.

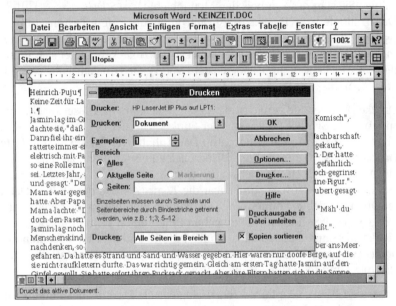

Abb. 4.7: Das Dialogfenster DRUCKEN

Kopien drucken — Im Feld EXEMPLARE ([Alt][E]) geben Sie ein, wie oft Sie das Dokument ausgedruckt haben möchten. So sparen Sie sich bei Papieren, die Besprechungen in der Runde dienen, den Gang zum Kopierer. Geben Sie einfach ein, wie viele Teilnehmer das Schriftstück in die Hand bekommen sollen, oder erhöhen Sie die Zahl über den oberen Pfeil neben dem Textfeld.

 Für die mehrfache Ausfertigung eines Dokuments bieten sich über das Kontrollkästchen KOPIEN SORTIEREN ([Alt][K]) zwei Möglichkeiten: Zum einen werden bei aktiviertem Kontrollkästchen die Seiten des Dokuments sortiert ausgegeben, das heißt, das Dokument wird vollständig gedruckt, bevor die nächste Kopie begonnen wird. Zum anderen läßt sich durch Deaktivierung des Kontrollkästchens bewirken, daß jede Seite direkt mehrfach gedruckt wird, bevor der Ausdruck der nächsten Seite des Dokuments

4 • Textausgabe

beginnt. Diese Druckoption beschleunigt zwar den Druckvorgang, kostet aber bei mehrseitigen Dokumenten anschließend Zeit für das manuelle Sortieren.

Im Dialogfenster DRUCKEN können Sie über DRUCKER ((Alt)(C)) die DRUCKEREINRICHTUNG aktivieren, in der sich wiederum über die Schaltfläche OPTIONEN ((Alt)(O)) das gerätespezifische Einrichtungsfenster aufrufen läßt. Dieser direkte Zugriff auf die Einstellungen des Druckers erweist sich als nützlich, wenn für den Ausdruck noch Änderungen vorgenommen werden müssen, wie beispielsweise die Änderung der Auflösung oder die Installation von Schriften.

Drucker wählen

Wenn Sie im Dialogfenster DRUCKEN die Kontrolle DRUCKAUSGABE IN DATEI UMLEITEN ((Alt)(R)) aktivieren, wird unabhängig vom vorgegebenen Anschluß des Druckers die Druckausgabe abgefangen und in eine Datei umgeleitet. Welchen Namen die Datei hat, bestimmen Sie in einem separaten Dialogfenster, das aktiviert wird, nachdem Sie den Ausdruck mit OK oder (⏎) gestartet haben. In diesem Dialogfenster DRUCKAUSGABE IN DATEI UMLEITEN geben Sie einen Dateinamen ein, der den üblichen DOS-Regeln entsprechen muß. Falls Sie keinen Erweiterungseintrag vornehmen, wird die Druckdatei mit der Erweiterung .PRN gespeichert. Falls Sie es wünschen, können Sie Laufwerks- und Pfadangabe wie im Dialogfenster SPEICHERN modifizieren.

Druckausgabe in Datei umlenken

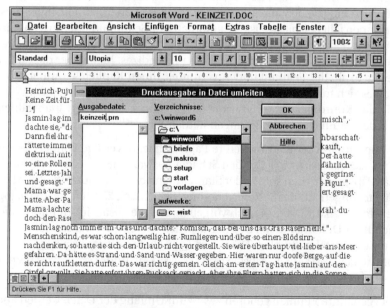

Abb. 4.8: Die Abfrage des Ausgabedateinamens

Optionen Das Dialogfenster DRUCKEN hält noch eine weitere Möglichkeit der Voreinstellung zur Verfügung. Mit dem Befehl OPTIONEN ([Alt][O]) rufen Sie direkt die Registerkarte DRUCKEN im Dialogfenster OPTIONEN auf. Hier fordern Sie bei Bedarf eine UMGEKEHRTE DRUCKREIHENFOLGE ([Alt][U]) an. Diese Druckreihenfolge erspart bei Druckern, die das Papier mit der Druckseite nach oben ausgeben, das nachträgliche Umsortieren der Seiten.

Die umgekehrte Druckreihenfolge erleichtert darüber hinaus oftmals das Kopieren eines mehrseitigen Schriftstückes. Wenn Sie in dieser Druckreihenfolge - also von hinten nach vorne - kopieren, kommen bei den meisten Geräten die Fotokopien in der richtigen Seitenfolge zu liegen. Bei manchen Kopierern mit automatischem Blatteinzug wird hierbei sogar das Original in der richtigen Folge abgelegt.

Konzept- Falls Sie ein Dokument rasch einmal drucken möchten, wobei es Ihnen
ausdruck auf den Inhalt und nicht auf die Textformatierung ankommt, wählen Sie den Druck als KONZEPTAUSDRUCK ([Alt][K]). Im Sinne einer höheren Bearbeitungsgeschwindigkeit wird hierbei auf das schöne Layout verzichtet und das Dokument in einer schnellen Standardversion ausgedruckt.

Das Kontrollkästchen FELDER AKTUALISIEREN ([Alt][F]) bewirkt, daß vor dem Ausdruck eines Dokuments alle Felder auf den neuesten Stand gesetzt werden. In Form von Feldern werden bei Word für Windows Funktionen in den Text eingegeben, die Aufgaben automatisch übernehmen; unter diese Aufgaben fällt beispielsweise die automatische Seitennumerierung, das Einfügen von aktuellen Zeiten und Daten, aber auch der Import von Grafiken oder das Erstellen von Verzeichnissen und Indizes. Mehr über die umfassende Skala der Feldfunktionen vermittelt Ihnen Kapitel 30. Ähnlich verhält es sich mit Daten, die Sie mit dem Dokument verknüpft haben. Wenn Sie das Kontrollkästchen VERKNÜPFUNGEN AKTUALISIEREN ([Alt][N]) anwählen, werden sämtliche Verknüpfungen aktualisiert.

Wenn Ihr Drucker über meherere Papierschächte verfügt, können Sie unter STANDARDSCHACHT ([Alt][S]) den Schacht auswählen, aus dem Ihr Drucker das Papier einziehen soll. In der Standardeinstellung benutzt WinWord die Einstellungen aus der Systemsteuerung. Schließlich können Sie im Dialogfenster OPTIONEN DRUCKER noch vorgeben, welche zusätzlichen Informationen Ihrer Dokumentdatei in den Ausdruck einbezogen werden sollen. Zur Verfügung stehen hierbei: DATEI-INFO ([Alt][I]), FELDFUNKTIONEN ([Alt][E]), ANMERKUNGEN ([Alt][A]), VERBORGENER TEXT ([Alt][V]) und ZEICHNUNGSELEMENTE ([Alt][Z]).

Die genannten Punkte gehören zwar zum Umfang der Datei, werden aber mit Ausnahme der Zeichnungselemente normalerweise nicht mit dem Dokument zusammen ausgegeben.

4 • Textausgabe

Wenn Sie während des Druckens eines Dokuments weiterarbeiten möchten, wählen Sie DRUCKEN IM HINTERGRUND ((Alt)(D)). Hierdurch können Sie WinWord direkt weiterbenutzen, nachdem der Druckvorgang initiiert wurde. DRUCKEN IM HINTERGRUND benötigt jedoch viel Speicher. Wenn DRUCKEN IM HINTERGRUND eingeschaltet ist, erscheinen während des Druckvorgangs in der Statuszeile anstelle der Uhr ein Druckersymbol und die Seite, die gerade gedruckt wird.

Bei den ANMERKUNGEN handelt es sich um die Möglichkeit, ein Dokument um Informationen oder Kommentare zu ergänzen, die nicht direkt in den Text aufgenommen werden (siehe Kapitel 22). VERBORGENER TEXT gehört zwar zum Textumfang des Dokuments, wird aber normalerweise nicht angezeigt, sondern verborgen gehalten (siehe Kapitel 6). Auch die FELDFUNKTIONEN sollen schließlich nicht selbst in Erscheinung treten, sondern etwas bewirken; mitunter ist es aber sinnvoll und nützlich, statt ihrer Ergebnisse die Funktionen in Klartext auszudrucken, z.B. um ihre Syntax zu überprüfen.

Besondere Informationen einbeziehen

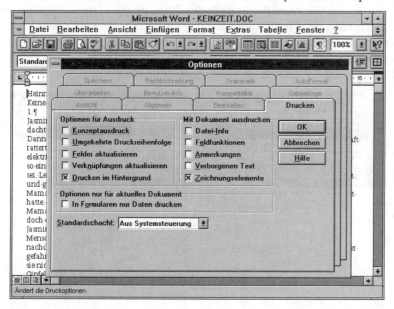

Abb. 4.9: Das Dialogfenster für die allgemeinen Druckeinstellungen

Weiterhin besteht noch die Möglichkeit, in Formularen nur die Daten zu drucken, die eingegeben worden sind. So können Sie erfaßte Daten auf vorgedruckte Formulare ausdrucken. Wenn Sie das Kontrollkästchen IN FORMULAREN NUR DATEN DRUCKEN ((Alt)(O)) aktivieren, gilt dies nur für das aktuelle Dokument. Mehr zu Formularen erfahren Sie in Kapitel 27.

Nachdem Sie die Eingaben unter OPTIONEN DRUCKEN vollzogen haben, kehren Sie mit OK oder ⏎ ins Dialogfenster DRUCKEN zurück. Hier können Sie nun mit OK oder ⏎ den Ausdruck starten. Achten Sie darauf, daß Ihr Drucker eingeschaltet und "On Line", das heißt "empfangsbereit" ist. Berücksichtigen Sie auch, daß manche Drucker eine Anwärmphase brauchen. Diese sollte verstrichen sein, bevor Sie den Druck einleiten.

Der Druck-Manager Wenn der Druck eingeleitet wurde, formatiert Word für Windows die Seiten und leitet den Druck dann in ein eigenes Windows-Programm weiter: Den DRUCK-MANAGER, der die Druckausgabe verwaltet. Der DRUCK-MANAGER gibt die Informationen an den Drucker weiter. Da zunächst in einen Zwischenspeicher gedruckt wird, dauert es einen Moment, bevor die Ausgabe auf dem Drucker beginnt. Word für Windows hält Sie in einem Meldungsfenster auf dem Laufenden, wie viele Seiten dem Druck-Manager bereits übergeben wurden. Sofern im Dialogfenster OPTIONEN im Register DRUCKEN die Einstellung DRUCKEN IM HINTERGRUND aktiv ist, erfolgt die Freigabe von WinWord direkt nach der Einleitung des Druckvorgangs, ansonsten nach der Übermittlung aller Seiten an den DRUCK-MANAGER. Nachdem diese Übergabe abgeschlossen ist, können Sie bereits weiterarbeiten, während im Hintergrund das Druckprogramm die Daten an den Drucker überträgt, der schließlich Ihr Dokument zu Papier bringt.

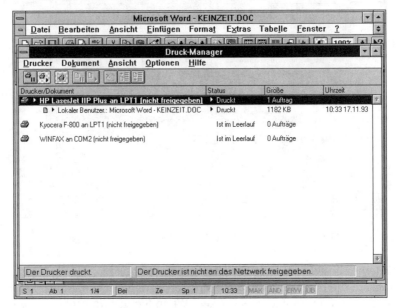

Abb. 4.10: Der Druck-Manager

4 • Textausgabe

Der aktive Druck-Manager wird am unteren Bildschirmrand als Symbol abgebildet. Sichtbar ist das Symbol, wenn Sie Word für Windows im Programmfenster laufen lassen und am unteren Bildschirmrand genügend freier Platz für die Anzeige ist. Bei der Vollbilddarstellung liegt das Druck-Manager-Symbol unsichtbar hinter der Oberfläche von Word für Windows.

Mit (Alt)(Esc) wechseln Sie zwischen den Programmen reihum, ob sie nun im Fenster oder als Symbol dargestellt werden. Sie können Einblick in den Druck-Manager nehmen, indem Sie sein Anwendungssymbol doppelt anklicken oder markieren ((Alt)(Esc)) und die Anwendung mit (Alt)(　　)(W) in einem Fenster wiederherstellen. Im Fenster zeigt der Druck-Manager Ihnen an, welcher Drucker an welcher Schnittstelle bedient wird. Unter OPTIONEN ((Alt)(O)) können Sie dem Druck-Manager vorgeben, ob das Programm Ihrer Arbeit im Vordergrund oder der Ausgabe an den Drucker einen höheren Stellenwert einräumt. Bei einer geringen Priorität ((Alt)(O)(N)) dauert der Druck etwas länger, bei der hohen Priorität ((Alt)(O)(H)) geht die Arbeit im Vordergrund langsamer vonstatten.

Falls Sie ohne Druck-Manager ausdrucken möchten, können Sie die Weiterleitung der Druckausgabe über dieses Hilfsprogramm auch abschalten. Dies macht Sinn, wenn Sie in der Regel kurze Texte ausdrucken, die in einem Durchgang in den Druckerspeicher geladen werden können, oder ein anderer Zwischenspeicher für die Druckausgabe Verwendung findet (z.B. im Netzwerk). Der Druck-Manager wird über die SYSTEMSTEUERUNG im Dialogfenster DRUCKER ((Alt)(E) (D)) mit dem Befehl DRUCK-MANAGER VERWENDEN ((Alt)(M)) deaktiviert bzw. aktiviert.

Druck-Manager ausschalten

Wenn das Dokument in den Druck-Manager übertragen wurde, können Sie Word für Windows bereits verlassen; der Druck-Manager liefert die Daten weiter an den Drucker aus. Vorsicht: Wenn Sie Windows selbst verlassen, während der Druck-Manager Daten überträgt, wird der Druck - nach Vorwarnung - abgebrochen. Ausgedruckt werden dann nur die Zeichen, die bereits an den Drucker übergeben wurden.

Zur Übung sollten Sie nun ein paar Seiten der Geschichte "Keine Zeit für Langeweile" ausdrucken. Geben Sie die Seiten vor, die ausgedruckt werden sollen. Drucken Sie auch das Datei-Info aus. Sie sehen: Auch diese Zusatzinformation, die bei dieser Datei ebenfalls mit Word für DOS erstellt wurde, konvertiert Word für Windows ins eigene Format.

Probieren Sie außerdem, mehrere Exemplare sortiert oder unsortiert zu erstellen. Drucken Sie das Dokument auch im Konzeptdruck oder der umgekehrten Druckreihenfolge aus.

Druckdateien ausdrucken

Wenn Sie mittels der Option DRUCKAUSGABE IN DATEI UMLEITEN oder mit dem Druckeranschluß FILE eine Druckdatei erstellt haben, können Sie diese auf dem eigenen oder einem fremden Drucker ausdrucken. Es ist nicht nötig, daß auf dem PC, der zur Druckausgabe eingesetzt wird, Word für Windows oder gar Windows ebenfalls installiert ist. Die Datei können Sie auf einer Diskette oder mit Datenfernübertragung (DFÜ) zu anderen PCs transferieren, auf denen sie mit dem DOS-Befehl PRINT ausgedruckt werden kann.

Auf Ihrem PC ist die Druckdatei in jenem Verzeichnis gespeichert, das zur Zeit des Druckbefehls aktiv war. Wahrscheinlich handelt es sich um das Verzeichnis, aus dem Sie die letzte Datei geladen haben. Allerdings haben Sie bei der Eingabe des Dateinamens für die Druckdatei die Möglichkeit, ein Laufwerk oder Verzeichnis zu bestimmen, in dem die Druckdatei gespeichert werden soll. Nach dem umgeleiteten Druck können Sie die Druckdatei beispielsweise auf eine formatierte Diskette kopieren.

Die Diskette geben Sie dann z.B. Ihrem Kollegen, der einen Laser-Drucker an seinem PC angeschlossen hat. Der wiederum legt die Diskette ein und druckt das zwischengespeicherte Dokument aus:

```
print ausgabe.prn
```

Er muß nun nur noch angeben, an welcher Schnittstelle sein Drucker angeschlossen ist, z.B. LPT1: Der Rest ist Sache des Systems.

Der große Vorteil dieses Verfahrens liegt in der WYSIWYG-Darstellung von Word für Windows. WYSIWYG heißt nichts anderes als: **What You See Is What You Get**; Sie sehen also bereits am Bildschirm, was Sie auf dem Papier erwartet. Ohne den leistungsstarken Drucker im eigenen Besitz zu haben, können Sie sich während der Texterfassung, bei der Nachbearbeitung und dem Layouten des Dokuments vor Augen führen, wie es auf dem Drukker aussehen wird. Beachten Sie bitte, daß für das richtige Layout und vor allem für die korrekte Ausgabe in die Druckdatei unbedingt der Druckertreiber installiert sein muß, der dem Drucker des Ausgabe-PCs entspricht. Der Treiber, der Ihren Drucker bedient, ist eventuell nicht mit dem Zieldrucker kompatibel.

Druck abbrechen Wenn Sie dieses Druckersymbol in der Statusleiste, das optisch animiert seine Druckseiten ausgibt, doppelt anklicken, wird der aktuelle Ausdruck unterbrochen. Eine Übergabe der bereits gedruckten Seiten an den Druck-Manager findet nicht statt.

Eine Abbruch-Alternative besteht darin, DATEI > DRUCKEN noch einmal anzuwählen. Solange der Ausdruck im Hintergeurnd läuft, erscheint bei Anwahl dieses Menübefehls ein Dialogfenster, in dem angezeigt wird, welches Dokument im Hintergrund gedruckt wird. Sie haben nun die Wahl, mittels DRUCK ABBRECHEN den Ausdruck zu stoppen, mittels DRUCKEN in das bekannte DRUCKEN-Dialogfenster zu verzweigen oder ihr Anliegen mit ABBRECHEN zurückzunehmen.

5
Passagen markieren, löschen und kopieren

Text markieren	**Seite**	**99**
Mit der Maus markieren	Seite	99
Mit der Tastatur markieren	Seite	104
Den markierten Bereich löschen (Entfernen)	**Seite**	**108**
In die Zwischenablage löschen (Ausschneiden)	Seite	109
Aus der Zwischenablage einfügen	Seite	109
In die Zwischenablage kopieren	Seite	110
Eine markierte Passage verschieben	Seite	112
Eine markierte Passage kopieren	Seite	113

5 • Passagen markieren, löschen und kopieren

Text markieren

Viele Bearbeitungen von Texten gehen schneller und leichter von der Hand, wenn Sie die Markierungsoptionen von Word für Windows verwenden. Mit Markierungen können Sie Befehle auf mehrere Zeichen, Sätze, Zeilen, Absätze und schließlich auf ein ganzes Dokument ausdehnen.

Markierte Bereiche werden invers dargestellt. Eine Markierung hebt optisch eine Passage Ihres Dokuments hervor, auf den sich die nachfolgenden Befehle konzentrieren.

Zur besseren Übung sollten Sie die nachfolgenden Erklärungen gleich am Bildschirm ausprobieren. Je besser Sie sich die Markierungsbefehle einprägen, umso einfacher und selbstverständlicher wird die Arbeit mit Word für Windows im weiteren Verlauf sein.

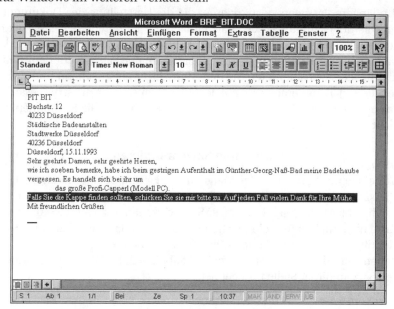

Abb. 5.1: Eine markierte Textpassage

Mit der Maus markieren

Gerade im Einsatz für die Markierung erweist sich die Maus als mächtiges Instrument der Textverarbeitung. Die Möglichkeit, sich mit der Maus innerhalb eines Fensters und darüber hinaus frei und schnell zu bewegen, erlaubt es, Bereiche zu markieren, ohne sich Tastenfolgen einzuprägen.

Zeichen markieren

Zeichen markieren Sie mit der Maus, indem Sie den Mauszeiger vor oder hinter den Zeichen positionieren, die Sie markieren möchten, dann die linke Maustaste niederhalten und den Mauszeiger bis zum anderen Ende der Zeichenfolge ziehen. Auf die gleiche Weise läßt sich die Markierung auch über mehrere Zeilen, ja ganze Absätze ausdehnen.

Einfacher gestaltet sich die Markierung längerer Passagen, wenn Sie mit dem Mauszeiger die Einfügemarke durch Anklicken an das eine Ende des Markierungsbereichs setzen und dann mit gedrückter ⇧-Taste das andere Ende anklicken. Sie können diesen Vorgang auch wiederholen und so die Markierung ausweiten oder wieder reduzieren. Voraussetzung ist, daß während des Klickens auf das andere Ende die ⇧-Taste niedergehalten wird. Als Ausgangspunkt gilt stets der letzte Stand der Einfügemarke.

Um längere Passagen zu markieren, die die Darstellung des Dokumentfensters überschreiten, klicken Sie einfach das eine Ende der Passage an und benutzen dann die Bildlaufleiste, um im Dokument vorwärts oder rückwärts zu wandern. Wenn Sie das andere Ende der Passage auf dem Bildschirm sehen, positionieren Sie den Mauszeiger entsprechend und drücken die ⇧-Taste gemeinsam mit der linken Maustaste. Nun ist die gesamte Passage markiert, also auch jene Teile des Dokuments, die Sie momentan nicht sehen können.

Wörter und Sätze markieren

Um einzelne Wörter mit der Maus zu markieren, positionieren Sie den Mauszeiger auf einem beliebigen Zeichen des Wortes und klicken zweimal auf die linke Maustaste. Ein ganzer Satz wird markiert, wenn Sie die Strg-Taste niederhalten und ein Zeichen des Satzes einfach anklicken. Als Satz identifiziert Word für Windows alle Zeichen, die zwischen zwei Punkten stehen; falls Sie Wörter mit einem Punkt abkürzen, hält Word für Windows den Satz an dieser Stelle für beendet.

Erweitern können Sie die Markierungen, indem Sie nach dem Klicken die Maustaste niederhalten und die Maus ziehen. Sie können diese Art der Markierung durch die Erweiterung mit der ⇧-Taste verbinden, zunächst ein Wort oder einen Satz markieren und dann mit der ⇧-Taste die Erweiterung ausdehnen. Beim Ausdehnen greift Word für Windows immer auf die zuletzt vollzogene Erweiterungstechnik zurück. Die Erweiterung wird also in der Folge - je nach Beginn - immer auf ganze Wörter oder ganze Sätze ausgedehnt.

Mehrere Wörter markieren Sie, indem Sie die Maus bei gedrückter linker Maustaste einfach über die Wörter ziehen, die markiert werden sollen.

5 • Passagen markieren, löschen und kopieren

Selbst wenn beim ersten zu markierenden Wort erst in der Mitte angesetzt wurde, erweitert WinWord die Markierung automatisch auf das ganze Wort, sobald die Markierung auf das nächste Wort herübergezogen wird. Voraussetzung für diese automatische Wortmarkierung ist, daß unter EXTRAS > OPTIONEN ([Alt][X][O]) im Register BEARBEITEN das Kontrollkästchen WÖRTER AUTOMATISCH MARKIEREN ([W]) angekreuzt ist. Wen diese eigenwillige Markierungserweiterung stört, der schaltet sie über dieses Kontrollkästchen im Register BEARBEITEN der OPTIONEN einfach ab.

Zeilen markieren

Ganze Zeilen markieren Sie bei Word für Windows vom linken Rand des Dokumentfensters. Das Symbol des Mauszeigers ändert sich dort zu einem nach rechts oben gerichteten Pfeil. Positionieren Sie den Pfeil an der Zeile, die Sie markieren möchten, und drücken Sie die linke Maustaste. Wenn Sie die Maustaste niederhalten, können Sie die Markierung nach oben oder unten ausdehnen. Allerdings lassen sich immer nur ganze Zeilen markieren. Auch hierbei können Sie die Markierung mit der [⇧]-Taste zusammen mit der Maus wieder aufnehmen und erweitern.

Absätze markieren

Um Absätze zu markieren, positionieren Sie den Mauszeiger ebenfalls links neben dem Text, wo sich sein Symbol zu einem nach rechts oben gerichteten Pfeil ändert. Klicken Sie nun eine Zeile des Absatzes doppelt an. Hierauf wird der ganze Absatz markiert.

Alternativ hierzu können Sie auch per Dreifachklick in den Absatz den ganzen Absatz markieren. Klicken Sie einfach mit der linken Maustaste dreimal kurz hintereinander mitten in den Absatz, der markiert werden soll.

Erweitert wird die Markierung, indem Sie nach dem Doppelklick von der Seite oder dem Tripelklick im Absatz die Maustaste nicht wieder loslassen, sondern die Maus ziehen. Die Alternative besteht wiederum im Einsatz der [⇧]-Taste; nachdem ein Absatz markiert ist, können Sie mit [⇧] und oder linken Maustaste die Markierung erweitern. Während der Absatzmarkierung können Sie die Markierung nur um ganze Absätze erweitern bzw. reduzieren.

Ein ganzes Dokument markieren

Sehr einfach gestaltet sich die Markierung eines ganzen Dokuments: Positionieren Sie den Mauszeiger links neben dem Text. Die aktuelle Stelle des Dokuments ist hierbei belanglos; wichtig ist nur, daß der Mauszeiger die Pfeilform "oben rechts" annimmt. Drücken Sie die [Strg]-Taste, und klicken Sie die linke Maustaste an. Als Resultat ist das ganze Dokument, auch außerhalb des aktuell sichtbaren Fensterausschnitts, markiert.

Auch hier bietet sich die Möglichkeit des Tripelklicks statt der Kombination mit der [Strg]-Taste an. Wer also ein Maussolo vorzieht, klickt vom linken Rand des Fensters aus das Dokument dreimal kurz an, um es komplett zu markrieren.

Selbst wenn Sie das ganze Dokument markiert haben, bezieht sich diese Markierung nicht auf jene Elemente, die von WinWord separat verwaltet werden. Dies betrifft beispielsweise Kopf- und Fußzeilen, Fuß- und Endnoten sowie Anmerkungen. Diese eigenständigen Textergänzungen, deren Handhabung Sie an anderen Stellen dieses Buches kennenlernen, sind von Markierungen lediglich mittelbar betroffen, beispielsweise, wenn markierter Text gelöscht wird, in dem Anmerkungen verankert waren.

Blöcke markieren

Außer der Möglichkeit, zeichen-, zeilen-, wort- und satzweise zu markieren, bietet Word für Windows auch die Blockmarkierung. Hierbei handelt es sich um die freieste Art der Markierung, die Word für Windows bietet; ein Markiermodus, der besonders bei tabellarischen Arbeiten sehr nützlich ist. Er erlaubt, Informationen, die direkt untereinander stehen, zu markieren und zu bearbeiten, ohne daß die ganzen Zeilen in die Markierung und Bearbeitung einbezogen werden.

Bei der Blockmarkierung kommt die [Alt]-Taste zum Einsatz. Positionieren Sie den Mauszeiger am Anfang oder am Ende des Blocks, drücken Sie die [Alt]-Taste zusammen mit der linken Maustaste und ziehen Sie die Markierung zum anderen Ende des Blocks. Auch hierbei erweitert die [⇧]-Taste die Markierung, wieder ausgehend von der Einfügemarke. Wenn Sie im Dokument eine Stelle anklicken, während Sie mit der anderen Hand die Tastenkombination [Alt][⇧] betätigen, wird eine rechteckige Markierung aufgebaut, deren Eckpunkte auf der einen Seite die Einfügemarke, auf der anderen Seite die Position des Mauszeigers ist. Nachdem Sie die Maustaste losgelassen haben, erhalten Sie durch die Verbindung Maustaste mit [⇧]-Taste erneuten Zugriff auf die Blockgröße.

Wenn Sie mit der [Alt]- und der [Strg]-Taste im Dokument eine Stelle anklicken, wird eine Blockmarkierung vom ersten Wort des Satzes, in dem Sie sich befinden, bis zu der aktuellen Position erstellt.

Nachfolgend sind zur schnellen Übersicht noch einmal alle Möglichkeiten der Markierung mit der Maus tabellarisch zusammengefaßt:

5 • Passagen markieren, löschen und kopieren

Bereich	Mausaktion
Zeichen	Drücken Sie die linke Maustaste und ziehen Sie die Markierung. Alternative: Legen Sie den Ausgangspunkt durch Anklicken fest; klicken Sie den Endpunkt mit niedergehaltener ⇧-Taste an oder klicken Sie den Ausgangspunkt an, aktivieren Sie mit F8 den Erweiterungsmodus, (in der Statuszeile mit "ER" dokumentiert), und klicken den Endpunkt an.
Wort	Klicken Sie ein beliebiges Zeichen des Wortes doppelt an. Ausweiten: Nach dem zweiten Klick halten Sie die Maustaste niedergedrückt und ziehen die Markierung entsprechend. Alternative: Legen Sie das Ausgangswort durch Doppelklick fest und klicken Sie das Endwort mit niedergehaltener ⇧-Taste an. Wenn unter EXTRAS > OPTIONEN > BEARBEITEN > WÖRTER AUTOMATISCH MARKIEREN aktiviert ist, genügt es, die Markierung über mehrere Wörter zu ziehen, um alle von der Markierung berührten Wörter vollständig zu markieren.
Satz	Halten ie die Strg-Taste gedrückt und klicken Sie ein beliebiges Zeichen des Satzes an. Ausweiten: Nachdem Sie die Strg-Taste betätigt haben, halten Sie die Maustaste niedergedrückt und ziehen die Markierung entsprechend. Alternative: Legen Sie den Ausgangssatz durch Betätigen der Strg-Taste und durch Anklicken mit der Maus fest und klicken Sie den Endsatz mit niedergehaltener ⇧-Taste an.
Zeile	Plazieren Sie den Mauszeiger links neben dem Text, und klicken Sie die Zeile an. Ausweiten: Halten Sie nach dem Anklicken der Zeile die Maustaste niedergedrückt und ziehen Sie die Markierung entsprechend. Alternative: Legen Sie die Ausgangszeile durch Anklicken fest und klicken Sie die Endzeile mit niedergehaltener ⇧-Taste an.
Absatz	Plazieren Sie den Mauszeiger links neben dem Text und klicken Sie den Absatz doppelt an. Alternative: Klicken Sie den Absatz direkt im Text dreimal an. Ausweiten: Halten Sie nach dem zweiten Klick die Maustaste niedergedrückt, und ziehen Sie die Markierung entsprechend. Alternative: Legen Sie den Ausgangsabsatz durch Doppelklick fest und klicken Sie den Endabsatz mit niedergehaltener ⇧-Taste an.
Dokument	Plazieren Sie den Mauszeiger links neben dem Text und klicken die linke Maustaste, während die Strg-Taste niedergedrückt ist. Alternative: Klicken Sie das Dokument links neben dem Text dreimal an.

Bereich	Mausaktion
Block	Drücken Sie die ⟨Alt⟩-Taste zusammen mit der linken Maustaste und ziehen Sie die Markierung mit der Maus auf die gewünschte Blockgröße. Sie können auch die Einfügemarke an den Anfang oder das Ende des Blockes setzen, ⟨Alt⟩⟨⇧⟩-Taste niederhalten und das andere Ende des Blocks mit der linken Maustaste anklicken. Alternative: Setzen Sie die Einfügemarke an den Anfang des Blocks und aktivieren Sie mit ⟨Strg⟩⟨⇧⟩⟨F8⟩ die Spaltenmarkierung. Dies wird in der Statuszeile mit "SP" dokumentiert. Nun legen Sie die Markierung fest, indem Sie das Ende des Blocks anklicken. Um den Spaltenmarkiermodus abzubrechen, klicken Sie einfach mit der linken Maustaste in die markierte Passage oder betätigen die ⟨Esc⟩-Taste.

Tab. 5.1: Markieren mit der Maus

Mit der Tastatur markieren

Word für Windows gestattet aber nicht nur das Markieren mit der Maus, sondern bietet auch die Möglichkeit, mit der Tastatur beliebige Textpassagen zu markieren. Zwar erfordert das Markieren mit der Tastatur ein wenig mehr Übung, ist aber im Endeffekt eine brauchbare Alternative und mitunter sogar schneller als die Verwendung der Maus.

Zeichen und Zeilen markieren - ⟨⇧⟩ und Cursortasten

Um zeichen- oder zeilenweise zu markieren, steht Ihnen die Kombination ⟨⇧⟩-Taste mit einer der Cursortasten zur Verfügung.

Der Tastenschlüssel ⟨⇧⟩⟨←⟩ markiert das Zeichen links der Einfügemarke, während ⟨⇧⟩⟨→⟩ das Zeichen rechts der Einfügemarke markiert. Mit ⟨⇧⟩⟨↑⟩ markieren Sie genau eine Zeile nach oben und mit ⟨⇧⟩⟨↓⟩ eine Zeile nach unten; Ausgangspunkt ist jeweils die Position der Einfügemarke.

Wenn Sie die Eingabe des Tastenschlüssels wiederholen, dehnen Sie die Markierung aus. Durch die entgegengesetzte Richtungstaste reduzieren Sie die Markierung wieder.

Wörter und Absätze markieren - ⟨Strg⟩⟨⇧⟩ und Cursortasten

Um Wörter und Absätze zu markieren, wird der Tastenschlüssel um die ⟨Strg⟩-Taste erweitert. ⟨Strg⟩⟨⇧⟩⟨←⟩ markiert somit das Wort links der Einfügemarke und [Strg][⇧][→] das Wort rechts von ihr. Die wiederholte Eingabe des Tastenschlüssels erweitert die Markierung wortweise, auch über Zeilenenden und -anfänge hinaus.

Absatzweise markieren Sie mit den Schlüsseln [Strg][⇧][↑] bis zum Beginn des aktuellen Absatzes, bis zu seinem Ende mit [Strg][⇧][↓]. Wird der Befehl wiederholt, weitet dies die Markierung absatzweise nach oben bzw. unten aus.

Markierung bis zum Zeilenanfang/-ende - [⇧][Pos 1] **und** [⇧][Ende]

Mit der Eingabe [⇧][Pos 1] markieren Sie die aktuelle Zeile von der Position der Einfügemarke bis zum Zeilenanfang. Diese Erweiterung kann nicht durch Wiederholung ausgedehnt werden, jedoch können die vorgenannten Markierungsbefehle ergänzt werden. Durch solch eine Kombination kann eine Markierung nicht nur erweitert, sondern auch verkleinert werden.

Das gleiche gilt für den Befehl [⇧][Ende], der die Markierung von der Einfügemarke bis an das Zeilenende zur Folge hat. Auch er läßt sich nicht ausweiten, aber mit anderen Markierungsschlüsseln verbinden.

Markieren bis zum oberen/unteren Fensterrand
- [Strg][⇧][Bild↑] **und** [Strg][⇧][Bild↓]

Auch innerhalb der Grenzen eines Fensters läßt es sich leicht markieren. Der Schlüssel [Strg][⇧][Bild↑] markiert von der Einfügemarke bis zum Beginn des Fensters, der Schlüssel [Strg][⇧][Bild↓] bis zum Ende des Fensters. Auch die Wiederholung dieser Markierungsbefehle hat keinen positiven Effekt. Allerdings läßt sich die Markierung mit zwei weiteren Tastenschlüsseln schnell über die Grenzen des aktuellen Fensters ausdehnen.

Markieren eines Fensterinhaltes nach oben/unten
- [⇧][Bild↑] **und** [⇧][Bild↓]

Mit dem Tastenschlüssel [⇧][Bild↑] erweitern Sie die Markierung um einen Fensterinhalt nach oben und mit [⇧][Bild↓] entsprechend nach unten. Beide Tastenschlüssel können wiederholt werden und dienen so der Markierung größerer Textpassagen. Wie groß der Bereich ist, den Sie hierbei mit jedem Schritt markieren, entscheiden Sie mit der Größe Ihres Dokumentfensters. Je größer das Fenster gestaltet ist, um so größer sind auch die Markierungsschritte, die Sie vollziehen.

Mit ein wenig Übung kann eine Markierung durch die Kombination verschiedener Markierungsschlüssel schnell auf die gewünschte Größe ausgeweitet werden. Gerade die Möglichkeit, große Markierschritte mit einem Tastendruck zu vollziehen und die Schritte nachfolgend durch kleinere

Schritte zu ergänzen oder zu reduzieren, lassen eine schnelle und präzise Arbeit zu. Daß hierzu ein gutes Quantum an Übung Voraussetzung ist, versteht sich. Einfacher ist die Markierung mit der Maus auf jeden Fall.

Markierung erweitern [F8]

Um das Markieren auch dem Tastaturbenutzer zu erleichtern, bietet sich die Funktionstaste [F8] an. [F8] schaltet in den Erweiterungsmodus für Markierungen. Daß dieser Modus aktiv ist, wird Ihnen in der Statuszeile durch die Anzeige "ER" kenntlich gemacht. Dieser Erweiterungsmodus hat drei Effekte:

1. Alle Richtungstasten verhalten sich so, als sei die [⇧]-Taste gedrückt. Das heißt, die Cursortasten erweitern die Markierung zeichen- bzw. zeilenweise, [Pos 1] oder [Ende] bis an den Anfang bzw. das Ende der Zeile und [Bild↑] oder [Bild↓] um einen Bildschirminhalt nach oben bzw. nach unten. Das Drücken der [⇧]-Taste können Sie sich nun also sparen.

2. Die Betätigung eines Buchstabens oder einer Zahl erweitert die Markierung bis zur nächsten Stelle, an der dieses Zeichen im Text vorkommt. Diese Aktion kann beliebig oft wiederholt werden. Zulässig als Sprungziele sind hierbei neben den alphanumerischen Zeichen auch die nicht druckbaren Zeichen Absatzendemarke ¶ ([↵]), Zeilenschaltung ↵ ([⇧][↵]) und Tabulator → ([⇥]). Diese Zeichen werden im Erweiterungsmodus mit ihren entsprechenden Tasten angesprungen; die Zeichen brauchen nicht sichtbar zu sein.

3. Die [F8]-Taste erweitert die Markierung sukzessive, wenn Sie mehrmals gedrückt wird, in folgenden Schritten:

    1. Der Erweiterungsmodus wird aktiviert.
    2. Die Markierung wird auf ein Wort erweitert.
    3. Die Markierung wird auf einen Satz erweitert.
    4. Die Markierung wird auf einen Absatz erweitert.
    5. Die Markierung wird auf das ganze Dokument erweitert.

Falls die [F8]-Taste gedrückt wird, während bereits ein Wort, ein Satz oder ein Absatz markiert ist, beginnt die Erweiterung direkt bei diesem Status.

Innerhalb der Erweiterungsfunktion können die verschiedenen Markierungstasten miteinander kombiniert werden und erlauben so eine schnelle Markierung. Beachten Sie hierbei aber, daß Sie die Markierung stets nur in eine Richtung ausweiten können. Einzig die mehrfache Betätigung von [F8] erweitert die Markierung in beiden Richtungen. Hierbei wird aber immer das oberste markierte Zeichen als Fixpunkt angesehen. Nachfolgende

Erweiterungen der bereits markierten Passage können also nur nach unten erfolgen. Bei Bewegungen nach oben wird die Markierung reduziert und erst nach Überschreiten des obersten markierten Zeichens wieder erweitert.

Die Arbeit mit der automatischen Erweiterung wird mit der (Esc)-Taste bestätigt. Sie verlassen somit den Erweiterungsmodus. Die markierte Passage bleibt jedoch zur weiteren Bearbeitung invers angezeigt. Die nächste Texteingabe oder Bewegung der Einfügemarke setzt die Markierung allerdings wieder zurück.

Mit der Tastenkombination (⇧)(F8) reduzieren Sie Markierungserweiterungen in der gleichen Schrittfolge, wie sie erstellt wurden.

Markieren bis zum Dokumentanfang/-ende
- (Strg)(⇧)(Pos 1) und (Strg)(⇧)(Ende)

Um von der Einfügemarke aus bis zum Dokumentanfang zu markieren, benutzen Sie den Tastenschlüssel (Strg)(⇧) (Pos 1). In die andere Richtung markieren Sie mit (Strg)(⇧) (Ende) bis zur Schlußmarke. Daß bei diesen beiden Markierungsoptionen die Erweiterung nicht möglich ist, versteht sich von selbst. Diese Art, einen großen Teil, aber nicht das ganze Dokument zu markieren, ist der Maussteuerung zumindest ebenbürtig.

Markierung des ganzen Dokuments - (Strg)(A)

Schließlich muß mitunter das ganze Dokument markiert werden. Auch hierfür steht Ihnen ein Tastenschlüssel zur Verfügung: Drücken Sie die (Strg)-Taste gemeinsam mit der Taste (A). Hierauf wird das gesamte Dokument markiert; invers sehen Sie selbstverständlich nur den Teil des Dokuments, der momentan im Fenster angezeigt wird.

Blockmarkierung setzen - (Strg)(⇧)(F8)

Die Blockmarkierung, die in tabellarischen Aufstellungen nützlich ist, aktivieren Sie mit dem Tastenschlüssel (Strg)(⇧)(F8). Nachdem Sie diese Tastenkombination betätigt haben, zeigt Ihnen die Anzeige "SM" in der Statuszeile den Betriebsmodus an.

Während des Blockmodus können Sie die Markierung mit den Cursortasten (←), (↑), (→) und (↓), (Pos 1), (Ende), (Bild↑) und (Bild↓) erweitern. Die Erweiterungen beziehen sich nicht auf die ganzen Zeilen, sondern immer nur auf den Bereich, der sich zwischen der letzten Position der Einfügemarke und der aktuellen Cursorposition befindet. So können Sie von Hand ein Rechteck markieren und den invers angezeigten Bereich bearbeiten. Die Blockmarkierung bestätigen Sie mit der (Esc)-Taste.

Die folgende Tabelle gibt Ihnen einen Überblick über die Möglichkeiten, mit der Tastatur zu markieren:

Markierung	Tastenkombination
Zeichen	⇧ ← oder ⇧ →
Zeile	Strg ↑ oder Strg ↓
Wort	Strg ⇧ ← oder Strg ⇧ →
bis Absatzanfang	Strg ⇧ ↑
bis Absatzende	Strg ⇧ ↓
bis Zeilenanfang	⇧ Pos 1
bis Zeilenende	⇧ Ende
bis Fensteranfang	Strg ⇧ Bild ↑
bis Fensterende	Strg ⇧ Bild ↓
Fenster aufwärts	⇧ Bild ↑
Fenster abwärts	⇧ Bild ↓
Markierung erweitern	F8 mehrfach drücken oder mit den Richtungstasten erweitern; Bestätigen mit der Esc-Taste
Markierung reduzieren	schrittweise mit ⇧ F8
bis Dokumentanfang	Strg ⇧ Pos 1
bis Dokumentende	Strg ⇧ Ende
gesamtes Dokument	Strg A (numerischer Tastenblock)
Block	Strg ⇧ F8, dann mit den Richtungstasten erweitern; Abbruch mit der Esc-Taste

Tab. 5.2: Markieren mit der Tastatur

Den markierten Bereich löschen (Entfernen)

Einen markierten Bereich löschen Sie mit der Entf-Taste. Diese Taste, die ansonsten nur das Zeichen links der Einfügemarke löscht, bezieht sich nun auf den gesamten markierten Bereich. Hierzu zählt auch der markierte Teil des Dokuments, der momentan außerhalb des Fensters liegt, also nicht sichtbar ist.

Ebenso wie bei der Löschung eines Zeichens läßt sich der entfernte Bereich über den Befehl BEARBEITEN > RÜCKGÄNGIG ([Alt][B] [R]) oder mit der Tastenkombination [Strg][Z] wiederherstellen.

Solange unter EXTRAS > OPTIONEN ([Alt][X] [O]) im Register BEARBEITEN das Kontrollfeld EINGABE ERSETZT MARKIERUNG ([Alt][E]) aktiv ist, wird eine markierte Passage überschrieben, sobald Sie ein Zeichen eingeben. Diese Funktion kann leicht zu Textverlusten führen. Wenn Sie sich hierdurch irritiert fühlen, schalten Sie die Funktion über EXTRAS > OPTIONEN > BEARBEITEN ab. In dem Fall bleibt eine markierte Passage bei einer Zeicheneingabe erhalten; lediglich die Markierung wird deaktiviert und das Zeichen vor der Passage eingefügt.

In die Zwischenablage löschen (Ausschneiden)

Word für Windows kennt aber nicht nur den Löschvorgang, der die gelöschte Information verliert, sondern eine zweite Art des Löschens, bei der die Information zwischengelagert wird, also noch nicht verloren ist.

Für die Löschung in die Zwischenablage gibt es wieder ein Symbol in der Funktionsleiste. Falls Sie eine Passage in die Zwischenablage löschen möchten, klicken Sie einfach das Symbol "Ausschneiden" an. Die identische Aktion läßt sich auch im Menü BEARBEITEN mit dem Befehl AUSSCHNEIDEN ([Alt][B] [U]) ausführen. Schneller initiieren Sie den selben Vorgang mit dem Tastenschlüssel [Strg][X]. Der markierte Bereich wird hierdurch aus dem Dokument entfernt und in die Zwischenablage aufgenommen.

Äquivalent zu [Strg][X] ist der Tastenschlüssel [⇧][Entf], der als Standardtastenschlüssel für alle Windows-Anwendungen gilt.

Der Inhalt dieser Zwischenablage kann wieder in dasselbe Dokument, aber auch in ein anderes Dokument eines anderen Programms aufgenommen werden.

Aus der Zwischenablage einfügen

Den Inhalt der Zwischenablage können Sie an jeder beliebigen Stelle Ihres Dokuments wieder einfügen. Positionieren Sie die Einfügemarke am gewünschten Ort und klicken Sie das Symbol "Einfügen" in der Funktionsleiste an. Alternativ wählen Sie den Menübefehl BEARBEITEN > EINFÜGEN ([Alt][B] [I]) oder benutzen den Tastenschlüssel [Strg][V]. Auch diesem Tastenschlüssel

109

entspricht ein bekannter Standardtastenschlüssel aller Windows-Anwendungen: ⇧ Einfg .

Die zwischengespeicherte Information wird rechts der Einfügemarke im Text plaziert; die Einfügemarke wird an das Ende der Einfügung gesetzt. Der eingefügte Text kann direkt weiterbearbeitet und verändert werden; so, als ob er soeben eingetippt worden wäre. Durch das Einfügen verändert sich der Inhalt der Zwischenablage nicht. Sie haben also die Möglichkeit, auf eine zwischengespeicherte Information mehrfach zurückzugreifen. Der Inhalt bleibt verfügbar für verschiedene Stellen eines Dokuments, aber auch für verschiedene Dokumente, und sogar unter anderen Programmen von Windows haben Sie Zugriff auf den Inhalt der Zwischenablage.

Die zwischengespeicherte Information kann nicht nur in Word für Windows zwischen einem oder zwischen mehreren Dokumenten transportiert werden. Im Gegenteil: Die Zwischenablage ist das universelle Transportmittel für Daten aller Art zwischen verschiedenen Programmen unter Windows. Sie dient nicht nur dem Export von Text in andere Programme, sondern auch dem Import von Grafiken und Tabellen in Word für Windows. Gerade diese Eigenschaft macht die Zwischenablage zu einer der wertvollsten Funktionen der Oberfläche Windows.

In die Zwischenablage kopieren

Aus den erwähnten Gründen bietet sich die Zwischenablage nicht nur an, wenn Text gelöscht werden soll. Ebenso wichtig ist ihre Aufgabe als Transportmittel, um eine Information zu befördern, ohne sie am Ursprungsort zu entfernen. Es ist jedoch möglich, eine markierte Passage zu löschen und gleich wieder einzufügen. Sie ist dann weiterhin in der Zwischenablage. Aber diese Vorgehensweise ist auf die Dauer etwas umständlich. Daher bietet Word für Windows die Kopierfunktion.

 Um eine markierte Passage in die Zwischenablage aufzunehmen, ohne sie aus dem Dokument zu entfernen, klicken Sie in der Symbolleiste das Symbol "Kopieren" an, wählen den Menübefehl BEARBEITEN > KOPIEREN (Alt B K) oder die Tastenkombination Strg C . Statt des Tastenschlüssels Strg C kann auch Strg Einfg betätigt werden

Alle Aktionen haben den gleichen Effekt: Der markierte Text wird in die Zwischenablage übernommen, ohne daß sich im Dokument etwas ändert; sogar die Markierung bleibt von diesem Vorgang unberührt. Falls Sie den Eindruck haben, es sei tatsächlich nichts passiert, können Sie sich ja vom Inhalt der Zwischenablage überzeugen. Dieser Inhalt steht nun - genau wie die Informationen, die durch das Löschen aufgenommen wurden - für vielfachen Gebrauch zur Verfügung.

5 • Passagen markieren, löschen und kopieren

Noch einfacher ist es mit Hilfe der rechten Maustaste möglich, Passagen zu kopieren, einzufügen oder auszuschneiden. Nachdem Sie die Markierung gesetzt haben, drücken Sie einfach die rechte Maustaste. Nun öffnet sich das Shortcut-Menü der Maus, in dem Sie auswählen können, welche Aktion - AUSSCHNEIDEN, KOPIEREN, EINFÜGEN - Sie vornehmen wollen. Alternativ zur rechten Maustaste können Sie auch ⇧ F10 drücken.

Um die Funktion der Zwischenablage auszuprobieren, können Sie in dem Brief des Herrn Bit den Namen in der ersten Zeile in die Zwischenablage kopieren und am Ende des Briefes wieder einfügen. Außerdem können Sie Teile des Dokuments, z.B. die Anschrift der Stadtwerke, markieren und in die Zwischenablage kopieren. Nun öffnen Sie ein neues Dokument (Alt D N ↵) und fügen die zwischengespeicherte Passage dort ein. Jetzt können Sie gleich einen Brief schreiben, in dem Herr Bit den Aufsichtsrat der Stadtbäder über den tüchtigen Herrn Rause informiert, der die Badezmütze gefunden und an ihn zurückgeschickt hat (Abbildung 5.4). Übungshalber sollten Sie hierfür so viel wie möglich aus dem ersten Brief übernehmen. Um sich den Wechsel zwischen den Fenstern (Alt F6) zu erleichtern, stellen Sie beide Fenster am Bildschirm mit dem Befehl FENSTER > ALLE ANORDNEN (Alt F A) dar. Die Fenster der geöffneten Dokumente sind nun untereinander am Bildschirm angeordnet, und Sie springen mit der Maus von einem zum anderen Fenster, markieren, kopieren und fügen ein. Nachdem Sie den Brief fertig haben, speichern Sie ihn unter BRF_BIT1.DOC ab.

Abb. 5.2: Pit Bits Brief an den Aufsichtsrat

Eine markierte Passage verschieben

Word für Windows verfügt außerdem über Funktionen, mit denen Sie markierte Passagen innerhalb von Dokumenten und auch über die Grenzen von Dokumentfenstern hinweg verschieben können, ohne die Zwischenablage zu gebrauchen. Diese Funktionen nutzen entweder ausschließlich die Maus, die Tastatur oder eine Kombination aus Maus und Tasten. Zwei Vorgehensweisen bieten sich hierbei an:

Um eine markierte Passage mit der Maus zu verschieben, positionieren Sie den Mauszeiger auf der markierten Passage und drücken die linke Maustaste. Das Symbol des Mauszeigers verändert sich und zeigt Ihnen, daß Sie die Passage nun verschieben können. Wenn Sie die Maus mit gedrückter Taste nun bewegen, führt der Zeiger eine punktierte Positionsmarke vor sich her.

Die Stellung der punktierten Marke ist entscheidend für den neuen Standort der markierten Passage. Während der Bewegung bleibt die Passage unverändert an ihrem alten Platz. Erst wenn Sie die Maustaste loslassen, wird der Positionswechsel vollzogen. Wenn Sie sich die Aktion anders überlegen, brauchen Sie die punktierte Marke nur inmitten der markierten Passage zu plazieren und die Taste freizugeben. In diesem Fall wird keine Veränderung im Text vorgenommen.

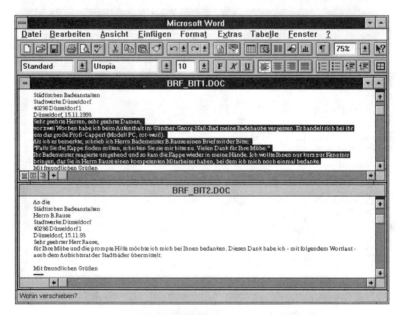

Abb. 5.3: Text zum Verschieben markiert

Das Verschieben - und auch das Kopieren - durch einfache Mausaktionen wird mit dem englischen Fachterminus "Drag & Drop" bezeichnet. *Drag & Drop*

Sie markieren zuerst die Passage, die Sie verschieben möchten, aktivieren dann mit [F2] die Funktion "Verschieben". In der Statuszeile erscheint die Meldung: WOHIN VERSCHIEBEN?. Setzen Sie nun die Einfügemarke an den Zielpunkt der Aktion. Die Einfügemarke ist hierbei punktiert dargestellt. Sie verschieben die Einfügemarke mit den Cursortasten (möglich ist auch das Anklicken des Ziels mit der Maus). Nachdem die Einfügemarke positioniert ist, bestätigen Sie den Vorgang mit [↵]. Daraufhin wird der markierte Bereich am Ursprungsort gelöscht und an der Zielstelle eingefügt. Die Einfügemarke steht nun hinter der Einfügung.

Dieses Verfahren per Tastatur hat einen Vorteil, den Drag & Drop mit der Maus nicht bieten kann: Es ermöglicht den Wechsel des Dokuments während der Verschiebeaktion. Während beim Drag & Drop zwischen verschiedenen Dokumenten von Anfang an beide Dokumentfenster angezeigt werden müssen, ermöglicht das Verschieben per [F2]-Taste die Aktivierung eines anderen Dokumentfensters. Das Zieldokument muß allerdings vor dem Beginn der Aktion bereits geöffnet sein.

Abgebrochen wird der Verschiebe-Vorgang mit der [Esc]-Taste.

Mit der Maus läßt sich die Arbeitsweise des Verschiebens in Zusammenarbeit mit der Tastatur noch weiter optimieren: Markieren Sie die Stelle, die Sie verschieben möchten, und positionieren Sie den Mauszeiger am Zielpunkt der Aktion. Drücken Sie nun die [Strg]-Taste und die rechte Maustaste. Die markierte Passage wird hierauf am Ausgangspunkt gelöscht und an der gewünschten Stelle eingefügt.

Diese Arten des direkten Verschiebens eines markierten Bereichs bieten - so wie die nachfolgend beschriebenen Kopierarten - den großen Vorteil, daß der Inhalt der Zwischenablage unverändert bleibt. Wenn Sie in der Ablage etwas zwischengespeichert haben sollten, was Sie nicht löschen möchten, bleiben die Daten erhalten und können zu einem späteren Zeitpunkt noch eingefügt werden.

Eine markierte Passage kopieren

Eine Passage können Sie auf die gleiche Weise auch unabhängig von der Zwischenablage kopieren. Hierbei bleibt die markierte Quellstelle unverändert erhalten, ihr Inhalt wird jedoch an die Zielstelle übernommen.

Wieder haben Sie die Wahl zwischen drei Verfahren, wobei beim direkten Ziehen der markierten Passage mit der Maus wieder die Beschränkung auf das aktuelle Dokumentfenster besteht, die bei dieser Vorgehensweise schon beim Verschieben einer markierten Passage beschrieben wurde.

Sie kopieren eine Passage im Dokument an eine andere Stelle, indem Sie sie markieren, anschließend den Mauszeiger auf ihr positionieren und die (Strg)-Taste parallel zur linken Maustaste betätigen. Der Mauszeiger ändert sein Symbol in der gleichen Weise wie beim Verschieben einer Passage und wird zusätzlich durch ein kleines Pluszeichen gekennzeichnet. Der Unterschied zwischen der Ausführung von Verschieben und Kopieren besteht darin, daß zum Kopieren die (Strg)-Taste gedrückt werden muß.

Sie ziehen die punktierte Linie des Mauszeigers mit gedrückter Maustaste an die Stelle, an der die Passage kopiert werden soll. Wenn Sie den Mauszeiger über den sichtbaren Ausschnitt hinausziehen, läuft das Dokument weiter, so daß Sie auch entfernte Zielpunkte im Dokument erreichen können. An der gewünschten Einfügestelle positionieren Sie die punktierte Linie und lassen die linke Maustaste und - sofern Sie sie noch immer gedrückt halten - die (Strg)-Taste los, wodurch die markierte Passage an die neue Stelle übernommen wird, an der alten jedoch weiterhin bestehen bleibt.

Wenn Sie die Kopieraktion abbrechen möchten, setzen Sie die punktierte Einfügemarke einfach in den markierten Bereich, bevor Sie die Maustaste freigeben. Die schnelle Abbruchsalternative bei Kopieraktionen über mehrere Seiten oder zwischen Dokumenten besteht darin, die punktierte Einfügemarke einfach außerhalb des Textfensters, in die Statusleiste, auf eine Bildlaufleiste oder in einer Symbolleiste zu plazieren, ehe die linke Maustaste freigegeben wird.

Für das Kopieren von markierten Passagen mit der Tastatur ist der Tastenschlüssel (⇧)(F2) zuständig. Markieren Sie die Quellpassage und aktivieren Sie anschließend mit (⇧)(F2) die Funktion "Kopieren". Die Meldung in der Statuszeile lautet: WOHIN KOPIEREN? Wechseln Sie nun mit den Cursortasten (oder der Maus) zum Ziel, wobei die Einfügemarke wieder punktiert angezeigt wird, und bestätigen Sie das Kopieren mit (↵). Die markierte Passage wird an der aktuellen Stelle eingefügt, ohne daß die Quellpassage gelöscht wird.

Auch beim Kopieren von Textpassagen per Tastatur bietet sich der Vorteil gegenüber Drag & Drop mit der Maus, während der Kopieraktion das aktive Dokumentfenster zu wechseln. Es müssen also nicht Quelldokument und Zieldokument von Beginn an nebeneinander angeordnet sein, um wie bei Drag & Drop das Kopieren zwischen verschiedenen Dokumenten zu vollziehen. (⇧)(F2) ermöglicht den Wechsel zum - bereits geöffneten - Zieldokument auch während der Kopieraktion.

5 • Passagen markieren, löschen und kopieren

Um den Kopiervorgang vorzeitig abzubrechen, betätigen Sie die [Esc]-Taste.

Markieren Sie zunächst die Quelle, die Sie kopieren möchten. Positionieren Sie nun den Mauszeiger am Zielpunkt und betätigen Sie die Tasten [Strg][⇧] und halten sie gedrückt, um dann mit der rechten Maustaste die Zielstelle anzuklicken. Der markierte Bereich wird hinter der Position des Mauszeigers eingefügt und die Einfügemarke an das Ende der Kopie gesetzt. Die Quelle bleibt auch hierbei unverändert.

Üben Sie die verschiedenen Arten des Verschiebens und Kopierens mit der Tastatur und der Maus. Gerade bei der Textbearbeitung, wenn es um die Neustrukturierung von Dokumenten geht, leisten Ihnen diese Funktionen wertvolle Dienste.

Markierte Passage	Tasten(kombination)	
Endgültig löschen	[Entf]	
Ausschneiden in Zwischenablage	[Strg][X] oder [⇧][Entf]	✂
Kopieren in Zwischenablage	[Strg][C] oder [Strg][Einfg]	📋
Einfügen aus Zwischenablage	[Strg][V] oder [⇧][Einfg]	📋
Verschieben	Drag & Drop: Markierung setzen und anschließend mit linker Maustaste aufgreifen und positionieren. Tastatur: [F2] Maus: [Strg] & rechte Maustaste	
Kopieren	Drag & Drop: Markierung setzen und anschließend mit [Strg] und linker Maustaste aufgreifen und positionieren. Tastatur: [⇧][F2] Maus: [Strg][⇧] & rechte Taste	

Tab. 5.3: Verfahren zum Löschen und Verschieben

Zur Übung können Sie nun noch einen Brief an Herrn B. Rause schreiben, in dem Sie sich für seine Hilfe bedanken. Öffnen Sie hierfür wieder eine neue Datei ([Alt][D][N][↵]), und orientieren Sie sich am Beispiel in Abbil-

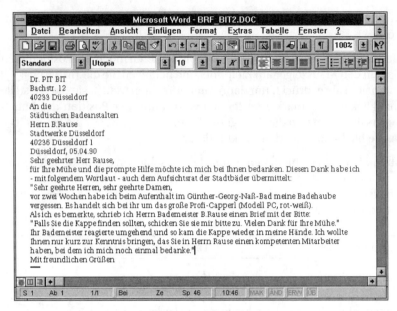

Abb. 5.4: Pit Bits Dankbrief an Herrn Rause

dung 5.4. In diesem Brief zitieren Sie aus dem Brief an den Aufsichtsrat, ohne das Zitat allerdings neu einzugeben; übernehmen Sie das Textstück aus dem Ursprungsbrief. Speichern Sie den Brief unter BRF_BIT2.DOC ab.

6
Dokumente sichern

Speichern unter	**Seite**	**119**
Dateinamen ändern	Seite	120
Fremde Dateiformate speichern	Seite	120
Optionen	Seite	126

Speichern unter

Nachdem Sie einen Text geändert haben, möchten Sie das Dokument vielleicht in der aktuellen Form speichern, ohne die alte Version zu überschreiben. Das Menü DATEI bietet Ihnen mit dem Befehl SPEICHERN UNTER ([Alt][D] [U]) Gelegenheit hierzu. Die Funktionstaste [F12] (oder [Alt][F2]) öffnet das Dialogfenster SPEICHERN UNTER sofort.

Das Dialogfenster SPEICHERN UNTER ist Ihnen wahrscheinlich bekannt, da Sie es bereits beim Befehl SPEICHERN kennengelernt haben. Während der Befehl DATEI > SPEICHERN ([Alt][D] [P]) aber nur bei neuen Dokumenten das Dialogfenster SPEICHERN UNTER aktiviert und später automatisch auf den bestehenden Dateinamen zurückgreift, liegt der Vorteil des Befehls DATEI > SPEICHERN UNTER darin, daß Sie nachträglich einen anderen Dateinamen und auch ein anderes Dateiformat vergeben können.

Der Befehl DATEI > SPEICHERN, der sich auch über den Tastenschlüssel [⇧][F12] (bzw. [Alt][⇧][F2]) oder das Symbol "Speichern" aufrufen läßt, speichert sofort, wenn das Dokument bereits einen Dateinamen trägt; hierbei wird der Inhalt der Ursprungsdatei überschrieben, die ja denselben Namen hat. Eine Ausnahme ist nur dann gegeben, wenn Sie die Datei schreibgeschützt öffnen. Ansonsten haben Sie nach dem Speichern nur noch die aktuelle Version. Mitunter ist dies nicht sehr vorteilhaft, denn nicht jede Überarbeitung ist besser als das Original. Außerdem ist es oft interessant, wie der erste Entwurf eines Dokuments aussah. Und nicht zuletzt soll ein Dokument manchmal in einem fremden Dateiformat gespeichert werden, so daß ein anderes Programm die Datei einlesen und weiterverarbeiten kann.

In all diesen Fällen bietet sich das Speichern unter einem anderen Namen an. Hierfür rufen Sie das Dialogfenster auf ([F12]) und ändern zunächst den Dateinamen ab.

Wenn Sie mit der Tastatur im Dialogfenster SPEICHERN UNTER das Verzeichnis wechseln möchten, sollten Sie den Dateinamen zunächst löschen ([Entf]). Dann haben Sie nämlich die Möglichkeit, mit [Alt][L] das Laufwerksfeld und mit [Alt][V] die Verzeichnisliste zu aktivieren. In den Listen wählen Sie mit den Cursortasten Laufwerk und Verzeichnis aus und wechseln jeweils mit [↵]. Wenn Sie den Dateinamen zuvor nicht gelöscht haben, wird beim Drücken der [↵]-Taste das Dokument direkt gespeichert. Ärgerlich ist das besonders dann, wenn im Feld DATEINAME ([Alt][D]) noch immer die Datei genannt ist, die Sie eben nicht überschreiben möchten. Daher sollte der Dateiname immer zunächst gelöscht oder zumindest abgeändert werden, bevor Sie Aktionen ausführen, in deren Verlauf doch einmal die [↵]-Taste gedrückt werden könnte.

Dateinamen ändern

Um einen Dateinamen abzuändern, drücken Sie im Feld DATEINAME ([Alt][D]) die Taste [Ende]. Nun können Sie mit der [⇐]-Taste die Erweiterung und den Namen soweit löschen, wie es Ihnen sinnvoll erscheint. Bedenken Sie, daß eine Übereinstimmung der Dateinamen es erleichtert, einen assoziativen Zusammenhang zwischen dem Dateinamen der Originaldatei und dem Dateinamen der neuen Version herzustellen. Solche Identifikationspunkte beschleunigen Ihre Arbeit im Zweifelsfalle mehr als das ausgefeilteste Suchprogramm, das Sie auf Ihrem Rechner installiert haben. Da Dateinamen meist alphabetisch sortiert dargestellt werden, erweist es sich als praktisch, den Anfang eines Dateinamens unverändert zu belassen. So werden Dateien, die zueinander gehören, untereinander gelistet.

Statt mit der [⇐]-Taste den bestehenden Dateinamen zu löschen und den neuen Namen einzutragen, können Sie sich auch mit den Cursortasten im Feld DATEINAME bewegen und an den gewünschten Stellen Ergänzungen über die Tastatur vornehmen. Beachten Sie, daß Dateinamen immer nur acht Stellen, Erweiterungen nur drei Stellen haben dürfen. Sollten Sie hier des Guten zuviel tun, erinnert Sie Word für Windows an die Regel mit der Meldung UNGÜLTIGER DATEINAME!. Das macht WinWord übrigens auch, wenn Sie unerlaubte Zeichen im Dateinamen verwenden. Auch Laufwerk oder Verzeichnisse können Sie im Eingabefeld direkt spezifizieren. Setzen Sie mit [Pos 1] die Einfügemarke vor den Dateinamen und geben Sie Ihre Änderungen ein. Die alten Einträge löschen Sie nachträglich mit der [Entf]-Taste. Markierungen werden in Textfeldern direkt überschrieben.

Die Erweiterung des Dateinamens brauchen Sie nicht anzugeben, solange Sie mit der Erweiterung .DOC einverstanden sind. Diese Regel gilt auch, wenn Sie die Namenserweiterung .DOC zuvor gelöscht haben; allerdings müssen Sie auch den Punkt hinter dem Dateinamen entfernen, da die Datei ansonsten ohne Erweiterung gespeichert wird.

Wenn Sie Ihre Datei unter einem anderen Dateiformat abspeichern möchten, empfiehlt es sich, die Erweiterung zu verändern. Optimal ist in diesem Fall eine Erweiterung, die das Fremdprogramm selbst benutzt und daher direkt versteht. Eine Erweiterung geben Sie nur durch den obligaten Punkt getrennt sofort hinter dem Dateinamen ein.

Fremde Dateiformate speichern

Mit Word für Windows können Sie nicht nur Dateien vieler fremder Formate einlesen; Sie haben zudem die Möglichkeit, Ihre Dokumente in den entsprechenden Dateiformaten wieder abzuspeichern. Somit präsentiert

6 • Dokumente sichern

sich Word für Windows als Schnittstelle vieler Textverarbeitungen und anderer Programme. Die Wahl, in welchem Format Sie Ihr Dokument speichern möchten, bietet sich im Listenfeld DATEITYP ([Alt][T]). In der geöffneten Liste können Sie mit den Cursortasten oder der Maus das gewünschte Dateiformat markieren. Als erster Eintrag erscheint das Format Word für Windows (*.doc), also das eigene Dateiformat. Diese Einstellung ist immer aktiv, wenn Sie kein anderes Format aussuchen.

Eine Ausnahme von dieser Regel besteht, wenn Sie eine Datei im Fremdformat geöffnet haben. Bei dieser Datei wird Ihnen bei SPEICHERN UNTER im Listenfeld DATEITYP automatisch das Format angeboten, unter dem es eingelesen wurde. Wenn Sie eine Datei, die im Fremdformat vorlag, im WinWord-Format speichern wollen, müssen Sie im Feld DATEITYP den Eintrag WORD-DOKUMENT anwählen.

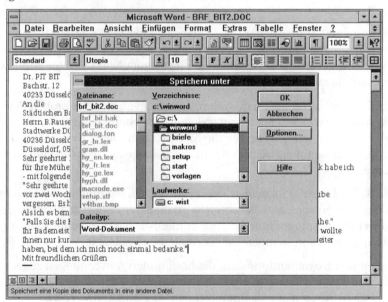

Abb. 6.1: Das Dialogfenster SPEICHERN UNTER

Wenn Sie eine Datei in einem fremden Dateiformat geöffnet haben, erscheint beim direkten Speichern über das Symbol "Speichern", der Verwendung der entsprechenden Tastenschlüssel (z.B. [⇧][F12]) oder über den Menübefehl DATEI > SPEICHERN das Dialogfenster SPEICHERFORMAT (Ausnahme: ASCII-Dateien). In diesem Fenster geben Sie an, unter welchem Format Sie die Datei speichern wollen. Im Dialogfenster SPEICHERFORMAT wird mit WORD die Datei im WinWord-Format, aber unter dem selben Dateinamen gespeichert. Es wird nur das Dialogfenster DATEI-INFO aufgerufen - sofern

Sie unter EXTRAS > OPTIONEN (Alt X O) in der Registerkarte SPEICHERN das Kontrollkästchen AUTOMATISCHE ANFRAGE FÜR DATEI-INFO (Alt A) aktiviert wurde. Wenn Sie die Originaldatei erhalten möchten oder wieder in einem fremden Dateiformat speichern wollen, müssen Sie das angegebene Fremdformat anwählen. Hierdurch wird das Dokument im Fremdformat gespeichert.

Dokument- Im Dialogfenster SPEICHERN UNTER findet sich in der DATEITYP-Liste noch ein
vorlagen weiteres Format, das typisch für Word für Windows ist: DOKUMENTVORLAGEN (*.DOT). In diesem Format speichern Sie Dateien, die als Vorlage für weitere Dokumente dienen sollen. Auf der Basis von Dokumentvorlagen lassen sich mit dem Befehl DATEI > NEU (Alt D N) neue Dokumente erstellen, in die sofort der Text, die Formatvorlagen, die Makros und AutoText-Einträge der Vorlage aufgenommen werden. Mehr hierüber vermitteln Ihnen die Kapitel 20 und 28.

Die weiteren Formate in der Liste dienen allesamt der Kommunikation mit anderen Programmen. Der Umfang der Liste richtet sich nach den Konvertierungsvorgaben, die Sie während der Installation von Word für Windows gemacht haben.

Noch einmal sei darauf hingewiesen, daß Sie im Sinne einer problemlosen Übertragung vor dem Speichern gleich die Erweiterung angeben, die zum Zielprogramm paßt. Wenn Sie die Angabe einer Dateierweiterung nicht manuell vornehmen, werden die in der Liste genannten Erweiterungen verwendet.

Die Reihenfolge der folgenden Tabelle muß nicht der Abfolge der Einträge in der Liste entsprechen. Beachten Sie, daß in der Liste DATEITYP auch jene Konvertierungsprogramme genannt werden, die nur das Öffnen, nicht aber das Speichern von fremden Dateiformaten ermöglichen.

Neben den Dokumentformaten, die bestimmten Anwendungen zugeordnet sind, umfaßt die Liste einige allgemeine Textformate und die Palette der MS-Word-Formate, die im folgenden kurz erläutert werden.

Dateiformat	Listeneintrag
Word für Windows (*.doc)	Datei im Standardformat von Word für Windows 6. Dieses Format wird automatisch angewählt; ausgenommen hiervon sind Dateien, die im reinen Textformat (ANSI oder ASCII) geöffnet wurden, und Dokumentvorlagen von Word für Windows.

Dateiformat	Listeneintrag
Dokumentvorlagen (*.dot)	Datei im Format einer Dokumentvorlage von Word für Windows 6. Auf diese Dateien kann beim Öffnen eines neuen Dokuments mit dem Befehl DATEI NEU ((Alt) (D) (N)) zugegriffen werden.
Nur Text (*.txt)	Reine Textdatei ohne Formatierungen mit Umlauten und anderen länderspezifischen Zeichen im ANSI-Zeichensatz.
Nur Text + Zeilenwechsel (*.txt)	Textdatei im ANSI-Zeichensatz ohne Formatierungen mit Zeilenumbrüchen; d.h. die Zeilenenden werden entsprechend des aktiven Seitenformates mit festen Zeilenschaltungen, sogenannten Carriage Returns, in die Text-Datei übernommen. Ein Carriage Return entspricht dem Drücken der (↵)-Taste am Zeilenende.
MS-DOS-Text (*.txt)	Reine Textdatei ohne Formatierungen mit Umlauten und anderen länderspezifischen Zeichen im ASCII-Zeichensatz (IBM-PC).
MS-DOS-Text + Zeilenwechsel (*.txt)	Textdatei im ASCII-Zeichensatz (PC) ohne Formatierungen mit Zeilenumbrüchen; d.h. die Zeilenenden werden entsprechend des aktiven Seitenformates mit festen Zeilenschaltungen, sogenannten Carriage Returns, in die Text-Datei übernommen. Ein Carriage Return entspricht dem Drücken der (↵)-Taste am Zeilenende.
Rich Text Format (*.rtf)	Das Rich Text Format ist ein Textverarbeitungsformat von Microsoft. Textformatierungen werden in ASCII-Codes umgewandelt, die wiederum von anderen RTF-Programmen in eigene Formatinformationen zurückübersetzt werden können. In diesem Format ist es z.B. möglich, Textdateien in MS Word für den Macintosh zu übernehmen.

Dateiformat	Listeneintrag
MS-DOS-Text mit Layout (*.asc)	Textdatei im ASCII-Zeichensatz (PC), in dem Zeilenumbrüche, Einrückungen, Zeilenabstände und Tabellen durch Leerzeichen, Tabulatoren und Absatzschaltungen (sogenannten "Carriage Returns") festgeschrieben sind. Die erste Kopf- und Fußzeile wird am Anfang der Textdatei gespeichert. Fußnoten und Anmerkungen werden am Ende der Textdatei in ihrer Textreihenfolge aufgenommen.
Text mit Layout (*.ans)	Textdatei im ANSI-Zeichensatz, in dem Zeilenumbrüche, Einrückungen, Zeilenabstände und Tabellen durch Leerzeichen, Tabulatoren und Absatzschaltungen ("Carriage Returns") festgeschrieben sind. Die erste Kopf- und Fußzeile wird am Anfang der Textdatei gespeichert. Fußnoten und Anmerkungen werden am Ende der Textdatei in ihrer Textreihenfolge aufgenommen.
Word für Windows 2.0 (*.doc) Word für Windows 1.x (*.doc)	Dateien in Standardformaten von Word für Windows 1.x und 2.0. Da diese Versionen von Word für Windows eigene Dateiformate haben, müssen ihre Dokumente, die weiterbearbeitet werden sollen, über diesen Eintrag konvertiert werden. Hierbei können selbstverständlich nur jene Dokumentinhalte und Formatierungen übersetzt werden, für die es in der Vorgängerversion von Word für Windows bereits Äquivalente gab.
Word für DOS (*.txt)	Dateien, die mit der Textverarbeitung Word für DOS weiterverarbeitet werden. Hierbei können selbstverständlich nur jene Dokumentinhalte und Formatierungen übersetzt werden, für die es in Word für DOS Äquivalente oder mögliche Umsetzungen gibt. Unterschieden wird zwischen den Versionen 3.x - 5-x und 6.0

6 • Dokumente sichern

Dateiformat	Listeneintrag
Word für Macintosh (*.mcw)	Dateien, die mit der Textverarbeitung Word für Macintosh auf dem Apple Macintosh weiterverabeitet werden. Unterschieden wird zwischen den Versionen 5.1, 5.0, 4.0 und 6.0.

Tab. 6.1: Liste der konvertierbaren Dateiformate (DATEI > SPEICHERN UNTER)

In der Liste der fremden Dateiformate können Sie statt mit der Maus oder den Cursortasten mit den Anfangsbuchstaben des gewünschten Formats Ihre Wahl treffen. Um beispielsweise eine Datei im Format Word für DOS zu speichern, aktivieren Sie die Liste DATEITYP ([Alt][T]) und drücken [W], bis der Eintrag WORD FÜR DOS markiert ist.

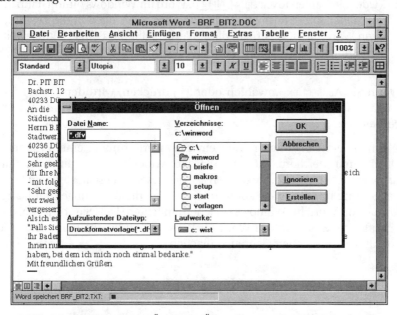

Abb. 6.2: Das Dialogfenster ÖFFNEN zur Übernahme von Druckformatvorlagen

Wenn Sie Dateien im Format von Word für DOS speichern, können Sie sich entscheiden, ob die Datei mit einer bestehenden Druckformatvorlage verbunden werden soll. Falls Sie keine entsprechende Druckformatvorlage für MS Word für DOS haben, beantworten Sie die Frage "Umgewandelte MS Word-Datei mit einer Druckformatvorlage verbinden?" mit Nein ([N]).

Word für DOS Druckformate

Wenn Sie Ja (J) anwählen, wird das Dialogfenster ÖFFNEN geöffnet, in dem Sie den DATEINAMEN (Alt N) angeben oder auswählen. Über die Listen LAUFWERKE (Alt L), VERZEICHNISSE (Alt V) und AUFZULISTENDER DATEITYP (Alt A) können Sie die Druckformatvorlage mit der Maus oder den Cursortasten selektieren. Die Erweiterung .DFV ist das Kennzeichen der Druckformatvorlagen des deutschen MS Word für DOS. Nachdem Sie die Druckformatvorlage bestimmt haben, bestätigen Sie sie mit ⏎. Wenn Sie keine passende Druckformatvorlage finden, bieten sich zwei Alternativen:

1. Entweder, Sie geben einen Dateinamen und die Erweiterung .DFV für die Druckformatvorlage in das Textfeld DATEINAME (Alt N) ein und wählen ERSTELLEN (Alt E). In diesem Fall wird eine neue Datei mit den Druckformaten des konvertierten Dokuments erstellt. Auf diese Druckformatvorlage wird dann automatisch zugegriffen, wenn Sie das konvertierte Dokument mit Word für DOS öffnen.

2. Oder Sie wählen IGNORIEREN (Alt I). Word für Windows nimmt dann die aktuellen Druckformate als direkte Formatierungen in die Textdatei von Word für DOS auf. Auf diese Weise bleibt die Textgestaltung weitgehend erhalten; die Druckformate gehen allerdings für Word für DOS verloren.

Wenn Sie ABBRECHEN anwählen oder Esc drücken, wird der Konvertiervorgang abgebrochen und die Datei nicht im Format von Word für DOS gespeichert.

Wenn Sie ein Dokument mittels einer Konvertierung in einem fremden Dateiformat speichern, hat es für Word für Windows noch immer den Status, ungesichert zu sein. Sie werden also in diesem Fall spätestens am Ende der Sitzung mit der Frage konfrontiert, ob Sie die Änderungen im Dateiformat von Word für Windows speichern möchten. Falls Sie vorhaben, das Schriftstück weiterhin mit Word für Windows zu bearbeiten, sollten Sie von dieser Gelegenheit Gebrauch machen.

Optionen

Sie können im Dialogfenster SPEICHERN UNTER über die Schaltfläche OPTIONEN (Alt O) weitere Einstellungen vornehmen. Der OPTIONEN- Befehl verzweigt in die Registerkarte SPEICHERN des Dialogfensters OPTIONEN.

Optionen für gemeinsamen Zugriff

Dateien, die Sie im Standardformat von Word für Windows speichern, können Sie im Abschnitt OPTIONEN FÜR GEMEINSAMEN ZUGRIFF vor Änderungen schützen. Zum einen können Sie das Dokument gegen einen fremden Zugriff schützen, das heißt, ohne ein von Ihnen bestimmtes Paßwort läßt sich die Datei nicht öffnen, zum anderen können Sie das Dokument gegen Änderungen schützen. Im Feld KENNWORT (Alt K) geben Sie ein Paßwort ein, das das Dokument davor schützt, von Unbefugten geöffnet zu werden, und im Feld SCHREIBSCHUTZ-KENNWORT (Alt B) bestimmen Sie das Paßwort, das den Datei-Schreibschutz aktiviert. Die Kennwörter können bis zu 15 Zeichen lang sein. Während der Eingabe werden sie nicht angezeigt, sondern durch Sternchen (*) repräsentiert. Diese verdeckte Eingabe verhindert, daß bei der Eingabe des Kennwortes ein stiller Beobachter über Ihre Schulter hinweg das Paßwort erkennt. Da Sie selbst es allerdings auch nicht sehen, müssen Sie das Kennwort zur Bestätigung noch ein zweites Mal eingeben; somit sollten unsichtbare Tippfehler weitgehend ausgeschlossen sein.

Die getrennten Schutz-Optionen für den Lese- und Schreibschutz Ihrer Dokumente lassen sich selbstverständlich auch kombinieren. Öffnet jemand eine mit Schreibschutz versehene Datei und kennt lediglich das Paßwort, um den Leseschutz aufzuheben, so kann er das Dokument nur schreibgeschützt öffnen. Wenn Sie Ihr Dokument zwar nicht gegen Änderungen sperren, jedoch andere Benutzern der Datei darauf hinweisen möchten, die Datei nicht zu modifizieren, so aktivieren Sie das Kontrollkästchen SCHREIBSCHUTZ EMPFEHLEN (Alt Z). Nun erscheint beim Öffnen der Datei ein Dialogfenster, in dem der Benutzer darauf hingewiesen wird, daß das Dokument nur mit Schreibschutz geöffnet werden sollte. Sollte er dem zustimmen, fährt er mit JA (Alt J) fort. Falls der Anwender Änderungen vornehmen möchte und daher die Datei nicht schreibgeschützt öffnen will, so steht dem nichts entgegen. Er ignoriert den Schreibschutz mit NEIN (Alt N). Unbenommen hiervon bleibt aber der Kennwortschutz. Er tritt - sofern Sie ihn aktiviert haben - beim Öffnen vor der Schreibschutzabfrage in Kraft und fragt das vorgegebene Paßwort ab.

Die Form des Schreibschutzes ohne Leseschutz ist keine Sicherung der Datei gegen böswillige Fremdzugriffe. Auch die zusätzliche Schreibschutzempfehlung ist eher als fixe Mitteilung an den Leser des Bildschirm-Dokuments zu sehen. Sie teilen dem anderen Anwender auf diese Weise mit, daß Sie keine Eingriffe in das Dokument wünschen. Solange der befugte Personenkreis nicht auch durch das allgemeine Kennwort eingegrenzt wird, das auch den reinen Lesezugriff überprüft, bleibt jedem die Möglichkeit eingeräumt, das Dokument schreibgeschützt zu öffnen, über die Zwischenablage in eine neue Datei zu übertragen und unter einem anderen Namen zu speichern. Anschließend braucht man dann bloß noch die Originaldatei mit dem Datei-Manager zu löschen. Schließlich muß nur noch die umbenannte Datei in die gelöschte Datei umbenannt werden, und der Schreibschutz ist entfernt.

Speichern Sie eine überarbeitete Fassung des Übungsbriefes unter einem neuen Dateinamen ab. In den Kommentar der Datei-Info können Sie eine Notiz zu der gespeicherten Version eintragen (z.B. "Überarbeitung Nr. 1"). So wissen Sie immer über die Bearbeitungsstufe des Dokuments Bescheid.

Wenn Sie noch eine andere Textverarbeitung besitzen, sollten Sie einmal versuchen, die Datei in ihr Format umzuwandeln. Geben Sie der Datei hierfür eine andere Erweiterung, beispielsweise .TXT. Dann können Sie nach dem Verlassen von Word für Windows das Dokument in der fremden Textverarbeitung öffnen und weiterbearbeiten. Wenn Sie die Sperrung der Datei ausprobieren möchten, speichern Sie das Dokument mit Kennwort ab und schließen das Fenster ([Strg][F4]). Wenn Sie die gesperrte Datei wieder öffnen, haben Sie je nach Kennwort lediglich Einblick, aber keinen Schreibzugriff oder Lese- und Schreibberechtigung.

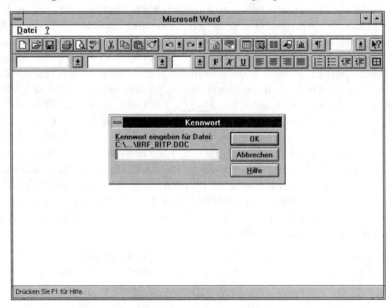

Abb. 6.3: Das Dialogfenster KENNWORT

Wenn Sie eine kennwortgeschützte Datei öffnen, wird zunächst in einem eigenen Dialogfenster die Zeichenkette abgefragt, mit der das Dokument geschützt wurde. Nur, wenn die Eingabe Zeichen für Zeichen mit dem gespeicherten Kennwort übereinstimmt - auch die Groß- und Kleinschreibung ist hierbei entscheidend - fährt Word für Windows mit dem Öffnen des Dokuments fort. Doch auch mit anderen Textverarbeitungen oder Editorprogrammen kann der Text des Dokuments nicht mehr gelesen werden, da er mittels des Kennwortes verschlüsselt wird. So ist nun auch niemand mehr in der Lage, mit einem Textbetrachter schnell einmal Einblick in Daten zu nehmen, die ihn nichts angehen. Und wer berechtigtes Interesse am Inhalt der Datei hat, kann ja bei Ihnen das Kennwort erfragen! Seine Zeichen sollten Sie allerdings nicht vergessen, denn sonst haben auch Sie den Schlüssel zur Datei verloren.

Das Kennwort können Sie jederzeit ändern, wenn Sie die Datei geöffnet haben. Sie brauchen hierfür nur wieder im Dialogfenster OPTIONEN die Registerkarte SPEICHERN aufzurufen und das alte Kennwort durch ein neues zu überschreiben.

Wenn Sie Wert auf Datensicherheit legen, sollten Sie eine Datei mit Kennwortschutz immer zweimal hintereinander speichern. Das ist die Mindestanforderung an Umsicht, sofern eine Datei bislang ohne Paßwort gespeichert wurde. Andernfalls kann es nämlich passieren, daß die alte, unverschlüsselte Version der Datei als Sicherheitskopie (Erweiterung: *.BAK) noch immer im Verzeichnis vorhanden ist. Und diese alte Sicherheitskopie bleibt solange unverschlüsselt, bis eine neue Sicherheitskopie der verschlüsselten Datei sie überschreibt. Dies geschieht, wenn Sie das Dokument zweimal speichern. Beachten Sie aber, daß hiermit noch lange nicht das Maximum der Datensicherheit gegeben ist. Dem kommen Sie erst nahe, wenn Sie die freien Bereiche der Festplatte überschreiben. Möglichkeiten hierzu bieten spezielle Hilfsprogramme, wie z.B. Nortons Programm Wipeinfo, das in den Norton Utilities enthalten ist. Auch einige Festplattenkomprimierer bieten solche Optionen.

Speichern Sie den Übungsbrief unter einem neuen Dateinamen und verschlüsseln Sie ihn durch die Eingabe eines Kennworts - z.B. "Pit Bit" (auch die Verwendung von Leerzeichen ist möglich). In den Kommentar der Datei-Info tragen Sie "Verschlüsselt" ein. Selbstverständlich sollten Sie im täglichen Einsatz nicht den eigenen Namen oder leicht zu kombinierende Zeichenketten als Kennwort wählen.

Schnellspeicherung und Sicherungskopie

Wenn Sie sicher gehen möchten, daß keine Sicherheitskopie ihrer Datei angelegt wurde, können Sie dies in der Registerkarte SPEICHERN über EXTRAS > OPTIONEN überprüfen. Das erste Kontrollkästchen SICHERUNGSKOPIE IMMER ERSTELLEN ([Alt][S]) steht alternativ zu SCHNELLSPEICHERUNG ZULASSEN ([Alt][L]). Es kann immer nur eines der beiden Kontrollkästchen aktiv sein. Daß beide deaktiviert werden, ist hierdurch nicht ausgeschlossen. Während die Sicherheitskopie dafür sorgt, daß stets die vorletzte gespeicherte Version des Dokuments für Sie verfügbar bleibt, beschleunigt die Schnellspeicherung den Speichervorgang, was sich gerade bei großen Dateien deutlich bemerkbar macht.

Die Änderungen, die Sie im Dokument vornehmen, werden bei der Schnellspeicherung in der Datei hinten an das bestehende Dokument angehängt. Dies geht selbstverständlich schneller, als die gesamte Datei neu zu speichern. Das Erstellen einer Sicherheitskopie ist hierbei ausgeschlossen. Dies birgt gleichzeitig einen gewissen Unsicherheitsfaktor: Ein Datenverlust durch Absturz des Systems, z.B. durch Stromausfall, kann niemals ausgeschlossen werden; wenn solch ein Ausfall mitten im Speichervorgang passiert, kann die aktuelle Version der Datei in ungünstigen Fällen unbrauchbar sein. Dann gibt eine Sicherheitskopie, die automatisch erstellt wurde, die Hoffnung, daß Sie wenigstens zum vorletzten Stand Ihrer Arbeit zurückkehren können. Ohne Sicherheitskopie sehen die Chancen der Wiederherstellung Ihres gespeicherten Dokuments schlechter aus. Erschwert wird die Rekonstruktion einer Datei - hierfür gibt es Hilfsprogramme, die als Tools oder Utilities bezeichnet werden - im Zweifelsfalle durch eine Speicherstruktur, die den Inhalt der Datei nicht stringent darstellt. Stringenz in der Abfolge ist aber bei einem Dokument, das in seiner Gesamtheit gespeichert wird, viel eher gegeben als bei einer Datei, in der die Änderungen hinten angehängt sind. Sie sind also in der Reihenfolge der Speichervorgänge am Ende der Datei abgelegt und nicht an den Stellen des Textes, wohin die Ergänzungen und Änderungen sinngemäß gehören. Sie sehen, daß auch bei der Textverarbeitung die Geschwindigkeit mitunter Risiken mit sich bringt.

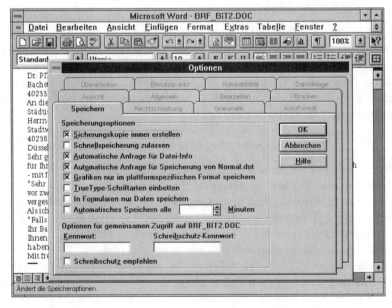

Abb. 6.4: Das Dialogfenster OPTIONEN mit der Registerkarte SPEICHERN

Im Normalfall ist es also durchweg empfehlenswert, daß Sie eine SICHERHEITS-KOPIE IMMER ERSTELLEN. Diese Funktion haben Sie im übrigen auch zur Verfügung, wenn Sie in fremden Dateiformaten abspeichern. Die Schnellspeicherung ist dann von vornherein nicht verfügbar.

In den OPTIONEN für das Speichern können Sie außerdem angeben, ob Sie die AUTOMATISCHE ANFRAGE FÜR DATEI-INFO ([Alt][A]) wünschen, die dafür sorgt, daß Ihnen bei jedem neuen Dokument von Word für Windows das Dialogfenster für die Angaben zur Dateiinformation vorgelegt wird. Falls Sie hierauf lieber verzichten, brauchen Sie dieses Feld nur zu deaktivieren. Die Dateiinformation gibt es selbstverständlich auch danach weiter, und Sie können das Info-Dialogfenster mit DATEI > DATEI-INFO ([Alt][D][I]) nachträglich vom Dokument aus aktivieren.

Automatisches Speichern

Wer die Sicherheit sucht, wird vom letzten Kontrollfeld der Registerkarte SPEICHERN (EXTRAS > OPTIONEN) angetan sein: Hier können Sie nämlich angeben, ob automatisch zwischengespeichert werden soll und in welchem Turnus sich die Speicherung wiederholt. Aktivieren Sie das Kontrollfeld AUTOMATISCHES SPEICHERN ALLE ... MINUTEN ([Alt][U]) und geben Sie den Zeitabstand ein, oder stellen Sie ihn über die beiden Pfeile neben dem Drehfeld ein. Die Speicherung findet dann im angegebenen Zeitraum vollständig automatisch im Hintergrund statt.

Gesichert wird das Dokument allerdings nicht in der Originaldatei, sondern in speziellen Sicherungsdateien (Erweiterung: .ASD). So bleibt der Inhalt Ihrer Dokumentdatei unverändert, bis Sie die neue Version speichern. Nach einem irregulären Programmabbruch erfolgt beim nächsten Start von Word für Windows automatisch der Zugriff auf die Sicherungsdatei. Sie wird Ihnen am Bildschirm vorgelegt und sie haben dann die Möglichkeit, das geänderte Dokument doch noch regulär abzuspeichern.

Automatische Anfrage für Speicherung der NORMAL.DOT

Wenn Sie Veränderungen an der NORMAL.DOT vorgenommen haben, indem Sie z.B. ein Makro oder einen AutoText-Eintrag eingefügt oder gelöscht bzw. die Einstellungen der Standard-Formatvorlagen modifiziert haben, speichert WinWord beim Beenden automatisch die neue Version der NORMAL.DOT. Um eine Kontrolle über diese Aktualisierung der globalen Dokumentvorlage zu haben und somit die Chance zu erhalten, Veränderungen nicht dauerhaft zu übernehmen, können Sie im Dialogfenster OPTIONEN in der Registerkarte SPEICHERN das Kontrollkästchen AUTOMATISCHE ANFRAGE FÜR SPEICHERUNG DER NORMAL.DOT ([Alt][O]) einschalten. Sie haben dann immer die Möglichkeit zu verhindern, daß die aktuellen Änderungen in der NORMAL.DOT gespeichert werden. Solange dieses Kontrollkästchen nicht markiert ist, wird die Standard-Vorlage automatisch gespeichert.

TrueType-Schriftarten einbetten

Wenn ein Dokument auf einem anderen Rechner weiterbearbeitet werden soll, jedoch nicht sicher ist, ob auf diesem die Schriftarten zur Verfügung stehen, die im Dokument Verwendung fanden, können Sie die verwendeten TrueType-Schriftarten an das Dokument anhängen. Dies erfolgt im Dialogfenster OPTIONEN in der Registerkarte SPEICHERN mit dem Befehl TRUETYPE-SCHRIFTARTEN EINBETTEN (Alt T). Somit stehen die von Ihnen verwendeten TrueType-Schriftarten unter WinWord auf allen Rechnern zur Verfügung. Die Einbettung von TrueType-Schriftarten beschränkt sich auf das aktive Dokument. Wenn Sie an mehrere Dokumente die verwendeten TrueType-Schriftarten anhängen wollen, müssen Sie diese Option für jedes einzelne Dokument aktivieren.

Wenn Sie viele verschiedene Schriftarten verwenden, kann die Datei enorm groß werden. Um welchen Anteil Ihre Datei wächst können Sie einfach überprüfen, indem Sie beispielsweise mit dem Datei-Manager nachsehen, wie groß die *.ttf-Dateien der Schriftarten sind, die Sie verwenden. In der Regel finden Sie diese Dateien im Verzeichnis \WINDOWS\SYSTEM.

Inwieweit die eingebetteten Schriften auf dem anderen Rechner verfügbar sind, hängt vom Hersteller der Schrift ab. Es gibt Schriften, die sich nach der Weitergabe auf dem anderen Rechner als TrueType-Schrift installieren lassen. Die Verwendung anderer Schriften ist auf die Bearbeitung oder gar nur die Ansicht des aktuellen Dokuments eingeschränkt, während bei manchen Schriften die Einbettung in Dokumente gar nicht möglich ist.

Plattformspezifisches Format

Wenn Sie Dateien aus anderen Plattformen, z.B. von Word für Macintosh, importieren, so legt WinWord für die Abbildungen innerhalb des Dokuments zwei verschiedene Grafikversionen an. Eine für die DOS/Winword-Plattform und eine für die Macintosh-Plattform. Hierdurch wird verhindert, daß die Grafiken jedesmal konvertiert werden müssen, wenn Sie das Dokument auf dem anderen System öffnen. Dieser Ausschluß der ständigen Konvertierung erhöht die Qualität der Grafiken, jedoch wächst auch die Größe der Dateien. Wenn Sie das Dokument später nicht mehr auf einem Macintosh-Rechner öffnen, wählen Sie unter OPTIONEN in der Registerkarte SPEICHERN das Kontrollkästchen GRAFIKEN NUR IM PLATTFORMSPEZIFISCHEN FORMAT SPEICHERN (Alt G) und reduzieren so die Dateigröße.

7
Zeichen formatieren

Zeichenformatierung	**Seite**	**135**
Schriftarten	Seite	137
Schriftgrad	Seite	138
Fett, Kursiv und Unterstrichen	Seite	139
Verborgener Text	Seite	140
Durchstreichen	Seite	140
Kapitälchen	Seite	141
Groß-/Kleinschreibung	Seite	141
Farbige Schriften	Seite	143
Hoch- und Tiefstellen	Seite	143
Laufweite und Unterschneidung	Seite	144
Zeichenformatierung als Standardschrift setzen	Seite	145
Zeichenformatierung aufheben	Seite	146
Zeichenformatierungen mit der Maus übernehmen	Seite	147

Zeichenformatierung

Mit den Lösch- und Kopierfunktionen ist die Markierungsoption bei weitem nicht ausgeschöpft. Gerade im Arbeitsbereich Textgestaltung bietet sich die Arbeit mit Markierungen an. So lassen sich über Markierungen direkt Zeichenformate zuweisen.

Aber auch während der Eingabe kann die Zeichenformatierung gewechselt werden. Die neue Vorgabe gilt dann für den folgenden Text. Sie bleibt so lange aktiv, bis Sie die Formatierung wieder wechseln. Wenn Sie die Einfügemarke an einer Textstelle plazieren, so ist zunächst das Zeichenformat aktiv, mit dem die Passage erstellt oder zuletzt formatiert wurde.

Wenn Sie keine Markierung setzen und die Zeichenformatierung verändern, so bezieht sich die neue Formatierung stets auf das ganze Wort, in dem sich die Einfügemarke befindet. Steht die Einfügemarke in einem Wortzwischenraum (Leerzeichen, Tabulator, Satzzeichen usw.) oder am Ende eines Dokuments, so gilt die neue Formatierung für den Text, der anschließend eingegeben wird.

Um das Zeichenformat zu wechseln, bieten sich zunächst zwei Möglichkeiten an: der Formatwechsel kann mit Tastenschlüsseln erfolgen bzw. über ein Dialogfenster oder über die rechte Maustaste eingestellt werden. Jede Methode hat ihre Vorteile. Die Formatierung über Tastenschlüssel ist schneller, bezieht sich aber stets nur auf eine Formatierung, also z.B. "Fett"; außerdem setzt die Direktformatierung die Kenntnis der Tastenkombinationen voraus. Die Formatierung über das Dialogfenster erfordert zunächst die Aktivierung des Dialogfensters ZEICHEN, die wiederum auf zwei Arten erfolgen kann:

1. Im Menü FORMAT mit dem Befehl ZEICHEN ([Alt] [T] [Z]).
2. Mittels der rechten Maustaste, die ein Shortcut-Menü aktiviert, in dem der Befehl ZEICHEN angewählt wird ([⇧] [F10] [Z]).

Im aktivierten Dialogfenster ZEICHEN können Sie gleich mehrere Formatierungsvorgaben setzen, bevor Sie das Fenster wieder schließen. Außerdem wird Ihnen im Dialogfenster angezeigt, welche Optionen momentan aktiv sind. Diese Anzeige erfolgt einerseits durch die Markierung der Einträge in den Feldern, andererseits im Darstellungsfeld VORSCHAU, das die aktuelle Zeichenformatierung anzeigt.

Das Feld VORSCHAU zeigt Ihnen im Voraus, was Sie im Text erwartet, sobald Sie die getroffene Formatierung mit OK oder [↵] bestätigen. Sie sehen also das Ergebnis der Gestaltung vorab. Als Beispiel wird hierfür der markierte Text herangezogen - zumindest sein erster Teil, wenn die Markierung grö-

Anzeigefeld Vorschau

ßer als der Raum des Vorschaufelds ist. Wenn Sie eine Zeichenformatierung vornehmen, ohne zuvor eine Textpassage markiert zu haben, womit die Formatierung für die Einfügemarke und für die folgenden Eingaben gilt, so wird der Name der aktiven Schriftart als Beispiel im Vorschaufeld herangezogen.

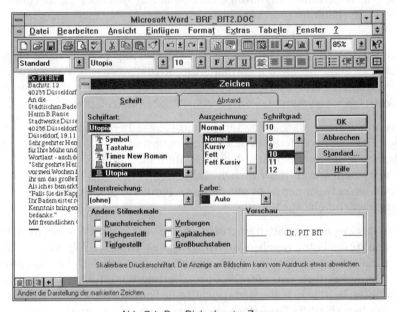

Abb. 7.1: Das Dialogfenster ZEICHEN

Die Arbeit mit dem Dialogfenster ist somit übersichtlicher und bei mehreren Formatierungen, die gleichzeitig gegeben werden, auch schneller, als die Direktformatierung mit Tastenschlüsseln.

Word für Windows bietet überdies eine weitere Art des Formatwechsels. Hierbei werden die Zeichenformate über die Formatierungsleiste bestimmt. Die Bildschirmanzeige der Formatierungsleiste läßt sich im Dialogfenster ANSICHT > SYMBOLLEISTEN (Alt A S) an- und abschalten. Die Zeichenformatierungen, die in der Formatierungsleiste eingegeben werden können, sind auf die gebräuchlichsten Gestaltungen beschränkt.

Im Menü FORMAT öffnen Sie das Dialogfenster ZEICHEN (Alt T Z). Nun können Sie in den Registerkarten SCHRIFT (Alt S) und ABSTAND (Alt A) die von Ihnen gewünschten Veränderungen vornehmen. Je nach installiertem Drucker kann Word für Windows verschiedene Schriftarten und Schriftgrößen darstellen. Die Skala der Schriften wird von den Fähigkeiten des Druckers bestimmt. Wenn Sie einen Laserdrucker installiert haben, verfügen Sie über ein breiteres Spektrum an Schriften als es Ihnen - um ein Extrem zu nennen - ein Typenraddrucker bieten kann.

Falls Sie, wie im vorigen Kapitel beschrieben, die Druckausgabe in eine Datei umleiten und über einen anderen PC ausdrucken, so ist es durchaus sinnvoll, von Anfang an den Drucker zu installieren, auf dem die Druckausgabe stattfinden soll.

Sie haben dann während der ganzen Arbeit alle verfügbaren Schriften zur Hand und können Ihr Dokument direkt gestalten.

Schriftarten

Um das Spektrum der aktuell verfügbaren Schriften zu sehen, öffnen Sie in der Formatierungsleiste das Listenfeld "Schriftart" (zweites Feld von links) oder aktivieren über FORMAT > ZEICHEN ([Alt][T][Z]) die Liste SCHRIFTART ([Alt][R]). Mit den Cursortasten ([↓]/[↑]) oder der Maus treffen Sie eine Auswahl aus der Schriftenliste. Diese Vorgehensweise bietet die beste Übersicht und setzt so gut wie keine Vorkenntnisse voraus.

Die Liste der Schriften wird ab Windows 3.1 durch True-Schriften bereichert. Diese Schriftarten erkennen Sie am vorangestelltem TrueType-Symbol. Die so gekennzeichneten Schriften sind gleichermaßen zur Bildschirmanzeige und zum Ausdruck verfügbar. Druckerschriften werden von Windows 3.1 in der Liste der Schriftarten durch einen Drucker gekennzeichnet. Wie sie am Bildschirm angezeigt werden, hängt davon ab, ob Sie im Besitz der äquivalenten Bildschirmschriften sind. Die Verwaltung von Drucker- und Bildschirmschriften kann über ein Schrift-Management-Programm wie Adobe Type Manager oder Bitstream FaceLift vollzogen werden. Außerdem verfügt Windows noch über Bildschirmschriften (z.B. Roman oder Script), die beim Ausdruck durch ähnliche Schriften des Druckers ersetzt werden.

Die zuletzt benutzten neun TrueType-Schriftarten werden der Schriftarten-Liste vorangestellt, so daß Sie schnellen Zugriff auf die am häufigsten benutzten Schriftarten haben.

Wenn Sie den Inhalt der Schriftenliste schon kennen, können Sie sich das Öffnen sparen und die Schriftart direkt eingeben. Sie brauchen hierfür keine Cursor- oder Mausbewegungen, sondern tippen einfach den Namen der Schrift ins Eingabefeld; in der Regel reichen hierzu die ersten drei Buchstaben der gewünschten Schrift.

Sie können auch Schriftarten eingeben, die nicht gelistet werden, sofern Sie die Schriftnamen kennen. Dies macht selbstverständlich nur dann Sinn, wenn der Drucker, auf dem das Dokument schließlich ausgedruckt wird, die formatierte Schriftart unterstützt. Die Anzeige der Schrift am Bildschirm hängt davon ab, ob die genannte Schrift als Bildschirmfont installiert ist. In diesem Fall können Sie sich in der Normalansicht ([Alt][A][N]) die gewählte Schrift anzeigen lassen.

Schneller geht die Eingabe - das Wissen um die Schriften vorausgesetzt- mit dem Tastenschlüssel [Strg][⇧][A]. Wenn Sie ihn betätigen, wird entweder in der Formatierungsleiste das Feld SCHRIFTART aktiviert oder es wird - sofern diese Symbolleiste abgeschaltet ist - das Dialogfenster ZEICHEN aufgerufen. Sie geben den Namen der Schrift im Feld SCHRIFTART ein und bestätigen mit [↵]. Falls Ihnen der Name einmal nicht einfällt, können Sie das Listenfeld SCHRIFTART mit [↑]/[↓] öffnen, oder Sie drücken einfach noch einmal [Strg][A]. Hierauf wird das Dialogfenster zur Zeichenbestimmung geöffnet, und Sie fahren - wie oben beschrieben - fort.

Schriftgrad

Auch der Schriftgrad läßt sich auf mehrere Arten wählen: Zum einen bietet sich die Eingabe der Punktgröße über das Feld "Schriftgrad" (drittes Feld von links) in der Formatierungsleiste an. Zum anderen steht im Dialogfenster ZEICHEN ([Alt][T][Z]) die SCHRIFTGRAD-Liste ([Alt][C]) zur Auswahl. Zum dritten läßt sich mit dem Tastenschlüssel [Strg][⇧][P] die Schriftgröße direkt eingeben; entweder in das Feld der Formatierungsleiste oder in das Dialogfenster ZEICHEN, das der Tastenschlüssel öffnet, wenn die Formatierungsleiste nicht aktiv ist. Auch der Tastenschlüssel [Strg][⇧][P] öffnet bei doppelter Betätigung das Dialogfenster ZEICHEN.

Die verfügbaren Schriftgrade sind abhängig von der vorgewählten Schrift; nicht jede Schrift läßt sich in den gleichen Größen darstellen. Gemessen werden die Schriften in Punkt. Hierbei handelt es sich um ein typographisches Maß. Bekannte Schreibmaschinenschriften haben meist Größen von 10 oder 12 Punkt. Verwechseln Sie die Maßeinheit "Punkt" nicht mit der Angabe "Zeichen pro Zoll"; in diesem Maß, das angibt, wieviele Zeichen je Zoll getippt werden, erfolgt häufig die Schriftenspezifizierung der Schreibmaschine.

Word für Windows orientiert sich nicht am typographischen Punkt, der bei uns gebräuchlich ist (1 Punkt = 0,367 mm), sondern am amerikanischen Point - zu deutsch ebenfalls Punkt: dieser hat die Größe von 0,351 mm. Wählen Sie die gewünschte Punktgröße aus der aktivierten Liste der Schriftgrade oder geben Sie eine Punktgröße an. Wenn die eingegebene Punktgröße nicht verfügbar ist, wird automatisch die nächstliegende Zeichengröße für die Ausgabe gewählt.

7 • Zeichen formatieren

Sehr schnell läßt sich über zwei Tastenkombinationen die Größe der Schrift verändern. (Strg)(<) verkleinert und (Strg)(⇧)(<) vergrößert die Schrift des markierten Textes schrittweise, wobei die Stufen entscheidend sind, die in der Schriftgradliste genannt werden. Etwas anders wirkt es sich aus, wenn der Schriftgrad mit (Strg)(8) verkleinert oder mit (Strg)(9) vergrößert wird; hierbei erfolgt die Veränderung in Ein-Punkt-Schritten. Wenn Sie einen Textbereich markieren, können Sie über diese Tastenschlüssel entscheiden, welche Schriftgröße Ihnen optisch am ehesten zusagt. Das Ergebnis sehen Sie direkt im Textzusammenhang. Sobald Word für Windows keine größere oder kleinere Schriftgröße findet, zeigt es Ihnen dies durch ein akustisches Signal an.

Fett, Kursiv und Unterstrichen

Wohl die häufigsten Zeichenformate sind in diesem Abschnitt zusammengefaßt. Die **fette**, *kursive* oder <u>unterstrichene</u> Zeichendarstellung dient im allgemeinen der Hervorhebung wichtiger Stellen. Jedes dieser drei Formate hat ein Symbol in der Formatierungsleiste und besitzt einen eigenen Tastenschlüssel. Für Unterstreichungen stehen sogar drei verschiedene Arten per Tastenschlüssel zur Verfügung. Außerdem können diese Formatierungen im Dialogfenster über Kontrollfelder aktiviert werden.

Bei diesen Formaten empfiehlt sich aber der Gebrauch der Tastenschlüssel besonders. Die Schlüssel sind einfach zu merken und dienen als Schalter, das heißt, nochmaliges Drücken deaktiviert die Funktion wieder.

Die Schriftauszeichnung "Fett" ordnen Sie über das Symbol "Fett" oder den Tastenschlüssel (Strg)(⇧)(F) zu. Im Dialogfenster ZEICHEN wählen Sie aus dem Listenfeld AUSZEICHNUNG ((Alt)(Z)) den Eintrag FETT.

Für "Kursiv" klicken Sie entweder das Symbol "Kursiv" an oder drücken (Strg)(⇧)(K); im Dialogfenster ZEICHEN wählen Sie aus dem Listenfeld AUSZEICHNUNG ((Alt)(Z)) den Eintrag KURSIV.

Beim Unterstreichen aktivieren Sie einen einfachen Unterstrich mittels des Symbols "Unterstrichen" oder über den Tastenschlüssel (Strg)(⇧)(U). Alternative Unterstreichungen bieten die Tastenkombinationen (Strg)(⇧)(W) für das wortweise Unterstreichen, das die Zwischenräume ohne Unterstrich beläßt, und (Strg)(⇧)(D) für den doppelten Unterstrich. Im Dialogfenster ZEICHEN können Sie diese Alternativen im Listenfeld UNTERSTREICHUNG ((Alt)(U)) auswählen. Außerdem haben Sie hier noch die Variante PUNKTIERT zur Wahl, die den Text mit einer punktierten statt einer durchgängigen Linie unterlegt.

Verborgener Text

Verborgener Text wird normalerweise dazu eingesetzt, um Eingaben den Augen fremder Leser vorzuenthalten. Die Formatierung "Verborgen" wird entweder im Dialogfenster ZEICHEN mit (Alt)(V) oder im Text mit (Strg)(⇧)(H) aktiviert.

Verborgen ist der Text allerdings nur, wenn die Anzeige der nicht druckbaren Zeichen mittels des Symbols ¶ oder des Tastenschlüssels (Strg)(⇧)(+) ausgeschaltet ist und unter EXTRAS > OPTIONEN ((Alt)(X)(O)) in der Registerkarte ANSICHT das Kontrollfeld VERBORGENER TEXT ((Alt)(X)) abgeschaltet ist. Ansonsten werden die verborgen formatierten Eingaben am Bildschirm dargestellt und durch eine untergelegte Punktlinie gekennzeichnet. Ausgedruckt wird der verborgene Dokumentinhalt nur, wenn Sie es im Dialogfenster OPTIONEN in der Registerkarte DRUCKEN über das Feld VERBORGENEN TEXT ((Alt)(V)) anfordern. Dieses Kontrollkästchen kann auch über DATEI > DRUCKEN ((Alt)(D) (D)) mittels der Schaltfläche OPTIONEN ((Alt)(O)) erreicht werden.

Durchstreichen

Mit Word für Windows läßt sich Text auch durchgestrichen formatieren. Dies macht Änderungen, die Sie in Texten vornehmen, deutlich und nachvollziehbar. Im Gegensatz zu Löschungen lassen sich durchgestrichene Zeichen jederzeit wieder normal in den Text integrieren. Falls Sie etwas durchstreichen möchten, wählen Sie über FORMAT > ZEICHEN das Kontrollkästchen DURCHSTREICHEN ((Alt)(D)) an. Um die Streichung zurückzunehmen, brauchen Sie die Stelle nur wieder zu markieren und im Dialogfenster das Kontrollfeld DURCHSTREICHEN zu deaktivieren.

Mit der Funktion BEARBEITEN > SUCHEN ((Alt)(B)(S)) können Sie auch nach der Formatierung von Zeichen suchen. Wenn Sie in dem Dialogfenster SUCHEN den Befehl FORMAT > ZEICHEN anwählen, so wird das Dialogfenster ZEICHEN SUCHEN aktiviert. Hier markieren Sie das Kontrollfeld DURCHSTREICHEN ((Alt)(D)) mit einem "X" und bestätigen mit OK oder (↵). Wenn Sie im Dialogfenster SUCHEN keinen Eintrag im Feld SUCHEN NACH eintragen, springt die Suchen-Funktion mit WEITERSUCHEN ((Alt)(W)) die durchgestrichenen Stellen des Dokuments an. Nun können Sie die Fundstellen direkt bearbeiten, indem Sie bei geöffnetem Dialogfenster SUCHEN in den Text klicken oder das Dialogfenster mit ABBRECHEN oder (Esc) schließen. Um anschließend die nächste durchgestrichene Stelle zu finden, brauchen Sie nur wieder im noch geöffneten Dialogfenster SUCHEN den Befehl WEITERSUCHEN anzuklicken oder - sofern Sie das Dialogfenster geschlossen haben - (⇧)(F4) zu betätigen. Dieser Tastenschlüssel wiederholt den letzten Suchen-Befehl.

Kapitälchen

Als Kapitälchen werden Großbuchstaben bezeichnet, die - je nach Schriftgröße - ein oder zwei Punkt kleiner als die normalen großen Lettern der Schrift, die Versalien, gestaltet sind. Ist das nicht möglich, gibt Word für Windows Versalien und Kapitälchen in der gleichen Schriftgröße wieder. Wenn Sie von dieser Formatierung Gebrauch machen möchten, können Sie entweder im Dialogfenster ZEICHEN das Kontrollkästchen KAPITÄLCHEN ([Alt][K]) anwählen oder im Eingabemodus [Strg][⇧][Q] drücken; auch diese Tastenkombination funktioniert als Schalter, schaltet also das Kapitälchenformat ein oder aus.

Versalien ermüden das Auge beim Lesen schneller als Kleinbuchstaben; die Wörter werden nicht mehr in einem Stück gesehen, sondern eher buchstabiert. Dies mag als Stilmittel an gewissen Stellen durchaus angebracht sein, erschwert aber im Übermaß das Lesen eines Textes erheblich. Zudem beunruhigt der Wechsel zwischen verschiedenen Schriftgrößen das Layout, und auf diesem Wechsel basiert ja das Prinzip der Kapitälchen. Setzen Sie das Stilmittel Kapitälchen also sparsam ein - im Interesse Ihrer Leser und somit auch im eigenen Interesse.

Groß-/Kleinschreibung

Zwischen der normalen Groß- und Kleinschreibung wechseln Sie wie bei der Schreibmaschine mit der [⇧]-Taste; solange Sie die Taste niederhalten, werden alle Buchstaben in Versalien, also groß, ausgegeben. Bei den anderen Zeichen der Tastatur wird jeweils das Symbol ausgegeben, das oben auf der Taste abgebildet ist. Dies jedenfalls ist die Norm, wenn alle Einstellungen stimmen. Bei den Versalien handelt es sich nicht um Kapitälchen, obwohl Kapitälchen mitunter die gleiche Größe wie Versalien aufweisen; dies ist der Fall, wenn zu der ausgewählten Schrift keine kleinere Schriftgröße verfügbar ist, auf die Word für Windows für Kapitälchen zurückgreifen könnte.

Die Taste über der [⇧]-Taste ist die [⇩]-Taste. Wenn Sie diese Taste drücken, ist die Tastatur auf Großschreibung umgestellt. Angezeigt wird der aktive Modus der [⇩]-Feststelltaste auf der Tastatur in der Regel mit einem Kontrollämpchen über der Zehnertastatur. Auswirkung hat dieser Modus zunächst nur auf die alphabetische Tastatur, mitunter aber auch auf die Sonderzeichen und Zahlen. Überzeugen Sie sich durch einen kurzen Versuch davon, wie Ihr PC reagiert, wenn Sie die [⇩]-Taste gedrückt haben. Gelöst wird die [⇩]-Taste - je nach System - entweder durch nochmaliges Drücken oder durch Drücken der [⇧]-Taste.

Die Caps-Lock-Taste

Schreib-weisen ändern

In Situationen, in denen bei bereits eingegebenem Text die Groß-/Kleinschreibung geändert werden soll, ist es nicht erforderlich, den ganzen Text neu zu erfassen. Word für Windows hilft Ihnen hier über einen Tastenschlüssel. Markieren Sie den Text, bei dem Sie die Schreibweise ändern möchten, und drücken Sie die Tastenkombination ⇧ F3. Die Groß-Kleinschreibung wird daraufhin gewechselt. Beim Wechsel wird folgender Turnus eingehalten:

Text in Markierung	Veränderung durch ⇧ F3
Alle Buchstaben groß	Die Anfangsbuchstaben aller Wörter werden groß dargestellt.
Anfangsbuchstaben groß	Alle Buchstaben werden klein dargestellt.
Anfangsbuchstaben klein	Alle Buchstaben werden groß dargestellt.

Tab. 7.1: Der Wechsel der Schreibweisen mit F3

Der Turnus bezieht sich auf die gesamte Markierung und beginnt jeweils beim aktuellen Stand. Das heißt, wenn nur Versalien markiert sind, führt der erste Schritt zu großen Anfangsbuchstaben sämtlicher markierten Wörter.

Auch wenn die Markierung mitten in einem Wort beginnt, wird der erste Buchstabe der Markierung hierbei auf versal gesetzt. Der nächste Schritt führt ausschließlich zu Kleinbuchstaben. Der letzte Schritt führt wieder zurück zur durchgängig großen Schreibweise.

Beachten Sie bitte, daß Sie nur bei durchgängig groß oder klein geschriebenen Passagen wieder zum Ausgangspunkt zurückkehren. Die geregelte Groß-/Kleinschreibung von Wörtern kann Word für Windows nicht wiederherstellen, da bei jedem Tastendruck die Buchstaben umgeschrieben werden, also kein Indiz für die eingegebene Schreibweise bleibt. Das Wiederherstellen der Schreibweise ist allerdings möglich, wenn Sie den Tastenschlüssel Strg ⇧ G benutzen, der zwischen Großschreibung und Kleinschreibung umformatiert.

Großbuchstaben formatieren

Der Tastenschlüssel Strg ⇧ G, der dem Kontrollkästchen GROSSBUCHSTABEN (Alt G) des Dialogfensters ZEICHEN entspricht, ist eine flexible Alternative zu ⇧ F3. Mit ihm kann der Inhalt einer Markierung versal geschaltet und wieder auf die ursprüngliche Schreibweise zurückgeschaltet werden. Tatsächlich handelt es sich bei ihm um eine Formatierung der Zeichen. Hierdurch bleibt die eingegebene Klein- und Großschreibung erhalten und kann durch eine zweite Betätigung des Tastenschlüssels oder die Deaktivierung des Kontrollfeldes GROSSBUCHSTABEN wieder auf die ursprüngliche Schreibweise zurückgesetzt werden.

Geändert wird die Schreibweise der formatierten Großschreibung nur in der Darstellung am Bildschirm und beim Ausdruck. Erst beim Speichern des Dokuments in einem fremden Dateiformat wird die Formatierung in eine feste Schreibweise umgesetzt, wenn die Großschreibung nicht in der fremden Datei als Formatierung festgehalten werden kann. Bei Konvertierungen in das Format von Word für DOS ist die Weitergabe der Formatierung beispielsweise möglich, so daß sich auch in Word für DOS noch die zugrundeliegende Schreibweise restaurieren läßt.

Farbige Schriften

Das Dialogfenster ZEICHEN bietet auch eine Liste zur Auswahl, mit der Sie die Schriftfarbe ändern können. Um Ihr Dokument farbig zu gestalten, öffnen Sie die Liste FARBE ([Alt][F]), und wählen mit der Maus oder durch Eingabe des Anfangsbuchstaben den gewünschten Farbton aus.

Daß die farbige Gestaltung nur für Farbbildschirme und im weiteren Arbeitsverlauf für Farbdrucker sinnvoll ist, versteht sich von selbst. Bei Einsatz eines farbigen EGA- oder VGA-Monitors zeigen sich aber schnell die Vorteile des farbigen Dokuments. Hervorhebungen sind auch beim schnellen Durchlauf sofort zu ersehen, Begriffe lassen sich, wie mit Textmarkern, gruppieren und auch für die Suchfunktion bietet die Farbgestaltung einen Bonus: Word für Windows ist nämlich in der Lage, nach farbigen Passagen zu suchen, also z.B. nach allen roten Textstellen. Wie das geht, erläutert das Kapitel 8.

Hoch- und Tiefstellen

Wenn Sie Zeichen im Verhältnis zur Textzeile höher oder tiefer setzen möchten, bietet Word für Windows Ihnen auch hierfür eine Möglichkeit. In der Gruppe ANDERE STILMERKMALE des Dialogfensters ZEICHEN befinden sich die Kontrollkästchen, mit denen Sie die Stellung der Zeichen festlegen. HOCHGESTELLT ([Alt][O]) und TIEFGESTELLT ([Alt][E]) positionieren Zeichen höher oder tiefer als die Grundlinie.

Die Abweichung von der Grundlinie wird in Punkt angegeben und ist auf drei Punkt voreingestellt. Auf dieses Maß greift Word für Windows zurück, wenn Sie keinen anderen Meßwert eintragen. Im Dialogfenster ZEICHEN können Sie im Register ABSTAND ([Alt][A]) auch eine andere Abweichung angeben, die zwischen 0 pt und 1638 pt liegen darf. Wählen Sie hierzu im

Listenfeld Position ([Alt][O]) aus, ob Sie die Einstellungen für HÖHERSTELLEN oder TIEFERSTELLEN ändern wollen. Im Feld UM ([Alt][M]) können Sie nun mit der Maus den Wert verändern oder mit der Tastatur eingeben.

Das Punktmaß von Word für Windows orientiert sich, wie schon erwähnt, am amerikanischen Point, der eine umgerechnete Größe von 0,351 mm hat. Im Eingabefeld können Sie Ihre Meßwerte auch in einer Maßeinheit eingeben, die Ihnen vertrauter ist als der amerikanische Punkt. Hierfür nennen Sie einfach den gewünschten Wert und hängen die Maßeinheit direkt an den Wert an. Zentimeter werden gekennzeichnet durch die Benennung CM; auch Pica (Maßangabe: PI) und Zoll (Maßangabe:) lassen sich definieren. Bei der Maßeinheit "Punkt" reicht der numerische Wert. Sie können für die Veränderung des Wertes auch die beiden Pfeile neben dem Drehfeld anklicken. Der obere Pfeil erhöht und der untere Pfeil vermindert den Wert.

Wenn Sie Ihre Werte lieber im vertrauten metrischen Maß eingeben, beachten Sie, daß Word für Windows Millimeter (mm) als Maßeinheit nicht versteht. Sie müssen Ihre Messungen als Zentimeter (cm) ins Eingabefeld übertragen und auch mit "cm" kennzeichnen.

Die Abweichung von der Grundlinie kann auch über Funktionstasten geschaltet werden. Die Tastenkombination [Strg][⇧][7] setzt hoch und [Strg][⇧][6] stuft ab. Hierbei ist allerdings nur der Standardwert (3 pt) verfügbar, um den die Zeichen erhöht oder heruntergesetzt werden können. Drei Punkt entsprechen 0,1053 cm.

Laufweite und Unterschneidung

Auch die Abstände zwischen den einzelnen Zeichen lassen sich mit Word für Windows individuell regeln. Im Dialogfenster ZEICHEN in der Registerkarte ABSTAND ([Alt][A]) können Sie in der Liste LAUFWEITE ([Alt][L]) STANDARD, GESPERRT oder SCHMAL anwählen.

Im Feld UM ([Alt][U]) ist das vorgegebene Maß für GESPERRT und SCHMAL 1 Punkt. Höchstes zulässiges Maß ist für beide Laufweiten ist 1584 Punkt. Auch hier können Sie die Maße in Zentimeter (cm), Pica (pi) oder Zoll (") eintragen, indem Sie die Maßeinheit direkt an den Wert anhängen. Bei Punktwerten sparen Sie sich die Angabe der Einheit. Den Punktwert können Sie über die beiden Pfeile neben dem Drehfeld erhöhen oder vermindern.

Die Laufweiten GESPERRT und SCHMAL lassen sich nur über das Dialogfenster eingeben; eine Tastenkombination für die Direktformatierung des Textes ist nicht vorhanden.

Neben der Möglichkeit, die Laufweite von Zeichen zu modifizieren, verfügt WinWord auch über die Funktion UNTERSCHNEIDUNG. Die Unterschneidung - auch "Kerning" genannt - sorgt für den automatischen Ausgleich von Abständen zwischen Zeichenpaaren. Hierin unterscheidet sie sich grundsätzlich von der Laufweiteneinstellung, bei der zwar auch Zeichen enger zusammengerückt werden können, die aber nicht zeichen- und vor allem schriftabhängig arbeitet. Welche Zeichen enger zusammengezogen werden sollen, bestimmt nicht der Anwender, sondern das Schriftdesign.

Sie legen im Dialogfenster ZEICHEN in der Registerkarte ABSTAND über das Kontrollkästchen UNTERSCHNEIDUNG ([Alt][P]) lediglich fest, ob WinWord in der markierten Passage die Zeichen unterschneiden soll. In das Drehfeld PUNKT ([Alt][P]), das den Schriftgrad festlegt, ab dem WinWord automatisch unterschneiden soll, wird automatisch die Punktgröße der aktuell markierten Schrift übernommen. Sollte sich die Markierung auf verschiedene Schriftgrade erstrecken, so erscheint "1" als Startgröße. Ab welchem Schriftgrad die Unterschneidung tatsächlich aktiv werden soll, legen Sie durch die Eingabe eines Wertes im Drehfeld PUNKT fest.

Beachten Sie, daß die automatische Unterschneidung erst bei höheren Schriftgraden, beispielsweise in Überschriften, sichtbare Bedeutung erlangt. Das Wort "Text", ins Dokument eingegeben, in verschiedenen Schriftgrößen geschrieben und mit Unterschneidung formatiert, zeigt Ihnen die Wirkung. Außerdem zeigt es Ihnen, ob WinWord bei der momentan aktiven Schriftart überhaupt mit Unterscheidung arbeitet.

WinWord beherrscht im ersten Release die Unterschneidung von Adobe Type-1-Schriften nicht. Auch bei TrueType-Schriften ist nicht durchgängig gewährleistet, daß die Unterscheidung korrekt arbeitet. Dieser Fehler soll laut Microsoft mit der Version 6.0a behoben sein.

Zeichenformatierung als Standardschrift setzen

Sollten Sie die Schriftformatierung, die Sie erstellt haben, ständig benutzen, so empfiehlt es sich, das Zeichenformat als Standardschrift festzuhalten. Hierfür wählen Sie im Dialogfenster ZEICHEN die Schaltfläche STANDARD ([Alt][T]) an. Dieser Befehl nimmt die Schrift in der aktuellen Formatierung in der Formatvorlage STANDARD auf. Diese Formatvorlage ist stets aktiv, wenn Sie einem Absatz kein anderes Druckformat zugeordnet haben. Über die Konsequenzen des Befehls werden Sie bei Anwahl von STANDARD noch einmal in einem gesonderten Meldungsfenster informiert, in dem Sie auch HILFE ([H]) anfordern können. Dauerhaft gespeichert wird das Druckformat allerdings nicht durch die Bestätigung der Meldung mit OK oder [↵], sondern die Änderung der Standardschrift wird vorerst für die aktuelle Sitzung festgehalten. Erst, wenn Sie die Sicherungsabfrage bejahen, mit der Sie beim Speichern oder am Ende der Sitzung gefragt werden, ob die Änderungen in die aktuelle Vorlage übernommen werden sollen, wird die neue Standardschrift in der aktiven Vorlage gespeichert und steht Ihnen auch in weiteren Sitzungen mit Word für Windows zur Verfügung.

Zeichenformatierung aufheben

Wenn Sie einzelne Zeichenformatierungen aufheben möchten, bietet sich einerseits der Weg über den Befehl FORMAT > ZEICHEN ([Alt][T][Z]) an, in dem Sie die Formate auf die gleiche Weise zurücksetzen, wie Sie sie eingegeben haben. Andererseits fungieren einige Tastenschlüssel als Schalter, so daß das wiederholte Drücken der Tasten die Formatierung wieder zurücknimmt.

Falls Sie Zeichen mit verschiedenen Formatierungen markiert haben, werden die entsprechenden Eingabefelder des Dialogfensters leer und die Kontrollfelder grau dargestellt. Das gleiche gilt für die Symbole der Formatierungsleiste. Leere oder graue Felder sind variabel, das heißt, die Zeichen behalten ihre individuellen Formate. Sie können der Passage selbstverständlich auch identische Formate zuweisen. Während Sie die grauen Kontrollfelder im Dialogfenster dreistufig zwischen leer, grau und "X" wechseln, können Sie Formatierungen mittels der Symbole der Formatierungsleiste nur aktivieren bzw. deaktivieren.

Alle Zeichenformatierungen aufheben

Um alle vorgegebenen Formatierungen für die weitere Texteingabe aufzuheben oder markierten Text auf sein ursprüngliches Format zurückzusetzen, bietet Word für Windows außerdem die Tastenkombination [Strg][⇧][Z] an.

Die Tastenkombination [Strg][⇧][Z] wirkt sich auf sämtliche Zeichenformatierungen der markierten Passage aus. Das heißt, wenn Sie mehrere Formateinstellungen vorgenommen haben, annullieren Sie alle Einstellungen auf einmal.

Auch Schriftart und Schriftgröße werden auf die ursprünglichen Werte zurückgesetzt; falls Sie mit Formatvorlagen arbeiten, gilt hierbei das gespeicherte Format als Ausgangswert. Solange keine spezielle Formatvorlage zugewiesen wurde, handelt es sich hierbei um die Formatvorlage STANDARD. Über Formatvorlagen, in denen Sie Zeichenformatierungen und überdies Absatzwerte, Tabulatoren und Positionen speichern können, erfahren Sie mehr im Kapitel 20.

In der folgenden Tabelle sind die Zeichenformate und ihre Tastenschlüssel gelistet.

7 • Zeichen formatieren

Zeichenformat	Tastenschlüssel
Schriftart	[Strg][⇧][A]; nochmaliges Drücken aktiviert das Dialogfenster
Schriftgröße	[Strg][⇧][P]; nochmaliges Drücken aktiviert das Dialogfenster
Größerer Schriftgrad	[Strg][⇧][<] bzw. [Strg][9]
Kleinerer Schriftgrad	[Strg][<] bzw. [Strg][8]
Fett	[Strg][⇧][F]; Schalterfunktion
Kursiv	[Strg][⇧][K]; Schalterfunktion
Unterstrichen	[Strg][⇧][U]; Schalterfunktion
Wortweise unterstrichen	[Strg][⇧][W]; Schalterfunktion
Doppelt unterstrichen	[Strg][⇧][D]; Schalterfunktion
Verborgen	[Strg][⇧][H]; Schalterfunktion
Kapitälchen	[Strg][⇧][Q]; Schalterfunktion
Wechsel Groß-/Kleinschreibung	[⇧][F3]; wiederholtes Drücken schaltet im dreistufigen Turnus um
Großbuchstaben	[Strg][⇧][G]
Hochgestellt (um 3 Punkte)	[Strg][H]; Schalterfunktion
Tiefgestellt (um 3 Punkte)	[Strg][T]; Schalterfunktion
Zeichenformatierung aufheben	[Strg][⇧][Z]

Tab. 7.2: Die Tastenschlüssel der Zeichenformate

Zeichenformatierungen mit der Maus übernehmen

Zeichenformatierungen, die im Text bereits vorhanden sind, können Sie auf sehr komfortable Weise in andere Passagen übernehmen. Markieren Sie das Zeichen, dessen Formatierung Sie übernehmen möchten. Klicken Sie nun auf das Symbol "Format übertragen" und markieren Sie mit dem "Pinsel-Mauszeiger" die Zeichen des Textes, die die gewünschte Zeichenformatierung annehmen sollen. So übernehmen Sie auf einmal sämtliche Zeichenformatierungen von einer Zeichenkette auf eine andere. Möchten Sie die Zeichenformatierung an mehrere Stellen übernehmen, so klicken

Sie das Symbol "Format übertragen" doppelt an. Bis Sie das Symbol ein drittes Mal anklicken oder die [Esc]-Taste betätigen, steht Ihnen nun der Pinsel zum Kopieren zur Verfügung.

Zur Übung laden Sie den Brief von Herrn Bit an den Aufsichtsrat (BRF_BIT1-.DOC). Geben Sie Bits Namen eine größere Schriftgröße, indem Sie ihn markieren und danach mit [Strg][⇧][P] das Eingabefeld SCHRIFTGRAD aktivieren. Selbstverständlich können Sie auch durch doppeltes Betätigen der Tastenkombination von [Strg][⇧][P] oder [Alt][T] [Z] das Dialogfenster ZEICHEN aufrufen und dort in der Liste SCHRIFTGRAD ([Alt][C]) eine Schriftgröße auswählen. Mit der Maus klicken Sie zunächst das Menü FORMAT, dann die Option ZEICHEN an und treffen Ihre Auswahl aus der Liste. Bestätigen Sie Ihre Wahl mit [↵]. Anschließend formatieren Sie den Absender fett und weisen der Adresse der Stadtwerke eine andere Schriftart zu. Setzen Sie die Stadtbezeichnung in Kapitälchen. Unterstreichen Sie den Namen des Bademeisters, und probieren Sie hierbei verschiedene Arten der Unterstreichung (einfach, doppelt, wortweise, punktiert) aus. Formatieren Sie das Zitat kursiv ([Strg][⇧] [K]). Wenn Sie einen Farbmonitor besitzen, können Sie bestimmte Wörter, z.B. die Typenangabe der Bademütze, farbig kennzeichnen. Markieren Sie die "freundlichen Grüße", und stufen Sie sie ab. Machen Sie auch Versuche mit dem Aufstufen von Zeichen und dem Vermindern und Erweitern von Zeichenabständen. Die gestaltete Version des Dokuments speichern Sie über das Dialogfenster SPEICHERN UNTER, das

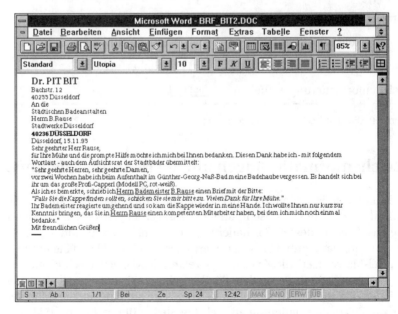

Abb. 7.2: Ein Text mit formatierten Zeichen

7 • Zeichen formatieren

Sie mit dem gleichnamigen Befehl des DATEI-Menüs oder über die Funktionstaste F12 aktivieren, unter einem neuen Dateinamen ab.

Die Zeichenformatierungen, die Sie eingeben, werden in der normalen Bildschirmdarstellung von Word für Windows direkt angezeigt. Sollten die Formatierungen nicht umgesetzt werden, sondern nur durch Unterstreichungen gekennzeichnet sein, so haben Sie wahrscheinlich den Konzeptmodus aktiviert. Hierbei werden formatierte Zeichen nur allgemein durch Unterstreichung kenntlich gemacht, die spezielle Formatierung aber nicht dargestellt. Wählen Sie in diesem Fall unter EXTRAS > OPTIONEN (Alt X O) in der Registerkarte ANSICHT das Kontrollkästchen KONZEPTSCHRIFTART (Alt K) ab.

8
Absätze formatieren

Absatzformatierung	Seite	153
Links, rechts, zentriert und Blocksatz	Seite	154
Einzüge	Seite	155
Absatzeinzüge über das Lineal setzen	Seite	157
Zeilenabstände	Seite	158
Absatzformatierung aufheben	Seite	160
Absatzkontrolle	Seite	161
Absätze und Zeilen zusammenhalten	Seite	161
Fester Seitenumbruch	Seite	162
Zeilennumerierung	Seite	162
Silbentrennung verhindern	Seite	162
Tabulatoren	**Seite**	**166**
Tabulatoren über das Lineal setzen	Seite	170

Absatzformatierung

Außer der Zeichenformatierung ist für das einfache Textlayout die Absatzformatierung ein wichtiger Faktor.

Es wurde bereits darauf hingewiesen, daß die ⏎-Taste nicht als Zeilenendetaste verwendet werden soll. Außerdem ist es nicht sinnvoll, Abstände zwischen Absätzen durch mehrfaches Drücken der ⏎-Taste zu bewirken. Wesentlich eleganter und für die weitere Textbearbeitung komfortabler ist die Formatierung des Absatzes.

Die Formatierung eines Absatzes erfolgt über den Befehl FORMAT > ABSATZ (Alt T A), in dem neben sämtlichen Befehlen zudem wieder ein Vorschaufenster implementiert ist, in dem die aktuelle Formatierung des Absatzes grafisch umgesetzt wird und Sie diese vorab in Augenschein nehmen können. Für beinahe alle Absatzformatierungen stehen wieder Tastenschlüssel zur Verfügung, mit denen sich Absätze direkt während der Eingabe gestalten lassen.

Außerdem können einige Absatzformatierungen über die Symbole der Formatierungsleiste mit der Maus gegeben werden. Absatzeinzüge oder Tabulatoren lassen sich über das Lineal einstellen. Die Symbolleiste "Formatierung" aktivieren/deaktivieren Sie über ANSICHT > SYMBOLLEISTEN (Alt A S). Das Lineal wird mit ANSICHT > LINEAL (Alt A L) an- und abgeschaltet.

Formatbefehle gelten immer für den Absatz, in dem sich die Einfügemarke befindet. Wenn sich eine Markierung über mehrere Absätze erstreckt, gilt eine Formatänderung für alle markierten Absätze. Formatieren Sie Absätze während der fortlaufenden Texteingabe, so bleibt die Formatierung aktiv, bis Sie sie wieder wechseln. Formatierte Absätze, die durch das Betätigen der ⏎-Taste gesplittet werden, übernehmen ihre Formatierung in beide Teile.

Falls eine Markierung sich über mehrere Absätze erstreckt, die verschieden formatiert sind, werden die betreffenden Text- und Listenfelder im Dialogfenster leer dargestellt. Wenn Sie eine Eingabe vornehmen, ordnen Sie die Formatierung hiermit allen markierten Absätzen in gleicher Weise zu. Die Kontrollfelder sind grau markiert, wenn in der markierten Passage verschiedene Formatierungen vorliegen. Diese Kennzeichnung repräsentiert eine Zwischenstufe zwischen aktiviertem und deaktiviertem Feld, die jedem Absatz sein vorbestimmtes Format läßt. Die Markierung dieser Felder läßt sich in drei Schritten (inaktiv, teilaktiv, aktiv) durch Anklicken mit der Maus oder Betätigung der Buchstabenkurzwahl wechseln. Die Symbole der Formatierungsleiste bieten Ihnen nicht diese Wahl der Zwischenstufe. Zwar ist auch hier bei verschiedenen Absatzformatierungen das Symbol grau, doch das Anklicken des Symbols läßt sie nurmehr zwischen aktiv und inaktiv wechseln.

 Absatzformatierungen lassen sich wie Zeichenformatierungen mit der Maus kopieren. Hierzu muß die Absatzendemarke des Absatzes markiert sein, die gleichsam als Reservoir der Absatzformatierungen zu sehen ist. Wie auch beim Kopieren von Zeichenformatierungen ist es möglich, durch einen Doppelklick auf das Symbol das Format mehrerer voneinander unabhängigen Absätzen zuzuweisen.

Formatieren lassen sich Absätze auf vielfältige Weise; nicht zuletzt haben gerade die Möglichkeiten der Absatzformatierung zur Verbreitung der Textverarbeitung mit dem PC beigetragen. Word für Windows schöpft diese Möglichkeiten aus.

Links, rechts, zentriert und Blocksatz

Die normale Absatzausrichtung ist gewöhnlich linksbündig, das heißt, alle Zeilen beginnen links mit dem gleichen Abstand zum Rand des Blattes. Diese Einstellung wird durch das Symbol "Links" der Formatierungsleiste repräsentiert. Solange dieses Symbol markiert ("gedrückt") ist, werden die Zeilen eines Absatzes linksbündig ausgerichtet. Neben diesem Symbol stehen die Symbole für die zentrierte und rechtsbündige Ausrichtung sowie für den Blocksatz

Statt Ihre Formatwahl über die Symbole der Formatierungsleiste vorzunehmen, können Sie auch FORMAT > ABSATZ (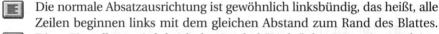) aufrufen. Dort finden Sie im Listenfeld AUSRICHTUNG (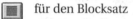) die Einträge LINKS, ZENTRIERT, RECHTS und BLOCK.

Die einzelnen Ausrichtungen
Während bei der linken Ausrichtung des Absatzes alle Zeilen links beginnen, enden bei der rechten Absatzausrichtung die Zeilen allesamt bündig auf der rechten Seite. Zentriert werden Absätze genannt, deren Zeilen mittig zu den Rändern des Absatzes angeordnet werden. Hierdurch ergibt sich sowohl links als auch rechts ein Flattersatz; das heißt, die Zeilen schließen nicht bündig ab. Wenn Sie einen Absatz ohne Flattersatz gestalten möchten, wählen Sie den Blocksatz. Hierbei werden von Word für Windows in der Zeile die Freiräume auseinandergezogen, so daß die Zeilen sowohl links als auch rechts bündig abschließen. Die einzige Ausnahme bildet die letzte Zeile des Absatzes, die ja durch die Absatzendemarke gekennzeichnet ist. Diese Marke verhindert, daß diese Zeile, die ja meist nicht voll ist, über die ganze Breite gezogen wird.

 Die Zeilenschaltung 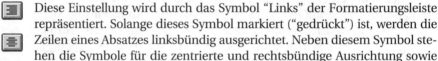 verhindert das Breitziehen der Freiräume nicht. Dadurch kann es in Texten, in denen die Zeilenschaltung verwendet

8 • Absätze formatieren

wurde und die nachträglich im Blocksatz formatiert werden, zu unschönen Leerräumen in den einzelnen Zeilen kommen. Es ist übrigens nicht möglich über diesen Befehl einzelne Zeilen auszurichten, sondern ein Absatzformat bezieht sich - wie der Name schon sagt - stets auf den ganzen Absatz. Die Zeilenschaltung ⇧⏎ verhindert dieses Ziehen nicht.

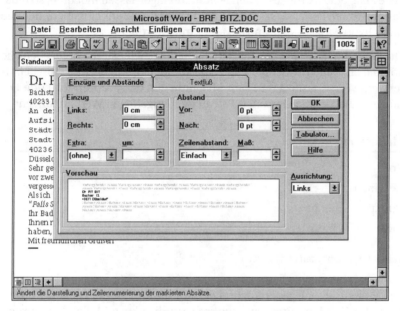

Abb. 8.1: Das Dialogfenster ABSATZ

Um die Absatzausrichtung direkt im Text zu formatieren, stehen Ihnen Tastenschlüssel zur Verfügung. (Strg)(L) bewirkt die linksbündige, (Strg)(R) die rechtsbündige und (Strg)(E) die zentrierte Ausrichtung. Mit (Strg)(B) aktivieren Sie den Blocksatz. Mehrfache Betätigung einer dieser Tastenschlüssel hat keinen Effekt.

Einzüge

Für jeden Absatz können Sie Einzüge angeben, also ein Maß, in dem der Absatz vom normalen Seitenrand abgerückt werden soll. Im Dialogfenster ABSATZ bieten sich Ihnen Möglichkeiten, Einzüge von LINKS ((Alt)(L)) und von RECHTS ((Alt)(R)) festzulegen. Im Listenfeld EXTRA ((Alt)(X)) lassen sich über die die Einträge ERSTE ZEILE ((Alt)(E)) und HÄNGEND ((Alt)(H)) die erste Zeile relativ zum Absatz ein- bzw. ausrücken. ERSTE ZEILE rückt die erste Zeile um den in UM ((Alt)(U)) genannten Wert ein, während die anderen Zeilen des Absatzes die Position beibehalten, die über EINZUG LINKS festgelegt ist. HÄNGEND hin-

155

gegen beläßt die erste Zeile auf der Position, die der Wert für ABSATZ LINKS bestimmt, und schiebt die Zeilen des restlichen Absatzes um den eingegebenen Wert zurück.

Im Drehfeld EXTRA UM werden nur positive Werte akzeptiert. Wenn Sie die erste Zeile eines Absatzes in den Seitenrand ragen lassen möchten, so müssen Sie unter EINZUG LINKS den Wert als negative Zahl eingeben, den Sie unter EXTRA > HÄNGEND als positiven Einrückwert nennen.

Die Maßeinheit für die Einzüge ist in den Eingabefenstern vorgegeben. Sie können aber auch andere Einheiten verwenden, wenn Sie diese direkt hinter dem Wert spezifizieren. Den Maßeinheiten entsprechen folgende Endungen, die Sie im gegebenen Fall an den eingetragen Wert anhängen:

Maßeinheit	Kürzel
Zoll	"
Zentimeter	cm
Punkt	pt
Pica	pi

Tab. 8.1: Maßeinheiten und Kürzel

Die Einheit, die als aktiv angezeigt wird, muß nicht angegeben werden; Word für Windows greift automatisch auf die aktive Maßeinheit zurück, wenn kein anderes Maß angegeben wird.

Während die Felder der Dialogfenster die punktgenaue Angabe der Einzüge ermöglichen, können Sie für Standardeinzüge mit der Maus auf zwei Symbole in der Funktionsleiste zugreifen. Das Symbol "Einzug" rückt den Absatz bei jedem Anklicken bis zur nächsten Tabulatorposition ein, während das Symbol "Rückeinzug" den Absatz wieder in der gleichen Weise ausrückt.

In gleicher Weise funktionieren die Tastenschlüssel. Auf Tastendruck rücken Sie einen Absatz mit (Strg)(M) rechts ein. Mehrfaches Drücken von (Strg)(M) rückt jeweils eine Stufe weiter ein. Umgekehrt können Sie mit (Strg)(⇧)(M) den Einzug zurücknehmen.

Falls Sie eigene Tabulatoren gesetzt haben, orientiert Word für Windows sich an den Tabulatorpositionen; über das Setzen von Tabulatoren erfahren Sie am Ende dieses Kapitels mehr. Sind keine eigenen Tabulatorstops gesetzt, greift Word für Windows auf die voreingestellten Tabulatorabstände zurück, die unter FORMAT > TABULATOREN ((Alt)(T)(T)) im Eingabefeld STANDARD-

TABSTOPS (Alt S) festgelegt werden. Das hier vorgegebene Maß ist für den linken Absatzeinzug gültig, solange Sie keine speziellen Tabstops setzen.

Mit Strg T wird die erste Zeile ausgerückt; hierbei wird von einem negativen Einzug gesprochen. Die Entsprechung findet dieser Befehl über FORMAT > ABSATZ im Listenfeld EXTRA (Alt X) > HÄNGEND. Hierbei behält die erste Zeile ihren Standort, und der Absatz wird gemäß den Standardtabulatorstops nach rechts verschoben. Um den negativen Erstzeileneinzug rückgängig zu machen, drücken Sie Strg ⇧ T. Der Absatz wird hierdurch wieder nach links verschoben, während die erste Zeile ihren Standort beibehält.

Absatzeinzüge über das Lineal setzen

Die einfachste mausorientierte Eingabe von Absatzeinzügen funktioniert über das Lineal. Sie aktivieren das Lineal über das Menü ANSICHT und den Befehl LINEAL (Alt A L). Das Lineal wird daraufhin am oberen Rand Ihres Fensters dargestellt.

Da jedes Fenster sein eigenes Lineal erhält, ist es nicht zweckmäßig, alle geöffneten Fenster mit einem Lineal zu versehen. Sie sollten nur jene Fenster mit ihm ausstatten, in denen Sie gerade Formatierungsarbeiten vornehmen. So sparen Sie Platz auf dem Bildschirm, den Sie bei Texteingaben, vor allem aber bei Formatierungsaufgaben, gut zur übersichtlichen Arbeit nutzen können.

Mit dem Lineal haben Sie die ständige Kontrolle über die Absatzeinzüge und auch die Tabulatoren, die momentan gültig sind. Die Anzeige des Lineals bezieht sich immer auf den Absatz, in dem die Einfügemarke steht. Wenn mehrere Absätze markiert sind, die in ihren Formatierungen nicht übereinstimmen, so richten sich die Einstellungsmarken nach dem ersten markierten Absatz.

Das Lineal besteht aus der durch Zahlen gegliederten Meßskala und je einer Zeile ober- und unterhalb der Skalierung, in denen Sie Ihre Einstellungen mit der Maus vornehmen.

Über das Lineal lassen sich der linke Absatzeinzug, der Erstzeileneinzug und der rechte Absatzeinzug direkt bestimmen. Die Änderungen wirken sich stets auf den Absatz aus, in dem die Einfügemarke steht, oder auf alle Absätze, die von einer Markierung berührt werden.

Um den linken Absatzeinzug zu verändern, ziehen Sie das Rechteck unter der Skala an die gewünschte Position. Ihnen fällt sicherlich auf, daß es links oben und unten ein Dreieck gibt. Hierdurch haben Sie die Möglichkeit, den Erstzeileneinzug separat vom Gesamteinzug des Absatzes zu bestimmen. Das untere Dreieck steuert den Absatzeinzug, während das obere für den Erstzeileneinzug zuständig ist. Wenn Sie den gesamten Absatzeinzug verschieben möchten, positionieren Sie den Mauszeiger auf dem Rechteck unter den beiden Dreiecken. Hier ziehen Sie mit der linken Maustaste beide Dreiecke gleichzeitig; hierfür müssen die beiden Dreiecke nicht übereinanderstehen, da ihre Entfernung zueinander gewahrt bleibt.

Falls Sie nur den Erstzeileneinzug verändern möchten, müssen Sie den Mauszeiger auf dem oberen Dreieck plazieren und dieses ziehen. Um nur den Absatzeinzug zu verändern, nicht aber den Einzug der ersten Zeile, bewegen Sie nur das untere Dreieck im Lineal. Hierbei bleibt die Relation zum Erstzeileneinzug nicht gewahrt.

Um linke Einzüge in den negativen Bereich des Absatzlineals zu bewegen, müssen Sie zuvor diesen Teil der Skala auf den Bildschirm bringen. Für diese Aktion benötigen Sie die horizontale Bildlaufleiste, die am unteren Fensterrand angezeigt wird. Sofern sie nicht angezeigt wird, aktivieren Sie sie über EXTRAS > OPTIONEN ([Alt][X][O]) in der Registerkarte ANSICHT mit dem Befehl HORIZONTALE BILDLAUFLEISTE ([Alt][Z]). Auf der Bildlaufleiste klicken Sie bei gedrückter [⇧]-Taste den linken Bildlaufpfeil an. Der Fensterinhalt verschiebt sich daraufhin nach rechts, und Sie bekommen Zugriff auf den negativen Bereich des Absatzlineals. Die Bewegung der linken Absatzmarke und die Einstellung des Erstzeileneinzuges vollziehen Sie wie zuvor beschrieben.

Durch Anklicken des mittleren Feldes im Bildrollbalken richten Sie die Anzeige des Bildschirminhaltes wieder am Nullpunkt des Lineals aus.

Den rechten Absatzeinzug verändern Sie mit dem Begrenzungsdreieck auf der rechten Linealseite. Auch dieses Dreieck ziehen Sie mit der linken Maustaste. Wenn Sie die Marke über den angezeigten Bereich hinaus nach rechts verschieben möchten, können Sie den Bildschirminhalt zuvor mittels des horizontalen Bildlaufleiste nach links verschieben. Sie können die rechte Absatzbegrenzung aber auch direkt nach rechts außen verschieben, indem Sie einfach die rechte Einzugsmarke nach rechts außen ziehen. Sollte der rechte Absatzeinzug im Lineal nicht sichtbar sein, müssen Sie den Bildschirmausschnitt über die Bildlaufleiste verschieben, bis die Einzugsmarke in Ihr Sichtfeld kommt.

Zeilenabstände

Das Dialogfenster ABSATZ ([Alt][T][A]) bietet verschiedene Einstellmöglichkeiten für Absätze, die Sie nicht direkt über das Lineal beeinflussen können. Hierzu gehört die Formatierung der Zeilen- und Absatzabstände. Vorgegeben ist die Einheit "Punkt". Doch bleibt Ihnen auch hier wie in den meisten Feldern für Werte die Wahl der Maßeinheit frei, solange Sie das entsprechende Kürzel angeben. Zur besseren Orientierung sind hier kurz die Entsprechungen der Maßeinheiten angegeben:

Einheit	Zoll	Zentimeter	Punkte	Pica
1 Zoll		2,54 cm	72 pt	6 pi
1 Zentimeter	0,394 "		28,35 pt	2,36 pi
1 Punkt	0,014 "	0,0351 cm		0,084 pi
1 Pica	0,167 "	0,424 cm	12 pt	

Tab. 8.2: Zusammenhang der Maßeinheiten von Word für Windows

Eine Zeile entspricht einem Pica.

Im Dialogfenster ABSATZ wählen Sie unter ZEILENABSTAND ([Alt][Z]) aus der Liste den Zeilenvorschub aus, also den Wert, um den Word für Windows eine Zeile - gemessen von der Grundlinie - der vorstehenden Zeile nach unten setzt. Sie haben in diesem Listenfeld vier Standardabstände zur Auswahl: EINFACH, 1,5 ZEILEN, DOPPELT und MEHRFACH. Alle vier Abstände beziehen sich auf 12-Punkt-Abstände, das heißt, 1,5 ZEILEN bewirkt einen 18-Punkt-Abstand, DOPPELT einen 24-Punkt-Abstand und MEHRFACH beginnt mit einem 36-Punkt-Abstand zwischen den Grundlinien, der dann in Halbzeilenschritten (je 6 Punkt) durch Anklicken der Pfeile des Drehfeldes gesteigert oder vermindert wird. Diese Einträge haben die Wirkung, einen Mindestabstand vorzugeben. Falls die Zeile größere Zeichen beinhaltet, paßt Word für Windows den Zeilenabstand automatisch an.

Diese automatische Anpassung wird im Listenfeld ZEILENABSTAND durch den Eintrag GENAU verhindert. Geben Sie für den genauen Abstand im Feld MAß ([Alt][M]) über die Tastatur oder mit der Maus über die Pfeile einen Wert für den Zeilenabstand ein. Der Eintrag GENAU arretiert den Wert, das heißt, das Programm hält sich ausschließlich an Ihre Vorgabe. Hierdurch kann es allerdings dazu kommen, daß Zeichen abgeschnitten werden, wenn der festgesetzte Zeilenabstand zu gering für ihre Größe ist. Um Überschneidungen zu verhindern, können Sie auch für eigene Zeilenabstände die Höhe der Zeile flexibel halten. Dies bewirkt der Eintrag MINDESTENS im Listenfeld ZEILENABSTAND.

Wenn Sie im Feld ZEILENABSTAND den Eintrag EINFACH markieren, richtet sich die Höhe der Zeile automatisch an der Buchstabengröße der Zeile aus. Die Zeile ist dann automatisch so hoch wie ihr höchstes Zeichen. ZEILENABSTAND > EINFACH ist die Standardvorgabe von Word für Windows.

Automatischer Abstand

Sie können im Listenfeld ZEILENABSTAND die gewünschte Einstellung direkt durch die Angabe des ersten Zeichens des Eintrags anwählen:

Eintrag	Zeichen
Einfach	E
1,5 Zeilen	1
Doppelt	D
Mindestens	M
Genau	G
Mehrfach	M

Tab. 8.3: Die vorgegebenen Zeilenabstände

Durch Abstände vor und nach einem Absatz lassen sich Schriftstücke durch Freiräume gliedern, ohne daß die ⏎-Taste mehrfach gedrückt werden müßte. Geben Sie einfach die gewünschten Abstände ein, die Sie VOR (Alt V) und NACH (Alt N) dem Absatz einstellen möchten. Word für Windows hält sie für Sie frei. Auch hier haben Sie wieder die Möglichkeit, die Maßangaben nach Belieben zu spezifizieren.

Als Tastenschlüssel stehen für den Aufgabenbereich "Zeilenabstand" gleich drei Tasten zur Verfügung: Mit Strg 1 erzeugen Sie einen einzeiligen Zeilenabstand; das entspricht 12 Punkt und ist ein brauchbarer Abstand für eine 10- bis 11-Punkt-Schrift. Einen 18-Punkt-Zeilenabstand erhalten Sie mit der Tastenkombination Strg 5; dies entspricht dem 1,5fachen Abstand, den Sie von der Schreibmaschine kennen. Der doppelte Zeilenabstand mit 24 Punkten wird über Strg 2 eingegeben.

Einen Absatzabstand geben Sie mit dem Tastenschlüssel Strg 0 ein. Allerdings können Sie nur einen einzeiligen Abstand vor einem Absatz öffnen. Geschlossen wird der Abstand durch wiederholtes Drücken von Strg 0.

Absatzformatierung aufheben

Absatzformatierungen können Sie über das Dialogfenster FORMAT ABSATZ einzeln aufheben. Wenn Sie alle eingegebenen Absatzformatierungen auf einmal aufheben möchten, bietet Ihnen die Tastenkombination Strg ⇧ N hierzu Gelegenheit.

Die Tastenkombination bezieht sich wieder auf den aktuellen Absatz oder die gesamte markierte Passage. Absätzen, die über Formatvorlagen gestaltet wurden, werden die Standardwerte der Formatvorlage zugewiesen.

Absatzkontrolle

Im Dialogfenster ABSATZ steht die Registerkarte TEXTFLUSS ([Alt][F]) für die Steuerung der Zeilen- und Absatzumbrüche des Dokuments zur Verfügung. Je nach den hier vorgenommenen Einstellungen richtet WinWord die Zeilen und Absätze auf den Seiten ein, bricht Zeilen mit Trennstellen um, hält die Zeilen von Absätzen zusammen und bricht Seiten vor und in Absätzen um, oder verhindert an bestimmten Stellen den Seitenumbruch.

Die automatische Steuerung des Absatzumbruchs bewirkt das Kontrollkästchen ABSATZKONTROLLE ([Alt][A]). Wenn diese Kontrolle aktiv ist, wird verhindert, daß einzelne Zeilen eines Dokuments beim Ausdruck allein ans Ende oder den Anfang einer Seite gesetzt werden. Wenn die letzte Zeile eines Absatzes separat zu Beginn einer Seite (Bezeichnung: Hurenkind) steht, oder sich die erste Zeile eines Absatzes vereinzelt am Ende der Vorseite findet (Bezeichnung: Schusterjunge), so wirkt dies nicht nur unschön, sondern stört zudem den Lesefluß. Die aktive ABSATZKONTROLLE verhindert diese Fälle, indem bei Hurenkindern auch die vorletzte Zeile auf die Folgeseite übernommen wird, wo nun die neue Seite mit zwei Zeilen beginnt. Alleinstehende Zeilen am Ende einer Seite werden ebenfalls auf die nächste Seite übernommen, so daß auch Schusterjungen vermieden werden, da die Vorseite nun mit einem Absatzende abschließt.

Absätze und Zeilen zusammenhalten

Etwas anders sieht die Sachlage bei Absätzen aus, die nur verständlich sind, wenn ihr gesamter Inhalt auf einer Seite steht, die Zeilen also an keiner Stelle auseinandergerissen werden. Das mag von Fall zu Fall auch im Layout besser wirken. Um einen Absatz als Ganzes zu behandeln und zu verhindern, daß beim Seitenumbruch eventuell die Hälfte des Absatzes auf eine neue Seite gesetzt wird, wählen Sie im Register TEXTFLUSS das Kontrollkästchen ZEILEN NICHT TRENNEN ([Alt][Z]).

Wenn Sie Word für Windows aber daran hindern möchten, den Seitenumbruch zwischen zwei aufeinanderfolgenden Absätzen zu vollziehen, müssen Sie ABSÄTZE NICHT TRENNEN ([Alt][B]) aktivieren.

Dies bewirkt, daß das Ende des ersten und der Anfang des zweiten Absatzes auf einer Seite steht. Diese Option ist besonders günstig für Erklärungen, die sich unmittelbar an eine Beschreibung anschließen und deren Zusammenhang zweifelsfrei ersichtlich sein soll.

Wenn Sie in ununterbrochener Folge zu viele Absätze intern und stets auch mit dem folgenden Absatz zusammenhalten, muß Word für Windows diese Anweisung ignorieren, um das Dokument darstellen und drucken zu können.

Falls also die starre Verbindung von Text, die Sie mit diesen beiden Befehlen bewirken, die Kapazität einer Druckseite überschreitet, ignoriert Word für Windows die Anweisung ab dem Punkt, wo das Programm handlungsunfähig würde.

Fester Seitenumbruch

Mit dem Befehl SEITENWECHSEL OBERHALB ([Alt][S]) im Register TEXTFLUSS ([Alt][F]) weisen sie Word für Windows an, den Absatz auf einer neuen Seite auszudrucken. Mit dieser Option lassen sich Kapitel leicht gliedern, indem Sie dem ersten Absatz oder der Überschrift eines neuen Kapitels einen Seitenumbruch zuweisen. Hierdurch ist gewährleistet, daß das neue Kapitel immer oben auf einer Seite beginnt.

Zeilennumerierung

Mit Word für Windows lassen sich Textabschnitten Zeilennummern zuweisen, die mit dem Dokument ausgedruckt werden und der Orientierung, dem Korrekturlesen oder einfach der schnellen Übersicht über die Textlänge dienen. Die Zeilennumerierung aktivieren Sie unter DATEI > SEITE EINRICHTEN ([Alt][D][R]) in der Registerkarte SEITENLAYOUT ([Alt][Y]) über die Schaltfläche ZEILENNUMMERN ([Alt][N]). Eine aktive Zeilennumerierung schalten Sie unter FORMAT > ABSATZ in der Registerkarte TEXTFLUSS unter ZEILENNUMMERN UNTERDRÜCKEN ([Alt][U]) für einzelne Absätze aus, wenn die Zeilen dieser Absätze nicht mitgezählt werden sollen. Die Zeilen der ausgeschalteten Absätze werden dann bei der Zeilennumerierung ignoriert.

Silbentrennung verhindern

Was den Zeilenfluß betrifft, steht Ihnen im Dialogfenster ABSATZ im Register TEXTFLUSS noch eine Funktion zur Verfügung, die die Silbentrennung für einzelne Absätze sperrt. Auch diese Funktion arbeitet - genau wie die Zeilennumerierung - auf der Basis einer anderen Funktion, nämlich der automatischen Silbentrennung. Die Silbentrennung im Hintergrund, mit der Word für Windows während der Texterfassung gleich den optimalen Zeilenfluß berechnet und die Zeilen füllt, indem Trennstellen in Wörter eingefügt werden, muß separat aktiviert werden. Diese Aktivierung erfolgt unter EXTRAS > SILBENTRENNUNG ([Alt][X][I]) über das Kontrollkästchen AUTO-

8 • Absätze formatieren

MATISCHE SILBENTRENNUNG ([Alt][A]). Sobald die Silbentrennung aktiv ist, durchforstet diese Funktion den gesamten Text auf Zeilen, die durch die Trennung des ersten Wortes der Folgezeile besser gefüllt werden können, und setzt selbsttätig den erforderlichen Trennstrich ein.

Nun gibt es in einem Text immer wieder Absätze, in denen keine Trennungen vorgenommen werden sollen. Dies kann bei Tabellen wichtig sein, die ein festes Layout haben. Wählen Sie für die nicht zu trennenden Absatze unter FORMAT > ABSATZ > TEXTFLUß das Kontrollkästchen KEINE SILBENTRENNUNG ([Alt][K]). Sie können dann - obwohl Sie diese Absätze nicht von der Silbentrennung bearbeiten lassen wollen - die automatische Silbentrennung einschalten.

Beachten Sie, daß die Absatzformatierung KEINE SILBENTRENNUNG durchaus auch sinnvoll ist, während keine automatische Silbentrennung im Hintergrund werkelt. Eventuell wird erst später die automatische Trennfunktion zugeschaltet, vielleicht von einem Mitarbeiter, der nicht weiß, daß bestimmte Absätze von der Silbentrennung ausgeschlossen werden sollen. Wenn dann die entsprechenden Absätze schon geschützt sind, erspart diese Vorsorge manche Korrektur im Nachhinein.

Nachdem Sie alle Angaben zur Absatzformatierung gemacht haben, schließen Sie die Eingaben mit [↵] ab oder klicken auf das OK-Feld. Die Einstellungen werden dann für den Absatz übernommen, in dem die Einfügemarke steht, oder werden für alle markierten Absätze aktiv. Hierbei ist es nicht notwendig, daß der ganze Absatz markiert ist; bereits eine Teilmarkierung von einem Zeichen des Absatzes reicht, um die neue Absatzformatierung für den ganzen Absatz gültig werden zu lassen. Falls Sie die neu eingestellten Formatierungen doch nicht anwenden möchten, klicken Sie ABBRECHEN an oder drücken [Esc].

Formatierungen abschließen

Die folgende Liste bietet Ihnen den Überblick über die verschiedenen Tastenschlüssel der Absatzformatierung:

Absatzformat	Tastenkombination
Linksbündig	[Strg][L]
Rechtsbündig	[Strg][R]
Zentriert	[Strg][E]
Blocksatz	[Strg][B]
Einzug des Absatzes	[Strg][M]; mehrfaches Betätigen der Tastenkombination vergrößert den Einzug

Absatzformat	Tastenkombination
Einzug des Absatzes rückgängig	Strg ⇧ M; mehrfaches Betätigen der Tastenkombination verkleinert den Einzug
Negativer Einzug 1. Zeile	Strg T; mehrfaches Betätigen der Tastenkombination vergrößert den Einzug
Negativer Einzug 1. Zeile rückg.	Strg ⇧ T; mehrfaches Betätigen der Tastenkombination verkleinert den Einzug
Abstand vor Absatz erzeugen	Strg 0
Abstand vor Absatz schließen	Strg 0
Einfacher Zeilenabstand	Strg 1
Doppelter Zeilenabstand	Strg 2
Anderthalbfacher Zeilenabstand	Strg 5 (alphanumerische Tastatur)
Absatzformatierung aufheben	Strg ⇧ N

Tab. 8.4: Tastenschlüssel für die Absatzformatierung

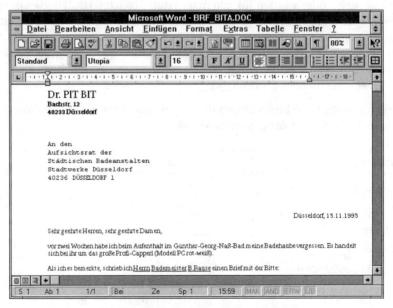

Abb. 8.2: Ein Text mit formatierten Absätzen

8 • Absätze formatieren

Gestalten Sie nun den Brief von Herrn Bit an den Aufsichtsrat (BRF_BITZ-.DOC) mit den Absatzformatierungen, wie in Abbildung 8.2 dargestellt. Markieren Sie den gesamten Text mit (Strg)(5) (numerischer Tastaturblock) oder der Maus (Mauszeiger an linker Fensterseite, (Strg) und linke Maustaste). Rücken Sie nun den Text mit (Strg)(M) ein. Setzen Sie die Einfügemarke in Pit Bits Absender, und geben Sie über FORMAT > ABSATZ unter ABSTAND NACH ((Alt)(N)) drei Zeilen ein.

Wiederholen Sie die Eingabe für die Adresse des Empfängers mit (F4) oder über das Dialogfenster. Ort und Datum plazieren Sie direkt im Textmodus mit (Strg)(R) auf der rechten Seite. Die Anrede und den folgenden Text markieren Sie und stellen mit (Strg)(0) einzeilige Absatzabstände ein. Das Zitat formatieren Sie über das Dialogfenster mit linkem und rechtem Einzug von je einem Zentimeter. Sie sehen hierbei, daß die Einrückung, die Sie für den ganzen Text vorgenommen haben, bereits ins Dialogfenster eingetragen wurde. Sie müssen also die neue Einrückung zu diesem Wert addieren.

Mit (F12) speichern Sie den Brief unter dem Namen BRF_BITA.DOC ab und fügen dem Kommentar der Datei-Info die Zeile "Mit Absatzformatierung" bei. Die Zeilenschaltung wird in der Datei-Info mit (↵) eingegeben.

In der SEITENANSICHT ((Alt)(D)(H)) überzeugen Sie sich davon, daß der Brief nun ein Drucklayout hat, in dem er das Haus verlassen kann. Mit (Strg)(P)

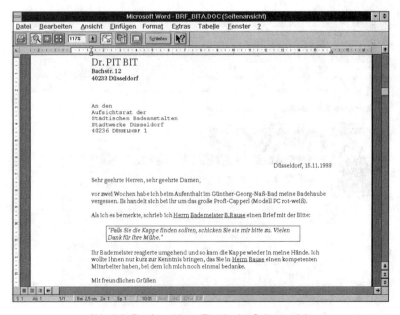

Abb. 8.3: Der formatierte Text in der Seitenansicht

rufen Sie direkt das Dialogfenster auf, das Sie auch im Menü DATEI unter DRUCKEN (Alt D D) aktivieren können.

 Im Eingabemodus läßt sich das Dokument über das Symbol "Drucken" zu Papier bringen

Tabulatoren

Wenn Sie in einem Absatz bestimmte Haltepunkte haben möchten, an denen Sie einzelne Zeichen, Worte oder Zahlen ausrichten können, so können Sie hierfür Tabstops setzen. Tabulatoren sind ausgesprochen hilfreich bei der Formatierung von Listen, Aufstellungen und Übersichten; eine Tatsache, die schon von mechanischen Schreibmaschinen her bekannt sein dürfte. Die Tabulatoren von Word für Windows sind jedoch wesentlich leistungsfähiger. An einem Tabstop plazieren Sie Text immer mit der ⇥-Taste. Der Text, der diesem Tastendruck folgt, wird je nach Art der Tabstop-Position linksbündig, rechtsbündig, zentriert oder mit Hilfe seines Dezimaltrennzeichens ausgerichtet.

Aus dem Dialogfenster ABSATZ können Sie mittels der Schaltfläche TABULATOR (Alt T) direkt zum Dialogfenster TABULATOREN wechseln. Wenn Sie das Dialogfenster ABSATZ nicht geöffnet haben, rufen Sie zur Eingabe der

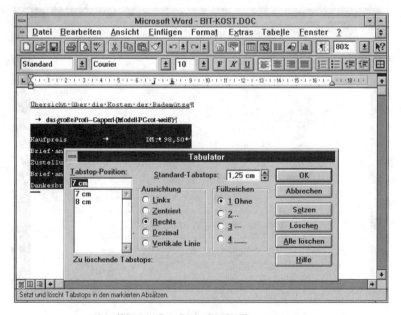

Abb. 8.4: Das Dialogfenster TABULATOR

Tabulatoren das entsprechende Dialogfenster mit dem Befehl FORMAT TABULATOR (Alt T T) auf

Im Dialogfenster TABULATOR geben Sie im Feld TABSTOP-POSITION (Alt T) die Stellen an, an denen Sie Tabulatoren setzen möchten. Die Eingaben machen Sie entweder in der vorgegeben Einheit, wobei Sie sich die Maßangabe sparen können, oder Sie wählen eine andere Einheit und hängen durch die Endungen cm, pt, pi oder " die Maßspezifikation an den Wert an.

Unter AUSRICHTUNG bestimmen Sie die Art des Tabulators. LINKS (Alt L) ist die übliche Tabulatorposition, die voreingestellt aktiv ist. Bei einem Tabulator mit Linksausrichtung werden die Eingaben, die Sie im Dokument nach Betätigen der ⇆-Taste vornehmen, auf linksbündig zum Tabstop (auf seiner rechten Seite) eingetragen. Für den umgekehrten Fall, daß Ihre Eingaben rechtsbündig zur festgesetzten Tabstop-Position (auf seiner linken Seite) zum Stehen kommen sollen, wählen Sie RECHTS (Alt R). Die Ausrichtung bezieht sich also immer auf die Tabulatorposition relativ zum nachfolgenden Text.

Einen Tabulator ZENTRIERT (Alt Z) zu setzen bedeutet, daß der Text, der auf das Betätigen der ⇆-Taste folgt, zentriert zur Tabstop-Position angeordnet wird, das mittlere Zeichen einer Zeile also an der Stelle des gesetzten Tabstops positioniert wird. Der Dezimaltabulator, den Sie mit DEZIMAL (Alt D) aufrufen, bewirkt die Orientierung nach Dezimalstellen. Die Vorkommastellen werden hierbei links der Tabstop-Position und die Nachkommastellen rechts von ihr eingetragen. Orientierungspunkt ist hierbei das Komma, das sich automatisch am Tabstop ausrichtet. Übrigens verwenden Sie in der amerikanischen Dezimalschreibweise als Dezimaltrennzeichen den Punkt.

Der Dezimaltabulator eignet sich besonders für Zahlenkolumnen, bei denen Sie Vor- und Nachkommastellen untereinander gesetzt sehen möchten. Positionieren Sie hierfür einen Dezimaltabulator an der gewünschten Stelle, und drücken Sie bei jeder Kolumnenzeile zunächst die ⇆-Taste, bevor Sie die Dezimalzahl eingeben. Das Zeilenende schalten Sie am besten mit der Tastenkombination ⇧ ↵.

Schließlich gibt es noch die Möglichkeit, an der Stelle des Tabstops eine VERTIKALE LINIE (Alt V) zu setzen, um beispielsweise zwei Listenposten voneinander zu trennen. Der vertikale Tabulator dient nicht der Ausrichtung von Textblöcken, sondern ist eigentlich ein grafisches Element. Mit ihm lassen sich senkrechte Tabellenspalten kennzeichnen, ohne daß WinWords Tabellenfunktion zum Einsatz kommt. Dies wird all jene Anwender begeistern, die auf Kompatibilität zu anderen Textsystemen achten oder angewiesen sind. Für alle Tabstops - ausgenommen die Variante VERTIKALE LINIE - können

Sie im Dialogfenster TABULATOREN verschiedene FÜLLZEICHEN wählen, mit denen die Freiräume zwischen Tabulatoren und den entsprechenden Zeichen ausgefüllt werden. Im Normalfall werden Tabulatoren OHNE FÜLLZEICHEN (`Alt`+`1`) verwendet. Eine gepunktete Linie wählen Sie mit `Alt`+`2`, eine gestrichelte mit `Alt`+`3`, und mit `Alt`+`4` erhalten Sie einen durchgehenden Strich.

Die Spezifikation der Füllzeichen bezieht sich immer auf den Wert, der im Textfeld TABSTOP-POSITION (`Alt`+`T`) angezeigt wird. Um mehrere Tabstops zu setzen, geben Sie in das Eingabefeld den Stellenwert einer Tabstop-Position ein und legen nachfolgend ihre Spezifika fest. Bestätigen Sie die Eingaben dann mit SETZEN (`Alt`+`E`). Der Tabulator wird hiermit in die Liste aufgenommen, und Sie fahren direkt mit der Eingabe des nächsten Tabulators fort. Dem aktuellen Absatz bzw. den markierten Absätzen werden die Tabulatoren allerdings erst zugeordnet, wenn Sie mit `↵` oder OK das Dialogfenster schließen. Sollten Sie vorher mit `Esc` oder ABBRECHEN das Dialogfenster schließen, so gehen Ihre Neueingaben verloren.

Wenn Sie im nachhinein Angaben zum Tabulatorlayout ändern möchten, aktivieren Sie das Dialogfenster FORMAT TABULATOREN (`Alt`+`T`+`T`) und wählen in der Liste TABSTOP-POSITION den gewünschten Tabulator aus, der automatisch ins Eingabefeld übernommen wird. Sie können nun den Tabulator modifizieren oder löschen. Wenn Sie LÖSCHEN (`Alt`+`N`) wählen, wird der Tabulatorwert aus der Liste entfernt und statt dessen am Fuße des Dialogfensters in die Auflistung ZU LÖSCHENDE TABSTOPS aufgenommen. Hier werden, getrennt durch Semikola, alle Positionen eingetragen, für die Sie die Löschung beantragen. Um alle Tabulatoren zu löschen, wählen Sie ALLE LÖSCHEN (`Alt`+`A`), was hinter ZU LÖSCHENDE TABSTOPS vermerkt wird.

Gelöscht werden die Einträge der Löschliste erst, wenn Sie Ihre Auswahl mit `↵` oder OK bestätigen und das Dialogfenster schließen. Entscheiden Sie sich anders und möchten Sie die Tabulatoren doch unverändert behalten, brechen Sie die Bearbeitung einfach mit `Esc` ab.

Alle Angaben, die Sie im Dialogfenster TABULATOR vornehmen, beziehen sich immer nur auf den aktiven Absatz und nicht etwa auf alle Tabulatoren des Dokuments, die die gleichen Maße aufweisen. Um dies zu erreichen, müssen Sie alle Absätze, für die die Änderung in Frage kommen soll, markieren. Wenn in den markierten Absätzen allerdings Tabulatorpositionen definiert sind, die nicht übereinstimmen, so wird der gesamte Inhalt der Liste deaktiviert. Um globale Änderungen für eine Position vorzunehmen, tragen Sie die Positionsangabe und die weiteren Angaben per Hand ein und bestätigen mit `↵`. Übrigens können Sie die Gesamtlöschung auch benutzen, ohne daß die einzelnen Einträge zuvor in der Positionsliste erscheinen. Es werden einfach alle Tabulatoren des markierten Bereichs gelöscht.

Wenn Sie eigene Tabulatorpositionen definieren, setzen Sie hiermit gleichzeitig den Standardabstand bis zu dieser Position außer Kraft, der im Dialogfenster unter STANDARD-TABSTOPS ([Alt][S]) festgelegt ist. Hinter der letzten selbstgesetzten Tabulatorposition gilt dann wieder der vorgegebene Standard. Wenn Sie für Ihr Dokument mehrere Tabulatoren im gleichen Abstand setzen möchten, brauchen Sie nur den Wert im Feld STANDARD-TABSTOPS zu verändern. Eingaben an Standardtabs werden alle links ausgerichtet und sind ohne Füllzeichen formatiert.

Wenn Sie in das Feld STANDARD-TABSTOPS beispielsweise zwei Zentimeter als Abstand eintragen, rückt die Betätigung von [⇥] den nachfolgenden Text jeweils zwei Zentimeter weiter ein, solange in dem Bereich kein individueller Tabstop gesetzt wird.

Zur Übung erstellen Sie die Kostenübersicht, die Herr Bit als ordentlicher Mensch zu seiner Badmütze verfaßt hat (Abbildung 8.5). Formatieren Sie die Zeichen und Absätze nach Wunsch. Die Zeile mit der Typenangabe muß mit der [⇥]-Taste beginnen. Weisen Sie dann der Zeile einen zentrierten Tabulator an der Position 4,5 Zentimeter zu. In der Kostenaufstellung drücken Sie jeweils vor und nach "DM" die [⇥]-Taste.

Die Kostenliste formatieren Sie mit einem rechts ausgerichteten Tabulator an der Position 7 Zentimeter mit dem Füllzeichen Punkte und einem Dezimaltabulator an der Position 8 Zentimeter.

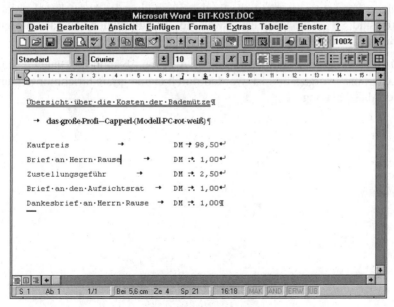

Abb. 8.5: Eine Kostenübersicht mit Tabulatoren formatiert

Tabulatoren über das Lineal setzen

Auch für Tabulatoren bietet das Lineal eine sehr einfache Handhabung.

Um Tabstops zu setzen, wählen Sie zuvor links neben dem Lineal die Art des Tabulators (links, zentriert, rechts oder dezimal) aus. Wenn Sie mit der Maus auf das Kästchen klicken, werden Ihnen die zur Verfügung stehenden Tabulatorarten zyklisch angezeigt; das kleine Feld wechselt von linkem Tabstopp zum zentrierten und weiter über den rechten zum Dezimaltabulator; die Tabulatorvariante der vertikalen Linie ignoriert der Schalter. Nun klicken Sie einfach die gewünschte Position unter der Meßskala des Lineals an, und der Tabstop ist gesetzt. Das Tabulatorzeichen, das in das Lineal aufgenommen wurde, entspricht dem Symbol im Tabwahlfeld links des Lineals und gibt Ihnen Auskunft über die Ausrichtung des Tabstops.

Um den Tabulator zu verschieben, plazieren Sie den Mauszeiger auf ihm, halten die linke Maustaste nieder und ziehen ihn an die gewünschte Position. Sie löschen ihn, indem Sie sein Symbol mit der Maus nach oben oder unten aus dem Linealbereich herausziehen. Während der Tabulator verschoben werden kann, wird er grau dargestellt.

Wenn Sie die Einstellzeile unter der skalierten Leiste beim Positionieren des Tabulators doppelt anklicken, öffnet sich das Dialogfenster TABULATOR, in das Sie die Positionsangaben in numerischer Form eintragen können. Dieses ist wichtig, da nicht alle Festlegungen über das Absatzlineal zu leisten sind. So greifen Sie beispielsweise für die Füllzeichen von Tabulatoren auf das Dialogfenster zurück.

Die Positionen der Standardtabulatoren, deren Abstand im Dialogfenster TABULATOREN vorgegeben ist, werden durch kleine graue Striche unterhalb der Meßskala angezeigt.

9
Suchen und Ersetzen

Nach Zeichen suchen	Seite	173
Zeichen ersetzen	Seite	177
Suchvariablen und Suchkriterien	Seite	180
Suche nach Sonderzeichen	Seite	181
Suche nach logischen Mustern	Seite	184
Suchen und Ersetzen mit ASCII- und ANSI-Codes	Seite	187
Suchen und Ersetzen mit der Zwischenablage	Seite	189
Nach Formatierungen suchen	**Seite**	**189**
Formatierte Zeichen suchen und ersetzen	Seite	191
Formatierte Absätze suchen und ersetzen	Seite	194
Formatvorlagen suchen und ersetzen	Seite	197

Nach Zeichen suchen

Oft soll in einem Text nach einem bestimmten Wort gesucht werden. Hierbei ist es, vor allem bei langen Dokumenten, umständlich und zeitraubend, den ganzen Text Wort für Wort durchzugehen, bis das gesuchte Wort oder der gesuchte Satz gefunden wurde. Word für Windows nimmt Ihnen die Suche im Dokument ab. Word für Windows sucht hierbei nicht nur nach Wörtern, sondern nach jeder Zeichenkette Ihrer Wahl, die Sie über die Tastatur eingeben. Einzige Bedingung hierfür ist: Die Zeichenkette darf nicht länger als 255 Zeichen lang sein.

Das Prinzip der Suche, das Word für Windows einsetzt, ist der Vergleich. Die Zeichen, die Sie Word für Windows zur Suche vorgegeben haben, werden mit den Zeichen des Textes verglichen. Immer, wenn Word für Windows auf eine hundertprozentige Übereinstimmung trifft, markiert es die Zeichenkette im Text als Fundstelle und zeigt sie am Bildschirm an, wo sie bearbeitet werden kann.

Für die Suche öffnen Sie das Dialogfenster BEARBEITEN SUCHEN (Alt B S) und geben den Suchtext in das Eingabefeld SUCHEN NACH (Alt S) ein. Hierbei spielt es keine Rolle, ob Sie den Suchtext in Groß- oder Kleinbuchstaben oder sogar in einer Mischung von beidem eingeben. Diese Mischung muß der Fundstelle nur insoweit entsprechen, als die Reihenfolge der Buchstaben der gesuchten Stelle entspricht; die Schreibweise wird von Word für Windows ignoriert.

Groß- und Kleinschreibung beachten

Mitunter beschleunigt es aber die Suche, Word für Windows mitzuteilen, daß die gesuchten Zeichen im Text genauso geschrieben werden, wie Ihre Vorgabe lautet. Diese Identität der Schreibweisen bezieht Word für Windows als Suchkriterium ein, wenn Sie das Feld GROSS-/KLEINSCHREIBUNG BEACHTEN (Alt G) markieren. Nun werden nur jene Stellen gefunden, die übereinstimmende Zeichenfolgen in der gleichen Groß-/Kleinschreibung aufweisen.

Nur ganzes Wort suchen

Eine gesuchte Zeichenfolge wird von Word für Windows normalerweise überall gefunden, sei es als alleinstehendes Wort oder Teil eines Wortes. Dies verlangsamt die Suche in jenen Fällen, in denen Sie ein Wort suchen, das auch häufiger Bestandteil anderer Wörter ist, z.B. "eis" oder "ein". Wenn Sie in diesen Fällen die Option NUR GANZES WORT SUCHEN (Alt N) anwählen, unterscheidet Word für Windows selbsttätig zwischen eigenständigen Wörtern und Wortbestandteilen und zeigt nur die Stellen als Fundorte an, bei denen die gesuchten Wörter durch Leer- oder Satzzeichen abgegrenzt von ihrer Umgebung vorkommen. Alle Stellen, bei denen die gesuchten Zeichen bloß Teil eines anderen Wortes sind, werden übergangen.

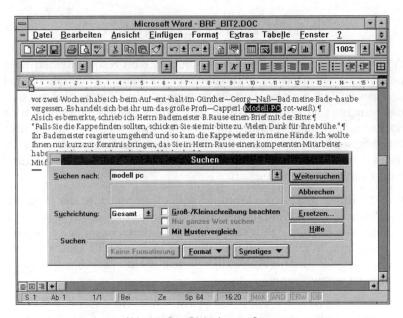

Abb. 9.1: Das Dialogfenster SUCHEN

Außerdem haben Sie die Wahl, welche SUCHRICHTUNG ([Alt][U]) innerhalb des Dokuments eingehalten werden soll. Zur Auswahl stehen ABWÄRTS, AUFWÄRTS und GESAMT. Ausgangspunkt einer jeden Suche ist die Stellung der Einfügemarke. Voreingestellt erfolgt jede Suche von der Einfügemarke an durch das gesamte Dokument, wobei zunächst bis zum Ende des Dokuments und anschließend vom Anfang des Dokuments bis zur Position der Einfügemarke gesucht wird. Wenn Sie als Suchrichtung ABWÄRTS oder AUFWÄRTS wählen, wird diese Angabe beibehalten, bis Sie die Richtung wieder ändern oder Word für Windows verlassen.

Die Suche leiten Sie mit WEITERSUCHEN ([Alt][W]) ein. Word für Windows sucht nun und markiert die erste Fundstelle. Das Dialogfenster SUCHEN bleibt hierbei aktiv. Sie können sich nun entscheiden, ob Sie die Fundstelle bearbeiten möchten oder lieber die nächste Übereinstimmung suchen wollen. Im ersten Fall schließen Sie das Dialogfenster mit ABBRECHEN oder [Esc]. Für die Fortführung der Suche lassen Sie es hingegen geöffnet und betätigen wieder die Schaltfläche WEITERSUCHEN.

Wenn Ihnen das Dialogfenster SUCHEN den Blick auf den Text versperrt und Sie ein paar Zeilen lesen möchten, können Sie das Fenster wie üblich verschieben. Solange das Dialogfenster SUCHEN geöffnet ist, können Sie die Suchkriterien jederzeit verändern und mit der modifizierten Form die Suche fortsetzen. Hierbei wird von der letzten Fundstelle aus weitergesucht.

9 • Suchen und Ersetzen

Sie müssen das Dialogfenster SUCHEN nicht schließen, um den Text des Dokuments zu bearbeiten. Klicken Sie einfach mit der linken Maustaste in den Text oder drücken Sie (Strg)(F6), und Sie haben vollen Zugriff auf Ihr Dokument. Sie können sogar weitere Dialogfenster öffnen und schließen; dann allerdings funktioniert der Wechsel mit (Strg)(F6) nur noch zwischen den Dialogfenstern. Sollte Ihnen das Dialogfenster SUCHEN einmal im Weg stehen, so können Sie es einfach - wie oben beschrieben - verschieben und dann wieder im Text weiterarbeiten.

Wenn Sie das Dialogfenster schließen, ist die Suche zunächst beendet. Sie können nun mit der Fundstelle verfahren wie mit jeder Markierung, können sie bearbeiten, löschen oder einfach stehenlassen. Nun ist es aber sehr häufig so, daß mit der ersten Fundstelle die Suche noch nicht beendet ist, sondern nacheinander alle entsprechenden Stellen des Textes aufgefunden werden sollen. Selbstverständlich können Sie wiederum BEARBEITEN SUCHEN ((Alt)(B)(S)) aufrufen. Zum direkten Aufruf des Dialogfensters SUCHEN steht auch der Tastenschlüssel (Strg)(I) zur Verfügung. Die Einträge der letzten Suchaktion sind im Dialogfenster noch aktiv, und Sie können den nächsten Schritt der gleichen Suche mit WEITERSUCHEN beginnen. Doch nicht nur die letzte Zeichenkette steht zum Rückgriff bereit; beim Feld SUCHEN NACH handelt es sich um ein Listenfeld, in dem Ihre letzten vier Suchanweisungen eingetragen sind. Um eine der vier letzten Suchen wieder aufzugreifen, brauchen Sie die gesuchte Zeichenkette nicht erneut einzugeben, sondern öffnen die Liste SUCHEN NACH durch einen Klick auf den Abwärtspfeil links neben dem Feld oder mit (Alt)(S). In der Liste markieren Sie den Suchbegriff.

Vom Text aus geht die Aufnahme der letzten Suche einfacher und schneller mit der Tastenkombination (⇧)(F4). Dieser Tastenschlüssel wiederholt die letzte Suche, ausgehend vom aktuellen Stand der Einfügemarke. Sollte es Ihre erste Suchaktion der Arbeitssitzung sein, Word für Windows also noch keinen Sucheintrag vorfindet, an dem es sich orientieren könnte, öffnet (⇧)(F4) ebenso wie der Tastenschlüssel (Strg)(I) das Dialogfenster SUCHEN, in das Sie Ihre Spezifikationen wie gehabt eintragen können.

Die Wiederholung einer Suchaktion mit (⇧)(F4) steht Ihnen so oft wie gewünscht zur Verfügung. Wenn Sie während der Suche das Textende erreichen bzw. den Textanfang - falls Sie die umgekehrte Suchrichtung wählen - meldet Word für Windows Ihnen dieses Faktum je nach Suchrichtung mit: DAS ENDE DES DOKUMENTS WURDE ERREICHT. SOLL DER SUCHVORGANG AM ANFANG FORTGESETZT WERDEN? oder DAS ANFANG DES DOKUMENTS WURDE ERREICHT. SOLL DER SUCHVORGANG AM ENDE FORTGESETZT WERDEN? Sie haben mit JA ((Alt)(J)) und NEIN ((Alt)(N)) die Wahl, ob Sie mit Ihrer Suche in die Runde gehen möchten. Falls Sie abbrechen, erhalten Sie die Meldung: DER SUCHVORGANG INNERHALB

175

DES DOKUMENTS IST ABGESCHLOSSEN. DAS GESUCHTE ELEMENT KONNTE NICHT GEFUNDEN WERDEN. Diese Meldung ereilt Sie auch, wenn Sie das gesamte Dokument durchsuchen, ohne fündig zu werden.

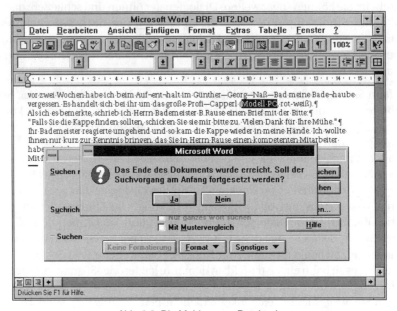

Abb. 9.2: Die Meldung am Dateiende

Da die vorgegebene Zeichenkette eindeutig mit der Fundstelle übereinstimmen muß, wirken sich Tippfehler bei der Suche fatal aus. Word für Windows kann dann die gesuchte Stelle nicht erkennen. Hierfür reicht es schon aus, daß Sie zwei Wörter bei der Suchvorgabe durch ein Leerzeichen trennen, im Text aber aus Versehen zwei Leerzeichen zwischen den beiden Wörtern eingegeben haben. In diesem Fall wird Word für Windows die Fundstelle nicht identifizieren können und es Ihnen nicht als Suchergebnis melden. Um solche Probleme zu vermeiden, sollten Sie den Suchtext so eindeutig und gleichzeitig so kurz wie möglich halten.

Die Suche nach dem Wort "Beispiel" ist schon mit drei Buchstaben ziemlich präzise zu vollziehen; die Anfangsbuchstaben eignen sich allerdings nicht so gut, da die Zeichenkette "bei" im Deutschen in vielen Zusammensetzungen vorkommt. Sehr gute Chancen, das gewünschte Beispiel schnell zu finden, bietet die Zeichenkette "isp", also der dritte, vierte und fünfte Buchstabe des Wortes. Als Regel mag gelten, daß Konsonantenhäufungen eindeutiger zu finden sind, als eine Reihung von Vokalen. Daher bieten sich Abkürzungen für Suchen besonders an: Wenn Sie Ihr Beispiel "z.B." im Text abkürzen, finden Sie es mit der Suche nach "B.", denn Satzenden mit großem "B" finden im Deutschen kaum Verwendung. Selbstverständlich müssen Sie für die Suche festlegen, daß Word für Windows die Groß-/Kleinschreibung beachten soll.

Abb. 9.3: Mitteilung, daß das gesuchte Element nicht gefunden werden konnte

Mitunter müssen Wörter innerhalb eines Textes ausgetauscht werden, weil sich z.B. Ihre Ansprechpartner geändert haben. Sie können nun das Dialogfenster SUCHEN durch Anwahl der Schaltfläche ERSETZEN ((Alt)(E)) erweitern und direkt mit dem Dialogfenster ERSETZEN weiterarbeiten.

Zeichen ersetzen

Im Menü BEARBEITEN weisen Sie Word für Windows mit dem Befehl ERSETZEN ((Alt)(B)(E)) an, die Fundstellen direkt gegen eine Zeichenkette Ihrer Wahl auszuwechseln. Auch für diesen Befehl bietet WinWord mit (Strg)(H) einen Tastenschlüssel zum direkten Aufruf vom Text aus. Den Suchtext geben Sie wiederum in das Feld SUCHEN NACH ((Alt)(S)) ein. Falls Sie schon Suchläufe während der Arbeitssitzung vorgenommen haben, ist unter SUCHEN NACH der Text der letzten Suche eingetragen. Wenn er nicht den Zeichen entspricht, die Sie ersetzen möchten, löschen Sie ihn durch (Entf) oder, indem Sie die neuen gesuchten Zeichen eingeben.

Im Feld ERSETZEN DURCH (Alt R) geben Sie die Zeichen ein, die die Stelle der gesuchten Zeichen einnehmen sollen.

Während bei der Suche voreingestellt nicht zwischen Groß-/Kleinschreibung unterschieden wird - das gilt auch für das Feld SUCHEN NACH im Dialogfenster ERSETZEN - wird beim Ersetzen die Schreibweise in das Dokument übernommen, die Word für Windows im Text identifiziert. Wenn Word für Windows also ein durchweg großgeschriebenes Wort ersetzt, wird auch das neue Wort in Versalien gesetzt.

Groß-/Klein- *schreibung* *beachten*   Diese Anpassung an die bestehende Schreibweise verhindern Sie, indem Sie GROSS-/KLEINSCHREIBUNG BEACHTEN (Alt G) aktivieren. Hierdurch orientiert sich selbstverständlich auch die Suche der Zeichenkette an der Schreibweise der Wörter.

Nur ganzes *Wort suchen*   Auch die Funktion NUR GANZES WORT SUCHEN (Alt N), die bereits aus der reinen Suchfunktion bekannt ist, kann beim Ersetzen aktiviert werden. Ausgetauscht werden demnach nur Wörter, also Zeichenfolgen, die durch Leer- oder Satzzeichen im Text separiert wurden.

Der Ersetzen-Vorgang wird mit WEITERSUCHEN (Alt W) gestartet und beginnt an der Einfügemarke. Genau wie beim reinen Suchen haben Sie auch für die SUCHRICHTUNG die Wahl zwischen GESAMT, ABWÄRTS und AUFWÄRTS. Am Ende des Ablaufes wird Ihnen in einem Femster angezeigt, wie oft der Suchbegriff ersetzt wurde.

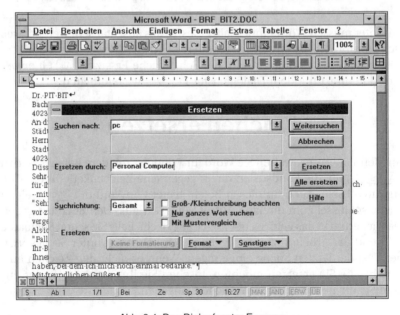

Abb. 9.4: Das Dialogfenster ERSETZEN

9 • Suchen und Ersetzen

Sobald Word für Windows eine Zeichenfolge des Dokuments entdeckt, die der Suchspezifikation entspricht, zeigt es Ihnen die Fundstelle markiert an und läßt Ihnen im Dialogfenster die Wahl, ob Sie die Markierung ERSETZEN ([Alt][E]) möchten. So entscheiden Sie bei jeder Fundstelle mit, ob ersetzt werden soll oder ob Sie mit WEITERSUCHEN die nächste Stelle auffinden. Nachdem das ganze Dokument mit ERSETZEN durchlaufen wurde, befindet sich die Einfügemarke wieder an dem Punkt, an dem Sie die Aktion starteten. Dies gilt auch, wenn Sie nur bis zum Ende des Textes suchen lassen und dort den Umlauf verneinen ([N]).

Während das Dialogfenster ERSETZEN aktiv ist, können Sie die Vorgaben unter SUCHEN NACH und ERSETZEN DURCH modifizieren. Die Aktion wird dann von der letzten Fundstelle aus fortgesetzt.

Auch das ERSETZEN-Fenster können Sie wie das Dialogfenster SUCHEN verlassen, um den Text weiterzubearbeiten. Wenn Sie den Ersetzen-Vorgang später wieder fortsetzen wollen, fährt WinWord mit der Suche nach dem zu ersetzenden Wort an der Stelle der Einfügemarke fort.

Abgebrochen wird der Ersetzen-Vorgang mit [Esc] oder über die Schaltfläche ABBRECHEN. Wenn Sie die Aktion abbrechen, bleibt die Einfügemarke am letzten Fundort, und Sie können direkt Änderungen vornehmen, für die Sie eventuell unterbrochen haben. Anschließend muß BEARBEITEN > ERSETZEN allerdings neu gestartet werden. Als Ausgangspunkt gilt nun die neue Cursorposition.

Ersetzen abbrechen

Im Dialogfenster ERSETZEN haben Sie neben der Wahl zwischen WEITERSUCHEN ([Alt][W]), ERSETZEN ([Alt][E]) und ABBRECHEN ([Esc]) auch die Möglichkeit, ALLES ERSETZEN ([Alt][A]) anzuwählen.

Das vollautomatische ALLES ERSETZEN sollten Sie nur dann aktivieren, wenn Sie sich klar darüber sind, daß die zu ersetzende Zeichenfolge eindeutig ist, also nicht unbeabsichtigt gleichlautende Zeichenfolgen ersetzt werden. Sicherer ist es, Ersetzen-Vorgänge nicht unkontrolliert ablaufen zu lassen. Falls Sie die Aktion mit ALLES ERSETZEN ohne Bestätigung ablaufen lassen, werden alle Ersetzungen ohne Zwischenfragen erledigt. Über den Fortgang des Prozesses werden Sie in der Statuszeile durch die Angabe unterrichtet: ERSETZUNGSVORGANG WIRD DURCHGEFÜHRT, N% VOLLENDET. DRÜCKEN SIE ESC, UM ABZUBRECHEN. Wie Sie dieser Zeile entnehmen können, kann der Vorgang jederzeit durch Betätigung von [Esc] abgebrochen werden. Auch in diesem Fall springt die Einfügemarke an den Ausgangsort der Ersetzaktion zurück. Nach vorzeitigem Abbruch oder Abschluß des Ersetzens erscheint ein Fenster mit dem Ergebnisbericht DER SUCHVORGANG INNERHALB DES DOKUMENTS IST ABGESCHLOSSEN. ES WURDEN N ERSETZUNGEN VORGENOMMEN (statt "n" werden selbstverständlich Zahlen angegeben).

Die Vorgehensweise des vollautomatischen Ersetzens empfiehlt sich aber wirklich nur bei eindeutigen Zeichenketten; z.B. ist es so möglich, bestimmte Stellen eines Dokumentes durch den sogenannten "Klammeraffen" (@) oder andere ungewöhnliche Zeichen zu kennzeichnen und bei Beendigung der Arbeit am Dokument diese Merkzeichen auf einmal zu löschen.

Manchmal ist es interessant zu überprüfen, wie oft ein bestimmtes Wort in einem Text vorkommt. Wechseln Sie dieses Wort mit ERSETZEN einfach automatisch gegen sich selbst aus; aktivieren Sie hierfür NUR GANZES WORT SUCHEN ([Alt][N]), und wählen Sie ALLES ERSETZEN ([Alt][R]). Im Informationsfenster wird Ihnen dann angezeigt, wie oft das Wort in Ihrem Text vorkommt. Um auf Nummer Sicher zu gehen, sollten Sie Ihr Dokument vor solchen Aufgaben speichern ([⇧][F12]) und es im Anschluß an die Auswertung schließen, ohne zu speichern ([Strg][F4][N]). So bleibt das Original unberührt.

Sie können eine vollautomatische Ersetzaktion direkt im Anschluß mit RÜCKGÄNGIG ([Strg][Z]) zurücknehmen. Beim Ersetzen mit manueller Bestätigung der einzelnen Stellen lassen sich maximal die letzten 100 Änderungen widerrufen. Alle vorher ersetzten Stellen bleiben unwiderruflich geändert.

Automatisch löschen

Um automatisch Wörter oder bestimmte Zeichenketten in einem Dokument zu löschen, benutzen Sie ebenfalls die Funktion ERSETZEN. Beim Eintrag in das Feld ERSETZEN DURCH kann es sich nämlich auch um kein Zeichen handeln, also um einen fehlenden Eintrag. Drücken Sie hierfür im aktiven Feld ERSETZEN DURCH die [Entf]-Taste, um sicherzugehen, daß wirklich kein Zeichen, also auch kein Leerzeichen, eingetragen ist. Wenn Sie den Ersetzen-Vorgang starten, wird das gesuchte Wort ersetzt, aber halt durch kein anderes Zeichen; es wird also gelöscht.

Um die Aktion des Ersetzens auf eine bestimmte Passage des Textes zu beschränken, markieren Sie den gewünschten Bereich, bevor Sie BEARBEITEN > ERSETZEN aufrufen. Alle Eingaben, die Sie vornehmen, beziehen sich nun nur noch auf die markierte Passage des Dokuments. Auch die Vorgabe, alle Fundstellen ohne Bestätigung zu ersetzen, findet nur in den vorgegebenen Grenzen Anwendung.

Suchvariablen und Suchkriterien

Nicht jede Suche ist eindeutig. Mitunter sollen Kombinationen gefunden werden, die jene Zeichen enthalten, die im Ausdruck zwar nicht sichtbar werden, wohl aber im Dokument enthalten sind. Hierbei kennzeichnen Leerzeichen, Tabulatoren und Absatzmarken nur die Spitze des unsichtbaren Eisbergs der nicht druckbaren Zeichen. Auch für solche Zeichen kennt WinWord Suchkriterien. Hinzu kommen variable Zeichenkombinationen, also Folgen, bei denen Sie nicht wissen, in welcher Ausformung sie im Text vorkommen. Auch bei solch komplexen Suchen- und Ersetzen-Aktionen erfahren Sie tatkräftige Unterstützung von WinWord.

Suche nach Sonderzeichen

Häufig kommt es vor, daß Formatierungen zu suchen oder zu ersetzen sind; beispielsweise könnte es erforderlich sein, manuell eingefügte Seiten- oder Abschnittswechsel zu entfernen sollen. Hierbei hilft die Schaltfläche SONSTIGES (Alt O). In den folgenden Tabellen sehen Sie alle Suchobjekte, die über die Schaltfläche SONSTIGES in den Feldern SUCHE NACH und ERSETZEN DURCH eingefügt werden können, mit ihren entsprechenden Zeichenschlüsseln:

Suchobjekt	Manuelle Eingabe
Absatzmarke	^a
Tabstopzeichen	^t
Anmerkungszeichen	^5
Beliebiges Zeichen	^?
Beliebige Ziffer	^#
Beliebiger Buchstabe	^$
Caret-Zeichen	^^
Spaltenwechsel	^n
Langer Gedankenstrich	^+
Gedankenstrich	^=
Endnotenzeichen	^e
Feld	^d
Fußnotenzeichen	^f
Grafik	^r
Zeilenwechsel	^z
Manueller Seitenwechsel	^m
Geschützter Bindestrich	^_
Geschütztes Leerzeichen	^g
Bedingter Trennstrich	^-
Abschnittswechsel	^b
Leerfläche	^l

Tab. 9.1: Suchen nach Sonderzeichen

Suchobjekt	Manuelle Eingabe
Tabstopzeichen	^t
Caret-Zeichen	^^
Inhalt der Zwischenablage	^c
Spaltenwechsel	^n
Langer Gedankenstrich	^+
Gedankenstrich	^=
Suchtext	^&
Zeilenwechsel	^z
Manueller Seitenwechsel	^m
Geschützter Bindestrich	^_
Geschütztes Leerzeichen	^g
Bedingter Trennstrich	^-

Tab. 9.2: Ersetzen durch Sonderzeichen

Als Leerflächen im Text gelten nicht nur Leerzeichen, die mit der ⬚-Taste eingegeben werden; auch Tabstops werden als Leerfläche interpretiert. Eine Leerfläche unbestimmter Größe suchen Sie mit ^l. Im Feld ERSETZEN DURCH funktioniert diese Kombination aus Zirkumflex und dem Buchstaben "l" allerdings nicht. In beiden Feldern können Sie aber Leerzeichen durch Betätigung der ⬚-Taste eingeben; jeder Druck auf die ⬚-Taste steht hierbei für ein Leerzeichen. Tabulatoren, die bei der Suche nach einem unspezifizierten Leerraum mit ^l ebenfalls als Fundorte angegeben werden, lassen sich darüber hinaus mit dem Zeichenschlüssel ^t präzise suchen und auch ersetzen.

Absatzmarke und Zeilenschaltung Um Absatzmarken zu finden oder einzufügen, können Sie - wie bei allen anderen Kürzeln auch - das Kombinationszeichen ^a direkt in die Felder SUCHEN NACH oder ERSETZEN DURCH eingeben; bei Kombinationszeichen mit Vokalen müssen Sie nach der Eingabe des Carets ^ zunächst die ⬚-Taste drücken und nachfolgend erst den Vokal, im Fall der Absatzmarke "a". Ansonsten wird das Caret über den Vokal gesetzt (â), wo es als Dehnungszeichen eigentlich auch hingehört. Für Zeilenschaltungen ist ^z zuständig; so lassen sie sich bei der Suche oder dem Ersetzen eindeutig von Absatzschaltungen unterscheiden. Um in einer bestimmten Passage des Textes alle Absatzschaltungen gegen Zeilenschaltungen auszutauschen, markieren Sie zunächst den Bereich, aktivieren dann BEARBEITEN > ERSETZEN (Strg H) und geben ins Feld SUCHEN NACH "^a" und ins Feld ERSETZEN DURCH "^n" ein.

9 • Suchen und Ersetzen

Manuell eingegebene Seitenwechsel lassen sich mit ^m suchen bzw. einfügen. Solche Seitenumbrüche werden übrigens im Text mit der Tastenkombination [Strg][⏎] eingegeben. Mit ^b lassen sich auch Abschnittsumbrüche suchen, nicht aber ersetzen. Spaltenwechsel, die während der Textbearbeitung mit [Strg][⇧][⏎] eingegeben wurden, suchen und ersetzen Sie mit ^n oder ^14. Mehr über feste Seiten- und Abschnittsumbrüche erfahren Sie in Kapitel 13, das von den Möglichkeiten der Abschnittsformatierung handelt.

Seiten-, Abschnitts- und Spaltenumbruch

Auch das geschützte Leerzeichen hat eine Entsprechung bei der Suche und beim Ersetzen: ^g. Die Sonderzeichen für geschützte Bindestriche werden mit ^_ (Unterstrich) und für bedingte Trennstriche mit ^- (Trennstrich) gesucht und ersetzt. Letzter wird zwar auch gefunden, wenn die Ansicht der nicht druckbaren Zeichen nicht aktiv ist (Aktivierung/Deaktivierung mit [Strg][⇧][+]), aber die Fundstelle wird nur angezeigt, wenn die bedingten Trennstriche sichtbar sind.

Geschützte Leerzeichen, Trenn- und Bindestriche

Bei der Suche nach Grafiken (^r) werden alle Grafiken gefunden, die momentan im Text angezeigt werden. Dies gilt auch, wenn unter EXTRAS > OPTIONEN ([Alt][X][O]) im Register ANSICHT das Kontrollfeld PLATZHALTER FÜR GRAFIKEN ([Alt][P]) markiert wurde und die Grafiken lediglich durch Rahmen repräsentiert werden. Auch verknüpfte Grafiken werden mit diesem Suchschlüssel gefunden, solange nicht die Feldfunktion, über die sie ins Dokument aufgenommen wurden, angezeigt wird.

Grafiken und Felder

Grafiken, die über eine Feldfunktion importiert oder eingebettet werden, lassen sich allerdings nicht als Grafik aufspüren, wenn der Inhalt der Feldfunktion statt ihres Ergebnisses - der Abbildung - sichtbar ist. In diesem Fall müssen Sie mit ^d nach Feldern suchen. Allerdings werden bei diesem Suchschlüssel sämtliche Felder der Reihe nach angesprungen, solange Sie ihn nicht genauer spezifizieren. Die genauere Eingrenzung wird durch die Tatsache möglich, daß ^d nicht die gesamte Feldfunktion, sondern lediglich die öffnende Klammer sucht. Sie können also im Anschluß an ^d die Zeichenkette angeben, die in der Feldklammer steht oder mit der die Feldfunktion beginnt. Meist starten Feldfunktionen mit einem Leerzeichen, dem dann der Name der Feldart folgt. Bei der Suche nach Feldern für importierte Grafiken sieht also der Suchschlüssel so aus: "^d import". An der Fundstelle wird auf jeden Fall das ganze Feld markiert, da Feldbegrenzer stets paarweise bearbeitet werden.

Statt ^d können Sie auch den Schlüssel ^19 einsetzen, der ebenfalls den öffnenden Feldbegrenzer { bezeichnet. Der Schlüssel ^21 hingegen bezieht sich auf den schließenden Feldbegrenzer }. Auch diese beiden Schlüssel markieren das gesamte Feld. Mit ^21 können Sie die Suche nach Feldinhalten auch gemäß der Endung einer Feldfunktion spezifizieren, sich also

183

beispielsweise auf spezielle Schalter beziehen, die am Ende des Feldes stehen. Notwendige Voraussetzung für das Auffinden der Felder ist stets, daß die Felder als Funktionen angezeigt werden. Dies bewirken Sie durch Anwahl unter EXTRAS > OPTIONEN ([Alt][X] [O]) im Register ANSICHT durch die Aktivierung des Kontrollkästchens FELDFUNKTIONEN ([Alt][E]) oder in der Layoutansicht mittels des Tastenschlüssels [⇧][F9]. Nicht angezeigte Feldfunktionen werden bei der Suche übersprungen. Die Zeichenschlüssel für die Feldbegrenzer lassen es nicht zu, über das Feld ERSETZEN DURCH Felder in das Dokument einzufügen.

Wenn die Einfügemarke im Feld ERSETZEN DURCH steht, läßt sich unter SONSTIGES mittels SUCHTEXT (Zeichenschlüssel ^&) auf die Zeichenkette verweisen, die im Feld SUCHEN NACH eingegeben wurde. Sie wird für die folgende Ersetzaktion automatisch in das Feld ERSETZEN DURCH übernommen, ohne daß Sie sie noch einmal eingeben müssen. Um beispielsweise "Windows" im Text durch "MS Windows 3.1" zu ersetzen, geben Sie unter SUCHEN NACH "Windows" und unter ERSETZEN DUCH "MS ^& 3.1" ein. Diese Eingabe bewirkt, daß der Suchtext an der Stelle sozusagen zitiert wird.

Zeichen-
schlüssel
kombinieren

So wie normale Buchstaben und Zahlen bei der Suche und dem Ersetzen kombiniert werden, um die Aktion möglichst eindeutig zu machen, können Sie selbstverständlich auch die genannten Zeichenschlüssel miteinander kombinieren. Die Sucheingabe ^a^t findet z.B. alle Stellen des Dokuments, an denen auf eine Absatzschaltung ein Tabulator folgt. Beim ersten Brief von Herrn Bit (BRF_BIT. DOC) an Herrn Rause würde bei dieser Suche die Absatzschaltung und der Tabulator vor der Typenangabe der Bademütze markiert.

Sollten Sie auf Ihrer Tastatur das Caret nicht finden (die Taste ist meistens über der [⇧]-Taste angeordnet) oder sollte das Drücken der Taste nicht das gewünschte Zeichen (^) anzeigen, so können Sie den Weg über die direkte Eingabe des ASCII-Codes wählen. Halten Sie die [Alt]-Taste nieder, und geben Sie auf dem numerischen Tastaturblock separat zunächst die [9] und danach die [4] ein. Anschließend lassen Sie die [Alt]-Taste wieder los. Nun sollte ^ angezeigt werden. Übrigens können Sie Zeichen nicht nur über ASCII-, sondern auch über ANSI-Codes eingeben.

Suche nach logischen Mustern

Außer den normalen Zeichen stehen Ihnen beim Suchen verschiedene Operatoren und Ausdrücke zur Verfügung, mit denen Sie Suchvorgänge genau steuern können. Um komplexe Suchkriterien nutzen zu können, muß im Dialogfenster SUCHEN bzw. ERSETZEN das Kontrollkästchen MIT MUSTERVERGLEICH aktiviert sein. Dann können Sie unter SONSTIGES auf eine Vielzahl

9 • Suchen und Ersetzen

von Operatoren zurückgreifen, die Ihnen die Suche nach bestimmten Zeichenketten erleichtern. Einer der wichtigsten Operatoren ist hierbei das Fragezeichen (?), das für jedes beliebige andere Zeichen stehen kann.

Nun findet sich das Fragezeichen auch in der variablen Suche, die im vorigen Schritt erläutert wurde, als Suchkriterium. Dort aber muß es noch mit einem Caret (^)gekennzeichnet werden. Dies entfällt, wenn Sie MIT MUSTERVERGLEICH aktivieren. An diesem Detail erkennen Sie schon, daß es nicht ohne weiteres möglich ist, die Variablen der normalen Suche und die Kriterien der Mustersuche miteinander zu kombinieren. Sie sollten sich also vor der Eingabe der gesuchten Zeichen entscheiden, ob Sie eine Suche mit Mustervergleich vornehmen möchten, und das Kontrollkästchen entsprechend markieren.

Durch die Eingabe mehrerer Fragezeichen können Sie eine größere Zeichenzahl variabel halten, deren Anzahl allerdings genau ginfiniert ist. Im Feld ERSETZEN DURCH steht "?" jedoch für ein ganz normales Fragezeichen. Wenn Sie ein normales Fragezeichen oder einen anderen Operator suchen möchten, während MIT MUSTERVERGLEICH aktiv ist, bedienen Sie sich des umgekehrten Schrägstriches, des Backslashs \, den Sie dem Operator voranstellen. Wenn Sie ?\? eingeben, sucht Word für Windows die normalen Fragezeichen des Dokuments, denen ein beliebiges Zeichen vorangestellt ist.

Den Backslash \ geben Sie auf den meisten Tastaturen ein, indem Sie die Tastenkombination [AltGr][ß] bzw. [Alt][Strg][ß] betätigen. Wenn dies nicht weiterhilft, geben Sie das \-Zeichen per ASCII-Code ein: Halten Sie die [Alt]-Taste gedrückt und geben Sie nacheinander auf dem numerischen Tastenblock der Tastatur die Ziffern [9] und [2] ein. Beachten Sie, daß [Num] bei dieser Eingabe aktiv sein muß.

Die Operatoren, die einen Mustervergleich steuern, können Sie in dem Dialogfenster in der Liste SONSTIGES ([Alt][O]) wählen oder von Hand eingeben. Folgende Operatoren stehen Ihnen zu Verfügung:

Bezeichnung	Operator	Beispiel
Beliebiges Zeichen	?	?ut findet "Wut" und "Mut"
Zeichenbereich	[-]	[H-L]aus findet "Haus" und "Laus", nicht jedoch "Maus"
Eines der Zeichen	[ ]	[sw]and findet "Sand" und "Wand"

185

Bezeichnung	Operator	Beispiel
Wortanfang	<	<(er) findet "erben" und "erreichen", nicht jedoch "Politiker"
Wortende	>	(er)> findet "Politiker" und "Schwarzfahrer", aber nicht "erschleichen"
Ausdruck	( )	(er) findet alle Zeichenketten "er"; das so eingegrenzte Suchkriterium kann durch Operatoren spezifiziert werden (siehe Wortanfang, Wortende und Suchen nach Ausdruck \n im Feld ERSETZEN DURCH)
Nicht	[!]	[!]aus findet "Maus", nicht jedoch "Laus"
Keines der Zeichen	[!x-z]	t[!j-z] findet "tick" und "tack", nicht jedoch "tock"
Anzahl bestimmen	{n;m}	10{2,4} findet "100", "1000" und "10000"
Exakte Anzahl	{n}	?.{3} findet "1.000" und "2.000"
Mindestanzahl	{n,}	s{1,}t "Saat" und "Sat"
Vorkommen 1+	@	sat@ findet "Sat" und "satt", nicht jedoch "Saat"
Zeichenfolge	*	s*n findet "sollen", "schmollen" und "suchen"

Tab. 9.3: Operatoren für SUCHEN > MIT MUSTERVERGLEICH

Außer den hier genannten Operatoren stehen bei aktiviertem Kontrollkästchen MIT MUSTERVERGLEICH in der Liste SONSTIGES auch etliche der Suchkriterien zur Verfügung, die sich bei deaktiviertem Mustervergleich finden. Allerdings wird nicht das gesamte Spektrum der Suchschlüssel für die nicht druckbaren Zeichen abgedeckt. Daher noch einmal die Empfehlung, die Suchschlüssel von Suchen ohne Mustervergleich nicht beim SUCHEN > MIT

MUSTERVERGLEICH einzusetzen, sondern nur auf jene Suchschlüssel für nicht druckbare Zeichen zurückzugreifen, die in der Liste SONSTIGES bei aktiviertem MUSTERVERGLEICH verfügbar sind. Innerhalb des aktivierten Mustervergleichs können die Operatoren allerdings miteinander kombiniert werden; beispielsweise findet das Suchkriterium ([0-9]{3})> alle Zahlen über 100.

Zusätzlich zu den Operatoren für die Suche, die in obiger Tabelle aufgeführt sind, gibt es ausschließlich für das Feld ERSETZEN DURCH den Operator \n (n kann jede beliebige Ziffer sein). Mit ihm können Sie Zeichenketten vertauschen, die Sie in einer bestimmten Reihenfolge im Feld SUCHEN NACH - durch Ausdruckklammern () unterteilt - eingetragen haben. Um beispielsweise "Anwender Journal, Microsoft" durch "Microsoft Anwender Journal" zu ersetzen, geben Sie ins Feld Suchen nach

Suchen nach Ausdruck \n

```
(Anwender) (Journal), (Microsoft)
```

ein und legen im Eingabefeld die Reihenfolge durch den Operator \n fest. Das Kriterium im Feld ERSETZEN DURCH lautet in diesem Fall:

```
\3 \1 \2
```

Wie Sie diesem Beispiel entnehmen können, ist es durchaus auch wichtig, was Sie zwischen die Ausdruckklammern schreiben. Erstens führt nur die korrekte Eingabe der gesamten Zeichenkette zum Sucherfolg, und zweitens werden die Zeichen, die keine Aufnahme in die Klammern fanden, beim Ersetzen ignoriert, also gelöscht.

Daher müssen Sie auch zwischen den einzelnen \n-Operatoren Leerzeichen ins Ersetzenfeld eingeben, es sei denn, Sie beabsichtigen die Zeichenkette zusammenzuschreiben. So ließe sich "Word für Windows" mit "(Word) für (Win)dows" suchen und durch die Ersetzen-Operation "\2\1" in "WinWord" wandeln.

Suchen und Ersetzen mit ASCII- und ANSI-Codes

Sie können aber nicht nur Zeichen und nicht druckbare Zeichen suchen und ersetzen lassen, sondern es stehen Ihnen alle Zeichen-Codes zur eindeutigen Suche zur Verfügung. In den Text und in die Felder SUCHEN NACH und ERSETZEN DURCH können Sie Zeichen direkt über ASCII-Codes und ANSI-Codes eingeben. Es ist zwar nicht jede Codenummer als Zeichen grafisch darstellbar; dennoch wird das Zeichen bei der Suche über den Code identifiziert.

Eingabe von ASCII-Zeichen

Halten Sie in den Eingabefeldern SUCHEN oder ERSETZEN die [Alt]-Taste nieder und tippen Sie auf der numerischen Tastatur die Nummernfolge ein, die Sie der ASCII-Tabelle entnehmen. Lassen Sie danach die [Alt]-Taste wieder los. Das Zeichen wird, soweit darstellbar, angezeigt.

Alternative: Geben Sie einen Caret (^), gefolgt von der Codenummer des ASCII-Zeichens, ein. Das Zeichen wird in der Form ^nnn ("n" entspricht einer Zahl) dargestellt und von Word für Windows bei der Suche wie beim Ersetzen erkannt.

Eingabe von ANSI-Zeichen

Halten Sie in den Eingabefeldern von Suchen oder Ersetzen die [Alt]-Taste nieder, tippen Sie auf der numerischen Tastatur eine Null (0) ein und anschließend die Nummernfolge, die Sie der ANSI-Tabelle entnehmen. Lassen Sie danach die [Alt]-Taste wieder los. Das Zeichen wird, soweit darstellbar, angezeigt.

Alternative: Geben Sie ein Caret (^), gefolgt von einer Null und der Codenummer des ANSI-Zeichens, ein. Das Zeichen wird in der Form ^nnn ("n" entspricht einer Zahl) dargestellt und von Word für Windows bei der Suche wie beim Ersetzen erkannt.

Codes und Zeichen

Zwischen den Codenummern 0 und 127 entsprechen sich der ANSI-Code und der ASCII-Code, so daß Sie freie Wahl der Eingabe haben. Es handelt sich hierbei um den Bereich, den der ISO-7-Bit-Code abdeckt.

Die Code-Eingabe mit der [Alt]-Taste zeigt Ihnen, soweit möglich, das gesuchte Zeichen an. Wenn Sie die numerische Anzeige bevorzugen, müssen Sie der Zahl einen Caret (^) voranstellen und die Ziffern in normaler numerischer Schreibweise eintippen. Sie haben also nicht das Zeichen, sondern seinen Code vor Augen, wenn Sie die Suche beginnen. An diesem Code identifiziert Word für Windows die im Text gesuchten Zeichen. Diese Vorgehensweise hat den Vorteil, daß Sie auch Zeichen eindeutig ins Suchfeld eintragen können, die Word für Windows nicht adäquat darstellen kann.

Als Beispiel hierfür soll die Eingabe ^14 gelten, die oben bereits vorgestellt wurde. Hiermit suchen Sie Spaltenumbrüche oder geben Spaltenumbrüche im "Ersetzen"-Modus ein. Spaltenumbrüche werden im Text durch eine gepunktete Linie dargestellt. In den Text können Sie Spaltenumbrüche sowohl durch die Tastenkombination [Strg][⇧][↵] als auch über den ASCII-Code [Alt][1] und [4] (numerische Tastatur) oder den ANSI-Code [Alt][0][1][4] (numerische Tastatur) einfügen. Wenn Sie nun diese Eingabearten im Feld SUCHEN NACH ausprobieren, werden Sie bemerken, daß die Tastenschlüssel nichts bewirken. Geben Sie den Wert aber mit Caret (^) in numerischer Schreibweise als ^14 ein, funktioniert die Suchanweisung. Ob Sie die Eingabe im ASCII- oder ANSI-Code, mit der (Alt)-Taste als Zeichen oder mit dem Caret (^) als Ziffernfolge vornehmen, bleibt für die Suche in der Regel ohne Belang. Ausgenommen hiervon ist der Code-Bereich zwischen 0 und 32, in dem Sie auf die numerische Eingabe zurückgreifen müssen. Im allgemeinen gilt aber die Faustregel, daß in den Feldern die Eingabe nach Möglichkeit der Anzeige im Text entsprechen soll, da dies eine bessere Orientierung ermöglicht.

Suchen und Ersetzen mit der Zwischenablage

Eine komfortable Lösung der Suchaktion bei längeren Textstellen bietet die Zwischenablage. Hierfür kopieren Sie eine Textstelle in die Zwischenablage ((Strg)(C)). Rufen Sie das Dialogfenster SUCHEN oder ERSETZEN auf und fügen Sie die zwischengespeicherte Textstelle mit (Strg)(V) in das Textfeld ein. Die Textlänge ist hierbei allerdings auf 255 Zeichen beschränkt, immerhin eine Länge, die recht eindeutiges Suchen zuläßt.

Diese Art der Suche bietet sich vor allem dann an, wenn Sie zwei relativ identische Texte haben und im zweiten Text die gleiche Stelle wie im ersten auffinden möchten. Übernehmen Sie einfach die Passage aus dem ersten Text mit der Zwischenablage in die Suche, die Sie beim anderen Text durchführen. Die 255 Zeichen müssen allerdings im zweiten Text wiederum vollkommen identisch sein, da Word für Windows die Zeichenkette ansonsten nicht als die gesuchte identifizieren kann.

Beim Ersetzen ist die Möglichkeit der Zwischenablage nicht auf 255 Zeichen beschränkt. Zwar können Sie mit (Strg)(V) den Inhalt der Zwischenablage ebenfalls in das ERSETZEN-Feld übernehmen; hierbei gilt jedoch die Zeichenbeschränkung.

Wenn Sie aber statt der Einfügung die Zeichenfolge ^c in das ERSETZEN-Feld eintragen, wird Word für Windows beim Ersetzen stets den Inhalt der Zwischenablage ungekürzt in den Text übernehmen. Für die Suche funktioniert diese Art des Verweises auf eine zwischengespeicherte Passage jedoch nicht.

Ersetzen aus der Zwischenablage

Nach Formatierungen suchen

Die Funktionen SUCHEN und ERSETZEN lassen sich im Dialogfenster mit dem Befehl FORMAT durch Formatangaben für ZEICHEN, ABSATZ, SPRACHE und FORMATVORLAGE spezifizieren. Dies hat den Vorteil, daß Sie nicht nach allgemeinen Zeichenfolgen im Dokument fahnden, sondern direkt angeben können, wie die gesuchte Zeichenfolge gestaltet wurde. Gerade bei umfangreichen Dokumenten grenzt diese Möglichkeit die Fundstellen positiv ein; eine Chance, die sich auch für das automatische Ersetzen hervorragend nutzen läßt.

Bedienung der Dialogfenster zur Format-Suche

In den Dialogfenstern, die unter SUCHEN NACH > FORMAT und ERSETZEN DURCH > FORMAT der Vorgabe der Formate dienen, sind beim ersten Aufruf zunächst alle Textfelder weiß und die Kontrollfelder grau. Anders als in den Dialogfenstern für die Textformatierung wird hier kein Format vorgegeben. Sie wählen das gewünschte Format nur in jenen Feldern aus, über die Sie die Suche eingrenzen wollen. Die anderen Felder ignorieren Sie.

Suchvorgaben

Die graue Kennzeichnung der Kontrollfelder repräsentiert eine Zwischenstufe zwischen aktiviertem und deaktiviertem Feld. Die Markierung dieser Felder läßt sich in drei Schritten (inaktiv, teilaktiv, aktiv) durch Anklicken mit der Maus oder Betätigung der Buchstabenkurzwahl wechseln. Wenn das Kontrollfeld durch ein "X" markiert ist, suchen Sie nur die Zeichen, die der angegebenen Formatierung entsprechen, also beispielsweise alle fett formatierten Zeichen. Ist das Kontrollfeld ohne jede Markierung, so suchen Sie nur jene Zeichen, die der Formatierung nicht entsprechen, also beispielsweise alle Zeichen, die nicht fett formatiert sind; die Zeichen mit dem Attribut "fett" werden dann als Fundstellen ignoriert. Nur wenn das Kontrollkästchen grau ist, wird auf die betreffende Formatierung keine Rücksicht genommen.

Formatierungen für Suchen und Ersetzen löschen

Die Formatierungen, die Sie für das Suchen und das Ersetzen vorgeben, werden unter den entsprechenden Textfeldern der Dialogfenster angezeigt. Um alle Formatierungen eines Eingabefelds zu löschen, wählen Sie die Schaltfläche KEINE FORMATIERUNG ([Alt][K]) an. Beachten Sie, daß schon so manche Suche nicht erfolgreich verlief, da unbeachtet noch ein alter Eintrag in der Zeile unter dem Feld SUCHEN NACH stand. Ebenso wie Sie darauf achten, daß nur Zeichen eingetragen sind, die Sie wirklich suchen, müssen Sie dieses Augenmerk auch den Formaten schenken.

Bei der Verwendung von Formatierungen als Vorgaben zum Suchen oder Ersetzen haben Sie die Wahl, ob Sie Zeichen-, Absatz-, Sprachformate und Formatvorlagen untereinander oder mit Zeichenketten kombinieren möchten. Der Kombinationsfülle ist hierbei kaum eine Grenze gesetzt. Allerdings sollten Sie darauf achten, daß unbedachte Ersetzungen mitunter erstaunliche und unbeabsichtigte Folgen haben. Daher empfiehlt es sich vor größeren Ersetz-Aktionen, die aktuelle Version des Dokuments zu sichern.

Formatierte Zeichen suchen und ersetzen

Für die Suche nach Zeichenformatierungen stehen Ihnen zwei Eingabemöglichkeiten zur Verfügung:

1. Sie aktivieren unter SUCHEN oder ERSETZEN über die Schaltfläche FORMAT > ZEICHEN ([Alt][F][Z]) das Dialogfenster ZEICHEN SUCHEN. Es entspricht in seiner Gestaltung und Bedienung dem Dialogfenster, das Sie mit FORMAT > ZEICHEN aufrufen (siehe Kapitel 6). Seine Funktion ist allerdings verschieden: Unter ZEICHEN SUCHEN und ZEICHEN ERSETZEN geben Sie auf die gewohnte Weise vor, welche Formatierung die Zeichen haben, die Sie suchen möchten. Ob das Dialogfenster ZEICHEN SUCHEN oder ZEICHEN ERSETZEN heißt, entscheiden Sie durch die Position der Einfügemarke zum Zeitpunkt der Anwahl der Schaltfläche ZEICHEN. Steht die Einfügemarke im Textfeld ERSETZEN DURCH, so bestimmen Sie das Format der ersetzenden Zeichen; ansonsten gilt der Aufruf des Dialogfensters dem gesuchten Zeichenformat. Die spezifizierten Zeichenformatierungen werden durch die Bestätigung der Eingaben mit OK oder [↵] im Dialogfenster unter den Feldern SUCHEN NACH oder ERSETZEN DURCH angezeigt.

2. Sie geben in den Feldern SUCHEN NACH und ERSETZEN DURCH die Formatangaben durch Tastenschlüssel ein, die weitgehend den üblichen Tastenkombinationen für die Zeichenformatierung im Text entsprechen.

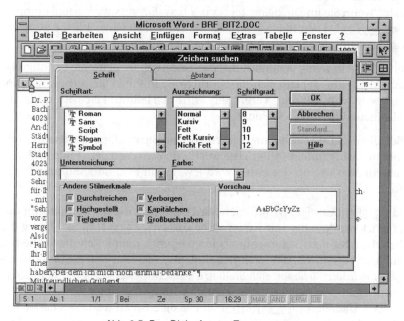

Abb. 9.5: Das Dialogfenster ZEICHEN SUCHEN

Hierfür betätigen Sie im jeweiligen Textfeld einfach den Tastenschlüssel, der der gewünschten Formatierung entspricht. Ihre Wahl wird unterhalb des aktiven Eingabefeldes angezeigt.

Bei der Eingabe von Suchformatierungen über Tastenschlüssel stehen Ihnen zudem noch einige Suchvarianten zur Verfügung, die keine Entsprechung im Dialogfenster ZEICHEN SUCHEN haben. Andererseits gibt es im Dialogfenster auch Formatanweisungen, die nicht über Tastenschlüssel aktiviert werden können. Es ist aber auch möglich, das Dialogfenster SUCHEN bzw. ERSETZEN zu verlassen und die entsprechenden Symbole auf der FORMATIERUNGSLEISTE anzuklicken. Dies dürfte in den meisten Fällen die einfachste Methode sein.

Sie können die Zeichenformatierung einer Texteingabe zuweisen, indem Sie die gesuchte oder zu ersetzende Zeichenkette einfach in das Eingabefeld eintragen. Es ist aber nicht zwingend, daß Sie ein gesuchtes Format mit einem Zeicheneintrag verbinden. Auch mit leerem Eingabefeld läßt sich bei Word für Windows suchen und ersetzen. Hierbei wird einfach der Text außer acht gelassen und die Suche nur nach dem Format ausgerichtet.

Bei manchen Formatangaben sind die Tastenschlüssel, die Sie in der folgenden Tabelle finden, etwas modifiziert gegenüber den Tastenschlüsseln der Textformatierung. Diese Modifikationen dienen der Präzisierung der Sucheingabe. So werden die verfügbaren Schriftarten nacheinander angezeigt, wenn Sie im Dialogfenster SUCHEN bzw. ERSETZEN die Tastenkombination [Strg][⇧][A] benutzen. Wechseln Sie einfach so lange, bis die gesuchte bzw. gewünschte Schriftart namentlich genannt wird.

Ebenfalls ein wenig verändert tritt der Tastenschlüssel für die Schriftgröße auf. Mit [Strg][⇧][P] läßt sich die Schriftgröße in Punkt steigern. Ausgegangen wird von 1 Punkt, vergrößert wird in Halbpunktschritten bis zur Maximalgröße von 1638 Punkt.

Bei allen schrittweisen Durchläufen können Sie die Eingabe deaktivieren, indem Sie bis zum Ende der Liste wechseln. Zwischen dem Ende und dem neuerlichen Beginn der Listen wird jeweils ein Feld ohne Eintrag dargestellt.

Zeichenschlüssel für Korrekturmarkierungen

Mit [Strg][N] (Anzeige: NEU) finden Sie Textstellen, die im Korrekturmodus ergänzt wurden, der mit EXTRAS > ÜBERARBEITEN ([Alt][X][B]) aktiviert wird. Betätigen Sie den Tastenschlüssel noch einmal, richtet sich die Suche nur auf jene Textstellen, die NICHT NEU sind, also nicht im Korrekturmodus ergänzt wurden. So lassen sich Stellen, die überarbeitet werden sollen, direkt anspringen oder bei der Suche ignorieren, ohne daß unter EXTRAS > ÜBERARBEITEN > ÜBERPRÜFEN ([Alt][X][B][E]) im Dialogfenster ÄNDERUNGEN ÜBERPRÜFEN die Funktion SUCHEN ([S]) benutzt wird. Im Feld ERSETZEN DURCH ist der Eintrag NEU (⌈Strg⌉⌈N⌉) allerdings nicht zulässig. Von den Möglichkeiten, Texte zu überarbeiten, handelt Kapitel 22.

Die anderen Tastenschlüssel haben die gleiche Bedeutung wie bei der Direktformatierung. Sie fungieren als Schalter, d. h. durch doppeltes Drücken läßt sich das einzelne Format ausschließen und bei manchen durch den dritten Tastendruck wieder zurücksetzen. In der Tabelle sind die Möglichkeiten zusammengefaßt, Formate zu durchsuchen und zu ersetzen.

Gesuchtes Zeichenformat	Tastenschlüssel
Schriftart	⌈Strg⌉⌈⇧⌉⌈A⌉; weiteres Drücken wechselt zur nächsten Schriftart
Schriftgröße	⌈Strg⌉⌈⇧⌉⌈P⌉; weiteres Drücken steigert die Schriftgröße in Halbpunktschritten
Fett	⌈Strg⌉⌈F⌉; Schalter: Ja/Nein/Egal
Kursiv	⌈Strg⌉⌈K⌉; Schalter: Ja/Nein/Egal
Unterstrichen	⌈Strg⌉⌈U⌉; Schalter: Ja/Nein
Wortweise unterstrichen	⌈Strg⌉⌈⇧⌉⌈W⌉; Schalter: Ja/Nein
Doppelt unterstrichen	⌈Strg⌉⌈⇧⌉⌈D⌉; Schalter: Ja/Nein
Verborgen	⌈Strg⌉⌈⇧⌉⌈H⌉; Schalter: Ja/Nein/Egal
Kapitälchen	⌈Strg⌉⌈⇧⌉⌈Q⌉; Schalter: Ja/Nein (korrespondiert mit GROSSBUCHSTABEN)
Großbuchstaben	⌈Strg⌉⌈⇧⌉⌈G⌉; Schalter: Ja/Nein (korrespondiert mit KAPITÄLCHEN)
Hochgestellt (um 3 Punkte)	⌈Strg⌉⌈+⌉; Schalterfunktion; Schalter: Ja/Nein (korrespondiert mit TIEFGESTELLT)
Tiefgestellt (um 3 Punkte)	⌈Strg⌉⌈#⌉; Schalterfunktion; Schalter: Ja/Nein (korrespondiert mit HOCHGESTELLT)
Ergänzter Text (NEU)	⌈Strg⌉⌈N⌉; bezieht sich auf Änderungen im Korrekturmodus; Schalter: Ja/Nein/Egal; nicht im Ersetzenfeld
Zeichenformatierung aufheben	⌈Strg⌉⌈ ⌉

Tab. 9.4: Tastenkombinationen für gesuchte Zeichenformate

Alle Formatierungen für die Zeichensuche löschen

Um die Formateingaben wieder zu entfernen, benutzen Sie den Tastenschlüssel [Strg][ ]. Dieser Tastenschlüssel löscht alle Zeichenformatierungen, die unterhalb des Eingabefensters angezeigt werden; der Platz ist also wieder frei für neue Angaben oder eine Suche ohne Spezifizierung der Zeichenformate. Falls Sie Absatzformate eingetragen haben, bleiben diese von der Löschung unberührt.

Zeichenformatierungen lassen sich bei der Suche und auch beim Ersetzen sowohl mit normalen Zeichenketten als auch mit nicht druckbaren Zeichen, Absatzformaten und Formatvorlagen verbinden. So läßt sich das Suchen bzw. Ersetzen sehr präzise eingrenzen und schnell eine Textstelle auffinden, wenn sie zuvor farbig oder in einer bestimmten Schriftart formatiert wurde.

Formatierte Absätze suchen und ersetzen

Die SUCHEN- und ERSETZEN-Funktion läßt sich auch über die Absatzformatierung eingrenzen. Auch hier bietet sich wieder die Alternative, Formatvorgaben entweder über ein eigenes Dialogfenster einzugeben oder die Tastenschlüssel zu verwenden, die schon bei der Direktformatierung zum Einsatz kamen:

1. Das Dialogfenster, das über die Schaltfläche ABSATZ ([Alt][A]) aktiviert wird, ist wieder entsprechend FORMAT > ABSATZ aufgebaut (siehe Kapitel 7). Es unterscheidet sich in seiner Funktionsweise, da nicht die aktuelle Formatierung eingetragen ist, sondern die zu suchende oder ersetzende in ihm angegeben werden kann. ABSATZ ERSETZEN wird aufgerufen, solange die Einfügemarke im Feld ERSETZEN DURCH steht, im anderen Fall bezieht sich das Dialogfenster auf die Funktion ABSATZ ERSETZEN.

   Ihre Eingaben in den ABSATZ-Dialogfenstern von SUCHEN und ERSETZEN bestätigen Sie mit OK oder [↵]. Die aktiven Formate werden unter den Feldern SUCHEN NACH und ERSETZEN DURCH angezeigt.

2. Wenn Sie die gesuchte oder ersetzende Absatzformatierung über Tastenschlüssel eingeben, brauchen Sie nur die Einfügemarke in das Feld SUCHEN NACH oder ERSETZEN DURCH zu setzen und anschließend einen jener Tastenschlüssel zu betätigen, die weitgehend durch die Direktformatierung des Textes bekannt sind.

   Auch für Absatzformatierungen gilt wie für Zeichenformatierungen, daß Sie in der Symbolleiste die entsprechenden Symbole anklicken können.

9 • Suchen und Ersetzen

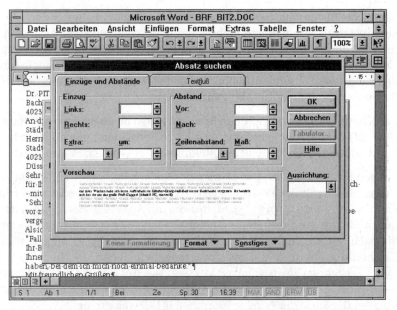

Abb. 9.6: Die Anzeige der Absatzformate im Dialogfenster ABSATZ SUCHEN

Einige Tastenschlüssel sind allerdings beim SUCHEN und ERSETZEN ausgeschlossen. Hierbei handelt es sich um den Absatzeinzug ([Strg][M]) und um seine Deaktivierung ([Strg][⇧][M]). Außerdem nicht verfügbar sind der negative Erstzeileneinzug ([Strg][3]) und ebenfalls seine Deaktivierung ([Strg][4]). Schließlich läßt sich die Formatvorlage nicht mit [Strg][⇧][Y] auswählen; Formatvorlagen wählen Sie über den Befehl FORMAT > FORMATVORLAGEN an.

Sie können folgende Tastenkombinationen für Suchen- und Ersetzen-Operationen einsetzen:

Gesuchtes Absatzformat	Tastenkombination
Linksbündig	[Strg][L]
Rechtsbündig	[Strg][R]
Zentriert	[Strg][E]
Blocksatz	[Strg][B]
Einfacher Zeilenabstand	[Strg][1]
Doppelter Zeilenabstand	[Strg][2]
Anderthalbfacher Zeilenabstand	[Strg][5]
Absatzformatierung aufheben	[Strg][Q]

Tab. 9.5: Tastenkombinationen für gesuchte Absatzformate

Sämtliche Tastenschlüssel funktionieren hierbei als Schalter. Sie schalten also die Formatierung durch mehrfaches Drücken an und aus. Ausgenommen von dieser Regel ist selbstverständlich Strg Q, da dieser Tastenschlüssel sämtliche Absatzformatierungen löscht. Vorgegebene Zeichenformate werden nicht gelöscht, sondern bleiben in der Zeile unterhalb des Eingabefeldes für Suchen- und Ersetzen-Aktionen erhalten.

Zur Übung laden Sie den zweiten Brief von Herrn Bit an Bademeister Rause (BRF_BIT2.DOC), der ja bislang noch keine Formatierungen erhalten hatte. Überarbeiten Sie ihn, wie in Abbildung 9.7 ersichtlich.

Ordnen Sie mit ERSETZEN dem Namen des Bademeisters eine Fettschrift zu. Tragen Sie hierfür in Feld SUCHEN NACH "B. Rause" ein, und betätigen Sie im Feld ERSETZEN DURCH Strg ⇧ F. Starten Sie mit ALLES ERSETZEN (Alt A). Jetzt geben Sie der Anschrift einen eineinhalbfachen Zeichenabstand, indem Sie nach "40236" suchen lassen und unter Ersetzen Strg 5 eingeben. Die Zeichenformatierung, die Sie zuvor gegeben haben, löschen Sie mit Alt ⎵. Starten Sie diesmal mit WEITERSUCHEN (Alt W). Bei Pit Bits Absenderangabe lassen Sie noch einmal WEITERSUCHEN, während Sie bei der Abfrage an der Stelle der Adresse ERSETZEN (Alt R) wählen.

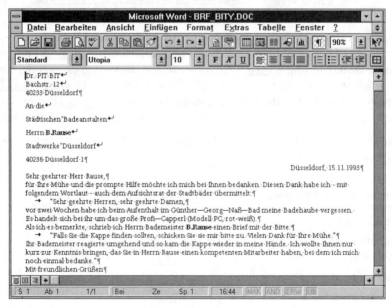

Abb. 9.7: Beispielbrief

Ergänzen Sie nun mit "^a" bei allen Zeilen, die mit einem Anführungszeichen beginnen, einen Tabulator. Damit die Absatzschaltung und die Anführungszeichen nicht gelöscht werden, müssen Sie diese wieder ins "Ersetzen"-Feld eintragen: "^a^t"; Sie sehen, der Tabulator wurde über sein Schlüsselzeichen in der Mitte des Eintrags ergänzt. Bevor Sie die Aktion starten, sollten sie noch mit (Strg)(Q) die Absatzformatierung löschen, die Sie beim letzten Ersetzen benutzt haben. Jetzt können Sie das Datum (z.B. SUCHEN NACH: 93) noch rechtsbündig setzen (Ersetze: (Strg)(R)). Wieder müssen Sie den alten Eintrag im Feld ERSETZEN DURCH löschen, diesmal mit (Entf), da es sich um eine Zeichenkette handelt.

Falls Ihr Text im Zitat noch die bedingten Trennstriche (-) enthält, die bei der ersten Übung eingegeben wurden, löschen Sie sie jetzt. Hierfür geben Sie im Feld SUCHEN NACH: ^- ein und ERSETZEN ihn durch nichts. Das Feld ERSETZEN DURCH muß vollkommen leer sein; das betrifft auch die Zeile unter dem Feld. Wenn Sie wünschen, können Sie noch weitere Suchen- und Ersetzen-Operationen erproben, z.B. den Namen des Bademeisters über sein Zeichenformat suchen (fett) und durch einen anderen Namen ersetzen. Speichern Sie den Text anschließend unter BRF_BITY.DOC ab.

Formatvorlagen suchen und ersetzen

Sie können Abschnitte auch über Formatvorlagen suchen und sogar Formatvorlagen durch andere Formatvorlagen ersetzen. Wie Sie mit Formatvorlagen arbeiten, erfahren Sie in Kapitel 20. Um Formatvorlagen zu suchen und zu ersetzen, wählen Sie in den Dialogfenstern SUCHEN und ERSETZEN den Befehl FORMAT > FORMATVORLAGE ((Alt)(F) (V)). In den Dialogfenstern FORMATVORLAGE SUCHEN und FORMATVORLAGE ERSETZEN - die Art des Dialogfensters richtet sich wieder nach der Stellung der Einfügemarke zum Zeitpunkt des Aufrufs - können Sie über die Listen ZU SUCHENDE FORMATVORLAGE und NEUE FORMATVORLAGE jeweils die gewünschte Formatvorlage auswählen. Um beispielsweise alle Überschriften der dritten Ebene als Überschriften der zweiten Ebene zu formatieren, wählen Sie im Dialogfenster FORMATVORLAGE SUCHEN in der Liste ÜBERSCHRIFT 3 und unter FORMATVORLAGE ERSETZEN den Eintrag ÜBERSCHRIFT 2.

Mit der Zeicheneingabe @ unter SUCHEN NACH und der ersetzenden Formatvorlage STANDARD weisen Sie allen Absätzen, die den "Klammeraffen" enthalten, die Formatvorlage STANDARD zu. Das Klammeraffen-Zeichen bleibt hiervon übrigens unberücksichtigt; falls Sie es danach entfernen möchten, bedarf es hierzu einer eigenen Ersetzen-Aktion.

Der Listeneintrag (KEINE FORMATVORLAGE) dient dazu, Formatvorlagen vom Suchen und Ersetzen auszuschließen. Hiermit können zuvor spezifizierte Formatvorlagen für die nächste Suchaktion zurückgesetzt werden, ohne daß andere Absatzformatierungen betroffen sind, die direkt eingegeben wurden. Mittels des Tastenschlüssels (Strg)(Q) annullieren Sie in den Dialog-

Formatvorlagen ignorieren

fenstern SUCHEN und ERSETZEN sämtliche Absatzformatierungen einschließlich der Formatvorlagen.

Auch beim Suchen und Ersetzen von Formatvorlagen haben Sie die Möglichkeit, den Schritt aus dem Dialogfenster zu wagen und die Formatvorlage direkt in der Formatierungsleiste im Listenfeld "Formatvorlage" auszuwählen. Dies geht meist schneller als der Aufruf des integrierten Befehls im Dialogfenster mit FORMAT$$FORMATVORLAGE. Allerdings steht in der Liste der Symbolleiste nicht der Eintrag (KEINE FORMATVORLAGE) zur Verfügung, mit dem die angewählte Formatvorlage wieder zurückgesetzt werden kann.

Beim Ersetzen von Formatvorlagen muß im Feld ERSETZEN DURCH in der Regel ebenfalls eine Formatvorlage genannt werden, da sonst die Absätze, die mittels der gesuchten Formatvorlage gefunden werden, durch die ersetzende Zeichenfolge rigoros überschrieben werden, was wohl nicht erwünscht ist. Eine Ausnahme ergibt sich, wenn diese Möglichkeit durchdacht für die Geheimhaltung spezieller Textpassagen eingesetzt wird. So können Sie z. B. alle Absätze eines Dokuments, die das Haus nicht verlassen sollen, mit der Formatvorlage GEHEIM formatieren, die Sie zuvor kreiert haben. Vor der Dateiweitergabe lassen Sie einfach die Formatvorlage GEHEIM durch ein beliebiges Zeichen ersetzen. Hierbei kann es sich auch um ein Leerzeichen handeln oder um gar keine Zeicheneingabe; allerdings darf hierfür unter ERSETZEN DURCH keine Formatvorlage genannt sein.

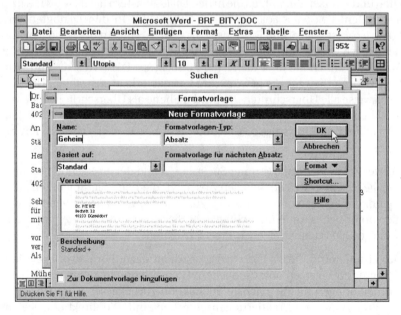

Abb. 9.8: Das Dialogfenster NEUE FORMATVORLAGE

10

Hilfefunktionen von Word für Windows

Direktzugriff auf die Hilfe	**Seite**	**201**
Hilfethema über den Inhalt suchen - F1	**Seite**	**202**
Das Menü des Hilfeprogramms	Seite	203
Hilfethema über ein Schlüsselwort suchen	Seite	205
Einen Hilfetext zurückgehen	Seite	207
Hilfethema kopieren	Seite	207
Hilfethema ausdrucken	Seite	208
Aufruf der Hilfe über das Menü	**Seite**	**208**
Kurzübersicht zu Word für Windows	Seite	209
Beispiele und Demos, Tips und Tricks	Seite	210
Programminformation	**Seite**	**211**
Systemkonfiguration	Seite	211
Drucken	Seite	212
Systembibliotheken	Seite	213
Schriftarten	Seite	213
Rechtschreibung	Seite	213
Grafikfilter	Seite	213
Textumwandlungsprogramme	Seite	214
Anzeige	Seite	214
Ausgeführte Anwendungsprogramme	Seite	214
OLE-Registrierung	Seite	214

Direktzugriff auf die Hilfe

Word für Windows bietet Ihnen beinahe überall im Programm "Hilfe". Zum einen werden die Aktionen, die Sie per Menübefehl oder Symbol eingeben, durch Meldungen in der Statuszeile kommentiert. Ein Blick nach unten bringt also oft schon die gewünschte Information in Kurzform. Darüber hinaus wird jedes Symbol durch den Namen seines Befehls erklärt, wenn Sie den Mauszeiger einen Moment auf ihn ruhen lassen; Voraussetzung hierfür ist allerdings, daß unter ANSICHT > SYMBOLLEISTEN das Kontrollkästchen QUICKINFO ANZEIGEN markiert ist.

Auch in Meldungsfenstern braucht in der Regel nicht auf Hilfe verzichtet zu werden, da hier eine eigene HILFE-Schaltfläche ([Alt][H]) implementiert ist. Doch damit ist die umfassende Präsenz WinWord'scher Hilfe nicht erschöpft.

Konkreten Bezug auf Bildschirmelemente, Menübefehle und Symbole nehmen Sie, indem Sie das Symbol HILFE in der Standardsymbolleiste anklicken. Hierdurch ergänzt ein Fragezeichen den normalen Mauszeiger, der fortan dazu dient, WinWord das Problem zu weisen, nach dessen Lösung Sie suchen. Die gleiche Verwandlung erfährt der Mauszeiger, wenn Sie [⇧][F1] betätigen. Mit diesem Mauszeiger können Sie sogar Menüs öffnen und

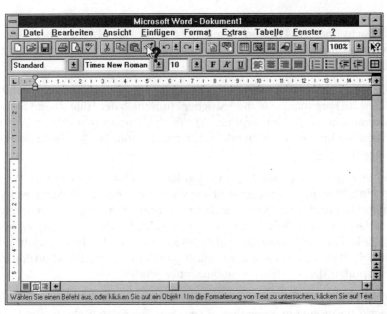

Abb. 10.1: Die Wahl der themenbezogenen "Hilfe" mit der Maus

bestimmte Befehle zur Erläuterung anwählen. Falls Sie doch keine Frage stellen möchten, betätigen Sie einfach (Esc).

 Um eine Frage nicht symbolisch zu weisen, sondern per Stichwort zu stellen, klicken Sie einfach doppelt auf das FRAGE-Symbol. Dieser Doppelklick öffnet nicht nur die Hilfe, sondern direkt auch das Dialogfenster SUCHEN, in dem Sie nun per Stichwort eine Vorauswahl treffen, das gewünschte Suchthema markieren und mit THEMEN AUFLISTEN ((Alt)(T)) sich zeigen lassen, was die Hilfe zu bieten hat. Folgen Sie nun der Aufforderung MARKIEREN SIE EIN THEMA ... ((Alt)(M)) und springen Sie die Lösung mit GEHE ZU ((Alt)(G)) an. Haben Sie erfahren, was Sie wissen wollten, beenden Sie das Hilfeprogramm mit (Alt)(F4). Um es weiter im Hintergrund laufen zu lassen und bei der nächsten Frage einen kleinen Geschwindigkeitsvorteil zu haben, Wechseln Sie einfach mit (Alt)(⇆) zurück ins WinWord-Fenster.

Hilfethema über den Inhalt suchen - (F1)

Den allgemeinen Einstieg in die Hilfe bietet das Inhaltsverzeichnis, für dessen Direktaufruf traditionsgemäß die Funktionstaste (F1) zur Verfügung steht.

Falls Sie sich bereits im Hilfeprogramm befinden, aktiviert (F1) die Inhaltsübersicht über die Themen zum Benutzen der Hilfe. Diese Gebrauchsanweisung führt allgemein in die Benutzung des Windows-Hilfeprogramms ein.

Die verschiedenen Schlagwörter, zu denen das Hilfeprogramm weitere Hilfetexte bereithält, sind unterstrichen. Innerhalb der Hilfe stoßen Sie auf unterstrichene und unterpunktete Wörter. Die so markierten Wörter klicken sie mit der Maus an oder markieren sie mit der (⇆)-Taste und bestätigen mit (↵).

Markierte Wörter in der Hilfe Bei den unterstrichenen Wörtern handelt es sich um Stichwörter. Wenn Sie ein Stichwort auswählen, wechselt Word für Windows direkt zur weiterführenden Information. Hinter den unterpunkteten Begriffen verbergen sich Definitionen, die Ihnen angezeigt werden, bis Sie die (↵)-Taste oder die linke Maustaste noch einmal betätigen. Hierdurch läßt sich leicht und schnell erfahren, was mit einem Begriff gemeint ist. Diese Funktion erleichtert spürbar das Verständnis unbekannter Wörter.

 Sobald Sie den Mauszeiger auf einem Stichwort oder einem definierten Begriff positionieren, verändert er sein Symbol. Er stellt dann eine Hand

10 • Hilfefunktionen für Word für Windows

mit ausgestrecktem Zeigefinger dar. Dies ist für Sie ein sicherer Hinweis, daß sich hinter dem markierten Wort eine weiterführende Information verbirgt.

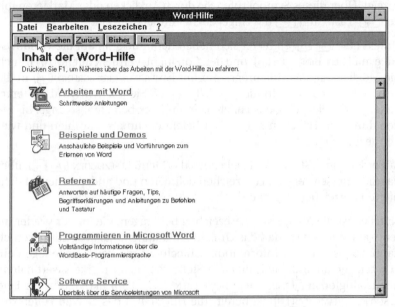

Abb. 10.2: Der Inhalt der Hilfe

Um in der Hilfe zum Inhaltsverzeichnis zurückzukehren, steht Ihnen die Schaltfläche INHALT ((Strg)(I)) zur Verfügung.

Der Inhalt bietet Zugriff auf schrittweise Anleitungen, Beispiele und Vorführungen, Erklärungen und Erläuterungen, WordBasic-Befehlsreferenz und die Serviceleistungen von Microsoft. Einträge des Inhaltsverzeichnisses werden genau wie die unterstrichenen Stichwörter mit den Cursortasten oder dem Mauszeiger ausgesucht und bestätigt. Hierauf verzweigt die Hilfe themenorientiert eine Ebene tiefer. So können Sie sich schrittweise vorarbeiten.

Das Menü des Hilfeprogramms

Wie schon erwähnt, handelt es sich bei der Hilfe um ein Programm im Programm. Das Hilfeprogramm, das Sie mit Ihrem "Hilferuf" starten, hat - wie jedes Programm von Windows - ein eigenes Systemmenü, über das es gesteuert wird. Die Menüs DATEI, BEARBEITEN und HILFE sind auf das Hilfeprogramm abgestimmt.

Anmer- So können Sie unter BEARBEITEN auch eigene Ergänzungen zu Hilfetexten
kungen ANMERKEN (Alt B A). Die eigenen Texte werden in einem separaten Dialogfenster erfaßt und im Hilfetext durch das Symbol einer Büroklammer angezeigt. Über dieses Symbol rufen Sie durch Anklicken oder Markieren mit der ⇆-Taste und ⏎ die eingegebene Anmerkung auf.

Unter HILFE (Alt H B) bietet sich neben dem Rückgriff auf die Windows-Hilfe mit HILFE BENUTZEN (H) und den Copyright-Vermerk mit INFO (I) auch die Möglichkeit, das Hilfeprogramm mit IMMER IM VORDERGRUND (V) in die erste Reihe zu setzen. In diesem Fall können Sie mit WinWord weiterarbeiten und gleichzeitig das Hilfefenster im Blick behalten; solange, bis Sie den durch ein Häkchen markierten Befehl nochmals anwählen und wieder deaktivieren.

Außerdem umfaßt die Menüzeile noch das Menü LESEZEICHEN (Alt L), über das Sie einerseits eigene Lesezeichen definieren und andererseits auf definierte Lesezeichen zugreifen.

Lesezeichen Nützlich ist die Anlage von Lesezeichen bei Fragen, die immer wieder in-
anlegen teressant sind, sei es, daß das Umfeld nicht auf einmal ausgelotet werden kann, sei es, daß die Information schlecht zu merken ist. Sie legen ein Lesezeichen an, indem Sie an einer Stelle, die Sie für merkenswert halten, das Dialogfenster LESEZEICHEN DEFINIEREN (Alt L D) aktivieren. Im Feld LESEZEICHENNAME (Alt N) ist bereits die Überschrift des aktiven Hilfetextes eingetragen. Sie können dem Lesezeichen aber auch selbst einen Namen geben. Eigene Namensschöpfung sind mitunter prägnanter und leichter zu merken. Schließlich entscheidet der Wiedererkennungswert über den Nutzen der Textmarken.

Nachdem Sie die Textmarke benannt haben, schließen Sie die Eingabe mit ⏎ oder OK ab. Die Textmarke ist nun in die Liste aufgenommen, die im Menü LESEZEICHEN zum Gebrauch bereitgehalten wird. Sie brauchen den Namen der Textmarke im Menü nur anzuklicken oder die Ordnungszahl, die ihr zugeordnet ist, einzugeben. Sofort wechselt das Programm zum Hilfetext, den Sie mit der Textmarke verbunden haben.

Sollten Sie mehr als neun Lesezeichen in der Hilfe definiert haben, so werden diese nicht in die numerierte Textmarkenliste aufgenommen, sondern sind in einer separaten Liste verzeichnet, die Sie im Menü LESEZEICHEN mit dem Befehl WEITERE (Alt L W) öffnen. Treffen Sie in der Liste Ihre Wahl mit den Cursortasten und ⏎ oder durch doppeltes Anklicken. Übrigens sind die Namen der Lesezeichen im Menü in der Reihenfolge Ihrer Aufnahme sortiert. In der Lesezeichenliste erscheinen die Einträge allerdings alphabetisch.

10 • Hilfefunktionen für Word für Windows

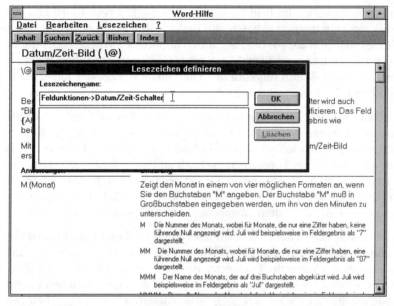

Abb. 10.3: Sie können eine beliebige Seite der Hilfe mit einem Lesezeichen versehen

Lesezeichen, die Sie nicht mehr brauchen, löschen Sie im Dialogfenster LESEZEICHEN DEFINIEREN. Markieren Sie den Namen, der aus der Liste entfernt werden soll, wählen Sie LÖSCHEN ([Alt][L]), und verlassen Sie das Dialogfenster durch Anklicken des Befehls ABBRECHEN oder durch [Esc]. Wenn Sie die [↵]-Taste betätigen, löschen Sie direkt die nächste Textmarke.

Hilfethema über ein Schlüsselwort suchen

Wenn Sie einmal eine Frage haben, Ihnen aber nicht bekannt ist, an welcher Stelle im Index Sie am besten mit der Suche beginnen sollen, machen Sie Gebrauch von der Suchen-Funktion der Word für Windows-Hilfe.

Das Programm nimmt Ihnen die Suche nach der Antwort ab, wenn Ihnen eine Frage auf der Zunge liegt. Hierfür braucht Word für Windows nur ein Stichwort, an dem es sich orientieren kann. Um in den Genuß dieser automatischen Suche zu kommen, wählen Sie in der Steuerleiste die Schaltfläche SUCHEN ([Strg][S]) an.

Tragen Sie über die Tastatur in das Feld GEBEN SIE EIN WORT EIN ... ([Alt][W]) ein Schlüsselwort ein, das Ihr Problem charakterisiert, und drücken Sie [↵] oder klicken Sie THEMEN AUFLISTEN ([Alt][T]) an. Falls das Schlüsselwort nicht bekannt ist, wird die alphabetisch nächstliegende Variante in der Schlüssel-

205

wortliste angezeigt. Im Feld THEMA GEFUNDEN (Alt T) wird Ihnen eine Auswahl von Hilfethemen geboten, auf die sich Ihre Frage beziehen könnte. Sie treffen Ihre Wahl aus der Liste durch doppeltes Anklicken oder mit den Cursortasten und dem Befehl GEHE ZU (Alt G), und der Hilfetext wird Ihnen angezeigt. Wenn die Zahl der Themenvorschläge die Kapazität der sichtbaren Liste überschreitet, wird eine Bildlaufleiste eingeblendet.

Im Dialogfenster SUCHEN können Sie auch direkt über die Schlüsselwortliste aus der Themenvielfalt Ihre Wahl treffen. So ist es leichter, themenbezogenen Rat zu finden, wenn ein Suchbegriff nicht präsent ist. Um in der alphabetischen Themenliste schnell zu einem bestimmten Anfangsbuchstaben zu wechseln, geben Sie den gewünschten Buchstaben einfach in das Textfeld SUCHEN NACH ein. Die Markierung rückt hierauf sofort bis zum ersten Wort mit dem eingegebenen Anfangsbuchstaben vor.

Suchen läßt sich in der Hilfe auch über einen eigenen Index. Er wird aktiv, wenn Sie den Befehl INDEX (Strg X) in der Steuerleiste aufrufen. Der Index ist alphabetisch geordnet. Sie erreichen den gewünschten Anfangsbuchstaben schnell und einfach, indem Sie ihn in der alphabetischen Zugriffsleiste anklicken oder mit der (⇆)-Taste markieren und mit (↵) betätigen. Ansonsten bewegen Sie sich im Index mit den Cursortasten oder über die Bildlaufleiste. Die Anwahl eines Eintrags erfolgt wiederum über Mausklick oder etwas umständlicher über die (⇆)- Taste, mit der Sie erst die alphabetischen Schaltflächen durchwandern müssen, bevor Sie in den Begriffsbereich vordringen.

Zu manchen Themen sind Beispiele und Demos vorhanden. Gekennzeichnet durch einen Pfeil öffnen diese Einträge per Mausklick oder (↵) eine Liste, in der das gewünschte Demonstrationsthema ausgewählt wird. Ein Mausklick oder (↵) ruft das interaktive Fenster auf.

Viele Indexbegriffe bringen Ihnen bei ihrer Anwahl ein Fenster namens SO WIRD'S GEMACHT auf den Bildschirm, in dem Sie detaillierte Anweisungen erhalten. Die Steuerung dieses Fensters erfolgt per Maus über eine Steuerleiste, die neben SCHLIEßEN, DRUCKEN und dem Rücksprung in den INDEX wieder die Funktion beinhaltet, mit der sich der Hilfetext im VORDERGRUND halten läßt. Diese Funktion arbeitet unabhängig von dem Befehl IMMER IM VORDERGRUND, der das normale Hilfefenster sichtbar hält. Sie können sich also eine SO-WIRD'S-GEMACHT-Anleitung zum aktiven WinWord-Dokument auf den Bildschirm holen und brauchen nach vollzogener Arbeit lediglich wieder VORDERGRUND anzuklicken, um das Fenster wieder hinter dem aktiven Fenster verschwinden zu lassen. Es bleibt allerdings im Hintergrund weiterhin geöffnet.

10 • Hilfefunktionen für Word für Windows

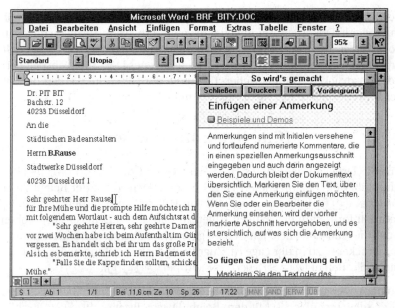

Abb. 10.4: Das Fenster SO WIRD'S GEMACHT

Einen Hilfetext zurückgehen

Innerhalb der Hilfetexte arbeiten Sie sich anhand der unterstrichenen Begriffe vor. Oft sind am Ende des aktiven Textes weitere sinnverwandte Themen eingetragen, die Sie ebenfalls direkt ansteuern können. Wenn Sie eine Information aufrufen, die Sie nicht weiterbringt, kehren Sie über die Schaltfläche ZURÜCK (Strg Z) zum vorher aktiven Bildschirm zurück. Sie können die gelesenen Hilfetexte bis zum Inhaltsverzeichnis zurückverfolgen.

Was Sie bisher in der Hilfe recherchierten, zeigt sich Ihnen im Programmfenster WORD-HILFE, wenn Sie die Schaltfläche BISHER (Strg R) anwählen. Im Dialogfenster HILFE - BISHERIGE THEMEN brauchen Sie lediglich die Überschrift des Themas doppelt anzuklicken oder mit den Cursortasten zu markieren und mit ⏎ zu betätigen, um den Text wieder aufzurufen.

Hilfethema kopieren

Es bietet sich noch eine weitere Möglichkeit, Hilfetexte programmintern zum Zugriff bereitzuhalten: Nehmen Sie den gewünschten Hilfetext mit BEARBEITEN KOPIEREN (Alt B K) - die Kapazität dieses Befehls ist begrenzt -

oder direkt mit (Strg)(Einfg) in die Zwischenablage auf. Von dort können Sie Ihn sogar in Dokumente einfügen und verändern, wenn Sie dies wünschen. So lassen sich z.B. individuelle Bemerkungen anfügen oder Tips und Tricks ergänzen. Danach können Sie den Text als eigenes Dokument abspeichern oder ausdrucken. Die grafischen Elemente der Hilfetexte werden bei dieser Prozedur allerdings nicht übernommen.

Hilfethema ausdrucken

Für die Druckausgabe eines Hilfetextes verfügt die Windows-Hilfe allerdings über einen einfacheren Weg. Im Menü DATEI dient der Befehl THEMA DRUCKEN ((Alt)(D)(D)) dem Ausdruck von Hilfetexten. Hierbei wird die gesamte Information des aktiven Hilfetextes auf Ihren Drucker ausgegeben. Auch die grafischen Zeichen werden gedruckt, selbstverständlich nur, wenn Ihr Drucker dazu in der Lage ist. Zugriff auf die Einstellungen des Druckers bietet der Befehl DATEI > DRUCKEREINRICHTUNG ((Alt)(D)(E)).

So haben Sie wichtige Informationen, auf die Sie bei Ihrer Suche gestoßen sind, schwarz auf weiß. Mit dem Befehl DATEI > BEENDEN ((Alt)(D)(B)) schließen Sie das Hilfeprogramm und kehren zu Ihrer Arbeit in Word für Windows zurück.

Aufruf der Hilfe über das Menü

In ihrer ganzen Tiefe läßt sich das Hilfeprogramm - es besteht aus mehreren Dateien, die zusammenwirken - über das eigene Hilfe-Menü von Word für Windows ausloten, das in der Menüzeile durch ein Fragezeichen gekennzeichnet ist. Im Textmodus aktivieren Sie das Hilfemenü "?" durch Anklicken mit der Maus oder durch Betätigen der Tastenkombination (Alt)(⇧)(ß). Das geöffnete Menü informiert Sie mit einer Liste über die Hilfethemen: INHALT ((I)), SUCHEN ((S)), INDEX ((D)), KURZÜBERSICHT ((K)), BEISPIELE UND DEMOS ((B)), TIPS UND TRICKS ((T)), SOFTWARE SERVICE ((W)) und INFO ((O)).

Während INHALT und SUCHEN über die oben beschriebenen Tastenkombinationen und Mausfunktionen schneller aufzurufen sind als über das Menü, bietet der Eintrag INDEX einen raschen Zugriff auf den alphabetischen Index, für den es kein Äquivalent bei den Tastatur- oder Mauskürzeln gibt. Unter SOFTWARE SERVICE erhalten Sie einen Überblick über den Support, den Microsoft seinen Kunden zur Verfügung stellt, und erfahren die Fragen und Antworten, mit denen die Hotline am meisten zu tun hat. Ein Blick in diesen Bereich erspart mitunter langwierige und teure Warteschleifen am Telefon.

Kurzübersicht zu Word für Windows

Der Hilfemenüpunkt KURZÜBERSICHT (K) führt mit zwei Demoprogrammen in die Grundlagen und Neuerungen von Word für Windows ein. ERSTE SCHRITTE (E) bietet eine Demo, die in die Arbeit mit Assistenten, die einfache Texterfassung und das Drucken, Speichern und Öffnen von Dokumenten einführt. Die Kurzübersicht NEUES IN WORD FÜR WINDOWS (Alt N) macht Sie mit den innovativen Funktionen von WinWord vertraut. Behandelt werden hierbei AutoKorrektur, AutoText, AutoFormat und Tabelle AutoFormat, die mehrstufige Rücknahme und die Arbeit mit Assistenten, verschiedenen Formatieroptionen, Shortcuts, Symbolleisten, Drag and Drop und der Zugriff auf Excel. Die Einführung endet mit einer stichwortartigen Auflistung weiterer Neuerungen.

Hiermit bleibt WinWords Einführung hinter dem zurück, was bislang als Programm im Programm geboten wurde. Der interaktive Part wurde direkt in die Hilfe verlegt, wo er nunmehr kontextbezogen gestartet wird. Dieser Start erfolgt im Hilfe-Menü über den Punkt BEISPIELE UND DEMOS.

Sie sollten beim Ablauf der KURZÜBERSICHT oder beim Rückgriff auf die BEISPIELE UND DEMOS den Windows-Kontrolleur Dr. Watson nicht laufen lassen. Bei Dr. Watson handelt es sich um ein Programm, das über die Fehl-

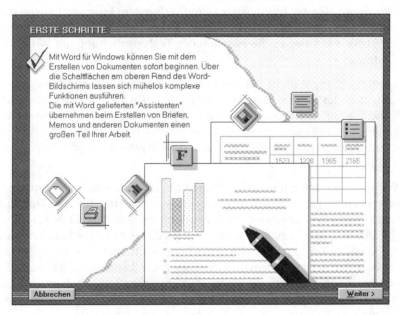

Abb. 10.5: Der Start des Lernprogramms ERSTE SCHRITTE

funktionen von Windows wacht, sie zwar nicht verhindert, aber immerhin protokolliert. Der normale Anwender kommt kaum mit ihm in Berührung, es sei denn, sein Forschertrieb und überflüssige Systemressourcen veranlassen ihn, dieses Programm zu starten, das er im Windows-Stammverzeichnis findet. Wenn Dr. Watson im Hintergrund aktiv ist, beendet WinWord die Arbeit mit den selbstablaufenden Hilfeprogrammen mit seinem Aufruf, und Dr. Watson fragt, was passiert sei. Solange tatsächlich nichts geschehen ist, genügt es, das Protokoll-Programm mit (Esc) wieder in den Hintergrund zu verbannen. Besser allerdings erscheint es, ihn gar nicht erst geladen zu haben, solange nicht bestimmte Tests seinen Betrieb erfoderlich machen. Laut Sherlock Holmes soll die eigenwillige Aktivität von Dr. Watson mit der Version Word für Windows 6.0a ihr Ende finden.

Beispiele und Demos, Tips und Tricks

Bei konkreten Fragestellungen hilft oft ein Beispiel schnell weiter. Dieser Erkenntnis folgt Microsoft mit seiner Beispielsektion, die nunmehr in die Hilfe integriert ist. Sie greifen auf die BEISPIELE UND DEMOS direkt im Hilfe-Menü zu ((B)). In diesem Fall werden Ihnen sämtliche Beispielkomplexe nach Themen in Untergruppen gegliedert auf dem Bildschirm angezeigt. Per Mausklick auf die Schaltfläche eines Themas öffnen Sie ein Fenster, das Ihnen die zur Verfügung stehenden Beispiele und Demos zeigt. Nicht jedes Beispielfenster ist mit einer Demo verbunden. Insgesamt bieten die vorhandenen Beispiele und Demos einen knappen, aber durchaus wirkungsvollen Einstieg in die Facetten der Textverarbeitung mit Word für Windows.

Wer die Beispiele nicht einzeln durchforsten möchte, sondern sie im Kontext seiner Fragestellungen sehen will, der wird auch direkt bei der Recherche auf vorhandene Beispiele und Demos aufmerksam gemacht. In diesem Fall findet sich die Schaltfläche für den Aufruf in den Übersichten der schrittweisen Anleitungen an zweiten Stelle oder im SO-WIRD'S-GEMACHT-Fenster unter der Überschrift.

Wer prinzipiell mehr an Tips und Tricks als an allgemeinen Einführungen interessiert ist, kann aufgreifen, womit WinWord ihn begrüßt: Die Tips und Tricks. Dieses Fenster läßt sich im Hilfe-Menü mit dem Befehl TIPS UND TRICKS ((T)) aufrufen. Wer sich vornimmt, alle Tips direkt zu erforschen, kann im Dialogfenster TIPS UND TRICKS direkt das Kontrollkästchen TIPS BEI JEDEM START VON WORD ANZEIGEN ((T)) deaktivieren. Dies gilt selbstverständlich auch für jene Anwender, die nur ein geringes Interesse an Tricks beherrscht, die rein zufällig zu Beginn eines Arbeitssitzung mit der Textverarbeitung gegeben werden.

Wißbegierige finden mit NÄCHSTER TIP ([N][F9]) eine bunte Mischung von Ratschlägen. Was zu Beginn der Sitzung oder mit NÄCHSTER TIP unsortiert geboten wird, läßt sich auch in einigermaßen geordneten Verhältnissen finden, wenn mit WEITERE TIPS ([W]) im Fenster WORD-HILFE die Übersicht über den trickreichen Inhalt der Tips angezeigt wird. Wie immer in der Hilfe erhalten Sie Informationen zu einem unterstrichenen Thema, indem Sie es einfach anklicken.

Programminformation

Das Dialogfenster INFO ([Alt][⇧][ß][O]) gibt Ihnen zunächst den obligatorischen Copyright-Vermerk von Word für Windows. Wer mehr wissen möchte, wählt den Befehl SYSTEMINFO ([S]), der eine fundierte Übersicht über den Rechner, WinWord und die aktuelle Konfiguration zur Verfügung stellt. Die Analyse des Systems erfolgt über ein eigenes Programm, das bei der Installation von Word für Windows im Windows-Unterverzeichnis \MSAPPS\MSINFO eingerichtet wurde. Das Anwendungsprogramm MICROSOFT SYSTEMINFORMATION (MS Info) recherchiert die zur Verfügung stehende Kapazität des Rechners, die laufenden Programme und die wichtigsten Einträge der aktiven INI-Dateien.

Im einzelnen erhalten Sie über die DropDown-Liste WÄHLEN SIE EINE KATEGORIE AUS ([Alt][K]) Informationen zu folgenden Punkten:

Systemkonfiguration

MS-DOS Version	Versionsnummer des installierten DOS
Windows Version	Versionsnummer des installierten Windows
Modus	Betriebsmodus (z.B. Erweiterter Modus für 386-PC)
Prozessor	Prozessortyp (z.B. 80486)
Koprozessor installiert	Koprozessor ja oder nein (ein Koprozessor wirkt sich beim Arbeiten mit Tabellen positiv aus)
Arbeitsspeicher	Größe des gesamten verfügbaren Arbeitsspeichers in Kbyte (sollte nicht unter 64 KByte absinken)
Systemressourcen	Größe der verfügbaren Ressourcen des Moduls "User" in Prozent (sollte nicht unter 20% absinken)

GDI Speicher	Größe der verfügbaren Ressourcen des Moduls "GDI" (Graphic Device Interface) in Prozent (sollte nicht unter 20% absinken)
Konventioneller Arbeitsspeicher	Größe des Arbeitsspeichers in KByte (z.B. 640 KByte; ausgenommen Hoher Speicher, Reservierter Speicher und Erweiterungsspeicher)
Gesamter Erweiterungsspeicher	Größe des Hohen und des Erweiterungsspeichers in KByte (ausgenommen Arbeitsspeicher und Reservierter Speicher)
Auslagerungsdatei	Größe der Auslagerungsdatei in KByte
Verfügb. Speicher auf Laufwerk	Freier Speicherplatz auf Festplatten in KByte (Ein Eintrag je Festplattenpartition)
Windows-Verzeichnis	Laufwerk und Pfad des Windows-Stammverzeichnisses
TEMP-Verzeichnis	Laufwerk und Pfad des Verzeichnisses für temporäre Dateien

Drucken

Standarddrucker	Name und Anschluß des Standarddruckers
Wird der Druck-Manager benutzt?	Aktueller Status des Druck-Managers
Universal-Druckertreiber-Bibliothek	Versionsnummer, Dateidatum und -größe der aktiven UNIDRV.DLL
Druckertreiber-Bibliothek	Versionsnummer, Dateidatum und -größe der aktiven GENDRV.DLL
Installierte Drucker	Name von Drucker und Treiber (Erweiterung: .DRV), Versionsnummer, Dateidatum und -größe sowie Anschluß der installierten Drucker

Systembibliotheken

Dateien — Dateinamen, Versionsnummern, Dateidatum- und Größe sowie Speicherresidenz der aktiven DLLs (Dynamic Link Libraries)

Schriftarten

Adobe Type Manager ist installiert
Bitstream FaceLift ist installiert — Anzeige der Font-Manager

Tabelle für Schriftersetzung — Zuordnung anderer Schriftnamen zu installierten Windows-Schriften (Sektion [FontSubstitutes] der WIN.INI)

Rechtschreibung

Custom Dict (Zahl) — Nummer und Pfad der aktiven Benutzerwörterbücher (Sektion [MS Proofing Tools] der WIN.INI)

Spelling (Zahl) — Sprachcode (Deutsch = 1031, U.K. English= 2057, French = 1036, U.S. English = 1033, Canadien French = 3084) und Pfad der installierten Rechtschreibmodule und Orthographiewörterbücher (Sektion [MS Proofing Tools] der WIN.INI)

Thesaurus (Zahl) — Sprachcode (Deutsch = 1031, French = 1036, U.K. English= 2057) und Pfad der installierten Thesaurusmodule und Synonymwörterbücher (Sektion [MS Proofing Tools] der WIN.INI)

Informationen über ...\PROOF — Liste der Dateinamen, Versionsnummern, Dateidaten und -größen des Windows-Unterverzeichnisses \MS-APPS\PROOF

Grafikfilter

Grafikformatname(.Erweiterung) — Name von Grafikformat oder Grafikprogramm und typischer Erweiterung mit Angabe des Pfads des Importfilters

	(Sektion [MS Graphic Import Filters] der WIN.INI)
Informationen über ...\GRPHFLT	Liste der Dateinamen, Versionsnummern, Dateidaten und -größen des Windows-Unterverzeichnisses \MS-APPS\GRPHFLT

Textumwandlungsprogramme

Textformatname(.Erweiterung)	Name von Textformat oder Textprogramm und typischer Erweiterung mit Angabe des Pfads des Konvertiermoduls (Sektion [MS Text Converters] der WIN.INI)
Informationen über ...\TEXTCONV	Liste der Dateinamen, Versionsnummern, Dateidaten und -größen des Windows-Unterverzeichnisses \MS-APPS\TEXTCONV

Anzeige

Name des Bildschirmtreibers	Bezeichnung, Dateiname, Versionsnummer, Dateidatum und -größe des aktiven Grafikmodus

Ausgeführte Anwendungsprogramme

Laufwerk, Pfad und Dateiname	Liste der aktiven Programme, die momentan unter Windows im Vordergrund und Hintergrund ablaufen

OLE-Registrierung

Registrierung des OLE-Servers	Bezeichner, Dateityp, Pfad, Programmname (Sektion [Embedding] der WIN.INI)
Information	Versionsnummer, Dateidatum und -größe

MS Info bietet Ihnen somit eine recht umfassende Information über die Ausstattung, die Ressourcen und die Konfiguration Ihres Systems. Ein

10 • Hilfefunktionen für Word für Windows

Doppelklick auf eine der angezeigten Informationszeilen, stellt sie in einem separaten Meldungsfenster dar, in dem sie sich meist besser lesen läßt. Ändern lassen sich die Konfigurationseinträge allerdings nicht. Das Befehlsspektrum im Fenster MICROSOFT SYSTEMINFORMATION beschränkt sich neben den verfügbaren Einträgen im Kategorie-Listenfeld im wesentlichen auf den Befehl SPEICHERN ([Alt][P]), der die gesamte Systeminformation in der Datei MSINFO.TXT im Windows-Stammverzeichnis speichert. Der Befehl DRUCKEN ([Alt][D]) vollzieht den gleichen Speichervorgang und druckt überdies die Datei MSINFO.TXT über den Windows-Editor aus. AUSFÜHREN ([Alt][A]) aktiviert das Dialogfenster SYSTEMANWENDUNGSPROGRAMM AUSFÜHREN, über das folgende fünf Anwendungsprogramme gestartet werden können:

– Systemsteuerung
– Datei-Manager
– Notizblock
– Write für Windows
– Systemkonfigurations-Editor

Außerdem kann im Dialogfenster SYSTEMANWENDUNGSPROGRAMM AUSFÜHREN über den Befehl MEHR ([M]) das Fenster ANDERES ANWENDUNGSPROGRAMM AUSFÜHREN geöffnet werden, in dessen Eingabefeld Sie Pfad und Dateinamen des gewünschten Anwendungsprogramms eingeben, das Sie starten möchten, und mit OK bestätigen.

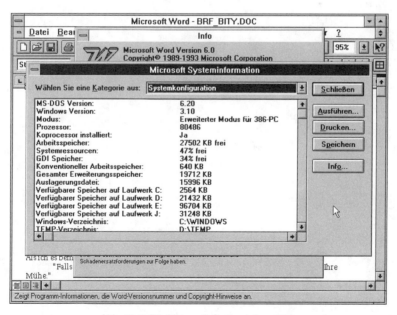

Abb. 10.6: Die Microsoft-Systeminformation

Der Befehl INFO der MICROSOFT SYSTEMINFORMATION bringt lediglich Copyright- und Warenzeichenhinweise zum Programm. Mit SCHLIEßEN (Alt S) oder Esc beenden Sie die Microsoft Systeminformation.

Da es sich bei MS Info um eine separate Anwendung handelt, können Sie es auch im Hintergrund weiterlaufen lassen und durch einen Klick außerhalb das Programmfenster in eine andere Anwendung - beispielsweise WinWord - wechseln. Das INFO-Fenster der Hilfe, über das MS Info aufgerufen wurde, muß allerdings mit OK, ⏎ oder Esc geschlossen werden, bevor mit WinWord weitergearbeitet werden kann.

11
Die persönliche Konfiguration von Word für Windows

Die Dokumentanzeige zoomen	Seite	219
Dokumentansichten	Seite	221
Normalansicht	Seite	221
Layoutansicht	Seite	222
Gliederung	Seite	224
Zentraldokument	Seite	224
Individuelle Optionen von Word für Windows	Seite	225
Ganzer Bildschirm	Seite	226
Ansicht	Seite	228
Allgemein	Seite	231
Bearbeiten	Seite	233
Drucken	Seite	235
Überarbeiten	Seite	235
Benutzer-Info	Seite	236
Kompatibilität	Seite	237
Dateiablage	Seite	241
Speichern	Seite	243
Rechtschreibung	Seite	245
Grammatik	Seite	245
AutoFormat	Seite	245
WinWord an Ihre Bedürfnisse anpassen	Seite	245
Symbolleisten bearbeiten	Seite	247
Symbole kreieren	Seite	248
Menüs	Seite	250
Tastatur	Seite	257
Weitere Einstellungen	Seite	258
Die Arbeit mit Dokumentfenstern	Seite	260
In Ausschnitte geteilte Fenster	Seite	263

Die Dokumentanzeige zoomen

Die Flexibilität von Word für Windows betrifft nicht allein die Textverarbeitung und die Ausgabe von Dokumenten auf dem Drucker, sondern erstreckt sich auch auf die Darstellung des Textes am Bildschirm.

Eine wesentliche Funktion ist der stufenlose Zoom der Dokumentansicht. Hierdurch haben Sie einerseits die Möglichkeit, auch in kleineren Schriften zu schreiben, ohne Ihre Augen zu sehr anzustrengen, und andererseits große Lettern einzugeben, ohne die Grenzen des Dokumentfensters zu überschreiten. Während der Textbearbeitung wird der Vergrößerungsfaktor als Prozentwert in der Standard-Symbolleiste angezeigt.

Die Vergrößerungs- oder Verkleinerungsstufe legen Sie unter ANSICHT > ZOOM ([Alt][A][Z]) bzw. in der Standard-Symbolleiste im Eingabefeld des Symbols "Zoom einstellen" fest. Das Dialogfenster ZOOM verfügt über drei feste Zoomstufen, die über Optionsfelder angewählt werden können:

Zoomfaktoren

Zoomstufe	Taste	Wirkung
200%	[2]	Anzeige in doppelter Normalgröße.
100%	[1]	Anzeige in Normalgröße.
75%	[7]	Anzeige in dreiviertel Normalgröße.

Tab. 11.1: Die festen Zoomstufen

Außer diesen festen Zoomoptionen lassen sich die Optionsfelder SEITENBREITE ([Alt][B]) und - sofern die Layoutansicht aktiviert ist - GANZE SEITE ([Alt][G]) und MEHRERE SEITEN ([Alt][M]) anwählen. In den Layoutmodus wird mit ANSICHT > LAYOUT ([Alt][O]) umgeschaltet. Das Optionsfeld MEHRERE SEITEN ist mit einem grafischen Eingabefeld verbunden, das per Mausklick oder vom Feld MEHRERE SEITEN aus mit der [↹]-Taste aktiviert werden kann. In dem grafischen Feld markieren Sie durch Ziehen mit der Maus oder mittels der Cursortasten die Anzahl der Seiten, die nebeneinander auf dem Bildschirm angezeigt werden sollen. Die darstellbare Seitenzahl ist einerseits von der Auflösung abhängig, mit der Ihre Grafikkarte und Ihr Monitor arbeiten, und andererseits von den aktivierten Bildschirmelementen und der Fenstergröße beeinflußt. Je weniger Bildschirmelemente aktiv sind und je mehr Raum das Dokumentfenster auf dem Bildschirm einnimmt, umso mehr Seiten lassen sich gleichzeitig anzeigen. Bei einer Bildschirmauflösung von 1024 x 768 können so durchaus 55 Seiten und mehr zur Anzeige gebracht werden. Selbst in dieser Verkleinerung ist in WinWord rein technisch die

Textverarbeitung uneingeschränkt möglich, wobei die Umsetzung wahrscheinlich daran scheitert, daß Sie nicht erkennen können, was Sie schreiben. Allerdings ist die parallele Anzeige vieler Dokumentseiten durchaus sinnvoll für die Überprüfung des Gesamtlayouts, wobei Umstellungen per Drag and Drop oder Löschungen und Einfügungen - beispielsweise von Grafiken - nichts im Wege steht. Das Feinlayout der einzelner Seiten läßt sich in dieser hohen Verkleinerungsstufe jedoch kaum beurteilen.

Im Feld PROZENT ([Alt][P]) wird der Vergrößerungsfaktor angezeigt, mit dem WinWord arbeitet. Das Feld läßt sich aber auch nutzen, um direkt den Faktor festzulegen, um den das Dokument vergrößert oder verkleinert werden soll. Die Einstellung, die über die Tastatur oder mittels der Pfeilfelder eingegeben wird, erfolgt immer in Prozent. Der Wert kann zwischen 10% und 200% frei gewählt werden. Nachkommastellen werden automatisch gerundet. Der Zoomfaktor, den Sie gewählt oder eingegeben haben, wird durch OK oder [↵] aktiviert. Bei starker Verkleinerung werden in der Layoutansicht automatisch mehrere Seiten nebeneinander angeordnet.

 Wenn Sie den Zoomfaktor über das Symbolfeld "Zoom einstellen" auswählen, können Sie mit der Maus aus der Liste zwischen mehreren Prozentwerten und SEITENBREITE wählen. In der Layoutansicht wird die Liste zusätzlich um die beiden Einträge GANZE SEITE und ZWEI SEITEN ergänzt. Natürlich können Sie auch hier einen eigenen Prozentwert in das Feld eingeben.

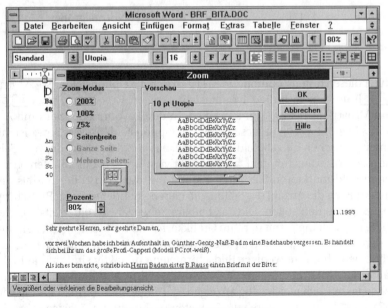

Abb. 11.1: Das Dialogfenster ZOOM

11 • Die persönliche Konfiguration von Word für Windows

Die Einstellung des Zoomfaktors wird innerhalb einer Sitzung für die Dokumentansicht separat gespeichert. Sie können also für jede Dokumentansicht die optimale Vergrößerung einstellen und dann bedenkenlos zwischen den Darstellungen wechseln, ohne den für die einzelne Darstellung typischen Faktor zu verlieren oder ihn ständig neu definieren zu müssen.

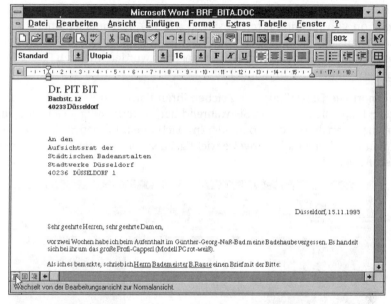

Abb. 11.2: Die Normalansicht in der Seitenbreite

Dokumentansichten

Word für Windows bietet Ihnen verschiedene Möglichkeiten der Bildschirmanzeige während der üblichen Texterfassung und -bearbeitung. Zwischen den Darstellungen schalten Sie im Menü ANSICHT oder durch die Symbole links nebend der horizontalen Bildlaufleiste um. Diese Symbole werden nur angezeigt, wenn unter EXTRAS > OPTIONEN ([Alt][X][O]) in der Registerkarte ANSICHT das Kontrollkästchen HORIZONTALE BILDLAUFLEISTE ([Z]) aktiv ist. Die drei Ansicht-Symbole sind fest, lassen sich also nicht ändern oder durch andere Symbole an dieser Stelle ergänzen.

Normalansicht

Die normale Textdarstellung wird durch den Befehl ANSICHT > NORMAL ([Alt][A][N]) aktiviert. Solange sie aktiv ist, wird der Menübefehl durch einen vorangestellten Punkt gekennzeichnet. Der Wirkung des Menübefehls entspricht das Symbol "Normalansicht" neben der horizontalen Bildlaufleiste.

In der Normalansicht werden alle Zeichen so auf dem Bildschirm dargestellt, wie sie formatiert wurden, und außerdem der Inhalt von Grafiken angezeigt. Auch Absatzformatierungen wie Abstände oder Einrückungen werden am Bildschirm umgesetzt. Ignoriert wird allerdings die korrekte Position von positionierten Absätzen. Diese Absätze erscheinen in der Normalansicht nicht an der Stelle, die Sie im Ausdruck belegen, sondern dort, wo Sie bei der Texterfassung eingegeben wurden (mehr zu Positionierungen erfahren Sie im Kapitel 19).

Die normale Darstellung, die Zeichen ihren Formaten entsprechend darstellt, bietet sich an, wenn Sie während der Texterfassung gleichzeitig die Zeichenformate mit eingeben oder im nachhinein formatieren. Bei dieser Arbeit ist es verständlicherweise wichtig, zu sehen, wie die Zeichenformatierung ausschaut.

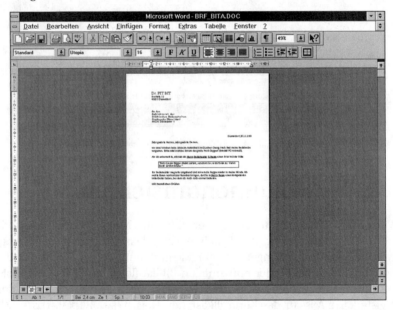

Abb. 11.3: Die ganze Seite in der Layoutansicht

Layoutansicht

Ebenfalls im Menü A<small>NSICHT</small> aktivieren Sie die Darstellung L<small>AYOUT</small> (Alt)(A)(O)). Der Wirkung des Menübefehls entspricht das Symbol "Layoutansicht" neben der horizontalen Bildlaufleiste. In diesem Darstellungsmodus, in dem

11 • Die persönliche Konfiguration von Word für Windows

Sie Text ohne Einschränkung erfassen und bearbeiten können, sehen Sie nicht nur die Zeichen, sondern das gesamte Dokument in der gewählten Formatierung. Außerdem bietet dieser Darstellungsmodus die Möglichkeit, Dokumente gezielt zu layouten.

In der Layoutansicht sind Kopf- und Fußzeilen, Fußnoten, Absätze und Spalten so positioniert, wie sie auch beim Druck ausgegeben werden. Die seitenweise Formatierung wird besonders klar ersichtlich, wenn Sie mit den Richtungstasten oder der Bildlaufleiste über die Blattbegrenzungen hinausgehen. Word für Windows strukturiert Ihre Schreibfläche nämlich so, als hätten Sie ein echtes Blatt Papier vor sich, von dem der Monitor einen Ausschnitt anzeigt. So haben Sie stets die Übersicht darüber, was wo beim Ausdruck auf dem Papier stehen wird.

Unterstützt wird diese Funktion der Textgestaltung von der Möglichkeit, Elemente in Dokumenten fest zu positionieren. Kenntnisse zum Positionieren vermittelt Kapitel 18. Zwischen den positionierten Elementen, z.B. Kopf-/Fußzeilen, Fußnoten und Grafiken, können Sie in dieser Darstellungsart mit der Tastenkombination (Alt)(↑) oder (Alt)(↓) direkt wechseln.

Auffällig sind in der Layoutansicht die zwei zusätzlichen Symbole, die am unteren Ende der vertikalen Bildlaufleiste angezeigt werden. Die beiden Felder mit Doppelpfeilen dienen der blattorientierten Fenstersteuerung. Wenn Sie das obere Feld anklicken, wird die vorhergehende Seite angezeigt; das untere Feld aktiviert die Folgeseite. Außerdem wird in der Layoutansicht das horizontale Lineal durch ein vertikales Lineal ergänzt, in dem der obere und unter Seitenrand direkt modifiziert werden kann. Voraussetzung für die Anzeige der Lineale ist stets, daß im Menü ANSICHT der Eintrag LINEAL ((Alt)(A)(L)) markiert ist.

Die Layoutansicht ist die Darstellung, die der Druckausgabe des Dokuments am nächsten kommt und gleichzeitig die ganze Bandbreite der Dokumentbearbeitung bietet. Daher hat diese Art der Bildschirmdarstellung, in der Sie sehen, was Sie später in die Hand bekommen, die Abkürzung WYSIWYG, also "What You See Is What You Get", bekommen. Allerdings braucht Ihr PC je nach Ausstattung spürbar Zeit, bis Sie sehen, was auf Sie zukommt.

Diese Rechenzeit resultiert vor allem aus zwei Faktoren: Art und Geschwindigkeit Ihres Systems, an dem Sie arbeiten, und Größe des Dokuments, das Sie bearbeiten. Außerdem wird die Geschwindigkeit der Bildschirmdarstellung z.B. noch durch die Einbindung von Grafiken und umfangreichen Formatierungen verlangsamt. Daher eignet sich die Layoutansicht nur bedingt für die schnelle Texterfassung.

Bei langen Texten empfiehlt es sich, im Normalmodus zu erfassen und die Layoutansicht nur für Layoutarbeiten und -überprüfungen zu aktivieren.

Deaktiviert wird die Layoutansicht durch die Wahl einer anderen Ansicht. Solange die Layoutansicht aktiv ist, wird der Menübefehl durch einen Punkt gekennzeichnet.

Gliederung

 Ein weiterer Eintrag im Menü ANSICHT ist die Option GLIEDERUNG (Alt A G). Der Wirkung des Menübefehls entspricht das Symbol "Gliederungsansicht" neben der horizontalen Bildlaufleiste. Ihre Aktivität wird im Menü ebenfalls durch einen vorangestellten Punkt dokumentiert, ist aber auch direkt ersichtlich, da dieser Darstellungsmodus über eine eigene Symbolleiste verfügt.

Die Gliederungsansicht zeigt Ihr Dokument in einer Formatierung an, die sich nicht nach dem Layout, sondern nach den verschiedenen Gliederungsebenen richtet. Daher ist es auch nicht möglich, die Gliederungsanzeige gleichzeitig zur Druckbildansicht zu aktivieren; jeder der beiden Modi schließt die andere Betrachtungsweise aus.

Innerhalb der Gliederungsdarstellung haben Sie aber die Alternative, sich den Text normal oder im Konzeptmodus darstellen zu lassen. Um den Text in der Konzeptschriftart zu bearbeiten, müssen Sie unter EXTRAS > OPTIONEN (Alt X O) in der Registerkarte ANSICHT das Kontrollkästchen KONZEPTSCHRIFTART (Alt K) aktivieren.

Mit der Gliederung ist es ausgesprochen einfach, Dokumente übersichtlich zu strukturieren, Bezugsebenen zu definieren und auf einzelne Überschriften und den dazugehörenden Text gezielt zuzugreifen. Welche Möglichkeiten die Arbeit im Gliederungsmodus bietet, zeigt Ihnen das Kapitel 23.

Zentraldokument

Neben dem Gliederungsmodus gibt es noch einen weiteren Modus, der vor allem für die Strukturierung von Dokumenten gedacht ist. Wenn ANSICHT > ZENTRALDOKUMENT (Alt A D) eingeschaltet ist, hat man die Möglichkeit, lange Dokumente in mehrere kleinere sogenannte Filialdokumente aufzuteilen oder mehrere Filialdokumente zu einem Zentraldokument zu verbinden. Dies ist von großem Nutzen, wenn man das Gesamtdokument später weiterverarbeiten möchte, z.B. um ein Inhaltsverzeichnis, oder ein Stichwortverzeichnis zu erstellen. Mehr über Zentraldokumente und ihre Vorzüge erfahren Sie in Kapitel 23.

11 • Die persönliche Konfiguration von Word für Windows

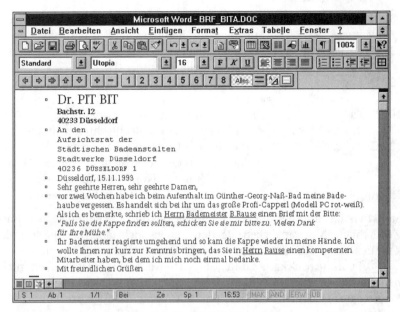

Abb. 11.4: Die Gliederungsansicht

Individuelle Optionen von Word für Windows

Dauerhaft konfigurieren Sie das Programm unter EXTRAS > OPTIONEN ([Alt][X] [O]). Alle Einstellungen, die Sie über diese Befehle des Menüs EXTRAS vornehmen, werden zwischen den einzelnen Sitzungen gespeichert. Das Dialogfenster OPTIONEN ist für sämtliche übergreifenden Justierungen von Word für Windows zuständig.

Damit bei dieser Vielfalt die Übersicht nicht verloren geht, wurden die Dialogfenster in verschiedene Register aufgeteilt. Folgende 13 Register stehen im Dialogfenster OPTIONEN zur Verfügung:

1. GANZER BILDSCHIRM — Maximaler Raum für die Bildschirmdarstellung
2. ANSICHT — Steuerung der Dokumentdarstellung (abhängig vom aktuellen Ansichtsmodus)
3. ALLGEMEIN — Definition der durchgängigen WinWord-Konfiguration
4. BEARBEITEN — Einstellung der Maus und Tastenfunktionen
5. DRUCKEN — Optionale Vorgaben für den Dokumentausdruck

6. Überarbeiten   Formatierung der Überarbeitungsmarkierungen
7. Benutzer-Info   Angaben zum Benutzer der WinWord-Version
8. Kompatibilität   Vorgaben für die Dokumentkonvertierung (Bezug auf das aktuelle Dokument)
9. Dateiablage   Pfadangaben für verschiedene Standarddateiarten
10. Speichern   Optionen für Speicherungsvorgänge
11. Rechtschreibung   Voreinstellung für die Rechtschreibprüfung
12. Grammatik   Einstellung der Regeln für die Grammatikprüfung (abhängig von der Sprache des aktuellen Absatzes; keine Grammatikoptionen für Deutsch)
13. AutoFormat   Steuerung der automatischen Formatierung

Sie aktivieren eine Registerkarte, indem Sie das entsprechende Register entweder mit der Maus anklicken oder den Anfangsbuchstaben der Sparte drücken, bis das gewünschte Register oben liegt. Außerdem können Sie mit (Strg)(⇥) von Registerkarte zu Registerkarte wechseln. Einstellungen in einem Register werden mit OK ((↵)) oder durch den Wechsel in ein anderes Register des Dialogfensters bestätigt. Mit Abbrechen ((Esc)) brechen Sie die Einstellungen im aktiven Register ab und schließen das Dialogfenster Optionen. Alle vorgenommenen Einstellungen in anderen Registern bleiben gültig.

Ganzer Bildschirm

Maximalen Raum für die Präsentation eines Dokumentes gibt Ihnen WinWord mit dem Befehl Ansicht > Ganzer Bildschirm ((Alt)(B)). Wenn Sie diesen Befehl anwählen, schaltet das WinWord-Anwendungsfenster automatisch in den Vollbildmodus um. Doch nicht genug damit: Die typische Titelleiste von Word für Windows verschwindet ebenso wie Fensterrahmen, Menüleiste, Lineal, Symbolleisten, Bildlaufleisten und Statusleiste.

Was bleibt, ist ein einziges großes Bearbeitungsfenster mit einer Symbolleiste mit einem einzigen Symbol: "Ganzer Bildschirm". Durch einen Klick auf eben dieses Symbol schalten Sie wieder in den letzten aktiven Anzeigemodus zurück. Wenn Sie die Symbolleiste dieses Symbols per Klick auf das kleine Symbolleisten-Feld schließen sollten, ist das nicht weiter tragisch. Die (Esc)-Taste bringt Sie ebenso zurück in die vertraute Programmumgebung.

Die Dokumentanzeige bleibt in der Ansicht > Ganzer Bildschirm so bestehen, wie sie zuvor war Dies betrifft nicht nur die Art der Ansicht - ob nun Normal, Layout oder Gliederung, sondern auch separate Dokumentfenster. Sollte das Dokument nicht in den Vollbildmodus geschaltet sein, so hat

11 • Die persönliche Konfiguration von Word für Windows

sein Dokumentfenster weiterhin in seiner aktuellen Größe Bestand. Es empfiehlt sich daher, das Dokument auf die Maximalgröße auszudehnen - am besten mit einem Klick auf seinen Maximierpfeil, um den Anzeigemodus in seinem ganzen zu nutzen.

Mit der großen Bildschirmanzeige können Sie nach wie vor ungehindert weiterarbeiten und auf alle WinWord-Funktionen zugreifen. Die Bewegung für den Bildwechsel müßten Sie allerdings mit den entsprechenden Tastaturbefehlen und Cursortasten vollziehen, da ja die Bedienelemente für die Maus eingeblendet sind. Außerdem empfiehlt es sich, die wichtigsten Tastenkombinationen für das Bearbeiten, Formatieren und Speichern von Dokumenten im Kopf zuhaben, um mit der Arbeit ohne Einschränkungen fortfahren zu können.

Wenn dies doch zu spartanisch ist, kann Symbolleisten im Menü ANSICHT, das sich nach wie vor mit [Alt][A] öffnen läßt, so wie auch die anderen Menüs weiterhin ihrer Buchstabenkurwahl gehorchen. Unter EXTRAS > OPTIONEN bieten sich in der REGISTRIERKARTE auch die Bildlaufleisten und die Statusleisten zur Darstellung an.

Was immer Sie zur Anzeige aufrufen oder einblenden - zum Beispiel die Symbolleiste GANZER BILDSCHIRM -, es wird Ihnen erhalten bleiben:

WinWord merkt sich die Einstellungen, und wenn Sie das nächste Mal in den Ansichtsmodus GANZER BILDSCHIRM wechseln, der sich übrigens auch hervorragend für Präsentationen eignet, werden Sie wieder die gleiche Arbeitsumgebung vorfinden. Ja, WinWord startet sogar wieder in der Ganz-Ansicht, wenn Sie das Programm in diesem Modus verlassen.

Wenn es Ihnen nur um das Aktivieren von Symbolleisten geht, so müssen Sie nicht extra das ANSICHT-Menü öffnen. Ein Klick mit der rechten Maustaste auf das Symbol "Ganzer Bildschirm" öffnet Ihnen das Shortcut-Menü für Symbolleisten, in dem Sie die gewünschte Symbolleiste markieren.

Das Symbol "Ganzer Bildschirm" befindet sich übrigens auch noch in einer anderen Symbolleiste. Sie brauchen lediglich mit DATEI > SEITENANSICHT ([Alt][D][H]) oder durch einen Klick auf das Symbol "Seitenansicht" in der Standard-Symbolleiste die Druckvorschau der Seitenansicht zu aktivieren und entdecken das Symbol "Ganzer Bildschirm" dort in der Symbolleiste SEITENANSICHT. Sie sehen, das Großformat von WinWord steht Ihnen wirklich an jeder Stelle zur Verfügung.

Die Symbolleiste SEITENANSICHT bleibt Ihnen übrigens auch nach dem Umschalten in die ANSICHT > GANZER BILDSCHIRM erhalten. Falls sie Sie stört, deaktivieren Sie sie einfach durch einen Klick mit der rechten Maustaste in ihrem Bereich und der Abwahl der Symbolleiste im Shortcut-Menü SYMBOL-

LEISTE. Diese Möglichkeit steht Ihnen darüberhinaus auch in der normalen Seitenansicht zur Verfügung.

Noch eine Symbolleiste erweist sich als hartnäckig beim Umschalten in den Modus GANZER BILDSCHIRM. Wenn Sie vom Gliederungsmodus aus in die große Anzeige umschalten, bleibt Ihnen die Steuerung der Gliederung per Symbolleiste erhalten; abwählbar selbstverständlich.

Ansicht

 Im Dialogfenster OPTIONEN stellen Sie im Register ANSICHT Ihre individuelle Bildschirmanzeige ein. Viele Einträge dieses Menüs sind Ihnen schon als jene nicht druckbaren Zeichen bekannt, die Sie mit dem Tastenschlüssel (Strg)(⇧)(+) oder in der Symbolleiste "Formatierung" über das Symbol "Ansicht" während der Textbearbeitung direkt an- und ausschalten können.

Diese globale Anzeige läßt sich innerhalb der Registerkarte mit dem Kontrollfeld ALLES ((Alt)(A)) schalten.

Wenn die Anzeige aktiviert ist, werden in der Textansicht Tabulatoren, Leerzeichen, Absatzmarken, bedingte Trennstriche und verborgen formatierter Text mit den entsprechenden nicht druckbaren Zeichen dargestellt.

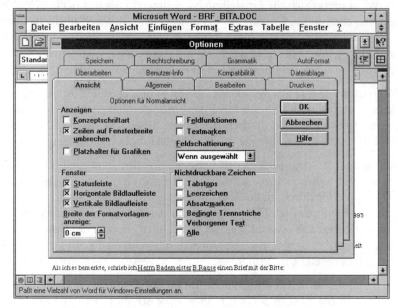

Abb. 11.5: Die Registerkarte ANSICHT im Dialogfenster OPTIONEN

11 • Die persönliche Konfiguration von Word für Windows

Abgesehen von der globalen Schaltung lassen sich die Anzeigen auch unabhängig voneinander aktivieren. So können Sie sich eine Bildschirmanzeige erstellen, die Ihren persönlichen Gepflogenheiten entspricht.

Über die genannten nicht druckbaren Zeichen lassen sich separat Hilfslinien und Platzhalter aktivieren, die die Arbeit am Dokument vereinfachen. Hierzu gehören die PLATZHALTER FÜR GRAFIK ([Alt][P]), die den Programmfluß deutlich verbessern.

Die folgende Liste gibt Auskunft über die Bedeutung der verschiedenen Einstellungen. Die verfügbaren Einstellungen variieren je nach aktiver Ansicht:

ZEICHNUNGEN ([Alt][I]) (nur im Layoutmodus)   *ANZEIGEN*
Bewirkt die Anzeige von WinWord-Zeichnungen. Bei abgewählter Funktion werden die WinWord-Grafiken nicht dargestellt.

KONZEPTSCHRIFTART ([Alt][K]) (nicht im Layoutmodus)
Beschleunigt die Bildschirmanzeige, indem statt der formatierten Zeichen die Darstellung einer Standardschrift umgesetzt wird, deren Zeichen bei Formatierungen (fett, kursiv. usw.) unterstrichen ausgegeben werden. Grafikinhalte werden bei dieser Anzeige ignoriert und nur durch einen leeren Rahmen repräsentiert.

VERANKERUNGSPUNKTE ([Alt][N]) (nur im Layoutmodus)
Bewirkt die Anzeige von Verankerungen für Objekten, die mit Absätzen verankert sind.

ZEILEN AUF FENSTERBREITE UMBRECHEN ([Alt][U]) (nicht im Layoutmodus)
Bewirkt den Zeilenumbruch innerhalb des Dokumentfensters, so daß kein Text aus dem sichtbaren Bereich herausläuft, ähnlich wie in den SO-WIRD´S-GEMACHT-Fenstern der Hilfe.

TEXTBEGRENZUNGEN ([Alt][T]) (nur im Layoutmodus)
Bewirkt die Anzeige von Seitenrändern, den Begrenzungen der positio– nierten Elemente, sowie der Gitternetzlinien bei Tabellen.

PLATZHALTER FÜR GRAFIKEN ([Alt][P])
Bewirkt, daß die Anzeige von Grafikinhalten und anderen Objekten unterdrückt wird. An ihrer Stelle erscheinen leere Rahmen.

FELDFUNKTIONEN ([Alt][E])
Bewirkt die Anzeige der Funktionen von Feldern anstelle ihrer Ergebnisse.

TEXTMARKEN ([Alt][R])
Bewirkt die Anzeige von Textmarken in grau unterlegten eckigen Klammern, damit man einen besseren Überblick über die Struktur eines Dokuments erhält.

FELDSCHATTIERUNGEN (Alt F)
Bewirkt, daß Ergebnisse von Feldfunktionen grau unterlegt werden, so daß direkt ersichtlich wird, da die Zeichenkette auf einer Feldfunktion basiert. Zur Auswahl stehen drei Optionen:

NIE hinterlegt Feldergebnisse nicht mit einer Graufläche.
IMMER hinterlegt alle Feldergebnisse mit einer Graufläche.
WENN AUSGEWÄHLT hinterlegt nur markierte Feldergebnisse mit einer Graufläche.

FENSTER STATUSLEISTE (Alt S)
Bewirkt die Anzeige der Statusleiste am unteren Rand des Programmfensters.

HORIZONTALE BILDLAUFLEISTE (Alt Z)
Bewirkt die Anzeige der Bild laufleiste am unteren Fensterrand.

VERTIKALE BILDLAUFLEISTE (Alt V)
Bewirkt die Anzeige der Bildlaufleiste am rechten Fensterrand.

VERTIKALES LINEAL (nur im Layoutmodus)
Bewirkt im Layoutmodus die Anzeige des vertikalen Lineals am linken Bildschirmrand.

BREITE DER FORMATVORLAGENANZEIGE (Alt B) (nicht im Layoutmodus)
bewirkt die Anzeige einer Formatvorlagenspalte am linken Fensterrand. Sie ermöglicht einen schnellen Überblick über die Namen der Formatvorlagen, die den Absätzen zugeordnet wurden. Die Formatvorlagennamen werden in dieser Spalte genannt. Sie öffnen die Formatvorlagenspalte in der gewünschten Weite durch die Eingabe oder Anwahl eines Werts.

Die Breite der Formatvorlagenspalte muß größer als Null sein. Ihre maximale Ausweitung hat sie mit der halben Fensterbreite erreicht. Allerdings können Sie, nachdem die Formatvorlagenspalte auf den Maximalwert gestellt wurde, die Fensterbreite noch verkleinern.

Die Formatvorlagenspalte kann, nachdem Sie aktiviert wurde, mit der Maus verbreitert, verkleinert oder geschlossen werden. Positionieren Sie hierfür den Mauszeiger auf der senkrechten Begrenzungslinie der geöffneten Formatvorlagenspalte. Der Mauszeiger symbolisiert hier einen unterbrochenen Doppelpfeil. Drücken Sie die linke Maustaste und ziehen Sie die Formatvorlagenspalte mit der Begrenzungslinie in die gewünschte Breite. Wenn Sie die Linie auf den linken Fensterrand führen, schließen Sie die Formatvorlagenspalte.

Nichtdruck- TABSTOPS (Alt O)
bare Zeichen Bewirkt die Anzeige der Tabulatorzeichen durch ⇑.

11 • Die persönliche Konfiguration von Word für Windows

LEERZEICHEN ((Alt)(L))
Bewirkt die Anzeige der Leerzeichen durch · (normal) oder ° (geschützt).

ABSATZMARKEN ((Alt)(M))
Bewirkt die Anzeige der Zeilenenden durch ¶ (Absatzende), ↵ (Zeilenende) oder ¤ (Feldende).

BEDINGTE TRENNSTRICHE ((Alt)(D))
Bewirkt die Anzeige der besonderen Trennstriche durch ¬ (bedingte Trennstelle) oder – (Bindestrich).

Solange diese Option nicht aktiv ist, werden die bedingten Trennstriche ((Strg)(-)) bei der Bildschirmanzeige ignoriert, wenn sie nicht mit einem Zeilenende zusammenfallen, wo sie als normale Trennstriche gezeigt und ausgedruckt werden. Bindestriche ((Strg)(⇧)(-)) werden als normale Trennstriche dargestellt. Normale Trennstriche ((-)) werden immer angezeigt.

VERBORGENER TEXT ((Alt)(V))
Bewirkt die Anzeige des verborgenen Textes, gekennzeichnet durch eine punktierte Unterstreichung.

Den Ausdruck verborgenen Textes fordern Sie in der Registerkarte DRUCKEN an.

ALLE ((Alt)(A))
Bewirkt die Anzeige aller nicht druckbaren Zeichen.

Allgemein

Neben den zuvor beschriebenen Bildschirmeinstellungen lassen sich in Word für Windows auch Programmeinstellungen vornehmen. Hierfür ist im Dialogfenster OPTIONEN die Registerkarte ALLGEMEIN zuständig.

Das Kontrollfeld SEITENUMBRUCH IM HINTERGRUND ((Alt)(S)) bewirkt, daß während Ihrer Arbeit im Dokument permanent die Seitenumbrüche aktualisiert werden. Dies hat den Vorteil, daß Sie in der Statusleiste immer über die aktuelle Länge Ihres Dokuments informiert werden.

ALLGEMEINE OPTIONEN

Falls Sie nicht darauf angewiesen sind, permanent die neuesten Informationen zum Dokument vor Augen zu haben, schalten Sie den automatischen Seitenumbruch ab und informieren sich während der Arbeit von Zeit zu Zeit, indem Sie im Menü EXTRAS mit WÖRTER ZÄHLEN ((Alt)(X)(W)) den Seitenumbruch initiieren.

Das Abschalten des automatischen Seitenumbruchs empfiehlt sich besonders bei überdurchschnittlich langen Dokumenten mit umfangreicher Formatierung, bzw. zahlreichen Feldfunktionen und Grafiken. Gerade in

231

Fällen, in denen häufig zwischen der Anzeige der nicht druckbaren Zeichen und Feldfunktionen und der Darstellung der Druckzeichen umgeschaltet wird, sparen Sie zudem Rechenzeit, wenn Sie in der Normalansicht arbeiten. Bei kurzen Texten macht sich der automatische Seitenumbruch jedoch kaum bemerkbar. Sehr nützlich ist diese Funktion schließlich bei der Endbearbeitung von Texten und deren Layout - gleich welcher Länge.

Mit dem Kontrollfeld WEISS AUF BLAUEM HINTERGRUND (Alt W) können Sie Ihren Word-Arbeitsplatz umgestalten wenn Sie lieber mit weißer Schrift auf blauem Hintergrund arbeiten. Es sei jedoch darauf hingewiesen, das diese Farbgestaltung ergonomisch mehr als fragwürdig ist. Die Augen ermüden bei einer hellen Schrift auf einem dunklen Hintergrund wesentlich schneller als bei einer dunklen Schrift auf einem hellen Hintergrund.

Das Kontrollkästchen WARNTON BEI FEHLER (Alt F) läßt WinWord einen Alarmton von sich geben, wenn Sie bei der Bedienung des Programms einen Fehler machen. Das hat den Vorteil, daß Sie nicht blind weitertippen, obwohl WinWord an dieser Stelle z.B. keine Eingabe zuläßt. Sollten Sie den Alarmton ausschalten wollen, schalten Sie WARNTON BEI FEHLER einfach ab.

Wem die 3D-Darstellung der Dialogfenster nicht gefällt, der schaltet diesen Effekt mit diesem Kontrollkästchen ab. Wenn Sie den 3D-EFFEKT (Alt D) abschalten, werden die Fenster auch nicht mehr farbig unterlegt.

Wenn Sie ein Dokument öffnen, das Verknüpfungen beinhaltet, werden diese automatisch aktualisiert, solange VERKNÜPFUNGEN BEIM ÖFFNEN AKTUALISIEREN (Alt V) aktiviert ist.

Bei elektronischen Nachrichtenprogrammen, z.B. MS Mail, kann WinWord Dokumente automatisch als Anlage in Nachrichten einbetten, wenn im Menü DATEI der Befehl SENDEN (Alt D E) angewählt wird. Hierfür muß NACHRICHT ALS ANLAGE SENDEN (Alt N) aktiv sein. Das eingebettete Dokument behält seine Formatierung und andere Gestaltungselemente bei und kann vom Empfänger direkt in WinWord geöffnet werden. Falls NACHRICHT ALS ANLAGE SENDEN nicht aktiv ist, übergibt WinWord den Text des aktuellen Dokuments bei DATEI > SENDEN im reinen Textformat an das E-Mail-Programm.

Die LISTE DER ZULETZT BENUTZTEN DATEIEN (Alt L) im Menü DATEI können Sie mittels dieses Befehls ausblenden bzw. die Anzahl der EINTRÄGE (Alt E) zwischen 1 und 9 wählen. Sie haben also die freie Wahl, wie viele Dokumente Ihrer Textvergangenheit angezeigt werden. Dies ist gerade bei gemeinsam benutzten Rechnern kein unerhebliches Sicherheitsdetail, können doch nachfolgende Benutzer der Dateiliste entnehmen, mit welchen Dokumenten Sie zuletzt gearbeitet haben. In diesem Fall empfiehlt es sich, die Liste zu deaktivieren.

Im Listenfeld MAßEINHEIT ([Alt][M]) legen Sie die Einheit fest, in der Sie mit Word für Windows kommunizieren möchten. Unter anderem dient die Maßeinheit für die Information der Statusleiste, die mit "Bei" die Position der Einfügemarke in Relation zum oberen Seitenrand angibt. Gleichzeitig stellen Sie mit Ihrer Angabe die Maßeinheit ein, die im Lineal die Skalierung bestimmt und in den Dialogfenstern bei Eingabefeldern gilt.

MAßEINHEIT

Allerdings können Sie in den meisten Eingabefeldern jede gewünschte Maßeinheit verwenden, solange Sie diese eindeutig kenntlich machen. Falls Sie stets mit dem gleichen Maß messen, bietet es sich an, dieses Maß global festzulegen. Sie finden dieses Maß dann bereits in den Dialogfenstern vor und Word für Windows greift auf die Einheit zurück, ohne daß Sie sie extra nennen müßten.

Eingaben in Felder, die die Maßeinheit "ze" (Zeilen) verwenden, müssen immer mit einer Einheit versehen werden, wenn Word für Windows **nicht** in Zeilen rechnen soll. Hier greift das Programm nicht automatisch auf das festgelegte Maß der Optionen zurück.

In der folgenden Tabelle finden Sie die verfügbaren Maße und die Kürzel, mit denen sie in Dialogfeldern kenntlich gemacht werden. Beachten Sie bitte, daß sich die Punkteinheit von Word für Windows auf amerikanische Points bezieht.

Maßeinheit	Kürzel	Umrechnung
Zoll	" oder in	1 Zoll = 2,54 cm = 72 Punkt = 6 Pica
Zentimeter	cm	1 cm = 28,35 Punkt = 2,36 Pica = 0,39 Zoll
Punkt	pt	1 Punkt = 1/12 Pica = 1/72 Zoll = 0,351 cm
Pica	pi	1 Pica = 1/6 Zoll = 0,42 cm = 12 Punkt

Tab. 11.2: Kürzel und Relationen der Maßeinheiten

Es ist üblich, Angaben in Zoll durch Anführungszeichen zu kennzeichnen. An dieser Stelle soll darauf hingewiesen werden, daß auch die Abkürzung "in" für Inch die gewünschte Wirkung hat. Sie haben bei Eingaben also die Wahl, ob Sie lieber das Zeichen (") oder das Kürzel (in) verwenden.

Bearbeiten

Wenn Sie EINGABE ERSETZT MARKIERUNG ([Alt][E]) einschalten, wird jede Markierung, die Sie im Dokument setzen, durch die nächste Zeicheneingabe gelöscht. Das Zeichen tritt dann an die Stelle der Markierung. Ebenso er-

Bearbeitungsoptionen

setzt auch eine Einfügung eine markierte Passage. Sie ersparen sich somit das Löschen der Markierung mit der (Entf)-Taste und können in einem Arbeitsgang eine Passage entfernen und neu eingeben. Markieren Sie hierfür im Dokument immer den zu ersetzenden Text und geben Sie direkt den neuen Text ein. Die gesamte Markierung wird gelöscht und die neue Eingabe übernimmt ihren Platz.

Sollte außer der Funktion EINGABE ERSETZT MARKIERUNG auch der Überschreibmodus mit der (Einfg)-Taste aktiviert sein (Anzeige in der Statuszeile "ÜB"), wird der Text, der der Markierung folgt, während der Eingabe zeichenweise überschrieben.

Solange EINGABE ERSETZT MARKIERUNG nicht aktiv ist, wird der Text, den Sie eingeben, stets vor eine Markierung gesetzt. Im Überschreibmodus wird die Markierung genau wie unmarkierter Text zeichenweise ersetzt.

Das Kontrollfeld TEXTBEARBEITUNG DURCH DRAG UND DROP ((Alt)(X)) aktiviert die Möglichkeit, markierte Passagen direkt mit der linken Maustaste an eine neue Position zu verschieben. Wenn Sie während des Ziehens mit der gedrückten Maustaste zusätzlich die (Strg)-Taste betätigen, wird der Text nicht verschoben, sondern kopiert. Falls Sie die nützliche Drag-und-Drop-Funktion wider Erwarten irritieren sollte, schalten Sie sie aus, indem Sie das Kontrollfeld deaktivieren.

Ist WÖRTER AUTOMATISCH MARKIEREN ((Alt)(W)) aktiviert, wird das ganze Wort markiert, auch wenn Sie die Markierung mit der Maus nur über einen Teil des Wortes gezogen wird. Voraussetzung ist allerdings, daß zumindest ein Wortzwischenraum in die Markierung einbezogen wird, die Markierung sich also in der Regel auf zwei Wörter erstreckt. Wer diese automatische Markierungserweiterung, die im Grunde nur den Doppelklick auf erste zu markierende Wort erspart, überflüssig oder gar als störend empfindet, deaktiviert das Kontrollkästchen WÖRTER AUTOMATISCH MARKIEREN.

In manchen Programmen führt die Betätigung der (Einfg)-Taste dazu, daß der Inhalt der Zwischenablage direkt in ein Dokument übernommen wird. Dies war u. a. auch in Word für DOS bis zur Version 5.0 die Regel. Wenn Sie diese Belegung gewohnt sind und nicht hiervon abweichen möchten, aktivieren Sie das Kontrollfeld ZUM EINFÜGEN EINFG-TASTE BENUTZEN ((Alt)(Z)).

Allerdings verzichten Sie bei aktiviertem Kontrollkästchen ZUM EINFÜGEN EINFG-TASTE BENUTZEN auf die Möglichkeit, mittels der (Einfg)-Taste zwischen Einfüge- und Überschreibmodus zu wechseln. In diesem Fall muß der Wechsel zwischen den beiden Eingabemodi entweder in der Registerkarte ALLGEMEIN vollzogen werden, wo das Kontrollfeld ÜBERSCHREIBMODUS ((Alt)(R)) zu Ihrer Verfügung steht, oder durch einen Doppelklick auf das Feld "ÜB" in der Statusleiste eingestellt werden.

11 • Die persönliche Konfiguration von Word für Windows

Beim aktivierten Überschreibmodus ersetzt jedes eingegebene Zeichen ein bereits bestehendes Zeichen. Ausgenommen hiervon sind die Absatzendemarken, die auch im Überrschreibmodus neu eingegebenen Text nicht löscht.

Wenn AUSSCHNEIDEN UND EINFÜGEN MIT LEERZEICHENAUSGLEICH (Alt L) aktiviert ist, löscht WinWord beim Ausschneiden von Text automatisch überflüssige Leerzeichen, die beispielsweise zwischen eingefügter Zeichenkette und Satzzeichen einen Zwischenraum erzeugen würden. Auf der anderen Seite fügt WinWord Leerzeichen automatisch hinzu, wenn ansonsten zwei Worte unvermittelt aufeinanderträfen.

Auch beim Einfügen wahrt WinWord auf diese Weise automatisch Abstand zwischen Wörtern durch die Ergänzung eines Leerzeichen bzw. es ignoriert ein Leerzeichen am Ende einer Zeichenkette, wenn diese vor einem Satzzeichen oder am Ende eines Absatzes eingefügt wird.

Wird für Absätze unter EXTRAS > SPRACHE (Alt X S) FRANZÖSISCH gewählt, behält WinWord den Akzent auf Großbuchstaben bei, wenn diese aus der Umwandlung von Kleinbuchstaben resultieren. Andernfalls wird bei der Klein-/Groß-Umwandlung französischen Textes - beispielsweise mit ⇧ F3 - das Akzentzeichen entfernt. Voraussetzung ist hierbei stets, daß die Passage über EXTRAS > SPRACHE als französischer Textteil gekennzeichnet wurde.

Schließlich ist im Dialogfenster OPTIONEN in der Registerkarte BEARBEITEN die Liste BILD-EDITOR (Alt B) dazu vorgesehen, außer dem Standard-Editor MICROSOFT WORD einen anderen Bildeditor für die Bearbeitung importierter Grafiken zu aktivieren.

Drucken

In der Registerkarte DRUCKEN der OPTIONEN stellen Sie die allgemeinen Druckoptionen ein. Hierzu gehören jene Funktionen, die Sie bei jedem Ausdruck berücksichtigt wissen möchten. Nähere Informationen zu den Druckoptionen erhalten Sie in Kapitel 4.

Überarbeiten

In der Registerkarte ÜBERARBEITEN legen Sie fest, welches Aussehen die Überarbeitungen haben sollen. Mehr Informationen zum Thema Überarbeiten finden Sie in Kapitel 22.

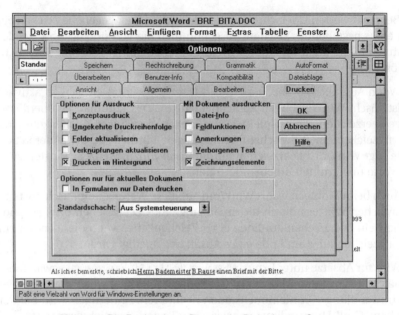

Abb. 11.6: Die Registerkarte DRUCKEN im Dialogfenster OPTIONEN

Benutzer-Info

In der Registerkarte BENUTZER-INFO finden Ihre persönlichen Angaben Aufnahme. Hierzu gehören neben Ihrem Namen und Ihrer Adresse auch Ihre Initialen, mit denen Sie Anmerkungen kennzeichnen können.

Ihren Namen geben Sie in das Eingabefeld NAME ([Alt][N]) in der gewünschten Schreibweise ein. Der Name wird dann bei Dateien, die Sie erstellen, in der DATEI-INFO in das Feld AUTOR eingetragen.

Das Kürzel, das Ihre Anmerkungen im Text automatisch kennzeichnet, wird vom Programm aus den Anfangsbuchstaben Ihres Namens extrahiert, wenn im Feld INITIALEN ([Alt][I]) kein Eintrag vorliegt. Nun kann es sein, daß Sie statt der Anfangsbuchstaben eine andere Abkürzung bevorzugen, die z.B. aus prägnanten Buchstaben Ihres Namens besteht. Wenn Sie das automatische Anmerkungs-Initial ändern möchten, tragen Sie die Änderung in das Eingabefeld INITIALEN ein. Von nun ab wird Word für Windows die neuen Initialen bei Anmerkungen verwenden. Mehr über die Arbeit mit Anmerkungen vermittelt Ihnen Kapitel 22.

Schließlich können Sie in das Feld ADRESSE ([Alt][A]) noch Ihre Anschrift eintragen. Auf den Adresseneintrag greift das Programm zurück, wenn Sie von der automatischen Erstellung von Briefumschlägen Gebrauch machen.

11 • Die persönliche Konfiguration von Word für Windows

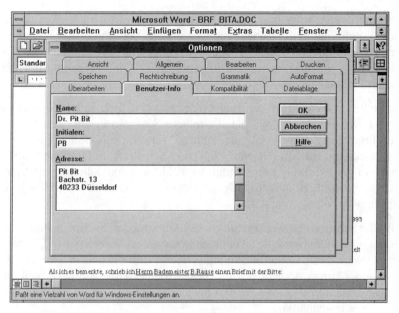

Abb. 11.7: Die Registerkarte BENUTZER-INFO im Dialogfenster OPTIONEN

Hierbei handelt es sich um eine Funktion, die es erlaubt, zu einem Brief den passenden Umschlag direkt auf dem Drucker auszugeben oder am Anfang des Dokuments festzuhalten, ohne ihn selbst erstellen zu müssen.

Über den Menübefehl EXTRAS > UMSCHLÄGE UND ETIKETTEN ([Alt][X][U]) können Sie diese Aufgabe an das Programm delegieren, wobei für die Absenderangabe die gespeicherte Adresse Verwendung findet. Übrigens können Sie die Adressen im Dialogfenster UMSCHLÄGE modifizieren. Wenn Sie Änderungen bei der Absenderanschrift vornehmen, erhalten Sie die Abfrage, ob die Modifikation als Standard-Absenderadresse gespeichert werden soll.

Kompatibilität

In der Registerkarte KOMPATIBILITÄT legen Sie fest, wie WinWord Dokumente verarbeiten soll, die auf anderen Systemen erstellt wurden und zur Weiterbearbeitung geöffnet werden. Diese Registerkarte arbeitet dokumentbezogen, das heißt, die Einstellungen beziehen sich auf das momentan geöffnete Dokument.

Wenn im Dokument Schriftarten verwendet werden, die auf Ihrem System nicht zur Verfügung stehen, können Sie über die Schaltfläche SCHRIFTARTEN-ERSETZUNG ([Alt][A]) das gleichnamige Dialogfenster aufrufen. In der Liste FEHLENDE DOKUMENT-SCHRIFTART ([Alt][F]) werden alle Schriftarten des aktuel-

Schriftarten-Ersetzung

len Dokuments aufgelistet, die auf Ihrem System nicht zur Verfügung stehen. Ihnen folgt in der Tabelle die ERSATZ-SCHRIFTART. In der Regel wird die Ersatz-Schriftart mit VORGABE angegeben. Welche Ersatz-Schriftart sich hinter VORGABE verbirgt, sehen Sie im unteren Teil des Fensters über den Schaltflächen.

Sollte Ihnen diese Ersatz-Schriftart nicht zusagen, so können Sie über die Liste ERSATZ-SCHRIFTART ([Alt][E]) auf sämtliche Schriftarten zurückgreifen, die auf ihrem System zur Verfügung stehen. Wenn Sie das Dialogfenster mit OK verlassen, wird Ihnen zwar die Ersatz-Schriftart im Dokument angezeigt, in der Symbolleiste erscheint im Feld "Schriftart" aber immer noch der Name der Schriftart im Original-Dokument, da die Umwandlung nur für diese Arbeitssitzung gilt.

Um die Schriftart tatsächlich auszuwechseln, müssen Sie im Dialogfenster SCHRIFTARTEN-ERSETZUNG die Schaltfläche PERMANENT UMWANDELN ([Alt][P]) betätigen. Nach einer Sicherheitsabfrage werden nun die Schriftarten des aktuellen Dokuments nicht nur für diese Arbeitssitzung, sondern bleibend umgewandelt und beim nächsten Speichern mit der neuen Zuweisung in der Datei festgehalten.

Im Feld EMPFOHLENE OPTION FÜR ([Alt][E]) wählen Sie in der Registerkarte KOMPATIBILITÄT aus, auf welche Textverarbeitung sich Ihre Änderungen beziehen sollen.

In der Liste OPTIONEN ([Alt][O]) können Sie auswählen, welche Veränderungen WinWord am aktiven Dokument vornehmen soll. Das Dokument wird nicht permanent umgewandelt.

"ABSTAND VOR" NACH SEITEN- ODER SPALTENWECHSEL UNTERDRÜCKEN
Ohne Rücksicht auf den formatierten Absatzabstand folgt der erste Absatz nach einem Seitenwechsel oder Spaltenwechsel mit einfachem Zeilenabstand.

\" ALS "" IN SERIENDRUCK-DATENQUELLEN BEHANDELN
Die Feldtrennzeichen einer Seriendruck-Datenquelle, die aus einem Backslash \ und einem Anführungszeichen bestehen (\"), werden in zwei Anführungszeichen ("") umgewandelt; dies ermöglicht WinWord die Identifikation von Anführungszeichen.

ANSCHLIEßENDE LEERZEICHEN IN NÄCHSTE ZEILE UMBRECHEN
Übernimmt die Leerzeichen, die am Ende einer Zeile in den Seitenrand hineinragen, in die Folgezeile.

BEI HÄNGENDEM EINZUG KEINEN AUTOMATISCHEN TABSTOP HINZUFÜGEN
Der Tabstop, der bei der Formatierung eines hängenden Einzugs automatisch die Position des Absatzeinzuges einnimmt, wird außer Kraft gesetzt.

11 • Die persönliche Konfiguration von Word für Windows

BEI HOCH-/TIEFSTELLUNG KEINEN ZUSÄTZLICHEN LEERRAUM HINZUFÜGEN
Sorgt dafür, daß Hoch- oder Tiefstellung von Zeichen den Zeilenabstand nicht verändert.

FARBEN AUF SCHWARZ/WEISS-DRUCKERN SCHWARZ DRUCKEN
Verhindert bei Schwarz/Weiß-Druckern die Konvertierung farbig gestalteter Dokumente in Grauwerte und gibt sämtliche Farben schwarz auf dem Drucker aus.

KEIN SPALTENAUSGLEICH BEI FORTLAUFENDEM ABSCHNITTSWECHSEL
Der Spaltenausgleich am Abschnitts- oder Dokumentende wird unterdrückt.

KEINEN LEERRAUM HINTER WMF-GRAFIKEN
Sorgt für die vollständige Dokumentanzeige mit Windows-Metafile-Grafiken auf Kosten der Bearbeitungsgeschwindigkeit.

KEINEN ZUSÄTZLICHEN LEERRAUM AM OBEREN SEITENRAND
Setzt fest, daß zu Beginn einer Seite oder nach einem Spaltenwechsel ohne Rücksicht auf den formatierten Zeilenabstand ein einfacher Zeilenabstand gesetzt wird.

LINKEN UND RECHTEN SEITENRAND BEI UNGERADEN SEITEN VERTAUSCHEN
Spiegelt beim Ausdruck die formatierten Rahmenlinien, sofern unter DATEI > SEITE EINRICHTEN in der Registerkarte SEITENRÄNDER das Kontrollkästchen GEGENÜBERLIEGENDE SEITEN oder für Kopf-/Fußzeilen in der Registerkarte SEITENLAYOUT das Kontrollkästchen GERADE/UNGERADE ANDERS markiert ist.

MANUELLE SEITENWECHSEL ODER SPALTENWECHSEL IN POSITIONRAHMEN ANZEIGEN
Aktiviert die Anzeige manueller Seitenwechsel oder Spaltenwechsel in Positionsrahmen.

TABELLENBEGRENZUNGEN ZUSAMMENFÜGEN WIE BEI WORD FÜR MACINTOSH 5.X
Überträgt in Tabellen die Rahmen-Formatierung zweier benachbarter Zellen, indem die Rahmen-Formatierung der rechten Zelle auf die linke Zelle übernommen wird.

Die Anpassungen, die Sie in der Registerkarte KOMPATIBILITÄT vornehmen, beziehen sich stets nur darauf, wie das aktuell geöffnete Dokument von Word für Windows in der Anzeige und dem Ausdruck behandelt wird. Bleibende Änderungen in den geöffneten Dateien haben die Einstellungen nicht zur Folge.

Sie können Kompatibilitätsoptionen der aktuell geöffneten Dokumentvorlage zuordnen, so daß bei sämtlichen Dokumenten, die auf der Basis dieser Vorlage erstellt werden, in Zukunft die Einstellungen wirksam werden. Hierzu wählen Sie nach der Definition der Kompatibilitätsoptionen

STANDARD

den Befehl STANDARD ([Alt][S]). In einem Meldungsfenster wird Ihnen angezeigt, auf welche Vorlage sich die Einstellungen auswirken. Sie bestätigen die Änderungen der Standardeinstellungen mit JA ([Alt][J]) oder lehnen diese mit NEIN ([Alt][N]) ab.

Wenn Sie größere Kontingente fremder Dokumente ins Format von Word für Windows übertragen möchten oder mehrere WinWord-Dokumente in einem anderen Dateiformat speichern wollen, so können Sie hierbei direkt einige Kompatibilitätsoptionen berücksichtigen. Anders als bei der temporären Umwandlung, die WinWord Ihren geöffneten Dokumenten zugute kommen läßt, lassen sich bei der Umwandlung von Dokumenten Änderungen direkt in die Datei aufnehmen. Diese Arbeit erledigt eine spezielle Dokumentvorlage für Sie, die Sie mit den Befehl DATEI > DOKUMENTVORLAGE ([Alt][D][V]) aktivieren können. Im Dialogfenster DOKUMENTVORLAGEN UND ADD-INS wählen Sie HINZUFÜGEN ([Alt][Z]), wechseln im Dialogfenster VORLAGE HINZUFÜGEN über die Listen LAUFWERKE und VERZEICHNISSE ins WinWord-Unterverzeichnis \MAKROS und markieren in der Liste DATEINAME die Dokumentvorlage KONVERT.DOT. Wenn Sie diese Auswahl mit OK bestätigen, wird die Vorlage im Dialogfenster DOKUMENTVORLAGEN UND ADD-INS in der Liste GLOBALE VORLAGEN UND ADD-INS ([Alt][G]) als derzeit geladen markiert. Sie verlassen das Dialogfenster mit OK oder [↵] und können nun unter EXTRAS > MAKRO ([Alt][X] [K]) auf die Makros der Vorlage zugreifen.

Um die Konvertieroptionen anzupassen, markieren Sie im Dialogfenster MAKRO in der Liste MAKRONAME ([Alt][N]) das Makro BEARBKONVERTIERUNGSOPTIONEN und starten es mit AUSFÜHREN ([Alt][A]). Im Dialogfenster KONVERTIERUNGSOPTIONEN BEARBEITEN wählen Sie unter KONVERTIERUNG ([Alt][K]) das gewünschte Dateiformat. Die aktuellen Einstellungen werden in der Liste KONVERTIERUNGSOPTION ([Alt][V]) angezeigt. Markieren Sie eine Option, wird diese im unteren Drittel des Dialogfensters kommentiert. Gleichzeitig werden im Fenster Felder eingeblendet, über die Sie die Konvertierungsvorgaben ändern können. Nach Abschluß der Einstellungen bestätigen Sie die Änderungen mit OK. Gespeichert werden diese Einstellungen automatisch in der Datei MSTXTCNV.INI, die sich im Windows-Stammverzeichnis findet.

Die Konvertierung von Dokumenten gemäß der gespeicherten Einstellungen starten Sie wiederum über EXTRAS > MAKRO ([Alt][X] [K]), indem Sie unter MAKRONAME ([Alt][N]) das Makro BATCHKONVERTIERUNG markieren und AUSFÜHREN ([Alt][A]). Bei diesem Makro handelt es sich um einen WinWord-Assistenten, der Sie durch die Konvertierung leitet. Sie treffen zunächst die Wahl, ob Sie Dokumente ins WinWord-Format oder von WinWord in ein anderes Dokumentformat überführen möchten. Der Ablauf des Makros ist durchgängig selbsterklärend und die Bedienung erfolgt im Dialog mit dem

Programm. Über die Schaltflächen WEITER> (`Alt`)`W`) und <ZURÜCK (`Alt`)`Z`)) steuern Sie den Fortgang. Die zu konvertierenden Dateien wählen Sie anhand Laufwerks- und Verzeichnislisten, spezifizieren die Auswahl über die Angabe von Dateinamen (DATEIANG.) und übernehmen alle gefundenen Dateien (ALLE AUSW.) oder einzelne per Doppelklick auf den Dateinamen in die Liste KONVERTIEREN. Hier geben Sie vor, durch welche Endung die konvertierten Dateien gekennzeichnet werden sollen (ALLE UMBEN.). Nach Abschluß der Konvertierung beenden Sie den Assistenten mit ABBRECHEN oder `Esc`), sofern Sie nicht mit WEITER> direkt den nächsten Konvertierlauf starten möchten.

Dateiablage

Im Register DATEIABLAGE stellen Sie ein, in welchen Verzeichnissen WinWord bestimmte Dateiengruppen speichern bzw. zum Öffnen suchen soll. Hier legen Sie fest, in welchem Unterverzeichnis Sie in der Regel Ihre Dokumente speichern, so daß beim Befehl DATEI > ÖFFNEN direkt der Zugriff auf das korrekte Textverzeichnis erfolgt. Doch die DATEIABLAGE bietet noch mehr Möglichkeiten: Wenn Sie beispielsweise all Ihre Dokumentvorlagen in einem separaten Verzeichnis \DOT speichern wollen, wählen Sie aus der Liste DATEIART (`Alt`)`D`)) den Eintrag BENUTZER-VORLAGEN und betätigen dann den Befehl ÄNDERN (`Alt`)`N`)). Im Dialogfenster ABLAGE BEARBEITEN können Sie im Eingabefeld ABLAGE - BENUTZER-VORLAGEN (`Alt`)`A`)) das Verzeichnis eingeben, wenn Sie es auswendig wissen. Sollten Sie sich nicht sicher sein, so können Sie das Verzeichnis wie auch in den anderen Datei-Fenstern in den Listenfeldern VERZEICHNISSE (`Alt`)`V`)) und LAUFWERKE (`Alt`)`L`)) selektieren. Zusätzlich gibt es noch den Befehl NEUES (`Alt`)`E`)), mit dem Sie ein neues Unterverzeichnis erstellen, ohne in den Datei-Manager von Windows zu wechseln. Im Dialogfeld VERZEICHNIS ANLEGEN geben Sie unter NAME (`Alt`)`N`)) den Namen des neuen Verzeichnisses an. Das neue Verzeichnis wird dann unter dem aktuellen Verzeichnis angelegt, dessen Name oberhalb des Eingabefeldes erscheint. Sie brauchen diese Aktion nur noch mit `↵` oder OK zu bestätigen. Das erstellte Verzeichnis wird nun automatisch in das Feld ABLAGE übernommen, so daß Sie das Fenster mit OK verlassen können. Sie können folgende Dateiablagen modifizieren:

Dokumente

Dieser Pfad bestimmt das Verzeichnis, auf das WinWord zurückgreift, wenn Sie ein Dokument mit DATEI > SPEICHERN UNTER auf die Festplatte schreiben bzw. mit DATEI > ÖFFNEN von der Festplatte einlesen möchten. Der Standardpfad ist das WinWord-Stammverzeichnis. Aus Gründen der Übersichtlichkeit sollten Sie diesen Pfad jedoch nicht benutzen, da ansonsten Ihr WinWord-Verzeichnis sehr schnell von Dokumentdateien überladen ist. Ein strukturiertes Pfadsystem spart kostbare Zeit. Erstellen Sie besser ein eigenes Textverzeichnis \Texte, auf das der Dokumentpfad weist, und legen Sie unter dem \Text-Verzeichnis für jedes Thema eigene Verzeichnisse wie \Brief, \Rechnung, \Privat usw.

Clipart-Grafiken Die Ablage der Dateiart Clipart-Grafiken springt WinWord automatisch an, wenn Sie mit Einfügen > Grafik eine Abbildung in Ihr Dokument einfügen. Wenn Sie bei der Installation keine Veränderungen vorgenommen haben, ist hier der Pfad \WINWORD\CLIPART angegeben.

Benutzer-Vorlage Im Benutzer-Vorlage-Verzeichnis werden Ihre Dokumentvorlagen gespeichert, wenn Sie im Dialogfenster Speichern unter als Dateityp den Eintrag Dokumentvorlage wählen. Beim Öffnen eines neuen Dokuments mit Datei > Neu wird unter anderem automatisch auf die Vorlagen dieses Verzeichnisses zugegriffen, die Ihnen als Basis neuer Dokumente zur Verfügung stehen. Mehr zum Thema "Dokumentvorlagen" finden Sie in Kapitel 20. Der Standardeintrag lautet hier \WINWORD\VORLAGEN

Arbeitsgruppen-Vorlagen Neben den Benutzer-Vorlagen kann WinWord auch auf sogenannte Arbeitsgruppen-Vorlagen zurückgreifen. Der Pfad, der zu dieser Dateiart angegeben wird, ist ebenfalls relevant beim Befehl Datei > Neu. Sie haben also in Arbeitsgruppen für das Erstellen neuer Dokumente neben den persönlichen Dokumentvorlagen auch Dokumentvorlagen zur Verfügung, die für mehrere Mitglieder einer Arbeitsgruppe gelten und somit zum einheitlichen Layout der Dokumente beitragen. Falls Sie keiner Arbeitsgruppe angehören, können Sie ins Arbeitsgruppen-Verzeichnis weitere persönliche Vorlagen kopieren - beispielsweise, nachdem sie eine Erprobungsphase überstanden haben - oder ganz auf dieses Verzeichnis verzichten. Die Einstellung von Arbeitsgruppen-Vorlagen ist nur für den Einsatz von WinWord im Netzwerk vorgesehen.

Benutzeroptionen Im Verzeichnis der Dateiart Benutzeroptionen wird die Datei WINWORD.OPT gespeichert, in der wichtige Informationen wie der Name des Benutzers, die aktiven Dokumentvorlagen oder die Liste der zuletzt geöffneten Dateien zwischen den Sitzungen gesichert werden. Diese Datei liegt nicht in einem Textformat vor und kann daher nicht direkt bearbeitet werden. Vorgegeben ist als Ablagepfad das WinWord-Stammverzeichnis.

Auto-Speichern-Dateien Im Verzeichnis AutoSpeichern-Dateien speichert WinWord die Dateien der automatischen Zwischensicherung, wenn Sie in der Registerkarte Speichern das Kontrollkästchen Automatisches Speichern eingeschaltet haben. Die Dateien haben die Endung .ASP. Beim automatischen Zwischenspeichern wird nicht die Dokumentdatei überschrieben, sondern eine Kopie angelegt. Auf diese Kopie greift WinWord zurück, wenn das Programm nicht ordnungsgemäß beendet wird - sei es durch einen Fehler im Anwendungsprogramm, durch einen Systemabsturz oder einfach durch Stromausfall. In diesem Fall bleiben die automatischen Sicherungsdateien im vorgegebenen Verzeichnis bestehen. Beim nächsten Programmstart überprüft WinWord den Inhalt des Verzeichnisses und lädt selbsttätig die Dateien mit der Endung .ASD. Gleichzeitig löscht es die ASD-Datei. Ebenfalls gelöscht werden diese Dateien beim ordnungsgemäßen Beenden von WinWord.

Um optimalen Überblick über die automatischen Sicherungsdateien zu behalten, empfiehlt es sich, im Dialogfenster OPTIONEN in der Registerkarte DATEIABLAGE mit ÄNDERN > NEUES ein eigenes Verzeichnis für die ASD-Dateien anzulegen. Nach einem Systemabsturz sollten Sie vor dem erneuten Start von WinWord Kopien der .ASD-Dateien dieses Verzeichnisses in ein anderes Unterverzeichnis kopieren. Falls dann beim automatischen Wiederherstellen etwas nicht wunschgemäß verläuft, haben Sie die Möglichkeit, die ASD-Dateien mit DATEI > ÖFFNEN manuell zu öffnen. Dies ist möglich, da diese Dateien im WinWord-Dokumentformat gespeichert wurden. Sie müssen lediglich im Dialogfenster ÖFFNEN im Feld DATEINAME als Endung "*.asd" eigeben, um die Dateien zu listen, die gewünschte Datei markieren und mit OK oder per Doppelklick öffnen.

In der Ablage WÖRTERBÜCHER befinden sich die von Ihnen hinzugefügten Benutzer-Wörterbücher, auf die die Rechtschreibprüfung zurückgreift. Diese Benutzerwörterbücher haben die Endung .DIC. Mehr über die Rechtschreibprüfung finden Sie in Kapitel 12. *Wörterbücher*

Im LERNPROGRAMM-Verzeichnis sucht WinWord die Dateien, die zum Lernprogramm gehören. Der Standardeintrag lautet \WINWORD\WORDCBT *Lernprogramm*

Dokumentvorlagen, die sich im Verzeichnis der Dateiart AUTOSTART befinden, werden beim Starten von WinWord automatisch geladen. Sollten Sie neben der NORMAL.DOT noch auf andere Dokumentvorlagen direkt beim Erstellen von neuen Dokumenten zurückgreifen wollen, so kopieren Sie diese in das hier angegebene Verzeichnis. Eine Alternative hierzu besteht im Befehl DATEI > DOKUMENTVORLAGE. Im Dialogfenster DOKUMENTVORLAGEN UND ADD-INS können Sie mittels des Befehls HINZUFÜGEN auch Dokumentvorlagen als globale Vorlagen definieren, die nicht im AUTOSTART-Verzeichnis gespeichert sind. Die Vorlagen des AUTOSTART-Verzeichnisses erscheinen in diesem Dialogfenster auf jeden Fall in der Liste GLOBALE VORLAGEN UND ADD-INS. *AutoStart*

Speichern

Die allgemeinen Speicherungsoptionen können Sie im Dialogfenster OPTIONEN in der Registerkarte SPEICHERN modifizieren. Ausführliche Informationen zum Speichern und den entsprechenden Optionen finden Sie in Kapitel 6.

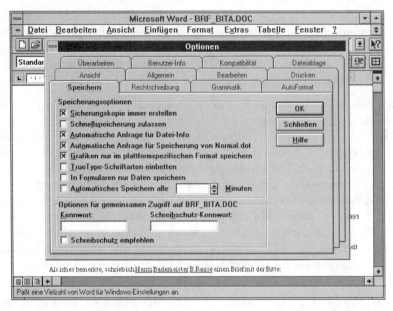

Abb. 11.8: Die Registerkarte SPEICHERN des Dialogfeldes OPTIONEN

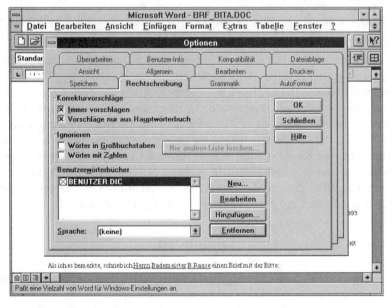

Abb. 11.9: Die Registerkarte RECHTSCHREIBUNG des Dialogfeldes OPTIONEN

Rechtschreibung

In der Registerkarte RECHTSCHREIBUNG legen Sie die Bedingungen fest, unter denen die Orthographie geprüft werden soll. Die Rechtschreibprüfung und ihre Optionen wird in Kapitel 12 behandelt.

Grammatik

Zugriff auf das GRAMMATIK-Register haben Sie nur, wenn eine Grammatikprüfung für den Absatz, in dem die Einfügemarke steht, installiert ist. WinWord verfügt über keine Grammatikprüfung für die deutsche Sprache. Allerdings wird das Programm in der deutschen Version mit einer Grammatik für britisches Englisch ausgeliefert, auf deren Prüffunktionen Sie zurückgreifen können, wenn Sie einer Passage mit EXTRAS > SPRACHE ([Alt][X] [S]) einen der ENGLISCH-Einträge zugewisen haben. Mehr über die englische Grammatikprüfung erfahren Sie in Kapitel 12.

AutoFormat

In der Registerkarte AUTOFORMAT können Sie festlegen, nach welchen Regeln WinWord Texte mit dem Befehl AUTOFORMAT formatieren soll. Weitere Informationen entnehmen Sie bitte Kapitel 20.

WinWord an Ihre Bedürfnisse anpassen

Die Anpassung von Symbolleisten, Menüs und Tastenschlüsseln vollziehen Sie in WinWord unter EXTRAS > ANPASSEN ([Alt][X] [A]). Diese Anpassungen stehen Ihnen genau wie die Konfiguration der Optionen in weiteren Sitzungen zur Verfügung.

Das Dialogfenster ANPASSEN verfügt über drei Register:

SYMBOLLEISTEN	Bestückung der Symbolleisten mit Schaltflächen
MENÜS	Konfiguration und Erstellung von Menüs der Menüleiste und Maus-Shortcuts
TASTATUR	Kreation und Belegung von Tastenschlüsseln

Das Dialogfenster ANPASSEN läßt sich mit der Maus auch ohne Menübefehl aktivieren. Klicken Sie mit der rechten Maustaste in den Bereich der Symbolleisten, und wählen Sie im Shortcut-Menü den Befehl ANPASSEN.

Bestimmen Sie im Dialogfenster ANPASSEN zuerst per Registerkarte, ob Sie die Belegung von SYMBOLLEISTEN ([Alt][S]), MENÜS ([Alt][M]) oder TASTATUR ([Alt][T]) ändern möchten. In allen drei Registerkarten wählen Sie anschließend die KATEGORIE ([Alt][K]), aus der Sie einen Befehl einem Symbol, einem Menü oder einer Tastenkombination hinzufügen möchten. Neben den ersten acht Kategorien, die den neun Menüs der Menüleiste von WinWord entsprechen - FENSTER U. HILFE (?) wurden zu einer Kategorie zusammengezogen -, gibt es noch die thematischen Kategorien ZEICHNUNG, RAHMEN und SERIENDRUCK.

Sollten Sie einen Befehl in den thematischen Kategorien nicht finden, so wählen Sie unter KATEGORIEN den Eintrag ALLE BEFEHLE. In diesem Fall werden im Dialogfenster ANPASSEN sämtliche BEFEHLE in alphabetischer Ordnung angezeigt, die Ihnen WinWord zur Einbindung zur Verfügung stellt. Unter BESCHREIBUNG erscheint stets eine kurze Information zur Aktion des markierten Befehls.

Etwas anders sieht dies bei den variablen Einträgen MAKROS, SCHRIFTARTEN, AUTOTEXT und FORMATVORLAGEN aus, zu denen sich in der Registerkarte TASTATUR noch SONDERZEICHEN gesellt. Bei MAKROS wird die BESCHREIBUNG angezeigt, die dem Makro von seinem Autor auf den Weg gegeben wurde; fehlt sie, bleibt die Information aus. Bei SCHRIFTARTEN wechselt die Anzeige zu einem VORSCHAU-Feld, in dem der Schriftname in seinem Schriftlayout erscheint. AUTOTEXT-Einträge erkären sich selbst im Feld AUTOTEXT-INHALT. FORMATVORLAGEN erhalten als Beschreibung die Liste ihrer Formatierungsmerkmale. Und auch bei den SONDERZEICHEN der Tastatur bleibt die BESCHREIBUNG nicht aus, die aber lediglich die Einträge der Liste SONDERZEICHEN wiederholt.

Die Inhalte dieser Kategorien richten sich nach der Kapazität der aktiven Dokumentvorlagen. Welche MAKROS ([Alt][A]), SCHRIFTARTEN ([Alt][C]), AUTOTEXT-Einträge ([Alt][A]) und FORMATVORLAGEN ([Alt][L]) enthalten sind, wird in den gleichnamigen Listen angezeigt, die statt der Schaltflächen- oder der allgemeinen Befehlsauswahl neben der Liste KATEGORIEN im Dialogfenster angezeigt wird.

Wichtig ist das DropDown-Feld SPEICHERN IN ([Alt][P]), in dem Sie festlegen, ob die Änderungen der Symbolleisten, Menüs oder Tastatur in der globalen Vorlage NORMAL.DOT gespeichert werden und fortan bei der Bearbeitung aller Dokumente zur Verfügung stehen, oder ob die Modifikationen nur in der Vorlage aufgenommen werden sollen, auf der das aktuelle Dokument basiert. Diese separate Dokumentvorlage wird hier nur aufgeführt, wenn es auf der Basis einer separaten Vorlage mit DATEI > NEU erstellt wurde oder sie dem Dokument mit DATEI > DOKUMENTVORLAGE > VERBINDEN zugewiesen wurde.

Symbolleisten bearbeiten

Wenn Sie in der Registerkarte SYMBOLLEISTEN eine der ersten acht thematischen Kategorien anwählen, werden im Feld SCHALTFLÄCHEN direkt die Symbole aufgeführt, die diesen Kategorien von Haus aus bereits zugewiesen sind. Sie ergänzen den gewünschten Befehl einer Symbolleiste mittels der Maus, mit der Sie das Symbol auf dem Bildschirm ziehen. Auskunft über die Wirkung eines Symbolbefehls erhalten Sie im Feld BESCHREIBUNG, indem Sie das Symbol im Dialogfenster ANPASSEN anklicken.

Auch die Befehle, die unter KATEGORIEN mit dem Eintrag ALLE BEFEHLE aufgerufen werden, lassen sich einfach einer Symbolleiste des WinWord-Fensters zuordnen: Markieren Sie den Befehl in der Liste und ziehen Sie ihn mit der Maus in die Symbolleiste. Sofern dem Befehl ein Standardsymbol zugeordnet ist, wird dieses automatisch angezeigt. Andernfalls erscheint in der Symbolleiste eine leere Schaltfläche und das Dialogfenster BENUTZERDEFINIERTE SCHALTFLÄCHE wird automatisch geöffnet.

Dieses Dialogfenster tritt auch in Aktion, wenn Sie auf Einträge der variablen Kategorien MAKROS, SCHRIFTARTEN, AUTOTEXT und FORMATVORLAGEN zugreifen, die von den anderen abgetrennt gelistet werden. Die Einträge dieser Listen verfügen, so wie manche Befehle, nicht über eigene Symbole. Sie können ihnen aber Symbole im Dialogfenster BENUTZERDEFINIERTE SCHALTFLÄCHE zuweisen, das wiederum selbsttätig aktiviert wird, sobald Sie einen Eintrag der vier Kategorien auf eine Symbolleiste ziehen.

Wenn Sie ein Symbol oder einen Eintrag einer Kategorienliste nicht auf eine bestehende Symbolleiste, sondern einfach ins WinWord-Fenster ziehen, wird automatisch eine neue Symbolleiste erstellt. Diese neuen Leisten werden einfach "Symbolleiste 1" benannt und bei weiteren Kreationen durchnummeriert. Um die stereotype, nichtssagende Namensgebung zu ändern, können Sie diese später unter DATEI > DOKUMENTVORLAGE mittels des Befehls ORGANISIEREN > UMBENENNEN.

Um eine neue Symbolleiste zu erstellen, die von vornherein einen aussagestarken Namen trägt, wählen Sie unter ANSICHT > SYMBOLLEISTEN ([Alt][A][S]) den Befehl NEU ([N]) und benennen die Symbolleiste im Feld NAME DER SYMBOLLEISTE ([Alt][N]) mit maximal 255 Zeichen. Unter dem Namen wählen Sie in der DropDown-Liste SYMBOLLEISTE VERFÜGBAR IN ([Alt][S]), in welcher der Vorlagen die Symbolleiste gespeichert werden soll. Zur Verfügung steht neben der globalen Vorlage NORMAL.DOT die Vorlage, auf der das aktuelle Dokument basiert. Nach der Bestätigung dieser Angaben mit OK wird automatisch das Dialogfenster ANPASSEN geöffnet.

Symbole kreieren

Um das Dialogfenster BENUTZERDEFINIERTE SCHALTFLÄCHE zu öffnen, ziehen Sie ein Symbol oder einen Eintrag der Befehlsliste aus dem Dialogfensters AN-PASSEN auf eine Symbolleiste oder einfach ins WinWord-Fenster. Um ein bestehendes Symbol einer Symbolleiste auszutauschen, klicken Sie mit der rechten Maustaste in der Symbolleiste auf das Symbol und bestätigen im Shortcut-Menü den Befehl SCHALTFLÄCHENSYMBOL AUSWÄHLEN.

Im Dialogfenster BENUTZERDEFINIERTE SCHALTFLÄCHE wird der Befehl, dessen Symbol Sie modifizieren, hinter ZUORDNEN angezeigt. Sofern diesem Befehl noch kein Symbol zugewiesen wurde, erscheint dieser Befehlsname auch im Feld NAME DER TEXTSCHALTFLÄCHE ([Alt][N]), in dem sie ihn modifizieren können; auch hier ist die maximale Textlänge mit 255 Zeichen erreicht. Die Modifikation des Befehlsnamens macht nur dann Sinn, wenn Sie das Feld statt mit einem Symbol mit einer Textschaltfläche in die Symbolleiste aufnehmen möchten. Dies empfiehlt sich, wenn Sie kein Symbol finden, das der Befehlsaktion assoziativ naheliegt.

Sofern eines der Symbole, die im Feld SCHALTFLÄCHE angezeigt werden, Ihren Vorstellungen entspricht, klicken Sie es an. Mit ZUORDNEN ([Alt][Z]) weisen Sie die Textschaltfläche oder das Symbol der Schaltfläche zu, die in der Symbolleiste markiert ist.

Wenn Sie ein Symbol verwenden möchten, aber keines der vorhanden Symbole Ihren Wünschen entspricht, können Sie ein eigenes Symbol zeichnen. Dabei steht es Ihnen frei, auf die vorhandenen Symbole zurückzugreifen und diese zeichnerisch zu ändern. Klicken Sie hierzu im Dialogfenster BENUTZERDEFINIERTE SCHALTFLÄCHE das Symbol an, das sie verändern wollen, und betätigen Sie dann die Schaltfläche BEARBEITEN ([Alt][B]), wodurch sich das Dialogfenster SCHALTFLÄCHEN-EDITOR öffnet.

Schalt-flächen-Editor Der SCHALTFLÄCHEN-EDITOR kann nicht mit der Tastatur bearbeitet werden - was aber kein Handicap darstellt, da Sie bei reiner Tastaturbedienung wohl kaum Symbole kreieren würden. Das Dialogfenster SCHALTFLÄCHEN-EDITOR ist in vier Bereiche aufgeteilt: BILD, FARBEN, VERSCHIEBEN und ANSICHT. Im Bereich ANSICHT sehen Sie ständig, wie das Symbol später in der Symbolleiste aussehen wird. Die Bildbearbeitung vollziehen Sie im Feld BILD; hierbei zeichnen Sie einen einzelnen Bildpunkt (Pixel), indem Sie ein Kästchen anklicken. Unter FARBEN wählen Sie per Mausklick aus, mit welcher Farbe Sie die Pixel setzen. Farben, die schon im Bild vorhanden sind, wählen Sie aus, indem Sie im Bild mit der rechten Maustaste auf die Farbe klicken. Schließlich können Sie das Bild noch über die Schaltflächen im Bereich VERSCHIEBEN innerhalb der Grenzen der 16x15 Pixel großen Schaltfläche bewegen. Auf der linken Seite steht Ihnen neben OK, ABBRECHEN und HILFE

11 • Die persönliche Konfiguration von Word für Windows

(Alt H) noch der Befehl LÖSCHEN zur Verfügung. Hiermit wird die gesamte Schalfläche ohne Sicherheitsabfrage gelöscht und auf die Standardfarbe zurückgesetzt. Einzelne farbige Bildpunkte setzen Sie per Klick mit der linken Maustaste auf die Standardfarbe, wenn der Bildpunkt der momentan aktiven Farbe entspricht. Wenn Sie die linke Maustaste gedrückt halten, zeichnen Sie pixelweise, bis Sie die Maustaste freigeben. Beachten Sie bitte, daß Sie innerhalb des Schaltflächen-Editors keine Aktionen rückgängig machen können.

Nachdem Sie eine Schaltfläche Ihren Vorstellungen entsprechend gepixelt haben, bestätigen Sie die Aktion mit OK oder ⏎. Ihre Symbolkreation wird daraufhin in der Symbolleiste auf die markierte Schaltfläche übernommen.

Bedenken Sie bei der Neugestaltung der Symbolleisten, daß überladene Symbolleisten eher hinderlich als hilfreich sind. Im Laufe der Arbeit werden Sie bemerken, welche Funktionen Sie häufig, welche manchmal und welche Sie nie benutzen. Letztere sollten auch in den Symbolleisten nicht weiter enthalten sein, sondern Raum schaffen für andere Funktionen oder eine gute Strukturierung durch Leerräume. Leerräume fügen Sie ein, indem Sie ein Symbol bei geöffnetem Dialogfenster ANPASSEN nach rechts verschieben.

Wenn Sie die Original-Belegung einer kompletten Symbolleiste wiederherstellen möchten, wählen Sie über ANSICHT > SYMBOLLEISTEN (Alt A S) aus der Liste SYMBOLLEISTEN (Alt S) die Symbolleiste aus, die Sie der Vorgabe entsprechend regenerieren wollen. Klicken Sie nun auf die Schaltfläche VORGABE (Alt V) und wählen Sie die Dokumentvorlage aus, in der die Standard-Vorgabe restauriert werden soll.

Wie oben schon kurz erwähnt, erweitert das aktive ANPASSEN-Dialogfenster die rechte Maustaste um ein weiteres Shortcut-Menü, das sich beim Klick auf ein Symbol zeigt. Mittels dieses Shortcut-Menüs läßt sich auch ein einzelnes, geändertes Symbol auf die SCHALTFLÄCHENSYMBOL-VORGABE zurückschalten. Sie brauchen also nicht die ganze Symbolleiste auf die Vorgabe zurückzusetzen, wenn Ihnen lediglich ein einziges Symbol in der neuen Gestaltung mißfällt. Das Shortcut-Menü beinhaltet überdies Befehle, mit denen Sie ein SCHALTFLÄCHENSYMBOL KOPIEREN und ein kopiertes SCHALTFLÄCHENSYMBOL EINFÜGEN können. Dies eröffnet Ihnen die Möglichkeit, Schaltflächensymbole beispielsweise mit Paintbrush zu kreieren und über die Zwischenablage in WinWords Symbolleiste aufzunehmen. Da der Symbol-Editor, der in WinWord 6 integriert ist, im Vergleich zu Zeichenprogrammen recht mager ist, erweist sich Paintbrush - das ebenfalls Pixelgrafiken erstellt - als kleiner komfortabler Ausweg. Sollte Ihnen die Grafik in Paintbrush zu groß geraten, stellt dies kein Problem dar: WinWord bringt sie beim Import aufs programmeigene Kleinformat. Um ein bestehendes Symbol einer

Symbolleiste mit dem Schaltflächen-Editor nachzubearbeiten, greifen Sie im Maus-Shortcut auf den Befehl SCHALTFLÄCHENSYMBOL BEARBEITEN zurück, der die markierte Schaltfläche direkt im SCHALTFLÄCHEN-EDITOR öffnet, sofern es sich nicht um eine Textschaltfläche handelt. Diese präsentiert das Dialogfenster BENUTZERDEFINIERTE SCHALTFLÄCHE zur Änderung.

Menüs

Die Menüs passen Sie unter EXTRAS > ANPASSEN im Register MENÜS ([Alt][M]) Ihren Vorstellungen entsprechend an. Wieder stehen Ihnen in der Liste KATEGORIEN ([Alt][K]) die Befehle - in einzelne Kategorien unterteilt - zur Verfügung. Wählen Sie zunächst die Kategorie und dann in der nebenstehenden Liste den Befehl, das Makro, den AutoText oder die Formatvorlage, die Sie einem Menü hinzufügen möchten. Am Anfang jeder dieser Listen steht die (TRENNLINIE), die dazu dient, Menüs zu strukturieren.

Der gewählten Kategorie entsprechend wird Ihnen im Feld MENÜ ÄNDERN ([Alt][E]) das Menü angezeigt, in das WinWord den Befehl automatisch aufnehmen würde. Sie müssen sich jedoch nicht an diesen Vorschlag halten. Wählen Sie einfach das Menü aus, in das Sie den Befehl aufnehmen möchten. Hierbei stehen Ihnen neben den normalen WinWord-Menüs die beiden Menüs &DATEI (KEIN DOKUMENT) und &? (KEIN MENÜ) zur Verfügung, die aktiv sind, solange kein Dokumentfenster geöffnet ist, und auch die kontextorientierten Shortcut-Menüs der rechten Maustaste können beliebig belegt werden.

Die Shortcut-Menüs sind kontextabhängig und richten sich nach der Position der Einfügemarke bzw. nach der aktuellen Markierung. Insgesamt stehen 24 verschiedene Konditionen zur Verfügung, auf die sich die Menüs beziehen:

Solange die Einfügemarke im Text steht oder nur Text markiert ist, öffnet sich das TEXT-Shortcut-Menü (siehe Abbildung Shortcut U), das neben den Bearbeitungsbefehlen AUSSCHNEIDEN, KOPIEREN und EINFÜGEN Formatbefehle für ZEICHEN, ABSATZ und NUMERIERUNG UND AUFZÄHLUNG enthält. Diese Grundausstattung wird von anderen Shortcut-Menüs modifiziert. So öffnet sich bei der Markierung des Positionsrahmen eines gestaltetes Initials das Shortcut INITIAL (siehe Abbildung Shortcut B). Daß WinWord sich bei den Shortcuts recht genau nach dem Inhalt einer Markierung richtet, ist daran zu ersehen, daß ein normaler Positionsrahmen ohne Initial neben RAHMEN UND SCHATTIERUNG den Befehl POSITIONSRAHMEN FORMATIEREN im Menü bietet (siehe Abbildung Shortcut H).

11 • Die persönliche Konfiguration von Word für Windows

Das Shortcut-Menü ZEICHNUNGSELEMENTE (siehe Abbildung Shortcut A) wird nur aktiviert, wenn Sie mit dem Mauszeiger auf eine Zeichnung klicken, die mit Word-6-Grafik erstellt wurde. Bei importierten oder eingefügten Grafiken erscheint statt dessen das Shortcut-Menü GRAFIK (siehe Abbildung Shortcut L), das den Zugriff auf den Grafikserver bietet. Dieses Menü ist übrigens für sämtliche eingebetteten Objekte zuständig und zeigt die Befehle, die für die Bearbeitung des markierten Objekts zur Verfügung stehen. Für verknüpfte Objekte gibt es hingegen mehrere verschiedene Menüs: VERKNÜPFTE GANZE TABELLE (siehe Abbildung Shortcut T), VERKNÜPFTER TEXT (siehe Abbildung Shortcut V) und VERKNÜPFTE ÜBERSCHRIFTEN (siehe Abbildung Shortcut J), die die spezifischen Objektbefehle zum Bearbeiten und Aktualisieren der Verknüpfung beinhalten. Sind mehrere Objekte gleichzeitig markiert, entscheidet stets das erste Objekt über die Befehlspalette. Dieses Prinzip gilt auch im Zusammenhang mit anderen Feldfunktionen. Sobald als erstes Element ein Feld markiert ist, erscheint das Shortcut-Menü FELDER (siehe Abbildung Shortcut D), über das sich FELDFUNKTIONEN ANZEIGEN lassen.

Wer diesen Befehl im Menü ANSICHT suchte und ihn vermißt, wird erfreut sein, ihn hier wiederzuentdecken. Die Tastenkombination ⇧ F9 tut allerdings noch immer ihre guten Dienste beim Wechsel zwischen Feldinhalten und Feldergebnissen.

Außerdem findet sich im Shortcut-Menü FELDER der Befehl FELD AKTUALISIEREN, der im separaten Menü FELDER ANZEIGEN (siehe Abbildung Shortcut E) fehlt; er wird aktiv, wenn das erste Feld der Markierung sich nicht aktualisieren läßt, wie beispielsweise {AUTONR} für die automatische Numerierung. Anders schaut es aus, wenn ein Formularfeld markiert ist. Hier bietet das Shortcut-Menü (siehe Abbildung Shortcut F) die OPTIONEN FÜR FORMULARFELDER; allerdings nur solange, bis der Abschnitt des Formularfelds gesperrt wird und damit für die Formularerfassung bereitsteht. Ab diesem Zeitpunkt ist der Befehl für die Optionen grau und nicht mehr zu aktivieren.

Bei numerierten Listen oder solchen mit Aufzählungszeichen offeriert die rechte Maustaste ebenfalls ein eigenes Menü (siehe Abbildung Shortcut K). Der Numerierungsbefehl für formatierte Überschriften findet sich im ÜBERSCHRIFTEN-Shortcut (siehe Abbildung Shortcut I). Auch Fußnoten (siehe Abbildung Shortcut G) und Endnoten (siehe Abbildung Shortcut C) verfügen über eigene Shortcuts, die allerdings nur im Fuß- bzw. Endnotenbereich und nicht im Fließtext aufzurufen sind.

Tabellen warten je nach Markierung mit verschiedenen Shortcuts (siehe Abbildung Shortcuts M, N, O, R) auf, die abhängig von der aktuellen Markierung das Einfügen, Löschen oder Formatieren von Zellen und/oder Zeilen und/oder Spalten ermöglichen. Bei TABELLENLISTEN (siehe Abbildung

Shortcut P), die mittels der automatischen Listenkennzeichnung numeriert oder mit Aufzählungszeichen versehen wurden, fließen die Listenbefehle wie z.B. NUMERIERUNG ÜBERSPRINGEN in das Menü ein. Auch bei Grafiken in Tabellen erfährt das Shortcut-Menü (siehe Abbildung Shortcut Q) Bereicherung:

Hier finden sich neben den Tabellen-Befehlen Möglichkeiten, die Grafik zu bearbeiten. WinWords neuen Beschriftungsbefehl können Sie im Shortcut auch direkt auf Tabellen anwenden, sofern eine ganze Tabelle markiert ist (siehe Abbildung Shortcut S).

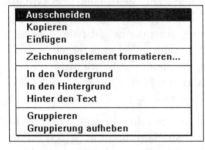

Abb. Shortcut A: ZEICHNUNGSELEMENTE   Abb. Shortcut B: INITIAL

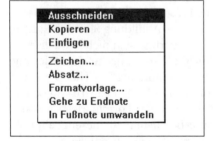

Abb. Shortcut C: ENDNOTEN   Abb. Shortcut D: FELDER

Abb. Shortcut E: FELDER ANZEIGEN   Abb. Shortcut F: FORMULARFELDER

11 • Die persönliche Konfiguration von Word für Windows

```
Ausschneiden
Kopieren
Einfügen
Zeichen...
Absatz...
Formatvorlage...
Gehe zu Fußnote
In Endnote umwandeln
```

Abb. Shortcut G: FUßNOTEN

```
Ausschneiden
Kopieren
Einfügen
Rahmen und Schattierung...
Positionsrahmen formatieren...
```

Abb. Shortcut H: POSITIONSRAHMEN

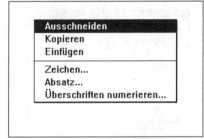

```
Ausschneiden
Kopieren
Einfügen
Zeichen...
Absatz...
Überschriften numerieren...
```

Abb. Shortcut I: ÜBERSCHRIFTEN

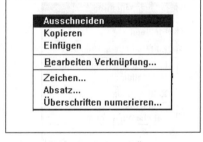

```
Ausschneiden
Kopieren
Einfügen
Bearbeiten Verknüpfung...
Zeichen...
Absatz...
Überschriften numerieren...
```

Abb. Shortcut J: VERKNÜPFTE ÜBERSCHRIFTEN

```
Ausschneiden
Kopieren
Einfügen
Numerierung und Aufzählungen...
Höherstufen
Zurückstufen
Numerierung überspringen
Numerierung beenden
Zeichen...
Absatz...
```

Abb. Shortcut K: LISTEN

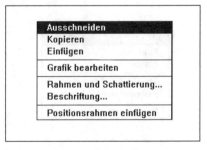

```
Ausschneiden
Kopieren
Einfügen
Grafik bearbeiten
Rahmen und Schattierung...
Beschriftung...
Positionsrahmen einfügen
```

Abb. Shortcut L: GRAFIK

```
Ausschneiden
Kopieren
Einfügen
Spalten einfügen
Spalten löschen
Tabelle AutoFormat...
Zellenhöhe und -breite...
Zeichen...
Absatz...
Numerierung und Aufzählungen...
```

Abb. Shortcut M: TABELLE

```
Ausschneiden
Kopieren
Einfügen
Zeilen einfügen
Zeilen löschen
Tabelle AutoFormat...
Zellenhöhe und -breite...
Zeichen...
Absatz...
Numerierung und Aufzählungen...
```

Abb. Shortcut N: TABELLENZELLE

253

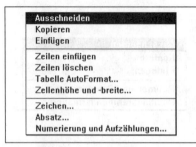

Abb. Shortcut O: TABELLENÜBERSCHRIFTEN

Abb. Shortcut P: TABELLENLISTEN

Abb. Shortcut Q: TABELLENGRAFIK

Abb. Shortcut R: TABELLENTEXT

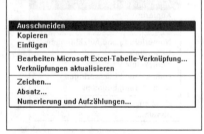

Abb. Shortcut S: GANZE TABELLE

Abb. Shortcut T: VERKNÜPFTE GANZE TABELLE

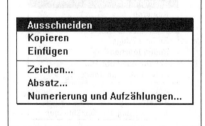
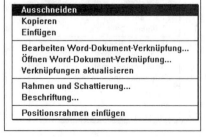

Abb. Shortcut U: TEXT

Abb. Shortcut V: VERKNÜPFTER TEXT

11 • Die persönliche Konfiguration von Word für Windows

Abb. Shortcut W: SYMBOLLEISTEN

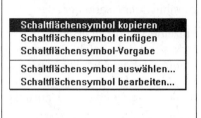

Abb. Shortcut X: SYMBOLLEISTEN ANPASSEN

Unter POSITION IM MENÜ ((Alt)(O)) wählen Sie im Dialogfenster ANPASSEN in der Registerkarte MENÜS die Position, an der der eingefügte Befehl stehen soll. Voreingestellt ist die Position (AUTO). Wenn innerhalb des Menüs schon weitere Befehle der von Ihnen ausgewählten Kategorie sind, ordnet WinWord den neuen Befehl in ihrem Umfeld. Neben (AUTO) gibt es noch zwei weitere relative Positionsangaben, (AM ANFANG) und (AM ENDE). Diese fügen den Befehl am Ende bzw. am Anfang des Menüs an.

Im Feld NAME IM MENÜ ((Alt)(N)) können Sie den Namen ändern, unter dem der Befehl später im Menü aufgezeigt werden soll. Ein kaufmännisches Und (&) vor einem Buchstaben legt die Kurzwahltaste für diesen Befehl innerhalb des Menüs fest.

Die Trennlinien, die Sie am Listenanfang einer jeder Kategorie finden, fügen Sie über (TRENNLINIE) ein, und unterteilen so das Menü in verschiedene Sektionen. Sie sollten hierbei darauf achten, daß Sie als Position nicht AUTO angeben, da die Trennlinie sonst an das Ende des Menüs eingefügt wird.

Sie können über das Dialogfenster ANPASSEN auch neue Menüs in der Menüleiste einrichten. Wählen Sie hierzu die Schaltfläche MENÜLEISTE ((Alt)(I)). In dem Dialogfenster MENÜLEISTE ANPASSEN geben Sie im Feld NAME IN DER MENÜLEISTE ((Alt)(N)) den Namen des Menüs ein. Auch hier können Sie wieder mit dem kaufmännischen Und & eine Taste für die Kurzwahl festlegen. Im Feld POSITION IN DER MENÜLEISTE ((Alt)(P)) wählen Sie nun die Position, die das neue Menü einnehmen soll. Die Einträge (ERSTE) und (LETZTE) setzen das neue Menü automatisch an den Anfang oder das Ende der bestehenden Menüleiste. Sie können aber nicht nur neue Menüs hinzufügen, sie können auch vorhandene Menüs umbenennen oder gar entfernen. Um ein bestehendes Menü neu zu benennen, wählen Sie es zunächst in der Liste POSITION IN DER MENÜLEISTE aus und geben dann den neuen Namen ins Feld NAME IN DER MENÜLEISTE an. Schließlich bestätigen Sie die Aktion mit UMBENENNEN ((Alt)(U)). Um ein Menü aus der Menüleiste zu entfernen, markieren Sie in der Liste POSITION IN DER MENÜLEISTE das zu löschende Menü

MENÜLEISTE

und betätigen ENTFERNEN ([Alt][E]). Nach einer Sicherheitsabfrage wird das gewählte Menü samt der zugeordneten Befehle gelöscht.

Einzelne Menübefehle entfernen Sie im Dialogfenster ANPASSEN im Register MENÜS mit dem Befehl ENTFERNEN ([Alt][F]). Wenn Sie die Änderungen der Menüs und der Menüleiste wieder zurücknehmen wollen, klicken Sie die Schaltfläche VORGABE ([Alt][V]) an. Die Änderungen werden dann für die aktuelle Dokumentvorlage zurückgenommen.

Bei der Nachbearbeitung von Menüeinträgen sind zwei Aspekte wichtig: Bei aller Kürze sollte der Befehl noch immer aussagestark sein, so daß seine Wirkung auf einen Blick erfaßt werden kann. Das &-Zeichen sollte vor einem Buchstaben stehen, der bislang noch nicht auf diese Weise im Menü gekennzeichnet ist. Doppelbelegungen bei Kurzwahltasten, die das kaufmännische Und (&) festlegt, sind zwar zulässig, behindern aber die Arbeit. Im Zweifelsfall können Sie auf die Angabe einer Kurzwahltaste verzichten, indem Sie das &-Zeichen löschen.

Wenn Sie Einstellungen in der WINWORD6.INI vornehmen wollen, müssen Sie unter EXTRAS > ANPASSEN in der Registerkarte MENÜ den Befehl EXTRASWEITEREEINSTELLUNGEN aus der Kategorie EXTRAS mit in das Menü übernehmen. Mehr über Modifikationen der WINWORD6.INI erfahren Sie weiter unten in diesem Kapitel.

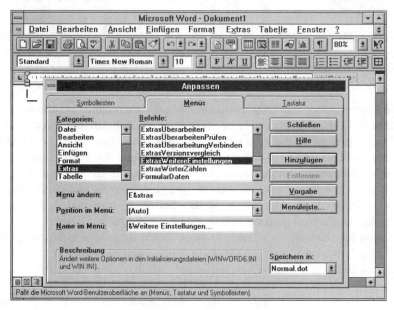

Abb. 11.10: Die Registerkarte MENÜS im Dialogfenster ANPASSEN

Tastatur

Die Tastenbelegung läßt sich im Dialogfenster ANPASSEN in der Registerkarte TASTATUR ändern. Auch hier wählen Sie zunächst eine Kategorie und anschließend daneben den Befehl oder Eintrag, den Sie mit einer Tastenkombination verbinden möchten. Sofern dem markierten Befehl, dessen Wirkung unter BESCHREIBUNG kommentiert wird, bereits Tastenschlüssel zugeordnet sind, erfahren Sie diese im Feld AKTUELLE SHORTCUTS. Bei der individuellen Einstellung der Tastenbelegung geben Sie den Tastenschlüssel, den Sie belegen möchten, unter NEUEN SHORTCUT WÄHLEN ([Alt][N]) ein.

Geben Sie die Tastatenkombination einfach so ein, wie Sie sie auch innerhalb des Programmes eingeben wollen: Halten Sie die gewünschten Kombinationstasten [Alt], [Strg] und/oder [↑] gedrückt und betätigen Sie die zugehörigen Zeichen oder Funktionstasten. Wenn die Kombination schon benutzt wird, wird die aktuelle Belegung unter dem eingegebenen Tastenschlüssel mit der Überschrift DERZEIT ZUGEORDNET ZU dokumentiert.

Tasten ohne Kombinationstasten oder nur mit [↑]-Kombinationen können nur belegt werden, wenn es sich bei ihnen um spezielle Funktionstasten handelt. Die Tasten der alphanumerischen Tastatur sind hierfür gesperrt, da sie für die Texteingabe zur Verfügung stehen sollen. Darüber hinaus sind die meisten Funktionstasten und [Strg]-Tastenkombinationen bereits von Word für Windows belegt. In der Kombinationsebene [Strg][Alt] sind allerdings ausreichend freie Tastenkombinationen vorhanden, um neue Belegungen zu ergänzen, ohne bestehende Tastenschlüssel zu deaktivieren.

Außerdem ermöglicht WinWord Tastenschlüssel, die aus einem Präfix und einer Zeichen- oder Funktionstaste bestehen, wodurch das Spektrum der Tastenschlüssel stark erweitert wird. In diesem Fall dient die erste Tastenkombination nur dazu, WinWord in den Tastenschlüsselmodus zu schalten. Es handelt sich hierbei um eine sogenannte "Präfix-Taste". Erst der nachfolgende Tastenanschlag, der ohne Kombinationstasten eingegeben wird, bestimmt die Funktion. Voreingestellte Präfix-Tasten sind beispielsweise [Strg][,] und [Strg][↑][.]. Diese Kombinationen alleine sind mit keinem Befehl verbunden, sondern dienen lediglich als Eröffnung für eine Befehlstaste, die von WinWord dank des Eröffnungscodes verstanden wird. Um eigene Präfix-Tasten zu definieren, brauchen Sie lediglich einem Befehl eine doppelte Tastenfolge zuzuordnen, z. B. [Strg][↑][2] [X]. Wenn Sie das nächste Mal [Strg][↑][2] im Feld NEUEN SHORTCUT WÄHLEN des Dialogfensters ANPASSEN eingeben, wird unter DERZEIT ZUGEORDNET ZU die Information [PRÄFIX-TASTE] angezeigt. Auf diese Weise können Sie die belegbare Bandbreite Ihrer Tastatur derart erweitern, daß Ihnen eher die sinnvoll einzubindenden Befehle und Makros ausgehen als die verfügbaren Tastenschlüssel.

Präfix

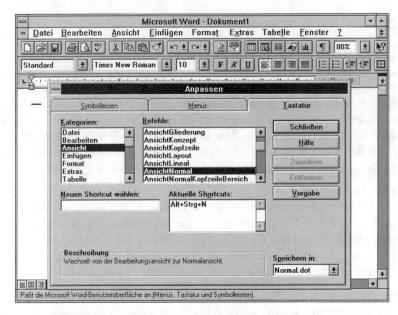

Abb. 11.11: Die Registerkarte TASTATUR im Dialogfenster ANPASSEN

Die neue Tastenkombination - auch bereits belegte Kombinationen stehen Ihnen zur neuerlichen Definition zur Verfügung - weisen Sie dem markierten Befehl oder Makro, der Schriftart oder dem AutoText, der Formatvorlage oder dem Sonderzeichen mit ZUORDNEN (Alt Z) zu.

Die Kombination wird daraufhin in der Liste AKTUELLE SHORTCUTS (Alt O) angezeigt, die auch die bereits gespeicherte Tastenbelegung der aktuellen Markierung nennt.

Um eine Tastenkombination zu löschen, markieren Sie den Tastenschlüssel in der Liste AKTUELLE SHORTCUTS und betätigen anschließend ENTFERNEN (Alt F). Alle Tastenkombinationen - entweder die der globalen oder die der dokumentorientierten Vorlage - setzen Sie mit dem Befehl VORGABE (Alt V) auf den WinWord-Standard zurück.

Weitere Einstellungen

Um Einstellungen an der WINWORD6.INI bzw. der WIN.INI vorzunehmen, müssen Sie zuerst den Menüpunkt EXTRASWEITEREEINSTELLUNGEN hinzufügen, wie weiter oben bereits beschrieben wurde. Dieser Menüpunkt ist in der Standardvorgabe nicht in WinWord implementiert - und das hat seinen guten Grund: Fehleingaben in der WINWORD6.INI und vor allem in der

WIN.INI können bis zum kompletten Versagen von WinWord bzw. Windows führen. Gehen Sie bei Einstellungen innerhalb dieser beiden .INI-Dateien daher mit der notwenigen Sorgfalt vor.

In den INI-Dateien können Sie viele der Einstellungen manuell vornehmen, die Sie auch unter EXTRAS > OPTIONEN einstellen können. Es sind aber auch Einstellungen möglich, die sich nicht aus dem Menü OPTIONEN heraus vornehmen lassen. Im Listenfeld ANWENDUNG ([Alt][A]) wählen Sie die Sektion, auf die sich die Änderungen beziehen sollen. Solange keine Ergänzung in Klammern angegeben wird, bezieht das Dialogfenster seine Informationen aus der WINWORD6.INI. Sie haben allerdings freien Zugriff auf andere INI-Dateien des Windows-Stammverzeichnisses, wenn Sie im Anschluß an die Sektion, auf die Sie zugreifen möchten, in runden Klammern den Namen der Datei angeben.

So öffnet Ihnen

```
MS Graphic Import Filters (WIN.INI)
```

die Import-Filter-Sektion der WIN.INI,

```
FontSubstitutes (MSFNTMAP.INI)
```

die Schriftersetzungstabelle der MSFNTMAP.INI oder

```
PCWordConv (MSTXTCNV.INI)
```

die Konfigurationsektion der MSTXTCNV.INI, die gemäß dem Makro BATCHKONVERTIERUNG Word-für-DOS-Dokumente umwandelt. Um neue Sektionen aufzunehmen, geben Sie einfach den Namen "Sektion" ins Feld ANWENDUNGEN ein, eventuell ergänzt durch den Namen einer INI-Datei (in Klammern gesetzt).

Auf die meisten Einstellungen haben Sie allerdings über EXTRAS OPTIONEN besseren und sichereren Zugriff. Die Einträge des Listenfelds ANWENDUNG entsprechen weitgehend den Einträgen der Systeminformation, die Sie im Hilfemenü mit INFO > SYSTEMINFO abrufen können und die in Kapitel 10 besprochen wurden. Während die dort angeführten Einträge nicht bearbeitet werden konnten, lassen sie sich im Dialogfenster WEITERE EINSTELLUNGEN modifizieren. Änderungen von Einträgen nehmen Sie im Dialogfenster vor, indem Sie zunächst die zu ändernde Zeile im Feld STARTOPTIONEN ([Alt][S]) markieren. Die Option wird nun im Feld OPTION ([Alt][O]) genannt; Sie können unter EINSTELLUNG ([Alt][E]) die Startangabe modifizieren und mit EINSTELLEN ([Alt][I]) in der INI-Datei speichern. Viele der Änderungen - allerdings nicht alle - werden trotz des Namens "Startoptionen" direkt aktiv. Bei wichtigen Einstellungen empfiehlt es sich aber, WinWord neu zu starten.

Die Arbeit mit Dokumentfenstern

Oft ist es nützlich oder sogar notwendig, mehrere Dokumente parallel zu bearbeiten. Word für Windows ermöglicht es Ihnen, beliebig viele Dokumentfenster zu öffnen; nur die Systemressourcen setzen Grenzen. Das Öffnen eines Dokumentfenster geschieht selbsttätig, wenn Sie eine Datei laden. Die einzelnen Dokumente sind in Word für Windows "gestapelt"; das heißt, die Fenster liegen schichtweise übereinander. Jedes Fenster kann hierbei stets nur ein einziges Dokument enthalten. Keine Rolle spielt es dabei, ob es sich um einen Text, eine Dokumentvorlage oder ein Makro handelt.

Dokument-symbole

Dokumentfenster können Sie mit dem Dokumentmenü-Befehl SYMBOL ([Alt]-[S]) zum Symbol verkleinern und mit dem Dokumentmenü-Befehl WIEDERHERSTELLEN ([Alt]-[W]) oder VOLLBILD ([Alt]-[B]) wieder im Fenster anzeigen. Die gleichen Aktionen lassen sich auch über die Minimier-/Maximierfelder der Dokumentfenster per Mausklick steuern. Auch die Anzahl der Dokumentsymbole - hierbei handelt es sich ja ebenfalls um geöffnete Dokumente - ist durch die Speicherkapazität begrenzt.

Der Stapel der Dokumente ist im Menü FENSTER ([Alt][F]) deutlich ersichtlich. Hier sind die Dateinamen der Dokumente gelistet. Jedem Dateinamen ist die Ordnungsnummer des Fensters vorangestellt, in dem das Dokument zum Zugriff bereitsteht. Sie aktivieren ein Dokumentfenster über das FENSTER-Menü, indem Sie den Dateinamen anklicken oder die Ordnungszahl über die Tastatur eingeben. Das ausgesuchte Dokument wird hierdurch in seinem Fenster auf den Bildschirm angezeigt. Sollten Sie mehr als neun Fenster gleichzeitig geöffnet haben, können Sie Fenster, die nicht in der Liste erscheinen über WEITERE FENSTER ([Alt][W]) aktivieren. In der Liste AKTIVIEREN erscheinen dann alle geöffneten Fenster.

Fenster wechseln

Um die Dokumentfenster in der Ordnung des Stapels zu durchlaufen, stehen Ihnen zwei Tastenkombinationen zur Verfügung: [Strg][F6] aktiviert die einzelnen Fenster in der Ordnung des Stapels von oben nach unten, [Strg][⇧][F6] kehrt die Reihenfolge um. Um also zwischen zwei benachbarten Fenstern hin und her zu wechseln, drücken Sie die Tastenschlüssel abwechselnd.

Neues Fenster

Während jedes Fenster nur ein einziges Dokument enthalten kann, ist es sehr wohl möglich, ein Dokument gleichzeitig in mehrere Fenster zu laden. Um ein zweites oder drittes Fenster zum gleichen Dokument zu öffnen, wählen Sie FENSTER > NEUES FENSTER ([Alt][F][N]).

Das neue Fenster hat dann das soeben aktive Dokument zum Inhalt, das in ihm jedoch völlig separat gesteuert werden kann. Dies ermöglicht Ihnen

11 • Die persönliche Konfiguration von Word für Windows

den schnellen Wechsel zwischen verschiedenen Stellen ein und desselben Schriftstücks; ein Vorteil, der besonders bei langen Dokumenten die Arbeit beschleunigt und die Orientierung erleichtert.

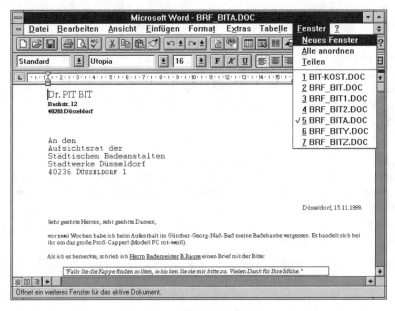

Abb. 11.12: Das Menü FENSTER

Alle Änderungen oder Ergänzungen, die Sie in einem der Dokumentfenster vornehmen, beziehen sich selbstverständlich auf den Inhalt aller Fenster, in denen das gleiche Dokument gespeichert ist. Welches der Fenster des selben Dokuments Sie augenblicklich bearbeiten, ist durch eine nachgestellte Ordnungszahl in der Titelleiste des Dokumentfensters kenntlich gemacht.

Mehrere Dokumentfenster anzeigen

Solange die einzelnen Dokumentfenster im Vollbildmodus angezeigt werden, kann stets nur ein Fenster des Stapels bearbeitet werden. Mitunter birgt aber gerade die parallele Anzeige mehrerer Dokumente die große Arbeitserleichterung, lassen sich doch auf diese Weise schnelle Vergleiche durchführen und einzelne Textstellen direkt übernehmen. Sie haben folgende Möglichkeiten, verschiedene Dokumentfenster zu öffnen:

Sie stellen die Fensterdarstellung über das Dokumentmenü ([Alt]-[W]) oder mit dem Tastenschlüssel [Strg][F5] her; dies erübrigt sich, wenn Ihr Dokumentfenster bereits in einem separaten Rahmen dargestellt ist. Aktivieren Sie über das Dokumentmenü die Einstellung der Fenstergröße ([Alt]-[G]) und der Fensterposition ([Alt]-[V]).

Die Einstellung des Fensters nehmen Sie mit den Cursortasten vor. Bei der Modifizierung der Größe bringen Sie den Vierfachpfeil mit den Cursortasten auf die gewünschte Rahmenleiste; hiefür geben Sie mit dem ersten Cursortastendruck die Richtung der Leiste an, wodurch der Pfeil seine Darstellung in einen horizontalen oder vertikalen Doppelpfeil ändert. Danach verschieben Sie den Rahmen mit den Cursortasten zur gewünschten Position und bestätigen die Änderung mit ⏎. Die Positionierung des ganzen Fensters wird ebenfalls mit den Cursortasten gesteuert und mit ⏎ abgeschlossen. Unter dem verkleinerten Fenster erscheint das nächste Fenster des Stapels, das Sie mit [Strg][F6] aktivieren und ebenfalls einstellen. So können Sie die Fenster, die Sie gleichzeitig bearbeiten möchten, nebeneinander am Bildschirm darstellen.

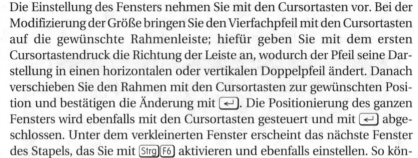

Auch für die Bedienung mit der Maus müssen Sie zunächst die Darstellung des Dokumentfensters im separaten Rahmen aktivieren, sofern Sie sich nicht bereits in diesem Modus befinden. Nun können Sie den Rahmen an den Seiten oder an den Ecken "anfassen". Wenn Sie den Mauszeiger auf dem Rahmen des Dokumentfensters positionieren, verändert er seine Form zu einem Doppelpfeil.

Dieser Doppelpfeil weist bei den senkrechten Rahmenleisten nach links und rechts oder bei den waagerechten Rahmenleisten nach oben und unten. Wenn Sie die linke Maustaste niederhalten, können Sie den Rahmen zur gewünschten Fenstergröße ziehen. In den Ecken ist der Mauszeiger ein diagonaler Doppelpfeil, mit dessen Hilfe Sie das Fenster proportional in Länge und Höhe gleichzeitig ziehen. Eine weitere Möglichkeit der Fenstereinstellung ergibt sich, wenn sowohl die horizontale als auch die vertikale Bildlaufleiste angezeigt werden. In diesem Fall können Sie den Mauszeiger auf das Eckfeldfeld rechts unten zwischen den Laufleisten setzen und durch Niederhalten der Maustaste das Fenster auf die gewünschte Größe ziehen.

Um das Fenster umzuplazieren, positionieren Sie den Mauszeiger auf der Titelleiste des Fensters, in dem der Name der Datei aufgeführt ist. Wenn Sie die linke Maustaste niederhalten, ziehen Sie das ganze Fenster an die gewünschte Position. Durch Anklicken des darunterliegenden Fensters, das nach dem Verschieben zum Vorschein kommt, aktivieren Sie es und nehmen nun die Einstellung in gleicher Weise vor.

Um ein Fenster mit der Maus zu aktivieren, muß nur ein kleiner Teil sichtbar sein. Wenn Sie diesen Teil des Fensters anklicken, wird das ganze Dokumentfenster in den Vordergrund geholt.

Noch eine Möglichkeit bietet sich, um alle geöffneten Dokumente auf dem Bildschirm gleichzeitig anzuzeigen. Wählen Sie im Menü FENSTER den Be-

11 • Die persönliche Konfiguration von Word für Windows

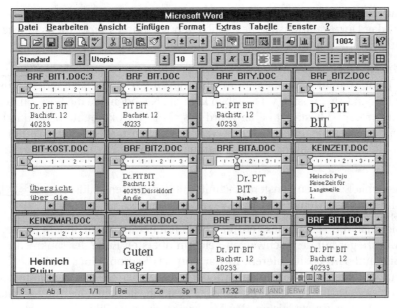

Abb. 11.13: Dokumentfenster parallel dargestellt

fehl ALLE ANORDNEN ([Alt][F][A]). Hierdurch werden sämtliche Fenster, die zur Zeit geöffnet sind, unter und nebeneinander dargestellt. Zwischen den einzelnen Dokumentfenstern wechseln Sie wieder mit der Maus oder der Tastenkombination [Strg][F6] bzw. [Strg][⇧][F6].

Die Reihenfolge und Größe der Fenster wird durch ihre Anzahl bestimmt: Als erstes Fenster verkleinert Word für Windows das aktive Fenster; ihm folgen die anderen Fenster des Stapels. Bis zu drei Fenster ordnet Word für Windows untereinander an, bis zu sechs Fenster zweispaltig nebeneinander. Wenn Sie mehr als sechs Fenster auf dem Bildschirm anzeigen lassen wollen, stellt Word für Windows die Fenster von unten beginnend in Dreierreihen nebeneinander dar. Nachdem Word für Windows sämtliche Fenster angeordnet hat, steht es selbstverständlich in Ihrem Ermessen, die Darstellung in den beschriebenen Techniken mit Maus oder Tastatur Ihren Bedürfnissen anzupassen.

In Ausschnitte geteilte Fenster

Neben der Darstellung in Dokumentfenstern bietet Word für Windows für Dokumente die Möglichkeit, ein Fenster in zwei Ausschnitte zu teilen. Hierbei können Sie aber im oberen und unteren Teil des Fensters stets nur ein und dasselbe Dokument, jedoch an verschieden Stellen, bearbeiten.

Ausschlaggebend für diese Möglichkeit ist die Größe der aktiven Fenster. Ist das Dokumentfenster nicht hoch genug, kann es nicht mehr in zwei Ausschnitte unterteilt werden.

Um ein Dokumentfenster intern zu teilen, rufen Sie FENSTER > TEILEN ([Alt][F] [T]) auf. Hierauf wird eine gepunktete Linie angezeigt, die Sie mit der Maus oder den Cursortasten verschieben können. Nachdem Sie die Position der Linie mit [↵] bestätigt haben, wird das aktuelle Dokumentfenster durch eine Doppellinie unterteilt. Diese Teilung des Fensters erfolgt immer horizontal. Um die Teilung zurückzunehmen, rufen Sie FENSTER > TEILUNG ENTFERNEN ([Alt][F][E]) auf.

Sie schließen einen Fensterausschnitt mit dem Tastenschlüssel [Alt][Strg][S], ohne daß das Menü FENSTER aktiviert werden muß.

Sie rufen die Teilung des Fensters direkt mit der Maus auf, indem Sie den Mauszeiger auf dem schwarzen Feld am obersten Ende der senkrechten Bildlaufleiste positionieren. Er hat dort das Symbol eines senkrechten durchbrochenen Doppelpfeils. Mit der Maus ziehen Sie die Trennlinie der beiden Ausschnitte an die gewünschte Position. Sie halten hierfür die linke Maustaste gedrückt, ziehen den Mauszeiger auf dem Bildschirm nach unten und lassen die Taste einfach an der günstigsten Stelle los. Auf diese Weise teilen Sie das Fenster. Wenn Sie die Doppellinie auf der Bildlaufleiste mit der Maus wieder aufgreifen, können Sie die Ausschnittsteilung verschieben oder löschen, indem Sie die Trennlinie an den oberen oder unteren Fensterrand führen und dort loslassen. Geschlossen wird das halbe Fenster auch, wenn Sie die Trennlinie auf dem Rollbalken doppelt anklicken.

Der Doppelklick verhilft Ihnen auch zum schnellen Halbieren eines Dokumentfensters. Klicken sie einfach das schwarze Feld oberhalb der Bildlaufleiste doppelt an, um das Fenster in zwei Ausschnitte zu teilen.

Zu Beginn der Teilung orientiert sich der Inhalt beider Ausschnitte an der gleichen Position der Einfügemarke. Sie können aber die Fensterteile einzeln steuern. Jeder der beiden Ausschnitte verfügt über eine separate vertikale Bildlaufleiste - sofern Sie die Bildlaufleiste aktiviert haben.

Ausschnitte wechseln Sie wechseln durch Anklicken des gewünschten Fensters oder mit der Taste [F6]. Zwischen den beiden Fenstern sind Übernahmen, beispielsweise durch Kopieren, möglich. Bedenken Sie aber, daß sich Änderungen in einem der beiden Fenster immer auf das ganze Dokument beziehen, also auch im anderen Teilfenster vollzogen werden, auch wenn sie zur Zeit nicht sichtbar sind.

11 • Die persönliche Konfiguration von Word für Windows

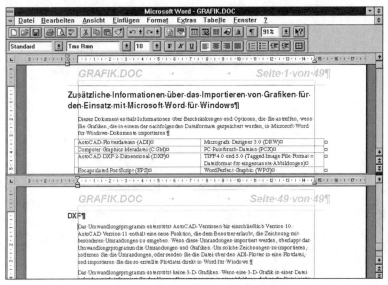

Abb. 11.14: Ein geteiltes Dokumentfenster

Ein großer Vorteil geteilter Fenster ist die Möglichkeit, ein Dokument in verschiedenen Ansichten parallel zu bearbeiten. Sie können z.B. in einem Ausschnitt das Dokument in der verkleinerten Layoutansicht anzeigen und im anderen Ausschnitt Texteingaben im vergrößerten Normalmodus vornehmen. Auch bietet es sich an, in einem Ausschnitt die nicht druckbaren Zeichen anzuzeigen, im anderen aber auf diese Zeichen zu verzichten. So ist der geteilte Fenstermodus für die Bearbeitung von Feldfunktionen, die Sie ausführlich in Teil IV kennenlernen, sehr hilfreich: während im einen Fenster die Feldfunktionen im Klartext erscheinen, können Sie im anderen Fenster bereits die Ergebnisse der Felder begutachten.

12
Thesaurus, Rechtschreibung, AutoKorrektur, Silbentrennung, Grammatik

Fremdsprachliche Texte prüfen	Seite	269
Der Thesaurus	**Seite**	**271**
Synonyme nachschlagen	Seite	271
Präzise suchen mit Bedeutungen	Seite	273
Die Rechtschreibprüfung	**Seite**	**275**
Start der Rechtschreibprüfung	Seite	276
Berichtigung	Seite	277
Wörterbücher erstellen	Seite	282
Automatische Korrekturliste	Seite	286
Die AutoKorrektur	**Seite**	**287**
Die Silbentrennung	**Seite**	**291**
Trennzonen vorgeben	Seite	292
Automatisches Trennen	Seite	294
Manuelles Trennen mit Kontrolle	Seite	295
Manuelle Trennungen entfernen	Seite	296
Grammatik	**Seite**	**297**
Optionen der Grammatiküberprüfung	Seite	298
Die Grammatikprüfung	Seite	302
Readability Statistics	Seite	304

12 • Thesaurus, Rechtschreibprüfung, AutoKorrektur, Silbentrennung, Grammatik

Fremdsprachliche Texte prüfen

Word für Windows überschreitet in vielerlei Hinsicht nicht nur die Grenzen der Textverarbeitung, sondern hilft auch bei der Kommunikation in anderen Sprachen. Diese Funktion ist sicherlich gerade im Hinblick auf ein vereintes Europa ausgesprochen sinnvoll.

Mit Word für Windows können Sie Texte mehrsprachig gestalten, ohne daß die Rechtschreibprüfung, aber auch der Thesaurus und die Silbentrennung ihre Dienste versagen. Die Grammatikprüfung funktioniert allerdings in der deutschen Version von Word für Windows nur für englische Sprachpassagen.

Voraussetzung für die mehrsprachige Textprüfung ist, daß Sie die Lexika, die Sie für die einzelnen Prüfoptionen brauchen, in der betreffenden Sprache auf der Festplatte installiert haben. Die deutsche Version von Word für Windows wird mit deutschen, englischen und französichen Lexikadateien ausgeliefert. Lexika für andere Sprachen sind bei Microsoft erhältlich.

Der Zugriff auf die verschiedenen Wörterbücher erfolgt automatisch. Sie brauchen sich hierum nicht weiter zu kümmern. Für den Fall, daß es Sie interessiert, sei an dieser Stelle vermerkt, daß die Zuständigkeit der einzelnen Lexikadateien in der WIN.INI in der Sektion [MS Proofing Tools] eingetragen ist. Einblick in die Konfiguration haben Sie, wenn Sie im Hilfemenü INFO anwählen und im INFO-Fenster über SYSTEMINFO MS Info starten. Im Fenster MICROSOFT SYSTEMINFORMATION zeigt Ihnen die Kategorie RECHTSCHREIBUNG die installierten Wörterbücher samt Sprachcode und Pfad an (siehe hierzu Kapitel 10).

Damit der Sprachwechsel innerhalb eines Dokuments vom Programm berücksichtigt werden kann, wurde hierfür eine spezielle Funktion im Menü EXTRAS aufgenommen. Markieren Sie zunächst die fremdsprachige Passage des Textes und öffnen Die dann mit dem Befehl EXTRAS > SPRACHE (Alt)(X)(S) das Dialogfenster, in dem Sie die SPRACHE DES MARKIERTEN TEXTTEILS (Alt)(S) festlegen.

Bei den Überprüfungen des Textes mittels Thesaurus, Rechtschreibprüfung oder Silbentrennung wird von nun an automatisch auf die Wörterbücher der Sprache zugegriffen, die Sie der Markierung zugewiesen haben. Wenn das korrekte Wörterbuch nicht gefunden wird, da Sie beispielsweise dem Text die Sprache ENGLISCH (NORDAMERIKA) zugeordnet haben, greift das Programm selbsttätig auf das naheliegenste Wörterbuch - in diesem Fall ENGLISCH (GROSSBRITANNIEN) - zurück. Wird kein entsprechendes Wörterbuch gefunden, so erhalten Sie die Meldung, daß die Datei nicht gefunden wurde. Die Passage bleibt ungeprüft. Bei der Rechtschreibprüfung und der Silbentrennung wird der Prüflauf am Ende der unbekannten Passage mit der nächsten Sprache fortgesetzt.

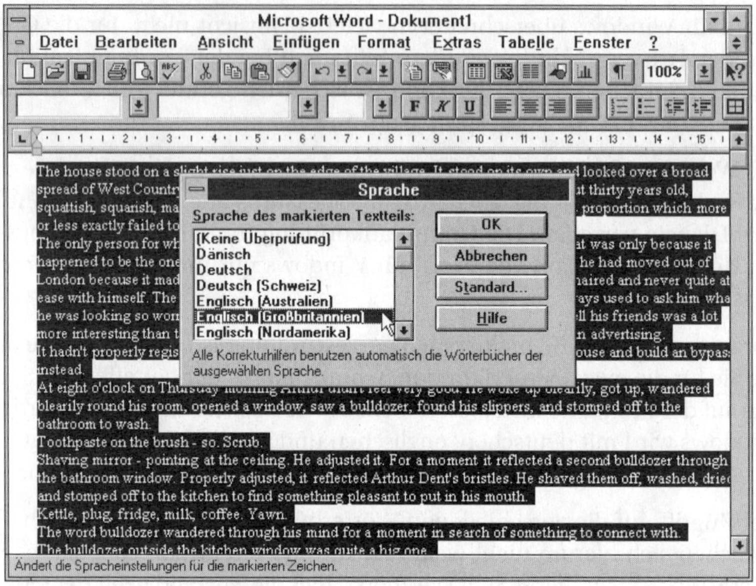

Abb. 12.1: Das Dialogfenster SPRACHE

Standard-sprache zuweisen Das Sprachformat der meisten Ihrer Texte wird in der Regel - abgesehen von speziellen Berufsgruppen - deutsch sein. Dennoch ist der Befehl STANDARD ([Alt][T]) des Dialogfensters SPRACHE ausgesprochen nützlich. Mit ihm können Sie nämlich die Standardsprache für die aktive Dokumentvorlage bestimmen. Hierfür muß lediglich in einem Dokument der Vorlage der Spracheintrag modifiziert und anschließend mit STANDARD bestätigt werden. Beim Speichern des Dokuments erfolgt dann die Abfrage, ob auch die Änderungen an der Vorlage gespeichert werden sollen, die Sie bejahen müssen, um die Modifikation dauerhaft zu machen. So lassen sich auf einfache Weise Briefbögen, Memos und andere Formulare erstellen, die direkt auf die Sprache des Empfängers abgestimmt sind. Diese Anpassung betrifft auch die allgemeinen Schalter der Feldfunktionen, die beispielsweise bei der Formatierung in Englisch die Texte von Ordnungzahlen oder Zeitangaben im englischen Usus wiedergeben. Mehr über Dokumentvorlagen bietet das Kapitel 20. Zu den allgemeinen Schaltern der Feldfunktionen informiert Kapitel 28.

Die Sprachzuweisung über EXTRAS > SPRACHE bietet Ihnen noch eine weitere Möglichkeit, Überprüfungen zu steuern. Wenn Sie einer markierten Passage unter SPRACHE DES MARKIERTEN TEXTTEILS den Listeneintrag (KEINE ÜBERPRÜ-

FUNG) zuweisen, wird die so formatierte Textstelle bei der Rechtschreibprüfung und der Silbentrennung ignoriert. Diese Art der Formatierung eignet sich daher besonders für Absätze mit Daten, Fachwörtern, Abkürzungen oder Makrolisting.

Der Thesaurus

Während der Erstellung von Texten ist mitunter nicht der richtige Ausdruck parat. Da hilft oft kein angestrengtes Überlegen, sondern nur der Griff zum Wörterbuch. Für diesen Zweck gibt es auf dem Buchmarkt verschiedene Werke, die im Fachjargon "Synonymwörterbücher" genannt werden. Genannt seien hier der Duden-Band "Die sinn- und sachverwandten Wörter" (Bd. 8) und das verbreitete "Sag es treffender" von A. M. Textor. In diesen Synonymwörterbüchern finden Sie sinnverwandte Wörter nach Begriffen gegliedert. In solch einem Thesaurus, so werden diese Nachschlagewerke auch bezeichnet, können Sie das Wort nachschlagen, das Ihnen in den Kopf kommt, aber den Zusammenhang nicht haargenau trifft. Sie finden unter dem nachgeschlagenen Wort weitere Wörter ähnlicher Bedeutung verzeichnet. Mit ein wenig Glück läßt sich hierbei genau der Begriff entdecken, der das trifft, was Sie sagen möchten.

Zu den Funktionen der fortgeschrittenen Textverarbeitung gehört ein Thesaurus. Word für Windows bietet die Möglichkeit der Wortschatzerweiterung allerdings nicht auf Papier, sondern als Bestandteil des Programms. Sie haben somit die Gelegenheit, während der Arbeit am Text schnell mal ein Wort nachzuschlagen.

Synonyme nachschlagen

Das Synonymwörterbuch von Word für Windows wird im Menü EXTRAS mit THESAURUS ([Alt][X][T]) "aufgeschlagen". Schneller starten Sie den Thesaurus mit [⇧][F7].

Im geöffneten Thesaurus-Fenster gibt die Titelzeile des Dialogfensters an, für welche Sprache der Thesaurus Synonyme sucht. Der Rückgriff auf die installierten Wörterbücher ist abhängig von der Sprache, die dem markierten Wort zugewiesen ist; die Zuweisung erfolgt bei der Texterfassung oder im Nachhinein mit dem Menübefehl EXTRAS > SPRACHE. Sofern der Thesaurus das Lexikon für die angegebene Sprache nicht finden kann, erscheint eine entsprechende Meldung.

Im Listenfeld SYNONYME FÜR ([Alt][F]) ist das Wort eingetragen, auf dem die aktuelle Begriffssuche basiert; unter ihm werden die BEDEUTUNGEN ([Alt][B]) gelistet. Sollte es sich um ein Wort handeln, das kein Bestandteil des Thesauruswörterbuchs ist, wechselt der Name des Listenfelds in NICHT GE-FUNDEN ([Alt][U]). In diesem Fall wird unter ihm eine ALPHABETISCHE LISTE ([Alt][A]) der Begriffe angezeigt, die der Schreibweise des Suchbegriffs ähneln.

Beim Aufruf bezieht der Thesaurus sich stets auf das Wort, das der Einfügemarke am nächsten steht. Dieses Wort wird ins Feld SYNONYME FÜR bzw. NICHT GEFUNDEN übernommen.

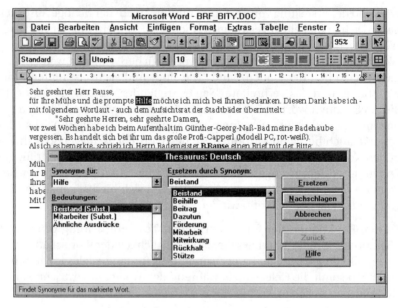

Abb. 12.2: Der Thesausus

Word für Windows erkennt selbstverständlich nicht automatisch, wie sinnvoll eine Zeichenkette ist. Da auch einzelne Buchstaben als Basis einer Wortsuche akzeptiert werden, nimmt das Programm die nächste zusammenhängende Zeichenfolge auf. Hierbei wird nicht berücksichtigt, ob es sich um ein Zeichen handelt, das Anlaß zum Nachschlagen bietet, denn die Suche nach Synonymen findet ja erst im Anschluß an die Aufnahme statt. Im Zweifelsfall wird das Zeichen links der Einfügemarke übernommen. Falls sich kein Buchstabe in der Zeile befindet, in der die Einfügemarke steht, oder der nächsten Buchstabe von der Einfügemarke durch Satzzeichen, Tabulatoren, Absatzendemarken oder sonstigen Schaltungen getrennt ist, bleibt das Feld SYNONYME FÜR frei. In diesem Fall wechselt das Feld ERSETZEN DURCH seinen Namen zu EINFÜGEN ([Alt][I]). In diesem Feld kann nun eine Texteingabe vorgenommen werden, die mit NACHSCHLAGEN ([Alt][N]) zur Basis der Suche gemacht wird.

12 • Thesaurus, Rechtschreibprüfung, AutoKorrektur, Silbentrennung, Grammatik

Die sicherste Methode, um ein Wort des Textes direkt mit Hilfe des Thesaurus zu bearbeiten, ist, das Wort ganz oder teilweise zu markieren und dann mit ⇧ F7 den Thesaurus zu laden. Das markierte Wort wird so zur Basis der Synonymsuche, deren Ergebnisse direkt in den beiden Listen angezeigt werden.

In der Liste BEDEUTUNGEN (Alt B) werden verschiedene Wortbedeutungen aufgeführt. Um welche Wortarten es sich bei den gelisteten Bedeutungen handelt, wird jeweils in Klammern gekennzeichnet. Die einzelnen Abkürzungen besagen folgendes:

Abkürzung	Hinweis
Subst.	Substantive
Verb	Verben
Adj.	Adjektive
sonst.	Partikel

Tab. 12.1: Die Wortarten des Thesaurus

Die Angaben in Klammern geben bei der weiteren Wortwahl eine wichtige Hilfestellung. Wenn Sie im Text ein Verb, z.B. "rasen", ersetzen möchten, hilft Ihnen ein Substantiv nicht weiter. Sie müssen sich dann also bei den mit "(Verb)" gekennzeichneten Worten umschauen.

Präzise suchen mit Bedeutungen

Wenn Sie ein Wort aus der Bedeutungsliste mit den Cursortasten oder der Maus markieren, werden in der Liste ERSETZEN DURCH SYNONYM (Alt R) die zur Bedeutung passenden Synonyme angezeigt. Wenn Sie z.B. "rasen" als emotionalen Ausbruch verstanden wissen möchten, markieren Sie das Wort "toben (Verb)" und erhalten hierzu in der Parallelliste sinnverwandte Wörter.

Bei der Synonymliste handelt es sich um ein sogenanntes Combo- oder Kombinationsfeld, in dem einerseits Listeneinträge markiert und andererseits im ersten Feld der Liste Eingaben vorgenommen werden können. Die Synomymliste wechselt zu ERSETZEN DURCH (Alt R), wenn ein Wort nicht im Wörterbuch gefunden wurde und die alphabetische Liste aktiv ist. Da in diesem Fall aber nur der Eintrag "(keine Synonyme)" in der Synonymliste steht, wird wohl von diesem Tastenschlüssel kaum Gebrauch gemacht. Etwas anders sieht die Situation aus, wenn unter BEDEUTUNGEN die Einträge

ÄHNLICHE AUSDRÜCKE oder ÄHNLICHE BEGRIFFE eingetragen sind. Dies geschieht unter anderem häufiger, wenn ein Plural oder eine gebeugte Form als Basis der Recherche gewählt wird.

Der Eintrag ÄHNLICHE AUSDRÜCKE erscheint auch, wenn der Thesaurus Wortkombinationen auf der Basis des Recherchebegriffs findet. Wird ÄHNLICHE AUSDRÜCKE markiert, heißt das Kombinationsfeld ÄHNLICHE AUSDRÜCKE und kann mit dem Tastenschlüssel (Alt)(N) aktiviert werden. Die Einträge der Liste eignen sich häufig als gute Grundlage einer neuerlichen Recherche mit NACHSCHLAGEN ((Alt)(N)). Bei Verwendung des Tastenschlüssels (Alt)(N), der für die Liste ÄHNLICHE AUSDRÜCKE und den Befehl NACHSCHLAGEN gleich ist, wird zunächst die Liste und dann der Befehl aktiviert.

Wenn unter BEDEUTUNGEN der Eintrag ÄHNLICHE BEGRIFFE markiert wird, ändert die rechte Liste ihren Namen in ERSETZEN DURCH ÄHNLICHEN BEGRIFF ((Alt)(R)), was Sie aber in keiner Weise an einer weiteren Recherche mit NACHSCHLAGEN zu hindern braucht. Gelistet werden in der Regel Grundformen des markierten Worts.

Sobald Wörter angezeigt werden, haben Sie die Möglichkeit, einen der Begriffe - gleich welcher Liste - zu markieren. Der markierte Begriff wird im ersten Feld des Kombinationsfelds ERSETZEN DURCH SYNONYM angezeigt. Mit ERSETZEN ((Alt)(E)) tauschen Sie ihn im Text gegen das markierte Wort aus. Falls keines der Wörter Ihren Vorstellungen entspricht, brechen Sie die Suche entweder ab, oder Sie setzen sie mit einem neuen Wort fort.

Individuell suchen
In das erste Feld der Kombinationsliste ERSETZEN DURCH SYNONYM können Sie ein eigenes Wort eingeben und sich mit dem Befehl NACHSCHLAGEN wieder ein Spektrum von möglichen Ersetzungen anzeigen lassen. Ebenso haben Sie die Möglichkeit, eines der gelisteten Wörter der weiteren Suche zugrunde zu legen. Hierfür reicht es, das gewünschte Wort doppelt anzuklicken oder zu markieren und wieder NACHSCHLAGEN zu wählen.

Über die Verweise ÄHNLICHE BEGRIFFE und ÄHNLICHE AUSDRÜCKE lassen sich in der Synonym-Liste Wörter ausgeben, die mit dem Quellwort assoziiert werden können. Auch aus der alphabetischen Liste, die zeigt, daß ein Wort nicht zugeordnet werden kann, läßt sich für folgende Nachforschungen wählen. Direkt werden zu den alphabetisch gelisteten Wörtern keine Synonyme ausgegeben.

Wenn Sie nach mehreren Recherchen innerhalb des Thesaurus ein Wort reaktivieren möchten, das der Bedeutungssuche zugrunde lag, öffnen Sie das DropDown-Feld SYNONYME FÜR ((Alt)(F)). Hierin sind die Quellworte der aktuellen Synonymsuche gespeichert; ihre Ergebnisse werden angezeigt, sobald ein Wort der Liste ausgewählt wird.

12 • Thesaurus, Rechtschreibprüfung, AutoKorrektur, Silbentrennung, Grammatik

Sie können nicht nur Synonyme für einzelne Worte suchen, sondern sich auch Alternativen für stehende Redewendungen anbieten lassen. Voraussetzung hierfür ist, daß sämtliche Wörter des Ausdrucks markiert sind.

Zur Übung sollten Sie folgende Wörter im Thesaurus nachschlagen:

Quellwort: Betrieb	Gesuchtes Synonym: Werkstatt
Programm	Entwurf
Schloß	Palazzo
ganz aus dem Häuschen sein	rotieren

Die Rechtschreibprüfung

Neben der richtigen Wortwahl ist für einen Text stets die richtige Orthographie entscheidend. Während der Textarbeit kommt leicht einmal ein Tippfehler unter, der durch konzentriertes Gegenlesen aufgefunden werden muß. Word für Windows ist in der Lage, Ihnen beim Korrekturlesen zu helfen, und Sie auf Wörter, deren Schreibweise zumindest in Zweifel steht, aufmerksam zu machen. Word für Windows verfährt bei seiner Rechtschreibprüfung nach dem Prinzip, daß ein unbekanntes Wort falsch geschrieben sein könnte.

Bei der Rechtschreibprüfung lassen sich die Wörter aus zehn verschiedenen Benutzerwörterbüchern parallel heranziehen. Außerdem verfügt die Rechtschreibprüfung für jede installierte Sprache über ein Standardwörterbuch, das zum Umfang des Rechtschreibprogramms gehört und auf welches stets zugegriffen wird; der Inhalt dieser Programmwörterbücher liegt fest und kann nicht geändert werden. Der Inhalt der benutzerdefinierten Wörterbücher, von denen sich zehn in die Rechtschreibprüfung einbeziehen lassen, liegt in Ihrer Hand.

Diese Wörterbücher ergänzen Sie, im Gegensatz zu dem Standardwörterbuch, durch eigene Einträge. Sie nehmen darin unbekannte Wörter auf, die während des Prüflaufs trotz richtiger Schreibweise bemängelt werden. Die Benutzerwörterbücher können beliebige Dateinamen tragen, die einzig den üblichen Namensregeln von DOS entsprechen müssen (nicht mehr als acht Zeichen, keine Leerstellen im Namen usw.).

Wenn das Programm die Schreibweise eines Wortes mit Hilfe der Wörterbücher verifizieren kann, schließt es hieraus auf die richtige Schreibweise des Wortes und überprüft das nächste Wort. Bei Unstimmigkeiten legt es Ihnen das Wort zur Begutachtung vor, und Sie entscheiden, ob das Wort richtig oder falsch geschrieben ist.

Start der Rechtschreibprüfung

 Sie rufen die Rechtschreibprüfung in der Funktionsleiste über das Symbol "Rechtschreibung" oder im Menü EXTRAS mit dem Befehl RECHTSCHREIBUNG ([Alt][X] [R]) auf. Die Rechtschreibprüfung läßt sich zudem direkt mit der Funktionstaste [F7] starten. Sie beginnt sofort mit der Überprüfung. Der Ausgangspunkt der Textkontrolle ist die Einfügemarke, von der aus das Dokument abwärts überprüft wird. Während der Überprüfung meldet die Statuszeile: "Word prüft die Rechtschreibung im Dokument... Drücken Sie ESC, um abzubrechen." Solange kein Wort gefunden wird, das die Rechtschreibprüfung bemängelt, wird auch das Dialogfenster RECHTSCHREIBUNG nicht geöffnet.

Prüfbereich eingrenzen Um nur die Orthographie eines bestimmten Teils des Dokuments zu untersuchen, markieren Sie die gewünschte Passage, bevor Sie die "Rechtschreibung" starten. Die Überprüfung, die Sie nun beginnen, erstreckt sich ausschließlich auf den markierten Bereich. Nach Abschluß des eingegrenzten Prüflaufs erscheint ein Meldungsfenster, das abfragt, ob die Überprüfung auf den Rest des Dokuments ausgedehnt werden soll.

Einzelne Wörter machen Sie zum Gegenstand der Überprüfung, indem Sie das gewünschte Wort markieren und die EXTRAS > RECHTSCHREIBUNG aktivieren. Es reicht hierbei, mindestens einen Buchstaben des Wortes zu mar-

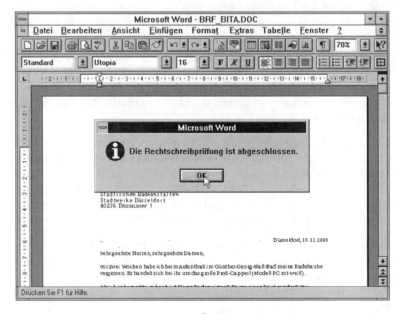

Abb. 12.3: Abschluß der Überprüfung ohne Mängel

12 • Thesaurus, Rechtschreibprüfung, AutoKorrektur, Silbentrennung, Grammatik

kieren. Word für Windows überprüft dann das komplette Wort. Solange die Schreibweise in einem der geöffneten Wörterbücher gefunden wird, werden Sie lediglich in einem Mitteilungsfenster über den Erfolg der Aktion informiert. Solange noch keine Wörter in Benutzerwörterbücher aufgenommen wurden, greifen Sie nur auf den Inhalt des Standardwörterbuchs zu

Berichtigung

Wenn die Rechtschreibprüfung auf ein Wort stößt, für das es in den aktiven Wörterbüchern keine Entsprechung findet, öffnet das Programmfenster der Rechtschreibprüfung. In der Titelzeile des Fensters erfahren Sie neben RECHTSCHREIBUNG den Namen der Sparche, mit der die Rechtschreibprüfung zur Zeit arbeitet. Die Sprache der Überprüfung ist abhängig von der Sprache, die Sie dem Wort, der Passage oder dem ganzen Text mit EXTRAS > SPRACHE zugewiesen haben.

Im ersten Feld des Fensters RECHTSCHREIBUNG wird im Feld NICHT IM WÖRTERBUCH (Alt M) - das je nach Kontext auch GROSS-/KLEINSCHREIBUNG oder WORTWIEDERHOLUNG heißen kann - das Wort angezeigt, das bemängelt wird.

Falls das Wort sich trotz Anzeige als korrekt geschrieben erweist, können Sie es mit NICHT ÄNDERN (Alt C) übergehen. Sollte das Wort häufiger im Text vorkommen, wird es an jeder Fundstelle aufs neue als "nicht richtig" identifiziert. Dies verhindern Sie, wenn Sie anstelle von NICHT ÄNDERN den Befehl NIE ÄNDERN (Alt E) anwählen. Alle Wörter, deren Schreibweise Sie mit NIE ÄNDERN bestätigen, werden in eine temporäre Liste aufgenommen, die für den Verlauf der gesamten Sitzung erhalten bleibt. Die Wörter, das Sie einmal auf diese Weise für richtig befanden, werden in allen Dokumenten ignoriert, bis WinWord beendet und wieder neu gestartet wurde. Allerdings besteht die Möglichkeit, die Nie-Ändern-Liste zu löschen.

Rufen Sie vom Dialogfenster RECHTSCHREIBUNG aus mit OPTIONEN (Alt O) die Registerkarte RECHTSCHREIBUNG des Dialogfeldes OPTIONEN auf und wählen Sie den Befehl NIE ÄNDERN-LISTE LÖSCHEN (Alt D). Nach der Bestätigung des Befehls im Meldefenster wird die Nie-ändern-Liste auf Null zurückgesetzt, und die bislang übergangenen Wörter werden beim nächsten Prüfen wieder kontrolliert. Das Dialogfenster OPTIONEN können Sie selbstverständlich auch vom Text aus über das Menü EXTRAS öffnen (Alt X O).

Nie-ändern-Liste

In den OPTIONEN finden Sie in der Registerkarte RECHTSCHREIBUNG in der Gruppe IGNORIEREN nicht nur den Befehl zum Löschen der Nie-ändern-Liste. Hier kann auch angegeben werden, daß WÖRTER IN GROSSBUCHSTABEN (Alt G) nicht in die Überprüfung einbezogen werden, woraufhin die Überprüfung Wörter mit ungewöhnlicher Großschreibung - z.B. Abkürzungen - außer acht läßt; Voraussetzung ist allerdings, daß sämtliche Buchstaben des Wortes groß geschrieben werden. Beim Ignorieren der WÖRTER MIT ZAHLEN ([Alt][A]) gilt, daß bereits eine Zahl innerhalb des Wortes die Überprüfung der Zeichenkette ausschließt.

Groß- und Kleinschreibung
Unabhängig vom Ignorieren der Wörter in Großbuchstaben werden Sie darauf aufmerksam gemacht, wenn in einem Wort Groß- und Kleinbuchstaben entgegen jeder Rechtschreibregel gemischt werden. Ergänzend ist zu bemerken, daß Word für Windows bei Wörtern, die als Hauptworte großgeschrieben in einem Wörterbuch verzeichnet sind, die Kleinschreibung bemängelt. Bei Wörtern, die in Kleinbuchstaben gespeichert wurden, akzeptiert Word für Windows allerdings beide Schreibweisen, da das Wort ja am Satzanfang stehen könnte und somit mit einem Großbuchstaben beginnen müßte.

Wenn die Kleinschreibung eines Wortes oder die Mischung von großen und kleinen Buchstaben bemängelt wird, wechselt der Name des ersten Anzeigefeldes im Dialogfenster RECHTSCHREIBUNG auf die Bezeichnung GROSS-/KLEINSCHREIBUNG ([Alt][G]).

Vorschläge ausschalten
In der OPTIONEN-Registerkarte RECHTSCHREIBUNG können Sie weiterhin in der Gruppe KORREKTURVORSCHLÄGE auf die Wortvorschläge der Rechtschreibung verzichten, indem Sie das Kontrollkästchen IMMER VORSCHLAGEN ([Alt][I]) deaktivieren. Auf diese Art läßt sich die Überprüfung beschleunigen, da keine Rechenzeit für die Suche von Vorschlägen gebraucht wird. Dies kommt einem rascheren Programmablauf zugute. Langsamer wird die Rechtschreibprüfung, wenn Sie das Kontrollkästchen VORSCHLÄGE NUR AUS HAUPTWÖRTERBUCH ([Alt][U]) ausschalten. In diesem Fall sucht das Programm nach Ersetzungsvorschlägen für die Wortliste auch in den Benutzerwörterbüchern, was je nach Anzahl und Umfang der zusätzlichen Wörterbücher Zeit kostet. Auch diese Vorschlagsuche findet nur statt, wenn das Kontrollkästchen IMMER VORSCHLAGEN aktiviert ist.

Selbst wenn Sie in der Regel auf Wortvorschläge verzichten, haben Sie während des Prüflaufs im Dialogfenster RECHTSCHREIBUNG noch immer die Möglichkeit, mit VORSCHLAGEN ([Alt][V]) Korrekturvorschläge zu einzelnen Wörtern anzufordern. Hierbei wird dann auch auf die Benutzerwörterbücher zugegriffen, wenn in den OPTIONEN der RECHTSCHREIBUNG das Kontrollkästchen VORSCHLÄGE NUR AUS HAUPTWÖRTERBUCH deaktiviert ist.

Solange IMMER VORSCHLAGEN aktiv ist, zeigt die Rechtschreibprüfung automatisch Alternativen zum bemängelten Wort an; vorausgesetzt, es sind Wörter gespeichert, die als Vorschläge in Frage kommen. Aus diesen Wörtern können Sie ein passendes aus der Liste VORSCHLÄGE ([Alt][S]) auswählen,

12 • Thesaurus, Rechtschreibprüfung, AutoKorrektur, Silbentrennung, Grammatik

indem Sie das Wort einfach markieren. Doppeltes Anklicken bestätigt das angewählte Wort gleichzeitig als Änderung. Falls keines der Wörter Ihren Vorstellungen entspricht, geben Sie ins Feld ÄNDERN IN ([Alt][N]) die berichtigte Schreibweise des angezeigten Wortes ein.

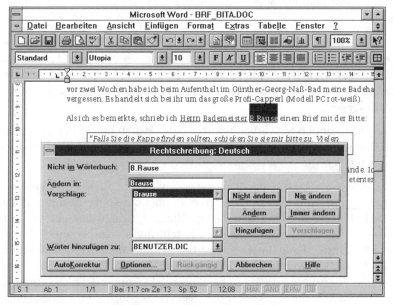

Abb. 12.4: Das Fenster der Rechtschreibung

Wenn Sie ein bemängeltes Wort lieber korrigieren möchten, als auf einen Vorschlag zurückzugreifen, können Sie das falschgeschriebene Wort einfach in das Feld ÄNDERN IN übernehmen, um es dort zu berichtigen. Hierfür klicken Sie im Feld NICHT IM WÖRTERBUCH lediglich das beanstandete Wort an. Wenn Sie mit der Tastatur arbeiten, aktivieren Sie das Feld mit [Alt][M] und betätigen dann die [   ]-Taste. Anschließend steht es im das Textfeld zur Bearbeitung bereit.

Ihre ausgewählte oder eingegebene Korrektur übernehmen Sie mit ÄNDERN ([Alt][D]) in den Text. Falls die falsche Schreibweise, die Sie auf diese Art korrigieren, im Text wiederholt vorkommt, können Sie mit dem Befehl IMMER ÄNDERN ([Alt][I]) die Anweisung geben, die Korrektur an allen entsprechenden Stellen automatisch vorzunehmen. Wenn Sie jeglichen Eintrag aus dem Feld ÄNDERN IN entfernen, so daß es leer ist, wechselt der Befehl ÄNDERN seine Beschriftung in LÖSCHEN ([Alt][L]), und aus IMMER ÄNDERN wird IMMER LÖSCHEN ([Alt][I]). Seien Sie allerdings vorsichtig mit dem Befehl IMMER LÖSCHEN, da bereits eine kleine Unachtsamkeit aus einem Text mit einem wiederkehrenden Tippfehler ein Fragment machen kann.

279

Doppelte Wörter — Word für Windows macht auch auf Wörter aufmerksam, die verdoppelt vorkommen, da hier die Vermutung naheliegt, daß es sich um eine Fehleingabe handelt. Die Mängelanzeige des ersten Feldes heißt hierbei WORT-WIEDERHOLUNG ([Alt][T]). Sie können diese Verdoppelung NICHT ÄNDERN ([Alt][C]), wenn sie sinngemäß oder syntaktisch korrekt ist, oder LÖSCHEN ([Alt][L]), wenn das zweite Wort entfernt werden soll.

Korrekturen zurücknehmen — Falls Sie beim Korrekturlauf Fehler gemacht haben, die Ihnen erst nach der Bestätigung der Eingabe auffallen, haben Sie durch die Schaltfläche RÜCKGÄNGIG ([Alt][R]) die Möglichkeit, die letzte Korrektur zurückzunehmen. Mehrfache Anwahl des Befehls erlaubt es, weitere 25 Korrekturschritte zurückzugehen.

Alternativ können Sie vorgenommene Korrekturen auch über die Funktion BEARBEITEN > RÜCKGÄNGIG zurücknehmen; in diesem Fall können insgesamt 100 Schritte zurückgenommen werden.

Das Fenster der Rechtschreibung — Das Programmfenster der RECHTSCHREIBUNG kann über sein SYSTEMMENÜ ([Alt][   ][V]) mit den Cursortasten oder über die Kopfzeile mit der Maus verschoben werden. Machen Sie von dieser Möglichkeit Gebrauch, und plazieren Sie es an einer Ecke des Bildschirms, so daß Sie möglichst viel vom Zusammenhang Ihres Textes erfassen können. Manche Schreibweise - z.B. Groß-/Kleinschreibung - klärt sich nun einmal nur durch den Kontext, und dieser Zusammenhang ist bei längeren Dokumenten nicht immer direkt ersichtlich. Führen Sie ihn sich also vor Augen, indem Sie das Fenster ein wenig räumen. Zur Orientierung ist das gefragte Wort im Text markiert.

Wenn Sie die Rechtschreibprüfung über ABBRECHEN oder mit [Esc] abbrechen, bleibt die Markierung an der Stelle der letzten Überprüfung. Dieses Festhalten des zuletzt überprüften Wortes ist sehr sinnvoll. Oft erfolgt ja der Abbruch der Orthographieprüfung, da Ihnen plötzlich eine bessere Formulierung, eine andere Satzkonstruktion oder sonst eine Änderung einfällt, die Sie gerne direkt in den Text aufnehmen möchten. In diesem Fall brauchen Sie die Rechtschreibprüfung aber nicht zu beenden, sondern können Sie kurzfristig unterbrechen.

Korrekturen parallel zur Rechtschreibprüfung eingeben — Um die Rechtschreibprüfung kurzzeitig für eine manuelle Textbearbeitung zu unterbrechen, genügt es, mit der Maus außerhalb des Dialogfensters RECHTSCHREIBUNG in das Dokument zu klicken oder mit dem Tastenschlüssel [Strg][↹] zwischen RECHTSCHREIBUNG-Fenster und Dokument zu wechseln. Das Dialogfenster RECHTSCHREIBUNG bleibt hierbei geöffnet. Falls es Ihnen den Blick auf den Text versperrt, können Sie es - solange es aktiv ist - wie ein Programmfenster mit der Maus oder den Cursortasten zur Seite rücken. Ist das Dialogfenster RECHTSCHREIBUNG erst einmal deaktiviert, können Sie

12 • Thesaurus, Rechtschreibprüfung, AutoKorrektur, Silbentrennung, Grammatik

das Dokument auf die gewohnte Weise bearbeiten. Der Fortgang der Rechtschreibprüfung wird entweder über das Symbol "Rechtschreibung" oder den Menübefehl Extras > Rechtschreibung gestartet.

Alternativ hierzu besteht die Möglichkeit, im Dialogfenster Rechtschreibung die Schaltfläche Beginn ([Alt][B]) anzuklicken oder mit [Strg][S] wieder das Fenster zu aktivieren und [↵] zu betätigen. Hierdurch starten Sie an der Stelle des Dokuments, an der die Einfügemarke steht, die Überprüfung des Textes neu.

Bei der Korrekturarbeit haben Sie folgende Möglichkeiten:

A Sie arbeiten mit automatischen Korrekturvorschlägen, und das richtige Wort ist in der Vorschlagsliste.
   Wählen Sie das richtige Wort aus der Liste Vorschläge und bestätigen Sie es durch doppeltes Anklicken oder mit Ändern bzw. Immer ändern.

1. Das Wort ist falsch geschrieben

B Sie arbeiten mit automatischen Korrekturvorschlägen, aber das richtige Wort ist nicht in der Vorschlagsliste.
   Geben Sie das Wort in der richtigen Schreibweise im Feld Ändern in ein oder übernehmen Sie das unkorrekte Wort aus dem Feld Nicht im Wörterbuch durch Anklicken oder mittels der Leertaste und berichtigen Sie es. Bestätigen Sie die Eingabe mit Ändern oder Immer ändern.

C Sie arbeiten ohne automatische Korrekturvorschläge.
   Geben Sie das Wort in der richtigen Schreibweise im Feld Ändern in ein oder übernehmen Sie das unkorrekte Wort aus dem Feld Nicht im Wörterbuch durch Anklicken oder mittels der Leertaste und berichtigen Sie es. Bestätigen Sie die Eingabe mit Ändern oder Immer ändern

D Sie arbeiten ohne automatische Korrekturvorschläge, möchten die richtige Schreibweise des Wortes aber nachschlagen.
   Aktivieren Sie mit Vorschlagen die Liste der Vorschläge. Wählen Sie das richtige Wort aus der Liste Vorschläge und bestätigen Sie es durch doppeltes Anklicken oder mit Ändern bzw. Immer ändern.

A Das Wort kommt nur einmal in diesem Text vor.
   Wählen Sie Nicht ändern.

2. Das Wort ist richtig geschrieben

B Das Wort kommt mehrmals in diesem Text vor.
   Wählen Sie Nie ändern.

C Das Wort kommt immer wieder in Ihren Texten vor.
   Wählen Sie unter Wörter hinzufügen zu ein Benutzerwörterbuch und nehmen Sie das Wort mit Hinzufügen auf.

Wörterbücher erstellen

Solange Sie keine eigenen Wörterbücher erstellt haben, arbeiten Sie nur mit zwei Wörterbüchern, dem Programmwörterbuch der aktiven Sprache und einem Benutzerwörterbuch. Alle Zufügungen zum Wörterbuch werden in diesem Modus in die Datei BENUTZER.DIC aufgenommen. Die Vorgehensweise, alle Wörter in ein Wörterbuch aufzunehmen, empfiehlt sich aber nur, solange die Wörter, die in sehr vielen Texten wiederkehren, in einem Sinnzusammenhang stehen. Wörter, die nur von Fall zu Fall vorkommen und an eine spezielle Textart gebunden sind, nehmen Sie besser in ein separates Wörterbuch auf.

Neue Wörterbücher legen Sie in den OPTIONEN in der Registerkarte RECHTSCHREIBUNG an. Dieses Dialogfenster aktivieren Sie direkt vom Dialogfenster RECHTSCHREIBUNG über den Befehl OPTIONEN.

Zentrale Wörterbücher
In der Liste BENUTZERWÖRTERBÜCHER ([Alt][W]) sind alle existenten Wörterbücher gelistet, die im Windows-Unterverzeichnis \MSAPPS\PROOF gespeichert sind und die Erweiterung .DIC haben. Diese Erweiterung kennzeichnet die Benutzerwörterbücher der Windows-Programme von Microsoft. Sie können also mit Word für Windows auch auf Benutzerwörterbücher anderer Programme - z.B. Works für Windows - zugreifen, selbst wenn sie in anderen Verzeichnissen gespeichert sind. Allerdings empfiehlt es sich, Wörterbücher im Verzeichnis \PROOF abzuspeichern, da der Sinn eines zentralen Verzeichnisses in der Verfügbarkeit für alle Benutzerwörterbücher liegt. Außer den zentralen Wörterbüchern im Verzeichnis \PROOF werden auch die Benutzerwörterbücher automatisch gelistet, die im Stammverzeichnis von Word für Windows gespeichert sind.

Neben den Wörterbüchern der Liste kann auch auf andere Wörterbücher zugegriffen werden, die selbstverständlich den Spezifika der Windows-Benutzerwörterbücher von Microsoft entsprechen müssen. Das heißt, ihr Inhalt muß im reinen ANSI-Zeichensatz gespeichert sein.

Auf Wörterbücher zugreifen
Falls Sie auf Wörterbücher zugreifen möchten, die eine andere Dateierweiterung als .DIC haben oder in einem anderen Verzeichnis liegen, auf das kein automatischer Zugriff von Word für Windows erfolgt, öffnen Sie mit HINZUFÜGEN ([Alt][Z]) das Dialogfenster WÖRTERBUCH HINZUFÜGEN. Wechseln Sie auf die übliche Weise über die Felder LAUFWERKE und VERZEICHNISSE in das Verzeichnis, in dem das gesuchte Wörterbuch liegt. Falls es eine andere Dateiendung als .DIC hat, tragen Sie im Feld DATEINAME ([Alt][D]) den ganzen Dateinamen des Wörterbuchs ein, das Sie für die Rechtschreibprüfung öffnen möchten, oder nennen lediglich die spezifische Erweiterung und wählen die Wörterbuchdatei aus der Dateiliste. Abschließend bestätigen Sie mit OK oder [↵].

12 • Thesaurus, Rechtschreibprüfung, AutoKorrektur, Silbentrennung, Grammatik

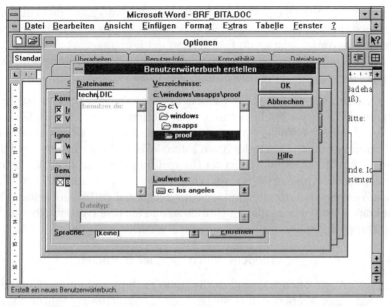

Abb. 12.5: Die Erstellung von Benutzerwörterbüchern

Um ein neues Wörterbuch zu erstellen, wählen Sie in der Registerkarte RECHTSCHREIBUNG der OPTIONEN in der Gruppe BENUTZERWÖRTERBÜCHER den Befehl NEU (Alt N). Im Dialogfenster BENUTZERWÖRTERBUCH ERSTELLEN wählen Sie das Verzeichnis, in dem das Wörterbuch gespeichert werden soll, sofern Sie es nicht im voreingestellten Verzeichnis \PROOF ablegen. Den Dateinamen tragen Sie im Feld DATEINAME (Alt D) ein. Wie alle Dateinamen von Windows muß auch dieser den Namensregeln von DOS entsprechen, darf also höchstens acht Zeichen (Buchstaben oder Zahlen) enthalten und sollte außer dem Unterstrich (_) keine Sonderzeichen beinhalten. Die spezifische Wöterbuch-Dateierweiterung .DIC wird automatisch angehängt, wenn Sie nicht eine eigene Dateiendung eingeben. Durch die Bestätigung der Eingabe mit OK oder ⏎ wird das Wörterbuch automatisch erstellt und der Wörterbuchliste angefügt.

Neue Wörterbücher erstellen

Die Benutzerwörterbücher können Sie im DropDown-Feld SPRACHE auf die Verwendung bei einer bestimmten Sprache eingrenzen. Die Möglichkeit, bestimmten Wörterbüchern eine Sprache zuzuweisen, steht allerdings nur außerhalb der Rechtschreibprüfung offen; beim Zugriff über das aktive Fenster RECHTSCHREIBUNG auf die OPTIONEN zeigt das Feld SPRACHE zwar die Zuweisung des markierten Wörterbuchs an, läßt aber keine Änderungen zu. Für Modifikationen muß das Fenster RECHTSCHREIBUNG geschlossen sein. Wenn Sie nun mit EXTRAS > OPTIONEN in die Registerkarte RECHTSCHREIBUNG wechseln, können Sie über die Sprachzuordnung vorgeben, daß ein Wörterbuch nur für jene Passagen gilt, denen die entsprechende Sprache zugewiesen wurde. Solange im Feld SPRACHE der Eintrag (KEINE) aktiv ist, wird das aktivierte Benutzerwörterbuch unabhängig von Sprachformatierungen im gesamten Text in die Überprüfung der Orthographie einbezogen.

Sie können nach und nach verschiedene Wörterbücher für verschiedene Benutzer, fachspezifische Texte oder Sprachen anlegen. Geben Sie den Wörterbüchern typische Namen, so daß sie sich leicht Textarten oder Benutzern zuordnen lassen. Mehrere kleine Wörterbücher haben den Vorteil, daß Word für Windows bei der Überprüfung den Inhalt der Wörterbücher schneller mit dem Text vergleichen kann und nicht auch noch Wörter zum Vergleich heranziehen muß, die für den aktuellen Text auf keinen Fall in Frage kommen. Aus diesem Grunde sollten Sie Ihre Wörterbücher nicht zu komplex gestalten.

Verschiedene Wörterbücher benutzen

Um ein Wörterbuch während der Textüberprüfung zu benutzen, markieren Sie seinen Namen in der Liste BENUTZERWÖRTERBÜCHER ([Alt][W]), die Sie im Dialogfenster OPTIONEN in der Registerkarte RECHTSCHREIBUNG finden. Ein Wörterbuch wird aktiviert, indem Sie sie mit der Maus in der Liste anklicken oder die Liste BENUTZERWÖRTERBÜCHER ([Alt][B]) aktivieren, das gewünschte Wörterbuch mit den Cursortasten auswählen und mit der [⎵]-Taste markieren. Insgesamt können bis zu zehn Wörterbücher der Liste gleichzeitig markiert sein. Wenn diese Zahl überschritten wird, zeigt Ihnen WinWord dies mit einer Meldung an. Auf die gleiche Weise, wie Sie Wörterbücher aktivieren, können Sie sie auch wieder deaktivieren.

Das Standardwörterbuch, das zuoberst in der Liste steht - in der Regel heißt es BENUTZER.DIC - sollten Sie stets aktiviert lassen, da dieses Wörterbuch von verschiedenen Microsoft-Anwendungen gemeinsam genutzt werden kann. Wenn Sie es deaktivieren, wird es aus der WIN.INI-Sektion [MS Proofing Tools] gelöscht, so daß es passieren kann, daß auch andere Anwendungen den Zugriff auf das erste Benutzerwörterbuch verlieren.

Es gilt die Regel: Je mehr Wörterbücher bei der Überprüfung des Testes geöffnet sind, umso langsamer geht der Prüflauf vonstatten. Daher lohnt es sich, die Verteilung der Wörter auf die einzelnen Wörterbücher gut zu strukturieren und jene Wörterbücher zu deaktivieren, die Sie momentan nicht benötigen. So halten Sie die Kapazität des Systems für andere Aufgaben frei. Die RECHTSCHREIBUNG-Vorgaben in den OPTIONEN bleiben aktiv, bis Sie sie ändern. Sie brauchen also nicht zu Beginn jeder Arbeitssitzung vorgeben, welches Benutzerwörterbuch für Ihren aktuellen Text zuständig ist.

12 • Thesaurus, Rechtschreibprüfung, AutoKorrektur, Silbentrennung, Grammatik

Während der Rechtschreibprüfung können Sie Wörterbücher um unbekannte Wörter ergänzen. Wählen Sie im Dialogfenster RECHTSCHREIBUNG das gewünschte Wörterbuch aus der Liste WÖRTER HINZUFÜGEN ZU ([Alt][W]). Hierbei haben Sie die Wahl zwischen den Wörterbüchern, das Sie in der Wörterbuchliste aktiviert haben. Die anderen Wörterbücher sind während der eigentlichen Überprüfung nicht erreichbar, können aber durch den OPTIONEN-Zugriff ad hoc ergänzt werden. Wenn Sie die Überprüfung abschließen, werden die Ergänzungen in den Wörterbüchern automatisch gespeichert.

Wörter ergänzen

Wörterbücher konvertieren und bearbeiten

Um Wörterbücher, die Sie bislang mit MS Word für DOS verwendeten, auch in Word für Windows parat zu haben, müssen Sie den Dateiinhalt konvertieren. Laden Sie Ihre Wörterbuchdatei in Word für Windows ein ([Strg][F12]). Benutzerwörterbücher von MS Word für DOS tragen die Erweiterung .CMP und sind im Format "MS-DOS-Text" gespeichert.

Nachdem Sie die Datei geladen haben, speichern Sie sie mit der Erweiterung .DIC im Winword-Verzeichnis oder im Verzeichnis \WINDOWS\MSAPPS\PROOF ab. Das Dateiformat muß diesmal "Nur Text" sein. Nun steht Ihnen das alte Benutzerwörterbuch als neue .DIC-Datei in den OPTIONEN in der Registerkarte RECHTSCHREIBUNG zur Verfügung.

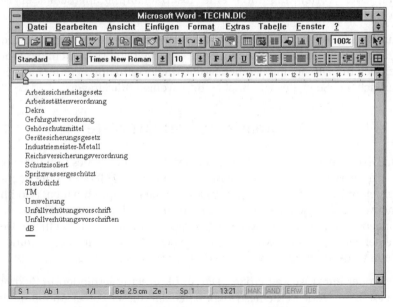

Abb. 12.6: Ein Wörterbuch als geöffnetes Dokument

Bei diesem Verfahren kann es zu Überschneidungen kommen, da sich die Standardwörterbücher, die mit den Programmen Word für Windows und Word für DOS mitgeliefert werden, nicht entsprechen. Daher ist es möglich, daß Sie Wörter, die im Benutzerwörterbuch verzeichnet sind, bereits im Standardwörterbuch haben. Dies ist jedoch unproblematisch; schließlich sind kleine Überschneidungen leichter in Kauf zu nehmen als die komplette Neuerfassung eines umfangreichen Wörterbuchs.

Sie können nach dem oben beschriebenen Verfahren jede Datei zu einer Wörterbuch-Datei umwandeln, solange Sie in einem Format vorliegt, das Word für Windows einlesen kann. Bedingung für die Verwendung als Wörterbuch ist, daß jedes eingetragene Wort mit einer Absatzschaltung abschließt. Die Datei muß im Format "Nur Text" gesichert werden, sollte die Dateierweiterung .DIC bekommen und im \WINWORD- oder im \WINDOWS-\µSAPPS\PROOF-Verzeichnis gespeichert sein, damit Word für Windows sie direkt als Wörterbuch akzeptiert.

Es empfiehlt sich, die Benutzerwörterbücher von Zeit zu Zeit auf unnötige Einträge zu durchforsten. Hierfür laden Sie die Wörterbuchdatei ([Strg][F12], Erweiterung .DIC) im Format "Nur Text".

Sie bearbeiten die Datei nun wie jedes andere Dokument; Sie können löschen, verbessern und ergänzen. Achten Sie bei der Bearbeitung darauf, daß jeder Worteintrag durch eine Absatzschaltung abgeschlossen ist. Schließlich speichern Sie die Datei wieder im Format "Nur Text" ab.

Zur Übung sollten Sie Ihre Briefe des Herrn Bit nacheinander auf orthographische Fehler untersuchen. Legen Sie für seinen Briefverkehr das Wörterbuch BIT.DIC an und nehmen Sie die wiederkehrenden Wörter ins Wörterbuch auf. So gibt es von Brief zu Brief weniger Rückfragen.

Automatische Korrekturliste

Im Dialogfenster RECHTSCHREIBUNG findet sich noch ein echtes Highlight von Word für Windows: Der Befehl AUTOKORREKTUR ([Alt][K]). Wenn die Rechtschreibprüfung einen Fehler entdeckt, den Sie für typisch halten, also immer wieder machen, sollten Sie die korrekte Schreibweise auswählen oder eingeben und anschließend die Schaltfläche AUTOKORREKTUR betätigen. Der Fehler wird dann samt Korrektur in eine permanente Liste aufgenommen. Beim aktuellen Prüflauf wirkt sich dies aus wie der Befehl IMMER ÄNDERN.

Doch der Effekt ist weit größer. Die AutoKorrektur verhindert in Zukunft schon beim Verfassen eines Dokuments, daß dieser Fehler Aufnahme in den Text findet. Und das geschieht direkt wähend des Schreibens.

12 • Thesaurus, Rechtschreibprüfung, AutoKorrektur, Silbentrennung, Grammatik

Die AutoKorrektur

Die AutoKorrektur-Funktion ist bereits die beim Erfassen von Texten parat und wird nicht erst durch den Start der Rechtschreibprüfung aktiv. Die Eingaben, die Sie machen, werden direkt kontrolliert. Allerdings muß die AutoKorrektur aktiv sein, um ihre Arbeit im Hintergrund zu verrichten. Zugriff auf die Korrekturfunktion haben Sie unter EXTRAS > AUTOKORREKTUR. Hier aktivieren Sie die automatische Korrekturfunktion über das Feld WÄHREND DER EINGABE ERSETZEN (Alt B). Unter diesem Feld eröffnet sich Ihnen das Spektrum der vorhandenen Korrekturbegriffe in einer tabellarischen Liste, anhand der WinWord Ihre Eingaben überprüft und gegebenenfalls ersetzt.

Diese Liste können Sie manuell modifizieren und erweitern, um die AutoKorrektur auf die eigenen Tippfehler und Buchstabendreher einzurichten. Einige gängige Tippfehler sind bereits von Haus aus in die Liste aufgenommen. Außerdem finden Sie einige Sonderzeichen, die bei der Eingabe bestimmter Zeichenfolgen als automatischer Ersatz dienen.

Dies zeigt direkt die zweite Funktion der AUTOKORREKTUR: Nicht nur Tippfehler lassen sich also per AutoKorrektur berichtigen, sondern die Funktion kann auch als automatisches Reservoir für AutoText-Einträge genutzt werden. So lassen sich Sonderzeichen, deren Tastenschlüssel stets vergessen werden, per Korrektur einfügen. Copyright- und Warenzeichensymbol sind bereits in der Liste erfaßt und werden beim Schreiben einfach mit "(c)" bzw. "(r)" in den Text eingegeben. Die Ersetzung durch © und ® findet automatisch statt. Dieser Komfort gilt auch für gängige Bruchzahlen und kann beliebig ausgeweitet werden. Hierbei schließt WinWord auch längere Textpassagen, Grafiken oder Feldfunktionen von der automatischen Ersetzung nicht aus. Ein kleines Kennwort wird dann während der Texterfassung direkt vom vorgegebenen Element ersetzt.

Um Ersetzungen zu ergänzen, wird einfach die gewünschte Zeichenkette, das Sonderzeichen, die Grafik oder die Feldfunktion in den Text eingegeben, markiert und anschließend EXTRAS > AUTOKORREKTUR aufgerufen. Die markierte Passage des Textes erscheint im Feld DURCH (Alt D). Unter ERSETZEN (Alt E) geben Sie das Kürzel oder den Tippfehler ein, der in Zukunft ausgetauscht werden soll, und ergänzen die neue Eingabe mit HINZUFÜGEN (Alt Z) in der Liste.

Bei Zeichenketten, die Sie aus dem Dokument übernehmen, haben Sie zudem über die beiden Optionsfelder NUR TEXT (Alt N) und TEXT MIT FORMAT (Alt F) die Wahl, ob Sie den Ersetzungseintrag unformatiert oder formatiert aufnehmen möchten. Wird NUR TEXT aktiviert, nehmen die Zeichen beim Ersetzen das Zeichenformat der Einfügestelle an. Bei TEXT MIT FORMAT wird bei der automatischen Korrektur nicht nur die gespeicherte Zeichenfolge, sondern auch die Formatierung ins Dokument übernommen.

Einträge, die mit einer Formatierung aufgenommen wurden, lassen sich auch später noch auf das reine Textformat zurücksetzen; umgekehrt ist es aus verständlichen Gründen nicht möglich, da Sie im Dialogfenster AUTO-KORREKTUR keine Formatierungen vornehmen können. Um Einträge zu bearbeiten, die bereits in der Liste gespeichert sind, klicken Sie sie einfach an oder aktivieren das Feld ERSETZEN ([Alt][E]) und markieren sie mit [↓] oder [↑]. Den markierten Eintrag können Sie - sofern es sich nicht um eine Grafik handelt - im Feld DURCH ([Alt][D]) verändern und mit dem Befehl ERSETZEN ([Alt][E]) den neuen Inhalt aufnehmen. Hierbei macht Sie eine Meldung darauf aufmerksam, daß bereits eine Definition vorliegt. Falls Sie die Änderung dennoch vornehmen möchten, bestätigen Sie mit JA ([J]); ansonsten lehnen Sie mit NEIN ([N]) ab.

Solch eine nützliche Sicherheitsabfrage unterbleibt leider, wenn Sie mit LÖSCHEN ([Alt][L]) einen markierten Eintrag entfernen. Bei einem Fehlklick werden Sie erfreut feststellen, daß der AutoKorrektur-Eintrag direkt anschließend noch in der Eingabezeile steht. Allerdings kann die Schaltfläche HINZUFÜGEN erst dann wieder angewählt werden, wenn Sie entweder im Feld ERSETZEN oder im Feld DURCH eine Änderung vornehmen. Diesen Ablauf beim Löschen können Sie jedoch nutzen, um ein Kürzel umzubenennen: LÖSCHEN Sie zunächst den gesamten Eintrag, verändern Sie dann die Zeichenfolge im Feld ERSETZEN und wählen Sie anschließend wieder HINZUFÜGEN.

Erst nachdem Sie die AutoKorrektur-Funktion über das Kontrollfeld WÄHREND DER EINGABE ERSETZEN aktiviert haben, beginnt sie ihre Arbeit im Text. Immer, wenn Sie ein Wort so eingeben, wie es in der ERSETZEN-Liste vorliegt, ändert WinWord es nach Abschluß des Wortes durch ein Leerzeichen ([ ]), eine Absatzschaltung ([↵]), eine Zeilenschaltung ([⇧][↵]), einen Seitenwechsel ([Strg][↵]) oder Spaltenwechsel ([Strg][⇧][↵]) automatisch in die richtige Schreibweise.

Schaltung	Taste(nschlüssel)
Leerzeichen	[ ]
Absatzschaltung	[↵]
Zeilenschaltung	[⇧][↵]
Seitenwechsel	[Strg][↵]
Spaltenwechsel	[Strg][⇧][↵]

Tab. 12.2: Auslöseschaltungen für AutoKorrektur

Grundsätzlich finden keine Ersetzungen statt, wenn die Kürzel oder Tippfehler, die in der Liste als Ersetzmerkmal erfaßt wurden, innerhalb einer anderen Buchstabenzeichenfolge und nicht separat vorkommen.

Sollte zwischen eingegebenem Wort und auslösender Schaltung ein Satzzeichen, eine Zahl oder eine Klammer oder ein anderes Symbol stehen, so irritiert dies die Korrekturfunktion nicht, solange das Kürzel in der Liste nicht selbst mit einem Satzzeichen, Sonderzeichen oder einer Zahl beginnt oder darauf endet. In diesem Fall muß die zu ersetzende Zeichenfolge im Text mit einem Leerzeichen beschlossen werden, um die Ersetzung zu initiieren.

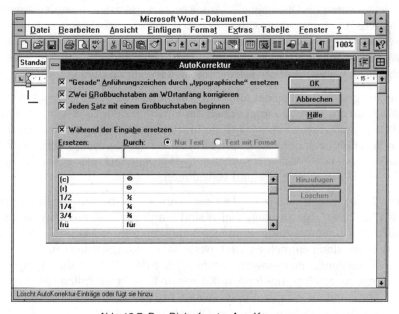

Abb. 12.7: Das Dialogfenster AUTOKORREKTUR

Was die Groß-/Kleinschreibung im Dokumenttext betrifft, ist ebenfalls die Schreibweise des Kürzels entscheidend für die Wirkung. Kürzel, die mit einem oder mehreren Großbuchstaben (auch durchgängig groß) in die Liste aufgenommen wurden, werden nur ersetzt, wenn die Schreibweise im Dokument dem Eintrag genau entspricht.

Anders schaut es bei durchgängig in Kleinschreibung erfaßten Kürzeln aus. Sie erfüllen ihre Funktion auch, wenn der Dokumenteintrag mit einem Großbuchstaben beginnt oder durchgängig großgeschrieben wird. Hierbei wird automatisch die Groß-/Kleinschreibung übernommen, die die Eingabe im Dokumenttext vorgibt.

Achten Sie darauf, daß die Schaltung, die die AutoKorrektur im Dokument auslöst (Leerzeichen, Absatzschaltung usw.) selbst nicht ersetzt wird. Wenn Sie also Leerzeichen oder Absatzschaltungen am Ende eines AutoKorrektur-Eintrags ins Feld DURCH aufnehmen, führt dies im Text gegebenenfalls zu einer Doppelung. Was bei formatierten Absätzen, die als ganzer Baustein aufgenommen werden, nicht zu vermeiden ist, und manuell bereinigt werden muß, kann aber bei kurzen Zeichenketten ohne Absatzformt leicht verhindert werden, indem Sie den Eintrag ohne Leerzeichen oder Absatzmarke aufnehmen.

Neben der AutoKorrektur von Zeichenketten können drei weitere Kontrollmechanismen im Dialogfenster AUTOKORREKTUR aktiviert bzw. deaktiviert werden: "GERADE ANFÜHRUNGZEICHEN DURCH "TYPOGRAFISCHE" ERSETZEN ([Alt][A]) wandelt die "Schreibmaschinen"-Zeichen, die Sie mit [⇧][2] eingeben, auf Wunsch automatisch in öffnende („) und schließende (") Anführungszeichen um, wobei WinWord selbsttätig das korrekte Zeichen ermittelt.

Auch gegen die Trägheit des Anwenders beim Betätigen der [⇧]-Taste kennt WinWord ein Mittel. Es sorgt mittels der Funktion ZWEI GROSSBUCHSTABEN AM WORTANFANG KORRIGIEREN ([Alt][G]) dafür, daß Worte nicht mit zwei Großbuchstaben beginnen. Schließlich formatiert das Kontrollkästchen JEDEN SATZ MIT EINEM GROSSBUCHSTABEN BEGINNEN ([Alt][S]) jene Satzanfänge korrekt, bei denen Sie den versalen Beginn versäumten.

Die AutoKorrektur-Liste wird in der globalen Dokumentvorlage - der NORMAL.DOT - gespeichert. Daher sind sämtliche Ersetzungsvorgaben in allen Dokumenten gültig. Eine Sicherungskopie Ihrer NORMAL.DOT ist spätestens dann empfehlenswert, wenn Sie die Korrekturliste auf die persönlichen Bedürfnisse eingestellt haben. Die NORMAL.DOT kann übrigens bei exzessiver Nutzung der AutoKorrektur-Liste beträchtliche Ausmaße annehmen, denn Grafiken und längere Textpassagen kosten auch beim Speichern Platz. Wenn Sie in den OPTIONEN in der Registerkarte SPEICHERN das Feld AUTOMATISCHE ANFRAGE FÜR SPEICHERUNG VON NORMAL.DOT aktiviert haben, müssen Sie nach der Erfassung oder der Modifikation von AutoKorrektur-Einträge diese Abfrage, die spätestens am Ende der aktuellen Sitzung erfolgt, unbedingt bestätigen, da ansonsten die Änderungen verloren gehen.

Wenn die AutoKorrektur-Funktion eine Zeichenfolge aus der ERSETZEN-Liste korrigiert hat, dieser Effekt in diesem Fall aber unerwünscht war, so können Sie die "Korrektur" über BEARBEITEN > RÜCKGÄNGIG wieder zurücknehmen.

12 • Thesaurus, Rechtschreibprüfung, AutoKorrektur, Silbentrennung, Grammatik

Die Silbentrennung

Wenn ein Text eingegeben und formatiert wurde und eventuell noch mit der Rechtschreibprüfung korrigiert wurde, sollten Sie noch einmal das Layout ins Auge fassen. Meist variieren die Zeilenlängen erheblich, und das auch, wenn Sie mit Blocksatz arbeiten. Unterschiedliche Zeilenlängen sind zwar im sogenannten rechts- oder linksbündigen Flattersatz leichter ersichtlich, doch auch beim Blocksatz stehen im Endeffekt nicht mehr Zeichen in einer Zeile als beim ansonsten gleichen Format im Flattersatz. Der Text wird nur über die Breite der Zeile gezogen, und die hierdurch entstehenden Lücken wirken auf die Dauer störend. Daher empfiehlt es sich, sie auf ein Minimum zu reduzieren. Mit geschickten Trennungen lassen sich Textlöcher stark reduzieren und das Zeilenlayout verbessern.

Die Trennzeichen, die Word für Windows zur Verfügung stellt, sind Ihnen inzwischen wahrscheinlich bekannt. Neben dem normalen Trennstrich (-), den Sie von der Schreibmaschine kennen und der stets dort ausgedruckt wird, wo er steht, bietet sich der bedingte Trennstrich (¬) an. Dieser Trennstrich, den Sie mit der Tastenkombination [Strg][-] eingeben, hat den Vorteil, daß er im Ausdruck nur dann erscheint, wenn das Wort an der vorgegebenen Stelle tatsächlich getrennt wird. Wird der Zeilenumbruch an einer anderen Stelle vollzogen, erscheint das Wort gänzlich ohne störende Unterbrechung auf dem Papier.

In der Bildschirmansicht können Sie die Trennstriche durch das Symbol ¶ "Anzeigen/verbergen" oder mit dem Tastenschlüssel [Strg][⇧][+] darstellen oder abschalten.

Nun ist es ein mühseliges Geschäft, in alle Wörter an allen Trennstellen, die in Frage kommen, bedingte Trennstriche mit der Hand einzufügen. Daher übernimmt Word für Windows die Aufgabe der Silbentrennung für Sie. Das Trennprogramm, das Sie im Menü Extras über den Befehl Silbentrennung ([Alt][X][T]) aufrufen, fügt Trennstriche ins Dokument ein. Die Trennhilfe arbeitet hierbei automatisch oder halbautomatisch, ganz wie Sie es wünschen.

Das aktivierte Kontrollkästchen Automatische Silbentrennung ([Alt][A]) sorgt dafür, daß die Trennfunktion unbemerkt im Hintergrund arbeitet und die Worte splittet, während Sie schreiben. Sie haben also schon während der Eingabe den optimalen Textfluß vor Augen, brauchen also nicht erst nach Abschluß der Arbeiten die Trennhilfe zu starten und durchlaufen zu lassen, bloß weil ein Satz hinzukam, ein paar Worte im Text gelöscht wurden oder sich einfach die Einstellung der Seitenränder änderte.

Doch auch für die manuelle Trennung im Nachhinein, bei der Sie die Trennungsstellen des Textes direkt kontrollieren, ist gesorgt. Sie wird über die Schaltfläche MANUELL ([Alt][M]) aufgerufen. Wird dieser Befehl angewählt, startet die interaktive Trennhilfe, mit der Sie Trennstriche nach Abschluß der Texteingabe und aller Formatierungen ins Dokument aufnehmen. Hierbei wird das Wort, in dem WinWord einen Trennstrich einfügen möchte, angezeigt, die Trennstellen angezeigt und ein Trennvorschlag gemacht. Ob und an welcher Position Sie einen Trennstrich eingeben, bleibt Ihnen überlassen.

Die Einstellungen für die Trennungsfunktion nehmen Sie vor dem Start der Trennhilfe im Dialogfenster SILBENTRENNUNG vor.

Trennzonen vorgeben

Damit die Trennhilfe schon im vornherein berechnen kann, wann Sie ein Wort trennen möchten, geben Sie im Dialogfenster SILBENTRENNUNG das Maß in das Feld SILBENTRENNZONE ([Alt][S]) ein.

Hiermit stellen Sie den freien Bereich am Ende einer Zeile ein, von dem an die Trennhilfe aktiv werden soll. Wenn der freie Platz zwischen Zeilenende und rechtem Rand dieses Maß überschreitet, versucht das Programm, das erste Wort der nächsten Zeile zu trennen. Bei der Berechnung der Trennstellen geht die Trennhilfe stets von einer linksbündigen Anordnung der Zeilen aus und orientiert sich am rechten Freiraum der Zeile, der bei dieser Anordnung entsteht.

Diese interne Vorgehensweise gewährleistet, daß die Trennhilfe gleichermaßen funktioniert, auch wenn Sie den Text rechtsbündig, zentriert oder im Blocksatz formatiert haben.

Die Vorgabe im Eingabefeld SILBENTRENNZONE ist 0,75 Zentimeter; das entspricht bei einer 12-Punkt-Schrift drei Buchstaben. Dies bedeutet: Word für Windows trennt erst, wenn mindestens eine Wortlänge von 0,75 Zentimeter - bei Courier (12 Punkt) also drei Buchstaben - in die vorhergehende Zeile übernommen werden könnte. Sollte der verbleibende Platz der Vorzeile dies nicht zulassen, wird das erste Wort der Folgezeile nicht getrennt.

Je höher Sie die Vorgabe des Trennbereichs setzen, umso weniger Trennungen werden von Word für Windows veranlaßt und umso größere Lücken erscheinen im Zeilenlayout. Andererseits werden mit einer kleineren Vorgabe mehr Wörter getrennt, wobei dann auch unschöne Trennungen (z.B. ei-ner) entstehen können. Außerdem häufen sich die Zeilen, die mit einem Trennstrich enden, was als schlechtes Layout gilt und den Lesefluß beeinträchtigt.

12 • Thesaurus, Rechtschreibprüfung, AutoKorrektur, Silbentrennung, Grammatik

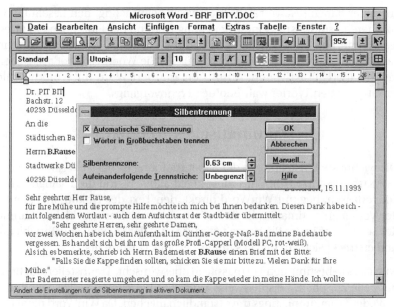

Abb. 12.8: Das Dialogfenster SILBENTRENNUNG

Wie hoch bzw. niedrig Sie die Trennzone einstellen, hängt stark von dem Schriftgrad ab, den Sie zum Einsatz bringen. Je kleiner die Schrift, umso kleiner darf die Trennzone gewählt werden. Sie können die Zahl wieder in allen Einheiten eingeben, die Word für Windows versteht (cm, ", pt, pi). Es bietet sich hierbei aber an, die Trennzone in Punkt (pt) anzugeben. Der zweifache Wert der Schriftgröße ist in der Regel ein guter Wert. Multiplizieren Sie den verwendeten Schriftgrad einfach mit 2.

Als Faustregel zur Beurteilung eines getrennten Textes gilt, daß niemals mehr als 3 Zeilen hintereinander auf eine Trennung enden sollten. Ein Wert für diese typographische Regel läßt sich im Dialogfenster SILBENTRENNUNG durch das Kontrollkästchen AUFEINANDERFOLGENDE TRENNSTRICHE ([Alt][T]) einstellen. Die Einstellung UNBEGRENZT stellt es dem Trennprogramm anheim, beliebig viele getrennte Zeilen aufeinander folgen zu lassen. Besser erscheint das Dokument in der Regel, wenn ein Wert, zum Beispiel "3", vorgeben wird.

Ob Sie in Großbuchstaben eingegebene Wörter trennen möchten, hängt davon ab, ob es sich um Hervorhebungen oder Eigennamen handelt. Bei Eigennamen sollte die Trennung, wenn möglich, vermieden werden. Allerdings darf hieraus kein Gesetz gemacht werden. Ob durch Großbuchstaben hervorgehobene Wörter getrennt werden, hängt davon ab, ob sie hinterher noch den beabsichtigten Aufmerksamkeitswert und Verständnischarakter haben. Die versale Schreibweise beeinträchtigt den Lesefluß von vornherein; somit ist es eine Überlegung wert, ob der Fluß noch ein zweites Mal durch eine Trennung gehemmt werden soll. Wenn Sie Worte in Großbuchstaben trennen möchten, müssen Sie WÖRTER IN GROSSBUCHSTABEN TRENNEN ([Alt][G]) aktivieren. Ansonsten ignoriert Word für Windows alle versal gesetzten Wörter während des Trennvorgangs.

Automatisches Trennen

Die wichtigste Einstellung in der Silbentrennung ist das Feld AUTOMATISCHE SILBENTRENNUNG ([Alt][A]). Wird dieses Feld aktiviert und die Dialogbox mit OK verlassen, beginnt WinWord direkt, den Text des Dokuments gemäß der Vorgaben optimal in die Zeilen einzupassen. Das geschieht während des Schreibens in der Rechenzeit, die während der Texteingabe übrigbleibt, und erstreckt sich auf den gesamten Text des Dokuments.

Nun ist es in bestimmten Textpassagen unerwünscht, Trennstellen am Ende der Zeile zu sehen. Beispielsweise kann dies bei Zitaten verfälschend wirken oder Programmlistings unverständlich machen. Da WinWord nicht nur jenen Text trennt, den Sie gerade neu erfassen, sondern auch bereits eingegebenen Text in die Trennanalyse einbezieht, werden auch die Absätze getrennt, die Sie lieber unbeschadet sehen möchten. Doch es ist nicht schwer, WinWord von Trennungen punktuell abzuhalten. Unter FORMAT > ABSATZ ([Alt][T] [A]) wählen Sie im Dialogfenster ABSATZ die Registerkarte TEXTFLUSS ([Alt][F]) an und markieren das Kontrollfeld KEINE SILBENTRENNUNG ([Alt][K]). Diese Kontrolle wirkt sich auf alle markierten Absätze aus. Selbstverständlich ist es auch möglich, diese Kontrollfunktion unter FORMAT > FORMATVORLAGE ([Alt][T][V]) mit dem Befehl BEARBEITEN > FORMAT > ABSATZ ([Alt][B] [Alt][F] [A]) einer Formatvorlage zuzuordnen, so daß alle Absätze, denen Sie die Formatvorlage zuweisen, von der automatischen Trennung verschont bleiben. Mehr zu Formatvorlagen erfahren Sie in Kapitel 20.

Zwar gilt die automatische Silbentrennung für das gesamte aktive Dokument, doch nicht für alle Dokumente, die geöffnet sind. Ob die automatische Silbentrennung arbeiten soll oder nicht, muß für jedes Dokument separat entschieden werden. Diese Einstellung wird mit dem Dokument zusammen gespeichert und ist beim nächsten Öffnen des Dokuments direkt wieder aktiv.

Wenn Sie die automatische Silbentrennung in einem Dokument später wieder ausschalten, so verschwinden ad hoc sämtliche Trennstellen, die automatisch eingefügt wurden. Das gleiche geschieht, wenn das Dokument mit DATEI > SPEICHERN UNTER in einem fremden Dateiformat gespeichert wird. Die automatischen Trennstellen werden also nicht in der Datei des Dokuments gespeichert, sondern nur während der Sitzung ins geöffnete Dokument eingefügt, verwaltet und beim Ausdruck von WinWord mit ausgegeben. Anders sieht der Sachverhalt bei manuellen Trennstellen aus, die auch mit Hilfe des Trennhilfeprogramms in den Text eingefügt werden können. Beim halbautomatischen Trennen werden tatsächlich jene weichen Trennstriche (¬) ins Dokument eingefügt, die die Anzeige der nicht druckbaren Zeichen ([Strg][⇧][+]) am Bildschirm darstellt und die beim Speichern bleibende Aufnahme in Dateien finden.

Die manuelle Trennfunktion hilft Ihnen übriges auch weiter, wenn die automatische Silbentrennung Ihren Dienst versagt. Dies kann beispielsweise passieren, wenn Sie Dokumentvorlagen mit Tabellen verwenden, die bereits mit früheren WinWord-Versionen (1 und 2) erstellt wurden. Falls Ihnen also auffällt, daß ganze Passagen eines Dokuments nicht mit Trennstellen versehen werden, obwohl Raum dafür besteht, sollten Sie die Passagen oder das gesamte Dokument mit der manuellen, halbautomatischen Trennfunktion überprüfen.

Manuelles Trennen mit Kontrolle

Oft ist es besser, einen Text halbautomatisch zu trennen, da Sie auf diese Weise alle Trennstellen kontrollieren und andere Trennstellen auswählen können, die das Programm vielleicht nicht erkennt. Um die Trennhilfe manuell zu steuern, aktivieren Sie im Dialogfenster SILBENTRENNUNG die Option MANUELL ([Alt][M]).

Das Trennprogramm beginnt seine Arbeit an der Stelle der Einfügemarke, durchläuft den Text abwärts und fährt vom Ende des Dokuments direkt am Anfang fort. Hiernach ist Ihr ganzer Text gemäß Ihren Vorgaben und passend zu der aktuellen Formatierung getrennt. Wenn Sie vor dem Aufruf der Trennhilfe eine Markierung gesetzt haben, bearbeitet das Programm nur die markierte Passage und bietet Ihnen anschließend in einem Meldungsfenster mit JA ([J]) und NEIN ([N]) die Möglichkeit, den Trennlauf auf das gesamte Dokument auszudehnen.

Sobald Word für Windows auf ein Wort stößt, das es trennen würde, bietet es Ihnen das Wort im Programmfenster MANUELLE SILBENTRENNUNG an; in der Titelzeile des Dialogfensters ist zudem vermerkt, für welche Sprache WinWord zur Zeit nach Trennstellen sucht. Das trennbare Wort ist in das Dialogfeld TRENNVORSCHLAG ([Alt][T]) eingetragen und kann dort von Ihnen bearbeitet werden. Falls Sie den Kontext der Trennung im Text betrachten möchten, können Sie das Fenster des Trennprogramms mit der Maus oder über sein Systemmenü bewegen.

Im Dialogfenster TRENNVORSCHLAG sind alle möglichen Trennstellen des Wortes, die Word für Windows entdecken konnte, durch Trennstriche markiert. An der Stelle, an der Word für Windows das Wort automatisch trennen würde, steht ein blinkender Cursor. Sie können ihn mit den Cursortasten oder der Maus an jede beliebige Stelle des Wortes plazieren und die Trennung an dieser Stelle durch JA ([Alt][J]) bestätigen. Word für Windows wird die Trennung an der ausgewählten Stelle auch dann vollziehen, wenn sie nicht den Programmvorschlägen entspricht.

Die maximale Anzahl der Zeichen, die in die vorige Zeile übernommen werden können, wird durch einen grauen, senkrechten Strich angezeigt. Wenn Sie das Wort rechts dieses Striches trennen, wird die Trennung zwar in das Dokument übernommen, das getrennte Wort aber in der Folgezeile belassen, solange in der vorhergehenden Zeile nicht genügend Platz für die Übernahme des abgetrennten Teils ist.

Falls Sie ein Wort nicht trennen möchten, übergehen Sie den Vorschlag von Word für Windows mit NEIN ([Alt][N]). Das Trennprogramm sucht daraufhin das nächste zu trennende Wort. Sie brechen die Arbeit des Programms mit der [Esc]-Taste oder dem Befehl ABBRECHEN ab; hierbei bleiben aber sämtliche vollzogenen Trennungen bestehen.

Damit während des Durchlaufs der Trennhilfe die richtigen Trennstellen gefunden werden, schaltet die Silbentrennung automatisch in die Druckbildansicht. Diese Ansicht bleibt auch nach Abschluß der Silbtrennung bestehen, so daß Sie den richtigen Überblick über das Dokument erhalten. So haben Sie die tatsächlichen Zeilenenden und - sofern Sie dieses Kontrollkästchen unter EXTRAS > OPTIONEN > ANSICHT aktiviert haben - auch die Textbegrenzungen vor Augen. Solange die Gliederungsansicht aktiv ist, läßt sich die Silbentrennung übrigens nicht aktivieren.

Manuelle Trennungen entfernen

Manuelle, halbautomatisch generierte Trennungen werden - wie beschrieben - im Gegensatz zu vollautomatisch erstellen Trennstrichen als bedingte Trennstellen mit dem Zeichen "¬" in den Text aufgenommen. Wenn ein Text Bearbeitungen erfährt, kommt es durch Ergänzungen oder Änderungen der Formatierung sehr leicht dazu, daß die eingegebenen Trennstellen nicht mehr aktuell sind. Obschon die Trennzeichen im Ausdruck nicht stören und auch bei der Bildschirmarbeit abgeschaltet werden können, haben Sie vielleicht dennoch das Interesse, die Trennstellen wieder zu entfernen. Hierfür bieten sich Ihnen zwei Möglichkeiten, je nachdem, ob Sie die geteilten Wörter unmittelbar nach dem Trenndurchlauf oder erst zu einem späteren Zeitpunkt wieder zusammenfügen möchten:

12 • Thesaurus, Rechtschreibprüfung, AutoKorrektur, Silbentrennung, Grammatik

1. Sie entfernen alle vollzogenen Trennungen direkt nach Beendigung des Trennprogramms über das Symbol "Rückgängig" oder den Befehl BE-ARBEITEN > RÜCKGÄNGIG ([Strg][Z]). Hierbei darf aber nach dem Abschluß des Trennens keine andere Eingabe erfolgt sein.

2. Sie entfernen alle vollzogenen Trennungen aus dem ganzen Text oder einer markierten Passage mit BEARBEITEN > ERSETZEN ([Alt][B] [E] oder [Strg][H]). Hierfür tragen Sie in das Feld SUCHEN NACH ([Alt][S]) die Zeichenkombination "^-" ein und belassen das Feld ERSETZEN DURCH ([Alt][R]) ganz ohne Eingaben. Falls Sie zuvor Eingaben im SUCHEN- oder ERSETZEN-Feld hatten, löschen Sie diese zuvor durch [Entf]. Eventuell vorhandene Formatierungen entfernen Sie über die Schaltfläche KEINE FORMATIERUNG ([Alt][K]). Lassen Sie nun die Funktion mit ALLE ERSETZEN ([Alt][Alt]) automatisch durchlaufen. Anschließend sind alle bedingten Trennstellen aus Ihrem Text entfernt.

Zur Übung trennen Sie ein paar Briefe des Herrn Bit. Probieren Sie verschiedene Einstellungen und Arten der Trennung aus. Löschen Sie Trennstellen wieder, verändern Sie Absatzformatierungen und trennen erneut.

Grammatik

Daß die Sprache, die Sie dem Text oder einer Passage zuweisen, Auswirkung auf die Arbeit der Korrekturfunktionen hat, zeigt sich bei Thesaurus, Rechtschreibprüfung und Silbentrennung deutlich. Stets arbeitet das Programm im Rückgriff auf die Wörterbücher jener Sprache, die dem Text unter EXTRAS > SPRACHE zugeordnet wurde. Nirgends aber ist der Effekt der Sprachformatierung so groß, wie bei der Funktion "Grammatikprüfung".

Die Überprüfung der Einhaltung grammatischer Regeln und stilistischer Feinheiten bietet WinWord einzig und allein für die englische Sprache an. Welcher englischsprachigen Region Sie den Text oder die Passage im Dialogfenster SPARCHE zuordnen - ob Australien, Großbritannien oder Nordamerika - ist zunächst irrelevant. WinWord greift - sofern das Lexikon für die spezielle Sparchversion nicht installiert ist - prinzipiell auf das nächstliegende Lexikon zu. Da die Grammatikprüfung in der deutschen WinWord-Version auf britisches Englisch ausgerichtet ist, werden alle drei Regionen mit den britischen Sprachregeln überprüft, solange Sie nicht zusätzliche Sprachen installieren. Weitere Sprachpakete können Sie bei Microsoft erwerben.

Daß für Deutsch keine Grammatikprüfung enthalten ist, tut WinWord in einem Meldefenster kund, sobald Sie den Befehl EXTRAS > GRAMMATIK ([Alt][X] [G]) aufrufen und eine deutschsprachige Passagen überprüfen wollen. Auch bei Französisch muß die deutsche WinWord-Version passen, da sie das französische Grammatiklexikon, das nicht zum Lieferumfang gehört, nicht finden kann. Der Überprüfung der englischen Textpassagen steht dies allerdings nicht im Wege. WinWord durchsucht das gesamte Dokument nach englischen Sprachzuweisungen und überprüft sie.

Sollten sich im Dokument keine Passagen finden, denen die englische Sprache zugeordnet ist, schließt WinWord nach Aufruf von EXTRAS > GRAMMATIK und der Bestätigung des eröffenenden Meldungsfensters dennoch mit der Meldung: DIE GRAMMATIKPRÜFUNG IST ABGESCHLOSSEN. Je nach Größe des Dokuments kann es eine Zeit dauern, bis diese Meldung erscheint. Werden Sie nicht ungeduldig, wenn die Sanduhr, die die Aktivität signalisiert, eine Zeitlang Eingaben verhindert. Sobald WinWord sich davon überzeugt hat, daß nichts zu tun ist, gibt es das System wieder frei.

Optionen der Grammatiküberprüfung

Bevor Sie die Grammatikprüfung starten, können Sie sich unter EXTRAS > OPTIONEN in der Registerkarte GRAMMATIK ([Alt][X] [O] [G]) von den aktuellen Einstellungen überzeugen und diese modifizieren. Zugriff auf die Registerkarte zur englischen Grammatikkonfiguration haben Sie allerdings nur, wenn die Einfügemarke in einem Teil des Dokuments steht, dem die engli-

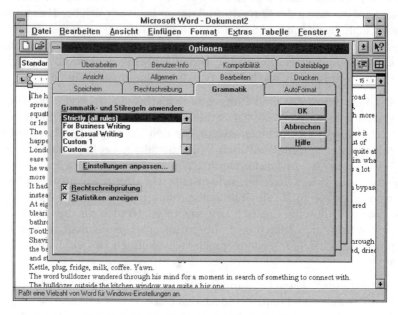

Abb. 12.9: Die Registerkarte GRAMMATIK der OPTIONEN

12 • Thesaurus, Rechtschreibprüfung, AutoKorrektur, Silbentrennung, Grammatik

sche Sprache zugewiesen wurde, oder eine Markierung gesetzt ist, die in solch einem Textteil beginnt. Sollte die Einfügemarke in einer deutschen Textpassage stehen oder die aktuelle Markierung in ihr beginnen, erscheint das Meldefenster: FÜR DEUTSCH IST KEINE GRAMMATIKPRÜFUNG VERFÜGBAR. Bei französischen Passagen erscheint zwar diese Meldung nicht, doch lassen sich im Dialogfenster keine relevanten Einstellungen vornehmen, solange das französische Grammatiklexikon nicht installiert ist.

Für die englische Grammatik können Sie im Dialogfenster OPTIONEN in der Registerkarte GRAMMATIK einstellen, nach welchen Kriterien WinWord die Grammatik des Textes überprüfen soll. Zur Auswahl stehen in der Liste GRAMMATIK UND STILREGELN ANWENDEN ((Alt)(G)):

STRICTLY (ALL RULES)	es werden alle Grammtik- und Stilfehler moniert.
FOR BUSINESS WRITING	die Grammatik- und Stilregeln für Geschäftskorrespondenz werden überprüft.
FOR CASUAL WRITING	umgangssprachliche Formulierungen werden zugelassen.

Neben diesen vorgefertigten Regeln stehen ihnen drei frei definierbare Gruppen für Prüfvorgaben (CUSTOM 1, 2 und 3) zur Verfügung.

Über die Schaltfläche EINSTELLUNGEN ANPASSEN ((Alt)(E)) haben Sie Zugriff auf die verschiedenen Grammatik- und Stilregeln. Diese können Sie je nach

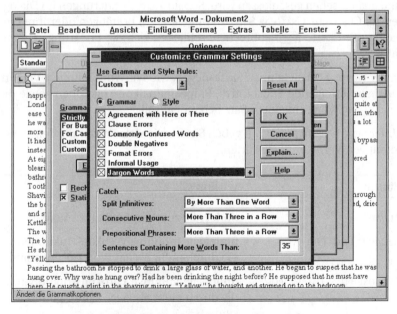

Abb. 12.10: Das Dialogfenster CUSTOMIZE GRAMMAR SETTINGS

Bedarf im Dialogfenster CUSTOMIZE GRAMMAR SETTINGS individuell ein- oder ausschalten. Welche Gruppe der Prüfvorgaben Sie ändern möchten, können Sie im Feld USE GRAMMAR AND STYLE RULES (`Alt`+`U`) einstellen. Die Prüfgruppen entsprechen den sechs Gruppen, die bereits in der Registerkarte GRAMMATIK gelistet wurden.

Die Regeln, die im Dialogfenster CUSTOMIZE GRAMMAR SETTINGS gelistet werden, sind in zwei Regelsektionen geordnet: Grammatik-Regeln und Stil-Regeln. Zwischen den beiden Listen schalten Sie über die Optionsfelder GRAMMAR (`Alt`+`G`) und STYLE (`Alt`+`S`) um.

In der Liste werden die einzelnen Regeln durch einfaches Anklicken aktiviert bzw. deaktiviert. Eine Erklärung der einzelnen Regeln erhalten Sie, wenn Sie EXPLAIN (`Alt`+`E`) anwählen. Dieses Fenster namens GRAMMAR EXPLANATION kann geöffnet bleiben, während Sie die Regel im Dialogfenster CUSTOMIZE GRAMMAR SETTINGS markieren. So wird ihnen zu jeder angewählten Regel eine Erklärung angezeigt.

Das Fenster GRAMMAR EXPLANATION läßt sich durch Ziehen der Titelleiste und seines Rahmens oder über sein Systemmenü (`Alt`+` `) verschieben und in der Größe ändern. Es bleibt solange geöffnet, bis Sie es durch einen Doppelklick auf sein Systemmenü oder mit `Alt`+`K` `L` schließen. Auch der Tastenschlüssel `Alt`+`F4` schließt das Fenster, allerdings besteht hierbei die Gefahr, daß gerade das Dialogfenster CUSTOMIZE GRAMMAR SETTINGS aktiv ist und aus Versehen geschlossen wird. Sobald Sie die Änderungen im Dialogfenster CUSTOMIZE GRAMMAR SETTINGS mit OK (`↵`) bestätigen oder Ihre Eingaben mit CANCEL (`Esc`) abbrechen, schließen sich die Erklärungen ebenfalls.

In der Gruppe CATCH können Sie festlegen, wie WinWord infinitive Verben, aufeinanderfolgende Substantive, Präpositionalkonstruktionen sowie die Anzahl der Wörter in einem Satz behandeln soll.

Unter SPLIT INFINITIVES (`Alt`+`I`) geben Sie an, wie viele Wörter die Teile eines infinitiven Verbs trennen dürfen.

Eintrag	Wirkung
ALWAYS	findet alle zusammengesetzen Verben
BY MORE THAN ONE WORD	findet alle infinitive Verbkonstruktionen, die durch mehr als ein Wort getrennt sind
BY MORE THAN TWO WORDS	findet alle infinitive Verbkonstruktionen, die durch mehr als zwei Wörter getrennt sind

12 • Thesaurus, Rechtschreibprüfung, AutoKorrektur, Silbentrennung, Grammatik

Eintrag	Wirkung
BY MORE THAN THREE WORDS	findet alle infinitive Verbkonstruktionen, die durch mehr als drei Wörter getrennt sind.
NEVER	ignoriert Verbzusammensetzungen.

Tab. 12.3: Einstellungen unter SPLIT INFINITVES

Unter CONSECUTIVE NOUNS geben Sie an, wie viele Substantive aufeinander folgen dürfen.

Eintrag	Wirkung
MORE THAN TWO IN A ROW	findet alle Folgen über zwei Substantiven.
MORE THAN THREE IN A ROW	findet alle Folgen über drei Substantiven.
MORE THAN FOUR IN A ROW	findet alle Folgen über vier Substantiven.
NEVER	ignoriert Folgen von Substantiven.

Tab. 12.4: Einstellungen unter CONSECUTIVE NOUNS

Unter PREPOSITIONAL PHRASES geben Sie an, wie viele Präpositionalkonstruktionen aufeinander folgen dürfen.

Eintrag	Wirkung
MORE THAN TWO IN A ROW	findet Folgen über zwei Präpositionalkonstruktionen.
MORE THAN THREE IN A ROW	findet Folgen über drei Präpositionalkonstruktionen.
MORE THAN FOUR IN A ROW	findet Folgen über vier Präpositionalkonstruktionen.
NEVER	ignoriert Folgen von Präpositionalkonstruktionen.

Tab. 12.5: Einstellungen unter PREPOSITIONAL PHRASES

Im Feld SENTENCES CONTAINING MORE WORDS THAN (Alt W) können Sie eingeben, wieviele Worte maximal in einem Satz vorkommen dürfen, bevor WinWord eine Warnung ausgibt. Sämtliche Optionen können Sie mit RESET ALL (Alt R) wieder auf die Voreinstellung des Programms zurücksetzen.

In der Registerkarte GRAMMATIK der OPTIONEN können Sie über das Kontrollkästchen RECHTSCHREIBUNG (Alt R) außerdem angeben, daß während der Grammatikprüfung gleichzeitig die Rechtschreibprüfung ausgeführt werden soll. In diesem Fall ruft die Grammatikprüfung automatisch das Dialogfenster RECHTSCHREIBUNG auf, wenn in einem Satz ein Wort gefunden wird, für das in den englischen Wörterbüchern keine entsprechende Schreibweise enthalten ist. Nach der Korrektur oder der Bestätigung des bemängelten Wortes läuft automatisch die Grammatikprüfung weiter und untersucht die Grammatik des aktuellen Satzes. Anschließend wird der nächste Satz auf Rechtschreibung und Grammatik geprüft.

Schalten Sie in der Registerkarte GRAMMATIK das Kontrollkästchen RECHTSCHREIBUNG aus, sofern Sie Texte bearbeiten, die verschiedene Sprachen - z.B. Deutsch und Englisch - enthalten. Da bei der allgemeinen Rechtschreibprüfung, die Sie über das Dokument laufen lassen, automatisch auch die Passagen kontrolliert werden, denen als Sprache "Englisch" zugewiesen wurde, erübrigt es sich, die Überprüfung bei der Grammatikkontrolle zu wiederholen. Wenn Sie allerdings ein Dokument durchgängig in Englisch verfaßt haben, sollten Sie die RECHTSCHREIBPRÜFUNG in der Registerkarte GRAMMATIK aktivieren. Sie können sich dann den separaten Durchlauf der Rechtschreibprüfung ersparen, da sie in vollem Umfang und mit der Verfügbarkeit sämtlicher Funktionen während der Grammatikprüfung ausgeführt wird. Allerdings sollten Sie im Fenster RECHTSCHREIBUNG, das während der Grammatikprüfung bei orthographisch bemängelten Wörtern aufgerufen wird, nicht den Befehl ABBRECHEN anwählen, da er gleichzeitig auch die Grammatikprüfung beendet.

In den OPTIONEN der Registerkarte GRAMMATIK läßt sich schließlich noch angeben, ob das Programm nach Abschluß der Grammatikprüfung eine STATISTIK ANZEIGEN (Alt S) soll, in der Aussagen über die Lesbarkeit und den Verständlichkeitslevel des geprüften Textes gemacht werden. Nachdem Sie alle Eingaben gemacht haben, bestätigen Sie Ihre Änderungen wie gewohnt mit OK.

Die Grammatikprüfung

Wenn Sie einen Text mit englischen Passagen oder ein durchgängig in englisch verfaßtes Dokument prüfen möchten, starten Sie die Grammatikprüfung mit EXTRAS > GRAMMATIK (G). Sie können die Überprüfung auf einzelne

12 • Thesaurus, Rechtschreibprüfung, AutoKorrektur, Silbentrennung, Grammatik

Passagen einschränken, indem Sie die Passagen vor dem Aufruf der Grammatikfunktion markieren. Ansonsten erfolgt die Prüfung von der Einfügemarke aus abwärts und wird anschließend vom Dokumentbeginn bis zur Position der Einfügemarke fortgesetzt, so daß schließlich das gesamte Dokument überprüft ist.

Das Fenster des Grammatikprogramms erscheint, wenn eine Stelle gefunden wird, die bemängelt wird. Während der Überprüfung des Textes wird im oberen Bereich des Fensters Grammatik der SATZ (Alt S) angezeigt, dessen Grammatik WinWord moniert. Im unteren Bereich, im Feld VORSCHLÄGE (Alt V), wird eine Fehlermeldung angezeigt oder - sofern die Grammtiküberprüfung einen Fehler erkennt, den sie selbständig korrigieren kann - ein Änderungsvorschlag eingeblendet. In diesem Fall wird der entsprechende Teil bzw. die entsprechenden Wörter sowohl im Ausschnitt SATZ als auch Vorschläge rot markiert. Diesen Vorschlag können Sie mit ÄNDERN (Alt D) übernehmen, oder aber im Feld Satz bzw. im Textkörper die Veränderungen selbst vornehmen. Wenn Sie nur den bemängelten Satzteil unverändert lassen wollen, sich aber nicht sicher sind, ob der restliche Teil des Satzes korrekt ist, wählen Sie NICHT ÄNDERN (Alt C). Wenn Sie keinerlei Änderungen am Satz vornehmen wollen, springen Sie mit NÄCHSTER SATZ (Alt N) zum nächsten Satz und ignorieren eventuelle weitere Fehler innerhalb des aktuellen Satzgebildes. Sollte die Grammatiküberprüfung ständig einen vermeintlichen Fehler melden, der jedoch tatsächlich kein Fehler ist, bzw. Sie sich entschließen, eine Regel nicht mehr zu überprüfen, so können Sie mit REGEL IGNORIEREN (Alt I) diese Regel aus der Rechtschreibung ausschließen. Der aktuell markierte Satz wird daraufhin nicht modifiziert und die Überprüfung der Regel für das Dokument ausgesetzt.

Um Änderungen zurückzunehmen, wählen Sie den Befehl LETZTE RÜCKGÄNGIG (Alt T) an.

Wenn Sie sich nicht sicher sind, was Ihnen die Grammatiküberprüfung nun wirklich ankreidet, können Sie mit ERKLÄREN (Alt E) eine weitere Erklärung des Sachverhaltes anfordern, dem in der Regel auch ein Beispiel folgt, das die Situation veranschaulicht. Die Informationen, die das Fenster GRAMMAR EXPLANATION zur Grammatik und deren Gesetzmäßigkeiten darstellt, werden stets in der Sprache angezeigt, dessen Grammatik überprüft wird. Das Erklärungsfenster, dessen Handhabung dem Befehl EXPLAIN im Dialogfenster CUSTOMIZE GRAMMAR SETTINGS der OPTIONEN (weiter oben beschrieben) entspricht, kann geöffnet bleiben und zeigt so permanent Erläuterungen zur aktuell bemängelten Regelverletzung an. Auch wenn Sie vom Dialogfenster GRAMMATIK über die Schaltfläche OPTIONEN (Alt O) direkt auf die Registerkarte GRAMMATIK zugreifen, stört das Fenster GRAMMAR EXPLANATION nicht, sondern wird sogar automatisch durch ausführlichere Informatio-

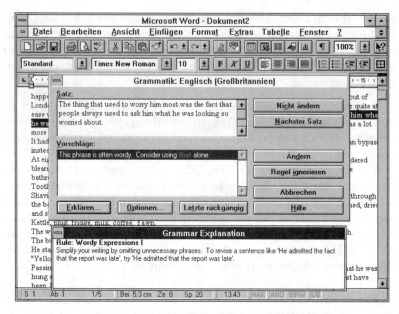

Abb. 12.11: Das Dialogfenster GRAMMATIK

nen bereichert, sobald sie EINSTELLUNGEN ANPASSEN anwählen. Die Regel, deren Verletzung die Grammatikprüfung meldet, findet sich zudem in der Regelliste des Dialogfensters CUSTOMIZE GRAMMAR SETTINGS markiert.

Wenn Sie während der Grammatikprüfung auf Passagen stoßen, die Sie direkt im Text ändern möchten, so können Sie durch einen Klick ins Dokument oder mit [Strg][⇆] zwischen dem Fenster GRAMMATIK und dem Dokumenttext wechseln. Sie erhalten hierdurch die Möglichkeit, auch während des Prüflaufs die Sprachzuweisung von Textpassagen zu ändern, wenn Sie beispielsweise entdecken, daß einem deutschen Textteil fälschlicherweise die enlische Sprache zugeordnet wurde. Nach dem Rücksprung in das Fenster GRAMMATIK starten Sie die Überprüfung neu mit BEGINNEN.

Nach Abschluß der Grammatikprüfung wird Ihnen - sofern Sie dies in der Registerkarte GRAMMATIK der OPTIONEN angefordert haben - automatisch eine Lesbarkeitsstatistik über den geprüften Text bzw. die geprüfte Passage im Dialogfenster READABILITY STATISTICS angezeigt.

Readability Statistics

Im Dialogfenster READABILITY STATISTICS werden Informationen angezeigt, die während der Grammatikprüfung ermittelt wurden.

Zunächst enthält das Dialogfenster unter COUNTS Informationen über den Umfang des geprüften Textes. Hier wird die Anzahl der Worte (WORDS), der Zeichen (CHARACTERS), der Absätze (PARAGRAPHS) und der Sätze (SENTENCES) genannt.

Diesen Angaben folgen unter AVERAGES Durchschnittswerte der geprüften Passage, wie die Anzahl der Sätze pro Absatz (SENTENCES PER PARAGRAPH), die Zahl der Worte pro Satz (WORDS PER SENTENCE) und die durchschnittlichen Buchstaben pro Wort (CHARACTERS PER WORD).

Schließlich werden unter READABILITY auch Angaben zur Lesbarkeit des Textes gemacht:

PASSIVE SENTENCES gibt in Prozent an, wieviele passive Sätze im Dokument vorkommen. Passive Sätze erschweren das Verständnis eines Textes.

FLESCH READING EASE spiegelt die Lesbarkeit eines Textes aufgrund des Durchschnitts von Silben pro Wort sowie Wörter pro Satz. Dieses Bewertungsmuster geht davon aus, daß ein Text umso einfacher zu verstehen ist, desto weniger Silben pro Wort bzw. Wörter pro Satz er enthält. Durchschnittliche Texte haben einen Flesch-Reading-Ease-Grad zwischen 60 und 70. Je höher der Grad, desto verständlicher ist der Text.

Der FLESCH-KINCAID GRADE LEVEL gibt auf der selben Basis wie der Flesch Reading Ease das Niveau eines Textes aus, jedoch wird das Ergebnis nicht als Index, sondern in Jahren der Spracherfahrung ausgegeben. Wenn der Flesch Kincaid Ease beispielsweise 79 beträgt, so entspricht dies einer Spracherfahrung von ca. 5,4 Jahren.

Grad	Niveau	Entspricht einer Spracherfahrung ...
über 90	sehr niedrig	...von 4 Jahren
unter 90	niedrig	...von 5 Jahren
unter 80	relativ niedrig	...von 6 Jahren
unter 70	mittel	...von mehr als 7 Jahren
unter 60	relativ hoch	...von mehr als 8 Jahren
unter 50	hoch	...von mehr als 9 Jahren
unter 40	sehr hoch	...von mehr als 11 Jahren
unter 30	extem hoch	...auf Hochschul-Niveau

Tab. 12.6: Struktur der Flesch-Reading-Werte

Der COLEMAN-LIAU GRADE LEVEL basiert auf dem Durchscnitt von Buchstaben pro Wort und der Satzlänge in Worten. Wie schon das Flesch-Kincaid-Niveau wird auch das Coleman-Liau-Niveau in Jahren der Spracherfahrung angegeben.

Das BORMUTH GRADE LEVEL gibt als Ergebnis ebenfalls die Jahre der Spracherfahrung an, berechnet diese aber anhand der Wort- und Satzlängen in Buchstaben.

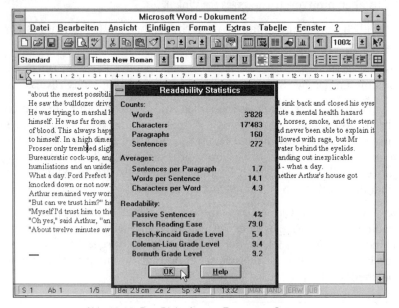

Abb. 12.12: Das Dialogfenster READABILITY STATISTICS

Bei sehr kurzen Texten kann es passieren, daß die Überprüfung des Textes unsinnige Ergebnisse liefert und der Flesch Reading Ease-Wert 100 Punkt (bis zu 120,2) überschreitet, was einer Spracherfahrung von null Jahren enspricht.

Teil II

Desktop Publishing mit Word für Windows

Teil II

Desktop Publishing mit Word für Windows

13
Seiten, Abschnitte und Spalten formatieren

Feste Seitenwechsel	**Seite**	**311**
Seitenumbrüche	Seite	311
Spaltenumbrüche	Seite	313
Abschnittsumbrüche	Seite	314
Seiten formatieren	**Seite**	**316**
Dokumentvorlagen verwenden	Seite	318
Seitenränder	Seite	319
Seitenränder über das Lineal einstellen	Seite	323
Papierformat	Seite	326
Papierzufuhr	Seite	330
Seitenlayout	Seite	331
Spaltensatz	**Seite**	**339**
Spalten über das Lineal einstellen	Seite	344

ns
Feste Seitenwechsel

Nicht immer soll ein Dokument in der durchlaufenden Folge ausgedruckt werden, wie Word für Windows es automatisch vorsieht.

Zur Gestaltung eines Textes gehört der feste Seitenwechsel, der z.B. neue Kapitel oder wichtige Thesen auf einer neuen Seite plaziert. Überdies bieten sich in Word für Windows der Spalten- und der Abschnittswechsel an.

Die festen Wechsel lassen sich in Word für Windows über den Befehl EINFÜGEN > MANUELLER WECHSEL ([Alt][E][W]) eingeben und zum Teil spezifizieren.

Zum Zeitpunkt der Einfügung eines manuellen Seiten- oder Spaltenwechsels sollte kein Text markiert sein, da der Wechsel diesen Text überschreibt, sofern unter OPTIONEN in der Registerkarte BEARBEITEN das Kontrollkästchen EINGABE ERSETZT MARKIERUNG aktiv ist. Andernfalls wird der Seitenwechsel vor der markierten Passage eingefügt.

Seitenumbrüche

Sie haben bereits die Möglichkeit kennengelernt, einem Absatz einen festen Seitenwechsel zuzuordnen. Dies geschieht über den Befehl FORMAT > ABSATZ ([Alt][T][A]) in der Registerkarte TEXTFLUSS mit dem Befehl SEITENWECHSEL

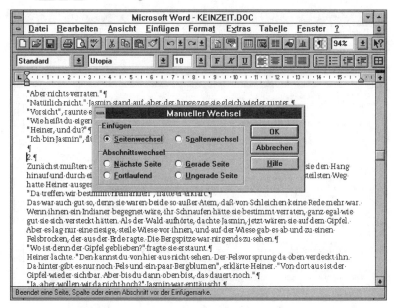

Abb. 13.1: Das Dialogfenster MANUELLER WECHSEL

OBERHALB. Wenn Sie einen Absatz auf diese Weise formatieren, wird stets ein Seitenwechsel erfolgen, bevor der Absatz gedruckt wird.

Word für Windows bietet Ihnen aber überdies eine flexiblere Möglichkeit, feste Wechsel in den Text einzufügen. Wählen Sie hierfür EINFÜGEN > MANUELLER WECHSEL (Alt E W).

Wenn Sie in diesem Dialogfenster das Optionsfeld SEITENWECHSEL (Alt S) markieren, wird an der Stelle der Einfügemarke ein fester Seitenwechsel vollzogen.

Um einen festen Seitenwechsel direkt über die Tastatur einzugeben, benutzen Sie den Tastenschlüssel Strg ↵. Diese Tastenkombination entspricht dem Seitenwechsel, den Sie über EINFÜGEN > MANUELLER WECHSEL > SEITENWECHSEL vornehmen.

Der Text, der einem Seitenwechsel folgt, wird beim Ausdruck auf einer neuen Seite plaziert. Dargestellt wird der feste Seitenwechsel im Dokument durch eine eng gepunktete Linie und die Angabe SEITENWECHSEL; hierdurch unterscheidet er sich optisch vom festen Seitenwechsel, den Sie einem Absatz im Dialogfenster FORMAT ABSATZ zuordnen, dessen unbeschriftete gepunktete Linie etwas größere Punktabstände kennzeichnen.

Manuelle Seitenumbrüche löschen

Die beiden Möglichkeiten des festen Seitenwechsels unterscheiden sich aber auch in der Art und Weise, wie Sie sie wieder entfernen lassen. Wäh-

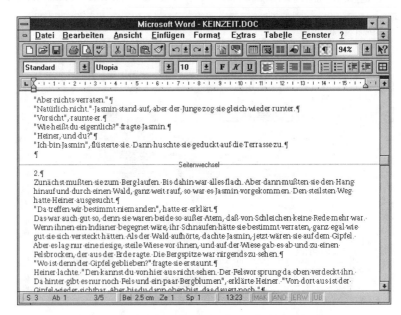

Abb. 13.2: Die Darstellung des festen Seitenwechsels

rend der Seitenwechsel, der über das Absatzformat bestimmt wurde, nur im Dialogfenster ABSATZ entfernt werden kann, läßt sich der feste Seitenwechsel, der über das Dialogfenster MANUELLER WECHSEL oder die Tastenkombination (Strg)(⏎) eingefügt wurde, mit der (Entf)-Taste oder der (⇐)-Taste löschen. Entfernen Sie einfach die gepunktete Zeile. Sie haben somit freien Zugriff auf das Setzen und Entfernen von Seitenwechseln während der Textbearbeitung.

Die Seitenwechsel, die im Normal- und Konzeptmodus durch Sonderzeichen kenntlich gemacht sind, werden in der Layoutansicht durch die richtige Seitenformatierung angezeigt. Aber auch hier lassen sich die manuellen Seitenwechsel mit (Entf) oder (⇐) leicht entfernen.

Spaltenumbrüche

Wenn Sie einen Text in Spalten setzen, soll häufig eine neue Spalte mit einer Überschrift oder einer Grafik beginnen. Hier wäre der Seitenwechsel fehl am Platz, da er den nachfolgenden Text auf einer neuen Seite plazieren würde; Spalten, die auf der aktuellen Seite noch zur Verfügung stünden, blieben leer.

Wählen Sie in dieser Situation im Dialogfenster EINFÜGEN > MANUELLER WECHSEL ((Alt)(E)(W)) die Option SPALTENWECHSEL ((Alt)(P)). Hiermit wird Word für

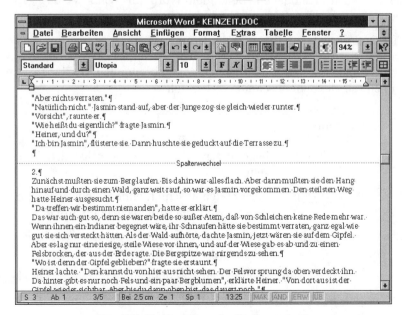

Abb. 13.3: Die Darstellung des Spaltenwechsels

Windows angewiesen, den folgenden Text in eine neue Spalte zu setzen. Keine Rolle spielt es, ob die neue Spalte direkt nebenan oder auf einer neuen Seite liegt.

Mit dem Tastenschlüssel [Strg][⇧][↵] können Sie den Spaltenwechsel während der Textbearbeitung über die Tastatur ausführen. Entfernen läßt er sich durch [Entf] oder [⇐].

Ein Spaltenwechsel wird durch eine gepunktete Linie und die Beschriftung SPALTENWECHSEL dargestellt. Die Punktfrequenz dieser Linie ist allerdings niedriger als die der Seitenwechsellinie.

So lassen sich die beiden Linien unterscheiden. In der Layoutansicht wird der Spaltenwechsel in der Anzeige umgesetzt.

Abschnittsumbrüche

Ein spezielle Form des Wechsels präsentiert Word für Windows im Abschnittswechsel. Das Besondere des Abschnittswechsels liegt darin, daß Sie diverse Möglichkeiten haben, einzelne Abschnitte zu gestalten. Um ein Dokument in mehrere Abschnitte zu unterteilen, müssen Sie Abschnittsumbrüche festlegen. Ein Abschnitt gilt immer bis zu der Stelle, an der ein neuer Abschnittswechsel eingegeben wird. Wenn Sie keinen einzigen Abschnittswechsel eingeben, behandelt Word für Windows das ganze Dokument als einen einzigen Abschnitt.

Vier Optionen stehen Ihnen in der Gruppe ABSCHNITTSWECHSEL im Dialogfenster MANUELLER WECHSEL zur Verfügung: NÄCHSTE SEITE, FORTLAUFEND, GERADE SEITE und UNGERADE SEITE. Diese Optionen bestimmen, wo der Text beginnen soll, der dem Abschnittswechsel folgt.

Option	Funktion
NÄCHSTE SEITE ([Alt][N])	beginnt den Abschnitt auf der folgenden Druckseite
FORTLAUFEND ([Alt][F])	beginnt den Abschnitt ohne Seitenwechsel im Anschluß an den vorhergehenden Abschnitt
GERADE SEITE ([Alt][G])	beginnt den Abschnitt auf der nächsten Druckseite mit gerader Seitenzahl
UNGERADE SEITE ([Alt][U])	beginnt den Abschnitt auf der nächsten Druckseite mit ungerader Seitenzahl

Tab. 13.1: Die Optionen des manuellen Abschnittswechsels

13 • Seiten, Abschnitte und Spalten formatieren

Wenn Sie einen Abschnittswechsel festlegen, bestimmen Sie gleichzeitig, wie sich der Abschnitt zum vorhergehenden Abschnitt verhalten soll. Diese Anfangsdefinition können Sie über DATEI > SEITE EINRICHTEN ((Alt)(D)(R)) in der Registerkarte SEITENLAYOUT ((Alt)(Y)) im Feld ABSCHNITTSBEGINN ((Alt)(A)) modifizieren.

In der Bildschirmdarstellung wird mit Ausnahme der Layoutansicht der Abschnittswechsel durch eine doppelte gepunktete Linie dargestellt, die mit ABSCHNITTSENDE beschriftet ist. Wenn Sie diese Linie löschen, ist auch die Grenze zwischen zwei Abschnitten aufgehoben. Der vorangehende Abschnitt übernimmt dabei die Formatierung des folgenden Abschnitts.

Ein Doppelklick auf die Linie ABSCHNITTSENDE aktiviert direkt die Registerkarte SEITENLAYOUT des Dialogfensters SEITE EINRICHTEN. Die Einstellungen, die Sie jetzt vornehmen, beziehen sich auf den Abschnitt, der mit der doppelt angeklickten Linie endet.

In der Statuszeile werden Sie fortlaufend unter "Ab" darüber informiert, in welchem Abschnitt des Dokuments Sie sich momentan befinden. Bei Markierungen, die über eine Abschnittsgrenze hinausgehen, gibt die Nummer den letzten Abschnitt an, der von der Markierung berührt wird.

Die Layoutansicht stellt Abschnitte so dar, wie sie für den Ausdruck formatiert wurden.

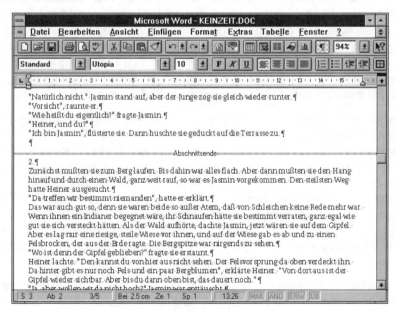

Abb. 13.4: Die Darstellung des Abschnittswechsels

Seiten formatieren

Ein Text hat oft viele Seiten. Und manche Seite kommt besser zur Geltung, wenn sie ihr eigenes Seitenformat hat. Sei es, daß Sie Listen mit schmaleren Seitenrändern drucken, Tabellen im Querformat zu Papier bringen oder Briefumschläge direkt mit dem Dokument zusammen speichern wollen: Word für Windows ermöglicht es. Die Fähigkeit hierzu basiert in einer Funktion, die es erlaubt, Seitenmaße mit einzelnen Abschnitten des Dokumenst zu verbinden, so daß Sie einzelne Abschnitte mit unterschiedlichen Seitenrändern, Papiermaßen und sogar Papierzuführungen formatieren können. Diese Funktion erleichtert die fortgeschrittene Textverarbeitung erheblich.

Die Seitenformatierungen definieren Sie im Menü DATEI über den Befehl SEITE EINRICHTEN (Alt D R). Das Dialogfenster ist in vier Registerkarten unterteilt, die jede einen eigenen Aufgabenbereich hat:

SEITENRÄNDER (Alt S)
PAPIERFORMAT (Alt M)
PAPIERZUFUHR (Alt P)
SEITENLAYOUT (Alt Y)

Zwischen den einzelnen Kategorien schalten Sie durch Anklicken der Registerkartennamen oder über die Buchstabenkurzwahl. Hierdurch wird die Anzeige des Dialogfensters verändert, so daß seine Listen, Eingabe- und Kontrollfelder stets dem Zweck der Formatierung entsprechen. Als Maßeinheiten sind in den Eingabefeldern neben der vorgegebenen Einheit auch Zoll (" oder in), Zentimeter (cm), Punkt (pt) und Pica (pi) zulässig, solange sie durch ihr Kürzel gekennzeichnet werden. Die Kennzeichnung kann wie üblich entfallen, wenn Sie die vorgegebene Einheit verwenden.

Neben den wechselnden Elementen und den Schaltflächen, über die die Bestätigung der Formatierung, ihr Abbruch und ihre Übernahme als Standardwert eingeben werden kann, verfügt das Dialogfenster über ein VORSCHAU-Feld, in dem die aktuellen Einstellungen grafisch dokumentiert werden. So haben Sie stets vor Augen, wie sich die Formatierungen auswirken. Gleich bleibt in allen Registerkarten auch die DropDown-Liste ANWENDEN AUF (Alt W), über die der Wirkungsgrad der Formatierung festgelegt wird. Sie geben über das Feld an, ob die neuen Einstellungen für das ganze Dokument, von der Einfügemarke abwärts, für bestimmte Abschnitte oder nur für die markierte Passage gelten.

Das Feld ANWENDEN AUF Der Inhalt des Feldes ANWENDEN AUF ist von zwei Faktoren abhängig: ob das Dokument zum Zeitpunkt der Aktivierung des Dialogfensters SEITE EINRICHTEN bereits über Abschnittswechsel verfügt oder ob eine Passage des Dokument markiert ist.

13 • Seiten, Abschnitte und Spalten formatieren

Solange keine Abschnittswechsel im Dokument eingegeben wurden, beziehen sich die Formatierungen zunächst auf ein GESAMTES DOKUMENT. Alternativ hierzu können Sie aus der Liste ANWENDEN AUF für die Seitendefinition DOKUMENT AB HIER wählen. Hiermit wird die Position der Einfügemarke entscheidend. An ihrer Stelle wird ein Abschnittswechsel für eine neue Seite ins Dokument eingefügt. Die Formatierung gilt von dieser Stelle bis zum Ende des Dokuments.

Sind keine Abschnittswechsel vorhanden und wurde vor dem Aufruf von SEITE EINRICHTEN eine Passage markiert, so ist in der Liste ANWENDEN AUF der Eintrag MARKIERTEN TEXT als Bezug aktiviert; außerdem steht noch GESAMTES DOKUMENT zur Verfügung. Mit dieser Wahl bewirken Sie, daß vor und nach der Markierung ein Abschnittswechsel auf eine neue Seite eingefügt wird. Die so eingegrenzte Passage wird gemäß Ihrer Eingaben formatiert, während das Seitenformat des umliegenden Textes erhalten bleibt

Wenn bei der Aktivierung von SEITE EINRICHTEN bereits Abschnittswechsel vorhanden sind, betrifft die Formatierung, solange keine Markierung gesetzt ist, erst einmal den aktuellen Abschnitt, in dem die Einfügemarke steht. Eine Formatierung bezieht sich auf den AKTUELLEN ABSCHNITT, solange nicht im Feld ANWENDEN AUF durch DOKUMENT AB HIER oder GESAMTES DOKUMENT der Bezugsbereich verändert wird. Bei DOKUMENT AB HIER wird wieder per Abschnittswechsel eine neue Seite begonnen, von der ab bis zum Ende des Dokuments die Änderungen gültig werden. Der Eintrag GESAMTES DOKUMENT wirkt sich auf alle Abschnitte des Dokuments aus.

Ist in einem Dokument mit mehreren Abschnitten eine Markierung gesetzt, die ein Abschnittsende einbezieht, lautet die Vorgabe unter ANWENDEN AUF, daß sich die Formatierungen auf MARKIERTE ABSCHNITTE beziehen. Alternativ zur Vorgabe MARKIERTE ABSCHNITTE können Sie wieder GESAMTES DOKUMENT anwählen, womit sich die Änderungen auf alle Abschnitte des Dokuments beziehen.

Wenn sich durch Ihre Wahl des Eintrags in der Liste ANWENDEN AUF die neue Formatierung auf verschiedene Abschnitte bezieht (GESAMTES DOKUMENT, DOKUMENT AB HIER oder MARKIERTE ABSCHNITTE), werden die Eingabefelder des Dialogfensters leer angezeigt, die sich auf verschiedene bestehende Formatierungen erstrecken. Geändert werden im Folgenden nur jene Kriterien, in deren Feldern Sie Änderungen vornehmen. Alle leeren Felder werden nicht angepaßt, sondern bleiben in der vorgegebenen Formatierung bestehen.

Festzuhalten ist, daß sich der nützliche Eintrag MARKIERTER TEXT nur bei der Seitenformatierung des Dokuments bietet, solange keine Abschnittswechsel markiert sind. Wenn Sie abschnittsübergreifende Passagen mit separaten

Seitenformatierungen gestalten möchten, müssen Sie die Passagen durch manuelle Abschnittswechsel vom umliegenden Dokument trennen. Diese Abschnittswechsel geben Sie mittels EINFÜGEN MANUELLER WECHSEL ([Alt][E][W]) ein.

 Um das Dialogfenster SEITE EINRICHTEN in der Layoutansicht direkt zu aktivieren, brauchen Sie einfach nur doppelt auf eine der vier Ecken des dargestellten Blattes zu klicken.

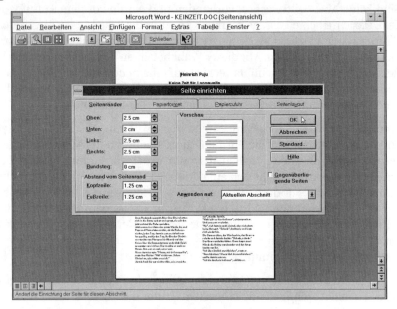

Abb. 13.5: Das Dialogfenster SEITE EINRICHTEN

 Beachten Sie, daß Eingaben im Dialogfenster SEITE EINRICHTEN noch nicht dadurch gesichert sind, daß Sie in die nächste Registerkarte wechseln. Erst die abschließende Bestätigung mit OK oder [↵] macht die Formatierungen gültig.

Dokumentvorlagen verwenden

Das Dialogfenster SEITE EINRICHTEN verfügt neben den Schaltflächen OK und ABBRECHEN auch über den Befehl STANDARD ([Alt][T]). Mit diesem Befehl übernehmen Sie die aktuellen Einstellungen der Kategorien des Dialogfenster SEITE EINRICHTEN in die aktive Dokumentvorlage. Solange Sie keine Dokumentvorlage als Basis des Dokuments angewählt haben, ist die globale Vorlage NORMAL aktiv, auf die sich jedes Dokument ohne eigene Vorlage be-

13 • Seiten, Abschnitte und Spalten formatieren

zieht. In ihrer Datei NORMAL.DOT sind alle Standardvorgaben gespeichert und werden bei der Erstellung eines neuen Dokuments automatisch in der zuletzt aktualisierten Form geladen. Solange das aktuelle Dokument auf keiner speziellen Dokumentvorlage basiert, wird durch den Befehl STANDARD die Datei NORMAL.DOT entsprechend ihren Änderungen aktualisiert. Hierbei wird die alte NORMAL.DOT überschrieben.

Wenn Sie z.B. nur mit Endlospapier arbeiten und möchten, daß Word für Windows bei jedem Start sofort dieses Papierformat zur Formatierung heranzieht, tragen Sie in der Kategorie PAPIERFORMAT unter BREITE 21 Zentimeter und unter HÖHE 30,48 Zentimeter ein. Mit STANDARD geben Sie die neuen Einstellungen an die Vorlage NORMAL weiter. Bei diesem Prozess informiert Sie eine Meldung über die Auswirkung der Aktion. Die Aufnahme in die Datei NORMAL.DOT erfolgt beim Speichern des Dokuments, begleitet durch die Abfrage DIE DURCHGEFÜHRTEN ÄNDERUNGEN HABEN AUSWIRKUNGEN AUF DIE DOKUMENTVORLAGE NORMAL.DOT. MÖCHTEN SIE DIESE ÄNDERUNGEN SPEICHERN?. Die Speicherung erfolgt automatisch, wenn im Dialogfenster OPTIONEN in der Registerkarte SPEICHERN das Kontrollkästchen AUTOMATISCHE ANFRAGE FÜR SPEICHERUNG VON NORMAL.DOT deaktiviert ist. In Zukunft ist das Endlosformat dann stets direkt in der Dokument-Formatierung eingetragen, und Sie können mit diesem Format beginnen.

Seitenränder

Normalerweise wird ein Blatt nicht von Kante zu Kante beschrieben, sondern es werden rings um den Text Ränder freigelassen. Diese Seitenränder, die den Textbereich eingrenzen, können Sie in Word für Windows separat definieren, so daß Sie bei gleichen Papiermaßen die Randabstände je nach Wunsch verändern können.

Diese Eingaben nehmen Sie unter DATEI > SEITE EINRICHTEN ([Alt][D][R]) in der Registerkarte SEITENRÄNDER ([Alt][S]) vor. Durch die Seitenränder legen Sie den eigentlichen Schreibbereich des Blattes fest. Der höchste Einstellungswert der Seitenränder entspricht der maximalen Blattgröße von 55,87 Zentimetern.

Das VORSCHAU-Feld macht die augenblickliche Einstellung deutlich. Allerdings können die Grenzen der Seitenränder auch überschritten werden, so beispielsweise durch negative Absatzeinzüge (Ausrückungen). Bei der Positionierung von Elementen - Thema von Kapitel 18 - ist es zudem möglich, sie direkt am Blatt statt am Seitenrand auszurichten.

Die Seitenränder des Dokuments sind in der Voreinstellung von Word für Windows für ein DIN-A4-Blatt festgelegt: Unten räumt Word für Windows

Ihnen 2 Zentimeter ein, links, rechts und oben je 2,5 Zentimeter. Wenn Sie mit einer festen 12-Punkt-Schrift, z.B. Courier, arbeiten, erhalten Sie 63 Zeichen pro Zeile und 59 Zeilen pro Seite, solange Sie die Zeilen- und Absatzabstände nicht erhöhen.

Um die Einstellungen zu verändern, z.B. um einen breiteren Korrekturrand für den Ausdruck eines Manuskriptes festzulegen oder oben auf dem Blatt Platz für eine vorgedruckte Kopfzeile freizuhalten, tragen Sie die neuen Werte in die Felder OBEN ([Alt][O]) und UNTEN ([Alt][U]), LINKS ([Alt][L]) und RECHTS ([Alt][R]) ein. Gemessen werden die Seitenränder jeweils vom Papierrand, also der linke Rand von der linken Blattkante, der rechte Rand von der rechten Blattkante, der obere Rand von oben und der untere von unten.

Über diese Maße können Sie ein DIN-A4-Blatt, das Ihr Drucker automatisch einzieht, als DIN-A5-Blatt bedrucken. Setzen Sie den oberen Rand und den linken Rand auf 0 cm. Erweitern Sie den rechten Rand auf 6,15 cm und den unteren Rand auf 8,7 cm. Hiermit haben Sie die Seitenränder so gesetzt, daß ein virtuelles DIN-A5-Blatt in der linken oberen Ecke des DIN-A4-Bogens übrig bleibt. Allerdings würde dieses Blatt bis an seine äußersten Ecken beschrieben. Um dies zu verhindern, müssen Sie die Seitenränder noch einmal nach eigenem Geschmack erhöhen.

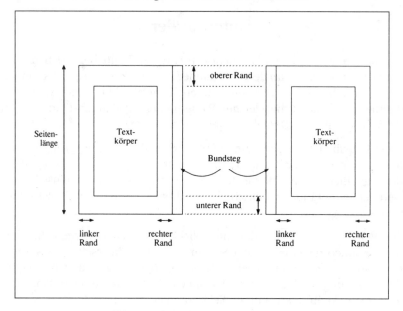

Abb. 13.6: Seitenformatierungsmerkmale

Wenn Sie das Dokument mit Kopf- und/oder Fußzeilen formatieren möchten, geben Sie in der Registerkarte SEITENRÄNDER in der Gruppe ABSTAND VOM SEITENRAND die Abstände ein, die diese Zeilen, die später auf jeder Druckseite erscheinen sollen, wahren sollen. Bei der Kopfzeile bezieht sich der Wert auf den Abstand zwischen dem oberen Blattrand und der Oberkante der Kopfzeile, während bei der Fußzeile der Abstand zwischen unterem Blattrand und der Unterkante der Fußzeile bemessen wird. Achten Sie darauf, daß viele Drucker ein Blatt nicht bis an seine Ränder bedrucken können, sondern ein unbedruckter Raum bleibt. Diese Abstände dürfen Sie bei der Definition der Kopf- und Fußzeilenabstände nicht unterschreiten. Mehr zu Kopf- und Fußzeilen erfahren Sie in Kapitel 14.

Der obere und untere Seitenrand wird automatisch so verwaltet, daß er sich nicht mit Kopf- oder Fußzeilen überschneidet. Das heißt, der Eintrag, den Sie in diesen Feldern vornehmen, ist der Minimalabstand, den die Seitenränder vom Blattanfang bzw. Blattende haben sollen. Falls die Höhe der Kopf- oder Fußzeile einen größeren Seitenrand erforderlich macht, paßt das Programm die Werte intern an. Im Dialogfenster wird diese Anpassung allerdings nicht dokumentiert. Falls Sie die automatische Vergrößerung der Seitenränder unterbinden möchten, kennzeichnen Sie die Werte in den Felder OBEN und UNTEN durch ein Minuszeichen. Sie können die Minuswerte manuell eintragen oder über den unteren Pfeil des Pfeilfeldes einstellen. Die so gekennzeichneten Werte sind gegen die automatische Anpassung gesperrt. Hierdurch kann es allerdings zu Irritationen zu hoher Kopf- oder Fußzeilen kommen.

Bundstege und gespiegelte Ränder

Für das Erstellen von Broschüren, Buchmanuskripten und anderen Dokumenten, die gebunden werden sollen, bietet Word für Windows zwei weitere Funktionen, die Ihnen die Arbeit erleichtern.

Zum einen können Sie mit dem Befehl BUNDSTEG ([Alt][B]) Platz freihalten, der zum Binden oder Lochen des gedruckten Dokuments verwendet wird. Geben Sie hierfür einfach den gewünschten Wert in das Feld BUNDSTEG ein. Word für Windows sorgt dann für den vorgegebenen Freiraum, ohne daß Sie die Seitenränder verändern müssen. Beachten Sie, daß der Textbereich eines Blattes durch die Eingabe eines Bundstegs noch einmal reduziert wird, der so freigehaltene Raum also zu den Seitenrändern hinzukommt.

Der Bundsteg - im VORSCHAU-Feld gerastert dargestellt - wird links freigehalten, da Word für Windows davon ausgeht, daß Sie Einzelblätter ausdrucken, die normalerweise mit der Druckseite nach oben übereinander geheftet oder gebunden werden. In diesem Fall ist der Bereich zum Binden auf der linken Seite des Blattes.

Um Manuskripte so auszudrucken, daß der Bundsteg wechselweise rechts und links ist, müssen Sie die Ränder spiegeln. Durch Markierung des Kontrollfeldes GEGENÜBERLIEGENDE SEITEN ([Alt][G]) wird das Dokument von Word für Windows gleichsam als Buch bearbeitet. Das heißt, das Programm beachtet die übliche Bindung eines Buches, bei dem die ungeraden Seiten stets auf der linken Seite, die geraden auf der rechten Seite gebunden werden. Um sich von diesem Prinzip zu überzeugen, können Sie ein beliebiges Buch aufschlagen: linkerhand finden Sie die geraden Seiten, die dann natürlich rechts ins Buch eingebunden sind, rechterhand die ungeraden Seiten mit ihrer linken Bindungfläche.

Der Befehl GEGENÜBERLIEGENDE SEITEN wirkt sich aber nicht nur auf den Bundsteg, sondern auch auf die Seitenränder aus. Die Eingabefelder LINKS und RECHTS wechseln ihre Namen und heißen nun INNEN ([Alt][I]) und AUßEN ([Alt][A]). Ihre Werte werden ebenso wie die Werte des Bundstegs gespiegelt. Das heißt, was bei einer einseitigen Bindung der linke Rand war, wird nun immer im Seiteninneren, also zur Bindung hin freigehalten, während der äußere - früher rechte - Rand von der außenliegenden Stoßkante des Blattes berechnet wird.

Die Manuskript-Formatierung mit gespiegelten Rändern wird direkt im VORSCHAU-Feld umgesetzt. Sie ändert aber auch die Seitenansicht, die Sie mit DATEI > SEITENANSICHT ([Alt][D][T]) oder über das Symbol SEITENANSICHT aufrufen. Wenn Sie die Seitenansicht aktivieren und dort unter in der Drop-Down-Liste ZOOM EINSTELLEN der Symbolleiste SEITENANSICHT die ZWEI SEITEN-Darstellung aktivieren, stoßen die Seiten normalerweise in der Mitte nicht zusammen, sondern werden parallel nebeneinander dargestellt. Wenn aber das Spiegeln der Ränder mit GEGENÜBERLIEGENDE SEITEN eingestellt ist, ändert sich diese Darstellungsweise: Nun hält eine schraffierte Bindefläche die Seiten spiegelbildlich in der Mitte zusammen.

Auch das Blättern mit [Bild↑] und [Bild↓], [↑] und [↓] oder der Bildlaufleiste hat sich in der Seitenansicht verändert. Sie blättern im zweiseitigen Modus nicht mehr Seite für Seite weiter, wie es bei ungespiegelten Seitenrändern usus ist. Jedes Blättern schlägt nun eine Doppelseite um, so daß Sie gleich die nächsten beiden Seiten des Buches im Layout vor Augen haben. Dies vermittelt das Gefühl, ein Buchmanuskript zu betrachten.

Die erste - in der Regel ungerade numerierte - Seite eines Manuskripts wird in der spiegelbildlichen Darstellung der Seitenansicht freigestellt, findet also kein linkes Gegenüber, solange unter EINFÜGEN > SEITENZAHLEN > FORMAT ([Alt][E][S][F]) im Feld BEGINNEN MIT ([Alt][B]) keine Null oder gerade Zahl angegeben ist.

13 • Seiten, Abschnitte und Spalten formatieren

WinWords Fähigkeit, mehrere Seiten auf dem Bildschirm anzuzeigen, können Sie selbstverständlich auch im doppelseitigen Modus der Seitenansicht nutzen. Wenn Sie auf das Symbol MEHRERE SEITEN der Symbolleiste SEITENANSICHT klicken, zeigt sich das hiermit verbundene grafische Auswahlfenster ganz im gespiegelten Seitenlayout. Auch beim Menübefehl ANSICHT > > ZOOM präsentiert das grafische Feld "Mehrere Seiten" Doppelseiten als Auswahlelemente, wenn Sie im Modus Seitenansicht arbeiten und die gespiegelten Seiten aktiviert haben.

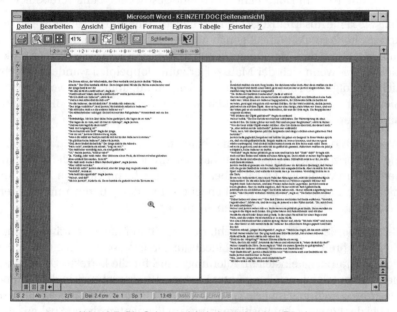

Abb. 13.7: Die Seitenansicht bei gespiegelten Rändern

Seitenränder über das Lineal einstellen

Das Lineal, das mit ANSICHT > LAYOUT aktiviert wird, bietet im Layoutmodus direkten Mauszugriff auf die Einstellung der Seitenränder. Der wird aktiviert durch Anklicken des Symbols "Layoutansicht" in der horizontalen Bildlaufleiste oder über den Befehl ANSICHT > LAYOUT. Das horizontale Lineal dient der Einstellung des linken und rechten Seitenrands. Wenn Sie im Dialogfenster OPTIONEN in der Registerkarte ANSICHT das Kontrollkästchen VERTIKALES LINEAL aktiviert haben - dies ist nur im Layoutmodus möglich -, können Sie überdies auch den oberen und unteren Seitenrand mit der Maus justieren.

Der Satzspiegel, also der beschreibbare Bereich der Seite, wird durch den weißen Bereich der Lineale markiert. Er ist links und rechts bzw. oben und unten durch Linien begrenzt, an die sich grau die Seitenränder des Blattes anschließen. Diese Begrenzungslinien können Sie im Layoutmodus mit der Maus ziehen und so die Breite der Seitenränder verändern. Gleichzeitig ändert sich hierdurch auch der Bereich des Satzspiegels.

Wenn Sie den Mauszeiger auf einer der Begrenzungslinien positionieren, wandelt sich sein Symbol zum Doppelpfeil. Halten Sie die linke Maustaste nieder und ziehen Sie nun den Seitenrand auf die gewünschte Breite. Die Justierung wird im Dokument durch eine gestrichelte Linie verdeutlicht.

Falls Sie keine Absatzeinzüge definiert haben, stehen die Absatzeinzugsmarken im horizontalen Lineal genau auf den Seitenrändern. In diesem Fall müssen Sie mit dem Mauszeiger genau über die untere Absatzeinzugsmarke zielen. Erst wenn sich der Mauszeiger zum Doppelpfeil wandelt, bezieht sich die folgende Änderung auf den Seitenrand; andernfalls verschieben Sie einen Absatzeinzug, der auch auf den Seitenrand des Blattes hinausgezogen werden kann.

Wenn sich die Einfügemarke innerhalb einer Tabelle befindet, verändern Sie im horizontalen Lineal nicht die Seitenränder, sondern die Tabellenspalten. Im vertikalen Lineal haben Sie innerhalb von Tabellen Zugriff auf die Höhe der einzelnen Tabellenzeilen und den oberen und unteren Seitenrand. Mehr hierzu erfahren Sie in Kapitel 17.

Bei positionierten Elementen fehlt der Zugriff auf die Seitenränder gänzlich. Sie können nun über das Lineal nur die Position und die Größe des Positionsrahmens einstellen. Allerdings muß für die korrekte Umsetzung der horizontalen Einstellung unter FORMAT > POSITIONSRAHMEN in der Gruppe HORIZONTAL als Bezug im Feld GEMESSEN VON der Eintrag SEITE angewählt sein, da bei der horizontalen Positionierung von Elementen, die an Spalten oder Seitenrändern ausgerichtet sind, das Programm nach der Justage die Breite des Seiten- oder Spaltenrandes zuschlägt. Positionierte Elemente werden in Kapitel 18 behandelt.

Um während des Einstellens von Seitenrändern, Absatzeinzügen, Tabellen oder positionierten Elementen statt der Skalierung des Lineals die Abstände in der aktuellen Maßeinheit präsentiert zu bekommen, betätigen Sie beim Verschieben der Marken im Lineal zusätzlich die rechte Maustaste oder die [Alt]-Taste. Hierbei sehen Sie direkt im vertrauten Maß, welche Abstände zwischen Seitenrändern und Satzspiegel bestehen, wie groß der Satzspiegel ist, und welche Werte der Absatzeinzug des aktuellen Absatzes hat. Die Abstandswerte eines Tabulators erfahren Sie, wenn Sie den Tabstopp im Lineal direkt mit der Tastenkombination anklicken. Ansonsten bleiben Tabulatoren bei der Abstandsanzeige unberücksichtigt.

13 • Seiten, Abschnitte und Spalten formatieren

Die aktuelle Maßeinheit wechseln Sie unter EXTRAS > OPTIONEN in der Registerkarte ALLGEMEIN im DropDown-Feld MAßEINHEIT. Beim Verschieben der Markierungen mit der Maus werden die Schritte in folgenden Größen vollzogen:

Maßeinheit	Schrittweite
Zoll (" oder in)	0,06 in - 0,07 in
Zentimeter (cm)	0,25 cm
Punkt (pt)	5 pt
Pica (pi)	0,5 pi

Tab. 13.2: Schrittweiten beim Verschieben von Marken im Lineal

Wenn Ihnen diese Schrittweiten in speziellen Fällen zu grob sind, können Sie per Doppelklick auf eine Seitenrandmarkierung oder einen freien Bereich des Lineals direkt das Dialogfenster SEITE EINRICHTEN aufrufen, und die Feineinstellung durch genaue Wertangaben vorzunehmen. Andere Dialogfenster aktivieren Sie je nach Stellung der Einfügemarke im Dokument durch Anklicken der entsprechenden Symbole des Lineals.

Die Skala des Lineals beginnt beim linken Seitenrand (Beginn des Satzspiegels) mit Null. Obwohl die Zahlen der Skalierung des linken grauen Bereichs keine Minuszeichen aufweisen, wird der linke Seitenrand von diesem Nullpunkt aus bis zum linken Rand des Blattes rückwärts berechnet. Sie stellen die Seitenränder in Abhängigkeit vom Blattrand ein. Über die Grenzen, die durch die Angaben zur Papierbreite im Dialogfenster SEITE EINRICHTEN festgelegt werden, können Sie nicht hinausgehen.

Skalierung des Lineals

Beachten Sie, daß sich die Veränderungen des Seitenrands per Maus auf alle markierten Abschnitte beziehen und durch das Freigeben der Maustaste gültig werden. Wenn Sie eine Seitenbegrenzung verschieben, wird der neue Wert direkt in das Dialogfenster SEITE EINRICHTEN übernommen.

Die Möglichkeit, den linken und rechten, oberen und unteren Seitenrand mit der Maus im Lineal einzustellen, bietet sich auch in der Voransicht des Dokuments, die Sie mit DATEI > SEITENANSICHT ([Alt][D] [H]) aktivieren, oder über das Symbol "Seitenansicht" der Standard-Symbolleiste. Das Lineal aktivieren Sie hier über das Symbol der Symbolleiste "Seitenansicht" oder den gewohnten Menübefehl ANSICHT > LINEAL.

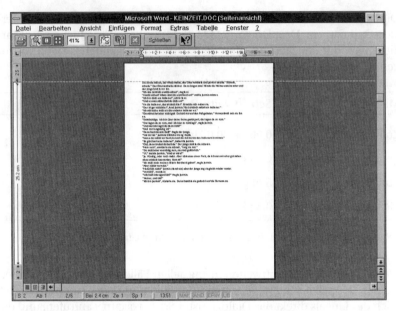

Abb. 13.8: Das Lineal im Seitenmodus

Papierformat

Papier gibt es in vielerlei Formaten, doch nicht jedes Format ist jedem Drucker zuträglich. Die meisten Nadeldrucker arbeiten mit Endlospapier oder manuellem Einzelblatteinzug und mitunter auch automatischem Einzelblatteinzug; Geräte hoher Kapazität verbinden sogar die verschiedenen Einzugsarten und können parallel auf verschiedene Papierformate zugreifen. Bei Typenraddruckern ist die Verwendung von Einzelblättern am gebräuchlichsten, die zumeist automatisch eingezogen werden, aber auch per Hand eingegeben werden können. Laser- und Tintenstrahldrucker arbeiten meist mit Einzelblättern, wobei mitunter verschiedene Papierformate aus verschiedenen Schächten gezogen oder manuell zugeführt werden. Für die Verarbeitung von Endlospapier sind wenige Seitendrucker, zu denen die Laserdrucker gehören, vorbereitet.

Solange der Papiereinzug der Einzelblätter vollautomatisch abläuft, ist in unseren Breitengraden das DIN-A4-Format (Maße: 21 cm x 29,7 cm) verbreitet. Andere Papiergrößen müssen dem Drucker oft manuell zugeführt werden, und nicht jeder Drucker kann jede Papiergröße verarbeiten.

Endlospapier weicht von den DIN-A4-Maßen zwar nur unwesentlich ab, doch diese Abweichung kann im Laufe des Druckvorganges unerfreuliche

13 • Seiten, Abschnitte und Spalten formatieren

Verschiebungen bewirken. Das gebräuchliche Endlospapier im Briefseitenformat hat eine Druckbreite von 21 Zentimetern; hinzu kommen 1,5 Zentimeter Rand auf jeder Seite, so daß seine Gesamtbreite 24 Zentimeter beträgt. Da aber die Druckbreite für die Texterstellung relevant ist, entspricht es hierin den Maßen von DIN-A4. Anders sieht es bei der Seitenlänge aus. Die Länge des Endlospapieres beträgt bei diesem Format in der Regel 12 Zoll, das sind 30,48 Zentimeter, also 0,78 Zentimeter Differenz zu DIN-A4. Bei zehn Seiten ergibt sich für das Druckbild hierdurch schon eine Verschiebung von 7,8 Zentimetern.

Wenn Sie Word für Windows die Maße nicht korrekt vorgegeben haben, sieht der Ausdruck demnach nicht gut aus. Weitreichendere Konsequenzen hat es, wenn Sie Papier im Format DIN A5, Briefumschläge oder Formate anderer Länder bei der Druckausgabe verwenden. Gerade in diesen Fällen ist es besonders wichtig, Word für Windows mitzuteilen, welches Papierformat Sie zum Einsatz bringen.

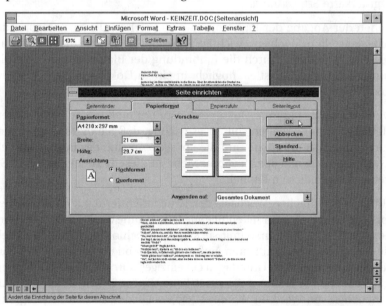

Abb. 13.9: Die Registerkarte PAPIERFORMAT

Im Menü DATEI aktivieren Sie im Dialogfenster SEITE EINRICHTEN ([Alt][D][R]) die Registerkarte PAPIERFORMAT ([Alt][M]), in der Sie die Maße Ihres Papieres modifizieren können. Hierfür steht Ihnen in erster Linie das DropDown-Feld PAPIERFORMAT ([Alt][A]) zur Verfügung, in dem die Papierformate namentlich erfaßt sind, die ihr Drucker standardmäßig verarbeiten kann. Sollte Ihr gewünschtes Format nicht dabei sein, wählen Sie in der Liste BENUTZER-

DEFINIERT, und geben unter BREITE (Ab) vor, welche Papierbreite Sie verwenden, und unter HÖHE (Ae) die Länge des Blattes.

Bei den Maßangaben sollten Sie die realen Abmessungen Ihres Papieres eingeben. Maximal darf ein Blatt 55,87 Zentimeter lang und breit sein.

Wenn Sie ein Dokument in einem Blattformat gestalten und drucken möchten, das kleiner ist als das Minimalformat, das der Drucker verarbeiten kann, so steht dem nichts im Wege. Sie geben einfach die kleineren Maße unter BREITE ein, z.B. 14,85 Zentimeter für DIN A5. Füttern Sie Ihren Drucker dann mit dem Papier, das er braucht, z.B. DIN-A4. Im Anschluß an den Druck können Sie die überflüssigen Ränder abschneiden. Bei der Eingabe der Seitenlänge sollten Sie allerdings Vorsicht walten lassen, damit der automatische Einzug des Druckers nicht in Schwierigkeiten kommt. Halten Sie hier lieber die reale Blattlänge bei, und verkürzen Sie den Druckbereich durch Änderung der Werte für den oberen und unteren Seitenrand in der Registerkarte SEITENRÄNDER.

Ausrichtung des Papiers — Neben der Angabe der Papiermaße bietet sich in dieser Kategorie der Seiteneinstellung noch eine wichtige Funktion: Sie können die Ausrichtung des Blattes ändern. Durch die Einbindung der Blattorientierung in die Formatierfunktionen ist es möglich, in einem Dokument den Druck im HOCHFORMAT ([Alt][O]) und QUERFORMAT ([Alt][Q]) zu mischen.

Wenn nicht das gesamte Dokument, sondern bloß ein Teil eine andere Blattausrichtung erhalten soll, ist es wichtig, daß Sie diese Eingrenzung durch Abschittsumbrüche und die korrekte Angabe des Bezugs im Feld ANWENDEN AUF genau spezifizieren. Mehr zu diesem Thema erfuhren Sie weiter oben in diesem Kapitel.

Mittels des einfachen Wechsels der Druckorientierung können Sie beispielsweise in Berichten seitenfüllende Diagramme direkt einbinden, ohne sie stauchen zu müssen, damit sie sich ins Hochformat fügen. Wechseln Sie für die betreffenden Seiten einfach die Orientierung, und schon können Sie aus sämtlichen Unterlagen ein einziges durchlaufendes Dokument erstellen. Hierbei erfahren Sie zusätzliche Unterstützung durch die OLE-Funktionen von Word für Windows (Object Linking and Embedding) und die OLE-Server-Programme, die zum Lieferumfang gehören. Hierzu erfahren Sie in den Teilen III und IV dieses Buches mehr.

Der Wechsel der Orientierung einer Seite innerhalb eines Dokuments hat Auswirkungen auf die Kategorie SEITENRÄNDER. Ausschlaggebend für die Veränderungen ist, ob der erste Abschnitt des Dokuments im Hochformat oder Querformat ausgerichtet wurde. Da bei Orientierungswechseln folgender Abschnitte das Blatt "gedreht" wird, wechseln automatisch die Einträge, die Sie unter OBEN, UNTEN, LINKS und RECHTS vorgenommen haben.

Wenn Sie in einem hochformatigen Dokument Seiten im Querformat einbinden, werden die Werte folgendermaßen ausgetauscht:

Der obere Rand des Hochformats ist im Querformat rechts.
Der untere Rand des Hochformats ist im Querformat links.
Der linke Rand des Hochformats ist im Querformat oben.
Der rechte Rand des Hochformats ist im Querformat unten.
Der linke Bundsteg des Hochformats ist im Querformat oben.

Bei GEGENÜBERLIEGENDEN SEITEN:
Der obere Rand des Hochformats ist im Querformat innen.
Der untere Rand des Hochformats ist im Querformat außen.

Wenn Sie eine Umformatierung von Hochformat auf Querformat vornehmen, werden die bestehenden Formatwerte automatisch in die entsprechenden Felder übernommen, so daß Sie sich um diese Änderungen nicht zu kümmern brauchen. Die Umformatierung, die vom Programm vollzogen wird, ist sinnvoll, da sich auch die quergedruckten Seiten in das Seitenlayout des Gesamtdokuments eingliedern sollen.

So wird beispielsweise der Bundsteg am oberen Blattrand gebraucht, um die Seite bündig mit Hochformatseiten abheften oder binden zu können. Die Ausrichtung der ersten Seite eines Dokuments bestimmt also, woran sich die Bundstege und Seitenränder der folgenden Seiten orientieren.

Wenn Sie in einem querformatierten Dokument Seiten im Hochformat einbinden, werden die Werte folgendermaßen ausgetauscht:

Der obere Rand des Querformats ist im Hochformat links.
Der untere Rand des Querformats ist im Hochformat rechts.
Der linke Rand des Querformats ist im Hochformat unten.
Der rechte Rand des Querformats ist im Hochformat oben.
Der linke Bundsteg des Querformats ist im Hochformat unten.

Bei GEGENÜBERLIEGENDEN SEITEN:
Der obere Rand des Querformats ist im Hochformat außen.
Der untere Rand des Querformats ist im Hochformat innen.

Auch wenn diese Umstrukturierung der Werte zunächst verwirrend aussieht, so erleben Sie in der Praxis, daß sie hilfreich ist und Sie sich im Grunde um diese Formatierungsänderungen nicht zu kümmern brauchen.

Falls Sie den oberen oder unteren Seitenrand durch Minuszeichen gegen automatische Anpassungen gesperrt haben und diese Sperrung auch nach einem Wechsel der Blattausrichtung beibehalten möchten, so müssen Sie die Kennzeichnung erneut eintragen. Beim Orientierungswechsel werden diese Festlegungen nämlich automatisch aufgelöst.

Papierzufuhr

Noch eine weitere Information kann Abschnitten per Formatierung mitgegeben werden: Wie dem Drucker das Papier zugeführt werden soll. Diese Art der Seitenformatierung steht in engem Zusammenhang mit der Angabe des Papierformats, da Drucker meist beschränkt sind in der automatischen Zuführung verschiedener Papiersorten.

Im Dialogfenster SEITE EINRICHTEN ist die Registerkarte PAPIERZUFUHR ((Alt)(D) (R)(P)) für die Steuerung der Papiereinzüge Ihres Druckers in Abhängigkeit vom Dokument zuständig. Falls Sie die erste Seite eines Briefes stets auf einem anderen Papier ausgeben als die nachfolgenden Seiten, innerhalb eines Dokuments Briefumschläge bedrucken oder Gutschriften direkt mit den dazugehörigen Anschreiben erstellen möchten, so werden Sie diese Funktion schnell zu schätzen wissen.

Das Dialogfenster zeigt in der Kategorie PAPIERZUFUHR zwei Listen, in denen Sie zum einen den Einzug für die ERSTE SEITE (Ae) und zum anderen die Zuführung für ÜBRIGE SEITEN ((Alt)(B)) festlegen. In der Liste sind sämtliche Einzüge enthalten, die Ihr Druckermodell unterstützen kann, unabhängig davon, ob Sie die bezeichneten Papierschächte installiert haben. Die Anzeige richtet sich nach dem Modell, daß Sie im Dialogfenster DRUCKEREINRICHTUNG eingestellt haben, das mit DATEI > DRUCKEN > DRUCKER ((Alt)(D)(D) (C)) aufgerufen wird. Selbstverständlich macht es nur Sinn, jene Papierschächte anzuwählen, über die der Ausgeabedrucker auch tatsächlich verfügt.

Auch wenn der angeschlossene Drucker die Voraussetzung nicht erfüllt, über verschiedene Papiereinzüge zu verfügen, können Sie Nutzen aus der Funktion ziehen: Formatieren Sie die Stellen, an denen ein besonderes Papier erforderlich ist, mit einer manuellen Zufuhr und führen Sie sie dem Drucker an diesen Stellen dann selbst zu. So stehen Ihnen an bestimmten Stellen des Dokuments auch ausgefallene Papierformate oder besondere Qualitäten beispielsweise für den Druck von Diagrammen und Grafiken zur Verfügung.

Wenn Sie unter ANWENDEN AUF als Bezug GESAMTES DOKUMENT, DOKUMENT AB HIER oder MARKIERTE ABSCHNITTE wählen und für die erste Druckseite einen speziellen Einzug vorgeben, so wird auf diese Papierzufuhr bei jeder ersten Seite der betroffenen Abschnitte erneut zugegriffen. Um nur die erste Seite eines Dokuments über einen speziellen Einzug zuzuführen, darf keine Markierung außerhalb des ersten Abschnitts des Dokuments gesetzt sein. Unter ANWENDEN AUF müssen Sie als Bezug AKTUELLER ABSCHNITT oder MARKIERTE ABSCHNITTE angeben.

13 • Seiten, Abschnitte und Spalten formatieren

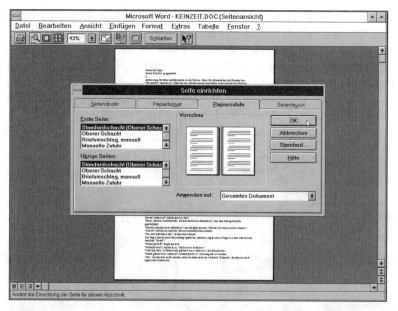

Abb. 13.10: Die Registerkarte PAPIERZUFUHR

Seitenlayout

Abschnitte leisten nicht nur gute Dienste bei der Seitenformatierung, sondern beziehen auch die Verwaltung von Kopf- und Fußzeilen, Endnoten, Zeilennummern in ihr Aufgabenspektrum ein. Im Dialogfenster SEITE EINRICHTEN bestimmen Sie in der Registerkarte SEITENLAYOUT ([Alt][D][R][Y]) über die DropDown-Liste ABSCHNITTSBEGINN ([Alt][A]), wie sich der Abschnitt in das Dokument eingliedert.

Eine schnelle Möglichkeit, die Registerkarte SEITENLAYOUT des Dialogfensters SEITE EINRICHTEN aufzurufen, besteht darin, die zweizeilig gepunktete Linie ABSCHNITTSENDE zwischen zwei Abschnitten, die den Abschnittswechsel kennzeichnet, doppelt anzuklicken. In der Layoutansicht werden die Wechsellinien nicht dargestellt; hier hilft ein Doppelklick in das Lineal.

Solange Sie keine Abschnittsumbrüche definiert haben, beziehen sich die Eingaben in der Registerkarte SEITENLAYOUT auf das gesamte Dokument. Wenn das Dokument in mehrere Abschnitte unterteilt ist, gelten die Einstellungen im Dialogfenster für den Abschnitt, in dem die Einfügemarke steht, bzw. für die markierten Abschnitte. Unter ANWENDEN AUF werden Sie - wie üblich - über den aktuellen Bezug informiert und können ihn gemäß der bestehenden Markierung bzw. Position der Einfügemarke ändern.

Spannbreite der Formatierung von Abschnitten

Die Abschnittformatierung wird verwendet, um beispielsweise ein Kapitel eines Buches links beginnen zu lassen oder einen Artikel zweispaltig zu setzen. Das Begrenzen eines Abschnitts können Sie unterlassen, wenn die Formatierung für das ganze Dokument gelten soll. Ohne zuvor gesetzte Abschnittsumbrüche sieht Word für Windows das gesamte Dokument als einen Abschnitt an. Daher brauchen Sie am Anfang oder Ende eines Dokumentes in der Regel keinen Abschnittswechsel einfügen.

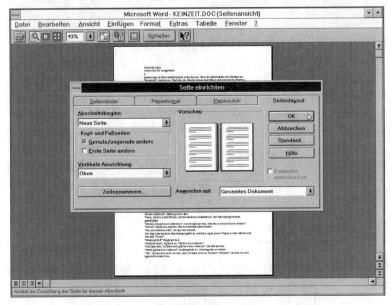

Abb. 13.11: Das Dialogfenster SEITENLAYOUT

 Die Ausnahme von dieser Regel bilden Dokumente, die später über die Zwischenablage als Ganzes in ein anderes Dokument kopiert oder per EINFÜGEN > DATEI in ein Dokument importiert werden sollen. Um bei diesen Dateien die Abschnittsformatierung nicht zu verlieren, müssen Sie sie auch am Anfangs- und Endpunkt als Abschnitt begrenzen. Die Ursache dafür liegt darin, daß die Dateien nach einem Import in eine andere Datei in einem bereits formatierten Abschnitt plaziert werden. Sie brauchen somit die Begrenzungen, um den Wirkungsradius ihrer Formatierungen zu schützen.

Im Dialogfenster MANUELLER WECHSEL legen Sie bereits beim Erstellen eines Abschnittswechsels fest, wie der neue Abschnitt beginnen soll. Während sich bei Buchkapiteln die ungerade, also rechte Buchseite für ein neues Kapitel anbietet, da auf sie beim Blättern der Blick gewöhnlich zuerst fällt, ist es bei einer Zeitung, die in Spalten gesetzt werden soll, platzsparender, wenn der nächste Artikel direkt unterhalb der gesetzten Zeilen folgt. Beim Buch würden Sie den Abschnittswechsel der Kapitel demnach mit UNGERADE SEITE einfügen, bei der Zeitung aber lieber FORTLAUFEND wählen. Wenn Sie einen Wechsel für eine UNGERADE SEITE eingeben, wird an der Stelle ein Seitenwechsel vollzogen; falls der umbrochene Text durch diesen Seitenwechsel auf einer geraden Seite zu stehen käme, ergänzt das Programm automatisch an dieser Stelle eine Leerseite. Das gleiche Verfahren gewährleistet auch, daß Abschnittsumbrüche mit der Option GERADE SEITE stets auf gerade Seiten gesetzt werden.

Die Leerseiten werden zwar im Druck ausgegeben, nicht aber auf dem Bildschirm angezeigt. Dies gilt für alle Ansichtsmodi einschließlich der Seitenansicht, die ja ansonsten eine Vorschau auf den realen Ausdruck gibt. Hier ändert sich dies allerdings, wenn die Seiten gespiegelt werden, also in der Registerkarte SEITENRÄNDER des Dialogfenster SEITE EINRICHTEN das Kontrollkästchen GEGENÜBERLIEGENDE SEITEN aktiviert ist. In diesem Fall zeigt die Seitenansicht im doppelseitigen Anzeigemodus auch jene gegenüberliegenden Seiten an, auf denen keine Zeichen stehen.

Die Vorgaben, die Sie beim manuellen Einfügen der Abschnittwechsel festlegen, sind leicht zu ändern. Wenn Sie den Abschnittsbeginn modifizieren möchten, aktivieren Sie die Registerkarte SEITENLAYOUT. Hier finden Sie in der Liste ABSCHNITTSBEGINN noch einmal die entsprechenden Optionen zum Abschnittswechsel:

Abschnittsbeginn	Einfügen Manueller Wechsel
FORTLAUFEND	FORTLAUFEND
NEUE SPALTE	
NEUE SEITE	NÄCHSTE SEITE
GERADE SEITE	GERADE SEITE
UNGERADE SEITE	UNGERADE SEITE

Tab. 13.3: Gegenüberstellung der verschiedenen Abschnittswechsel

In dieser Liste ist kein Äquivalent für den Abschnittsbeginn "Neue Spalte" angegeben. Zwar verfügt das Dialogfenster EINFÜGEN > MANUELLER WECHSEL auch über einen Spaltenwechsel, mit dem Sie den folgenden Text in eine neue Spalte setzen können, doch wird hierbei keine Abschnittsgrenze eingegeben. Mit diesem Spaltenwechsel beginnen Sie eine neue Spalte innerhalb eines Abschnitts. Wenn Sie jedoch in der Registerkarte SEITENLAYOUT in der Liste ABSCHNITTSBEGINN die NEUE SPALTE markieren, beginnt mit der neuen

Spalte gleichzeitig ein neuer Abschnitt. Bei Spaltenumbrüchen wird der folgende Text immer in die nächste Spalte übernommen; daß diese Spalte mitunter gleichzeitig die erste Spalte der Folgeseite sein kann, versteht sich. Solange auf der aktuellen Seite noch eine Spalte frei ist, greift Word für Windows auf diesen Freiraum zurück. Sollte sich hier keine Spalte mehr anbieten, weil das Dokument beispielsweise einspaltig formatiert ist, wechselt das Programm zur nächsten Druckseite.

Ausgleich der Spaltenlänge Word für Windows gleicht beim Spaltensatz nach Möglichkeit die Länge der Spalten aus. Das heißt, es berechnet die Länge der einzelnen Spalten so, daß der Text in gleichlange Spalten gesetzt wird. Der Text fließt so in die in ihrer Breite definierten Spalten ein, daß die Spalten die gleiche Länge aufweisen. Hierfür ist es allerdings nötig, daß auch das Ende des Abschnittes durch einen Wechsel markiert ist; dies gilt auch, wenn es mit dem Textende zusammenfällt. Unterbrechen läßt sich der Spaltenausgleich durch einen festen Spaltenwechsel, den Sie an der gewünschten Stelle setzen. Mit dem fortlaufenden Abschnittswechsel werden die verschiedenen Abschnitte blockartig untereinander angeordnet, so daß stets die zusammengehörenden Spalten nebeneinander stehen. Zwischen diesen mehrspaltigen Blöcken lassen sich selbstverständlich auch einspaltige Einschübe vornehmen, die beispielsweise Überschriften aufnehmen können. Sie müssen in diesem Fall die Überschrift nur als einen eigenen Abschnitt begrenzen und diesen Abschnitt einspaltig formatieren.

Eine andere Möglichkeit des einspaltigen Einschubs in einen mehrspaltigen Text bieten übrigens positionierte Absätze, die Sie im Kapitel 18 kennenlernen.

Kopf- und Fußzeilen Word für Windows ermöglicht es Ihnen, je Abschnitt separate durchlaufende Kopf- und Fußzeilen, die zudem je nach Seitenart ein anderes Aussehen und/ oder einen anderen Inhalt haben, zu definieren. Solcherart definierte Kopf- und Fußzeilen finden Verwendung in der Korrespondenz, bei der sich die Kopfzeile der ersten Briefseite in der Regel von den Folgeseiten unterscheidet; hier wird also zwischen erster Kopf- bzw. Fußzeile und den übrigen unterschieden. Anders schaut es bei Buchmanuskripten aus, bei denen zwischen geraden und ungeraden Seiten unterschieden wird, da die Seitenzahl nach Möglichkeit am äußeren Rand der Seite erscheinen soll.

Diese Unterscheidungsmerkmale für die Gestaltung von Kopf- und Fußzeilen können Sie ebenfalls bei der Gestaltung von Abschnitten in der Registerkarte SEITENLAYOUT festlegen. In der Gruppe KOPF- UND FUßZEILEN stehen Ihnen die beiden Kontrollkästchen GERADE/UNGERADE ANDERS ([Alt][G]) und ERSTE SEITE ANDERS ([Alt][E]) zur Verfügung.

13 • Seiten, Abschnitte und Spalten formatieren

Wenn Sie ERSTE SEITE ANDERS aktivieren und im Feld ANWENDEN AUF die Einstellung nicht auf den aktuellen Absatz, meist den ersten Absatz des Dokuments, einschränken, so werden sämtliche Abschnitte stets mit Kopf- und Fußzeilen begonnen, die sich von den anderen Kopf-/Fußzeilen des Dokuments unterscheiden. Dies mag bei einem Manuskript, in dem in jedem neuen Abschnitt ein Kapitel beginnt, in Ihrem Sinne sein. Bei vielen anderen Dokumenten - beispielsweise bei Konzepten oder Präsentationen, in denen häufige Abschnittswechsel vorliegen - ist dies jedoch oft nicht im Sinne des Erfinders.

Mit den Optionsfeldern für die VERTIKALE AUSRICHTUNG bestimmen Sie in der Registerkarte SEITENLAYOUT die Position des Abschnitts auf der Druckseite. Die Ausrichtung orientiert sich an den oberen und unteren Seitenrändern oder an der Mitte der Seite.

Vertikale Ausrichtung

Sie können den Abschnitt OBEN ((Alt)(O)) plazieren. Das heißt, er wird bündig an den oberen Seitenrand gesetzt. Hierbei handelt es sich um die Standardausrichtung von Abschnitten. Als Alternative steht Ihnen mit ZENTRIERT ((Alt)(Z)) die zentrierte Ausrichtung von Abschnitten offen, mit der Sie den Abschnitt in der vertikalen Seitenmitte anordnen. Der Abstand zwischen oberem und unterem Seitenrand ist hierbei gleich. Um keinen Abstand zum oberen und unteren Seitenrand zu haben, wählen Sie BLOCK ((Alt)(B)). Hierbei werden die Abstände zwischen den Absätzen so vergrößert, daß die erste Zeile am oberen Seitenrand und die letzte Zeile am unteren Seitenrand ausgerichtet ist. Dies funktioniert aber nur bei mehr als einem Absatz, da Word für Windows bei dieser Einstellung die Abstände zwischen den Zeilen nicht verändert. Sollte der Abschnitt nur aus einem Absatz bestehen, hat Word für Windows also keine Möglichkeit, den Absatzabstand so auszugleichen, daß der Text seitenfüllend positioniert wird.

In der Registerkarte SEITENLAYOUT können Sie im Feld ENDNOTEN UNTERDRÜCKEN ((Alt)(D)) bestimmen, ob die Endnoten, die Ihren Text ergänzen, an das Ende des aktuellen Absatzes gesetzt werden sollen, oder weiter hinten unter einem der folgenden Abschnitte gedruckt werden sollen.

Endnoten

Das Kontrollfeld ENDNOTEN UNTERDRÜCKEN ist allerdings nur aktiv, wenn Sie zuvor unter EINFÜGEN > FUßNOTE ((Alt)(E)(F)) die Option ENDNOTE ((Alt)(E)) angewählt haben und unter OPTIONEN ((Alt)(O)) im Dialogfenster OPTIONEN FÜR FUßNOTEN in der Registerkarte ALLE ENDNOTEN ((Alt)(E)) als POSITION ((Alt)(P)) den Eintrag ABSCHNITTSENDE markiert wurde. Bei dieser Voreinstellung werden die Endnoten eines Abschnittes normalerweise gesammelt im Anschluß an den aktuellen Abschnitt ausgegeben.

Um diese Voreinstellung zu unterdrücken und die Endnoten erst im Anschluß an einen späteren Abschnitt auszudrucken, aktivieren Sie in der

Registerkarte SEITENLAYOUT das Feld ENDNOTEN UNTERDRÜCKEN. In dem Abschnitt, hinter dem Sie Ihre Textergänzungen sehen möchten, darf dann das Kontrollfeld nicht aktiv sein. Sollten diese Einstellungen im letzten Abschnitt des Dokuments aktiv sein und noch ungedruckte Endnoten vorliegen, so werden die Vorgänge ignoriert und die Endnoten im Anschluß an den Abschnitt ausgegeben.

Das Verschieben von Endnoten unter bestimmte Abschnitte erleichtert im Buchbereich die sinnvolle Plazierung der Anmerkungen und Quellverweise. So können Sie innerhalb eines Textes zwar mehrere Abschnitte definieren und formatieren, die Fußnoten aber dennoch gesammelt an das Ende des gewünschten Abschnitts anhängen, auch wenn weitere Abschnitte folgen, die wiederum über eigene Endnoten verfügen.

Zeilennumerierung

Die Zeilennumerierung ermöglicht Herausgebern, Redakteuren und Autoren, aber auch Lehrern und Schülern die genaue Übersicht über die Länge eines Textes. Überall, wo dem Leser die präzise Positionsangabe während des Lesens eines Textes an die Hand gegeben werden soll, bieten sich Zeilenzahlen, die neben dem Text ausgedruckt werden, als das geeignete Medium an.

Für das Einstellen der Zeilennummern wird in der Registerkarte SEITENLAYOUT mit dem Befehl ZEILENNUMMERN ([Alt][N]) ein eigenes Dialogfenster aktiviert. In dem Dialogfenster ZEILENNUMMERN muß das Kontrollfeld ZEILENNUMMERN HINZUFÜGEN ([Alt][E]) markiert werden, um die Funktion einzuschalten. Durch diesen Befehl wird der gesamte Abschnitt durchnumeriert bzw. alle Abschnitte, auf die sich die Angabe im Feld ANWENDEN AUF der Registerkarte SEITENLAYOUT bezieht.

Für die Numerierung geben Sie unter BEGINNEN MIT NR. ([Alt][B]) an, mit welcher Nummer begonnen werden soll. So haben Sie die Möglichkeit, sofort mit einer mehrstelligen Numerierung zu beginnen. Grenzen in der Größe der Zahl sind Ihnen durch den Wert 32767 gesetzt; höher geht es nicht mehr.

Um auch nach dem Ausdruck die schnelle Übersicht über die Struktur Ihres Dokuments zu bewahren, setzen Sie im Feld BEGINNEN MIT NR. an den Anfang der Numerierung die Zahl, unter der Word für Windows den Abschnitt verwaltet; diese Zahl wird in der Statuszeile hinter "Ab" angezeigt. Da Druckseiten selten 1000 Zeilen aufweisen, reicht es aus, der Abschnittszahl drei Stellen folgen zu lassen, in die Word für Windows die fortlaufende Numerierung einträgt. Die Anweisung, den fünften Abschnitt kenntlich zu numerieren und hierbei mit der Zeile 1 zu beginnen, sähe so aus: 5001. Word für Windows fährt dann automatisch mit 5002, 5003 usw. fort. So haben Sie auch nach dem Ausdruck sofort die Kontrolle, in welchem Abschnitt die Zeile steht. Wichtig ist hierbei allerdings, daß in der Gruppe NUMERIERUNG bei JEDER NEUEN SEITE NEU BEGINNEN (Alt S) aktiv ist und außerdem die Seitenzahl nach Möglichkeit auf dem Blatt ausgedruckt wird.

Welchen Abstand die Zeilenzahlen vom Text wahren, legen Sie im Feld ABSTAND VOM TEXT (Aa) fest. Wenn Sie "Auto" oder "0" (Null) eintragen, wählt Word für Windows 1,5 Pica Abstand (0,2 Zoll, 0,63 Zentmeter oder 18 Punkt), wenn der Abschnitt einspaltig gesetzt ist; bei mehrspaltigem Satz halbiert Word für Windows den Abstand der Zahl zur Zeile unabhängig von der Spaltenzahl. Die Zeilenzahlen werden stets links vom Text ausgedruckt, so daß der Abstandswert sich auf den Freiraum zwischen rechtem Rand der Zahl und linkem Rand des Textes bezieht. Wie groß bzw. klein der Abstand sein soll, bestimmen Sie durch eine positive Dezimalzahl. Wählen Sie den Abstandswert aber nicht zu groß, da sich außerhalb des Blattes nicht der rechte Platz für die Zeilennumerierung findet.

Zeilennummern einstellen

Im Feld ZÄHLINTERVALL (Alt Z) bestimmen Sie, wie oft die Zeilennummern angegeben werden sollen. In der Regel dient es nicht der Übersicht, die Abstände zwischen den Zeilennummern zu klein oder zu groß zu wählen. Schnell erfassen lassen sich Zahlen, deren Vielfaches 10 ergibt. Je nach Textart und Gestaltung sind Abstände von 2, 5 oder 10 Zeilen wohl ein gutes Maß. Die Zeilen zwischen dem Intervall werden nicht numeriert, so

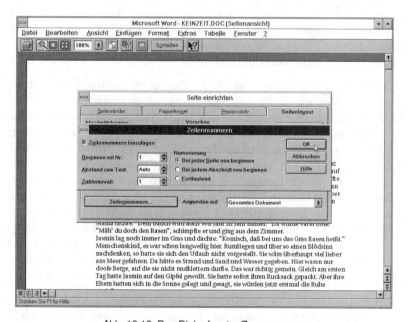

Abb. 13.12: Das Dialogfenster ZEILENNUMMERN

daß bei einer Vorgabe von 5 nur jede fünfte Zeile in der Abfolge 5, 10, 15, 20 usw. numeriert würde. Die Zeilen dazwischen werden gezählt, aber nicht mit einer Zahl versehen. Sollen die Zielangaben nur der groben Orientierung dienen, geben Sie ein Maß über 10 ein.

Sie können die Zeilennummern BEI JEDER NEUEN SEITE NEU BEGINNEN (As) oder BEI JEDEM ABSCHNITT NEU BEGINNEN ([Alt][I]). Hierbei wird jeweils am angegebenen Punkt neu mit der Numerierung begonnen; sollten Sie unter BEGINNEN MIT NR. eine Startzahl festgelegt haben, so wird diese am Anfang einer Seite bzw. eines Abschnitts wieder aufgegriffen. Es versteht sich, daß Sie zwischen JEDER NEUEN SEITE und JEDEM NEUEN ABSCHNITT nur alternativ schalten können. Die dritte Alternative, die zur Verfügung steht, heißt FORTLAUFEND.

Die Option FORTLAUFEND ([Alt][F]) weist WinWord an, die Numerierung nicht im Turnus neu zu beginnen, sondern die Zählung im Anschluß an den vorhergehenden Abschnitt aufzunehmen. Der ersten Zeile des aktuellen Abschnitts wird hierbei also die Nummer zugeordnet, die auf die letzte Zeile des früheren Abschnitts folgt. So erhalten Sie eine kontinuierliche Numerierung über mehrere Abschnitte und sogar durch Ihr ganzes Dokument hindurch.

Die Zeilenzahlen werden Ihnen im Layoutmodus und in der Seitenansicht angezeigt, können aber weder markiert, noch bearbeitet oder gelöscht werden. Für den Ausdruck der Zeilennummern sollten Sie bedenken, daß manche Drucker, z.B. Laserdrucker, nicht bis an den Rand des Blattes drukken können, sondern Zonen aufweisen, die unbedruckt bleiben. In diesen Zonen, die durch das Druckverfahren bestimmt sind, lassen sich selbstverständlich auch keine Zeilennummern darstellen.

Zeilennummern formatieren

Falls Sie mit dem Erscheinungsbild der Zahlen im Ausdruck nicht einverstanden sind, haben sie die Möglichkeit, die Zahlen zu formatieren. Da auf die Zeilennummern allerdings in den Bearbeitungsansichten kein direkter Zugriff besteht, müssen Sie für die Formatierung der Zeilennummern das Dialogfenster FORMAT FORMATVORLAGE ([Alt][T] [V]) öffnen. In der Liste FORMATVORLAGEN ([Alt][F]) kann der Eintrag ZEILENNUMMER angewählt werden. Voraussetzung für die Präsenz des Eintrages ist allerdings, daß die Zeilennummern für das Dokument zuvor aktiviert wurden oder in der DropDown-Liste ANZEIGEN der Eintrag ALLE FORMATVORLAGEN markiert wird. Das Erscheinungsbild der Zeilennummern ändern Sie, indem Sie mit BEARBEITEN ([Alt][B]) das Dialogfenster FORMATVORLAGE BEARBEITEN aufrufen und unter FORMAT > ZEICHEN ([Alt][F] [Z]) das gewünschte Format bestimmen. Abschließend bestätigen Sie Ihre Eingaben. Formatvorlagen sind das Thema des Kapitels 20.

Zeilennumerierung unterbrechen

Um einzelne Absätze von der Numerierung der Zeilen auszuschließen, aktivieren Sie über FORMAT > ABSATZ in der Registerkarte TEXTFLUSS das Kontrollkästchen ZEILENNUMMERN UNTERDRÜCKEN ((Alt)(U)) für die speziellen Absätze. Bitte beachten Sie, daß Sie im Dialogfenster ABSATZ nur dann die Zeilennumerierung für einzelne Absätze ausschalten können, wenn die Zeilennumerierung für den gesamten Abschnitt zuvor eingeschaltet wurde. Wenn Sie die Zeilenumerierung für einen oder mehrere Absätze des Abschnitts ausschalten, werden diese Absätze nicht nur von der Numerierung ausgenommen, sondern auch bei der Zählung der Zeilen ignoriert. Bei den fortlaufenden Zeilenzahlen werden die ausgenommenen Absätze übersprungen.

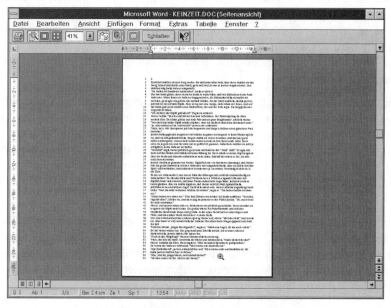

Abb. 13.13: Ein Text mit Zeilennumerierung

Spaltensatz

Abschnitte als Untereinheiten, für die Sie bestimmte Spezifika definieren können, sind besonders komfortabel für den Spaltensatz.

Um den Spaltensatz möglichst einfach zu halten, wurde in Word für Windows das Symbol SPALTEN in die Standard-Symbolleiste aufgenommen. Wenn Sie dieses Symbol anklicken, öffnet sich ein kleines grafisches Fenster, in dem Sie die Anzahl der gewünschten Spalten einfach mit der Maus markieren. Hierfür ziehen sie den Mauszeiger mit gedrückter linker Taste über die Spaltensymbole. In der Meldezeile des Fensters wird angegeben, wie viele Spalten markiert sind.

Das Symbolfenster zeigt zunächst höchstens vier Spalten an, kann aber erweitert werden, indem der Mauszeiger über den rechten Rand hinausgezogen wird. Maximal werden so viele Spalten angezeigt, wie bei der bestehenden Abschnittsformatierung im Dokument umgesetzt werden können. Sind die Seitenränder besonders breit gesetzt, so daß im Schreibbereich der Seite nur wenig Platz ist, werden weniger als vier Spalten angezeigt.

Die Spaltenformatierung wird direkt umgesetzt, wenn Sie die Maustaste freigeben. Hierbei gilt der Wert, der in der Meldezeile des grafischen Fensters angezeigt wird. Falls Sie die Aktion unterbrechen möchten, ziehen Sie den Mauszeiger mit weiterhin gedrückter Maustaste zurück auf das Symbol SPALTEN in der Symbolleiste, so daß statt der Spaltenzahl ABBRECHEN angezeigt wird. Lassen Sie nun die Maustaste los. Spaltenformatierungen, die Sie über das Symbol eingeben, wirken sich auf alle markierten oder teilmarkierten Abschnitte aus.

Sie können die aktuelle Spaltenzahl von Abschnitten jederzeit ändern, ohne Textverlust befürchten zu müssen. Klicken Sie hierfür einfach wieder das Symbol "Spalten" an und wählen Sie die gewünschte Anzahl per Markierung. Um den Text wieder einspaltig zu formatieren, markieren Sie einfach lediglich eine Spalte des grafischen Auswahlfensters. Diese Änderungen lassen sich selbstverständlich auch mit dem Menübefehl FORMAT > SPALTEN im Nachhinein problemlos vornehmen.

Statt mit dem Symbol der Funktionsleiste können Sie Spalten auch über den Menübefehl FORMAT > SPALTEN (Alt T S) formatieren. Das Dialogfenster SPALTEN verfügt über ein VORSCHAU-Feld, in dem Sie die Wirkung der momentan aktiven Formatierung beobachten können. Im Dialogfenster werden fünf Voreinstellungen angezeigt:

Eintrag	Wirkung
EINE (Alt E)	formatiert den Text als einspaltig.
ZWEI (Alt Z)	formatiert den Text zweispaltig, wobei beide Spalten die gleiche Spaltenbreite aufweisen.
DREI (Alt D)	formatiert den Text dreispaltig, wobei die drei Spalten die gleiche Spaltenbreite aufweisen.
LINKS (Alt L)	formatiert den Text zweispaltig, wobei die Breite der rechte Spalte der doppelten Breite der linken Spalte plus dem Spaltenabstand entspricht.
RECHTS (Alt R)	formatiert den Text zweispaltig, wobei die Breite der linken Spalte der doppelten Breite der rechten Spalte plus dem Spaltenabstand entspricht.

Tab. 13.4: Wirkungen der VOREINSTELLUNGEN im Dialogfenster SPALTEN

13 • Seiten, Abschnitte und Spalten formatieren

Mit ANZAHL DER SPALTEN ([Alt][S]) können Sie nun die Spaltenanzahl erhöhen. Die Angabe muß ganzzahlig und positiv sein, Nachkommastellen sind nicht gestattet. Sollte der Maximalwert überschritten werden, wird die Zahl automatisch zurückgesetzt.

Wenn Sie unter den VOREINSTELLUNGEN die Felder LINKS oder RECHTS markiert haben, wird bei der Erhöhung der ANZAHL DER SPALTEN automatisch die Berechnung der unregelmäßigen Spaltenbreite neu durchgeführt. Stets entspricht hierbei der Wert einer breiten Spalte der verdoppelten Spaltenbreite einer schmalen Spalte zuzüglich eines Abstandwertes. Die Breite und Abstände der Spalten lassen sich in der Gruppe BREITE UND ABSTAND modifizieren.

Spaltenbreite und Abstände

Solange Feld EINS, ZWEI oder DREI der Voreinstellungen markiert wurden oder Spalten ins Dokument zuvor mit dem Symbol "Spalten" der Standard-Symbolleiste aufgenommen wurden, ist im Dialogfenster das Feld GLEICHE SPALTENBREITE ([Alt][G]) markiert. In diesem Fall legen Einträge in der ersten Zeile der Spaltenliste auch die Werte für alle übrigen Spalten fest. Alle Spalten des Abschnitts werden also mit den gleichen Breite- und Abstandswerten formatiert und füllen den Satzspiegel gleichmäßig aus.

Ist das Kontrollkästchen GLEICHE SPALTENBREITE nicht markiert, wird der Zugriff auf sämtliche Spalten möglich, wobei nun jede Spalte separate Breiten- und Abstandsangaben enthalten kann. Dies ermöglicht Ihnen auch die Realisierung unregelmäßiger Spaltenlayouts. Sollten unter ANZAHL DER SPALTEN mehr als drei Spalten angegeben sein, erscheint links der Spaltenliste eine Bildlaufleiste, über die die Liste bewegt werden kann. Mit der Tastatur aktivieren Sie die Spaltenliste über [Alt][T] und bewegen sie mit [↓] oder [↑].

Die Breite der Spalten wird im Feld BREITE ([Alt][B]) definiert. Der Abstandswert unter ABSTAND ([Alt][A]) gibt an, wie weit die Spalten voneinander entfernt sind. Wenn Sie eine Zahl eingeben, die den Maximal - oder Minimalwert über - oder unterschreitet, stellt WinWord den höchsten bzw. niedrigsten Wert automatisch her. Der niedrigste Wert der Spaltenbreite ist mit 1,27 cm erreicht (das sind 0,5 in, 36 pt oder 3 pi). Der Abstand zwischen den Spalten kann auf Null (0) reduziert werden, wobei kein Freiraum zwischen den einzelnen Spalten bleibt.

Die Inhalte der Felder ANZAHL DER SPALTEN, BREITE und ABSTAND bedingen sich. Die Spalten und Abstände eines Abschnitts ergänzen sich stets zur vollen Seitenbreite. Wenn GLEICHE SPALTENBREITE aktiv ist, führt die Verringerung oder Erhöhung des Abstands automatisch zur gleichmäßigen Anpassung des Breitenwertes aller Spalten. Umgekehrt wirkt sich die Veränderung der Spaltenbreite auf alle Abstände im gleichen Maß aus.

341

Anders sieht es aus, wenn Sie GLEICHE SPALTENBREITE deaktivieren. Nun wirken sich Änderungen der Spaltenbreite auf alle nachfolgenden Spalten im gleichen Verhältnis aus. Das heißt, solange die nachfolgenden Spalten die gleiche Breite haben, wird auch der gleiche Wert addiert bzw. subtrahiert. Haben die nachfolgenden Spalten unterschiedliche Breiten, so wird dieses Verhältnis bei der Erhöhung bzw. Verminderung ihres Wertes automatisch berücksichtigt. Änderungen des Wertes der letzten Spaltenbreite der Liste wirken sich in der gleichen Relation auf die Abstandswerte aller Spalten aus. Wenn Sie hingegen den Abstandswert einer Spalte ändern, so hat dies in der gleichen Art Auswirkung auf alle folgenden Spaltenbreiten der Liste. Stets wahrt die Berechnung bei Änderungen also das Verhältnis, das die Spalten, die unter dem geänderten Feld stehen, zueinander haben.

Grundsätzlich liegen bei der Berechnung der Spalten- und Abstandsbreite die Werte zugrunde, die im Dialogfenster SEITE EINRICHTEN festgelegt wurden. Ausgehend von der Breite des Blattes wird der Freiraum ermittelt, der nach Abzug des linken und rechten Seitenrandes, des Bundstegs und der vorgegebenen Abstände zwischen den einzelnen Spalten bleibt. Er bestimmt schließlich die Breite der einzelnen Spalten.

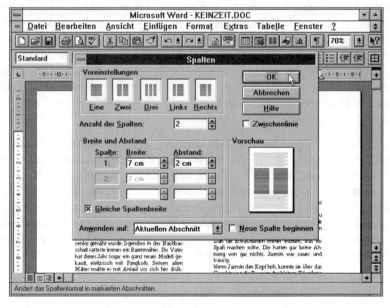

Abb. 13.14: Das Dialogfenster SPALTEN

Linien zwischen Spalten Wenn Sie als Stilelement oder zur besseren Übersicht senkrechte Linien zwischen die Textspalten setzen möchten, aktivieren Sie im Dialogfenster SPALTEN die Option ZWISCHENLINIE ([Alt][I]). Sollten alle Spalten gleichmäßig lang sein, da der Abschnitt durch einen fortlaufenden Abschnittswechsel beendet wird, aber nicht die ganze Seite füllt, so ist die Zwischenlinie auch nur so lang wie die gefüllten Spalten.

Keine Auswirkung hat das Kontrollkästchen ZWISCHENLINIE bei einspaltiger Formatierung. In der Bildschirmanzeige wird die Zwischenlinie nur im Layoutmodus und der Seitenansicht dargestellt. Der Spaltensatz wird in diesen Anzeigemodi im Nebeneinander der Spalten gezeigt, während im Normalmodus zwar die Breite der Spalten optisch umgesetzt wird, ihre tatsächliche Plazierung auf dem Blatt aber nicht zu erkennen ist.

Falls Sie den Text oberhalb der Einfügemarke nicht in die neue Spaltenformatierung einbeziehen möchten, markieren Sie das Kontrollfeld NEUE SPALTE BEGINNEN ([Alt][N]). Hierdurch wird an der Position der Einfügemarke ein Abschnittswechsel für eine neue Spalte eingefügt. Dies funktioniert allerdings nicht, solange unter ANWENDEN AUF ([Alt][W]) das gesamte Dokument, der aktuelle Abschnitt oder markierte Abschnitte als Bezug gewählt wurden.

Der Eintrag, den Sie im Listenfeld ANWENDEN AUF ([Alt][W]) markieren, ist entscheidend für die Auswirkung der Spaltenformatierung. Der Umfang der Liste wechselt, abhängig davon, ob eine Markierung im Dokument gesetzt wurde und ob Abschnittswechsel im Dokument vorliegen.

Ist keine Passage markiert, finden sich folgende drei Einträge:

Listeneintrag	Wirkung
AKTUELLER ABSCHNITT	Die Formatierung gilt für den Abschnitt, in dem die Einfügemarke steht (der Eintrag wird nur gelistet, wenn im Dokument bereits Abschnittswechsel vorliegen).
DOKUMENT AB HIER	An der Position der Einfügemarke wird ein Abschnittswechsel eingefügt. Die Formatierung gilt für den Rest des Dokuments. Wenn das Kontrollfeld NEUE SPALTE BEGINNEN aktiv ist, erfolgt ein Abschnittswechsel mit Spaltenwechsel, ansonsten ein fortlaufender Abschnittswechsel.
GESAMTES DOKUMENT	Die Formatierung gilt für das gesamte Dokument.

Tab. 13.5: Bezüge von Spaltenformatierungen ohne Markierung

Ist eine Markierung im Dokument vorhanden, sieht die Liste so aus:

Listeneintrag	Wirkung
MARKIERTE ABSCHNITTE	Die Formatierung gilt für die markierten oder teilmarkierten Abschnitte (der Eintrag wird nur gelistet, wenn im Dokument bereits Abschnittswechsel vorliegen).
MARKIERTEN TEXT	Vor und nach der Markierung wird ein Abschnittswechsel eingefügt. Die Formatierung gilt für die markierte Passage. Wenn das Kontrollfeld NEUE SPALTE BEGINNEN aktiv ist, erfolgt ein Abschnittswechsel mit Spaltenwechsel, ansonsten ein fortlaufender Abschnittswechsel.
GESAMTES DOKUMENT	Die Formatierung gilt für das gesamte Dokument.

Tab. 13.6: Bezüge von Spaltenformatierungen mit Markierung

Spalten über das Lineal einstellen

Auch bei der Spaltenformatierung leistet das Lineal wieder gute Dienste. Über das Lineal können Sie, ohne das Dialogfenster SPALTEN zu aktivieren, die Breite der Spalten und Abstände zwischen ihnen mit der Maus modifizieren. Der spaltenorientierte Betriebsmodus des Lineals wird automatisch aktiv, wenn sich die Einfügemarke in einem Abschnitt befindet, der mit Spalten formatiert wurde, oder dieser Abschnitt ganz oder teilweise markiert ist. Sollten Sie mehrere Abschnitte mit unterschiedlicher Spaltenzahl markiert haben, so richtet sich die Anzeige des Lineals nach dem Abschnitt, der als letzter in die Markierung einbezogen wurde.

Wenn Sie den Spaltensatz über das Symbol "Spalten" in der Standard-Symbolleiste aktiviert haben, gestaltet WinWord sämtliche Spalten und Abstände in der gleichen Breite. Sie haben in diesem Fall keinen Zugriff auf die variable Spaltenbreite. Über das Symbol, mit dem die einzelnen Spalten im Lineal voneinander abgegrenzt werden und das gleichzeitig die Breite der Abstände zwischen den Spalten zeigt, können Sie die Abstäde und somit die Spaltenbreite des aktuellen Abschnitts einstellen. Positionieren Sie einfach den Mauszeiger auf dem linken oder rechten Ende des Symbols, so daß er sein Aussehen zu einem Doppelpfeil wechselt. Mit diesem Doppelpfeil stellen Sie nun durch Ziehen des Abstandhalters die Breite aller Spalten und Abstände gleichzeitig und gleichmäßig ein.

Wenn Sie beim Ziehen außer der linken Maustaste auch die [Alt]-Taste betätigen, zeigt Ihnen das Lineal statt der Skalierung die bestehenden Abstände in der Maßeinheit, die Sie in den OPTIONEN voreingestellt haben.

13 • Seiten, Abschnitte und Spalten formatieren

Der gleiche Abstandhalter zeigt sich im Lineal mit einem Gitternetz, sobald im Dialogfenster SPALTEN das Feld GLEICHE SPALTENBREITE deaktiviert wurde. Das Dialogfenster rufen Sie einfach auf, indem Sie einen Doppelklick auf einen Abstandhalter ausführen.

Nachdem Sie das Feld GLEICHE SPALTENBREITE ausgeschaltet und mit OK bestätigt haben, können Sie Spaltenbreite und Abstände variabel für jeden einzelnen Abstandshalter einstellen. Wenn Sie nun den Mauszeiger auf der Trennlinie zwischen Abstandhalter und Spalte plazieren, so daß er sich zum Doppelpfeil wandelt, können Sie durch Ziehen mit der Maus das Verhältnis der beiden benachbarten Werte zueinander ändern: Je breiter die Spalte wird, umso schmaler wird der benachbarte Abstandhalter, dessen Begrenzung Sie mit der linken Maustaste ziehen; und umgekehrt wird die Spalte schmaler, je weiter Sie die Breite des Abstandshalters in ihr Terrain ausdehnen.

Abb. 13.15: Spaltenformatierung mit dem Lineal

Doch im variablen Spaltenmodus bietet das Lineal noch eine zusätzliche Funktion für die Spaltenformatierung. Wenn Sie den Mauszeiger auf dem Gitternetz eines Abstandhalters positionieren, erscheint ebenfalls der Doppelpfeil, mit dem Sie nun den ganzen Abstandhalter bewegen, ohne seine Breite zu verändern. Auf diese Weise können Sie die Breitenwerte zweier benachbarter Spalten direkt gegeneinander verschieben.

Wieder bietet es sich an, zusätzlich zur linken Maustaste die rechte Taste bzw. die [Alt]-Taste zu betätigen, um Einblick in die existierenden Abstände zu erhalten. Dieser Einblick kann auch punktuell sein, indem die Taste nur kurz betätigt und anschließend wieder freigegeben wird, während Sie die linke Maustaste weiter unten halten. So läßt sich einfach zwischen den beiden Anzeigemodi des Lineals wechseln.

Alle Veränderungen, die Sie im variablen Spaltenmodus durch Ziehen mit der Maus ausführen, wirken sich stets nur auf benachbarte Spalten bzw. aneinandergrenzende Spaltenbreiten und Abstände aus, während im festen Spaltenmodus, bei dem die gleiche Spaltenbreite fixiert ist, sämtliche Modifikationen für alle Spalten und Abstände gelten.

Zur Übung laden Sie den Text "Keine Zeit für Langeweile" (KEINZEIT.DOC) und unterteilen ihn kapitelweise in Abschnitte. Fügen Sie vor den Kapitelzahlen einen Abschnittswechsel für eine neue Seite ein ([Alt][E][W][N]). Markieren Sie den ganzen Text (Sa), und bestimmen Sie im Dialogfenster SEITE EINRICHTEN in der Registerkarte SEITENLAYOUT, daß der ABSCHNITTSBEGINN eine NEUE SPALTE bedeutet. Formatieren Sie den Text zweispaltig. Positionieren Sie die Einfügemarke in der Überschrift und setzen Sie die Überschrift einspaltig, so daß sie wieder über den beiden Spalten des Textes steht. Formatieren Sie den ersten Abschnitt fortlaufend, so daß kein Wechsel entsteht. Zwischendurch sollten Sie Ihre Eingaben in der Seitenansicht überprüfen.

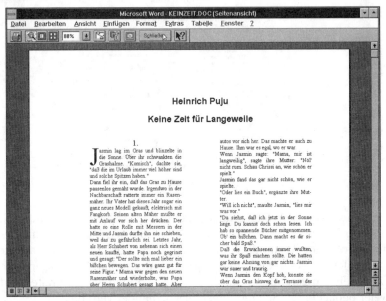

Abb. 13.16: Ein Text mit verschiedenen Formatierungen

Probieren Sie verschiedene Arten der Zeilennumerierung aus, z.B. die fortlaufende oder die abschnittsweise. Schließen Sie über FORMAT > ABSATZ die Kapitelnummern von der Numerierung aus.

Machen Sie auch Gebrauch von den Absatzformatierungen, die Sie bereits kennen. Auch die Silbentrennung leistet gute Dienste, da gerade kurze Spalten eine sorgfältige Trennung erfordern. Drucken Sie den Text aus, nachdem Sie ihn fertig formatiert haben. Zuletzt sollten Sie die Zeilennumerierung wieder ausschalten und alle Absätze einspaltig setzen. Geben Sie vor, daß jeder Abschnitt mit einer neuen Seite beginnen soll. Damit die Überschrift nicht alleine auf einer Seite plaziert wird, löschen Sie den Wechsel zwischen Titel und erstem Kapitel. Hierfür markieren Sie die Wechsellinie und entfernen sie mit der (Entf)-Taste. Ihr Text enthält nun vor dem zweiten und dritten Kapitel einen Abschnittswechsel, ist also in drei Abschnitte unterteilt. So gegliedert, steht er für die Übungen der nächsten Kapitel zur Verfügung.

14
Kopf- und Fußzeilen, Seitenzahlen, Zeitangaben und Sonderzeichen

Seitenzahlen	**Seite**	**351**
Seitenzahlen einfügen	Seite	351
Seitenzahlen formatieren	Seite	352
Kopf- und Fußzeilen	**Seite**	**355**
Kopf- und Fußzeilen erfassen	Seite	357
Positionieren der Kopf- und Fußzeilen	Seite	360
Zeichenformat der Seitenzahlen	Seite	362
Verschiedene Kopf- und Fußzeilen je nach Seite	Seite	362
Kopf-/Fußzeilen ändern	Seite	366
Datum und Zeit	**Seite**	**367**
Sonderzeichen einfügen	Seite	368

Seitenzahlen

Mit Seitenzahlen (auch "Paginierung" genannt) in Kopf- und Fußzeilen halten Sie den Leser im gesamten Dokument darüber auf dem Laufenden, welche Seite er gerade liest. Zwar lassen sich Kopf- und Fußzeilen durch umfangreiche Gestaltungen zu eigenen kleinen Informationszentren machen. Doch wenn eine Kopf- oder Fußzeile nichts anderes als eine Seitenzahl enthalten und schnell erstellt sein soll, können Sie das Erfassen dieser Kopf- oder Fußzeile im Menü EINFÜGEN vereinfachen.

Seitenzahlen einfügen

Wählen Sie im Menü EINFÜGEN den Befehl SEITENZAHLEN (Alt E S). Nun wählen Sie im Listenfeld POSITION (Alt P), ob die Seitenzahl am SEITENENDE (FUß-ZEILE) oder am SEITENANFANG (KOPFZEILE) plaziert werden soll. Außerdem bestimmen Sie die Position der Seitenzahl im Listenfeld AUSRICHTUNG (Alt A). Hier stehen Ihnen nun fünf verschiedene Möglichkeiten zur Verfügung: LINKS setzt die Seitenzahlen auf die linke Seite, RECHTS auf die rechte Seite und ZENTRIERT in die Mitte der Seite. Wenn Sie AUßEN wählen, werden die Seitenzahlen bei geraden Seiten links und bei ungeraden Seiten rechts angeordnet; INNEN hat die entgegengesetzte Wirkung. Im VORSCHAU-Feld zeigt Ihnen ein schwarzes Rechteck, wo Sie die Seitenzahl im Ausdruck erwarten können.

Word für Windows erstellt nach diesen Vorgaben automatisch eine Kopf- oder Fußzeile, die kein anderes Element als die Seitenzahl enthält. Für den Fall, daß Sie bereits Kopf- oder Fußzeilen erstellt haben und Ihnen nur die Angabe der Seitenzahl fehlt, stellt das auch kein Problem dar: Bestehende Kopf- und Fußzeilen werden durch das Einfügen einer reinen Seitenzahl nicht betroffen. Links oder rechts eingefügte Seitenzahlen formatieren den Absatz automatisch mittels eines Absatzeinzugs von 0,63 cm, so daß Sie nicht mit bestehendem Text ins Gehege geraten. Lediglich bei zentriert eingefügten Seitenzahlen kann es passieren, daß Sie bereits zentriert formatierten Text der Kopf- oder Fußzeile überlagern. Sie können den SEITEN-ZAHLEN-Befehl also auch dazu verwenden, um eine Seitenzahl in eine bestehende Kopf- oder Fußzeile einzufügen. Außerdem lassen sich Kopf- oder Fußzeilen, die Sie schnell einmal für die Aufnahme der Paginierung mit dem Befehl EINFÜGEN > SEITENZAHL erstellten, später zu umfangreicheren Kopf- oder Fußzeilen ausbauen.

Die Seitenzahlen, die Sie mit dem Befehl EINFÜGEN > SEITENZAHLEN in ein Dokument setzen, beginnen erst ab der zweiten Seite, wenn Sie im Dialogfenster SEITENZAHLEN das Kontrollkästchen AUF ERSTER SEITE (Alt E) deaktivieren. Wenn Sie im Dialogfenster SEITE EINRICHTEN in der Registerkarte SEITENLAYOUT das Feld ERSTE SEITE ANDERS wieder deaktivieren, stehen die Seitenzahlen auch auf der ersten Seite zur Verfügung.

Seitenzahlen formatieren

Um die Seitenzahlen zu formatieren, wählen Sie im Dialogfenster SEITEN-ZAHLEN den Befehl FORMAT ([Alt][F]). Hier suchen Sie in der Liste SEITENZAHLEN-FORMAT ([Alt][S]) aus, wie Sie Ihre Seitenzahlen zu Papier bringen möchten. Neben den üblichen arabischen Ziffern stehen Ihnen in der Liste auch römische Zahlen und alphabetische Folgen zur Verfügung:

Art der Numerierung	Eintrag	Besonderheiten
Arabische Ziffern	1 2 3 ...	
Kleine Buchstaben	a b c ...	27 = aa, 28 = bb usw. 100 = vvvv
Große Buchstaben	A B C ...	27 = AA, 28 = BB usw. 100 = VVVV
Kleine Römische Ziffern	i ii iii ...	1 = i, 5 = v, 10 = x, 50 = l, 100 = c, 500 = d, 1000 = m
Große Römische Ziffern	I II III ...	1 = I, 5 = V, 10 = X, 50 = L, 100 = C, 500 = D, 1000 = M

Tab. 15.1: Numerierungen für Seitenzahlen

Wenn Sie KAPITELNUMMER EINBEZIEHEN ([Alt][K]) aktivieren, können Sie vorgeben, daß außer der Seitenzahl auch die Nummer des aktuellen Kapitels angeführt wird. Zwei Voraussetzungen müssen hierfür allerdings erfüllt sein: Die Überschrift des Kapitels muß mit einer der Formatvorlagen ÜBERSCHRIFT formatiert worden sein. Welche Ebene diese Überschrift hat - insgesamt stehen neun Gliederungsebenen zur Verfügung - legen Sie unter KAPITEL BEGINNT MIT FORMATVORLAGE ([Alt][V]) fest.

Damit die Seitenzahl tatsächlich auf diese Formatvorlage zurückgreifen kann, müssen Sie sie den Überschriften im Dokument zugewiesen haben. Diese Zuweisung erfolgt bei der Texterfassung oder der Nachbearbeitung über das Feld "Formatvorlage" der Symbolleiste "Formatierung" oder über den Menübefehl FORMAT > FORMATVORLAGE. Eine weitere Möglichkeit besteht darin, Überschriften in der Gliederungsansicht zu formatieren. Außerdem müssen Sie die Überschriften mit dem Befehl FORMAT > ÜBERSCHRIFTEN NUMERIEREN numeriert haben, damit neben der Seitenzahl auch auf die Nummer der bezeichneten Gliederungsebene zurückgegriffen werden kann. Mehr zu Formatvorlagen erfahren Sie in Kapitel 20. Von der Bearbeitung von Gliederungen handelt Kapitel 23.

14 • Kopf- und Fußzeilen, Seitenzahlen, Zeitangaben und Sonderzeichen

Das Trennzeichen zwischen Gliederungsnummer - sie wird in der Form übernommen, in der sie im Dokument vor der Überschrift erscheint - und Seitenzahl legen Sie in der DropDown-Liste TRENNZEICHEN BENUTZEN ([Alt][Z]) fest. Hierbei stehen Ihnen fünf verschiedene Trennzeichen zur Verfügung. Beachten Sie, daß das besondere Seitenzahlformat, das Sie hier geben, in allen {Seite}-Feldern Verwendung finden, die sie im Abschnitt einfügen.

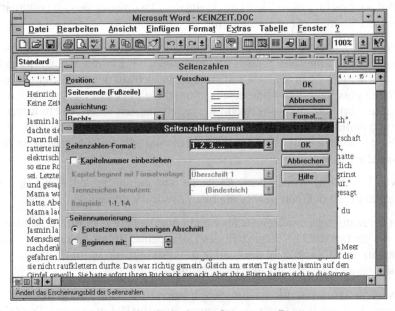

Abb. 14.1: Das Dialogfenster SEITENZAHLEN-FORMAT

Im Dialogfenster SEITENZAHLEN-FORMAT legen Sie überdies im Feld BEGINNEN MIT ([Alt][B]) fest, mit welcher Seitenzahl die Paginierung des Abschnittes begonnen werden soll. So können Sie bei umfangreichen Manuskripten die Kapitel in einzelnen Dateien speichern und dennoch eine fortlaufende Seitennumerierung erreichen.

Auch bietet sich hiermit die Möglichkeit, einzelne Abschnitte eines Dokuments von der Seitenzählung auszunehmen. Dazu geben Sie in dem Abschnitt vor, dessen Seiten gezählt werden sollen, mit welcher Seitenzahl die Paginierung fortgesetzt werden soll.

Die Kapazität der automatischen Paginierung erschöpft sich bei Word für Windows mit der Seitenzahl 32766. Höhere Zahlen nimmt Word für Windows daher auch nicht als Vorgabe entgegen. Die niedrigste Startvorgabe ist Null, so daß Sie Abschnitten eine Seite außerhalb der Zählung vorausschicken können.

Numerierung voriger Abschnitte fortsetzen Wenn Sie die Numerierung des vorangehenden Abschnitts aufgreifen möchten, markieren Sie das Optionsfeld FORTSETZEN VOM VORHERGEHENDEN ABSCHNITT (Alt F). Das SEITENZAHLEN-FORMAT und die Gruppe KAPITELNUMMER EINBEZIEHEN können übrigens modifiziert werden, ohne daß dies Auswirkungen auf die Übernahme der Seitenzahlen hätte. Außerdem spielt es für die fortlaufende Numerierung keine Rolle, ob die Numerierung ausgedruckt wird oder nicht. Auf welcher Druckseite des Dokuments Sie sich befinden, können Sie in der Statusleiste hinter "S" ersehen.

Seitenzahl der Statuszeile Wenn Sie z.B. ein Buchmanuskript mit der Druckseite 7 beginnen und diese Nummer unter NEU BEGINNEN BEI vorgeben, wird in der Statuszeile auf dieser Seite "S 7" angegeben, selbst wenn Sie sich auf der ersten Seite Ihres Dokuments befinden. Andererseits können Sie in einem Dokument Titel, Impressum und Inhaltsverzeichnis erfassen, danach einen Abschnittsumbruch einfügen und den Textteil mit der Seitenzahl 1 beginnen lassen, indem Sie für den neuen Abschnitt diesen als Startzahl unter NEU BEGINNEN BEI vorgeben.

Wenn Sie für die Titelei keine Kopfzeile oder zumindest keine mit einem Seiteneintrag definieren, wird sie beim Ausdruck unpaginiert bleiben.

In der Statuszeile erfahren Sie aber nicht nur die Druckseitenzahl, sondern auch die tatsächliche Seitenzahl des Dokuments. Unter der tatsächlichen Seitenzahl ist die Anzahl der Blätter zu verstehen, die Word für Windows momentan für einen Ausdruck der Datei benötigt.

Angabe des gesamten Seitenumfangs Diese Seitenzahl ist durch einen Schrägstrich (/) von der Zahl getrennt, die Ihnen Auskunft über Ihren momentanen Stand im Dokument gibt. Die Zahl vor dem Schrägstrich steht also in direkter Relation zur Seitenzahl des Dokuments und hat nichts mit der Seitenzahl zu tun, die Sie für die Paginierung bestimmt haben.

Unter "S" gibt die Statuszeile stets die subjektive Seitenzahl wieder, auf der Sie sich nach eigener Definition befinden. Die Angabe erfolgt in einer arabischen Ziffer, auch wenn Sie ein anderes Format für die Druckausgabe der Paginierung gewählt haben.

Achten Sie bitte darauf, daß die Änderungen, die Sie am Seitenzahlenformat vorgenommen haben, auch dann weiterhin gültig bleiben, wenn Sie im Dialogfenster SEITENZAHLEN die Schaltfläche SCHLIEßEN anwählen oder Esc betätigen. Allerdings verhindert SCHLIEßEN, daß in Kopf- oder Fußzeilen eine Seitenzahl ersetzt wird, was besonders dann nicht in Ihrem Interesse sein dürfte, wenn bereits gestaltete Kopf- und Fußzeilen vorliegen.

Kopf- und Fußzeilen

Bei Briefbögen, Prospekten oder Büchern kommen Kopf- und Fußzeilen zum Einsatz. Hierbei handelt es sich um Zeilen, die beim Ausdruck entweder über dem Text plaziert werden, das sind die Kopfzeilen, oder unter ihm stehen, das sind die Fußzeilen. Kopf- und Fußzeilen können neben Textinformationen auch Seitenzahlen oder Grafiken beinhalten. Ihre Aufgabe besteht darin, dem Leser leichten Überblick über Absender, Autor, Thema oder Seite eines Dokuments zu geben. Hierin unterscheiden sie sich deutlich von den Fußnoten, mit denen die Fußzeilen mitunter verwechselt werden. Während Fußnoten eine punktuelle Beziehung zum Text haben, ein Stichwort erläutern oder eine Quellenangabe liefern, sollen Kopf- und Fußzeilen den Leser global durch das Dokument begleiten.

Je kürzer und präziser die Information der Kopf- und Fußzeile ist, desto besser erfüllt sie ihren Zweck. Dennoch ist es nicht so, daß die Informationen der Kopf- und Fußzeilen keinem Wechsel unterworfen sein sollten. So ist es z.B. sinnvoll, den Leser über die Kapitelangabe in der Kopfzeile auf dem laufenden zu halten. Auch Seitenzahlen erfüllen ihren Zweck ja nur, wenn sie wirklich von Seite zu Seite wechseln.

Kopf- und Fußzeilen lassen sich mit Word für Windows sehr leicht erstellen. Aktivieren Sie im Menü ANSICHT die Option KOPF- UND FUßZEILE (Alt A K). Das Dokument wird nun in den Layoutmodus umgeschaltet, der eigentliche Textkörper ausgeblendet bzw. grau dargestellt und die Einfügemarke in den Kopfzeilenbereich der aktuellen Seite gesetzt.

Je nachdem, welches Kontrollkästchen Sie unter DATEI > SEITE EINRICHTEN in der Registerkarte SEITENLAYOUT in der Gruppe KOPF- UND FUßZEILEN eingestellt haben, gelten Ihre folgenden Eingaben für:

Geltungsbereich	Einstellung im Seitenlayout
Alle Seiten	Kein Kontrollkästchen aktiviert
Alle geraden Seiten	Kontrollkästchen GERADE/UNGERADE ANDERS aktiviert und Kontrollkästchen ERSTE SEITE ANDERS nicht aktiviert; Standort der Einfügemarke auf gerade paginierter Seite
Alle ungeraden Seiten	Kontrollkästchen GERADE/UNGERADE ANDERS aktiviert und Kontrollkästchen ERSTE SEITE ANDERS nicht aktiviert; Standort der Einfügemarke auf ungerade paginierter Seite

Geltungsbereich	Einstellung im Seitenlayout
Nur erste Seite	Kontrollkästchen ERSTE SEITE ANDERS aktiviert; Standort der Einfügemarke auf erster Seite des Abschnitts
Alle Seiten außer erster	Kontrollkästchen ERSTE SEITE ANDERS aktiviert und Kontrollkästchen GERADE/UNGERADE ANDERS nicht aktiviert; Standort der Einfügemarke nicht auf erster Seite des Abschnitts
Alle geraden Seiten	Kontrollkästchen GERADE/UNGERADE ANDERS aktiviert und Kontrollkästchen ERSTE SEITE ANDERS aktiviert; Standort der Einfügemarke auf gerade paginierter Seite, aber nicht auf der ersten Seite des Abschnitts
Alle ungeraden Seiten	Kontrollkästchen GERADE/UNGERADE ANDERS aktiviert und Kontrollkästchen ERSTE SEITE ANDERS aktiviert; Standort der Einfügemarke auf ungerade paginierter Seite, aber nicht auf der ersten Seite des Abschnitts

Tab. 15.2: Geltungsbereich von Kopfzeilen in Abhängigkeit vom Seitenlayout

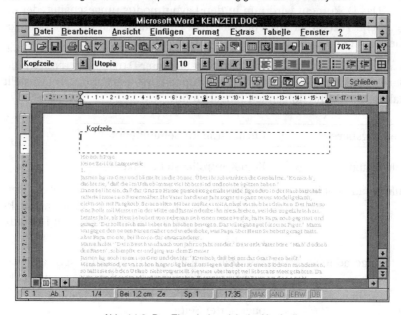

Abb. 14.2: Der Eingabebereich der Kopfzeile

14 • Kopf- und Fußzeilen, Seitenzahlen, Zeitangaben und Sonderzeichen

Sobald Sie eine Kopf- oder Fußzeile bearbeiten, wird in der Umrandung des Kopf-/Fußzeilenbereichs je nach aktiviertem Kontrollkästchen des SEITENLAYOUTS angegeben, ob es sich um eine Kopf- oder Fußzeile handelt, ob sie auf der ersten Seite steht und ob sie gerade oder ungerade numeriert ist.

Word für Windows schaltet - unabhängig vom aktuellen Ansichtsmodus - in den Layoutmodus zur Kopfzeile um und beim Beenden der Bearbeitung in den zuvor aktiven Anzeigemodus zurück. Da in der Layoutansicht die plazierten Elemente auf dem fiktiven Blatt des Monitors angeordnet sind, befinden Sie sich am Anfang der aktuellen Seite.

Kopf- und Fußzeilen sind Teil der Abschnittsformatierung. Das heißt, das sich Eingaben stets auf den aktuellen Abschnitt beziehen. Während alle folgenden Abschnitte automatisch die gleichen Kopf- und Fußzeilen übernehmen, bleiben die Abschnitte davor unverändert.

Falls Sie also Kopf- und Fußzeilen für ein ganzes Dokument definieren möchten, müssen Sie sich im ersten Abschnitt des Dokuments befinden, wenn Sie die Kopf- oder Fußzeile erfassen. Außerdem darf noch keiner der folgenden Abschnitte mit einer Kopf- bzw. Fußzeile versehen sein. Nur so wirkt sich Ihre Eingabe auf alle Abschnitte aus.

Kopf- und Fußzeilen erfassen

Kopf und Fußzeilen werden in separaten Bereichen des Dokuments erfaßt. Diese Bereiche verfügen über eine eigene Symbolleiste, die automatisch angezeigt wird, wenn ein Kopf- oder Fußzeilenbereich aktiviert wird. Die Symbolleiste KOPF- UND FUßZEILE ermöglicht die vollständige Steuerung der notwendigen Befehle mittels der Maus. Das Erfassen von verschiedenen Kopf- und Fußzeilen nur mit der Tastatur ist zwar möglich, aber sehr umständlich.

Zwischen Kopf- und Fußzeile der aktuellen Seite wechseln Sie mit dem Symbol "Zwischen Kopf- und Fußzeile wechseln" oder mit den Tasten (Alt)(↑) und (Alt)(↓). Den Text, der beim Ausdruck in den Kopf- und Fußzeilen stehen soll, geben Sie in diesen Erfassungsfenstern wie gewohnt ein. Weiterhin können Sie in diesen kombinierten Layout-Kopf-/Fußzeilen-Erfassungsfenstern wie in der regulären Layoutansicht Texteingaben, Seitenränder und Tabulatoren formatieren. Entweder Sie bedienen sich des Lineals und der Formatierungssymbolleiste, oder Sie nehmen Ihre Formatierungen über die entsprechenden Tastenschlüssel und Befehle in Dialogfenstern vor.

Für Kopf- und Fußzeilen sind von Word für Windows bereits zwei Tabulatoren voreingestellt. Zum einen ist auf Position 8 Zentimeter ein zentrischer Tabulator eingerichtet, und zum anderen auf Position 16 Zentimeter ein rechtsbündiger Tabulator. Dies hat den Vorteil, daß Sie bei den Standardeinstellungen der Seitenränder eines DIN-A4-Blatts einen Eintrag mittig anordenen können, indem Sie einfach die ⇥-Taste einmal betätigen und dann den Text eingeben.

Um beispielsweise die Seitenzahl rechtsbündig zu setzen, drücken Sie zweimal die ⇥-Taste und klicken dann das Symbol SEITENZAHLEN an oder benutzen die Tastenkombination Alt⇧P.

Seitenzahl, Datum und Zeit

Mit Absatzausrückungen und Tabulatoren lassen sich mit ein wenig Geschick professionelle Kopf- und Fußzeilen erstellen, die einem Schriftstück den besonderen Rahmen geben. In diesen Rahmen gehören auch Funktionen wie die fortlaufende Seitenzahl, das aktuelle Datum oder die Zeitangabe.

Diese drei Informationen ergänzt Word für Windows für Sie, wenn Sie dies wünschen. Hierfür stehen Ihnen in der Symbolleiste KOPF- UND FUSSZEILE drei Felder zur Verfügung, die Sie über die Maus oder über Tastenkombinationen aktivieren können. Bevor Sie eine der Optionen aufrufen, sollten Sie die Einfügemarke an der Stelle positionieren, an der Seitenzahl, Druckdatum oder Zeit in der Kopf- oder Fußzeile erscheinen sollen. Durch Anklicken des Symbols "Uhrzeit" fügen Sie in Ihre Kopfzeile die Uhrzeit ein. Das Symbol "Datum" ergänzt auf Mausklick das momentane Systemdatum. Das Symbol "Seitenzahlen" schließlich symbolisiert die Seitenzahl, die beim Ausdruck automatisch aktualisiert wird. So werden die Seiten auf dem Papier fortlaufend paginiert.

Um mit der Tastatur Zugriff auf diese Funktionen zu erhalten, benutzen Sie folgende Tastenkombination:

Einfügen	Tastenschlüssel
Seitenzahl	Alt ⇧ P
Datum	Alt ⇧ D
Zeit	Alt ⇧ T

Tab. 15.3: Tastenschlüssel für Seitenzahl, Datum und Zeit

Feldfunktionen in geschweiften Klammern

Nachdem Sie die Zeit, das Datum oder die Seitenzahl eingefügt haben, sehen Sie eventuell nicht das erwartete Ergebnis, sondern eine Angabe in geschweiften Klammern. Hierbei machen Sie Bekanntschaft mit der vielleicht mächtigsten Funktion von Word für Windows: den Feldfunktionen.

14 • Kopf- und Fußzeilen, Seitenzahlen, Zeitangaben und Sonderzeichen

Word für Windows fügt nämlich bestimmte Inhalte nicht direkt in Dokumente ein, sondern plaziert an ihrer Stelle Variablen und Befehle, die dann die aktuellen Ergebnisse darstellen. Nun lassen sich mit Word für Windows entweder die Feldfunktionen - so werden die Einfügungen in geschweiften Klammern genannt - oder die Ergebnisse der Feldfunktionen darstellen.

Feldfunktionen werden angezeigt, wenn unter EXTRAS > OPTIONEN in der Registerkarte ANSICHT das Kontrollkästchen FELDFUNKTIONEN aktiv ist. Die Anzeige der Feldfunktionen kann überdies bei markierten Funktionen oder Feldfunktionen, in denen die Einfügemarke steht, im Shortcut-Menü, das mittels der rechten Maustaste aufgerufen wird, geändert werden. Zuständig für den Wechsel der Anzeige ist hier FELDFUNKTIONEN ANZEIGEN [EIN/AUS]. Diesem Befehl entspricht der Tastenschlüssel ⇧ F9. Die beiden Arten des Anzeigewechsels für Felder korrespondieren direkt mit der Anzeigeeinstellung des Kontrollkästchens FELDFUNKTIONEN in den OPTIONEN.

Anzeige von Feldfunktionen

Damit Sie also die Ergebnisse der Feldfunktionen vor Augen haben, darf die Anzeige der Feldfunktionen nicht aktiv sein. Seitenzahl, Datum und Zeit sind übrigens nur drei Funktionen aus dem reichhaltigen Repertoire der Felder, das Word für Windows bietet. Ausführlich beschäftigt sich der Teil IV dieses Buches mit den Möglichkeiten, die Ihnen durch Feldfunktionen zur Verfügung stehen.

Wenn Sie auf die Ergebnisse der Feldfunktionen umschalten, sehen Sie, wie Ihre Kopf- bzw. Fußzeile aussehen wird. Die Seitenzahl der Anzeige richtet sich hierbei nach der Seite, an der Sie in die Bearbeitung der Kopf- oder Fußzeilen wechselten. Dies muß nicht am Anfang des Dokuments geschehen, sondern kann an jeder beliebigen Stelle eines Abschnittes stattfinden. Allerdings werden - wie schon erwähnt - die vorhergehenden Abschnitte durch die Änderungen nicht beeinflußt, und die nachfolgenden nur, sofern sie nicht bereits eigene Kopf- bzw Fußzeilen haben.

Wenn Sie einem Abschnitt eine Kopf- oder Fußzeile zuweisen möchten, die sich vom vorhergehenden Abschnitt unterscheiden soll, müssen Sie in der Symbolleiste KOPF- UND FUßZEILE das Feld WIE VORHERIGE ausschalten. Über dieses Symbol, das als Schalter funktioniert, verbinden (Schalter unten) oder trennen (Schalter oben) Sie die aktuelle Kopf- oder Fußzeile; als Bezug gilt stets der vorhergehende Abschnitt. Beim Verbinden wird eine separate Kopf- oder Fußzeile aufgehoben, und an ihren Platz tritt die vorangehende Kopf- oder Fußzeile. Dies ist auch der Fall, wenn keine Kopf- oder Fußzeile für den vorangehenden Abschnitt definiert wurde. Wenn Sie die Kopf- und Fußzeilen zweier Abschnitte verknüpfen, erhält stets der hintere Abschnitt die Zeilen des vorigen; zuvor fragt Word für Windows allerdings noch einmal mittels eines Dialogfensters nach, ob Sie wirklich die Kopf- oder Fußzeilen löschen und überschreiben möchten. Alle Abschnitte, die auf den verknüpften folgen, übernehmen gleichzeitig mit ihm die Kopf- oder Fußzeile, sofern sie nicht über eigene Kopf- und Fußzeilen verfügen. Ist dies der Fall, müssen sie separat verknüpft werden.

Eine verknüpfte Kopf- oder Fußzeile erkennen Sie daran, daß auf der rechten Seite der Umrandung der Kopf- bzw. Fußzeile WIE VORHERIGE erscheint. Außerdem wird Ihnen je nach Auswahl in den Kopf- und Fußzeilen-Umrandungen mitgeteilt, auf welchen Abschnitt sich die aktuelle Kopf- oder Fußzeile bezieht.

Sie kehren zum Bearbeitungsmodus des Textes zurück, indem Sie das Symbol "Schließen" in der Symbolleiste anklicken oder einen Doppelklick in den Textkörper vornehmen.

Wenn Sie bereits eine Kopf- oder Fußzeile erstellt haben, wird diese während der Bearbeitung des Dokuments im Layoutmodus grau angezeigt. Mit einem Doppelklick auf die graue Kopf- oder Fußzeile öffnen Sie den Bereich zur direkten Bearbeitung.

Es gibt noch eine weitere Möglichkeit, den Kopf-/Fußzeilenbereich zu schließen. Klicken Sie neben der vertikalen Bildlaufleiste das Symbol "Normalansicht" oder "Gliederungsansicht" an oder schalten Sie im Menü ANSICHT die GLIEDERUNG ([Alt][A][G]) oder NORMAL ([Alt][A][N]) ein.

Positionieren der Kopf- und Fußzeilen

Wenn Sie Ihre Kopf- oder Fußzeilen individuell positionieren möchten, müssen Sie das Register SEITENRÄNDER aufrufen. Den Aufruf des Dialogfensters SEITE EINRICHTEN vollziehen Sie entweder über das Symbol SEITE EINRICHTEN der Symbolleiste KOPF- UND FUSSZEILE oder im Menü DATEI. Im Dialogfenster aktivieren Sie die Registerkarte SEITENRÄNDER, indem Sie unter ABSTAND VOM SEITENRAND im Feld KOPFZEILE ([Alt][K]) vorgeben, wie groß der Abstand zwischen oberem Blattrand und Oberkante der Kopfzeile sein soll. Im Feld FUSSZEILE ([Alt][F]) bestimmen Sie ebenfalls durch ein positives Dezimalmaß den Abstand zwischen Unterkante der Fußzeile und unterem Blattrand.

Zweierlei sollten Sie hierbei beachten:

1. Manche Drucker - vor allem Laserdrucker - sind nicht in der Lage, ein Blatt bis an seine Grenzen zu bedrucken. Es kann durchaus vorkommen, daß oben oder unten ein unbedruckter Raum von bis zu 1,25 Zentimeter freibleiben muß. Wenn Sie solch einen Drucker besitzen, sollten Sie diese Abstände wahren; ansonsten verschluckt Ihr Drucker einen Teil oder sogar Ihre ganzen Kopf- und Fußzeilen.

2. Wenn Sie den oberen und unteren Seitenrand in der Registerkarte SEI-TENRÄNDER des Dialogfensters SEITE EINRICHTEN durch ein vorangestelltes Minuszeichen festgesetzt haben, kann der Seitenrand des Dokuments vom Programm nicht erweitert werden, um Platz für Kopf- und Fußzeilen zu schaffen. Diese Aufgabe wird automatisch erfüllt, solange kein Minuszeichen die Seitenränder fixiert. Bei festgesetzen Seitenrändern müssen Sie selbst die Abstände der Kopf- und Fußzeilen und der Seitenränder so aufeinander abstimmen, daß sie sich nicht ins Gehege kommen. Das heißt, die Kopfzeile muß so hoch über dem eigentlichen Text und die Fußzeile so tief unter ihm plaziert werden, daß diese Zeilen beim Ausdruck den Dokumenttext nicht überschreiben können. Dies nämlich passiert, wenn die Kopfzeile zu tief oder die Fußzeile zu hoch bemessen wurde und der Text durch feste Seitenränder fixiert ist.

Kopf- und Fußzeilen können auch direkt im Dokument mit der Maus positioniert werden. Hierfür müssen Sie sich in der Seitenansicht oder der Layoutansicht befinden, und es muß das vertikale Lineal unter EXTRAS > OPTIONEN > ANSICHT eingeschaltet sein. Nun können Sie die Kopf- und Fußzeilen des angezeigten Abschnitts mit der Maus über das vertikale Lineal an eine andere vertikale Position ziehen. Hier wechselt der Mauszeiger nun sein Symbol zum senkrechten Doppelpfeil. Wenn Sie nun die linke Maustaste gedrückt halten, so können Sie den Abstand zwischen dem Textkörper bzw. dem Rand des Blattes und der Kopf- bzw. Fußzeile verän-

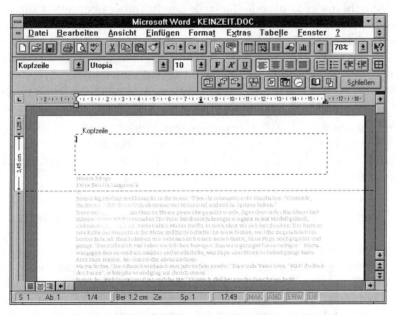

Abb. 14.3: Eine Kopfzeile in der Layoutansicht positionieren

dern. Zur leichteren Orientierung wird bei zusätzlich gedrückter rechter Maustaste der Abstand in der voreingestellten Maßeinheit angezeigt. Änderungen der Kopf- und Fußzeilenpositionen gelten für den aktuellen Abschnitt, auch wenn ihre Inhalte in den folgenden Abschnitten identisch sind. Die Verknüpfungen der Kopf- und Fußzeilen sind von Positionsveränderungen nicht betroffen.

Zeichenformat der Seitenzahlen

Im Dialogfenster EINFÜGEN SEITENZAHLEN ([Alt][E][S]) haben Sie über den Befehl FORMAT ([Alt][F]) Zugriff auf das Format der Seitenzahlen. Wie diese Formatierung im Dialogfenster SEITENZAHLEN-FORMAT vorgenommen wird, wurde bereits weiter oben in diesem Kapitel beschrieben.

Nach Änderungen des Formats von Seitenzahlen und dem Schließen des Dialogfensters SEITENZAHLEN-FORMAT mit OK sollten Sie darauf achten, daß im folgenden Dialogfenster SEITENZAHLEN unter AUSRICHTUNG der Eintrag nicht geändert wird. Eine Änderung in der DropDown-Liste AUSRICHTUNG hätte den Effekt, daß die bestehende Seitenzahl an einer anderen Stelle der Kopf- oder Fußzeile plaziert wird.

Wenn die Seitenzahl in der Kopf- oder Fußzeile von Ihnen manuell eingefügt wurde, ist das Feld AUSRICHTUNG leer. Anders schaut es aus, wenn die Seitenzahl in der Kopf- oder Fußzeile bereits früher über dieses Dialogfenster erstellt wurde; in diesem Fall dokumentiert das Feld die bestehende Ausrichtung. Sollte noch keine Seitenzahl beim Aufruf des Dialogfensters SEITENZAHLEN bestanden haben, bietet sich Ihnen die Möglichkeit, die Seitenzahl nun einzufügen. In diesem Fall bestimmen Sie die Anordnung der Paginierung in der Kopf- oder Fußzeile durch die Anwahl eines Eintrags der DropDown-Liste AUSRICHTUNG.

Prinzipiell inaktiv ist das Feld POSITION, wenn Sie das Dialogfenster SEITENZAHLEN von einer Kopf- oder Fußzeile aus aufrufen. Ihre Änderungen bestätigen Sie mit OK. Sollen nur die Modifikationen des Seitenzahlenformats gesichert werden, so wählen Sie SCHLIEßEN oder [Esc].

Verschiedene Kopf- und Fußzeilen je nach Seite

Word für Windows ermöglicht Ihnen aber nicht nur die abschnittsweise Erstellung durchlaufender Kopf- und Fußzeilen, sondern bietet zudem die Möglichkeit, selbsttätig wechselnde Kopf- und Fußzeilen zu erfassen. Diese Kopf- und Fußzeilen finden vor allem dann Verwendung, wenn z.B. im Briefverkehr die erste Seite eines Briefes eine andere Kopfzeile als die nach-

14 • Kopf- und Fußzeilen, Seitenzahlen, Zeitangaben und Sonderzeichen

folgenden Seiten aufweisen soll oder bei der Bucherstellung die geraden und ungeraden Seiten die Paginierung jeweils außen, also auf wechselnden Positionen, benötigen. Wenn Sie über DATEI > SEITE EINRICHTEN in der Registerkarte SEITENLAYOUT die Option ERSTE SEITE ANDERS markieren, so können Sie verschiedene Kopf- und Fußzeilen eingeben.

Kopf-/ Fußzeilen gestalten

Um die Kopf- und Fußzeilen der ersten Seiten zu bearbeiten, bieten sich zwei Varianten an: Sie wechseln im Dokument zur ersten Seite und rufen über ANSICHT > KOPF- UND FUßZEILE das Bearbeitungsfenster auf, oder Sie öffnen das Bearbeitungsfenster an der Stelle, an der Sie sich gerade befinden, und springen solange zurück, bis Sie die ersten Seiten erreichen. Dies können Sie entweder mit der Maus und dem Symbol "Vorherige anzeigen" oder der ⬆-Taste machen. Sobald der Bearbeitungsbereich mit ERSTE KOPFZEILE bzw. ERSTE FUßZEILE gekennzeichnet ist, können Sie die ersten Kopf- und Fußzeilen so gestalten, wie Sie den Leser willkommen heißen möchten. Hier bieten sich Möglichkeiten, Briefköpfe zu entwerfen, die von Word für Windows automatisch für die erste Seite eines Briefes verwendet werden. Aber auch Buchkapitel, die als einzelne Abschnitte formatiert wurden, können auf diese Weise leicht mit einer besonderen Kopf- oder Fußzeilen für den Anfang eines neuen Kapitels gestaltet werden. Neben den Möglichkeiten, das Layout von Kopf- oder Fußzeilen durch eine gelungene und ausgewogene Zeichen- und Absatzformatierung zu gestalten, bieten sich für die erste Seite durchaus auch grafische Elemente an, die in Kopf- und Fußzeile ebenso leicht eingezogen werden können wie in den übrigen Text. Informationen zum Import von Grafiken bietet das Kapitel 20. Selbstverständlich können Sie Grafiken auch in die wiederkehrenden Kopf- oder Fußzeilen der normalen Seiten einziehen.

Wenn Sie über DATEI > SEITE EINRICHTEN in der Registerkarte SEITENLAYOUT die Option GERADE/UNGERADE ANDERS aktivieren, erhalten Sie Zugriff auf eine wichtige Layoutfunktion für alle Dokumente, die gebunden werden sollen. Nun erscheinen beim Wechsel durch die Kopf- und Fußzeilen des Dokuments mittels der Symbole "Vorherige anzeigen" und "Nächste anzeigen" der Symbolleiste KOPF- UND FUßZEILE oder über ⬆ und ⬇ auch die Beschriftungen GERADE KOPFZEILE bzw GERADE FUßZEILE und UNGERADE KOPFZEILE bzw. UNGERADE FUßZEILE. Sie können nun jede dieser Zeilen auf den betreffenden Seiten erstellen. Wenn Sie zudem noch ERSTE SEITE ANDERS aktivieren, können Sie mit Word für Windows für jeden Abschnitt drei verschiedene Kopfzeilen und drei verschiedene Fußzeilen erstellen, die das Programm automatisch verwaltet.

Sie müssen bereits eine zweite Seite begonnen haben, um unter ANSICHT > KOPF-/FUßZEILE auf die Eingabebereiche KOPFZEILE und FUßZEILE zurückzugreifen. Anderfalls läßt sich nur die ERSTE KOPFZEILE und die ERSTE FUßZEILE bearbeiten. Dies gilt auch für die Unterscheidung von geraden und ungeraden Kopf- und Fußzeilen.

Sollten Sie bereits Kopf- oder Fußzeilen erstellt haben, wenn Sie die Differenzierung zwischen geraden und ungeraden Kopf- und Fußzeilen aufrufen, so übernimmt Word für Windows den Inhalt der erstellten Kopf- oder Fußzeilen in die ungerade Version der Zeile. Die gerade Version erhält keine Vorgabe. Wenn Sie die Differenzierung wieder deaktivieren, wird Word für Windows den Inhalt der geraden Kopf- und Fußzeilen verwerfen und die ungeraden Kopf- und Fußzeilen für den Abschnitt globalisieren. Diese Änderungen gelten stets auch für alle nachfolgenden Absätze, die mit dem aktuellen verknüpft sind. Keine Verknüpfung besteht, wenn die nachfolgenden Absätze über eigens erfaßte Kopf- oder Fußzeilen verfügen.

Bei der Erfassung von geraden/ungeraden Kopf- und Fußzeilen sollten Sie beachten, daß diese Unterscheidung ihre volle Wirksamkeit nur entfaltet, wenn Sie die Zeilen spiegelverkehrt gestalten. Abgesehen davon, daß Sie selbstverständlich verschiedene Texte in diese Zeilen aufnehmen können, ist es sinnvoll, die Paginierung an verschiedenen Enden zu setzen. In der Regel wird die Seitenzahl - sofern sie nicht zentriert wird - am äußeren Seitenrand ausgerichtet. Das heißt, die Seitenzahlen ungerader Seiten werden rechts, die Seitenzahlen gerader Seiten links gesetzt. Am einfachsten erreichen Sie dieses, wenn Sie für gerade und ungerade Kopf- und Fußzeilen einen rechtsbündigen Tabulator an der Stelle des rechten Seitenrands aufnehmen. So können Sie bei ungeraden Seiten mit einem Druck der ⇥-Taste das Feld für die Seitenzahl nach rechts setzen, bei geraden Seiten aber zunächst das Seitenzahlfeld aufnehmen und mit einem nachfolgenen ⇥ den Text rechtsbündig zum Tabstopp eingeben. Hierbei brauchen Sie, solange der Text die Zeilenbreite nicht überschreitet, keine weiteren Berechnungen vorzunehmen.

Wenn Sie gerade und ungerade Kopf- oder Fußzeilen gleichzeitig bearbeiten möchten, da Sie Ihre Eingaben so besser aufeinander abstimmen können, hilft Ihnen ein kleiner Trick: Öffnen Sie für das aktive Dokument ein zweites Fenster mit dem Befehl FENSTER > NEUES FENSTER (Alt F N).

Mit dem Befehl FENSTER > ALLE ANORDNEN (Alt F A) stellen Sie die beiden Fenster übereinander dar. Falls Sie bereits weitere Fenster geöffnet haben, sollten Sie diese vorher schließen oder die beiden Dokumentfenster Ihres Interesses so positionieren, daß sie die anderen überdecken.

Nun haben Sie das gleiche Dokument zweimal auf dem Bildschirm und können in einem Fenster die ungerade und im anderen die gerade Kopf- oder Fußzeile bearbeiten. Wenn Word für Windows Ihnen meldet, es sei

14 • Kopf- und Fußzeilen, Seitenzahlen, Zeitangaben und Sonderzeichen

nicht genügend Raum auf dem Bildschirm vorhanden, so schließen Sie Elemente, die Sie momentan nicht brauchen, z.B. die horizontale Bildlaufleiste oder das Lineal, die Funktions- und Formatierungsleiste. Wenn beide Kopf- oder Fußzeilen dargestellt werden, können Sie einfach mit der Maus oder der Tastenkombination [Strg][F6] zwischen beiden hin- und herwechseln. Mit diesem Trick wurde auch die Abbildung mit den beiden Kopfzeilen erstellt.

Über die Funktion ANSICHT > GANZER BILDSCHIRM können Sie außerdem alle Bildschirmelemente ausschalten, um den verfügbaren Platz für die Bearbeitung der Kopf-/Fußzeilen zu erhöhen.

Insgesamt ist die Erfassung von Kopf- und Fußzeilen stets gleich; welcher Art die Kopf- oder Fußzeile ist, spielt für die Eingabe zunächst keine Rolle. Allerdings entscheidet die Art im Endeffekt die Brauchbarkeit der Kopf- und Fußzeilen für den Ausdruck. Daher sollten Sie immer beachten, welche Kopf- oder Fußzeile Sie soeben eingeben oder verändern. Um Ihnen diese Orientierung zu erleichtern, verfügt Word für Windows, wie beschrieben, im Kopf-/Fußzeilen-Bereich über informative Einträge. Da Sie hier präzise erfahren, welche Kopf- oder Fußzeile Sie soeben bearbeiten, werden die verschiedenen Beschriftungen in Tabelle 15.4 zusammengefaßt:

Eintrag im Kopf-/Fußzeilenbereich	Bedeutung
KOPFZEILE (FUSSZEILE)	wenn keine spezielle Kopf- oder Fußzeile aktiviert wurde
ERSTE KOPFZEILE (FUSSZEILE)	wenn ERSTE SEITE ANDERS angewählt und die erste Kopf- oder Fußzeile aktiviert wurde
GERADE KOPFZEILE (FUSSZEILE)	wenn GERADE/UNGERADE ANDERS angewählt und eine gerade Kopf- oder Fußzeile aktiviert wurde
UNGERADE KOPFZEILE (FUSSZEILE)	wenn die Option GERADE/UNGERADE SEITEN UNTERSCHIEDLICH angewählt und eine ungerade Kopf- oder Fußzeile aktiviert wurde
(ABSCHNITT 1), (ABSCHNITT 2), ...	gibt die Nummer des Abschnitts an, dessen Kopf- oder Fußzeile gerade bearbeitet wird
WIE VORHERIGE	gibt an, ob die aktuelle Kopf- oder Fußzeile mit ihrem Rendant im vorherigen Abschnitt übereinstimmt

Tab. 15.4: Einträge im Kopf-/Fußzeilenbereich

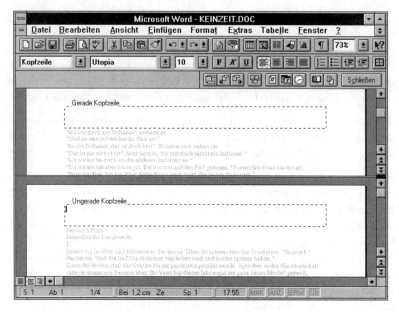

Abb. 14.4: Kopfzeilen für gerade und ungerade Seiten

Kopf-/Fußzeilen ändern

Um Kopf- und Fußzeilen zu ändern, aktivieren Sie einfach auf der entsprechenden Seite ANSICHT > KOPF- UND FUßZEILE und wechseln zu jener Kopf- oder Fußzeile, die Sie bearbeiten möchten. Ihre vollzogenen Änderungen nehmen Sie in die Kopf-/Fußzeile auf, indem Sie den Bereich SCHLIEßEN. Einfacher ist es, mit einem Doppelklick in den entsprechen Kopf-/Fußzeilen-Bereich zu wechseln. Sie kehren mit einem Doppelklick auch wieder in den Textkörper zurück. Um eine Kopf- oder Fußzeile anzusteuern, bedienen Sie sich der Tastenschlüssel [Alt][↑], [Alt][↓] oder des Symbols "Zwischen Kopf- und Fusszeile WECHSELN zum Umschalten zwischen den beiden Zeilen. Mit diesen Tastenkombinationen kann innerhalb einer Seite direkt gewechselt werden. Mit den Tasten [↑] und [↓] oder den Symbolen "Vorherige anzeigen" und "Nächste anzeigen" springen Sie in Kopf- und Fußzeilen anderer Seiten.

So können Sie auf Tastendruck zur bestehenden Kopf- oder Fußzeile gelangen und Änderungen eingeben. Die Änderungen beziehen sich auch in diesem Fall auf alle Kopf- und Fußzeilen, die mit der bearbeiteten verbunden sind.

14 • Kopf- und Fußzeilen, Seitenzahlen, Zeitangaben und Sonderzeichen

Datum und Zeit

Mittels des Befehls EINFÜGEN > DATUM UND UHRZEIT ([Alt][E][U]) können Sie unkompliziert die aktuelle Systemzeit in der passenden Formatierung in Kopf- oder Fußzeilen, aber auch an jeder anderen Stelle in das Dokument übernehmen.

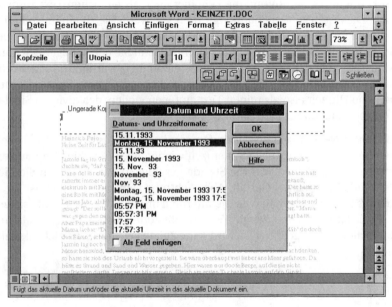

Abb. 14.5: Das Dialogfenster DATUM UND UHRZEIT

In der Liste DATUMS- UND ZEITFORMATE ([Alt][D]) stehen verschiedene Versionen zur Zeitangabe zur Verfügung. Von der rein numerischen Form über Kombinationen aus Monatsnamen, Jahreszahlen und Zeit bis hin zur reinen Zeitangabe werden Ihnen verschiedene Möglichkeiten geboten. Wählen Sie aus den gelisteten Datums- und Zeitbildern per Markierung einfach dasjenige aus, das dem Dokument am besten entspricht, und fügen Sie es mit einem Doppelklick, [↵] oder OK in den Text ein.

Wenn Sie das Kontrollkästchen ALS FELD EINFÜGEN ([Alt][F]) aktivieren, wird die Zeitangabe als Feldfunktion aufgenommen, wovon Sie sich überzeugen können, indem Sie die Anzeige der markierten Feldfunktionen über das Shortcut-Mausmenü der rechten Maustaste mit FELDFUNKTION ANZEIGEN [EIN/AUS] oder per Tastenschlüssel mit [⇧][F9] aktivieren. Sie sehen dann nicht nur den Namen der Feldfunktion, sondern auch die Feldbegrenzer, die wie geschweifte Klammern ausschauen, allerdings nur paarweise (mit

(Strg)(F9)) im Dokument eingefügt werden können. Außerdem läßt sich bei der Anzeige der Feldfunktionen erkennen, wie die speziellen Datums- und Zeitformate erstellt werden: Hierfür sind bestimmte Anweisungen zuständig, die in der Feldfunktion hinzugefügt werden. Eine Auflistung der Feldschalter und eine Einführung in ihre Verwendung finden Sie in diesem Buch in Kapitel 27.

Sie können das Datum und die Zeit aber auch als einfachen Text aufnehmen. Dies ist besonders dann von Interesse, wenn Sie zu einem späteren Zeitpunkt wissen wollen, wann Sie ein Dokument erstellt haben. Auch bei Rechnungen wäre es höchst unangenehm, wenn Sie nach einiger Zeit kontrollieren wollen, ob die Zahlungsfrist einghalten wurde, und das Rechnungsdatum mit dem aktuellen Datum identisch ist. Wenn Sie das Datum oder die Uhrzeit also als reinen Text einfügen wollen, deaktivieren Sie das Kontrollkästchen ALS FELD EINFÜGEN ((Alt)(F)).

Ein netter Nebeneffekt des Dialogfensters ist es, daß es beim Aufruf in seinen Beispielen die aktuelle Systemzeit wiedergibt. Wenn Sie also mal vergessen haben sollten, was die Stunde geschlagen hat, so finden Sie hier Zeitpunkte in vielerlei Gestalt. Aber Achtung: selbstverständlich ist diese Zeitansage nur so genau, wie die interne Uhr des PCs, an dem Sie sitzen. Geht sie falsch, kommt der gute Rat zu spät - oder eben zu früh ... Während das Dialogfenster geöffnet ist, wird seine Zeitansage übrigens nicht aktualisiert.

Sonderzeichen einfügen

Es ist auch möglich, in Kopf- und Fußzeilen sowie im normalen Dokument Sonderzeichen aufzunehmen, die Sie mit dem Befehl EINFÜGEN > SONDERZEICHEN ((Alt)(E)(N)) bequem in einem Dialogfenster auswählen. Das Dialogfenster beinhaltet eine Tabelle mit 224 Feldern, in denen alle verfügbaren Zeichen des erweiterten Zeichensatzes dargestellt werden.

Daß viele Drucker mehr können, als nur Buchstaben zu Papier bringen, ist bekannt. Weniger bekannt ist allerdings, wie diese Zeichen in einen Text eingegeben werden sollen. Während für die normalen Zahlen und Buchstaben die Tastatur ein ausgezeichnetes Eingabeinstrument ist, weisen ihre Tasten nur wenig Sonderzeichen auf. Zeichen spezieller Symbolzeichensätze können nur von Profis direkt eingegeben werden, die aus langer Erfahrung wissen, welches Zeichen auf welcher Taste liegt. Viele Zeichen mit Codenummern über 126 sind zudem nur über (Alt)-Kombinationen einzugeben, wobei die (Alt)-Taste gedrückt werden muß, während auf dem aktiven numerischen Tastaturblock ((Num) muß eingeschaltet sein) die Codenummer eingetippt wird.

14 • Kopf- und Fußzeilen, Seitenzahlen, Zeitangaben und Sonderzeichen

Word für Windows bietet Ihnen im Dialogfenster SONDERZEICHEN die Möglichkeit, in Augenschein zu nehmen, womit Sie den Text bereichern können. Es stehen zwei Registerkarten zur Verfügung: AUSWAHL 1 ([Alt][1]) und AUSWAHL 2 ([Alt][2]). In letzterem finden Sie die gebräuchlichsten Sonderzeichen mit Namen gelistet, wie beispielsweise das Copyrightzeichen ©, Warenzeichen ® oder Trademarksignet ™, aber auch Zeichen wie den bedingten Trennstrich, geschützte Leerzeichen, Auslassungspunkte, spezielle Druckabstände und vieles andere mehr.

Um Sonderzeichen aus einem der AUSWAHL-Register einzufügen, gehen Sie folgendermaßen vor: In der Registerkarte AUSWAHL 1 wählen Sie im Listenfeld SCHRIFTART ([Alt][C]) aus, auf welchen Zeichensatz Sie zugreifen möchten. Anschließend markieren Sie mit der Maus oder den Cusortasten in der Tabelle das gewünschte Zeichen, das hierdurch vergrößert angezeigt wird. Falls Sie mit der Tastatur arbeiten, können Sie vom Feld SCHRIFTART mittels [↹] in die Tabelle wechseln. Während Sie mit den Cursortasten die Tabellenfelder wechseln, wird das jeweils aktive Zeichen vergrößert. In der Registerkarte AUSWAHL 2 markieren Sie in der Liste ZEICHEN ([Alt][Z]) den Eintrag, dessen Zeichen Sie ins Dokument übernehmen möchten. Mit EINFÜGEN ([Alt][E]) oder per Doppelklick wird das markierte Zeichen in den Text übernommen.

Das Fenster SONDERZEICHEN wird nicht sofort geschlossen, damit Sie eventuell mehrere Sonderzeichen hintereinander eingeben können. Es ist auch möglich, mit der Maus in den Textbereich zu klicken bzw. die Tastenkombination [⇧][↹] zu nutzen. Hierdurch wird das Fenster SONDERZEICHEN nicht geschlossen, sondern nur deaktiviert, so daß Sie sich im Text bewegen und mehrere Sonderzeichen an verschiedenen Stellen auf einmal eingeben können. Beendet wird die Anzeige des Dialogfensters SONDERZEICHEN mit SCHLIEßEN oder [Esc]; hierfür muß das Dialogfenster aktiv sein.

Im Feld SHORTCUT ([Alt][S]) läßt sich auch zusätzlich eine Tastaturkombination für das markierte Zeichen angeben, mit der Sie es später ins Dokument einfügen können, ohne das Dialogfenster Sonderzeichen aufzurufen. Sollten Sie ein Sonderzeichen öfters gebrauchen, so legen Sie einen Tastenschlüssel fest, indem Sie einfach eine Kombination aus [Alt], [Strg], [⇧] und normaler Taste im Feld NEUEN SHORTCUT WÄHLEN ([Alt][N]) eingeben. Sollte diese Kombination schon belegt sein, so wird dies unter DERZEIT ZUGEORDENT ZU angezeigt. Sie können die Belegung aber dennoch mit ZUORDNEN ([Alt][U]) bestätigen oder mit der [⌫]-Taste löschen und eine neue auswählen. Hierbei sind auch Kombinationen möglich, die aus einem sogenannten Präfix, beispielsweise [Strg][⇧][#] und einem nachfolgenden Zeichen, bestehen. Nachdem Sie Ihre Eingabe abgeschlossen haben oder Sie über eine bestehende Tastenkombination ausreichend informiert sind, beenden Sie das Dialogfenster mit SCHLIEẞEN. Mehr zur individuellen Belegung der Tastatur erfahren Sie in Kapitel 11.

 Im Text werden die Zeichen in der Schriftgröße eingefügt, die momentan aktiv ist. Falls Sie das Zeichen größer oder kleiner brauchen, markieren Sie es und weisen Sie ihm in der Formatierungsleiste im Feld "Punktgröße" oder mit dem Tastenschlüssel SHp durch eine Größenangabe die gewünschte Punktgröße zu. Eine andere Schriftart können Sie dem Sonderzeichen allerdings nicht zuweisen.

 Einen einfachen Weg, Sonderzeichen zu ändern, bietet die Maus. Sie brauchen das Sonderzeichen bloß doppelt anzuklicken, um es zu markieren und gleichzeitig das Dialogfenster SONDERZEICHEN zu öfen. Wenn Sie hier ein anderes Zeichen auswählen und bestätigen, wird das markierte Zeichen im Text ersetzt.

 Es kann passieren, daß die gewünschte Schrift im Dialogfenster SONDERZEICHEN und anschließend im Dokument nicht so erscheint, wie Sie es sich vorgestellt haben. Für die Anzeige von speziellen Zeichensätzen braucht Windows die entsprechenden Bildschirmschriften, so wie Ihr Drucker die Druckerschriften braucht. Falls Sie nur die Druckerschrift besitzen, können Sie den Zeichensatz trotz allem im Dokument benutzen, müssen aber bei der Anzeige mit der Standardschrift vorlieb nehmen. Falls die Druckerschrift nicht verfügbar ist, nutzt auch das schönste Sonderzeichen nichts.

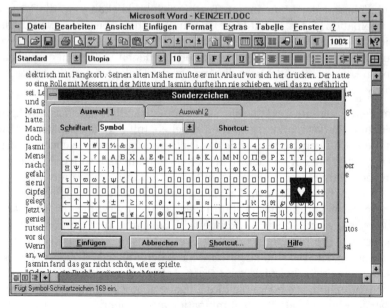

Abb. 14.6: Das Dialogfenster SONDERZEICHEN

14 • Kopf- und Fußzeilen, Seitenzahlen, Zeitangaben und Sonderzeichen

Es wird im Standardzeichensatz ausgedruckt, und der bringt eben nicht mehr als die ANSI-Zeichen.

Im Dialogfenster SONDERZEICHEN haben Sie übrigens auch Zugriff auf den erweiterten ANSI-Zeichensatz. Er wird in der Liste SCHRIFTART unter (NORMALER TEXT) geführt. Auf diese Weise haben Sie Zugriff auf die speziellen Buchstaben anderer Sprachen. Die Zeichen der Standardschrift werden nicht als Feldfunktionen, sondern direkt mit der aktuellen Schriftart und -größe in das Dokument übernommen. Daher können Sie die Schriftart der Zeichen auch wie gewohnt formatieren.

Zur Übung erstellen Sie für die Geschichte "Keine Zeit für Langeweile" gerade und ungerade Kopf- und Fußzeilen. Setzen Sie in die ungerade Kopfzeile den Titel der Geschichte und das Datum. In die gerade Kopfzeile geben Sie links den Namen des Autors und - durch zwei Tabulatoren getrennt - rechtsbündig den Namen des Bearbeiters ein. Nehmen Sie die Seitenzahlen schließlich in die Fußzeilen auf, die Sie durch die Eingabe eines Tabulators zentrieren.

15
Fußnoten

Fußnoten einfügen	**Seite**	**375**
Fußnotenzeichen vergeben	Seite	375
Fußnoten erfassen	Seite	377
Fuß-Endnoten bearbeiten	Seite	379
Trennlinie zum Text bestimmen	Seite	382
Fuß-/Endnotenzählung und Plazierung	Seite	384
Verweiszeichen ändern	Seite	387
Fußnoten in Endnoten und Endnoten in Fußnoten wandeln	Seite	388
Fußnoten löschen und kopieren	**Seite**	**390**

Fußnoten einfügen

In wissenschaftlichen Texten, aber auch in Produktinformationen, Proposals und Exposés wird oft mit Fußnoten gearbeitet. Fußnoten erlauben es dem Autor, dem Text ergänzende Informationen, Verweise oder Quellenangaben beizufügen, ohne die eigentliche Textlinie zu unterbrechen. Die Ergänzungen werden im Text durch Zahlen oder andere Zeichen gekennzeichnet und ans Ende der Seite, an den Schluß eines Kapitels oder hinter den gesamten Text gesetzt.

So bleibt dem Leser die Wahl, ob er von den vertiefenden Informationen direkt Gebrauch macht oder seinen Lesefluß nicht stören läßt. Er hat dann abschließend noch immer die Gelegenheit, gezielt nachzulesen, was zum Text ergänzt wurde.

Fußnoten lassen sich mit Word für Windows über den Befehl EINFÜGEN > FUßNOTE ([Alt][E][F]) erfassen. Positionieren Sie die Einfügemarke an der Stelle, an der Sie das Verweiszeichen für die Fußnote in den Text aufnehmen möchten, und aktivieren Sie das Dialogfenster FUßNOTE.

In WinWord gibt es zwei verschiedene Arten von Fußnoten: Endnoten und Fußnoten. Während die eigentlichen Fußnoten an das Ende der Seite, auf die sie sich beziehen, bzw. an das Ende des Textes der Seite gesetzt werden, sind Endnoten am Ende des Dokumenttextes bzw. am Abschnittsende zu finden. Grundsätzlich sind jedoch beides Fußnoten, die sich nur in ihrer Position unterscheiden.

Fußnotenzeichen vergeben

Über den Befehl EINFÜGEN > FUßNOTE entscheiden Sie, ob Sie FUßNOTEN ([Alt][F]) oder ENDNOTEN ([Alt][E]) eingeben wollen und ob Sie die automatische Numerierung Ihrer Fußnoten vorziehen oder lieber eigene Verweiszeichen in den Text eingeben möchten.

Der Vorteil des Optionsfeldes NUMERIERUNG AUTOMATISCH ([Alt][A]) besteht darin, daß Word für Windows die fortlaufende Numerierung der Fußnoten stets auf dem neusten Stand hält. Das heißt, Sie können in Ihrem Dokument nach Belieben Fußnoten löschen oder ergänzen; Word für Windows paßt die Numerierung der folgenden Fußnoten dem aktuellen Zustand an.

Hierdurch werden Lücken in der Zählung oder doppelte Zahlen vermieden. Die Fußnotenziffern werden im Text an der Stelle der Einfügemarke plaziert.

Abb. 15.1: Das Dialogfenster FUßNOTE UND ENDNOTE

Bei kurzen Texten oder sehr wenigen Fußnoten bietet es sich bisweilen an, eigene Zeichen in den Text einzugeben; hierfür ist das Sternchen (*) allgemein gebräuchlich. Eine Fußnotenkennung, die BENUTZERDEFINIERT ist ([Alt][B]), geben Sie in das dafür vorgesehene Feld ein. Maximal kann die Kennung einer Fußnote 10 Zeichen lang sein. Die vorgegebenen Zeichen werden dann in den Text übernommen und auch dem Fußnotentext vorangestellt.

Die selbstdefinierten Fußnotenzeichen empfehlen sich, wenn Sie eine Fußnote in einen Text einfügen möchten, die bei der automatischen Numerierung nicht mitgezählt werden soll. So können Sie in die normale Abfolge weitere Fußnoten einschieben, die Sie z.B. durch kleine Buchstaben kennzeichnen und die jeweils auf einen bestimmten Aspekt verweisen oder eine besondere Erklärung ergänzen.

Diese separate Kennzeichnung von Fußnoten bietet sich beispielsweise für Begriffsdefinitionen an, die dann schon während des Lesens klar vom Quellenverweis unterschieden sind. Der Leser kann also gezielt auf den Inhalt einer Fußnote zugreifen. Für den Autor bietet sich der Vorteil, daß er bei Verständnisproblemen, auf die ihn der Lektor aufmerksam macht, einfach eine erklärende Fußnote außer der Reihe einfügt, die den Ablauf der anderen Fußnoten nicht stört. Vor allem in der Endphase vor der Drucklegung eines Manuskripts bietet diese Funktion die Chance des unkomplizierten letzten Eingriffs, der gerade bei wissenschaftlichen Publikationen, die sich ja auf dem neuesten Stand befinden sollen, Freunde finden wird.

Voreingestellt setzt Word für Windows die Fußnotenzeichen um drei Punkt hoch und verwendet die Schriftart "Tms Rmn" in der Schriftgröße "8 Punkt". Falls Sie ein anderes Format für Ihre Fußnotenzeichen wünschen, können Sie die einzelnen Zeichen über FORMAT > ZEICHEN formatieren. Hiermit wird aber jeweils nur das Format des markierten Fußnotenzeichens geändert. Damit alle Fußnotenzeichen des Dokuments das gleiche Format aufweisen, ändern Sie die Zeicheneinstellungen unter FORMAT > FORMATVORLAGEN ([Alt][T] [V]). Hier finden Sie in der Liste Formatvorlagen ([Alt][F]) den Eintrag FUSSNOTENZEICHEN. Markieren Sie den Eintrag und rufen Sie BEARBEITEN > FORMAT > ZEICHEN ([Alt][B] [Alt][F][Z]) auf. In dem Dialogfenster, das dem normalen Dialogfenster ZEICHEN entspricht, können Sie auf die gewohnte Weise die Formatierung ändern. Bestätigen Sie die Änderung und verlassen Sie DRUCKFORMATE mit ZUWEISEN ([Alt][Z]). Von nun an haben die Fußnotenzeichen des Dokuments das von Ihnen vorgegebene Format.

Zeichenformat der Kennung

Auf die gleiche Weise können Sie für den Fußnotentext die Voreinstellung des Formats verändern. Ausführlich werden Sie in KAPITEL 20 über den Einsatz und die Möglichkeiten von Formatvorlagen unterrichtet.

Fußnoten erfassen

Über den Befehl EINFÜGEN > FUSSNOTE bestätigen Sie die automatische Numerierung oder das eigene Fußnotenzeichen mit [↵]. Word für Windows teilt dann das Dokumentfenster in zwei Ausschnitte, sofern Sie sich nicht in der Layoutansicht befinden.

In der Layoutansicht wird Word für Windows die Stelle des Dokuments auf den Bildschirm bringen, an der später Ihr Fußnotentext ausgegeben wird. Das Fußnotenzeichen ist in beiden Fällen bereits eingetragen, und Sie können direkt mit der Erfassung des Fußnotentextes beginnen. Bei der Eingabe des Fußnotentextes verfahren Sie so wie bei der normalen Texterfassung. Nachdem Sie die Eingabe abgeschlossen haben, können Sie das Fenster wieder schließen.

Layoutansicht

Um den Fußnotenausschnitt mit der Maus zu schließen, klicken Sie entweder das Feld SCHLIESSEN an oder doppelklicken in der senkrechten Bildlaufleiste auf die Stelle der Ausschnittstrennung zwischen den beiden Bildlaufleisten; der Mauszeiger symbolisiert an dieser Stelle einen durchbrochenen senkrechten Doppelpfeil. Sie können den Begrenzungsrahmen des Fußnotenausschnitts aber auch mit gedrückter Maustaste auf den oberen oder

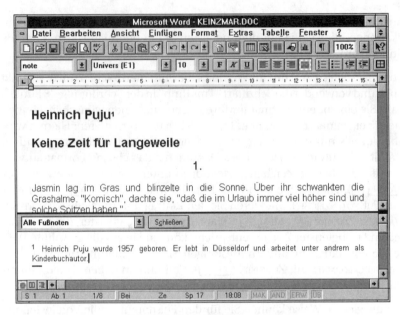

Abb. 15.2: Der Fußnotenausschnitt

unteren Rand des Dokumentfensters ziehen und dort die Maustaste loslassen. Wenn Sie die gestrichelte Begrenzungslinie des Ausschnitts allerdings nicht bis auf den Fensterrand ziehen, sondern vorher die Maustaste loslassen, vergrößern oder verkleinern Sie den Ausschnitt auf die angesteuerte Position, anstatt ihn zu schließen.

Sie schließen den Fußnotenausschnitt mit der Tastatur, indem Sie sich der Tastenkombination [Alt][⇧][C] bedienen. Eine andere Möglichkeit, den Fensterausschnitt zu schließen, ist die Anwahl von FENSTER > TEILUNG ENTFERNEN ([Alt][T][E]). Da es sich um eine Teilung handelt, ist es nicht nötig, den Ausschnitt der Fußnoteneingabe gänzlich zu schließen, sondern Sie können ihn am unteren Fensterrand offen halten, und die Größe Ihrer Arbeitssituation anpassen. Zwischen Fußnotenausschnitt und Text wechseln Sie mit [F6] oder durch Anklicken des jeweiligen Fensterausschnitts. Um eine weitere Fußnote in Ihrem Text zu ergänzen, nutzt es allerdings nichts, direkt in den Fußnotenausschnitt zu wechseln. Hier haben Sie zwar Zugriff auf die bestehenden Fußnoten, können aber keine neuen Fußnoten erstellen.

Eine neue Fußnote nehmen Sie wieder über den Befehl EINFÜGEN > FUSSNOTE in Ihren Text auf. Word für Windows öffnet den Fußnotenausschnitt oder wechselt einfach hinüber, wenn der Fußnotenausschnitt bereits geöffnet ist. Das neue Fußnotenzeichen wird der Reihe der anderen Fußnoten beigefügt. Sollten bereits unterhalb der neuen Fußnotenposition im Dokument Fußnoten bestehen, setzt Word für Windows das neue Zeichen und die Einfügemarke zwischen diese Fußnoten.

Somit repräsentiert die Aneinanderreihung der Fußnoten im Fußnotenausschnitt stets die Reihenfolge der Fußnoten im Dokument. Wenn Sie Ihre Fußnoten zudem automatisch numerieren lassen, bekommt die neue Fußnote die Nummer, die ihrem Platz entspricht, und die Zahlen der folgenden Fußnoten werden angepaßt.

Fuß-Endnoten bearbeiten

Wenn Sie den Fuß-Endnotenausschnitt geöffnet halten und eventuell mit der Maus verkleinern, können Sie Überarbeitungen in Text und Fußnoten parallel vornehmen, ohne ständig den Ausschnitt aufzurufen und zu schließen. Die Parallelität der Ausschnitte wird von Word für Windows aber noch weiter unterstützt.

Im Fuß-/Endnotenausschnitt wird, während Sie sich im Textfenster bewegen, stets die Fuß- bzw. Endnote angezeigt, deren Zeichen im Textfenster sichtbar wird. Umgekehrt holt Word für Windows bei Bewegungen im Fuß-/Endnotenfenster immer die korrespondierende Stelle des Textes in den Textausschnitt darüber.

Korrespondenz zwischen Text und Fußnote

Die parallele Bearbeitung Ihres Textes, während die bereits eingegebenen Fuß- oder Endnoten im Ausschnitt sichtbar bleiben, ist nicht im Layoutmodus möglich, bei dem die Fußnoten, wie schon beschrieben, an der Stelle angezeigt werden, an der sie beim Ausdruck plaziert werden. Daher können Sie in diesem Fall keine permanente Anzeige der Fußnoten durch eine einfache Fensterteilung aktivieren.

Mit einem kleinen Trick öffnen Sie auch in der Layoutansicht einen eigenen Ausschnitt für die permanente Anzeige von Fuß- oder Endnoten: Teilen Sie das Fenster des Dokuments, das in der Layoutansicht angezeigt wird, durch einen Doppelklick auf das Teilungsfeld am oberen Ende der vertikalen Bildlaufleiste. Setzen Sie die Einfügemarke in den unteren Ausschnitt und wechseln in die Normalansicht. Wählen Sie nun ANSICHT > FUSSNOTEN. Hierdurch wird der untere Ausschnitt zum Fußnotenausschnitt gewandelt.

Wenn Ihnen das permanent geöffnete Fußnotenfenster zuviel Platz beansprucht, bieten sich andere Möglichkeiten, bestehende Fußnotentexte aufzurufen und wieder auszublenden.

Fußnoten aktivieren

Klicken Sie doppelt auf die Fuß- oder Endnotenziffer, zu der Sie den Fuß- oder Endnotentext sehen möchten. Word für Windows zeigt Ihnen daraufhin die gewählte Fuß- bzw. Endnote an. Im Normalmodus wird hierfür automatisch der Ausschnitt geöffnet, während im Layoutmodus die Stelle angezeigt wird, an der der Fußnotentext gedruckt werden soll. Die Einfügemarke steht vor der Nummer der Fußnote, die Sie nun bearbeiten können.

Um das Fußnotenfenster wieder zu schließen oder in der Layoutansicht von der Position des Fußnotentextes wieder in den Text zurückzukehren, klicken Sie die Ziffer im Fußnotenausschnitt doppelt an. Word für Windows setzt die Einfügemarke im Text an die letzte Position zurück. In der Layoutansicht bietet sich im Fuß- und Endnotenbereich zudem über das Shortcut-Menü der rechten Maustaste die Möglichkeit, mit dem Befehl GEHE ZU ENDNOTE bzw. GEHE ZU FUSSNOTE in den normalen Dokumenttext an die Stelle des Verweiszeichens zurückzuspringen. Umgekehrt bietet WinWord allerdings kein spezielles Shortcut-Menü für Fuß- oder Endnotenzeichen, die im Dokumenttext markiert werden.

Für die Formatierung von Fußnotentext und Endnotentext und ihrer Verweiszeichen bietet das Shortcut-Menü der rechten Maustaste ebenfalls in den Bearbeitungsbereichen für Fuß- bzw. Endnoten den schellen Zugriff auf die FORMATVORLAGE. Im Dialogfenster FORMATVORLAGE wählen Sie in der Liste der FORMATVORLAGEN ([Alt][F]) den gewünschten Eintrag, dessen Erscheinungsbild Sie umgestalten möchten. Die Formatierung findet dann unter BEARBEITEN ([Alt][B]) statt. In der DropDown-Liste FORMAT ([Alt][F]) fin-

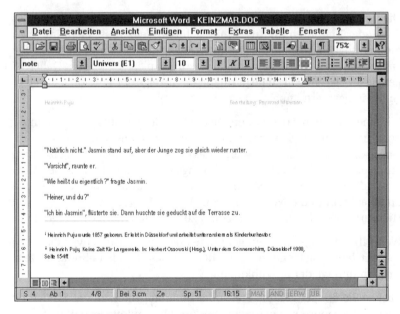

Abb. 15.3: Endnoten am Abschittsende in der Layoutansicht

den Sie Befehle, die für alle formatierbaren Merkmale der ausgewählten Formatvorlage den Weg in die spazifischen Dialogfenster öffnet. Formatvorlagen sind das Thema des Kapitels 20.

Es bietet sich noch eine weitere Möglichkeit, das Fußnotenfenster mit der Maus direkt zu öffnen; von dieser Möglichkeit können Sie auch Gebrauch machen, wenn Sie mit eigenen Fußnotenzeichen arbeiten. Positionieren Sie den Mauszeiger auf der senkrechten Bildlaufleiste im Feld über dem oberen Rollpfeil. Er symbolisiert hier wieder den durchbrochenen senkrechten Doppelpfeil. Drücken Sie ⇧ und die linke Maustaste, und ziehen Sie die Trennlinie des Ausschnitts nach unten. Wenn Sie die Maustaste loslassen, öffnet sich im unteren Ausschnitt das Fußnotenfenster. Wenn Sie zusätzlich zu der ⇧-Taste auch noch die (Strg)-Taste drücken, öffnet sich das Endnotenfenster.

Den Endnotenausschnitt können Sie mit der Maus auch aktivieren, indem Sie das Teilungsfeld am oberen Ende der Bildlausfleiste bei gedrückten ⇧ (Strg)-Tasten doppel anklicken.

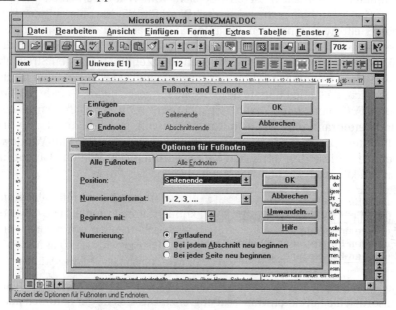

Abb. 15.4: Das Dialogfenster OPTIONEN FÜR FUßNOTEN

Um über die Tastatur das Fußnotenfenster zu öffnen, wählen Sie ANSICHT > FUßNOTEN ((Alt)(A) (F)). Word für Windows positioniert daraufhin die Einfügemarke im geöffneten Fußnotenfenster oder im Layoutmodus an der Druckposition der Fußnoten; die Einfügemarke wird vor die aktuelle

Fußnote gesetzt. Mit dem wiederholten Aufruf von ANSICHT > FUSSNOTEN - ein Häkchen (✓) markiert seine Aktivität - schließen Sie das Fenster wieder. Die Einfügemarke wird im Text an die letzte Position gesetzt.

Auf diese Arten erlaubt Ihnen Word für Windows, flexibel mit Fußnoten zu arbeiten. Die Möglichkeiten der Textverarbeitung können Sie auch auf Ihre Fußnoten anwenden, die sich so harmonisch in Ihren Text einfügen. Beachten Sie die Möglichkeiten der Zeichen - und Absatzformatierung der Fußnoten. Suchen Sie eine äquivalente Darstellung des Fußnotentextes zum Dokumenttext. Auch bei den Fußnotenzeichen sollten Sie darauf achten, daß diese den Gesamteindruck des Layouts nicht stören. Der interessierte Leser wird Ihre Verweise auch ohne Hervorhebungen gerne zur Kenntnis nehmen.

Trennlinie zum Text bestimmen

Fußnoten sollten zur besseren Übersicht vom Text durch einen Abstand und eine Trennlinie getrennt werden. Word für Windows bietet Ihnen voreingestellt zwei Trennlinien, die automatisch beim Satz der Fußnoten verwendet werden. Die eine der beiden Trennlinien grenzt die Fußnoten der aktuellen Seiten vom Text durch einen fünf Zentimeter langen Strich ab. Die andere Trennlinie reicht von von Seitenrand zu Seitenrand und macht kenntlich, daß eine Fußnote der Vorseite fortgesetzt wird. Gerade bei längeren Fußnoten, deren Text häufig nicht ganz zwischen Fußnotenzeichen und Seitenrand paßt, ist es mitunter sinnvoll, auf die Fortsetzung des Fußnotentextes auf der nächsten Seite zu verweisen. Word für Windows verwaltet diese drei optischen Helfer automatisch. Wie das Layout im Endeffekt ausschaut, überläßt Word für Windows Ihnen.

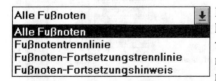

Im geöffnetem Fußnotenabschnitt können Sie im Listenfeld FUSS-/ENDNOTEN zwischen FUSSNOTENTRENNLINIE, FUSSNOTEN-FORTSETZUNGSTRENNLINIE und FUSSNOTEN-FORTSETZUNGSHINWEIS wählen.

So legen Sie fest, wie Word für Windows im Verlauf Ihres Dokuments beim Ausdruck die Fußnoten vom Text abgrenzt. Das gleiche gilt natürlich auch für Endnoten. Sofern Sie im Dokument sowohl Fuß- als auch Endnoten eingefügt haben, können Sie über die DropDown-Liste FUSS-/ENDNOTEN zudem zwischen den beiden Anzeigen wechseln. Dort lauten die drei Gestaltungselemente ENDNOTENTRENNLINIE, ENDNOTEN-FORTSETZUNGSTRENNLINIE und ENDNOTEN-FORTSETZUNGSHINWEIS. Wenn Sie eines der drei Gestaltungselemente auswählen, wird dieses im Fuß- bzw. Endnotenabschnitt angezeigt, und Sie können nun Ihre Änderungen eingeben.

Falls Sie die Vorgaben der Trennlinien von Word für Windows nicht gebrauchen können, markieren Sie diese und löschen sie. Der Raum ist nun frei für eigene Definitionen. Selbstverständlich können Sie auf die Trennlinien auch ganz verzichten. Das Feld VORGABE ([Alt][H][V]) der Steuerleiste ermöglicht es Ihnen, später wieder zur Originaleinstellung zurückzukehren. Experimenten mit eigenen Eingaben und Formatierungen steht also nichts im Wege. Nachdem Sie Ihre eigene Trennlinie definiert haben, SCHLIESSEN ([Alt][H][C]) Sie das Eingabefenster oder wechseln über die Liste FUSS-/ ENDNOTEN zum nächsten Gestaltungselement oder der Anzeige aller Fuß- bzw. Endnoten.

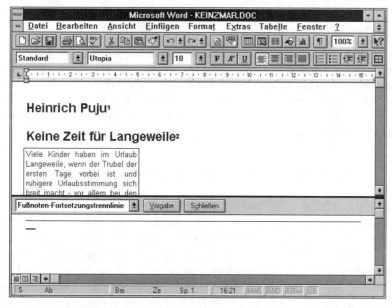

Abb. 15.5: Das Bearbeitungsfenster FUSSNOTEN-FORTSETZUNGSTRENNLINIE

Auch die vorgegebenen Trennlinien können formatiert werden. Dies empfiehlt sich, wenn Sie z.B. mit dem einzeiligen Abstand zwischen Trennlinie und Text oder Trennlinie und Fußnote nicht einverstanden sind. Positionieren Sie die Einfügemarke auf der Trennlinie, und aktivieren Sie das Dialogfenster ABSATZ, welches Sie beispielsweise über das Shortcut-Menü der rechten Maustaste anwählen können. Geben Sie nun die gewünschten Abstände vor und nach der Trennlinie ein, und bestätigen Sie Ihre Eingaben. Sie kehren ins Eingabefenster für die Trennlinie zurück, die nun gemäß Ihrer Formatierung gestaltet ist. Selbstverständlich lassen sich auch diese Formatierungen mit VORGABE wieder rückgängig machen.

Hinweis auf die Fortsetzung einer Fußnote
Von Word für Windows wird kein Fortsetzungshinweis vorgegeben. Wenn Sie das Bearbeitungsfenster FUSSNOTEN-FORTSETZUNGSHINWEIS bzw. ENDNOTEN-FORTSETZUNGSHINWEIS also nicht aufrufen, um eine eigene Definition einzugeben, wird auf die Fortsetzung einer Fußnote auch nicht besonders verwiesen. Solch ein Verweis ist aber durchaus zweckmäßig.

Nicht immer ist aus dem Zusammenhang des Fußnotentextes ersichtlich, daß eine Fußnote auf der nächsten Seite weitergeführt wird, vor allem dann nicht, wenn der Text auf der Seite zufällig mit einem Punkt endet. In solchen Fällen erweist sich ein Fortsetzungsvermerk als ausgesprochen hilfreich. Ein deutliches Zeichen für eine Fortsetzung ist z.B. "/..."; hierdurch wird der Leser ausreichend über den Fortgang der Information auf einem folgenden Blatt informiert.

Um einen Fortsetzungshinweis einzugeben, aktivieren Sie das entsprechende Eingabefenster und geben einfach den Hinweis ein, durch den Word für Windows in der letzen Zeile der unterbrochenen Fußnote auf die nächste Seite verweisen soll. Nach der Eingabe SCHLIESSEN Sie das Fenster oder wechseln die Anzeige über die Liste FUSS-/ENDNOTEN. Mit VORGABE entfernen Sie Ihre Eingabe wieder.

Fuß-/Endnotenzählung und Plazierung

Wenn Ihre Fußnoten im Dokument nicht mit einer "1", sondern mit einer höheren Zahl beginnen sollen, so legen Sie dies fest, indem Sie im Dialogfenster FUSSNOTE UND ENDNOTE die OPTIONEN aktivieren und dort die Startnummer ins Feld BEGINNEN MIT (Alt B) eintragen. Es ist dabei unerheblich, ob Sie die Startnummer wirklich als arabische Zahl oder als Buchstabe bzw. römische Ziffer eingeben; selbst ein Wechsel zwischen den Formaten wird vom Progamm kompensiert. WinWords Ressourcen erschöpfen sich erst bei einer Numerierung, die 32767 überschreitet.

Die Nummer, die Sie hier eingeben, wird im Dokument jeweils für den Neubeginn einer Fußnotenfolge benutzt. Sinnvoll ist dies, wenn Sie ein umfangreiches Schriftstück in mehreren Dateien speichern. Sie können dann für jedes Dokument die Folgenummer zum vorherigen festlegen, so daß die Fußnoten Ihres Manuskripts kontinuierlich durch alle Kapitel hindurch numeriert sind.

Wenn Sie von der Option Gebrauch machen, für Fußnoten Nummernfolgen vorzugeben, die sich über Dateien hinweg aufeinander beziehen, sollten Sie folgendes beachten: Die Startnummern, die Sie im Dialogfenster OPTIONEN FÜR FUSSNOTEN festgelegt haben, müssen jedesmal manuell geändert werden, wenn sich in der vorhergehenden Datei die Zahl der Fußnoten ändert. Dies ist bei Ergänzungen oder Löschungen rasch der Fall. Daher sollte eine durchgängige Numerierung dieser Art erst dann erstellt werden, wenn das Dokument im letzten Stadium vor der Drucklegung ist und keine Änderungen im Fußnotenbereich mehr zu erwarten sind. Bedenken Sie außerdem, daß als POSITION Ihrer Fußnoten das ENDE DES DOKUMENTS nicht in Frage kommt, wenn Sie Ihr Manuskript in mehrere Dateien aufteilen und durchnumerieren.

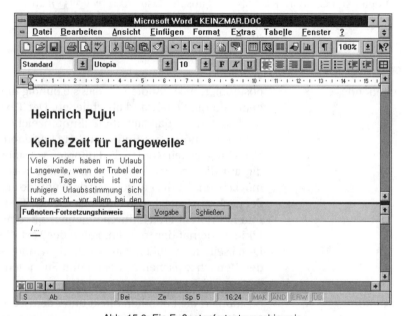

Abb. 15.6: Ein Fußnotenfortsetzungshinweis

Wenn Sie Ihre Fußnoten aber nicht über das ganze Manuskript hinweg kontinuierlich numerieren möchten - dies bewirkt die Option FORTLAUFEND ((Alt)(O)) -, sondern im Gegenteil abschnittsweise zählen, können Sie die Arbeit dem Programm übertragen. Markieren Sie hierfür im Dialogfenster OPTIONEN FÜR FUSSNOTEN das Kontrollfeld BEI JEDEM ABSCHNITT NEU BEGINNEN ((Alt)(A)). Word für Windows wird dann jede erste Fußnote eines Abschnitts wieder mit der Zahl beginnen, die Sie als Startnummer im darüberliegenden Feld angegeben haben. Daß in diesem Fall die "1" eine sehr sinnvolle Anfangsnummer ist, versteht sich von selbst.

Nützlich ist diese Option vor allem, wenn Sie kapitelweise Abschnitte einrichten. So können Sie Ihre Fuß- bzw. Endnoten nicht nur pro Kapitel wieder mit "1" beginnen lassen, sondern zudem entscheiden, ob sie am Fuß der Seite oder am Abschnittsende positioniert werden sollen.

Für Fußnoten bietet sich zudem in der Registerkarte ALLE FUßNOTEN die Option BEI JEDER SEITE NEU BEGINNEN ([Alt][S]). Hierbei beginnt die Fußnotenzählung auf jeder Druckseite wieder mit der Nummer, die unter BEGINNEN MIT eingetragen ist.

Insgesamt kennt Word für Windows vier Möglichkeiten, Fußnoten bzw. Endnoten im Dokument zu positionieren. Wählen Sie die Position im Dialogfenster OPTIONEN FÜR FUßNOTEN aus der Liste POSITION ([Alt][P]) aus.

Eintrag	Wirkung
In der Registerkarte ALLE FUßNOTEN	
Seitenende	positioniert die Fußnoten so, daß sie bündig mit dem unteren Seitenrand abschließen. Der Text wird so gesetzt, daß sich die Fußnotenzeichen auf die Fußnoten am Ende der Seite beziehen. Nach Möglichkeit werden die Fußnoten vollständig auf die Seite übernommen. Ist dies nicht möglich, erfolgt die Fortsetzung der Fußnote auf der nächsten Seite. Im Ausdruck lassen sich Text- und Fußnotenbereich durch Zeichen, z.B. eine Linie, voneinander trennen. Sollte der Text die Druckseite nicht füllen, hält Word für Windows den Bereich zwischen Textende und Fußnotenbeginn frei.
Textende	positioniert die Fußnoten direkt unter dem Text. Hierdurch schließen die Fußnoten nicht bündig mit dem Seitenende ab, wodurch gerade bei sehr kurzen Texten "Löcher" im Seitenlayout vermieden werden.
In der Registerkarte ALLE ENDNOTEN	
Abschnittsende	positioniert die Endnoten am Ende eines jeden Abschnitts. Falls ein Abschnitt ohne Endnoten belassen werden soll, aktivieren Sie hierzu im Dialogfenster SEITE EINRICHTEN in der Registerkarte SEITENLAYOUT das Kontrollkästchen ENDNOTEN UNTERDRÜCKEN. Die Endnoten werden dann im Anschluß an den nächsten Absatz ausgegeben, bei dem diese Option nicht aktiv ist.
Ende des Dokuments	positioniert die Endnoten am Ende des Dokuments. Hierbei werden Seiten oder Abschnitte nicht berücksichtigt.

Eintrag	Wirkung
	Diese Formatierung setzt voraus, daß Sie die Endnoten durchgängig numerieren oder die Zuordnung der einzelnen Fußnotengruppen zu bestimmten Kapiteln durch Überschriften kenntlich machen.

Tab. 15.1: Die Positionen der Fuß- und Endnoten

Wenn Sie im Text Abschnitte fortlaufend umbrochen haben, sollten Sie die Fußnoten am Abschnittsende, unter dem Text oder am Ende des Dokuments positionieren.

Beachten Sie, daß Sie die Änderungen, die Sie im Dialogfenster OPTIONEN FÜR FUSSNOTEN vornehmen, zwar mit OK oder ⏎ bestätigen müssen, eine weitere Bestätigung des Dialogfensters FUSSNOTEN aber dazu führt, daß eine neue Fußnote ins Dokument eingefügt wird. Falls Sie dies nicht wünschen, wählen Sie hier stattdessen SCHLIESSEN oder Esc.

Sollten Sie die Fußnotenzeichen für Fußnoten ändern wollen, so aktivieren Sie mit EINFÜGEN > FUSSNOTE wie gewohnt das Dialogfenster FUSSNOTE UND ENDNOTE und rufen von hier aus OPTIONEN für die Eingabe Ihrer Änderungen auf. Wenn Sie die Änderungen mit OK oder ⏎ bestätigt haben, müssen Sie das Fenster mit ABBRECHEN oder Esc schließen, da Sie sonst eine weitere Fußnote an der aktuellen Position im Text einfügen.

Verweiszeichen ändern

Um die Verweiszeichen im Text zu verändern, den Text der Fußnote aber unberührt zu lassen, markieren Sie das Zeichen im Text und aktivieren dann das Dialogfenster FUSSNOTE UND ENDNOTE. Dort geben Sie unter BENUTZERDEFINIERT (Alt B) die gewünschten Zeichen ein. Hierbei bietet sich Ihnen die Möglichkeit, über SONDERZEICHEN (Alt S) eine Sonderzeichen-Tabelle zu aktivieren. Im DropDown-Feld SONDERZEICHEN AUS (Alt A) wählen Sie den Zeichensatz, aus dem Sie das Sonderzeichen entnehmen möchten. Der Eintrag (NORMALER TEXT) gestaltet das Sonderzeichen im Zeichensatz der Einfügestelle. Vom Feld SONDERZEICHEN AUS können Sie mit ⇥ oder per Mausklick in die Tabelle wechseln und das gewünschte Sonderzeichen markieren. Das Zeichen, das Sie mit der Maus oder einer Cursortaste anwählen, wird vergrößert dargestellt. Sie bestätigen Ihre Auswahl mit einem Doppelklick auf das Zeichen, OK oder ⏎. Der Abbruch erfolgt wie üblich über ABBRECHEN oder Esc. Das gewählte Zeichen wird automatisch in das

Feld BENUTZERDEFINIERT übernommen. Hier können Zeichenketten bis zu zehn Zeichen als Fuß- bzw. Endnotenverweis kreiert werden.

Auch die Umschaltung von selbstdefinierten Zeichen auf die automatische Verwaltung ist problemlos. Aktivieren Sie einfach unter NUMERIERUNG die Option AUTOMATISCH ([Alt][A]). Hier haben Sie die Wahl zwischen verschiedenen Zeichenfolgen, die bei der Fuß- oder Endnotennumerierung automatisch weitergezählt werden. Mit OPTIONEN ([Alt][O]) öffnen Sie das Dialogfenster OPTIONEN FÜR FUßNOTEN, in dem Sie in den beiden Registerkarten ALLE FUßNOTEN ([Alt][F]) und ALLE ENDNOTEN ([Alt][E]) festlegen, wie die das NUMERIERUNGSFORMAT ([Alt][N]) ausschauen soll.

Sechs verschieden formatierte Folgen stehen Ihnen im DropDown-Feld NUMERIERUNGSFORMAT ([Alt][N]) zur Verfügung, wobei neben arabischen Ziffern, großer und kleiner Buchstabenfolge sowie römischen Zahlen in Groß- und Kleinschreibung auch eine Symbolsequenz enthalten ist. Voreingestellt ist, daß die Fußnotenzählung mit arabischen Ziffern und die Endnotenzählung mit kleinen römischen Zahlen erfolgt. Diese Vorgaben lassen sich aber problemlos ändern.

Wenn Sie die Änderung mit OK oder [↵] bestätigen, erhält die Fußnote die neue Nummer oder Kennung, und das Bearbeitungsfenster wird aktiviert, so daß Sie eventuelle Änderungen direkt eingeben können.

Bei jeder dieser Aktionen müssen die Fußnotenzeichen im Dokumenttext markiert werden oder die Einfügemarke im Dokumenttext stehen. Den Fußnotentext können Sie zwar im Fußnotenfenster oder in der Layoutansicht löschen; hierbei bleibt aber das Verweiszeichen im Text unverändert.

Fußnoten in Endnoten und Endnoten in Fußnoten wandeln

Wenn Sie Ihre Fußnoten am Ende des Dokuments ausgeben möchten, wandeln Sie die Fußnoten in Endnoten um. Umgekehrt lassen sich auch Endnoten in Fußnoten wandeln, um sie direkt auf den entsprechenden Seiten des Dokuments plaziert zu bekommen, auf die sie Bezug nehmen. Der einfachste Weg hierzu besteht darin, sämtliche Fußnoten des Fußnotenausschnitts zu markieren, die in Endnoten gewandelt werden sollen, und danach mit der rechten Maus das Shotcut-Menü für Fußnoten aufzurufen. Im Shortcut-Menü wählen Sie den Befehl IN ENDNOTE WANDELN. Das Pendant IN FUßNOTE WANDELN finden Sie auf die gleiche Weise im Shortcut-Menü, wenn Sie die Aktion im Endnotenausschnitt vollziehen.

Im normalen Textausschnitt des Dokuments läßt sich dieses Shortcut-Menü nicht aktivieren. Allerdings haben Sie auch hier die Möglichkeit, en bloc Fußnoten in Endnoten - oder umkehrt - zu wandeln. Öffnen Sie hierzu im Dialogfenster FUßNOTE UND ENDNOTE das Fenster OPTIONEN ([Alt][O]) und wählen Sie die Registerkarte ALLE ENDNOTEN ([Alt][E]). Nun können Sie über die Schaltfläche UMWANDELN ([Alt][U]) ein weiteres Fenster öffnen. In diesem Fenster haben Sie nun die Möglichkeit, die Umwandlungsrichtung zu wählen. Möglich sind folgende Umwandlungen: ALLE FUßNOTEN IN ENDNOTEN UMWANDELN ([Alt][F]), ALLE ENDNOTEN IN FUßNOTEN UMWANDELN ([Alt][E]) und FUßNOTEN UND ENDNOTEN VERTAUSCHEN ([Alt][V]). Um die Fußnoten am Ende des Dokuments gesammelt ausgedruckt zu bekommen, wandeln Sie nun alle Fußnoten in Endnoten um und markieren in der Registerkarte im Listenfeld POSITION ([Alt][P]) ENDE DES DOKUMENTS. Bestätigen Sie nun Ihre Eingaben ins Dialogfenster mit OK und schließen Sie es.

Damit die Endnoten auf einer separaten Seite ausgegeben werden, positionieren Sie die Einfügemarke am Ende des Dokumenttextes ([Strg][Ende]), also noch vor den angehängten Fußnoten. Fügen Sie nun vor dem leeren Absatz, den Sie durch diese Aktion geschaffen haben, einen Seitenumbruch über den Befehl EINFÜGEN > MANUELLER WECHSEL > SEITENWECHSEL ([Alt][E][W][↵]) ein. Der separate Seitenumbruch am Ende des Dokuments ist notwendig, da die Fußnoten ansonsten am Ende des Dokuments direkt im Anschluß an den Text ausgedruckt würden.

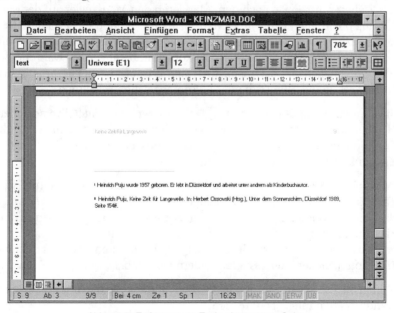

Abb. 15.7: Fußnoten am Ende einer neuen Seite

Fußnoten löschen und kopieren

Kopieren und Verschieben über die Zwischenablage
Um Fußnoten zu löschen, markieren Sie das Fußnotezeichen im Text und entfernen es (`Entf`). Zusammen mit dem Verweiszeichen wird der Fußnotentext gelöscht. Wenn Sie ein Fußnotenzeichen markieren und in die Zwischenablage löschen oder kopieren (`Strg``X` oder `Strg``C`), ist hiermit auch der Text der Fußnote zwischengespeichert. Allerdings können Sie sich den Text in der Zwischenablage nicht anzeigen lassen. In ihr wird in diesem Fall nur das gespeicherte Fußnotenzeichen dargestellt.

Wenn Sie mit der automatischen Numerierung arbeiten, wird die Zahl der Fußnote beim Einfügen (`Strg``V`) ihrem neuen Standort angepaßt. Sie übernehmen also den identischen Text der Fußnote, nicht aber deren Nummer. Beim Kopieren einer Fußnote an einen zweiten Platz des Dokuments wird also der identische Fußnotentext ein zweites Mal, jetzt allerdings mit einer neuen Zahl, aufgenommen. Bei der Arbeit mit eigenen Fußnotenzeichen erfolgt jedoch keine automatische Anpassung, sondern das Verweiszeichen bleibt identisch.

Ziehen-und-Ablegen

Für das Verschieben und Kopieren von Fußnoten im Dokument können Sie auch die Mausfunktion Ziehen-und-Ablegen (Drag-and-Drop) benutzen. Markieren Sie einfach das Fußnotenzeichen im Text und ziehen Sie es anschließend mit der linken Maustaste an die gewünschte Position. Für das Ziehen müssen Sie nach dem Markieren den Mauszeiger auf der Markierung positionieren, die linke Maustaste drücken und niederhalten. Nun läßt sich die gepunktete Einfügemarke an die Stelle ziehen, an der die Fußnote stehen soll. Um die Fußnote zu kopieren, betätigen Sie während der Aktion zusätzlich die `Strg`-Taste. Auch hierbei erfolgt bei der automatischen Numerierung die Anpassung der Fußnotenzeichen selbsttätig.

Kopieren und Verschieben mit der Tastatur und der Maus
Sie können Fußnoten auch mit `⇧``F2` kopieren oder mit `F2` verschieben. Hierbei wird zunächst das Fußnotenzeichen markiert, anschließend die Funktionstaste betätigt und dann die gepunktete Einfügemarke an den Zielpunkt gesetzt und mit `↵` bestätigt.

Wenn Sie eine einzelne Fußnote markiert haben und eine alphanumerische Taste drücken, öffnet sich ein Dialogfenster, das Sie darauf hinweist, daß das Fuß-/Endnotenzeichen samt zugehörigem Text gelöscht wird, wenn Sie es überschreiben. Sie können nun das Fuß-/Endnotenzeichen inklusive dem zugehörigem Text mit LÖSCHEN (`Alt``L`) entfernen oder aber das Fuß-/Endnotenzeichen neu gestalten, indem Sie OPTIONEN (`Alt``O`) wählen.

Sollten Sie es sich anders überlegt haben, können Sie die Aktion selbstverständlich auch mit `Esc` abbrechen.

Wenn Sie OPTIONEN gewählt haben, öffnet sich das Dialogfenster OPTIONEN FÜR FUSSNOTEN, dessen Funktionen bereits beschrieben wurden. Der einzige Unterschied in der Handhabung liegt darin, daß sie nach Bestätigen der Änderungen mit OK oder ⏎ sofort zurück zum Text gelangen und nicht in dem Dialogfenster FUSSNOTE UND ENDNOTE gelangen.

Dieses Dialogfenster öffnet sich nicht, wenn Sie Entf drücken, sich im Überschreibmodus befinden oder das Fußnotenzeichen zusammen mit anderen Zeichen markiert haben.

Zur Übung versehen Sie die Geschichte "Keine Zeit für Langeweile" mit Fußnoten. Eine Informationen, die Sie der Geschichte am Rande beifügen können, ist folgende:

```
Die Geschichte "Keine Zeit für Langeweile" wurde zum ersten
Mal veröffentlicht im Buch "Unter dem Sonnenschirm" von
Herbert Ossowski (Hrsg.) auf den Seiten 154 bis 161. Das
Buch wurde 1989 in Düsseldorf veröffentlicht. Die Rechte
der Geschichte liegen beim Autor.
```

Als Quellenangabe hätte diese Information die Form:

```
Heinrich Puju, Keine Zeit für Langeweile. In: Herbert
Ossowski (Hrsg.), Unter dem Sonnenschirm, Düsseldorf 1989,
Seite 154 ff.
```

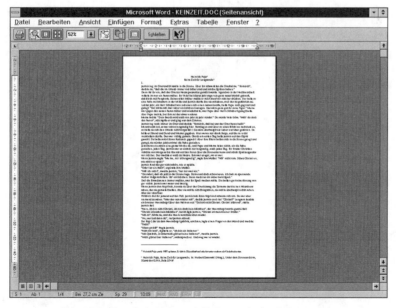

Abb. 15.8: Eine Geschichte mit Fußnoten in der Seitenansicht

Weitere Fußnoten können Informationen über den Autor (Heinrich Puju, geboren 1957, lebt in Düsseldorf), den Bearbeiter, also Ihre eigene Person, den Ort der Geschichte (Österreich), Erklärungen zu Begriffen, z.B. zu "Wigwam", und anderes sein.

16

Schnelle Bewegung im Dokument

Gehe zu	**Seite**	**395**
Prozentuale Bewegungen im Dokument	Seite	397
Die abschnittsweise Bewegung im Dokument	Seite	398
Die seitenweise Bewegung im Dokument	Seite	399
Die zeilenweise Bewegung im Dokument	Seite	401
Fußnoten, Endnoten und Anmerkungen anspringen	Seite	401
Grafiken, Formeln, Objekte und Tabellen anspringen	Seite	403
Zielangaben kombinieren	Seite	404
Textmarken definieren	**Seite**	**405**
Textmarken benutzen	Seite	406

Gehe zu

Word für Windows verfügt über ein "Transportmittel", das Sie sehr schnell von Abschnitt zu Abschnitt, Seite zu Seite oder Zeile zu Zeile bringt. Auch Fußnoten und Anmerkungen sind als Ziele vorgesehen, so daß der präzisen Bewegung im Text nichts im Wege steht. Schließlich lassen sich noch Textmarken direkt erreichen, die Sie selbst definieren.

Alle diese Bewegungen werden im Menü BEARBEITEN mit dem Befehl GEHE ZU (Alt B G) initiiert. Die kürzere Variante dieses Befehls ist die Funktionstaste F5. Im Dialogfenster GEHE ZU finden Sie in der Liste GEHE ZU ELEMENT (Alt M) sämtliche Elemente verzeichnet, die sich als Ansprungstellen im Text eignen. Im Eingabefeld ... EINGEBEN (Alt E), das Sie rechts neben der Liste finden und das seine Bezeichnung und Funktionalität je nach markiertem Element ändert, können Sie das Sprungziel spezifizieren.

Bei allen Sprungzielen - mit Ausnahme der Textmarken - kann angegeben werden, das wievielte Element des Dokumentes angesprungen werden soll, z.B. springt "3" das 3. benannte Element an. Die Berechnung der Elemente erfolgt vom Beginn des Dokuments. Durch ein nachgestelltes Minuszeichen kann die Sprungrichtung umgekehrt werden. Hierbei ist es möglich, die Anzahl der Elemente anzugeben, die übersprungen werden sollen. So springt die Einfügemarke mit "-3" drei benannte Elemente zurück. Ebenso kann eine festgelegte Anzahl von Elementen vorwärts übersprungen werden, indem ein Pluszeichen und die Sprungweite angegeben wird: "+5" springt 5 Elemente nach vorn.

Je nach angewähltem Element haben sie folgende Möglichkeiten (variable Nummern werden in der Tabelle mit "n" bezeichnet):

Element	Eingabeoptionen
SEITE	SEITENZAHL gemäß der Paginierung des Dokuments (Angabe in der Statuszeile mit "S n") oder relative Sprungweite (+n/-n). Wird vor die Seitenzahl ein "S" gesetzt, bezieht sich die Sprungweite auf die absolute Seitenzählung des Dokuments (Angabe in der Statuszeile mit "n/x"). Außerdem können Kürzel für andere Sprungziele angegeben werden.
ABSCHNITT	ABSCHNITTSNUMMER oder relative Sprungweite (+n/-n)
ZEILE	ZEILENNUMMER oder relative Sprungweite (+n/-n)
TEXTMARKE	TEXTMARKENNAMEN; verfügbare Textmarken des Dokuments werden im DropDown-Feld gelistet

Element	Eingabeoptionen
ANMERKUNG	BEARBEITERNAMEN oder relative Sprungweite (+n/-n); die verfügbaren Bearbeiter des Dokuments werden im Drop-Down-Feld gelistet, wobei BELIEBIGER BEARBEITER sämtliche Anmerkungen des Dokuments als Sprungziele erkennt. Die Angabe der relativen Sprungweite (+n/-n) kann auch an Bearbeiternamen angehängt werden.
FUSSNOTE	FUSSNOTENNUMMER oder relative Sprungweite (+n/-n)
ENDNOTE	ENDNOTENNUMMER oder relative Sprungweite (+n/-n)
FELD	FELDNAMEN oder/und relative Sprungweite (+n/-n); alle Feldarten werden im DropDown-Feld gelistet, wobei BELIEBIGES FELD sämtliche Felder des Dokuments als Sprungziele erkennt. Die Angabe der relativen Sprungweite (+n/-n) kann auch an Feldnamen angehängt werden.
TABELLE	TABELLENNUMMER oder relative Sprungweite (+n/-n)
GRAFIK	GRAFIKNUMMER oder relative Sprungweite (+n/-n)
FORMEL	FORMELNUMMER oder relative Sprungweite (+n/-n)
OBJEKT	OBJEKTNAME oder relative Sprungweite (+n/-n); alle Objekttypen der installierten Objektserver werden im Drop-Down-Feld gelistet, wobei BELIEBIGES OBJEKT sämtliche Objekte des Dokuments als Sprungziele erkennt. Die Angabe der relativen Sprungweite (+n/-n) kann auch an Objektnamen angehängt werden.

Tab. 16.1: Sprungelemente und Wahlmöglichkeiten

Der Ansprungbefehl für Feldfunktionen eignet sich selbst dann, wenn die Feldfunktionen und verborgenen Zeichen nicht angezeigt werden. Bei Feldfunktionen, die verborgen formatiert sind (z.B. Indexeinträge des Feldes {XE}), macht WinWord den Anwender sogar darauf aufmerksam, daß er sie nicht sehen kann, und gibt ihm die Möglichkeit, die Ansicht des verborgenen Textes zu aktivieren. Gleichwohl werden Felder anhand ihrer Namen auch gefunden, wenn die Feldfunktionen nicht sichtbar sind.

Grundsätzlich aktivieren Sie die Bewegung der Funktion GEHE ZU durch Betätigung der ⏎-Taste. Mit WEITER (Alt W) setzen Sie die Einfügemarke in Richtung Dokumentende an die nächste Position des bezeichneten Elements. Mit ZURÜCK springen Sie in Richtung Dokumentanfang das vorige Element an. Während das Dialogfenster GEHE ZU geöffnet ist, können Sie per Mausklick ins Dokument und wieder ins Dialogfenster oder mit Strg ⇧

zwischen Gehe-zu-Funktion und Textbearbeitung wechseln. Sie haben also die Möglichkeit, Fundstellen direkt zu bearbeiten oder Textmarken für spätere Sprungbefehle zu setzen. Die Eingabe von Textmarken über BEARBEITEN TEXTMARKE ((Alt)(B)(X)) wird weiter unten in diesem Kapitel behandelt.

Mit der Maus öffnen Sie das Dialogfenster GEHE ZU, indem Sie die Positionsangaben in der Statuszeile links der Uhr doppelt anklicken.

Die letzte GEHE-ZU-Bewegung kann mit (⇧)(F4) wiederholt werden, also dem gleichen Tastenschlüssel, der auch für die Wiederholung des SUCHEN-Befehls zuständig ist. Aus diesem Grund ist nach der Aktion GEHE ZU die Wiederholung der Suche nur über das Dialogfenster SUCHEN möglich, in dem die letzten Suchvorgaben weiterhin eingetragen sind. Nach einer Suche kann GEHE ZU allerdings nicht wiederholt werden, sondern Sie müssen die Zielstelle neu angeben. Außerdem ist es möglich, mit (⇧)(F5) zu den letzten Zielstellen zurückzuspringen.

Neben der Möglichkeit, Sprungziele aus der Element-Liste des Dialogfensters GEHE ZU zu wählen, bietet sich außerdem die Chance, Sprungziele per Kürzel zu definieren und zu kombinieren. Diese Möglichkeit, auf die im Folgenden eingegangen wird, setzt voraus, daß in der Liste GEHE ZU ELEMENT der Eintrag SEITE markiert ist.

Prozentuale Bewegungen im Dokument

Mit dem Befehl GEHE ZU lassen sich verschiedene Bewegungsarten im Text eingeben. Die allgemeinste Bewegung, die auf Dokumente jeglicher Länge und Struktur anwendbar ist, ist die prozentuale Angabe der gewünschten Position. Hierfür geben Sie in das Eingabefeld GEHE ZU das Prozentzeichen ((F5)) ein und direkt im Anschluß die prozentuale Position, die Sie ansteuern möchten. Word für Windows berechnet den Prozentsatz, ausgehend vom Anfang des Dokuments in Relation zur Gesamtlänge. Das heißt, die Eingabe

%50

setzt die Einfügemarke in die Mitte des Dokuments. Der Positionsangabe %50 für den Befehl GEHE ZU entspricht die mittlere Position der quadratischen Positionsmarke in der senkrechten Bildlaufleiste. Mit der Maus haben Sie selbstverständlich diese Alternative der Textbewegung. Beachten Sie, daß bei Bewegungen in der Bildlaufleiste die Einfügemarke am alten Standort verweilt, bis Sie ihr per Mausklick im Text eine neue Position zuweisen. Bei der prozentualen Funktion GEHE ZU wird die Einfügemarke am Anfang der Zeile plaziert, die der georderten Position entspricht.

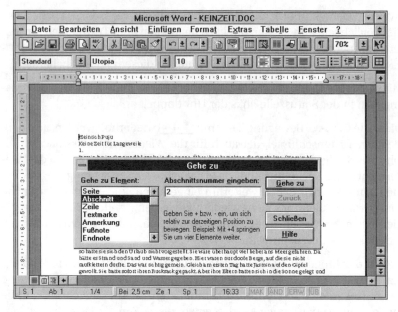

Abb. 16.1: Das Dialogfenster GEHE ZU

Alternativ zur Eingabeform %n, wobei "n" Ihrer Prozentzahl entspricht, können Sie auch n% eingeben.

Die abschnittsweise Bewegung im Dokument

Nicht immer ist die prozentuale Position eines Textes bekannt. In längeren Dokumenten, die aus mehreren Kapiteln bestehen, ist es schwer einzuschätzen, an welcher Position ein Kapitel in Relation zur Gesamtlänge des Dokuments beginnt. Wenn Sie die Kapitel als einzelne Abschnitte formatiert haben, bietet es sich an, GEHE ZU abschnittsweise einzusetzen. Diese Möglichkeit steht selbstverständlich nur zur Verfügung, wenn Sie einzelne Abschnitte definiert haben.

Um GEHE ZU auf die Suche nach einem Abschnitt zu schicken, geben Sie in das Eingabefeld GEHE ZU "a" ein. Der Buchstabe "a" weist Word für Windows an, abschnittsweise vorzurücken. Wenn Sie "a" keine weitere Angabe folgen lassen, wechselt Word für Windows zum Anfang des nächsten Abschnitts. Äquivalent zu dieser Eingabe verhält sich "a+", also "a" und ein nachgestelltes Pluszeichen. Durch ein nachgestelltes Minuszeichen kehren Sie den Befehl um, so daß Word für Windows den Anfang des vorhergehenden Abschnitts anspringt.

16 • Schnelle Bewegung im Dokument

Diese Eingabe hat die Form:

a -

Um mehr als einen Abschnitt vor- oder rückwärts zu wechseln, müssen Sie Word für Windows durch eine Zahl mitteilen, wie viele Abschnitte Sie nach vorne oder zurück springen möchten. Diese Information hängen Sie einfach als Ziffer an das Plus- oder Minuszeichen an.

a - 3

setzt die Einfügemarke drei Abschnitte zurück. Der Wechsel ist hierbei abhängig von der augenblicklichen Position. Wenn Sie bereits im dritten Abschnitt des Dokuments sind, wird Word für Windows durch die Eingabe

a+2

die Einfügemarke an den Beginn des fünften Abschnitts gesetzt. Sollte Ihr Dokument in diesem Fall über weniger als fünf Abschnitte verfügen, plaziert Word für Windows die Einfügemarke am Anfang des letzten Abschnitts.

Die Funktion GEHE ZU wird so weit wie möglich ausgeführt. Sollte die Vorgabe zu groß sein, greift Word für Windows auf die letzte praktikable Möglichkeit zurück und verkürzt so den Befehl selbsttätig. Bei einem Dokument, das aus drei Abschnitten besteht, positioniert jede Eingabe über "a-2" die Einfügemarke an den Beginn des Dokuments.

Die Abschnittseingaben, die mit einem Plus- oder Minuszeichen beginnen, versetzen die Einfügemarke relativ zur aktuellen Position. Sie haben aber auch die Möglichkeit, Word für Windows genau mitzuteilen, welchen Abschnitt Ihres Dokuments Sie erreichen möchten. Dies ermöglichen Sie, indem Sie kein Zeichen zwischen "a" und der Zahl eingeben. Die Eingabe

a 7

setzt die Einfügemarke an den Beginn des siebten Abschnitts. Hierbei spielt es keine Rolle, ob Sie sich vor oder hinter dem siebten Abschnitt befinden. Word für Windows verwaltet die so gegebene Sprungadresse nämlich in Relation zum Gesamtdokument. Falls Ihr Dokument in diesem Fall weniger als 7 Abschnitte umfaßt, positioniert Word für Windows die Einfügemarke an den Anfang des letzten Abschnitts.

Die seitenweise Bewegung im Dokument

Wenn Sie mehrere Abschnitte definiert haben, springen Sie ohne das Buchstabenkürzel "s" auf die relative Seite "n" innerhalb eines Abschnitts, die als erster Eintrag in der Statuszeile angegeben ist. Hierbei ist es nicht möglich, durch mehrfache Anwahl von z.B. "2" auf die zweite Seite aller Abschnitte nacheinander zu springen. WinWord springt immer zu der ersten auffindbaren relativen Seite. Wenn Sie auf eine bestimmte Seite eines bestimmten Abschnittes springen wollen, müssen der Abschnitt und die Seite nach dem Schlüssel "a*ns*n" (Abschnitt Nummer Seite Nummer) eingegeben werden.

Voraussetzung für das direkte Erreichen bestimmter Seiten ist allerdings, daß die Seiten Ihres Dokuments bereits umbrochen sind. Selbsttätig erledigt Word für Windows den Seitenumbruch für Sie, wenn Sie im Dialogfenster OPTIONEN in der Registerkarte ALLGEMEIN den SEITENUMBRUCH IM HINTERGRUND aktiviert haben. Sollte dies nicht der Fall sein, führen Sie im Menü EXTRAS mit dem Befehl WÖRTER ZÄHLEN ([Alt][X] [W]) einen aktuellen Umbruch durch. Alternativ hierzu können Sie auch in die Layoutdarstellung oder in die Seitenansicht schalten; beim Aufruf dieser Ansichten werden die Seiten automatisch umbrochen.

Wenn Ihr Dokument umbrochen ist, können Sie mit GEHE ZU jede beliebige Seite direkt ansteuern. Wenn Sie nichts oder "s" ohne weitere Angabe ins Feld GEHE ZU eintragen, wechselt Word für Windows zur nächsten Seite Ihres Dokuments; ein ergänztes Pluszeichen bewirkt ebenfalls die gleiche Funktion. Ein Minuszeichen kehrt allerdings die Funktion wieder um, so daß Sie mit

s -

die Einfügemarke am Beginn der Vorseite positionieren; auch hierbei kann das "s" ausgelassen werden.

Die Eingaben "+" und "-" finden ihre Entsprechungen in den Doppelpfeilen, die während der Layoutansicht in der senkrechten Bildlaufleiste aufgenommen werden. Durch Anklicken dieser Symbole wechseln Sie ebenfalls eine Druckseite aufwärts bzw. abwärts.

Mehrere Seiten überspringen Sie mit GEHE ZU, indem Sie hinter dem Plus- oder Minuszeichen die Anzahl der Seiten eingeben, die überschlagen werden sollen. Die Eingabe

-5

"blättert" also fünf Seiten nach vorne, während die Eingabe

+5

die Einfügemarke drei Seiten nach hinten setzt. Bei dieser Funktion, die sich am aktuellen Standort der Einfügemarke orientiert, darf das Pluszeichen nicht weggelassen werden.

Sollte eine Seitenadresse zu hoch definiert sein, so daß sie nicht dem Umfang des Dokuments entspricht, greift Word für Windows - wie auch beim Abschnittswechsel mit GEHE ZU - automatisch auf die nächstniedrigere Adresse zurück.

Die zeilenweise Bewegung im Dokument

Mit dem Befehlskürzel "z" teilen Sie der Funktion GEHE ZU mit, daß Sie eine Zeile als Ziel angeben. Ohne weitere Angabe oder nur um ein Pluszeichen ergänzt wechselt Word für Windows zur nächsten Zeile. Ein angehängtes Minuszeichen bewirkt den Wechsel zur vorhergehenden Zeile. Hinter dem Plus- oder Minuszeichen können Sie durch eine Zahl bestimmen, wie viele Zeilen Sie in Relation zum aktuellen Standort der Einfügemarke vor- oder zurückgehen möchten.

Die Eingabe

z-10

setzt die Einfügemarke im Dokument an den Beginn der zehnten Zeile vor der aktuellen Position.

Wenn Sie "z" ohne Plus- oder Minuszeichen um eine Zahl ergänzen, wird hiermit die absolute Zeilenzahl im Dokument angegeben. Die Eingabe

z15

positioniert die Einfügemarke vor der fünfzehnten Zeile des Dokuments. Die Zeilenzahl wird hierbei von Anfang des Dokuments berechnet.

Es ist für den zeilenorientierten Einsatz der Funktion GEHE ZU nicht notwendig, daß der automatische Seitenumbruch aktiv ist.

Allerdings kann das Auffinden einer entfernten Zeile einen Augenblick dauern, wenn Word für Windows zunächst einen Umbruch durchführen muß.

Fußnoten, Endnoten und Anmerkungen anspringen

Mit GEHE ZU können Sie aber nicht nur Einheiten des Dokuments in relativer oder absoluter Zählung anspringen. Sie haben überdies die Möglichkeit, Verweiszeichen auf inhaltliche Ergänzungen direkt anzusteuern. Solche Verweiszeichen bietet Word für Windows für Fußnoten und Anmerkungen. Fuß- und Endnoten haben Sie im letzten Kapitel kennengelernt; auf Anmerkungen geht das Kapitel 23 ein.

Um mit GEHE ZU Fuß- bzw. Endnoten und Anmerkungen direkt zu erreichen, haben Sie wieder das gesamte Spektrum von GEHE ZU zu Ihrer Verfügung. Um fußnotenorientiert zu suchen, geben Sie ein "f" ein; hiermit werden Fußnoten gesucht, die von WinWord auch intern als Fußnoten geführt werden. Um nach Endnoten zu suchen, geben Sie ein "e" ein. Die Orientierung an Anmerkungen bezeichnet ein "n".

Die Eingabe des Buchstabens ohne eine Erweiterung bewegt die Einfügemarke jeweils zur nächsten Fußnote, Endnote bzw. Anmerkung. Um die Suchrichtung umzudrehen und die letzte Fuß-, Endnote oder Anmerkung zu erreichen, hängen Sie ein Minuszeichen an den Buchstaben an.

Wenn Sie "f", "e" und "n" durch ein Plus- oder Minuszeichen und eine Zahl ergänzen, wird die Einfügemarke um die vorgegebene Anzahl der Fuß- bzw. Endnoten oder Anmerkungen nach vorne oder hinten bewegt. Die Eingabe

f+3

setzt die Einfügemarke also von der aktuellen Position aus drei Fußnoten weiter nach vorne.

Schließlich können Sie Fuß,- Endnoten und Anmerkungen wieder in Relation zum Gesamtdokument erreichen. Hierfür hängen Sie an "f", "e" oder "n" die Ordnungszahl direkt an. Die Eingabe

f 4

positioniert die Einfügemarke unabhängig von dem aktuellen Standort an der vierten Fußnote des Dokuments.

Falls Sie Fuß-, Endnoten und Anmerkungen auf diese Weise direkt ansteuern, können Sie durch doppeltes Anklicken mit der Maus Einblick in den Text der Beifügung nehmen. Damit Anmerkungszeichen - deren Kennungen verborgen formatiert sind - angeklickt werden können, müssen die nicht druckbaren Zeichen oder zumindest der verborgene Text auf Anzeige geschaltet sein. Allerdings ist dies nicht notwendig zum Auffinden von Anmerkungen. GEHE ZU erreicht auch unsichtbare Anmerkungsverweise.

Bei Fuß- und Endnoten ist zu beachten, daß diese beim Befehl GEHE ZU nicht gemäß der automatischen Numerierung gezählt werden, sondern aufgrund ihrer Reihenfolge im Text. Falls Sie im Text neben automatisch numerierten Fußnotenzeichen auch Fußnoten mit benutzerdefinierten Kennungen aufgenommen haben, müssen Sie diese bei der Sprunganweisung für GEHE ZU in die Zählung einbeziehen.

16 • Schnelle Bewegung im Dokument

Grafiken, Formeln, Objekte und Tabellen anspringen

Weiterhin können Sie auch Grafiken, Formeln, Objekte und Tabellen ansteuern.

Es gelten die gleichen Bedingungen wie auch für Fußnoten, Endnoten und Anmerkungen. Das Befehlskürzel lautet für Grafiken "g", für Formeln "l", für Objekte "o" und für Tabellen "t".

Da Grafiken und Formeln - je nach Art ihrer Erstellung - auch Objekte bzw. Felder sind, können diese auch als Objekte bzw. Felder angesprochen werden. Daher müssen sie gegebenenfalls mitberechnet werden, wenn Objekte oder Felder angesprungen werden sollen.

Die Angabe der Sprungrichtung ist selbst bei Feldfunktionen möglich: "D-'xe'" springt zum vorhergehenden Indexeintrag zurück. Der Name des Feldes muß hierbei in "Apostrophe" gesetzt sein. Diese Möglichkeiten, Sprungziele detailliert zu beschreiben, kommen vor allem in Makros dem Anwender zugute.

Die folgende Tabelle gibt Auskunft über die möglichen Sprungadressen und das entsprechende Befehlskürzel.

Sprungziel der Einfügemarke	SEITENZAHL EINGEBEN
Bestimmter Prozentsatz des Dokuments	%Zahl
Nächster Abschnitt	A
Nächste Seite	S
Nächste Zeile	Z
Nächste Tabelle	T
Nächste Grafik	G
Nächstes Objekt	O
Nächstes Feld	D
Nächste Formel (Formel-Feld)	L
Nächste Anmerkung	N
Nächste Fußnote	F
Nächste Endnote	E
Textmarke	Textmarkenname

Tab. 16.2: Sprungziele und Eingabekürzel im Feld SEITENZAHL EINGEBEN

Zielangaben kombinieren

Die Zielangaben der Funktion GEHE ZU, die schon einzeln ein mächtiges Werkzeug für den schnellen Textzugriff sind, lassen sich zudem miteinander kombinieren. So können Sie ganz gezielt auf Textstellen zugreifen.

Um ein Ziel durch eine Kombination zu präzisieren, tragen Sie einfach die Zielangaben hintereinander in das Feld GEHE ZU ein. Wieder ist es gleichgültig, ob Sie die Angaben über BEARBEITEN > GEHE ZU oder in dem mit [F5] aktivierten Dialogfenster vornehmen.

Um z.B. auf der sechsten Seite die fünfte Zeile zu erreichen, lautet die Eingabe:

```
S6z5
```

Für die Kombination von Zielen gilt folgende Regel: Die jeweils größte Angabe gibt den Bereich vor, an dem sich die nachfolgenden Angaben ausrichten. Hierbei gelten die Kategorien:

1. Abschnitt
2. Seite
3. Anmerkung, Endnote, Feld, Formel, Fußnote, Grafik, Objekt, Tabelle, Zeile

Wenn also die Seite vorgegeben ist, wird die Zeile als kleinere Anweisung in Relation zu ihr gesetzt und nicht länger in Relation zum Dokument gesehen.

Sprungelemente der gleichen Kategorie lassen sich nicht miteinander kombinieren. Die Angabe von Anmerkung, Endnote, Feld usw. schließen sich gegenseitig aus. Sie können also immer nur eines der Ziele der dritten Kategorie in der Funktion GEHE ZU vorgeben. So ist die maximale Länge einer Sprungadresse auf drei Elemente beschränkt.

Nur das größte Element einer Sprunganweisung kann mit einer Plus- oder Minusoption versehen werden. So ist es möglich, zwei Seiten weiter die dritte Fußnote direkt anzusteuern. Die Eingabe hierfür lautet:

```
s+2f3
```

Wenn Word für Windows eine Anforderung nicht erfüllen kann, greift das Programm automatisch auf die nächstliegende Möglichkeit zurück. Wenn Sie z.B. mit "a2s6" zur sechsten Seite des zweiten Abschnitts gehen möchten, der zweite Abschnitt aber nur bis zur fünften Seite geht, wird Word für Windows die Einfügemarke am Beginn der fünften Seite plazieren.

Textmarken definieren

Abgesehen von den direkt erreichbaren Zielen, die durch die Formatierung eines Dokuments und durch seine Fußnoten und Anmerkungen sowieso gegeben sind, können Sie eigene Ziele in Form von Textmarken festlegen. Mit der Textmarken-Funktion haben Sie bereits innerhalb des "Hilfe"-Programms von Word für Windows Bekanntschaft gemacht. Dort können Sie die sogenannten Lesezeichen den einzelnen "Hilfe"-Texten zuordnen. So bietet sich die Möglichkeit des direkten Zugriffs auf bestimmte Hilfetexte. Auch hierbei handelt es sich um eine Textmarken-Funktion.

Diese Funktion des direkten Zugriffs anhand von festgelegten Stich- und Schlüsselwörtern bietet Word für Windows auch für eigene Dokumente. Sie erhalten durch Textmarken in Word für Windows aber nicht nur eine schnelle Orientierung im Dokument, sondern kommen auch in den Genuß zahlreicher Feldfunktionen. Auf Textmarken, deren Position und ihren Inhalt läßt sich innerhalb von Feldfunktionen Bezug nehmen. Hierdurch ist eine wichtige Eigenschaft von Textmarken bereits erwähnt: Textmarken können sich nämlich sowohl auf Positionen der Einfügemarke als auch auf ganze markierte Bereiche beziehen. Der Umfang der Markierung ist hierbei vom Programm nicht beschränkt.

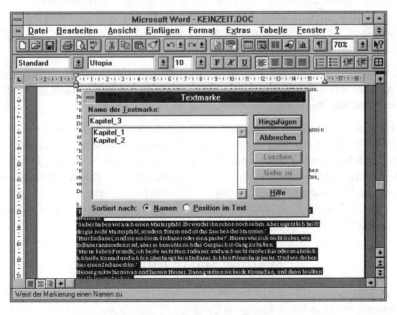

Abb. 16.2: Das Dialogfenster TEXTMARKE

Um Textmarken in ein Dokument einzufügen, positionieren Sie die Einfügemarke an der Stelle, auf die Sie mit der Textmarke Bezug nehmen möchten, oder markieren den Bereich, den die Textmarke bezeichnen soll. Ob Sie eine Textmarke als direkt ansteuerbares Ziel für die Einfügemarke erstellen oder einen Bereich als Textmarke definieren, hängt davon ab, ob zum Zeitpunkt der Erfassung des Namens der Textmarke eine Markierung aktiv ist. Solange kein Text markiert ist, bezieht sich die neue Textmarke stets auf die aktuelle Position der Einfügemarke.

Aktivieren Sie im Menü BEARBEITEN den Befehl TEXTMARKE ([Alt][B][X]), und geben Sie einen Textmarkennamen ins Eingabefeld NAME DER TEXTMARKE ([Alt][T]) ein. Der Name einer Textmarke darf bis zu 20 Zeichen lang sein. Er muß mit einem Buchstaben beginnen und kann im weiteren aus Buchstaben, Ziffern und Unterstreichungszeichen bestehen. Die Verwendung von Leer- und Sonderzeichen ist nicht möglich. Nach der Namensgebung bestätigen Sie mit OK oder [↵]. Hierdurch ist der aktuellen Position oder Markierung der Name der Textmarke zugeordnet. Sie können das Dialogfeld auch mit [Strg][⇧][F5] aktivieren.

Wenn Sie den Namen einer Textmarke ein zweites Mal vergeben, wird diesem die neue Position oder Markierung zugewiesen. Der alte Bezug der Textmarke geht hierdurch verloren. In der Liste, die dieses Dialogfenster unter dem Eingabefeld NAME DER TEXTMARKE bietet, sind alle Textmarkennamen vermerkt, die für das Dokument bereits definiert wurden. Um einen Namen neu zu belegen, markieren Sie ihn mit den Cursortasten oder der Maus. Er wird hierdurch in das Einfügefeld übernommen. Die neue Zuordnung wird durch OK oder [↵] aktiv.

Die Liste der Textmarken können Sie mit den Optionsfeldern NAMEN ([Alt][N]) alphabetisch oder mit der Option POSITION IM TEXT ([Alt][P]) nach ihrer Reihenfolge im Dokument sortieren.

Um eine Textmarke zu entfernen, rufen Sie ebenfalls das Dialogfenster EINFÜGEN TEXTMARKE auf. Markieren Sie den Textmarkennamen, den Sie entfernen möchten, in der Liste, und wählen Sie den Befehl LÖSCHEN ([Alt][L]). Die Textmarke wird daraufhin aus der Liste entfernt. Sie können nun direkt weitere Textmarkennamen löschen oder das Dialogfenster mit SCHLIEßEN wieder verlassen. Eine Löschung kann im Anschluß an das Schließen des Dialogfensters mit [Strg][Z] rückgängig gemacht werden.

Textmarken benutzen

Um Textmarken als direkt erreichbare Ziele zu verwenden, aktivieren Sie entweder die Funktion TEXTMARKE ([Strg][⇧][5]) oder BEARBEITEN > GEHE ZU ([F5]) und wählen den Namen der Textmarke. Gelegenheit hierzu bietet das

16 • Schnelle Bewegung im Dokument

Dialogfenster TEXTMARKE unter NAME DER TEXTMARKE und GEHE ZU, wenn in der Liste GEHE ZU ELEMENT der Eintrag TEXTMARKE markiert ist. In beiden Dialogfenster wird der Sprung mit dem Befehl GEHE ZU ([Alt][G]) ausgeführt. Das Dialogfenster TEXTMARKE bietet die Möglichkeit, einen Namen aus der Liste doppelt anzuklicken, und so die Textmarke direkt anzuspringen, während im Dialogfenster GEHE ZU in der Liste GEHE ZU ELEMENT der Eintrag TEXTMARKE doppelt angeklickt werden kann. Beide Dialogfenster bleiben nach dem Sprung aktiv. Während Sie allerdings beim Dialogfenster GEHE ZU die Möglichkeit haben, per Mausklick oder [Strg][←↑] in den Text zu wechseln, bietet das Dialogfenster TEXTMARKE diese Chance nicht. Es muß mit SCHLIEẞEN ([Esc]) geschlossen werden.

Word für Windows positioniert beim Ansprung von Textmarken die Einfügemarke an der Stelle, für die Sie die Textmarke definiert haben. Wenn Sie als Bezug für die Textmarke bei der Erstellung eine Markierung gewählt haben, wird die gesamte Stelle erneut markiert. Sie können in diesem Fall direkt mit der Markierung weiterarbeiten, sie löschen, kopieren oder formatieren.

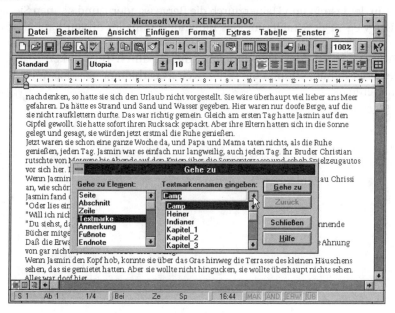

Abb. 16.3: Die Textmarken im Dialogfenster GEHE ZU

Wenn Sie die Bezugsstelle einer Textmarke im Dokument löschen, wird automatisch auch die Textmarke aus der Liste GEHE ZU entfernt. Solange aber im Text ein Zeichen bestehen bleibt, das zum Bezugsbereich der Textmarke gehört, bleibt auch der Namenseintrag in der Liste erhalten und kann verwendet werden. Es spielt hierbei keine Rolle, wie groß der ursprüngliche Bezugsbereich der Textmarke war. Textmarkenbezüge werden erweitert, wenn innerhalb des definierten Textmarkenbereichs Einfügungen vorgenommen werden. Diese nachträglichen Einfügungen werden automatisch dem Bezugsrahmen der Textmarke beigefügt. Ergänzungen vor oder hinter dem definierten Bereich werden der Bezugsquelle jedoch nicht angefügt. Falls solche Ergänzungen aufgenommen werden sollen, muß der gesamte Textmarkenbereich neu markiert und die Textmarke - wenn gewünscht unter gleichem Namen - neu definiert werden.

Definieren Sie nun einige Textmarken für die Geschichte "Keine Zeit für Langeweile". Bewegen Sie sich hierfür mit der Funktion GEHE ZU durch das Dokument. Praktisch ist es, wenn Sie die Geschichte bereits kapitelweise in Abschnitte aufgeteilt haben. In Kapitel 2, das Sie bei der abschnittsweisen Aufteilung mit "a2" anspringen, können Sie eine Textmarke "Indianer" an die Stelle setzen, an der die Kinder Bekanntschaft mit dem Indianer machen. Ebenso kennzeichen Sie in Kapitel 1 das Treffen mit Heiner durch die Textmarke "Heiner". Markieren Sie am Anfang von Kapitel 2 die Passage, in der Jasmin und Heiner durch die Berge wandern, und nennen Sie sie "Bergweg". Der Schilderung des Indiandercamps im dritten Kapitel ordnen Sie die Textmarke "Camp" zu. Springen Sie mit GEHE ZU die einzelnen Textmarken an. Markierte Bereiche, die Sie durch Textmarken gekennzeichnet haben, können Sie direkt weiterbearbeiten, beispielsweise formatieren.

17
Die Arbeit mit Tabellen

Tabellen in Word für Windows	Seite	**411**
Tabellen einfügen	Seite	412
Tabellen-Assistent und -AutoFormat	Seite	415
Bewegungen und Markierungen in Tabellen	Seite	418
Löschen, Kopieren und Einfügen in Tabellen	Seite	422
Zellen löschen und einfügen	Seite	**426**
Zellen verbinden	Seite	432
Tabellen formatieren	Seite	**433**
Die Funktion der Maus bei der Tabellengestaltung	Seite	437
Tabellen mit Rahmen gestalten	Seite	439
Text in Tabellen wandeln	Seite	**440**
Tabellen in Text wandeln	Seite	**445**
Berechnungen in Tabellen und Texten	Seite	**446**
Sortieren in Tabellen und im Text	Seite	**454**

Tabellen in Word für Windows

Tabellen nehmen in Word für Windows eine zentrale Stellung ein. Sie sind ein äußerst vielseitiges Instrument, und es gibt kaum eine Aufgabe, die sich nicht mit einer oder mehreren Tabellen auf einfache Weise lösen ließe. Die Bandbreite der Einsatzgebiete reicht hierbei von Layoutaufgaben, deren Qualität die bekannte tabellarische Übersicht weit hinter sich läßt, bis zu Einsatzmöglichkeiten, die bereits in die Kategorie "Tabellenkalkulation" hineinreichen. Die Tabellenfunktion von Word für Windows berührt alle Bereiche, in die das Programm hineinwirkt: die reine Texterstellung und Dokumentgestaltung, die Grafikeinbindung und Layouterstellung, die Serienbrieffunktion und logische und numerische Kalkulationen; all dies und noch einiges mehr läßt sich über Tabellen lösen.

Um den Anfang zu erleichtern, sollten Sie Tabellen zunächst aber als das sehen, was sie auch sind: eine beliebige Zahl von Zellen, die in waagerechter Folge als Zeilen und in senkrechter Folge als Spalten bezeichnet werden. Jede Zelle einer Tabelle hat eine Zellenmarke (¤, dieses Zeichen kann aber je nach Zeichensatz wechseln), die in etwa der Absatzmarke des normalen Textes entspricht. Diese Marken sind stets dann auf dem Bildschirm sichtbar, wenn auch die Marken der Absatzschaltungen (¶) angezeigt werden. Alle Einfügungen, die Sie in einer Zelle vornehmen, befinden sich links von der Zellenmarke. Außerdem enthält jede Tabellenzeile eine Endmarke, die das gleiche Aussehen wie die Zellenmarken aufweist und das rechte Ende der Tabelle festlegt. In eine Tabellenzelle können Sie alles und soviel Sie wünschen einfügen. So einfach ist das. Doch bevor Sie etwas in die Zellen eintragen, müssen Sie zunächst einmal eine Tabelle erstellen.

Grundsätzlich können Sie in Tabellenzellen alles außer neuen Tabellen einfügen. Diese Art des Verschachtelns läßt Word für Windows nicht zu. Die Höhe einer Zelle richtet sich nach seinem Inhalt. Als Inhalt einer Tabellenzelle kommt eine beliebige Anzahl von Absätzen in Frage, die alle Eingaben enthalten dürfen, die in Absätze aufgenommen werden können, also z.B. auch Grafiken. Die Zellen einer Zeile richten sich in ihrer Höhe immer an der höchsten Zelle der Zeile aus.

Wenn Sie Excel installiert haben und mit der Bedienung von Excel vertraut sind, bietet es sich an, Tabellen statt mit WinWord mit Excel zu erfassen und als Objekt in das Dokument einzubetten. Wenn Sie von dieser Möglichkeit Gebrauch machen möchten, so klicken Sie das Symbol "Microsoft Excel-Tabelle einfügen" an. Die Tabelle wird in diesem Fall mit den Befehlen von Excel erstellt und bearbeitet und in der bestehenden Größe und Formatierung ins WinWord-Dokument eingebettet.

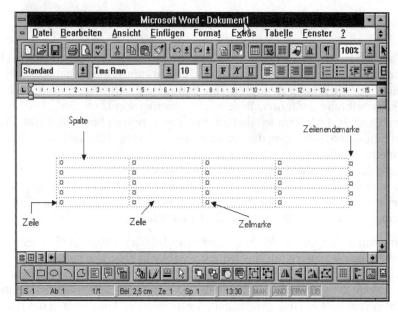

Abb. 17.1: Der Aufbau einer Tabelle

Tabellen einfügen

Das Erstellen einer WinWord-Tabelle birgt überhaupt keine Schwierigkeit in sich. Positionieren Sie die Einfügemarke an der Stelle, an der Sie eine Tabelle erstellen möchten.

Bei Verwendung der Maus klicken Sie nun in der Funktionsleiste das Symbol "Tabelle einfügen" an. Hierauf öffnet sich ein grafisches Fenster, indem Sie mit niedergedrückter Maustaste die Anzahl der Spalten und Zeilen markieren, aus denen die Tabelle bestehen soll. Wenn Sie den Mauszeiger nach unten oder rechts über den Rand des Fensters hinausziehen, vergrößert sich das Tabellensymbol automatisch, so daß Sie auch große Tabellen nach Belieben erstellen können. Wie groß die momentane Markierung ist, wird Ihnen unter der Grafik in Zahlen (Zeile x Spalte) angezeigt.

Wenn sie die Maustaste loslassen, wird die Tabelle in der augenblicklichen Form an der Position der Einfügemarke ins Dokument aufgenommen. Sie wird hierbei automatisch so dimensioniert, daß sie zwischen die Spaltenränder paßt; sie entsprechen den Seitenränder, solange nicht mehrere Spalten definiert sind. Alle Zellen der Tabelle haben die gleiche Breite und die gleiche Höhe. Wenn Sie es sich während des Erstellvorganges anders überlegen sollten und abbrechen möchten, so brauchen Sie den Mauszeiger nur nach oben oder links aus dem grafischen Tabellenfenster hinauszuziehen. Die Anzeige im Feld wechselt dann in ABBRECHEN, was Sie durch einfaches freigeben der Maustaste bestätigen. Auch die Betätigung der [Esc]-Taste bricht den Vorgang ab.

Falls Sie Tabellen lieber mittels der Tastatur erstellen, wählen Sie im Menü TABELLE den Befehl TABELLE EINFÜGEN ([Alt][L][E]). In das Dialogfenster, das sich daraufhin öffnet, tragen Sie die SPALTENANZAHL ([Alt][L]) ein. Um die ZEILENANZAHL ([Alt][Z]) brauchen Sie sich beim Erstellen einer Tabelle zunächst nicht zu kümmern. Auch die SPALTENBREITE ([Alt][B]) können Sie zunächst getrost der Verwaltung durch das Programm überlassen. Bestätigen Sie die Vorgabe mit OK oder [↵]. Das Dialogfenster wird geschlossen und die der Tabelle mit der vorgegebenen Anzahl Spalten erstellt.

Falls Sie die Tabelle nicht sehen, so liegt es aller Wahrscheinlichkeit nach daran, daß Sie weder über den Befehl EXTRAS > OPTIONEN > ANSICHT das Kontrollfeld TEXTBEGRENZUNGEN noch im Menü TABELLE den Befehl GITTERNETZLINIEN ([Alt][L][G]) aktiviert haben. Holen Sie dies nach, um die Struktur der Tabelle zur Anzeige zu bringen.

Um die Tabelle um eine Zeile zu erweitern, positionieren Sie die Einfügemarke in der Tabelle und drücken die [⇥]-Taste so oft, bis das Ende der letzten Zeile erreicht ist. Bei der nächsten Betätigung der [⇥]-Taste springt die Einfügemarke in eine neue Tabellenzeile, die hierdurch eröffnet wird. Hierbei wird die gesamte neue Zeile nach dem Vorbild der letzten Zeile gestaltet. Dies ist auch der Fall, wenn Sie die einzelnen Spalten einer Zeile unterschiedlich formatiert haben. Eine neue Zeile richtet sich in ihrem Aufbau stets nach der aktuellen Zeile, nach deren Muster sie erstellt wird.

Das gleiche gilt auch für die Erweiterung einer Tabelle mit der [↵]-Taste. Bewegen Sie die Einfügemarke an das Ende einer Zeile hinter die letzte Zelle und drücken Sie [↵]. Nun wird im direkten Anschluß an die vorhandene Zeile eine neue Zeile eingefügt. Der Vorteil dieser Vorgehensweise liegt auf der Hand: Während Sie mit der [⇥]-Taste nur Zeilen an das Ende einer Tabelle anfügen können, können Sie die [↵]-Taste am Ende einer beliebigen Spaltenzeile dazu benutzen, Zeilen innerhalb der Tabelle einzufügen.

Wenn Sie von Anfang an wissen, wie groß die Tabelle werden soll, also wie viele Spalten und wie viele Zeilen sie haben soll, können Sie beide Angaben schon im Dialogfenster TABELLE EINFÜGEN bei der Erstellung vorgeben. Sie tragen zunächst die Spaltenanzahl in das erste Feld ein, aktivieren dann die Zelle ZEILENANZAHL ([Alt][Z]) und geben die Zeilenzahl an. Durch einen Eintrag unter SPALTENBREITE ([Alt][B]) können Sie zudem festlegen, welche

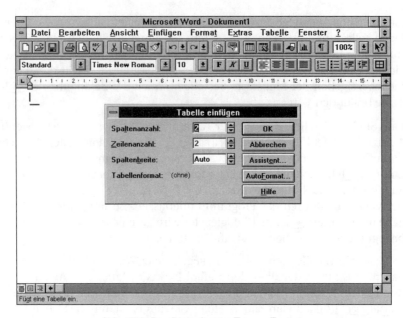

Abb. 17.2: Das Dialogfenster TABELLE EINFÜGEN

Breite die Spalten der Tabelle haben sollen. Ihre Eingabe muß in einer positiven Dezimalzahl erfolgen und bestimmt die Breite aller Spalten in gleichem Maß. Der vorgegebene Eintrag AUTO überläßt die Einstellung der Spaltenbreite dem Programm. Dieses orientiert sich hierbei am Maß der Textspalte, die bei einem einspaltig formatierten Abschnitt dem Abstand zwischen dem linken und rechten Seitenrand entspricht. Die Tabelle nutzt in diesem Fall die ganze Breite der Textspalte aus, wobei wieder jeder Tabellenspalte die gleiche Breite zugewiesen wird. Zwischen den einzelnen Spalten ist ein Abstand von 0,25 Zentimeter voreingestellt.

Wenn Sie eine Tabelle mit vielen Spalten erstellen möchten, die eventuell nur für Arbeiten am Bildschirm - z.B. der Erfassung von Listen oder der Kalkulation von Werten - gedacht ist, können Sie ohne Probleme eine Spaltenbreite vorgeben, die über der voreingestellten Seitengröße des Dokuments liegt. Maximal darf die Breite aller Spalten zusammen allerdings den Wert von 55,86 Zentimetern nicht überschreiten. Wenn Sie mehrere Spalten über die maximale Fläche erstellen möchten, müssen Sie diesen Wert durch die Anzahl der Spalten teilen. Hierbei ist das Maximum mit 31 Spalten erreicht, während Sie immerhin 32767 Zeilen erstellen können, was aber nicht empfehlenswert ist. Immerhin handelt es sich bei Word für Windows um eine Textverarbeitung. Für Tabellen solcher Größen sollten Sie eine Tabellenkalkulation heranziehen.

Wenn Sie erfahren möchten, wie breit eine einzelne Spalte maximal werden darf, gehen Sie folgendermaßen vor: Geben Sie die gewünschte SPALTEN-ANZAHL vor und tragen Sie unter Spaltenbreite "55 cm" ein. Dieser Wert ist bei mehr als einer Spalte auf jeden Fall zu groß für die gleichmäßige Aufteilung der Spaltenbreite. Wenn Sie nun mit OK oder ⏎ bestätigen, wird eine Meldung angezeigt, der Sie die Maximalbreite entnehmen können. Bestätigen Sie die Meldung und tragen Sie das soeben erfahrene Höchstmaß oder einen niedrigeren Wert in das Feld SPALTENBREITE ein. Anschließend bestätigen Sie die Eingaben.

Tabellen überdimensionierter Größenordnungen lassen sich allerdings nur noch von Druckern bewältigen, die Papier im DIN-A3-Format quer bedrucken können. Wenn Ihr Drucker hierzu nicht in der Lage sein sollte, haben Tabellen dieser Ausmaße dennoch einen Sinn. Mitunter gibt es Aufgaben wie die Berechnung mehrerer Faktoren oder die Bereitstellung von Adressen, die Inhalte zu anderen Dateien liefern. Auf solche Funktionen wird in Kapitel 25, das sich mit der Serienbrieferstellung und verwandten Themen beschäftigt, eingegangen. In diesen Fällen sind die Tabellen nicht zum Ausdruck gedacht, sondern zur internen Arbeit, und die Teile der Tabelle, die schwarz auf weiß sichtbar werden, finden hierfür Aufnahme in anderen Dokumenten. Während der Bildschirmarbeit erleichtert solch eine übergroße Tabelle dann die Erfassung der Daten. Bedenken Sie hierbei, daß die Tabelle im Layoutmodus und in der Seitenansicht auf Blattgröße beschnitten wird. In der Normaldarstellung und im Konzeptmodus werden Sie aber keine Schwierigkeiten haben, die Tabelle darzustellen. Der Bildschirm zeigt bei diesen Größenverhältnissen allerdings nicht die ganze Tabelle an, sondern nur einen Ausschnitt. Dieser Ausschnitt wird idealerweise mit der Maus über die horizontale Rolleiste verschoben.

Neben den Schaltflächen OK und ABBRECHEN sind im Dialogfenster TABELLE EINFÜGEN die Schaltflächen ASSISTENT und AUTOFORMAT vorhanden. Diese beiden Funktionen helfen Ihnen bei der endgültigen Gestaltung Ihrer Tabellen.

Tabellen-Assistent und -AutoFormat

Im Dialogfenster TABELLE EINFÜGEN steht per Befehl ein ASSISTENT (Alt E) bereit, der Ihnen bei der Erstellung neuer Tabellen zur Hand geht. Rufen Sie die Assistent-Funktion auf, präsentiert sich Ihnen zunächst eine Auswahl von sechs Tabellen, die sich in der Aufteilung unterscheiden. Bei den dickeren Linien handelt es sich nicht um formatierte Rahmen, sondern sie sind nur zu Ihrer Orientierung hevorgehoben. Je nach Art der gewählten Tabellenstruktur modifiziert sich der weitere Ablauf des Assistenten. Die

Tabellen sind von Haus aus vor allem auf die tabellarische Darstellung von Zeiteinheiten ausgerichtet, können aber auch für andere Zwecke genutzt werden.

Die Steuerung des Assistenten erfolgt über die Schaltflächen <ZURÜCK ([Alt][Z]) und WEITER> ([Alt][W]), mittels deren Sie sich im Ablauf vorwärts und rückwärts bewegen können. Solange der Assistent aktiv ist, können Sie also bis zum Ausgangspunkt zurückgehen und Ihr Glück mit einer anderen Formatierung versuchen. Die Struktur der momentan angewählten Tabelle wird grafisch im Asssitenten dargestellt. Sie können die Arbeit mit dem Assistenten jederzeit ABBRECHEN ([Esc]), oder das bestehende Ergebnis über FERTIGSTELLEN ([Alt][F]) bestätigen. Sobald Sie FERTIGSTELLEN anwählen, wird die Tabelle in der bestehenden Formatierung zur Weiterbearbeitung an die AutoFormat-Funktion für Tabellen übergeben.

Wenn Sie stets eine bestimmte Art einer Tabelle benötigen, die der Tabellen-Assistent für Sie bereithält, so brauchen Sie nicht jedesmal den gesamten Ablauf durchzugehen. Es genügt in diesem Fall, dem Assistenten beim ersten Mal die Formatierung entsprechend Ihrer Wünsche mitzuteilen. Wenn Sie den Assistenten das nächste Mal bemühen, um wieder die gleiche Tabelle zu erstellen, können Sie gleich das Eröffnungsfenster mit FERTIGSTELLEN bestätigen. Der Tabellen-Assistent merkt sich nämlich die letzte Einstellung. Sein "Gedächtnis" findet sich im Windows-Stammverzeichnis in Form der Datei WORDWIZ.INI. In dieser Datei werden allgemein die letzten Einstellungen der Assistenten gespeichert. Um also alle Assistenten auf "Null" zurückzusetzen, löschen Sie einfach die WORDWIZ.INI. Um lediglich die Voreinstellungen des Tabellen-Assistenten wiederherzustellen, löschen Sie die Sektion [Tabellen-Assistent] der WORDWIZ.INI, die als ganz normale, unformatierte Textdatei mit WinWord geöffnet und auch gespeichert werden kann.

Nach Ablauf des eigentlichen Assistenten öffnet sich das Dialogfenster TABELLE AUTOFORMAT. Zugriff auf diese AutoFormat-Funktion haben Sie auch im Dialogfenster TABELLE ERSTELLEN über den Befehl AUTOFORMAT ([Alt][F]) und mittels des Menübefehls TABELLE > TABELLE AUTOFORMAT ([Alt][L][F]). Im Dialogfenster TABELLE AUTOFORMAT können Sie auf eine Vielzahl von vordefinierten Tabellen zurückgreifen. Wählen Sie aus der Liste FORMATE ([Alt][F]) die Tabelle aus, die Ihren Wünschen entspricht. Nur ABBRECHEN oder [Esc] entläßt Sie aus dem Fenster, ohne Ihre Tabelle im Dokument zu gestalten. Der Eintrag (OHNE) formatiert die Tabellen einfach ohne Rahmenlinien, Farben usw., was bei bereits formatierten Tabellen wohl kaum im Sinne des Gestalters sein dürfte. Wer hingegen ein ansprechendes Tabellenformat sucht, hat in der Liste der FORMATE ein breites Spektrum einfacher, farbiger und gar dreidimensionaler Tabellen zur Verfügung. Sie präsentieren im Feld VORSCHAU anhand einer Mustertabelle, was im Dokument zu erwarten ist, wenn die markierte Formatierung mit OK bestätigt wird.

Im Abschnitt FORMATIERUNG können Sie einzelne Optionen ein- und ausschalten. Mit RAHMEN ((Alt)(R)) deaktiviert oder aktiviert den kompletten Rahmen um und innerhalb der Tabelle. SCHATTIERUNG ((Alt)(S)) bezieht sich auf die Hinterlegungen der Tabellenzellen. Mit ZEICHEN ((Alt)(Z)) werden die Zeichenformatierungen geschaltet, die den Text innerhalb der Tabelle fett oder kursiv erscheinen lassen. FARBE ((Alt)(A)) färbt bzw. entfärbt die Hinterlegungen der Tabellenfelder und die Schriften, soweit farbige Formatierungen beim ausgewählten Tabellenformat vorgegeben sind.

Nicht alle Optionen haben Wirkung auf alle Tabellen der Liste, und nicht alle Formate lassen sich immer sinnvoll anwenden. Während Schattierungen auch auf einfarbigen Druckern ausgegeben werden können, ist es natürlich nur dann sinnvoll, Farben einzusetzen, wenn ein Farbdrucker zum Einsatz kommt oder die Tabelle nicht ausgedruckt werden soll.

Eine Sonderrolle innerhalb der Formatierungen spielt das Kontrollkästchen OPTIMALE BREITE ((Alt)(O)). Hiermit wird die maximale Breite einer Spalte ihrem breitesten Element angepaßt, so daß keine Umbrüche innerhalb der Zelle nötig sind. Dies geht natürlich nur dann, wenn die Gesamtbreite der Tabelle dadurch nicht die Seitenbreite überschreitet.

Unter FORMATIERUNG ANWENDEN AUF können Sie auswählen, worauf die Formatierungen angewandt werden sollen. Voreingestellt sind ÜBERSCHRIFTEN ((Alt)(B)) und ERSTE SPALTE ((Alt)(E)), deren Formatierungen sich hier auch deaktivieren lassen. Wenn Sie Formatierungen auch auf die LETZTE SPALTE ((Alt)(L)) und die LETZTE ZEILE ((Alt)(T)) anwenden möchten, so wählen Sie die entsprechenden Kontrollkästchen an. Den Effekt Ihrer Eingaben können Sie im VORSCHAU-Feld verfolgen. Nachdem Sie Ihre Auswahl beendet haben, klicken Sie auf OK oder drücken (↵) und kehren in den Bearbeitungsmodus des Dokuments zurück, in dem Sie nun Ihre formatierte Tabelle in Augenschein nehmen können.

Wenn Sie bereits erstellte Tabellen mit TABELLE AUTOFORMAT bearbeiten, so beziehen sich die Änderungen gemäß des VORSCHAU-Feldes auf die ganze Tabelle. Unwesentlich ist es hierbei, ob sie ganz, teilweise oder gar nicht markiert ist. Wichtig ist lediglich, daß die Einfügemarke beim Aufruf der Funktion TABELLE AUTOFORMAT sich in der Tabelle befindet, die gestaltet werden soll. Der Befehl TABELLE AUTOFORMAT ist übrigens in jedem Shortcut-Menü der rechten Maustaste vorhanden, das Sie innerhalb einer Tabelle aktivieren; ausgenommen ist lediglich jenes Shortcut-Menü, das sich auf eine komplett markierte Tabelle bezieht.

Bewegungen und Markierungen in Tabellen

Innerhalb der Tabellenzellen können Sie alle Eingaben wie gewohnt vornehmen. Mit ⏎ geben Sie Absatzschaltungen und mit ⇧⏎ Zeilenschaltungen ein. Der Text wird innerhalb einer Zelle entsprechend der Breite der Tabellenspalte umbrochen.

Das Bewegen und Markieren in Tabellen entspricht weitgehend den Bewegungen und Markierungsbefehlen im normalen Text. Durch ihre besondere Struktur, die Differenzierung einzelner Zellen, ergeben sich hierbei jedoch ein paar Abweichungen und Spezifikationen. Diese Besonderheiten sind in der folgenden Tabelle gelistet. Es empfiehlt sich, die Erklärungen direkt am Bildschirm nachzuvollziehen, da sich so die Abweichungen von Textbewegungen direkt zeigen. Erstellen Sie sich nun einmal eine Tabelle, in der Sie sich mit vier Spalten und fünf Zeilen ein wenig Bewegungsraum gönnen. Die Spaltenbreite kann auf "Auto" eingestellt bleiben.

Bewegungen in Tabellen vollziehen Sie mit folgenden Tasten und Tastenschlüsseln:

Bewegung	Tasten	Bemerkung
Eine Zelle nach rechts	⇥	In der letzten Zelle der Tabelle fügt ⇥ eine weitere Tabellenzeile ein.
Eine Zelle nach links	⇧ ⇥	Über die erste Zelle der Tabelle bleibt ⇧ ⇥ ohne Wirkung.
In die letzte Zelle der Zeile	Alt Ende	
In die erste Zelle der Zeile	Alt Pos 1	
In die letzte Zelle der Spalte	Alt Bild ↓	
In die erste Zelle der Spalte	Alt Bild ↑	
Zum nächsten Zeichen	→	Am Ende einer Zelle wechselt → in die nächste Zelle. Am Ende der letzten Zelle wird die Tabelle verlassen.
Zum vorigen Zeichen	←	Am Anfang einer Zelle wechselt ← in die vorhergehende Zelle. Am Anfang der ersten Zelle wird die Tabelle verlassen, wenn Zeichen vor der Tabelle eingegeben wurden.

17 • Die Arbeit mit Tabellen

Bewegung	Tasten	Bemerkung
Zur nächsten Zeile	⬇	In der letzten Zeile einer Zelle wechselt ⬇ in die nächste Zellenzeile. In der letzten Zeile der untersten Zellenzeile wird die Tabelle verlassen.
Zur vorigen Zeile	⬆	In der ersten Zeile einer Zelle wechselt Y in die vorhergehende Zellenzeile. In der ersten Zeile der obersten Zellenzeile wird die Tabelle verlassen, wenn Zeichen vor der Tabelle eingegeben wurden.

Tab. 17.1: Bewegung der Einfügemarke in Tabellen mittels Tastenkombinationen

Einen Tabulator geben Sie mit [Strg][⇆] ein. Da die [⇆]-Taste zur zellenweisen Bewegung in der Tabelle dient, müssen Sie innerhalb einer Tabelle für die Eingabe von Tabulatoren die Tastenkombination [Strg][⇆] benutzen.

Ein fester Seitenwechsel, den Sie mit [Strg][↵] eingeben, wird von Word für Windows immer oberhalb der aktuellen Zeile eingefügt.

Eine Tabelle teilen Sie oberhalb einer Tabellenzeile durch eine Absatzschaltung mit [Strg][⇧][↵], also dem Tasteschlüssel, der sonst einen Spaltenwechsel hervorruft. Die Einfügemarke kann hierbei in einer beliebigen Zelle und an beliebiger Position innerhalb der Zelle stehen. Die Tabelle wird stets oberhalb der Zeile geteilt, zu der die aktuelle Zelle gehört. Befindet sich die Zelle in der obersten Zeile der Tabelle, wird eine Absatzschaltung oberhalb der Tabelle eingefügt.

Dem Tastenbefehl [Strg][⇧][↵] entspricht im Menü TABELLE der Befehl TABELLE TEILEN ([Alt][L][I]). Auch dieser Befehl fügt stets oberhalb der aktuellen Tabellenzeile eine Absatzschaltung ein, durch die die Tabelle in zwei Tabellen geteilt wird.

Die Bewegung der Einfügemarke mit der Maus entspricht der Vorgehensweise im normalen Text. Sie klicken einfach die gewünschte Position an, um die Einfügemarke an dieser Stelle zu plazieren.

Innerhalb einer Tabelle erfolgt die Zeichen- und Absatzformatierung in der bekannten Weise. Sie formatieren den Inhalt mehrerer Zellen gleichzeitig, indem Sie die Markierung ausdehnen.

Tabellen über Menü markieren Um das Markieren in Tabellen so einfach wie möglich zu gestalten, wurden drei spezielle Befehle in das Menü TABELLE aufgenommen:

Menübefehl	Wirkung
ZEILE MARKIEREN ([Alt][L][Z])	markiert die Zeile, in der die Einfügemarke steht bzw. sämtliche Zeilen, die von einer Markierung berührt werden.
SPALTE MARKIEREN ([Alt][L][S])	markiert die Spalte, in der die Einfügemarke steht bzw. sämtliche Spalten, die von einer Markierung berührt werden.
TABELLE MARKIEREN ([Alt][L][A])	markiert die gesamte Tabelle.

Tab. 17.2: Markieren mit den Menübefehlen im TABELLE-Menü

Wenn Sie mit der Tastatur oder der Maus in Tabellen markieren, weisen die üblichen Markierfunktionen ein paar Besonderheiten auf:

Die Markierung über die Tastatur erfolgt in Tabellen zweckmäßiger Weise auf folgende Arten:

Markierung	Tasten
Textzeichen	[⇧][→] oder [⇧][←] Alternative: Sie aktivieren den Erweiterungsmodus mit [F8] oder [Strg][⇧][8] (Anzeige in der Statuszeile: ERW) und erweitern anschließend die Markierung mit [→] oder [←]. Der Erweiterungsmodus wird mit [Esc] abgeschaltet.
	Wenn Sie die Markierung über eine Zelle hinaus in die nächste Spalte erweitern, werden beide Zellen zur Gänze markiert. Jeder weitere Tastendruck markiert eine weitere Zelle. Wird die Zeile verlassen, werden in der nächsten Zeile sämtliche Zellen markiert, die an die bereits markierten Zellen angrenzen. Beim Verlassen der Tabelle werden sämtliche Zeilen markiert, die bereits mindestens eine markierte Zelle aufweisen.
Textzeilen	[⇧][↓] oder [⇧][↑] Alternative: Sie aktivieren den Erweiterungsmodus mit [F8] oder [Strg][⇧][F8] (Anzeige in der Statuszeile: ERW) und erweitern anschließend die Markierung mit [↓] oder [↑]. Der Erweiterungsmodus wird mit [Esc] abgeschaltet.

17 • Die Arbeit mit Tabellen

Markierung	Tasten
	Wenn Sie die Markierung über eine Zelle hinaus in die nächste Zeile erweitern, werden beide Zellen zur Gänze markiert. Jeder weitere Tastendruck markiert eine weitere Zelle. Beim Verlassen der Tabelle werden sämtliche Zeilen markiert, die bereits mindestens eine markierte Zelle aufweisen.
Tabellenzeilen	[Alt][⇧][Ende], wenn die Einfügemarke in einer Zelle der äußersten linken Spalte steht, oder [Alt][⇧][Pos 1], wenn die Einfügemarke in einer Zelle der äußersten rechten Spalte steht.
Tabellenspalten	[Alt][⇧][Bild↓], wenn die Einfügemarke in einer Zelle der untersten Zeile steht, oder [Alt][⇧][Bild↑], wenn die Einfügemarke in einer Zelle der obersten Zeile steht.
Ganze Tabelle	[Alt][5] (numerischer Tastaturblock, [Num] muß abgeschaltet sein)

Tab. 17.3: Markierungen in Tabellen mittels Tastenkombinationen

Die übrigen Markierungseingaben haben die gleiche oder sehr ähnliche Funktionsweisen wie außerhalb der Tabelle. Darüber hinaus gilt: Sobald eine Zelle bei der Markierung verlassen wird, werden immer beide Zellen markiert. Beim Markieren über das Tabellenende hinaus werden immer alle Zeilen markiert, in denen sich bereits eine Markierung befindet.

Mit der Maus markieren Sie in der Tabelle auf folgende Weise:

Markierung	Bewegung
Textzeichen	indem Sie die linke Maustaste gedrückt halten, während Sie den Mauszeiger über die gewünschten Zeichen ziehen. Wenn Sie eine Markierung über eine Zelle hinausziehen, wird die ganze Zelle markiert. Zusätzlich werden alle Zellen markiert, in die Sie den Mauszeiger ziehen. Zellen, die hierbei von zwei anderen markierten Zellen berührt werden, werden ebenfalls in die Markierung einbezogen.
Tabellenzellen	indem Sie den Mauszeiger links in der Zelle positionieren, so daß er einen nach rechts oben gerichteten Pfeil aufweist. Klicken Sie die Zelle an, um sie zu markieren.

Markierung	Bewegung
Tabellenzeilen	indem Sie den Mauszeiger links in einer Tabellenzelle der gewünschten Zeile positionieren, so daß er einen nach rechts oben gerichteten Pfeil aufweist. Klicken Sie die Zelle doppelt an, um die gesamte Zeile zu markieren.
Tabellenspalten	indem Sie den Mauszeiger oberhalb der Tabelle über der gewünschten Spalte positionieren. Hier symbolisiert er einen nach unten gerichteten Pfeil. Wenn Sie nun die linke Maustaste drücken, wird die Spalte, auf die er zeigt, markiert. Ebenfalls können Sie den Mauszeiger an einer beliebigen Stelle innerhalb der gewünschte Spalte positionieren und die rechte Maustaste zusammen mit der ⇧-Taste drücken. Wieder symbolisiert der Mauszeiger einen Pfeil nach unten, und die gesamte Tabellenspalte wird markiert.
Ganze Tabelle	indem Sie den Mauszeiger oberhalb der äußersten linken oder rechten Spalte der Tabelle positionieren. Der Mauszeiger symbolisiert nun einen Pfeil nach unten. Halten Sie die linke Maustaste gedrückt, und ziehen Sie die Maus in die Spalte der entgegengesetzten Tabellenseite. Wenn Sie sich innerhalb der Tabelle befinden, können Sie die gleiche Aktion mit der rechten Maustaste zusammen mit der ⇧-Taste initiieren. Beachten Sie, daß Sie sich ebenfalls in einer der äußeren beiden Spalten befinden müssen, um die ganze Tabelle durch Ziehen zu markieren. Der Mauszeiger ändert seine Form erst beim Drücken der rechten Maustaste.

Tab. 17.4: Markieren in Tabellen mit der Maus

Löschen, Kopieren und Einfügen in Tabellen

Die Lösch- und Kopierbefehle entsprechen den üblichen Befehlen. In die Zwischenablage löschen Sie mit Strg X und kopieren mit Strg C. Das Kopieren und Verschieben über die Funktionstaste F2 bzw. ⇧ F2 und die entsprechenden Mausbefehle ist nur möglich, solange die Markierung die Grenzen einer Zelle nicht überschreitet.

Ziehen-und-Ablegen Auch in Tabellen steht Ihnen die Drag-and-Drop-Funktion zur Verfügung. Sie können die markierte Passage wie gewohnt mit der Maus an eine andere Stelle des Dokuments verschieben, indem Sie sie mit der linken Maustaste ziehen, oder kopieren, indem Sie zusätzlich die ⟨Strg⟩-Taste betätigen. Überdies können Sie mit der Maus auch ganze Zellen, die inklusive der Zellenbegrenzung markiert wurden, und sogar mehrere Zellen verschieben und kopieren. Wenn Sie die Markierung in andere Zellen ablegen, werden die bestehenden Zellinhalte überschrieben. Falls die Tabelle nicht genügend Raum bietet, um die markierten Zellen aufzunehmen, wird die Tabelle erweitert. Sollte sich die Markierung, die Sie per Drag-and-Drop verschieben oder kopieren, auf eine ganze Tabellenzeile samt Zeilenendemarke erstrecken, so wird die komplette Zeile vor der Einfügezeile in der Tabelle ergänzt. Bei komplett markierten Tabellenspalten bewirkt das Verschieben oder Kopiern mit Drag-and-Drop die Ergänzung der verschobenen Spalte vor der Spalte, die als Ziel gewählt wird. In diesen beiden Fällen werden die bestehenden Zellinhalte der Tabelle nicht überschrieben. Wenn Sie markierte Zellen, Zeilen oder Spalten im Text des Dokuments ablegen, wird hierdurch automatisch eine Tabelle in der Dimension der Markierung erstellt, so daß die Inhalte der Zellen ihren gewohnten Platz finden.

Zwischen-ablage

Beim Ausschneiden oder Kopieren von ganzen Zellen einschließlich Zellenbegrenzer in die Zwischenablage bleibt die Struktur der Zellen in der Kopie und in der Tabelle erhalten. Allerdings werden beim Ausschneiden die Inhalte der Zellen entfernt, so daß die Tabellenzellen leer sind. Der äußere Rahmen bleibt jedoch bestehen. Anders schaut es aus, wenn eine oder mehrere ganze Zeile(n) samt Zeilenenmarke oder ganze Spalte(n) markiert sind. In diesem Fall werden beim Ausschneiden auch die Zeilen oder Spalten und nicht nur die Inhalte aus der Tabelle entfernt. Wenn Sie die Inhalte von Zellen, ganze Zeilen oder Spalten an einer beliebigen Stelle in den Text einfügen, fügen Sie hiermit gleichzeitig die Struktur der Tabellenzellen ein. Dies ist nicht der Fall, wenn die Markierung die Grenzen einer Zelle beim Kopieren oder Löschen nicht überschritten hat. In diesem Fall fügen Sie nur den Inhalt der kopierten Zelle als Text ins Dokument ein.

Wenn Sie eine Tabellenstruktur in identischer Form an eine andere Stelle des Dokuments oder in ein anderes Dokument übernehmen möchten, markieren Sie eine Zeile der Tabelle, und kopieren sie in die Zwischenablage. Positionieren Sie die Einfügemarke nun an der Stelle, an die Sie die Tabellenstruktur übernehmen möchten - sie kann auch in einem anderen Dokument sein -, und fügen Sie sie mit ⟨Strg⟩⟨V⟩ ein. Falls Sie die Inhalte der Zellen nicht brauchen, markieren Sie die Tabellenzeile und entfernen die Inhalte mit ⟨Entf⟩.

Während sich in der Zwischenablage Tabellenzellen befinden, ändert sich der EINFÜGEN-Befehl im Menü BEARBEITEN in ZELLEN EINFÜGEN (⟨Alt⟩⟨B⟩⟨I⟩).

Sollten eine oder mehrere ganze Tabellenzeilen in der Zwischenablage enthalten sein, heißt der gleiche Befehl ZEILEN EINFÜGEN (Alt B I), wenn die Einfügemarke in der ersten Zelle einer Zeile steht oder eine ganze Zeile markiert ist. In diesem Fall fügt WinWord die Zeile(n) aus der Zwischenablage oberhalb der aktuellen Tabellenzeile ein. Um die Inhalte der Zeile(n) zu ersetzen, müssen die Zellen des Einfügebereichs mit Ausnahme der Endemarke der Tabellenzeile markiert sein. Dann lautet der Befehl wiederum ZELLEN EINFÜGEN.

SPALTEN EINFÜGEN (Alt E I) heißt der Befehl, wenn der Inhalt der Zwischenablage aus kompletten Tabellenspalten besteht und die Einfügemarke in der obersten Zelle einer Spalte steht bzw. eine ganze Spalte markiert ist. WinWord fügt die Spalte(n) aus der Zwischenablage nun links der aktuellen Spalte ein. Wenn die bestehenden Spalteninhalte durch die Inhalte der Zwischenablage ersetzt werden sollen, müssen zuvor die Zellen des Einfügebereichs markiert werden, um den Einfügebefehl ZELLEN EINFÜGEN zur Verfügung zu haben.

Das Shortcut-Menü der rechten Maustaste beinhaltet die Befehle AUSSCHNEIDEN, KOPIEREN und ... EINFÜGEN erweitert. An letzterem Befehl können Sie ablesen, welcher Art die nächte Einfügung sein wird: Solange er nicht ZELLEN EINFÜGEN heißt, wird die Tabelle stets durch eine komplette Zeile oder Spalte erweitert, die die bestehenden Werte nicht überschreibt.

So können Sie sich im Shortcut-Menü und im Menü BEARBEITEN über den Befehl EINFÜGEN immer in Kenntnis setzen, welcher Art der Inhalt der Zwischenablage ist und wie die momentande Markierung bzw. Position der Einfügemarke ist.

Wenn in der Zwischenablage sowohl Zellen und Zellinhalte als auch Text gespeichert wurde, ist nicht der Befehl ZELLEN EINFÜGEN -, sondern das normale EINFÜGEN aktiv. Solche gemischten Inhalte lassen sich nicht in Tabellen einfügen. Das Einfügen von Inhalten der Zwischenablage in Tabellen erfolgt nach folgenden Prinzipien:

- **Inhalt der Zwischenablage**
    Markierung der Tabelle
        Wirkung

- Wenn nur Inhalt und keine Zellstruktur enthalten ist
    und keine Markierung gesetzt wird, sondern nur die Einfügemarke positioniert ist,
        fügt Word für Windows den Inhalt der Zwischenablage an der Position der Einfügemarke ein.

- **Inhalt der Zwischenablage**
    Markierung der Tabelle
        Wirkung

- Wenn nur Inhalt und keine Zellstruktur enthalten ist
    und eine Markierung innerhalb einer Zelle gesetzt ist,
        überschreibt der Inhalt der Zwischenablage die markierte Passage.
- Wenn nur Inhalt und keine Zellstruktur enthalten ist
    und eine Markierung über mehrere Zellen einer Zeile gesetzt ist,
        überschreibt der Inhalt der Zwischenablage den Inhalt der ersten markierten Zelle und löscht die Inhalte der folgenden Zellen.
- Wenn Inhalt und Zellstruktur einer Zelle enthalten sind
    und keine Markierung gesetzt wird, sondern nur die Einfügemarke positioniert ist,
        überschreibt der Inhalt der Zwischenablage den gesamten Zellinhalt.
- Wenn Inhalt und Zellstruktur einer Zelle enthalten sind
    und eine Markierung innerhalb einer Zelle gesetzt ist,
        überschreibt der Inhalt der Zwischenablage den gesamten Zellinhalt.
- Wenn Inhalt und Zellstruktur einer Zelle enthalten sind
    und eine Markierung über mehrere Zellen gesetzt ist,
        erscheint die Meldung, daß Kopier- und Einfügebereiche unterschiedlich sind.
- Wenn Inhalt und Zellstruktur mehrerer Zellen enthalten sind
    und keine Markierung gesetzt wird, sondern nur die Einfügemarke positioniert ist,
        überschreibt der Inhalt der Zwischenablage entsprechend der gespeicherten Zellenanzahl die Zelle der Einfügemarke und die folgenden Zellen. Sollten nicht genügend Zellen in der aktuellen Zeile vorhanden sein, werden sie durch die Einfügung ergänzt.
- Wenn Inhalt und Zellstruktur mehrerer Zellen enthalten ist
    und eine Markierung über die entsprechende Anzahl Zellen gesetzt ist,
        überschreibt der Inhalt der Zwischenablage die Zellinhalte.

- **Inhalt der Zwischenablage**
  - **Markierung der Tabelle**
    - **Wirkung**

- Wenn Inhalt und Zellstruktur mehrerer Zellen enthalten ist
  - und eine Markierung über eine nicht entsprechende Anzahl Zellen gesetzt ist,
    - erscheint die Meldung, daß Kopier- und Einfügebereiche unterschiedlich sind.
- Wenn ganze Zeilen oder Spalten enthalten sind
  - und die Einfügemarke am Beginn einer Zeile oder Spalte steht, deren Struktur dem Inhalt der Zwischenablage entspricht,
    - werden die Zeilen oder Spalten der Zwischenablage vor der aktuellen Zeile bzw. Spalte in die Tabelle eingefügt, ohne bestehende Inhalte zu ersetzen.
- Wenn ganze Zeilen oder Spalten enthalten sind
  - und eine Markierung sich auf ganze Zeilen oder Spalten erstreckt, deren Struktur dem Inhalt der Zwischenablage entspricht,
    - werden die Zeilen oder Spalten der Zwischenablage vor den markierten Zeilen bzw. Spalten in die Tabelle eingefügt, ohne bestehende Inhalte zu erstezen.

Tab. 17.5: Verhalten von Tabelleninhalten beim Einfügen aus der Zwischenablage

Keinen Einfluß auf diese Einfügeprozesse hat es, ob über den Befehl EXTRAS > OPTIONEN > BEARBEITEN das Kontrollkästchen EINGABE ERSETZT MARKIERUNG aktiviert ist. Allerdings wird, wenn diese Funktion aktiv ist, eine Markierung beim Einfügen auf jeden Fall gelöscht, auch bei der Eingabe von Zeichen über die Tastatur.

Sollten mehrere Zellen markiert sein, wird bei der Eingabe nur der Inhalt der ersten Zelle überschrieben; die folgenden Zellen bleiben unverändert.

Zellen löschen und einfügen

Mitunter müssen in Tabellen Zellstrukturen eingefügt oder gelöscht werden. Da dies - wie gezeigt - nur bedingt mit den normalen Befehlen EINFÜGEN und AUSSCHNEIDEN vollzogen werden kann, bietet das Menü TABELLE hierfür eigene Befehle.

17 • Die Arbeit mit Tabellen

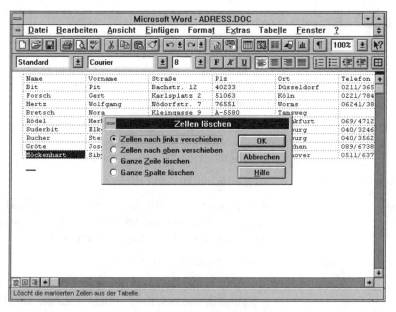

Abb. 17.3: Das Dialogfenster ZELLEN LÖSCHEN

Mit Ausnahme des Befehls TABELLE EINFÜGEN können Sie die Befehle nur anwählen, wenn die Einfügemarke innerhalb einer Tabelle steht oder ein Tabellenbereich bzw. die ganze Tabelle markiert ist.

Die Einfügen- und Löschen-Befehle des Menüs TABELLE variieren je nach Markierung. Der Befehl ... EINFÜGEN (Alt L E) fügt ZELLEN, ZEILEN oder SPALTEN ein, die sich andererseits mit dem Befehl ... LÖSCHEN (Alt L L) entfernen lassen. Eingefügt werden stets leere Zellen, Zeilen oder Spalten; ob die Zellen, Zeilen oder Spalten, die Sie löschen, leer sind, bleibt Ihnen überlassen.

Menübefehl TABELLE	Wirkung	
TABELLE EINFÜGEN	öffnet das Dialogfenster TABELLE EINFÜGEN, in dem SPALTENANZAHL, ZEILENANZAHL und SPALTENBREITE bestimmt werden können.	*Die Einfügemarke steht im freien Text*
TABELLE EINFÜGEN	übernimmt die Passage automatisch in eine Tabelle, solange alle markierten Absätze keine oder die gleiche Anzahl Trennzeichen (Tabulatoren, Semikolons oder andere) enthalten. Jeder Absatz wird zu einer neuen Tabellenzeile.	*Eine freie Textpassage ist markiert*

	Menübefehl TABELLE	Wirkung
		Sind unregelmäßige Trennzeichen in den markierten Absätzen, werden entsprechend der vorkommenden Trennzeichen Spalten in der Tabellenzeile eingefügt.
Eine oder mehrere Zeilen sind markiert	ZEILEN EINFÜGEN	fügt die markierte Anzahl Zeilen vor der Markierung ein, wobei sich die Zellstruktur der Zeilen nach der obersten markierten Zeile richtet.
Eine oder mehrere Spalten sind markiert	ZEILEN LÖSCHEN	löscht die markierten Zeilen.
	SPALTEN EINFÜGEN	fügt die markierte Anzahl Spalten vor der Markierung ein, wobei sich die Zellstruktur der Zeilen nach der ersten (linken) markierten Spalte richtet.
	SPALTEN LÖSCHEN	löscht die markierten Spalten.
Einzelne Zellen sind markiert	ZELLEN EINFÜGEN	öffnet das Dialogfenster ZELLEN EINFÜGEN, in dem festgelegt wird, wie sich die Einfügung auf die Tabelle auswirkt. Es wird die markierte Anzahl Zellen eingefügt, wobei sich die Zellstruktur bei Verschiebungen nach rechts an der ersten (linken) markierten Spalte und bei Verschiebungen nach unten an der obersten markierten Zeile richtet.
	ZELLEN LÖSCHEN	öffnet das Dialogfenster ZELLEN LÖSCHEN, in dem festgelegt wird, wie sich die Löschung auf die Tabelle auswirkt. Es werden die markierten Zellen gelöscht.
Die Einfügemarke steht in einer Zelle	ZEILEN EINFÜGEN	fügt eine Zeile vor der aktuellen Zeile ein, wobei sich die Zellstruktur nach der Zeile richtet, in der die Einfügemarke steht.
	ZELLEN LÖSCHEN	öffnet das Dialogfenster ZELLEN LÖSCHEN, in dem festgelegt wird, wie sich die Löschung auf die Tabelle auswirkt. Es wird die aktuelle Zelle gelöscht.

Tab. 17.6: Wirkungen der Tabellenbefehle EINFÜGEN und LÖSCHEN

Zellen einfügen und löschen
Im Menü TABELLE aktivieren Sie mit den Befehlen ZELLEN EINFÜGEN (Alt L E) und ZELLEN LÖSCHEN (Alt L L) ein Dialogfenster, in dem Sie angeben, wie sich die Einfügung auf die Tabelle auswirkt. Im Dialogfenster ZELLEN EINFÜGEN bieten sich Ihnen folgende Wahlmöglichkeiten:

17 • Die Arbeit mit Tabellen

Zellen	Wirkung
NACH RECHTS VERSCHIEBEN (Alt R)	Verschiebt die markierten Zellen nach rechts und fügt vor ihnen die markierte Anzahl als Leerzellen ein. Die Struktur richtet sich nach der ersten (linken) Spalte der Markierung.
NACH UNTEN VERSCHIEBEN (Alt U)	Verschiebt die markierten Zellen nach unten und fügt vor ihnen die markierte Anzahl als Leerzellen ein. Die Struktur der Einfügung entspricht der Markierung. Allerdings werden die nach unten verschobenen Zellen gemäß der untersten Zeile der Markierung formatiert.
GANZE ZEILE EINFÜGEN (Alt Z)	Fügt so viele Zeilen ein, wie Zeilen von der Zellenmarkierung berührt werden. Die Zeilen werden vor der obersten Zeile mit einer markierten Zelle eingefügt und übernehmen deren Struktur.
GANZE SPALTE EINFÜGEN (Alt S)	Fügt so viele Spalten ein, wie Spalten von der Zellenmarkierung berührt werden. Die Spalten werden vor der ersten (linken) Spalte mit einer markierten Zelle eingefügt und übernehmen deren Struktur.

Tab. 17.7: Befehle im Dialogfenster ZELLEN EINFÜGEN

Achten Sie darauf, daß die Anweisung ZELLEN NACH UNTEN VERSCHIEBEN offensichtlich etwas außer der Reihe funktioniert. Die Zellen, die bereits bestehen, erhalten die Stuktur der untersten markierten Zeile, während die neuen Zellen die alte Struktur übernehmen. Solange keine Markierung gesetzt ist, kann innerhalb einer Tabelle nur eine Zeile eingefügt werden.

Während eine oder mehrere Zellen einer Tabelle markiert sind, hat das Symbol "Tabelle Einfügen" die gleiche Funktion wie die verschiedenen EINFÜGEN-Befehle; es ändert sogar seinen Namen entsprechend in ZELLEN, ZEILEN oder SPALTEN EINFÜGEN, wie Sie sehen können, wenn Sie den Mauszeiger einen Moment auf ihm ruhen lassen; vorausgesetzt, Sie haben unter ANSICHT > SYMBOLLEISTEN das Kontrollkästchen QUICKINFO ANZEIGEN aktiviert.

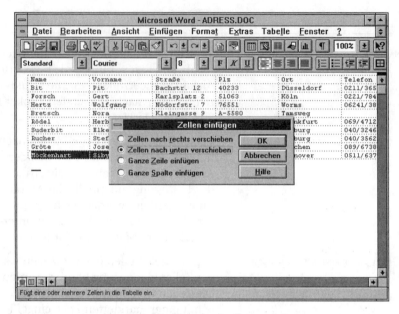

Abb. 17.4: Das Dialogfenster ZELLEN EINFÜGEN

Solange keine ganze Zeile oder Spalte markiert ist, erscheint beim Anklicken des Symbols das Dialogfenster ZELLEN EINFÜGEN, das Sie bereits kennen. Sind jedoch eine oder mehrere Tabellenzeilen markiert, oder die Einfügemarke befindet sich innerhalb einer Zelle, so entspricht die Wirkung des Symbols dem Befehl ZEILEN EINFÜGEN. Ebenso schaltet es auf SPALTEN EINFÜGEN um, sobald Sie Spalten in der Tabelle markieren. Sie haben hier ein Beispiel dafür, wie Programmbefehle kontextsensitiv gestaltet werden können und so dem Anwender Überlegungen und Arbeit abnehmen.

Eine andere Möglichkeit, das Einfügen und Löschen von Zellen, Zeilen und Spalten der Tabelle zu steuern, liegt wieder einmal im Shortcut-Menü der rechten Maustaste. Hier sind - ja nach Markierung oder Stellung der Einfügemarke in der Tabelle - die relevanten Befehle zu finden.

 Durch das Einfügen einer Spalte werden alle folgenden Spalten nach rechts verschoben. Die Breite der gesamten Tabelle wird hierbei nicht automatisch angepaßt. Vielmehr übernimmt die eingefügte Spalte die Spaltenbreite der Zellen, die rechts von ihr stehen. Durch diese Verschiebung der Tabellenbreite nach rechts kann es sehr leicht passieren, daß die Tabelle über den Blattrand hinausgerückt wird. Wie Sie die Spaltenbreite einer Tabelle individuell an die Breite der Seite anpassen, behandelt der nächste Abschnitt.

Um eine Spalte auf der rechten Seite der Tabelle zu ergänzen, markieren Sie im Dokument die Endemarkierungen der Tabellenzeilen und wählen dann den Befehl TABELLE > SPALTEN EINFÜGEN.

Wenn Sie eine Zeile oder Spalte löschen, wird nicht nur die Zellstruktur gelöscht, sondern auch sämtliche Zellinhalte. Die Informationen der Zeile oder Spalte sind also verloren. Falls Ihnen hierbei ein Versehen unterlaufen ist, da die Inhalte noch nicht kopiert oder anderweitig gesichert waren, Sie sie aber weiterhin brauchen, müssen Sie den Löschvorgang mit (Strg)(Z) rückgängig machen.

Nach einer Zeilenlöschung rücken die übrigen Zeilen direkt zu der Zeile auf, die über der gelöschten Zeile steht. Wenn Sie eine Spalte gelöscht haben, werden die Spalten rechts der Löschung direkt an die Spalte, die links der gelöschten Spalte steht, angeschlossen. Die Breite der einzelnen Tabellenspalten bleibt hierdurch unverändert.

Wenn Sie über eine Markierung Zellen einfügen, werden nur jene Zellen verschoben, die in den Zeilen liegen, in denen die markierten Zellen sind. Hierdurch kann es wiederum geschehen, daß ein Teil der Tabelle außerhalb des Blattbereichs liegt. Dieser ist dann noch immer gültig, kann aber in der Layout- und Seitenansicht nicht eingesehen werden. Außerdem läßt sich dieser Teil der Tabelle nicht ohne weiteres ausdrucken. Falls Sie die Tabelle wieder auf das Seitenformat beschränken möchten, müssen Sie sie formatieren, wie es im weiteren beschrieben ist.

Auch die Tastatur kann Ihnen beim Löschen von Zellen, Spalten und ganzen Tabellen gute Dienste leisten. Während der (Entf)-Taste bei Markierungen innerhalb von Tabellen nur die Inhalte der Zellen anheimfallen, sieht die Situation anders aus, wenn Sie eine Markierung setzen, die die Grenze der Tabelle überschreitet, wobei automatisch ganze Zeilen markiert werden. Nun entfernt ein Druck auf (Entf) die ganze Passage, die markiert wurde, wobei auch die Tabellenstruktur der markierten Zeilen verschwindet. Um innerhalb von Tabellen Zeilen oder Spalten zu löschen, können Sie sich der Tastenkombination (⇧)(Entf) bedienen, die allerdings die Strukturen nur dann einbezieht, wenn tatsächlich komplette Zeilen oder Spalten markiert sind. Erstreckt sich die Markierung lediglich auf einzelne Zellen, so ist die Wirkung der Kombination genau wie die der (Entf)-Taste und bezieht sich wieder nur auf die Daten.

Wenn Sie markierte Zellen löschen, werden sowohl Zellinhalte als auch die Zellstruktur des markierten Bereichs entfernt. Die Lücke, die hierdurch entsteht, wird bei der horizontalen Verschiebung von rechts, bei der vertikalen Verschiebung von unten aufgefüllt.

Durch Einfügungen oder Löschungen entstehen Verschiebungen in der Tabellenstruktur, die Störungen der Übersichtlichkeit von Tabellen herbeiführen, sofern sie nicht ausdrücklich beabsichtigt sind. Solange Sie keine Passage markieren, gilt stets die Zelle, in dem sich die Einfügemarke befindet, als markiert.

Zellen verbinden

Das Menü TABELLE bietet noch einen weiteren Zellenbefehl, der allerdings nur aktiv ist, wenn eine oder mehrere nebeneinanderliegende Zellen markiert sind. Diese Zellen können Sie mit dem Befehl ZELLEN VERBINDEN ([Alt][L] [V]) zu einer Zelle zusammenfassen. Dies funktioniert auch, wenn in mehreren Zeilen nebeneinanderliegende Spaltenzellen markiert sind. Hierbei werden die Zellen einer jeden Zeile miteinander verbunden. Untereinanderliegende Zellen lassen sich nicht verbinden. Befinden sich in den eingebundenen Zellen bereits Einträge, so sind die Inhalte der ehemals einzelnen Zellen in der Verbundzelle durch Absatzschaltungen voneinander getrennt.

Zellen teilen   Sie können Zellen auch teilen. Der Menübefehl TABELLE > ZELLEN TEILEN ([Alt][L] [N]) bezieht sich auf die Zelle, in der sich die Einfügemarke befindet, oder auf die aktuell markierten Zellen, so daß Sie auch mehrere Zellen auf einmal teilen können, sofern alle die gleiche Aufteilung erhalten sollen. Wenn Sie mit TABELLE > ZELLEN TEILEN ([Alt][L][N]) das Dialogfenster ZELLEN TEILEN öffnen, baruchen Sie lediglich im Feld SPALTENANZAHL ([Alt][S]) einzugeben, in wieviele Zellsegmente jede einzelne Zelle gesplittet werden soll. Die neuen Zellen haben alle die gleiche Breite; das heißt, der zur Verfügung stehende Raum wird unter den neuen Zellen gleichmäßig geteilt. Befinden sich mehrere Absätze in der zu teilenden Zelle, so werden diese gleichmäßig auf die neuen Zellen verteilt, wobei die Zellen von links nach rechts gefüllt werden. Wenn Sie also eine Zelle mit fünf Absätzen in drei Zellen teilen, so erhält die erste Zelle die ersten zwei Absätze, die nächste Zelle den dritten und vierten Absatz und die letzte Zelle den fünften Absatz.

Durch das Verbinden von Zellen lassen sich innerhalb einer Tabelle Zellen maximal über die ganze Zeilenbreite setzen. Solche Zellen bieten Raum für Überschriften oder Hauptpunkte bei gegliederten Tabellen. Gerade für die Formularerstellung, die sich mit der Tabellenfunktion auf einfache Art strukturieren läßt, bietet sich das Zusammenfassen und Splitten von Zellen an. Überdies bietet sich auf diese Weise die Möglichkeit, z.B. zwei Grafiken in benachbarten Tabellenzellen nebeneinander zu positionieren und ihnen über die volle Länge eine Bildunterschrift zuzuteilen. Das Einfügen von Grafiken, das innerhalb einer Tabelle nach den gleichen Prinzipien funktioniert wie im fortlaufenden Text, behandelt das Kapitel 19.

Tabellen formatieren

Tabellen, die Sie über das Symbol "Tabelle" oder den Befehl TABELLE > EINFÜGEN erstellen, wurden weitgehend nach einem Standardmaß eingerichtet. Sie haben in diesem Dialogfenster lediglich die Möglichkeit, die SPALTENANZAHL, die ZEILENANZAHL und die SPALTENBREITE zu bestimmen. Da dies für ein ausgefeiltes Tabellenformat sehr dürftige Angaben sind, steht Ihnen in den Tabellen-Shortcut-Menüs der rechten Maustaste und im Menü TABELLE neben dem Befehl TABELLE AUTOFORMAT auch der Befehl ZELLENHÖHE UND -BREITE ((Alt)(L)(H)) zur Verfügung, über den Sie die Größe der Spalten und Zeilen modifizieren können. Hierfür stehen Ihnen im Dialogfenster ZELLENHÖHE UND -BREITE die Registerkarten ZEILE ((Alt)(Z)) und SPALTE ((Alt)(S)) zur Verfügung. Außerdem gibt es spezielle Mausfunktionen, um die Breite von Zeilen und Spalten innerhalb der Tabelle direkt zu verändern.

Da Tabellen selten genau vorherbestimmt werden können, sind Formatierungen während der Eingabe und nach Abschluß der Erfassung angebracht. Insofern reicht für das Erstellen und die erste Bearbeitung einer Tabelle meist die Standardvorgabe. Änderungen am Tabellenlayout nehmen Sie danach vor.

Das Dialogfenster ZELLENHÖHE UND -BREITE läßt sich nur aktivieren, wenn die Einfügemarke innerhalb einer Tabelle ist oder eine Markierung gesetzt wurde. Für das Shortcut-Menü der rechten Maustaste muß eine Markierung gesetzt sein, die nicht den Rahmen der Tabelle überschreitet. Wenn sich die Einfügemarke in einer beliebigen Zelle der Tabelle befindet, gelten sowohl Zeile als auch Spalte der Zelle als markiert. Soll die Höhe mehrerer Zeilen gleichzeitig verändert werden, so müssen die Zeilen zumindest zum Teil markiert sein. Bei der Veränderung mehrerer Spalten ist es erfoderlich, die betreffenden Spalten ganz zu markieren. Sobald eine Markierung besteht, läßt sich der Befehl ZELLENHÖHE UND -BREITE auch im Shortcut-Menü der rechten Maustaste aufrufen.

Bei der Formatierung einzelner Zellen, Zeilen oder Spalten bleibt die restliche Tabelle bedingt unverändert. Bedenken Sie, daß jede Veränderung des Tabellenlayouts ihre Wirkung auf alle benachbarten Zellen hat, die ja den Anschluß aneinander nie verlieren.

Wenn Sie einzelne Zellen oder Spalten markiert haben, können Sie die Breite in der Registerkarte SPALTE ((Alt)(S)) bestimmen. Vor dem Eingabefeld BREITE DER SPALTE ((Alt)(B)) ist vermerkt, welche Spalten der Tabelle zur Zeit markiert sind. Die Spalten werden hierbei von links nach rechts gezählt. Sollte sich die Markierung über mehrere Spalten erstrecken, so wird dies durch einen Eintrag der Form "x-y" vermerkt. Geben Sie die Spaltenbreite als

Spaltenbreite

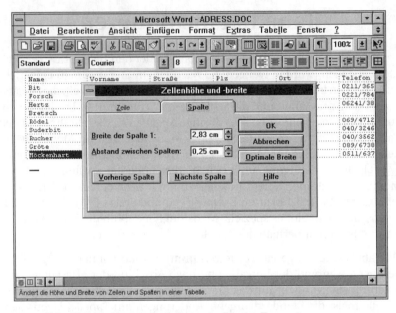

Abb. 17.5: Die Registerkarte SPALTE im Fenster ZELLENHÖHE UND -BREITE

positive Dezimalzahlen ein. Wenn Sie mehrere Spalten nacheinander definieren möchten, wechseln mit den entsprechenden Befehlen in die VORHERIGE SPALTE ((Alt)(V)) bzw. NÄCHSTE SPALTE ((Alt)(N)). Die aktive Spalte wird wiederum hinter BREITE DER SPALTE angezeigt. Beachten Sie, daß sich bei einer Markierung einzelner Zellen die Formatierung nur auf die spezifizierten Zellen und nicht auf die ganze Spalte bezieht.

Wenn Sie ins Feld BREITE DER SPALTEN "Auto" oder "0" eintragen, wird der zur Verfügung stehende Raum - Grenzen setzen wie immer die Seiten- oder Spaltenränder der Seite - gleichmäßig zwischen den markierten Spalten aufgeteilt.

Abstand zwischen Zellinhalten

Im Eingabefeld ABSTAND ZWISCHEN SPALTEN ((Alt)(A)) bestimmen Sie, wie groß der Raum ist, der zwischen den einzelnen Zellinhalten benachbarter Spalten freigehalten wird. Geben Sie den Wert ebenfalls in einer positiven Dezimalzahl ein. Diese Eingabe bezieht sich auf alle Zellen der Zeilen, die von der Markierung betroffen werden. Wenn also eine ganze Spalte markiert ist, betrifft eine Änderung des Abstands zwischen den Spalten die gesamte Tabelle. Der Abstand wird jeweils am Anfang einer Zelle freigehalten.

Die kleinste Spaltenbreite bestimmt den größtmöglichen Abstand zwischen den Spalten. Der Abstand zwischen den Spalten darf nicht größer sein als die kleinste Tabellenzelle der aktuellen Tabellenzeile. Andererseits kann die Spaltenbreite einer Zelle nie den Spaltenabstand unterschreiten, der für die jeweilige Zeile festgelegt wurde. Die Vorgabe der Spaltenbreite liegt mit 0,25 Zentimetern in einem unproblematischen Rahmen.

Mit OPTIMALE BREITE ([Alt][O]) wird die Breite einer Spalte ihrem breitesten Element angepaßt, so daß keine Umbrüche innerhalb einer Zelle nötig sind. Die Seitenbreite ist hierbei das Maß der Dinge: WinWord reduziert breitere Tabellen auf den Satzspiegel. Schmalere Tabellen werden nur auf Satzspiegelbreite ausgeweitet, wenn ihre Inhalte dies nötig machen.

Im Register ZEILE wird der Zeilenbezug über dem Listenfeld HÖHE DER ZEILEN angegeben. Auch hier wird in der Form "x-y" angezeigt, daß mehrere Zeilen markiert sind. Die HÖHE DER ZEILEN ([Alt][I]) bestimmt, welche Höhe die aktuelle Tabellenzeile nicht unterschreiten darf. Als Standardeintrag ist AUTO vorgegeben. Dies bedeutet, daß die Höhe der Zeile automatisch angepaßt wird, das Mindestmaß ihrer Höhe aber auf 12 Punkt festgelegt ist. Die Höhe der Zeile wird automatisch angepaßt, sobald eine Eingabe in einer Zelle dies erfordert. Ausschlaggebend ist die Größe des höchsten Zeichens der Tabellenzeile. Sie können im Feld MASS ([Alt][M]) aber auch eine andere Zahl als Ausgangswert für die Zeilenhöhe vorgeben. Im Listenfeld HÖHE DER ZEILEN bestimmen Sie mit MINDESTENS, daß der eingegebene Wert als Mindestmaß gilt, der erhöht werden darf, wenn der Inhalt einer Zelle es erfordert.

Zeilenhöhe

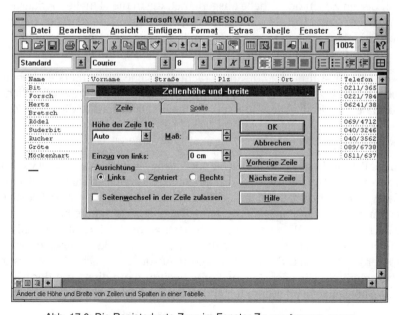

Abb. 17.6: Die Registerkarte ZEILE im Fenster ZELLENHÖHE UND -BREITE

Falls Sie diese automatische Anpassung der Zeilenhöhe unterbinden möchten, wählen Sie in der Liste den Eintrag GENAU. Dies setzt die Höhe der Zeile auf das definierte Maß fest. Hiermit lassen sich auch Zeilenhöhen unter 12 Punkt definieren.

Bei der Fixierung einer zu geringen Zeilenhöhe werden die Zeichen einer Zelle abgeschnitten oder gar "verschluckt". Andererseits läßt sich mit dieser Methode festlegen, daß die Tabelle nicht nur eine durchgängige Spaltenbreite, sondern auch eine feste Zeilenhöhe aufweist. Ihr Eintrag in das Feld MASS kann wie in den meisten Wertfeldern in einer beliebigen Einheit erfolgen, solange Sie die Maßeinheit nennen (cm, ze, pi, "). Vorgegeben ist das Punktmaß (pt), auf das Sie auch bei der Einstellung über die beiden Pfeile neben dem Drehfeld zugreifen.

Unter EINZUG VON LINKS ([Alt][U]) legen Sie fest, wie weit das erste Zeichen einer Zeile vom linken Seitenrand entfernt sein soll. Hier können Sie auch ein negatives Dezimalmaß eingeben und die Zeile so in den unbedruckten Seitenrand hinausschieben. Dies bietet die Möglichkeit, mit Hilfe von Tabellen Marginaltexte auf einfache Weise auf dem Seitenrand zu positionieren.

Zeilen ausrichten Die Ausrichtung der Tabellenzeilen bestimmen Sie mit LINKS ([Alt][L]), ZENTRIERT ([Alt][E]) und RECHTS ([Alt][R]). Ihre Vorgabe positioniert die Zeile der Tabelle entsprechend der Seitenränder. Es werden dabei immer die markierten Zeilen der Tabelle ausgerichtet, die in die aktuelle Markierung einbezogen sind. Um also eine ganze Tabelle in der Mitte zwischen beiden Seitenrändern einzurichten, markieren Sie eine oder mehrere Spalten der Tabelle und geben im Dialogfenster als Zeilenausrichtung ZENTRIERT vor.

Wenn Sie vor Aufruf von ZEILENHÖHE nicht sämtliche Zeilen markiert haben, die Sie formatieren möchten, oder den einzelnen Zeilen unterschiedliche Formate zuweisen wollen, so wechseln Sie im Dialogfenster die aktive Zeile mit den Befehlen VORHERIGE ZEILE ([Alt][V]) bzw. NÄCHSTE ZEILE ([Alt][N]). Die aktive Zeile ist wieder neben HÖHE DER ZEILE vermerkt.

In der Registerkarte ZEILE können Sie auch festlegen, ob Sie den ZEILENWECHSEL INNERHALB DER ZEILE ZULASSEN ([Alt][W]) möchten. Hiermit legen Sie fest, ob eine Zelle, deren Inhalt nicht mehr auf die Druckseite paßt, auf die nächste Seite umbrochen wird, oder ob die ganze Tabellenzeile auf die nächste Seite verschoben wird. Wenn das Kontrollkästchen deaktiviert ist und Zelleninhalte und somit die Zeilenhöhe die Höhe einer Druckseite überschreitet, so werden die Inhalte der Tabellenzeile im Ausdruck einfach am Seitenrand abgeschnitten. Die nächste Druckseite beginnt dann direkt mit der nächsten Tabellenzeile oder dem folgenden Text des Dokuments.

17 • Die Arbeit mit Tabellen

Im Zusammenhang mit der Formatierung von Tabellen erweist sich der Befehl TABELLE > ÜBERSCHRIFT ([Alt][T][B]) als sehr nützlich. Dieser Menübefehl läßt sich nur aktivieren, wenn die Einfügemarke in der ersten Zeile einer Tabelle steht oder eine Markierung die erste Zeile der Tabelle einbezieht. Nicht sinnvoll ist es, den Befehl anzuwählen, während eine ganze Spalte der Tabelle markiert ist. Wenn Sie diese Option aktivieren - zu erkennen am Häkchen im Menü TABELLE - werden sämtliche Zeilen der Tabelle, die zum Zeitpunkt der Aktivierung markiert sind, nach einem Seitenwechsel innerhalb der Tabelle auf der neuen Seite wieder als Überschrift angezeigt. Die Formatierungen der Zeilen bleiben dabei erhalten. Nachträgliche Änderungen in den Überschriftszeilen werden automatisch auf die folgenden Seiten übernommen.

Überschriften von Tabellen

Die Funktion der Maus bei der Tabellengestaltung

Mit der Maus haben Sie direkten Zugriff auf die Gestaltung der Tabelle. Sie können mit ihr die Breiten ganzer Spalten oder einzelner Zellen und die Höhen der Tabellenzeilen anpassen. Hierbei bietet sich sogar die Möglichkeit, die anderen Spalten in Abhängigkeit zu der vorgenommenen Änderung zu setzen. Prinzipiell gilt, daß sich Änderungen stets auf ganze Spalten beziehen, solange keine Markierung gesetzt ist, die die Formatierung auf bestimmte Zellen eingrenzt.

Um mit der Maus Spalten zu formatieren, positionieren Sie den Mauszeiger auf der senkrechten Gitternetzlinie hinter der Zelle, deren Spaltenbreite Sie vergrößern oder verkleinern möchten. An dieser Stelle nimmt der Mauszeiger die Form eines durchbrochenen waagerechten Doppelpfeils an, mit dem sich die Gitternetzlinien bei Betätigung der linken Maustaste ziehen lassen. Wenn Sie zudem die rechte Maustaste oder die [Alt]-Taste betätigen, werden im Lineal, sofern es aktiv ist, die Spaltenbreiten in Abstandangaben der aktiven Maßeinheit angezeigt.

Altenativ hierzu haben Sie in Tabellen die Möglichkeit, von der Sonderfunktion des Lineals Gebrauch zu machen, das seine Anzeige auf die Tabelle ausrichtet. Die einzelnen Spaltenbegrenzungen, in der Bildschirmanzeige durch die Gitternetzlinien sichtbar zu machen, werden im Lineal durch Spaltenmarken kenntlich gemacht, die Sie genau wie die Gitternetzlinien mit dem Mauszeiger ziehen können, der an dieser Stelle die Form eines Doppelpfeils annimmt. Auch hier wirken sich gleichzeitiges Drücken von rechter Maustaste oder [Alt]-Taste während des Ziehens mit der linken Maustaste in der Anzeige der Abstände zwischen den Tabellenspalten aus.

Wenn Sie die linke Maustaste niederhalten, um die Spaltenbreite auf das gewünschte Maß zu ziehen, wird die momentane Position des Zellenrandes

Tabellenzeilen gleichmäßig verändern

437

durch eine punktierte Linie angezeigt, die sich gemäß des Mauszeigers bewegt. Durch das Ziehen verändern Sie die Zellen direkt, die links an diese Anpassungslinie angrenzen. Die Zellen rechts der Anpassungslinie verändern ihre Größe proportional zueinander, sodaß die Tabellenbreite insgesamt erhalten bleibt.

Die Änderung, die Sie durch das Ziehen der Anpassungslinie vornehmen, bezieht sich auf die ganze Spalte, solange keine Zellen markiert sind. Erst wenn Sie eine oder mehrere Zellen markieren, modifizieren Sie nur Zellen der Zeile, auf die sich die Markierung ganz oder teilweise erstreckt. Verändert werden hierbei nur die markierten Zellen und die Zellen, die links der Anpassungslinie stehen.

Zellgrößen beim Verändern fixieren

Wenn Sie wünschen, daß mit Ausnahme der Zelle links der Anpassungslinie alle übrigen Zellen ihre Spaltenbreite beibehalten, müssen Sie die ⇧- und die Strg-Taste niederhalten, bevor Sie die linke Maustaste drücken. Nun behalten die Zellen, die rechts der Verschiebung stehen, ihre Spaltenbreite bei. Sie werden ohne Modifikation ihrer Größen je nach vorgenommener Veränderung lediglich nach links oder rechts verschoben. Dies hat allerdings eine Veränderung in der Gesamtbreite der Tabelle zur Folge, die im Ausdruck störend wirken kann.

Benachbarte Zellen gleichmäßig verändern

Oft soll die rechte Zelle um soviel schmaler oder breiter werden, wie die linke Zelle zu- oder abnimmt. In diesem Fall bleibt die Gesamtbreite der Tabelle unverändert, da die beiden benachbarten Zellen die Veränderung der Spaltenbreite gegenseitig auffangen. Um dies zu erreichen, müssen Sie die ⇧-Taste betätigen und niederhalten, während Sie die linke Maustaste drücken. Ist sie gedrückt, können Sie die ⇧-Taste freigeben, während Sie die Maustaste weiterhin unten halten. Nun verändern Sie durch Ziehen der Anpassungslinie die benachbarten Zellen in Relation zueinander.

Tabellenzellen gleichgroß formatieren

Mitunter sollen alle oder einige Spalten einer oder mehrerer Zeilen die gleiche Spaltenbreite erhalten. In diesem Fall betätigen Sie die Strg-Taste, bevor Sie die linke Maustaste drücken und festhalten. Auch die Strg-Taste kann freigegeben werden, wenn mit dem Verschieben begonnen wird. Das Verschieben ändert nun die linken Zellen wie gewohnt direkt in ihrer Breite. Die Veränderung gibt aber aber allen rechten Zellen der betroffenen Tabellenzeilen die gleiche Spaltenbreite, wobei die bestehende Gesamtbreite der Tabelle unverändert bleibt.

Wenn Sie in der Layoutansicht arbeiten und unter OPTIONEN > ANSICHT das vertikale Lineal aktiviert haben, können Sie durch Ziehen des Doppelpfeils mit der Maus auch die Zeilenhöhe einstellen. Auch hier steht wieder die Anzeige der Abstände in der aktuellen Maßeinheit zur Verfügung, wenn zur linken Maustaste die rechte oder die Alt-Taste betätigt werden. Bei Anpassungen der Höhe der Tabellenzeilen werden die Änderungen in die

17 • Die Arbeit mit Tabellen

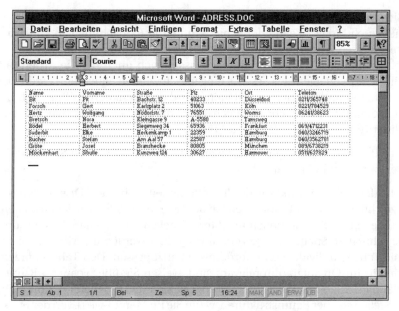

Abb. 17.7: Das Absatzlineal im Tabellenmodus

Tabelle als Mindestzeilenabstand aufgenommen, wovon Sie sich im Dialogfenster ZELLENHÖHE UND -BREITE überzeugen können.

Sie haben die Möglichkeit, das Dialogfenster ZELLENHÖHE UND -BREITE durch einen Doppelklick im Lineal auf einen der Tabellenmarker des vertikalen Lineals zu aktivieren.

Obwohl das Lineal innerhalb einer Tabelle anderes erscheint als im normalen Text, bleiben alle Funktionen des normalen Absatzlineals erhalten, und Sie haben neben den Funktionen, die besonders die Aufgaben von Tabellen betreffen, über das Lineal auch Zugriff auf die gewohnte Absatzformatierung, die in Tabellen ebenfalls ihren Einsatz findet. So lassen sich die Ausrichtung der Absätze und Absatzabstände in Tabellen verändern und in Tabellenzellen Tabstops setzen. Bedenken Sie beim Einsatz von Tabulatoren, daß Tabulatorschaltungen innerhalb von Tabellen mit der Tastenkombination (Strg)(↹) eingegeben werden müssen, da die (↹)-Taste der Bewegung von Zelle zu Zelle dient.

Tabellen mit Rahmen gestalten

Mit der Rahmenfunktion, die über FORMAT > RAHMEN UND SCHATTIERUNG ((Alt)(T) (R)) oder das Symbol "Rahmen und Schattierung" ausgerufen wird, lassen sich Tabellen grafisch gestalten. Neben verschiedenen Rahmenlinien stehen auch Möglichkeiten der Schattierung und Farbgebung von Tabellenzellen offen. Hierdurch werden nicht nur die Ausdrucke von fertigen Tabellen übersichtlicher, sondern es lassen sich auch für die Arbeit am Bildschirm oder jenseits des PCs Eingabeschablonen entwerfen, Vordrucke anfertigen und Formulare gestalten. Mit dieser Funktion eröffnet sich Ihnen die volle Palette jener Möglichkeiten, die TABELLE-AUTOFORMAT standardisiert für einige Tabellenmuster bietet.

Zur Rahmengestaltung von Absätzen und Tabellen erfahren Sie mehr direkt im Anschluß in Kapitel 18.

Mit der Rahmenfunktion der Tabelle lassen sich auch Organigramme "zeichnen". Hierfür formatieren Sie die Tabelle so, daß an all jenen Stellen, an denen Sie Striche ziehen möchten, Tabellenlinien stehen. Je mehr und je schmalere Spalten Sie setzen, umso größer werden die Möglichkeiten, die Tabelle individuellen Erfordernissen anzupassen. Den Tabellenlinien, die für Ihr Organigramm relevant sind, weisen Sie über FORMAT > RAHMEN Rahmenlinien zu. Noch flexibler erweist sich die Tabellenfunktion beim Erstellen solcher Baumstrukturen, wenn Sie im Menü TABELLE von der Funktion ZELLEN VERBINDEN Gebrauch machen und das Zeilenformat im Dialogfenster ZEILENHÖHE UND -BREITE in der Registerkarte ZEILE mit den Optionen EINZUG VON LINKS und HÖHE der ZEILEN > GENAU anpassen.

Text in Tabellen wandeln

Die Tabellenfunktion von Word für Windows eignet sich nicht nur zur übersichtlichen Erfassung von tabellarischem Material, sondern arbeitet gleichzeitig mit dem normalen Textmodus zusammen. Zu solch einer Zusammenarbeit gehört die Möglichkeit, Texte oder Tabellen zu übernehmen, die auf einer anderen Basis erstellt wurden. Word für Windows stellt Ihnen diese Funktion mit TABELLE > TEXT IN TABELLE UMWANDELN (Alt L T) zur Verfügung und kennt kennt verschiedene Arten, Daten tabellarisch zu ordnen.

Die erste Art ist die Ordnung über Tabulatoren: hierbei wird jedem Eintrag ein Tabulatorzeichen vorangestellt. Den Tabulatoren entsprechen feste Positionen, an denen die Einträge ausgerichtet werden. Diese Form der kolonnenartigen Ordnung ist vor allem von Schreibmaschinen bekannt. Eine andere Art ist die Gliederung als Liste, die ihren Ursprung in der Datenverarbeitung hat.

Während beim Erstellen von kolonnenartigen Übersichten auf Papier das mechanische Moment des festen Haltepunktes im Vordergrund stehen

17 • Die Arbeit mit Tabellen

mußte, ist dieses Argument für eine Liste, die mit dem Computer erfaßt wurde, nicht relevant. Hier ist vielmehr entscheidend, daß dem Verarbeitungssystem mitgeteilt wird, an welcher Stelle ein Eintrag endet und ein neuer Eintrag beginnt. Hierfür werden von vielen Programmen sogenannte Listenzeichen verwendet. Im anglo-amerikanischen Raum ist das Komma als Listenzeichen ("comma delimited") verbreitet, während sich bei uns das Semikolon als Listenzeichen durchgesetzt hat. Viele Programme tragen dem inzwischen Rechnung, indem sie wechselbare Listenzeichen zur Verfügung stellen.

Bei Windows kann über die Systemsteuerung das Listenzeichen bestimmt werden. In Deutschland findet weitgehend das Semikolon als Listenzeichen Verwendung. Es gibt überdies normalerweise eine Entsprechung zwischen Dezimaltrennzeichen und Listenzeichen: Wenn das Dezimaltrennzeichen ein Komma ist, ist das Listenzeichen ein Semikolon; ist aber das Dezimalzeichen ein Punkt, werden Listen durch Kommata unterteilt.

Das Listentrennzeichen, auf das Ihre Version von Windows eingestellt ist, wird automatisch im Dialogfenster TEXT IN TABELLE UMWANDELN genannt. Im Dialogfenster heißt in der Gruppe TRENNZEICHEN das Feld neben ABSATZMARKEN in der deutschen Konfiguration von Windows zwar in der Regel SEMIKOLA, wird aber automatisch umbenannt in KOMMATA ([Alt][K]), wenn diese als LISTENTRENNZEICHEN in den LÄNDEREINSTELLUNGEN der SYSTEMSTEUERUNG von Windows eingetragen sind. Andere Trennzeichen, die Sie an dieser Stelle vorgegeben haben, werden im Dialogfenster TEXT IN TABELLE UMWANDELN im Zweifelsfalle einfach als TRENNZEICHEN ([Alt][R]) erwähnt.

Word für Windows versteht nun, je nach Einstellung von Windows, Semikolon (oder andere Trennzeichen) und Tabulatoren als Möglichkeiten, eine Tabelle zu gliedern. Außerdem akzeptiert das Programm Absatzschaltungen als Zellenbegrenzungen. Zusätzlich zu diesen möglichen Trennzeichen besteht die Möglichkeit, eigene Zeichen als Zellenbregrenzungen zu definieren. Hiermit sind Ihnen Tür und Tor geöffnet, um mit fast allen anderen Programmen Tabellen oder Listen auszutauschen, da Sie die Trennzeichen selber bestimmen können. Sie haben also verschiedene Möglichkeiten, bereits erfaßten Text mit der Tabellenfunktion von Word für Windows zu strukturieren. Dies erlaubt Ihnen, auch Listen, Kolonnen oder Texte aus anderen Programmen zu übernehmen, die keine Tabellenfunktion haben, und die eingelesenen Dateien mit Word für Windows als Tabellen zu formatieren.

Um Text, der bereits erfaßt wurde, in eine Tabelle zu übernehmen, markieren Sie den Text und wählen entweder das Symbol "Tabelle", den Befehl TABELLE > TABELLE EINFÜGEN oder den Befehl TABELLE TEXT IN TABELLE an. Bei den Befehlen zum Einfügen der Tabelle versucht Word für Windows selbst-

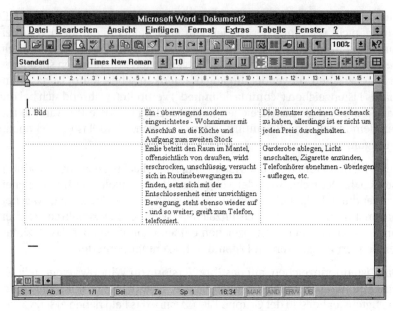

Abb. 17.8: Textgestaltung in einer Tabelle

tätig zu erfassen, durch welches Trennzeichen der Text als Tabelle strukturiert ist, und wandelt die markierte Passage direkt in eine Tabelle um.

Sind in der markierten Passage weder Tabstops und Semikola (Listentrennzeichen) noch selbstdefinierte Listentrennzeichen, so wird jeder markierter Absatz in eine Tabellenzelle umgesetzt. Die Breite der Zelle entspricht hierbei dem Raum zwischen den Seitenrändern oder - sofern Sie den Abschnitt in mehrere Textspalten unterteilt haben - der Breite einer Spalte. In jeder Tabellenzeile ist nur eine Zelle.

Bei Absätzen mit Tabulatoren setzt das Programm die Markierung automatisch in eine Tabelle um, wenn in jedem Absatz mindestens ein Tabulator enthalten ist. Aus den einzelnen Absätzen werden Tabellenzeilen. Die Zellenzahl der einzelnen Tabellenzeilen wird durch die maximale Anzahl der Tabulatoren bestimmt, die in einem Absatz vorkommen. Sind in anderen Absätzen der Markierung weniger Tabulatoren gesetzt, werden in diesen Zeilen Leerzellen angefügt. Die Breite der Tabellenzellen richtet sich nach den Tabstops, die in der Markierung gelten. Sind keine eigenen Tabstops gesetzt, wird die Tabelle mit gleichmäßiger Spaltenbreite über den Satzspiegel erstellt. Entscheidend für den Satzspiegel sind die Seitenränder bzw. bei mehrspaltig gesetztem Text die Textspaltenbreite.

Semikola (Listentrennzeichen) wirken sich nur dann automatisch auf die Struktur der Tabellenzellen aus, wenn keine Tabstops in jedem Absatz des markierten Bereichs vorhanden sind, und in jedem Absatz mindestens ein Semikolon vorkommt. In diesem Fall ist die maximale Zahl von Semikola in einem Absatz entscheidend für die Spaltenzahl der Tabelle. Die Breite der Tabelle wird wieder gleichmäßig auf den Satzspiegel der Seite verteilt.

Sollten in der markierten Passage durch die Präsenz verschiedener Trennzeichen (Tabstop und Semikolon) oder das Fehlen von Trennzeichen Unklarheiten über die Strukturierung bestehen, wird jeder Absatz in eine Tabellenspalte umgewandelt. Die gemischten Trennzeichen bleiben dabei alle erhalten. Wenn Sie eine Tabelle auf der Basis sporadisch verwendeter Trennzeichen weiterverwenden wollen, so öffnen Sie im Menü TABELLE das Dialogfenster TEXT IN TABELLE ([Alt][L][T]).

Dieses Dialogfenster läßt sich nur öffnen, wenn im Dokumenttext mindestens ein Zeichen markiert ist, das außerhalb einer Tabelle steht. Bei diesem Zeichen kann es sich auch um eine Absatzmarke handeln, solange diese nicht die letzte Absatzmarke des Dokuments ist. Nun macht es auf den ersten Blick wenig Sinn, Text in eine Tabelle zu wandeln, obschon kein Text verfügbar ist. Allerdings dient das Dialogfenster auch für eine wichtige Einstellung, für die sich die Aktivierung durchaus anbietet: Im Dialogfenster stellen Sie das Listentrennzeichen ein, das bei künftigen automatischen Umwandlungen von Textpassagen in Tabellen die höchste Priorität hat.

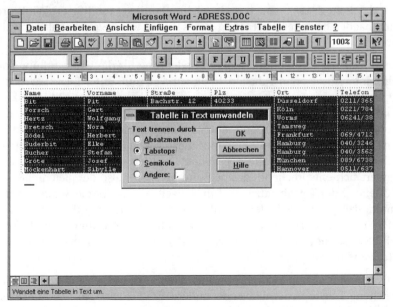

Abb. 17.9: Das Dialogfenster TABELLE IN TEXT UMWANDELN

Falls Sie den Text nach einem anderen Kriterium als Tabulatoren oder Semikola umwandeln möchten, teilen Sie im Dialogfenster TEXT IN TABELLE WANDELN mit, ob der Text durch ABSATZMARKEN ([Alt][A]), TABSTOPS ([Alt][T]), SEMIKOLA ([Alt][S]) oder ANDERE ([Alt][D]) strukturiert ist.

Während bei der Übernahme von Absätzen in Spalten kein Kriterium besteht, an dem Word für Windows die Tiefe der Tabelle berechnen könnte, gibt es sowohl bei Tabstops, Semikola als auch bei anderen Listenzeichen eindeutige Anzeichen dafür, wie viele Spalten eingerichtet werden müssen. Da sämtliche Trennzeichen immer zwischen zwei Einträgen stehen, geht Word für Windows davon aus, daß eine Zelle mehr erstellt werden muß als Trennzeichen vorhanden sind.

Vielleicht der wichtigste Eintrag des Dialogfensters TEXT IN TABELLE UMWANDELN findet sich am Ende im Feld ANDERE ([Alt][D]). Hier steht nämlich das Trennzeichen, das WinWord beim automatischen Umwandeln sogar den Tabulatoren vorzieht, sofern es sich mindestens einmal in jedem markierten Absatz findet. Und dieses Trennzeichen können Sie selbst bestimmen, so daß Sie die Wandlungsfähigkeit von WinWord ganz auf Ihre Stukturen abstimmen. Geben Sie einfach das Trennzeichen unter ANDERE ein, das WinWord weiterhin als Listentrennzeichen erster Wahl behandeln soll.

Wichtig für das manuell gesteuerte Umwandeln ist das Feld SPALTENANZAHL ([Alt][L]), in dem zunächst die Anzahl der Absätze eingetragen ist, die WinWord im markierten Bereich ausfindig machen kann. Direkter Zugriff auf das Feld ZEILENANZAHL besteht nicht, allerdings modifiziert WinWord sichtbar den bestehenden Eintrag dieses Feldes, wenn Sie die Spaltenanzahl ändern.

Die Anzahl der Spalten hat größere Bedeutung für die Umwandlung von einzelnen Absätzen in Tabellen. In diesem Fall muß unter TRENNZEICHEN die Option ABSATZMARKEN ([Alt][A]) markiert sein. Sie haben nun die Möglichkeit, markierte Absätze, die im Textgefüge aufeinander folgen und die Sie in der Tabelle nebeneinander sehen möchten, anzuordnen, indem Sie den Wert im Drehfeld SPALTENANZAHL durch die Eingabe einer Zahl, über den Drehpfeil oder mittels der Cursortaste [↑] erhöhen. Der Wert im Feld ZEILENANZAHL verringert sich entsprechend, das heißt im Idealfall - also der gleichmäßigen Aufteilung der Textabstätze auf Tabellenzellen - , ergibt die Spaltenanzahl multipliziert mit der Zeilenanzahl stets die Zahl der markierten Absätze. Liegt das Ergebnis dieser Multiplikation über der Anzahl der markierten Absätze, so bleiben die letzten Zellen der letzten Tabellenzeile nach der Umwandlung leer.

Etwas anders schaut es aus, wenn Sie bei der Verwendung von Listentrennzeichen - Tabstops, Semikola oder andere - im Feld SPALTENANZAHL am Wert drehen. Schrauben Sie ihn hoch oder runter, so werden nach jeder Absatzmarke die Felder frei bleiben, für die die aktuelle Zeile keine Einträge mehr bietet. Auf den nächsten Absatz des Textes wird erst in der folgenden Tabellenzeile zurückgegriffen. Indem Sie die Anzahl der Spalten auf "1" einstellen, bewirken Sie, daß jeder Eintrag der Tabelle in einer eigenen Zeile steht. So lassen sich beispielsweise Tabulatorlisten untereinander aufreihen.

Im Dialogfenster TEXT IN TABELLE UMWANDELN bietet sich Ihnen zudem wieder die Möglichkeit, eine allgemeine Spaltenbreite für die zu erstellende Tabelle vorzugeben. Bei der Umwandlung von Tabulatorlisten werden automatisch die Tabstops für die Strukturierung genutzt, die durchgängig in den markierten Absätzen gelten. Wenn Ihnen diese Aufteilung nicht gefällt, Sie andere Trennzeichen verwenden und nicht wünschen, daß die Tabelle den ganzen Satzspiegel nutzt, so geben Sie in diesem Feld die Spaltenbreite vor.

Auch die direkte Verwendung der Funktion AUTOFORMAT ([Alt][F]) steht Ihnen im Dialogfenster TEXT IN TABELLE UMWANDELN offen, die Sie bereits weiter oben in diesem Kapitel beschrieben finden. Welches Format Sie im Dialogfenster TABELLE AUTOFORMAT gewählt haben, erfahren Sie unter TABELLENFORMAT. Der Zugriff auf den Assistenten bleibt allerdings verwehrt.

Nachdem Sie Ihre Eingaben gemacht haben, sollte Ihrem OK zur Umwandlung des Textes in eine Tabelle nichts mehr im Wege stehen. Das selbstdefinierte Listentrennzeichen, das Sie unter ANDERE eingeben, gilt übrigens für alle Texte, die Sie mit TABELLE > TABELLE EINFÜGEN oder das Symbol "Tabelle einfügen" in Zukunft vornehmen, auch wenn Sie diesmal keinen Gebrauch davon machten. Nur ABBRECHEN ändert nichts am Dokument und der Einstellung des eigenen Listentrennzeichens.

Tabellen in Text wandeln

Word für Windows hält Ihnen auch den umgekehrten Weg der Wandlung frei: einzelne Tabellenzeilen oder ganze Tabellen können in Text verwandelt werden. Einzelne Tabellenzellen oder Spalten können nicht in Text verwandelt werden.

Um Tabellenzeilen oder ganze Tabellen in Text zu wandeln, markieren Sie die Zeilen oder die Tabelle und öffnen das Menü TABELLE. Der Befehl dieses Menüs heißt nun TABELLE IN TEXT ([Alt][L][T]) - übrigens ein eindeutiges Zeichen, daß eine gültige Markierung vorliegt.

Im Dialogfenster TABELLE IN TEXT UMWANDELN können Sie sich entscheiden, wodurch die Tabellenstruktur ersetzt werden soll. Zur Verfügung stehen wieder die vier Optionen ABSATZMARKEN (Alt A), TABSTOPS (Alt T), SEMIKOLA (Alt S) und ANDERE (Alt D).

Während die Umwandlung von Tabellenzeilen vor allem der nachträglichen Strukturierung größerer Tabellen dient, kommt der Umwandlung ganzer Tabellen eine weitergehende Bedeutung zu. Sie ermöglicht die Kommunikation mit anderen Programmen, die die Tabellenstruktur von Word für Windows nicht umsetzen können. Da beinahe alle Programme in der Lage sind, entweder durch Tabulatoren oder durch Listentrennzeichen gegliederte Aufstellungen zu übernehmen, ist die Umwandlung aller Tabellen in Text eine wertvolle Funktion, wenn es um die Dateikonvertierung geht.

Berechnungen in Tabellen und Texten

Nun sind Tabellen nicht nur ein Ort der optischen Gestaltung von Texten und Übersichten, sondern traditionell auch die Stelle, an der mehr oder minder umfangreiche Berechnungen durchgeführt werden.

Die einfachste Art, eine Berechnung in einer Tabelle durchzuführen, ist es, die Einfügemarke in die Zelle zu setzen, in der das Ergebnis erscheinen soll, und mit dem Befehl TABELLE > FORMEL (Alt L M) eine Berechnungsformel einzugeben.

Beim Aufruf des Dialogfensters FORMEL analysiert WinWord die aktuelle Tabelle. Wenn in der Spalte über der aktuellen Zelle eine oder mehrere Zahlen zu finden sind, schlägt das Programm den Eintrag: {=SUMME(ÜBER)} im Feld FORMEL (Alt F) vor. Sollte es hier bezüglich Ziffern nicht fündig werden, analysiert es die Zeile links der Einfügemarke und gibt, sofern es hier eine oder mehrere Zahlen entdeckt, im Feld FORMEL die Zeile

```
=SUMME(LINKS)
```

vor. Wenn beide Suchrichtungen nicht zum Erfolg führen, bleibt das Feld bis auf ein Gleichheitszeichen leer, das übrigens als Beginn aller Berechnungen obligatorisch ist. Um eine Addition durchzuführen, können Sie nun selbst im Anschluß an das Gleichheitszeichen ins Feld FORMEL eingeben:

```
=Summe()
```

Zwischen die Klammern setzen Sie eine Richtungsangabe oder einen Zellbezug. In jedem Fall haben Sie die Möglichkeit, die Richtung, auf die sich die Berechnung erstreckt, selbst zu bestimmen. Hierfür stehen Ihnen vier Richtungen zur Verfügung:

17 • Die Arbeit mit Tabellen

Richtung	Berechnung
(Über)	bezieht die aufeinanderfolgenden Zellen mit Zahlen oberhalb der aktuellen Zelle in die Berechnung ein.
(Unter)	bezieht die aufeinanderfolgenden Zellen mit Zahlen unterhalb der aktuellen Zelle in die Berechnung ein.
(Links)	bezieht die aufeinanderfolgenden Zellen mit Zahlen links der aktuellen Zelle in die Berechnung ein.
(Rechts)	bezieht die aufeinanderfolgenden Zellen mit Zahlen rechts der aktuellen Zelle in die Berechnung ein.

Tab. 17.8: Berechnungsrichtungen für Formelfelder

Voraussetzung ist, daß die Zahlen nicht durch eine Leerzeile oder eine Textzeile getrennt sind. Die Berechnung beginnt neben der aktuellen Position der Einfügemarke - die eigene Zelle wird nicht in die Rechenoperation einbezogen - in der ersten Zelle, die mit einer Zahl anfängt, und erstreckt sich in der vorgegebenen Richtung bis zur nächsten Zelle, die nicht mit einer Zahl beginnt.

Datumsangaben werden in Berechnungen einbezogen, allerdings ergibt dies wenig Sinn, da WinWord sie entweder als Tausenderzahlen mit Trennzeichen versteht oder den Punkt - solange sich keine drei Stellen anschließen - einfach als Trennzeichen zwischen den Zahlen interpretiert. Daher führen Nachkommastellen in Berechnungen zu groben Fehlern, wenn ein Punkt als Dezimaltrennzeichen eingetragen ist, aber in den LÄNDEREINSTELLUNGEN der SYSTEMSTEUERUNG von Windows unter ZAHLENFORMAT als DEZIMALTRENNZEICHEN das Komma eingetragen ist, so wie es der Einstellung LAND > DEUTSCHLAND entspricht. Achten Sie also darauf, daß weder Datums- noch Zeitangaben stören, die Sie berechnen möchten. Als Dezimaltrennzeichen sollten Sie bei der landesüblichen Vorgabe bleiben - in Deustchland also das Komma verwenden - solange Sie keine expliziten Änderungen in der Systemsteuerung vorgenommen haben oder in Kenntnis solcher Änderungen gesetzt wurden. Andere Zeichen sollten Sie in den zu berechnenden Feldern nicht verwenden. Die einzige Ausnahme bildet das Währungszeichen - dieses wird in den LÄNDEREINSTELLUNGEN der SYSTEMSTEUERUNG unter WÄHRUNGSFORMAT > SYMBOL festgelegt. Wenn dieses Zeichen ohne Leerzeichen direkt im Anschluß an eine Zahl eingegeben wird, formatiert WinWord das Ergebnis der ganzen Berechnung im Währungsformat der Sytemsteuerung.

Das Zahlenformat, in dem die Berechnung ausgegeben wird, richtet sich nach den Vorgaben der Systemsteuerung, solange Sie nicht ein eigenes Format definieren. Diese Definition können Sie im Dialogfenster FORMEL im Feld ZAHLENFORMAT ([Alt][Z]) vornehmen, die Ihnen in einer DropDown-Liste sieben verschiedene Zahlenbilder zur Auswahl stellt. Stattdessen können Sie in dieses Feld auch ein eigenes Zahlenbild eintragen. Mehr über Zahlenbilder und die Feldschalter, mit denen sie formatiert werden, erfahren Sie in Kapitel 28.

Neben der Addition, die durch die Bezeichnung "Summe" gekennzeichnet ist, stehen Ihnen für Berechnungen weitere Funktionen zur Verfügung. Die Bezeichner für diese Berechnungen können Sie der DropDown-Liste FUNKTION EINFÜGEN ([Alt][U]) entnehmen. Es handelt sich hierbei um die Bezeichner des Ausdruck-Felds, das in der Referenz der Feldfunktionen (Kapitel 28) beschrieben wird. Beachten Sie, daß Ausdruckfelder stets mit einem Gleichheitszeichen beginnen müssen, dem der Funktionsbezeichner folgt.

Als Rechenoperationen kommen bei der Verwendung des Tabellenfeldverweises folgende Ausdrücke in Betracht: ABS(), UND(), MITTELWERT(), ANZAHL(), DEFINIERT(), FALSCH, WENN(), GANZZAHL(), MAX(), MIN(), REST(), NICHT(), ODER(), PRODUKT(), RUNDEN(), VORZEICHEN(), SUMME(), WAHR.

Um eine andere Funktion als "Summe" zu verwenden, müssen Sie im Dialogfenster FORMEL zunächst den Eintrag unter FORMEL löschen - sofern einer vorliegt -, das Gleichheitszeichen aber bestehen lassen. Wählen Sie nun die gewünschte Funktion aus der Liste FUNKTION EINFÜGEN und ergänzen Sie dann in den runden Klammer den Bezug, also entweder die Richtung, in der die Funktion in der Tabelle wirksam werden soll, Bezugskoordinaten (die im folgenden erläutert werden), oder eine oder mehrere Textmarken.

Sofern Sie Zahlen oder Zahlenkolonnen mit BEARBEITEN > TEXTMARKE ([F5]) gekennzeichnet haben, können sie auf diese Textmarken Bezug nehmen. Sie haben im Dialogfenster FORMEL unter TEXTMARKE EINFÜGEN ([Alt][T]) Zugriff auf die Textmarken des Dokuments, die Sie aus dieser Liste in die Klammer als Bezug übernehmen können. Beachten Sie dabei, daß der bestehende Inhalt der Klammer nicht automatisch gelöscht wird, sondern manuell entfernt werden muß. Sollen die Zahlen verschiedener Textmarken in die Rechenoperation einbezogen werden, trennen Sie diese durch Semikolon:

=Summe(kasse;bank)

Sollten Sie die Summe einer einzelnen Textmarke berechnen wollen, die sich beispielsweise auf mehrere zusammenhängende Tabellenzellen bezieht, so müssen Sie auch in diesem Fall das Semikolon und nachfolgend eine Null eingeben:

`=Summe(ausgaben;0)`

Auch die Kombination von Richtungsbezügen und Textmarke ist möglich. So läßt sich beispielsweise von den Kasse-Einnahmen, die in einer Tabelle gelistet sind, die Einlagen abziehen, die bei Übernahme der Kasse bestand:

`=Summe(über;-Einlage)`

Wie Sie an diesem Beispiel erkennen können, ist es durchaus möglich, mit der Summe-Funktion auch Subtraktionen durchzuführen, indem einfach das Minusvorzeichen zum Bezug - hier der Textmarke -hinzugenommen wird.

Innerhalb von Tabellen können Sie im Feld FORMEL mit Hilfe von Zellkoordinaten auf einzelne Tabellenzellen verweisen, die Sie genau wie die Richtungsangaben oder Textmarken in runden Klammern an die Funktionsbezeichnung anschließen. Für die Verweise auf Tabellenzellen gilt ein einfaches Koordinatensystem, das seinen Nullpunkt an der Ecke des obersten linken Zelle hat. Die Zeilen werden von oben nach unten und die Spalten von links nach rechts durchgezählt. Jedes Zelle hat also zwei Ordnungszeichen, die aus dem Schnittpunkt von Zeile und Spalte resultieren. Die Zeilen werden numerisch, die Spalten alphabetisch gekennzeichnet. Die erste Zelle einer Tabelle trägt also immer das Koordinatenzeichen "A1", den sogenannten absoluten Zellbezug. Das heißt: Die so bezeichnete Zelle steht immer in der ersten Zeile der ersten Spalte der aktuellen Tabelle. Die Kennbuchstaben für die Spalten können hierbei in Groß- oder Kleinschreibung eingegeben werden.

`a1`

Um auf mehrere Tabellenzellen zu verweisen, trennen Sie die einzelnen Zellenkoordinaten durch Semikola. Ein solcher Zellenverweis hat die Darstellungsform:

`c5;b3;d7`

Um auf ganze Zeilen zu verweisen, lassen Sie die Spaltenangabe weg und wiederholen die Zeilenkoordinate, getrennt durch einen Doppelpunkt (:) . Mit 5:5 verweisen Sie also auf die fünfte Zeile einer Tabelle. Auf die gleiche Weise verweisen Angaben ohne Zeilenbezug auf eine ganze Spalte. Der Zellenbezug

`c:c`

verweist somit auf die dritte Spalte einer Tabelle.

Wenn Sie sich auf eine Gruppe von Tabellenzellen beziehen möchten, die nebeneinander liegen, können Sie auch die Koordinaten zweier Zellen angeben, die die Eckpunkte der Zellengruppe bilden. Die beiden Eckkoordinaten werden nun aber durch einen Doppelpunkt getrennt. Um sich beispielsweise auf die Tabellenzellen der Spalten zwei und drei in der dritten, vierten und fünften Zeile zu beziehen, geben Sie statt

`b3;c3;b4;c4;b5;c5`

folgende Eckkoordinaten ein:

`b3:c5`

Alternativ können Sie die Koordinaten der anderen beiden gegenüberliegenden Ecken eingeben:

`b5:c3`

Die Verweise auf Tabellenzellen finden ihren Einsatz ausschließlich in Feldfunktionen, in denen mit ihrer Hilfe auf Zellen der aktuellen Tabelle verwiesen werden. Hierfür muß die jeweilige Feldfunktion bei Bezügen innerhalb eines Dokuments Teil der Tabelle sein, auf deren Zellen sie verweist. Das heißt, die Funktion muß in der gleichen Tabelle eine Tabellenzelle belegen. Die einzige Ausnahme besteht darin, daß innerhalb einer Tabelle eine Textmarke definiert wurde. Über den Namen der Textmarke kann auf die Tabellenfelder zugegriffen werden.

In diesem Zusammenhang soll kurz auf die Art eingegangen werden, wie die Bezüge im Dialogfeld FORMEL ausschauen. Wählen Sie aus der Liste FUNKTION EINFÜGEN eine Funktion aus. Beachten Sie, daß die Formel stets mit einem Gleichheitszeichen beginnen muß. Dem Gleichheitszeichen folgt die Angabe der mathematischen Operation, die ausgeführt werden soll. Hinter der Operation nennen Sie die Tabellenzellen, auf die sich die Operation bezieht. Die zu berechnenden Tabellenzellen werden mit einer runden Klammer zusammengefaßt. Die Multiplikation von drei Zellen sieht beispielsweise so aus:

`=Produkt(a5;b3;c4)`

Sie können auch eine Operation für eine ganze Zeile oder Spalte vorgeben. Den Mittelwert der Spalte 5 berechnen Sie folgendermaßen:

`=Mittelwert(e:e)`

Wenn Sie die Formel mit OK bestätigen, fügt WinWord in Ihr Dokument ein Ausdrucksfeld ein, dessen Ergebnis in der Regel direkt angezeigt wird. Lediglich wenn die Anzeige der Feldfunktionen aktiviert wurde - beispielsweise in den OPTIONEN in der Registerkarte ANSICHT - sehen Sie statt des Ergebnisses der Berechnung den Inhalt der Feldfunktion. Wenn Sie die Feldfunktion bzw. ihr Ergebis markieren, können Sie im Shortcut-Menü der rechten Maustaste mit dem Befehl FELDFUNKTIONEN ANZEIGEN [EIN/AUS] oder mit dem Tastenschlüssel ⇧ F9 zwischen den beiden Anzeigemodi umschalten. Das Ausdrucksfeld einer Summe, die sich in einer Tabelle auf die darüberliegenden Zellen bezieht, erscheint als Feldfunktion so:

`{ =SUMME(ÜBER) }`

Die geschweiften Klammern sind das typische Merkmal von Feldfunktionen und treten - im Gegensatz zu ihrem Pendant im normalen Zeichensatz - nur paarweise auf. So kommt es, daß immer das ganze Feld markiert wird, sobald Sie einen der beiden Feldbegrenzer markieren.

Innerhalb der Feldfunktion können Sie die Bezüge ändern und das Ergebnis aktualisieren. Diese Aktualisierung des Ergebnisses ist auch erforderlich, wenn Sie Zahlen, auf die sich die Berechnung bezieht, verändern. Wenn Sie das Dialogfenster FORMEL aufrufen, während das Ergebnis oder die Feldfunktion markiert ist, wird das aktuelle Feld auch hier direkt angezeigt und kann verändert werden. Durch OK wird das Ergebnis aktualisiert. Für die Aktualisierung müssen Sie aber nicht den Weg über das Dialogfenster wählen; sie können sie auch direkt im Dokument vollziehen.

Um das aktuelle Ergebnis der Feldfunktion zu erhalten, müssen Sie die Funktionstaste F9 drücken, während sich die Einfügemarke innerhalb oder unmittelbar vor der Funktionsklammer befindet oder die Feldfunktion bzw. ihr Ergebnis markiert ist. F9 berechnet die Funktion und zeigt das Ergebnis an. Sicherheitshalber sollten Sie den gesamten Text über BEARBEITEN > ALLES MARKIEREN (Strg A) markieren und die Funktionstaste F9 zur Feldaktualisierung drücken.

Über die hier genannten Ausdrucks-Funktionen hinaus bietet Word für Windows die Möglichkeit, viele weitere Berechnungen und Analysen über Feldfunktionen durchzuführen. Mehr hierüber erfahren Sie im Teil IV dieses Buches.

Über das Dialogfenster FORMEL lassen sich übrigens auch im normalen Text Berechnungen erstellen, wobei ebenfalls auf Textmarken zurückgegriffen wird. Die Textmarken können auf einzelne Zahlen, aber auch auf ganze Absätze oder durch Tabulatoren strukturierte Listen Bezug nehmen. Bei Textmarken, die auf Textpassagen liegen, werden alle Zahlen in die Berechnung einbezogen, die sich in der so markierten Verweisstelle finden. In die Berechnung werden nicht nur Zahlen, sondern auch Ziffern einbezogen, die am Anfang von Zeichenketten stehen. So lassen sich beispielsweise auch Additionen vollziehen, die auf unstrukturiertem Datenmaterial basieren. Doch auch Rechenoperationen werden in Textmarkenpassagen erkannt und in die Berechnung einbezogen. Lediglich Datums- und Zeitangaben stellen wieder ein Hindernis für die Berechnung dar.

Da Word für Windows nur Zahlen und Rechenoperationen als Kriterien seiner Berechnungen von Textmarken verwendet, können Sie mit "=Summe(Textmarkenname;0)" das Programm durchaus auch Berechnungen in Texten durchführen lassen. Solange die Zahlen nicht mit Rechenoperationen verbunden werden, werden Sie addiert. Aber Word für Windows identifiziert bei seiner Analyse des Textes auch Rechenzeichen, die Zahlen vorangestellt werden. Dies gilt auch wenn Sie die Berechnung im FORMEL-Fenster ohne Klammer direkt im Anschluß an das Gleichheitszeichen eintragen. Jedoch sollten Sie bei der Berechnung von Texten darauf achten, daß innerhalb der Markierung kein Ausrufungszeichen vorkommt, da dies zu Fehlfunktionen bei der Berechnung führen kann.

Folgende Rechenoperationen stehen Ihnen zur Verfügung:

Operation Wirkungsweise	Zeichen (Beispiel)
Addition	+
Wirkungsweise	1 + 1 oder 1+1 oder 1 1 oder 1(text)1
Subtraktion	-
Wirkungsweise	2 - 1 oder 2-1 oder 2(text)-1 oder 2-(text)1
Multiplikation	*
Wirkungsweise	2 * 3 oder 2*3 oder 2*(text)3 oder 2(text)*3
Division	/
Wirkungsweise	8 / 4 oder 8/4 oder 8/(text)4 oder 8(text)/4
Prozent	%
Wirkungsweise	100 * 14 % oder 14%*100 oder 100(text)*14% oder 14%(text)*100
Potenz	^ und ein Zahlenwert, der größer oder gleich 1 ist
Wirkungsweise	4^4 oder 4(text)^4 (die vierte Potenz zur Basis 4 = 256)
Wurzel	^ und ein Zahlenwert zwischen 0 und 1, wobei der Wurzelexponent auch als eingeklammerte Bruchzahl dargestellt werden kann.
Wirkungsweise	256^0,25 oder 256^(1/4) oder 256(text)^0,25 oder 256(text)^(1/4) (die vierte Wurzel zur Basis 256 = 4)

Tab. 17.9: Direkte Rechenoperationen im Text und in der Tabelle

17 • Die Arbeit mit Tabellen

Auch für Tabellen können Textmarken definiert werden. Über den Namen der Textmarke haben Sie dann an anderer Stelle Zugriff auf eine Tabellenzelle oder eine Gruppe, eine Zeile oder Spalte, indem Sie die betreffenden Koordinaten angeben. Textmarken können Sie einzelnen Zellinhalten, Zellbereichen, ganzen Zeilen, oder Spalten zuweisen. Eine Textmarke gilt stets für die ganze Tabelle, auch wenn sie in einer einzelnen Zelle angelegt ist. Daher müssen Sie die Koordinaten für den Bezug auch von der ersten Zelle der Tabelle aus berechnen und nicht etwa von der Position der Textmarke. Ein entsprechender Verweis im Text hat folgende Form:

=summe(Kosten a2;Kosten e2)

So können Sie in großen Tabellen beispielsweise schnell von den Ausgaben zu den Einnahmen wechseln.

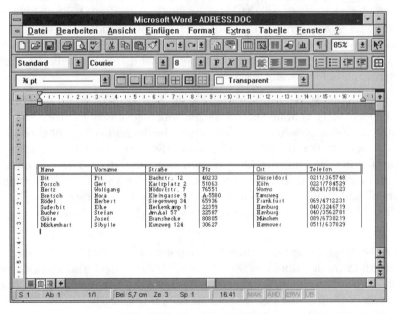

Abb. 17.10: Eine Adressentabelle

Zur Übung können Sie sich eine Adressentabelle erstellen. Gliedern Sie die Tabelle zunächst in sechs Spalten. Betiteln Sie die Spalten mit "Name", "Vorname", "Straße", "Plz", "Ort" und "Telefon". Falls Sie später mehr Vermerke zu den einzelnen Personen aufnehmen möchten, können Sie Spalten anhängen. Nun geben Sie ein paar Adressen ein. Formatieren Sie die Tabelle so, daß Sie sie übersichtlich finden. Speichern Sie die Adressentabelle schließlich unter dem Dateinamen ADRESS.DOC ab. Im Kapitel 25

453

wird die Erstellung von Serienbriefen behandelt. In diesem Zusammenhang werden Sie auf die Adressendatei zurückkommen.

Sortieren in Tabellen und im Text

Mit der Sortierfunktion sortieren Sie Tabellen, aber auch Absätze und Listen mit Tabulatoren oder anderen Trennzeichen numerisch, alphanumerisch oder nach Datumswerten. Wenn keine Markierung gesetzt ist, erstreckt sich die Sortierfunktion auf die gesamte Tabelle, in der die Einfügemarke steht, oder auf alle Absätze des Dokuments, wobei hierbei in Tabellen die Sortierfunktion keine Wirkung zeigt.

Aufgerufen wird die Sortierfunktion im Menü TABELLE mit dem Befehl SORTIEREN ([Alt][L][O]), solange sich die Einfügemarke innerhalb einer Tabelle befindet oder lediglich die Markierung die Grenzen der Tabelle nicht überschreitet. Wenn hingegen Text markiert ist, das betrifft auch Text innerhalb von Tabellenzellen, solange die Markierung nicht die ganze Zelle umfaßt, oder sich die Einfügemarke außerhalb von Tabellen befindet, heißt der Sortierbefehl TABELLE > TEXT SORTIEREN ([Alt][L][O]).

Mittels einer Markierung können Sie die Sortierfunktion auf bestimmte Teilbereiche einschränken. In Tabellen haben Sie die Möglichkeit, nur bestimmte Zeilen, Spalten oder Zellenbereiche der Sortierung anheim fallen zu lassen. Im Text besteht die Chance, die Sortierfunktion per Markierung auf die Bearbeitung von Absatzfolgen einzuschränken. Darüber hinaus kann auch im normalen Text eine spaltenorientierte Sortierung vorgenommen werden, wenn eine Blockmarkierung mit der Kombination [Alt] und linke Maustaste aufgezogen oder mit [Strg][⇧][F8] und den Cursortasten gesetzt wurde.

Die Art der gesetzen Markierung ist also mitentscheidend für die Sortierung, die im folgenden über das Dialogfenster SORTIEREN bzw. TEXT SORTIEREN gesteuert wird. In diesem Dialogfenster bestehen drei Schlüsselgruppen, über die Sie die Sortierung steuern können. Auf diese Weise haben Sie die Möglichkeit, die Sortiertiefe zu bestimmen und beispielsweise eine Adreßtabelle nach Nachnamen, Vornamen und Postleitzahlen zu ordnen. Der zweite Schlüssel greift in diesem Fall stets dann, wenn mehrere Personen den gleichen Nachnamen tragen, und der dritte Schlüssel, wenn die Personen mit gleichem Nachnamen zudem den gleichen Vornamen haben. Da die Sortiergruppen hierarchisch aufeinander aufbauen, läßt sich der dritte Sortierschlüssel nur angeben, wenn bereits ein zweiter Schlüssel definiert wurde. Ob Sie mit einem, zwei oder drei Schlüsseln sortieren, bleibt Ihnen überlassen.

Die Sortierkriterien legen Sie für den 1. SCHLÜSSEL ([Alt][1]), den 2. SCHLÜSSEL ([Alt][2]) und den 3. SCHLÜSSEL ([Alt][3]) in gleicher Weise fest. In Tabellen werden in den SCHLÜSSEL-DropDown-Feldern die verfügbaren Spalten durchnumeriert angezeigt, auf die Sie die Sortierfolge vorgeben können. Solange keine Markierung in der Tabelle gesetzt ist, werden sämtliche Spalten der Tabelle genannt. Eine Markierung begrenzt die verfügbaren Spalten auf den markierten Bereich, bezieht aber die Spaltennumerierung auf die gesamte Tabelle. Die erste markierte Saplte (links) ist stets die erste Spalte, an der die Sortierung ausgerichtet werden kann. Die Neusortierung erstreckt sich auf die ganze Tabelle. Erst wenn Sie unter OPTIONEN ([Alt][O]) im Dialogfenster OPTIONEN FÜR SORTIEREN das Feld NUR SPALTE SORTIEREN ([Alt][N]) aktivieren, wird in der Tabelle nur die Reihenfolge der markierten Spalten geändert. Dieses Feld wiederum läßt sich nur aktivieren, wenn tatsächlich eine Spaltenmarkierung vorliegt.

Wenn Sie in der Tabelle nur einzelne Zeilen markieren, wird die Sortierung nicht automatisch auf alle Tabellenzeilen ausgedehnt, sondern auf die gekennzeichneten Tabellenzeilen beschränkt. Sie haben also die Möglichkeit, die Sortieraktion auf markierte Teilbereiche der Tabelle sowohl spaltenweise als auch zeilenweise einzuschränken.

Wurde vor dem Aufruf des Dialogfensters SORTIEREN für die Tabelle mit dem Befehl TABELLE > ÜBERSCHRIFT die erste(n) Zeile(n) als Überschrift formatiert, so erscheinen die Überschriftsnamen statt der Bezeichnung SPALTE. Sollte die Tabelle zwar über keine formatierte Überschrift, wohl aber über eine Kopfzeile verfügen, die Sie aus der Sortierung ausschließen möchten, so markieren Sie unter LISTE ENTHÄLT die Option ÜBERSCHRIFT ([Alt][S]). Auch hierbei werden Spaltenüberschriften, soweit vorhanden, zur direkten Anwahl im SCHLÜSSEL-Feld der einzelnen Gruppen angezeigt.

Wenn Sie Text statt Tabellen sortieren, sortiert WinWord absatzweise; die Absätze werden daraufhin gemäß des Absatzanfangs sortiert, wobei jeder Absatz ein Feld darstellt, solange er nicht durch Listentrennzeichen in mehrere Felder aufgeteilt wird. In diesem Fall haben Sie im Dialogfenster TEXT SORTIEREN in den drei SCHLÜSSEL-Feldern ebenfalls die Möglichkeit, spaltenweise zu definieren, worauf sich der folgende Sortiervorgang beziehen soll. Eine bestimmte Spalte der Liste können Sie allerdings nur als Sortierspalte festlegen, wenn Word für Windows die Strukturierung der Liste erkennt. Voraussetzung hierfür ist, daß sie durch Tabulatoren, Semikola oder ein anderes Listentrennzeichen in einzelne Spalten unterteilt ist.

Sie können in Absätzen, die durch Listenzeichen, Tabulatoren oder als Tabelle strukturiert sind, vorgeben, welche Spalte der Sortierung zugrundeliegen soll. Die Nummer der Spalte geben Sie unter FELD-NR. ([Alt][F]) ein. Die Sortierung wird dann auf der Grundlage der spezifizierten Spalte erstellt. Achten Sie darauf, daß die Angabe im Feld SORTIERART den Daten der Spalte entspricht, die als Sortierschlüssel festgelegt wird.

Um ein eigenes Trennzeichen festzulegen, wählen Sie im Dialogfenster den Befehl OPTIONEN. Im Dialogfenster OPTIONEN FÜR SORTIEREN können Sie unter FELDTRENNZEICHEN im Feld ANDERE (Alt A) das Trennzeichen angeben, mit dem die Liste gegliedert ist. Außerdem stehen als Feldtrennzeichen TABSTOPS (Alt T) und SEMIKOLA (Alt S) zur Verfügung; letzteres Feld wechselt wieder seine Bezeichnung je nach Systemeinstellung von Windows in KOMMATA (Alt K) oder TRENNZEICHEN (Alt R). Wenn ein Feldtrennzeichen Verwendung findet, das in jedem der markierten Absätze vorkommt, erkennt WinWord beim Aufruf von TEXT SORTIEREN selbsttätig die Aufteilung der Liste und läßt Ihnen unter SCHLÜSSEL die Wahl, ob Sie nach Absätzen oder Feldern sortieren möchten. In diesem Fall haben Sie wieder die Wahl, bis zu drei Sortierschlüssel zu definieren. Wenn Sie zudem das Optionsfeld ÜBERSCHRIFT markiert haben, können Sie den SCHLÜSSEL-Feldern sogar die Namen der Felder des ersten Absatzes entnehmen.

In der Liste TYP (Alt T) legen Sie fest, woran sich die Sortierfolge orientieren soll. Zur Auswahl stehen hier die alphanumerische und die numerische Folge; außerdem können Sie nach Datumswerten sortieren.

Listeneintrag	Auswirkung
Alphanumerisch	bezieht alle Zeichen in die Sortierung ein. Hierbei wird die besondere Bedeutung des Datumswerts nicht berücksichtigt, sondern als normale Zahl gewertet. Zahlenfolgen werden nicht als Einheiten gesehen, sondern die Sortierung berücksichtigt den Wert jeder einzelnen Zahl (1024 wird vor 64 angeordnet). Die Sortierfolge der alphanumerischen Zeichen entnehmen Sie der Sortiertabelle in Anhang A.
Numerisch	sortiert auf der Basis von Zahlenwerten. Hierbei werden alle anderen Zeichen ohne erkennbaren Zahlenwert außer acht gelassen. Ununterbrochene Zahlenfolgen werden als eine Einheit gewertet und sortiert (64 wird vor 1024 angeordnet).
Datum	sortiert auf der Basis von Datumswerten. Hierbei werden alle anderen Zeichen ohne erkennbaren Datumswert außer acht gelassen.

Tab. 17.10: Auswirkungen der Sortierarten

Für die alphanumerische Sortierung ist es interessant, daß im Dialogfenster OPTIONEN FÜR SORTIEREN mit GROSS-/KLEINSCHREIBUNG BEACHTEN (Alt G) die Großbuchstaben jeweils vor den entsprechenden Kleinbuchstaben angeordnet werden können. Wenn Sie die alphanumerische Sortierung ohne Berücksichtigung der Groß-/Kleinschreibung wünschen, aktivieren Sie dieses Feld nicht. Dann werden in der Sortierfolge Groß- und Kleinbuchstaben gleich behandelt.

Für jeden einzelnen Sortierschlüssel geben Sie schließlich noch an, ob die Sortierreihenfolge AUFSTEIGEND (Alt U) oder ABSTEIGEND (Alt B) ist. Bei der steigenden Sortierreihenfolge wird mit den niedrigsten Werten begonnen, während die absteigende Sortierfolge die höchsten Werte an den Anfang setzt.

Zwar funktioniert die reine Textsortierung grundsätzlich nur absatzweise, das heißt, jede Sortiereinheit muß mit einer Absatzendemarke (↵) schließen. Doch es gibt eine Möglichkeit, diese Begrenzung zu umgehen, da sich eine Spalte nicht nur in Tabellen, sondern auch in normalen Absätzen markieren läßt. Ziehen Sie hierfür die Markierung bei gedrückter Alt-Taste und linker Maustaste, oder verwenden Sie die Tastenkombination Strg ⇧ F8 und erweitern Sie die Markierung mit den Cursortasten. Die so markierte Spalte können Sie sortieren, ohne den umliegenden Text in Mitleidenschaft zu ziehen. In diesem Fall aktivieren Sie im Dialogfenster OPTIONEN FÜR SORTIEREN als Sortieroption das Kontrollkästchen NUR SPALTE SORTIEREN. Alle anderen Einstellungen geben Sie wie gewünscht ein. Wenn Sie nun die Sortierung durchführen, arbeitet WinWord streng zeilenorientiert. Dies ist vor allem dann interessant, wenn Sie eine Liste oder eine Folge von Zeilen sortieren möchten, die durch Zeilenendeschaltungen (⇧ ↵) voneinander abgegrenzt werden. Achtung: Wenn die so sortierte Liste Zeilen aufweist, die nicht durch eine Zeilenschaltung enden, sondern sich auf mehrere Textzeilen erstrecken, ergibt die Ausführung dieses Sortierbefehls ein Durcheinander, das nicht im Sinne des Autors ist!

Diese Funktion bietet sich auch an, wenn Sie z.B. Einträge manuell numeriert haben und später die Reihenfolge der Absätze gewechselt wurde. Markieren Sie die Spalte mit den Nummern, die in der falschen Reihenfolge sind, und sortieren Sie nur diese Spalte numerisch neu. Hierbei werden nur die Zahlen sortiert, Einträge anderen Formats werden übergangen.

Die Spaltenmarkierung kann nicht im Gliederungsmodus eingesetzt werden, da sie dem Prinzip widerspricht, bei der Überschreitung einer Absatzgrenze stets ganze Absätze zu markieren. Die einzige Ausnahme bilden Tabellen, die sich auch in der Gliederungsansicht spaltenweise markieren lassen.

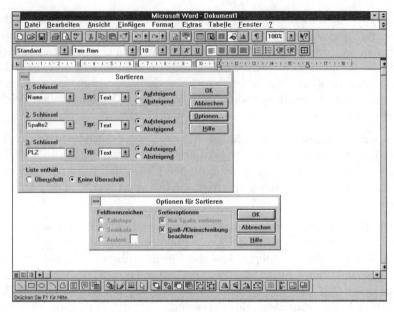

Abb. 17.11: Das Dialogfenster SORTIEREN

Die Fähigkeit von Word für Windows, in Tabellen, aber auch in tabellarischen Aufstellungen, die mit Tabulatoren oder Listentrennzeichen erstellt wurden, zu sortieren, erleichtert das Umstellen von Übersichten nach bestimmten Fragestellungen. So läßt sich ein Adressenverzeichnis nach Namen, Postleitzahlen oder anderen Schlüsseln sortieren. Bei Terminplanungen kann neben der Sortierfolge, die sich am Datum orientiert, eine vorgegebene Priorität der einzelnen Einträge ein aufschlußreiches Sortierkriterium sein. Für große Messen bietet sich z.B. eine Termin-Sortierung an, die die Standorte der verschiedenen Gesprächspartner auf dem Messegelände berücksichtigt. Produkte lassen sich schließlich neben der alphabetischen Sortierung nach Produktnamen auch nach Warennummern, Preisen oder Lieferterminen ordnen.

18
Rahmen, Schattieren und Positionieren

Rahmen formatieren	**Seite**	**461**
Schattierungen hinterlegen	Seite	466
Elemente positionieren	**Seite**	**469**
Positions- und Rahmenänderungen mit der Maus	Seite	474
Positionieren und Größenänderungen über numerische Werte	Seite	477
Positionsrahmen mit Text verschieben und verankern	Seite	482
Freier Rand	Seite	484
Breite des Positionsrahmens	Seite	484
Höhe des Positionsrahmens	Seite	485
Positionen löschen	Seite	486
Initiale formatieren	Seite	487
Elemente im Text verschieben und kopieren	**Seite**	**487**
Mehrere Absätze positionieren	Seite	489

18 • Rahmen, Schattieren und Positionieren

Rahmen formatieren

Um ein Dokument ansprechend zu gestalten, ist es oft nützlich, bestimmte Passagen durch Rahmen hervorzuheben. Mit Word für Windows brauchen Sie diese Rahmen nicht zu zeichnen, sondern teilen ihn einfach den Absätzen, Tabellen, Positionsrahmen oder Grafiken zu. Hierfür braucht lediglich die Einfügemarke in dem Absatz zu stehen, den Sie rahmen möchten bzw. das Element markiert sein, das der Rahmen umgeben soll. Sollen mehrere Absätze gleichzeitig mit einem Rahmen umgeben werden, so müssen sämtliche Absätze zumindest zum Teil markiert sein.

Grundsätzlich stehen Ihnen zwei Wege offen, Ihren Text mit Rahmungen zu versehen. Der wohl einfachste Weg ist der Weg über die Symbolleiste. Sie aktivieren sie in der Symbolleiste FORMATIERUNG über das Symbol "Rahmen und Schattierung". Ein anderer Weg führt über das Menü ANSICHT > SYMBOLLEISTEN ([Alt][A][S]), indem Sie in der Liste SYMBOLLEISTEN ([Alt][S]) den Eintrag RAHMEN auswählen. Diese Liste der Symbolleisten wird Ihnen auch angezeigt, wenn Sie das Shortcut-Menü der rechten Maustaste in der Symbolleiste öffnen.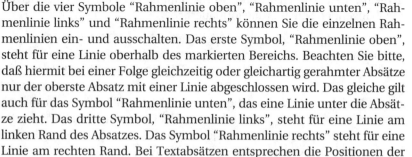

In der Symbolleiste RAHMEN haben Sie über das Listenfeld "Linienart" Zugriff auf die verschiedenen Linien, mit denen Sie Rahmen gestalten können. Das volle Dutzend der Liste reicht von OHNE Linie über Linienstärken von 3/4 Punkt bis 6 Punkt. Es sind aber nicht nur verschiedene Rahmen bzw. Linienstärken möglich; Sie können auch wählen, ob Sie Ihren Text mit einer einfachen oder doppelten Linie umranden. In der Liste fehlt auch nicht eine gepunktete und eine gestrichelte Variante. Jede dieser Linienarten wird erst auf das Dokument angewandt, wenn Sie eines der Rahmenlinien-Symbole anklicken.

Über die vier Symbole "Rahmenlinie oben", "Rahmenlinie unten", "Rahmenlinie links" und "Rahmenlinie rechts" können Sie die einzelnen Rahmenlinien ein- und ausschalten. Das erste Symbol, "Rahmenlinie oben", steht für eine Linie oberhalb des markierten Bereichs. Beachten Sie bitte, daß hiermit bei einer Folge gleichzeitig oder gleichartig gerahmter Absätze nur der oberste Absatz mit einer Linie abgeschlossen wird. Das gleiche gilt auch für das Symbol "Rahmenlinie unten", das eine Linie unter die Absätze zieht. Das dritte Symbol, "Rahmenlinie links", steht für eine Linie am linken Rand des Absatzes. Das Symbol "Rahmenlinie rechts" steht für eine Linie am rechten Rand. Bei Textabsätzen entsprechen die Positionen der seitlichen Rahmenlinien den aktuellen Absatzeinzügen, zu denen die Rahmenlinien in der Standardvorgabe einen Punkt Abstand wahren.

Die einzelnen Rahmenlinien beziehen sich immer auf die äußeren Absätze der aktuellen Markierung. In Tabellen heißt dies, daß die äußeren Linien um die momentan markierten Zellen gezeichnet werden. Innerhalb der Markierung bleiben die Zellen ohne Linien.

 Um einen geschlossenen Kasten um einen Absatz zu zeichnen, brauchen Sie nicht alle vier Symbole für Einzellinien anzuklicken, sondern wählen das Symbol "Rahmenlinie außen". Wenn Sie dieses Symbol anklicken, werden automatisch die vier äußeren Rahmenlinien aktiviert. Bei Tabellen zeichnet dieses Symbol einen Kasten um die aktuell markierten Zellen.

 Das Symbol "Rahmenlinie innen" zieht Linien auch zwischen den einzelnen Absätzen. Diesen Befehl werden Sie vor allem bei der Tabellengestaltung recht häufig benutzen, da er Gitterlinien innerhalb der aktuellen Zellenmarkierung zeichnet.

 Mit Hilfe des Symbols "Ohne Rahmen" entfernen Sie zuvor gesetzte Rahmen bzw. Linien im Bereich der aktuellen Markierung. Dieser Befehl wirkt sich auf äußere Linien und innere Linien in gleicher Weise aus.

 Über das Listenfeld SCHATTIERUNG können Sie auf 12 Rasterwerte und weitere 12 Schraffuren zurückgreifen. Diese können Sie auch unabhängig von Rahmen und Linien einzelnen Absätzen zuweisen. Beachten Sie bitte, daß auch hier für Textzeilen gilt, daß die Schattierung über die gesamte Absatzbreite gilt, sich also nicht auf die Länge der Textzeile beschränkt. In Tabellen bezieht sich die Schattierung stets auf die markierten Zellen.

 Wenn Sie bereits mehreren Absätzen den gleichen Rahmen zugewiesen haben und nun eine Schattierung für einen dieser Absätze bestimmen möchten, müssen Sie in den Absatz eine Markierung setzen. Solange lediglich die Einfügemarke im Absatz steht, wird die gesamte Absatzfolge, die mit einem gemeinsamen Rahmen versehen wurde, automatisch auch mit einer zusammenhängenden Schattierung formatiert.

Während die Symbolleiste RAHMEN lediglich schwarze Linien zeichnet, was für die meisten Rahmenformatierungen ausreichend ist, können Sie über FORMAT > RAHMEN UND SCHATTIERUNGEN ([Alt][T][R]) Rahmen und Schattierungen auch farbig formatieren. Im Dialogfenster RAHMEN UND SCHATTIERUNG wird in der Titelleiste stets angegeben, worauf sich die aktuelle Formatierung bezieht: ABSATZ, TABELLE, POSITIONSRAHMEN oder GRAFIKRAHMEN heißen die einzelnen Bezüge des Dialogfensters; je nachdem, welche Markierung im Dokument vorliegt oder an welcher Stelle die Einfügemarke zur Zeit steht. Das Dialogfenster ist stets in die beiden Registerkarten RAHMEN ([Alt][R]) und SCHATTIERUNG ([Alt][S]) gegliedert, wobei bei markierten Grafiken - der Name

18 • Rahmen, Schattieren und Positionieren

des Dialogfenster ist dann GRAFIKRAHMEN - die Registerkarte SCHATTIERUNG nicht zur Verfügung steht.

Im Dialogfenster können Sie im grafischen Feld STANDARDVORGABEN einen Rahmen auswählen. Neben der Option OHNE ([Alt][O]), mit der Sie Rahmen wieder entfernen, steht KASTEN ([Alt][K]) und SCHATTIERT ([Alt][T]) als Gestaltung für Absätze, Positionsrahmen und Grafiken zur Verfügung. Nach der Wahl des Standardrahmens bestimmen Sie unter LINIENART ([Alt][L]) die Gestalt der Linie des Rahmens.

Elf Linienformate können entweder mit der Maus oder mittels der Cursortaste dem Rahmen zugewiesen werden. Das Spektrum erstreckt sich von einfachen Linien über doppelte Linien bis zu gestrrichelten bzw. gepunkteten Linien. Das Optionsfeld OHNE ([Alt][N]) sorgt dafür, daß keine Linie gezogen wird.

Für die Colorisierung des Rahmens beherbergt das Listenfeld FARBE ([Alt][B]) neben AUTO 16 Farbtöne, mit denen Sie am Bildschirm und im Ausdruck Farbe ins Spiel bringen - die farbtauglichen Ausgabegeräte - Monitor und Drucker - vorausgesetzt. AUTO greift übrigens auf die Textfarbe zurück, die in der Systemsteuerung von Windows für den Bildschirmtext vorgegeben wurde.

Wenn Sie den Standardrahmen SCHATTIERT ausgewählt haben, werden die rechte und die untere Linie des Rahmens durch eine zweite Linie der angewählten Strichstärke verstärkt.

Falls Sie den Rahmen des Absatzes individuell gestalten möchten, aktivieren Sie das grafische Feld RAHMEN ([Alt][E]). Das Feld präsentiert ein typisiertes Schema für die Möglichkeiten, die aktuelle Position der Einfügemarke mit Rahmenlinien zu gestalten. Die Seiten, auf die sich die aktuelle Rahmenformatierung erstreckt, werden durch schwarze Pfeile gekennzeichnet. Alle möglichen Positionen für Rahmenlinien sind durch Schnittmarken gekennzeichnet.

Die Linie in der Mitte der Grafik - nicht vorhanden im Dialogfenster GRAFIKRAHMEN - hat eine besondere Bedeutung. Solange sie nicht markiert ist, wird zwischen aufeinanderfolgenden Absätzen mit gleichen Rahmen keine Trennlinie gezogen. Falls Sie diese Trennung aber wünschen, können Sie sie über die Markierung dieser Linie einschalten.

Mit der Maus gestalten Sie den Rahmen, indem Sie die Seiten des grafischen Beispiels anklicken, denen Sie eine Linie zuweisen möchten. Hierbei wird stets das aktive Linienformat und die aktuelle Farbgebung verwandt. Beides können Sie selbstverständlich jederzeit wechseln. Änderungen im Format wirkten sich direkt auf alle markierten Seiten aus. Um mehrere Linien

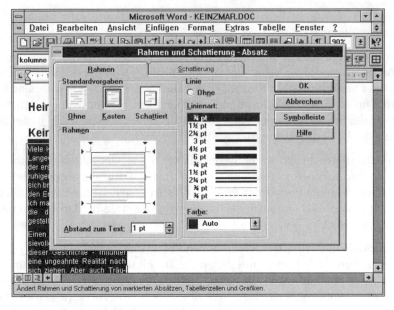

Abb. 18.1: Die Registerkarte RAHMEN

des Absatzsymbols zu markieren, halten Sie die ⇧-Taste nieder und klicken die Position der Linien mit der linken Maustaste an. Die Pfeile zeigen Ihnen an, auf welche Seiten des Absatzes sich die Linienführung erstreckt. Deaktiviert werden einzelne Seiten ebenfalls mit der ⇧-Kombination.

Auch mit der Tastatur können Sie Rahmen um Absätze zeichnen. Aktivieren Sie zunächst das Feld mit Alt E. Ersichtlich wird die Aktivierung des Felds durch einen gepunkteten Rahmen, der die Beispielgrafik umgibt. Sie nehmen nun mittels der Cursortasten die Anwahl der einzelnen Absatzlinien. Mit den Cursortasten umkreisen Sie die Beispielgrafik, wobei in einer Position auch sämtliche Seiten einschließlich der Zwischenlinie markiert sind. Um einer Seite den unter LINIE aktivierten Strich zuzuordnen, betätigen Sie die ⎯-Taste. Auf die gleiche Weise deaktivieren Sie gestaltete Linien mit der ⎯-Taste.

Den Abstand zwischen Inhalt eines Rahmens und Rahmenlinie legen Sie im Feld ABSTAND ZUM TEXT (Alt A) fest. Der minimale Abstand ist mit Null und der maximale Abstand mit 31 Punkt (1,094 cm) erreicht. Der Eintrag hat keine Auswirkung auf den Abstand, den der Text außerhalb vom Rahmen hält. Dieser Abstand muß für Textabsätze unter FORMAT > ABSATZ und für positionierte Elemente unter FORMAT > POSITIONSRAHMEN definiert werden.

Die Umrahmung eines Textabsatzes erstreckt sich über die ganze Breite des *Textabsätze* Absatzes, die Sie mit den Einzügen festgelegt haben. Solange keine Einzüge definiert wurden, handelt es sich hierbei um die Spalten- bzw. Seitenbreite. Der Abstand zum nächststehenden Absatz ohne Rahmen wird gemäß der Absatzabstände des Dialogfensters ABSATZ von der Unterkante bzw. Oberkante des Rahmens berechnet.

Über das Dialogfenster RAHMEN UND SCHATTIERUNG lassen sich auch ganze *Tabellen-* Tabellen, Tabellenspalten und -zeilen oder Einzelzellen rahmen. Hierfür *zellen* setzen Sie zunächst die Einfügemarke in die Tabellenzelle oder Sie markieren zunächst den zu rahmenden Bereich der Tabelle und rufen anschließen das Dialogfenster RAHMEN (Menu FORMAT) auf. Je nach Struktur der markierten Zellen ändert sich die Anzeige des Dialogfensters.

Markierte Zellen	Änderung im Dialogfenster
Einzelzelle	Keine Mittelteilung im Feld RAHMEN anwählbar
Zellen untereinander	Die Standardvorgabe SCHATTIERT wechselt in GITTERNETZ ((Alt)(T)) (Ausrichtung: horizontal). Waagerechte Mittelteilung im Feld RAHMEN anwählbar.
Zellen nebeneinander	Die Standardvorgabe SCHATTIERT wechselt in GITTERNETZ ((Alt)(T)) (Ausrichtung: vertikal). Senkrechte Mittelteilung im Feld RAHMEN anwählbar.
Unter- und nebeneinander	Die Standardvorgabe SCHATTIERT wechselt in GITTERNETZ ((Alt)(T)) (Ausrichtung: horizontal und vertikal). Waagerechte und senkrechte Mittelteilung im Feld RAHMEN anwählbar.

Tab. 18.1: Tabellenrahmen

Durch die Möglichkeit, Gitterrahmen zu definieren, können Sie Tabellen in einem Schritt innen und außen gestalten.

Das Feld ABSTAND ZUM TEXT kann nicht aktiviert werden. Vielmehr werden die Rahmen stets auf die Gitternetzlinien gelegt, die ja lediglich der Orientierung am Bildschirm dienen. Der Abstand, den der Inhalt einer Tabellenzelle vom Rahmen hat, wird in diesem Fall im Dialogfenster ABSATZ durch Absatzabstände VOR und NACH und Absatzeinzüge formatiert. Die Größe des Rahmens modifizieren Sie durch Veränderung der Zeilenhöhe und Spaltenbreite.

Die Gestaltung der Tabellen wird beim Kopieren und Einfügen ganzer Zellen, Zeilen, Spalten und Tabellen ebenso wie die Struktur übernommen.

Um eine Tabelle zu gestalten, die sowohl als Ganzes durch einen Rahmen begrenzt wird und in jeder Zelle mit einem eigenen Rahmen versehen ist (Kästchenmuster), markieren Sie die gesamte Tabelle und aktivieren im Dialogfenster RAHMEN die Option GITTERNETZ. Hierbei werden die Außenlinien in 1 ½ Punkt Stärke gezogen, während innerhalb der Tabelle ¾-Punkt-Linien eingesetzt werden. Sie können diese Vorgaben selbstverständlich im grafischen Feld RAHMEN modifizieren.

Das Feld ABSTAND ZUM TEXT kann bei Tabellen nicht aktiviert werden. Vielmehr werden die Rahmen stets auf die Gitternetzlinien gelegt, die ja lediglich der Orientierung am Bildschirm dienen. Der Abstand, den der Inhalt einer Tabellenzelle vom Rahmen hat, wird in diesem Fall im Dialogfenster ABSATZ durch Absatzabstände VOR und NACH und Absatzeinzüge formatiert. Die Größe des Rahmens modifizieren Sie durch Veränderung der Zeilenhöhe und Spaltenbreite. Auch bei Grafiken ist das Feld ABSTAND ZUM TEXT inaktiv, da hier die Größe des Rahmens unter FORMAT > GRAFIK in der Gruppe ZUSCHNEIDEN festgelegt wird.

Schattierungen hinterlegen

Neben der Rahmung lassen sich Absätze auch mit Rastern oder Farben hinterlegen. Diese Möglichkeit dient der Hervorhebung von wichtigen Textstellen. Anwendbar ist sie ebenso wie die Rahmenfunktion auf alle Absätze.

Um eine gerasterte oder farbige Hinterlegung eines Absatzes zu formatieren, wählen Sie im Dialogfenster RAHMEN UND SCHATTIERUNG das Register SCHATTIERUNG ([Alt][S]). Im Dialogfenster wird die Schattierung mittels dreier Listen gestaltet. Die Wirkung der Formatierung kann direkt im Feld VORSCHAU überprüft werden.

Mittels der Felder VORDERGRUND ([Alt][V]) und HINTERGRUND ([Alt][I]) bestimmen Sie die Farben, die Sie anschließend im Feld SCHATTIERUNG ([Alt][A]) miteinander mischen können. Zur Verfügung steht in den Listen wieder die Palette mit 16 verschiedenen Farbtönen und dem Eintrag "Auto" für die Übernahme der Textfarbe der Windows Sytemsteuerung.

Beide Farben - also auch die Vordergrundfarbe - werden im Dokument hinter die Zeichen oder die Grafik gelegt, die Sie hiermit formatieren. Wenn Sie mit monochromer Anzeige arbeiten, werden die Farbtöne in Schraffuren umgesetzt. Beachten Sie, daß die Kombination verschiedener Schraffuren oft nicht wie erwartet ausfällt. Dies gilt auch für den schwarzweißen Druck.

18 • Rahmen, Schattieren und Positionieren

Im Listenfeld SCHATTIERUNG stehen zunächst zwei Einträge zur Verfügung, mit denen Sie festlegen, ob die Vordergrundfarbe "Transparent" sein soll, also nur die Hintergrundfarbe in Erscheinung tritt, oder "Einfarbig" wirken soll und somit die Hintergrundfarbe vollständig überdeckt. Mit 12 prozentualen Mischverhältnisse können Sie Vordergrund- und Hintergrundfarbe kombinieren. Der Prozentsatz bezieht sich hierbei stets auf den Vordergrund. Dank der optischen Umsetzung in kleinen Ausschnitten, kann bereits in der Liste ein Eindruck von den Mischverhältnissen gewonnen werden. Zudem bietet die Liste 12 verschiedene Schraffuren und Raster an, die ebenfalls symbolisch angezeigt werden. Bei diesen Anzeigen finden bereits die Farben Verwendung, die in den Listen VORDERGRUND und HINTERGRUND ausgewählt wurden.

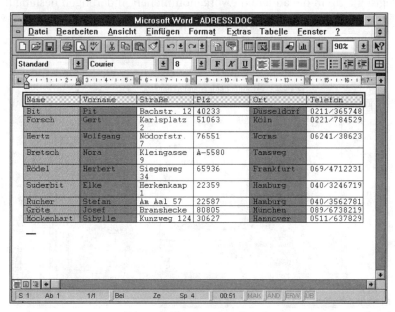

Abb. 18.2: Eine gestaltete Tabelle

Beachten Sie, daß Farbraster in der Fläche anders wirken als im kleinen Symbol. Einen besseren Eindruck von der Wirkung erhalten Sie, wenn Sie die fraglichen Kombinationen im Feld VORSCHAU betrachten. Hier wird eine Formatierung angezeigt, sobald Sie sie markieren.

Falls Sie einmal Teile eines Dokuments weiß auf schwarz aus der Hand geben möchten, so formatieren Sie eine einfarbige schwarze Schattierung für die Absätze. Anschließend schreiben Sie mit der Schriftfarbe weiß, die Sie im Dialogfenster ZEICHEN in der Liste FARBE formatiert haben. Bedenken Sie hierbei aber, daß der Tonerverbrauch für diesen Effekt sehr hoch liegt.

Außerdem ermüden solche Gestaltungen schnell das Auge und lenken leicht vom Inhalt des Textes ab.

Um alle Schattierungseinstellungen zurückzusetzen, wählen Sie das Optionsfeld OHNE (Alt O) an. Es schaltet die Hintergrundgestaltung der Rahmenfunktion aus. Wenn nur die momentanen Änderungen nicht aktiviert werden sollen, schließen Sie das Fenster mit ABBRECHEN (Esc) statt mit OK (←), was wie immer die gewählten Einstellungen unberücksichtigt läßt. Sie können in der Registerkarte RAHMEN die Schattierung durch Rahmeneffekte vom übrigen Text abgrenzen. Dies ist allerdings nicht notwendig, da Schattierungen auch ohne Umrahmungen in Dokumente aufgenommen werden können. Beachten Sie bitte, daß der Wechsel von einer Registerkarte in die andere die vorgenommenen Änderungen bestätigt!

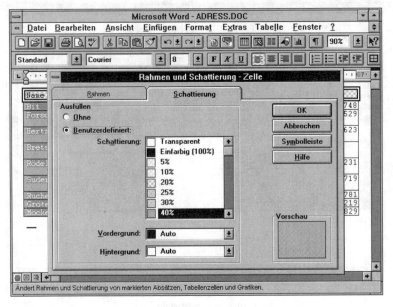

Abb. 18.3: Die Registerkarte SCHATTIERUNG

Farbige Rahmen und Schattierungen können Sie im Dokument auch über die Symbolleiste RAHMEN UND SCHATTIERUNG weiterbearbeiten. Die Symbolleiste greift die Formatierungen auf, die Sie im Dialogfenster RAHMEN UND SCHATTIERUNG gesetzt haben. Sobald Sie aber den formatierten Bereich verlassen, arbeitet die Symbolleiste wieder mit ihren schwarzweißen Standards.

Neben den absatzorientierten farbigen Hinterlegungen der Schattierungen bietet Winword mit seinem Grafikmodul auch die Möglichkeit, Grafiken zu zeichnen und frei vor oder hinter dem Text zu plazieren. Hierdurch lassen sich viele interessante Effekte verwirklichen. "Word 6.0-Grafik", so der Name dieses Programmteils, wurde voll in Word für Windows integriert, so daß Sie für einfache vektororientierte Zeichnungen nicht auf die Hilfe anderer Anwendungen zurückgreifen können, sondern sie direkt im Dokument erstellen. Hierfür aktivieren Sie die Symbolleiste ZEICHNUNG (ANSICHT > SYMBOLLEISTEN), die sämtliche Werkzeuge für die Grafikerstellung mit WinWord enthält. Die Standardvorgaben für das Zeichnen können Sie im FORMAT-Menü unter ZEICHNUNGSELEMENT (Alt E) variieren.

Word-Grafik beherrscht neben den geometrischen Standardformen Linie, Ellipse und Rechteck auch Bogenlinien und Freihandfiguren. Hilfreich sind auch Textboxen und Legenden, mit denen Kommentare zielgerecht in den Text aufgenommen werden. Um zu zeigen, worum es geht, bietet Word-Grafik als Linienform auch formatierte Pfeile, mit denen sich leicht auf etwas weisen läßt. Hier soll es bei dem Hinweis bleiben, daß Sie im Kapitel 24, das sich den Zusatz- und OLE-Funktionen von WinWord widmet, mehr über Word-6-Grafik erfahren, das anderen OLE-tauglichen Windows-Anwendungen und auch WinWord selbst als OLE-Server zur Verfügung steht. Dies ändert aber nichts daran, daß es ein Bestandteil von Word für Windows ist, wodurch es sich die Word-Zeichnungen ohne OLE-Verknüpfung in Ihre Dokumente eingliedert.

Elemente positionieren

Für ein gutes Layout ist es oft wichtig, daß Absätze und andere Elemente eines Dokuments wie Grafiken und Tabellen festgelegte Positionen auf einer Druckseite haben. Um die freie Positionierung von Absätzen möglich zu machen - jedes positionierte Element beinhaltet mindestens eine Absatzmarke - werden Positionsrahmen gesetzt, in denen Inhalte auf der Seite verschoben werden.

Trotz der Namensähnlichkeit dürfen die Positionsrahmen nicht mit den grafisch gestaltbaren Rahmen verwechselt werden. Haben letztere eine direkte grafische Gestaltungsfunktion, so handelt es sich bei Positionsrahmen um die Verwaltung von Standorten. Sie treten nie selbst in Erscheinung, sondern fungieren nur als Platzhalter für Inhalte. Trotz allem - bei der Arbeit mit Word für Windows werden sie sichtbar, so daß das Positionieren leichter von der Hand geht. Und sie lassen sich mit der Rahmenformatierung auch mit sichtbaren Rahmen gestalten; in dieser Hinsicht ergänzen sich die beiden Funktionen.

Wenn Sie mit Word für Windows absolute Positionen für Elemente definieren, fließt der übrige Text automatisch um die positionierten Elemente herum, so daß es keine Schwierigkeit ist, eine Grafik oder eine Textkolumne in einen Text einzubauen. Selbst bei nachträglichen Positionsveränderungen verteilt sich der Text automatisch neu um das positionierte Element.

Einen Absatz positionieren Sie über den Menübefehl EINFÜGEN > POSITIONSRAHMEN ([Alt][E] [P]). Durch diese Eingabe wird ein neuer Positionsrahmen erstellt. Falls Sie sich zu diesem Zeitpunkt nicht in der Layoutansicht befinden, werden Sie durch eine Meldung darauf aufmerksam gemacht, daß Positionierungen in der Normalansicht nicht im Layoutzusammenhang bearbeitet werden können. Das Dialogfenster bietet Ihnen die Möglichkeit, mit JA ([Alt][J]) zur Layoutansicht zu wechseln, mit NEIN ([Alt][N]) die Aktion in der Normalansicht fortzusetzen, die Positionierung abzubrechen ([Esc]) oder - wie in Meldungsfenstern üblich - HILFE ([Alt][H]) anzufordern.

Wenn Sie die Symbolleiste ZEICHNUNG aktivieren, können Sie über das nebenstehende Symbol einen "Positionsrahmen einfügen", ohne das Menü EINFÜGEN zu öffnen. Auch die Symbolleiste FORMULAR hält das Symbol "Positionsrahmen einfügen" bereit. Selbstverständlich können Sie das Symbol, das Sie über ANPASSEN > SYMBOLLEISTEN in der Kategorie EINFÜGEN finden, auch in jede andere Symbolleiste aufnehmen. Die Meldung, daß zur Bearbeitung von Positionsrahmen in die Layoutansicht umgeschaltet werden solle, erscheint auch, wenn das Symbol "Positionsrahmen einfügen" angeklickt wird, sofern die Layoutansicht nicht bereits aktiv ist.

Tatsächlich ist die korrekte freie Positionierung eines oder mehrerer Absätze in der Normalansicht beinahe ausgeschlossen, da Sie nicht das Ergebnis Ihrer Einstellungen vor sich sehen. Allerdings können einfache Positioniervorgaben - wie beispielsweise die Ausrichtung eines Absatzes unten am Seitenrand - auch über Menübefehle im Normalmodus vollzogen werden. Gerade bei der Erfassung langer Dokumente kann das Umschalten in die Layoutansicht unnötige Verzögerungen mit sich bringen. Dies gilt insbesondere, wenn die endgültige Layoutfomatierung des Dokuments in einem separaten Arbeitsgang nach der Erfassung vorgenommen wird. In diesem Fall sollte die Positionierung möglichst einfach gehalten werden, da sie aller Wahrscheinlichkeit nach eine weitere Überarbeitung erfährt. In der Gliederungsansicht können Sie keine Elemente positionieren. Der Formatierung von bestehenden Positionsrahmen über den Menübefehl FORMAT > POSITIONSRAHMEN ([Alt][T][P]) steht jedoch auch in diesem Modus nichts entgegen. Angezeigt werden die Positionsänderungen allerdings weder in der Normal- noch in der Gliederungsansicht.

Positionsrahmen mit Markierung setzen

Ob im Dokument eine Markierung gesetzt wurde, ist entscheidend für die Art und Weise, wie eine Positionierung eingefügt wird. Solange eine markierte Passage vorliegt, wird diese bei Anwahl des Positionierbefehls automatisch mit einem Positionsrahmen umgeben. Wenn die Markierung nicht mit einer Absatzmarke endet, bezieht sich die Positionierung ausschließlich auf die markierten Zeichen dieses Absatzes. Sind Absätze unvollständig - ohne Absatzmarke - markiert, werden automatisch neue Absatzmarken eingefügt, die es ermöglichen, die Markierung als eigenständiges Element zu positionieren. Als Position wird ihr automatisch die Ausrichtung am linken Spaltenrand an ihrer aktuellen Stelle im Textfluß zugewiesen. Absätze, deren Absatzmarke von der Markierung berührt werden, werden ganz positioniert.

Wenn Sie eine Absatzmarke markieren und einen Positionsrahmen einfügen, paßt sich der Rahmen einer später eingefügten Grafik automatisch an. Bei Texteingaben wird der so erstellte Rahmen sukzessive erweitert, bis er die Breite der Spalte oder der Seitenränder erreicht hat. Dann erfolgt der übliche Zeilenumbruch. Der automatische Textumfluß ist in diesem Fall verhindert, bis die Breite des Rahmens manuell reduziert wird.

Anders sieht der Sachverhalt aus, wenn keine Markierung vorliegt, sondern die Einfügemarke an einer beliebigen Stelle der Dokumentseite steht. In diesem Fall ändert die Anwahl des Symbols "Positionsrahmen" oder der Menübefehl EINFÜGEN > POSITIONSRAHMEN den Mauszeigers in ein Pluszeichen. Mit diesem Zeichen können Sie an einer beliebigen Stelle des aktuell angezeigten Blatts einen Positionsrahmen aufziehen. In dem Positionsrahmen wird automatisch eine Absatzmarke eingefügt.

Positionsrahmen ohne Markierung setzen

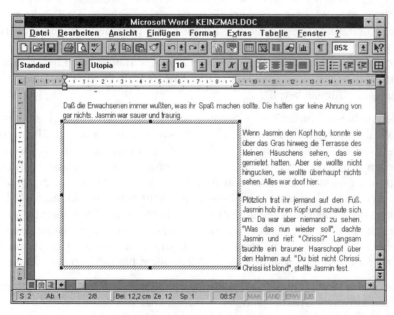

Abb. 18.4: Ein leerer Positionsrahmen

Plazieren Sie den Mauszeiger einfach an der Stelle, an der der positionierte Absatz im Dokument erscheinen soll. Betätigen Sie hier die linke Maustaste und ziehen Sie den Rahmen mit gedrückter Maustaste auf, bis er die gewünschte Größe erreicht hat. Dann geben Sie die Maustaste frei. Hierdurch wird der Rahmen eingefügt.

Grafiken positionieren Die Höhe des Positionsrahmens wird beim Einfügen von Grafiken automatisch auf die Länge der Abbildung erweitert oder reduziert. Daher können Sie diesen Faktor beim Einfügen eines leeren Rahmens vernachlässigen. Nicht vernachlässigen sollten Sie die Breite des Positionsrahmens, da diese entscheidend ist für den Vergrößerungsfaktor, mit dem die Grafik eingefügt wird. Der Import von Grafiken ist Thema des nächsten Kapitels.

Tabellen positionieren Werden Tabellen in einen aufgezogenen Rahmen eingefügt, so paßt sich die Breite der Tabelle automatisch der Weite des Rahmens an. Andererseits bestimmt die Höhe der Tabelle die Länge des Positionsrahmens. Das Erstellen der Tabelle erfolgt wie üblich. Anders sieht die Sachlage aus, wenn eine leere Einfügemarke markiert und positioniert wurde. Hier wird durch das Anklicken des Symbols "Tabelle" oder den Menübefehl TABELLE > EINFÜGEN ohne weitere Rückfrage ein einzelnes Tabellenfeld über die gesamte Breite der Spalte bzw. der Seitenränder erstellt. Wenn eine Tabelle im Nachhinein positioniert wird, bietet sich die Möglichkeit, die ganze Tabelle oder Tabellenzeilen mit einem Positionsrahmen zu versehen. Die Tabellenzeilen lassen sich auf diese Weise aus dem Gesamtzusammenhang der Tabelle herausnehmen, werden allerdings tatsächlich aus der Tabelle ausgegliedert, und als eigenständige Tabelle in das Dokument aufgenommen. Einzelne Zellen lassen sich nicht positionieren; der Positionsrahmen wirkt sich hierbei automatisch auf die ganze Zeile der Tabelle aus. Ebenso führt die Markierung einer Spalte dazu, daß eine anschließende Positionierung die ganze Tabelle betrifft.

 Gerade beim Positionieren einzelner Tabellenzeilen ist Vorsicht geboten: Falls in der Tabelle mittels Koordinaten Berechnungen durchgeführt werden, kann die Herausnahme einzelner Zeilen - dies geschieht auch, wenn Zellen positioniert werden sollen - zu unerwarteten Ergebnissen führen und die gesamte Kalkulationsstruktur der Tabelle zerstören. Andererseits kann das Positionieren von Tabellenzeilen sehr hilfreich sein, wenn Teile, die in der Tabelle untereinander erfaßt wurden, in der Druckausgabe oder bei einer Präsentation nebeneinander stehen sollen. Hierbei ist zu beachten, daß die Breite der Tabellenspalten, die nebeneinander positioniert werden sollen, die Gesamtbreite der Seite nicht überschreiten.

Texte positionieren Bei Textinhalten funktioniert die Anpassung bereits aufgezogener Rahmen nur dann automatisch, wenn der Text die Länge des Rahmens überschreitet. Ist der in einen Positionsrahmen eingegebe Text kürzer als der Rahmen, so wird dennoch der unbenutzte untere Teil des Rahmens freigehalten.

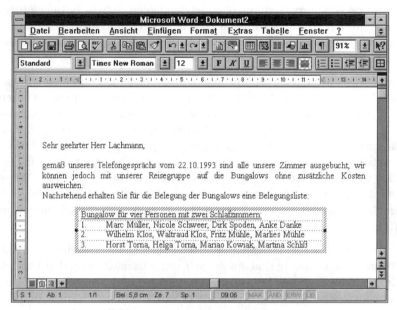

Abb. 18.5: Eine positionierte Tabelle

Es versteht sich von selbst, daß für das Aufziehen von Positionsrahmen die Layoutansicht aktiv sein sollte. Zwar läßt sich auch in der Normalansicht der leere Positionsrahmen aufziehen, allerdings kann seine Stellung auf der Seite hierbei nicht bestimmt werden. Er gliedert sich in der Höhe, in der Sie den Rahmen aufziehen, zwischen die bestehenden Absatzmarken ein.

Beim Aufziehen eines leeren Positionsrahmens oder beim Positionieren von Textabsätzen werden automatisch auch grafische Rahmen (Linienstärke: ¾ Punkt) um den Positionsrahmen gezogen. So ist jederzeit ersichtlich, an welcher Stelle ein Positionsrahmen steht und welche Größe er hat. Dieser grafische Rahmen entfällt in dem Augenblick, in dem der Positionsrahmen nichts anderes als eine Grafik beinhaltet; unerheblich ist es, wann die Grafik eingefügt wird. Außerdem ist der grafische Rahmen auch beim Einfügen von Tabellen unwirksam. Bei Texten bleibt der grafische Rahmen jedoch bestehen und muß - falls unerwünscht - manuell im Dialogfenster RAHMEN UND SCHATTIERUNG entfernt werden. Die Ausnahme von dieser Regel ist gegeben, wenn der Text zusammen mit einer Tabelle markiert und positioniert wird; dann spart sich das Programm den großen Rahmen.

Auch ohne grafischen Rahmen kommt der Positionsrahmen zur Anzeige. Wenn über OPTIONEN > ANSICHT das Kontrollfeld TEXTBEGRENZUNGEN aktiv ist, zeigen sie sich permanent mit gepunkteten Linien. Sobald Sie die Einfügemarke in den Positionsrahmen setzen oder ihn durch Anklicken markieren, zeigt sich der aktivierte Positionsrahmen zudem mit einer breiten Schraffur.

Eingaben in positionierte Absätze in der Layoutansicht

Um in der Layoutansicht Eingaben in einem positionierten Element vorzunehmen, setzen Sie die Einfügemarke in den Positionsrahmen. Klicken Sie hierfür mit dem Mauszeiger in den Positionrahmen. Der Positionsrahmen wird mit einer Schraffur markiert. Bei Tastaturbedienung können Sie auch mit den Tastenkombinationen [Alt][↓] und [Alt][↑] positionierte Elemente der Reihe markieren. Innerhalb einer Positionierung kann die Eingabe von Text, Tabellen, Grafiken und Objekten auf die gewohnte Weise vollzogen werden. Sie haben in der Layoutansicht also gleichzeitig alle Möglichkeiten der Textverarbeitung parallel zu den Layoutfunktionen zur Verfügung.

Positionierte Absätze in anderen Ansichten

In den anderen Textansichten unterscheidet sich die Texteingabe nicht. Positionierte Elemente sind auf der Seite ihrer Darstellung in den Textfluß eingebunden und werden wie üblich markiert und bearbeitet. Auf ihre Funktion als positioniertes Textelement verweist in der Normal- und der Gliederungsansicht ein schwarzes Quadrat, das links der Absätze in der Druckformatspalte steht und bei der Anzeige der nicht druckbaren Zeichen sichtbar wird.

Positions- und Rahmenänderungen mit der Maus

Um ein positioniertes Element - es kann aus einem oder mehreren Absätzen bestehen - an eine andere Position der Seite zu bewegen, können Sie sich wieder der Maus bedienen. Für die Aktion muß die Layoutansicht aktiv sein.

Plazieren Sie einfach den Mauszeiger auf dem schraffierten Rahmen. Er wird dort um das Symbol eines Vierfachpfeils bereichert. Wenn Sie nun die linke Maustaste niederhalten, können Sie das Element auf der Seite an eine andere Position ziehen. Sie legen es dort ab, indem Sie die Maustaste loslassen. Das Dokument wird automatisch gemäß der neuen Position umformatiert.

Durch die Veränderung ändert sich nicht nur die Position der Absätze auf der Seite, sondern auch ihre Stellung im Textfluß. Ähnlich wie beim Ziehen-und-Ablegen (Drag-and-Drop) wird das ganze positionierte Element - also der einzelne Absatz oder die Gruppe von Absätzen - in die Nähe des neuen Standortes verschoben. Hierbei gilt der Absatz, neben dem das Element plaziert wird, als naheliegenster Standort. Vor diesem Absatz wirft das positionierte Element sozusagen seinen Anker aus. Dies kann in der Normalansicht, in der ja positionierte Absätze im Textfluß und nicht an ihrer Position angezeigt werden, überprüft werden. Hier liegt das positionierte Element vor einem Absatz vor Anker. In der Layoutansicht wird links oder rechts neben diesem Absatz ein kleiner Anker angezeigt, sobald der Positionsrahmen aktiv ist (Schraffur). Voraussetzung für die Anzeige des Ankerpunktes ist, daß unter OPTIONEN > ANSICHT das Kontrollkästchen VERANKERUNGSPUNKTE aktiviert ist. Die Verankerungspunkte können Sie mit der Maus verschieben.

Da positionierte Absätze tatsächlich verschoben und nicht nur in den Seitenkoordinaten geändert werden, ist es möglich, sie von eine auf die andere Seite umzuplazieren. Ziehen Sie hierfür mit dem Mauszeiger den Positionsrahmen oder den Anker nach oben oder unten - je nachdem, ob Sie das Element weiter nach vorne oder hinten verschieben möchten - aus dem Blatt hinaus. Blättern Sie auf diese Weise mit niedergehaltener Maustaste solange durch das Dokument, bis Sie die neue Position erreicht haben, an der Sie das Element ablegenmöchten. Während sich beim Ziehen des Positionsrahmens die Position auf der Seite ändert, ändert das Ziehen des Ankers lediglich die Seite und hält die Position des Elements auch auf der neuen Seite bei. Sie haben also die Wahl, ob Sie den Positionsrahmen selbst neu plazieren möchten oder unter Wahrung der absoluten Position auf dem Blatt nur die Seite wechseln wollen.

Absätze, die gemeinsam positioniert wurden, lassen sich auch nur zusammen verschieben. Falls Sie nur einen Absatz aus der Position verschieben möchten, können Sie sich der einfachen Ziehen-und-Ablegen-Funktion bedienen. Markieren Sie die Stelle und ziehen Sie sie mit niedergehaltener Maustaste aus dem Positionsrahmen heraus. Beim Ablegen geht allerdings die Positionierung verloren. Die Positionierung bleibt bei dieser Aktion bis zur letzten Absatzmarke an der alten Stelle erhalten.

Auch die Größe des Positionsrahmens kann mit der Maus geändert werden. Voraussetzung hierfür ist, daß der Positionsrahmen markiert wird. Dies geschieht, indem Sie den schraffierten Rahmen anklicken. Beim markierte Positionsrahmen werden im schraffierten Rand acht Anfasser - schwarze Rechecke - ergänzt, über die sich die Rahmengröße auf das gewünschte Maß ziehen läßt.

Positionsrahmen ändern

Auf den seitlichen Ziehpunkten wechselt der Mauszeiger zu einem horizontalen oder vertikalen Doppelpfeil. Sie können nun die linke Maustaste betätigen und so den Rahmen nach rechts oder links, oben oder unten ziehen.

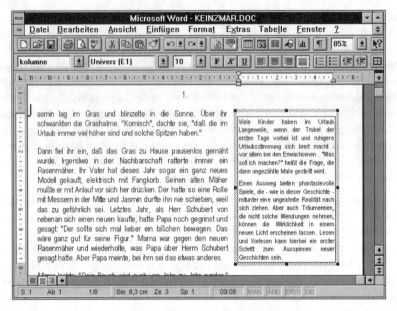

Abb. 18.6: Ein markierter Positionsrahmen

 Auf den Ziehpunkten in den Ecken des Positionsrahmens zeigt das Maussymbol diagonale Doppelpfeile an. Diese Doppelpfeile erlauben es, gleichzeitig die Länge und Breite des Rahmens zu verändern.

Wirkung auf Texte Bei Textinhalten wird durch die Veränderung der Breite des Positionsrahmens ein Textumbruch auf die neue Rahmenbreite bewirkt, wobei sich die Länge des Rahmens selbsttätig der veränderten Inhaltsdarstellung anpaßt und entsprechend verlängert oder verkürzt wird. Die vertikale Vergrößerung bewirkt, daß unterhalb des Textes der Abstand zum umlaufenden Text vergrößert wird. Die vertikale Verkürzung des Rahmens hat nur solange einen Effekt, bis die Grenzen des Textinhalts erreicht sind, er also genau in die Dimensionen des Positionsrahmens paßt. Eine weitere Verkürzung der Rahmenlänge in den Textinhalt hinein hat eine ähnliche Wirkung wie ein Verschieben in der Vertikalen.

Wirkung auf Grafiken Grafiken werden der aktuellen Dimension des Positionsrahmens angepaßt, das heißt, eine Verschiebung der Rahmenseiten mit der linken Maustaste hat gleichzeitig eine Vergrößerung bzw. Verkleinerung der Grafik zur Folge. Die Anfasser in den Ecken des Positionsrahmens bewirken hierbei einen proportionalen Zoom der Grafik. Das aktuelle Seitenverhältnis zwischen Breite und Höhe bleibt also gleich. Im Gegensatz hierzu verändern die seitlichen Ziehpunkte die Breite und Höhe der Grafik unabhängig voneinander.

Auch Tabellen verändern sich durch das Ziehen der Anfasser, die hier allerdings auf zwei seitliche Rechtecke - links und rechts der Tabelle - beschränkt sind. Bei Erweiterungen des Positionsrahmens über die Dimension der Tabelle hinaus werden die Spalten vergrößert. Ziehen Sie am linken Rand einer positionierten Tabelle, so verändern sich die Spalten alle um den gleichen Faktor, ziehen Sie dagegen das rechte Ende eines Positionsrahmen, so wird nur die äußerste rechte Spalte vergrößert bzw. verkleinert. Im übrigen gelten die gleichen Tastaturschlüssel wie bei der regulären Tabellenbearbeitung.

Wirkung auf Tabellen

Die Veränderung der Größe des Positionsrahmens wirkt sich gleichzeitig auf die grafischen Rahmen aus, mit denen die Elemente formatiert wurden.

Es ist nicht möglich, innerhalb eines positionierten Elements einen manuellen Seiten-, Spalten- oder Abschnittumbruch einzufügen. Auch vor automatischen Umbrüchen ist der positionierte Bereich gefeit. Die Konsequenz daraus ist, daß jene Absätze, die in ununterbrochener Folge positioniert sind und so unterhalb einer Druckseite stehen, nicht ausgedruckt werden. Eine einfache Möglichkeit, eine durchgängige Positionierung zu unterbrechen, besteht darin, einen Leerabsatz an der gewünschten Sollbruchstelle einzufügen und ihm über das Feld "Formatvorlage" der Symbolleiste FORMATIERUNG die Formatvorlage STANDARD zuzuweisen. Achten Sie hierbei darauf, daß Sie im Meldungsfenster unbedingt DER MARKIERUNG WIEDER ZUWEISEN ((Alt)(Z)) anwählen. Ansonsten wird Ihr Standardtext durchgängig positioniert, was wohl kaum in Ihrem Interesse sein dürfte. Falls Sie sich über die Wirkung des Befehls nicht sicher sind, betätigen Sie lieber HILFE ((Alt)(H)) oder ABBRECHEN ((Esc)) und informieren Sie sich über die Arbeit mit Formatvorlagen in Kapitel 20.

Positionieren und Größenänderungen über numerische Werte

Mit dem Menübefehl FORMAT > POSITIONSRAHMEN ((Alt)(T)(P)) lassen sich Position und Größe des Positionsrahmens durch Werte bestimmen. Die Eingaben wirken sich hierbei stets auf den Positionsrahmen aus, in dem die Einfügemarke momentan steht, oder der markiert ist. Sind unpositionierte Absätze oder Absätze mit verschiedenen Positionen markiert, kann das Dialogfenster POSITIONSRAHMEN nicht aufgerufen werden. Im Unterschied zur Positionierung mittels der Maus lassen sich im Dialogfenster auch in der Normalansicht und sogar in der Gliederungsansicht Positionsformatierungen vornehmen.

Das Dialogfenster POSITIONSRAHMEN können Sie aufrufen, indem Sie mit der Maus einen Positionsrahmen oder einen Anker doppelt anklicken. Da beide nur in der Layout- oder in der Seitenansicht angezeigt werden, ist auch der Schnellzugriff nur hier möglich. In allen Ansichten aber funktioniert der Zugriff auf das Dialogfenster mittels des Shortcut-Menü der rechten Maustaste: Hier finden Sie den Befehl POSITIONSRAHMEN FORMATIEREN und zudem den Befehl RAHMEN UND SCHATTIERUNG, mit dem Sie dem Positionsrahmen gleich ein ansprechendes optisches Layout geben können.

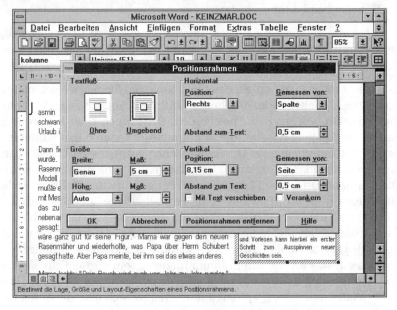

Abb. 18.7: Das Dialogfenster POSITIONSRAHMEN

Eingabe horizontaler Positionsangaben

Über FORMAT > POSITIONSRAHMEN ([Alt] [T] [P]) legen Sie die horizontale und vertikale Position von Passagen fest.

Unter HORIZONTAL geben Sie im Feld POSITION ([Alt] [P]) vor, an welcher horizontalen Position die Passage auf der Seite stehen soll. Hierbei können Sie in der Liste zwischen den Positionen LINKS, RECHTS, ZENTRIERT, INNEN und AUßEN wählen. Außerdem können Sie absolute Positionen durch numerische Werte festlegen.

Als Bezugspunkte für die horizontale Position bietet das Feld GEMESSEN VON ([Alt] [G]) die Einträge SEITENRAND, SEITE und SPALTE. Diese Bezugspunkte haben folgende Bedeutung:

Eintrag	Bedeutung Einstellung
SEITENRAND	bezieht den Eintrag unter POSITION auf den linken und rechten Seitenrand. Die Seitenränder werden über SEITE EINRICHTEN > SEITENRÄNDER bestimmt. Auch die Vorgabe eines Bundstegs beeinflußt den Seitenrand.
SEITE	bezieht den Eintrag unter POSITION auf den linken und rechten Blattrand. Die Breite des Blattes legen Sie im Dialogfenster SEITE EINRICHTEN > PAPIERFORMAT fest.
SPALTE	bezieht den Eintrag unter POSITION auf den linken und rechten Spaltenrand. Das Maß der Spalte legen Sie im Dialogfenster SPALTEN durch die Anzahl der Spalten und den Abstand dazwischen fest. Diese Angaben korrespondieren mit den Seitenrändern, die Sie unter SEITE EINRICHTEN bestimmt haben. Wenn die Anzahl der Spalten auf "1" festgelegt wird, entspricht ihr Maß dem Satzspiegel.

Tab. 18.2: GEMESSEN VON bei der horizontalen Positionierung

Wählen Sie in der Liste POSITION ([Alt][P]) die Stellung aus, in der das Element plaziert werden soll. Alternativ dazu können Sie selbst einen Dezimalwert in das Eingabefeld eintragen, der dann die Position des Elements bestimmt. Die Maßeinheit ist wie gewohnt frei (cm, pt, pi, "), muß aber angegeben werden, wenn Sie nicht die voreingestellte Einheit verwenden. Der ausgewählte Eintrag oder eingegebene Wert gilt in Relation zu dem Bezugspunkt unter GEMESSEN VON, von dem aus Ihre Eingabe bemessen wird. Folgende Möglichkeiten der Positionierung bieten sich Ihnen:

Eintrag	Bedeutung Beispiel
LINKS	setzt das positionierte Element linksbündig zum linken Rand des Bezugspunkts. Wenn als Bezugspunkt SEITENRAND vorgegeben ist, wird das Element bündig zum linken Seitenrand plaziert. Da manche Drucker nicht bis an den Rand des Blattes drucken können, empfiehlt es sich bei dieser Option, SEITE nicht als Bezugspunkt zu wählen.

Eintrag	Bedeutung Beispiel
RECHTS	setzt das positionierte Element rechtsbündig zum rechten Rand des Bezugspunkts. Wenn als Bezugspunkt SPALTE vorgegeben ist, wird das Element bündig zum rechten Rand der Spalte plaziert. Auch hier gilt die oben genannte Einschränkung für Drucker.
ZENTRIERT	zentriert das positionierte Element zwischen linkem und rechtem Rand des Bezugspunkts. Wenn als Bezugspunkt SEITE vorgegeben ist, wird das Element zentrisch zur Breite der Seite plaziert.
INNEN	setzt das positionierte Element bündig zum inneren Rand des Bezugspunkts. Innen ist bei Seiten mit ungerader Seitennummer der linke und bei Seiten mit gerader Seitennummer der rechte Rand. Wenn als Bezugspunkt SEITE vorgegeben ist, wird das Element auf ungeraden Seiten am linken Blattrand und bei geraden Seiten am rechten Blattrand plaziert.
AUßEN	setzt das positionierte Element bündig zum äußeren Rand des Bezugspunkts. Außen ist bei Seiten mit gerader Seitennummer der linke und bei Seiten mit ungerader Seitennummer der rechte Rand. Wenn als Bezugspunkt SPALTE vorgegeben ist, wird das Element bei geraden Seiten am linken Blattrand und bei ungeraden Seiten am rechten Rand der Spalte plaziert.
Meßwert	setzt das positionierte Element im angegebenen Abstand bündig zum Bezugspunkt. Wenn als Bezugspunkt SEITENRAND vorgegeben ist und der Eintrag unter POSITION "2 cm" lautet, wird das Element im Abstand von 2 Zentimetern zum linken Seitenrand gesetzt.

Tab. 18.3: POSITION bei der horizontalen Positionierung

Die Maße, die Sie eingeben, müssen positive Dezimalzahlen sein. Negative Zahlen werden nur beim Bezug auf Spalten oder Seitenränder akzeptiert. Um ein Element links vom linken Seitenrand zu plazieren, also im ansonsten unbedruckten Bereich, wählen Sie als Bezugspunkt "Seite" und geben ein, wie groß der Abstand zwischen Blattrand und Element sein soll. Beachten Sie hierbei, daß manche Drucker ein Blatt nicht bis zum äußersten Rand bedrucken können. Als Folge kann es passieren, daß ein Teil eines Elements abgeschnitten wird, da es zu nah am Blattrand positioniert wurde. Die Höchstwerte entsprechen übrigens in allen Eingabefeldern der maximalen Seitengröße von 55,87 Zentimetern oder 22 Zoll. Dieser Wert kann weder in der Breite noch in der Länge eines Blattes überschritten werden; somit sind auch alle Einstellungen, die sich auf die Seitenmaße beziehen, durch diesen Wert begrenzt.

Außer der horizontalen Position läßt sich auch die vertikale Position eines Elements bestimmen. Die Angabe unter VERTIKAL in Feld POSITION ([Alt][S]) legt fest, wie das positionierte Element zwischen oberem und unterem Seitenrand bzw. Blattrand plaziert werden soll: oben, unten zentriert oder gemäß eines numerischen Werts. Bestimmen Sie für die vertikale Einstellung unter GEMESSEN VON ([Alt][V]) zunächst, ob der SEITENRAND, die SEITE oder der folgende ABSATZ als Bezugspunkt gelten soll. Die folgende Tabelle zeigt Ihnen über die Bedeutung und die mögliche Voreinstellung des Bezugspunkts.

Die Eingabe vertikaler Positionsangaben

Eintrag	Bedeutung Einstellung
SEITENRAND	bezieht den Eintrag unter POSITION auf den oberen und unteren Seitenrand. Der obere und untere Seitenrand wird unter SEITE EINRICHTEN > SEITENRÄNDER bestimmt.
SEITE	bezieht den Eintrag unter POSITION auf den oberen und unteren Blattrand. Die Länge des Blattes legen Sie unter SEITE EINRICHTEN > PAPIERFORMAT fest.
ABSATZ	bezieht den Eintrag unter POSITION auf den folgenden Absatz. Hierbei können unter POSITION nur Werte eingegeben werden. Die numerische Positionsangabe bezieht sich stets auf die Relation zwischen der ersten Zeile des positionierten Elements und der erste Zeile des folgenden unpositionierten Absatzes.

Tab. 18.4: GEMESSEN VON bei der vertikalen Positionierung

In der Liste POSITION ([Alt][S]) wählen Sie die Stellung, in der das Element relativ zum Bezugspunkt gesetzt werden soll. Sie können, statt einen Listeneintrag auszuwählen, auch einen eigenen Dezimalwert als Abstandsmaß vorgeben; außer bei dem Bezug "Seite" sind hierbei auch negative Eingaben möglich. Wenn Sie nicht die voreingestellte Maßeinheit verwenden möchten, geben Sie die verwendete Einheit hinter der Dezimalzahl mit dem üblichen Kürzel (cm, pt, pi, ") an. Word für Windows setzt den Wert - je nach Vorgabe - in einen Abstand vom oberen Seitenrand, Blattrand oder der ersten Zeile des folgenden unpositionierten Absatzes um. Folgende Möglichkeiten der Eingabe bieten sich:

Eintrag	Bedeutung Beispiel
OBEN	setzt das positionierte Element bündig zum oberen Rand des Bezugspunkts. Wenn als Bezugspunkt SEITENRAND vorgegeben ist, wird das Element bündig zum oberen Seitenrand plaziert. Da manche Drucker nicht bis an den Rand des Blattes drucken können, empfiehlt es sich bei dieser Option, SEITE nicht als Bezugspunkt zu wählen.
ZENTRIERT	zentriert das positionierte Element zwischen oberem und unterem Rand des Bezugspunkts. Wenn als Bezugspunkt SEITE vorgegeben ist, wird das Element zentrisch zwischen dem oberen und unteren Blattrand plaziert.
UNTEN	setzt das positionierte Element bündig zum unteren Rand des Bezugspunkts. Wenn als Bezugspunkt SEITENRAND vorgegeben ist, wird das Element bündig zum unteren Seitenrand plaziert. Auch hier gilt die oben genannte Einschränkung für Drucker.
Meßwert	setzt das positionierte Element im angegebenen Abstand bündig zum Bezugspunkt. Wenn als Bezugspunkt ABSATZ vorgegeben ist und der Eintrag unter POSITION "-2 cm" lautet, wird die erste Zeile des Elements zwei Zentimeter vor der ersten Zeile des folgenden unpositionierten Absatzes plaziert. Negative Zahlen verschieben die Position relativ zum nächsten unpositionierten Absatz nach oben und positive Zahlen nach unten.

Tab. 18.5: POSITION bei der vertikalen Positionierung

Positionsrahmen mit Text verschieben und verankern

Ein Positionsrahmen wird mit einem Absatz verbunden, wenn Sie das Kontrollkästchen MIT TEXT VERSCHIEBEN (Alt+X) anwählen. Wenn Sie nun nachträglich Text vor dem Positionsrahmen einfügen, so bewahrt der

18 • Rahmen, Schattieren und Positionieren

Positionsrahmen seine relative Position zu dem Absatz, an den er vorher angelehnt war. Das Kontrollkästchen hat somit die gleiche Funktion wie die Anwahl des Eintrags ABSATZ in der Liste GEMESSEN VON der vertikalen Gruppe.

Ein Positionsrahmen kann mit einem beliebigen Absatz fest verankert werden. Während die normale Verankerung flexibel ist und sich beim Verschieben des Positionsrahmens stets den nächstliegenden Absatz sucht - sozusagen um Ankerleine zu sparen - setzt das Kontrollkästchen VERANKERN ([Alt][K]) im Dialogfenster POSITIONSRAHMEN den Anker vor dem aktuellen Absatz fest. Dies hat zur Folge, daß Sie den Anker in der Layout- oder Seitenansicht nicht mehr mit der Maus bewegen können. Den Positionsrahmen selbst können Sie wohl noch verschieben, allerdings nicht mehr über die Grenzen des Blattes hinaus.

Wenn zusätzlich das Kontrollkästchen MIT TEXT VERSCHIEBEN aktiv ist, behält der Positionsrahmen die relative Position zum aktuellen Verankerungsabsatz stringent bei; das heißt, er wandert kontinuierlich mit, wenn Sie vor dem Absatz Text einfügen oder löschen.

Anders sieht es aus, wenn das Kontrollkästchen MIT TEXT VERSCHIEBEN ausgeschaltet ist: In diesem Fall bleibt der Positionsrahmen starr an der Stelle, die ihm zugewiesen wurde, und schwenkt erst auf eine neue Seite, aber an eben die gleiche Position um, wenn der Absatz, mit dem er verankert ist, durch Änderungen im Textgefüge die Seite wechselt. Prinzipiell verbindet eine Verankerung einen Positionsrahmen also jenseits aller Verschiebungen fest mit einem Absatz, dessen Stellung im Text entscheidend wird für die Druckseite, auf der das positionierte Element zu Papier kommt.

Um einen Positionsrahmen fest zu verankern, markieren Sie den Positionsrahmen und ziehen den Verankerungspunkt zu dem Absatz, mit dem er verankert werden soll. Sollten Sie den Anker, das Symbol für die Verankerung, nicht sehen, so schalten Sie unter EXTRAS OPTIONEN im Register ANSICHT in der Gruppe ANZEIGEN das Kontrollkästchen VERANKERUNGSPUNKTE ein, bzw. schalten Sie mit dem Symbol ¶ ANZEIGEN/VERBERGEN die Ansicht der nichtdruckbaren Zeichen ein. Nachdem der Anker positioniert wurde, öffnen Sie mit einem Doppelklick auf ihn das Dialogfenster POSITIONSRAHMEN und aktivieren hier das Kontrollkästchen VERANKERN ([Alt][K]).

Nachdem Sie das Dialogfenster mit OK oder [↵] geschlossen haben, sehen Sie, daß das Ankersymbol um ein kleines Schloß ergänzt und so zum Symbol für verankerte Positionsrahmen wird. Der Positionsrahmen wahrt nun den Abstand zum verankerten Positionsrahmen und dieser die Seite des Ankerabsatzes, und dies selbst dann, wenn ein manueller Seitenumbruch sie anscheinend trennen könnte.

483

Freier Rand

Durch die Eingabe von horizontalem und vertikalem Abstand läßt sich ein Element präzise positionieren. Sie haben hierbei die Wahl, einen Abstand absolut vorzugeben, so daß das Element eine feste Position auf der Seite findet. Alternativ dazu können Sie Vorgaben auch variabel halten.

Wenn Sie ein Elemenst so positionieren, daß neben ihm innerhalb der Spalten- oder Seitenränder noch Raum ist, wird automatisch der unpositionierte Fließtext des Dokuments um die positionierten Absätze herumgeführt. Der Abstand, den der Fließtext zum positionierten Element einhält, ist horizontal auf 0,25 Zentimeter voreingestellt. Vertikal ist kein Abstand vorgegeben. Sie können diese Freiräume in den Sektionen HORIZONTAL und VERTIKAL in den Feldern ABSTAND ZUM TEXT ändern.

Unter HORIZONTAL legen Sie im Feld ABSTAND ZUM TEXT (Alt T) fest, welcher Abstand rechts und links neben dem Element gewahrt werden soll. In der Sektion VERTIKAL geben Sie unter ABSTAND ZUM TEXT (Alt Z) vor, wie groß der Freiraum über und unter dem positionierten Element sein soll.

Während der vertikale Abstand immer gilt, wirkt sich der horizontale Abstand nur aus, solange die Vorgabe aktiv ist, daß das positionierte Elemenmt vom Text umflossen werden soll. Sie bestimmen mittels des grafischen Feldes TEXTFLUß, ob das Element OHNE (Alt O) umfließenden Text formatiert werden soll oder der Fließtext UMGEBEND (Alt U) gesetzt werden soll.

Breite des Positionsrahmens

Auswirkungen auf den Textumfuß hat aber auch die Breite der Positionierung. Ist die Breite nämlich zu groß gewählt oder der horizontale Abstand zum Text zu hoch, kann kein Text neben das Element gesetzt werden. Somit ist auch bei aktivem umgebenden Textfluß de facto der Fließtext durch das positionierte Element unterbrochen.

Um dies zu ändern, können Sie die Breite des formatierten Absatzes selbst bestimmen; dies geht einerseits - wie schon gezeigt - mit der Maus, andererseits aber auch über Werte. Hierzu bietet das Feld BREITE (Alt B) Gelegenheit. Bei positionierten Texten wird zunächst von der vorgegebenen Absatzbreite ausgegangen, die für den positionierten Absatz wie für alle anderen Absätze im Dialogfenster ABSATZ festgelegt ist. Dieser Zugriff auf die vorgegebene Absatzbreite ist im Feld BREITE durch den Eintrag AUTO vermerkt. Bei Tabellen und Grafiken hat AUTO die Bedeutung, daß sich der Positionsrahmen automatisch nach der Größe des Inhalts, also der Breite der Tabelle oder dem Format der Abbildung richtet.

Die Breite des positionierten Absatzes verändern Sie, indem Sie eine Dezimalzahl in das Feld MAẞ ([Alt][M]) eintragen. Wenn Sie keine andere Maßeinheit vorgeben (cm, pt, pi, "), verwendet Word für Windows die unter EXTRAS > OPTIONEN > ALLGEMEIN vorgegebene Maßeinheit.

Durch die Definition der Absatzbreite wird im Feld BREITE automatisch der Eintrag "Genau" aktiv. Das Listenfeld BREITE verfügt über die beiden Wahloptionen "Auto" und "Genau". Durch Anwahl von "Auto" überlassen sie dem Programm die Berechnnung der Breite gemäß der vorgegebenen Werte von Absatzeinzügen, Tabellenbreiten oder Grafikgrößen. Die direkte Anwahl von GENAU setzt das MAß-Feld auf die aktuelle Breite des Positionsrahmens. Den Wert können Sie zwischen 0,01 Zentimetern und 55,87 Zentimetern beliebig verändern.

Die Einstellung hat bei Textinhalten einen veränderten Zeilenumbruch zur Folge. Grafiken und Tabellen werden durch Vorgabe einer genauen Breite rechts beschnitten, wenn diese zu gering für die Darstellung des Inhalts ist.

Höhe des Positionsrahmens

Für die Höhe des positionierten Elements stehen in der Liste HÖHE ([Alt][E]) drei Möglichkeiten zur Wahl: AUTO richtet sich bei Texten nach der Menge des Inhalts, bei Tabellen und Grafiken nach der Größe, so daß gewährlei-

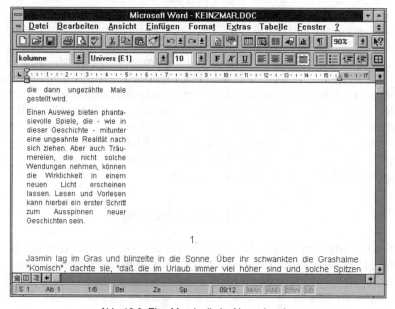

Abb. 18.8: Eine Marginalie im Normalmodus

stet ist, daß alle Absätze der Positionierung vollständig angezeigt werden, andererseits aber der Positionsrahmen keinen überflüssigen Raum belegt. Anders wirkt die Einstellung MINDESTENS, die eine Wertangabe im Feld MAß ([Alt][A]) erfordert. Automatisch wird hier wieder auf die Höhe von einem Zoll zurückgegriffen. Mit "Mindestens" geben Sie vor, daß der Positionsrahmen die formatierte Größe nicht unterschreiten darf. Erfordert der Inhalt allerdings mehr Raum, so wird der Rahmen automatisch erweitert.

Die Einstellung MINDESTENS im Feld HÖHE wird automatisch aktiv, wenn Sie den Positionsrahmen mit der Maus aufziehen.

In Situationen, in denen die Größe des Rahmens auf eine bestimmte Höhe beschränkt werden soll, verwenden Sie den Eintrag GENAU. Dieser Eintrag hat zur Folge, daß keinerlei automatische Anpassung mehr vollzogen wird. Die Konsequenz hieraus ist, daß Texte, Tabellen und Grafiken, deren Höhe den genau eingestellten Wert überschreiten, unten abgeschnitten werden.

Die Einträge des horizontalen Abstands vom Text und der Breite des Positionsrahmens haben Priorität vor der Festlegung der Bezugsposition. Wenn Sie also im Dialogfenster SEITE EINRICHTEN > SEITENRÄNDER einen 5 Zentimeter breiten linken Seitenrand festgelegt haben, können Sie eine Randbemerkung mit SEITE RECHTS oder (selbstverständlich auch LINKS, AUßEN oder INNEN) positionieren. Wenn Sie den Abstand vom Text auf einen halben Zentimeter festlegen und eine Absatzbreite von 3 Zentimetern bestimmen, wird der Text auf dem Seitenrand positioniert und einen Abstand von 1,5 Zentimetern zum Blattrand wahren. Es wird also zunächst dafür gesorgt, daß der vertikale Abstand vom Text dem vorgegebenen Maß entspricht. Da die Absatzbreite schmal genug gewählt wurde, kann der Absatz neben dem Text positioniert werden, einen halben Zentimeter Abstand zum nebenstehenden Fließtext halten und dennoch genügend Raum zum Blattrand freilassen. Wäre die Absatzbreite zu groß gewählt worden, würde der gesamten Raum bis zum Blattrand genutzt und schließlich der Fließtext eingezogen, so daß stets ein Abstand von 0,5 Zentimetern zwischen positioniertem Element und Fließtext bestehen bleibt. Dieses Beispiel verdeutlicht, daß die horizontale Positionsangabe durch BREITE und ABSTAND ZUM TEXT modifiziert werden kann.

Positionen löschen

Positionierte Elemente setzen Sie über FORMAT > POSITIONSRAHMEN mit dem Befehl POSITIONSRAHMEN ENTFERNEN ([Alt][F]) wieder in den Ursprungszustand zurück. Das heißt, nachdem Sie POSITIONSRAHMEN ENTFERNEN angewählt haben, ist die Passage wieder ein unpositioniertes Element des Fließtextes und erscheint an der Stelle, an der zuvor "der Anker auslag".

Initiale formatieren

Ein hervorragendes Beispiel für den Einsatz von Positionsrahmen liefert Word für Windows im Menü FORMAT gleich mit: INITIAL (Alt T I). Die großen Initialen, die sich über mehrere Zeilen erstrecken und meist einen Textbeginn kennzeichnen, waren bislang nur mit Knowhow und Positioniergeschick zu formatieren. WinWord macht sie jedermann auf Tastendruck zugänglich..

Setzen Sie einfach die Einfügemarke in den Absatz, den Sie mit einem Initial beginnen möchten, und rufen Sie das Dialogfenster INITIAL auf. Hier wählen Sie, ob das Initial am Anfang IM TEXT (Alt T) erscheinen oder vor dem Text IM RAND (Alt R) der Seite stehen soll, wobei letztere Option beim Spaltensatz nicht verfügbar ist. Die POSITION > OHNE (Alt O) beläßt den Anfang des Absatzes, wie er ist oder setzt bereits formatierte Initiale wieder in den Fließtext zurück. Wenn Sie als POSITION > IM TEXT oder IM RAND aktiviert haben, können Sie unter SCHRIFTART (Alt F) die Schrift wählen, in der das Initial erscheinen soll - meist die Schrift, in der auch der Text formatiert ist oder eine spezielle Schmuckschrift. Auf wieviele Zeilen sich das Initial in der Höhe erstrecken soll, stellen Sie im Drehfeld INITIALHÖHE (Alt I) ein und legen unter ABSTAND ZUM TEXT (Alt A) fest, welche Distanz es zum Absatz wahrt, der mit ihm beginnt. Ein Klick auf OK kreiert das Initial am Beginn des aktuellen Absatzes.

Wenn Sie dort mehr als nur ein Buchstaben stehen soll, so ist dies kein Problem. Sie brauchen lediglich vor dem Aufruf des Dialogfensters INITIAL das erste Wort des Absatzes zu markieren, um den Befehl für die ganze Zeichenkette wirksam werden zu lassen. Formatierte Initiale verfügen übrigens über ein eigenes Shortcut-Menü der rechten Maustaste, in dem mit FORMAT INITIAL direkter Zugriff auf das Dialogfenster besteht, in dem sich die Gestaltung wieder ändern läßt - ganz wie's gefällt. Da Initiale im Grunde positionierte Textabsätze mit einem oder lediglich ein paar Buchstaben sind, lassen Sie sich auch ganz wie gewohnt mit der Maus verschieben oder mit grafischen Rahmen und Schattierungen gestalten - letzteres übrigens auch wieder über das Shortcut-Menü.

Elemente im Text verschieben und kopieren

Grundsätzlich wird ein Absatz immer auf der Seite ausgedruckt, auf der er in der Layoutansicht positioniert ist. Daher beziehen sich die Positionierungen, die Sie bei aktiver Layoutansicht vornehmen, stets auf die aktuelle Seite. Unwesentlich ist es hierbei, ob der positionierte Absatz am Beginn, am Ende oder in der Mitte des Fließtextes der Seite eingegeben ist.

Seine Druckposition wird durch die Positionsangaben bestimmt. Ein Absatz, der als letzter auf der Seite steht, aber für den oberen Seitenrand positioniert wurde, wird am oberen Seitenrand ausgedruckt werden.

In der Layoutansicht werden die Positionen, die positionierte Absätze im Fließtext ursprünglich inne hatten, nicht nur durch das Ankersymbol, sondern auch durch graue Linien gekennzeichnet; diese grauen Linien kennzeichnen ebenfalls die Stelle, an der sich das positionierte Element einschiebt. Allerdings werden diese Linie nur angezeigt, wenn Sie unter EXTRAS > OPTIONEN > ANSICHT die Anzeige der TEXTBEGRENZUNGEN aktiviert haben. In diesem Fall werden positionierte Absätze an den Positionen, die beim Ausdruck relevant sind, durch gepunktete Positionsrahmen gekennzeichnet. Sobald ein Positionsrahmen oder sein Inhalt angewählt wird, wird der Rahmen schraffiert dargestellt. Dies allein genügt aber nicht, um positionierte Elemente samt Position zu kopieren.

Beachten Sie beim Kopieren oder Verschieben von Positionsrahmen, daß stets der schraffierte Rahmen markiert sein muß. Sie erkennen dies an den 8 Anfasser-Rechtecken, die in der Schraffur dargestellt werden. Nur über diesen Rahmen übernimmt Word für Windows die Positionsangaben und die Absatzformatierung an einen neuen Standort. Bei der Übernahme werden so neben Textinhalt und allgemeiner Formatierung des Absatzes auch die Positionsangaben weitergegeben. Falls der Absatz also eine feste Position hat, wird er auf der neuen Seite an der vorgegebenen Stelle ausgedruckt.

Es ist bisweilen kritisch, einen Absatz, den Sie auf einer festen Seite, z.B. auf der fünften Seite, ausgedruckt sehen möchten, zu früh zu positionieren, ohne seine Position vor dem Ausdruck zu überprüfen. Durch Einschübe oder Löschungen auf den ersten vier Seiten kann der Absatz, der sich während der Textarbeit mit dem Fließtext bewegt, auf eine andere Seite gerutscht sein. Falls Sie ihn wieder auf der fünften Seite haben möchten, müssen Sie ihn - am besten in der Layoutansicht - auf die fünfte Seite verschieben. Dafür darf der Positionsrahmen nicht fest verankert sein, also kein Schloß neben dem Ankersymbol angezeigt werden. Falls Sie den Positionsrahmen nicht über die Seite hinaus verschieben können, schauen Sie nach, ob im Dialogfenster POSITIONSRAHMEN das Kontrollkästchen VERANKERN aktiv ist, und deaktivieren Sie es gegebenenfalls. Außerdem sollte für feste Seitenpositionen im Dialogfenster das Kontrollkästchen MIT TEXT VERSCHIEBEN ausgeschaltet sein.

Wenn Sie einen positionierten Absatz auf einer anderen Seite ausgedruckt haben möchten, können Sie ihn wie üblich verschieben: Mit F2 oder mit

[Strg] und der rechten Maustaste kann er an der Zielstelle eingefügt werden. Auch die entsprechenden Kopieraktionen stehen zur Verfügung: mit [⇧][*] oder mit [Strg][⇧] und der rechten Maustaste kann das kopierte Objekt an der Zielstelle eingefügt werden. Selbstverständlich kann ein positionierter Absatz auch über die Zwischenablage oder durch Ziehen-und-Ablegen (Drag and Drop) auf eine andere Seite übernommen werden. Hierbei braucht die Einfügestelle nicht einmal durch Absatzmarken abgegrenzt zu sein, da das Programm die Einfügung automatisch vor dem aktuellen Absatz vornimmt.

Positionierten Absätze lassen sich auch in KOPF- UND FUßZEILE oder Fußzeilen einbinden, dort verankern und im Textbereich positionieren. So können Sie beispielsweise Ihr Firmenlogo auf jeder Seite eines Schreibens am festen Platz ausdrucken, obwohl Sie es nur einmal - nämlich in die fortlaufende Kopfzeile - eingegeben haben.

Mehrere Absätze positionieren

Sollen mehrere Absätze eine gemeinsame Position auf der Druckseite erhalten, so müssen sie zusammen markiert werden, bevor Ihnen ein Positionsrahmen zugewiesen wird. Diese gemeinsam Zuweisung kann auch erfolgen, wenn die Absätze bereits individuelle Positionen innehaben. Die Positionen werden durch den neuen Positionsrahmen annulliert. Die gemeinsame Markierung von positionierten Absätzen geht in der Normalansicht in der Regel leichter.

Gemeinsam positionierte Absätze werden zusammengehalten. Die Positionsangabe richtet sich also an alle markierten Absätze gleichzeitig, wobei die Angabe der Vertikalposition den Beginn der Absatzfolge im Dokument festlegt. Die folgenden markierten Absätze werden direkt im Anschluß an den ersten Absatz mit gleicher horizontaler Position im Dokument plaziert.

Wenn Sie allerdings zwei Absätzen eine identische Position auf einer Seite zuweisen und diese beiden Absätze durch einen oder mehrere unpositionierte Absätze getrennt sind, überschreibt der zweite positionierte Absatz den ersten Absatz. Auf diese Weise können - falls es erwünscht ist - interessante Überlagerungen kreiert werden. Kein Problem der Überschreibung ergibt sich, wenn sich zwischen den beiden Absätzen mit derselben Position ein Seitenumbruch befindet; dann wird der eine Absatz auf der ersten, der zweite Absatz auf der nächsten Seite plaziert.

Die Möglichkeiten, die Ihnen die Positionierung von Elementen und die Layout-Gestaltung bietet, können Sie an der Geschichte "Keine Zeit für Langeweile" erproben. Setzen Sie die Anfangsbuchstaben eines jeden Kapitels als Initial auf den Seitenrand. Schreiben Sie einen kleinen ergänzenden Text, der z.B. für Eltern als Einführung in die Geschichte gedacht ist. Ein Vorschlag für diesen Text lautet:

```
"Viele Kinder haben im Urlaub Langeweile, wenn der Trubel
der ersten Tage vorbei ist und ruhigere Urlaubsstimmung
sich - vor allem bei den Erwachsenen - breit macht." "Was
soll ich machen?" heißt die Frage, die dann ungezählte Male
gestellt wird.

Einen Ausweg bieten phantasievolle Spiele, die - wie in
dieser Geschichte - mitunter eine ungeahnte Realität nach
sich ziehen. Aber auch Träumereien, die nicht solche Wen-
dungen nehmen, können die Wirklichkeit in einem neuen Licht
erscheinen lassen. Lesen und Vorlesen kann hierbei ein
erster Schritt zum Ausspinnen neuer Geschichten sein."
```

Geben Sie diesen oder einen anderen Text vor dem Beginn der Geschichte als einen Absatz in das Dokument ein. Markieren Sie den Absatz, und umrahmen Sie ihn über das Dialogfenster RAHMEN. Positionieren Sie ihn als fünf Zentimeter breite Kolumne mit einem Abstand zum umlaufenden Text von einem halben Zentimeter. Positionieren Sie ihn mit der Maus auf der Seite an einer Stelle, die Ihnen geeignet scheint. Schauen Sie sich das Layout in Buchform an, indem Sie über FORMAT > SEITE EINRICHTEN die Seitenränder spiegeln. Verändern Sie mit der Maus die Seitenränder, so daß sich ein ausgewogenes Seitenlayout ergibt. Wenn Sie möchten, können Sie den Text direkt ausdrucken.

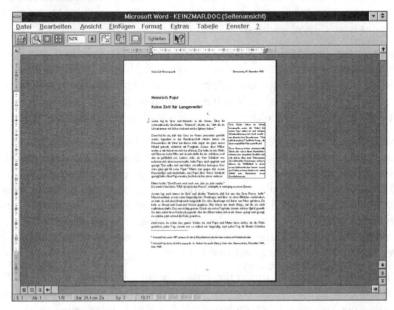

Abb. 18.9: "Keine Zeit für Langeweile" in der Seitenansicht

19

Grafiken, Beschriftungen und Querverweise

Grafiken und Texte	**Seite**	**493**
Grafikdatei importieren	Seite	495
Grafiken über die Zwischenablage einfügen	Seite	502
Grafiken ändern	Seite	504
Beschriftungen	Seite	514
Querverweise	Seite	521

Grafiken und Texte

Mit Word für Windows können Sie nicht nur Texte professionell erstellen, formatieren und gestalten. Das Programm bietet zudem die Möglichkeit, Grafiken in Dokumente einzubinden. Grundsätzlich haben Sie hierbei zwei Möglichkeiten:

1. Sie können Grafiken, die als eigene Dateien gespeichert wurden, in Dokumente einbinden. Mit Word für Windows können Sie viele verschiedene Grafikformate einlesen, die gespeicherten Grafiken an der gewünschten Stelle in das Dokument setzten, sie darstellen und sie auch auf dem Drucker ausgeben. Für das Einlesen der Grafikdateien müssen allerdings bei der Installation die entsprechenden Filter eingerichtet worden sein.

2. Sie können Grafiken über die Zwischenablage einfügen. Hierbei ist vor allem entscheidend, daß die Grafik in die Zwischenablage transportiert werden kann. Das heißt, Sie kopieren sie von einem Programm in die Zwischenablage und von der Zwischenablage dann wieder in Word für Windows. Dafür ist es selbstverständlich notwendig, daß das Programm, aus dem Sie die Grafik übertragen, die Zwischenablage nutzt, was durchgängig bei allen echten Windows-Anwendungen und sogar bei einigen DOS-Anwendungen der Fall ist.

Grafiken werden entweder direkt in das Dokument eingefügt oder aus einer externen Grafikdatei in die Dokumentdatei importiert, wobei der Zusammenhang zur externen Grafik im Dokument über eine Feldfunktion erhalten bleibt. Die Feldfunktion nennt die Art und Weise, wie auf die externe Grafik zugegriffen werden soll - entweder über das Feld {EinfügenGrafik} oder über {Verknüpfung} - und dokumentiert, auf welche Grafikdatei an dieser Stelle Bezug genommen wird; das Feld bildet also eine Verbindung nach "draußen". Die Grafik, die auf diese Weise eingebunden ist, kann als Abbildung, als leerer Rahmen oder eben als Feldfunktion angezeigt werden, je nach den Einstellungen, die unter EXTRAS > OPTIONEN in der Registerkarte ANSICHT aktiv sind.

Externe Grafiken

Der Verweis auf eine externe Grafikdatei innerhalb einer Feldfunktion kann während der weiteren Arbeit mit Word für Windows verändert werden, so daß es sehr leicht ist, eine andere Grafik an der vorgegebenen Stelle einzubinden. Hierfür muß nur der Name der Grafikdatei in der Feldfunktion geändert werden. Andererseits können Sie die Feldfunktion unverändert lassen und einfach die Datei ändern, die unter diesem Namen gespeichert ist. Word für Windows greift dann auf die geänderte Datei zu und übernimmt die aktualisierte Form in den Text.

Programme, die die Fähigkeit des dynamischen Datenaustauschs aufweisen, können in Korrespondenz mit Word für Windows treten. Das hat für den Anwender den großen Vorteil, daß er eine Verbindung nur einmal vorgeben muß und in Zukunft die Aktualisierung der Daten - also hier der Grafik - keine Schwierigkeit mehr aufweist. Word für Windows übernimmt die Aktualisierung selbsttätig oder auf Befehl, ganz wie Sie es wünschen.

Interne Grafiken Anders verhält es sich mit den Grafiken, die als OLE-Objekt, als Bitmap oder als Word-6.0-Grafik direkt ins Dokument aufgenommen werden und dort gespeichert werden. Die Informationen dieser Grafiken sind somit Teil der Datei und nicht mehr ausgelagert. Die Übernahme von Bitmaps (Pixelformat), Grafiken (Vektorformat) und Objekten (Anwendungsformat) wird über die Zwischenablage vollzogen; Grafiken im Vektorformat lassen sich zudem mit Word-Grafik direkt im Dokument erstellen. Außerdem bietet der Befehl EINFÜGEN > OBJEKT die Möglichkeit, Grafiken in Applikationsprogrammen zu erstellen und von OLE-Anwendungen zu direkt zu übernehmen.

OLE ist die Abkürzung für Object Linking and Embedding und benennt die Möglichkeit, Daten anderer Programme mit einem Dokument zu verbinden oder sie alternativ im Dokument einzubetten. Diese Daten, deren eigenes Format nicht dem von Word für Windows entspricht, werden dennoch in das Dokument aufgenommen, ohne daß die Möglichkeit der Nachbearbeitung verloren geht.

Anwendungen, die als OLE-Server dienen, ergänzen Word für Windows mit Funktionen, die die Textverarbeitung von Haus aus nicht besitzt. Die Objekte, die sie mit solchen Server-Anwendungen bearbeiten werden, bettet WinWord direkt ins Dokument ein, so daß Sie keine weitere externe Datei brauchen. Word für Windows wird mit verschiedenen Server-Applikationen ausgeliefert. Auf diese Weise kommen Sie in den Genuß der Diagrammerstellung (Graph), Schriftgestaltung (WordArt) und der Formelgenerierung (Formel-Editor). Auf die Möglichkeiten der Verknüpfung (Linking) und der Einbettung (Embedding) von Objekten geht Kapitel 27 ein.

Vorgehensweise Bevor Sie eine Grafik in ein Dokument einbinden, plazieren Sie zunächst die Einfügemarke an der Position, an der die Grafik in den Text eingebunden werden soll. Betätigen Sie an der Stelle einmal die ⏎-Taste, so daß ein freier Absatz für die Grafik geschaffen wird. Setzen Sie größere Grafiken stets in eigene Absätze, da dies die weitere Bearbeitung erleichtert. Eine Ausnahme von dieser Regel bilden Grafiken, die Sie als optische Elemente, z.B. Symbole in Texten, Marginalspalten oder Kopf- und Fußzeilen einbinden. Grafiken lassen sich mit Word für Windows mühelos positionieren und sogar in Tabellen einbinden.

19 • Grafiken, Beschriftungen und Querverweise

Word für Windows behandelt Grafiken als ein einziges Zeichen. Daher sollte für die Zeilenhöhe des Absatzes, in dem die Grafik steht, im Dialogfenster ABSATZ als ZEILENABSTAND > EINFACH angewählt werden. Hierdurch paßt Word für Windows die Höhe der Zeile automatisch der Höhe der Grafik an.

Wenn Sie jedoch nur eine bestimmte Abbildungshöhe zur Verfügung haben, können Sie diesen Wert unter MAß eingeben und den ZEILENABSTAND auf GENAU stellen. Nachdem Sie den Absatz, der die Grafik aufnehmen soll, vorbereitet haben, können Sie eine Grafik importieren.

Grafikdatei importieren

Um eine Grafikdatei einzubinden, aktivieren Sie im Menü EINFÜGEN den Eintrag GRAFIK ([Alt][E][G]). Wechseln Sie über die Listen LAUFWERKE ([Alt][L]) und VERZEICHNISSE ([Alt][V]) in das Verzeichnis, in dem die Grafikdatei gespeichert ist, die Sie in Ihr Dokument importieren möchten. Wie viele verschiedene Dateiformate bei der Grafikkonvertierung zur Verfügung stehen, hängt davon ab, welche Grafikfilter Sie bei der Installation von Word für Windows aufgenommen haben. Die verfügbaren Grafikformate werden in der Liste DATEITYP ([Alt][T]) mit ihren spezifischen Namensendungen aufgeführt.

Sie können die Dateiendung eines Programms vorwählen, und so die Liste der angezeigten Dateien auf das gesuchte Format beschränken. Ihnen werden dann während des Wechselns durch die Verzeichnisse in der Liste DATEINAME ([Alt][D]) stets die verfügbaren Dateien des aktuellen Verzeichnisses angezeigt, die der gewählten Dateierweiterung entsprechen. Falls ihre gesuchte Grafik eine andere Dateierweiterung trägt, können Sie diese auch direkt im Feld DATEINAME eingeben. Verwenden Sie hierbei den Platzhalter (*), um den eigentlichen Namen variabel zu halten, und geben Sie nur die Endung der gesuchten Datei an (z. B. *.bmp).

Die Filter, die Word für Windows zum Import von Grafiken benötigt, werden bei der Installation im Windows-Unterverzeichnis \MSAPPS\GRPHFLT gespeichert. Um weitere Filter zu installieren, starten Sie das Setup-Programm , das ja mit Word für Windows zusammen in der Progammgruppe MICROSOFT OFFICE - so jedenfalls der Standard - installiert wurde und in diesem Fenster des Programmanagers zum Aufruf bereitsteht.

Falls Sie die Einträge der Grafikfilter in der WIN.INI überprüfen möchten, haben Sie in Word für Windows direkten Zugriff auf die entsprechende Sektion im Hilfe-Menü unter INFO. Aktivieren Sie im Dialogfenster INFO das Programm SYSTEMINFO. Im Fenster MICROSOFT SYSTEMINFORMATION wählen Sie die Kategorie GRAFIKFILTER. Durch Doppelklick auf die verschiedenen Einträge können Sie sich nun anschauen, wie die Formate heißen, mit welchen Dateiendungen sie verbunden sind und wo der Filter gespeichert ist, auf den WinWord beim Einlesen der Grafik zugreift.

Grafiken einlesen Um Grafikdateien in ein Dokument einzubinden, laden Sie im Dialogfenster EINFÜGEN > GRAFIK ([Alt][E][G]) die gewünschte Grafik-Datei in der Datei-Liste und markieren die gewünschte Datei. Vor der Übernahme ins Dokument können Sie sie im Feld VORSCHAU in Augenschein nehmen, indem Sie GRAFIK-VORSCHAU ([Alt][O]) anwählen. Die Grafik wird dann angezeigt, so daß Sie sich von ihrem Inhalt überzeugen können. Durch doppeltes Anklicken des Dateinamens, OK oder [↵] fügen Sie die Grafik ins Dokument ein. Hierbei wird die Grafik direkt aufgenommen, ist also nicht mehr mit ihrer Quelldatei verbunden.

Wenn Sie eine Verbindung der Grafik mit ihrer Quelldatei wünschen - beispielsweise, da noch Änderungen an der Grafik erwartet werden, die direkt in der Quelle vorgenommen werden -, müssen Sie vor dem Einfügen in den Text das Kontrollfeld MIT DATEI VERKNÜPFEN ([Alt][R]) markieren. Hierdurch wird die Grafik mittels des Felds {EinfügenGrafik} in das Dokument aufgenommen.

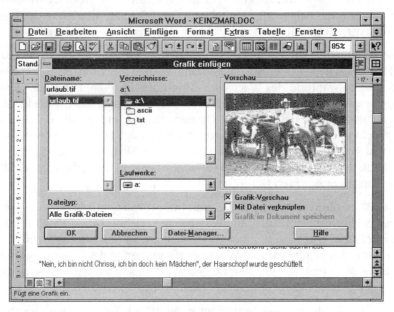

Abb. 19.1: Die Anzeige des Inhalts einer Grafikdatei

Wenn Word für Windows Ihnen mitteilt, daß ein Fehler vorliegt, da die Datei nicht gelesen oder angezeigt werden kann, liegt es wahrscheinlich daran, daß die Datei in einem Grafikformat gespeichert ist, das Word für

19 • Grafiken, Beschriftungen und Querverweise

Windows nicht filtern kann. Dies ist mitunter auch bei Grafikdateien der Fall, die auf den ersten Blick die richtige Endung aufweisen. Auch bei Grafiken kommt es halt auf den Inhalt an und die Fülle der Formate macht die Umsetzung nicht immer leicht.

Um Grafikformate als Dateien einzulesen, die Word für Windows nicht filtern kann, müssen Sie diese Dateien in ein Format konvertieren, das verarbeitet werden kann. Für die Konvertierung von Dateiformaten gibt es spezielle Hilfsprogramme, z.B. das Shareware-Programm Paint Shop Pro von JASC, Inc. Doch auch Zeichen- und Layout-Programme unterstützen meist mehrere Grafikformate. Dies ist vor allem bei Programmen der Fall, die der Erstellung von Bildschirmabbildungen dienen, z.B. HiJaak Pro für Windows von North American Software GmbH. Statt das Dateiformat zu konvertieren, können Sie Grafiken auch über die Zwischenablage in Dokumente übertragen. Hierbei wird vorausgesetzt, daß Sie eine Anwendung besitzen, das das entsprechende Format der Grafikdatei versteht.

Grafiken, die aus einer externen Grafikdatei eingelesen werden - dies ist ja die Voraussetzung beim Dialogfenster GRAFIK EINFÜGEN - befinden sich auf dem Datenträger nach dem Import mindestens zweimal: Einmal als Grafikdatei und einmal als Bitmap-Grafik im WinWord-Dokument.

Über das Kontrollkästchen MIT DATEI VERKNÜPFEN können Sie die Grafik zwar mit einem Dokument verknüpfen, so daß sich Änderungen der Grafikdatei direkt in das Dokument übernehmen lassen. Prinzipiell ändert dies aber nichts daran, daß im WinWord-Dokument eine Bitmap-Kopie der eingelesenen Grafik gesichert wird, was beim Import mehrerer Grafiken Dokumente zu ungeahnter Größe anschwellen läßt.

Da die externen Grafiken, vor allem, wenn sie extra verknüpft wurden, in der Regel auf dem Datenträger erhalten bleiben, belastet dies Ihre Festplatte unnötigerweise doppelt, denn die Bitmap-Kopie im WinWord-Dokument erübrigt sich, solange weiterhin ungehinderter Zugriff auf das Original der Grafik besteht. Um dieses überflüssige Doppel zu vermeiden, deaktivieren Sie vor dem Einlesen der Grafik im Dialogfenster GRAFIK EINFÜGEN das Kontrollkästchen GRAFIK IM DOKUMENT SPEICHERN (Alt G). In diesem Fall wird die Grafik nicht im Dokument gespeichert, sondern neu eingelesen, wenn Sie das WinWord-Dokument öffnen und das erste mal die Seite mit der Grafik anwählen, während die Anzeige von Grafiken aktiv ist.

Somit können Sie Festplattenkapazitäten schonen, denn die Bitmap-Kopie erhöht die WinWord-Datei je nach Format und Kompression der Quelle durchaus um ein Vielfaches der Dateigröße, die die Grafikdatei aufweist. So kann aus einer Datei, die ursprünglich nur wenige KByte groß war, durch das Einbetten einiger Grafiken rasch ein MByte-Dokument werden. Die

Verknüpfung mit der Originalgrafik und der Verzicht auf die Speicherung der Grafik im Dokument bringt die geschwollene Datei wieder auf KByte-Größe zurück.

Allerdings geht die Preisgabe der Kopie zu Lasten der Bearbeitungsgeschwindigkeit, denn je nach Größe und Format der Grafikdateien kann das wiederholte Einlesen Zeit kosten, in der Ihre Arbeit am Dokument blockiert ist. Wenn Sie das WinWord-Dokument weitergeben wollen, oder die Grafik-Datei von der Festplatte löschen wollen, so müssen Sie die Grafik im Dokument speichern. Dies kann durch ein neuerliches Einlesen der Grafik über das Dialogfenster GRAFIK EINFÜGEN erfolgen oder durch eine Änderung und nachfolgende Akualisierung der Feldfunktion bzw. ihrer Auflösung geschehen.

Die Feldfunktion {EinfügenGrafik}

Wenn Sie beim Einfügen einer Grafik über EINFÜGEN > GRAFIK das Kontrollkästchen MIT DATEI VERKNÜPFEN aktivieren, wird im Dokument eine Feldfunktion eingefügt. Ob nach dem Einfügen der Datei die Grafik oder die Feldfunktion auf dem Monitor angezeigt wird, ist abhängig vom Darstellungsmodus, in dem Sie sich befinden. Die Funktionen werden angezeigt, solange in der Registerkarte ANSICHT der OPTIONEN das Kontrollkästchen FELDFUNKTIONEN aktiv ist. Sie können die Anzeige markierter verknüpfter Grafiken auch mit ⇧ F9 zwischen Bild und Feldfunktion umschalten. Dieser Tastenschlüssel wirkt sich in der Layoutansicht auf das ganze Dokument aus und schaltet die Anzeige aller Feldfunktionen um.

Wenn Sie sich die Feldfunktion anschauen, fällt zunächst auf, daß die Funktion von geschweiften Klammern zusammengefaßt ist. Diese Klammern sind allerdings nicht die gewohnten Klammern, sondern Sonderzeichen, die die Feldfunktion vom Text abgrenzen. Sie können diese Klammern mit der Tastenkombination Strg F9 selbst aufrufen. Hierbei wird immer ein Klammerpaar angezeigt; diese spezifische Klammerform tritt nicht alleine auf und läßt sich auch nur als ganzes löschen. Zwischen den beiden Klammern steht der Befehl der Feldfunktion. Wenn Sie eine Grafikdatei verknüpft einfügen, teilt die Funktion Word für Windows mit, daß das Programm an dieser Stelle auf eine externe Datei zurückgreifen soll. Dies wird durch das Feld {EinfügenGrafik} ausgesagt. Dem Feldnamen "EinfügenGrafik" folgt die Information, wo Word für Windows die Datei findet und wie die Datei heißt. Die Pfadangabe, die auf das Verzeichnis der Grafikdatei verweist, wird hierbei durch doppelte Backslashs (\\) gekennzeichnet.

Wenn Sie sich mit dem Betriebssystem DOS auskennen, wissen Sie, daß bei diesem Betriebssystem die Pfadangabe mit einem einfachen Backslash (\) eingegeben wird. Daß Word für Windows von dieser Konvention ab-

19 • Grafiken, Beschriftungen und Querverweise

weicht, hat seinen Grund in der Befehlssprache der Feldfunktionen. Viele Felder können nämlich durch sogenannte Schalter ergänzt und genau spezifiziert werden. Diese Schalter aber werden in Word für Windows durch einen einfachen Backslash gekennzeichnet. Daher ist es notwendig, daß die Pfadangaben sich eindeutig von den Schaltern unterscheiden.

In diesen Schaltern liegt es auch begründet, ob WinWord eine importierte Grafik als Baitmap im Dokument speichert oder das Bild außen vor läßt und lediglich zur Anzeige und zum Ausdruck lädt. Der Schalter, der solches bewirkt, sieht so aus: \d. Diese zwei Zeichen, der Backslash \ und das d, entscheiden, ob die Bytes einer Datei sich auf normale Text-Kilos beschränken oder auf Grafik-Megas anwachsen! Wenn Sie die Feldfunktion einer Grafik anschauen - beispielsweise mit ⇧ F9 - so erkennen Sie direkt, ob die Bitmap der Grafik im Dokument ist: In diesem Fall fehlt der Schalter "\d" in der Feldfunktion. Wenn hingegen die Bitmap-Speicherung unterdrückt wird, steht - meist am Ende der angezeigten Feldfunktion - "\d"; das sieht beispielsweise so aus:

Schalter ändern

{EINFÜGENGRAFIK C:\\GRAFIK\\BILD.TIF *FORMATVERBINDEN \d}

Sobald Sie den Schalter "\d" in der Feldfunktion löschen und die Funktion neu aktualisieren, wird die Bitmap-Kopie der Grafik ins Dokument aufgenommen und beim nächsten Speichern in der Datei gesichert. Ebenso läßt sich die Kopie einer Grafik auch aus einem Dokument entfernen, indem der Schalter "\d" als letzter Eintrag innerhalb der Feldklammer angefügt und die Funktion wiederum aktualisiert wird, bevor Sie das Dokument speichern. Für die Aktualisierung eines Feldes setzen Sie die Einfügemarke in oder direkt vor die Feldklammer oder markieren die gesamte Funktion bzw. ihr Ergebnis und betätigen F9.

Feldfunktionen lassen sich übrigens auch statt der Feldinhalte, hier also der Grafik, ausdrucken. Hierfür aktivieren Sie vor dem Druck im Dialogfenster in den OPTIONEN die Registerkarte DRUCKEN. Dort beziehen Sie über das Kontrollkästchen FELDFUNKTIONEN die Feldinhalte in den Ausdruck ein. Dann setzen Sie den Druck wie üblich in Gang. Dieses Vorgehen hat den Vorteil, daß Sie auf dem Papier ersehen können, ob alle Dateiverweise richtig angegeben wurden. Wenn Sie den Ausdruck der Feldfunktionen ordern, werden selbstverständlich auch jene Feldfunktionen im Klartext ausgegeben, die sich nicht auf Grafiken beziehen, also z.B. Seiten-, Datums- und Zeitangaben. Nach Abschluß des Drucks sollten Sie das Kontrollfeld unter OPTIONEN > DRUCKEN wieder deaktivieren, da die Option ansonsten bestehen bleibt und beim nächsten Druck wahrscheinlich ungewünschte Wirkung zeigt. Mehr zu Feldfunktionen und ihren speziellen und allgemeinen Schalter erfahren Sie in Teil IV dieses Buches.

Wenn Sie eine oder mehrere Bitmap-Kopien aus Ihrem Dokument entfernen, sollten Sie die Größe der Datei nach dem Speichern unbedingt überprüfen, beispielsweise unter DATEI > DATEI-INFO > STATISTIK. Im Dialogfenster DOKUMENT-STATISTIK erfahren Sie unter DATEIGRÖSSE, welche Kapazität das Dokument auf dem Speichermedium beansprucht. Es ist nicht grundsätzlich gesagt, daß das "\d" den Platzbedarf zum Besseren wendete. Wenn Sie nämlich unter OPTIONEN > SPEICHERN die SCHNELLSPEICHERUNG ZULASSEN, sieht WinWord unter Umständen die kleine Ergänzung, die der Schalter in der Feldfunktion darstellt, als nicht groß genug an, um die Datei komplett neu zu speichern. Und so wird nur die Änderung - nämlich die Ergänzung von "\d" - der Datei hinzugefügt, nicht aber die Bitmap-Kopie aus ihr gelöscht, was die Datei letztendlich größer und nicht kleiner macht. Die Löschung der Bitmap aus der Datei erfolgt erst, wenn WinWord eine volle Neusicherung der Datei für nötig hält oder Sie die Schnellspeicherung in den OPTIONEN ausschalten. Welchen großen Effekt zwei kleine Zeichen für eine ganze Datei haben kann, kann WinWord von sich aus offensichtlich nicht einschätzen. Diese Ignoranz geht übrigens so weit, daß bei eingeschalteter Schnellspeicherung auch nach dem tatsächlichen Löschen einer Bitmap per [Entf]-Taste, die Dateigröße noch anwächst, da WinWord die Entfernung als zusätzliche Information anfügt, statt den Speicherplatz auf der Platte freizugeben. Daher kann beim intesinven Arbeiten mit Grafiken der Rat nur lauten: Speichern Sie regelmäßig alle Änderungen auch einmal ohne Schnellspeicherung. Sie werden sehen: Das schafft Platz auf der Platte.

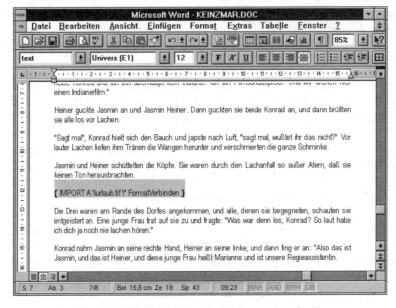

Abb. 19.2: Die Feldfunktion für den Import einer Grafik

19 • Grafiken, Beschriftungen und Querverweise

Grafiken können Sie Mit BEARBEITEN > SUCHEN direkt erreichen. Hierbei ist es unwesentlich, ob die Grafik über EINFÜGEN oder das Import-Feld in den Text eingebunden wurde. Um Grafiken zu suchen, wählen Sie im Dialogfenster SUCHEN aus der Liste SONSTIGES ((Alt)(O)) den Eintrag GRAFIK ((K)) oder geben im Feld SUCHEN NACH die Zeichenkombination ^r ein. An diesem Formatzeichen erkennt Word für Windows alle eingefügten Grafiken, so daß Sie das Dokument von Grafik zu Grafik durchlaufen können.

Grafiken anzeigen

In den Modi, die die Feldfunktionen im Klartext auf dem Bildschirm anzeigen, ist weder die Grafik noch ihre Größe erkennbar. Um sich Grafiken so anzeigen zu lassen, wie sie ausgedruckt werden, müssen Sie also die Anzeige der Feldfunktionen abschalten. Hierfür darf im Menü OPTIONEN in der Registerkarte ANSICHT das Kontrollkästchen FELDFUNKTIONEN nicht markiert sein. Nun sollten die eingefügten Grafiken innerhalb des Dokuments am Monitor angezeigt werden.

Falls Sie nur leere Rahmen vor sich sehen, kann es daran liegen, daß Sie über EXTRAS > OPTIONEN > ANSICHT die Option PLATZHALTER FÜR GRAFIKEN markiert haben. Deaktivieren Sie die Option, damit die Grafikinhalte und nicht nur die Grafikrahmen angezeigt werden.

Leere Grafikrahmen

Die Anzeige der Grafik verlangsamt den Bildschirmaufbau von Word für Windows. Daher kann es sinnvoll sein, während der Texterfassung auf die Darstellung von Grafikinhalten zu verzichten. Aber selbst wenn die Grafikanzeige aktiv ist, trägt Word für Windows ein wenig zur Beschleunigung bei, indem das Programm nur dann mit dem Aufbau und der Anzeige von Grafiken beginnt, wenn Sie ihm eine Ruhepause gönnen. Bei schnellen Bewegungen durch den Text mit den Cursortasten oder den Bildlaufleisten oder bei der Texterfassung verzichtet Word für Windows auf die Darstellung der Grafik. Dies kommt der Arbeitsgeschwindigkeit zugute. Suchen Sie also in diesen Augenblicken nicht verwundert nach Ihrer Grafik, sondern gönnen Sie sich einen Moment Ruhe. Die eingefügte Datei wird daraufhin dargestellt.

Die Darstellung der Grafik auf dem Monitor entspricht in ihrer Auflösung nicht dem Druckergebnis. Beim Drucken wird die Grafik mit der Auflösung wiedergegeben, zu der Ihr Drucker in der Lage ist. Am Bildschirm stellt Word für Windows die Grafik jedoch im niedriger aufgelösten Bitmap-Format dar.

Das kann zu Unklarheiten in der Abbildung führen, da schmale Linien bisweilen schlecht oder nicht angezeigt werden. Der Ausdruck bleibt von diesem Problem - in den Grenzen des Druckers - in der Regel verschont.

Grafiken über die Zwischenablage einfügen

Sie können Grafiken nicht nur über EINFÜGEN > GRAFIK in ein Dokument von Word für Windows einbinden, sondern es besteht auch die Möglichkeit des Imports von Abbildungen über die Windows-Zwischenablage. Solche Grafiken lassen sich, nachdem sie eingefügt worden sind, auf die gleiche Weise bearbeiten, formatieren und positionieren. Hierbei gibt es keine Unterschiede.

Um eine Grafik über die Zwischenablage einzufügen, aktivieren Sie zunächst die Anwendung, mit der die Grafik erstellt werden soll, bzw. eine, die die erstellte Grafik einlesen kann. Laden Sie die Grafik, und markieren Sie sie. Die Markierung bestimmt, welchen Teil der Grafik sie in die Zwischenablage und somit in Ihr Dokument unter Word für Windows übernehmen werden. Kopieren Sie den markierten Bereich in die Zwischenablage. Dies wird zumeist über den Menübefehl BEARBEITEN > KOPIEREN oder den Tastenschlüssel [Strg][C] bewirkt; manche Applikationsprogramme haben darüber hinaus eigene Befehle, die spezielle Kopiervorgänge bewirken.

Aktivieren Sie nun Word für Windows und öffnen Sie das Dokument, in das Sie die Grafik aus der Zwischenablage einfügen möchten. Positionieren Sie die Einfügemarke an der gewünschten Stelle, und kopieren Sie die Grafik mittels des Symbols "Einfügen" oder dem Tastenschlüssel [Strg][V] in das Dokument.

Wenn die andere Anwendung OLE unterstützt und die Abbildung als Objekt in die Zwischenablage übertragen hat, wird die Grafik nun als OLE-Objekt Teil des Dokuments und später mit ihm zusammen gespeichert. Hierbei sorgt eine Bitmap für die Anzeige der Grafik in Word für Windows. Die Feldfunktion, die für das Einbetten eines Grafik-Objekts oder eines Objekts anderer Art im Dokument verantwortlich ist, können Sie wieder mit [⇧][F9] oder dem Kontrollkästchen FELDFUNKTIONEN unter EXTRAS > OPTIONEN > ANSICHT umschalten. Das Shortcut-Menü der rechten Maustaste hält bei eingebetten OLE-Objekten keine Möglichkeit der Umschaltung bereit.

Sollte das Anwendungsprogramm, das die Abbildung liefert, kein OLE-Server sein, wird die Abbildung lediglich als Bitmap- oder Vektor-Grafik an die Zwischenablage übergeben und kann auch nur in einem dieser Formate in das Dokument übernommen werden.

Welche Formate beim Einfügen zur Verfügung stehen, können Sie mit dem Befehl BEARBEITEN > INHALTE EINFÜGEN ([Alt][B][N]) erfahren. Das Dialogfenster INHALTE EINFÜGEN zeigt Ihnen bei Objekten die QUELLE, der sie entstammen, und meldet ansonsten UNBEKANNT. Je nach Möglichkeiten der Quelle und

19 • Grafiken, Beschriftungen und Querverweise

des OLE-Servers haben Sie die Möglichkeit, Abbildungen über die Zwischenablage mit EINFÜGEN direkt ins Dokument aufzunehmen oder mit VERKNÜPFEN die Verbindung zur externen Quelle aufrechtzuerhalten. Als was Sie die Einfügung oder Verknüpfung vollziehen, entscheiden Sie in der in der ALS-Liste ([Alt][A]). Sie haben hier die Wahl, ob Sie - sofern die beteiligte Anwendung es liefert - ein Objekt einbetten, oder die Abbildung als Grafik oder Bitmap übernehmen. Sofern die Abbildung als Objekt zur Verfügung steht ist dies die Wahl, auf die auch der normale EINFÜGEN-Befehl automatisch zurückgreift. Mehr über das Dialogfenster INHALTE EINFÜGEN und das Einbetten oder Verknüpfen von Objekten erfahren Sie in Kapitel 24.

Wenn Sie eine Abbildung über die Zwischenablage übernehmen und später die Datei, aus der Sie die Grafik entnommen haben, löschen, ändert dies nichts an der Existenz der Abbildung im Dokument, solange es sich nicht um eine Verknüpfung handelt. Sie können die Grafik wie gewohnt innerhalb des Dokumentes und zwischen verschiedenen Dokumenten kopieren und verschieben. Außerdem läßt sich die Grafik wieder über die Zwischenablage in andere Programme exportieren.

Um zu gewährleisten, daß ein anderes Programm die Grafik einlesen kann, sollten Sie im Fall des Exports Grafik und Text nicht auf einmal in die Zwischenablage kopieren, sondern nacheinander exportieren. Die Zwischenablage kann eine aus Text und Grafik gemischte Information zwar

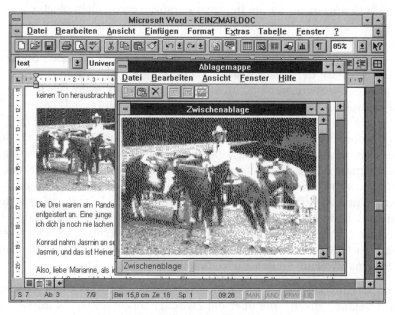

Abb. 19.3: Eine Grafik in der Zwischenablage

im Format von Word für Windows darstellen; da sie aber kein eigenes Format für die Mischinformation hat, muß Word für Windows aktiv sein. Beenden Sie Ihre Arbeit mit Word für Windows, kann nur noch auf den Text in der Zwischenablage zugegriffen werden. Wenn Sie allerdings nur eine Grafik in die Zwischenablage kopieren, kann diese im Bitmap-Format verwaltet werden und ist so auch in andere Programme übertragbar. Beachten Sie hierbei, daß auch Grafiken, die Sie verkleinert oder beschnitten haben, im Bitmap-Format in vollem Umfang transportiert werden können.

Grafiken ändern

Eine Grafik soll nun aber meist nicht in der Größe oder dem Ausschnitt gedruckt werden, in dem sie in der Grafikdatei gespeichert wurde. Oft ergibt sich beim Gestalten eines Dokuments, daß die Größe der Grafik falsch ist oder ein kleinerer Ausschnitt der Abbildung besser paßt als das ganze Bild.

Außerdem wirkt es optisch oft besser, wenn die Grafik einen eigenen Rahmen hat. Diese Nachbearbeitungen einer eingefügten Grafik ermöglicht Ihnen Word für Windows im Dialogfenster FORMAT GRAFIK ([Alt][T][G]) oder direkt im Dokument mit der Maus.

Für Änderungen, die Sie am Inhalt von Grafiken vornehmen möchten, verfügt Word für Windows über ein integriertes Anwendungsmodul namens WORD 6.0-GRAFIK, das mit Word für Windows Hand in Hand arbeitet. Um eine eingefügte Grafik zu bearbeiten, müssen Sie sie lediglich doppelt anklicken. Mit der Tastatur laden Sie die Grafik in das Grafikprogramm, indem Sie sie markieren und im Menü BEARBEITEN den Befehl GRAFIK ([Alt][B] [G]) anwählen. Bei Grafiken, die einer bestimmten Objektquelle angehören, finden Sie im Menü stattdessen den Befehl BEARBEITEN > ... OBJEKT ([Alt][B] [B]), wobei der Objekt-Server genannt wird. Auch das Shortcut-Menü der rechten Maustaste enthält den entsprechenden Befehl, der bei eingefügten Bitmap- oder Vektorgrafiken GRAFIK BEARBEITEN heißt und seinen Namen in ÖFFNEN GRAFIK wechselt, nachdem die Grafik mit Word-Grafik bearbeitet wurde und wieder eingebettet wurde; auch der Befehl des BEARBEITEN-Menüs dokumentiert in diesem Fall mit dem Befehl GRAFIK-OBJEKT ([Alt][B][B]), daß die bearbeitete Grafik zu einem Word-Grafik-Objekt wurde. Grafiken anderer OLE-Server hält das Shortcut-Menü mit BERABEITEN ... und dem Objektnamen zum Öffnen zur Verfügung.

Das Word-Grafikprogramm arbeitet vektororientiert. Das heißt, Sie können Vektorgrafiken - die über die Zwischenablage als Grafik importiert werden - beliebig verändern. Pixelgrafiken - sie haben das Zwischenablage-

19 • Grafiken, Beschriftungen und Querverweise

Format Bitmap - können zwar in ihren Dimensionen modifiziert und durch weitere Elemente bereichert werden; ihr Inhalt läßt sich jedoch nicht ändern. Allerdings ist hierzu MS Windows Paintbrush in der Lage, das zum Lieferumfang von Windows gehört. In Paintbrush können Sie Grafiken beispielsweise mittels der Zwischenablage übernehmen, verändern und wieder zurück in das Dokument kopieren. Ab Windows 3.1 unterstützt Paintbrush zudem den direkten Datenaustausch mit WinWord. Mehr zu Word-6.0-Grafik erfahren Sie in Kapitel 24.

Grafiken markieren

Bevor Sie eine Grafik in Word für Windows vergrößern, verkleinern oder beschneiden, müssen Sie die Grafik markieren. Hierbei darf nur die Grafik markiert sein, nicht etwa umliegender Text. In diesem Fall steht nämlich die Grafikformatierung von Word für Windows nicht zur Verfügung.

Markieren Sie die Grafik, die Sie formatieren möchten, indem Sie einmal in die Mitte des Grafik klicken. Mit der Tastatur setzen Sie die Einfügemarke direkt vor oder hinter die Grafik und betätigen ⇧→ oder ⇧←. Die Markierung der Grafik wird durch acht Quadrate angezeigt, die an den Ecken und den Seiten des Grafikrahmens plaziert sind. Diese Quadrate zeigen nicht nur an, daß die Grafik markiert ist, sondern dienen gleichzeitig dazu, eine Grafik mit der Maus zu formatieren. Daher nennt man die Quadrate auch Anfasser oder Ziehpunkte. Sie sitzen innerhalb des Grafikrahmens.

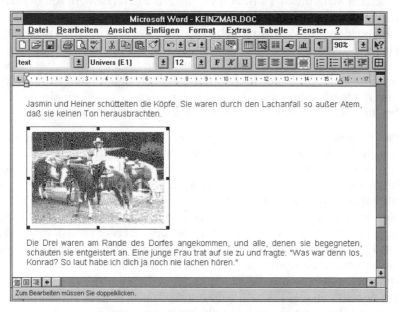

Abb. 19.4: Eine markierte Grafik mit Anfassern

Diesen Grafikrahmen hat jede Abbildung, die Sie in ein Dokument einbinden. Keine Rolle spielt es hierbei, ob es sich um den Import einer Grafikdatei handelt, oder ob Sie die Grafik, wie weiter oben beschrieben, über die Zwischenablage einfügen. Der Rahmen, der Ihnen für die Grafik angezeigt wird, bedeutet nicht, daß für die Grafik auch ein Rahmen ausgedruckt wird. Es handelt sich bei diesem Rahmen einfach um die Grenzen der Grafik. Ein optischer Rahmen kann für Grafiken über das Dialogfenster RAHMEN UND SCHATTIERUNG gestaltet werden, der sich bei Abbildungen über das Shortcut-Menü der rechten Maustaste aufrufen läßt.

Für die Formatierung ist es nicht notwendig, daß der Grafikinhalt angezeigt wird; die Präsenz des Rahmens alleine reicht. Die Feldfunktion, über die die Grafik eingelesen wird, läßt sich allerdings selbst nicht als Grafik formatieren. Hierfür müssen Sie schon auf die Anzeige der Grafik oder zumindest des Grafikrahmens umschalten.

Das Formatieren einer Grafik wird aber spürbar erleichtert, wenn Sie sich den Inhalt der Abbildung darstellen lassen. Nur so können Sie verfolgen, welche Auswirkung ein Befehl auf die Größe und den Ausschnitt der Grafik hat.

Grafiken vergrößern und verkleinern

Um Grafiken zu vergrößern oder zu verkleinern, haben Sie die Wahl zwischen der Maus und der Tastatur. Vergrößern und verkleinern von Grafiken heißt, Bilder prozentual an den Raum anzupassen, der im Dokument für die Abbildung zur Verfügung steht. Hierbei lassen sich die Prozentsätze für Höhe und Breite getrennt definieren, so daß Abbildungen auch in ihren Proportionen geändert werden können. Wenn Sie eine Grafik vergrößern oder verkleinern, bleibt hierbei der Inhalt des gewählten Ausschnitts unverändert. Verändert wird nur der Platz, den die Grafik einnimmt, wobei die Relationen innerhalb der Abbildung gewahrt bleiben.

Prozentuale Größenänderungen bewirken Sie mit der Maus über einen der acht Anfasser, die die markierte Grafik aufweist. Positionieren Sie den Mauszeiger auf einem Anfasser. Das Symbol des Mauszeigers ändert sich hierbei in einen schwarzen Doppelpfeil. Wenn Sie die linke Maustaste niederhalten und den Anfasser ziehen, verändert sich der Rahmen. Ziehen Sie nun den Anfasser und mit ihm den Rahmen in die gewünschte Richtung. Je nachdem, in welche Richtung Sie den Anfasser ziehen, verändern Sie die Grafik proportional oder unproportional. Die seitlichen Anfasser, die Sie nach links und rechts bzw. nach oben und unten ziehen können, verschieben jeweils nur die Höhen- oder Breitendimensionen der Grafik. Die Anfasser an den Ecken, die diagonal gezogen werden, wirken sich sowohl auf die Höhe als auch auf die Breite der Grafik aus, so daß die ur-

19 • Grafiken, Beschriftungen und Querverweise

sprünglichen Proportionen in der Grafik gewahrt bleiben, allerdings in einem neuen Größenverhältnis. Ein Ziehen zur Grafikmitte hin verkleinert die Grafik, die Bewegung des Anfassers von der Grafikmitte weg vergrößert sie.

Über FORMAT > GRAFIK ([Alt][T] [G]) lassen sich Abbildungen unter SKALIEREN direkt über die Eingabe von Prozentsätzen vergrößern und verkleinern. Die Prozentangaben nehmen Sie in den Eingabefeldern HÖHE ([Alt][E]) und BREITE ([Alt][B]) vor. Sie können in diese Felder beliebige Prozentzahlen eingeben.

Wenn Sie in beide Felder den gleichen Prozentsatz eingeben, erhalten Sie die proportionalen Relationen innerhalb der verkleinerten oder vergrößerten Grafik. So halbiert die Eingabe von "50" Prozent in beiden Feldern die Größe der Grafik, während der Wert "200" die Abbildung auf doppelte Größe setzt. Unterschiedliche Werte in den beiden Eingabefeldern verändern das Verhältnis von Höhe zu Breite der Grafik.

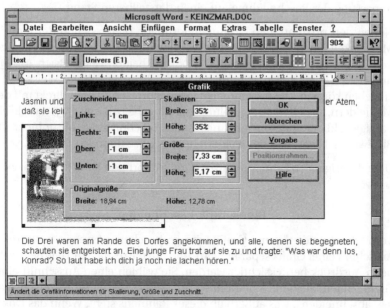

Abb. 19.5: Das Dialogfenster GRAFIK

Die Eingabe der Prozentsätze über die Tastatur erlaubt es Ihnen, mehrere Grafiken mit dem gleichen Faktor zu vergrößern oder zu verkleinern. Entnehmen Sie die Originalgröße Ihrer Grafiken der Information in der unteren Zeile des Dialogfensters. Oft empfiehlt es sich, zunächst eine der Grafiken mit der Maus größenmäßig anzupassen und dann die prozentualen Änderungen im Dialogfenster nachzuschauen.

Sie können diese Werte nun bei allen Grafiken gleicher Originalgröße wiederverwenden, allerdings nur solange, wie auch die Beschneidungen der Grafiken, die Sie als Rahmenänderungen definiert haben, übereinstimmen.

Prozentsätze unter 100 reduzieren die Größe der Grafik, während Prozentzahlen über 100 die Grafik vergrößern. Wenn Sie die Prozentsätze auf 100 zurücksetzen, wird der Inhalt Ihrer Grafik oder des Grafikausschnitts in Originalgröße wiedergegeben.

Die kleinste darstellbare Grafikgröße ist 0,31 Zentimeter. Wenn Sie eine Grafik durch prozentuale Größenänderung oder Beschneiden unter diese Druckgröße verkleinern, verweigert Word für Windows die Annahme des Maßes mit der Meldung: DIE MAßE SIND NACH DER GRÖßENÄNDERUNG ZU KLEIN ODER ZU GROß. Zu groß ist die Grafik, wenn sie das von Word für Windows darstellbare Maximalmaß von 55,87 Zentimetern überschreitet. Ihre zu kleine oder zu große Grafik bringen Sie über prozentuale Änderungen oder Anpassung der Beschneidung auf einen darstellbaren Stand.

Neben den prozentualen Größenänderungen bietet sich außerdem die Möglichkeit, über FORMAT > GRAFIK die Größe direkt in Messwerten einzugeben. Hierfür stehen in der Gruppe GRÖßE die beiden Felder BREITE ([Alt][I]) und HÖHE ([Alt][⇧][.]) zur Verfügung, in die Sie in gewohnter Weise Werte eingeben können. Die prozentualen Felder korrespondieren direkt mit den Maßfeldern, so daß nach Abschluß einer Eingabe (z.B. mit [⇥]) das gleichnamige Feld der anderen Sektion das neue Ergebnis zeigt. Mitunter ist der Blickwechsel zwischen den Feldern höchst aufschlußreich.

Über die originalen Dimensionen der Grafik informiert Sie das Feld ORIGINALGRÖßE.

Eine Grafik beschneiden

Vom "Beschneiden" einer Grafik wird gesprochen, wenn ein bestimmter Ausschnitt einer Grafik separiert wird, und nur die restlichen Teile der Grafik beim Ausdruck berücksichtigt werden. Sie wählen einen Ausschnitt einer Grafik, indem Sie den Grafikrahmen um diesen Ausschnitt setzen, also alles "abschneiden", was außerhalb dieses Rahmens steht. Wenn das Dokument ausgedruckt wird, berücksichtigt Word für Windows nur den Teil der Grafik, der in dem Rahmen angezeigt wird. Um eine markierte Grafik zu beschneiden, bieten sich wieder zwei Wege. Zum einen können Sie die Änderung mit der Maus im Dokument vornehmen. Zum anderen haben Sie die Möglichkeit, den Rahmen über FORMAT > GRAFIK ([Alt][T][G]) anzupassen. Dieses Dialogfenster kann nur aufgerufen werden, wenn eine Grafik markiert ist.

19 • Grafiken, Beschriftungen und Querverweise

Positionieren Sie den Mauszeiger auf einem der Quadrate, die als Anfasser dienen, so daß er sein Symbol in den Doppelpfeil verändert. Drücken Sie ⇧ und die linke Maustaste und ziehen Sie mittels des Anfassers den Rahmen. Durch diese Tastenkombination starten Sie die Beschneidung. Die ⇧-Taste können Sie während des Ziehens bereits loslassen. Die Anfasser an den Rahmenseiten sind stets für die Seite zuständig, an der sie plaziert sind. Sie lassen sich mit der Maus nach links und rechts bzw. nach oben und unten ziehen. Die Anfasser an den Ecken des Rahmens wirken sich stets auf die beiden Seiten aus, die sie berühren. Diese Anfasser werden in diagonaler Richtung gezogen.

Sie können durch das Ziehen der Anfasser den Ausschnitt des Rahmens um ein Element der Grafik konzentrieren, so daß der unwesentliche Teil der Abbildung abgeschnitten wird. Der abgeschnittene Teil wird ausgeblendet, sobald Sie die Maustaste loslassen. Hierbei wird die beschnittene Grafik wieder gemäß ihrer Absatzformatierung plaziert. Das heißt, der vorangehende und nachfolgende Fließtext wird entsprechend der neuen Größe eingebunden. Wenn Sie den Rahmen wieder vergrößern möchten, gehen Sie nach dem gleichen Prinzip vor; ziehen Sie die Anfasser bei niedergedrückter ⇧-Taste einfach in die entgegengesetzte Richtung. Hierbei lassen sich alle Teile, die Sie zuvor abgeschnitten haben, wieder darstellen. Dies ist auch möglich, wenn das Dokument zwischenzeitlich gespeichert wurde. Der Rahmen einer Grafik läßt sich auch über die eigentliche Größe der Grafik hinaus ziehen. Dies vergrößert aber nicht die Grafik, sondern schafft einen Abstand zwischen Grafik und Rahmen. Diese Differenz kommt zum Tragen, wenn Sie die Grafik mit Rahmen ausdrucken lassen. Der ausgedruckte Rahmen wird dann die Distanz wahren, die Sie vorgegeben haben.

Um eine markierte Grafik über die Tastatur zu beschneiden, wählen Sie FORMAT > GRAFIK (Alt T G). Geben Sie unter ZUSCHNEIDEN in die Felder LINKS (Alt L), RECHTS (Alt R) OBEN (Alt O) und UNTEN (Alt U) ein, um welche Maße Sie die Grafik beschneiden möchten. Wenn Sie zuvor schon mit der Maus Ausschnittsänderungen vorgenommen haben, sind diese bereits in den Eingabefeldern eingetragen. Die Beschneidung geben Sie in Form einer positiven Dezimalzahl ein. Mit einer negativen Dezimalzahl weisen Sie Word für Windows an, den Rahmen in Distanz von der Grafik zu setzen und, sofern Sie einen Druckrahmen wählen, auch so zu drucken. Der Eintrag "2 cm" beschneidet also die Grafik um zwei Zentimeter, während "- 2 cm" einen zwei Zentimeter großen Freiraum zwischen Grafik und Rahmenseite öffnet.

Um die eingegebenen Maße konstant zu halten ist es ratsam, schon beim Einfügen einer Grafik den Drucker installiert zu haben, mit dem das Dokument schließlich auch ausgedruckt werden soll.

Für die Praxis ist das Beschneiden mit der Maus zu empfehlen. Nur so sehen Sie direkt, welchen Inhalt der Ausschnitt der Grafik hat, den Sie gewählt haben. Falls Sie im Anschluß an das Beschneiden die numerische Information über den gewählten Ausschnitt im Verhältnis zur Gesamtseite wünschen, wählen Sie FORMAT > GRAFIK und vergleichen die Werte der Rahmenänderung mit der angeführten Orginalgröße der Grafik.

Um eine Grafik wieder ohne Beschneidungen, aber auch ohne vergrößerten Rahmen darzustellen, setzen Sie einfach sämtliche Einträge in der Gruppe ZUSCHNEIDEN auf 0 (Null). Möchten Sie gleichzeitig die Größenänderungen wieder auf "100 %" - also die Originalgröße - zurücksetzen, brauchen Sie nur den Befehl VORGABE ([Alt][V]) anzuwählen.

Word für Windows läßt beim Beschneiden die Grafikdatei unberührt und formatiert den Ausschnitt nur im Dokument. Sie können die Grafikanzeige jederzeit in vollem Umfang wiederherstellen. Dies ist auch bei Grafiken, die Sie über die Zwischenablage einfügen, möglich. Word für Windows ist eben nicht mit Schere und Messer zugange, sondern simuliert Beschneidungen.

Grafiken rahmen und positionieren

Grafiken rahmen

Um Absätze mit Grafiken zu rahmen, gehen Sie in der gleichen Weise vor wie bei Textabsätzen. Dies hat den Vorteil, daß Sie Texte und Grafiken problemlos in gemeinsame Rahmen setzen können, wenn sie zusammen markiert wurden. Unter FORMAT > RAHMEN ([Alt][T][R]) oder per Symbolleiste RAHMEN, die Sie über das Symbol "Rahmen und Schattierung" aktivieren, bestimmen Sie die Linie, mit der Sie den Absatz oder oder die Absätze umgeben möchten. Sie können die einzelnen Rahmenlinien wie in Kapitel 18 beschrieben zu einem Gesamtrahmen Ihrer Vorstellung zusammensetzen und, wie in Word für Windows üblich, mit einer Schattierung oder Farbe hinterlegen.

Grafiken bieten allerdings noch eine zweite Art der Rahmung, die nicht absatzorientiert wirkt, sondern sich direkt um die eingefügte Abbildung legt. Dies hat den Vorteil, daß Sie Grafiken rahmen können, ohne daß sich die Rahmenlinien über die ganze Absatzbreite erstrecken. Um in den Genuß dieser Variante zu kommen, darf nur die Grafik markiert sein, was Sie an den Anfassern erkennen können. Es darf allerding kein Zeichen außerhalb der Grafik - nicht einmal die sichtbare oder unsichtbare Absatzmarke - in die Markierung einbezogen werden. Wenn Sie nun das Dialogfenster RAHMEN UND SCHATTIERUNG öffnen, das in diesem Fall auch über das Shortcut-Menü der rechten Maustaste erreichbar ist, sehen Sie, daß nicht nur das

19 • Grafiken, Beschriftungen und Querverweise

Feld ABSTAND ZUM TEXT, sondern auch die Registerkarte SCHATTIERUNG deaktiviert ist.

Ursache hierfür ist die besondere Art des Rahmens, den Sie im Dialogfenster wie gewohnt kreieren: er fügt sich direkt um die Abbildung. Hierbei wird lediglich der Raum freigehalten, den Sie über FORMAT > GRAFIK in der Sektion RAHMENÄNDERUNG durch negative Zahlen oder durch Ziehen des Grafikrahmens mit ⇧ und der linken Maustaste geöffnet haben. Dieser Zwischenraum kann allerdings nicht eingefärbt oder mit einem Raster gestaltet werden.

Abb. 19.6: Eine Grafik mit doppeltem Rahmen

Durch Ihre Maßangaben, die Sie im Dialogfenster unter RAHMENÄNDERUNG eingeben, beeinflussen Sie somit nicht nur den Ausschnitt der Grafik, sondern gleichzeitig den Verlauf des gedruckten Rahmens. Wenn Sie einen Freiraum zwischen Abbildung und Rahmen durch negative Abstandswerte schaffen, haben Sie allerdings keine Möglichkeit, einen Ausschnitt aus der Grafik auszuschneiden.

Während sich also der Rahmen eines Absatzes über die ganze Absatzbreite erstreckt, beschränkt sich die Umrahmung einer Grafik auf den Bereich, den die Grafik einnimmt und den Sie durch Beschneiden modifizieren können.

Wenn Sie gleichzeitig einen Ausschnitt aus der Grafik wählen und einen Rahmen, z.B. eine doppelte Umrahmung, vergeben möchten, versuchen Sie folgendes: Schalten Sie in die Druckbildansicht, und aktivieren Sie das Lineal.

Fügen Sie eine Absatzschaltung und in den neuen Absatz die gewünschte Grafik ein. Beschneiden Sie die Grafik mit der Maus oder anhand der Maßangaben im Dialogfenster GRAFIK auf den gewünschten Ausschnitt. Markieren Sie die Grafik samt Absatzmarke; hierbei werden die typischen Ziehpunkte nicht angezeigt. Rufen Sie dann das Dialogfenster RAHMEN auf, und gestalten Sie eine Umrahmung. Nachdem Sie mit ⏎ bestätigen, erstreckt sich der Rahmen des Absatzes über die gesamte Absatzbreite.

Schmälern Sie den Rahmen, indem Sie mit der Maus im Lineal die Absatzeinzüge verschieben. Anschließend zentrieren Sie die Grafik im Absatzrahmen, dessen Größe Sie festgelegt haben. Den Abstand zum Rahmen definieren Sie im Dialogfenster RAHMEN über das Feld ABSTAND ZUM TEXT, das aktiv ist, da ja nicht nur die Grafik, sondern ein ganzer Absatz markiert wurde.

Mit der beschriebenen Vorgehensweise lassen sich mit ein wenig Geschick nicht nur größere Rahmen um kleinere Ausschnitte definieren, sondern außerdem der Bereich zwischen Grafik und Rahmen über das Dialogfenster RAHMEN mit einer Schattierung gestalten.

Grafiken positionieren Grafiken können ebenso wie andere Absätze positioniert werden. Der Grafikabsatz besteht ja für Word für Windows ebenso wie andere Absätze aus Zeichen, nur daß das Zeichen die Grafik beinhaltet.

Um den Grafikabsatz zu positionieren, ordnen Sie ihm einen Positionsrahmen zu. Der Positionsrahmen legt sich - sofern der markierte Absatz lediglich eine Grafik enthält - direkt um die Grafik, wird also mit dem Grafikrahmen identisch. Ersichtlich ist dies bei der Anzeige der nicht druckbaren Zeichen. Die Absatzmarke, die sich bei Textabsätzen innerhalb des Positionsrahmens findet, steht jetzt außerhalb. Diese Identität von Grafik- und Positionsrahmen hat den Vorteil, daß sie beide Rahmen gleichzeitig ziehen können. Eine Veränderung der Grafikgröße durch Zoom oder Beschneidung wird vom Positionsrahmen automatisch mitvollzogen.

Anders schaut die Sachlage aus, wenn der Absatz weitere Zeichen - z.B. ein Leerzeichen - oder eine zweite Grafik umfaßt. In diesem Fall wird der Positionsrahmen um den gesamten Absatz gesetzt. Die Absatzmarke ist also wieder innerhalb des Positionsrahmens. Zwar ist auch hier die automatische Anpassung des Positionsrahmens aktiv, richtet sich aber in der Höhe stets nach der größeren Grafik.

Die Einrichtung und Nachbearbeitung von Positionsrahmen entspricht bei Grafiken den im vorhergehenden Kapitel beschriebenen Verfahren. Der engen Verbindung von Grafiken und Positionierungen - die meisten Grafiken werden wohl im Dokument positioniert und nicht in den Textfluß eingebunden - trägt Word für Windows Rechnung, indem der Aufruf des Dialogfensters POSITIONSRAHMEN direkt vom Dialogfenster FORMAT GRAFIK aus möglich ist ([Alt][P]). Voraussetzung hierfür bleibt jedoch, daß Sie den Rahmen der Grafik zuvor zugewiesenen haben. So können Sie die horizontale und vertikale Position der Grafik im Seitengefüge und ihren Abstand zum Text bestimmen. Breite und Höhe belassen Sie auf AUTO.

Wenn Sie eine Grafik in den Fließtext einbinden und ihr keine feste vertikale Position zuweisen, bestimmen Sie den Abstand, der vor und hinter einer Grafik gewahrt werden soll, im Dialogfenster ABSATZ. Geben Sie hier in die Eingabefelder ein, welcher Abstand VOR und NACH der Grafik freigehalten werden soll. Da es sich bei der Grafik um ein Zeichen handelt, können Sie die Grafik auch über FORMAT > ZEICHEN positionieren. Definieren Sie hier beispielsweise die HOCH-/TIEFSTELLUNG der Grafik. Die Berechnung dieser Position richtet sich an der Grundlinie aus, die im Absatzzeichen bestimmt ist. Dies erlaubt die perfekte Einbindung kleiner grafischer Zeichen in den Textfluß.

Grafiklayout kontrollieren

Die Layoutansicht ist hervorragend für die Kontrolle von Grafikpositionen geeignet. Schalten Sie sie auf Ganzseitendarstellung oder aktivieren Sie unter ANSICHT > ZOOM die Option MEHRERE SEITEN und wählen Sie aus dem grafischen Feld die Anzahl der Seiten per Markierung aus, so daß Sie das Dokument gut überblicken können. Wenn Sie bemerken, daß sich eine Grafik nicht an der Position befindet, an der sie stehen sollte, können Sie markierte Grafiken direkt mit der Mausfunktion Drag-and-Drop oder der Funktionstaste [F2] verschieben. Wenn die Grafik zusammen mit dem Abbildungstext verschoben werden soll, müssen beide Absätze markiert oder zusammen positioniert sein. Achten Sie darauf, daß beim Verschieben unpositionierter Grafiken auch die Zeichen für das Absatzende markiert sind und übernommen werden. Anderenfalls bleiben die Informationen zur Absatzformatierung auf der Strecke. Selbstverständlich können Sie Grafiken und Abbildungstexte auch über die Zwischenablage auf eine andere Seite des Textes transportieren.

Zur Übung fügen Sie die Abbildung URLAUB.TIF, die auf der beiliegenden Diskette gespeichert ist, in die Geschichte "Keine Zeit für Langeweile" ein. Importieren Sie die Grafikdatei über EINFÜGEN > GRAFIK, und passen Sie den Ausschnitt und die Größe der Abbildung über FORMAT > GRAFIK dem Layout der Geschichte an. Verschieben Sie die Abbildung auf die passende Seite. Geben Sie dem Bild eine Unterschrift, und positionieren Sie es. Überprüfen Sie die Position in der Druckbildansicht, und passen Sie sie an.

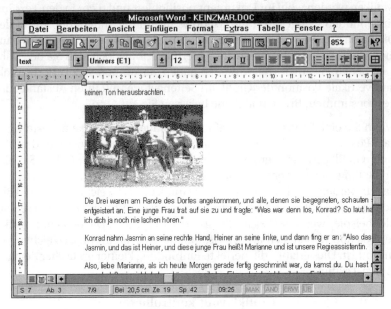

Abb. 19.7: "Keine Zeit für Langeweile" mit einer Abbildung

Beschriftungen

Um einer Grafik eine automatisch numerierte Beschriftung beizufügen, bietet WinWord ein eigenes Dialogfenster. Bevor Sie das Dialogfenster BESCHRIFTUNG aufrufen, sollten Sie die Grafik markieren. So ist der Bezug der Beschriftung beim folgenden Ablauf festgelegt.

 Mittels der Beschriftungsfunktion lassen sich außer Grafiken auch andere Textelemente wie Tabellen, Gleichungen und Diagramme, aber auch Texte, z.B. Thesen, und alle positionierten Elemente beschriften.

Nachdem Sie das zu beschriftende Element, beispielsweise die Abbildung, markiert haben, wählen Sie im Menü EINFÜGEN den Befehl BESCHRIFTUNG (Alt)(E)(B)). Im Dialogfenster wird im Feld BESCHRIFTUNG (Alt)(B)) angezeigt, mit welcher Kategorie und welcher Nummer die Beschriftung erfolgt. Die Kategorie, die vor der Nummer angegeben wird, und die Nummer können im Feld BESCHRIFTUNG nicht geändert werden. Allerdings haben Sie die Möglichkeit, einen ergänzenden Text in das Feld aufzunehmen, der später im Text die Abbildung, Tabelle oder z.B. ein Diagramm erläutert.

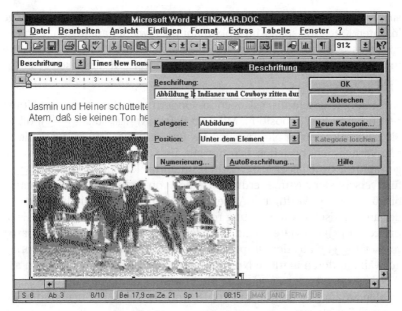

Abb. 19.8: Das Dialogfenster BESCHRIFTUNG

Die Kategorie, die gleichzeitig im Text vor der Nummer ausgegeben wird, können Sie im DropDown-Feld KATEGORIE (Alt K) wechseln. Die Kategorien ABBILDUNG, GLEICHUNG und TABELLE, die WinWord vorgibt, können leicht durch eigene Kategorien ergänzt werden, indem Sie NEUE KATEGORIE (Alt N) anwählen und im Fenster KATEGORIE HINZUFÜGEN unter KATEGORIE (Alt K) einen Namen für die Beschriftung eingeben. So können Sie, wenn's erwünscht ist, Ihre Abbildungen mit "Abb." beschriften oder eine Kategorie "Diagramm" oder "These" aufnehmen.

Wichtig ist, daß Sie bei fortlaufend numerierten Beschriftungen stets die gleiche Beschriftung anwenden und nicht zwischendurch einen Kategorienwechsel vollziehen. In diesem Fall gerät nämlich die Numerierung, die über {Seq}-Felder erfolgt, durcheinander. Die Kategorie, die Sie definieren und für die Beschriftung auswählen, ist nämlich gleichzeitig der Folgename, anhand dessen das {Seq}-Feld verschiedene Numerierungen nebeneinander verwaltet. Sie haben also durchaus die Möglichkeit, eine Sequenz für Abbildungen separat neben der Numerierung von Diagrammen laufen zu lassen.

Selbstdefinierte Kategorien können Sie - im Gegensatz zu den drei Standardkategorien von WinWord - mittels KATEGORIE LÖSCHEN (Alt L) wieder entfernen, sofern Sie sie zuvor in der Liste KATEGORIE angewählt haben. Beschriftungen, die Sie mit dieser Kategorie bereits ins Dokument eingegeben haben, sind von der Löschung nicht betroffen. Falls Sie die Numerierung einer gelöschten Kategorie später im Dokument doch wieder aufgreifen möchten, so ist das kein Problem. Legen Sie sie einfach wieder als NEUE KATEGORIE an und sie wird - die übereinstimmende Schreibweise vorausgesetzt - fortgeführt.

Nicht nur die Beschriftungskategorie, sondern auch das Format der Numerierung steht zur Disposition. Mit dem Befehl NUMERIERUNG ([Alt][U]) öffnen Sie das Dialogfenster NUMERIERUNG DER BESCHRIFTUNG. Änderungen, die Sie hier vornehmen, beziehen sich nur auf die Kategorie, die momentan angewählt ist. Im Dialogfenster stehen Ihnen im Listenfeld FORMAT ([Alt][F]) fünf verschiedene Numerierungsformate - von arabisch über alphabetisch bis römisch - zur Verfügung. Außerdem lassen sich die Kapitelnummern in der automatische Numerierung nennen, indem Sie KAPITELNUMMER EINBEZIEHEN ([Alt][K]) aktivieren. Nun läßt sich unter KAPITEL BEGINNT MIT FORMATVORLAGE ([Alt][B]) aus der DropDown-Liste die Überschrifts-Formatvorlage auswählen, deren aktuelle Nummer in der Beschriftung erscheinen soll. Welches TRENNZEICHEN ([Alt][Z]) Kapitelnummer und Numerierung trennt, wählen Sie im gleichnamigen DropDown-Feld aus dem Angebot der Striche und Punkte aus.

Voraussetzung für die Nennung von Kapitelnummern in der Beschriftung ist, daß das Dokument mit der Standardformatvorlage ÜBERSCHRIFT gestaltet wurde, deren es neun gibt, auf deren Folge Sie im Dokument im Feld FORMATVORLAGE der Symbolleiste FORMATIERUNG zugreifen und dem aktuellen Absatz zuweisen können. Eine andere Möglichkeit, Absätze als Überschriften zu formatieren, besteht darin, unter FORMAT > FORMATVORLAGE in der Liste FORMATVORLAGEN eine der ÜBERSCHRIFT-Vorlagen auszuwählen und den Absatz mit ZUWEISEN zu formatieren. Doch damit nicht genug: der so als Überschrift gestaltete Absatz muß zudem mit einer Numerierung versehen sein, was Sie über das Symbol "Numerierung" oder ausführlicher über den Befehl FORMAT > ÜBERSCHRIFTEN NUMERIEREN erreichen. Formatvorlagen werden in Kapitel 20, Überschriften und Gliederungen in Kapitel 23 behandelt.

Die Position, an der die Numerierung erscheinen soll, legen Sie im Listenfeld POSITION fest, sofern Sie vor Aufruf des Dialogfenster eine Markierung gesetzt haben. Diese Markierung sollte nicht mitten in einem Absatz beginnen - was einen unerwünschetn Absatzumbruch zur Folge haben könnte, sondern sich über das ganze Element erstrecken, auf das die Beschriftung Bezug nimmt. Sie haben dann im Dialogfenster BESCHRIFTUNG in der DropDown-Liste POSITION ([Alt][P]) die Wahl, ob Sie die Beschriftung ÜBER DEM ELEMENT oder UNTER DEM ELEMENT ins Dokument aufnehmen möchten.

19 • Grafiken, Beschriftungen und Querverweise

Zwar ist es nicht erforderlich, das Element oder die Absätze zu markieren, die beschriftet werden sollen, doch das empfiehlt sich, da die Beschriftungsfunktion dafür sorgt, daß Beschriftung und Bezugselement nicht getrennt werden. Erreicht wird dies durch die automatische Formatierung des führenden Absatzes mit der Formatierung ABSÄTZE NICHT TRENNEN, die Sie im Dialogfenster ABSATZ in der Registerkarte TEXTFLUSS finden. Diese Formatierung betrifft bei Beschriftungen ÜBER DEM ELEMENT die Beschriftung selbst und bei UNTER DEM ELEMENT den letzten Absatz des Bezugselements. Bei bestehenden Positionsrahmen, in die Beschriftungen aufgenommen werden sollen, empfiehlt es sich, den Positionsrahmen zu markieren - im schraffierten Rahmen erscheinen dann die acht Anfasser -, bevor die Funktion BESCHRIFTUNG aufgerufen wird. In diesem Fall wird die Beschriftung automatisch in den Positionsrahmen aufgenommen.

Wenn Ihnen das Zeichen oder Absatzformat der Beschriftungen nicht zusagt, können Sie es unter FORMAT > FORMATVORLAGE in der Liste der FORMATVORLAGEN markieren. Sie erkennen es leicht am Namen: Es heißt BESCHRIFTUNG. Mit BEARBEITEN > FORMAT aktivieren Sie eine Liste, die Ihnen Zugriff auf die bekannten Dialogfenster bietet. Ändern Sie die Gestaltung der Beschriftung nach eigenem Gusto und bestätigen Sie die Änderung anschließend.

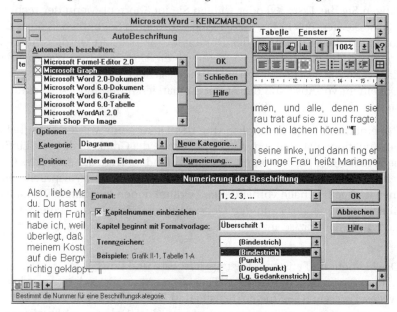

Abb. 19.9: Die Dialogfenster AUTOBESCHRIFTUNG und NUMERIERUNG DER BESCHRIFTUNG

Wenn Sie es sich bequem machen möchten und OLE-Server für den Import von Abbildungen, Tabellen, Diagrammen und dergleichen einsetzen, so hält

Automatische Beschriftung

das Dialogfenster BESCHRIFTUNG noch eine besondere Option für Sie bereit: Die AUTOBESCHRIFTUNG (Alt A). In diesem Dialogfenster markieren Sie in der Liste AUTOMATISCH BESCHRIFTEN (Alt A) die Objekt-Server mit einem Kreuzchen, deren Objekte von WinWord automatisch mit einem Text und einer Nummer versehen werden sollen. Welche Kategorie zu welchem Objekt gehört, legen Sie unter KATEGORIE (Alt K) fest, und wenn Ihnen noch die passende Kategorie fürs Objekt fehlt, so erstellen Sie einfach eine NEUE KATEGORIE (Alt N). Mittels POSITION (Alt P) läßt sich bestimmen, ob die Beschriftung automatisch ÜBER DEM ELEMENT oder UNTER DEM ELEMENT erscheinen soll. Auch die NUMERIERUNG (Alt U) steht wieder im oben beschriebenen Dialogfenster NUMERIERUNG DER BESCHRIFTUNG zur Formatierung frei. Wenn dann später eines der vorbeschrifteten Objekte ins Dokument eingefügt wird, so erscheint außerdem die Beschriftungszeile über bzw. unter dem Objekt. Nur den individuellen Begleittext geben Sie noch selbst in den Beschriftungsabsatz ein, sofern das Objekt der schriftlichen Klärung bedarf.

Wenn Sie beschriftete Elemente samt Beschriftung im Dokument an eine andere Stelle verschieben, paßt sich die Numerierung an die neue Position an. Das geschieht allerdings nicht vollautomatsich, sondern bedarf eines kleinen Handgriff Ihrerseits. Markieren Sie die Beschriftungszeile und betätigen Sie die Taste F9 oder wählen Sie im Shortcut-Menü der rechten Maustaste den Befehl FELD AKTUALISIEREN. Beachten Sie bitte, daß auch die folgenden Beschriftungen des Dokuments aktualisiert werden müssen, sofern sie der gleichen Kategorie angehören. Der einfachste Weg, bei der Zählweise von Beschriftungen auf Nummer sicher zu gehen, ist es, das ganze Dokument vor Abschluß der Arbeit zu markieren und mit F9 zu aktualisieren.

Bei einer generellen Aktualiserung des Dokuments werden sämtliche Feldfunktionen aktualisiert, so beispielsweise die Grafiken, die per {EinfügenGrafik} oder {Verknüpfung} Aufnahme fanden. Wem das zuviel des Guten ist - solch eine Aktualisierung kann einiges an Zeit in Anspruch nehmen und geht je nach vorhandenen Feldfunktionen nicht ohne Rückfrage über die Bühne, der kann den Gehe-zu-Befehl nutzen, um seine Numerierungsfelder präzise anzuspringen und sie auf den neusten Stand zu bringen.

Das Element im Fenster GEHE ZU (F5) ist FELD und unter FELDNAME EINGEBEN wählen Sie SEQ. Da das Gehe-zu-Fenster per Mausklick oder Strg ⇆ den Wechsel zwischen geöffnetem Fenster und Text zuläßt, können Sie bequem die angesprungenen Numerierungen mit F9 im Dokument aktualisieren und anschließend über das Fenster das nächste Feld anspringen. Außerdem läßt sich direkt im Text der letzte Sprungbefehl mit F4 wiederholen.

19 • Grafiken, Beschriftungen und Querverweise

Ob während der Aktualisierung die Feldergebnisse oder die Feldfunktionen angezeigt werden, ist belanglos. Umzuschalten ist zwischen beiden Sichtweisen wieder auf die üblichen Weisen, z.B. über das entsprechende Shortcut-Menü der rechten Maustaste. Wenn die Feldfunktionen angezeigt werden, sehen Sie das {Seq}-Feld, das die Numerierung von Beschriftungen und anderen freien, fortlaufenden Folgen ermöglicht. Innerhalb der Feldbegrenzer {} steht hierbei zunächst der Feldname "Seq", dem der Name der Kategorie folgt - er kennzeichnet die Folge, die gezählt wird. Abschließend wird noch über einen allgemeinen Schalter das Nummernformat festgelegt, beispielsweise:

{SEQ Abbildung * ARABISCH}

Wenn zudem ein Verweis auf die Nummer einer Überschrift in die Beschriftung aufgenommen wurde, sieht dieses zusätzliche Feld so aus:

{FVREV 1 \n}

Dem Feldnamen "FvRev" folgt hierbei die Nummer der Überschriftsebene, die der Nummer der Formatvorlage ÜBERSCHRIFT ensprechen muß, auf die verwiesen wird. Der Schalter "\n" weist WinWord an, lediglich die automatisch generierte Nummer der Überschrift im Feldergebnis zu nennen.

Eigene Beschriftungen

Sie können positionierte Elemente - z.B. Grafiken - fest mit Beschriftungen verbinden, so daß beide in einem Positionsrahmen einander zugeordnet bleiben und eine gemeinsame Position einnehmen. Wenn bereits ein Positionsrahmen erstellt wurde, fügen Sie einfach in ihm einen Absatz am Anfang oder Ende ein und erfassen Ihre Beschriftung.

Wenn Sie noch keinen Positionsrahmen erstellt haben und eine Beschriftung eigener Hand für eine Abbildung erstellen möchten, gehen Sie folgendermaßen vor: Richten Sie für die Bilderklärung einen eigenen Absatz über oder unter der Grafik ein. Die Reihenfolge entscheidet, ob es sich um eine Bildüberschrift oder -unterschrift handelt. In diesem Absatz erfassen Sie den Text, den Sie der Grafik zuordnen möchten. Markieren Sie nun die Absätze, die Kommentar und Grafik enthalten, und weisen Sie den Absätzen einen gemeinsamen Positionsrahmen zu. Die Bildunterschrift wird hierbei automatisch auf die gleiche Breite wie die Grafik umbrochen.

Grafiken, die Sie nicht positionieren, sondern im Fließtext mitlaufen lassen, können Sie dennoch fest mit einem Abbildungstext verbinden. Setzen Sie hierfür die Einfügemarke in den ersten der beiden aufeinanderfolgenden Absätze, also in den Absatz der Bildüberschrift bzw. in den Grafikabsatz, wenn eine Unterschrift folgt. Rufen Sie das Dialogfenster ABSATZ auf, und wählen Sie ABSÄTZE NICHT TRENNEN. So werden die beiden Absätze beim Seitenumbruch nicht mehr auseinandergerissen.

Abb. 19.10: Eine Grafik mit Bildunterschrift

Grafiken in Tabellen Eine andere Methode, eine Grafik mit einem Abbildungstext zu versehen, bietet die Tabellenfunktion. Wenn Sie die Grafik in ein Tabellenfeld aufnehmen, können Sie in den benachbarten Feldern Bildüber- und Bildunterschriften, Kommentare und Marginaltexte zu der Grafik eingeben. Auch die automatische Funktion BESCHRIFTUNG leistet innerhalb von Tabellen ihren Dienst; hiebei wird von links nach rechts und von oben nach unten numeriert.

Die Strukturierung von Abbildungen und Text in Tabellen gewährleistet, daß Sie Ihren Text auf sehr einfache Weise im Verhältnis zur Grafik plazieren können. Auch erlaubt das Einfügen von Grafiken in Tabellenfelder die parallele Plazierung mehrerer Grafiken und der erklärenden Texte. Erstellen Sie einfach eine mehrspaltige Tabelle, und fügen Sie die Grafiken und die Texte so in die Felder ein, wie sie nebeneinander erscheinen sollen. Selbstverständlich können Sie auch Grafiken, die bereits im Text sind, in Tabellen umwandeln. Die Tabellenfunktion bietet außerdem die Möglichkeit, Grafiken und Begleittexte teilweise oder ganz zu rahmen. Um Grafiken samt Abbildungstexten zu positionieren, markieren Sie die gesamte Tabelle und weisen ihr eine Position zu.

Querverweise

Die automatischen Numerierungen von Beschriftungen lassen sich ebenso wie andere fixe Verweisstellen des Textes mit WinWord für das einfache Erstellen von Querverweisen nutzen. Um im Text einen Verweis auf eine andere Stelle des Dokuments aufzunehmen, wählen Sie den Menübefehl EINFÜGEN > QUERVERWEIS (Alt E Q).

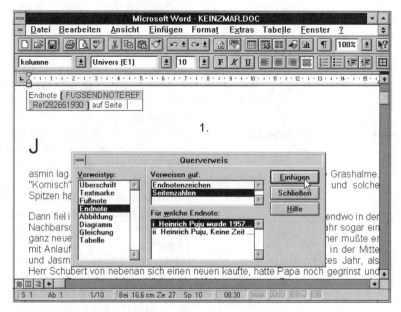

Abb. 19.11: Das Dialogfenster QUERVERWEIS

Im Dialogfenster QUERVERWEIS finden Sie in der Liste VERWEISTYP (Alt V) die vier Standardverweistypen ÜBERSCHRIFT, TEXTMARKE, FUßNOTE und ENDNOTE. Ihnen folgen sämtliche Beschriftungskategorien.

Um einen Querverweis einzufügen, markieren Sie zunächst den Verweistyp. Anschließend können Sie unter VERWEISEN AUF (Alt A) festlegen, welche Information der Verweisquelle am Standort der Einfügemarke eingefügt werden soll. Diese Liste ändert sich je nach den Möglichkeiten, die der markierte Verweistyp bietet.

Je nach Typ müssen gewisse Voraussetzungen im Dokument gegeben sein, um die verschiedenen Verweisarten zu nutzen:

Typ	Verweisart	Voraussetzung/Wirkung
Überschrift	Überschrifttext	Die Überschrift muß mit der Formatvorlage ÜBERSCHRIFT formatiert sein. / Der Text der Überschrift wird zitiert.
	Seitenzahlen	Die Überschrift muß mit der Formatvorlage ÜBERSCHRIFT formatiert sein. / Die Seite der Überschrift wird angegeben.
	Überschriftnummer	Die Überschrift muß mit der Formatvorlage ÜBERSCHRIFT formatiert und automatisch numeriert sein. / Die Nummer der Überschrift wird angegeben.
Textmarke	Textmarkeninhalt	Die Textmarke muß für eine markierte Passage erstellt sein. / Der Text der Textmarkenpassage wird zitiert.
	Seitenzahlen	Die Textmarke muß für eine Stelle oder eine markierte Passage erstellt sein. / Die Seite der Textmarke wird angegeben.
	Absatznummer	Die Textmarke muß für einen automatisch numerierten Absatz erstellt sein. / Die (erste) Absatznummer der Textmarke(npassage) wird angegeben.
Fußnote	Fußnotenzeichen	Die Fußnote muß erfaßt sein. / Das Fußnotenzeichen wird angegeben.
	Seitenzahlen	Die Fußnote muß erfaßt sein. / Die Seite der Fußnote wird angegeben.
Endnote	Endnotenzeichen	Die Endnote muß erfaßt sein. / Das Endnotenzeichen wird angegeben.
	Seitenzahlen	Die Endnote muß erfaßt sein./ Die Seite der Endnote wird angegeben.
Beschriftung	Gesamte Beschriftung	Für die gewählte Kategorie wurden Beschriftungen mit eigenem Text eingegeben. / Kategorie, Nummer und eigener Text der Beschriftung werden zitiert.

19 • Grafiken, Beschriftungen und Querverweise

Typ	Verweisart	Voraussetzung/Wirkung
	Nur Kategorie und Nummer	Für die gewählte Kategorie wurden Beschriftungen eingegeben. / Kategorie und Nummer der Beschriftung werden angegeben.
	Nur Beschriftungstext	Für die gewählte Kategorie wurden Beschriftungen mit eigenem Text eingegeben. / Der eigene Text der Beschriftung wird zitiert.
	Seitenzahlen	Für die gewählte Kategorie wurden Beschriftungen eingegeben. / Die Seitenzahl der Beschriftung wird angegeben.

Tab. 19.1: Verweistypen, -arten und -voraussetzungen im Dokument

Auf welche Stelle Sie im Text verweisen möchten, geben Sie schließlich durch eine Markierung in der Liste FÜR WELCHE ... (Alt W) an, die ihren Namen je nach ausgewähltem Verweistyp wechselt:

Verweistyp	Eintrag unter FÜR WELCHE ...
Überschrift	Text der Überschrift
Textmarke	Textmarkenname
Fußnote	Zeichen und Text der Fußnote
Endnote	Zeichen und Text der Endnote
Beschriftung	Kategorie, Nummer und Text der Beschriftung

Tab. 19.2: Verweistypen und ihre Einträge in der Auswahlliste

Das Dialogfenster QUERVERWEIS kann mit Strg ⮐ oder per Mausklick verlassen und wieder aktiviert werden. Dies gibt Ihnen die Möglichkeit, Verweisstellen zu generieren, während das Dialogfenster geöffnet ist. So kann beispielsweise eine Passage, auf die verwiesen werden soll, schnell noch mit einer Textmarke (Strg ⇧ F5) gekennzeichnet werden. Anschließend wird die Einfügemarke an die Stelle gesetzt, an der der Verweis erscheinen soll, und die soeben generierte Textmarke im Dialogfenster QUERVERWEIS in der Liste FÜR WELCHE TEXTMARKE angewählt.

Durch den Wechsel zwischen Dialogfenster QUERVERWEIS und Dokumenttext erhalten Sie zudem die Chance, Querverweise mit eigenen Texten zu kombinieren, beispielsweise:

```
siehe "Querverweis" auf Seite "Seitenverweis"
```

Dem kommt entgegen, daß im Dialogfenster QUERVERWEIS unter VERWEISEN AUF zwischen verschiedenen Angaben zu ein und derselben Verweisstelle unterschieden werden kann (siehe Tabelle 19.1), die sich im Textzusammenhang informativ ergänzen.

Sie können mehrere Querverweise nacheinander eingeben, indem Sie die Stellen nacheinander ansteuern, an denen Sie noch Querverweise einfügen möchten und diese dann direkt über das Dialogfenster erstellen.

Achten Sie darauf, daß keine Markierung gesetzt ist, während Sie einen Querverweis einfügen, da dieser ansonsten den markierten Text überschreibt!

Im Dokument werden Verweisstellen über verschiedene Feldfunktionen eingefügt, deren Anzeige sich per Shortcut-Menü der rechten Maustaste oder mit ⇧ F9 umschalten läßt. In den Feldfunktionen wird die Bezugsstelle durch automatisch generierte Textmarken benannt; lediglich beim Querverweis auf bestehende Textmarken unterläßt Word für Windows die selbsttätige Kreation von Textmarken. Die automatisch erstellten Textmarken haben die Form "_REFnummer". Sie dürfen diese Textmarkennamen nicht verändern, ohne den Bezug zu gefährden.

Die Verweise werden über folgende Feldfunktionen ins Dokument eingefügt:

Feld/Schalter	Wirkung
{Ref}	gibt die Passage wieder, die durch den folgenden Textmarkennamen gekennzeichnet ist.
{SeitenRef}	gibt die Seitenzahl der Passage wieder, die durch den folgenden Textmarkennamen gekennzeichnet ist.
{FussEndnoteRef}	gibt die Fuß- oder Endnotennummer der Passage wieder, die durch den folgenden Textmarkennamen gekennzeichnet ist.
\n	beschränkt die Wiedergabe auf die automatische Numerierung des Absatzes.
* Formatverbinden	übernimmt bei einer Aktualisierung des Feldes (F9) die Formatierung, die dem Feld bei der Bearbeitung zuvor gegeben wurde.

Tab. 19.3: Felder und Schalter für Querverweise

Nachdem Sie im Dokument Veränderungen vorgenommen haben, die die Verschiebung von Textmarken, Beschriftungen, Fußnoten usw. oder einfach einen neuen Seitenumbruch zur Folge haben, sollten Sie auf jeden Fall alle Querverweise - ebenso wie die automatische Numerierung der {Seq}-Felder - aktualisieren. Wieder können Sie sich der Gehe-zu-Funktion bedienen. Da allerdings bei Querverweisen verschiedene Feldfunktionen zum Einsatz kommen, müssen Sie drei Gehe-zu-Durchläufe mit dem ELEMENT > FELD und den FELDNAMEN > REF, SEITENREF und FUSSENDNOTEREF vollziehen. In der Regel geht es schneller, vom Anfang des Dokuments aus alle Feldfunktionen mit F11 der Reihe nach anzuspringen und die Querverweise mit F9 zu aktualisieren. Um beim Ausdruck alle Felder auf den neusten Stand zu bringen, aktivieren Sie in den OPTIONEN in der Registerkarte DRUCKEN unter OPTIONEN FÜR AUSDRUCK das Kontrollkästchen FELDER AKTUALISIEREN.

20

Dokumentvorlagen, Formatvorlagen und AutoText

Mit Dokumentvorlagen die Arbeit erleichtern	Seite	**529**
Die Datei NORMAL.DOT	Seite	530
Eine Dokumentvorlage aktivieren	Seite	531
AutoText-Einträge	**Seite**	**534**
AutoText-Einträge erstellen	Seite	535
AutoText-Einträge einsetzen	Seite	537
AutoText-Einträge löschen und überschreiben	Seite	539
Der AutoText-Eintrag Sammlung	Seite	541
Formatvorlagen	**Seite**	**542**
Formatvorlagen bearbeiten	Seite	544
Formatvorlagen einsetzen	Seite	554
Formatvorlagen suchen und ersetzen	Seite	560
Formatvorlagen speichern	Seite	561
Formatvorlagen organisieren	Seite	561
Formatvorlagen per Katalog wechseln	Seite	564
Einen Text automatisch fomatieren	Seite	566
Die Vorlagenstruktur von Word für Windows	**Seite**	**571**
Dokumentvorlagen neu erstellen	Seite	572
Dokumentvorlagen auf der Basis von Dokumenten erstellen	Seite	574
Dokumentvorlagen verwalten	**Seite**	**578**
Organisieren	Seite	583

20 • Dokumentvorlagen, Formatvorlagen und AutoText

Mit Dokumentvorlagen die Arbeit erleichtern

Neben den Möglichkeiten der Dokumentbearbeitung bietet Word für Windows eine Funktion, die beim regelmäßigen Einsatz des Programms Zeit, Arbeit und vor allem Konzentration erspart. Und diese drei Punkte lassen sich ja wieder wunderbar in den Inhalt von Schriftstücken, auf die Planung neuer Projekte oder für ein wenig mehr Freizeit investieren.

Dokumentvorlagen sind der zentrale Begriff dieser Arbeitserleichterung. Das Prinzip der Dokumentvorlagen ist leicht zu verstehen: Sie sind ein Reservoir, in dem Sie alles das speichern, was Sie immer wieder brauchen. Dokumentvorlagen sind somit eine spezielle Form des Dokuments. Während in einem Dokument aber stets nur ein Schriftstück gespeichert sind, hält die Dokumentvorlage Texte und Gestaltungen für beliebig viele Schriftstücke bereit. Und da nicht jedes Manuskript gleich aussieht und die gleichen Anforderungen stellt, können Sie mit Word für Windows so viele Dokumentvorlagen erstellen, wie Sie wollen.

Während der bisherigen Arbeit mit Word für Windows haben Sie bereits Bekanntschaft mit einer Dokumentvorlage gemacht. Es ist die Dokumentvorlage NORMAL, die sich auf alle Dokumente auswirkt. Was Sie in der Datei NORMAL.DOT - so lautet der Dateiname dieser Dokumentvorlage - abspeichern, wird in den Gesamthaushalt von Word für Windows übernommen. Diese Informationen sind dann für alle Dokumente verfügbar.

Die Dokumentvorlage NORMAL.DOT - DOT ist die Abkürzung für "Document Template" (= Dokument-Vorlage) - wird stets geladen, wenn Sie keine andere Dokumentvorlage bestimmen, die die Grundlage des neuen Dokuments sein soll. Dokumentvorlagen werden einer Datei zugeordnet, während sie neu erstellt wird. Doch auch im nachhinein kann auf Dokumentvorlagen zurückgegriffen werden.

In Dokumentvorlagen läßt sich alles speichern, was auch in Dokumenten seinen Platz findet. Dennoch ist es nicht sinnvoll, eine Dokumentvorlage zu speziell zu gestalten. Im Gegenteil dient sie ja der grundlegenden Vorgabe für eine spezielle Art von Dokumenten. So empfiehlt es sich z.B. für Briefe, für Artikel, für Exposés und für Buchmanuskripte eigene Dokumentvorlagen anzulegen. Zahlreiche Dokumentvorlagen liegen Word für Windows bei. Dieses Kapitel zeigt Ihnen, wie Sie eigene Dokumentvorlagen erstellen und wie Sie Formatvorlagen und Textbausteine zum wiederholten Zugriff aufbereiten und in einer Dokumentvorlage abspeichern.

Außer Text, Formatvorlagen und AutoText-Einträgen können in Dokumentvorlagen auch Makros, Symbolleisten, Tastenbelegungen und sogar Menüstrukturen gespeichert werden. So haben Sie die Möglichkeit, die Steuerung Ihrem persönlichen Geschmack anzupassen.

Die Datei NORMAL.DOT

Word für Windows braucht für die Arbeit eine Dokumentvorlage. Solange Sie keine andere Vorlage bestimmen, greift das Programm auf die NORMAL.DOT zurück, die Standards für Formateinstellungen, Symbolleisten-, Tasten- und Menübelegung, globale Makros und Einstellungen der AutoFunktionen beinhaltet. Findet es diese Datei nicht, erstellt es eine neue NORMAL.DOT.

Der größte Teil der Einstellungen von Word für Windows sind in den Dateien NORMAL.DOT, WINWORD6.INI und WINWORD.OPT gespeichert, die meist in den Stammverzeichnissen von Windows und WinWord und in WinWords-Vorlagenverzeichnis abgelegt werden. Die Dateien NORMAL.DOT, WINWORD6.INI und WINWORD.OPT beinhalten die Standards, zu denen auch Ihre Änderungen an der Grundeinstellung von Word für Windows gehören. Ausgenommen hiervon sind jene Einstellungen, die direkt in Windows eingestellt wurden. Diese Vorgaben werden separat verwaltet.

Wenn kein Zugriff auf die Dateien NORMAL.DOT, WINWORD6.INI und WINWORD.OPT besteht, erstellt Word für Windows sie neu, nach dem das Programm aufgerufen und beendet wurde. Die Datei NORMAL.DOT wird eventuell schon früher erstellt, wenn Sie auf ihren Inhalt Bezug nehmen. Dies ist z.B. der Fall, wenn Sie im Dialogfenster SPRACHE den Befehl ALS STANDARD BENUTZEN anwählen. Beim nächsten Beenden von Word für Windows oder bei der nächsten Speicherung - z.B. durch den Befehl DATEI > ALLES SPEICHERN ([Alt][D][A]) - werden Änderungen der NORMAL.DOT gespeichert. Falls die Datei zu diesem Zeitpunkt nicht existiert, wird sie hierbei erstellt. Sollten Sie unter EXTRAS > OPTIONEN in der Registerkarte SPEICHERN das Kontrollkästchen AUTOMATISCHE ANFRAGE FÜR SPEICHERUNG VON NORMAL.DOT angewählt haben, so fragt Word für Windows, ob Sie die Datei NORMAL.DOT aktualisiert speichern möchten.

Beachten Sie, daß durch den Verlust der drei Dateien wirklich alle Einstellungen und Vorgaben, die Sie als Standard abgespeichert haben, verlorengehen. Die Einstellungen, die Sie außerhalb der NORMAL.DOT in separaten Vorlagen abgelegt haben, werden nicht gelöscht. Sie bleiben Ihnen ebenso erhalten wie die Dokumente, die Sie erstellt haben.

Änderungen in der NORMAL.DOT nehmen Sie in der Regel über die Dialogfenster vor, in denen Sie die Änderungen eingeben. So verfügt z.B. das Dialogfenster SEITE EINRICHTEN über das Feld STANDARD. Solange keine andere Vorlage aktiviert wurde, werden die Formatänderungen mit diesem Befehl auf die Vorlage NORMAL bezogen. Wenn allerdings eine andere Vorlage aktiv ist, wirkt sich das Setzen des Standards auf die präsente Dokumentvorlage aus. Bei Anwahl des Befehls STANDARD in einem Dialogfenster werden Sie stets darüber informiert, in welcher Vorlage die anschließende Speicherung vollzogen wird.

Um Einstellungen in der Vorlage NORMAL direkt zu ändern, können Sie die Datei NORMAL.DOT wie ein Dokument z.B. über das Symbol ÖFFNEN oder den Tastenschlüssel (Strg)(O) (Strg)(F12) (oder (Alt)(Strg)(")) öffnen. Wechseln Sie in das Verzeichnis, in dem die Programmdateien von Word für Windows gespeichert sind, denn dort befindet sich in der Regel auch die Datei NORMAL.DOT. Geben Sie in das Dialogfeld ÖFFNEN DATEINAME "NORMAL-.DOT" ein. Wenn Sie die Datei über die Liste DATEINAME auswählen möchten, müssen Sie zuvor in der Liste DATEITYP den Eintrag DOKUMENTVORLAGEN (.DOT) anwählen. Ansonsten listet Word für Windows die gesuchte Vorlagendatei nicht auf. Bestätigen Sie mit (↵), um die Dokumentvorlage zu laden, oder klicken Sie den Namen der Vorlage in der Liste doppelt an. Die geöffnete Vorlage können Sie wie jedes Dokument bearbeiten. Wenn Sie Änderungen in der NORMAL.DOT vornehmen, stehen Ihnen diese Eingaben als Standard bei jedem Dokument zur Verfügung, das nicht auf einer anderen Vorlage basiert.

Eine Dokumentvorlage aktivieren

Wenn Sie eine neue Datei über das Dialogfenster DATEI > NEU ((Alt)(D)(N)) erstellen, haben Sie in der Liste VORLAGE ((Alt)(O)) die Möglichkeit, eine Vorlage auszuwählen, auf der das neue Dokument basieren soll. Voreingestellt ist, wie bereits beschrieben, stets die Vorlage NORMAL. Auf diese wird auch automatisch zurückgegriffen, wenn Sie das Symbol Neu der Standard-Symbolleiste anklicken oder den Tastenschlüssel (Strg)(N) betätigen. Außer der NORMAL.DOT stehen Ihnen im Lieferumfang von Word für Windows noch viele andere Vorlagen und Assistenten zur Verfügung, die als Starthilfen und Beispiele für die Vorlagenoption konzipiert sind. Diese Beispiele lassen sich auf die eigenen Bedürfnisse anpassen. Außerdem können Sie die Vorlagenliste durch eigene Kreationen bereichern.

Sofern Sie nicht die Vorlage NORMAL verwenden möchten, wählen Sie eine Vorlage oder einen Assistenten aus der Liste, oder geben Sie den Namen einer Vorlage in das Eingabefeld ein. Gelistet werden jene Assistenten und

Vorlagen, auf deren Verzeichnisse die Pfade verweisen, die im Dialogfenster OPTIONEN in der Registerkarte DATEIABLAGE unter DATEIART > BENUTZER-VORLAGEN und ARBEITSGRUPPEN-VORLAGEN eingetragen sind. Nach einer Standardinstallation verweist der Pfad für Benutzervorlagen auf das Verzeichnis \WINWORD\VORLAGEN; der Pfad ARBEITSGRUPPEN-VORLAGEN wird bei der Standard-Installation nicht festgelegt. Sie können in den OPTIONEN > DATEIABLAGE mittels ÄNDERN andere Verzeichnisse wählen.

Um Vorlagen aus Verzeichnissen zu nutzen, die im Dialogfenster NEU nicht gelistet werden, müssen Sie im Feld VORLAGE das Laufwerk und den Pfad vor dem Dateinamen angeben. Die Erweiterung .DOT, mit der die Dokumentvorlagen von Word für Windows gekennzeichnet werden, lassen Sie weg. Word für Windows ergänzt diese Namenserweiterung selbsttätig.

Dokumentvorlagen — Obwohl in der Vorlagenliste keine Erweiterungen eingetragen sind, handelt es sich bei den Einträgen um Dateinamen. Alle Vorlagendateien tragen als Dateinamen den gelisteten Vorlagennamen und die unerwähnte Dateierweiterung .DOT. Sie können aber auch Dokumentdateien direkt zur Vorlage erheben, wenn Sie sich erinnern, daß Sie mit Word für Windows eine Datei erstellt haben, die Ähnlichkeiten und Übereinstimmungen mit dem neuen Dokument hat. In diesem Fall tragen Sie Laufwerk, Verzeichnis und Dateiname manuell in die Liste ein, beispielsweise so:

```
d:\texte\brf_bita.doc
```

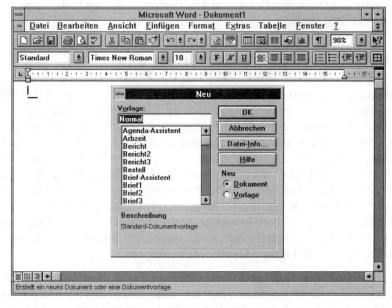

Abb. 20.1: Eine Vorlage im Dialogfenster NEU wählen

Beachten Sie, daß beim Dateinamen auch die Erweiterung .DOC angegeben werden muß, da Word für Windows ansonsten nach einer Erweiterung .DOT sucht. Wenn Ihre Angaben korrekt sind, wird Word für Windows das alte Dokument in das neue Dokument laden, und zwar den Text samt Formatierungen und positionierten Elementen. Löschen Sie nun einfach, was Sie nicht gebrauchen können, ergänzen Sie den neuen Text und speichern Sie alles unter einem neuen Dateinamen, den Word für Windows von Ihnen erfragt. Der Text der alten Datei, die Sie hier als Vorlage verwenden, bleibt unberührt.

Damit Sie über den Inhalt der Vorlage im Bilde sind, greift das Programm den Eintrag auf, der in der Datei-Info (DATEI > DATEIINFO) der angewählten Vorlagedatei im Feld TITEL gespeichert wurde.

Beschreibung der Vorlage

Die Assistenten heißen als Datei so, wie der erste Teil des Listeneintrags unter DATEI > NEU, und haben die Dateierweiterung .WIZ (=Wizard). Die Ergänzung -ASSISTENT ergänzt WinWord automatisch, wenn es im Vorlagenverzeichnis auf Dateien mit der Endung .WIZ stößt. Im Gegensatz zu Dokumentvorlagen sind Assistenten stets mit automatischen Startfunktionen verbunden, die Sie auf dem Weg in ein neues Schriftstück hinein begleiten. Auch bei Assistenten kommt die BESCHREIBUNG, die Ihnen bei der Auswahl dient, direkt aus dem TITEL-Eintrag, der dem Assistenten in der Datei-Info mit auf den Weg gegeben wurde. Solange Sie nicht an der Information interessiert sind, wie ein Assistent funktioniert - es handelt sich hierbei in der Regel um Dokumentvorlagen mit formatierten AutoText-Bausteinen und professionellen WordBasic-Makros - macht es allerdings keinen Sinn, Assistenten direkt zu laden, obschon dies durchaus möglich ist. In den Genuß des selbsttätigen Assistenten kommen Sie, wenn Sie ihn mit DATEI > NEU aufrufen.

Assistenten

Nachdem Sie den Namen eines Assistenetn oder einer Vorlage eingegeben oder ausgewählt haben, bestätigen Sie Ihre Wahl mit ⏎, OK oder durch doppeltes Anklicken des Namens. Das Dialogfenster wird daraufhin geschlossen und die neue Datei geöffnet.

Was bei Assistenten die Regel ist, ist auch bei Dokumentvorlagen möglich: Je nachdem, welche Vorlage Sie gewählt haben, kann das Öffnen der Datei mit einem oder mehreren selbstablaufenden Prozessen verbunden sein. Während dieser Prozesse tritt Word für Windows mitunter in Interaktion mit Ihnen. Diese rege Tätigkeit basiert auf den selbststartenden Makros, auf die auch die Assistenten von Word für Windows aufbauen.

Beim Öffnen einer Datei auf der Basis einer Dokumentvorlage wird diese der geöffneten Datei zugrundegelegt. Anders sieht es bei den Assistenten aus, die die Dokumentvorlage während des interaktiven Startablaufes bestimmen und gegebenenfalls wechseln. In jedem Fall sind im neuen Dokument auch die Vorgaben der NORMAL.DOT verfügbar, zumindest solange die Vorlagendatei nicht eigene Definitionen an ihrer Stelle einfügt. Dies verdeutlicht zwei Prinzipien der Vorlagenverwaltung: Zum einen sind mehrere Vorlagen durchaus zugleich verfügbar, zum anderen überlagert die spezielle Dokumentvorlage eines Dokuments alle vorhandenen Informationen, die durch die gleiche Kennung oder einen identischen Namen der globalen Dokumentvorlage NORMAL.DOT gekennzeichnet sind.

AutoText-Einträge

Ein Beispiel dafür, daß Informationen auf das gesamte Programm oder auf eine Vorlage bezogen gespeichert werden können, bieten die AutoText-Einträge, die gemeinhin auch als Textbausteine bezeichnet werden und in früheren WinWord-Versionen auch so hießen. AutoText-Einträge können im Widerspruch zu ihrem Namen nicht nur Text, sondern auch Grafiken enthalten, ja sogar die Mischung dieser beiden Elemente ist möglich.

Die Kapazität eines AutoText-Eintrags ist nicht begrenzt, so daß Sie sich keine Gedanken über die Länge des Textes machen müssen, den Sie in einen AutoText-Eintrag aufnehmen. Allerdings liegt der große Vorteil von AutoText-Einträgen darin, daß häufig wiederkehrende Wörter, Wortfolgen, Sätze und Absätze nicht jedesmal neu eingegeben werden müssen, sondern sich über den Namen des AutoText-Eintrags in den Text einfügen lassen.

Jeder AutoText-Eintrag hat einen Namen. Dieser Name ist außer in der Länge keinen Beschränkungen unterworfen. Die Namen von AutoText-Einträgen können bis zu 32 Zeichen lang sein und alle Zeichen - einschließlich Leerzeichen enthalten. Der Name eines AutoText-Eintrags dient gleichzeitig der Identifizierung seines Inhalts und dem Einfügen des gespeicherten Textes. Daher sollten die AutoText-Namen möglichst kurz und prägnant sein. Dies erleichtert die Arbeit mit AutoText-Einträgen erheblich.

AutoText-Einträge eignen sich für viele Aufgaben. Da in ihnen nicht nur der reine Text oder die Grafik, sondern auch die Formatierung und die Position der Elemente gespeichert werden können, lassen sich auch kompliziertere Anwendungen durch AutoText-Einträge auf die Eingabe eines Namens beschränken. So ist es z.B. möglich, in einem AutoText-Eintrag gleichzeitig den Firmennamen und das Firmenlogo in der gewünschten Position zu speichern.

AutoText-Einträge erstellen

Beim Erstellen von AutoText-Einträgen sollte zwischen zwei Aufgaben unterschieden werden. Zum einen beschleunigen sie die Texteingabe, indem gespeicherte Zeichenfolgen einfach in den Text übernommen werden. Das Format des aktuellen Absatzes gilt dann auch für die eingefügte Zeichenfolge. Zum anderen können die Bausteine der Textgestaltung dienen, indem sie eigene Formatierungen und gar Positionierungen mitbringen. Diese AutoText-Einträge sollen auch später immer so dargestellt werden, wie sie ursprünglich formatiert und aufgenommen wurden.

Einen AutoText-Eintrag, der das Absatzformat der Einfügestelle übernimmt, definieren Sie, indem Sie ihn ohne Absatzzeichen markieren. Wenn Sie das Absatzzeichen mit dem Text zusammen markieren, werden auch seine Informationen, also die Absatzformatierung und gegebenenfalls die Position des Absatzes, im AutoText-Eintrag mitgespeichert. Das ist nicht vorteilhaft bei AutoText-Einträgen, die sich reibungslos in den fortlaufenden Text eingliedern sollen. Bei AutoText-Einträgen, die der Gestaltung, eventuell sogar der grafischen Aufbereitung eines Textes dienen, ist es aber ein wünschenswerter Effekt. Beachten Sie diesen Unterschied beim Markieren des Textes, den Sie als AutoText-Eintrag speichern möchten. Unter anderem wird durch die Markierung sein späteres Format entschieden.

Weiterhin ist entscheidend, ob Sie den Text, den Sie in den AutoText-Eintrag aufnehmen, mit einer besonderen Zeichenformatierung, z.B. unterstrichen, formatiert haben. Manuelle Formatierungen werden in AutoText-Einträgen zusammen mit dem Text abgespeichert.

Für einen AutoText-Eintrag ohne eigene Formatierung geben Sie einfach den gewünschten Text in ein Dokument ein und markieren die Zeichenfolge, ohne zuvor Formatierungen vorzunehmen.

Um einen formatierten AutoText-Eintrag zu erstellen, geben Sie zunächst den Text ein, den Sie in den AutoText-Eintrag aufnehmen möchten. Wenn Sie eine Grafik im Textbaustein speichern möchten, binden Sie sie in das Dokument ein, so wie im vorangegangenen Kapitel beschrieben. Formatieren Sie Text und Grafik, und - wenn Sie es wünschen - positionieren Sie die Elemente. Anschließend markieren Sie die Absätze, die der Textbaustein aufnehmen soll, unter Einschluß der Absatzzeichen und - falls gewünscht - samt Positionsrahmen.

Die markierte Passage nehmen Sie als AutoText-Eintrag auf, indem Sie das Symbol "AutoText bearbeiten" in der Standard-Symbolleiste anklicken oder im Menü BEARBEITEN die Option AUTOTEXT ([Alt][B][T]) aktivieren. Im Dialogfenster AUTOTEXT erscheinen im Einfügefeld NAME ([Alt][N]) die ersten Zeichen - maximal 32 - des markierten Eintrags, die Sie durch einen eigenen AutoText-Namen ersetzen können.

Die automatische Namensgebung kapituliert, wenn Grafiken oder Objekte markiert sind, denen kein Text vorausgeht. In diesem Fall greift WinWord nach den Sternen (*), um das Unbenannte zu benennen. Dieses Sternchen taucht auch am Ende des AutoText-Namens auf, wenn ein Text zu kurz ist und ihm ein namenloses Element folgt. Feldfunktionen werden übrigens - je nach Darstellung im Text - mit ihrem aktuellen Ergebnis oder dem "besternten" Namen der Feldfunktion aufgenommen, wobei die Sternchen die Feldbegrenzer repräsentieren. In jedem Fall eignen sich die Sternchen nicht für eine differenzierte Namensgebung und Sie sollten sie durch eine eindeutigere Zeichenfolge im Feld NAME überschreiben.

Gleichgültig, wie wenig WinWord Grafisches in Text umzusetzen vermag, unten im Dialogfenster wird unter VORSCHAU angezeigt, wie der Inhalt der Markierung beginnt, die Sie zur Zeit im Text gesetzt haben. Diese Markierung bezeichnet den zukünftigen AutoText-Eintrag. Solange keine Markierung aktiv ist, können Sie keinen AutoText-Eintrag definieren.

Wenn keine Markierung gesetzt ist und keine bereits definierten AutoText-Einträge vorhanden sind, kann das Dialogfenster AUTOTEXT nicht aktiviert werden.

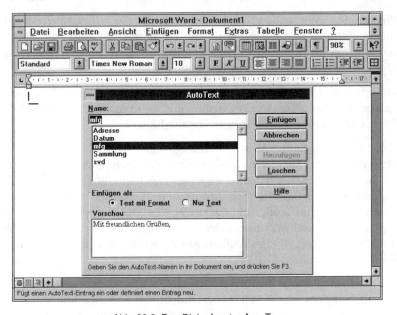

Abb. 20.2: Das Dialogfenster AUTOTEXT

Bevor Sie einen AutoText-Eintrag aufnehmen, können Sie sich entscheiden, wo er später gespeichert werden soll. Wenn das aktuelle Dokument auf einer eigenen Dokumentvorlage basiert, stehen Ihnen zwei Zieldateien zur Verfügung: Die separate Vorlage oder die NORMAL.DOT. Solange keine eigene Dokumentvorlage aktiv ist, bleibt Ihnen nur, den AutoText-Eintrag für alle Dokumente zu erstellen, ihn also in der NORMAL.DOT zu speichern. Dies zeigt sich in der DropDown-Liste AUTOTEXT-EINTRAG VERFÜGBAR MACHEN FÜR ([Alt][A]), die in diesem Fall nur die Zeile ALLE DOKUMENTE (NORMAL.DOT) enthält.

Wenn Sie den AutoText-Eintrag nicht der NORMAL.DOT, sondern einer bereits aktiven Dokumentvorlage hinzufügen wollen, so wählen Sie hierzu im Feld AUTOTEXT-EINTRAG VERFÜGBAR MACHEN FÜR ([Alt][A]) den Eintrag DOKUMENTE BASIEREND AUF ...DOT, wobei die Vorlagendatei genannt wird. Schließlich nehmen Sie den neuen AutoText-Eintrag mit HINZUFÜGEN ([Alt][Z]) auf.

Nachdem Sie den AutoText-Eintrag definiert haben, steht er Ihnen nun im Text zur Verfügung. Beachten Sie, daß der AutoText-Eintrag zwar der Liste der AutoText-Einträge hinzugefügt wurde, bislang aber noch nicht gespeichert ist. Die Speicherung von Änderungen in einer Dokumentvorlage erfolgt erst beim Beenden des Programms, beim Schließen des Dokuments oder durch den Befehl DATEI > ALLES SPEICHERN ([Alt][D][A]). AutoText-Einträge werden stets in der Vorlage gespeichert, die Sie Ihnen zugewiesen haben, also entweder in der Datei NORMAL.DOT oder in der aktiven Vorlagendatei.

Wenn Sie Word für Windows beenden oder den Befehl DATEI > ALLES SPEICHERN ([Alt][D] [A]) anwählen, wird für sämtliche offenen Dateien, die Änderungen aufweisen, nacheinander abgefragt, ob der Inhalt der Datei gespeichert werden soll. Allerdings muß die Speicherung der globalen AutoText-Einträge und Befehlsänderungen - dies betrifft die NORMAL.DOT - nur dann separat bejaht werden, wenn Sie unter OPTIONEN > SPEICHERN die AUTOMATISCHE ANFRAGE FÜR SPEICHERUNG VON NORMAL.DOT markiert haben. Ansonsten geht WinWord davon aus, daß alles, was Sie schaffen, auch bewahrenswert ist. Änderungen, die sich auf spezielle Vorlagen beziehen, werden beim Schließen oder globalen Speichern von Dokumenten auf jeden Fall mit dem Namen der Vorlage abgefragt. Erst nachdem Sie diesen Speichervorgang abgeschlossen haben, sind Ihre AutoText-Einträge tatsächlich in einer Vorlagendatei abgelegt.

AutoText-Einträge einsetzen

Nachdem Sie AutoText-Einträge definiert haben, stehen Ihnen diese direkt zum Zugriff bereit. Um den Inhalt eines AutoText-Eintrags in ein Dokument aufzunehmen, gibt es zwei Verfahren. Die erste Vorgehensweise ist die schnellere, setzt aber voraus, daß Sie den Namen des AutoText-Eintrags auswendig kennen. Alternativ hierzu können Sie AutoText-Einträge auch aus der Liste auswählen und einfügen.

Einfügen von Textbausteinen direkt im Text

Im Fall der Direkteingabe erfassen Sie einfach den Namen des Bausteins im Text und betätigen im Anschluß daran die Taste [F3] oder klicken auf das Symbol "AutoText einfügen". Word für Windows ersetzt daraufhin den Namen des Textbausteins durch seinen Inhalt.

Wenn kein Leer-, Satz- oder Sonderzeichen den eingegebenen Text vom AutoText-Namen trennt, so können Sie diesen dennoch einfügen. Markieren Sie hierzu einfach den Namen und drücken Sie dann [F3]; das Symbol AUTOTEXT EINFÜGEN funktioniert in diesem Fall nicht, sondern wechselt zu AUTOTEXT BEARBEITEN und aktiviert das Dialogfenster AUTOTEXT, um einen neuen Eintrag aufzunehmen.

Bei der direkten Verwendung von AutoText-Namen im Text müssen Sie darauf achten, daß die Schreibweise des Namens übereinstimmt. Diese Übereinstimmung bezieht sich auch auf Leer- und Sonderzeichen, die Sie ja im Namen benutzen können. Die Groß-/Kleinschreibung des AutoText-Namens braucht jedoch nicht identisch zu sein. Daraus folgt, daß stets nur ein AutoText-Eintrag mit gleichem Namen je Vorlagendatei gespeichert werden kann. Sie müssen aber nicht den kompletten Namen der AutoText-Einträge eingeben. Eindeutige Abkürzungen sind auch zulässig, beispielsweise ein einzelner Buchstabe, wenn lediglich ein AutoText-Name mit diesem Buchstaben beginnt. Sollte WinWord aufgrund Ihrer Abkürzung keinen AutoText-Eintrag eindeutig erkennen können, so werden Sie mit einem Hinweis in der Statusleiste aufgefordert, weitere Zeichen einzugeben. Die Anforderung des Bausteins mittels Symbolklick oder [F3] müssen Sie dann wiederholen.

AutoText-Einträge, die aus einer unformatierten reinen Zeichenfolge ohne Absatzschaltung bestehen, übernehmen beim Einfügen die Zeichenformatierung der Formatvorlage des aktuellen Absatzes. Eine Zeichenformatierung, die von der Formatvorlage abweicht, wird vom eingefügten AutoText-Eintrag ignoriert. Eine Ausnahme ist gegeben, wenn Sie der als AutoText gespeicherten Zeichenkette die Zeichenformatierung manuell (sogenannte Direktformatierung) zugeordnet haben. Falls Sie dem Text vor der Aufnahme als AutoText-Eintrag eine bestimmte Zeichenformatierung zuweisen, wurde diese mitgespeichert und wird beim Einsatz des AutoText-Eintrags auch berücksichtigt.

Einfügen von AutoText-Einträgen über das Dialogfenster

Die Alternative zur direkten Einfügung eines AutoText-Eintrags mit der [F3]-Taste bietet Ihnen Einblick in die Liste der verfügbaren AutoText-Einträge und deren Inhalte. Plazieren Sie zunächst die Einfügemarke im Dokument an der gewünschten Einfügestelle. Wählen Sie dann BEARBEITEN > AUTOTEXT (Alt B T) und wählen aus der Liste NAME (Alt N) den Namen des Auto-Textes, den Sie einfügen möchten. In dieser Liste funktioniert auch die Buchstabenkurzwahl; das heißt, die eingegebenen Buchstaben entscheidet über die aktuell gelisteten Wörter. Ansonsten bewegen Sie sich in der Liste mit den Cursortasten oder der Maus. Auch der manuelle Eintrag eines AutoText-Namens in das Eingabefeld steht Ihnen offen.

Der Inhalt eines identifizierten AutoText-Eintrags wird - soweit möglich - in VORSCHAU-Feld angezeigt. So sind Sie im Bilde darüber, was Sie Ihrem Text hinzufügen. Wenn es sich bei einem AutoText-Eintrag um eine Grafik oder ein Objekt handelt, zeigt Word für Windows das Element in der Originalgröße an, soweit diese im Auschnitt darstellbar ist. Feldfunktionen werden mit dem Ergebnis dargestellt, das sie beim Aufnehmen hatten und mit dem Sie auch wieder ins Dokument eingefügt werden. Den Inhalt eines AutoText-Eintrags übernehmen Sie durch doppeltes Anklicken eines Listeneintrags oder durch Markierung bzw. manuelle Eingabe des Auto-Text-Namens und Bestätigung durch EINFÜGEN (Alt E) oder ⏎.

Falls Sie einen AutoText-Eintrag mit manueller Formatierung oder mit Absatzschaltungen gespeichert haben, aber nicht wünschen, daß sein eigenes Format an der Einfügestelle eingesetzt wird, wählen Sie NUR TEXT (Alt T). Hierbei wird die eigene Formatierung des AutoText-Eintrags unterdrückt und er wird stattdessen gemäß der Einfügestelle formatiert. Die Option TEXT MIT FORMAT (Alt F) ist die Standardeinstellung, die sämtliche Formatierungen - auch Positionsrahmen -, die mit dem Baustein zusammen gespeichert wurden, wieder ins Dokument einbringt. In dieser Einstellung wird der Text automatisch übernommen, wenn Sie mittels F3 oder über das Symbol "AutoText einfügen" Text ins Dokument aufnehmen.

AutoText-Eintrag ohne Formatierung einfügen

AutoText-Einträge löschen und überschreiben

AutoText-Einträge, die Sie nicht mehr brauchen, entfernen Sie im Dialogfenster AUTOTEXT, indem Sie den Namen des AutoText-Eintrags in der Liste markieren oder ins Eingabefeld eintragen und den Befehl LÖSCHEN (Alt L) aufrufen. Da das Dialogfenster geöffnet bleibt, können Sie mehrere Auto-Text-Einträge hintereinander löschen. Anschließend SCHLIEßEN (Esc) Sie das Dialogfenster.

So wie die Erfassung neuer AutoText-Einträge erst durch das Speichern der geänderten Dokumentvorlage gesichert wird, werden gelöschte Auto-Text-Einträge erst tatsächlich aus der Vorlage entfernt, wenn Sie das Speichern der Vorlage bejahen. Wenn Sie sich die Löschungen noch einmal anders überlegen, verneinen Sie einfach die Abfrage, ob die Dokumentvorlage aktualisiert werden soll. Diese Frage wird Ihnen spätestens beim Abschluß der Arbeit mit Word für Windows präsentiert, sofern unter OPTIONEN > SPEICHERN die AUTOMATISCHE ABFRAGE FÜR SPEICHERUNG VON NORMAL.DOT aktiv ist. Andernfalls fragt WinWord nur die benutzerdefinierten Vorlagen zwecks Speicherwunsches ab, sichert aber die Änderungen der NORMAL- .DOT automatisch. Wenn Sie Word für Windows beenden, bleibt bei allen Vorlagen, in denen die Löschungen nicht gespeichert wurden, die zuletzt gesicherte AutoText-Eintragliste bestehen.

AutoText-Einträge überschreiben

AutoText-Einträge können über BEARBEITEN > AUTOTEXT nicht nur gelöscht, sondern auch mit neuen Inhalten überschrieben werden.

Gesetzt den Fall, Sie verfügen über einen AutoText-Eintrag mit Namen "Adresse", der stets Ihre Anschrift auf Briefbögen einträgt, so können Sie bei einem Umzug die alte Adresse sehr einfach in diesen AutoText-Eintrag durch eine neue Anschrift ersetzen. Fügen Sie den AutoText-Eintrag in ein Dokument ein, indem Sie "Adresse" eingeben und nachfolgend die [F3]- Taste drücken. Aktualisieren Sie die Anschrift, und markieren Sie den gesamten AutoText-Eintrag. Öffnen Sie das Dialogfenster AUTOTEXT und wählen Sie den Namen "Adresse", oder geben Sie ihn ein. Wählen Sie HINZUFÜGEN und bestätigen Sie die Sicherheitsabfrage von Word für Windows: MÖCHTEN SIE DEN AUTOTEXT-EINTRAG NEU DEFINIEREN?. Der neue Text wird unter dem alten Namen aufgenommen und kann wie bisher eingesetzt werden. Gesichert wird auch er selbstverständlich erst beim Speichern der Dokumentvorlage.

Da Sie unter NAME ([Alt][N]) nicht nur den neuen Namen eines AutoText- Eintrags eingeben, sondern in dieser Liste auch auf sämtliche bestehenden Namenseinträge zugreifen, müssen Sie auf Namendoppelungen achten. Wenn Sie einen Namen eingeben, der in der NORMAL.DOT oder in der aktiven Dokumentvorlage bereits vorhanden ist, geht WinWord davon aus, daß Sie einen AutoText-Eintrag ins Dokument aufnehmen und nicht etwa der Vorlage hinzufügen möchten, und schaltet die Dropdown-Liste AUTOTEXT-EINTRAG VERFÜGBAR MACHEN FÜR aus. Wenn Sie nun die Aufnahme des AutoText-Eintrags mit HINZUFÜGEN ([Alt][Z]) bestätigen, wird die Vorlage als Ziel gewählt, die zuletzt im Feld angezeigt wurde. Sollten Sie auf dem selben Namen bestehen, den Sie schon einmal vergeben haben, und dennoch die Vorlage wechseln wollen, so geben Sie einfach ein Zeichen mehr oder weniger ein, wechseln die Vorlage und vervollständigen den Namen wieder in der alten Form.

Dadurch, daß Sie in AutoText-Einträgen nicht nur Texte und Grafiken, sondern auch Feldfunktionen aufnehmen können, bietet sich die Möglichkeit, aktuelle Bezüge und Informationen - z.B. Seitenverweise, Namens- und Titelnennungen oder Berechnungen - über einen AutoText-Namen einzufügen. Die Feldfunktion wird hierfür nur einmal erfaßt und kann immer wieder verwendet und aktualisiert werden. Teil IV beschäftigt sich ausführlich mit den Möglichkeiten der Feldfunktionen.

Sie können während der Arbeit an einem Dokument die aktive Vorlage mit anderen Dokumentvorlagen verbinden und dadurch auch das Reservoir der AutoText-Einträge erweitern. Hierfür wählen Sie den Menübefehl DATEI > DOKUMENTVORLAGE (Alt D V) ORGANISIEREN (Alt O). Mehr über die Möglichkeiten dieses Befehls erfahren Sie am Ende dieses Kapitels.

Vorlagen verbinden

Der AutoText-Eintrag Sammlung

Word für Windows stellt Ihnen in der AutoText-Liste einen besonderen AutoText-Eintrag zur Verfügung. Dieser Textbaustein trägt den Namen "Sammlung". Seine Besonderheit besteht darin, daß sein Inhalt nicht überschrieben wird, wenn Sie eine neue Zeichenfolge in ihm abspeichern. Statt dessen wird die neue Markierung dem bestehenden Inhalt hinzugefügt. So können Sie quer durch verschiedene Dokumente Zitate oder Grafiken aufnehmen und alles zusammen in einem anderen Dokument einfügen.

Der Eintrag "Sammlung" wird gefüllt, indem Sie eine markierte Passage mit dem Tastenschlüssel Strg F3 direkt in ihm aufnehmen. Die Passage wird hierbei im Text gelöscht. Wenn Sie mehrere Passagen aus einem oder verschiedenen Dokumenten in ihm aufnehmen, werden diese Passagen in der Sammlung hintereinander in der Reihenfolge der Aufnahme gespeichert. Das heißt, die erste Passage kommt zuerst und die letzte Passage zuletzt. Alle Markierungen werden stets bei der Übernahme gelöscht.

Falls Sie dem Löschen von Passagen entgegenwirken möchten, kopieren Sie die Markierung zunächst in die Zwischenablage (Strg Y) und erst dann in die "Sammlung" (Strg F3). Anschließend fügen Sie die gelöschte Stelle aus der Zwischenablage wieder ein (⇧ Einfg).

Um den AutoText-Eintrag "Sammlung" in ein Dokument einzufügen, steht die Tastenkombination Strg ⇧ F3 zur Verfügung. Mit diesem Tastenschlüssel rufen Sie den kompletten Inhalt des AutoText-Eintrags ab und fügen die gespeicherten Passagen allesamt am Standpunkt der Einfügemarke in das aktive Dokument ein. Der AutoText-Eintrag wird hierdurch geleert und steht nun wieder zur weiteren Verfügung bereit.

Da der Eintrag "Sammlung" verschiedene Einträge hintereinander aufbewahren muß, schließt er jeden Eintrag intern mit einer Absatzschaltung ab. Diese Absatzschaltung hat das Standardformat von Word für Windows. Wenn Sie also mehrere Einträge aufgenommen haben und diese in den Text einfügen möchten, befindet sich zwischen jedem aufgenommenen Eintrag eine Absatzschaltung, die Sie gegebenenfalls entfernen müssen.

"Sammlung" ist der einzige AutoText-Eintrag, der auch leer sein kann. Dies ist der Fall, nachdem er durch [Strg][⇧][F3] geleert wurde. Alle anderen AutoText-Einträge haben stets einen Inhalt, auch wenn der Inhalt nur aus einem Leerzeichen besteht. Der Inhalt des AutoText-Eintrags "Sammlung" läßt sich daher nur einmal mit [Strg][⇧][F3] einfügen.

Wenn Sie es vorziehen, den Inhalt des AutoText-Eintrags "Sammlung" für weitere Zugriffe zu erhalten, fügen Sie ihn nicht mit [Strg][⇧][F3], sondern in der gewohnten Weise ein. Das Eingeben von "Sammlung" und das Drücken der [F3]-Taste oder das Einfügen über das Dialogfenster AUTOTEXT haben den Effekt, daß der Inhalt der Sammlung nicht gelöscht wird.

Wenn Sie sich die AutoText-Liste das erste Mal anschauen, kann es durchaus sein, daß kein Eintrag mit dem Namen "Sammlung" enthalten ist. Sobald Sie aber einmal Text oder Grafik mit [Strg][F3] gesammelt haben, wird auch der Eintrag vorhanden sein. Er läßt sich dann übrigens auf die übliche Art einfügen, überschreiben oder löschen.

Wie Sie sich vorstellen können, lassen sich auch Absatzformate als AutoText-Einträge speichern. Hierfür braucht nur das Zeichen am Absatzende (¶) markiert und unter einem Namen aufgenommen zu werden. In diesem Zeichen sind ja die Formatierungen des Absatzes und auch seine Positionierung vermerkt. Word für Windows bietet allerdings für Formatvorlagen eine weitaus übersichtlichere und wirksamere Möglichkeit.

Formatvorlagen

Mit Word für Windows können Sie Formatvorlagen erstellen, die die Formatierung eines Absatzes zusammenfassen. Darüber hinaus bietet WinWord Formatvorlagen für Zeichenformate. Auf diese Weise brauchen Sie in einem Dokument, das über verschiedene Absatz- oder Zeichenformatierungen verfügt, nicht jeden Absatz neu zu formatieren.

In einer Absatzformatvorlage werden folgende Gestaltungsinformationen eines Absatzes festgehalten:

1. Das Zeichenformat
2. Die Absatzformatierung
3. Die Tabstops
4. Die Rahmenart
5. Die Sprachzuweisung
6. Die Positionsangabe
7. Die Numerierungsdefinition

Die Zeichenformatvorlage ist in ihrer Kapazität beschränkter, da sie keine absatzorientierten Formatierungen aufzunehmen braucht. Daß zwischen absatzorientierten Formatvorlagen und zeichenorientierten Formatvorlagen unterschieden wird, bietet den Vorteil, daß Sie nicht nur den ganzen Absatz definieren können, sondern ganz gezielt einzelne Worte gestalten können. Die Zeichenformatvorlage enthält:

1. Das Zeichenformat
2. Die Sprachzuweisung

Alle Angaben für Formatvorlagen können über Dialogfenster eingetragen werden, die den bekannten Dialogfenstern entsprechen.

Ein Formatvorlage ist also eine Gruppe von Formatierungsbefehlen, die zusammen gespeichert und gemeinsam Absätzen zugeordnet werden können. So lassen sich wiederkehrende Formatierungen auf einen Befehl reduzieren. Jede Formatvorlage hat einen Namen, über die sie identifiziert und zugewiesen wird. Über den Namen der Formatvorlage haben Sie nicht nur Zugriff auf die gespeicherte Formatierung, sondern ordnen die Formatierung auch Absätzen zu.

Stellen Sie sich vor, Sie hätten einen Ordner, in dem Sie sich alle Formatierungseingaben notieren. Sie nehmen auf einem Blatt immer die Formatierungen auf, die zusammengehören, und machen sich einen Vermerk, wofür Sie diese Formatierung einsetzen. Beispielsweise haben Sie in dem Ordner ein Absatzformat für Zitate, in dem festgehalten ist, daß Zitate stets einen Zentimeter eingerückt sein sollen, der Zeilenabstand einzeilig sei und dergleichen mehr. Jedesmal, wenn Sie ein Zitat schreiben, schauen Sie in diesem Ordner nach, was Sie alles bedenken wollten. Dann geben Sie die Vorgaben ein, und der Absatz sieht schließlich genauso aus wie das Zitat auf der vorigen Seite. Stellen Sie Ihren Ordner zur Seite, und überlassen Sie diese Arbeit Word für Windows. Denn genau dies ist die Aufgabe der Formatvorlagen, mit denen Sie die gleichmäßige Struktur eines Dokuments in der Hand haben.

Bei der Verwaltung der Formatvorlagen leistet Word für Windows nämlich mehr, als jeder noch so gut geführte Ordner leisten kann: Sie legen nicht nur alle Formatierungen unter Namen ab und geben nicht nur eine gesamte Formatierung über einen Namen an die Absätze des Textes weiter, sondern Sie haben überdies auch die Möglichkeit, eine ganze Gruppe von Absätzen durch einen Befehl neu zu formatieren. Um alle Absätze des gleichen Formatnamens auf einen Schlag zu verändern, brauchen Sie nur die Formatvorlage zu modifizieren. Alle Absätze, denen diese Formatvorlage zugeordnet ist, erhalten automatisch die neue Formatierung. Und da Formatvorlagen auch untereinander als Basis dienen, wirkt sich eine gut gesetzte Änderung auch auf andere Formatvorlagen aus. So läßt sich die Formatierung eines Dokuments einfach jeder veränderten Drucksituation anpassen.

Formatvorlagen bearbeiten

Zwei prinzipiell verschiedene Wege führen zum Erstellen von Formatvorlagen. Zum einen können Sie - ähnlich wie bei der Aufnahme von AutoText-Einträgen - das Format eines Absatzes aus dem Dokument übernehmen und mit einem Namen versehen. Zum anderen läßt sich eine Formatvorlage auch von Grund auf über Dialogfenster definieren. Hierbei beginnen Sie mit der Vorgabe des Vorlagennamens und spezifizieren dann das Format und die Position des Absatzes.

Formatvorlagen erstellen

Formatieren und positionieren Sie einen Absatz wie gewohnt. Wenn der Absatz Ihren Vorstellungen entspricht, können Sie eine Formatvorlage mit seiner Formatierung und Positionierung direkt erstellen. Hierfür brauchen Sie nur die Einfügemarke in den entsprechenden Absatz zu setzen oder den Absatz zu markieren.

Standard

Wenn Sie mit der Symbolleiste "Formatierung" arbeiten, aktivieren Sie das Listenfeld "Formatvorlage" durch Anklicken oder mit dem Tastenschlüssel Strg⇧S und geben einen Namen ein.

Der Name einer Formatvorlage kann 250 Zeichen lang sein; Leer- und Sonderzeichen sind als Namensteil zulässig. Bedenken Sie, daß aus dem Namen der Formatvorlage günstigerweise sein Verwendungszweck hervorgeht. Der Name "Fließtext" sagt sehr genau, wofür die Formatvorlage gedacht ist, während "normal-ft 1" nicht mehr eindeutig ist. Auch ist es weniger sinnvoll, die volle Länge auszunutzen, da Sie nur die ersten 10-20 Zeichen (je nach Auflösung) in den Fenstern lesen können. Wenn Sie den eingegebenen Namen durch ⏎ bestätigen, wird auf der Basis der Markierung eine neue Formatvorlage erstellt und in die Liste der Formatvorlagen aufgenommen.

Falls Sie eine bestehende Formatvorlage verändern, erfolgt die Sicherheitsabfrage: MÖCHTEN SIE DIE FORMATVORLAGE BASIEREND AUF DER MARKIERUNG NEU DEFINIEREN?

Sollte sich die Markierung über mehrere Absätze erstrecken, nimmt Word für Windows den ersten Absatz der Markierung als Formatierungsgrundlage. Das Zeichenformat der Formatvorlage wird durch die Majorität des

20 • Dokumentvorlagen, Formatvorlagen und AutoText

markierten Zeichenformats im Abschnitt bestimmt. Das heißt, wenn Sie in einem Abschnitt mit Standardzeichenformat ausgerechnet das einzige unterstrichene Wort markieren und die Formatvorlage erstellen, wird die Zeichenformatierung der Formatvorlage als "unterstrichen" vermerkt. Wenn Sie allerdings gleichzeitig mehrere Buchstaben des Absatzes ohne Unterstreichung markiert haben, wird Word für Windows bei der Aufnahme der Formatvorlage die Unterstreichung der Zeichen ignorieren.

Zeichenorientierte Formatvorlagen lassen sich nicht direkt vom Dokument aus erstellen, sondern müssen über das Dialogfenster FORMATVORLAGE definiert werden.

Mit dem Menübefehl FORMAT > FORMATVORLAGE ([Alt][T][V]) öffnen Sie das Dialogfenster FORMATVORLAGE. Auch der Tastenschlüssel [Strg][⇧][S] öffnet dieses Dialogfenster; sofern die Symbolleiste FROMATIERUNG angezeigt wird, müssen Sie den Tastenschlüssel zweimal betätigen.

Formatvorlagen im Dialogfenster erstellen

Im Dialogfenster FORMATVORLAGE werden in der Liste FORMATVORLAGEN ([Alt][F]) die Formatvorlagen angeführt. Während die Namen der ABsatz-Formatvorlagen fett erscheinen, lassen sich Zeichenformatvorlagen am mageren Schriftzug erkennen. Welche Absatz- und Zeichenformatvorlage im aktuellen Absatz gelten, ist in der Liste durch Häkchen vor den Vorlagenamen gekennzeichnet. Sind mehrere, verschieden formatierte Absätze markiert, werden keine Häkchen angezeigt.

In der DropDown-Liste ANZEIGEN ([Alt][N]) können Sie wählen, ob in der Liste ALLE FORMATVORLAGEN oder, wenn Sie die Vielfalt der vorhandenen Formatvorlagen stört, nur BENUTZTE FORMATVORLAGEN gezeigt werden sollen. Eine dritte Alternative besteht unter ANZEIGEN mit dem Eintrag BENUTZERDEF. FORMATVORLAGEN, der lediglich benutzerdefinierte Formatvorlagen listet.

Wenn Sie sich ALLE FORMATVORLAGEN anzeigen lassen, werden auch die automatischen Formatvorlagen angezeigt. Diese Formatvorlagen heißen "automatisch", da Word für Windows bei Aktionen wie dem Gliedern, der Verzeichnis- und Indexerstellung, aber auch der Fußnoten, Kopf-/Fußzeilenformatierung und Zeilennumerierung selbsttätig auf diese Formate zurückgreift. Die automatischen Formatvorlagen, die bereits zum Einsatz kommen oder verändert wurden, werden von Word für Windows in die Liste BENUTZTE FORMATVORLAGEN übernommen; diese Liste bietet also eine Teilmenge aller Formatvorlagen für das aktuelle Dokument. Mit BENUTZERDEF. FORMATVORLAGEN bekommen Sie in der Liste nur die eigenen Vorlagekreationen zu Gesicht. In der Liste bewegen Sie sich mit den Cursortasten, der Maus oder durch die Eingabe der Anfangsbuchstaben vorhandener Formatvorlagennamen.

Neben der Liste mit den Formatvorlagen wird im Dialogfenster FORMATVORLAGE im Feld BESCHREIBUNG angezeigt, welche Formatierung die aktuelle Formatvorlage aufweist. In den Feldern VORSCHAU: ABSATZ und VORSCHAU: ZEICHEN werden die Formatierungen für Absatz und Zeichen aufgeführt, die für die markierte Formatvorlage gelten.

Über das Dialogfenster FORMATVORLAGE erstellen Sie eine neue Formatvorlage, indem Sie das Dialogfenster NEU ([Alt][N]) anwählen. Im Dialogfenster NEUE FORMATVORLAGE tragen Sie den Namen der neuen Vorlage in das Feld NAME ([Alt][N]) ein, in dem der Standardname FORMATVORLAGE mit einer laufenden Nummer erscheint. Die Formatierung der neuen Formatvorlage entnehmen Sie dem VORSCHAU-Fenster, das die Formatierung des aktuellen Textabsatzes widerspiegelt. Sollten mehrere Textabsätze markiert sein, so gilt die aktuelle Absatzformatierung und Zeichenformatierung, die die Markierung im ersten Absatzes beherrscht.

Ob sich die neue Formatvorlage auf die gesamte Absatzformatierung oder nur auf die Gestaltung der Zeichen erstreckt, legen Sie unter FORMATVORLAGEN-TYP ([Alt][T]) fest. Wie die Zusammensetzung der neuen Formatvorlage ausschaut, zeigt Ihnen wieder die BESCHREIBUNG. Je nach Vorlagetyp - ABSATZ oder ZEICHEN - zeigt sich hier, auf welcher bestehenden Formatvorlage die neue Vorlage basiert und - in der Anzeige durch ein Pluszeichen verbunden - was sich in Bezug auf das Format ändert.

Die Basis der neuen Formatvorlage ist automatisch durch die Formatvorlage vorgegeben, die für den aktuellen Absatz gilt, von dem aus das Dialogfenster aufgerufen wurde. Solange es sich um ein Standarddokument handelt, in dem noch keine Eingaben vorliegen, ist die Basis stets der Standard, also entweder die gleichnamige Formatvorlage für Absätze oder die Zeichenformatvorlage ABSATZ-STANDARDSCHRIFTART. Sie können diese Basis aber im DropDown-Feld BASIERT AUF wechseln. In dieser Liste stehen je nach FORMATVORLAGEN-TYP entweder die Namen der Absatzformatvorlagen oder die der Zeichenformatvorlagen zur Verfügung.

Ob es im Verlauf des Textes bei der definierten Absatz-Vorlage bleibt oder eine Absatzschaltung per [↵] während der Texteingabe ein anderes Format aktiviert, entscheiden Sie im Feld FORMATVORLAGE FÜR NÄCHSTEN ABSATZ ([Alt][A]). Hierin geben Sie vor, welche Folge die Absatz-Vorlage hat; Zeichenformatvorlagen enden nicht per Absatzschaltung und lassen sich daher folgerichtig nicht automatisch fortführen.

Zur Modifikation des bestehenden und angezeigten Formats haben Sie unter FORMAT ([Alt][F]) Zugriff auf alle Dialogfenster, die der Formatierung der Absatz- oder Zeichenformatvorlage dienen. Die Eingabe der Formatierung in den einzelnen Dialogfenstern erfolgt wie gewohnt. Sie schließen die

Änderungen stets mit OK ab und können dann mit der Modifikation einer anderen Formatkategorie fortfahren, solange die Formatvorlage Ihren Wünschen entspricht.

Die Aufteilung der FORMAT-Dialogfenster ist weiterhin so, wie Sie Ihnen schon geläufig sein dürfte:

Befehl	Bedeutung
ZEICHEN	ist zuständig für die Zeichenformatierung und im Aufbau identisch mit FORMAT > ZEICHEN.
ABSATZ	ist zuständig für die Absatzformatierung und im Aufbau identisch mit FORMAT > ABSATZ.
TABULATOREN	ist zuständig für die Tabulatorpositionierung und im Aufbau identisch mit FORMAT > TABULATOREN.
RAHMEN	ist zuständig für die Rahmengestaltung und im Aufbau identisch mit FORMAT > RAHMEN UND SCHATTIERUNG; sogar die Schaltfläche SYMBOLLEISTE ([Alt][M]) funktioniert im Dialogfenster, ergänzt die Symbolleiste RAHMEN im Dokumentfenster, schließt das Dialogfenster RAHMEN UND SCHATTIERUNG und hat keinerlei Effekt darüber hinaus. Wer glaubt, daß später bei den so formatierten Absätzen automatisch die Symbolleiste RAHMEN in Erscheinung tritt, der irrt.
SPRACHE	ist zuständig für die Sprachzuweisung und im Aufbau identisch mit EXTRAS > SPRACHE.
POSITIONSRAHMEN	ist zuständig für die Absatzpositionierung und im Aufbau identisch mit FORMAT > POSITIONSRAHMEN.
NUMERIERUNG	ist zuständig für die Absatzpositionierung und im Aufbau nahezu identisch mit dem Dialogfenster FORMAT > NUMERIERUNG UND AUFZÄHLUNGEN; die Registerkarte GLIEDERUNG fehlt allerdings. Bei der Bearbeitung von ÜBERSCHRIFT-Formatvorlagen wechselt der Befehl automatisch zum Dialogfenster ÜBERSCHRIFTEN NUMERIEREN.

Tab. 20.1: Die Formatierfenster des Dialogfensters FORMATVORLAGE

Formatierungen, die Sie in diesen Dialogfenstern vornehmen, haben später beim Einsatz im Text genau die gleiche Wirkung, als ob Sie die Absätze direkt formatiert hätten. An der Erscheinungsweise im Dokument kann nicht direkt erkannt werden, ob der Absatz durch eine Formatvorlage oder per Hand gestaltet wurde. Auch die Kennzeichnungen wie schwarze Rechtecke, die aktivierte Textfluß-Kontrollen des Dialogfensters ABSATZ am linken Textrand kennzeichnen, erscheinen wie gewohnt.

Absatzformatvorlagen mit formatierten Positionsrahmen führen im Dokument zur direkten Positionierung eines Absatzes. Allerdings behält der nächste Absatz mitunter die gleiche Positionierung bei, auch wenn unter FORMATVORLAGE FÜR NÄCHSTEN ABSATZ der Wechsel auf einen unpositionierten Absatz vorgegeben wurde. In diesem Fall hilft im Text der Tastenschlüssel (Strg)(Q), der den aktuellen Absatz wieder auf die Vorgabe seiner Formatvorlage zurücksetzt, bei unpositionierten Absätzen also den Positionsrahmen entfernt, den der vorhergehende Absatz spendierte.

Über die Schaltfläche SHORTCUT ((Alt)(S)) können Sie einer Formatvorlage im Feld NEUEN SHORTCUT WÄHLEN ((Alt)(N)) eine Tastenkombination eingeben und ZUORDNEN ((Alt)(U)), über die Sie im Text die Formatvorlage den Absätzen zuordnen können. Die Möglichkeiten, die bei der Zuordnung von Tasten-Shortcuts bestehen, werden in Kapitel 11 erläutert.

Die definierte Formatvorlage wird nur für das aktuelle Dokument gültig, wenn Sie nicht das Kontrollkästchen ZUR DOKUMENTVORLAGE HINZUFÜGEN ((Alt)(Z)) markieren. Dieses Feld bewirkt, daß die Formatvorlage beim Schließen des Dokuments in der aktuellen Dokumentvorlage gespeichert wird bzw. werden kann. Solange keine andere Dokumentvorlage aktiviert wurde, erfolgt die Speicherung in der NORMAL.DOT, was die neue Formatvorlage für alle weiteren Dokumente verfügbar macht.

Formatvorlagen ändern

Um bestehende Formatvorlagen zu modifizieren, aktivieren Sie im Dialogfenster FORMATVORLAGE über den Befehl BEARBEITEN ((Alt)(B)) das Dialogfenster FORMATVORLAGE BEARBEITEN.

Dort können Sie die bereits benannte Formatvorlage im Feld NAME ((Alt)(N)) durch die Neueingabe oder Änderung eines Namens umbenennen. Die Umbenennung wird auch im Text und innerhalb der Formatvorlagen, die aufeinander zugreifen, vorgenommen.

Wenn Sie längere, ausdrucksstarke Formatvorlagennamen zur einfacheren Identifizierung bevorzugen, doch bei der Arbeit Formatvorlagenkürzel zur raschen Eingabe des Namens ins Feld FORMATVORLAGE der Symbolleiste "Formatierung" wünschen, so müssen Sie die Formatvorlagen nicht doppelt erstellen. Sie können Formatvorlagen mehrere Namen geben. Wählen Sie hierzu im Dialogfenster FORMATVORLAGE aus der Liste die Formatvorlage aus, der Sie einen sogenannten Alias-Namen zuweisen möchten, und fügen Sie den Alias-Namen im Dialogfenster FORMATVORLAGE BEARBEITEN im Feld NAME direkt an den bestehenden Formatvorlagennamen an, wobei lediglich ein Semikolon die beiden Namen trennt.

Unter FORMATVORLAGEN-TYP ist angegeben, ob es sich bei der Formatvorlage, die Sie soeben bearbeiten, um eine Absatz- oder Zeichen-Vorlage handelt; ändern läßt sich diese Vorgabe jedoch nicht.

Wenn Sie die Schaltfläche FORMAT ([Alt][F]) anwählen, so öffnet sich ein Auswahlfenster, in dem Sie für Absatz-Vorlagen auf folgende Formatierungen zugreifen können: ZEICHEN ([Alt][Z]), ABSATZ ([Alt][A]), TABULATOR ([Alt][T]) RAHMEN ([Alt][R]), SPRACHE ([Alt][S]), POSITIONSRAHMEN ([Alt][P]) und NUMERIERUNG ([Alt][N]); bei Zeichenvorlagen sind in der FORMAT-Liste nur ZEICHEN ([Alt][Z]) und SPRACHE ([Alt][S]) wählbar. Beinahe jedes der folgenden Dialogfenster ist genauso aufgebaut, wie Sie es von den gleichnamigen Dialogfenstern der Direktformatierung kennen; die einzige Ausnahme bildet die Formatierung von Numerierungen, wie Sie der Tabelle 20.1 entnehmen können.

Absatzformatierung

Zwar findet sich in einigen der Dialogfenster noch immer die Schaltfläche STANDARD, mit der gemeinhin die aktuelle Formatierung der Formatvorlage STANDARD zugewiesen werden kann, doch innerhalb der Definition neuer oder der Modifikation bestehender Formatvorlagen ist dies nicht möglich.

Geben Sie nun in den einzelnen Fenstern die Änderungen ein, also z.B. die Schriftart und den Schriftgrad, den Zeilenabstand und die Absatzabstände, die Tabulatoren, die für den Absatz stets gesetzt werden sollen, und den grafischen Rahmen, gepaart mit einem Positionsrahmen, sofern Sie den Absatz nicht in den Fließtext einbinden möchten. Welche Wirkung die neuen Formatierungen haben, können Sie meist nach Bestätigung der Formatierung im VORSCHAU-Fenster erkennen. Einige funktionen, wie beispielsweise die Zuweisung von Sprachen, bleiben allerdings ohne optischen Effekt. Doch die BESCHREIBUNG unterhalb der VORSCHAU führt auch über unsichtbare Änderungen Buch.

Sehr komfortabel ist es, Formatvorlagen direkt mit Sprachen zu verbinden. So können Sie die Rechtschreibkorrektur und die Trennhilfe automatisieren und beschleunigen, indem Sie sich beispielsweise für englische Zitate ein Formatvorlage namens "Zitat (engl.)" anlegen. Dieser Formatvorlage weisen Sie unter SPRACHE den Eintrag "Englisch (Großbritannien)" zu. Außerdem können Sie noch in den anderen Formatfenstern das Erscheinungsbild des Zitats bestimmen. Wenn Sie mit dieser Formatvorlage jene Stellen des Textes gestalten, an denen Sie in englisch zitieren, ist erstens das Erscheinungsbild der Zitate im Text einheitlich, und zweitens erfolgt bei der Rechtschreibkorrektur an diesen Stellen selbsttätig der Rückgriff auf die englischen Lexika von Word für Windows.

Falls Sie einen Tastenschlüssel für eine bestehende Formatvorlage definieren möchten, so können Sie mit SHORTCUT (Alt S) das Dialogfenster ANPASSEN öffnen und dort die Tastenkombination eingeben, die die Formatvorlage aufrufen soll. Näheres zum Anpassen von Tastenschlüsseln bietet Ihnen das Kapitel 11.

Nachdem Sie die Formatierung eingegeben haben, entscheiden Sie noch mittels des Kontrollkästchens ZUR DOKUMENTVORLAGE HINZUFÜGEN (Alt Z), ob die Änderungen nur für das aktuelle Dokument Effekt zeigen, oder für alle Dokumente gelten sollen, die künftig mit der aktiven Dokumentvorlage gestaltet werden. Nur wenn das Kontrollkästchen markiert ist, startet WinWord beim Schließen des Dokuments den Rückgriff auf die Datei der Dokumentvorlage.

Wenn soweit alle Ihre Wünsche Berücksichtigung fanden, können Sie nun die Eingabe durch ⏎ oder OK abschließen. Die Modifikationen, die Sie gemacht haben, werden unter dem angegebenen Formatvorlagennamen gesichert. Bevor Sie sich aber aus dem Dialogfenster zurückziehen, sollten Sie noch einen Blick auf jene Funktionen werfen, die professionellen Anwender, das Leben leicht, mitunter aber auch ein bißchen schwerer machen.

Formatvorlagen in Beziehung setzen

Folge- Mitunter soll eine Formatvorlage nur für einen speziellen Absatz gelten und
beziehungen nach der nächsten Absatzschaltung eine andere Formatvorlage aktiv werden. Solche Folgeerscheinungen geben Sie im Listenfeld FORMATVORLAGE FÜR NÄCHSTEN ABSATZ (Alt A) vor, indem Sie die Formatvorlage wählen, die dem nächsten Folgeabsatz zugeordnet werden soll, sobald der aktuelle Absatz mit ⏎ beendet wird.

Dieses Folgeformat läßt sich für jede Formatvorlage separat bestimmen. Diese Option ermöglicht es Ihnen, Texte durchgehend einzugeben, ohne zwischendurch die Formatvorlage wechseln zu müssen. Für die Formatvorlage "Zitat Anfang" bietet sich sicherlich das Format "Zitat Mitte" an. Die Formatvorlage "Zitat Ende" wird in der Regel mit dem Format "Erster Absatz" vom"Fließtext" fortgeführt werden. Auf ihn wird dann wieder ein "Mittlerer Absatz" folgen, der dann allerdings als weitere Folge wieder "Mittlerer Absatz" tragen sollte.

Die im Feld FORMATVORLAGE FÜR NÄCHSTEN ABSATZ vorbestimmten Wechselwirkungen können Ihnen einen Teil der Handarbeit abnehmen. Durch Ihre Entscheidung der automatischen Sequenz steht einer manuellen Änderung der Folge im Text nichts im Wege; Sie können also dem folgenden Absatz bei der Erfassung noch immer eine andere Formatvorlage zuweisen. Die

20 • Dokumentvorlagen, Formatvorlagen und AutoText

Abfolge der Formatvorlagen ist übrigens nur während der Texterfassung relevant, da erst ⏎ am Ende des Absatzes die Umschaltung aktiviert. Bei einer nachträglichen Formatierung mit Formatvorlagen wirkt sich die vorgegebene Sequenz nicht aus.

Im Listenfeld BASIERT AUF der Dialogfenster NEUE FORMATVORLAGE und FORMATVORLAGE BEARBEITEN können Sie - je nach Formatvorlagen-Typ - die Absatz- oder Zeichenformatvorlage wechseln, auf der die aktuelle Formatvorlage fußt. Bei einem Wechsel werden die Formatierungen der Basis-Formatvorlage automatisch in die Formatvorlage übernommen, die zur Bearbeitung ansteht. Die Formatierungen der Formatvorlage, die bereits vom Fundament abweichend definiert wurden, bleiben aber unverändert erhalten.

Basisbeziehungen

Die Auswirkungen eines Formatvorlagen-Wechsels treten Ihnen im VORSCHAU-Feld vor Augen, und in der BESCHREIBUNG lesen Sie, welche Formatvorlage die Ausgangsbasis bildet, während (+) meldet, was sich an den Voraussetzungen im speziellen ändert.

Wenn Dokumentvorlagen auf anderen Dokumentvorlagen basieren, treten sie in eine direkte Abhängigkeit. Modifikationen, die Sie an der Basis vornehmen, schlagen unter Umständen weit durch. Alle Formatvorlagen, die mit dieser Basis direkt oder indirekt - über andere Formatvorlagen - in Verbindung stehen, nehmen die Änderung auf, wenn sie nicht für die geänderte Formatierung explizit über eigene Definitionen verfügen.

Gerade diese Möglichkeit bietet dem fortgeschrittenen Anwender die Chance, mit wenigen Tastendrücken das Erscheinungsbild eines ganzen Dokuments zu ändern. Formatvorlagen beziehen alle Informationen, die nicht separat erfaßt werden, von der zugrundeliegenden Formatvorlage. Diese Formatvorlage kann wiederum auf einer anderen Formatvorlage basieren und so fort. Auf diese Art läßt sich ein Stammbaum der Beziehung von Formatvorlagen entwickeln. Diesen Stammbaum können Sie sich zunutze machen, indem Sie intelligente Verknüpfungen schaffen.

Grundlage für neue Formatvorlagen ist in der Regel das Format "Standard", das die unterste Ebene der Formatvorlagen verkörpert. Änderungen in "Standard" haben also die weitgehendsten Auswirkungen.

Gesetzt den Fall, Sie erstellen ein Format "Text", das für sämtliche Textpassagen Ihres Dokuments zuständig ist. Dieses Format "Text" basiert auf der Formatvorlage "Standard", die Sie im weiteren unberührt lassen möchten. Basierend auf "Text" definieren Sie weitere Formatvorlagen, z.B. "Fließtext", "Einspaltig", "Zitat" und "Marginal". Weiterhin können Sie auf diesen Formatvorlagen weitere Formate aufbauen. Die folgende Tabelle zeigt ein Beispiel:

		Standard		
		Text		
	Fließtext	Zitat	Marginal	
TextBeginn	TextMitte TextEnde	ZitatBeginn ZitatMitte ZitatEnde	Kolumne Erklärng Tip

Tab. 20.2: Hauptebene und untergeordnete Ebenen bei Formatvorlagen

Gesetzt den Fall, Sie setzen Ihr ganzes Dokument in einer Schrift, z.B. Courier, so haben Sie diese Schrift nur einmal bestimmt, nämlich in der ersten Formatvorlage: "Text". Sollte es nun irgendwann wünschenswert sein, das Dokument auf eine andere Schrift umzustellen, z.B. Times, so brauchen Sie diesen Eintrag nur in der Formatvorlage "Text" zu ändern. Alle abhängigen Formatvorlagen werden automatisch aktualisiert. Ausgenommen sind hiervon nur jene, die bereits eine spezielle Formatierung des geänderten Punkts aufweisen. Um bei dem Beispiel zu bleiben, müßten Sie für die Veränderung des Zeilenabstands von 1,5ze auf 1ze nur den Zeilenabstand in der Formatvorlage "Text" ändern.

Wenn Sie für Zitate bereits einen einzeiligen Zeilenabstand definiert haben, werden diese Formatvorlagen von der Änderung automatisch ausgenommen. In allen anderen Formatvorlagen wird die Änderung allerdings wirksam. Um die Marginaltexte alle kursiv zu drucken, ändern Sie die Zeichenformatierung der Formatvorlage "Marginal". Hierdurch sind nur jene Formatvorlagen betroffen, die auf "Marginal" basieren.

Die Änderungen, die Sie auf diese Weise komfortabel für mehrere Formatvorlagen in einem Schritt eingeben können, enden aber nicht im Dialogfenster. Sie wirken fort in die Formatierung des Textes: Jeder Absatz, der mit einem der betroffenen Formatvorlagen formatiert wurde, wird automatisch in die neue Form gebracht. Dies kann im Extremfall für Sie bedeuten, daß Sie sich mit einem Tastendruck im Dialogfenster FORMATVORLAGE BEARBEITEN der Aufgabe entledigen, zweihundert Zitate in einem größeren und besser lesbaren Schriftgrad zu setzen. Und hierbei handelt es sich um eine Aufgabe, die manuell Stunden, wenn nicht gar Tage in Anspruch nimmt.

Doch die Liste BASIERT AUF bietet noch einen anderen Zugriff. Sie können nicht nur eigene Formatvorlagen aufeinander aufbauen, sondern auch die automatischen Formatvorlagen mit den eigenen verknüpfen. Auf automatische Formatvorlagen greift Word für Windows immer dann zurück, wenn eine bestimmte Formatierung gefragt ist, z.B. bei Fußnotentext und Fußnotenzeichen, Kopf- und Fußzeilen usw. Diese automatischen Formatvorlagen basieren in der Regel allesamt auf der Formatvorlage STANDARD.

Sie können nun die Formatvorlage STANDARD ändern, um beispielsweise alle automatischen Formatvorlagen der Schrift des Fließtextes anzupassen, die Sie unter "Text" festgelegt haben. Statt dessen können Sie aber auch in der Liste FORMATVORLAGEN den Eintrag FUßNOTENTEXT markieren, mit BEARBEITEN das Fenster erweitern und in der Liste BASIERT AUF Ihre eigene Formatvorlage "Text" anwählen - um bei dem oben angeführten Beispiel zu bleiben. Wenn Sie das Fenster nun mit OK oder ⏎ verlassen, wirken sich die Änderungen in der Formatvorlage "Text" auch auf den Fußnotentext und das aus, was Sie auf diese Weise direkt oder im nachhinein mit "Text" verbinden.

Um eine Formatvorlage ohne Verknüpfung zu erstellen, wählen Sie in der Liste BASIERT AUF den Eintrag (KEINE FORMATVORLAGE). So werden alle Formateinträge, die bereits bestehen, in der aktuellen Formatvorlage selbst festgehalten und die Verknüpfung zu übergeordneten Formatvorlagen gelöst.

Der gleiche lösende Effekt wird bei Zeichenformatvorlagen im Feld BASIERT AUF über den Eintrag (ZUGRUNDELIEGENDE EIGENSCHAFTEN) hervorgerufen. Hierbei wird stets die Abhängigkeit der Zeichenformatvorlage von der Absatzformatvorlage betont, die ihre Basis bildet, und anschließend die Abweichungen angeführt. Die Basis-Absatzformatvorlage läßt sich allerdings nicht wechseln. In der Liste der Formatvorlagen repräsentiert der Eintrag die Schriftformatierung, die in der angewählten Basis-Absatzformatvorlage gilt. Dieser Eintrag dient dazu, im Text Zeichenformatierungen wieder auf die Standardwerte des Absatzes zurückzusetzen. Die ABSATZ-STANDARDSCHRIFTART läßt sich daher nicht direkt formatieren, sondern nur über Änderungen der Schriftformatierung und Sprachzuweisung in der zugrundeliegenden Absatzformatvorlage ändern.

Beachten Sie, daß Zeichenformatvorlagen in WinWord durchaus keine Randerscheinung, sondern ein wichtiges Formatiermittel sind. So werden die Zeichen von Anmerkungen, End- und Fußnoten, Seitenzahlen und Zeilennummern von Word für Windows automatisch über Zeichenformatvorlagen gestaltet. Über deren Formatvorlagen haben Sie denn auch direkten Zugriff auf die Gestaltung dieser Zeichen und können sie nach Lust und Laune anpassen. Eines bleibt Ihnen allerdings versagt: Dem Abstand, den Fuß- und Endnotenzeichen von Haus aus mitbringen und der ihnen auf dem Fuße folgt, läßt sich über die Zeichenformatierung nicht Herr werden. Die Laufweite dieser Zeichen erweist sich als resistent gegen Formatbefehle, was vor allem bei Satzzeichen, die auf diese Zeichen folgen, störend wirkt.

Formatvorlagen löschen

Um eine Formatvorlage zu löschen, treffen Sie zunächst die Auswahl des Formats aus der Liste. Dann aktivieren Sie den Befehl LÖSCHEN (Alt L) und

*Format-
vorlagen
sichern*

bestätigen die Abfrage. Wenn Sie eine Formatvorlage löschen, die im Dokument Verwendung findet, werden die Absätze auf die Formatvorlage STANDARD zurückgesetzt. Die Formatvorlage STANDARD und die anderen automatischen Formatvorlagen lassen sich nicht löschen.

Nachdem Sie alle Eingaben gemacht haben, beenden Sie die Bearbeitung der Formatvorlagen mit ZUWEISEN ([Alt][Z]) oder SCHLIEßEN ([Esc]). ABBRECHEN ([Esc]) ist nur verfügbar, solange Sie keine Änderungen vorgenommen haben. Falls Sie die Änderung einer Formatvorlage nicht nur für das aktive Dokument wirksam werden lassen möchten, sondern auch die aktive Vorlage modifizieren wollen, müssen Sie für die Formatvorlage im Dialogfenster FORMATVORLAGE BEARBEITEN das Kontrollkästchen ZUR DOKUMENTVORLAGE HINZUFÜGEN ([Alt][Z]) markieren. Änderungen werden allerdings erst beim nächsten Speichervorgang in das Dokument und die Vorlage aufgenommen. Beachten Sie hierbei, daß Dokument und Vorlage separat gespeichert werden. Sie haben die doppelte Wahl, Ihre Änderungen der Formatvorlagen zu sichern: Im aktuellen Dokument und in der aktiven Vorlage.

Nebenbei sei hier bemerkt, daß die Abläufe vom Definieren der Formatvorlagen bis zum Zuordnen der Formatvorlagen im Arbeitsablauf selbstverständlich nicht so streng getrennt sind wie in dieser Beschreibung. In der Regel wird eine Formatvorlage dann definiert, wenn sie gebraucht wird. Sie wird anschließend benutzt und meist noch das ein oder andere Mal modifiziert, bis sie schließlich den Erfordernissen entspricht. Die nächste Formatvorlage wird erst wieder dann definiert, wenn eine Situation entsteht, die die vorhandenen Formatvorlagen nicht abdecken. So spielen Einsatz und Ersatz von Formatvorlagen Hand in Hand. Dennoch sollten Sie sich mit der Struktur, die hier beschrieben wurde, intensiv vertraut machen. Gerade am Anfang werden die meisten Formatvorlagen definiert, die oft über Jahre benutzt werden können. Da lohnt es sich schon, ein paar Minuten zu investieren und sich Gedanken zu machen, wie Formatvorlagen sinnvoll verbunden werden, wie eine stringente Sequenz zwischen den einzelnen Formatvorlagen aussieht und mit welchen Vorlagen die vorhandenen Formatvorlagen verbunden werden sollen.

Formatvorlagen einsetzen

Formatvorlagen können Sie Absätzen auf mehrere Arten zuordnen. Grundsätzlich gilt, daß das Formatieren von Absätzen über Formatvorlagen einfacher und schneller ist als die normale Formatierung. Während bei ihr jedes Argument einzeln angegeben werden muß, braucht beim Formatieren über Vorlagen nur der Name der Formatvorlage an einen Absatz vergeben zu werden.

20 • Dokumentvorlagen, Formatvorlagen und AutoText

Einzelne Absätze formatieren Sie, indem Sie die Einfügemarke im Absatz positionieren. Mehrere Absätze werden formatiert, wenn Sie eine Markierung setzen, die über einen Absatz hinausgeht. Alle Absätze, die von der Markierung berührt werden, erhalten hierbei die selbe Formatvorlage. Absatzformatierungen, mit denen Sie Ihre Absätze vielleicht schon formatiert haben, werden durch die Formatvorlage ersetzt.

Zeichenformatierungen, die Sie Absätzen direkt zugeordnet haben, bleiben erhalten, solange die Zeichen während der Zuordnung nicht markiert sind. So bleibt ein unterstrichener unmarkierter Text weiterhin unterstrichen, auch wenn Sie seinem Absatz eine Formatvorlage ohne Unterstreichung zuweisen. Sollten Sie diesem allerdings ein Formatvorlage mit dem Attribut "unterstrichen" zuordnen, so wird der gesamte Absatz unterstrichen. Um die direkte Zeichenformatierung eines Absatzes aufzuheben, markieren Sie ihn und betätigen den Tastenschlüssel [Strg][ ]. Hierdurch werden sämtliche Zeichen auf das Zeichenformat zurückgesetzt, das in der Formatvorlage festgehalten wurde.

Formatvorlage zuordnen: Auswahl aus Liste

Die übersichtlichste Methode, eine Formatvorlage einem oder mehreren Absätzen zuzuordnen, ist das Dialogfenster FORMATVORLAGE. Dieses Dialogfenster können Sie auch durch doppeltes Betätigen des Tastenschlüssels [Strg][⇧][S] öffnen. In der Liste der FORMATVORLAGEN ([Alt][F]) wählen Sie einfach das gewünschte Format aus. Word für Windows zeigt Ihnen neben der Liste im Dialogfenster Informationen über das angewählte Format, so daß Sie entscheiden können, ob es sich auch um die gesuchte Formatvorlage handelt. Mit [↵], OK oder einem doppelten Mausklick auf den Namen der Formatvorlage ordnen Sie diese dem Text zu.

Wenn Sie mit der Symbolleiste "Formatierung" arbeiten, bietet sich Ihnen die einfachste Art der Vergabe von Formatvorlagen. Sie aktivieren das Listenfeld "Formatvorlage" in der Symbolleiste entweder durch Anklicken des Pfeilsymbols oder durch die Tastenkombination [Strg][⇧][S][Alt][↓]. Die Liste zeigt Ihnen alle Formatvorlagen, die im Text bereits Verwendung finden oder in einer modifizierten Form vorliegen; es entspricht also der ANZEIGEN-Einstellung BENUTZTE FORMATVORLAGEN des Dialogfensters FORMATVORLAGE.

Wenn Sie die DropDown-Liste mit einem Mausklick öffnen, während Sie die [⇧]-Taste gedrückt halten, werden sämtliche Formatvorlagen genannt, die im Dokument verfügbar sind. Hierzu gehören auch die automatischen Formatvorlagen von WinWord, die in der Regel nur gezeigt werden, wenn sie zum Einsatz kommen oder modifiziert wurden.

Suchen Sie nun die gewünschte Formatvorlage aus der DropDown-Liste aus und klicken Sie sie doppelt an, oder markieren Sie sie und betätigen die [↵]-

Taste. Die markierten Absätze werden wie gewünscht formatiert. Bei dieser Vorgehensweise ist es allerdings erforderlich, daß Sie wissen, wie welches Format aussieht. Informationen über den Inhalt der Formatvorlage zeigt Word für Windows bei der Wahl über die Symbolleiste nämlich nicht an. Dafür können Sie im Formatvorlagen-Feld der Symbolleiste stets verfolgen, welchen Formatvorlagennamen der Absatz hat, in dem sich die Einfügemarke befindet. Sollten mehrere Absätze markiert sein, die unterschiedliche Formatvorlagen aufweisen, so bleibt das Feld leer.

Wenn die Symbolleiste "Formatierung" nicht aktiv ist, öffnet der Tastenschlüssel [Strg][⇧][S] das Dialogfenster FORMATVORLAGE.

Formatvorlage zuordnen: Tastenschlüssel

Die schnellste Art der Eingabe bleibt der Verwendung der Tastenschlüssel vorbehalten, die bei der Erstellung einer Formatvorlage definiert werden können. Falls Sie von dieser Möglichkeit Gebrauch gemacht haben, reicht es, die Tastenkombination zu betätigen, um einem Absatz oder den markierten Absätzen eine Formatvorlage zuzuweisen. Schneller als beispielsweise [Alt][Strg][⇧][F] für "Fließtext", läßt sich weder eine Eingabe in ein Feld noch eine Auswahl aus einer Liste vornehmen.

Formatvorlagenanzeige

Um sich vor Augen zu führen, welche Formatvorlage wo zum Einsatz kommt, bietet Word für Windows in der Normal- und Gliederungsansicht eine Formatvorlagenanzeige. Diese Anzeige befindet sich am linken Rand des Fensters. Über OPTIONEN > ANSICHT können Sie unter BREITE DER FORMATVORLAGENANZEIGE ([Alt][B]) vorgeben, wie weit sich die Formatvorlagenanzeige öffnen soll. Die Breite der Anzeige kann nun mit der Maus gezogen werden, wobei der Mauszeiger, der auf der Trennlinie zwischen Formatvorlagenanzeige und Textbereich plaziert wird, die Form eines unterbrochenen waagerechten Doppelpfeils annimmt. Bringen Sie die Anzeige auf ein Maß, das informativ ist, aber nicht zuviel Arbeitsraum in Anspruch nimmt; maximal kann die Formatvorlagenanzeige die Hälfte des Fensters in Anspruch nehmen. Geschlossen wird die Anzeige entweder, indem Sie die Begrenzungslinie auf den linken Rand des Fensters ziehen, oder indem Sie die Breitenangabe im Dialogfenster OPTIONEN > ANSICHT auf Null setzen.

Über die geöffnete Formatvorlagenanzeige können Sie das Dialogfenster FORMATVORLAGE mit der Maus direkt aktivieren. Positionieren Sie den Mauszeiger in der Formatvorlagenanzeige und klicken den nebenstehenden Absatz doppelt an. Es öffnet sich das Dialogfenster, in dem Sie Ihre Auswahl treffen oder eine Eingabe machen. Wenn Sie nach dem zweiten Klick die linke Maustaste nicht loslassen, können Sie die Markierung durch Ziehen erweitern. Nach Freigabe der Taste wird das Dialogfenster aktiviert, in dem Sie jetzt allen markierten Absätzen eine gemeinsame Formatvorlage zuordnen können. Um das ganze Dokument mit einer einzigen Formatvorlage zu belegen, drücken Sie die [Strg]-Taste, während Sie zweimal klicken.

Mittels des Symbols "Format übertragen" der Standard-Symbolleiste oder des Tastenschlüssel [Strg][⇧][C] können Sie Absatzformate in einen oder mehrere andere Absätze übernehmen. Markieren Sie die Absatzmarke des Absatzes, dessen Formatvorlage Sie übernehmen möchten, und klicken Sie das Symbol "Format übertragen" an, oder betätigen Sie den Tastenschlüssel [Strg][⇧][C]. Klicken Sie nun den Absatz an, der das Format erhalten soll, oder setzen Sie die Einfügemarke in ihn und betätigen Sie [Strg][⇧][V]. Hierdurch erhält der aktuelle Absatz die über die Absatzmarke kopierte Formatvorlage. Wenn Sie die Formatvorlage auf mehrere Absätze übertragen möchten, können Sie weiterhin mit [Strg][⇧][V] auf die Kopie zurückgreifen und verschiedenen Absätzen quer durchs Dokument die aufgenommene Formatvorlage zuordnen. Um die Multifunktion auch bei der Mausbedienung zu haben, müssen Sie die Formatvorlage der markierten Absatzmarke mit einem Doppelklick auf das Symbol "Format übertragen" aktivieren. In diesem Fall bleibt die Kopierfunktion aktiv und Sie können die Absätze einen nach dem anderen per Klick formatieren, bis Sie die [Esc]-Taste drücken oder eine andere Eingabe machen. Beachten Sie, daß die Formatkopierung auch Zeichenformate weitergibt, sofern Textmarkierungen gesetzt werden.

Diese Übernahme von Absatzformatierungen setzt keine verschiedenen oder selbstdefinierten Formatvorlagen voraus. Das Prinzip, mittels Maus oder Tastenschlüssel Formatierungen zu verteilen, funktioniert auch in Texten, die durchgängig mit der Hand formatiert werden. Allerdings bietet gerade das Zusammenspiel von Formatvorlageanzeige und Maus ein erhöhtes Maß an Übersichtlichkeit.

Absätze, die bereits formatiert sind, lassen sich ebenso einfach umformatieren. Genau, wie Sie das erste Format zugewiesen haben, weisen Sie dem Absatz ein neues Format über das Dialogfenster FORMATVORLAGE, das Symbol "Formatvorlage" der Symbolleiste "Formatierung", den Tastenschlüssel [Strg][⇧][S] oder die eigene Tastenkombination der Formatvorlage zu.

Wenn Absätze mit einer Formatvorlage verbunden sind, legt Sie dies keineswegs fest. Sie können das Format solcher Absätze wie gewohnt weiterbearbeiten, können eine andere Zeichenformatierung oder Absatzformatierung wählen und haben sogar die Möglichkeit, die Position des Absatzes zu ändern. All dies nimmt keinen Einfluß auf die Formatvorlage, die Sie gespeichert haben.

Um den Originalzustand der Formatvorlage im Absatz wieder herzustellen, bedienen Sie sich des Tastenschlüssels [Strg][Q], der das Absatzformat auf die Vorgabe zurücksetzt, und [Strg][ ], der die Zeichen wieder mit der Originalformatierung versieht. Um umfangreichere Absatzformatänderungen zurückzusetzen, markieren Sie den Absatz. Geben Sie nun einfach in das FORMATVORLAGE-Feld der Symbolleiste FORMATIERUNG noch einmal den

Abb. 20:3: Die Formatvorlagenanzeige mit Formatvorlagenamen

Namen der Formatvorlage ein, mit dem Sie den Absatz formatierten, und bestätigen Sie die Eingabe. Sie müssen allerdings im nachfolgenden Dialogfenster anwählen, daß Sie die Formatvorlage DER MARKIERUNG WIEDER ZUWEISEN ([Alt][Z]) möchten. Wenn Sie statt dessen im Dialogfenster FORMATVORLAGE ERNEUT ZUWEISEN die Formatvorlage BASIEREND AUF DER MARKIERUNG NEU DEFINIEREN ([Alt][N]), wird unter dem alten Namen die modifizierte Formatvorlage abgelegt. Dies bedeutet auch, daß alle Absätze, denen der Formatvorlagenname zugeordnet ist, gemäß der neuen Formatierung gestaltet werden. Sollten überdies Verknüpfungen zu untergeordneten Formaten bestehen, so werden die Veränderungen auch in diese übertragen. So können Sie schnell das gesamte Dokumentlayout nachhaltig beeinflussen.

 Durch das erneute Zuweisen der verwendeten Absatzformatvorlage können Sie nur manuelle Absatzformatierungen zurücknehmen. Zeichenformatierungen bleiben davon unberührt, solange sie nicht markiert sind. Um Zeichenformatierungen innerhalb eines Absatzes einfach zurückzunehmen, markieren Sie die Zeichen und betätigen [Strg][ ].

Auch über das Dialogfenster FORMATVORLAGE können Sie Ihre benannten Absätze schnell neu formatieren, indem Sie einfach die Formatvorlage der jeweiligen Absatzgruppe ändern. Hierbei gehen Sie so vor wie bei der Erstellung eines neuen Absatzformats, nur daß Sie eben den bestehenden Formatvorlagennamen benutzen, anstatt einen neuen Namen einzugeben.

Zeichenformatvorlagen zuweisen

Das Zuweisen von Zeichenformatvorlagen funktioniert prinzipiell genau wie die Zuordnung von Formtvorlagen für Absätze. Allerdings werden die Zeichenformatvorlagen nicht in der Formatvorlagenanzeige links neben dem Text angezeigt. Hier erscheinen stets nur die Namen der Absatzformatvorlagen. Im Feld FORMATVORLAGE der Symbolleiste "Formatierung" werden die Zeichenformatvorlagen aber dokumentiert, sobald sich die Einfügemarke in einer Zeichenkette befindet, die mit einer Zeichenformatvorlage formatiert wurde. Dies gilt auch für Markierungen, die die formatierte Zeichenkette nicht überschreiten. Ansonsten nennt das Feld wieder die Absatzformatvorlage. Zeichenformatvorlagen haben also eine untergeordnete Priorität.

In sämtlichen Listen werden die Formatvorlagen für Zeichen mager geschrieben, was sie deutlich von den fetten Absatzformatvorlagen unterscheidet. Die Zuweisung kann entweder über das Feld "Formatvorlage" der Symbolleiste FORMATIERUNG oder das Dialogfenster "Formatvorlage" erfolgen. Stets gilt die markierte Zeichenformatvorlage für die markierte Passage, oder - sofern keine Markierung gesetzt ist - für das Wort, in dem sich die Einfügemarke befindet.

Auch Zeichenformatvorlagen lassen sich mittels des Tastenschlüssels [Strg][⇧][C] oder des Symbols "Format übertragen" kopieren. Übernommen wird hierbei die Zeichenformatvorlage des Wortes, in dem die Einfügemarke steht. Wurde auch die Absatzmarke mit einer Zeichenformatvorlage formatiert, so übernimmt WinWord bei der markierten Absatzmarke nicht nur die Vorlage des Absatzformats, sondern auch die des Zeichenformats. Mittels [Strg][⇧][V] oder durch Anklicken wird die Formatierung auf andere Absätze übernommen. Die Übertragung der Zeichenformatvorlage läßt sich in der Zielpassage spezifizieren, indem eine Markierung gesetzt wird. Hierfür wird mit dem Mauszeiger, der nach dem Klick oder Doppelklick auf das Symbol "Format übertragen" einen Pinsel aufweist, über die Zeichen gezogen, die formatiert werden sollen. Bei Verwendung des Tastenschlüssels muß die Passage zuvor markiert werden. Liegt keine Markierung vor, bezieht WinWord die Zeichenformat-Vorlage nur auf das Wort, das mit dem Pinselsymbol angeklickt wird oder in dem die Einfügemarke steht.

Um Zeichenketten, die mit Zeichenformatvorlagen formatiert wurden, wieder auf das Zeichenformat zurückzusetzen, das in der Absatzformatvorlage gilt, genügt es, sie zu markieren und in einer Formatvorlagenliste den Eintrag ABSATZ-STANDARDSCHRIFTART anzuwählen. Noch schneller geht es mit der Tastenkombination [Strg][ ].

Formatvorlagen suchen und ersetzen

Wie bereits im Kapitel 9 beschrieben, kann Word für Windows beim Suchen und Ersetzen auch auf Formatvorlagen Bezug nehmen. Das Suchen von Formatvorlagen bietet sich an, wenn Sie z.B. von Überschrift zu Überschrift springen möchten oder Zitat für Zitat überprüfen wollen. Der Eintrag einer Formatvorlage erfolgt über BEARBEITEN > SUCHEN ([Strg][I]) über die Schaltfläche FORMAT > FORMATVORLAGEN ([Alt][F][V]). Der Formatvorlagename wird aus der Liste ZU SUCHENDE FORMATVORLAGE ausgewählt und mit [←] bestätigt. Im Dialogfenster SUCHEN erscheint er in der Zeile FORMAT.

Die Formatvorlagensuche läßt sich sowohl mit Zeichenketten als auch mit weiteren Formatierungsmerkmalen verbinden, die von Hand eingegeben wurden. So können Sie z.B. jene Absätze der Formatvorlage "Text" heraussuchen, die von Ihnen nachträglich zentriert wurden. In diesem Fall müßten Sie im Dialogfenster SUCHEN außer dem Suchschlüssel und dem Formatvorlagenamen "Text" die direkte Formatierung "Zentriert" eingeben. Die nicht zentrierten Absätze der Formatvorlage "Text" werden dann bei der Suche übergangen.

Ebenso können Sie sich alle Zeichenketten anzeigen lassen, die Sie innerhalb der gesuchten Formatvorlage mit einer abweichenden Zeichenformatierung versehen haben. Um beispielsweise nur die unterstrichenen Worte in Kolumnen zu suchen, wählen Sie "Kolumne" als Formatvorlage und das Zeichenformat "Unterstrichen" für die Suche an. Hierdurch können Sie einzelne Zeichen innerhalb eines Absatzes direkt ansteuern, ohne daß Sie die eigentliche Zeichenkette festlegen müssen.

Im Dialogfenster ERSETZEN ([Alt][B][E]) steigert sich die Vielfalt der möglichen Kombinationen noch einmal. Sie können sowohl im SUCHEN- als auch im ERSETZEN-Feld Formatvorlagenamen allein oder in Verbindung mit direkten Formatierungsvorgaben benutzen.

Sie können Zeichenketten gegen Formatvorlagen und Formatvorlagen gegen Zeichenketten austauschen und alle Eingaben durch Direktformatierungen ergänzen, die selbstverständlich weiterhin auch alleine als Suchargument gelten. So lassen sich Formatvorlagen durch Direktformatierungen ergänzen oder Absätzen mit Direktformatierungen Formatvorlagen zuweisen. Allerdings sollten Sie - dank der Unklarheit dieser Beziehungen untereinander - sicherheitshalber vor umfangreichen "Ersetzen"-Operationen Ihr Dokument zwischenspeichern, vor allem, wenn Sie ohne Bestätigung arbeiten.

Gerade die Kombinationen, in denen Zeichenketten oder Direktformatierungen gesucht werden und auf deren Basis dem Absatz eine andere

Formatvorlage zugeordnet wird, bieten eine Fülle von Möglichkeiten. So können z.B. alle Zitate an den Anführungszeichen oder an einer kursiven Schreibweise identifiziert und durch eine Formatvorlage gestaltet werden.

Mit Vorsicht sind die Kombinationen anzuwenden, in denen eine Formatvorlage durch eine Zeichenkette ersetzt wird. Hierbei wird stets der Text, der dem Suchformat entspricht, durch die neue Zeichenkette überschrieben, geht also vollständig verloren. Wenn Sie Zeichenketten auf diese Weise in einen Text einfügen, empfiehlt es sich, die Zeichenkette im ERSETZEN-Feld durch eine Absatzschaltung (^a) abzuschließen, da die Zeichenkette ansonsten zum folgenden Absatz hinübergezogen werden kann.

Formatvorlagen speichern

Formatvorlagen werden erst gespeichert, wenn das Dokument, die Dokumentvorlage oder das Programm Word für Windows geschlossen wird. Ausgenommen hiervon ist natürlich die Speicherung über den Befehl DATEI > ALLES SPEICHERN ([Alt][D][A]).

Bevor Word für Windows Formatvorlagen oder auch Textbausteine speichert, läßt es sich noch einmal bestätigen, daß Sie die Änderungen auch tatsächlich aufnehmen möchten. Lehnen Sie die Aufnahme mit NEIN ab, werden die Formate und AutoText-Einträge nicht gesichert und stehen Ihnen somit in der nächsten Sitzung auch nicht mehr zur Verfügung.

Während AutoText-Einträge stets in einer Vorlage gesichert werden, ist für Formatvorlagen die dokumentbezogene Sicherung zunächst der Standard. Erst wenn Sie im erweiterten Dialogfenster FORMATVORLAGE entscheiden, daß Sie Änderungen ZUR DOKUMENTVORLAGE HINZUFÜGEN ([Alt][Z]) möchten und das entsprechende Kontrollfeld markieren, sichert Word für Windows die markierte Formatvorlage in der aktiven Vorlage. Solange Sie keine andere Dokumentvorlage bestimmt haben, beziehen sich die Änderungen dann auf die Vorlage NORMAL.DOT.

Solange Sie Formatvorlagen nicht extra vorlagenbezogen speichern, sichert Word für Windows Ihre Änderungen in der Dokumentdatei. Auf diese Weise können Sie individuelle Anpassungen der Formatvorlagen je nach Dokument vornehmen, ohne die Quelle der Formatvorlagen zu modifizieren.

Formatvorlagen organisieren

Im Dialogfenster FORMATVORLAGE können Sie aber nicht nur die Formatvorlagen des aktuellen Dokuments löschen oder umbenennen, sondern Sie haben Zugriff auf die Formatvorlagen sämtlicher Dokumentvorlagen und Dokumente. Dieser Zugriff, der Ihnen auch das Kopieren von Formatvorlagen ermöglicht, öffnet sich, wenn Sie im Dialogfenster FORMATVORLAGE oder unter DATEI > DOKUMENTVORLAGE ([Alt][D] [V]) den Befehl ORGANISIEREN wählen. Das Dialogfenster ORGANISIEREN, das sich hierauf öffnet, beinhaltet vier Registerkarten: FORMATVORLAGEN ([Alt][F]), AUTOTEXT ([Alt][A]), SYMBOLLEISTEN ([Alt][S]) und MAKROS ([Alt][M]). Für die Organisation von Formatvorlagen ist lediglich die erste, gleichnamige Registerkarte von Interesse. Da ihre Funktion weitgehend der Verwaltung von AutoText-Einträgen, Symbolleisten und Makros entspricht, finden Sie die allgemeine Beschreibung des Dialogfensters ORGANISIEREN und seiner Registerkarten am Ende dieses Kapitels unter der Überschrift "Dokumentvorlagen verwalten".

Allerdings unterscheidet sich die Registerkarte FORMATVORLAGEN von den übrigen Registerkarten des Dialogfensters ORGANISIEREN. Grundsätzlich sei gesagt, daß die Registerkarte FORMATVORLAGEN zwei Listen beinhaltet, deren linke beim Aufruf des Dialogfensters die Formatvorlagen des aktiven Dokuments nennt, während die rechte zunächst die Formatvorlagen der NORMAL.DOT listet. Legen Sie sich nicht zu sehr auf die Namen der Listen (IN und NACH) fest, da diese mit der Markierung die Seite wechseln, sondern orientieren Sie sich lieber an der Markierung selbst. Sie zeigt Ihnen, von welcher Datei und welcher Formatvorlage die folgende Aktion ausgeht.

Hier findet sich bereits ein grundlegender Unterschied zu den anderen Registerkarten des Dialogfensters: Formatvorlagen werden nicht nur in Dokumentvorlagen gespeichert, wie eben AutoText-Einträge, Symbolleisten und Makros, sondern sie finden sich in jedem Dokument. Daher läßt sich beim Organisieren auch auf einzelne Dokumentdateien zugreifen, um deren Formatvorlagen zu kopieren, zu löschen oder umzubenennen. Dieser Zugriff erfolgt über die beiden Schaltflächen unter den Listen IN und NACH, die zunächst beide mit DATEI SCHLIEßEN ([Alt][C] oder [Alt][E]) benannt sind. Erst nachdem Sie die aktuelle Datei geschlossen haben, haben Sie mit der Schaltfläche DATEI ÖFFNEN ([Alt][F] oder [Alt][D]) freien Zugriff auf andere Dokumente oder Dokumentvorlagen, die - wie üblich - im ÖFFNEN-Fenster ausgewählt werden können. Die Dateien, die Sie auf diese Weise öffnen, werden nicht zur Bearbeitung des Textes, sondern lediglich zur Bearbeitung der Formatvorlagen geladen. Ihre Formatvorlagen werden nun in der zuständigen Liste aufgeführt und stehen zur Markierung und Bearbeitung mit den Befehlen der Registerkarte bereit.

Die Markierung in der Liste ist nicht auf einen einzelnen Eintrag beschränkt, sondern läßt sich per Ziehen der Maus über mehrere aufeinander folgende Formatvorlagen oder per [Strg]/Mausklick um einzelne, verteilte Einträge erweitern. Beim Setzen einer Blockmarkierung steht übrigens auch die

20 • Dokumentvorlagen, Formatvorlagen und AutoText

(⇧)-Taste zur Verfügung, so daß neben der linken Maustaste auch die Cursortasten zur erweiterten Markierung genutzt werden können. Während der erweiterten Markierung bleibt das Feld BESCHREIBUNG leer, das Sie bei Einzelmarkierungen üder das Format der gewählten Formatvorlage schriftlich informiert.

Die markierten Formatvorlagen einer Liste können in die andere Liste kopiert werden, wobei das Feld KOPIEREN ((Alt)(K)) per Doppelpfeil die Kopierrichtung angibt. Sollte eine Formatvorlage kopiert werden, deren Name in der Zielliste schon belegt ist, so macht WinWord Sie darauf aufmerksam. In einem Meldungsfenster bestätigen Sie, daß die vorhandene Formatvorlage von der neuen überschrieben werden soll. Sollten zu diesem Zeitpunkt mehrere Formatvorlagennamen markiert sein, gibt JA ((J)) nur das Überschreiben einer einzelnen Formatvorlage frei, während ALLE ((A)) sämtliche Formatvorlagennamen mit der kopierten Formatierung belegt. Die neue Belegung der Formatvorlage wird im Dokument nach Abschluß der Aktion gültig. Das Meldungsfenster für die einzelne oder allgemeine Bestätigung einer Aktion tritt auch in Erscheinung, wenn Sie Formatvorlagen im Dialogfenster ORGANISIEREN mit LÖSCHEN ((Alt)(L)) entfernen. Automatische Formatvorlagen können nicht gelöscht werden.

Nur eine einzelne Formatvorlage darf allerdings markiert sein, wenn Sie mit UMBENENNEN ((Alt)(U)) den Namen der Formatvorlage ändern möchten. Im Dialogfenster UMBENENNEN geben Sie im Feld NEUER NAME ((Alt)(N)) einen anderen Namen für die Formatvorlage ein. Sollten Sie einen Namen auswählen, der bereits existiert, macht Word für Windows Sie per Meldungsfenster darauf aufmerksam. Obwohl in der Schreibweise zwischen Groß-/Kleinschreibung unterschieden werden kann, bewertet Word für Windows die reine Zeichenfolge als Namen. Doppeleingaben der gleichen Zeichenfolge sind daher nicht möglich. Hierbei werden Unterschiede der Schreibweise nicht berücksichtigt. Wenn Sie einer Formatvorlage einen neuen Namen geben, wirkt sich diese Änderung nach dem Schließen des Dialogfensters auch auf die Absätze aus, denen Sie die Formatvorlage bereits unter altem Namen zugeordnet haben. So lassen sich Formatvorlagen auch im Dokument schnell auf einen neuen Stand bringen.

Die automatischen Formatvorlagen sind vom Umbenennen ausgenommen. Sollten Sie eine automatische Formatvorlage umbenennen wollen, so werden Sie feststellen, daß WinWord den Namen als Alias-Namen dem vorgegebenen Namen mit einem Semikolon anfügt.

Nach der Bestätigung Ihrer Modifikationen mit OK oder SCHLIESSEN landet die Einfügemarke wieder im Dokument, das sich den Änderungen automatisch anpaßt, also gelöschte Formatvorlagen im Text durch die Formatvorlage STANDARD ersetzt und Umbenennungen direkt in den Formatvorlagennamen des Dokuments nachvollzieht. Sofern Sie Formatvorlagen per Kopie ins Dokument aufgenommen haben, stehen Ihnen diese nun in den Listen der Formatvorlagen zur Verfügung.

Formatvorlagen per Katalog wechseln

Neben dem Kopieren einzelner oder mehrerer Formatvorlagen von einem Dokument mittels des Dialogfensters ORGANISIEREN bietet WinWord Ihnen noch die Alternative, die Formatvorlagen einer anderen Dokumentvorlage komplett ins aktive Dokument zu übernehmen. Damit die Kopie kompletter Formatvorlagen-Kataloge nicht im Blindflug erfolgt, gibt es ein grafisches Dialogfenster, in dem Sie die Auswirkung der neuen Formatvorlagen auf das bestehende Dokument direkt beurteilen können.

Dieses Dialogfenster aktivieren Sie mit dem Befehl FORMAT > FORMATVORLAGEN-KATALOG ([Alt][T][O]). Im FORMATVORLAGEN-KATALOG wird Ihnen zunächst die aktuelle Formatierung des Dokuments direkt auf der Basis seines Inhalts angezeigt. Die Darstellung im grafischen Feld VORSCHAU VON ([Alt][O]) entspricht der momentan aktiven Bildschirmdarstellung, das heißt Seiten-, Layout- oder Normalansicht (nicht aber die Gliederungsansicht) werden hier genauso umgesetzt wie die Anzeige der nicht druckbaren Zeichen oder Gitternetzlinien, sofern sie aktiv sind. Im Vorschau-Feld bewegen Sie sich über die Bildlaufleiste oder mit den Cursortasten ([↓], [↑], [Bild↓] oder [Bild↑]) im Dokument.

Die erste Einstellung, mit der das Dialogfenster FORMATVORLAGEN-KATALOG startet, entspricht dem Originallayout des Dokuments und wird in der Liste DOKUMENTVORLAGE ([Alt][V]) auch als (ORIGINAL) bezeichnet. Mittels des Eintrags (ORIGINAL) können Sie jederzeit zu dem Layout zurückkehren, mit dem Sie das Dialogfenster geöffnet haben; Änderungen, die Sie vornehmen, werden erst durch das Schließen des Dialogfensters im Dokument festgeschrieben.

Um Ausschau zu halten, wie das Dokument mit einer anderen Vorlage wirkt, wählen Sie den Namen der Vorlage in der Liste DOKUMENTVORLAGE ([Alt][V]) an. Sobald eine Dokumentvorlage markiert ist, paßt WinWord die Zeile VORSCHAU VON an und ergänzt den Text, der in der Datei-Info der Dokumentvorlage im Feld TITEL eingegeben wurde. So wissen Sie direkt, für welche Aufgabe die Dokumentvorlage gedacht ist, die soeben auf die Anzeige des aktiven Dokuments angelegt wird; dies gilt selbstverständlich nur, wenn der Autor der Dokumentvorlage auch die TITEL-Zeile im Dialogfenster DATEI-INFO ausgefüllt hat. Das Textlayout im VORSCHAU-Feld zeigt Ihnen, was Sie im Dokument erwartet, wenn Sie die Dokumentvorlage per Doppelklick oder OK bestätigen.

20 • Dokumentvorlagen, Formatvorlagen und AutoText

Sollten Sie den Wunsch haben, auf Dokumentvorlagen zuzugreifen, die nicht im aktuellen Vorlagenverzeichnis gespeichert sind, da Sie sie vielleicht schon ausrangiert und in einem speziellen Verzeichnis archiviert haben oder noch in den alten Verzeichnissen von Word für Windows 2 oder gar 1 solche Vorlagenschätze liegen, die Sie zu heben gedenken, so ist auch dies kein Problem. Mittels DURCHSUCHEN ((Alt)(S)) öffnen Sie das Dialogfenster VORLAGENVERZEICHNIS AUSWÄHLEN, in dem Sie über die Felder LAUFWERKE ((Alt)(L)) und VERZEICHNISSE ((Alt)(V)) den Pfad eingeben, auf dem WinWord auf die Suche nach Dokumentvorlagen gehen soll. Der Verzeichnispfad wird im Eingabefeld VORLAGENVERZEICHNIS ((Alt)(O)) genannt und kann hier auch manuell geändert werden. Eine andere Dateiendung als .DOT läßt WinWord hier allerdings nicht als Identifikationsmerkmal für Dokumentvorlagen zu. Daher werden nach dem Schließen des Fensters mit OK auch nur jene Dokumentvorlagen angezeigt, die mit der typischen Erweiterung .DOT enden, auch wenn die Erweiterung selbst gar nicht in der Liste DOKUMENT-VORLAGE erscheint.

Im Vorschaufenster können Sie sich nicht nur das aktuelle DOKUMENT ((Alt)(D)) anzeigen lassen, sondern auch ein BEISPIEL ((Alt)(B)) für die neue Art der Formatierung. Diese Anzeige macht Sinn, wenn Ihr Dokument noch nicht so formatiert wurde, daß der Wechsel der Formatvorlagen deutlichen Effekt im VORSCHAU-Fenster zeigt. Dies liegt meist daran, daß die Formatvorlagennamen der angewählten Dokumentvorlage nicht mit jenen des Dokuments übereinstimmen. Wie es aussehen könnte, nachdem die entsprechenden Vorlagenamen zugewisen wurden, zeigt das BEISPIEL. Das MUSTER ((Alt)(M)), die dritte Art der Vorschau, listet Ihnen die Namen der Formatvorlagen, die gleich schon entsprechend ihrer Definition formatiert wurden. So haben Sie die Wahl zwischen dem Layout, das die markierte Dokumentvorlage aus Ihrem Text werden läßt, einem kleinen Ausblick in die Zukunft und einer Übersicht, über all jene Formatvorlagen, die der Dokumentdatei ergänzt werden, wenn Sie OK anwählen.

Sowohl die Beispiel- als auch die Mustervorschau funktionieren noch längst nicht bei jeder Vorlage. Falls das VORSCHAU-Feld nur zeigt, daß für die Dokumentvorlage kein Beispiel vorhanden ist, so erfahren Sie hierdurch, daß die Dokumentvorlage über den AutoText-Eintrag FORMATVORLAGEN-BEISPIEL verfügt. Das Muster für die Vorschau muß in der Dokumentvorlage als AutoText mit dem Namen FORMATVORLAGEN-MUSTER gespeichert sein, damit es im VORSCHAU-Feld in Erscheinung treten kann. Indem Sie Beispiel und Muster erstellen, formatieren und als AutoText-Einträge in Dokumentvorlagen aufnehmen, können Sie auch eigene Dokumentvorlagen voll tauglich fürs VORSCHAU-Feld weitergeben. Allerdings macht dieser Komfort die Dokumentvorlagen größer. Doch daß Leistungsfähigkeit etwas mit Kapazität zu tun hat, zeigt ja auch Word für Windows' Plattenintensivität.

Zwar werden sämtliche Formatvorlagen der angewählten Vorlage ins aktuelle Dokument transferiert, nicht aber die Einstellungen, die in der Vorlage über SEITE EINRICHTEN vorgegeben sind. Die Seiteneinstellungen des Dokuments bleiben solange unverändert, bis Sie unter DATEI > SEITE EINRICHTEN selbst gestalterisch tätig werden. Übernommen werden Seitendefinitionen nur beim direkten Erstellen eines Dokuments auf der Basis einer Vorlage mit DATEI > NEU.

Einen Text automatisch fomatieren

Gerade wenn ein Text einfach durchgeschrieben wurde, ohne daß sich der Autor um Formatvorlagen kümmerte, kommt eine spezielle Funktion von Word für Windows hilfreich zum Einsatz: die automatische Formatierung.

Sie starten diese Funktion entweder über das Symbol "AutoFormat" der Standard-Symbolleiste oder über den Menübefehl FORMAT > AUTOFORMAT (Alt T F). Weiter brauchen Sie nichts zu tun. WinWord analysiert in diesem Fall den gesamten Text des Dokuments oder die Passage, die Sie durch eine Markierung eingegrenzt haben, und formatiert sie. Hierbei werden - je nach Einstellung - von WinWord im Alleingang allen Absätzen Formatvorlagen zugewiesen, überflüssige Absatzmarken entfernt und Absatzeinzüge ergänzt. Nebenbei ersetzt es noch die Anführungszeichen und Symbole, die auch AutoKorrektur in sein Repertoir einbeziehet und formatiert Listen mit Aufzählungszeichen, wenn Sie mit einem Zeichen beginnen, das diesen Wunsch erkennen läßt, beispielsweise einem Sternchen oder einem Plus- oder Minuszeichen.

AutoFormat-Optionen — Was AutoFormat alles in seine automatische Arbeit einbeziehen soll, legen Sie unter EXTRAS > OPTIONEN in der Registerkarte AUTOFORMAT fest. Die Registerkarte können Sie auch vom Dialogfenster AUTOFORMAT aus über den Befehl OPTIONEN (Alt O) aufrufen. Dieses Dialogfenster bekommen Sie allerdings nur zu Gesicht, wenn Sie die Funktion im FORMAT-Menü mittels des Befehls AUTOFORMAT starten. Das Symbol AUTOFORMAT oder der Tastenschlüssel Strg J starten die Funktion gleich ohne Rückfragen. In den OPTIONEN der AutoFormat-Funktion haben Sie folgende Einstellungsmöglichkeiten:

Gruppe
    Kontrollkästchen
        Erläuterung

BEIBEHALTEN
    ZUVOR ZUGEWIESENE FORMATVORLAGEN (Alt V)
        Sorgt dafür, daß bereits mit Formatvorlagen formatierten Absätzen keine andere Formatvorlage zugewiesen wird.

Gruppe		
	Kontrollkästchen	
		Erläuterung

Um den Text grundlegend neu zu formatieren und diese Formatierung WinWord zu überlassen, deaktivieren Sie dieses Kontrollkästchen.

FORMATVORLAGEN ZUWEISEN
    ÜBERSCHRIFTEN (Alt B)

Formatiert alle Absätze, die es als Überschriften identifiziert - beispielsweise anhand des Schriftattributs "Fett" - mit einer ÜBERSCHRIFT-Formatvorlage der Ebenen 1 bis 9.

    LISTEN (Alt L)

Formatiert alle Absätze, die es auf der Basis der Zeilenfolge oder anhand von Numerierungen oder Aufzählungszeichen als Listen oder Aufzählung identifiziert, mit den Formatvorlagen LISTE oder AUFZÄHLUNG oder anderen Unterebenen dieser automatischen Formatvorlagen.

    ANDEREN ABSÄTZEN (Alt N)

Formatiert alle Absätze des Dokuments als TEXTKÖRPER oder einer anderen Formatvorlage für Fließtext. Hierbei wird auch der Inhalt von Absätzen in die Analyse einbezogen, so daß WinWord beispielsweise bei Briefen die Formatvorlagen ANREDE, DATUM, NACHRICHTENKOPF, GRUßFORMEL, UNTERSCHRIFT usw. selbsttätig den Absätzen mit dem entsprechenden Inhalten zuordnet.

ANPASSEN
    ABSATZMARKEN (Alt M)

Ergänzt fehlende oder löscht überflüssige Absatzmarken, beispielsweise am Ende von Zeilen, die einem gemeinsamen Textabsatz angehören. Im Zusammenspiel mit FORMATVORLAGEN ZUWEISEN werden entsprechende Formatvorlagen ergänzt.

    TABSTOPS UND LEERZEICHEN (Alt O)

Entfernt entbehrbare Leerzeichen und Tabulatoren und ersetzt Leerzeichen durch Tabulatoren. Im Zusammenspiel mit FORMATVORLAGEN ZUWEISEN werden Formatvorlagen mit formatierten Absatzeinzügen ergänzt.

    LEERE ABSÄTZE (Alt R)

Entfernt entbehrbare leere Absatzmarken. Im Zusammenspiel mit FORMATVORLAGEN ZUWEISEN werden Formatvorlagen mit formatierten Absatzabständen ergänzt.

Gruppe		
	Kontrollkästchen	
		Erläuterung

ERSETZEN

    GERADE ANFÜHRUNGSZEICHEN DURCH TYPOGRAFISCHE ([Alt][A])
        Ersetzt die Standard-Anführungszeichen " und Apostrophe '
        durch öffnende und schließende "Anführungszeichen" und
        'Apostrophe'

    KONZEPT-SYMBOLE DURCH FORMATIERTE ([Alt][S])
        Ersetzt - ähnlich der AutoKorrektur-Funktion - bestimmte Zei-
        chenkombinationen wie (r), (c), (tm) und gängige Bruchzahlen
        durch die entsprechenden Sonderzeichen: ®, ©, ™, ½, ¼, ¾.

    KONZEPT-AUFZÄHLUNGSZEICHEN DURCH FORMATIERTE ([Alt][Z])
        Ersetzt Zeichen, die erkennbar anstelle von Aufzählungszeichen
        verwendet werden, durch Aufzählungssymbole. Im Zusammen-
        spiel mit FORMATVORLAGEN ZUWEISEN werden entsprechende Listen-
        bzw. Aufzählungs-Formatvorlagen ergänzt.

Tab. 20.3: Die Optionen der AutoFormat-Funktion

Wie Sie der Tabelle 20.3 entnehmen können, ist das Zusammenspiel der einzelnen Kontrollen bei der AutoFormat-Funktion kompliziert. Manche Formatierungen werden tatsächlich nur dann zufriedenstellend im Text umgesetzt, wenn Sie mit Ersetzungen korrespondieren. Ersetzungen und Löschungen machen eine bestimmte Formatvorlage erforderlich, um das gewünschte Erscheinungsbild zu erhalten. Die Prüfalgorithmen der Auto-Format-Funktion ziehen die Stellung eines Absatzes im Text ebenso ein wie Absatz- und Zeilenlänge, Sonderzeichen und manuelle Formatierungen und nicht zuletzt prägnante Textinhalte. Dennoch darf von der Autoformatierung nicht zuviel erwartet werden. WinWord versucht zwar, die Struktur des Textes zu verstehen und in die entsprechende Gestaltung umzusetzen. Textinhalte bleiben dem Programm aber verborgen. Was Sie ausdrücken möchten, liegt bei der Textverarbeitung sprachlich und in der Gestaltung nach wie vor in Ihrer Hand.

Die Gestaltung, die Word für Windows ihrem Dokument angedeihen läßt, ist Ihnen aber nicht aus der Hand genommen, sondern kann von Ihnen detailliert überprüft werden. Voraussetzung hierfür ist, daß Sie die Funktion AUTOFORMAT nicht über die Symbolleiste oder den Tastenschlüssel, sondern mittels des Menübefehls FORMAT > AUTOFORMAT starten. In diesem Fall beginnt die Formatierung nicht unverzüglich, sondern mit dem Dialogfenster, in dem ja auch der Zugriff auf die OPTIONEN offensteht. Das Dialogfenster AutoFormat informiert Sie darüber, auf welches Dokument sich die folgende Formatierung auswirkt, und daß Sie im Anschluß an die Formatierung die Änderungen prüfen können.

Der Start mit OK führt im Dokument die AutoFormatierung mit den eingestellten Optionen durch. Dokumentiert wird der Fortgang per Segmentbalken in der Statusleiste. Erreichen die Segmente das rechte Ende des Statusfeldes, ist die automatische Aktion abgeschlossen und Sie können nun selbst Hand an den Text legen. Hierfür öffnet WinWord ein Dialogfenster, das Sie durch einen Klick oder mit (Strg)(S) verlassen und wieder aktivieren können. Damit das recht großzügig gestaltete Dialogfenster AutoFormat Ihnen die Aussicht nicht versperrt, ziehen Sie es mit der Maus über seine Titelzeile oder mit den Cursortasten per Sytemmenü ((Alt)(⎵) (V)) beiseite.

Sie haben nun die Möglichkeit, mit Alle annehmen ((Alt)(A)) die neue Gestaltung insgesamt zu akzeptieren oder im Gegenteil mit Alle Ablehnen ((Alt)(B)) WinWords Bemühungen um gutes Format zu verwerfen. Im ersten Fall bleibt das Dokument so, wie Sie es momentan vor sich sehen, während es im zweiten Fall in den Zustand zurückversetzt wird, der vor der automatischen Formatierung bestand.

Wem solch globale Entscheidungen fernliegen, der aktiviert mit Änderungen prüfen ((Alt)(D)) ein eigenes Prüffenster, das zudem mit einer speziellen Textansicht gepaart ist. Auch das Fenster AutoFormat-Änderungen überprüfen läßt übrigens den freien Wechsel zwischen Text und Dialogfenster zu.

Im Dialogfenster AutoFormat-Änderungen überprüfen schalten Sie mit dem Befehl Verbergen ((B)) die Anzeige der Änderungsmarkierungen aus und die Schaltfläche in Anzeigen ((Z)) um. Anzeigen wiederum bringt die Kennzeichnungen zur Ansicht, mit denen WinWord Ihnen zeigt, was es tat, und aktiviert zudem die beiden Befehle <= Suchen ((U)) und Suchen => ((S)) mit denen Sie im Dokument vorwärts und Rückwärts nach den Formatierungsänderungen suchen können.

Änderungen überprüfen

Die Markierungen sind recht einfach zu unterscheiden, sofern Sie mit einem Farbmonitor arbeiten. Anderenfalls entwickelt sich der Suchlauf nach ergänzten oder gelöschten Absatzmarken eher zu einem Ratespiel, da WinWord im Dialogfenster zwar fleißig zeigt, welche Formatvorlagen zugewiesen wurden, nicht aber, welche Absatzmarken hierfür gelöscht oder ergänzt wurden. Die Information, daß eine Absatzmarke entfernt wurde, entnehmen Sie lediglich der roten Farbe, während die Farbe Blau zeigt, daß an dieser Stelle eine Formatvorlage zugewiesen wurde. Offensichtlich hat WinWord die Angewohnheit, Formatvorlagen nicht direkt an bestehende Absätze zuzuweisen, sondern eine neue, formatierte Absatzmarke am Ende des Absatzes einzufügen und die alte anschließend zu löschen. Dies ergibt einen prächtigen Wechsel zwischen blauen und roten Absatzmarken, dessen Infomationsgehalt hinter das Farbenspiel zurücktritt. Auch die Beschreibung im Dialogfenster hält sich bei dieser Performance dezent zurück. Sie haben so bei jedem Absatz zweimal die Chance, die Änderung der Formatvorlage abzulehnen, denn ob Sie bei der blauen oder der roten Absatzmarke den Befehl Ablehnen ([L]) anwählen, bleibt im Effekt gleich.

Etwas deutlicher treten die expliziten Lösungen von überflüssigen Absatzmarken, Text, Leerzeichen und Tabulatoren zutage, die ebenfalls rot und zusätzlich durchgestrichen - mit Ausnahme der gelöschten Absatzmarken - angezeigt und zudem alle im Dialogfenster beschrieben werden. Hier heißt es denn Entfernte nicht mehr benötigte Absatzmarke. oder Entfernte führende Leerzeichen, so daß Sie wissen, was sich tat. Ergänzungen erscheinen im Text unterstrichen und blau.

Mit Ablehnen und Suchen durchsuchen Sie nun den Text und entscheiden, welche Änderung keinen Bestand haben soll. Wenn Sie das Kontrollkästchen Nächste Änderung markieren, springt WinWord direkt die nächste Markierung an, sobald Sie eine Modifikation ablehnen. Angenommen werden Änderungen einfach, indem Sie sie bestehen lassen und weitersuchen. Sollten Sie während der Prüfaktion Ihren Sinn ändern und abgelehnte Modifikationen wieder annehmen wollen, so wählen Sie Rückgängig ([R]). Diese Schaltfläche verliert allerdings ihre Wirkung, sobald Sie direkt in den Text wechseln. Das Rückgängig-Symbol der Standard-Symbolleiste und die entsprechenden Menübefehl und Tastenschlüssel ([Strg][Z]) behalten allerdings ihre Wirkung, wenn Sie im Textfenster arbeiten.

Sollten Sie im Dokument eine Markierung setzen, während das Dialogfenster AutoFormat-Änderungen überprüfen aktiv ist, bezieht sich die nächste Aktion im Dialogfenster nur auf diese Markierung. Eine Meldung macht sie darauf aufmerksam, wenn die Markierung bis ans Ende durchforstet wurde oder das Ende des Dokuments erreicht ist. In beiden Fällen haben Sie die Möglichkeit, die Suche durch das gesamte Dokument fortzusetzen.

Nachdem Sie die Überprüfung beendet haben, wählen Sie Schließen - oder Abbrechen, wenn keine Änderungen über das Dialogfenster vorgenommen wurden, und haben dann noch einmal im Dialogfenster AutoFormat die Möglichkeit die Änderungen alle anzunehmen oder abzulehnen. Achtung: Wenn Sie Alle Ablehnen wählen, fallen dem auch jene Änderungen zum Opfer, die Sie manuell im Text eingaben, während das Dialogfenster geöffnet war. Mit Alle Annehmen machen Sie nichts falsch, denn schließlich hat WinWord ja eine umfangreiche Funktion namens Rückgangig.

Die Änderungen, die Sie und WinWord vorgenommen haben, können Sie sich noch einmal vor Augen rufen, wenn Sie die Funktion Rückgangig von

WinWord per Standard-Symbolleiste, Tastendruck (Strg)(Z) oder BEARBEITEN-Menübefehl nutzen. In der Liste des RÜCKGÄNGIG-Symbols sind sämtliche Änderungen während der Autoformatierung zwischen AUTOFORMAT ANFANG und AUTOFORMAT ENDE gelistet. Wenn Sie alles einschließlich AUTOFORMAT ANFANG rückgängig machen, stellen Sie die Situation wieder her, die vor der AutoFormatierung im Dokument bestand. Aber auch die Situation direkt nach der AutoFormatierung läßt sich hier wiederherstellen, wobei nun alle Änderungen als angenommen - also blau - erscheinen. Die Möglichkeit, zwischen Anfang und Ende der AutoFormat-Funktion zu unterscheiden, bietet sich nur, wenn Sie die Änderungen mittels der AUTOFORMAT-Dialogfenster angenommen haben. AUTOFORMAT-Symbol und Tastenschlüssel arbeiten nicht in zwei Stufen, sondern lediglich in einem Schritt, der in der RÜCKGÄNGIG-Liste einfach AUTOFORMAT heißt und sich nur als ganzes zurücknehmen läßt.

Die Arbeit mit dem Menübefehl FORMAT > AUTOFORMAT bringt noch einen anderen Vorteil: Im Dialogfenster AUTOFORMAT haben Sie direkten Zugriff auf den FORMATVORLAGEN-KATALOG ((Alt)(F)). Sie können also die automatisch formatierten Änderungen im Dialogfenster FORMATVORLAGEN-KATALOG gleich in der Wirkung studieren, die sie beim Einsatz von Formatvorlagen anderer Dokumentvorlagen hat. Wenn Sie die Dokumentvorlagen hierbei wechseln, hat dies direkte Auswirkung auf die Formatierung des Dokuments. Wie Sie mit dem FORMATVORLAGEN-KATALOG arbeiten, ist weiter oben in diesem Kapitel erläutert.

Formatvorlagen-Katalog

Die Vorlagenstruktur von Word für Windows

Zum besseren Verständnis des Verhältnisses zwischen NORMAL.DOT als globaler Quelle, den Dokumentvorlagen und den einzelnen Dokumenten können Sie sich die Verwaltung von Word für Windows als dreistöckiges Gebäude vorstellen:

Im obersten Stock sitzt die NORMAL.DOT, die die globale Ausrichtung festlegt und allgemeine Regeln gibt, nach denen verfahren werden muß, solange kein spezieller Fall eintritt.

Im mittleren Stockwerk sitzen die Dokumentvorlagen, die für bestimmte Situationen differenziertere Lösungen erarbeiten. Sie kennen die NORMAL.DOT und beziehen sich auf sie. Aber sie sind in der Lage, Problembereiche genauer abzudecken als eine allgemeine Richtlinie. Sie sind flexibel genug, auch untereinander Bezüge zu schaffen, Problemlösungen zu übernehmen und gegebenenfalls zu modifizieren. Innerhalb der Dokumentvorlagen gibt es verschiedene Aufgabenbereiche, die auch Hierarchien mit sich bringen. So können einige Dokumentvorlagen durchaus in die Arbeitsbereiche anderer hineingreifen, während diese sich wieder ganz und gar auf die eigenen Dokumente konzentrieren.

Schließlich gibt es im "Erdgeschoß" die Dokumente, die individuelle Lösungen für jede Gelegenheit bieten. Hier stehen die Türen offen, und der Kommunikationsfluß ist ungehemmt. Dennoch beachtet jedes Dokument die allgemeinen Richtinien, beachtet also die NORMAL.DOT und greift außerdem auf die Lösungen der Dokumentvorlagen zu.

Mitunter muß für Dokumente eine neue Lösung entwickelt werden, da hierzu bisher keine ausreichende Vorgabe vorhanden ist. Oft zeigt sich im nachhinein, daß die Lösung sehr brauchbar ist. Dann kann die kompetente Einzellösung ohne Probleme zur allgemeinen Problemlösung für spezielle Fälle erhoben werden. Oft genügen kleine Umarbeitungen, und aus einem DOC-Dokument wird eine DOT-Vorlage.

Dokumentvorlagen neu erstellen

Um Dokumentvorlagen zu erstellen, können Sie drei verschiedene Wege einschlagen. Wohl die einfachste Vorgehensweise ist, ein erstelltes Dokument als Basis einer Vorlage zu wählen. Ein anderer Weg besteht darin, eine vorhandene Vorlage abzuändern. Und schließlich gibt es noch den dritten Weg, eine Vorlage ganz neu zu gestalten.

Um eine Vorlage direkt zu konzipieren, wählen Sie im Menü DATEI den Befehl NEU (Alt D N). Geben Sie im Dialogfenster an, daß eine neue VORLAGE (Alt V) erstellt werden soll.

In der Liste VORLAGE (Alt O) können Sie eine bestehende Vorlage als Basis der neuen Dokumentvorlage bestimmen. Wenn Sie in dieser Liste keine Wahl treffen, wird automatisch auf die Vorlage NORMAL zurückgegriffen. Grundsätzlich kann Word für Windows kein Dokument öffnen, ohne eine Dokumentvorlage heranzuziehen, auf deren Grundlage das Dokument oder die neue Vorlage erstellt wird.

Bestätigen Sie mit ⏎ oder OK. Word für Windows öffnet Ihnen nun ein Fenster, das sich vom gewohnten Dokumentfenster nur durch den Eintrag des Fenstertitels unterscheidet. Im Kopf des Fensters steht "Vorlage1" - vorausgesetzt, daß es Ihr erstes Vorlagenfenster ist, das Sie in dieser Sitzung öffnen. Alle Angaben, die Sie in der Dokumentvorlage vornehmen, geben Sie ein, wie Sie es bereits von der Dokumenterstellung gewohnt sind.

20 • Dokumentvorlagen, Formatvorlagen und AutoText

Formatieren Sie nun das Dokument im Dialogfenster SEITE EINRICHTEN. Geben Sie - wie üblich - die Blattgröße vor, bestimmen Sie die Seitenränder, und legen Sie die Ausrichtung der Seite fest.

Öffnen Sie anschließend das Dialogfenster FORMATVORLAGE, und erstellen Sie neue Formatvorlagen oder modifizieren die vorhandenen. Beachten Sie die Beziehungen der Formatvorlagen untereinander. Sinnvoll ist es, sich zunächst auf einem Blatt Papier eine Aufstellung zu machen, welche Absatzformate gebraucht werden, wie diese Formate aufeinander basieren und welches Format im Arbeitsablauf auf welches folgt. Nachdem Sie die Formatvorlagen benannt und erstellt haben, schließen Sie das Fenster.

Wenn Sie bereits Begriffe, Sentenzen oder Abschnitte für AutoText-Einträge haben, können Sie diese nun aufnehmen. Hierbei brauchen AutoText-Einträge, die bereits in der Datei NORMAL.DOT gespeichert sind, nicht noch einmal erfaßt zu werden. Allerdings können Sie - gemäß den Gesetzen der Hierarchie von Word für Windows - AutoText-Einträge in Ihrer Vorlage anders belegen als in der globalen Vorlage "Normal". Das Programm wird während der Arbeit mit der speziellen Vorlage stets den hier definierten AutoText-Einträgen den Vorzug geben. Außerhalb der Vorlage sind dann wieder die globalen AutoText-Einträge aktiv.

Schließlich erfassen Sie den Text, der Ihnen immer zur Verfügung stehen soll, wenn Sie ein Dokument auf der Grundlage der Vorlage erstellen. Hierfür bieten sich z.B. Kopf- und Fußzeilen an, mit denen Sie ständig arbeiten. Auch Firmenlogos oder andere spezielle Seitengestaltungen sind hier am rechten Platz. Außerdem können Sie Betreff-Zeilen, Ortsangaben und Datumsfelder setzen. Über Feldfunktionen lassen sich viele Abläufe in einer Dokumentvorlage automatisieren, wie z.B. der Eintrag des aktuellen Datums. Wie solche Feldfunktionen aussehen und was Sie damit bewirken können, ist Thema des IV. Teils des Buches.

Bücher lassen sich mit Vorlagen kapitelweise erstellen, wobei jedes Kapitel die gleiche Formatierung zur Verfügung hat. Auch können Kapitelüberschriften, in der nur noch die Kapitelzahl oder der Titel ergänzt werden muß, vorgegeben werden. Berichte können standardisiert und durch vorgegebene Abfragen gegliedert und Memos entsprechend der Praktiken gestaltet werden. Sie sehen: den Einsatzmöglichkeiten sind kaum Grenzen gesetzt.

Nachdem Sie eine Dokumentvorlage erstellt haben, speichern Sie sie über das Symbol "Speichern" oder mit [F12] Beim Speichern dürfen Sie die üblichen Dateinamen verwenden. Noch mehr als sonst sollten Sie darauf achten, der Dokumentvorlage einen eindeutigen und leicht assoziierbaren Namen zu geben. Eine Erweiterung sollten Sie nicht angeben, da Word für

Windows Dokumentvorlagen automatisch mit der Erweiterung .DOT kennzeichnet. An dieser Erweiterung erkennt Word für Windows die Vorlagen auch und präsentiert Sie Ihnen in den Vorlagenlisten.

Die automatischen Vorlagenlisten beziehen sich in der Regel auf das Verzeichnis \WINWORD\VORLAGEN. Word für Windows legt neue Dokumentvorlagen ebenfalls in diesem Verzeichnis ab. Sie sollten hierauf keinen Einfluß nehmen, es sei denn, Sie möchten nicht, daß die Vorlage automatisch gelistet wird. In diesem Fall können Sie die Dokumentvorlage selbstverständlich auch in einem andern Verzeichnis speichern. Auf dieses Verzeichnis müssen Sie allerdings in Eingabefenstern durch eine komplette Pfadangabe Bezug nehmen, wenn Sie die Dokumentvorlage später benutzen wollen.

Dokumentvorlagen auf der Basis von Dokumenten erstellen

Für das Erstellen von Dokumentvorlagen gibt es noch zwei andere Wege, die sich aber im Prinzip gleichen. Bei beiden Vorgehensweisen bauen Sie die neue Dokumentvorlage auf einer bestehenden Datei auf. Zum einen kann es sich bei dieser Datei um eine Dokumentvorlage handeln, zum anderen kann aber auch ein Dokument als Vorlage gestaltet werden. Bei beiden Vorgehensweisen kommen Sie in den Genuß der Daten, die in den Dateien bereits erfaßt sind. Sie müssen die neue Dokumentvorlage also nicht von Grund auf gestalten, sondern modifizieren vorhandene Formate, Texte und AutoText-Einträge.

Um eine Vorlage auf der Basis einer anderen Vorlage zu erstellen, laden Sie die Dokumentvorlage wie eine Datei. Allerdings müssen Sie im Dialogfenster DATEI ÖFFNEN (Funktionssymbol, Strg F12 oder Alt Strg F2) statt der Dokumenterweiterung ".DOC" die Vorlagenerweiterung ".DOT" aus der DATEITYP-Liste auswählen. Word für Windows kann ansonsten nicht die richtige Vorauswahl der Dateien treffen. Wechseln Sie in das Verzeichnis, in dem die Dokumentvorlagen von Word für Windows gespeichert sind.

Wählen Sie die .DOT-Datei aus, auf deren Basis Sie eine neue Vorlage erstellen möchten. Nachdem die Datei geöffnet ist, nehmen Sie die gewünschten Änderungen vor, und speichern Sie unter einem anderen Dateinamen ab; die Namenserweiterung muß hierbei wieder .DOT sein, kann aber wie üblich weggelassen werden. Alle Inhalte der Vorlage werden in der modifizierten Form gesichert, und die neue Vorlage ist erstellt. Selbstverständlich können Sie eine Vorlagendatei auch öffnen, um sie zu überarbeiten. In dem Fall speichern Sie die Datei wieder unter dem gleichen Namen ab.

20 • Dokumentvorlagen, Formatvorlagen und AutoText

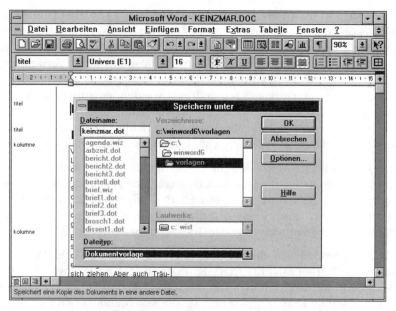

Abb. 20.4: Ein Dokument als Vorlage speichern

Eine Dokumentdatei bietet eine ähnlich einfache Voraussetzung für eine Vorlage. Laden Sie das Dokument, das Sie für geeignet halten. Speichern Sie es direkt wieder ab (F12). Allerdings müssen Sie hierbei die Endung .DOC durch .DOT ersetzen. In der Liste DATEI-TYP wählen Sie den Eintrag "Dokumentvorlagen (*.dot)". Hierdurch wird von Word für Windows gleichzeitig das Vorlagen-Verzeichnis zur Speicherung ausgewählt. Dann setzen Sie den Speichervorgang mit ⏎ oder OK in Gang. Nachdem die Datei gespeichert ist, ist aus dem Dokument bereits eine Dokumentvorlage geworden. Bislang unterscheidet sie sich inhaltlich noch nicht von dem Dokument, das Sie geladen haben.

Sofern es noch nicht geschehen ist, erstellen Sie nun Formatvorlagen anhand der bestehenden Absatzformate. Textteile, die bereits bestehen, können Sie eventuell für AutoText-Einträge nutzen. Textteile, die an der gleichen Stelle immer wieder gebraucht werden, lassen Sie bestehen, allen übrigen Text löschen Sie. Schließlich modifizieren Sie die Formatvorlagen und das Dokumentformat und nehmen letzte Änderungen und Ergänzungen am Textkörper der Vorlage vor. Abschließend speichern Sie sie über das Symbol "Speichern" oder mit Strg S (Alt ⇧ F2 oder ⇧ F12). Die neue Vorlage ist erstellt.

Word für Windows bietet Ihnen auch einen schriftlichen Überblick über die Inhalte einer aktiven Dokumentvorlage. Über DATEI > DRUCKEN (Strg P) oder ⌈Strg⌉⌈⇧⌉⌈F12⌉) aktivieren Sie die Liste DRUCKEN (⌈Alt⌉⌈D⌉). Hier können Sie die Ausgabe der Tastaturbelegung, der AutoText-Einträge und der Formatvorlagen anfordern. Bei den Formatvorlagen werden lediglich jene Namen und Beschreibungen ausgedruckt, die im aktuellen Dokument Verwendung finden oder modifiziert wurden; die Liste, in der übrigens auch die mageren Zeichenformatvorlagen fett gedruckt werden, entspricht somit der Anzeige BENUTZTE FORMATVORLAGEN im Dialogfenster FORMATVORLAGEN. Diese Ausdrucke erleichtern Ihnen die Auswahl der richtigen Formatvorlage, besonders wenn Sie mit vielen verschiedenen Dokumentvorlagen arbeiten.

Zur Übung sollten Sie sich die SYBEX.DOT von der Diskette in Ihr Vorlagenverzeichnis kopieren, die Dokumentvorlage öffnen und sich die Liste der Formatvorlagen ausdrucken lassen. Hierbei sehen Sie die Formate, mit denen die Geschichte "Keine Zeit für Langeweile" formatiert wurde. Sie können nun die Formatierung der Geschichte nachvollziehen.

Für die folgende Formatierungsübung schließen Sie die SYBEX.DOT und öffnen die Datei KEINZEIT.DOC. Formatieren Sie im Dialogfenster das Dokument mit den Maßen des Papiers, das Sie zum Druck verwenden. Spiegeln Sie die Ränder und setzen Sie die Seitenränder oben und unten auf 4 Zentimeter, den Rand innen auf 3,8 Zentimeter und den Rand außen auf 1,5 Zentimeter. Legen Sie für die Fußnoten als Druckposition den unteren Seitenrand fest. Schließlich sollte auch die Absatzkontrolle aktiv sein.

Aktivieren Sie im Dialogfenster FORMATVORLAGEN-KATALOG die Dokumentvorlage SYBEX. Gegebenenfalls wechseln Sie hierfür unter DURCHSUCHEN über die Listen LAUFWERKE und VERZEICHNISSE in das Verzeichnis, in das Sie die Dokumentvorlage SYBEX.DOT zuvor kopiert haben. Wählen Sie aus der Liste ZU VERBINDENDE DATEI die Datei SYBEX.DOT. Durch doppeltes Anklicken, mit OK oder ⌈↵⌉ verbinden Sie die Vorlage mit dem Dokument. In der Liste der Formatvorlagen werden jetzt die Formatvorlagen der SYBEX.DOT angezeigt.

Ordnen Sie die verschiedenen Formatvorlagen nun dem Text zu:

– Die beiden Titelzeilen formatieren Sie mit der Formatvorlage "titel".
– Dem Text ordnen Sie die Formatvorlage "text" zu.
– Die Kapitelzahlen erhalten die Formatvorlage "kapitel".
– Den Kolumnentext, den Sie selbst eingegeben haben (Kapitel 15), zeichnen Sie mit der Formatvorlage "kolumne" aus.
– Für den ersten Buchstaben eines jeden Kapitels verwenden Sie die Formatvorlage "versal". Der Buchstabe muß zuvor durch eine Absatzschaltung (⌈↵⌉) vom folgenden Text separiert werden.
– Zwar werden Kopf-/Fußzeilen und Fußnoten von Word für Windows bereits mit automatischen Formatvorlagen belegt, die Sie modifizieren

können, um sie dem Druckbild anzupassen. Doch der Übung halber können Sie diese Textelemente mit vorgefertigten Formatvorlagen versehen. Voraussetzung für diese Formatierungen ist, daß Sie die Kopf-/Fußzeilen und die Fußnoten erstellt haben (siehe Kapitel 15 und 16).
- Die Kopfzeilen gestalten Sie mit der Formatvorlage "kopf".
- Die Fußzeilen versehen Sie mit der Formatvorlage "fuß".
- Den Fußnoten geben Sie die Formatvorlage "note".

Wenn Sie die Geschichte mit Abschnittsumbrüchen vor dem zweiten und dritten Kapitel in drei Abschnitte unterteilt haben und die Abschnitte einspaltig gesetzt sind, sollte das Druckbild entstehen, das in der Datei KEINZMAR.DOC gespeichert ist. Laden Sie die Datei, die sich ebenfalls auf der Diskette befindet, und vergleichen Sie die Layoutansicht und die Seitenansicht der Dokumente. Drucken Sie beide Dokumente aus, und sehen Sie, ob Sie Unterschiede finden und welcher Art diese Unterschiede sind. Es ist hierbei wahrscheinlich, daß der Kolumnentext und somit auch die Länge der Kolumne differieren. Wenn Sie Abbildungen in den Text eingezogen haben, werden auch diese den Seitenumbruch nachhaltig beeinflussen. Überlegen Sie sich, wie das Layout der Geschichte Ihrem Geschmack nach besser gestaltet werden könnte.

Kehren Sie noch einmal an den Bildschirm zurück, und modifizieren Sie das Layout über die Formatvorlagen. Beispielsweise können Sie statt der

Abb. 20.5: Die mit Formatvorlagen gestaltete Geschichte

serifenlosen Schrift, in der die Geschichte gestaltet wurde, eine Serifen-Schrift, z.B. Times Roman, verwenden. Hierfür brauchen Sie nur die Formatvorlage "text" entsprechend zu ändern, auf der alle anderen Formatvorlagen der Geschichte basieren.

Dokumentvorlagen verwalten

Im Lauf der Zeit werden sich verschiedene Dokumentvorlagen ansammeln - selbsterstellte oder vorgefertigte - auf deren Kapazitäten Sie je nach Art des Dokuments zurückgreifen, das Sie verfassen. Doch nicht nur beim Erstellen eines Dokuments mit dem Befehl DATEI > NEU steht Ihnen das Reservoir der Dokumentvorlagen zur Verfügung. Wie bereits im Abschnitt "Formatvorlagen" angesprochen, können Sie je nach Bedarf auf Dokumentvorlagen zurückgreifen und einen Teil ihrer Inhalte direkt in die Arbeit mit dem aktuellen Dokument einbeziehen.

Dokumentvorlage wechseln

Die grundlegenste Aktion zwischen Dokumenten und Dokumentvorlagen betrifft den Wechsel der Vorlagendatei. Sie haben während der Arbeit an einem Dokument permanent die Möglichkeit, die Dokumentvorlage zu wecheln, auf der es basiert. Dieser Wechsel wird mit dem Befehl DATEI > DOKUMENTVORLAGE ([Alt][D] [V]) initiiert.

Im Dialogfenster DOKUMENTVORLAGEN UND ADD-INS haben Sie zwei verschiedene Möglichkeiten, Inhalte anderer Dokumentvorlagen verfügbar zu machen: Entweder Sie ersetzen die aktive Dokumentvorlage durch eine andere oder Sie laden andere Dokumentvorlagen zusätzlich zur bereits aktiven Vorlage.

Um die aktuelle Dokumentvorlage zu ersetzen, wählen Sie den Befehl VERBINDEN ([Alt][B]) und wählen über die Listen LAUFWERKE ([Alt][L]) und VERZEICHNISSE ([Alt][V]) das Verzeichnis aus, in dem sich die Vorlage befindet, die Sie in der Liste DATEINAME ([Alt][D]) markieren. Im Gegensatz zum Dialogfenster NEU, in dem lediglich die Vorlagen gelistet werden, die in den Vorlageverzeichnissen gespeichert sind und mit der Erweiterung .DOT oder .WIZ (Assistenten) enden, können Sie hier neben dem freien Wechsel des Pfades auch Dateien listen, die nicht den vorgegebenen Endungen entsprechen. Dies geschieht entweder durch den Wechsel des Eintrags unter DATEITYP ([Alt][T]) oder durch die manuelle Eingabe einer Endung im Feld DATEINAME statt der Vorgabe .DOT. Sinnvoll ist dies, wenn Sie Dokumentvorlagen mit abweichenden Endungen erstellt haben.

So ist es ja durchaus möglich, ganze Dokumente als Dokumentvorlagen zu speichern, um bei der Weitergabe integrierte Makros verfügbar zu halten. Wenn Sie beispielsweise auf die Makros derart gesicherter Dokumentvorlagen zurückgreifen möchten, so wählen Sie unter DATEITYP den Eintrag WORD-DOKUMENTE (*.DOC). Beachten Sie aber, daß normale Dokumente oder Dateien anderer Textverarbeitungen nicht den Anforderungen entsprechen, die Word für Windows an Dokumentvorlagen stellt.

Sollte Sie eine Datei auswählen, die sich als ungeeignet erweist, so macht WinWord Sie beim Schließen des Dialogfensters DOKUMENTVORLAGEN UND ADD-INS hierauf aufmerksam und behält automatisch die alte Dokumentvorlage bei. Dies gilt einerseits für Dateien, die tatsächlich keine Dokumentvorlagen sind und andererseits für Dokumentvorlagen, die mit einem Schreibschutz gespeichert wurden.

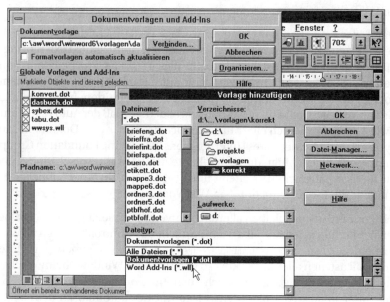

Abb. 20.6: Das Dialogfenster DOKUMENTVORLAGEN UND ADD-INS

Bei der Suche nach einer geigneten Dokumentvorlage besteht über den Befehl DATEI-MANAGER auch die Möglichkeit, die Dokumentrecherchefunktion von WinWord einzubeziehen. Die Suchfunktion DATEI-MANAGER wird im folgenden Kapitel eingehend beschrieben. Nach dem Suchlauf wird die gewünschte Datei aus der DATEILISTE ([Alt][L]) des DATEI-MANAGERS mittels Doppelklick oder über die Schaltfläche ÖFFNEN ([Alt][F]) ins Dialogfenster DOKUMENTVORLAGEN UND ADD-INS übernommen. Sie haben zudem die Möglichkeit ins Feld DOKUMENTVORLAGE den Pfad und Namen einer Vorlagendatei auch manuell einzutragen.

Die Dokumentvorlage, die in diesem Feld genannt wird, ist die Basis des aktuellen Dokuments. Das heißt, AutoText-Einträge, Tastenkombinationen,

Menübelegungen, Makros und Formatvorlagen, die Sie bei der folgenden Arbeit speichern, finden ihren Weg in die Vorlagendatei, die unter DOKUMENTVORLAGE eingetragen ist, sofern Sie die Änderungen nicht verfügbar für alle Dokumente in der NORMAL.DOT speichern. Die alte Dokumentvorlage jedenfalls, deren Name nun ersetzt wurde, hat ihre Gültigkeit verloren. Auf sie erfolgt in Zukunft kein weiterer Rückgriff.

Liegen für die alte Dokumentvorlage noch Modifikationen vor, die bislang ungesichert sind, so erfolgt beim Schließen des Dialogfensters DOKUMENTVORLAGEN UND ADD-INS die Abfrage, ob die Änderungen gespeichert werden sollen. Hiermit wird dann die ausgewechselte Dokumentvorlage geschlossen und die neue geöffnet.

Durch das Schließen der Dokumentvorlage endet nicht nur die Möglichkeit, Belegungen (Tastatur, Menüs, Symbolleisten), AutoText-Einträge, Makros und Formatvorlagen direkt in dieser Vorlage zu speichern, sondern gleichzeitig wird auch der Zugriff auf die Inhalte dieser Dokumentvorlage beendet und an ihrer Stelle gelten die Definitionen der neu aktivierten Vorlage. Das kann beispielsweise bedeuten, daß der AutoText-Name "Mfg", der soeben noch ein "Mit freundlichen Grüßen" ins Dokument zauberte, nun den Namen Ihres Unternehmens "Marketing Foundation Group" samt Firmenlogo einfügt, die Symbolleiste für Privatpost verschwindet und die für Geschäftssachen erscheint und (Strg)(⇧)(E) nicht länger unbelegt ist, sondern die E-Mail-Funktion von WinWord startet.

Die Formatvorlagen bleiben allerdings unverändert, solange Sie im Dialogfenster DOKUMENTVORLAGEN UND ADD-INS nicht das Kontrollkästchen FORMATVORLAGEN AUTOMATISCH AKTUALISIEREN ((Alt)(A)) markiert haben. Ist dieses Kontrollkästchen allerdings aktiv, so lädt Word für Windows beim Wechsel der Dokumentvorlage automatisch auch ihre Formatvorlagen. Diese Formatvorlagen aus der Dokumentvorlage weist es automatisch dem bestehenden Dokument zu. Das Kontrollkästchen FORMATVORLAGEN AUTOMATISCH AKTUALISIEREN arbeitet dokumentorientiert. Wurde es für ein Dokument aktiviert, so erfolgt die Aktualisierung der Formatvorlagen auf der Basis der Dokumentvorlage bei jedem Öffnen des Dokuments. Dies hat dann zur Folge, daß alle Dokumente, die auf dieser Dokumentvorlage basieren und bei denen das Kontrollkästchen FORMATVORLAGEN AUTOMATISCH AKTUALISIEREN angeschaltet ist, das gleiche Layout haben. Ausgenommen sind nach wie vor die allgemeinen Seitendefinitionen, die hiervon nicht berührt werden, sondern im Dialogfenster SEITE EINRICHTEN manuell umgestellt werden müssen.

Das Pendant zum Kontrollkästchen FORMATVORLAGEN AUTOMATISCH AKTUALISIEREN findet sich unter FORMAT > FORMATVORLAGE in den Dialogfenstern NEUE FORMATVORLAGE und FORMATVORLAGE BEARBEITEN. Hier finden Sie das Kontrollkästchen

ZUR DOKUMENTVORLAGE HINZUFÜGEN, das neue oder modifizierte Formatvorlagen in die aktive Dokumentvorlage überträgt. Unterlassen Sie dies, so finden Sie beim nächsten Öffnen mit aktivem Kontrollkästchen FORMATVORLAGEN AUTOMATISCH AKTUALISIEREN erstaunlicherweise nicht das kreierte Layout, sondern rekreiert die alten Formatvorlagen aus der Dokumentvorlage.

Doch WinWord beherrscht nicht nur den Wechsel der aktiven Dokumentvorlagen, der mit einigen Konsequenzen für die aktuelle Arbeit verbunden ist, sondern es erlaubt auch die parallele Nutzung verschiedener Dokumentvorlagen. Diese Fähigkeit ist Ihnen ja bereits aus der Verbindung von NORMAL.DOT und aktiver Dokumentvorlage bekannt. Auf die Einträge beider Vorlagen kann WinWord gleichermaßen zugreifen. Die Hierarchie ist hierbei klar: Was in der speziellen Dokumentvorlage nicht enthalten ist, kann aus der NORMAL.DOT bezogen werden; liegt eine Doppelung der Bezugsnamen vor - gleichgültig, ob AutoText oder Makros, Formatvorlagen oder anderer Belegungen -, so hat stets die spezielle Dokumentvorlage Vorrang vor der allgemeinen.

Dokumentvorlage zusätzlich aktivieren

Dieses Prinzip gilt auch für nachgeladene Vorlagen, die sich in die Riege von Dokumentvorlage und NORMAL.DOT eingliedern. Ausgewählt und aktiviert werden sie unter DATEI > DOKUMENTVORLAGEN (Alt D V) in der Gruppe GLOBALE VORLAGEN UND ADD-INS. Mit HINZUFÜGEN (Alt Z) nehmen Sie neue Vorlagen in die Liste auf. Das Dialogfenster VORLAGE HINZUFÜGEN enspricht hierbei in Aufteilung und Funktionalität dem soeben beschriebenen Dialogfenster VORLAGE VERBINDEN, verfügt also wieder über die Listen zur Wahl von Laufwerk, Verzeichnis und Dateiname. Die Liste DATEITYP bietet allerdings einen noch ungewohnten Eintrag: WORD ADD-INS (*.WLL). Über diesen Dateityp, dessen Endung auf die Verwandtschaft zu den bekannten DLLs schließen läßt (WLL = Word Link Libraries, wenn "W" für Word für Windows steht), können Sie sogenannte Add-Ins in WinWord einbinden.

Add-Ins sind Zusatzprogramme, die die Funktionalität von WinWord bereichern. Add-In-Programme werden vorwiegend in der Sprache C (z.B. Visual C++) entwickelt. Integrieren lassen sich Add-Ins wie Makros, das heißt, Sie können für den Zugriff auf geladene Add-Ins eigene Menübefehle, Tastenschlüssel oder Symbole in die Bedienungspalette Ihres Word für Windows aufnehmen. Der Vorteil, den Add-Ins gegenüber WordBasic-Makrolösungen bieten, ist, daß sie schneller ausgeführt werden als Makros, und dem Programmierer den vollen Zugriff auf die API-Funktionen von Windows ermöglichen. Da sich die Add-In-Module wie Vorlagen in WinWord hinzufügen lassen, ist nunmehr ein direkter Übergang zwischen Word für Windows und zusätzlichen C-Programmen gegeben, die wiederum durch die Kompatibilität im Zugriff auf WordBasic in der Lage sind, WinWord-Prozesse zu steuern. Im Gegensatz zu WordBasic, dessen volle Funktionalität Ihnen mit WinWord zur Verfügung steht, brauchen Sie aber

Add-Ins

für das Erstellen von Add-Ins separate Anwendungen, mit denen Sie in C programmieren können.

Nachdem Sie eine Vorlage oder ein Add-In ausgewählt oder mittels des Datei-Managers gesucht und bestätigt haben, wird diese Ergänzung des WinWord-Haushalts in die Liste GLOBALE VORLAGEN UND ADD-INS (Alt G) aufgenommen und mit einem "X" als aktiv markiert. Die aktivierten Vorlagen und Add-Ins stehen nun während der gesamten WinWord-Sitzung zur Verfügung, wenn Sie sie nicht in der Liste wieder deaktivieren, also per Mausklick oder [   ]-Taste das "X" wieder entfernen.

Sämtliche Einträge der Liste GLOBALE VORLAGEN UND ADD-INS stehen Ihnen auch bei der nächsten Sitzung von Word für Windows wieder zur Verfügung, sind allerdings nicht automatisch markiert, also beim Start inaktiv. Sie aktivieren sie im Dialogfenster DOKUMENTVORLAGEN UND ADD-INS, indem Sie die gewünschten Einträge mit einem "X" markieren. Mit Ihrem OK lädt WinWord sie.

Anders schaut die Sachlage aus, wenn WinWord beim Programmaufruf Dokumentvorlagen oder Add-Ins in seinem \START-Verzeichnis entdeckt, das bei der Standardinstallation als Unterverzeichnis des WinWord-Stammverzeichnisses angelegt wird. Die Dokumentvorlagen und Add-Ins, die Sie in diesem Verzeichnis gespeichert haben, nimmt Word für Windows direkt beim Programmstart aktiv ins Geshehen auf und listet sie so auch im Dialogfenster GLOBALE VORLAGEN UND ADD-INS. Den aktuellen Pfad einer hinzugefügten globalen Vorlage erfahren Sie unter PFADNAME, wenn Sie den Eintrag markieren. Während sich manuell ergänzte Vorlagen über den Befehl ENTFERNEN (Alt E) wieder aus der Liste löschen lassen und auch beim nächsten WinWord-Start fehlen, geht dies mit Vorlagen, die im \START-Verzeichnis liegen, nicht. Sie müssen aus dem Verzeichnis entfernt werden - beispielsweise mit dem Datei-Manager -, damit WinWord sie beim nächsten Start ignoriert. Für die aktuelle Sitzung lassen sie sich allerdings wie gewohnt markieren und deaktivieren.

Für permanente globale Dokumentvorlagen ist der Ort, an dem sie gespeichert sind, ausschlaggebend. Nur Dateien aus dem sogenannten AutoStart-Verzeichnis werden automatisch aktiviert. Um den Pfad des AutoStart-Verzeichnisses zu wechseln, wählen Sie unter EXTRAS > OPTIONEN die Registerkarte DATEIABLAGE und markieren in der Liste DATEIART den Eintrag AUTOSTART. Mit ÄNDERN läßt sich nun im Dialogfenster ABLAGE BEARBEITEN ein neues Verzeichnis wählen oder sogar erstellen. Die Registerkarte DATEIABLAGE finden Sie in Kapitel 11 näher erläutert.

Die AutoText-Einträge, Makros, Symbolleisten, Tastatur- und Menübelegungen, die in den zusätzlich aktivierten Vorlagen gespeichert sind, gelten auch im aktiven Dokument, allerdings nur, wenn in der Dokumentvorlage, auf der das Dokument basiert, und in der NORMAL.DOT die entsprechenden Namen noch nicht belegt sind und keine eigenen Definitionen vorliegen. Die Priorität der aktiven Dokumentvorlage bleibt von den Zusätzen ungestört. Die Ergänzungen setzen nur dort ein, wo sich eine Lücke bietet. Wenn Sie mehrere Dokumentvorlagen hinzuladen, deren Einträge sich überschneiden, so gilt hier die alphabetische Folge. Vorlagennamen, deren Zeichenfolge weiter vorne im Alphabet angesiedelt sind übertrumpfen bei gleichnamigen Inhalten die folgenden Dokumentvorlagen.

Bei richtigem Einsatz bietet Ihnen die Funktion der zu- und abschaltbaren globalen Dokumentvorlagen eine Bereicherung des Funktionsspektrums von Word für Windows, das nicht genug zu schätzen ist. Einerseits entlastet es die NORMAL.DOT, die beispielsweise durch grafische AutoText-Einträge schnell auf ungeahnte Größen anwächst, andererseits hält es wichtige Befehle und Bausteine über die Grenzen einzelner Dokumentvorlagen hinaus verfügbar. Mit ein paar Überlegungen lassen sich aufgabenspezifische Dokumentvorlagen anlegen, in denen Sie AutoText-Einträge, Makros und Bedienbelegungen für bestimmte Arbeitsphasen zusammenfassen. Sie aktivieren dann stets nur die Vorlage, die beim aktuellen Arbeitsstand im Dokument sinnvoll ist, was einerseits WinWords Speicherbedarf entlastet und andererseits Ihrem Wunsch nach benutzungsorientiertem Komfort entsprechen dürfte.

Beim Hinzufügen von weiteren Vorlagen ist die Formatierung des Dokuments nicht betroffen, da die Formatvorlagen im Dokument nicht ergänzt oder gar geändert werden. Sie können sich also sicher sein, daß kein unbeabsichtigter Formatwechsel stattfindet oder automatisch die Formatvorlagen einer fremden Dokumentvorlage übernommen werden. Um alle Formatvorlagen anderer Dokumentdateien zu übernehmen und gleichzeitig für das aktuelle Dokument zu aktivieren, können Sie mit FORMAT > FORMATVORLAGEN-KATALOG - wie weiter oben in diesem Kapitel beschrieben - die Übernahme unter optischer Kontrolle vornehmen.

Organisieren

Nun ist es in der Regel nicht damit getan, daß jeder AutoText-Eintrag, jedes Makro, jede Symbolleiste und Formatvorlage direkt in der Vorlage erstellt wird, in der Sie auch fürderhin einzig und allein zur Verfügung stehen sollen. Andererseits wüchse die Liste der globalen Dokumentvorlagen bald ins Unüberschaubare, wenn Sie jede Vorlage, in der ein interessanter Eintrag vorliegt, direkt einbänden. Da hilft nur eins: Organisation. Um sich dieser Aufgabe zu entledigen, nutzen Sie das Dialogfenster ORGANISIEREN.

Den Aufruf dieses Dialogfensters finden Sie im Dialogfenster GLOBALE VORLAGEN UND ADD-INS ebenso wie unter FORMAT > FORMATVORLAGE oder EXTRAS > MAKRO. Die weite Verbreitung des Befehls ORGANISIEREN ((Alt)(O)) hat ihren Grund in der zentralen Bedeutung dieses Dialogfensters für die Verwaltung von Dokumentvorlagen.

Mittels ORGANISIEREN lassen sich über vier verschiedene Registerkarten FORMATVORLAGEN ((Alt)(F)), AUTOTEXT ((Alt)(A)), SYMBOLLEISTEN ((Alt)(S)) und MAKROS ((Alt)(M)) zwischen verschiedenen Dokumentvorlagen KOPIEREN ((Alt)(K)). Außerdem dient dieses Dialogfenster auch dem LÖSCHEN ((Alt)(L)) und dem UMBENENNEN ((Alt)(U)).

Grundsätzlich ist die Struktur des Dialogfensters ORGANISIEREN in allen vier Registerkarten gleich: Neben den Befehlen zum Kopieren, Löschen und Umbenennen bieten sich links und rechts zwei Listen, die die geöffneten Dokumentvorlagen repräsentieren.

Formatvorlagen fallen etwas aus der Reihe der vier Registerkarten heraus, da sie als einzige auch in Dokumenten gespeichert werden, die Listen in diesem Fall also auch Dokumentinhalte aufführen. Auf die Besonderheiten, die sich hieraus ergeben, wurde bereits weiter oben in diesem Kapitel im Abschnitt über Formatvorlagen eingegangen.

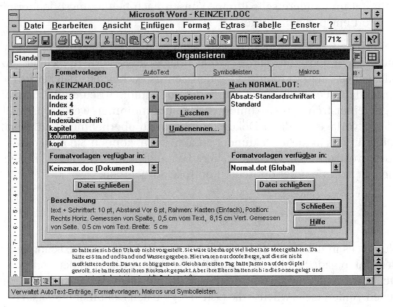

Abb. 20.7: Das Dialogfenster ORGANISIEREN

Beim Aufruf des Dialogfensters heißt die linke Liste IN ([Alt][I]) und nennt den Namen der geöffneten Dokumentvorlage, während die rechte Liste NACH ([Alt][N]) sich auf die globale Vorlage NORMAL.DOT bezieht.

Die Namen der Listen (IN und NACH) wechseln je nach der Seite, auf der die Markierung steht. Diesem Wechsel kommt in der vorliegenden Version die Buchstabenkurzwahl allerdings nicht ganz nach. Wichtig ist, daß alle folgenden Operationen, die Sie mit KOPIEREN, LÖSCHEN oder UMBENENNEN initiieren, von der Liste ausgehen, in der die Markierung steht, zu diesem Zeitpunkt IN heißt und den Namen der Datei trägt, von der aus die Aktion vollzogen wird.

Die linke Liste zeigt zunächst - je nach Registerkarte - die verfügbaren Formatvorlagen-, AutoText-, Symbolleisten- oder Makronamen an, während rechts die gleichen Einträge für die NORMAL.DOT zu finden sind. Informationen über das markierte Element einer Liste erhalten Sie - sofern vorhanden - unter BESCHREIBUNG. Den Bezug der Listen und somit ihren Inhalt wechseln Sie über die DropDown-Felder unter ihnen, die mit dem Namen der Registerkarte und VERFÜGBAR IN ([Alt][R] oder [Alt][B]) benannt sind. Hier werden Ihnen die weiteren direkt verfügbaren Dateien gezeigt, auf deren Einträge Sie dann in den Listen IN und NACH zurückgreifen können. Hierbei handelt es sich fallweise um das aktuelle Dokument (nur bei FORMATVORLAGEN), um die Dokumentvorlage, auf der das Dokument basiert, und um die NORMAL.DOT. Da letztere die Grundlage aller Dokumente ist, können Sie auch stets auf ihr Vorkommen in den Listen rechnen.

Nun ist es so, daß nicht immer alle gesuchten Einträge im aktiven Dokument, der aktuellen Dokumentvorlage oder der in der NORMAL.DOT befinden. Wenn Sie auf den Inhalt einer anderen Dokumentvorlage zurückgreifen wollen, so müssen Sie zunächst die geöffneten Dokumentvorlagen schließen. Dies geschieht auf beiden Seiten über die Schaltfläche DATEI > SCHLIEßEN ([Alt][C] oder [Alt][E]). Die Liste wird daraufhin geleert und die Schaltfläche verwandelt sich in die Schaltfläche DATEI ÖFFNEN ([Alt][F] oder [Alt][D]). Nun können Sie mit DATEI ÖFFNEN eine beliebige Dokumentvorlage bzw. ein Dokument öffnen.

Um Einträge von einer Datei in eine andere zur übernehmen, markieren Sie die Namen aus der Liste IN. Sollten Sie mehrere Einträge kopieren oder löschen wollen, so müssen Sie diese Prozedur nicht für jeden Eintrag einzeln ausführen: Markieren Sie die gewünschten Einträge, indem Sie sie bei niedergehaltener [Strg]-Taste anklicken. Während Sie mit dieser Methode verteilte Einträge markieren, läßt sich ein ganzer Block in der Liste einfach durch Ziehen mit der Maus oder durch Anklicken bei gedrückter [⇧]-Taste markieren. Das Niederhalten der [⇧]-Taste bereichert auch die Cusortasten um die Funktion der Blockmarkierung.

Mit dem Befehl KOPIEREN ([Alt][K]) werden die markierten Einträge in die nebenstehende Liste NACH aufgenommen. Wenn Sie nun den Kopiervorgang einleiten, werden alle markierten Formatvorlagen in einem Durchgang kopiert. Sollten Sie versuchen Einträge zu kopieren, deren Name in der gegenüberliegenden Liste bereits existiert, so müssen Sie dies erst mit JA ([Alt][J]) in dem sich öffnenden Hinweisfenster bestätigen. Wenn Sie mehrere Einträge kopieren, können Sie mit ALLE ([Alt][A]) sämtliche Namen zum Überschreiben freigeben. Dies sollte nur mit größter Sorgfalt geschehen. Sollten Sie dennoch einen Eintrag überschrieben haben, den Sie nicht übernehmen wollten, so bleibt Ihnen noch immer die Möglichkeit, die Abfrage, ob die Dokumentvorlage gespeichert werden soll, die beim SCHLIEßEN des Dokumentfensters gestellt wird, zu verneinen ([Alt][N]). Bei der Übernahme von Einträgen in die NORMAL.DOT erfolgt diese entscheidende Abfrage allerdings erst am Ende der Sitzung und dann auch nur, wenn unter OPTIONEN > SPEICHERN das Kontrollkästchen AUTOMATISCHE ANFRAGE FÜR DATEI-INFO aktiviert wurde. Ansonsten speichert Word für Windows die NORMAL.DOT automatisch.

Um eine Formatvorlage aus einer Dokumentvorlage zu löschen, wählen Sie den entsprechenden Eintrag bzw. markieren mehrere Einträge der Liste und geben LÖSCHEN ([Alt][L]) ein. Auch hier hinterfragt WinWord die Aktion, und Sie können den Löschvorgang mit NEIN ([N]) unterbrechen bzw. mit JA ([J]) einzeln oder mit ALLE ([Alt][A]) global bestätigen.

Das UMBENENNEN ([Alt][U]) funktioniert nach dem gleichen Schema, nur daß die Sicherheitsabfrage entfällt. Außerdem darf für die neue Namensgebung stets nur ein Eintrag markiert sein.

Sie können in einem Durchgang gleich verschiedene Dokumentvorlagen bearbeiten, indem Sie die aktiven Vorlagen schließen und andere öffnen. Nach Änderungen wird beim Schließen direkt abgefragt, ob die Änderungen in der Vorlage gespeichert werden sollen. So lassen sich auch komplexe Umorganistationen der Dokumentvorlagen in einem Durchgang ausführen. Nachdem Sie die Organisation abgeschlossen haben, beenden Sie die Aktion mit SCHLIEßEN ([Esc]). Sollten zu diesem Zeitpunkt noch ungesicherte Vorlagen geöffnet sein, so erscheint wiederum das Meldungsfenster, über das Sie die Änderungen direkt speichern. Ausgenommen hiervon ist - wie schon erwähnt - die globale Vorlage NORMAL.DOT.

Teil III

Fortgeschrittene Anwendungen mit Word für Windows

21
Dateiverwaltung sicher im Griff

Datei-Information	**Seite**	**591**
Informieren, Ergänzen und Ändern	Seite	593
Die Dokument-Statistik	Seite	594
Der Datei-Manager	**Seite**	**596**
Detaillierte Suche	Seite	597
Suchergebnisse bearbeiten	Seite	601

Datei-Information

Wenn Sie regelmäßig mit dem PC arbeiten, werden Sie die Situation wahrscheinlich kennen: Die Zahl der Dateien wächst, und die Übersicht schwindet. Selbst bei einer guten Namensgebung kommt der Zeitpunkt, an dem Sie nicht mehr auswendig wissen, was sich hinter den acht Buchstaben der Dateien verbirgt. Briefe von Manuskripten und Notizen von Reinschriften zu trennen, ist hierbei noch das wenigste. Doch wo der gesuchte Brief zu finden ist und wie die Datei mit der gesuchten Notiz heißt, das ist die Frage, vor der fast jeder Anwender nach einer gewissen Zeit steht. Da wäre ein umfangreicherer Informationsraum sinnvoll. Innerhalb von Word für Windows bietet sich eine Lösung an: das Datei-Info.

Vielleicht haben Sie schon mit der Datei-Info Bekanntschaft gemacht. In der Regel meldet sich Word für Windows mit der Datei-Info immer dann, wenn Sie eine Datei das erste Mal speichern. Wenn Sie die automatische Anfrage der Datei-Info noch nicht eingeschaltet haben, können Sie über EXTRAS > OPTIONEN > SPEICHERN die AUTOMATISCHE ANFRAGE FÜR DATEI-INFO (Alt A) einschalten. Wenn Sie keinen Gebrauch von der Datei-Information machen, verzichten Sie auf ein wertvolles Werkzeug der Verwaltung von Textdateien.

Datei-Informationen lassen sich auch ausdrucken. Sie fordern den Ausdruck der Datei-Information im Dialogfenster DRUCKEN (Strg P) an. Hier können Sie sich entscheiden, ob Sie nur die Datei-Information ausdrucken möchten, worauf Sie hierfür in der Liste DRUCKEN (Alt D) den Eintrag DATEI-INFO wählen, oder ob Sie die Datei-Information zum Ausdruck des Dokuments einbeziehen möchten; dafür verzweigen Sie mittels OPTIONEN (Ao) in die Registerkarte DRUCKEN und markieren unter MIT DOKUMENT AUSDRUCKEN das Feld DATEI-INFO (Alt I). Mit OK kehren Sie ins Dialogfenster DRUCKEN zurück, in dem Sie den Druck starten. Die Datei-Informationen, die immer als separate Seite ausgedruckt werden, bieten eine gute Grundlage für die schriftliche Archivierung von Texten. So haben Sie stets die genauen Daten zu Ihren Texten zur Hand und wissen, wo die Datei des besagten Textes zu finden ist.

Die Einstellung MIT DOKUMENT AUSDRUCKEN > EINBEZIEHEN DATEI-INFO bleibt solange aktiv, bis Sie sie das Kontrollfeld in den EINSTELLUNGEN wieder ausschalten.

Um die Datei-Information einzusehen und auszufüllen oder zu überarbeiten, aktivieren Sie im Menü DATEI die Option DATEI-INFO (Alt D I). Word für Windows zeigt Ihnen das Dialogfenster der Datei-Information an. Direkten Zugriff auf das Dialogfenster haben Sie auch beim Erstellen einer neuen Datei mit DATEI > NEU ([Alt][D][N]). Mit dem Befehl DATEI-INFO ([Alt][I]) aktivieren Sie hier das Dialogfenster der Datei-Information.

Abb. 21.1: Das Dialogfenster DATEI-INFO

Informieren, Ergänzen und Ändern

Die ersten beiden Zeilen des Dialogfensters DATEI-INFO dienen Ihrer Information: hier werden der Name und das Verzeichnis der Datei aufgezeigt, die ja beim Speichern festgelegt werden. Daher lassen sich die Einträge an dieser Stelle auch nicht ändern. Solange Sie die Datei noch nicht gespeichert haben, wird eine Ordnungsnummer angezeigt und die Angabe, ob es sich bei der Datei um eine Vorlage oder ein Dokument handelt. Ein Verzeichnis ist in diesem Fall nicht angegeben. In den Eingabefeldern können Sie den Inhalt Ihres Dokuments spezifizieren.

Die Länge des Eintrags in eines der Eingabefelder kann bis zu 255 Zeichen betragen. Leerzeichen und Satzzeichen können Sie in jedem Feld verwenden; Zeilenschaltungen ([⇧][↵]) und Absatzschaltungen ([↵]) sind in den einzeiligen Feldern ausgeschlossen, im mehrzeiligen Kommentarfeld möglich. Sie können über die Zwischenablage Texte in die Eingabefelder kopieren, aber auch die umgekehrte Übernahme ist möglich. Mit [↵] schließen Sie das Dialogfenster, sofern sich die Einfügemarke nicht im Kommentarfeld befindet.

Das erste Eingabefeld hat die Bezeichnung TITEL ([Alt][T]). Hier geben Sie eine ausführliche Titelangabe zu Ihrem Dokument ein. Wenn Sie bereits Text im Dokument eingegeben haben, übernimmt WinWord vom ersten Absatz des Dokuments maximal 255 Zeichen direkt ins TITEL-Feld.

Gerade bei Dokumentvorlagen ist die TITEL-Zeile eine ausgezeichnete Informationshilfe. Ihr Inhalt wird in den Dialogfenstern NEU und DOKUMENTVORLAGE im Feld BESCHREIBUNG angezeigt.

Unter THEMA ([Alt][H]) ergänzen Sie die Angabe des Titels durch eine detaillierte Beschreibung des Schriftstücks. Auch ein Untertitel des Dokuments eignet sich gegebenenfalls als Themenangabe.

Wenn Sie ein Buch oder ein anderes umfangreiches Schriftstück kapitelweise in Dateien abspeichern, empfiehlt es sich, den Titel des Buches unter THEMA, den Titel des einzelnen Kapitels aber unter TITEL anzugeben. Diese Umordnung der Prioritäten kommt Ihnen bei der Dateisuche mit dem Datei-Manager zugute. In dessen Dialogfenster können die Titeleinträge sämtlicher gelisteter Dateien der Dateiliste angezeigt werden. Der Themeneintrag wird dort aber nur bei der Anzeige der Datei-Info berücksichtigt, die sich jeweils auf die erste markierte Datei bezieht. Da aber bei größeren Projekten die Dateien schon über ihren Dateinamen gruppiert werden, andererseits meist ein bestimmtes Kapitel der Dateien gesucht wird, gibt Ihnen der Titel auf diese Weise die gesuchte Information über den Kapitelinhalt.

Das Feld AUTOR ([Alt][A]) wird automatisch ausgefüllt. Das Programm greift hierfür auf die Namensangabe unter EXTRAS > EINSTELLUNGEN > BENUTZER-INFO zurück. Falls es nicht der Autor, sondern der Besitzer des Programms ist, der hier genannt wird, ändern Sie den Eintrag des Autorennamens in der Datei-Info.

Unter STICHWÖRTER ([Alt][S]) geben Sie Schlagwörter ein, die den Inhalt der Datei charakterisieren. Außerdem eignen sich Fachtermini, auf die in der Datei eingegangen wird. Je spezifischer und genauer die Eingaben gewählt werden, um so effizienter läßt sich mit dem Datei-Manager anhand der Stichwörter ein Dokument aufspüren. Allgemeine Begriffe bringen keinen großen Nutzen.

Geben Sie Dateien, die sich in irgendeiner Form aufeinander beziehen, ein gemeinsames Schlüsselwort. Sie können dann Dateien über den Datei-Manager auch assoziativ gruppieren. Kennzeichnen Sie alle Dateien, die sich auf ein bestimmtes Projekt beziehen, z.B. den Bau einer Solaranlage, mit "Solar". Diese Kennzeichnung sollten Sie durch die verschiedensten Dokumente durchhalten. Benutzen Sie sie, egal ob es sich um Korrespondenz, Exposés, Angebote oder Berichte handelt. So haben Sie mit dem Datei-Manager die Möglichkeit, alles, was Sie jemals zu "Solar" erfaßt haben, in einem Schritt zu gruppieren.

Unter KOMMENTAR (Alt K) tragen Sie weitere Informationen zur Datei ein. Da das Kommentarfeld mehrzeilig beschrieben werden kann und sogar Absatzschaltungen einfügbar sind, eignet sich das Feld für Informationen, die sich an andere Benutzer der Datei richten. Hier können Sie eine verständliche Kurzübersicht des Inhalts geben, Arbeitsanweisungen übermitteln, Eingabeaufforderungen eintragen oder auch das Copyright des Dokuments vermerken.

Informationen, die Sie in eines der Felder eingetragen haben, werden mit der Datei gemeinsam gespeichert. Sie können die Datei-Information bei jeder Sitzung neu aufrufen und die Informationen aktualisieren. Beim Speichern der Datei werden dann die Änderungen gesichert.

Die Dokument-Statistik

Im Dialogfenster DATEI-INFO können Sie über den Befehl STATISTIK (Alt I) in statistische Informationen zur Datei Einblick nehmen. Hier wird neben DATEINAME und VERZEICHNIS angegeben, ob das Dokument auf der NORMAL-.DOT oder einer separaten Vorlage basiert und welchen Dateinamen sie trägt. Weiterhin wird der TITEL der Datei-Info vermerkt und wann die das Dokument ERSTELLT wurde. Unter LETZTES SPEICHERDATUM erfahren Sie, wann und (unter ZULETZT GESPEICHERT VON) wer die Datei das letzte Mal gespeichert hat. Unter VERSION erfahren Sie, wie oft die Datei inzwischen gespeichert wurde, wobei hier die manuellen Speicherungen während der fortlaufenden Arbeit mitgezählt werden, nicht aber die automatischen Sicherungsspeicherungen oder das Speichern in Dateiformaten älterer WinWord-Versionen oder fremder Anwendungen.

Die DATEIGRÖSSE bezieht sich immer auf die Größe der Datei nach der letzten Speicherung, wobei für DATEIGRÖSSE anders als für die VERSION auch die vollautomatische Sicherungsspeicherung maßgebend ist. Das Datum der letzten Druckausgabe des Dokuments wird unter ZULETZT GEDRUCKT angegeben.

Die Zeilen, die in der Gruppe STATISTIK stehen, beziehen sich auf den aktuellsten Stand der Datei. Hier werden die Summen der Seiten, der Wörter und der Zeichen sowie die Anzahl der Absätze und Zeilen angegeben. Die Gruppe STATISTIK des Dialogfensters DOKUMENT-STATISTIK deckt sich in ihren Angaben mit den Informationen des Dialogfenster WÖRTER ZÄHLEN.

Während der Arbeit im Dokument lassen sich mit dem Befehl EXTRAS > WÖRTER ZÄHLEN (Alt X W) direkt die statistischen Informationen zum aktuellen Text abrufen. Bei Anwahl dieses Befehls führt WinWord - soweit momen-

21 • Dateiverwaltung sicher im Griff

tan erforderlich - einen Seitenumbruch durch und zählt dann die Seiten, Wörter, Zeichen sowie die Absätze und die Anzahl der Zeilen. Bei umfangreichen Dokumenten kann dieses eine kurze Verzögerung geben. Sie erkennen dies daran, daß in der Statusleiste der aktuelle Vorgang mittels eines Statusbalkens beschrieben wird. Solange die Recherche der neuen Werte nicht abgeschlossen ist, werden die alten Werte grau darstellt. Sollte eine Markierung im Text vorliegen, erstreckt sich die Funktion WÖRTER ZÄHLEN nur auf die markierte Passage. Anders als im Dialogfenster der DOKUMENT-STATISTIK können Sie mit WÖRTER ZÄHLEN auch die FUẞNOTEN UND ENDNOTEN BERÜCKSICHTIGEN ([Alt][F]). Somit kann es vorkommen, daß unter Wörter zählen einige Werte höher sind als unter Datei-Statistik, da diese die Fuß- und Endnoten nie mitzählt. So haben Sie sowohl in der DOKUMENT-STATISTIK als auch im Dialogfenster WÖRTER ZÄHLEN stets die Übersicht, wie groß Ihre Datei tatsächlich ist.

Wenn Sie Dateien von Word für DOS oder früheren WinWord-Versionen in Word für Windows 6 einlesen, werden die Datei-Informationen, die mit Word für DOS aufgenommen wurden, ebenfalls konvertiert. So finden Sie die gleichen Informationen wie in der Ursprungsdatei vor. Dies betrifft auch das Erstelldatum, das Datum der letzten Speicherung und den Namen des Bearbeiters in der Dateistatistik.

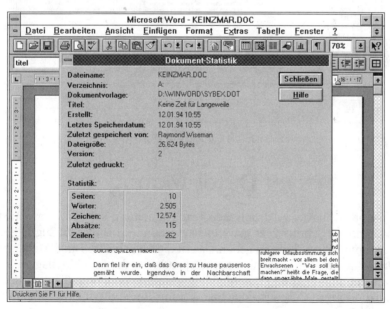

Abb. 21.2: Das Dialogfenster DOKUMENT-STATISTIK

Beim Export von Dateien in andere Formate werden die wandelbaren Datei-Informationen eines Dokuments von Word für Windows 6 übernommen.

Auch beim Import und Export von Dokumenten anderer Programme (z.B. WordPerfect) werden Datei-Informationen konvertiert, soweit dies die Umwandlungsprogramme und die vorhandenen Einträge ermöglichen.

Mit der Datei-Information haben Sie zwar Zugriff auf die Daten der aktuellen Datei, meist sind aber gerade die gesuchten Texte nicht in der geöffneten Datei. Wohl dem, der alle Dateinamen und die Inhalte der Dokumente im Kopf hat. Für den Benutzer, der nicht zu den Glücklichen mit dem stetigen Überblick zählt, hat Word für Windows ein sehr wirkungsvolles Hilfsprogramm, das sich Ihre Datei-Informationen voll zunutze macht.

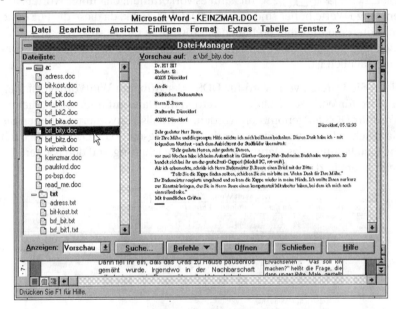

Abb. 21.3: Das Dialogfenster DATEI-MANAGER

Der Datei-Manager

Ein großes Plus der elektronischen Textverarbeitung ist ja, daß der schnelle Zugriff auf Schriftstücke gewährleistet ist. Ihnen bei diesem Zugriff eine wirksame Hilfestellung zu geben, das ist die Aufgabe des Datei-Managers. Um seine Aufgabe wirksam zu erfüllen, arbeitet der Datei-Manager übrigens mit der Funktion "Datei-Info" eng zusammen. Wenn Sie von dieser Funktion regen Gebrauch machen, kommt Ihnen dies beim Einsatz des Datei-Managers zugute.

Sie aktivieren den Datei-Manager im Menü DATEI mit dem Befehl DATEI-MANAGER (Alt D M). Sie können ihn aber auch im Dialogfenster DATEI > ÖFF-

NEN und in vielen anderen Dialogfenstern, die dem Öffnen von Dateien dienen, mit DATEI-MANAGER (`Alt`+`M`) aufrufen. Dies ist eine Abkürzung, für den Fall, daß Sie das Dokument, das Sie öffnen möchten, nicht finden.

Der Datei-Manager meldet sich beim ersten Aufruf mit dem Dialogfenster SUCHE, in dem Sie dem Datei-Manager mitteilen, nach welchen Dateien in welchen Verzeichnissen er suchen soll. Geben Sie hierzu die gewünschte Endung unter DATEINAME (`Alt`+`N`) an oder wählen Sie ein Format aus der Liste. Beim Aufruf des Datei-Managers von einem anderen Dialogfenster aus erscheint in diesem Feld automatisch der Eintrag, der im Dialogfenster im Feld DATEINAME eingetragen wurde.

Das Laufwerk, das sie durchsuchen möchten, wählen Sie im DropDown-Feld ABLAGE (`Alt`+`A`) aus. Allerdings lassen sich hier nur Suchläufe für komplette Laufwerke einstellen. Um ein ganzes Laufwerk nach Dateien zu durchsuchen, aktivieren Sie das Kontrollkästchen UNTERVERZEICHNISSE EINSCHLIEẞEN (`Alt`+`U`). Wenn Sie allerdings nicht nur ein Laufwerk, sondern einzelne Unterverzeichnisse oder mehrere Laufwerke nach Dateien durchsuchen möchten, öffnen Sie das Fenster DETAILLIERTE SUCHE (`Alt`+`E`).

Detaillierte Suche

Im Dialogfenster DETAILLIERTE SUCHE können Sie mehrere Verzeichnisse und Laufwerke angeben, die anschließend durchsucht werden. Wählen Sie hierzu in der Registerkarte ABLAGE (`Alt`+`B`) die entsprechenden Einträge aus der Liste VERZEICHNISSE (`Alt`+`V`) aus, klicken Sie HINZUFÜGEN (`Alt`+`Z`) an, und das entsprechende Verzeichnis wird in die Liste SUCHEN IN (`Alt`+`E`) aufgenommen. Wiederholen Sie diesen Vorgang für alle Verzeichnisse, die Sie in die Suchliste aufnehmen möchten. Wenn sich die Verzeichnisse auf verschiedenen Laufwerken befinden, wechseln Sie mit Laufwerk (`Alt`+`L`) in das gewünschte Laufwerk. Auch hier müssen Sie nicht alle Unterverzeichnisse eines Verzeichnisses auswählen, wenn Sie alle seine Unterverzeichnisse durchsuchen wollen. Markieren Sie hierzu wieder UNTERVERZEICHNISSE EINSCHLIEẞEN (`Alt`+`U`).

Ablage

Beachten Sie, daß sich UNTERVERZEICHNISSE EINSCHLIEẞEN auf alle Verzeichnisse der Liste SUCHEN IN auswirkt. Somit kann es manchmal günstiger sein, wenn Sie Unterverzeichnisse einzeln aufnehmen. Einzelne Suchpfade werden mit ENTFERNEN (`Alt`+`T`), sämtliche Suchpfade mit ALLE ENTFERNEN (`Alt`+`A`) aus der Liste SUCHEN IN gelöscht.

Neben der Suche nach einzelnen Dateinamen, deren Endungen Sie aus der Liste DATEINAME auswählen, lassen sich auch eigene Einträge im Feld vornehmen, wodurch der Suchlauf präziser gesteuert werden kann.

Sie können den Datei-Manager nach mehreren Dateinamen gleichzeitig auf die Suche schicken, indem Sie die Namen, lediglich durch Semikola voneinander getrennt, ins Feld DATEINAME eingeben. So lassen sich auch Suchen nach verschiedenen Dateiendungen in einem Ablauf erledigen; beispielsweise bewirkt der Eintrag "*.doc;*.txt;*.asc", daß der Datei-Manager alle Dokumente mit den Endungen .DOC, .TXT und .ASC als Fundsachen akzepiert und auflistet. Pfadangaben dürfen Sie in das Feld DATEINAME allerdings nicht aufnehmen.

Wenn Sie alle Eingaben vorgenommen haben, kehren Sie mit OK in das Dialogfenster SUCHEN zurück und starten dort die Suche, oder spezifizieren Sie die folgende Suche im Dialogfenster DETAILLIERTE SUCHE genauer.

Datei-Info Im Dialogfenster DETAILLIERTE SUCHE lassen sich außer den allgemeinen Angaben zu Datei und Pfad auch weitere Suchoptionen eingeben. In der Registerkarte DATEI-INFO ([Alt][I]) grenzen Sie die Suche nach Informationen ein, die Sie zuvor unter Datei-Info eingegeben haben. Sie können die Datei-Info-Felder TITEL ([Alt][T]), AUTOR ([Alt][A]), STICHWÖRTER ([Alt][W]) und THEMA ([Alt][E]) Ihrer gespeicherten Dokumente durchsuchen. Hierbei werden Ihre Eingaben immer als Teile des entsprechenden Suchfeldes behandelt, das heißt, wenn Sie unter Autor beispielsweise nur "Bit" eingeben, findet der Dateimanager sämtliche Dateien, deren Datei-Info-Feld AUTOR die Zeichenkette "Bit" enthält. Wenn also auch Eva Bit die Textverarbeitung ihres Mannes benutzt, wird der Dateimanager auch ihre Dateien auflisten. Um hierbei die Suche etwas einzuschränken, können Sie das Kontrollkästchen GROß-/KLEINSCHREIBUNG BEACHTEN ([Alt][G]) einschalten, damit nicht auch im Text enthaltene Elemente gefunden werden.

Präziser läßt sich die Suche in den Info-Feldern durch Operatoren eingrenzen:

Zeichen Beispiel	Operation
;	Das logische Oder verwenden Sie, wenn die gesuchte Datei mindestens einem der so verbundenen Suchkriterien entsprechen soll.
Beispiel:	AUTOR: "Pit Bit" ; "Heinrich Puju" sucht Dateien aus, die im Autorfeld den Eintrag "Pit Bit" oder "Heinrich Puju" haben.
&	Das logische Und verwenden Sie, wenn die gesuchte Datei allen so verbundenen Suchkriterien entsprechen soll.
Beispiel:	SCHLÜSSELWÖRTER: "Solar" & "Energie" sucht Dateien aus, die im Eingabefeld SCHLÜSSELWÖRTER den Eintrag "Solar" und "Energie" haben.

21 • Dateiverwaltung sicher im Griff

Zeichen Beispiel	Operation
~	Das logische Nicht verwenden Sie, wenn die gesuchte Datei den so gekennzeichneten Suchkriterien nicht entsprechen darf.
Beispiel:	GESPEICHERT VON: ~ "Pit Bit" sucht Dateien, in deren Statistik verzeichnet ist, daß sie nicht von Pit Bit zuletzt gespeichert wurden.

Tab. 21.1: Logische Operationen bei Dateisuchen

Um ein einzelnes Anführungszeichen zu suchen, müssen Sie dieses in Anführungszeichen eingeben. Das wundersame Dreigestirn hat dann folgendes Aussehen: """. Auch die Tilde (~), die beim Eingeben einige Probleme mit sich bringt, aber über ⟨Alt⟩ ⟨1⟩ ⟨2⟩ ⟨6⟩ (numerischer Tastaturblock; ⟨Num⟩ muß aktiv sein) den Weg auf den Bildschirm findet, läßt sich in Suchläufe als Zeichen integrieren. Dies gilt auch für das Semikolon (;), den Backslash (\) und das kaufmännische Und (&). All diese Zeichen müssen in Anführungszeichen eingegeben werden, sofern sie selbst das Objekt des Suchlaufs sein sollen und nicht etwa ihre Funktion, die sie in WinWords Suchen übernehmen. Die Platzhalter Fragezeichen (?) und Sternchen (*) lassen sich auch als gesuchte Zeichen nicht verwenden.

Bei der dokumentbezogenen Suche nach Zeichenketten sollten die einzelnen Sucheinträge stets durch Anführungszeichen eingegrenzt und mit Leerzeichen untereinander und von den logischen Operatoren getrennt eingegeben werden.

Diese Operatoren funktionieren auch, wenn Sie nach Zeichenketten suchen, die direkt im Dokumenttext enthalten sind. Geben Sie hierzu die gesuchte Zeichenkette - auf Wunsch samt der logischen Operatoren - ins Feld ENTHALTENER TEXT (⟨Alt⟩⟨X⟩) ein.

Bei der Suche nach Zeichen direkt in den Texten der Dokumente können Sie auch die Option MIT MUSTERVERGLEICH (⟨Alt⟩⟨M⟩) wählen, die es Ihnen ermöglicht, komplexe Suchkriterien aus der Liste SONSTIGES (⟨Alt⟩⟨O⟩) auszuwählen. Die Muster für die Eingrenzung von Zeichenketten entsprechen den ersten neun Einträgen der gleichnamigen Musterliste des SUCHEN-Dialogfensters. Näheres zum Suchen mit Mustervergleich finden Sie in Kapitel 9, das sich dem Thema "Suchen und Ersetzen" widmet.

In der DropDown-Liste OPTIONEN (⟨Alt⟩⟨N⟩) bestimmen Sie, wie der Datei-Manager die Fundstellen des Suchlaufs verwaltet. Wenn bereits ein Suchlauf stattfand und somit eine Dateiliste gefundener Dokumente vorliegt, können Sie mit NUR LISTE DURCHSUCHEN jene Dokumente mit den neuen Suchkriterien durchforsten, die in der Liste vorhanden sind. Dokumente, die den Suchkriterien nicht entsprechen, werden hierbei aus der Dateiliste entfernt. Wenn Sie ÜBEREINSTIMMUNGEN HINZUFÜGEN wählen, bleibt die vorhandene Dateiliste bestehen und die neuen Dateien werden der Liste hinzugefügt. Hierbei werden dann aber auch Dokumente angezeigt, die nicht auf Ihre Suchkriterien zutreffen. Am sichersten, allerdings aber auch am zeit-aufwendigsten ist es, wenn Sie eine NEUE LISTE ERSTELLEN. Hierbei gehen die Informationen alter Suchläufe verloren.

Speicher-
datum
Manchmal kommt es vor, daß zwar der Name einer Datei in Vergessenheit gerät, aber noch bekannt ist, wann das Dokument Text erstellt oder zuletzt bearbeitet wurde. Auch diese Information kann Ihnen helfen, Dokumente wiederzufinden. Im Dialogfenster DETAILLIERTE SUCHE bietet die Registerkarte SPEICHERDATUM ([Alt][S]) Raum für zeitliche Eingrenzungen. Es läßt sich in der Gruppe ZULETZT GESPEICHERT nach dem letzten Speicherdatum und unter ERSTELLT nach dem Erstellungsdatum recherchieren. Die Zeitspanne grenzen Sie in beiden Gruppen in den Feldern NACH ([Alt][A] oder [Alt][C]) und VOR ([Alt][V] oder [Alt][R]) ein.

Wenn Sie alle Dokumente suchen wollen, die Sie nach einem bestimmten Datum erstellt oder gespeichert haben, so lassen Sie das Feld VOR leer. Der andere Weg, alle Dokumente zu suchen, die vor einem Termin erstellt worden sind, ist genauso möglich, indem Sie kein Datum in das Feld NACH eingeben. Bei der Eingabe des Datums ist es unerheblich, welches Format Sie benutzen. WinWord erkennt sowohl die Schreibweise mit Punkt als auch mit Binde- oder Schrägstrich. Sie können sogar die Monatsangaben ausschreiben - auch in Englisch. Achten Sie bei der Eingabe der Zeitbezüge darauf, daß WinWord zwar das korrekte Datumsformat, nicht aber den Sinn Ihrer Eingabe überprüft. So können Sie auch nach Dateien suchen, deren Speicherdatum vor dem Erstellungsdatum liegt - was wohl kaum logisch ist. WinWord zieht in diesem Fall bei NACH stets das neueste und bei VOR stets das älteste des eingegebenen Datums als Suchkriterium heran; hierbei ist es unwesentlich, in welcher der beiden Gruppen Word für Windows den maximalen bzw. minimalen Datumswert findet.

Im Feld VON ([Alt][O] oder [Alt][N]) geben Sie den Namen des Benutzers ein, der die Datei zuletzt speicherte oder einst erstellt hat. Nach Eingabe aller Suchkriterien kehren Sie mit OK zurück in das Dialogfenster SUCHEN.

Welche Suchkriterien beim nächsten Suchlauf gelten, erfahren Sie im Dialogfenster SUCHE im Bereich SUCHEN NACH. Sollten Sie mehr Suchkriterien eingegeben haben als darstellbar, wird in der letzten Zeile (MEHR...) dargestellt.

21 • Dateiverwaltung sicher im Griff

Solange Sie die Suchkriterien in den Registerkarten des Dialogfensters DETAILLIERTE SUCHE nicht löschen, gelten diese für die weiteren Suchläufe. Für neue Suchläufe sollten Sie im Dialogfenster SUCHE mit dem Befehl LÖSCHEN ((Alt)(L)) zuerst alle alten Eingaben entfernen. Nur so können Sie sicher sein, daß in keiner Registerkarte der DETAILLIERTEN SUCHE alte Suchkriterien bestehen bleiben. Ansonsten kann es leicht vorkommen, daß bei der aktuellen Suche der Datei-Manager nicht oder bei den falschen Dokumenten fündig wird.

Die Suchkriterien, die Sie eingegeben haben, lassen sich als Suchläufe speichern, damit Sie bei komplexen Suchen nicht jedesmal sämtliche Kriterien neu eingeben müssen. Öffnen Sie hierzu das Dialogfenster SUCHE SPEICHERN UNTER ((Alt)(T)) und geben Sie dem Suchlauf einen Namen. Bei diesem Namen handelt es sich nicht um einen Dateinamen. Daher sind Sie auch nicht an Namen gebunden, die nur acht Buchstaben lang sind oder keine Leerzeichen enthalten. Sie können bis 255 Zeichen lange Namen verwenden, was jedoch nicht sinnvoll ist, da in der Regel nur die ersten 30 bis 40 Zeichen im Feld zu lesen sind. Aber diese sollten auch ausreichen, um einen Suchlauf treffend zu bezeichnen. Die Suchläufe werden als .IDX-Dateien in Ihrem WinWord-Verzeichnis gespeichert. Wenn Sie einen Suchlauf wieder löschen wollen, so geschieht dies mit SUCHE LÖSCHEN ((Alt)(C)), woraufhin noch einmal eine Sicherheitsabfrage erfolgt.

Suchlauf speichern

Das Kontrollkästchen DATEILISTE WIEDERHERSTELLEN ((Alt)(D)) sollten Sie markieren, wenn Sie nach dem Aufruf eines gespeicherten Suchlaufs eine Suche starten, deren Ergebnis in einer neuen Dateiliste präsentiert werden soll. Um den spezifizierten Suchlauf zu starten, wählen Sie OK.

Suchergebnisse bearbeiten

Das Ergebnis eines Suchlaufs präsentiert Ihnen Word für Windows im Dialogfenster DATEI-MANAGER in einer DATEILISTE. Sofern Sie auf einen gespeicherten Suchlauf zurückgegriffen haben, wird Ihnen dieser neben DATEILISTE genannt. In der DATEILISTE ((Alt)(L)), die die gefundenen Dateien in Baumstruktur zeigt, wählen Sie mit den Cursortasten bzw. mit der Maus den Eintrag bzw. die Einträge aus, die Sie bearbeiten wollen.

Das Suchergebnis

Die Einträge, die durch Laufwerk- und Verzeichnissymbole gekennzeichnet sind, haben eine besondere Funktion: Befindet sich die Markierung auf einem Laufwerk- oder Verzeichniseintrag, können Sie den Zweig mit (↵) bzw. mit einem Doppelklick auf den Namen aus- und auch wiedereinblenden. Links vom Eintrag wird durch ein Pluszeichen (+) verdeutlicht, daß sich unter diesem Verzeichnis weitere Einträge verbergen; ein Minuszeichen (-) hingegen zeigt an, daß das Verzeichnis oder Laufwerk geöffnet

601

ist und sein Inhalt in der Liste zur Anzeige kommt. Das Ein- und Ausblenden von Laufwerk- und Verzeichniseinträgen erfolgt auch bei einem einfachen Klick auf das Plus- bzw. Minuszeichen, das hierdurch umgeschaltet wird.

In der Liste des Dateimanagers können Sie nicht nur einzelne Dateien bearbeiten, sondern eine Funktion auch gleichzeitig mit einer Dateigruppe ausführen. Hierfür müssen sämtliche beteiligten Dateien zuvor markiert werden.

Mit der Maus markieren Sie mehrere aufeinanderfolgende Dateien, indem Sie den Mauszeiger mit gedrückter linker Maustaste über die Dateinamen ziehen oder die erste Datei markieren und mit gedrückter ⇧-Taste die letzte Datei der Gruppe anklicken. Mehrere einzelne Dateien markieren Sie, indem Sie die Strg-Taste niederhalten, während Sie die Dateien anklicken. Um eine Markierung aufzuheben betätigen Sie ebenfalls die Strg-Taste, während Sie die markierte Datei anklicken. Wenn Sie eine markierte Datei mit gedrückter Strg-Taste doppelt anklicken, werden alle markierten Dateien geöffnet. Klicken Sie eine Datei ohne gedrückte Strg-Taste doppelt an, so wird nur die angeklickte Datei geladen.

Auch über die Tastatur lassen sich mehrere Dateien markieren. Um Dateien zu markieren, die direkt untereinander gelistet sind, drücken Sie die ⇧-Taste und erweitern die Markierung mit den Cursortasten. Stehen die Dateien nicht in unmittelbarer Folge, markieren Sie die erste Datei mit ⇧ F8. Die Markierung ist nun fixiert und Sie können die nächste Datei mit den Cursortasten anwählen und mit der ⎵-Taste markieren. Die weiteren Dateien markieren Sie ebenfalls durch Betätigung der ⎵-Taste. Auf die gleiche Weise läßt sich die Markierung einzelner Dateien auch wieder aufheben.

Während sich auf der linken Seite des Dialogfensters DATEI-MANAGER stets die DATEILISTE (Alt L) befindet, läßt sich ihr Gegenüber im Feld ANZEIGEN (Alt A) in drei Arten modifizieren. Jeder der drei Anzeigemodi hat eine eigene Bedeutung.

Vorschau Mit VORSCHAU verschaffen Sie sich einen Einblick in das Dokument, wobei Sie im Feld VORSCHAU AUF (Alt V) das Dokument mit den Cursortasten (↓), (↑), (Bild↓), (Bild↑) bewegen können. Grafiken, Objekte und Feldfunktionen werden in der Vorschau durch ihr letztes Ergebnis dargestellt; lediglich die als verborgener Text definierten Felder wie beispielsweise die Indexeinträge werden angezeigt, wenn die Darstellung des verborgenen Textes bzw. der nicht druckbaren Zeichen aktiv ist. Entscheidend hierfür ist die Anzeige, in der Sie Ihr aktuelles Dokument zuletzt bearbeiteten.

Der Datei-Manager zeigt auch Dateiinhalte von anderen Anwendungen an; hierbei können Sie sich auch Inhalte von Grafikdateien anzeigen lassen. Außerdem werden Tabellen vom Datei-Manager sichtbar umgesetzt. Diagramme von Kalkulationsprogrammen können Sie allerdings nicht vorab in Augenschein nehmen.

Obwohl Sie sich Grafikdateien mit dem Datei-Manager ansehen können, können Sie diese Dateien nicht über ihn öffnen. Das Einfügen von Grafiken vollziehen Sie nach wie vor über den Befehl EINFÜGEN > GRAFIK oder über die Zwischenablage.

Im ANZEIGEN-Modus DATEI-INFO werden Ihnen neben den Informationen, die Sie im Dialogfenster DATEI-INFO eingegeben haben, auch Angaben aus der Datei-Statistik, wie Erstellungsdatum, letztes Speicherdatum, letztes Druckdatum, Versionsnummer und Letzter Bearbeiter angezeigt. Im untersten Abschnitt stehen Informationen zur Dokumentgröße, wie die Dateigröße, aber auch die Anzahl der Seiten, Wörter und Zeichen.

Datei-Info

Obwohl Sie in der Dateiliste mehrere Dateien markieren können, werden Ihnen bei der VORSCHAU und der DATEI-INFO immer nur Informationen zur obersten markierten Datei der Dateiliste angezeigt. Es empfiehlt sich daher, die Markierung in der Liste von unten nach oben aufzubauen, so daß Dateien, die Sie bereits markiert haben, nicht die Anzeige der nächsten angewählten Datei behindern.

Lediglich ANZEIGEN > KURZ-INFO überschreitet diese Beschränkung auf die oberste markierte Datei. Haben Sie als Anzeige KURZ-INFO gewählt, werden Sie sich je nach Umfang der Suche erst einmal ein wenig gedulden müssen, bis die Anzeige komlettiert ist: WinWord liest die Informationen aller Dateien ein, um die relevanten Informationen der einzelnen Dokumente untereinander in der Liste darzustellen. Angezeigt werden Dateiname, Titel, Größe, Autor und das letzte Speicherdatum. Mit der Maus können Sie die Größe der einzelnen Spalten verändern. Hierzu richten Sie den Mauszeiger auf eine der Trennlinien in der Spaltenüberschrift, drücken die linke Maustaste und ziehen die Breite der Spalte in die gewünschte Größe. Wenn eine Information nicht komplett in eine Spalte paßt, wird Ihnen die Unvollständigkeit der Informationen durch drei Fortsetzungspunkte (...) kenntlich gemacht.

Kurz-Info

Wenn Sie sich nur schnell einen Überblick über Ihre Dateien verschaffen wollen, so sollten Sie nicht auf die Anzeige KURZ-INFO zurückgreifen. Um die Informationen für Kurz-Info alle auf dem Bildschirm darzustellen, liest der Datei-Manager sämtliche Dateien ein und stellt die Datei-Info-Einträge auf dem Bildschrim dar. Daß der Datei-Manager nach den Einträgen sucht, erkennen Sie an der rotierenden Platte oben rechts im Eck des Dialogfensters, die stets in Aktion tritt, wenn WinWord die Kurzliste aktualisiert.

Die Funktion des Datei-Managers erschöpft sich nicht in der Darstellung einer Vorschau oder der Datei-Informationen. Der Datei-Manager kann mehr. So können Sie aus dem Datei-Manager heraus Dokumente ÖFFNEN ([Alt][F]). Wenn sich die Markierung über mehrere Dokumente erstreckt, werden alle geöffnet.

Befehle Mit BEFEHLE ([Alt][B]) haben Sie Zugriff auf die verschiedenen Möglichkeiten, die der Datei-Manager zur Weiterverarbeitung der gefundenen Dateien zur Verfügung stellt; auch hierbei haben Sie mitunter die Möglichkeit, direkt mehrere markierte Dateien gleichzeitig zu bearbeiten. SCHREIBGESCHÜTZT ÖFFNEN ([Alt][R]) öffnet Dokumente zur Ansicht oder zur Weiterverarbeitung. Allerdings können Sie keine Änderungen in der Quelldatei speichern, sondern müssen sie unter einem anderen Dateinamen sichern. DRUCKEN ([Alt][D]) öffnet das Dialogfenster DRUCKEN, in dem Sie, wie gewohnt, weitere Einstellungen zum Druck vornehmen können. Wenn Sie in diesem Dialogfenster einen Seitenbereich für den Druck festlegen, gilt diese Spanne für alle ausgewählten Dateien. Markierungen und aktuelle Seiten lassen sich aus verständlichen Gründen nicht als Druckvorgabe anwählen. Der Ausdruck der markierten Dokumente erfolgt, ohne daß sie in Dialogfenstern geöffnet würden; auch hier wirkt WinWords DRUCKEN IM HINTERGRUND beschleunigend auf die Freigabe der Anwendung; Sie aktivieren diese Funktion in der OPTIONEN-Registerkarte DRUCKEN.

Der Befehl DATEI-INFO ([Alt][I]) ermöglicht es Ihnen, die Datei-Informationen direkt zu modifizieren. Wenn mehrere Dateien markiert sind, können Sie mit Datei-Info nur die Informationen des ersten Dokuments verändern. Der Befehl LÖSCHEN ([Alt][L] oder [Entf]) steht wieder für mehrere selektierte Dateien zur Verfügung. Nach Bestätigung der Sicherheitsabfrage, die die markierten Dateien noch einmal nennt, werden diese vom Datenträger gelöscht. Um Dateien zu kopieren, markieren Sie diese und wählen dann KOPIEREN ([Alt][K]). Sie können im Dialogfenster KOPIEREN den PFAD ([Alt][P]) des Zielverzeichnisses manuell eingeben oder über VERZEICHNISSE ([Alt][V]) und LAUFWERKE ([Alt][L]) anspringen. Wenn Sie ein neues Verzeichnis erstellen wollen, so wählen Sie NEUES ([Alt][E]). Im darauffolgenden Dialogfenster VERZEICHNIS ERSTELLEN können Sie den NAMEN ([Alt][N]) des Verzeichnis eingeben. Über dem Eingabefeld wird Ihnen mitgeteilt, an welches Verzeichnis das neue Unterverzeichnis angehängt wird.

Ergebnisse sortieren Schließlich ist es in der Liste BEFEHLE möglich, mit SORTIEREN ([Alt][S]) die Darstellung der Dateiliste zu beeinflussen. Sie können hierbei bestimmen, nach welchen Dateien sortiert werden soll. Zur Auswahl stehen AUTOR, ERSTELLDATUM, ZULETZT GESPEICHERT VON, LETZTES SPEICHERDATUM, NAME und GRÖSSE. Alphanumerische Daten - AUTOR, NAME und ZULETZT GESPEICHERT VON - werden alphabetisch aufsteigend sortiert, während numerische Datenfelder absteigend sortiert werden, d.h. die größten Dateien bzw. die zuletzt gespeicherten Dateien, werden als erste aufgeführt. In der Gruppe AUFLISTEN NACH wählen Sie, welche Information an erster Stelle in der Dateiliste genannt werden soll. Voreingestellt ist DATEINAME ([Alt][N]). Sie können aber auch den TITEL ([Alt][T]) auflisten. Wenn eine Datei keinen Titel-Eintrag in der Datei-Info hat, wird anstelle der Titels der Dateiname mit zwei vorangestellten Bindestrichen angezeigt. Dies gilt auch für Dateien anderer Textverarbeitungen, die kein vergleichbares Datei-Informationskonzept aufweisen, das der Datei-Manager importieren kann.

Beachten Sie, daß der Datei-Manager immer nur die Dateien innerhalb der Verzeichnisse sortiert. Die Verzeichnisstruktur wird immer alphabetisch aufsteigend dargestellt.

Während sich in den Dateilisten der VORSCHAU und der DATEI-INFO lediglich der Wechsel zwischen AUFLISTEN NACH > TITEL und DATEINAME auswirkt, reagiert die KURZ-INFO-Liste auch auf Änderungen, die Sie unter BEFEHLE > SORTIEREN in der Gruppe DATEIEN SORTIEREN NACH vornehmen. Wählen Sie hier ZULETZT GESPEICHERT VON ([Alt][V]) an, so wechselt in der Liste die Rubrik AUTOR in die Anzeige des letzten Speicherers. Ebenso ändert sich die Spalte SPEICHERDATUM, sobald unter DATEIEN SORTIEREN NACH > ERSTELLDATUM ([Alt][E]) aktiviert wird. Die Rückschaltung auf die Standardrubriken der Kurz-Info-Liste erfolgt automatisch, sobald im Dialogfenster OPTIONEN ein anders Sortierkriterium angewählt wird.

Beim Zugriff auf Dateien, die mit Kennwort geschützt wurden, wird die VORSCHAU nur dann freigegeben, wenn für das Dokument unter OPTIONEN > SPEICHERN lediglich ein SCHREIBSCHUTZ-KENNWORT vergeben wurde. Bei einem allgemeinen Paßwortschutz, der in der OPTIONEN-Registerkarte unter KENNWORT eingegeben wurde, erfragt WinWord wie üblich das Kennwort, bevor es das Dokument im Datei-Manager zur Ansicht bringt. In der Anzeige der DATEI-INFO werden dann lediglich die allgemeinen Dateistatistika wie Datum, Größe und Zeichenzahl aufgeführt, und auch in der KURZ-INFO bleiben die Interna der Datei ungenannt, solange der allgemeine Kennwortschutz besteht. Zugriff auf die Datei-Information mittels BEFEHLE > DATEI-INFO haben Sie bei kennwortgeschützten Dateien nicht.

Falls Sie den Datei-Manager von einem Dialogfenster mit dem Befehl DATEI-MANAGER ([Alt][M]) aufgerufen haben, bringt ein Doppelklick auf die gefundene Datei oder der Befehl ÖFFNEN den markierten Dateinamen direkt ins Feld DATEINAMEN des Ausgangsdialogfensters. Hierbei läßt der Datei-Manager nicht die Markierung mehrerer Dateien zu; es sei denn, daß die Dateien wie beim Aufruf aus dem Dialogfenster ÖFFNEN direkt in Dokumentfenstern geöffnet werden.

Neue Suche   Wenn Sie nicht einen jener Befehle anwählen, die eine oder mehrere selektierte Dateien öffnen bzw. die Dateinamen zum Öffnen weiterreichen, bleibt der Datei-Manager aktiv. Der Befehl SUCHE ([Alt][S]) startet zu einem neuen Suchlauf, mit dem Sie die bestehende Dateiliste weiter eingrenzen, ergänzen oder ersetzen. Diese Wahl haben Sie, wie oben beschrieben, im Dialogfenster DETAILLIERTE SUCHE in der Registerkarte DATEI-INFO, indem Sie die weitere Vorgehensweise in der DropDown-Liste OPTIONEN markieren.

Nachdem Sie die Arbeit mit dem Datei-Manager beendet haben, SCHLIESSEN ([Esc]) Sie ihn, sofern er nicht beim ÖFFNEN einer oder mehrerer Dateien automatisch geschlossen wird. Beim nächsten Aufruf des Datei-Managers werden Sie direkt mit dem Ergebnis der letzten Suche begrüßt, die direkt auf der Basis der aktuellen Verzeichnissituation automatisch aktualisiert wird. Sie erkennen dies wieder am kleinen Plattensymbol, das sich rechts oben im Eck des Dialogfensters dreht. Um eine neue Suche zu starten oder auf einen gespeicherten Suchlauf zuzugreifen, wählen Sie wieder SUCHE.

22
Dokumente überarbeiten

Korrekturen im Dokument	**Seite**	**609**
Mit Anmerkungen arbeiten	**Seite**	**609**
Anmerkungen eingeben	Seite	612
Dokumente schützen	Seite	613
Anmerkungen lesen	Seite	615
Dokumente überarbeiten	**Seite**	**616**
Überarbeitungen annehmen und ablehnen	Seite	619
Versionen vergleichen	Seite	622
Änderungen zusammenführen	Seite	625

Korrekturen im Dokument

Bei großen Dokumenten arbeiten oft viele Menschen zusammen. Mitunter gibt es mehrere Autoren, die zusammenarbeiten und die Teile der anderen Autoren aufmerksam lesen. Daß hierbei Verbesserungsvorschläge, Anmerkungen und Fragen auftauchen, versteht sich von selbst. Dann gibt es das Lektorat und die Redaktion. Hier wird auf Aussagekraft, Stil und nicht zuletzt auf den inneren Zusammenhang des Textes geachtet. Außerdem wird ein Text noch auf Rechtschreibungs- und Zeichensetzungsfehler korrigiert; auch dies ist ein separater Arbeitsprozeß. All diese Prozesse münden stets in den fertigen Text, der hierdurch sein Aussehen beständig verändert. Wenn die Verbesserungen und Berichtigungen direkt in den Text eingegeben werden, ist im nachhinein nur schwer nachzuvollziehen, was von wem geändert wurde. So fallen strittige Punkte des Textes bisweilen unter den Tisch, werden übergangen oder angepaßt. Mitunter führt dies zu Mißstimmigkeiten und Klagen.

Word für Windows bietet Ihnen die Möglichkeit, sich dieses Problems anzunehmen. Das Programm erlaubt Ihnen, die Veränderungen im Text transparent zu halten. Jeder, der mit dem Text in Berührung kommt, kann seine Verbesserungsvorschläge direkt einbringen, ohne die ursprüngliche Textversion zu zerstören. Andererseits haben alle Beteiligten Einblick in die Vorschläge der anderen, können auf sie Bezug nehmen und so aufeinander aufbauen. Diese Möglichkeit der Arbeit am Text bietet Word für Windows für Anmerkungen und Fragen, die dem Dokument beigefügt werden können. Aber auch Korrekturen, die direkt im Text ausgeführt werden, können als Änderungen kenntlich gemacht werden. Dies beinhaltet die Chance, die Veränderungen später wieder abzulehnen.

Mit Anmerkungen arbeiten

Die Art und Weise, wie Word für Windows Anmerkungen zum Text aufnimmt, entspricht weitgehend der Verwaltung von Fußnoten. Für die Erfassung der Anmerkung wird ein separater Eingabeausschnitt geöffnet. Um den Anmerkungsausschnitt das erste Mal zu öffnen, setzen Sie die Einfügemarke an die Stelle, zu der Sie etwas bemerken möchten. Wählen Sie nun im Menü EINFÜGEN den Befehl ANMERKUNG ([Alt][E][A]). In der Standardbelegung von Word für Windows steht Ihnen wieder - so wie schon bei Fußnoten ([Alt][Strg][F]) und Endnoten ([Alt][Strg][E]) - auch für Anmerkungen mit [Alt][Strg][A] ein Tastenschlüssel zur Verfügung, der direkt eine neue Anmerkung erstellt. Hierdurch öffnen Sie das Eingabefenster, in das Sie den Text der Anmerkung eingeben.

In der Steuerleiste des Anmerkungsausschnitts befindet sich die DropDown-Liste der BEARBEITER (Alt⇧B), in der Sie später auswählen können, wessen Anmerkungen Sie sich ansehen wollen, das Symbol "Audio-Objekt einfügen" und die Schaltfläche SCHLIEßEN (Alt⇧S).

Initialen Anmerkungen werden wie bei Fußnoten durch ein Hinweiszeichen gekennzeichnet. Die Hinweismarke besteht aus dem Kürzel des Bearbeiters, das dem INITIALEN-Eintrag (EXTRAS > EINSTELLUNGEN > BENUTZER-INFO) entspricht. Auf diese Weise läßt sich der Urheber einer Anmerkung identifizieren. Dies ist sehr hilfreich, wenn mehrere Personen das selbe Dokument bearbeiten. So können Probleme direkt klargestellt und Fragen beantwortet werden. Eine Diskussion über eine These kann also im Grunde genommen direkt im Dokument geführt werden. Dem Verweis auf den Verfasser der Anmerkung folgt eine Zahl, die automatisch vergeben wird. Ebenso wie bei der automatischen Numerierung der Fußnoten wird diese Zahl an der Reihe der Anmerkungen ausgerichtet.

Das Anmerkungszeichen ist verborgen formatiert, so daß es in der normalen Bildschirmanzeige nur berücksichtigt wird, wenn Sie die allgemeine Anzeige der nicht druckbaren Zeichen aktivieren oder über EXTRAS > EINSTELLUNGEN > ANSICHT das Kontrollfeld VERBORGENER TEXT markieren. In dem Augenblick, in dem Sie den Anmerkungsausschnitt öffnen, wird die Anzeige des verborgenen Textes automatisch eingeschaltet. So werden Ihnen für die Dauer der Bearbeitung diejenigen Stellen angezeigt, auf die verwiesen wird.

Im Text erscheint das Zeichen an der Stelle, an der sich die Einfügemarke zum Zeitpunkt des Befehls EINFÜGEN > ANMERKUNG befindet. Wenn Sie später eine Anmerkung vor einem anderen Anmerkungszeichen einfügen, wird die Nummer der Anmerkung gemäß ihrer Stellung vom Anfang des Textes aus berechnet. Die folgenden Anmerkungen werden um den Wert "1" abgestuft. Die Numerierung erfolgt durchläufig; unabhängig vom Kürzel des Bearbeiters. Anders als bei der Fußnotenverwaltung haben Sie keinen Einfluß auf das Zeichen, sondern müssen die Numerierung Word für Windows überlassen.

Im Anmerkungsausschnitt erscheint die gleiche Marke wie im Text. Wenn Sie die Anzeige der Feldfunktionen aktivieren (⇧F9), sehen Sie, daß dem Hinweiszeichen im Anmerkungsausschnitt eine Feldfunktion vorangestellt ist. Diese Funktion sorgt dafür, daß beim Ausdruck der Anmerkungen angegeben wird, auf welche Seite des Dokuments sich die Anmerkung bezieht. Hierbei sehen Sie bereits eine Besonderheit: innerhalb der Feldfunktion ist eine Zeilenschaltung enthalten. Diese Zeilenschaltung bewirkt, daß die Seitenangabe in der Zeile über der Absatzmarke ausgedruckt wird.

Sie können diese Seitenangabe auch während der Texteingabe sichtbar machen, indem Sie die Anzeige der Feldfunktionen deaktivieren (⇧ F9), so daß nichts außer der Anmerkungsmarke zu sehen ist. Setzen Sie die Einfügemarke vor das Hinweiszeichen und aktualisieren die unsichtbare Feldfunktion mit der Taste F9. Daraufhin sollte das Ergebnis zu sehen sein.

Ihre Anmerkung geben Sie rechts vom Anmerkungszeichen ein. Eine Anmerkung kann beliebigen Umfang haben und auch Objekte beinhalten. Gerade die gesprochene Anmerkung erleichtert oft die Kommentierung des Textes. Aus diesem Grunde wurde in die Steuerleiste auch das Kassettensymbol aufgenommen, mit dem Sie den Befehl AUDIO-OBJEKT EINFÜGEN aufrufen.

Die Einbettung wörtlicher Rede erfordert die entsprechende Hardware-Ausstattung Ihres Rechners; das heißt, eine Soundkarte und ein Mikrofon ist für die Aufnahme unerläßlich. Sollten diese Voraussetzungen erfüllt und zudem ein OLE-taugliches Programm für Soundobjekte installiert sein, kann es dennoch passieren, daß ein Klick auf das Kasettensymbol nicht den gewünschten Effekt bringt. Wenn der Klick WinWord zur Meldung veranlaßt, das entsprechende Modul können nicht gefunden werden, so liegt dies nicht unbedingt an Ihrer Systemkonfiguration, sondern kann sich auch um einen Fehler im Programm handeln. Auf jeden Fall sollte es Ihnen bei den richtigen Sound-Voraussetzungen möglich sein, ein Klang-Objekt über den Befehl EINFÜGEN > OBJEKT > KLANG einzubetten oder eine extern aufgenommene Sprachnotiz per Einfügen aus der Zwischenablage einzubetten.

Nachdem Sie den Text eingegeben und eventuell ein Objekt eingebettet haben, schließen Sie den Anmerkungsausschnitt. Hierzu stehen Ihnen die gleichen verschiedenen Verfahren zur Verfügung wie beim Schließen von Fußnotenausschnitten:

1. Klicken Sie den Befehl SCHLIEßEN an.
2. Klicken Sie die Trennlinie auf der Rolleiste doppelt an.
3. Klicken Sie das Anmerkungszeichen im Bearbeitungsausschnitt doppelt an.
4. Ziehen Sie die Trennlinie auf der Rolleiste zum oberen oder unteren Fensterrand.

1. Betätigen Sie die Tastenkombination Alt Strg S.
2. Wählen Sie FENSTER TEILUNG ENTFERNEN (Alt F E).

Sie können mit der Arbeit im Textausschnitt allerdings auch fortfahren, ohne den Anmerkungsausschnitt zu schließen. Mit der Funktionstaste F6 oder mit der Maus versetzen Sie die Einfügemarke zwischen den beiden geöffneten Fenstern. Die Größe der Fenster verändern Sie durch Ziehen mit der Maus.

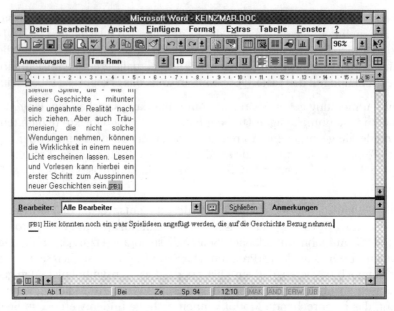

Abb. 22.1: Anmerkungszeichen und Anmerkungsausschnitt

Solange beide Fenster parallel aktiv sind, korrespondieren die Stellen der beiden Ausschnitte. Auch diese Eigenschaft hat die Anmerkungsfunktion mit den Fußnoten gemeinsam. Während der Bewegung im Text werden im unteren Fenster die Anmerkungen angezeigt, deren Zeichen oben im Text in Erscheinung treten. Umgekehrt können Sie sich durch Ihren Text bewegen, indem Sie im Anmerkungsausschnitt von Anmerkung zu Anmerkung springen. Dies funktioniert jedoch nicht in der Layoutansicht

Nun richtet sich das obere Fenster an der Korrespondenzstelle aus. Sie müssen sich jedoch entscheiden, ob Sie diese Funktion für Anmerkungen oder Fußnoten in Anspruch nehmen möchten. Der spezielle Fensterausschnitt, den Sie zuletzt aktivieren, überlagert stets den zuvor aktiven Ausschnitt. Ein Wechsel zwischen den beiden Ausschnittsarten ist allerdings nur vom Textausschnitt aus möglich. Solange sich die Einfügemarke im Fußnoten- oder Anmerkungsabschnitt befindet, können Sie die Bestimmung des Fensters nicht ändern.

Anmerkungen eingeben

Eingegeben werden Anmerkungen stets über den Befehl EINFÜGEN > ANMERKUNG (Alt E A), wobei die Einfügemarke im Text stehen muß. Obwohl es möglich ist, die Einfügemarke direkt in den Anmerkungsausschnitt zu setzen und einen Text einzugeben, ist dies nicht sinnvoll, da hierbei keine neue Einfügemarke im Text gesetzt wird. Ebenso, wie Sie im Anmerkungsausschnitt keine neue Anmerkungsmarke definieren können, können Sie über dieses Fenster auch kein Anmerkungszeichen aus dem Text löschen. Anmerkungen werden samt Text aus einem Dokument entfernt, indem Sie das Anmerkungszeichen im Text löschen.

Um Anmerkungen einzusehen oder zu bearbeiten, öffnen Sie den Anmerkungsausschnitt mit ANSICHT > ANMERKUNGEN ([Alt][A][A]).

Die Möglichkeit, den Anmerkungsausschnitt mit der Maus direkt zu öffnen, besteht ebenfalls. Sie drücken hierfür die [Strg]-Taste und splitten das Fenster, indem Sie - wie üblich - den Fensterteiler - das kleine schwarze Feld in der Rolleiste rechts oben - mit der Maus herunterziehen.

Die schnellste Möglichkeit, Einsicht in eine Anmerkung zu nehmen, ergibt sich äquivalent zur Fußnotenarbeit. Klicken Sie das Anmerkungszeichen einfach doppelt an. Daraufhin wird der Anmerkungsausschnitt mit dem betreffenden Anmerkungstext automatisch geöffnet. Es versteht sich, daß für das doppelte Anklicken der Anmerkungsmarke der verborgene Text sichtbar sein muß.

Im Anmerkungsfenster können Sie die Anmerkungen wie normalen Text formatieren und bearbeiten. Die automatischen Formatvorlagen, die Anmerkungen und ihren Hinweiszeichen zugeordnet sind, heißen "Anmerkungstext" bzw. "Anmerkungszeichen". Sie können - wie üblich - im Dialogfenster Formatvorlagen modifiziert werden. Dem Import von Grafiken oder dem Erstellen einer Tabelle steht im Anmerkungsausschnitt nichts entgegen. Sie haben also relativ freie Hand bei den Bemerkungen, die Sie dem Autor einer Datei zukommen lassen möchten. Anmerkungen oder Fußnoten zu vorhandenen Anmerkungen lassen sich allerdings nicht eingeben.

Dokumente schützen

Wenn Sie selbst der Autor sind, der eine Datei zum Gegenlesen aus der Hand gibt, ist Ihnen vielleicht mit der Gewißheit wohler, daß Ihr Dokument gegen fremde Eingriffe geschützt ist. Für diesen Fall können Sie die Datei sperren. Wählen Sie hierzu den Befehl EXTRAS > DOKUMENT SCHÜTZEN ([Alt][X][M]). Sie können nun entscheiden, welchen Umfang der Dokumentschutz haben soll. Wählen Sie, welche Eingaben möglich werden: ÜBERARBEITUNGEN ([Alt][B]) gestattet Überarbeitungen und Anmerkungen, ANMERKUNGEN läßt nur Anmerkungen zu und FORMULAREINGABEN ([Alt][F]) als umfassendster Dokumentschutz beschränkt alle Eingaben auf das Ausfüllen und Anwählen von Formularfeldern. Mehr über Formulare erfahren Sie in Kapitel 25.

Nachdem Sie den Umfang des Dokumentschutzes bestimmt haben, sollten Sie ein KENNWORT (Alt K) eingeben. Nachdem Sie das Kennwort eingetippt haben, müssen Sie es wiederholen, um Tippfehler auszuschließen. Sollten Sie kein Kennwort eingeben, kann jeder den Dokumentschutz aufheben. Hierzu muß im Menü EXTRAS lediglich der Befehl DOKUMENTSCHUTZ AUFHEBEN (Alt X M) angewählt werden. Haben Sie jedoch ein Kennwort eingegeben, wird dieses abgefragt und der Dokumentschutz nur bei korrekter Wiederholung der Zeichenkette aufgehoben.

Sollten Sie einmal Ihr Kennwort vergessen, können Sie den Dokumentschutz nicht mehr aufheben. In diesem Fall sollten Sie das komplette Dokument markieren und in ein neues leeres Dokument kopieren.

Wenn Sie ein Dokument geschützt haben, so werden die Anmerkungen der verschiedenen Bearbeiter farbig markiert, damit Sie einen besseren Überblick haben, welcher Bearbeiter welche Anmerkungen gemacht hat. Absatz- und Zeichenformatierung stehen im Anmerkungsausschnitt zur Verfügung, so daß Hervorhebungen innerhalb der Anmerkung möglich sind. Wird das Dokument im Anmerkungsmodus bearbeitet, der lediglich Anmerkungen zuläßt, so sind im normalen Textausschnitt neben Texteingriffen auch Formatänderungen unterbunden.

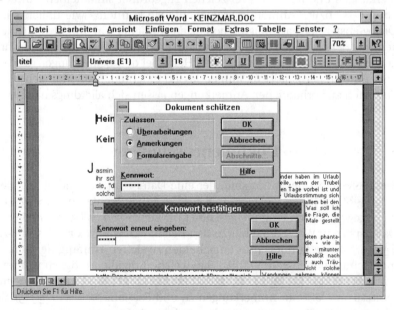

Abb. 22.2: Das Dialogfenster DOKUMENT SCHÜTZEN

Anmerkungen lesen

Wenn Sie eine Datei zurückbekommen, überprüfen Sie die Anmerkungen, die dem Dokument angefügt wurden. Diese Anmerkungen sind zwar Inhalt der Dokumentdatei, nicht aber Bestandteil des Textes. Beim Ausdruck wäre die Datei also trotz Anmerkungen unverändert. Da die Anmerkungszeichen verborgen formatiert sind, treten auch diese beim Ausdruck nicht in Erscheinung. Sie können allerdings beides - Anmerkungszeichen und Anmerkungen - sichtbar machen, indem Sie im Dialogfenster DRUCKEN mittels OPTIONEN die zuständige Registerkarte der OPTIONEN aktivieren und ANMERKUNGEN in die Druckausgabe der Datei einbeziehen. Wenn Sie ANMERKUNGEN aktivieren, markiert WinWord automatisch VERBORGENEN TEXT. Achten Sie darauf, daß diese Einstellung nach dem Druck manuell deaktiviert werden muß, falls Sie nicht ständig die Anmerkungen und den verborgenen Text mit den Dokumenten ausgedruckt sehen möchten. Falls Sie nur die Anmerkungen, nicht aber den Text des Dokuments ausdrucken möchten, wählen Sie statt dessen direkt im Dialogfenster DRUCKEN in der Liste DRUCKEN den Eintrag ANMERKUNGEN aus.

Um die Anmerkungen am Bildschirm zu kontrollieren, bietet sich der Befehl GEHE ZU an (F5). Wählen Sie in der Liste GEHE ZU ELEMENT den Eintrag ANMERKUNGEN und springen Sie mittels WEITER und ZURÜCK die einzelnen Anmerkungen an. In der DropDown-Liste BEARBEITERNAMEN EINGEBEN werden die Bearbeiter gelistet, die Anmerkungen im Dokument vorgenommen haben. Sie können den Sprungbefehl durch die Anwahl eines Namens auf die Anmerkungen eines einzelnen Bearbeiters eingrenzen. Der Eintrag BELIEBIGER BEARBEITER springt alle Anmerkungen an. Wenn Sie eine bestimmte Anmerkung suchen, tragen Sie im Feld BEARBEITERNAMEN EINGEBEN die Nummer der Anmerkung ein. Um eine gewisse Zahl von Anmerkungen vorwärts oder rückwärts zu springen, lautet der Befehl "+x" bzw. "-x", wobei für "x" die Anzahl der Anmerkungen eingegeben werden muß, um die Sie die Einfügemarke bewegen möchten. Auch die absolute Angabe einer Anmerkungsnummer ist möglich, indem Sie einfach die Nummer der Anmerkung ohne Vorzeichen angeben. Diese Angaben zur Sprungweite lassen sich auch nach dem Namen eines Bearbeiter eintragen, um so die Anmerkungssuche zu spezifizieren. Ausführlich wird die Funktion GEHE ZU in Kapitel 16 erläutert.

Das direkte Ansteuern von Anmerkungen funktioniert auch, wenn die Anzeige des verborgenen Textes abgeschaltet ist und die Anmerkungszeichen nicht sichtbar sind. Wenn Sie den Anmerkungsausschnitt öffnen (Alt A A) oder eine andere der oben beschriebenen Methoden), werden die Marken automatisch angezeigt.

Sie können die Anmerkungen direkt im Anmerkungsausschnitt durchgehen. Dies ist wohl die schnellste Art, sich über Anmerkungen zu informieren. Die Textstelle, auf die sich die Anmerkung bezieht, wird bei dieser Vorgehensweise im Textausschnitt direkt angezeigt. Wenn Sie innerhalb eines Anmerkungstextes die (Alt)(F11)-Taste drücken, springt die Einfügemarke direkt in den Textausschnitt an die Stelle des aktuellen Anmerkungszeichens. Anmerkungstexte können Sie markieren und entweder über die Zwischenablage, durch Kopieren ((⇧)(F2)(F9)) bzw. Verschieben ((F2)) oder die entsprechenden Mauseingaben in den Text übernehmen.

Um Anmerkungshinweise im Text an einer anderen Stelle zu übernehmen, markieren Sie die Marke und verwenden die gleichen Befehle. Wenn Sie ein Anmerkungszeichen kopieren und an einer anderen Stelle des Textes noch einmal einfügen, wird zwar die Nummer dem neuen Standort angepaßt, der Text der Anmerkung bleibt aber in Originalform erhalten und ist nun zweimal eingetragen. In den Anmerkungsausschnitt lassen sich Anmerkungszeichen aus dem Text allerdings nicht übernehmen.

Sollten Tonobjekte in die Anmerkungen eingebettet worden sein, können Sie sich den Inhalt durch einen Doppelklick auf das Objektsymbol zu Ohren bringen. Allerdings ist die entsprechende Sound-Ausstattung des PC Voraussetzung für das Klangerlebnis. Auch das Bearbeiten-Menü kann in diesem Fall den PC klingen lassen: Bearbeiten > Sound-Objekt > Wiedergeben ((Alt)(B)(B)(W)) heißt die Befehlsfolge. Das Objektsymbol wird während der Wiedergabe schraffiert angezeigt.

Obwohl es viele Ähnlichkeiten zwischen Anmerkungen und Fußnoten gibt, ist die grundlegende Funktion doch eindeutig verschieden: während Fußnoten einen festen Platz als Bestandteil des Dokumenttextes haben, der ihnen je nach Layout zugewiesen wird, ist für Anmerkungen kein Platz reserviert. Daher werden Anmerkungen auch in der Layoutansicht stets im eigenen Fenster angezeigt.

Dokumente überarbeiten

Nun beschränkt sich die Bearbeitung von Dokumenten nicht nur auf die Eingabe von Änderungen. Viele Korrekturen müssen direkt im Text ausgeführt werden, so z.B. die Berichtigung von Rechtschreibungs- und Zeichensetzungsfehlern.

Da auch hierbei mitunter die Kontrolle des Autors gefragt ist, können Korrekturen mit Word für Windows vorläufig in den Text eingegeben werden. Diese vorläufige Korrektur wird im Menü Extras mit der Option Überarbeiten ((Alt)(X)(B)) bzw. einem Doppelklick auf das graue Änd-Feld in der

Statusleiste gestartet. Die Überarbeitungsfunktion wird aktiviert, indem Sie im Dialogfenster das Kontrollkästchen ÄNDERUNGEN WÄHREND DER BEARBEITUNG MARKIEREN (Alt W) anwählen. Während der Arbeit im Text wird der aktive Überarbeitungsmodus in der Statuszeile durch die schwarze Anzeige ÄND gekennzeichnet. Ein Doppelklick hierauf ruft wiederum das Dialogfenster ÜBERARBEITEN auf.

Die Schaltfläche OPTIONEN (Alt O) öffnet die Registerkarte ÜBERARBEITEN, die Sie auch unabhängig vom ÜBERARBEITEN-Fenster über EXTRAS > OPTIONEN öffnen können. Hier legen Sie fest, wo und wie Änderungen im Dokument markiert werden sollen. Die MARKIERUNG (Alt K) von überarbeiteten Zeilen kann mit LINKER RAND, RECHTER RAND und AUSSEN positioniert werden. Diese Einstellung bezieht sich zunächst auf den Ausdruck des Dokuments. AUSSEN bedeutet, daß die Markierungsleiste bei gerader Seitennummer am linken und bei ungerader Seitennummer am rechten Rand des Dokuments ausgedruckt wird. Bei der Bildschirmanzeige wird die Markierungsleiste in der Normalansicht links angezeigt und in der Layout- und Seitenansicht entsprechend der Druckposition wiedergeben. Die Anzeige und Druckausgabe der Markierungsleiste läßt sich mit der Option (OHNE) ausschalten. Im Feld FARBE (Alt B) legen Sie fest, in welcher Farbe die Markierungsleiste dargestellt werden soll. Im nebenstehenden VORSCHAU-Feld haben Sie die Möglichkeit, zu beobachten, wie und wo die Markierungsleiste später im Dokument erscheinen wird. Wenn Sie keine Änderungen an der Markierungsart vornehmen, wird die Markierungsleiste außen schwarz dargestellt.

In gleicher Weise kann bestimmt werden, durch welche MARKIERUNG (Alt M) Ergänzungen im Text gekennzeichnet werden sollen. Zur Verfügung stehen die Zeichenformate FETT, KURSIV, UNTERSTRICHEN, und DOPPELT UNTERSTRICHEN. Auch diese Art der Markierung muß nicht aktiv sein, sondern kann mit (OHNE) ausgeschaltet werden. Voreingestellt ist die Markierung UNTERSTRICHEN. Im Feld FARBE (Alt F) legen Sie fest, welche Farbe neuer Text annehmen soll, damit Sie diese Passagen besser erkennen können. Voreingestellt ist JE NACH AUTOR. Diese Option weist bis zu acht Bearbeitern verschiedenfarbige Überarbeitungsmarkierungen zu. Sollten mehr als acht Personen Ihren Text überarbeiten, so werden die acht Farben mehrfach vergeben, so daß dem ersten, neunten und siebzehnten Bearbeiter die gleichen Farbcodes zugewiesen werden. Auch die Anzeige neuer Texteingaben wird in einem VORSCHAU-Feld dargestellt.

Die Farbvergabe nach Autor ist auch dann möglich, wenn mehrere Personen mit einer Version von WinWord arbeiten. Jeder Bearbeiter muß dann, bevor er mit der Überarbeitung des Textes beginnt, in der OPTIONEN-Registerkarte BENUTZERINFO seinen NAMEN eingeben, so daß WinWord ihm eine eigene Überarbeitungsfarbe zuweisen kann.

Schließlich können Sie auch festlegen, wie Löschungen innerhalb des Dokumentes dargestellt werden sollen. Ihnen stehen zur MARKIERUNG (Alt A) DURCHSTREICHEN und VERBORGEN zur Verfügung. Voreingestellt ist DURCHSTREICHEN, was auch dem Verständnis von gelöschtem Text, also der Streichungen, am nächsten kommt. Die Farbauswahl (Alt R) entspricht den Möglichkeiten, die auch die Gruppe NEUER TEXT bietet. Und auch diese Einstellungen können Sie in einem VORSCHAU-Feld direkt überprüfen.

Wenn Sie lieber ohne Markierungen arbeiten, bleibt es Ihnen überlassen, alle Markierungen auszuschalten. Word für Windows vermerkt die Korrekturen unsichtbar als Neueingaben. Der nächste Bearbeiter braucht dann nur die Korrekturmarkierung einzuschalten und erhält so diejenigen Hervorhebungen, die seinem Geschmack am nächsten kommen. Wenn Sie die Überarbeitungsmarkierungen stören, ist es jedoch einfacher, im Fenster ÜBERARBEITEN die Option ÄNDERUNGEN AM BILDSCHRIM ANZEIGEN (Alt B) auszuschalten. Wenn Sie nur im Ausdruck die Änderungen nicht dargestellt haben möchten, so können Sie auch das Kontrollkästchen ÄNDERUNGEN IM AUSDRUCK ANZEIGEN (Alt A) aktivieren. Die beiden Optionen zur Unterdrückung der Änderungsmarkierungen lassen sich nach belieben kombinieren.

Nachdem Sie im Fenster Überarbeiten ÄNDERUNGEN WÄHREND DER BEARBEITUNG MARKIEREN (Alt W) eingeschaltet haben, starten Sie die Arbeit im Korrekturmodus mit OK oder ⏎. Anders als bei den meisten Befehlen ist zunächst keine Aktion des Programms zu bemerken, einmal abgesehen von der "ÄND"-Anzeige. Auch die Bedienung von Word für Windows wird durch den Korrekturmodus nicht beeinflußt. Als einzige spürbare Änderung ist der Überschreibmodus mit (Einfg) oder per Doppelklick auf das Feld ÜB in der Statusleiste nicht länger aktivierbar. Sichtbar werden Änderungen in der Darstellungsweise, wenn Sie Zeichen einfügen oder löschen. Einfügungen werden in der eingestellten Art dargestellt. Wenn Sie keine Änderungen an der Art der Markierung vorgenommen haben, werden alle Löschungen als durchgestrichener Text gekennzeichnet. Durchgestrichen werden auch Textblöcke markiert, die verschoben wurden. An der Einfügestelle wird der verschobene Block dann wie eine Neueingabe ausgezeichnet. So ist auch später ersichtlich, wie der Text heißt, den der Bearbeiter entfernt hat. In vielen Berufen ist diese Transparenz der Textbearbeitung eine wichtige Voraussetzung, in anderen Bereichen ist sie zumindest wünschenswert.

Nachdem Sie einen Text korrigiert haben, beenden Sie die Überarbeitung, indem Sie über EXTRAS > ÜBERARBEITEN den Befehl ÄNDERUNGEN WÄHREND DER BEARBEITUNG MARKIEREN wieder deaktivieren. Falls Sie dies unterlassen, bleibt der Korrekturmodus weiterhin aktiv. Die Datei wird sich dann auch beim nächsten Öffnen noch immer im Korrekturmodus befinden. Schließlich speichern Sie den Text wie gewohnt ab.

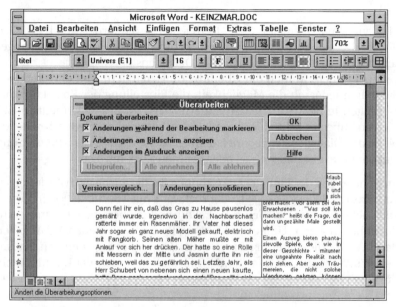

Abb. 22.3: Das Dialogfenster ÜBERARBEITEN

Überarbeitungen annehmen und ablehnen

Um einen korrigierten Text schnell auf die geänderten Stellen durchzusehen, greifen Sie wieder auf den Befehl EXTRAS > ÜBERARBEITEN zurück.

Wenn Sie bereits zu Beginn der Überprüfung der Korrekturen wissen, daß Sie sämtliche Änderungen akzeptieren oder verwerfen wollen, so können Sie mit ALLE ANNEHMEN ([Alt][N]) alle Überarbeitungen am Text annehmen oder mit ALLE ABLEHNEN ([Alt][L]) sämtliche Überarbeitungen verwerfen. Sie müssen diese Aktion dann noch einmal bestätigen, da es innerhalb des Dialogfensters ÜBERARBEITEN keine Möglichkeit gibt, diesen Schritt zurückzunehmen.

Unabhängig von einer zuvor gesetzten Markierung an einer Textpassage wirken sich die Befehle ALLE ANNEHMEN und ALLE ABLEHNEN auf das ganze Dokument aus.

Die Überarbeitungsmarkierungen und damit die Überarbeitungen bzw. der Originaltext sind jedoch nicht verloren. Schließen Sie das Fenster ÜBERABREITEN und machen Sie die letzte Aktion RÜCKGÄNGIG ([Strg][Z]). Hiermit können Sie den Text wieder in den Zustand zurückversetzen, in dem er sich befand, bevor sie alle Änderungen angenommen oder abgelehnt haben.

Mit dem Befehl ÜBERPRÜFEN ([Alt][E]) erreichen Sie die korrigierten Textstellen direkt. Hierbei spielt es keine Rolle, ob eine Korrekturmarkierung angeschaltet ist oder nicht. Sobald Sie das Dialogfenster ÄNDERUNGEN ÜBERPRÜFEN geöffnet haben, werden die Überarbeitungsmarkierungen eingeschaltet. Sie haben jederzeit die Möglichkeit, die Einstellung der Korrekturmarkierungen in den Optionen zu ändern. Der Text des Dokuments bleibt hiervon unbeeinträchtigt. Während der Suche nach korrigierten Textstellen bleibt das Dialogfenster geöffnet; der Wechsel zwischen Dialogfenster und Dokumenttext ist mit [Strg][S] oder per Mausklick möglich.

Ausgehend von der Einfügemarke können Sie die Suche nach Änderungen vorwärts mit SUCHEN > ([Alt][S]) oder rückwärts mit < SUCHEN ([Alt][U]) starten. Die nächste Textstelle, die im Korrekturmodus überarbeitet wurde, wird daraufhin markiert. Unter der Meldung BESCHREIBUNG finden Sie Angaben darüber, wer die Änderung zu welchem Zeitpunkt vorgenommen hat, sofern WinWord die entsprechende Information findet. Bei Dokumenten, die Ihnen im Format der WinWord-Versionen 1 oder 2 übergeben werden, sind diese Angaben unbekannt.

Um die Auswirkung der Änderungen zu überprüfen, können Sie mit VERBERGEN ([Alt][B]) die Korrekturmarkierungen ausblenden. Sie sehen nun, wie der Text aussähe, wenn sämtliche Korrekturen akzeptiert würden. Solange sämtliche Korrekturen verborgen sind, können Sie diese weder annehmen noch ablehnen. Mit ANZEIGEN ([Alt][Z]) werden die Korrekturen wieder angezeigt. Sie haben nun die Wahl, die Korrektur anzunehmen oder abzulehnen. Mit ANNEHMEN ([Alt][A]) löschen Sie den durchgestrichenen Text und akzeptieren den Text, der neu eingegeben wurde. ABLEHNEN ([Alt][L]) löscht die Neueingaben der markierten Passage und setzt durchgestrichene Stellen wieder in den ursprünglichen Zustand zurück. In beiden Fällen werden die Korrekturmarkierung und die Markierungsleiste des markierten Textes entfernt. Sollten Sie das Kontrollkästchen NÄCHSTE ÄNDERUNG ([Alt][N]) aktiviert haben, so springt WinWord nach der Bearbeitung einer Überarbeitung automatisch zur nächsten Korrekturmarkierung. Dabei ist die Suchrichtung immer vorwärts. Die Korrekturmarkierung bleibt unverändert, wenn Sie weitersuchen, ohne eine Entscheidung getroffen zu haben. Am Ende des Textes können Sie die Suche auf den Anfang weiterleiten. Wenn Sie bemerken, daß Sie eine Änderung versehentlich angenommen bzw. abgelehnt haben, können Sie mit RÜCKGÄNGIG ([Alt][R]) bis zu 100 Änderungen zurücknehmen.

Sollten Sie während der Überprüfung der Überarbeitungen weiter Änderungen im Text vornehmen bzw. in irgendeiner Art und Weise aus dem Dialogfenster ÄNDERUNGEN ÜBERPRÜFEN in den Textkörper wechseln, so ist die Rücknahme von Änderungen nicht mehr möglich.

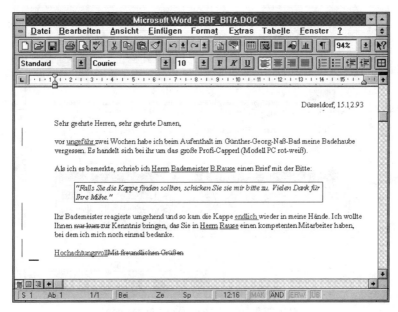

Abb. 22.4: Korrekturen im Text

Mitunter steht der markierte Text genau unter dem Dialogfenster. Machen Sie in diesem Fall von der Möglichkeit Gebrauch, Dialogfenster mit der Maus oder über das Kontrollmenü ([Alt][ ]) zu verschieben. Sie sollten nach Möglichkeit niemals Änderungen annehmen oder ablehnen, ohne sie vorher in Augenschein zu nehmen. Oft wird diese Arbeit durch einen Kontrollausdruck des korrigierten Dokuments vereinfacht. Für diesen Kontrollausdruck sollten Sie die Korrekturmarkierungen allerdings deutlich sichtbar machen.

Um korrigierte Stellen in einem Dokument ausfindig zu machen, können Sie auch BEARBEITEN > SUCHEN ([Alt][B][S]) wählen. Ergänzte Textstellen suchen Sie mit Sn (FORMAT: NEU). Löschungen können Sie nicht suchen. Über den Befehl SUCHEN lassen sich so überarbeitete Stellen direkt erreichen und manuell bearbeiten. Gerade bei diffizilen Änderungen erweist es sich als ausgesprochen vorteilhaft, daß die Suchen-Funktion des Korrekturmodus nicht extra aktiviert werden muß. Doch auch der Ausschluß von Korrekturen als Fundstellen ist bei der Funktion SUCHEN möglich. Um das Kriterium "Neu" ([Strg][G]) zu negieren, müssen Sie den Tastenschlüssel doppelt betätigen. So lassen sich korrigierte Passagen und wahlweise auch nur die unkorrigierten Passagen präzise erreichen, indem zusätzlich zum Suchformat noch ein Suchwort zum korrigierten Bereich angegeben wird.

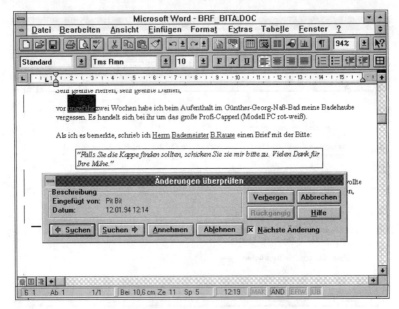

Abb. 22.5: Die Suche nach den Änderungen

Versionen vergleichen

Mitunter passiert es selbst bei der übersichtlichsten Namensgebung für Dateien, daß die gleichen Dateiinhalte unter verschiedenen Namen doppelt vorkommen. Zudem sind in Dokumenten, die ein Lektor oder Korrektor überarbeitet hat, meist Änderungen vorgenommen worden. Diese Änderungen sind leider nicht immer ausgewiesen.

Es ist nicht leicht und vor allem sehr zeitaufwendig, Dokumente Wort für Wort zu vergleichen. Bei umfangreicheren Schriftstücken, beispielsweise bei Büchern, ist es in der Praxis sogar unmöglich, genau zu kontrollieren, inwieweit zwei Dateien voneinander abweichen. Auf die Dauer führt dies zu einer überfüllten Festplatte, und im Extremfall kann es geschehen, daß eine Version eines Manuskripts gedruckt wird, die sich nicht auf dem letzten Änderungsstand befindet. Eine Möglichkeit, Dateien auf ihre Aktualität zu überprüfen, bietet der Datei-Manager.

Hier kann über das Datum der Termin der letzten Speicherung festgestellt werden. Mitunter ist aber nicht die Version, die zeitlich zuletzt gespeichert wurde, auch die Ausgabe der Datei, die der Endversion entspricht. So kann die zuletzt gespeicherte Datei Änderungen enthalten, die wieder verworfen wurden oder sogar eine gekürzte Version eines Dokuments sind, die für einen Dritten erstellt wurde. Sichere Auskunft über die Unterschiede zwischen einzelnen Dokumenten gibt letztlich doch nur der direkte Vergleich. Bei diesem Vergleich können Sie sich von Word für Windows unterstützen lassen.

Zunächst öffnen Sie das Dokument, das Sie vergleichen möchten. Es ist hierbei keine Voraussetzung, daß die Datei im Format von Word für Windows vorliegt. Sie können auch eine Datei in einem Fremdformat laden, das Word für Windows umwandelt. Dies ist besonders praktisch, da überarbeitete Dateien mitunter in einem anderen Dateiformat bearbeitet werden. Dieses andere Format ist somit kein Hindernis für den Vergleich der Versionen.

Nachdem die Datei geöffnet ist, die Sie auf Änderungen untersuchen möchten, wählen Sie unter EXTRAS > ÜBERARBEITEN den Befehl VERSIONSVERGLEICH ([Alt][X] [B] [V]). In dem Dialogfenster, das daraufhin geöffnet wird, wählen Sie über die Listen LAUFWERKE ([Alt][L]), VERZEICHNISSE ([Alt][V]) und NAME DER ORIGINALDATEI ([Alt][O]) die Datei aus oder geben den Namen der Datei ein, die Sie zur Grundlage des Vergleichs heranziehen. Auch diese Datei braucht nicht im Standardformat von Word für Windows vorzuliegen. Das Feld DATEITYP ([Alt][T]) ermöglicht Ihnen - wie immer - die Vorauswahl von Dateien. Falls Sie ein Dokument in einem fremden Dateiformat auswählen, wird die Datei umgewandelt, ehe der Vergleich startet. Hierdurch ist eine sehr weitgehende Flexibilität der Vergleichsfunktion gewährleistet.

Sie können eine Datei auch mit sich selbst vergleichen. Dies ist besonders hilfreich, wenn Sie im Laufe der Sitzung viele Änderungen eingegeben haben und sich zum Abschluß der Arbeit einen Überblick über die Modifikationen verschaffen möchten. In diesem Fall bestätigen Sie die Auswahl, nachdem das Dialogfenster EXTRAS VERSIONSVERGLEICH geöffnet ist, direkt mit [↵].

Der Dateiname und der Pfad der aktiven Datei sind bereits eingetragen. Verglichen wird die Datei hierbei mit der letzten gespeicherten Version. Wenn Sie also einen Überblick über die gesamte Sitzung haben möchten, müssen Sie während der Arbeit auf ein Zwischenspeichern verzichten. Bedenken Sie, daß dieser Verzicht auch ein erhöhtes Risiko beinhaltet. Ein Systemabsturz ist besonders schmerzlich, wenn in der ungesicherten Datei viele Ergänzungen vorgenommen wurden.

Wenn Sie den Versionsvergleich mit OK oder ⏎ starten, zeigt Word für Windows Ihnen in der Statusleiste an, wie weit der Vergleich fortgeschritten ist. Nach Abschluß des Vergleichs werden in der geöffneten Datei alle jene Absätze markiert, deren Text oder Aufbau von der Vergleichsdatei abweichen. Als Abweichung sieht Word für Windows alle Eingaben und Löschungen an, also z.B. Textänderungen, modifizierte Sonderzeichen, ergänzte oder entfernte Absatzschaltungen usw. In allen diesen Fällen werden die Absätze markiert, in denen die Änderungen vorgenommen wurden.

Word für Windows kennzeichnet die abweichenden Absätze mit der Markierung, die im Dialogfenster OPTIONEN in der Registerkarte ÜBERARBEITEN als Korrekturmarkierung festgelegt wurde. Modifikationen des Absatz- oder Zeichenformats werden von Word für Windows beim Vergleich ignoriert. Außerdem wird ignoriert, daß Absätze verschoben oder kopiert wurden und so an einer anderen Stelle des Dokuments oder sogar doppelt vorkommen. Solange keine Änderungen innerhalb der Zeichen des Absatzes vorgenommen wurden, besteht keine Grundlage für eine Markierung. Absätze, die ergänzt wurden, werden gekennzeichnet. Generell läßt sich feststellen, daß der Versionsvergleich auf einen Vergleich des Textes und nicht der Dokumentstruktur ausgerichtet ist.

Sie können nun die Unterschiede zwischen den beiden Versionen mit EXTRAS > ÜBERARBEITEN > ÜBERPRÜFEN - wie weiter oben beschrieben - überprüfen und ablehnen oder annehmen.

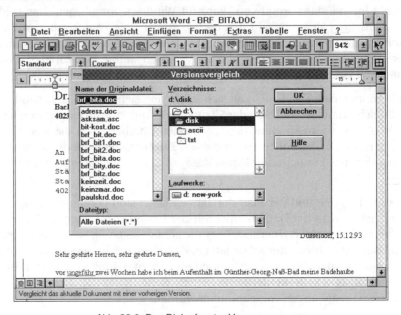

Abb. 22.6: Das Dialogfenster VERSIONSVERGLEICH

Zur Übung laden Sie die Version der Geschichte "Keine Zeit für Langeweile", die Sie bearbeitet haben. Vergleichen Sie diese Version mit einer der Originalversionen, die auf der Diskette gespeichert sind. Alle Ergänzungen und Veränderungen, die Sie in Abschnitten vorgenommen haben, werden angezeigt. Überprüfen Sie die beiden Dateien parallel am Bildschirm, und schauen Sie sich die Änderungen an. Achten Sie auf die nicht druckbaren Zeichen; Änderungen bestehen häufig in verborgenem Text oder in nicht druckbaren Zeichen, wie z.B. dem bedingten Trennstrich.

Änderungen zusammenführen

Mitunter werden Dokumente an verschiedene Bearbeiter gegeben, die diese dann mit Anmerkungen und im Überarbeitungsmodus korrigieren und kommentieren. Kehren diese bearbeiteten Dokumentversionen nun zum Autor zurück, lassen sich die Änderungen ins Originaldokument aufnehmen. Dies erleichtert besonders bei mehreren Bearbeitern eines Dokuments die spätere Überarbeitung, da nicht immer zwischen den verschiedenen überarbeiteten Versionen gewechselt werden muß.

Die Möglichkeit der Kombination verschiedener Bearbeitungen eines Dokuments bietet WinWord ebenfalls in seinem Dialogfenster ÜBERARBEITEN. Mit ÄNDERUNGEN KONSOLIDIEREN ((Alt)(K)) überführen Sie die Korrekturen und Anmerkungen des aktuellen Dokuments in die Originaldatei. Voraussetzung ist, daß das Dokument geöffnet ist, das Sie zurückerhalten haben.

Die Originaldatei, die die Grundlage für die Bearbeitung ist, wählen Sie nun im Dialogfenster ÄNDERUNGEN KONSOLIDIEREN in der Liste NAME DER ORIGINALDATEI ((Alt)(O)) aus. Über die Listen LAUFWERKE und VERZEICHNISSE wechseln Sie wie üblich in das Verzeichnis, in dem die Quelldatei gespeichert ist. Wenn Sie mit OK die Konsolidierung starten, öffnet WinWord das Quelldokument und überträgt die Änderungen und Anmerkungen, die im Korrekturdokument vorliegen. Der Fortgang der Konsolidierung wird durch einen Statusbalken dokumentiert.

Nach Abschluß der Übernahme bleibt das ergänzte Quelldokument geöffnet, in dem Sie nun auf die übliche Weise mittels der Überarbeiten-Funktion nach Änderungen suchen können. Um weitere Korrekturdokumente in die Quelle aufzunehmen, öffnen Sie einfach die Datei des nächsten Korrekturexemplars, öffnen wieder das Dialogfenster ÄNDERUNGEN KONSOLIDIEREN und wählen erneut die Originaldatei aus. Unwesentlich ist, ob das angewählte Quelldokument bereits geöffnet ist. WinWord überträgt nun auch die Korrekturen des zweiten Bearbeiters ins Quelldokument. Dieser Vorgang läßt sich beliebig wiederholen. Positiv schlägt hierbei zu Buche, daß WinWord in der Lage ist, Änderungen verschiedener Bearbeiter mit unterschiedlichen Farben zu kennzeichnen. Sie sollten daher in der Optionen-Registerkarte Überarbeiten unter Neuer Text und Gelöschter Text jeweils als Farbe Je nach Autor eingestellt haben.

Es empfiehlt sich, jede bearbeitete Version nur einmal in das Quelldokument zu übertragen, um Doppelungen der Einträge zu vermeiden. Bei der Übernahme werden übrigens auch Objekte transferiert, mit denen Bearbeiter beispielsweise in Anmerkungen wörtliche Rede eingebracht haben. Zur Wiedergabe der Sprachnotizen benötigen der PC die entsprechende Klangausstattung. Achten Sie darauf, daß durch solche Mitbringsel der Umfang des Dokuments merklich steigen kann.

In den Korrekturdokumenten sollten alle Änderungen und Anmerkungen im Überarbeitungsmodus erstellt worden sein. Fehlen die internen Korrekturmarkierungen im geöffneten Dokument oder sind sie unvollständig, da auch abseits des Überarbeitungsmodus Änderungen vorgenommen wurden, so hat WinWord Schwierigkeiten, die vorliegende Version des Dokuments in seine Originalfassung einzubringen. In diesem Fall erfolgt die Übernahme der Änderungen und Anmerkungen nur bis zu dem Punkt, an dem die undokumentierte Abweichung der beiden Versionen festgestellt wird. Dokumente, die Sie später konsolidieren möchten, sollten besser mit Extras > Dokument schützen auf die reine Eingabe von Überarbeitungen oder Anmerkungen ausgerichtet werden. Eine Kennwortvergabe empfiehlt sich, damit dieser Bearbeitungsmodus nicht deaktiviert wird. So ist eher gewährleistet, daß die Dokumente, die Sie zurückerhalten, sich für eine Konsolidierung eignen.

Sollten Sie trotz allem ein Dokument zurückerhalten, bei dem der Korrektor auf Markierungen verzichtete, so können Sie sich mit einem kleinen Trick behelfen. Starten Sie im Dialogfenster Überarbeiten den Versionsvergleich und wählen Sie als Vergleichsdokument die Originaldatei, auf der das neue Dokument basiert. So lassen Sie WinWord selbst die Änderungen markieren, die der Bearbeiter vorgenommen hat. Nach Abschluß des Versionsvergleichs können Sie dann die nunmehr markierten Änderungen mit Änderungen konsolidieren in die Quelle einbringen, mit der das Dokument zuvor verglichen wurde.

23
Gliederungen, Zentraldokumente, Verzeichnisse und Indizes

Die Gliederung	Seite	629
Gliederungsebenen erstellen	Seite	629
Gliederungsebenen zuordnen	Seite	633
Gliederungsebenen ein- und ausblenden	Seite	638
Textorganisation mit der Gliederung	Seite	639
Zentraldokumente	Seite	641
Index und Verzeichnisse erstellen	**Seite**	**653**
Wörter in Index aufnehmen	Seite	654
Index erstellen	Seite	660
Inhaltsverzeichnis über Formatvorlagen erstellen	Seite	661
Inhaltsverzeichnis über Einträge erstellen	Seite	664
Weitere Verzeichnisse erstellen	Seite	666
Handhabung der Verzeichnisse im Dokument	Seite	667
Überschriften und Absätze numerieren	**Seite**	**669**
Überschriften numerieren	Seite	669
Nummern und Aufzählungszeichen	Seite	673

Die Gliederung

Gut gegliederte Texte ermöglichen nicht nur dem Leser eine bessere Orientierung, sondern geben auch bei der Erstellung des Textes eine nicht zu unterschätzende Hilfestellung. In Word für Windows existiert daher ein eigener Gliederungsmodus, dessen Anwendungsbereich aber weit über die einfache Strukturierung hinausgeht. Der Gliederungsmodus gewährt dem Anwender neben dem schnellen Überblick über Dokumente auch den schnellen und direkten Zugriff auf einzelne Kapitel oder Abschnitte eines Textes. Diese Funktion macht den Gliederungsmodus vor allem für umfangreiche Schriftstücke interessant. Erreicht wird dies durch eine Gliederungsfunktion, in der Überschriften bis auf neun Ebenen abgestuft werden können. Die Ebenen sind hierarchisch geordnet, das heißt, die erste Ebene verfügt über acht Unterebenen, die zweite über sieben Unterebenen usw. Jeder Unterebene können Sie wiederum Texte zuordnen, so daß sich ein komplexer Gliederungsbaum ergibt. Hierbei haben Sie die oberste Ebene des Gesamtkonzeptes vor Augen und können auf Wunsch sukzessive in einzelne Gliederungsebenen hinabverzeigen. Sie können sich aber auch die Gesamtstruktur aller Gliederungsebenen anzeigen lassen und auf Wunsch sämtliche Texte, die den einzelnen Überschriftsebenen zugeordnet sind, anzeigen lassen. Außerdem haben Sie die Möglichkeit, Ihr Dokument schnell anders zu organisieren, Prioritäten und Hierarchien zu verändern und Reihenfolgen zu modifizieren.

Gliederungsebenen erstellen

Um die Bandbreite des Gliederungsmodus von Word für Windows zu nutzen, schalten Sie im Menü ANSICHT mit dem Befehl GLIEDERUNG (Alt A G) oder in der horizontalen Bildlaufleiste mittels des Symbols "Gliederungsansicht" in die Darstellung der Gliederung um. Diese Darstellungsweise unterscheidet sich von allen anderen Dokumentansichten. Der Text ist nicht länger in Entsprechung oder Anlehnung an das Layout aufgebaut, sondern der Aufbau folgt einer hierarchischen Struktur. Je tiefer eine Ebene des Dokuments abgestuft wird, umso weiter wird sie in der Gliederungsdarstellung nach rechts verschoben. Diese optische Gliederung eines Dokuments dient auch der direkten Bearbeitung. Das heißt, je weiter Sie eine Überschrift nach rechts verschieben, umso tiefer wird diese Überschrift in der Hierarchie des Textes abgestuft.

Die Entsprechung zwischen Darstellung und Aufbau des Textes erleichtert die strukturelle Arbeit in der Gliederungsansicht. Um diese Struktur möglichst konsequent umzusetzen, wird in der Anzeige auf die Absatzformatierung verzichtet. Während sich die Funktions- und Formatierungsleiste in der Gliederungsansicht einschalten lassen, kann das Lineal nicht aktiviert werden. Auch die Dialogfenster ABSATZ und TABULATOREN lassen sich nicht öffnen. Die Zeichenformatierung wird dargestellt, sofern Sie in der Gliederungsansicht den normalen Anzeigemodus benutzen.

 Die Gliederungsansicht verfügt über eine eigene Symbolleiste, mit der Sie die Gliederungsstruktur des Dokuments auf einfache Art und Weise modifizieren können. Über die Symbolleiste GLIEDERUNG können Sie auch die Anzeige der Zeichenformatierungen aus- und anschalten. Wenn Sie auf die Anzeige der Zeichenformatierung verzichten möchten, schalten Sie sie mittels des Symbols "Formatierung anzeigen" aus.

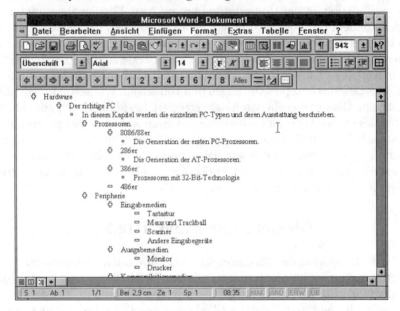

Abb. 23.1: Ein strukturierter Text in der Gliederungsansicht

Innerhalb der Gliederungsansicht wird jedem Absatz ein Symbol vorangestellt, das seinen Status verkörpert:

Symbol		Bedeutung
▫	Kleines Quadrat	Textabsatz
⊟	Minuszeichen	Überschrift ohne Unterebenen
⊞	Pluszeichen	Überschrift mit Unterebenen

Tab. 23.1: Die Textsymbole der Gliederungsansicht

23 • Gliederungen, Zentraldokumente, Verzeichnisse und Indizes

Im Gliederungsmodus wird oben im Dokumentfenster eine Symbolleiste angezeigt. Diese Symbolleiste dient der Bedienung mit der Maus. Aber auch für den Tastaturbenutzer ist in der Gliederungsansicht weitgehend gesorgt. Allerdings ist die Gliederungsansicht mit der Maus weitaus intuitiver zu benutzen. Dies kommt im Endeffekt einer leichteren Arbeit zugute, da Sie sich auf den Inhalt Ihres Dokuments konzentrieren können und sich nicht an die Tastenbefehle erinnern müssen.

Obwohl sich die Anzeige der Gliederungsansicht grundlegend von den anderen Erfassungsmodi unterscheidet, erfolgt die Texteingabe wie gewohnt. Im Prinzip könnten Sie ein ganzes Buch in der Gliederungsansicht erfassen. Die Gliederungsansicht bietet also kein Hemmnis bei der Eingabe von Texten, Grafiken und Tabellen. Tabellen werden hierbei nicht auf den Darstellungslevel der Ebene eingerückt, was die Bearbeitung von Tabellen erlaubt, die einer tiefen Gliederungsebene angehören. So brauchen Sie für Ergänzungen und Änderungen die Dokumentansicht nicht zu wechseln. Auch bei der präzisen thematischen Nachbearbeitung bietet die Gliederungsdarstellung eine gute Arbeitsgrundlage, da über sie der Zugang zu einzelnen Ebenen Ihres Dokuments offensteht. Um in den Genuß des direkten Zugriffs zu kommen, muß ein Dokument jedoch zuvor gegliedert sein.

Wenn Sie einen bislang ungegliederten Text öffnen, ist im Gliederungsmodus jeder Absatz links mit einem kleinen Quadrat markiert. Dieses Zeichen zeigt Ihnen, daß es sich um einen Textabsatz handelt. Solange keine Gliederungsebenen bestehen, stehen alle Absätze auf der obersten Ebene. Dennoch handelt es sich bei ihnen noch immer um Textabsätze und nicht um Überschriften. Textabsätze richten sich immer nach der Ebene, die die übergeordnete Überschrift hat. Als übergeordnet gilt immer jene Überschrift, die als letzte vor einem Absatz aufgeführt wird. Irrelevant ist hierbei, wie viele Textabsätze folgen.

Wenn Sie ein neues Dokument anlegen und ohne Texteingabe direkt in den Gliederungsmodus wechseln, formatiert das Programm den ersten, einzigen und leeren Absatz als Überschrift der Gliederungsebene 1. Sie haben nun die Möglichkeit, Konzeptüberlegungen direkt in die Gliederungsansicht einzutragen. Betätigen Sie nach jeder Sentenz die ⏎-Taste. So werden alle Vermerke und Ideen untereinander als Überschriften der ersten Gliederungsebene aufgenommen und können mit der Gliederungsfunktion anschließend geordnet und bearbeitet werden, so daß sich das Inhaltsverzeichnis eines neuen Dokuments herauskristallisiert. Hierbei handelt es sich wohl um den direktesten Weg von der Gedankensammlung zum Manuskript. Wenn Sie allerdings ein Dokument, in dem bereits Texteingaben stattgefunden haben, in der Gliederungsansicht anzeigen, übernimmt Word für Windows die Textstruktur des Dokuments.

Um aus einem Textabsatz eine Überschriftenebene zu machen, positionieren Sie die Einfügemarke im Absatz und klicken das Symbol "Höherstufen" in der Symbolleiste an oder drücken Sie [Alt][⇧][←]. Der Absatz wird ausgerückt und gilt jetzt als Überschrift. Der folgende, ungegliederte Text wird dieser Überschrift untergeordnet.

 Wenn Sie die Überschrift eine Ebene abstufen möchten, klicken Sie das Symbol "Tieferstufen" an oder betätigen [Alt][⇧][→]. Hierdurch wird auch der nachfolgende Text eine Ebene abgestuft.

 Das Auf- und Abstufen können Sie statt mit den Symbolen der Befehlszeile auch direkt im Text der Gliederungsansicht vornehmen. Hierfür gibt es spezielle Mausaktionen. Sie stufen Absätze direkt im Text um, indem Sie den Mauszeiger auf dem Symbol plazieren, das dem jeweiligen Absatz vorangestellt ist. An dieser Stelle stellt der Mauszeiger einen Vierfachpfeil dar.

 Wenn Sie die linke Maustaste drücken, können Sie das Symbol ziehen. Durch die Bewegung nach links und rechts stufen Sie eine Überschrift auf bzw. ab. Während der Bewegung nimmt der Mauszeiger das Symbol eines waagerechten Doppelpfeils an. An den möglichen Zielpunkten erscheint bei der Bewegung eine gepunktete Linie mit Zielquadrat. Lassen Sie an einer dieser Stellen die Maustaste los, um eine Überschrift der markierten Ebene zu erstellen. Die Aktion wirkt sich hierbei auf alle Ebenen aus, die dem bewegten Absatz untergeordnet sind. Diese Ebenen werden automatisch markiert. Ob einem Absatz Ebenen untergeordnet sind, erkennen Sie am Absatzsymbol +.

Beim Auf- oder Abstufen wird dem jeweiligen Absatz direkt die automatische Formatvorlage ÜBERSCHRIFT der jeweiligen Ebene zugeordnet. Das heißt, Überschriften der Ebene 1 erhalten die Formatvorlage ÜBERSCHRIFT 1, Überschriften der Ebene 2 die Formatvorlage ÜBERSCHRIFT 2 usw. Durch diese Formatvorlagen gilt Ihre Gliederungsstruktur auch in den normalen Erfassungsmodi.

 Wenn Sie ein Dokument im Gliederungsmodus darstellen, dessen Überschriften bereits die automatischen Formatvorlagen ÜBERSCHRIFT zugeordnet wurden, übernimmt Word für Windows diese Gliederungsstruktur. Sie können diese Gliederung, die im normalen Erfassungsmodus gegeben wurde, im Gliederungsmodus beliebig nachbearbeiten und verändern. Word für Windows paßt die Formatvorlagen dem aktuellen Stand an. Außerdem haben Sie auch in der Gliederungsansicht Zugriff auf die Formatvorlagen. Sie können also hier auch über die Vergabe von Formatvorlagennamen einen Text strukturieren.

Gliederungsebenen zuordnen

Typisch für die Gliederungsansicht ist die Symbolleiste am oberen Fensterrand. Sie können die Symbolleiste durch Anklicken der einzelnen Symbolfelder nutzen, wenn Sie mit der Maus arbeiten. Bei der Arbeit mit der Tastatur müssen Sie die Tastenschlüssel verwenden, die den einzelnen Symbolen zugeordnet sind.

Die einzelnen Symbole haben folgende Wirkungen:

Symbol	Funktion
	Wirkung
Taste	Bemerkung
⬅	Setzt eine Überschrift eine Gliederungsebene höher
⇧ ⇆	Falls die Einfügemarke in einem Textabsatz steht, wird der Absatz als Überschrift auf die Gliederungsebene aufgestuft, der er bislang zugeordnet war
Alt ⇧ ←	Der Tastenschlüssel setzt auch außerhalb der Gliederungsansicht eine Überschrift um einen Überschriftenlevel höher
➡	Setzt die Überschrift eine Gliederungsebene tiefer
⇆	Falls die Einfügemarke in einem Textabsatz steht, wird der Absatz als Überschrift unter die Gliederungsebene abgestuft, der er bislang zugeordnet war
Alt ⇧ →	Der Tastenschlüssel setzt auch außerhalb der Gliederungsansicht eine Überschrift um einen Überschriftenlevel tiefer
⇒	Formatiert den Absatz als Text in der Formatvorlage STANDARD
	Falls sich die Einfügemarke in einem Überschriftenabsatz befindet, wird diese zum Textabsatz abgestuft. Seine Ebene richtet sich nach der nächsten vorhergehenden Überschrift, der er zugeordnet ist.
Strg ⇧ N	oder Alt ⇧ 5 (Drücken Sie die 5 auf dem numerischen Tastaturblock; Num darf hierbei nicht aktiv sein). Der Tastenschlüssel setzt auch außerhalb der Gliederungsansicht auf die Formatvorlage STANDARD zurück. Alternative: Betätigen Sie Strg ⇧ S, und wählen Sie anschließend ein Formatvorlage im Feld der Formatierungsleiste.

| Symbol | Funktion |
| | Wirkung |
Taste	Bemerkung
⬆	Verschiebt den Absatz vor den vorhergehenden Absatz.
	Falls die Ansicht der Gliederung auf bestimmte Ebenen reduziert ist, werden die ausgeblendeten Ebenen und Textabsätze zusammen mit der Überschrift verschoben, in der die Einfügemarke steht.
`Alt`+`⇧`+`↑`	Der Tastenschlüssel verschiebt den aktuellen Absatz auch außerhalb der Gliederungsansicht um einen Absatz nach oben.
⬇	Verschiebt den Absatz hinter den folgenden Absatz.
	Falls die Ansicht der Gliederung auf bestimmte Ebenen reduziert ist, werden die ausgeblendeten Ebenen und Textabsätze zusammen mit der Überschrift verschoben, in der die Einfügemarke steht.
`Alt`+`⇧`+`↓`	Der Tastenschlüssel verschiebt den aktuellen Absatz auch außerhalb der Gliederungsansicht um einen Absatz nach unten.
✚	Schaltet die nächste untergeordnete Gliederungsebene des Absatzes ein.
	Falls Sie einer Überschrift mehrere Gliederungsebenen untergeordnet haben, die zur Zeit nicht angezeigt werden, können diese somit sukzessive eingeblendet werden. Jede Aktivierung des Pluszeichens schaltet hierbei die Darstellung der nächsten Unterebene ein.
`Alt`+`⇧`+`+`	oder `+`; Plustaste auf numerischem Tastaturblock
➖	Schaltet die letzte untergeordnete Gliederungsebene des Absatzes aus.
	Falls Sie einer Überschrift mehrere Gliederungsebenen untergeordnet haben, können Sie die untergeordneten Ebenen, die zur Zeit angezeigt werden, sukzessive ausblenden. Jede Bestätigung des Minuszeichens schaltet hierbei die Darstellung der aktuell tiefsten Unterebene aus.
`Alt`+`⇧`+`-`	oder `-`; Minustaste auf numerischem Tastaturblock
1 2 3 4 5 6 7 8	Verbirgt alle untergeordneten Gliederungsebenen bis zu der angewählten Ebene.

Symbol	Funktion
	Wirkung
Taste	Bemerkung

`Alt` `⇧` `□`	Falls Sie mehrere Gliederungsebenen definiert haben, können Sie über die Zahl bestimmen, bis einschließlich welcher Ebene alle Überschriften angezeigt werden sollen. Der Textkörper wird hierbei ausgeschaltet. □ repräsentiert die Nummer, die den Gliederungslevel kennzeichnet, bis zu dem die Überschriften dargestellt werden sollen; geben Sie die Nummer auf der alphanumerischen Tastatur ein.
`Alles`	Schaltet zwischen der Darstellung aller Überschriften und der Überschriften und des gesamten Textkörpers um. Falls nur Überschriften angezeigt werden, schaltet ALLES die Anzeige des gesamten Textes an. Wird der gesamte Textkörper bereits angezeigt, reduziert die Bestätigung von ALLES die Anzeige auf sämtliche Überschriften. Das Feld fungiert also als Schalter, mit dem sich zwischen dem Ein- und Ausblenden des Textkörpers umschalten läßt.
`Alt` `⇧` `A`	oder `x`; Taste auf numerischem Tastaturblock Dieser Tastenschlüssel fungiert als Schalter. Wiederholtes Betätigen des Tastenschlüssels wechselt zwischen Anzeige aller Überschriften inklusive und exklusive Textkörper.
≡	Schaltet zwischen der auf eine Zeile reduzierten Anzeige des Textkörpers und der vollständigen Darstellung um. Das Symbol "Nur erste Zeile" reduziert den Text auf die jeweils erste Zeile des Absatzes. Die Fortsetzung des Textes ist am Ende der Zeile durch drei Punkte gekennzeichnet. Dieses Anfangszitat erleichtert die Suche nach einem bestimmten Textabsatz innerhalb der Gliederungsansicht. Ist der Textkörper bereits auf die ersten Zeilen reduziert, erweitert das Symbol "Nur erste Zeile" die Anzeige auf den gesamten Text. Das Feld zeigt seine Schalterwirkung nur, wenn mit dem Symbol ALLES der Textkörper eingeblendet wurde.
`Alt` `⇧` `L`	Dieser Tastenschlüssel fungiert als Schalter. Wiederholtes Betätigen wechselt zwischen der Reduzierung auf die ersten Zeilen der Textabsätze und der Anzeige des gesamten Textkörpers.

Symbol	Funktion
	Wirkung
Taste	Bemerkung

ᴬ🄰	Stellt die Zeichenformatierung an oder schaltet sie ab. Die reine Struktur des Textes ist mitunter deutlicher ersichtlich, wenn Zeichenformatierungen wie fette oder kursive Schreibweisen nicht angezeigt werden. Das Feld fungiert als Schalter, mit dem sich zwischen deaktivierter und aktivierter Zeichenformatierung umschalten läßt.
÷	Divisionstaste auf numerischem Tastenblock. Dieser Tastenschlüssel fungiert als Schalter. Das heißt, wiederholtes Betätigen des Tastenschlüssels wechselt zwischen der Reduzierung auf die ersten Zeilen der Textabstätze und der Anzeige des gesamten Textkörpers.
🗔	Schaltet die Symbolleiste der Zentraldokumentansicht ein. Die Zentraldokumentansicht unterscheidet sich von der Gliederungsansicht prinzipiell lediglich durch diese Symbolleiste und die Funktionen, die über sie erreichbar werden. Falls die Symbolleiste bereits aktiv ist, schaltet der Klick auf das Symbol "Zentraldokumentansicht" sie wieder aus. Die Symbolleiste ZENTRALDOKUMENT wird weiter unten erläutert.

Tab. 23.2: Die Symbole der Symbolleiste GLIEDERUNG

Statt mit dem Symbol "Umwandeln in Textkörper" oder den Tastenkombinationen [Strg]⇧[N] bzw. [Alt]⇧[5] (numerischer Tastaturblock, [Num] darf nicht aktiv sein) können Sie auch direkt mit der Maus einen Überschriftsabsatz auf das normale Standardtextformat zurücksetzen, indem Sie den Mauszeiger auf dem Gliederungssymbol plazieren, das dem jeweiligen Absatz vorangestellt ist. Hier stellt der Mauszeiger einen Vierfachpfeil dar. Ziehen Sie das Symbol - der Mauszeiger zeigt einen waagerechten Doppelpfeil - soweit nach rechts, daß die gepunktete Linie mit Zielquadrat wieder an den Anfang der Zeile springt. Wenn Sie nun die Maustaste loslassen, wird die Überschrift mit der Formatvorlage STANDARD formatiert.

Relevant für das Auf- bzw. Abstufen von Überschriften sind die Symbole "Höherstufen" und "Tieferstufen". Bezogen wird der Befehl auf den Absatz, in dem die Einfügemarke steht. Sollte die Einfügemarke innerhalb eines Textabsatzes stehen, wird dieser als Überschrift formatiert.

23 • Gliederungen, Zentraldokumente, Verzeichnisse und Indizes

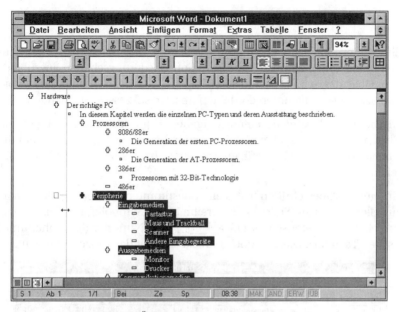

Abb. 23.2: Die Überschriftsebenen mit der Maus ändern

Sie können Überschriften mit den beiden Symbolen - unabhängig von den vorhergehenden oder nachfolgenden Überschriften - auf- und abstufen. Der Text, der einer Überschrift zugeordnet ist, richtet sich allerdings stets nach ihrem Level. Wenn Sie beim Auf- oder Abstufen die Relation zu nachfolgenden Überschriften wahren möchten, müssen Sie den Bereich markieren, auf den sich die Änderung der Gliederungsebene bezieht. Änderungen des Levels beziehen sich nun auf den gesamten markierten Bereich, in dem die Relationen der einzelnen Ebenen gewahrt bleiben.

Bei der Markierung kann einzelner Text nur innerhalb eines Absatzes markiert werden. Überschreitet die Markierung die Grenzen eines Absatzes, ist im weiteren nur noch die absatzweise Markierung möglich. Bis auf diese Besonderheit funktioniert das Markieren des Textes mit den üblichen Befehlen.

Wenn Sie eine Überschrift samt allen untergeordneten Überschriften und Textabsätzen markieren möchten, bietet Ihnen die Maus hierfür eine besondere Möglichkeit. Positionieren Sie den Mauszeiger in der Markierungsleiste links des Textes. Hier wechselt das Maussymbol zu einem nach oben rechts gerichteten Pfeil. Klicken Sie nun die Überschrift mit der linken Maustaste doppelt an. Hierdurch wird die Überschrift samt allen ihr untergeordneten Absätzen markiert. Umstufungen beziehen sich nun auf den gesamten markierten Bereich.

637

Gliederungsebenen ein- und ausblenden

 Eine andere Möglichkeit, Überschriften samt aller untergeordneten Ebenen umzustufen, beinhaltet die Funktion Gliederungsebenen auszublenden. Über das Symbol "Reduzieren" ([Alt][⇧][-]) der Symbolleiste GLIEDERUNG lassen sich die untergeordneten Absätze sukzessive ausblenden.

Hierbei wird durch jede Befehlseingabe der jeweils unterste angezeigte Gliederungslevel ausgeblendet. Die Aktion bezieht sich hierbei nur auf die Überschrift, in der die Einfügemarke steht, bzw. auf den markierten Bereich.

Um nur die Überschriften bis zu einer bestimmten Gliederungsebene darzustellen, benutzen Sie die Zahlenreihe in der Symbolleiste oder die entsprechenden Tastenschlüssel ([Alt][⇧][☐] eine Nummer der alphanumerischen Tastatur). Diese Aktion erstreckt sich auf das ganze Dokument.

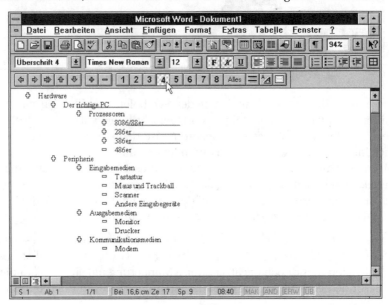

Abb. 23.3: Eine Gliederung im dritten Level

Die Umstufung der Ebene oder Reihenfolge von Absätzen, die Sie in einem reduzierten Anzeigemodus vornehmen, beziehen sich stets auf alle Unterebenen, die der bewegten Überschrift zugeordnet sind und momentan nicht angezeigt werden.

 Mit dem Plussymbol der Symbolleiste ([Alt][⇧][+]) erweitern Sie bei einzelnen Überschriften die untergeordneten Absätze in der gleichen Weise, wie

Sie diese mit dem Minussymbol reduzieren. Ob unter einer Überschrift weitere Absätze reduziert sind, erkennen Sie an einer Unterstreichung der Überschrift.

Wenn Sie alle Überschriften und den gesamten Textkörper anzeigen möchten, benutzen Sie das Symbol ALLES ([Alt][⇧][A]).

Textorganisation mit der Gliederung

Über die Symbole "Nach oben" ([Alt][⇧][↑]) und "Nach unten" ([Alt][⇧][↓]) können Sie einzelne oder mehrere Absätze, einzelne Überschriften und Überschriften samt Unterebenen direkt umorganisieren. Der Befehl bewirkt das Verschieben der markierten Passage um einen angezeigten Absatz nach oben oder unten. Solange keine Markierung gesetzt ist, bezieht sich die Umstellungsaktion stets auf den Absatz, in dem die Einfügemarke positioniert ist.

Wenn unter einer Überschrift, die versetzt wird, Unterebenen reduziert sind, werden diese mit der Überschrift zusammen verschoben. Überschriften, unter denen weitere Ebenen reduziert sind, werden samt der nicht angezeigten Ebenen in einem Schritt übersprungen. So haben Sie die Möglichkeit, ganze Kapitel auf einmal zu verschieben, indem Sie die Gliederungsansicht durch Anklicken der Nummer der Ebene auf den Level des Kapitels reduzieren und dann die Kapitelüberschrift an den neuen Standort verschieben.

Auch für diese Aktion bietet sich den Benutzern der Maus eine vereinfachte Eingabemöglichkeit. Positionieren Sie den Mauszeiger auf dem Gliederungssymbol des Absatzes, so daß der Zeiger das Kompaßsymbol anzeigt. Drücken Sie nun die linke Maustaste. Der aktuelle Absatz und alle ihm untergeordneten Absätze werden markiert und können mit der Maus nach oben oder unten an die neue Position gezogen werden. Mögliche Zielpunkte werden hierbei durch eine waagerechte gestrichelte Linie gekennzeichnet. Wenn Sie die linke Maustaste an einem dieser Einfügeorte loslassen, wird der gesamte markierte Bereich hierhin verschoben.

Sowohl in der expandierten als auch in der reduzierten Gliederungsansicht funktionieren Drag and Drop und die Kopier- und Verschiebeaktionen, die über die Zwischenablage, die Funktionstaste [F2] bzw. den Tastenschlüssel [⇧][“] oder die entsprechenden Mauseingaben vollzogen werden, in der gewohnten Weise.

Falls Sie also mit diesen Befehlen besonders gut zurechtkommen und sich nicht extra mit den speziellen Verschiebeoptionen der Gliederungsansicht beschäftigen möchten, steht dem Einsatz nichts im Wege. Auch mit diesen

Eingaben können Sie reduzierte Gliederungsebenen in einem Schritt verschieben und sogar kopieren. Daher bietet sich das Kopieren besonders dann an, wenn Sie eine Überschrift samt Unterebenen in eine andere Datei übertragen möchten.

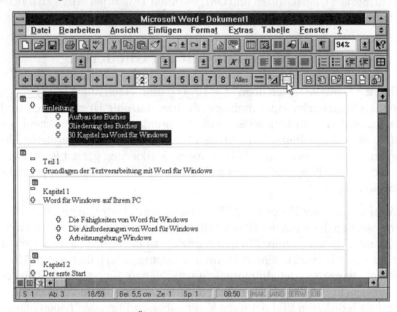

Abb. 23.4: Überschriften mit der Maus umplazieren

Mit den Möglichkeiten, ein Dokument auf Überschriften zu reduzieren und die Unterebenen dieser Überschriften wieder auszuweiten, ist nicht nur die Möglichkeit der leichten Umstrukturierung gegeben. Auch der Orientierung und dem gezielten Zugriff auf einzelne Kapitel, Unterkapitel und sogar Absätze eines Schriftstücks dient die Gliederungsansicht in besonderer Weise. Anstatt ganze Dokumente sukzessive durchzublättern, bis Sie an die richtige Stelle kommen, können Sie in der reduzierten Gliederungsansicht über die betreffende Überschrift präzise auf einen Bereich des Dokuments zugreifen. Weiten Sie den Text der gewünschten Passage einfach aus, oder schalten Sie wieder in den normalen Erfassungsmodus um, sobald Sie die Einfügemarke an der gesuchten Stelle positioniert haben. Die Einfügemarke behält bei diesem Wechsel ihre Position bei. Der Wechsel wird initiiert, indem Sie im Menü ANSICHT eine andere Darstellungsart aktivieren. Sämtliche reduzierten Absätze werden in der normalen Textansicht wieder in voller Länge angezeigt.

Die gute Zusammenarbeit zwischen Erfassungsmodus und Gliederungsfunktion wird nicht zuletzt durch die automatischen Formatvorlagen ÜBER-

SCHRIFT gewährleistet. Da den Absätzen, die als Überschriften definiert wurden, gleichzeitig die Formatvorlage ÜBERSCHRIFT N zugeteilt ist, wobei "N" der jeweiligen Gliederungsebene entspricht, können Sie im Dialogfenster FORMATVORLAGE die Überschriftformate verändern. So erhalten Sie direkt die richtige Formatierung für die Druckausgabe. Andererseits können Sie Überschriften im normalen Eingabemodus die jeweils passende Formatvorlage zuweisen ([Strg][⇧][S] > ÜBERSCHRIFT N) und so Ihre Überschriften mit den richtigen Gliederungsebenen versehen.

Mitunter ist es sinnvoll, die Gliederung eines Dokuments ohne den zugehörigen Text auszudrucken. Diesen Ausdruck können Sie in der Gliederungsansicht initiieren. Reduzieren Sie die Gliederungsebenen auf den Level, den Sie im Ausdruck wiedergeben möchten. Aktivieren Sie dann den Druck des Dokuments mit dem Befehl DATEI > DRUCKEN ([Strg][P] oder das Symbol "Drucken"). Ausgedruckt werden nun nur jene Gliederungsebenen, die auch auf dem Monitor dargestellt werden. So können Sie präzise den Level bestimmen, bis zu dem Sie einem anderen Einblick in die Struktur eines Dokumentes geben möchten.

Wenn Sie die Symole "Nach oben" oder "Nach unten" oder die entsprechenden Mausfunktionen bzw. Tastenschlüssel ([Alt][⇧][↓] bzw. [Alt][⇧][↑]) auf komplette Filialdokumente anwenden, die Sie - wie weiter unten beschrieben - in ein Zentraldokument eingefügt haben, wird hierbei das Filialdokument aufgelöst. Sollte nur ein Teil des Fialialdokuments markiert sein, so werden lediglich die markierten Absätze bzw. der Absatz, in dem die Einfügemarke steht, im Filialdokument und gegebenenfalls aus ihm heraus verschoben. Gesperrte Filialdokumente lassen sich weder ganz noch teilweise mit den Befehlen verschieben.

Zentraldokumente

Daß auch umfangreiche Projekte, etwa Bücher, in Word für Windows gut bearbeitet werden können, ist bekannt. Die Zentraldokumentfunktion bietet hierfür eine besondere Verwaltungsmöglichkeit. Hierbei lassen sich in der Gliederungsansicht externe Dokumentdateien - die sogenannten Filialdokumente - in ein zentrales Dokument aufnehmen. Da die Filialdokumente nicht tatsächlich im Zentraldokument gespeichert, sondern lediglich darüber verwaltet werden, können Zentraldokumente theoretisch beliebig groß werden.

Doch die Zentraldokumentfunktionen bieten noch mehr Komfort: Sie erlauben die Aufteilung eines großen Dokuments in mehrere kleine Dokumente per Mausklick. Sämtliche eingebundene Filialdokumente können Sie direkt im Zentraldokument bearbeiten oder die Filialdokumente öffnen und im eigenen Dokumentfenster modifizieren. An dieser Stelle sei aber gleich eine Warnung mit auf den Weg gegeben: Die Funktion Zentraldokument erweist sich leider nicht immer als ganz stabil. Um unerwarteten Textverlusten vorzubeugen, sollte die Textverarbeitung nach wie vor in Einzeldokumenten stattfinden, die erst nach Abschluß der eigentlichen Textarbeit in einem Zentraldokument zusammengeführt werden. Hier lassen sich dann die umfassenden Fähigkeiten des Zentraldokumentmodus nutzen.

Die Idee der Zentraldokumente wird am Beispiel eines Buches deutlich: Statt das Werk in einer einzigen "riesigen" Datei zu speichern, unterteilen Sie es kapitelweise in mehrere Dokumente. Die Dateien der einzelnen Kapitel fassen Sie als Filialdokumente im Zentraldokument zu einem kompletten Gesamtwerk zusammen. Jedes Kapitel eines Buches stellt hierdurch ein Filialdokument im Zentraldokument "Buch" dar. Innerhalb von Filialdokumenten können übrigens weitere Filialdokumente angelegt werden, so daß auch einer tieferen Staffelung von Filialdokumenten und dem Einbinden von bestehenden Zentraldokumenten in neue Zentraldokumente nichts im Wege steht. Das Zentraldokument dient hauptsächlich zur Verwaltung und Organisation der Filialdokumente, kann aber auch Text und alle Elemente eines normalen Dokuments enthalten, die dann direkt in ihm gespeichert werden.

Ein Zentraldokument kann Ihnen Verwaltungsaufgaben abnehmen, da Sie sich nicht mehr merken müssen, welche Dokumentdateien eigentlich zum Gesamtwerk gehören und in welchen Verzeichnissen die einzelnen Dateien gespeichert sind. Zwar sind auch die Filialdokumente weiterhin in separaten Dateien abgelegt, doch der Verweis auf diese Dateien wird intern im Zentraldokument verwaltet. Für Sie wird das Filialdokument im Gliederungsmodus durch einen grauen Rahmen und das Filialdokument-Symbol gekennzeichnet, das vor der ersten Überschrift des Filialdokuments steht. In den anderen Textansichten sind Filialdokumente nicht direkt zu erkennen, sondern treten wie normale Inhalte des Dokuments in Erscheinung. Mittels des internen Verweises lädt WinWord in allen Textansichten des Zentraldokuments die integrierten Filialdokumente. So läßt sich jedes Unterkapitel eines Buches als eigenes Dokument bearbeiten, ohne den Bezug zum gesamten Buch zu verlieren.

Dies ist vor allem bei der Erstellung von Inhalts- und Stichwortverzeichnissen und Querverweisen wichtig. Da im Zentraldokument sämtliche Unterkapitel verwaltet werden, ist das Inhaltsverzeichnis des gesamten Buches im Handumdrehen erstellt. Auch der Index berücksichtigt automatisch sämtliche Indexeinträge der Filialdokumente. Querverweise zwischen den Filialdokumenten sind ebenso möglich wie das Ausdrucken des gesamten

Dokuments, ohne die einzelnen Teildokumente öffnen zu müssen. Arbeiten gar mehrere Autoren an einem Werk, bilden die Beiträge eines jeden Autors Filialdokumente, die zudem gegen Veränderungen anderer Autoren geschützt werden können. Dies wird im Symbol des Filialdokuments durch die Ergänzung eines Sicherheitsschlosses angezeigt.

Da der Zugriff auf Filialdokumente auch im Netz möglich ist, bietet Word für Windows mit dem Zentraldokument anscheinend ein wirksames Werkzeug zur Texterstellung auf verteilten Arbeitsplätzen. Allerdings können sich bei der Arbeit mit Zentraldokumenten im Netz Fehler ergeben, die durch die interne Verwaltung von Zenral- und Filialdokumenten kaum nachvollziehbar sind. Daher empfiehlt es sich, stets alle Filialdokumente, die Sie bearbeiten, nicht über das Netz zu öffnen, sondern zuvor auf den Arbeitsplatzrechner zu transferieren und dann erst einzubinden. Andernfalls kann es beim Speichern oder Öffnen von Zentraldokumenten zum Verlust der Filialdokumente kommen.

Zentraldokumente verwalten

Um ein Zentraldokument zu erstellen, wechseln Sie zunächst mit ANSICHT > ZENTRALDOKUMENT in die Zentraldokumentansicht. Word für Windows fügt nun der Anzeige die beiden Symbolleisten GLIEDERUNG und ZENTRALDOKUMENT hinzu, mit deren Hilfe Sie die Unterteilung in Filialdokumente vornehmen können. Wenn Sie sich bereits im Gliederungsmodus befinden, genügt es in der aktiven Symbolleiste, das Symbol "Zentraldokumentansicht" anzuklicken, um die Symbolleiste aufzurufen. Die einzelnen Symbole haben folgende Wirkungen:

Symbol	Funktion Wirkung
	Erstellt aus einer markierten Passage ein separates Filialdokument und speichert es in einer eigenen Datei. Die markierte Passage, die in einer separaten Dokumentdatei gespeichert werden soll, muß mit einer Überschriftsebene beginnen und darf nicht in ein bestehendes Filialdokument hineinreichen. Der Dateiname für die Filialdokumentdatei wird von WinWord auf der Basis der maximal ersten acht Zeichen der markierten Anfangsüberschrift generiert. Tatsächlich erstellt wird die Filialdokumentdatei erst, wenn das Zentraldokument das nächste mal gespeichert wird. Besteht im Verzeichnis bereits eine Datei gleichen Namens, wird das letzte Zeichen des Dateinamens durch eine Nummer ersetzt, die bei weiteren Namensgleichheiten fortlaufend erhöht wird.

Symbol	Funktion Wirkung
	Löst ein oder mehrere markierte Filialdokumente im Zentraldokument auf. Das Enfernen von markierten Filialdokumenten löscht nicht etwa ihren Inhalt aus dem Zentraldokument, sondern wandelt ihn in normalen Dokumentinhalt um. Das Zentraldokument bleibt also vom Inhalt her unverändert. Lediglich die Verbindung zum externen Filialdokument wird gekappt. Die externe Dokumentdatei wird hierbei nicht gelöscht, sondern bleibt - sofern sie gespeichert wurde - unter ihrem Dateinamen erhalten und kann weiterhin manuell geöffnet und bearbeitet werden. Auswirkung auf das Zentraldokument haben solche Bearbeitungen allerdings nicht mehr.
	Fügt eine bestehende Dokumentdatei in ein Zentraldokument als Filialdokument ein. Die externe Dokumentdatei, die mittels des Symbols FILIALDOKUMENT EINFÜGEN in das Zentraldokument aufgenommen wurde, kann nun - sofern sie nicht schon zuvor gegen Änderungen gesperrt wurde, direkt im Zentraldokument bearbeitet und verändert werden. Diese Modifikationen werden in der Dokumentdatei des eingefügten Filialdokuments gesichert, sobald das Zentraldokument gespeichert wird.
	Verbindet zwei oder mehr markierte Filialdokumente zu einem Filialdokument. Es lassen sich stets nur zwei oder mehr Filialdokumente verbinden, die unmittelbar aufeinander folgen und komplett markiert wurden. Der Inhalt der verbundenen Filialdokumente bleibt bei dieser Aktion unverändert. Filialdokumente, die in ein übergeordnetes Filialdokument eingefügt wurden, können nicht über das Symbol "Filialdokument verbinden" verbunden werden, sondern werden Teil des übergeordneten Filialdokuments, indem Sie es mit dem Symbol "Filialdokument entfernen" auflösen.
	Teilt ein Filialdokument an der Position der Einfügemarke in zwei Filialdokumente. Für die Teilung muß die Einfügemarke am Beginn des Absatzes stehen, mit dem das neue Filialdokument beginnen soll. Alternativ hierzu kann auch der Beginn des Absatzes markiert sein. Der Dateiname für die neue Filialdokumentdatei wird von WinWord auf der Basis des Absatzbeginns generiert, sobald das Zentraldokument gespeichert wird. Besteht im Verzeichnis bereits eine Datei gleichen Namens, wird der Dateiname am Ende numeriert.

Symbol	Funktion Wirkung
	Sperrt Filialdokumente gegen Änderungen in der Filialdokumentdatei. Gesperrte Filialdokumente werden in der Gliederungsansicht durch ein Sicherheitsschloß gekennzeichnet. Sie haben vom Zentraldokument - gleichgültig, in welcher Textansicht - keinen Zugriff mehr auf den Inhalt des eingefügten Filialdokuments. Allerdings können Sie die separate Datei weiterhin öffnen. Der Schreibschutz wird automatisch aktiv bei Filialdokumenten, die in der DATEI-INFO im Feld AUTOR einen anderen Benutzer nennen als den, der beim Öffnen des Zentraldokuments im Dialogfenster OPTIONEN in der Registerkarte BENUTZER-INFO unter NAME eintragen ist. Sofern kein Kennwortschutz vorliegt, können Sie die Sperre dieser Filialdokumente über das Symbol "Dokument sperren" aufheben.

Tab. 23.3: Die Symbole und Funktionen der Symbolleiste ZENTRALDOKUMENT

Filialdokumente erstellen

Die Zentraldokumentansicht unterscheidet sich von der Gliederungsansicht lediglich durch die Funktionen, die die Symbolleiste ZENTRALDOKUMENT zur Verfügung stellt. Dies bietet Ihnen die Möglichkeit, die Gliederungsfunktionen auch für Zentraldokumente uneingeschränkt und ohne Änderung in der Bedienung zu nutzen. Sinnvoll ist es, zunächst mit Hilfe der Gliederungsfunktion von Word für Windows die gewünschte Gliederung für das Zentraldokument zu erstellen, beispielsweise Vorwort, Einleitung, Teil 1, Teil 2 usw., Anhang und Nachwort.

Nachdem die Gliederung feststeht, können Sie mit der Unterteilung in Teildokumente beginnen. Markieren Sie die Überschrift sowie - sofern bereits eingegeben - den Text, den Sie als einzelnes Filialdokument speichern möchten, und klicken Sie auf das Symbol "Filialdokument erstellen" der ZENTRALDOKUMENT-Symbolleiste. Durch die Möglichkeit, Filialdokumente in andere Filialdokumente einzufügen, steht der Aufnahme von einzelnen Kapiteln in die bestehenden Filialteile nichts im Wege.

Das Filialdokument erscheint auf dem Bildschirm nun in einem grauen Kasten, der in der oberen linken Ecke ein kleines Filialdokument-Symbol enthält. Zudem werden die Filialdokumente durch fortlaufende Abschnittswechsel voneinander getrennt. Achten Sie bei der Markierung darauf, daß sie mit einer Überschrift beginnt, die mit einer Formatvorlage ÜBERSCHRIFT N formatiert ist, wobei "N" für die Nummer einer Gliederungsebene steht.

Es lassen sich auch mehrere Filialdokumente gleichzeitig erstellen: Beginnt die Markierung mit der Formatvorlage ÜBERSCHRIFT 2 und enthält die Markierung weitere Absätze mit dieser Formatvorlage, erstellt Word für Windows für jeden dieser Abschnitte ein neues Filialdokument. Auf diese Weise läßt sich das gesamte Dokument in einem Durchgang entsprechend der Gliederung in gleichwertige Filialdokumente aufsplitten.

Um das Zentraldokument mit den erstellten Filialdokumenten zu speichern, wählen Sie den Menübefehl DATEI > SPEICHERN ([Strg][S]), geben den Dateinamen und das Verzeichnis für das Zentraldokument an und bestätigen mit OK. Word für Windows speichert jedes Filialdokument in einer eigenen Datei, die mit den ersten acht Zeichen der Überschrift betitelt ist. Lautet die Überschrift beispielsweise "Einleitung" heißt das entsprechende Filialdokument EINLEITU.DOC. Bei mehreren gleichlautenden Filialdokumenten werden die Dateinamen durchnumeriert, z.B. EINLEIT1.DOC, EINLEIT2.DOC usw. Die Dateien finden Sie im gleichen Verzeichnis, in dem auch das Zentraldokument gespeichert ist. Sollte WinWord im Überschriftsabsatz keine Zeichenkette finden, greift es für die Dateibenennung auf den Beginn des folgenden Absatzes zu. Dies betrifft auch Grafiken, mit denen Überschriften gestaltet wurden, sofern diese nicht als Objekte eingebettet wurden. Bei eingebetteten Objekten heißt der generierte Dateiname EINBETTE.DOC bzw. EINBETT1.DOC, EINBETT2.DOC usw., da bei Feldfunktionen stets der Inhalt des Feldes und nicht sein Ergebnis zur Namensgebung herangezogen wird.

Filialdokumente aufnehmen

Auch bereits bestehende Dokumente lassen sich in Zentraldokumenten aufnehmen. Um ein Dokument in das Zentraldokument zu übernehmen, plazieren Sie die Einfügemarke an die Stelle, an der Sie das Filialdokument einfügen möchten. Allerdings darf sich diese Stelle nicht in einer Tabelle befinden, da sich in Tabellen keine Filialdokumente aufnehmen lassen. Die Aufnahme initiieren Sie, indem sie auf das Symbol "Filialdokument einfügen" in der Symbolleiste ZENTRALDOKUMENT klicken. Im nachfolgenden Dialogfenster FILIALDOKUMEN EINFÜGEN bestimmen Sie - wie gewohnt - die Datei, die als Filialdokument fungieren soll, und bestätigen mit OK. WinWord nimmt das Dokument als Filialdokument ins Zentraldokument auf. Hierbei wird vor dem aufgenommenen Filialdokument ein Abschnittsumbruch auf eine neue Seite eingefügt.

Sofern es bei Formatvorlagen zu Überschneidungen zwischen Zentral- und Filialdokumenten kommt, werden Sie vor der Übernahme in einem Meldungsfenster auf jene Formatvorlagen aufmerksam gemacht, die sowohl im Filial- als auch im Zentraldokument vorhanden sind. Sie können nun mit JA (J) die Formatvorlagen einzeln oder mit ALLE (A) gemeinsam umbenennen lassen, wobei die doppelten Formatvorlagennamen einfach durchnumeriert werden. Alternativ können Sie auch die Formatvorlagen des Filialdokuments ALLE ABLEHNEN oder mit NEIN (N) einzeln verwerfen; in diesem Fall wird bei der Formatierung auf die bereits bestehenden Formatvorlagen des Zentraldokuments zurückgegriffen. Gleichgültig, wie sie die Formatvorlagen modifizieren - ob die Namen durch Übernahme oder die Formatierung durch Ablehnung geändert werden - sie kommen auch zum Einsatz, wenn Sie die Datei des Filialdokuments separat öffnen.

Filialdokumente ändern

Möchten Sie ein Filialdokument modifizieren, können Sie die Änderungen direkt im Zentraldokument oder in einem eigenen Dokumentfenster vornehmen. Wenn Sie sich für die zweite Möglichkeit entscheiden, können Sie das Filialdokument vom Zentraldokument aus öffnen, indem Sie doppelt auf das Filialdokumentsymbol des gewünschten Dokuments klikken. WinWord öffnet ein neues Dokumentfenster, das nur noch das Filialdokument zeigt. In der Titelzeile erkennen Sie, welchen Dateinamen Word bei der Speicherung des Zentraldokuments vergeben hat. Hier können Sie das Dokument bearbeiten, modifizieren und sogar in einem anderen Verzeichnis oder unter einem anderen Namen speichern. Da durch das Öffnen der Datei vom Zentraldokument aus eine Verbindung zum Zentraldokument besteht, werden auch die Änderungen des Dateinamens und des Verzeichnisses mitvollzogen.

Anders sieht es aus, wenn Sie ein Filialdokument nicht vom aktiven Zentraldokument aus öffnen, sondern wie gewohnt über das Dialogfenster ÖFFNEN: Änderungen am Dateinamen, dem Verzeichnis oder dem Laufwerk des Filialdokuments werden in diesem Fall vom Zentraldokument nicht registriert und haben den Verlust der Verbindung zur Folge. Auf die fehlende oder nicht auffindbare Datei eines Filialdokuments macht Sie eine Meldung beim nächsten Öffnen des Zentraldokuments aufmerksam.

Filialdokumente speichern

Beim Speichern des Filialdokuments, das vom Zentraldokument aus geöffnet wurde, werden die extern aufgenommenen Änderungen im Zentraldokument aktualisiert. Um wieder zum Zentraldokument zurückzukehren, schließen Sie das Filialdokument mit dem Menübefehl DATEI > SCHLIEẞEN ((Strg)(F4)). Wenn Sie zum Zentraldokument wechseln, während das Filialdokument geöffnet ist, ist seine Sektion im Zentraldokument gesperrt. Sie können hier also keine Änderungen vornehmen, während bei geschlossenen Filialdokumenten der Bearbeitung im Zentraldokument nichts im

Wege steht. In welcher Ansicht Sie die Bearbeitung vornehmen, bleibt Ihnen überlassen; die ganze Palette von Seiten- bis Normalansicht steht Ihnen offen. Beim Speichern des Zentraldokuments werden dann auch automatisch die geänderten Filialdokumente in ihren separaten Dateien gesichert.

Es kann passieren, daß umfangreiche Zentraldokumente nicht ordentlich gespeichert werden. Bitte beachten Sie die Abfrage beim Programmende oder beim Schließen des Dokuments. Wenn hierbei wiederholt abgefragt wird, ob Sie die Änderungen speichern möchten, Sie diese Meldung mit JA ([J]) bestätigen und WinWord das Dokument nicht schließt, sondern beim nächsten Schließen-Versuch wieder die gleiche Meldung offeriert, dann sind Ihre die Änderungen nicht gesichert, sondern gehen beim Schließen verloren. In diesem Fall sollten Sie die Aktion abbrechen. Versuchen Sie, jedes Filialdokument, in dem Sie Änderungen eingegeben haben, vom Zentraldokument aus separat zu öffnen, und einzeln unter einem neuen Dateinamen zu speichern.

Wenn WinWord sich - wie oben beschrieben - weigert, das Dokument zu speichern und das Fenster zu schließen, bleibt Ihnen letztendlich nur die Möglichkeit, das Dokument ohne Speicherung zu verlassen. Ohne separate Sicherung kann dies den kompletten Verlust aller Änderungen und eventuell den Verlust bestehender Verbindungen zu Filialdokumenten bedeuten.

Prophylaktisch ist es wichtig, daß Sie sich stets merken - am besten notieren -, unter welchen selbstgenerierten Dateinamen WinWord die verschiedenen Filialdokumente verwaltet, so daß Sie stets den Überblick darüber haben, was und in welcher Reihenfolge zum Zentraldokument gehört. Um Dateinamen, Pfad und gegebenenfalls den Autor eines Filialdokuments in Erfahrung zu bringen, öffnen Sie das Filialdokument per Doppelklick auf das Filialdokumentsymbol - das geht auch, wenn das Filialdokument gesperrt ist - und aktivieren den Menübefehl DATEI > DATEI-INFO > STATISTIK. In der Dokumentstatistik erfahren Sie alle wichtigen Details.

Die sicherste Variante ist es, Filialdokumente, die ja in separaten Dateien gesichert sind, mit DATEI > ÖFFNEN als Einzeldatei zu öffnen und zu bearbeiten, während das Zentraldokument geschlossen bleibt. In diesem Fall sollten Sie allerdings darauf verzichten, die Datei unter einem neuen Namen oder in einem anderen Verzeichnis zu sichern, da ansonsten die Verbindung zum Zentraldokument verloren geht.

Wenn Sie ein Filialdokument nicht vom aktiven Zentraldokument aus öffnen, sondern wie gewohnt über das Dialogfenster ÖFFNEN, werden Änderungen am Dateinamen, dem Verzeichnis oder dem Laufwerk des Filialdokuments vom Zentraldokument nicht registriert und haben den Verlust der Verbindung zur Folge. Auf die fehlende oder nicht auffindbare Datei eines Filialdokuments macht Sie eine Meldung beim nächsten Öffnen des Zentraldokuments aufmerksam.

Filialdokumente schützen

Ebenfalls beim Öffnen eines Zentraldokuments macht WinWord Sie darauf aufmerksam, wenn Sie eines der eingefügten Filialdokumente per Kennwort gegen Schreibzugriffe schützen. Dies ist der Fall, wenn der Bearbeiter des Filialdokument die eigenständige Datei geöffnet und unter EXTRAS > OPTIONEN in der Registerkarte SPEICHERN ein SCHREIBSCHUTZ-KENNWORT eingegeben hat. WinWord bietet Ihnen beim Öffnen des Zentraldokuments die Gelegenheit, das KENNWORT einzugeben. Wenn Sie das Paßwort nicht kennen, können Sie das Dokument mit SCHREIBSCHUTZ ([Alt][S]) öffnen. Ein OK ohne korrektes Kennwort hilft Ihnen allerdings nicht weiter, und ABBRECHEN öffnet das Zentraldokument ohne den Inhalt des geschützten Filialdokuments, worauf WinWord Sie mit Meldungen ausführlich aufmerksam macht. Diesen Meldungen können Sie zumindest den Namen und Pfad des geschützten Dokuments entnehmen.

Schon im Dialogfenster KENNWORT wird der Dateiname des geschützten Filialdokuments und der Bearbeiter genannt, der es schützte. Sie haben also die Möglichkeit, Kontakt zu ihm aufzunehmen und das Dokument konkret zu benennen.

Dokumente, die im Dialogfenster OPTIONEN in der Registerkarte SPEICHERN mit einem allgemeinen KENNWORT geschützt sind, das auch die Leseberechtigung umfaßt, lassen sich selbstverständlich nicht mit Schreibschutz öffnen, sondern erfordern auf jeden Fall die korrekte Eingabe eines Kennworts.

Dokumente, die in der DATEI-INFO andere Bearbeiter aufweisen als den unter OPTIONEN > BENUTZER-INFO eingetragenen Anwender, werden beim Öffnen des Zentraldokuments auf jeden Fall gesperrt geöffnet. Diese Sperre des markierten Filialdokuments wird unter dem Filialdokumentsymbol durch ein Schloß dokumentiert. Solange das Schloß angezeigt wird, können im Zentraldokument keine direkten Eingaben im Bereich des Filialdokuments vorgenommen werden. Wird das Filialdokument per Doppelklick auf das "abgeschlossene" Filialdokumentsymbol geöffnet, so kann es bearbeitet, aber nur unter einem neuen Namen gespeichert werden, da es als schreibgeschützt gilt. Beim Schließen des frisch gespeicherten Dokuments ersetzt es das alte Filialdokument, da das aktive Zentraldokument die Änderung des Dateinamens mitvollzieht.

Soll ein fremdes Filialdokument ohne Schreibschutz geändert werden, läßt sich das Schloß und mit ihm der Schreibschutz durch einen Klick auf das Symbol "Dokument sperren" aufheben. Nun läßt es sich auch wieder direkt im Zentraldokument modifizieren. Wurde das Filialdokument extern mit Schreibschutz-Kennwort gespeichert und ohne Kennworteingabe mit Schreibschutz geöffnet, bietet WinWord beim Klick auf das Symbol "Dokument sperren" erneut die Möglichkeit, das korrekte Kennwort einzugeben.

 Die Möglichkeit, ein Dokument zu entsperren, besteht nicht, wenn das Dokument mit einem Schutz versehen wurde, der mit dem des Zentraldokuments nicht übereinstimmt. Dies ist der Fall, wenn unter EXTRAS > DOKUMENT SCHÜTZEN nur ÜBERARBEITUNGEN, ANMERKUNGEN oder die FORMULAREINGABE im Filialdokument für zulässig erklärt wurden, das Zentraldokument aber nicht oder für eine andere Eingabeart geschützt ist. Prinzipiell sollte der Schutz von Dokumenten für spezielle Eingabeformen vom Zentraldokument aus erfolgen. Der Schutz für Formulareingaben kann für Zentraldokumente allerdings nicht angewählt werden.

 Auf Wunsch können Sie für die aktuelle Sitzung die Zentral- oder Filialdokumente gegen unbefugtes Bearbeiten schützen. Sie haben die Wahl, das Zentraldokument oder einzelne Filialdokumente mit einem Schreibschutz zu versehen. Möchten Sie das gesamte Dokument schützen, plazieren Sie die Einfügemarke im Zentraldokument außerhalb eines Filialdokuments. Um den Schreibschutz zu aktivieren, klicken Sie in der Symbolleiste ZENTRALDOKUMENT auf das Symbol "Dokument sperren". Soll sich der Schreibschutz hingegen auf ein Filialdokument beziehen, setzen Sie die Marke in einen Absatz des Filialdokuments. Um den Schreibschutz zu aktivieren, klicken Sie in der Symbolleiste ZENTRALDOKUMENT auf das Symbol "Dokument sperren". Sie können allerdings weder das Zentraldokument und die Filialdokumente noch mehrere gemeinsame Filialdokumente gemeinsam sperren oder entsperren.

 Beim Sperren eines veränderten Filialdokuments erfolgt automatisch die Abfrage, ob die Änderungen gespeichert werden sollen. Nur wenn Sie diese Abfrage mit JA (J) beantworten, wird das Filialdokument nach erfolgreicher Speicherung gesperrt. Verhindern Sie das Speichern mit NEIN (N), so kommt das Filialdokument nicht unter Verschluß. Sie können das Symbol "Dokument sperren" also dafür nutzen, ungesicherte Änderungen in Filialdokumenten zu speichern, ohne das ganze Zentraldokument zu speichern, was - je nach Umfang des Zentraldokuments und der vorliegenden Änderungen - wesentlich länger dauert. Wenn Sie das Zentraldokument selbst sperren oder entsperren, werden nach Rückfrage die ungesicherten Änderungen des Dokuments und aller seiner eingefügten Dokumente gesichert.

Filialdokumente entfernen, verbinden und trennen

Benötigen Sie ein Filialdokument nicht weiter, können Sie es jederzeit entfernen. Klicken Sie hierzu auf das Filialdokument-Symbol in der linken oberen Ecke des Filialdokumentrahmens, und aktivieren Sie das Symbol "Filialdokument entfernen" in der Symbolleiste ZENTRALDOKUMENT; hierdurch wird nicht der Text des Filialdokuments gelöscht, sondern lediglich die Verbindung zur externen Filialdatei. Im Zentraldokument bleibt der Inhalt des ehemaligen Filialdokuments als normale Eingabe bestehen, und Sie können den Text nun als direkten Teil des Zentraldokuments kürzen oder überarbeiten.

Anders ist die Wirkung der [Entf]-Taste: Sie entfernt ein markiertes Filialdokument samt Inhalt aus dem Zentraldokument. Diese Wirkung beschränkt sich allerdings auf die Datei des Zentraldokuments; als separate Datei bleibt das Filialdokument in jedem Fall erhalten und kann weiterhin normal geöffnet und bearbeitet werden.

Zwar können Sie gesperrte Filialdokumente mit dem Symbol "Filialdokument entfernen" auflösen, nicht aber mit [Entf] löschen. Auch die Aktionen FILIALDOKUMENTE VERBINDEN und FILIALDOKUMENT TEILEN lassen sich nur auf Filialdokumente anwenden, die nicht als gesperrt gekennzeichnet sind.

Zur übersichtlicheren Gestaltung des Zentraldokuments können Sie mehrere Filialdokumente zu einem einzigen Filialdokument zusammenfassen. Halten Sie hierzu die [⇧]-Taste gedrückt, und klicken Sie in der Zentraldokument-Ansicht nacheinander auf die zu verbindenden Filialdokument-Symbole. Ein Mausklick auf das Symbol "Filialdokumente verbinden" der Symbolleiste ZENTRALDOKUMENT vereinigt die markierten Dokumente in einem gemeinsamen Filialdokument. Sobald Sie das Zentraldokument speichern, sichert WinWord das verbundene Filialdokument unter dem Dateinamen des zuerst markierten Filialdokuments. Die Dateien der übrigen Filialdokumente können Sie löschen, da sie sich nun im vereinigten Filialdokument befinden. Wenn Sie sie nicht manuell löschen, bleiben die Dokumentdateien auf dem Speichermedium bestehen.

Sie können auch den umgekehrten Weg beschreiten und ein Filialdokument in mehrere Filialdokumente teilen. Plazieren Sie die Einfügemarke am Anfang des Absatzes, mit dem ein neues Filialdokument beginnen soll, und aktivieren Sie das Symbol FILIALDOKUMENT TEILEN der ZENTRALDOKUMENT-Symbolleiste. Das Filialdokument wird daraufhin an der Position der Einfügemarke in zwei einzelne Filialdokumente gegliedert.

Wenn Sie eine oder mehrere Gliederungsebenen innerhalb eines Filialdokuments markiert haben und statt des Symbols "Filialdokument teilen" in der Symolleiste ZENTRALDOKUMENT das Symbol FILIALDOKUMENT ERSTELLEN anwählen, werden aus den markierten Gliederungsabschnitten eigene Filialdokumente, die in das übergeordnete Filialdokument integriert sind. Beim Speichern des Zentraldokuments sichert WinWord geteilte Filialdokumente stets in zwei separaten Dateien, wobei es wieder die ersten Buchstaben der Überschriften den Dateinamen zugrunde legt.

Es sei noch einmal darauf hingewiesen, daß Zentraldokumente nicht immer für alle ihre Teile die Sicherheit bieten, die Sie von Einzeldokumenten erwarten. Die Verwaltung von verteilten Dokumenten erfordert hohe Rechnerkapazitäten und bringt das System leicht an die Grenze seiner Leistungsfähigkeit. Daher kann unsere Empfehlung nur lauten, die normale Texterfassung außerhalb von Zentraldokumenten durchzuführen und erst am Ende der normalen Textarbeit die verschiedenen Dokumente in einem neuen Zentraldokument mittels des Symbols "Filialdokument einfügen" zu verbinden. Dies aber ist ein lohnenswerter Schritt, da Sie nun auf einfache Art Querverweise, Indizes und Inhaltsverzeichnisse erstellen können.

Zentraldokumente nutzen

Zentraldokumente bieten den immensen Vorteil, daß Sie trotz der Verteilung des Textes auf mehrere Einzeldateien auf das Gesamtwerk zugreifen können. Dies ist besonders bei Formatierungen und Befehlen nützlich, die sich auf alle Einzelteile eines komplexen Schriftstücks beziehen sollen. So können Sie beispielsweise problemlos das gesamte Zentraldokument mitsamt den Filialdokumenten ausdrucken. Hierzu wechseln Sie mit dem Menübefehl ANSICHT > NORMAL in die Normalansicht und aktivieren im DATEI-Menü den Befehl DRUCKEN.

Solange Sie ein Zentraldokument in der Gliederungsansicht drucken, erfolgt der Ausdruck der Gliederungsebenen ebenso wie bei ganz normalen Dokumenten in der Gliederungsansicht. Noch einmal sei hier darauf hingewiesen, daß sämtliche Bearbeitungsmodi der Gliederungsansicht uneingeschränkt auch für Zentraldokumente zur Verfügung stehen. So läßt sich beispielsweise die Reihenfolge von Filialdokumenten verändern, indem Sie mit der Maus das Filialdokumentsymbol nach oben oder unten ziehen. Die momentane Position des Filialdokuments wird hierbei durch eine graue Linie gekennzeichnet, an deren Stelle das Filialdokument beim Freigeben der linken Maustaste verschoben wird. Hierbei läßt sich das Filialdokument auch in ein anderes Filialdokument hinein verschieben. Allerdings darf dieses Filialdokument nicht gesperrt sein, um die Einfügung aufzunehmen.

In Zentraldokumenten beziehen sich Formatierungen wie Kopf-/Fußzeilen, Seitenränder, Seitengröße, Papierformat und Seitenzahlen auf das gesamte Zentraldokument oder nur auf einzelne Filialdokumente, die ja durch Abschnittsumbrüche voneinander getrennnt sind. Es kommt also bei abschnittsbezogenen Formatierungen stets darauf an, welchen Bezug sie in den Dialogfenstern SEITE EINRICHTEN und SPALTEN im Feld ANWENDEN AUF setzen.

Auch wenn die Filialdokumente als separate Dateien existieren, erlaubt es die Zentraldokument-Ansicht, Querverweise zwischen den einzelnen Dateien zu realisieren. Wenn Sie den Menübefehl EINFÜGEN > QUERVERWEIS aufrufen, stehen Ihnen die Überschriften, Textmarken, Fußnoten und Beschriftungen sämtlicher Filialdokumente als Verweis zur Verfügung. Sie können auf diese Weise leicht dokumentübergreifende Querverweise einfach per Dialogfenster eingeben; ein Komfort, der außerhalb eines Zentraldokuments nicht geboten wird. Daß zudem die fortlaufende Numerierung von Seiten, Fuß- und Endnoten, Anmerkungen und eigenen Folgen, die per {Seq}-Feld eingefügt wurden, automatisch über die Filialdokumente hinweg aufgegriffen wird, ist ein kaum zu schätzender Vorteil. {Seq}-Felder müssen allerdings manuell mit (F9) aktualisiert werden, um die korrekte Nummer im übergreifenden Zusammenhang anzuzeigen.

Der dokumentübergreifende Komfort betrifft auch Inhaltsverzeichnisse und Indizes. Beim Befehl EINFÜGEN > INDEX UND VERZEICHNISSE werden die Überschriften und Indexeinträge des gesamten Zentraldokuments berücksichtigt. Im Idealfall kann ein Zentraldokument nur aus dem Inhaltsverzeichnis, den einzelnen Filialdokumenten sowie den Verzeichnissen und Indizes des Gesamtwerks bestehen.

Index und Verzeichnisse erstellen

Während die Gliederungsfunktion vor allem der Orientierung während der Arbeit dient, wird dem Leser beim Ausdruck meist eine Orientierungshilfe in Form eines Inhaltsverzeichnisses und eines Index an die Hand gegeben. Indizes geben die Übersicht über Stich- und Sachwörter. Sowohl bei der Erfassung als auch bei der Erstellung der Liste aller erfaßten Begriffe geht WinWord Ihnen helfend zur Hand. Hinzu kommen die Verzeichnisse, die sich mit Word für Windows auf der Grundlage von Überschriften, Formatvorlagen und Verzeichniseintragsfeldern erstellen lassen. Andere Verzeichnisse nehmen Abbildungslisten, Autorennamen oder fremdsprachliche Begriffe auf. Auch solche Verzeichnisse lassen sich mit Word für Windows automatisch vornehmen.

Prinzipiell ist die Erstellung von Indizes und Verzeichnissen trotz der vielfältigen Möglichkeiten sehr einfach. Dafür sorgt ein spezielles Dialogfenster, das Sie mit EINFÜGEN > INDEX UND VERZEICHNISSE ((Alt)(E)(I)) aufrufen. Im Dialogfenster INDEX UND VERZEICHNISSE bieten Ihnen die drei Registerkarten

INDEX (`Alt`+`I`), INHALTSVERZEICHNIS (`Alt`+`Z`) und ABBILDUNGSVERZEICHNIS (`Alt`+`A`) die Möglichkeit, Indizes und Verzeichnisse direkt zu erstellen, ohne sich weiter um Feldfunktionen und Schalter kümmern zu müssen.

Die Index- und Verzeichnisfunktionen von Word für Windows basieren auf Feldfunktionen. Sie gewährleisten, daß nicht nur die Einträge und Seitenzahlen übernommen werden, sondern Verzeichnisse auch später leicht auf den neuesten Stand gebracht werden können. Einige relevante Einstellungen und Funktionen werden daher nachfolgend berücksichtigt.

Die Möglichkeit, auch mehrere Verzeichnisse und Indizes - z.B. getrennt nach Kapiteln, Themen und Illustrationen - zu erstellen, ist vielfältig und geht über das hinaus, was WinWord in dem Dialogfenster an Optionen bietet. Die Feldfunktionen, auf deren Basis Verzeichnisse und Indizes erstellt werden, lassen sich über Textmarken, Kategorien und Schalter detailliert spezifizieren. Die Möglichkeiten, die Sie durch Eingriffe in bestehende Felder oder die manuelle Erstellung eigener Feldfunktionen haben, werden in der Referenz der Feldfunktionen in Kapitel 28 dargestellt. Wenn Ihnen die Möglichkeiten nicht reichen, die WinWord im Dialog bietet, werden Sie dort sicher fündig.

Wörter in Index aufnehmen

Im Dialogfensters INDEX UND VERZEICHNISSE bietet die Registerkarte INDEX (`Alt`+`I`) nicht nur die Möglichkeit, Indizes auf der Basis vorhandener Einträge erstellen zu lassen, sondern Sie können hier auch direkt die Aufnahme von Indexeinträgen bewirken. Diese Funktion aktivieren Sie über den Befehl EINTRAG FESTLEGEN (`Alt`+`E`).

Mit diesem Befehl öffnen Sie das Dialogfenster INDEXEINTRAG FESTLEGEN, über das Zeichenfolgen direkt als Indexeinträge ins Dokument aufgenommen werden können. Die Aufnahme des Indexeintrags im Dokument erfolgt mittels des Befehls FESTLEGEN (`Alt`+`T`), der an der Position der Einfügemarke oder - sofern eine Markierung besteht - direkt hinter dem letzten markierten Zeichen ein {XE}-Feld einfügt. Das {XE}-Feld beinhaltet die Zeichenketten, die unter HAUPTEINTRAG und UNTEREINTRAG eingegeben wurden. Die {XE}-Felder sind verborgen formatiert, kommen Ihnen also nur zu Gesicht, wenn Sie die Anzeige aller nicht druckbaren Zeichen oder die Anzeige des verborgenen Textes aktiviert haben.

Damit Sie nicht für jeden Indexeintrag das Dialogfenster INDEXEINTRAG FESTLEGEN neu aufrufen müssen, erlaubt auch dieses Dialogfenster - wie ja einige andere auch - den Wechsel zwischen Dokumenttext und Fenster mittels `Strg`+`S` oder per Mausklick. Dies hat den großen Vorteil, daß Sie einfach das Dokument auf der Suche nach möglichen Indexeinträgen durchstreifen, diese Einträge im Text markieren und dann ins Dialogfenster wechseln.

Wenn beim Wechsel ins Dialogfensters eine Markierung im Text besteht, wird die markierte Zeichenkette direkt ins Feld HAUPTEINTRAG ([Alt][E]) aufgenommen. Sie können den Eintrag im Eingabefeld HAUPTEINTRAG modifizieren und ergänzen. Wenn Sie das Dialogfenster aktivieren, ohne vorab Text zu markieren, tragen Sie das Stichwort ins Feld HAUPTEINTRAG manuell ein. Unter dem Stichwort, das unter HAUPTEINTRAG steht, wird der Eintrag später im Verzeichnis erscheinen und mit der automatischen Formatvorlage INDEX 1 formatiert werden.

Haupteinträge

Bei der Eingabe und Änderung im Feld HAUPTEINTRAG müssen Sie die besondere Bedeutung des Doppelpunktes beachten. Durch einen Doppelpunkt wird ein Untereinzug im Indexverzeichnis bewirkt. Das heißt, der Text nach dem Doppelpunkt wird im Indexverzeichnis eine Ebene abgestuft, findet sich also unter dem Haupteintrag und bekommt die Formatvorlage INDEX 2 zugeordnet. Dies gilt auch für die Eingabe, die Sie im Feld UNTEREINTRAG ([Alt][U]) vornehmen. Es ist also gleich, ob Sie den Indexeintrag im HAUPTEINTRAG-Feld durch Doppelpunkte strukturieren oder im Feld UNTEREINTRAG die Abstufung vornehmen. Wenn Sie beides vornehmen, werden Untereinträge in größerer Tiefe erstellt, wobei stets die Zeichenketten des Feldes UNTEREINTRAG denen des Felders HAUPTEINTRAG nachgeordnet werden. WinWord kennt bei Indizes neun Ebenen, denen neun automatische Formatvorlagen mit der Bezeichnung INDEX N entsprechen ("N" ist die Nummer der Indexebene).

Untereinträge

Um einen normalen Doppelpunkt in den Index innerhalb eines Eintrags aufzunehmen, verwenden Sie einen Backslash (\), um ihn mit dem vorstehenden Text zu verbinden. Der Unterschied wird deutlich beim Betrachten des Index. Hier wird der Eintrag

```
Indianerzelt\: Wigwam
```

als

```
Indianerzelt: Wigwam, 9
```

ausgegeben. Lautet der Eintrag aber

```
Indianerzelt: Wigwam
```

so erscheint im Index

```
Indianerzelt
    Wigwam, 9
```

Sie können also bereits bei der Aufnahme von Einträgen in den Index Oberbegriffe festlegen, unter denen der aufgenommene Begriff im Verzeichnis erscheinen soll.

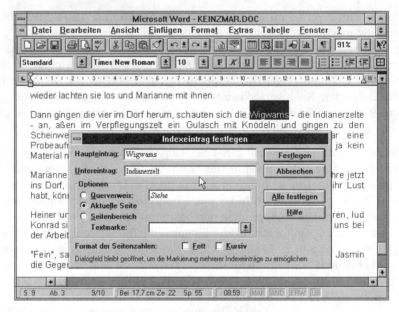

Abb. 23.5: Das Dialogfenster INDEXEINTRAG FESTLEGEN

Im Dialogfenster INDEXEINTRAG können Sie direkt angeben, welches Format die Seitenzahl des Indexverweises haben soll. Zur Verfügung stehen FETT ((Alt)(F)) und KURSIV ((Alt)(K)). Wenn Sie kein Zeichenformat angeben, findet das Zeichenformat der jeweiligen Index-Formatvorlage Verwendung.

Im Index wird der Eintrag standardmäßig mit der Seite angeführt, auf dem WinWord bei der Erstellung des Index den Eintrag findet. Relevant ist hierbei die aktuelle Paginierung des Dokuments, so daß die Seitenverweise mit der Seitennnumerierung übereinstimmen. Wenn Sie den Haupteintrag per Markierung ins Dialogfenster übernommen haben und der Haupteintrag im ganzen Dokument indiziert werden soll, brauchen Sie lediglich ALLE FESTLEGEN ((Alt)(A)) anzuwählen. WinWord indiziert in diesem Fall alle Zeichenketten des Dokuments in der vorgegebenen Weise, deren Schreibweise der Eingabe im Feld HAUPTEINTRAG entspricht. ALLE FESTLEGEN kann nicht angewählt werden, wenn Sie statt der Seitenzahl einen Querverweis in den Index aufzunehmen gedenken. Wie dieser Eintrag aussehen soll, geben Sie im Eingabefeld hinter dem Optionsfeld QUERVERWEIS ((Alt)(Q)) an. Der Querverweis wird nur aufgenommen, wenn dieses Optionsfeld markiert ist. Die Texteingabe ist auch unabhängig hiervon möglich.

Die dritte Möglichkeit, einen Indexeintrag für den Index zu gestalten, besteht darin, auf mehrere Seiten zu verweisen. Auch hierbei ist eine globale Aufnahme aller entsprechenden Zeichenketten mit ALLE FESTLEGEN nicht möglich. Falls Sie diesen weiträumigeren Verweis wünschen, markieren Sie das Optionsfeld SEITENBEREICH ([Alt][S]). Auf welche Seiten sich der Indexeintrag bezieht, definieren Sie mittels einer Textmarke. Den Namen der Textmarke können Sie am Optionsfeld SEITENBEREICH ([Alt][S]) in der Liste TEXTMARKE ([↓]) auswählen. Im Verzeichnis wird dann auf Seitenzahen der markierten Seiten verwiesen werden.

Wenn Sie auf einen Seitenbereich verweisen möchten, der noch nicht definiert ist, so können Sie in den Text wechseln, die Passage markieren und ihr mit [Strg][⇧][F5] eine Textmarke zuordnen, auf die Sie dann direkt im Dialogfenster INDEXEINTRAG FESTLEGEN in der Liste SEITENBEREICH > TEXTMARKE zugreifen können.

Aufgenommen wird der Indexeintrag in den Text durch Bestätigung der Eingaben mit [↵] oder mit FESTLEGEN. Der Indexeintrag wird hierbei an der Position der Einfügemarke als Feldfunktion in den Text aufgenommen. Wenn Sie lediglich einfache Indexeinträge erstellen möchten, markieren Sie die Worte im Text und klicken im Dialogfenster direkt auf FESTLEGEN, wodurch die Aufnahme schon abgeschlossen ist. Anschließend können Sie im Text direkt das nächste zu indizierende Wort mit einem Doppelklick markieren.

Indexeinträge schnell festlegen

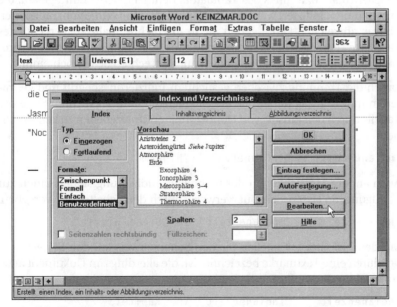

Abb. 23.6: Die Registerkarte INDEX im Dialogfenster INDEX UND VERZEICHNISSE

Nachdem Sie die Erfassung der Indexeinträge abgeschlossen haben, SCHLIE-
ßEN Sie das Dialogfenster durch einen Klick auf die gleichnamige Schaltfläche
oder - sofern das Dialogfenster aktiv ist - mit (Esc).

Automatische Indizierung

Statt das Dokument selbst nach Zeichenketten zu durchkämmen, die Sie
indizieren möchten, können Sie diese Arbeit auch WinWord überlassen.
Hierfür müssen Sie allerdings eine Liste anlegen, die sämtliche Wörter enthält, die später in den Index aufgenommen werden sollen. Für diese Liste
öffnen Sie eine neue Dokumentdatei.

Bei kleineren Indizierungslisten empfiehlt es sich, eine Tabelle zu erstellen, in die Sie die zu indizierenden Einträge untereinander aufnehmen.
Größere Indizierungslisten werden besser im reinen Textmodus angelegt,
wobei jeder Indexeintrag durch eine Absatzschaltung abgeschlossen wird;
dies kommt der Bearbeitungsgeschwindigkeit zugute. Solange Sie lediglich die Zeichenketten aufnehmen, die im Dokument indiziert werden sollen, erscheinen später im Index diese Einträge genau in der Form, in der
sie in der Liste und im Dokument stehen.

Doch die Festlegungsdatei für Indexeinträge ermöglicht Ihnen auch detail-
liertere Indizierungen. Hierfür müssen Sie die Tabelle zweispaltig gestalten bzw. im reinen Textmodus mit Tabulatoren arbeiten. In die linke
Tabellenspalte bzw. links des Tabulators nehmen Sie die Einträge auf, die
im Dokument indiziert werden. Die Nennung im Index, die vom indizierten
Eintrag abweichen kann, geben Sie in die rechte Spalte bzw. rechts des
Tabulators ein. Falls die Nennung im Index dem indizierten Wort entsprechen soll, wiederholen Sie es einfach auf der rechten Seite noch einmal.

Durch die Trennung zwischen gesuchtem Indizierungsbegriff und gestal-
tetem Indexeintrag haben Sie die Möglichkeit, auf der rechten Seite der
Tabelle durch den Einsatz von Doppelpunkten Unterebenen zu kennzeichnen:

```
Indianerzelt    "Indianerzelt":"Wigwam"
```

Auch andere Möglichkeiten der manuellen Indizierung stehen Ihnen zur
Verfügung. So lassen sich Querverweise durch den Schalter "\t" vorgeben:

```
Indianerzelt    "Indianerzelt" \t "Siehe Wigwam"
```

Mit dem Schalter "\r" stellen Sie den Seitenverweis auf den Bereich um,
der durch eine Textmarke bezeichnet ist, die allerdings im Dokument auch
vorhanden sein muß:

```
Indianerzelt    "Indianerzelt" \r "Kapitel3"
```

23 • Gliederungen, Zentraldokumente, Verzeichnisse und Indizes

Auch die Formatierung der Seitenzahl können Sie in der Tabelle direkt vorgeben: der Schalter "\b" sorgt für die fette Darstellung, währen "\i" die Seitenzahlangabe im Index kursiv formatiert. Es gelten also die gleichen Schalter, die auch bei der rein manuellen Erstellung von {XE}-Feldern zum Einsatz kommen. Mehr zum {XE}-Feld erfahern Sie im Kapitel 28 in der Referenz der Feldfunktionen. Die Feldbegrenzer geben Sie allerdings in die Indizierungsliste nicht ein.

Achten Sie bei der Erstellung einer Festlegungsdatei darauf, daß keine allgemeinen Zeichenketten darin aufgenommen werden. WinWord achtet zwar auf die Schreibweise des Indizierungsbegriffs, nicht jedoch darauf, ob er in einer anderen Zeichenkette oder als eigenständiges Wort vorkommt. Wörter, die kleingeschrieben werden und deren Zeichenfolgen auch in anderen Wörtern vorkommen, haben gute Chancen, viel zu oft indiziert zu werden. Als relativ gutes Fundament für automatische Festlegungsdateien erweisen sich Benutzerwörterbücher, vor allem, wenn Sie speziell auf die Fachtermini des Textes ausgerichtet wurden. Da es meist diese Wörter sind, die später auch im Index erscheinen sollen, empfiehlt es sich, auf solch ein Benutzerwörterbuch aufzubauen. Es ist als reiner Text gespeichert und kann daher wie eine Textdatei geöffnet und bearbeitet werden. Seine Standarddateierweiterung ist .DIC. Mehr über Benutzerwörterbücher erfahren Sie in Kapitel 12.

Nachdem Sie eine Festlegungsdatei für die automatische Indexerstellung aufgenommen haben, speichern Sie sie wie ein normales Dokument.

Für die Indizierung des Dokuments wählen unter EINFÜGEN > INDEX UND VERZEICHNISSE in der Registerkarte INDEX den Befehl AUTOFESTELGUNG (Alt L). Im Dialogfenster INDEX-AUTOFETLEGUNGSDATEI ÖFFNEN wechseln Sie in das Verzeichnis, in dem die Festlegungsdatei gespeichert ist, und markieren die Datei. Wenn Sie die Datei per Doppelklick oder OK bestätigen, liest WinWord sie ein und durchsucht anschließend das gesamte Dokument nach den Zeichenketten, die in der linken Spalte aufgeführt sind. An allen Fundstellen wird nun ein {XE}-Feld mit dem Indexeintrag eingefügt, den Sie rechts des Suchbegriffs festgelegt haben. Sollte die Liste über keine rechte Spalte verfügen, werden die Suchbegriffe im Dokument so indiziert wie sie aufgefunden werden. Direkt nach Abschluß der Aktion zeigt Ihnen WinWord in der Statusleiste kurz an, wie viele Begriffe im Dokument indiziert wurden.

Sollte ein Begriff auf einer Seite mehrfach indiziert worden sein, hat dies keine Auswirkung auf den Index, den Sie auf dieser Basis erstellen. Die Seite wird hier nur ein einziges Mal unter diesem Begriff genannt. Allerdings ortet WinWord nicht automatisch, wenn ein Indexeintrag in aufeinanderfolgenden Seiten mehrfach genannt wird. Hierbei erhält später jede Seite

659

einen Einzeleintrag, was bei bestimmten Themen zu einer übermäßigen Häufung von Folgeseiten im Index führen kann.

Index erstellen

Um den Index des Dokumentes zu erstellen, positionieren Sie die Einfügemarke an der Stelle, an der der Index im Text stehen soll. Aktivieren Sie im Menü EINFÜGEN den Befehl INDEX UND VERZEICHNISSE ((Alt)(E)(I)) und wählen Sie die Registerkarte INDEX ((Alt)(I)) an. In der Registerkarte wählen Sie in der Gruppe TYP, ob Sie einen EINGEZOGENEN ((Alt)(N)) oder einen FORTLAUFENDEN ((Alt)(O)) Index erstellen möchten. Der Standard-Index wird durch die Doppelpunkte bei der Eingabe in Ebenen gegliedert.

Bei der Erstellung des Index wird jeder Ebene eine eigene Formatvorlage INDEX N zugewiesen, die fortlaufend numeriert sind und deren Formatvorlagen einzeln gestaltet werden können. Beim fortlaufenden Index werden statt dessen die abgestuften Einträge in eine Zeile übernommen und die Untereinträge durch Semikola getrennt. Außerdem haben Sie im Dialogfenster im Feld FORMATE ((Alt)(T)) Einfluß auf das Layout des Indexverzeichnisses. Sechs verschiedene vorformatierte Indextypen stehen Ihnen hier zur Auswahl, deren Wirkung im Feld VORSCHAU ((Alt)(V)) angezeigt wird. Durch die Möglichkeit, per Bildlaufleiste oder Cursortasten den Inhalt des VORSCHAU-Feldes zu bewegen, können Sie das gewählte Format in genauen Augenschein nehmen. Die Wahl des Formats hat mitunter direkte Auswirkung auf die Formatvorlage INDEXÜBERSCHRIFT. Um die Gestaltung der Formatvorlagen INDEX selbst in die Hand zu nehmen, wählen Sie in der Liste FORMATE den Eintrag BENUTZERDEFINIERT. Nun können Sie über den Befehl BEARBEITEN ((Alt)(B)) direkt auf die INDEX-Formatvorlagen zugreifen und sie im Dialogfenster FORMATVORLAGE neu gestalten. Die Bearbeitung entspricht hierbei der gewohnten Formatierung von Formatvorlagen, nur daß das Dialogfenster auf die INDEX-Formatvorlagen beschränkt ist. Für die Formatierung der INDEXÜBERSCHRIFT müssen Sie das Dialogfenster FORMATVORLAGEN vom Text aus aufrufen.

Drei weitere Gestaltungsoptionen für Indizes bietet das Dialogfenster INDEX UND VERZEICHNISSE in der Registerkarte INDEX:

Im Drehfeld SPALTEN ((Alt)(S)) geben Sie an, in wie vielen Spalten der Index gestaltet werden soll. Da Indexzeilen in der Regel nicht lang sind, können je nach Blattformat zwei, drei oder gar vier Indexspalten nebeneinander Platz finden. Im Vorschaufeld wird diese Formatierung allerdings nicht angezeigt. Im Text wird der spaltenweise formatierte Index am Anfang und am Ende durch fortlaufende Abschnittsumbrüche von der aktuellen Abschnittsformatierung abgegrenzt. Mit dem Eintrag AUTO greifen Sie im Feld

SPALTEN übrigens die bestehende Spaltenformatierung des Abschnitts auf. In diesem Fall werden keine Abschnittsumbrüche eingefügt.

SEITENZAHLEN RECHTSBÜNDIG ([Alt][R]) kann nicht angewählt werden, wenn Sie als TYP > FORTLAUFEND gewählt haben. Ansonsten ermöglicht dieses Feld die Ausrichtung der Seitenzahlen am rechten Spaltenrand.

Sollte SEITENZAHLEN RECHTSBÜNDIG nicht aktivierbar sein, wenn Sie in der Liste FORMATE den Eintrag BENUTZERDEFINIERT markiert haben, so nehmen Sie dies nicht einfach hin. Wechseln Sie statt dessen unter TYP einmal zwischen EINGEZOGEN und FORTLAUFEND und wieder zurück. Nun können Sie die rechtsbündigen Seitenzahlen per Kontrollkästchen aktivieren.

Die rechtbündigen Seitenzahlen sind die Voraussetzung für das Feld FÜLLZEICHEN ([Alt][F]). Solange kein Abstand zwischen den Indexeinträgen und den Seitenzahlen besteht - der im Dokument übrigens per Tabulator freigehalten wird - besteht auch kein Raum für Füllzeichen. Nachdem Sie SEITENZAHLEN RECHTSBÜNDIG aktiviert haben, können Sie unter FÜLLZEICHEN zwischen drei veschiedenen Füllzeichen wählen: der gestrichelten Linie, der Verbindungslinie und dem Unterstrich. (OHNE) beläßt den Raum zwischen Indexeinträgen und zugehörigen Seitenzahlen ohne Striche.

Beim Format ZWISCHENPUNKT ist bereits der Punkt als ein spezielles Zeichen zwischen Eintrag und Seitenzahl festgelegt. Wenn Sie für dieses Format SEITENZAHLEN RECHTSBÜNDIG aktivieren, verlieren Sie die Zwischenpunkte.

Weitergehende Möglichkeiten, auf die Gestaltung eines Index Einfluß zu nehmen, bietet das Feld {Index} mit seinen verschiedenen Schaltern. Informationen zur Feldfunktion {Index}, ihrem Zusammenspiel mit dem Indexeintragsfeld {XE} und ihrem Spektrum bietet Kapitel 28.

Inhaltsverzeichnis über Formatvorlagen erstellen

Um ein Inhaltsverzeichnis auf der Grundlage einer vorhandenen Gliederung zu erstellen, positionieren Sie die Einfügemarke an dem Platz, an dem das Inhaltsverzeichnis stehen soll. Im Menü EINFÜGEN aktivieren Sie den Befehl INDEX UND VERZEICHNISSE ([Alt][E][I]). Wählen Sie die Registerkarte INHALTSVERZEICHNIS ([Alt][Z]), in der Sie in der Liste FORMATE ([Alt][T]) entweder eines der sechs vorformatierten Formate anwählen oder BENUTZERDEFINIERT wählen. Im letzteren Fall können Sie über BEARBEITEN ([Alt][B]) im Dialogfenster FORMATVORLAGE die Fomatvorlagen VERZEICHNIS N gestalten, wobei "N" die Nummer der Verzeichnisebene angibt. Wie das vorformatierte oder selbstgestaltete Inhaltsverzeichnis ausschaut, zeigt Ihnen in der Registerkarte INHALTSVERZEICHNIS das Feld VORSCHAU ([Alt][V]), durch dessen Musteranzeige Sie sich mit den Cursortasten oder der Bildlaufleiste bewegen.

Wie viele Gliederungsebenen in das Inhaltsverzeichnis Aufnahme finden, legen Sie im Drehfeld EBENEN ANZEIGEN ((Alt)(E)) fest. Das Verzeichnis kann bis zu neun Ebenen umfassen, die automatisch mit den entsprechend numerierten Formatvorlagen INDEX formatiert werden.

Ob die Seitenzahlen angezeigt werden, oder ob das Inhaltsverzeichnis ohne Seitennumerierung ausgegeben wird, bestimmen Sie über das Kontrollkästchen SEITENZAHLEN ANZEIGEN ((Alt)(S)). Wenn Sie im Inhaltsverzeichnis die Seitenzahlen einfließen lassen, legt SEITENZAHLEN RECHTSBÜNDIG ((Alt)(R)) ihre Ausrichtung fest. Solange das Kontrollkästchen aktiv ist, erfolgt die Ausrichtung durch einen Tabulator getrennt von der Überschrift am rechten Spalten- bzw. Seitenrand. In diesem Fall läßt sich unter FÜLLZEICHEN ((Alt)(F)) wählen, mit welcher der drei Linienarten der Raum gestaltet werden soll, den der Tabulator überbrückt.

Wenn Sie nur bestimmte Überschriftsebenen in den Inhalt aufnehmen möchten oder auf andere Formatvorlagen als die automatischen ÜBERSCHRIFT-Formatvorlagen zurückgreifen möchten, wählen Sie die OPTIONEN in der Registerkarte INHALTSVERZEICHNIS an.

Hier bleibt Ihnen die Wahl, ob Sie ein INHALTSVERZEICHNIS BILDEN AUS > FORMATVORLAGEN ((Alt)(F)) oder/und VERZEICHNISEINTRAGSFELDERN ((Alt)(Z)) wollen. Bilden FORMATVORLAGEN die Basis für das Inhaltsverzeichnis, so können Sie in der Liste VERFÜGBARE FORMATVORLAGEN ((Alt)(B)) den einzelnen Formatvorlagen, die im Dokument Verwendung finden, Verzeichnisebenen zuweisen. Voreingestellt sind soviele Überschriftenebenen, wie Sie in der Registerkarte INHALTSVERZEICHNIS unter EBENEN ANZEIGEN eingestellt haben. Die voreingestellten Formatvorlagen sind in der Liste durch Häkchen gekennzeichnet. Im Feld EBENE kann jeder Formatvorlage die Nummer einer Verzeichnisebene zweischen 1 und 9 zugeordnet werden. Wenn Sie eine Nummer löschen, werden Überschriften dieser Formatvorlage nicht in das Inhaltsverzeichnis aufgenommen. Mit VORGABE setzen Sie das automatisch generierte Inhaltsverzeichnis wieder auf die Formatvorlagen ÜBERSCHRIFT der Ebenen 1 bis 3 zurück.

Statt auf Formatvorlagen können Inhaltsverzeichnisse auch auf VERZEICHNISEINTRAGSFELDERN basieren. Hierbei wird auf die Feldfunktion {Inhalt} zurückgegriffen, über die sich - unabhängig von Formatierungen - Einträge für Inhaltsverzeichnisse festlegen lassen. Auf diese Möglichkeit wird weiter unten eingegangen. Wenn Sie in ein neues Inhaltsverzeichnis die über Verzeichniseintragsfelder kreierten Einträge einbeziehen möchten, markieren Sie das entsprechende Kontrollkästchen im Dialogfenster OPTIONEN FÜR INHALTSVERZEICHNISSE. Dem Zusammenspiel von Formatvorlagen und Verzeichniseintragsfeldern bei der Kreation eines Inhaltsverzeichnisses steht nichts im Wege. Nachdem Sie die optionalen Einstellungen abge-

23 • Gliederungen, Zentraldokumente, Verzeichnisse und Indizes

schlossen haben, bestätigen Sie sie mit OK. Hierdurch wird wieder die Registerkarte INHALTSVERZEICHNIS aktiv.

Sollten Sie im Dialogfenster OPTIONEN FÜR INHALTSVERZEICHNIS spezielle Einstellungen vorgenommen haben, beispielsweise andere Formatvorlagen als ÜBERSCHRIFT für das Inhaltsverzeichnis aktiviert oder bestimmte Überschriftsebenen deaktiviert haben, so wird das Feld EBENEN ANZEIGEN in der Registerkarte INHALTSVERZEICHNIS ausgeblendet.

Mit OK oder ⏎ aktivieren Sie in der Registerkarte INHALTSVERZEICHNIS die Erstellung des Inhaltsverzeichnisses. Nachdem ein Seitenumbruch des Dokuments durchgeführt wurde, um die aktuellen Seitenzahlen zu ermitteln, wird das Dokument auf die Überschrifts-Einträge in der Tiefe durchsucht, die Sie im Drehfeld EBENEN ANZEIGEN festgelegt haben bzw. auf die Formatvorlagen, denen Sie im Dialogfenster OPTIONEN FÜR INHALTSVERZEICHNIS Verzeichnisebenen zugewiesen haben. Falls Sie die Ebenen eingeschränkt haben, die in das Inhaltsverzeichnis aufgenommen werden sollen, konzentriert sich die Suche auf die spezifizierten Formatvorlagen.

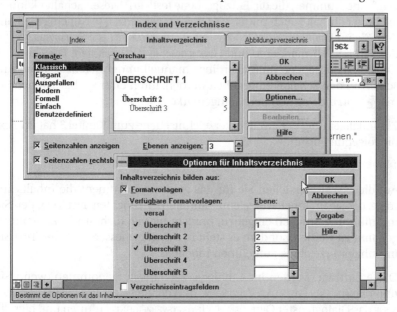

Abb. 23.7: Das Dialogfenster OPTIONEN FÜR INHALTSVERZEICHNIS

Den verschiedenen Gliederungsebenen wird - je nach Ebene - eine VERZEICHNIS-Formatvorlage zugeordnet. Diese können Sie unter FORMAT > FORMATVORLAGE nachbearbeiten. Die Formatvorlagen VERZEICHNIS bestimmen die Darstellung des Inhaltsverzeichnisses. Je nach aktiver Bildschirmanzeige wird das Inhaltsverzeichnis oder die Feldfunktion dargestellt.

Inhaltsverzeichnis über Einträge erstellen

Sie können auch Inhaltsverzeichnisse erstellen, die nicht auf einem durch Gliederungsformate strukturierten Text basieren. Dazu müssen Sie im Text Funktionsfelder der Feldart {Inhalt} einfügen. Positionieren Sie hierfür die Einfügemarke direkt hinter dem Eintrag, den Sie aufnehmen möchten. Diese Eingabe können Sie über den Menübefehl EINFÜGEN > FELD (Alt E E) vornehmen.

Wählen Sie im Dialogfenster FELD aus der Liste KATEGORIEN (Alt K) den Eintrag INDEX UND VERZEICHNISSE und markieren Sie unter FELDNAMEN (Alt N) den Eintrag INHALT. Indem sie diesen Eintrag markieren, wird in die Befehlszeile FELDFUNKTIONEN der Feldname "Inhalt" übernommen. Geben Sie in der Zeile FELDFUNKTION (Alt F) hinter dem Feldnamen "Inhalt" ein Leerzeichen ein. Schreiben Sie dann in Anführungszeichen den Text, der im Inhaltsverzeichnis erscheinen soll. Wenn Sie überdies die Ebene des Eintrags festlegen möchten, fügen Sie den Schalter "\ln" an (Buchstabe "L" und nachfolgend eine Nummer, die die Einzugsebene festlegt). Diesen Schalter können Sie hinter "Inhalt" auch mittels des Befehls OPTIONEN (Alt O) eingeben, indem Sie im Dialogfenster OPTIONEN FÜR FELDER in der Liste SCHALTER (Alt L) den Eintrag "\l" markieren und HINZUFÜGEN (Alt Z) wählen. Die Nummer für die Einzugsebene muß allerdings manuell in der Befehlszeile im Anschluß an den Schalter eingegeben werden. Ihren Eintrag übernehmen Sie mit ⏎ an die Position der Einfügemarke.

Ein Inhaltseintrag der zweiten Verzeichnisebene zum Kapitel 3 hat im Text die folgende Form:

```
{Inhalt "Kapitel 2"\l3}
```

Auf diese Weise erstellen Sie für das gesamte Dokument die Inhaltseinträge, die Sie im Inhaltsverzeichnis aufnehmen möchten. Der Text, den Sie in Anführungsstrichen eingeben, braucht hierbei nicht im Dokumenttext genannt zu werden, sondern es steht in Ihrem Ermessen, welchen Text Sie im Inhaltsverzeichnis aufnehmen möchten.

Diese Einträge werden ins Inhaltsverzeichnis aufgenommen, wenn Sie unter EINFÜGEN > INDEX UND VERZEICHNISSE in der Registerkarte INHALTSVERZEICHNISSE das Dialogfenster OPTIONEN FÜR INHALTSVERZEICHNIS aufrufen und hier die Aufnahme der VERZEICHNISEINTRAGSFELDER angeben. Nach dem Seitenumbruch werden neben den vorgegebenen Formatvorlagen die Feldfunktionen mit den Verzeichniseinträgen gesucht, auf denen das Inhaltsverzeichnis basiert. Die Aufnahme von Gliederungseinträgen mittels Formatvorlagen entfällt, wenn die FORMATVORLAGEN als Basis für Inhaltsverzeichnisse im Dialogfenster OPTIONEN FÜR INHALTSVERZEICHNIS deaktiviert wurden.

Über Verzeichniseintragsfelder können auch verschiedene Inhaltsverzeichnisse erstellt werden, die thematisch geordnet sind. Die Anweisung hierfür geben Sie innerhalb der Feldfunktion mit dem Schalter "\fz". Der Buchstabe "f" markiert, daß eine weitere Kennung folgt, die das Inhaltsverzeichnis spezifiziert. Die Kennung selbst wird als Buchstabe eingegeben. Auf diese Art weisen Sie den Eintrag einem separaten Inhaltsverzeichnis zu.

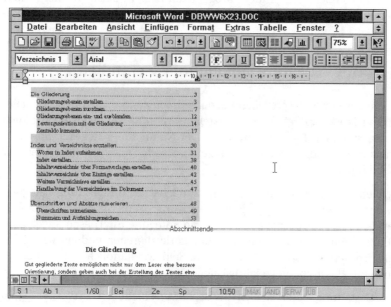

Abb. 23.8: Ein Inhaltsverzeichnis im Text

Wenn im Dialogfenster FELD unter FELDNAME > INHALT markiert ist, können Sie auch den Schalter "\f" im Dialogfenster OPTIONEN FÜR FELDER aus der Liste SCHALTER auswählen und der Befehlszeile HINZUFÜGEN. Den Kennbuchstaben geben Sie wieder im Anschluß an den Schalter ein.

Ein Eintrag zweiter Ebene in das Inhaltsverzeichnis "Abbildungen" sieht so aus:

{Inhalt "Spielende Kinder"\l2\fa}

Um das Inhaltsverzeichnis "Abbildungen" im Dokument zu erstellen, müssen Sie dann an dem Platz, an dem es stehen soll, folgendes Feld einfügen:

{Verzeichnis \fa}

Sie können das Feld wieder über das Dialogfenster FELD eingeben; der FELDNAME heißt VERZEICHNIS. Eine andere Möglichkeit besteht darin, den Eintrag direkt im Dokument vorzunehmen. Öffnen Sie hierfür mit dem Tastenschlüssel ⸢Strg⸣⸢F9⸣ die geschweifte Klammer der Feldfunktion, und geben Sie die Feldfunktion in die Mitte der Klammer ein. Um das Verzeichnis zu erstellen, aktualisieren Sie die Feldfunktion mit ⸢F9⸣ und stellen die Feldergebnisse mit ⸢⇧⸣⸢F9⸣ dar.

Die Einfügemarke muß für die Aktualisierung in oder direkt vor der Feldfunktion stehen. Eine andere Möglichkeit besteht darin, vor der Aktualisierung mit ⸢F9⸣ die Passage zu markieren, in der sich die Feldfunktion befindet.

Weitere Verzeichnisse erstellen

Auch diese Art von speziellen Verzeichnissen können Sie über das Dialogfenster INDEX UND VERZEICHNISSE erstellen, wenn Sie die Registerkarte ABBILDUNGSVERZEICHNIS (⸢Alt⸣⸢A⸣) anwählen. Der Name dieser Registerkarte ist etwas irreführend, da Sie auch Verzeichnisse für andere Textelemente als Abbildungen erstellen können.

So stehen Ihnen in der Registerkarte zunächst alle Beschriftungskategorien in der Liste KATEGORIE (⸢Alt⸣⸢K⸣) zur Verfügung. Wenn Sie beispielsweise unter EINFÜGEN > BESCHRIFTUNG eine eigene Kategorie für Thesen angelegt haben, so können Sie nun auf diese Kategorie zugreifen und ein Verzeichnis aller Thesen des Dokuments anlegen. Selbstverständlich steht Ihnen hier auch die klassische Verzeichniskategorie ABBILDUNG zur Verfügung.

Zur Gestaltung bieten sich wieder sechs verschiedene FORMATE (⸢Alt⸣⸢T⸣) an. Wählen Sie aus dieser Liste das siebte Format BENUTZERDEFINIERT, so erhalten Sie unter BEARBEITEN (⸢Alt⸣⸢B⸣) im Dialogfenster FORMATVORLAGE Zugriff auf die automatische Formatvorlage ABBILDUNGSVERZEICHNIS, die Sie wie gewohnt umgestalten können. Auch der Name dieser Formatvorlage ist irreführend, gilt sie doch gleichermaßen für Tabellen, Gleichungen und selbstangelegte Kategorien, die nichts mit Abbildungen zu tun haben müssen.

In der Registerkarte ABBILDUNGSVERZEICHNIS können Sie angeben, ob das Verzeichnisses auch die SEITENZAHLEN ANZEIGEN (⸢Alt⸣⸢S⸣) oder gelistete Elemente nennen soll, und, wenn dem so ist, ob die SEITENZAHLEN RECHTSBÜNDIG (⸢Alt⸣⸢R⸣) zum Seiten- bzw. Spaltenrand angeordnet werden und mit welchem FÜLLZEICHEN (⸢Alt⸣⸢F⸣) in diesem Fall der Tabulator, der hüben von drüben trennt, arbeitet. Außerdem können Sie noch vorgeben, ob bei der Ausgabe des Verzeichnisses vor dem Textzitat der Beschriftung auch KATEGORIE UND NUMMER (⸢Alt⸣⸢N⸣) erscheinen. Über alle Änderungen des Formats setzt Sie wieder das Feld VORSCHAU (⸢Alt⸣⸢V⸣) ins Bild.

Auch in diesem Dialogfenster haben Sie mittels OPTIONEN (⸢Alt⸣⸢O⸣) wieder die Möglichkeit, die Verzeichnisrecherche genau zu steuern. So können

Sie einerseits eine FORMATVORLAGE (Alt F) benennen, deren Texte ins Verzeichnis aufgenommen werden sollen. Gesetzt den Fall, Sie hätten für Fragestellungen die Formatvorlage "Frage" erstellt und alle wichtigen Fragen im Text mit dieser Formatvorlage formatiert, so ließe sich im Dialogfenster OPTIONEN FÜR ABBILDUNGSVERZEICHNIS einfach durch die Anwahl von FORMATVORLAGE und der Auswahl der Formatvorlage FRAGE aus der Liste ein Verzeichnis der relevanten Fragestellungen erstellen. Die DropDown-Liste FORMATVORLAGE zeigt Ihnen alle Formatvorlagen, die im Dokument Verwendung finden bzw. für das Dokument modifiziert wurden.

Um auf die {Inhalt}-Felder zuzugreifen, die durch den Schalter "\f" und ein Erkennungszeichen kreeiert wurden, geben Sie im Dialogfenster OPTIONEN FÜR ABBILDUNGSVERZEICHNIS an, daß das Verzeichnis aus VERZEICHNISEINTRAGFELDERN (Alt V) gebildet werden soll. Denn, Kennungsbuchstaben wählen Sie aus der alphabetischen Liste ERKENNUNGSZEICHEN (Alt E) aus. Er muß den Erkennungszeichen entsprechen, die Sie in den Inhaltsfeldern im Dokument gesetzt haben. So findet das Inhaltsfeld

{Inhalt "Spielende Kinder"\fa}

mit seinem Text "Spielende Kinder" nur in jenes Verzeichnis Aufnahme, für das als ERKENNUNGSZEICHEN der Buchstabe A aus der DropDown-Liste gewählt wird.

Das Verzeichnis erstellen Sie schließlich, indem Sie die Vorgaben mit OK bestätigen. Es wird an der aktuellen Position der Einfügemarke eingefügt. Wenn allerdings das Verzeichnis schon einmal erstellt wurde, sucht WinWord das bestehende Verzeichnis und fragt ab, ob das Verzeichnis ersetzt werden soll. Wenn Sie diese Abfrage mit JA (J) bestätigen, ersetzt das neue Verzeichnis das alte an seiner Position. Mit NEIN (N) wird hingegen an der Position der Einfügemarke ein neues Verzeichnis erstellt, ohne daß das alte Verzeichnis berührt wird.

Handhabung der Verzeichnisse im Dokument

In Dokumenten werden Verzeichnisse als Felder eingefügt. Dies erkennen Sie an der Graufärbung des Verzeichnisses oder Index, sobald die Einfügemarke in seinem Bereich steht, wenn unter OPTIONEN in der Registerkarte ANSICHT in der Liste FELDSCHATTIERUNG der Eintrag WENN AUSGEWÄHLT markiert ist. Ist unter FELDSCHATTIERUNG > IMMER angewählt, werden Feldfunktionen, also auch Indizes und Verzeichnisse, stets grau markiert.

Die Wirkungsweise von {Index}- oder {Verzeichnis}-Feldern - ob sie sich auf Überschriften, andere Formatvorlagen oder Verzeichniseintragsfelder beziehen, was in ihnen angegeben wird und wie die Ausrichtung der

Seitenzahlen und die Formatierung der Trennzeichen ausschaut - bedingen Schalter, die Teil der Feldfunktion sind. Mit der genauen Kenntnis der Schalter der Verzeichniseintragsfelder {Inhalt} und der Verzeichniserstellungsfelder {Verzeichnis} können Sie genau abgestimmte Verzeichnisse erstellen.

Die Felder geben Sie über EINFÜGEN > FELD ein, in dessen KATEGORIEN-Liste Sie unter INDEX UND VERZEICHNISSE sämtliche Felder für die Index- und Verzeichniskreation finden. Die Schalter der jeweiligen FELDNAMEN zeigen sich Ihnen, wenn Sie hier die OPTIONEN anwählen. Eine andere Möglichkeit, {Verzeichnis}-Felder zu erstellen, besteht darin, den Eintrag direkt im Dokument vorzunehmen. Öffnen Sie hierfür mit dem Tastenschlüssel (Strg)(F9) die geschweiften Feldbegrenzer der Feldfunktion, und geben Sie Feldnamen und Schalter in die Klammer ein. Um das Verzeichnis zu erstellen, aktualisieren Sie die Feldfunktion mit (F9). Die Einfügemarke muß für die Aktualisierung in oder direkt vor der Feldfunktion stehen. Eine andere Möglichkeit besteht darin, vor der Aktualisierung mit (F9) die Passage zu markieren, in der sich die Feldfunktion befindet.

Eine Auflistung der Schalter für die Verzeichniseintragsfelder {Inhalt} und die Verzeichniserstellungsfeder {Verzeichnis} erhalten Sie in der Referenz der Feldfunktionen in Kapitel 28.

Verzeichnisse, die Sie mit der Verzeichnisfunktion von Word für Windows erstellen, haben eine Besonderheit: Die Verweisstellen werden nämlich automatisch durch Textmarken gekennzeichnet, auf die das Feld {SeitenRef} verweist. Die Textmarken, die übrigens nicht in den Namenslisten der Textmarken der Dialogfenster TEXTMARKE und GEHE ZU auftauchen, haben die Form "_Toc123456789", wobei die neunstellige Zahl automatisch von WinWord generiert wird. Über diese Zahl wird die Verbindung zur Verweisseite aufrechterhalten. Sobald ein Ausdruck des Dokuments eingeleitet wird, werden die {Seitenref}-Felder automatisch aktualisiert. "Toc" heißt übrigens "Table of contents" und ist der Name des {Inhalt}-Feldes in der US-Version von WinWord.

Doch nicht genug mit der automatischen Seitenreferenz beim Ausdruck. Auf dem Bildschirm bietet das Verzeichnis des Dokuments über seine Toc-Textmarken noch weiteren Komfort: Sie brauchen nur die Seitenzahl im Verzeichnis doppelt anzuklicken, um die Stelle anzuspringen, auf die sie verweist. Dies wird durch ein {Gehezu}-Feld erreicht, das ebenfalls automatisch in das Verzeichnis integriert wurde. Sie haben also in einem Verzeichnis statt einer realen Seitenzahl eine doppelte, verschachtelte Feldfunktion der Form:

{Gehezu _Toc123456789 {SeitenRef _Toc123456789}

Um sie in Augenschein zu nehmen, wechseln Sie in die Normalansicht des Dokuments, markieren eine Seitenzahl eines Verzeichnisses und betätigen die rechte Maustaste. Im Shortcut-Menü der rechten Maustaste finden Sie den Befehl FELDFUNKTIONEN ANZEIGEN [EIN/AUS], mit dem Sie die Anzeige der Feldfunktionen einschalten. Nützlich ist die Feldfunktion allerdings nur, solange sie ihr Ergebnis zeigt, da nur hier der Doppelklick Effekt zeigt. Ändern sollten Sie die Toc-Referenznummer auf gar keinen Fall, da ansonsten der Bezug verloren geht.

Überschriften und Absätze numerieren

Während die Numerierung für interne Verweise von Word für Windows im Verborgenen geschieht, gibt es im Dokument auch deutliche Numerierungen, von denen Sie offensichtlich profitieren: Die Numerierung von Überschriften und normalen Absätzen. WinWord kennt verschiedene Arten der Numerierung. Im Menü FORMAT finden Sie die Befehle NUMERIERUNG UND AUFZÄHLUNGEN ([Alt][X] [N]) und ÜBERSCHRIFTEN NUMERIEREN ([Alt][X] [B][F9]). Während der erste Befehl für die absatzorientierte Numerierung zuständig ist und sich auf jeden Absatz anwenden läßt, bezieht sich der zweite Befehl ausschließlich auf Absätze, die mit einer der automatischen Formatvorlagen ÜBERSCHRIFT formatiert wurden.

Angemerkt sei an dieser Stelle, daß WinWord noch weitere Arten der Numerierung von Folgen über Feldfunktionen kennt: Mittels {Seq}-Feldern lassen sich absatzunabhängige Folgen numerieren, deren Folge Sie durch einen Sequenzbezeichner in der Feldfunktion festlegen. Mit den Feldern {AutoNr}, {AutoNrDez} und {AutoNrGli} werden Absatzfolgen numeriert. Das heißt, das Ergebnis solch eines Numerierungsfeldes bleibt innerhalb eines Absatzes durchgehend gleich und wird erst im nächsten Absatz weitergezählt. Mit diesen Feldern numerierten die WinWord-Versionen 1 und 2 Überschriften und Gliederungsebenen. Über diese Numerierungsfelder informiert Sie Kapitel 28 dieses Buches.

Überschriften numerieren

Falls es in Ihrem Sinn ist, die Überschriften des Dokuments zu numerieren, wählen Sie FORMAT > ÜBERSCHRIFTEN NUMERIEREN ([Alt][B]). Voraussetzung dafür, daß dieser Befehl auch seine Wirkung zeigt, ist, daß im Dokument die Überschriften tatsächlich mit den Formatvorlagen ÜBERSCHRIFT formatiert werden. Nun haben Sie es leicht, alle Überschriften oder lediglich einen Teil der Überschriften zu gestalten.

Das Dialogfenster ÜBERSCHRIFTEN NUMERIEREN bietet Ihnen sechs Muster für Numerierungen. Vertreten sind hiebei das typische Gliederungsformat, wobei römische Zahlen, Buchstaben und arabische Ziffern im Wechsel für möglichst gute Orientierung sorgen, und die Numerierung im fortlaufenden Dezimalformat, die die Numerierung der übergeordneten Ebenen zitiert. Diese Art der Numerierung orientiert sich an DIN 1421 "Numerierung in Texten" und findet in viele wissenschaftlichen Texten Verwendung. Außerdem bieten sich Numerierungen an, die in Verbindung mit Zeichenketten direkt eine Aussage darüber machen, was numeriert wird. Wenn Ihnen eines der Beispiele direkt zusagt, haben Sie leichtes Spiel: Ein Doppelklick auf das Beispiel aktiviert die Numerierungsfolge für die Überschriften des aktuellen Dokuments.

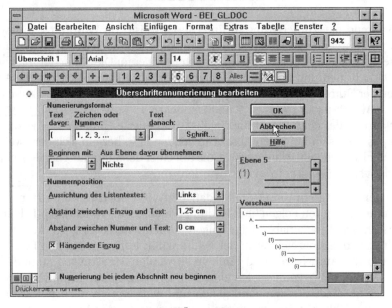

Abb. 23.9: Das Dialogfenster ÜBERSCHRIFTENNUMERIERUNG BEARBEITEN

Aber auch Individualisten werden von WinWord bedient. Wer der Nummer im System sein eigenes Format geben möchte, sucht sich im Dialogfenster ÜBERSCHRIFTEN NUMERIEREN mittels Mausklick oder Cursortasten die Numerierung aus, die seinen Vorstellungen nahe kommt, und wählt BEARBEITEN (Alt B) an. Das Dialogfenster ÜBERSCHRIFTENNUMERIERUNG BEARBEITEN spiegelt das Format der angewählten Numerierung wieder. Im Feld EBENE (Alt E) wechseln Sie mittels Bildlaufleiste oder Cursortasten zu der Ebene, die Sie ändern möchten. Statt dessen können Sie auch im Feld VORSCHAU einfach auf die gewünschte Ebene klicken.

23 • Gliederungen, Zentraldokumente, Verzeichnisse und Indizes

Wie die Numerierung der angewählten Ebene in Erscheinung tritt, bestimmen Sie in der Gruppe NUMERIERUNGSFORMAT. Hier haben Sie die Möglichkeit, zur eigentlichen Numerierung einen TEXT DAVOR ([Alt][O]) und einen TEXT DANACH ([Alt][D]) einzugeben. Die Numerierung selbst wählen Sie in der DropDown-Liste ZEICHEN ODER NUMMER ([Alt][U]), wobei zur Numerierung neben arabischen und römischen Zahlen auch die alphabetische Kennzeichnung und ausgeschriebene Grund- und Ordnungszahlen zur Verfügung stehen. Auch die automatische Beschriftung von Überschriften ganz ohne Nummer oder Nummernersatz ist möglich, indem Sie (OHNE) anwählen. In der Liste können Sie statt einer fortlaufenden Numerierung auch ein konstantes Zeichen anwählen. Hiefür stehen sechs Zeichen zur Verfügung, deren Palette dank des Eintrag ANDERES ZEICHEN nicht beschränkt ist. Dieser Eintrag aktiviert das Dialogfenster SONDERZEICHEN, in dem Sie aus einem installierten Zeichensatz Ihre Wahl für ein Überschriftzeichen treffen und bestätigen. Das Zeichen wird oben in die Zeichenskala der Liste aufgenommen, wofür das letzte der sechs Zeichen seinen Platz räumt. Wenn Sie eine Überschrift per Symbol einleiten, läßt sich allerdings kein Text vor oder nach dem Zeichen festlegen.

Der Befehl SCHRIFT ([Alt][C]) öffnet die Registerkarte SCHRIFT des Dialogfensters ZEICHEN, in dem sich für die Zeichen der Überschriftsnummer die Attribute FETT und KURSIV ebenso wie der SCHRIFTGRAD, die UNTERSTREICHUNG und die FARBE ändern lassen. Sogar das DURCHSTREICHEN von Symbolen oder Nume-

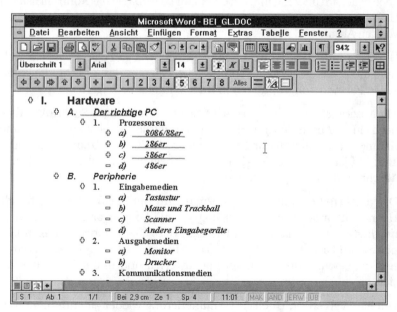

Abb. 23.10: Eine numerierte Gliederung

rierungen ist möglich, und bei fortlaufenden Numerierungen steht Ihnen im Gegensatz zu den Symbolen auch die Wahl der SCHRIFTART offen.

Mit welcher Nummer die Numerierung der Überschriftsebene beginnt, stellen Sie unter BEGINNEN MIT ein. Bestehen schon Numerierungen oder Symbole von Überschriften höherer Ebenen, können Sie diese bei der untergeordneten Überschrift zitieren. Unter AUS EBENE DAVOR ÜBERNEHMEN steht es Ihnen frei, NICHTS, nur die NUMMERN oder gar die NUMMERN UND POSITION an den Beginn der Folgeüberschriften zu übernehmen.

Die Position, die die Nummer im Dokument einnimmt, modifizieren Sie in der Gruppe NUMMERNPOSITION. Welche Distanz der Überschriftstext zum vorbestimmten Absatzeinzug der Formatvorlage hält, um Freiraum für die Nummer oder das Symbol zu schaffen, bestimmen Sie unter ABSTAND ZWISCHEN EINZUG UND TEXT ([Alt][S]). Wie sich die Nummer in diesen Freiraum einordnet, bestimmt die AUSRICHTUNG DES LISTENTEXTES ([Alt][A]). Mittels dieses Feldes mit dem nichtssagenden Namen können Sie die Nummer LINKS, also bündig zum linken Absatzeinzug der ÜBERSCHRIFT-Formatvorlage, ZENTRIERT, also in der Mitte zwischen Absatzeinzug und Textbeginn der Überschrift, oder direkt RECHTS vor dem Text der Überschrift anordnen. Welcher Mindestabstand zwischen der Überschriftsnummer und dem folgenden Überschriftstext gewahrt wird, legen Sie im Feld ABSTAND ZWISCHEN NUMMER UND TEXT ([Alt][T]) fest. Ob die Nummer dem Überschriftsabsatz vorangestellt wird oder mit ihm auf einer Linie steht, stellt das Kontrollkästchen HÄNGENDER EINZUG ein, dessen Aktivierung die Nummer oder das Symbol vor den Absatz rückt.

Übersicht über diese verwirrenden Einstellungen gibt das EBENE-Feld, während die VORSCHAU sich eher spröde zeigt, wenn es darum geht, die kryptischen Formatierungsoptionen in Ihrer Wirkung zu zeigen.

Mit NUMERIERUNG MIT JEDEM ABSCHNITT NEU BEGINNEN weisen Sie WinWord an, nach einem Abschnittsende die Numerierungsfolge, nicht aber das Numerierungsformat, neu zu starten. Sie können also innerhalb eines Dokuments zwar mit jedem Abschnitt wieder bei "1" beginnen, nicht aber den letzten Abschnitt als Anhang numerieren.

Das eingestellte Numerierungsformat wird mit der Bestätigung für alle Überschriften des Dokuments gültig, die mit Formatvorlagen der Kategorie ÜBERSCHRIFT formatiert wurden. Den ÜBERSCHRIFT-Formatvorlagen können Sie im Dialogfenster FORMATVORLAGE über BEARBEITEN > FORMAT auch direkt die gewünschte Numerierung zuweisen und in der Formatvorlage sichern.

Um eine vergebene Überschriftsnumerierung wieder zu entfernen, wählen Sie im Dialogfenster ÜBERSCHRIFTEN NUMERIEREN den Befehl LÖSCHEN ([Alt][L]).

Wenn Sie eine oder mehrere Überschriftsebenen aus der Numerierung ausblenden möchten, wählen Sie für diese EBENE unter ZEICHEN ODER NUMMER > (OHNE). Vergessen Sie nicht, die Texte oder Textfragmente - beispielsweise den Punkt hinter der Zahl - in den Feldern TEXT DAVOR und TEXT DANACH zu löschen und setzen Sie die Werte unter NUMMERNPOSITION auf Null.

Sollten Sie Überschriften verborgen numeriert haben - was zugegebenermaßen ungewöhnlich, aber durchaus möglich ist- so zählt die automatische Numerierung der Überschriften diese unsichtbaren Absätze mit. Jedem Leser wird also auffallen, daß Sie vor ihm etwas zu verbergen haben.

Nummern und Aufzählungszeichen

Die Absatz-Numerierung ist im Standardmodus sehr einfach zu bedienen. Solange keine Markierung gesetzt ist, wird nur der Absatz numeriert, in dem die Einfügemarke steht. Voraussetzung für die Numerierung mehrerer markierter Absätze ist, daß jeder Absatz ein Zeichen enthält. Absatzschaltungen ohne Zeichen oder nur mit Leerzeichen werden ignoriert. Dies gewährleistet, daß Absatzschaltungen, die aus Versehen in ein Dokument eingegeben wurden, die Numerierung nicht verfälschen. Wenn Sie die Numerierungsfunktion aktiviert haben, wird automatisch bei einer Absatzschaltung die Numerierung beim nächsten Absatz fortgeführt. Diese Schalterfunktion gilt auch für Aufzählungszeichen.

Die schnellste Art und Weise, einen oder mehrere Absätze zu numerieren, ist das Symbol Numerierung in der Symbolleiste FORMATIERUNG. Wenn Sie es anklicken, wird vor jeden markierten Absatz bzw. vor den Absatz, in dem sich die Einfügemarke aktuell befindet, eine Nummer gesetzt. Die Numerierung ist nun eingeschaltet und bleibt auch bei Absatzschaltungen im numerierten Absatz aktiv, bis Sie sie durch einen Klick auf das Symbol "Numerierung" wieder ausschalten. Das Format der Numerierung bestimmen Sie unter FORMAT > NUMERIERUNG UND AUFZÄHLUNGEN.

Ebenso einfach ist die Gestaltung von Listen mit Aufzählungszeichen. Auch hierfür steht in der Symbolleiste FORMATIERUNG ein Symbol zur Verfügung. Das Anklicken des Symbols "Aufzählungszeichen" fügt vor allen markierten Absätzen oder vor dem Absatz, in dem die Einfügemarke steht, ein Sonderzeichen ein. Die Aufzählungssymbole sind nun eingeschaltet und bleiben auch bei Absatzschaltungen im Absatz aktiv, bis Sie sie durch einen Klick auf das Symbol "Aufzählungszeichen" wieder ausschalten. Auch die Formatierung der Aufzählungszeichen erfolgt im Dialogfenster NUMERIERUNG UND AUFZÄHLUNGEN.

Die Numerierungsfunktion erstreckt auch auf Absätze, die verborgen formatiert sind. Doch den verborgenen Absatz aus der Numerierung auszuschließen erweist sich nicht als der Weisheit letzter Schluß. Wenn Sie nämlich seine Absatzmarke oder die Absatzmarke vor dem verborgen formatierten Absatz löschen, gerät die Numerierung völlig durcheinander; tröstlich ist nur, daß dieser Effekt sich noch steigert, wenn der verborgene Absatz in die Numerierfolge integriert ist. Wenn Sie nun weitere Absatzschaltungen eingeben, treten diese durch eine stetig wachsende Numerierung bei den Folgeabsätzen in Erscheinung. Das Prinzip dieser automatischen Numerierung im Verborgenen eröffnet sich zumindest teilweise, wenn aufmerksam die Anzeige des verborgenen Textes aktiviert wird; nutzbringend ist dies allerdings nicht. Insgesamt erweist sich die Numerierungsfunktion als instabil im Zusammenspiel mit der Formatierung VERBORGEN und sollte hier konsequent gemieden werden.

Das Dialogfenster Numerierung und Aufzählungen

Wie sich die Gestaltung mit Nummern oder Aufzählungszeichen auf normale Textabsätze auswirkt, geben Sie unter FORMAT > NUMERIERUNG UND AUFZÄHLUNGEN vor. Das Dialogfenster gliedert sich in drei Registerkarten:

Kategorie	Aufgabe
AUFZÄHLUNGEN ([Alt][A])	gestaltet Aufzählungen mit einem wählbarem Sonderzeichen.
NUMERIERUNG ([Alt][N])	numeriert Absätze mit einem wählbaren Nummernformat.
GLIEDERUNG ([Alt][G])	numeriert Absätze mit Zahlen oder Zeichen, die die Abstufung des Absatzes widerspiegeln.

Tab. 23.4: Die Kategorien von NUMERIERUNG UND AUFZÄHLUNGEN

Alle drei Kategorien des Dialogfensters NUMERIERUNG UND AUFZÄHLUNGEN haben die Befehle OK ([↵]), ABBRECHEN ([Esc]) und ENTFERNEN ([E]) gemeinsam. Während OK und ABBRECHEN - wie gewohnt - der Ausführung oder dem Abbruch einer Aktion dienen, löscht ENTFERNEN sämtliche Numerierungen, die im markierten Bereich den Absätzen voranstehen.

Die beiden Registerkarten AUFZÄHLUNGEN und NUMERIERUNG des Dialogfensters haben noch ein Feld gemeinsam: HÄNGENDER EINZUG ([Alt][D]). Mittels dieses Felds legen Sie fest, ob nur die erste Zeile des Absatzes, die ja die Nummer enthält, eingerückt werden soll, oder ob der ganze Absatz diesem Vorbild der ersten Zeile folgt, so daß die Numerierung oder das Aufzählungszeichen gut sichtbar vor dem Textabsatz stehen.

23 • Gliederungen, Zentraldokumente, Verzeichnisse und Indizes

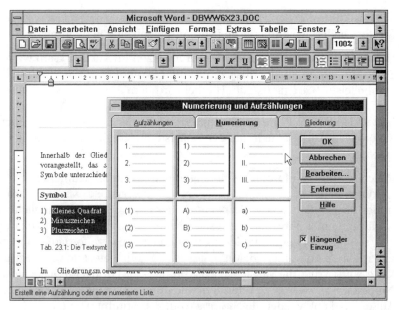

Abb. 23.11: Die Registerkarte NUMERIERUNG

Jede der drei Registerkarten bietet Ihnen sechs verschiedene Gestaltungsmuster zur Wahl per Maus oder Cursortasten. Wie die Strukturierung der Absätze aussehen wird, sehen Sie direkt in den Musterfeldern. Die Aufteilung in sechs Musterfelder haben alle drei Registerkarten gemein, allerdings wird je nach Registerkarte die spezifische Gestaltung im Feld angezeigt: bei Gliederungen die Einrückungen der einzelnen Ebenen und die Zahlenfolge, bei numerierten Listen die Nummernformate und bei Aufzählungszeichen die Symbole. Auch den hängenden Einzug haben Sie im Blick.

Die Wahl, die Sie in den Registerkarten AUFZÄHLUNGEN und NUMERIERUNG treffen und mit OK bestätigen, bleiben aktiv und lassen sich im Text später mit den Symbolen AUFZÄHLUNGSZEICHEN und NUMERIERUNG der Symbolleiste FORMATIERUNG aktivieren. Anders sieht es aus, wenn von den Möglichkeiten der Registerkarte GLIEDERUNG Gebrauch gemacht wird. Ihre Gestaltung wird nur aktiv, wenn das Nummernformat direkt von der Dialogbox aus bestätigt wird.

Gliederungsnumerierung

Die Registerkarte GLIEDERUNG bietet Ihnen die Möglichkeit, die normalen Absätze wie Gliederungsüberschriften zu formatieren. Daher entspricht das Dialogfenster GLIEDERUNG BEARBEITEN, das Sie in der Registerkarte GLIEDERUNG mit BEARBEITEN ([Alt][B]) aktivieren, auch dem zuvor beschriebenen Dialogfenster ÜBERSCHRIFTNUMERIERUNG BEARBEITEN. Ausgenommen hiervon ist lediglich das Kontrollkästchen NUMERIERUNG BEI JEDEM ABSCHNITT NEU BEGINNEN, das für die Gliederungsnumerierung von Absätzen keine Bedeutung hat.

Um die Gliederungsformatierung von Absätzen im Text wirksam werden zu lassen, stufen Sie die Absätze mit dem Symbol EINZUG VERGRÖSSERN der Symbolleiste FORMATIERUNG ab. Hierbei wird dem Absatz automatisch das Nummernformat der nächsten Ebene zugeordnet. Um den Absatz wieder höherzustufen und ihm das Nummernformat der nächsthöheren Ebene zuzuweisen, klicken Sie in der Symbolleiste FORMATIERUNG auf EINZUG VERKLEINERN.

Absatz-numerierung

Welches Nummernformat bei Betätigung des Symbols "Numerierung" im Dokument einsetzt, legen Sie unter FORMAT > NUMERIERUNG UND AUFZÄHLUNGEN in der Registerkarte NUMERIERUNG fest. Hier haben Sie keine Möglichkeit, Absätzen gemäß ihres Einzugs verschiedene Nummernformate zuzuweisen, sondern bei der Numerierung werden alle Absätze fortlaufend in der angewählten Art numeriert. Mit BEARBEITEN ((Alt)(B)) bietet auch die Registerkarte NUMERIERUNG die Möglichkeit, das numerische Format im Dialogfenster NUMERIERUNG BEARBEITEN zu verändern und durch Texteingaben zu ergänzen. Außerdem kann wieder die NUMMERNPOSITION bestimmt werden.

Die Nummer wird bei der Numerierung einzelner Absätze im Feld BEGINNEN MIT ((Alt)(B)) hochgezählt. Sie numerieren also den nächsten Absatz stets um "1" höher als den zuletzt numerierten Absatz. Falls Sie diese Folge unterbrechen oder modifizieren möchten, aktivieren Sie im Dialogfenster NUMERIERUNG UND AUFZÄHLUNGEN in der Registerkarte NUMERIERUNG das Dialogfenster NUMERIERUNG BEARBEITEN und ändern die Zahl im Feld BEGINNEN MIT.

Das Feld FORMAT ((Alt)(T)) bietet Ihnen in der Kategorie NUMMER ((Alt)(U)) acht verschiedene Zahlenformate: neben der Numerierung mit arabischen Ziffern stehen große und kleine römische Zahlen, die alphabetische Kennzeichnung und die Beschriftung mit ausgeschriebenen Grund- und Ordnungszahlen zur Wahl. Symbole können Sie hier nicht anwählen; diese kombinierte Option ist der Gliederungsnumerierung vorbehalten. Einfache Aufzählungen mit Listenzeichen formatieren Sie hingegen in der Registerkarte AUFZÄHLUNGEN.

Listen mit Sonderzeichen

Eine Spezialanwendung der Numerierungsfunktion ist die Erstellung von Listen, deren Absätze durch Symbole gekennzeichnet sind. Diese Aufzählungszeichen machen die Liste übersichtlich. Auch solche Listen lassen sich mit Word für Windows auf einfache Art formatieren. Die Kennzeichnung von Absätzen durch Aufzählungszeichen aktivieren Sie durch einen Klick auf das Symbol "Aufzählungszeichen" oder im Dialogfenster NUMERIERUNG UND AUFZÄHLUNGEN in der Registerkarte AUFZÄHLUNGEN. Sämtliche markierten

23 • Gliederungen, Zentraldokumente, Verzeichnisse und Indizes

Absätze, die mindestens ein Zeichen beinhalten, werden hierbei durch das gewählte Aufzählungszeichen gekennzeichnet.

In der Registerkarte AUFZÄHLUNGEN läßt sich das aktive Aufzählungszeichen mittels BEARBEITEN modifizieren. Im Dialogfenster AUFZÄHLUNG BEARBEITEN haben Sie die Möglichkeit, ein Zeichen der sechs vordefinierten AUFZÄHLUNGS-ZEICHEN (Alt U) zu wählen bzw. seinen SCHRIFTGRAD (Alt C) und seine FARBE (Alt F) zu bestimmen. In beiden Feldern hält sich der Eintrag AUTO für die Formatierung des Zeichens an die Vorgabe, die bereits durch das Zeichenformat des Absatzes vorbestimmt ist.

Um ein Sonderzeichen für Aufzählungen zu wählen, das bislang nicht geboten wird, aktivieren Sie mit ZEICHEN (Alt Z) das Dialogfenster SONDER-ZEICHEN, in dem Sie den gewünschten Zeichensatz im Feld SONDERZEICHEN AUS (Alt A) auswählen und anschließend ein Zeichen aus der Tabelle markieren und mit OK oder Doppelklick an die markierte Position der AUFZÄH-LUNGSZEICHEN des Dialogfensters AUFZÄHLUNG BEARBEITEN übernehmen. Die ZEICHENPOSITION kann für Aufzählungszeichen ebenso wie für Numerierungen, Gliederungen und Überschriften eingestellt werden. Bei der Definition und Anwahl eines neuen Sonderzeichens in der Rubrik AUFZÄHLUNGS-ZEICHEN ist dieses direkt aktiv, und das Dialogfenster kann mittels OK verlassen werden.

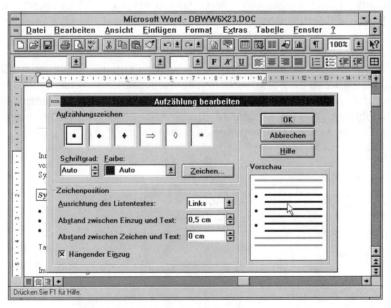

Abb. 23.12: Das Dialogfenster AUFZÄHLUNG BEARBEITEN

Aufzählungszeichen und Numerierungen können nicht gleichzeitig eingesetzt werden. Wenn Sie also Absätze markieren, die bereits numeriert wurden, und nun Aufzählungszeichen setzen möchten, macht das Programm Sie darauf aufmerksam, daß diese Zeichen die bestehende Numerierung ersetzen. Sie können dann im Dialogfenster wählen, ob Sie diese Ersetzung wünschen oder lieber die Numerierung bestehen bleiben soll. Alle unnumerierten Absätze der Markierung werden hierbei aber auf jeden Fall mit Aufzählungszeichen versehen. Die gleiche Einschränkung gilt auch, wenn Sie mit Sonderzeichen gestaltete Listen numerieren möchten.

Aufzählungszeichen und Numerierungen können Formatvorlagen direkt zugeordnet werden. Wenn Sie einen Absatz mit der entsprechenden Formatvorlage formatieren, wird hierbei stets die Numerierung bzw. das Aufzählungszeichen aktiv. Gliederungsnumerierungen lassen sich normalen Absätzen im Dialogfenster FORMATVORLAGE allerdings nicht mit BEARBEITEN > FORMAT > NUMERIERUNG zuweisen. Bei den automatischen Formatvorlagen ÜBERSCHRIFT kann nur die Überschriftsnumerierung modifiziert werden.

Wenn Sie eine Tabelle ganz oder teilweise markiert haben, bevor Sie das Symbol "Numerierung" anklicken oder im Dialogfenster NUMERIERUNG UND AUFZÄHLUNGEN die Registrierkarte NUMERIERUNG mit OK bestätigen, wird automatisch das Dialogfenster TABELLENNUMERIERUNG aktiv. Hier haben Sie die Möglichkeit, anzugeben, ob Sie ZEILENWEISE NUMERIEREN (Alt Z) oder SPALTENWEISE NUMERIEREN (Alt S) möchten. Bei der Zeilennumerierung beginnt der erste Absatz der linken markierten Zellen stets mit der Nummer 1 und die weiteren Absätze der Tabellenzeile werden fortlaufend numeriert. Die Spaltennumerierung beginnt in den obersten markierten Zellen mit 1 und numeriert die Absätze der Spalte von oben nach unten. Um jeder Zelle, unabhängig von der Absatzzahl, nur eine Nummer zuzuweisen, markieren Sie das Kontrollkästchen NUR ZELLEN NUMERIEREN (Alt N).

24
Objekte, Word 6.0-Grafik und Datenbankverbindungen

Dokumente verbinden	Seite	**681**
Die Arbeit mit Objekten - OLE	**Seite**	**684**
OLE über die Zwischenablage	Seite	684
Objekte bearbeiten	Seite	687
Verknüpfungen verwalten	Seite	688
Das Einbetten von Objekten	**Seite**	**691**
OLE-Anwendungen	Seite	692
MS Word 6.0-Grafik	**Seite**	**695**
Word 6.0-Grafiken	Seite	695
Objekte kopieren und aktualisieren	Seite	705
Offene Datenbankverbindungen	**Seite**	**706**
Datenbanken importieren mittels ODBC	Seite	706
Datentabellen bearbeiten	Seite	710

Dokumente verbinden

Mitunter sollen Texte in andere Texte eingebunden werden. Für diese Aufgabe steht innerhalb von Word für Windows eine spezielle Importfunktion für Dateien zur Verfügung, mit der Sie Dateien in jenen Textformaten in die aktive Datei einfügen können, deren Umwandlungsdateien Sie bei der Installation von Word für Windows aufgenommen haben. Die Einfügestelle wird hierbei stets durch die Position des Cursors bestimmt.

Um eine Datei oder einen Teil einer Datei in das aktuelle Dokument zu übernehmen, geben Sie im Menü EINFÜGEN den Befehl DATEI (Alt E D) ein. Falls Sie eine Datei in einem fremden Dateiformat einlesen möchten, wählen Sie die entsprechende Dateierweiterung im Feld DATEITYP (Alt T) oder geben Sie die entsprechende Dateiendung im Feld EINZUFÜGENDE DATEI (Alt E) an. Um sicherzustellen, daß WinWord den korrekten Umwandlungsfilter benutzt, sollten Sie das Kontrollkästchen KONVERTIERUNG BESTÄTIGEN (Alt K) aktivieren. Wählen Sie mittels der Laufwerk-, Verzeichnis- und Dateilisten die Datei aus, die Sie an der aktuellen Position der Einfügemarke in das aktive Dokument übernehmen möchten, oder geben Sie das Verzeichnis und den Namen der Datei im Eingabefeld an. Wenn Sie diese Angaben mit ⏎ bestätigen, wird die spezifizierte Datei in das aktuelle Dokument übernommen.

Bei dieser Vorgehensweise wird nur der Inhalt der angegebenen Datei in das aktuelle Dokument eingefügt. Alternativ hierzu besteht die Möglichkeit, eine Datei über eine Feldfunktion mit der aktuellen Datei zu verbinden. Hierbei wird auch ein Verweis auf die zugeladene Datei in das aktive Dokument aufgenommen. Über diesen Verweis läßt sich der eingelesene Inhalt ständig aktualisieren.

Um eine Datei auf diese Weise mit einer anderen Datei zu verbinden, markieren Sie im Dialogfenster DATEI die Option MIT DATEI VERKNÜPFEN (Alt R), bevor Sie die Datei laden. Mit ANSICHT > FELDFUNKTIONEN (Alt F9) können Sie nun zwischen der Darstellung des eingefügten Dateiinhaltes und der Feldfunktion umschalten. Über die Feldfunktion wird der Inhalt der genannten Datei in das aktive Dokument eingefügt.

Wenn Sie später Änderungen in der Quelle vornehmen, können Sie das Dokument mit der Feldfunktion aktualisieren. Plazieren Sie hierfür die Einfügemarke in oder direkt vor der Feldfunktion, und drücken Sie die Taste F9. Hierdurch wird die verknüpfte Datei erneut gelesen und somit der modifizierte Inhalt übernommen. Um alle Feldfunktionen eines Dokuments gleichzeitig zu aktualisieren, markieren Sie das ganze Dokument, Sie F9 betätigen.

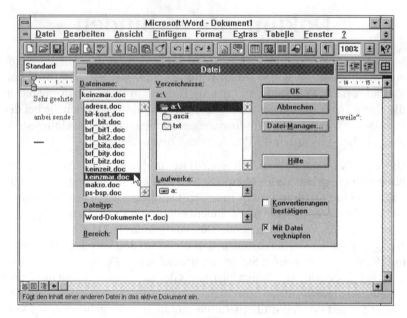

Abb. 24.1: Das Dialogfenster DATEI

Der Text, der über eine Verknüpfung importiert wurde, kann auch in der aktiven Datei verändert werden. Durch diese Veränderung stimmt die Passage selbstverständlich nicht mehr mit der Quelle überein. Mit [F9] stellen Sie wieder die Version her, die in der Quelldatei gespeichert ist.

Wenn es sich bei der Quelldatei um ein Dokument von Word für Windows handelt, bietet sich auch die Möglichkeit der umgekehrten Aktualisierung. Hierfür positionieren Sie die Einfügemarke im geänderten eingefügten Text und betätigen den Tastenschlüssel [Strg][⇧][F7]. Die Quelle wird daraufhin gemäß des geänderten Textes aktualisiert. Falls die Rückübertragung scheitert, werden Sie durch einen Signalton informiert.

Vorsicht ist geboten, wenn Sie Inhalte aus Dateien einfügen, die beim Speichern für Überarbeitungen gesperrt wurden. Obwohl diese Dateien in der direkten Bearbeitung gegen Schreibzugriffe - Überarbeitungen ausgenommen - geschützt sind, lassen sie sich durch eine Rückübertragung verändern. Es wäre also denkbar, den gesamten Text einer schreibgeschützen Datei in eine andere Datei zu importieren, dort zu modifizieren und in der neuen Form mit [Strg][⇧][F7] wieder in die alte Datei zurückzugeben. Dies geht nicht, wenn die Quelldatei durch ein Kennwort unter EXTRAS > OPTIONEN in der Registerkarte SPEICHERN im Dialogfenster KENNWORT ([Alt][K]) bzw. SCHREIBSCHUTZ-KENNWORT ([Alt][B]) geschützt wurde. Wenn eine Datei mit einem Kennwort geschützt wurde, kann diese nur dann mit einem anderen

Dokument verknüpft bzw. in ein anderes Dokument eingefügt werden, wenn das Kennwort bekannt ist. Wurde sie nur mit einem Schreibschutz-Kennwort geschützt, kann sie schreibgeschützt eingefügt werden, jedoch keine Änderungen in die Quelldatei übernommen werden.

Mit EINFÜGEN > DATEI kann auch eine Datei in einem fremden Dateiformat mit der aktiven Datei verknüpft werden. In Frage kommen hierbei alle Dateiformate, für die Umwandlungsprogramme installiert wurden.

Beim direkten Einfügen eines Dateiinhaltes wird das Dateiformat bei Ihnen abgefragt, sofern es nicht automatisch identifiziert werden kann. Wenn Sie ein Excel-Arbeitsblatt einfügen, können Sie im darauffolgenden Dialogfenster den Zellbereich angeben, der in Ihr Dokument eingefügt werden soll. Voreingestellt ist das GESAMTE ARBEITSBLATT. *Fremde Dateiformate einfügen*

Beim Befehl EINFÜGEN > DATEI sind Sie nicht gezwungen, eine ganze Datei einzufügen. Um eine Datei nur teilweise einzufügen, müssen Sie in dieser Datei zuvor eine Textmarke setzen. Die Textmarke muß den gesamten Bereich umfassen, den Sie in eine zweite Datei einlesen möchten. Um den Teil einzufügen, der durch die Textmarke spezifiziert ist, wählen Sie im Dialogfenster die Datei aus, in der sich die Textmarke befindet. Geben Sie nun im Feld BEREICH ([Alt][B]) den Namen der Textmarke an. Sie haben auch hierbei die Wahl, ob Sie die Passage fest einlesen möchten oder eine aktualisierbare Verknüpfung über eine Feldfunktion herstellen. *Einfügen mit Textmarken*

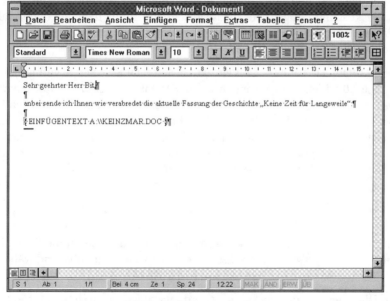

Abb. 24.2: Eine verknüpfte Datei

Die Arbeit mit Objekten - OLE

Die Abkürzung OLE steht für "Object Linking and Embedding". Die Verknüpfung und Einbettung von Objekten ermöglicht den Datenaustausch zwischen verschiedenen Applikationsprogrammen, die sich gegenseitig in ihrer Funktionalität bereichern. Allerdings muß hierfür die Bedingung erfüllt sein, daß auch beide Anwendungen OLE-fähig ist. Word für Windows unterstützt OLE 1.0 und 2.0. Während OLE 1.0 für die Bearbeitung eines Objekts stets die Server-Anwendung - also das Programm, das das Objekt lieferte - in einem eigenen Programmfenster startet und das Objekt dort zur Bearbeitung öffnet, arbeiten OLE-2.0-Anwendungen wesentlich enger zusammen. So werden die Befehle, die für die Bearbeitung eingebetteter Objekte benötigt werden, einfach in die Befehlsskala der aktiven Anwendung aufgenommen und Sie bearbeiten das fremde Objekt, als sei's ein Stück von ihr. Verknüpfte Objekten werden weiterhin in der separaten Server-Anwendung bearbeitet. Darüber hinaus bietet OLE 2.0 die Möglichkeit, per Drag-and-Drop Objekte zwischen verschiedenen Dokumentfenstern zu verschieben und zu kopieren. In Objekte lassen sich darüberhinaus andere Objekte einbetten - sogenannte "Nested Objects" - so daß die Funktionspalette beinahe grenzenlos erweiterbar ist. Schließlich ist die interne Verwaltung von Objekten bei OLE 2.0 wesentlich verbessert worden. Festzuhalten bleibt in diesem Zusammenhang, daß Word für Windows noch nicht in allen Punkten der neuen OLE-Spezifikation entspricht; so erstreckt sich im Augenblick die Rechtschreibprüfung nicht auf den Inhalt eingebetteter Objekte - z.B. Tabellen - sondern nur auf den Textinhalt des Dokuments.

OLE 1.0-Objekte können - falls ein aktualisierter OLE 2.0 Server vorhanden - in OLE 2.0-Objekte umgewandelt werden. Wählen Sie hierzu "ANWENDUNG"-OBJEKT UMWANDELN (Alt B B U). Im Dialogfenster UMWANDELN werden in der Liste OBJEKTTYP (Alt O) mögliche Objekttypen angezeigt. Entscheiden Sie sich nun, ob Sie das markierte Objekt in einen anderen Objekttyp UMWANDELN (Alt U) wollen, oder ob Sie den Server zum Bearbeiten des Objekts wechseln wollen. Wählen Sie hierzu AKTIVIERN ALS (Alt A).

OLE über die Zwischenablage

Starten Sie das zweite Applikationsprogramm und kopieren die Daten in die Zwischenablage. Nun wechseln Sie zu Word für Windows und wählen im Menü BEARBEITEN die Option INHALTE EINFÜGEN (Alt B N).

Im Dialogfenster INHALTE EINFÜGEN wird angezeigt, mit welcher Quelle Sie eine Verbindung eingehen. Je nach den Daten, die in der Zwischenablage sind, haben Sie in der Liste ALS ([Alt][A]) die Wahl zwischen verschiedenen Verknüpfungs-Formaten. Während der Befehl EINFÜGEN ([Alt][E]) immer angewählt werden kann, wird VERKNÜPFEN ([Alt][V]) nur aktiv, wenn der Inhalt der Zwischenablage die nötigen Voraussetzungen mitbringt - also von einem OLE-tauglichen Programm stammt, und Sie ein Format auswählen, das sich für Verknüpfungen eignet:

Datentypen	Wirkung
Objekt	In der Zwischenablage befinden sich Daten, die sich als Objekt in das Dokument einbetten lassen. Die Einbettung wird im Dokument als Grafik behandelt.
Formatierter Text (RTF)	In der Zwischenablage befinden sich Daten, die sich formatiert in das Dokument einfügen oder mit ihm verknüpfen lassen. Die Einbindung ins Dokument erfolgt als Text oder Feldfunktion.
Unformatierter Text	In der Zwischenablage befinden sich Daten, die sich unformatiert in das Dokument einfügen oder mit ihm verknüpfen lassen. Die Einbindung ins Dokument erfolgt als Text oder Feldfunktion.
Grafik	In der Zwischenablage befinden sich Daten, die sich als Grafik in das Dokument einfügen oder mit ihm verknüpfen lassen. Die Einbindung wird im Dokument mit den GRAFIK-Befehlen bearbeitet.
Bitmap	In der Zwischenablage befinden sich Daten, die sich als Bitmap in das Dokument einfügen oder mit ihm verknüpfen lassen. Die Einbindung wird im Dokument mit den GRAFIK-Befehlen bearbeitet.

Tab. 24.1: Daten in der Zwischenablage

Auch beim GERÄTEUNABHÄNGIGEN BITMAP werden die Daten aus der Zwischenablage als Bitmap in das Dokument eingefügt oder mit ihm verknüpft; der Unterschied zwischen den Formaten BITMAP und GERÄTEUNABHÄNGIGEN BITMAP (DIB = Device Independent Bitmap) ist programmiertechnisch. Die Einbindung wird im Dokument auf jeden Fall als Abbildung behandelt.

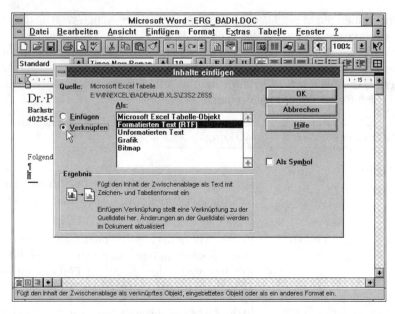

Abb. 24.3: Das Dialogfenster INHALTE ENFÜGEN

Aktualisie-rung von Verknüp-fungen
Wenn Sie Daten über den Befehl VERKNÜPFEN in ein Dokument aufnehmen, wird im Text die Feldfunktion {Verknüpfung} erstellt, die die Verknüpfung verwaltet. Es handelt sich hierbei um eine automatische Verknüpfung, die gewährleistet, daß die Daten im Zieldokument, in das Sie sie aufgenommen haben, mit den Daten in der Quelldatei übereinstimmen. Wenn Sie Änderungen an den Quelldaten vornehmen, werden diese im parallel geöffneten Zieldokument aktualisiert. Sollte das Dokument zu diesem Zeitpunkt nicht geöffnet sein, wird beim nächsten Öffnen des Zieldokumentes gefragt, ob eine Abgleichung der Datein vorgenommen werden soll. Falls Sie das bestätigen, wird die Verbindung zur Quelldatei hergestellt und den Bestand der Dokumentdatei zu aktualisieren.

Für die Aktualisierung muß das Programm gestartet werden, von dem aus die Quelldaten übertragen wurden. Dieser Start des anderen Applikationsprogramms erfolgt selbsttätig. Eine Verknüpfung kann auch manuell aktualisiert werden, indem Sie die Daten im Zieldokument oder die Feldfunktion der Daten markieren und (F9) betätigen. Auch in diesem Fall wird das Quellprogramm gestartet, um die Angleichung der Daten vorzunehmen.

Einfügen als Symbol
Wenn Sie das Kontrollkästchen ALS SYMBOL ((Alt)(B)) aktivieren, wird ein Objekt - beispielsweise eine Grafik - nicht als Grafik, sondern als Symbol angezeigt. Das Symbol erscheint, wenn das Kontrollkästchen markiert wird,

und kann mit ANDERES SYMBOL (Alt S) modifiziert werden. Als Symbol lassen sich nur eingebettete oder verknüpfte Objekte darstellen. Um ein als Symbol eingefügtes Objekt auszugeben, muß BEARBEITEN > VERKNÜPFTES "ANWENDUNG"-OBJEKT > UMWANDELN angewählt werden; dort läßt sich die Einstellung ALS SYMBOL (Alt B) wieder zurückzunehmen.

Objekte bearbeiten

Während eingebettete Objekte im Dokument stets als Bitmap-Grafiken angezeigt werden und sich daher direkt nur als Grafik formatieren lassen, können Sie verknüpfte Objekte im Dokument je nach Format der Verknüpfung unterschiedlich bearbeiten. Unformatierter oder formatierter Text läßt sich wie normaler Text modifizieren, solange die Ansicht der Feldfunktionen ausgeschaltet ist. Änderungen, die Sie im verknüpften Bereich vornehmen, werden allerdings bei der nächsten Aktualisierung wieder anulliert. Auf die Quelle haben die Änderungen keinen Einfluß.

Abb. 24.4: Die Feldfunktion {Verknüpfung}

Um bleibende Änderungen vorzunehmen, müssen Sie die Quelldatei der Daten öffnen und modifizieren. Der einfachste Weg besteht darin, die Einfügemarke in den verknüpften Bereich eines Dokuments bzw. in die Feldfunktion zu setzen und im Menü BEARBEITEN bzw. im Shortcut-Menü mit der rechten Maustaste den Befehl VERKNÜPFTES "ANWENDUNG"-OBJEKT (Alt B) anzuwählen. Statt ANWENDUNG wird im Befehl der Name des Quellprogramms genannt. Durch diesen Befehl wird das Quellprogramm gestartet - soweit es nicht bereits aktiv ist - und die Quelldatei geöffnet. Sie können die Änderungen direkt vornehmen, die zudem im parallel geöffneten Dokument mitgeschrieben werden.

Mit dem gleichen Befehl können Sie auch die Quelldatei für Änderungen öffnen, wenn Sie eine Verknüpfung markiert haben, die im Format Grafik, Bitmap oder als Symbol erstellt wurde. Allerdings bietet sich hier ein noch einfacherer Weg, die Quelle zu bearbeiten. Sie brauchen das Bild nur doppelt anzuklicken, um die Daten zur Bearbeitung in der Quellapplikation zu laden. Im Dokument selbst können Sie allerdings bei Verknüpfungen im Grafik- oder Bitmap-Format inhaltlich keinerlei Änderungen vornehmen. Die Darstellungsgröße läßt sich auf die bei Grafiken übliche Weise mit der Maus oder über das Dialogfenster GRAFIK anpassen.

Verknüpfungen verwalten

Auch für die Verwaltung der Verknüpfungen ist gesorgt. Falls Sie Änderungen an Verknüpfungen - nicht am Dateninhalt, sondern an der Funktion - vornehmen müssen, wählen Sie BEARBEITEN > VERKNÜPFUNGEN ([Alt] [B] [V]). In dem Dialogfenster werden sämtliche Verknüpfungen des Dokuments gelistet. Solange in einem Dokument keine Verknüpfungen bestehen, kann das Dialogfenster VERKNÜPFUNGEN nicht aufgerufen werden.

Die Position der Einfügemarke spielt beim Aufruf keine Rolle, solange sie sich nicht in einer Kopf- oder Fußzeile befindet. Diese werden nämlich, wie auch bei den Funktionen SUCHEN und ERSETZEN, vom Programm separat verwaltet. Das heißt, Sie bekommen an dieser Stelle nicht die Verküpfungen des Textes angezeigt und im Text wiederum nicht die Verknüpfungen, die in Kopf- oder Fußzeilen bestehen.

In der Liste VERKNÜPFUNGEN ([Alt] [V]) wird zunächst für jede Verknüpfung der Pfad und Dateiname der Quelldatei, die Bezeichnung der Verknüpfung und die Anwendung angegeben, der sie entstammt.

Zuletzt ist in jeder Zeile vermerkt, auf welche Weise die Verknüpfung aktualisiert wird. Während AUTOMATISCH die automatische Aktualisierung gemäß des oben beschriebenen Verfahrens bewirkt, wird bei MANUELL eine Aktualisierung der Verknüpfung nur vorgenommen, wenn Sie diese im Dialogfenster durch den Befehl JETZT AKTUALISIEREN ([Alt] [J]) oder im Text mit [F9] bzw. dem Befehl VERKNÜPFUNGEN AKTUALISIEREN im Shortcut-Menü der rechten Maustaste initiieren.

24 • Objekte, Word 6.0-Grafik und Datenbankverbindungen

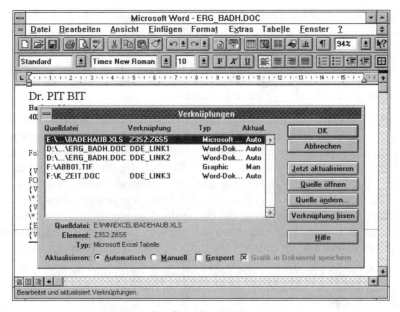

Abb. 24.5: Das Dialogfenster VERKNÜPFUNGEN

Die Art der Aktualisierung ändern Sie für die markierte Verknüpfung über die Optionsfelder AUTOMATISCH ([Alt][A]) und MANUELL ([Alt][M]). Mittels des Kontrollfelds GESCHÜTZT ([Alt][G]) sperren Sie Verknüpfungsfelder gegen automatische und manuelle Aktualisierungen. Diese Sperre können Sie im Dialogfenster wieder aufheben.

Auch im Text besteht die Möglichkeit, eine gesperrte Verknüpfung wieder freizugeben. Setzen Sie hierfür die Einfügemarke vor oder in das Feld {Verknüpfung} bzw. sein Ergebnis und betätigen Sie den Tastenschlüssel [Strg][⇧][F11]. Um Felder zu sperren, verfahren Sie auf gleiche Weise, verwenden allerdings [Strg][F11]. Es bietet sich hier auch die Möglichkeit, Verknüpfungen aufzuheben. Hierbei wird das Feld durch die zuletzt angezeigte Version ersetzt. Eine Aktualisierung findet hierbei nicht statt. Falls Sie dies beabsichtigen, betätigen Sie [Strg][⇧][F9].

Während die Aufhebung eines Felds im Text ohne Rückfrage geschieht, kann sie im Dialogfenster VERKNÜPFUNGEN über den Befehl VERKNÜPFUNG LÖSEN ([Alt][L]) mit einem höheren Sicherheitsfaktor vollzogen werden. Hier erfolgt noch einmal eine Abfrage, ob die ausgewählten Verknüpfungen wirklich aufgelöst werden sollen.

Im Dialogfenster können Sie Aktionen auf mehrere Verküpfungen ausdehnen, indem Sie die Einträge durch Ziehen mit gedrückter Maustaste markieren. Verschiedene einzelne Einträge markieren Sie, indem Sie die [Strg]-Taste niederhalten und die Zeilen anklicken. Um mehrere benachbarte Einträge mit den Cursortasten zu markieren, betätigen Sie gleichzeitig die [⇧]-Taste. Verschiedene Einzelmarkierungen setzen Sie, indem Sie die erste Markierung mit [⇧][F8] fixieren und die nachfolgend angewählten Zeilen jeweils mit der [   ]-Taste auswählen.

Die Aktion QUELLE ÖFFNEN ([Alt][Q]), die dem BEARBEITEN-Menübefehl VERKNÜPFTES "ANWENDUNG"-OBJEKT entspricht, also die Quelldatei im Ursprungsprogramm lädt, kann nur initiiert werden, solange eine einzelne Verknüpfung markiert ist. Diese Einschränkung betrifft auch den Befehl QUELLE ÄNDERN ([Alt][N]). Mittels dieses Befehls können Sie in einem separaten Dialogfenster die Angabe DATEINAME ([Alt][D]) verändern. Diese Möglichkeit erlaubt Ihnen auf unproblematische Weise, die Bezugsdatei zu wechseln. Beachten Sie, daß Sie in diesem Fall wahrscheinlich auch die Koordinatenangabe oder die Textmarke ändern müssen, die unter ELEMENT ([Alt][E]) eingetragen ist.

Sehr hilfreich erweist sich das Feld DATEINAME, wenn die Quelldatei in ein anderes Verzeichnis kopiert wurde und Sie die Verknüpfung wieder herstellen möchten.

In der Liste VERKNÜPFUNGEN werden neben den Feldern {Verknüpfung} auch die Verknüpfungen gelistet, die mit den Feldern {EinfügenText} und {EinfügenGrafik} vorgenommen wurden. Da die eigentliche Feldfunktion nicht im Dialogfenster zu ersehen ist, können Sie die Einträge dadurch zuordnen, daß bei importierten Grafiken als Anwendung "Graphic" und bei eingefügten Texten "Text" angeführt wird. Berücksichtigt werden Grafiken und Texte nur, wenn sie tatsächlich über eine Feldfeldfunktion im Dokument aufgenommen wurden. Auch diese Felder lassen sich sperren. Eine automatische Aktualisierung dieser Felder ist allerdings nicht einstellbar.

Bei Objekten, die eine Garfik ins Dokument einfügen, kann über das Kontrollkästchen GRAFIK IN DOKUMENT SPEICHERN angegeben werden, ob die Bitmap der Grafik Aufnahme ins WinWord-Dokument findet, was die Datei spürbar wachsen läßt, oder per Verküpfung neu eingelesen wird, sobald sie zur Anzeige kommt; letzterer Fall hemmt die Verarbeitungsgeschwindigkeit von Dokumenten (siehe hierzu Kapitel 19).

DDE_LINK   Bei Texten, die innerhalb von Word für Windows zwischen zwei Dokumentstellen mittels des Dialogfensters INHALTE EINFÜGEN als formatierter Text verknüpft wurden, findet sich die Textmarke "DDE_LINK", ergänzt durch eine Nummer. Hierbei handelt es sich um Textmarken, die die kopierten Stellen im Quelldokument bezeichnen und die vom Programm bei Erstellung interner Einfügefelder automatisch erstellt werden.

Die Erklärung des Aufbaus der Feldfunktion {Verknüpfung} finden Sie in der Übersicht der Feldfunktionen in Kapitel 28.

Das Einbetten von Objekten

Nicht immer soll bei einem Dokument eine zweite Datei beteiligt sein, die für die Zufuhr von Daten sorgt. Oft ist es besser, alle Daten in einem Dokument zu versammeln, das dann als eine einzige Datei weitergegeben werden kann. Dies erreichen Sie, indem Sie Objekte in ein Dokument einbetten. Das Besondere an eingebetteten Objekten ist, daß sie zwar Teil eines Dokuments sind und mit ihm gesichert und weitergegeben werden, aber für ihre Bearbeitung ein anderes Programm sorgt. Bei Einsatz der Zwischenablage wird bei Objekten von OLE-Programmen die Herkunft protokolliert. Als Objekt kann jede Information dienen, die von einem Programm erstellt wurde, das OLE-fähig ist.

Wenn Sie Daten über die Zwischenablage transferieren, informiert Sie das Dialogfenster BEARBEITEN > INHALTE EINFÜGEN ((Alt)(B)(N)) in seiner Liste darüber, ob es sich hierbei um OLE-taugliche Daten handelt. In diesem Fall erscheint in der Liste ART ((Alt)(A)) der Eintrag "ANWENDUNG" OBJEKT, wobei statt Anwendung der Name des Quellprogramms genannt wird, das übrigens auch über der Liste vermerkt ist. Falls die Quelle unbekannt ist, taugt der Inhalt der Zwischenablage nicht für die Objekteinbettung.

Sie betten ein Objekt aus der Zwischenablage im Dokument ein, indem Sie den Eintrag markieren und EINFÜGEN ((Alt)(E)) anwählen. Im Dokument erscheint das Objekt - gleichgültig, worum es sich bei ihm handelt - stets als Grafik. Das mag auf den ersten Blick erstaunlich wirken, hat aber mit dem besonderen Charakter von Objekten zu tun. Die Daten des Objektes werden zwar in das Dokument aufgenommen, können aber von Word für Windows selbst nicht bearbeitet werden. Word für Windows muß für die Bearbeitung des eingebetteten Objekts auf die Server-Anwendung zurückgreifen, die das Objekt liefert.

Das eingebettete Objekt enthält nicht nur das, was Sie sehen, sondern überdies seine Erstellungsinformation. Auch die Ansicht der Feldfunktionen bietet keinen weiteren Einblick. Außer dem Feldbezeichner {Einbetten} und Schaltern wird lediglich der Objektname genannt, der auf das zuständige Applikationsprogramm verweist. Ein Dateiname oder eine anders geartete Definition des Objektinhalts ist nicht ersichtlich. Diese Informationen werden intern verwaltet und sind unsichtbarer Teil des Dokuments. Wie so oft spielt sich das Wichtigste unter der Oberfläche ab. Die Feldfunktion {Einbetten} kann man übrigens nicht funktionstüchtig per Hand erstellen.

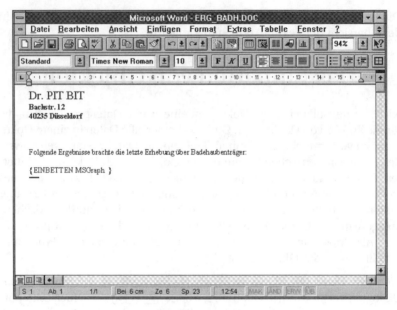

Abb. 24.6: Die Feldfunktion {Einbetten}

OLE-Anwendungen

Die Applikationen, die den Objekten im {Einbetten}-Feld zugeordnet sind, können von Word für Windows aus direkt gestartet werden. Die Applikation hat dann keine andere Aufgabe, als das Objekt zu bearbeiten, das ins Dokument eingebettet wird. Hierfür kommen nur OLE-taugliche Programme in Frage.

Wenn Sie ein Objekt eingebettet haben, können Sie es durch doppeltes Anklicken in seiner Server-Anwendung öffnen. Auch läßt sich ein markiertes Objekts über den Menübefehls BEARBEITEN > "OBJEKTNAME" OBJEKT ([Alt][B] [B]) mittels seiner zugeordneten Server-Applikation öffnen. Der OBJEKTNAME nennt das Programm, das für das Objekt aktiviert wird.

Objekte einfügen Statt des Weges über die Zwischenablage können Sie Objekte auch aus bestehenden Dateien in Dokumente einbetten. Wählen Sie hierzu EINFÜGEN > OBJEKT ([Alt][E] [O]). Im Dialogfenster OBJEKT bietet Ihnen die Registerkarte AUS DATEI ERSTELLEN ([Alt][A]) die Möglichkeit, per Laufwerk-, Verzeichnis- und Dateiliste die Datei zu bestimmen, die das Objekt beinhaltet; bei der Suche kann auch der DATEI-MANAGER zum Einsatz kommen. Je nach Art des Objekts besteht auch die Möglichkeit, über das Kontrollkästchen MIT DATEI VERKNÜPFEN ([Alt][K]) statt einer Einbettung eine Verknüpfung vorzunehmen.

Wie auch beim Einfügen von Objekten über die Zwischenablage können Sie die bestehenden Objekte ALS SYMBOL ([Alt][B]) einfügen. Sobald Sie dieses Kontrollkästchen markiert haben, erhalten Sie wieder die Möglichkiet, mit dem Befehl ANDERES SYMBOL ([Alt][S]) im Dialogfenster SYMBOL AUSWÄHLEN das Symbol zu ändern. Mit DURCHSUCHEN ([Alt][D]) öffnen Sie das Dialogfenster AUS DATEI ERSTELLEN, in dem Sie auf externe Symbolressourcen zugreifen können, die sich beispielsweise in anderen Programmen, Icon-Dateien (.ICO) aber auch dynamischen Bibliotheken (.DLL) wie beispielsweise der MORICONS.DLL im Windows-Stammverzeichnis finden. In der Liste SYMBOL ([Alt][S]) werden die verfügbaren Symbole im Dialogfenster SYMBOL AUSWÄHLEN angezeigt und können markiert werden. Das Eingabefeld BESCHRIFTUNG ([Alt][B]) bietet zudem Raum für eine Beschriftung, die im Dokument in das Symbol aufgenommen wird. Erfolgt keine Modifikation unter BESCHRIFTUNG, erscheint das Symbol im Dokument mit dem Dateinamen der Objektdatei. Das Einfügen eines eingebetteten oder verknüpften Objekts schließen Sie mit OK ab.

Um eine Server-Applikation unabhängig von einem bestehenden Objekt von Word für Windows aus zu starten, wählen Sie über EINFÜGEN > OBJEKT ([Alt][E][O]) in der Registerkarte NEU ERSTELLEN aus der Liste OBJEKTTYP ([Alt][O]) den Programmnamen und starten die Applikation durch doppeltes Anklicken oder [↵]. In diesem Fall öffnet die aktivierte Applikation entweder ein eigenes Fenster für die Bearbeitung der Daten (OLE 1.0), die anschließend in ein Dokument eingebettet werden sollen, oder die momentane Anwendung wird um die Befehle der Server-Anwendung bereichert (OLE 2.0), so daß Sie das Objekt direkt im Dokument erfassen können. Während die Einbettung bei OLE 1.0 durch das Schließen des separaten Programmfensters vollzogen wird, genügt es bei OLE-2.0-Anwendungen, außerhalb des Objekts ins Dokument zu klicken, um die Server-Anwendung und ihre Befehle wieder zu deaktivieren.

Objekte erstellen

Im Dialogfenster OBJEKT sind in der Liste OBJEKTTYP jene auf Ihrem PC installierten Programme aufgeführt, die OLE unterstützen. Aber Word für Windows hat von Hause aus noch weitere vier OLE-Anwendungen, von denen Word 6.0-Grafik eine Sonderstellung einnimmt, da es sowohl als integriertes Zeichenmodul von WinWord als auch als OLE-Server arbeiten kann:

Applikation	Aufgabe
Word 6.0-Grafik	Zeichnungen
Graph	Diagramme erstellen
Formel-Editor 2.0	Formeln editieren
WordArt 2.0	Schriften gestalten

Tab. 24.2: Die Zusatzprogramme von Word für Windows

Diese Anwendungen sind, mit Ausnahme des integrierten Word-6.0-Grafik-Moduls, speziell für den Einsatz als Server-Applikationen strukturiert. Die Sicherung des bearbeiteten Objekts findet bei den vier Server-Applikationen in der Regel im Zieldokument, in diesem Fall im WinWord-Dokument, statt. Mit Ausnahme des Formel-Editors können die Anwendungen auch nur von einer Zielanwendung aus gestartet werden.

 Word-6.0-Grafik und MS Graph lassen sich über die Standard-Symbolleiste mittels der Symbole "Zeichnen" und "Diagramm" EINFÜGEN direkt aufrufen.

 Die Server-Applikationen werden während des Installationsprogramms von Word für Windows im Windows-Unterverzeichnis \MSAPPS eingerichtet. Hierbei erhält jede Applikation ein eigenes Verzeichnis. Falls die Applikationen nicht unter OBJEKTTYP gelistet werden, sollten Sie das Setup-Programm von Word für Windows starten und die Applikationen neu installieren. Ausgenommen hiervon ist das WinWord-Zeichenmodul Word 6.0-Grafik, für das es keine separate Server-Applikation gibt. Das Zeichenprogramm Word 6.0-Grafik ist Bestandteil von Word für Windows.

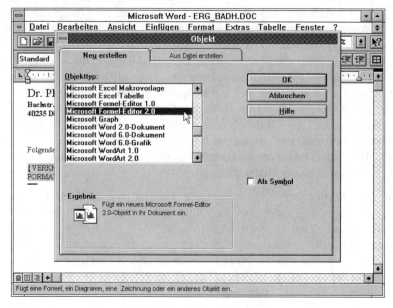

Abb. 24.7: Das Dialogfenster OBJEKT

 Die Programme Microsoft Graph, Microsoft Formel-Editor und Microsoft WordArt werden im Rahmen dieses Buches nicht besprochen. Sie werden von Microsoft zwar nicht separat vertrieben, liegen jedoch teilweise verschiedenen anderen Anwendungen von Microsoft bei, so beispielsweise dem MS Publisher oder MS Works für Windows. Im SYBEX-Verlag ist ein eigenes Buch erschienen, das sich ausschließlich den Zusatzprogrammen von Microsoft-Windows-Anwendungen widmet. Dieses Buch führt Sie detailliert in die Bedienung der OLE-Server ein und vermittelt, wie Sie durch die Kombination der verschiedenen Zusatzprogramme die Leistungsfähigkeit der einzelnen Anwendungen steigern.

MS Word 6.0-Grafik

Bei Word 6.0-Grafik handelt es sich um ein vektororientiertes Zeichenprogramm. Anders als bei Pixel- oder Bitmap-Grafiken ist hierbei die Information nicht in einzelnen Bildpunkten, sondern im Anfang und Endpunkt einer Linie festgehalten. Kurven setzen sich also aus vielen kleinen geraden Linien zusammen, die aneinander anschließen. Jedes Element einer Grafik ist ein eigenes Element und kann als solches bearbeitet werden.

Nicht alle Grafiken lassen sich auf diese Weise bearbeiten. Da Word 6.0-Grafik automatisch aktiviert wird, wenn Sie eine Grafik im Text anklicken, die nicht mit einem anderen Programm verknüpft ist, werden Bildpunktgrafiken (Bitmaps) zwar geladen und können durch weitere Elemente ergänzt und in den Dimensionen verändert werden; ihr Inhalt ist jedoch mit Word 6.0-Grafik nicht zu bearbeiten. Hierfür müssen Sie ein Programm benutzen, das Grafiken auf der Basis von Bildpunkten bearbeitet (z. B. MS Paintbrush). In Word 6.0-Grafik werden diese Grafiken als ein einziges Element verwaltet.

Vektorgrafiken können jedoch direkt modifiziert oder neu erstellt werden. Zwar lassen sich keine Dateien erstellen, doch für den Import von Dateien ist gesorgt. Word für Windows liegt überdies eine ClipArt-Bibliothek im Windows-Meta-File-Format (.WMF) bei, die Sie nach der Standard-Installation im WinWord-Unterverzeichnis \CLIPART finden. Sie greifen auf diese Grafiken mit dem Befehl EINFÜGEN > GRAFIK zu.

Word 6.0-Grafiken

Das Grafikmodul von Word für Windows eignet sich als integrierter Programmbestandteil hevorragend für die direkte Illustration von Texten. Hierbei wird das Modul nicht als Objekt-Server eingesetzt, sondern erstellt seine Zeichnungen unmittelbar im Text. Dies hat den Vorteil, daß sich Texte über Zeichnungen oder Zeichnungen über Texte legen lassen, Anmerkungen grafisch verdeutlichen lassen und vieles mehr. Um in den Genuß dieser Zeichenfunktionen von WinWord zu gelangen, brauchen Sie lediglich mit einem Klick mit der rechten Maustaste in den Bereich der Symbolleisten das Shortcutmenü aufzurufen und in der Liste der Symbolleisten ZEICHNUNG zu markieren. Die Symbolleiste ZEICHNUNG bietet Ihnen nun vollen Zugriff auf das gesamte Befehlsreservoir.

Die Funktionalität von Word 6.0-Grafik steht Ihnen aber auch innerhalb und außerhalb von WinWord zur Verfügung, wenn Sie das Programm-Modul als OLE-Server einsetzen. Da Word für Windows OLE 2.0 unterstützt, kann dies auch von WinWords Grafik erwartet werden. Und so gliedert sich die Zeichenfunktion von WinWord auch in andere OLE-2.0-Anwendungen direkt ein.

Da sich die Bedienung von Word 6.0-Grafik bei beiden Einsatzmöglichkeiten weitgehend entspricht, wird im Folgenden von der universelleren Verwendungsart ausgegangen - dem Einsatz des Grafikmoduls als OLE-Server - und auf die Besonderheiten beim integrierten Einsatz gesondert hingewiesen. Gleichzeitig mag die Beschreibung als Beispiel für die Wirkungsweise anderer OLE-Server dienen.

Wenn Sie eine Word 6.0-Grafik als Objekt erstellen wollen, so klicken Sie einfach auf das Symbol "Zeichnen" der Standard-Symbolleiste bzw. wählen aus der Liste des Dialogfenster OBJEKT den Typ MICROSOFT WORD 6.0-GRAFIK. Wie bei allen OLE 2.0 Servern wird auch beim Typ Word 6.0-Grafik die Arbeitsfläche in die WinWord-Oberfläche eingebunden. Wenn Sie eine neue Grafik erstellen, indem Sie EINFÜGEN > OBJEKT > WORD 6.0-GRAFIK wählen, ändert sich der Fenstername von MICROSOFT WORD in MICROSOFT WORD - GRAFIK IN DOKUMENTNAME. Da der Word 6.0-Grafik-Server WinWord selber ist, ändert sich an der Anzeige der Menüleiste bzw. der aktiven Symbolleisten nichts. Lediglich zwei Symbolleisten werden hinzugefügt: GRAFIK und ZEICHNUNG. Die Symbolleiste ZEICHNUNG findet sich in der Standardkonfiguration oberhalb der Statusleiste, während die Symbolleiste GRAFIK unverankert über dem Arbeitsbereich liegt. Während Zeichnungselemente über das Symbol "Zeichnen" direkt im Text eingegeben werden, werden Zeichnungen, die über EINFÜGEN > OBJEKTE erstellt wurden, als Objekt im Positionsrahmen eingefügt.

Ist unter den Druckoptionen das Kontrollkästchen ZEICHNUNGSELEMENTE MIT DEM DOKUMENT AUSDRUCKEN nicht aktiviert, werden Zeichnungen, die nicht als Objekt eingebettet, sondern direkt in den Text gezeichnet wurden, nicht mit ausgedruckt.

In der Symbolleiste ZEICHNUNG finden sich die Symbole, mit denen Sie die grafischen Elemente zeichnen.

24 • Objekte, Word 6.0-Grafik und Datenbankverbindungen

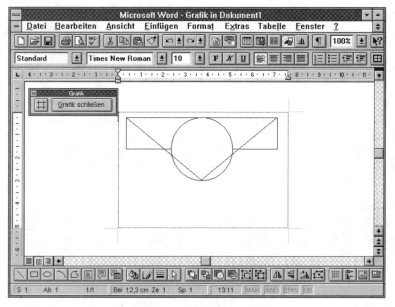

Abb. 24.8: Zeichnen mit Word 6.0-Grafik

Zeichnen

Sie können Linien, Rechtecke, Elipsen, Bögen und Freihandfiguren zeichnen. Für jede dieser Aktionen ist ein entsprechendes Symbol in der Symbolleiste vorhanden. Sie zeichnen, indem Sie zunächst das Symbol anklikken, anschließend den Mauszeiger im Dokument an der gewünschten Stelle plazieren und dann bei gedrückter linker Maustaste das Element aufziehen. Die Stellung der Einfügemarke spielt keine Rolle; Sie haben das ganze Blatt zu Ihrer Verfügung.

Voraussetzung für das Zeichnen im Dokument ist, daß Sie sich in der Layout- oder der Seitenansicht befinden. Sollten Sie ein Zeichnungselement aktivieren, während die Normalansicht aktiv ist, wird Ihnen per Meldungsfenster die Möglichkeit geboten, zur Layoutansicht zu wechseln. Aus der Gliederungsansicht müssen Sie allerdings in Eigeninitiative den Weg in die Layoutansicht finden, bevor Sie die Zeichnung erstellen können.

Linie

Durch Ziehen zeichnen Sie eine gerade Linie. Wenn Sie gleichzeitig die ⇧-Taste betätigen, wird der Winkel der Linie je nach Zugrichtung in 22,5°-Schritten fixiert.

Rechteck

Durch Ziehen zeichnen Sie ein Rechteck mit spitzen Ecken. Wenn Sie gleichzeitig die ⇧-Taste betätigen, wird die Form auf ein Quadrat mit spitzen Ecken fixiert. Halten Sie die Strg-Taste gedrückt, wird das Rechteck - bei gleichzeitigem Halten der ⇧-Taste das Quadrat - um den Mittelpunkt herum vergrößert.

Um ein Rechteck mit runden Ecken zu erhalten, ziehen Sie zunächst ein spitzes Rechteck und wählen dann unter FORMAT > ZEICHNUNGSELEMENT (Alt T E) in der Registerkarte LINIE (L) das Kontrollkästchen ABGERUNDETE ECKEN (Alt E).

Elipsen

Durch Ziehen zeichnen Sie eine Elipse. Wenn Sie gleichzeitig die ⇧-Taste betätigen, wird die Form auf einen Kreis fixiert. Halten Sie die Strg-Taste gedrückt, wird die Elipse - bei gleichzeitigem Halten der ⇧-Taste der Kreis - um den Mittelpunkt herum vergrößert.

Bogen

Durch Ziehen zeichnen Sie einen Bogen. Wenn Sie gleichzeitig die ⇧-Taste betätigen, wird die Form auf einen Kreisbogen fixiert. Auch beim Bogen gilt wie bei den anderen Elementen, daß gleichzeitiges Drücken der Strg-Taste den Bogen - bzw. mit ⇧ der Kreisbogen - um seinen Anfangspunkt herum vergößert. Wenn Sie eine bestehende Bogenlinie anklicken, werden die Ziehpunkte des Bogens aktiv und Sie können den Verlauf des Bogens verändern.

Wenn unter FORMAT > ZEICHNUNGSELEMENT (Alt T E) in der Registerkarte AUSFÜLLEN (A) eine FARBE (Alt F) angewählt ist, zeichnen Sie einen Keil bzw. einen Kreisausschnitt, wenn die ⇧-Taste betätigt wird.

Freihandlinie

Durch Ziehen zeichnen Sie eine Freihandlinie. Durch einen Doppelklick oder das Zusammenführen der Endpunkte schließen sie ab. Um gerade verbundene Linien zu zeichnen, ziehen sie die Maus nicht, sondern klicken einfach die Scheitelpunkte an. Wenn Sie gleichzeitig die ⇧-Taste betätigen, wird der Winkel der Scheitelpunkte je nach Zugrichtung in 22,5°-Schritten fixiert. Sie können das Freihandzeichnen mit dem Anklicken von Scheitelpunkten beliebig kombinieren.

Wenn unter FORMAT > ZEICHNUNGSELEMENT (Alt T E) in der Registerkarte AUSFÜLLEN (A) eine FARBE (Alt F) angewählt ist, werden geschlossene Freihandelemente ausgefüllt.

Freihandlinienelemente können Sie mit Hilfe den Symbols "Umformen" modifizieren. Sie können nun einzelne Punkte verschieben oder bestehende Punkte entfernen, indem Sie die (Strg)-Taste betätigen und mit der linken Maustaste auf einen Ziehpunkt des Freihandelements klicken. Umgekehrt können Sie nachträglich weitere Punkte hinzufügen, wenn Sie eine beliebiges Stelle auf der Linie eines Freihandelements mit (Strg)-Taste und linker Maustaste anklicken. Wenn Sie die Maustaste gedrückt lassen, können Sie den neuen Punkt sofort positionieren.

Andere Elemente verändern Sie in Form und Größe, indem Sie sie einfach anklicken. Hierdurch werden die Ziehpunkte aktiv, über die Sie den Verlauf des Elements verändern können.

Textfelder und Legenden

Das Symbol "Textfeld" gibt Ihnen die Möglichkeit, einen Rahmen zu öffnen, in den Sie Text eingeben. Dieses Textfeld können Sie durch Aufgreifen seiner Ziehpunkte mit der Maus nach Belieben vergrößern und verkleinern. Die gleichzeitige Betätigung der (⇧)-Taste hat den Effekt, daß beim Ziehen der Eckpunkte die Relationen zwischen Höhe und Breite erhalten bleiben. Die (Strg)-Taste vergrößert bzw. verkleinert das Textfeld zentrisch zu seinem Mittelpunkt. Der im Textfeld eingegebene Text wird beim Vergrößern bzw. Verkleinern des Textfeldes nicht vergrößert oder verkleinert, sondern lediglich in seiner Laufweite an das Textfeld angepaßt.

Sie können einem Textfeld wie auch allen anderen Zeichnungselementen Farbattribute zuweisen. Dies kann entweder über die Symbole "Füllfarbe" und "Linienfarbe" oder über FORMAT > ZEICHNUNGSELEMENT geschehen.

Der Text innerhalb eines Textfeldes läßt sich wie jeder andere Text innerhalb eines Dokuments bearbeiten und formatieren. Somit ist es auch möglich, Grafik und andere Objekte in ein Textfeld einzufügen. Dies ist vor allem dann sehr nützlich, wenn Sie eine bestehende Grafik hinter den Text schieben wollen. Öffnen Sie hierfür ein Textfeld und fügen Sie die entsprechende Grafik ein. Klicken Sie nun HINTER DEN TEXT an und positionieren Sie die Grafik an der gewünschten Stelle der Seite. Sinnvoll ist diese Funktion, wenn Word 6.0-Grafik als internes Modul in einem bestehenden Dokument arbeitet, also kein eigenes Grafik-Objekt erstellt, da sich dieses sich nicht hinter den Text legen läßt.

Das Symbols "Legende" fügt Legenden in den Text ein. Legenden sind Textfelder die - um eine Linie oder einen Pfeil ergänzt - direkte Hinweise zu einer Passage im Text oder dem Element einer Grafik geben. Um eine Legende zu erstellen, markieren Sie mit einem Klick zuerst einen Bezugspunkt, auf den die Legende zeigen soll, und ziehen dann bei gedrückter linker Maustaste das Textfeld an die gewünschte Stelle. Sie können nun im Textfeld den Legendentext eingeben.

Während das Textfeld der Legende auf die gleiche Weise gestaltet wird wie einfache Textfelder auch, formatieren Sie den Zusammenhang zur Legendenlinie mit einem eigenen Dialogfenster. Um Legenden zu formatieren, markieren Sie die Legende und wählen das Symbol "Legende formatieren" in der Symbolleiste ZEICHNUNG. Im Dialogfenster LEGENDE FORMATIEREN können Sie nun die gewünschten Veränderungen vornehmen. Es gibt vier verschiedene Typen von Legenden. Typ EINS ([Alt][E]) verbindet die Textbox mit dem Bezugspunkt mit einem senkrechten oder waagerechten Strich. Typ ZWEI ([Alt][Z]) verbindet die beiden Elemente mit einer Linie, die auch diagonal verlaufen kann. Type DREI ([Alt][D]) und Typ VIER ([Alt][V]) verbinden Textbox und Bezugspunkt mit zwei bzw. drei Linien. Im Feld ABSTAND ([Alt][A]) geben Sie den Abstand zwischen der Legendenlinie und der Textbox der Legende an. Den Winkel ([Alt][W]) zwischen Legendenlinie und Legendentextbox können Sie aus den vier vorgegebenen Winkeln 30, 45, 60 und 90 Grad oder beliebig wählen. Wenn Sie einen beliebigen Winkel wählen, müssen Sie den Winkel mit der Maus selber bestimmen. Sie können keinen Winkel einstellen, wenn Sie Legenden-Typ EINS gwählt haben, da es sich hierbei immer um eine senkrechte bzw. waagerechte Linie handelt.

Achten Sie beim Ansatz ([Alt][N]) der Linie an die Legenden-Textbox darauf, daß nicht die Linie, sondern die Textbox verschoben wird. Somit kann es nötig sein, die Textbox bzw. die gesamte Legende noch ein weiteres Mal zu positionieren, damit keine Elemente durch den Legendentext überdeckt werden. Der Ansatz der Linie an die Textbox kann OBEN, in der MITTE oder UNTEN erfolgen. Im Feld LÄNGE ([Alt][L]) bestimmen Sie die Länge der ersten Linie, die ans Textfeld angrenzt, was natürlich nur bei Typ DREI und VIER möglich ist. WinWord nimmt die Anpassung automatisch vor, wenn unter LÄNGE > OPTIMAL gewählt wurde. Den TEXTRAHMEN ([Alt][R]) um das Textfeld schalten Sie mit dem gleichnamigen Schalter ein- bzw. aus. Um zwischen Linie und Textfeld eine senkrechte Trennlinie einzufügen, wählen Sie LEISTE HINZUFÜGEN ([Alt][I]). AUTOVERBINDEN ([Alt][B]) paßt den Ansatzpunkt der Legendenlinie an die Position des Legendentextes an.

Eines der wichtigsten Werkzeuge der Symbolleiste ZEICHNUNG ist der Markierungspfeil. Durch Anklicken des Symbols "Zeichnungselement markieren" können Sie mit der Maus Elemente der Zeichnung auswählen, die Sie anschließend bearbeiten. Die Auswahl ist die Voraussetzung, um ein Element zu verändern.

Elemente markieren

Wenn Sie ein einzelnes Element verändern möchten, ziehen Sie mit dem Markierungspfeil zunächst einen Auswahlrahmen um das Element oder klicken das Element an. Markierte Elemente werden mit Ziehpunkten angezeigt, über die Sie die Veränderungen vornehmen. Sie setzen die Auswahl zurück, indem Sie auf ein anders Element oder außerhalb der Zeichnung klicken. Mittels eines Markierungsrahmens, den Sie um mehrere Elemente ziehen, lassen sich die markierten Elemente gleichzeitig bearbeiten. Sie können die Elemente auch bei gedrückter ⇧-Taste einzeln anklicken.

Wenn Sie in ein Element klicken und die Maustaste gedrückt halten, können Sie seine Position durch Ziehen verändern. Betätigen Sie hierbei gleichzeitig die Strg-Taste, so legen Sie durch das Ziehen automatisch eine Kopie des markierten Elements an.

Elemente gruppieren

Um mehrere Elemente gleichzeitig zu bearbeiten, ziehen Sie einen Auswahlrahmen um die Elemente und schaffen so eine Elementgruppe. Sie können nun die Elementgruppe gemeinsam bearbeiten, z.B. löschen oder durch Ziehen verschieben. Den Auswahlrahmen setzen Sie zurück, indem Sie außerhalb der Gruppe klicken.

Um Elemente dauerhaft zu gruppieren - also miteinander zu verbinden -, ziehen Sie einen Auswahlrahmen um die Gruppe und wählen das Symbol "Gruppieren". Dieser Befehl verbindet die markierten Elemente zu einem Element. Mit dem nebenstehenden Symbol "Gruppierung aufheben" lösen Sie die Gruppierung auf, um die Elemente wieder einzeln zu bearbeiten. Die beiden Befehle GRUPPIEREN und GRUPPIERUNG AUFHEBEN finden Sie auch im Shortcut-Menü der rechten Maustaste, wo sie sich aktivieren lassen, wenn mehr als ein Zeichnungselement markiert ist.

Elemente gestalten

Über FORMAT > ZEICHNUNGSELEMENT (Alt T E) und im Shortcut-Menü der rechten Maustaste mittels ZEICHNUNGSELEMENT FORMATIEREN haben Sie Zugriff auf drei Registerkarten; ihnen entsprechen zum Teil die drei Symbole FÜLLFARBE, LINIENFARBE und LINIENART.

Im Dialogfenster ZEICHNUNGSELEMENT lassen sich markierte Elemente in der Registerkarte AUSFÜLLEN (Alt A) farblich gestalten. Außer der Anwahl über die Menüleiste können Sie das Dialogfenster durch einen Doppelklick auf ein bestehendes Element öffnen. Wählen Sie aus dem Feld FARBE (Alt F) die Farbe aus, mit der Sie das makierte Element ausfüllen wollen. Diese

Auswahl können Sie auch über das Symbol FÜLLFARBE der Symbolleiste ZEICHNUNG treffen. Wenn Sie aber Schraffuren benutzen wollen, können Sie diese nur im Dialogfenster ZEICHNUNGSELEMENT AKTIVIEREN. Wählen Sie das MUSTER ([Alt][M]) und die MUSTERFARBE ([Alt][B]). Im Feld VORSCHAU sehen Sie, wie sich die Einstellungen auf das gewählte Element auswirken.

Mit Beschränkungen arbeitet auch das Symbol "Linienfarbe". Während Sie über die Symbolleiste ZEICHNUNG wirklich nur die Linienfarbe modifizieren, können Sie in der Registerkarte LINIE ([Alt][L]) des Dialogfensters ZEICHNUNGSELEMENT weitere Einstellungen vornehmen. Rückgriff auf das Dialogfenster ZEICHNUNGSELEMENT bietet übrigens auch das Symbol LINIENART. Wählen Sie hierzu einfach aus der angezeigten Liste der Linienarten WEITERE. Sie können nun die ART ([Alt][T]) der Linie wählen. Zur Auswahl stehen neben der durchgezogenen Linie vier weitere Strichelungen. Die FARBE ([Alt][F]) und STÄRKE ([Alt][K]) des Linienstrichs ändern Sie hier ebenfalls.

Wenn Sie eine Linie markiert haben, stehen ihnen auf der rechten Seite des Dialogfensters weitere Optionen offen. So können Sie unter PFEILSPITZE eine Linie in einen Pfeil verändern. Wählen Sie hierzu die ART ([Alt][R]) des Pfeils aus. Die beiden Optionen BREITE ([Alt][I]) und LÄNGE ([Alt][N]) beziehen sich auf die Pfeilspitze. Wenn Sie einen SCHATTEN ([Alt][S]) hinter dem gewählen Element wünschen, wählen Sie das entsprechende Kontrollkästchen einfach an. Sollten Sie das gewählte Element ganz ausblenden, jedoch nicht löschen wollen, wählen Sie OHNE ([Alt][O]). Somit können Sie ein Linienelement zu einem späteren Zeitpunkt wieder einblenden, ohne es erneut erstellen zu müssen, oder ein ausgefülltes Flächenelement ohne umgebende Linie zeichnen.

Sollte ein Rechteck markiert sein, können Sie über das Kontrollkästchen ABGERUNDETE ECKEN ([Alt][E]) die spitzen Ecken in die Runde führen.

Elemente skalieren und positionieren

Die Größe markierter Elemente verändern Sie, indem Sie die Ziehpunkte ziehen. Hierbei kann die Größe unabhängig von der Proportion der Seiten geändert werden. Sie können nur die Breite (horizontal ziehen), die Höhe (vertikal ziehen) oder Höhe und Breite (diagonal ziehen) verändern. Wenn Sie die Proportionen beibehalten möchten, betätigen Sie die [⇧]-Taste. Wenn Sie die [Strg]-Taste betätigen, verändern Sie die Größe der Grafik um ihren Mittelpunkt. Die Kombination [Strg][⇧] vergrößert oder verkleinert um den Mittelpunkt bei Beibehaltung der Propotionen. Wenn Sie lieber absolute Werte eingeben, öffnen Sie das Dialogfenster ZEICHNUNGSELEMENT und wählen Sie die Registerkarte GRÖSSE UND POSITION ([Alt][G]). Nun können Sie HÖHE ([Alt][E]) und BREITE ([Alt][B]) des markierten Zeichnungselementes eingeben.

Auch die Positionierung kann über die Registerkarte GRÖSSE UND POSITION in absoluten Angaben erfolgen. Geben Sie hierzu die HORIZONTALE Position des Elementes ein (Alt R) und auch den Bezugspunkt, VON (Alt O) welchem aus das Element positioniert werden soll. Zur Auswahl stehen SEITENRAND, SEITE und SPALTE. Verfahren Sie genauso mit der VERTIKALEN Position (Alt V). Der unter VON (Alt N) gewählte Bezugspunkt kann von dem der HORIZONTALEN Position abweichen. Um ein Element mit einem Textabsatz zu verbinden, dem es in seiner Position weiterhin zugeordnet sein soll, wählen Sie das Kontrollkästchen VERANKERN (Alt K).

Wenn Sie ein Textfeld bearbeiten, können Sie den INNENRAND (Alt I), also den Abstand zwischen Text und den ihn umgebenden Rahmen, bestimmen.

Die interne Positionierung eines Zeichnungselements erfolgt prinzipiell unabhängig vom anderen Inhalt der Seite. Wenn Sie die Zeichnung direkt im Dokument erstellen, können Sie sie frei auf der Seite positionieren und somit über oder unter bestehenden Text legen. Wenn Sie möchten, daß das Zeichnungselement eine Position zu einem bestimmten Absatz wahrt, verankern Sie es mit ihm. Bei dokumentinternen Zeichnungselementen ist im Gegensatz zu Zeichnungen, die per OLE eingebettet und positioniert werden, kein Textumfluß möglich.

Wenn Sie Elemente manuell positionieren wollen, können Sie sie mit der Maus über die Arbeitsfläche ziehen oder aber auch mit der Tastatur bewegen. Hierzu bedienen Sie sich der Cursortasten. Die Positionierung mit der Tastatur hat einen entschiedenen Vorteil - Sie können Elemente nur horizontal oder vertikal bewegen und somit ohne Probleme ein Element präzise in eine Richtung verschieben. Die Weite der Einzelschritte können Sie selber bestimmen. Wählen Sie hierzu das Symbol "Am Raster ausrichten". Im gleichnamigen Dialogfenster können Sie nun die RASTERBREITE HORIZONTAL (Alt Z) und VERTIKAL (Alt V) bestimmen. Wenn Sie das Kontrollkästchen AM RASTER AUSRICHTEN (Alt A) akiviert haben, gilt das Raster auch für die Positionierung mit der Maus. Ansonsten haben die Einstellungen nur Einfluß auf die Bewegung von Elementen mit der Tastatur. Außerdem können Sie bei der Bewegung mit den Cursortasten in Verbindung mit der (Strg)-Taste Elemente pixelweise verschieben, wobei nicht die Pixel der Druckausgabe, sondern der Bildschirmdarstellung gemeint sind. Das heißt, je höher die Auflösung und der Zoomfaktor eingestellt ist, umso präziser lassen sich Zeichnungselemente per Tastatur positionieren. Prinzipiell erstreckt sich das Raster über die ganze Seite, sein horizontaler und vertikaler Nullpunkt liegen also in der linken oberen Ecke des Blattes. Sie können allerdings den NULLPUNKT HORIZONTAL (Alt O) und den NULLPUNKT VERTIKAL (Alt K) setzen.

Solange AM RASTER AUSRICHTEN nicht aktiv ist, können Sie für Mausbewegungen das eingestellte Raster kurzzeitig aktivieren, indem Sie die (Alt)-Taste betätigen, während Sie ein Element positionieren. In diesem Fall wird es automatisch am Raster ausgerichtet. Genau den umgekehrten Effekt, nämlich das Raster kurzzeitig zu deaktivieren, hat die (Alt)-Taste im Zusammenhang mit der Maus, wenn das Kontrollkästchen AM RASTER AUSRICHTEN eingeschaltet ist.

 Elemente können auch relativ zueinander oder zur Seite positioniert werden. Öffnen Sie hierzu das Dialogfenster AUSRICHTEN durch anklicken des Symbols "Zeichnungselemente ausrichten". Wählen Sie nun die Ausrichtung in horizontaler und vertikaler Richtung aus. Zur Auswahl stehen HORIZONTAL LINKS ((Alt)(L)), ZENTRIERT ((Alt)(Z)) sowie RECHTS ((Alt)(R)) und VERTIKAL OBEN ((Alt)(B)), ZENTRIERT ((Alt)(E)) und UNTEN ((Alt)(U)). Wenn Sie in horizontaler Ausrichtung OHNE ((Alt)(O)) wählen, wird das markierte Element bzw. die markierten Elemente nur vertikal ausgerichtet. Gleiches gilt auch für den umgekehrten Fall ((Alt)(N)). Wenn Sie mehrere Elemente relativ zueinander ausrichten wollen, müssen Sie diese markieren und dann unter RELATIV ZUEINANDER ((Alt)(A)) wählen. Voreingestellt ist als relative Ausrichtung ZUR SEITE ((Alt)(S)), also der linke und obere Seitenrand.

 Um mehrere Elemente gemeinsam zu markieren, klicken Sie auf das Symbol "Zeichnungselement markieren" und ziehen entweder einen Rahmen auf, der die zu markierenden Elemente umfaßt, oder Sie klicken die Elemente nacheinander an, während Sie die (⇧)-Taste gedrückt halten. Auf diese Weise lassen sich auch Elemente zueinander ausrichten, die nicht nebeneinander liegen.

 Wenn Sie Elemente übereinander plazieren, ist die Reihenfolge der Elemente entscheidend für die Darstellung. Sie wechseln die Folge mit den Symbolen "In den Vordergrund" und "In den Hintergrund". So können Sie markierte Elemente nach Belieben nach vorne holen oder nach hinten legen.

 Diese Möglichkeit haben Sie auch in Zusammenhang mit Text. Mittels der Symbole "Vor den Text" und "Hinter den Text" können Sie Text mit Grafik überlagern oder umgekehrt Textabsätze grafisch hinterlegen. HINTER DEN TEXT können Sie markierte Zeichnungselemente auch mit dem Shortcut-Menü der rechten Maustaste legen.

Elemente kippen und drehen

Sie können bereits erstellte Elemente aber nicht nur skalieren oder neu positionieren. Manchmal ist es notwendig, ein Element zu kippen oder zu drehen. Auch hierfür hält Word-Grafik die entsprechenden Befehle bereit.

Das Symbol "Horizontal kippen" spiegelt das Element an einer imaginären senkrechten Spiegelachse in der Mitte des Elements, während "Vertikal kippen" es an einer imaginären waagerechten Spiegelachse spiegelt.

Wenn Sie ein Element drehen wollen, so können Sie es über das Symbol "Nach rechts drechen" im 90°-Schritten nach rechts drehen.

Wenn Sie Textfelder kippen oder drehen, bezieht sich dies nicht auf den im Textfeld enthaltenen Text, wohl aber auf in Textfelder eingefügte Zeichnungs- bzw. Grafikelemente. Der Text wird lediglich in seiner Laufweite im Rahmen neu ausgerichtet, jedoch nicht mitgekippt. Gleiches gilt auch für Legenden. Beim Kippen oder Rotieren von Legenden sollten Sie beachten, daß auch der Bezugspunkt seine Position ändert.

Wenn Sie Zeichnungselemente, die Sie intern im Dokument erstellt haben, in Word-Grafik-Objekte umwandeln wollen, so markieren Sie diese und wählen das Symbol "Grafik erstellen". Ist kein Zeichnungselement markiert, öffnet sich das Word-Grafik-Fenster, in dem Sie ein neues Grafik-Objekt erstellen können.

Positionsrahmen fügen Sie über das Symbol "Positionsrahmen" ein. Sie können nun innerhalb des gesetzten Positionsrahmens Zeichnungselemente oder Text einfügen, um den der Fließtext des Dokuments herumläuft. Positionsrahmen lassen sich über dieses Symbol auch bereits bestehenden markierten Passagen zuordnen. Auch für markierte Zeichnungselemente ist die Formatierung mit einem Positionsrahmen sinnvoll, wenn Sie den Textumfluß aktivieren möchten. Die interene Positionierung von Zeichnungselementen läßt keinen automatischen Textumfluß zu.

Wenn Sie Zeichnungselemente in einem Dokument mit einem Positionsrahmen umgeben, werden diese automatisch in eingebettete Word 6.0-Grafiken gewandelt.

Wenn Sie einen leeren Positionsrahmen erstellen, wird dieser stets mit einem Rahmen umgeben. Diesen können Sie im Dialogfenster RAHMEN UND SCHATTIERUNG oder über die Symbolleiste RAHMEN entfernen.

Objekte kopieren und aktualisieren

Zeichnungselemente, die Sie über das Symbol "Zeichnen" in der Standard-Symbolleiste erstellen, werden automatisch direkt im Dokument erstellt. Wenn Sie eine Word-Grafik über EINFÜGEN > OBJEKT erstellt haben, übernehmen Sie das Objekt in Ihr Dokument, indem Sie entweder über das Menü BEARBEITEN einzelne Elemente oder Elementgruppen in die Zwischenablage KOPIEREN und ins Dokument EINFÜGEN. Um die ganze Zeichnung zu übernehmen, wählen sie BEARBEITEN > ALLES MARKIEREN, bevor Sie die Zeichnung kopieren.

Statt der Übernahme über die Zwischenablage kann die Einbettung in ein Dokument auch über den Menübefehl DATEI > AKTUALISIEREN erfolgen. Hierbei wird die gesamte Zeichnung eingebettet.

Alle Objekte, die nicht über direktes ZEICHNEN im Dokument erstellt oder bearbeitet wurden, werden durch ein {Einbetten}-Feld in das Dokument aufgenommen. Dies gilt auch für unverbundene Grafiken anderer Anwendungen, die Sie lediglich eingefügt haben und später per Doppelklick in Word 6.0-Grafik geöffnet haben.

Wenn Sie Word-GrafikDraw mit DATEI BEENDEN UND ZURÜCKKEHREN ZU "DOKUMENT" beenden, ohne zuvor das Objekt im Dokument zu aktualisieren, erfolgt die Abfrage, ob die Aktualisierung noch vorgenommen werden soll.

Offene Datenbankverbindungen

Neben den verschiedenen Möglichkeiten der Übernahme von Daten aus unterschiedlichen Programmen und der Palette der Erweiterungen, die die OLE-Funktionalität bringt, bietet WinWord auch die Möglichkeit, direkt auf externe Datenbanken zuzugreifen. Möglich macht dies die Open Database Connectivity, kurz ODBC. Unter diesem Begriff versteckt sich die Schnittstelle für offene Datenbankverbindungen zu nichtrelationalen und relationalen Datenbanken. Mittels ODBC haben Sie die Möglichkeit, aus Ihrer laufenden Anwendung heraus auf externe Datenbanken zuzugreifen. Word für Windows wird ausgeliefert mit den Treibern für Datenbanken in den Anwendungsformaten von MS Access, FoxPro 2.5, Paradox und dBase 4.

Datenbanken importieren mittels ODBC

Um auf eine Datenbank zuzugreifen, wählen Sie im Menü EINFÜGEN den Befehl DATENBANK ([Alt][E][T]). Statt dessen können Sie auch die Symbolleiste DATENBANK zugreifen, die sich im Shortcut-Menü aktivieren läßt, wenn Sie mit der rechten Maustaste in den Bereich der Symbolleisten klicken. In ihr aktiviert das Symbol "Datenbank einfügen" das Dialogfenster DATENBANK

Im Dialogfenster ist eine feste Folge von drei Schritten festgelegt. Sie leiten den Zugriff auf die Datenquelle mit dem Befehl DATEN IMPORTIEREN ([Alt][I]) ein. Im folgenden Dialogfenster DATENQUELLE ÖFFNEN wechseln Sie über die Listen LAUFWERKE und VERZEICHNISSE in das Verzeichnis, in dem die Datenbank-

24 • Objekte, Word 6.0-Grafik und Datenbankverbindungen

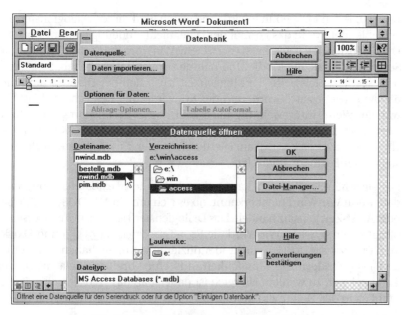

Abb. 24.9: Das Dialogfenster DATENQUELLE ÖFFNEN

datei gespeichert ist. Die Liste DATENTYP zeigt Ihnen die Skala der Anwendungen, deren Dateiformate Sie lesen können. Hierbei finden sich neben dem WinWord-Format auch andere Textformate und, sofern Anwendungen installiert sind, die Daten, die mittels DDE (Dynamic Data Exchange) WinWord im dynamischen Datenaustausch zur Verfügung stehen.

Alle Dateien, auf die Sie mittels des Dialogfensters DATENBANK ÖFFNEN zugreifen möchten, sollten die Grundvoraussetzung erfüllen, Daten in Form einer Tabelle zur Verfügung zu stellen. Unwesentlich ist es hierbei zunächst, ob es sich um eine Tabelle handelt; die durch Listentrennzeichen oder Tabulatoren strukturiert ist, also in einem Textformat vorliegt, oder über ein Gitternetz verfügt, wie beispielsweise die Tabellen von Word für Windows oder Excel, oder eine Datenbanktabelle ist, solange Sie kompatibel zu den installierten ODBC-Treibern bleibt.

So kommt es, daß Sie neben den gängigen Datenbanken MS Access, MS FoxPro, dBase und Paradox mit Excel-Tabellen und Dokumenten beinahe aller beliebigen Textformate arbeiten können. Wählen Sie die Datei aus, die Sie als Datenquelle öffnen möchten. Um den Treiber oder Filter, der für die Übernahme der Daten verantwortlich ist, selbst zu bestimmen, aktivieren Sie das Kontrollkästchen KONVERTIERUNGEN BESTÄTIGEN (Alt K). Dieses Kontrollkästchen sorgt dafür, daß das Dialogfenster DATENQUELLE BESTÄ-

TIGEN auf jeden Fall geöffnet wird. Ansonsten wird dieses Dialogfenster nur eingeblendet, wenn das Format der Datei nicht eindeutig erkannt wird. Im Dialogfenster DATENQUELLE BESTÄTIGEN bietet WinWord die Konvertierfilter und Schnittstellen an, die für die Übernahme zur Verfügung stehen. So besteht bei Excel beispielsweise die Möglichkeit, zwischen der DDE-Verbindung, für die Excel gestartet wird, und der Konvertierung des Tabellenblatts zu wählen. Wenn Ihrer Meinung nach kein Konvertierungsprogramm bzw. Treiber der Liste der Datenquelle entspricht, wählen Sie das Kontrollkästchen ALLE ANZEIGEN ([Alt][A]) an. Hierdurch werden Ihnen alle zur Verfügung stehenden Formate angezeigt.

Die eigenhändige Auswahl kann schon bei reinen Textdateien nötig werden, wenn WinWord nicht erkennt, ob es sich um ein MS-DOS-Textformat oder ANSI-Zeichensatz handelt. Das Dialogfenster TRENNZEICHEN IM STEUERSATZ öffnet sich nur, wenn WinWord die FELD-TRENNZEICHEN ([Alt][F]) und DATENSATZ-TRENNZEICHEN ([Alt][D]) nicht identifizieren kann. Sie haben in den beiden Listenfeldern die Möglichkeit, aus einer breiten Skala möglicher Trennzeichen zu wählen. Hilfreich ist dabei, daß das Feld VORSCHAU Ihnen Einblick in das Dokument gewährt.

Sofern Sie auf eine Datenbank zugreifen, deren Anwendungsprogramm installiert ist, bietet das Dialogfenster DATENQUELLE BESTÄTIGEN die Wahl zwischen dem Zugriff über ODBC und DDE. Bei DDE-Verknüpfungen müssen Sie beachten, daß das Quell-Programm der Datenquelle installiert sein muß, da es für den dynamischen Datenaustausch gestartet wird.

Im Unterschied zum Zugriff über ODBC stehen beim dynamischen Datenaustausch mittels DDE grundsätzlich die Programmfunktionen des externen Servers und die automatische Aktualisierung des Datenobjekts zur Verfügung.

Der Zugriff auf Datenbanken aktiviert je nach Struktur der Datenquelle das Dialogfenster TABELLE WÄHLEN, in dem Sie sich für eine Tabelle der Datenquelle der Liste TABELLE ([Alt][T]) entscheiden können. Unter OPTIONEN ([Alt][O]) legen Sie fest, welche Datenbankelemente Ihnen zur Verfügung gestellt werden. Diese sind abhängig von der Datenbank.

Im Dialogfenster DATENBANK können Sie nach dem Festlegen der Datenquelle unter OPTIONEN FÜR DATEN nun ABFRAGE-OPTIONEN ([Alt][O]) wählen und bestimmen, nach welchen Kriterien Datensätze und Felder der Datenbank übernommen werden sollen. Hierfür stehen im Dialogfenster OPTIONEN FÜR ABFRAGE drei Registerkarten zur Verfügung. Die Registerkarte DATENSÄTZE FILTERN ([Alt][D]) erlaubt Ihnen, bis zu sechs Kriterien für die Auswahl von Datensätzen zu bestimmen, welche untereinander mit den logischen Operatoren UND bzw. ODER verbunden werden.

24 • Objekte, Word 6.0-Grafik und Datenbankverbindungen

Wählen Sie unter FELD aus, welche Datenquellenfelder die Kriterien für die Auswahl enthalten. Sie können hierzu jedes Datenquellenfeld der Datentabelle nutzen. Den Operator bestimmen Sie im Feld VERGLEICH. Er legt die Bedingung fest, nach dem die Auswahl erfolgen soll.

Folgende Boolsche Operatoren bietet WinWord an:

GLEICH, UNGLEICH, KLEINER ALS, GRÖßER ALS, KLEINER ODER GLEICH, GRÖßER ODER GLEICH, IST LEER, IST NICHT LEER

Mit diesen Operatoren lassen sich numerische wie alphanumerische Inhalte der Datenfelder überprüfen.

Im Feld VERGLEICHEN MIT geben Sie ein, welches Kriterium beim Vergleich erfüllt sein muß bzw. nicht erfüllt sein darf, damit der Datensatz übernommen wird.

Mit ALLE LÖSCHEN ([Alt][A]) entfernen Sie alle Bedingungen. In diesem Fall werden alle Datensätze der Datenquelle ins Dokument aufgenommen.

Die Registerkarte DATENSÄTZE SORTIEREN ([Alt][O]) erlaubt Ihnen, die Datensätze mittels dreier Sortierschlüssel, die sich auf die Datenfeldnamen beziehen, AUFSTEIGEND oder ABSTEIGEND zu sortieren. Die Quelldatei wird hierbei nicht modifiziert.

In der Registerkarte FELDER AUSWÄHLEN ([Alt][F]) bestimmen Sie, welche Felder der Datenbank Sie in Ihr Dokument übernehmen wollen. Beim ersten Öffnen der Registerkarte sind die Listen FELDER IN DATENQUELLE ([Alt][N]) und AUSGEWÄHLTE FELDER ([Alt][W]) identisch. Die Schaltflächen zwischen den beiden Listen verändern je nach aktivierter Liste ihre Funktion. Befindet sich die Eingabemarke in der Liste FELDER IN DATENQUELLE, so haben die beiden Schaltflächen die Funktion AUSWÄHLEN ([Alt][U]) und ALLE AUSWÄHLEN ([Alt][L]). Sie können nun mittels der Schaltflächen auswählen, welche Felder in Ihr Dokument übernommen werden sollen. Wenn die Liste AUSGEWÄHLTE FELDER aktiviert ist, heißen die beiden Schaltflächen ENTFERNEN ([Alt][E]) und ALLE ENTFERNEN ([Alt][L]), und Sie haben nun die Möglichkeit, Felder wieder aus dem Dokument zu entfernen.

Wenn Sie Felder in einer anderen Reihenfolgen übernehmen möchten als der, die in der Datenbank besteht, können Sie die Registerkarte FELDER AUSWÄHLEN hierzu nutzen. Übernehmen Sie die Feldnamen einfach sukzessive in der gewünschten Folge von der Liste FELDER IN DATENQUELLE in die Liste AUSGEWÄHLTE FELDER. Die Reihenfolge der Feldnamen, die hier von oben nach unten angezeigt wird, erscheint später im Dokument in der Tabelle von links nach rechts. Sie können übrigens mit der Maus durch Ziehen oder durch zusätzliche Bestätigung der ⇧-Taste mehrere Feldnamen untereinander markieren und zusammen mit der Strg-Taste und einem Mausklick auch Feldnamen, die nicht in einer Reihe stehen. Beim Einsatz der Tastatur markiert ⇧↓ oder ⇧↑ eine direkte Folge von Feldnamen, während für die Selektion mehrerer vereinzelter Namen der Liste zunächst Strg⇧F8 betätigt werden muß, bevor die Namen mit ↓ und ↑ angewählt und mit ⎵ markiert werden können.

Das Kontrollkästchen FELDNAMEN EINSCHLIESSEN (Alt M) bestimmt, ob die Feldnamen als erste Zeile der Tabelle übernommen werden sollen.

Nach Abschluß der Einstellungen im Dialogfenster OPTIONEN FÜR ABFRAGE erscheint im Dialogfenster DATENBANK unter ABFRAGE-OPTIONEN die Zeile OPTIONEN FÜR ABFRAGE WURDEN EINGESTELLT. Im nächsten Schritt können Sie noch über TABELLE AUTOFORMAT (Alt F) das Format der Tabelle bestimmen. Nähere Informationen zu der Funktion TABELLE AUTOFORMAT finden Sie in Kapitel 17.

Wenn Sie alle Eingaben vorgenommen haben, fügen Sie die Datenbank-Tabelle mit DATEN EINFÜGEN (Alt E) in das aktuelle Dokument ein. Sie können hierbei im Dialogfenster DATEN EINFÜGEN auswählen, welche Datensätze eingefügt werden sollen. Möchten Sie alle Datensätze einfügen, wählen Sie ALLE (Alt A). Andernfalls geben Sie die Grenzen mit VON (Alt V) und BIS (Alt B) ein. Wenn Sie die Tabelle ALS FELD EINFÜGEN (Alt F), wird die Verbindung zur Datenbank mit der Feldfunktion {Datenbank} dokumentiert. Diese Verbindung hat den Vorteil, daß Änderungen an der externen Datenbank ins Dokument übernommen werden, wenn Sie das Feld aktualisieren. Sie können dann allerdings in WinWord selbst keine dauerhaften Veränderungen an der Datenbanktabelle vornehmen.

Datentabellen bearbeiten

Zur Bearbeitung der Datenbanktabelle stehen Ihnen in der Symbolleiste DATENBANK folgende Befehle zur Verfügung:

 Das Symbol "Datenmaske" öffnet das Dialogfenster DATENMASKE, in dem Sie Zugriff auf die Datenfelder der Datentabelle haben. Im Dialogfenster wechseln Sie mittels DATENSATZ (Alt D) direkt zur Nummer des eingegebenen Datensatzes. Die äußeren Pfeilsymbole neben dem Eingabefeld DATENSATZ aktivieren den ersten oder letzten Datensatz der Tabelle, während die inneren Pfeilsymbole einen Datensatz rückwärts bzw. vorwärts wechseln. Mit SUCHEN (Alt S) aktivieren Sie das Dialogfenster SUCHEN, dessen Bedienung weiter unten neben dem Symbol "Datensatz suchen" erläutert wird. Beachten Sie, daß bei diesem Aufruf die Suchergebnisse im Dialogfenster

DATENMASKE angezeigt werden, während Sie mit BEGINNEN ([Alt][B]) und
WEITERSUCHEN ([Alt][W]) die Datentabelle durchforsten. Um eine Fundstelle
zu bearbeiten, müssen Sie das Dialogfenster SUCHEN wieder SCHLIEẞEN. Die
Schaltfläche NEUER DATENSATZ ([Alt][N]) legt einen neuen Datensatz am Ende
der Tabelle an, während LÖSCHEN ([Alt][L]) den aktuell angezeigten Datensatz
entfernt. WIEDERHERSTELLEN ([Alt][W]) lassen sich nur Löschungen in Datenfeldern des aktuellen Datensatzes, nicht aber komplett entfernte Datensätze.

DATENQUELLE ([Alt][Q]) schließt ebenso wie OK das Dialogfenster und setzt
die Einfügemarke in der Tabelle an den Anfang des angewählten Datensatzes.

Das Symbol "Feld-Manager" öffnet das Dialogfenster FELD-MANAGER, in dem
Sie über die Angabe von FELDNAMEN ([Alt][Z]) der Datenbanktabelle Spalten
HINZUFÜGEN ([Alt][Z]) können. Namen, die Sie in der Liste FELDNAMEN IM
STEUERSATZ ([Alt][S]) markieren, lassen sich samt Spalte der Tabelle ENTFER-
NEN ([Alt][E]); da hierbei auch die Datenfeldinhalte der Spalte verloren ge-
hen, muß die Aktion in einem Meldungsfenster bestätigt werden. Mit UM-
BENENNEN ([Alt][U]) kann im Dialogfenster FELD UMBENENNEN dem markierten
Feld der Liste FELDNAMEN IM STEUERSATZ ein NEUER FELDNAME gegeben werden.

Das Symbol "Neuen Datensatz hinzufügen" legt eine neue Tabellenzeile
am Ende der Datentabelle an und setzt die Einfügemarke an den Anfang
des leeren Datensatzes.

Das Symbol DATENSATZ LÖSCHEN enfernt die Tabellenzeile, in der die Einfügemarke steht bzw. alle ganz oder teilweise markierten Tabellenzeilen samt
der Inhalte ihrer Datenfelder.

Das Symbol "Aufsteigend sortieren" sortiert die Datensätze aufsteigend
gemäß der Spalte, in der die Einfügemarke steht; sind mehrere Spalten
markiert, gilt die erste (linke) Spalte als Sortierschlüssel.

Das Symbol "Absteigend sortieren" sortiert die Datensätze absteigend gemäß der Spalte, in der die Einfügemarke steht; sind mehrere Spalten markiert, gilt die erste (linke) Spalte als Sortierschlüssel.

Das Symbol "Datenbank einfügen" aktiviert das Dialogfenster DATENBANK,
mit dem sich - wie oben beschrieben - Daten in Dokumente importieren
lassen.

Das Symbol "Felder aktualisieren" entspricht den Tastenschlüsseln [F9] und
[Alt][⇧][U], mit denen sich Feldfunktionen aktualisieren lassen. Sofern die
Datenbank mittels eines {Datenbank}-Feldes in das Dokument eingefügt
wurde, lassen sich mittels dieses Symbols die aktuellen Werte der markierten Tabelle aus der externen Datenbank importieren.

Das Symbol "Datensatz suchen" öffnet das Dialogfenster IN FELD SUCHEN. Unter SUCHEN (Alt S) geben Sie die Zeichenkette ein, die Sie finden möchten, und wählen unter IN FELD (Alt F) den Namen des Feldes, in dessen Datenfeldern die Zeichenkette zu finden sein soll. Die Zeichenkette muß hierbei nur mit einem Teil des Feldinhaltes, mit diesem aber exakt - ausgenommen Groß-/Kleinschreibung - übereinstimmen. Platzhalter brauchen Sie im Feld SUCHEN nicht zu verwenden. Wenn Sie mit BEGINNEN (Alt B) und WEITERSUCHEN (Alt W) die Suche vollziehen, werden die Fundstellen direkt in der Datenbanktabelle durch die Markierung der Tabellenzeile angezeigt. Bearbeiten können Sie die Fundstelle aber erst, nachdem das Dialogfenster wieder geschlossen wurde (Esc).

 Das Symbol "Seriendruck-Hauptdokument" hat keine Bewandtnis, solange die Datenbanktabelle nicht als Datenquelle für den Seriendruck dient. Wie Sie externe Datenquellen mittels des SERIENDRUCK-MANAGERS zum Seriendruck von Briefen, Etiketten, Briefumschlägen und Katalogen nutzen, erfahren Sie im nächsten Kapitel (Kapitel 25).

 Sollte das Dokument keine identifizierbare Feld- und Datensatzstruktur aufweisen, aktiviert die Anwahl der DATENBANK-Symbole das Dialogfenster TRENNZEICHEN IM STEUERSATZ, in dem Sie die vorliegende Strukturierung manuell bestätigen können. Wenn Sie hiervon mit ABBRECHEN Abstand nehmen oder eine Wahl treffen, die WinWord auf den markierten Inhalt der angeblich strukturierten Liste nicht anwenden kann, werden Sie mittels der Meldung DIE AKTUELLE MARKIERUNG BEINHALTET KEINE GÜLTIGE TABELLE ODER LISTE auf diesen Umstand aufmerksam gemacht. Das Dialogfenster TRENNZEICHEN IM STEUERSATZ erscheint nicht bei den Symbolen DATENBANK EINFÜGEN, FELDER AKTUALISIEREN oder SERIENDRUCK-HAUPTDOKUMENT.

 Die Änderungen, die Sie an Datenbanktabellen vornehmen, sind nicht von Dauer, wenn Sie die Datenbanktabelle als {Datenbank}-Feld eingefügt haben. Die nächste Aktualisierung der Feldfunktion bringt die Tabelle wieder auf den Stand, der in der verbundenen, externen Datenbank herrscht - sei es nun eine relationale Datenbank, eine externe Tabelle oder eine strukturierte Textliste. Anders sieht die Sachlage bei Tabellen aus, die keine Verbindung nach außen vorweisen. Bei ihnen eignet sich die Symbolleiste DATENBANK mit ihrem Befehlsreservoir als gutes Verwaltungswerkzeug.

25

Briefumschläge, Etiketten und Serienbriefe

Briefumschläge erstellen	Seite	715
Etiketten drucken	Seite	717
Vorgehensweise beim Seriendruck	Seite	719
Hauptdokument erstellen	Seite	721
Datenquelle	Seite	721
Steuerdatei bearbeiten	Seite	724
Hauptdokument bearbeiten	Seite	728
Serienbriefdruck	Seite	736
Seriendruckdokument auflösen	Seite	739
Felder in Serienbriefen	Seite	740

Briefumschläge erstellen

Der Briefverkehr wäre einfacher, wenn es die leidigen Umschläge nicht gäbe. Damit die Beschriftung von Briefumschlägen leichter von der Hand geht, ist hierfür in Word für Windows eine spezielle Funktion implementiert. Mit dieser Funktion können Sie Briefumschläge automatisch zum Brief ausdrucken lassen und die Umschläge sogar zusammen mit dem Brief speichern. Auf diese Weise haben Sie stets den passenden Umschlag zu jedem Schreiben.

Voraussetzung für die vollautomatische Erstellung eines Briefumschlags ist lediglich, daß Sie die Adresse des Empfängers, die ja gewöhnlich zu Beginn des Briefes genannt wird, markieren. Sollte keine Empfängeradresse im Schreiben vorkommen, so macht dies nichts, denn Sie können die Funktion noch immer halbautomatisch nutzen. In diesem Fall sollten Sie allerdings keine Markierungs setzen.

Um den Briefumschlag zu erstellen, rufen Sie unter EXTRAS > UMSCHLÄGE UND ETIKETTEN die Registerkarte UMSCHLÄGE ([Alt][X][U] [Alt][U]) auf. Wenn Sie eine Markierung gesetzt haben, werden die markierten Zeilen im Feld EMPFÄNGER(ADRESSE) ([Alt][M]) angezeigt und können dort - falls nötig - verändert werden. Wurde keine Markierung gesetzt, ist das Feld leer, und Sie tragen die Anschrift manuell ein.

Kein Absatz der markierten Adresse darf mehr als 118 Zeichen haben, da er ansonsten nicht mehr automatisch übernommen wird. Hierbei ist zu beachten, daß Absätze auch dann als zu groß gelten, wenn die über 118 Zeichen durch eine Zeilenschaltung getrennt werden. In diesem Fall bleibt Ihnen nur der Einsatz von Absatzschaltungen statt der Zeilenschaltungen oder die Kopie über die Zwischenablage, denn deren Inhalt können Sie mit [Strg][V] ins Feld EMPFÄNGER(ADRESSE) übernehmen. Bei Absätzen, die kürzer als 118 Zeichen sind, genügt es übrigens, daß der Absatz zum Teil markiert wird. Es werden dennoch immer ganze Absätze übernommen.

Im Feld ABSENDER(ADRESSE) ([Alt][A]) finden Sie den ADRESSE-Eintrag aus EINSTELLUNGEN BENUTZER-INFO wieder. Er wird automatisch aus dieser Vorgabe bezogen. Sie können den Absender allerdings im Feld beliebig ändern. In diesem Fall werden Sie sogar beim Abschluß der Umschlagerstellung gefragt, ob die Adresse in der Benutzerinformation gespeichert werden soll, so daß sie für künftige Schreiben in der gleichen Form zur Verfügung steht.

Der Absender

Falls Sie das Schreiben lieber ohne Absenderangabe aufgeben möchten, markieren Sie einfach das Feld WEGLASSEN ([Alt][W]).

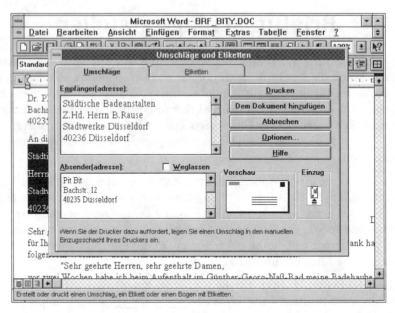

Abb. 25.1: Die Registerkarte UMSCHLÄGE im Dialogfenster UMSCHLÄGE UND ETIKETTEN

Mit OPTIONEN (Alt)(O) stehen in der Registerkarte UMSCHLAGOPTIONEN ((Alt)(U)) in der Liste UMSCHLAGFORMAT ((Alt)(T)) 11 verschiedene Umschlaggrößen zur Auswahl. Sie können die SCHRIFTART der EMPFÄNGERADRESSE ((Alt)(S)) und die Schriftart der Absenderadresse ((Alt)(C)) modifizieren. Das sich öffnende Dialogfenster EMPFÄNGERADRESSE entspricht dem Dialogfenster FORMAT > ZEICHEN.

Im Dialogfenster UMSCHLÄGE brauchen Sie mit der Maus nur auf das Feld VORSCHAU zu klicken, um im Dialogfenster OPTIONEN FÜR UMSCHLÄGE die Registerkarte UMSCHLAGOPTIONEN zu öffnen.

Die Position der Empfängeradresse wird im Dialogfenster OPTIONEN FÜR UMSCHLÄGE in der Registerkarte UMSCHLAGOPTIONEN in den Feldern VON LINKS ((Alt)(V)) und VON OBEN ((Alt)(O)) verändert, die der Absenderadresse mit den Tastenschlüsseln (Alt)(L) und (Alt)(B). Das VORSCHAU-Feld hält Sie über Änderungen auf dem Laufenden. Der Eintrag AUTO, der für die Position der Adressen voreingestellt ist, übernimmt die Formatierungen, die in den automatischen Formatvorlagen UMSCHLAGADRESSE und ABSENDERADRESSE gespeichert sind. Diese Formatierungen lassen sich - wie üblich - im Dokument über das Dialogfenster FORMATVORLAGE ändern.

In der Registerkarte DRUCKOPTIONEN ((Alt)(D)) stellen Sie weitere Optionen für den Druck von Umschlägen ein. So stehen sechs grafische Felder für den

UMSCHLAGEINZUG zur Verfügung, und Sie können festlegen, ob Sie den Umschlag von OBEN BEDRUCKEN (Alt O) oder von UNTEN BEDRUCKEN (Alt U) möchten. Ebenso ist es möglich, die Umschläge mit DREHEN IM UHRZEIGERSINN (Alt R) anders einzulegen bzw. zu bedrucken.

Im Listenfeld EINZUGSSCHACHT (Alt E) haben Sie die Möglichkeit, den Einzugsschacht zu wählen. Es werden alle mit Ihrem Drucker möglichen Optionen angezeigt.

Wenn Sie die Grundeinstellungen für Ihren Drucker wieder zurückstellen wollen, wählen Sie einfach VORGABE (Alt V), um wieder die WinWord-Standardeinstellungen vorzugeben.

Im Dialogfenster UMSCHLÄGE öffnet ein Klick auf das Feld EINZUG direkt die Registerkarte DRUCKOPTIONEN des Dialogfensters OPTIONEN FÜR UMSCHLÄGE.

Wenn Sie alle Einstellungen vorgenommen haben, entscheiden Sie im Dialogfenster UMSCHLÄGE UND ETIKETTEN in der Registerkarte UMSCHLÄGE, ob Sie den Briefumschlag direkt DRUCKEN (Alt D) oder den Briefumschlag DEM DOKUMENT HINZUFÜGEN (Alt Z) wollen. Wenn Sie sich für das letztere entscheiden, wird der Briefumschlag mit allen Einstellungen in einem separaten Abschnitt Ihrem Dokument vorangestellt. Um den Briefumschlag vom restlichen Dokument zu trennen, wird der Teil, der den Briefumschlag enthält, als Seite 0 definiert und mit einem Abschnittswechsel vom folgenden Dokument getrennt. Somit wird die Seitennumerierung des Dokuments nicht geändert.

Beim Hinzufügen eines Umschlags ist die Abschnittsnumerierung des folgenden Dokuments direkt betroffen. Da der Umschlag als erster Abschnitt gilt, erhöhen sich die Nummern der Folgeabschnitte alle um den Wert "1".

Sollten Sie dem Dokument bereits einen formatierten Umschlag vorangestellt haben, wechselt im Dialogfenster UMSCHLÄGE UND ETIKETTEN in der Registerkarte UMSCHLÄGE die Beschriftung des Befehls DEM DOKUMENT HINZUFÜGEN in DOKUMENT ÄNDERN (Alt N). Sie haben so die Möglichkeit, bereits kreierte Umschläge mittels des Dialogfensters zu modifizieren. Selbstverständlich lassen sich die Änderungen auch im Dokument selbst im Abschnitt 0 am Umschlagformat vornehmen, wobei Ihnen die volle Funktionalität von WinWord zur Verfügung steht.

Etiketten drucken

Wenn Sie anstelle von Briefumschlägen lieber Etiketten bedrucken wollen, wählen Sie unter EXTRAS > UMSCHLÄGE UND ETIKETTEN die Registerkarte UMSCHLÄGE (Alt X U Alt E). Auch hier ist es möglich, die Adresse aus dem

Dokument durch eine Markierung zu übernehmen. Sie können sie aber auch im Feld ADRESSE ([Alt][A]) eingeben. Wenn Sie nur ein einzelnes Etikett ausdrucken wollen, wählen Sie EIN ETIKETT ([Alt][I]). Jetzt können Sie mit ZEILE ([Alt][L]) und SPALTE ([Alt][P]) die Position des Etiketts wählen, damit Sie nicht einen Bogen für ein einzelnes Etikett verschwenden müssen. Voreingestellt ist EINE SEITE DES SELBEN ETIKETTS ([Alt][S]) drucken.

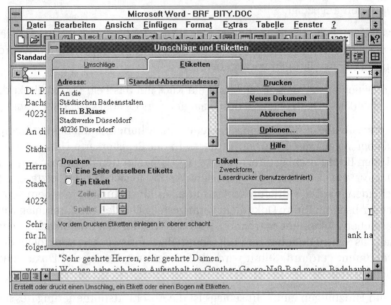

Abb. 25.2: Die Registerkarte ETIKETTEN im Dialogfenster UMSCHLÄGE UND ETIKETTEN

Ein Klick auf den Ausschnitt ETIKETT oder auf die Schaltfläche OPTIONEN ([Alt][O]) bringt Sie in das Fenster ETIKETTEN EINTICHTEN.

In diesem Fenster wählen Sie aus, welche Etiketten Sie bedrucken möchten. In der Liste ETIKETTENMARKE ([Alt][M]) wählen Sie die Herstellerfirma aus, und in der Liste BESTELLNUMMER spezifizieren Sie das Etikettenformat, das Sie benutzen. Die Druckerinformationen NADELDRUCKER ([Alt][N]) bzw. LASERDRUCKER ([Alt][L]) werden von WinWord in der Regel selbständig erkannt. Sollte es jedoch mit Ihrem Drucker Probleme geben, können Sie an dieser Stelle auswählen, was für einen Druckertyp Sie verwenden. Abhängig vom Druckertyp werden Ihnen dann die passenden Etiketten und deren Bestellnummern angegeben. Sofern Sie einen Laserdrucker besitzen, können Sie unter SCHACHT ([Alt][S]) auswählen, welcher Druckerschacht die Etiketten einziehen soll. Im Ausschnitt ETIKETTENINFORMATION wird der Typ, die Höhe, die Breite des Etiketts und das Seitenformat des Etikettenbogens angegeben.

Ein Klick auf den Ausschnitt ETIKETTENINFORMATION oder den Befehl DETAILS ((Alt)(D)) öffnet das Fenster zur Detaileinstellung des gewählten Etiketts, das in einem VORSCHAU-Feld übersichtlich die Wirkung weiterer Einstellungen ins Bild setzt. OBERER RAND ((Alt)(O)) und SEITENRAND ((Alt)(S)) geben den Abstand der Etiketten zum Rand des Blattes an. VERTIKALABSTAND ((Alt)(V)) und HORIZONTALABSTAND ((Alt)(R)) messen den Wert vom Anfang eines Etiketts zum Beginn des nächsten. Die ETIKETTENHÖHE ((Alt)(E)) und ETIKETTENBREITE ((Alt)(B)(B)) geben Sie ebenfalls in die entsprechenden Eingabefelder ein. Schließlich müssen Sie WinWord noch mitteilen, wieviele Etiketten sich in einer Zeile ((Alt)(Z)) und wieviele Etiketten sich in einer Spalte befinden ((Alt)(P)).

Wenn Sie alle Änderungen vorgenommen haben, bestätigen Sie diese mit OK. Sollten Ihre Einstellungen zu groß für Ihren Drucker sein, werden Sie mit einem Fenster darauf aufmerksam gemacht und können das veränderte Etikettenformat nicht speichern. Sind Ihre Einstellungen korrekt, werden Sie gefragt, ob Sie die Änderungen der Detail-Informationen des Etiketts speichern wollen. Die Sicherung der eigenen Einstellungen findet unter dem Eintrag (BENUTZERDEFINIERT) Aufnahme in die Liste der BESTELLNUMMER.

Sicherheitshalber sollten Sie vor dem Ausdruck auf Etikettenbögen einen Probeausdruck auf ein normales Blatt Papier machen, da es vor allem bei Laser-Druckern zu Problemen mit den Randeinstellungen kommen kann. Die meisten Laserdrucker können nicht exakt bis zum äußersten Rand des Blattes drucken. Deshalb sollten Sie, wenn Sie Etikettenbögen ohne Führungsrand verwenden, die Seitenränder entsprechend vergrößern.

Wenn Sie all diese Einstellungen vorgenommen haben, können Sie im Dialogfenster UMSCHLÄGE UND ETIKETTEN in der Registerkarte ETIKETTE mit DRUCKEN ((Alt)(D)) die Etiketten ausdrucken oder die Informationen in ein Dokument schreiben.

Wählen Sie NEUES DOKUMENT ((Alt)(N)), um die Etiketten in ein neues Dokument zu übernehmen. Der formatierte Bogen steht für Modifikationen und einen späteren Ausdruck zur Verfügung, ohne daß Sie die Daten erneut erfassen müssen.

Vorgehensweise beim Seriendruck

Damit Ihnen der Seriendruck leicht und fehlerfrei von der Hand geht, bietet sich beim Seriendruck besondere Hilfe. Die Seriendruck-Funktion arbeitet fast durchgängig im Dialog mit dem Anwender. Hierdurch lassen sich Fehlerquellen von vornherein auf ein Minimum reduzieren und jene

Schreiben schnell und einfach erstellen, die mit weitgehend gleichem Text für die Hände verschiedener Personen bestimmt sind.

Bekannt geworden ist diese Funktion unter dem Namen Serienbrief. Hierbei werden mittels zweier Dateien, in denen zum einen Adressen und zum anderen der feste Brieftext gespeichert sind, automatisch Briefe erstellt. In der einfachsten Form handelt es sich hierbei um den immer gleichen Text und jeweils einen neuen Adressaten. Mit Word für Windows sind auch anspruchsvollere Lösungen möglich. Beispielsweise ist es möglich, bestimmte Empfänger durch die Vorgabe von Kriterien auszuwählen oder den Brieftext während des Ablaufs der Funktion zu modifizieren. Da sich diese Funktion nicht auf das Erstellen von Briefen beschränken muß, sondern beispielsweise auch für den Druck von Gutschriften eingesetzt werden kann, heißt sie in Word für Windows "Seriendruck".

Für den Seriendruck sind immer mindestens zwei Dateien erforderlich. Die eine Datei enthält den gleichbleibenden Text. Darüber hinaus sind in ihr an den Positionen Variablen eingefügt, an denen beim Ausdruck die wechselnden Textelemente eingefügt werden sollen. Die Datei mit dem festen Text heißt Hauptdokument. Die wechselnden Elemente sind in einer separaten Datei gespeichert, der Datenquelle. In die Datenquelle werden alle Informationen aufgenommen, die anstelle der Variablen im Hauptdokument ausgedruckt werden sollen.

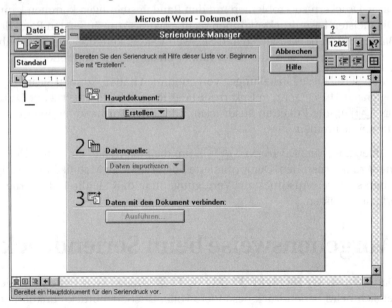

Abb. 25.3: Der SERIENDRUCK-MANAGER

Um einen Seriendruck einzurichten, aktivieren Sie mit EXTRAS > SERIENDRUCK den SERIENDRUCK-MANAGER. Hierbei handelt es sich um ein Dialogfenster, das Sie durch den Seriendruck mit WinWord führt.

Hauptdokument erstellen

Als erstes wählen Sie HAUPTDOKUMENT > ERSTELLEN. Zur Auswahl stehen direkt verschiedene Aufgabenbebiete des Seriendrucks; SERIENBRIEFE ((Alt)(S)), ADREßETIKETTEN ((Alt)(A)), UMSCHLÄGE ((Alt)(U)) und KATALOG ((Alt)(K)). Später läßt sich übrigens über eben diese Liste aus einem Seriendruck-Dokument ein STANDARD-WORD-DOKUMENT WIEDERHERSTELLEN ((Alt)(W)). Nachdem Sie entschieden haben, wofür Sie den Seriendruck nutzen, arbeiten Sie entweder mit dem bestehenden AKTIVEN FENSTER ((Alt)(A)) oder erstellen ein NEUES HAUPTDOKUMENT ((Alt)(N)). Diese Abfrage erfolgt in einem separaten Meldungsfenster, über das Sie - sofern bereits ein Seriendruckdokument geöffnet ist - auch die DOKUMENTART ÄNDERN ((Alt)(D)) können.

Sie können nun mit BEARBEITEN ((Alt)(B)) direkt ins Hauptdokument wechseln. Da allerdings noch keine Daten einer Datenquelle importiert wurden, stehen noch keine Seriendruckfelder zur Verfügung und so beschränkt sich die Arbeit im Hauptdokument auf die Eingabe des Standardtextes. Da dies nicht besonders effektiv ist, sollte als nächstes die Datenquelle für den Seriendruck bestimmt werden.

Datenquelle

Als nächstes müssen Sie die Datenquelle für den Seriendruck bestimmen. Im Menü DATEN IMPORTIEREN ((Alt)(I)) wählen Sie zwischen drei Vorgehensweisen. Wenn Sie bereits eine Datenquelle erstellt haben, so öffnen Sie diese mit DATENQUELLE ÖFFNEN ((Alt)(F)). Lesen Sie in diesem Fall weiter unter der Überschrift "Auf bestehende Datenquelle zugreifen". Haben Sie noch keine Datenquelle, so läßt sich einen neue DATENQUELLE ERSTELLEN ((Alt)(E)). Sollten Sie zwar Tabellen oder Datensätze mit den gewünschten Daten erstellt haben, diese aber nicht als Datenquellen mit Steuersätzen vorliegen, so bearbeiten Sie diese mit STEUERSATZ-OPTIONEN ((Alt)(O)). Hierbei wird zu den bestehenden strukturierten Daten lediglich ein Steuersatz mit Feldnamen kreiert, über den WinWord auf die Datenfelder zugreifen kann. Hierbei handelt es sich um die erste Zeile einer Datenquelle, die die Beschreibung der folgenden Seriendruckfelder beinhaltet. Diese Steuerzeile kann unabhängig von den Daten gespeichert werden, um beispielsweise Tabellen einzulesen, die keine Steuerzeile besitzen.

Datenquelle erstellen

Im Fenster DATENQUELLE ERSTELLEN können die Felder definiert werden, die später im Seriendruckdokument benutzt werden. Die Liste FELDNAMEN IM STEUERSATZ ([Alt][I]) beinhaltet die am häufigsten benutzen Felder. Je nach Belieben erweitern Sie diese Liste, indem Sie einen unter FELDNAME ([Alt][F]) eingegebenen Namen mit FELDNAME HINZUFÜGEN ([Z]) ans Ende der Liste FELDNAMEN IM STEUERSATZ aufnehmen. Die Feldnamen dürfen nur aus Buchstaben, Ziffern und Unterstreichungsstrichen bestehen. Leerzeichen sind nicht erlaubt.

Innerhalb der Liste FELDNAMEN IM STEUERSATZ verändern Sie die Stellung eines markierten Feldnamens mit den UMSTELLEN-Pfeilen. Einen markierten Eintrag aus der Liste entfernen Sie mit FELDNAME LÖSCHEN ([Alt][L]). Wenn die Einstellungen mit OK angenommen werden, muß die Datenquelle noch als Datei abgespeichert werden; wobei je nach Einstellung unter EXTRAS > OPTIONEN > SPEICHERN die DATEI-INFO abgefragt wird.

WinWord legt für die Datenquelle automatisch ein Dokument mit einer Tabelle an, deren erste Zeile den Steuersatz beinhaltet und mit den Feldnamen in der festgelegten Reihenfolge beschriftet wird. Dies geschieht im Hintergrund, ohne daß Sie damit konfrontiert würden.

Ihre nächste Aufgabe ist, die Daten in die Datenquelle einzugeben. Hierauf macht WinWord Sie mit einem Meldungsfenster aufmerksam, in dem Sie die DATENQUELLE BEARBEITEN ([Alt][Q]) anwählen sollten. Wenn Sie eine andere Arbeitsabfolge wünschen, da eventuell die Daten noch nicht vorliegen, der Serientext aber schon erfaßt werden soll, können Sie hier auch HAUPTDOKUMENT BEARBEITEN ([Alt][D]) anwählen. Lesen Sie in diesem Fall in diesem Kapitel unter der Überschrift "Hauptdokument bearbeiten". Prinzipiell gestaltet sich aber die weitere Vorgehensweise komfortabler und sicherer, wenn zunächst die Daten erfaßt werden. Der Befehl DATENQUELLE BEARBEITEN öffnet das Dialogfenster DATENMASKE.

Im Dialogfenster DATENMASKE geben Sie nun die Daten der Felder ein, die mit den zuvor definierten Feldnamen benannt sind. Mit [↵] oder [⇆] wechseln Sie hierbei ins nächste Feld. Um ein Feld zurückzuwechseln betätigen Sie [⇧][⇆]. Selbstverständlich können Sie auch mit der Maus zwischen den Eingabefeldern wechseln. Am Ende eines Datensatzes aktiviert in der letzten Eingabezeile [↵] den nächsten Datensatz, so daß Sie Ihre Daten fortlaufend erfassen können.

Um zwischen den bereits erfaßten Datensätzen zu wechseln, bedienen Sie sich der Pfeile des Feldes DATENSATZ ([Alt][D]) oder geben die Nummer des Datensatzes in das Eingabefeld ein. Während die beiden äußeren Pfeile direkt zum ersten oder letzten Datensatz wechseln, arbeiten die beiden mittleren Pfeile schrittweise. Um unabhängig von der momentanen Position ans Ende der Datenquelle einen neuen Datensatz anzuhängen, wählen Sie NEUER DATENSATZ ((Alt)(N)). Den aktiven Datensatz können Sie jederzeit LÖSCHEN ((Alt)(L)). Die Daten sind unwiderruflich gelöscht, sobald Sie Ihre Eingaben mit OK bestätigen. Mit WIEDERHERSTELLEN ((Alt)(W)) können Sie nur gelöschte Felder im aktiven Datensatz wiederherstellen.

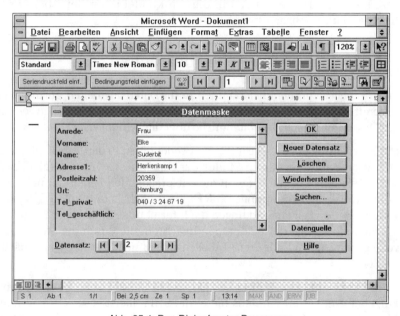

Abb. 25.4: Das Dialogfenster DATENMASKE

Wenn Sie in einer Datenquelle einen bestimmten Datensatz suchen, hilft der Befehl SUCHEN ((Alt)(S)) weiter. Er öffnet das Dialogfenster IN FELD SUCHEN. Geben Sie ins Eingabefeld SUCHEN ((Alt)(S)) den Suchbegriff oder einen Teil von ihm ein und wählen Sie in der DropDown-Liste IN FELD ((Alt)(F)), unter welchem Feldnamen der Eintrag eingegeben wurde. Mit BEGINNEN ((Alt)(B)) starten Sie die Suche und führen sie mit WEITERSUCHEN ((Alt)(W)) fort, bis der Datensatz gefunden ist, in dessen spezifiziertem Feld die vorgegebene Zeichenkette vorkommt. Dabei ist lediglich erforderlich, daß die Suchzeichen mit einem Teil des Feldeintrags übereinstimmen. Der angezeigte Datensatz kann bearbeitet werden, wenn Sie das Dialogfenster SCHLIEßEN.

Um die Datenquelle nicht über das Dialogfenster, sondern als Dokument zu bearbeiten, öffnen Sie sie mit dem Befehl DATENQUELLE ((Alt)(Q)). Sie können die Tabelle nun manuell modifizieren und erweitern. Beachten Sie, daß die erste Zeile den Steuersatz enthält, über dessen Feldnamen WinWord beim Seriendruck auf die Inhalte der einzelnen Datenfelder zugreift. Weitere Informationen zur direkten Bearbeitung der Steuerdatei finden Sie im Anschluß an diesen Abschnitt.

Wenn Sie das Dialogfenster DATENMASKE mit OK schließen, ist automatisch das Hauptdokument aktiv, in dem Sie nun den Serientext erfassen können. Lesen Sie in diesem Fall in diesem Kapitel unter der Überschrift "Hauptdokument bearbeiten".

Steuerdatei bearbeiten

In der Tabelle der Datenquelle können Sie die Daten bearbeiten, auf die beim Seriendruck zugegriffen werden soll. Für die Steuerung der Aktionen verfügt das Dokumentfenster der Datenquelle über die Symbolleiste DATENBANK.

Die Bearbeitung der Tabelle erfolgt entweder direkt in den Tabellenfeldern oder wieder im interaktiven Modus der Datenmaske. Im ersten Fall entspricht die Eingabe der Daten in die entsprechenden Felder der üblichen Arbeit in Tabellen. Sie springen mit ⇥ das nächste und mit ⇧⇥ das vorhergehende Feld an und tragen die Informationen ein. Hierbei müssen Sie die Reihenfolge der Feldnamen beachten, die durch die Steuerzeile vorgegeben ist. Am Ende einer Tabellenzeile öffnen Sie mit ⇥ die nächste Zeile.

Über das Symbol "Datenmaske" aktivieren Sie die oben beschriebene Eingabeform. Darüber hinaus bietet die Symbolleiste DATENBANK weitere Möglichkeiten, die bei der Eingabe und Veränderung von Datenquellen helfen und die Struktur der Datentabelle verwalten. Die einzelnen Symbole haben folgende Aufgaben:

Symbol	Befehl
	Wirkung

"Datenmaske"
Öffnet das oben beschriebene Dialogfenster DATENMASKE zur Bearbeitung der Datenquelle

"Feld-Manager"
HINZUFÜGEN (Alt Z) einer neuen Tabellenspalte mit dem eingegebenen FELDNAMEN (Alt F) im Steuersatz, ENTFERNEN (Alt E) eines markierten FELDNAMEN IM STEUERSATZ (Alt S) und Löschen seiner Spalte oder UMBENENNEN (Alt U) eines markierten FELDNAMEN IM STEUERSATZ

25 • Briefumschläge, Etiketten und Serienbriefe

Symbol	Befehl Wirkung
	"Neuen Datensatz hinzufügen" Legt eine weitere Datensatzzeile am Ende der Tabelle an
	"Datensatz löschen" Entfernt den Datensatz, in dem die Einfügemarke steht, samt Tabellenzeile
	"Aufsteigend sortieren" Sortiert die Datensätze der Tabelle gemäß der Spalte, in der die Einfügemarke steht, aufsteigend
	"Absteigend sortieren" Sortiert die Datensätze der Tabelle gemäß der Spalte, in der die Einfügemarke steht, absteigend
	"Datenbank einfügen" Öffnet das Dialogfenster DATENBANK, über das sich Daten einer externen Datenbank importieren lassen (siehe Kapitel 25)
	"Felder aktualisieren" Aktualisiert die markierten Feldfunktionen der Datenfelder in der Tabelle
	"Datensatz suchen" Öffnet das oben beschriebene Dialogfenster IN FELD SUCHEN zur Suche nach Zeichenketten in Datensätzen
	"Seriendruck-Hauptdokument" Schaltet zum Dialogfenster mit des Seriendruck-Hauptdokuments um

Tab. 25.1: Die Symbole der Symbolleiste DATENQUELLE

Nachdem Sie die Datentabelle gestaltet haben und die Datensätze eingetragen sind, wechseln Sie in das Dokumentfenster für den Serientext. Sie initiieren den Wechsel über das Symbol "Seriendruck-Hauptdokument" oder unter EXTRAS > SERIENDRUCK mittels des Befehls HAUPTDOKUMENT BEARBEITEN ([Alt][B]).

Auf bestehende Datenquelle zugreifen

Wenn Sie bereits eine Datenquelle erstellt und gespeichert haben, können Sie auf diese Datei für den Seriendruck zugreifen. Dabei hilft Ihnen im Dialogfenster SERIENDRUCK-MANAGER unter DATEN IMPORTIEREN ([Alt][I]) der Eintrag DATENQUELLE ÖFFNEN ([Alt][F]) weiter. Das Dialogfenster DATENQUELLE ÖFFNEN, in dem Sie Laufwerk, Verzeichnis und schließlich Dateiname der Datenquelle wählen, bietet unter DATEITYP ([Alt][T]) neben dem eigenen Dokument- und allgemeinen Textformaten auch Zugriff auf die gängigen Datenbanken MS Access, MS FoxPro, dBase und Paradox. Außerdem wird das Einlesen von Tabellen - beispielsweise von Excel - und Dokumenten all jener Formate unterstützt, deren Konvertierungsfilter installiert wurden.

Wählen Sie die Datei aus, die Sie als Datenquelle öffnen möchten. Wenn Sie Wert darauf legen, die Arbeit von WinWord zu kontrollieren, markieren Sie das Kontrollkästchen KONVERTIERUNGEN BESTÄTIGEN ([Alt][K]), bevor Sie die gewählte Datenquelle mit OK öffnen. Hierdurch wird das Dialogfenster DATENQUELLE BESTÄTIGEN auf jeden Fall aktiviert, in dessen Liste DATENQUELLE ÖFFNEN ([Alt][D]) WinWord die Konvertierungsprogramme oder Schnittstellen anzeigt, die für die Umwandlung als zuständig erkannt wurden. Einen Überblick über sämtliche installierten Konvertiermodule und Schnittstellen erhalten Sie, wenn Sie das Kontrollkästchen ALLE ANZEIGEN ([Alt][A]) markieren. Wenn Sie KONVERTIERUNGEN BESTÄTIGEN nicht markieren, aktiviert WinWord das Dialogfenster DATENQUELLE BESTÄTIGEN nur, wenn das Format der Datenquelle nicht eindeutig identifiziert werden kann, oder wenn verschiedene Alternativen des Einlesens bestehen.

Text-Datenquellen
DDE-Datenquellen
Für Dateien DDE-tauglicher Programme - beispielsweise Excel - wird die Server-Anwendung gestartet, mit der die Dateien installiert wurden. Die Anwendung läuft bei der weiteren Seriendruckerstellung im Hintergrund und versorgt Sie mit den gewünschten Felddaten, auf die Sie so vom Hauptdokument aus direkt zugreifen können. Hierbei handelt es sich um den sogenannten dynamischen Datenaustausch oder eben englisch "Dynamic Data Exchange", kurz "DDE".

Wenn Sie im Dialogfenster SERIENDRUCK-MANAGER den Befehl DATENQUELLE > BEARBEITEN ([Alt][R]) anwählen, der nach Zustandekommen der DDE-Verbindung eingeblendet wird, oder im Hauptdokument das Symbol DATENQUELLE BEARBEITEN in der Symbolleiste SERIENDRUCK anklicken, wechseln Sie hiermit automatisch in die Server-Anwendung.

ODBC-Datenquellen
Bei Datenbanken erfolgt der Zugriff über die ODBC-Treiber, die mit WinWord zusammen ausgeliefert und installiert wurden. Nachdem Sie die Datenbank im Dialogfenster DATENQUELLE ÖFFNEN ausgewählt und und im Dialogfenster DATENQUELLE BESTÄTIGEN den Konvertiertreiber bestätigt haben, erscheint das Dialogfenster TABELLE WÄHLEN, in dem Sie sich je nach Struktur der Datenquelle für eine Tabelle der Datenquelle entscheiden können. Sie wählen die einzufügende Tabelle aus der Liste TABELLE ([Alt][T]) aus. Unter OPTIONEN ([Alt][O]) können Sie zudem festlegen, welche Datenbankelemente Ihnen zur Verfügung gestellt werden. Diese sind abhängig von der Daten-

bank. Beachten Sie jedoch, daß nicht alle Tabellen über die ODBC-Schnittstelle ausgetauscht werden können.

Wenn Sie im Dialogfenster SERIENDRUCK-MANAGER den Befehl DATENQUELLE > BEARBEITEN ([Alt][R]) anwählen, der nach Zustandekommen der ODBC-Verknüpfung eingeblendet wird, oder im Hauptdokument das Symbol "Datenquelle bearbeiten" in der Symbolleiste SERIENDRUCK anklicken, macht WinWord Sie darauf aufmerksam, daß eine Bearbeitung die Verknüpfung zur Datenbank aufhebt. Wenn Sie diese Aktion nicht ABBRECHEN, sondern mit VERKNÜPFUNG AUFHEBEN ([V]) fortführen, liest WinWord die Datensätze der Datenbanktabelle ein und öffnet anschließend das Dialogfenster SPEICHERN UNTER, über das Sie die Datenquelle als eigenes Dokument speichern können. Anschließend können Sie die Datenquelle in einem eigenen Dokumentfenster bearbeiten, das über die oben beschriebene Symbolleiste DATENBANK verfügt.

Die Datenquelle, die nun nicht mehr über die ODBC-Schnittstelle verknüpft ist, kann wie gewohnt bearbeitet werden, jedoch werden die Änderungen an der Originaldatenbank nicht mehr von der Datenquelle an das Hauptdokument weitergegeben. Dieser große Vorteil, den eine direkte Verbindung mittels ODBC-Treiber bietet, sollten Sie nicht durch eine Aufhebung der Verknüpfung aufgeben.

Wenn Sie als Datenquelle eine Datei wählen, die in einem Textformat vorliegt, muß der Inhalt dieser Datei durch Trennzeichen strukturiert sein. Kann die Feldstruktur eine Dokuments nicht eindeutig identifiziert werde, so haben Sie die Möglichkeit, im Dialogfenster TRENNZEICHEN IM STEUERSATZ die FELD-TRENNZEICHEN ([Alt][F]) und DATENSATZ-TRENNZEICHEN ([Alt][D]) zu definieren. Als Erinnerungsstütze wird das Dokument im VORSCHAU-Fenster angezeigt. Die Palette der zulässigen Trennzeichen, die in den beiden DropDown-Listen für Feld- und Datensatz-Trennzeichen aufgereiht sind, ist groß. Zur Verfügung stehen:

Text-Datenquellen

Sollten Sie die Datei trotz der Anpassung der Trennzeichen nicht als Datenquelle nutzen können, werden Sie darauf hingewiesen und der SERIENDRUCK-MANAGER öffnet sich wieder.

Wenn Sie im Dialogfenster SERIENDRUCK-MANAGER den Befehl DATENQUELLE > BEARBEITEN ([Alt][R]) anwählen, der nach Zustandekommen des Zugriffs auf die Datenquelle eingeblendet wird, oder im Hauptdokument das Symbol "Datenquelle bearbeiten" in der Symbolleiste SERIENDRUCK anklicken, aktivieren Sie das Dialogfenster DATENMASKE. In diesem - oben bereits beschriebenen - Dialogfenster können Sie die Datenfelder ändern und den Umfang der Text-Datenquelle ändern. Mit dem Befehl DATENQUELLE aktivieren

Sie das Quelldokument in einem eigenen Dokumentfenster, in dem Sie mit der oben beschriebenen Symbolleiste DATENBANK arbeiten können.

Steuersatzdatei

Eine separate Steuersatzdatei erstellen Sie nur, wenn Sie auf strukturierte Daten ohne Steuersatz zugreifen möchten. Beim Arbeiten mit Datenquellen, die Sie mit WinWord erstellen, oder bei externen Datenbanken, auf die Sie direkt zugreifen können, erübrigt sich in der Regel das Erstellen einer Steuersatzdatei.

Wenn Sie eine separate Steuersatzdatei brauchen, wählen Sie im Dialogfenster SERIENDRUCK-MANAGER unter DATENQUELLE IMPORTIEREN den Eintrag STEUERSATZ-OPTIONEN (Alt+O). Im Dialogfenster STEUERSATZ-OPTIONEN können Sie eine bestehende Steuersatzdatei ÖFFNEN (Alt+F), wobei die Vorgehensweise im Dialogfenster STEUERSATZQUELLE ÖFFNEN dem Zugriff auf bestehende Datenquellen entspricht.

Wenn Sie mit ERSTELLEN (Alt+E) eine neue Steuersatzdatei kreieren, entspricht die Vorgehensweise der Erstellung einer Datenquelle, wobei im Anschluß keine Erfassung von Daten stattfindet.

Neben einer Steuersatzdatei müssen Sie für den Seriendruck auch eine Datenquelle aktivieren, da die Steuersatzdatei selbst keine Datenfelder enthält und lediglich den Zugriff auf die Datenfelder einer Datenquelle steuert. Im Dialogfenster SERIENDRUCK-MANAGER haben Sie dann unter DATENQUELLE > BEARBEITEN Zugriff auf die beiden Dateien.

Nachdem Sie Ihre Datenquelle erstellt oder die Verbindung zu ihr hergestellt haben, bearbeiten Sie das Hauptdokument und fügen die Seriendruckfelder und den Standardtext ein.

Hauptdokument bearbeiten

Den Serientext, der in jedem Schriftstück gleichbleibt, geben Sie in das Hauptdokument ein, für das Sie die Datenquelle geöffnet haben. Die Texteingabe erfolgt wie üblich. An den Stellen, an denen wechselnde Texte stehen sollen, wählen Sie in der Symbolleiste SERIENDRUCK das Symbol SERIENDRUCKFELD EINF. (Alt+⇧+F) an. Hierdurch öffnet sich eine Liste bzw. ein Dialogfenster, in dem in der Liste der SERIENDRUCKFELDER (Alt+S) sämtliche Feldnamen der Datenquelle gelistet sind. Wählen Sie den Feldnamen, auf dessen Datenfeldinhalte sie zugreifen möchten, aus, und fügen Sie ihn durch doppeltes Anklicken oder ⏎ in den Serientext ein. Er wird in doppelten Winkeln eingeklammert angezeigt.

25 • Briefumschläge, Etiketten und Serienbriefe

Wenn Sie auf die Ansicht der Feldfunktionen umschalten, sehen Sie, daß es sich bei dem eingefügten Feldnamen um das Feld {Seriendruckfeld} handelt, das den Feldnamen nennt. Bei ausgeschalteter Anzeige der Feldfunktionen erscheinen die Namen der Seriendruckfelder in doppelten spitzen Anführungszeichen (Chevrons), die von WinWord automatisch generiert werden und von Ihnen nicht verändert werden können.

Im Ausdruck erscheinen an Stelle der in Chevrons gesetzten Feldnamen die Daten der Datenquelle. Einen Eindruck des endgültigen Erscheinungsbildes bekommen Sie, wenn Sie das Symbol "Seriendruck-Vorschau" der Symbolleiste SERIENDRUCK aktivieren. Mittels der Symbole "Erster Datensatz", "Vorheriger Datensatz", "Nächster Datensatz" und "Letzter Datensatz" können Sie die Anzeige des Ergebnisses an verschiedenen oder auch allen Datensätzen der Datenquelle überprüfen.

Den Text des Hauptdokuments formatieren Sie wie jedes normale Dokument. Die Formatierung ist entscheidend für das Layout des Seriendrucks. Sie können die eingefügten Seriendruckfelder auch positionieren oder in Tabellen einfügen. Das Zeichenformat der Seriendruckfelder bestimmen Sie im Hauptdokument, indem Sie einem ganzen Seriendruckfeld die gleiche Formatierung zuweisen. Formatierungen, die lediglich Teilen eines Seriendruckfelds zugewiesen wurden, gehen beim Seriendruck verloren. Innerhalb des Serientextes können Sie jeden Feldnamen so oft verwenden, wie es Ihnen beliebt. Auch die Reihenfolge der Verwendung ist gleichgültig und keinesfalls abhängig von der Reihenfolge der Datenfeldnamen in der Datenquelle. Für spezielle Eingaben, Bearbeitungen und Zugriffe im Hauptdokument sorgt die Symbolleiste SERIENDRUCK mit folgenden Symbolen:

Serientext formatieren

Befehl
    Aktion/Wirkung
        Bemerkung

`Seriendruckfeld einf.`
SERIENDRUCKFELD EINFÜGEN (Alt ⇧ F)

    Öffnet eine Liste oder das Dialogfenster SERIENDRUCKFELD EINFÜGEN, in dem mittels der Liste SERIENDRUCKFELDER (Alt S) auf Datenfeldnamen der Datenquelle zurückgegriffen werden kann. Aus der Liste BEDINGUNGSFELDER (Alt B) lassen sich zudem Feldfunktionen für Bedingungen in das Hauptdokument übernehmen, die den Seriendruck steuern. Komfortabler erweist sich allerdings die Eingabe von Bedingungen mit dem Symbol "Bedingungsfeld einfügen".

Befehl
    Aktion/Wirkung
        Bemerkung

[Bedingungsfeld einfügen]

BEDINGUNGSFELD EINFÜGEN

Öffnet eine Liste mit Bedingungsfeldern für den Seriendruck, die in das Dokument als Feldfunktionen übernommen werden. Die Anwahl einer Bedingung, die durch drei Folgepunkte (...) gekennzeichnet ist, aktiviert das Dialogfenster BEDINGUNGSFELD EINFÜGEN: "FELDART", das je nach Art des angewählten Feldes seinen Namen und seine Gestaltung ändert. Mittels dieser Dialogfenster ist die Erstellung von Anweisungen für Hauptdokumente sehr einfach. Folgende Felder stehen in der Liste zur Verfügung:

FRAGE... ([Alt][F])
    fügt mittels Dialogfenster ein {Frage}-Feld ein.

EINGEBEN... ([Alt][E])
    fügt mittels Dialogfenster ein {Eingeben}-Feld ein.

WENN... DANN... SONST... ([Alt][W])
    fügt mittels Dialogfenster ein {Wenn}-Feld ein.

DATENSATZ VERBINDEN ([Alt][D])
    fügt ein {Datensatz}-Feld ein.

SEQUENZ VERBINDEN ([Alt][S])
    fügt ein {SeriendruckSeq}-Feld ein.

NÄCHSTER DATENSATZ ([Alt][N])
    fügt ein {Nächster}-Feld ein.

NÄCHSTER DATENSATZ WENN... ([Alt][C])
    fügt mittels Dialogfenster ein {NWenn}-Feld ein.

TEXTMARKE BESTIMMEN... ([Alt][T])
    fügt mittels Dialogfenster ein {Bestimmen}-Feld ein.

DATENSATZ ÜBERSPRINGEN... ([Alt][A])
    fügt mittels Dialogfenster ein {Überspringen}-Feld ein.

Weitere Informationen über Bedingungsfelder finden Sie am Ende dieses Kapitels. Über die Feldfunktionen informiert Sie Kapitel 28.

"Seriendruck-Vorschau"

Wechselt den Ansichtsmodus zwischen Seriendruckfeldnamen und Vorschau auf das Ergebnis. Wenn die Vorschau eingeschaltet ist,

Befehl
  Aktion/Wirkung
    Bemerkung

können Sie mit Hilfe der nebenstehenden Pfeilschaltflächen die Inhalte der einzelnen Datenfelder der Datenquelle anzeigen lassen.

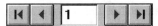

"Erster Datensatz - Vorheriger Datensatz"
"Gehe zu Datensatz"
"Nächster Datensatz - Letzter Datensatz"

Wechselt durch die Datensätze der Datenquelle und bringt den aktuell angewählten Datensatz im Hauptdokument zur Anzeige, sofern das Symbol "Seriendruck-Vorschau" aktiviert ist. Die Nummer des aktuell angewählten Datensatzes in der Datenquelle entspricht der Nummer, die im mittleren Symbolfeld "Gehe zu Datensatz" angezeigt wird. Die Eingabe einer Nummer in dieses Feld und die Bestätigung mit ⏎ wechselt zu dem entsprechenden Datensatz der Datenquelle.

"Seriendruck-Manager"

Öffnet das Dialogfenster SERIENDRUCK-MANAGER, über das der gesamte Ablauf des Seriendrucks gesteuert und auf alle beteiligten Dateien zugegriffen werden kann.

"Fehlerprüfung" (Alt ⇧ K)

Überprüft den Seriendruck auf Fehler von Seriendruck- und Bedingungsfeldern. Sie können zwischen folgenden Möglichkeiten wählen:

VERBINDUNG SIMULIEREN UND FEHLER IM NEUEN DOKUMENT AUFZEICHNEN (Alt S)

Führt Datenquelle und Hauptdokument probeweise zusammen und dokumentiert die Fehler, die bei dieser Verbindung entstehen, in einem neuen Dokument namens SERIENDRUCK-FEHLER. Solange der Durchlauf ohne Fehler vollzogen werden kann, wird kein neues Dokument angelegt.

Befehl
    Aktion/Wirkung
        Bemerkung

VERBINDUNG HERSTELLEN, BEI JEDEM FEHLER UNTERBRECHEN UND FEHLER ANZEIGEN (Alt H)

Führt Datenquelle und Hauptdokument probeweise zusammen und dokumentiert die Fehler, die bei dieser Verbindung entstehen, direkt bei der Ausführung in Meldungsfenstern, die einzeln mit OK bestätigt werden müssen. Für das Ergebnis der probeweisen Verbindung wird auf jeden Fall ein neues Dokument angelegt, das je nach Aufgabenstellung SERIENBRIEFE, ADREẞETIKETTEN, BRIEFUMSCHLÄGE oder KATALOG heißt.

VERBINDUNG OHNE UNTERBRECHUNG DURCHFÜHREN, FEHLER IM NEUEN DOKUMENT AUFZEICHNEN (Alt O))

Führt Datenquelle und Hauptdokument probeweise zusammen und dokumentiert die Fehler, die bei dieser Verbindung entstehen, in einem neuen Dokument namens SERIENDRUCKFEHLER. Für das Ergebnis der probeweisen Verbindung wird auf jeden Fall ein neues Dokument angelegt, das je nach Aufgabenstellung SERIENBRIEFE, ADREẞETIKETTEN, BRIEFUMSCHLÄGE oder KATALOG heißt.

"Ausgabe in neues Dokument" (Alt ⇧ N)

Leitet den Seriendruck in ein neues Dokument um, das je nach Aufgabenstellung SERIENBRIEFE, ADREẞETIKETTEN, BRIEFUMSCHLÄGE oder KATALOG heißt. Nach jedem Datensatz wird im neuen Dokument ein Abschnittswechsel auf die nächste Seite eingefügt.

"Ausgabe an Drucker" (Alt ⇧ M)

Gibt den Seriendruck auf dem Drucker aus. Wenn Sie unter EXTRAS > OPTIONEN in der Registerkarte DRUCKEN das Kontrollkästchen DRUKKEN IM HINTERGRUND aktiviert haben, wird diese Einstellung für den Seriendruck ignoriert.

"Seriendruck"

Öffnet das Dialogfenster SERIENDRUCK, über das die Druckausgabe, die Fehlerprüfung und die Abfrage-Optionen des Seriendrucks gesteu-

Befehl
    Aktion/Wirkung
        Bemerkung

ert werden. Dieselbe Verbindungszentrale des Seriendrucks öffnet sich auch, wenn Sie im Dialogfenster SERIENDRUCK-MANAGER den Befehl AUSFÜHREN ((Alt)(A)) anwählen. Die Möglichkeiten, die sich Ihnen im Dialogfenster SERIENDRUCK bieten, werden weiter unten erläutert.

"Datensatz suchen"

Öffnet das Dialogfenster IN FELD SUCHEN, mit dem Sie eine Zeichenkette in der Datenquelle SUCHEN ((Alt)(S)), wobei unter IN FELD ((Alt)(I)) der Name des Datenfelds angegeben sein muß. Das erfolgreiche Ergebnis der Suche wird Ihnen allerdings nur vor Augen geführt, wenn der Vorschaumodus mittels des Symbols SERIENDRUCK-VORSCHAU aktiviert wurde.

"Datenquelle bearbeiten" ((Alt)(⇧)(E))

Ändert seine Wirkung je nach Art der Datenquelle und der zugrundeliegenden Kommunikation:

Datenquelle im Textformat
    Aktiviert bei Datenquellen im Textformat das Dialogfenster DATENMASKE, in dem der Inhalt der Datenquelle direkt bearbeitet oder mit dem Befehl DATENQUELLE in einem eigenen Dokumentfenster zur Bearbeitung geöffnet werden kann.

ODBC-Verknüpfung
    Meldet, daß die Bearbeitung die ODBC-Verknüpfung zur Datenbank aufgehoben wird. Wird mit VERKNÜPFUNG AUFHEBEN ((V)) fortgefahren, werden die Datensätze der Quelle in ein WinWord-Dokument konvertiert und in einem Dokumentfenster zur Bearbeitung geöffnet.

"DDE-Verbindung"
    Wechselt automatisch in die DDE-Server-Anwendung, in der Sie die Daten mit den anwendungseigenen Funktionen bearbeiten.

Tab. 25.2: Die Symbole der Symbolleiste SERIENBRIEF

*Fehler-
behandlung*

Damit der Druckvorgang, nicht durch einen falschen Feldnamen oder einen unvollständigen Datensatz abbricht oder durch einen Eingabefehler unbrauchbar wird, empfiehlt es sich, vorher die korrekte Zusammenarbeit zwischen Hauptdokument- und Datenquelle zu prüfen. Diese Überprüfung läßt sich auf drei verschiedene Arten vollziehen, wenn sie das Symbol FEHLERPRÜFUNG (Alt ⇧ K) anwählen. Die Einstellung nehmen Sie im Dialogfenster FEHLERPRÜFUNG vor. Je nach Option wird der Druck nur simuliert, also kein neues Seriendruckdokument angelegt, oder in ein neues Seriendruckdokument umgeleitet, das Sie bei erfolgreichem Ablauf direkt speichern und drucken können. Wenn das Hauptdokument auf Datenfelder der Datenquelle nicht zugreifen kann oder fehlerhafte Bedingungen nicht ausgeführt werden können, werden Sie auf den Fehler entweder mittels einer Meldung aufmerksam gemacht, die Sie mit OK bestätigen, oder es wird ein Fehlerprotokoll in einem separaten Dokument namens SERIENDRUCK-FEHLER erstellt.

*Datenquelle
aktivieren*

Wenn Sie auf Grund eines Fehlers oder aus einem anderen Grund auf die Steuerdatei zugreifen möchten, wählen Sie das Symbol DATENQUELLE BEARBEITEN (Alt ⇧ E) an. Hierdurch wird - soweit es die augenblickliche Verbindung erlaubt - ein Fenster mit den Datensätzen aktiviert; falls das Dokument der Steuerdatei noch nicht geöffnet sein sollte, wird dies automatisch nachgeholt. Sie können nun den protokollierten Fehler behe-

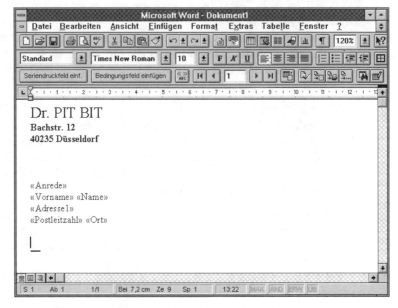

Abb. 25.5: Ein Seriendruck-Hauptdokument mit Seriendruckfeldern

ben und andere Bearbeitungen in der Steuerdatei vornehmen, beispielsweise eine neue Datenfeldspalte zur Aufnahme weiterer Informationen kreieren.

Adreßetiketten und Briefumschläge

Die Erstellung von Adressetiketten und Briefumschlägen mit der Seriendruckfunktion unterscheidet sich geringfügig in der Bearbeitung des Hauptdokuments.

Um Adreßetiketten oder Briefumschläge zu generieren, wählen Sie im Dialogfenster SERIENDRUCK-MANAGER unter HAUPTDOKUMENT ERSTELLEN ([Alt][E]) den Eintrag ADREßETIKETTEN ([Alt][A]) bzw. UMSCHLÄGE ([Alt][U]). Sollte bereits ein Hauptdokument geöffnet sein, das auf den Seriendruck ausgerichtet wurde, haben Sie im folgenden Dialogfenster die Wahl zwischen NEUES HAUPTDOKUMENT ([Alt][N]) und DOKUMENTART ÄNDERN ([Alt][D]). Liegt noch kein Seriendruck-Hauptdokument vor, heißt dieser Befehl stattdessen AKTIVES FENSTER ([Alt][A]). In der Regel empfiehlt sich für Adreßetiketten oder Briefumschläge das Erstellen eines neuen Hauptdokuments. Nachdem - wie oben beschrieben - der Import der Datenquelle vollzogen wurde, läßt sich im nachfolgenden Meldungsfenster mit dem Befehl HAUPTDOKUMENT EINRICHTEN ([Alt][D]) direkt ins Dialogfenster wechseln in dem Sie die ETIKETTEN EINRICHTEN oder die OPTIONEN FÜR UMSCHLÄGE festlegen. Diese Dialogfenster entsprechen im Aufbau und der Bedienung den Dialogfenstern, die unter EXTRAS > UMSCHLÄGE UND ETIKETTEN in den Registerkarten mit dem Befehl OPTIONEN aktiviert werden. Die Funktionalität und Handhabung dieser Dialogfenster wurde bereits weiter oben beschrieben.

Nachdem die Formateinstellungen für die Adreßetiketten oder Briefumschläge vollzogen sind, wird automatisch das nächste Dialogfenster ETIKETTEN ERSTELLEN bzw. UMSCHLAGADRESSE aktiv.

Im Dialogfenster ETIKETTEN ERSTELLEN findet sich im Feld MUSTERETIKETT ([Alt][M]) der Raum für Texteingaben per Tastatur und Seriendruckfelder. Im Dialogfenster UMSCHLAGADRESSE heißt das gleiche Feld MUSTERADRESSE ([Alt][M]) und bietet dieselbe Funktionalität, dient also zur Aufnahme von Text und Seriendruckfeldern. In beiden Dialogfenstern öffnet die Schaltfläche SERIENDRUCKFELD EINFÜGEN ([Alt][I]) eine Liste mit den in der Datenquelle verfügbaren Feldern und fügt das ausgewählte Seriendruckfeld in das Musteretikett ein.

Die Eingaben im Feld MUSTERETIKETT werden nicht auf ihre Länge bzw. Breite hin überprüft, so daß Text, der nicht mehr auf ein Etikett paßt, einfach abgeschnitten wird.

Wenn das Musteretikett einmal erstellt wurde, wird die Eingabe in eine Tabelle mit den entsprechenden Formatierungen umgewandelt. Nachträglich läßt sich somit nicht auf das Musteretikett zurückgreifen. Dies stört jedoch nicht weiter, da der Aufwand für eine Neuerstellung der Etiketten minimal ist. Wenn Sie nun unter HAUPTDOKUMENT EINRICHTEN ([Alt][R]) nach dem Einrichten der Etiketten das Musteretikett bearbeiten, wird nach dem Bestätigen der Änderungen durch OK noch die Warnung ausgegeben, daß das Hauptdokument nicht leer ist und der vorhandene Text gelöscht und und durch die neuen Eingaben ersetzt wird.

Die Option BEIM VERBINDEN DER DATENSÄTZE AUS LEERZEICHEN RESULTIERENDE LEERZEICHEN AUSLASSEN, die Sie im Ausführungs-Dialogfenster SERIENDRUCK finden, sollten Sie nicht aktivieren, wenn Sie eventuell später noch fehlende Angaben der Datenquelle manuell auf dem Etikett ergänzen möchten. Hierfür brauchen Sie die Lücken der Seriendruckfelder, die den Druckvorgang ohne Ergebnis durchliefen.

Im Unterschied zum normalen Druck von Umschlägen kann beim Seriendruck nicht festgelegt werden, ob und welcher Absender gedruckt werden soll. Es wird automatisch auf den Standardabsender zurückgegriffen. Diesen können Sie allerdings verbergen, indem Sie im Dialogfenster FORMATVORLAGE die Formatvorlage ABSENDERADRESSE markieren und mit BEARBEITEN > FORMAT > ZEICHEN als verborgenen Text formatieren.

Serienbriefdruck

Nachdem Sie das Hauptdokument erfaßt haben und die Kontrolle des korrekten Zugriffs auf die Datenquelle vollzogen wurde, können Sie den Ausdruck des Serientextes einleiten. Für die Einleitung des Drucks stehen Ihnen in der Symbolleiste für den Seriendruck drei Symbole zur Verfügung.

Mit dem Symbol "Ausgabe in Neues Dokument" ([Alt][⇧][N]) leiten Sie den Ausdruck des gesamten Serientextes in ein neues Dokument um. Wenn Sie sich hierfür entscheiden, wird ein neues Dokumentfenster geöffnet, das je nach Hauptdokument mit SERIENBRIEFE, ADREßETIKETTEN, BRIEFUMSCHLÄGE oder KATALOG betitelt ist. In diesem Dokument finden sämtliche Exemplare des Serientextes Platz, wobei die einzelnen Exemplare voneinander durch Abschnittsumbrüche (nächste Seite) getrennt sind. Die Datei können Sie wie jede andere Dokumentdatei bearbeiten und speichern. So haben Sie die Möglichkeit, einzelne Texte nachzubessern oder persönlicher zu gestalten, ohne auf den Serientextkomfort verzichten zu müssen.

Das Symbol "Ausgabe an Drucker" ([Alt][⇧][M]) gibt die Exemplare des Serientextes direkt auf dem eingestellten Drucker aus. In diesem Fall wird

25 • Briefumschläge, Etiketten und Serienbriefe

das Dialogfenster DRUCKEN geöffnet, in dem Sie den Druck wie gewohnt starten.

Während die beiden Symbole "Ausgabe in Neues Dokument" und "Ausgabe an Drucker" keine weiteren Einstellungen für den Seriendruck ermöglichen, öffnet das Symbol "Seriendruck" ein Dialogfenster, in dem Sie die folgende Ausgabe spezifizieren können. Das Dialogfenster SERIENDRUCK läßt sich zudem vom SERIENDRUCK-MANAGER aus mit dem Befehl DATEN MIT DEM DOKUMENT VERBINDEN AUSFÜHREN ((Alt)(A)) aktivieren.

Im Feld SERIENDRUCK IN ((Alt)(S)) haben Sie nun nicht nur die Wahl zwischen der Seriendruckausgabe in ein NEUES DOKUMENT oder direkt auf den DRUCKER; auch als als ELEKTRONISCHE POST oder als ELEKTRONISCHES FAX läßt sich das Dokument verschicken.

Wenn der Seriendruck als elektronische Post oder als elektronisches Fax gestartet werden soll, müssen Sie die Empfänger und den Betreff der E-Mail bestimmen. Hierzu öffnen Sie mit EINRICHTEN ((Alt)(E)) das Dialogfenster VERBINDEN, in dem Sie auswählen, welches DATENFELD MIT MAIL/FAX-ADRESSE ((Alt)(D)) den Namen enthält, über das die E-Mail-Anwendung den Empfänger erreichen kann. Im Eingabefeld BETREFF-ZEILE DER NACHRICHT ((Alt)(B)) läßt sich ein Vermerk eingeben. Weiter können Sie wählen, ob Sie das DOKUMENT ALS ANLAGE SENDEN ((Alt)(A)) möchten - hierbei wird der gesamte Inhalt des Dokument samt aller Formatierungen eingebettet - , oder ob das Dokument ohne Formatierungen und Grafiken in die elektronische Post bzw. das Fax im reinen Textformat übernommen wird.

Voraussetzung für die elektronischen Kommunikationswege ist jeweils, daß auch die technischen Voraussetzungen in Form eines Faxmodems und eines MAPI-tauglichen E-Mail-Sytems gegeben sind. Diese Funktionaltität bietet Ihnen beispielsweise Windows für Workgroups 3.11, zu dessen Lieferumfang eine Version von MS Mail gehört, die elektronische Nachrichten im Netz und per Modem verschicken kann. Bei dem Versand über ein angeschlossenes Modem wird neben dem E-Mail-Format, bei dem der Empfänger die elektronische Nachricht samt eingebetteter Anlagen zugestellt bekommt, auch die Möglichkeit, den Adressaten per Fax zu erreichen. In diesem Fall werden eingebettete Dokumente, die als Anlage versandt wurden, auf dem Faxgerät ausgedruckt.

Im Dialogfenster SERIENDRUCK wählen Sie, welche Datensätze verbunden werden sollen. Wenn alle Datensätze der Datenquelle mit dem Hauptdokument verbunden werden sollen, wählen Sie ALLE ((Alt)(A)). Um die Ausgabe auf einen fortlaufenden Datensatzbereich der Datenquelle zu begrenzen, legen Sie unter VON ((Alt)(N)) und BIS ((Alt)(B)) fest, welche Datensätze zu diesem Bereich gehören sollen. Für diese Angabe werden die Datensätze von oben nach unten gezählt. Der Steuersatz wird in die Zählung nicht einbezogen.

Das markierte Optionsfeld der Gruppe BEIM VERBINDEN DER DATENSÄTZE entscheidet, was mit Seriendruckfeldern ohne Ergebnis - für die also in der Datenquelle kein Eintrag im Datenfeld vorliegt - während des Ausdrucks geschieht. AUS LEERFELDERN RESULTIERENDE LEERZEILEN AUSLASSEN ((Alt)(L)) verhindert unschöne Leerflächen innerhalb Ihres Ausdrucks, jedoch kann es manchmal von Interesse sein, gerade diese leeren Zeilen bestehen zu lassen. In diesem Falle wählen Sie AUS LEERFELDERN RESULTIERENDE LEERZEILEN DRUKKEN ((Alt)(D)).

Der Befehl FEHLERPRÜFUNG ((Alt)(F)) öffnet das Dialogfenster FEHLERBEHANDLUNG, das auch das Symbol "Fehlerprüfung" in der Symbolleiste SERIENDRUCK aktiviert. Die Wirkung der verschiedenen Prüfoptionen wurde bereits weiter oben beschrieben.

Optionen für die Abfrage der Datenquelle

Im Dialogfenster SERIENDRUCK oder direkt im SERIENDRUCK-MANAGER läßt sich über ABFRAGE-OPTIONEN ((Alt)(O)) das Dialogfenster OPTIONEN FÜR ABFRAGE öffen. In diesem Dialogfenster können Sie festlegen, welche Datensätze ausgedruckt werden sollen und ihre Datensätze sortieren. In der Registerkarte DATENSÄTZE FILTERN ((Alt)(D)) stehen bis zu sechs Kriterien für die Auswahl von Datensätzen zur Verfügung, welche untereinander mit den logischen Operatoren UND bzw. ODER verbunden werden können. Wählen Sie unter FELD den Feldnamen aus, dessen Datenfelder auf die Bedingung überprüft werden. Ob die Datenfelder Zahlen, Buchstaben oder eine Mischung der Zeichen enthalten, ist prinzipiell unerheblich, da sich die Operatoren sowohl auf numerische als auch auf alphanumerische Einträge der Datenquelle beziehen.

In der DropDown-Liste VERGLEICH wählen Sie den Operator, der die Auswahl bestimmt. Zur Verfügung stehen die Operatoren GLEICH, UNGLEICH, KLEINER ALS, GRÖßER ALS, KLEINER ODER GLEICH, GRÖßER ODER GLEICH und IST LEER bzw. IST NICHT LEER.

Im Feld VERGLEICHEN MIT geben Sie den Vergleichswert ein, auf den das Datenfeld mittels des Operators überprüft wird. Zur Ausgabe gelangen nur jene Datensätze, bei denen

- alle Filterkriterien erfüllt sind, wenn die Verbindung der verschiedenen Filter durchgängig mit UND erfolgte.

- einige Filterkriterien erfüllt sind, wenn die Verbindung der verschiedenen Filter mit UND und ODER erfolgte.

– ein Filterkriterium erfüllt ist, wenn die Verbindung der verschiedenen Filter durchgängig mit ODER erfolgte bzw. lediglich ein Filterkriterium eingegeben wurde.

So läßt sich z. B. formulieren, daß ein Brief nur an jene Adressaten geschickt werden soll, die ein Auftragsvolumen von DM 100.000 überschritten haben, nicht im Ausland sitzen oder eine Vertretung im Inland haben:

```
Volumen GRÖßER ALS DM 100.000
UND
Land GLEICH D
ODER
Vertretung NICHT LEER
```

Um alle Auswahlkriterien wieder für eine Neueingabe zu löschen, oder um alle Datensätze der Datenquelle wieder in den Seriendruck einzubeziehen, wählen Sie ALLE LÖSCHEN ([Alt][A]).

In der Registerkarte DATENSÄTZE SORTIEREN ([Alt][O]) legen Sie fest, in welcher Reihenfolge die Datensätze mit dem Hauptdokument verbunden werden sollen. Hierzu können Sie bis zu drei SORTIERSCHLÜSSEL definieren, deren DropDown-Listen Sie nacheinander mit der Maus oder den Tasten [1], [2] und [3] öffnen. Wählen Sie in diesen Feldern die Namen der Datensatzfelder aus, nach denen sortiert werden soll. Als Sortierfolge stehen AUFSTEIGEND ([Alt][U]) und ABSTEIGEND ([Alt][B]) zur Verfügung.

Die Datensätze werden zunächst nur für die Ausgabe sortiert und bleiben in der Datei der Datenquelle solange in der gespeicherten Reihenfolge erhalten, bis dort die Änderungen gespeichert werden.

Es bietet sich an, Datensätze zu sortieren, wenn Sie den Seriendruck mittels VON und BIS über die Satznummern eingrenzen. Da für die Von-Bis-Angabe im Dialogfenster SERIENDRUCK die geeigneten Datensätze in der Datenquelle aufeinander folgen müssen, eignet sich die Sortierung besonders dafür, diese Reihenfolge herzustellen.

Wenn Sie die Eingaben mit OK oder [↵] bestätigen, kehren Sie in das Dialogfenster SERIENDRUCK zurück, von dem aus Sie den Seriendruck starten.

Seriendruckdokument auflösen

Wenn Sie ein Seriendruckdokument wieder in ein "normales" Textdokument umwandeln möchten, wählen Sie im Dialogfenster SERIENDRUCK-MANAGER unter HAUPTDOKUMENT ERSTELLEN ([Alt][E]) STANDARD-WORD-DOKUMENT WIEDERHERSTELLEN ([Alt][W]).

Felder in Serienbriefen

Mitunter sollen Serienbriefe nicht einfach ablaufen, sondern müssen gewissen Vorgaben entsprechen. Eine Vorgabe ist beispielsweise, daß mehrere Datensätze auf einer Druckseite umgesetzt werden, ohne daß ein Seitenumbruch stattfindet. Dies wird durch die Bedingung NÄCHSTER DATENSATZ bewirkt. NÄCHSTER DATENSATZ WENN greift beispielsweise auf den nächsten Datensatz zu und DATENSATZ ÜBERSPRINGEN bricht die Bearbeitung eines Datensatzes ab, wenn eine Bedingung erfüllt ist. Andere Bedingungsfelder bieten die Möglichkeit, in den Ablauf des Seriendrucks einzugreifen. Grundsätzlich werden alle Felder, die Seriendruckbedingungen enthalten, während des Seriendrucks aktualisiert, gleichgültig, ob die Ausgabe in ein neues Dokument oder auf dem Drucker erfolgt.

Die Felder, die sich für den Einsatz in Serientexten eignen, werden nach einem Klick auf die Schaltfläche BEDINGUNGSFELD EINFÜGEN aufgelistet. Sie können nun zwischen folgenden Bedingungsfeldern wählen:

Frage

Wirkung beim Seriendruck:
Stellt eine Frage und ermöglicht so die nachträgliche Eingabe von Informationen, die nicht in der Datenquelle vorhanden sind.

Erstellung per Dialogfenster:
Im Feld TEXTMARKE (Alt+T) geben Sie den Namen der Textmarke an, die die Eingabe des Benutzers aufnehmen soll. Die Frage geben Sie im Feld AUFFORDERUNGSTEXT (Alt+A) ein. Im Feld STANDARDTEXT FÜR TEXTMARKE (Alt+S) können Sie eine Standardantwort auf die Frage eingeben, die dem Benutzer angezeigt wird, wenn das Fragefeld später aufgerufen wird. Dieser Text kann dann mit OK übernommen werden. Wenn es sich bei der Frage um eine globale Frage handelt, deren Eingabe für den ganzen Text gelten soll, aktivieren Sie EINMAL FRAGEN (Alt+E). Nun wird die Fragebox nur einmal zu Beginn des Seriendrucks angezeigt. Wenn dieser Schalter nicht aktiviert wurde, wird die Fragebox beim Seriendruck vor jedem Verbinden mit einem Datensatz angezeigt.

Das Bedingungsfeld FRAGE enstpricht der Feldfunktion {Frage}. Wenn Sie das Feld manuell bearbeiten, achten Sie darauf, daß der Fragetext in Anführungszeichen gesetzt ist.

Eingeben

Wirkung beim Seriendruck:
Fordert mittels einer Dialogbox am Bildschirm zu einer Texteingabe auf.

Erstellung per Dialogfenster:
Im Feld AUFFORDERUNGSTEXT (Alt A) geben Sie den Text ein, den WinWord dem Benutzer anzeigen soll. Der STANDARD-EINGABETEXT (Alt S) kann beim Seriendruck vom Benutzer mit OK übernommen werden.

Aktivieren Sie EINMAL FRAGEN (Alt E), wird die Dialogbox nur einmal zu Beginn des Seriendrucks angezeigt. Wenn dieses Kontrollkästchen nicht aktiviert wurde, wird die Dialogbox beim Seriendruck vor jedem Verbinden mit einem Datensatz angezeigt.

Das Bedingungsfeld EINGEBEN entspricht der Feldfunktion {Eingeben}. Wenn Sie das Feld manuell bearbeiten, achten Sie darauf, daß der Fragetext in Anführungszeichen gesetzt ist.

Wenn...Dann...Sonst...

Wirkung beim Seriendruck:
Diese Feldfunktion überprüft eine Bedingung. Wenn die Bedingung erfüllt, also wahr ist, gibt sie den ersten Text aus. Ist die Bedingung aber nicht erfüllt und somit das Ergebnis falsch, wird der zweite Text eingesetzt. Wenn kein zweiter Text eingegeben wurde, wird beim falschen Ergebnis kein Text ausgegeben.

Erstellung per Dialogfenster:
Wählen Sie aus der Liste FELDNAME (Alt F) das Feld aus, das die Daten enthält, die Sie überprüfen wollen. Unter VERGLEICH (Alt V) können Sie den Vergleichsoperator wählen, der die logische Verknüpfung zu dem in VERGLEICHEN MIT (Alt M) angegebenen Wert herstellt. Mögliche Operatoren sind: GLEICH, UNGLEICH, KLEINER ALS, GRÖSSER ALS, KLEINER ODER GLEICH, GRÖSSER ODER GLEICH, IST LEER und IST NICHT LEER. Geben Sie in DANN DIESEN TEXT EINFÜGEN (Alt D) den Text ein, der in das Dokument eingefügt werden soll, wenn die Bedingung erfüllt ist, und in SONST DIESEN TEXT EINFÜGEN (Alt S) den Text ein, der eingefügt werden soll, wenn die Bedingung nicht erfüllt ist.

Bei Operationen mit "Gleich" und "Ungleich" können ? und * als Platzhalter verwendet werden. Das Fragezeichen repräsentiert hierbei stets ein Zeichen, während das Sternchen für eine Zeichenfolge vertritt. Wenn das Sternchen im zweiten Ausdruck eingesetzt wird, werden allerdings insgesamt nur ersten 118 Zeichen im ersten Ausdruck in den Vergleich einbezogen.

Das Bedingungsfeld WENN..DANN...SONST entspricht der Feldfunktion {Wenn}. Sollten Sie das Feld manuell bearbeiten, achten Sie darauf, daß zwischen dem Operator und dem Vergleichswert Leerzeichen gesetzt werden müssen. Die Texte, die entsprechend der Bedingung in das Dokument eingefügt werden, müssen in Anführungszeichen gesetzt werden.

Datensatz verbinden

Wirkung beim Seriendruck:
Wenn Sie DATENSATZ VERBINDEN (Alt D) wählen, fügt WinWord an dieser Stelle die Nummer des Datensatzes an.

Erstellung per Dialogfenster:
Dieses Bedingungsfeld wird ohne weitere Modifikation direkt ins Dokument eingefügt.

Das Bedingungsfeld DATENSATZ VERBINDEN entspricht der Feldfunktion {Datensatz}.

Sequenz verbinden

Wirkung beim Seriendruck:
Fügt die relative Datensatz-Nummer ein.

Erstellung per Dialogfenster:
Dieses Bedingungsfeld wird ohne weitere Modifikation direkt ins Dokument eingefügt.

Während DATENSATZ VERBINDEN die feststehende Nummer des Datensatzes angibt, gibt das Bedingungsfeld SEQUENZ VERBINDEN die Nummer des Datensatzes auf der Basis der aktuellen Sortierung oder Auswahl von Datensätzen in einem Seriendruck-Dokument an. Wenn Sie beispielsweise nur die Datensätze 20 bis 40 mit dem Hauptdokument verbinden, erscheinen die Datensatz-Nummern 20 bis 40 während die Seriensequenz von 1 bis 20 zählend.

Das Bedingungsfeld SEQUENZ VERBINDEN entspricht der Feldfunktion {SeriendruckSeq}.

Nächster Datensatz

Wirkung beim Seriendruck:
Fügt den nächsten Datensatz ohne Abschnittswechsel ein. Normalerweise wird nach jedem Datensatz ein Abschnittswechsel und mit ihm ein Seitenwechsel eingefügt. Um diesen Abschnitts-/Seitenwechsel zu unterdrücken, fügen Sie das Bedingungsfeld NÄCHSTER DATENSATZ ein.

Erstellung per Dialogfenster:
Dieses Bedingungsfeld wird ohne weitere Modifikation direkt ins Dokument eingefügt.

Das Bedingungsfeld NÄCHSTER DATENSATZ entspricht der Feldfunktion {Nächster}.

Wenn Sie NÄCHSTER DATENSATZ vor dem ersten Datensatz einfügen, wird dieser übersprungen. Eine weitere Eigenart dieses Bedingungsfeldes ist, daß angefangene Seiten - wenn möglich - aufgefüllt werden. Wenn Sie auf einer Seite 12 Datensätze darstellen wollen und die Datensätze 1 bis 20 einer umfangreichen Datenquelle mit dem Haupt-Dokument verbinden, werden dennoch die Datensätze 1 bis 24 verbunden.

Nächster Datensatz Wenn...

Wirkung beim Seriendruck:
Wenn die Bedingung erfüllt ist, wird der nächste Datensatz übergeben. Ansonsten wird der vorherige Datensatz wiederholt.

Erstellung per Dialogfenster:
Wählen Sie unter FELDNAME ([Alt][F]) das Feld aus, das die Bedingung erfüllen soll. Unter VERGLEICH ([Alt][V]) können Sie folgende Vergleichsoperatoren auswählen: GLEICH, UNGLEICH, KLEINER ALS, GRÖSSER ALS, KLEINER ODER GLEICH, GRÖSSER ODER GLEICH, IST LEER und IST NICHT LEER. Im Feld VERGLEICHEN MIT ([Alt][M]) geben Sie schließlich den Vergleichswert ein.

Das Bedingungsfeld NÄCHSTER DATENSATZ WENN... enstpricht der Feldfunktion {NWenn}. Sollten Sie das Feld manuell bearbeiten, achten Sie darauf, daß zwischen dem Operator und dem Vergleichswert Leerzeichen gesetzt werden müssen.

Textmarke bestimmen

Wirkung beim Seriendruck:
Betsimmt eine Textmarke, auf die mittels Feldfunktionen zurückgegriffen werden kann.

Erstellung per Dialogfenster:
Geben Sie im Feld TEXTMARKE ([Alt][T]) den Texmarkennamen ein, deren WERT ([Alt][W]) Sie bestimmen möchten. Sie können auch bestehende Textmarken neu definieren.

Damit der Inhalt einer Textmarke im Hauptdokument eingefügt wird, müssen Sie die Textmarke später als Feld {Textmarkenname} ins Dokument einfügen. Im Dialogfenster BESTIMMEN legen Sie lediglich den Inhalt der Textmarke fest.

Das Bedingungsfeld TEXTMARKE BESTIMMEN enstpricht der Feldfunktion {Bestimmen}. Sollten Sie das Feld manuell bearbeiten, achten Sie darauf, daß der Textmarkenname keine Leerzeichen enthalten darf und der Inhalt der Textmarke in Anführungsstriche gesetzt wird.

Datensatz überspringen

Wirkung beim Seriendruck:
Überspringt einen Datensatz, wenn eine Bedingung erfüllt ist. Wenn Sie Datensätze nur unter einer bestimmten Bedingung in den Ausdruck einbeziehen möchten, formulieren Sie diese Bedingung als logische Operation. Bei den Operatoren "Gleich" und "Ungleich" können die Variablen "?" und "*" eingesetzt werden.

Erstellung per Dialogfenster:
Wählen Sie aus der Liste FELDNAME (Alt+F) das Feld aus, das die Daten enthält, die Sie überprüfen wollen. Unter VERGLEICH (Alt+V) können Sie den Vergleichsoperator wählen, der die logische Verknüpfung zu dem in VERGLEICHEN MIT (Alt+M) angegebenen Wert herstellt. Mögliche Operatoren sind: GLEICH, UNGLEICH, KLEINER ALS, GRÖSSER ALS, KLEINER ODER GLEICH, GRÖSSER ODER GLEICH, IST LEER und IST NICHT LEER.

Wenn Sie Datensätze nur unter einer bestimmten Bedingung in den Ausdruck einbeziehen möchten, formulieren Sie diese Bedingung als logische Operation. Bei den Operatoren "Gleich" und "Ungleich" können die Variablen "?" und "*" eingesetzt werden.

Das Bedingungsfeld DATENSATZ ÜBERSPRINGEN... enstpricht der Feldfunktion {Überspringen}. Sollten Sie das Feld manuell bearbeiten, achten Sie darauf, daß zwischen dem Operator und dem Vergleichswert Leerzeichen gesetzt werden müssen.

26

Elektronische Nachrichten und Formulare

Word für Windows im Netz	**Seite**	**747**
Dokumentvorlagen gemeinsam nutzen	Seite	747
Gleichzeitiges Öffnen von Dokumenten	Seite	748
Elektronische Nachrichten	**Seite**	**750**
Verteiler	Seite	752
Seriendruck ins Netz	Seite	753
Formulare	**Seite**	**754**
Formulare erstellen	Seite	754
Formularfelder einfügen	Seite	756
Dokument schützen	Seite	762
Formulare speichern und drucken	Seite	763

Word für Windows im Netz

Prinzipiell ist die Bedienung von Word für Windows im Netz für den Anwender nicht anders als die Arbeit am heimischen PC. Die Netzlaufwerke, auf die er zugreifen kann, werden ebenso wie die Laufwerke des eigenen Rechners in der Liste LAUFWERKE aufgeführt, die sich in den verschiedenen Dialogfenstern zu Öffnen, Speichern und Suchen nach Dateien finden. Sie können also genau wie ein lokales Laufwerk hier die Kennung der freigegebenen Laufwerke oder Verzeichnisse im Netzwerk anwählen. Ob Sie später in dem Verzeichnis, auf das Sie zugreifen, auch eine Datei speichern können, hängt unter anderem davon ab, welchen Berechtigungsstatus sie für das Verzeichnis haben.

Die Kennungen der freigegebenen Netzlaufwerke und Verzeichnisse fehlen allerdings in den Laufwerklisten der Dialogfenster, solange der Rechner nicht im Netz angemeldet wurde oder die Verbindung zu den Laufwerken und Verzeichnissen noch nicht hergestellt wurde.

Die Anmeldung im Netzwerk, die bei vielen Konfigurationen direkt beim Booten des Rechners oder beim Start von Windows erfolgt - und auch bei mancher Netzwerk-Software vor dem Start der Anwendungen erfolgen muß -, läßt sich bei anderen Netzkonfigurationen auch unter Word für Windows noch nachholen. Dies ist beispielsweise bei Windows für Workgroups der Fall, mit dem Word für Windows gut zusammenarbeitet.

Verbindungen zu freigegebenen Verzeichnissen im Netz, die bislang noch nicht aktiviert wurden, können in WinWord in den Dialogfenstern, die Dateizugriff bieten, mit der Schaltfläche NETZWERK aktiviert werden. Dieser Befehl aktiviert das Dialogfenster NETZLAUFWERK VERBINDEN, in dem auf die gewohnte Weise die freigegebenen Verzeichnisse im Netz ausgewählt und zum Zugriff aktiviert werden können. Nachdem die Verbindungen hergestellt wurden, werden die Verzeichnisse in der Liste LAUFWERKE geführt.

Die Schaltfläche NETZWERK erscheint nur dann in den Dialogfenstern, wenn WinWord bei seinem Start ein Netzwerk erkennt. Sollte keine Netzwerk-Software im Hintergrund die Möglichkeit geben, auf andere Rechner zuzugreifen, so werden die NETZWERK-Schaltflächen in den Dialogfenstern ausgeblendet.

Dokumentvorlagen gemeinsam nutzen

Gerade bei Dokumentvorlagen empfiehlt es sich, die Kapazität eines Netzwerkes zu nutzen. Die Zeitersparnis ist immens, wenn nicht jeder Anwender eines Netzwerks seine Vorlagen selbst strickt, und gleichzeitig kommen kollektive Dokumentvorlagen auch dem einheitlichen Layout der Schreiben zugute. Damit unter DATEI > NEU nicht nur die eigenen Dokumentvorlagen erscheinen, sondern auch Dokumentvorlagen, die für alle Anwender gemeinsam verbindlich sind, gehen Sie folgendermaßen vor:

Die Dokumentvorlagen, auf die alle Anwender gemeinsam zugreifen sollen, kopieren Sie in ein Verzeichnis, bei dem alle WinWord-Anwender reine Leseberechtigung haben. So ist gewährleistet, daß keine eigenwilligen Änderungen von den Anwendern an globalen Dokumentvorlagen vorgenommen werden.

Damit nun alle Anwender auf das Verzeichnis der globalen Dokumentvorlagen zugreifen können, muß in den OPTIONEN in der Registerkarte DATEI-ABLAGE das Verzeichnis für die DATEIART > ARBEITSGRUPPEN-VORLAGEN eingetragen werden. Mittels ÄNDERN können Sie dem markierten Eintrag das Verzeichnis zuweisen.

Nun werden bei der Kreation neuer Dokumente unter DATEI > NEU auch jene Vorlagen gelistet, die im gemeinsamen Vorlagen-Verzeichnis liegen.

Sollen nur die gemeinsamen Vorlagen aufgeführt und keine eigenen Benutzervorlagen zur Erstellung von Dokumenten herangezogen werden, so muß in der Registerkarte DATEIABLAGE der OPTIONEN die Pfadangabe der DATEIART > BENUTZER-VORLAGEN unter ÄNDERN gelöscht werden.

Gleichzeitiges Öffnen von Dokumenten

Während bei Dokumentvorlagen dem gemeinsamen Zugriff verschiedener Anwender nicht im Wege steht - schließlich führt WinWord in der Regel Lesezugriffe auf die Vorlage aus - muß bei der Arbeit mit gemeinsamen Dokumenten darauf geachtet werden, daß nicht mehrere Anwender gleichzeitig die gleiche Datei bearbeiten können. Damit es beim Zugriff auf Dokumente, die zentral zur Verfügung stehen, nicht zu Kollisionen kommt, legt WinWord für die Zeit, die ein Dokument geöffnet ist, eine versteckte Datei (Dateiattribut: Hidden) an, deren Dateiname mit „~$" beginnt, dann mit den letzten sechs Zeichen des Dateinamens fortgeführt wird und als Erweiterung .DOC trägt. Diese Datei enthält unter anderem den Benutzernamen des Anwenders, der zur Zeit das entsprechende Dokument geöffnet hat. Wenn nun ein anderer Anwender versucht, das gleiche Dokument zu öffnen, erhält er von WinWord Mitteilung darüber, von wem die Datei zur Zeit bearbeitet wird. Das Mitteilungsfenster bietet ihm die Möglichkeit, mit OK eine Kopie des Dokuments zu erstellen und diese Kopie zu bearbeiten. Die Änderungen, die an der Kopie vorgenommen werden, fließen allerdings nicht ins Originaldokument ein, sondern müssen separat in einer neuen Datei gespeichert werden. Dies hat den großen Nachteil, daß nun zwei Versionen eines Dokuments bestehen, die später oft wieder zusammengeführt werden müssen.

Für das Zusammenführen von Dokumenten bieten sich übrigens die Funktionen VERSIONSVERGLEICH und ÄNDERUNGEN KONSOLIDIEREN an, die Sie unter EXTRAS > ÜBERARBEITEN finden. Diese Funktionen werden in Kapitel 22 erläutert.

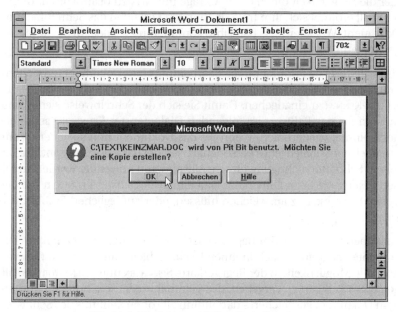

Abb. 26.1: Ein Dokument ist bereits in Benutzung

Dokumentschutz im Netz

Der Anwender, der ein Dokument zuerst öffnet, kann allen anderen den Lesezugriff auf das Original offen halten, indem er im Dialogfenster ÖFFNEN das Kontrollkästchen SCHREIBGESCHÜTZT aktiviert. Alle weiteren Zugriffe auf das Dokument werden nun zwangsläufig ebenfalls schreibgeschützt ausgeführt. Nun kann zwar keiner Änderungen im Original vornehmen, doch es werden andererseits auch keine Kopien des Originals erstellt, da dies für einen reinen Lesezugriff nicht nötig ist.

Etwas anders sieht die Situation aus, wenn Sie ein Dokument lediglich lesen möchten, aber einem anderen die Möglichkeit bieten wollen, parallel zu Ihnen ohne Schreibschutz auf das gleiche Dokument zuzugreifen. In diesem Fall sollten Sie das Dokument öffnen und unter EXTRAS > OPTIONEN in der Registerkarte SPEICHERN unter OPTIONEN FÜR GEMEINSAMEN ZUGRIFF das Kontrollkästchen SCHREIBSCHUTZ EMPFEHLEN aktivieren. Wenn Sie nun das Dokument mit der veränderten Schreibschutzeinstellung wieder abspeichern, wird jeder, der es öffnet, beim Öffnen auf den empfohlenen Schreibschutz mittels eines Meldungsfensters aufmerksam gemacht. Solange alle Beteiligten die Meldung "Soll die Datei mit Schreibschutz geöffnet werden?" mit JA bestätigen, bleibt für einen Anwender, der später auf die Datei zugreift, noch immer die Möglichkeit offen, diese Abfrage mit NEIN zu beantworten. In diesem Fall eröffnet sich ihm trotz der übrigen Lesenden das Schreibrecht im Dokument. Wer allerdings nach ihm kommt, muß wieder auf die Kopie des geöffneten Dokuments zurückgreifen.

Um sich die erste Priorität für die Bearbeitung eines Dokuments zu sichern, brauchen Sie lediglich in der Registerkarte SPEICHERN der OPTIONEN ein SCHREIBSCHUTZ-KENNWORT einzugeben. Damit Sie sich der Schreibweise sicher sind, müssen Sie das Paßwort im folgenden Dialogfenster KENNWORT BESTÄTIGEN noch einmal wiederholen. Wenn Sie das Dokument nun speichern, kann nur noch ein Mitglied jenes Personenkreises, der das Paßwort kennt, die Datei mit Schreibberechtigung öffnen. Alle anderen Anwender werden zu reinen Lesern, die beim Öffnen der Datei im Dialogfenster KENNWORT auf den Befehl SCHREIBSCHUTZ ausweichen müssen, oder auf jeglichen Einblick verzichten.

Falls eben dies im Netz Ihr Begehren ist, daß Unbefugte weder in Ihren Dokumenten schreiben noch in ihnen lesen, so bleibt Ihnen in den OPTIONEN noch die Möglichkeit, in der Registerkarte SPEICHERN unter KENNWORT ein allgemeines Paßwort zu vergeben, das - einmal wiederholt, bestätigt und mit dem Dokument gespeichert - daraufhin alle ohne Kenntnis des Schlüssels an Einblicken in Ihre Texte hindert. So ist auf jeden Fall gewährleistet, daß Vertrauliches diskret bleibt.

Elektronische Nachrichten

Die beste Art und Weise, die gemeinsame Arbeit an Dokumenten zu steuern und zu kontrollieren, bietet nach wie vor die Arbeit mit elektronischen Nachrichten. WinWord geht Ihnen nicht nur beim Verfassen von Nachrichtentexten bestens zur Hand, sondern erlaubt auch auf komfortable Weise das Versenden von Dokumenten an andere Teilnehmer des Netzwerks und sogar darüber hinaus, sofern das installierte E-Mail-Programm diese Funktion unterstützt. Die Erstellung der Nachricht oder des Dokuments erfolgt wie üblich in der gewohnten Umgebung von WinWord, und bietet sämtliche Möglichkeiten der Textgestaltung einschließlich eingebetteter Objekte und Grafiken. Mit dem Befehl DATEI > SENDEN ([Alt][D][E]) nutzen Sie übergangslos die Funktionalität des installierten Mail-Programms, das dann den

Text verschickt. Voraussetzung dafür, daß WinWord direkt mit der installierten elektronischen Nachrichtenanwendung kommuniziert, ist, daß diese Anwendung MAPI-tauglich ist. MAPI ist die Abkürzung für Microsoft Messaging Application Programming Interface und bezeichnet die Schnittstelle, über die der Datentransfer von WinWord zum Mail-Programm erfolgt.

MS Mail, das in seiner Version von Windows für Workgroups 3.11 sogar die elektronische Nachrichtenübertragung per Modem beherrscht, ist solch ein MAPI-taugliches Nachrichtensystem. Mit solch einer Software lassen sich Nachrichten von kleinen Memos bis zu großen kommentierte Dokumenten von einem Arbeitsplatz zum anderen senden.

Der Befehl SENDEN erscheint im DATEI-Menü nur dann unter dem DRUCKEN-Befehl, wenn Word für Windows beim Start über ein MAPI-taugliches Mail-System informiert wird; diese Information bezieht WinWord aus der WIN.INI, in der in der Sektion [Mail] der Eintrag "MAPI=1" zu finden sein muß. Fehlt dieser Eintrag oder ist er auf Null gesetzt, so fehlt unter DATEI auch der Befehl SENDEN, mit dem Sie das direkte Versenden von Dokumenten über das Netz starten.

Nach der Anmeldung mit Kennwort steht Ihnen die Funktionalität Ihres Mail-Systems zur Verfügung. Ob das Dokument als reiner Text ins Dialogfenster übernommen oder als Anlage verschickt wird, stellen Sie zuvor in unter EXTRAS > OPTIONEN in der Registerkarte ALLGEMEIN ein. Wenn das Kontrollkästchen NACHRICHT ALS ANLAGE VERSENDEN deaktiviert ist, wird der Dokumenttext als Nachricht im reinen Textformat eingefügt. Während Schriftattribute, Absatzformatierungen, Objekte und Grafiken hierbei nicht erhalten bleiben, werden Tabellen in der Nachricht zellenweise in einzelne Absätzen gewandelt, die untereinander stehen. Bei Feldfunktionen gilt ihr letztes Ergebnis. Diese Art des Dokumentversands ist lediglich für kleinere, unformatierte Nachrichten geeignet.

Formatierte Dokumente im Originallayout versendet WinWord, wenn das Kontrollkästchen NACHRICHT ALS ANLAGE VERSENDEN in den OPTIONEN markiert ist. Im Dialogfenster der Mail-Anwendung erscheint hierbei lediglich das WinWord-Symbol, das mit einem automatisch generierten Dateinamen unterschrieben ist. Dieser Dateiname gibt an, in welcher Datei das Dokumentobjekt für den Nachrichtenversand gespeichert ist. Der Name gleicht dem Dateinamen des Dokuments.

Besteht im temporären Mail-Verzeichnis bereits eine Datei gleichen Namens, werden Überschneidungen automatisch durch die Modifikation des Dateinamens verhindert. Bislang ungesicherte Dokumente werden einfach unter dem generierten Dateinamen DOK und einer angehängten Nummer für den Transfer gesichert. Prinzipiell wird nicht die zuletzt gespeicherte Datei des Dokuments, sondern die momentan bearbeitete Version verschickt. Dieses Wissen erlaubt Ihnen, Änderungen in Dokumenten vorzunehmen, beispielsweise durch Hervorhebungen, die Sie mit dem integrierten Zeichenprogramm Word-Grafik vornehmen. Solange Sie diese Version nicht speichern, bleibt die Quelle unverändert, der Nachrichtenempfänger kommt aber in den "Genuß" Ihrer Anmerkungen.

Sofern das aktivierte Mail-Programm eine Faxoption besitzt, können Sie von dieser Möglichkeit auf von WinWord aus Gebrauch machen. Wenn die elektronische Nachricht per Fax-Modem über das Telefonnetz zu einem Faxgerät übertragen wird, erfolgt automatisch die Öffnung der Dokumentanlage und ihr Ausdruck. Auf dem Empfangsgerät wird daher nicht etwa das WinWord-Symbol ausgegeben, sondern das komplette Dokument. Dabei werden auch Grafiken korrekt übertragen, so daß auch der Weg frei ist für den Versand von komplexen Manuskripten mit integrierten Abbildungen.

Die Faxoption von MS Mail zeigt sich in der Lage zu erkennen, ob auf der anderen Seite ein simples Fax abhebt oder ein Modem das mit dem Mail-Nachrichtendienst von Windows zusammenarbeitet. Die elektronische Post wird dann in der aktuell besten Version, also entweder als Fax oder als elektronische Nachricht direkt ins fremde Mail-System übertragen.

Verteiler

Das Versenden von Nachrichten und Dokumenten, das an sich schon einfach ist, wird beim Verschicken von Texten an verschiedene Empfänger noch komfortabler durch die Verteiler-Funktion, die Sie mit DATEI > VERTEILER ERSTELLEN ([Alt][D][T]) aufrufen.

Im Dialogfenster VERTEILER nehmen Sie sämtliche Adressaten auf, an die ein Dokument geschickt werden soll. Wählen Sie unter ADRESSE ([Alt][D]) die Empfänger aus, deren Reihenfolge dann in der Liste AN mit den beiden Umstellpfeilen geändert werden kann. Einzelne Empfänger lassen sich mit ENTFERNEN ([Alt][E]) wieder aus der Liste löschen. ALLE ENTFERNEN ([Alt][L]) räumt die gesamte Liste.

Die Folge der Adressaten ist besonders dann relevant, wenn unter VERTEILUNGSART die Option NACHEINANDER ([Alt][N]) markiert ist. In diesem Fall wird die Reihenfolge eingehalten, und das Dokument von einem zum anderen durchs Netz an die einzelnen Empfänger weitergeleitet. STATUS VERFOLGEN ([Alt][U]) gibt Ihnen die Chance, stets über den Verbleib des Dokuments informiert zu sein.

Alternativ zum hierarchischen Verteiler können Sie das Schriftstück auch AN ALLE GLEICHZEITIG ([Alt][I]) senden, so daß alle aufgenommenen Empfänger parallel Kenntnis vom Dokument erhalten. Wenn Sie die elektronische Nachricht am Ende wieder in Ihrem Postfach sehen möchten, so können Sie dies schon beim Absenden mit NACH ERLEDIGUNG ZURÜCK ZUM ABSENDER ([Alt][R]) vorgegeben.

Diese Kontrollmechanismen erweisen sich als ausgesprochen hilfreich, wenn Sie Korrekturen erwarten und das Dokument keinesfalls verlorengehen oder hängenbleiben soll. In diesem Zusammenhang können Sie für Ihre elektronisch versandten Dokumente auch angeben, welche Bearbeitungen Sie ZULASSEN ([Alt][S]) möchten. In der Dropdown-Liste gestehen Sie mit (UNGESCHÜTZT) Lesern alle Eingriffe ins Dokument zu, oder beschränken die Empfänger auf markierte ÜBERARBEITUNGEN, auf ANMERKUNGEN oder gar darauf, nur in vordefinierte Formularfelder die FORMULAREINGABE vorzunehmen.

Was Sie den Empfängern zu sagen haben, formulieren Sie als BETREFF ([Alt][B]) und ergänzend als NACHRICHTENTEXT ([Alt][C]). Wenn Sie nun das Dokument direkt versenden möchten, geben Sie WEITERLEITEN ([Alt][W]) ein.

Falls noch Änderungen im Dokument vorzunehmen sind oder das Schriftstück aus anderen Gründen erst später auf den elektronischen Postweg gebracht werden soll, so wählen Sie VERTEILER HINZUFÜGEN ([Alt][Z]). In diesem Fall ändert sich im Menü DATEI der Befehl VERTEILER ERSTELLEN in VERTEILER BEARBEITEN. Sie haben solange die Möglichkeit, Einstellungen im Verteiler zu ändern, bis Sie das Dokument mit DATEI > SENDEN abschicken. Das Meldungsfenster SENDEN informiert Sie in diesem Fall darüber, daß ein Verteiler zum Weiterleiten des Dokuments besteht. Es bieten sich die beiden Optionen, daß Sie das DOKUMENT WEITERLEITEN gemäß des definierten Verteilers oder die DOKUMENTKOPIE OHNE VERTEILER WEITERLEITEN und den Text nur an eine Einzelperson des Netzes adressieren. Hierfür wird das Dialogfenster des Mail-Programms aktiviert, das auch der SENDEN-Befehl ohne Verteiler öffnet. Die Einstellungen des Verteilers bleiben hiervon unberührt, so daß auf ihn zu einem späteren Zeitpunkt zurückgegriffen werden kann.

Seriendruck ins Netz

Auch der Seriendruck ist durchaus in der Lage, elektronische Nachrichten zu versenden. Wenn der Seriendruck direkt in die elektronische Post laufen soll, muß beim Ausführen des Seriendrucks angegeben werden, welcher Feldname der Datenquelle den Namen des Empfänger beinhaltet, unter dem im Adressenverzeichnis der Mail-Anwendung seine E-Mail- oder Fax-Adresse gespeichert ist. Dieser Name oder Kurzname muß in der Datenquelle vorhanden sein, damit das Mail-Programm bei der Ausführung des Seriendrucks die korrekte Adressierung durchführen kann. Beim Versenden von E-Mails per Seriendruck ist es wieder möglich, das Dokument als reinen Text oder als eingebettete Anlage zu versenden, so daß auch die integrierten Objekte für den Empfänger erhalten bleiben und weiterbearbeitet werden können.

Formulare

Für die elektronische Datenerfassung im Netz eignet sich die Formular-Funktion von Word für Windows. Mit Formularfeldern lassen sich Dokumente gestalten, die später stets in der gleichen Art und Weise ausgefüllt werden. Die Textfelder, Kontrollkästchen und DropDown-Listen der Formulare, nehmen lediglich Eingaben im vorbestimmten Modus auf.

Der Bearbeiter eines Formulars kann dank individueller Hilfetexte über die Funktion der einzelnen Formularfelder ins Bild gesetzt werden. Die Möglichkeit, jedes Feld mit Makros zu belegen, die beim Eintritt oder Austritt aus dem Formularfeld in Aktion treten, bereichert das Formular darüber hinaus.

Beim Einsatz von Formularen im Netz ist im Dialogfenster VERTEILER das Kontrollkästchen NACH ERLEDIGUNG ZURÜCK ZUM ABSENDER die halbe Arbeit. Hiermit ist gewährleistet, daß die Daten, die per elektronischem WinWord-Formular erfragt wurden, an Sie zurückgeschickt werden.

Ob Arbeitszeitliste, Bestellung oder Rechnung: Formulare machen die Abfrage standardisierter Daten leichter. Die Formularfelder von Word für Windows ermöglichen das Erfassen purer Informationen. Doch Information ist nicht gleich Information und so gibt es drei verschiedene Feldtypen für Formulare: Textfelder, Kontrollkästchen und DropDown-Listen. Ein Wert des Formularwesens besteht darin, daß es sich vor unstrukturierten Eingaben schützen läßt, da die Auswertung von Eingaben, die nicht in ein vorgegebenes Schema passen, Zeit kostet.

Um das Formular in seinen festen Bereichen zu schützen, lassen sich Abschnitte des Dokuments gegen willkürliche Änderungen sperren. Die Erfassung von Text und Daten ist dann auf die Formularfelder beschränkt.

Formulare erstellen

Es gibt zwei Vorgehensweisen für Formulare: Einmal wird das Layout eines Formulars mit seinen Feldern lediglich definiert und dann als Dokumentvorlage gespeichert. Diese Dokumentvorlage dient so als Grundlage für immer wieder neu auszufüllende Formulare und wird sinnvollerweise in einem Netz im zentralen Vorlagenverzeichnis für Arbeitsgruppen-Vorlagen gespeichert.

Doch auch als Einzeldokumente machen Formulare durchaus Sinn. Wenn Sie beispielsweise eine Umfrage zu einem bestimmten Thema machen möchten, so können Sie das Formular im Netz schnell an alle versenden, deren Meinung Sie erfragen möchten. Wenn Sie allerdings Makros mit dem Formularfelder verbinden möchten, müssen Sie das Formular auf jeden Fall als Dokumentvorlage erstellen, damit die integrierten Makros bei der Übertragung der Formulardatei auf einen fremden Rechner mit der Formulardatei weitergegeben werden. Außerdem lassen sich für Dokumentvorlagen auch Menüs und Symbolleisten ändern, was gerade für ein Formular, das eine bestimmte Zielsetzung hat, die Möglichkeit bietet, die integrierten Bedienungselemente auf die Aufgabenstellung zu konzentrieren. Auch in diesem Fall können Sie allerdings das Formular als .DOC-Datei speichern, so daß der Empfänger, der die Vorlage per E-Mail oder auf Diskette zugestellt bekommt, sie wie ein Dokument einladen kann.

Beim Einsatz von Formularen im Netz ist im Dialogfenster VERTEILER das Kontrollkästchen NACH ERLEDIGUNG ZURÜCK ZUM ABSENDER die halbe Arbeit. Hiermit ist gewährleistet, daß die Daten, die per elektronischem WinWord-Formular erfragt wurden, an Sie zurückgeschickt werden.

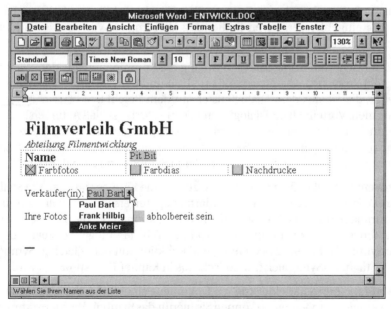

Abb. 26.2: Ein formatiertes Formular

Um eine neue Dokumentvorlage zu erstellen, wählen Sie unter DATEI > NEU die Option VORLAGE. Später können Sie im Dialogfenster SPEICHERN UNTER dann immer noch manuell die Dateierweiterung .DOT in .DOC ändern. Der Charakter der Vorlage bleibt hierbei erhalten. Ein Pfad, der vom Vorlagenverzeichnis abweicht, muß jedoch manuell vor dem Dateinamen eingegeben werden.

Es empfiehlt sich, ein neues Formular damit zu beginnen, daß Sie es gestalten und die Formularfelder und stehenden Texte erfassen. Für die Gestaltung eigenen sich besonders Tabellen, da sie einerseits leichte Ausrichtung von Passagen und Feldern erlauben und andererseits Berechnungen im Formular auf einfache Art ermöglichen. Neben den Texten, die als fester Bestandteil des Formulars nicht vom Anwender geändert werden sollen, lassen sich Formulare auch durch Objekte, Grafiken und Rahmen gestalten, was wiederum die Hervorhebung wichtiger Passagen erlaubt und zur guten optischen Gliederung beiträgt.

Formularfelder einfügen

Für die Kreation der Formularfelder bieten sich zwei Erfassungsarten an: Entweder öffnen Sie im Menü EINFÜGEN mit dem Befehl FORMULARFELD das gleichnamige Dialogfenster, oder Sie öffnen mit einem Klick der rechten Maustaste in den Bereich der Symbolleisten das Shortcut-Menü und markieren in ihm den Eintrag FORMULAR. Hierdurch wird die Symbolleiste FORMULAR eingeblendet, deren Bedienung allerdings etwas Vorwissen über Formularfelder voraussetzt.

Zum raschesten Erfolg führt am Anfang die Kombination aus dem Menübefehl EINFÜGEN > FORMULARFELD (Alt E M) und dem Komfort der Symbolleiste, die Sie aus dem Dialogfenster mit dem Befehl SYMBOLLEISTE (Alt S) aufrufen. Vorteilhaft im Dialogfenster FORMULARFELD ist, daß Aktionen besser kommentiert werden. Später werden Sie sich ganz auf die Symbolleiste FORMULAR verlassen, in der alle Befehle zur Erstellung eines Formulars und zur Formatierung einzelner Formularfelder in Symbolform enthalten sind.

Um ein Formularfeld einzufügen, setzen Sie die Einfügemarke an die Stelle im Dokument, an der das Formularfeld später erscheinen soll. Um das Formularfeld in eine Tabelle aufzunehmen, können Sie die Tabelle in der Symbolleiste FORMULAR mittels des Symbols "Tabelle einfügen" erstellen. Diese Symbol ist in seiner Bedienung und Funktion mit dem gleichen Symbol der Standard-Symbolleiste identisch, das in Kapitel 17 besprochen wird.

Wenn Sie Formularfelder frei ins Dokument eingefügt haben und später positionieren möchten, so können Sie hierfür das Symbol „Positionsrahmen einfügen" der Symbolleiste FORMULAR nutzen. Die genaue Positionierung des Formularfelds erfolgt anschließend in der Layoutansicht mit der Maus oder über die Eingabe von Werten im Dialogfenster POSITIONSRAHMEN. Von positionierten Elementen handelt das Kapitel 18.

Für die Formatierung von Formularfeldern stellt WinWord noch die Möglichkeit der Feldschattierung zur Verfügung. Hierdurch werden sämtliche Formularfelder eines Dokuments grau hinterlegt und sind so direkt ersichtlich. Diese Formatierung schalten Sie mit dem Symbol "Formularfeld-Schattierung" der Symbolleiste FORMULAR an bzw. aus.

Im Dialogfenster FORMULARFELD wählen Sie dann die Art des Formularfeldes. Mit TEXT ([Alt][T]), KONTROLLKÄSTCHEN ([Alt][K]) und DROPDOWN ([Alt][D]) stehen Ihnen drei verschiedene Typen zur Verfügung, denen Sie unter OPTIONEN ([Alt][O]) verschiedene Einstellungen zuweisen.

Stets bietet das Optionen-Dialogfenster noch die Möglichkeit, ein Makro auszuwählen, das beim EINTRITT ([Alt][E]) oder beim VERLASSEN ([Alt][V]) des Formularfeldes automatisch gestartet wird. Unter MAKRO STARTEN BEI läßt sich festlegen, ob ein Makro beim EINTRITT ([Alt][E]) in das Formularfeld gestartet werden soll, also dann, wenn der Ausfüllende die Einfügemarke in das Feld bewegt und noch keine Eingabe vorgenommen hat, oder erst beim VERLASSEN ([Alt][V]), wenn seine Eingabe in das Feld schon vollzogen wurde. Dies ermöglicht die Ausführung bestimmter Berechnungen in Tabellen, die direkte Überprüfung von Eingaben in Formularfelder und kontextorientiere Informationen, die den Anwender beim Ausfüllen vor Fehleingaben bewahren.

Haben Sie ein Formularfeld eingefügt und möchten die Einstellungen nachträglich ändern, genügt ein Doppelklick auf das Feld. Sie können dann im Dialogfenster OPTIONEN FÜR... die gewünschten Änderungen vornehmen.

Mit HILFE HINZUFÜGEN lassen sich Hilfetexte erfassen, die den Anwender bei der Erfassung der Daten unterstützen. Diese optionale Ergänzung, die allen Formularfeldern gemein ist, wird weiter unten behandelt.

Haben Sie ein Formularfeld eingefügt und möchten die Einstellungen nachträglich ändern, genügt ein Doppelklick auf das Formularfeld. Sie können dann im Optionen-Dialogfenster die gewünschten Änderungen vornehmen.

Optionen für Text-Formularfelder

Ein Text-Formularfeld nimmt später beim Ausfüllen des Formulars Text, Zahlen oder ein Datum auf. Sie erstellen ein Textformularfeld, indem Sie entweder im Dialogfenster FORMULARFELD den Eintrag TEXT markieren oder in der Symbolleiste FORMULAR das Symbol "Text-Formularfeld" anwählen. Während Sie im Dialogfenster direkt nach deren OPTIONEN ([Alt][O]) anwählen können, öffnen Sie das Dialogfenster OPTIONEN FÜR TEXTFORMULARFELDER über die Symbolleiste mittels des Symbols "Formularfeld-Optionen".

Im Dialogfenster OPTIONEN FÜR TEXTFORMULARFELDER haben Sie die Möglichkeit, den späteren Inhalt des Formularfelds unter TYP ([Alt][P]) vorherzubestimmen. Je nach Datentyp ändert sich das Dialogfenster.

Text Der Typ EINFACHER TEXT kreiert Textfelder für eine beliebige Kombination von Zeichen, Ziffern und Sonderzeichen, wie z.B. Nachname, Vorname, Straße oder Ort. Unter VORGABETEXT ([Alt][O]) läßt sich ein bestimmter Text eingeben, der immer gilt, solange er beim Ausfüllen des Formulars nicht modifiziert wird. Über MAXIMALE LÄNGE ([Alt][M]) läßt sich die Anzahl der Zeichen begrenzen, die beim Ausfüllen eingegeben werden können. Vorgabewert ist hier UNBEGRENZT, wodurch beinahe beliebig viele Zeichen zugelassen werden; die maximale Länge einer Eingabe ist 32767 Zeichen, wobei Formularfelder prinzipiell nur einzeilige Eingaben zulassen. Mit TEXTFORMAT ([Alt][F]) können Sie vorgeben, ob der Text, den der Anwender später eingibt, durchgängig in GROSSBUCHSTABEN oder KLEINBUCHSTABEN formatiert wird. Zwei weitere Einstellungen ermöglichen die Vorgabe, daß der SATZANFANG GROSS oder ERSTER BUCHSTABE GROSS geschrieben wird. Unter FELDEINSTELLUNGEN bestimmen Sie eine TEXTMARKE ([Alt][T]), über die im Dokument auf den Inhalt des Formularfelds zugegriffen werden kann und legen mit EINGABE ZULASSEN ([Alt][U]) fest, ob der Ausfüllende überhaupt eine Eingabe machen kann, oder das Feld automatisch ausgefüllt wird; in diesem Fall muß das Kontrollkästchen deaktiviert werden.

Zahl Der Typ ZAHL erstellt Textfelder, die eine beliebige Kombination von Ziffern aufnehmen, wie z.B. Beträge in einer Rechnung. Gibt der Anwender in einem solchen Feld eine ungültige Zeichenfolge ein, wird er beim Verlassen des Feldes durch eine Fehlermeldung automatisch aufgefordert, eine Zahl einzugeben. Wie beim Feldtyp EINFACHER TEXT können Sie unter VORGABEZAHL ([Alt][O]) das Feld mit einer Zahl vorbelegen. MAXIMALE LÄNGE ([Alt][M]) läßt nur die Eingabe einer bestimmten Ziffernanzahl zu, wobei die Vorgabe UNBEGRENZT das Feld für das Erfassen beliebig großer Zahlen öffnet. Mit ZAHLENFORMAT ([Alt][F]) können Sie den eingegebenen Zahlen ein bestimmtes Format zuweisen, wobei auch Währungs- und Prozentformate zur Verfügung stehen.

Sie können das Ausgabeformat für Zahlen und auch für Berechnungen selbst bestimmen, indem Sie sich der Variablen bedienen, die WinWord für numerische Bilder zur Verfügung stellt. Eine Übersicht über die numerischen Platzhalter und ihre Wirkung finden Sie am Ende von Kapitel 27. Der Schalter „\#", der bei Feldfunktionen angegeben werden muß, entfällt allerdings bei der Eingabe ins Feld ZAHLENFORMAT des Dialogfensters.

Wieder wird eine TEXTMARKE ([Alt][T]) für das Feld bestimmt und mit EINGABE ZULASSEN ([Alt][U]) festlegt, ob der Anwender eine Eingabe vornehmen kann.

Die Typen DATUM, AKTUELLES DATUM und AKTUELLE UHRZEIT erstellen Textfelder, die der Angabe eines freien Datums, des aktuellen Tagesdatum bzw. der aktuellen Uhrzeit dienen. Gerade Terminschreiben wie Bestellungen, Lieferscheine, Rechnungen und Mahnungen, deren Datumsangaben hohe Bedeutung haben, sind typische Beispiele. Das Feld eines freien DATUMS unterscheidet sich von den Feldern AKTUELLES DATUM und AKTUELLE UHRZEIT dadurch, daß der Ausfüllende in einem freien Datumsfeld ein Datum eintragen kann, während bei den festen Formularfeldtypen für AKTUELLES DATUM und AKTUELLE UHRZEIT die Zeitangabe bereits gemäß der Systemzeit des Rechners eingetragen ist und vom Anwender nicht mehr geändert werden kann. Daher ist bei diesen beiden Typen auch das Kontrollkästchen EINGABE ZULASSEN inaktiv. Beim freien DATUM wird der Anwender beim Verlassen des Feldes durch eine Fehlermeldung automatisch aufgefordert, ein Datum einzugeben, wenn eine ungültige Zeichenfolge im Feld vorliegt. Das Feld DATUM läßt sich unter VORGABEDATUM ([Alt][O]) mit einem Datumseintrag vorbelegen. MAXIMALE LÄNGE ([Alt][M]) läßt wieder nur die Eingabe einer bestimmter Anzahl von Zeichen zu, sofern die Vorgabe UNBEGRENZT geändert wird. Unter DATUMSFORMAT bzw. UHRZEITFORMAT lassen sich bei allen drei Zeitfeldtypen Zeitformate zuweisen. Auch der Bezug auf das Formularfeld mittels einer TEXTMARKE ([Alt][T]) ist bei allen drei Typen offen, während Sie nur für das freie DATUM die EINGABE ZULASSEN ([Alt][U]) können.

Zeitangabe

Der Typ BERECHNUNG erstellt Textfelder, die das Ergebnis einer Berechnung innerhalb eines Formulars anzeigen. So kann beispielsweise die Summe in einer Rechnung ermittelt werden. Unter AUSDRUCK ([Alt][A]) müssen Sie die gewünschte Formel für die Berechnung eingeben, z.B. "=Summe(über)", um die Summe einer darüberliegenden Tabellenspalte zu berechnen.

Berechnung

Welche Möglichkeiten der Berechnung sich im Feld AUSDRUCK anbieten, erfahren Sie im Kapitel 17, das die Eingabe von Formeln mittels des Befehls TABELLE > FORMEL behandelt, und in Kapitel 28, in dessen Referenz der Feldfunktionen das {= Ausdrucks}-Feld erläutert wird. Wichtig ist, daß ein Berechnungsausdruck stets mit dem Gleichheitszeichen beginnen muß.

Das Feld MAXIMALE LÄNGE ([Alt][M]) steht wieder auf dem Vorgabewert UNBEGRENZT und beschränkt durch einen Wert das Ergebnis auf die festgelegte Anzahl von Zeichen. Mit ZAHLENFORMAT ([Alt][O]) bestimmen Sie die Formatierung der Berechnung, wobei wieder Währungs- und Prozentformate vorgegeben sind und auch auf eigene Zahlenbilder zurückgegriffen werden kann (siehe oben: Hinweis zu Typ ZAHL).

EINGABE ZULASSEN ist inaktiv, da das Ergebnis der Berechnung automatisch ermittelt wird. Eine TEXTMARKE ([Alt][T]) sollten Sie vergeben, wenn Sie von einem anderen Feld aus das Ergebnis der Berechnung aktualisieren möchten.

 Die Aktualisierung eines Berechnungsfeldes kann im Formular nur über ein Makro erfolgen, da sich beim Ausfüllen des Formulars die Einfügemarke nicht in Berechnungsfelder setzen läßt. Für die Aktualisierung muß für die Dokumentvorlage unter EXTRAS > MAKRO ([Alt][X][K]) ein Makro erstellt werden, das beispielsweise als MAKRONAME "BerechnungAktualisieren" trägt. Als Bezugsdatei, in der das Makro gespeichert werden soll, wählen Sie unter MAKROS AUS ([Alt][M]) die Dokumentvorlage, die später das Formular enthalten soll. Nun aktivieren Sie mit ERSTELLEN ([Alt][E]) das Makrobearbeitungsfenster und geben folgenden Makrobefehl zwischen "Sub MAIN" und "End Sub" ein:

```
BestimmenFormularFeldergebnis 'Textmarke'
```

Statt "Textmarke" geben Sie den Namen der Textmarke ein, der im Feld TEXTMARKE des Dialogfensters OPTIONEN FÜR TEXTFORMULARFELDER von Ihnen für das Berechnungsfeld definiert wurde. Beachten Sie bitte, daß der Makrobefehl „BestimmenFormularFeldergebnis" in einem Wort geschrieben wird. Schließen Sie das Markobearbeitungsfenster mit [Strg][F4], und bestätigen Sie die Abfrage. Achtung: Das Makro muß noch beim nächsten Speichervorgang gespeichert werden; es ist vorläufig nur temporär gesichert.

Nachdem das Makro für die Vorlage erstellt ist, können Sie bei allen Formularfeldern, über die später Daten erfaßt werden, die in die Berechnung einbezogen werden sollen, auf das Makro zurückgreifen. Wählen Sie einfach den Makronamen unter MAKRO STARTEN BEI VERLASSEN aus. So ist gewährleistet, daß beim Verlassen eines Feldes, in dem Zahlen erfaßt werden, die für eine Zwischen- oder Schlußrechnung des Formulars relevant sind, gleichzeitig auch das Feldergebnis aktualisiert wird.

 Die Berechnung in Formularfeldern funktioniert nicht, wenn in der SYSTEMSTEUERUNG von Windows unter LÄNDEREINSTELLUNGEN kein Tausenderpunkt eingetragen ist. Aktivieren Sie in diesem Fall in der LÄNDEREINSTELLUNGEN mit ZAHLENFORMAT ÄNDERN ([Alt][Z]) das Dialogfenster LÄNDEREINSTELLUNGEN - ZAHLENFORMAT und geben Sie unter 1000ER-TRENNZEICHEN ([Alt][T]) einen Punkt (.) ein.

Optionen für Kontrollkästchen-Formularfelder

Ein Kontrollkästchen ist die simpelste Art eines Formularfelds, da es später beim Ausfüllen des Formulars lediglich ein Kreuzchen aufnimmt, wie es beispielsweise in Dialogfenstern üblich ist, in denen verschiedene Angaben zur Wahl stehen und die gewünschten durch einen Klick markiert werden. Sie erstellen ein Kontrollkästchen, indem Sie entweder im Dialogfenster FORMULARFELD den Eintrag KONTROLLKÄSTCHEN ([Alt][K]) markieren oder in der Symbolleiste FORMULAR das Symbol „Kontrollkästchen-Formularfeld" anwählen. Hierbei bieten im Dialogfenster der Befehl OPTIONEN (Alt O) oder in der Symbolleiste das Symbol "Formularfeld-Optionen" Zugriff auf das Dialogfenster OPTIONEN FÜR KONTROLLKÄSTCHEN-FORMULARFELDER.

Unter GRÖSSE DES KONTROLLKÄSTCHENS geben Sie vor, wie groß das Kontrollkästchen sein soll. Bei AUTO (Alt A) entspricht die Größe der Schriftgröße des aktuellen Absatzes; alternativ zu diesem Automatismus läßt sich mit GENAU (Alt G) die Größe des quadratischen Kästchens exakt festlegen, wobei Sie die freie Wahl der Maßangabe haben, wenn Sie das entsprechende Kürzel (in, cm, pt, pi) ergänzen. Ob das Kontrollkästchen von vornherein im Formular MARKIERT (Alt M) ist oder NICHT MARKIERT (Alt N), bestimmen Sie unter STANDARDEINSTELLUNG. Auch für ein Kontrollkästchen kann unter FELDEINSTELLUNGEN eine TEXTMARKE (Alt T) definiert und zudem mit MARKIERUNG ZULASSEN (Alt U) festlegt werden, ob der Anwender das Kontrollkästchen anwählen kann. Wieder steht es frei, Makros anzugeben, die beim EINTRITT (Alt E) oder beim VERLASSEN (Av) automatisch aktiv werden.

Optionen für DropDown-Formularfelder

Eine DropDown-Liste ermöglicht es, im Formular verschiedene Vorgaben anzubieten, aus denen der Ausfüllende seine Wahl trifft. Falscheingaben sind somit beinahe ausgeschlossen. Sie erstellen eine DropDown-Liste, indem Sie entweder im Dialogfenster FORMULARFELD den Eintrag DROPDOWN (Alt D) markieren oder in der Symbolleiste FORMULAR das Symbol „Dropdown-Formularfeld" anwählen. Wieder kann im Dialogfenster mittels OPTIONEN (Alt O) oder mit dem Symbol "Formularfeld-Optionen" das Dialogfenster für die Optionen aufgerufen werden.

Im Dialogfenster OPTIONEN FÜR DROPDOWN-FORMULARFELDER erfassen Sie im Feld DROPDOWN-ELEMENT (Alt D) nacheinander die Einträge, die Sie der Liste HINZUFÜGEN (Alt I). Um ein erfaßtes Element aus der Liste ELEMENTE IN DROPDOWN LISTE (Alt L) zu löschen, markieren Sie den Eintrag und wählen ENTFERNEN (Af). Die Elemente der Liste lassen sich im Feld ELEMENTE IN DROPDOWN-LISTE umstellen, indem Sie ein Element markieren und mittels der Umstellpfeile den Eintrag an der gewünschten Stelle verschieben. Unter FELDEINSTELLUNGEN können Sie wiederum eine TEXTMARKE (Alt T) für das Feld definieren. Mit DROPDOWN ZULASSEN (Alt U) legen Sie fest, ob der Ausfüllende eine Auswahl aus der DropDown-Liste im Formular treffen kann.

Hilfe hinzufügen

Für alle Formularfelder bietet sich die Möglichkeit, Hilfetexte zu erfassen, die den Anwender beim Ausfüllen des Formulars begleiten. Stets wird die Hilfefunktion für ein Formularfeld in den Optionen-Dialogfenstern mit dem

Befehl HILFE HINZUFÜGEN (Alt Z) aktiviert. Im Dialogfenster FORMULARFELD-HILFETEXT haben Sie die Möglichkeit, informative Texte zu generieren, die beim Ausfüllen in der Statusleiste erscheinen und/oder durch Drücken der !-Taste in einem Meldungsfenster aufgerufen werden können.

Das Dialogfenster FORMULARFELD-HILFETEXT verfügt über zwei Registerkarten, in denen Sie die Hilfefunktion für die STATUSZEILE (Alt S) und die HILFETASTE (F1) (Alt F) konfigurieren. Voreingestellt ist in beiden Registerkarten, daß das Formularfeld OHNE (Alt O) Hilfetext arbeitet. Sie können nun in den Registerkarten entweder auf einen zuvor erfaßten Baustein zurückgreifen, den Sie als AUTOTEXT-EINTRAG (Alt A) gespeichert haben, oder Sie geben den Hilfetext manuell unter BENUTZERDEFINIERT (Alt B) ein.

Der Rückgriff auf AutoText-Einträge empfiehlt sich, wenn für mehrere Formularfelder stets der gleiche Informationstext ausgegeben werden soll. Sie brauchen ihn dann nur einmal zu erfassen und unter BEARBEITEN > AUTOTEXT zu speichern. Achten Sie bei der Erfassung des AutoTextes darauf, daß im Dialogfenster AUTOTEXT im Feld AUTOTEXT-EINTRAG VERFÜGBAR MACHEN FÜR die Dokumentvorlage des Formulars angegeben ist. Auf den Namen des AutoText-Eintrags greifen Sie dann im Dialogfenster FORMULARFELD-HILFETEXT in der DropDown-Liste AUTOTEXT-EINTRAG zurück.

Der Hilfetext in der Statusleiste darf nicht mehr als 138 Zeichen beinhalten. Für das Hilfefenster, das später mit ! aufgerufen wird, ist die Textlänge auf 255 Zeichen beschränkt. Es ist durchaus möglich, in der Statuszeile einen kurzen Informationstext anzeigen zu lassen, der durch eine ausführlichere Erklärung bei Betätigung von ! ergänzt wird.

Dokument schützen

Nachdem das Layout des Formulars festliegt und sämtliche Formularfelder bestehen, muß das Formular geschützt werden. Nur bei geschützten Formularen ist anschließend der Erfassungsmodus aktiv; ungeschützte Formulare können zwar bearbeitet, nicht aber für die Datenerfassung genutzt werden. Außerdem stellt der Schutz des Formulars sicher, daß der Ausfüllende nur Zugriff auf die Formularfelder hat und den übrigen Text nicht modifiziert.

Sollen bestimmte Bereiche in einem Formular für manuelle Änderungen offenstehen - beispielsweise um freie Textergänzungen des Anwenders aufzunehmen -, so definieren Sie für diese Bereiche eigene Abschnitte. Dazu fügen Sie am Anfang und am Ende des Bereichs mittels EINFÜGEN > MANUELLER WECHSEL einen fortlaufenden Abschnittswechsel ein.

Alle Abschnitte des Dokuments schalten Sie in der Symbolleiste FORMULAR mit dem Symbol "Formular schützen" auf den Erfassungsmodus um. Nun können Sie überprüfen, ob alle Formularfelder in der gewünschten Art und Weise funktionieren. Um den Formularschutz wieder auszuschalten und Änderungen vorzunehmen, klicken Sie wiederum auf „Formular schützen". In der Normalansicht wird der Status der geschützten Abschnitte in der Markierung des Abschnittswechsels mit der Ergänzung ENDE DES GESCHÜTZTEN ABSCHNITTS dokumentiert. Allerdings bietet das Symbol nicht die Möglichkeit, nur einzelne Abschnitte des Dokuments zu sperren oder einen Formularschutz mit Paßwort zu aktivieren.

Um das Formular oder die Formularabschnitte einer Dokumentvorlage umfassend und abschließend zu schützen, aktivieren Sie im Menü EXTRAS > DOKUMENT SCHÜTZEN das gleichnamige Dialogfenster. Wenn das Formular momentan einen geschützten Status hat, erscheint im Menü EXTRAS statt des Befehls DOKUMENT SCHÜTZEN der Eintrag DOKUMENTSCHUTZ AUFHEBEN, den Sie anwählen müssen, bevor Sie das Dokument neu schützen können. Sollte bereits ein Kennwortschutz vorliegen, so müssen Sie in das Dialogfenster DOKUMENTSCHUTZ AUFHEBEN das Kennwort eingeben.

Nachdem das Dialogfenster DOKUMENT SCHÜTZEN geöffnet ist, können Sie unter ZULASSEN die Option FORMULAREINGABE (Alt+F) markieren. Sollten im Dokument Abschnittswechsel vorliegen, so wird der Befehl ABSCHNITTE (Alt+N) aktiv, über den das Dialogfenster ABSCHNITT SCHÜTZEN aufgerufen wird. Hier bestimmen Sie in der Liste GESCHÜTZTE ABSCHNITTE (Alt+G), welche Abschnitte des Dokumentes nicht geschützt werden, also weiterhin für manuelle Modifikationen offen bleiben. Bestätigen Sie die Wahl der zum Schutz markierten Abschnitte mit OK.

Es empfiehlt sich, im Dialogfenster DOKUMENT SCHÜTZEN den Dokumentschutz mittels KENNWORT (Alt+K) abzusichern, damit der Formularschutz nicht willkürlich aufgehoben werden kann. Nachdem das Kennwort eingegeben wurde, werden Sie aufgefordert das Paßwort noch einmal zu wiederholen. Der Dokumentschutz kann jetzt vom Anwender nur durch die Eingabe des Kennworts wieder aufgehoben werden.

Sie können das fertige Formular jetzt als Dokumentvorlage abspeichern und als Vorlage für neue Dokumente verwenden oder mit der Dateiendung .DOC selbst zum Dokument erklären und zum direkten Ausfüllen weitergeben.

Formulare speichern und drucken

Nachdem der Anwender das Formular ausgefüllt hat, kann es komplett als WinWord-Dokument abgespeichert werden (Strg+S). Alternativ hierzu besteht die Möglichkeit, nur die in den Feldern eingegebenen Daten abzuspeichern, um sie beispielsweise später in einer Datenbank zu verarbeiten.

Hierzu aktivieren Sie unter EXTRAS > OPTIONEN die Registerkarte SPEICHERN und markieren das Kontrollkästchen IN FORMULAREN NUR DATEN SPEICHERN. Wird das Formular jetzt gespeichert, erzeugt WinWord automatisch eine reine Textdatei, in der nur die Daten der einzelnen Felder getrennt durch Semikola bzw. einem anderen aktiven Listentrennzeichen enthalten sind.

Das aktive Listentrennzeichen wird in der SYSTEMSTEUERUNG von Windows unter LÄNDEREINSTELLUNGEN im Feld LISTENTRENNZEICHEN ([Alt][I]) vorgegeben.

Der Ausdruck eines ausgefüllten Formulars kann auf zwei Arten geschehen. Zum einen können Sie das Formular so ausdrucken wie es angezeigt wird. Wenn Sie fertige Formularausdrucke, beispielsweise Überweisungsträger besitzen, ist es aber auch möglich, nur die Daten aus den Formularfeldern zu drucken. Hierzu markieren Sie unter OPTIONEN in der Registerkarte DRUCKEN das Kontrollkästchen IN FORMULAREN NUR DATEN DRUCKEN. Anschließend starten Sie den Ausdruck des Formulars.

Teil IV

Professionelles Arbeiten mit Word für Windows

27

Felder und Feldfunktionen

Felder: Ein universales Konzept	Seite	769
Verdeutlichung von Feldern im Dokument	Seite	771
Einfügen von Feldern	Seite	771
Feldfunktionen direkt eingeben	Seite	774
Feldergebnisse anzeigen	Seite	776
Felder präzisieren	Seite	781
Feldfunktionen einsetzen	Seite	785

Felder: Ein universales Konzept

In den ersten drei Teilen des Word für Windows Buches sind Sie bereits mit Feldfunktionen bekannt gemacht worden. Felder bieten die Chance, Dokumente sehr flexibel zu gestalten. Über Feldfunktionen lassen sich in Word für Windows variable Texte, aber auch Formeln und spezielle Druckanweisungen in Dateien einbinden. Kennengelernt haben Sie bereits Feldfunktionen, die es Ihnen erlauben, Seitenzahlen automatisch in ein Manuskript einzufügen, das aktuelle Datum und die Zeit in ein Schriftstück aufzunehmen oder Gebrauch von Sonderzeichen zu machen. Andere Feldfunktionen ermöglichen den Import von Grafiken und Texten, das Erstellen von Verzeichnissen und Indizes, das Einbetten und Verknüpfen von Objekten und die Erstellung von Serienbriefen.

Felder erfüllen in Word für Windows eine universale Funktion. Sie werden viele Situationen entdecken, in denen Sie sich die Arbeit mit Feldern spürbar vereinfachen können. So läßt sich z.B. in Kopf- und Fußzeilen automatisch die Überschrift des aktuellen Abschnitts übernehmen. Die Angaben der Dateiinformation können wiederum direkt in Texte eingefügt werden. Über Felder werden automatisch Prozesse initiiert und Startzugriffe auf Makros gegeben. Mit diesen vielfältigen Funktionen bieten sich Felder vor allem für den Einsatz in Dokumentvorlagen an. Doch auch in einzelnen Dokumenten sind Felder eine große Arbeitserleichterung.

Eine Feldfunktion steht grundsätzlich innerhalb zweier Feldzeichen. Obwohl die Feldzeichen das Aussehen einer geschweiften Klammer haben, handelt es sich bei ihnen nicht um eine normale Klammer, sondern um eine Begrenzung des Feldes. Sämtliche Anweisungen einer Feldfunktion müssen innerhalb dieser Klammer stehen. Darüber hinaus kann eine Feldklammer weitere Feldklammern aufnehmen. Allerdings gibt es einige Felder, die nicht verschachtelt werden können.

Innerhalb der Klammer wird zuerst die Feldart angegeben. Jede Feldart hat einen Namen, über die sie eindeutig identifiziert werden kann. Es gibt eine einzige Feldart, deren Angabe ausgelassen werden kann. Hierbei handelt es sich um die Feldart {Ref}, die eine Textmarke bezeichnet. Felder, die Textmarken enthalten, brauchen nicht spezifiziert zu werden, solange sich der Textmarkenname von sämtlichen Feldarten eindeutig unterscheidet. Alle anderen Feldarten müssen angegeben werden. Feldarten können Sie durch einen vorangestellten Backslash kennzeichnen; bei Textmarken ist dies nicht zulässig. Zwischen der Klammer und dem ersten Eintrag dürfen Leerstellen eingegeben werden.

Auf den Namen der Feldart kann je nach Funktion eine Anweisung folgen. Anweisungen ergänzen und präzisieren Felder. Als Anweisungen können

Schalter, Argumente, Textmarken, numerische oder logische Operationen, Identifikationen und Text eingegeben werden.

Die Aufgabe von Schaltern ist es, eine bestimmte Schaltung herzustellen. Das heißt, sie schalten eine spezifische Funktion ein, z.B. eine bestimmte Formatierung. Schalter werden durch einen vorangestellten Backslash gekennzeichnet. Bei Schaltern ist zwischen allgemeinen und feldspezifischen Schaltern zu unterscheiden. Die allgemeinen Schalter lassen sich in fast allen Feldfunktionen anwenden; ausgenommen sind die Feldarten {AutoNr}, {AutoNrDez}, {AutoNrGli}, {Einbetten}, {Formel}, {Gehezu}, {MakroSchaltfläche}, {RD}, {Inhalt} und {XE} (Feldart: Indexeintrag). Feldspezifische Schalter kommen nur in der Feldart zum Einsatz, zu der sie zugehören. In einer Feldfunktion können von jeder Schalterart bis zu 10 Schalter verwendet werden.

Bei der Eingabe von Feldfunktionen müssen Sie folgendes beachten:

Regel

    Beispiel

Argumente, die länger sind als eine zusammenhängende Zeichenkette, z.B. ein Wort, müssen in Anführungsstriche gesetzt werden, damit sie als ein einziges Argument angesehen werden.

    Feld: {Autor "Pit Bit"}
    Ergebnis: Pit Bit

Beinhaltet das Argument selber Anführungszeichen, werden diese durch einen vorangestellten Backslash gekennzeichnet.

    Feld: {Schlüssel "\"das Capperl\""}
    Ergebnis: "das Capperl"

Ein Backslash, der als Zeichen innerhalb eines Arguments akzeptiert werden soll, muß ebenfalls durch einen vorangestellten Backslash markiert werden.

    Feld: {Kommentar "Bitte in C:\\TEXT\\ speichern"}
    Ergebnis: Bitte in C:\TEXT\ speichern

Pfadangaben werden mit doppeltem Backslash eingegeben.

    `a:\\txt\\keinzeit.txt`

Tab. 27.1: Regeln für Felder

Verdeutlichung von Feldern im Dokument

Für die Bearbeitung eines Dokuments ist es oft wichtig, zu wissen, wo sich Feldfunktionen befinden. Diese Information kann ganz unabhängig davon wichtig werden, ob Sie jemals vorhaben, diese manuell zu verändern oder nicht. Als Beispiel hierfür mag das Feld {Datum} dienen, dessen Ergebnis als Datum im Text erscheint und nicht ohne weiteres als Feldfunktion zu identifizieren ist. Wenn Sie nun die Zeichen des Datums löschen oder verändern, erscheint zunächst das Datum im Dokument, das Sie soeben eingegeben haben. Beim Ausdruck aber wird das Datumsfeld automatisch aktualisiert, so daß an Stelle des modifizierten Datums wieder das Systemdatum erscheint, und das ist vielleicht gar nicht in Ihrem Sinn.

Damit Felder deutlich hervorzuheben, bietet WinWord unter EXTRAS > OPTIONEN in der Registerkarte ANSICHT die Möglichkeit, sie zu verdeutlichen. Unter FELDSCHATTIERUNG (Alt F) wählen Sie aus, ob Felder IMMER grau hinterlegt werden sollen oder nur, wenn sie AUSGEWÄHLT sind: Das heißt, wenn die Einfügemarke unmittelbar vor ihnen oder in ihnen steht oder sich eine Markierung über sie erstreckt. In beiden Fällen sind Sie darüber informiert, daß Ihre nächste Eingabe sich auf ein oder mehrere Felder bezieht. Die graue Schattierung der Feldfunktionen wird selbstverständlich nicht ausgedruckt. Wenn Sie diese Funktion dennoch stört, schalten Sie sie in den OPTIONEN unter FELDSCHATTIERUNG mit NIE aus.

Die verborgen formatierten Feldfunktionen betrifft dieses graue Markierung nicht. Diese Felder nehmen eine Sonderstellung ein und werden wie verborgener Text angezeigt oder ausgeblendet.

Einfügen von Feldern

Die professionellen Funktionen, die Ihnen mit den Feldern an die Hand gegeben werden, kommen auch Anwendern zugute, die sich nicht übermäßig intensiv mit der Syntax der Feldfunktionen vertraut machen möchten. Um dies zu gewährleisten, gibt es zwei verschiedene Arten, Feldfunktionen in Dokumente einzufügen. Die einfachere und übersichtlichere Art ist die Eingabe über den Befehl EINFÜGEN > FELD (Alt E E). Wählen Sie die KATEGORIE (Alt K), aus der das Feld stammt. In der Liste FELDNAMEN (Alt N) wählen Sie das Feld, das Sie einfügen möchten.

Über die Schaltfläche OPTIONEN (Alt O) können Sie viele Feldfunktionen präzisieren. In der Regel können Sie im sich nun öffnenden Fenster OPTIONEN FÜR FELDER zwischen FORMATIERUNG (Alt F) und DATUM/ZEIT-FORMATE (Alt D), SCHALTER (Alt L) bzw. den Registern ALLGEMEINE SCHALTER (Alt A) und SPEZI-

FISCHE SCHALTER ([Alt][S]) wählen. Die Anzeige wechselt je nach markierter Feldart. Bei manchen Feldarten ist die Präzisierung durch weitere Angaben unbedingt erforderlich. Anweisungen fügen Sie in der Befehlszeile an, indem Sie die Anweisung markieren und die Schaltfläche DEM FELD HINZUFÜGEN ([Alt][Z]) anwählen. Die markierte Anweisung wird daraufhin mit einem Leerzeichen an den letzten Eintrag der Befehlszeile angehängt. Die letzte hinzugefügte Anweisung können Sie mit RÜCKGÄNGIG bzw. RÜCKGÄNGIG: HINZUFÜGEN ([Alt][R]) zurücknehmen.

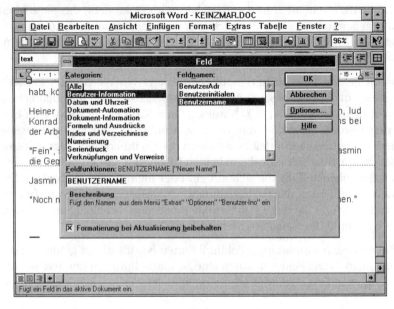

Abb. 27.1: Das Dialogfenster FELD

Sie können nicht alle Angaben der Anweisungsliste entnehmen. Falls weitere Ergänzungen notwendig sind, aktivieren Sie die Befehlszeile FELDFUNKTION und fügen die Ergänzungen an. In diese Zeile geben Sie z.B. Dateien und Pfade ein, auf die Sie mit bestimmten Feldfunktionen zugreifen. Oberhalb der Befehlszeile wird die Syntax der Feldfunktion angezeigt. Optionale Angaben sind hierbei in eckige Klammern gesetzt. Diese Klammern werden bei der Eingabe des jeweiligen Elements weggelassen. Unter der Zeile wird eine Aufforderung angezeigt, die Ihnen kurz mitteilt, was zu tun ist.

Um beispielsweise Ihren eigenen Namen in einen Text aufzunehmen, wählen Sie aus der Liste die Feldart {Autor} aus. Wenn Sie dieses Feld in ein Dokument übernehmen, wird als Feldergebnis Ihr Name angezeigt, der der Namensangabe des Dialogfensters DATEI-INFO entspricht. Sollte der Ein-

27 • Felder und Feldfunktionen

trag nicht mit Ihrem Namen übereinstimmen, machen Sie über EINFÜGEN > FELDFUNKTIONEN Gebrauch von dem optionalen Eintrag. Daß Sie etwas ergänzen können, wird Ihnen angezeigt durch die eckige Klammer. Was Sie ergänzen sollen, ist in der Klammer vermerkt und zudem unterhalb der Befehlszeile beschrieben. Wenn Sie für ["neuer Name"] mehr als einen Namen einsetzen, müssen Sie den Eintrag in Anführungsstriche setzen. In eckigen Klammern wird der Name nicht gesetzt, es sei denn, Sie schreiben Ihren Namen in Klammern. Wenn beispielsweise Pit Bit seinen Namen als Autor eines Dokuments angeben möchte, hat die Eingabe folgende Form:

```
Autor "Pit Bit"
```

Der neue Autorenname, den Sie auf diese Weise vorgeben, steht nun nicht nur im gesamten Dokument zur Verfügung, sondern wird gleichzeitig in der Datei-Information eingetragen. Geändert wird diese Angabe innerhalb des Dokuments erst wieder, wenn Sie einen anderen Namen durch die Feldart {Autor} bestimmen.

Das Feld {Autor} eignet sich z.B. zur Aufnahme in die Kopfzeile eines Dokuments. So ist gewährleistet, daß auf jeder bzw. jeder zweiten Seite beim Ausdruck ein Autorenvermerk erscheint. Andere Felder, die auf diese Weise Kopfzeilen modifizieren, sind z.B. {Thema} oder {Titel}. Auch hier können modifizierende Eingaben erfolgen, die in die Datei-Information übernommen werden. Auf diese Weise ist es nicht nur möglich, im ganzen Dokument schnell und einfach auf den Titel, das Thema oder den Kommentar aus der Datei-Information Bezug zu nehmen, sondern ebenso einfach ist es, Angaben, die im Dokument gemacht werden, in die Datei-Info zu übertragen.

Nach Abschluß der Eingabe bestätigen Sie mit ⏎ oder OK. Der Inhalt der Befehlszeile wird daraufhin an der aktuellen Position der Einfügemarke in den Text übernommen. Er wird hierbei automatisch von den Feldzeichen umklammert. Je nach Bildschirmdarstellung wird der Klammertext der Feldfunktion oder ihr aktualisiertes Ergebnis angezeigt.

Einige Feldfunktionen haben allerdings kein sichtbares Ergebnis. Felder ohne sichtbares Ergebnis sind: {Nwenn}, {Nächster} und {Überspringen}, die nur durch den Seriendruck aktualisiert werden; darüber hinaus {Inhalt}, {XE} (Feldart: Indexeintrag) und {RD}, die der Erstellung von Verzeichnissen dienen, und {Frage} und {Bestimmen}, mit denen Textmarken Inhalte zugewiesen werden. Diese Feldfunktionen werden nur in ihrer Befehlssyntax oder gar nicht angezeigt.

Zwischen der Anzeige der Feldfunktionen schalten Sie mit Alt F9 um. Wenn Sie den Befehl lieber aus einem Menü heraus aktivieren möchten, markieren Sie die Feldfunktion und betätigen dann die rechte Maustaste. Im

Shortcut-Menü der rechten Maustaste erscheint nun der Befehl FELD-FUNKTION ANZEIGEN [EIN/AUS], mit dem Sie zwischen der Anzeige des Inhalts und des Ergebnisses von Feldern umschalten können. Allerdings erscheint dieser Befehl nicht bei allen Feldfunktionen. Bei Feldern, die für eine {Verknüpfung} sorgen oder ein Objekt {Einbetten}, werden statt des Umschaltens im Mausmenü Befehle zur Aktualisierung und zur Bearbeitung gegeben. Mitunter bietet das Mausmenü den Befehl FELDFUNKTION ANZEIGEN [EIN/AUS], wenn es darum geht, von Feldfunktionen zum Ergebnis umzuschalten, nicht aber in die andere Richtung; beispielsweise ist dies beim Feld {EinfügenGrafik} der Fall.

Auch bei aktivierter Ansicht der Feldfunktionen werden die Felder {XE}, {Inhalt} und {RD} ignoriert. Diese Feldarten sind verborgen formatiert und werden nur angezeigt, wenn über OPTIONEN > ANSICHT die Darstellung des verborgenen Textes angewählt wird. Diese Feldfunktionen werden in ihren Klammern sichtbar, wenn Sie die Anzeige der nicht druckbaren Zeichen anschalten (⟨Strg⟩⟨⇧⟩⟨+⟩).

Feldfunktionen direkt eingeben

Feldfunktionen können nicht nur über den Befehl EINFÜGEN > FELD, sondern auch direkt in den Text eingegeben werden. Obwohl die Klammer, die Feldfunktionen begrenzt, der geschweiften Klammer gleicht, kann Sie nicht als normales Zeichen erfaßt werden. Um die Feldbegrenzung einzufügen, betätigen Sie den Tastenschlüssel ⟨Strg⟩⟨F9⟩. Hiermit wird die Feldklammer am Bildschirm angezeigt; gleichgültig, ob die Anzeige der Feldfunktionen aktiv ist oder nicht.

Die Einfügemarke befindet sich in der Mitte der beiden Klammern. Sie geben nun die Feldart und nachfolgend die gewünschten Anweisungen und Schalter mit der Tastatur ein. Beachten Sie hierbei die richtige Schreibweise der Feldarten und den Aufbau der Befehlssyntax. Eine Vorlage und eine fordernde Erklärung, wie sie die Befehlszeile FELDFUNKTION im Dialogfenster FELD bietet, fehlt selbstverständlich bei der Direkteingabe von Feldfunktionen. Andererseits bietet sich diese Art der Erfassung bei bekannten Funktionen oder umfangreichen Operationen an. Zum einen erfolgt die Eingabe von Feldfunktionen in der Regel schneller, wenn nicht zunächst ein Dialogfenster geöffnet und die passende Funktion in einer Liste ausgewählt werden muß. Zum anderen bietet sich bei der Direkteingabe von Feldfunktionen eine flexiblere Erfassungsmethode.

Der Tastenschlüssel ⟨Strg⟩⟨F9⟩ öffnet stets ein neues Klammerpaar, das als eine Einheit zu sehen ist und nicht auseinandergerissen werden kann. Selbst Absatzschaltungen trennen die beiden Teile der Feldklammer nicht. Sollte

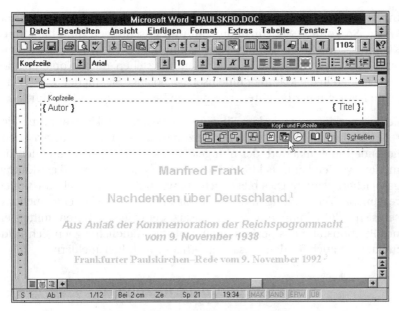

Abb. 27.2: Feldfunktionen in der Kopfzeile

bei Ihrem Einfügen Text markiert sein, wird dieser automatisch von den Begrenzungszeichen umklammert. Auf diese Weise bieten sich Ihnen zwei Möglichkeiten der direkten Eingabe von Feldfunktionen:

1. Sie öffnen eine Feldklammer und geben die Feldfunktion direkt in die Klammer ein.
2. Sie erfassen die Syntax der Feldfunktion als normalen Text, markieren den Text und setzen ihn dann in die Begrenzungszeichen.

Die beiden Verfahren bieten sich auch bei der Erstellung verschachtelter Feldfunktionen an. Sie können hier entweder eine neue Feldbegrenzung mit (Strg)(F9) öffnen, oder Sie markieren die bestehende Feldfunktion und setzen sie mit dem Tastenschlüssel in Klammern. Ihr Vorgehen ist selbstverständlich entscheidend für die Hierarchie der geschachtelten Funktionen: während beim ersten Verfahren die bestehende Feldfunktion der neuen übergeordnet ist, wird bei der zweiten Vorgehensweise die bestehende Feldfunktion eine Schachtelebene tiefer gesetzt.

Um eine Markierung innerhalb einer verschachtelten Feldfunktion ebenenweise zu erweitern, benutzen Sie die Funktionstaste (F8). Zurückgesetzt wird die Markierung mit (⇧)(F8). Sie können die Markierung im Erweiterungsmodus auch mit den Cursortasten ausdehnen.

Innerhalb von Feldklammern markieren Sie Text auf die übliche Art und Weise. So können Sie Umstellungen und Löschungen innerhalb einer Klammer vornehmen, können Passagen nach außerhalb verschieben und auch Textblöcke, die außerhalb der Klammer stehen, durch Kopieren oder Verschieben in die Klammer hineinsetzen. Solange Sie mit der Markierung keine Feldklammer berühren, verläuft die Bearbeitung wie gewohnt.

Felder markieren Sie, indem Sie eine der beiden Feldklammern markieren. Hierdurch werden beide Begrenzungszeichen und der dazwischenliegende Inhalt markiert, der nun gelöscht, kopiert, verschoben oder formatiert werden kann. Feldfunktionen können auch als AutoText-Eintrag gespeichert werden. Dies bietet sich an, wenn bestimmte Feldfunktionen regelmäßig Verwendung finden. Wie alle anderen Textelemente auch lassen sich Feldfunktionen über den Absatz, dem Sie angehören, mittels eines Positionsrahmens positionieren. Selbstverständlich eignen sich Feldfunktionen auch für den Einsatz innerhalb von Tabellenfeldern.

Feldergebnisse anzeigen

Feldfunktionen geben ein Ergebnis aus. Es kann sich hierbei um das Ergebnis einer Berechnung, eine logischen Operation, den Inhalt einer Textmarke usw. handeln. Manche Feldfunktionen weichen hiervon allerdings ab; sie bewirken Aktionen, die kein sichtbares Ergebnis haben. Um das aktuelle Ergebnis einer Feldfunktion am Bildschirm darzustellen, müssen zwei Bedingungen erfüllt sein: die Feldfunktion ist aktualisiert und die Bildschirmanzeige ist auf die Anzeige der Ergebnisse geschaltet.

Feldfunktionen müssen nach der Eingabe in den Text zunächst aktualisiert werden. Jede Feldfunktion bewirkt irgendetwas: bei-spielsweise liest die Feldfunktion {Zeit} den Stand der Systemuhr aus und nimmt die Zeitangabe in ein Dokument auf; die Feldfunktion {Index} vollzieht einen Seitenumbruch und sucht die Indexeinträge, die mit der entsprechenden Seitenzahl gelistet werden; die Feldfunktion {AnzZeichen} liest die Anzahl der Zeichen aus der Datei-Statistik. So hat jede Feldfunktion ihre spezifische Aufgabe. Diese Aktionen werden zwar automatisch vollzogen, meistens aber nicht selbsttätig initiiert. Eine Feldfunktion aktualisieren heißt also, die Aktion der Feldfunktion zu starten. Diese Aktualisierung wird mit der Taste F9 angefordert. Die Einfügemarke muß hierfür unmittelbar vor der Feldklammer oder innerhalb der umklammerten Funktion stehen.

Das Ergebnis einer Feldfunktion wird in der Regel manuell aktualisiert. Bei einigen Feldfunktionen - wie z.B. bei den Funktionen für die Serientexterstellung - erfolgt die Aktualisierung automatisch vor dem Ausdruck. Für andere Funktionen läßt sich die Druck-Aktualisierung über OPTIONEN >

DRUCKEN mit FELDER AKTUALISIEREN (Alt F) anfordern. Wenn der Ausdruck Ihnen statt der Ergebnisse den Text der Feldfunktionen vor Augen führen soll, müssen Sie angeben, daß Sie die FELDFUNKTIONEN (Alt E) in den Druck einbeziehen möchten.

Einige Felder lassen sich nicht aktualisieren. Die Felder {AutoNr}, {AutoNrDez}, {AutoNrGli} und {Formel} geben selbsttätig das aktuelle Ergebnis ihrer Funktion aus. Die Felder {Gehezu} und {MakroSchaltfläche} ermöglichen das direkte Erreichen vorgegebener Textmarken oder den Start von Makros. Solche Felder werden als Aktionsfelder bezeichnet. Das Feld {Druck} sendet Zeichen zum Drucker, ohne sie zu übersetzen. Hierbei handelt es sich um eine Option, die besonders für Benutzer von PostScript-Druckern interessant ist. Felder des Typs {XE} oder {Inhalt} halten einen Eintrag bereit, auf den von anderen Feldfunktionen - {Verzeichnis} oder {Index} - zugegriffen wird. Diese Felder haben eine passive Funktion und geben kein eigenes aktualisierbares Ergebnis aus. Allerdings lassen sich jene Felder, die auf sie Bezug nehmen, aktualisieren.

Dadurch, daß die Feldfunktion aktualisiert wurde, wird nicht zwangsläufig ihr Ergebnis am Bildschirm dargestellt. Damit direkt durch die Aktualisierung einer Feldfunktion ihr Ergebnis ausgegeben wird, darf die Ansicht der Feldfunktionen nicht eingeschaltet sein, die Sie beispielsweise über das Shortcut-Menü der rechten Maustaste umschalten. Solange sie sich nicht in der Layoutansicht befinden, erstreckt sich diese Umschaltung nur auf das aktuelle Feld.

Anders schaut es aus, wenn Sie unter EXTRAS > OPTIONEN in der Registerkarte ANSICHT das Kontrollkästchen FELDFUNKTIONEN (Alt E) aktiviert haben. Dieses Feld bestimmt die Darstellungsweise der Feldfunktionen für das ganze Dokument. Solange ANZEIGEN FELDFUNKTIONEN nicht aktiv ist, wird bei Feldfunktionen ein Ergebnis angezeigt, sofern die Funktion dies zuläßt. Ist er aktiv, wird grundsätzlich die Feldfunktion angezeigt. Umschalten läßt sich dieses Kontrollkästchen der OPTIONEN vom Dokument aus mit (Alt F9).

Unabhängig von der voreingestellten Ansicht der Feldfunktionen, können Sie die Darstellung einzelner Felder mit dem Tastenschlüssel (⇧ F9) umschalten. Dieser Tastenschlüssel schaltet auf die Ergebnisanzeige um, wenn die Feldfunktion dargestellt wird, und auf die Anzeige der Feldfunktion, wenn das Ergebnis sichtbar ist. Voraussetzung ist allerdings, daß Sie sich weder in der Layout- noch in der Seitenansicht befinden. In diesen beiden Dokumentansichten hat (⇧ F9) die gleiche Wirkung wie (Alt F9). In der Layoutansicht schaltet der Tastenschlüssel sogar das Kontrollkästchen FELDFUNKTIONEN der Registerkarte ANSICHT in den OPTIONEN um. Ansonsten wirkt sich der Tastenschlüssel nur auf jene Feldfunktionen aus, in oder vor denen die Einfügemarke steht, bzw. auf die, die markiert sind.

Felder können Sie auch markieren, während das Ergebnis und nicht die Funktion angezeigt wird. Auch hierbei gilt, daß die Markierung einer Klammerhälfte die ganze Feldfunktion markiert. Zwar sind die Feldklammern nicht sichtbar, wenn die Anzeige der Feldfunktionen abgeschaltet ist, doch sie begrenzen noch immer den Inhalt eines Feldes. Innerhalb ihrer unsichtbaren Grenzen erscheint bei den meisten Feldern statt der Feldfunktion ein Ergebnis.

Wenn Sie während der Arbeit sowohl die Felder als auch deren Ergebnisse gleichzeitig vor Augen haben möchten, sollten Sie von der Fensterteilung Gebrauch machen. Im Menü FENSTER öffnen Sie einen zweiten Ausschnitt mit TEILEN. Mit den Cursortasten und mit der Maus öffnen Sie ihn, indem Sie den Fensterteiler am oberen Ende der vertikalen Bildlaufleiste herunterziehen. Nun können Sie in einem Ausschnitt die Anzeige der Feldfunktionen aktivieren, während Sie sich im anderen Ausschnitt des Dokuments die Feldergebnisse anzeigen lassen. Auf diese Weise haben Sie bei der Arbeit mit Feldfunktionen die Inhalte und die Wirkungen vor Augen. Allerdings funktioniert dieser kleine Trick nicht, wenn Sie in beiden Ausschnitten die Layoutansicht aktiviert haben.

Um sich die unsichtbaren Grenzen der Feldergebnisse vor Augen zu führen, fügen Sie mit (Strg)(F9) eine Feldklammer in den Text ein, und geben in diese Klammer die Feldart {Zeit} ein:

```
{Zeit}
```

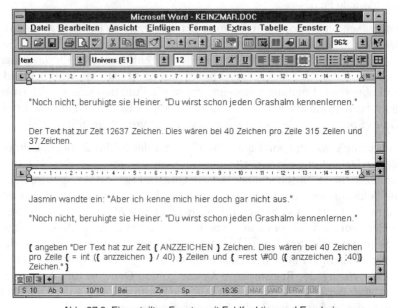

Abb. 27.3: Ein geteiltes Fenster mit Feldfunktion und Ergebnis

Setzen Sie die Einfügemarke in die Funktionsklammer oder unmittelbar davor und aktualisieren Sie die Feldfunktion ([F9]). Falls nach der Aktualisierung noch immer der Funktionstext statt der Uhrzeit angezeigt wird, schalten Sie die Darstellung mit [⇧][F9] um. Nun sollte die Uhrzeit in der Form "16:08" dargestellt werden. Positionieren Sie nun die Einfügemarke direkt vor der Zeitangabe und erweitern Sie die Markierung um ein Zeichen nach rechts ([⇧][→]). Durch die Erweiterung um ein Zeichen wird das Ergebnis der gesamten Feldfunktion markiert. Den gleichen Effekt hat es, wenn Sie die Einfügemarke hinter der letzten Zahl der Zeitangabe plazieren und um ein Zeichen nach links erweitern. Begründet ist dies in den verborgenen Klammern der Feldfunktion, die das Ergebnis eines Feldes noch immer einschließen. Sie können einen weiteren Versuch unternehmen, um sich dieses Prinzip zu verdeutlichen. Positionieren Sie die Absatzmarke innerhalb des Ergebnisses und geben Sie eine Absatzschaltung ein. Wenn Sie die Einfügemarke nun vor oder hinter das Feldergebnis setzen und um ein Zeichen erweitern, wird das ganze Feld einschließlich der Absatzmarke markiert. Ein wichtiger Effekt dieses Prinzips ist, daß Sie Feldfunktionen nur löschen können, wenn das gesamte Feld markiert ist. Versuchen Sie die erste Zahl der Stundenangabe mit [Entf] oder die letzte Zahl der Minutenangabe mit [⇐] zu löschen. Ein akustisches Signal informiert Sie über die Unzulässigkeit dieser Aktion. Wenn Sie allerdings das ganze Feldergebnis markieren, können Sie die Feldfunktion entfernen.

Innerhalb des Feldergebnisses können Sie Ergänzungen und Löschungen vornehmen. Die Befehlssyntax der Feldfunktion wird hierdurch nicht berührt. Sie können sich hiervon überzeugen, indem Sie eine Einfügung vornehmen und nachfolgend mit [⇧][F9] wieder auf die Anzeige der Feldfunktion umschalten. An dieser Anzeige ändert sich trotz umfangreicher Einfügungen, wie z.B. ganzer Absätze, nichts. Sie können in das Ergebnis sogar weitere Feldfunktionen eingeben. Versuchsweise können Sie eine andere Datei zwischen Minuten und Sekunden einfügen. Auch diese Einfügung wird ausgeblendet, wenn Sie die Feldfunktion {Zeit} anzeigen. In der Zeitdarstellung ist sie wieder sichtbar. Was immer Sie aber in das Ergebnis eines Feldes eingeben, es wird durch die neuerliche Aktualisierung des Feldes mit [F9] wieder entfernt. Durch die Aktualisierung wird das Feldergebnis wieder auf die Angaben der Feldfunktion reduziert.

Felder können aber nicht nur aktualisiert werden, sondern sie lassen sich auch mit dem Tastenschlüssel [Strg][F11] gegen unbeabsichtigte Aktualisierungen sperren. Vorteile bietet diese Sperrung, wenn Sie verhindern möchten, daß der Inhalt dieses Feldes bei einer globalen Aktualisierung ebenfalls auf einen neuen Stand gesetzt wird. Eine globale Aktualisierung aller ungesperrten Felder eines Dokuments initiieren Sie, indem Sie das gesamte Dokument markieren und nachfolgend [F9] betätigen. Um gesperrte Felder

Felder gegen Aktualisierung sperren

wieder zur Aktualisierung freizugeben, markieren Sie die Felder und betätigen die Tastenkombination [Strg][⇧][F11]. Nachdem die Sperrung aufgehoben wurde, steht das Feld wieder der normalen Aktualisierung offen.

Die beiden Feldarten {Gehezu} und {MakroSchaltfläche} lassen keine Aktualisierung und keine Sperrung gegen eine Aktualisierung zu. Ihre Aufgabe ist es, eine Aktion zu starten. Die Aktion, die ausgeführt werden soll, ist als Anweisung in der Feldfunktion enthalten. Sie initiieren die Ausführung, indem Sie entweder das Feld doppelt anklicken oder die Einfügemarke vor das Feld setzen und den Tastenschlüssel [Alt][⇧][F9] betätigen.

Außer der Möglichkeit, Felder gegen die Aktualisierung zu sperren, lassen sich Feldfunktionen auch auflösen und durch das Ergebnis ihrer letzen Aktualisierung ersetzen. Die Auflösung einer Feldfunktion wird mit dem Tastenschlüssel [Strg][⇧] [F9] ausgelöst. Bei einer Auflösung wird die markierte Feldfunktion aus dem Dokument entfernt und statt dessen das Ergebnis der Funktion als normale Eingabe aufgenommen. Bei der Auflösung eines Feldes spielt es keine Rolle, ob die Feldfunktion oder das Ergebnis angezeigt wird. Bei der Auflösung mit [Strg][⇧] [F9] wird automatisch auf das letzte Ergebnis des Feldes umgeschaltet. Eine Aktualisierung findet hierbei nicht statt. Da die Feldfunktion gelöscht wurde, sind weitere Aktualisierungen ausgeschlossen.

Wenn Sie bei der Bearbeitung eines Dokuments von Feld zu Feld springen möchten, um es zu aktualisieren, zu sperren oder zu ändern, steht Ihnen für diese Bewegung die Funktionstaste [F11] oder der Tastenschlüssel [Alt][F1] zur Verfügung. Mit dieser Tastenfunktion markieren Sie direkt das nächste folgende Feld, gleichgültig, ob momentan die Funktion oder das Ergebnis angezeigt wird. Übergangen werden hierbei allerdings die Felder {XE}, {Inhalt} und {RD}. Feldweise in die umgekehrte Richtung bewegen Sie sich mit [⇧][F11] oder [Alt][⇧][F1]. Sie können auf Felder sogar über den Befehl BEARBEITEN > SUCHEN Bezug nehmen. Die Codezahl, die Sie eingeben müssen, ist 19; der Eintrag hat die Form:

^19

Hierbei werden sämtliche Felder, auch die Eintrags-Felder von Index und Verzeichnis, gesucht. Bedingung hierbei ist jedoch, daß die Feldfunktionen der gesuchten Felder angezeigt werden. Felder, die momentan verborgen sind, kann die Suchen-Funktion nicht finden.

Der Schlüssel "^19" bezeichnet die linke Klammer der Feldbegrenzung. Da aber die Markierung einer Klammer direkt die ganze Feldfunktion einschließt, wird durch diese Suchvorgabe die ganze Feldfunktion markiert. Sie können sich aber das Wissen zunutze machen und die Suche auf spezielle Feldfunktionen konzentrieren, indem Sie im Anschluß an den Suchschlüssel die ersten Zeichen des gesuchten Feldes eingeben. So findet beispielseise

`^19einfügengrafik`

sämtliche Grafiken des Dokuments, die durch {EinfügenGrafik}-Felder eingebunden wurde. Hierbei müssen allerdings die Feldfunktionen auf Anzeige geschaltet sein.

Der Suchschlüssel für die rechte Seite der Feldbegrenzung ist "^21" und bietet die gleichen Möglichkeiten, durch Eingabe eines Feldinhaltes vor dem Schlüssel oder eines Textinhalte nach dem Schlüssel die Suche zu präzisieren.

Sie können jedes Feld verborgen formatieren, ohne daß es seine Funktionstüchtigkeit einbüßt. Voraussetzung hierfür ist allerdings, daß die erste Feldbegrenzungsklammer des Feldes ({) ebenfalls verborgen formatiert ist. Ist dies der Fall, werden auch die verborgenen Angaben innerhalb des Feldes in eine Aktualisierung einbezogen. Ansonsten werden die verborgen formatierten Eingaben von der Feldfunktion ignoriert. Dies bietet Ihnen die Chance, Kommentare zu Feldfunktionen direkt in die Klammer aufzunehmen, indem Sie den Kommentar als verborgenen Text formatieren.

Felder präzisieren

Die meisten Felder lassen sich an die jeweilige Arbeitssituation anpassen. Diese Anpassung erfolgt über zusätzliche Informationen, die Sie an die Angabe der Feldart anhängen. Grundsätzlich muß zwischen verschiedenen Elementen innerhalb der Feldklammer ein Leerzeichen gesetzt werden, so daß die ergänzenden Informationen auseinandergehalten werden können.

Anweisungen können als Argumente gestaltet sein. Sie dürfen aus Buchstaben und Ziffern, aber auch aus Grafiken bestehen. Argumente müssen in Anführungsstriche gesetzt werden, wenn sie mehr als eine zusammenhängende Zeichenkette umfassen. Dies ist bereits bei zwei Worten erfüllt. Sicherheitshalber sollten Sie alle Argumente in Anführungsstriche setzen, denn damit verhindern Sie Fehlermeldungen, die aus vergessenen Anführungszeichen resultieren. Textargumente finden beispielsweise Verwendung, wenn Sie einen Eintrag der Datei-Information neu belegen:

`{Titel "Keine Zeit für Langeweile"}`

Argumente können aber auch mit logischen Operatoren kombiniert werden. In der Serientexterstellung kann z.B. durch die Bedingung

`{Wenn Vorname = "Firma" "Sehr geehrte Damen und Herren"}`

die Anrede des Briefes automatisiert werden. Diese Feldfunktion enthält zwischen den Argumenten "Vorname" und "Firma" einen logischen Operator. Am Ende der Feldfunktion steht der Text, der eingefügt werden soll, wenn die Bedingung erfüllt wird, das Ergebnis somit wahr ist. Es könnte noch ein zweiter Text angefügt werden, der in jenen Fällen Verwendung findet, in denen die Bedingung nicht erfüllt wird, das Ergebnis der Operation also falsch ist.

In sehr vielen Feldfunktionen kommen Textmarken zum Einsatz. Der Inhalt von Textmarken läßt sich mit einigen Feldfunktionen bestimmen oder auslesen. So läßt sich mit der Feldfunktion {Frage} eine Frage formulieren, deren Antwort bei der Aktualisierung der Feldfunktion abgefragt und einer Textmarke zugewiesen wird. Eine solche Aktualisierung findet bei Serienbriefen automatisch statt. Ein Beispiel hierfür ist die Frage nach dem Betreff des Schreibens:

```
{Frage Betreff "Geben Sie einen Betreff ein."}
```

Diese Frage würde für jede Version des Serienbriefes einzeln gestellt. Wenn alle Briefe den gleichen Betreff haben, kann bei der Feldfunktion {Frage} der Schalter "\o" verwendet werden, der die Beantwortung der Frage auf alle Datensätze bezieht.

```
{Frage Betreff "Geben Sie einen Betreff ein." \o}
```

Eingefügt wird der Betreff an der Stelle, an der Sie das Feld mit der Textmarke "Betreff" positionieren:

```
Betreff: {Betreff}
```

Andere Feldfunktionen nehmen Textmarken als Bezugspunkte für Referenzaktionen. Beispielsweise kann mit der Feldfunktion {SeitenRef} auf die Seitenzahl verwiesen werden, an der eine bestimmte Textmarke gesetzt ist. So zeigt die Feldfunktion

```
Siehe Seite {SeitenRef wigwam}
```

als Ergebnis: Siehe Seite 9.

Daß Sie mit Word für Windows nicht auf den Inhalt des aktuellen Dokuments beschränkt sind, wurde in diesem Buch schon mehrfach gezeigt. Die Grenzen einer Datei oder sogar von Word für Windows überschreiten Sie ebenfalls mit Hilfe von Feldfunktionen. Neben {EinfügenText}-Feldern, die Inhalte anderer Dateien mit Dokumenten verknüpfen, sind besonders die {Verknüpfung}-Funktionen erwähnenswert.

Verknüpfungen über Felder

Mit diesen Feldfunktionen treten Sie in kommunikative Verbindung zu anderen Applikationsprogrammen. Voraussetzung hierfür ist, daß auch das andere Programm zum dynamischen Datenaustausch fähig ist. Sie können dann Dateien verknüpfen, die automatisch oder halbautomatisch, also mit manueller Aktualisierung, die neueste Version der Quelldatei auslesen. Auch der Start des jeweiligen Applikationsprogramms wird hierbei automatisch vollzogen. Felder, die Dateien mit Dokumenten von Word für Windows verknüpfen, haben die Form

{Verknüpfung ExcelWorksheet c:\\tabelle\\umsatz.xls z6s7:z9s9 * FormatVerbinden \r \a}

Die Feldfunktion besteht in diesem Fall aus der Angabe der Feldart, dem Namen des Quellprogramms und dem Pfad und Dateinamen der Quelldatei. Außerdem ist hier der Bereich, auf den sich die Verknüpfung bezieht, definiert. Statt einer Zeilen-/Spaltenangabe könnte hier auch eine definierte Textmarke angegeben werden. Auf diese Weise lassen sich auch Diagramme und Grafiken geeigneter Programme importieren.

Die Schalter beziehen sich:

1. auf die Formatierung der eingefügten Tabelle, die auch bei Aktualisierungen erhalten bleiben soll (* FormatVerbinden),
2. auf die Form der Übernahme, die in diesem Fall im RTF-Format erfolgt (\r), und
3. darauf, daß die Verknüpfung automatisch aktualisiert werden soll (\a).

Das Feld {Verknüpfung} löst seit Word für Windows 2.0 die Felder {DDE} und {DDEAuto} ab, die in den ersten Versionen von Word für Windows für den automatischen Datenaustausch zuständig waren. Allerdings bleiben diese Felder auch beim Import älterer Dokumente in WinWord voll funktionstauglich und können auch weiterhin manuell eingegeben werden. In der Liste der Feldarten im Dialogfenster FELD sind sie allerdings nicht mehr verzeichnet.

Die Feldart {=Ausdruck}, deren Feldbezeichner ausnahmsweise kein Name, sondern das Gleichheitszeichen (=) ist, ermöglicht Ihnen mathematische und logische Operationen. Der Feldaufbau besteht hierbei aus dem Feldartbezeichner, dem Ausdruck der Operation und den Werten, auf die sich die Operation bezieht. Die Werte, auf die sich die Operation bezieht, werden gemeinsam in eine runde Klammer gesetzt und voneinander durch Listenzeichen (meist Semikolons) getrennt. So läßt sich mit der Feldfunktion {= Ausdruck} beispielsweise der Mittelwert einer Zahlenreihe berechnen:

{= Mittelwert (3;7;34;2;5;18)}

Das Ergebnis ist hierbei 11,5. Aber auch logische Operationen lassen sich mit der {= Ausdruck}-Funktion erstellen. Mit dem Ausdruck {= Oder} läßt sich überprüfen, ob eines von zwei Argumenten wahr ist:

{= Oder (1+1=3;4*2=8)}

gibt als Ergebnis eine 1 aus, da eines der beiden Argumente wahr ist. Wenn beide falsch sind, beträgt das Ergebnis 0.

Die Schreibweise dieser Feldfunktion erinnert nicht nur zufällig an Formeln, die aus der Tabellenkalkulation bekannt sind. Mit der Feldfunktion {= Ausdruck} lassen sich in Word für Windows auch innerhalb von Tabellen Berechnungen erstellen. Hierbei kann auf Tabellenfelder, Zeilen, Spalten und Bereiche Bezug genommen werden. Die Bezugsfelder in der Tabelle werden jeweils durch eine Spalte und Zeile angegeben, wobei die Spalte alphanumerisch und die Zeile numerisch eingegeben wird, wie es in Tabellenkalkulationen (beispielsweise MS Excel) üblich ist. Die Feldfunktion

```
{= Summe (d1;d4)
```

berechnet die Summe der beiden Tabellenfelder. Voraussetzung hierfür ist allerdings, daß die Feldfunktion in einem Feld der Tabelle steht, auf die die Funktion Bezug nimmt.

Für die Darstellung von Formeln können Sie wie in den ersten Versionen von Word für Windows auf die Feldfunktion {Formel} zurückgreifen. Zwar ist der Microsoft Formel-Editor 2.0, der zum Lieferumfang von Word für Windows gehört, einfacher zu bedienen, doch ermöglichen {Formel}-Felder die Eingabe von Formeln direkt im Text. Später können Sie {Formel}-Felder immer noch in Objekte verwandeln: Ein Doppelklick auf die angezeigte Formel öffnet sie mittels der Anwendung Formel-Editor.

```
{Formel \r(3;27)}
```

stellt beispielsweise die Kubikwurzel zur Basis 27 dar:

```
{Formel \r(3;27)}
```

Die Feldfunktion {Formel} wird hierbei mit einem Schalter präzisiert. Daß es sich um eine Wurzel (lateinisch: Radix) handelt, wird durch den Schalter "\r" angegeben. Auf diese Weise hat jede Formeldarstellung spezielle Schalter, die miteinander benutzt werden können und zur Darstellung komplexer Formeln dienen. Da Formelfelder während der Eingabe direkt aktualisiert werden, bietet sich die Arbeit mit einem geteilten Fenster besonders an. So haben Sie bei komplexen Formeln das momentane Ergebnis vor Augen, während Sie im anderen Fenster die Feldfunktion erstellen oder ändern. Lassen Sie sich nicht durch Fehlermeldungen irritieren, die während der Eingabe angezeigt werden. Da das {Formel}-Feld permanent aktualisiert wird, führen fehlende Klammern oder noch unvollständige Angaben zu diesen Meldungen, die sich im Lauf der Eingabe erledigen.

Außer den feldspezifischen Schaltern bietet Word für Windows noch allgemeine Schalter. Die allgemeinen Schalter dienen in der Regel der Formatierung von Ergebnissen. Ausgenommen hiervon ist der spezielle Sperr-Schalter (\!). Er verhindert, daß Felder, die zu einem Ergebnis gehören, aktualisiert werden. Mit diesem Schalter beugen Sie unkontrollierten Änderungen eines Ergebnisses vor. Die anderen allgemeinen Schalter formatieren das Zeichenformat eines Feldergebnisses (*), das numerische Bild (\#) und den Aufbau der Datums- und Zeitangaben (\@). Selbstverständlich ist nicht jeder Schalter in jeder Feldfunktion sinnvoll. Das Datumformat der Feldfunktion {AktualDat} läßt sich beispielsweise auf mannigfache Art umsetzen:

```
{AktualDat \@ "t. MMMM jjjj"}     17. Januar 1994
{AktualDat \@ "MMMM jj"}          Januar 94
{AktualDat \@ tt.MM.jj}           17.01.94
```

Außerdem lassen sich über den Schalter noch Stunden- und Minutenangaben ergänzen. Daß der Datumsschalter keine Wirkung hat, solange die Feldfunktion keine Zeitangaben beinhaltet, versteht sich.

Sie können sich einige der Formatierungsmöglichkeiten durch Schalter direkt zeigen lassen, indem Sie verschiedene Zeitangaben aus dem Dialogfenster EINFÜGEN DATUM UND ZEIT in ein Dokument übernehmen und dann die Ansicht der Feldfunktionen aktivieren.

Feldfunktionen einsetzen

Die Einsatzmöglichkeiten von Feldfunktionen sind vielseitig. Gerade in der Serientextverarbeitung, bei Dokumentvorlagen und in der Verbindung mit Makros bietet sich der Einsatz von Feldfunktionen an. Kopf- und Fußzeilen können Sie mit Feldfunktionen automatisch um Einträge ergänzen.

Wenn Sie einen Text kapitelweise in Abschnitte unterteilen und den Kapitelüberschriften ein spezielles Druckformat zuweisen - hierfür bietet sich die automatische Formatvorlage ÜBERSCHRIFT 1 an -, können Sie mit der Feldfunktion

{FvRef "Überschrift 1"}

in die Kopfzeile den Titel des aktuellen Kapitels aufnehmen. Beim Bezug auf die automatischen Formatvorlagen von Überschriften geht es kürzer:

{FvRef 1}

Wenn Sie innerhalb eines Dokuments auf Abbildungen verweisen möchten, ordnen Sie den Abbildungen Textmarken zu und können nun z.B. auf die Seite der Abbildung verweisen

{SeitenRef Textmarke}

Um durchlaufende Nummernfolgen zu erstellen, geben Sie den Elementen {Seq}-Felder, die über eine Textmarke weiter spezifiziert sein können. Auf diese Weise können Sie verschiedene Elemente eines Textes unabhängig voneinander numerieren. Während

{Seq Abb}

die Numerierung der Abbildungen fortführt, kann

{Seq Tab}

parallel die Tabellen eines Dokuments numerieren. Auf die letzte Tabelle verweisen Sie in diesem Fall im Text mit

{Seq Tab \c}

Der Schalter "\c" unterbindet in diesem Feld die Fortzählung der Sequenz, so daß die letzte Sequenznummer noch einmal ausgegeben wird.

Sie können auch verschiedene Felder miteinander verschachteln. Wenn Sie z.B. in der Fußzeile die Seitenzahl der Folgeseite aufnehmen möchten, so lautet der Eintrag

{= ({Seite} + 1)}

In diesem Fall wurde die Feldfunktion {Seite} mit der Feldfunktion {= Ausdruck} verschachtelt.

Wenn Sie verhindern möchten, daß auf der letzten Seite des Dokuments noch immer ein Verweis auf die Folgeseite steht - die es ja nicht gibt - so schaut die Feldfunktion so aus:

{Wenn {Seite} < {AnzSeiten} "{= {Seite} + 1}"}

28

Referenz der Feldfunktionen von Word für Windows

Feldfunktionen von Word für Windows	Seite	791
= (Ausdruck)	Seite	791
Abschnitt	Seite	794
AbschnittSeiten	Seite	794
AktualDat	Seite	795
Angeben	Seite	795
AnzSeiten	Seite	795
AnzWörter	Seite	796
AnzZeichen	Seite	796
AutoNr	Seite	796
AutoNrDez	Seite	797
AutoNrGli	Seite	797
Autor	Seite	798
AutoText	Seite	798
BenutzerAdr	Seite	799
Benutzerinitialen	Seite	799
Benutzername	Seite	799
Bestimmen	Seite	800
Dateigrösse	Seite	801
Dateiname	Seite	801
Datenbank	Seite	802
Datensatz	Seite	804
DokVorlage	Seite	804
DruckDat	Seite	805
Druck	Seite	805
Einbetten	Seite	810
EinfügenGrafik	Seite	811
EinfügenText	Seite	811

Eingeben	Seite	812
ErstellDat	Seite	813
Formel	Seite	814
Frage	Seite	820
FussEndNoteRef	Seite	821
FVRef	Seite	822
Gehezu	Seite	823
Gespeichertvon	Seite	824
Index	Seite	825
Info	Seite	827
Inhalt	Seite	828
Kommentar	Seite	829
MakroSchaltfläche	Seite	829
Nächster	Seite	830
Nwenn	Seite	830
Privat	Seite	830
RD	Seite	831
Ref	Seite	832
Schlüssel	Seite	832
Seite	Seite	833
SeitenRref	Seite	833
Seq	Seite	833
SeriendruckFeld	Seite	837
SeriendruckSeq	Seite	837
SondZeichen	Seite	838
SpeicherDat	Seite	839
Thema	Seite	839
Titel	Seite	840
Überarbeitungsnummer	Seite	840
Überspringen	Seite	841
Vergleich	Seite	841
Verknüpfung	Seite	842
Versetzen	Seite	843
Verzeichnis	Seite	844
Wenn	Seite	847
XE	Seite	848
Zeit	Seite	849
Allgemeine Schalter	**Seite**	**850**
*	Seite	851
\#	Seite	852
\@	Seite	855

Feldfunktionen

= (Ausdruck)	ermittelt das Ergebnis einer Operation.
Abschnitt	fügt die aktuelle Abschnittsnummer ein.
AbschnittSeiten	fügt die absolute Anzahl der Seiten eines Abschnitts ein.
AktualDat	fügt das aktuelle Systemdatum ein.
Angeben	fügt eine Zeichenkette ein.
AnzSeiten	fügt die Gesamtseitenzahl aus der Datei-Statistik ein.
AnzWörter	fügt die Gesamtwortzahl aus der Datei-Statistik ein.
AnzZeichen	fügt die Gesamtzeichenzahl aus der Datei-Statistik ein.
AutoNr	fügt die automatische Numerierung in arabischen Ziffern ein.
AutoNrDez	fügt die automatische Numerierung im Dezimalformat ein.
AutoNrGli	fügt die Numerierung im Gliederungsformat ein.
Autor	fügt den Namen des Autors der Datei-Information ein.
AutoText	fügt den Inhalt eines AutoText-Eintrags ein.
BenutzerAdr	fügt die Adresse aus der Benutzer-Info ein.
Benutzerinitialen	fügt die Initialen aus der Benutzer-Info ein.
Benutzername	fügt den Namen des Benutzers aus der Benutzer-Info ein.
Bestimmen	ordnet einer Textmarke Text zu.
Dateigrösse	fügt die Dateigröße ein.
Dateiname	fügt den Dateinamen ein.
Datenbank	fügt eine Datenbank ein.
Datensatz	fügt die Nummer des aktuellen Datensatzes beim Seriendruck ein.
DokVorlage	fügt den Namen der aktuelle Dokumentvorlage ein.
DruckDat	fügt das letzte Druckdatum aus der Datei-Statistik ein.
Druck	sendet Zeichen direkt an das Ausgabegerät.
Einbetten	fügt ein Objekt einer anderen Anwendung ein.
EinfügenGrafik	fügt eine Grafik in das Dokument ein.
EinfügenText	fügt den Inhalt eines anderen Dokuments ein.
Eingeben	fordert zu einer Texteingabe auf.
ErstellDat	fügt das Erstellungsdatum aus der Datei-Statistik ein.
Formel	stellt eine mathematische Formel dar.
Frage	fordert zur Texteingabe auf, die einer Textmarke zugeordnet wird.
FussEndNoteRef	verweist auf die Nummer einer Fuß-/Endnote.
FVRef	fügt den nächsten Absatz der angegebenen Formatvorlage ein.
Gehezu	setzt die Einfügemarke an einen Zielpunkt.
GespeichertVon	fügt den Namen des Speichernden aus der Datei-Info ein.
Index	fügt einen Index auf Grund von {XE}-Felder ein.
Info	fügt die spezifizierten Datei-Informationen ein.
Inhalt	Markiert Einträge für die Erstellung eines Verzeichnisses.
Kommentar	fügt den Kommentar der Datei-Information ein.
MakroSchaltfläche	startet ein Makro, sofern eine Bestätigung des Feldes erfolgt.
Nächster	greift auf den nächsten Datensatz zu.
Nwenn	greift bei erfüllter Bedingung auf den nächsten Datensatz zu.

Privat	speichert Daten aus fremden Dateiformaten für Rückumwandlung.
RD	verknüpft mit anderen Dokumenten Index-/Verzeichniserstellung.
Ref	fügt den Inhalt einer Textmarke ein.
Schlüssel	fügt die Schlüsselwörter der Datei-Information ein.
Seite	fügt die Seitennummer der aktuellen Seite ein.
SeitenRef	fügt die Seitenzahl der Seite ein, auf die die Textmarke verweist.
Seq	fügt eine laufende Nummer ein.
SeriendruckFeld	fügt beim Seriendruck die Daten des Feldes der Datenquelle ein.
SeriendruckSeq	fügt die Nummer des Dokuments beim Seriendruck ein.
SondZeichen	fügt Sonderzeichen der verfügbaren Zeichensätze dar.
SpeicherDat	fügt das letzte Speicherdatum aus der Datei-Statistik ein.
Thema	fügt das Thema der Datei-Information ein.
Titel	fügt den Titel der Datei-Information ein.
Überarbeitungsnummer	fügt die Überarbeitungsnummer aus der Dokument-Statistik ein.
Überspringen	bricht bei erfüllter Bedingung die Bearbeitung eines Datensatzes ab.
Vergleich	vergleicht zwei Werte und gibt das Ergebnis zurück.
Verknüpfung	fügt Objektverknüpfung mit einer externen Datei ein.
Versetzen	versetzt die Position des Textes um den angegebenen Wert.
Verzeichnis	fügt ein Verzeichnis ein.
Wenn	fügt je nach Bedingung alternativen Text ein.
XE	Markiert Einträge für die Erstellung eines Index.
Zeit	fügt die aktuelle Systemzeit ein.

Allgemeine Schalter

*	formatiert die Zeichen eines Feldergebnisses.
\#	bestimmt das numerische Erscheinungsbild des Feldergebnisses.
\@	bestimmt das Erscheinungsbild von Zeitangaben.

Feldfunktionen von Word für Windows

Sofern es nicht ausdrücklich anders angegeben wurde, beziehen sich alle Einfügungen, die Sie mit Feldfunktionen vornehmen, stets auf das aktive Dokument. Die Reihenfolge der folgenden Liste richtet sich nach den Feldnamen. Allgemeine Schalter und Anweisungen, auf die in den Feldfunktionen verwiesen wird, finden Sie im Anschluß an die alphabetische Übersicht.

Mit Ausnahme der Felder, die nur automatisch aktualisiert werden oder dem Start von Gehe-zu oder Makro-Aktionen dienen, lassen sich sämtliche Feldergebnisse manuell mit [F9] aktualisieren. Darüber hinaus werden viele Felder während des Seriendrucks automatisch aktualisiert. Einige Felder werden auch beim normalen Ausdruck aktualisiert, vor allem, wenn sie in Kopf- oder Fußzeilen stehen. Dort findet bei einigen Feldern per se eine automatische Aktualisierung statt. Hierauf wird in den Beschreibungen verwiesen.

= (Ausdruck)

Ermittelt das Ergebnis einer Operation.

Syntax: `{= Ausdruck [Textmarke]}`

Das Feld wird beim Seriendruck und in Kopf-/Fußzeilen automatisch aktualisiert und läßt sich mit den allgemeinen Schaltern formatieren.

Mit dieser Feldart berechnen Sie mathematische Operationen. Die Operationen können numerischer und logischer Art sein. Als Elemente können Sie Zahlen, Textmarken und Tabellenzellen verwenden.

Es stehen Ihnen folgende Operatoren zur Verfügung:

Operator	Ergebnis
+	Addition
-	Subtraktion
*	Multiplikation
/	Division
%	Prozent
^	Potenz oder Wurzel

Operator	Ergebnis
=	Gleich
<>	Ungleich
<	Kleiner
<=	Kleiner oder gleich
>	Größer
>=	Größer oder gleich

Tab. 28.1: Operatoren des Felds "Ausdruck"

Die Syntax der Feldfunktion hat hierbei die Form:

Syntax: {= Element Operator Element}

Beachten Sie, daß der Operator durch Leerzeichen von den Elementen getrennt sein muß.

Durch die Operation {= Textmarke ^ (1/4)} ermitteln Sie die vierte Wurzel zur Basis des Textmarkenwerts. Wenn der Wert der Textmarke 81 beträgt, lautet das Ergebnis 3. Wenn sich der Textmarkenbereich über mehrere Zahlen erstreckt, werden die Zahlen addiert, solange keine andere Rechenoperation zwischen den Zahlen der Textmarke festgelegt ist. Bei Berechnungen wird stets die höchste Rechenoperation zuerst ausgeführt. Wie üblich können Sie durch Klammern die Reihenfolge der Kalkulationen beeinflussen.

In der Rechenfunktion können außer Textmarken und Zahlen auch andere Felder verwendet werden, die im "Ausdruck"-Feld verschachtelt sind.

Außerdem verfügt die Feldfunktion "Ausdruck" über Operatoren, bei denen Zahlen, Textmarken, Tabellenfelder und Feldfunktionen zulässig sind. Diese Feldfunktionen haben die Form:

Syntax: {= Operator (Element)}

Die Angabe des Operators folgt also auf den Feldartbezeichner. Das Element wird in runde Klammern gesetzt. Bei der folgenden Liste ist hinter den Feldfunktionen angegeben, wie der Klammerausdruck aussehen muß. x und y stehen für logische, a und b für mathematische Funktionen. Bei der Angabe von drei Punkten kann der Klammerinhalt fortgesetzt werden. Folgende Funktionen stehen zur Verfügung:

28 • Referenz der Feldfunktionen von Word für Windows

Funktion	Ergebnis
Abs(a)	Absoluter Wert
Anzahl(a;b;...)	Anzahl der Zahlen
Definiert(a)	1, wenn kein Fehler im Argument vorliegt; 0 bei Fehler oder Division durch Null
Falsch	0
Int	Nächste niedrige Ganzzahl (integer)
Max(a;b;...)	Höchster Wert der gelisteten Zahlen
Min(a;b;...)	Niedrigster Wert der gelisteten Zahlen
Mittelwert(a;b;...)	Durchschnitt der gelisteten Zahlen
Nicht(x)	1, wenn das Argument falsch; 0, wenn es wahr ist
Oder(x;y)	1, wenn ein Argument wahr ist; 0, wenn alle Argumente falsch sind
Produkt(a;b;...)	Multiplikation der gelisteten Zahlen
Rest(a;b)	Restwert einer Division
Runden(a;n)	Rundet auf die in n angegebenen Stellen
Summe(a;b,...)	Addition der gelisteten Zahlen
Und(a;b)	1, wenn alle Argumente wahr; 0, wenn eines oder mehrere falsch sind
Vorzeichen(a)	1, wenn der Ausdruck positiv ist; 0, wenn er = 0 ist; -1, wenn er negativ ist
Wahr	1
Wenn	1

Tab. 28.2: Funktionen des Felds "Ausdruck"

Beispiele:

```
{= Abs (einnahmen - ausgaben)}
```

gibt die Differenz zweier Zahlen oder Textmarken in einer positiven Zahl an.

```
{Angeben "Der Text hat zur Zeit {Anzzeichen} Zeichen. Dies
wären bei 40 Zeichen pro Zeile { = Int ({AnzZeichen}/40) }
Zeilen und {= Rest\#00 ({AnzZeichen};40)} Zeichen."}
```

gibt den Umfang eines Dokuments in Zeilen und Zeichen an. Hierbei handelt es sich um eine Feldfunktion, die mit zwei anderen Feldfunktionen verschachtelt wurde. Die Feldfunktion {Angeben} sorgt dafür, daß der Text und die Felder in das Dokument eingefügt werden. Innerhalb des einzufügenden Textes sind zwei Feldfunktionen der Art {Ausdruck} eingebunden.

Der Operator "Int" sorgt dafür, daß die dezimalen Nachkommastellen des Feldergebnisses abgeschnitten werden. Die Rechenoperation der Feldfunktion besteht aus der Division der Bearbeitungszeit durch 40, die wiederum als ein Feld in die Feldfunktion verschachtelt wurde.

Hierdurch wird die Zahl der Zeilen bei einer Anzahl von 40 Zeichen pro Zeile ermittelt. Die verbleibenden Zeichen werden in einem zweiten "Ausdruck"-Feld berechnet. Der Operator "Rest" ermittelt den Rest, der bei der Division der Zeichenzahl durch 40 verbleibt.

Die Restangabe wurde mit einem numerischen Formatschalter formatiert. Wieder wird die Bearbeitungszeit - vom Divisor "40" durch ein Semikolon getrennt - mit einem Feld eingefügt. Die Feldfunktion ist also drei Ebenen tief verschachtelt.

Abschnitt

Fügt die aktuelle Abschnittsnummer ein.

Syntax: {Abschnitt}

Das Feld wird beim Seriendruck automatisch aktualisiert und läßt sich mit den allgemeinen Schaltern formatieren.

Mit diesem Feld können Sie die Nummer des aktuellen Abschnitts direkt in ein Dokument aufnehmen. Das Nummer bezieht sich auf die letzte Aktualisierung des Feldes.

AbschnittSeiten

Fügt die absolute Anzahl der Seiten eines Abschnitts ein.

Syntax: {AbschnittSeiten}

Das Feld wird beim Seriendruck und in Kopf-/Fußzeilen automatisch aktualisiert und läßt sich mit den allgemeinen Schaltern formatieren.

Mit diesem Feld können Sie die Anzahl der Seiten des aktuellen Abschnitts direkt in ein Dokument aufnehmen. Die Seitenzahl bezieht sich auf die letzte Aktualisierung des Feldes, sofern das Feld nicht in einer Kopf- oder Fußzeile steht.

AktualDat

Fügt das aktuelle Systemdatum ein.

Syntax: {AktualDat}

Das Feld wird beim Seriendruck und in Kopf-/Fußzeilen beim Druck automatisch aktualisiert. Es läßt sich mit den allgemeinen Schaltern formatieren.

Mit diesem Feld können Sie das Tagesdatum der Systemuhr direkt in ein Dokument aufnehmen. Das Datum bezieht sich auf die letzte Aktualisierung des Feldes.

Angeben

Fügt eine Zeichenkette ein.

Syntax: {Angeben "Text oder Feldfunktion"}

Das Feld wird beim Seriendruck und in Kopf-/Fußzeilen beim Druck automatisch aktualisiert. Es läßt sich mit den allgemeinen Schaltern formatieren.

Diese Feldfunktion fügt eine Zeichenkette in den Text ein. Die Zeichenkette kann weitere Felder und nicht druckbare Zeichen enthalten. Sie können aber auch die Codenummern in Anführungszeichen eingeben. Diese Codes werden bei der Ausgabe des Feldergebnisses umgesetzt. Wenn Sie ein ANSI-Zeichen über Hexadezimalcode definieren möchten, müssen Sie dem Code in den Anführungszeichen eine Null und ein "x" ("0xBC") vorausschicken.

Beispiel:

{Angeben "An dieser Stelle findet ein Spalten-"14"umbruch statt"}

führt beim Aktualisieren des Feldes an der Stelle der "14" zu einem Spaltenumbruch im Dokument.

AnzSeiten

Fügt die Gesamtseitenzahl aus der Datei-Statistik ein.

Syntax: {AnzSeiten}

Das Feld wird beim Seriendruck und in Kopf-/Fußzeilen beim Druck automatisch aktualisiert. Es läßt sich mit den allgemeinen Schaltern formatieren.

Diese Feldfunktion gibt die Anzahl der Seiten an, so wie sie beim letzten Seitenumbruch in die Datei-Statistik eingetragen wurde.

AnzWörter

Fügt die Gesamtwortzahl aus der Datei-Statistik ein.

Syntax: `{AnzWörter}`

Das Feld wird beim Seriendruck und in Kopf-/Fußzeilen beim Druck automatisch aktualisiert. Es läßt sich mit den allgemeinen Schaltern formatieren.

Diese Feldfunktion gibt die Anzahl der Worte an, die bei der letzten Akualisierung der Datei-Statistik ermittelt wurde.

Beispiel:

`{= {AnzWörter} / {AnzSeiten}}`

ermittelt die durchschnittliche Wortzahl je Seite.

AnzZeichen

Fügt die Gesamtzeichenzahl aus der Datei-Statistik ein.

Syntax: `{AnzZeichen}`

Das Feld wird beim Seriendruck und in Kopf-/Fußzeilen beim Druck automatisch aktualisiert. Es läßt sich mit den allgemeinen Schaltern formatieren.

Diese Feldfunktion gibt die Anzahl der alphabetischen Zeichen an, die bei der letzten Aktualisierung der Datei-Statistik ermittelt wurde.

Beispiel:

`{= {AnzZeichen} / {AnzSeiten}}`

ermittelt die durchschnittliche Zeichenzahl je Seite.

AutoNr

Fügt die automatische Numerierung in arabischen Ziffern ein.

Syntax: `{AutoNr}`

Das Feld wird ausschließlich automatisch aktualisiert.

Dieses Feld numeriert Absätze in arabischen Ziffern. Mehrere {Autonr}-Felder in einem Absatz zeigen alle das gleiche Ergebnis. Die Numerierung erfolgt separat für jede Gliederungsebene und hat folgende Form:

```
1.
2.
3.
            1.
            2.
            3.
                        1.
                        2.
                        3.
```

AutoNrDez

Fügt die automatische Numerierung in fortlaufendem Dezimalformat ein.

Syntax: `{AutoNrDez}`

Das Feld wird ausschließlich automatisch aktualisiert.

Dieses Feld numeriert Absätze im fortlaufenden Dezimalformat, orientiert an DIN 1421 "Numerierung in Texten". Mehrere {AutoNrDez}-Felder in einem Absatz zeigen alle das gleiche Ergebnis. Die Numerierung erfolgt separat für jede Gliederungsebene und hat folgende Form:

```
1.
2.
3.
            3.1.
            3.2.
            3.3.
                        3.3.1.
                        3.3.2.
                        3.3.3.
```

AutoNrGli

Fügt die Numerierung im Gliederungsformat ein.

Syntax: `{AutoNrGli}`

Das Feld wird ausschließlich automatisch aktualisiert.

Dieses Feld numeriert Absätze im Gliederungsformat. Mehrere {AutoNrGli}-Felder in einem Absatz zeigen alle das gleiche Ergebnis. Die Numerierung erfolgt separat für jede Gliederungsebene und hat folgende Form:

I.
II.
III.
    A.
    B.
    C.
        1.
        2.
        3.

Autor

Fügt den Namen des Autors der Datei-Information ein.

Syntax: `{Autor "neuer Name"}`

Das Feld wird beim Seriendruck und in Kopf-/Fußzeilen beim Druck automatisch aktualisiert. Es läßt sich mit den allgemeinen Schaltern formatieren.

Dieses Feld übernimmt den Namen des Autors aus der Datei-Information. Wenn als Anweisung ein neuer Name ergänzt wird, wird dieser Name bei der Aktualisierung in die Datei-Information übernommen.

Beispiel:

`Bei Rückfragen bitte an {Autor "Pit Bit"} wenden.`

hat das Ergebnis: "Bei Rückfragen bitte an Pit Bit wenden." Außerdem wird "Pit Bit" als Autor des Dokuments in der Datei-Information verzeichnet.

AutoText

Fügt den Inhalt eines AutoText-Eintrags ein.

Syntax: `{AutoText "AutoTextname"}`

Das Feld wird beim Seriendruck und in Kopf-/Fußzeilen beim Druck automatisch aktualisiert. Es läßt sich mit den allgemeinen Schaltern formatieren.

Diese Feldfunktion fügt den Inhalt eines AutoText-Eintrags ein. Wenn sich der Inhalt ändert, wird der veränderte Inhalt bei einer Aktualisierung der Feldfunktion übernommen. Während normale AutoText-Einträge hierbei durch den neuen Inhalt ersetzt werden, bleibt bei positionierten AutoText-Einträgen der alte Eintrag im Dokument bestehen und wird gegebenenfalls vom neuen Eintrag überlagert.

Der AutoText-Name muß in Anführungszeichen gesetzt werden, sobald es sich nicht mehr um ein zusammenhängendes Wort handelt.

BenutzerAdr

Fügt die Adresse aus der Benutzer-Info ein.

Syntax: {BenutzerAdr "Text"}

Das Feld wird beim Seriendruck und in Kopf-/Fußzeilen beim Druck automatisch aktualisiert. Es läßt sich mit den allgemeinen Schaltern formatieren.

Dieses Feld fügt die Adresse des Benutzers, die unter OPTIONEN > BENUTZER-INFO gespeichert ist, in den Text ein. Wenn als Anweisung eine Adresse angegeben wird, wird diese bei der Aktualisierung ausgegeben, nicht aber in die OPTIONEN übernommen.

Benutzerinitialen

Fügt die Initialen aus der Benutzer-Info ein.

Syntax: {Benutzerinitialen}

Das Feld wird beim Seriendruck und in Kopf-/Fußzeilen beim Druck automatisch aktualisiert. Es läßt sich mit den allgemeinen Schaltern formatieren.

Dieses Feld fügt die Initialen des Benutzers, die unter OPTIONEN > BENUTZER-INFO gespeichert sind, in den Text ein. Wenn als Anweisung neue Initialen ergänzt werden, werden diese bei der Aktualisierung ausgegeben, nicht aber in die OPTIONEN übernommen.

Benutzername

Fügt den Namen des Benutzers aus der Benutzer-Info ein.

Syntax: {Benutzername}

Das Feld wird beim Seriendruck und in Kopf-/Fußzeilen beim Druck automatisch aktualisiert. Es läßt sich mit den allgemeinen Schaltern formatieren.

Dieses Feld fügt den Namen des Benutzers, der unter OPTIONEN > BENUTZERINFO gespeichert ist, in den Text ein.

Beispiel:

{Benutzername}, im folgenden {Benutzerinit} genannt

Bestimmen

Ordnet einer Textmarke Text zu.

Syntax: {Bestimmen Textmarke "Text oder Feldfunktion"}

Das Feld wird beim Seriendruck automatisch aktualisiert und läßt sich mit den allgemeinen Schaltern formatieren.

Diese Feldfunktion weist einen Text einer Textmarke zu. Auf diese Weise können Sie den Inhalt einer Textmarke ändern, auf den Sie im weiteren Dokument mit dem Textmarkennamen zugreifen können. Wenn der Inhalt einer Textmarke geändert wird, muß das {Bestimmen}-Feld und anschließend die Textmarkenfelder aktualisiert werden, die auf den Inhalt Bezug nehmen, um den neuen Inhalt wiederzugeben.

Beispiel:

{Bestimmen Zuständig "Ihr Ansprechpartner: {Autor}"}

fügt in den Dokumenten von Pit Bit anstelle der Textmarke "Zuständig" den Text "Ihr Ansprechpartner: Pit Bit" ein. Solange im Feld keine Schalter ergänzt wurden, wird das Ergebnis der Textmarke wie der übrige Text des Absatzes formatiert. Durch Schalter läßt sich die Schriftart und die Punktgröße des Zeichens spezifizieren und von der bestehenden Zeichenformatierung ausnehmen.

\f

Der Schalter "\f" legt die Schriftart fest. Der Schriftname wird im Anschluß an den Schalter in Anführungsstrichen eingegeben und fixiert die Zeichenkette auf die Schriftart.

\s

Der Schalter "\s" legt die Schriftgröße in Punkt fest. Die Punktwert wird im Anschluß an den Schalter eingegeben und fixiert die Zeichenkette auf die Punktgröße.

\h

Der Schalter "\h" verhindert eine Anpassung des Zeilenabstands an die Schriftgröße.

Dateigrösse

Fügt die Dateigröße ein.

Syntax: {Dateigrösse}

Das Feld wird beim Seriendruck automatisch aktualisiert. Es läßt sich mit den allgemeinen Schaltern formatieren.

Dieses Feld gibt die Dateigröße des Dokuments in Byte an.

\k

Der Schalter "\k" gibt das Ergebnis in KBytes an. Die Einheit wird nicht mit angegeben.

\m

Der Schalter "\m" gibt das Ergebnis in MBytes an wobei gerundet wird. Die Einheit wird nicht mit angegeben.

Dateiname

Fügt den Dateinamen ein.

Syntax: {Dateiname}

Das Feld wird beim Seriendruck und in Kopf-/Fußzeilen beim Druck automatisch aktualisiert. Es läßt sich mit den allgemeinen Schaltern formatieren.

Dieses Feld gibt den Dateinamen und die Namenserweiterung in das Dokument ein. Auf diese Weise läßt sich z.B. in der Fußzeile die Quelle vermerken, so daß bei Änderungen nicht verschiedene Dateien durchsucht werden müssen. Die Angabe des Dateinamens erfolgt versal, kann aber über Schalter modifiziert werden.

\p

Der Schalter "\p" gibt zum Dateinamen den Pfad des Speicherverzeichnisses aus.

Datenbank

Fügt eine Datenbank ein.

Syntax: {Datenbank [Schalter]}

Das Feld wird beim Seriendruck automatisch aktualisiert und läßt sich mit den allgemeinen Schaltern formatieren.

Dieses Feld fügt eine externe Datenbank als Tabelle ein.

\d "Datei"

Im Anschluß an den Schalter "\d" werden Pfad und Dateiname der Datenbank angegeben. Alle Pfadangaben müssen mit doppeltem Backslash \\ gekennzeichnet sein, damit sie nicht als Schalter mißinterpretiert werden. Wenn eine SQL-Datenbank über ODBC eingefügt wird, wird der Pfad mit "\c" festgelegt.

\c "Anweisung"

Im Anschluß an den Schalter "\c" werden die ODBC-Verbindungsanweisungen in der Form: "Name der Datenquelle; Datenbank; Datenbanktyp;" angegeben.

Beispiel:

\c "DSN=MS Access Datenbanken;DBQ=C:\\ACCESS\\NWIND.MDB;FIL=RedISAM;"

\s "SQL-Befehl"

Im Anschluß an den Schalter "\s" werden die SQL-Befehle für die Datenbankabfrage gegeben.

\l "Nummer"

Im Anschluß an den Schalter "\l" (Buchstabe "L") wird durch eine Nummer das Format für die Tabelle aus der Liste TABELLE AUTOFORMAT angegeben. Die Nummer bezieht sich auf die Reihenfolge der automatischen Tabellenformate. Welche Formatierungen des automatischen Tabellenformats wirksam werden, spezifiziert der Schalter "\b".

\b "Nummer"

Im Anschluß an den Schalter "\b" wird durch eine Nummer angegeben, welche Formatierungen des mit "\l" ausgewählten automatischen Tabellenformats aktiv sind. Solange der Schalter "\l" nicht gesetzt ist oder kein automatisches Tabellenformat angegeben wurde ("\l 0"), kann mit dem Schalter "\b" lediglich die optimale Breite ("\b 16") der Tabelle formatiert werden. Die Nummern der gewünschten Formatierungen werden addiert.

Schalterargument	Formatierung
0	Kein
1	Rahmen
2	Schattierung
4	Zeichen
8	Farbe
16	Optimale Breite
32	Überschrift Zeilen
128	Erste Spalte
256	Letzte Spalte

Tab. 28.3: Wirkung des Schalters "\b" des {Datenbank}-Felds

\f "Nummer"

Im Anschluß an den Schalter "\f" wird die Nummer des ersten zu importierenden Datensatzes angegeben.

\t

Im Anschluß an den Schalter "\t" wird die Nummer des letzten zu importierenden Datensatzes angegeben.

Beispiel:

{ DATENBANK \d "E:\\WIN\\ACCESS\\NWIND.MDB" \c "DSN=MS Access Datenbanken;DBQ=E:\\WIN\\ACCESS\\NWIND.MDB;FIL=RedISAM;" \s "SELECT * FROM \"VERSANDFIRMEN\"" \l "6" \b "191" }

Datensatz

Fügt die Nummer des aktuellen Datensatzes während des Seriendrucks ein.

Syntax: {Datensatz}

Das Feld wird beim Seriendruck automatisch aktualisiert.

Diese Feldfunktion ermittelt während des Ausdrucks eines Serientextes die Nummer des aktuellen Datensatzes in der Datenbank und gibt sie in die Version des Serientextes ein. Das Feld {Nächster} erhöht die Nummer des Datensatzes jeweils um den Wert 1. Ebenfalls erhöht wird die Nummer, wenn die Funktion in einem Serientext hinter den Feldern {Nwenn} oder {Überspringen} steht und die angegebene Bedingung erfüllt ist, also ein Datensatz übersprungen wird.

Beispiel:

```
Dieser Ausdruck basiert auf Datensatz Nr. {Datensatz}
```

Diese Zeile bietet die Möglichkeit, für weitere Informationen direkt auf den Datensatz zurückgreifen zu können.

DokVorlage

Fügt den Namen der aktuellen Dokumentvorlage ein.

Syntax: {DokVorlage}

Das Feld wird beim Seriendruck und in Kopf-/Fußzeilen beim Druck automatisch aktualisiert. Es läßt sich mit den allgemeinen Schaltern formatieren.

Diese Feldfunktion gibt den Dateinamen der Vorlage an, auf der das aktuelle Dokument basiert. Der Name wird dem entsprechenden Eintrag der Datei-Statistik entnommen und samt Erweiterung angegeben. Sollte nur die Vorlage NORMAL.DOT mit der Datei verbunden sein, wird sie als Ergebnis angezeigt. Die Angabe des Dateinamens erfolgt versal, kann aber über Schalter modifiziert werden.

\p

Der Schalter "\p" gibt zusätzlich zum Dateinamen den Pfad des Speicherverzeichnisses aus.

DruckDat

Fügt das letzte Druckdatum aus der Datei-Statistik ein.

Syntax: {Druckdat}

Das Feld wird beim Seriendruck und in Kopf-/Fußzeilen beim Druck automatisch aktualisiert. Es läßt sich mit den allgemeinen Schaltern formatieren.

Diese Feldfunktion gibt das Datum an, an dem das Dokument zuletzt ausgedruckt wurde. Dieses Datum richtet sich nach dem Stand der Systemuhr zum Zeitpunkt des Drucks und ist in der Datei-Statistik eingetragen. Sollte das Dokument noch nie ausgedruckt worden sein, erscheint die Angabe in Nullen.

Beispiel:

{Bestimmen Vertraulich "{Dateiname} wurde zuletzt gedruckt am {Druckdat}."}

Nachdem die Feldfunktion aktualisiert wurde, kann über die Textmarke "Vertraulich" der Zeitpunkt des letzten Drucks eingefügt werden.

Druck

Sendet Zeichen direkt an das Ausgabegerät.

Syntax: {Druck [Schalter] "Zeichen"}

Mit dieser Feldfunktion können Sie während des Ausdrucks eines Dokuments Zeichen direkt an das Ausgabegerät senden.

Die Zeichen zwischen den beiden Anführungszeichen werden dabei an der Position des {Druck}-Feldes völlig unverändert in den Zeichenstrom eingeflochten, den der Druckertreiber von Windows an das jeweilige Gerät sendet.

Ein sichtbares Ergebnis liefert diese Feldfunktion während der Bearbeitung eines Dokuments oder einer Seitenansicht deshalb nicht. Auch muß dieses Feld vor einem Ausdruck nicht aktualisiert werden, weil es alle benötigten Informationen in sich trägt und nicht von anderen Feldern oder Textbestandteilen abhängig ist.

Zwar können Sie dadurch jedes beliebige Zeichen an einen Drucker senden, doch macht wohl nur die Übertragung von Steuerzeichen in diesem Zusammenhang Sinn. Allerdings sollten Sie auch dabei genau abwägen, ob die entsprechende Steuersequenz nicht auch mit Word für Windows erzeugt werden kann, was zumindest für den gesamten Bereich der Zeichenformatierung gilt.

Bedenken Sie dabei aber immer, daß die von Ihnen gesendeten Steuerzeichen unter Umständen die von Word für Windows vorgenommenen Einstellungen verändern oder löschen. Das richtet zwar keinen allzu großen Schaden an, könnte aber das Druckbild empfindlich stören.

Seine eigentliche Bestimmung findet dieser Befehl aber ohnehin nicht in Verbindung mit einfachen Matrix- oder Tintenstrahldruckern, sondern mit Geräten, die über die Seitenbeschreibungssprache PostScript angesteuert werden. Neben Belichtungsmaschinen zählen dazu natürlich vor allem PostScript-fähige Laserdrucker, die in den letzten Jahren auch im PC-Bereich weite Verbreitung gefunden haben.

Während nämlich Word für Windows in der Regel alle Möglichkeiten von "einfachen" Druckern voll ausschöpft, können mit Hilfe von PostScript Druckeffekte realisiert werden, die weit über die Möglichkeiten von Word für Windows hinausgehen. Und da es sich bei PostScript um eine echte Programmiersprache handelt, werden die Möglichkeiten hier eigentlich nur durch Ihre Phantasie begrenzt.

Sie sollten PostScript allerdings gut beherrschen, bevor Sie sich an die Einbindung eigener PostScript-Kommandos mit Hilfe der Feldfunktion {Druck} wagen. Schließlich kann Word für Windows die Richtigkeit eines solchen Programms nicht überprüfen, und Programmfehler schleichen sich bekanntlich in jeder Programmiersprache leicht ein.

Bereits ein kleiner Syntaxfehler kann die Ausgabe Ihres PostScript-Druckers völlig zum Erliegen bringen - und die Fehlersuche in PostScript ist wahrhaftig keine sehr angenehme Angelegenheit.

Wer sich aber trotzdem an die Einbindung kleiner PostScript-Programme in ein Dokument wagt, den unterstützt Word für Windows so gut es kann.

Dies geschieht vor allem durch die Deklaration von PostScript-Variablen und Prozeduren, die Ihnen bei der Bezugnahme auf einen Absatz oder eine Seite innerhalb des PostScript-Programms zur Seite stehen.

Welche Variablen definiert werden, hängt dabei von dem Befehlswort ab, das zwischen dem Feldartnamen "Druck" und dem ersten Anführungszeichen in Verbindung mit dem Schalter "\p" angegeben wird. Dieses Befehlswort legt das Element fest, auf das sich Ihre PostScript-Befehle beziehen.

Parameter	Element
\p Cell	Das Tabellenfeld, in dem sich das Druck-Feld befindet
\p Page	Die gesamte aktuelle Seite
\p Para	Der aktuelle Absatz, in dem sich das Druck-Feld befindet
\p Pic	Die Grafik, die hinter dem Druck-Feld im aktuellen Absatz folgt
\p Row	Die Tabellenzeile, in der sich das Druck-Feld befindet
\p Dict	Definitionen für ein Dictionary, das für die aktuelle Seite gilt

Tab. 28.4: Definition des Seitenbeginns für PostScript-Befehle

Unabhängig von dem gewählten Element verschiebt Word für Windows vor der Einflechtung der PostScript-Befehle in die eigentliche Seitenbeschreibung den Koordinatenursprungspunkt in die untere linke Ecke des Elements. Darüber hinaus wird als Clipping-Pfad der Umriß des gewählten Elements definiert, damit nur dieses Element von den Befehlen in Ihrem Programm beeinflußt werden kann.

Diese beiden Parameter allerdings sind auch die einzigen Elemente des Graphics-State, die sich bei der Ausführung Ihrer PostScript-Befehle nicht in dem Ursprungszustand befinden, der über den Befehl "initgraphics" festgelegt wurde.

Zwar steht es Ihrem PostScript-Programm frei, während seiner Ausführung Veränderungen am Graphics-State vorzunehmen, doch sind diese Veränderungen nur von kurzer Dauer, weil Word für Windows Ihr Programm zwischen die Befehle "gsave" und "grestore" einschließt.

Dies alles gilt jedoch nicht, wenn Sie als Parameter "Dict" angegeben haben, denn in Verbindung mit diesem Befehl erwartet Word für Windows keine Ausgabe, sondern lediglich Definitionsbefehle, mit deren Hilfe Sie PostScript-Objekte wie Zahlen, Strings oder Prozeduren definieren können. Im weiteren Verlauf der Seite kann auf sie dann mit Hilfe weiterer {Druck}-Felder und PostScript-Befehle zugegriffen werden, die über die Parameter "Page", "Para", "Pic", "Row" oder "Cell" eingebunden werden.

Der Gültigkeitsbereich dieser Definitionen erstreckt sich dabei allerdings nur auf die jeweils aktuelle Seite, so daß Sie ein {Druck-Feld mit "Dict"-Parameter in die Kopfzeile eines Dokuments einbinden müssen, wenn seine Definitionen auf jeder Seite verfügbar sein sollen.

Außer bei einem {Druck}-Feld mit "Dict"-Parameter werden von Word für Windows vor jeder Einbindung eines PostScript-Programms über ein {Druck}-Feld folgende Definitionen vorgenommen (alle numerischen Angaben in Punkt):

Objekt	Bedeutung
wp$box	Prozedur, die einen Pfad um den gewählten Bereich beschreibt
wp$xorig	X-Ordinate des gewählten Elements in Bezug auf die gesamte Seite
wp$yorig	Y-Ordinate des gewählten Elements in Bezug auf die gesamte Seite
wp$x	Ausdehnung des gewählten Elements in X-Richtung
wp$y	Ausdehnung des gewählten Elements in Y-Richtung
wp$page	Aktuelle Seitennummer als Integer
wp$fpage	Aktuelle Seitennummer als String
wp$date	Das aktuelle Datum als String in dem Format, das in der Systemsteuerung eingestellt wurde
wp$time	Die aktuelle Uhrzeit als String in dem Format, das in der Systemsteuerung eingestellt wurde

Tab. 28.5: Definitionen beim Feld {Druck} (ausgenommen Parameter "Dict")

Wurde als Element "Page" angegeben, legt Word für Windows darüber hinaus folgende PostScript-Objekte an (alle numerischen Angaben in Punkt):

Objekt	Bedeutung
wp$top	Oberer Seitenrand
wp$bottom	Unterer Seitenrand
wp$left	Linker Seitenrand
wp$right	Rechter Seitenrand
wp$col	Anzahl der Spalten auf dieser Seite
wp$colx	Breite der einzelnen Spalten
wp$colxb	Abstand zwischen den Spalten

Tab. 28.6: Definitionen beim Feld {Druck} (Parameter "Page")

Verschiedene weitere PostScript-Objekte werden aber auch definiert, wenn als Element "Para" angegeben wurde. Sie sind in der folgenden Tabelle zusammengefaßt (alle numerischen Angaben in Punkt):

Objekt	Bedeutung
wp$top	Absatzanfangsabstand
wp$bottom	Absatzendeabstand
wp$left	Linker Einzug
wp$right	Rechter Einzug
wp$first$	Einzug der ersten Zeile
wp$style	String mit dem Namen der Formatvorlage

Tab. 28.7: Definitionen beim Feld {Druck} (Parameter "Para")

Beispiel:

Auf der beiliegenden Diskette ist in der Datei PS-BSP.DOC als Einsatzbeispiel ein PostScript-Programm gespeichert. Es stellt ein schönes Beispiel für die vielfältigen Möglichkeiten dar, die sich in Verbindung mit der Feldfunktion {Druck} und einem PostScript-Drucker ergeben. Wie die untenstehende Abbildung zeigt, versieht dieses Programm den aktuellen Absatz mit einem Hintergrundschriftzug, wie man ihn z.B. auf Banknoten oder Schecks, aber auch auf manchem Schmuckpapier findet. Gleichzeitig wird ein Rahmen um den Absatz gezogen. Der Text jedoch, der vor dem Hintergrundschriftzug erscheint, wird nicht mit Hilfe dieses Programms erzeugt; bei ihm handelt es sich um ganz normalen Text, der mit Hilfe von Word für Windows eingegeben und formatiert wurde.

Das PostScript-Programm wurde so gestaltet, daß Sie es leicht an Ihre Bedürfnisse anpassen können. Alle Parameter, wie z.B. der Text der Hintergrundbeschriftung, seine Schriftart und -größe, können über die Definitionsbefehle am Anfang des Programms eingestellt werden.

Beachten Sie aber bitte, daß die Druckfunktion mit dem PostScript-Programm immer dem eigentlichen Text im Absatz vorausgehen muß, weil dieser sonst zeitlich vor der Hintergrundbeschriftung ausgedruckt wird und dadurch im Hintergrund erscheint.

Abb. 28.1: Das Ergebnis des PostScript-Programms

Einbetten

Fügt ein Objekt einer anderen Anwendung ein.

Syntax: {Einbetten Klassenname [Schalter]}

Das Feld kann nicht manuell eingegeben werden. Es wird eingefügt, wenn Sie BEARBEITEN > INHALTE EINFÜGEN bzw. EINFÜGEN > OBJEKT wählen und mittels OLE ein Objekt einer anderen Anwendung ins Dokument aufnehmen. Die Schalter, die die Darstellung des Objekt bestimmen, können Sie modifizieren.

\s

Das Objekt wird bei der nächsten Aktualisierung in seine Originalgröße zurückgesetzt. Änderungen, die an der Größe und dem Ausschnitt des dargestellten Objektes vorgenommen wurden, werden hierbei annulliert. Sollen diese Änderungen an der Darstellung gültig bleiben, muß der Schalter "\s" aus der Feldfunktion entfernt werden.

* Formatverbinden

weist dem Objekt bei der nächsten Aktualisierung das Format des bestehenden Objekts zu (siehe allgemeine Schalter).

EinfügenGrafik

Fügt eine Grafik in das Dokument ein.

Syntax: {EinfügenGrafik Dateiname [Schalter]}

Das Feld wird beim Seriendruck automatisch aktualisiert und läßt sich mit den allgemeinen Schaltern formatieren.

Diese Feldfunktion übernimmt eine Grafik, die in einer externen Datei gespeichert ist. Entscheidend für die Grafikformate, die importiert werden können, ist die Installation der Konvertierungsprogramme, die beim Einrichten von Word für Windows vorgenommen wurde.

\c

Der Schalter "\c" bestimmt das Konvertierungsprogramm, das zur Umwandlung eingesetzt wird. Die Angabe des Konvertierungsprogramms erfolgt im Anschluß an den Schalter. Hierbei verwenden Sie den Namenseintrag, mit dem Sie das Programm in der WIN.INI in der Sektion [MS Graphic Import Filters] spezifiziert haben. Sie können in diese Sektion in der MICROSOFT SYSTEMINFORMATION Einblick nehmen, wenn Sie im Dialogfenster als Kategorie GRAFIKFILTER wählen. Die schnellste Art des System-Info-Aufrufs bietet der Tastenschlüssel [Alt][Strg][F1].

\d

Wenn der Schalter "\d" gesetzt ist, wird keine Bitmap-Kopie der Grafikdatei im Dokument gespeichert.

EinfügenText

Fügt den Inhalt eines anderen Dokuments ein.

Syntax: {EinfügenText Dateiname [Textmarke oder Koordinaten] [Schalter]}

Das Feld wird beim Seriendruck automatisch aktualisiert und läßt sich mit den allgemeinen Schaltern formatieren.

Diese Feldfunktion übernimmt Texte und Daten aus einer anderen Datei. Hierbei kann der Bereich, der übernommen wird, bei Textdateien durch den Namen einer Textmarke und bei Tabellendateien alternativ durch eine Koordinatenangabe in der Form "A5:C7" definiert werden. Es können nicht nur Dateien im Format von Word für Windows, sondern auch Dateien in fremden Formaten anderer Programme importiert werden. Entscheidend für die Formate, die importiert werden können, ist die Installation der Umwandlungsprogramme, die beim Einrichten von Word für Windows vorgenommen wurde. Daten von Tabellenkalkulationen werden bei der Übernahme in WinWord-Tabellen gegliedert.

Nach Änderungen in der eingefügten Datei können Sie die modifizierte Version in die Quelldatei zurückübertragen, sofern es sich um eine Dokumentdatei von Word für Windows handelt. Verwenden Sie hierfür den Tastenschlüssel [Strg][⇧][F7]. Falls die Rückübertragung scheitert, werden Sie hiervon durch ein Meldungsfenster informiert.

\c

Wenn Dateien in einem fremden Dateiformat eingefügt werden, müssen Sie die Formatangabe mit dem Schalter "\c" ergänzen. Diese Angabe bestimmt das Konvertierungsprogramm, das zur Umwandlung eingesetzt wird. Die Angabe des Konvertierungsprogramms erfolgt im Anschluß an den Schalter. Hierbei verwenden Sie den Namenseintrag, mit dem Sie das Programm in der WIN.INI in der Sektion [MS Text Converters] spezifiziert haben. Sie können in diese Sektion in der MICROSOFT SYSTEMINFORMATION Einblick nehmen, die Sie mit [Alt][Strg][F1] starten. Im Dialogfenster wählen Sie als Kategorie TEXTUMWANDLUNGSPROGRAMME aus der DropDown-Liste.

Beispiel:

{Einfügen a:\\txt\\keinzeit.txt \c MSWordDos}

wandelt die im MS Word-Format gespeicherte Datei KEINZEIT.TXT um und fügt sie an der Position der Feldfunktion ein.

\!

Der Schalter "\!" sperrt im eingefügten Text das Aktualisieren von Feldern. Diese können dann nur vom Original-Dokument aus aktualisiert werden.

Eingeben

Fordert zu einer Texteingabe auf.

Syntax: {Eingeben ["Meldungstext"] [Schalter "Zeichenkette"]}

Das Feld wird beim Seriendruck und in Kopf-/Fußzeilen beim Druck automatisch aktualisiert. Es läßt sich mit den allgemeinen Schaltern formatieren.

Diese Feldfunktion stellt eine Dialogbox am Bildschirm dar, in die der Benutzer Text eingeben kann. Wenn Sie einen Meldungstext eingeben, wird dieser in die Dialogbox aufgenommen. Setzen Sie den Meldungstext in Anführungszeichen. Sie haben mit dem Meldungstext die Möglichkeit, eine Information oder Anweisung an den Benutzer zu übermitteln. Der Text, der in die Dialogbox eingegeben wird, wird durch OK wörtlich in das Dokument übernommen.

\d

Für den Fall, daß keine Texteingabe erfolgt, können Sie mit dem Schalter "\d" die Anweisung geben, daß ein vorgegebener Text ins Dokument eingefügt werden soll, sofern keine Texteingabe in der Dialogbox erfolgt. Die Vorgabe wird im Anschluß an den Schalter in Anführungsstrichen eingegeben. Wenn es sich um ein einziges Wort handelt, können die Anführungsstriche entfallen. Der vorgegebene Eintrag wird in der Dialogbox markiert angezeigt und bei einer Texteingabe gelöscht. Wenn Sie das Feld ohne den Schalter und eine Textvorgabe erstellen, wird der Eintrag angezeigt, der bei der letzten Feldaktualisierung eingegeben wurde. Falls Sie dies verhindern möchten, aber andererseits keine Vorgabe geben wollen, ergänzen Sie den Schalter "\d" durch zwei Anführungszeichen.

Beispiel:

{Autor {Eingeben "Bitte geben Sie Ihren Namen an" \d {Autor}}}

fragt den Benutzer nach seinem Namen, gibt diesen ins Dokument ein, z.B. in die Kopf- oder Fußzeile, und trägt ihn außerdem als Autor in die Datei-Information ein. Erfolgt keine Eingabe, wird auf den Autorennamen in der Datei-Information zurückgegriffen.

\o

Wenn Sie Eingaben innerhalb eines Seriendruckdokuments verwenden, verhindert dieser Schalter, daß bei jedem Datensatz eine Eingabeaufforderung angezeigt wird. Sie wird dann nur einmal zu Beginn des Seriendrucks aufgerufen.

ErstellDat

Fügt das Erstellungsdatum aus der Datei-Statistik ein.

Syntax: {Erstelldat}

Das Feld wird beim Seriendruck und in Kopf-/Fußzeilen beim Druck automatisch aktualisiert. Es läßt sich mit den allgemeinen Schaltern formatieren.

Diese Feldfunktion gibt das Datum an, zu dem das Dokument erstellt wurde. Dieses Datum richtet sich nach dem Stand der Systemuhr zum Zeitpunkt der Erstellung und ist in der Datei-Statistik eingetragen.

Formel

Stellt eine mathematische Formel dar.

Syntax: {Formel Schalter Anweisung}

Das Feld wird direkt während der Eingabe automatisch aktualisiert.

Diese Feldfunktion setzt mathematische Formeln grafisch um. Die Formel kann am Bildschirm angezeigt werden und in ihrer Darstellung auf dem Drucker ausgegeben werden. Voraussetzung hierfür ist allerdings ein geeigneter PostScript- oder PCL-kompatibler Drucker, der in der Lage ist, den Symbol-Zeichensatz im Druck umzusetzen.

Mit dem {Formel}-Feld haben Sie die Möglichkeit, komplizierte verkettete Formeln einzugeben. Die Spezifizierung der Formel erfolgt durch spezielle Schalter. Diese Schalter verfügen wiederum über eine Anzahl von Argumentschaltern, mit denen die Formel präzisiert wird. Die Elemente, die diese Schalter betreffen, werden in Klammern gesetzt und durch Listenzeichen (Semikola) getrennt. Elemente, die außerhalb der Schalteranweisungen stehen, werden in Textform wiedergegeben.

Dem Backslash (\) als Schaltersymbol, der sich öffnenden runden Klammer als Beginn einer Elementliste und dem Semikolon als Listenzeichen kommen in Feldern besondere Aufgaben zu. Daher müssen diese Zeichen besonders gekennzeichnet werden, wenn sie selbst in eine Formel aufgenommen werden sollen. Diese Kennzeichnung erfolgt über den Backslash, der dem jeweiligen Zeichen vorangestellt wird.

Per Doppelklick auf das Ergebnis eines Formelfelds wird die angezeigte Formel im Microsoft Formel-Editor geöffnet und kann nun als eingebettetes Objekt bearbeitet werden.

In den folgenden Tabellen ist "n" die Variable für eine Nummer und "z" die Variable für ein Zeichen.

\a

Als Matrix-Schalter fungiert "\a". Hiermit kann für eine beliebige Anzahl von Elementen eine zweidimensionale Matrix festgelegt werden. Die angegebenen Elemente werden hierbei zeilenweise geordnet. Der Schalter "\a" wird folgendermaßen spezifiziert:

Schalter	Bedeutung
\al	bewirkt eine linksbündige Anordnung in Spalten
\ac	bewirkt eine zentrische Anordnung in Spalten
\ar	bewirkt eine rechtsbündige Anordnung in Spalten
\con	gibt die Anzahl der Spalten an
\hsn	gibt den horizontalen Abstand der Spalten in Punkt an
\vsn	gibt den vertikalen Abstand der Zeilen in Punkt an

Tab. 28.8: Matrixschalter

Beispiel:

{Formel \a\ar\co3\hs12\vs22(1,00;-7,45;22,70;10,75; 1,00; -3,14;-8,61;16,43; 1,00)}

```
 1,00   -7,45   22,70
10,75    1,00   -3,14
-8,61   16,43    1,00
```

\b

Als Klammerschalter fungiert "\b". Mit der Klammer des Formel-Feldes wird ein Element eingeklammert. Hierbei wird die Größe der Klammer selbsttätig der Größe des Elements angepaßt. Statt der runden Standardklammer, die dem Schalter "\b" zugeordnet ist, stehen auch eckige, spitze und geschwungene Klammern zur Verfügung. Über die Schalter wird entschieden, ob die Klammer auf beiden Seiten des Elements oder nur auf einer erscheinen soll.

Schalter	Bedeutung
\lc\z	bestimmt das Klammerzeichen für die linke Klammer.
\rc\z	bestimmt das Klammerzeichen für die rechte Klammer.
\bc\z	bestimmt das Klammerzeichen für beide Klammern.

Tab. 28.9: Klammerschalter

Beispiel:
{Formel \b\bc\[(\a\ac\co3\hs12\vs22(1,00;-7,45;22, 70;10,75; 1,00;-3,14;-8,61;16,43; 1,00))}

$$\begin{bmatrix} 1,00 & -7,45 & 22,70 \\ 10,75 & 1,00 & -3,14 \\ -8,61 & 16,43 & 1,00 \end{bmatrix}$$

{Formel \x\le\ri(y)=\b\lc\{(\a\al(x<0:-3x";x=0:5;x>0:4x-6))}

$$|y| = \begin{cases} x<0: -3x^2 \\ x=0: 5 \\ x>0: 4x-6 \end{cases}$$

\d

Als Versatzschalter fungiert "\d" (Displace). Hiermit lassen sich Elemente horizontal positionieren. Die Positionierung kann sowohl vorwärts als auch rückwärts erfolgen, wodurch eine hohe Beweglichkeit gewährleistet ist. Zwischen zwei positionierten Zeichen läßt sich außerdem eine waagerechte Linie zeichnen, die sich vom Ende des versetzten Zeichens bis zum Beginn des nächsten Zeichens erstreckt. Hierbei ist zu beachten, daß hinter sämtlichen Schaltern der Versatzfunktion je ein Klammerpaar ergänzt werden muß.

Schalter	Bedeutung
\fon	bestimmt die Versetzung nach rechts in Punkt.
\ban	bestimmt die Versetzung nach links in Punkt.
\li	verbindet das versetzte Zeichen mit dem Anfang des nächsten Zeichens durch eine Linie.

Tab. 28.10: Versatzschalter

Beispiel:

```
{Formel I\d\ba9()\s\up9(2)\d\ba1()G}
```

$$\overset{2}{\mathfrak{G}}$$

\f

Als Bruchschalter fungiert \f. Ohne weitere Schalter oder Anweisungen erlaubt dieser Schalter das einfache Erstellen von Brüchen. Zähler und Nenner werden hierfür in eine Klammer gesetzt und durch ein Listenzeichen (Semikolon) getrennt. Der Zähler muß in der Klammer links des Nenners stehen. Mit diesem einfachen Aufbau können Sie Brüche ineinander verschachteln. Der Bruchstrich wird in der Ausgabe dem längsten Element angepaßt.

Beispiel:

```
{Formel y=\f(sin(x)+x ;\b(\f(x";4)))}
```

$$y = \frac{\sin(x) + x^2}{\left(\frac{x^2}{4}\right)}$$

\i

Als Integralschalter fungiert "\i". Mittels dreier Elemente wird hierbei ein Integral bestimmt: die obere Grenze, die untere Grenze und der Integrand. Außer Integralen lassen sich mit diesem Schalter auch Summen- und Produktfunktionen darstellen. Die Größe der Zeichen wird automatisch durch die Größe des dritten Elements bestimmt. Von dieser Fähigkeit können Sie auch bei anderen Zeichen Gebrauch machen, die allerdings auch in fester Größe definiert werden können.

Schalter	Bedeutung
\su	schaltet auf ein großes Sigma als Summenzeichen um.
\pr	schaltet auf ein großes Pi als Produktzeichen um.
\in	stellt die Grenzwerte rechts des Symbols statt über und unter ihm dar.
\fc\z	ermöglicht die Eingabe eines anderen Zeichens, das in fester Höhe dargestellt wird.
\vc\z	ermöglicht die Eingabe eines anderen Zeichens, das in variabler Höhe dargestellt wird.

Tab. 28.11: Integralschalter

Beispiel:

`{Formel Fläche=\i(0;5;x+3 dx)}`

$$\text{Fläche} = \int_0^5 x+3 \, dx$$

\l

Als Listenschalter fungiert "\l". Mit der Liste können Sie mehrere Elemente zusammenfassen. Die Zusammenfassung erfolgt in einer Klammer, in der die Elemente durch Semikolons voneinander getrennt werden. Dieses Formelelement kann als ein einziges Element verschachtelt werden.

Beispiel:

`{Formel x\s\do3(\l(1;2;3;4;5))}`

$x_{1;2;3;4;5}$

\o

Als Überlagerungsschalter fungiert "\o". Mit diesem Schalter läßt sich ein folgendes Element über ein vorhergehendes Element legen. Die beiden Elemente, die übereinander gedruckt werden, werden gemeinsam in eine Klammer aufgenommen und durch ein Semikolon getrennt. Die Überlagerung findet in unsichtbaren Rahmen statt, über die die Elemente gegeneinander verschoben werden. Die Verschiebung läßt sich durch drei Schalter steuern.

Schalter	Bedeutung
\al	richtet am linken Zeichenrahmen aus.
\ac	richtet die Mitte der beiden Zeichenrahmen aus. Hierbei handelt es sich um die Voreinstellung.
\ar	richtet am rechten Zeichenrahmen aus.

Tab. 28.12: Überlagerungsschalter

Beispiel:

`{Formel \o(0;/)}`

$\emptyset$

\r

Als Wurzelschalter fungiert "\r". Mit ihm läßt sich sowohl nur die Basis einer Wurzel als auch der Exponent der Wurzel und die Basis bestimmen. Solange nur ein Element in der Klammer des Schalters steht, bezeichnet es die Basis. Sind zwei Elemente in der Klammer, so ist das rechte die Basis und das linke der Exponent der Wurzel.

Beispiel:

{Formel \r(3;27)}

$$\sqrt[3]{27}$$

\s

Als Schalter zum Hoch- und Tiefstellen fungiert "\s". Dieser Schalter ermöglicht die präzise vertikale Positionierung von Elementen. Die Einstellungen werden in Punkt vorgenommen.

Schalter	Bedeutung
\ain	fügt über dem Element einen Freiraum in der angegebenen Punktzahl ein.
\upn	setzt ein Element um die angegebene Punktzahl nach oben.
\din	fügt unter dem Element einen Freiraum in der angegebenen Punktzahl ein.
\don	setzt ein Element um die angegebene Punktzahl nach unten.

Tab. 28.13: Hoch-/Tiefstellschalter

Beispiel:

{Formel a\s(n;m)}

$$a_m^n$$

\x

Als Boxschalter fungiert \x. Mit diesem Schalter läßt sich ein Rahmen um ein einzelnes Element zeichnen. Über weitere Schalter läßt sich der Rahmen einschränken, so daß nur einzelne Seiten des Rahmens gezeichnet werden.

Schalter	Bedeutung
\to	zeichnet eine Linie oberhalb des Elements.
\bo	zeichnet eine Linie unterhalb des Elements.
\le	zeichnet eine Linie links des Elements.
\ri	zeichnet eine Linie rechts des Elements.

Tab. 28.14: Boxschalter

Beispiel:

{Formel \x\le\ri(\a\ac\co3\vs3\hs10(\x\to(x);0;0;0;\x\to(y);0;0;0;\x\to(z)))}

$$\begin{vmatrix} \overline{x} & 0 & 0 \\ 0 & \overline{y} & 0 \\ 0 & 0 & \overline{z} \end{vmatrix}$$

Frage

Fordert zu einer Texteingabe auf, die einer Textmarke zugeordnet wird.

Syntax: {Frage Textmarke "Fragetext" [Schalter]}

Das Feld wird beim Seriendruck automatisch aktualisiert und läßt sich mit den allgemeinen Schaltern formatieren.

Diese Feldfunktion stellt eine Dialogbox mit dem vorgegebenen Frage- oder Aufforderungstext am Bildschirm dar, in die der Benutzer Text eingeben kann. Den Fragetext setzen Sie in der Feldfunktion in Anführungszeichen. Der Text, der in die Dialogbox eingegeben wird, wird durch OK der Textmarke zugeordnet, die in der Feldfunktion vorgegeben wurde.

\d

Für den Fall, daß keine Texteingabe erfolgt, können Sie mit dem Schalter "\d" die Anweisung geben, daß ein vorgegebener Text ins Dokument eingefügt werden soll, sofern keine Texteingabe in der Dialogbox erfolgt. Die Vorgabe wird im Anschluß an den Schalter in Anführungsstrichen eingegeben. Wenn es sich um ein einziges Wort handelt, können die Anführungsstriche entfallen. Der vorgegebene Eintrag wird in der Dialogbox markiert angezeigt und bei einer Texteingabe gelöscht. Wenn Sie das Feld ohne den Schalter und eine Textvorgabe erstellen, wird der Eintrag angezeigt, der bei der letzten Feldaktualisierung eingegeben wurde. Falls Sie dies verhindern möchten, aber andererseits keine Vorgabe machen wollen, ergänzen Sie den Schalter \d durch zwei Anführungszeichen.

\o

Wenn Sie diese Feldfunktion in einer Serientextdatei einsetzen, wird Ihnen die Fragebox beim Seriendruck vor jeder Version des Serientextes angezeigt. So haben Sie Gelegenheit, über Textmarken jede Version zu modifizieren. Falls aber der Text, den Sie der Textmarke über das {Frage}-Feld zuordnen, für sämtliche Versionen des aktuellen Seriendrucks gelten soll, unterbinden Sie die wiederholte Abfrage durch den Schalter "\o".

Beispiel:

```
{Frage Betreff "Welchen Betreff hat dieser Brief" \o \d ""}
```

fragt zu Beginn des Seriendrucks einmalig nach dem Betreff und fügt diesen an der Position der Textmarke "Betreff" in sämtliche Briefe ein. Wenn keine Angabe gemacht wird, wird kein Betreff in die Briefe eingefügt.

FussEndNoteRef

Verweist auf die Nummer einer Fuß-/Endnote.

Syntax: `{FussEndnoteRef Textmarke [Schalter]}`

Das Feld wird beim Seriendruck und in Kopf-/Fußzeilen automatisch aktualisiert und läßt sich mit den allgemeinen Schaltern formatieren.

Dieses Feld fügt das Fußnotenzeichen ein, dem die angegebene Textmarke im Text zugeordnet ist. Dies erlaubt Ihnen, an mehreren Stellen auf die gleiche Fuß-/Endnote Bezug zu nehmen. Wenn Sie in einem Feld nur mit einer Textmarke ohne die Feldfunktion {FussEndnoteRef} auf eine Fuß-/Endnote Bezug nehmen, veranlaßt Sie Word für Windows, die betreffende Fuß-/Endnote ein zweites Mal mit identischem Text ins Dokument aufzunehmen und mit der aktuellen fortlaufenden Nummer zu versehen. Um dies zu verhindern und nur den Verweis auf das bestehende Fußnotenzeichen einzufügen, benutzen Sie das Feld {FussEndnoteRef}. Die Textmarke, die den Bezug auf das Fuß-/Endnotenzeichen hält, muß innerhalb des Dokumenttextes und nicht im Fuß-/Endnoten-Bereich zugewiesen werden.

\f

Wenn der Schalter "\f" gesetzt ist, wird das Format der angegebenen Fuß-/Endnote übernommen.

Beispiel:

```
(siehe hierzu Fußnote {FussEndnoteref Praxis} auf Seite
{Seitenref Praxis})
```

gibt die Fußnote an, die der Textmarke "Praxis" zugeordnet ist, und verweist auf die Seite, auf der das Fußnotenzeichen im Text steht.

FVRef

Fügt den nächsten Absatz der angegebenen Formatvorlage ein.

Syntax: {FVRef Formatvorlage [Schalter]}

Das Feld wird beim Seriendruck und in Kopf-/Fußzeilen beim Druck automatisch aktualisiert. Es läßt sich mit den allgemeinen Schaltern formatieren.

Diese Feldfunktion bezieht sich auf den nächsten Absatz mit der vorgegebenen Formatvorlage und übernimmt seinen Text. Diese Funktion bietet sich z.B. für Fußnoten an, in denen ein Zitat wiederholt werden soll. In Kopf- und Fußzeilen läßt sich mit dem {FVRef}-Feld der Text des ersten und letzten Absatzes einer bestimmten Formatvorlage aufnehmen.

Wenn die Feldfunktion im Text eingesetzt ist, wird die spezifizierte Formatvorlage zunächst von der Position der Feldfunktion aufwärts bis zum Beginn des Dokuments gesucht. Ist diese Suche erfolglos, wird sie von der Position der Feldfunktion abwärts bis zum Ende des Dokuments fortgesetzt.

Wenn die Feldfunktion in einer Fußnote eingesetzt ist, startet die Suche an der Position des Fußnotenzeichens. Die Suchrichtungen entsprechen der Vorgehensweise im Text.

Wenn die Feldfunktion in einer Kopf- oder Fußzeile eingesetzt ist und kein Ausdruck erfolgt, wird die spezifizierte Formatvorlage vom Beginn des aktuellen Abschnitts bis zum Ende des Dokuments gesucht.

\l

Wenn die Feldfunktion - ergänzt durch den Schalter "\l" (Buchstabe "L") - in einer Kopf- oder Fußzeile eingesetzt ist und ein Ausdruck des Dokuments erfolgt, wird die spezifizierte Formatvorlage vom Ende der aktuellen Seite bis zu ihrem Anfang gesucht. Ist diese Suche erfolglos, wird die Suche vom Ende der aktuellen Seite bis zum Ende des Dokuments fortgesetzt. Der Schalter "\l" hat keinen Effekt, wenn die Feldfunktion im Text oder in einer Fußnote steht. Außerdem ist er nur während des Ausdrucks aktiv.

\n

Ist dieser Schalter gesetzt, fügt WinWord vor jedem Absatz der gesuchten Formatvorlage eine Absatznumerierung durch, um beispielsweise Kapitelnummern einzufügen.

Wenn Sie mit dem {FVRef}-Feld auf Gliederungsebenen Bezug nehmen möchten, lassen Sie den Formatvorlagennamen "Überschrift" weg und geben nur den Level der Gliederungsebene an. Um auf Formatvorlagen Bezug zu nehmen, deren Namen Leerzeichen enthalten, müssen Sie den Formatvorlagennamen in Anführungszeichen setzen.

Beispiel:

{FVRef "Index 1"} - {FVRef "Index 1" \l}

nimmt in die Kopf- oder Fußzeile den ersten und letzten Indexeintrag der Druckseite auf.

Gehezu

Setzt die Einfügemarke an einen Zielpunkt, sofern eine Bestätigung des Feldes erfolgt.

Syntax: {Gehezu Sprungziel Anzeigetext}

Das Feld kann nicht aktualisiert werden. Die "Gehezu"-Aktion wird durch doppeltes Anklicken des Feldes oder durch Positionierung der Einfügemarke vor dem Feld und Betätigen von [Alt][⇧][F9] gestartet.

Diese Feldfunktion ermöglicht es Ihnen, eine angegebene Textmarke direkt anzuspringen.

Aber auch die anderen Bewegungsmöglichkeiten, die der Gehezu-Befehl normalerweise bietet, stehen Ihnen zur Verfügung. Geben Sie hierfür die Sprungziele in der gleichen Weise ein, wie Sie diese auch im Dialogfenster BEARBEITEN > GEHE ZU ([F5]) angeben können. Eine Aufstellung der möglichen Bewegungskürzel finden Sie in Kapitel 16.

Der Anzeigetext darf bei diesem Feld nicht in Anführungszeichen gesetzt werden. Formatieren Sie den Anzeigetext auffällig, so daß er als {Gehezu}-Feld erkennbar ist. Sie können auch das ganze Feld mit einer Absatzformatierung, z.B. einem Rahmen versehen. Auch ein einzelnes Tabellenfeld bietet sich zur optischen Gestaltung des {Gehezu}-Feldes an.

Eine Absatzschaltung darf allerdings in dem Feld nicht enthalten sein. Außerdem darf der Anzeigetext die Länge einer Zeile nicht überschreiten. Wenn Sie das {Gehezu}-Feld optisch ansprechend gestalten möchten, bietet sich auch der Import einer Grafik über ein verschachteltes Importfeld oder das Einfügen eines grafischen Symbols über die Zwischenablage an.

Beispiel:

```
Klicken Sie das Kapitel doppelt an, das Sie bearbeiten möchten:
```

würde im Text in der folgenden Form angezeigt:

```
Klicken Sie das Kapitel doppelt an, das Sie bearbeiten möchten:
```

Diese Beispielfunktionen ermöglichen das direkte Erreichen der Abschnitte, die die jeweiligen Kapitel enthalten. Voraussetzung hierfür ist selbstverständlich, daß das Dokument tatsächlich in Abschnitte unterteilt ist und den Kapiteln die gleichnamigen Textmarken zugewiesen wurde.

Gespeichertvon

Fügt den Namen der Person, die die Datei zuletzt speicherte, aus der Datei-Statistik ein.

Syntax: `{Gespeichertvon}`

Das Feld wird beim Seriendruck und in Kopf-/Fußzeilen beim Druck automatisch aktualisiert. Es läßt sich mit den allgemeinen Schaltern formatieren.

Diese Feldfunktion gibt den Namen der Person an, die das Dokument zuletzt speicherte. Der Name wird dem entsprechenden Eintrag der Dokument-Statistik entnommen.

Index

Fügt einen Index auf Grund von {XE}-Feldern ein.

Syntax: {Index [schalter]}

Das Feld wird manuell mit [F9] aktualisiert. Es läßt sich mit den allgemeinen Schaltern formatieren.

Dieses Feld erstellt einen Index auf der Basis der {XE}-Felder. Während die {XE}-Felder nur zur Markierung der Indexeinträge dienen und kein eigenes Ergebnis vorweisen, ist es die Aufgabe des {Index}-Feldes, die {XE}-Felder zu suchen und ihre Einträge in einem Index zusammenzuführen. Hierbei werden drei Arbeitsprozesse durchlaufen:

1. Die Seiten des Dokuments werden umbrochen, um die korrekten Seitenzahlen zu ermitteln.
2. Die Indexeinträge werden gesucht und anhand der {XE}-Felder identifiziert.
3. Die Indexeinträge werden sortiert, mit Formatvorlagen versehen und an der Position des {Index}-Felds in den Text eingefügt.

Für die Erstellung des Index stehen Schalter zur Verfügung, mit denen sich einerseits die Art des Index spezifizieren läßt und andererseits spezielle Indexformate vorgegeben werden können. Diese Schalter sind im einzelnen:

Schalter	Bedeutung
\b "Textmarke"	beschränkt den Index auf einen Bereich, der durch die Zuordnung einer Textmarke gekennzeichnet wurde.
\c n	erstellt einen mehrspaltigen Index; die Spaltenzahl gibt die Nummer "n" an.
\e "z"	bestimmt die Zeichen "z", die zwischen Eintrag und Seitenangabe gesetzt werden. Zur Zeicheneingabe können hierbei auch die [⇥]- oder die [___]-Taste betätigt werden. Mehr als drei Zeichen werden nicht in den Index übernommen. Vorgegeben sind Komma und Leerzeichen.
\f "z"	bestimmt mittels des Kennbuchstabens "z", über welche Indexeinträge der Index erstellt werden soll. Diese Kennung wird beim Erstellen der Indexeinträge in den {XE}-Feldern festgelegt. Die Indizes lassen sich dann für verschiedene Kennungen separat erstellen.

Schalter	Bedeutung
\g "z"	bestimmt das Zeichen "z", das bei der Angabe einer Seitenfolge die Anfangs- und Endseite voneinander trennt. Vorgegeben ist ein Bindestrich.
\h "z"	bestimmt die Unterteilung der einzelnen Buchstabengruppen des Index. Der Buchstabe, den Sie für "z" einsetzen, hat lediglich Platzhalterfunktion und wird bei der Indexerstellung durch den Anfangsbuchstaben der folgenden Buchstabengruppe ersetzt. Sie können mehrere Buchstaben eingeben und so die Anzahl der Trennbuchstaben festlegen. Andere Zeichen als Buchstaben werden entsprechend des Eintrags wiedergegeben. Für eine Leerzeile zwischen den Buchstabengruppen geben Sie ein Leerzeichen zwischen zwei Anführungszeichen ein. Vorgegeben ist die ununterbrochene Listung der Einträge.
\l "z"	bestimmt das Trennzeichen zwischen verschiedenen Seitenangaben zu einem Stichwort. Vorgegeben ist das Listentrennzeichen (Semikolon).
\p a-b	beschränkt die Indexerstellung auf einen Teil des Alphabets, der durch zwei beliebige Buchstaben (a-b) festgelegt wird. Diese Vorgehensweise empfiehlt sich bei langen Dokumenten, um Speicherplatzproblemen vorzubeugen.
\r	erstellt einen fortlaufenden Index. Hierbei werden Untereinträgen nicht die verschiedenen Index-Ebenen der Formatvorlagen zugewiesen, sondern alle Untereinträge in die Zeile des Hauptstichworts gesetzt. Das Hauptstichwort wird von den Untereinträgen durch einen Doppelpunkt getrennt. Die einzelnen Untereinträge trennen Semikolons.
\s "Sequenzname"	bezeichnet eine Sequenz, die für den Indexverweis statt der durchlaufenden Seitenzahl benutzt wird. Wenn als Folgebeginn beispielsweise einzelne Kapitel festgelegt werden, erfolgt die Seitenangabe durch die Kapitelnummer und die Seite des Kapitels. Hierfür muß jedes Kapitel mit dem gleichen {Seq}-Feld beginnen.

Schalter	Bedeutung
\d "z"	bestimmt die Zeichen ("z"; maximal vier Zeichen), die zwischen Folgenummer und Seitenangabe gesetzt werden. Dieser Schalter funktioniert nur in Zusammenhang mit dem Schalter "\s".

Tab. 28.15: Indexschalter

Beispiel:

{Index \s Anh \b Anhang}

gibt die Seitenzahlen des Anhangs unabhängig von der durchlaufenden Seitenzahl an. Allerdings muß der Anhang hierfür mit {Seq}-Feldern gegliedert sein. Jeder Teil des Anhangs beginnt in diesem Fall mit dem Feld

{Seq Anh}

Außerdem muß dem gesamten Anhang eine Textmarke zugewiesen sein, damit für ihn ein separater Index erstellt werden kann.

Info

Fügt die spezifizierten Datei-Informationen ein; die Angabe von {Info} kann entfallen.

Syntax: {Info Feldart ["Zeichenkette"]}

Bei diesem Feld handelt es sich im eigentlichen Sinne nicht um eine Feldfunktion, sondern um eine Gruppe von Feldern. Unter {Info} sind alle Felder zusammengefaßt, die sich auf die Datei-Information oder die Datei-Statistik beziehen. Das {Info}-Feld läßt sich weder aktualisieren noch bietet es irgendwelche Aktionen. Info wird erst wirksam, wenn ein Feld, das sich auf die Datei-Information oder die Datei-Statistik bezieht, angefügt wird. Da diese Felder sämtlich ohne den Vorsatz {Info} eingesetzt werden können, ist {Info} eher als Gliederungspunkt des Menüs EINFÜGEN > FELD anzusehen. Wenn INFO in der Feldnamenliste markiert wird und Sie den Befehl OPTIONEN anwählen, können Sie in dem sich daraufhin öffnenden Fenster anstelle der spezifischen Schalter die einzelnen Info-Kategorien anwählen.

Inhalt

Markiert Einträge für die Erstellung eines Verzeichnisses.

Syntax: {Inhalt "Text" [Schalter]}

Das Feld kann nicht aktualisiert werden.

Dieses Feld dient der Markierung von Einträgen, die in ein Inhaltsverzeichnis aufgenommen werden sollen. Hierin bietet sich die Alternative zum Inhaltsverzeichnis, das auf Gliederungsebenen basiert. Das {Inhalt}-Feld erlaubt eine flexiblere Verzeichnisgestaltung. Außerdem können verschiedene Verzeichnisse unter speziellen Gesichtspunkten für einen Text erstellt werden. Im Feld muß anschließend an die Feldart eingegeben werden, welcher Eintrag in das Verzeichnis aufgenommen werden soll. Dieser Eintrag muß in Anführungszeichen stehen, sofern es sich um mehr als ein Wort handelt.

Durch drei Schalter läßt sich der Eintrag des Inhaltsverzeichnisses präzisieren.

Schalter	Bedeutung
\f "z"	legt Kennbuchstaben "z" fest, über die verschiedene Verzeichnisse innerhalb eines Dokuments erstellt werden können. Die Verzeichnisse werden dann für alle {Inhalt}-Felder mit der gleichen Kennung separat erstellt.
\l n	legt durch eine Nummer "n" den Level der Verzeichnisebene fest, die dem Eintrag bei der Verzeichniserstellung durch die Formatvorlage "Verzeichnis" zugeordnet wird.
\n	unterdrückt die Seitenangabe für den Eintrag.

Tab. 28.16: Inhaltschalter

Beispiel:

{Inhalt "Ein frühes Werk eines unbekannten alten Meisters" \f a \l "2"}

ordnet den Inhaltseintrag einem Verzeichnis "a" - z.B. das Verzeichnis aller Abbildungen - zu und formatiert ihn mit der Formatvorlage "Verzeichnis 2".

Kommentar

Fügt den Kommentar der Datei-Information ein.

Syntax: {Kommentar "Text"}

Das Feld wird beim Seriendruck und in Kopf-/Fußzeilen beim Druck automatisch aktualisiert. Es läßt sich mit den allgemeinen Schaltern formatieren.

Dieses Feld übernimmt den Kommentar aus der Datei-Information. Wenn als Anweisung ein neuer Kommentar ergänzt wird, ersetzt dieser bei der Aktualisierung den alten Kommentar in der Datei-Information und wird gleichzeitig ins Dokument eingefügt.

MakroSchaltfläche

Startet ein Makro, sofern eine Bestätigung des Feldes erfolgt.

Syntax: {MakroSchaltfläche Makroname Anzeigetext}

Das Feld kann nicht aktualisiert werden. Durch doppeltes Anklicken des Feldes oder durch Positionierung der Einfügemarke vor dem Feld und Betätigen von [Alt][⇧][F9] wird ein Makro gestartet.

Diese Feldfunktion ermöglicht es Ihnen, ein Makro direkt vom Text aus zu starten. Informationen über das Makro, das mit diesem Feld gestartet wird, geben Sie als Anzeigetext ein. Wie beim {Gehezu}-Feld darf der Anzeigetext nicht in Anführungszeichen gesetzt werden. Im Aufbau entspricht dieses Feld der Feldfunktion {Gehezu} und bietet die gleichen Möglichkeiten der Gestaltung. Seine Wirkung ist allerdings komplexer und abhängig von dem Makro, dessen Namen Sie hinter dem Feldnamen angeben. Hierbei stehen Ihnen sämtliche Makros von Word für Windows zur Verfügung. Außerdem können Sie Ihre eigenen Makros in dieses Feld eintragen und so direkt vom Text aus starten.

Beispiel:

{MakroSchaltfläche Dokumentstatistik Dokument-Statistik einblenden}

Nächster

Greift auf den nächsten Datensatz zu.

Syntax: `{Nächster}`

Das Feld wird automatisch beim Seriendruck aktualisiert.

Dieses Feld ermöglicht es Ihnen, beim Seriendruck innerhalb einer Version der Serientextdatei auf mehrere aufeinander folgende Datensätze zuzugreifen. Während normalerweise mit jedem Datensatz eine neue Version des Serientextes beginnt und sich alle Felder eines Serientextes nur auf einen einzigen Datensatz beziehen, erhalten Sie so die Möglichkeit, die Datensätze der Steuerdatei fortlaufend in den Serientext einzufügen. Hierdurch können Übersichten, Protokolle von Datendateien und Adreßaufkleber gedruckt werden. Wenn das Feld "Nächster" noch vor dem ersten Seriendruckfeld eingefügt wird, so überspringt WinWord den ersten Datensatz.

Nwenn

Greift auf den nächsten Datensatz zu, wenn eine Bedingung erfüllt ist.

Syntax: `{Nwenn Ausdruck1 Operation Ausdruck2}`

Das Feld wird automatisch beim Seriendruck aktualisiert. Die Funktion darf nicht mit anderen Feldern verschachtelt werden. Diese Feldfunktion überprüft während des Seriendrucks, ob im aktuellen Datensatz eine Bedingung erfüllt ist. Wenn der Datensatz die Bedingung erfüllt, wird für die Textmarken, die der Bedingung folgen, der Variablentext des nächsten Datensatzes eingesetzt. Auf diese Weise werden die Informationen zweier Sätze in einer Version des Serientextes verbunden.

Informationen zur Verwendung von Operatoren erhalten Sie in der Beschreibung des Feldes {Wenn}.

Privat

Speichert Daten aus umgewandelten Dateiformaten, um sie bei der Rückumwandlung wieder zu übergeben.

Syntax: `{Privat}`

Das Feld kann nicht aktualisiert werden.

Dieses Feld dient WinWord beim Einlesen fremder Dateiformate zur Aufnahme von Informationen, auf die beim Speichern im Originalformat zurückgegriffen wird. Das Feld ist verborgen formatiert und wird angezeigt, wenn die Darstellung der nicht druckbaren Zeichen oder die Anzeige des verborgenen Textes aktiv ist. Es können durchaus mehrere {Privat}-Felder in einem Dokument vorkommen. Die Felder haben weder eine Auswirkung auf die Formatierung des Dokuments noch können Sie auf ihren Inhalt zugreifen.

RD

Verknüpft mit anderen Dokumenten für die Erstellung von Indizes und Verzeichnissen.

Syntax: {Rd dateiname}

Das Feld kann nicht aktualisiert werden.

Dieses Feld verzweigt von {Index}- und {Verzeichnis}-Feldern in andere Dateien. Das Feld selbst hat kein eigenes Ergebnis, sondern bewirkt ausschließlich, daß die genannte Datei bei der Verzeichniserstellung einbezogen wird. Hierbei werden allerdings die Seitenzahlen der einbezogenen Dateien nicht aufeinander abgestimmt, sondern so übernommen, wie sie in der Datei vorgegeben sind. Bevor Sie bei umfangreichen Schriftstücken, die in mehreren Dateien gespeichert sind, die Verzeichniserstellung starten, sollten Sie in den betroffenen Dateien die Seitenzahlen manuell anpassen. Der Eintrag des Dateinamens und des Pfads im {RD}-Feld erfolgt in der gewohnten Form mit doppelten Backslashs.

Beispiel:

{Rd c:\\text\\datei1.doc}

Das {RD}-Feld ist eine ernstzunehmende Alternative zum Befehl ANSICHT > ZENTRALDOKUMENT, da es eine höhere Sicherheit beim Zugriff auf verteilte Dokumente bietet. Das manuelle Anpassen von Seitenzahlen und anderen Numerierungen ist ein relativ kleiner Preis verglichen mit den Risiken die verbundene Dokumente bieten können. Andereseits ist es mit {RD}-Feldern nicht möglich, komplexe Funktionen wie beispielsweise EINFÜGEN > QUERVERWEIS über mehrere Dokumente hinweg zu nutzen. Insgesamt bietet der Zentraldokumentmodus deutlich mehr Funktionalität und Komfort.

Ref

Fügt den Inhalt einer Textmarke ein.

Syntax: {[ref] Textmarke}

Das Feld wird beim Seriendruck und in Kopf-/Fußzeilen beim Druck automatisch aktualisiert. Es läßt sich mit den allgemeinen Schaltern formatieren.

Dieses Feld fügt den Inhalt einer Textmarke in ein Dokument ein; die Angabe des Feldartnamens "Ref" kann entfallen, wenn es sich eindeutig um den Namen einer Textmarke handelt. Falls allerdings Felder mit dem gleichen Namen existieren, muß durch die Angabe von "Ref" die Textmarke eindeutig gekennzeichnet werden.

\f

Der Schalter "\f" schließt bei der Textmarkenreferenz Fuß-, Endnoten- und Anmerkungsnumerierung in die Übernahme ein und setzt den jeweiligen Zähler höher.

\n

Der Schalter "\n" fügt die Nummer des ersten Absatzes einer Textmarke ein, sofern dieser mit der automatischen Absatznumerierungsfunktion formatiert wurde.

Schlüssel

Fügt die Schlüsselwörter der Datei-Information ein.

Syntax: {Schlüssel "Text"}

Das Feld wird beim Seriendruck und in Kopf-/Fußzeilen beim Druck automatisch aktualisiert. Es läßt sich mit den allgemeinen Schaltern formatieren.

Dieses Feld übernimmt die Schlüsselwörter aus der Datei-Information. Wenn als Anweisung neue Schlüsselwörter angegeben werden, ersetzten diese bei der Aktualisierung die alten Schlüsselwörter in der Datei-Information. Hierbei reicht bereits die Angabe eines neuen Schlüsselworts. Gleichzeitig werden die Schlüsselwörter ins Dokument eingefügt.

Seite

Fügt die Seitennummer der aktuellen Seite ein.

Syntax: {Seite}

Das Feld wird manuell mit (F9) oder automatisch beim Druck aktualisiert. Es läßt sich mit den allgemeinen Schaltern formatieren.

Dieses Feld gibt die aktuelle Seitennummer in den Text ein. Dies ermöglicht eine automatische Paginierung, die auch nach einem neuerlichen Seitenumbruch weiterhin zutrifft. Die Startnummer der Seitennumerierung und das Numerierungsformat wird im Dialogfenster SEITENZAHLEN-FORMAT festgelegt, das Sie über ANSICHT KOPF-/FUßZEILE oder EINFÜGEN SEITENZAHLEN aktivieren können. Außerdem kann die Seitennummer durch die allgemeinen Schalter formatiert werden.

SeitenRref

Fügt die Seitenzahl der Seite ein, auf der die Textmarke definiert ist.

Syntax: {Seitenref Textmarke}

Das Feld wird manuell mit (F9) oder automatisch beim Druck aktualisiert. Es läßt sich mit den allgemeinen Schaltern formatieren.

Dieses Feld ermöglicht Querverweise auf andere Seiten des Dokuments. Die Querverweise beziehen sich auf die Textmarken, durch die die jeweilige Verweisstelle gekennzeichnet ist.

Beispiel:

Siehe auch Seite {Seitenref Theater}.

Diese Eingabe verweist auf die Seite, auf der der Text steht, dem die Textmarke "Theater" zugeordnet ist.

Seq

Fügt eine laufende Nummer ein.

Syntax: {Seq Folgenname [Textmarke] [Schalter]}

Das Feld wird beim Seriendruck automatisch aktualisiert und läßt sich mit den allgemeinen Schaltern formatieren.

Diese Feldfunktion ermöglicht die durchgehende Numerierung bestimmter Elemente des Dokuments, z.B. von Abbildungen, Zitaten, Diagrammen oder Tabellen. Jede Serie von Elementen wird hierbei im {Seq}-Feld durch einen Folgennamen gekennzeichnet, z.B. "Tabelle". Alle Felder einer Numerierungsserie müssen mit dem selben Folgennamen gekennzeichnet sein, erhalten also stets das identische {Seq}-Feld, beispielsweise {Seq Tabelle}.

Wenn sie das nächste Seq-Feld dieses Folgennamens ins Dokument eingeben und aktualisieren, wird seine Nummer um 1 höher sein als das vorhergehende Feld des selben Folgennamens. Die Folgen werden also separat durchgezählt. Auf diese Weise können verschiedene Serien unabhängig voneinander durchlaufend numeriert werden. Wenn innerhalb einer Serie ein Element ergänzt und mit einem {Seq}-Feld seiner Folge numeriert wird, paßt sich die Numerierung sämtlicher Elemente durch eine Aktualisierung der neuen Folge an. Solange diese Aktualisierung nicht durchgeführt wird, behalten die {Seq}-Felder allerdings ihre alte Nummer.

Durch die Möglichkeit, Numerierungsfelder einzufügen und die Felder daraufhin zu aktualisieren, ist gewährleistet, daß auch in Dokumenten mit umfangreichen numerierten Serien, z.B. Kunstkatalogen, ohne Probleme einzelne Elemente der Serie ergänzt oder aber entfernt werden können. Wenn Sie beispielsweise eine Tabelle entfernen, die mit {Seq Tabelle} numeriert ist, müssen Sie auch die Feldfunktion löschen. Bei der anschließenden Aktualisierung aller {Seq}-Felder der Folge Tabelle wird die Lücke in der Numerierung geschlossen. Ebenso ist es Ihnen möglich, an einer beliebigen Stelle eine neue Tabelle mittels des Feldes {Seq Tabelle} aufzunehmen. Bei der Aktualisierung der Felder wird diese Ergänzung in der Numerierung automatisch berücksichtigt.

\r

Um die Abfolge der Seriennummern manuell zu beeinflußen, steht Ihnen der Schalter "\r" zur Verfügung. Mit ihm schalten Sie die Numerierung innerhalb einer Folge auf eine beliebige Startzahl um. Mit welcher Nummer die Numerierung fortgesetzt werden soll, geben Sie durch eine Zahl hinter dem Schalter "\r" an, z.B. {Seq tabelle \r 5}. Die Sequenz setzt an dieser Stelle mit der vorgegebenen Zahl ein und zählt in der Folge von dieser Zahl aufwärts. Auf diese Weise können Sie bei umfangreichen und kapitelweise gespeicherten Schriftstücken eine Numerierungsfolge aus einer anderen Datei aufgreifen und fortführen.

Es empfiehlt sich, Startnummern direkt am Beginn eines neuen Kapitels oder Dokuments festzulegen und nicht zusammen mit dem ersten numerierten Element zu bestimmen. So ist gewährleistet, daß bei einer Umstellung des Dokuments die Numerierungsfolge nicht gestört wird. Das erste numerierte

Element zählt in diesem Fall die Startnummer bereits um 1 hoch. Beachten Sie, also, daß die Startnummer um 1 niedriger anzusetzen ist als die erste {Seq}-Nummer, die ausgegeben werden soll.

\h

Damit die Startnummer selbst nicht als Ergebnis im Dokument erscheint, verwenden Sie den Schalter "\h". Er verhindert, daß das {Seq}-Feld ein Ergebnis anzeigt. Die Funktionalität des {Seq}-Feldes ist hierdurch aber nicht beeinträchtigt. Der Schalter "\h" kann also überall dort eingesetzt werden, wo die Nummernfolge im Verborgenen angepaßt oder manipuliert werden soll. Er eignet sich auch für die Fortzählung ohne sichtbare Numerierung, die mitunter zur internen Verwaltung von Dokumentelementen herangezogen wird. Vor allem kommt der Schalter aber wohl beim verborgenen Folgenneubeginn zum Einsatz. Auf diese Weise können Sie auch die Numerierungsfolge zu Beginn eines jeden Kapitels auf Null zurücksetzen, indem Sie im {Seq}-Feld den Schalter "\r" ohne Zahlenangabe verwenden. Das nächste Element der spezifischen Numerierungsfolge erhält dann wieder den Wert "1".

Um bei der kapitelweisen Numerierung die Bezüge der Nummern transparent zu gestalten, empfiehlt es sich, zusätzlich die Nummer des Kapitels zu nennen. Auch diesen Hinweis können Sie mit einem {Seq}-Feld vornehmen. Es bieten sich hierbei zwei Möglichkeiten. Voraussetzung der ersten Möglichkeit ist, daß Sie die Kapitelüberschriften mit einer automatischen Numerierung ({AutoNr}, {AutoNrDez} oder {AutoNrGli}) versehen haben. In diesem Fall können Sie auf die gewünschte Gliederungsebene mit einem {Seq}-Feld verweisen, indem Sie statt des Folgennamens die Gliederungsebene angeben, deren Nummer sie in den Text aufnehmen möchten. Das Feld hat die Form {Seq n}, wobei für n die Nummer der Gliederungsebene angegeben wird. Für Verweise stehen alle 9 Gliederungsebenen zur Verfügung; die Eingabe Null (0) nimmt Bezug auf den aktuellen Textabsatz. Das Ergebnis des Feldes ist in diesem Fall keine sukzessive Fortzählung, sondern die Wiedergabe der Nummer der Gliederungsebene, auf die verwiesen wurde. Relevant für das Ergebnis ist immer jene Nummer mit der die Ebene automatisch numeriert wurde. Voreingestellt ist, daß die automatische Absatznummer als arabische Ziffer referiert wird. Hat der Absatz, auf dessen Ebene verwiesen wird, keine automatische Numerierung, so lautet das Ergebnis Null (0). Wenn Sie also bei der fünften Überschrift der zweiten Gliederungsebene die Fortzählung Ihrer Tabellenfolge in einem verborgenen Feld auf Null setzen ({Seq tabelle \r}), hat das erste {Seq}-Feld der Form {Seq 2}-{Seq tabelle} das Ergebnis "5-1".

\c

Zum gleichen Ergebnis können Sie auch mit einem {Seq}-Feld der Form {Seq kap \c}-{Seq tabelle} kommen. Hierbei wird dann allerdings vorausgesetzt, daß die Kapitelfortzählung bei allen Kapiteln der gleichen Ebene über ein {Seq}-Feld der Form {Seq kap} erfolgt. Der Schalter "\c" referiert die letzte vorhergehende Nummer der Sequenz. Hierdurch haben Sie auch die Möglichkeit, im Text Verweise auf direkt vorhergehende Abbildungen oder Zitate aufzunehmen. Sie brauchen nur das {Seq}-Feld der spezifischen Folge durch den Schalter "\c" zu ergänzen, damit die letzte Nummer noch einmal wiederholt wird. Um auf eine vorhergehende Tabelle zu verweisen, deren Folge mit dem Sequenzbezeichner "Tabelle" gekennzeichnet ist, lautet der Eintrag {Seq Tabelle \c}.

\n

Mit dem Schalter "\n" wird stets die nächste Folgenummer einer Sequenz ausgegeben, also wie üblich um den Wert "1" weitergezählt. Da es sich hierbei um die Standardfunktion des {Seq}-Feldes handelt, besteht in der Regel keine Notwendigkeit, von diesem Schalter Gebrauch zu machen.

Auf {Seq}-Felder kann auch mit Textmarken Bezug genommen werden. Die Textmarke darf allerdings nicht vor dem {Seq}-Feld gesetzt sein, auf das sich der Hinweis beziehen soll, sondern muß dem {Seq}-Feld folgen. Steht sie vor dem {Seq}-Feld, auf das Sie Bezug nehmen möchten, wird Ihrer Absicht zum Trotz die vorhergehende Sequenznummer als Bezug ausgegeben. Wenn Sie also beispielsweise auf eine Abbildung Bezug nehmen möchten, die sich in Ihrem Dokument befindet, und in der Abbildungsunterschrift durch ein Feld {Seq Abb} in die Numerierfolge der Abbildungen eingebunden ist, so weisen Sie am besten der nachfolgenden Bildunterschrift die Textmarke zu. Der Eintrag sieht dann z.B. so aus:

```
Abb. Nr. {Seq Abb}: {Bestimmen Altmeister "Ein frühes Werk
eines alten Meisters"}{Altmeister}
```

und der Verweis hat folgende Form:

```
siehe Abbildung Nr. {Seq Abb Altmeister}
```

Als Ergebnis wird in diesem Fall die Sequenznummer der Abbildung ausgegeben, auf die sich die Textmarke "Altmeister" bezieht.

SeriendruckFeld

Fügt beim Seriendruck die Daten des Feldes der Datenquelle ein.

Syntax: {SeriendruckFeld Feldname}

Das Feld wird während des Seriendrucks automatisch aktualisiert.

Das Ergebnis dieses Feldes läßt sich in drei Arten anzeigen:

1.) Bei aktivierter Anzeige der Feldfunktionen erfolgt die Darstellung in der oben dargestellten Syntax; hierbei kann der Feldname verändert und somit des Bezugsfeld innerhalb der Datenquelle gewechselt werden.
2.) Bei deaktivierter Anzeige der Feldfunktionen ohne Seriendruck-Vorschau erfolgt lediglich die Darstellung des Datenfeldnamens; Änderungen des in spitzen Anführungszeichen («Chevrons») gesetzten Namens haben keinerlei Effekt.
3.) Bei deaktivierter Anzeige der Feldfunktionen mit aktivierter Seriendruck-Vorschau erfolgt die Darstellung der integrierten Datenfelder des aktuell angewählten Datensatzes; Änderungen der Datenfeldergebnisse können dem direkten Ausdruck einer modifizierten Einzelseite dienen, sofern unter OPTIONEN > DRUCKEN das Kontrollkästchen FELDER AKTUALISIEREN ausgeschaltet ist. Für den eigentlichen Seriendruck, bei dem alle Felder gemäß der Datenbank automatisch aktualisiert werden, haben Änderungen im Ergebnis allerdings keinen weiteren Effekt.

SeriendruckSeq

Fügt die Nummer der aktuellen Verbindung während des Seriendrucks ein.

Syntax: {SeriendruckSeq}

Das Feld wird beim Seriendruck automatisch aktualisiert.

Diese Feldfunktion ermittelt während des Ausdrucks eines Serientextes die Nummer des aktuellen verbundenen Datensatzes und gibt sie in die Version des Serientextes ein. Im Gegensatz zum {Datensatz}-Feld, das die Satznummer des aktuellen Datensatzes in der Datenbank wiedergibt, erhöht sich die Nummer des Datensatzes durch die Felder {Nächster}, {Nwenn} oder {Überspringen} nicht. Das Feld {SeriendruckSeq} gibt konsequent beim Ausdruck vom ersten Seriendruckdokument bis zum letzten stets die Nummer des aktuell gedruckten Dokuments an; unabhängig von der Nummer des Datensatzes in der Datenbank.

Beispiel:

Dies ist das Dokument Nr. {SeriendruckSeq} des Serienbriefes.

Diese Zeile bietet die Möglichkeit, für weitere Informationen direkt auf das Seriendruckdokument in der Seriendruck-Vorschau zurückgreifen zu können.

SondZeichen

Fügt Sonderzeichen der verfügbaren Zeichensätze dar.

Syntax: {Sondzeichen Zeichencode [Schalter]}

Das Feld wird automatisch während der Eingabe automatisch aktualisiert. Ihr Ergebnis wird sichtbar durch Aktivierung bzw. Deaktivierung der Feldfunktionen. Wenn sich der Maus-Cursor innerhalb der Feldfunktion befindet, können Sie durch Drücken der rechten Maus-Taste das kontextsensitive Shortcut-Menü darstellen. Markieren Sie darin den Befehl FELDFUNKTIONEN ANZEIGEN [EIN/AUS].

Diese Feldfunktion ermöglicht den Einsatz von Sonderzeichen durch die Eingabe des ANSI-Codes. Solange im Feld keine Schalter ergänzt wurden, kann das Sonderzeichen wie der übrige Text formatiert werden. Durch Schalter lassen sich die Schriftart und die Punktgröße des Zeichens spezifizieren und von der Direktformatierung ausnehmen.

\s

Der Schalter "\s" legt die Schriftgröße in Punkt fest. Die gewünschte Punktgröße wird im Anschluß an den Schalter eingegeben. Solange kein Wert angegeben wird, kann die Größe des Zeichens auf die übliche Weise formatiert werden. Wird eine Punktgröße eingegeben, so ist das Zeichen sie fixiert.

\f

Der Schalter "\f" legt die Schriftart fest. Die gewünschte Schriftart wird im Anschluß an den Schalter in Anführungsstrichen eingegeben. Solange kein Zeichensatz angegeben wird, kann die Schriftart des Zeichens auf die übliche Weise formatiert werden. Wird eine Schriftart eingegeben, so ist das Zeichen auf sie fixiert.

\h

Der Schalter "\h" verhindert eine Anpassung des Zeilenabstands an die Größe des Sonderzeichens. Bei einigen großen Sonderzeichen kann es dann passieren, daß das Sonderzeichen in den Text der vorhergehende Zeile ragt.

Wenn Sie ein ANSI-Zeichen über Hexadezimalcode definieren möchten, müssen Sie dem Code in den Anführungszeichen eine Null und ein "x" ("0xBC") vorausschicken.

Beispiel:

{SONDZEICHEN 46 \f "ZapfDingbats" \s 24}

Diese Feldfunktion hat das Ergebnis:

SpeicherDat

Fügt das Datum aus der Datei-Statistik ein, an dem die Datei zuletzt gespeichert wurde.

Syntax: {Speicherdat}

Das Feld wird beim Seriendruck und in Kopf-/Fußzeilen beim Druck automatisch aktualisiert. Es läßt sich mit den allgemeinen Schaltern formatieren.

Diese Feldfunktion gibt das Datum in den Text ein an, zu dem das Dokument zuletzt gespeichert wurde. Dieses Datum richtet sich nach dem Stand der Systemuhr zum Zeitpunkt des Speicherns und ist in der Datei-Statistik eingetragen.

Beispiel:

Das Dokument wurde zuletzt von {Gespeichertvon} am {Speicherdat} gespeichert.

Diese Zeile gibt den letzten Benutzer und den Zeitpunkt des letzten Zugriffs in ein Dokument ein.

Thema

Fügt das Thema der Datei-Information ein.

Syntax: {Thema "Text"}

Das Feld wird beim Seriendruck und in Kopf-/Fußzeilen beim Druck automatisch aktualisiert. Es läßt sich mit den allgemeinen Schaltern formatieren.

Dieses Feld übernimmt den Themeneintrag aus der Datei-Information. Wenn als Anweisung ein neues Thema angegeben wird, ersetzt dieses bei der Aktualisierung das Thema in der Datei-Information und wird gleichzeitig ins Dokument eingefügt.

Titel

Fügt den Titel der Datei-Information ein.

Syntax: {Titel "Text"}

Das Feld wird beim Seriendruck und in Kopf-/Fußzeilen beim Druck automatisch aktualisiert. Es läßt sich mit den allgemeinen Schaltern formatieren.

Dieses Feld übernimmt den Titeleintrag aus der Datei-Information. Wenn als Anweisung ein neuer Titel angegeben wird, wird dieser bei der Aktualisierung in die Datei-Information und gleichzeitig ins Dokument übernommen.

Überarbeitungsnummer

Fügt die Überarbeitungsnummer aus der Dokument-Statistik ein.

Syntax: {Überarbeitungsnummer}

Das Feld wird beim Seriendruck und in Kopf-/Fußzeilen beim Druck automatisch aktualisiert. Es läßt sich mit den allgemeinen Schaltern formatieren.

Diese Feldfunktion gibt die Überarbeitungsnummer der Datei an. Die Überarbeitungsnummer wird bei jeder Speicherung der Datei im WinWord-6-Format um den Wert "1" weitergezählt. Die aktuelle Überarbeitungsnummer wird dem entsprechenden Eintrag der Datei-Statistik entnommen.

Wenn Sie Dokumente anders als im Dokumentformat von Word für Windows 6 speichern - beispielsweise im Format von Word für Windows 2 - wird die Versionsnummer in der Dokumentstatistik nicht aktualisiert.

Überspringen

Bricht die Bearbeitung eines Datensatzes ab, wenn eine Bedingung erfüllt ist.

Syntax: {Überspringen Ausdruck1 Operation Ausdruck2}

Das Feld wird automatisch beim Seriendruck aktualisiert. Die Funktion darf nicht mit anderen Feldern verschachtelt werden.

Diese Feldfunktion überprüft während des Seriendrucks eine Bedingung. Erfüllt ein Datensatz die Bedingung, so wird die Bearbeitung des Datensatzes abgebrochen.

Beispiel:

{Überspringen Anzahl < 12}

Bricht die Bearbeitung des Datensatzes ab, dessen Eintrag im Datenfeld "Anzahl" kleiner als 12 ist, und fährt mit dem nächsten Datensatz fort.

Informationen zur Verwendung von Operatoren erhalten Sie in der Beschreibung des Feldes {Wenn}.

Vergleich

Vergleicht zwei Werte und gibt das Ergebnis zurück.

Syntax: {Vergleich Ausdruck1 Operation Ausdruck2}

Das Feld wird beim Seriendruck und in Kopf-/Fußzeilen beim Druck automatisch aktualisiert. Es läßt sich mit den allgemeinen Schaltern formatieren.

Das Feld vergleicht zwei Ausdrücke miteinandern. Wenn der Vergleich korrekt, also wahr ist, wird als Ergebnis "1" ausgegeben. Ist der Vergleich falsch, lautet das Ergebnis des Feldes "0". Wenn ein Ausdruck ein Leerzeichen enthält, muß er in Anführungszeichen gesetzt werden. In Verbindung mit den logischen Operationen der "Ausdruck"-Felder {= Und} und {= Oder} können beispielsweise bei der Serientexterstellung komplexe logische Vergleiche zur Steuerung der Ausgabe spezifiziert werden. Texte, die länger als ein Wort sind, müssen in Anführungszeichen gesetzt werden.

Informationen zur Verwendung von Operatoren erhalten Sie in der Beschreibung des Feldes {Wenn}.

Verknüpfung

Fügt den Inhalt einer externen Datei ein und hält die Verbindung zu der Datei aufrecht.

Syntax: {Verknüpfung Objektname Dateiname [Textmarke oder Koordinaten] [Schalter]}

Das Feld wird manuell mit [F9] aktualisiert. Es läßt sich mit den allgemeinen Schaltern, die im Anschluß an die Feldfunktionen beschrieben werden, formatieren.

Diese Feldfunktion stellt eine Verknüpfung zu einem Datenobjekt eines anderen Programmes her. Das andere Programm muß ebenfalls die Fähigkeit besitzen, mit Verknüpfungen (Links) zu arbeiten, also OLE (Object Linking and Embedding) unterstützen. Durch die Aktualisierung des Feldes {Verknüpfung} wird - wenn nötig - das andere Programm gestartet und der Inhalt der Quelldatei neu eingelesen. Hierdurch kann das Dokument auf dem neuesten Stand gehalten werden. Wenn die Quelldatei nicht eingelesen werden kann, bleibt das vorige Ergebnis bestehen.

In der Feldfunktion muß nach dem Feldbezeichner {Verknüpfung} der Name des Objekts eingegeben werden. Dieser Name muß dem Eintrag in der Sektion [Embedding] der WIN.INI entsprechen. Sie können in diese Sektion in der MICROSOFT SYSTEMINFORMATION, die Sie mit [Alt][Strg][F1] aufrufen, Einblick nehmen, wenn Sie im Dialogfenster MICROSOFT SYSTEMINFORMATION als Kategorie OLE-REGISTRIERUNG aus der DropDown-Liste wählen.

Im Anschluß an den Objektnamen folgen in der Feldfunktion Laufwerk, Pfad und Quelldatei, die mit doppelten Backslashs eingegeben werden müssen, damit die Pfadangaben nicht als Schalter mißinterpretiert werden. Außerdem bestimmen Sie in der Feldfunktion ein Verknüpfungselement in Form einer Tabellenkoordinate oder Textmarke, die den Datenbereich des Austauschs begrenzt.

Spezifische Schalter für das Feld {Verknüpfung} sind:

Schalter	Funktion
\r	Das Objekt wird als formatierter Text (RTF) übernommen.
\t	Das Objekt wird als unformatierter Text übernommen.
\p	Das Objekt wird als Vektor-Grafik übernommen.
\b	Das Objekt wird als Bitmap-Grafik übernommen.

Schalter	Funktion
\a	Die Verknüpfung des Objekts wird automatisch aktualisiert.
\d	Das Objekt wird nicht im Dokument abgespeichert.

Tab. 28.17: Verknüpfungsschalter

Die automatische Aktualisierung wird bei Änderung in der Quelldatei vorgenommen. Hierfür muß das Dokument jedoch geöffnet sein, während die Änderung in der Quelle vorgenommen wird; sie erfolgt dann automatisch auch im parallel geöffneten Zieldokument. Um zu gewährleisten, daß keine Änderungen in der Quelle vorgenommen wurden, während das Zieldokument nicht geöffnet war, wird bei der Öffnung des Dokuments stets gefragt, ob eine Abgleichung mit der Quelldatei vorgenommen werden soll. Wenn Sie im Dokument Änderungen im verknüpften Objekt vornehmen, werden diese Änderungen bei der nächsten Aktualisierung entfernt.

Beispiel:

```
{Verknüpfung ExcelWorksheet c:\\excel\\umsatz.xls Z10S2:Z17S3
\* FormatVerbinden \r \a}
```

Diese Feldfunktion verknüpft ein Tabellenobjekt, das von Excel erstellt wurde, mit einem Zieldokument. Das Verknüpfungselement ist durch Zeilen- und Spaltenkoordinaten definiert. Der Schaler "* FormatVerbinden" sorgt dafür, daß die Formatierung des Objekts auch bei Aktualisierungen erhalten bleibt. Der Schalter "\r" kennzeichnet, daß das Objekt im RTF-Format als formatierter Text übernommen wird. Der Schalter "\a" gibt die Anweisung, daß das Objekt automatisch aktualisiert werden soll.

Versetzen

Versetzt Text um den angegebenen Wert oder an eine bestimmte Position.

Syntax: `{Versetzen [Schalter]}`

Das Feld wird automatisch während der Eingabe aktualisiert. Wenn sich der Maus-Cursor innerhalb der Feldfunktion befindet, können Sie durch Drücken der rechten Maus-Taste das kontextsensitive Shortcut-Menü darstellen. Markieren Sie darin den Befehl FELDFUNKTIONEN ANZEIGEN [EIN/AUS].

Dieses Feld versetzt den folgenden Teil des Absatzes, in dem es sich befindet, um den angegebenen Wert nach oben, unten, links oder rechts. Ebenso können aber auch Positionen relativ zum linken oder oberen Spalten- bzw. Seitenrand angewählt werden. Um die Verschiebung zu spezifizieren, stehen ihnen sechs Schalter zur Verfügung:

Schalter	Funktion
\d n	Der Text wird um die Anzahl der Punkte "n" nach unten versetzt.
\l n	Der Text wird um die Anzahl der Punkte "n" nach links versetzt.
\r n	Der Text wird um die Anzahl der Punkte "n" nach rechts versetzt.
\u n	Der Text wird um die Anzahl der Punkte "n" nach oben versetzt.
\x n	Der Text wird um die Anzahl der Punkte "n" vom linken Seiten-/Spaltenrand nach rechts versetzt.
\y n	Der Text wird um die Anzahl der Punkte "n" vom oberen Seitenrand nach unten versetzt.

Tab. 28.18: Versetzen-Schalter

Beispiel:

```
Hier trennen{Versetzen \l 19}|
```

Ergebnis:

```
Hier tren|nen|
```

Verzeichnis

Fügt ein Verzeichnis auf Grund der Formatvorlage "Gliederung" oder von {Inhalt}-Feldern ein.

Syntax: {Verzeichnis [Schalter]}

Das Feld wird manuell mit F9 aktualisiert. Es läßt sich mit den allgemeinen Schaltern formatieren.

Diese Feldfunktion erstellt ein Verzeichnis, das entweder auf der Gliederung oder auf den Inhaltseinträgen basiert. Welche Art des Verzeichnisses Sie erstellen möchten, geben Sie durch feldspezifische Schalter an. Mit einem {RD}-Feld lassen sich andere Dateien in die Aktion der Verzeichniserstellung einbeziehen. Nachdem die Feldfunktion {Verzeichnis} gestartet wurde, werden

1. die Seiten des Dokuments/der Dokumente umbrochen,
2. die Gliederungsformate oder Inhaltseinträge gesucht und
3. die gefundenen Einträge zu einem Inhaltsverzeichnis zusammengestellt. Die Formatierung erfolgt automatisch mit den Formatvorlagen "Verzeichnis".

Welcher Art dieses Verzeichnis sein soll, bestimmen Sie bereits durch Ihr Vorgehen bei der Strukturierung des Dokuments. Wenn Sie eine Gliederung anlegen, wird diese wahrscheinlich die Basis für ein Inhaltsverzeichnis bietet. Sie können aber außerdem oder stattdessen Verzeichniseinträge über {Inhalt}-Felder spezifizieren. Die Verzeichnisgrundlage wird vor dem Start im Feld {Verzeichnis} über Schalter eingestellt. Wenn Sie keine Schalter spezifizieren, wird das Verzeichnis auf der Grundlage der Gliederungsebenen erstellt. Bei der Verzeichniserstellung über {Inhalt}-Felder können Sie zwischen folgenden Varianten wählen:

Schalter	Bedeutung
\a "Sequenzname"	erstellt ein Beschriftungsverzeichnis auf der Basis von {Seq}-Feldern ohne Nennung der Kategorie und Numerierung.
\b "Textmarke"	beschränkt die Erstellung des Verzeichnisses auf den Bereich, der durch die angegebene Textmarke definiert ist.
\c "Sequenzname"	erstellt ein Beschriftungsverzeichnis auf der Basis von {Seq}-Feldern mit Nennung der Kategorie und Numerierung.
\d "z"	ändert das Trennzeichen "z" zwischen Kapitel- und Seitennummer, wenn Sie die kapitelbezogene Verzeichniserstellung wählen und die Kapitelnumerierung per {Seq}-Feldern erfolgt (siehe Schalter "\s"). Hierbei können bis zu vier Trennzeichen eingefügt werden.
\f "z"	bezieht alle {Inhalt}-Felder in die Verzeichniserstellung ein, die den gleichen Kennbuchstaben "z" aufweisen. Wenn kein Kennbuchstabe zum Schalter "\f" angegeben wird, werden sämtliche Einträge ohne Kennung und jene mit der Kennung "\f c" in das Verzeichnis aufgenommen.

Schalter	Bedeutung
\o "x-y"	bestimmt die Gliederungsebenen "x-y", die bei der Verzeichniserstellung berücksichtigt werden sollen. Die Spanne der zu berücksichtigenden Gliederungslevel wird durch zwei Zahlen angegeben, auch wenn das Verzeichnis nur eine Ebene berücksichtigen soll.
\p "z"	ändert das Trennzeichen "z" zwischen Verzeichniseintrag und Seitennummer.
\s "Sequenzname"	erstellt ein Verzeichnis auf der Basis von Folgennamen. Diese Option erlaubt Ihnen, auf {Seq}-Felder Bezug zu nehmen, mit denen Sie die Kapitelfolgen numeriert haben. Sie können aber auch die Gliederungsebene als Zahl angeben, an der sich die Verzeichniserstellung ausrichten soll. Die Einträge erfolgen dann in der Form "5-23", wobei "5" das Kapitel angibt und "23" die Seitennummer nennt.
\t "z;n"	erstellt ein Verzeichnis auf der Basis von Formatvorlagen. Geben Sie hierzu nach dem Schalter den Formatvorlagennamen an und anschließend - getrennt durch ein Semikolon - die Verzeichnisebene, die den Einträgen dieser Formatvorlage im Inhaltsverzeichnis zugeordnet werden soll.

Tab. 28.19: Verzeichnis-Schalter

Beispiel:

`{Verzeichnis \s "Üb" \o "2-2" \d "_"}`

Diese Feldfunktion erstellt ein Verzeichnis der Form:

`Überschriftsebene 2    Kapitelnummer_Seitenzahl`

Beispielsweise:

```
A. Einleitung ............ 1_7
B. Die Ägypter ........... 2_21
C. Die Griechen .......... 3_75
D. Die Römer ............. 4_133
```

Wenn

Fügt alternativen Text ein; je nachdem, ob eine Bedingung erfüllt oder nicht erfüllt ist.

Syntax: {Wenn Ausdruck1 Operation Ausdruck1"1.Text" ["2.Text"]}

Das Feld wird beim Seriendruck und in Kopf-/Fußzeilen beim Druck automatisch aktualisiert. Es läßt sich mit den allgemeinen Schaltern formatieren.

Diese Feldfunktion überprüft eine Bedingung. Wenn die Bedingung erfüllt, also wahr ist, gibt es den ersten Text aus. Ist die Bedingung aber nicht erfüllt und somit das Ergebnis falsch, wird der zweite Text eingesetzt. Wenn kein zweiter Text eingegeben wurde, wird beim falschen Ergebnis kein Text ausgegeben. Hierdurch kann z.B. bei der Serientexterstellung eine alternative Eingabe spezifiziert werden. Texte, die länger als ein Wort sind, müssen in Anführungszeichen gesetzt werden.

Beispiel:

{Wenn Auftrag > 1000 "Wir rufen Sie in den nächsten Tagen an." "Wir danken für die Zusammenarbeit."}

Wenn beim Seriendruck der aktuelle Datensatz unter "Auftrag" einen Eintrag enthält, der über 1000 liegt, wird der erste Text, ansonsten der zweite Text in den Brief eingesetzt.

Operatoren

Bei Operationen mit = und <> können ? und * als Platzhalter verwendet werden. Das Fragezeichen repräsentiert hierbei stets ein Zeichen, während das Sternchen für eine Zeichenfolge steht. Wenn das Sternchen im zweiten Ausdruck eingesetzt wird, werden allerdings nur insgesamt 128 Zeichen mit der Vorgabe im ersten Ausdruck verglichen. Als Operatoren stehen zur Verfügung:

Operator	Bedeutung
=	gleich
<>	ungleich
>	größer
>=	größer oder gleich
<	kleiner
<=	kleiner oder gleich

Tab. 28.20: Operatoren des Felds {Wenn}

Beachten Sie, daß zwischen den Ausdrücken und dem Operator jeweils ein Leerzeichen stehen muß.

Beispiel:

```
{Wenn Auftrag > 1000 "Wir rufen Sie in den nächsten Tagen
an." "Sie hören demnächst von uns."}
```

Wenn beim Seriendruck der aktuelle Datensatze unter "Auftrag" einen Eintrag enthält, der über 1000 liegt, wird der erste Text, ansonsten der zweite Text in den Brief eingesetzt.

XE

Markiert Einträge für die Erstellung eines Index.

Syntax: `{Xe "Text" [Schalter]}`

Das Feld kann nicht aktualisiert werden.

Dieses Feld dient der Markierung von Einträgen, die in den Index aufgenommen werden sollen. Im Feld muß der Text eingegeben werden, der in den Index eingetragen werden soll; die maximale Länge der gesamten Zeichenkette ist auf 64 Zeichen begrenzt. Der Eintrag muß in Anführungszeichen stehen, sofern es sich um mehr als ein Wort handelt. Wenn innerhalb des Eintragstextes ein Doppelpunkt vorkommt, wird der folgende Text um eine Ebene abgestuft. Sie haben auf diese Weise die Möglichkeit, die Indexeinträge hierarchisch zu gliedern und Oberbegriffe festzulegen, unter denen andere Begriffe subsumiert werden. Wenn Sie einen Doppelpunkt als Teil des Indexeintrages bestehen lassen möchten, müssen Sie ihn durch einen vorangestellten Backslash (\) kennzeichnen. Ein Backslash, der im Eintrag erscheinen soll, muß als doppelter Backslash eingegeben werden.

Die Einträge des Indexes lassen sich im {XE}-Feld durch Schalter präzisieren.

Schalter	Bedeutung
\b	formatiert die Seitenzahl fett.
\i	formatiert die Seitenzahl kursiv.
\f "z"	legt die Eintragskennung "z" fest; die Standard-Eintragsart ist "i".

Schalter	Bedeutung
\r "Textmarke"	kennzeichnet den Bereich der nachfolgend genannten Textmarke als den Seitenbereich, der im Index angegeben werden soll. Wenn sich die Markierung der Textmarke über mehrere Seiten erstreckt, wird die Spanne der Seiten im Index in der Form "234-137" aufgenommen.
\t "Text"	nimmt statt einer Seitenzahl den angegebenen Text in den Index auf. Auf diese Weise lassen sich Querverweise erstellen.

Tab. 28.21: Indexschalter (XE)

Beispiel:

```
{Xe "Puju, Heinrich:Keine Zeit für Langeweile" \r keinzeit}
```

Dieses Feld formatiert den Indexeintrag in der folgenden Weise:

```
Puju, Heinrich
     Keine Zeit für Langeweile, 154-161
```

Zeit

Fügt die aktuelle Systemzeit ein.

Syntax: `{Zeit}`

Das Feld wird manuell mit [F9] oder automatisch beim Druck aktualisiert. Es läßt sich mit den allgemeinen Schaltern formatieren. Es kann nicht in Kopf- oder Fußzeilen aufgenommen werden.

Dieses Feld gibt die Zeiteinstellung der Systemuhr zum Zeitpunkt seiner letzten Aktualisierung wieder.

Allgemeine Schalter

Ermöglichen die Formatierung eines Feldergebnisses

Allgemeine Schalter lassen sich bei fast allen Feldern zur Formatierung einsetzen. Keine Auswirkung haben sie auf folgende Felder:

>AutoNr
>AutoNrDez
>AutoNrGli
>formel
>gehezu
>Makroschaltfläche
>RD
>Inhalt
>XE

Es gibt verschiedene Gattungen allgemeiner Schalter, die jeweils für eine bestimmte Formatfunktion zuständig sind:

Schalter	Bedeutung
*	formatiert die Zeichen des Feldergebnisses.
\#	bestimmt das numerische Erscheinungsbild des Feldergebnisses.
\@	bestimmt das Erscheinungsbild von Zeitangaben.
\!	sperrt Felder, die Teil eines ein Ergebnisses sind.

Tab. 28.22: Die allgemeinen Schalter

Um ein Feld zu formatieren, geben Sie den jeweiligen Schalter in die Feldfunktion ein. Die Format-Schalter haben bestimmte Anweisungen, durch die das Ergebnis bestimmt wird. Mitunter ist es sinnvoll, verschiedene Anweisungen miteinander zu kombinieren. In den folgenden Tabellen sind die Anweisungen gelistet. Die Beschreibung der Wirkung wird jeweils durch ein Beispiel veranschaulicht. Achten Sie auf die Schreibweise der Anweisungen. Die Groß-/Kleinschreibung ist mitunter für das Format des Ergebnisses entscheidend.

*

Formatiert die Zeichen eines Feldergebnisses

Syntax: {Feldart *Formatname Anweisungen}

Zeichenformatierung

Schalter	Wirkung
*SatzanfangGross	formatiert den ersten Buchstaben des Ergebnisses versal: Das word für windows buch.
*Initial	formatiert alle Anfangsbuchstaben des Ergebnisses versal: Das Word Für Windows Buch.
*Grossbuchstaben	formatiert alle Buchstaben des Ergebnisses versal: DAS WORD FÜR WINDOWS BUCH.
*Kleinbuchstaben	formatiert alle Buchstaben des Ergebnisses in Kleinschrift: das word für windows buch.
*Zeichenformat	übernimmt die Formatierung des ersten Zeichens der Feldfunktion auf sämtliche Zeichen des Ergebnisses: {Angeben "Das Word für Windows Buch" *Zeichenformat} Das Word für Windows Buch.
*Formatverbinden	übernimmt das Format des letzten Ergebnisses auf das neue Ergebnis; hierbei wird die nachträgliche manuelle Formatierung eines Ergebnistextes auf das neue Ergebnis übertragen. Wenn das neue Ergebnis länger als das letzte Ergebnis ist, richtet sich das weitere Format nach dem Format des ersten Zeichens der Feldfunktion. Sollte kein Ergebnis vorliegen, wird das Format des ersten Zeichens der Feldfunktion für das ganze Ergebnis übernommen.

Tab. 28.23: Schalter für Zeichenformatierung

Ziffernformatierung

Schalter	Wirkung
*Arabisch	formatiert die Zahlen des Ergebnisses in arabischen Ziffern: 1 2 3 4 5
*Ordnungszahl	formatiert die Zahlen des Ergebnisses in arabischen Ordnungszahlen: 1. 2. 3. 4. 5.
*Römisch	formatiert die Zahlen des Ergebnisses in großen römischen Ziffern: I II III IV V
*römisch	formatiert die Zahlen des Ergebnisses in kleinen römischen Ziffern: i ii iii iv v
*Alphabetisch	formatiert die Zahlen des Ergebnisses in großen Buchstaben: A B C D E
*alphabetisch	formatiert die Zahlen des Ergebnisses in kleinen Buchstaben: a b c d e
*Grundtext	gibt die Zahlen des Ergebnisses als Grundzahlen in Textform aus: Eins Zwei Drei Vier Fünf
*OrdText	gibt die Zahlen des Ergebnisses als Ordnungszahlen in Textform aus: Erster Zweiter Dritter Vierter Fünfter
*Hex	gibt die Zahlen des Ergebnisses in Hexadezimalform aus: z.B. 123 = 7B
*Währungstext	gibt die Vorkommazahlen des Ergebnisses in Grundtext und die Nachkommazahlen als Bruch an: Hundertdreiundzwanzig und 45/100

Tab. 28.24: Schalter für Ziffernformatierung

\#

Bestimmt das numerische Erscheinungsbild des Feldergebnisses.

Syntax: {Feldart \#Formatbild Anweisungen}

Das Zahlenbild wird durch "0", "#" oder "x" vorgegeben, die die Stellen des Ergebnisses repräsentieren. Alle drei Zeichen haben Platzhalterfunktion. Das Zeichenformat der Ziffern wird durch die Zeichenformatierung der Platzhalter bestimmt. Währungs-Zeichen werden übernommen, wenn sie ohne Freiraum an die Platzhalter angeschlossen werden. Die Platzhalter bestimmen die Art und Weise, wie Word für Windows das numerische Feldergebnis umsetzt. Jedes Platzhalterzeichen führt hierbei zu einer modifizierten Anzeigeform.

0
Platzhalter 0:

Wenn das Ergebnis weniger Stellen hat als die Stellenvorgabe, werden die offenen Stellen durch "0" ersetzt.
Wenn das Ergebnis mehr Stellen hat als die Stellenvorgabe, werden alle Stellen des Ergebnisses vor dem Komma angezeigt. Die Nachkommastellen werden auf die Anzahl der Platzhalter gerundet. Ab 5 wird aufgerundet.

Beispiel:

{= 3784,67 * 14 % \# 00,00DM} = 529,85DM

Hierbei werden die Vorkommastellen alle übernommen und die Nachkommastellen gerundet.

{= 72,56 + 25,64 \# 000,00DM} = 098,20DM

Hierbei werden die leeren Stellen durch "0" aufgefüllt.

#
Platzhalter #:

Wenn das Ergebnis weniger Stellen hat als die Stellenvorgabe, werden die leeren Stellen durch Leerzeichen ersetzt.
Wenn das Ergebnis mehr Stellen hat als die Stellenvorgabe, werden alle Stellen des Ergebnisses vor dem Komma angezeigt. Die Nachkommastellen werden auf die Anzahl der Platzhalter gerundet. Ab 5 wird aufgerundet.

Beispiel:

{= 3784,67 * 14 % \# ##,##DM} = 529,85DM

Hierbei werden die Vorkommastellen alle übernommen und die Nachkommastellen gerundet.

{= 72,56 + 25,64 \# ###,##DM} = 98,2 DM

Hierbei werden die leeren Stellen durch Leerzeichen aufgefüllt.

x
Platzhalter x:

Wenn das Ergebnis weniger Stellen hat als die Stellenvorgabe, werden links die leeren Stellen abgeschnitten. Rechts werden leere Stellen durch Leerzeichen ersetzt.

Wenn das Ergebnis mehr Stellen hat als die Stellenvorgabe, werden nur jene Stellen des Ergebnisses vor dem Komma angezeigt, die über ein Platzhalterzeichen verfügen, die anderen werden abgeschnitten. Die Nachkommastellen werden auf die Anzahl der Platzhalter gerundet. Ab 5 wird aufgerundet.

Beispiel:

3784,67 * 14 % \# xx,xxDM} = 29,85DM

Hierbei werden die Vorkommastellen nur gemäß der Platzhalter übernommen und die Nachkommastellen gerundet.

{= 72,56 + 25,64 \# xxx,xxDM} = 98,2DM

Hierbei werden rechts die leeren Stellen abgeschnitten und links durch Leerzeichen aufgefüllt.

Entscheidend für Dezimalzeichen und Tausenderzeichen ist die Einstellung der Systemsteuerung von Windows. Für die automatische Ergänzung des Tausendertrennzeichens brauchen Sie nur an einer beliebigen Stelle zwischen den Platzhaltern einen Punkt einzufügen. Das Tausendertrennzeichen wird dann automatisch verwaltet. Das heißt, es wird durch eine Leerstelle ersetzt, wenn kein Tausender anzuzeigen ist.

Wenn Sie die Platzhalter mit einem führenden Minuszeichen auszeichnen, gilt dies als optionales negatives Vorzeichen. Es findet so nur Verwendung, wenn das Ergebnis unter Null ist. Solange das Ergebnis gleich Null oder positiv ist, wird das Vorzeichen in der Anzeige durch eine Leerstelle ersetzt. Anders verhält es sich mit dem positiven Vorzeichen. Wenn Sie Ihre Platzhalter hiermit kennzeichnen, wird stets ein "+" vor dem positiven und ein "-" vor dem negativen Ergebnis angezeigt, solange es nicht gleich Null ist. Dann tritt wieder das Leerzeichen in Kraft.

Um positive und negative Ergebnisse in verschiedenen Bildern ausgegeben zu bekommen, definieren Sie die Bilder im Anschluß an den Schalter. Die Bilder werden hierbei durch Kommata voneinander getrennt. Geben Sie die Formatbilder in der Reihenfolge "positive Variante; negative Variante" ein oder, wenn Sie ein separates Bild für die Null brauchen, "positive Variante; negative Variante, Null-Variante" ein. Diese Eingabe kann beispielsweise folgende Form haben: {Konto \# "#.0,00DM;(#.0,00DM);--"}.

Solange in wörtlichem Text keine Platzhalterzeichen vorkommen, gibt es keine Probleme bei der Einbindung in Darstellungsbildern, wenn Sie das gesamte Bild in Anführungszeichen setzen. Sollten Sie eines der Platzhalterzeichen oder Sonderzeichen im wörtlichen Text verwenden, setzen Sie den Text in Apostrophe, um Mißverständnisse zu vermeiden.

Mit dem numerischen Bild können Sie auch Numerierungssequenzen gestalten. Hierfür wird das {Seq}-Feld folgendermaßen aufgebaut: {Seq Folgenname \# `Sequenzname` Formatbild}. Der Name der Sequenz muß hierbei in Accents graves gesetzt sein; der Accent grave darf nicht mit dem Apostroph verwechselt werden. Er kann nur in Zusammenhang mit der ⬚-Taste eingegeben werden. Betätigen Sie zunächst ⬚⬚ und danach die Leertaste oder geben Sie den [Alt]-Code ⓪⑨⑥ über die numerische Tastatur ein.

Beispiel:

```
{Seq tabelle \# "Tabelle `Teil`'/'00"}
```

Unter der Voraussetzung, daß die Sequenz mit dem Folgennamen "Teil" bereits im Dokument besteht, gibt das Feld ein Ergebnis folgernder Form aus:

```
Tabelle 3/07
```

\@

Bestimmt das Erscheinungsbild von Zeitangaben.

Syntax: {Feldart \@Formatbild Anweisungen}

Für jede Zeiteinheit gibt es eine spezielle Variable. Die Zeichenanzahl dieser Variablen und ihre Kombination bestimmt die Darstellung des Feldergebnisses. Das Zeichenformat wird durch die Formatierung der Variablen bestimmt. Die Variablen sind:

Schalter	Bedeutung	Spanne
\@ JJ	zweistellige Jahresangabe	00 - 99
\@JJJJ	vierstellige Jahresangabe	1900 - 2040
\@M	Monatszahl ohne führende Nullen	1 - 12
\@MM	Monatszahl mit führenden Nullen	01 - 12
\@MMM	Monatsname auf 3 Zeichen gekürzt	JAN - DEZ
\@MMMM	Monatsname in voller Länge	Januar - Dezember
\@T	Tageszahl ohne führende Nullen	1 - 31
\@TT	Tageszahl mit führenden Nullen	01 - 31
\@TTT	Wochentag auf 3 Buchstaben verkürzt	Mon - Son

Schalter	Bedeutung	Spanne
\@TTTT	Wochentag in voller Länge	Montag - Sonntag
\@h	12-Stunden-Rhythmus ohne führende Nullen	1 - 12
\@hh	12-Stunden-Rhythmus mit führenden Nullen	01 - 12
\@H	24-Stunden-Rhythmus ohne führende Nullen	1 - 23
\@HH	24-Stunden-Rhythmus mit führenden Nullen	01 - 23
\@m	Minutenzahl ohne führende Nullen	0 - 59
\@mm	Minutenzahl mit führenden Nullen	00 - 59

Tab. 28.25: Zeitschalter

Wenn Sie Zeitangaben bevorzugen, in denen im angelsächsischen Format vermerkt ist, ob es sich um die Vormittags- oder Nachmittagsstunden handelt, verwenden Sie die Anweisung "AM/PM". Auch bei "AM/PM" bieten sich verschiedene Möglichkeiten der Anzeige. Wieder wird die Darstellung durch die Buchstaben selbst geschaltet:

Schalter	Anzeige
\@ AM/PM	AM oder PM
\@ am/pm	am oder pm
\@ A/P	A oder P
\@ a/p	a oder p

Tab. 28.26: Angelsächsische Zeitschalter

Sinnvollerweise verbinden Sie sie mit einer Stundenausgabe im 12-Stunden-Format. Sie können die Anweisung aber auch ohne Stundenangabe in einem {Zeit}-Feld verwenden. Dann wird Ihnen lediglich angezeigt, ob die Mittagsstunde schon verstrichen ist.

Wenn Sie über eine Feldfunktion eine Abfrage vornehmen, zu der bislang kein Eintrag vorliegt, erscheint der Eintrag, der nicht durch Schalter spezifiziert wurde, in der Form: 00.00.00. Dies ist beispielsweise der Fall, wenn Sie bei einer neuen Datei das letzte Speicherdatum mit {Speicherdat} aus der Datei-Statistik abfragen. Wenn Sie das {Speicherdat}-Feld durch Zeitschalter formatieren, verändert sich das Layout der fehlenden Zeit. Zahlen werden nach wie vor durch Nullen ersetzt, aber die Trennzeichen fallen weg. Datumsangaben im Textformat werden durch " XXX" freigehalten.

Sie können die Zeitformate beliebig miteinander kombinieren und so Ihre persönliche Zeitangabe gestalten. Setzen Sie Kombinationen von Zeitanweisungen in Anführungszeichen. Wenn Sie in Zeitangaben Texte einfügen, müssen Sie beachten, daß Buchstaben des Textes als Anweisungen angesehen werden können. Alle Buchstaben, die bei der Zeitfunktion eine Bedeutung haben, müssen daher in Apostrophe gesetzt werden. Das Einfachste ist es aber, jeglichen Text innerhalb von Zeitangaben zu apostrophieren.

Beispiel:

{Speicherdat \@ " TTTT, den T. MMMM JJJJ 'um' H$_{mm}$' Uhr'"}

hat folgendes Aussehen vor dem ersten Speichervorgang

XXX, den 0. XXX 0000 um 0^{00} Uhr

und zeigt danach dieses Format an:

Mittwoch, den 19. Februar 1992 um 10^{07} Uhr

29

Makros – Ein Einstieg

Kurzer Überblick	Seite	861
Aufzeichnen von Makros	Seite	863
Start der Makroaufzeichnung	Seite	864
Ausführung von Makros	Seite	868
Editieren von Makros	Seite	870
Neue Makros erstellen	Seite	873
Makros mit Kurzwahltasten verbinden	Seite	875
Makros in Menüs einbinden	Seite	878
Makros in Symbolleisten einbinden	Seite	881
Makros speichern	Seite	883
Makros in Vorlagen organisieren	Seite	883

29 • Makros – Ein Einstieg

Kurzer Überblick

Jeder, der ein Textverarbeitungsprogramm regelmäßig einsetzt, trifft bei seiner Arbeit irgendwann auf Vorgänge, die sich mehr oder weniger regelmäßig wiederholen. Sei es, daß Zeichen oder Zeichenfolgen mit bestimmten Formaten versehen oder bestimmte Textbausteine automatisch in den Text eingefügt werden müssen: Immer wieder sind es die gleichen Befehle, die angewählt, die gleichen Tasten, die in derselben Reihenfolge betätigt werden müssen. Bei vielen Anwendern löst das Unmut aus, denn schließlich tritt die EDV-Industrie mit dem Anspruch auf, immer wiederkehrende Vorgänge zu automatisieren und den Menschen dadurch von stupider Arbeit zu befreien. Und was für die Lackiererei einer Autofabrik gilt, das sollte auch vor dem Schreibtisch von Sekretärinnen, Sachbearbeitern und Journalisten nicht halt machen.

Bereits mit der Version 4.0 von MS-Word unter DOS wurde deshalb die Möglichkeit eingeführt, Tastenfolgen während der Arbeit mit Word aufzuzeichnen und später wieder *abzuspielen*. Derartige Gebilde, die aus der Kombination verschiedener Tasten- und Befehlsfolgen bestehen, bezeichnet man als Makros.

Während aber die Möglichkeiten zur Arbeit mit Makros unter MS-Word noch relativ eingeschränkt waren, geht Word für Windows in dieser Hinsicht einen ganz neuen, revolutionären Weg: Die Makrosprache wurde zu einer richtigen Programmiersprache erhoben, mit deren Hilfe Sie Programme schreiben und darin auf alle Leistungsmerkmale von Word für Windows zugreifen können.

Doch keine Angst! Sie müssen nicht programmieren lernen, um sich das Leben mit Makros zu erleichtern. Nach wie vor steht im Mittelpunkt des Makrokonzepts ein Makrorecorder, mit dessen Hilfe Sie Tastenfolgen und Befehle automatisch aufzeichnen und später wieder ablaufen lassen.

Das gestaltet sich unter Word für Windows sogar besonders komfortabel, weil aufgezeichnete Makros wie ganz normale Befehle in die verschiedenen Menüs und Symbolleisten von Word für Windows eingebunden und über sie aufgerufen werden können. Sie werden dadurch keinen Unterschied zwischen dem Aufruf eines vordefinierten Befehls und dem eines Makros bemerken. Mit *Programmieren* hat das jedoch nichts zu tun.

Wer aber Spaß am Programmieren hat und womöglich schon ein wenig mit der Programmiersprache BASIC vertraut ist, dem eröffnen sich unter Word für Windows bislang ungeahnte Möglichkeiten. Die Makrosprache von Word für Windows ist nämlich weit mehr als nur eine Ansammlung von Befehlen, die den Aufruf der Menübefehle von Word für Windows initiieren - sie ist eine richtige Programmiersprache mit Variablen, Schleifenbefehlen und allem, was man von einer Programmiersprache sonst noch erwarten darf.

Und damit sich nicht nur versierte Programmierer, sondern auch ganz normale Anwender in dieser Sprache zurechtfinden, stand QuickBASIC, der populäre BASIC-Dialekt von Microsoft, bei der Entwicklung dieser Makrosprache Pate. Das hat ihr auch den Namen eingebracht, denn aus BASIC und Word für Windows wurde WordBASIC, das als *Embedded BASIC* bezeichnet wird, weil es in eine Applikation eingebettet ist.

Mit Hilfe von WordBASIC können Aufgabenstellungen und Probleme aus dem Bereich der Textverarbeitung, die sich bisher nur durch sehr aufwendige Programme in Sprachen wie Pascal oder C lösen ließen, mit nur wenigen Befehlen bewältigt werden. Ohne Zweifel wird dies unsere Art, mit Applikationen umzugehen, revolutionieren. Nicht umsonst wird Microsoft in Zukunft alle wichtigen Windows-Applikationen mit einer derartigen Sprache ausstatten, wenngleich Word für Windows als letzte der großen Microsoft-Applikationen (Access, Excel und WinWord) mit einer derartigen Erweiterung rechnen darf.

Mehr über die Besonderheiten dieser Sprache erfahren Sie im folgenden Kapitel, das sich intensiv mit der Struktur und Syntax von WordBASIC beschäftigt und auch einige interessante Beispielprogramme bereithält. In dem vorliegenden Kapitel geht es zunächst einmal um ganz grundsätzliche Dinge, die noch nichts mit "Programmieren" zu tun haben. So stehen das Aufzeichnen und Abspielen von Makros ebenso auf dem Programm, wie einige generelle Fragen, die sich im Zusammenhang mit Makros stellen.

Damit Sie schon einmal einen kleinen Eindruck von der Leistungsfähigkeit von WordBASIC gewinnen, hier ein kleines Makro, das im folgenden Kapitel mit Hilfe des Makrorecorders von Word für Windows aufgezeichnet wurde. Es schaltet das Wort unter der Einfügemarke im aktuellen Fenster fett, indem es die Einfügemarke zunächst zum Wortanfang bewegt, das gesamte Wort dann markiert und schließlich das Fett-Attribut für die Zeichen im markierten Bereich anschaltet.

Das alles erledigen die drei Befehle, die zwischen den Befehlen Sub MAIN und End Sub eingefaßt sind. Sie zeigen lediglich den Anfang und das Ende des Makros an.

```
Sub MAIN
WortLinks 1
WortRechts 1, 1
Fett
End Sub
```

29 • Makros – Ein Einstieg

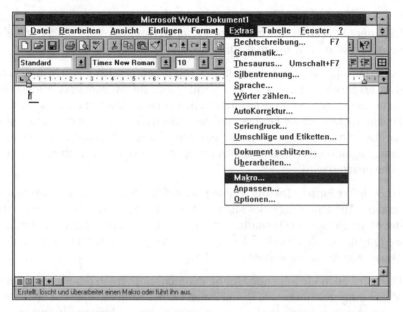

Abb. 29.1: Die Befehle zum Aufzeichnen und Bearbeiten von Makros finden sich im EXTRAS-Menü unter MAKRO

Aufzeichnen von Makros

Die einfachste Form, ein Makro zu erstellen, liegt in seiner Aufzeichnung mit Hilfe des Makrorecorders. Wie ein Tonbandgerät protokolliert er nach seinem Start alle Aktionen, die Sie mit Hilfe der Maus oder der Tastatur durchzuführen. Ob Sie nun Zeichen in das aktuelle Dokument einfügen, Menübefehle anwählen, Eingaben in einer Dialogbox vornehmen oder ein Symbol aus der Funktionsleiste anklicken: Grundsätzlich wird die Aktion vom Makrorecorder festgehalten, damit sie später wiederholt werden kann.

Eine Art von Aktion jedoch kann der Makrorecorder grundsätzlich nicht festhalten: Markierungen, die innerhalb eines Dokuments mit Hilfe der Maus vorgenommen werden. Wie auch sollte Word für Windows den Anfang und das Ende eines markierten Bereichs speichern, ist diese Information doch sehr stark von der visuellen Präsentation eines Textes, d.h. vom sichtbaren Textausschnitt, vom Darstellungsmodus und anderen Parametern abhängig. Die aber können nicht statisch festgehalten werden, weil sie sich bei der Bearbeitung eines Textes permanent ändern. Im Makroaufzeichnungsmodus gilt also grundsätzlich: Das Bewegen der Einfügemarke innerhalb des Textes und das Markieren von Bereichen sind nur mit Hilfe der Tastatur möglich. Mausaktionen sind tabu. Alle Versuche, eine derartige Operation mit Hilfe der Maus auszuführen, bleiben erfolglos und werden lediglich mit einem akustischen Warnsignal quittiert.

Daß Mausoperationen innerhalb des Dokumentenfensters nicht möglich sind, erkennen Sie bereits am Erscheinungsbild des Mauszeigers: Anders als im normalen Bearbeitungsmodus erscheint er auch über einem Dokument-Fenster nicht etwa als Einfügemarke, sondern als transparenter Pfeil, dem darüber hinaus noch das Symbol einer Musikkassette beigefügt ist. Es soll Ihnen signalisieren, daß die Aufzeichnung läuft und daher im Studio um Ruhe gebeten wird.

Trotz dieser Einschränkung müssen Sie auf das Markieren von Text während der Aufzeichnung eines Makros aber nicht verzichten: Nutzen Sie statt der Maus einfach die Tastatur, denn Tasten und Tastenfolgen, die der Bewegung der Einfügemarke oder der Markierung von Text dienen, kann der Makrorecorder ohne weiteres festhalten.

Dies wird auch die folgende Übung deutlich machen, in deren Verlauf ein Makro aufgezeichnet wird. Es soll Ihnen immer dann nützlich zur Seite stehen, wenn Sie verschiedene Wörter innerhalb eines Dokuments in Fettschrift setzen möchten. Vor der Makroaufzeichnung öffnen Sie jedoch bitte den Beispieltext KEINZEIT.DOC von der beiliegenden Diskette mit Hilfe des Menübefehls ÖFFNEN aus dem DATEI-Menü. Dieser Text soll als Grundlage für die Aufzeichnung des Makros und seine spätere Ausführung dienen. Bitte bewegen Sie die Einfügemarke in die Mitte eines beliebigen Wortes im Text. Von dieser Position aus soll gleich die Makroaufzeichnung starten.

Start der Makroaufzeichnung

Die Aufzeichnung eines Makros läßt sich auf zweierlei Wegen starten: Zum einen über den Menübefehl MAKRO aus dem EXTRAS-Menü und zum anderen über die kleine Schaltfläche MAK in der Statusleiste von Word für Windows am unteren Rand des Applikationsfensters. Am einfachsten geht es mit Hilfe dieser Schaltfläche, und deshalb empfehlen wir Ihnen diesen Weg. Führen Sie also bitte einen Doppelklick auf diese Schaltfläche am unteren Fensterrand, gleich neben der aktuellen Uhrzeit, aus.

Diese Aktion startet die Makroaufzeichnung allerdings noch nicht sofort, sondern fördert erst einmal ein Dialogfenster zu Tage, das Sie in Abbildung 29.2 sehen:

29 • Makros – Ein Einstieg

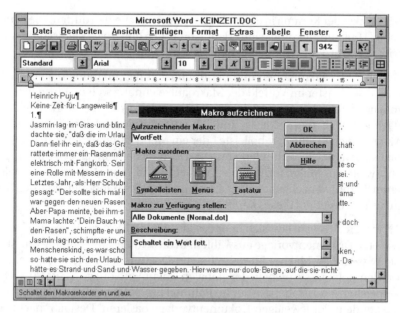

Abb. 29.2: Das Dialogfenster des Befehls MAKRO AUFZEICHNEN

Von den verschiedenen Feldern innerhalb dieses Dialogfensters ist vor allem das oberste für Sie von Bedeutung, denn hier wird der Name eingegeben, unter dem das Makro später angesprochen wird. Word gibt als Voreinstellung zunächst den Namen "Makro" an, dem sich eine fortlaufende Nummer anschließt. Beim ersten Aufzeichnen eines Makros treffen Sie in diesem Eingabefeld daher auf den Namen "Makro1", beim zweiten auf "Makro2" usw.

Diese Voreinstellung sollten Sie aber in der Regel ändern, weil ein derartiger Name nichts über die Aufgabe und Arbeitsweise eines Makros aussagt. Zwar enthält das Dialogfenster speziell zu diesem Zweck ein eigenes Kommentarfeld (Dialogfeld BESCHREIBUNG), in das Sie eine Beschreibung Ihres Makros eintragen können. In der praktischen Arbeit mit Makros zeigt sich jedoch schnell, daß Makros am besten Namen tragen, die intuitiv sind, und das ist "Makro5" oder "Makro23" sicher nicht.

Dem zu erstellenden Makro geben Sie in unserem Beispiel deshalb bitte den Namen "WortFett", der genau das ausdrückt, was der Aufruf dieses Makros später bewirken wird. Die etwas ungewöhnliche Schreibweise resultiert dabei aus den Restriktionen, die Word für Windows für die Benennung von Makros vorgibt. Einen Namen wie z.B. "Wort fett" akzeptiert Word für Windows nämlich nicht, weil weder Leerzeichen noch andere Sonderzeichen wie Punkt oder Komma in einem Makronamen erscheinen dürfen. Die deutschen Umlaute allerdings sind erlaubt, und auch die Groß-/Kleinschreibung wird von Word für Windows genau berücksichtigt.

Neben dem Makronamen und der optionalen Beschreibung bietet Ihnen das Dialogfenster im Vorfeld der Makroaufzeichnung weitere Einstellungsmöglichkeiten. Ins Auge springen dabei zunächst die drei großen Schaltflächen SYMBOLLEISTEN, MENÜS und TASTATUR, mit deren Hilfe Sie das neue Makro gleich in eine Symbolleiste oder ein Menü einbinden bzw. es mit einer Kurzwahltaste verbinden können. Doch das empfiehlt sich eigentlich erst, wenn das Makro fertig aufgezeichnet ist und kann auch zu einem späteren Zeitpunkt nachgeholt werden. Mehr über diese Optionen erfahren Sie im weiteren Verlauf dieses Kapitels.

Als weitere Auswahl läßt sich über das Listenfeld MAKRO ZUR VERFÜGUNG STELLEN: eine Dokumentvorlage auswählen. In diesem Zusammenhang müssen Sie wissen, daß Makros im Rahmen von Dokumentvorlagen gespeichert werden. Solange sie nicht in der globalen Dokumentvorlage NORMAL.DOT gespeichert sind, stehen sie nur im Rahmen der Dokumente zur Verfügung, die auf dem der jeweiligen Dokumentvorlage basieren. Deshalb macht es vor allem beim Einstieg in die Arbeit mit Makros durchaus Sinn, erst einmal alle Makros in der Standarddokumentvorlage NORMAL.DOT abzulegen, damit man sich hinterher keine Gedanken machen muß, ob ein Makro im Rahmen eines bestimmten Dokuments auch wirklich zur Verfügung steht. Als Vorgabe bietet Word im Listenfeld MAKRO ZUR VERFÜGUNG STELLEN: deshalb zunächst immer die globale Vorlage NORMAL.DOT an, und diese Auswahl sollten Sie erst einmal akzeptieren.

Für den Anfang zählt innerhalb des Dialogfensters damit also erst einmal nur der Makroname, und wenn Sie hier "WortFett" eingegeben haben, kann die Makroaufzeichnung mittels der OK-Schaltfläche gestartet werden. Word befindet sich jetzt im Makroaufzeichnungsmoduss, was nicht nur durch die veränderte Form des Mauszeigers, sondern auch durch die Makroaufzeichnungs-Symbolleiste augenfällig ist, die gleichzeitig auf dem Bildschirm erscheint. Mit ihrer Hilfe läßt sich die Aufzeichnung des Makros unterbrechen bzw. stoppen.

29 • Makros – Ein Einstieg

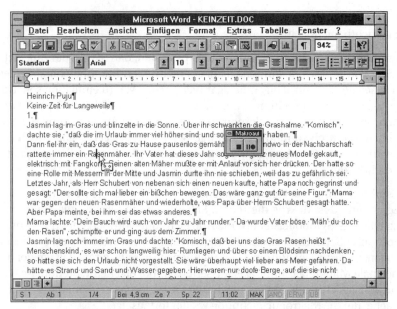

Abb. 29.3: Über die Makroaufzeichnungs-Symbolleiste wird die Aufzeichnung des Makros gesteuert

Obwohl nach dem Start des Aufzeichnungsmodus alle Aktionen des Anwenders aufgezeichnet werden, gilt dies in Bezug auf die Makroaufzeichnungs-Symbolleiste nicht. Steht sie Ihrer Arbeit im Weg, können Sie sie nach Herzenslust über den Bildschirm schieben, ohne daß Word diese Aktion protokolliert.

Doch zurück zur Aufzeichnung. Zunächst einmal soll im aktuellen Dokument das Wort unter der Einfügemarke fett formatiert werden. Dabei geht es allerdings gar nicht so sehr um das aktuelle Wort, das letztendlich vielleicht gar nicht fett erscheinen soll, sondern nur um den exemplarischen Vorgang, der mit Hilfe des Makros später an anderen Wörtern nachvollzogen werden kann.

Betätigen Sie zunächst die Tastenkombination [Strg][←], um die Einfügemarke an den Anfang des aktuellen Wortes zu bewegen. Von dort aus können Sie das komplette Wort nun mit Hilfe von [Strg][⇧][→] markieren. Jetzt geht es nur noch darum, die markierten Zeichen fett auszuzeichnen. Bedienen Sie sich dazu der entsprechenden Schaltfläche aus der Formatierungs-Symbolleiste. Haben Sie diese Symbolleiste nicht geöffnet, müssen Sie sie zuvor mittels der bekannten Techniken sichtbar machen. Doch Vorsicht: Auch diese Aktion wird im Rahmen der Aufzeichnung protokolliert und fließt als Makrobefehl in das aufzuzeichnende Makro ein. Als Konsequenz wird die

Formatierungs-Symbolleiste bei der späteren Ausführung des Makros jedesmal sichtbar gemacht.

Erfahrungsgemäß wird es Ihnen öfters passieren, daß Sie bei der Aufzeichnung von Makros aus unterschiedlichen Gründen Menübefehle aufrufen müssen, deren Aufruf eigentlich gar nicht in das Makro einfließen soll. Das ist aber nicht weiter schlimm, denn im weiteren Verlauf dieses Kapitels werden Sie einen Weg kennenlernen, Makros nach ihrer Aufzeichnung zu bearbeiten. Dadurch können Sie unnötige Befehle auch nachträglich noch aus einem Makro entfernen und es damit auf die gewünschte Funktionalität beschränken.

Es gibt allerdings auch einen einfacheren Weg: Nutzen Sie während der Aufzeichnung des Makros die rechte Schaltfläche innerhalb der Makroaufzeichnungs-Symbolleiste, um die Aufzeichnung vorübergehend auszusetzen. Anschließend lassen sich alle Aktionen, die nicht in das Makro einfließen sollen, ungestört ausführen. Das erkennen Sie bereits daran, daß wieder der normale Mauszeiger ohne das Kassettensymbol erscheint. Steht die nächste aufzuzeichnende Aktion an, klicken Sie einfach erneut auf diese Schaltfläche, um die Makroaufzeichnung wieder fortzusetzen.

Verwechseln Sie die PAUSE-Schaltfläche aber bitte nicht mit der STOP-Schaltfläche, die auf der linken Seite der Makroaufzeichnungs-Symbolleiste zu finden ist. Sie beendet die Makroausführung, was jetzt ansteht, nachdem der Vorgang des Wort-Markierens mit anschließender Fettschaltung bereits vollzogen wird. Alternativ dazu genügt auch ein erneuter Doppelklick auf die MAK-Schaltfläche innerhalb der Statusleiste.

Hat alles funktioniert, oder ist bei der Aufzeichnung des Makros etwas schiefgegangen? Bei der Ausführung von "WortFett" wird es sich herausstellen.

Ausführung von Makros

Word für Windows kennt verschiedene Möglichkeiten, ein Makro auszuführen. Eine davon verkörpert der MAKRO-Befehl aus dem EXTRAS-Menü. Nach seinem Aufruf erscheint auf dem Bildschirm das Dialogfenster, das in Abbildung 29.4 zu sehen ist. Es steht im Mittelpunkt aller Verwaltungsaktivitäten rund um die Arbeit von Makros und ermöglicht durch ihre Schaltflächen eine ganze Reihe von Aktionen:

AUFZEICHNEN   Startet die Aufzeichnung eines Makros. Die Betätigung dieser Schaltfläche entspricht einem Doppelklick auf die MAK-Schaltfläche in der Statusleiste.

29 • Makros – Ein Einstieg

AUSFÜHREN   Initiiert die Ausführung eines bereits aufgezeichneten Makros oder eines WordBASIC-Befehls.
ERSTELLEN   Legt eine neues, leeres Makro an und öffnet ein Makrobearbeitungsfenster zum Editieren des Makros.
BEARBEITEN   Öffnet ein Makrofenster zur Bearbeitung eines Makros.
LÖSCHEN   Löscht ein Makro.
ORGANISIEREN Hilft beim Organisieren der verschiedenen Makros in unterschiedlichen Dokumentvorlagen.

In Mittelpunkt des Dialogfensters steht die bereits geöffnete Combobox, in deren Eingabefeld Sie den Namen des gewünschten Makros eingeben können. Meistens ist es jedoch einfacher, den Namen aus der Listbox der Combobox zu wählen, denn dort zeigt WinWord die Namen aller bekannten Makros an. Woher diese Makros stammen, entscheidet das Listenfeld MAKROS AUS:. Hier können Sie zwischen den Einträgen ALLEN AKTIVEN DOKUMENTVORLAGEN, NORMAL.DOT (GLOBALE DOKUMENTVORLAGE) und WORD-BEFEHLEN wählen. Die letztgenannte Einstellung fördert alle WordBASIC-Befehle und damit die Befehle zu Tage, die Word beim Aufzeichnen eines Makros für die verschiedenen Aktionen generiert. Sie sind sozusagen fest in Word installiert und stellen keine Makros im eigentlichen Sinne dar, weil sie nicht aus WordBASIC-Programmcode bestehen und auch nicht editiert oder gelöscht, sondern lediglich gestartet werden können.

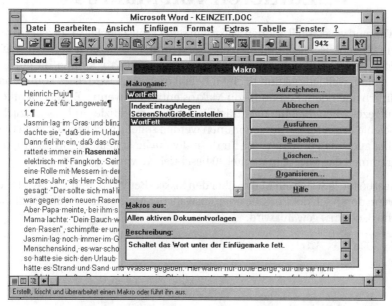

Abb. 29.4: Über den Makro-Befehl aus dem Extras-Menü können Makros aufgezeichnet, ausgeführt, bearbeitet, gelöscht und umbenannt werden

Bleiben Sie bei der Voreinstellung in diesem Eingabefeld, wird in der Combobox MAKRONAME auch unser Makro "WortFett" aufgeführt. Wenn Sie den Ausführungen des vorhergehenden Abschnitts gefolgt sind und das Makro "WortFett" aufgezeichnet haben, ist das jetzt eine gute Gelegenheit, seine Wirkungsweise auszuprobieren. Klicken Sie zunächst auf den Makronamen "WortFett", damit er als Makroname ausgewählt wird, und betätigen Sie anschließend die Schaltfläche AUSFÜHREN, um das "Abspulen" des Makros und der darin aufgezeichneten Aktionen in Gang zu setzen. Wird das Wort unter der Einfügemarke daraufhin wider erwarten nicht Fett formatiert, ist bei der Aufzeichnung sicher etwas schiefgelaufen. Woran das liegt, läßt sich leicht feststellen, wenn Sie im nächsten Unterkapitel einen Blick auf das Makro "WortFett" werfen.

Zuvor aber noch ein Tip: Bevor Sie ein aufgezeichnetes oder unbekanntes Makro zum ersten Mal einsetzen, sollten Sie das aktuelle Dokument immer sichern, um Datenverlusten bei einer Fehlfunktion des Makros vorzubeugen. Zu leicht können sonst die Früchte mehrstündiger Arbeit verlorengehen, und man sieht einem Makro von außen nicht so leicht an, ob es auch das macht, was sein Name verspricht.

Editieren von Makros

Während viele Applikationen Makros in sehr kryptischer Form speichern und nur Tastenanschläge und Mausaktionen festhalten, erzeugt Word für Windows bei der Aufzeichnung von Makros regelrechte Programme, die gut lesbar sind, weil jede Aktion in einen Befehl umgesetzt wird. Dies kommt natürlich auch dem Editieren von Makros entgegen, wenn z.B. versehentlich aufgezeichnete Befehle nachträglich entfernt, modifiziert oder zusätzliche Befehle in ein Makro aufgenommen werden sollen. Nicht zuletzt stellt dies aber auch die Voraussetzung für die individuelle Erstellung von Makroprogrammen dar, wie sie in Kapitel 30 beschrieben wird.

Bearbeiten läßt sich ein Makro über den MAKRO-Befehl aus dem EXTRAS-Menü, wenn dort nach der Eingabe oder Auswahl des Makronamens die Schaltfläche BEARBEITEN gewählt wird.

29 • Makros – Ein Einstieg

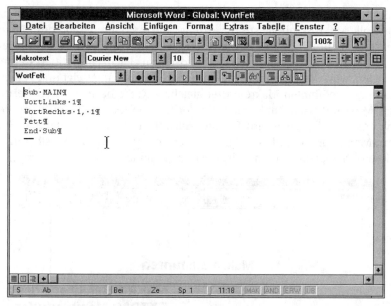

Abb. 29.5: Die Bearbeitung von Makros erfolgt in eigenen Fenstern

Wenn Sie das Makro "WortFett" während der Lektüre dieses Kapitels aufgezeichnet haben, dann wählen Sie nach dem Aufruf des MAKRO-Befehls doch einfach diesen Namen aus und betätigen Sie anschließend die BEARBEITEN-Schaltfläche. Auf dem Bildschirm erscheint ein Makrofenster , wie es in der Abbildung 29.5 dargestellt ist. Dabei handelt es sich im Grunde um nichts anderes als ein Dokument-Fenster, in dem Sie nur eben kein Dokument, sondern ein Makro bearbeiten können. Es stehen Ihnen dabei alle gewohnten Funktionen zum Bearbeiten und Editieren eines Textes zur Verfügung. Sie können also beliebig mit der Einfügemarke die Position wechseln, Zeichen löschen oder einfügen, Teile des Textes kopieren, löschen, verschieben usw.

Lediglich Befehle, die sich auf die Formatierung eines Dokuments, die Anlage von Kopf- oder Fußzeilen oder beispielsweise die Rechtschreibprüfung beziehen, sind innerhalb eines Makrofensters nicht verfügbar. Und das nicht ohne Grund, machen diese Befehle in Verbindung mit einem Programmlisting - nichts anderes ist ein Makro - ohnehin keinen Sinn.

Als Titel des Makrofensters wird der Name des darin enthaltenen Makros genannt, dem der Name seiner Dokumentvorlage vorangeht. Wird ein Makro in der globalen Dokumentvorlage NORMAL.DOT festgehalten, steht dort GLOBAL: MAKRONAME.

Gleichzeitig mit dem Erscheinen des Makrofensters bringt Word auch die spezielle Makrosymbolleiste zur Anzeige, die am oberen Rand des Makrofensters in Abbildung 29.5 zu erkennen ist. Obwohl mehrere Makros in verschiedenen Makrofenstern auf dem Bildschirm gleichzeitig editiert werden können, wird diese Symbolleiste immer nur einmal angezeigt und bedient dann alle geöffneten Makrofenster gleichzeitig. Sie bezieht sich dabei auf das Makro, dessen Titel innerhalb der Combobox am linken Rand der Symbolleiste angezeigt wird. Schalten Sie mit Hilfe der Maus oder dem FENSTER-Menü auf ein anderes Makrofenster um, paßt sich die Einstellung in diesem Dialogfeld automatisch dem neu gewählten Fenster an.

Abb. 29.6: Aufgabe der Schaltflächen innerhalb der Makroaufzeichnungs-Symbolleiste

Neben dem Namen des aktuellen Makrofensters beinhaltet die Makrosymbolleiste eine ganze Reihe von Schaltflächen. Solange Sie nur mit Makros arbeiten, die vom Makrorecorder aufgezeichnet wurden, und diese nicht verändern, sind die meisten dieser Schaltflächen für Sie nur von geringem Nutzen. Unentbehrlich werden sie jedoch bei der individuellen Entwicklung von Makroprogrammen, die in Kapitel 30 beschrieben wird. In Verbindung mit der Fehlersuche in Makros finden Sie dort auch eine detaillierte Beschreibung dieser Schaltflächen.

Sollte die Ausführung des Makros "WortFett" nicht ganz das erwartete Ergebnis geliefert haben, können Sie nun feststellen, was Sie bei der Aufzeichnung des Makros falsch gemacht haben. Vergleichen Sie dazu Ihr Makro "WortFett" mit dem Makro, das in der Abbildung 29.5 dargestellt ist. Entdecken Sie dabei Unterschiede, korrigieren Sie diese, und starten Sie das Makro erneut. Als Kurzwahlmöglichkeit können Sie dazu die START-Schaltfläche aus der Makrosymbolleiste (die dritte von links mit dem blauen Dreieck) anklicken. Vergessen Sie aber bitte nicht, zuvor in ein Dokument-Fenster umzuschalten, dann sonst wirken die Makrobefehle auf das Makrofenster ein und provozieren eine Fehlermeldung, weil Zeichenformatierungen dort nicht möglich sind.

29 • Makros – Ein Einstieg

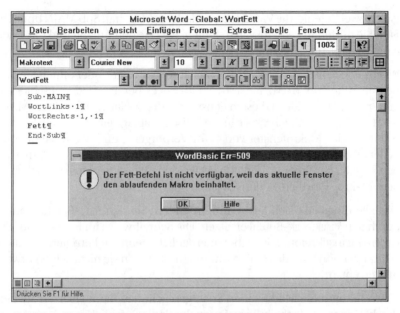

Abb. 29.7: Viele Makrobefehle können nicht auf Makrofenster angewandt werden, z.B. alle Arten von Format-Befehlen. WinWord meldet in diesem Fall bei der Ausführung des Makros einen Fehler.

Neue Makros erstellen

Über den MAKRO-Befehl aus dem EXTRAS-Menü lassen sich aber nicht nur bereits existierende Makros bearbeiten und die Aufzeichnung neuer starten. Auch die Erstellung neuer und zunächst leerer Makros ist möglich. Dies läßt sich leicht an einem kleinen Beispiel demonstrieren, mit dessen Hilfe aus dem bereits erstellten Makro "WortFett" das Makro "WortVerborgen" erstellt wird.

Rufen Sie dazu erneut den MAKRO-Befehl aus dem EXTRAS-Menü auf. Ist die Makrosymbolleiste bereits am Bildschirm sichtbar, geht das am einfachsten durch Anklicken der Schaltfläche mit den drei kleinen Quadraten (die zweite von rechts). Sie dient als Kurzwahlmöglichkeit für den MAKRO-Befehl aus dem EXTRAS-Menü.

Geben Sie nach dem Erscheinen des Dialogfensters als Makronamen "WortVerborgen" an. Nachdem dieses Makro noch nicht existiert, wechselt die BEARBEITEN-Schaltfläche ihren Namen und wird durch ERSTELLEN ersetzt. Sobald Sie diese Schaltfläche anklicken, öffnet Word eines der bereits bekannten Makrofenster. Obwohl das Makro neu ist, erkennen Sie in dem Fenster gleich zwei Befehle, die Word automatisch angelegt hat: Sub MAIN und End Sub. Sie dürfen in keinem Makro fehlen, weil sie den Anfang und das Ende eines Makros markieren.

Wechseln Sie nun in das Makrofenster von "WortFett", oder öffnen Sie dieses mit Hilfe von MAKRO/BEARBEITEN, falls Sie es bereits wieder geschlossen hatten. Markieren Sie in diesem Fenster die drei Zeilen zwischen Sub MAIN und End Sub, und fügen Sie sie in die Zwischenablage ein. Wechseln Sie nun wieder in das Makrofenster von "WortVerborgen", und fügen Sie die drei Zeilen als Programmtext zwischen Sub MAIN und End Sub ein. Damit haben Sie jetzt bereits ein komplettes Makro, das allerdings zunächst noch mit dem Makro "WortFett" identisch ist.

Das allerdings läßt sich leicht ändern, indem Sie den FETT-Befehl einfach durch den VERBORGEN-Befehl ersetzen. Die Schreibweise im Hinblick auf die Groß-/Kleinschreibung ist dabei unerheblich, denn die korrigiert Word für Windows beim Start des Makros automatisch, wenn sie nicht seinen Erwartungen entspricht.

Wenn Ihnen diese Modifikation Spaß gemacht hat, dann ersetzen Sie den Befehl VERBORGEN doch einfach einmal durch die Befehle KURSIV, KAPITÄLCHEN oder UNTERSTREICHEN, und beobachten Sie die Wirkungsweise der daraus resultierenden Makros. Sie können sich auf diese Art und Weise eine ganze Palette individueller Makros zusammenstellen, die sich jeweils auf ein bestimmtes Zeichenattribut eines Wortes auswirken. Möchten Sie eines Ihrer Makros wieder löschen, wählen Sie es einfach im Rahmen des MAKRO-Befehls aus und betätigen anschließend die LÖSCHEN-Schaltfläche.

29 • Makros – Ein Einstieg

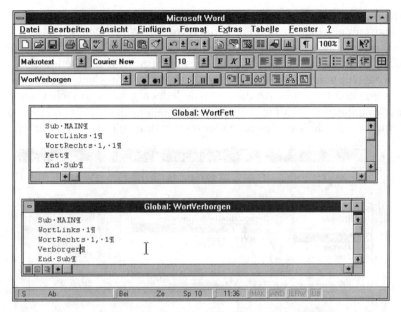

Abb. 29.8: So sollte das Makro "WortVerborgen" aussehen

Damit Sie diese Makros nicht immer umständlich über den Menübefehl AUSFÜHREN aufrufen müssen, können Sie Makros in Menüs einbinden, ihnen Kurzwahltasten zuordnen oder in eine der verschiedenen Symbolleisten aufnehmen. Wie das funktioniert, zeigen Ihnen die folgenden Abschnitte.

Makros mit Kurzwahltasten verbinden

Die Ausführung von Makros über den MAKRO-Befehl aus dem EXTRAS-Menü in Gang zu setzen, ist nur eine von mehreren Möglichkeiten, noch dazu eine umständliche und zeitaufwendige. Viel schneller lassen sich Makros mit Hilfe von Kurzwahltasten aufrufen, wie sie für Menübefehle wie GEHE ZU, EINFÜGEN, WIEDERHOLEN oder DRUCKEN ganz selbstverständlich sind. Und weil Menübefehle nach dem Verständnis von WordBASIC im Grunde nichts anderes darstellen als Makroaufrufe, die mit einem Menü verbunden wurden, sollte auch ein Makroaufruf über Kurzwahltasten möglich sein.

Tatsächlich erlaubt WinWord ja bereits beim Start der Aufzeichnung eines Makros die Definition einer Kurzwahltaste, eines Menüs oder einer Schaltfläche für die Plazierung innerhalb einer Symbolleiste. Doch auch nachträglich läßt sich eine Verbindung zwischen Makros und Kurzwahltasten herstellen, und das nicht nur für selbstgeschriebene Makros, sondern darüber hinaus für alle Befehle und Funktionen von WinWord. Den Schlüssel dazu liefert der ANPASSEN-Befehl aus dem EXTRAS-Menü. Wie die folgende Abbildung zeigt, ist dieser Befehl allerdings nicht nur für die Definition von Kurzwahltasten, sondern auch für die Konfiguration von Menüs und Symbolleisten verantwortlich. An dieser Stelle jedoch geht es zunächst um die Kurzwahltasten - die Möglichkeiten zur Einstellung der Menüs und Symbolleisten werden in den folgenden Abschnitten unter die Lupe genommen.

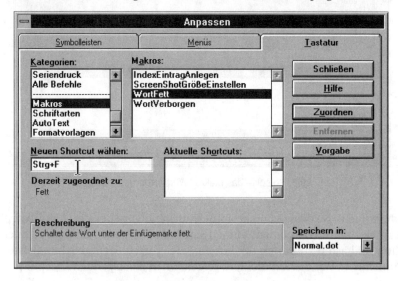

Abb. 29.9: Über den ANPASSEN-Befehl aus dem EXTRAS-Menü werden die Menüs und Symbolleisten sowie die Kurzwahltasten konfiguriert. Im Vordergrund: Die Registerkarte für die Kurzwahltasten.

Zur Eingabe der gewünschten Kurzwahltaste aktivieren Sie zunächst bitte die Registerkarte TASTATUR, auf der die dafür benötigten Dialogfelder zu finden sind. Nachdem sich über den ANPASSEN-Befehl nicht nur Makros, sondern auch alle anderen Komponenten von WinWord (beispielsweise Menübefehle, Schriftarten, Rahmen etc.) mit Kurzwahltasten verbinden lassen, müssen Sie im Dialogfeld KATEGORIEN zunächst die Einstellung MAKROS auswählen. Sie finden sie direkt unter dem Querstrich, der den Namen der verschiedenen Menüs folgt.

Im Dialogfeld neben KATEGORIEN erscheint daraufhin eine Liste mit den Namen der verfügbaren Makros. Wählen Sie hier zunächst den Makro aus, den Sie mit einer Kurzwahltaste verbinden möchten. Im Dialogfeld AKTUELLE SHORTCUTS erscheinen daraufhin die Kurzwahltasten, die bislang mit dem

Makro verbunden sind. Wohlgemerkt ist hier vom Plural die Rede, denn ein Makro läßt sich durchaus mit einer ganzen Reihe verschiedener Kurzwahltasten verbinden. Bei einem neuen Makro bleibt dieses Feld allerdings erst einmal leer, weil Word keine Kurzwahltasten automatisch vergibt.

Um eine Kurzwahltaste für das gewählte Makro zu definieren, wechseln Sie anschließend in das Dialogfeld NEUEN SHORTCUT WÄHLEN. In diesem Feld angelangt, können Sie nach Herzenslust verschiedene Tastenkombinationen mit den Tasten [Strg], [Alt], [⇧], den verschiedenen Buchstaben, Zahlen und Funktionstasten durchprobieren, wobei die betätigte Tastenkombination gleich als Tastenfolge innerhalb des Dialogfeldes dargestellt wird. Außerdem erscheint unter diesem Feld der Name des WinWord-Elements, das bislang mit der gewählten Tastenkombination verbunden ist. Handelt es sich dabei um ein Element, das für Ihre Arbeit mit WinWord nicht sonderlich wichtig ist, können Sie diese Information durchaus ignorieren. WinWord wird sich in jedem Fall nicht gegen die von Ihnen gewählte Tastenfolge sperren, jedoch läßt sich das bisher mit der Tastenkombination verbundene Element dann nicht mehr über diese Tasten aufrufen, und das müssen Sie bei Ihrer Wahl unter Umständen berücksichtigen.

Sobald Sie eine gültige Tastenkombination betätigt und damit eingegeben haben, aktiviert Word die Schaltfläche ZUORDNEN am rechten Rand des Dialogfensters. Betätigen Sie diese Schaltfläche, um das gewünschte Makro mit der angegebenen Kurzwahltaste zu verbinden. Zuvor können Sie in dem Listenfeld SPEICHERN IN: allerdings noch die Dokumentvorlage wählen, in der diese Zuordnung gespeichert werden soll. Wählen Sie hier eine andere Vorlage als NORMAL.DOT, existiert die Zuordnung zwischen Makro und Kurzwahltaste nicht generell, sondern nur bei Aktivierung eines Dokuments, das mit der angegebenen Vorlage verbunden ist.

Gemäß diesem Schema lassen sich den verschiedenen Makros also Kurzwahltasten zuordnen, und zwar gleich mehrere. Möchten Sie eine dieser "unehelichen" Verbindungen wieder auflösen, wählen Sie dazu zunächst das gewünschte Makro und anschließend die jeweilige Tastenkombination im Dialogfeld AKTUELLE SHORTCUTS an. Word aktiviert daraufhin die Schaltfläche ENTFERNEN, durch deren Betätigung die Verbindung zwischen Makro und Kurzwahltaste wieder gelöst wird. Zum Schluß noch ein Tip: Die Kurzwahltasten einer Vorlage können Sie übrigens auch ausdrucken lassen. Allerdings nicht aus dem Dialogfenster des MAKRO-Befehls heraus, sondern über den ganz normalen DRUCKEN-Befehl aus dem DATEI-Menü. Wählen Sie nach dem Erscheinen des Dialogfensters im Listenfeld DRUCKEN: einfach den Eintrag TASTENBELEGUNG aus, um nicht das Dokument, sondern dessen Tastenbelegung bzw. die seiner Vorlage auszudrucken.

Makros in Menüs einbinden

Makros stehen unter Word für Windows in keiner Weise hinter eingebauten Menübefehlen zurück, stellen diese aus der Sicht von Word für Windows doch selbst nichts anderes als vorgefertigte Makros dar. Kein Wunder also, daß auch selbstdefinierte oder aufgezeichnete Makros in die Menüstruktur von Word für Windows integriert werden können. Auch dabei kommt wiederum der ANPASSEN-Befehl aus dem EXTRAS-Menü zum Einsatz, doch ist es diesmal die Registerkarte MENÜS, die ausgewählt werden muß.

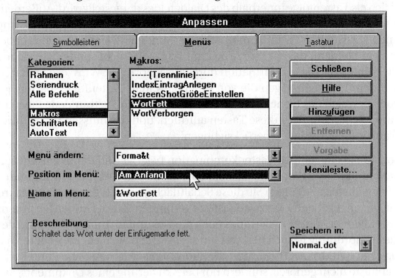

Abb. 29.10: Die Registerkarte für die Einstellung der Menüs im Dialogfeld des Menübefehls ANPASSEN

Um ein Makro innerhalb eines Menüs zu plazieren, muß innerhalb des Dialogfeldes KATEGORIEN zunächst der Eintrag MAKROS ausgewählt werden, wodurch die verfügbaren Makros in dem sich rechts daran anschließenden Listenfeld erscheinen. Ist hier das gewünschte Makro gewählt, kann die Auswahl des Menüs beginnen, in die das Makro aufgenommen werden soll.

Verantwortlich zeichnet dafür das Listenfeld MENÜ ÄNDERN, in der die verschiedenen Hauptmenüs aufgeführt sind. Darüber hinaus finden sich dort aber auch die verschiedenen Kontext-Menüs, die während der Arbeit mit WinWord bei der Betätigung der rechten Maustaste erscheinen. Zu erkennen sind diese Einträge an dem Anhängsel (SHORTCUT). Der Eintrag TEXT (SHORTCUT) steht beispielsweise für das Kontext-Menü, das beim Anklicken von Text mit Hilfe der rechten Maustaste innerhalb eines Dokumentfensters erscheint.

Nachdem Sie das gewünschte Menü gewählt haben, erscheinen im Listenfeld POSITION IM MENÜ: die bisherigen Menüeinträge. Ihnen geht der Eintrag (AUTO) voran, bei dessen Auswahl Word die Plazierung des Makros innerhalb des jeweiligen Menüs überlassen wird. Außerdem werden am Anfang der Liste die Einträge (AM ANFANG) und (AM ENDE) angeboten, mit deren Hilfe Sie den Makro an den Anfang oder das Ende der Menüliste stellen können.

Möchten Sie jedoch das Makro nach einem ganz bestimmten Menübefehl unterbringen, müssen Sie diesen lediglich aus der vorgegebenen Liste auswählen. Was dann noch bleibt ist die Angabe des Namens, unter dem das Makro innerhalb des Menüs erscheinen soll. In dem zugehörigen Dialogfeld NAME IM MENÜ: gibt Word jeweils den Namen des Makros vor, doch läßt sich hier auch jeder andere Begriff eingeben, wobei Leerstellen zwischen den Wörtern durchaus erlaubt sind. An Sonderzeichen ist allerdings nur das kaufmännische Und (&) gestattet, das dem Buchstaben vorangestellt werden muß, der innerhalb des Menüs als Direktwahltaste für den "Makro-Menüeintrag" herhalten soll. Möchten Sie auf eine Direktwahltaste verzichten, lassen Sie das &-Zeichen einfach weg.

Haben Sie das Makro sowie sein Menü, die Position darin und den Namen für das Menü-Makro gewählt, bleibt eigentlich nur noch die Betätigung der HINZUFÜGEN-Schaltfläche, durch die der neue Menüeintrag angelegt wird. Anschließend können weitere Menü-Makros definiert und auch wieder gelöscht werden, indem Sie zunächst das Menü und das darin enthaltene Menü-Makro auswählen, um anschließend die ENTFERNEN-Schaltfläche zu betätigen.

Vielleicht versuchen Sie einmal selbst, die Menüstruktur von Word für Windows zu verändern. Als Einstieg eignet sich dazu die Aufnahme der beiden Makros "WortFett" und "WortVerborgen", die im Laufe dieses Kapitels erstellt wurden.

Für die Einordnung dieser Makros in die Menüstruktur von Word für Windows scheint uns das FORMAT-Menü prädestiniert, weil es in beiden Makros um die Formatierung von Zeichen geht. Wählen Sie nach dem Aufruf des ANPASSEN-Befehls und der Auswahl der Registerkarte MENÜS unter KATEGORIE zunächst den Eintrag MAKROS aus. Im Listenfeld MAKROS erscheinen daraufhin unsere beiden Makros.

Beginnen wir mit "WortFett". Nach seiner Auswahl als das einzubindende Makro können Sie im Listenfeld MENÜ ÄNDERN: das FORMAT-Menü wählen (Eintrag FORMA&T). Unter POSITION IM MENÜ: wählen Sie anschließend die Lage des neuen Menüeintrags aus - vielleicht am Anfang, vielleicht am Ende, ganz wie Sie wollen. Als NAME IM MENÜ: gibt WinWord automatisch den Makronamen vor, so daß hier das Einfügen eines Leerzeichens in der Mitte des Wortes genügt, um einen aussagekräftigen Menünamen festzulegen. Und damit ist eigentlich schon alles getan. Nun noch die HINZUFÜGEN-Schaltfläche angeklickt, das Dialogfenster geschlossen und das FORMAT-Menü aufgeklappt: Wenn nichts schiefgegangen ist, erscheint der neue Menüeintrag WORT FETT nun im FORMAT-Menü, ganz ähnlich wie es Abbildung 29.11 zeigt, wo bereits beide Makros als Menüeinträge an das Ende des FORMAT-Menüs angefügt wurden. Die vorhergehende Trennlinie wurde übrigens genau wie die beiden Makros in das Menü eingefügt, wobei als Makroname im Listenfeld MAKROS einfach der Eintrag -------(TRENNLINIE)------ gewählt wurde.

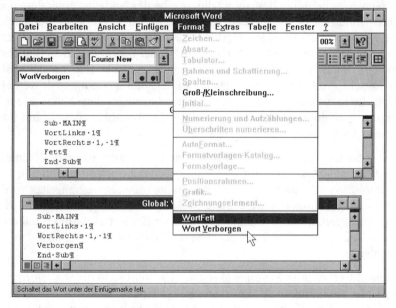

Abb. 29.11: Die Makros "WortFett" und "WortVerborgen" nach ihrer Einblendung in das FORNAT-Menü

Und wenn auch mit den beiden Makros alles stimmt, dann müssen Sie die Einfügemarke jetzt nur noch über einem Wort im Text positionieren und einen der beiden Menübefehle auswählen, um das Wort fett zu formatieren oder zu verbergen. Daß dieser Menüaufruf die Ausführung eines Makros nach sich zieht, werden Sie und der Anwender gar nicht mitbekommen, und das ist das Wunderbare an dieser Integration von Makros in die Benutzeroberfläche von WinWord.

Makros in Symbolleisten einbinden

Stellen schon die WinWord-Menüs im Grunde nichts anderes als eine Sammlung von Makros bzw. vordefinierte (Makro-) Befehle dar, so verhält es sich mit den Symbolleisten nicht anders. Deshalb ist es nur konsequent, daß sich auch die verschiedenen Symbolleisten über den ANPASSEN-Befehl auf Vorlagen-Basis konfigurieren lassen. Diesmal ist es die Registerkarte SYMBOLLEISTEN, die die entsprechenden Dialogfelder enthält, doch das Spiel ist zunächst das gleiche wie bei der Einstellung der Menüs und Kurzwahltasten.

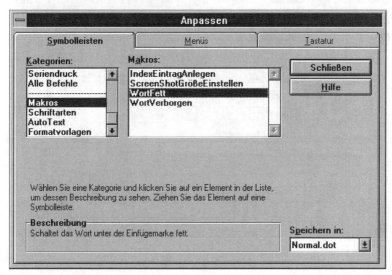

Abb. 29.12: Die Registerkarte für die Einbindung von Makros in Symbolleisten im Dialogfeld des Menübefehls ANPASSEN

Wählen Sie im Dialogfeld KATEGORIEN also zunächst MAKROS. Wie gewohnt erscheinen in dem Listenfeld MAKROS augenblicklich die Namen der bei Ihnen vorhandenen Makros. Etwas ungewöhnlich ist jedoch der weitere Ablauf dieser Einstellung, denn jetzt kommt die Drag-and-Drop-Technologie ins Spiel. Halten Sie die Maustaste bitte über dem Namen des gewünschten Makros gedrückt. Unter dem Mauscursor erscheint ein Quadrat, das zunächst als Platzhalter für die neue Symbolleisten-Schaltfläche dient und Ihnen den Aktivierung eines Drag-and-Drop-Vorgangs andeuten will. Ziehen Sie dieses Quadrat nun über die Symbolleiste, in die die neue "Makroschaltfläche" integriert werden soll, und darin am besten gleich an die Position, an der Sie die Schaltfläche haben wollen.

Hat Word die von Ihnen gewählte Position akzeptiert, erscheint daraufhin ein weiteres Dialogfenster, mit dessen Hilfe Sie das gewünschte Schaltflächen-Symbol aus einer vorgegebenen Liste wählen können. Als Voreinstellung gibt Word hier das TEXT-Symbol vor, wobei Ihnen nur dieses Symbol die Möglichkeit bietet, einen Text für die Schaltfläche im Dialogfeld NAME DER TEXTSCHALTFLÄCHE: anzugeben.

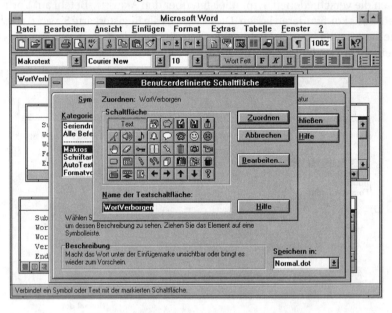

Abb. 29.13: Auswahl des Schaltflächen-Symbols

Haben Sie ein Symbol durch Anklicken gewählt, ist es über die Betätigung der ZUORDNEN-Schaltfläche nur noch ein kleiner Schritt, bis das Makro unter dem gewünschten Schaltflächen-Symbol in der jeweiligen Symbolleiste erscheint. Bevor Sie das neue Schaltflächen-Symbol ausprobieren können, müssen Sie allerdings noch das ANPASSEN-Dialogfenster schließen. Zuvor jedoch ein kleiner Tip: Noch einfacher als die Aufnahme von Makros in Symbolleisten gestaltet sich ihre Entfernung. Klicken Sie nach der Auswahl der Registerkarte SYMBOLLEISTEN dazu einfach auf das gewünschte Schaltflächen-Symbol in der jeweiligen Symbolleiste, und ziehen Sie es per Drag-and-Drop über die Registerkarte. Sobald Sie es dort mittels der Maustaste fallen lassen, wird es automatisch aus seiner bisherigen Heimstatt entfernt. Und genauso einfach lassen sich die Symbolleisten-Schaltflächen übrigens auch umorganisieren, indem Sie die jeweiligen Schaltflächen innerhalb und zwischen den verschiedenen Symbolleisten per Drag-and-Drop so hin- und herschieben, wie es Ihnen gefällt.

Makros speichern

Wie Texte, Druckformate oder Textbausteine müssen natürlich auch Makros irgendwann einmal gespeichert werden, sollen sie nicht mit dem Abschalten des Rechners unwiederbringlich verlorengehen.

Das jedoch weiß Word ohnehin zu verhindern, denn spätestens bei der Beendigung Ihrer Arbeit mit Word für Windows werden Sie gefragt, ob alle noch nicht gesicherten Texte, Textbausteine, Vorlagen und eben auch Makros gespeichert werden sollen. Sie können dann individuell entscheiden, ob ein Makro gespeichert werden soll, ein anderes aber nicht.

Wenn Sie ein Makro allerdings noch vor der Beendigung Ihrer Arbeit mit Word für Windows sichern möchten, dann können Sie sich dazu des Befehls ALLES SPEICHERN aus dem DATEI-Menü bedienen. Auch dieser fragt für alle noch nicht gesicherten Dateien, Textbausteine, Vorlagen und Makros selektiv nach, ob diese jetzt gesichert werden sollen oder nicht.

Am besten lassen sich Makros allerdings speichern, solange Sie sich in einem Makrofenster befinden. Dann nämlich verwandeln sich die Befehle SPEICHERN und SPEICHERN UNTER aus dem DATEI-Menü in die Befehle VORLAGE SPEICHERN und KOPIE SPEICHERN UNTER. Durch den Aufruf von VORLAGE SPEICHERN speichern Sie die gesamte Dokumentvorlage, zu der das aktuell bearbeitete Makro zählt, während Ihnen KOPIE SPEICHERN UNTER die Möglichkeit bietet, den Makrocode als unformatierten Text in einer TXT-Datei abzulegen. Wie gesagt: Das alles ist nur möglich, solange ein Dokumentfenster aktiv ist, und nachdem sich Makros unterschiedlichen Dokumentvorlagen zuordnen lassen, sollte in jedem Fall das Makrofenster des Makros aktiv sein, das Sie auch wirklich speichern wollen. Makros in Vorlagen organisieren

Makros in Vorlagen organisieren

Wenn Sie Gefallen an dem Einsatz von Makros finden und Ihre ganz persönliche Makrosammlung mit der Zeit wächst, kommt irgendwann einmal der Zeitpunkt, im Dschungel der Makros aufzuräumen. Zu schnell verliert man sonst den Überblick, welches Makro wofür gedacht ist und bei welchee Dokumentvorlage es zum Einsatz kommt. Im Dialogfenster des MAKRO-Befehls aus dem EXTRAS-Menü bietet Word mittels der ORGANISIEREN-Schaltfläche deshalb den Zugang zu einem weiteren Dialogfenster, mit dessen Hilfe sich Makros zwischen verschiedenen Dokumentvorlagen hin- und herschieben, aber auch vervielfältigen lassen. Wählen Sie im Dialogfenster bitte die Registerkarte MAKROS, sofern nicht bereits aktiv.

Abb. 29.14: Organisieren von Makros in verschiedenen Dokumentvorlagen

Auf der linken und rechten Seite dieser Registerkarte erscheinen in den beiden Dialogfeldern die Namen der Makros aus zwei Dokumentvorlagen, wobei der Name der Dokumentvorlage über dem Dialogfeld genannt wird. Vorgegeben wird dabei zum einen die globale Dokumentvorlage NORMAL.DOT und zum anderen die Dokumentvorlage des aktuellen Dokuments. Basiert das aktuelle Dokument auf der Vorlage NORMAL.DOT erscheinen in beiden Dialogfeldern die gleichen Makros aus dieser Dokumentvorlage. Individuell einstellen lassen sich die beiden Dokumentvorlagen, zwischen denen Makros ausgetauscht werden sollen, jeweils über die Listenfelder MAKROS VERFÜGBAR IN: unterhalb der beiden Dialogfelder.

Möchten sie eine der beiden Dokumentvorlagen austauschen, betätigen Sie bitte zunächst die Schaltfläche DATEI SCHLIESSEN. Die Makros der jeweiligen Dokumentvorlage werden daraufhin aus dem Dialogfeld entfernt, während die soeben gewählte Schaltfläche die neue Beschriftung DATEI ÖFFNEN... erhält. Klicken Sie diese Schaltfläche an, um mittels eines weiteren Dialogfensters die Dokumentvorlage zu wählen, deren Makros jetzt angezeigt werden sollen.

Möchten Sie Makros von einer Dokumentvorlage in eine andere kopieren, markieren Sie die Namen der Makros einfach innerhalb des jeweiligen Dialogfeldes und betätigen dann die Schaltfläche KOPIEREN. Sollen die Makros gar nicht kopiert, sondern verschoben werden, löschen Sie sie in ihrer ursprünglichen Dokumentvorlage anschließend mittels der LÖSCHEN Schaltfläche. Darüber hinaus lassen sich Makros aber auch umbenennen, in dem Sie sich nach ihrer Auswahl der UMBENENNEN-Schaltfläche bedienen. Es erscheint daraufhin ein weiteres Dialogfenster, in dem Sie den neuen Namen des Makros eingeben können.

30

WordBasic – Programmieren mit WinWord

Das Konzept von WordBASIC	Seite	**889**
Aufbau eines Makroprogramms	Seite	890
Mehrere Befehle in einer Zeile	Seite	892
Kommentare	Seite	892
Verlängerung von Zeilen	Seite	893
Das Hauptprogramm	Seite	893
Variablen und Ausdrücke	**Seite**	**894**
Zahlen	Seite	894
Numerische Ausdrücke	Seite	895
String-Variablen	Seite	897
String-Operatoren	Seite	898
Arrays	Seite	899
Datum und Uhrzeit	Seite	901
Prozeduren und Funktionen	**Seite**	**903**
Prozeduren	Seite	904
Funktionen	Seite	905
Der Gültigkeitsbereich von Variablen	Seite	906
Den Programmablauf kontrollieren	**Seite**	**909**
Der GOTO-Befehl	Seite	909
Entscheidungsfindung mit dem IF-Befehl	Seite	910
Multiple Auswahlen mit SELECT-CASE	Seite	913
Programmwiederholungen mit FOR-NEXT	Seite	914
Schleifenwiederholungen durch WHILE-WEND	Seite	915
Abfangen von Fehlermeldungen	Seite	916
STOP – Der Ausstieg	Seite	917
Befehle und Funktionen	Seite	918
Interaktion mit dem Anwender	Seite	920
Zugriff auf Dateien	Seite	923

Einfügemarke bewegen und Text markieren	Seite	927
Zugriff auf ein Dokument	Seite	932
String-Funktionen und numerische Funktionen	Seite	936
Formatierungen	Seite	938
WordBASIC und Dialogfenster	**Seite**	**944**
Menübefehle und Dialogfenster	Seite	945
Dialogfenster durch den Anwender ausfüllen lassen	Seite	953
Dialogfenster entwerfen und einsetzen	Seite	958
Bearbeiten von Dialogelementen	Seite	971
Übergabe des Programmcodes an WinWord	Seite	973
Dialogfenster per Hand codieren	Seite	974
CheckBox	Seite	975
ComboBox	Seite	976
DropListBox	Seite	976
ListBox	Seite	977
GroupBox	Seite	977
OKButton und CancelButton	Seite	978
OptionGroup und OptionButton	Seite	978
Picture	Seite	979
PushButton	Seite	980
Text	Seite	980
TextBox	Seite	981
Auto-Makros	**Seite**	**981**
Vordefinierte Befehle modifizieren	Seite	983
Fehlersuche in WordBASIC-Programmen	**Seite**	**985**
Dynamischer Datenaustausch unter Windows	**Seite**	**989**

Das Konzept von WordBASIC

Makros unter Word für Windows, das sind mehr als nur eingefrorene Tastenanschläge und Mausbewegungen, wie bei vielen Applikationen, die einen Makrorecorder ihr eigen nennen. Makros, das sind unter Word für Windows vielmehr richtige Programme, die in einer eigenen Programmiersprache, dem WordBASIC, verfaßt werden.

Und obwohl sich allein schon durch die Arbeit mit dem Macrorecorder nützliche und leistungsfähige Makros aufzeichnen lassen, entfaltet diese Programmiersprache ihre ganze Kraft erst durch die individuelle Erstellung von Makros, durch die Makroprogrammierung in WordBASIC. Sie erst gibt dem Anwender mit Variablen, Prozeduren und Kontrollstrukturen die Möglichkeit, die Grenzen der manuellen Textverarbeitung hinter sich zu lassen und Word für Windows in ein programmierbares System zu verwandeln.

Der Preis dafür ist nicht hoch, denn wer bereits einmal in einer Hochsprache programmiert hat oder gar mit einem BASIC-Dialekt wie QuickBASIC umzugehen weiß, der wird sich in WordBASIC schnell zu Hause fühlen. Allen anderen Lesern aber sei zunächst einmal die Lektüre eines Fachbuches zum Thema BASIC empfohlen, denn für eine Einführung in die grundlegenden Konzepte der Computerprogrammierung fehlt uns in diesem Buch leider der Platz.

Aber nicht nur mit ein paar Programmierkenntnissen sollten Sie gewappnet sein, wenn Sie in dieses Kapitel einsteigen: Auch das vorangegangene Kapitel sollten Sie bereits hinter sich gelassen haben, weil dort einige elementare Dinge über die Arbeit mit Makros vermittelt wurden. Auch in diesem Kapitel verlieren sie ihre Gültigkeit nicht, sondern stellen vielmehr das Rüstzeug dar, auf dem wir aufbauen.

Das gilt insbesondere für den Makrorecorder, der auch bei der individuellen Codierung von Makroprogrammen wertvolle Dienste leistet. Oft nämlich bilden die Aufzeichnungen des Makrorecorders den Kern, um den herum ein Makro aufgebaut wird. Dazu ein Beispiel, das auch gleich deutlich macht, wann auf die individuelle Programmierung nicht verzichtet werden kann:

Wenn Sie einen Text von vorne bis hinten nach Druckformaten durchsuchen und die entsprechenden Absätze nicht nur neu formatieren, sondern auch umgestalten möchten, dann läßt sich das vor allem bei längeren Texten am einfachsten mit einem Makro erledigen.

Dessen Kern bilden die Befehle zur Manipulation eines gesuchten Absatzes, wobei davon ausgegangen wird, daß sich die Einfügemarke zunächst jeweils am Anfang eines solchen Absatzes befindet. Umgeben werden diese Befehle von einer Programmschleife, die die Einfügemarke mit jedem Durchlauf über den SUCHEN-Befehl an den Anfang eines derartigen Absatzes bewegt. Abgebrochen wird diese Schleife, wenn nach dem Aufrufen des SUCHEN-Befehls über eine spezielle Abfragefunktion festgestellt wird, daß kein Absatz mehr gefunden werden konnte, alle Absätze also bearbeitet wurden.

Nun könnte man dieses Makro natürlich komplett von Hand schreiben, doch wäre das nicht der komfortabelste und noch dazu ein steiniger Weg, weil Sie z.B. die Befehle für die Formatierung und Umgestaltung eines Absatzes sicher nicht alle im Kopf haben. Und wie leicht schleichen sich dann bei der Eingabe der Befehle Fehler ein, die immer mehr Zeit verstreichen lassen, bis Ihr Makro endlich läuft.

All das können Sie sich ersparen, indem Sie die entsprechenden Aktionen einfach mit Hilfe des Makrorecorders aufzeichnen und sie dabei an einem Beispielabsatz vollziehen. Das dabei entstandene Makro kann Ihnen dann als Grundstock dienen, aus dem Sie das endgültige Makro entwickeln, indem Sie diesen Kern einfach von Hand in die entsprechenden Such- und Schleifenbefehle einschließen. Diese Befehle nämlich können mit dem Macrorecorder nicht aufgezeichnet werden, genau wie Variablenzuweisungen und andere Sprachelemente, die nur auf der Ebene von WordBASIC existieren.

Die automatische Aufzeichnung eines Makros und die individuelle Programmierung gehen dabei also Hand in Hand und verbinden sich zu einer Symbiose aus maschineller Erfassung und kreativer Programmierung. Word für Windows erweist sich dadurch nicht nur als reines Textverarbeitungsprogramm, sondern als revolutionäre Entwicklungsumgebung, denn welcher Pascal- oder C-Programmierer träumte nicht davon, Programmteile einfach per Tastendruck aufzuzeichnen?

Gerade Pascal- und C-Programmierer aber sollten ihre Träume nicht zu hoch schrauben, denn WordBASIC ist trotz seiner Nähe zu QuickBASIC kein BASIC-Compiler, sondern ein Interpreter à la GW-BASIC. Das beschleunigt die Ausführung eines Makros nicht gerade, aber Word für Windows ist auch nicht angetreten, um Sprachen wie C oder Pascal zu ersetzen; es ist die integrierte Programmiersprache eines modernen Textverarbeitungsprogramms, und in diesem Sinne ist sie ebenso revolutionär wie einmalig.

Aufbau eines Makroprogramms

Seine Nähe zu QuickBASIC und anderen modernen BASIC-Dialekten beweist WordBASIC bereits dadurch, daß es mit Labels und nicht mit Zeilennummern arbeitet, wie dies noch bei GW-BASIC der Fall war.

Labels sind alphanumerische Bezeichner, die beliebig in den Programmtext eingefügt werden können und als Sprungziel z.B. für GOTO-Befehle dienen. Sie sagen viel mehr über ein Programm aus als Zeilennummern, denn wieviel intuitiver ist ein Label mit dem Namen *Ende* als beispielsweise die Zeilennummer 349, auch wenn sie womöglich ebenfalls das Ende eines Programms markiert.

Labels müssen unter WordBASIC jeweils am Anfang einer Zeile stehen, wobei ihnen beliebig viele Leerzeichen oder Tabulatoren vorausgehen dürfen. Das Label selbst muß mit einem Buchstaben beginnen, dem bis zu 38 weitere Buchstaben oder Zeichen folgen dürfen. Im Gegensatz zu den meisten BASIC-Dialekten dürfen Bezeichner unter WordBASIC auch die deutschen Umlaute enthalten, so daß Sie ein Label durchaus *Löschen* nennen können und nicht auf die Schreibweise *Loeschen* zurückgreifen müssen.

Hinter dem Label muß in der jeweiligen Programmzeile immer ein Doppelpunkt folgen, der das Label von den Befehlen in der Zeile abgrenzt. Allerdings kann eine Zeile auch ausschließlich aus einem Label bestehen – auf den Doppelpunkt dürfen Sie jedoch auch dann nicht verzichten. Das folgende kleine Programmlisting demonstriert den Einsatz von Labeln unter WordBASIC. Beachten Sie bitte, daß einem Label nur bei seiner Deklaration ein Doppelpunkt folgen muß; bei einer Angabe des Labels als Sprungziel kann dieser Doppelpunkt jedoch weggelassen werden.

```
'Labels:
'   Demonstriert den Einsatz von Labels in
'   WinWord-Makros

Sub MAIN
x = 1
WEITER:
Einfügen Str$(x)
EinfügenAbsatz
x = x + 1
If x < 21 Then Goto WEITER

End Sub
```

Im Hinblick auf die Groß-/Kleinschreibung von Labeln und anderen Bezeichnern (Befehle, Prozedurnamen, Parameter etc.) erweist sich WordBASIC nicht als kleinlich, denn ungeachtet der Schreibweise werden sie richtig erkannt. Die Labels *Weiter*, *WEITER* und *weiter* z.B. sind für WordBASIC identisch und dürfen deshalb in einem Makroprogramm nicht gleichzeitig deklariert werden.

Mißachten Sie diese Regel, fangen Sie sich schnell den Fehler 113 (*Bezeichnung doppelt*) ein.

Wie Ihnen das obige Listing zeigt, können Sie übrigens beliebig viele Leerzeilen in den Programmtext einfügen, die von WordBASIC bei der Programmausführung grundsätzlich nicht beachtet werden. Die Lesbarkeit eines Programmlistings läßt sich dadurch deutlich steigern, weil logisch zusammenhängende Befehlsgruppen voneinander abgegrenzt werden können.

Mehrere Befehle in einer Zeile

Auch unter WordBASIC steht Ihnen die Möglichkeit offen, mehrere Befehle in eine Zeile zu schreiben. Die verschiedenen Befehle müssen dabei durch einen Doppelpunkt getrennt werden.

Word für Windows kommt dabei jedoch nicht in Versuchung, einen Befehl, dem ein Doppelpunkt folgt, mit einem Label zu verwechseln. Schließlich dürfen Labels nicht die Namen von Befehlen tragen, und außerdem kennt WordBASIC natürlich jeden Befehlsnamen ganz genau.

```
'Labels2:
'   Demonstriert den Einsatz von Labels und
'   Doppelpunkten zur Befehlstrennung in
'   WinWord-Makros

Sub MAIN
x = 1

WEITER:
Einfügen Str$(x) : EinfügenAbsatz
x = x + 1 : If x < 21 Then Goto WEITER
End Sub
```

Im Gegensatz zu frühen BASIC-Dialekten, bei denen man durch die syntaktischen Regeln manchmal zu einer Aneinanderreihung mehrerer Befehle in eine Zeile gezwungen wurde, besteht in WordBASIC dafür keine Veranlassung mehr. Und weil mehrere Befehle in einer Zeile nicht gerade die Lesbarkeit des Programmtextes erhöhen, sollte man auf den Einsatz dieser Möglichkeit eigentlich gänzlich verzichten.

Kommentare

Nicht verzichten sollten Sie dagegen auf Kommentare, die Ihnen auch noch Wochen nach der Erstellung eines Makros schnell wieder den Einstieg in dessen Programmlisting vermitteln.

Analog zu QuickBASIC können Kommentare unter WordBASIC zum einen durch den REM-Befehl und zum anderen durch das '-Zeichen abgekürzt werden, das auf den meisten deutschen Tastaturen über dem #-Zeichen zu finden ist. Trifft WordBASIC beim Abarbeiten des Programmes auf den REM-Befehl oder seine Abkürzung, ignoriert es automatisch den Rest der Zeile und führt die Programmausführung sofort mit der darauffolgenden Zeile fort.

Die Abkürzung des REM-Befehls bietet dabei den Vorteil, hinter einem Befehl nicht durch einen Doppelpunkt abgetrennt werden zu müssen, wie das folgende Beispiel zeigt.

```
'Kommentare:
'   Demonstriert den Einsatz von Kommentaren in
'   WinWord-Makros

Sub MAIN
REM Dies ist ein Kommentar ------------------
Print "Hallo"   'Dies aber auch
Print "Hallo"   :REM Die Abkürzung spart Platz
End Sub
```

Verlängerung von Zeilen

Zwar hängt die Länge einer Zeile unter WordBASIC nicht von der Breite der einzelnen Zeichen ab, doch ist die Zeilenlänge grundsätzlich begrenzt, und über eine Zeile hinaus darf kein Befehl reichen. Deshalb sieht WordBASIC die Möglichkeit vor, Befehle und Anweisungen über mehrere Zeilen zu verteilen. Dazu muß an das Ende einer Zeile lediglich ein Backslash (\) angehängt werden, wie das folgende Beispiel zeigt.

```
'VerlängerteZeilen:
'   Demonstriert die Verlängerung von Zeilen mit Hilfe
'   eines Backslashs am Zeilenende

Sub MAIN

A$ = "Dies ist ein String" + \
"der mit Hilfe mehrerer " + \
"Programmzeilen definiert " + \
"wird."

End Sub
```

Das Hauptprogramm

Den prozeduralen Sprachen wie Pascal oder C sind die verschiedenen BASIC-Dialekte im Zuge ihrer Modernisierung in den letzten Jahren immer näher gerückt. Dies hat auch vor WordBASIC nicht haltgemacht, das keine Befehle außerhalb von Prozeduren und Funktionen erlaubt. Einzige Ausnahme: der DIM-Befehl zur Anlage globaler Variablen, den Sie in den folgenden Kapiteln noch kennenlernen werden.

Nicht umsonst faßt bereits der Makrorecorder bei der Aufzeichnung eines Makros alle Befehle zwischen die Befehle Sub MAIN und End Sub ein. Dadurch wird eine Prozedur – eine Art Unterprogramm – mit dem Namen MAIN definiert, wobei auch hier die Schreibweise keine Rolle spielt.

Analog zu der Programmiersprache C stellt die MAIN-Prozedur innerhalb eines Makroprogramms immer das Hauptprogramm dar, mit dem die Programmausführung gestartet wird. Dies geschieht unabhängig von seiner Lage im Programmlisting. Die MAIN-Prozedur darf deshalb in keinem Makroprogramm fehlen, und WordBASIC bricht die Programmausführung mit einer Fehlermeldung ab, wenn es diese Prozedur beim Abarbeiten des Programms nicht entdecken kann.

Aber nicht nur aus einer MAIN-Prozedur, sondern aus vielen weiteren Prozeduren können die Makroprogramme bestehen, die sich mit Hilfe von WordBASIC entwickeln lassen. Schließlich spielen selbstdefinierte Prozeduren in der Konzeption von WordBASIC eine große Rolle, wie Sie in den folgenden Kapiteln sehen werden.

Variablen und Ausdrücke

Zu einer richtigen Programmiersprache gehören immer auch Variablen, denn sie erst verleihen einem Programm die Möglichkeit, individuell auf die zu verarbeitenden Daten einzugehen. Ganz dem Bestreben verpflichtet, das Programmieren so einfach wie möglich zu gestalten, kennt WordBASIC nur die beiden elementaren Datentypen Zahl und String. Sie sind eigentlich in jeder höheren Programmiersprache zu finden, unter WordBASIC aber besonders einfach implementiert.

Zahlen

Im Gegensatz zu QuickBASIC und anderen BASIC-Dialekten unterscheidet WordBASIC nicht zwischen verschiedenen Zahlentypen wie z.B. Integer oder Real. Der Einfachheit halber werden Zahlen unter WordBASIC grundsätzlich als Fließkommazahlen verwaltet, die einen Wertebereich von $-1,7*1038$ bis $+1,7*1038$ abdecken. Die Genauigkeit beträgt dabei zirka 15 Stellen. In Verbindung mit verschiedenen Operationen wandelt WordBASIC eine solche Zahl jedoch automatisch in einen 16-Bit-Integer-Wert im Bereich zwischen −32768 und 32768 um. Dies geschieht allerdings völlig transparent, so daß Ihnen diese Umwandlung in der Regel verborgen bleibt.

Beachten Sie bitte, daß Vor- und Nachkommateil einer Zahl unabhängig von der entsprechenden Einstellung in der Systemsteuerung grundsätzlich durch einen Punkt und nicht durch ein Komma voneinander getrennt werden. Dies ist unvermeidlich, weil das Komma bereits für die Angabe verschiedener Parameter beim Aufruf eines Befehls reserviert ist.

```
'Dezimalzahlen:
'   Weist darauf hin, daß Dezimalzahlen in einem WordBASIC-
'   Makro keine Kommata enthalten dürfen

Sub MAIN
x = - 3.5E-32
y = 0
z = 35
f = 3,5      'Fehler! Hier wurde der Dezimalpunkt mit einem Komma
vertauscht

End Sub
```

Das obige Beispiel demonstriert aber nicht nur das Format numerischer Konstanten, sondern auch die Tatsache, daß numerische Variablen unter WordBASIC nicht extra deklariert werden müssen, um innerhalb einer Prozedur Verwendung zu finden. Dies entspricht der allgemeinen Praxis in fast allen BASIC-Dialekten und unterscheidet BASIC von anderen prozeduralen Hochsprachen. Das kleine Programm macht aber auch deutlich, daß Variablenzuweisungen in WordBASIC ohne den LET-Befehl erfolgen können, der dafür normalerweise zuständig ist.

Zahlen dienen unter WordBASIC übrigens nicht nur der Speicherung numerischer Informationen, sondern werden in Verbindung mit vielen Befehlen auch im Sinne der Booleschen Variablen in Pascal verwendet. Der Wert 0 symbolisiert dabei immer den Wert FALSE (falsch), während jeder andere Wert und insbesondere die Werte 1 und −1 für TRUE, d.h. wahr stehen.

Numerische Ausdrücke

Programme leben davon, daß numerische Konstanten und Variablen durch numerische Operatoren wie Plus, Minus oder Mal verknüpft werden. Eine solche Verknüpfung, die man gemeinhin als Formel bezeichnen würde, nennt sich in einer Programmiersprache *Ausdruck* und kann unter WordBASIC folgende Operatoren enthalten:

Operator	Bedeutung
()	Klammert einen Teilausdruck
^	Potenz
*	Multiplikation
/	Division
mod	Divisionsrest
+	Addition
–	Subtraktion
=	Gleichheit
<>	Ungleichheit
>	Größer
<	Kleiner
>=	Größer oder Gleich
<=	Kleiner oder Gleich
Not	Binäre Nicht-Verknüpfung
And	Binäre Und-Verknüpfung
Or	Binäre Oder-Verknüpfung

Tab. 30.1: Die Opteratoren von WordBasic

Beachten Sie bitte, daß die Priorität der verschiedenen Operatoren in dieser Tabelle von oben nach unten absteigt, so daß z.B. eine Multiplikation immer vor einer Addition ausgeführt wird. Das entspricht der üblichen Regel: *Punktrechnung geht vor Strichrechnung*. Durchbrechen können Sie diese Regel auf Wunsch durch Klammerung eines Teilausdrucks, der diesem immer höchste Priorität verleiht. Dies machen auch die folgenden Beispiele deutlich:

Ausdruck	Resultat	
3+5*4	23	
–(3+5)*4	–32	
2^3	8	
2^3–1	7	
15 mod 4	3	
5 = 3+2	-1	(wahr)
5 = 3	0	(falsch)

Ausdruck	Resultat	
5 <> 3+2	0	(falsch)
5 > 3	−1	(wahr)
5 <= 3	0	(falsch)
not 0	−1	(wahr)
not −1	0	(falsch)
not 5	−6	(wahr)
1 and 2	3	(wahr)
−15 and 85	81	(wahr)
7−7 and 0	0	(falsch)
3 or 11	11	(wahr)
0 or −15	−15	(wahr)
0 or 0	0	(falsch)

Tab. 30.2: Beispiele für Prioritäten der Berechnung

Etwas unverständlich muten auf den ersten Blick die Resultate der Verknüpfungen an, die unter Einbeziehung der binären Operatoren NOT, AND und OR erfolgen. In diesem Zusammenhang müssen Sie wissen, daß Word für Windows das Resultat der Ausdrücke, die durch diese Operatoren verknüpft werden, zunächst einmal in 16-Bit-Integer-Werte umwandelt. Diese werden anschließend Bit für Bit miteinander verknüpft, wobei die logischen Regeln der jeweiligen Verknüpfung zum Einsatz kommen.

Lautet das Ergebnis danach 0, wird es als falsch (FALSE) betrachtet, während jeder andere Wert für wahr (TRUE) steht.

String-Variablen

Neben numerischen Variablen kennt WordBASIC auch Variablen zur Aufnahme von Zeichenketten, deren englische Bezeichnung *Strings* sich bei uns längst eingebürgert hat. Sie können bis zu 32000 Zeichen enthalten, sofern genügend Speicherplatz zur Verfügung steht, denn mehr als 64 KB dürfen die Variablen eines WordBASIC-Programms nicht in Anspruch nehmen.

Als Konstanten werden Strings in Anführungszeichen eingefaßt, während sie als Variablen durch ein Dollarzeichen hinter dem eigentlichen Variablennamen kenntlich gemacht werden. Eine Zuweisung wie

```
A$ = 3
```

ist deshalb nicht erlaubt und resultiert in der Ausgabe der Fehlermeldung 122 *Keine Artenübereinstimmung*.

Anders dagegen die Anweisung

```
A$ = "Hallo"
```

Sie wird von WordBASIC ohne Murren verarbeitet und lädt die Zeichenkette "Hallo" in die String-Variable A$.

String-Operatoren

Auch Strings können miteinander durch Operatoren verknüpft werden, doch ist die Auswahl hier natürlich nicht so reichhaltig, wie bei der Verknüpfung numerischer Variablen.

Die verfügbaren Operatoren dienen denn auch hauptsächlich dem Vergleich zweier Strings. Dabei werden die beteiligten Strings Zeichen für Zeichen durchlaufen und die ANSI-Codes der jeweiligen Zeichen gegenübergestellt.

Ja, Sie haben richtig gelesen, WordBASIC vergleicht ANSI-Codes und nicht ASCII-Codes, die im PC-Bereich sonst ausnahmslos Verwendung finden. In Word für Windows aber werden alle Zeichen im ANSI-Code festgehalten, dessen Aufbau Sie bitte der Tabelle im Anhang dieses Buches entnehmen.

Die folgende Tabelle zeigt Ihnen die verschiedenen String-Operatoren, wobei der Plus-Operator eine höhere Priorität aufweist als alle darauffolgenden Vergleichsoperatoren.

Operator	Bedeutung
+	String-Verkettung
=	Gleichheit
<>	Ungleich
>	Größer
<	Kleiner
>=	Größer oder Gleich
<=	Kleiner oder Gleich

Tab. 30.3: String-Operatoren

Von diesen Operatoren liefert nur der String-Operator Plus als Resultat wieder einen String, und zwar die Aneinanderreihung der beiden Strings, die auf der linken und rechten Seite des Operators angegeben werden. Anders dagegen die verschiedenen Vergleichsoperatoren. Sie liefern nach dem Vergleich der angegebenen Operatoren ein numerisches Resultat zurück. Dabei steht der Wert 0 im Sinne des jeweiligen Vergleichs für falsch (FALSE). Der Wert –1 hingegen bestätigt die Vermutung, die sich in dem jeweiligen Vergleichsoperator artikuliert – er steht für wahr (TRUE). Auch dazu einige Beispiele, die deutlich machen, daß WordBASIC beim String-Vergleich die Groß-/Kleinschreibung nicht unberücksichtigt läßt und auch die deutschen Umlaute richtig einzuordnen weiß.

Ausdruck	Resultat
"ABC" + "DEF"	"ABCDEF"
"ABC" = "abc"	0 (falsch)
"A" + "BC" <> "abc"	–1 (wahr)
"Äpfel" < "Birnen"	–1 (wahr)
"XXXX" >"xxxx"	0 (falsch)

Tab. 30.4: Beispiele für den String-Vergleich

Arrays

Die elementaren Datentypen *String* und *Zahl* können unter WordBASIC nicht nur als singuläre Variable, sondern auch als Array definiert werden, wie dies in nahezu jedem BASIC-Dialekt üblich ist.

Während aber einfache Variablen ohne vorherige Deklaration benutzt werden können, müssen Arrays durch einen speziellen Befehl mit dem Namen DIM erzeugt werden, bevor auf sie zugegriffen werden kann. WordBASIC benötigt diesen Befehl, damit es die Größe und Verschachtelungstiefe (Dimension) eines Arrays kennt, ohne die weder Bereichsüberschreitungen beim Zugriff auf ein Array-Element erkannt noch eine entsprechende Reservierung von Speicherplatz vorgenommen werden kann. Die Syntax des DIM-Befehls lautet:

```
Dim Name1 [( Größe)] [, Name2 [(Größe)]]  [, Name3 [(Größe)]]
...
```

Die Angaben in der Klammer hinter dem Variablennamen geben dabei die Anzahl der Array-Elemente in den verschiedenen Dimensionen an. Sie müssen durch Kommata voneinander getrennt werden.

Analog zu einfachen Variablen geht aus dem Variablennamen auch bei Arrays der Datentyp hervor. Nur Arrays, deren Name mit einem Dollarzeichen enden, können Strings beherbergen – alle anderen nehmen Zahlen auf. Das folgende Beispielprogramm demonstriert die Verwendung eines eindimensionalen String-Arrays für die Abfrage von Begriffen, die im weiteren Verlauf der Programmausführung in ein Dokument eingeflochten werden sollen.

```
'Arrays:
'   Demonstriert die Deklaration und den Zugriff auf Arrays
'   unter WordBASIC

Sub MAIN
Dim Begriff$(20)

x = 0

nächster:
Input "Bitte geben Sie einen Begriff ein (Leerstring=Ende)", Begriff$(x)
If Len(Begriff$(x)) = 0 Then Goto weiter
x = x + 1
If x < 20 Then Goto nächster

weiter:
DateiNeu
For i = 1 To x
  Einfügen Str$(i) + Chr$(9)
  Einfügen Begriff$(i - 1)
  EinfügenAbsatz
Next i

End Sub
```

Wie das obige Beispiel zeigt, beginnt die Numerierung der Array-Elemente immer mit 0 und nicht mit 1. Ein Array aus zehn Elementen verfügt dadurch beispielsweise über die Indizes von 0 bis 9.

Wie das folgende Beispielprogramm zeigt, können in Verbindung mit dem DIM-Befehl für die Größe eines Arrays auch Variablen anstelle von Konstanten angegeben werden. Dies empfiehlt sich vor allem dann, wenn sich die Anzahl der Elemente erst zur Laufzeit des Programms ergibt und nicht bereits vorher feststeht.

```
'Arrays2:
'   Demonstriert die dynamische Anlage von Arrays im
'   Verlauf eines Programms

Sub MAIN

Input "Wieviele Begriffe möchten Sie eingeben", x
If x = 0 Then Goto ende
```

```
Dim Begriff$(x)
'Erfassung der Array-Elemente von 0 bis X-1
'  .
'  .
'  .
ende:

End Sub
```

Darüber hinaus besteht unter WordBASIC mit Hilfe des REDIM-Befehls während der Ausführung eines Makros die Möglichkeit, die Größe eines Arrays zu verändern. Dies betrifft nicht nur die Größe des Arrays in den verschiedenen Dimensionen, sondern auch die Anzahl der Dimensionen selbst, wenn Sie dies wünschen. Die Syntax dieses Befehls ist dabei mit der des DIM-Befehls identisch. Die bereits erfaßten Array-Elemente werden durch die Vergrößerung einer Dimension nicht beeinträchtigt. Bei einer Verkleinerung werden die Array-Elemente hingegen zerstört, die jenseits der neuen Größe liegen.

Der Einsatz des REDIM-Befehls empfiehlt sich vor allem bei großen Makroprogrammen, damit nicht unnötig viel Speicherplatz für Array-Elemente verschwendet wird, die gar nicht benötigt werden. Er erlaubt damit quasi eine dynamische Allokation von Speicherplatz, wie man sie im Sinne einer Heap-Verwaltung auch bei Hochsprachen wie C oder Pascal findet.

Eine wichtige Rolle spielen Arrays unter WordBASIC vor allem in Verbindung mit der Erstellung und dem Aufruf von Dialogfenstern. Das wird in einem der folgenden Kapitel noch zur Sprache kommen. Dann wird auch ein zweiter Verbundtyp vorgestellt werden, der ähnlich wie Strukturen in anderen Hochsprachen die Kombination verschiedener numerischer und String-Variablen unter einem Dach erlaubt: der Dialogverbund.

Datum und Uhrzeit

Als weiteren Datentyp kennt Word seit der Version 6.0 den Typ *Datum und Uhrzeit*. Mit seiner Hilfe und den neu hinzugekommen Befehlen und Funktionen, zieht WordBASIC in der Behandlung von Datum und Uhrzeit mit Excel 5.0 und Visual Basic 3.0 gleich. Differenzen zwischen verschiedenen Daten lassen sich in WordBASIC jetzt ebenso leicht berechnen wie der Wochentag eines bestimmten Datums oder der Tag, an dem die Microsoft-Aktie die magische Schwelle von 100 US-Dollar überschreitet.

Einschränkend muß jedoch hinzugefügt werden, daß Datum und Uhrzeit nicht als eigenständiger Datentyp, sondern wie ganz normale Zahlen behandelt werden. Funktionen wie Heute() oder Jetzt() liefern das aktuelle

Datum bzw. die Uhrzeit als eine sogenannte *serielle Zahl* zurück. Wichtig dabei: Datum und Uhrzeit werden nicht in einer Zahl zusammengepackt, sondern getrennt festgehalten, so daß man beispielsweise zwei Variablen benötigt, um das aktuelle Datum und die aktuelle Uhrzeit zu speichern.

Über die Codierung der Datums- und Zeitinformationen muß man sich dabei keine Gedanken machen, denn es werden Funktionen sowohl zur Konvertierung ausgeschriebener Datums- und Zeitinformationen (etwa 12.6.93 oder 14:15) in serielle Zahlen als auch zur Umwandlung serieller Zahlen in ausgeschriebene Daten und Uhrzeiten verwendet.

Die Funktion DatumWert() beispielsweise nimmt ein ausgeschriebenes Datum in einer der folgenden Schreibweisen entgegen und liefert die entsprechende serielle Zahl zurück.

14.2.1993

14.2.93

14-2-1993

Februar 14, 1993

14 Feb 93

14-Feb-93

14. Februar 1993

Wichtig ist dabei nur, daß sich das angegebene Datum im Bereich zwischen 30. Dezember 1899 und 31. Dezember 4095 bewegt, denn nur dieser Bereich wird von den seriellen Zahlen abgedeckt. Umwandeln läßt sich eine solche serielle Zahl anschließend mit Hilfe der Funktionen Date$() und Time$(), die wieder ein lesbares Datum bzw. eine Uhrzeit hervorbringen.

Das folgende kleine Makro bringt das Datum und die aktuelle Uhrzeit innerhalb der Statusleiste von Word zur Anzeige. Einmal in ausgeschriebener Form und einmal als Datums- bzw. Zeitwert.

```
'DatumUhrzeit:
'   Demonstriert den Umgang mit Datumsinformationen innerhalb
'     eines WordBASIC-Makros

Sub MAIN
a$ = "Heute ist der: " + Date$(Heute()) + "     Datumswert: " +
Str$(Heute())
a$ = a$ + "                    "
a$ = a$ + "Es ist jetzt: " + Time$(Jetzt()) + "    Zeitwert: " +
Str$(Jetzt())
```

```
Print a$
End Sub
```

Die Tatsache, daß Datum und Uhrzeit nun als Zahlen gehandhabt werden, bringt vor allem in bezug auf das Datum den Vorteil mit sich, daß sich mit dieser Information rechnen läßt. So liefert Heute()+1 beispielsweise das Datum von Morgen, Heute()-1 das Datum von Gestern und Heute()+8 das Datum von Morgen in einer Woche. Und weil sich diese numerische Information mittels der Funktion Date$() auch wieder ganz leicht in ein ausgeschriebenes Datum verwandeln läßt, lassen sich berechnete Datumsinformationen leicht in automatisch erstellte Dokumente einbringen.

```
'Morgen:
'   Zeigt das Datum von Morgen an

Sub MAIN
Print "Morgen ist der :" + Date$(Heute() + 1)
End Sub
```

Mehr über die WordBASIC-Befehle und Funktionen, die im Zusammenhang mit Datum und Uhrzeit stehen, finden Sie im Kapitel 31 bei der Auflistung und Kurzbeschreibung aller WordBASIC-Befehle nach Funktionsgruppen.

Prozeduren und Funktionen

Bereits mehrfach wurde im Verlaufe dieses Kapitels angedeutet, daß WordBASIC-Programme aus Prozeduren und Funktionen bestehen, und die wichtigste Prozedur haben Sie ja bereits kennengelernt, die Prozedur MAIN.

WordBASIC verfolgt damit ein Konzept, das im Mittelpunkt prozeduraler Sprachen wie C oder Pascal steht und sich in den letzten Jahren auch im BASIC-Bereich durchgesetzt hat. Als Menschen fassen wir zusammenhängende Tätigkeiten in unserem Denken zu immer größeren Einheiten zusammen, und was läge da näher, als dieses Prinzip auch auf die Programmierung eines Computers zu übertragen?

Ein gut strukturiertes WordBASIC-Programm wird deshalb immer aus einer bestimmten Anzahl von Prozeduren und Funktionen bestehen, die sowohl aus dem Hauptprogramm als auch aus anderen Prozeduren und Funktionen heraus aufgerufen werden können.

Dabei ist eine fast unendliche Verschachtelungstiefe möglich, so daß Prozedur A Prozedur B aufruft, sich diese wiederum der Prozedur C bedient, die ihrerseits von der Prozedur D Gebrauch macht usw.

Prozeduren

Prozeduren werden unter WordBASIC mit dem Befehlswort SUB eingeleitet, dem der Name der Prozedur folgen muß. Ist die Arbeitsweise der Prozedur von verschiedenen Parametern abhängig, die ihr bei ihrem Aufruf übergeben werden sollen, muß dem Namen der Prozedur zunächst eine geöffnete Klammer nachgestellt werden.

Dann folgen die Namen der einzelnen Parameter, die durch Kommata getrennt und durch eine weitere Klammer abgeschlossen werden müssen. Wie üblich geht der Datentyp eines Parameters dabei aus seinem Namen hervor, wobei das Dollarzeichen am Ende des Namens ein String-Argument markiert, beispielsweise KundenName$. Numerische Parameter müssen demgegenüber nicht gesondert gekennzeichnet werden. Seit der Version 6.0 ist es darüber hinaus gestattet, Arrays als Parameter an eine Prozedur zu übergeben, wobei neben dem Namen des Arrays Klammern folgen müssen, beispielsweise KundenNamen$() für das String-Array *Kundennamen*.

Abgeschlossen werden Prozeduren durch den Befehl End Sub, den Sie ja bereits in Verbindung mit der Hauptprogramm (Prozedur MAIN) kennengelernt haben.

Das folgende Beispielprogramm demonstriert die Deklaration und den Aufruf einer fiktiven Prozedur, mit dem die Übergabe eines numerischen und eines String-Arguments verbunden ist. Beachten Sie bitte den Aufruf im Hauptprogramm, der einfach durch die Nennung des Prozedurnamens erfolgt. Ihm könnte zwar auch der CALL-Befehl vorangestellt werden, doch ist dies nicht unbedingt erforderlich, weil WordBASIC den Prozeduraufruf bereits durch die Angabe des Prozedurnamens erkennt. In diesem Sinne stellen übrigens die vordefinierten Befehle, die z.B. als Schnittstelle zu den Menübefehlen von Word für Windows dienen, nichts anderes als den Aufruf vordefinierter Prozeduren dar. Parameter, die an eine Prozedur übergeben werden, müssen beim Prozeduraufruf wie bei der Prozedurdeklaration durch Kommata getrennt werden. Ihr Einschließen in runde Klammern ist jedoch nicht erforderlich.

```
'Prozeduren:
'    Demonstriert die Deklaration und den Aufruf
'    von Prozeduren innerhalb von WordBASIC-
'    Makros

'***** Eine fiktive Prozedur ***********************

Sub Fiktiv(Anzahl, Ausgabe$)
```

```
    pr$ = Ausgabe$
    For i = 1 To Anzahl
        Print pr$
        pr$ = pr$ + Ausgabe$

    Next
End Sub

'***** Das Hauptprogramm **********************
Sub MAIN

    Fiktiv 5, "Hallo"
End Sub
```

Beachten Sie bitte, daß Parameter unter WordBASIC bei einem Funktions- oder Prozeduraufruf grundsätzlich als Referenzparameter und nicht als Wertparameter übergeben werden. Das bedeutet, daß ein Parameter innerhalb einer Prozedur oder Funktion mit der Variable verknüpft wird, die beim Prozedur- oder Funktionsaufruf angegeben wurde. Wird der Inhalt des Parameters z.B. durch seine Angabe auf der linken Seite einer Zuweisung verändert, spiegelt sich diese Veränderung nach dem Funktionsaufruf in der Variablen wider, die für diesen Parameter angegeben wurde.

Weil WordBASIC kein Schlüsselwort wie BYVAL kennt, mit dessen Hilfe ein Parameter als Wert- und nicht als Referenz-Parameter übergeben werden könnte, muß man sich mit einem simplen Trick behelfen. Man weist den Inhalt eines Parameter innerhalb einer Prozedur und Funktion dabei zunächst einer anderen Variablen zu und manipuliert anschließend nur diese, während der eigentliche Parameter unverändert bleibt.

Gänzlich unberührt bleiben von dieser Art der Parameterübergabe übrigens Konstanten. Werden sie bei einem Prozedur- oder Funktionsaufruf als Parameter angegeben, treten grundsätzlich keine Nebeneffekte auf, weil Konstanten ohnehin nicht über den Aufruf einer Prozedur oder Funktion hinaus existieren.

Funktionen

Funktionen unterscheiden sich in verschiedener Hinsicht kaum von Prozeduren – sie werden ähnlich deklariert, aufgerufen und eingesetzt. Und doch besteht ein elementarer Unterschied zwischen Prozeduren und Funktionen, denn Funktionen liefern ihrem Aufrufer ein Ergebnis zurück, das in einen Ausdruck einfließen oder als Parameter wieder an eine andere Prozedur oder Funktionen übergeben werden kann.

Der Typ des Funktionsergebnisses wird dabei durch den Namen der Funktion festgelegt. Nach der üblichen Konvention liefert eine Funktion dabei ein String-Argument nur dann zurück, wenn ihrem Namen ein Dollarzeichen folgt. Fehlt dieses Zeichen, ist das Funktionsergebnis grundsätzlich numerischer Natur.

Das Funktionsergebnis kann innerhalb der Funktion als Variable angesprochen werden, die den Namen der Funktion trägt. Allerdings darf diese Variable nur auf der linken Seite einer Zuweisung auftauchen und kann daher nicht in Ausdrücke eingebracht werden. Das folgende Beispielprogramm kann deshalb in der Funktion Umdrehen$ das Funktionsergebnis nicht direkt in der gleichnamigen Variablen aufbauen, weil diese dazu auf der rechten Seite eines Gleichheitszeichens aufgeführt werden müßte. Statt dessen wird das Funktionsergebnis zunächst in einem anderen String aufgebaut, dessen Inhalt vor dem Funktionsende dem Funktionsergebnis zugewiesen wird.

Beachten Sie bitte, daß die Argumente beim Aufruf einer Funktion grundsätzlich in Klammern eingefaßt werden müssen. Dies macht auch der Aufruf der Funktion Umdrehen$ im Hauptprogramm des folgenden Beispiels deutlich.

```
'Funktionen:
'  Demonstriert die Deklaration und den Aufruf von

'  Funktionen innerhalb von WordBASIC-Makros
'***** Eine Funktion zum Umdrehen von Strings ******
Function Umdrehen$(Stri$)
u$ = ""
For i = Len(Stri$) To 1 Step - 1
    u$ = u$ + Mid$(Stri$, i, 1)
Next
Umdrehen$ = u$
End Function


'***** Das Hauptprogramm *********************

Sub MAIN
Print "Aus Hallo wird "; Umdrehen$("Hallo")
End Sub
```

Der Gültigkeitsbereich von Variablen

Variablen, die innerhalb einer Prozedur oder Funktion ohne besondere Deklaration verwendet werden, sind grundsätzlich lokal, existieren also nur während der Ausführung der entsprechenden Prozedur oder Funktion. Sie können deshalb auch nicht aus anderen Prozeduren oder Funktionen heraus angesprochen werden, dürfen dafür aber auch in verschiedenen Prozeduren und Funktionen mehrmals verwendet werden.

Anders dagegen globale Variablen, die grundsätzlich in Verbindung mit dem DIM-Befehl deklariert werden müssen. Ihre Lebensdauer erstreckt sich über die gesamte Ausführungszeit eines Makros, und sie stehen währenddessen allen Prozeduren oder Funktionen innerhalb dieses Makros zur Verfügung.

Den DIM-Befehl haben Sie ja bereits in Verbindung mit der Deklaration von Arrays kennengelernt. Doch nicht nur Arrays können mit seiner Hilfe als globale Variablen deklariert werden – auch die Deklaration ganz normaler Zahlen- oder String-Variablen ist möglich. Dies kann sowohl außerhalb aller Prozeduren und Funktionen wie auch innerhalb dieser Programmeinheiten erfolgen.

Innerhalb einer Prozedur oder Funktion muß dem Befehlswort DIM dann allerdings ein weiteres Befehlswort mit dem Namen SHARED folgen. Es teilt WordBASIC mit, daß alle Prozeduren und Funktionen in dem jeweiligen Makro an der bzw. den genannten Variablen partizipieren können. Und genau das zeichnet ja bekanntlich globale Variablen aus. Fehlt das Befehlswort SHARED, erzeugt WordBASIC nur lokale Variablen, deren Existenz mit dem Ende der jeweiligen Prozedur oder Funktion erlischt. Sollen Informationen über die Ausführung einer Prozedur oder Funktion hinaus bewahrt werden, müssen sie also in globalen Variablen erfaßt werden.

Werden innerhalb einer Prozedur Parameter empfangen, die den gleichen Namen wie globale Variablen tragen oder werden gleichnamige lokale Variablen mit Hilfe des DIM-Befehls deklariert, dann räumt WordBASIC den lokalen Variablen innerhalb der jeweiligen Prozedur oder Funktion Vorrang vor der globalen Variablen ein.

Nichts anderes demonstriert auch das folgende Beispielprogramm.

```
'GlobaleVariablen:
'   Demonstriert die Deklaration und die Arbeit mit
'   globalen Variablen innerhalb von WordBASIC-
'   Makros

Dim Shared g$

'***** Die Testprozedur **********************

Sub TEST
Dim g$
g$ = "000"
End Sub

'***** Das Hauptprogramm *********************
```

```
Sub MAIN
g$ = "AAA"
mes$ = "G$ vor dem Aufruf von Test: " + Chr$(34) + g$ + Chr$(34)
Test
mes$ = mes$ + ". Und hinterher: " + Chr$(34) + g$ + Chr$(34)
Print mes$
End Sub
```

Nachdem auch der Lebenszyklus globaler Variablen auf die Ausführung eines Makros beschränkt ist und sie ihren Inhalt dadurch bei Beendigung eines Makros verlieren, eigenen sie sich nicht, um Informationen längerfristig festzuhalten. Außerdem lassen sich auf diesem Wege keine Informationen zwischen verschiedenen Makros austauschen, weil globale Variablen nur im Rahmen ihres Makros existieren. Sollen Informationen, die beispielsweise das Zusammenspiel von Makros steuern, länger fortbestehen, müssen sie entweder als Text in Dateien, Textbausteinen, Dokumenten oder der Umgebungsdatei WIN.INI festgehalten werden. WordBASIC unterstützt diesen Weg durch zahlreiche Befehle, die Ihnen in der Befehlsreferenz im folgenden Kapitel vorgestellt werden.

Darüber hinaus besteht seit der Version 6.0 die Möglichkeit, Variablen ganz gezielt im Rahmen eines Dokuments zu speichern, ohne daß sie für den Anwender als Teil des Textes oder eines Textbausteins sichtbar würden. Man spricht in diesem Zusammenhang von *Dokumentvariablen,* deren Verwaltung WordBASIC mittels verschiedener Befehle und Funktionen unterstützt. Allen voran sind dabei die beiden Befehle DokumentVariableBestimmen und AbrufenDokumentVar$() zu nennen. Die mit ihrer Hilfe gespeicherten Informationen bleiben über die Ausführung eines Makros hinaus erhalten und stehen außerdem allen globalen Makros und den Makros aus der Vorlage des Dokuments zur Verfügung.

Um eine Dokumentvariable anzulegen und/oder ihren Wert zu verändern, bedient man sich des Befehls DokumentVariableBestimmen, der als Parameter sowohl den Namen der Dokumentvariable, als auch den zu speichernden Wert erwartet. Als *Wert* werden allerdings nur Strings akzeptiert, so daß numerische Informationen zuvor manuell in einen String umgewandelt werden müssen (beispielsweise mit Hilfe der Funktion Str$()).

Abfragen läßt sich der Inhalt einer Dokumentvariablen anschließend mit Hilfe der Funktion AbrufenDokumentVar$(), die als Parameter den Namen der Dokumentvariable erwartet und ihren Wert als Funktionsergebnis zurückliefert. Im Zusammenhang mit Dokumentvariablen hält WordBASIC darüber hinaus eine ganze Reihe weiterer Funktionen und Befehle bereit, mit deren Hilfe beispielsweise die Anzahl und die Namen der Dokumentvariablen in einem Dokument abgefragt werden können. Eine detaillierte Beschreibung dieser Befehle und Funktionen finden Sie im Kapitel 31.

Den Programmablauf kontrollieren

Was der Makrorecorder von Word für Windows nicht aufzeichnen kann, sind vor allem Variablenzuweisungen und Kontrollbefehle, mit deren Hilfe sich der Programmablauf steuern läßt. Gerade sie aber gehören zum elementaren Bestandteil jeder Programmiersprache, weil erst mit ihrer Hilfe der statische Ablauf eines Programmes durchbrochen und flexibel auf unterschiedliche Situationen reagiert werden kann. Aber auch die Wiederholung einzelner Programmteile wird durch sie erst möglich.

Insgesamt stehen für die Programmablaufkontrolle unter WordBASIC acht Befehle zur Verfügung. Den CALL-Befehl haben Sie bereits in Verbindung mit der Beschreibung von Prozeduren kennengelernt. Die anderen sieben werden in den folgenden Abschnitten dieses Kapitels beschrieben und anhand von Beispielprogrammen dokumentiert.

Der GOTO-Befehl

Die einfachste Möglichkeit, aus dem linearen Ablauf eines Makroprogramms auszubrechen, bietet der GOTO-Befehl. Er muß immer in Verbindung mit dem Namen eines Labels aufgerufen werden. Es markiert die Programmzeile, an der die Programmausführung nach dem Aufruf des GOTO-Befehls fortgeführt werden soll. Finden sich in der Label-Zeile selbst keine Befehle, wird die Programmausführung mit dem nächsten Befehl in einer der darauffolgenden Zeilen fortgeführt.

Beachten Sie bitte, daß sich das angegebene Sprungziel immer in der aktuellen Prozedur oder Funktion befinden muß. Labels in anderen Prozeduren, Funktionen oder gar Makros können in Verbindung mit dem GOTO-Befehl also nicht genannt werden. Mißachten Sie diese Regel, quittiert WordBASIC dies mit dem Fehler 114 *Bezeichnung nicht gefunden*.

Er wird auch immer dann ausgegeben, wenn Sie sich bei der Eingabe des Label-Namens vertippt haben, und Word für Windows das angegebene Label deshalb nicht finden kann. Nur allzu leicht lassen sich mit Hilfe des GOTO-Befehls auch ungewollt Endlosschleifen konstruieren, wie es das folgende Beispielprogramm zeigt.

Glücklicherweise läßt sich die Makroausführung unter Word für Windows aber jederzeit durch Betätigung der [Esc]-Taste unterbrechen, so daß Sie eine solche Schleife nicht zum Abschalten Ihres Rechners zwingt.

```
'Endlos:
'   Diese Prozedur demonstriert eine Endlosschleife

Sub MAIN

Endlos:

'Befehle
'.
'.
'.

Goto Endlos

End Sub
```

Entscheidungsfindung mit dem IF-Befehl

Wenn es um die Entscheidungsfindung innerhalb eines Makros geht, kommt man am IF-Befehl nicht vorbei. Er allein bietet die Möglichkeit, bestimmte Befehle in Abhängigkeit einer Bedingung auszuführen und genau dies in bezug auf andere Befehle zu verhindern.

WordBASIC kennt diesen Befehl in zwei unterschiedlichen Varianten, die sich in ihrer Syntax und den gebotenen Möglichkeiten unterscheiden. Die erste Version stellt eine einfache IF-THEN-ELSE-Abfrage dar, die komplett in einer einzelnen Zeile Platz finden muß. Ihre Syntax lautet:

```
If Bedingung Then Befehl(e) [ Else Befehl(e) ]
```

Die Bedingung muß dabei einen Ausdruck darstellen, wie er im Verlauf dieses Kapitels bereits unter der Überschrift *Numerische Ausdrücke* beschrieben wurde. Ob es sich dabei um einen numerischen oder einen Stringausdruck handelt, ist nicht so wichtig. Hauptsache ist nur, daß dieser Ausdruck nach seiner Auswertung ein numerisches Resultat liefert, das als wahr (TRUE) betrachtet wird, wenn es einen Wert ungleich Null repräsentiert.

In diesem Fall beginnt WordBASIC mit der Ausführung der Befehle, die hinter dem Befehlswort THEN folgen, und springt erst mit dem Erreichen des Zeilenendes oder eines ELSE-Befehls in die nächste Programmzeile.

Lautet das Resultat des Ausdrucks jedoch Null, wird der gegebene Ausdruck als falsch (FALSE) angesehen. Dann werden die Befehle ausgeführt, die dem Befehlswort ELSE folgen. Kann WordBASIC in der aktuellen Programmzeile jedoch kein ELSE entdecken, wird die Programmausführung direkt mit der nächsten Programmzeile fortgesetzt.

Dazu ein simples Beispiel, das gleichsam die Verlängerung einer IF-Zeile mit Hilfe eines Backslashs demonstriert.

```
'IfThenElse:
'   Demonstriert den Einsatz von If-Then-Else-Konstrukten
'   in WordBASIC-Makros

Sub MAIN

x = 5
If  x < 10 Then Print "X ist kleiner als 10" : y = 4 Else Print "
X ist größer oder gleich 10"
'So geht es aber auch

If  x < 10 Then Print "X ist kleiner als 10" : y = 4 \
                Else Print " X ist größer oder gleich 10"

End Sub
```

Die zweite Form des IF-Befehls erstreckt sich grundsätzlich über mehrere Zeilen und sieht vor allem die Aneinanderreihung mehrerer IF-Abfragen vor. Ihre Syntax lautet:

```
If Bedingung1 Then
Befehl(e)
'..
'..
'..
[ElseIf Bedingung2 Then
Befehl(e)
'..
'..
'.]
[Else
Befehl(e)
'..
'..
'.]
End If
```

Auch hier wertet WordBASIC zunächst die Bedingung aus, die dem IF-Befehl folgt. Liefert sie als Resultat TRUE, werden alle Befehle in der Zeile nach dem THEN-Befehl und in den darauffolgenden Zeilen ausgeführt. Beim Erreichen eines der Befehle ELSEIF, ELSE oder ENDIF wird die Programmausführung dann kurzzeitig gestoppt, um gleich danach in der nächsten Programmzeile hinter dem END IF-Befehl wieder aufgenommen zu werden.

Die Befehle hinter ELSE und ELSEIF werden hingegen ausgeführt, wenn die Auswertung der IF-Bedingung FALSE ergeben hat. Einen ganz besonderen Fall stellt dabei der ELSEIF-Befehl dar, der innerhalb eines mehrzeiligen IF-Befehls mehrmals wiederholt werden kann. Er nämlich führt eine weitere

IF-Abfrage durch, wobei jedesmal die Abfrage hinter ihm zur Auswertung kommt.

Liefert sie als Ergebnis TRUE, werden die Befehlszeilen hinter dem ELSEIF-Befehl bis zum nächsten ELSEIF, ELSE oder dem Ende des IF-Befehls ausgeführt. Bei einem negativen Befund wird die Programmausführung analog zum einleitenden IF-Befehl jedoch entweder mit dem nächsten ELSEIF- oder IF-Befehl fortgeführt. Komfortabel lassen sich dadurch mehrere IF-Abfragen hintereinanderschalten, wie es das folgende Makro deutlich macht.

```
'ElseIF:
'   Demonstriert den Einsatz von ElseIF in WordBASIC-Makros

Sub MAIN

'Ein einfacher IF-Befehl

anzahl = 8
a$ = "Raymond"

If anzahl > 10 Or UCase$(a$) = "RAYMOND " Then
     Print "Raymond spielt mit oder"
     Print "Es sind mehr als 10 Spieler beteiligt."
     k = 1
Else
     k = 0
     a$ = "Gabi"
     Print "Raymond spielt nicht mit."
End If

'Und jetzt ein IF-Befehl mit einer Aneinanderreihung von IFs

If anzahl > 10 Then
     Print "So viele können nicht mitspielen"
ElseIf anzahl < 3 Then
     Print "Unter dreien läuft nichts!"
ElseIf anzahl < 7 Then
     Print "Ok, aber wählen Sie bitte jeder zwei Figuren"
Else
     Print "Jeder nimmt sich bitte eine Spielfigur"
End If

End Sub
```

Gerade der zweite IF-Befehl in diesem Programm ist übrigens ein guter Kandidat für den Einsatz des SELECT-CASE-Befehls, mit dessen Hilfe sehr komfortabel auf verschiedene Zustände bzw. Inhalte einer Variablen reagiert werden kann. Mehr dazu erfahren Sie im folgenden Unterkapitel.

Multiple Auswahlen mit SELECT-CASE

Wann immer Sie mehrere Auswahlmöglichkeiten für eine Variable bzw. einen Ausdruck abtesten und jeweils unterschiedlich darauf reagieren müssen, sollten Sie dafür den SELECT-CASE-Befehl einsetzen, denn er wurde speziell für derartige Aufgabenstellungen geschaffen. Er muß in der folgenden Form angegeben werden:

```
Select Case Ausdruck
  Case CaseAusdruck
    Befehl(e)
  Case CaseAusdruck
    Befehl(e)
  Case CaseAusdruck
    Befehl(e)
  .
  .
  .
[ Case Else
    Befehl(e)]
End Select
```

Ausgangspunkt für die Auswahl ist das Resultat des Ausdrucks, der dem einleitenden SELECT-CASE-Befehl folgt. Er entscheidet darüber, welcher der nachfolgenden CASE-Befehle angesprungen und die ihm nachfolgenden Befehle ausgeführt werden. Dabei muß ein CASE-Befehl nicht unbedingt nur für einen ganz bestimmten Wert stehen, sondern kann mehrere verschiedene Werte bzw. einen ganzen Bereich von Werten abdecken.

Soll der CASE-Befehl für verschiedene Werte aufgerufen werden, müssen diese durch Kommata getrennt angegeben werden. Bereiche werden mit Hilfe des Befehlswortes TO definiert, dem die Untergrenze des Bereichs vorangehen und die Obergrenze folgen muß.

Eine vierte Möglichkeit stellt die Angabe des Befehlswortes IS in Verbindung mit einem der Vergleichsoperatoren =, <>, <, >, <= und >= dar. Nicht fehlen darf dabei natürlich ein Vergleichswert, aufgrund dessen der IS-Ausdruck entschieden wird.

Deckt keiner der verschiedenen CASE-Ausdrücke den jeweiligen Wert ab, werden die Befehle ausgeführt, die dem CASE-ELSE-Befehl folgen. Fehlt dieser Befehl, wird ein Fehler ausgelöst, weil kein passender CASE-Ausdruck gefunden werden konnte. Die verschiedenen Möglichkeiten demonstriert das folgende Beispielprogramm.

```
'SelectCase:
'   Demonstriert den Einsatz von Select-Case-Konstrukten
'   in WordBASIC-Makros
```

```
Sub MAIN

Input "Bitte geben Sie einen Wert ein: ", x
Select Case x
Case 0
     Print "Sie haben Null eingegeben."
Case 1, 2, 3
     Print "Sind Sie ein Fan von Lotus 1-2-3?"
Case 13
     Print "Mit Unglückszahlen spaßt man nicht!"
Case Is > 10000
     Print "Sie lieben große Zahlen. Der Wert ist größer als
10000."
Case Else
     Print "Mit diesem Wert kann ich nichts anfangen!"
End Select

End Sub
```

Programmwiederholungen mit FOR-NEXT

Soll ein bestimmter Programmteil mehrere Male hintereinander wiederholt werden, kommt in der Regel der FOR-NEXT-Befehl zum Einsatz, der zum Standardrepertoire aller bekannten BASIC-Dialekte zählt.

Seine Syntax lautet:

```
For Schleifenvariable = Start To Ziel
[Step Schrittweite]
     Befehl(e)
.
.
.
Next [Schleifenvariable]
```

Beim Erreichen des FOR-Befehls wird zunächst die Schleifenvariable, die numerischen Typs sein muß, auf den Startwert gesetzt. Danach wird sie mit dem Zielwert verglichen und mit der Ausführung der Befehle in der nächsten Programmzeile begonnen, wenn die beiden Werte nicht identisch sind.

Hat die Schleifenvariable hingegen den Zielwert erreicht, wird die Programmausführung hinter dem NEXT-Befehl fortgesetzt, der das Ende einer FOR-NEXT-Schleife markiert.

Er dient gleichzeitig aber auch als Marke, bei deren Erreichen wieder zum FOR-Befehl gesprungen wird. Dort wird die Schleifenvariable um den Wert 1 inkrementiert und erneut mit dem Zielwert verglichen. Nur, wenn sie diesen Wert noch nicht erreicht hat, wird ein erneuter Schleifendurchlauf gestartet.

Mit Hilfe des optionalen Parameters STEP können Sie einen individuellen Schrittwert festlegen, wenn die Schleife z.B. rückwärts zählen oder in größeren Schritten voranschreiten soll.

Innerhalb einer FOR-NEXT-Schleife können Sie übrigens auch auf die Schleifenvariable wie auf jede andere Variable zugreifen. So sinnvoll das auch in manchen Fällen sein mag, so leicht können sich dabei auch Fehler einschleichen wie in dem folgenden Programmbeispiel. Das verwandelt sich durch den Zugriff auf die Schleifenvariable I schnell in eine Endlosschleife, weil I niemals über den Wert 6 hinauskommt.

```
'ForNext:
'   Demonstriert den Aufruf einer For-Next-Schleife
'   und zeigt, wie man es in Bezug auf die Schleifen-
'   variable nicht machen sollte

Sub MAIN

For i = 1 To 100
      Print i
      i = 5
Next

End Sub
```

Schleifenwiederholungen durch WHILE-WEND

Eine andere Art von Programmschleife läßt sich mit Hilfe des WHILE-WEND-Befehl erstellen. Anders als beim FOR-NEXT-Befehl kann der Aufrufer bei seiner Verwendung eine beliebige Schleifenbedingung formulieren, die mit jedem Durchlauf des WHILE-Befehls abgetestet wird. Ein Schleifendurchlauf erfolgt danach nur, wenn diese Auswertung als Resultat TRUE, d.h. einen Wert ungleich Null geliefert hat.

Anderenfalls wird die Programmausführung mit der ersten Programmzeile hinter dem WEND-Befehl fortgeführt, die Schleifenausführung also beendet.

Der WHILE-WEND-Befehl bietet Ihnen damit wesentlich mehr Freiheiten als beispielsweise der FOR-NEXT-Befehl und sollte deshalb überall da eingesetzt werden, wo die Anzahl der Schleifendurchläufe nicht im voraus berechnet werden kann. Die Syntax dieses Befehls lautet:

```
While Ausdruck
Befehl(e)
```

•
•
•

Wend

Das folgende Programmbeispiel demonstriert ein typisches Anwendungsbeispiel für den Einsatz des WHILE-Befehls, wie es ähnlich bereits in der Einleitung zu diesem Kapitel beschrieben wurde. Es geht darum, sämtliche Vorkommen eines bestimmten Begriffs innerhalb des aktuellen Dokuments zu finden und sie in einer bestimmten Art und Weise zu verändern. Zwar enthält dieses Programm einige Befehle, die Sie bisher noch nicht kennen, doch sprechen bereits ihre Namen für sich.

```
'WhileWend:
'   Demonstriert den Einsatz von While-Wend-Schleifen
'   innerhalb von WordBASIC-Makros

'..Vor dem Aufruf des Makros muß ein Dokumentfenster
'   aktiviert werden, in dem Text gesucht werden soll


Sub MAIN

Input "Bitte geben Sie den gesuchten Begriff ein: ", t$

z = 0
BeginnDokument
BearbeitenSuchen t$
While BearbeitenSuchenGefunden()
        z = z + 1
        'den gefundenen Begriff verändern
        ' .
        ' .
        ' .
        BearbeitenSuchen t$
Wend

Print "Der gesuchte Begriff wurde"; z; " mal gefunden."

End Sub
```

Abfangen von Fehlermeldungen

Tritt während der Ausführung eines Makros eine Fehlerbedingung ein, führt dies in der Regel unter Ausgabe einer entsprechenden Fehlermeldung zu einem Programmabbruch. Das können Sie jedoch verhindern, denn nicht jeder Fehler ist auch einer. Das gilt insbesondere für die Betätigung der AB-BRECHEN-Schaltfläche innerhalb eines Dialogfensters, sofern dieses Dialogfenster mit Hilfe eines entsprechenden Befehls aus einem Makro heraus geöffnet wurde.

Zwar löst dies einen Fehler aus, doch gibt es in der Regel keine Veranlassung, deshalb auch das entsprechende Makro mit einer Fehlermeldung zu beenden. Vielmehr sollte auf die Verweigerung einer Eingabe durch den Anwender Bezug genommen und darauf entsprechend reagiert werden. Aber auch in anderen Fällen lohnt sich die Definition einer eigenen Fehlerbehandlungsroutine, wie sie mit Hilfe des ON-ERROR-Befehls möglich ist. Dabei kann dieser Befehl in drei Varianten verwendet werden, die in der folgenden Tabelle aufgeführt sind.

Befehl	Auswirkung
On Error Goto Label	setzt die Programmausführung nach Eintritt eines Fehlers in der Programmzeile fort, die durch das Label angegeben wird.
On Error Resume Next	unterbindet den Aufruf einer Fehlerbehandlungsroutine ganz. Die Programmausführung wird dadurch auch nach einem Fehler unverändert fortgeführt.
On Error Goto 0	nimmt einen der beiden vorhergehenden Befehle wieder zurück, wodurch beim Eintritt eines Fehlers wieder die ursprüngliche Fehlerbehandlungsroutine von WordBASIC aufgerufen wird.

Tab. 30.5: Varianten des ON-ERROR-Befehls

Haben Sie mit Hilfe des ON-ERROR-Befehls eine eigene Fehlerbehandlungsroutine installiert, können Sie in ihr über die vordefinierte Variable ERR den jeweils aktuellen Fehler abfragen und dadurch individuell auf die Fehlerursache eingehen. Eine Liste der möglichen Fehlernummern und ihrer Bedeutung finden Sie am Ende der Makroreferenz im folgenden Kapitel. Dort finden Sie unter der Beschreibung des Befehls INPUTBOX$ auch ein Beispiel für die Anwendung des ON-ERROR-Befehls.

STOP – Der Ausstieg

Manchmal muß der Ausstieg aus einem Makro ganz schnell und unmittelbar erfolgen. Und wenn nicht mal mehr Zeit bleibt, an das Ende des Hauptprogramms zu springen oder aus der aktuellen Prozedur in das Hauptprogramm zurückzukehren, dann können Sie sich des STOP-Befehls bedienen, um die Makroausführung sofort zu beenden.

Analog zur Reaktion auf einen Fehler wird dabei ein Fenster auf dem Bildschirm geöffnet, in dem der Anwender auf die anormale Beendigung des Makros hingewiesen wird. Sie sollten es jedoch nicht dabei belassen und noch vor der Ausführung des STOP-Befehls zusätzliche Informationen auf dem Bildschirm ausgeben, damit der Anwender den Grund der Beendigung erfährt.

Mehr über die dafür vorgesehenen Befehle erfahren Sie in einem der folgenden Kapitel.

Befehle und Funktionen

Annähernd 1000 Befehle und Funktionen stehen Ihnen unter WordBASIC zur Verfügung – eine beeindruckende Zahl, die automatisch die Frage aufwirft, wie man da den Überblick behalten soll.

Das allerdings ist gar nicht so schwierig, denn die meisten Befehle dienen lediglich dem Aufruf der verschiedenen Textverarbeitungsfunktionen von Word für Windows. Angefangen von Befehlen zum Einfügen von Absätzen, über Befehle, die der Formatierung des Textes dienen, bis hin zum Aufruf der Hilfsfunktionen, finden Sie hier also alles, was Sie auch bei der Arbeit mit Word für Windows über die Menübefehle, Tastaturkommandos und die Schaltflächen in den verschiedenen Symbolleisten erreichen können. Und wenn Sie die Lektüre dieses Buches nicht gerade mit diesem Kapitel begonnen haben, dann werden Sie die meisten dieser Befehle bereits kennen. Sicher nicht in bezug auf die jeweilige Syntax und andere Detailfragen, aber doch im Sinne eines Wiedererkennens beim Vergleich mit der manuellen Arbeit mit Word für Windows.

Dazu trägt auch die Namensgebung dieser Kategorie von Befehlen bei, die sich streng an den Namen orientiert, über die die verschiedenen Textverarbeitungsfunktionen auch in den Menüs von Word für Windows zu erreichen sind. Diese Namen führt Word für Windows Ihnen vor Augen, wenn Sie z.B. den MAKRO-Befehl aus dem EXTRAS-Menü aufrufen und in dem Dialogfeld MAKRO AUS: die Einstellung WORD-BEFEHLEN wählen.

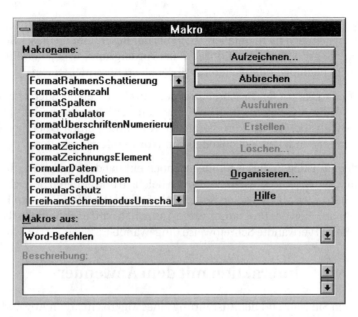

Abb. 30.1: Die Namen der Makrobefehle gehen mit den Namen der korrespondierenden Menübefehle einher

Allerdings sind es eigentlich nicht die Befehlsnamen, sondern die Namen der vordefinierten Makros, die in diesem Dialogfeld aufgeführt werden. *Makro* und *Befehl* sind in diesem Zusammenhang jedoch nur zwei verschiedene Begriffe für ein- und dasselbe Phänomen. Der Aufruf eines Befehls innerhalb eines Makroprogramms resultiert nämlich in nichts anderem als dem Aufruf des gleichnamigen Makros. In bezug auf alle Befehle, die die Textverarbeitungsfunktionen von Word für Windows auf der Makroebene nachbilden, sind diese beiden Begriffe deshalb austauschbar.

Da Ihnen die meisten dieser Befehle also zumindest im Hinblick auf ihre Aufgabe und ihren Namen bekannt sind, müssen sie hier nicht alle im Detail vorgestellt werden, zumal sie in der Makroreferenz im folgenden Kapitel detailliert beschrieben werden.

Ein grundsätzliches Konzept jedoch werden Sie in diesem Kapitel kennenlernen. Es dient der Übergabe von Informationen an Befehle, die beim manuellen Aufruf über ihren korrespondierenden Menübefehl den Aufbau eines Dialogfensters auf dem Bildschirm nach sich ziehen. Mehr darüber auf den nun folgenden Seiten.

Mehr erfahren Sie in diesem Kapitel aber auch über alle Befehle bzw. Befehlsgruppen, die nicht über die Benutzeroberfläche von Word für Windows erreicht werden können. Dort werden sie aber auch gar nicht benötigt, weil sie Aufgaben wahrnehmen, die im Bereich der manuellen Textverarbeitung einfach nicht anfallen. Auch bei der Beschreibung dieser Befehle stehen die grundlegenden Konzepte im Vordergrund, weil jeder einzelne Befehl im nachfolgenden Referenzteil detailliert beschrieben wird.

Dort finden Sie vor der Beschreibung der einzelnen Befehle auch eine Liste aller WordBASIC-Befehle inklusive einer kurzen Anmerkung über ihre jeweilige Aufgabe. Ein Blick in diese Liste wird Ihnen einen Überblick über den Umfang und die Möglichkeiten von WordBASIC verschaffen.

Vor dem Einstieg in dieses Kapitel sei noch einmal daran erinnert, daß die Graphie (die Groß-/Kleinschreibung von Befehlen und anderen Bezeichnern) innerhalb eines Makros keine Rolle spielt. Sobald WordBASIC einen Befehl beim Abarbeiten des Programmtexts erkannt hat, wird er ohnehin in die von WordBASIC verwandte Schreibweise umgewandelt.

Interaktion mit dem Anwender

Möchten Sie während der Ausführung eines Makros mit dem Anwender in Verbindung treten, unterstützt Sie WordBASIC dabei mit mehreren Makrobefehlen, die speziell für diese Aufgabe geschaffen wurden.

Allen voran ist dabei natürlich der PRINT-Befehl zu nennen, der in jedem BASIC-Dialekt der Ausgabe von Informationen auf dem Bildschirm dient. Hier jedoch ist es nicht der gesamte Bildschirm, sondern nur die Statuszeile eines Fensters, die für die Aufnahme der Ausgaben von PRINT bereitsteht.

Mehr Platz bietet da schon der Befehl MSGBOX, mit dessen Hilfe eine Nachrichtenbox auf den Bildschirm gebracht werden kann. Dazu müssen Sie in Verbindung mit diesem Befehl lediglich einen Nachrichten-String, einen Titel und einen numerischen Parameter angeben, der die verschiedenen Attribute der Box festlegt. Diese Attribute sind es, die das Sinnbild der Box, die angezeigten Schaltflächen und die Vorauswahl einer Schaltfläche festlegen. Einfacher geht es nicht.

Während Ihnen bei der Verwendung des MSGBOX-Befehls die Abfrage der vom Anwender ausgewählten Schaltfläche versagt bleibt, ist genau dies mit Hilfe der gleichnamigen Funktion möglich.

Das nachfolgende Programmlisting demonstriert eine einfache Anwendung, die auf der Basis des MSGBOX-Befehls realisiert wurde. Beachten Sie dabei bitte die Erweiterung der Nachricht über mehrere Zeilen durch Einfügen von Carriage-Returns (ANSI-Code 13).

30 • WordBASIC – Programmieren mit WinWord

```
'MsgBox:
'  Gibt Informationen über Word für Windows und Windows
'  mit Hilfe des Befehls MsgBox aus

Sub MAIN

mes$ = "Sie arbeiten mit Word für Windows, " + Chr$(13) + \
"Version " + AnwInfo$(2) + "," + Chr$(13) + "unter " +
AnwInfo$(1) + "."
MsgBox mes$, "Zu Ihrer Information", 0 + 48 + 0

End Sub
```

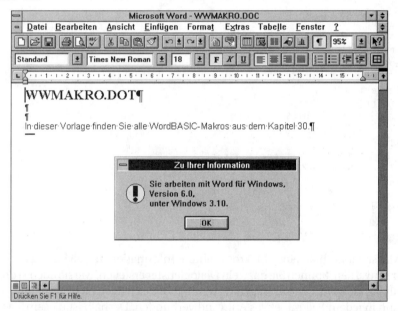

Abb. 30.2: Der Bildschirm nach dem Aufruf des MSGBOX-Befehls in dem obigen Beispiel-Makro

Aber nicht nur für die Ausgabe von Informationen hält WordBASIC verschiedene Befehle bereit, auch die Eingabe wird unterstützt. Dabei darf natürlich der obligatorische INPUT-Befehl nicht fehlen, der eine Eingabe des Anwenders in der Statuszeile entgegennimmt. Besser eignet sich für diese Aufgabe jedoch die Funktion INPUTBOX$(), weil sie für die Aufnahme der Eingaben ein Dialogfenster öffnet und damit besser zu einer Windows-Applikation paßt als der INPUT-Befehl.

Alles, was Sie in Verbindung mit diesem Befehl bereitstellen müssen, ist ein Abfrage-String, der dem Anwender mitteilt, welche Art von Information abgefragt werden soll. Optional können Sie jedoch noch zwei weitere Parameter beim Aufruf der INPUTBOX$()-Funktion angeben: den Titel des Dialogfensters und einen Vorgabe-String für die Eingabe.

```
'InputBox:
'   Abfrage eines Ausdrucks mit Hilfe von InputBox$() und
'   Abfangen der Fehlermeldung mit Hilfe von On-Error-Goto

Sub MAIN
On Error Goto Fehler

Default$ = "5*3+2"
F$ = InputBox$("Zu bewertender Ausdruck (X=....)",, Default$)

Auswertung:
result = ExtrasBerechnen(F$)
Print "Alles o.k. "; F$; " ="; result
Goto Ende

Fehler:
If Err = 102 Then
      F$ = default$
      Goto Auswertung
Else
      Print "Ungültiger Ausdruck"
      Error Err
End If

Ende:

End Sub
```

Müssen innerhalb eines Makros mehrere Informationen gleichzeitig abgefragt werden, können Sie dazu ein Dialogfenster erstellen, wie sie auch Word für Windows für viele Abfragen verwendet. Das ist jedoch nicht ganz einfach und in jedem Fall mit etwas Aufwand verbunden. Deshalb ist diesem Thema auch ein eigenes Kapitel gewidmet.

Eine Möglichkeit, die Eingaben des Anwenders nachzuahmen, stellt der SENDKEYS-Befehl dar. Er erwartet als Argument einen String, der die Tasten spezifiziert, deren Betätigung simuliert werden soll. Mehr über diesen Befehl erfahren Sie in der Makroreferenz.

Interaktions-Befehle	Wirkung
Beep	Erzeugt ein akustisches Signal
Input	Variablen aus Datei lesen
InputBox$()	Bringt eine Eingabebox auf den Bildschirm

30 • WordBASIC – Programmieren mit WinWord

Interaktions-Befehle	Wirkung
MsgBox	Öffnet eine Nachrichten-Box auf dem Bildschirm
MsgBox()	Liefert das Resultat einer Nachrichten-Box
Print	Schreibt Informationen in die Statuszeile
SendKeys	Simuliert Tastenanschläge

Tab. 30.6: Der SENDKEY-Befehl

Zugriff auf Dateien

Dateien können unter WordBASIC nicht nur im Sinne von Dokumenten bearbeitet werden, die geladen, modifiziert und später wieder abgespeichert werden. Auch der Zugriff auf binäre Dateien ist möglich, weil WordBASIC über alle dafür notwendigen Befehle und Funktionen verfügt. Sie tragen die Namen OPEN, CLOSE, PRINT#, INPUT#, INPUT$(), LINE INPUT#, READ, WRITE, LOF(), EOF() und SEEK. Einzig die bekannten Befehle FIELD, GET und PUT fehlen, wodurch WordBASIC Dateien nur sequentiell und nicht in Form von Datensätzen bearbeiten kann. Dafür entschädigt jedoch der SEEK-Befehl, mit dessen Hilfe in Verbindung mit PRINT# und INPUT$() auch die Arbeit mit Datensätzen möglich ist.

Geöffnet werden Dateien immer durch Aufruf des OPEN-Befehls, und dieser Aufruf muß jedem Zugriff auf die Datei vorausgehen. In Verbindung mit seinem Aufruf muß neben dem Namen der Datei und einem Zugriffsmodus immer auch eine Dateinummer angegeben werden. Sie stellt den Schlüssel dar, über den die Datei in Verbindung mit allen anderen Dateibefehlen angesprochen werden kann.

Die Verwendung eines Schlüssels wird erforderlich, weil gleichzeitig nicht nur eine, sondern bis zu vier Dateien bearbeitet werden können, die dann natürlich auch über vier verschiedene Dateischlüssel verfügen müssen. Geben Sie als Dateischlüssel deshalb immer eine Nummer zwischen 1 und 4 an, der in der Regel ein #-Zeichen vorausgehen muß, um sie als Dateinummer kenntlich zu machen.

Mit dem Schließen einer Datei über den CLOSE-Befehl wird auch ein Dateischlüssel wieder frei, so daß er in Verbindung mit dem nächsten OPEN-Befehl wieder verwandt werden kann.

Von den verschiedenen Befehlen zur Ausgabe und zum Auslesen von Informationen aus bzw. in eine Datei passen nicht alle zusammen, weil sie die

Daten in einem unterschiedlichen Format erwarten bzw. ablegen. So sollten Daten, die mit Hilfe von WRITE geschrieben wurden, auch nur mit Hilfe von READ gelesen werden. Diese beiden Befehle verwenden ein Dateiformat, wie es auch viele Datenbankprogramme nutzen, wenn Datensätze in ASCII- (bzw. ANSI-) Form gespeichert werden sollen.

Jeweils ein Datensatz wird dabei in einer Zeile festgehalten, wobei jede Zeile durch die Kombination der Zeichen Carriage-Return/Linefeed (Chr$(13)+ Chr$(10)) beendet wird. Innerhalb einer Zeile werden die einzelnen Datenelemente jeweils durch ein Komma getrennt. Strings werden dabei in Anführungszeichen eingefaßt.

Ein Auszug aus einer solchen Datei könnte also wie folgt aussehen:

```
"Huber", "Thomas", "Moltkestraße 13", 8000, "München", -1, 44,
3.5<CR><LF>
"Dettel", "Wolfgang", "Herrnweg 3", 1, "Berlin 3", -0, 140, -
2.7<CR><LF>
.
.
.
```

Anders dagegen die Befehle PRINT# und INPUT#, die ebenfalls nur im Zusammenspiel miteinander eingesetzt werden sollten. Zwar können auch sie dazu genutzt werden, numerische Variablen und Strings in eine Datei zu schreiben bzw. aus einer Datei zu lesen, doch setzen sie dabei ein anderes Dateiformat voraus als READ und WRITE.

Sie nämlich trennen die verschiedenen Variablen nicht durch Kommata und markieren Strings auch nicht durch Leerzeichen, wenn Sie diese nicht "per Hand" als String-Argument ausgeben. Statt dessen werden die verschiedenen Variablen durch einen Tabulator getrennt, wenn sie in Verbindung mit dem PRINT#-Befehl selbst durch Kommata getrennt wurden. Die Trennung durch Semikolon hingegen bewirkt die direkte Aneinanderreihung der ausgegebenen Zeichen innerhalb der Datei.

Ein Komma oder Semikolon sollten Sie übrigens auch an das Ende eines PRINT#-Befehls immer dann setzen, wenn nicht automatisch die Zeichenkombination Carriage-Return/Linefeed (Chr$(13)+Chr$(10)) hinter dem letzten Zeichen ausgegeben werden soll. Das nämlich ist die Voreinstellung, von der dieser Befehl ohne eine gegensätzliche Angabe ausgeht.

Gleiches gilt aber natürlich auch für einen INPUT#-Befehl, der den Aufbau das vorhergehenden PRINT#-Befehls im Hinblick auf den Einsatz von Kommata und Semikola zur Argumenttrennung genau nachvollziehen muß, damit die Variablen einwandfrei eingelesen werden können.

Geht es Ihnen aber darum, nicht einzelne Variable, sondern die einzelnen Zeichen aus einer Datei auszulesen, dann sollten Sie sich der Funktion INPUT$() bedienen. Mit ihrer Hilfe wird jeweils eine vom Aufrufer bestimmte Anzahl von Zeichen aus einer Datei ausgelesen und als Funktionsergebnis an den Aufrufer zurückgeliefert. Dadurch lassen sich auch binäre Dateien bearbeiten, was mit Hilfe der bisher beschriebenen Befehle nicht möglich ist, weil sie ein bestimmtes Dateiformat voraussetzen.

Möchten Sie auf die Umgebungsdatei von Windows, die Datei WIN.INI, zugreifen, können Sie sich dazu natürlich der obengenannten Befehle bedienen. Aber es geht noch einfacher, denn mit der Funktion GetProfileString$() und dem Befehl SetProfileString können Sie direkt auf die verschiedenen Umgebungsvariablen zugreifen, die in dieser Datei festgehalten werden. Seit der Version 6.0 kennt WinWord darüber hinaus die beiden Funktionen SetPrivateProfileString() und GetPrivateProfileString$(), mit deren Hilfe sich Einstellungen in beliebigen INI-Dateien abfragen und speichern lassen. Man bleibt dadurch nicht mehr auf die Nutzung der Windows-Initalisierungsdatei WIN.INI beschränkt, sondern kann ganz nach Belieben eigene INI-Dateien anlegen und die gewünschten Einstellungen darin ablegen.

Aber nicht nur die Manipulation von Dateien ist unter WordBASIC möglich, auch für die Suche nach Dateien hält WordBASIC einen Befehl, genauer gesagt: eine Funktion, bereit. Sie trägt den Namen File$() und kann durch Angabe eines Dateinamens mit Jokerzeichen (* und ?) für die Realisierung einer DIR-ähnlichen Routine genutzt werden. Das folgende Programmbeispiel macht dies deutlich.

```
'Files:
'   Demonstriert die Suche nach Dateien mit Hilfe der Files$()-
Funktion.
'   Es legt ein neues Dokument an und trägt dort die Namen sowie
die Anzahl
'   der Dateien im Hauptverzeichnis der Festplatte ein

Sub MAIN

d$ = "c:\*.*"

DateiNeu
Einfügen "Suche nach: " + Chr$(34) + d$ + Chr$(34)
EinfügenAbsatz
EinfügenAbsatz
anz = 0
n$ = Files$(d$)
```

```
    While n$ <> ""
        Einfügen n$
        EinfügenAbsatz
        anz = anz + 1
        n$ = Files$()
    Wend

    If anz <> 0 Then EinfügenAbsatz
    Select Case anz
        Case 0
            Einfügen "Es wurden keine Dateien gefunden."
        Case 1
            Einfügen "Es wurde eine Datei gefunden."
        Case Else
            Einfügen "Es wurden" + Str$(anz) + " Dateien gefun-
den."
    End Select
    EinfügenAbsatz
End Sub
```

Damit Sie ein Gefühl für die Möglichkeiten der Dateiverarbeitung unter WordBASIC gewinnen, hier ein tabellarischer Überblick über die verschiedenen Befehle und Funktionen, die in diesem Zusammenhang von Bedeutung sind.

Dateibefehle	Funktionen
ChDir	Wechselt aktuelles Verzeichnis
Close	Schließt Dateien
DateiName$()	Liefert den Namen einer Datei aus dem DATEI-Menü
Eof()	Überprüft, ob das Ende einer Datei erreicht wurde
File$()	Sucht Dateien
Input	Liest Variablen aus Datei
Input$()	Liest Zeichen aus einer Datei
Kill	Löscht eine Datei
Line Input	Liest eine Zeile aus einer Datei ein
Lof()	Ermittelt die Dateilänge
MkDir	Legt ein neues Verzeichnis an
Name	Benennt eine Datei um
Open	Öffnet eine Datei zum Lesen oder Beschreiben
Print	Schreibt Informationen in die Statuszeile oder in eine Datei
Read	Liest Informationen aus einer Datei

Dateibefehle	Funktionen
RmDir	Löscht ein Verzeichnis
Seek	Bewegt den Dateizeiger
Seek()	Fragt die Position des Dateizeigers ab
Write	Schreibt numerische und String-Variablen in eine Datei

Tab. 30.7: WordBASIC-Befehle zur Dateibearbeitung

Einfügemarke bewegen und Text markieren

WordBASIC kennt zahlreiche Befehle, mit deren Hilfe die Einfügemarke im Text bewegt werden kann. Sie finden ihre Entsprechung nicht in Menübefehlen, sondern in den zahlreichen Tasten und Tastenkombinationen, die diese Aufgabe auf der Anwenderebene wahrnehmen.

Entsprechend ihrer Funktion werden diese Befehle von WordBASIC ZeichenLinks, AbsatzOben oder BeginnDokument genannt. Ihnen können in der Regel ein oder zwei optionale Parameter nachgestellt werden. Der erste legt einen Wiederholungsfaktor fest, so daß sich die Einfügemarke z.B. mit Hilfe eines Aufrufs von ZeichenRechts gleich um eine ganze Reihe von Zeichen nach rechts bewegen läßt, und gleiches gilt entsprechend auch für alle anderen Befehle.

Der zweite Parameter bietet Ihnen die Möglichkeit, mit der Bewegung der Einfügemarke gleichzeitig den markierten Bereich zu erweitern oder zu verkleinern. Dazu muß für diesen Parameter ein Wert ungleich Null angegeben werden. Der Wert 0 oder ein Fehlen dieses Parameters lassen den Befehl hingegen eine bestehende Markierung löschen.

Befehle	Funktionen
Abbrechen	Bricht einen Bearbeitungsmodus ab
AbrufenMarkierungAnfangPosition()	Liefert Anfangsposition der aktuellen Markierung
AbrufenMarkierungEndePosition()	Liefert Endposition der aktuellen Markierung
AbrufenText$()	Liefert Text aus angegebenem Bereich

Befehle	Funktionen
AbsatzOben	Einfügemarke um einen oder mehrere Absätze nach oben bewegen
AbsatzOben()	Bewegt Einfügemarke um einen oder mehrere Absätze nach oben und liefert Erfolgsmeldung
AbsatzUnten	Bewegt die Einfügemarke im aktuellen Dokument um einen oder mehrere Absätze nach unten
AbsatzUnten()	Bewegt die Einfügemarke um einen oder mehrere Absätze nach unten und zeigt den Erfolg der Bewegung an
AmAnfangDesDokuments()	Zeigt an, ob sich die Einfügemarke am Anfang des Dokuments befindet
AmEndeDesDokuments()	Zeigt an, ob sich die Einfügemarke am Ende des aktuellen Dokuments befindet.
BearbeitenAllesMarkieren	Markiert gesamtes Dokumentfenster
Einfügen	Fügt den Inhalt der Zwischenablage in den Text ein
EndeDokument	Bewegt die Einfügemarke an das Ende des aktuellen Dokuments
EndeDokument()	Zeigt an, ob sich die Einfügemarke am Ende des aktuellen Dokuments befindet
EndeFenster	Bewegt die Einfügemarke zum Zeichen in der unteren rechten Fensterecke
EndeFenster()	Zeigt an, ob sich die Einfügemarke in der unteren rechten Fensterecke befindet
EndeSpalte	Bewegt die Einfügemarke in die letzte Zeile der aktuellen Tabellenspalte
EndeSpalte()	Überprüft, ob sich die Einfügemarke in der letzten Zeile der aktuellen Tabellenspalte befindet
EndeTabellenzeile	Bewegt die Einfügemarke in die letzte Spalte der aktuellen Tabellenzeile
EndeTabellenzeile()	Überprüft, ob sich die Einfügemarke in der letzten Spalten der aktuellen Tabellenzeile befindet

Befehle	Funktionen
EndeZeile	Bewegt die Einfügemarke an das Ende der aktuellen Zeile
EndeZeile()	Überprüft, ob sich die Einfügemarke am Ende eine Zeile befindet
GeheZuAnmerkungsbereich	Markiert den Text, der mit der Anmerkung unter der Einfügemarke verknüpft ist
GeheZuKopfFußzeile	Bewegt die Einfügemarke von der Kopfzeile in die Fußzeile und umgekehrt
GeheZuNächstem*Element*	Bewegt die Einfügemarke zum nächsten Element eines bestimmten Typus.
GeheZuVorherigem*Element*	Bewegt die Einfügemarke zum vorhergehenden Element eines bestimmten Typus
HRollen	Führt einen horizontalen Bildlauf bezogen auf die Bildlaufleiste durch
HSeite	Führt einen horizontalen Bildlauf bezogen auf die Dokumentbreite durch
HZeile	Führt zeilenweise einen horizontalen Bildlauf durch
MarkierungAktuellAbstand	Erweitert die Markierung vom Anfang eines Dokuments, bis ein Absatz mit einem anderen Zeilenabstand gefunden wird
MarkierungAktuellAusrichtung	Erweitert die Markierung vom Anfang eines Dokuments, bis eine unterschiedliche Absatzausrichtung gefunden wird
MarkierungAktuellEinzug	Erweitert die Markierung vom Anfang eines Dokuments, bis ein Text mit linken oder rechten Absatzeinzug gefunden wird
MarkierungAktuellFarbe	Erweitert die Markierung in Richtung Dokumentende, bis ein Text in einer anderen Farbe gefunden wird
MarkierungAktuellSatz	Markiert den gesamten Satz, in dem sich die Einfügemarke befindet

Befehle	Funktionen
MarkierungAktuellSchriftart	Erweitert die Markierung in Richtung Dokumentende, bis ein Text in einer anderen Schriftart oder -größe gefunden wird
MarkierungAktuellTab	Erweitert die Markierung vom Anfang eines Absatzes, bis ein Absatz mit andersartigen Tabstopps gefunden wird
MarkierungAktuellWort	Markiert das Wort, über dem sich die Einfügemarke befindet
MarkierungArt	Bestimmt die Art der Anzeige für markierten Text
MarkierungErweitern	Schaltet den Erweiterungsmodus an oder erweitert die Markierung, falls dieser bereits aktiv ist
MarkierungsbereichBestimmen	Bestimmt den Markierungsbereich in einem Dokument
MarkierungVerkleinern	Schränkt den markierten Bereich ein
NächsteSeite	Bewegt die Einfügemarke in der Layoutansicht zur nächsten Seite
NächsteSeite()	Bewegt die Einfügemarke in der Layoutansicht zur nächsten Seite und liefert Erfolgsmeldung
NächstesFeld	Bewegt die Einfügemarke zur nächsten Feldfunktion
NächstesFeld()	Bewegt die Einfügemarke zur nächsten Feldfunktion und liefert Erfolgsmeldung
NächstesFenster	Schaltet in das nächste Fenster um
NächstesObjekt	Bewegt die Einfügemarke in der Layoutansicht zum nächsten Dokumentobjekt
NächsteZelle	Bewegt die Einfügemarke zur nächsten Zelle innerhalb einer Tabelle
NächsteZelle()	Bewegt die Einfügemarke zur nächsten Zelle innerhalb einer Tabelle und liefert Erfolgsmeldung

Befehle	Funktionen
SatzLinks	Bewegt die Einfügemarke um einen oder mehrere Sätze nach links
SatzLinks()	Bewegt die Einfügemarke um einen oder mehrere Sätze nach links und liefert Erfolgsmeldung
SatzRechts	Bewegt die Einfügemarke um einen oder mehrere Sätze nach rechts
SatzRechts()	Bewegt die Einfügemarke um einen oder mehrere Sätze nach rechts und liefert Erfolgsmeldung
SpalteMarkieren	Schaltet den Spaltenmarkierungsmodus
VorherigeSeite	Zeigt vorherige Seite an, ohne die Einfügemarke zu bewegen
VorherigeSeite()	Vorherige Seite anzeigen und Erfolgsmeldung zurückliefern
VorherigesFeld	Bewegt die Einfügemarke zur vorhergehenden Feldfunktion im Text
VorherigesFeld()	Bewegt die Einfügemarke zur vorhergehenden Feldfunktion im Text und liefert Erfolgsmeldung
VorherigesObjekt	Bewegt die Einfügemarke zum vorhergehenden Dokumentobjekt
VorherigeZelle	Bewegt die Einfügemarke zur vorhergehenden Zelle innerhalb einer Tabelle
VorherigeZelle()	Markiert den Inhalt der vorhergehende Zelle innerhalb einer Tabelle und liefert Erfolgsmeldung
VRollen	Führt einen vertikalen Bildlauf in Bezug auf die Dokumenlänge durch
VRollen()	Führt einen vertikalen Bildlauf in Bezug auf die Dokumenlänge durch und liefert Erfolgsmeldung
VSeite	Führt einen vertikalen Bildlauf in Bezug auf die Größe des Dokumentfensters durch

Befehle	Funktionen
VZeile	Führt einen vertikalen Bildlauf um ein Vielfaches einer Zeile durch
WortLinks	Bewegt die Einfügemarke um ein oder mehrere Wörter nach links
WortLinks()	Bewegt die Einfügemarke um ein oder mehrere Wörter nach links und liefert Erfolgsmeldung
WortRechts	Bewegt die Einfügemarke um ein oder mehrere Wörter nach rechts
WortRechts()	Bewegt die Einfügemarke um ein oder mehrere Wörter nach rechts und liefert Erfolgsmeldung

Tab. 30.8: WordBASIC-Befehle zum Bewegen der Einfügemarke

Zugriff auf ein Dokument

Den Inhalt eines Dokuments bearbeiten heißt Zeichen, Absätze und andere Textelemente in ein Dokument einfügen, löschen, kopieren oder verschieben. Innerhalb von WordBASIC werden diese elementaren Aufgaben durch verschiedene Befehle und Funktionen realisiert, die im wesentlichen auf den Befehlen aus den Menüs BEARBEITEN und EINFÜGEN beruhen. Darüber hinaus finden sich im Sprachschatz von WordBASIC aber auch zwei Befehle, mit deren Hilfe Text direkt zwischen einem Makro und einem Dokument transferiert werden kann. Ihre Namen lauten Einfügen und Markierung$(), wobei letzterer keinen Befehl, sondern eine Funktion darstellt.

Dem Einfügen-Befehl muß immer eine String-Variable bzw. ein Stringausdruck folgen, der den einzufügenden Text angibt. Er wird an der aktuellen Position der Einfügemarke in das aktuelle Dokument eingefügt, wobei keinerlei Zeichen- oder Absatzformate berücksichtigt werden können.

Deshalb auch muß es sich bei dem Text in dem übergebenen String um unformatierten Text handeln, der lediglich einige spezielle Steuerzeichen enthalten darf. Sie dienen dem Einfügen von Tabulatoren, Absätzen oder Zeilenschaltungen und werden detailliert im Makro-Referenzteil beschrieben.

Das Gegenstück zum Einfügen-Befehl stellt die Funktion Markierung$() dar. Sie liefert einem Makro als Funktionsergebnis den Text zurück, den der markierte Bereich im aktuellen Dokument umfaßt. Auch hier werden keine Zeichen oder Absatzformate berücksichtigt, sondern roher, unformatierter Text zurückgeliefert.

Sie sollten beim Aufruf dieser Funktion allerdings darauf achten, daß der markierte Bereich nicht zu groß ist, denn länger als 32000 Zeichen darf ein String unter WordBASIC auf keinen Fall sein. Einfügen ist übrigens nur einer von vielen Befehlen, mit deren Hilfe die verschiedensten Arten von Informationen in ein Dokument eingefügt werden können und die allesamt mit den Menübefehlen aus dem EINFÜGEN-Menü korrespondieren. Sie alle beginnen deshalb mit dem Befehlswort Einfügen.

Als Beispiel für den Einsatz der beiden Befehle Einfügen und Markierung$() demonstriert das folgende Beispiel-Makro die Verschlüsselung des Textes im aktuellen Fenster. Aber keine Angst! Ihr Text geht dadurch nicht unwiederbringlich verloren. Rufen Sie das Makro einfach ein zweites Mal auf, um den Text wieder in seinen ursprünglichen Zustand zu versetzen.

```
'EinfügenMarkierung
'   Demonstriert den Zugriff auf ein Dokument, indem der Text
'   im aktuellen Fenster verschlüsselt wird.
'   Ein erneuter Aufruf entschlüsselt den Text

'**********************************************************************
'*** Funktion verschlüsseln: Ein Zeichen wird in seiner
Zeichengruppe
'*** (Großbuchstaben, Kleinbuchstaben oder Zahlen) umgedreht.
'*** Aus A wird so Z, aus b, y und aus 0 9
'
Function verschlüsseln(zcode, unter$, ober$)
verschlüsseln = Asc(ober$) - zcode + Asc(unter$)
End Function

'*** H A U P T P R O G R A M M
'**********************************************

Sub MAIN

Print "Verschlüsselung läuft."
BeginnDokument

weiter = 1
While weiter
      BeginnZeile
      AbsatzUnten 1, 1
      abalt$ = Markierung$()
      abneu$ = ""
      BearbeitenLöschen
      weiter = AbsatzUnten()
      If weiter Then AbsatzOben
```

```
            For i = 1 To Len(abalt$)
                z = Asc(Mid$(abalt$, i, 1))
                Select Case z
                    Case Asc("A") To Asc("Z")
                        z = verschlüsseln(z, "A", "Z")
                    Case Asc("a") To Asc("z")
                        z = verschlüsseln(z, "a", "z")
                    Case Asc("0") To Asc("9")
                        z = verschlüsseln(z, "0", "9")
                    Case Else
                        'Zeichen bleibt so
                End Select
                abneu$ = abneu$ + Chr$(z)
            Next i
            Einfügen abneu$
Wend

BeginnDokument
Print "Verschlüsselung beendet."

End Sub
```

Bitte denken Sie bei der Arbeit mit diesen Befehlen immer daran, daß Word für Windows nicht mit dem normalen PC-Zeichensatz (IBM ASCII), sondern mit dem standardisierten ANSI-Zeichensatz arbeitet. Eine Tabelle der ANSI-Codes finden Sie im Anhang dieses Buches.

Befehle	**Funktionen**
AutoFestlegenIndexEintrag	Automatische Indizierung eines Dokuments
BearbeitenAusschneiden	Markierten Bereich ausschneiden
BearbeitenEinfügen	Fügt den Inhalt der Zwischenablage in das aktuelle Dokument ein
BearbeitenErsetzen	Startet das Suchen und Ersetzen von Text
BearbeitenGeheZu	Bewegt die Einfügemarke zu einer Seite oder einem Objekt
BearbeitenKopieren	Kopiert die Markierung in die Windows-Zwischenablage
BearbeitenLöschen	Löscht die Markierung
BearbeitenObjekt	Öffnet OLE-Objekt zur Bearbeitung
BearbeitenRückgängig	Macht die letzte Aktion des Anwenders rückgängig

Befehle	Funktionen
BearbeitenSuchen	Startet die Suche nach Text
BearbeitenWiederherstellen	Wiederholt der zuletzt rückgängig gemachte Aktion
BearbeitenWiederholen	Wiederholt die letzte Aktion
EinfügenAbbildungsVerzeichnis	Fügt ein Abbildungsverzeichnis an der Einfügemarke ein
EinfügenAutoBeschriftung	Definiert eine Beschriftung für eine bestimmte Art von Objekt
EinfügenBeschriftung	Versieht das markierte Element mit einer Beschriftung
EinfügenBeschriftungHinzu	Definiert eine neue Art von Beschriftung
EinfügenBeschriftungNumerierung	Legt ein Format für Folgezahlen in Beschriftungen für eine bestimmte Elementart fest
EinfügenIndex	Stellt einen Index aus Indexfeldern zusammen
EinfügenInhaltsverzeichnis	Fügt ein Inhaltsverzeichnis-Feld in den Text ein
EinfügenManuellerWechsel	Fügt einen manuellen Spalten-, Seiten- oder Abschnittswechsel in den Text ein
EinfügenQuerverweis	Fügt einen Querverweis auf ein Element ein, für das eine Beschriftungskategorie definiert ist
EinfügenSammlung	Fügt den Inhalt des AutoText-Eintrags "Sammlung" in das aktuelle Dokument ein
EinfügenSeitenwechsel	Fügt einen Seitenumbruch in den Text ein
EinfügenSeitenzahlen	Fügt ein Seite-Feld in eine Kopf- oder Fußzeile ein
EinfügenSonderzeichen	Fügt ein Sonderzeichen in den Text ein
EinfügenSpaltenwechsel	Fügt einen Spaltenumbruch in das Dokument ein

Befehle	Funktionen
GroßKleinschreibungÄndern	Legt die Groß-/Kleinschreibung im markierten Bereich fest
GroßKleinschreibungÄndern()	Zeigt an, ob der markierte Text Groß- und/oder Kleinbuchstaben enthält
IndexEintragFestlegen	Fügt ein Indexfeld in den Text ein
InhaltsverzeichnisEintragAuswählen	Fügt neben markiertem Text einen Inhaltsverzeichniseintrag ein
LetztesWortLöschen	Löscht das Wort links von der Einfügemarke
ModusErweitern()	Zeigt an, ob der Erweiterungsmodus aktiv ist
OK	Beendet einen Bearbeitungsmodus
Sammlung	Löscht die markierten Zeichen und kopiert sie in den AutoText "Sammlung"
TextKopieren	Kopiert einen Text innerhalb eines Dokuments
TextVerschieben	Hilft bei der Verschiebung von Textteilen
Überschreiben	Schaltet zwischen Einfüge- und Überschreibmodus um
Überschreiben()	Zeigt an, ob Einfüge- oder Überschreibmodus aktiv ist
WortLöschen	Löscht das Wort unter der Einfügemarke

Tab. 30.9: Befehle zum Zugreifen auf ein Dokument

String-Funktionen und numerische Funktionen

Damit Strings und numerische Argumente verarbeitet werden können, hält WordBASIC einige numerische Funktionen und String-Funktionen bereit. Sie entsprechen weitestgehend den bekannten BASIC-Funktionen, wie man sie in fast allen modernen BASIC-Interpretern bzw. BASIC-Compilern vorfindet. Allerdings wurden vor allem im Hinblick auf die numerischen Funktionen einige Abstriche gemacht, weil WordBASIC kein Entwicklungssystem für numerische Applikationen darstellen soll. Auf trigonometrische Funktionen wurde deshalb ebenso verzichtet wie auf eine Exponentialfunktion.

Nicht gegeizt hat man hingegen mit String-Funktionen, die für die Bearbeitung von Texten natürlich eine wichtige Rolle spielen. Die folgenden beiden Tabellen geben Ihnen einen Überblick.

String-Funktionen

Chr$()	Liefert ein ANSI-Zeichen
Date$()	Ermittelt das Tagesdatum
InStr	Sucht in einem String nach Zeichen
LCase$()	Konvertiert einen String in Kleinbuchstaben
Left$()	Liefert die ersten n Zeichen aus einem String
Len()	Ermittelt die Länge eines Strings
Mid$()	Isoliert einen Teilstring aus einem String
Right$()	Liefert einen Teilstring vom rechten Ende eines Strings
Str$()	Verwandelt ein numerisches Argument in einen String
String$()	Vervielfältigt ein Zeichen
Time$()	Liefert die aktuelle Uhrzeit
Überschreiben	Schaltet zwischen Einfüge- und Überschreibmodus um
UCase$()	Verwandelt eine Zeichenkette in Großbuchstaben

Tab. 30.10: String-Funktionen

Numerische Funktionen

Abs()	Bildet den Absolutwert einer Zahl
Asc()	Liefert den ANSI-Code eines Zeichens
ExtrasBerechnen()	Liefert das Resultat eines Ausdrucks
Int()	Rundet einen Ausdruck
Rnd()	Liefert einen Zufallswert
Sgn()	Ermittelt das Vorzeichen einer Zahl
Val()	Liefert den numerischen Wert einer String-Zahl

Tab. 30.11: Numerische Funktionen

Formatierungen

Bereits in Kapitel 29 haben Sie bei der Aufzeichnung des Makros "WortFett" einen Formatierungsbefehl kennengelernt, den Fett-Befehl. Er ist nur einer von zahlreichen Befehlen, die sich der Formatierung der verschiedenen Bestandteile eines Dokuments verschrieben haben und dabei mit den zahlreichen Befehlen aus dem FORMAT-Menü korrespondieren.

WordBASIC hält aber nicht nur Befehle zur Vornahme von Formatierungen bereit, sondern verfügt darüber hinaus über zahlreiche Funktionen, mit deren Hilfe Formate abgefragt werden können. So existieren beispielsweise alle Befehle zur Zeichenformatierung (Fett, Kursiv, Unterstreichen etc.) nicht nur als Befehl, sondern auch als Funktion, mit deren Hilfe sich überprüfen läßt, ob die Zeichen im markierten Bereich das jeweilige Zeichenattribut aufweisen.

Gleiches gilt übrigens auch für die Befehle, die der Formatierung von Absätzen dienen. Als Beispiel seien dabei nur die Befehle AbsatzLinks, AbsatzRechts, AbsatzZentriert und AbsatzBlock genannt, die die Ausrichtung der markierten Absätze festlegen und unter gleichem Namen auch als Funktion existieren.

Hier ein tabellarischer Überblick über alle Befehle, die mit der Formatierung der verschiedenen Bestandteile eines Dokuments in Zusammenhang stehen.

Zeichenformate	
DoppeltUnterstreichen	Versieht die markierten Zeichen mit dem Attribut "DoppeltUnterstreichen" oder entfernt es
DoppeltUnterstreichen()	Prüft, ob die markierten Zeichen mit dem Attribut "DoppeltUnterstreichen" versehen sind
Durchstreichen	Versieht die markierten Zeichen mit dem Attribut "Durchstreichen" oder entfernt es
Durchstreichen()	Prüft, ob die markierten Zeichen mit dem Attribut "Durchstreichen" versehen sind
EmpfängerAdreßSchriftart	Definiert das Zeichenformat für die Anschrift auf einem Briefumschlag
Fett	Schaltet die markierten Zeichen fett oder entfernt dieses Zeichenattribut

Zeichenformate	
Fett()	Überprüft, ob die markierten Zeichen fett formatiert sind
FormatAbsenderSchriftart	Bestimmt das Zeichenformat für die Absenderangabe auf einem Briefumschlag
FormatEinfügen	Weist einer Markierung das mit dem Befehl FormatKopieren kopierte Format zu
FormatGroßKleinschreibung	Stellt die Groß-/Kleinschreibung der markierten Zeichen ein
FormatKopieren	Überträgt die Zeichenformatierung eines Zeichens auf den markierten Text
FormatZeichen	Formatiert die Zeichen im markierten Bereich
Großbuchstaben	Verwandelt die Zeichen im markierten Bereich in Großbuchstaben oder entfernt dieses Zeichenattribut wieder
Großbuchstaben()	Überprüft, ob die Zeichen im markierten Bereich als Großbuchstaben dargestellt werden
Hochgestellt	Versieht die Zeichen im markierten Bereich mit dem Zeichenattribut "Hochgestellt" oder entfernt dieses Zeichenattribut wieder
Hochgestellt()	Überprüft, ob die Zeichen im markierten Bereich das Zeichenattribut "Hochgestellt" aufweisen
Kapitälchen	Verwandelt die Zeichen im markierten Bereich in Kapitälchen oder entfernt dieses Zeichenattribut wieder
Kapitälchen()	Überprüft, ob die Zeichen im markierten Bereich als Kapitälchen dargestellt werden
Kursiv	Schaltet die markierten Zeichen kursiv oder entfernt dieses Zeichenattribut wieder
Kursiv()	Überprüft, ob die markierten Zeichen kursiv geschaltet sind

Zeichenformate

PunktiertUnterstreichen	Weise den markierten Zeichen das Attribut "punktiert Unterstreichen" zu oder entfernt es wieder
PunktiertUnterstreichen()	Überprüft, ob die Zeichen im markierten Bereich punktiert unterstrichen sind
Schriftart	Stellt die Schriftart und den Schriftgrad der markierten Zeichen ein
Schriftart$()	Liefert die Schriftart der markierten Zeichen
SchriftartenErsetzung	Stellt die Optionen für die automatische Ersetzung von Schriftarten ein
Schriftgrad	Stellt die Schriftgröße der Zeichen im markierten Bereich ein
Schriftgrad()	Liefert die Schriftgröße der Zeichen im markierten Bereich
SchriftgradAuswahl	Ermöglicht die Auswahl der Schriftgröße für die Zeichen im markierten Bereich
SchriftVergrößern	Vergrößert den Schriftgrad der markierten Zeichen
SchriftVergrößernEinPunkt	Vergrößert die Schriftgröße um einen Punkt
SchriftVerkleinern	Verkleinert den Schriftgrad der markierten Zeichen
SchriftVerkleinernEinPunkt	Verkleinert die Schriftgröße um einen Punkt
StandardZeichenLaufweite	Stellt die Laufweite der markierten Zeichen wieder auf den normalen Zeichenabstand zurück
StandardZeichenPosition	Hebt die Hoch- oder Tiefstellung von Zeichen auf
SymbolSchriftart	Formatiert Text mit Schriftart "Symbol"
Tiefgestellt	Schaltet das Zeichenattribut "Tiefgestellt" für die markierten Zeichen an oder aus
Tiefgestellt()	Überprüft, ob die markierten Zeichen tiefgestellt sind

Zeichenformate

Unterstrichen	Schaltet die Unterstreichung für die markierten Zeichen an oder aus
Unterstrichen()	Überprüft, ob die Zeichen im markierten Bereich unterstrichen sind
Verborgen	Schaltet das Zeichenformat "Verborgen" für die markierten Zeichen an oder aus
Verborgen()	Überprüft, ob die Zeichen im markierten Bereich verborgen sind
VorgabeZeichen	Nimmt alle manuellen Zeichenformatierungen zurück
VorgabeZeichen()	Überprüft, ob der markierte Text manuell zugewiesene Zeichenformate enthält
WortUnterstreichen	Legt die Einstellung für das Zeichenattribut "Wortunterstreichung" in Bezug auf die markierten Zeichen fest
WortUnterstreichen()	Fragt die aktuelle Einstellung des Zeichenattributs "Wortunterstreichung" in Bezug auf die markierten Zeichen ab

Tab. 30.12: WordBASIC-Befehle zum Formatieren von Zeichen

Absatzformate

AbsatzAbstandSchließen	Entfernt automatische Leerzeilen vor Absatz
AbsatzAbstandVor	Legt automatische Leerzeile vor den markierten Absätzen an
AbsatzBlock	Schaltet die markierten Absätze in den Blocksatz
AbsatzBlock()	Untersucht, ob die markierten Absätze im Blocksatz dargestellt werden
AbsätzeNichtTrennen	Absatzformat "Absätze nicht trennen" an- oder ausschalten
AbsätzeNichtTrennen()	Stellt fest, ob die markierten Absätze mit dem Absatzformat "Absätze nicht trennen" formatiert sind

Absatzformate

Absatzkontrolle	Weist den markierten Absätzen das Absatzformat "Absatzkontrolle" zu oder schaltet es aus
Absatzkontrolle()	Stellt fest, ob die markierten Absätze mit dem Absatzformat "Absatzkontrolle" versehen sind
AbsatzLinks	Verleiht den markierten Absätzen eine linksbündige Ausrichtung
AbsatzLinks()	Stellt fest, ob die markierten Absätze linksbündig ausgerichtet sind
AbsatzRechts	Verleiht markierten Absätzen eine rechtsbündige Ausrichtung
AbsatzRechts()	Stellt fest, ob die markierten Absätze rechtsbündig ausgerichtet sind
AbsatzSeitenwOberhalb	Verleiht den markierten Absätzen das Absatzformat "Seitenwechsel oberhalb" oder entfernt es
AbsatzSeitenwOberhalb()	Stellt fest, ob die markierten Absätze das Absatzformat "Seitenwechsel oberhalb" aufweisen
AbsatzZeilenNichtTrennen	Weist den formatierten Absätzen das Absatzformat "Zeilen nicht trennen" zu oder entfernt es
AbsatzZeilenNichtTrennen()	Überprüft, ob das Absatzformat "Zeilen nicht trennen" für die markierten Absätze angeschaltet ist
AbsatzZentriert	Zentriert die markierten Absätze
AbsatzZentriert()	Stellt fest, ob die markierten Absätze zentriert sind
EinfügenAbsatz	Fügt einen Absatz in das aktuelle Dokument ein
Einzug	Versieht die markierten Absätze mit einem Einzug
FormatAbsatz	Formatiert einen Absatz
FormatFVDefTab	Definiert Tabulatoren für eine Formatvorlage

Absatzformate	
FormatInitial	Verwandelt das erste Zeichen eines Absatzes in ein Initial
HängenderEinzug	Versieht die markierten Absätze mit einem hängenden Einzug
RückEinzugAbsatz	Reduziert den linken Einzug um einen Tabstopp nach links
RückEinzugSeitenrand	Reduziert den hängenden Einzug in den markierten Absätzen auf den vorhergehenden Tabstopp des ersten Absatzes
VorgabeAbsatz	Entfernt alle Absatzformatierungen, die nicht der Formatvorlage des Absatzes entsprechen
VorgabeAbsatz()	Überprüft, ob die Absatzformatierung mit der aus der Formatvorlage übereinstimmt
Tabulatoren	
FormatTabulator	Definiert Tabulatoren für die markierten Absätze
NächsterTab()	Liefert die Position des nachfolgenden Tabulators
TabstopArt()	Liefert die Ausrichtung eines Tapstopps
VorherigerTab()	Liefert Position des vorhergehenden Tabulators

Tab. 30.13: WordBASIC-Befehle zum Formatieren von Absätzen

Druckformate	
FormatFormatvorlage	Legt die verschiedenen Einstellungen für eine Formatvorlage fest, erstellt eine neue oder löscht eine bestehende
FormatFormatvorlagenGruppe	Kopiert Formatvorlagen aus einer Dokumentvorlage in das aktuelle Dokument
FormatFVDefAbsatz	Definiert die Absatzformate für eine Formatvorlage
FormatFVDefSprache	Definiert die Spracheinstellung für eine Formatvorlage

Druckformate

FormatFVDefZeichen	Definiert die Zeichenformate für eine Formatvorlage
Formatvorlage	Legt für die markierten Absätze eine Formatvorlage fest
FVBeschreibung$()	Liefert die Beschreibung einer gegebenen Formatvorlage
FVName$()	Liefert den Namen einer Formatvorlage
StandardFV	Versieht die markierten Absätze mit der Formatvorlage "Standard"

Tab. 30.14: WordBASIC-Befehle zum Bearbeiten von Formatvorlagen

WordBASIC und Dialogfenster

Ein wichtiges Element jeder Windows-Applikation stellen die zahlreichen Dialogfenster dar, die als Medium für die Kommunikation zwischen Anwender und Programm dienen. Auch in Word für Windows finden sich zahlreiche dieser Eingabeformulare, die nach dem Aufruf von Menübefehlen wie DATEI/NEU oder FORMAT/ZEICHEN auf dem Bildschirm erscheinen.

Für den Aufruf von Menübefehlen, die die Darstellung eines Dialogfensters nach sich ziehen, stehen unter WordBASIC korrespondierende Makrobefehle bereit, die sich von anderen WordBASIC-Befehlen in bezug auf die Parameterübergabe unterscheiden. Zu umständlich wäre es, den Inhalt jedes einzelnen Dialogfeldes als Parameter beim Aufruf des entsprechenden Befehls anzugeben. Schließlich enthalten nicht wenige Dialogfenster ein Dutzend und mehr Dialogfelder, und da macht es schon ganz schön Arbeit, den Inhalt jedes Dialogfelds als Parameter separat anzugeben. Hinzu kommt noch, daß man oftmals nicht für jedes Dialogfeld einen Wert angeben will, weil die Voreinstellung für das jeweilige Feld akzeptiert werden soll. Aus diesem Grund hält WordBASIC für den Aufruf von Befehlen, die mit einem Dialogfenster korrespondieren, einen speziellen Übergabemechanismus in bezug auf die Felder des Dialogfensters bereit.

Dieser Mechanismus wird im ersten Teil dieses Kapitels beschrieben. Der Frage, wie man das Ausfüllen eines Dialogfensters durch den Anwender aus einem Makro heraus steuern kann, widmet sich das zweite Unterkapitel. Außerdem erfahren Sie dort, wie der Inhalt der verschiedenen Dialogfelder abgefragt werden kann und was Verbundvariablen sind.

Im letzten Unterkapitel geht es dann um die Erstellung individueller Dialogfenster, mit deren Hilfe Ihre Makroprogramme mit dem Anwender in Verbindung treten, um Informationen abzufragen. Die Erstellung derartiger Dialogfenster stellt unter WordBASIC einen relativ simplen Vorgang dar, und wo ein C-Programmierer mehrere hundert Programmzeilen verschwenden muß, genügen in WordBASIC meist weniger als ein Dutzend Kommandos.

Menübefehle und Dialogfenster

Zahlreich sind die Parameter, die von den meisten Makrobefehlen erwartet werden, die dem Aufruf von Dialogbefehlen dienen. Mit *Dialogbefehle* sind dabei all jene Menübefehle von Word für Windows gemeint, hinter denen sich Dialogfenster verbergen. Gerade unter Word für Windows sind das nicht wenige, wie jeder bestätigen kann, der sich mit dem Programm auskennt. Werden Menübefehle über ihren korrespondierenden Makrobefehl aufgerufen, erscheint das eigentliche Dialogfenster jedoch gar nicht auf dem Bildschirm. Statt dessen wird die Programmfunktion ausgeführt, die normalerweise über den Dialogbefehl gesteuert wird, also beispielsweise das Formatieren von Zeichen und Absätzen.

Weil der Anwender also gar nicht die Möglichkeit erhält, die einzelnen Felder des jeweiligen Dialogfensters selbständig mit Eingaben zu füllen, müssen die Informationen für die verschiedenen Dialogfelder des Dialogfensters bereits beim Aufruf des Makrobefehls angegeben werden. Über den Makrobefehl macht man sich also die Funktionalität des zugehörigen Menübefehls zu Nutze, ohne den Anwender mit dem Dialogfenster des Menübefehls zu behelligen. Das unterscheidet WordBASIC positiv von anderen Makrosprachen, die lediglich die Eingabe von Informationen in die verschiedenen Dialogfelder simulieren und deshalb auch das Dialogfenster während der Makroausführung auf den Bildschirm bringen müssen.

Weil der Inhalt der verschiedenen Dialogfelder eines Dialogfensters beim Aufruf des korrespondierenden Makrobefehls angegeben werden muß, gestaltet sich der Aufruf eines derartigen Befehls normalerweise recht umständlich. Denn je mehr Dialogfelder sich in dem jeweiligen Dialogfenster befinden, desto mehr Parameter müssen auch beim Befehlsaufruf angegeben werden, wobei natürlich immer die richtige Reihenfolge eingehalten werden muß.

Ausschließlich für den Aufruf dieser Art von Makrobefehlen sieht WordBASIC deshalb eine spezielle Art der Parameterübergabe vor. Sie wird als Schlüsselwort-Form bezeichnet, weil die einzelnen Parameter dabei "beim Namen" genannt werden. Ihr gegenüber steht die normale Positions-Form, bei der die verschiedenen Parameter immer in der richtigen Reihenfolge und ohne Namen angegeben werden.

Um Ihnen den Unterschied zwischen diesen beiden Arten der Parameterübergabe vor Augen zu führen, werfen Sie bitte zunächst einen Blick auf die nachfolgende Befehlsbeschreibung des Befehls FormatZeichen, die der Makroreferenz in Kapitel 31 entnommen wurde und für die Beschreibung von Dialogbefehlen exemplarisch ist.

FormatZeichen *Formatiert die Zeichen im markierten Bereich*

Dialog

Gruppe: Zeichenformatierung
Syntax:
```
FormatZeichen [.Punkt=%] [, .Durchstreichen=%] [, .Verborgen=%]
[, .Kapitälchen=%] [, .Großbuchstaben=%] [, .Hochgestellt=%]
[, .Tiefgestellt=%] [, .Unterstrichen=%] [, .Farbe=%]
[, .Laufweite=%$] [, .Position=%$] [, .UnterschneidungMin=%$]
[, .Unterschneidung=%] [, .Schriftart=$] [, .Fett=%]
[, .Kursiv=%] <, .Standard> [, .Registerkarte=%]
```

Beschreibung:
Auf der Makroebene dient dieser Befehl als Schnittstelle zum Dialogfenster des Befehls ZEICHEN aus dem FORMAT-Menü. Mit seiner Hilfe können die Zeichen im markierten Bereich mit einem Zeichenformat ausgestattet werden, das vom Zeichenformat ihres Absatzformates abweicht.

Dialogvariablen:

Name		Bedeutung
.Punkt		Schriftgrad der Zeichen, d.h. Größe in Punkt
.Durchstreichen	1 =	Zeichen durchstreichen
.Verborgen	1 =	Zeichen verbergen
.Kapitälchen	1 =	Zeichenattribut "Kapitälchen" anschalten
.Großbuchstaben	1 =	Zeichen in Großbuchstaben umwandeln
.Hochgestellt	1 =	Zeichenattribut "Hochgestellt" anschalten
.Tiefgestellt	1 =	Zeichenattribut "Tiefgestellt" anschalten
.Unterstreichen		Art der Unterstreichung
	0 =	keine
	1 =	einfach
	2 =	Nur Wörter
	3 =	Doppelt
	4 =	Punktiert

.Farbe	Farbe des Textes
	0 = Auto – die Standardeinstellung, die durch den Menüpunkt FARBEN in der Systemsteuerung festgelegt wird.
	1 = Schwarz
	2 = Blau
	3 = Zyan
	4 = Grün
	5 = Magenta
	6 = Rot
	7 = Gelb
	8 = Weiß
	9 = Dunkelblau
	10 = Türkis
	11 = Dunkelgrün
	12 = Violett
	13 = Dunkelrot
	14 = Ocker
	15 = Dunkelgrau
	16 = Hellgrau
.Laufweite	Der Abstand zwischen zwei Zeichen. Bei Angabe eines numerischen Parameters wird die Einheit "twips" (20 Twips = 1 Punkt) zugrundegelegt, bei Angabe eines Strings wird die Einheit als Teil des Strings erwartet.
	0 = Standard.
	>0 = Laufweite erweitert
	<0 = Laufweite verringert
.Position	Die vertikale Position der Zeichen relativ zur Grundlinie. Bei Angabe eines numerischen Parameters wird als Einheit "halbe Punkte" zugrundegelegt, bei Angabe eines Strings wird die Einheit als Teil des Strings erwartet.
	0 = Standard
	>0 = Hochgestellt
	<0 = Tiefgestellt

.Unterschneidung	1 = Unterschneidung aktiv
.UnterschneidungMin	Wird der Parameter .Unterschneidung auf 1 gesetzt, bestimmt dieser Parameter den minimalen Schriftgrad für die Unterschneidung in Punkten fest.
.Schriftart	Der Name der Schriftart
.Fett	1 = Zeichen fett
.Kursiv	1 = Zeichen kursiv
.Registerkarte	Bestimmt die Registerkarte, die beim Anzeigen des Dialogfensters mit Hilfe des Befehls Dialog oder der Funktion Dialog() zunächst auf dem Bildschirm erscheint.
	0 = Registerkarte SCHRIFT
	1 = Registerkarte ABSTAND

Schaltflächen:

.Standard	Legt die angegebene Zeichenformatierung als das Standard-Zeichenformat für die aktuelle Dokumentvorlage fest.

Neben dem Namen des Befehls und seiner Aufgabe werden in der obigen Befehlsbeschreibung auch die verschiedenen Parameter genannt, die ihm bei seinem Aufruf übergeben werden müssen. Daß Sie sich beim Aufruf dieses Befehls aber nicht unbedingt der normalen Positions-Form bedienen müssen, erkennen Sie an dem Wort *Dialog* unterhalb des Befehlsnamens. Es kennzeichnet in der Makroreferenz alle Befehle, hinter denen sich ein Dialogfenster verbirgt.

Wenn Sie die Namen der verschiedenen Parameter in der obigen Beschreibung mit den Namen der verschiedenen Dialogfelder innerhalb des Dialogfensters vergleichen, werden Sie eine weitestgehende Übereinstimmung feststellen. Lediglich lange Namen, wie hier z.B. UNTERSCHNEIDUNG AB: auf der Registerkarte ABSTAND werden abgekürzt, weisen aber trotzdem eindeutig auf das korrespondierende Dialogfeld hin. Dies ist ein einheitliches Merkmal aller Dialogbefehle.

30 • WordBASIC – Programmieren mit WinWord

Abb. 30.3: Das Dialogfenster des Befehls FORMAT/ZEICHEN.

Doch die Namen der verschiedenen Parameter sollen Sie nicht nur an ihre Bedeutung erinnern, sondern spielen auch in Verbindung mit der Schlüsselwort-Form eine große Rolle. Sie nämlich sind die Schlüsselwörter, die zur Spezifikation der verschiedenen Parameter angegeben werden müssen.

Wie das funktioniert, zeigt Ihnen das folgende kurze Makrolisting, mit dessen Hilfe die Zeichen im markierten Bereich formatiert werden. Ihnen wird dabei die Schriftart Arial mit dem Schriftgrad 14 (Punkt) zugewiesen. Gleichzeitig werden die markierten Zeichen fett geschaltet und gegenüber den anderen Zeichen um zwei Punkte nach oben versetzt.

```
'FormatZeichen:
'   Demonstriert den Aufruf des FormatZeichen-Befehls
'   in der Schlüsselwort-Form

Sub MAIN
FormatZeichen .Schriftart = "Arial", .Punkt = 14, \
  .Fett = 1, .Position = "2pt"
End Sub
```

Wie Sie sehen, werden die verschiedenen Parameter innerhalb des Befehlsaufrufs wie Variablen behandelt, denen ein bestimmter Wert zugewiesen wird. Und tatsächlich handelt es sich bei ihnen um sogenannte Dialogvariablen, von deren Besonderheiten später noch die Rede sein wird.

Beachten Sie bitte, daß den verschiedenen Parameter- bzw. Variablennamen jeweils ein Punkt vorausgehen muß, der sie als Dialogvariablen identifiziert.

Darüber hinaus darf hinter einem Variablennamen und dem sich anschließenden Gleichheitszeichen kein Dollar- oder Prozentzeichen angegeben werden, wie es in der Syntaxbeschreibung erscheint. Denn diese Zeichen sollen lediglich auf den Typ der Dialogvariable aufmerksam machen: Das Prozentzeichen steht dabei für ein numerischen Parameter, das Dollarzeichen für einen String.

Von den Parametern, bei denen sowohl ein Prozent- als auch ein Dollarzeichen hinter dem Gleichheitszeichen aufgeführt wird, soll gleich noch die Rede sein, ebenso wie von Parametern à la <.Standard>, die in Größer- und Kleiner-Zeichen eingefaßt sind.

Die vier Dialogvariablen, die in dem obigen Beispiel beim Aufruf von FormatZeichen angegeben werden, stellen nur einen kleinen Ausschnitt der Parameter dieses Befehls dar, wie die Befehlsbeschreibung gezeigt hat. Trotzdem genügt ihre Angabe, weil Word für Windows dadurch erkennt, daß alle weggelassenen Dialogvariablen in ihren Voreinstellungen akzeptiert werden sollen. Nichts anderes besagen ja die eckigen Klammern in der Befehlsbeschreibung, die die verschiedenen Parameter als optional markieren und Ihnen damit signalisieren, daß Sie diese Parameter beim Befehlsaufruf auf Wunsch weglassen können.

Das ist bei dem Aufruf eines Dialogbefehls in der Positionsform übrigens nicht anders. Der gewichtige Unterschied besteht jedoch darin, daß in dieser Form alle Parameter zwischen dem ersten und dem letzten Parameter aufgeführt werden müssen, die nicht die Voreinstellungen annehmen sollen. In dem obigen Beispiel wären das nahezu alle Parameter, weil einer der vier angegebenen Parameter (FETT) einen der letzten Parameter des Befehls darstellt. Alle FETT vorangehenden Parameter müßten also angegeben und lediglich die Parameter KURSIV und REGISTERKARTE könnten weggelassen werden.

Für die Eingabe des Befehls macht das natürlich wesentlich mehr Arbeit, zumal Sie in diesem Fall immer auch die Voreinstellung der Parameter kennen müssen, die zwar eigentlich in ihrer Voreinstellung akzeptiert werden sollen, aber durch ihre Lage in der Reihenfolge der Parameter eben doch angegeben werden müssen. Darüber hinaus sagt der Befehl in der Positionsform viel weniger über sich aus, weil man natürlich nicht immer die Reihenfolge der Parameter im Kopf hat.

```
'FormatZeichen2:
'   Demonstriert den Aufruf des FormatZeichen-Befehls
'   in der Positions-Form

Sub MAIN
FormatZeichen 14, 0, 0, 0, 0, 0, 0, 0, 0, 0, "2pt", 0, 1, 0, "Arial", 1
End Sub
```

30 • WordBASIC – Programmieren mit WinWord

Bei der Angabe der verschiedenen Parameter müssen Sie unabhängig von der Wahl der Positions- oder Schlüsselwort-Form natürlich den Datentyp des Parameters beachten. Eine Besonderheit stellen dabei all jene Parameter dar, die wie der Parameter POSITION sowohl durch ein Prozent- wie auch ein Dollarzeichen gekennzeichnet werden.

Für diese Parameter können wahlweise numerische Argumente oder Strings angegeben werden. In der Regel handelt es sich dabei um Maßangaben. Der Unterschied zwischen *Numerisch* und *String* liegt dabei in der Interpretation der Einheit, die der jeweiligen Angabe zugrunde liegt.

Bei der Angabe eines numerischen Parameters bezieht Word für Windows diese Angabe immer auf eine ganze bestimmte Einheit, die bei der Beschreibung des jeweiligen Parameters im Rahmen der Makroreferenz genannt wird. Im Fall der Dialogvariable .POSITION ist dies beispielsweise ein halber Punkt. Fehlt die Angabe einer speziellen Maßangabe innerhalb der Befehlsbeschreibung, wird die Einheit zugrundegelegt, die auf der Registerkarte ALLGEMEIN des Befehls OPTIONEN aus dem EXTRAS-Menü eingestellt wurde.

Gibt man anstelle eines numerischen Wertes jedoch einen String an, kann die Maßangabe auch in einer anderen Einheit als der vorgegebenen erfolgen. Diese muß dann der eigentlichen Maßzahl in Form von zwei Buchstaben folgen, beispielsweise 12 pt. Word für Windows erkennt dabei folgende Einheiten an:

Einheit	Maß
pt	Punkt. Ein Punkt entspricht 1/72 Zoll und damit etwas mehr als 0,35 Millimeter.
pi	Pica. Ein Pica entspricht 12 Punkten und damit 1/6 Zoll. Das sind umgerechnet etwas mehr als 4,2 Millimeter.
in	Zoll. Ein Zoll sind 2,54 Zentimeter.
cm	Zentimeter

Tab. 30.15: Einheiten, die von Word für Windows anerkannt werden

Fehlt die Angabe einer Einheit, bezieht Word für Windows die Maßzahl wie bei einem numerischen Argument auf die aktuell eingestellte Einheit.

Beachten Sie bitte, daß Word für Windows in der String-Form als Dezimaltrennzeichen immer das Zeichen erwartet, das in der Systemsteuerung festgehalten ist. In der deutschen Version von Windows ist das ein Komma und nicht ein Punkt, wie er innerhalb von WordBASIC bei der Angabe numerischer Argumente sonst verwendet wird.

Mehr noch als bei anderen Befehlen empfiehlt sich in Verbindung mit dem Aufruf von Dialogbefehlen übrigens ihre Aufzeichnung mit Hilfe des Makrorecorders. In vielen Fällen erspart Ihnen das Nachschlagen in der Makroreferenz, weil WordBASIC alle Dialogbefehle grundsätzlich in der Schlüsselwort-Form aufzeichnet und dabei auch die Parameter nennt, die in der Voreinstellung akzeptiert wurden. Der folgende Aufruf des FormatZeichen-Befehls, der mit Hilfe des Makrorecorders aufgezeichnet wurde, ist ein Beispiel dafür.

```
FormatZeichen .Punkt = "14", .Unterstrichen = 0, .Farbe = 0,
.Durchstreichen = 0, .Hochgestellt = 0, .Tiefgestellt = 0,
.Verborgen = 0, .Kapitälchen = 0, .Großbuchstaben = 0,
.Laufweite = "0 pt", .Position = "2 pt", .Unterschneidung =
0, .UnterschneidungMin = "", .Registerkarte = "1",
.Schriftart = "Arial", .Fett = 1, .Kursiv = 0
```

Ein derart aufgezeichneter Befehlsaufruf kann Ihnen anschließend als Ausgangspunkt für den jeweiligen Aufruf dienen. Ohne großen Aufwand lassen sich die verschiedenen Parameter modifizieren, aus dem Aufruf herausnehmen, oder die konstanten Werte, die Word für Windows einsetzt, durch Ausdrücke ersetzen, in denen die Variablen Ihres Makros berücksichtigt werden.

Neben numerischen Dialogvariablen und String-Dialogvariablen kennen Dialogbefehle einen dritten Typ von Argument, die sogenannte *Schaltfläche*. So werden die Parameter bezeichnet, die in Größer- und Kleiner-Zeichen eingefaßt werden, beispielsweise <.Standard>. Wie der Name bereits vermuten läßt, entsprechen diese Parameter den Schaltflächen innerhalb der Dialogfenster, mit denen die Dialogbefehle korrespondieren. Die Angabe einer Schaltflächen-Dialogvariable entspricht dabei der Betätigung der jeweiligen Schaltfläche innerhalb des korrespondieren Dialogfensters durch den Anwender.

Und weil Schaltflächen für sich stehen, muß der Angabe einer Schaltfläche weder ein Gleichheitszeichen noch ein bestimmter Wert folgen. Gemäß dieser Konvention hat der Aufruf

```
FormatZeichen .Schriftart = "Courier New", .Punkt = 10,
.Kursiv = 1, .Standard
```

zur Folge, daß die Standardschriftart für das aktuelle Dokument auf die Schriftart Courier New in 10 Punkt und einer kursiven Auszeichnung eingestellt wird. Denn genau das ist die Aufgabe der "Standard"-Schaltfläche innerhalb des Dialogfensters des Zeichen-Befehls aus dem Format-Menü.

Dialogfenster durch den Anwender ausfüllen lassen

Alle Dialogfenster, die sich hinter den verschiedene Dialogbefehlen verbergen, können Sie nicht nur über den entsprechenden Dialogbefehl von Ihrem Makro ausfüllen, sondern diese Arbeit makrogesteuert auch dem Anwender überlassen. Dies empfiehlt sich z.B. immer dann, wenn ein bestimmter Dialogbefehl zwar auf jeden Fall ausgeführt, die Modalitäten aber dem Anwender überlassen bleiben sollen.

In diesem Zusammenhang spielt ein Variablentyp eine große Rolle, den Sie bisher noch nicht kennengelernt haben: die Verbundvariablen. Sie stehen in enger Verbindung mit den verschiedenen Dialogfenstern von Word für Windows, weil sie deren Inhalt repräsentieren und zur Übergabe von Informationen an sie genutzt werden.

Es handelt sich bei ihnen deshalb um einen zusammengesetzten Datentyp, der für jedes Dialogfeld eines Dialogfensters eine Variable enthält, die man als Dialogvariable bezeichnet. In Verbindung mit dem Aufruf eines Dialogbefehls über die Schlüsselwort-Form haben Sie diese Dialogvariablen ja bereits kennengelernt. Es kann sich bei ihnen je nach Art des mit ihnen verbundenen Dialogfeldes um eine numerische oder um eine String-Variable handeln.

Deklariert werden Verbundvariablen grundsätzlich in Verbindung mit dem DIM-Befehl, den Sie ja bereits zur Anlage globaler Variablen und Arrays kennengelernt haben. Zur Anlage einer Verbundvariablen muß er in der Form

```
Dim NameDerVerbundVariablen As NameDesDialogfensters
```

aufgerufen werden. Als Namen des Dialogfensters können Sie dabei zum einen den Namen eines selbstdefinierten Dialogfensters angeben, wie sie im nachfolgenden Unterkapitel beschrieben werden. Darüber hinaus ist aber auch die Angabe eines der vordefinierten Dialogfenster der verschiedenen Dialogbefehle möglich. Geben Sie dazu einfach den Namen des entsprechenden Dialogbefehls an, also z.B. FormatZeichen. Das sähe dann wie folgt aus:

```
Dim fz As FormatZeichen
```

wobei fz den Namen der Verbundvariablen widerspiegelt, der den allgemeinen Regeln für die Benennung von Variablen folgen muß, Ihnen ansonsten aber alle Freiheiten läßt. Anstelle von "fz" könnte man diese Variable also auch "X", "Schlappi" oder "Mao" nennen.

Sie können den DIM-Befehl übrigens nutzen, um mehrere Verbundvariablen anzulegen, die mit ein und demselben Dialogfenster verbunden sind, falls dies programmtechnisch Sinn macht. Ist eine Verbundvariable erst einmal mit Hilfe dieses Befehls deklariert worden, können Sie sie für verschiedene Zwecke nutzen. Sie können mit ihrer Hilfe

- den Inhalt eines Dialogfensters abfragen,
- den Inhalt der verschiedenen Dialogfelder festlegen,
- einen Dialogbefehl aufrufen, um den Anwender das Dialogfenster ausfüllen zu lassen.

Die Abfrage des Inhalts eines Dialogfensters erfolgt dabei über den Befehl GetCurValues, dem der Name der Verbundvariablen folgen muß. Sie sollten diesen Befehl immer nutzen, wenn Sie das Dialogfenster später mit der jeweiligen Verbundvariablen aufrufen, zuvor aber nicht jede einzelne Dialogvariable initialisieren möchten. Initialisiert sollten die verschiedenen Dialogvariablen aber sein, denn sonst ist auch der Inhalt der korrespondierenden Dialogfelder unvorhersehbar.

Der Aufruf des GetCurValues-Befehl kommt einem Aufruf des Dialogbefehls gleich, der mit der Verbundvariable verbunden ist. Die Ausführung erfolgt allerdings nur bis unmittelbar vor dem Erscheinen des Dialogfensters. Es werden durch den Dialogbefehl also nur die Initialisierungen an den verschiedenen Dialogfeldern vorgenommen, die dem Aufruf des Dialogfensters normalerweise vorausgehen.

Wird z.B. die Dialogvariable fz durch den Befehl

```
Dim fz As FormatZeichen
```

mit dem Dialogfenster des Menübefehls FORMAT/ZEICHEN verbunden und anschließend durch den Befehl

```
GetCurValues fz
```

mit dem Inhalt der Dialogfelder in dieses Dialogfenster geladen, dann spiegelt der Inhalt der verschiedenen Dialogvariablen das Zeichenformat der Zeichen im markierten Bereich wider. Dieser Aufruf stellt damit eine ausgezeichnete Möglichkeit zur Ermittlung aller Zeichenformate mit nur einem Befehl dar.

Nach diesem Aufruf haben Sie die Möglichkeit, die verschiedenen Dialogvariablen wie ganz normale Variablen in Ausdrücke und Variablenzuweisungen einzubringen. Dabei muß jeweils zunächst der Name der Verbundvariable, dann ein Punkt und daran anschließend der Name der Dialogvariablen genannt werden.

Gültige Anweisungen wären nach der Ausführung der obigen Befehle also z.B.:

```
hervorgehoben = fz.fett or fz.kursiv or fz.unterstreichen
schrift = fz.schriftart
```

Beachten Sie bitte, daß hier im zweiten Beispiel das Dollarzeichen hinter der Dialogvariablen SCHRIFTART weggelassen werden muß, obwohl es sich um eine String-Variable handelt. Diese Regel haben Sie in Verbindung mit der Beschreibung der Schlüsselwort-Form im vorangegangenen Unterkapitel ja bereits kennengelernt. Sie verliert ihre Gültigkeit auch beim Einsatz von Dialogvariablen in Ausdrücken nicht.

Bezüglich fz.fett, fz.kursiv und fz.unterstreichen sei an dieser Stelle angemerkt, daß diese Dialogvariablen entweder den Wert 0 oder den Wert 1 zurückliefern. Schließlich handelt es sich bei Ihnen um eine Art Schalter, der entweder auf An oder Aus stehen kann. Der Aus-Zustand wird dabei durch den Wert 0 verkörpert, An durch den Wert 1, und das gilt auch für alle anderen Dialogvariablen, die als Schalter fungieren.

Dialogvariablen können aber nicht nur abgefragt, sondern auch mit Werten geladen werden. Die Hintergedanke dabei ist, auf den Inhalt des korrespondierenden Dialogfeldes bei einem nachfolgenden Aufruf des Dialogfensters Einfluß zu nehmen. An das obige Beispiel anknüpfend, könnten Sie z.B. formulieren:

```
fz.schriftart = "Times-Roman"
fz.fett = 1
fz.abstand = "-3pt"
```

Auf den Bildschirm können Sie ein Dialogfenster mit Hilfe des Dialog-Befehls holen. Wie GetCurValues muß auch er in Verbindung mit der jeweiligen Verbundvariablen angegeben werden, damit WordBASIC das aufzubauende Dialogfenster erkennt.

Dem Anwender bietet sich dadurch die Möglichkeit, die verschiedenen Felder des Dialogfensters auszufüllen, doch wird nach der Betätigung der Schaltfläche OK nicht der jeweilige Befehl ausgeführt - das muß separat veranlaßt werden. Im Falle der Verbundvariablen FZ bedeutet das also, daß nach dem Aufruf des Befehls

Dialog fz

zwar das Dialogfenster des Menübefehls FORMAT/ZEICHEN auf dem Bildschirm erscheint, die Zeichen im markierten Bereich dadurch aber nicht formatiert werden. Statt dessen spiegeln sich in den verschiedenen Dialogvariablen der Verbundvariablen fz nach der Ausführung des DIALOG-Befehls die Einstellungen wider, die der Anwender beim Ausfüllen des Dialogfensters in den Dialogfeldern vorgenommen hat.

Dies ist allerdings nur dann der Fall, wenn der Anwender auch tatsächlich die OK-Schaltfläche betätigt hat. Die Betätigung der Schaltfläche ABBRECHEN hingegen führt zur Unterbrechung der Makroausführung mit der Fehlernummer 102, ohne daß die Einstellungen des Anwenders in die Verbundvariable kopiert werden.

Bereits deshalb sollte in Verbindung mit dem Aufruf eines Dialogfensters über den Dialog-Befehl immer eine Fehlerbehandlungsroutine mit Hilfe des ON-ERROR-Befehls definiert werden. Dadurch kann nicht nur ein ungewollter Abbruch der Makroausführung verhindert, sondern auch der Anwender zum Ausfüllen eines Dialogfensters gezwungen werden, indem man aus dieser Fehlerbehandlungsroutine einfach immer wieder die Programmzeile mit dem DIALOG-Befehl anspringt.

Wurde der Aufruf eines Dialog-Befehls jedoch erfolgreich abgeschlossen, kann man die vom Anwender vorgenommenen Einstellungen nutzen, um den Befehl auszuführen, der sich normalerweise hinter dem Dialogfenster verbirgt. Geben Sie dazu einfach den Namen des Dialogbefehls ohne Parameter, dafür aber mit dem Namen der Verbundvariable an.

Rufen Sie im Falle der Verbundvariable fz also

```
FormatZeichen fz
```

auf. Die Einstellungen aus der Dialogvariable fz werden dadurch im Rahmen des FormatZeichen-Befehls auf die markierten Zeichen im aktuellen Dokument angewandt.

Das folgende Beispielmakro demonstriert den Einsatz der verschiedenen Befehle, die im Rahmen dieses Unterkapitels beschrieben wurden. Als Beispiel dient dabei wiederum der Dialogbefehl FormatZeichen und die Verbundvariable fz. Aufgabe dieses Makros ist es, den Anwender bei der Formatierung von Zeichen in diesem Sinne zu unterstützen, daß das bisherige Zeichenformat im wesentlichen beibehalten, die Schriftgröße jedoch auf 14 Punkt eingestellt und das FETT-Attribut angeschaltet werden. Der Anwender hat jedoch die Möglichkeit, diese Voreinstellungen zu verwerfen und statt dessen ein ganz anderes Zeichenformat zu wählen.

```
'Dialog:
'   Demonstriert den Einsatz der Befehle Dim, GetCurValues und
Dialog im
'   Zusammenhang mit Verbundvariablen am Beispiel des Format-
Zeichen-
'   Befehls und seines Dialogfensters

Sub MAIN

On Error Goto Fehler
Dim fz As FormatZeichen
```

```
Ausfüllen:
GetCurValues fz
fz.Fett = 1
fz.Punkt = 14
Dialog fz
FormatZeichen fz
Goto Ende
Fehler:
Print err
If err = 102 Then
      Print "Das gilt nicht!"
      Goto Ausfüllen
Else
      Error err
End If

Ende:
End Sub
```

Die zugegeben etwas umständliche Fehlerbehandlung können Sie sich übrigens schenken, wenn Sie sich statt des Dialog-Befehls der gleichnamigen Funktion bedienen. Statt bei der Betätigung der ABBRECHEN-Schaltfläche einen Fehler auszulösen, schließt sie das Dialogfenster und signalisiert dem Aufrufer über ihr Funktionsergebnis, daß die Eingabe abgebrochen wurde. Es lautet in diesem Fall 0, während der Wert -1 für die ordnungsgemäße Beendigung über die OK-Schaltfläche steht. Wie man damit umgeht, zeigt das folgende Makro.

```
'Dialog1:
'   Demonstriert den Einsatz der Befehle Dim, GetCurValues und
Dialog() im
'   Zusammenhang mit Verbundvariablen am Beispiel des Format-
Zeichen-
'   Befehls und seines Dialogfensters

Sub MAIN
Dim fz As FormatZeichen

Ausfüllen:
GetCurValues fz
fz.Fett = 1
fz.Punkt = 14
x = Dialog(fz)
If x = - 1 Then     '-1 = Abschluß mit OK
      FormatZeichen fz
      Goto Ende
Else  'Abschluß mit Abbruch
      Print "Das gilt nicht!"
      Goto Ausfüllen
EndIf
```

```
Ende:
End Sub
```

Das Ausfüllen eines Dialogfensters beginnt normalerweise mit dem ersten Feld des Dialogfensters, doch können Sie durch Einsatz des SendKeys-Befehls die Eingabe auch in einem anderen Dialogfeld beginnen lassen.

In diesem Zusammenhang müssen Sie wissen, daß mit Hilfe des SendKeys-Befehl Tastenanschläge simuliert werden können. Und da man mit Hilfe der ⇆-Taste innerhalb eines Dialogfensters von Feld zu Feld gelangen kann, muß man nur deren Betätigung mit Hilfe des SendKeys-Befehl entsprechend oft simulieren, um in das jeweilige Dialogfeld zu gelangen. Der SendKeys-Befehl muß dabei vor dem Aufruf des Dialog-Befehls angegeben werden, damit die Tasten an das nachfolgend geöffnete Dialogfenster weitergeleitet werden.

Um die Eingabe im obigen Beispiel z.B. in dem fünften Dialogfeld beginnen zu lassen, müßte dem Dialog-Befehl der Befehl

```
SendKeys "{Tab 5}"
```

vorangestellt werden. Er signalisiert Word für Windows, daß die fünfmalige Betätigung der ⇆-Taste simuliert werden soll. Mehr über diesen Befehl und die Codierung der Tasten erfahren Sie in der Makroreferenz in Kapitel 31.

Dialogfenster entwerfen und einsetzen

Zu den interessantesten Möglichkeiten von WordBASIC zählt die Erstellung individueller Dialogfenster im Rahmen der Makroprogrammierung. Der Umgang mit diesen Dialogfenstern ist dabei weitgehend mit dem in bezug auf vordefinierte Dialogfenster identisch. Der Unterschied ist nur, daß selbstdefinierte Dialogfenster vor der Deklaration einer entsprechenden Verbundvariablen mit Hilfe des DIM-Befehls definiert werden müssen, während die vordefinierten Dialogfenster genau das bereits sind – nämlich vordefiniert.

Innerhalb eines solchen Dialogfensters können Sie auf alle Arten von Dialogelementen zurückgreifen, die auch Word für Windows selbst in seinen Dialogfensternn einsetzt: Textfelder, Checkboxen, Push-Buttons, List- und Combo-Boxen. Sogar Grafiken können seit der Version 6.0 von WinWord in selbstdefinierten Dialogfenstern erscheinen, ebenso wie eine Vorschau von Word-Dokumenten in einer miniaturisierten Seitenansicht.

Definiert werden Dialogfenster mit Hilfe spezieller BASIC-Befehle, die innerhalb eines Programms dem Aufruf des Dialogfensters vorausgehen müssen. Das folgende Listing bringt z.B. das Dialogfenster auf den Bildschirm, die Sie in der Abbildung 30.4 sehen

```
'BenutzerDialog:
'  Demonstriert die Deklaration und den Aufruf benutzerdefi-
nierter
'  Dialogfenster

Sub MAIN

Begin Dialog BenutzerDialog 620, 162, "Kundenkontakt"
    Text 17, 14, 44, 13, "Firma:"
    TextBox 97, 11, 287, 18, .Firma
    Text 16, 49, 46, 13, "Name:"
    TextBox 97, 46, 286, 18, .Name
    Text 17, 83, 58, 13, "Telefon:"
    TextBox 97, 80, 228, 18, .TextBox1
    GroupBox 424, 8, 165, 85, "Anrede"
    OptionGroup  .Anrede
        OptionButton 450, 27, 110, 15, "Herr"
        OptionButton 450, 48, 63, 16, "Frau"
        OptionButton 450, 69, 89, 16, "Fräulein"
    PushButton 18, 123, 159, 21, "Memo-Formular"
    PushButton 207, 123, 156, 21, "FAX-Formular"
    CancelButton 422, 123, 99, 21
End Dialog

Dim dlg As Dialog BenutzerDialog   'Verbundvariable

dlg.Anrede = 0
ausw = Dialog(dlg)    'Dialogfenster anzeigen und Button zurück-
liefern

If ausw = 0 Then
   Print "Eingabe abgebrochen"
Else
   Select Case dlg.Anrede
      Case 0
         a$ = "Herr"
      Case 1
         a$ = "Frau"
      Case 2
         a$ = "Fräulein"
   End Select
   a$ = a$ + " " + dlg.Name + ", Firma: " + dlg.Firma

   If ausw = 1 Then
      Print "Memo-Formular an " + a$
   Else
      Print "FAX-Formular an " + a$
   EndIf
EndIf

End Sub
```

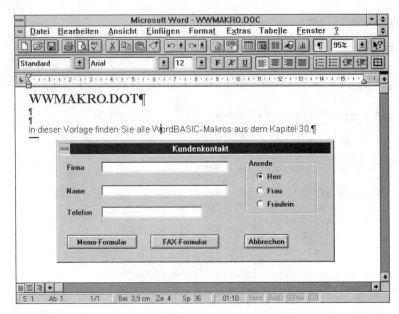

Abb. 30.4: Ein selbstdefiniertes Dialogfenster auf dem Bildschirm

Die Syntax der verschiedenen Befehle zur Definition von Dialogfenstern wird im weiteren Verlauf dieses Kapitels beschrieben. Lassen Sie uns jedoch zunächst einen Blick auf den sogenannten Dialog-Editor werfen, ein Zusatzprogramm, das Ihnen die Codierung von Dialogfenstern abnimmt. Denn innerhalb des Dialog-Editors erstellen Sie ein Dialogfenster wie in einem Malprogramm mit Hilfe der Maus, ohne sich über die Codierung der einzelnen Dialogelemente per BASIC-Befehl Gedanken machen zu müssen. Denn die erzeugt der Dialog-Editor automatisch für Sie. Doch alles der Reihe nach.

Den Dialog-Editor kopiert WinWord bei seiner Installation als eigenständiges Programm unter dem Namen MACRODE.EXE auf die Festplatte und legt für ihn ein eigenes Sinnbild in der Programmgruppe an, in der auch das Sinnbild für WinWord abgelegt wird.

Word Dialog-Editor

Als separates Programm, das parallel zu WinWord ausgeführt wird, läßt er sich damit über den Programm-Manager starten. Doch es gibt noch einen einfacheren Weg, zumindest, solange ein Makrofenster geöffnet ist:

Das Symbol aus der Makro-Symbolleiste. Es führt sie direkt zum Dialog-Editor, sofern dieser installiert ist. Wenn nicht, erscheint auf dem Bildschirm statt dessen eine Fehlermeldung. Und so installieren Sie den Dialog-Editor nachträglich:

Nachträgliche Installation des Dialog-Editors

Starten Sie zunächst das Setup-Programm von WinWord. Im Startbildschirm wählen Sie die Schaltfläche HINZUFÜGEN/ENTFERNEN. Im darauffolgenden Dialogfenster bestimmen Sie die Komponente(n), die entfernt oder zusätzlich installiert werden sollen. Bitte wählen Sie im Dialogfeld OPTIONEN den Eintrag TOOLS aus, und betätigten Sie anschließend die Schaltfläche OPTION ÄNDERN auf der rechten Seite des Dialogfensters.

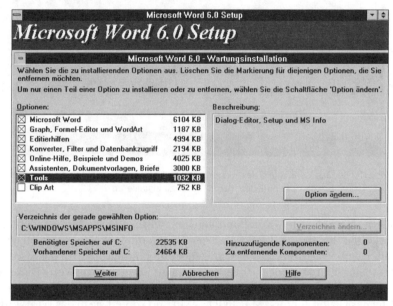

Abb. 30.5: Das Dialogfenster zum Hinzufügen und Entfernen von WinWord-Komponenten (DE01)

Auf dem Bildschirm erscheint ein weiteres Dialogfenster, in der die verschiedenen Tools-Komponenten aufgeführt werden, u.a. auch der Dialog-Editor. Am Kontrollfeld links neben dem Eintrag DIALOG-EDITOR erkennen Sie, ob der Dialog-Editor bislang installiert war. Setzen Sie dieses Kontrollfeld jetzt auf *An*, um dem Setup-Programm mitzuteilen, daß der Dialog-Editor nachträglich installiert werden soll. Anschließend betätigen Sie bitte die OK-Schaltfläche, um wieder in das vorhergehende Dialogfenster zurückzukommen.

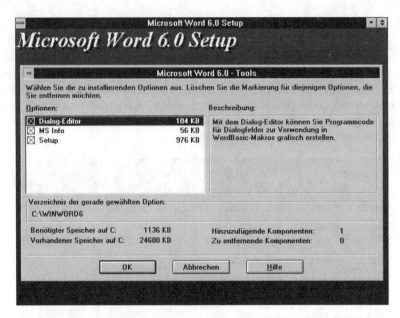

Abb. 30.6: Das Kontrollfeld des Eintrags DIALOG-EDITOR muß angeschaltet werden, um den Dialog-Editor nachträglich zu installieren

Sofern Sie nicht weitere Komponenten hinzufügen oder entfernen möchten, startet die Betätigung der Schaltfläche WEITER die Installation des Dialog-Editor, wobei Sie zunächst zur Wahl einer Programmgruppe für das Symbol des Dialog-Editors und anschließend zum Einlegen der WinWord-Diskette 10 aufgefordert werden. Von dort liest das Setup-Programm die Programmdatei das Dialog-Editors (MACRODE.EXE) und kopiert sie in das WinWord-Verzeichnis. Die Installation des Dialog-Editors ist damit abgeschlossen.

Dialogfenster entwerfen mit dem Dialog-Editor

Nach der erfolgreichen Installation läßt sich der Dialog-Editor auf einem der beiden beschriebenen Wege starten. Auf dem Bildschirm erscheint der Dialog-Editor daraufhin als ein separates Anwendungsfenster, in dessen Mitte ein Dialogfenster steht. Dies ist jenes Dialogfenster, das Sie im folgenden mit den Dialogelementen füllen werden, die Sie für Ihre jeweiligen Zwecke benötigen.

30 • WordBASIC – Programmieren mit WinWord

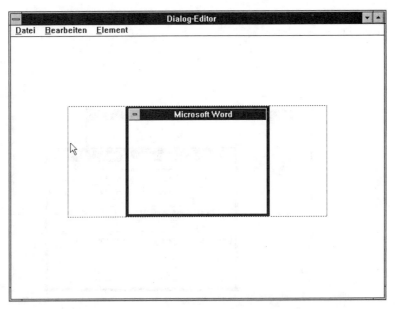

Abb. 30.7: Nach dem Start des Dialog-Editors erscheint zunächst ein leeres Dialogfenster, dessen Größe sich nach Belieben einstellen läßt

Als ersten Schritt sollten Sie zunächst die ungefähre Größe des gewünschten Dialogfensters einstellen. Sie müssen die endgültige Größe dabei noch nicht genau treffen, denn auch im nachhinein läßt sich diese Einstellung jederzeit verändern. Es geht an dieser Stelle erst einmal nur darum, sich ein wenig Platz für die Anlage der verschiedenen Dialogelemente zu verschaffen.

Vergrößern und verkleinern können Sie das Fenster für die Aufnahme des Dialogfensters wie jedes normale Windows-Fenster, indem Sie den Mauscursor über die Randleiste des Fensters bewegen, dort die linke Maustaste niederdrücken und die Maus bei niedergedrückter Maustaste solange bewegen, bis die gewünschte Größe erreicht ist. Darüber hinaus gibt es noch eine zweite Möglichkeit, die Größe einzustellen. Führen Sie den Mauscursor dazu in das Innere des Dialogfensters, und führen Sie einen Doppelklick mit der linken Maustaste aus.

Auf dem Bildschirm erscheint daraufhin das Dialogfenster, die Sie in Abbildung 30.8 sehen. Dieses Dialogfenster erscheint auch bei allen anderen Dialogelementen, sobald Sie sie zweimal mit der Maus anklicken und korrespondiert mit dem INFO-Befehl aus dem Bearbeiten-Menü, für den sie eine Art *Kurzwahltaste* darstellt.

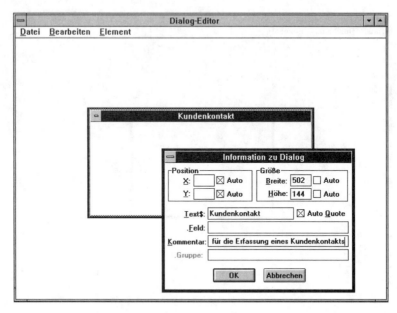

Abb. 30.8: Lage und Titel des Dialogfensters werden festgelegt

Im Dialogfenster mit dem Titel INFORMATIONEN ZU DIALOG können Sie zunächst die Größe und die Position des gewünschten Dialogfensters festlegen. Hinter den vier Eingabefeldern X, Y, BREITE und HÖHE erscheinen jeweils Kontrollfelder mit dem Namen AUTO.

Aktivieren Sie diese Schaltfläche, kümmert sich der Dialog-Editor nicht um die von Ihnen vorgenommene Eingabe, sondern legt den jeweiligen Wert automatisch fest.

In bezug auf die Lage des Dialogfensters wird man davon in der Regel Gebrauch machen, denn auf diese Weise sorgt der Dialog-Editor (bzw. die von ihm erzeugten WordBASIC-Befehle) dafür, daß das Dialogfenster genau in der Mitte des Bildschirms erscheint.

Was die Breite und Höhe angeht, so richtet sich der Dialog-Editor bei der Einstellung AUTO nach der Größe und Lage der Dialogelemente, die Sie in diesem Dialogfenster festlegen und sorgt dafür, daß alle Felder auch wirklich auf dem Bildschirm erscheinen. Im Gegensatz zur X- und Y-Position wird man davon jedoch meistens keinen Gebrauch machen und die Größe manuell auf dem bereits beschriebenen Wege mit Hilfe der Maus einstellen.

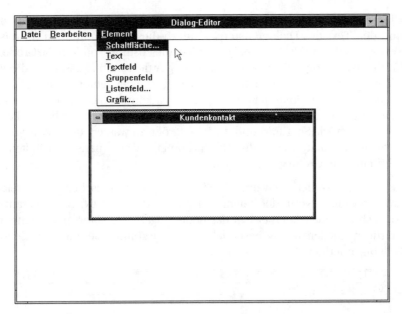

Abb. 30.9: Über das ELEMENT-Menü werden die verschiedenen Dialogelemente erzeugt

Viel interessanter als die Eingabefelder zur Einstellung von Lage und Größe ist aber das Feld TEXT$, mit dem Sie die Überschrift des Dialogfensters festlegen. Tragen Sie hier einfach den gewünschten Titel ein.

Im nächsten Schritt geht es nun daran, das Innenleben des Dialogfensters zu gestalten und sie mit den gewünschten Dialogelementen zu füllen. Dafür stehen Ihnen sechs Befehle im ELEMENT-Menü zur Verfügung, die jeweils mit einer ganz bestimmten Art von Dialogelement korrespondieren. Beginnen wir mit dem Menübefehl TEXT, der statischen Text erzeugt, wie Sie ihn z.B. als Überschrift für Eingabefelder verwenden werden. Nach dem Aufruf dieses Befehls fügt der Dialog-Editor automatisch ein Textfeld in das Dialogfenster ein, das zunächst den Inhalt TEXT trägt.

Sobald Sie den Mauscursor über dieses Feld bewegen, verwandelt er sich in einen Pfeil, der in alle vier Himmelsrichtungen zeigt. Das ist für Sie das Zeichen, daß Sie dieses Dialogelement nun verschieben können, indem Sie einfach die linke Maustaste niederdrücken und die Maus bei weiterhin niedergedrückter Maustaste bis zu dem Punkt führen, an dem der Text erscheinen soll.

Anschließend können Sie daran gehen, den gewünschten Text einzustellen. Ganz wie bei der Einstellung des Dialogfensters hilft auch hier wieder ein Doppelklick auf das Dialogelement weiter. Er fördert das bereits bekannte

Dialogfenster zutage, in dem Sie diesmal aber nicht die Größe, die Position und den Text des Dialogfensters, sondern diese Informationen für das Textfeld festlegen. Und diesmal ist es nicht die Position, sondern die Größe, für die der Dialog-Editor als Voreinstellung AUTO vorgibt. Lassen Sie diese Voreinstellung bestehen, stellt er die Größe des Feldes genau so ein, daß der angegebene Text hineinpaßt. Den Text selbst können Sie wie bei der Einstellung des Dialogfensters im Eingabefeld TEXT$ eingeben. Nicht möglich ist es jedoch, die Schriftart und die Punktgröße zu wählen, denn WinWord wählt beim Aufbau eines Dialogfensters immer und automatisch die Systemschrift in einer Größe von 10 Punkt.

Als nächstes werden Sie wahrscheinlich ein alphanumerisches Eingabefeld anlegen wollen, wofür der Befehl TEXTFELD aus dem ELEMENT-Menü verantwortlich zeichnet. Auch er legt das neue Eingabefeld sofort nach seinem Aufruf an. Auf dem bereits beschriebenen Wege können Sie es anschließend beliebig innerhalb des Dialogfensters positionieren.

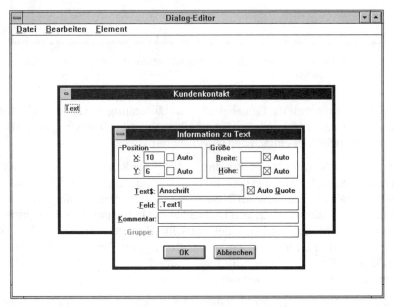

Abb. 30.10: Ein Textfeld wird eingestellt

Darüber hinaus besteht die Möglichkeit, die Breite dieses Feldes einzustellen, indem Sie mit der Maus auf den linken oder rechten Feldrand fahren, wo sich der Mauscursor dann in einen horizontalen Pfeil verwandelt, der nach links und nach rechts zeigt. Das ist für Sie das Signal, daß die Breite des Feldes jetzt durch Niederdrücken der Maustaste und gleichzeitige Bewegung der Maus eingestellt werden kann.

Innerhalb eines solchen Feldes zeigt der Dialogeditor immer den Text TEXT BEARBEITEN an, doch der ist lediglich ein Platzhalter, durch den das Feld als Eingabefeld kenntlich gemacht wird. Bei der späteren Darstellung des Dialogfensters aus einem WordBASIC-Programm heraus erscheint dieser Text nicht.

Konfiguriert wird auch dieses Feld wiederum über das Dialogfenster, die nach dem zweimaligen Anklicken des Feldes auf dem Bildschirm erscheint. Diesmal ist das Dialogfeld für die Eingabe des Textes jedoch inaktiv, während das Dialogfeld mit der Beschriftung .FELD auf Ihre Eingaben wartet. Dort muß der Name der Dialogvariablen angegeben werden, die mit dem Eingabefeld verbunden sein soll. Der Dialog-Editor gibt dafür jeweils den Namen .TEXTFELD vor und hängt daran eine fortlaufende Nummer an, also .TEXTFELD1, .TEXTFELD2 etc. Sie sollten jedoch einen Namen wählen, der die Aufgabe des Feldes besser beschreibt, denn dadurch wird der Programmcode, den sie später zum Zugriff auf dieses Dialogfeld schreiben, besser verständlich.

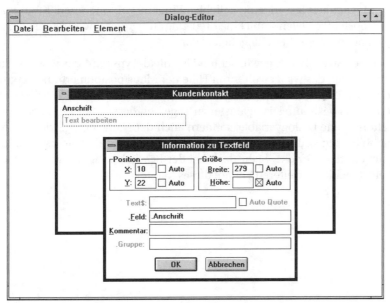

Abb. 30.11: Bei Eingabefeldern müssen Sie auch die Dialogvariable angeben, über die das Feld aus dem Programmcode heraus adressierbar sein soll

Kommen wir nun zu Listenfeldern, die im ELEMENT-Menü durch Auswahl des Befehls LISTENFELD erzeugt werden.

Im Gegensatz zu TEXT und EINGABEFELD erscheint hier zunächst ein kleines Dialogfenster, in dem Sie nach der Art des Listenfelds gefragt werden. WordBASIC kennt drei Arten von Listenfeldern:

- Standard-Listenfelder, bei denen eine gewisse Zahl von Listeneinträgen immer sichtbar ist und die deshalb relativ viel Platz innerhalb des Dialogfensters beanspruchen

- Drop-Down-Listenfelder, die weniger Platz innerhalb eines Dialogfensters beanspruchen, weil die Liste erst vom Anwender aufgeklappt werden muß. Sie überdeckt daraufhin die Dialogfelder, die unterhalb des Drop-Down-Feldes angebracht sind, doch verschwindet die Liste wieder, sobald das Drop-Down-Listenfeld den Fokus verliert.

- Kombinationsfelder, die wie ein Drop-Down-Listenfeld zunächst aufgeklappt werden müssen, dem Anwender die verschiedenen Einträge aus der Liste aber nicht aufzwingen, sondern ihn darüber hinaus die Möglichkeit lassen, eine beliebige Eingabe vorzunehmen. Kombinationsfelder stellen somit eine Kreuzung aus Drop-Down-Listenfeld und alphanumerischem Eingabefeld dar.

Nach der Auswahl des gewünschten Listenfeld-Typs wird das gewünschte Feld erzeugt, das wie gewohnt mit Hilfe der Maus positioniert und vergrößert bzw. verkleinert werden kann. Ein Doppelklick auf das Feld fördert wiederum das bekannte Dialogfenster zu Tage, mit deren Hilfe dem Feld aber nicht nur eine Dialogvariable, sondern auch der Name einer String-Array-Variablen zugeordnet werden muß, aus der das Feld die darzustellenden Listeneinträge bezieht. Mehr dazu bei der Beschreibung der WordBASIC-Dialogbefehle im weiteren Verlauf dieses Kapitels.

30 • WordBASIC – Programmieren mit WinWord

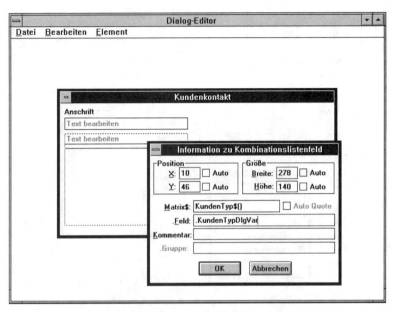

Abb. 30.12: Neben dem Namen der zugehörigen Dialogvariablen benötigen die verschiedenen Arten von Listenfeldern auch den Namen eines String-Arrays, aus dem sie ihren Inhalt beziehen

Eine ganze Reihe durchaus verschiedener Felder werden über den Befehl SCHALTFLÄCHE aus dem ELEMENT-Menü erzeugt. Wie der Name bereits vermuten läßt, handelt es sich dabei um alle Arten von Schaltflächen, weshalb nach seinem Aufruf auf dem Bildschirm auch zunächst ein kleines Dialogfenster erscheint, in der Sie nach der Art der gewünschten Schaltfläche gefragt werden.

Nach ihrer Erzeugung wird die gewünschte Schaltfläche über den INFO-Befehl konfiguriert, dessen Dialogfenster sich wie gehabt auch durch einen Doppelklick auf das Feld zum Vorschein bringen läßt. Bei Schaltflächen vom Typ DEFINIERBAR, OPTIONSFELD und KONTROLLKÄSTCHEN kann in diesem Dialogfenster der Text festgelegt werden, der innerhalb bzw. neben der Schaltfläche erscheinen soll. Dies ist für ABBRECHEN- und OK-Schaltflächen nicht erforderlich, weil der Text hier bereits durch die Art der Schaltfläche bestimmt wird.

Außerdem zeichnen sich diese Schaltflächen dadurch aus, daß sie bei der Eingabe bestimmter Tasten ([↵] bei OK und [Esc] bei ABBRECHEN) automatisch aktiviert werden. Das ist bei der DEFINIERBAR-Schaltfläche nicht der Fall, die immer über die Maus angeklickt oder per Tastatur zunächst als das aktuelle Dialogelement ausgewählt werden muß, bevor sie durch einen Druck auf die [↵]-Taste ausgelöst wird.

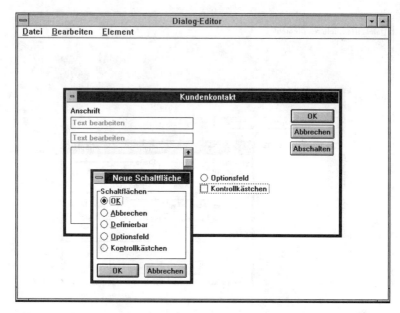

Abb. 30.13: Alle Arten von Schaltflächen lassen sich mit dem Befehl SCHALTFLÄCHE erzeugen

Im Gegensatz zu den drei genannten Schaltflächen müssen die Schaltflächen OPTIONSFELD und KONTROLLKÄSTCHEN grundsätzlich mit einer Dialogvariablen verbunden werden, weil sie einen Zustand aufweisen (angeschaltet oder ausgeschaltet), der aus dem WordBASIC-Programm heraus abgefragt und eingestellt werden kann, was ohne eine entsprechende Dialogvariable nicht möglich ist. Als Name dieser Dialogvariable gibt der Dialog-Editor bei Optionsfeldern OPTIONSFELD und bei Kontrollkästchen KONTROLLKÄSTCHEN vor, wobei wie bei Eingabefeldern automatisch eine fortlaufende Nummer angefügt wird. Auch hier gilt jedoch die Empfehlung, diese Voreinstellungen nicht beizubehalten und statt dessen aussagekräftige Namen zu wählen, die sich auf die Bedeutung des Feldes im Rahmen des Dialogfensters beziehen.

Während Kontrollkästchen für sich allein stehen können, weil sie dem Anwender eine eindeutige Ja/Nein-Entscheidung abverlangen, gilt dies für Optionsfelder nicht. Ihre Aufgabe ist es, dem Anwender die Auswahl einer von mehreren Möglichkeiten zu bieten. Aus diesem Grund müssen Optionsfelder, die einer bestimmten Auswahl dienen, immer zu einer Gruppe zusammengefaßt werden.

Als Bindeglied dient dabei ein Gruppenfeld , das sich mit Hilfe des gleichnamigen Befehls aus dem ELEMENT-Menü erzeugen läßt. Es handelt sich bei einem solchen Feld um einen Rahmen, wie er z.B. in der Abbildung 30.4 zu

30 • WordBASIC – Programmieren mit WinWord

sehen ist. Darüber hinaus werden Gruppenfelder auch zur optischen Unterteilung von Dialogfenstern eingesetzt, indem man Gruppen von Eingabefeldern, die zusammengehören, mit einem derartigen Rahmen versieht.

Neben den genannten Feldtypen besteht seit der Version 6.0 von WinWord die Möglichkeit, auch Grafiken in Dialogfenster aufzunehmen. Diese können vom Anwender zwar in keiner Weise manipuliert oder als Eingabefelder genutzt werden, doch nach dem Motto *Ein Bild sagt mehr als tausend Worte* können sie die Aussagekraft eines Dialogfensters steigern helfen. Nach der Auswahl des GRAFIK-Befehls aus dem ELEMENT-Menü erscheint ein Dialogfenster, in dem Sie die Herkunft der Grafik einstellen müssen, denn WinWord kann diese Grafik aus einer Datei, einem AutoText-Eintrag, einer Textmarke oder aus der Zwischenablage beziehen. Allerdings wird die Grafik erst während der späteren Anzeige des Dialogfensters im Rahmen eines Makros auf den Bildschirm gebracht.

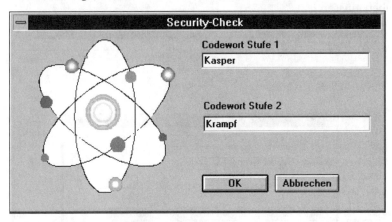

Abb. 30.14: Auch Grafiken lassen sich als Felder in benutzerdefinierte Dialogfenster aufnehmen

Bearbeiten von Dialogelementen

Bisher war immer nur von den verschiedenen Befehlen des ELEMENT-Menüs die Rede, aber das ist nur eines von drei Menüs, die der Dialog-Editor zur Verfügung stellt. Immer wieder werden Sie darüber hinaus mit den verschiedenen Befehlen aus dem BEARBEITEN-Menü in Berührung kommen, die z.B. beim Löschen oder Duplizieren von Dialogelementen helfen. Die Befehle dieses Menüs wirken jeweils auf das bzw. die aktuell selektierten Felder ein. Das sind die Felder, die von einer gestrichelten Linie umgeben werden, wie das nach der Erzeugung eines Feldes über einen der Befehle aus dem ELEMENT-Menü zunächst immer der Fall ist.

Aber auch nachträglich lassen sich die verschiedenen Dialogelemente selektieren, und nichts anderes geschieht, wenn Sie ein Feld mit der Maus anklicken, um es zu verschieben oder zu vergrößern. Dabei können mehrere Dialogelemente gleichzeitig selektiert werden, indem Sie die gewünschten Felder nacheinander anklicken und dabei die ⇧-Taste niedergedrückt halten. Die bereits zuvor selektierten Felder erscheinen dann invertiert. Aufheben läßt sich eine gemeinsame Selektion wieder, indem Sie ein einzelnes Dialogelement ohne die ⇧-Taste oder einen Freiraum innerhalb des Dialogfensters anklicken, wodurch das gesamte Dialogfenster selektiert ist.

Weitere Befehle zur Selektion von Dialogelementen finden Sie am Ende des BEARBEITEN-Menüs. DIALOGFELD AUSWÄHLEN wählt das Dialogfeld aus, während ALLE ELEMENTE AUSWÄHLEN alle Elemente innerhalb des Dialogfeldes auswählt, was nicht das gleiche ist. Und GRUPPE AUSWÄHLEN selektiert schließlich alle Felder innerhalb eines Gruppenfeldes, das Sie allerdings zuvor selektiert haben müssen.

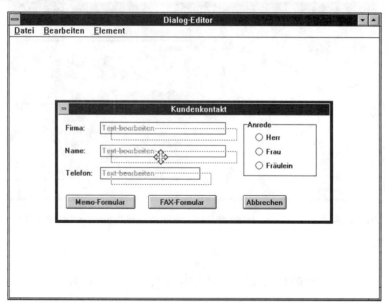

Abb. 30.15: Mehrere Dialogfelder können gleichzeitig selektiert und dann z.B. gemeinsam verschoben werden

Sind mehrere Elemente selektiert, können sie wie ein einzelnes Element mit Hilfe der Maus verschoben werden, was natürlich viel Arbeit spart. Aber auch löschen lassen sich mehrere selektierte Elemente gemeinsam, und zwar über den Befehl LÖSCHEN aus dem BEARBEITEN-Menü, der natürlich auch zum Löschen eines einzelnen Elements herangezogen werden kann. Wie unter Windows üblich, lautet seine Kurzwahltaste (Entf).

Und auch die anderen Befehle AUSSCHNEIDEN, KOPIEREN und EINFÜGEN entsprechen den gleichnamigen Befehlen, die man z.B. im BEARBEITEN-Menü von WinWord trifft, nur daß sie nicht auf Text, sondern auf einzelne Dialogelemente einwirken. Auch sie versehen ihre Dienste jedoch über die Zwischenablage, mit deren Hilfe sich Elemente dadurch z.B. kopieren lassen (erst selektieren, dann Ausschneiden und schließlich Kopieren).

Noch einfacher geht das jedoch mit Hilfe des Duplizieren-Befehls, der automatisch eine Kopie des gerade selektierten Elements anfertigt. Sind mehrere Elemente selektiert, wird nur das erste dupliziert.

Übergabe des Programmcodes an WinWord

Haben Sie ein Dialogfenster erstellt, die Felder ausgerichtet und ganz nach Ihren Wünschen konfiguriert, wird es spannend. Denn nun gilt es, das Dialogfenster in Programmcode zu verwandeln und in ein WinWord-Makro zu übernehmen. Doch das ist viel unspektakulärer, als es sich auf den ersten Blick anhört. Denn dazu müssen Sie lediglich die Dialogmaske selektieren (z.B. über den Befehl DIALOGFELD AUSWÄHLEN) und dann den KOPIEREN-Befehl aus dem BEARBEITEN-Menü aufrufen. Der Dialog-Editor legt dadurch eine Sequenz von WordBASIC-Befehlen in der Zwischenablage ab, die bei ihrer Ausführung innerhalb von WinWord das gewünschte Dialogfenster generiert. Deshalb müssen Sie anschließend nur noch WinWord aktivieren, in ein Makrofenster wechseln und die Einfügemarke an die Stelle bringen, an der die Befehle innerhalb des Programmtexts erscheinen sollen (am besten ganz am Anfang, direkt hinter Sub MAIN). Dann müssen Sie nur noch den EINFÜGEN-Befehl aus dem BEARBEITEN-Menü aufrufen, um den Programmcode in Ihr Makro einzufügen.

Den Dialog-Editor können Sie jetzt eigentlich schließen, sofern Sie keine weiteren Dialogfenster erstellen möchten. Vielleicht werden Sie Ihre Arbeit aber noch speichern wollen, doch werden Sie nach einem entsprechenden Befehl innerhalb des DATEI-Menüs des Dialog-Editors vergeblich suchen. Denn Dialogfenster werden tatsächlich nur als Text innerhalb von WinWord-Makros gespeichert und müssen von dort wieder in den Dialog-Editor übertragen werden, wenn sie nachträglich verändert werden sollen.

Und das funktioniert auf dem gleichen Wege, auf dem der Programmcode auch schon in WinWord gelangt ist, nämlich über die Zwischenablage. Markieren Sie also den Programmcode für den Aufbau des Dialogfensters, inklusive der Befehle BEGIN DIALOG und END DIALOG, die eine solche

Fensterdefinition grundsätzlich einleiten bzw. abschließen. Kopieren Sie ihn dann, oder schneiden Sie ihn über die entsprechenden Befehl aus dem BE-ARBEITEN-Menü von WinWord aus. Sobald Sie anschließend in den Dialog-Editor wechseln, genügt der Aufruf des EINFÜGEN-Befehls, um den Programmcode wieder in ein Dialogfenster zu verwandeln, das Sie weiterverarbeiten und später als Programmcode wieder in Ihr Makro übernehmen können.

Wie sich um die Definitionsbefehle herum der Aufruf eines solchen Dialogfensters gestalten läßt, zeigt Ihnen das Programmlisting am Anfang dieses Abschnitts.

Dialogfenster per Hand codieren

Dialogfenster kann man auch von Hand codieren – und zwar mit den verschiedenen BASIC-Befehlen, die der Dialog-Editor zur Erzeugung eines Dialogfensters generiert. Nichts spricht dagegen, diese Befehle auch von Hand in ein Makro aufzunehmen, und tatsächlich bestand bis zur Version 2.0 von WinWord auch gar keine andere Möglichkeit, weil man ein Hilfsmittel wie den Dialog-Editor im Lieferumfang von WinWord vergeblich suchte.

Eingeleitet wird die Definition eines Dialogfensters immer durch den Befehl BEGIN DIALOG, dem der Name BENUTZERDIALOG als Name des Dialogfensters folgen muß. Weil WinWord damit nur einen ganz bestimmten Namen zuläßt, kann gleichzeitig immer nur ein benutzerdefiniertes Dialogfenster aktiv sein. Benötigen Sie in Ihren Makroprogrammen nacheinander verschiedene individuelle Dialogfenster, müssen Sie diese also jeweils mit Hilfe des BEGIN-DIALOG-Befehls und der sich daran anschließenden Definitionsbefehle neu definieren, bevor Sie das Dialogfenster aufrufen können.

Nach der Einleitung einer Dialogfenster-Definition müssen in den darauffolgenden Programmzeilen die verschiedenen Befehle folgen, mit deren Hilfe jeweils ein Dialogfeld des Dialogfensters definiert wird. Ihre Reihenfolge bestimmt auch die Reihenfolge, mit der Word für Windows die verschiedenen Felder beim Ausfüllen des Dialogfensters nach der Betätigung der ⟨↹⟩-Taste anspringt. Abgeschlossen wird die Definition eines Dialogfensters durch den Befehl END DIALOG, dem vor dem nächsten BEGIN DIALOG keine Definitionsbefehle mehr folgen dürfen.

Der Befehl BEGIN DIALOG leitet aber nicht nur die Definition eines Dialogfensters ein, sondern definiert auch dessen Größe und – auf Wunsch – auch dessen Position auf dem Bildschirm. Seine Syntax lautet deshalb:

```
Begin Dialog UserDialog [XPos, YPos, ] Breite, Höhe
```

Diese vier Parameter werden auch von allen anderen Befehlen erwartet, mit deren Hilfe Dialogfelder in das Dialogfenster aufgenommen werden. Gemessen werden diese Maßangaben allerdings nicht in Bildchirmpunkten, sondern in bezug auf die Größe der Systemschrift, in der sämtlicher Text innerhalb eines solchen Dialogfensters dargestellt wird. Bei XPos und Breite beträgt die Maßeinheit dabei ein Achtel des Systemfonts, bei YPos und der Höhe ein Zwölftel. Solange Sie Dialogfenster mit Hilfe des Dialog-Editors erstellen, müssen Sie sich um diese Maßeinheiten jedoch keine Gedanken machen.

Der Koordinatenursprung befindet sich grundsätzlich in der oberen linken Ecke des Dialogfensters, weil sich alle Ordinatenangaben bei Dialogfeldern auf diese Position beziehen. Der BEGIN-DIALOG-Befehl selbst bezieht sich allerdings auf die oberen linke Ecke des WinWord-Fensters. Lassen Sie bei BEGIN DIALOG die optionalen Parameter XPos und YPos weg, wird das Dialogfenster in der Mitte des WinWord-Fensters angezeigt.

Neben den vier genannten Parametern wird in Verbindung mit der Deklaration jedes Dialogfelds auch eine Dialogvariable erwartet, über die das Dialogfeld später angesprochen werden kann. Sie wird jeweils als letzter Parameter des entsprechenden Befehls angegeben und muß immer durch einen Punkt eingeleitet werden. Einzige Ausnahme bilden dabei die Befehle OK-BUTTON, CANCELBUTTON und TEXT, die keine Dialogvariable benötigen, weil sie keine Dialogfelder darstellen, deren Inhalt man abfragen könnte. Doch auch hier läßt sich auf Wunsch eine solche Dialogvariable angeben.

Im den folgenden Abschnitten finden Sie eine Beschreibung der einzelnen WordBASIC-Befehle, mit deren Hilfe verschiedene Arten von Dialogfeldern deklariert werden können. Die Auflistung erfolgt dabei in alphabetischer Reihenfolge.

CheckBox

Syntax:
```
CheckBox XPos, YPos, Breite, Höhe, Text$, .Dialogvariable
```

Mit einer Checkbox können Sie eine Ja/Nein-Abfrage in Ihr Dialogfenster aufnehmen, denn eine Checkbox läßt sich mit Hilfe von Maus oder Tastatur immer nur von *An* auf *Aus* und umgekehrt umschalten.

Als Parameter erwartet der Befehl zunächst die Koordinaten der oberen linken Ecke des CheckBox-Dialogfeldes und anschließend die Breite und Höhe. Alle Angaben werden in Bezug auf den Systemfont gemessen. Bei XPos und Breite beträgt die Einheit ein Achtel des Systemfonts, bei YPos und der Höhe ein Zwölftel.

Die Dialogvariable einer Checkbox ist numerisch und erkennt die drei Werte 0, 1 und –1. Null dabei steht für Aus, 1 für An und –1 für nicht aktiv. Vor dem Aufruf von Dialog() kann der Wert dieser Dialogvariablen gesetzt werden, um den initialen Status der Checkbox einzustellen. Nach dem Dialog()-Aufruf spiegelt die Dialogvariable die vom Anwender gewählte Einstellung wider.

Der Text der Checkbox kann eine Kurzwahltaste enthalten, über die die Box in Verbindung mit der [Alt]-Taste direkt angewählt werden kann. Markieren Sie diese Taste innerhalb des Namens durch Voranstellen des Zeichens &.

ComboBox

Syntax:
```
ComboBox XPos, YPos, Breite, Höhe, StringArray$(), .Dialogvariable
```

Comboboxen finden sich in zahlreichen Dialogfenstern von Word für Windows, aber auch in der Formatierungs-Symbolleiste, wo sie der Auswahl einer Formatvorlage bzw. einer Schriftart- und Schriftgröße dienen. Comboboxen verkörpern eine Mischung aus alphanumerischem Eingabefeld und Listbox. Dem Anwender bietet sich dadurch einerseits die Möglichkeit, eine alphanumerische Angabe "von Hand" vorzunehmen, oder andererseits einen Eintrag auch aus einer Liste vordefinierter Einträge zu wählen. Die Listeneinträge müssen in dem String-Array verzeichnet sein, das dem Befehl ComboBox bei seinem Aufruf übergeben wird. Seine Größe bestimmt die Anzahl der sichtbaren Einträge im Listenfeld der Combo-Box.

Beachten Sie bitte, daß die einzelnen Einträge dieses Arrays nicht schon bei der Dialogfenster-Definition zur Verfügung stehen müssen. Das Array kann also auch zu einem späteren Zeitpunkt geladen werden, spätestens jedoch unmittelbar vor dem Aufruf der Dialog()-Funktion bzw. des Dialog-Befehls, der das Dialogfenster zur Anzeige bringt.

In die Dialogvariable, die Sie beim Aufruf von ComboBox angeben, trägt Word für Windows jeweils den ausgewählten Eintrag aus dem Listenfeld, bzw. die manuelle Eingabe des Anwenders ein. Es handelt sich bei ihm deshalb um einen String, auch wenn das Dollarzeichen wie bei allen Dialogvariablen nicht in dem Namen enthalten sein muß.

DropListBox

Syntax:
```
DropListBox XPos, YPos, Breite, Höhe, StringArray$(), .Dialogvariable
```

Drop-Down-Listboxen bieten dem Anwender genau wie normale List-Boxen die Möglichkeit, einen Eintrag aus einer vordefinierten Liste von Einträgen auszuwählen. Vom Aussehen her ähneln sie jedoch eher Combo-Boxen, weil der Anwender die Listbox erst aufklappen muß, bevor er die Liste der Einträge zu Gesicht bekommt. Eine manuelle Eingabe ist im Gegensatz zu einer Combo-Box jedoch nicht gestattet.

In Bezug auf seine Parameter, das Füllen des Listenfeldes und die Rückgabe des ausgewählten Eintrags über seine Dialogvariable arbeitet der Befehl DropListBox genau wie der Befehl ComboBox.

ListBox

Syntax:
```
ListBox XPos, YPos, Breite, Höhe, StringArray$(), .Dialogvariable
```

List-Boxen bieten dem Anwender die Möglichkeit, einen Eintrag aus einer vordefinierten Liste von Einträgen auszuwählen. Sie finden List-Boxen in Word für Windows in zahlreichen Dialogfenstern, so z.B. in den Menübefehlen Tastenbelegung und Menübelegung aus dem Makro-Menü.

In Bezug auf seine Parameter, das Füllen des Listenfeldes und die Rückgabe des ausgewählten Eintrags über seine Dialogvariable arbeitet der Befehl ListBox genau wie der Befehl ComboBox.

GroupBox

Syntax:
```
GroupBox XStart, YStart, Breite, Höhe, Text$ [, .Dialogvariable]
```

Mit dem GroupBox-Befehl definieren Sie kein Dialogfeld, sondern einen Rahmen, der einen bestimmten Teil eines Dialogfensters umfassen soll, um die Zusammengehörigkeit der darin befindlichen Dialogfelder optisch zu unterstreichen. Neben den Koordinaten und der Breite bzw. Höhe muß beim Aufruf des GroupBox-Befehls ein Textstring angegeben werden, der in die oberste Zeile des Rahmens geschrieben wird. Möchten Sie auf einen Text verzichten, geben Sie für diesen Parameter einfach einen Leerstring an.

Eine Dialogvariable wird beim Aufruf von GroupBox nicht benötigt, kann jedoch auf Wunsch angegeben werden. Einfluß auf das Erscheinungsbild oder die Auswahl von Dialogelementen innerhalb der GroupBox hat sie jedoch nicht.

OKButton und CancelButton

Syntax:
```
OKButton XStart, YStart, Breite, Höhe [, .Dialogvariable]
```

Syntax:
```
CancelButton XStart, YStart, Breite, Höhe [, .Dialogvariable]
```

Die zwei Standardschaltflächen OK und ABBRECHEN können mit diesen beiden Befehlen in ein Dialogfenster aufgenommen werden. Zumindest die OK-Schaltfläche wird dabei von Word für Windows in jedem Dialogfenster erwartet und deshalb ein Fehler erzeugt, wenn sie fehlt. Kein Wunder, denn ohne eine derartige Schaltfläche kann ein Dialogfenster nicht wieder geschlossen werden.

Optional ist hingegen die Aufnahme einer ABBRECHEN-Schaltfläche mit Hilfe des Befehls CancelButton. Sollten Sie sich dazu entschließen, vergessen Sie bitte nicht, daß die Auswahl dieser Schaltfläche den Fehler 102 erzeugt, sofern Sie das Dialogfenster mit Hilfe des Dialog-Befehls und nicht über die Dialog()-Funktion auf den Bildschirm holen. Denn bei Dialog() zieht die Betätigung der ABBRECHEN-Schaltfläche lediglich die Rückgabe des Wertes 0 nach sich, ohne einen Fehler auszulösen.

Die Angabe einer Dialogvariablen ist bei beiden Befehlen optional, weil sie diese eigentlich nicht benötigen, nachdem sie nicht mit einer wählbaren Information, sondern einer Aktion verbunden sind.

Obwohl Sie die Größe und Lage der beiden Schaltflächen völlig frei bestimmen können, ist es sicher keine schlechte Idee, sich dabei an die Vorgehensweise von Word für Windows zu halten, damit auch Ihre Dialogfenster in das gewohnte Bild passen. Unter Word für Windows finden sich diese beiden Schaltflächen fast immer in der oberen rechten Ecke des Dialogfensters, die OK-Schaltfläche dabei zuoberst.

OptionGroup und OptionButton

Syntax:
```
OptionGroup .Dialogvariable
```

Syntax:
```
OptionButton XStart, YStart, Breite, Höhe, Text$ [, .Dialog-
variable]
```

Mit diesen beiden Befehlen können Sie innerhalb Ihrer Dialogfenster Gruppen von Optionsfeldern auswählen, von denen jeweils nur eines aktiv ist. Dazu muß zunächst der Befehl OptionButton angegeben werden, der die

Definition einer solchen Gruppe einleitet. Ihm muß der Name einer numerischen Dialogvariable folgen, die die Nummer des angewählten Optionsfeld repräsentiert.

Die einzelnen Optionsfelder selbst werden in den darauffolgenden Zeilen mit Hilfe eines oder mehrerer OptionButton-Befehle angegeben. Sie spezifizieren nicht nur die Lage und Größe des Optionsfelds, sondern geben auch den Text an, der rechts neben dem runden Optionsschalter erscheint. Wie üblich kann dieser Text eine Kurzwahltaste beinhalten, die durch ein kaufmännisches- Und-Zeichen (&) markiert werden muß.

Die Reihenfolge der verschiedenen Optionsfelder gibt aber auch die Nummer an, durch die sie in bezug auf die Dialogvariable der Optionsgruppe repräsentiert werden. Dies geschieht unabhängig von ihrer Bildschirmposition innerhalb der Gruppe und beginnt mit der Nummer 0.

Word für Windows umrahmt eine Gruppe von Optionsfeldern häufig mit einer Group-Box, damit ihre Zusammengehörigkeit noch deutlicher hervortritt. An diese Einstellungen sollten Sie sich halten, damit Ihre Dialogfenster dem "Look-and-Feel" von Word für Windows entsprechen und dem Anwender nicht plötzlich das Gefühl vermitteln, in einer fremden Applikation gelandet zu sein.

Picture

Syntax:
```
Picture XStart, YStart, Breite, Höhe, Grafik$, Art, .Dialogvariable
```

Durch den Picture-Befehl nehmen Sie ein Grafikfeld in Ihr Dialogfenster auf. Was für eine Grafik angezeigt wird, hängt entscheidend von den beiden Parametern Art und Grafik$ ab, wobei Art den erwarteten Inhalt von Grafik$ bestimmt. Art kann einen der folgenden Werte annehmen:

Code	Bedeutung
0	In Grafik$ muß der Name einer Grafikdatei angegeben werden, die angezeigt werden soll. Der Name darf eine komplette Pfadbezeichnung beinhalten.
1	Die Grafik wird aus einem AutoText-Eintrag bezogen, dessen Name im Parameter Grafik$ angegeben wird. Die Grafik muß den einzigen Inhalt des AutoText-Eintrags darstellen, der darüber hinaus weder Text und/oder Absatzmarken enthalten darf. Enthalten sein muß der AutoText-Eintrag entweder in der Dokumentvorlage des aktuellen Dokuments oder in der Dokumentvorlage NORMAL.DOT.

Code	Bedeutung
2	Grafik$ muß den Namen einer Textmarke aus dem aktuellen Dokument darstellen, die eine - und nur eine - Grafik enthält. Diese Grafik wird zur Anzeige gebracht.
3	Für Grafik$ muß eine leere Zeichenkette ("") angegeben werden, denn die Grafik wird bei Angabe dieses Codes der Zwischenablage entnommen.

Tab. 30.16: Mögliche Werte des Parameters ART

WinWord skaliert die anzuzeigende Grafik jeweils so, daß sie in die durch die Parameter Breite und Höhe vorgegebene Größe des Grafikfeldes paßt. Kann die Grafik nicht gefunden werden, zeigt WinWord in dem Dialogfeld anstelle der Grafik den Text (KEINE GRAFIK VORHANDEN). Eine Dialogvariable wird hier zur Rückgabe von Informationen nicht benötigt und muß deshalb nicht angegeben werden, wenngleich ihre Angabe gestattet ist.

PushButton

Syntax:
```
PushButton XStart, YStart, Breite, Höhe, Text$ [, .Dialogvariable]
```

Der PushButton-Befehl erlaubt die Definition von zusätzlichen Schaltflächen in der Art von ABBRECHEN und OK. Im Gegensatz zu diesen Schaltflächen können Sie den Text, der darin erscheinen soll, aber selbst durch den Parameter TEXT$ bestimmen. Optional können Sie eine Dialogvariable angeben, die hier jedoch nicht zur Informationsübergabe genutzt wird.

Wird eine Dialogbox durch Betätigung eines Push-Buttons geschlossen, liefert die Dialog()-Funktion die Nummer des Push-Buttons in der Reihenfolge der PushButton-Befehle innerhalb der jeweiligen Dialogfenster-Definition zurück. Der Push-Button der ersten PushButton-Deklaration steht liefert dabei den Wert 1 zurück, der zweite den Wert 2 usw.

Text

Syntax:
```
Text XStart, YStart, Breite, Höhe, Text$ [, .Dialogvariable]
```

Der Text-Befehl bietet Ihnen die Möglichkeit, Text in ein Dialogfenster aufzunehmen, um z.B. die Aufgabe des Dialogfensters zu beschreiben oder dem

Anwender weitere Informationen in bezug auf die verschiedenen Felder zu vermitteln.

Neben der Startposition des Textes innerhalb des Dialogfensters muß diesem Befehl auch die Breite und Höhe des Textes übergeben werden. Optional können Sie eine Dialogvariable angeben, die hier jedoch nicht zur Informationsübergabe genutzt wird.

TextBox

Syntax:
```
TextBox XStart, YStart, Breite, Höhe, [.Dialogvariable] [, Mehrzeilig]
```

Ein alphanumerisches Eingabefeld können Sie mit Hilfe dieses Befehls in ein Dialogfenster integrieren. Allerdings beschreibt dieser Befehl nur das nackte Eingabefeld und nicht seinen Titel, der deshalb mit Hilfe des Text-Befehls in das Dialogfenster aufgenommen werden muß. Bei der Dialogvariable muß es sich immer um einen String handeln, auch wenn dies aus ihrem Namen nicht direkt ersichtlich wird, weil das sonst übliche Dollarzeichen fehlt.

Auto-Makros

WordBASIC kennt verschiedene Makros, die so wie die Datei AUTOEXEC.BAT unter DOS automatisch ausgeführt werden. Ihr Name spezifiziert dabei die Bedingung, unter der dies geschehen soll.

Makroname	Ausführung ...
AutoExec	nach dem Start von Word für Windows
AutoNew	nach dem Aufruf des Neu-Befehls aus dem Datei-Menü
AutoOpen	nach dem Aufruf des Öffnen-Befehls aus dem Datei-Menü
AutoClose	vor dem Schließen eines Fensters
AutoExit	vor der Beendigung von Word für Windows

Tab. 30.17: Auto-Makros

Grundsätzlich können Sie derartige Makros sowohl in die globale Vorlage NORMAL.DOT als auch in jede andere Vorlage aufnehmen. In bezug auf ein AutoExec-Makro macht allerdings nur dessen Einbindung in die globale

Vorlage Sinn, weil nur sie nach dem Start von Word für Windows sofort zur Verfügung steht.

Die Ausführung dieser Makros können Sie unterdrücken, indem Sie beim Eintreten der jeweiligen Aktivierungsbedingung die H-Taste niedergedrückt halten. Dies gilt jedoch nicht für das AutoExec-Makro. Es kann in seiner Ausführung nur unterdrückt werden, indem beim Aufruf von Word für Windows der Schalter /M (automatischer Makrostart) ohne einen Makronamen angegeben wird.

Zum Austesten können Sie diese Makros jedoch wie gewöhnliche Makros über die Schaltfläche Beginn in der Sinnbildzeile eines Makrofensters oder über den AUSFÜHREN-Befehl im MAKRO-Menü starten.

Als Beispiel betrachten Sie bitte das folgende Makro, daß ich sowohl als AutoNew-, als auch als AutoOpen-Makro in der globalen Vorlage NORMAL-.DOT einsetze. Es richtet mir meinen HP-Laserjet in Abhängigkeit der Vorlage eines Dokuments als PostScript- oder als ganz normalen PCL-Drucker ein. Das ist für mich wichtig, weil ich immer eine ganz spezielle Vorlage in Verbindung mit der PostScript nutze, in der verschiedene PostScript-Prozeduren zum Einsatz kommen.

Neben der Einrichtung des Laserjets durch den Aufruf eines speziellen Treiberprogramms wird jeweils auch der korrespondierende Druckertreiber von Windows installiert. Das geschieht mit Hilfe des Dialogbefehls Datei-Druckeinrichtung.

```
Sub MAIN

Dim fd As FormatDokument
GetCurValues fd
If fd.Vorlage = "D:\WINWORD\BWW.DOT" Then
      DateiDruckeinrichtung .Drucker = "PostScript-Drucker an
EPT:"
      Shell "C:\QMSJS\JETSTART"
      Print "PostScript eingerichtet"
Else
      DateiDruckeinrichtung .Drucker = "PCL / HP Laserjet an
LPT1:"
      Print "Druckausgabe mit PCL"
End If

End Sub
```

Da Auto-Makros sowohl in der globalen Vorlage NORMAL.DOT als auch in jeder anderen Vorlage eingesetzt werden können, muß Word für Windows eine Rangfolge festlegen, damit nicht einmal ein globales Auto-Makro und einmal eines aus einer anderen Vorlage ausgeführt wird. Word für Windows zieht dabei grundsätzlich die Makros aus der aktuellen Vorlage in dem jeweiligen Dokument vor. Erst wenn es dort das gesuchte AutoMakro nicht vorfindet, wird diese Suche in der globalen Vorlage fortgesetzt. Kann das jeweilige Makro auch dort nicht entdeckt werden, unterbleibt seine Ausführung einfach.

Vordefinierte Befehle modifizieren

WordBASIC bietet Ihnen die Möglichkeit, die vordefinierten Befehle umzudefinieren, wenn Sie ihre Arbeitsweise abändern wollen. Dazu müssen Sie in die globale oder jede beliebige andere Vorlage einfach ein Makro aufnehmen, das den gleichen Namen wie das umzudefinierende Makro trägt.

Das wird dann anstelle des ursprünglichen Makros aufgerufen, weil Word-BASIC bei der Suche nach einem Makro immer eine ganz bestimmte Reihenfolge einhält, die bereits am Ende des vorhergehenden Unterkapitels kurz angedeutet wurde. Zunächst schaut Word für Windows nämlich in der jeweils aktuellen Vorlage nach dem aufzurufenden Makro nach. Wird es dort fündig, wird dieses Makro ausgeführt. Wenn nicht, wird die Suche in der globalen Vorlage fortgesetzt, und erst nach einem Scheitern der Suche auch in dieser Vorlage werden die vordefinierten Makros in Betracht gezogen.

Reihenfolge bei der Suche nach Makros:

1. Aktuelle Vorlage
2. Globale Vorlage NORMAL.DOT
3. Definierte Makros

Als Beispiel für den Einsatz dieser Möglichkeit demonstriert das folgende Makro den Austausch des vordefinierten Makros "DateiÖffnen" durch ein gleichnamiges Makro, das in der globalen Vorlage NORMAL.DOT angesiedelt wird.

Es modifiziert die Arbeitsweise des vordefinierten Makros dahingehend, daß im Dateiauswahlfenster zunächst immer die TXT-Dateien aus dem aktuellen Verzeichnis angezeigt werden. Darüber hinaus wird der Bildschirm nach dem erfolgreichen Öffnen einer Datei neu arrangiert, damit alle geöffneten Dateien auf dem Bildschirm sichtbar werden, sofern es weniger als vier sind. Bei vier oder mehr Dateien wird das neue Dokument hingegen in seiner vollen Größe auf den Bildschirm gebracht.

Beachten Sie in diesem Zusammenhang bitte die Abläufe innerhalb dieses Makros. Zunächst wird eine Verbundvariable geöffnet, die mit dem alten Dialogbefehl und seinem Dialogfenster verbunden wird. Dann werden die aktuellen Inhalte der verschiedenen Dialogfelder aus diesem Fenster geladen und schließlich die gewünschte Suchmaske für TXT-Dateien in der Verbundvariablen eingetragen.

Damit die Dateien in diesem Pfad nach dem Öffnen des Dialogfensters auch wirklich angezeigt werden, wird vor dem Aufruf des Dialogfensters über den SendKeys-Befehl die Betätigung der ⏎-Taste simuliert. Nach dem Aufruf des Dialogfensters wird dann das ursprüngliche Makro aufgerufen, damit es die vom Anwender angegebene und in der Verbundvariablen verzeichnete Datei öffnet. Dabei muß dem Aufruf des Befehls das Befehlswort SUPER vorangestellt werden, weil Word für Windows sonst einen rekursiven Aufruf des aktuellen Makros durchführen würde, das ja genau diesen Namen trägt.

Durch die Angabe dieses Befehlswortes erkennt Word für Windows jedoch, daß es mit der Suche nach dem angegebenen Makro nicht in der aktuellen Ebene (globale Vorlage), sondern in der darunterliegenden Ebene (vordefinierte Makros) nachschauen soll. Dort wird Word für Windows selbstverständlich fündig und beginnt mit der Ausführung des ursprünglichen Makros.

Danach entscheidet das neue Makro, ob das neue Fenster zusammen mit allen anderen Fenster oder als Vollbild auf dem Bildschirm dargestellt werden soll. Das wird von der Anzahl der bereits geöffneten Fenster abhängig gemacht, die durch Aufruf der Funktion ZählenFenster ermittelt wird. Damit endet die Ausführung dieses Makros.

```
'DateiÖffnen:
'   Demonstriert, wie man einen vordefinierten Makro-Befehl
'   durch ein benutzerdefiniertes Makro überschreibt, um
'   dadurch die Funktionsweise von WinWord zu verändern

Sub MAIN

Dim dlg As DateiÖffnen
GetCurValues dlg
dlg.Name = "c:\*.txt"
SendKeys "{Eingabe}"
If Dialog(dlg) Then
   Super DateiÖffnen dlg
   If ZählenFenster() < 4 Then FensterAlleAnordnen Else DokumentMaximieren
EndIf

End Sub
```

Fehlersuche in WordBASIC-Programmen

Jede Programmiersprache bringt aufgrund ihrer speziellen Eigenschaften und Möglichkeiten ihre ganz eigenen Programmierfehler hervor. Dies gilt natürlich auch für BASIC und insbesondere für den BASIC-Dialekt, der in WordBASIC zum Einsatz kommt. Hier zählen z.B. Fehler bei der Schreibweise von Variablennamen zu den eher tückischen Fehlern, weil sie keinen Syntax-Error des Compilers bzw. Interpreters hervorrufen, sondern in der Regel einfach dazu führen, daß die entsprechende Variable beim Programmablauf als nicht definiert erkannt und mit dem Wert 0 bzw. "" versehen wird. Ein ganz simples Programmbeispiel mag dies belegen:

```
AnzahlMitarbeiter = 15

print AnzahlMitarbieter
```

Was für eine Zahl, meinen Sie, wird die PRINT-Anweisung in der Statusleiste hinterlassen - 15? Nein, 0!, denn wenn Sie einmal genau hinsehen, druckt PRINT nicht den Inhalt der Variable AnzahlMitarbeiter, sondern den der Variable AnzahlMitarbieter aus, die es gar nicht gibt. Bei anderen Sprachen, die eine Deklaration von Variablen zwingend Vorschreiben würde die PRINT-Anweisung einen Syntax-Error auslösen, weil die Variable AnzahlMitarbieter nicht deklariert ist. Bei WordBASIC jedoch läuft das Programm dem ersten Anschein nach fehlerfrei durch, produziert aber in Wahrheit ganz und gar nicht des erwartete Resultat.

Doch keine Angst! Auch bei der Suche nach Programmfehlern läßt Word für Windows Sie nicht im Stich. Mit den verschiedenen Schaltflächen in der Makro-Symbolleiste stehen Ihnen komfortable Hilfsmittel für die Fehlersuche zur Verfügung, wie die folgende Abbildung zeigt.

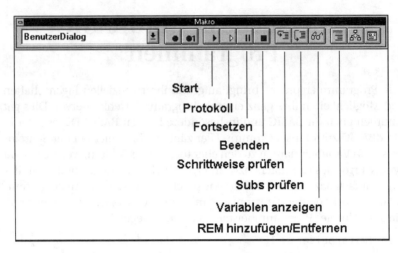

Abb. 30.16: Die Schaltflächen in der Makro-Symbolleiste zum Austesten eines Programms

Schrittweise können Sie den Ablauf eines Makros mit Hilfe der Schaltfläche SCHRITTWEISE PRÜFEN verfolgen. Sie startet die Ausführung des jeweils nächsten Makrobefehls und hebt diesen im Makrofenster farblich hervor, sofern es auf dem Bildschirm sichtbar ist. Sehr schön können Sie auf diese Art und Weise verfolgen, welche Prozeduren oder Funktionen aufgerufen werden, wie oft eine Schleife wiederholt wird und welche Entscheidung ein IF- oder SELECT-CASE-Befehl trifft.

Ähnlich arbeitet die Schaltfläche SUBS PRÜFEN. Sie behandelt jedoch Prozedur- und Funktionsaufrufe wie einen einzelnen Programmschritt, der nicht Befehl für Befehl nachvollzogen wird. Das beschleunigt die Untersuchung eines Programms, wenn Sie annehmen, daß eine bestimmte Prozedur oder Funktion einwandfrei arbeitet und deshalb nicht untersucht werden muß. Wählen Sie in einem solchen Fall anstelle der Schaltfläche SCHRITTWEISE PRÜFEN deshalb die Schaltfläche SUBS PRÜFEN an.

Die langsame, schrittweise Ausführung des Makros können Sie durch die Betätigung der Schaltfläche PROTOKOLL in Gang setzen. Dies kommt der permanenten Betätigung der Schaltfläche SCHRITTWEISE PRÜFEN gleich, denn dadurch wird die jeweils ausgeführte Makrozeile im Makrofenster angezeigt, soweit dies auf dem Bildschirm sichtbar ist.

Stoppen können Sie diesen Modus wie auch den normalen Ausführungsmodus durch Betätigung der (Esc)-Taste, falls Ihr Makro die Reaktion auf diese Taste nicht durch den Befehl EingabeUnterdrücken unterbunden hat. Sobald die Makroausführung auf diesem Wege angehalten wurde, aktiviert WinWord die FORTSETZEN-Schaltfläche aus der Makro-Symbolleiste. Über die

BEENDEN-Schaltfläche können Sie die Ausführung des Makros anschließend beenden oder mit Hilfe der FORTSETZEN-Schaltfläche an der Stelle fortführen, an der sie unterbrochen wurde. In ihren alten Zustand wechselt diese Schaltfläche erst dann wieder, wenn während der Makroausführung das Makroende erreicht oder Veränderungen am Makro vorgenommen werden.

Leider und im Gegensatz zu vielen anderen Entwicklungsumgebungen läßt WordBASIC das Konzept sogenannter *Breakpoints* vermissen, mit deren Hilfe man die Programmausführung beim Erreichen eines bestimmten Befehls stoppen kann. Das jedoch erspart einem beim Austesten eines Programms viel Arbeit, weil man sich sonst immer wieder Zeile für Zeile bis zu einer bestimmten Programmstelle vorarbeiten muß, die man untersuchen will. Und je mehr Befehle zwischen dem Programmstart und dieser Stelle liegen, desto lästiger wird es, dutzende Male hintereinander die Schaltfläche SCHRITTWEISE PRÜFEN anzuklicken, um zu der gewünschten Stelle zu gelangen.

Es gibt jedoch einen Trick, mit dessen Hilfe sich die fehlenden Breakpoints emulieren lassen: Den Befehl STOP. Plazieren Sie ihn innerhalb des Programmlistings dort, wo die Ausführung anhalten soll. Tappt das Programm während seiner Ausführung dann in die von Ihnen gestellte Falle, wird die Programmausführung tatsächlich angehalten, und auf dem Bildschirm erscheint eine kurze Warnmeldung in Form eines Dialogfensters. Ist dieses geschlossen, können Sie die Ausführung mit Hilfe der Schaltflächen SCHRITTWEISE AUSFÜHREN und SUBS PRÜFEN Zeile für Zeile fortsetzen, um das Verhalten Ihres Programms zu beobachten.

Programmzeilen oder Blöcke, auf denen der Verdacht einer Fehlfunktion lastet, wird man in der Regel nicht sofort löschen, sondern zunächst einmal mit einem REM-Befehl auskommentieren. Denn als Kommentar werden sie nicht mehr ausgeführt, gehen jedoch noch nicht verloren. Anstatt den einzelnen Programmzeilen aber manuell einen REM-Befehl oder das ebenfalls als REM gelesene '-Zeichen voranzustellen, kann man sich der Schaltfläche REM HINZUFÜGEN/ENTFERNEN aus der Makro-Symbolleiste bedienen. Sie fügt einen REM-Befehl der aktuellen bzw. den markierten Zeilen hinzu, sofern diese bislang nicht auskommentiert waren, und entfernt ihn wieder, wenn die Zeilen bisher als Kommentar betrachtet wurden.

Untersuchung von Variableninhalten

Neben der Verfolgung des Programmablaufs stellt die Untersuchung der Variableninhalte ein weiteres Hilfsmittel für die Suche nach einem Fehler dar. Oft nämlich liegen Programmfehler ganz einfach darin begründet, daß eine bestimmte Variable zu einem falschen Zeitpunkt einen falschen Wert enthält. Dem kann man natürlich nur auf die Spur kommen, indem man den Inhalt der Variablen während des Programmablaufs untersucht. Das ist zum einen natürlich mit Befehlen wie PRINT oder MSGBOX möglich, die Sie in Ihr Programm einbauen können, damit bei Erreichen einer bestimmten Programmstelle automatisch der Inhalt einer oder mehrerer Variablen angezeigt wird.

Aber es geht noch einfacher, denn über die Schaltfläche VARIABLEN ANZEIGEN können Sie während der schrittweisen Verfolgung des Programmablaufs jederzeit alle derzeit verfügbaren Variablen untersuchen und sogar ihren Inhalt verändern, um Fehler zu korrigieren und die Reaktion des Makros darauf zu untersuchen. Ausgenommen davon sind allerdings Arrays und Verbundvariablen sowie lokale Variablen in Prozeduren und Funktionen, die derzeit nicht aktiv sind.

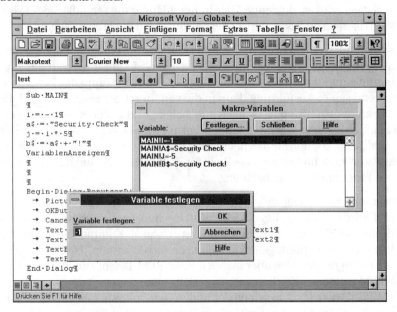

Abb. 30.17: Untersuchung der Makrovariablen während der schrittweisen Ausführung eines Makros

Die Variablennamen werden in dem oben dargestellten Dialogfenster in einer ganz besonderen Schreibweise aufgeführt, aus der nicht nur ihr Name und Typ, sondern auch ihre Herkunft hervorgeht.

Zunächst wird dabei der Name der Prozedur oder Funktion genannt, in der eine Variable lokal deklariert wurde. Ihm folgt ein #-Zeichen, wenn es sich dabei um eine Prozedur oder eine Funktion mit numerischem Resultat handelt. Ein Dollarzeichen folgt diesem Namen, wenn es sich um eine String-Funktion handelt.

An diesen Namen schließt sich immer ein Ausrufezeichen an, das bei globalen Variablen das erste Zeichen im Namen darstellt, weil sie in keiner Prozedur oder Funktion, sondern eben global definiert sind. Danach folgt der Name der Variablen, wobei String-Variablen wie üblich durch ein Dollarzeichen und numerische Variablen durch ein Doppelkreuz kenntlich gemacht werden. Erst danach wird der aktuelle Inhalt der Variablen aufgeführt, dem zur Trennung vom Variablennamen ein Gleichheitszeichen vorangeht.

Nach der Auswahl einer Variablen haben Sie durch die Betätigung der FESTLEGEN-Schaltfläche immer die Möglichkeit, den Inhalt der Variablen zu verändern. Eigens dafür wird dann ein weiteres Dialogfenster geöffnet, in dem die Variable editiert werden kann.

Die Variablenanzeige können Sie übrigens auch während der Makroausführung automatisch veranlassen, indem Sie einfach den Befehl VariablenAnzeigen an einer von Ihnen als kritisch erachteten Stelle in das Programmlisting einflechten. Dadurch haben Sie die Möglichkeit, die verschiedenen Variablen in Ruhe zu betrachten und anschließend den Programmablauf ganz normal fortzusetzen.

Dynamischer Datenaustausch unter Windows

Daß Word für Windows DDE, den dynamischen Datenaustausch unter Windows, unterstützt, haben Sie bereits in Verbindung mit den dafür vorgesehenen Feldfunktionen erfahren. In der Regel reichen diese Funktionen für die Kommunikation mit einer Applikation vollkommen aus, zumal die meisten Anwender DDE zunächst einmal nur in Verbindung mit MS-Excel einsetzen werden.

Für komplexere Formen der Kommunikation – man denke dabei nur AutoCad – stehen Ihnen unter WordBASIC verschiedene Befehle zur Verfügung, die allesamt mit dem Befehlswort DDE beginnen. In ihrer Anwendung erinnern sie ein wenig an die Dateibefehle, weil der Zugriff auf die verschiedenen Befehle ebenfalls über einen Schlüssel erfolgt, der als Kanalnummer bezeichnet wird.

Ihn erhalten Sie durch Aufruf der Funktion DDEInitiate, in der als Parameter der Name der angesprochenen Applikation und das Thema der Kommunikation genannt werden muß. In bezug auf MS-Excel kann das z.B. der Name einer Datei sein.

Konnte ein Kommunikationskanal geöffnet werden, liefert DDEInitiate eine Kanalnummer ungleich Null zurück. Der Wert Null hingegen signalisiert das Scheitern der Kontaktaufnahme, für die es viele Gründe geben kann (angesprochene Applikation nicht aktiv, keine DDE-Unterstützung, Thema nicht erkannt etc.). Nach einer erfolgreichen Kontaktaufnahme bieten sich Ihnen jedoch verschiedene Möglichkeiten der Kommunikation:

- Sie können mit DDERequest$() Informationen zu einem bestimmten Thema von Ihrem Gegenüber anfordern,
- können Tastatursequenzen mit Hilfe von DDEExecute an die andere Applikation senden oder
- Daten zu einem bestimmten Thema mit Hilfe von DDEPoke an die andere Applikation übertragen.

Geschlossen wird ein Kommunikationskanal schließlich durch den Aufruf von DDETerminate oder DDETerminateall. Die DDE-Kommunikation findet dadurch ihr Ende.

31
Makroreferenz

Inhaltsverzeichnis der Makrobefehle – thematisch sortiert   Seite   993
Referenz der Makrobefehle   Seite   1003

Absatzformatierung

Seite	Befehl
1009	AbsatzAbstandSchließen
1009	AbsatzAbstandVor
1010	AbsatzBlock
1010	AbsatzBlock()
1010	AbsätzeNichtTrennen
1011	AbsätzeNichtTrennen()
1011	Absatzkontrolle
1012	Absatzkontrolle()
1012	AbsatzLinks
1012	AbsatzLinks()
1014	AbsatzRechts
1014	AbsatzRechts()
1014	AbsatzSeitenwOberhalb
1016	AbsatzSeitenwOberhalb()
1017	AbsatzZeilenNicht-Trennen
1017	AbsatzZeilenNicht-Trennen()
1017	AbsatzZentriert
1017	AbsatzZentriert()
1149	EinfügenAbsatz
1169	Einzug
1220	FormatAbsatz
1232	FormatFVDefTab
1235	FormatInitial
1243	FormatTabulator
1265	HängenderEinzug
1306	NächsterTab()
1325	RückEinzugAbsatz
1325	RückEinzugSeitenrand
1382	TabstopArt()
1398	VorgabeAbsatz
1398	VorgabeAbsatz()
1400	VorherigerTab()
1438	Zeilenabstand1
1439	Zeilenabstand1()
1439	Zeilenabstand2
1439	Zeilenabstand2()
1439	Zeilenabstand-EinsKommaFünf
1439	Zeilenabstand-EinsKommaFünf()

Abschnitts- und Dokumentformatierung

Seite	Befehl
1032	AnsichtKopfzeile()
1148	EinblendenVorherige-KopfFußzeile
1149	EinfügenAbschnitts-Wechsel
1222	FormatAbschnitt
1226	FormatAutoFormat
	FormatKopfFußzeile-Verknüpfen
1241	FormatSeitenzahl
1242	FormatSpalten
1244	FormatÜberschriften-Numerierung
1244	FormatÜberschriften-Nummer
1281	KopfFußzeilen-VerknüpfungUmschalten
1386	TextkörperUmschalten

Anpassung durch den Benutzer

Seite	Befehl
1069	BearbeitenSchaltflächen-Symbol
1165	EinfügenSchaltflächen-Symbol
1177	ExtrasAnpassen
1177	ExtrasAnpassenMenü
1179	ExtrasAnpassen-Menüleiste
1180	ExtrasAnpassenTastatur
1263	GrößeSymbolleiste
1291	MakroSchlüssel$()
1296	MenüEintragMakro$()
1297	MenüEintragText$()
1298	MenüModus
1299	MenüText$()
1309	NeuBenennenMenü
1310	NeueSymbolleiste
1328	SchaltflächeHinzufügen
1329	SchaltflächeLöschen
1329	Schaltflächensymbol-Kopieren
1330	SchaltflächenSymbol-Wählen
1331	SchaltflächeVerschieben
1362	Sprache
1362	Sprache$()
1366	SymbolleistenName()
1367	SymbolleistenStatus()
1368	SymbolleisteVerschieben
1383	TastenSchlüssel()
1399	VorgabeSchaltflächen-Symbol
1412	ZählenMenüEintrag()
1413	ZählenMenüs()
1415	ZählenSymbolleisten()
1415	ZählenSymbolleisten-Schaltflächen()
1416	ZählenTasten()

Ansichtsarten

Seite	Befehl
1021	AlleAnzeigen
1026	AnsichtEndnoten-FortsetzungsTrennlinie
1027	AnsichtFormatierungs-leiste
1030	AnsichtFormatierungs-leiste()
1030	AnsichtFußzeile
1031	AnsichtFußzeile()
1031	AnsichtKonzept
1032	AnsichtKonzept()
1032	AnsichtKopfFußzeile-Schließen
1033	AnsichtKopfzeile
1033	AnsichtLayout
1033	AnsichtLayout()
1033	AnsichtLineal
1033	AnsichtLineal()

Seite	Befehl
1034	AnsichtNormal
1034	AnsichtNormal()
1035	AnsichtStatusleiste
1035	AnsichtStatusleiste()
1036	AnsichtSymbolleisten
1038	AnsichtZoom
1038	AnsichtZoom100
1038	AnsichtZoom200
1039	AnsichtZoom75
1039	AnsichtZoomGanzeSeite
1039	AnsichtZoomSeitenbreite
1147	EinblendenNächsteKopfFußzeile
1255	GanzerBildschirmUmschalten
1269	HochformatUmschalten
1287	Lupe
1287	Lupe()
1336	SeitenansichtSchließen

Anwendungssteuerung

Seite	Befehl
1006	AbrufenSysteminfo
1007	AbrufenSysteminfo$()
1039	AnwAktiv()
1049	AnwNachrichtSenden
1056	AusführenDruckManager
1039	DateiBeenden
1119	DDEInitiate()
1120	DDETerminateAll
1124	DialogEditor
1173	EndeWindows
1299	MicrosoftAccess
1299	MicrosoftExcel
1300	MicrosoftFoxPro
1300	MicrosoftMail
1300	MicrosoftPowerPoint
1300	MicrosoftProject
1300	MicrosoftPublisher
1301	MicrosoftSchedule
1301	MicrosoftSysteminfo
1360	Shell
1363	SteuerungAusführen

Aufzählungen und Numerierung

Seite	Befehl
1056	AufzählungNumerierungEntfernen
1182	ExtrasAufzählungStandard
1223	FormatAufzählung
1224	FormatAufzählungStandard
1225	FormatAufzählungStandard()
1225	FormatAufzählungUndNumerierung
1229	FormatFVDefNum
1233	FormatGliederungsebenen
1237	FormatNumerierung
1237	FormatNummerStandard
1270	HöherstufenListe
1310	NumerierungÜberspringen
1310	NumerierungÜberspringen()
1389	TieferstufenListe

AutoKorrektur

Seite	Befehl
1183	ExtrasAutoKorrektur
1184	ExtrasAutoKorrekturAnfangsbuchstabenGroß
1184	ExtrasAutoKorrekturAnfangsbuchstabenGroß()
1184	ExtrasAutoKorrekturAnfZeichenTypogr
1185	ExtrasAutoKorrekturAnfZeichenTypogr()
1186	ExtrasAutoKorrekturSatzanfangGroß
1186	ExtrasAutoKorrekturSatzanfangGroß()
1186	ExtrasAutoKorrekturTextErsetzen
1186	ExtrasAutoKorrekturTextErsetzen()

AutoText

Seite	Befehl
1059	AutoText
1060	AutoTextBestimmen
1060	AutoTextName$()
1061	BearbeitenAutoText
1151	EinfügenAutoText
1409	ZählenAutoTextEinträge()

BASIC-Befehle und -Funktionen

Seite	Befehl
1009	Abs()
1055	Asc()
1086	Call
1090	Chr$()
1090	Close
1120	Declare Function
1121	Declare Sub
1125	Dim
1175	Eof()
1220	For...Next
1252	Function
1262	Goto
1271	If
1273	Input
1274	Input#
1274	Input$()
1275	InStr()
1276	Int()
1282	LCase$()
1283	Left$()
1283	Len()
1284	Let
1284	Line Input
1285	Lof()
1286	LöschenZeichen$()

1286	LTrim$()	1150	EinfügenAuto-Beschriftung	1013	AbsatzOben
1291	Markierung$()			1013	AbsatzOben()
1301	Mid$()	1151	EinfügenBeschriftung	1015	AbsatzUnten
1312	On Error	1152	EinfügenBeschriftung-Hinzu	1016	AbsatzUnten()
1313	Open			1022	AmAnfangDesDokuments()
1316	Print	1152	EinfügenBeschriftung-Numerierung		
1323	Read	1160	EinfügenIndex	1022	AmEndeDesDokuments()
1323	Redim	1161	EinfügenInhaltsverzeichnis	1061	BearbeitenAlles-Markieren
1324	Right$()				
1324	Rnd()	1162	EinfügenManuellerWechsel	1077	BeginnDokument
1325	RTrim$()			1077	BeginnDokument()
1335	Seek	1164	EinfügenQuerverweis	1078	BeginnFenster
1335	Seek()	1165	EinfügenSammlung	1078	BeginnFenster()
1336	Select Case	1166	EinfügenSeitenwechsel	1079	BeginnSpalte
1360	Sgn()	1166	EinfügenSeitenzahlen	1079	BeginnSpalte()
1361	SortDatenfeld	1167	EinfügenSonderzeichen	1080	BeginnTabellenzeile
1364	Stop	1168	EinfügenSpaltenwechsel	1081	BeginnTabellenzeile()
1364	Str$()	1263	GroßKleinschreibung-Ändern	1082	BeginnZeile
1364	String$()			1082	BeginnZeile()
1365	Sub	1264	GroßKleinschreibung-Ändern()	1084	BildAb
1394	UCase$()			1084	BildAb()
1395	Val()	1272	IndexEintragFestlegen	1085	BildAuf
1404	While...Wend	1273	Inhaltsverzeichnis-EintragFestlegen	1086	BildAuf()
1408	Write			1148	Einfügen
		1284	LetztesWortLöschen	1170	EndeDokument
		1302	ModusErweitern()	1170	EndeDokument()

Bearbeiten

Seite	Befehl
1059	AutoFestlegenIndexEintrag
1061	BearbeitenAusschneiden
1062	BearbeitenEinfügen
1062	BearbeitenErsetzen
1066	BearbeitenGeheZu
1068	BearbeitenKopieren
1068	BearbeitenLöschen
1068	BearbeitenObjekt
1069	BearbeitenRückgängig
1072	BearbeitenSuchen
1075	BearbeitenWiederherstellen
1076	BearbeitenWiederholen
1148	EinfügenAbbildungs-Verzeichnis

1311	OK
1326	Sammlung
1386	TextKopieren
1388	TextVerschieben
1393	Überschreiben
1393	Überschreiben()
1406	WortLöschen

Bewegen der Einfügemarke und Markieren

Seite	Befehl
1003	Abbrechen
1005	AbrufenMarkierungAnfangPosition()
1005	AbrufenMarkierungEndePosition()
1007	AbrufenText$()

1170	EndeFenster
1171	EndeFenster()
1171	EndeSpalte
1172	EndeSpalte()
1172	EndeTabellenzeile
1172	EndeTabellenzeile()
1174	EndeZeile
1174	EndeZeile()
1256	GeheZuAnmerkungsbereich
1256	GeheZuKopfFußzeile
1257	GeheZuNächstemElement
1257	GeheZuVorherigemElement
1270	HRollen
1270	HRollen()

Seite	Befehl
1271	HSeite
1271	HZeile
1292	MarkierungAktuell-Abstand
1292	MarkierungAktuell-Ausrichtung
1292	MarkierungAktuell-Einzug
1292	MarkierungAktuellFarbe
1293	MarkierungAktuellSatz
1293	MarkierungAktuell-Schriftart
1293	MarkierungAktuellTab
1293	MarkierungAktuellWort
1294	MarkierungArt
1295	MarkierungErweitern
1295	Markierungsbereich-Bestimmen
1296	MarkierungVerkleinern
1306	NächsteSeite
1306	NächsteSeite()
1307	NächstesFeld
1307	NächstesFeld()
1307	NächstesFenster
1308	NächstesObjekt
1308	NächsteZelle
1308	NächsteZelle()
1326	SatzLinks
1327	SatzLinks()
1327	SatzRechts
1327	SatzRechts()
1361	SpalteMarkieren
1400	VorherigeSeite
1401	VorherigeSeite()
1401	VorherigesFeld
1402	VorherigesFeld()
1402	VorherigesObjekt
1402	VorherigeZelle
1403	VorherigeZelle()
1403	VRollen
1403	VRollen()
1404	VSeite
1404	VZeile
1406	WortLinks
1406	WortLinks()
1407	WortRechts
1407	WortRechts()
1419	ZeichenLinks
1419	ZeichenLinks()
1420	ZeichenRechts
1420	ZeichenRechts()
1440	ZeileOben
1441	ZeileOben()
1441	ZeileUnten
1442	ZeileUnten()
1443	ZurückEinfügemarke

Datenträgerzugriff und -verwaltung

Seite	Befehl
1008	AbrufenVerzeichnis$()
1088	ChDefaultDir
1088	ChDir
1122	DefaultDir$()
1302	MkDir
1309	Name
1324	RmDir
1396	Verbinden
1417	ZählenVerzeichnisse()

Datum und Uhrzeit

Seite	Befehl
1091	Date$()
1117	DatumSeriell()
1118	DatumWert()
1156	EinfügenFeldDatum
1208	ExtrasÜberarbeiten-Datum$()
1265	Heute()
1278	Jahr()
1278	Jetzt()
1302	Minute()
1303	Monat()
1313	OnTime
1336	Sekunde()
1365	Stunde()
1382	Tag()
1383	Tage360()
1390	Time$()
1405	Wochentag()
1442	ZeitSeriell()
1443	ZeitWert()

Dialogfelddefinitionen und Steuerelemente

Seite	Befehl
1087	CancelButton
1089	CheckBox
1091	ComboBox
1123	Dialog
1123	Dialog()
1125	DlgAktivieren
1125	DlgAktivieren()
1126	DlgAktualDateiVorschau
1126	DlgDateiSeitenansicht$
1127	DlgDateiSeitenansicht$()
1127	DlgFokus
1128	DlgFokus$()
1128	DlgGrafikSetzen
1129	DlgKontrollKennung()
1129	DlgListenfeldDatenfeld
1130	DlgListenfeldDatenfeld()
1130	DlgSichtbar
1131	DlgText
1131	DlgText$()
1132	DlgWert
1132	DlgWert()
1145	DropListBox
1217	FilePreview
1257	GetCurValues
1264	GroupBox
1275	InputBox$()
1284	ListBox
1303	MsgBox
1304	MsgBox()
1312	OKButton
1314	OptionButton
1314	OptionGroup
1316	Picture
1318	PushButton

1384	Text	1112	DateiSpeichernUnter	1200	ExtrasOptionen-Grammatik
1384	TextBox	1114	DateiUmwandlungen-Bestätigen	1202	ExtrasOptionenRechtschreibung

Dokumente, Dokumentvorlagen und Add-Ins

Seite	Befehl
1003	AbrufenDokumentVar$()
1003	AbrufenDokumentVarName$()
1018	AddInHinzufügen
1018	AddInHinzufügen()
1019	AddInsLöschen
1019	AddInStatus
1020	AddInStatus()
1055	AttributAbrufen()
1055	AttributBestimmen
1092	DateiAllesSchließen
1092	DateiAllesSpeichern
1094	DateiDateiInfo
1095	DateiDokVorlagen
1096	DateiDrucken
1097	DateiDruckenStandard
1098	DateiDruckereinrichtung
1099	DateiKopieren
1099	DateiListe
1100	DateiManager
1102	DateiName$()
1103	DateiNameInfo$()
1104	DateiNeu
1105	DateiNeuStandard
1105	DateiNummer
1106	DateiÖffnen
1107	DateiSchließen
1107	DateiSeiteEinrichten
1110	DateiSeitenansicht
1111	DateiSeitenansicht()
1111	DateiSeitenansichtGanzerBildschirm
1111	DateiSeitenansichtSeiten
1112	DateiSeitenansichtSeiten()
1112	DateiSenden
1112	DateiSpeichern

1115	DateiUmwandlungenBestätigen()
1115	DateiVerteiler
1139	DokumentSperren
1139	DokumentSperren()
1140	DokumentStatistik
1141	DokumentVariableBestimmen
1141	DokumentVariableBestimmen()
1142	DokumentVerschieben
1143	DokvorlageSpeichern
1153	EinfügenDatei
1168	EingabeUnterdrücken
1217	Files$()
1255	GefundenDateiName$()
1280	Kill
1280	Konverter$()
1281	KonverterSuchen()
1285	LöschenAddIn
1294	MarkierungDateiName$()
1409	ZählenAddIns()
1410	ZählenDateien()
1411	ZählenGefundeneDateien()

Dynamischer Datenaustausch (DDE)

Seite	Befehl
1118	DDEExecute
1119	DDEPoke
1120	DDERequest$()
1120	DDETerminate
1337	SendKeys

Editierhilfen

Seite	Befehl
1192	ExtrasGrammatik
1192	ExtrasGrammatikStatistikDatenfeld

1205	ExtrasRechtschreibAuswahl
1205	ExtrasRechtschreibung
1207	ExtrasThesaurus
1391	ToolsGetSpelling
1391	ToolsGetSpelling()
1392	ToolsGetSynonyms
1392	ToolsGetSynonyms()
1410	ZählenExtrasGrammatikStatistik()

Extras

Seite	Befehl
1176	ExtrasAbschnittSchützen
1187	ExtrasBerechnen
1187	ExtrasBerechnen()
1187	ExtrasBriefumschlagErstellen
1189	ExtrasDokumentschutzAufheben
1189	ExtrasDokumentSchützen
1190	ExtrasEtikettenErstellen
1193	ExtrasGrößeAnpassen
1194	ExtrasOptionen
1194	ExtrasOptionenAllgemein
1195	ExtrasOptionenAnsicht
1196	ExtrasOptionenAutoFormat
1197	ExtrasOptionenBearbeiten
1198	ExtrasOptionenBenutzerInfo
1199	ExtrasOptionenDateiablage
1199	ExtrasOptionenDrucken
1201	ExtrasOptionenKompatibilität
1203	ExtrasOptionenSpeichern

Seite	Befehl	Seite	Befehl	Seite	Befehl
1204	ExtrasOptionenÜberarbeitung	1318	QuelleAktualisieren		Oben
1205	ExtrasSeitenumbruch	1385	TextFormularFeld	1136	DokumentFensterPosOben()
1205	ExtrasSilbentrennung	1398	VerknüpfungLösenFelder	1136	DokumentfensterTeilen
1206	ExtrasSilbentrennungManuell		**Fenster**	1136	DokumentfensterTeilen()
1206	ExtrasSprache	Seite	Befehl	1137	DokumentGröße
1207	ExtrasÜberarbeiten	1021	Aktivieren	1137	DokumentMaximieren
1208	ExtrasÜberarbeitenArt()	1023	AndererAusschnitt	1138	DokumentMaximieren()
1208	ExtrasÜberarbeitenAutor$()	1040	AnwAktivieren	1138	DokumentMinimieren
1209	ExtrasÜberarbeitenDatum()	1040	AnwAnzeigen	1138	DokumentMinimieren()
1209	ExtrasÜberarbeitenPrüfen	1041	AnwFensterBreite	1138	DokumentSchließen
1210	ExtrasÜberarbeitungVerbinden	1041	AnwFensterBreite()	1142	DokumentWiederherstellen
1210	ExtrasVersionsVergleich	1042	AnwFensterHöhe	1214	Fenster()
1211	ExtrasWeitereEinstellungen	1042	AnwFensterHöhe()	1214	Fenster-Nummer-
1211	ExtrasWörterZählen	1043	AnwFensterLinks	1214	FensterAlleAnordnen
		1043	AnwFensterLinks()	1215	FensterAusschnitt()
	Felder	1044	AnwFensterOben	1215	FensterListe
		1045	AnwFensterOben()	1215	FensterName$()
Seite	Befehl	1045	AnwGrößeÄndern	1216	FensterNeuesFenster
1004	AbrufenFeldDaten$()	1047	AnwMaximieren	1402	VorherigesFenster
1004	AbrufenFormularFeldergebnis$()	1048	AnwMaximieren()	1410	ZählenFenster()
1026	AnsichtFeldfunktionen	1048	AnwMinimieren		
1026	AnsichtFeldfunktionen()	1049	AnwMinimieren()		**Formatvorlagen**
1145	DropDownFormularFeld	1050	AnwNamenHolen	Seite	Befehl
1155	EinfügenDatumZeit	1050	AnwNamenHolen()	1226	FormatFormatvorlage
1156	EinfügenFeld	1050	AnwSchließen	1227	FormatFormatvorlagenGruppe
1156	EinfügenFeldDaten	1051	AnwVerbergen	1228	FormatFVDefAbsatz
1156	EinfügenFeldSeite	1051	AnwVerschieben	1231	FormatFVDefSprache
1157	EinfügenFeldzeichen	1052	AnwWiederherstellen	1233	FormatFVDefZeichen
1157	EinfügenFeldZeit	1052	AnwWiederherstellen()	1246	Formatvorlage
1167	EinfügenSeriendruckFeld	1053	AnwZählen()	1254	FVBeschreibung$()
1212	FeldaktionAusführen	1057	AusschnittSchließen	1254	FVName$()
1212	FeldAnzeigeUmschalten	1103	DateiNameAusFenster$()	1363	StandardFV
1212	FelderAktualisieren	1133	DokumentFensterBreite	1411	ZählenFormatvorlagen()
1213	FeldFreigabe	1134	DokumentFensterBreite()		
1213	FeldSperren	1134	DokumentFensterHöhe		**Formulare**
1250	FormularFeldOptionen	1134	DokumentFensterHöhe()	Seite	Befehl
1280	KontrollkästchenFormularFeld	1135	DokumentFensterPosLinks	1005	AbrufenFormularFeldergebnis()
		1135	DokumentFensterPosLinks()	1021	AktivierenFormularFeld
		1135	DokumentFensterPos-		

Seite	Befehl
1022	AlleDropDownEinträge-Entfernen
1083	BestimmenFormularFeldergebnis
1144	DropDownEintrag-Entfernen
1144	DropDownEintrag-Hinzufügen
1157	EinfügenFormularFeld
1250	FormularDaten
1250	FormularDaten()

Fußnoten

Seite	Befehl
1023	AnmerkungsRefVon-Markierung$()
1023	AnsichtAnmerkungen
1024	AnsichtAnmerkungen()
1024	AnsichtEndnotenBereich
1024	AnsichtEndnotenBereich()
1025	AnsichtEndnoten-FortsetzungsHinweis
1025	AnsichtEndnoten-Trennlinie
1027	AnsichtFußnoten
1028	AnsichtFußnoten()
1028	AnsichtFußnotenBereich
1029	AnsichtFußnoten-Bereich()
1029	AnsichtFußnoten-FortsetzungsHinweis
1029	AnsichtFußnoten-FortsetzungsTrennlinie
1030	AnsichtFußnoten-Trennlinie
1147	EinblendenAnmerkung-Von
1150	EinfügenAnmerkung
1159	EinfügenFußnote
1174	EndnotenFußnoten-Vertauschen
1175	EndnotenUmzu-Fußnoten
1253	FußEndnotenOptionen
1254	FußnotenUmZu-Endnoten
1394	UmwAlleFußnoten-Endnoten
1399	VorgabeFußnoten-TrennlinieOderHinweis

Gliederungen und Zentraldokumente

Seite	Befehl
1030	AnsichtGliederung
1031	AnsichtGliederung()
1037	AnsichtZentraldokument
1037	AnsichtZentraldokument()
1037	AnsichtZentraldokumentUmschalten
1146	EinblendenAlleÜberschriften
1147	EinblendenEbene-Nummer-
1218	FilialDokEinfügen
1218	FilialDokEntfernen
1219	FilialDokÖffnen
1219	FilialDokTeilen
1219	FilialdokumentErstellen
1219	FilialDokVerbinden
1259	GliederungAbsatzNach-Oben
1259	GliederungAbsatzNach-Unten
1259	GliederungErsteZeile-Anzeigen
1259	GliederungErsteZeile-Anzeigen()
1260	GliederungErweitern
1260	GliederungFormat-Anzeigen
1260	GliederungHöherstufen
1261	GliederungReduzieren
1261	GliederungsEbene()
1261	GliederungTieferstufen
1389	TieferstufenZuTextKörper

Hilfe

Seite	Befehl
1265	Hilfe
1266	HilfeAktivesFenster
1266	HilfeBeispieleUndDemos
1266	HilfeIndex
1266	HilfeInfo
1267	HilfeInhalt
1267	HilfeKurzübersicht
1267	HilfeSoftwareService
1267	HilfeSuchen
1268	HilfeSymbol
1268	HilfeTastatur
1268	HilfeTipsUndTricks
1268	HilfeVerwenden

Makros

Seite	Befehl
1059	AutoMakroUnterdrücken
1076	BefehlGültig()
1193	ExtrasMakro
1277	IstMakro()
1277	IstNurAusführen()
1287	MakroAufzeichnung-Unterbrechen
1288	MakroBeschr$()
1288	MakroDateiName$()
1289	MakroKopieren
1289	MakroName$()
1290	MakroNameAus-Fenster$()
1305	NächstenBefehl-Aufzeichnen
1315	Organisieren
1323	REM
1367	Symbolleisten-SchaltflächenMakro$()
1396	VariablenAnzeigen
1412	ZählenMakros()

Objektverknüpfung und -einbettung

Seite	Befehl
1067	BearbeitenGrafik
1074	BearbeitenVerknüpfungen
1098	DateiGrafikSchließen
1153	EinfügenDatenbank
1155	EinfügenDiagramm
1157	EinfügenFormel
1160	EinfügenGrafik
1162	EinfügenKlang
1163	EinfügenObjekt
1168	EinfügenWordArt
1310	ObjektAktivieren

Rahmenlinien und Positionsrahmen

Seite	Befehl
1035	AnsichtRahmenSymbolleiste
1164	EinfügenPosRahmen
1175	EntfernenPosRahmen
1229	FormatFVDefPosRahmen
1230	FormatFVDefRahmen
1238	FormatPosRahmen
1239	FormatRahmenSchattierung
1279	Kasten
1280	Kasten()
1311	OhneRahmenlinien
1311	OhneRahmenlinien()
1318	RahmenlinieInnen
1319	RahmenlinieInnen()
1319	RahmenlinieLinks
1320	RahmenlinieLinks()
1320	RahmenlinienArt
1320	RahmenlinienArt()
1321	RahmenlinieOben
1321	RahmenlinieOben()
1321	RahmenlinieRechts
1322	RahmenlinieRechts()
1322	RahmenlinieUnten
1322	RahmenlinieUnten()
1331	SchattierungsMuster
1332	SchattierungsMuster()

Seriendruck

Seite	Befehl
1006	AbrufenSeriendruckFeld$()
1188	ExtrasDatensatzHinzufügen
1189	ExtrasDatensatzLöschen
1191	ExtrasFeldManager
1338	Seriendruck
1339	SeriendruckAbfrageOptionen
1340	SeriendruckAnDrucker
1340	SeriendruckAnfrageChevronsUmwandeln
1340	SeriendruckAnfrageChevronsUmwandeln()
1341	SeriendruckAnsichtDaten
1341	SeriendruckAnsichtDaten()
1341	SeriendruckChevronsUmwandeln
1342	SeriendruckChevronsUmwandeln()
1342	SeriendruckDatenMaske
1343	SeriendruckDatenQuelle$()
1343	SeriendruckDatenQuelleBearbeiten
1344	SeriendruckDatenQuelleErstellen
1345	SeriendruckDatensatzGefunden()
1345	SeriendruckDatensatzSuchen
1345	SeriendruckEinfügenBestimmen
1346	SeriendruckEinfügenDatensatz
1346	SeriendruckEinfügenEingeben
1347	SeriendruckEinfügenFrage
1347	SeriendruckEinfügenNächster
1348	SeriendruckEinfügenNächsterWenn
1348	SeriendruckEinfügenSeq
1348	SeriendruckEinfügenÜberspringen
1349	SeriendruckEinfügenWenn
1350	SeriendruckErsterDatensatz
1350	SeriendruckFeldName$()
1351	SeriendruckGeheZuDatensatz
1351	SeriendruckGeheZuDatensatz()
1351	SeriendruckHauptdokumentArt
1352	SeriendruckHauptdokumentArt()
1352	SeriendruckHauptdokumentBearbeiten
1352	SeriendruckInDokument
1353	SeriendruckLetzterDatensatz
1353	SeriendruckLösen
1353	SeriendruckManager
1354	SeriendruckNächsterDatensatz
1354	SeriendruckÖffnenDatenQuelle
1355	SeriendruckÖffnenSteuersatzQuelle
1356	SeriendruckPrüfen
1356	SeriendruckStatus()
1357	SeriendruckSteuersatzQuelleBearbeiten
1357	SeriendruckSteuersatzQuelleErstellen
1358	SeriendruckVorherigerDatensatz
1414	ZählenSeriendruckFelder()

31 • Makroreferenz

Suchen und Ersetzen

Seite	Befehl
1064	BearbeitenErsetzenAbsatz
1064	BearbeitenErsetzenFV
1065	BearbeitenErsetzen-LöschenFormatierung
1065	BearbeitenErsetzen-Sprache
1065	BearbeitenErsetzen-Zeichen
1071	BearbeitenSuchenAbsatz
1071	BearbeitenSuchenFV
1072	BearbeitenSuchen-Gefunden()
1072	BearbeitenSuchen-LöschenFormatierung
1072	BearbeitenSuchen-Sprache
1073	BearbeitenSuchen-Zeichen
1366	SuchenWiederholen

Tabellen

Seite	Befehl
1155	EinfügenExcelTabelle
1213	FeldTrennzeichen$
1213	FeldTrennzeichen$()
1369	TabelleAktualisieren-AutoFormat
1369	TabelleAutoFormat
1370	TabelleAutoSumme
1371	TabelleFormel
1371	TabelleGitternetzlinien
1372	TabelleGitternetzlinien()
1372	TabelleInText
1373	TabelleSortieren
1374	TabelleSortierenANachZ
1374	TabelleSortierenZNachA
1374	TabelleSpalteEinfügen
1374	TabelleSpalteLöschen
1375	TabelleSpalteMarkieren
1375	TabelleSpaltenBreite

Seite	Befehl
1376	TabelleTabelleEinfügen
1377	TabelleTabelleMarkieren
1377	TabelleTeilen
1378	TabelleÜberschriften
1378	TabelleÜberschriften()
178	TabelleZeileEinfügen
1379	TabelleZeileLöschen
1379	TabelleZeileMarkieren
1379	TabelleZeilenHöhe
1380	TabelleZellenEinfügen
1381	TabelleZellenLöschen
1381	TabelleZellenTeilen
1381	TabelleZellenVerbinden
1385	TextInTabelle

Textmarken

Seite	Befehl
1008	AbrufenTextmarke$()
1074	BearbeitenTextmarke
1081	BeginnTextmarke-Bestimmen
1173	EndeTextmarke-Bestimmen
1283	LeereTextmarke()
1387	TextmarkeKopieren
1387	TextmarkeName$()
1387	TextmarkenVergleichen()
1388	TextmarkeVorhanden()
1417	ZählenTextmarken()

Umgebung

Seite	Befehl
1034	AnsichtMenüs()
1046	AnwInfo$()
1053	AnzeigeAktualisieren
1054	AnzeigeAktualisieren()
1054	AnzeigeAktualisierung
1057	AuswInfo()
1076	Beep
1133	DokumentBearbeitet-Bestimmen
1142	DokVorlageBearbeitet-Bestimmen
1144	DOSNachWIN$()
1176	Err
1176	Error
1257	GetPrivateProfileString$()
1258	GetProfileString$()
1276	IstDokumentGeändert()
1277	IstDokVorlageGeändert()
1294	MarkierungArt()
1326	Sanduhr
1358	SetPrivateProfileString
1359	SetPrivateProfileString()
1359	SetProfileString
1394	Umgebung$()
1405	WinNachDOS$()

Zeichenformatierung

Seite	Befehl
1143	DoppeltUnterstreichen
1143	DoppeltUnterstreichen()
1146	Durchstreichen
1146	Durchstreichen()
1169	EmpfängerAdreß-Schriftart
1216	Fett
1217	Fett()
1222	FormatAbsender-Schriftart
1226	FormatEinfügen
1234	FormatGroß-Kleinschreibung
1236	FormatKopieren
1246	FormatZeichen
1262	Großbuchstaben
1263	Großbuchstaben()
1269	Hochgestellt
1269	Hochgestellt()
1278	Kapitälchen
1279	Kapitälchen()
1282	Kursiv
1282	Kursiv()
1317	PunktiertUnterstreichen
1317	PunktiertUnter-streichen()

1332	Schriftart	1296	MarkierungZeichnungsElement	1429	ZeichnungHinterText
1332	Schriftart$()	1421	ZeichnungAbgerundetesRechteck	1430	ZeichnungHorizontalKippen
1333	SchriftartenErsetzung			1430	ZeichnungInHintergrund
1333	Schriftgrad	1421	ZeichnungAmRasterAusrichten	1430	ZeichnungInVordergrund
1333	Schriftgrad()	1422	ZeichnungArtAbfragen()	1431	ZeichnungLegende
1334	SchriftgradAuswahl	1422	ZeichnungAuflösenGrafik	1431	ZeichnungLegendenTextfeldAbfragen
1334	SchriftVergrößern			1432	ZeichnungLegendenTextfeldBestimmen
1334	SchriftVergrößernEinPunkt	1423	ZeichnungAusrichten		
1334	SchriftVerkleinern	1423	ZeichnungBereichLöschen	1432	ZeichnungLinienPunkteAbfragen
1335	SchriftVerkleinernEinPunkt	1424	ZeichnungBereichSetzen	1433	ZeichnungLinienPunkteSetzen
1363	StandardZeichenLaufweite	1424	ZeichnungBewegenNachLinks	1434	ZeichnungLinienPunkteZählen()
1363	StandardZeichenPosition	1424	ZeichnungBewegenNachLinksPixel	1434	ZeichnungMarkieren
1369	SymbolSchriftart	1425	ZeichnungBewegenNachOben	1435	ZeichnungMarkierenNächste
1389	Tiefgestellt				
1390	Tiefgestellt()	1425	ZeichnungBewegenNachObenPixel	1435	ZeichnungMarkierenVorherige
1395	Unterstrichen	1425	ZeichnungBewegenNachRechts	1435	ZeichnungMarkierungAufheben
1395	Unterstrichen()				
1397	Verborgen	1425	ZeichnungBewegenNachRechtsPixel	1435	ZeichnungMarkierungErweitern
1397	Verborgen()				
1399	VorgabeZeichen	1426	ZeichnungBewegenNachUnten	1436	ZeichnungNachHinten
1400	VorgabeZeichen()	1426	ZeichnungBewegenNachUntenPixel	1436	ZeichnungNachVorne
1408	WortUnterstreichen			1436	ZeichnungRechteck
1408	WortUnterstreichen()	1426	ZeichnungBogen	1437	ZeichnungsGruppe
1414	ZählenSchriftarten()	1426	ZeichnungDrehenLinks	1437	ZeichnungTextfeld
1415	ZählenSprachen()	1427	ZeichnungDrehenRechts	1437	ZeichnungUmformen
1417	ZeichenFarbe	1427	ZeichnungEinfügemarkeAnTextfeldSetzen	1437	ZeichnungVertikalKippen
1418	ZeichenFarbe()				
		1428	ZeichnungEinfügemarkeAnVerankerungsPunktSetzen	1438	ZeichnungVorText
	Zeichnen			1438	ZeichnungWordGrafikVorgabe
Seite	Befehl	1428	ZeichnungEinfügenLinie		
1037	AnsichtZeichnungsSymbolleiste	1428	ZeichnungEinfügenWordGrafik	1438	ZeichnungZählen()
1198	EinfügenZeichnung				
1234	FormatGrafik	1429	ZeichnungEllipse		
1236	FormatLegende	1429	ZeichnungFreihandVieleck		
1248	FormatZeichnungsElement				
1252	FreihandSchreibmodusUmschalten	1429	ZeichnungGruppierungAufheben		

Abbrechen
Bricht einen Bearbeitungsmodus ab.

Gruppe: Bewegen der Einfügemarke und Markieren   WordBASIC Befehl

Syntax:
Abbrechen

Beschreibung:
Der Abbrechen-Befehl entspricht der Betätigung der Esc-Taste und führt zur Beendigung des jeweiligen Bearbeitungsmodus (wie z.B. der Schreibmarkierung), in dem sich Word für Windows befindet.

AbrufenDokumentVar$()
Liefert den Inhalt einer Dokumentvariablen.

Gruppe: Dokumente, Dokumentvorlagen und Add-Ins   WordBASIC Funktion

Syntax:
a$ = AbrufenDokumentVar$(Dokumentvariable$)

Beschreibung:
Mit Hilfe dieser Funktion läßt sich der Inhalt einer Dokumentvariablen abfragen, die im Rahmen des aktuellen Dokumentes mit Hilfe des WordBasic-Befehls DokumentVariableBestimmen definiert wurde.

Funktionsergebnis:
Der Inhalt der angegebenen Dokumentvariablen.

Parameter:

Name:	Bedeutung
Dokumentvariable$	Der Name der Dokumentvariablen, deren Inhalt zurückgeliefert werden soll.

AbrufenDokumentVarName$()
Liefert Namen einer DokumentVariablen.

Gruppe: Dokumente, Dokumentvorlagen und Add-Ins   WordBASIC Funktion

Syntax:
a$ = AbrufenDokumentVarName$(DokVarNr)

Beschreibung:
Mit Hilfe dieser Funktion lassen sich die Namen der DokumentVariablen abfragen, die mit Hilfe des Word-Basic-Befehls DokumentVariableBestimmen bzw. mit Hilfe der gleichnamigen Funktion definiert wurden.

Funktionsergebnis:
Der Name der Dokumentvariable, deren Nummer angegeben wurde.

Parameter:

Name:	Bedeutung
DokVarNr	Die Nummer der Dokumentvariablen, die abgefragt werden soll. 1 steht für die erste Dokumentvariable, 2 für die zweite usw. Dieser Wert darf nicht größer sein als die Anzahl der definierten Dokumentvariable.

Anmerkungen:

Die Anzahl der definierten Dokumentvariablen und damit die Obergrenze für den Parameter DokVarNr läßt sich mit Hilfe der Funktion FehlDokumentVariaben() ermitteln.

AbrufenFeldDaten$()   *Liefert intern gespeicherte Textdaten aus einem ADDIN-Feld zurück.*

Gruppe: Felder   WordBASIC Funktion

Syntax:

a$ = AbrufenFeldDaten$()

Beschreibung:

Mit Hilfe dieser Funktion lassen sich die Textdaten ermitteln, die intern im Rahmen eines ADDIN-Feldes gespeichert werden. Voraussetzung dafür ist, daß sich die Einfügemarke auf einem ADDIN-Feld befindet. Ist dies nicht der Fall, wird ein Fehler ausgelöst.

Funktionsergebnis:

Die Textdaten auf dem ADDIN-Feld unter der Einfügemarke.

AbrufenFormularFeldergebnis$()   *Liefert aktuelle Auswahl eines Checkbox- oder Dropdown-Formularfeldes.*

Gruppe: Felder   WordBASIC Funktion

Syntax:

a$ = AbrufenFormularFeldergebnis$(Textmarke$)

Beschreibung:

Diese Funktion bietet Ihnen die Möglichkeit, die aktuelle Auswahl des Anwenders in einem Checkbox- oder Dropdown-Formularfeld zu ermitteln. WinWord benötigt dazu den Namen der Textmarke, die bei der Anlage eines derartigen Feldes automatisch angelegt wird.

Funktionsergebnis:

Die aktuelle Einstellung in dem angegebenen Formularfeld als String.

"0"   Bei einer Checkbox wird dieser Wert zurückgeliefert, wenn die Checkbox nicht aktiviert ist.

"1"   Bei einer Checkbox wird dieser Wert zurückgeliefert, wenn die Checkbox aktiviert ist.

"XYZ"   Bei einem Dropdown-Feld wird der aktuell vom Anwender ausgewählte Eintrag aus der Dropdown-Liste zurückgeliefert.

Parameter:

Name:	*Bedeutung*
Textmarke$	Name der Textmarke, die WinWord bei der Erzeugung des Formularfeldes automatisch angelegt hat.

AbrufenFormularFeldergebnis()   *Liefert aktuelle Auswahl in einem Checkbox- oder Dropdown-Formularfeld.*

Gruppe: Formulare   WordBASIC Funktion

Syntax:

x = AbrufenFormularFeldergebnis(Textmarke$)

Beschreibung:

Siehe AbrufenFormularFeldergebnis$().

Funktionsergebnis:

Der aktuelle Auswahl des angegebenen Checkbox- oder Dropdown-Formularfeldes als numerisches Ergebnis.

0	Bei einer Checkbox wird dieser Wert zurückgeliefert, wenn die Checkbox nicht aktiviert ist.
1	Bei einer Checkbox wird dieser Wert zurückgeliefert, wenn die Checkbox aktiviert ist.
0, 1, 2, 3, ...	Bei einem Dropdown-Formularfeld wird die Nummer des aktuell ausgewählten Eintrags zurückgeliefert. 0 steht dabei für den ersten Eintrag, 1 für den zweiten usw.

Parameter:

Name:	*Bedeutung*
`Textmarke$`	Name der Textmarke, die mit dem Formularfeld verbunden ist.

AbrufenMarkierungAnfangPosition()   *Liefert Anfangsposition der aktuellen Markierung.*

Gruppe: Bewegen der Einfügemarke und Markieren   WordBASIC Funktion

Syntax:

x = AbrufenMarkierungAnfangPosition()

Beschreibung:

Mit Hilfe dieser Funktion läßt sich der Beginn der aktuellen Markierung in Relation zum Anfang des Dokuments als numerischer Wert ermitteln. Dem Anfang des Dokuments wird dabei der Wert 0 zugeordnet und alle Zeichen bis zum Anfang der Markierung - inklusive verborgener Zeichen, nicht druckbarer Zeichen, Absatz- und Spaltenmarken etc. - mitgezählt.

Funktionsergebnis:

Der Anfang der Markierung relativ zum Beginn des Dokuments. Ist keine Markierung vorhanden, wird die Position der Einfügemarke zurückgeliefert.

AbrufenMarkierungEndePosition()   *Liefert Endposition der aktuellen Markierung.*

Gruppe: Bewegen der Einfügemarke und Markieren   WordBASIC Funktion

Syntax:

x = AbrufenMarkierungEndePosition()

Beschreibung:
Mit Hilfe dieser Funktion läßt sich das Ende der aktuellen Markierung in Relation zum Anfang des Dokuments als numerischer Wert ermitteln. Dem Anfang des Dokuments wird dabei der Wert 0 zugeordnet und alle Zeichen bis zum Anfang der Markierung - inklusive verborgener Zeichen, nichtdruckbarer Zeichen, Absatz- und Spaltenmarken etc. - mitgezählt.

Funktionsergebnis:
Das Ende der Markierung relativ zum Beginn des Dokuments. Ist keine Markierung vorhanden, wird die Position der Einfügemarke zurückgeliefert.

AbrufenSeriendruckFeld$()   *Liefert den Inhalt eines Seriendruckfeldes im aktuellen Datensatz.*

Gruppe: Seriendruck   WordBASIC Funktion

Syntax:
`a$ = AbrufenSeriendruckFeld$(SeriendruckFeldName$)`

Beschreibung:
Aufgabe dieser Funktion ist es, den Inhalt des angegebenen Seriendruck-Feldes in bezug auf den aktuellen Datensatz zu ermitteln. Damit bietet Ihnen dieser Befehl die Möglichkeit, die verschiedenen Datensätze eines Seriendrucks auch im Rahmen eines WordBasic-Makros weiterzuverarbeiten.

Funktionsergebnis:
Inhalt des angegebenen Seriendruck-Feldes in bezug auf den aktuellen Datensatz. Ist das angegebene Seriendruck-Feld unbekannt oder das aktuelle Dokument nicht das Hauptdokument, wird ein Leerstring ("") zurückgeliefert.

Parameter:

Name:	Bedeutung
`SeriendruckFeldName$`	Name des Seriendruckfeldes.

AbrufenSysteminfo   *Füllt String-Array mit Informationen über die aktuelle Ausführungsumgebung.*

Gruppe: Anwendungssteuerung   WordBASIC Befehl

Syntax:
`AbrufenSysteminfo StringArray$()`

Beschreibung:
Aufgabe dieser Funktion ist es, insgesamt zwölf Strings mit Informationen über die aktuelle Ausführungsumgebung von Word für Windows in ein String-Array zu laden. Werden nicht alle Informationen benötigt, ist die Funktion AbrufenSysteminfo() vorzuziehen.

Parameter:

Name:	Bedeutung
`StringArray$()`	String-Array, das mindestens zwölf Einträge umfassen muß, in die der Befehl die verschiedenen Informationen über die aktuelle Ausführungsumgebung von Word für Windows lädt. Der Inhalt der einzelnen Strings wird im Rahmen der AbrufenSysteminfo()-Funktion aufgeführt.

AbrufenSysteminfo$()   *Liefert Systeminformationen über die aktuelle Ausführungsumgebung.*

Gruppe: Anwendungssteuerung   WordBASIC Funktion

Syntax:

AbrufenSysteminfo$(CodeNr)

Beschreibung:

Während der Befehl AbrufenSysteminfo gleich ein ganzes Dutzend Strings mit Informationen über die aktuelle Ausführungsumgebung von Word für Windows zurückliefert, lassen sich mit Hilfe dieser Funktion einzelne Informationen ganz gezielt abfragen.

Parameter:

Name:	Bedeutung
CodeNr	Code-Nummer für die Art der Informationen, die gewünscht wird.
	21 Die Betriebssystemumgebung ("Windows", "Windows NT", "Macintosh" etc.).
	22 Der Prozessor im aktuellen System ("80826", "80836", "i486" etc.).
	23 Die Versionsnummer von MS-DOS.
	24 Die Windows-Versionsnummer.
	25 Prozentsatz der noch nicht belegten Systemressourcen.
	26 Der noch verfügbare Speicher auf dem Massenspeicher, auf dem Word für Windows installiert ist, in Byte.
	27 Der Betriebsmodus von Windows ("Standard" oder "386-Erweitert").
	28 "Ja", wenn ein numerischer Coprozessor installiert ist, sonst "Nein".
	29 Die Ländereinstellung aus dem Feld "iCountry" im Abschnitt [intl] der Windows-Konfigurationsdatei WIN.INI.
	30 Die Spracheinstellung aus dem Feld "sLanguage" im Abschnitt [intl] der Windows-Konfigurationsdatei WIN.INI.
	31 Die vertikale Bildschirmauflösung in Bildschirmpunkten.
	32 Die horizontale Bildschirmauflösung in Bildpunkten.

AbrufenText$()   *Liefert Text aus angegebenem Bereich.*

Gruppe: Bewegen der Einfügemarke und Markieren   WordBASIC Funktion

Syntax:

a$ = AbrufenText$(AnfangsPos, EndPos)

Beschreibung:

Diese Funktion bietet Ihnen die Möglichkeit, ganz gezielt einzelne Bereiche des aktuellen Dokuments auszulesen, um sie im Rahmen eines WordBasic-Makros weiterzuverarbeiten.

Funktionsergebnis:

Der Inhalt des angegebenen Bereichs aus dem aktuellen Dokument als unformatierter Text. Unsichtbare Zeichen werden nicht zurückgeliefert, und es wird ausdrücklich davor gewarnt, keine Bereiche auszulesen, in denen Felder, Tabellen, Seiten- und Spaltenumbrüche enthalten sind.

Parameter:

Name:	*Bedeutung*
`AnfangsPos`	Bezeichnet die Anfangsposition im Text. Der Anfang des Textes zählt dabei als 0, und auch nichtdruckbare Zeichen, unsichtbare Zeichen, Absatzmarken etc. werden als jeweils ein Zeichen gezählt.
`EndPos`	Position des letzten Zeichens, das zurückgeliefert werden soll.

AbrufenTextmarke$()   *Liefert den Text einer Textmarke.*

Gruppe: Textmarken   WordBASIC Funktion

Syntax:

```
a$ = AbrufenTextmarke$(TextmarkeName$)
```

Beschreibung:

Diese Funktion bietet Ihnen die Möglichkeit, den Text zu ermitteln, der durch eine bestimmte Textmarke im aktuellen Dokument repräsentiert wird.

Funktionsergebnis:

Zurückgeliefert wird der Inhalt der angegebenen Textmarke als unformatierter Text bzw. ein Leerstring (""), wenn die angegebene Textmarke im aktuellen Dokument nicht definiert ist.

Der zurückgelieferte Text kann folgende Sonderzeichen beinhalten:

chr$(9)	Tabulator
chr$(11)	Zeilenschaltung
chr$(12)	Seitenumbruch
chr$(13)	Absatzende
chr$(14)	Spaltenumbruch
chr$(30)	Geschützter Bindestrich
chr$(31)	Trennvorschlag
chr$(160)	Geschütztes Leerzeichen

Parameter:

Name:	*Bedeutung*
`TextmarkeName$`	Der Name der gewünschten Textmarke.

AbrufenVerzeichnis$()   *Liefert den Namen eines Unterverzeichnisses im aktuellen Verzeichnis.*

Gruppe: Datenträgerzugriff und -verwaltung   WordBASIC Funktion

Syntax:

```
a$ = AbrufenVerzeichnis$([Verzeichnis$], Nummer)
```

Beschreibung:

Aufgabe dieser Funktion ist es, die Namen der Unterverzeichnisse innerhalb des aktuellen Verzeichnisses zurückzuliefern. Ihr Einsatz bietet sich dadurch in allen Arten von Routinen an, in denen Verzeichnisbäume aufgebaut werden sollen.

31 • Makroreferenz

Funktionsergebnis:

Der Name des gesuchten Unterverzeichnisses oder ein Leerstring (""), wenn das angegebene Verzeichnis weniger Unterverzeichnisse enthält, als durch den Parameter Nummer angegeben wird.

Parameter:

Name:	Bedeutung
Verzeichnis$	Der Name des Verzeichnisses, dessen Unterverzeichnisse ausgelesen werden sollen. Fehlt dieser Parameter, wird die Suche im aktuellen Verzeichnis durchgeführt.
Nummer	Die Nummer des gewünschten Unterverzeichnisses innerhalb des angegebenen Verzeichnisses. 1 steht dabei für das erste Unterverzeichnis, 2 für das zweite usw. Der Maximalwert wird durch die Anzahl der Unterverzeichnisse in dem angegebenen Verzeichnis bestimmt. Dieser Wert kann mit Hilfe der Funktion ZählenUnterverzeichnisse() ermittelt werden.

Abs()

Bildet den Absolutwert einer Zahl.

Gruppe: BASIC-Befehle und -Funktionen   WordBASIC Funktion

Syntax:

```
x = Abs(Ausdruck)
```

Beschreibung:

Die Abs()-Funktion verwandelt den ihr übergebenen Ausdruck in eine positive Zahl, so daß negative Werte ihres Vorzeichens beraubt werden. Positives Argument und der Wert 0 bleiben hingegen unverändert.

Funktionsergebnis:

Der Absolutwert des angegebenen Ausdrucks.

Parameter:

Name:	Bedeutung
Ausdruck	Ausdruck, dessen Absolutwert gebildet werden soll.

AbsatzAbstandSchließen

Entfernt automatische Leerzeilen vor Absatz.

Gruppe: Absatzformatierung   WordBASIC Befehl

Syntax:

```
AbsatzAbstandSchließen
```

Beschreibung:

Aufgabe dieses Befehls ist es, die automatische Einfügung von Leerzeilen vor den markierten Absätzen aufzuheben. Dies kommt der Einstellung von 0 für die Option "Vor" auf der Registerkarte "Einzüge und Abstände" in der Dialogbox des Absatz-Befehls aus dem Format-Menü gleich.

AbsatzAbstandVor

Legt automatische Leerzeile vor den markierten Absätzen an.

Gruppe: Absatzformatierung   WordBASIC Befehl

Syntax:

```
AbsatzAbstandVor
```

Beschreibung:
Dieser Befehl kommt dem Aufruf des Absatz-Befehls aus dem Format-Menü gleich, wobei im Feld "Vor" auf der Registerkarte "Einzüge und Abstände" automatisch der Wert "12 pt" eingetragen wird. Den markierten Absätzen wird dadurch automatisch eine Leerzeile vorangeschickt.

AbsatzBlock *Schaltet die markierten Absätze in den Blocksatz.*

Gruppe: Absatzformatierung   WordBASIC Befehl

Syntax:
AbsatzBlock

Beschreibung:
Mit Hilfe dieser Funktion können Sie überprüfen, ob alle, einzelne oder keine der Absätze im markierten Bereich im Blocksatz dargestellt werden.

Funktionsergebnis:
Als Funktionsergebnis liefert AbsatzBlock():

        0   wenn keine Absätze im markierten Bereich im Blocksatz dargestellt werden.
        1   wenn alle Absätze im markierten Bereich im Blocksatz dargestellt werden.
     -1   nur einige Absätze im markierten Bereich im Blocksatz dargestellt werden, andere aber nicht.

AbsatzBlock() *Untersucht, ob die markierten Absätze im Blocksatz dargestellt werden.*

Gruppe: Absatzformatierung   WordBASIC Funktion

Syntax:
x = AbsatzBlock()

Beschreibung:
Mit Hilfe dieser Funktion können Sie überprüfen, ob alle, einzelne oder keine der Absätze im markierten Bereich im Blocksatz dargestellt werden.

Funktionsergebnis:
Als Funktionsergebnis liefert diese Funktion:

        0   wenn keiner der Absätze im markierten Bereich im Blocksatz dargestellt wird.
        1   wenn alle Absätze im markierten Bereich im Blocksatz dargestellt werden.
     -1   wenn nur einige, aber nicht alle Absätze im markierten Bereich im Blocksatz dargestellt werden.

AbsätzeNichtTrennen *Absatzformat "Absätze nicht trennen" an- oder ausschalten.*

Gruppe: Absatzformatierung   WordBASIC Befehl

Syntax:
AbsätzeNichtTrennen [AnAus]

Beschreibung:

Das Absatzformat "Absätze nicht trennen", das darüber entscheidet, ob ein Absatz auf der gleichen Seite erscheinen muß, wie der darauffolgende, läßt sich mit Hilfe dieses Befehls an- oder ausschalten.

Parameter:

Name:	Bedeutung
AnAus	Gibt an, ob den markierten Absätzen das Format "Absätze nicht trennen" verliehen, oder ob es wieder gelöscht werden soll.
	1 (Default) Format "Absätze nicht trennen" einstellen.
	0 Format "Absätze nicht trennen" abschalten.

AbsätzeNichtTrennen() *Stellt fest, ob die markierten Absätze mit dem Absatzformat "Absätze nicht trennen" formatiert sind.*

Gruppe: Absatzformatierung   WordBASIC Funktion

Syntax:

```
x = AbsätzeNichtTrennen()
```

Beschreibung:

Während der Befehl AbsätzeNichtTrennen das Absatzformat "Absätze nicht trennen" einstellt, können Sie mit Hilfe dieser Funktion überprüfen, ob dieses Format für die markierten Absätze eingestellt ist oder nicht.

Funktionsergebnis:

Als Funktionsergebnis liefert diese Funktion:

-   0   wenn keiner der markierten Absätze das Absatzformat "Absätze nicht trennen" aufweist.
-   1   wenn alle markierten Absätze das Absatzformat "Absätze nicht trennen" aufweisen.
- -1   wenn einige, aber nicht alle markierten Absätze das Absatzformat "Absätze nicht trennen" aufweisen.

Absatzkontrolle *Weist den markierten Absätzen das Absatzformat "Absatzkontrolle" zu oder schaltet es aus.*

Gruppe: Absatzformatierung   WordBASIC Befehl

Syntax:

```
Absatzkontrolle [AnAus]
```

Beschreibung:

Mit Hilfe dieser Funktion läßt sich verhindern, daß beim Ausdruck der markierten Absätze eine einzelne Zeile des Absatzes am oberen oder unteren Ende einer Seite verbleibt, indem das Absatzformat "Absatzkontrolle" eingeschaltet wird. Word für Windows übernimmt den Absatz in diesem Fall komplett auf die nächste Seite. Darüber hinaus läßt sich dieses Format mit Hilfe dieses Befehls aber auch wieder abschalten.

Parameter:

Name: *Bedeutung*

AnAus   Bestimmt, ob das Absatzformat "Absatzkontrolle" für die markierten Absätze an- oder ausgeschaltet werden soll.

                 1 (Default)   Schaltet das Absatzformat "Absatzkontrolle" an.
                 0   Schaltet das Absatzformat "Absatzkontrolle" aus.

Absatzkontrolle()

Stellt fest, ob die markierten Absätze mit dem Absatzformat "Absatzkontrolle" versehen sind.

Gruppe: Absatzformatierung   WordBASIC Funktion

Syntax:

```
x = Absatzkontrolle()
```

Beschreibung:

Während der Befehl Absatzkontrolle das gleichnamige Absatzformat für die markierten Absätze einstellt, läßt sich mit Hilfe dieser Funktion feststellen, ob dieses Format für die markierten Absätze eingestellt ist.

Funktionsergebnis:

Als Ergebnis liefert diese Funktion:

      0   wenn keiner der Absätze im markierten Bereich mit dem Absatzformat "Absatzkontrolle" behaftet ist.
      1   wenn alle Absätze im markierten Bereich dieses Format aufweisen.
     -1   wenn einige, aber nicht alle Absätze im markierten Bereich mit diesem Format versehen sind.

AbsatzLinks

Verleiht den markierten Absätzen eine linksbündige Ausrichtung.

Gruppe: Absatzformatierung   WordBASIC Befehl

Syntax:

```
AbsatzLinks
```

Beschreibung:

Alle Absätze im markierten Bereich werden durch den Aufruf dieses Befehls in den linksbündigen Satz geschaltet, auch wenn dies nicht dem Absatzformat ihres Druckformats entspricht. Der Befehl simuliert dabei eine Betätigung der entsprechenden Schaltfläche innerhalb der Formatierleiste, die allerdings zur Ausführung dieses Befehls nicht unbedingt angezeigt werden muß.

AbsatzLinks()

Stellt fest, ob die markierten Absätze linksbündig ausgerichtet sind.

Gruppe: Absatzformatierung   WordBASIC Funktion

Syntax:

```
x = AbsatzLinks()
```

Beschreibung:

Mit Hilfe dieser Funktion können Sie überprüfen, ob alle, einzelne oder keine der Absätze im markierten Bereich im linksbündigen Satz dargestellt werden.

Funktionsergebnis:

Als Ergebnis liefert diese Funktion:

    0   wenn keiner der Absätze im markierten Bereich linksbündig dargestellt wird.
    1   wenn alle Absätze im markierten Bereich linksbündig dargestellt werden.
   -1   wenn einige, aber nicht alle Absätze im markierten Bereich linksbündig dargestellt werden.

AbsatzOben

Einfügemarke um einen oder mehrere Absätze nach oben zu bewegen.

Gruppe: Bewegen der Einfügemarke und Markieren   WordBASIC Befehl

Syntax:
```
AbsatzOben [Anzahl] [, Markierung]
```

Beschreibung:
Durch diesen Befehl wird die Einfügemarke innerhalb des aktuellen Dokuments um einen oder mehrere Absätze nach oben bewegt. Befindet sich die Einfügemarke beim Aufruf des Befehls bereits am Anfang eines Absatzes, wird sie an den Anfang des vorhergehenden Absatzes gesetzt. Befindet sie sich jedoch mitten im aktuellen Absatz, wird sie an den Anfang dieses Absatzes verschoben.

Parameter:

Name:	*Bedeutung*
`Anzahl`	Bestimmt die Anzahl der Absätze, um die die Absatzmarke nach oben bewegt werden soll. Fehlt dieser Parameter, wird die Absatzmarke um genau einen Absatz nach oben bewegt. Es können auch negative Werte angegeben werden. Sie bewirken, daß die Einfügemarke nicht um mehrere Absätze nach oben, sondern nach unten bewegt wird, was dem Aufruf des Befehls AbsatzUnten gleichkommt.
`Markierung`	Entscheidet, ob der markierte Bereich um die neu überdeckten Absätze erweitert werden soll. Fehlt er, wird die Markierung nicht erweitert.
	0 (Default) Markierung nicht erweitern.
	1 Markierung erweitern.

AbsatzOben()

Bewegt Einfügemarke um einen oder mehrere Absätze nach oben und liefert Erfolgsmeldung.

Gruppe: Bewegen der Einfügemarke und Markieren   WordBASIC Funktion

Syntax:
```
x = AbsatzOben([Anzahl] [, Markierung])
```

Beschreibung:
Analog zu dem gleichnamigen Befehl bewegt auch diese Funktion die Einfügemarke um einen oder mehrere Absätze im aktuellen Dokument nach oben. Allerdings läßt sie den Aufrufer über den Erfolg dieser Operation nicht im Unklaren, sondern liefert ein Funktionsergebnis zurück, das den Erfolg der Bewegung anzeigt.

Funktionsergebnis:

Als Ergebnis liefert diese Funktion:

0	Die Bewegung konnte nicht vollständig ausgeführt werden, weil die Einfügemarke noch vor dem Abschluß aller Wiederholungen an den Anfang des Dokuments gestoßen ist.
-1	Die Einfügemarke konnte um die gewünschte Anzahl von Absätzen nach oben bewegt werden.

Parameter:

Name:	Bedeutung
Anzahl	Siehe Befehl AbsatzOben
Markierung	Siehe Befehl AbsatzOben

AbsatzRechts

Verleiht markierten Absätzen eine rechtsbündige Ausrichtung.

Gruppe: Absatzformatierung   WordBASIC Befehl

Syntax:
```
AbsatzRechts
```

Beschreibung:
Alle Absätze im markierten Bereich werden durch den Aufruf dieses Befehls in den rechtsbündigen Satz geschaltet, auch wenn dies nicht dem Absatzformat ihres Druckformats entspricht. Der Befehl simuliert dabei eine Betätigung der entsprechenden Schaltfläche innerhalb der Formatierungsleiste, die allerdings zur Ausführung dieses Befehls nicht unbedingt sichtbar sein muß.

AbsatzRechts()

Stellt fest, ob die markierten Absätze rechtsbündig ausgerichtet sind.

Gruppe: Absatzformatierung   WordBASIC Funktion

Syntax:
```
x = AbsatzRechts()
```

Beschreibung:
Mit Hilfe dieser Funktion läßt sich feststellen, ob alle, einige oder kein Absatz innerhalb des markierten Bereichs rechtsbündig dargestellt wird.

Funktionsergebnis:

Als Ergebnis liefert diese Funktion:

0	wenn keiner der Absätze im markierten Bereich rechtsbündig dargestellt wird.
1	wenn alle Absätze im markierten Bereich rechtsbündig dargestellt werden.
-1	wenn einige, aber nicht alle Absätze im markierten Bereich rechtsbündig dargestellt werden.

AbsatzSeitenwOberhalb

Verleiht den markierten Absätzen das Absatzformat "Seitenwechsel oberhalb" oder entfernt es.

Gruppe: Absatzformatierung   WordBASIC Befehl

Syntax:
```
AbsatzSeitenwOberhalb [AnAus]
```

Beschreibung:

Dieser Befehl verleiht den Absätzen im markierten Bereich das Absatzformat "Seitenwechsel oberhalb" oder entfernt es wieder. Die jeweiligen Absätze erscheinen dadurch immer am Anfang einer neuen Seite, wobei Word für Windows vor ihrem Beginn automatisch einen Seitenumbruch durchführt.

Parameter:

Name:	Bedeutung
AnAus	Entscheidet, ob das Absatzformat "Seitenwechsel oberhalb" an- oder ausgeschaltet werden soll. Fehlt dieser Parameter, wird die aktuelle Einstellung in bezug auf dieses Absatzformat von An auf Aus und von Aus auf An umgeschaltet.
1	Das Format anschalten.
0	Das Format abschalten.

AbsatzSeitenwOberhalb()

Stellt fest, ob die markierten Absätze das Absatzformat "Seitenwechsel oberhalb" aufweisen.

Gruppe: Absatzformatierung   WordBASIC Funktion

Syntax:

```
x = AbsatzSeitenwOberhalb()
```

Beschreibung:

Mit Hilfe dieser Funktion läßt sich feststellen, ob die Absätze im markierten Bereich bzw. der Absatz unter der Einfügemarke das Absatzformat "Seitenwechsel oberhalb" aufweist.

Funktionsergebnis:

Als Ergebnis liefert diese Funktion:

0	wenn keiner der Absätze im markierten Bereich das Absatzformat "Seitenwechsel oberhalb" aufweist.
1	wenn alle Absätze im markierten Bereich mit diesem Absatzformat behaftet sind.
-1	wenn einige, jedoch nicht alle Absätze im markierten Bereich dieses Format aufweisen.

AbsatzUnten

Bewegt die Einfügemarke im aktuellen Dokument um einen oder mehrere Absätze nach unten.

Gruppe: Bewegen der Einfügemarke und Markieren   WordBASIC Befehl

Syntax:

```
AbsatzUnten [Anzahl] [, Markierung]
```

Beschreibung:

Im Rahmen eines WordBasic-Makros bietet Ihnen dieser Befehl die Möglichkeit, die Einfügemarke im aktuellen Dokument um einen oder mehrere Absätze nach unten zu bewegen und auf Wunsch dabei gleichzeitig die Markierung zu erweitern.

Parameter:

Name:	Bedeutung
Anzahl	Anzahl Wiederholungen der AbsatzUnten-Bewegung. Fehlt dieser Parameter wird 1 angenommen. Die Einfügemarke wird dabei grundsätzlich an den

Anfang des nachfolgenden Absatzes verschoben, ganz unabhängig davon, wo sie sich zum Zeitpunkt des Befehlsaufrufs innerhalb des aktuellen Absatzes befindet.

Negative Werte bewegen die Einfügemarke in die entgegengesetzte Richtung, was dem Aufruf des AbsatzOben-Befehls gleichkommt.

Markierung   Dieser Parameter bestimmt, ob die aktuelle Markierung um die angegebene Anzahl von Absätzen erweitert werden soll.

0 (Default)	Markierung nicht erweitern.
1	Markierung erweitern.

AbsatzUnten()

Bewegt die Einfügemarke um einen oder mehrere Absätze nach unten und zeigt den Erfolg der Bewegung an.

Gruppe: Bewegen der Einfügemarke und Markieren   WordBASIC Funktion

Syntax:

`x = AbsatzUnten([Anzahl] [, Markierung])`

Beschreibung:

Diese Funktion arbeitet wie der gleichnamige Befehl, zeigt durch ihr Funktionsergebnis jedoch an, ob die Bewegung vollzogen werden konnte.

Funktionsergebnis:

Als Ergebnis liefert diese Funktion:

0	Wenn die Einfügemarke nicht um die gewünschte Anzahl von Absätzen nach unten bewegt werden konnte, weil zuvor das Ende des Dokuments erreicht wurde.
-1	Wenn die Bewegung der Einfügemarke wie gewünscht ausgeführt werden konnte.

Parameter:

Name:	Bedeutung
Anzahl	Siehe Befehl AbsatzUnten
Markierung	Siehe Befehl AbsatzUnten

AbsatzZeilenNichtTrennen

Weist den formatierten Absätzen das Absatzformat "Zeilen nicht trennen" zu oder entfernt es.

Gruppe: Absatzformatierung   WordBASIC Befehl

Syntax:

`AbsatzZeilenNichtTrennen [AnAus]`

Beschreibung:

Aufgabe dieses Befehls ist es, den markierten Absätzen bzw. dem Absatz unter der Einfügemarke das Absatzformat "Zeilen nicht trennen" zuzuweisen oder es wieder zu entfernen. Ist dieses Absatzformat gesetzt, werden alle Zeilen eines Absatzes auf derselben Seite dargestellt, können also nicht durch einen Seitenumbruch getrennt werden.

Parameter:

Name:	Bedeutung
AnAus	Bestimmt, ob das Absatzformat "Zeilen nicht trennen" gesetzt oder gelöscht werden soll. Fehlt dieser Parameter, wird die aktuelle Einstellung in bezug auf das Absatzformat von An auf Aus bzw. von Aus auf An umgeschaltet.
0	Das Absatzformat "Zeilen nicht trennen" abschalten.
1	Das Absatzformat "Zeilen nicht trennen" anschalten.

AbsatzZeilenNichtTrennen()

Überprüft, ob das Absatzformat "Zeilen nicht trennen" für die markierten Absätze angeschaltet ist.

Gruppe: Absatzformatierung   WordBASIC Funktion

Syntax:

x = AbsatzZeilenNichtTrennen()

Beschreibung:

Mit Hilfe dieser Funktion läßt sich feststellen, ob das Absatzformat "Zeilen nicht trennen" für die markierten Absätze bzw. für den Absatz unter der Einfügemarke gesetzt ist oder nicht. Ist dieses Format angeschaltet, dürfen die einzelnen Zeilen eines Absatzes nicht durch einen Seitenumbruch getrennt werden und erscheinen immer zusammen auf einer Seite.

Funktionsergebnis:

Als Ergebnis liefert diese Funktion:

0	wenn keiner der Absätze im markierten Bereich das Absatzformat "Zeilen nicht trennen" aufweist.
1	wenn alle Absätze im markierten Bereich dieses Absatzformat aufweisen.
-1	wenn einige, aber nicht alle Absätze im markierten Bereich mit diesem Absatzformat versehen sind.

AbsatzZentriert

Zentriert die markierten Absätze.

Gruppe: Absatzformatierung   WordBASIC Befehl

Syntax:

AbsatzZentriert

Beschreibung:

Durch den Aufruf des AbsatzZentriert-Befehls werden alle Absätze zentriert, die sich ganz oder teilweise im markierten Bereich des aktuellen Fensters befinden. Der Aufruf dieses Befehls entspricht dem Anklikken der entsprechenden Schaltfläche innerhalb der Formatierungsleiste, die zur Befehlsausführung aber nicht sichtbar sein muß.

AbsatzZentriert()

Stellt fest, ob die markierten Absätze zentriert sind.

Gruppe: Absatzformatierung   WordBASIC Funktion

Syntax:

x = AbsatzZentriert()

Beschreibung:

Mit Hilfe dieser Funktion kann der Aufrufer in Erfahrung bringen, ob die Absätze, die sich ganz oder teilweise im markierten Bereich des aktuellen Dokuments befinden, zentriert dargestellt werden.

Funktionsergebnis:

Als Ergebnis liefert diese Funktion:

      0   wenn keiner der Absätze im markierten Bereich das Absatzformat "Zentriert" aufweist.
      1   wenn alle Absätze im markierten Bereich mit diesem Absatzformat behaftet sind.
     -1   wenn einige, aber nicht alle Absätze im markierten Bereich zentriert dargestellt werden.

AddInHinzufügen
Lädt eine globale Dokumentvorlage oder Add-In.

Gruppe: Dokumente, Dokumentvorlagen und Add-Ins   WordBASIC Befehl

Syntax:

AddInHinzufügen AddInName$ [, Laden]

Beschreibung:

Aufgabe dieses Befehls ist es, eine zusätzliche globale Dokumentvorlage oder ein Add-In (Word Add-In-Library, WLL) zu laden. Die Dokumentvorlage bzw. das Add-In wird dadurch in die Liste der globalen Dokumentvorlagen und Add-Ins aufgenommen, die im Rahmen des Befehls Dokumentvorlage aus dem Datei-Menü verwaltet werden.

Parameter:

Name:	Bedeutung
AddInName$	Der Name der zu ladenden Dokumentvorlage oder des Add-Ins.
Laden	Bestimmt, ob die angegebene Dokumentvorlage bzw. das Add-In sofort geladen oder zunächst nur im Rahmen der Liste der aktuell geladenen Dokumentvorlagen und Add-Ins angezeigt werden soll.
	0 Nur in Liste anzeigen, aber nicht sofort laden.
	1 (Default) Sofort Laden.

AddInHinzufügen()
Lädt eine globale Dokumentvorlage oder ein Add-In und liefert ihre Nummer.

Gruppe: Dokumente, Dokumentvorlagen und Add-Ins   WordBASIC Funktion

Syntax:

x = AddInHinzufügen(AddIn$)

Beschreibung:

Diese Funktion arbeitet wie der gleichnamige Befehl, liefert jedoch zusätzlich die Position der frisch geladenen Dokumentvorlage bzw. des Add-Ins im Rahmen der Liste der aktuell geladenen globalen Dokumentvorlagen und Add-Ins zurück. Diese Liste kann über den Befehl Dokumentvorlage aus dem Datei-Menü eingesehen werden.

Funktionsergebnis:

Die Position der geladenen Dokumentvorlage bzw. des Add-Ins im Rahmen der Liste der aktuell geladenen globalen Dokumentvorlagen und Add-Ins. 1 steht für die erste Listenposition, 2 für die zweite usw.

Parameter:

Name:	Bedeutung
AddIn$	Name und Pfad der WLL-Datei, die das Add-In enthält.

AddInsLöschen *Alle globalen Dokumentvorlagen und Add-Ins aus dem Speicher entfernen.*

Gruppe: Dokumente, Dokumentvorlagen und Add-Ins   WordBASIC Befehl

Syntax:

AddInsLöschen AusListeEntfernen

Beschreibung:

Mit Hilfe dieses Befehls lassen sich alle aktuell geladenen globalen Dokumentvorlagen und Add-Ins aus dem Speicher entfernen. Auf Wunsch werden sie jedoch weiterhin im Rahmen der Liste der globalen Dokumentvorlagen und Add-Ins angezeigt, die beim Aufruf des Befehls Dokumentvorlage aus dem Datei-Menü erscheint.

Parameter:

Name:	Bedeutung
AusListeEntfernen	Dieser Parameter bestimmt, ob die zu entladenden Dokumentvorlagen und Add-Ins trotzdem weiterhin als Teil der Liste der globalen Dokumentvorlagen und Add-Ins angezeigt werden. Die Vorlagen und Add-Ins aus dem Autostart-Verzeichnis bleiben davon allerdings grundsätzlich unberührt.
0	Die Dokumentvorlagen und Add-Ins werden weiterhin in der Liste angezeigt.
1	Die Dokumentvorlagen und Add-Ins werden aus der Liste entfernt.

AddInStatus *Lädt oder entfernt eine globale Dokumentvorlage oder ein Add-In.*

Gruppe: Dokumente, Dokumentvorlagen und Add-Ins   WordBASIC Befehl

Syntax:

AddInStatus AddIn[$], LadenEntladen

Beschreibung:

Die globalen Dokumentvorlagen und Add-Ins, die bereits im Rahmen der Liste der globalen Dokumentvorlagen und Add-Ins in Zusammenhang mit dem Befehl Dokumentvorlage aus dem Datei-Menü angezeigt werden, lassen sich mit Hilfe dieses Befehls explizit laden oder entladen.

Parameter:

Name:	Bedeutung
AddIn[$]	Dieser Parameter bestimmt die Dokumentvorlage oder das Add-Ind, das mit Hilfe des Befehlsaufrufes angesprochen werden soll. Wird hier ein numerischer Parameter angegeben, so wird die Dokumentvorlage bzw. des Add-In über seine Position innerhalb der Liste der globalen Dokumentvorlagen und Add-Ins angesprochen. Der Wert 1 steht dabei für den ersten Eintrag aus der Liste, 2 für den zweiten usw.
	Wird anstelle eines numerischen Parameters jedoch ein String-Parameter angegeben, so muß es sich dabei um den kompletten Pfad- und Dateinamen der Dokumentvorlage bzw. des Add-Ins handeln, das angesprochen werden soll.

`LadenEntladen`	Bestimmt, ob die Dokumentvorlage bzw. das Add-In geladen oder entladen werden soll. 0 Dokumentvorlage oder Add-In entladen. 1 Dokumentvorlag oder Add-In laden.

AddInStatus()

Ermittelt den Status einer globlen Dokumentvorlage oder eines Add-Ins.

Gruppe: Dokumente, Dokumentvorlagen und Add-Ins   WordBASIC Funktion

Syntax:

```
x = AddInStatus(AddIn[$])
```

Beschreibung:

Innerhalb eines WordBasic-Makros läßt sich mit Hilfe dieser Funktion feststellen, ob eine Dokumentvorlage bzw. ein Add-In geladen ist, ob sie automatisch geladen wird und ob es sich dabei um eine Dokumentvorlage oder ein Add-In handelt.

Funktionsergebnis:

Das Funktionsergebnis ist die Summe verschiedener Flags, die jeweils eine bestimmte Komponente des Status einer Dokumentvorlage bzw. eines Add-Ins widerspiegeln. Die Flags besitzen die Wertigkeiten 1, 2 und 4 und lassen sich innerhalb eines Makros am besten mit Hilfe des binären UND-Operators abfragen.

Im einzelnen weisen die verschiedenen Flags folgende Bedeutung auf.

1   Die angegebene Dokumentvorlage bzw. das Add-In ist geladen.
2   Ist dieses Flag gesetzt, handelt es sich um ein Add-In. Ist es gelöscht, hat man es mit einer Dokumentvorlage zu tun.
4   Die Dokumentvorlage bzw. das Add-In wird automatisch geladen, weil es sich im Autostart-Verzeichnis für Dokumentvorlagen und Add-Ins befindet.

Parameter:

Name: *Bedeutung*

`AddIn[$]`   Dieser Parameter bestimmt die Dokumentvorlage bzw. das Add-In, dessen Status abgefragt werden soll. Wird ein numerischer Wert angegeben, so beziffert er die Position der gewünschten Dokumentvorlage bzw. des Add-Ins innerhalb der Liste der globalen Dokumentvorlagen und Add-Ins. 1 steht dabei für die erste Listenposition, 2 für die zweite usw.

Wird hingegen ein String angegeben, so wird die Dokumentvorlage bzw. das Add-In über seinen Namen angesprochen. Im Rahmen des Parameters muß dabei der komplette Pfad- und Dateiname angegeben werden. Auf dieser Art und Weise wird dem Aufrufer die Möglichkeit geboten, den Status von globalen Dokumentvorlagen und Add-Ins abzufragen, die noch nicht im Rahmen der Liste der globalen Dokumentvorlagen und Add-Ins aufgeführt werden.

Aktivieren

Aktiviert ein bestimmtes Fenster.

Gruppe: Fenster   WordBASIC Befehl

Syntax:

```
Aktivieren FensterTitel$ [, AusschnittNr]
```

Beschreibung:

Dieser Befehl aktiviert das Fenster, dessen Name angegeben wird und holt es dadurch in den Vordergrund des Windows-Bildschirms. Dabei läßt sich auch der Ausschnitt bestimmen, in dem die Einfügemarke erscheinen soll.

Parameter:

Name:	Bedeutung
`FensterTitel$`	Über den Fenstertitel bestimmt dieser Parameter das zu aktivierende Fenster. Er muß dem Text entsprechen, der innerhalb des Fenster-Menüs für das jeweiige Fenster angezeigt wird. Zu beachten ist, daß WinWord für Fenster, die sich im aktuellen Verzeichnis befinden, nur den Dateinamen angibt, während für Fenster in anderen Verzeichnissen zusätzlich der Pfad angegeben werden muß.
	Bei einem Wechsel des aktuellen Verzeichnisses ändern sich deshalb auch die Fenstertitel, die für diesen Parameter angegeben werden müssen.
`AusschnittNr`	Der Ausschnitt, in dem die Einfügemarke erscheinen soll.
	1 oder 2 Der obere Ausschnitt.
	3 oder 4 Der untere Ausschnitt.

AktivierenFormularFeld *Gestattet Änderungen in einem Formularfeld oder unterdrückt sie.*

Gruppe: Formulare   WordBASIC Befehl

Syntax:

`AktivierenFormularFeld TextmarkeFeld$, EditAnAus`

Beschreibung:

Eingaben innerhalb von Formularfeldern lassen sich mit Hilfe dieses Befehls sperren und zu einem späteren Zeitpunkt wieder zulassen.

Parameter:

Name:	Bedeutung
`TextmarkeFeld$`	Bezeichnet die Textmarke, die mit dem Formularfeld verbunden ist.
`EditAnAus`	Bestimmt, ob Eingaben in dem Feld erlaubt sind oder nicht.
	0 Keine Eingaben erlaubt, Feld gesperrt.
	1 Eingaben gestattet.

AlleAnzeigen *Schaltet die Anzeige von Sonderzeichen an oder aus.*

Gruppe: Ansichtsarten   WordBASIC Befehl

Syntax:

`AlleAnzeigen [AnAus]`

Beschreibung:

Dieser Befehl beeinflußt die Anzeige von Sonderzeichen (Tabulatoren, Leerzeichen, Absatzmarken, versteckter Text etc.), die sich manuell mit Hilfe der Registerkarte "Ansicht" innerhalb der Dialogbox des Befehls Optionen aus dem Extras-Menü einstellen läßt. Die Checkbox "Alle" korrespondiert dabei mit diesem Befehl.

Parameter:

Name:	Bedeutung
`AnAus`	Alle Arten von Sonderzeichen innerhalb der verschiedenen Dokumente anzeigen oder unterdrücken. Fehlt dieser Parameter, wird die aktuelle Einstellung von An auf Aus geschaltet und umgekehrt.
	0 Anzeige der Sonderzeichen unterdrücken.
	1 Sonderzeichen anzeigen.

AlleDropDownEinträgeEntfernen
Löscht die Einträge in einem Dropdown-Formularfeld.

Gruppe: Formulare   WordBASIC Befehl

Syntax:
`AlleDropDownEinträgeEntfernen TextmarkeName$`

Beschreibung:
Dieser Befehl bietet Ihnen die Möglichkeit, alle Einträge in einem Dropdown-Formularfeld zu entfernen, so daß es beim nächsten Anklicken dem Anwender leer erscheint.

Parameter:

Name:	Bedeutung
`TextmarkeName$`	Name der Textmarke, die mit dem gwünschten Dropdown-Formularfeld verbunden ist.

AmAnfangDesDokuments()
Zeigt an, ob sich die Einfügemarke am Anfang des Dokuments befindet.

Gruppe: Bewegen der Einfügemarke und Markieren   WordBASIC Funktion

Syntax:
`x = AmAnfangDesDokuments()`

Beschreibung:
Mit Hilfe dieser Funktion läßt sich feststellen, ob sich die Einfügemarke am Anfang des aktuellen Dokuments befindet.

Funktionsergebnis:
Liefert -1, wenn sich die Einfügemarke im aktuellen Fenster am Anfang des Dokuments befindet, sonst 0.

AmEndeDesDokuments()
Zeigt an, ob sich die Einfügemarke am Ende des aktuellen Dokuments befindet.

Gruppe: Bewegen der Einfügemarke und Markieren   WordBASIC Funktion

Syntax:
`x = AmEndeDesDokuments()`

Beschreibung:

Mit Hilfe dieser Funktion läßt sich feststellen, ob sich die Einfügemarke am Ende des Dokuments im aktuellen Fenster befindet.

Funktionsergebnis:

Liefert -1, wenn sich die Einfügemarke im aktuellen Fenster am Ende des Dokuments befindet, sonst 0.

AndererAusschnitt
Positioniert die Einfügemarke im anderen Ausschnitt eines Fensters.

Gruppe: Fenster   WordBASIC Befehl

Syntax:
```
AndererAusschnitt
```

Beschreibung:

Innerhalb des aktuellen Fensters läßt sich mit Hilfe dieses Befehls zwischen den verschiedenen Ausschnitten wechseln. Die Einfügemarke wird dabei wieder an die Position versetzt, die sie beim Verlassen des Ausschnitts inne hatte.

AnmerkungsRefVonMarkierung$()
Liefert das Anmerkungszeichen unter der Einfügemarke.

Gruppe: Fußnoten   WordBASIC Funktion

Syntax:
```
a$ = AnmerkungsRefVonMarkierung$()
```

Beschreibung:

Mit Hilfe dieser Funktion läßt sich ein Anmerkungszeichen ermitteln. Voraussetzung dafür ist, daß sich die Einfügemarke unmittelbar vor dem Anmerkungszeichen innerhalb eines Dokumentfensters oder in einer Anmerkung im Anmerkungsausschnitt befindet. Andernfalls werden die Zeichen "[0]" geliefert.

Funktionsergebnis:

Das Anmerkungszeichen oder "[0]", wenn sich die Einfügemarke nicht vor einem Anmerkungszeichen bzw. auf einer Anmerkung befindet.

Anmerkungen:

Nachdem WinWord das gesamte Anmerkungszeichen als einzelnes Zeichen behandelt, lassen sich Anmerkungszeichen nicht mit Hilfe der Funktion Markierung$() aus dem Text auslesen. Statt dessen muß in jedem Fall AnmerkungsRefVonMarkierung$() zum Einsatz kommen.

AnsichtAnmerkungen
Öffnet oder schließt den Anmerkungsausschnitt.

Gruppe: Fußnoten   WordBASIC Befehl

Syntax:
```
AnsichtAnmerkungen [AnAus]
```

Beschreibung:

Dieser Befehl öffnet oder schließt den Anmerkungsausschnitt im aktuellen Fenster. Er bleibt ohne Wirkung, wenn für das aktuelle Dokument keine Anmerkungen definiert sind.

Parameter:

Name:	*Bedeutung*
AnAus	Bestimmt, ob der Anmerkungsausschnitt geöffnet oder geschlossen werden soll. Fehlt dieser Parameter, wird die Anzeige umgeschaltet, d.h. der Ausschnitt wird geöffnet, wenn er bislang noch nicht angezeigt wurde und geschlossen, wenn er bereits sichtbar ist.
0	Anmerkungsausschnitt schließen.
1	Anmerkungsausschnitt öffnen.

AnsichtAnmerkungen() *Zeigt an, ob der Anmerkungsausschnitt geöffnet oder geschlossen ist.*

Gruppe: Fußnoten   WordBASIC Funktion

Syntax:

x = AnsichtAnmerkungen()

Beschreibung:

Mit Hilfe dieser Funktion läßt sich feststellen, ob der Anmerkungsausschnitt im aktuellen Fenster geöffnet oder geschlossen ist.

Funktionsergebnis:

Die Funktion liefert -1 zurück, wenn der Anmerkungsausschnitt aktuell geöffnet ist, sonst 0.

AnsichtEndnotenBereich   *Öffnet oder schließt den Endnotenausschnitt.*

Gruppe: Fußnoten   WordBASIC Befehl

Syntax:

AnsichtEndnotenBereich [AnAus]

Beschreibung:

In den Ansichtsmodi "Normal" und "Gliederung" öffnet und schließt dieser Befehl den Endnotenausschnitt im aktuellen Fenster. In der Layoutansicht bewegt der Befehl die Einfügemarke in den Endnotenausschnitt oder bewegt sie zurück in den Text. Er darf nur aufgerufen werden, wenn das aktuelle Dokument tatsächlich Endnoten enthält, ansonsten wird ein Fehler ausgelöst.

Parameter:

Name:	*Bedeutung*
AnAus	Bestimmt, ob der Endnotenausschnitt angezeigt oder abgeschaltet werden soll. Fehlt dieser Parameter, wird die Anzeige umgeschaltet, d.h. der Endnotenausschnitt wird zur Anzeige gebracht, wenn er bisher nicht dargestellt wurde und wieder vom Bildschirm entfernt, wenn er bereits zu sehen war.
0	Endnotenausschnitt schließen bzw. Einfügemarke zurück in den Text bewegen.
1	Endnotenausschnitt anzeigen bzw. Einfügemarke in den Endnotenausschnitt versetzen.

AnsichtEndnotenBereich()   *Zeigt an, ob der Endnotenausschnitt sichtbar ist.*

Gruppe: Fußnoten   WordBASIC Funktion

Syntax:
```
x = AnsichtEndnotenBereich()
```

Beschreibung:

Während sich der Endnotenausschnitt über den gleichnamigen Befehl anzeigen oder abschalten läßt, zeigt diese Funktion dem Aufrufer an, ob dieser Ausschnitt derzeit im aktuellen Fenster sichtbar ist oder nicht.

Funktionsergebnis:

Als Ergebnis liefert diese Funktion:

    0   Im aktuellen Fenster wird derzeit kein Endnotenausschnitt dargestellt.
   -1   Der Endnotenausschnitt wird im aktuellen Fenster dargestellt.

AnsichtEndnotenFortsetzungsHinweis   *Öffnet einen Ausschnitt mit dem Endnoten-Fortsetzungshinweis.*

Gruppe: Fußnoten   WordBASIC Befehl

Syntax:
```
AnsichtEndnotenFortsetzungsHinweis
```

Beschreibung:

Dieser Befehl öffnet im aktuellen Fenster einen Ausschnitt, in dem der Endnoten-Fortsetzungshinweis erscheint und sich bearbeiten läßt. Endnoten-Fortsetzungshinweise kommen überall dort zum Einsatz, wo eine Endnote von der vorhergehenden Seite fortgesetzt wird.

Voraussetzung für die Ausführung des Befehls ist allerdings die Existenz von Endnoten im aktuellen Dokument. Sind bislang keine Endnoten definiert, löst der Befehl einen Fehler aus.

AnsichtEndnotenFortsetzungsTrennlinie   *Öffnet einen Ausschnitt mit der Endnoten-Fortsetzungstrennlinie.*

Gruppe: Ansichtsarten   WordBASIC Befehl

Syntax:
```
AnsichtEndnotenFortsetzungsTrennlinie
```

Beschreibung:

Der Aufruf dieses Befehls bringt im aktuellen Fenster einen Ausschnitt zum Vorschein, in dem die Endnoten-Fortsetzungstrennlinie erscheint und bearbeitet werden kann. Sie kommt überall dort zum Einsatz, wo eine Endnote von der vorhergehenden Seite fortgesetzt wird.

Voraussetzung für die Ausführung des Befehls ist allerdings die Existenz von Endnoten im aktuellen Dokument. Sind bislang keine Endnoten definiert, löst der Befehl einen Fehler aus.

AnsichtEndnotenTrennlinie   *Öffnet einen Ausschnitt mit der Endnoten-Trennlinie.*

Gruppe: Fußnoten   WordBASIC Befehl

Syntax:
```
AnsichtEndnotenTrennlinie
```

Beschreibung:

Mit Hilfe dieses Befehls läßt sich im aktuellen Fenster ein Ausschnitt zur Anzeige und Editierung der Endnoten-Trennlinie öffnen. Es handelt sich dabei um die Trennlinie, die zwischen dem Ende eines Dokuments und der ersten Endnote angezeigt wird.

Voraussetzung für die Ausführung des Befehls ist die Existenz von Endnoten im aktuellen Dokument. Sind bislang keine Endnoten definiert, löst der Befehl einen Fehler aus.

AnsichtFeldfunktionen

Schaltet zwischen der Anzeige der Feldfunktionen und Feldergebnisse um.

Gruppe: Felder   WordBASIC Befehl

Syntax:
```
AnsichtFeldfunktionen [AnAus]
```

Beschreibung:

Als Pendant zur Checkbox "Feldfunktionen" auf der Registerkarte "Ansicht" der Dialogbox des Befehls Optionen aus dem Extras-Menü ermöglicht dieser Befehl die programmgesteuerte Umschaltung zwischen der Anzeige der Feldfunktionen und der Feldergebnisse, wobei diese Einstellung für alle Feldfunktionen im aktuellen Dokument gilt.

Parameter:

Name:	Bedeutung
AnAus	Bestimmt, ob in allen Feldern des aktuellen Dokuments die Feldfunktionen oder die Feldergebnisse angezeigt werden sollen. Fehlt dieser Parameter, wird die aktuelle Einstellung umgeschaltet.
	0 Feldergebnisse anzeigen.
	1 Feldfunktionen anzeigen.

AnsichtFeldfunktionen()

Fragt die Anzeige der Feldfunktionen oder Feldergebnisse ab.

Gruppe: Felder   WordBASIC Funktion

Syntax:
```
x = AnsichtFeldfunktionen()
```

Beschreibung:

Mit Hilfe dieser Funktion läßt sich in bezug auf das aktuelle Dokument feststellen, ob derzeit die Feldfunktionen oder die Feldergebnisse zurückgeliefert werden.

Funktionsergebnis:

Als Ergebnis liefert diese Funktion:

0	wenn derzeit die Feldergebnisse angezeigt werden.
-1	wenn derzeit die Feldfunktionen angezeigt werden.

AnsichtFormatierungsleiste

Bringt die Formatierungs-Symbolleiste zur Anzeige oder schaltet die Anzeige ab.

Gruppe: Ansichtsarten   WordBASIC Befehl

Syntax:
```
AnsichtFormatierungsleiste [AnAus]
```

Beschreibung:
Die Anzeige der Formatierungs-Symbolleiste läßt sich mit Hilfe dieses Befehls explizit an- oder abschalten bzw. es läßt sich eine Umschaltung zwischen diesen beiden Modi herbeiführen.

Parameter:

Name:	Bedeutung
AnAus	Gibt an, ob die Formatierungs-Symbolleiste erscheinen soll. Fehlt dieser Parameter, wird zwischen den beiden Modi umgeschaltet. War die Formatierungs-Symbolleiste bislang ausgeblendet, erscheint sie daraufhin, während sie ausgeblendet wird, wenn sie bereits auf dem Bildschirm zu sehen war.
0	Formatierungs-Symbolleiste ausblenden.
-1	Formatierungs-Symbolleiste zur Anzeige bringen.

AnsichtFormatierungsleiste()

Zeigt an, ob die Formatierungs-Symbolleiste derzeit sichtbar ist.

Gruppe: Ansichtsarten   WordBASIC Funktion

Syntax:
```
x = AnsichtFormatierungsleiste()
```

Beschreibung:
Mit Hilfe dieser Funktion läßt sich aus einem WordBasic-Makro heraus feststellen, ob die Formatierungs-Symbolleiste derzeit auf dem Bildschirm erscheint oder ausgeblendet ist.

Funktionsergebnis:
Als Ergebnis liefert diese Funktion:

  0 wenn die Formatierungs-Symbolleiste ausgeblendet ist.
  1 wenn die Formatierungs-Symbolleiste auf dem Bildschirm erscheint.

AnsichtFußnoten

Schaltet den Fußnoten-Ausschnitt an oder aus.

Gruppe: Fußnoten   WordBASIC Befehl

Syntax:
```
AnsichtFußnoten [AnAus]
```

Beschreibung:
Dieser Befehl dient als Pendant zum Befehl Fußnoten aus dem Ansicht-Menü und ermöglicht die Anzeige oder Ausblendung eines Fußnoten-Ausschnitts für das aktuelle Dokumenten-Fenster. Sind für das aktuelle Dokument noch keine Fußnoten definiert, bleibt der Aufruf des Befehls wirkungslos.

Sind Fußnoten definiert, bewirkt der Befehl in den Ansichtsmodi "Normal" und "Gliederung" die Anzeige oder Ausblendung des Fußnoten-Ausschnitts während er in der Layoutansicht die Einfügemarke in den Fußnoten-Ausschnitt verschiebt oder von dort wieder zurück in den Text bewegt.

Parameter:

Name:	Bedeutung
AnAus	Gibt an, ob der Fußnoten-Ausschnitt geöffnet oder geschlossen werden soll. Fehlt dieser Parameter, wird die aktuelle Einstellung umgeschaltet, d.h. dieser Ausschnitt erscheint, wenn er bislang ausgeblendet war und wird wieder entfernt, wenn er bereits dargestellt wurde.
	0 Anzeige des Fußnoten-Ausschnitts abschalten.
	1 Anzeige des Fußnoten-Ausschnitts anschalten.

AnsichtFußnoten()

Fragt die Anzeige des Fußnoten-Ausschnitts ab.

Gruppe: Fußnoten   WordBASIC Funktion

Syntax:

x = AnsichtFußnoten()

Beschreibung:

Mit Hilfe dieser Funktion läßt sich feststellen, ob im aktuellen Dokumenten-Fenster derzeit ein Fußnoten-Ausschnitt erscheint.

Funktionsergebnis:

Als Ergebnis liefert diese Funktion:

    0   wenn der Fußnoten-Ausschnitt geschlossen ist.
   -1   wenn der Fußnoten-Ausschnitt geöffnet ist.

AnsichtFußnotenBereich

Bewegt Einfügemarke zwischen Dokumentbereich und Fußnotenbereich.

Gruppe: Fußnoten   WordBASIC Befehl

Syntax:

AnsichtFußnotenBereich [AnAus]

Beschreibung:

Dieser Befehl hat eine ähnliche Funktion wie der Befehl AnsichtFußnoten, öffnet und schließt jeodch nicht nur den Fußnotenbereich, sondern bewegt gleichzeitig die Einfügemarke zwischen dem Dokumentbereich und dem Fußnotenbereich hin und her. Der Befehl bezieht sich dabei ausdrücklich auf die Normalansicht und bleibt in anderen Ansichtsmodi wirkungslos. Dies gilt auch, wenn das aktuelle Dokument bislang keine Fußnoten aufweist.

Parameter:

Name:	Bedeutung
AnAus	Bestimmt, ob der Fußnotenbereich geöffnet oder geschlossen werden soll. Fehlt dieser Parameter, wird die aktuelle Einstellung umgeschaltet, d.h. der Fußnotenbereich wird geöffnet, wenn er bislang geschlossen war und umgekehrt.
	0 Schließt den Fußnotenbereich und bewegt die Einfügemarke wieder auf die jeweilige Fußnotenreferenz im Dokumentbereich.

1 Öffnet den Fußnotenbereich und bewegt die Einfügemarke auf die passenden Fußnoten, falls sich die Einfügemarke über einer Fußnotenreferenz befindet.

AnsichtFußnotenBereich() — *Fragt die Anzeige des Fußnoten-Ausschnitts ab.*

Gruppe: Fußnoten WordBASIC Funktion

Syntax:

```
x = AnsichtFußnotenBereich()
```

Beschreibung:

Mit Hilfe dieser Funktion läßt sich überprüfen, ob der Fußnoten-Ausschnitt für das aktuelle Dokument derzeit geöffnet oder geschlossen ist.

Funktionsergebnis:

Als Ergebnis liefert diese Funktion:

    0   wenn der Fußnoten-Ausschnitt geschlossen ist.
   -1   wenn der Fußnoten-Ausschnitt geöffnet ist.

AnsichtFußnotenFortsetzungsHinweis — *Öffnet Ausschnitt mit Fußnoten-Fortsetzungshinweis.*

Gruppe: Fußnoten WordBASIC Befehl

Syntax:

```
AnsichtFußnotenFortsetzungsHinweis
```

Beschreibung:

Dieser Befehl öffnet im aktuellen Dokument einen Ausschnitt, in dem der Fußnoten-Fortsetzungshinweis zur Anzeige kommt. Dieser wird benötigt, wenn sich eine Fußnote über die aktuelle Seite hinaus erstreckt.

Voraussetzung für den Aufruf des Befehls ist die Existenz von Fußnoten im aktuellen Dokument. Wurden bislang keine Fußnoten definiert, löst er einen Fehler aus.

AnsichtFußnotenFortsetzungsTrennlinie — *Öffnet Ausschnitt mit Fußnoten-Fortsetzungstrennlinie.*

Gruppe: Fußnoten WordBASIC Befehl

Syntax:

```
AnsichtFußnotenFortsetzungsTrennlinie
```

Beschreibung:

Dieser Befehl bringt einen Ausschnitt zur Anzeige, in der die Fußnoten-Fortsetzungstrennlinie angezeigt wird und vom Anwender bearbeitet werden kann. Innerhalb eines Dokuments erscheint die Fußnoten-Fortsetzungstrennlinie vor einem Fußnotentext, der von einer vorhergehenden Seite fortgeführt wird.

Voraussetzung für den Aufruf des Befehls ist die Existenz von Fußnoten im aktuellen Dokument. Wurden bislang keine Fußnoten definiert, löst er einen Fehler aus.

AnsichtFußnotenTrennlinie
Bringt Ausschnitt mit Fußnoten-Trennlinie zur Anzeige.

Gruppe: Fußnoten　　　　　　　　　　　　　　　　　　　　　　　　WordBASIC Befehl

Syntax:
AnsichtFußnotenTrennlinie

Beschreibung:
Nach dem Aufruf dieses Befehls öffnet WinWord im aktuellen Dokument einen Ausschnitt, in dem die Fußnoten-Trennlinie zur Anzeige kommt und vom Anwender bearbeitet werden kann. Sie erscheint zwischen dem eigentlichen Fließtext und dem Fußnotentext am unteren Rand einer Seite.

Voraussetzung für den Aufruf des Befehls ist die Existenz von Fußnoten im aktuellen Dokument. Wurden bislang keine Fußnoten definiert, löst er einen Fehler aus.

AnsichtFußzeile
Zeigt Fußzeilenbereich mitsamt Kopf-/Fußzeilensymbolleiste an.

Gruppe: Ansichtsarten　　　　　　　　　　　　　　　　　　　　　　　WordBASIC Befehl

Syntax:
AnsichtFußzeile

Beschreibung:
Der Aufruf dieses Befehls zieht eine ganze Reihe von Aktionen nach sich. Zunächst schaltet WinWord die Anzeige in den Layout-Modus um, bewegt die Einfügemarke anschließend in den Fußzeilenbereich und bringt darüber hinaus die Kopf- und Fußzeilen-Symbolleiste zur Anzeige. Befindet sich WinWord bereits in diesem Anzeigemodus, erfolgt der gesamte Vorgang unter umgekehrtem Vorzeichen, d.h. die Kopf- und Fußzeilen-Symbolleiste wird wieder ausgeblendet, die Ansicht wieder in den Normalmodus umgeschaltet und die Einfügemarke wieder über dem Dokumenttext positioniert.

AnsichtFußzeile()
Fragt Anzeige der Fußzeile ab.

Gruppe: Ansichtsarten　　　　　　　　　　　　　　　　　　　　　　　WordBASIC Funktion

Syntax:
x = AnsichtFußzeile()

Beschreibung:
Mit Hilfe dieser Funktion läßt sich feststellen, ob sich die Einfügemarke derzeit im Dokumentenbereich oder innerhalb einer Fußzeile befindet.

Funktionsergebnis:
Als Ergebnis liefert diese Funktion:

　　　　　　　　　　0　　Die Einfügemarke befindet sich im Dokumentbereich.
　　　　　　　　　-1　　Die Einfügemarke befindet sich im Fußzeilenbereich.

AnsichtGliederung
Schaltet das aktuelle Dokument in die Gliederungsansicht um.

Gruppe: Gliederungen und Zentraldokumente　　　　　　　　　　　　WordBASIC Befehl

Syntax:

AnsichtGliederung

Beschreibung:

Mit Hilfe dieses Befehls wird das aktuelle Dokument in die Gliederungsansicht umgeschaltet.

AnsichtGliederung()   *Überprüft, ob derzeit die Gliederungsansicht aktiv ist.*

Gruppe: Gliederungen und Zentraldokumente   WordBASIC Funktion

Syntax:

x = AnsichtGliederung()

Beschreibung:

Mit Hilfe dieser Funktion läßt sich feststellen, ob sich das aktuelle Dokument derzeit in der Gliederungsansicht befindet.

Funktionsergebnis:

Als Ergebnis liefert diese Funktion:

    0   Das aktuelle Dokument befindet sich nicht in der Gliederungsansicht.
   -1   Das aktuelle Dokument befindet sich in der Gliederungsansicht.

AnsichtKonzept   *Schaltet Konzeptansicht an oder aus.*

Gruppe: Ansichtsarten   WordBASIC Befehl

Syntax:

AnsichtKonzept [AnAus]

Beschreibung:

Für das aktuelle Dokument läßt sich mit Hilfe dieses Befehls die Konzeptansicht an- oder ausschalten.

Parameter:

Name:	*Bedeutung*
AnAus	Bestimmt, ob die Konzeptansicht für das aktuelle Dokument an- oder ausgeschaltet werden soll. Fehlt dieser Parameter, wird die aktuelle Einstellung umgeschaltet, d.h. die Konzeptansicht wird angeschaltet, wenn sie bisher nicht aktiv war, oder wieder in die Normalansicht zurückgeschaltet, wenn die Konzeptansicht den aktuellen Ansichtsmodus darstellt.
	0 Konzeptansicht ausschalten.
	1 Konzeptansicht aktivieren.

AnsichtKonzept()   *Überprüft, ob die Konzeptansicht aktiv ist.*

Gruppe: Ansichtsarten   WordBASIC Funktion

Syntax:

x = AnsichtKonzept()

Beschreibung:

Mit Hilfe dieser Funktion läßt sich in bezug auf das aktuelle Dokument feststellen, ob die Konzeptansicht aktiv ist.

Funktionsergebnis:

Als Ergebnis liefert diese Funktion:

    0   Die Konzeptansicht ist nicht aktiv.
   -1   Die Konzeptansicht ist aktiv.

AnsichtKopfFußzeileSchließen *Schließt die Symbolleiste für Kopf- und Fußzeilen.*

Gruppe: Ansichtsarten   WordBASIC Befehl

Syntax:

```
AnsichtKopfFußzeileSchließen
```

Beschreibung:

Dieser Befehl beendet die Ansicht und Editierung von Kopf- und Fußzeilen, indem er die zugehörige Symbolleiste schließt und die Einfügemarke wieder an ihre ursprüngliche Position innerhalb des Dokuments zurückbewegt.

AnsichtKopfzeile *Ermöglicht die Editierung von Kopfzeilen.*

Gruppe: Ansichtsarten   WordBASIC Befehl

Syntax:

```
AnsichtKopfzeile
```

Beschreibung:

Der Aufruf dieses Befehls zieht eine ganze Reihe von Aktionen nach sich. Zunächst schaltet WinWord die Anzeige in den Layout-Modus um, bewegt die Einfügemarke anschließend in den Kopfzeilenbereich und bringt darüber hinaus die Kopf- und Fußzeilen-Symbolleiste zur Anzeige. Befindet sich WinWord bereits in diesem Anzeigemodus, erfolgt der gesamte Vorgang unter umgekehrtem Vorzeichen, d.h. die Kopf- und Fußzeilen-Symbolleiste wird wieder ausgeblendet, die Ansicht wieder in den Normalmodus umgeschaltet und die Einfügemarke wieder über dem Dokumenttext positioniert.

AnsichtKopfzeile() *Überprüft, ob sich die Einfügemarke innerhalb einer Kopfzeile befindet.*

Gruppe: Abschnitts- und Dokumentformatierung   WordBASIC Funktion

Syntax:

```
AnsichtKopfzeile()
```

Beschreibung:

Mit Hilfe dieser Funktion läßt sich feststellen, ob sich die Einfügemarke derzeit innerhalb einer Kopfzeile befindet.

Funktionsergebnis:

Als Ergebnis liefert diese Funktion:

    0   wenn sich die Einfügemarke nicht innerhalb einer Kopfzeile befindet.
   -1   wenn sich die Einfügemarke innerhalb einer Kopfzeile befindet.

AnsichtLayout
Aktiviert die Layoutansicht.

Gruppe: Ansichtsarten   WordBASIC Befehl

Syntax:
```
AnsichtLayout
```

Beschreibung:
Durch den Aufruf dieses Befehls schaltet WinWord das aktuelle Dokument in die Layoutansicht um.

AnsichtLayout()
Stellt fest, ob sich das aktuelle Dokument in der Layoutansicht befindet.

Gruppe: Ansichtsarten   WordBASIC Funktion

Syntax:
```
a$ = AnsichtLayout()
```

Beschreibung:
Mit Hilfe dieser Funktion kann ein Makro überprüfen, ob sich das aktuelle Dokument innerhalb der Layoutansicht befindet.

Funktionsergebnis:
Als Ergebnis liefert diese Funktion:

    0   wenn die Layoutansicht nicht aktiv ist.
   -1   wenn die Layoutansicht aktiv ist.

AnsichtLineal
Schaltet die Anzeige des horizontalen Lineals an oder aus.

Gruppe: Ansichtsarten   WordBASIC Befehl

Syntax:
```
AnsichtLineal [AnAus]
```

Beschreibung:
In der Normalansicht schaltet dieser Befehl die Anzeige des horizontalen Lineals an oder aus. In der Layoutansicht wird darüber hinaus das vertikale Lineal eingeblendet, sofern die Checkbox "Vertikales Lineal" auf der Registerkarte "Ansicht" der Dialogbox des Befehls Optionen aus dem Extras-Menü aktiviert ist.

Parameter:

Name:	Bedeutung
AnAus	Entscheidet, ob das horizontale Lineal ein- oder ausgeblendet werden soll. Fehlt dieser Parameter, wird der aktuelle Status umgeschaltet, d.h. das Lineal wird ausgeblendet, wenn es bislang angezeigt wurde und umgekehrt.
	0 Lineal ausblenden.
	1 Lineal einblenden.

AnsichtLineal()
Überprüft, ob das horizontale Lineal angezeigt wird.

Gruppe: Ansichtsarten   WordBASIC Funktion

Syntax:
```
x = AnsichtLineal()
```

Beschreibung:
Mit Hilfe dieser Funktion läßt sich aus einem Makro heraus feststellen, ob das horizontale Lineal eingeblendet ist.

Funktionsergebnis:
Als Ergebnis liefert diese Funktion:

        0   wenn das Lineal ausgeblendet ist.
       -1   wenn das Lineal sichtbar ist.

AnsichtMenüs()   *Stellt fest, ob vollständige Menüleiste sichtbar ist.*

Gruppe: Umgebung   WordBASIC Funktion

Syntax:
```
x = AnsichtMenüs()
```

Beschreibung:
Sobald alle Dokumente geschlossen sind, schaltet WinWord von der vollständigen Menüleiste auf die "Kurzleiste" um, die lediglich die Basismenüs Datei und Hilfe beinhaltet. Mit Hilfe dieser Funktion läßt sich überprüfen, ob derzeit nur die Kurzleiste angezeigt wird, was auch darauf hinweist, daß keine Dokumente geöffnet sind.

Funktionsergebnis:
Als Ergebnis liefert diese Funktion:

        0   wenn die vollständige Menüleiste erscheint.
       -1   wenn nur die Kurzleiste mit den Menüs Datei und Hilfe angezeigt wird.

AnsichtNormal   *Aktiviert die Normalansicht.*

Gruppe: Ansichtsarten   WordBASIC Befehl

Syntax:
```
AnsichtNormal
```

Beschreibung:
Dieser Befehl schaltet das aktuelle Dokument in die Normalansicht um.

AnsichtNormal()   *Überprüft, ob die Normalansicht aktiv ist.*

Gruppe: Ansichtsarten   WordBASIC Funktion

Syntax:
```
x = AnsichtNormal()
```

Beschreibung:
In bezug auf das aktuelle Dokument läßt sich mit Hilfe dieser Funktion überprüfen, ob derzeit die Normalansicht aktiv ist.

Funktionsergebnis:

Als Ergebnis liefert diese Funktion:

    0   wenn die Normalansicht nicht aktiv ist.
   -1   wenn sich das aktuelle Dokument in der Normalansicht befindet.

AnsichtRahmenSymbolleiste
Rahmen-Symbolleiste anzeigen oder ausblenden.

Gruppe: Rahmenlinien und Positionsrahmen   WordBASIC Befehl

Syntax:

```
AnsichtRahmenSymbolleiste
```

Beschreibung:

Ist die Rahmen-Symbolleiste sichtbar, blendet dieser Befehl sie aus - war sie bislang unsichtbar, wird sie eingeblendet.

AnsichtStatusleiste
Bringt die Statusleiste zur Anzeige oder blendet sie aus.

Gruppe: Ansichtsarten   WordBASIC Befehl

Syntax:

```
AnsichtStatusleiste [AnAus]
```

Beschreibung:

Mit Hilfe dieses Befehls läßt sich die Statusleiste am unteren Rand des WinWord-Fensters zur Anzeige bringen, und auf Wunsch auch wieder vom Bildschirm entfernen.

Parameter:

Name: *Bedeutung*

AnAus   Bestimmt, ob die Statusleiste eingeblendet oder ausgeblendet werden soll. Fehlt dieser Parameter, wird die aktuelle Einstellung von An auf Aus und von Aus auf An umgeschaltet.

        0   Statusleiste ausblenden.
       -1   Statusleiste einblenden.

AnsichtStatusleiste()
Überprüft, ob die Statusleiste sichtbar ist.

Gruppe: Ansichtsarten   WordBASIC Funktion

Syntax:

```
x = AnsichtStatusleiste()
```

Beschreibung:

Mit Hilfe dieser Funktion kann ein Makro feststellen, ob die Statusleiste derzeit am unteren Rand des WinWord-Fensters sichtbar ist.

Funktionsergebnis:

Als Ergebnis liefert diese Funktion:

    0   wenn die Statusleiste nicht sichtbar ist.
   -1   wenn die Statusleiste eingeblendet ist.

AnsichtSymbolleisten

Bringt Symbolleisten zur Anzeige, macht sie unsichtbar, definiert sie oder setzt sie auf ihre Voreinstellung zurück.

Gruppe: Ansichtsarten   WordBASIC Dialogbefehl

Syntax:
```
AnsichtSymbolleisten [.Symbolleiste$] [, .Kontext%]
[, .FarbigeSchaltflächen%] [, .VergrößerteSchaltflächen%] [, .QuickInfo%] <,
.Vorgabe> <, .Löschen> <, .Anzeigen> <, .Ausblenden>
```

Beschreibung:
Dieser Befehl dient als Pendant zum Befehl Symbolleisten aus dem Ansicht-Menü. Mit seiner Hilfe lassen sich die verschiedenen Symbolleisten von Word für Windows zur Anzeige bringen, vom Bildschirm entfernen, auf ihre Vorgabe zurücksetzen und löschen, sofern es sich um eine Benutzerdefinierte Symbolleiste handelt.

Dialogvariablen:

Name:	Bedeutung
`.Symbolleiste$`	Name der Symbolleiste, auf die der Befehl abzielt. Hier muß der gleiche Text genannt werden, der auch in der Dialogbox des Befehls Symbolleisten angezeigt wird, also beispielsweise "Standard" oder "Formatierung".
`.Kontext%`	Bestimmt den Kontext, in dem der Befehlsaufruf Wirkung zeigen soll. 0 Die Dokumentvorlage "Normal". 1 Die aktive Dokumentvorlage.
`.FarbigeSchaltflächen%`	Entscheidet, ob die Schaltflächen der Symbolleiste farbig oder schwarzweiß dargestellt werden. 0 Schwarzweiß. 1 Farbig.
`.VergrößerteSchaltflächen%`	Bestimmt, ob die Schaltflächen vergrößert dargestellt werden sollen. 0 Normale Darstellung. 1 Vergrößerte Darstellung.
`.QuickInfo%`	Bestimmt, ob der Name der Schaltfläche bzw. ihre Funktion unterhalb der Schaltfläche angezeigt wird, sobald der Mauszeiger einen kurzen Augenblick auf der Schaltfläche verharrt. 0 QuickInfo nicht anzeigen. 1 QuickIno anzeigen.

Schaltflächen:

Name:	Aufgabe
`.Vorgabe`	Setzt die angegebene Schaltfläche auf ihre ursprüngliche Konfiguration zurück.
`.Löschen`	Löscht die angegebene Symbolleiste, was allerdings nur in bezug auf benutzerdefinierte Symbolleisten möglich ist.
`.Anzeigen`	Bringt die angegebene Symbolleiste zur Anzeige.
`.Ausblenden`	Blendet die angegebene Symbolleiste aus.

AnsichtZeichnungsSymbolleiste

Bringt die Zeichnungs-Symbolleiste zur Anzeige oder blendet sie aus.

Gruppe: Zeichnen   WordBASIC Befehl

Syntax:
AnsichtZeichnungsSymbolleiste

Beschreibung:
Ist die Zeichnungs-Symbolleiste zum Zeitpunkt des Befehlsaufrufs auf dem Bildschirm sichtbar, blendet dieser Befehl sie aus. Wurde sie bislang jedoch nicht angezeigt, erscheint sie nun auf dem Bildschirm.

AnsichtZentraldokument

Aktiviert den Ansichtsmodus "Zentraldokument".

Gruppe: Gliederungen und Zentraldokumente   WordBASIC Befehl

Syntax:
AnsichtZentraldokument

Beschreibung:
Dieser Befehl schaltet die Darstellung des aktuellen Dokuments in die Zentraldokumentansicht.

AnsichtZentraldokument()

Überprüft, ob die Zentraldokumentansicht aktiv ist.

Gruppe: Gliederungen und Zentraldokumente   WordBASIC Funktion

Syntax:
x = AnsichtZentraldokument()

Beschreibung:
Mit Hilfe dieser Funktion läßt sich feststellen, ob sich das aktuelle Dokument in der Zentraldokumentansicht befindet.

Funktionsergebnis:
Als Ergebnis liefert diese Funktion:

  0   wenn sich das aktuelle Dokument nicht in der Zentraldokumentansicht befindet.
 -1   wenn die Zentraldokumentansicht aktiv ist.

AnsichtZentraldokumentUmschalten

Wechselt zwischen Gliederungs- und Zentraldokumentansicht.

Gruppe: Gliederungen und Zentraldokumente   WordBASIC Befehl

Syntax:
AnsichtZentraldokumentUmschalten

Beschreibung:
Dieser Befehl schaltet die Darstellung des aktuellen Dokuments von der Gliederungsansicht in die Zentraldokumentansicht und umgekehrt. Befindet sich das Dokument zum Zeitpunkt der Befehlsausführung in der Normal-, Layout- oder Seitenansicht, löst der Befehl einen Fehler aus.

AnsichtZoom
Bestimmt die Vergrößerung für das aktuelle Dokument.

Gruppe: Ansichtsarten   WordBASIC Dialogbefehl

Syntax:
```
AnsichtZoom <.OptimaleBreite> <, .ZweiSeiten> <, .GanzeSeite>
[, .AnzSpalten%] [, .AnzTabZeilen%] [, .ZoomProzent$]
```

Beschreibung:
Dieser Befehl dient als Pendant zum Befehl Zoom aus dem Ansicht-Menü. Er bestimmt die Vergrößerung für das aktuelle Dokument und neue Dokumente, die im aktuellen Ansichtsmodus geöffnet werden.

Dialogvariablen:

Name:	Bedeutung
`.AnzSpalten%`	Bestimmt die Anzahl der Matrixspalten, wenn mehrere Seiten in einer Matrix gleichzeitig sichtbar sein sollen. Allerdings darf diese Schaltfläche nur in der Layoutansicht angegeben werden, sonst tritt ein Fehler auf.
`.AnzTabZeilen%`	Bestimmt die Anzahl der Matrixzeilen, wenn mehrere Seiten in einer Matrix gleichzeitig sichtbar sein sollen. Allerdings darf diese Schaltfläche nur in der Layoutansicht angegeben werden, sonst tritt ein Fehler auf.
`.ZoomProzent$`	Bestimmt den Zoom-Prozentsatz. (100 = Standardanzeige).

Schaltflächen:

Name:	Aufgabe
`.OptimaleBreite`	Vergrößerung so einstellen, daß die gesamte Breite eines Dokuments auf dem Bildschirm sichtbar ist.
`.ZweiSeiten`	Stellt die Vergrößerung so ein, daß zwei Seiten gleichzeitig auf dem Bildschirm sichtbar sind. Allerdings darf diese Schaltfläche nur in der Layoutansicht angegeben werden, sonst tritt ein Fehler auf.
`.GanzeSeite`	Stellt die Vergrößerung so ein, daß jeweils eine ganze Seite auf dem Bildschirm erscheint. Allerdings darf diese Schaltfläche nur in der Layoutansicht angegeben werden, sonst tritt ein Fehler auf.

AnsichtZoom100
Stellt Vergrößerung der Anzeige auf 100 Prozent ein.

Gruppe: Ansichtsarten   WordBASIC Befehl

Syntax:
```
AnsichtZoom100
```

Beschreibung:
Dieser Befehl schaltet das aktuelle Dokument in die Normalansicht und stellt die Vergrößerung auf 100 Prozent ein, so daß das Dokument in seiner aktuellen Größe erscheint.

AnsichtZoom200
Stellt Vergrößerung der Anzeige auf 200 Prozent ein.

Gruppe: Ansichtsarten   WordBASIC Befehl

Syntax:
```
AnsichtZoom200
```

Beschreibung:

Dieser Befehl schaltet das aktuelle Dokument in die Normalansicht und stellt die Vergrößerung auf 200 Prozent ein.

AnsichtZoom75

Stellt Vergrößerung der Anzeige auf 75 Prozent ein.

Gruppe: Ansichtsarten WordBASIC Befehl

Syntax:
```
AnsichtZoom75
```

Beschreibung:

Dieser Befehl schaltet das aktuelle Dokument in die Normalansicht und stellt die Vergrößerung auf 75 Prozent ein.

AnsichtZoomGanzeSeite

Stellt Vergrößerung so ein, daß die gesamte Seite auf dem Bildschirm erscheint.

Gruppe: Ansichtsarten WordBASIC Befehl

Syntax:
```
AnsichtZoomGanzeSeite
```

Beschreibung:

Dieser Befehl schaltet das aktuelle Dokument in die Layoutansicht und stellt die Vergrößerung so ein, daß das gesamte Dokument auf dem Bildschirm erscheint.

AnsichtZoomSeitenbreite

Stellt die Vergrößerung so ein, daß das Dokument die gesamte Breite des Dokumentenfensters einnimmt.

Gruppe: Ansichtsarten WordBASIC Befehl

Syntax:
```
AnsichtZoomSeitenbreite
```

Beschreibung:

Dieser Befehl paßt den Vergrößerungsfaktor für das aktuelle Dokument so an, daß seine Darstellung die gesamte Breite des Dokumentenfensters einnimmt.

AnwAktiv()

Überprüft, ob eine andere Anwendung als Word für Windows aktiv ist.

Gruppe: Anwendungssteuerung WordBASIC Funktion

Syntax:
```
x = AnwAktiv(FensterName$)
```

Beschreibung:

Mit Hilfe dieser Funktion läßt sich aus einem Makro heraus überprüfen, ob derzeit eine andere Anwendung den Fokus besitzt und Eingaben vom Anwender entgegennimmt.

Funktionsergebnis:

Als Ergebnis liefert diese Funktion:

    0   wenn die angegebene Anwendung nicht aktiv ist.
    -1   wenn die angegebene Anwendung aktiv ist.

Parameter:

Name:	Bedeutung
`FensterName$`	Bestimmt die Anwendung, dessen Aktivität überprüft werden soll. Hier muß der Name angegeben werden, der auch im Task-Manager für die jeweilige Anwendung aufgeführt wird, allerdings genügen die ersten eindeutigen Zeichen. Anstelle von "Paintbrush - BILD.BMP" genügt beispielsweise schon "Paint", sofern keine andere Anwendung aktiv ist, deren Name mit "Paint" beginnt. Die Groß-/Kleinschreibung spielt dabei übrigens keine Rolle.

AnwAktivieren *Aktiviert eine Anwendung.*

Gruppe: Fenster   WordBASIC Befehl

Syntax:

`AnwAktivieren FensterName$ [, SofortAktivieren]`

Beschreibung:

Dieser Befehl bietet Ihnen die Möglichkeit, den Fokus von WinWord auf eine andere Anwendung übergehen zu lassen, so daß der Anwender darin Eingaben vornehmen kann. Voraussetzung ist allerdings, daß die gewünschte Anwendung zuvor gestartet wurde.

Parameter:

Name:	Bedeutung
`FensterName$`	Bestimmt die Anwendung, auf die der Fokus übergehen soll. Es muß der Name angegeben werden, der auch im Task-Manager für die jeweilige Anwendung aufgeführt wird, allerdings genügen die ersten eindeutigen Zeichen. Anstelle von "Paintbrush - BILD.BMP" genügt beispielsweise schon "Paint", sofern keine andere Anwendung aktiv ist, deren Name mit "Paint" beginnt. Die Groß-/Kleinschreibung spielt dabei grundsätzlich keine Rolle.
`SofortAktivieren`	Entscheidet, ob die angegebene Anwendung sofort aktiviert werden soll. Fehlt dieser Parameter, wird der Defaultwert 0 angenommen.
	0 (Default) Die Anwendung darf nur aktiviert werden, wenn WinWord derzeit aktiv ist, also nicht zum Symbol verkleinert wurde. Ist dies jedoch der Fall, beginnt das WinWord-Icon zu blinken, und der Wechsel zur angegebenen Anwendung erfolgt erst, nachdem der Anwender WinWord wieder auf Fenstergröße eingestellt hat.
	1 Die angegebene Anwendung wird sofort aktiviert, auch wenn WinWord vom Anwender zum Symbol verkleinert wurde.

AnwAnzeigen *Aktiviert eine andere Anwendung.*

Gruppe: Fenster   WordBASIC Befehl

31 • Makroreferenz

Syntax:

AnwAnzeigen [FensterName$]

Beschreibung:

Anwendungen, die zuvor mit Hilfe des Befehles AnwVerbergen unsichtbar gemacht und aus der Liste der aktiven Anwendungen im Task-Manager getilgt wurden, kommen durch den Aufruf dieses Befehls wieder zum Vorschein und werden gleichzeitig aktiviert. Der Fokus geht dadurch auf die angegebene Anwendung über, in der der Anwender nun Eingaben vornehmen kann.

Parameter:

Name:	Bedeutung
FensterName$	Bestimmt die Anwendung, die wieder sichtbar gemacht und den Fokus erhalten soll. Es muß der Name angegeben werden, der vor dem Aufruf von AnwVerbergen auch im Task-Manager für die jeweilige Anwendung aufgeführt wurde.
	Allerdings genügen die ersten eindeutigen Zeichen des Fensternamens. Anstelle von "Paintbrush - BILD.BMP" genügt beispielsweise schon "Paint", sofern keine andere Anwendung aktiv ist, deren Name mit "Paint" beginnt. Die Groß-/Kleinschreibung spielt dabei grundsätzlich keine Rolle.

AnwFensterBreite

Stellt die Breite eines Anwendungsfensters ein.

Gruppe: Fenster   WordBASIC Befehl

Syntax:

AnwFensterBreite [FensterName$], Breite

Beschreibung:

Mit Hilfe dieses Befehls läßt sich die Breite eines beliebigen Anwendungsfensters sowie die Breite des Fensters der aktuellen Instanz von Word für Windows einstellen.

Parameter:

Name:	Bedeutung
FensterName$	Bestimmt die Anwendung, auf die der Befehl einwirken soll. Es muß der Name angegeben werden, der auch im Task-Manager für die jeweilige Anwendung aufgeführt wird. Allerdings genügen die ersten eindeutigen Zeichen des Fensternamens. Anstelle von "Paintbrush - BILD.BMP" genügt beispielsweise schon "Paint", sofern keine andere Anwendung aktiv ist, deren Name mit "Paint" beginnt. Die Groß-/Kleinschreibung spielt dabei grundsätzlich keine Rolle.
	Wird dieser Parameter weggelassen, bezieht sich dieser Befehl auf die aktuelle Instanz von Word für Windows.
Breite	Die gewünschte Breite des Anwendungsfensters in Punkten.

AnwFensterBreite()

Fragt die Breite eines Anwendungsfensters ab.

Gruppe: Fenster   WordBASIC Funktion

Syntax:

x = AnwFensterBreite([FensterName$])

1041

Beschreibung:
Mit Hilfe dieser Funktion können Sie die Breite eines beliebigen Anwendungsfensters, wie auch die Breite des Fensters der aktuellen WinWord-Instanz in Erfahrung bringen.

Funktionsergebnis:
Die Breite des angegebenen Anwendungsfensters in Punkten.

Parameter:

Name:	Bedeutung
`FensterName$`	Bestimmt die Anwendung, deren Fensterbreite ermittelt werden soll. Es muß der Name angegeben werden, der auch im Task-Manager für die jeweilige Anwendung aufgeführt wird. Allerdings genügen die ersten eindeutigen Zeichen des Fensternamens. Anstelle von "Paintbrush - BILD.BMP" genügt beispielsweise schon "Paint", sofern keine andere Anwendung aktiv ist, deren Name mit "Paint" beginnt. Die Groß-/Kleinschreibung spielt dabei grundsätzlich keine Rolle. Wird dieser Parameter weggelassen, wird die Breite des Anwendungsfensters der aktuellen WinWord-Instanz in Erfahrung gebracht.

AnwFensterHöhe

Stellt die Höhe eines Anwendungsfensters ein.

Gruppe: Fenster WordBASIC Befehl

Syntax:
`AnwFensterHöhe [FensterName$], Höhe`

Beschreibung:
Mit Hilfe dieses Befehls läßt sich die Höhe eines beliebigen Anwendungsfensters sowie die Höhe des Fensters der aktuellen Instanz von Word für Windows einstellen.

Parameter:

Name:	Bedeutung
`FensterName$`	Bestimmt die Anwendung, auf die der Befehl einwirken soll. Es muß der Name angegeben werden, der auch im Task-Manager für die jeweilige Anwendung aufgeführt wird. Allerdings genügen die ersten eindeutigen Zeichen des Fensternamens. Anstelle von "Paintbrush - BILD.BMP" genügt beispielsweise schon "Paint", sofern keine andere Anwendung aktiv ist, deren Name mit "Paint" beginnt. Die Groß-/Kleinschreibung spielt dabei grundsätzlich keine Rolle. Wird dieser Parameter weggelassen, bezieht sich dieser Befehl auf die aktuelle Instanz von Word für Windows.
`Höhe`	Die gewünschte Höhe des Anwendungsfensters in Punkten.

AnwFensterHöhe()

Fragt die Höhe eines Anwendungsfensters ab.

Gruppe: Fenster WordBASIC Funktion

Syntax:
`x = AnwFensterHöhe([FensterName$])`

Beschreibung:

Mit Hilfe dieser Funktion können Sie die Höhe eines beliebigen Anwendungsfensters, wie auch die Höhe des Fensters der aktuellen WinWord-Instanz in Erfahrung bringen.

Funktionsergebnis:

Die Höhe des angegebenen Anwendungsfensters in Punkten.

Parameter:

Name:	*Bedeutung*
`FensterName$`	Bestimmt die Anwendung, auf die der Befehl einwirken soll. Es muß der Name angegeben werden, der auch im Task-Manager für die jeweilige Anwendung aufgeführt wird. Allerdings genügen die ersten eindeutigen Zeichen des Fensternamens. Anstelle von "Paintbrush - BILD.BMP" genügt also beispielsweise schon "Paint", sofern keine andere Anwendung aktiv ist, deren Name mit "Paint" beginnt. Die Groß-/Kleinschreibung spielt dabei grundsätzlich keine Rolle. Wird dieser Parameter weggelassen, bezieht sich diese Funktion auf die aktuelle Instanz von Word für Windows.

AnwFensterLinks

Stellt die vertikale Position eines Anwendungsfensters ein.

Gruppe: Fenster   WordBASIC Befehl

Syntax:

`AnwFensterLinks [FensterName$], HorizontalePosition`

Beschreibung:

Mit Hilfe dieses Befehls läßt sich die horizontale Position eines Anwendungsfensters, d.h. der Abstand zwischen dem linken Bildschirmrand und dem linken Rand des Anwendungsfensters einstellen. Das Fenster bzw. das Symbol der Anwendung wird dadurch an die gewünschte Position auf dem Bildschirm verschoben.

Parameter:

Name:	*Bedeutung*
`FensterName$`	Bestimmt die Anwendung, deren vertikale Position eingestellt werden soll. Es muß der Name angegeben werden, der auch im Task-Manager für die jeweilige Anwendung aufgeführt wird. Allerdings genügen die ersten eindeutigen Zeichen des Fensternamens. Anstelle von "Paintbrush - BILD.BMP" genügt also beispielsweise schon "Paint", sofern keine andere Anwendung aktiv ist, deren Name mit "Paint" beginnt. Die Groß-/Kleinschreibung spielt dabei grundsätzlich keine Rolle. Wird dieser Parameter weggelassen, bezieht sich dieser Befehl auf die aktuelle Instanz von Word für Windows.
`HorizontalePosition`	Die gewünschte vertikale Position für den Fensterrahmen der angegebenen Anwendung in Punkten.

AnwFensterLinks()

Fragt die horizontale Position eines Anwendungsfensters ab.

Gruppe: Fenster   WordBASIC Funktion

Syntax:

x = AnwFensterLinks([FensterName$])

Beschreibung:

Mit Hilfe dieser Funktion läßt sich die horizontale Position eines beliebigen Anwendungsfensters, d.h. sein Abstand zum linken Rand des Bildschirms, abfragen.

Funktionsergebnis:

Die Position des linken Fensterrandes der Anwendung, gemessen als Abstand in Punkten vom linken Rand des Bildschirms.

Parameter:

Name:	Bedeutung
FensterName$	Bestimmt die Anwendung, auf die die Funktion einwirken soll. Es muß der Name angegeben werden, der auch im Task-Manager für die jeweilige Anwendung aufgeführt wird. Allerdings genügen die ersten eindeutigen Zeichen des Fensternamens. Anstelle von "Paintbrush - BILD.BMP" genügt also beispielsweise schon "Paint", sofern keine andere Anwendung aktiv ist, deren Name mit "Paint" beginnt. Die Groß-/Kleinschreibung spielt dabei grundsätzlich keine Rolle.
	Wird dieser Parameter weggelassen, bezieht sich diese Funktion auf die aktuelle Instanz von Word für Windows.

AnwFensterOben
Stellt die vertikale Position eines Anwendungsfensters ein.

Gruppe: Fenster   WordBASIC Befehl

Syntax:

AnwFensterOben [FensterName$], VertikalePosition

Beschreibung:

Mit Hilfe dieses Befehls läßt sich die vertikale Position eines Anwendungsfensters, d.h. der Abstand zwischen dem oberen Bildschirmrand und dem oberen Rand des Anwendungsfensters einstellen. Das Fenster bzw. das Symbol der Anwendung wird dadurch an die gewünschte Position auf dem Bildschirm verschoben.

Parameter:

Name:	Bedeutung
FensterName$	Bestimmt die Anwendung, deren vertikale Position eingestellt werden soll. Es muß der Name angegeben werden, der auch im Task-Manager für die jeweilige Anwendung aufgeführt wird. Allerdings genügen die ersten eindeutigen Zeichen des Fensternamens. Anstelle von "Paintbrush - BILD.BMP" genügt also beispielsweise schon "Paint", sofern keine andere Anwendung aktiv ist, deren Name mit "Paint" beginnt. Die Groß-/Kleinschreibung spielt dabei grundsätzlich keine Rolle.
	Wird dieser Parameter weggelassen, bezieht sich dieser Befehl auf die aktuelle Instanz von Word für Windows.
VertikalePosition	Der Abstand zwischen dem oberen Bildschirmrand und dem Rand des Anwendungsfensters in Punkten.

AnwFensterOben()

Fragt die vertikale Position eines Anwendungsfensters ab.

Gruppe: Fenster   WordBASIC Funktion

Syntax:

x = AnwFensterOben([FensterName$])

Beschreibung:

Mit Hilfe dieser Funktion läßt sich die vertikale Position eines beliebigen Anwendungsfensters, d.h. sein Abstand zum oberen Rand des Bildschirms, in Erfahrung bringen.

Funktionsergebnis:

Die Position des oberen Fensterrandes der Anwendung, gemessen als Abstand in Punkten vom oberen Rand des Bildschirms.

Parameter:

Name:	*Bedeutung*
FensterName$	Bestimmt die Anwendung, auf die der Befehl einwirken soll. Es muß der Name angegeben werden, der auch im Task-Manager für die jeweilige Anwendung aufgeführt wird. Allerdings genügen die ersten eindeutigen Zeichen des Fensternamens. Anstelle von "Paintbrush - BILD.BMP" genügt also beispielsweise schon "Paint", sofern keine andere Anwendung aktiv ist, deren Name mit "Paint" beginnt. Die Groß-/Kleinschreibung spielt dabei grundsätzlich keine Rolle.
	Wird dieser Parameter weggelassen, bezieht sich diese Funktion auf die aktuelle Instanz von Word für Windows.

AnwGrößeÄndern

Stellt die Größe eines Anwendungsfensters ein.

Gruppe: Fenster   WordBASIC Befehl

Syntax:

AnwGrößeÄndern [FensterName$], Breite, Höhe

Beschreibung:

Während die Befehle AnwFensterHöhe und AnwFensterBreite jeweils getrennt auf die Höhe und Breite eines Fensters einwirken, läßt sich mit Hilfe dieses Befehls die Höhe und Breite eines beliebigen Anwendungsfensters gleichzeitig einstellen.

Parameter:

Name:	*Bedeutung*
FensterName$	Bestimmt die Anwendung, deren Höhe und Breite eingestellt werden soll. Es muß der Name angegeben werden, der auch im Task-Manager für die jeweilige Anwendung aufgeführt wird. Allerdings genügen die ersten eindeutigen Zeichen des Fensternamens. Anstelle von "Paintbrush - BILD.BMP" genügt also beispielsweise schon "Paint", sofern keine andere Anwendung aktiv ist, deren Name mit "Paint" beginnt. Die Groß-/Kleinschreibung spielt dabei grundsätzlich keine Rolle.
	Wird dieser Parameter weggelassen, bezieht sich dieser Befehl auf die aktuelle Instanz von Word für Windows.

Das Word für Windows Buch

Breite   Die gewünschte Breite in Punkten.
Höhe   Die gewünschte Höhe in Punkten.

AnwInfo$()   *Liefert Informationen über die Ausführungsumgebung von Word für Windows.*

Gruppe: Umgebung   WordBASIC Funktion

Syntax:
```
a$ = AnwInfo$(CodeNr)
```

Beschreibung:
Analog zur Funktion AbrufenSysteminfo$() lassen sich mit Hilfe dieser Funktion zahlreiche Informationen über die aktuelle Ausführungsumgebung von Word für Windows abrufen.

Funktionsergebnis:
Ein String gemäß der für den Parameter CodeNr angegebenen Code-Nummer.

Parameter:

Name: *Bedeutung*

CodeNr   Ein numerischer Code, der die Art der Information bestimmt, die als Funktionsergebnis zurückgeliefert werden soll. Je nach Code lautet das Funktionsergebnis:

      1   Die Ausführungsumgebung ("Windows 3.1", "Windows/ NT" etc.).
      2   Die Versionsnummer von Word für Windows ("6.0").
    13   "-1", wenn sich WinWord nicht im normalen Texteingabemodus, sondern in einem speziellen Bearbeitungsmodus befindet, etwa beim Kopieren und Verschieben von Text.
    14   Die Entfernung des linken Randes des WinWord-Fensters zum linken Bildschirmrand in Punkten. Befindet sich WinWord in der Vollbilddarstellung, wird ein negativer Wert zurückgeliefert, weil der Fensterrand außerhalb des sichtbaren Bildschirmbereichs liegt.
    15   Die Entfernung des oberen Randes des WinWord-Fensters zum oberen Bildschirmrand in Punkten. Befindet sich WinWord in der Vollbilddarstellung, wird ein negativer Wert zurückgeliefert, weil der Fensterrand außerhalb des sichtbaren Bildschirmbereichs liegt.
    16   Die Breite des Arbeitsbereichs in Punkten.
    17   Die Höhe des Arbeitsbereichs in Punkten.
    18   "-1", wenn WinWord in der Vollbilddarstellung erscheint.
    19   Die Größe des gesamten konventionellen Speichers in KB.
    10   Die Größe des freien konventionellen Speichers in KB.
    11   Die Gesamtgröße des EMS-Speichers in KB.
    12   Die Größe des freien EMS-Speichers in KB.
    13   "-1", wenn ein numerischer Coprozessor installiert ist.
    14   "-1", wenn eine Maus installiert ist.
    15   Umfang des freien Speicherplatzes auf dem aktuellen Laufwerk in KB.
    16   Namen der Landessprache, für die die aktuelle Instanz von Word für Windows ausgelegt ist.
    17   Die Einstellung für das Listentrennzeichen, das innerhalb der Windows-Konfigurationsdatei WIN.INI im Abschnitt [intl] unter "sList=" definiert ist.
    18   Die Einstellung für das Dezimalzeichen, das innerhalb der Windows-Konfigurationsdatei WIN.INI im Abschnitt [intl] unter "sDecimal=" definiert ist.

19 Die Einstellung für das Tausender-Trennzeichen, das innerhalb der Windows-Konfigurationsdatei WIN.INI im Abschnitt [intl] unter "sThousand=" definiert ist.
20 Die Einstellung für das Währungssymbol, das innerhalb der Windows-Konfigurationsdatei WIN.INI im Abschnitt [intl] unter "sCurrency=" definiert ist.
21 Die Einstellung für das Format der Uhrzeit, das innerhalb der Windows-Konfigurationsdatei WIN.INI im Abschnitt [intl] unter "iTime=" definiert ist.
22 Der Text für das englischsprachige Uhrzeitformat "A.M.", sofern dies innerhalb der Windows-Konfigurationsdatei WIN.INI im Abschnitt [intl] unter "s1159=" definiert ist.
23 Der Text für das englischsprachige Uhrzeitformat "P.M.", sofern dies innerhalb der Windows-Konfigurationsdatei WIN.INI im Abschnitt [intl] unter "s2359=" definiert ist.
24 Die Einstellung für das Uhrzeit-Trennzeichen, das innerhalb der Windows-Konfigurationsdatei WIN.INI im Abschnitt [intl] unter "sTime=" definiert ist.
25 Die Einstellung für das Datum-Trennzeichen, das innerhalb der Windows-Konfigurationsdatei WIN.INI im Abschnitt [intl] unter "sDate=" definiert ist.

AnwMaximieren

Stellt das Fenster einer Anwendung auf Vollbild ein oder reaktiviert die ursprüngliche Größe.

Gruppe: Fenster   WordBASIC Befehl

Syntax:

```
AnwMaximieren [FensterName$] [, Status]
```

Beschreibung:

Mit Hilfe dieses Befehls läßt sich das Fenster einer Anwendung in die Vollbilddarstellung oder seine ursprüngliche Größe zurückversetzen.

Parameter:

Name:	Bedeutung
FensterName$	Bestimmt die Anwendung, auf die der Befehl einwirken soll. Es muß der Name angegeben werden, der auch im Task-Manager für die jeweilige Anwendung aufgeführt wird. Allerdings genügen die ersten eindeutigen Zeichen des Fensternamens. Anstelle von "Paintbrush - BILD.BMP" genügt also beispielsweise schon "Paint", sofern keine andere Anwendung aktiv ist, deren Name mit "Paint" beginnt. Die Groß-/Kleinschreibung spielt dabei grundsätzlich keine Rolle. Fehlt dieser Parameter, bezieht sich dieser Befehl auf die aktuelle Instanz von Word für Windows.
Status	Bestimmt, ob das Anwendungsfenster in die Vollbilddarstellung versetzt oder wieder die ursprüngliche Größe hergestellt werden soll. Fehlt dieser Parameter, wird die aktuelle Einstellung umgeschaltet, d.h. ein Fenster in Vollbilddarstellung wird wieder in die ursprüngliche Größe zurückversetzt und umgekehrt. 0 Wieder die ursprüngliche Fenstergröße einstellen. 1 Fenster auf Vollbild umschalten.

AnwMaximieren() *Überprüft, ob sich ein Anwendungsfenster in der Vollbilddarstellug befindet.*

Gruppe: Fenster WordBASIC Funktion

Syntax:

x = AnwMaximieren([FensterName$])

Beschreibung:

Mit Hilfe dieser Funktion läßt sich aus einem Makro heraus feststellen, ob sich ein Fenster in der Vollbilddarstellung befindet.

Funktionsergebnis:

Als Ergebnis liefert diese Funktion:

    0   wenn das angegebene Anwendungsfenster nicht in der Vollbilddarstellung erscheint.
   -1   wenn das angegebene Anwendungsfenster als Vollbild erscheint.

Parameter:

Name: *Bedeutung*

FensterName$ Bestimmt die Anwendung, auf die die Funktion einwirken soll. Es muß der Name angegeben werden, der auch im Task-Manager für die jeweilige Anwendung aufgeführt wird. Allerdings genügen die ersten eindeutigen Zeichen des Fensternamens. Anstelle von "Paintbrush - BILD.BMP" genügt also beispielsweise schon "Paint", sofern keine andere Anwendung aktiv ist, deren Name mit "Paint" beginnt. Die Groß-/Kleinschreibung spielt dabei grundsätzlich keine Rolle.

Wird dieser Parameter weggelassen, bezieht sich diese Funktion auf die aktuelle Instanz von Word für Windows.

AnwMinimieren *Verkleinert ein Anwendungsfenster auf Symbolgröße.*

Gruppe: Fenster WordBASIC Befehl

Syntax:

AnwMinimieren [FensterName$] [, Status]

Beschreibung:

Mit Hilfe dieses Befehls kann die Darstellung eines Anwendungsfensters zwischen der Symbolgröße und seiner ursprünglichen Größe umgeschaltet werden.

Parameter:

Name: *Bedeutung*

FensterName$ Bestimmt die Anwendung, auf die der Befehl einwirken soll. Es muß der Name angegeben werden, der auch im Task-Manager für die jeweilige Anwendung aufgeführt wird. Allerdings genügen die ersten eindeutigen Zeichen des Fensternamens. Anstelle von "Paintbrush - BILD.BMP" genügt also beispielsweise schon "Paint", sofern keine andere Anwendung aktiv ist, deren Name mit "Paint" beginnt. Die Groß-/Kleinschreibung spielt dabei grundsätzlich keine Rolle.

	Wird dieser Parameter weggelassen, bezieht sich dieser Befehl auf die aktuelle Instanz von Word für Windows.
Status	Bestimmt, ob das angegebene Anwendungsfenster auf die Symbolgröße verkleinert oder wieder in seiner ursprünglichen Größe erscheinen soll. Fehlt dieser Parameter, wird in Abhängigkeit der aktuellen Darstellung zwischen diesen beiden Modi umgeschaltet. Ein Fenster, das bislang in Symbolgröße erschien, wird also wieder in seiner ursprünglichen Größe dargestellt und umgekehrt.
0	Ursprüngliche Größe des Anwendungsfensters wieder einstellen.
1	Anwendungsfenster auf Symbolgröße verkleinern.

AnwMinimieren()   *Überprüft, ob ein Anwendungsfenster als Symbol dargestellt wird.*

Gruppe: Fenster   WordBASIC Funktion

Syntax:

```
x = AnwMinimieren([FensterName$])
```

Beschreibung:

Mit Hilfe dieser Funktion kann ein Makro in Erfahrung bringen, ob ein bestimmtes Anwendungsfenster derzeit als Symbol dargestellt wird.

Funktionsergebnis:

Als Ergebnis liefert diese Funktion:

0	wenn das angegebene Anwendungsfenster nicht als Symbol dargestellt wird.
-1	wenn das angegebene Anwendungsfenster als Symbol erscheint.

Parameter:

Name:	*Bedeutung*
FensterName$	Bestimmt die Anwendung, auf die die Funktion einwirken soll. Es muß der Name angegeben werden, der auch im Task-Manager für die jeweilige Anwendung aufgeführt wird. Allerdings genügen die ersten eindeutigen Zeichen des Fensternamens. Anstelle von "Paintbrush - BILD.BMP" genügt also beispielsweise schon "Paint", sofern keine andere Anwendung aktiv ist, deren Name mit "Paint" beginnt. Die Groß-/Kleinschreibung spielt dabei grundsätzlich keine Rolle.
	Wird dieser Parameter weggelassen, bezieht sich diese Funktion auf die aktuelle Instanz von Word für Windows.

AnwNachrichtSenden   *Sendet eine Windows-Nachricht an ein Anwendungsfenster.*

Gruppe: Anwendungssteuerung   WordBASIC Befehl

Syntax:

```
AnwNachrichtSenden [FensterName$], Nachricht, Wparam, Lparam
```

Beschreibung:

Dieser Befehl bietet Ihnen die Möglichkeit, in das Herz der Kommunikation zwischen dem Windows-Kern und Windows-Anwendungen einzugreifen und eine Windows-Nachricht an die Message-Procedure eines Anwendungsfensters zu senden. Voraussetzung für den Einsatz dieses Befehls bildet dabei ein grundlegendes Verständnis der internen Abläufe innerhalb des Windows-Systems und Erfahrung in der Programmierung mit dem Windows-API.

Parameter:

Name:	Bedeutung
`FensterName$`	Bestimmt die Anwendung, an die die Nachricht gesandt werden soll. Es muß der Name angegeben werden, der auch im Task-Manager für die jeweilige Anwendung aufgeführt wird. Allerdings genügen die ersten eindeutigen Zeichen des Fensternamens. Anstelle von "Paintbrush - BILD.BMP" genügt also beispielsweise schon "Paint", sofern keine andere Anwendung aktiv ist, deren Name mit "Paint" beginnt. Die Groß-/Kleinschreibung spielt dabei grundsätzlich keine Rolle. Wird dieser Parameter weggelassen, bezieht sich dieser Befehl auf die aktuelle Instanz von Word für Windows.
`Nachricht`	Numerischer Code der zu sendenden Windows-Nachricht.
`Wparam`	Word-Parameter als Teil der Windows-Nachricht.
`Lparam`	Long-Parameter als Teil der Windows-Nachricht.

AnwNamenHolen
Liefert die Namen der laufenden Windows-Anwendungen.

Gruppe: Fenster   WordBASIC Befehl

Syntax:
```
AnwNamenHolen StringArray$()
```

Beschreibung:
Mit Hilfe dieses Befehls können Sie die Namen der aktuell ausgeführten Windows-Anwendungen in Erfahrung bringen. Besser ist für diesen Zweck jedoch die gleichnamige Funktion geeignet, nachdem sie dem Aufrufer auch die Anzahl der Anwendungen zurückliefert.

Parameter:

Name:	Bedeutung
`StringArray$()`	In dieses String-Array trägt der Befehl die Namen der aktuell ausgeführten Anwendungen ein, wobei auch die Anwendungen mit einbezogen werden, die nicht innerhalb der Task-Liste des Programm-Managers erscheinen. Ist das Array nicht groß genug, um alle Namen aufzunehmen, wird kein Fehler erzeugt, sondern das Füllen des Arrays automatisch mit dem letzten Array-Eintrag beendet.

AnwSchließen
Schließt eine laufende Windows-Anwendung.

Gruppe: Fenster   WordBASIC Befehl

Syntax:
```
AnwSchließen [FensterName$]
```

Beschreibung:
Dieser Befehl bietet Ihnen die Möglichkeit, eine laufende Windows-Anwendung aus einem Makro heraus zu beenden.

Parameter:

Name:	*Bedeutung*
FensterName$	Bestimmt die Anwendung, die beendet werden soll. Es muß der Name angegeben werden, der auch im Task-Manager für die jeweilige Anwendung aufgeführt wird. Allerdings genügen die ersten eindeutigen Zeichen des Fensternamens. Anstelle von "Paintbrush - BILD.BMP" genügt also beispielsweise schon "Paint", sofern keine andere Anwendung aktiv ist, deren Name mit "Paint" beginnt. Die Groß-/Kleinschreibung spielt dabei grundsätzlich keine Rolle.
	Wird dieser Parameter weggelassen, bezieht sich dieser Befehl auf die aktuelle Instanz von Word für Windows.

AnwVerbergen
Läßt eine Anwendung unsichtbar werden.

Gruppe: Fenster   WordBASIC Befehl

Syntax:

```
AnwVerbergen [FensterName$]
```

Beschreibung:

Aufgabe dieses Befehls ist es, eine Anwendung vom Bildschirm zu entfernen und gleichzeitig aus der Task-Liste des Programm-Managers zu tilgen, so daß sie für den Anwender nicht mehr existent scheint.

Parameter:

Name:	*Bedeutung*
FensterName$	Bestimmt die Anwendung, die unsichtbar gemacht werden soll. Es muß der Name angegeben werden, der auch im Task-Manager für die jeweilige Anwendung aufgeführt wird. Allerdings genügen die ersten eindeutigen Zeichen des Fensternamens. Anstelle von "Paintbrush - BILD.BMP" genügt also beispielsweise schon "Paint", sofern keine andere Anwendung aktiv ist, deren Name mit "Paint" beginnt. Die Groß-/Kleinschreibung spielt dabei grundsätzlich keine Rolle.
	Wird dieser Parameter weggelassen, bezieht sich dieser Befehl auf die aktuelle Instanz von Word für Windows.

AnwVerschieben
Verschiebt ein Anwendungsfenster an eine bestimmte Bildschirmposition.

Gruppe: Fenster   WordBASIC Befehl

Syntax:

```
AnwVerschieben [FensterName$], HorizontalePosition, VertikalePosition
```

Beschreibung:

Mit Hilfe dieses Befehls läßt sich das Fenster der aktuellen WinWord-Instanz, aber auch jedes andere Fenster einer laufenden Windows-Anwendung, an eine beliebige Bildschirmposition verschieben. Voraussetzung ist allerdings, daß die jeweilige Anwendung als normales Fenster oder Symbol, nicht jedoch als Vollbild dargestellt wird. Sonst löst der Aufruf dieses Befehls einen Fehler aus.

Parameter:

Name:	Bedeutung
`FensterName$`	Bestimmt die Anwendung, deren Fenster verschoben werden soll. Es muß der Name angegeben werden, der auch im Task-Manager für die jeweilige Anwendung aufgeführt wird. Allerdings genügen die ersten eindeutigen Zeichen des Fensternamens. Anstelle von "Paintbrush - BILD.BMP" genügt also beispielsweise schon "Paint", sofern keine andere Anwendung aktiv ist, deren Name mit "Paint" beginnt. Die Groß-/Kleinschreibung spielt dabei grundsätzlich keine Rolle.
	Wird dieser Parameter weggelassen, bezieht sich dieser Befehl auf die aktuelle Instanz von Word für Windows.
`HorizontalePosition`	Abstand des linken Fensterrandes vom linken Bildschirmrand in Punkten. Negative Werte verschieben das Fenster über den linken Bildschirmrand hinaus.
`VertikalePosition`	Abstand des oberen Fensterrandes vom oberen Bildschirmrand in Punkten. Negative Werte verschieben das Fenster über den oberen Bildschirmrand hinaus.

AnwWiederherstellen

Stellt ein Anwendungsfenster wieder in seiner ursprünglichen Größe her.

Gruppe: Fenster   WordBASIC Befehl

Syntax:
```
AnwWiederherstellen [FensterName$]
```

Beschreibung:
Nachdem ein Anwendungsfenster zum Symbol verkleinert oder in die Vollbildansicht geschaltet wurde, läßt es sich mit Hilfe dieses Befehls wieder auf seine ursprüngliche Größe einstellen. Befindet sich das angegebene Anwendungsfenster zum Zeitpunkt des Befehlsaufrufs nicht in einem der genannten Darstellungsmodi, bleibt der Aufruf dieses Befehls wirkungslos.

Parameter:

Name:	Bedeutung
`FensterName$`	Bestimmt die Anwendung, die wieder in ihrer ursprünglichen Größe erscheinen soll. Es muß der Name angegeben werden, der auch im Task-Manager für die jeweilige Anwendung aufgeführt wird. Allerdings genügen die ersten eindeutigen Zeichen des Fensternamens. Anstelle von "Paintbrush - BILD.BMP" genügt also beispielsweise schon "Paint", sofern keine andere Anwendung aktiv ist, deren Name mit "Paint" beginnt. Die Groß-/Kleinschreibung spielt dabei grundsätzlich keine Rolle.
	Wird dieser Parameter weggelassen, bezieht sich dieser Befehl auf die aktuelle Instanz von Word für Windows.

AnwWiederherstellen()

Stellt Anwendungsfenster wieder in seiner ursprünglichen Größe her und liefert Erfolgskontrolle.

Gruppe: Fenster   WordBASIC Funktion

Syntax:

x = AnwWiederherstellen([FensterName$])

Beschreibung:

Analog zu dem gleichnamigen Befehl läßt sich ein Anwendungsfenster mit Hilfe dieser Funktion wieder auf seine ursprüngliche Größe einstellen, nachdem es zuvor zum Symbol verkleinert oder in die Vollbilddarstellung geschaltet wurde. Befindet sich das angegebene Anwendungsfenster zum Zeitpunkt des Befehlsaufrufs nicht in einem der genannten Darstellungsmodi, bleibt der Aufruf dieser Funktion wirkungslos, was sie im Gegensatz zum Befehl AnwWiederherstellen über das Funktionsergebnis anzeigt.

Funktionsergebnis:

Als Ergebnis liefert diese Funktion:

- 0 wenn die ursprüngliche Größe des Anwendungsfensters nicht wieder eingestellt wurde, nachdem sich das Fenster bereits wieder in dieser Darstellung befand.
- -1 wenn das Fenster wieder in seiner ursprünglichen Größe hergestellt werden konnte.

Parameter:

Name:	*Bedeutung*
FensterName$	Bestimmt das Anwendungsfenster, das wieder in seiner ursprünglichen Größe erscheinen soll. Es muß der Name angegeben werden, der auch im Task-Manager für die jeweilige Anwendung aufgeführt wird. Allerdings genügen die ersten eindeutigen Zeichen des Fensternamens. Anstelle von "Paintbrush - BILD.BMP" genügt also beispielsweise schon "Paint", sofern keine andere Anwendung aktiv ist, deren Name mit "Paint" beginnt. Die Groß-/Kleinschreibung spielt dabei grundsätzlich keine Rolle.

Wird dieser Parameter weggelassen, bezieht sich diese Funktion auf die aktuelle Instanz von Word für Windows.

AnwZählen()   *Liefert die Anzahl der geöffneten Anwendungen.*

Gruppe: Fenster   WordBASIC Funktion

Syntax:

x = AnwZählen()

Beschreibung:

Mit Hilfe dieser Funktion läßt sich die Anzahl der aktuell ausgeführten Anwendungen ermitteln, wobei auch die Anwendungen mitgezählt werden, die versteckt sind und daher nicht in der Task-Liste des Programm-Managers aufgeführt werden.

Funktionsergebnis:

Die Anzahl der aktuell ausgeführten Anwendungen inklusive derer, die versteckt sind.

AnzeigeAktualisieren   *Schaltet die Bildschirmaktualisierung während der Makroausführung an oder aus.*

Gruppe: Umgebung   WordBASIC Befehl

Syntax:
```
AnzeigeAktualisieren [AnAus]
```

Beschreibung:
Wenn Sie im Rahmen eines Makros umfangreiche Arbeiten an einem Dokument vornehmen und diese dem Anwender nicht zur Anzeige bringen möchten, können Sie sich dieses Befehls bedienen, um die Bildschirmanzeige während der Makroausführung zu unterbinden. Dies beschleunigt darüber hinaus die Ausführung des Makros.

Nicht betroffen davon sind Ausgaben in der Statuszeile sowie Dialogboxen, die mit Hilfe der entsprechenden Befehle auf den Bildschirm gebracht werden.

Parameter:

Name:	Bedeutung
AnAus	Bestimmt, ob eine Aktualisierung des Bildschirminhalts erfolgen soll. Fehlt dieser Parameter, wird die Aktualisierung von An auf Aus bzw. von Aus auf An geschaltet.
0	Bildschirmaktualisierung abschalten.
1	Bildschirmaktualisierung einschalten.

AnzeigeAktualisieren() *Liefert den aktuellen Status der Bildschirmaktualisierung.*

Gruppe: Umgebung   WordBASIC Funktion

Syntax:
```
x = AnzeigeAktualisieren()
```

Beschreibung:
Mit Hilfe dieser Funktion können Sie feststellen, ob die Bildschirmaktualisierung derzeit an- oder ausgeschaltet ist.

Funktionsergebnis:
Als Ergebnis liefert diese Funktion:

0	Die Bildschirmaktualisierung ist ausgeschaltet.
-1	Die Bildschirmaktualisierung ist angeschaltet.

AnzeigeAktualisierung *Aktualisiert den Bildschirmaufbau.*

Gruppe: Umgebung   WordBASIC Befehl

Syntax:
```
AnzeigeAktualisierung
```

Beschreibung:
Nachdem Sie die Aktualisierung des Bildschirmaufbaus im Rahmen der Makroausführung mit Hilfe des Befehls AnzeigeAktualisieren unterdrückt haben, können Sie mit Hilfe dieses Befehls explizit eine Aktualisierung des Bildschirms herbeiführen, ohne daß die Bildschirmaktualisierung jedoch generell wieder angeschaltet wird.

Asc()

Liefert den ANSI-Code eines Zeichens.

Gruppe: BASIC-Befehle und -Funktionen　　　　　　　　　　　　BASIC Funktion

Syntax:
x = Asc(a$)

Beschreibung:
Mit Hilfe dieser Funktion läßt sich der ANSI-Code des ersten Zeichens eines Strings ermitteln.

Funktionsergebnis:
Der ANSI-Code des ersten Zeichens aus dem String.

Parameter:

Name:	Bedeutung
a$	Der String, dessen erstes Zeichen als ANSI-Code zurückgeliefert werden soll. Die weiteren Zeichen bleiben unberücksichtigt.

AttributAbrufen()

Liefert die Attribute einer Datei.

Gruppe: Dokumente, Dokumentvorlagen und Add-Ins　　　　　　　WordBASIC Funktion

Syntax:
x = AttributAbrufen(Dateiname$)

Beschreibung:
Mit Hilfe dieser Funktion lassen sich die Attribute einer Datei, wie beispielsweise "Schreibgeschützt", "Versteckt" etc., ermitteln.

Funktionsergebnis:
Als Funktionsergebnis wird die Summe verschiedener Flags zurückgeliefert, die jedes für sich ein bestimmtes Dateiattribut markieren. Lautet das Funktionsergebnis 0, ist keines der Flags gesetzt. Die Wertigkeiten dieser Flags lauten:

1	Das Attribut "Schreibgeschützt" ist gesetzt. Die Datei kann nur ausgelesen, aber nicht beschrieben werden.
2	Das Attribut "Versteckt" ist gesetzt. Die Datei ist bei der Anzeige mit dem DIR-Befehl nicht sichtbar.
4	Das Attribut "System" ist gesetzt. Es handelt sich um eine System-Datei.
32	Das Attribut "Archiv" ist gesetzt. Die Datei wurde nach der letzten Sicherung noch nicht modifiziert.

Parameter:

Name:	Bedeutung
Dateiname$	Name und Pfad der Datei. Fehlt die Pfadangabe, wird die Datei im aktuellen Verzeichnis gesucht.

AttributBestimmen

Bestimmt die Attribute einer Datei.

Gruppe: Dokumente, Dokumentvorlagen und Add-Ins　　　　　　　WordBASIC Befehl

Syntax:
AttributBestimmen Dateiname$, Attribute

Beschreibung:
Durch den Aufruf dieses Befehls werden die Dateiattribute einer Datei gesetzt. Wichtig ist, daß die Datei zum Zeitpunkt des Befehlsaufrufs geschlossen ist, es sich also beispielsweise nicht um ein geöffnetes Win-Word-Dokument handelt.

Parameter:

Name:	Bedeutung
`Dateiname$`	Name und Pfad der Datei. Fehlt die Pfadangabe, wird die Datei im aktuellen Verzeichnis gesucht.
`Attribute`	Die zu setzenden oder löschenden Dateiattribute als Summe verschiedener Flags, die jedes für sich ein bestimmtes Dateiattribut markieren. Die Attribute, deren Flags in dieser Summe nicht gesetzt sind, werden ausgeblendet, die Attribute, deren Flags gesetzt sind, werden gesetzt. Sofern Sie nicht explizit alle Dateiattribute verändern möchten, empfiehlt es sich daher, zunächst das aktuelle Dateiattribut mit Hilfe der Funktion AttributAbrufen() zu ermitteln, um in dem zurückgelieferten Flag dann explizit die Flags der gewünschten Attribute zu setzen oder zu löschen. Das Resultat dieser Operation kann anschließend im Rahmen des Attribute-Bestimmen-Befehls für den Parameter Attribute angegeben werden.

Die Wertigkeiten der einzelnen Flags lauten:

  1   Das Schreibgeschützt- (Read Only)-Attribut.
  2   Das Versteckt-Attribut.
  4   Das System-Attribut.
  32   Das Archiv-Attribut.

AufzählungNumerierungEntfernen *Entfernt Aufzählungs- und Numerierungszeichen.*

Gruppe: Aufzählungen und Numerierung   WordBASIC Befehl

Syntax:
AufzählungNumerierungEntfernen

Beschreibung:
Aufgabe dieses Befehls ist es, in den markierten Absätzen die Aufzählungs- und Numerierungszeichen wieder zu entfernen, die zuvor durch den Befehl Numerierung und Aufzählungen aus dem Format-Menü angelegt wurden. Sein Aufruf entspricht damit der Betätigung der Schaltfläche "Entfernen" innerhalb der Dialogbox des Befehls Numerierung und Aufzählungen.

AusführenDruckManager *Ruft den Druck-Manager von Windows auf.*

Gruppe: Anwendungssteuerung   WordBASIC Befehl

Syntax:
AusführenDruckManager

Beschreibung:

Dieser Befehl ruft den Druck-Manager von Windows auf bzw. aktiviert dessen Fenster, falls er bereits gestartet wurde.

AusschnittSchließen
Schließt einen Fensterausschnitt.

Gruppe: Fenster WordBASIC Befehl

Syntax:

AusschnittSchließen

Beschreibung:

Der Aufruf dieses Befehls schließt einen Ausschnitt im aktuellen Dokumentenfenster, wobei es sich um einen geteilten Fensterausschnitt, einen Fußnotenausschnitt etc. handeln kann. Die Einfügemarke wird dabei gleichzeitig wieder in den verbleibenden Dokumentenausschnitt versetzt. Existiert zum Zeitpunkt des Befehlsaufrufs neben dem Dokumentenausschnitt kein weiterer Ausschnitt im aktuellen Fenster, wird ein Fehler ausgelöst.

AuswInfo()
Liefert Informationen über die aktuelle Markierung.

Gruppe: Umgebung WordBASIC Funktion

Syntax:

AuswInfo(CodeNr)

Beschreibung:

Insgesamt 36 verschiedene Informationen über die aktuelle Markierung lassen sich mit Hilfe dieser Funktion abfragen.

Parameter:

Name:	Bedeutung	
CodeNr	Dieser Parameter bestimmt, welche Information als Funktionsergebnis zurückgeliefert wird. Die einzelnen Codes liefern folgende Information:	
	1	Nummer der Seite, in der sich das Ende der Markierung befindet. Dabei wird ab der Seitennummer gezählt, die der Anwender für die erste Seite des Dokuments festgelegt hat.
	2	Die Nummer des Abschnitts, der das Ende der Markierung enthält.
	3	Die Nummer der Seite, in der sich das Ende der Markierung befindet. Im Gegensatz zur CodeNr 1 wird die erste Seite des Dokuments dabei grundsätzlich mit 1 gezählt.
	4	Die Anzahl der Seiten im Dokument.
	5	Nur für Layoutansicht: Die horizontale Position der Markierung. Gemessen wird der Abstand zwischen dem linken Rand der Markierung und dem linken Seitenrand in Twips (1 Twip = 1/20 Pt). Liefert -1, wenn die Markierung nicht sichtbar ist.
	6	Nur für Layoutansicht: Die vertikale Position der Markierung. Gemessen wird der Abstand zwischen dem oberen Rand der Markierung und dem oberen Seitenrand in Twips (1 Twip = 1/20 Pt). Liefert -1, wenn die Markierung nicht sichtbar ist.
	7	Nur für Layoutansicht: Die horizontale Position der Markierung relativ zum linken Rand der nächstgelegenen Textbegrenzung (Tabellenzelle, Positionsrahmen, Textspalte oder Seitenrand), die sie einschließt, in Twips. Liefert -1, wenn die Markierung nicht sichtbar ist.

8 Nur für Layoutansicht: Die vertikale Position der Markierung relativ zum oberen Rand der nächstgelegenen Textbegrenzung (Tabellenzelle, Positionsrahmen, Textspalte oder Seitenrand), die sie einschließt, in Twips. Liefert -1, wenn die Markierung nicht sichtbar ist.
9 Die Zeichenposition des ersten Zeichens der Markierung. Das ist die Zahl, die innerhalb der Statusleiste neben "Sp" erscheint.
10 Die Zeilennummer des ersten Zeichens in der Markierung.
11 Liefert -1, wenn die Markierung aus einem vollständigen Objektrahmen besteht.
12 Liefert -1, wenn sich die Markierung innerhalb einer Tabelle befindet.
13 Nur für Markierungen innerhalb Tabellen: Die Nummer der Tabellenzeile, innerhalb derer sich der Anfang der Markierung befindet.
14 Nur für Markierungen innerhalb Tabellen: Die Nummer der Tabellenzeile, innerhalb derer sich das Ende der Markierung befindet.
15 Nur für Markierungen innerhalb Tabellen: Die Anzahl der Zeilen innerhalb der Tabelle.
16 Nur für Markierungen innerhalb Tabellen: Die Nummer der Tabellenspalte, in der sich der Anfang der Markierung befindet.
17 Nur für Markierungen innerhalb Tabellen: Die Nummer der Tabellenspalte, in der sich das Ende der Markierung befindet.
18 Nur für Markierungen innerhalb Tabellen: Die größte Anzahl von Spalten in einer Zeile der Markierung.
19 Der aktuelle Vergrößerungsfaktor der Anzeige.
20 Der aktuelle Markierungsmodus: 0 steht für normale Markierung, 1 für erweiterte Markierung und 2 für Spaltenmarkierung.
21 Liefert -1, wenn Shift-Lock aktiv ist.
22 Liefert -1, wenn Num-Lock aktiv ist.
23 Liefert -1, wenn sich WinWord im Überschreibmodus befindet.
24 Liefert -1, wenn der Überarbeitenmodus aktiv ist.
25 Liefert -1, wenn sich die Markierung in der Normalansicht in einem Fußnotenausschnitt oder in der Layoutansicht innerhalb einer Fußnote oder Endnote befindet.
26 Liefert -1, wenn sich die Markierung in einem Anmerkungsausschnitt befindet.
27 Liefert -1, wenn sich die Markierung in einem Makrofenster befindet.
28 Liefert -1, wenn sich die Markierung in der Normalansicht in einem Kopf- oder Fußnotenausschnitt oder in der Layoutansicht innerhalb einer Kopf- oder Fußzeile befindet.
29 Die Nummer der Textmarke, die den Anfang der Markierung enthält. Befindet sich die Markierung nicht innerhalb einer Textmarke, wird 0 zurückgeliefert, ansonsten die Nummer der Textmarke, die vom Anfang des Dokuments ausgehend ab 1 gezählt wird.
30 Die Nummer der letzten Textmarke, die vor oder an der gleichen Stelle wie die Markierung beginnt. Liefert 0, wenn der Markierung keine Textmarke vorausgeht, ansonsten die Nummer der Textmarke, die vom Anfang des Dokuments ausgehend ab 1 gezählt wird.
31 Liefert -1, wenn sich die Einfügemarke an der Zeilenendemarke innerhalb einer Tabelle befindet.
32 Liefert 1, wenn es sich bei der Markierung um ein Fußnotenzeichen handelt.
Liefert 2, wenn sich bei der Markierung um ein Endnotenzeichen handelt.
Liefert 3, wenn es sich bei der Markierung um ein Anmerkungszeichen handelt.
33 Zeigt die Art der Kopf- oder Fußzeile an, die in der Markierung enthalten ist und liefert einen der folgenden Codes zurück:
-1, wenn die Markierung weder eine Kopf- noch eine Fußzeile enthält.
0, wenn die Markierung eine Kopfzeile für gerade Seiten enthält.
1, wenn die Markierung eine Kopfzeile für ungerade Seiten enthält.
2, wenn die Markierung eine Fußzeile für gerade Seiten enthält.
3, wenn die Markierung eine Fußzeile für ungerade Seiten enthält.
4, wenn die Markierung die Kopfzeile für die erste Seite enthält.
5, wenn die Markierung die Fußzeile für die erste Seite enthält.

34 Liefert -1, wenn es sich bei dem aktuellen Dokument um ein Zentraldokument handelt.
35 Liefert -1, wenn sich die Markierung innerhalb der Normalansicht in einem Fußnotenendausschnitt oder innerhalb der Layoutansicht in einer Fußnote befindet.
36 Liefert -1, wenn sich die Markierung innerhalb der Normalansicht in einem Endnotenendausschnitt oder innerhalb der Layoutansicht in einer Endnote befindet.

AutoFestlegenIndexEintrag

Automatische Indizierung eines Dokuments.

Gruppe: Bearbeiten   WordBASIC Befehl

Syntax:

```
AutoFestlegenIndexEintrag Konkordanzdatei$
```

Beschreibung:

In Zusammenarbeit mit einer sogenannten "Konkordanzdatei" läßt sich das aktuelle Dokument mit Hilfe dieses Befehls automatisch indizieren. Bei der Konkordanzdatei muß es sich um ein Word-Dokument handeln, das ausschließlich aus einer zweispaltigen Tabelle besteht. In den verschiedenen Zeilen der ersten Spalte erwartet Word die Begriffe aus dem Text, die automatisch indiziert werden sollen, in der zweiten Spalte müssen die zugehörigen Begriffe für den Indexeintrag aufgeführt werden. Sobald Word beim Durchlaufen des aktuellen Dokuments innerhalb eines Absatzes auf einen Begriff aus der ersten Spalte trifft, erzeugt es automatisch einen Index-Eintrag (XE-Feld) mit dem Begriff aus der zweiten Spalte. Word achtet dabei darauf, daß jeder Begriff pro Absatz, in dem er auftaucht, nur einmal indiziert wird.

Parameter:

Name:	*Bedeutung*
`Konkordanzdatei$`	Name und Pfad der Konkordanzdatei, die als Word-Dokument vorliegen muß.

AutoMakroUnterdrücken

Unterdrückt die Ausführung von Auto-Makros.

Gruppe: Makros   WordBASIC Befehl

Syntax:

```
AutoMakroUnterdrücken [Deaktivieren]
```

Beschreibung:

Mit Hilfe dieses Befehls läßt sich die automatische Ausführung der Auto-Makros AutoClose, AutoExit, AutoNew und AutoOpen verhindern. Wird nach dem Aufruf dieses Befehls vom Anwender eine Aktion ausgelöst, die normalerweise die Ausführung eines dieser Makros nach sich zieht, unterbleibt der automatische Makroaufruf. Wirksam ist diese Einstellung allerdings nur bis zum nächsten Start von WinWord.

Parameter:

Name:	*Bedeutung*	
`Deaktivieren`	Dieser Parameter bestimmt, ob die Ausführung der Auto-Makros unterbunden oder wieder aktiviert werden soll.	
	0	Ausführung der Auto-Makros wieder aktivieren.
	1 oder fehlt	Ausführung der Auto-Makros unterbinden.

AutoText

Autotext bestimmen oder in den Text einfügen.

Gruppe: AutoText   WordBASIC Befehl

Syntax:
```
AutoText
```

Beschreibung:
Die Funktionsweise dieses Befehls hängt davon ab, ob im aktuellen Dokument zum Zeitpunkt des Befehlsaufrufs eine Markierung besteht oder nicht. Gibt es keine Markierung, so versucht WinWord in dem Zeichen rund um die Einfügemarke den Namen eines bereits definierten Autotextes zu finden. Ist die Suche erfolgreich, wird der Autotext-Name durch den zugehörigen Autotext ersetzt. WinWord durchsucht dabei zunächst die Autotexte der aktuellen Dokumentvorlage, dann in der Vorlage "Normal" und schließlich in den globalen Dokumentvorlagen, die im Rahmen des Befehls Dokumentvorlage aus dem Datei-Menü aufgeführt sind.

Existiert zum Zeitpunkt des Befehlsaufrufs jedoch eine Textmarkierung, wird die Dialogbox des Befehls AutoText aus dem Bearbeiten-Menü geöffnet und die ersten 32 Zeichen der Markierung als Namen für einen neuen AutoText-Eintrag vorgeschlagen.

AutoTextBestimmen   *Legt einen neuen AutoText-Eintrag an.*

Gruppe: AutoText   WordBASIC Befehl

Syntax:
```
AutoTextBestimmen NeuteAutoTextName$, AutoText$ [, Kontext]
```

Beschreibung:
Mit Hilfe dieses Befehls läßt sich aus einem Makro heraus ein neuer AutoText-Eintrag generieren.

Parameter:

Name:	*Bedeutung*
NeuteAutoTextName$	Der Name des neuen AutoText-Eintrags.
AutoText$	Der AutoText für den neuen AutoText-Eintrag als unformatierter Text.
Kontext	Bestimmt, welcher Dokumentvorlage der neue AutoText-Eintrag zugeordnet wird.
	0 oder fehlt Dokumentvorlage "Normal".
	1 Dokumentvorlage des aktuellen Dokuments. Dabei darf es sich nicht um die Dokumentvorlage "Normal" handeln, sonst wird ein Fehler ausgelöst.

AutoTextName$()   *Liefert den Namen eines AutoText-Eintrags.*

Gruppe: AutoText   WordBASIC Funktion

Syntax:
```
a$ = AutoTextName$(Nummer [, Kontext])
```

Beschreibung:
Mit Hilfe dieser Funktion lassen sich die Namen der verschiedenen AutoText-Einträge innerhalb einer Dokumentvorlage in Erfahrung bringen.

Funktionsergebnis:
Der Name des angefragten AutoText-Eintrags.

Parameter:

Name:	Bedeutung
Nummer	Die Nummer des AutoText-Eintrags, dessen Name abgefragt werden soll. 1 steht für den ersten AutoText-Eintrag, 2 für den zweiten usw.
	Der Maximalwert für diesen Parameter richtet sich nach der Anzahl der AutoText-Einträge in der jeweiligen Dokumentvorlage, die mit Hilfe der Funktion ZählenAutoTextEinträge() ermittelt werden kann.
Kontext	Bestimmt die Dokumentvorlage, aus der der Name des angegebenen AutoText-Eintrags ermittelt wird.

	0 oder fehlt	Die Dokumentvorlage "Normal" und die anderen geladenen globalen Dokumentvorlagen.
	1	Die Dokumentvorlage des aktuellen Dokuments. Dabei darf es sich nicht um die Dokumentvorlage "Normal" handeln, sonst wird ein Fehler ausgelöst.

BearbeitenAllesMarkieren *Markiert gesamtes Dokumentfenster.*

Gruppe: Bewegen der Einfügemarke und Markieren   WordBASIC Befehl

Syntax:
BearbeitenAllesMarkieren

Beschreibung:
Durch den Aufruf dieses Befehls wird der gesamte Inhalt des aktuellen Dokumentfensters markiert.

BearbeitenAusschneiden *Markierten Bereich ausschneiden.*

Gruppe: Bearbeiten   WordBASIC Befehl

Syntax:
BearbeitenAusschneiden

Beschreibung:
Dieser Befehl dient als Pendant zum Befehl Ausschneiden aus dem Bearbeiten-Menü. Er entfernt den markierten Text aus dem aktuellen Dokument und fügt ihn in die Windows-Zwischenablage ein.

BearbeitenAutoText *AutoText-Eintrag anlegen, löschen oder AutoText einfügen.*

Gruppe: AutoText   WordBASIC Dialogbefehl

Syntax:
BearbeitenAutoText .AutoTextName$ [, .Kontext%] [, .EinfügenAls%]
<, .Einfügen> <, .Hinzufügen> <, .Löschen>

Beschreibung:
Dieser Befehl dient als Pendant zum Befehl AutoText aus dem Bearbeiten-Menü. Er bietet Ihnen einerseits die Möglichkeit, neue AutoText-Einträge zu definieren und bestehende zu löschen, darüber hinaus ist jedoch auch das Einfügen von AutoText in das aktuelle Dokument möglich.

Dialogvariablen:

Name:	Bedeutung
`.AutoTextName$`	Der Name des AutoText-Eintrags, auf den der Befehl einwirkt.
`.Kontext%`	Bestimmt den Kontext für das Anlegen neuer AutoText-Einträge über die Schaltfläche .Hinzufügen. Beim Löschen eines bestehenden AutoText-Eintrags oder dem Einfügen von AutoText in ein Dokument wird dieser Parameter nicht benötigt, weil WinWord dann selbständig die geladenen Dokumentvorlagen durchsucht. Es beginnt dabei mit der Dokumentvorlage des aktuellen Dokuments, sucht dann in der Dokumentvorlage "Normal" und anschließend in den geladenen globalen Dokumentvorlagen.

    0 oder fehlt   Die Dokumentvorlage "Normal".
    1   Die Dokumentvorlage des aktuellen Dokuments.

`.EinfügenAls%` — Wird nur in Verbindung mit der Schaltfläche .Einfügen benötigt, um zu bestimmen, ob der neue AutoText-Eintrag mit Formatierung oder als "nackter" Text angelegt werden soll.

    0 oder fehlt   Formatierung mit einfügen.
    1   Neuen AutoText-Eintrag als reinen Text anlegen.

Schaltflächen:

Name:	Aufgabe
`.Einfügen`	Fügt den Text des genannten AutoText-Eintrags an der Position der Einfügemarke in das aktuelle Dokument ein.
`.Hinzufügen`	Fügt einen neuen AutoText-Eintrag unter dem genannten Namen in die Dokumentvorlage ein, die durch den Parameter .Kontext bestimmt wird. Als AutoText wird der Text aus der Markierung im aktuellen Dokument verwendet. Ist kein Text markiert, tritt deshalb ein Fehler auf.
`.Löschen`	Löscht den angegebenen AutoText-Eintrag.

BearbeitenEinfügen
Fügt den Inhalt der Zwischenablage in das aktuelle Dokument ein.

Gruppe: Bearbeiten   WordBASIC Befehl

Syntax:
BearbeitenEinfügen

Beschreibung:
Dieser Befehl dient als Pendant zum Befehl Einfügen aus dem Bearbeiten-Menü. Er fügt den aktuellen Inhalt der Windows-Zwischenablage an der Position der Einfügemarke in das aktuelle Dokument ein.

BearbeitenErsetzen
Startet das Suchen und Ersetzen von Text.

Gruppe: Bearbeiten   WordBASIC Dialogbefehl

Syntax:
BearbeitenErsetzen [.Suchen$] [, .Ersetzen$] [, .Richtung%]
[, .GroßKleinschreibung%] [, .GanzesWort%] [, .Mustervergleich%]
<, .Weitersuchen> <, .EinenErsetzen> <, .AllesErsetzen> [, .Format%]
[, .Textfluß%]

Beschreibung:
Dieser Befehl dient als Schnittstelle zur Dialogbox des Befehls Ersetzen aus dem Bearbeiten-Menü. Seine Parameter entsprechen den Eingabefeldern dieser Dialogbox.

Dialogvariablen:

Name:	Bedeutung
`.Suchen$`	Der zu suchende Text. Genau wie beim gleichnamigen WinWord-Befehl lassen sich neben reinem Text auch verschiedene Sonderzeichen angeben, etwa "^a" für eine Absatzmarke.
	Soll nur nach einer Formatierung gesucht werden, muß dieser Parameter ausgelassen oder ein Leerstring ("") angegeben werden.
`.Ersetzen$`	Der Text, durch den der zu suchende Text ersetzt werden soll. Auch hier können die verschiedenen Sonderzeichen angegeben werden, die sich innerhalb der Dialogbox des Ersetzen-Befehls über den Schalter "Sonstiges" auswählen lassen.
	Soll der zu suchende Text gelöscht werden, muß dieser Parameter weggelassen oder ein Leerstring "" angegeben werden.
	Soll der zu suchende Text nicht durch anderen Text, sondern beispielsweise durch eine Grafik ersetzt werden, muß dieser vor dem Befehlsaufruf in die Zwischenablage kopiert und für diesen Parameter der String "^c" angegeben werden.
`.Richtung%`	Die Richtung, in der der Text durchsucht werden soll. Wird dieser Parameter weggelassen, wird die Suchrichtung des letzten Aufrufs dieses Befehls beibehalten.
	0 Suche im Dokument von oben nach unten.
	1 Suche im Dokument von unten nach oben.
`.GroßKleinschreibung%`	Dieser Parameter bestimmt, ob die Groß-/Kleinschreibung bei der Suche beachtet werden soll. Wird dieser Parameter weggelassen, wird die Einstellung aus dem letzten Aufruf dieses Befehls verwandt.
	0 Groß-/Kleinschreibung nicht beachten.
	1 Groß-/Kleinschreibung berücksichtigen.
`.GanzesWort%`	Bestimmt, ob der Suchtext nur als ganzes Wort erkannt wird. Wird dieser Parameter weggelassen, wird die Einstellung aus dem letzten Aufruf dieses Befehls verwandt.
	0 Suchtext auch als Teil von Wörtern entdecken.
	1 Suchtext nur als ganzes Wort berücksichtigen.
`.Mustervergleich%`	Dieser Parameter bestimmt, ob der zu suchende Text als Zeichenmuster oder als reiner Text verstanden werden soll.
	0 oder fehlt Reiner Text (literal).
	1 Suchmuster.
`.Format%`	Bestimmt, ob Formatierungen bei der Suche und beim Ersetzen berücksichtigt werden soll.
	0 Formatierungen nicht beachten.
	1 Formatierungen beim Suchen und Ersetzen einbeziehen.

`.Textfluß%`	Dieser Parameter bestimmt das Verhalten des Befehls, wenn die Suche nicht am Anfang des Textes beginnt und bei der Suche dann der Textanfang oder das Textende erreicht wird bzw. wenn im aktuellen Dokument einer Markierung besteht und der Suchtext innerhalb dieser Markierung nicht gefunden werden konnte.

0 oder fehlt	Die Ausführung des Befehls wird beendet.
1	Das Suchen und Ersetzen wird im restlichen Teil des Dokuments fortgesetzt.
2	Es erscheint eine Dialogbox, in der der Anwender gefragt wird, ob die Suche und das Ersetzen auf den restlichen Teil des Dokuments ausgedehnt werden soll.

Schaltflächen:

Name:	*Aufgabe*
`.Weitersuchen`	Leitet die Suche nach der nächsten Instanz des angegebenen Suchtextes ein.
`.EinenErsetzen`	Nur eine Instanz des Suchtextes ersetzen.
`.AllesErsetzen`	Alle Instanzen des Suchtextes im gesamten Dokument ersetzen.

Anmerkungen:

Sollen Formatierungen bei der Suchen- und Ersetzen-Operation berücksichtigt werden, so müssen diese vor dem Aufruf dieses Befehls mit Hilfe eines der folgenden Befehle spezifiziert werden: BearbeitenSuchenZeichen, BearbeitenSuchenSprache, BearbeitenSuchenAbsatz, BearbeitenSuchenFV, BearbeitenErsetzenZeichen, BearbeitenErsetzenSprache, BearbeitenErsetzenAbsatz oder BearbeitenErsetzenFV. Diesen Befehlen sollte allerdings noch der Aufruf der Befehle BearbeitenSuchenLöschenFormatierung und BearbeitenErsetzenLöschenFormatierung vorausgehen, um zuvor eingestellte Formatierungsmerkmale für das Suchen und Ersetzen zu löschen.

BearbeitenErsetzenAbsatz *Bestimmt die Absatzformatierung für das Ersetzen von Text.*

Gruppe: Suchen und Ersetzen   WordBASIC Befehl

Syntax:

```
BearbeitenErsetzenAbsatz [.EinzugLinks%$] [, .EinzugRechts%$] [, .Vor%$]
[, .Nach%$] [, .ZeilenabstandArt%] [, .Zeilenabstand%$] [, .Ausrichtung%]
[, .AbsatzSteuerung%] [, .MitNächstemAbsatz%] [, .ZeilenNichtTrennen%]
[, .Seitenwechsel%] [, .OhneZeilennumerierung%] [, .NichtTrennen%]
[, .Registerkarte%] [, .ErstZeilenEinzug%$]
```

Beschreibung:

Dieser Befehl definiert das Absatzformat, das beim Suchen und Ersetzen von Text für Absätze verwandt wird, in denen Text ersetzt wird. Er muß damit dem Befehl BearbeitenErsetzen vorausgehen, wenn bei dessen Ausführung Absatzformate ersetzt werden sollen.

BearbeitenErsetzenFV *Bestimmt die Formatvorlage für das Ersetzen von Text.*

Gruppe: Suchen und Ersetzen   WordBASIC Dialogbefehl

Syntax:

```
BearbeitenErsetzenFV .Formatvorlage$
```

Beschreibung:

Dieser Befehl definiert die Formatvorlage, die beim Suchen und Ersetzen von Text für den Ersetzungstext eingesetzt werden soll. Der Befehl muß dem Befehl BearbeitenErsetzen vorangehen, wenn der zu ersetzende Text gemäß einer Formatvorlage formatiert werden soll.

Dialogvariablen:

Name:	Bedeutung
`.Formatvorlage$`	Name der Formatvorlage, die das Format für den zu ersetzenden Text enthält. Bei der Angabe des Namens muß die Groß-/Kleinschreibung des Vorlagennamens eingehalten werden, sonst wird ein Fehler ausgelöst.

BearbeitenErsetzenLöschenFormatierung
Löscht Formateinstellungen für BearbeitenErsetzen.

Gruppe: Suchen und Ersetzen WordBASIC Befehl

Syntax:
BearbeitenErsetzenLöschenFormatierung

Beschreibung:

Bevor Sie beginnen, FormatEinstellungen für das Ersetzen von Zeichen mit Hilfe der Befehle BearbeitenErsetzenFV, BearbeitenErsetzenSprache etc. zu definieren, sollten Sie diesen Befehl aufrufen, um alle bisherigen Formateinstellungen für das Ersetzen von Zeichen durch den Befehl BearbeitenErsetzen zu löschen.

BearbeitenErsetzenSprache
Legt die Sprachenformatierung für Ersetzungstext fest.

Gruppe: Suchen und Ersetzen WordBASIC Dialogbefehl

Syntax:
BearbeitenErsetzenSprache .Sprache$

Beschreibung:

Soll beim Ersetzen von Text auch die Sprachenformatierung geändert werden, läßt sich die neue Sprache mit Hilfe dieses Befehls einstellen. Der Aufruf dieses Befehls muß somit dem Aufruf von BearbeitenErsetzen vorangehen.

Dialogvariablen:

Name:	Bedeutung
`.Sprache$`	Bestimmt die Sprache, die für den Ersetzungstext eingestellt werden soll. Eine Liste der gültigen Namen finden Sie bei der Beschreibung des Befehls ExtrasSprache.

BearbeitenErsetzenZeichen
Definiert das Zeichenformat für den Ersetzungstext.

Gruppe: Suchen und Ersetzen WordBASIC Dialogbefehl

Syntax:

```
BearbeitenErsetzenZeichen [.Punkt%] [, .Unterstrichen%] [, .Farbe%]
[, .Durchstreichen%] [, .Hochgestellt%] [, .Tiefgestellt%] [, .Verborgen%]
[, .Kapitälchen%] [, .Großbuchstaben%] [, .Laufweite%] [, .Position%$]
[, .Unterschneidung%] [, .UnterschneidungMin%$] <, .Standard>
[, .Registerkarte%] [, .Schriftart$] [, .Fett%] [, .Kursiv%]
```

Beschreibung:

Soll der Text, der im Rahmen einer Suchen-/Ersetzen-Operation (Befehl BearbeitenErsetzen) ersetzt werden soll, dabei gleichzeitig mit einer bestimmten Zeichenformatierung ausgestattet werden, so muß diese Formatierung mit Hilfe dieses Befehls vor dem Aufruf von BearbeitenErsetzen festgelegt werden.

Dialogvariablen:

Name:	Bedeutung
.Punkt%	Siehe FormatZeichen.
.Unterstrichen%	Siehe FormatZeichen. Für diesen Parameter kann einer der drei folgenden Werte angegeben werden:
	-1 Behält die Einstellung in bezug auf diesen Parameter beim gefundenen Text bei.
	0 Setzt diesen Parameter beim zu ersetzenden Text auf 0.
	1 Setzt diesen Parameter beim zu ersetzenden Text auf 1.
.Farbe%	Siehe FormatAbsatz.
.Durchstreichen%	Siehe .Unterstrichen.
.Hochgestellt%	Siehe .Unterstrichen.
.Tiefgestellt%	Siehe .Unterstrichen.
.Verborgen%	Siehe .Unterstrichen.
.Kapitälchen%	Siehe .Unterstrichen.
.Großbuchstaben%	Siehe .Unterstrichen.
.Laufweite%	Siehe FormatAbsatz.
.Position%$	Siehe FormatAbsatz.
.Unterschneidung%	Siehe FormatAbsatz.
.UnterschneidungMin%$	Siehe FormatAbsatz.
.Registerkarte%	Siehe FormatAbsatz.
.Schriftart$	Siehe FormatAbsatz.
.Fett%	Siehe .Unterstrichen.
.Kursiv%	Siehe .Unterstrichen.

Schaltflächen:

Name:	Aufgabe
.Standard	Siehe FormatAbsatz.

BearbeitenGeheZu

Bewegt die Einfügemarke zu einer Seite oder einem Objekt.

Gruppe: Bearbeiten   WordBASIC Dialogbefehl

Syntax:

```
BearbeitenGeheZu .Ziel$
```

Beschreibung:

Dieser Befehl dient als Pendant zum Befehl GeheZu aus dem Bearbeiten-Menü. Die Einfügemarke läßt sich mit seiner Hilfe zu einer bestimmten Seite oder einem anderen Objekt bewegen.

Dialogvariablen:

Name:	Bedeutung
`.Ziel$`	Dieser Parameter bestimmt die neue Position der Einfügemarke. Wird nur eine Zahl angegeben, so wird diese als die Seitennummer verstanden, zu der die Einfügemarke bewegt werden soll. Wird nur ein Text angegeben, so wird dieser als der Name einer Textmarke interpretiert, die das Sprungziel markiert.
	Darüber hinaus kann einer von verschiedenen Kennbuchstaben angegeben werden, die Sprungziele wie Grafiken oder Tabellen beschreiben. "g" beispielswseise steht für die nächste Grafik im Text, "g5" für die fünfte Grafik im Text, "g+5" für die fünnächste Grafik hinter der aktuellen Position der Einfügemarke und "g-1" für die letzte Grafik vor der aktuellen Position der Einfügemarke.
	Im einzelnen werden folgende Kennbuchstaben akzeptiert.

	s (oder fehlt)	Seite.
	a	Abschnitt.
	z	Zeile.
	a	Anmerkung. Die Syntax lautet hier: "a'Name'", wobei der Name zwischen den beiden einfachen Anführungszeichen den Namen des Autors der Anmerkung beschreibt.
	f	Fußnote.
	e	Endnote.
	d	Feld. Die Syntax lautet hier: "a'Feldtyp'", wobei der Feldtyp zwischen den beiden einfachen Anführungszeichen die Art des Feldes beschreibt, beispielseweise "a3'FORMEL'" für das dritte Formelfeld im Text.
	t	Tabelle.
	o	Eingebettetes oder verknüptes Objekt. Die Syntax lautet hier: "o'Name des Objekttyps'", wobei der Name des Objekttyps mit einem der Namen übereinstimmen muß, die im Rahmen des Befehls Objekt aus dem Einfügen-Menü angezeigt werden. Siehe auch EinfügenObjekt.

BearbeitenGrafik

Öffnet eine Grafik zum Bearbeiten.

Gruppe: Objektverknüpfung und -einbettung   WordBASIC Befehl

Syntax:

```
BearbeitenGrafik
```

Beschreibung:

Als Pendant zum Menübefehl Grafik aus dem Bearbeiten-Menü öffnet dieser Befehl eine Grafik zum Bearbeiten. Voraussetzung ist allerdings, daß die Grafik im Dokument gespeichert ist - eine Option, die bereits beim Einfügen der Grafik über den Befehl Grafik aus dem Einfügen-Menü bestimmt worden sein muß. Ist dies nicht der Fall, löst der Aufruf dieses Befehls einen Fehler aus.

BearbeitenKopieren *Kopiert die Markierung in die Windows-Zwischenablage.*

Gruppe: Bearbeiten   WordBASIC Befehl

Syntax:
BearbeitenKopieren

Beschreibung:
Analog zum Befehl Kopieren aus dem Bearbeiten-Menü kopiert dieser Befehl die Markierung innerhalb des aktuellen Dokuments in die Zwischenablage, von wo sie mit Hilfe des Befehls BearbeitenEinfügen später wieder in den Text eingefügt und dadurch vervielfältigt werden kann.

BearbeitenLöschen *Löscht die Markierung.*

Gruppe: Bearbeiten   WordBASIC Befehl

Syntax:
BearbeitenLöschen [Anzahl]

Beschreibung:
Mit Hilfe dieses Befehls läßt sich die Markierung oder eine bestimmte Anzahl von Zeichen innerhalb des aktuellen Dokuments löschen. Die gelöschten Zeichen werden nicht in die Windows-Zwischenablage übernommen, so daß deren Inhalt unverändert bleibt.

Parameter:

Name:	Bedeutung
Anzahl	Die Parameter bestimmt die Anzahl der Zeichen, die gelöscht werden sollen. Werte größer 0 löschen Zeichen rechts der Einfügemarke, Wert kleiner 0 Zeichen links der Einfügemarke. Besteht eine Markierung, wird diese ebenfalls gelöscht und als ein Zeichen betrachtet.

BearbeitenObjekt *Öffnet OLE-Objekt zur Bearbeitung.*

Gruppe: Bearbeiten   WordBASIC Dialogbefehl

Syntax:
BearbeitenObjekt [.Verb%$]

Beschreibung:
Der Aufruf dieses Befehls setzt die Markierung eines OLE-Objekts innerhalb des aktuellen WinWord-Dokuments voraus, das daraufhin zum Bearbeiten, zum Abspielen oder einer Aktion geöffnet wird.

Dialogvariablen:

Name:	Bedeutung
.Verb%$	Dieser Parameter bestimmt die Aktion, die auf das markierte OLE-Objekt angewandt werden soll. Die Art und die Anzahl der möglichen Aktionen hängt vom jeweiligen OLE-Server ab, der für das Objekt zuständig ist. Es kann eine der Aktionen gewählt werden, die beim Anklicken des Objekts mit der rechten Maustaste erscheinen bzw. im Rahmen des Bearbeiten-Menüs für den jeweiligen Objekttyp aufgeführt werden. 0 steht dabei für den ersten Objekt-Befehl, 1 für den zweiten usw. Wird dieser Parameter weggelassen, wird der erste Objekt-Befehl ausgeführt.

BearbeitenRückgängig

Macht die letzte Aktion des Anwenders rückgängig.

Gruppe: Bearbeiten WordBASIC Befehl

Syntax:
BearbeitenRückgängig

Beschreibung:
Als Pendant zum Befehl Rückgängig aus dem Bearbeiten-Menü macht dieser Befehl die letzte Aktion des Anwenders rückgängig, sofern die möglich ist.

BearbeitenSchaltflächenSymbol

Startet den Schaltflächen-Editor.

Gruppe: Anpassung durch den Benutzer WordBASIC Befehl

Syntax:
BearbeitenSchaltflächenSymbol Symbolleiste$, Position [, Kontext]

Beschreibung:
Der Aufruf dieses Befehls bringt den Schaltflächen-Editor zur Ausführung, der dem Anwender die Bearbeitung eines Schaltflächen-Symbols gestattet.

Parameter:

Name:	Bedeutung
Symbolleiste$	Name der Symbolleiste, die mit Hilfe des Schaltflächen-Editors bearbeitet werden soll. Es muß einer der Namen angegeben werden, wie sie in der Dialogbox des Befehls Symbolleisten aus dem Ansicht-Menü erscheinen, also "Standard", "Formatierung", "Rahmen" etc.
Position	Dieser Parameter bezeichnet die Schaltfläche, deren Erscheinungsbild bearbeitet werden soll. 1 steht für die erste Schaltfläche innerhalb der Symbolleiste, 2 für die zweite usw. Auch Leerstellen innerhalb der Symbolleiste müssen dabei mitgezählt werden.
Kontext	Dieser Parameter bestimmt, in welcher Dokumentvorlage das neue Erscheinungsbild der Schaltfläche gespeichert werden soll: |//
	0 oder fehlt In der Dokumentvorlage "Normal".
	1 In der Dokumentvorlage des aktuellen Dokuments.

BearbeitenSuchen

Startet die Suche nach Text.

Gruppe: Bearbeiten WordBASIC Dialogbefehl

Syntax:
BearbeitenSuchen [.Suchen$] [, .Richtung%] [, .GanzesWort%]
[, .GroßKleinschreibung%] [, .Mustervergleich%] [, .Format%]
[, .Textfluß%]

Beschreibung:
Als Pendant zum Befehl Suchen aus dem Bearbeiten-Menü setzt dieser Befehl die Suche nach Text oder Formatierungen in Gang. Seine Parameter entsprechen den verschiedenen Dialogfeldern in der Dialogbox des Suchen-Befehls.

Dialogvariablen:

Name:	Bedeutung
`.Suchen$`	Der zu suchende Text. Wird nur die Suche nach einer bestimmten Formatierung gewünscht, muß hier ein Leerstring ("") angegeben werden. Zur Suche nach Sonderzeichen können die speziellen Zeichencodes (wie "^a" für die Absatzmarke) aufgeführt werden, die sich innerhalb der Dialogbox des Suchen-Befehls mittels der Schaltfläche "Sonstiges" eingeben lassen.
`.Richtung%`	Die Suchrichtung, ausgehend von der aktuellen Position der Einfügemarke. Wird dieser Parameter weggelassen, vollzieht sich die Suche in der gleichen Richtung wie bei der letzten Suche.
`.GanzesWort%`	Bestimmt, ob der Suchtext nur als ganzes Wort erkannt wird. Fehlt dieser Parameter, wird die gleiche Einstellung herangezogen, wie bei der lezten Suche.

    0   Suchtext auch als Teil eines Wortes finden.
    1   Suchtext nur als ganzes Wort finden.

`.GroßKleinschreibung%`   Bestimmt, ob der Suchtext nur bei korrekter Einhaltung der Groß-/Kleinschreibung gefunden wird. Fehlt dieser Parameter, wird die gleiche Einstellung herangezogen, wie bei der letzten Suche.

    0   Groß-/Kleinschreibung bei der Suche ignorieren.
    1   Groß-/Kleinschreibung beachten.

`.Mustervergleich%`   Legt fest, ob der angegebene Suchtext literal oder als Zeichenmuster verstanden werden soll. Fehlt dieser Parameter, wird für ihn die gleiche Einstellung herangezogen, wie bei der letzten Suche.

    0   Suchtext als Literal verstehen.
    1   Suchtext als Suchmuster verstehen.

`.Format%`   Bestimmt, ob bei der Suche auch bzw. nur nach Formatierungen gesucht werden soll, die zuvor mit Hilfe eines der Befehle BearbeitenSuchenSprache, BearbeitenSucheZeichen, BearbeitenSucheAbsatz etc. eingestellt worden sind.

    0   Formatinformationen nicht in die Suche einbeziehen.
    1   Nach Formatierungen suchen. Wird für den Parameter .Suchen ein Leerstring angegeben, wird nur nach Formatierungen gesucht, ansonsten werden nur die Vorkommen des Suchtextes gefunden, die der zuvor eingestellten Formatierung entsprechen.

`.Textfluß%`   Legt fest, ob die Suche beim Erreichen des Dokumentanfangs oder -endes fortgesetzt werden soll.

    0 oder fehlt   Die Suche wird beendet.
    1   Die Suche wird beim Erreichen des Dokumentanfangs- oder -endes an der entgegengesetzten Seite des Dokuments fortgesetzt.
    2   Der Anwender wird mittels einer Dialogbox gefragt, ob die Suche am entgegengesetzten Ende des Dokuments fortgesetzt werden soll.

BearbeitenSuchenAbsatz
Definiert Absatzformate für Textsuche.

Gruppe: Suchen und Ersetzen WordBASIC Dialogbefehl

Syntax:

```
BearbeitenSuchenAbsatz [.EinzugLinks%$] [, .EinzugRechts%$] [, .Vor%$]
[, .Nach%$] [, .ZeilenabstandArt%] [, .Zeilenabstand%$] [, .Ausrichtung%]
[, .AbsatzSteuerung%] [, .MitNächstemAbsatz%] [, .ZeilenNichtTrennen%]
[, .Seitenwechsel%] [, .OhneZeilennumerierung%] [, .NichtTrennen%]
[, .Registerkarte%] [, .ErstzeilenEinzug%$]
```

Beschreibung:

Wenn Text und/oder Absatzformate mit Hilfe des Befehls BearbeitenSuchen gesucht, oder mittels BearbeitenErsetzen ersetzt werden sollen, läßt sich mit Hilfe dieses Befehls das Absatzformat definieren, das die zu findenden bzw. zu ersetzenden Absätze aufweisen müssen.

Dialogvariablen:

Name:	Bedeutung
`.EinzugLinks%$`	Siehe FormatAbsatz.
`.EinzugRechts%$`	Siehe FormatAbsatz.
`.Vor%$`	Siehe FormatAbsatz.
`.Nach%$`	Siehe FormatAbsatz.
`.ZeilenabstandArt%`	Siehe FormatAbsatz.
`.Zeilenabstand%$`	Siehe FormatAbsatz.
`.Ausrichtung%`	Siehe FormatAbsatz.
`.AbsatzSteuerung%`	Siehe FormatAbsatz. Für diesen Parameter kann einer der Werte -1, 0 oder 1 angegeben werden. Er entscheidet, ob dieses Absatzformat bei der Suche ignoriert oder berücksichtig wird:

 -1 Das Absatzformat wird bei der Suche ignoriert.
 0 Es werden nur Absätze gefunden, die dieses Absatzformat nicht aufweisen.
 1 Es werden nur Absätze gefunden, die dieses Absatzformat aufweisen.

`.MitNächstemAbsatz%`	Siehe Parameter .AbsatzSteuerung.
`.ZeilenNichtTrennen%`	Siehe Parameter .AbsatzSteuerung.
`.Seitenwechsel%`	Siehe Parameter .AbsatzSteuerung.
`.OhneZeilennumerierung%`	Siehe Parameter .AbsatzSteuerung.
`.NichtTrennen%`	Siehe Parameter .AbsatzSteuerung.
`.Registerkarte%`	Siehe FormatAbsatz.
`.ErstzeilenEinzug%$`	Siehe FormatAbsatz.

BearbeitenSuchenFV
Definiert Formatvorlage für zu suchenden Text.

Gruppe: Suchen und Ersetzen WordBASIC Dialogbefehl

Syntax:

```
BearbeitenSuchenFV .Formatvorlage$
```

Beschreibung:

Mit Hilfe dieses Befehl läßt sich die Formatvorlage einstellen, die der Suchtext bei einem nachfolgenden Aufruf von BearbeitenSuchen oder BearbeitenErsetzen aufweisen muß.

Dialogvariablen:

Name:	Bedeutung
`.Formatvorlage$`	Name der Formatvorlage, mit der der zu suchende Text formatiert sein muß. Die Groß-/Kleinschreibung muß dabei eingehalten werden, sonst wird ein Fehler ausgelöst, weil WinWord die angegebene Formatvorlage als nicht existent erscheint.

BearbeitenSuchenGefunden() *Zeigt an, ob eine Textsuche erfolgreich war.*

Gruppe: Suchen und Ersetzen   WordBASIC Funktion

Syntax:
`x = BearbeitenSuchenGefunden()`

Beschreibung:

Nach dem Aufruf des Befehls BearbeitenSuchen läßt sich mit Hilfe dieser Funktion feststellen, ob die Suche erfolgreich war.

Funktionsergebnis:

Als Ergebnis liefert diese Funktion:

     0   wenn die Suche nicht erfolgreich war.
    -1   wenn die Suche erfolgreich war.

BearbeitenSuchenLöschenFormatierung *Löscht Formatangaben für Suchtext.*

Gruppe: Suchen und Ersetzen   WordBASIC Befehl

Syntax:
`BearbeitenSuchenLöschenFormatierung`

Beschreibung:

Durch den Aufruf dieses Befehls werden alle Formateinstellungen für den Suchtext gelöscht, die zuvor über einen der Befehle BearbeitenSuchenZeichen, BearbeitenSuchenFV etc. eingestellt worden sind. Der Aufruf dieses Befehls empfiehlt sich deshalb vor dem Aufbau einer Formatsuche, um den Ballast vorangegangener Suchoperationen abzuwerfen.

BearbeitenSuchenSprache *Definiert Sprachformat für Suchtext.*

Gruppe: Suchen und Ersetzen   WordBASIC Dialogbefehl

Syntax:
`BearbeitenSuchenSprache .Sprache$`

Beschreibung:

Im Vorfeld eines Aufrufs der Befehle BearbeitenSuchen oder BearbeitenErsetzen läßt sich mit Hilfe dieses Befehls die Sprache einstellen, in der der zu suchende Text formatiert sein muß.

Dialogvariablen:

Name:	Bedeutung
.Sprache$	Der Name der Sprache, die als Formateinstellung für den zu suchenden Text definiert sein muß. Eine Liste der Sprachennamen finden Sie bei der Beschreibung des Befehls ExtrasSprache.

BearbeitenSuchenZeichen   *Definiert die Zeichenformatierung für den Suchtext.*

Gruppe: Suchen und Ersetzen   WordBASIC Dialogbefehl

Syntax:
```
BearbeitenSuchenZeichen [.Punkt%] [, .Unterstrichen%] [, .Farbe%]
[, .Durchstreichen%] [, .Hochgestellt%] [, .Tiefgestellt%]
[, .Verborgen%] [, .Kapitälchen%] [, .Großbuchstaben%] [, .Laufweite%]
[, .Position%$] [, .Unterschneidung%] [, .UnterschneidungMin%$]
<, .Standard> [, .Registerkarte%] [, .Schriftart$] [, .Fett%]
[, .Kursiv%]
```

Beschreibung:
Soll im Rahmen einer Suchoperation mit BearbeitenSuchen oder BearbeitenErsetzen nur Text mit einer bestimmten Zeichenformatierung gefunden werden, so läßt sich diese Formatierung im Vorfeld der Suchoperation mit Hilfe dieses Befehls einstellen.

Dialogvariablen:

Name:	Bedeutung
.Punkt%	Siehe FormatZeichen.
.Unterstrichen%	Siehe FormatZeichen. Für diesen Parameter kann einer von drei Werten eingestellt werden, der darüber entscheidet, ob dieses Format bei der Suche nach Zeichen mit dem gewünschten Format ignoriert werden soll oder nicht.
	-1 Findet Text unabhängig davon, ob er dieses Formatattribut aufweist oder nicht.
	0 Findet nur Text, bei dem dieses Formatattribut auf 0 gesetzt ist.
	1 Findet nur Text, bei dem dieses Formatattribut auf 1 gesetzt ist.
.Farbe%	Siehe FormatZeichen.
.Durchstreichen%	Siehe Parameter .Unterstrichen.
.Hochgestellt%	Siehe Parameter .Unterstrichen.
.Tiefgestellt%	Siehe Parameter .Unterstrichen.
.Verborgen%	Siehe Parameter .Unterstrichen.
.Kapitälchen%	Siehe Parameter .Unterstrichen.
.Großbuchstaben%	Siehe Parameter .Unterstrichen.
.Laufweite%	Siehe FormatZeichen.
.Position%$	Siehe FormatZeichen.
.Unterschneidung%	Siehe Parameter .Unterstrichen.
.UnterschneidungMin%$	Siehe FormatZeichen.
.Registerkarte%	Siehe FormatAbsatz.
.Schriftart$	Siehe FormatAbsatz.
.Fett%	Siehe Parameter .Unterstrichen.

`.Kursiv%`	Siehe Parameter .Unterstrichen.

Schaltflächen:

Name:	Aufgabe
`.Standard`	Siehe FormatAbsatz.

BearbeitenTextmarke

Fügt Textmarke ein, löscht oder markiert sie.

Gruppe: Textmarken   WordBASIC Dialogbefehl

Syntax:

BearbeitenTextmarke .Name$ [, .SortNach%] <, .Hinzufügen> <, .Löschen>
<, .GeheZu>

Beschreibung:

Als Pendant zum Befehl Textmarke aus dem Bearbeiten-Menü bietet Ihnen dieser Befehl die Möglichkeit, eine Textmarke aus einem Makro heraus in das aktuelle Dokument einzufügen, eine bestehende Textmarke zu löschen oder sie zu markieren.

Dialogvariablen:

Name:	Bedeutung
`.Name$`	Name der Textmarke, die durch den Befehlsaufruf angesprochen werden soll.
`.SortNach%`	Dieser Parameter wird nur benötigt, wenn die Dialogbox des Befehls Textmarke mit Hilfe des Dialog-Befehls bzw. der Dialog()-Funktion angezeigt werden soll. In diesem Fall entscheidet er darüber, in welcher Reihenfolge die Textmarken aus dem aktuellen Dokument innerhalb der Listbox "Name der Textmarke" aufgelistet werden.
	0 Nach ihrem Namen in alphabetisch aufsteigender Reihenfolge.
	1 Gemäß ihrer Reihenfolge innerhalb des Dokuments.

Schaltflächen:

Name:	Aufgabe
`.Hinzufügen`	Fügt die angegebene Textmarke an der Position der Einfügemarke in das aktuelle Dokument ein.
`.Löschen`	Löscht die angegebene Textmarke.
`.GeheZu`	Bewegt die Einfügemarke zur angegebenen Textmarke und markiert sie.

BearbeitenVerknüpfungen

Stellt Optionen für ein OLE-Objekt ein.

Gruppe: Objektverknüpfung und -einbettung   WordBASIC Dialogbefehl

Syntax:

BearbeitenVerknüpfungen [.ModusAktualisieren%] [, .Geschützt%]
[, .GrafikSpeichernInDok%] <, .JetztAktualisieren> <, .QuellDateiÖffnen>
<, .VerknüpfungAufheben>, .Verknüpfung$, .Anwendung$, .Element$, .Dateiname$

Beschreibung:

Als Äquivalent des Verknüpfungen-Befehls aus dem Bearbeiten-Menü gestattet dieser Befehl die Einstellung verschiedener Optionen für ein verknüpftes OLE-Objekt.

Dialogvariablen:

Name:	Bedeutung
`.ModusAktualisieren%`	Dieser Parameter bestimmt, wann und wie die Aktualisierung der Verknüpfung erfolgen soll: 0 (default) Automatisch. 1 Manuell.
`.Geschützt%`	Sperrt oder entsperrt die Verknüpfung. Nach dem Sperren findet keine automatische Aktualisierung mehr statt, bis die Sperrung wieder aufgehoben wird. 0 Hebt eine bestehende Sperrung auf. 1 Sperrt die Verknüpfung.
`.GrafikSpeichernInDok%`	Mit Hilfe dieses Parametes läßt sich das grafische Abbild des verknüpften Objekts als Teil des WinWord-Dokuments speichern. 0 Abbild des Objekts nicht im WinWord-Dokument speichern. 1 Abbild des Objekts im WinWord-Dokument speichern.
`.Verknüpfung$`	Bestimmt die Verknüpfung, deren Parameter durch den Aufruf dieses Befehls eingestellt werden sollen. Es muß die Listenposition der Verknüpfung gemäß der Liste der Verknüpfungen innerhalb der Dialogbox des Menübefehls Verknüpfungen angegeben werden. Der Makrobefehl erwartet diese Nummer als String, weil neben den Positionen "1", "2", "3" etc. auch die vordefinierte Textmarke "\Sel" angegeben werden kann, die den Befehl auf die aktuell markierte Verknüpfung bezieht.
`.Anwendung$`	Dieser Parameter bestimmt den Server der Verknüpfung. Dabei muß die Syntax eingehalten werden, wie sie innerhalb der Windows-Konfigurationsdatei WIN.INI im Abschnitt [Embedding] zum Einsatz kommt.
`.Element$`	Dieser Parameter bezeichnet die verknüpften Informationen, beispielsweise der Name einer Textmarke für Text aus einem anderen WinWord-Dokument oder ein Zellbereich für ein Excel-Arbeitsblatt.
`.Dateiname$`	Der Pfad- und Dateiname des Quelldokuments, dem die verknüpften Elemente entstammen.

Schaltflächen:

Name:	Aufgabe
`.JetztAktualisieren`	Durch die Angabe dieser Schaltfläche wird die Verknüpfung aktualisiert, d.h. der aktuelle Inhalt des jeweiligen Objekts geladen und im Rahmen des Dokuments angezeigt.
`.QuellDateiÖffnen`	Die Angabe dieser Schaltfläche öffnet die Quelle der jeweiligen Verknüpfung, um darin das Objekt editieren zu können.
`.VerknüpfungAufheben`	Ersetzt die Verknüpfung durch den aktuellen Inhalt des Objekts, das dadurch nur noch als eingebettetes Objekt vorliegt.

BearbeitenWiederherstellen — *Wiederherstellen der zuletzt rückgängig gemachten Aktion.*

Gruppe: Bearbeiten   WordBASIC Befehl

Syntax:

```
BearbeitenWiederherstellen
```

Beschreibung:

Nachdem eine Aktion durch Aufruf des Befehls BearbeitenRückgängig rückgängig gemacht wurde, läßt sich dieser Prozeß mit Hilfe dieses Befehls selbst wieder rückgängig machen, so daß der ursprüngliche Zustand vor dem Aufruf von BearbeitenRückgängig wieder hergestellt wird.

BearbeitenWiederholen *Wiederholt die letzte Aktion.*

Gruppe: Bearbeiten   WordBASIC Befehl

Syntax:
BearbeitenWiederholen

Beschreibung:

Sofern möglich, wiederholt dieser Befehl die letzte Aktion und wirkt dadurch wie ein Aufruf des Menübefehls Wiederholen aus dem Bearbeiten-Menü.

Beep *Erzeugt ein akustisches Signal.*

Gruppe: Umgebung   WordBASIC Befehl

Syntax:
Beep [BeepCode]

Beschreibung:

Der Beep-Befehl löst die Erzeugung eines akustischen Signals aus, wie es auch unter Word für Windows erklingt, wenn z.B. ein unerlaubter Befehl gewählt wurde.

Parameter:

Name:	*Bedeutung*
BeepCode	Eine Zahl zwischen 1 und 4, die eines von vier verschiedenen Beep-Signalen zum Erklingen bringt. In der Praxis kann dieser Parameter jedoch vernachlässigt werden, nachdem der Beep-Befehl ganz unabhängig vom angegebenen BeepCode immer ein identisches Tonsignal erzeugt.

Anmerkungen:

Die Erzeugung des akustischen Signals unterbleibt, wenn die Windows-Konfigurationsdatei die Zeile "Beep = No" enthält.

BefehlGültig() *Testet die Verfügbarkeit eines Befehls.*

Gruppe: Makros   WordBASIC Funktion

Syntax:
x = BefehlGültig(Befehlsname$)

Beschreibung:

Mit Hilfe dieses Befehls können Sie aus einem Makro heraus feststellen, ob ein bestimmter Menübefehl von WinWord oder ein WordBasic-Befehl existiert bzw. derzeit verfügbar ist.

Funktionsergebnis:

Als Ergebnis liefert diese Funktion:

	-1	wenn der angegebene Befehl verfügbar ist.
	0	wenn der angegebene Befehl nicht bekannt oder im aktuellen Kontext nicht verfügbar ist.

Parameter:

Name:	Bedeutung
Befehlsname$	Name des Befehls gemäß der WordBasic-Syntax "Menüname/Menübefehlsname".

BeginnDokument   *Bewegt Einfügemarke an den Dokumentbeginn.*

Gruppe: Bewegen der Einfügemarke und Markieren   WordBASIC Befehl

Syntax:

BeginnDokument [MarkierungErweitern]

Beschreibung:

Durch den Aufruf dieses Befehls wird die Einfügemarke an den Beginn des Dokumentes bewegt.

Parameter:

Name:	Bedeutung	
MarkierungErweitern	Dieser Parameter bestimmt, ob der überschrittene Text markiert werden soll.	
	0 oder nicht angegeben	Entfernung der aktuellen Textmarkierung. Keine weitere Markierung durchführen.
	<> 0	Aktives Ende der Markierung an den Dokumentanfang bewegen und den dabei überschrittenen Text markieren.

Anmerkungen:

Entspricht der Tastenkombination <Strg> + <Pos1> bzw. <UMSCHALT> + <Strg> + <Pos1> (markieren).

BeginnDokument()   *Bewegt Einfügemarke an den Dokumentbeginn und liefert Erfolgsmeldung.*

Gruppe: Bewegen der Einfügemarke und Markieren   WordBASIC Funktion

Syntax:

x = BeginnDokument([MarkierungErweitern])

Beschreibung:

Durch den Aufruf dieser Funktion wird die Einfügemarke an den Beginn des Dokumentes bewegt.

Funktionsergebnis:

Der Rückgabewert gibt an, ob die Einfügemarke tatsächlich bewegt wurde.

	0	Einfügemarke wurde nicht bewegt. Der Rückgabewert ist auch dann 0, wenn die Einfügemarke schon am Dokumentanfang steht.
	-1	Die Einfügemarke (inkl. aktivem Ende der Markierung) wurde an den Textanfang gesetzt.

Parameter:

Name:	Bedeutung
`MarkierungErweitern`	Dieser Parameter bestimmt, ob der überschrittene Text markiert werden soll.

0 oder nicht angegeben	Entfernung der aktuellen Textmarkierung. Keine weitere Markierung durchführen.
<>0	Aktives Ende der Markierung an den Dokumentanfang bewegen, und den dabei überschrittenen Text markieren.

Anmerkungen:

Entspricht der Tastenkombination <Strg> + <Pos1> bzw. <UMSCHALT> + <Strg> + <Pos1> (markieren).

BeginnFenster
Bewegt die Einfügemarke in die erste Fensterzeile.

Gruppe: Bewegen der Einfügemarke und Markieren　　　　　　　WordBASIC Befehl

Syntax:

```
BeginnFenster [MarkierungErweitern]
```

Beschreibung:

Dieser Befehl muß aufgerufen werden, um die Einfügemarke in die linke obere Ecke des Fensters zu setzen. Der Inhalt des Fensters wird dabei nicht verschoben.

Parameter:

Name:	Bedeutung
`MarkierungErweitern`	Dieser Parameter bestimmt, ob der durch die Bewegung überschrittene Text markiert werden soll.

0 oder nicht angegeben	Die aktuelle Textmarkierung wird aufgehoben, und die Einfügemarke ohne weitere Markierungen bewegt.
<> 0	Die Position des aktiven Endes der Markierung ist identisch mit der Position der Einfügemarke. Der Text zwischen aktivem Ende der Markierung und dem Beginn der Markierung wird markiert.

Anmerkungen:

Entspricht der Tastenkombination <Strg> + <BildAb> bzw. <UMSCHALT> + <Strg> + <BildAb> (markieren).

BeginnFenster()
Bewegt die Einfügemarke in die erste Fensterzeile und liefert Erfolgsmeldung.

Gruppe: Bewegen der Einfügemarke und Markieren　　　　　　　WordBASIC Funktion

Syntax:

```
x = BeginnFenster([MarkierungErweitern])
```

Beschreibung:

Diese Funktion muß aufgerufen werden, um die Einfügemarke in die linke obere Ecke des Fensters zu setzen. Der Inhalt des Fensters wird dabei nicht verschoben.

Funktionsergebnis:

Der Rückgabewert der Funktion gibt an, ob die Einfügemarke tatsächlich bewegt wurde.

	0	Einfügemarke wurde nicht bewegt, weil die Einfügemarke schon in der linken oberen Ecke des Fensters steht.
	-1	Einfügemarke wurde bewegt.

Parameter:

Name:	Bedeutung
MarkierungErweitern	Dieser Parameter bestimmt, ob der durch die Bewegung überschrittene Text markiert werden soll.
	0 oder nicht angegeben — Die aktuelle Textmarkierung wird aufgehoben, und die Einfügemarke ohne weitere Markierungen bewegt.
	<> 0 Die Position des aktiven Endes der Markierung ist identisch mit der Position der Einfügemarke. Der Text zwischen aktivem Ende der Markierung und dem Beginn der Markierung wird markiert.

Anmerkungen:

Entspricht der Tastenkombination <Strg> + <BildAb> bzw. <UMSCHALT> + <Strg> + <BildAb> (markieren).

BeginnSpalte   *Bewegt Einfügemarke in die erste Zeile der aktuellen Tabellenspalte.*

Gruppe: Bewegen der Einfügemarke und Markieren   WordBASIC Befehl

Syntax:

BeginnSpalte [MarkierungErweitern]

Beschreibung:

Dieser Befehl bewegt die Einfügemarke in die erste Zeile der aktuellen Tabellenspalte - also in die erste Zeile der Spalte, in der sich die Einfügemarke befindet. Dabei kann angegeben werden, ob die Markierung erweitert werden soll.

Parameter:

Name:	Bedeutung
MarkierungErweitern	Gibt an, ob die Markierung erweitert werden soll. Ob die Markierung jedoch tatsächlich "erweitert" wird, hängt von der Art der Markierung ab.
	0 oder nicht angegeben — Entfernung der aktuellen Markierung in der Tabelle.
	<> 0 Erweiterung der Markierung bis zur neuen Einfügeposition. Dabei ist zu beachten, daß das aktive Ende einer Markierung bewegt wird, und so die resultierende Markierung stark vom Beginn des Markierungsvorgangs abhängt.

Anmerkungen:

Befindet sich die Einfügemarke nicht in einer Tabelle oder sind sowohl Bereiche der Tabelle als auch Bereiche des umgebenden Textes markiert, wird beim Aufruf dieser Funktion ein Fehler gemeldet.

Diese Funktion entspricht keiner der namentlich bekannten Bewegungstasten.

BeginnSpalte()   *Bewegt Einfügemarke in die erste Zeile der aktuellen Tabellenspalte und liefert Erfolgsmeldung.*

Gruppe: Bewegen der Einfügemarke und Markieren   WordBASIC Funktion

Syntax:
```
x = BeginnSpalte([MarkierungErweitern])
```

Beschreibung:

Diese Funktion bewegt die Einfügemarke in die erste Zeile der aktuellen Tabellenspalte. Dabei kann angegeben werden, ob die Markierung erweitert werden soll.

Funktionsergebnis:

Der Rückgabewert gibt an, ob die Einfügemarke - und damit auch eine eventuelle Markierung - bewegt wurde.

	0	Einfügeposition wurde nicht verändert, da sich die Einfügemarke schon am Spaltenanfang befindet.
	<> 0	Einfügemarke wurde bewegt, und Markierung erweitert (falls gewünscht).

Parameter:

Name: *Bedeutung*

MarkierungErweitern   Gibt an, ob die Markierung erweitert werden soll. Ob die Markierung jedoch tatsächlich "erweitert" wird, hängt von der Art der Markierung ab.

    0 oder nicht angegeben   Entfernung der aktuellen Markierung in der Tabelle.

    <> 0 Erweiterung der Markierung bis zur neuen Einfügeposition. Dabei ist zu beachten, daß das aktive Ende einer Markierung bewegt wird, und so die resultierende Markierung stark vom Beginn des Markierungsvorgangs abhängt.

Anmerkungen:

Befindet sich die Einfügemarke nicht in einer Tabelle oder sind sowohl Bereiche der Tabelle als auch Bereiche des umgebenden Textes markiert, wird beim Aufruf dieser Funktion ein Fehler gemeldet.

Diese Funktion entspricht keiner der namentlich bekannten Bewegungstasten.

BeginnTabellenzeile   *Bewegt Einfügemarke in die erste Spalte der aktuellen Tabellenzeile.*

Gruppe: Bewegen der Einfügemarke und Markieren   WordBASIC Befehl

Syntax:
```
BeginnTabellenzeile [MarkierungErweitern]
```

Beschreibung:

Diese Funktion bewegt die Einfügemarke in die erste Spalte der aktuellen Tabellenspalte (dort befindet sich also die Einfügemarke). Dabei kann angegeben werden, ob die Markierung erweitert werden soll.

Parameter:

Name: *Bedeutung*

MarkierungErweitern   Gibt an, ob die Markierung erweitert werden soll. Ob die Markierung jedoch tatsächlich "erweitert" wird, hängt von der Art der Markierung ab.

    0   Entfernung der aktuellen Markierung in der Tabelle.

    <> 0 Erweiterung der Markierung bis zur neuen Einfügeposition. Dabei ist zu beachten, daß das aktive Ende einer Markierung bewegt wird, und so die resultierende Markierung stark vom Beginn des Markierungsvorgangs abhängt.

Anmerkungen:

Befindet sich die Einfügemarke nicht in einer Tabelle oder sind sowohl Bereiche der Tabelle als auch Bereiche des umgebenden Textes markiert, wird beim Aufruf dieser Funktion ein Fehler gemeldet.

Dieser Befehl entspricht keiner der namentlich bekannten Bewegungstasten.

BeginnTabellenzeile() *Bewegt Einfügemarke in die erste Spalte der aktuellen Tabellenzeile und liefert Erfolgsmeldung.*

Gruppe: Bewegen der Einfügemarke und Markieren　　　　　　　　　　WordBASIC Funktion

Syntax:

```
x = BeginnTabellenzeile([MarkierungErweitern])
```

Beschreibung:

Diese Funktion bewegt die Einfügemarke in die erste Spalte der aktuellen Tabellenzeile (dort befindet sich die Einfügemarke). Dabei kann angegeben werden, ob die Markierung erweitert werden soll.

Funktionsergebnis:

Der Rückgabewert gibt an, ob die Einfügemarke - und damit auch eine eventuelle Markierung - bewegt wurde.

	0	Einfügeposition wurde nicht verändert, da sich die Einfügemarke schon in der ersten Spalte der aktuellen Zeile befindet.
	-1	Einfügemarke wurde bewegt, und Markierung erweitert.

Parameter:

Name:　　　　　　　　　　*Bedeutung*

MarkierungErweitern　　Gibt an, ob die Markierung erweitert werden soll. Ob die Markierung jedoch tatsächlich "erweitert" wird, hängt von der Art der Markierung ab.

　　　　　　　　　　　　0　　Entfernung der aktuellen Markierung in der Tabelle.
　　　　　　　　　　　　<> 0　Erweiterung der Markierung bis zur neuen Einfügeposition. Dabei ist zu beachten, daß das aktive Ende einer Markierung bewegt wird, und so die resultierende Markierung stark vom Beginn des Markierungsvorgangs abhängt.

Anmerkungen:

Befindet sich die Einfügemarke nicht in einer Tabelle oder sind sowohl Bereiche der Tabelle als auch Bereiche des umgebenden Textes markiert, wird beim Aufruf dieser Funktion ein Fehler gemeldet.

Diese Funktion entspricht keiner der namentlich bekannten Bewegungstasten.

BeginnTextmarkeBestimmen　　　　　　　　　　*Beginn einer Textmarke angeben.*

Gruppe: Textmarken　　　　　　　　　　　　　　　　　　　　　　　　WordBASIC Befehl

Syntax:

```
BeginnTextmarkeBestimmen Textmarke1$ [, Textmarke2$]
```

Beschreibung:

Dieser Befehl setzt den Beginn einer Textmarke auf den einer anderen.

Parameter:

Name:	Bedeutung
`Textmarke1$`	Name der Textmarke, deren Beginn der zweiten angegebenen Textmarke zugewiesen werden soll.
`Textmarke2$`	Name der Textmarke, deren Beginn mit dem Beginn der ersten Textmarke übereinstimmen soll. Wird dieser Parameter nicht angegeben, so bleibt dieser Befehl ohne Wirkung, da der Beginn der ersten Textmarke auf den Beginn der ersten Textmarke gesetzt wird, was eigentlich unnötig ist.

Anmerkungen:

Textmarken sind nicht nur auf ein einzelnes Zeichen beschränkt, sondern können über ganze Bereiche/Markierungen, Grafiken, Tabellen ausgedehnt werden. Um die Größe einer Textmarke festzulegen, werden die Befehle BeginnTextmarkeBestimmen und EndeTextmarkeBestimmen verwendet.

BeginnZeile

Bewegt Einfügemarke auf das erste Zeichen der aktuellen Zeile.

Gruppe: Bewegen der Einfügemarke und Markieren   WordBASIC Befehl

Syntax:

```
BeginnZeile [MarkierungErweitern]
```

Beschreibung:

Durch Aufruf dieser Funktion wird die Einfügemarke auf das erste Zeichen der aktuellen Zeile bewegt. Es kann angegeben werden, ob dabei die Markierung erweitert werden soll.

Parameter:

Name:	Bedeutung	
`MarkierungErweitern`	Gibt an, ob eine Markierung erweitert werden soll, oder ob die bestehende Markierung entfernt werden soll.	
	0 oder nicht angegeben	Entfernen der aktuellen Markierung.
	<> 0	Erweitern der Markierung durch Setzen des aktiven Endes der Markierung auf die neue Position der Einfügemarke.

Anmerkungen:

Entspricht der Taste <Pos1> bzw. der Taste <UMSCHALT> + <Pos1> (markieren).

BeginnZeile()

Bewegt Einfügemarke auf das erste Zeichen der aktuellen Zeile und liefert Erfolgsmeldung.

Gruppe: Bewegen der Einfügemarke und Markieren   WordBASIC Funktion

Syntax:

```
x = BeginnZeile([MarkierungErweitern])
```

Beschreibung:

Durch Aufruf dieser Funktion wird die Einfügemarke auf das erste Zeichen der aktuellen Zeile bewegt. Es kann angegeben werden, ob dabei die Markierung erweitert werden soll.

Funktionsergebnis:

Als Ergebnis liefert diese Funktion:

    0   Einfügemarke wurde nicht bewegt, weil sie sich schon am Zeilenanfang befindet.
   -1   Einfügemarke wurde mindestens ein Zeichen weiter bewegt.

Parameter:

Name:	Bedeutung
`MarkierungErweitern`	Gibt an, ob eine Markierung erweitert werden soll, oder ob die bestehende Markierung entfernt werden soll.
	0 oder nicht angegeben Entfernen der aktuellen Markierung.
	<> 0 Erweitern der Markierung durch Setzen des aktiven Endes der Markierung auf die neue Einfügemarke.

Anmerkungen:

Entspricht der Taste <Pos1> bzw. der Taste <UMSCHALT> + <Pos1> (markieren).

BestimmenFormularFeldergebnis   *Setzt den Wert eines Formularfeldes.*

Gruppe: Formulare   WordBASIC Befehl

Syntax:

`BestimmenFormularFeldergebnis Textmarkenname$, Wert[$] [, AlsVorgabe]`

Beschreibung:

Mit diesem Befehl legen Sie den Wert eines Formularfeldes fest, der daraufhin sofort im Formular angezeigt wird. Sie können mit dieser Funktion auch dafür sorgen, daß der übergebene Wert gleichzeitig zum Vorgabewert wird, der automatisch angezeigt wird, wenn eine weitere Kopie dieses Formulars erstellt wird und Online vom Anwender ausgefüllt werden soll.

Parameter:

Name:	Bedeutung	
`Textmarkenname$`	Name des Formularfeldes. Dieser Name wird bei der Erstellung des Formularfeldes vergeben.	
`Wert[$]`	Wert, der dem Formularfeld zugewiesen werden soll. Dieser hängt vom Typ des Formularfeldes ab:	
	für Kontrollkästchen	0: Kontrollkästchen-Kreuz verschwindet. 1: Kontrollkästchen wird ausgefüllt (s. Lottoschein).
	für Dropdown-Element	Numerische Werte geben den Elementindex des zu aktivierenden Eintrags an. Wird ein String angegeben, so enthält dieser die Zeichenfolge des zu aktivierenden Eintrags.
	für Textfeld	Zeichenfolge, die im Textfeld erscheinen soll.
`AlsVorgabe`	Dieser Parameter gibt an, ob der dem Formularfeld zugewiesene Wert als Vorgabewert verwendet werden soll.	
	0 Wert nicht als Vorgabewert verwenden.	
	1 Wert als neuen Vorgabewert verwenden.	

Anmerkungen:
Word bietet die Möglichkeit, Formulare zu erstellen, und die einzelnen Formularfelder am Bildschirm vom Anwender ausfüllen zu lassen. Da die einzelnen Formularfelder mit Makros verbunden werden können, die bei der Aktivierung oder beim Verlassen eines Formularfeldes aufgerufen werden, ist man in der Lage, recht komplexe interaktive Formular-Anwendungen zu entwickeln. Um aber Interaktionen vornehmen zu können, wird durch diese Funktion ein Weg geschaffen, die Inhalte der Formularfelder den neuen Gegebenheiten anzupassen.

Wird der Befehl ExtrasDokumentSchützen mit dem Parameter .KeineVorgabe = 1 aufgerufen, werden die Formularfelder eines Formulars nicht mit ihren Standardwerten bestückt, sondern behalten - auch bei immer wiederkehrender Bearbeitung - ihre alten Werte.

BildAb

Bewegt die Einfügemarke seitenweise nach unten.

Gruppe: Bewegen der Einfügemarke und Markieren   WordBASIC Befehl

Syntax:
BildAb [Anzahl] [, MarkierungErweitern]

Beschreibung:
Dieser Befehl bewegt die Einfügemarke bildschirmseitenweise nach unten.

Parameter:

Name:	Bedeutung
Anzahl	Gibt die Anzahl der Bildschirmseiten an, die die Einfügemarke nach unten bewegt werden soll.
	<= 0 oder nicht angegeben Bewegt die Einfügemarke um eine Bildschirmseite nach unten.
	> 0 Bewegt die Einfügemarke die angegebene Anzahl von Bildschirmseiten nach unten.
MarkierungErweitern	Dieser Parameter bestimmt, ob der überschrittene Text markiert werden soll.
	0 oder nicht angegeben Entfernung der aktuellen Textmarkierung. Keine weitere Markierung durchführen.
	<> 0 Aktives Ende der Markierung eine Bildschirmseite nach unten bewegen und den dabei überschrittenen Text markieren.

Anmerkungen:
Entspricht der gleichnamigen Taste bzw. der gleichnamigen Taste in Verbindung mit <UMSCHALT> (markieren).

BildAb()

Bewegt die Einfügemarke seitenweise nach unten und liefert Erfolgsmeldung.

Gruppe: Bewegen der Einfügemarke und Markieren   WordBASIC Funktion

Syntax:
x = BildAb([Anzahl] [, MarkierungErweitern])

Beschreibung:
Dieser Befehl bewegt die Einfügemarke bildschirmseitenweise nach unten.

31 • Makroreferenz

Funktionsergebnis:

Gibt an, ob die Einfügemarke tatsächlich bewegt wurde.

	0	Keine Bewegung der Einfügemarke, da diese sich in der letzten Zeile des Dokumentes befindet.
	-1	Die Einfügemarke wurde bewegt. Auch wenn die Einfügemarke nicht genau eine Bildschirmseite weiterbewegt wurde, wird von dieser Funktion -1 zurückgegeben.

Parameter:

Name:	Bedeutung
`Anzahl`	Gibt die Anzahl der Bildschirmseiten an, die die Einfügemarke nach unten bewegt werden soll.
	<= 0 oder nicht angegeben — Die Einfügemarke wird eine Bildschirmseite nach unten bewegt.
	> 0 — Bewegt die Einfügemarke die angegebene Anzahl von Bildschirmseiten nach unten.
`MarkierungErweitern`	Dieser Parameter bestimmt, ob der überschrittene Text markiert werden soll.
	0 oder nicht angegeben — Entfernung der aktuellen Textmarkierung. Keine weitere Markierung durchführen.
	<> 0 — Aktives Ende der Markierung eine Bildschirmseite nach unten bewegen und den dabei überschrittenen Text markieren.

Anmerkungen:

Entspricht der gleichnamigen Taste bzw. der gleichnamigen Taste in Verbindung mit <UMSCHALT> (markieren).

BildAuf

Bewegt die Einfügemarke seitenweise nach oben.

Gruppe: Bewegen der Einfügemarke und Markieren   WordBASIC Befehl

Syntax:

BildAuf [Anzahl] [, MarkierungErweitern]

Beschreibung:

Dieser Befehl bewegt die Einfügemarke bildschirmseitenweise nach oben.

Parameter:

Name:	Bedeutung
`Anzahl`	Gibt die Anzahl der Bildschirmseiten an, die die Einfügemarke nach oben bewegt werden soll.
	<= 0 oder nicht angegeben — Bewegt Einfügeposition eine Bildschirmseite nach oben.
	> 0 — Bewegt die Einfügemarke die angegebene Anzahl von Bildschirmseiten nach oben.
`MarkierungErweitern`	Dieser Parameter bestimmt, ob der überschrittene Text markiert werden soll.
	0 oder nicht angegeben — Entfernung der aktuellen Textmarkierung. Keine weitere Markierung durchführen.
	<> 0 — Aktives Ende der Markierung eine Bildschirmseite nach oben bewegen und den dabei überschrittenen Text markieren.

Anmerkungen:

Entspricht der gleichnamigen Taste bzw. der gleichnamigen Taste in Verbindung mit <UMSCHALT> (markieren).

BildAuf() — *Bewegt die Einfügemarke seitenweise nach oben und liefert Erfolgsmeldung.*

Gruppe: Bewegen der Einfügemarke und Markieren   WordBASIC Funktion

Syntax:
```
x = BildAuf([Anzahl] [, MarkierungErweitern])
```

Beschreibung:
Dieser Befehl bewegt die Einfügemarke bildschirmseitenweise nach oben.

Funktionsergebnis:
Als Ergebnis liefert diese Funktion:

	0	Keine Bewegung der Einfügemarke, da diese sich am Anfang des Dokumentes befindet.
	-1	Die Einfügeposition wurde bewegt. Auch wenn die Einfügeposition nicht genau eine Bildschirmseite weiterbewegt wurde, wird von dieser Funktion der Wert -1 zurückgegeben.

Parameter:

Name:	Bedeutung
`Anzahl`	Gibt die Anzahl der Bildschirmseiten an, die die Einfügemarke nach oben bewegt werden soll.
	<= 0 oder nicht angegeben Die Einfügemarke wird eine Bildschirmseite weiter bewegt.
	<> 0 Die Einfügemarke wird um die angegebene Anzahl von Bildschirmseiten weiterbewegt.
`MarkierungErweitern`	Gibt an, ob der überschrittene Text markiert werden soll.
	0 oder nicht angegeben Überschrittener Text wird nicht markiert.
	<> 0 Das aktive Ende der Markierung wird bewegt, und somit auf die Position der Einfügemarke gesetzt.

Anmerkungen:

Entspricht der gleichnamigen Taste bzw. der gleichnamigen Taste in Verbindung mit <UMSCHALT> (markieren).

Call — *Ruft ein Makro und/oder eine Subroutine auf.*

Gruppe: BASIC-Befehle und -Funktionen   BASIC Befehl

Syntax:
```
[Call] [MakroName.]UnterName [Argumentliste]
```

Beschreibung:
Durch diesen Befehl wird eine Unterfunktion aufgerufen. Allerdings kann das Call-Schlüsselwort auch weggelassen werden, so daß ein Makro einfach durch Angabe seines Namens zur Ausführung gebracht werden kann. Den Namen eines Makros muß man jedoch in zwei Fällen angeben:

1.) Wenn man versucht ein Makro selbst zu starten,

oder

2.) wenn man eine Unterfunktion (Subroutine) eines Makros verwenden will.

Im zweiten Fall gibt man den Namen der aufzurufenden Funktion einfach geführt vom Namen des Makros in dem die Subroutine definiert wurde geführt von einem Punkt (".") an. (CALL Makro.SubFun "DemoParm") Wollen Sie eine Funktion im eigenen Makro aufrufen, dann muß der Makroname natürlich nicht angegeben werden.

Benötigen die Unterfunktionen/Makros Parameter, so werden diese wie beim Aufruf eines WordBasic-Befehls angegeben.

Parameter:

Name:	*Bedeutung*
`MakroName`	Name des Makros, in dem die benötigte Unterfunktion/-routine definiert wurde. Wird eine Funktion innerhalb des aktuellen Makros aufgerufen, kann dieser Parameter weggelassen werden.

Anmerkungen:

Das Call-Kommando ist ein wenig aus der Mode gekommen, und wird von vielen Programmierern der Bequemlichkeit halber einfach weggelassen. Also: vergessen Sie Call ganz schnell wieder. Vergessen Sie aber nicht, daß Sie immer die geforderten Parameter angeben müssen.

Verwenden Sie dennoch den Call-Befehl, so dürfen keine Parameter "nach Wert" in der Argumentliste auftauchen. Ohne Call dürfen diese allerdings beim Aufruf aller Funktionen/Routinen verwendet werden.

Im Normalfall erfolgt die Parameterübergabe als Referenzparameter. Das bedeutet, daß die Änderungen eines übergebenen Parameters auch dem Aufrufer der Funktion zugänglich werden. Werden Parameter jedoch "als Wert" übergeben, kann die aufgerufene Funktion die Parameter soviel ändern wie sie will - der Aufrufer wird von diesen Änderungen nichts erfahren.

CancelButton   *Erzeugt eine "Abbrechen"-Schaltfläche in einem benutzerdefinierten Dialogfeld.*

Gruppe: Dialogfelddefinitionen und Steuerelemente   WordBASIC Befehl

Syntax:

`CancelButton X, Y, Breite, Höhe [, .DialogvarName]`

Beschreibung:

Durch diesen Befehl wird eine "Abbrechen"-Schaltfläche in ein Dialogfeld gesetzt. Diese Schaltfläche sorgt nach der Auswahl automatisch dafür, daß der Dialog abgebrochen wird, und sollte aus bedientechnischen Gründen nur einmal in einem Dialogfeld erscheinen.

Parameter:

Name:	*Bedeutung*
`X`	Horizontale Position (X-Richtung) der "Abbrechen"-Schaltfläche. Diese wird wie die Position und Größe aller Dialogfeldelemente in sogenannten Dialog-Einheiten angegeben, deren Einheit ein Vielfaches der Größe der aktuellen Systemschriftart beträgt: 1 Dialogbox-Einheit in X-Richtung: 1/8 * Systemschriftartbreite. 1 Dialogbox-Einheit in Y-Richtung: 1/12 * Systemschriftarthöhe.
`Y`	Vertikale Position der Abbrechen-Schaltfläche (1/12 der Systemschrifthöhe).
`Breite`	Breite der Schaltfläche (in Dialog-Einheiten).
`Höhe`	Höhe der Schaltfläche (in Dialog-Einheiten).

`.DialogvarName`   Um Aussehen und Aktivitäten der Dialogfeldelemente (wie z.B. einer Schaltfläche) zu ändern, muß den entsprechenden Funktionen mitgeteilt werden, wen oder was diese Funktionen ändern sollen. Befehle zum Bearbeiten von Dialogelementen fordern daher einen eindeutigen Bezeichner, der hier angegeben werden kann. Wird auf diese Angabe verzichtet vergibt WordBasic den Bezeichner "Abbrechen" für den Zugriff auf dieses Dialogelement.

ChDefaultDir
Ändert ein Vorgabe-Verzeichnis.

Gruppe: Datenträgerzugriff und -verwaltung   WordBASIC Befehl

Syntax:
```
ChDefaultDir Pfad$, Art
```

Beschreibung:
Um auf Ihrer Festplatte nicht ein großes Datei-Chaos entstehen zu lassen, speichert Word seine Dateien in verschiedenen Verzeichnissen ab. Jedes dieser Verzeichnisse dient zur Aufnahme eines bestimmten Datei-Typs (Texte, Vorlagen, Bilder). Beim Speichern einiger Dateien (z.B.) Texte, besteht aber für den Benutzer innerhalb entsprechender Dialogfelder die Möglichkeit, andere als die hier vorgegebenen Verzeichnisse zu verwenden.

Parameter:

Name:	Bedeutung
Pfad$	Gibt das neue Vorgabe-Verzeichnis an.
Art	Bestimmt, für welchen Datei-Typ das Verzeichnis angegeben werden soll:
0	DOC-PATH. Hier werden die Dokumente gespeichert.
1	PICTURE-PATH. Hier werden die verwendeten Bilder gespeichert.
2	USER-DOT-PATH. Gibt den Namen des Verzeichnisses für die Einzelbenutzer-Dokumentvorlagen an.
3	WORKGROUP-DOT-PATH. Gibt den Namen des Verzeichnisses der von Arbeitsgruppen verwendeten Dokumentvorlagen an (Netzwerk).
4	INI-PATH. Gibt das Verzeichnis der WINWORD6.INI Dateien (Betriebssystemdateien) an.
5	AUTOSAVE-PATH. Wird während des automatischen Abspeicherns der Dateien benutzt.
6	TOOLS-PATH. In diesem Verzeichnis befinden sich die Word-Werkzeug-Programme, wie der Thesaurus etc.
7	CBT-PATH. Dieses Verzeichnis enthält die Beispiele.
8	STARTUP-PATH. Verzeichnis in dem die Autostart Makros, Vorlagen etc. gespeichert werden.
15	Das Verzeichnis in dem die Dokumentvorlagen des Formatvorlagenkatalogs gespeichert werden.
9-14	Diese Verzeichnisse können nicht geändert werden, liefern als Parameter für DefaultDir$() aber dennoch Rückgabewerte, um Laufzeitfehler zu vermeiden.

ChDir
Wechselt das aktuelle Verzeichnis.

Gruppe: Datenträgerzugriff und -verwaltung   WordBASIC Befehl

Syntax:
```
ChDir Verzeichnisname$
```

Beschreibung:

Nach dem Aufruf dieses Befehls, werden beim nächsten Aufruf des Dokument-Öffnen Dialogfeldes die *.DOC - Dateien des hier angegebenen Verzeichnisses angezeigt. Das aktuelle Verzeichnis wird allerdings auch von einigen Datei...-Befehlen verwendet.

Parameter:

Name:	Bedeutung
`Verzeichnisname$`	Das hier angegebene Verzeichnis wird beim nächsten Öffnen des Datei|Öffnen Dialogfeldes als Vorgabeverzeichnis verwendet. In der Dialogbox werden zuerst die Dokumente dieses Verzeichnisses zum Öffnen bereitgestellt. Ändert der Benutzer dieses Verzeichnis jedoch in der Dialogbox, überschreibt diese interaktive Änderung das hier programmierte Verzeichnis und bleibt bis zur nächsten Änderung erhalten.

CheckBox   *Erstellt ein Kontrollkästchen.*

Gruppe: Dialogfelddefinitionen und Steuerelemente   WordBASIC Befehl

Syntax:
```
CheckBox X, Y, Breite, Höhe, Beschriftung$, .DialogvarName
```

Beschreibung:

Durch diesen Befehl wird ein Kontrollkästchen erzeugt, das in eigenen Dialogfeldern verwendet werden kann. Über den nicht optionalen Bezeichner kann der Zustand des Kontrollkästchens abgefragt und geändert werden.

Parameter:

Name:	Bedeutung
`X`	Horizontale Position des Kontrollkästchens (angegeben in 1/8 Systemschriftbreite).
`Y`	Vertikale Position des Kontrollkästchens (angegeben in 1/12 Systemschrifthöhe).
`Breite`	Breite des Kontrollkästchens (angegeben in 1/8 Systemschriftbreite).
`Höhe`	Höhe des Kontrollkästchens (angegeben in 1/12 Systemschrifthöhe).
`Beschriftung$`	Der dem Kontrollkästchen zugeordnete Text. Enthält dieser Text ein Kaufmanns-Und (&), so beschreibt das dem '&' folgende Zeichen die Zugriffstaste (Tastenkürzel) des Kontrollkästchens.
`.DialogvarName`	Der hier angegebene Name wird für den Zugriff auf das Kontrollkästchen benötigt. Wenn sich das Kontrollkästchen im Dialog-Datensatz "Dialog" befindet, so wird auf den Zustand des Kontrollkästchen über "Dialog.Bezeichner" zugegriffen. Soll mit einer Benutzerdialog-Funktion auf dieses Dialogelement zugegriffen werden, so muß der angegebene Bezeichner als Argument der Funktion DlgWert() übergeben werden.
	0 Das Kontrollkästchen ist nicht ausgewählt
	1 Das Kontrollkästchen wurde ausgewählt.
	-1 Das Kontrollkästchen befindet sich in einem undefinierten oder dritten Zustand zwischen ausgewählt und nicht ausgewählt. Sichtbar wird dies dadurch, daß das Kontrollkästchen grau ausgefüllt ist.

Chr$()

Wandelt Zahl in ANSI-Zeichen um.

Gruppe: BASIC-Befehle und -Funktionen   WordBASIC Funktion

Syntax:

`Chr$(ZeichenCode)`

Beschreibung:

Ihr Computer weist jedem einzelnen Zeichen eine eindeutige Nummer zu. Im allgemeinen können String-Variablen über die Tastatur eingegeben werden. Anders sieht es allerdings bei Tasten aus, die eine Aktion auslösen (z.B. EINGABE). Wollen Sie einer String-Variablen z.B. eine Zeilenschaltung zuweisen, kann dieses Zeichen nicht einfach eingegeben werden, sondern muß mit Hilfe der Chr$()-Funktion zugewiesen werden (z$ = "Zeile" + Chr$(13))).

Parameter:

Name:	Bedeutung
`ZeichenCode`	ANSI-Code des zu erzeugenden Zeichens
	9 Tabstop (<TAB>)
	11 Zeilenende (<UMSCHALT> + <EINGABE>)
	13 Wagenrücklauf (<EINGABE>)
	30 Geschützter Bindestrich
	31 Bedingter Bindestrich
	32 Leerzeichen
	34 Anführungszeichen
	132 Anführungszeichen unten (typographisch)
	147 Anführungszeichen oben (typographisch)
	160 Geschütztes Leerzeichen

Close

Schließt Datei.

Gruppe: BASIC-Befehle und -Funktionen   WordBASIC Befehl

Syntax:

`Close [#DateiNummer]`

Beschreibung:

Mit dieser Funktion wird eine durch Open geöffnete Datei wieder geschlossen. WordBasic erlaubt die Änderung beliebiger Dateien. Die durch Open geöffneten Dateien erscheinen aber nicht in einem Textfenster, sondern werden im Hintergrund (ohne Erzeugung eines Bearbeitungsfensters) geöffnet und können nur durch die Datei...-Befehle verändert werden.

Parameter:

Name:	Bedeutung
`#DateiNummer`	Nummer der Datei, die geschlossen werden soll. Die Angabe des Doppelkreuzes (#) ist dabei optional. Beim Öffnen einer Datei, wird dieser vom Betriebssystem eine eindeutige Nummer zugewiesen, die so lange gültig bleibt, bis die Datei wieder geschlossen wird. Geben Sie keine Dateinummer an, schließt Close alle während der Arbeit mit WordBasic durch Open geöffneten Dateien (Dokumente in Bearbeitungsfenstern werden von Close nicht betroffen).

ComboBox
Erstellt ein Kombinationsfeld.

Gruppe: Dialogfelddefinitionen und Steuerelemente WordBASIC Befehl

Syntax:
ComboBox X, Y, Breite, Höhe, Feldvariable$(), .DialogvarName

Beschreibung:
Kombinationsfelder sind Eingabefelder mit angegliederter Auswahlliste. Somit muß neben der Größe und Position des Kombinationsfeldes auch dessen Inhalt angegeben werden. Beachten Sie, daß die Eingabefelder eines Kombinationsfeldes nicht zur Eingabe eines beliebigen Textes verwendet werden können, sondern nur zur Anzeige der angegebenen Auswahlen fähig sind.

Parameter:

Name:	Bedeutung
`X`	Horizontale Position des Kombinationsfeldes (1/8 Systemschriftbreite).
`Y`	Vertikale Position des Kombinationsfeldes (1/12 Systemschrifthöhe).
`Breite`	Breite des Kombinationsfeldes (1/8 Systemschriftbreite).
`Höhe`	Höhe des Kombinationsfeldes (1/12 Systemschrifthöhe). Angegeben wird hier die Höhe des Kombinationsfeldes in aufgeklapptem Zustand - also dann, wenn die zur Verfügung stehenden Auswahlen gezeigt werden. Ist diese Liste nicht aufgeklappt, wird das Kombinationsfeld als Textfeld mit der Standardhöhe von 20 Dialog-Einheiten angezeigt.
`Feldvariable$()`	Dieses eindimensionale String-Array enthält die zur Verfügung stehenden Auswahlen. Die Anzahl der zur Auswahl stehenden Einträge wird durch das letzte, verwendete Feld bestimmt. Wenn Sie in einem 6 Felder großen Array also nur dem ersten (ausw$(0) = "1") und dem vierten Feld (ausw$(3) = "4") einen Wert zugewiesen haben, werden in der Listbox 4 Einträge gezeigt, von denen jedoch 2 als Leerzeilen erscheinen (ausw$(1) + ausw$(2)).
`.DialogvarName`	Dieser Bezeichner dient zur Identifikation des Kombinationsfeldes. Wollen Sie später einmal den Zustand des Kombinationsfeldes ändern, so müssen Sie das über den hier angegebenen Bezeichner bewerkstelligen. Die Angabe des $-Zeichens hinter dem eigentlichen Bezeichner-Namen ist optional, und kann dazu verwendet werden, darauf hinzuweisen, daß es sich beim Bezeichner um einen Namen (keine String-Variable) handelt.

Anmerkungen:
s. Begin Dialog ... End Dialog

Date$()
Ermittelt Datumstext aus Seriennummer.

Gruppe: Datum und Uhrzeit WordBASIC Funktion

Syntax:
Date$([Seriennummer])

Beschreibung:
Durch diese Funktion wird aus der übergebenen Seriennummer der Datumstext erzeugt. Das Ausgabeformat wird durch den Eintrag "DateFormat=" in der System-Datei WINWORD6.INI bestimmt. Ist diese Datei nicht vorhanden oder der Eintrag "DateFormat" nicht definiert, wird als Vorgabe das kurze Datumsformat "sShortDate" verwendet.

Durch Verwendung des Befehls SetPrivateProfileString ist es jedoch möglich, innerhalb eines Makros dieses Standard-Datumsausgabeformat zu überschreiben.

Parameter:

Name:	Bedeutung
`Seriennummer`	Seriennummer des auszugebenden Datums.

DateiAllesSchließen *Schließt alle offenen Dokumentfenster.*

Gruppe: Dokumente, Dokumentvorlagen und Add-Ins   WordBASIC Befehl

Syntax:
DateiAllesSchließen [Speichern] [, Originalformat]

Beschreibung:
Durch den Aufruf dieses Kommandos werden alle zur Zeit geöffneten Dokumentfenster geschlossen. Beim Schließen der Fenster wird der Benutzer jedoch vorher befragt, ob geänderte Dateien gespeichert werden sollen. Wird während einer solchen Benutzerabfrage das Abbrechen-Schaltfeld ausgewählt, wird dieser Befehl abgebrochen, und alle nicht geschlossenen Dokumentfenster bleiben geöffnet.

Parameter:

Name:	Bedeutung	
`Speichern`	Dieser Parameter bestimmt, ob beim Schließen der Dokumentfenster die enthaltenen Dateien automatisch gespeichert werden sollen, oder ob eine Benutzerabfrage für jedes Dokumentfenster, das einen geänderten Text enthält, durchgeführt werden soll.	
	0 oder nicht angegeben	Benutzerabfrage durchführen.
	1	Alle geänderten Dateien beim Schließen des Fensters ohne Nachfrage speichern.
`Originalformat`	Enthält ein Dokumentfenster eine Datei, die nicht mit WinWord erstellt wurde, wird der Benutzer beim Schließen dieses Dokumentfensters befragt, ob das geänderte Dokument im Word-Format gespeichert werden soll, oder ob es sein ursprüngliches Format behalten soll. Diese Abfrage erscheint zum Beispiel beim Formatieren von NurText-Texten. Wird ein solcher Text in seinem Originalformat abgespeichert, gehen alle Formatierungen verloren!	
	0	Das Dokument wird in jedem Fall - also ohne weitere Nachfrage - als Word-Datei gespeichert.
	1	Speichert das Dokument in seinem Originalformat - auch ohne Nachzufragen. Allerdings gehen evtl. durchgeführte Formatierungen verloren.
	2 oder nicht angegeben	Fragt bei fremden Dateiformaten den Benutzer nach der Art und Weise wie die Datei letztendlich gespeichert werden soll.

DateiAllesSpeichern *Speichert alle offenen Dateien.*

Gruppe: Dokumente, Dokumentvorlagen und Add-Ins   WordBASIC Befehl

Syntax:
DateiAllesSpeichern [Speichern] [, Originalformat]

Beschreibung:

Durch diesen Befehl werden die Dokumente der zur Zeit geöffneten Dokumentfenster gespeichert. Aber nur dann, wenn dies nötig ist - wenn also die Dokumente verändert worden sind. Neben den Dokumenten werden aber auch geänderte Dokumentvorlagen gespeichert.

Parameter:

Name:	Bedeutung	
Speichern	Dieser Parameter bestimmt, ob für jede geänderte und zu speichernde Datei eine Benutzerabfrage durchgeführt werden soll, mit der erkundet wird, ob die Datei tatsächlich gespeichert werden soll. (Durch Auswahl des Abbrechen-Schaltfeldes wird der Vorgang auch für die noch ausstehenden Speicherungen abgebrochen.)	
	0 oder nicht angegeben	Benutzer befragen.
	1	Geänderte Dokumente/Vorlagen automatisch speichern.
Originalformat	Enthält ein Dokumentfenster eine Datei, die nicht mit WinWord erstellt wurde, wird der Benutzer beim Schließen dieses Dokumentfensters befragt, ob das geänderte Dokument im Word-Format abgespeichert werden soll, oder ob es sein ursprüngliches Format behalten soll. Diese Abfrage erscheint zum Beispiel beim Formatieren von NurText-Texten. Wird ein solcher Text in seinem Originalformat abgespeichert, gehen alle Formatierungen verloren!	
	0	Das Dokument wird in jedem Fall - also ohne weitere Nachfrage - als Word-Datei gespeichert.
	1	Speichert das Dokument in seinem Originalformat - auch ohne Nachzufragen. Allerdings gehen evtl. durchgeführte Formatierungen verloren.
	2 oder nicht angegeben	Fragt bei fremden Dateiformaten den Benutzer nach der Art und Weise wie die Datei letztendlich gespeichert werden soll.

DateiBeenden

Beendet die aktuelle Word-Sitzung.

Gruppe: Anwendungssteuerung　　　　　　　　　　　　　　　　　　　　WordBASIC Befehl

Syntax:

DateiBeenden [Speichern]

Beschreibung:

Durch den Aufruf dieser Funktion wird die aktuelle Word Sitzung beendet. Vor dem Beenden von Word werden aber noch die geänderten Dokumente und Vorlagen gespeichert.

Parameter:

Name:	Bedeutung	
Speichern	Gibt an, ob eine Benutzerabfrage für alle zu speichernden Dateien durchgeführt werden soll.	
	0 oder nicht angegeben	Benutzer bei jeder geänderten und somit zu speichernden Datei befragen, ob diese tatsächlich gespeichert werden soll. Wählt der Benutzer im erscheinenden Dialogfeld die Abbrechen-

Schaltfläche, wird nicht nur der entsprechende Text nicht gespeichert, sondern auch Word nicht verlassen.

1   Keine Nachfrage, sondern Speichern der geänderten Dateien und Beenden von Word.

DateiDateiInfo   *Liefert und ändert Dateiinformationen.*

Gruppe: Dokumente, Dokumentvorlagen und Add-Ins   WordBASIC Dialogbefehl

Syntax:
```
DateiDateiInfo [.Titel$] [, .Thema$] [, .Autor$] [, .Stichwörter$]
[, .Kommentar$] [, .DateiGröße$] [, .Dateiname$] [, .Verzeichnis$]
[, .DokVorlage$] [, .ErstellDatum$] [, .LetztesSpeicherDatum$]
[, .ZuletztGespeichertVon$] [, .ÜberarbeitungsNummer$]
[, .ZuletztGedruckt$] [, .AnzSeiten$] [, .AnzWörter$] [, .AnzZeichen$]
[, .AnzAbsätze$] [, .AnzZeilen$] <, .Aktualisieren>
```

Beschreibung:
Ein Dokument enthält nicht nur den eigentlichen Text, sondern auch eine Reihe von Zusatzinformationen, die mit Hilfe dieses Befehls geändert bzw. erfragt werden können. Nicht alle Informationen können direkt geändert werden, sondern ergeben sich aus dem Text. So ist z.B. die Anzahl der Wörter eines Textes vom Dokumenttext abhängig, und kann nicht über diese Funktion geändert werden.

Dialogvariablen:

Name:	Bedeutung
`.Titel$`	Titel des Dokumentes (änderbar).
`.Thema$`	Thema des Textes (änderbar).
`.Autor$`	Autor des Textes (änderbar).
`.Stichwörter$`	Stichwörter, die kurz den Inhalt des Textes wiedergeben (änderbar).
`.Kommentar$`	Kurzer Kommentar zum Dokument (z.B. Durchgesehen von:).
`.DateiGröße$`	Größe der Textdatei. Die Dateigröße ist meist erheblich größer, als es die Anzahl der verwendeten Buchstaben im Dokument vermuten läßt. Das hängt damit zusammen, daß neben den eigentlichen Buchstaben auch Formatanweisungen und Bilder mitgespeichert werden. Angegeben wird die Dateigröße in der Form "12.123 Bytes" (nicht änderbar).
`.Dateiname$`	Dateiname des Dokumentes. Wollen Sie die Dateiinformationen mit Hilfe dieses Befehls ändern, so muß hier der Dateiname des Dokumentes angegeben werden, das mit neuen Dateiinformationen bestückt werden soll. Wenn Sie jedoch die Dateiinformationen auslesen wollen (s. Anmerkung), gibt diese Variable den Dateinamen des aktuellen Dokumentes an (ohne Verzeichnisse).
`.Verzeichnis$`	Gibt das Verzeichnis an, in dem das aktuelle Dokument gespeichert wurde (nicht änderbar).
`.DokVorlage$`	Enthält den Namen der vom Dokument verwendeten Dokument-Vorlage (nicht änderbar).
`.ErstellDatum$`	Enthält das Erstellungsdatum der aktuellen Datei (nicht änderbar).
`.LetztesSpeicherDatum$`	Enthält das Datum an dem das Dokument zuletzt gespeichert (verändert) wurde (nicht änderbar).
`.ZuletztGespeichertVon$`	Gibt an, wer das Dokument zuletzt gespeichert (überarbeitet) hat (nicht änderbar).

.ÜberarbeitungsNummer$	Gibt an, wie oft das Dokument schon gespeichert (und damit überarbeitet) wurde (nicht änderbar).
.ZuletztGedruckt$	Enthält das Datum, an dem das Dokument das letzte Mal gedruckt wurde (nicht änderbar).
.AnzSeiten$	Enthält die Anzahl der Seiten (nicht änderbar).
.AnzWörter$	Enthält die Anzahl der Wörter im Dokument (nicht änderbar).
.AnzZeichen$	Enthält die Anzahl der im Dokument enthaltenen Zeichen (nicht änderbar).
.AnzAbsätze$	Gibt die Anzahl der im Dokument enthaltenen Absätze an (nicht änderbar).
.AnzZeilen$	Enthält die Anzahl der im Dokument geschriebenen Zeilen (nicht änderbar).

Schaltflächen:

Name:	Aufgabe
.Aktualisieren	Dateiinformationen über den Autor, Titel, Thema usw. stehen immer zur Verfügung. Die Informationen (Statistiken) eines Textes über die Anzahl der enthaltenen Wörter und Absätze muß jedoch erst ermittelt werden. Dies wird durch Aufruf dieses Befehls eingeleitet. Sollten Sie diese Informationen benötigen, muß vor dem Abruf dieser Funktionen das .Aktualisieren Kommando aufgerufen werden!

DateiDokVorlagen

Setzt Dokumentvorlagen und/oder verbindet Formatvorlagen mit Dokumentvorlagen.

Gruppe: Dokumente, Dokumentvorlagen und Add-Ins WordBASIC Dialogbefehl

Syntax:

DateiDokVorlagen [.DokVorlage$] [, .VerbindenFV%]

Beschreibung:

Durch diesen Befehl wird der aktuelle Text mit einer Dokumentvorlage verbunden. Weiterhin können die Formatvorlagen des aktuellen Dokumentes mit dessen Dokumentvorlage verbunden werden.

Dialogvariablen:

Name:	Bedeutung
.DokVorlage$	Enthält den Namen der Dokumentvorlage, die mit dem aktuellen Dokument verwendet werden soll. In einer Dokumentvorlage werden Makros, Formatvorlagen etc. gespeichert.
.VerbindenFV%	Dieser Parameter gibt an, ob die Formatvorlagen des aktuellen Dokumentes mit dessen Dokumentvorlage verbunden werden sollen. Änderungen der Formatvorlagen eines Textes werden nicht automatisch in der Dokumentvorlage des Textes wiedergespiegelt - die geänderten oder hinzugefügten Formatvorlagen stehen nur dem aktuellen Text zur Verfügung. Um diese lokalen Formatvorlagen jedoch allen Texten zur Verfügung zu stellen, die die aktuelle Dokumentvorlage verwenden, wird dieser Parameter verwendet:
	0 oder nicht angegeben Formatvorlagen des aktuellen Textes nicht mit Dokumentvorlage verbinden. Die Formatvorlagen stehen also nur dem aktuellen Text zur Verfügung.
	1 Formatvorlagen des aktuellen Textes mit der vom Text verwendeten Dokumentvorlage verbinden.

DateiDrucken
Druckt aktives Dokument.

Gruppe: Dokumente, Dokumentvorlagen und Add-Ins   WordBASIC Dialogbefehl

Syntax:
```
DateiDrucken [.Hintergrund%] [, .DruckDateiAnfügen%] [, .Bereich%]
[, .InDateiUmleitenName$] [, .Von$] [, .Bis$] [, .Art%] [, .Exemplare%]
[, .Seiten$] [, .Reihenfolge%] [, .InDateiUmleiten%]
[, .KopienSortieren%] [, .DateiName$]
```

Beschreibung:

Durch Aufruf dieses Befehls wird das aktive Dokument ausgedruckt. Die Parameter dieses Befehls entsprechen den Dialogelementen des gleichnamigen Dialogfeldes.

Dialogvariablen:

Name:	Bedeutung	
`.Hintergrund%`	Gibt an, ob der Text im Hintergrund ausgedruckt werden soll, ob also die Bearbeitung des Makros weitergehen kann.	
	0 oder nicht angegeben	Ausführung des Makros wird unterbrochen, bis Text vollständig ausgedruckt ist.
	1	Makro weiter ausführen.
`.DruckDateiAnfügen%`	Wird in eine Datei gedruckt, kann über diesen Parameter entschieden werden, ob in eine neue Datei gedruckt werden oder ob eine bestehende Datei erweitert werden soll.	
	0	Evtl. schon bestehende Datei überschreiben. Existiert die Datei noch nicht, wird sie erzeugt.
	1	Die schon bestehende Datei um den 'Ausdruck' dieser Datei erweitern bzw. diesen 'Ausdruck' anfügen.
`.Bereich%`	Auch das Ausdrucken unterschiedlicher Bereiche wird durch diesen Befehl ermöglicht:	
	0	Das gesamte Dokument wird gedruckt.
	1	Nur der markierte Text wird gedruckt.
	2	Die aktuelle Seite wird gedruckt.
	3	Der durch .Von und .Bis eingegrenzte Seitenbereich wird gedruckt.
	4	Der durch .Seiten angegebene Seitenbereich wird gedruckt.
`.InDateiUmleitenName$`	Hier wird der Name der Datei angegeben, in die das aktuelle Dokument gedruckt werden soll. Achten Sie darauf, daß durch den Parameter .DruckDateiAnfügen entschieden wird, ob diese Datei erweitert oder durch den neuen Ausdruck ersetzt wird.	
`.Von$`	Gibt die Seite an, ab der mit dem Ausdrucken begonnen werden soll. Dieser Parameter wird jedoch nur genutzt, wenn .Bereich den Wert 3 hat.	
`.Bis$`	Gibt die Seite an, mit der der Ausdruck endet (letzte Seite). Dieser Parameter wird jedoch nur genutzt, wenn .Bereich den Wert 3 hat.	
`.Art%`	Ein Dokument enthält mehr Informationen als die von Ihnen eingegebenen Zeichen. Neben Dateiinformationen über Autor, Titel, Thema usw. können auch AutoTexte der Dokumentvorlagen, Formatvorlagen, Tastenbelegungen usw. ausgedruckt werden.	

	0 oder nicht angegeben Das aktive Dokument wird gedruckt. 1 Die Dateiinformationen des aktuellen Dokumentes werden gedruckt. 2 Die Anmerkungen werden gedruckt. 3 Ausdruck der Formatvorlagen. 4 Ausgabe der AutoTexte der Dokumentvorlage des aktiven Dokumentes. 5 Tastaturbelegungen (Kürzel) der aktuellen Dokumentvorlage.
`.Exemplare%`	Hier wird die Anzahl der auszudruckenden Exemplare angegeben. Wird dieser Parameter nicht verwendet, wird eine Kopie ausgedruckt.
`.Seiten$`	Dieser Parameter kommt zum Tragen, wenn .Bereich den Wert 4 hat. Dann nämlich enthält dieser Parameter die auszudruckenden Seiten. Mit "1;3;5;7 11" werden z.B. die Seiten 1,3,5,7,8,9,10 und 11 ausgedruckt. Wie Sie sehen, werden aufeinanderfolgende Bereiche durch jeweils ein Semikolon getrennt.
`.Reihenfolge%`	Drucker bedrucken im allgemeinen immer nur eine Seite des Papiers. Um jedoch einen doppelseitigen Ausdruck zu erhalten, muß man zunächst die ungeraden Seiten drucken, um in einem zweiten Durchgang die geraden Seiten auf die Rückseiten zu drucken (beim Einlegen der schon bedruckten Seiten auf Orientierung der Seiten achten!): 0 Druckt alle Seiten, also gerade und ungerade Seiten gleichermaßen. 1 Druckt nur die ungeraden Seiten des angegebenen Bereichs. 2 Druckt nur die geraden Seiten des Bereichs.
`.InDateiUmleiten%`	Dieser Parameter muß angegeben werden, um den Ausdruck der Datei in die angegebene Datei umzuleiten. 0 oder nicht angegeben Druckdaten werden an Drucker gesendet. 1 Die Druckdaten werden in die angegebene Datei geschrieben. Beachten Sie, daß dann tatsächlich eine Datei angegeben werden muß (s. .Dateiname$) - andernfalls wird eine Fehlermeldung ausgegeben.
`.KopienSortieren%`	Dieser Parameter bestimmt, wie die Seiten sortiert werden, wenn mehrere Kopien eines Textes gedruckt werden sollen: 0 oder nicht angegeben Die einzelnen Kopien werden seitenweise ausgedruckt: Zuerst z.B. 5 mal die Seite 1, dann 5 mal die Seite 2 usw. 1 Der Text wird nicht seitenweise, sondern dokumentweise gedruckt.
`.DateiName$`	Hier wird der Name der Datei angegeben, in die die Druckausgabe umgelenkt werden soll.

DateiDruckenStandard

Druckt aktives Dokument unter Verwendung der Standard-Einstellungen.

Gruppe: Dokumente, Dokumentvorlagen und Add-Ins   WordBASIC Befehl

Syntax:

```
DateiDruckenStandard
```

Beschreibung:

Um ein Dokument den aktuellen Einstellungen entsprechend auszudrucken, wird dieser Befehl verwendet. Berücksichtigt werden die Einstellungen

des Dialogfelds Datei|Drucken...

des Dialogfelds Datei|Druckereinrichtung...

und der Registrierkarte Drucken des Dialogfeldes Extras|Optionen...

Diese Dialogfelder können durch die gleichnamigen Befehle auch programmiert werden.

DateiDruckereinrichtung *Richtet den Drucker ein.*

Gruppe: Dokumente, Dokumentvorlagen und Add-Ins   WordBASIC Dialogbefehl

Syntax:
`DateiDruckereinrichtung [.Drucker$] <, .Optionen>`

Beschreibung:

Um den aktuellen Drucker zu ändern, muß dieser Funktion nur der Name des zu verwendenden Druckers übergeben werden. Um die Optionen des aktuellen Druckers zu ändern, muß der Befehl DateiDruckereinrichtung.Optionen aufgerufen werden, der ein Dialogfeld zeigt. In diesem Dialogfeld können druckerspezifische Optionen eingestellt werden. Da diese Optionen von Drucker zu Drucker verschieden sind, können diese nur durch die Simulation von Tastendrücken (SendKeys) geändert werden. (Dazu sollte dann allerdings auch bekannt sein, für welchen Drucker die Optionen geändert werden sollen.)

Dialogvariablen:

Name:	Bedeutung
`.Drucker$`	Dieser Parameter enthält den Namen des zu verwendenden Druckers. Dieser muß der Windows-Konvention entsprechend angegeben werden - also inkl. der geforderten Leerzeichen und abschließendem Doppelpunkt (:).

Schaltflächen:

Name:	Aufgabe
`.Optionen`	Dieser Befehl ruft das Dialogfeld zum Ändern der druckerspezifischen Einstellungen auf.

Anmerkungen:

Da das Optionsfeld von Drucker zu Drucker unterschiedlich sein kann, empfiehlt sich die Programmierung dieser Dialogfelder mit Hilfe von aufgezeichneten Makros: Nehmen Sie einfach die zur Druck-Optionseinstellung nötigen Tastendrücke auf, und spielen Sie diese bei Bedarf wieder ab.

DateiGrafikSchließen *Schließt das aktuelle Grafik-Fenster und bettet die bearbeitete Grafik in den Text ein.*

Gruppe: Objektverknüpfung und -einbettung   WordBASIC Befehl

Syntax:
`DateiGrafikSchließen`

Beschreibung:

Das aktuelle Grafik-Fenster wird geschlossen, und die dort bearbeitete Grafik wird in das Dokument eingebettet.

DateiKopieren
Kopiert eine Datei in ein Verzeichnis.

Gruppe: Dokumente, Dokumentvorlagen und Add-Ins WordBASIC Dialogbefehl

Syntax:

DateiKopieren .DateiName$, .Verzeichnis$

Beschreibung:

WordBasic stellt nicht nur Befehle zur Textbearbeitung zur Verfügung, sondern bietet auch einige Systemdienste an. Dazu gehört zum Beispiel das Kopieren einer (beliebigen) Datei in ein Verzeichnis. Im Gegensatz zum DOS-Copy-Befehl ist jedoch keine Umbenennung während des Kopiervorgangs möglich.

Dialogvariablen:

Name:	Bedeutung
`.DateiName$`	Hier wird der Name der zu kopierenden Datei angegeben. Dieser muß eine zum aktuellen Verzeichnis relative Pfadangabe enthalten ("\..\SICHER\TEXT.DOC"), oder aber der Pfad wird absolut angegeben ("C:\WINWORD\SICHER\TEXT.DOC").
`.Verzeichnis$`	Hier wird das Zielverzeichnis angegeben. Für dieses gelten die gleichen Regeln wie für die Pfadangabe der zu kopierenden Datei.

DateiListe
Öffnet Datei aus dem Datei-Menü.

Gruppe: Dokumente, Dokumentvorlagen und Add-Ins WordBASIC Befehl

Syntax:

DateiListe Nummer

Beschreibung:

Im allgemeinen beschränkt sich die Arbeit mit Word nur auf eine eingeschränkte Anzahl von Dokumenten. Um diese Dokumente nicht immer wieder durch die gleiche Datei-Öffnen Prozedur öffnen zu müssen, werden die zuletzt benutzten (geöffneten und/oder gespeicherten) Dateien über das Datei-Menü direkt ansprechbar. Im unteren Bereich dieses Menüs werden bis zu 9 Dateien angezeigt. Wird eine dieser Dateien aus dem Datei-Menü ausgewählt, wird das entsprechende Dokument geladen und in einem Fenster gezeigt, oder - falls das Dokument noch geöff

et ist - das entsprechende Fenster in den Vordergrund geholt.

Durch Aufruf dieses Befehls wird die entsprechende Auswahl simuliert.

Parameter:

Name:	Bedeutung
Nummer	Gibt die Nummer der Datei in der Liste der zuletzt benutzten Dateien im Datei-Menü an, die durch diesen Befehl wieder benutzbar gemacht werden soll.

Anmerkungen:

Die Anzahl der angezeigten Dateien im Datei-Menü kann von 0 - 9 reichen. Geändert wird diese Zahl durch: Extras |Optionen|Registrierkarte "Allgemein"|Dialogfeld "Liste der zuletzt benutzten Dateien".

DateiManager

Ruft den Datei-Manager auf.

Gruppe: Dokumente, Dokumentvorlagen und Add-Ins   WordBASIC Dialogbefehl

Syntax:
```
DateiManager [.SuchenName$] [, .Suchpfad$] [, .Name$]
[, .UnterVerzeichnis%] [, .Titel$] [, .Autor$] [, .Stichwörter$]
[, .Thema$] [, .Optionen%] [, .GroßKleinschreibung%] [, .Text$]
[, .Suchvorlage$] [, .SpeicherDatumVon$] [, .SpeicherDatumBis$]
[, .GespeichertVon$] [, .ErstellDatumVon$] [, .ErstellDatumBis$]
[, .Ansicht%] [, .SortNach%] [, .AuflistenNach%] [, .AusgewählteDatei%]
<, .Hinzufügen> <, .Löschen>
```

Beschreibung:

Dieser Befehl ermöglicht Ihnen den Zugriff auf die umfangreichen Suchfunktionen des Datei-Managers. Dieser hilft Ihnen, Dateien zu finden, die auf ganz bestimmte Suchkriterien passen. Neben der Abfrage der Dateiinformationen, kommen als Suchkriterien auch Textpassagen in Frage, die Dokumente enthalten müssen, um vom DateiManager gefunden zu werden.

Auf die gefundenen Einträge kann über die Funktionen ZählenGefundeneDateien() und GefundenDateiName$() zugegriffen werden.

Dialogvariablen:

Name:	Bedeutung
`.SuchenName$`	Gibt den Namen einer Gruppe von Suchkriterien an. Dieser Name kann dabei entweder eine schon existierende Gruppe bezeichnen, oder aber für die Erzeugung einer neuen Gruppe verwendet werden.(s. .Hinzufügen).
`.Suchpfad$`	Dient zur Angabe einer Verzeichnisliste, in denen der Datei-Manager nach Dateien suchen soll. Mehrere Verzeichnisse werden durch jeweils ein Semikolon getrennt. Im aktuellen Verzeichnis (s. ChDir) sucht der Datei-Manager immer.
`.Name$`	Der Dateiname eines zu suchenden Dokumentes. Im allgemeinen wird jedoch kein vollständiger Name angegeben, sondern eine Suchmaske die Joker-Zeichen wie '*' und '?' enthält. Aber auch die Angabe eines kompletten Namens ist sinnvoll - nämlich dann, wenn Sie wissen wollen, in welchem Verzeichnis eine spezielle Datei zu finden ist.
`.UnterVerzeichnis%`	Gibt an, ob die Suche auch auf die Unterverzeichnisse der angegebenen Verzeichnisse bzw. des aktuellen Verzeichnisses expandiert werden soll. 0 Suche nicht auf weitere Unterverzeichnisse expandieren. 1 Suche auf die Unterverzeichnisse der in .Suchpfad angegebenen Verzeichnisse und die Unterverzeichnisse des angegebenen Verzeichnisses erweitern.
`.Titel$`	Dieser Parameter gibt den Titel an, über den die Dateien verfügen müssen, um vom DateiManager in die Liste der gefundenen Dateien aufgenommen zu werden.
`.Autor$`	Die Dateien müssen vom hier angegebenen Autor stammen, um in der Gefunden-Liste zu erscheinen.
`.Stichwörter$`	Über die hier angegebenen Stichwörter muß ein Dokument verfügen, um der Liste der gefundenen Dateien zugefügt zu werden.
`.Thema$`	Dem hier angegebenen Thema sollten sich die Dokumente widmen.

`.Optionen%`	Dieser Parameter bestimmt, wie die Ergebnisse vorheriger Suchdurchgänge verwertet werden.

	0 oder nicht angegeben	Eine neue Liste wird erstellt - das bedeutet, daß alle Dateien in den angegebenen Verzeichnissen untersucht werden, ob sie die Suchkriterien erfüllen. Die Ergebnisse vorheriger Suchdurchgänge werden verworfen.
	1	Die in diesem Durchgang in allen Verzeichnissen gefundenen Dateien werden zu den schon vorhandenen Einträgen hinzugefügt.
	2	Die Dateien der vorhandenen Dateiliste werden daraufhin untersucht, ob sie die geforderten Suchkriterien erfüllen. So läßt sich die Dateiliste sukzessive verkleinern.

`.GroßKleinschreibung%`	Wird nach dem Vorkommen eines bestimmten Textes innerhalb einer Datei gesucht (s. .Text-Parameter) so kann hier die Art der Übereinstimmung angegeben werden:

	0 oder nicht angegeben	Groß-/Kleinschreibung wird beim Suchen ignoriert.
	1	Ein Dokument gilt nur dann als gefunden, wenn der Text im Parameter .Text auch in punkto Groß-/Kleinschreibung identisch mit einer Textpassage des Dokumentes ist.

`.Text$`	Um die Dokumente zu finden, die einen bestimmten Text enthalten, wird dieser Parameter benötigt. Geben Sie hier den Text an, nach dem der DateiManager in den Dokumenten der angegebenen Verzeichnisse suchen soll. Nur wenn dieser Text in einem Dokument gefunden wurde, wird dieses Dokument der Liste der gefundenen Einträge zugeführt.
`.Suchvorlage$`	Dieser Parameter gibt an, ob der Suchtext in .Text literal angegeben wurde, oder aber ob .Text eine Suchmaske mit Jokerzeichen enthält.

	0 oder nicht angegeben	.Text enthält keine Jokerzeichen bzw. '*' und '?' werden als die entsprechenden Buchstaben und nicht als Platzhalter interpretiert.
	1	Der in .Text angegebene Suchtext enthält auch Jokerzeichen. Das heißt, daß nach den Zeichen '*' und '?' nicht gesucht werden kann, da diese als Platzhalter für ein beliebiges Zeichen/Zeichenfolge verwendet werden.

`.SpeicherDatumVon$`	Das Dokument muß nach dem hier angegebenen Datum gespeichert worden sein.
`.SpeicherDatumBis$`	Das Dokument darf nicht nach dem hier angegebenen Datum gespeichert worden sein.
`.GespeichertVon$`	Das Dokument muß von der hier angegebenen Person gespeichert (überarbeitet) worden sein.
`.ErstellDatumVon$`	Das Dokument muß nach dem hier angegebenen Datum erstellt worden sein.
`.ErstellDatumBis$`	Das Dokument darf nicht nach dem hier angegebenen Datum erstellt worden sein.
`.Ansicht%`	Durch diesen Parameter bestimmen Sie, welche Informationen zu der ausgewählten Datei im rechten Teil des dargestellten Datei-Managers angezeigt werden sollen.

	0 Kurz-Info.
	1 Vorschau auf den Datei-Inhalt.
	2 Gesamte Datei-Information.
`.SortNach%`	Hier wird angegeben, nach welchen Kriterien die Liste der gefundenen Dateien sortiert werden soll. Die hier angegebene Reihenfolge wird aber nicht nur zur Darstellung der gefundenen Dateien im geöffneten DateiManager Dialogfeld verwendet, sondern kommt auch zum Tragen, wenn die gefundenen Dateien mittels GefundenDateiName$() extrahiert werden.
	0 Sortierung aufsteigend nach Autor (Dateiinformation).
	1 Sortierung nach absteigendem Erstellungsdatum der Datei.
	2 Sortierung nach Person, die die Datei zuletzt gespeichert (überarbeitet) hat.
	3 Sortierung absteigend nach Datum der letzten Speicherung.
	4 Sortierung alphabetisch nach Dateiname.
	5 Sortierung aufsteigend nach Größe.
`.AuflistenNach%`	Die ein Suchkriterium erfüllenden Dateien werden innerhalb des DateiManager-Dialogfeldes in einer Liste aufgezeigt. Aber nicht nur die Dateinamen der gefundenen Dateien können ausgegeben werden. Vielmehr kann der DateiManager veranlaßt werden, die Titel der Dateien (aus dem Dateiinfo) anzuzeigen.
	0 Dateinamen zeigen.
	1 Titel zeigen (nur wenn vorhanden bzw. *.DOC-Datei, ansonsten Dateinamen zeigen).
`.AusgewählteDatei%`	Dieser Parameter kann nur abgefragt werden, und enthält den Index der gefundenen Datei, die markiert war, als das Dialogfeld "Datei-Manager" geschlossen wurde. Der Name dieser Datei wird durch
	dim dlg as DateiManager
	Dialog(dlg)
	name$ = GefundenDateiName$(dlg.AusgewählteDatei)
	ermittelt.

Schaltflächen:

Name:	Aufgabe
`.Hinzufügen`	Durch Aufruf dieses Kommandos werden die angegebenen Suchkriterien unter dem in .SuchenName angegebenen Namen abgespeichert und stehen so für weitere Suchvorgänge zur Verfügung. Das vereinfacht die Programmierung von Suchvorgängen, da auf vorprogrammierte Suchkriterien zugegriffen werden kann.
`.Löschen`	Dieser Befehl löscht die in .SuchenName angegebenen Suchkriterien, so daß diese nicht mehr zur Verfügung stehen.

DateiName$()

Ermittelt Dateiname aus Datei-Menü.

Gruppe: Dokumente, Dokumentvorlagen und Add-Ins   WordBASIC Funktion

Syntax:

```
a$ = DateiName$([Nummer])
```

Beschreibung:

Durch diese Funktion wird der komplette Dateiname (inkl. Pfad) des aktuellen Dokumentes oder eines im Datei-Menü aufgezeigten Dateinamens ermittelt.

Funktionsergebnis:

Der Rückgabewert enthält den gesamten Dateinamen.

Parameter:

Name:	Bedeutung
Nummer	Gibt die Nummer der Datei im Datei-Menü an.
	nicht angegeben — Ermittelt kompletten Dateinamen der aktuellen Datei.
	0-9 — Ermittelt den Namen der Datei, deren korrespondierender Eintrag im Datei-Menü zu finden ist. Ist die angegebene Nummer größer als die Anzahl der im Datei-Menü aufgezeigten Dateien, wird eine Fehlermeldung erzeugt.

DateiNameAusFenster$()

Ermittelt den kompletten Dateinamen des Dokuments im angegebenen Fenster.

Gruppe: Fenster   WordBASIC Funktion

Syntax:

`a$ = DateiNameAusFenster$([Fensternummer])`

Beschreibung:

Durch diese Funktion wird der Dateiname (inkl. Pfad) des Dokumentes in einem Fenster ermittelt. Enthält das angegebene Fenster jedoch kein Dokument, wird der Fenstertitel (z.B. bei Makrobearbeitungsfenstern) zurückgegeben.

Funktionsergebnis:

Name der ermittelten Datei.

Parameter:

Name:	Bedeutung
Fensternummer	Dieser Parameter gibt die Nummer des Fensters an, dessen Dokumentpfad ermittelt werden soll. Dabei bezeichnet 0 das oberste (aktuelle) Fenster, 1 das direkt darunterliegende usw.
	0 oder nicht angegeben — Ermittelt den Dateinamen des Dokuments im aktuellen Fenster.
	<>0 — Ermittelt den Dateinamen des Dokuments im Fenster an angegebener Stelle.

DateiNameInfo$()

Zerlegt Dateinamen in seine Bestandteile.

Gruppe: Dokumente, Dokumentvorlagen und Add-Ins   WordBASIC Funktion

Syntax:

`a$ = DateiNameInfo$(Dateiname$, InfoTyp)`

Beschreibung:
Durch diese Funktion wird ein Dateiname in seine Bestandteile zerlegt. Allerdings ist zu beachten, daß der angegebene Pfad tatsächlich existieren muß, der Name der Datei kann jedoch ein rein hypothetischer sein.

Funktionsergebnis:
Der Rückgabewert enthält den extrahierten Teil des Dateinamens.

Parameter:

Name:	Bedeutung
`Dateiname$`	Zu zerlegender Dateiname (z.B. "C:\WINWORD\DEMO .DOC").
`InfoTyp`	Dieser Parameter bestimmt, welcher Teil des zerlegten Dateinamens zurückgegeben werden soll:

- 1 Gibt den gesamten Dateinamen inkl. Pfad zurück. Enthält DateiName$ jedoch nur einen Dateinamen ohne Pfadangabe, wird der Dateiname um den Namen des aktuellen Verzeichnisses erweitert und zurückgegeben.
- 2 Es wird nur der Dateiname (ohne Pfad) zurückgegeben, wenn der Pfad des angegebenen Dateinamens das zur Zeit aktuelle Verzeichnis beschreibt. Ansonsten wird der vorher eingegebene DateiName$ zurückgegeben.
- 3 Liefert immer nur den Dateinamen. Die Pfadangabe wird abgeschnitten.
- 4 Liefert den Dateinamen ohne Erweiterung. Pfad und Erweiterung (z.B. ".DOC") werden abgeschnitten.
- 5 Liefert den vollständigen Pfad. Der Dateiname wird abgeschnitten. (Wurde kein Pfad angegeben, so wird das aktuelle Verzeichnis zurückgegeben.)
- 6 Liefert den Netzwerkpfad der Datei gemäß UNC-Konvention. Hier werden lokale Verzeichnisse in die im Netzwerk bekannten Freigabenamen gewandelt.

Anmerkungen:
Mit Hilfe dieser Funktion werden übrigens die Fenster-Titel ermittelt. Wird das aktuelle Verzeichnis geändert, ändern sich auch die Fenster-Titel und enthalten z.B. auch die kompletten Pfadangaben.

DateiNeu

Erzeugt neues Dokument oder neue Dokumentvorlage.

Gruppe: Dokumente, Dokumentvorlagen und Add-Ins   WordBASIC Dialogbefehl

Syntax:
DateiNeu [.DokVorlage$] [, .DokVorlageNeu%]

Beschreibung:
Durch diesen Befehl wird ein neues Dokument oder eine neue Dokumentvorlage erzeugt. Dabei kann angegeben werden, auf welcher Dokumentvorlage das zu erzeugende Dokument/Dokumentvorlage beruhen soll.

Dialogvariablen:

Name:	Bedeutung

`.DokVorlage$`	Dieser Parameter bestimmt den Namen der Dokumentvorlage, auf der das zu erzeugende Dokument/Dokumentvorlage basieren soll. Wird hier der Name eines Assistenten angegeben, wird dieser gestartet. Wird auf die Angabe dieses Parameters verzichtet, ist die Grundlage des erzeugten Dokuments/Vorlage die Dokumentvorlage "Normal.Dot".
`.DokVorlageNeu%`	Dieser Parameter bestimmt, ob ein Dokument oder eine Dokumentvorlage erzeugt werden soll.

0 oder nicht angegeben	Erzeugt ein Dokument (beim Aufruf eines Assistenten wird dieser Parameter auch nicht angegeben!)
1	Erzeugt eine neue Dokumentvorlage, die die Eigenschaften der angegebenen Dokumentvorlage "erbt".

Anmerkungen:

Geben Sie beim Aufruf dieser Funktion keine Parameter an, hat diese die gleiche Wirkung wie DateiNeuStandard.

DateiNeuStandard

Erzeugt neues Dokument mit "Normal.Dot" als Dokumentvorlage.

Gruppe: Dokumente, Dokumentvorlagen und Add-Ins   WordBASIC Befehl

Syntax:

`DateiNeuStandard`

Beschreibung:

Durch Aufruf dieser Funktion wird ein neues Dokument erzeugt, das auf der Dokumentvorlage "Normal.Dot" beruht.

DateiNummer

Öffnet Datei aus dem Datei-Menü.

Gruppe: Dokumente, Dokumentvorlagen und Add-Ins   WordBASIC Befehl

Syntax:

`DateiNummer`

Beschreibung:

Das Datei-Menü enthält eine Liste der zuletzt bearbeiteten Dateien. Diese Liste bleibt auch während zwei Word-Sitzungen bestehen und beschleunigt so den Zugriff auf häufig verwendete Dokumente. Durch die Befehle Datei1 bis Datei9 (ohne Leerzeichen!) wird das an der jeweiligen Stelle des Datei-Menüs stehende Dokument geöffnet bzw. dessen Fenster in den Vordergrund geholt.

Wie Sie sehen, existieren 9 solcher Datei-Befehle. Achten Sie jedoch darauf, daß keine Nummer verwendet wird, an deren Stelle im Datei-Menü kein Eintrag zu finden ist.

Anmerkungen:

Natürlich besitzt das Datei-Menü insgesamt mehr Einträge als nur die der zuletzt bearbeiteten Dateien. Und so ist es auch ein wenig mißverständlich, wenn im Zusammenhang mit diesem Menü vom Eintrag an der soundsovielten 1.-9. Stelle die Rede ist. Denn eigentlich befinden sich diese Einträge über dem Beenden-Eintrag und somit fast ganz am Ende dieses Menüs. Aber der Einfachheit halber spreche ich hier von den 9 Datei-Einträgen und hoffe, das klar ist, was gemeint ist - da diese Einträge auch durchnumeriert sind, dürfte das allerdings kein Problem sein.

DateiÖffnen

Öffnet Dokument.

Gruppe: Dokumente, Dokumentvorlagen und Add-Ins   WordBASIC Dialogbefehl

Syntax:
DateiÖffnen .Name$ [, .UmwandlungBestätigen%] [, .Schreibgeschützt%]
[, .ZuletztBearbErweitern%] [, .KennwortDok$] [, .KennwortDokVorlage$]
[, .Wiederherstellen%] [, .KennwortDokSchreiben$]
[, .KennwortDokVorlageSchreiben$]

Beschreibung:
Durch diesen Befehl wird ein beliebiges Dokument geöffnet und dem Anwender in einem eigenen Fenster präsentiert.

Dialogvariablen:

Name:		Bedeutung
.Name$		Name des zu öffnenden Dokumentes. Wird kein Pfadname angegeben, wird die Datei im aktuellen Verzeichnis gesucht. Kann die Datei nicht gefunden werden, meldet Word einen Fehler.
.UmwandlungBestätigen%		Gibt an, ob das Dialogfeld "Umwandlung bestätigen" erscheinen soll, falls die zu öffnende Datei keine Word-Datei ist.
	0	Das Dialogfeld wird nicht gezeigt, und die zu öffnende Datei wird bei Bedarf immer in das Word-eigene Format umgewandelt.
	1	Das Dialogfeld wird gezeigt, falls die zu öffnende Datei nicht als Word-Datei vorliegt. Wird "Abbrechen" ausgewählt, wird die Datei nicht geöffnet.
.Schreibgeschützt%		Dieser Parameter gibt an, ob die geöffnete Datei gespeichert werden kann oder nicht.
	0	Datei wird wie gewohnt geöffnet und kann bei Bedarf oder beim Schließen gespeichert werden.
	1	Die Datei kann zwar geöffnet und geändert werden, ein Speichern der Datei ist unmöglich. Wird es dennoch versucht, erscheint immer wieder der freundliche Hinweis: Datei ist schreibgeschützt!
.ZuletztBearbErweitern%		Soll der Name der Datei im Datei-Menü aufgenommen werden?
	0	Den Namen der Datei nicht ins Datei-Menü aufnehmen.
	1	Den Namen der Datei als ersten Eintrag in der Dateiliste des Datei-Menüs angeben (evtl. wird dafür ein älterer Dateiname aus dem Datei-Menü entfernt).
.KennwortDok$		Zugriffsberechtigungen können vergeben werden, indem man ein Dokument mit einem Kennwort versieht. Nur wer das Kennwort kennt, darf die Datei öffnen und bearbeiten. Wollen Sie eine kennwortgeschützte Datei öffnen, müssen Sie hier das Kennwort angeben.
.KennwortDokVorlage$		Was für Dokumente gilt, gilt auch Dokumentvorlagen. Auch diese können kennwortgeschützt sein, weil die in ihnen befindlichen Makros z.B. recht komplexe und gefährliche Aufgaben erledigen, die nicht jeder in Ihrem Betrieb arglos aufrufen können soll.
.Wiederherstellen%		Was passiert, wenn eine Datei geöffnet werden soll, die schon vorher geöffnet wurde - die also schon in einem Bearbeitungsfenster zur Verfügung steht? Mit Hilfe dieser Variablen können Sie festlegen, ob das Dokument erneut geöffnet wird, oder aber ob das bestehende Bearbeitungsfenster aktiviert wird.

	0 oder nicht angegeben	Aktiviert das bestehende Bearbeitungsfenster.
	1	Lädt das zu öffnende Dokument in ein schon bestehendes Bearbeitungsfenster oder erzeugt ein neues. Im ersten Fall gehen die Änderungen des Dokumentes verloren.
.KennwortDokSchreiben$		Was für das Laden eines Dokumentes gilt, gilt auch für das Speichern des Dokumentes. Geben Sie hier also das Kennwort an, das benötigt wird, um die Datei zu speichern. Kennen Sie dies nicht, kann die Datei zwar geöffnet und bearbeitet werden - das Speichern der Änderungen bleibt aber den Besitzern des Kennwortes vorbehalten.
.KennwortDokVorlageSchreiben$		Auch für das Speichern einer Dokumentvorlage kann ein Kennwort vergeben werden. Nur wer dies kennt, darf die Dokumentvorlage speichern. So können Dokumente und Dokumentvorlagen nach Belieben eingesetzt werden, aber nur einer erlesenen Anzahl von Mitarbeitern bleibt es überlassen, Änderungen an diesen Dokumenten und Vorlagen vorzunehmen.

DateiSchließen

Speichert das aktuelle Dokument.

Gruppe: Dokumente, Dokumentvorlagen und Add-Ins   WordBASIC Befehl

Syntax:
DateiSchließen [Speichern]

Beschreibung:
Dieser Befehl schließt die Datei des aktuellen Dokumentes. Bearbeiten Sie diese Datei in verschiedenen Bearbeitungsfenstern gleichzeitig, werden auch diese durch DateiSchließen geschlossen. Wollen Sie nur das aktive Bearbeitungsfenster eines Dokumentes schließen, verwenden Sie DokumentSchließen.

Parameter:

Name:	*Bedeutung*
Speichern	Der Parameter gibt an, ob eine Benutzerabfrage bzgl. des Speicherns durchgeführt werden soll oder nicht.
	0 Der Benutzer wird im Fall einer Dokumentänderung aufgefordert, das Abspeichern zu bestätigen.
	1 Die Datei wird im Bedarfsfall ohne Nachfrage gespeichert.

DateiSeiteEinrichten

Legt Seitenmerkmale der Datei fest.

Gruppe: Dokumente, Dokumentvorlagen und Add-Ins   WordBASIC Dialogbefehl

Syntax:
```
DateiSeiteEinrichten [.Registerkarte%] [, .PapierGröße%]
[, .SeitenrandOben%$] [, .SeitenrandUnten%$] [, .SeitenrandLinks%$]
[, .SeitenrandRechts%$] [, .BundSteg%$] [, .SeitenLänge$]
[, .SeitenHöhe$] [, .HochQuer%] [, .ErsteSeite%] [, .ÜbrigeSeiten%]
[, .AusrichtungVertikal%] [, .AnwAuf%] <, .Standard> [, .GgbrSeiten%]
[, .AbstandKopfzeile%$] [, .AbstandFußzeile%$] [, .AbschnittsBeginn%]
[, .GeradeUngeradeSeiten%] [, .ErsteSeiteAnders%] [, .Endnoten%]
[, .ZeilenNr%] [, .AnfangsNr%] [, .VomText%$] [, .Zählintervall%]
[, .NumerierArt%]
```

Beschreibung:
Durch diesen Befehl werden die Seitenattribute für das aktuelle Dokument festgelegt. Dabei kann angegeben werden, ob die Attribute für das gesammte Dokument, oder nur für einen Bereich des Dokumentes Gültigkeit besitzen.

Dialogvariablen:

Name:	Bedeutung
.Registerkarte%	Dieser Parameter legt fest, welche Registrierkarte angezeigt werden soll, wenn das Dialogfeld "Seite einrichten" über das Dialog()-Kommando aufgerufen wird.
	0 Zeigt Registrierkarte "Seitenränder".
	1 Zeigt Registrierkarte "Papierformat".
	2 Zeigt Registrierkarte "Papierzufuhr".
	3 Zeigt Registrierkarte "Seitenlayout".
.PapierGröße%	Dieser Parameter gibt die Papiergröße an.
.SeitenrandOben%$	Über diesen Parameter wird die Position des oberen Seitenrandes (bzgl. des oberen Papierrandes) angegeben. Werden die Werte als Strings angegeben, sollten diese neben dem eigentlichen Zahlenwert auch ein Einheitenkürzel enthalten ("cm", "in", "pt", "pi"). Wird kein Einheitenkürzel angegeben, wird der übergebene String in die Standardmaßeinheit übersetzt.
	Wird ein Zahlenwert angegeben, so ist dessen Einheit "Punkt".
.SeitenrandUnten%$	Gibt die Position des unteren Seitenrandes (bzgl. des unteren Papierrandes) an.
.SeitenrandLinks%$	Gibt die Position des linken Seitenrandes (bzgl. linkem Papierrand) an.
.SeitenrandRechts%$	Gibt die Position des rechten Seitenrandes (bzgl. rechtem Papierrand) an.
.BundSteg%$	Gibt die Größe des Bundstegs an - einem zusätzlichen Rand zum Abheften der Seiten. Auf ungeraden Seiten, wird der Bundsteg an den linken Seitenrand gesetzt, auf geraden Seiten erscheint der Bundsteg an der rechten Seite. (Die Titelseite eines Buches oder einer Zeitschrift ist immer die Seite 1, alle folgenden Seiten werden durchnumeriert.)
	Der Bundsteg wird zum linken oder rechten Seitenrand addiert und verkleinert so die effektiv nutzbare Zeilenbreite.
.SeitenLänge$	Gibt die Papier- bzw. Seitenbreite an (Zeilenlänge). Dieser Wert dient Word als Ausgangsbasis zur Berechnung des effektiv nutzbaren Druckbereichs, in dem Word hiervon die Seitenränder etc. abzieht.
.SeitenHöhe%$	Gibt die Papier- bzw. Seitenhöhe an.
.HochQuer%	Bestimmt die Ausrichtung der Seite. Wird die Seitenausrichtung durch den Befehl DateiSeiteEinrichten geändert, müssen auch die Seitenränder entsprechend geändert werden. Um dies zu vermeiden können Sie sich jedoch des Befehls HochFormatUmschalten bedienen, der dann auch automatisch die entsprechenden Ränderungen durchführt.
	0 Hochformat
	1 Querformat
.ErsteSeite%	Wählt die Papierzufuhr für die erste Seite des Dokumentes. Durch die Trennung der Papierzufuhr für die erste und die übrigen Seiten, lassen sich z.B. Titelblätter eines Berichtes in einem Arbeitsgang auf besonderem Papier drucken.

	0 Papierzufuhr über Standardschacht, der vom Drucker festgelegt wird.
	1 Zufuhr über oberen Schacht (muß vorhanden sein).
	2 Zufuhr über unteren Schacht. (muß vorhanden sein).
	4 Manuelle Papierzufuhr.
	5 Briefumschlag.
`.ÜbrigeSeiten%`	Legt die Papierzufuhr für alle Seiten außer der ersten Seite fest. (s. erste Seite)
`.AusrichtungVertikal%`	Legt fest, wie Word Absätze auf der Seite ausrichtet.
	0 Oben - Absätze werden am oberen Seitenrand ausgerichtet.
	1 Zentriert - Die Absätze werden auf der Seite zentriert.
	2 Blocksatz - Die Zwischenräume zwischen den Absätzen werden so gewählt, daß diese die gesamte Seite ausfüllen.
`.AnwAuf%`	Dieser Parameter legt fest, für welchen Bereich das durch DateiSeiteEinrichten angegebene Seitenformat gültig sein soll:
	0 Aktueller Abschnitt
	1 Von Einfügemarke bis Dokumentende
	2 Für markierten Abschnitt
	3 Für markierten Text
	4 Für das gesamte Dokument
`.GgbrSeiten%`	Gibt an, ob bei Anzeige des Dialogfeldes "Seite einrichten" in der Vorschau gegenüberliegende Seiten gezeigt werden sollen, oder nicht.
	0 Gegenüberliegende Seiten nicht zeigen.
	1 Gegenüberliegende Seiten anzeigen.
`.AbstandKopfzeile%$`	Gibt den Abstand der oberen Kopfzeile vom oberen Seitenrand an. Die Kopfzeile befindet sich zwischen Papierrand und oberem Seitenrand.
`.AbstandFußzeile%$`	Gibt den Abstand der Fußzeilen vom unteren Seitenrand an. Fußzeilen befinden sich zwischen unterem Seitenrand und unterem Papierrand.
`.AbschnittsBeginn%`	Legt fest, wann der Abschnitt beginnen soll.
	0 Fortlaufend - Der neue Abschnitt fängt direkt nach dem alten Abschnitt - ohne einen Seitenwechsel - an.
	1 Neue Spalte - der Text des Abschnitts beginnt in einer neuen Spalte.
	2 Neue Seite - der Text des Abschnitts wird auf eine neue Seite gedruckt.
	3 Gerade Seite - der Text wird auf die nächste gerade Seite gedruckt. Wurde des letzte Zeichen des alten Abschnittes auch auf einer geraden Seite gedruckt, so wird eine leere Seite ausgegeben, bevor der neue Abschnitt auf der nächsten geraden Seite gedruckt wird.
	4 Ungerade Seite - s. gerade Seite.
`.GeradeUngeradeSeiten%`	Bestimmt, ob für gerade und ungerade Seiten unterschiedliche Kopf-/Fußzeilen verwendet werden sollen.
	0 Gleiche Kopf-/Fußzeilen für alle Seiten.
	1 Unterschiedliche Kopf-/Fußzeilen für gerade und ungerade Seiten.
`.ErsteSeiteAnders%`	Bestimmt, ob für die erste Seite unterschiedliche Kopf-/Fußzeilen verwendet werden sollen.
	0 Keine unterschiedlichen Kopf-/Fußzeilen.
	1 Unterschiedliche Kopf-/Fußzeilen verwenden.

`.Endnoten%`	Bestimmt, ob die Endnoten eines Abschnittes am Ende dieses Abschnittes gedruckt werden sollen, oder dem nächsten Abschnitt "überreicht" werden sollen. 0 Drucke Endnoten am Abschnittsende aus. 1 Übergib Endnoten an den nächsten Abschnitt, der diese dann vor seinen eigenen Endnoten ausdruckt. Aber auch der nächste Abschnitt kann die Endnoten weiterreichen. Am Ende des letzten Abschnitts werden dann aber alle "weitergegebenen" Endnoten ausgegeben.
`.ZeilenNr%`	Dieser Parameter legt fest, ob die Zeilen eines Abschnittes durchnumeriert werden sollen. 0 Keine Durchnumerierung. 1 Numerierung der Abschnittszeilen aktivieren.
`.AnfangsNr%`	Gibt die Zahl an, mit der die Numerierung des Abschnittes beginnen soll.
`.VomText%$`	Legt den Abstand der Zeilennummern vom Text fest. Der Abstand wird gemessen zwischen dem Beginn der Zeilennummern und dem Beginn des rechten Seitenrandes.
`.Zählintervall%`	Gibt die Schrittweite der Zeilennumerierung an.
`.NumerierArt%`	Legt die Art der Numerierung bzw. deren Neuanfang fest. 0 Zeilennumerierung beginnt bei jeder Seite neu. 1 Zeilennumerierung beginnt mit jedem Abschnitt neu. 2 Die Zeilennumerierung wird fortlaufend durchgeführt.

Schaltflächen:

Name:	Aufgabe
`.Standard`	Durch Aufruf dieser Funktion werden die aktuellen Seiteneinstellungen in der aktiven Dokumentvorlage als Standard angegeben und somit beim Erzeugen jeder neuen Datei unter dieser Dokumentvorlage verwendet.

DateiSeitenansicht

Schaltet zwischen Seitenansicht und anderer Ansicht des aktuellen Dokuments um.

Gruppe: Dokumente, Dokumentvorlagen und Add-Ins   WordBASIC Befehl

Syntax:

`DateiSeitenansicht [Aktiv]`

Beschreibung:

Mit diesem Befehl wird die Ansicht des aktuellen Dokuments auf Seitenansicht (Druckvorschau) umgeschaltet oder aber die Bearbeitungsansicht (Normal, Layout, Gliederung) wieder hergestellt.

Parameter:

Name:	Bedeutung	
`Aktiv`	Gibt an, ob in die Seitenansicht (Druckvorschau) umgeschaltet werden soll, oder ob dieser Darstellungsmodus abgebrochen werden soll. (In der Seitenansicht ist z.B. keine Texteingabe möglich.)	
	0 oder nicht angegeben	Seitenansicht wird abgebrochen und die Normal-, Layout- oder Gliederungsansicht umgeschaltet.
	1	Wechselt in die Seitenansicht (Druckvorschau).

DateiSeitenansicht() *Stellt fest, ob Seitenansicht aktiv ist.*

Gruppe: Dokumente, Dokumentvorlagen und Add-Ins WordBASIC Funktion

Syntax:
x = DateiSeitenansicht()

Beschreibung:
Diese Funktion erfragt, ob die Seitenansicht für das aktuelle Dokument aktiv ist.

Funktionsergebnis:
Als Ergebnis liefert diese Funktion:

    0   Aktives Dokument wird nicht in der Seitenansicht gezeigt.
   -1   Dokument wird in der Seitenansicht gezeigt.

DateiSeitenansichtGanzerBildschirm *Schaltet in der Seitenansicht die Menüzeile, Lineale, Bildlaufleisten und Statuszeile um.*

Gruppe: Dokumente, Dokumentvorlagen und Add-Ins WordBASIC Befehl

Syntax:
DateiSeitenansichtGanzerBildschirm

Beschreibung:
Dieser Befehl sorgt dafür, daß in der Seitenansicht Menüzeile, Bildlaufleisten, Zeilen/Spaltenlineal und Statuszeile an- bzw. ausgeschaltet werden. Durch diese Maßnahme wird der effektive Darstellungsbereich für die Druckvorschau maximal. Werkzeugleisten werden nicht umgeschaltet, und werden immer angezeigt. Wird dieser Befehl aufgerufen wenn das aktuelle Dokument nicht in der Seitenansicht (Druckvorschau) angezeigt wird, meldet Word einen Fehler.

DateiSeitenansichtSeiten *Setzt Anzahl der darzustellenden Seiten in der Layout-Ansicht.*

Gruppe: Dokumente, Dokumentvorlagen und Add-Ins WordBASIC Befehl

Syntax:
DateiSeitenansichtSeiten Seiten

Beschreibung:
In der Layout-Ansicht kann Word eine oder zwei Seiten gleichzeitig anzeigen. Wieviele Seiten angezeigt werden sollen, wird durch diesen Befehl bestimmt. Befindet sich die Anzeige des aktuellen Dokumentes nicht in der Layout-Anzeige, meldet Word eine Fehlermeldung.

Parameter:

Name:	Bedeutung
Seiten	Anzahl der darzustellenden Seiten in der Layout-Ansicht.
	1 Eine Seite
	2 Zwei Seiten

DateiSeitenansichtSeiten() *Liefert die Anzahl der Seiten, die innerhalb der Seitenansicht auf dem Bildschirm dargestellt werden.*

Gruppe: Dokumente, Dokumentvorlagen und Add-Ins   WordBASIC Funktion

Syntax:
DateiSeitenansichtSeiten()

Beschreibung:
Diese Funktion liefert die Anzahl der dargestellten Seiten in der Seitenansicht (Druckvorschau). Diese Anzahl kann mit dem gleichnamigen Befehl festgelegt werden.

Funktionsergebnis:
Als Ergebnis liefert diese Funktion:

    1   Anzeige einer Seite.
    2   Anzeige zweier Seiten.

DateiSenden *Versendet das aktuelle Dokument mit Hilfe von MS-Mail.*

Gruppe: Dokumente, Dokumentvorlagen und Add-Ins   WordBASIC Befehl

Syntax:
DateiSenden

Beschreibung:
Der Text im aktuellen Fenster wird mittels der Microsoft-Mail (MAPI) versendet. Dazu muß diese Funktionssammlung (MS-Mail) verfügbar sein (z.B. in einem Netzwerk).

DateiSpeichern *Speichert aktuelles Dokument.*

Gruppe: Dokumente, Dokumentvorlagen und Add-Ins   WordBASIC Befehl

Syntax:
DateiSpeichern

Beschreibung:
Dieser Befehl entspricht dem Befehl Speichern aus dem Datei-Menü und veranlaßt die Speicherung des aktuellen Dokuments. Hat das Dokument noch keinen Namen, fragt Word für Windows den Anwender nach einem Dateinamen.

DateiSpeichernUnter *Speichert Datei unter einem anderen Namen.*

Gruppe: Dokumente, Dokumentvorlagen und Add-Ins   WordBASIC Dialogbefehl

Syntax:
DateiSpeichernUnter [.Name$] [, .Format%] [, .AnmerkungSperren%]
[, .Kennwort$] [, .ZuletztBearbErweitern%] [, .KennwortSchreiben$]
[, .SchreibschutzEmpfehlen%] [, .EinbettenSchriftarten%]
[, .UrsprungGrafikFormat%] [, .FormularDaten%]

Beschreibung:

Durch diesen Befehl wird die aktuelle Datei unter einem neuen Namen gespeichert. Neben der Angabe eines neuen Namens können aber auch weitere Eigenschaften wie Kennworte usw. angegeben bzw. geändert werden.

Dialogvariablen:

Name:	Bedeutung
.Name$	Diese Variable enthält den neuen Namen unter dem die aktuelle Datei gespeichert werden soll. Geben Sie diesen nicht an, verwendet Word entweder den schon für das aktuelle Dokument angegebenen Namen, oder vergibt einen eigenen Namen ("DOK1.DOC", "DOK2.DOC" etc.) .
.Format%	Word erlaubt das Speichern von Dokumenten in den verschiedensten Formaten. Neben den eigenen, "fest eingebauten" Formaten, erlaubt Word für Windows sogar die Angabe von Text-Konvertern, die ein fremdes Textformat so umwandeln, das Word damit arbeiten kann. Mit Word geänderte Fremdtexte können sogar in ihrem Ursprungsformat gespeichert werden.

    0   Datei als Word-Dokument speichern.
    1   Dokumentvorlage des aktuellen Textes speichern.
    2   Nur den Text des Dokumentes Speichern. Formatangaben gehen verloren. Text wird in ANSI-Zeichen gespeichert (Windows kompatibel).
    3   Nur den Text und die Zeilenumbrüche speichern. Formatangaben gehen verloren. Text wird im ANSI-Code gespeichert.
    4   Nur den Text des Dokumentes Speichern. Formatangaben gehen verloren. Text wird in PC-Zeichen gespeichert (DOS kompatibel).
    5   Nur den Text und die Zeilenumbrüche speichern. Formatangaben gehen verloren. Text wird im PC-Code gespeichert.
    6   Speichern der Datei im Rich Text Format (RTF).
    >= 100   Die Nummer (Start bei 0) des zu verwendenden Textkonvertes im Abschnitt [MSWord TextConverters] der WIN.INI-Datei zuzüglich des Wertes 100.

.AnmerkungSperren%	Diese Variable gibt an, ob der Text für die Eingabe von Anmerkungen gesperrt ist oder nicht.

    0   Text kann Anmerkungen aufnehmen.
    1   Text ist für Anmerkungen gesperrt.

.Kennwort$	Das hier angegebene Kennwort muß beim nächten Öffnen des Dokumentes eingegeben werden. Durch Angabe eines Kennwortes können Sie das Lesen eines Dokumentes von Unbefugten verhindern.
.ZuletztBearbErweitern%	Durch diese Variable geben Sie an, ob der Name dieser Datei als erster Eintrag in der Gruppe der zuletzt bearbeiteten Dateien im Datei-Menü erscheinen soll.

    1   Der Name der gespeicherten Datei erscheint als erster Eintrag in der Liste der zuletzt bearbeiteten Dateien im "Datei"-Menü.
    0   Dateiname erscheint nicht im "Datei"-Menü.

.KennwortSchreiben$	Nicht nur das Öffnen eines Dokumentes kann für Unbefugte verhindert werden, sondern auch das Speichern. Geben Sie hier ein Kennwort an, das beim Speichern eines Textes angegeben werden muß. So können Sie sicherstellen, das nur befugte Personen einen Text ändern.

`.SchreibschutzEmpfehlen%` — Diese Variable bestimmt, ob beim Öffnen der Datei ein Dialogfenster angezeigt werden soll, in dem der Benutzer dieser Datei darauf Aufmerksam gemacht wird, das die Datei schreibgeschützt geöffnet werden soll. Diese Option wird vom Urheber eines Textes immer dann verwendet, wenn dieser dafür sorgen möchte, das ein Text nur im Bedarfsfalle geändert wird. Änderungen einer schreibgeschützten Datei können nicht in die Ursprungsdatei geschrieben werden, sondern können nur unter Angabe eines anderen Namens gesichert werden.

    1   Dialogfeld "Datei mit Schreibschutz öffnen?" anzeigen, und Text vor Speichern schützen.
    0   Dialogfeld nicht anzeigen.

`.EinbettenSchriftarten%` — Diese Dialogvariable legt fest, ob die im Dokument verwendeten Schriftarten eingebettet werden sollen oder nicht.

    0   Schriftarten nicht einbetten.
    1   Schriftarten in Dokument einbetten.

`.UrsprungGrafikFormat%` — Dieser Parameter bestimmt, ob Grafiken so abgespeichert werden, das diese auch von Word-Versionen auf anderen Plattformen (z.B. Mac) verarbeitet werden können, oder ob nur die Windows-Version der Grafiken abgespeichert wird.

`.FormularDaten%` — In diesem Parameter geben Sie an, ob die Formulardaten, die der Benutzer im aktuellen Formular eingegeben hat abgespeichert werden sollen, oder ob das Formular selbst gespeichert werden soll.

    1   Formulardaten als Datensatz abspeichern. (Formular darf nicht geschützt sein).
    0   Das Formular selbst und nicht die eingegebenen Daten werden abgespeichert.

DateiUmwandlungenBestätigen

Bestimmt, ob beim Öffnen eines Fremdtextes die Umwandlung ins Word-Format bestätigt werden muß.

Gruppe: Dokumente, Dokumentvorlagen und Add-Ins   WordBASIC Befehl

Syntax:

`DateiUmwandlungenBestätigen [Aktiv]`

Beschreibung:

Dieses Kommando steuert das Kontrollkästchen "Konvertierungen bestätigen" im Dialogfeld "Datei|Öffnen". Sie legen durch dieses Kommando fest, welchen Wert das Kontrollkästchen beim Aufruf der Dialogbox "Datei|Öffnen" anzeigen soll. Allerdings kann dieses Kontrollkästchen immer wieder durch Benutzereingabe verändert werden, so daß dieser Befehl nur dazu verwendet werden kann, dem Benutzer einen kleinen Teil an Arbeit (oder Aufmerksamkeit) abzunehmen.

Durch die Option "Konvertierungen bestätigen" verwendet Word entweder automatisch ein Konvertierungsprogramm, um eine Fremddatei in das Word-Format zu konvertieren, oder gibt dem Benutzer die Möglichkeit, aus einer Liste von Konverten einen passenden zu wählen. Leider existieren verschiedene Anwendungen die die gleichen Dateiendungen verwenden. Word entscheidet jedoch nur anhand der Dateiendungen, welcher Konverter verwendet werden soll.

Parameter:

Name:	*Bedeutung*
`Aktiv`	Gibt an, welchen Wert das Kontrollkästchen annehmen soll.
0	"Konvertierung bestätigen" nicht ankreuzen.
1	"Konvertierung bestätigen" ankreuzen, wodurch beim Laden eines nicht Word-Textes eine "Konvertieren?"- Nachfrage erfolgt.

DateiUmwandlungenBestätigen()

Liefert die aktuelle Einstellung in bezug auf die Umwandlung einer Datei aus einem Fremdformat beim Einladen.

Gruppe: Dokumente, Dokumentvorlagen und Add-Ins   WordBASIC Funktion

Syntax:

`DateiUmwandlungenBestätigen()`

Beschreibung:

Durch diese Funktion erhalten Sie den aktuellen Zustand des Kontrollkästchens "Konvertierungen bestätigen" im "Datei|Öffnen" Dialogfeld.

Funktionsergebnis:

Als Ergebnis liefert diese Funktion:

0	Konvertierungen von nicht Word-Texten werden automatisch durchgeführt.
1	Konverterauswahl wird angezeigt.

DateiVerteiler

Sendet das aktuelle Dokument an die angegebenen Empfänger oder erstellt neuen Verteiler.

Gruppe: Dokumente, Dokumentvorlagen und Add-Ins   WordBASIC Dialogbefehl

Syntax:

```
DateiVerteiler [.Thema$] [, .Nachricht$] [, .Zugleich%]
[, .ZurückWennBeendet%] [, .StatusVerfolgen%] [, .Zulassen%]
<, .VerteilerHinzufügen> <, .DokumentWeiterleiten>
<, .EmpfängerHinzufügen> <, .AlterEmpfänger> <, .VorgabeVerteiler>
<, .VerteilerLöschen> <, .EmpfängerLöschen> [, .Adresse$]
```

Beschreibung:

Mit Hilfe dieses Kommandos werden Sie in die Lage versetzt, das aktuelle Dokument an mehrere Benutzer weiterzuleiten. Dazu müssen Sie sich allerdings in ein Netzwerk eingeloggt haben. Es besteht die Möglichkeit, die aktuelle Datei auf zwei verschiedene Arten zu versenden: Einmal können Sie das aktuelle Dokument an alle Empfänger gleichzeitig weiterleiten, oder aber dafür sorgen, daß Ihr Dokument von Anwender zu Anwender geleitet wird, wobei die von einem Anwender zugefügten Kommentare und Anmerkungen den nachfolgenden Empfängern zur Verfügung gestellt werden, und zum Schluß wieder beim Sender landen können.

Dialogvariablen:

Name:	*Bedeutung*
.Thema$	Der hier angegebene Text erscheint in der "Betreff"-Zeile in der E-Mail Nachricht.
.Nachricht$	Der Text des eigentlichen Dokumentes wird als Anlage versendet. Jedoch wird der hier angegebene Text im "Postkasten" Ihres E-Mail Programms auftauchen.
.Zugleich%	Gibt an, ob das Dokument von Anwender zu Anwender oder direkt an alle angegebenen Anwender verschickt werden soll.
	0 Das Dokument wird nur an den ersten Adressaten der Liste gesendet. Dieser muß das Dokument dann weiterleiten, um den Ring zu schließen.
	1 Dokument an alle Adressaten in der Liste versenden.
.ZurückWennBeendet%	Wenn der letzte Empfänger in einer Empfängerreihenden Befehl DateiSenden aufruft, oder den entsprechenden Befehl aus dem Datei-Menü anwählt, erhält der Sender bzw. Urheber dieses Dokumentes die von allen Empfängern durchgesehene und evtl. geänderte Kopie des Ausgangsdokumentes. Wenn das Dokument gleichzeitig an alle Adressaten übersendet wurde, erhält der Sender von jedem Empfänger das geänderte Dokument.
	0 Dokument nicht an Sender zurückschicken.
	1 Dokument beim Aufruf von DateiSenden an den Sender zurückschicken.
.StatusVerfolgen%	Mit dieser Variablen können Sie angeben, ob Sie darüber informiert werden möchten, wenn Ihr Dokument von einem Adressaten zu nächsten wandert.
	1 Jedesmal, wenn die Datei von einem Adressaten an den nächsten übergeben wird, erhält der ursprüngliche Sender eine Nachricht.
	0 Keine Nachrichten über den momentanen Verbleib des Dokumentes senden.
.Zulassen%	Dieser Parameter bestimmt, wie und ob das Dokument von den Empfängern geändert werden darf.
	0 Das Dokument darf von jedem Empfänger beliebig geändert werden.
	1 Alle Änderungen werden mit Korrekturmarken versehen.
	2 Alle Änderungen werden als Anmerkungen eingegeben.
	3 Die Empfänger können nur die Formularfelder eines Dokumentes/ Formulars beschreiben.
.Adresse$	Dieses Argument enthält die Adresse die durch einen Aufruf von .EmpfängerHinzufügen oder .AlterEmpfänger zum Verteiler hinzugefügt wird.

Schaltflächen:

Name:	*Aufgabe*
.VerteilerHinzufügen	Erst dieser Parameter sorgt dafür, daß das aktuelle Dokument einen Verteiler erhält. Dieser ist nötig, um das Dokument an alle oder nacheinander an die angegebenen Adressaten weiterleiten zu können. Achten Sie darauf, daß beim Schließen eines Dokumentes, das einen Verteiler besitzt, nachgefragt wird, ob das Dokument vor dem Schließen noch gesendet werden soll. Diese Nachricht kann aber duch die entsprechenden ...Schliessen-Befehle unterdrückt werden (s. DateiSchließen, DokumentSchließen, DateiAllesSchließen, DateiBeenden).

.DokumentWeiterleiten	Das aktuelle Dokument wird an den nächsten Empfänger der vom Urheber aufgebauten Empfängerliste weitergeleitet, oder zurück zum Sender geschickt, wenn der letzte Empfänger einer Reihe (oder ein Empfänger beim gleichzeitigen Senden) diese Schaltfläche aktiviert. Dazu muß der Sender allerdings den Wert 1 in .ZurückWennBeendet angegeben haben.
.EmpfängerHinzufügen	Durch dieses Kommando wird die in .Adresse angegebene Adresse zur Empfängerliste hinzugefügt.
.AlterEmpfänger	Wenn Sie das aktuelle Dokument weiterleiten, haben Sie keinen direkten Einfluß mehr auf die Liste der Empfänger. Jeder Empfänger ist zwar in der Lage, weitere Empfänger zum Verteiler hinzuzufügen - aber auch das nur solange das Dokument von diesem nicht weitergeleitet wurde.
	Sollte Ihnen nun plötzlich einfallen, daß ein weiterer Empfänger Ihr schon abgeschicktes Dokument erhalten soll, können Sie mit dieser Schaltfläche dafür sorgen, daß auch dieser nachträgliche Empfänger das Dokument erhält.
.VorgabeVerteiler	Durch diese Schaltfläche wird der Verteiler des aktuellen Dokumentes zurückgesetzt. Auch wenn alle Empfänger das Dokument empfangen, bearbeitet und an den Sender zurückgeschickt haben, kann der Sender nicht einfach .DokumentWeiterleiten aufrufen, um ein Dokument erneut zu versenden. Vielmehr muß vorher diese Schaltfläche aufgerufen werden, wonach ein erneutes Senden der korrigierten Fassung Ihres Textes möglich wird.
.VerteilerLöschen	Diese Schaltfläche entfernt den Verteiler vom aktuellen Dokument.
.EmpfängerLöschen	Durch dieses Kommando werden alle Adressen vom Verteiler entfernt.

Anmerkungen:

Folgender Aufruf von DateiVerteiler sorgt dafür, daß das aktuelle Dokument einen E-Mail Verteiler erhält. In diesem Verteiler sind jedoch noch keine Adressen angegeben:

DateiVerteiler .Thema = "Anmelden" .Nachricht = "Wer da?", .VerteilerHinzufügen

Mit

DateiVerteiler .Adresse = "Empfänger...", .EmpfängerHinzufügen

können jedoch die Empfangsadressen angegeben werden (jeweils eine).

DatumSeriell() *Ermittelt Seriennummer aus angegebenem Datum.*

Gruppe: Datum und Uhrzeit   WordBASIC Funktion

Syntax:

DatumSeriell(Jahr, Monat, Tag)

Beschreibung:

Word verwendet zur internen Speicherung von Datumswerten eine Seriennummer. Um eine solche Seriennummer aus einen Datum zu erzeugen, wird diese Funktion verwendet. Diese Funktion wandelt Daten vom 31.12.1899 bis zum 31.12.4095 in eine Seriennummer. Ungültige Werte für ein Datum (z.B. 30.2.1994) resultieren in einer Fehlermeldung.

Funktionsergebnis:

Das Ergebnis dieser Funktion ist die Seriennummer des übergebenen Datums.

Parameter:

Name:	Bedeutung
`Jahr`	Enthält das Jahr des umzuwandelnden Datums (1899 - 4095).
`Monat`	Enthält den umzuwandelnden Monat (1-12).
`Tag`	Enthält den umzuwandelnden Tag des Monats (1 - 28/29/30/31).

DatumWert()
Ermittelt Seriennummer aus Datumstext.

Gruppe: Datum und Uhrzeit WordBASIC Funktion

Syntax:
DatumWert(Datumtext$)

Beschreibung:
Diese Funktion wandelt den übergebenen Datumstext in eine Seriennummer. Dabei werden von dieser Funktion folgende z.B.: Datumsformate unterstützt:

31.1.94

31-1-1994

Januar 31, 1994

31 Jan 94

31-Jan-94

31. Januar 1994

Zu beachten ist nur, daß das übergebene Datum gültig ist (also z.B.: kein 30. Februar), und daß das Datum innerhalb des 31.12.1899 und 31.12.4095 liegen muß.

Funktionsergebnis:
Das Ergebnis dieser Funktion ist die Seriennummer des übergebenen Datums.

Parameter:

Name:	Bedeutung
`Datumtext$`	Datumstext der in Seriennummer umgewandelt werden soll.

DDEExecute
Sendet einen auszuführenden Befehl über einen DDE-Kanal.

Gruppe: Dynamischer Datenaustausch (DDE) WordBASIC Befehl

Syntax:
DDEExecute Kanalnummer, Befehl$

Beschreibung:
Mit Hilfe der DDE-Schnittstelle wird eine Kommunikation mit anderen Anwendungen ermöglicht. Dieses Dynamic-Data-Exchange-Kommando sorgt dafür, daß ein Befehl auf einer anderen laufenden Anwendung ausgeführt wird.

Parameter:

Name:	Bedeutung
`Kanalnummer`	Kanalnummer eines mittels DDEInitiate() geöffneten DDE-Kanals.
`Befehl$`	Auszuführender Befehl. Dieser ist abhängig von der Applikation die "ferngesteuert" werden soll.

DDEInitiate()
Startet Datenaustausch mit anderer Anwendung.

Gruppe: Anwendungssteuerung WordBASIC Funktion

Syntax:
DDEInitiate(Anwendung$, Objekt$)

Beschreibung:
Durch diesen Befehl wird eine Verbindung zu einer anderen - schon gestarteten Anwendung aufgebaut.

Funktionsergebnis:
Nummer des geöffneten DDE-Kanals.

  0   DDE Kanal konnte nicht geöffnet werden.
  > 0 Nummer des geöffneten DDE Kanals. Dieser Wert wird von den anderen DDE-Befehlen benötigt.

Parameter:

Name:	Bedeutung
`Anwendung$`	Name der Anwendung - im allgmeinen ohne die Endung .EXE - mit der eine Verbindung aufgebaut werden soll.
`Objekt$`	Der Name eines Objektes, mit dem die oben genannte Anwendung arbeiten kann (z.B. ein Dokument, eine Tabelle etc.). Dieser Name ist anwendungsspezifisch.

DDEPoke
Sendet Daten über einen DDE-Kanal.

Gruppe: Dynamischer Datenaustausch (DDE) WordBASIC Befehl

Syntax:
DDEPoke Kanalnummer, Element$, Daten$

Beschreibung:
Dieses Kommando sendet über einen mittels DDEInitiate() geöffneten Kanals anwendungsspezifische Daten.

Parameter:

Name:	Bedeutung
`Kanalnummer`	Nummer eines vorher geöffneten DDE-Kanals.
`Element$`	Name des zu 'fütternden' Elements - z.B. eine Zelle einer Tabelle (anwendungsspezifisch).
`Daten$`	Daten, die in das oben genannte Element geschrieben werden sollen.

DDERequest$() *Liest Daten aus einem DDE-Kanal.*

Gruppe: Dynamischer Datenaustausch (DDE) WordBASIC Funktion

Syntax:
DDERequest$(Kanalnummer, Element$)

Beschreibung:
Dieser Befehl ist das Gegenstück zu DDEPoke. Mit seiner Hilfe wird der aktuelle Wert eines Elementes gelesen.

Funktionsergebnis:
Wert des Elements.

Parameter:

Name:	Bedeutung
`Kanalnummer`	Mittels DDEInitiate() ermittelte Kanalnummer.
`Element$`	Name des auszulesenden Elementes (anwendungsspezifisch).

DDETerminate *Beendet eine DDE-Kommunikation.*

Gruppe: Dynamischer Datenaustausch (DDE) WordBASIC Befehl

Syntax:
DDETerminate Kanalnummer

Beschreibung:
Durch diesen Befehl wird der angegebene Kanal geschlossen. Die Verbindung mit der assoziierten Anwendung wird gekappt.

Parameter:

Name:	Bedeutung
`Kanalnummer`	Nummer des zu schließenden Kanals (s. DDEInitiate()).

DDETerminateAll *Schließt alle offenen DEE-Kanäle.*

Gruppe: Anwendungssteuerung WordBASIC Befehl

Syntax:
DDETerminateAll

Beschreibung:
Dieser Befehl schließt alle mittels DDEInitiate() geöffneten DDE-Kanäle. Die Anzahl der gleichzeitig geöffneten DDE-Kanäle ist von Ihrem Hauptspeicher abhängig. Neben den gleichzeitig laufenden Anwendungen belegt jeder offene Kanal Speicherplatz der unbedingt wieder freigegeben werden muß, sobald der Kanal nicht mehr benötigt wird.

Declare Function *Deklariert eine Funktion aus einer DLL-Datei.*

Gruppe: BASIC-Befehle und -Funktionen BASIC Befehl

Syntax:

```
Declare Functi
n Funktion[$] Lib Bibliothek$ [(Argumentliste)] [Alias Routine$] As Typ
```

Beschreibung:

Dieser Befehl fügt eine Funktion einer Dynamic-Link-Library (DLL), Wiord-Link-Library (WLL) oder EXE-Datei dem Befehlsumfang von WordBasic hinzu. Eine mit Declare Function deklarierte Funktion kann dann in Ihren Makros aufgerufen werden. Die in einem Makro zu verwendenden 'externen' Funktionen müssen vor 'SUB MAIN' deklariert werden.

Parameter:

Name:	Bedeutung
Function[$]	Unter diesem Namen wird die Funktion unter Word-Basic aufgerufen. Geben Sie das $-Zeichen an, handelt es sich um eine Funktion mit String-Rückgabewert.
Bibliothek[$]	Name der WLL- oder EXE-Datei, in der die zu deklarierende Funktion enthalten (definiert) ist.
Argumentliste	Hier geben Sie die Aufrufparameter der Funktion an. Für die einzelnen Parameter müssen Sie sowohl einen Namen als auch den Typ angeben (VarName[$] As Typ). Geben Sie im Parameternamen schon das $-Zeichen an, ist der Parameter vom Type String:
	Integer für ganzzahlige Werte (2 Byte) vom C-Typ 'int' oder 'BOOL'.
	String für Zeichenfolgen oder Zeiger (C-Typ 'LPSTR', etc.).
	Double für doppelt genaue Fließkommazahlen.
Alias Routine$	In Routine$ geben Sie den Namen an, unter dem der hier deklarierte Befehl tatsächlich in der Bibliothek zu finden ist. Wird dieser Parameter nicht verwendet, sind der in Word sowie der in der Bibliothek verwendete Befehl identisch. Dieser Parameter ist hilfreich, wenn eine zu deklarierende Funktion einen sehr langen Namen hat.
As Typ	In Typ wird der Rückgabewert der Funktion angegeben. Haben Sie im Funktionsnamen das $-Zeichen angegeben, handelt es sich um eine Funktion, die Strings zurückliefert. In diesem Fall braucht "As String" als Rückgabetyp nicht mehr angegeben zu werden.

Declare Sub

Deklariert eine Prozedur aus einer DLL-Datei.

Gruppe: BASIC-Befehle und -Funktionen   BASIC Befehl

Syntax:

```
Declare Sub Unterroutine Lib Bibliothek$ [(Argumentliste)] [Alias Routine$]
```

Beschreibung:

Dieser Befehl fügt eine Prozedur einer Dynamic-Link-Library (DLL), Word-Link-Library (WLL) oder EXE-Datei dem Befehlsumfang von WordBasic hinzu. Eine mit Declare Sub deklarierte Prozedur kann dann in Ihren Makros aufgerufen werden. Die in einem Makro zu verwendenden 'externen' Prozeduren müssen vor 'SUB MAIN' deklariert werden.

Parameter:

Name:	Bedeutung
Unterroutine	Unter diesem Namen kann der Befehl unter Word aufgerufen werden.

`Biblkiothek$`	Name der WLL- oder EXE-Datei, in der der zu deklarierende Befehl enthalten (definiert) ist.
`Argumentliste`	Hier geben Sie die Aufrufparameter der Funktion an. Für die einzelnen Parameter müssen Sie sowohl einen Namen als auch den Typ angeben (VarName[$] As Typ). Als Typen kommen in Frage: Integer für ganzzahlige Werte (2 Byte) vom C-Typ 'int' oder 'BOOL'. String für Zeichenfolgen oder Zeiger (C-Typ 'LPSTR', etc.). Double für doppelt genaue Fließkommazahlen.
`Alias Routine$`	Wurde in Unterroutine nicht der Name angegeben, unter dem der Befehl in der Bibliothek definiert ist, müssen Sie dies hier nachholen. Geben Sie dazu in Routine$ den Namen der Funktion an, unter dem diese in der WLL- oder EXE-Datei bekannt ist.

DefaultDir$()

Liefert den Namen eines Vorgabe-Verzeichnisses.

Gruppe: Datenträgerzugriff und -verwaltung   WordBASIC Funktion

Syntax:

`DefaultDir$(Art)`

Beschreibung:

Im Gegensatz zu ChDefaultDir liefert diese Funktion den Namen eines Vorgabeverzeichnisses. In diesen Vorgabeverzeichnissen speichert Word seine Dateien.

Parameter:

Name: *Bedeutung*

Art   Gibt an, für welche Datei-Gruppe das Vorgabeverzeichnis geändert werden soll.

   0   DOC-PATH. Hier werden die Word-Dokumente gespeichert.
   1   PICTURE-PATH. Hier speichert Word die Zeichnungen.
   2   USER-DOT-PATH. In diesem Verzeichnis werden die Einzelbenutzer-Dokumentvorlagen gespeichert.
   3   WOKGROUP-DOT-PATH. Hier werden die Mehrbenutzerdokumentvorlagen gespeichert.
   4   INI-PATH. Gibt das Verzeichnis der WINWORD6.INI Datei an.
   5   AUTOSAVE-PATH. Dient zum automatischen Abspeichern der Dateien.
   6   TOOLS-PATH. Hier werden die Word-Werkzeug-Programme gespeichert.
   7   CBT-PATH. Hier werden die Word-Beispiele gespeichert.
   8   STARTUP-PATH. Hier speichert Word die Autostart Makros, Vorlagen etc.
   9   PROGRAM-PATH. Hier werden die Word-Programmdateien gespeichert.(Nicht änderbar. Wird während der Installation festgelegt.)
   10   Der Pfad für die Word-Grafikfilter (nicht änderbar).
   11   Der Pfad für die Word-Textkonverter (nicht änderbar).
   12   Pfad für die Editierhilfen (nicht änderbar).
   13   Der Pfad für temporäre Dateien (nicht änderbar).
   14   Das aktuelle Verzeichnis (s. ChDir).
   15   Pfad des Formatvorlagen-Katalogs.

Anmerkungen:

Die Verzeichnisse mit den Nummern 9-14 können nicht verändert werden, da diese während der Installation von Word für Windows eingerichtet werden. Die Bedeutung der anderen Verzeichnisse können Sie dem Befehl ChDefaultDir entnehmen.

Dialog
Stellt ein Dialogfeld dar.

Gruppe: Dialogfelddefinitionen und Steuerelemente   WordBASIC Befehl

Syntax:

```
Dialog DialogDatensatz [, Standardschaltfläche] [, Zeitüberschreitung]
```

Beschreibung:

Dieser Befehl stellt ein Dialogfeld dar, das der Benutzer wie ein gewöhnliches Dialogfeld bearbeiten kann.

Parameter:

Name:	Bedeutung
DialogDatensatz	Hiermit geben Sie den Dialogdatensatz an, der das darzustellende Dialogfeld beschreibt. Neben den Word-eigenen Dialogfeldern können auch Benutzerdialoge erstellt werden. Während jedoch beliebig viele Word-Dialoge aufgerufen werden können, kann immer nur ein einziger Benutzerdialog (Begin Dialog... End Dialog) verwendet werden.
Standardschaltfläche	Diese Variable bestimmt, welche Schaltfläche des Dialogs die Vorgabeschaltfläche (DefaultButton) sein soll. Dieser Parameter ist nur sinnvoll bei Verwendung von Benutzerdialogen. Word-Dialoge geben ihre eigenen Standardschaltflächen vor.
	-2 Keine Standardschaltfläche im Dialog.
	-1 Die Schaltfläche "Ok" (vom Typ OK-Button) ist Standardschaltfläche.
	0 Die Schaltfläche "Abbrechen" ist Vorgabeschaltfläche (CancelButton).
	> 0 Nummer der Schaltfläche in Dialogdefinition (1 = erste Schaltfläche, 2 = zweite Schaltfläche etc.).
Zeitüberschreitung	Dieser Parameter bestimmt die Zeit (in Millisekunden), die im Dialogfeld angezeigt werden soll.
	0 Dialogfeld wird so lange angezeigt, bis der Benutzer "Ok" oder "Abbrechen" betätigt.
	> 0 Anzahl der Millisekunden, die im Dialogfeld angezeigt werden soll, bevor es automatisch wieder verschwindet.

Anmerkungen:

Folgende Sequenz erzeugt eine Datei-Öffnen Dialogbox:

dim dlg as DateiÖffnen
Dialog dlg

Dialog()
Stellt ein Dialogfeld dar und liefert Schaltfläche, die zum Schließen des Dialogfeldes führte.

Gruppe: Dialogfelddefinitionen und Steuerelemente   WordBASIC Funktion

Syntax:

```
Dialog(DialogDatensatz [, Standardschaltfläche] [, Zeitüberschreitung])
```

Beschreibung:

Diese Funktion stellt ein Dialogfeld dar, das der Benutzer wie ein gewöhnliches Dialogfeld bearbeiten kann.

Funktionsergebnis:

Als Ergebnis liefert diese Funktion:

    -1   "Ok" betätigt.
    0   "Abbrechen" betätigt.
    > 0 Nummer der betätigten Schaltfläche.

Parameter:

Name:	Bedeutung
DialogDatensatz	Hiermit geben Sie den Dialogdatensatz an, der das darzustellende und zu bearbeitende Dialogfeld beschreibt. Neben den Word-eigenen Dialogfeldern können auch Benutzerdialoge erstellt werden. Während jedoch beliebig viele Word-Dialoge aufgerufen werden können, kann immer nur ein einziger Benutzerdialog (Begin Dialog... End Dialog) verwendet werden.
Standardschaltfläche	Dieser Parameter bestimmt, welche Schaltfläche des Dialogs die Vorgabeschaltfläche (DefaultButton) sein soll. Dieser Parameter ist nur sinnvoll bei Verwendung von Benutzerdialogen. Word-Dialoge geben ihre eigenen Standardschaltflächen vor.

    -2 Keine Standardschaltfläche im Dialog.
    -1 Die Schaltfläche "Ok" (vom Typ OKButton) ist Standardschaltfläche.
    0   Die Schaltfläche "Abbrechen" ist Vorgabeschaltfläche (CancelButton).
    > 0 Nummer der Schaltfläche in Dialogdefinition (1 = erste Schaltfläche, 2 = zweite Schaltfläche etc.).

Zeitüberschreitung	Dieser Parameter bestimmt die Zeit (in Millisekunden), die im Dialogfeld angezeigt werden soll.

    0   Dialogfeld bleibt sichtbar, bis der Benutzer "Ok" oder "Abbrechen" betätigt.
    > 0 Dialogfeld bleibt die angegebene Anzahl von Millisekunden sichtbar und verschwindet dann automatisch wieder.

Anmerkungen:

Folgende Sequenz erzeugt eine Datei-Öffnen Dialogbox und ermittelt die Nummer der Schaltfläche, die für das Schließen der Schaltfläche verantwortlich war:

dim dlg as DateiÖffnen

x = Dialog dlg

DialogEditor   *Startet den Dialogfeld-Editor.*

Gruppe: Anwendungssteuerung   WordBASIC Befehl

Syntax:

```
DialogEditor
```

Beschreibung:

Dieser Befehl startet den Dialogfeld-Editor bzw. macht ihn zur aktiven Anwendung, falls dieser schon vorher gestartet wurde.

Dim
Deklariert eine Variable, eine Array oder eine Verbundvariable.

Gruppe: BASIC-Befehle und -Funktionen   BASIC Befehl

Syntax:
```
Dim [Shared] Var1 [(Größe)] [, Var2 [(Größe)]] [, Var3 [(Größe)]] ...
```

Beschreibung:
Der Dim Befehl dient zur Definition globaler Variablen innerhalb eines Makros (DIM shared), der Definition ein- und mehrdimensionaler Datenfelder (Arrays), sowie der Definition von Dialogfeld-Datensätzen.

DlgAktivieren
Aktiviert ein Dialogfeld.

Gruppe: Dialogfelddefinitionen und Steuerelemente   WordBASIC Befehl

Syntax:
```
DlgAktivieren DialogfeldName[$] [, Aktiv]
```

Beschreibung:
Im Rahmen einer Dialogfeldfunktion kann dieser Befehl eingesetzt werden, um eines der verschiedenen Dialogfelder zu aktivieren oder deaktivieren. Deaktivierte Felder können nicht mehr den Fokus erhalten, so daß sich darin keine Eingaben mehr vornehmen lassen.

Parameter:

Name:	Bedeutung
DialogfeldName[$]	Name des Dialogfeldes in Form des Namens der Dialogvariable, der im Rahmen der Definition des Dialogfensters mit "Dim Dialog BenutzerDialog" angegeben wurde.
	Alternativ zum Namen kann auch die Nummer des Dialogfeldes in der Reihenfolge der Felddefinition angegeben werden. 0 steht dabei für das erste Feld, 1 für das zweite usw.
Aktiv	Dieser Parameter entscheidet, ob das angegebene Dialogfeld aktiviert oder deaktiviert werden soll.
	nicht angegeben Der aktuelle Status wird umgeschaltet.
	0 Das Dialogfeld wird deaktiviert.
	1 Das Dialogfeld wird aktiviert.

DlgAktivieren()
Überprüft, ob ein Dialogfeld aktiviert ist.

Gruppe: Dialogfelddefinitionen und Steuerelemente   WordBASIC Funktion

Syntax:
```
x = DlgAktivieren(DialogfeldName[$])
```

Beschreibung:
Innerhalb der Dialogfunktion eines benutzerdefinierten Dialogfeldes läßt sich mit Hilfe dieser Funktion feststellen, ob ein bestimmtes Dialogfeld aktiviert oder deaktiviert ist.

Funktionsergebnis:

Als Ergebnis liefert diese Funktion:

 -1 Das angegebene Dialogfeld ist aktiviert.
 0 Das angegebene Dialogfeld ist deaktiviert.

Parameter:

Name: *Bedeutung*

`DialogfeldName[$]` Name des Dialogfeldes in Form des Namens der Dialogvariable, der im Rahmen der Definition des Dialogfensters mit "Dim Dialog BenutzerDialog" angegeben wurde.

Alternativ zum Namen kann auch die Nummer des Dialogfeldes in der Reihenfolge der Felddefinition angegeben werden. 0 steht dabei für das erste Feld, 1 für das zweite usw.

DlgAktualDateiVorschau

Aktualisiert ein FilePreview-Dialogfeld innerhalb eines benutzerdefinierten Dialogfensters.

Gruppe: Dialogfelddefinitionen und Steuerelemente   WordBASIC Befehl

Syntax:

`DlgAktualDateiVorschau [DialogfeldName[$]]`

Beschreibung:

Innerhalb der Dialogfunktion eines benutzerdefinierten Dialogfensters läßt sich durch den Aufruf dieses Befehls ein FilePreview-Feld aktualisieren. Die miniaturisierte Seitenansicht des in diesem Feld dargestellten Dokuments wird dadurch auf den neuesten Stand gebracht.

Parameter:

Name: *Bedeutung*

`DialogfeldName[$]` Name des Dialogfeldes in Form des Namens der Dialogvariable, der im Rahmen der Definition des Dialogfensters mit "Dim Dialog BenutzerDialog" angegeben wurde.

Alternativ zum Namen kann auch die Nummer des Dialogfeldes in der Reihenfolge der Felddefinition angegeben werden. 0 steht dabei für das erste Feld, 1 für das zweite usw.

Da jedes benutzerdefinierte Dialogfenster nur einen FilePreview-Befehl enthalten darf, ist die Angabe dieses Parameters optional.

DlgDateiSeitenansicht$

Zeigt ein Dokument in einer miniaturisierten Seitenansicht an.

Gruppe: Dialogfelddefinitionen und Steuerelemente   WordBASIC Befehl

Syntax:

`DlgDateiSeitenansicht$ [DialogfeldName[$]] [, Dateiname$]`

Beschreibung:

Innerhalb der Dialogfunktion eines benutzerdefinierten Dialogfensters können Sie mit Hilfe dieser Funktion eine miniaturisierte Seitenansicht des aktuellen Dokuments oder eines anderen Dokuments zur Anzeige bringen.

Die Anzeige kann nur in einem Dialogfeld erfolgen, das innerhalb der Dialogfenster-Deklaration mit Hilfe des Befehls FilePreview angelegt wurde.

Parameter:

Name:	Bedeutung
`DialogfeldName[$]`	Name des Dialogfeldes in Form des Namens der Dialogvariable, der im Rahmen der Definition des Dialogfensters mit "Dim Dialog BenutzerDialog" angegeben wurde.
	Alternativ zum Namen kann auch die Nummer des Dialogfeldes in der Reihenfolge der Felddefinition angegeben werden. 0 steht dabei für das erste Feld, 1 für das zweite usw.
`Dateiname$`	Name der Datei, deren Seitenansicht angezeigt werden soll. Diese Datei muß nicht geöffnet sein.
	Wird dieser Parameter weggelassen, wird eine Seitenansicht des aktuellen Dokuments erzeugt.

DlgDateiSeitenansicht$()

Fragt den Namen des Dokuments innerhalb eines FilePreview-Dialogfeldes ab.

Gruppe: Dialogfelddefinitionen und Steuerelemente   WordBASIC Funktion

Syntax:
`a$ = DlgDateiSeitenansicht$()`

Beschreibung:
Innerhalb der Dialogfunktion eines benutzerdefinierten Dialogfensters läßt sich diese Funktion einsetzen, um den Namen des Dokuments zu ermitteln, das im FilePreview-Dialogfeld des Dialogfensters angezeigt wird.

Funktionsergebnis:
Der Pfad- und Dateiname des Dokuments, dessen miniaturisierte Seitenansicht im FilePreview-Dialogfeld angezeigt wird.

Handelt es sich bei dem angezeigten Dokument um das aktuelle Dokument, und ist dieses noch nicht gespeichert worden, wird nicht der Pfad- und Dateiname, sondern der Name des Dokumentfensters zurückgeliefert, in dem dieses Dokument dargestellt wird.

DlgFokus

Versieht ein Dialogfeld mit dem Fokus.

Gruppe: Dialogfelddefinitionen und Steuerelemente   WordBASIC Befehl

Syntax:
`DlgFokus DialogfeldName[$]`

Beschreibung:
Innerhalb der Dialogfunktion eines benutzerdefinierten Dialogfensters läßt sich mit Hilfe dieses Befehls das Dialogfeld bestimmen, das den Fokus hält und damit die Eingaben des Anwenders entgegennimmt.

Parameter:

Name:	*Bedeutung*
`DialogfeldName[$]`	Name des Dialogfeldes in Form des Namens der Dialogvariable, der im Rahmen der Definition des Dialogfensters mit "Dim Dialog BenutzerDialog" angegeben wurde.
	Alternativ zum Namen kann auch die Nummer des Dialogfeldes in der Reihenfolge der Felddefinition angegeben werden. 0 steht dabei für das erste Feld, 1 für das zweite usw.

DlgFokus$()

Liefert den Namen des Dialogfeldes, das den Fokus hält.

Gruppe: Dialogfelddefinitionen und Steuerelemente   WordBASIC Funktion

Syntax:
```
a$ = DlgFokus$()
```

Beschreibung:

Innerhalb einer Dialogfunktion eines benutzerdefinierten Dialogfensters läßt sich mit Hilfe dieser Funktion das Dialogfeld ermitteln, das derzeit den Fokus hält.

Funktionsergebnis:

Der Name des Dialogfeldes, das derzeit den Fokus hält. Ist für das jeweilige Dialogfeld kein Name definiert, wird die Nummer des Feldes in der Reihe der Felddefinition zurückgeliefert.

DlgGrafikSetzen

Lädt eine Grafik in ein Picture-Dialogfeld.

Gruppe: Dialogfelddefinitionen und Steuerelemente   WordBASIC Befehl

Syntax:
```
DlgGrafikSetzen DialogfeldName[$], GrafikName$, Typ
```

Beschreibung:

Im Rahmen der Dialogfunktion eines benutzerdefinierten Dialogfelds läßt sich durch den Einsatz dieses Befehls eine Grafik in ein Picture-Feld laden. Die gewünschte Grafik ersetzt dabei die bisher dort angezeigte.

Parameter:

Name:	*Bedeutung*
`DialogfeldName[$]`	Name des Dialogfeldes in Form des Namens der Dialogvariable, der im Rahmen der Definition des Dialogfensters mit "Dim Dialog BenutzerDialog" angegeben wurde.
	Alternativ zum Namen kann auch die Nummer des Dialogfeldes in der Reihenfolge der Felddefinition angegeben werden. 0 steht dabei für das erste Feld, 1 für das zweite usw.
`GrafikName$`	Je nach der Angabe für den Parameter "Typ" muß hier der Name einer Grafikdatei, der Name einer Textmarke oder der Name eines AutoText-Eintrags angegeben werden, aus dem die Grafik bezogen werden soll.
`Typ`	Bezeichnet die Quelle, aus der die Grafik bezogen werden soll.

0   Die Grafik entstammt einer Datei.
1   Die Grafik wird einem AutoText-Eintrag entnommen.
2   Die Grafik ist an der angegebenen Textmarke im aktuellen Dokument zu finden.
3   Die Grafik befindet sich in der Zwischenablage.

DlgKontrollKennung() *Liefert die Nummer eines Dialogfeldes.*

Gruppe: Dialogfelddefinitionen und Steuerelemente   WordBASIC Funktion

Syntax:

x = DlgKontrollKennung(DialogfeldName$)

Beschreibung:

Innerhalb der Dialogfunktion eines benutzerdefinierten Dialogfeldes können die verschiedenen Dialogfelder des Dialogfensters entweder über ihren Namen oder über eine fortlaufende Nummer angesprochen werden, die sich aus der Reihenfolge der Felder ergibt. Mit Hilfe dieser Funktion läßt sich bei einem gegebenen Feldnamen die zugehörige Nummer ermitteln.

Funktionsergebnis:

Die Nummer des angegebenen Dialogfeldes.

Parameter:

Name:	*Bedeutung*
DialogfeldName$	Name des Dialogfeldes in Form des Namens der Dialogvariable, der im Rahmen der Definition des Dialogfensters mit "Dim Dialog BenutzerDialog" angegeben wurde.

DlgListenfeldDatenfeld *Lädt ein Listenfeld innerhalb eines benutzerdefinierten Dialogfensters.*

Gruppe: Dialogfelddefinitionen und Steuerelemente   WordBASIC Befehl

Syntax:

DlgListenfeldDatenfeld Bezeichner[$], StringArray$()

Beschreibung:

Im Rahmen der Dialogfunktion eines benutzerdefinierten Dialogfensters lassen sich Listenfelder, Kombinationsfelder und Drop-Down-Listenfelder durch den Aufruf dieses Befehls mit neuen Einträgen füllen.

Parameter:

Name:	*Bedeutung*
Bezeichner[$]	Name des Dialogfeldes in Form des Namens der Dialogvariable, der im Rahmen der Definition des Dialogfensters mit "Dim Dialog BenutzerDialog" angegeben wurde.
	Alternativ zum Namen kann auch die Nummer des Dialogfeldes in der Reihenfolge der Felddefinition angegeben werden. 0 steht dabei für das erste Feld, 1 für das zweite usw.
StringArray$()	Name des String-Arrays, dessen Inhalt als die verschiedenen Einträge innerhalb des Listen-, Kombinations- oder Drop-Down-Listenfeldes angezeigt werden soll.

DlgListenfeldDatenfeld() *Lädt den Inhalt eines Listenfeldes in ein Array und liefert die Anzahl der Einträge.*

Gruppe: Dialogfelddefinitionen und Steuerelemente   WordBASIC Funktion

Syntax:
```
x = DlgListenfeldDatenfeld(DialogfeldName[$] [, StringArray$()])
```

Beschreibung:

Durch den Aufruf dieser Funktion können die Einträge in einem Listen-, Kombinations- oder Drop-Down-Listenfeld aus einem benutzerdefinierten Dialogfenster in ein String-Array geladen werden. Sinnvoll ist dies allerdings nur im Rahmen der Dialogfunktion eines benutzerdefinierten Dialogfensters.

Funktionsergebnis:

Die Anzahl der Einträge in dem angegebenen Dialogfeld und damit die Array-Elemente, die geladen werden.

Parameter:

Name:	Bedeutung
`DialogfeldName[$]`	Name des Dialogfeldes in Form des Namens der Dialogvariable, der im Rahmen der Definition des Dialogfensters mit "Dim Dialog BenutzerDialog" angegeben wurde.
	Alternativ zum Namen kann auch die Nummer des Dialogfeldes in der Reihenfolge der Felddefinition angegeben werden. 0 steht dabei für das erste Feld, 1 für das zweite usw.
`StringArray$()`	Name des String-Arrays, das mit den Einträgen aus dem Listen-, Kombinations-, oder Drop-Down-Listenfeldes geladen werden soll.

DlgSichtbar *Macht ein Dialogfeld sichtbar oder unsichtbar.*

Gruppe: Dialogfelddefinitionen und Steuerelemente   WordBASIC Befehl

Syntax:
```
DlgSichtbar DialogfeldName[$] [, AnAus]
```

Beschreibung:

Mit Hilfe dieses Befehls können die Dialogfelder eines benutzerdefinierten Dialogfensters aus einer Dialogfunktion heraus sichtbar oder unsichtbar gemacht werden.

Parameter:

Name:	Bedeutung
`DialogfeldName[$]`	Name des Dialogfeldes in Form des Namens der Dialogvariable, der im Rahmen der Definition des Dialogfensters mit "Dim Dialog BenutzerDialog" angegeben wurde.
	Alternativ zum Namen kann auch die Nummer des Dialogfeldes in der Reihenfolge der Felddefinition angegeben werden. 0 steht dabei für das erste Feld, 1 für das zweite usw.
`AnAus`	Dieser Parameter entscheidet, ob das angegebene Dialogfeld sichtbar oder unsichtbar gemacht werden soll.

nicht angegeben	Schaltet den aktuellen Status um.
0	Macht das Dialogfeld unsichtbar.
1	Macht das Dialogfeld sichtbar.

DlgText

Stellt den Text in einem Dialogfeld ein.

Gruppe: Dialogfelddefinitionen und Steuerelemente   WordBASIC Befehl

Syntax:
DlgText DialogfeldName[$], Text$

Beschreibung:

Innerhalb der Dialogfunktion eines benutzerdefinierten Dialogfensters läßt sich mit Hilfe dieses Befehls der Text in einem Dialogfeld einstellen.

Bei Text- und Kombinationsfeldern wird so der Text bestimmt, der innerhalb des Feldes erscheint. Bei Listenfeldern wird der übergebene Text zum aktuellen Eintrag gewählt, vorausgesetzt natürlich, er ist in der Liste der Auswahlen enthalten.

Bei allen anderen Arten von Dialogfeldern, wird der Text als neue Beschriftung gewählt, wodurch beispielsweise Schaltflächen eine neue Inschrift zugewiesen werden kann.

Parameter:

Name:	Bedeutung
DialogfeldName[$]	Name des Dialogfeldes in Form des Namens der Dialogvariable, der im Rahmen der Definition des Dialogfensters mit "Dim Dialog BenutzerDialog" angegeben wurde.
	Alternativ zum Namen kann auch die Nummer des Dialogfeldes in der Reihenfolge der Felddefinition angegeben werden. 0 steht dabei für das erste Feld, 1 für das zweite usw.
Text$	Der einzustellende Text.

DlgText$()

Liefert den Text in einem Dialogfeld.

Gruppe: Dialogfelddefinitionen und Steuerelemente   WordBASIC Funktion

Syntax:
a$ = DlgText$(ListenfeldName[$])

Beschreibung:

Innerhalb der Dialogfunktion eines benutzerdefinierten Dialogfensters läßt sich mit Hilfe dieser Funktion der Text aus einem Dialogfeld auslesen. Die Art und Herkunft des zurückgelieferten Strings hängt von der Art des Dialogfeldes ab, an das sich der Aufruf dieser Funktion richtet.

Funktionsergebnis:

Die Herkunft des zurückgelieferten Strings hängt von dem Dialogfeld ab, auf das er angewendet wird:

– Bei Text- und Kombinationsfeldern wird der vom Anwender eingegebene Text zurückgeliefert.

– Bei Listenfeldern wird die Auswahl des Anwenders zurückgeliefert.

– Bei allen anderen Arten von Dialogfeldern wird die Beschriftung zurückgeliefert.

Parameter:

Name:	Bedeutung
`ListenfeldName[$]`	Name des Dialogfeldes in Form des Namens der Dialogvariable, der im Rahmen der Definition des Dialogfensters mit "Dim Dialog BenutzerDialog" angegeben wurde.
	Alternativ zum Namen kann auch die Nummer des Dialogfeldes in der Reihenfolge der Felddefinition angegeben werden. 1 steht dabei für das erste Feld, zwei für das zweite usw.

DlgWert
Schreibt einen Wert in ein Dialogfeld.

Gruppe: Dialogfelddefinitionen und Steuerelemente   WordBASIC Befehl

Syntax:
`DlgWert DialogfeldName[$], Wert`

Beschreibung:
Innerhalb der Dialogfunktion eines benutzerdefinierten Dialogfensters läßt sich mit Hilfe dieses Befehls die aktuelle Einstellung in einem der folgenden Arten von Dialogfeldern einstellen: Kontrollkästchen, Optionsgruppen, Listenfelder, Kombinationsfelder und DropDown-Listenfelder.

Programmgesteuert läßt sich dadurch eine Auswahl für den Anwender treffen.

Parameter:

Name:	Bedeutung	
`DialogfeldName[$]`	Name des Dialogfeldes in Form des Namens der Dialogvariable, der im Rahmen der Definition des Dialogfensters mit "Dim Dialog BenutzerDialog" angegeben wurde.	
	Alternativ zum Namen kann auch die Nummer des Dialogfeldes in der Reihenfolge der Felddefinition angegeben werden. 0 steht dabei für das erste Feld, 1 für das zweite usw.	
`Wert`	Die Interpretation dieses Parameters richtet sich nach der Art des Dialogfeldes, das durch den Parameter "DialogfeldName" bezeichnet wird.	
	Kontrollkästchen	Der Wert 0 deaktiviert das Kontrollkästchen, 1 aktiviert es und -1 blendet es aus.
	OptionGroup	Die Nummer des angeschalteten Optionsfeldes.
	Listenfelder	Die Nummer des aktiven Listeneintrags.
	Kombinationsfelder	"
	DropDown-Listenfelder	"

DlgWert()
Fragt einen Wert aus einem Dialogfeld ab.

Gruppe: Dialogfelddefinitionen und Steuerelemente   WordBASIC Funktion

Syntax:
`x = DlgWert(DialogfeldName[$])`

Beschreibung:
Innerhalb der Dialogfunktion eines benutzerdefinierten Dialogfensters läßt sich mit Hilfe dieses Befehls die aktuelle Auswahl des Anwenders aus einem der folgenden Arten von Dialogfeldern abfragen: Kontrollkästchen, Optionsgruppen, Listenfelder, Kombinationsfelder und DropDown-Listenfelder.

31 • Makroreferenz

Funktionsergebnis:

Der als Funktionsergebnis zurückgelieferte Wert hängt von der Art des Dialogfeldes ab, auf das die Funktion angewendet wird.

	Kontrollkästchen	Ist das Kontrollkästchen angeschaltet, wird 1 zurückgeliefert, 0, wenn ausgeschaltet ist und -1, wenn es deaktiviert ist.
	Optionsgruppe	Die Nummer des Optionsfeldes aus der Optionsgruppe, das vom Anwender ausgewählt wurde.
	Listenfeld	Die Nummer des vom Anwender gewählten Eintrags.
	Kombinationsfelder	"
	DropDown-Listenfeld	"

Parameter:

Name: *Bedeutung*

DialogfeldName[$]   Name des Dialogfeldes in Form des Namens der Dialogvariable, der im Rahmen der Definition des Dialogfensters mit "Dim Dialog BenutzerDialog" angegeben wurde.

Alternativ zum Namen kann auch die Nummer des Dialogfeldes in der Reihenfolge der Felddefinition angegeben werden. 0 steht dabei für das erste Feld, 1 für das zweite usw.

DokumentBearbeitetBestimmen
Bestimmt, ob das aktuelle Dokument als geändert betrachtet werden soll.

Gruppe: Umgebung   WordBASIC Befehl

Syntax:

DokumentBearbeitetBestimmen [Verändert]

Beschreibung:

Durch den Aufruf dieses Befehls können Sie WinWord mitteilen, daß es das aktuelle Dokument als verändert oder unverändert betrachten soll. Im Fall von "verändert" hat das zur Folge, daß WinWord den Anwender beim Schließen des Dokuments fragen wird, ob das Dokument zuvor gespeichert werden soll.

Andersherum unterbleibt diese Abfrage, wenn das Dokument als "nicht verändert" gekennzeichnet wird, so daß die tatsächlichen Änderungen nicht gespeichert werden.

Parameter:

Name: *Bedeutung*

Verändert   Bestimmt, ob das aktuelle Dokument als "verändert" oder "nicht verändert" betrachtet werden soll.

     0   unverändert
     1 oder nicht angegeben   verändert

DokumentFensterBreite
Stellt die Breite des aktuellen Dokumentfensters ein.

Gruppe: Fenster   WordBASIC Befehl

Syntax:
DokumentFensterBreite Breite

Beschreibung:
Durch den Aufruf dieses Befehls wird die Breite des aktuellen Fensters eingestellt, ohne die Höhe zu beeinflussen. Ist das Fenster maximiert, kann der Befehl nicht ausgeführt werden, und es wird statt dessen ein Fehler ausgelöst.

Parameter:

Name:	Bedeutung
Breite	Die neue Breite des aktuellen Dokuments, gemessen in Punkten. 1 Punkt entspricht 0,376mm.

DokumentFensterBreite()   *Fragt die Breite des aktuellen Dokumentfensters ab.*

Gruppe: Fenster   WordBASIC Funktion

Syntax:
x = DokumentFensterBreite()

Beschreibung:
Mit Hilfe dieser Funktion läßt sich die Breite des aktuellen Dokumentfensters in Erfahrung bringen.

Funktionsergebnis:
Die Breite des aktuellen Dokumentfensters gemessen in Punkten. 1 Punkt entspricht 0,376mm.

DokumentFensterHöhe   *Stellt die Höhe des aktuellen Dokumentfensters ein.*

Gruppe: Fenster   WordBASIC Befehl

Syntax:
DokumentFensterHöhe Höhe

Beschreibung:
Durch den Aufruf dieses Befehls wird die Höhe des aktuellen Dokumentfensters eingestellt, ohne daß dadurch die Breite beeinflußt wird. Ist das Fenster maximiert, kann der Befehl nicht ausgeführt werden, und es wird statt dessen ein Fehler ausgelöst.

Parameter:

Name:	Bedeutung
Höhe	Die Höhe des aktuellen Dokumentfensters gemessen in Punkten. 1 Punkt entspricht 0,376mm.

DokumentFensterHöhe()   *Fragt die Höhe des aktuellen Dokumentfensters ab.*

Gruppe: Fenster   WordBASIC Funktion

Syntax:
x = DokumentFensterHöhe()

Beschreibung:
Mit Hilfe dieser Funktion läßt sich die Breite des aktuellen Dokumentfensters ermitteln.

Funktionsergebnis:
Die Höhe des aktuellen Dokumentfensters gemessen in Punkten. 1 Punkt entspricht 0,376mm.

DokumentFensterPosLinks
Bestimmt die Lage des linken Fensterrandes des aktuellen Dokumentfensters.

Gruppe: Fenster   WordBASIC Befehl

Syntax:
```
DokumentFensterPosLinks LinkerRand
```

Beschreibung:
Durch den Aufruf dieses Befehls wird das aktuelle Dokumentfenster entlang seiner Horizontalachse verschoben. Erlaubt ist der Aufruf allerdings nur, so lange das Fenster nicht maximiert ist.

Parameter:

Name:	Bedeutung
LinkerRand	Die Position des linken Fensterrandes gemessen in Punkten. 1 Punkt entspricht 0,376mm.

DokumentFensterPosLinks()
Fragt die Lage des linken Fensterrandes des aktuellen Dokumentfensters ab.

Gruppe: Fenster   WordBASIC Funktion

Syntax:
```
x = DokumentFensterPosLinks()
```

Beschreibung:
Der Aufruf dieser Funktion liefert die Position des linken Fensterrandes des aktuellen Dokumentfensters.

Funktionsergebnis:
Die Position des linken Fensterrandes gemessen in Punkten. 1 Punkt entspricht 0,376mm.

DokumentFensterPosOben
Bestimmt die Lage des oberen Fensterrandes des aktuellen Dokumentfensters.

Gruppe: Fenster   WordBASIC Befehl

Syntax:
```
DokumentFensterPosOben ObererRand
```

Beschreibung:
Durch den Aufruf dieses Befehls wird das aktuelle Dokumentfenster entlang seiner Vertikalachse verschoben. Erlaubt ist der Aufruf allerdings nur, so lange das Fenster nicht maximiert ist.

Parameter:

Name:	Bedeutung
`ObererRand`	Die neue Position des oberen Fensterrandes gemessen in Punkten. 1 Punkt entspricht 0,376mm.

DokumentFensterPosOben()   *Fragt die Lage des oberen Fensterrandes des aktuellen Dokumentfensters ab.*

Gruppe: Fenster   WordBASIC Funktion

Syntax:
```
x = DokumentFensterPosOben()
```

Beschreibung:
Mit Hilfe dieser Funktion läßt sich die Position des linken Fensterrandes des aktuellen Dokumentfensters ermitteln. Erlaubt ist der Aufruf allerdings nur, so lange das Fenster nicht maximiert ist.

Funktionsergebnis:
Die Position des oberen Fensterrandes gemessen in Punkten. 1 Punkt entspricht 0,376mm.

DokumentFensterTeilen   *Legt einen zweiten Ausschnitt im aktuellen Dokumentfenster an.*

Gruppe: Fenster   WordBASIC Befehl

Syntax:
```
DokumentFensterTeilen TeilungProzent
```

Beschreibung:
Durch den Aufruf dieses Befehls läßt sich das aktuelle Dokumentfenster in zwei Ausschnitte teilen oder eine bereits bestehende Teilung wieder aufheben.

Parameter:

Name:	Bedeutung
`TeilungProzent`	Dieser Parameter bestimmt das Verhältnis zwischen den beiden Ausschnitten und damit die Position, an der das aktuelle Dokumentfenster geteilt wird.
	Erwartet wird ein Prozentwert zwischen 0 und 100, wobei 0 für die Aufhebung der Teilung steht. Der Wert 50 veranlaßt eine Teilung in der Mitte des Fensters, 33 im oberen Drittel, 66 im unteren Drittel usw.
	Resultiert aus dem angegebenen Prozentwert ein zu kleiner Ausschnitt, findet keine Teilung statt.

DokumentFensterTeilen()   *Liefert die Position, an der der zweite Ausschnitt innerhalb des aktuellen Dokumentfensters beginnt.*

Gruppe: Fenster   WordBASIC Funktion

Syntax:
```
x = DokumentFensterTeilen()
```

Beschreibung:
Mit Hilfe dieser Funktion können Sie in Erfahrung bringen, ob und zu welchen Teilen das aktuelle Dokumentfenster in zwei Ausschnitte geteilt wurde.

Funktionsergebnis:
Der aktuelle Teilungsfaktor, 0, wenn das Dokumentfenster nicht geteilt ist. Genau wie bei dem gleichnamigen Befehl steht 50 für eine Teilung des Dokumentfensters in der Mitte, 33 für eine Teilung im oberen Drittel, 66 für eine Teilung im unteren Drittel usw. usf.

DokumentGröße
Stellt die Größe des aktuellen Dokumentfensters ein.

Gruppe: Fenster   WordBASIC Befehl

Syntax:
DokumentGröße Breite, Höhe

Beschreibung:
Mit Hilfe dieses Befehls läßt sich sowohl die Breite als auch die Höhe eines Dokumentfensters einstellen. Voraussetzung dafür ist allerdings, daß das aktuelle Dokumentfenster zum Zeitpunkt des Befehlsaufrufs weder maximiert noch minimiert dargestellt wird, denn sonst löst der Befehlsaufruf einen Fehler aus.

Parameter:

Name:	Bedeutung
Breite	Die neue Breite des aktuellen Dokumentfensters in Punkten. 1 Punkt entspricht 0,376mm.
Höhe	Die neue Höhe des aktuellen Dokumentfensters in Punkten.

DokumentMaximieren
Maximiert alle aktuellen Dokumentfenster.

Gruppe: Fenster   WordBASIC Befehl

Syntax:
DokumentMaximieren [Maximieren]

Beschreibung:
Durch den Aufruf dieses Befehls werden alle geöffneten Dokumentfenster maximiert oder wieder in ihrer ursprünglichen Größe hergestellt.

Parameter:

Name:	Bedeutung	
Maximieren	Dieser Parameter entscheidet darüber, ob die Dokumentfenster maximiert oder wiederhergestellt werden sollen.	
	nicht angegeben	Zwischen maximiertem und wiederhergestelltem Zustand umschalten.
	0	Dokumentfenster wieder in ihrer ursprünglichen Größe herstellen.
	1	Dokumentfenster maximieren.

DokumentMaximieren() — *Stellt fest, ob das aktuelle Dokumentfenster maximiert ist.*

Gruppe: Fenster   WordBASIC Funktion

Syntax:
x = DokumentMaximieren()

Beschreibung:
Mit Hilfe dieser Funktion können Sie in Erfahrung bringen, ob das aktuelle Dokumentfenster maximiert ist.

Funktionsergebnis:
Das Funktionsergebnis zeigt an, ob derzeit alle Dokumentfenster maximiert oder in ihrer normalen Größe dargestellt werden.

- -1   Die Dokumentfenster sind maximiert.
- 0   Die Dokumentfenster erscheinen in ihrer normalen Größe.

DokumentMinimieren — *Verkleinert das aktuelle Dokumentfenster auf Symbolgröße.*

Gruppe: Fenster   WordBASIC Befehl

Syntax:
DokumentMinimieren

Beschreibung:
Durch den Aufruf dieses Befehls wird das aktuelle Dokumentfenster auf Symbolgröße verkleinert und erscheint anschließend am unteren Rand des WinWord-Fensters.

DokumentMinimieren() — *Stellt fest, ob das aktuelle Dokumentfenster als Symbol dargestellt wird.*

Gruppe: Fenster   WordBASIC Funktion

Syntax:
x = DokumentMinimieren()

Beschreibung:
Mit Hilfe dieser Funktion können Sie feststellen, ob das aktuelle Dokumentfenster minimiert ist, d.h. als Symbol erscheint.

Funktionsergebnis:
Als Ergebnis liefert diese Funktion:

- -1   Das aktuelle Dokumentfenster ist minimiert.
- 0   Das aktuelle Dokumentfenster ist nicht minimiert.

DokumentSchließen — *Schließt das aktuelle Dokumentfenster.*

Gruppe: Fenster   WordBASIC Befehl

Syntax:

DokumentSchließen [JetztSpeichern]

Beschreibung:

Durch den Aufruf dieses Befehls wird das aktuelle Dokumentfenster geschlossen. Sofern das darin angezeigte Dokument in keinem anderen Dokumentfenster erscheint, kommt der Aufruf dieses Befehls daher dem Aufruf von DateiSchließen gleich.

Der Aufrufer kann bestimmen, ob das Dokument zuvor gespeichert werden soll oder nicht.

Parameter:

Name:	Bedeutung	
JetztSpeichern	Dieser Parameter bestimmt, ob das Dokument aus dem aktuellen Dokumentfenster vor seiner Schließung gespeichert werden soll.	
	0 oder nicht angegeben	Wurden an dem Dokument seit dem letzten Speichern Veränderungen vorgenommen, fragt WinWord den Anwender, ob das Dokument jetzt gespeichert werden soll.
	1	Das Dokument wird automatisch und ohne Nachfrage gespeichert.
	2	Das Dokument wird nicht gespeichert, selbst wenn es Änderungen enthält, die noch nicht gespeichert wurden und damit verlorengehen.

DokumentSperren

Aktiviert oder löscht einen Schreibschutz für ein Zentral- oder Filialdokument.

Gruppe: Dokumente, Dokumentvorlagen und Add-Ins   WordBASIC Befehl

Syntax:

DokumentSperren [Sperren]

Beschreibung:

Mit Hilfe dieses Befehls lassen sich Zentral- und Filialdokumente gegen Veränderung sperren oder eine bereits vorhandene Sperre wieder aufheben. Ob der Befehl auf das aktuelle Zentral- oder Filialdokument einwirkt, hängt dabei von der Position der Einfügemarke ab. Befindet sie sich in einem Filialdokument, wird nur das Filialdokument gesperrt, ansonsten das Zentraldokument mitsamt allen darin enthaltenen Filialdokumenten.

Parameter:

Name:	Bedeutung	
Sperren	Dieser Parameter bestimmt, ob der Schreibschutz eingeschaltet oder aufgehoben werden soll.	
	nicht angegeben	Schaltet die aktuelle Einstellung in bezug auf die Sperrung um.
	0	Hebt den Schreibschutz auf.
	1	Schaltet den Schreibschutz an.

DokumentSperren()

Fragt die Sperrung eines Zentral- oder Filialdokuments ab.

Gruppe: Dokumente, Dokumentvorlagen und Add-Ins   WordBASIC Funktion

Syntax:

x = DokumentSperren()

Beschreibung:

Mit Hilfe dieser Funktion läßt sich feststellen, ob ein Zentral- bzw. Filialdokument schreibgeschützt ist. Ob sich der Befehl an ein Zentral- oder ein Filialdokument richtet, hängt dabei von der Position der Einfügemarke ab. Befindet sie sich innerhalb eines Filialdokumentes, bezieht sich die Funktion exklusiv auf dieses Filialdokument, während sie sich ansonsten auf das Zentraldokument mitsamt den darin enthaltenen Filialdokumenten bezieht.

Funktionsergebnis:

Als Ergebnis liefert diese Funktion:

- -1   Wenn das Filial- bzw. Zentraldokument schreibgeschützt ist.
- 0   Wenn keine Sperrung vorliegt.

DokumentStatistik   *Liefert statistische Informationen in bezug auf das aktuelle Dokument.*

Gruppe: Dokumente, Dokumentvorlagen und Add-Ins   WordBASIC Dialogbefehl

Syntax:
```
DokumentStatistik [.DateiGröße$] [, .Dateiname$] [, .Verzeichnis$]
[, .DokVorlage$] [, .Titel$] [, .Erstellt$] [, .ZuletztGespeichert$]
[, .ZuletztGespeichertVon$] [, .Überarbeitung$] [, .Zeit$] [, .DruckDat$]
[, .Seiten$] [, .Wörter$] [, .Zeichen$] [, .Absätze$] [, .Zeilen$]
```

Beschreibung:

Dieser Befehl korrespondiert mit den Informationen, die über die Schaltfläche "Statistik" innerhalb des Dialogfensters des Befehls DateiInfo aus dem Datei-Menü angezeigt werden. Im Gegensatz zu anderen Dialogbefehlen können die Informationen mit Hilfe dieses Befehls jedoch nicht eingestellt, sondern lediglich ausgelesen werden.

Der Aufruf dieses Befehls kann daher nur indirekt über den Befehl GetCurValues erfolgen, nachdem zuvor eine Verbundvariable mit dem Typ DokumentStatistik deklariert wurde.

Dialogvariablen:

Name:	Bedeutung
`.DateiGröße$`	Der Umfang des Dokuments in der Form "xxx Bytes", wobei xxx für die Größe steht.
`.Dateiname$`	Der Name der Datei, jedoch ohne den Pfad.
`.Verzeichnis$`	Der Pfad der Datei.
`.DokVorlage$`	Pfad- und Dateiname der Dokumentvorlage, die mit dem Dokument verbunden ist.
`.Titel$`	Der Titel des Dokuments.
`.Erstellt$`	Datum und Uhrzeit, an der das Dokument erstellt wurde.
`.ZuletztGespeichert$`	Datum und Uhrzeit, an der das Dokument zuletzt gespeichert wurde.
`.ZuletztGespeichertVon$`	Der Autor des Dokuments.
`.Überarbeitung$`	Zeigt an, wie oft das Dokument bereits gespeichert wurde.
`.Zeit$`	Die Gesamtzeit, die bislang in die Erstellung und Editierung des Dokuments investiert wurde.
`.DruckDat$`	Datum und Uhrzeit, an dem das Dokument zuletzt gedruckt wurde.
`.Seiten$`	Der Umfang des Dokuments in Seiten.

`.Wörter$`	Die Anzahl der Wörter im Dokument.
`.Zeichen$`	Die Anzahl der Zeichen im Dokument.
`.Absätze$`	Die Anzahl der Absätze im Dokument.
`.Zeilen$`	Anzahl der Zeilen, die das Dokument beinhaltet.

DokumentVariableBestimmen

Legt eine neue Dokumentvariable an oder stellt den Wert einer bestehenden ein.

Gruppe: Dokumente, Dokumentvorlagen und Add-Ins   WordBASIC Befehl

Syntax:

```
DokumentVariableBestimmen DokVarName$, DokVarWert$
```

Beschreibung:

Durch den Aufruf dieses Befehls wird eine Dokumentvariable im aktuellen Dokument mit einem Wert geladen. Existiert die angegebene Dokumentvariable noch nicht, wird sie angelegt.

Parameter:

Name:	*Bedeutung*
`DokVarName$`	Name der Dokumentvariable, auf die der Befehl einwirken soll.
`DokVarWert$`	Der String, der der Dokument-Variablen als Wert zugewiesen werden soll.

DokumentVariableBestimmen()

Legt eine neue Dokumentvariable an oder stellt den Wert einer bestehenden ein und liefert Erfolgsmeldung zurück.

Gruppe: Dokumente, Dokumentvorlagen und Add-Ins   WordBASIC Funktion

Syntax:

```
x = DokumentVariableBestimmen(DokVarName$, DokVarWert$)
```

Beschreibung:

Wie der gleichnamige Befehl läßt sich mit Hilfe dieser Funktion eine Dokumentvariable innerhalb des aktuellen Dokuments mit einem Wert laden bzw. neu anlegen. Im Gegensatz zum Befehl zeigt die Funktion jedoch an, ob diese Operation erfolgreich durchgeführt werden konnte. Denn das hängt davon ab, ob derzeit wirklich ein Dokumentfenster aktiv ist und nicht etwa ein Makrobearbeitungsfenster, in dem keine Dokumentvariablen angelegt werden können.

Funktionsergebnis:

Als Ergebnis liefert diese Funktion:

0	Die Dokumentvariable konnte nicht eingestellt werden.
-1	Die angegebene Dokumentvariable wurde erfolgreich geladen.

Parameter:

Name:	*Bedeutung*
`DokVarName$`	Name der Dokumentvariable, auf die der Befehl einwirken soll.
`DokVarWert$`	Der String, der der Dokument-Variablen als Wert zugewiesen werden soll.

DokumentVerschieben
Verschiebt ein Dokumentfenster.

Gruppe: Dokumente, Dokumentvorlagen und Add-Ins　　　　WordBASIC Befehl

Syntax:
DokumentVerschieben X, Y

Beschreibung:
Mit Hilfe dieses Befehls läßt sich das aktuelle Dokumentfenster innerhalb des Arbeitsbereichs des Win-Word-Fensters verschieben. Voraussetzung ist allerdings, daß das aktuelle Dokumentfenster nicht maximiert ist, denn sonst wird ein Fehler ausgelöst.

Parameter:

Name:	Bedeutung
X	Der linke Rand des Dokumentfensters, gemessen als Abstand zwischen dem Fensterrand und dem linken Rand des Arbeitsbereichs des WinWord-Fensters in Punkten. 1 Punkt entspricht 0,376mm.
Y	Der obere Rand des Dokumentfensters, gemessen als Abstand zwischen dem Fensterrand und dem linken oberen des Arbeitsbereichs des WinWord-Fensters in Punkten.

DokumentWiederherstellen
Bringt das Dokumentfenster wieder auf ursprüngliche Größe.

Gruppe: Fenster　　　　WordBASIC Befehl

Syntax:
DokumentWiederherstellen

Beschreibung:
Durch den Aufruf dieses Befehls wird ein Dokumentfenster wieder in seiner ursprünglichen Größe hergestellt. Voraussetzung ist allerdings, daß das Fenster derzeit entweder maximiert oder als Symbol erscheint. Ist dies nicht der Fall, wird ein Fehler ausgelöst.

DokVorlageBearbeitetBestimmen
Bestimmt, ob die Dokumentvorlage des aktuellen Dokuments als geändert betrachtet werden soll.

Gruppe: Umgebung　　　　WordBASIC Befehl

Syntax:
DokVorlageBearbeitetBestimmen [Verändert]

Beschreibung:
Analog zu dem Befehl DokumentBearbeitenBestimmen läßt sich mit Hilfe dieses Befehls festlegen, ob die Dokumentvorlage eines Dokuments als verändert betrachtet werden soll. Dies hat zur Folge, daß WinWord dem Anwender beim Schließen des Dokuments fragt, ob die Dokumentvorlage mitsamt den daran vorgenommenen Änderungen gespeichert werden soll.

Parameter:

Name: *Bedeutung*

Verändert Bestimmt, ob die Dokumentvorlage als verändert oder nicht verändert betrachtet werden soll.

    0 Nicht verändert.
    1 oder nicht angegeben Verändert.

DokvorlageSpeichern
Speichert die Dokumentvorlage des aktuellen Dokuments.

Gruppe: Dokumente, Dokumentvorlagen und Add-Ins   WordBASIC Befehl

Syntax:
```
DokvorlageSpeichern
```

Beschreibung:
Durch den Aufruf dieses Befehls wird die Dokumentvorlage des aktuellen Dokuments gespeichert, sofern es sich dabei nicht um die globale Dokumentvorlage "Normal.Dot" handelt. Der Anwender wird vor dem Speichern nicht um Bestätigung gebeten, sondern der Speichervorgang sofort ausgeführt.

DoppeltUnterstreichen
Versieht die markierten Zeichen mit dem Attribut "Doppelt-Unterstreichen" oder entfernt es.

Gruppe: Zeichenformatierung   WordBASIC Befehl

Syntax:
```
DoppeltUnterstreichen [AnAus]
```

Beschreibung:
Der Aufruf dieses Befehls versieht die markierten Zeichen im aktuellen Dokument mit dem Zeichenattribut "Doppelt Unterstreichen" oder entfernt es wieder.

Parameter:

Name: *Bedeutung*

AnAus Bestimmt, ob das Zeichenattribut "Doppelt Unterstreichen" an oder ausgeschaltet werden soll.

    nicht angegeben Schaltet die aktuelle Einstellung in bezug auf dieses Zeichenattribut um.
    0 Schaltet das Zeichenattribut aus.
    1 Schaltet das Zeichenattribut an.

DoppeltUnterstreichen()
Prüft, ob die markierten Zeichen mit dem Attribut "Doppelt-Unterstreichen" versehen sind.

Gruppe: Zeichenformatierung   WordBASIC Funktion

Syntax:
```
x = DoppeltUnterstreichen()
```

Beschreibung:

Durch den Aufruf dieser Funktion können Sie in Erfahrung bringen, ob alle, einige oder keines der Zeichen im markierten Bereich mit dem Zeichenattribut "Doppelt Unterstreichen" behaftet ist.

Funktionsergebnis:

Zeigt an, ob das Zeichenattribut "Doppelt Unterstreichen" in bezug auf die markierten Zeichen an- oder ausgeschaltet ist.

-1	Nicht alle, aber einige Zeichen sind mit diesem Attribut formatiert.
0	Keines der markierten Zeichen verfügt über dieses Attribut.
1	Alle markierten Zeichen sind doppelt unterstrichen.

DOSNachWIN$() *Konvertiert einen String aus dem ASCII- in den ANSI-Zeichensatz.*

Gruppe: Umgebung   WordBASIC Funktion

Syntax:

`a$ = DOSNachWIN$(DosString$)`

Beschreibung:

Mit Hilfe dieser Funktion lassen sich Strings, die im ASCII-Zeichensatz von DOS codiert sind, in den Windows-Zeichensatz ANSI konvertieren.

Funktionsergebnis:

Der konvertierte String im ANSI-Format.

Parameter:

Name:	Bedeutung
DosString$	Der zu konvertierende ASCII-String.

DropDownEintragEntfernen *Löscht einen Eintrag aus einem DropDown-Formularfeld.*

Gruppe: Formulare   WordBASIC Befehl

Syntax:

`DropDownEintragEntfernen Textmarkenname$, Eintrag$`

Beschreibung:

Mit Hilfe dieses Befehls lassen sich Elemente aus der Liste der wählbaren Einträge in einem DropDown-Formularfeld entfernen.

Parameter:

Name:	Bedeutung
Textmarkenname$	Name der Textmarke, die mit dem DropDown-Formularfeld verbunden ist.
Eintrag$	Der Text des Eintrags, der aus dem DropDown-Fomularfeld entfernt werden soll.

DropDownEintragHinzufügen *Fügt einen Eintrag in einem DropDown-Formularfeld hinzu.*

Gruppe: Formulare   WordBASIC Befehl

Syntax:

DropDownEintragHinzufügen Textmarkenname$, Eintrag$

Beschreibung:

Mit Hilfe dieses Befehls lassen sich der Liste der wählbaren Einträge in einem DropDown-Formularfeld Elemente hinzufügen.

Parameter:

Name:	Bedeutung
Textmarkenname$	Name der Textmarke, die mit dem DropDown-Formularfeld verbunden ist.
Eintrag$	Der Text des Eintrags, der dem DropDown-Fomularfeld hinzugefügt werden soll.

DropDownFormularFeld *Fügt ein DropDown-Formularfeld in das aktuelle Dokument ein.*

Gruppe: Felder   WordBASIC Befehl

Syntax:

DropDownFormularFeld

Beschreibung:

Durch den Aufruf dieses Befehls wird innerhalb des aktuellen Dokuments an der Position der Einfügemarke ein DropDown-Formularfeld in den Text eingefügt und automatisch mit einer gleichzeitig erstellten Textmarke verbunden.

DropListBox *Definiert ein DropDown-Listenfeld für ein benutzerdefiniertes Dialogfenster.*

Gruppe: Dialogfelddefinitionen und Steuerelemente   WordBASIC Befehl

Syntax:

DropListBox X, Y, Breite, Höhe, ListenEinträge$(), .DialogvarName

Beschreibung:

Im Rahmen der Definition eines benutzerdefinierten Dialogfensters über den Befehl "Dim Dialog BenutzerDialog" läßt sich mit Hilfe dieses Befehls ein DropDown-Listenfeld in das benutzerdefinierte Dialogfenster aufnehmen.

Parameter:

Name:	Bedeutung
X	Die horizontale Position des Feldes gemessen in 1/8 des Systemfonts.
Y	Die vertikale Position des Feldes gemessen in 1/12 des Systemfonts.
Breite	Die Breite des Feldes gemessen in 1/8 des Systemfonts.
Höhe	Die Höhe des Feldes gemessen in 1/12 des Systemfonts.
ListenEinträge$()	Name des String-Arrays, das die verschiedenen Listeneinträge für das Feld enthält.
.DialogvarName	Name der Dialogvariablen, über die das Feld später angesprochen werden kann.

Durchstreichen
Versieht die markierten Zeichen mit dem Attribut "Durchstreichen" oder entfernt es.

Gruppe: Zeichenformatierung WordBASIC Befehl

Syntax:
`Durchstreichen [AnAus]`

Beschreibung:
Dieser Befehl schaltet das Zeichenattribut "Durchstreichen" in bezug auf die markierten Zeichen im aktuellen Dokument an oder aus.

Parameter:

Name:	Bedeutung
AnAus	Bestimmt, ob das Zeichenattribut "Durchstreichen" an- oder ausgeschaltet werden soll.
nicht angegeben	Schaltet den aktuellen Status des Zeichenattributs um.
0	Schaltet das Zeichenattribut aus.
1	Schaltet das Zeichenattribut an.

Durchstreichen()
Prüft, ob die markierten Zeichen mit dem Attribut "Durchstreichen" versehen sind.

Gruppe: Zeichenformatierung WordBASIC Funktion

Syntax:
`x = Durchstreichen()`

Beschreibung:
Mit Hilfe dieser Funktion können Sie feststellen, ob die Zeichen im markierten Bereich des aktuellen Dokuments durchgestrichen sind.

Funktionsergebnis:
Das Funktionsergebnis zeigt an, ob die Zeichen im markierten Bereich über das Zeichenattribut "Durchstreichen" verfügen oder nicht.

-1	Nicht alle, aber einige Zeichen verfügen über dieses Attribut.
0	Keines der markierten Zeichen ist durchgestrichen.
1	Alle markierten Zeichen sind durchgestrichen.

EinblendenAlleÜberschriften
Schaltet zwischen Text und Überschriften in der Gliederungsansicht um.

Gruppe: Gliederungen und Zentraldokumente WordBASIC Befehl

Syntax:
`EinblendenAlleÜberschriften`

Beschreibung:
Innerhalb der Gliederungsansicht läßt sich die Anzeige durch den Aufruf dieses Befehls zwischen dem Text mitsamt der zugehörigen Überschriften und den Überschriften ohne Text umschalten.

EinblendenAnmerkungVon

Zeigt die Anmerkungen eines bestimmten Bearbeiters im Anmerkungsausschnitt an.

Gruppe: Fußnoten WordBASIC Befehl

Syntax:

EinblendenAnmerkungVon Bearbeiter$

Beschreibung:

Durch den Aufruf dieses Befehls werden die Anmerkungen eines bestimmten Bearbeiters im Anmerkungsausschnitt des aktuellen Dokuments angezeigt. Voraussetzung ist allerdings, daß zuvor ein Anmerkungsausschnitt geöffnet wurde, ansonsten wird ein Fehler ausgelöst.

Parameter:

Name:	Bedeutung
Bearbeiter$	Name des Bearbeiters. Der hier angegebene String muß einem der Namen entsprechen, die in der Bearbeiterliste im Anmerkungsausschnitt aufgeführt sind.

EinblendenEbene-Nummer-

Zeigt alle Überschriften bis zu einer bestimmten Ebene an.

Gruppe: Gliederungen und Zentraldokumente WordBASIC Befehl

Syntax:

EinblendenEbene-Nummer-

Beschreibung:

In der Gliederungsansicht bringt der Aufruf dieses Befehls alle Überschriften bis zu einer bestimmten Ebene zum Vorschein, während der gesamte zugehörige Text ausgeblendet wird. Der Aufruf ist nur in der Gliederungs- und Zentraldokumentansicht erlaubt und resultiert in allen anderen Ansichtsmodi in einem Fehler.

Der Ausdruck -Nummer- im Befehlsnamen steht für eine der neun Überschriftsebenen von 1 bis 9, wobei die Nummer der Ebene anstelle des Ausdrucks -Nummer- im Namen angegeben werden muß. WordBASIC kennt also die Befehle EinblendenEbene1, EinblendenEbene2, EinblendenEbene3 usw.

EinblendenNächsteKopfFußzeile

Bewegt die Einfügemarke in die nächste Kopf- bzw. Fußzeile.

Gruppe: Ansichtsarten WordBASIC Befehl

Syntax:

EinblendenNächsteKopfFußzeile

Beschreibung:

Mit Hilfe dieses Befehls läßt sich die Einfügemarke in die nächste Kopf- oder Fußzeile bewegen. Voraussetzung dafür ist allerdings, daß sie sich zum Zeitpunkt des Befehlsaufrufs bereits in einer Kopf- oder Fußzeile befindet, denn sonst löst der Befehlsaufruf einen Fehler aus.

Unter "nächster Kopf-/Fußzeile" wird dabei jeweils die Kopf-/Fußzeile im nächsten Dokumentabschnitt verstanden, so daß die Einfügemarke beispielsweise von einer Kopfzeile für gerade Seiten zur Kopfzeile für ungerade Seiten bewegt wird.

EinblendenVorherigeKopfFußzeile *Versetzt die Einfügemarke in die vorhergehende Kopf- bzw. Fußzeile.*

Gruppe: Abschnitts- und Dokumentformatierung WordBASIC Befehl

Syntax:
EinblendenVorherigeKopfFußzeile

Beschreibung:
Mit Hilfe dieses Befehls läßt sich die Einfügemarke in die vorhergehende Kopf- oder Fußzeile bewegen. Voraussetzung dafür ist allerdings, daß sie sich zum Zeitpunkt des Befehlsaufrufs bereits in einer Kopf- oder Fußzeile befindet, denn sonst löst der Befehlsaufruf einen Fehler aus.

Unter "vorheriger Kopf-/Fußzeile" wird dabei jeweils die Kopf-/Fußzeile im vorhergehenden Dokumentabschnitt verstanden, so daß die Einfügemarke beispielsweise von einer Kopfzeile für ungerade Seiten zur Kopfzeile für gerade Seiten bewegt wird.

Einfügen *Fügt den angegebenen Text ein.*

Gruppe: Bewegen der Einfügemarke und Markieren WordBASIC Befehl

Syntax:
Einfügen Text$

Beschreibung:
Der durch Text$ angegebene Text wird in das aktuelle Dokument an der aktuellen Einfügeposition eingefügt. Wollen Sie, daß nach dem eingefügten Text eine Zeilenschaltung erfolgt, müssen Sie mittels Chr$() ein entsprechendes Zeichen in den Text einfügen.

Parameter:

Name:	Bedeutung
Text$	Einzufügender Text.

EinfügenAbbildungsVerzeichnis *Fügt ein Abbildungsverzeichnis an der Einfügemarke ein.*

Gruppe: Bearbeiten WordBASIC Dialogbefehl

Syntax:
EinfügenAbbildungsVerzeichnis [.Beschriftung$] [, .Kategorie%]
[, .SeitenzahlenRechtsbündig%] [, .Ersetzen%]

Beschreibung:
Diese Anweisung fügt an der aktuellen Einfügemarke ein Verzeichnis ein. Entgegen dem angegebenen Namen, können nicht nur Abbildungsverzeichnisse erstellt werden, sondern Verzeichnisse beliebiger Kategorien - also auch Tabellenverzeichnisse, Gleichungsverzeichnisse und Verzeichnisse einer eigenen Kategorie.

Dialogvariablen:

Name:	Bedeutung
.Beschriftung$	Name der Kategorie bzw. Beschriftung, für die ein Verzeichnis erstellt werden soll (z.B. "Abbildung", "Gleichung", "Tabelle").
.Kategorie%	Gibt an, wie Beschriftungen im Verzeichnis angegeben werden.

    1   Der Name der Kategorie (z.B. "Abbildung") erscheint auch innerhalb der einzelnen Verzeichniseinträge.
    0   Die Kategorie wird nicht übernommen.

.SeitenzahlenRechtsbündig%   Gibt an, ob die Seitenzahlen rechtsbündig ausgegeben werden sollen, oder aber dem Beschriftungstext direkt folgen.

    1   Seitenzahlen am rechten Seitenrand ausrichten.
    0   Seitenzahlen folgen direkt dem Verzeichniseintrag.

.Ersetzen%   Gibt an, ob ein bestehendes Verzeichnis der gleichen Kategorie durch ein neues ersetzt werden soll oder nicht.

    1   Ersetzt ein schon bestehendes Verzeichnis.
    0   Ein bestehendes Verzeichnis wird nicht ersetzt, sondern nur markiert.

Anmerkungen:

Beschriftungen von Elementen auf die z.B. in einem Verzeichnis verwiesen werden soll, werden mit Hilfe von Feldern (SEQ-Felder) realisiert. Diese Sequenzen werden zum durchnumerieren der Elemente einer Kategorie verwendet. Wenn Sie jedoch Elemente hinzufügen oder löschen, ändert sich diese Numerierung nicht augenblicklich, sondern erst beim Erstellen eines Verzeichnisses.

Achtung: Der .Kategorie-Parameter dieses Kommandos hat keine Wirkung. Um dennoch diesen Befehl zur Erzeugung eines Verzeichnisses ohne Angabe der Kategorie und Numerierung zu erzeugen, muß das durch diesen Befehl erzeugte Verzeichnis-Feld um den Schalter "\a" erweitert werden: VERZEICHNIS \a \o .....

EinfügenAbsatz

Fügt einen Absatz in das aktuelle Dokument ein.

Gruppe: Absatzformatierung   WordBASIC Befehl

Syntax:

EinfügenAbsatz

Beschreibung:

Dieser Befehl realisiert auf Makro-Ebene eine der elementarsten Funktionen von Word für Windows: das Einfügen eines neuen Absatzes an der aktuellen Position der Einfügemarke.

EinfügenAbschnittsWechsel

Fügt einen Abschnittswechsel in den Text ein.

Gruppe: Abschnitts- und Dokumentformatierung   WordBASIC Befehl

Syntax:

EinfügenAbschnittsWechsel

Beschreibung:

Dieser Befehl fügt an der aktuellen Einfügeposition einen Abschnittswechsel ein.

EinfügenAnmerkung *Fügt eine Anmerkung in das Dokument ein.*

Gruppe: Fußnoten   WordBASIC Befehl

Syntax:
EinfügenAnmerkung

Beschreibung:

Dieser Befehl bietet die Möglichkeit, zum Zugriff auf den Befehl Anmerkung aus dem Einfügen-Menü. Mit seiner Hilfe können Anmerkungen erstellt werden. Beachten Sie bitte, daß eine automatische Angabe des Anmerkungstextes mit Hilfe dieses Befehls nicht möglich ist.

Word für Windows öffnet bei der Ausführung dieses Befehls innerhalb eines Makros einen neuen Ausschnitt im aktuellen Dokument, in dem der Anwender die Anmerkung editieren kann. Auf Makro-Ebene muß dem Aufruf dieses Befehls deshalb der Einfügen-Befehl folgen, wenn auch der Anmerkungstext durch das Makro eingefügt werden soll.

EinfügenAutoBeschriftung *Definiert eine Beschriftung für eine bestimmte Art von Objekt.*

Gruppe: Bearbeiten   WordBASIC Dialogbefehl

Syntax:
EinfügenAutoBeschriftung <.Lösch> <, .AlleLösch> [, .Objekt$] [, .Kategorie$] [, .Position%]

Beschreibung:

Dieser Befehl gibt an, zu welcher Kategorie die Objekte eines Typs gehören. Immer, wenn ein solches Objekt im Dokument gefunden wird, wird die hier angegebene Kategorie zu dessen Beschriftung herangezogen. Zu beachten ist jedoch, daß die hier angegebene Kategorie existieren muß. Eventuell muß diese Kategorie durch EinfügenBeschriftungHinzu erzeugt werden.

Dialogvariablen:

Name:	Bedeutung
`.Objekt$`	In dieser Variablen wird der Name des Objekttyps (z.B. "wfwTabelle" für Word für Windows Tabellen) angegeben, für den eine automatische Beschriftung durchgeführt werden soll.
`.Kategorie$`	Hier wird der Name der Kategorie (z.B. "Abbildung") für die Beschriftung angegeben.
`.Position%`	Dieser Parameter bestimmt die Position, an der die Beschriftung plaziert werden soll. 0 Beschriftung über dem Objekt. 1 Beschriftung unterhalb des Objektes.

Schaltflächen:

Name:	Aufgabe
`.Lösch`	Diese Schaltfläche bricht die automatische Beschriftung für die durch Objekt angegebenen Objekttypen ab.
`.AlleLösch`	Diese Schaltfläche bricht die automatische Beschriftung für alle Objekttypen ab.

Anmerkungen:

Beachten Sie, daß vor der Verwendung von EinfügenAutoBeschriftung in Verbindung mit einer eigenen Kategorie, diese hinzugefügt worden sein muß. Die Numerierung der Beschriftungen wird mit Hilfe des Kommandos EinfügenBeschriftungNumerierung festgelegt.

EinfügenAutoText

Fügt den Inhalt eines Auto-Textes in das aktuelle Dokument ein.

Gruppe: AutoText   WordBASIC Befehl

Syntax:

```
EinfügenAutoText
```

Beschreibung:

Diese Funktion versucht aufgrund des Textes vor der Einfügemarke, oder anhand des markierten Textes, den entsprechenden AutoText in den Text einzufügen. Dieser AutoText wird dazu in der Dokumentvorlage des aktiven Dokumentes, in der Dokumentvorlage "Normal.Dot" und dann in allen anderen geladenen und globalen Dokumentvorlagen gesucht. Konnte kein passender AutoText gefunden werden, wird eine Fehlermeldung ausgegeben. Der der Suche zugrundeliegende Text wird nicht durch den AutoText ersetzt.

EinfügenBeschriftung

Versieht das markierte Element mit einer Beschriftung.

Gruppe: Bearbeiten   WordBASIC Dialogbefehl

Syntax:

```
EinfügenBeschriftung [.Kategorie$] [, .TitelAutoText$] [, .Titel$]
<, .Löschen> [, .Position%]
```

Beschreibung:

Dieser Befehl versieht das markierte Element mit einer Beschriftung. Ob diese Beschriftung eine Numerierung enthält, und wie diese aussehen soll, wird durch den Befehl EinfügenBeschriftungNumerierung festgelegt. Die mit EinfügenBeschriftung dem markierten Element zugewiesene Katregorie muß entweder eine der Standard-Kategorien sein ("Abbildung", "Gleichung" oder "Tabelle") oder eine durch EinfügenBeschriftungHinzu erstelle Kategorie sein.

Dialogvariablen:

Name:	Bedeutung
.Kategorie$	Name der (bestehenden) Kategorie, deren Beschriftung das markierte Element erhalten soll.
.TitelAutoText$	Name des AutoTextes, der nach der durch die Kategorie festgelegten Beschriftung eingefügt werden soll.
.Titel$	Der hier angegebene Text wird nach der durch die Kategorie festgelegten Beschriftung eingefügt. Dieser Parameter wird jedoch ignoriert, wenn der Parameter .TitelAutoText verwendet wird.
.Position%	Dieser Parameter bestimmt, wo die Beschriftung bezüglich des Elementes erscheinen soll.
	0 Beschriftung erscheint über dem Element.
	1 Beschriftung erscheint darunter.

Schaltflächen:

Name:	Aufgabe
`.Löschen`	Die in Kategorie angegebene Kategorie wird entfernt. Allerdings sind nur benutzerdefinierte Kategorien löschbar. Die Standardkategorien (s.o.) dürfen nicht gelöscht werden.

EinfügenBeschriftungHinzu

Definiert eine neue Art von Beschriftung.

Gruppe: Bearbeiten   WordBASIC Dialogbefehl

Syntax:
EinfügenBeschriftungHinzu [.Name$]

Beschreibung:
Durch diesen Befehl wird der aktuellen Dokumentvorlage eine neue Beschriftungskategorie hinzugefügt. Die weiteren Eigenschaften (z.B. Numerierung) dieser Beschriftung werden mit Hilfe der Befehle EinfügenBeschriftungNumerierung und EinfügenAutoBeschriftung festgelegt.

Dialogvariablen:

Name:	Bedeutung
`.Name$`	Name der anzulegenden Beschriftungskategorie.

EinfügenBeschriftungNumerierung

Legt ein Format für Folgezahlen in Beschriftungen für eine bestimmte Elementart fest.

Gruppe: Bearbeiten   WordBASIC Dialogbefehl

Syntax:
EinfügenBeschriftungNumerierung [.Kategorie$] [, .FormatNumerierung%]
[, .KapitelNummer%] [, .Ebene%] [, .TrennZeichen$]

Beschreibung:
Mit diesem Befehl wird das Numerierungsformat einer (Beschriftungs-)Kategorie festgelegt.

Dialogvariablen:

Name:	Bedeutung
`.Kategorie$`	Name der Kategorie, für die ein Numerierungsformat festgelegt werden soll.
`.FormatNumerierung%`	Dieser Parameter bestimmt die Art, in der laufende Nummern ausgegeben werden:
	0 Numerierung im Stil 1, 2, 3, ...
	1 Numerierung im Stil a, b, c, ...
	2 Numerierung im Stil A, B, C, ...
	3 Numerierung im Stil i, ii, iii, ...
	4 Numerierung im Stil I, II, III, ...
`.KapitelNummer%`	Durch diesen Parameter wird festgelegt, ob die aktuelle Kapitelnummer mit in die Numerierung einbezogen werden soll. Welche Kapitelnummer mit in die Beschriftung aufgenommen wird, wird durch den Parameter .Ebene angegeben.
	0 Keine Kapitelnummern in die Numerierung einbeziehen.
	1 Kapitelnummer in Numerierung einbeziehen.

`.Ebene%`	Dieser Parameter bestimmt, welche Kapitel in die Numerierung einbezogen werden. In der Beschriftung erscheint die Nummer des (Unter-) Kapitels, dessen Überschrift mit der Formatvorlage "Überschrift .Ebene" (.Ebene = 0 - 9) formatiert wurde, und in dem sich die Abbildung befindet. Alle außerhalb dieser Ebene stehenden Beschriftungen werden durchnumeriert.
`.TrennZeichen$`	Mit diesem Parameter wird das Trennzeichen zwischen Kapitelnummer und Numerierung festgelegt.

EinfügenDatei

Fügt eine Datei ganz oder teilweise in ein Dokument ein.

Gruppe: Dokumente, Dokumentvorlagen und Add-Ins WordBASIC Dialogbefehl

Syntax:

```
EinfügenDatei .Name$ [, .Bereich$] [, .UmwandlungBestätigen%] [, .Verknüpfung%]
```

Beschreibung:

Durch diesen Befehl wird eine Datei in das aktuelle Dokument an der aktuellen Einfügeposition eingefügt.

Dialogvariablen:

Name:	*Bedeutung*
`.Name$`	Pfadname der einzufügenden Datei.
`.Bereich$`	Wenn die einzufügende Datei eine Word-Datei ist, gibt der in .Bereich angegebene Text den Namen einer Textmarke des in .Name eingegebenen Dokumentes an. Der Inhalt dieser Textmarke wird in den Text eingefügt. Wollen Sie eine Excel-Tabelle einfügen, beschreibt .Bereich den einzufügenden Zellenbereich. Wird diese Variable nicht angegeben, wird die gesamte Datei eingefügt. Kann Word den einzufügenden Bereich nicht erkennen, wird ein Fehler erzeugt.
`.UmwandlungBestätigen%`	Diese Variable bestimmt, ob vor dem Konvertieren von Nicht-Word-Dateien eine Benutzerabfrage durchgeführt werden soll. 0 Konverter automatisch ermitteln. 1 Benutzerabfrage durchführen, in der Konverter ausgewählt werden muß.
`.Verknüpfung%`	Dieser Parameter gibt an, ob die einzufügende Datei als Text oder als Einfügetext-Feld in das Dokument eingefügt werden soll. 0 Datei als Text einfügen. 1 Datei über EINFÜGETEXT-Feld an Dokument binden.

EinfügenDatenbank

Liest die Daten aus einer Datenquelle und fügt sie als Tabelle in das aktive Dokument ein.

Gruppe: Objektverknüpfung und -einbettung WordBASIC Dialogbefehl

Syntax:

```
EinfügenDatenbank [.Format%] [, .Formatvorlage%] [, .QuelleVerknüpfen%]
[, .Verbindung$] [, .SQLAnweisung$] [, .SQLAnweisung1$] [, .KennwortDok$]
[, .KennwortDokVorlage$] [, .DatenQuelle$] [, .Von$] [, .Bis$]
[, .EinbeziehenFelder%]
```

Beschreibung:

Mit Hilfe dieses Befehls können Sie Daten aus einer Datenquelle in Form einer Tabelle in das aktuelle Dokument übernehmen. Bei der "Datenquelle" kann es sich um ein anderes Word-Dokument, eine Access-Datenbank, eine ODBC-Datenbank oder ein Excel-Arbeitsblatt handeln.

Dialogvariablen:

Name:	Bedeutung
`.Format%`	Definiert das Format der einzufügenden Daten gemäß den Einträgen im Listenfeld "Formate" im Dialogfenster des Befehls Tabelle AutoFormat aus dem Tabelle-Menü. Der erste Eintrag des Listenfeldes (keine AutoFormat) wird dabei durch den Wert 0 verkörpert, der zweite durch den Wert 1 usw.
`.Formatvorlage%`	Bestimmt die Komponenten des gewählten AutoFormats, die tatsächlich in die zu erstellende (Daten-) Tabelle übernommen werden. Die verschiedenen Codes lassen sich beliebig kombinieren (addieren), um das gewünschte Format zu erhalten.

    0   Keines der Formate übernehmen.
    1   Rahmen übernehmen.
    2   Schattierung übernehmen.
    4   Schriftart übernehmen.
    8   Farbe übernehmen.
    16   Optimale Breite einstellen.
    32   Überschriftenzeilen erstellen.
    64   Letzte Zeile erstellen.
    128 Erste Spalte übernehmen.
    256 Letzte Spalte übernehmen.

Name:	Bedeutung
`.QuelleVerknüpfen%`	Wird hier der Wert 1 angegeben, richtet WinWord eine Verknüpfung zwischen der einzufügenden Tabelle und den Quelldaten her, so daß die Tabelle bei einer Änderung der Quelldaten automatisch aktualisiert wird.
`.Verbindung$`	Eine Zeichenfolge, die zum "Andocken" an einen ODBC-Server dient, falls ein solcher als Datenquelle herangezogen wird. Mehr darüber erfahren Sie im Zusammenhang mit der Beschreibung der jeweiligen Datenbank und ihrer ODBC-Fähigkeiten.
`.SQLAnweisung$`	Definiert einen SQL-String, der die Abfrage der Daten aus der Datenquelle steuert, falls es sich um eine ODBC-Datenquelle handelt oder die Datenquelle SQL versteht.
`.SQLAnweisung1$`	Der zweite Teil des SQL-Strings, falls dieser länger als 255 Zeichen ist und deshalb nicht komplett in der Dialogvariablen .SQLAnweisung untergebracht werden kann.
`.KennwortDok$`	Nimmt das Kennwort auf, das zum Zugriff auf die Datenquelle benötigt wird, falls diese ein Kennwort erwartet.
`.KennwortDokVorlage$`	Handelt es sich bei der Datenquelle um ein Word-Dokument, kann hier der Name eines Kennworts angegeben werden, das zum Öffnen der zugehörigen Dokumentvorlage benötigt wird, falls diese durch ein Kennwort geschützt ist.
`.DatenQuelle$`	Benennt den Pfad- und Dateinamen der Datenquelle.
`.Von$`	Bestimmt die Nummer des ersten Datensatzes aus der Datenquelle, der in das aktuelle Dokument übernommen werden soll.
`.Bis$`	Bestimmt die Nummer des letzten Datensatzes aus der Datenquelle, der in das aktuelle Dokument übernommen werden soll.

`.EinbeziehenFelder%`	Wird hier der Wert 1 angegeben, fügt WinWord in die erste Zeile der zu erstellenden (Daten-) Tabelle die Namen der Tabellenfelder ein.

EinfügenDatumZeit
Fügt das aktuelle Datum und/oder Zeit als Text oder Datum/Zeit-Feld in das aktuelle Dokument ein.

Gruppe: Felder WordBASIC Dialogbefehl

Syntax:
EinfügenDatumZeit [.EinfügenAlsFeld%] [, .DatumZeitAusw$]

Beschreibung:
Dieser Befehl fügt an der Einfügemarke das aktuelle Datum und/oder die aktuelle Zeit ein.

Dialogvariablen:

Name:	Bedeutung
`.EinfügenAlsFeld%`	Dieser Parameter bestimmt, ob das Datum/Zeit als Text oder als Feld eingefügt werden soll.
	0 Informationen als Text einfügen. Datum/Zeit wird während des Einfügens in denText eingefügt.
	1 ZEIT-Feld einfügen. In diesem Fall kann wird immer das aktuelle Datum/Zeit ausgegeben.
`.DatumZeitAusw$`	Dieser Parameter bestimmt das Ausgabe-Format. Wird kein Ausgabeformat spezifiziert, wird das Format "sShortDate" herangezogen, das im Abschnitt [intl] der Datei WIN.INI definiert wird. (WIN.INI ist eine Windows-Systemdatei.)

EinfügenDiagramm
Aktiviert Microsoft Graph.

Gruppe: Objektverknüpfung und -einbettung WordBASIC Befehl

Syntax:
EinfügenDiagramm

Beschreibung:
Durch Aufruf dieses Befehls wird MS-Graph gestartet/aktiviert und das dort erstellte Diagramm an der aktuellen Einfügeposition ins Dokument eingefügt. Diese Anweisung ist identisch mit EinfügenObjekt .ObjektTyp = "MSGraph".

EinfügenExcelTabelle
Aktiviert Microsoft Excel und zeigt ein neues Arbeitsblatt an.

Gruppe: Tabellen WordBASIC Befehl

Syntax:
EinfügenExcelTabelle

Beschreibung:
Durch diesen Befehl wird MS-Excel gestartet/aktiviert. Die dort erzeugte Tabelle wird in den Text an der aktuellen Einfügeposition eingefügt. Diese Anweisung ist identisch mit EinfügenObjekt .ObjektTyp = "Excel-Worksheet".

EinfügenFeld
Fügt ein beliebiges Feld in das aktuelle Dokument ein.

Gruppe: Felder   WordBASIC Dialogbefehl

Syntax:
EinfügenFeld .Feld$

Beschreibung:
Diese Funktion fügt an der aktuellen Einfügeposition ein Feld inkl. Daten (z.B. Ausgabeformate) ein. Sie müssen darauf achten, daß der in Feld$ angegebene Name einem real existierenden Feldnamen entspricht - ansonsten wird innerhalb des Feldes eine Fehlermeldung ausgegeben.

Dialogvariablen:

Name:	Bedeutung
.Feld$	Dieser Parameter enthält den Typ des Feldes, der in den Text eingefügt werden soll. Eine Liste der zur Verfügung stehenden Felder und der einzelnen hier anzugebenden Typen finden Sie im Dialogfeld "Einfügen|Feld".

EinfügenFeldDaten
Speichert einen Text in einem ADDIN-Feld.

Gruppe: Felder   WordBASIC Befehl

Syntax:
EinfügenFeldDaten Felddaten$

Beschreibung:
Mit Hilfe dieses Befehls lassen sich Informationen in einem ADDIN-Feld speichern, die für den Betrachter des Dokuments nicht sichtbar sind. Aus einem Makro heraus können sie jederzeit mit Hilfe der Funktion AbrufenFeldDaten$() ausgelesen werden.

Parameter:

Name:	Bedeutung
Felddaten$	Die zu speichernden Informationen.

EinfügenFeldDatum
Fügt ein Datums-Feld in den Text ein.

Gruppe: Datum und Uhrzeit   WordBASIC Befehl

Syntax:
EinfügenFeldDatum

Beschreibung:
Diese Anweisung fügt das Feld Aktual.Dat in den Text (auch in Kopf-/Fußzeilen) an der Einfügeposition ein. Ein Aktual.Dat-Feld sorgt für die Ausgabe des aktuellen (heutigen) Datums. Das Ausgabeformat wird bestimmt durch Einstellungen im Dialogfeld "Einfügen| Datum und Uhrzeit" zur Zeit des Einfügens.

EinfügenFeldSeite
Fügt ein Feld für die Ausgabe von Seitennummern in das Dokument ein.

Gruppe: Felder   WordBASIC Befehl

Syntax:

EinfügenFeldSeite

Beschreibung:

Dieses Kommando fügt das Feld Seite in den Text an der aktuellen Einfügeposition ein. Dieses Feld dient zur Ausgabe der aktuellen Seitenzahl.

EinfügenFeldzeichen
Fügt Feldzeichen für die manuelle Eingabe eines Feldes in den Text ein.

Gruppe: Felder   WordBASIC Befehl

Syntax:

EinfügenFeldzeichen

Beschreibung:

Diese Anweisung fügt die Feldbegrenzungszeichen "{}" in den Text an der aktuellen Position ein und bewegt die Einfügemarke zwischen die beiden geschweiften Klammern. Um die Felddefinition komplett zu machen, müssen Sie mit Einfügen einen Feldtypen inkl. Formaten und Daten einfügen.

EinfügenFeldZeit
Fügt ein Zeit-Feld in den Text ein.

Gruppe: Felder   WordBASIC Befehl

Syntax:

EinfügenFeldZeit

Beschreibung:

Diese Anweisung fügt an der aktuellen Einfügeposition ein Zeit-Feld ein. Allerdings werden keine Formatanweisungen angegeben. Um z.B. die aktuelle Uhrzeit in den Text einzufügen, muß das Kommando EinfügenFeldDatum verwendet werden, wobei zu beachten ist, daß das Datumsformat so gewählt wird, daß nur die Uhrzeit des Datums ausgegeben wird.

EinfügenFormel
Aktiviert den Microsoft Formel-Editor.

Gruppe: Objektverknüpfung und -einbettung   WordBASIC Befehl

Syntax:

EinfügenFormel

Beschreibung:

Dieser Befehl startet den Word-Formel Editor, und fügt nach dessen Beendigung die erstellte Formel in den Text ein.

EinfügenFormularFeld
Fügt ein Formularfeld an der Einfügemarke ein.

Gruppe: Formulare   WordBASIC Dialogbefehl

Syntax:

```
EinfügenFormularFeld [.Eintrag$] [, .Verlassen$] [, .Name$]
[, .Aktivierung%] [, .TextArt%] [, .TextBreite%$] [, .TextStandard$]
[, .TextFormat$] [, .KontrollGröße%] [, .KontrollBreite%$]
[, .KontrollStandard%] [, .Art%] [, .HilfeGehörtZu%] [, .HilfeText$]
[, .StatGehörtZu%] [, .StatusleisteText$]
```

Beschreibung:

Durch diesen Befehl wird an der aktuellen Einfügeposition ein Formularfeld eingefügt. Mit Hilfe der Formularfelder werden aus gewöhnlichen Texten Formulare, in denen nur innerhalb der Felder Eingaben getätigt werden können.

Dialogvariablen:

Name:	Bedeutung
`.Eintrag$`	Dieser Parameter enthält den Namen des Makros, das bei Aktivierung des Formularfeldes ausgeführt werden soll. Aus technischen Gründen heißt dieser Parameter ".Eintrag" obwohl ".Eintritt" treffender wäre.
`.Verlassen$`	Dieser Parameter enthält den Namen des Makros, das beim Verlassen (Verlieren des Eingabefokus) des Formularfeldes aufgerufen werden soll.
`.Name$`	Dieser Parameter enthält den Namen des Formularfeldes bzw. den Namen der Textmarke über die das Formularfeld identifiziert wird.
`.Aktivierung%`	Dieser Parameter erlaubt oder verbietet die Bearbeitung eines Formularfeldes. 0 Formularfeld kann nicht verändert werden, sondern dient nur zur Anzeige veränderlicher Werte. 1 Benutzer kann Feld bearbeiten.
`.TextArt%`	Über diesen Parameter können einige Eingabeformate gesteuert werden: 0 Einfacher Text 1 Zahl 2 Datum 3 Aktuelles Datum 4 Aktuelle Uhrzeit 5 Berechnung
`.TextBreite%$`	Dieser Parameter bestimmt, wie breit (in Zeichen) ein Formularfeld sein darf. 0 Feld darf beliebig groß sein. >0 Feld darf die angegebene Anzahl von Punkten (pt) nicht überschreiten. als String Das Formularfeld darf die im String (inkl. Maßeinheit) angegebene Breite nicht überschreiten.
`.TextStandard$`	Dieser String enthält den Vorgabewert des Formularfeldes, der zu Beginn der Formulareingabe angezeigt wird und vom Benutzer geändert wird.
`.TextFormat$`	Gibt das Ein-/Ausgabeformat eines Formularfeldes an. Welche Formate zur Verfügung stehen, hängt von der Art des Formularfeldes (.TextArt) ab. Für normale Textfelder kann dieser Parameter die Werte "Grossbuchstaben", "Kleinbuchstaben", "Satzanfang gross", "Erster Buchstabe gross" annehmen. Für die anderen Text-Arten erhalten Sie die hier anzugebenden Formate durch Einsicht in das Dialogfeld "Einfügen|Formu-

	larfeld...|Optionen...". Im Kombinationsfeld "...format" finden Sie eine Liste der verfügbaren Formate.
.KontrollGröße%	Wenn ein Kontrollkästchen in das Formularfeld eingefügt werden soll, wird hier angegeben, welche Größe das Kästchen haben soll.
	0 Größe des Kontrollkästchens hängt vom verwendeten Schriftgrad ab (Auto).
	> 0 Größe entspricht der in .KontrollBreite angegebenen Breite (Genau).
.KontrollBreite%$	Dieser Parameter hat nur in Verbindung mit Kontrollkästchen und dem Parameter .KontrollGröße eine Bedeutung. Hat KontrollGröße den Wert 1, enthält der hier angegebene Wert die Größe (sowohl Höhe als auch Breite) des Kontrollkästchens. Die verwendete Einheit ist Punkt.
.KontrollStandard%	Dieser Parameter bestimmt, ob ein Kontrollkästchen standardmäßig aktiviert (gekreuzt) ist, oder nicht.
	0 Kontrollkästchen nicht markiert.
	1 Kontrollkästchen markiert (angekreuzt).
.Art%	Mit diesem Parameter wird festgelegt, ob es sich beim einzufügenden Formularfeld um ein Kontrollkästchen oder Textfeld handelt.
	0 oder nicht angegeben Textformularfeld
	1 Kontrollkästchen
	2 DropDown-Liste
.HilfeGehörtZu%	Dieser Parameter gibt an, ob der für das Formularfeld angegebene Hilfstext ein AutoText ist, oder aber vollständig angegeben wurde.
	0 Hilfstext wurde vollständig angegeben und steht in .HilfeText.
	1 In .HilfeText steht der Name des AutoTextes, der als Hilfetext angezeigt werden soll.
.HilfeText$	Name des Hilfs-AutoTextes oder der eigentliche Hilfstext (s. .HilfeGehörtZu).
.StatGehörtZu%	Dieser Parameter gibt ähnlich wie .HilfeGehörtZu an, wo der in der Statuszeile anzuzeigende Text zu finden ist, wenn das Formularfeld den Fokus besitzt.
	0 .StatusleisteText enthält den auszugebenden Text.
	1 .StatusleisteText enthält den Namen des AutoTextes, der ausgegeben werden soll, wenn das Formularfeld den Eingabefokus besitzt.
.StatusleisteText$	Enthält den für das Formularfeld anzuzeigenden Statuszeilen-Text oder den Namen des anzuzeigenden AutoTextes.

EinfügenFußnote

Fügt eine Fuß-/Endnote in das Dokument ein.

Gruppe: Fußnoten   WordBASIC Dialogbefehl

Syntax:

EinfügenFußnote [.FußEndnotenArt%] [, .FußnotenZeichen$]

Beschreibung:

Dieser Befehl fügt ein Fuß- oder Endnotenzeichen in den Text an der aktuellen Einfügeposition ein und setzt die Eingabemarke daraufhin in den End- /Fußnotenausschnitt.

Dialogvariablen:

Name:	Bedeutung
.FußEndnotenArt%	Dieser Parameter bestimmt, ob eine Fußnote oder eine Endnote eingefügt wird.

    0   Fußnote
1   Endnote
nicht angegeben   Eingefügt wird die zuletzt eingefügte End-/Fußnoten-Art.

.FußnotenZeichen$ — Dieser Text erscheint als Fuß-/Endnotenzeichen. Geben Sie keinen Text an, numeriert Word die Fußnotenzeichen automatisch durch. Wollen Sie ein Sonderzeichen angeben, so muß der Text "{Schriftart Zeichennummer}" angegeben werden, wobei zu beachten ist, daß beim Abzählen der Zeichennummer aus dem "Einfügen|Sonderzeichen" Dialogfeld noch der Wert 31 addiert werden muß.

EinfügenGrafik

Fügt eine Bitmap-Grafik in das Dokument ein.

Gruppe: Objektverknüpfung und -einbettung   WordBASIC Dialogbefehl

Syntax:

EinfügenGrafik .Name$ [, .DateiVerknüpfen%] <, .Neu>

Beschreibung:

Dieses Kommando fügt eine Bitmap-Grafik in das aktuelle Dokument an der aktuellen Einfügeposition ein.

Dialogvariablen:

Name:	Bedeutung
.Name$	Dateiname (inkl Pfad) der einzufügenden Grafik.
.DateiVerknüpfen%	Dieser Parameter bestimmt, ob die Grafik als Feld eingefügt werden soll.

    0 oder nicht angegeben   Die in .Name angegebene Grafik wird in das Dokument eingefügt.
    1   Grafik wird zwar im Dokument gespeichert, aber innerhalb des Textes wird auf die Grafik über ein EINFÜGENGRAFIK-Feld verwiesen.
    2   Auf die Grafik wird über eine EINFÜGENGRAFIK-Feld verwiesen, aber die Grafik wird nicht im Dokument abgespeichert (Feldoption "\d").

Schaltflächen:

Name:	Aufgabe
.Neu	Diese Schaltfläche fügt ein leeres Meta-File Quadrat in den Text ein (2,54cm²) und versieht sie mit einem Rahmen.

EinfügenIndex

Stellt einen Index aus Index-Feldern zusammen.

Gruppe: Bearbeiten   WordBASIC Dialogbefehl

Syntax:

EinfügenIndex [.Unterteilung%] [, .Ersetzen%] [, .Art%]
[, .SeitenzahlenRechtsbündig%] [, .Spalten%]

Beschreibung:

Dieser Befehl fügt einen alphabetisch sortierten Index an der aktuellen Einfügeposition in das aktuelle Dokument ein.

Dialogvariablen:

Name:	Bedeutung
`.Unterteilung%`	Gibt an, wie die Buchstabengruppen unterteilt werden.
	0 Keine Unterteilung.
	1 Zwischen den Buchstabengruppen wird eine Leerzeile ausgegeben.
	2 Zwischen den Buchstabengruppen wird der jeweilige Buchstabe ausgegeben.
`.Ersetzen%`	Gibt an, ob ein bestehdender Index ersetzt werden soll.
	0 Bestehenden Index nicht ersetzen, sondern nur markieren.
	1 Bestehenden Index ersetzen.
`.Art%`	Gibt an, ob die Einträge des Index fortlaufend oder eingezogen dargetsellt werden sollen.
	0 oder nicht angegeben Jeder Eintrag steht in einer eingezogenen Zeile.
	1 Die Einträge stehen forlaufend in der jeweiligen Buchstabengruppe.
`.SeitenzahlenRechtsbündig%`	Gibt an, ob die Seitenzahlen rechtsbündig (bzgl. Spalten) oder direkt hinter dem Indexeintrag ausgegeben werden sollen.
	0 Seitenzahlen folgen direkt den Einträgen.
	1 Seitenzahlen werden am rechten Spaltenrand ausgerichtet.
`.Spalten%`	Dieser Parameter gibt die Anzahl der Spalten an, in denen der Index dargestellt wird. Erlaubt sind 1 - 4 Spalten. Standardmäßig sind 2 Spalten vorgegeben.

EinfügenInhaltsverzeichnis

Fügt ein Inhaltsverzeichnis-Feld in den Text ein.

Gruppe: Bearbeiten   WordBASIC Dialogbefehl

Syntax:

```
EinfügenInhaltsverzeichnis [.Gliederung%] [, .Felder%] [, .Von%]
[, .Bis%] [, .VerzeichnisKennung$] [, .VerfügbareFormatvorlagen$]
[, .Ersetzen%] [, .SeitenzahlenRechtsbündig%]
```

Beschreibung:

Diese Anweisung fügt an der aktuellen Einfügeposition ein Inhaltsverzeichnis ein.

Dialogvariablen:

Name:	Bedeutung
`.Gliederung%`	Gibt an, ob das Inhaltsverzeichnis aus Überschriften zusammengesetzt werden soll.
	1 Inhaltsverzeichnis aus den mit den Formatvorlagen "Überschrift1-9" formatierten Absätzen erstellen.
	0 Keine Überschriften-Absätze ins Verzeichnis aufnehmen.
`.Felder%`	Gibt an, ob das Inhaltsverzeichnis aus Inhalt-Feldern zusammengestellt werden soll.

	1 Inhaltsverzeichnis aus INHALT-Feldern aufbauen.
	0 INHALT-Felder nicht berücksichtigen.
`.Von%`	Bei Zusammenstellung eines Inhaltsverzeichnisses aus den Unterverzeichnissen des aktuellen Dokumentes, geben die Felder .Von und .Bis die Ebenen der Unterverzeichnisse (bzw. deren Einzug) an, die ins Verzeichnis aufgenommen werden sollen. .Von gibt die höchste einzubeziehende Verzeichnisebene an.
`.Bis%`	Dieser Parameter gibt die niedrigste einzubeziehende Verzeichnisebene an.
`.VerzeichnisKennung$`	Bei Erstellung eines Verzeichnisses aus Inhalt-Feldern wird hier die Kennung der zusammenzufassenden Inhalts-Felder angegeben.
`.VerfügbareFormatvorlagen$`	Wird ein Verzeichnis aufgrund der Überschriften erzeugt, erhalten die Absätze mit den Formatvorlagen "Überschrift1-9" im Index automatisch die Formatvorlagen "Verzeichnis1-9" zugewiesen. Um diese Zuordnung zu ändern, geben Sie hier einfach den Namen der für eine Überschriftsebene zu verwendende Formatvolage gefolgt von der Nummer der Ebene an (z.B: "Standard,1, MeinFormat,3").
`.Ersetzen%`	Gibt an ob ein bestehendes Inhaltsverzeichnis ersetzt werden soll.
	0 Ein schon bestehendes Verzeichnis wird nur markiert. Besteht noch kein Verzeichnis, wird es erstellt.
	1 Ein bestehendes Inhaltsverzeichnis wird durch das neu erzeugte ersetzt.
`.SeitenzahlenRechtsbündig%`	Gibt an, ob die Seitenzahlen rechtsbündig ausgegeben werden sollen.
	0 Seitenzahlen folgen direkt dem Verzeichniseintrag.
	1 Seitenzahlen werden am rechten Seitenrand ausgerichtet.

EinfügenKlang

Aktiviert den Klangrecorder und fügt einen Klang ins Dokument ein.

Gruppe: Objektverknüpfung und -einbettung   WordBASIC Befehl

Syntax:
EinfügenKlang

Beschreibung:

Dieses Kommando startet den Klangrecorder und fügt den dort erstellten oder geladenen Klang in das Dokument an der aktuellen Einfügeposition ein. Verfügt Ihr Computer nicht über eine adäquate Sound-Hardware, meldet Word einen Fehler.

EinfügenManuellerWechsel

Fügt einen manuellen Spalten-, Seiten- oder Abschnittswechsel in den Text ein.

Gruppe: Bearbeiten   WordBASIC Dialogbefehl

Syntax:
EinfügenManuellerWechsel [.Art%]

Beschreibung:

Dieses Kommando fügt einen Seiten-, Spalten- oder Abschnittswechsel in das aktuelle Dokument (Einfügeposition) ein.

Dialogvariablen:

Name:	Bedeutung
`.Art%`	Dieser Parameter bestimmt, was eingefügt werden soll:

    0 oder nicht angegeben   Seitenwechsel
    1   Spaltenwechsel
    2   Abschnittswechsel auf die nächste Seite
    3   Fortlaufender Abschnittswechsel
    4   Abschnittswechsel auf die nächste gerade Seite
    5   Abschnittswechsel auf die nächste ungerade Seite
    6   Zeilenwechsel (Zeilenendemarke, kein Absatzende!)

EinfügenObjekt

Fügt ein Objekt in das aktuelle Dokument ein.

Gruppe: Objektverknüpfung und -einbettung   WordBASIC Dialogbefehl

Syntax:

```
EinfügenObjekt [.SymbolNummer%] [, .DateiName$] [, .Verknüpfung%]
[, .SymbolAnzeigen%] [, .Registerkarte%$] [, .ObjektTyp$]
[, .SymbolDateiname%] [, .Beschriftung$]
```

Beschreibung:

Dieer Befehl dient als Pendant zum Objekt-Befehl aus dem Einfügen-Menü. Er gesattet die Einbindung und Verknüpfung von OLE-Objekten, die von einem registrierten OLE-Server bereitgestellt werden.

Dialogvariablen:

Name:	Bedeutung
`.SymbolNummer%`	Wird für die Dialogvariable .SymbolAnzeigen der Wert 1 angegeben, kann über diese Dialogvariable das Symbol des OLE-Servers gewählt werden, das innerhalb des Texts angezeigt werden soll.

    Es sind dies die Symbole, die sich beim Einrichten des OLE-Servers als Element einer Programmgruppe innerhalb des Progamm-Managers auswählen lassen.

    nicht angegeben   Das Standard-Symbol
    0   Das erste Symbol

`.DateiName$`	Bestimmt den Pfad- und Dateinamen für ein einzubettendes Objekt. Bei Einsatz dieser Dialogvariable muß für .Registerkarte der Wert 1 gewählt und die Art des Objekts in der Dialogvariable .ObjektTyp verzeichnet werden.
`.Verknüpfung%`	Wird hier der Wert 1 angegeben, verbindet WinWord das eingebettete Objekt mit der in .Dateiname angegebenen Datei. Werden an der Datei anschließend Änderungen vorgenommen, aktualisiert WinWord die Anzeige des Objekts automatisch.
`.SymbolAnzeigen%`	Bestimmt, ob innerhalb des Dokuments das Objekt oder das Symbol des OLE-Servers angezeigt werden soll.

    0 oder nicht angegeben   Es erscheint nicht das Symbol des jeweiligen OLE-Servers, sondern das eingebettete oder verknüpfte Objekt selbst.
    1   Anstelle des Objekts erscheint das Symbol des zugehörigen OLE-Servers.

`.Registerkarte%$`	Bestimmt die Registerkarte, die auf dem Bildschirm erscheint, wenn eine Verbundvariable vom Typ EinfügenObjekt in Verbindung mit dem Aufruf des Dialog-Befehls oder der gleichnamigen Funktion angegeben wird. 0 Registerkarte "Neu erstellen" 1 Registerkarte "Aus Datei erstellen"
`.ObjektTyp$`	Bestimmt die Art des Objekts. Es muß einer der Einträge angegeben werden, die im Dialogfeld "Objekt" angezeigt werden. Diese Einträge werden dem Abschnitt [Embedding] aus der Konfigurationsdatei WIN.INI entnommen.
`.SymbolDateiname%`	Wird für die Dialogvariable .SymbolAnzeigen der Wert 1 angegeben, muß hier der Name der Programmdatei verzeichnet sein, in der die Symbole gespeichert sind.
`.Beschriftung$`	Bestimmt die Beschriftung für das Objekt, wenn die Dialogvariable .SymbolAnzeigen auf 1 steht.

EinfügenPosRahmen

Fügt Positionsrahmen dem Dokument hinzu.

Gruppe: Rahmenlinien und Positionsrahmen   WordBASIC Befehl

Syntax:

EinfügenPosRahmen

Beschreibung:

Diese Anweisung erzeugt einen leeren Positionsrahmen (2,54 cm²) oder erzeugt einen Positionsrahmen, in dem der markierte Text Platz findet. Ein Positionsrahmen wird in die linke obere Ecke der Seite positioniert, und kann von dort aus mit Hilfe von FormatPosRahmen positioniert werden.

EinfügenQuerverweis

Fügt einen Querverweis auf ein Element ein, für das eine Beschriftungs-Kategorie definiert ist.

Gruppe: Bearbeiten   WordBASIC Dialogbefehl

Syntax:

EinfügenQuerverweis [.VerweisArt$] [, .VerweisFür$] [, .VerweisAuf$]

Beschreibung:

Dieser Befehl fügt in den Text einen Querverweis ("Siehe...") ein. Da sich durch die Änderung des Textes auch die Seitenzahlen ändern können, muß dieser Querverweis auf ein Objekt (Textmarke, Abbildung etc.) verweisen, so daß beim Drucken die richtigen Seitenzahlen eingefügt werden. Diese Anweisung entspricht dem Dialogfeld "Einfügen|Querverweis...".

Dialogvariablen:

Name:	Bedeutung
`.VerweisArt$`	Gibt den Typ des Elements an, auf den der Querverweis verweist. Ein Querverweis kann auf folgende Typen verweisen: Überschrift, Textmarke, Fußnote, Endnote, Beschriftungskategorie ("Abbildung", "Gleichung", "Tabelle", eigene).
`.VerweisFür$`	Diese Variable gibt an, wie der Verweis aussehen soll bzw. welche Informationen angezeigt werden. Die angegebene Zahl ist abhängig vom in .VerweisArt angegebenen Typ.

Überschrift	0 Überschrifttext
	7 Seitenzahlen
	8 Überschriftnummer
Textmarke	1 Textmarkeninhalt
	7 Seitenzahl
	9 Absatznummer
Fußnote	5 Fußnotenzeichen
	7 Seitenzahl
Endnote	6 Endnotenzeichen
	7 Seitenzahl
Element mit eigener Beschriftungskategorie:	2 Gesamte Beschriftung
	3 Nur Kategorie und Nummer
	4 Nur Beschriftungstext
	7 Seitenzahl

.VerweisAuf$ Dieser Parameter bestimmt das Element auf das letztendlich verwiesen wird. In der Dialogbox werden z.B. alle schon bestehenden Überschriften des Textes angezeigt. Um nun auf die dritte Überschrift dieser Liste zu verweisen, muß hier der Wert 3 angegeben werden. Ebenso verhält es sich mit Verweisen auf andere Objekte eines Typs.

EinfügenSammlung

Fügt den Inhalt des AutoText-Eintrags "Sammlung" in das aktuelle Dokument ein.

Gruppe: Bearbeiten   WordBASIC Befehl

Syntax:
```
EinfügenSammlung
```

Beschreibung:
Diese Anweisung kopiert den Inhalt des AutoTextes "Sammlung" an die aktuelle Einfügeposition, und löscht daraufhin den Inhalt des AutoTextes Sammlung. Mit Hilfe des Sammlung-Kommandos können Sie den markierten Text der Sammlung zufügen. Allerdings wird dabei der markierte Text aus dem Dokument gelöscht. Wollen Sie den Inhalt des AutoTextes "Sammlung" wiederverwenden, müssen Sie zum Einfügen das Kommando BearbeitenAutoText verwenden.

EinfügenSchaltflächenSymbol

Ersetzt das Sinnbild einer Schaltfläche aus einer Symbolleiste durch eine Grafik in der Zwischenablage.

Gruppe: Anpassung durch den Benutzer   WordBASIC Befehl

Syntax:
```
EinfügenSchaltflächenSymbol Symbolleiste$, Schaltfläche [, Kontext]
```

Beschreibung:
Durch diesen Befehl können Sie einzelnen Schaltflächen einer Symbolleiste neue Sinnbilder zuordnen. Das neue Sinnbild muß sich dazu als Bitmap-Datei (BMP-Datei) in der Zwischenablage befinden.

Parameter:

Name:	Bedeutung
Symbolleiste$	Name der Symbolleiste, in der eine Schaltfläche ein neues Sinnbild erhalten soll.

`Schaltfläche`	Nummer der Schaltfläche innerhalb der oben angegebenen Symbolleiste, die eine neue Schaltfläche erhalten soll.
`Kontext`	Gibt an, in welcher Dokumentvorlage die Schaltflächenänderung gespeichert werden soll.

0 oder nicht angegeben	Änderung der Symbolleiste wird in der Dokumentvorlage "Normal .Dot" gespeichert.
1	Änderungen in der Dokumentvorlage des aktuellen Dokuments speichern.

EinfügenSeitenwechsel

Fügt einen Seitenumbruch in den Text ein.

Gruppe: Bearbeiten   WordBASIC Befehl

Syntax:

`EinfügenSeitenwechsel`

Beschreibung:

Durch Aufruf dieses Kommandos, wird an der aktuellen Einfügeposition ein unbedingter Seitenwechsel eingefügt. Dieser Befehl ist identisch mit dem Aufruf von EinfügenManuellerWechsel .Art = 0.

EinfügenSeitenzahlen

Fügt ein SEITE-Feld in die Kopf- oder Fußzeile ein.

Gruppe: Bearbeiten   WordBASIC Dialogbefehl

Syntax:

`EinfügenSeitenzahlen [.Art%] [, .Position%] [, .ErsteSeite%]`

Beschreibung:

Dieses Kommando fügt in die Kopf- oder Fußzeile des aktuellen Dokumentes ein SEITE-Feld ein, das die aktuelle Seitenzahl anzeigt.

Dialogvariablen:

Name:	Bedeutung
`.Art%`	Gibt an, wo das SEITE-Feld eingefügt werden soll:

	0	In der Kopfzeile.
	1	In der Fußzeile.
`.Position%`		Enthält die Position des SEITE-Feldes:
	0	Linksbündig
	1	Zentriert
	2	Rechtsbündig
	3	Innen (links auf ungeraden und rechts auf geraden Seiten)
	4	Außen (links auf geraden und rechts auf ungeraden Seiten)
`.ErsteSeite%`		Dieser Parameter legt fest, ob das SEITE-Feld auch in die Kopf-\Fußzeile der ersten Seite eingefügt wird.
	0	Erste Seite des Dokuments erhält keine Seitenzahl.
	1	Auch auf der ersten Seite werden Seitenzahlen ausgegeben.

EinfügenSeriendruckFeld

Fügt ein SERIENDRUCK-Feld in den Text ein.

Gruppe: Felder WordBASIC Dialogbefehl

Syntax:

EinfügenSeriendruckFeld [.SeriendruckFeld$] [, .Bedingungsfeld%]

Beschreibung:

Dieser Befehl fügt entweder ein SERIENDRUCK-Feld oder ein Bedingungsfeld in den Text ein.

Dialogvariablen:

Name:	Bedeutung
`.SeriendruckFeld$`	Name des Feldes einer Datenquelle, dessen Inhalt mittels SERIENFELD-Feld ausgegeben werden soll.
`.Bedingungsfeld%`	Wollen Sie ein Bedingungsfeld einfügen, so müssen Sie auf die Angabe des .SeriendruckFeldes verzichten. Folgende Werte für diesen Parameter sind gültig:

    0   FRAGE-Feld
    1   EINGEBEN-Feld
    2   WENN-Feld (mit Platzhalter und DANN-Feld)
    3   WENN-Feld (mit Platzhaltern und DANN-, SONST-Feldern)
    4   DATENSATZ-Feld
    5   NÄCHSTER-Feld
    6   NWENN-Feld
    7   ANGEBEN-Feld
    8   BESTIMMEN-Feld
    9   ÜBERSPRINGEN-Feld

EinfügenSonderzeichen

Fügt ein Sonderzeichen in den Text ein.

Gruppe: Bearbeiten WordBASIC Dialogbefehl

Syntax:

EinfügenSonderzeichen .Schriftart$, .Registerkarte%, .ZeichenNum%$

Beschreibung:

Dieser Befehl fügt ein Sonderzeichen in den Text an der aktuellen Einfügeposition ein. Neben der zu verwendenden Schriftart, kann dabei auch angegeben werden ob ein ANSI-Zeichen, oder ein Word-Sonderzeichen in den Text eingefügt werden soll.

Dialogvariablen:

Name:	Bedeutung
`.Schriftart$`	Name der zu verwendenden Schriftart. Der hier angegebene Text ist der gleiche, wie der in anderen Zusammenhängen zur Auswahl von Schriftarten angezeigte.
`.Registerkarte%`	Wenn Sie sich das Dialogfeld "Einfügen|Sonderzeichen..." ansehen, stellen Sie fest, daß dort zwei Registrierkarten zur Verfügung stehen. "Auswahl1" erlaubt Ihnen die Auswahl auf alle Zeichen eines Zeichensatzes, während "Auswahl2" Word-eigene bzw. zusammengesetzte Sonderzeichen zur Verfügung stellt. Dieser Parameter gibt nun an, welche Art von Sonderzeichen Sie einfügen wollen.

	0	Einfügen eines Sonderzeichens wie in "Auswahl1" sichtbar.
	1	Einfügen eines Sonderzeichens aus der Registrierkarte "Auswahl2".
`.ZeichenNum%$`		Dieser Parameter enthält die Nummer des einzufügenden Sonderzeichens. Diese ist durch Abzählen zu ermitteln. Bei der in "Auswahl1" des Dialogfeldes "Einfügen|Sonderzeichen..." angezeigten Zeichenübersicht, wird von links, nach rechts und von oben nach unten gezählt. Zu der so ermittelten Zahl wird noch der Wert 31 addiert und hier angegeben (die ersten 31 Zeichen des Zeichensatzes enthalten Steuerzeichen und können nicht ausgegeben werden). Bei den in "Auswahl2" aufgelisteten Zeichen wird einfach die Nummer des auszugebenden Sonderzeichens dieser Liste angegeben.

EinfügenSpaltenwechsel   *Fügt einen Spaltenumbruch in das Dokument ein.*

Gruppe: Bearbeiten   WordBASIC Befehl

Syntax:
EinfügenSpaltenwechsel

Beschreibung:
Diese Anweisung fügt in den Text an der aktuellen Einfügeposition einen Spaltenwechsel ein. Dieser Befehl ist identisch zu EinfügenManuellerWechsel .Art = 1.

EinfügenWordArt   *Aktiviert Microsoft WordArt.*

Gruppe: Objektverknüpfung und -einbettung   WordBASIC Befehl

Syntax:
EinfügenWordArt

Beschreibung:
Dieser Befehl ruft MS-WordArt auf. Mit Hilfe von WordArt werden Sie in die Lage versetzt, auf einfache Art und Weise z.B. Logos zu erstellen.

EinfügenZeichnung   *Erstellt und fügt eine Grafik ein.*

Gruppe: Zeichnen   WordBASIC Befehl

Syntax:
EinfügenZeichnung

Beschreibung:
Durch diesen Befehl wird das eingebaute Zeichenprogramm gestartet, mit dem Sie interaktiv eine Zeichnung erstellen können, die dann in Ihr Dokument eingefügt wird.

EingabeUnterdrücken   *Verhindert die Unterbrechung eines Makros durch Drücken von ESC.*

Gruppe: Dokumente, Dokumentvorlagen und Add-Ins   WordBASIC Befehl

Syntax:
EingabeUnterdrücken [AnAus]

Beschreibung:

Durch den Aufruf dieses Befehls läßt sich die Unterbrechung der Makroausführng mit Hilfe der <Escape>-Taste unterdrücken oder wieder zulassen. Weil nach der Unterdrückung von <Escape> keine Möglichkeit mehr besteht, ein Makro anzuhalten, sollte dieser Befehl vor allem bei der Erstellung und beim Austesten von Makros nicht angwandt werden, da ein Makro dann beispielsweise nicht mehr aus einer Endlosschleife befreit werden kann und nur noch ein Neustart des Systems hilft.

Parameter:

Name:	Bedeutung
AnAus	Betimmt, ob eine Unterbrechung der Makroausführung mit <Escape> zugelassen wird.
	0 — Unterbrechung mit <Escape> wieder möglich.
	1 oder nicht angegeben — Keine Unterbrechung mit <Escape> möglich.

Einzug
Versieht die markierten Absätze mit einem Einzug.

Gruppe: Absatzformatierung WordBASIC Befehl

Syntax:
```
Einzug
```

Beschreibung:

Den markierten Absätzen wird durch den Aufruf dieses Befehls ein Einzug verliehen, der dem ersten Tabstop im ersten markierten Absatz entspricht. Der Einzug der ersten Zeile eines Absatzes oder hängender Einzüge wird dadurch nicht verändert.

EmpfängerAdreßSchriftart
Definiert das Zeichenformat für die Anschrift auf einem Briefumschlag.

Gruppe: Zeichenformatierung WordBASIC Dialogbefehl

Syntax:
```
EmpfängerAdreßSchriftart [.Punkt%] [, .Durchstreichen%] [, .Verborgen%]
[, .Kapitälchen%] [, .Großbuchstaben%] [, .Hochgestellt%]
[, .Tiefgestellt%] [, .Unterstrichen%] [, .Farbe%] [, .Laufweite%$]
[, .Position%$] [, .UnterschneidungMin%$] [, .Unterschneidung%]
[, .Schriftart$] [, .Fett%] [, .Kursiv%] <, .Standard>
[, .Registerkarte%]
```

Beschreibung:

Mit Hilfe dieses Befehls lassen sich die verschiedenen Zeichenattribute für die Adreßangabe des Empfängers auf einem Briefumschlag einstellen. Die Dialogvariablen des Befehls entsprechen dabei denen des FormatZeichen-Befehls und können dort nachgeschlagen werden.

Dialogvariablen:

Name:	Bedeutung
.Punkt%	Siehe FormatZeichen.
.Durchstreichen%	"
.Verborgen%	"

`.Kapitälchen%`	"
`.Großbuchstaben%`	"
`.Hochgestellt%`	"
`.Tiefgestellt%`	"
`.Unterstrichen%`	"
`.Farbe%`	"
`.Laufweite%$`	"
`.Position%$`	"
`.UnterschneidungMin%$`	"
`.Unterschneidung%`	"
`.Schriftart$`	"
`.Fett%`	"
`.Kursiv%`	"
`.Registerkarte%`	"

Schaltflächen:

Name:	Aufgabe
`.Standard`	Siehe FormatZeichen.

EndeDokument()

Zeigt an, ob sich die Einfügemarke am Ende des aktuellen Dokuments befindet.

Gruppe: Bewegen der Einfügemarke und Markieren WordBASIC Funktion

Syntax:

```
x = EndeDokument([Markieren])
```

Beschreibung:

Wie der gleichnamige Befehl bewegt auch diese Funktion die Einfügemarke an das Ende des aktuellen Dokuments, zeigt bei ihrem Aufruf jedoch zusätzlich an, ob sich die Einfügemarke bereits dort befand.

Funktionsergebnis:

Als Ergebnis liefert diese Funktion:

	0	Wenn die Einfügemarke nicht bewegt werden konnte.
	1	Wenn die Einfügemarke an das Ende des Dokuments bewegt wurde.

Parameter:

Name:	Bedeutung	
`Markieren`	Bestimmt, ob die Markierung um den neu überdeckten Bereich erweitert werden soll.	
	0 oder nicht angegeben	Markierung wird nicht erweitert.
	1	Markierung wird erweitert.

EndeFenster

Bewegt die Einfügemarke zum Zeichen in der unteren rechten Fensterecke.

Gruppe: Bewegen der Einfügemarke und Markieren WordBASIC Befehl

Syntax:

```
EndeFenster [Markieren]
```

Beschreibung:

Durch den Aufruf dieses Befehls wird die Einfügemarke in die untere rechte Ecke des aktuellen Dokumentfensters bewegt bzw. zu dem Zeichen, das dieser Position am nächsten kommt.

Parameter:

Name:	Bedeutung
Markieren	Bestimmt, ob die Markierung um den neu überdeckten Bereich erweitert werden soll.
	0 oder nicht angegeben Markierung nicht erweitern.
	1 Markierung erweitern.

EndeFenster() — *Zeigt an, ob sich die Einfügemarke in der unteren rechten Fensterecke befindet.*

Gruppe: Bewegen der Einfügemarke und Markieren   WordBASIC Funktion

Syntax:

```
x = EndeFenster([Markieren])
```

Beschreibung:

Wie der gleichnamige Befehl bewegt diese Funktion die Einfügemarke im aktuellen Dokument in die untere rechte Ecke des Dokumentfensters, zeigt dem Aufrufer darüber hinaus aber an, ob diese Bewegung ausgeführt werden konnte.

Funktionsergebnis:

Als Ergebnis liefert diese Funktion:

    0   Die Einfügemarke konnte nicht bewegt werden.
    1   Die Einfügemarke wurde in die untere rechte Fensterecke bewegt.

Parameter:

Name:	Bedeutung
Markieren	Bestimmt, ob die Markierung um den neu überdeckten Bereich erweitert werden soll.
	0 oder nicht angegeben Markierung nicht erweitern.
	1 Markierung erweitern.

EndeSpalte — *Bewegt die Einfügemarke in die letzte Zeile der aktuellen Tabellenspalte.*

Gruppe: Bewegen der Einfügemarke und Markieren   WordBASIC Befehl

Syntax:

```
EndeSpalte [Markieren]
```

Beschreibung:

Durch den Aufruf dieses Befehls wird die Einfügemarke in die letzte Zeile der aktuellen Tabellenspalte bewegt. Befindet sich die Einfügemarke nicht innerhalb einer Tabelle, wird ein Fehler ausgelöst.

Parameter:

Name:	Bedeutung
Markieren	Bestimmt, ob die Markierung um den neu überdeckten Bereich erweitert werden soll.

0 oder nicht angegeben	Markierung nicht erweitern.
1	Markierung erweitern.

EndeSpalte()
Überprüft, ob sich die Einfügemarke in der letzten Zeile der aktuellen Tabellenspalte befindet.

Gruppe: Bewegen der Einfügemarke und Markieren   WordBASIC Funktion

Syntax:
`x = EndeSpalte([Markieren])`

Beschreibung:
Durch den Aufruf dieses Befehls wird die Einfügemarke in die letzte Zeile der aktuellen Tabellenspalte bewegt, zeigt dem Aufrufer darüber hinaus aber an, ob diese Bewegung ausgeführt werden konnte.
Befindet sich die Einfügemarke nicht innerhalb einer Tabelle, wird ein Fehler ausgelöst.

Funktionsergebnis:
Als Ergebnis liefert diese Funktion:

0	Wenn die Einfügemarke nicht bewegt werden konnte.
1	Wenn die Bewegung erfolgreich ausgeführt wurde.

Parameter:

Name:	Bedeutung
Markieren	Bestimmt, ob die Markierung um den neu überdeckten Bereich erweitert werden soll.

0 oder nicht angegeben	Markierung nicht erweitern.
1	Markierung erweitern.

EndeTabellenzeile
Bewegt die Einfügemarke in die letzte Spalte der aktuellen Tabellenzeile.

Gruppe: Bewegen der Einfügemarke und Markieren   WordBASIC Befehl

Syntax:
`EndeTabellenzeile [Markieren]`

Beschreibung:
Durch den Aufruf dieses Befehls wird die Einfügemarke in die letzte Spalte der aktuellen Tabellenzeile bewegt. Befindet sich die Einfügemarke nicht innerhalb einer Tabelle, wird ein Fehler ausgelöst.

Parameter:

Name:	Bedeutung
Markieren	Bestimmt, ob die Markierung um den neu überdeckten Bereich erweitert werden soll.

0 oder nicht angegeben	Markierung nicht erweitern.
1	Markierung erweitern.

EndeTabellenzeile()
Überprüft, ob sich die Einfügemarke in der letzten Spalte der aktuellen Tabellenzeile befindet.

Gruppe: Bewegen der Einfügemarke und Markieren   WordBASIC Funktion

Syntax:
```
x = EndeTabellenzeile([Markieren])
```

Beschreibung:

Wie der gleichnamige Befehl bewegt diese Funktion die Einfügemarke in die letzte Spalte der aktuellen Tabellenzeile, zeigt dem Aufrufer darüber hinaus jedoch an, ob die Bewegung ausgeführt werden konnte. Befindet sich die Einfügemarke zum Zeitpunkt des Funktionsaufrufs nicht innerhalb einer Tabelle, wird ein Fehler ausgelöst.

Funktionsergebnis:

Als Ergebnis liefert diese Funktion:

	0	Wenn die Einfügemarke nicht bewegt werden konnte.
	1	Wenn die Einfügemarke erfolgreich bewegt wurde.

Parameter:

Name:	Bedeutung
Markieren	Bestimmt, ob die Markierung um den neu überdeckten Bereich erweitert werden soll.
	0 oder nicht angegeben — Markierung nicht erweitern.
	1 — Markierung erweitern.

EndeTextmarkeBestimmen
Setzt eine Textmarke an den Endpunkt einer anderen.

Gruppe: Textmarken   WordBASIC Befehl

Syntax:
```
EndeTextmarkeBestimmen Textmarke1$ [, Textmarke2$]
```

Beschreibung:

Mit Hilfe dieses Befehls läßt sich eine Textmarke so verschieben, daß sie auf den Endpunkt einer anderen verweist.

Parameter:

Name:	Bedeutung
Textmarke1$	Der Name der Textmarke, die verschoben werden soll.
Textmarke2$	Der Name der Textmarke, auf deren Endpunkt Textmarke1$ verschoben werden soll. Fehlt dieser Parameter, wird die Textmarke1$ auf ihren eigenen Endpunkt verschoben.

EndeWindows
Schließt alle noch geöffneten Anwendungen und beendet Windows.

Gruppe: Anwendungssteuerung   WordBASIC Befehl

Syntax:
```
EndeWindows
```

Beschreibung:

Dieser Befehl dient als eine Art Notausstieg aus Windows, der alle noch geöffneten Anwendungen schließt und anschließend Windows beendet. In bezug auf WinWord werden keine Dokumente oder Dokumentvorlagen mehr gespeichert, und auch der Anwender wird nicht gefragt, ob die noch nicht gespeicherten Änderungen jetzt gespeichert werden sollen. Sie gehen dadurch unwiderbringlich verloren.

EndeZeile

Bewegt die Einfügemarke an das Ende der aktuellen Zeile.

Gruppe: Bewegen der Einfügemarke und Markieren WordBASIC Befehl

Syntax:
EndeZeile [Markieren]

Beschreibung:

Durch den Aufruf dieses Befehls wird die Einfügemarke an das Ende der aktuellen (Tabellen-) Zeile bewegt.

Parameter:

Name:	Bedeutung
Markieren	Bestimmt, ob die Markierung um den neu überdeckten Bereich erweitert werden soll.
	0 oder nicht angegeben Markierung nicht erweitern.
	1 Markierung erweitern.

EndeZeile()

Überprüft, ob sich die Einfügemarke am Ende eine Zeile befindet.

Gruppe: Bewegen der Einfügemarke und Markieren WordBASIC Funktion

Syntax:
x = EndeZeile([Markieren])

Beschreibung:

Wie der gleichnamige Befehl bewegt diese Funktion die Einfügemarke an das Ende der aktuellen (Tabellen-) Zeile, zeigt dem Aufrufer darüber hinaus aber an, ob diese Bewegung ausgeführt werden konnte.

Funktionsergebnis:

Als Ergebnis liefert diese Funktion:

 0   Wenn die Einfügemarke nicht bewegt werden konnte.
 1   Wenn die Bewegung ordnungsgemäß ausgeführt werden konnte.

Parameter:

Name:	Bedeutung
Markieren	Bestimmt, ob die Markierung um den neu überdeckten Bereich erweitert werden soll.
	0 oder nicht angegeben Markierung nicht erweitern.
	1 Markierung erweitern.

EndnotenFußnotenVertauschen

Wandelt Fußnoten in Endnoten um oder umgekehrt.

Gruppe: Fußnoten WordBASIC Befehl

Syntax:
EndnotenFußnotenVertauschen

Beschreibung:

Aufgabe dieses Befehls ist es, die markierten Fußnoten in Endnoten zu verwandeln, und gleichsam die markierten Endnoten in Fußnoten zu konvertieren.

Als Voraussetzung für die erfolgreiche Ausführung des Befehls muß sich die Einfügemarke beim Befehlsaufruf innerhalb eines Fußnoten- oder Endnotenausschnittes befinden, anderenfalls wird ein Fehler ausgelöst.

Ist keine Fuß- oder Endnote markiert, bezieht sich der Befehl lediglich auf die Fuß- oder Endnote unter der Einfügemarke.

EndnotenUmwZuFußnoten   *Wandelt Endnoten in Fußnoten um.*

Gruppe: Fußnoten   WordBASIC Befehl

Syntax:
EndnotenUmwZuFußnoten

Beschreibung:

Durch den Aufruf dieses Befehls werden ALLE Endnoten innerhalb des aktuellen Dokuments in Fußnoten umgewandelt, ganz unabhängig davon, ob sie markiert sind oder nicht.

Voraussetzung für die erfolgreiche Ausführung ist dabei, daß Endnoten vorhanden sind, ansonsten wird ein Fehler ausgelöst.

EntfernenPosRahmen   *Löscht alle Positionsrahmen im markierten Bereich.*

Gruppe: Rahmenlinien und Positionsrahmen   WordBASIC Befehl

Syntax:
EntfernenPosRahmen

Beschreibung:

Der Aufruf dieses Befehls löscht alle Positionsrahmen im markierten Bereich, ohne dabei den Inhalt der Positionsrahmen zu beeinflussen. Unverändert bleiben auch die Rahmenlinien, die beim Einfügen eines Positionsrahmens automatisch angelegt werden.

Eof()   *Prüft auf das Ende einer Datei.*

Gruppe: BASIC-Befehle und -Funktionen   BASIC Funktion

Syntax:
x = Eof([#]Dateinummer)

Beschreibung:

Beim Zugriff auf sequentielle Dateien, die über den BASIC-Befehl OPEN geöffnet wurden, läßt sich mit Hilfe dieser Funktion das Erreichen des Dateiendes testen.

Funktionsergebnis:

Als Ergebnis liefert diese Funktion:

    0   Wenn der Dateizeiger noch vor dem Dateiende steht.
   -1   Wenn das Dateiende erreicht ist.

Parameter:

Name:	*Bedeutung*
`#Dateinummer`	Die Nummer der Datei, die im Rahmen des OPEN-Befehls angegeben wurde.

Err
Liefert den letzten Fehlercode.

Gruppe: Umgebung   WordBASIC Befehl

Syntax:
```
Err
```

Beschreibung:

Unter den WordBASIC-Befehlen und -Funktionen nimmt Err eine Sonderstellung ein, weil es weder das eine noch das andere darstellt. Statt dessen handelt es sich hier um eine Art globaler numerischer Variable, die durch WinWord automatisch erzeugt und überall verfügbar ist.

In ihr wird der Code des letzten Fehlers aufgezeichnet, der sich während der Ausführung des jeweiligen Makros ereignet hat. Ihn erhält man, indem man Err einer anderen Variablen zuweist oder im Rahmen einer IF-Abfrage abfragt. Der Code 0 steht dabei für "kein Fehler", während alle anderen einen Fehler signalisieren. Die Werte kleiner 1000 stehen dabei für WordBASCI-Fehler, während die übrigen Fehlersituationen in bezug auf die Ausführung eines Befehls innerhalb der WinWord-Oberfläche anzeigen.

Eine komplette Liste der WinWord- und WordBASIC-Fehlermeldungen finden Sie im Anhang dieses Buches.

Error
Löst einen Fehler aus.

Gruppe: Umgebung   WordBASIC Befehl

Syntax:
```
Error Fehlercode
```

Beschreibung:

Programmgesteuert läßt sich mit Hilfe dieses Befehls ein Fehler auslösen, der zum Abbruch der Makroausführung führt. In manchen Fällen - je nach Fehlercode - wird auch eine Fehlermeldung zur Anzeige gebracht.

Parameter:

Name:	*Bedeutung*
`Fehlercode`	Der auszulösende Fehler. Eine Liste der Fehler und Fehlercodes finden Sie im Anhang.

ExtrasAbschnittSchützen
Schaltet den Schutz für einzelne Abschnitte an oder aus.

Gruppe: Extras   WordBASIC Dialogbefehl

Syntax:
```
ExtrasAbschnittSchützen .SperrenAnAus% [, .Abschnitt%]
```

Beschreibung:

Nachdem einem Dokument über den Befehl ExtrasDokumentSchützen ein genereller Formularschutz zugewiesen wurde, läßt sich diese Sperrung mit Hilfe von ExtrasAbschnittSchützen für einzelne Abschnitte separat aufheben.

31 • Makroreferenz

Dialogvariablen:

Name:	Bedeutung
`.SperrenAnAus%`	Bestimmt, ob die Sperre für den jeweiligen Abschnitt aufgehoben oder in Kraft gesetzt werden soll.

    nicht angegeben   Aktuellen Status umschalten.
    0   Sperre aufheben.
    1   Sperre einschalten.

`.Abschnitt%`   Die Nummer des Abschnitts, auf den der Befehl einwirken soll. Innerhalb eines Dokuments werden die verschiedenen Abschnitte fortlaufend numeriert. Der Wert 1 steht für den ersten Abschnitt, 2 für den zweiten usw.

ExtrasAnpassen

Aktiviert das Dialogfeld Anpassen und die angegebene Registerkarte.

Gruppe: Anpassung durch den Benutzer   WordBASIC Dialogbefehl

Syntax:
```
ExtrasAnpassen [.Registerkarte%]
```

Beschreibung:

Der Aufruf dieses Befehls bringt eine der Registerkarten im Dialogfenster des Anpassen-Befehls aus dem Extras-Menü zum Vorschein. Der Anwender kann daraufhin Eingaben in diesem Dialogfenster vornehmen.

Dialogvariablen:

Name:	Bedeutung
`.Registerkarte%`	Die Registerkarte, die dem Anwender bei der Anzeige des Dialogfensters präsentiert wird.

    0   Symbolleisten
    1   Menüs
    2   Tastatur

ExtrasAnpassenMenü

Verändert die Menüzuweisungen für AutoText-Einträge, Befehle, Formatvorlagen, Makros und Schriftarten.

Gruppe: Anpassung durch den Benutzer   WordBASIC Dialogbefehl

Syntax:
```
ExtrasAnpassenMenü [.MenüArt%] [, .Position%] [, .Kategorie%] [, .Name$]
[, .Menü$] [, .AmEndeZufügen$] [, .MenüText$] <, .Umbenennen> <, .Hinzufügen>
<, .Entfernen> <, .VorgabeAlle> [, .BefehlWert$] [, .Kontext%]
```

Beschreibung:

Dieser Befehl dient als Pendant zur Registerkarte "Menüs" im Dialogfenster des Anpassen-Befehls aus dem Extras-Menü. Mit seiner Hilfe kann auf die Menüstruktur von WinWord Einfluß genommen werden.

Dialogvariablen:

Name:	Bedeutung
`.MenüArt%`	Art des Menüs, auf das der Befehl einwirken soll:

	0 oder nicht angegeben	Die Menüs der Menüleiste, die erscheinen, sobald mindestens ein Dokumentfenster geöffnet ist.
	1	Die Menüs der Menüleiste, die erscheinen, so lange noch kein Dokumentfenster geöffnet ist.
	2	Eines der Kontextmenüs.
`.Position%`	Die Position innerhalb des Menüs, an der der neue Menüeintrag eingefügt oder ein bereits bestehender gelöscht werden soll.	
	-1 oder nicht angegeben	Word wählt die beste Position automatisch.
	-2	Am Ende des Menüs.
	x	An der Position x, wobei 1 für die erste, 2 für die zweite Position steht usw. Trennlinien werden dabei jeweils als ein Menüeintrag gezählt. Ist x größer als die Anzahl der Menüs, wird das neue Menü am Ende angehängt.
`.Kategorie%`	Art des Elements, das dem Menü zugewiesen werden soll.	
	1 oder nicht angegeben	Einer der eingebauten Befehle.
	2	Makros.
	3	Schriftarten.
	4	AutoText-Einträge.
	5	Formatvorlagen.
`.Name$`	Name des Elements, das dem Menü hinzugefügt oder ent-fernt werden soll. Für eine Trennlinie müssen Sie den String "(Trennlinie)" angeben.	
`.Menü$`	Der Name des zu ändernden Menüs, wie er im Listenfeld "Menü ändern" angezeigt wird. Der &-Zeichen im Menünamen für die Kurzwahltaste muß dabei nicht angegeben werden.	
`.AmEndeZufügen$`	Der Name des Menüeintrags, an den der neue Eintrag anschließen soll. Von seiner Wirkung her entspricht diese Dialogvariable der Dialogvariablen ".Position". Werden beide angegeben, hat ".AmEndeZufügen" Vorrang.	
`.MenüText$`	Der Text, der für den neuen Menüeintrag in seinem Menü erscheinen soll. Innerhalb des Strings muß der Kurzwahltaste ein &-Zeichen vorausgehen, sofern eine solche gewünscht wird.	
`.BefehlWert$`	Eine numerischer Code für Menübefehle, die nicht durch Text bezeichnet werden können, weil sie eine Grafik oder eine Farbe darstellen.	
`.Kontext%`	Bestimmt die Ablage des neuen Menübefehls.	
	0 oder nicht angegeben	In der globalen Dokumentvorlage "Normal.Dot"
	1	In der Dokumentvorlage des aktuellen Dokuments.

Schaltflächen:

Name:	Aufgabe
`.Umbenennen`	Ersetzt das durch die Dialogvariablen .Menü und .Name verkörperte Menüelement durch das in der Dialogvariablen .Menütext genannte.
`.Hinzufügen`	Fügt das angegebene Menüelement dem genannten Menü hinzu.
`.Entfernen`	Entfernt das angegebene Menüelement.
`.VorgabeAlle`	Setzt die Einträge in dem gewählten Menü auf ihre Vorgabe zurück und negiert damit alle vom Anwender getätigten Veränderungen.

ExtrasAnpassenMenüleiste

Entfernen, Hinzufügen und Umbenennen von Menüs aus der Menüleiste.

Gruppe: Anpassung durch den Benutzer WordBASIC Dialogbefehl

Syntax:
ExtrasAnpassenMenüleiste [.Kontext%] [, .Position%] [, .MenüArt%]
[, .MenüText$] [, .Menü$] <, .Hinzufügen> <, .Entfernen> <, .Umbenennen>

Beschreibung:
Dieser Befehl dient als Pendant zu den Optionen im Dialogfeld "Menüleiste anpassen" auf der Registerkarte "Menüs" im Dialogfenster des Anpassen-Befehls aus dem Extras-Menü. Mit seiner Hilfe kann auf den Aufbau der Menüleiste von WinWord Einfluß genommen werden.

Dialogvariablen:

Name:	Bedeutung
.Kontext%	Bestimmt die Dokumentvorlage, in der die Veränderung gespeichert wird und damit auch, ob sie automatisch beim Start von Word für Windows zum Tragen kommt.

    0 oder nicht angegeben   In der globalen Dokumentvorlage "Normal.Dot".
    1   In der Dokumentvorlage des aktuellen Dokuments.

.Position%	Bestimmt das Menü, auf das der Befehl angewandt werden soll, anhand seiner Position in der Menüleiste.

    -1   An das letzte Menü anhängen.
    X   Das x-te Menü von links. 1 steht für das erste Menü, 2 für das zweite usw.

.MenüArt%	Bestimmt die Menüleiste, die verändert werden soll.

    0 oder nicht angegeben   Die Menüleiste, die erscheint, nachdem zumindest ein Dokument geöffnet ist.
    1   Die Menüleiste, die erscheint, solange noch kein Dokument geöffnet ist.

.MenüText$	Der neue Name des Menüs, der ein &-Zeichen für die Markierung einer Kurzwahltaste enthalten darf. Diese Dialogvariable wird nur beim Hinzufügen und Umbenennen von Menüs benötigt.
.Menü$	Der Name des zu ändernden Menüs, wobei das &-Zeichen für die Kurzwahltaste nicht mit angegeben werden muß. Diese Dialogvariable muß nur beim Entfernen und Umbenennen von Menüs angegeben werden.

Schaltflächen:

Name:	Aufgabe
.Hinzufügen	Das in der Dialogvariable .Menü angegebene Menü wird der Menüleiste hinzugefügt.
.Entfernen	Das in der Dialogvariable .Menü angegebene Menü wird aus der Menüleiste entfernt.
.Umbenennen	Das in der Dialogvariablen .Menü genannte Menü wird umbenannt und mit dem Namen versehen, der in der Dialogvariable .MenüText verzeichnet ist.

ExtrasAnpassenTastatur
Definiert Kurzwahltasten für Makros, Schriftarten, AutoText-Einträge und Formatvorlagen oder löscht sie wieder.

Gruppe: Anpassung durch den Benutzer   WordBASIC Dialogbefehl

Syntax:
ExtrasAnpassenTastatur [.TastenSchlüssel%] [, .TastenSchlüssel2%]
[, .Kategorie%] [, .Name$] <, .Hinzufügen> <, .Entfernen>
<, .VorgabeAlles> [, .BefehlWert$] [, .Kontext%]

Beschreibung:
Dieser Befehl dient als Pendant zur Registerkarte "Tastatur" im Dialogfenster des Anpassen-Befehls aus dem Extras-Menü. Mit seiner Hilfe können Kurzwahltasten für Makros, Schriftarten, AutoText-Einträge und Formatvorlagen festgelegt werden.

Dialogvariablen:

Name:	Bedeutung
`.TastenSchlüssel%`	Der Code für die Kurzwahltaste. Die folgende Tabelle listet die verschiedenen Tasten und ihre Codes auf. Soll die jeweilige Taste in Verbindung mit einer Umschalttaste betätigt werden, muß zum Tastencode ein konstanter Wert addiert werden, und zwar 256 für die <STRG>-Taste, 512 für die <Umschalt>-Taste und 1024 für die <Alt>-Taste.

8	Rücktaste (Backspace)
9	Tab
12	5 auf der Zehnertastatur, wenn NUM-Lock ausgeschaltet ist.
13	Eingabetaste (Return)
19	Pause
27	Escape
32	Leertaste
33	Bild-auf (Page Up)
34	Bild-ab (Page Down)
35	Ende
36	Pos1 (Home)
45	Einfügen (Insert)
46	Entfernen (Delete)
48	0
49	1
50	2
51	3
52	4
53	5
54	6
55	7
56	8
57	9
65	A
66	B
67	C
68	D
69	E
70	F

71	G
72	H
73	I
74	J
75	K
76	L
77	M
78	N
79	O
80	P
81	Q
82	R
83	S
84	T
85	U
86	V
87	W
88	X
89	Y
90	Z
96	0 auf der Zehnertastatur
97	1 auf der Zehnertastatur
98	2 auf der Zehnertastatur
99	3 auf der Zehnertastatur
100	4 auf der Zehnertastatur
101	5 auf der Zehnertastatur
102	6 auf der Zehnertastatur
103	7 auf der Zehnertastatur
104	8 auf der Zehnertastatur
105	9 auf der Zehnertastatur
106	* auf der Zehnertastatur
107	+ auf der Zehnertastatur
109	- auf der Zehnertastatur
110	. auf der Zehnertastatur
111	/ auf der Zehnertastatur
112	F1
113	F2
114	F3
115	F4
116	F5
117	F6
118	F7
119	F8
120	F9
121	F10
122	F11
123	F12
145	Rollen (Scroll-Lock)
186	;
187	=
188	,
189	-

	190 .
	191 /
	192 `
	219 [
	220 \
	221]
	222 '
`.TastenSchlüssel2%`	Der Code für die zweite Kurzwahltaste, falls die Kurzwahltaste aus der Folge zweier Tasten bzw. Tastenkombinationen besteht.
`.Kategorie%`	Bestimmt die Art von Element, für das eine Kurzwahltaste definiert werden soll.

1 oder nicht angegeben	Vordefinierte Befehle
2	Makros
3	Schriftarten
4	AutoText-Einträge
5	Formatvorlagen
6	Befehlsschaltflächen

`.Name$`	Der Name des Elements, das mit einer Kurzwahltaste verbunden werden soll.
`.BefehlWert$`	Ein numerischer Code für das Element, falls es sich dabei um eine Grafik handelt.
`.Kontext%`	Definiert die Dokumentvorlage und damit den Kontext, in dem die geänderte Tastenbelegung gespeichert wird.

0 oder nicht angegeben	In der globalen Dokumentvorlage "Normal.Dot".
1	In der Dokumentvorlage des aktuellen Dokuments.

Schaltflächen:

Name:	Aufgabe
`.Hinzufügen`	Verbindet das angegebene Element mit der gewählten Kurzwahltaste.
`.Entfernen`	Löscht die Verbindung zwischen der Kurzwahltaste und dem Element wieder.
`.VorgabeAlles`	Setzt die Einstellungen für alle Kurzwahltasten wieder auf die Vorgabe zurück.

ExtrasAufzählungStandard

Versieht die markierten Absätze mit Aufzählungszeichen und Tabstops und formatiert sie mit einem hängenden Einzug.

Gruppe: Aufzählungen und Numerierung   WordBASIC Befehl

Syntax:

ExtrasAufzählungStandard

Beschreibung:

Dieser Befehl, der den markierten Absätzen Aufzählungszeichen und Tabstops hinzufügt, wurde nur aus Kompatibilitätsgründen mit der WinWord Version 2 beibehalten. Im Gegensatz zu FormatAufzählungStandard als neuen Version dieses Befehls erzeugt ExtrasAufzählungStandard für die Aufzählungszeichen keine SONDZEICHEN-Felder, sondern fügt sie direkt in den Text ein.

ExtrasAutoKorrektur *Bestimmt die Optionen für die AutoKorrektur.*

Gruppe: AutoKorrektur   WordBASIC Dialogbefehl

Syntax:
ExtrasAutoKorrektur [.AnfZeichenTypogr%] [, .AnfangsbuchstabenGroß%]
[, .SatzAnfangGroß%] [, .TextErsetzen%] [, .Formatierung%] [, .Ersetzen$]
[, .Durch$] <, .Hinzufügen> <, .Löschen>

Beschreibung:
Dieser Befehl dient als Pendant zum Dialogfenster des Befehls AutoKorrektur aus dem Extras-Menü.

Dialogvariablen:

Name:	Bedeutung
`.AnfZeichenTypogr%`	Bestimmt, ob WinWord eingegebene Anführungszeichen in typographische Anführungszeichen umwandeln soll.
	0 Nein.
	1 Ja.
`.AnfangsbuchstabenGroß%`	Bestimmt, ob WinWord bei der Eingabe eines Wortes nur den ersten Buchstaben als Großbuchstaben bestehen läßt und alle anderen automatisch klein schaltet.
	0 Nein.
	1 Ja.
`.SatzAnfangGroß%`	Bestimmt, ob der erste Buchstabe am Satzanfang immer als Großbuchstabe erscheinen soll.
	0 Nein.
	1 Ja.
`.TextErsetzen%`	Bestimmt, ob Text automatisch ersetzt werden soll.
	0 Nein.
	1 Ja.
`.Formatierung%`	Bestimmt, ob die Formatierung des Ersetzungstextes mitgespeichert werden soll oder nur der reine Ersetzungstext.
	0 Nur den Text speichern.
	1 Formatierung ebenfalls.
`.Ersetzen$`	Bestimmt den Text, der automatisch durch einen anderen ersetzt werden soll.
`.Durch$`	Bestimmt den Text, der anstelle eines zu ersetzenden Textes in das Dokument eingefügt werden soll.

Schaltflächen:

Name:	Aufgabe
`.Hinzufügen`	Erweitert die Liste der zu ersetzenden Texte durch den in den Dialogvariablen .Ersetzen und .Durch angegebenen (Ersetzungs-) Text.
`.Löschen`	Entfernt den durch die Dialogvariable .Ersetzen angegebenen Text wieder aus der Liste der automatisch zu ersetzenden Texte.

ExtrasAutoKorrekturAnfangsbuchstabenGroß

Stellt die AutoKorrektur-Option zur Vermeidung mehrerer Großbuchstaben am Wortanfang ein.

Gruppe: AutoKorrektur　　　　　　　　　　　　　　　　　WordBASIC Befehl

Syntax:
ExtrasAutoKorrekturAnfangsbuchstabenGroß AnAus

Beschreibung:
Eine der Funktionen der AutoKorrektur - die automatische Umschaltung mehrerer Großbuchstaben am Anfang eines Wortes - läßt sich mit Hilfe dieses Befehls einstellen.

Parameter:

Name:	Bedeutung
AnAus	Bestimmt, ob die Option an- oder ausgeschaltet werden soll.
	nicht angegeben　Schaltet den aktuellen Status um.
	0　Schaltet die Option aus.
	1　Schaltet die Option an.

ExtrasAutoKorrekturAnfangsbuchstabenGroß()

Fragt die AutoKorrektur-Option zur Vermeidung mehrerer Großbuchstaben am Wortanfang ab.

Gruppe: AutoKorrektur　　　　　　　　　　　　　　　　　WordBASIC Funktion

Syntax:
ExtrasAutoKorrekturAnfangsbuchstabenGroß()

Beschreibung:
Mit Hilfe dieser Funktion läßt sich eine der Funktionen der AutoKorrektur - die automatische Umschaltung mehrerer Großbuchstaben am Anfang eines Wortes - abfragen.

ExtrasAutoKorrekturAnfZeichenTypogr

Stellt die AutoKorrektur-Option zur Umwandlung von Anführungszeichen in typographische Anführungszeichen ein.

Gruppe: AutoKorrektur　　　　　　　　　　　　　　　　　WordBASIC Befehl

Syntax:
ExtrasAutoKorrekturAnfZeichenTypogr [AnAus]

Beschreibung:
Eine der Funktionen der AutoKorrektur - die automatische Umwandlung von Anführungszeichen in typographische Anführungszeichen - läßt sich mit Hilfe dieses Befehls einstellen.

Parameter:

Name: *Bedeutung*

AnAus Bestimmt, ob die Option ein- oder ausgeschaltet werden soll.

  nicht angegeben Schaltet den aktuellen Status um.
  0 Schaltet die Option aus.
  1 Schaltet die Option an.

ExtrasAutoKorrekturAnfZeichenTypogr()
Fragt die AutoKorrektur-Option zur Umwandlung von Anführungszeichen in typographische Anführungszeichen ab.

Gruppe: AutoKorrektur WordBASIC Funktion

Syntax:

```
x = ExtrasAutoKorrekturAnfZeichenTypogr()
```

Beschreibung:

Eine der Funktionen der AutoKorrektur - die automatische Umwandlung von Anführungszeichen in typographische Anführungszeichen - läßt sich mit Hilfe dieser Funktion abfragen.

Funktionsergebnis:

Als Ergebnis liefert diese Funktion:

  0 Wenn die Option ausgeschaltet ist.
  -1 Wenn die Option angschaltet ist.

ExtrasAutoKorrekturSatzanfangGroß
Schaltet die AutoKorrektur-Option zur Umwandlung des ersten Buchstabens in einem Satz in einen Großbuchstaben ein oder aus.

Gruppe: AutoKorrektur WordBASIC Befehl

Syntax:

```
ExtrasAutoKorrekturSatzanfangGroß [AnAus]
```

Beschreibung:

Eine der Funktionen der AutoKorrektur - die automatische Umwandlung des ersten Buchstabens in einem Satz in einen Großbuchstaben - läßt sich mit Hilfe dieses Befehls einstellen.

Parameter:

Name: *Bedeutung*

AnAus Bestimmt, ob die Option an- oder ausgeschaltet werden soll.

  nicht angegeben Schaltet den aktuellen Status um.
  0 Schaltet die Option aus.
  1 Schaltet die Option an.

ExtrasAutoKorrekturSatzanfangGroß()

Fragt die AutoKorrektur-Option zur Umwandlung des ersten Buchstabens in einem Satz in einen Großbuchstaben ab.

Gruppe: AutoKorrektur   WordBASIC Funktion

Syntax:

`x = ExtrasAutoKorrekturSatzanfangGroß()`

Beschreibung:

Eine der Funktionen der AutoKorrektur - die automatische Umwandlung des ersten Buchstabens in einem Satz in einen Großbuchstaben - läßt sich mit Hilfe dieser Funktion abfragen.

Funktionsergebnis:

Als Ergebnis liefert diese Funktion:

0	Wenn die Option ausgeschaltet ist.
-1	Wenn die Option angeschaltet ist.

ExtrasAutoKorrekturTextErsetzen

Schaltet die AutoKorrektur-Option zur automatischen Umwandlung von Ersetzungstexten ein oder aus.

Gruppe: AutoKorrektur   WordBASIC Befehl

Syntax:

`ExtrasAutoKorrekturTextErsetzen [AnAus]`

Beschreibung:

Eine der Funktionen der AutoKorrektur - die automatische Umwandlung von Ersetzungstext - läßt sich mit Hilfe dieses Befehls einstellen.

Parameter:

Name:	Bedeutung	
AnAus	Bestimmt, ob die Option an- oder ausgeschaltet werden soll.	
	nicht angegeben	Aktuellen Status umschalten.
	0	Option ausschalten.
	1	Option anschalten.

ExtrasAutoKorrekturTextErsetzen()

Fragt die AutoKorrektur-Option zur automatischen Umwandlung von Ersetzungstexten ab.

Gruppe: AutoKorrektur   WordBASIC Funktion

Syntax:

`x = ExtrasAutoKorrekturTextErsetzen()`

Beschreibung:

Eine der Funktionen der AutoKorrektur - die automatische Umwandlung von Ersetzungstext - läßt sich mit Hilfe dieser Funktion abfragen.

Funktionsergebnis:

Als Ergebnis liefert diese Funktion:

    0   Wenn die Option ausgeschaltet ist.
   -1   Wenn die Option angeschaltet ist.

ExtrasBerechnen

Berechnet einen mathematischen Ausdruck und letgt dessen Ergebnis in der Zwischenablage ab.

Gruppe: Extras   WordBASIC Befehl

Syntax:

```
ExtrasBerechnen
```

Beschreibung:

Dieser Befehl betrachtet die Markierung im aktuellen Dokument als eine mathematische Formel, die er auswertet und deren numerisches Ergebnis er in der Zwischenablage ablegt. Von dort kann sie in den Text eingefügt werden.

ExtrasBerechnen()

Berechnet einen mathematischen Ausdruck und liefert dessen Ergebnis.

Gruppe: Extras   WordBASIC Funktion

Syntax:

```
x = ExtrasBerechnen([Ausdruck$])
```

Beschreibung:

Diese Funktion betrachtet die Markierung oder den ihr übergebenen String als eine mathematische Formel, die sie auswertet und deren numerisches Ergebnis sie als Funktionsergebnis zurückliefert.

Funktionsergebnis:

Das Resultat der ausgewerteten Formel.

Parameter:

Name:	*Bedeutung*
Ausdruck$	Der auszuwertende mathematische Ausdruck. Fehlt dieser Parameter, wird die Markierung im aktuellen Dokument als auszuwertende Formel herangezogen.

ExtrasBriefumschlagErstellen

Fertigt einen Briefumschlag an, der zusammen mit dem aktiven Dokument gedruckt wird.

Gruppe: Extras   WordBASIC Dialogbefehl

Syntax:

```
ExtrasBriefumschlagErstellen [.AdresseSuchen%] [, .EmpfAdresse$]
[, .BriefumschlagOhneAbsAdresse%] [, .BriefumschlagAbsAdresse$]
[, .BriefumschlagBreite%$] [, .BriefumschlagHöhe%$]
[, .Briefumschlaggröße%] [, .UmschlagSchachtBenutzen%] [, .AdrVonLinks%$]
[, .AdrVonOben%$] [, .AbsenderVonLinks%$] [, .AbsenderVonOben%$]
<, .DruckenBriefumschlagEtikett> <, .HinzufügenZuDocument>
```

Beschreibung:
Dieser Befehl dient als Pendant der Registerkarte "Umschläge" im Dialogfenster des Befehls Umschläge und Etiketten aus dem Extras-Menü. Mit seiner Hilfe können die Einstellungen für einen Briefumschlag getroffen werden, der zusammen mit dem aktuellen Dokument ausgedruckt werden soll.

Dialogvariablen:

Name:	Bedeutung
`.AdresseSuchen%`	Bestimmt, woher die Empfängeradresse bezogen wird.
	0 Die Empfängeradresse ist in der Dialogvariable .EmpfAdresse verzeichnet.
	1 Der Anwender hat eine Textmarke mit dem Namen "BriefumschlagAdresse" definiert, dem die Empfänger-Adresse entnommen wird.
`.EmpfAdresse$`	Die Adresse des Empfängers, sofern sie nicht aus der Textmarke "BriefumschlagAdresse" bezogen wird.
`.BriefumschlagOhneAbsAdresse%`	Bestimmt, ob der Briefumschlag mit einer Absenderadresse versehen wird.
	0 Mit Absenderadresse.
	1 Ohne Absenderadresse.
`.BriefumschlagAbsAdresse$`	Die Adresse des Absenders.
`.BriefumschlagBreite%$`	Die Breite des Briefumschlags.
`.BriefumschlagHöhe%$`	Die Höhe des Briefumschlags.
`.Briefumschlaggröße%`	Dieser Parameter muß angegeben werden, wenn die Größe des Briefumschlags nicht individuell über die Dialogvariablen .Breite und .Höhe eingestellt, sondern statt dessen eine der Vorgaben aus dem Dialogfeld "Umschlagformat" gewählt werden soll. In diesem Fall bestimmt diese Dialogvariable den Listeneintrag und damit das Format des Briefumschlags, wobei 1 für den ersten Listeneintrag, 2 für den zweiten steht usw.
`.UmschlagSchachtBenutzen%`	Definiert den Einzugsschacht für den Ausdruck des Briefumschlags. 0 steht für den ersten Schacht, zwei für den zweiten usw.
`.AdrVonLinks%$`	Abstand der Empfängeradresse vom linken Rand des Briefumschlags.
`.AdrVonOben%$`	Abstand der Empfängeradresse vom oberen Rand des Briefumschlags.
`.AbsenderVonLinks%$`	Abstand der Absenderadresse vom linken Rand des Briefumschlags.
`.AbsenderVonOben%$`	Abstand der Absenderadresse vom oberen Rand des Briefumschlags.

Schaltflächen:

Name:	Aufgabe
`.DruckenBriefumschlagEtikett`	Druckt den Briefumschlag aus.
`.HinzufügenZuDokument`	Erweitert das aktuelle Dokument um einen Abschnitt mit der Adresse des Absenders und des Empfängers, den es an den Anfang des Dokuments stellt.

ExtrasDatensatzHinzufügen
Fügt einen leeren Datensatz am Ende einer Datenquelle hinzu.

Gruppe: Seriendruck   WordBASIC Befehl

Syntax:
ExtrasDatensatzHinzufügen

Beschreibung:

Innerhalb von Dokumenten, die als Quelle für einen Seriendruck gekennzeichnet sind, fügt WinWord am Ende des Dokuments einen leeren Datensatz hinzu.

ExtrasDatensatzLöschen
Löscht den Datensatz, auf dem sich die Einfügemarke befindet.

Gruppe: Seriendruck   WordBASIC Befehl

Syntax:
ExtrasDatensatzLöschen

Beschreibung:

Innerhalb eines Dokuments, die als Quelle für einen Seriendruck gekennzeichnet sind, löscht WinWord bei Aufruf dieses Befehls den Datensatz, in dem sich die Einfügemarke befindet.

ExtrasDokumentschutzAufheben
Entfernt den Schutz eines Dokuments.

Gruppe: Extras   WordBASIC Dialogbefehl

Syntax:
ExtrasDokumentschutzAufheben [.DokumentKennwort$]

Beschreibung:

Durch den Aufruf dieses Befehls kann ein zuvor verhängter Schutz des aktuellen Dokuments wieder aufgehoben werden. Voraussetzung ist allerdings, daß das Dokument tatsächlich geschützt war, denn sonst wird ein Fehler ausgelöst.

Dialogvariablen:

Name:	Bedeutung
.DokumentKennwort$	Das Kennwort, sofern ein solches beim Schützen des Dokuments angegeben wurde. Es erscheint ein Dialogfenster, in dem der Anwender um die Eingabe des Kennworts gebeten wird, wenn ein solches Kennwort definiert ist, diese Dialogvariable beim Befehlsaufruf weggelassen wird.

ExtrasDokumentSchützen
Schützt das Dokument vor Änderungen.

Gruppe: Extras   WordBASIC Dialogbefehl

Syntax:
ExtrasDokumentSchützen [.DokumentKennwort$] [, KeineVorgabe] [, .Art%]

Beschreibung:

Mit Hilfe dieses Befehls kann über das aktuelle Dokument ein Schutz verhängt werden, der es anderen Anwendern ganz oder partiell verbietet, Änderungen an dem Dokument vorzunehmen. Voraussetzung ist allerdings, daß das Dokument nicht schon geschützt ist, denn sonst löst der Aufruf dieses Befehls einen Fehler aus.

Dialogvariablen:

Name:	*Bedeutung*
`.DokumentKennwort$`	Ein Kennwort, das später beim Aufheben des Schutzes als Legitimation des Anwenders angegeben werden muß.
`.Art%`	Bestimmt die Art des Schutzes und damit die Zugriffsmöglichkeiten, die einem Bearbeiter des Dokuments noch eingeräumt werden.
	0 oder nicht angegeben Ein Bearbeiter kann Änderungen vornehmen, diese werden jedoch mittels Korrekturmarkierungen festgehalten.
	1 Bearbeiter können nur Anmerkungen hinzufügen.
	2 Lediglich der Inhalt von Formularfeldern darf geändert werden.

ExtrasEtikettenErstellen

Fertigt ein Etikett an oder druckt einen Etikettenbogen aus.

Gruppe: Extras   WordBASIC Dialogbefehl

Syntax:

```
ExtrasEtikettenErstellen <.AdresseSuchen> [, .EtikettListenIndex%]
[, .EtikettIndex%] [, .EtikettDotMatrix%] [, .EtikettSchacht%]
[, .EtikettenNebeneinander$] [, .EtikettenUntereinander%]
[, .EinzelEtikett%] [, .EtikettZeile%] [, .EtikettSpalte%]
[, .EtikettAutoText$] [, .EtikettText$] <, .DruckenBriefumschlagEtikett>
<, .HinzufügenZuDokument> [, .EtikettRandOben%$] [, .EtikettRandSeite%$]
[, .EtikettVertAbstand%$] [, .EtikettHorizAbstand%$] [, .EtikettHöhe%$]
[, .EtikettBreite%$]
```

Beschreibung:

Dieser Dialogbefehl dient als Pendant zur Registerkarte "Etiketten" im Dialogfenster des Befehls Umschläge und Etiketten aus dem Extras-Menü. Mit seiner Hilfe können komplette Etikettenbögen, aber auch einzelne Etiketten gedruckt oder als Dokument angelegt werden.

Dialogvariablen:

Name:	*Bedeutung*
`.EtikettListenIndex%`	Mit dieser Dialogvariable wird die Art der Etiketten gemäß den Einträgen in dem Dialogfeld "Etikettenmarke" bestimmt. Der Wert 0 steht dabei für den ersten Listeneintrag, 1 für den zweiten usw.
`.EtikettIndex%`	Wählt eine der Einträge aus dem Listenfeld "Bestellnummer" aus. 0 steht für den ersten Listeneintrag, 1 für den zweiten usw.
`.EtikettDotMatrix%`	Spiegelt die Art des verwendeten Druckers wieder.
	0 Laserdrucker.
	1 Nadeldrucker.
`.EtikettSchacht%`	Bestimmt den Schacht in Form eines der Listeneinträge aus dem Dialogfeld "Schacht". 0 steht für den ersten Eintrag, 1 für den zweiten usw.
	Diese Dialogvariable muß nur angegeben werden, wenn für .EtikettDotMatrix 0 angegeben wurde.
`.EtikettenNebeneinander$`	Bestimmt die Anzahl der nebeneinander zu druckenden Etiketten pro Druckseite. Diese Dialogvariable muß nur angegeben werden, wenn nicht mit einem vordefinierten Etikettenformat gearbeitet werden soll.

`.EtikettenUntereinander%`	Bestimmt die Anzahl der untereinander zu druckenden Etiketten pro Druckseite.
`.EinzelEtikett%`	Wird für diese Dialogvariable der Wert 1 übergeben, wird nur eine einzelne Etikette ausgedruckt, deren Position auf der Druckseite durch die Dialogvariablen .EtikettZeile und .EtikettSpalte bestimmt werden.
`.EtikettZeile%`	Bestimmt die Zeile, in der sich eine einzeln zu druckende Etikette auf der Druckseite befindet.
`.EtikettSpalte%`	Bestimmt die Zeile, in der sich eine einzeln zu druckende Etikette innerhalb ihrer Druckseite befindet.
`.EtikettAutoText$`	Der Name eines AutoText-Eintrags, der den Text enthält, der innerhalb der Etiketten erscheinen soll.
`.EtikettText$`	Der auf den Etiketten zu druckende Text, falls über die Dialogvariable .EtikettAutoText kein AutoText-Eintrag als Text gewählt wurde.
`.EtikettRandOben%$`	Die Breite des oberen Seitenrandes auf dem Etikettenbogen.
	Diese Dialogvariable muß nur angegeben werden, wenn nicht mit einem vordefinierten Etikettenformat gearbeitet werden soll.
`.EtikettRandSeite%$`	Die Breite der Seitenränder auf dem Etikettenbogen.
	Diese Dialogvariable muß nur angegeben werden, wenn nicht mit einem vordefinierten Etikettenformat gearbeitet werden soll.
`.EtikettVertAbstand%$`	Der vertikale Abstand zwischen den verschiedenen Etiketten auf dem Etikettenbogen.
	Diese Dialogvariable muß nur angegeben werden, wenn nicht mit einem vordefinierten Etikettenformat gearbeitet werden soll.
`.EtikettHorizAbstand%$`	Der horizontale Abstand zwischen den verschiedenen Etiketten auf dem Etikettenbogen.
	Diese Dialogvariable muß nur angegeben werden, wenn nicht mit einem vordefinierten Etikettenformat gearbeitet werden soll.
`.EtikettHöhe%$`	Die Höhe einer Etikette.
	Diese Dialogvariable muß nur angegeben werden, wenn nicht mit einem vordefinierten Etikettenformat gearbeitet werden soll.
`.EtikettBreite%$`	Die Breite einer Etikette.
	Diese Dialogvariable muß nur angegeben werden, wenn nicht mit einem vordefinierten Etikettenformat gearbeitet werden soll.

Schaltflächen:

Name:	Aufgabe
`.AdresseSuchen`	Bestimmt, woher die Empfängeradresse bezogen wird.
`.DruckenBriefumschlagEtikett`	Startet den Ausdruck der Etiketten.
`.HinzufügenZuDokument`	Druckt die Etiketten nicht aus, sondern legt statt dessen ein Dokument mit den Etiketten an, das manuell ausgedruckt werden kann.

ExtrasFeldManager

Hilft bei der Verwaltung von Feldern in der Daten- oder Steuersatzquelle eines Seriendrucks.

Gruppe: Seriendruck   WordBASIC Dialogbefehl

Syntax:
```
ExtrasFeldManager [.FeldName$] <, .Hinzufügen> <, .Entfernen> <, .Umbenennen>
[, .NeuerName$]
```

Beschreibung:
Während der Erstellung eines Serienbriefes lassen sich mit Hilfe dieses Befehls neue Felder in eine Daten- oder Steuersatzquelle einfügen, sowie bestehende löschen oder umbenennen. Voraussetzung ist allerdings, daß es sich bei dem ersten Dokument tatsächlich um eine Daten- oder Steuersatzquelle handelt, in deren erster Zeile die Feldnamen aufgeführt sind. Ist dies nicht der Fall, löst der Aufruf dieses Befehls einen Fehler aus.

Dialogvariablen:

Name:	Bedeutung
`.FeldName$`	Der Name des Feldes, an das sich der Befehlsaufruf wendet.
`.NeuerName$`	Der neue Name für das Feld aus der Tabelle, wenn die Schaltfläche .Umbenennen angegeben wird.

Schaltflächen:

Name:	Aufgabe
`.Hinzufügen`	Das angegebene Feld wird der Tabelle hinzugefügt.
`.Entfernen`	Das angegebene Feld wird aus der Tabelle entfernt.
`.Umbenennen`	Das angegebene Feld wird umbenannt. In diesem Fall muß die Dialogvariable .NeuerName angegeben werden.

ExtrasGrammatik

Startet die Grammatikprüfung.

Gruppe: Editierhilfen   WordBASIC Befehl

Syntax:
```
ExtrasGrammatik
```

Beschreibung:
Dieser Befehl steht derzeit nur für einige Fremdsprachen, nicht aber für Deutsch zur Verfügung.

ExtrasGrammatikStatistikDatenfeld

Macht Informationen über die Grammatikprüfung verfügbar.

Gruppe: Editierhilfen   WordBASIC Befehl

Syntax:
```
ExtrasGrammatikStatistikDatenfeld ZweidimensionalesArray$()
```

Beschreibung:
Der Aufruf dieses Befehls startet die Grammatikprüfung, in deren Verlauf die dabei gewonnenen statistischen Informationen in ein zweidimensionales Array eingetragen werden.

Parameter:

Name:	Bedeutung
`ZweidimensionalesArray$()`	In diesem Array werden die bei der Grammatikprüfung gewonnenen Informationen in Form von Strings abgelegt.

ExtrasGrößeAnpassen

Verkleinert die Schriftgröße eines Dokuments soweit, daß eine Seite weniger benötigt wird.

Gruppe: Extras   WordBASIC Befehl

Syntax:

```
ExtrasGrößeAnpassen
```

Beschreibung:

Beinhaltet die letzte Seite eines Dokuments nur wenige Zeilen, kann mit Hilfe dieses Befehls der Versuch unternommen werden, die Schrift innerhalb des Dokuments so weit zu verkleinern, daß diese überschüssigen Zeilen noch in die vorhergehende Seite passen.

ExtrasMakro

Ausführen, Löschen, Bearbeiten und Umbenennen von Makros.

Gruppe: Makros   WordBASIC Dialogbefehl

Syntax:

```
ExtrasMakro .Name$ [, .Anzeigen%] [, .Beschreibung$] <, .Ausführen>
<, .Bearbeiten> <, .Löschen> <, .Umbenennen> [, .NeuerName$]
<, .BeschriftungBestimmen>
```

Beschreibung:

Dieser Dialogbefehl dient als Pendant zum Dialogfenster des Makro-Befehls aus dem Extras-Menü. Seine Dialogvariablen entsprechen den Dialogfeldern in diesem Dialogfenster. Mit seiner Hilfe lassen sich Makros Ausführen, Löschen, Bearbeiten und Umbenennen, nicht jedoch aufzeichnen.

Dialogvariablen:

Name:	Bedeutung
`.Name$`	Der Name des Makros, um das es geht.
`.Anzeigen%`	Bestimmt, welche Art von Makros im Dialogfeld "Makros" angezeigt werden sollen.
	0 Die Makros in den geladenen globalen Dokumentvorlagen.
	1 Die Makros aus der globalen Dokumentvorlage "Normal.Dot".
	2 Die Makros, die den WinWord-Befehlen entsprechen.
	3 Die Makros aus der Dokumentvorlage des aktuellen Dokuments, sofern es sich dabei nicht um "Normal.Dot" handelt.
	>3 Die Makros aus allen verbleibenden globalen Dokumentvorlagen.
`.Beschreibung$`	Definiert eine neue Beschreibung für das in .Name gewählte Makro. Die neue Beschreibung wird in der Dialogvariable .BeschriftungBestimmen erwartet.
`.NeuerName$`	Der neue Name für das in .Name angegebene Makro, sofern die Schaltfläche .Umbenennen angegeben wird.

Schaltflächen:

Name:	Aufgabe
`.Ausführen`	Bringt das in .Name angegebene Makro zur Ausführung.
`.Bearbeiten`	Öffnet das in .Name angegebene Makro zur Bearbeitung in einem Makrobearbeitungsfenster.

`.Löschen`	Löscht das in .Name angegebene Makro.
`.Umbenennen`	Verleiht dem in .Name genannten Makro einen neuen Namen, der aus der Dialogvariable .NeuerName bezogen wird.
`.BeschriftungBestimmen`	Stellt die neue Beschreibung des Makros ein, wobei die Beschreibung aus der Dialogvariable .Beschreibung bezogen wird.

ExtrasOptionen

Bringt das Dialogfenster des Optionen-Befehls aus dem Extras-Menü zur Anzeige.

Gruppe: Extras **WordBASIC Dialogbefehl**

Syntax:
`ExtrasOptionen .Registerkarte%`

Beschreibung:
Der Aufruf dieses Befehls konfrontiert den Anwender mit dem Dialogfenster des Optionen-Befehls aus dem Extras-Menü, wobei im Rahmen des Befehlsaufrufs die Registerkarte gewählt werden kann, die dem Anwender präsentiert wird.

Dialogvariablen:

Name:	Bedeutung	
`.Registerkarte%`	Bestimmt die Registerkarte, die angezeigt wird.	
	0	Ansicht
	1	Allgemein
	2	Bearbeiten
	3	Drucken
	4	Speichern
	5	Rechtschreibung
	6	Grammatik
	7	Auto-Format
	8	Überarbeiten
	9	Benutzer-Info
	10	Kompatibilität
	11	Dateiablage

ExtrasOptionenAllgemein

Legt allgemeine Optionen fest.

Gruppe: Extras **WordBASIC Dialogbefehl**

Syntax:
```
ExtrasOptionenAllgemein [.Seitenumbruch%] [, .BlauerBildschirm%]
[, .FehlerSignal%] [, .Effekte3D%] [, .VerknüpfungAktualisieren%]
[, .AlsAnlageSenden%] [, .ZuletztGeöffneteDateien%]
[, .ZuletztGeöffneteDateienAnzahl%] [, .Maße%]
```

Beschreibung:
Dieser Befehl dient als Pendant zur Registerkarte "Allgemein" im Dialogfenster des Optionen-Befehls aus dem Extras-Menü. Die Dialogvariablen des Befehls spiegeln die verschiedenen Dialogfelder innerhalb der Registerkarte wider und erlauben die Einstellung allgemeiner Optionen rund um die Bedienung von WinWord.

Dialogvariablen:

Name:	Bedeutung
.Seitenumbruch%	Wird hier der Wert 1 angegeben, findet der Seitenumbruch im Hintergrund statt.
.BlauerBildschirm%	Wird hier 1 angegeben, erscheint der Text im Dokumentfenster weiß auf blauem Grund.
.FehlerSignal%	Wird hier 1 angegeben, lösen Fehler ein akustisches Warnsignal aus.
.Effekte3D%	Wird hier 1 angegeben, zeigt WinWord in seinen Dialogfenstern 3D-Elemente an.
.VerknüpfungAktualisieren%	Wird hier 1 angegeben, werden Verknüpfungen beim Laden eines Dokuments automatisch aktualisiert.
.AlsAnlageSenden%	Wird hier der Wert 1 angegeben, wird das Dokument beim Senden nicht als Nachrichtentext, sondern als Anlage versandt.
.ZuletztGeöffneteDateien%	Wird hier der Wert 1 angegeben, erscheinen die zuletzt geöffneten Dateien am unteren Rand des Datei-Menüs.
.ZuletztGeöffneteDateienAnzahl%	Bestimmt die Anzahl der zuletzt geöffneten Dateien, die am unteren Rand des Datei-Menüs erscheinen sollen.
.Maße%	Bestimmt das Standardmaß für Maßangaben.
	0 Zoll
	1 Zentimeter
	2 Punkt
	3 Pica

ExtrasOptionenAnsicht
Stellt verschiedene Ansichtsoptionen ein.

Gruppe: Extras   WordBASIC Dialogbefehl

Syntax:

ExtrasOptionenAnsicht [.KonzeptSchriftart%] [, .TextflußImFenster%]
[, .GrafikPlatzhalter%] [, .Feldfunktionen%] [, .Textmarken%]
[, .FeldSchattierung%] [, .Statusleiste%] [, .HRollen%] [, .VRollen%]
[, .BreiteFVAnzeige%$] [, .TabStops%] [, .Leerzeichen%] [, .Absatz%]
[, .Bindestriche%] [, .Verborgen%] [, .AlleAnzeigen%] [, .Zeichnungen%]
[, .VerankerungsPunkte%] [, .TextBegrenzung%] [, .VLineal%]

Beschreibung:

Durch den Aufruf dieses Befehls lassen sich eine ganze Reihe von Ansichtsoptionen einstellen, die sich zum größten Teil auf der Registerkarte "Ansicht" im Dialogfenster des Optionen-Befehls aus dem Extras-Menü wiederfinden.

Dialogvariablen:

Name:	Bedeutung
.KonzeptSchriftart%	Wird hier der Wert 1 angegeben, werden alle Texte innerhalb des Dokuments in einer einheitlichen Schriftart angezeigt. Dort, wo abweichende Zeichenformatierungen vorliegen, werden diese durch Unterstreichen kenntlich gemacht.
.TextflußImFenster%	Wird hier der Wert 1 angegeben, wird der Text im Dokumentfenster umbrochen.

.GrafikPlatzhalter%	Wird hier der Wert 1 angegeben, werden Grafiken innerhalb des Dokuments nicht angezeigt, sondern lediglich Platzhalter.
.Feldfunktionen%	Wird hier der Wert 1 angegeben, werden Feldfunktionen nicht unsichtbar gemacht, sondern als Teil des Textes angezeigt.
.Textmarken%	Wird hier der Wert 1 angegeben, wird aller Text, der einer Textmarke zugeordnet ist, von eckigen Klammern umgeben, die fett geschaltet sind.
.FeldSchattierung%	Bestimmt, wann Felder mit einer Schattierung versehen werden sollen. 0 Nie. 1 Grundsätzlich. 2 Wenn sie markiert sind.
.Statusleiste%	Bestimmt, ob die Statusleiste angezeigt werden soll. Für diese Option steht der Wert 1.
.HRollen%	Wird hier der Wert 1 angegeben, erscheinen am Fensterrand horizontale Bildlaufleisten.
.VRollen%	Wird hier der Wert 1 angegeben, erscheinen am Fensterrand vertikale Bildlaufleisten.
.BreiteFVAnzeige%$	Bestimmt die Breite der Spalte am linken Rand des Dokumentfensters, in der die Namen der gewählten Formatvorlagen erscheinen. Die zugrundegelegte Einheit lautet dabei Twips.
.TabStops%	Wird hier der Wert 1 angegeben, werden Tabstops angezeigt.
.Leerzeichen%	Wird hier der Wert 1 angegeben, werden Leerzeichen als Sonderzeichen angezeigt.
.Absatz%	Wird hier der Wert 1 angegeben, werden Absatzmarken angezeigt.
.Bindestriche%	Wird hier der Wert 1 angegeben, werden die Bindestriche aus der automatischen Silbentrennung angezeigt, auch wenn sie nicht zum Einsatz kommen.
.Verborgen%	Wird hier der Wert 1 angegeben, wird auch verborgener Text angezeigt.
.AlleAnzeigen%	Wird hier der Wert 1 angegeben, werden alle Arten von Sonderzeichen angezeigt.
.Zeichnungen%	Wird hier der Wert 0 angegeben, werden alle Zeichnungsobjekte ausgeblendet.
.VerankerungsPunkte%	Wird hier der Wert 1 angegeben, werden Verankerungspunkte neben allen Elementen angezeigt, die frei positioniert werden können.
.TextBegrenzung%	Wird hier der Wert 1 angegeben, werden die Textbegrenzungen am Bildschirm angezeigt.
.VLineal%	Wird hier der Wert 1 angegeben, erscheint auf dem Bildschirm das vertikale Lineal.

ExtrasOptionenAutoFormat   *Legt Optionen für die automatische Formatierung fest.*

Gruppe: Extras   WordBASIC Dialogbefehl

Syntax:

```
ExtrasOptionenAutoFormat [.FVSchützen%] <, .EinzugEbeneSchützen>
[, .FVÜberschriftenZuweisen%] [, .FVAufzählZuweisen%]
[, .FVAllenAbsätzenZuweisen%] [, .AbsatzAusrichten%] [, .TabAusrichten%]
[, .LeereAbsätzeAusrichten%] [, .AnführungszeichenErsetzen%]
[, .SymbolErsetzen%] [, .AufzählungszeichenErsetzen%]
```

Beschreibung:
Dieser Befehl dient als Pendant zur Registerkarte "AutoFormat" im Dialogfenster des Optionen-Befehls aus dem Extras-Menü. Die Dialogvariablen des Befehls spiegeln die verschiedenen Dialogfelder innerhalb der Registerkarte wider und erlauben die Einstellung der verschiedenen AutoFormat-Optionen.

Dialogvariablen:

Name:	Bedeutung
`.FVSchützen%`	Wird hier der Wert 1 angegeben, werden die bereits manuell zugewiesenen Formatvorlagen durch AutoFormat nicht verändert, sondern beibehalten.
`.FVÜberschriftenZuweisen%`	Wird hier der Wert 1 angegeben, werden Überschriften die entsprechenden automatischen Formatvorlagen zugewiesen.
`.FVAufzählZuweisen%`	Wird hier der Wert 1 angegeben, werden Aufzählungen automatisch Formatvorlagen zugewiesen.
`.FVAllenAbsätzenZuweisen%`	Wird hier der Wert 1 angegeben, erhalten Absätze automatische Formatvorlagen.
`.AbsatzAusrichten%`	Wird hier der Wert 1 angegeben, werden Textelementen wie Adreßköpfen und Begrüßungen automatisch Formatvorlagen zugewiesen.
`.TabAusrichten%`	Wird hier der Wert 1 angegeben, werden Tabstopps und Leerstellen automatisch eingerichtet.
`.LeereAbsätzeAusrichten%`	Wird hier der Wert 1 angegeben, werden leere Absätze entfernt, die zum Einfügen eines Leerraums zwischen Absätzen eingegeben wurden.
`.AnführungszeichenErsetzen%`	Wird hier der Wert 1 angegeben, werden normale Anführungszeichen durch typographische Anführungszeichen ersetzt.
`.SymbolErsetzen%`	Wird hier der Wert 1 angegeben, werden die Text "(c)", "(r)" und "(tm)" durch die entsprechenden Sonderzeichen aus dem ANSI-Zeichensatz von Windows ersetzt.
`.AufzählungszeichenErsetzen%`	Wird hier der Wert 1 angegeben, werden Aufzählungszeichen durch die Zeichen ersetzt, die zuletzt im Dialogfenster des Befehls Aufzählungen und Numerierungen aus dem Extras-Menü eingestellt wurden.

Schaltflächen:

Name:	Aufgabe
`.EinzugEbeneSchützen`	Wird hier der Wert 1 angegeben, werden bereits vorhandene Einzugsebenen beibehalten.

ExtrasOptionenBearbeiten   *Legt die Optionen zur Bearbeitung eines Dokuments fest.*

Gruppe: Extras   WordBASIC Dialogbefehl

Syntax:

```
ExtrasOptionenBearbeiten [.MarkierungErsetzen%] [, .DragUndDrop%]
[, .AutoWortMarkierung%] [, .EINFGfürEinfügen%] [, .Überschreiben%]
[, .MitLeerzeichenAusschneidenEinfügen%]
[, .GroßbuchstabenAkzentZulassen%] [, .GrafikEditor$]
```

Beschreibung:

Dieser Befehl dient als Pendant zur Registerkarte "Bearbeiten" im Dialogfenster des Optionen-Befehls aus dem Extras-Menü. Die Dialogvariablen des Befehls spiegeln die verschiedenen Dialogfelder innerhalb der Registerkarte wider und erlauben die Einstellung der verschiedenen Optionen in bezug auf die Bearbeitung von Dokumenten.

Dialogvariablen:

Name:	Bedeutung
`.MarkierungErsetzen%`	Wird hier der Wert 1 angegeben, wird markierter Text durch eingegebenen Text ersetzt.
`.DragUndDrop%`	Wird hier der Wert 1 angegeben, unterstützt WinWord das Ziehen und Fallenlassen (Drag&Drop) von Text.
`.AutoWortMarkierung%`	Wird hier der Wert 1 angegeben, markiert WinWord beim Ziehen mit der Maus jeweils das komplette Wort unter der Einfügemarke und nicht nur ein einzelnes Zeichen.
`.EINFGfürEinfügen%`	Wird hier der Wert 1 angegeben, wird der Inhalt der Zwischenablage durch Betätigung der <Einfügen>-Taste in das Dokument eingefügt.
`.Überschreiben%`	Wird hier der Wert 1 angegeben, wird der Text, der der Einfügemarke folgt, durch neu eingegebenen Text ersetzt.
`.MitLeerzeichenAusschneidenEinfügen%`	Wird hier der Wert 1 angegeben, paßt WinWord die Leerzeichen zwischen Worten und Sätzen beim Einfügen und Ausschneiden von Text automatisch an.
`.GroßbuchstabenAkzentZulassen%`	Wird hier der Wert 1 angegeben, schlägt WinWord im Rahmen der Korrekturhilfe vor, Worten in Versalien ein Akzentzeichen anzufügen.
`.GrafikEditor$`	Bestimmt den Namen der Grafikanwendung, mit deren Hilfe Grafiken bearbeitet werden sollen.

ExtrasOptionenBenutzerInfo

Stellt die Benutzer-Informationen ein.

Gruppe: Extras WordBASIC Dialogbefehl

Syntax:

`ExtrasOptionenBenutzerInfo [.Name$] [, .Initialen$] [, .Adresse$]`

Beschreibung:

Dieser Befehl dient als Pendant zur Registerkarte "Benutzer-Info" im Dialogfenster des Optionen-Befehls aus dem Extras-Menü. Die Dialogvariablen des Befehls spiegeln die verschiedenen Dialogfelder innerhalb der Registerkarte wider und erlauben die Einstellung der verschiedenen Informationen über den Benutzer von WinWord.

Dialogvariablen:

Name:	Bedeutung
`.Name$`	Der Name des Benutzers.
`.Initialen$`	Die Initialen des Benutzers.
`.Adresse$`	Die Adresse des Benutzers.

ExtrasOptionenDateiablage *Legt Standardverzeichnisse fest.*

Gruppe: Extras WordBASIC Dialogbefehl

Syntax:

ExtrasOptionenDateiablage .Pfad$, .Einstellung$

Beschreibung:

Dieser Befehl dient als Pendant zur Registerkarte "Dateiablage" im Dialogfenster des Optionen-Befehls aus dem Extras-Menü. Die Dialogvariablen des Befehls spiegeln die verschiedenen Dialogfelder innerhalb der Registerkarte wider und erlauben die Einstellung der verschiedenen Standard-Pfade für die einzelnen WinWord-Komponenten.

Dialogvariablen:

Name:	Bedeutung	
.Pfad$	Der einzustellende Standardpfad. Es muß eine der folgenden Einstellungen angegeben werden.	
	DOC	Der Standard-Pfad für Dokumente.
	PATHPICTURE	Der Standard-Pfad für Grafiken.
	PATHUSER-DOT	Der Standard-Pfad für Benutzervorlagen.
	PATHWORKGROUP-DOT	Der Standard-Pfad für Benutzergruppen-Vorlagen.
	PATHINI	Der Standard-Pfad für INI-Dateien.
	PATHAUTOSAVE	Der Standard-Pfad für automatische Sicherungskopien.
	PATHTOOLS	Der Standard-Pfad für Tools.
	PATHCBT	Der Standard-Pfad für das Lernprogramm.
	PATHSTARTUP-PATH	Das Standard-Pfad für das Arbeitsverzeichnis.
.Einstellung$	Der gewünschte Standard-Pfad für die jeweilige WinWord-Komponente, die über .Pfad gewählt wird.	

ExtrasOptionenDrucken *Legt Druckeroptionen eines Dokuments fest.*

Gruppe: Extras WordBASIC Dialogbefehl

Syntax:

ExtrasOptionenDrucken [.Konzept%] [, .Umgekehrt%]
[, .FelderAktualisieren%] [, .VerknüpfungAktualisieren%] [, .Hintergrund%]
[, .DateiInfo%] [, .FeldfunktionenAnzeigen%] [, .Anmerkungen%]
[, .EinblendenTextVerborgen%] [, .BriefumschlagZufuhr%]
[, .Zeichnungselemente%] [, .FormularDaten%] [, .StandardEinzug$]

Beschreibung:

Dieser Befehl dient als Pendant zur Registerkarte "Drucken" im Dialogfenster des Optionen-Befehls aus dem Extras-Menü. Die Dialogvariablen des Befehls spiegeln die verschiedenen Dialogfelder innerhalb der Registerkarte wider und erlauben die Einstellung der verschiedenen Optionen für den Druck mit Word für Windows.

Dialogvariablen:

Name:	Bedeutung
.Konzept%	Wird hier der Wert 1 angegeben, erfolgt der Ausdruck vollständig in der Konzeptschrift.

`.Umgekehrt%`	Wird hier der Wert 1 angegeben, werden die einzelnen Seiten des Dokuments in umgekehrter Reihenfolge ausgedruckt.
`.FelderAktualisieren%`	Wird hier der Wert 1 angegeben, werden unmittelbar vor dem Start des Ausdrucks noch einmal alle Felder aktualisiert.
`.VerknüpfungAktualisieren%`	Wird hier der Wert 1 angegeben, werden verknüpfte Elemente unmittelbar vor dem Start des Ausdrucks noch einmal aktualisiert.
`.Hintergrund%`	Wird hier der Wert 1 angegeben, erfolgt das Drucken im Hintergrund, so daß weiter Text eingegeben werden kann.
`.DateiInfo%`	Wird hier der Wert 1 angegeben, werden neben dem Dokument auch die Dateiinformationen zum Dokument ausgedruckt.
`.FeldfunktionenAnzeigen%`	Wird hier der Wert 1 angegeben, werden nicht die Feldergebnisse, sondern die Feldfunktionen ausgedruckt.
`.Anmerkungen%`	Wird hier der Wert 1 angegeben, werden die Anmerkungen zusammen mit dem Dokument ausgedruckt.
`.EinblendenTextVerborgen%`	Wird hier der Wert 1 angegeben, wird auch verborgener Text ausgedruckt.
`.BriefumschlagZufuhr%`	Wird hier der Wert 1 angegeben, geht WinWord davon aus, daß am Drucker eine spezielle Zufuhr für Briefumschläge installiert ist.
`.Zeichnungselemente%`	Wird hier der Wert 0 angegeben, werden die Zeichnungselemente innerhalb des Dokuments bei Ausdruck unterdrückt.
`.FormularDaten%`	Wird hier der Wert 1 angegeben, werden beim Ausfüllen eines Formulars nur die Daten ausgedruckt, die der Anwender in den verschiedenen Formularfeldern eingegeben hat.
`.StandardEinzug$`	Bestimmt den Standard-Einzugsschacht für das Drucken.

ExtrasOptionenGrammatik

Legt Optionen zur Grammatik-Prüfung eines Dokuments fest.

Gruppe: Editierhilfen　　　　　　　　　　　　　　　　　　　　WordBASIC Dialogbefehl

Syntax:

`ExtrasOptionenGrammatik [.Optionen%] [, .RechtschreibungPrüfen%]`
`[, .EinblendenDokStatistik%]`

Beschreibung:
Dieser Befehl dient als Pendant zur Registerkarte "Grammatik" im Dialogfenster des Optionen-Befehls aus dem Extras-Menü. Die Dialogvariablen des Befehls spiegeln die verschiedenen Dialogfelder innerhalb der Registerkarte wider und erlauben die Einstellung der verschiedenen Optionen für die grammatikalische Prüfung eines Dokuments, die allerdings in bezug auf deutschen Text nicht möglich ist.

Dialogvariablen:

Name:	Bedeutung
`.Optionen%`	Bestimmt, welcher Satz von Grammatik-Regeln für die grammatikalische Prüfung zugrunde gelegt werden soll.
	0　Alle bekannten Regeln.
	1　Nur die Regeln für Geschäftspost.
	2　Nur die Regeln für private Korrespondenz.

`.RechtschreibungPrüfen%`	Wird hier der Wert 1 angegeben, geht mit der grammatikalischen Prüfung auch eine Rechtschreibprüfung einher.
`.EinblendenDokStatistik%`	Wird hier der Wert 1 angegeben, erscheinen nach Abschluß der grammatikalischen Überprüfung statistische Informationen, die beim Durchlaufen des Textes gesammelt wurden.

ExtrasOptionenKompatibilität

Legt die Einstellungen in bezug auf die Kompatibilität mit anderen Textverarbeitungsprogrammen fest.

Gruppe: Extras   WordBASIC Dialogbefehl

Syntax:
```
ExtrasOptionenKompatibilität [.Produkt$] <, .Standard>
[, .KeinTabHängenderEinzug%] [, .KeinAbstandHochTiefgestellt%]
[, .DruckFarbeSchwarz%] [, .AnschließendeLeerzeichenUmbrechen%]
[, .KeinSpaltenausgleich%] [, .UmwandelnSeriendruckAbbrechen%]
[, .UnterdrückenAbstandVorNachSeitenwechsel%]
[, .UnterdrückenAbstandOben%] [, .OrigWordTabellenRegeln%]
[, .TransparenteMetafiles%]
```

Beschreibung:

Dieser Befehl dient als Pendant zur Registerkarte "Kompatibilität" im Dialogfenster des Optionen-Befehls aus dem Extras-Menü. Die Dialogvariablen des Befehls spiegeln die verschiedenen Dialogfelder innerhalb der Registerkarte wider und erlauben die Einstellung der verschiedenen Optionen in bezug auf die Kompatibilität von Word für Windows mit anderen Textverarbeitungsprogrammen wie WordPerfect oder Word 6.0.

Dialogvariablen:

Name:	Bedeutung
`.Produkt$`	Bestimmt das Textverarbeitungsprogramm, in bezug auf das die Kompatibilitätsoptionen eingestellt werden sollen. Hier muß einer der Einträge angegeben werden, die innerhalb des Dialogfensters im Dialogfeld "Empfohlene Optionen für" erscheint.
`.KeinTabHängenderEinzug%`	Wird hier der Wert 1 angegeben, verzichtet WinWord auf die automatische Anlage eines Tabulators bei der Einrichtung eines hängenden Einzugs für einen Absatz.
`.KeinAbstandHochTiefgestellt%`	Wird hier der Wert 1 angegeben, fügt WinWord für hoch- und tiefgestellte Zeichen keinen zusätzlichen Absatzabstand ein.
`.DruckFarbeSchwarz%`	Wird hier der Wert 1 angegeben, werden Farben auf Druckern, die keine Farben unterstützen, schwarz gedruckt.
`.AnschließendeLeerzeichenUmbrechen%`	Wird hier der Wert 1 angegeben, bricht WinWord Leerzeichen, die am Ende einer Zeile erscheinen, in die nächste Zeile um.
`.KeinSpaltenausgleich%`	Wird hier der Wert 1 angegeben, werden Textspalten über fortlaufenden Abschnittswechseln nicht ausgeglichen.
`.BehandelnSeriendruckZeichen%`	Wird hier der Wert 1 angegeben, interpretiert Zeichen innerhalb von Datenquellen für Serienbriefe, denen ein Backslash vorangeht, richtig.

`.UnterdrückenAbstandVorNachSeitenwechsel%`	Wird hier der Wert 1 angegeben, entfernt WinWord den Leerraum vor oder hinter manuellen Seiten- und Spaltenumbrüchen.
`.UnterdrückenAbstandOben%`	Wird hier der Wert 1 angegeben, entfernt WinWord zusätzlichen Zeilenabstand am oberen Rand einer Seite.
`.OrigWordTabellenRegeln%`	Wird hier der Wert 1 angegeben, werden Tabellenränder wie bei der Mac-Version 5.0 von WinWord kombiniert.
`.TransparenteMetafiles%`	Wird hier der Wert 1 angegeben, bleiben eingebundene Metafiles transparent und verdecken ihren Hintergrund nicht.

Schaltflächen:

Name:	Aufgabe
`.Standard`	Durch Angabe dieser Schaltflächen werden die angegebenen Anzeigeoptionen zur Standardeinstellung für alle Dokumente erhoben, die auf der Dokumentvorlage des aktuellen Dokuments beruhen.

ExtrasOptionenRechtschreibung

Legt Optionen zur Rechtschreibprüfung eines Dokuments fest.

Gruppe: Editierhilfen WordBASIC Dialogbefehl

Syntax:
```
ExtrasOptionenRechtschreibung [.ImmerVorschlagen%] [, .NurStandardWbuch%]
[, .GroßschreibungIgnorieren%] [, .WortMitZahlenIgnorieren%]
<, .VorgabeAlleIgnorieren> [, .BenutzerWBuchn$]
```

Beschreibung:

Dieser Befehl dient als Pendant zur Registerkarte "Rechtschreibung" im Dialogfenster des Optionen-Befehls aus dem Extras-Menü. Die Dialogvariablen des Befehls spiegeln die verschiedenen Dialogfelder innerhalb der Registerkarte wider und erlauben die Einstellung der verschiedenen Optionen in bezug auf die Rechtschreibprüfung.

Dialogvariablen:

Name:	Bedeutung
`.ImmerVorschlagen%`	Wird hier der Wert 1 angegeben, zeigt WinWord für jedes falsch geschriebene Wort einen Korrekturvorschlag an.
`.NurStandardWbuch%`	Wird hier der Wert 1 angegeben, ruft WinWord Korrekturvorschläge nur aus dem Standard-Wörterbuch und nicht aus dem Benutzerdefinierten-Wörterbuch ab.
`.GroßschreibungIgnorieren%`	Wird hier der Wert 1 angegeben, klammert WinWord alle Wörter, die nur aus Großbuchstaben bestehen, aus der Rechtschreibprüfung aus.
`.WortMitZahlenIgnorieren%`	Wird hier der Wert 1 angegeben, klammert WinWord alle Wörter, die Zahlen beinhalten, von der Rechtschreibprüfung aus.
`.BenutzerWBuchn$`	Bestimmt den Pfad- und Dateinamen des benutzerdefinierten Wörterbuchs. Diese Dialogvariable kann bis zu zehn Mal angegeben werden, wenn mehrere benutzerdefinierte Wörterbücher in die Rechschreibprüfung einbezogen werden sollen.

Schaltflächen:

Name:	Aufgabe
`.VorgabeAlleIgnorieren`	Wird diese Schaltfläche angegeben, leert WinWord die Liste der nie zu ändernden Begriffe.

ExtrasOptionenSpeichern *Legt Optionen zum Speichern eines Dokuments fest.*

Gruppe: Extras WordBASIC Dialogbefehl

Syntax:
```
ExtrasOptionenSpeichern [.ErstellenSicherungskopie%]
[, .Schnellspeicherung%] [, .DateiInfoAufforderung%]
[, .GlobalDotAbfrage%] [, .UrsprungGrafikFormat%]
[, .EinbettenSchriftarten%] [, .FormularDaten%] [, .AutoSpeichern%]
[, .SpeicherIntervall$] [, .Kennwort$] [, .KennwortSchreiben$]
[, .SchreibschutzEmpfohlen%]
```

Beschreibung:
Dieser Befehl dient als Pendant zur Registerkarte "Speichern" im Dialogfenster des Optionen-Befehls aus dem Extras-Menü. Die Dialogvariablen des Befehls spiegeln die verschiedenen Dialogfelder innerhalb der Registerkarte wider und erlauben die Einstellung der verschiedenen Optionen in bezug auf das Speichern von Dokumenten.

Dialogvariablen:

Name:	Bedeutung
`.ErstellenSicherungskopie%`	Wird hier der Wert 1 angegeben, legt WinWord bei jedem Speichern eine Sicherungskopie an und verzichtet auf das Schnellspeichern von Dokumenten.
`.Schnellspeicherung%`	Wird hier der Wert 1 angegeben, erlaubt WinWord das Schnellspeichern eines Dokuments.
`.DateiInfoAufforderung%`	Wird hier der Wert 1 angegeben, fordert WinWord den Anwender beim Speichern eines neuen Dokuments zur Eingabe der Dateiinformationen auf.
`.GlobalDotAbfrage%`	Bestimmt, ob Änderungen an der globalen Dokumentvorlage "Normal.Dot" beim Beenden von WinWord automatisch gespeichert oder der Anwender gefragt werden soll, ob er diese Speicherung wünscht.
	0 Die Änderungen werden automatisch gespeichert.
	1 Der Anwender wird gefragt, ob die Änderungen erhalten bleiben sollen.
`.UrsprungGrafikFormat%`	Wird hier der Wert 1 angegeben, speichert WinWord nur die Windows-Version importierter Bilder, nicht jedoch die ursprüngliche innerhalb des Dokuments.
`.EinbettenSchriftarten%`	Wird hier der Wert 1 angegeben, bettet WinWord die in einem Dokument verwendeten TrueType-Schriften in das Dokument ein.
`.FormularDaten%`	Wird hier der Wert 1 angegeben, speichert WinWord die vom Anwender in Formularfeldern eingegebenen Daten als Datensätze separat ab. Die einzelnen Felder werden dabei durch Tabstops getrennt.
`.AutoSpeichern%`	Wird hier der Wert 1 angegeben, speichert WinWord das aktuelle Dokument nach einem bestimmten Zeitintervall automatisch und selbständig.

`.SpeicherIntervall$`	Bestimmt das Zeitintervall für die Autospeicherung von Dokumenten in Minuten.
`.Kennwort$`	Bestimmt das Kennwort, ohne das ein Dokument nicht geöffnet werden kann.
`.KennwortSchreiben$`	Bestimmt das Kennwort, das zum Eingeben von Änderungen benötigt wird.
`.SchreibschutzEmpfohlen%`	Wird hier der Wert 1 angegeben, zeigt WinWord beim Öffnen eines Dokuments ein Dialogfenster mit der Empfehlung an, das Dokument schreibgeschützt zu öffnen.

ExtrasOptionenÜberarbeitung

Legt Optionen zum Markieren der Korrekturen in einem Dokument fest.

Gruppe: Extras **WordBASIC Dialogbefehl**

Syntax:
```
ExtrasOptionenÜberarbeitung [.NeuerTextMarkierung%] [, .NeuerTextFarbe%]
[, .GelöschterTextMarkierung%] [, .GelöschterTextFarbe%]
[, .ÜberarbeitenZeilenMarkierung$] [, .ÜberarbeitenZeilenFarbe%]
```

Beschreibung:
Dieser Befehl dient als Pendant zur Registerkarte "Überarbeiten" im Dialogfenster des Optionen-Befehls aus dem Extras-Menü. Die Dialogvariablen des Befehls spiegeln die verschiedenen Dialogfelder innerhalb der Registerkarte wider und erlauben die Einstellung der verschiedenen Optionen in bezug auf das Überarbeiten von Dokumenten.

Dialogvariablen:

Name:	*Bedeutung*
`.NeuerTextMarkierung%`	Bestimmt das Erscheinungsbild von eingefügtem Text: 0 Keine gesonderte Hervorhebung. 1 Fett. 2 Kursiv. 3 Unterstrichen. 4 Doppelt unterstrichen.
`.NeuerTextFarbe%`	Bestimmt die Farbe für neu eingefügten Text. Eine Liste der verschiedenen Farbencodes finden Sie bei der Beschreibung des Befehls ZeichenFarbe.
`.GelöschterTextMarkierung%`	Bestimmt das Erscheinungsbild von gelöschtem Text. 0 Nicht sichtbar. 1 Durchgestrichen.
`.GelöschterTextFarbe%`	Bestimmt die Farbe für gelöschten Text. Eine Liste der verschiedenen Farbencodes finden Sie bei der Beschreibung des Befehls ZeichenFarbe.
`.ÜberarbeitenZeilenMarkierung$`	Bestimmt die Position für die Markierung überarbeiteter Zeilen: 0 Keine Markierung. 1 Markierung am linken Seitenrand. 2 Markieren am rechten Seitenrand. 3 Markieren am äußeren Rand.

`.ÜberarbeitenZeilenFarbe%` Bestimmt die Farbe für überarbeiteten Text. Eine Liste der verschiedenen Farbencodes finden Sie bei der Beschreibung des Befehls ZeichenFarbe.

ExtrasRechtschreibAuswahl

Führt eine Rechtschreibprüfung durch.

Gruppe: Editierhilfen   WordBASIC Befehl

Syntax:
ExtrasRechtschreibAuswahl

Beschreibung:
Durch den Aufruf dieses Befehls werden die markierten Zeichen im aktuellen Dokument einer Rechtschreibprüfung unterzogen. Besteht keine Markierung, überprüft WinWord das Wort unter der Einfügemarke bzw. das unmittelbar darauf folgende, wenn sich die Einfügemarke nicht über einem Wort befindet.

ExtrasRechtschreibung

Setzt die Rechtschreibprüfung in Gang.

Gruppe: Editierhilfen   WordBASIC Befehl

Syntax:
ExtrasRechtschreibung

Beschreibung:
Dieser Befehl korrespondiert mit dem gleichnamigen Befehl aus dem Extras-Menü und startet die Rechtschreibprüfung für den markierten Bereich. Besteht keine Markierung wird das gesamte Dokument zwischen der aktuellen Position der Einfügemarke und dem Dokumentende in die Rechtschreibprüfung einbezogen.

ExtrasSeitenumbruch

Erzwingt eine Neuberechnung des Seitenumbruchs.

Gruppe: Extras   WordBASIC Befehl

Syntax:
ExtrasSeitenumbruch

Beschreibung:
Nach dem Aufruf dieses Befehls, der das Pendant zu dem Befehl Seitenumbruch aus dem Extras-Menü darstellt, berechnet Word für Windows den Seitenumbruch im aktuellen Dokument neu.

ExtrasSilbentrennung

Unterzieht den markierten Text einer automatischen Silbentrennung.

Gruppe: Extras WordBASIC Dialogbefehl

Syntax:
ExtrasSilbentrennung [.AutoSilbentrennung%] [, .GroßbuchstabenTrennen%]
[, .SilbentrennZone%$] [, .MaximaleBindestriche%]

Beschreibung:

Besteht innerhalb des aktuellen Dokuments zum Zeitpunkt des Befehlsaufrufs eine Markierung, wird diese der automatischen Silbentrennung unterzogen, ansonsten wird die Silbentrennung für das gesamte Dokument ausgeführt.

Die Dialogvariablen des Befehls entsprechen den verschiedenen Dialogfeldern im Dialogfenster des Befehls Silbentrennung aus dem Optionen-Menü.

Dialogvariablen:

Name:	Bedeutung
`.AutoSilbentrennung%`	Wird hier eine 1 eingegeben, holt WinWord keine Bestätigung der Silbentrennung beim Anwender ein, sondern führt sie automatisch durch.
`.GroßbuchstabenTrennen%`	Wird hier eine 1 eingegeben, werden in die Silbentrennung auch Worte einbezogen, die ausschließlich aus Versalien bestehen.
`.SilbentrennZone%$`	Bestimmt den größten zulässigen Leerraum zwischen dem Ende einer Zeile und dem rechten Seitenrand, der nach dem Abschluß der Silbentrennung bleiben darf. Die vorgegebene Einheit lautet hier "Punkt".
`.MaximaleBindestriche%`	Bestimmt die maximale Anzahl aufeinanderfolgender Zeilen, die durch einen Bindestrich getrennt werden dürfen. Der Wert 0 steht dabei für eine beliebige Anzahl.

ExtrasSilbentrennungManuell

Führt eine manuelle Silbentrennung durch.

Gruppe: Extras   WordBASIC Befehl

Syntax:

ExtrasSilbentrennungManuell

Beschreibung:

Der Aufruf dieses Befehls setzt die manuelle Silbentrennung des markierten Bereichs bzw. des gesamten Dokuments in Gang, wenn keine Markierung vorliegt.

ExtrasSprache

Stellt das Sprachformat des markierten Textes ein.

Gruppe: Extras   WordBASIC Dialogbefehl

Syntax:

ExtrasSprache .Sprache$ <, .Standard>

Beschreibung:

Durch den Aufruf dieses Befehls wird das Sprachformat für den markierten Bereich bzw. für das gesamte Dokument eingestellt, wenn kein markierter Bereich vorliegt. Diese Einstellung berücksichtig WinWord bei der Rechtschreib- und Grammatikprüfung.

Dialogvariablen:

Name:	Bedeutung
`.Sprache$`	Der Name der Sprache.

Schaltflächen:

Name: *Aufgabe*

`.Standard`   Durch die Angabe dieser Schaltfläche wird die gewählte Sprache als Standardsprache in der globalen Dokumentvorlage "Normal.Dot" verankert.

ExtrasThesaurus   *Zeigt Synonyme für markiertes Wort.*

Gruppe: Editierhilfen   WordBASIC Befehl

Syntax:

`ExtrasThesaurus`

Beschreibung:

Analog zu dem Thesaurus-Befehl aus dem Extras-Menü fördert dieser Befehl Synonyme zu dem aktuell markierten Wort bzw. dem Wort unterhalb der Einfügemarke zutage.

ExtrasÜberarbeiten   *Bestimmt, wie Korrekturen markiert und bearbeitet werden.*

Gruppe: Extras   WordBASIC Dialogbefehl

Syntax:

`ExtrasÜberarbeiten [.Überarbeiten%] [, .AnsichtÜberarbeitung%]`
`[, .DruckÜberarbeitung%] <, .AllesAnnehmen> <, .AlleAblehnen>`

Beschreibung:

Dieser Befehl dient als Pendant des Überarbeiten-Befehls aus dem Extras-Menü. Mit seiner Hilfe werden die verschiedenen Optionen für die Anzeige und das Bearbeiten von Korrekturen innerhalb eines Dokuments festgelegt. Seine Dialogvariablen entsprechen den verschiedenen Feldern im Dialogfenster des Überarbeiten-Befehls.

Dialogvariablen:

Name: *Bedeutung*

`.Überarbeiten%`   Wird hier der Wert 1 angegeben, aktiviert WinWord die Korrekturfunktion.

`.AnsichtÜberarbeitung%`   Wird hier der Wert 1 angegeben, zeigt WinWord die Korrekturen innerhalb eines Dokuments an, sofern die Korrekturfunktion aktiviert ist.

`.DruckÜberarbeitung%`   Bestimmt, ob Korrekturmarkierungen beim Ausdruck eines Dokuments berücksichtigt werden sollen:

          0   Die Korrekturmarkierungen werden nicht ausgedruckt, wodurch Überarbeitungen so erscheinen, als wären sie angenommen.

          1   Die Korrekturmarkierungen werden ausgedruckt.

Schaltflächen:

Name: Aufgabe

`.AllesAnnehmen`   Durch die Angabe dieser Schaltfläche werden alle Überarbeitungen innerhalb des aktuellen Dokuments angenommen.

`.AlleAblehnen`   Durch die Angabe dieser Schaltfläche werden alle Überarbeitungen innerhalb des aktuellen Dokuments zurückgewiesen.

ExtrasÜberarbeitenArt()   *Zeigt an, ob die Markierung überarbeiteten Text enthält.*

Gruppe: Extras   WordBASIC Funktion

Syntax:
`x = ExtrasÜberarbeitenArt()`

Beschreibung:
Mit Hilfe dieser Funktion können Sie in Erfahrung bringen, ob die Markierung innerhalb des aktuellen Dokuments überarbeiteten Text enthält.

Funktionsergebnis:
Als Ergebnis liefert diese Funktion:

- 0   Wenn die Markierung keine Überarbeitungen enthält.
- 1   Wenn ein Teil der Markierung oder die gesamte Markierung Text enthält, der als eingefügter Text gekennzeichnet ist.
- 2   Wenn ein Teil der Markierung oder die gesamte Markierung Text enthält, der als gelöschter Text gekennzeichnet ist.
- 3   Wenn ein Teil der Markierung oder die gesamte Markierung einen Ersetzungstext enthält, d.h. eingefügter Text auf den gelöschter Text unmittelbar folgt.
- 4   Wenn die Markierung verschiedene Überarbeitungen enthält.

ExtrasÜberarbeitenAutor$()   *Liefert den Namen der Person, der die letzte Überarbeitung vorgenommen hat.*

Gruppe: Extras   WordBASIC Funktion

Syntax:
`a$ = ExtrasÜberarbeitenAutor$()`

Beschreibung:
In bezug auf die Markierung innerhalb des aktuellen Dokuments läßt sich mit Hilfe dieser Funktion der Name des Bearbeiters feststellen, der die Überarbeitungen vorgenommen hat.

Funktionsergebnis:
Als Ergebnis liefert diese Funktion den Namen des Bearbeiters, der die Überarbeitungen innerhalb der Markierung vorgenommen hat. Beinhaltet die Markierung keine Überarbeitungen oder die Überarbeitungen mehrerer Bearbeiter, wird ein Leerstring ("") zurückgeliefert.

ExtrasÜberarbeitenDatum$()   *Liefert Datum und Uhrzeit der letzten Überarbeitung.*

Gruppe: Datum und Uhrzeit   WordBASIC Funktion

Syntax:
`a$ = ExtrasÜberarbeitenDatum$()`

Beschreibung:
In bezug auf die Markierung innerhalb des aktuellen Dokuments läßt sich mit Hilfe dieser Funktion das Datum und die Uhrzeit feststellen, an der die Überarbeitungen vorgenommen wurden.

Funktionsergebnis:

Als Funktionsergebnis liefert die Funktion das Datum und die Uhrzeit der letzten Überarbeitung. Beinhaltet die Markierung keine oder mehrere Überarbeitungen, wird ein Leerstring ("") zurückgeliefert.

ExtrasÜberarbeitenDatum()
Liefert Datum und Uhrzeit der letzten Überarbeitung des markierten Bereiches als Seriennummer.

Gruppe: Extras   WordBASIC Funktion

Syntax:
```
x = ExtrasÜberarbeitenDatum()
```

Beschreibung:

In bezug auf die Markierung innerhalb des aktuellen Dokuments läßt sich mit Hilfe dieser Funktion das Datum und die Uhrzeit feststellen, an der die Überarbeitungen vorgenommen wurden. Im Gegensatz zur gleichnamigen String-Funktion wird das Ergebnis hier jedoch in Form einer seriellen Zeitangabe zurückgeliefert.

Funktionsergebnis:

Als Funktionsergebnis liefert die Funktion das Datum und die Uhrzeit der letzten Überarbeitung in Form einer seriellen Zeitangabe. Beinhaltet die Markierung keine oder mehrere Überarbeitungen, wird der Wert -1 zurückgeliefert.

ExtrasÜberarbeitenPrüfen
Stellt fest, ob Korrekturmarkierungen vorhanden sind, akzeptiert sie oder weist sie zurück.

Gruppe: Extras WordBASIC Dialogbefehl

Syntax:
```
ExtrasÜberarbeitenPrüfen <.EinblendenKorrekturMarkierung>
<, .VerbergenKorrekturmarkierung> [, .Textfluß%] <, .VorherigesSuchen>
<, .Weitersuchen> <, .ÜberarbeitungAnnehmen> <, .ÜberarbeitungAblehnen>
```

Beschreibung:

Mit Hilfe dieses Befehls lassen sich Korrekturmarkierungen innerhalb des aktuellen Dokuments suchen, die anschließend angenommen oder verworfen werden können. Die Dialogvariablen des Befehls korrespondieren dabei mit den Dialogfeldern "Änderungen überprüfen" im Dialogfenster des Überarbeiten-Befehls aus dem Extras-Menü.

Von den verschiedenen Schaltflächen des Befehls darf bei jedem Befehlsaufruf jeweils nur eine angegeben werden.

Dialogvariablen:

Name:	Bedeutung
.Textfluß%	Bestimmt, ob WinWord das komplette Dokument durchlaufen soll, wenn die Suche nach Korrekturmarkierungen nicht am Anfang des Dokuments beginnt:
	0 Die Suchoperation wird beim Erreichen des Dokumentendes beendet.

	1	Die Suche wird beim Erreichen des Dokumentendes am Dokumentanfang fortgesetzt und bis zu dem Punkt fortgeführt, an dem sie begann.
	2	WinWord fragt den Anwender beim Erreichen des Dokumentendes, ob die Suche am Anfang des Dokuments fortgesetzt werden soll.

Schaltflächen:

Name:	Aufgabe
`.EinblendenKorrekturMarkierung`	Wird diese Schaltfläche angegeben, bringt WinWord die Korrekturmarkierungen innerhalb des aktuellen Dokuments zur Anzeige.
`.VerbergenKorrekturmarkierung`	Wird diese Schaltfläche angegeben, verbirgt WinWord die Korrekturmarkierungen innerhalb des aktuellen Dokuments.
`.VorherigesSuchen`	Wird diese Schaltfläche angegeben, sucht WinWord die nächste Korrekturmarkierung in Richtung auf den Anfang des Dokuments.
`.Weitersuchen`	Wird diese Schaltfläche angegeben, sucht WinWord die nächste Korrekturmarkierung in Richtung auf das Dokumentende.
`.ÜberarbeitungAnnehmen`	Wird diese Schaltfläche angegeben, werden die Korrekturmarkierungen im markierten Bereich angenommen.
`.ÜberarbeitungAblehnen`	Wird diese Schaltfläche angegeben, werden die Korrekturmarkierungen im markierten Bereich zurückgewiesen.

ExtrasÜberarbeitungVerbinden

Verbindet die Korrekturmarkierungen mehrerer Bearbeiter.

Gruppe: Extras   WordBASIC Dialogbefehl

Syntax:

`ExtrasÜberarbeitungVerbinden .Name$`

Beschreibung:

Dieser Befehl bietet Ihnen die Möglichkeit, die Korrekturmarkierungen in den Kopien eines Dokuments, die von verschiedenen Bearbeitern vorgenommen wurden, im Originaldokument zusammenzuführen. Die Zusammenführung erfolgt dabei im aktuellen Dokument, so daß es sich bei dem zusätzlich angegebenen Dokument um eine Kopie dieses Dokuments handeln muß, und beide Dokumente lediglich in den Korrekturmarkierungen differieren dürfen.

Dialogvariablen:

Name:	Bedeutung
`.Name$`	Name und Pfad der Datei, die eine Kopie des aktuellen Dokuments darstellt und deren Korrekturmarkierungen in das aktuellen Dokument übernommen werden sollen. Ist die Datei noch nicht in einem Dokumentfenster geöffnet, öffnet WinWord sie automatisch.

ExtrasVersionsVergleich

Zeigt Differenzen zwischen einem Originaldokument und einer korrigierten Fassung an.

Gruppe: Extras   WordBASIC Dialogbefehl

Syntax:

`ExtrasVersionsVergleich .Name$`

Beschreibung:

Mit Hilfe dieses Befehls, der als Pendant des Dialogfeldes "Versionsvergleich" innerhalb des Überarbeiten-Befehls aus dem Extras-Menü fungiert, lassen sich die Abweichungen zwischen dem aktuellen Dokument und einer überarbeiteten Fassung dieses Dokuments anzeigen.

Dialogvariablen:

Name:	Bedeutung
`.Name$`	Name und Pfad des Dokuments, das mit dem aktuellen Dokument verglichen werden soll.

ExtrasWeitereEinstellungen *Nimmt Einstellungen in Initialisierungsdateien vor.*

Gruppe: Extras   WordBASIC Dialogbefehl

Syntax:

`ExtrasWeitereEinstellungen .Anwendung$, .Option$, .Einstellung$ <, .Löschen> <, .Setzen>`

Beschreibung:

Dieser Befehl bietet Ihnen die Möglichkeit, Einstellungen innerhalb von Initialisierungs- (INI-) Dateien vorzunehmen. Sowohl der Zugriff auf die Windows-Initialisierungsdatei WIN.INI, als auch auf die Initialisierungsdatei von WinWord (WINWORD6.INI) und benutzereigene Initialisierungsdateien ist möglich.

Dialogvariablen:

Name:	Bedeutung
`.Anwendung$`	Name des Abschnitts innerhalb der jeweiligen INI-Datei, in der der unter .Option genannte Eintrag gesucht werden soll.
`.Option$`	Name des Eintrags, auf den zugegriffen werden soll.
`.Einstellung$`	Die neue Einstellung für den Eintrag.

Schaltflächen:

Name:	Aufgabe
`.Löschen`	Durch Angabe dieser Schaltfläche wird der genannte Eintrag gelöscht.
`.Setzen`	Durch Angabe dieser Schaltfläche wird der angegebene Eintrag neu angelegt oder ein bereits bestehender mit einem neuen Wert versehen.

ExtrasWörterZählen *Zählt die Zeilen, Zeichen, Seiten, Wörter und Absätze im Dokument.*

Gruppe: Extras   WordBASIC Dialogbefehl

Syntax:

`ExtrasWörterZählen [.ZählenFußnoten%] [, .Seiten$] [, .Wörter$] [, .Zeichen$] [, .Absätze$] [, .Zeilen$]`

Beschreibung:

Mit Hilfe dieses Befehls lassen sich statistische Informationen über die Anzahl der Zeilen, Zeiche, Seiten, Wörter und Absätze innerhalb des aktuellen Dokuments einholen. Lediglich die Dialogvariable .ZählenFußnoten darf dabei beschrieben werden - alle anderen Dialogvariablen sind "read only" und dürfen nur ausgelesen werden.

Dialogvariablen:

Name:	Bedeutung
`.ZählenFußnoten%`	Wird hier der Wert 1 angegeben, wird auch der Text in Fuß- und Endnoten in die Zählung mit einbezogen.
`.Seiten$`	Liefert die Anzahl der Seiten im aktuellen Dokument.
`.Wörter$`	Liefert die Anzahl der Wörter im aktuellen Dokument.
`.Zeichen$`	Liefert die Anzahl der Zeichen im aktuellen Dokument.
`.Absätze$`	Liefert die Anzahl der Absätze im aktuellen Dokument.
`.Zeilen$`	Liefert die Anzahl der Zeilen im aktuellen Dokument.

FeldaktionAusführen *Simuliert die Anwahl eines Makro- oder GeheZu-Feldes.*

Gruppe: Felder   WordBASIC Befehl

Syntax:
`FeldaktionAusführen`

Beschreibung:
Dieser Befehl simuliert die Anwahl eines Makro- oder GeheZuFeldes, wodurch ein Aufruf des jeweiligen Makros bzw. ein Sprung zu der angegebenen Marke ausgeführt wird. Voraussetzung dafür ist, daß sich die Einfügemarke über einem entsprechenden Feld innerhalb des aktuellen Dokuments befindet.

FeldAnzeigeUmschalten *Schaltet zwischen der Anzeige der Feldformeln und der Feldergebnisse um.*

Gruppe: Felder   WordBASIC Befehl

Syntax:
`FeldAnzeigeUmschalten`

Beschreibung:
Der Aufruf dieses Befehls schaltet die markierten Felder von der Anzeige der Feldergebnisse auf die Anzeige der Feldfunktionen um und umgekehrt. Ein Fehler wird ausgelöst, wenn die Markierung nicht mindestens ein Feld enthält.

Innerhalb der Layoutansicht wirkt der Befehl hingegen auf alle Felder innerhalb des aktuellen Dokuments ein, die dann gleichzeitig zwischen der Anzeige der Feldergebnisse und der Feldfunktionen bzw. vice versa umgeschaltet werden

FelderAktualisieren *Aktualisiert die markierten Felder.*

Gruppe: Felder   WordBASIC Befehl

Syntax:
`FelderAktualisieren`

Beschreibung:
Durch den Aufruf dieses Befehls werden die markierten Felder aktualisiert. Ein Fehler tritt ein, wenn die Markierung nicht wenigstens ein Feld enthält oder sich die Einfügemarke bei Fehlen einer Markierung über einem Feld befindet.

FeldFreigabe

Gibt die Felder im markierten Bereich für die Aktualisierung frei.

Gruppe: Felder   WordBASIC Befehl

Syntax:
```
FeldFreigabe
```

Beschreibung:

Als Gegenstück zu dem FeldSperren-Befehl gibt dieser Befehl die Felder im markierten Bereich wieder für die Aktualisierung frei, ohne aber gleichzeitig eine Aktualisierung durchzuführen.

FeldSperren

Sperrt alle Felder im markierten Bereich gegen eine Aktualisierung.

Gruppe: Felder   WordBASIC Befehl

Syntax:
```
FeldSperren
```

Beschreibung:

Nach dem Aufruf dieses Befehls werden alle Felder im markierten Bereich gegen eine Aktualisierung gesperrt. Erst der Befehl FeldFreigeben hebt diese Sperrung wieder auf.

FeldTrennzeichen$

Definiert das Feldtrennzeichen für die Umwandlung von Text in Tabellen.

Gruppe: Tabellen   WordBASIC Befehl

Syntax:
```
FeldTrennzeichen$ Trennzeichen$
```

Beschreibung:

Soll WinWord im Rahmen einer TextInTabelle-Operation Text in eine Tabelle umsetzen, läßt sich mit Hilfe dieses Befehls zuvor das Trennzeichen definieren, das die verschiedenen Felder innerhalb der einzelnen Zeilen im Text trennt.

Parameter:

Name:	Bedeutung
Trennzeichen$	Das Feldtrennzeichen als String, beispielsweise chr$(9), wenn die Felder durch einen Tabulator getrennt werden, oder ",", wenn ein Komma die Felder trennt.

FeldTrennzeichen$()

Fragt das Trennzeichen für die Umwandlung eines Textes in eine Tabelle ab.

Gruppe: Tabellen   WordBASIC Funktion

Syntax:
```
a$ = FeldTrennzeichen$()
```

Beschreibung:
Soll WinWord im Rahmen einer TextInTabelle-Operation Text in eine Tabelle umsetzen, benötigt es ein Trennzeichen, das die verschiedenen Felder innerhalb der einzelnen Zeilen im Text trennt. Dieses Zeichen läßt sich mit HIlfe dieser Funktion abfragen, nachdem es zuvor mit Hilfe des gleichnamigen Befehls eingestellt wurde.

Funktionsergebnis:
Zurückgeliefert wird das über den Befehl FeldTrennzeichen eingestellte Trennzeichen.

Fenster()   *Liefert die Position des aktuellen Fensters in der Fensterliste aus dem Fenster-Menü.*

Gruppe: Fenster   WordBASIC Funktion

Syntax:
```
x = Fenster()
```

Beschreibung:
Mit Hilfe dieser Funktion läßt sich die Position des aktuellen Fensters und den Fensternamen im Fenster-Menü ermitteln. Die Namen der geöffneten Fenster werden dort in alphabetischer Reihenfolge verzeichnet.

Der Rückgabewert muß mit Vorsicht genossen werden, sobald das aktuelle Verzeichnis gewechselt wird. Weil WinWord für alle Fenster, deren Dokumente nicht dem aktuellen Verzeichnis entstammen, auch den Namen anzeigt, ändert sich dann womöglich die alphabetische Sortierung und damit auch der Wert, der beim Aufruf der Fenster()-Funktion zurückgeliefert wird.

Funktionsergebnis:
Die Position des aktuellen Fensters im Rahmen der Auflistung der geöffneten Fenster im Fenster-Menü. 1 steht dabei für das oberste dort aufgeführte Fenster, 2 für das zweite usw.

Ist derzeit kein Fenster geöffnet, lautet der Rückgabewert 0.

Fenster-Nummer-   *Aktiviert ein im Menü aufgeführtes Fenster.*

Gruppe: Fenster   WordBASIC Befehl

Syntax:
```
Fenster-Nummer-
```

Beschreibung:
Mit Hilfe dieses Befehls lassen sich die verschiedenen Fenster, die im Fenster-Menü aufgeführt sind, aktivieren und damit zum aktuellen Fenster wählen. Innerhalb des Befehlsnamens muß dabei für "-Nummer-" die Nummer des gewünschten Fensters angegeben werden, der Befehl lautet also Fenster1 für das erste aufgelistete Fenster, Fenster2 für das zweite, Fenster3 für das dritte usw.

FensterAlleAnordnen   *Ordnet alle Dokument- und Makrofenster auf dem Bildschirm an.*

Gruppe: Fenster   WordBASIC Befehl

Syntax:
```
FensterAlleAnordnen
```

Beschreibung:

Durch den Aufruf dieses Befehls werden alle geöffneten Dokument- und Makrofenster so eingestellt, daß sie gleichzeitig auf dem Bildschirm erscheinen, ohne sich gegenseitig zu überdecken. Je nach Anzahl der geöffneten Fenster bedingt dies, daß die Fenster sehr klein werden und sich dadurch zur Editierung von Text nur noch sehr bedingt eignen.

FensterAusschnitt()

Zeigt an, in welchem Ausschnitt eines Dokumentfensters sich die Einfügemarke befindet.

Gruppe: Fenster   WordBASIC Funktion

Syntax:

```
x = FensterAusschnitt()
```

Beschreibung:

Mit Hilfe dieser Funktion läßt sich aus einem Makro heraus feststellen, in welchem Ausschnitt eines geteilten Dokumentfensters sich die Einfügemarke befindet.

Funktionsergebnis:

Als Ergebnis liefert diese Funktion:

1	Wenn das aktuelle entweder nicht geteilt ist, oder sich die Einfügemarke innerhalb des oberen Ausschnitts eines geteilten Fensters befindet.
3	Wenn das Fenster geteilt ist, und sich die Einfügemarke im unteren Ausschnitt befindet.

FensterListe

Aktiviert eines der Fenster aus der Fensterliste im Fenster-Menü.

Gruppe: Fenster   WordBASIC Befehl

Syntax:

```
FensterListe FensterNr
```

Beschreibung:

Mit Hilfe dieses Befehls kann eines der geöffneten Fenster über die entsprechende Liste aus dem Fenster-Menü zum aktuellen Fenster gewählt und aktiviert werden.

Parameter:

Name:	Bedeutung
FensterNr	Dieser Parameter gibt die Nummer des zu aktivierenden Fensters gemäß der Liste der geöffneten Fenster aus dem Fenster-Menü an. 1 steht für das erste Fenster aus der Liste, 2 für das zweite usw.

FensterName$()

Liefert den Namen eines der Fenster aus der Fensterliste im Fenster-Menü.

Gruppe: Fenster   WordBASIC Funktion

Syntax:

```
a$ = FensterName$(FensterNr)
```

Beschreibung:

Mit Hilfe dieser Funktion lassen sich die Namen der geöffneten Fenster ermitteln, wie sie in der entsprechenden Liste im Fenster-Menü aufgeführt werden.

Funktionsergebnis:

Als Funktionsergebnis wird der Name des angegebenen Fensters zurückgeliefert. Befindet sich das jeweilige Dokument im aktuellen Verzeichnis, besteht der Name lediglich aus dem Dateinamen, ansonsten wird auch der Pfad angegeben.

Parameter:

Name:	*Bedeutung*
`FensterNr`	Die Nummer des Fensters aus der Liste der Einträge im Fenster-Menü, dessen Namen in Erfahrung gebracht werden soll. 1 steht für den ersten Eintrag aus der Liste, 2 für den zweiten usw.
	Bei Angabe des Wertes 0 wird der Name des aktuellen Fensters zurückgeliefert.

FensterNeuesFenster — *Öffnet ein neues Fenster, in dem das aktuelle Dokument erscheint.*

Gruppe: Fenster WordBASIC Befehl

Syntax:
```
FensterNeuesFenster
```

Beschreibung:

Mit Hilfe dieses Befehls läßt sich auf Basis des aktuellen Dokumentfensters ein zusätzliches Dokumentfenster öffnen, in dem das gleiche Dokument angezeigt wird. Innerhalb des Fenstertitels wird dann neben dem Namen des Dokuments auch eine Fensternummer angezeigt, beispielsweise "BRIEF.ODC:1" für das erste Fenster und "BRIEF.DOC:2" für das zweite.

Fett — *Schaltet die markierten Zeichen fett oder entfernt dieses Zeichenattribut.*

Gruppe: Zeichenformatierung WordBASIC Befehl

Syntax:
```
Fett AnAus
```

Beschreibung:

Durch den Aufruf dieses Befehls werden die markierten Zeichen im aktuellen Dokument fett geschaltet oder wieder von diesem Zeichenattribut befreit.

Parameter:

Name:	*Bedeutung*	
`AnAus`	Bestimmt, ob die Zeichen fett erscheinen sollen, oder ob dieses Zeichenattribut wieder zurückgesetzt wird.	
	nicht angegeben	Schaltet den aktuellen Status um.
	0	Das Zeichenattribut Fett wird zurückgesetzt.
	1	Das Zeichenattribut Fett wird angeschaltet.

Fett() *Überprüft, ob die markierten Zeichen fett geschaltet sind.*

Gruppe: Zeichenformatierung WordBASIC Funktion

Syntax:

```
x = Fett()
```

Beschreibung:

Mit Hilfe dieser Funktion können Sie feststellen, ob alle, einige oder keines der Zeichen im markierten Bereich fett geschaltet ist.

Funktionsergebnis:

Als Ergebnis liefert diese Funktion:

    0   Wenn keine Zeichen im markierten Bereich fett geschaltet sind.
    1   Wenn alle Zeichen im markierten Bereich fett geschaltet sind.
   -1   Wenn einige aber nicht alle Zeichen im markierten Bereich fett geschaltet sind.

Files$() *Liefert die Namen der Dateien in einem gegebenen Verzeichnis.*

Gruppe: Dokumente, Dokumentvorlagen und Add-Ins WordBASIC Funktion

Syntax:

```
a$ = Files$(SuchMaske$)
```

Beschreibung:

Mit Hilfe dieser Funktion lassen sich alle Dateien in einem Verzeichnis abrufen. Geben Sie dazu beim ersten Aufruf eine Suchmaske wie "*.*" oder "c:\dos*.exe" an. Sie erhalten daraufhin den ersten Dateinamen, der auf das angegebene Suchmuster paßt. Rufen Sie die Funktion anschließend erneut auf, jedoch ohne die Angabe einer Suchmaske, und wiederholen Sie diesen Vorgang, bis die Funktion einen Leerstring zurückliefert. Alle bis dahin zurückgelieferten Namen entsprechen den gefundenen Dateien, und durch den Leerstring zeigt Ihnen die Funktion an, daß die Suche abgeschlossen ist, weil alle passenden Dateien zurückgeliefert wurden.

Funktionsergebnis:

Als Ergebnis liefert die Funktion den Namen der nächsten gefundenen Datei oder einen Leerstring, wenn keine Datei mehr gefunden werden konnte, auf die die angegebene Suchmaske paßt.

Parameter:

Name:	*Bedeutung*
SuchMaske$	Dieser Parameter muß eine Suchmaske widerspiegeln, wie sie auch beim Aufruf des DIR-Befehls auf DOS-Ebene angegeben werden kann, also beispielsweise "brief1.doc", "c:\briefe*.dot" usw.
	Wird ein Leerstring angegeben, wird die Suche mit der Suchmaske des letzten Aufrufs fortgesetzt.

FilePreview *Definiert ein FilePreview-Dialogfeld für ein benutzerdefiniertes Dialogfenster.*

Gruppe: Dialogfelddefinitionen und Steuerelemente WordBASIC Befehl

Syntax:

```
FilePreview X, Y, Breite, Höhe [, .DialogvarName]
```

Beschreibung:
Im Rahmen der Definition eines benutzerdefinierten Dialogfensters über den Befehl "Dim Dialog BenutzerDialog" läßt sich mit Hilfe dieses Befehls ein FilePreview-Dialogfeld in das benutzerdefinierte Dialogfenster aufnehmen. Mit Hilfe dieses Feldes lassen sich innerhalb des Dialogfensters miniaturisierte Seitenansichten eines Dokuments anzeigen.

Parameter:

Name:	Bedeutung
`X`	Die horizontale Position des Feldes gemessen in 1/8 des Systemfonts.
`Y`	Die vertikale Position des Feldes gemessen in 1/12 des Systemfonts.
`Breite`	Die Breite des Feldes gemessen in 1/8 des Systemfonts.
`Höhe`	Die Höhe des Feldes gemessen in 1/12 des Systemfonts.
`.DialogvarName`	Name der Dialogvariablen, über die das Feld später angesprochen werden kann.

FilialDokEinfügen *Fügt die angegebene Datei als Filialdokument in das Zentraldokument ein.*

Gruppe: Gliederungen und Zentraldokumente   WordBASIC Dialogbefehl

Syntax:
```
FilialDokEinfügen .Name$ [, .UmwandlungBestätigen%]
[, .Schreibgeschützt%] [, .KennwortDok$] [, .KennwortDokVorlage$]
[, .Wiederherstellen%] [, .KennwortDokSchreiben$]
[, .KennwortDokVorlageSchreiben$]
```

Beschreibung:
Aufgabe dieses Befehls ist es, ein Dokument als Filialdokument in das aktuelle Dokument einzufügen, das dadurch zum Zentraldokument erhoben wird, wenn es nicht bereits verschiedene Filialdokumente beinhaltet. Voraussetzung ist allerdings, daß das aktuelle Dokument bereits in der Zentraldokument- oder Gliederungsansicht angezeigt wird, ansonsten wird ein Fehler ausgelöst.

Dialogvariablen:

Name:	Bedeutung
`.Name$`	Der Name des einzufügenden Filialdokuments.
`.UmwandlungBestätigen%`	Siehe Befehl DateiÖffnen.
`.Schreibgeschützt%`	"
`.KennwortDok$`	"
`.KennwortDokVorlage$`	"
`.Wiederherstellen%`	"
`.KennwortDokSchreiben$`	"
`.KennwortDokVorlageSchreiben$`	"

FilialDokEntfernen *Fügt Inhalte der markierten Filialdokumente in das Zentraldokument ein und entfernt die Filialdokumente.*

Gruppe: Gliederungen und Zentraldokumente   WordBASIC Befehl

Syntax:
```
FilialDokEntfernen
```

Beschreibung:

Mit Hilfe dieses Befehls läßt sich der Text der markierten Filialdokumente in das Zentraldokument übernehmen, wobei gleichzeitig die Einbindung des Filialdokuments aufgehoben wird. Der Text wird dadurch integraler Bestandteil des Zentraldokuments. Die Filialdokumente selbst werden nicht als Datei gelöscht, jedoch aus dem Zentraldokument entfernt.

FilialDokÖffnen
Öffnet das Filialdokument in einem separaten Dokumentfenster.

Gruppe: Gliederungen und Zentraldokumente WordBASIC Befehl

Syntax:
FilialDokÖffnen

Beschreibung:

Aus einem Zentraldokument heraus wird das markierte Filialdokument bzw. das Filialdokument unter der Einfügemarke durch den Aufruf dieses Befehls in einem eigenen Dokumentfenster geöffnet, wo es bearbeitet werden kann.

FilialDokTeilen
Teilt ein Filialdokument in zwei Filialdokumente, die sich beide auf derselben Ebene befinden.

Gruppe: Gliederungen und Zentraldokumente WordBASIC Befehl

Syntax:
FilialDokTeilen

Beschreibung:

Während der Bearbeitung eines Zentraldokuments innerhalb der Gliederungs- oder Zentraldokument-Ansicht läßt sich ein Filialdokument mit Hilfe dieses Befehls in zwei Filialdokumente spalten, die auf der gleichen Ebene angezeigt werden. Den Trennpunkt markiert dabei die aktuelle Position der Einfügemarke innerhalb des Filialdokumentes, die sich am Anfang eines Absatzes befinden muß, damit der Befehl ordnungsgemäß ausgeführt werden kann.

FilialdokumentErstellen
Erstellt ein Filialdokument.

Gruppe: Gliederungen und Zentraldokumente WordBASIC Befehl

Syntax:
FilialdokumentErstellen

Beschreibung:

Durch den Aufruf dieses Befehls werden die markierten Gliederungsübersichten mitsamt des anhängenden Textes in Filialdokumente verwandelt. Voraussetzung ist allerdings, daß sich das aktuelle Dokument in der Zentraldokument- oder Gliederungsansicht befindet, ansonsten wird ein Fehler ausgelöst.

FilialDokVerbinden
Fügt die markierten Filialdokumente eines Zentraldokuments zu einem Filialdokument zusammen.

Gruppe: Gliederungen und Zentraldokumente WordBASIC Befehl

Syntax:
```
FilialDokVerbinden
```

Beschreibung:

Innerhalb der Gliederungs- und Zentraldokumentansicht lassen sich mit Hilfe dieses Befehls mehrere markierte Filialdokumente zu einem Filialdokument zusammenfassen. Voraussetzung dafür ist allerdings, daß neben den zusammenzufassenden Filialdokumenten kein weiterer Text markiert ist, und daß sich das aktuelle Dokument in der Zentraldokument- oder Gliederungsansicht befindet.

For...Next   *Führt eine Wiederholungsschleife aus.*

Gruppe: BASIC-Befehle und -Funktionen   WordBASIC Befehl

Syntax:
```
For  SchleifenVariable = Start to Ende [Step Schrittweite]
...
... Schleifenbefehle
...
Next
```

Beschreibung:

Der FOR-NEXT-Befehl stellt den elementaren Schleifenbefehl unter WordBASIC dar. Mit seiner Hilfe können die BASIC-Befehle zwischen FOR und NEXT beliebig oft wiederholt werden.

Es wird eine Variable als Schleifenvariable benötigt, die mit jedem Schleifendurchlauf um den Wert 1 hochgezählt wird, sofern nicht mit dem optionalen Parameter Step eine andere Schrittweite definiert wird.

Als initialer Wert für die Schleifenvariable dient der Wert, der im Parameter Start angegeben wird, als Endwert der Wert aus dem Parameter Ende, nach dessen Erreichen die Ausführung der Schleife beendet und die Programmausführung mit dem Befehl hinter NEXT forgesetzt wird.

Parameter:

Name:	Bedeutung
Schleifenvariable	Der Name der Variablen, die als Schleifenzähler fungieren und von START bis ENDE gezählt wird.
Start	Ein Ausdruck, der den Startwert für die Schleifenvariable angibt.
Ende	Ein Ausdruck, der den Endwert für die Schleifenvariable angibt. Beim Überschreiten dieses Wertes wird die Ausführung der Schleife gestoppt.
Step Schrittweite	Hinter STEP kann ein Ausdruck angegeben werden, der die Schrittweite für das Hochzählen der Schleifenvariablen angibt, sofern nicht der Standardwert 1 als Schrittweite dienen soll.

FormatAbsatz   *Formatiert einen Absatz.*

Gruppe: Absatzformatierung   WordBASIC Dialogbefehl

Syntax:
```
FormatAbsatz [.EinzugLinks%$] [, .EinzugRechts%$] [, .Vor%$] [, .Nach%$]
[, .ZeilenabstandArt%] [, .Zeilenabstand%$] [, .Ausrichtung%]
[, .AbsatzSteuerung%] [, .MitNächstemAbsatz%] [, .ZeilenNichtTrennen%]
[, .Seitenwechsel%] [, .OhneZeilennumerierung%] [, .NichtTrennen%]
[, .Registerkarte%] [, .ErstzeilenEinzug%$]
```

Beschreibung:

Dieser Makrobefehl fungiert als Pendant des Absatz-Befehls aus dem Format-Menü. Seine Dialogvariablen entsprechen den verschiedenen Feldern im Dialogfenster dieses Befehls und gestatten die Formatierung von Absätzen.

Dialogvariablen:

Name:	Bedeutung
`.EinzugLinks%$`	Bestimmt den linken Absatzeinzug in Punkten oder in einer anderen Maßeinheit, die als Teil des Strings angegeben werden kann.
`.EinzugRechts%$`	Bestimmt den rechten Absatzeinzug in Punkten oder in einer anderen Maßeinheit, die als Teil des Strings angegeben werden kann.
`.Vor%$`	Bestimmt den automatischen Abstand vor dem Absatz in Punkten oder in einer anderen Maßeinheit, die als Teil des Strings angegeben werden kann.
`.Nach%$`	Bestimmt den automatischen Abstand nach dem Absatz in Punkten oder in einer anderen Maßeinheit, die als Teil des Strings angegeben werden kann.
`.ZeilenabstandArt%`	Bestimmt die Art und Weise, wie der Abstand zwischen den einzelnen Zeilen des Absatzes bestimmt wird. Wenn Sie eine der Optionen 3, 4 oder 5 wählen, muß der gewünschte Zeilenabstand in der Dialogvariable .Zeilenabstand angegeben werden.

0 oder fehlt	Einfacher Zeilenabstand.
1	1,5facher Zeilenabstand.
2	Doppelter Zeilenabstand.
3	Mindestens.
4	Genau.
5	Mehrfach.

Name:	Bedeutung
`.Zeilenabstand%$`	Bestimmt den Zeilenabstand, wenn im Dialogfeld .Zeilenabstand .Art eine der Optionen 3, 4, oder 5 gewählt wird.
`.Ausrichtung%`	Legt die Ausrichtung des Absatzes fest:

0	Linksbündig.
1	Zentriert.
2	Rechtsbündig.
3	Blocksatz.

Name:	Bedeutung
`.AbsatzSteuerung%`	Wird hier der Wert 1 angegeben, übernimmt WinWord einen Absatz auf die Folgeseite, wenn dort sonst nur die letzte Zeile des Absatzes erscheinen würde.
`.MitNächstemAbsatz%`	Wird hier der Wert 1 angegeben, sorgt WinWord dafür, daß der nachfolgende Absatz auf der gleichen Seite erscheint wie der aktuelle.
`.ZeilenNichtTrennen%`	Wird hier der Wert 1 angegeben, sorgt WinWord dafür, daß der Absatz nicht über zwei Seiten verteilt wird, sondern komplett auf einer Seite erscheint.
`.Seitenwechsel%`	Wird hier der Wert 1 angegeben, fügt WinWord vor dem Absatz automatisch einen Seitenumbruch ein und gewährt damit, daß der Absatz immer ganz oben auf einer Seite erscheint.
`.OhneZeilennumerierung%`	Wird hier der Wert 0 angegeben, schaltet WinWord die Zeilennumerierung für diesen Absatz ein.

`.NichtTrennen%`   Wird hier der Wert 1 angegeben, wird für den Absatz keine automatische Silbentrennung durchgeführt.

`.Registerkarte%` Bestimmt die Registerkarte, die dem Anwender beim Anzeigen des Dialogfensters präsentiert wird, wenn eine Verbundvariable vom Typ FormatAbsatz in Verbindung mit dem Dialog-Befehl oder der Dialog-()-Funktion angegeben wird.

    0   Die Registerkarte "Einzüge und Abstände"
    1   Die Registerkarte "Textfluß"

`.ErstzeilenEinzug%$`   Bestimmt den linken Absatzeinzug für die erste Zeile des Absatzes in Punkten oder in einer anderen Maßeinheit, die als Teil des Strings angegeben werden kann.

FormatAbschnitt *Formatiert einen Abschnitt.*

Gruppe: Abschnitts- und Dokumentformatierung   WordBASIC Dialogbefehl

Syntax:
```
FormatAbschnitt [.Abschnittsbeginn%] [, .AusrichtungVertikal%]
[, .Endnoten%] [, .ZeilenNr%] [, .Anfangsnr%] [, .VomText$]
[, .Zählintervall$] [, .NUMModus%]
```

Beschreibung:
Dieser Makrobefehl wurde aufgrund der Kompatibilität zu früheren Word-Versionen beibehalten. Seine Dialogvariablen entsprechen denen des Befehls DateiSeiteEinrichten.

Dialogvariablen:

Name:	Bedeutung
`.Abschnittsbeginn%`	Siehe Befehl DateiSeiteEinrichten.
`.AusrichtungVertikal%`	"
`.Endnoten%`	"
`.ZeilenNr%`	"
`.Anfangsnr%`	"
`.VomText$`	"
`.Zählintervall$`	"
`.NUMModus%`	"

FormatAbsenderSchriftart *Bestimmt das Zeichenformat für die Absenderangabe auf einem Briefumschlag.*

Gruppe: Zeichenformatierung   WordBASIC Dialogbefehl

Syntax:
```
FormatAbsenderSchriftart [.Punkt%] [, .Durchstreichen%] [, .Verborgen%]
[, .Kapitälchen%] [, .Großbuchstaben%] [, .Hochgestellt%]
[, .Tiefgestellt%] [, .Unterstrichen%] [, .Farbe%] [, .Laufweite%$]
[, .Position%$] [, .UnterschneidungMin%$] [, .Unterschneidung%]
[, .Schriftart$] [, .Fett%] [, .Kursiv%] <, .Standard> [,.Registerkarte%]
```

Beschreibung:

Mit Hilfe dieses Befehls läßt sich die Zeichenformatierung für die Angabe des Absenders auf einem Briefumschlag festlegen. Dies muß vor dem Aufruf des Befehls ExtrasBriefumschlagErstellen geschehen, durch den ein Briefumschlag erstellt wird.

Die Dialogvariablen dieses Befehls entsprechen denen des Befehls FormatZeichen.

Dialogvariablen:

Name:	Bedeutung
.Punkt%	Siehe Befehl FormatZeichen.
.Durchstreichen%	"
.Verborgen%	"
.Kapitälchen%	"
.Großbuchstaben%	"
.Hochgestellt%	"
.Tiefgestellt%	"
.Unterstrichen%	"
.Farbe%	"
.Laufweite%$	"
.Position%$	"
.UnterschneidungMin%$	"
.Unterschneidung%	"
.Schriftart$	"
.Fett%	"
.Kursiv%	"
.Registerkarte%	"

Schaltflächen:

Name:	Aufgabe
.Standard	Siehe Befehl FormatZeichen.

FormatAufzählung

Versieht die markierten Absätze mit Aufzählungszeichen.

Gruppe: Aufzählungen und Numerierung   WordBASIC Dialogbefehl

Syntax:

FormatAufzählung [.Punkt%] [, .Farbe%] [, .Ausrichtung%] [, .Einzug%$]
[, .Abstand%$] [, .HängEinzug%] [, .ZeichenNum%] [, .Schriftart$]

Beschreibung:

Mit Hilfe dieses Befehls lassen sich die markierten Absätze innerhalb des aktuellen Dokuments mit Aufzählungszeichen versehen. Die Dialogvariablen des Befehls entsprechen dabei den Dialogfeldern auf der Registerkarte "Aufzählungen" des Befehls Numerierungen und Aufzählungen aus dem Format-Menü.

Als einer der wenigen Dialogbefehle kann das zugehörige Dialogfenster allerdings nicht mit Hilfe des Dialog-Befehls bzw. der Dialog()-Funktion und einer Verbundvariable vom Typ FormatAufzählung aufgerufen werden.

Dialogvariablen:

Name:	Bedeutung
`.Punkt%`	Bestimmt die Größe der Aufzählungszeichen in Punkt.
`.Farbe%`	Bestimmt die Farbe der Aufzählungszeichen gemäß der Farbcodes, die im Rahmen des Befehls FormatFarbe angegeben werden.
`.Ausrichtung%`	Bestimmt die Ausrichtung der Aufzählungszeichen und der ersten Textzeile, wenn die Dialogvariable .Abstand auf 0 gesetzt wird.
	0 oder nicht angegeben — Linksbündig.
	1 — Zentriert.
	2 — Rechtsbündig.
`.Einzug%$`	Definiert den Abstand zwischen dem linken Rand und der ersten Textzeile in Punkten oder auf Wunsch in einer anderen Maßeinheit, wenn die Angabe in Form eines Strings erfolgt.
`.Abstand%$`	Bestimmt den Abstand zwischen dem Aufzählungszeichen und der ersten Textzeile in Punkten oder einer frei wählbaren Maßeinheit, wenn die Angabe in Form eines Strings erfolgt.
`.HängEinzug%`	Wird hier der Wert 1 angegeben, verleiht WinWord dem Absatz einen hängenden Einzug.
`.ZeichenNum%`	Der Code des Aufzählungszeichens, der aus der Summe von 31 und dem Wert gebildet wird, der für das Zeichen innerhalb des Dialogfensters des Sonderzeichen-Befehls aus dem Format-Menü angezeigt wird.
`.Schriftart$`	Bestimmt den Namen der Schriftart, die das gewünschte Aufzählungszeichen enthält.

FormatAufzählungStandard

Fügt den markierten Absätzen Aufzählungszeichen hinzu oder entfernt sie.

Gruppe: Aufzählungen und Numerierung   WordBASIC Befehl

Syntax:

FormatAufzählungStandard Hinzufügen

Beschreibung:

Den markierten Absätzen können mit Hilfe dieses Befehls Aufzählungszeichen beigefügt oder bereits bestehende wieder entfernt werden. Beim Entfernen werden dabei nicht nur die Aufzählungszeichen aus dem Text genommen, sondern gleichzeitig auch die Listenformatierung entfernt.

Beim Hinzufügen werden bereits bestehende Aufzählungszeichen durch die neuen ersetzt.

Parameter:

Name:	Bedeutung	
Hinzufügen	Legt fest, ob neue Aufzählungszeichen eingefügt oder bereits bestehende wieder entfernt werden sollen.	
	nicht angegeben	Aufzählungszeichen entfernen, wenn diese bereits vorhanden sind, ansonsten neue anlegen.
	0	Bereits vorhandene Aufzählungszeichen wieder löschen.
	1	Neue Aufzählungszeichen anlegen.

FormatAufzählungStandard()

Überprüft, ob die markierten Absätze Aufzählungszeichen enthalten oder numeriert sind.

Gruppe: Aufzählungen und Numerierung   WordBASIC Funktion

Syntax:

```
x = FormatAufzählungStandard()
```

Beschreibung:

Mit Hilfe dieser Funktion können Sie feststellen, ob die markierten Absätze Aufzählungszeichen enthalten oder numeriert sind.

Funktionsergebnis:

Als Ergebnis liefert diese Funktion:

- -1   Wenn einige der markierten Absätze Aufzählungszeichen enthalten oder numeriert sind, jedoch nicht alle.
- 0   Wenn keiner der markierten Absätze Aufzählungszeichen enthält oder numeriert ist.
- 1   Wenn alle markierten Absätze Aufzählungszeichen enthalten oder numeriert sind.

FormatAufzählungUndNumerierung

Versieht Absätze mit Aufzählungs- oder Numerierungzeichen oder entfernt diese wieder.

Gruppe: Aufzählungen und Numerierung   WordBASIC Dialogbefehl

Syntax:

```
FormatAufzählungUndNumerierung <.Entfernen> [, .HängEinzug%]
[, .Registerkarte%] [, .Voreinstellung%]
```

Beschreibung:

Dieser Befehl dient als Pendant zum Befehl Numerierung und Aufzählung aus dem Format-Menü und dessen Dialogfeldern. Seine Aufgabe ist es, den markierten Absätzen Aufzählungszeichen oder Numerierungen hinzuzufügen, oder diese wieder zu löschen.

Dialogvariablen:

Name:	Bedeutung
`.HängEinzug%`	Wird hier der Wert 1 angegeben, erhalten die markierten Absätze einen hängenden Einzug.
`.Registerkarte%`	Bestimmt, welche Registerkarte dem Anwender präsentiert wird, wenn der Befehl Dialog oder die gleichnamige Funktion in Verbindung mit einer Verbundvariable vom Typ FormatAufzählungUndNumerierung aufgerufen wird. 0 Registerkarte "Aufzählungen" 1 Registerkarte "Numerierung" 2 Registerkarte "Gliederung"
`.Voreinstellung%`	Bestimmt das Aufzählungs- und Numerierungsformat, wie es innerhalb der drei Registerkarten des Dialogfensters von FormatAufzählungUndNumerierung zur Auswahl gestellt wird. Die Codes 1 bis 6 stehen dabei für die sechs wählbaren Formate innerhalb der Registerkarte "Aufzählungen", die Codes 7 bis 12 für die Formate aus der Registerkarte "Numerierung" und die Codes 13 bis 18 für die Formate auf der Registerkarte "Gliederung".

Schaltflächen:

Name:	Aufgabe
`.Entfernen`	Bei Angabe dieser Schaltfläche werden die Numerierungen und Aufzählungszeichen innerhalb der markierten Absätze wieder entfernt und gleichzeitig das Listenformat zurückgesetzt.

FormatAutoFormat

Führt eine automatische Formatierung durch.

Gruppe: Abschnitts- und Dokumentformatierung WordBASIC Befehl

Syntax:

```
FormatAutoFormat
```

Beschreibung:

Durch den Aufruf dieses Befehls wird das aktuelle Dokument einer automatischen Formatierung unterzogen, wobei die Einstellungen aus dem Befehl ExtrasFormatierenAutoFormat zum Tragen kommen.

FormatEinfügen

Weist der Markierung ein kopiertes Format zu.

Gruppe: Zeichenformatierung WordBASIC Befehl

Syntax:

```
FormatEinfügen
```

Beschreibung:

Nachdem mit Hilfe des Befehls FormatKopieren ein Format kopiert wurde, läßt es sich mit Hilfe dieses Befehls auf den markierten Bereich innerhalb des Texts übertragen.

FormatFormatvorlage

Legt die verschiedenen Einstellungen für eine Formatvorlage fest, erstellt eine neue oder löscht eine bestehende.

Gruppe: Formatvorlagen WordBASIC Dialogbefehl

Syntax:

```
FormatFormatvorlage .Name$ <, .Löschen> <, .Verbinden> [, .NeuerName$]
[, .BasiertAuf$] [, .NächsteFV$] [, .Art%] [, .Dateiname$] [, .Quelle%]
[, .ZurDokVorlage%] <, .Definieren> <, .Umbenennen> <, .Zuweisen>
```

Beschreibung:

Dieser Befehl dient als Pendant zum Befehl Formatvorlage aus dem Format-Menü und dessen Dialogfeldern. Mit seiner Hilfe können neue Formatvorlagen erzeugt, bestehende geändert und gelöscht werden. Darüber hinaus gestattet es dieser Befehl, dem markierten Text innerhalb des aktuellen Dokuments eine bestimmte Formatvorlage zuzuzuweisen.

Allerdings werden die Einstellungen der einzelnen Formate selbst nicht mit Hilfe dieses Befehls vorgenommen, sondern durch einen nachfolgenden Aufruf eines der Befehle FormatFVDefAbsatz, FormatFVDefZeichen etc. vorgenommen.

Dialogvariablen:

Name:	Bedeutung
`.Name$`	Name der Formatvorlage, an die sich der Befehlsaufruf wendet.

`.NeuerName$`	Bei Angabe der Schaltfläche .Umbenennen wird der in .Name genannten Formatvorlage als neuer Name der Inhalt dieser Dialogvariablen zugewiesen.
`.BasiertAuf$`	Bei der Anlage einer neuen Formatvorlage läßt sich mit Hilfe dieser Dialogvariable der Name einer Formatvorlage angeben, auf der die neue Formatvorlage basieren soll.
`.NächsteFV$`	Gibt die Formatvorlage an, die einem neu eingefügten Absatz zugewiesen werden soll, wenn bei der Editierung eines Absatzes mit der Formatvorlage aus .Name <Return> betätigt wird.
`.Art%`	Bestimmt die Art einer neu anzulegenden Formatvorlage. 0 oder nicht angegeben Absatz 1 Zeichen
`.Dateiname$`	Wird für die Dialogvariable .Quelle der Wert 0 angegeben, bestimmt diese Dialogvariable den Namen der Datei, mit der die angegebene Formatvorlage aus dem aktuellen Dokument verbunden werden soll. Wird für .Quelle hingegen der Wert 1 angegeben, legt diese Dialogvariable den Namen des Dokuments fest, aus dem eine Formatvorlage mit dem aktuellen Dokument verbunden werden soll.
`.Quelle%`	Bestimmt ob und wie Formatvorlagen aus oder mit dem aktuellen Dokument verbunden werden sollen. 0 Aus dem aktuellen Dokument in die Datei, deren Name in der Dialogvariablen .Dateiname verzeichnet ist. 1 Aus der Datei, deren Name in der Dialogvariable .Dateiname verzeichnet ist in das aktuelle Dokument.
`.ZurDokVorlage%`	Wird hier der Wert 1 angegeben, wird die neue Formatvorlage nicht nur dem aktuellen Dokument, sondern auch seiner Dokumentvorlage hinzugefügt.

Schaltflächen:

Name:	Aufgabe
`.Löschen`	Durch Angabe dieser Schaltfläche wird die in .Name genannte Formatvorlage gelöscht.
`.Verbinden`	Durch Angabe dieser Schaltfläche können Formatvorlagen aus anderen Dokumenten und/oder Dokumentvorlagen mit dem Dokument verbunden werden.
`.Definieren`	Durch Angabe dieser Schaltfläche wird eine bereits vorhandene Formatvorlage neue definiert oder eine neue erstellt.
`.Umbenennen`	Durch die Angabe dieser Schaltfläche wird die bestehende Formatvorlage aus der Dialogvariablen .Name in den Namen .NeuerName umbenannt.
`.Zuweisen`	Mit Hilfe dieser Schaltfläche wird dem markierten Bereich innerhalb des aktuellen Dokuments die Formatvorlage .Name zugewiesen.

FormatFormatvorlagenGruppe

Kopiert Formatvorlagen aus einer Dokumentvorlage in das aktuelle Dokument.

Gruppe: Formatvorlagen   WordBASIC Dialogbefehl

Syntax:

`FormatFormatvorlagenGruppe .DokVorlage$ [, .Vorschau%]`

Beschreibung:

Mit Hilfe dieses Befehls können Formatvorlagen aus einer Dokumentvorlage in das aktuelle Dokument kopiert und dem Anwender auf Wunsch in einem Dialogfenster zur Anzeige gebracht werden. Es ist dies das Dialogfenster, das beim Aufruf des Befehls Formatvorlagen-Katalog aus dem Format-Menü erscheint.

Dialogvariablen:

Name:	Bedeutung
.DokVorlage$	Bestimmt die Dokumentvorlage, die die zu kopierenden Formatvorlagen beinhaltet. Befindet sich die Dokumentvorlage nicht im aktuellen Verzeichnis, muß der komplette Pfad angegeben werden. Die Angabe der Dateierweiterung ".Dot" ist jedoch nicht erforderlich.
.Vorschau%	Bestimmt die Art der Vorschau, wenn eine Verbundvariable vom Typ FormatVorlagenGruppe mit Hilfe des Befehls Dialog oder der gleichnamigen Funktion zur Anzeige gebracht wird.
	0 Das aktuelle Dokument.
	1 Das vordefinierte Beispieldokument.
	2 Die Liste der Formatvorlagen und Beispiele.

FormatFVDefAbsatz

Definiert die Absatzformate für eine Formatvorlage.

Gruppe: Formatvorlagen   WordBASIC Dialogbefehl

Syntax:
```
FormatFVDefAbsatz [.EinzugLinks%$] [, .EinzugRechts%$] [, .Vor%$]
[, .Nach%$] [, .ZeilenabstandArt%] [, .Zeilenabstand%$] [, .Ausrichtung%]
[, .AbsatzSteuerung%] [, .MitNächstemAbsatz%] [, .ZeilenNichtTrennen%]
[, .Seitenwechsel%] [, .OhneZeilennumerierung%] [, .NichtTrennen%]
[, .Registerkarte%] [, .ErstzeilenEinzug%$]
```

Beschreibung:

Mit Hilfe dieses Befehls lassen sich zwei Aufgaben bewältigen: Zum einen hilft er, die Komponenten des Absatzformates für die aktuelle Formatvorlage einzustellen, zum anderen läßt sich das Absatzformat für eine neue Formatvorlage definieren, die zuvor mit Hilfe des WordBASIC-Befehls FormatFormatvorlage neu erstellt oder zum Ändern markiert wurde.

Die einzelnen Dialogvariablen entsprechen denen des Befehls FormatAbsatz.

Dialogvariablen:

Name:	Bedeutung
.EinzugLinks%$	Siehe Befehl FormatAbsatz.
.EinzugRechts%$	"
.Vor%$	"
.Nach%$	"
.ZeilenabstandArt%	"
.Zeilenabstand%$	"
.Ausrichtung%	"
.AbsatzSteuerung%	"
.MitNächstemAbsatz%	"
.ZeilenNichtTrennen%	"

```
.Seitenwechsel%              "
.OhneZeilennumerierung%      "
.NichtTrennen%               "
.Registerkarte%              "
.ErstzeilenEinzug%$          "
```

FormatFVDefNum — *Legt die Zahlenformate für eine Formatvorlage fest.*

Gruppe: Aufzählungen und Numerierung WordBASIC Dialogbefehl

Syntax:

```
FormatFVDefNum [.Punkt$] [, .Farbe%] [, .Vor$] [, .Art%] [, .Nach$]
[, .BeginnenBei$] [, .Einfügen%] [, .Ausrichtung%] [, .Einzug$] [, .Abstand%$]
[, .HängEinzug%] [, .Ebene$] [, .ZeichenNum$] [, .Schriftart$] [, .Durchstrei-
chen%] [, .Fett%] [, .Kursiv%] [, .Unterstrichen%]
```

Beschreibung:

Dieser Befehl dient zwei Aufgaben: Zum einen hilft er, das Zahlenformat für die aktuelle Formatvorlage einzustellen, zum anderen definiert er das Zahlformat für eine Formatvorlage, die zuvor mit Hilfe des WordBASIC-Befehls FormatFormatvorlage neu erstellt oder zum Ändern markiert wurde.

Die einzelnen Dialogvariablen entsprechen denen des Befehls FormatAufzählung.

Dialogvariablen:

Name:	Bedeutung
.Punkt$	Siehe Befehl FormatAufzählung.
.Farbe%	"
.Vor$	"
.Art%	"
.Nach$	"
.BeginnenBei$	"
.Einfügen%	"
.Ausrichtung%	"
.Einzug$	"
.Abstand%$	"
.HängEinzug%	"
.Ebene$	"
.ZeichenNum$	"
.Schriftart$	"
.Durchstreichen%	"
.Fett%	"
.Kursiv%	"
.Unterstrichen%	"

FormatFVDefPosRahmen — *Legt die Positionsrahmen-Formate für eine Formatvorlage fest.*

Gruppe: Rahmenlinien und Positionsrahmen WordBASIC Dialogbefehl

Syntax:

```
FormatFVDefPosRahmen [.Textfluß%] <, .BreiteAuswahl=> [, .BreiteMaß%$]
[, .HöheAuswahl%] [, .HöheMaß%$] [, .PositionHoriz%$]
[, .PositionHorizRel%] [, .AbstZumText%$] [, .PositionVert%$]
[, .PositionVertRel%] [, .AbstVertZumText%$] [, .MitTextVerschieben%]
[, .VerankerungsPunktFixieren%] <, .PosRahmenEntfernen>
```

Beschreibung:

Mit Hilfe dieses Befehls lassen sich zum einen die Positionsrahmenformate für die aktuelle Formatvorlage einstellen, während andererseits nach dem vorhergehenden Aufruf von FormatFormatvorlage das Positionsrahmenformat einer neuen Formatvorlage eingestellt oder das einer bestehenden verändert werden kann.

Die einzelnen Dialogvariablen dieses Befehls entsprechen denen des Befehls FormatPosRahmen und werden im Zusammenhang mit diesem Befehl beschrieben.

Dialogvariablen:

Name: Bedeutung

Name	Bedeutung
.Textfluß%	Siehe Befehl FormatPosRahmen.
.BreiteMaß%$	"
.HöheAuswahl%	"
.HöheMaß%$	"
.PositionHoriz%$	"
.PositionHorizRel%	"
.AbstZumText%$	"
.PositionVert%$	"
.PositionVertRel%	"
.AbstVertZumText%$	"
.MitTextVerschieben%	"
.VerankerungsPunktFixieren%	"

Schaltflächen:

Name:	Aufgabe
.BreiteAuswahl=	"
.PosRahmenEntfernen	"

FormatFVDefRahmen

Stellt die Rahmen- und Schattierungs-Formate für eine Formatvorlage ein.

Gruppe: Rahmenlinien und Positionsrahmen   WordBASIC Dialogbefehl

Syntax:

```
FormatFVDefRahmen [.AnwendenAuf%] [, .Schattiert%] [, .ObenRahmenlinie%]
[, .LinksRahmenlinie%] [, .UntenRahmenlinie%] [, .RechtsRahmenlinie%]
[, .HorizontalRahmenlinie%] [, .VertikalRahmenlinie%] [, .FarbeOben%]
[, .FarbeLinks%] [, .FarbeUnten%] [, .FarbeRechts%] [, .FarbeHorizontal%]
[, .FarbeVertikal%] [, .FeineSchattierung%] [, .VomText%$] [, .Schattierung%]
[, .Vordergrund%] [, .Hintergrund%] [, .Registerkarte%]
```

Beschreibung:

Durch den Aufruf dieses Befehls lassen sich die Formateinstellungen in bezug auf Rahmen- und Schattierungen für die aktuelle Formatvorlage einstellen. Nach einem unmittelbar vorhergehenden Aufruf von FormatFormatvorlage wird hingegen das Rahmen- und Schattierungs-Format einer neu angelegten Formatvorlage eingestellt oder das einer bestehenden verändert.

Die einzelnen Dialogvariablen dieses Befehls entsprechen denen des Befehls Rahmen und Schattierungen aus dem Format-Befehl und werden im Zusammenhang mit dem WordBASIC-Befehl FormatRahmenSchattierung beschrieben.

Dialogvariablen:

Name:	Bedeutung
.AnwendenAuf%	Siehe Befehl FormatRahmenSchattierung.
.Schattiert%	"
.ObenRahmenlinie%	"
.LinksRahmenlinie%	"
.UntenRahmenlinie%	"
.RechtsRahmenlinie%	"
.HorizontalRahmenlinie%	"
.VertikalRahmenlinie%	"
.FarbeOben%	"
.FarbeLinks%	"
.FarbeUnten%	"
.FarbeRechts%	"
.FarbeHorizontal%	"
.FarbeVertikal%	"
.FeineSchattierung%	"
.VomText%$	"
.Schattierung%	"
.Vordergrund%	"
.Hintergrund%	"
.Registerkarte%	"

FormatFVDefSprache

Definiert die Spracheinstellung für eine Formatvorlage.

Gruppe: Formatvorlagen WordBASIC Dialogbefehl

Syntax:

FormatFVDefSprache .Sprache$ <, .Standard>

Beschreibung:

Durch den Aufruf dieses Befehls lassen sich die Formateinstellungen in bezug auf die Sprache für die aktuelle Formatvorlage einstellen. Nach einem unmittelbar vorhergehenden Aufruf von FormatFormatvorlage wird hingegen das Sprachenformat einer neu angelegten Formatvorlage eingestellt oder das einer bestehenden verändert.

Die einzelnen Dialogvariablen dieses Befehls entsprechen denen des Befehls Sprache aus dem Extras-Menü und werden im Zusammenhang mit dem WordBASIC-Befehl ExtrasSprache beschrieben.

Dialogvariablen:

Name:	Bedeutung
.Sprache$	Siehe Befehl ExtrasSprache.

Schaltflächen:

Name:	Aufgabe
.Standard	Siehe Befehl ExtrasSprache.

FormatFVDefTab *Definiert Tabulatoren für eine Formatvorlage.*

Gruppe: Absatzformatierung   WordBASIC Dialogbefehl

Syntax:
FormatFVDefTab [.Position$] [, .StandardTabs%$] [, .Ausrichtung%]
[, .Füllzeichen%] <, .Bestimmen> <, .Lösch> <, .AlleLösch>

Beschreibung:
Mit Hilfe dieses Befehls lassen sich die Tabulatoren für die aktuelle Formatvorlage einstellen. Nach einem unmittelbar vorhergehenden Aufruf von FormatFormatvorlage bezieht sich dieser Befehl hingegen auf eine neu angelegte Formatvorlage oder die Änderung einer bestehenden.

Dialogvariablen:

Name:	Bedeutung
.Position$	Bestimmt die Position des angesprochenen Tabstops. Bei einer numerischen Angabe wird die Einheit Punkte vorgegeben, bei einer Angabe der Dialogvariablen als String, kann eine beliebige Einheit im String angegeben werden. Fehlt die Maßeinheit im String, wird die Standard-Maßeinheit zugrunde gelegt.
.StandardTabs%$	Bestimmt die Position der Standard-Tabstops, falls diese gesetzt werden sollen. Bei einer numerischen Angabe wird die Einheit Punkte vorgegeben, bei einer Angabe der Dialogvariablen als String, kann eine beliebige Einheit im String angegeben werden. Fehlt die Maßeinheit im String, wird die Standard-Maßeinheit zugrunde gelegt.
.Ausrichtung%	Bestimmt die Ausrichtung des Tabstops.
	0 Linksbündig
	1 Zentriert
	2 Rechtsbündig
	3 Dezimal
	4 Vertikale Linie
.Füllzeichen%	Bestimmt das Füllzeichen.
	0 oder nicht angegeben Kein Füllzeichen
	1 Punkt
	2 Trennstrich
	3 Unterstreichungszeichen

Schaltflächen:

Name:	Aufgabe
.Bestimmen	Durch Angabe dieser Schaltfläche wird der angegebene Tabulator in der Formatvorlage gesetzt.

`.Lösch`	Durch Angabe dieser Schaltfläche wird der angegebene Tabulator in der Formatvorlage gelöscht.
`.AlleLösch`	Durch Angabe dieser Schaltfläche werden alle Tabulatoren in der Formatvorlage gelöscht.

FormatFVDefZeichen
Definiert die Zeichenformate für eine Formatvorlage.

Gruppe: Formatvorlagen WordBASIC Dialogbefehl

Syntax:
```
FormatFVDefZeichen [.Punkt%] [, .Unterstrichen%] [, .Farbe%] [, .Durchstrei-
chen%] <, .Hochgestellt> <, .Tiefgestellt> [, .Verborgen%]
[, .Kapitälchen%] [, .Großbuchstaben%] [, .Laufweite%] [, .Position%$]
[, .Unterschneidung%] [, .UnterschneidungMin%$] <, .Standard>
[, .Registerkarte%] [, .Schriftart$] [, .Fett%] [, .Kursiv%]
```

Beschreibung:
Dieser Befehl erlaubt Ihnen, das Zeichenformat für die aktuelle Formatvorlage einzustellen. Nach einem unmittelbar vorhergehenden Aufruf von FormatFormatvorlage bezieht sich dieser Befehl hingegen auf eine neu angelegte Formatvorlage oder die Änderung einer bestehenden. Die einzelnen Dialogvariablen dieses Befehls entsprechen denen des Befehls FormatZeichen und werden im Zusammenhang mit diesem Befehl beschrieben.

Dialogvariablen:

Name:	*Bedeutung*
`.Punkt%`	Siehe Befehl FormatZeichen.
`.Unterstrichen%`	"
`.Farbe%`	"
`.Durchstreichen%`	"
`.Verborgen%`	"
`.Kapitälchen%`	"
`.Großbuchstaben%`	"
`.Laufweite%`	"
`.Position%$`	"
`.Unterschneidung%`	"
`.UnterschneidungMin%$`	"
`.Registerkarte%`	"
`.Schriftart$`	"
`.Fett%`	"
`.Kursiv%`	"

Schaltflächen:

Name:	*Aufgabe*
`.Hochgestellt`	"
`.Tiefgestellt`	"
`.Standard`	"

FormatGrafik
Formatiert eine markierte Grafik.

Gruppe: Zeichnen   WordBASIC Dialogbefehl

Syntax:
```
FormatGrafik [.GrößeBestimmen%] [, .RahmenÄndernLinks%$]
[, .RahmenÄndernRechts%$] [, .RahmenÄndernOben%$]
[, .RahmenÄndernUnten%$] [, .SkalierenX%$] [, .SkalierenY%$]
[, .GrößeX%$] [, .GrößeY%$]
```

Beschreibung:
Dieser Dialogbefehl dient als Schnittstelle zum Grafik-Befehl aus dem Format-Menü und gestattet die Formatierung einer Grafik, d.h. die Einstellung ihrer Größe. Seine Dialogvariablen entsprechen den verschiedenen Dialogfeldern innerhalb des Dialogfensters.

Dialogvariablen:

Name:	Bedeutung
`.GrößeBestimmen%`	Bestimmt, ob die Einstellungen für das Skalieren oder die in bezug auf die Größe für die Darstellung der Grafik herangezogen werden.
	0 Die Größe der Grafik ergibt sich aus dem Produkt der Originalgröße und den Skalierungsfaktoren für die X- und Y-Achse.
	1 Die Grafik wird so skaliert, daß sie genau die in .GrößeX und .GrößeY angegebene Größe annimmt.
`.RahmenÄndernLinks%$`	Maßangabe für die Vergrößerung des Rahmens nach links. Bei einer numerischen Angabe wird die Einheit Punkt (0,376 mm) vorausgesetzt, bei einer Stringangabe kann im String eine beliebige Einheit genannt werden.
	Ein negativer Wert verkleinert den Rahmen nicht, sondern vergrößert die Leerfläche zwischen Grafik und Rahmen.
`.RahmenÄndernRechts%$`	Maßangabe für die Vergrößerung des Rahmens nach rechts, siehe .RahmenÄndernLinks.
`.RahmenÄndernOben%$`	Maßangabe für die Vergrößerung des Rahmens nach oben, siehe .RahmenÄndernLinks.
`.RahmenÄndernUnten%$`	Maßangabe für die Vergrößerung des Rahmens nach unten, siehe .RahmenÄndernLinks.
`.SkalierenX%$`	Der Skalierungsfaktor für die X-Achse in Prozent.
`.SkalierenY%$`	Der Skalierungsfaktor für die Y-Achse in Prozent.
`.GrößeX%$`	Die absolute Breite der Grafik. Bei einer numerischen Angabe wird die Einheit Punkt (0,376 mm) vorausgesetzt, bei einer Stringangabe kann im String eine beliebige Einheit genannt werden.
`.GrößeY%$`	Die absolute Höhe der Grafik. Bei einer numerischen Angabe wird die Einheit Punkt (0,376 mm) vorausgesetzt, bei einer Stringangabe kann im String eine beliebige Einheit genannt werden.

FormatGroßKleinschreibung
Stellt die Groß-/Kleinschreibung der markierten Zeichen ein.

Gruppe: Zeichenformatierung   WordBASIC Dialogbefehl

Syntax:
```
FormatGroßKleinschreibung [.Art%]
```

Beschreibung:

In bezug auf die markierten Zeichen läßt sich mit Hilfe dieses Befehls die Groß-/Kleinschreibung einstellen. Der Befehl korrespondiert dabei mit dem Befehl Groß-/Kleinschreibung aus dem Format-Menü. Seine Dialogvariablen entsprechen den Dialogfeldern innerhalb des entsprechenden Dialogfensters.

Dialogvariablen:

Name:	Bedeutung
`.Art%`	Bestimmt die Art der vorzunehmenden Einstellungen in bezug auf die Groß-/Kleinschreibung.
	0 oder nicht angegeben — Der erste Buchstabe in jedem Satz muß groß sein.
	1 Alle markierten Zeichen in Kleinbuchstaben verwandeln.
	2 Alle markierten Zeichen in Großbuchstaben verwandeln.
	3 Den ersten Buchstaben in jedem Wort groß schreiben.
	4 Die Groß-/Kleinschreibung jedes markierten Zeichens umdrehen.

FormatInitial

Verwandelt das erste Zeichen eines Absatzes in ein Initial oder setzt es zurück.

Gruppe: Absatzformatierung   WordBASIC Dialogbefehl

Syntax:
```
FormatInitial [.Position%] [, .Schriftart$] [, .InitialHöhe%$]
[, .AbstZumText%$]
```

Beschreibung:

Dieser Befehl dient als Schnittstelle zum Befehl Initial aus dem Format-Menü und ermöglicht die Freistellung eines Intials am Anfang eines Absatzes mit Hilfe eines eingefügten Positionsrahmens. Darüber hinaus läßt sich ein bereits eingestelltes Initial wieder rückgängig machen.

Die Dialogvariablen des Befehls entsprechen den Dialogfeldern im korrespondierenden Dialogfenster.

Dialogvariablen:

Name:	Bedeutung
`.Position%`	Bestimmt die Position des Initials oder veranlaßt die Entfernung eines bereits bestehenden.
	0 oder nicht angegeben — Die spezielle Formatierung des Initials zurücknehmen.
	1 Das Initial fließend in den Rest des Absatzes einbetten.
	2 Das Initial an den Rand des Absatzes stellen.
`.Schriftart$`	Die gewünschte Schriftart des Initials.
`.InitialHöhe%$`	Die Höhe des Initials als Faktor der für den jeweiligen Absatz gültigen Zeilenhöhe.
`.AbstZumText%$`	Bestimmt den horizontalen Abstand zwischen dem Initial und dem "normalen" Text. Eine numerische Angabe wird auf die Einheit Punkte bezogen, bei einer Stringangabe kann eine beliebige Einheit als Teil des Strings angegeben werden.

FormatKopfFußzeileVerknüpfen

Ersetzt die aktuelle Kopf-/ Fußzeile mit der Kopf-/ Fußzeile des vorherigen Abschnitts.

Gruppe: Abschnitts- und Dokumentformatierung WordBASIC Befehl

Syntax:
FormatKopfFußzeileVerknüpfen

Beschreibung:
Mit Hilfe dieses Befehls lassen sich die Kopf- und Fußzeilen eines Abschnitts durch diejenigen des vorherigen Abschnitts ersetzen. Voraussetzung für die erfolgreiche Ausführung diese Befehls ist, daß sich die Einfügemarke innerhalb einer Kopf- oder Fußzeile befindet, damit WinWord den Abschnitt erkennt, dessen Kopf-/Fußzeilen ersetzt werden sollen.

FormatKopieren

Überträgt die Zeichenformatierung eines Zeichens auf den markierten Text.

Gruppe: Zeichenformatierung WordBASIC Befehl

Syntax:
FormatKopieren

Beschreibung:
Mit Hilfe dieses Befehls lassen sich Formatierungen von einem Textbereich in einen anderen kopieren. In bezug auf die Zeichenformatierung wird immer das Format des ersten Zeichens aus dem markierten Bereich kopiert, Absatzformate werden jedoch nur kopiert, wenn die Markierung eine Absatzmarke einschließt.

"Kopiert" heißt im Zusammenhang mit diesem Befehl, daß die Zeichen- und eventuell auch die Absatzformatierung festgehalten werden. Anschließend muß mit Hilfe der entsprechenden Befehle der Bereich markiert werden, auf den das Format übertragen werden soll, was im nächsten Schritt durch Aufruf des Befehls FormatEinfügen geschehen kann.

FormatLegende

Legt die Optionen für ein Legenden-Zeichnungsobjekt fest.

Gruppe: Zeichnen WordBASIC Dialogbefehl

Syntax:
FormatLegende [, .Art%] [, .Abst%$] [, .Winkel%] [, .Ansatz$] [, .Länge%$]
[, .RahmenLinie%] [, .AutoVerbinden%] [, .LeisteHinzufügen%]

Beschreibung:
Dieser Befehl dient als Schnittstelle zum Dialogfenster, das nach der Betätigung der Schaltfläche "Legende formatieren" innerhalb der Zeichnungssymbol-Leiste erscheint. Mit seiner Hilfe lassen sich die verschiedenen Format-Optionen einer Legende einstellen.

Dialogvariablen:

Name:	Bedeutung
.Art%	Bestimmt die Art der Legende:
	0 Ein horizontales oder vertikales Liniensegment.
	1 Ein horizontales, vertikales oder diagonales Liniensegment.

	2	Zwei Liniensegmente.
	3	Drei Liniensegmente.

`.Abst%$` — Definiert den Abstand zwischen der Legendenlinie und dem Rechteck, in das der Legendentext gefaßt wird. Bei einer numerischen Angabe wird die Einheit Punkte zugrundegelegt, bei einer String-Angabe kann die Einheit im String beliebig gewählt werden.

`.Winkel%` — Für Legenden mit zwei oder drei Liniensegmenten stellt diese Dialogvariable den Winkel für die diagonale Legendenlinie ein.

- 0 Word paßt den Winkel automatisch an, wenn die Legende verschoben wird oder sich ihre Größe ändert.
- 1 30 Grad
- 2 45 Grad
- 3 60 Grad
- 4 90 Grad

`.Ansatz$` — Bestimmt, wo die Legendenlinie an dem Rechteck, das den Legendentext einfaßt, anpackt.
"Oben" Oberer Rand.
"Mitte" Mitte des Rechtecks.
"Unten" Unterer Rand des Rechtecks.

`.Länge%$` — Für Legenden mit zwei oder drei Liniensegmenten bestimmt diese Dialogvariable die Länge des ersten Segments der Legendenlinie. Bei einer numerischen Angabe lautet die Einheit Twips, bei Angabe eines Strings kann die gewünschte Einheit im String festgelegt werden.

`.RahmenLinie%` — Wird hier der Wert 1 angegeben, zieht Word einen Rahmen um den Legendentext.

`.AutoVerbinden%` — Wird hier der Wert 1 angegeben, verschiebt WinWord den Anfang der Legendenlinie automatisch, wenn der Legendenursprung sich verschiebt oder der Legendentext von linksbündig auf rechtsbündig umgeschaltet wird.

`.LeisteHinzufügen%` — Wird hier der Wert 1 angegeben, zeichnet WinWord neben dem Legendentext eine vertikale Linie, die nahtlos in die Legendenlinie übergeht.

FormatNummerStandard

Numeriert die markierten Absätze oder entfernt die Numerierung.

Gruppe: Aufzählungen und Numerierung WordBASIC Befehl

Syntax:

FormatNummerStandard [AnAus]

Beschreibung:

Durch den Aufruf dieses Befehls werden die markierten Absätze mit einer Numerierung versehen oder eine bereits bestehende Numerierung wird wieder gelöscht.

Parameter:

Name:	Bedeutung
AnAus	Bestimmt, ob die Numerierung hinzugefügt oder gelöscht werden soll.
	0 Entfernt eine bereits bestehende Numerierung. Weisen vorausgehende oder nachfolgende Absätze eine Numerierung auf, werden die markierten Absätze von nun an in der Numerierung einfach übersprungen.

| | 1 | Legt eine neue Numerierung an. Besteht für die vorhergehenden oder nachfolgenden Absätze bereits eine Numerierung, wird die neue Numerierung in die bestehende integriert. |

FormatPosRahmen *Stellt die Formate für einen Positionsrahmen ein und löscht Positionsrahmen.*

Gruppe: Rahmenlinien und Positionsrahmen WordBASIC Dialogbefehl

Syntax:
```
FormatPosRahmen [.Textfluß%] [, .BreiteAuswahl%] [, .BreiteMaß%$]
[, .HöheAuswahl%] [, .HöheMaß%$] [, .PositionHoriz%$]
[, .PositionHorizGemVon%] [, .AbstZumText%$] [, .PositionVert%]
[, .PositionVertGemVon%] [, .AbstVertZumText$] [, .MitTextVerschieben%]
[, .VerankerungsPunktFixieren%] <, .PosRahmenEntfernen>
```

Beschreibung:
Dieser Befehl dient als Schnittstelle zum Dialogfenster des Befehls Positionsrahmen aus dem Format-Menü. Neben der Einstellung der verschiedenen Format-Optionen für einen markierten bzw. den aktuellen Positionsrahmen ermöglicht er das Löschen eines solchen.

Dialogvariablen:

Name:	Bedeutung
.Textfluß%	Bestimmt, wie der Positionsrahmen in den Text eingebettet wird.
	0 Der Text umfließt den Positionsrahmen nicht, wird also vor und nach dem Positionsrahmen abgeschnitten.
	1 Der Text umfließt den Positionsahmen.
.BreiteAuswahl%	Bestimmt die Wahl der Breite des Positionsrahmens:
	0 Die Breite wird automatisch aufgrund der Absatzbreite innerhalb des Positionsrahmens eingestellt.
	1 Es wird genau die Breite eingestellt, die in der Dialogvariablen .BreiteMaß verzeichnet ist.
.BreiteMaß%$	Wird für die Dialogvariable .BreiteAuswahl der Wert 1 angegeben, erwartet der Befehl in dieser Dialogvariable die genaue Breite des Rahmens. Bei einer numerischen Angabe wird die Einheit Punkt zugrundegelegt, bei der Angabe eines Strings kann eine beliebige Einheit im String gewählt werden.
.HöheAuswahl%	Bestimmt die Wahl der Höhe des Positionsrahmens:
	0 Die Höhe wird aufgrund der Anzahl Zeilen innerhalb des Positionsrahmens und der Zeilenhöhe automatisch eingestellt.
	1 Der Positionsrahmen muß eine Mindesthöhe aufweisen, die in der Dialogvariable .HöheMaß verzeichnet ist.
	2 Der Positionsrahmen wird auf eine genau Höhe eingerichtet, die in der Dialogvariable .HöheMaß verzeichnet ist.
.HöheMaß%$	Wird für die Dialogvariable .HöheAuswahl 1 oder 2 angegeben, erwartet der Befehl in dieser Dialogvariable die Höhe des Rahmens. Bei einer numerischen Angabe wird die Einheit Punkt zugrundegelegt, bei der Angabe eines Strings kann eine beliebige Einheit im String gewählt werden.
.PositionHoriz%$	Bestimmt den horizontalen Abstand von dem Element, das in der Dialogvariable .PositionHorizGemVon angegeben wird. Bei einer numerischen

	Angabe wird die Einheit Punkt zugrundegelegt, bei der Angabe eines Strings kann eine beliebige Einheit im String gewählt werden. Darüber hinaus können folgende Einstellungen gewählt werden: "Links", "Rechts", "Innen", "Außen" und "Zentriert".
`.PositionHorizGemVon%`	Bezeichnet das Element, an dem sich die horizontale Ausrichtung des Positionsrahmens orientieren soll. 0 Seitenrand 1 Seite 2 Spalte
`.AbstZumText%$`	Bestimmt den horizontalen Abstand zwischen Text und dem Positionsrahmen in Punkten oder auf der Basis einer beliebigen Einheit, wenn die Angabe in einem String erfolgt.
`.PositionVert%`	Bestimmt den vertikalen Abstand von dem Element, das in der Dialogvariable .PositionVertGemVon angegeben wird. Bei einer numerischen Angabe wird die Einheit Punkt zugrundegelegt, bei der Angabe eines Strings kann eine beliebige Einheit im String gewählt werden. Darüber hinaus können folgende Einstellungen gewählt werden: "Oben", "Unten" und "Zentriert".
`.PositionVertGemVon%`	Bezeichnet das Element, an dem sich die horizontale Ausrichtung des Positionsrahmens orientieren soll. 0 Seitenrand 1 Seite 2 Spalte
`.AbstVertZumText$`	Bestimmt den vertikalen Abstand zwischen Text und dem Positionsrahmen in Punkten oder auf der Basis einer beliebigen Einheit, wenn die Angabe in einem String erfolgt.
`.MitTextVerschieben%`	Wird hier der Wert 1 angegeben, paßt sich die Lage des Positionsrahmens beim Hinzufügen oder Entfernen umgebenden Textes automatisch an.
`.VerankerungsPunktFixieren%`	Wird hier der Wert 1 angegeben, kann der Positionsrahmen nicht über seine Verankerungspunkte verschoben werden.

Schaltflächen:

Name:	Aufgabe
`.PosRahmenEntfernen`	Bei Angabe dieser Schaltfläche wird der aktuelle Positionsrahmen entfernt. Alle anderen Dialogvariablen sind in diesem Fall obsolet.

FormatRahmenSchattierung

Legt für die markierten Absätze Rahmenlinien und Schattierungsformate fest.

Gruppe: Rahmenlinien und Positionsrahmen   WordBASIC Dialogbefehl

Syntax:

```
FormatRahmenSchattierung [.Schattierung%] [, .Vordergrund%] [, .Hintergrund%]
[, .VomText%$] [, .AnwendenAuf%] [, .Schattiert%]
[, .ObenRahmenlinie%] [, .LinksRahmenlinie%] [, .UntenRahmenlinie%]
[, .RechtsRahmenlinie%] [, .HorizontalRahmenlinie%]
[, .VertikalRahmenlinie%] [, .FarbeOben%] [, .FarbeLinks%]
[, .FarbeUnten%] [, .FarbeRechts%] [, .FarbeHorizontal%]
[, .FarbeVertikal%] [, .FeineSchattierung%] [, .Registerkarte%]
```

Beschreibung:

Dieser Befehl dient als Schnittstelle zum Dialogfenster des Befehls Rahmen und Schattierungen aus dem Format-Befehl. Mit seiner Hilfe können Textelemente wie Absätze und Positionsrahmen mit Rahmen und Schattierungen versehen werden. Die Dialogvariablen des Befehls entsprechen den Dialogfeldern in dem korrespondierenden Dialogfenster.

Dialogvariablen:

Name:	Bedeutung
`.Schattierung%`	Bestimmt eines der Schattierungsmuster, wie sie in dem gleichnamigen Listenfeld innerhalb des Dialogfensters angezeigt werden. Entsprechend der 26 Einträge in diesem Listenfeld kann hier einer der Wert 0 (transparent) bis 25 (vollständig deckend) angegeben werden.
`.Vordergrund%`	Bestimmt die Farbe der Schattierung. 0 steht für die automatische Wahl einer Farbe, die Werte 1 bis 16 für die verschiedenen Farben. Eine Tabelle der Farben finden Sie bei der Beschreibung des Befehls FormatZeichen.
`.Hintergrund%`	Bestimmt die Hintergrundfarbe der Schattierung. 0 steht für die automatische Wahl einer Farbe, die Werte 1 bis 16 für die verschiedenen Farben. Eine Tabelle der Farben finden Sie bei der Beschreibung des Befehls FormatZeichen.
`.VomText%$`	Bestimmt den Abstand zwischen den Rahmenlinien und den sich daran anschließenden Text. Bei einer numerischen Angabe wird die Einheit Punkt zugrunde gelegt, bei einer Stringangabe kann die Maßeinheit im String angegeben werden.
`.AnwendenAuf%`	Sofern der markierte Bereich unterschiedliche Textelemente wie Absätze, Grafiken oder Tabellen enthält, muß über diese Dialogvariable angezeigt werden, auf welche Art von Element der Befehl einwirken soll: 1 Grafik 2 Zellen einer Tabelle 3 eine gesamte Tabelle 0 Absätze
`.Schattiert%`	Wird hier der Wert 1 angegeben, wird der Rahmen eines Absatzes oder einer Grafik mit einem Schatten hinterlegt.
`.ObenRahmenlinie%`	Bestimmt die Art der Rahmenlinine entlang des oberen Rahmenrandes. Es darf einer der Werte zwischen 0 und 11 angegeben werden, die den verschiedenen Einträgen aus dem Dialogfeld Linienarten entsprechen.
`.LinksRahmenlinie%`	Siehe ObenRahmenlinie.
`.UntenRahmenlinie%`	Siehe ObenRahmenlinie.
`.RechtsRahmenlinie%`	Siehe ObenRahmenlinie.
`.HorizontalRahmenlinie%`	Bestimmt die Art der horizontalen Rahmenlinine, die zwischen zwei Absätzen oder Tabellenzellen gezogen wird. Voraussetzung dafür ist, daß beim Befehlsaufruf mindestens zwei aufeinanderfolgende Absätze oder Tabellenzellen markiert sind. Es muß einer der Werte zwischen 0 und 11 angegeben werden, die den verschiedenen Einträgen aus dem Dialogfeld Linienarten entsprechen.
`.VertikalRahmenlinie%`	Bestimmt die Art der vertikalen Rahmenlinine, die zwischen Tabellenzellen gezogen wird. Voraussetzung dafür ist, daß beim Befehlsaufruf mindestens zwei nebeneinanderliegende Tabellenzellen markiert sind.

	Es muß einer der Werte zwischen 0 und 11 angegeben werden, die den verschiedenen Einträgen aus dem Dialogfeld Linienarten entsprechen.
.FarbeOben%	Die Farbe für den oberen Rand. Der Wert 0 steht dabei für eine automatische Farbwahl, die Werte 1 bis 16 für die verschiedenen Farbcodes, wie sie im Rahmen des Befehls FormatZeichen aufgeführt werden. Siehe deshalb auch FormatZeichen.
.FarbeLinks%	Siehe FarbeOben.
.FarbeUnten%	Siehe FarbeOben.
.FarbeRechts%	Siehe FarbeOben.
.FarbeHorizontal%	Siehe FarbeOben.
.FarbeVertikal%	Siehe FarbeOben.
.FeineSchattierung%	Bestimmt den Grad der Schattierung als Faktor von 2,5%. Es können daher Werte zwischen 0 (0%) und 40 (100%) angegeben werden.
.Registerkarte%	Bestimmt die Registerkarte, die bei der Angabe einer Verbundvariablen vom Typ FormatRahmenSchattierung in Verbindung mit dem Dialog-Befehl oder der gleichnamigen Funktion angezeigt wird. 0 Registerkarte "Rahmen" 1 Registerkarte "Schattierungen"

FormatSeitenzahl

Definiert das Format der Seitenzahlen für den markierten Bereich.

Gruppe: Abschnitts- und Dokumentformatierung   WordBASIC Dialogbefehl

Syntax:

FormatSeitenzahl .NumFormat% [, .KapitelNummer%] [, .Ebene%]
[, .TrennZeichen%] [, .NumNeuBeginnen%] [, .AnfangsNr%]

Beschreibung:

Dieser Befehl korrespondiert mit dem Dialogfenster, das nach dem Aufruf des Befehls Seitenzahlen aus dem Einfügen-Menü erscheint, wenn innerhalb dessen Dialogfenster die Schaltfläche "Format" betätigt wird. Es gestattet die Einstellung der Format-Optionen für die automatische Generierung von Seitenzahlen.

Dialogvariablen:

Name:	*Bedeutung*
.NumFormat%	Bestimmt das numerische Format für die Darstellung der Seitenzahlen. 0 arabische Ziffern (1, 2, 3) 1 Lateinische Buchstaben klein (a b c) 2 Lateinische Buchstaben groß (A B C) 3 Römische Ziffern klein (i ii iii) 4 Römische Ziffern groß (I II III)
.KapitelNummer%	Wird hier der Wert 1 angegeben, wird neben der Seitenzahl auch die Kapitelnummer ausgegeben.
.Ebene%	Gibt die Überschriftenebene für den ersten Absatz innerhalb des Kapitels an, wenn neben den Seitenzahlen auch Kapitelnummern ausgegeben werden sollen. 0 steht dabei für die erste Überschriftenebene, 1 für die zweite usw.
.TrennZeichen%	Bestimmt das Trennzeichen zwischen der Kapitelnummer und den Seitenzahlen, wenn für die Dialogvariable .Ebene der Wert 1 angegeben wird.

	0	Bindestrich
	1	Punkt
	2	Doppelpunkt
	3	Langer Gedankenstrich
	4	Gedankenstrich

`.NumNeuBeginnen%` Bestimmt, ob die Numierung vom vorhergehenden Abschnitt fortgeführt oder neue begonnen werden soll.

	0	Die Numerierung wird anschließend an den vorhergehenden Abschnitt weitergeführt.
	1	Die Numerierung beginnt neu mit der Seite, die in der Dialogvariable .AnfangsNr verzeichnet ist.

`.AnfangsNr%` Legt die erste Seitennummer fest, wenn für die Dialogvariable .NeumNeuBeginnen der Wert 1 angegeben wird.

FormatSpalten

Bestimmt die Anzahl und die Darstellung der Spalten in den markierten Abschnitten.

Gruppe: Abschnitts- und Dokumentformatierung   WordBASIC Dialogbefehl

Syntax:

```
FormatSpalten [.Spalten%$] [, .SpaltenNr$] [, .SpaltenBreite$]
[, .SpaltenAbstand$] [, .GleicherSpaltenabstand%] [, .SpaltenZuweisen%]
[, .Zwischenlinie%] [, .BeginneNeueSpalte%]
```

Beschreibung:

Dieser Befehl dient als Schnittstelle zum Befehl Spalten aus dem Format-Menü, mit dessen Hilfe sich die Formatierung der Spalten im aktuellen Abschnitt und den weiteren markierten Abschnitten einstellen lassen. Die Dialogvariablen des Befehls entsprechen den Dialogfeldern in dem korrespondierenden Dialogfenster.

Dialogvariablen:

Name:	*Bedeutung*
`.Spalten%$`	Die gewünschte Anzahl der Spalten.
`.SpaltenNr$`	Die Nummer einer Spalte, wenn eine Spalte ganz individuell eingestellt werden soll.
`.SpaltenBreite$`	Bestimmt die Breite der Spalte mit der Nummer .SpaltenNr, oder die Breite aller Spalten, wenn die Dialogvariable .GleicherSpaltenabstand auf 1 steht.
	Bei einer numerischen Angabe wird die Standard-Maßeinheit zugrunde gelegt, bei der Angabe eines Strings kann die Einheit im String nach Belieben gewählt werden.
`.SpaltenAbstand$`	Bestimmt den Abstand zwischen den verschiedenen Spalten. Bei einer numerischen Angabe wird die Standard-Maßeinheit zugrunde gelegt, bei der Angabe eines Strings kann die Einheit im String nach Belieben gewählt werden.
`.GleicherSpaltenabstand%`	Wird hier der Wert 1 angegeben, erhalten alle Spalten den gleichen Spaltenabstand.
`.SpaltenZuweisen%`	Diese Dialogvariable bestimmt den Bereich des Dokuments, auf den das angegebene Spaltenformat angewandt werden soll.

0	Dem aktuellen Abschnitt.
1	Dem gesamten Rest des Dokuments, ausgehend von der aktuellen Position der Einfügemarke.
2	Den markierten Abschnitten.
3	Dem markierten Text.
4	Dem gesamten Dokument.

`.Zwischenlinie%` — Wird hier der Wert 1 angegeben, trennt WinWord die Spalten durch eine vertikale Linie.

`.BeginneNeueSpalte%` — Wird hier der Wert 1 angegeben, während gleichzeitig für .SpaltenZuweisen der Wert 1 angegeben wird, legt WinWord eine neue Spalte an.

FormatTabulator

Definiert Tabulatoren für die markierten Absätze oder löscht diese.

Gruppe: Absatzformatierung   WordBASIC Dialogbefehl

Syntax:
```
FormatTabulator [.Position$] [, .StandardTabs%$] [, .Ausrichten%]
[, .Füllzeichen%] <, .Bestimmen> <, .Lösch> <, .AlleLösch>
```

Beschreibung:

Dieser Befehl fungiert als Schnittstelle zum Befehl Tabulator aus dem Format-Menü. Mit seiner Hilfe werden den markierten Absätzen Tabulatoren hinzugefügt oder gelöscht. Die Dialogvariablen des Befehls entsprechen dabei den Dialogfeldern in dem korrespondierendem Dialogfenster des Tabulator-Befehls.

Dialogvariablen:

Name: *Bedeutung*

`.Position$` — Bestimmt die Position des angesprochenen Tabstops. Bei einer numerischen Angabe wird die Einheit Punkte vorgegeben, bei einer Angabe der Dialogvariable als String kann eine beliebige Einheit im String angegeben werden. Fehlt die Maßeinheit im String, wird die Standard-Maßeinheit zugrunde gelegt.

`.StandardTabs%$` — Bestimmt die Position der Standard-Tabstops, falls diese gesetzt werden sollen. Bei einer numerischen Angabe wird die Einheit Punkte vorgegeben, bei einer Angabe der Dialogvariable als String kann eine beliebige Einheit im String angegeben werden. Fehlt die Maßeinheit im String, wird die Standard-Maßeinheit zugrunde gelegt.

`.Ausrichten%` — Bestimmt die Ausrichtung des Tabstops.

0	Linksbündig.
1	Zentriert.
2	Rechtsbündig.
3	Dezimal.
4	Vertikale Linie.

`.Füllzeichen%` — Definiert das Füllzeichen für den Tabstop.

0 oder nicht angegeben	Kein Füllzeichen.
1	Punkt.
2	Trennstrich.
3	Unterstreichungszeichen.

Schaltflächen:

Name:	Aufgabe
`.Bestimmen`	Durch die Angabe dieser Schaltfläche wird der angegebene Tabstop eingestellt.
`.Lösch`	Bei Angabe dieser Schaltfläche wird der in .Position genannte Tabstop gelöscht.
`.AlleLösch`	Bei Angabe dieser Schaltfläche werden alle benutzerdefinierten Tabstops innerhalb der markierten Absätze gelöscht.

FormatÜberschriftenNumerierung

Versieht die Überschriften im markierten Bereich mit Nummern oder entfernt diese wieder.

Gruppe: Abschnitts- und Dokumentformatierung WordBASIC Dialogbefehl

Syntax:

`FormatÜberschriftenNumerierung <.Entfernen> [, .Voreinstellung%]`

Beschreibung:

Durch den Aufruf dieses Befehls werden den Überschriften innerhalb des markierten Bereichs Nummern hinzugefügt oder bereits bestehende Überschriftsnumerierungen wieder entfernt. Der Befehl wirkt dabei nur auf Absätze ein, die sich durch die Formatierung mit einer der Überschriften-Formatvorlagen von 1 bis 9 als Überschrift ausweisen.

Dialogvariablen:

Name:	Bedeutung
`.Voreinstellung%`	Bestimmt das Numerierungsschema gemäß den Einstellungen innerhalb des Dialogfensters des Befehls Überschriften numerieren aus dem Format-Menü, wenn die Numerierungen hinzugefügt werden sollen. Die dort aufgeführten Schemata werden von links nach rechts durch die Nummern von 1 bis 6 gekennzeichnet.

Schaltflächen:

Name:	Aufgabe
`.Entfernen`	Bei Angabe dieser Schaltfläche werden bereits bestehende Überschriftennumerierungen wieder entfernt.

FormatÜberschriftenNummer

Numeriert alle Absätze, die mit einer der Überschriften-Formatvorlagen formatiert sind.

Gruppe: Abschnitts- und Dokumentformatierung WordBASIC Dialogbefehl

Syntax:

```
FormatÜberschriftenNummer [.Punkt%] [, .Farbe%] [, .Vor$] [, .Art%]
[, .Nach$] [, .BeginnenMit%] [, .Einbeziehen%] [, .Ausrichtung%] [, .Einzug$]
[, .Abstand%$] [, .HängEinzug%] [, .Neunumerierung%] [, .Ebene%] [, .Schrift-
art$] [, .Durchstreichen%] [, .Fett%] [, .Kursiv%] [, .Unterstrichen%]
```

Beschreibung:

Dieser Befehl dient als Schnittstelle zu dem Dialogfenster, das nach dem Aufruf des Befehls Überschriften numerieren aus dem Format-Menü erscheint, wenn in dessen Dialogfenster die Schaltfläche "Bearbeiten" betätigt wird. Mit seiner Hilfe lassen sich zum einen alle Absätze innerhalb des Dokuments numerieren, die mit einer der neuen vordefinierten Formatvorlagen für Überschriften formatiert sind. Zum anderen gestattet er die Festlegung von Numerierungseinstellungen für die verschiedenen Überschriftsebenen.

Dialogvariablen:

Name:	Bedeutung
`.Punkt%`	Zeichenformatierung für die Überschriftsnummern. Siehe Befehl FormatZeichen.
`.Farbe%`	Siehe .Punkt.
`.Vor$`	Bestimmt die Einstellung für den Numerierungstext. Siehe Befehl FormatNumerierung.
`.Art%`	Bestimmt das Format der Überschriftennumerierung für die Überschriftenebene, die in der Dialogvariable .Ebene genannt ist.

    0   Arabische Ziffern (1 2 3)
    1   Römische Ziffern groß (I II III)
    2   Römische Ziffern klein (i ii iii)
    3   Fortlaufende Großbuchstaben (A B C)
    4   Fortlaufende Kleinbuchstaben (a b c)
    5   Ordinalzahlen nicht ausgeschrieben (1. 2. 3.)
    6   Zahlen ausgeschrieben (Eins Zwei Drei)
    7   Ordinalzahlen ausgeschrieben (Erste Zweie Dritte)

`.Nach$`	Siehe .Vor.
`.BeginnenMit%`	Bestimmt die Nummer der ersten Überschrift aus der jeweiligen Überschriftenebene. Wird dieser Parameter weggelassen, wird bei eins begonnen.
	Für Überschriftennumerierungen vom Typ 3 oder 4 (in .Art) muß hier die Nummer des Buchstabens aus dem Alphabet genannt werden, mit dem die Numerierung beginnen soll. 1 steht dabei für A, 2 für B usw.
`.Einbeziehen%`	Bestimmt, ob Nummern und/oder Positionsoptionen aus vorangehenden Überschriftenebenen vor den Nummern der gewählten Ebene ausgegeben werden sollen.

    0 oder nicht angegeben   Fügt weder Positionsoptionen noch Nummern ein.
    1   Fügt die Nummern aus übergeordneten Überschriftsebenen ein.
    2   Fügt sowohl die Nummern aus übergeordneten Überschriftsebenen als auch die zugehörigen Positionsoptionen ein.

`.Ausrichtung%`	Siehe .Vor.
`.Einzug%$`	Siehe .Vor.
`.Abstand%$`	Siehe .Vor.
`.HängEinzug%`	Siehe .Vor.
`.Neunumerierung%`	Wird hier der Wert 1 angegeben, startet die Numerierung in jedem Abschnitt wieder von vorn.
`.Ebene%`	Legt die Nummer der Überschriftenebene fest, deren Numerierungsoptionen geändert werden sollen.
`.Schriftart$`	Siehe .Punkt.
`.Durchstreichen%`	Siehe .Punkt.
`.Fett%`	Siehe .Punkt.
`.Kursiv%`	Siehe .Punkt.
`.Unterstrichen%`	Siehe .Punkt.

Formatvorlage
Verbindet die markierten Absätze mit einer Formatvorlage.

Gruppe: Formatvorlagen　　　　　　　　　　　　　　　　　　　　　WordBASIC Befehl

Syntax:
```
Formatvorlage Formatvorlage$
```

Beschreibung:
Über diesen Befehl läßt sich den markierten Zeichen und Absätzen innerhalb des Dokuments eine Formatvorlage zuweisen.

Parameter:

Name:	*Bedeutung*
Formatvorlage$	Der Name der Formatvorlage, die dem markierten Bereich zugewiesen werden soll.

FormatZeichen
Formatiert die Zeichen im markierten Bereich.

Gruppe: Zeichenformatierung　　　　　　　　　　　　　　　　　WordBASIC Dialogbefehl

Syntax:
```
FormatZeichen [.Punkt%] [, .Durchstreichen%] [, .Verborgen%]
[, .Kapitälchen%] [, .Großbuchstaben%] [, .Hochgestellt%]
[, .Tiefgestellt%] [, .Unterstrichen%] [, .Farbe%] [, .Laufweite%$]
[, .Position%$] [, .UnterschneidungMin%$] [, .Unterschneidung%]
[, .Schriftart$] [, .Fett%] [, .Kursiv%] <, .Standard>
[, .Registerkarte%]
```

Beschreibung:
Auf der Makro-Ebene dient dieser Befehl als Schnittstelle zu der Dialogbox des Menübefehls Zeichen aus dem Format-Menü. Mit seiner Hilfe können die Zeichen im markierten Bereich mit einem Zeichenformat ausgestattet werden, das vom Zeichenformat ihres Absatzformates abweicht.

Dialogvariablen:

Name:	*Bedeutung*	
.Punkt%	Definiert den Schriftgrad der Zeichen (d.h. Größe) in Punkt.	
.Durchstreichen%	Bestimmt, ob die zu formatierenden Zeichen durchgestrichen werden sollen.	
	0 (Default)	Die Zeichen werden nicht durchgestrichen.
	1	Die Zeichen werden durchgestrichen.
.Verborgen%	Bestimmt, ob die Zeichen unsichtbar werden sollen.	
	0 (Default)	Die Zeichen werden/bleiben sichtbar.
	1	Die Zeichen werden unsichtbar.
.Kapitälchen%	Bestimmt, ob die Zeichen als Kapitälchen gesetzt werden sollen.	
	0 (Default)	Keine Kapitälchen.
	1	Kapitälchen.
.Großbuchstaben%	Bestimmt, ob die Zeichen als Großbuchstaben dargestellt werden.	
	0 (Default)	Die aktuelle Groß-/Kleinschreibung der Zeichen bleibt erhalten.
	1	Alle Zeichen als Großbuchstaben.

`.Hochgestellt%`	Wird hier der Wert 1 angegeben, werden die markierten Zeichen mit dem Attribut "Hochgestellt" formatiert.
`.Tiefgestellt%`	Wird hier der Wert 1 angegeben, werden die markierten Zeichen mit dem Attribut "Tiefgestellt" formatiert.
`.Unterstrichen%`	Diese Dialogvariable bestimmt, ob und wie die markierten Zeichen unterstrichen werden.

0	Keine Unterstreichung
1	Einfach
2	Nur Wörter
3	Doppelt
4	Punktiert

`.Farbe%`	Bestimmt die Farbe des Textes. Der Wert 0 steht dabei für die Standard-Farbe, einer der Werte 1 bis 16 für die verschiedenen Farben, in denen Text gestaltet werden kann. Eine Auflistung der Farben und ihrer Codes finden Sie bei der Beschreibung des Befehls ZeichenFarbe.
`.Laufweite%$`	Bestimmt die Laufweite, d.h. den horizontalen Abstand zwischen den verschiedenen Zeichen. Bei Angabe eines numerischen Wertes wird die Einheit Twips zugrunde gelegt, bei der Angabe eines Strings kann eine beliebige Einheit im String genannt werden.

0 oder nicht angegeben	Standard-Laufweite.
>0	Laufweite vergrößert um X Twips.
<0	Laufweite verringert um X Twips.

`.Position%$`	Definiert die Stellung der Zeichen relativ zur Grundlinie. Bei einer numerischen Angabe wird als Einheit "halbe Punkte" zugrunde gelegt, während die Maßeinheit bei der Angabe eines Strings beliebig im String angegeben werden kann.

0 oder nicht angegeben	Keine Hoch-/Tiefstellung
>0	Hochstellung um X halbe Punkte.
<0	Tiefstellung um X halbe Punkte.

`.UnterschneidungMin%$`	Sofern die Dialogvariable .Unterschneidung auf 1 steht, definiert diese Dialogvariable den minimalen Schriftgrad für die Unterschneidung in Punkten fest.
`.Unterschneidung%`	Wird hier der Wert 1 angegeben, wird die Unterschneidung angeschaltet.
`.Schriftart$`	Bestimmt die Schriftart der Zeichen.
`.Fett%`	Wird hier der Wert 1 angegeben, werden die Zeichen fett geschaltet.
`.Kursiv%`	Wird hier der Wert 1 angegeben, erscheinen die Zeichen kursiv.
`.Registerkarte%`	Legt die Registerkarte fest, die dem Anwender beim Aufruf des Befehls Dialog oder der gleichnamigen Funktion in Verbindung mit einer Verbundvariable vom Typ FormatZeichen präsentiert wird.

0	Registerkarte "Zeichen"
1	Registerkarte "Abstand"

Schaltflächen:

Name:	*Aufgabe*
`.Standard`	Durch Angabe dieser Schaltfläche wird das definierte Zeichenformat als Standardformat in der globalen Formatvorlage "Normal.Dot" verzeichnet.

FormatZeichnungsElement *Formatiert ein Zeichnungselement.*

Gruppe: Zeichnen   WordBASIC Dialogbefehl

Syntax:
FormatZeichnungsElement [.Registerkarte%] [, .Füllfarbe%$]
[, .LinieFarbe%$] [, .FüllmusterFarbe%$] [, .Füllmuster%$]
[, .LinienDef%] [, .LinienArt%] [, .LinienStärke%$] [, .PfeilArt%]
[, .PfeilBreite%] [, .PfeilLänge%] [, .Schattiert%]
[, .AbgerundeteEcken%] [, .HorizontalPos%$] [, .HorizontalVon%]
[, .VertikalPos%$] [, .VertikalVon%] [, .VerankerungsPunktFixieren%]
[, .Höhe%$] [, .Breite%$] [, .Innenrand%$]

Beschreibung:
Mit Hilfe dieses Befehls können Sie auf ein markiertes Zeichnungselement einwirken. Der Befehl dient dabei als Schnittstelle zum Befehl Zeichnungselement aus dem Format-Menü. Seine Dialogvariablen korrespondieren mit den Dialogfeldern in dem zugehörigen Dialogfenster.

Dialogvariablen:

Name:	Bedeutung
.Registerkarte%	Legt die Registerkarte fest, die dem Anwender beim Aufruf des Befehls Dialog oder der gleichnamigen Funktion in Verbindung mit einer Verbundvariable vom Typ FormatZeichnungsElement präsentiert wird.
	0 Registerkarte "Ausfüllen"
	1 Registerkarte "Linie"
	2 Registerkarte "Größe und Position"
.Füllfarbe%$	Bestimmt die Farbe für den Füllbereich. 0 steht für keine Füllung, die Werte 1 bis 16 für die verschiedenen Farben, deren Codes im Rahmen des Befehls ZeichenFarbe aufgeführt werden.
	Soll eine Grauschattierung gewählt werden, muß ein negativer Werte angegeben werden, wobei als Einheit "halbe Prozente!" zugrunde gelegt wird. Der Wert -100 entspricht damit 50 Prozent, der Wert -160 80 Prozent.
.LinieFarbe%$	Bestimmt die Farbe der Linien. Siehe .Füllfarbe.
.FüllmusterFarbe%$	Definiert die Farbe für das Füllmuster. Siehe .Füllfarbe.
.Füllmuster%$	Bestimmt das Füllmuster in Form eines numerischen Codes zwischen 0 und 25, der für die verschiedenen Füllmuster aus dem Dialogfeld "Muster" auf der Registerkarte "Ausfüllen" steht.
.LinienDef%	Legt fest, ob eine Linie sichtbar sein soll.
	0 Blendet die Linie aus.
	1 Zeigt die Linie an, die durch die Dialogvariablen .LinienArt, .LinienStärke und .LinieFarbe definiert wird.
.LinienArt%	Definiert die Linienart in Form eines der Codes 0 bis 4, die mit den Einträgen im Listenfeld "Art" auf der Registerkarte "Linie" korrespondieren.
.LinienStärke%$	Bestimmt die Breite der Linie. Bei der Angabe eines numerischen Wertes wird die Einheit Punkt zugrunde gelegt, bei der Angabe eines Strings kann eine beliebige Einheit als Teil des Strings genannt werden.
.PfeilArt%	Bestimmt die Art des Pfeils für einen Linien-Zeichnungsobjekt in Form eines der Codes zwischen 0 und 6, die für die verschiedenen Einträge im Listenfeld "Pfeilspitze" stehen.

`.PfeilBreite%`	Legt die Breite der Pfeilspitze für ein Linien-Zeichnungsobjekt fest. 0 Schmal 1 Mittel 2 Breit
`.PfeilLänge%`	Definiert die Länge der Pfeilspitze für ein Linien-Zeichnungsobjekt. 0 Kurz 1 Mittel 2 Lang
`.Schattiert%`	Wird hier der Wert 1 angegeben, wird das Zeichnungselement schattiert.
`.AbgerundeteEcken%`	Wird hier der Wert 1 angegeben, rundet WinWord die Ecken eines rechteckigen Zeichnungsobjekts ab.
`.HorizontalPos%$`	Bestimmt den horizontalen Abstand zwischen dem Zeichnungsobjekt und dem in der Dialogvariablen .HorizontalVon angegebenen Bezugsobjekt. Bei der Angabe eines numerischen Wertes wird die Einheit Punkt zugrunde gelegt, bei der Angabe eines Strings kann eine beliebige Einheit als Teil des Strings genannt werden.
`.HorizontalVon%`	Bestimmt den Bezugspunkt für die horizontale Anordnung des Zeichnungsobjektes und die Dialogvariable .HorizontalPos. 0 Seitenrand 1 Seite 2 Spalte
`.VertikalPos%$`	Bestimmt den vertikalen Abstand zwischen dem Zeichnungsobjekt und dem in der Dialogvariablen .VertikalVon angegebenen Bezugsobjekt. Bei der Angabe eines numerischen Wertes wird die Einheit Punkt zugrunde gelegt, bei der Angabe eines Strings kann eine beliebige Einheit als Teil des Strings genannt werden.
`.VertikalVon%`	Bestimmt den Bezugspunkt für die vertikale Anordnung des Zeichnungsobjektes und die Dialogvariable .VertikalPos. 0 Seitenrand 1 Seite 2 Absatz
`.VerankerungsPunktFixieren%`	Wird hier der Wert 1 angegeben, läßt sich der Verankerungspunkt des Zeichnungslementes nicht verschieben.
`.Höhe%$`	Bestimmt die Höhe des Zeichnungslements. Bei der Angabe eines numerischen Wertes wird die Einheit Punkt zugrunde gelegt, bei der Angabe eines Strings kann eine beliebige Einheit als Teil des Strings genannt werden.
`.Breite%$`	Bestimmt die Breite des Zeichnungselements. Bei der Angabe eines numerischen Wertes wird die Einheit Punkt zugrunde gelegt, bei der Angabe eines Strings kann eine beliebige Einheit als Teil des Strings genannt werden.
`.Innenrand%$`	Diese Dialogvariable wird nur in Verbindung mit Textfeld- oder Legenden-Zeichnungsobjekten benötigt, um dort die Breite bzw. Höhe des Innenrandes festzulegen. Bei der Angabe eines numerischen Wertes wird die Einheit Twips zugrunde gelegt, bei der Angabe eines Strings kann eine beliebige Einheit als Teil des Strings genannt werden.

FormularfelderSchattieren
Legt die Schattierung von Formularfenstern im Dokument fest.

Gruppe: Formulare   WordBASIC Befehl

Syntax:
FormularfelderSchattieren [AnAus]

Beschreibung:
Mit Hilfe dieses Befehls können Sie festlegen, ob die Formularfelder innerhalb eines Dokuments durch eine Schattierung hervorgehoben werden sollen.

Parameter:

Name:	Bedeutung
AnAus	Bestimmt, ob schattiert wird:
	nicht angegeben Schaltet den aktuellen Status um.
	0 Formularfelder werden nicht schattiert.
	1 Formularfelder werden schattiert.

FormularDaten()
Prüft, ob Formularfelder im Dokument schattiert werden oder nicht.

Gruppe: Formulare   WordBASIC Funktion

Syntax:
x = FormularDaten()

Beschreibung:
Die aktuelle Einstellung in bezug auf die Schattierung von Formularfeldern, die sich mit Hilfe des FormularDaten-Befehls einstellen läßt, kann mit Hilfe dieser Funktion in Erfahrung gebracht werden.

Funktionsergebnis:
Als Ergebnis liefert diese Funktion:

    0   Wenn die Formularfelder im aktuellen Dokument derzeit nicht schattiert werden.
   -1   Wenn die Schattierung für Fomularfelder angeschaltet ist.

FormularFeldOptionen
Legt die Eigenschaften eines markierten Formularfeldes fest.

Gruppe: Felder   WordBASIC Dialogbefehl

Syntax:
FormularFeldOptionen [.Eintrag$] [, .Verlassen$] [, .Name$]
[, .Aktivierung%] [, .TextArt%] [, .TextStandard$] [, .TextBreite%$]
[, .TextFormat$] [, .KontrollGröße%] [, .KontrollBreite%$]
[, .KontrollStandard%] [, .Art%] [, .HilfeGehörtZu%] [, .HilfeText$]
[, .StatGehörtZu%] [, .StatusleisteText$]

Beschreibung:
Mit Hilfe dieses Befehls lassen sich die Eigenschaften eines markierten Formularfeldes einstellen. Sind mehrere Formularfelder markiert, wirkt er grundsätzlich nur auf das erste ein.

Der Befehl dient als Pendant zu dem Dialogfenster, das erscheint, wenn nach der Markierung eines Formularfeldes das Kontext-Menü angezeigt und dort der Befehl Formularfeld aufgerufen wird.

31 • Makroreferenz

Dialogvariablen:

Name:	Bedeutung
`.Eintrag$`	Bestimmt den Makro, der ausgeführt wird, sobald das Formularfeld den Fokus erhält.
`.Verlassen$`	Bestimmt den Makro, der ausgeführt wird, sobald das Formularfeld den Fokus verliert.
`.Name$`	Bestimmt den Namen der Textmarke, über den das Formularfeld angesprochen werden kann.
`.Aktivierung%`	Wird hier der Wert 0 angegeben, wird dem Anwender das Ändern des Formularfeldes verwehrt.
`.TextArt%`	Bestimmt bei einem Textformularfeld die Art von Information, die entgegengenommen werden soll.

0	Normaler Text
1	Zahl
2	Datum
3	Das aktuelle Datum
4	Die aktuelle Uhrzeit
5	Eine zu berechnende Formel

`.TextStandard$`	Bestimmt den Standardtext, der in einem Textformularfeld erscheinen soll.
`.TextBreite%$`	Definiert bei einem Textformularfeld die maximale Breite des Feldes.

0	unbegrenzte Breite
>0	Die maximale Anzahl der Zeichen

`.TextFormat$` — Für Textfelder, bei denen die Dialogvariable .TextArt auf 0 steht, läßt sich über diese Dialogvariable eine automatische Textumwandlung einstellen.

"Grossbuchstaben"	Alle eingegebenen Buchstaben werden automatisch in Großbuchstaben umgewandelt.
"Kleinbuchstaben"	Alle eingegebenen Buchstaben werden automatisch in Kleinbuchstaben umgewandelt.
"Satzanfang gross"	Der erste Buchstabe am Satzanfang wird in jedem Fall groß geschrieben.
"Erster Buchstabe gross"	Der erste Buchstabe in jedem Wort wird in jedem Fall groß geschrieben.

`.KontrollGröße%` — Bei Kontrollkästchen-Formularfeldern wird über diese Dialogvariable die Größe des Formularfeldes bestimmt.

0 oder nicht angegeben	Word stellt die Größe selbständig nach der Größe des zugehörigen Textes ein.
1	Es wird genau die Breite eingestellt, die im Dialogfeld .KontrollBreite angegeben wird.

`.KontrollBreite%$` — Bestimmt die Breite eines Kontrollkästchen-Formularfeldes, wenn für die Dialogvariable .KontrollGröße der Wert 1 angegeben wird. Bei einer numerischen Angabe wird die Einheit Punkt zugrunde gelegt, bei der Angabe eines Strings kann eine bliebige Einheit im String gewählt werden.

`.KontrollStandard%` — Bestimmt bei einem Kontrollkästchen-Formularfeld, ob das Kontrollkästchen per Default aktiviert sein soll.

0	Nicht automatisch aktivieren.
1	Automatisch aktiviert.

`.Art%`	Bestimmt die Art des einzufügenden Formularfeldes. 0 oder nicht angegeben Textformularfeld 1 Kontrollkästchen-Formularfeld 2 Dropdown-Formularfeld
`.HilfeGehörtZu%`	Bestimmt die Herkunft für den Hilfetext, wie er in .HilfeText verzeichnet ist. 0 Der AutoText, dessen Name in .HilfeText verzeichnet ist. 1 Der Text, der in .HilfeText angegeben wird.
`.HilfeText$`	Bestimmt den Hilfetext für das Formularfeld. Wird für .HilfeGehörtZu der Wert 1 angegeben, muß hier der Hilfetext angegeben werden, steht .HilfeGehörtZu jedoch auf 0, wird hier der Name des AutoText-Eintrags erwartet, in dem der eigentliche Hilfetext verzeichnet ist.
`.StatGehörtZu%`	Bestimmt die Herkunft des Textes, der in der Statuszeile von WinWord angezeigt wird, sobald das Formularfeld den Fokus erhält. 0 Die Dialogvariable .StatusleisteText enthält den Namen eines AutoText-Eintrags, dem der Statuszeilentext entnommen wird. 1 Die Dialogvariable .StatusleisteText enthält den Statuszeilentext.
`.StatusleisteText$`	Je nach dem Inhalt von .StatusGehörtZu wird hier der Statuszeilentext für das Formularfeld oder der Name eines AutoText-Eintrags verzeichnet, der den Statuszeilentext enthält.

FreihandSchreibmodusUmschalten

Aktiviert oder deaktiviert den manuellen Schreibmodus.

Gruppe: Zeichnen   WordBASIC Befehl

Syntax:
```
FreihandSchreibmodusUmschalten
```

Beschreibung:
Dieser Befehl ist nur innerhalb der speziellen Pen-Windows-Version von WinWord verfügbar und schaltet WinWord in den Freihand-Schreibmodus um.

Function

Leitet eine Funktion ein.

Gruppe: BASIC-Befehle und -Funktionen   BASIC Befehl

Syntax:
```
Function Funktionsname[$][(Funktionsargumente)]
...
... Befehle innerhalb der Funktion
...
End If
```

Beschreibung:
Dieser Befehl dient der Deklaration einer Funktion innerhalb eines Makros. Der hinter dem Befehlswort FUNCTION angegebene Name steht dabei für den Namen der Funktion, über den sie innerhalb des Makros aufgerufen werden kann. Darüber hinaus legt der Name gleichzeitig das Funktionsergebnis fest, denn nur, wenn er mit einem Dollar-Zeichen endet, kann die Funktion einen String als Resultat zurückliefern, während das Ergebnis anderenfalls numerischer Art ist.

Innerhalb der Funktion dient der Funktionsname darüber hinaus als vordefinierte Variable, der das zurückgelieferte Funktionsergebnis zugewiesen werden muß.

Dem Namen der Funktion können die verschiedenen Funktionsparameter folgen, die durch Kommata voneinander getrennt und durch Klammern eingeschlossen werden müssen. Für die Unterscheidung zwischen String-Parametern und numerischen Parametern gilt auch hier, daß String-Parametern ein Dollar-Zeichen nachgestellt werden muß, während numerische Parameter ohne ein spezielles Kennzeichen auskommen.

Mehr über die Deklaration von Funktionen erfahren Sie im Kapitel 29.

FußEndnotenOptionen *Bestimmt die Position und Formatierung von Fuß- und Endnoten.*

Gruppe: Fußnoten WordBASIC Dialogbefehl

Syntax:
```
FußEndnotenOptionen [.FußnotenPosition%] [, .FußnotenNumerierungAls%]
[, .FußnotenBeginnenMit%] [, .FußnotenNeuBeginnenMit%]
[, .EndnotenPosition%] [, .EndnotenNumerierungAls%]
[, .EndnotenBeginnenMit%] [, .EndnotenNeuBeginnenMit%]
```

Beschreibung:
Dieser Befehl dient als Schnittstelle zum Dialogfenster, das nach der Betätigung der Optionen-Schaltfläche innerhalb des Dialogfensters des Fußnoten-Befehls aus dem Einfügen-Menü erscheint. Mit seiner Hilfe läßt sich die Formatierung und Positionierung von Fuß- und Endnoten einstellen.

Dialogvariablen:

Name:	Bedeutung
`.FußnotenPosition%`	Bestimmt die Position der Fußnoten:
	0 oder nicht angegeben Am Ende der jeweiligen Seite.
	1 Am Ende des Dokuments.
`.FußnotenNumerierungAls%`	Bestimmt das Format der Fußnotenzeichen:
	0 1, 2, 3
	1 a, b, c
	2 A, B, C
	3 i, ii, iii
	4 I, I, III
	5 Sonderzeichen
`.FußnotenBeginnenMit%`	Gibt die Nummer der ersten Fußnote an.
`.FußnotenNeuBeginnenMit%`	Bestimmt, wie mit der Fußnotennumerierung nach Seiten- und Abschnittswechseln verfahren werden soll:
	0 Fortlaufend.
	1 Bei jedem Abschnitt neu beginnen.
	2 Bei jeder Seite neu beginnen.
`.EndnotenPosition%`	Wie .FußnotenPosition in bezug auf Endnoten.
`.EndnotenNumerierungAls%`	Wie .FußnotenNumerierungAls in bezug auf Endnoten.
`.EndnotenBeginnenMit%`	Wie .FußnotenBeginnenMit in bezug auf Endnoten.
`.EndnotenNeuBeginnenMit%`	Wie .FußnotenNeuBeginnenMit in bezug auf Endnoten.

FußnotenUmwZuEndnoten *Ersetzt alle Fußnoten im aktiven Dokument in Endnoten.*

Gruppe: Fußnoten WordBASIC Befehl

Syntax:
FußnotenUmwZuEndnoten

Beschreibung:
Durch den Aufruf dieses Befehls werden alle Fußnoten innerhalb des aktuellen Dokuments in Endnoten umgewandelt. Findet WinWord keine Fußnoten vor, wird ein Fehler ausgelöst.

FVBeschreibung$() *Liefert die Beschreibung einer gegebenen Formatvorlage.*

Gruppe: Formatvorlagen WordBASIC Funktion

Syntax:
a$ = FVBeschreibung$(Formatvorlage$)

Beschreibung:
Der Aufruf dieser Funktion liefert der Beschreibung einer Formatvorlage, wie sie auch innerhalb des Befehls Formatvorlage aus dem Format-Menü bei der Anzeige einer Formatvorlage aufgeführt wird. Enthalten sind darin die Schriftart, die Schriftgröße sowie die weiteren Formatattribute, die zur Formatvorlage gehören.

Funktionsergebnis:
Als Funktionsergebnis wird die Beschreibung der angegebenen Formatvorlage oder ein Leerstring ("") zurückgeliefert, wenn die angegebene Formatvorlage unbekannt ist.

Parameter:

Name:	Bedeutung
Formatvorlage$	Name der Formatvorlage, deren Beschreibung zurückgeliefert werden soll.

FVName$() *Liefert den Namen einer Formatvorlage.*

Gruppe: Formatvorlagen WordBASIC Funktion

Syntax:
a$ = FVName$([FvNr] [, Kontext] [, Alle])

Beschreibung:
Mit Hilfe dieser Funktion können Sie die Namen der Formatvorlagen innerhalb des aktuellen Dokuments bzw. dessen Dokumentvorlage ermitteln. Für jede Formatvorlage muß die Funktion dabei einmal aufgerufen werden.

Wird keiner der drei Parameter angegeben, liefert die Funktion den Namen der Formatvorlage aus dem ersten Absatz innerhalb der Markierung zurück.

Funktionsergebnis:
Als Funktionsergebnis liefert die Funktion den Namen der durch die Parameter FvNr, Kontext und Alle bezifferten Formatvorlage.

Parameter:

Name:	Bedeutung
FvNr	Die Nummer der Formatvorlage, deren Name ermittelt werden soll. Die Formatvorlagen werden grundsätzlch von 1 bis zu der Nummer gezählt, die mit Hilfe der Funktion ZählenFormatvorlagen() abgefragt werden kann.
Kontext	Dieser Parameter bestimmt die Herkunft der zurückgelieferten Formatvorlagen: 0 Aus dem aktuellen Dokument. 1 Die Dokumentvorlage des aktuellen Dokuments.
Alle	Mit Hilfe dieses Parameters können die von WinWord vordefinierten Formatvorlagen in die Abfrage eingeschlossen werden. Dafür steht der Wert 1, während die Funktion bei Angabe von 0 nur die benutzerdefinierten Formatvorlagen zurückliefert.

GanzerBildschirmUmschalten
Schaltet den Vollbildmodus ein oder aus.

Gruppe: Ansichtsarten   WordBASIC Befehl

Syntax:

```
GanzerBildschirmUmschalten
```

Beschreibung:

Durch den Aufruf dieses Befehls wird WinWord in den Vollbildmodus geschaltet, in dem die Menü- und Statusleiste ausgeblendet wird. Befindet sich WinWord bereits in diesem Modus, wird wieder auf den ursprünglichen Darstellungsmodus zurückgeschaltet.

GefundenDateiName$()
Liefert einen Dateinamen aus der letzten Suchoperation mit dem Datei-Manager.

Gruppe: Dokumente, Dokumentvorlagen und Add-Ins   WordBASIC Funktion

Syntax:

```
a$ = GefundenDateiName$(Nummer)
```

Beschreibung:

Mit Hilfe dieser Funktion können Sie nacheinander die Namen der verschiedenen Dateien abrufen, die bei der letzten Suchoperation mit dem Datei-Manager gefunden wurden. Die Namen stehen allerdings nur bis zum Start der nächsten Datei-Manager-Suche zur Verfügung.

Funktionsergebnis:

Der Name der gefundenen Datei oder ein Leerstring (""), wenn der angegebene Index im Parameter Nummer die Anzahl der gefundenen Dateien überschreitet.

Parameter:

Name:	Bedeutung
Nummer	Die Nummer der gefundenen Datei. 1 steht für die erste, 2 für die zweite usw. Der Maximalwert läßt sich mit Hilfe der Funktion ZählenGefundeneDateien() ermitteln.

GeheZuAnmerkungsbereich *Markiert den Text, der mit der Anmerkung unter der Einfügemarke verknüpft ist.*

Gruppe: Bewegen der Einfügemarke und Markieren   WordBASIC Befehl

Syntax:

GeheZuAnmerkungsbereich

Beschreibung:

Voraussetzung für den Aufruf dieses Befehls ist die Positionierung der Einfügemarke innerhalb einer Anmerkung im Anmerkungsausschnitt. In diesem Fall bringt WinWord im Dokumentausschnitt den Text zur Anzeige, auf den sich die Anmerkung bezieht.

GeheZuKopfFußzeile *Bewegt die Einfügemarke von der Kopfzeile in die Fußzeile und umgekehrt.*

Gruppe: Bewegen der Einfügemarke und Markieren   WordBASIC Befehl

Syntax:

GeheZuKopfFußzeile

Beschreibung:

Mit Hilfe dieses Befehls läßt sich von der Kopfzeile in die Fußzeile springen und umgekehrt. Es wird ein Fehler ausgelöst, wenn sich die Einfügemarke zum Zeitpunkt des Befehlsaufrufs nicht in einer Kopf- oder Fußzeile befindet.

GeheZuNächstemElement *Bewegt die Einfügemarke zum nächsten Element eines bestimmten Typus.*

Gruppe: Bewegen der Einfügemarke und Markieren   WordBASIC Befehl

Syntax:

GeheZuNächstemElement

Beschreibung:

Mit Hilfe dieses Befehls können Sie die Einfügemarke zum nächsten Element eines bestimmten Typus innerhalb des Dokuments bewegen. In Abhängigkeit des gewünschten Elements lautet der Befehl dann:

GeheZuNächsterAnmerkung

GeheZuNächsterEndnote

GeheZuNächsterFußnote

GeheZuNächsterSeite

GeheZuNächstemAbschnitt

GeheZuNächstemFilialDok

GeheZuVorherigemElement

Bewegt die Einfügemarke zum vorhergehenden Element eines bestimmten Typus.

Gruppe: Bewegen der Einfügemarke und Markieren WordBASIC Befehl

Syntax:
GeheZuVorherigemElement

Beschreibung:
Mit Hilfe dieses Befehls können Sie die Einfügemarke zum vorhergehenden Element eines bestimmten Typus innerhalb des Dokuments bewegen. In Abhängig des gewünschten Elements lautet der Befehl dann:

GeheZuVorherigerAnmerkung

GeheZuVorherigerEndnote

GeheZuVorherigerFußnote

GeheZuVorherigerSeite

GeheZuVorherigemAbschnitt

GeheZuVorherigemFilialDok

GetCurValues

Liest den Inhalt einer Verbundvariable ein.

Gruppe: Dialogfelddefinitionen und Steuerelemente WordBASIC Befehl

Syntax:
GetCurValues VerbundVariable

Beschreibung:
Aufgabe dieses Befehls ist es, den Inhalt der verschiedenen Felder eines Dialogfensters in die Verbundvariable zu laden, die bei seinem Aufruf angegeben wird. Diese muß zuvor über den DIM-Befehl mit dem gewünschten Dialogfenster verbunden worden sein, damit WinWord das Dialogfenster erkennt, aus dem Informationen ausgelesen werden sollen.

Mehr über den Einsatz von GetCurValues im Rahmen der Makroprogrammierung mit WordBASIC erfahren Sie im Kapitel 30.

Parameter:

Name:	Bedeutung
VerbundVariable	Name einer Verbundvariable, die zuvor mit Hilfe des DIM-Befehls deklariert und mit dem gewünschten Dialogfenster verbunden wurde, beispielsweise: Dim Fz as FormatZeichen

GetPrivateProfileString$()

Liest eine Einstellung aus einer gegebenen Initialisierungsdatei.

Gruppe: Umgebung WordBASIC Funktion

Syntax:
a$ = GetPrivateProfileString$(Abschnitt$, Eintrag$, Dateiname$)

Beschreibung:

Mit Hilfe dieser Funktion können Sie eine Einstellung aus einer beliebigen Initialisierungs- (INI-) Datei auslesen.

Funktionsergebnis:

Als Funktionsergebnis liefert die Funktion die Einstellung des angegebenen Eintrags oder einen Leerstring (""), wenn dieser im angegebenen Abschnitt nicht gefunden werden konnte.

Parameter:

Name:	*Bedeutung*
`Abschnitt$`	Hier muß der Name des Abschnitts genannt werden, aus dem der gewünschte Eintrag ausgelesen werden soll. Abschnitte erkennen Sie an den eckigen Klammern, die dem Abschnittsnamen einfassen, beispielsweise [Word für Windows]. Die eckigen Klammern dürfen im Rahmen dieses Parameters jedoch nicht angegeben werden.
`Eintrag$`	Der Name des Eintrags, der aus dem genannten Abschnitt ausgelesen werden soll.
`Dateiname$`	Pfad- und Dateiname der INI-Datei, in der der angegebene Eintrag gesucht werden soll, beispielsweise "c:\winword\test.ini".

GetProfileString$()   *Liest eine Einstellung aus der Initialisierungsdatei WIN.INI.*

Gruppe: Umgebung   WordBASIC Funktion

Syntax:

```
a$ = GetProfileString$([Abschnitt$], Eintrag$)
```

Beschreibung:

Genau wie der Befehl GetPrivateProfileString$() läßt sich mit Hilfe dieser Funktion ein Eintrag aus einer Initialisierungs- (INI-) Datei auslesen, doch ist es hier grundsätzlich die Windows-Initialisierungsdatei WIN.INI, die ausgelesen wird.

Funktionsergebnis:

Als Funktionsergebnis liefert die Funktion die Einstellung des angegebenen Eintrags oder einen Leerstring (""), wenn dieser im angegebenen Abschnitt nicht gefunden werden konnte.

Parameter:

Name:	*Bedeutung*
`Abschnitt$`	Hier muß der Name des Abschnitts genannt werden, aus dem der gewünschte Eintrag ausgelesen werden soll. Abschnitte erkennen Sie an den eckigen Klammern, die dem Abschnittsnamen einfassen, beispielsweise [Word für Windows]. Die eckigen Klammern dürfen im Rahmen dieses Parameters jedoch nicht angegeben werden.
	Wenn Sie hier einen der Strings "Microsoft Word 2.0", "Microsoft Word", "MSWord Text Converters" oder "MSWord Editable Sections" angeben, wird der Zugriff aus Gründen der Kompatibilität zur Version 2.0 auf die entsprechenden Abschnitte in der Initialisierungs-Datei WINWORD6.INI umgeleitet, so daß auch unter der Version 6.0 die richtigen Einstellungen ausgelesen werden.
`Eintrag$`	Der Name des Eintrags, der aus dem genannten Abschnitt ausgelesen werden soll.

GliederungAbsatzNachOben

Verschiebt die markierten Absätze vor den nächsten sichtbaren Absatz.

Gruppe: Gliederungen und Zentraldokumente WordBASIC Befehl

Syntax:
GliederungAbsatzNachOben

Beschreibung:
Innerhalb der Gliederungsansicht lassen sich die markierten Absätze mit Hilfe dieses Befehls vor den nächsten sichtbaren Text verschieben. Die zu den markierten Gliederungsebenen gehörenden Textkörper werden nur dann mit verschoben, wenn sie ebenfalls markiert oder ausgeblendet sind.

GliederungAbsatzNachUnten

Verschiebt die markierten Absätze hinter den nächsten sichtbaren Absatz.

Gruppe: Gliederungen und Zentraldokumente WordBASIC Befehl

Syntax:
GliederungAbsatzNachUnten

Beschreibung:
Innerhalb der Gliederungsansicht lassen sich die markierten Absätze mit Hilfe dieses Befehls hinter den nächsten sichtbaren Text verschieben. Die zu den markierten Gliederungsebenen gehörenden Textkörper werden nur dann mit verschoben, wenn sie ebenfalls markiert oder ausgeblendet sind.

GliederungErsteZeileAnzeigen

Bestimmt die Anzeige der ersten Zeile von jedem Absatz in der Gliederungsansicht.

Gruppe: Gliederungen und Zentraldokumente WordBASIC Befehl

Syntax:
GliederungErsteZeileAnzeigen AnAus

Beschreibung:
Innerhalb der Gliederungsansicht lassen sich durch den Aufruf dieses Befehls alle Textkörper bis auf ihre erste Zeile ausblenden, so daß das Dokument quasi schrumpft und besser betrachtet werden kann.

Parameter:

Name:	Bedeutung
AnAus	Bestimmt, ob nur die ersten Zeilen der Textkörper oder die gesamten Textkörper angezeigt werden sollen, sofern sie nicht explizit reduziert worden sind.
	0 Die gesamten Textkörper anzeigen.
	1 Jeweils nur die erste Zeile des Textkörpers anzeigen.

GliederungErsteZeileAnzeigen()

Stellt fest, ob nur die ersten Zeilen der Textkörper innerhalb der Gliederungsansicht angezeigt werden.

Gruppe: Gliederungen und Zentraldokumente WordBASIC Funktion

Syntax:
```
x = GliederungErsteZeileAnzeigen()
```

Beschreibung:
Innerhalb der Gliederungsansicht läßt sich durch den Aufruf dieser Funktion feststellen, ob die nicht ausgeblendeten Textkörper derzeit in voller Länge angezeigt werden oder ob jeweils nur die erste Zeile dargestellt wird.

Funktionsergebnis:
Als Ergebnis liefert diese Funktion:

       0   Wenn alle Zeilen der Textkörper angezeigt werden.
     -1   Wenn jeweils nur die erste Zeile des Textkörpers zur Anzeige kommt.

GliederungErweitern
Blendet die Ansicht einer Überschriften- und/oder Textkörperebene unter den markierten Überschriften.

Gruppe: Gliederungen und Zentraldokumente   WordBASIC Befehl

Syntax:
```
GliederungErweitern
```

Beschreibung:
Innerhalb der Gliederungsansicht erweitert dieser Befehl die Anzeige, indem er die nächste Überschriften- bzw. Textkörperebene unterhalb der markierten Überschriften zur Anzeige bringt. Möglich ist dies natürlich nur, wenn sich unterhalb der markierten Überschriften ausgeblendete Ebenen oder Textkörper befinden.

GliederungFormatAnzeigen
Schaltet die Anzeige der Gliederungsüberschriften auf das eingestellte Zeichenformat oder das Standardformat um.

Gruppe: Gliederungen und Zentraldokumente   WordBASIC Befehl

Syntax:
```
GliederungFormatAnzeigen
```

Beschreibung:
Innerhalb der Gliederungs- und Zentraldokumentansicht läßt sich die Anzeige der Gliederungsüberschriften mit Hilfe dieses Befehls zwischen der Standard-Zeichenformatierung und der für die einzelnen Überschriften eingestellten Formatierung umschalten. Der Befehl wirkt dabei wie ein Schalter: Erfolgt die Anzeige in der Standard-Zeichenformatierung, wird sie auf das tatsächliche Zeichenformat umgeschaltet und umgekehrt.

GliederungHöherstufen
Weist den markierten Überschriften und/oder Textkörper eine höhere Gliederungsstufe zu.

Gruppe: Gliederungen und Zentraldokumente   WordBASIC Befehl

Syntax:
```
GliederungHöherstufen
```

Beschreibung:

Dieser Befehl weist den markierten Absätzen bzw. dem aktuellen Absatz das Format der jeweils höheren Überschrift zu. Absätze die vormals das Format "Überschrift9" verwendeten, erhalten durch diesen Befehl "Überschrift8" usw. "Standard"-Absätze erhalten das "Überschrift1"-Format ("Überschrift1" beschreibt das Überschriftformat mit der größten Schriftart - deshalb spricht man von Höherstufen).

GliederungReduzieren *Blendet Überschriftsebenen aus.*

Gruppe: Gliederungen und Zentraldokumente   WordBASIC Befehl

Syntax:
GliederungReduzieren

Beschreibung:

Dieser Befehl blendet eine weitere Überschrifts- bzw. Textebene unterhalb der aktuellen Überschrift aus. Begonnen wird mit der untersten Ebene - bis zum Schluß nur noch die nächste Überschrift auf gleicher Ebene wie die aktuelle Überschrift erscheint.

GliederungsEbene() *Ermittelt Gliederungsebene eines Abschnitts.*

Gruppe: Gliederungen und Zentraldokumente   WordBASIC Funktion

Syntax:
x = GliederungsEbene()

Beschreibung:

Diese Funktion liefert die Gliederungsebene des aktuellen Absatzes, oder - wenn mehrere Absätze markiert sind - die Gliederungsebene des ersten markierten Absatzes.

Funktionsergebnis:

Der Rückgabewert liefert die Gliederungsebene und kann Werte von 0-9 annehmen. Der Wert 0 wird zurückgegeben, wenn der markierte Absatz nicht mit einem Gliederungsformat (Überschrift..) formatiert wurde.

GliederungTieferstufen *Weist den markierten Überschriften und/oder Textkörper eine niedrigere Gliederungsstufe zu.*

Gruppe: Gliederungen und Zentraldokumente   WordBASIC Befehl

Syntax:
GliederungTieferstufen

Beschreibung:

Dieser Befehl ist das Gegenstück zu GliederungHöherstufen. GliederungTieferstufen weist den markierten Absätzen das jeweils niedrigere Überschriftsformat zu. Aus "Überschrift1" wird "Überschrift2" usw. Absätze die das Format "Standard" verwenden, werden nach GliederungTieferstufen im Format "Überschrift2" dargestellt.

Goto
Führt einen Programmsprung aus.

Gruppe: BASIC-Befehle und -Funktionen   WordBASIC Befehl

Syntax:
```
Goto Marke
```

Beschreibung:

Dieser Befehl sorgt dafür, daß das aktuelle Makro mit der Anweisung fortgesetzt wird, die der angegebenen Marke folgt. Diese Marke muß sich innerhalb der aktuellen Funktion/Prozedur befinden. Um eine andere Funktion/Prozedur aufzurufen, muß der Call-Befehl verwendet werden.

Für die Benennung der Marke (Sprungziel) gelten einige Beschränkungen:

Die Marke muß mit einem Doppelpunkt enden.

Der Name der Marke darf 40 Zeichen nicht überschreiten (41 inkl. Doppelpunkt).

Der Markenname muß am Anfang einer Zeile stehen, darf somit nicht von <Tab>, Leerzeichen usw. eingeleitet werden.

Beginnt eine Marke mit einer Ziffer, müssen alle anderen Zeichen der Marke auch Ziffern sein. Diese Beschränkung erlaubt die Verwendung von "Zeilennummern", wie aus anderen Basic-Dialekten her bekannt ist.

Parameter:

Name:	Bedeutung
Marke	Gibt das Sprungziel an, ab dem die Ausführung des Makros fortgesetzt werden soll.

Großbuchstaben
Verwandelt die Zeichen im markierten Bereich in Großbuchstaben oder entfernt dieses Zeichenattribut wieder.

Gruppe: Zeichenformatierung   WordBASIC Befehl

Syntax:
```
Großbuchstaben [Aktiv]
```

Beschreibung:

Die Zeichen innerhalb der aktuellen Markierung erhalten oder verlieren das Format "Großbuchstaben". Als "Großbuchstaben" formatierte Zeichen werden - auch wenn sie als Kleinbuchstaben eingegeben sind - als Großbuchstaben ausgegeben. Beim Entfernen dieses Formats werden die Zeichen wieder in ihrer ursprünglichen Schreibweise ausgegeben.

Parameter:

Name:	Bedeutung	
Aktiv	Gibt an, ob das Zeichenformat den Zeichen der aktuellen Markierung zugewiesen werden soll.	
	nicht angegeben	Zeichenformat umschalten (ausgehend vom ersten markierten Zeichen).
	1	Zeichenformat entfernen.
	2	Zeichenformat zuweisen.

Großbuchstaben()   *Überprüft, ob die markierten Zeichen als Großbuchstaben dargestellt werden.*

Gruppe: Zeichenformatierung   WordBASIC Funktion

Syntax:

x = Großbuchstaben()

Beschreibung:

Diese Funktion ermittelt, ob die markierten Zeichen über das Format "Großbuchstaben" verfügen.

Funktionsergebnis:

Als Ergebnis liefert diese Funktion:

    0   Keines der markierten Zeichen verfügt über das Großbuchstaben-Format.
   -1   Ein Teil der markierten Zeichen verfügt über das Großbuchstaben-Format.
    1   Alle markierten Zeichen verfügen über das Großbuchstaben-Format.

GrößeSymbolleiste   *Verändert die Größe einer frei beweglichen Symbolleiste.*

Gruppe: Anpassung durch den Benutzer   WordBASIC Befehl

Syntax:

GrößeSymbolleiste Symbolleiste$, Breite

Beschreibung:

Dieser Befehl verändert die Größe einer in einem eigenständigen Fenster angezeigten Symbolleiste. Alle Schaltflächen einer Symbolleiste werden in diesem Fenster angezeigt.

Parameter:

Name:	*Bedeutung*
Symbolleiste$	Name der Symbolleiste, deren Größe variiert werden soll.
Breite	Neue Breite der Symbolleiste (in Pixeln). Aufgrund der angegebenen Breite berechnet Word die Höhe des Fensters dergestalt, daß alle Schaltflächen der Symbolleiste im Fenster angezeigt werden. Außerdem wird nicht exakt die angegebene Breite verwendet, sondern die dem übergebenen Wert am nächsten liegende.

GroßKleinschreibungÄndern   *Legt die Groß-/Kleinschreibung im markierten Bereich fest.*

Gruppe: Bearbeiten   WordBASIC Befehl

Syntax:

GroßKleinschreibungÄndern [Art]

Beschreibung:

Dieser Befehl ändert die Groß-/Kleinschreibung des markierten Textes. Allerdings wird hier kein Format vergeben, das den markierten Text durch Entfernen des Formats wieder in seiner ursprünglichen Form zeigt. Dieser Befehl operiert direkt auf den markierten Zeichen. GroßKleinSchreibungÄndern kann nur von Hand rückgängig gemacht werden.

Ist kein Text markiert, operiert dieser Befehl auf dem Wort, das der Einfügemarke am nächsten ist. Die Einfügeposition bleibt jedoch unverändert, und eine Markierung des Wortes wird nur intern vorgenommen.

Parameter:

Name:	*Bedeutung*
Art	Beschreibt die Art der Zeichenumwandlung. Wird nur das erste Zeichen eines Wortes, Satzes oder Absatzes geändert, bleiben die restlichen Zeichen unangetastet.

    0   Markierte Zeichen in Kleinbuchstaben wandeln.
    1   Markierte Zeichen in Großbuchstaben wandeln.
    2   Jedes Wort des markierten Textes mit Großbuchstaben am Anfang versehen. Den Rest klein schreiben.
    4   Jeder erste Buchstabe eines Satzes wird groß geschrieben.
    5   Die Schreibweise aller markierten Zeichen wird umgedreht.
nicht angegeben   Umfaßt die Markierung mehr als einen Satz, so werden die Arten 0, 1 und 4 durchlaufen. Ist kein ganzer Satz markiert, werden die Arten 0, 1 und 3 durchlaufen.

GroßKleinschreibungÄndern()

Zeigt an, ob der markierte Text Groß- und/oder Kleinbuchstaben enthält.

Gruppe: Bearbeiten   WordBASIC Funktion

Syntax:

```
GroßKleinschreibungÄndern()
```

Beschreibung:

Diese Funktion ermittelt, ob im markierten Text Großbuchstaben vorkommen.

Funktionsergebnis:

Als Ergebnis liefert diese Funktion:

    0   Der markierte Text enthält keine Großbuchstaben
    1   Der ganze markierte Text besteht aus Großbuchstaben.
    2   Der markierte Text enthält sowohl Groß- als auch Kleinbuchstaben.

GroupBox

Erzeugt ein Gruppenfeld für eine Dialogbox.

Gruppe: Dialogfelddefinitionen und Steuerelemente   WordBASIC Befehl

Syntax:

```
GroupBox X, Y, Breite, Höhe, .DialogvarName
```

Beschreibung:

Gruppenfelder werden innerhalb eines Dialogfeldes zur Gruppierung zusammengehörender Dialogelemente verwendet. Besitzt ein Element einer Gruppe den Fokus, kann der Eingabefokus mit Hilfe der Pfeiltasten bewegt werden - es sei denn, das aktive Dialogelement ist ein Texteingabefeld oder ein Listenfeld. Ansonsten muß die <Tab>-Taste eingesetzt werden, um den Eingabefokus zu bewegen.

Parameter:

Name:	*Bedeutung*
X	Horizontale Position des Gruppenfeldes in der Dialogbox (1/8 Systemschriftbreite).
Y	Vertikale Position des Gruppenfeldes in der Dialogbox (1/12 Systemschrifthöhe).

Breite	Breite des Gruppenfeldes (1/8 Systemschriftbreite).
Höhe	Höhe des Gruppenfeldes (1/8 Systemschrifthöhe).
.DialogvarName	Name, über den auf das Gruppenfeld zugegriffen werden kann. Dieser Name darf nur einmal im Dialogdatensatz vergeben werden.

HängenderEinzug

Versieht den aktuellen bzw. die markierten Absätze mit einem hängenden Einzug.

Gruppe: Absatzformatierung   WordBASIC Befehl

Syntax:
HängenderEinzug

Beschreibung:
Dieser Befehl versieht die markierten Absätze mit einem hängenden Einzug. Unter hängendem Einzug versteht man das Einziehen aller Absatzzeilen außer der ersten Zeile bis zum nächsten Tabstop. Ist ein Absatz schon als ganzes eingezogen worden, wird als nächste Einzugsmarke der nächste Tabstop rechts neben dem Absatzeinzug verwendet. Wurden mehrere Absätze markiert, erhalten alle markierten Absätze die Einzüge des ersten markierten Absatzes.

Heute()

Liefert das aktuelle Datum.

Gruppe: Datum und Uhrzeit   WordBASIC Funktion

Syntax:
x = Heute()

Beschreibung:
Dieser Befehl liefert die Seriennummer des aktuellen Datums. Dies kann in der Windows-Systemsteuerung geändert werden und bleibt durch die in Ihren Rechner eingebaute Echtzeituhr immer up-to-date.

Funktionsergebnis:
Seriennummer des heutigen Datums.

Hilfe

Aktiviert die Hilfe-Funktion.

Gruppe: Hilfe   WordBASIC Befehl

Syntax:
Hilfe

Beschreibung:
Dieser Befehl ruft den Hilfstext für den aktuellen Kontext auf. Bearbeiten Sie z.B. ein Texteingabe-Feld, wird durch Hilfe der Hilfstext für dieses Textfeld aufgerufen und angezeigt. Wenn Sie jedoch "nur" Text in einem Dokumentfenster eingeben, wird durch Hilfe eine Übersicht der zur Verfügung stehenden Hilfstexte angezeigt. Ist ein Dokumentfenster aktiv, entspricht dieser Befehl dem Druck auf <F1>.

HilfeAktivesFenster *Zeigt Hilfstexte zum aktiven Bearbeitungsfenster an.*

Gruppe: Hilfe WordBASIC Befehl

Syntax:
HilfeAktivesFenster

Beschreibung:
Dieser Befehl veranlaßt Word je nach aktivem Fenster, eine entsprechende Hilfe anzuzeigen. So werden bei aktivem Makro-Fenster z.B. alle verfügbaren Kommandos angezeigt, während für ein Dokumentfenster Hilfen zum Thema Dokumentansicht angezeigt werden.

HilfeBeispieleUndDemos *Zeigt Beispiele und Demos in der Online-Hilfe an.*

Gruppe: Hilfe WordBASIC Befehl

Syntax:
HilfeBeispieleUndDemos

Beschreibung:
Durch Aufruf dieses Befehls zeigt Word einen Hilfstext der Beispiele und Demos enthält.

HilfeIndex *Bringt den Hilfe-Index auf den Bildschirm.*

Gruppe: Hilfe WordBASIC Befehl

Syntax:
HilfeIndex

Beschreibung:
Dieser Befehl listet alle Themengebiete auf, zu denen ein Hilfstext angeboten wird. Diese Liste ist alphabetisch sortiert.

HilfeInfo *Zeigt Word-Versionsinfo an oder liefert Informationen.*

Gruppe: Hilfe WordBASIC Dialogbefehl

Syntax:
HilfeInfo [.AnwName$] [, .AnwCopyright$] [, .AnwBenutzerName$]
[, .AnwOrganisation$] [, .AnwSeriennummer$]

Beschreibung:
Der HilfeInfo-Dialog dient zur Anzeige des Word-Versionsinfofensters (s. Menü "?|Info"). Über die Dialogvariablen können Sie die einzelnen Infos auch in Ihren Makros nutzen.

Dialogvariablen:

Name:	Bedeutung
.AnwName$	Name und Version der Anwendung (hier von WinWord).
.AnwCopyright$	Copyright und Urheberrechtsangaben.

`.AnwBenutzerName$`	Name des lizenzierten Benutzers.
`.AnwOrganisation$`	Name der beim Lizenzieren angegebenen Firma.
`.AnwSeriennummer$`	Seriennummer der Anwendung.

HilfeInhalt
Zeigt den Inhalt der Word Online-Hilfe.

Gruppe: Hilfe   WordBASIC Befehl

Syntax:
```
HilfeInhalt
```

Beschreibung:
Dieser Befehl zeigt den Inhalt der Online-Hilfe an. Er ist identisch zum Aufruf des Hilfe-Befehls ohne Kontext bzw. während der Texteingabe.

HilfeKurzübersicht
Aktiviert ein Lernprogramm, das Microsoft Word vorstellt.

Gruppe: Hilfe   WordBASIC Befehl

Syntax:
```
HilfeKurzübersicht
```

Beschreibung:
Dieser Befehl ruft ein kurzes Lernprogramm auf.

HilfeSoftwareService
Bietet Informationen aus der Online-Hilfe über den Microsoft Software Service an.

Gruppe: Hilfe   WordBASIC Befehl

Syntax:
```
HilfeSoftwareService
```

Beschreibung:
Dieser Befehl ruft direkt die Hilfe über den MS Software Service auf.

HilfeSuchen
Aktiviert das Dialogfeld Suchen der Online-Hilfe.

Gruppe: Hilfe   WordBASIC Befehl

Syntax:
```
HilfeSuchen
```

Beschreibung:
Dieser Befehl aktiviert die Online-Hilfe und stellt im Hilfsfenster zunächst das Inhaltsverzeichnis dar. Weiterhin wird aber das Dialogfeld "Suchen" aktiviert, so daß der Benutzer direkt ein Stichwort angeben kann, nach dem in der Hilfe gesucht werden soll. Die zu diesem Stichwort verfügbare Hilfe wird daraufhin angezeigt.

HilfeSymbol *Ändert den Mauszeiger in ein Fragezeichen um.*

Gruppe: Hilfe WordBASIC Befehl

Syntax:
```
HilfeSymbol
```

Beschreibung:
Nach Aufruf dieses Befehls ist der Mauszeiger mit enien Fragezeichen versehen. Wenn Sie mit diesem Mauszeiger auf ein beliebiges Element innerhalb des Word-Fensters klicken, wird die entsprechende Hilfe (falls vorhanden) aufgerufen und dargestellt.

HilfeTastatur *Aktiviert die Hilfe-Funktion für die Tastenbelegung unter Word für Windows.*

Gruppe: Hilfe   WordBASIC Befehl

Syntax:
```
HilfeTastatur
```

Beschreibung:
Der Aufruf dieses Befehls resultiert in der Öffnung eines Hilfe-Fensters, in dem Informationen über die Tastenbelegung unter Word für Windows dargestellt werden.

HilfeTipsUndTricks *Bestimmt, ob das Dialogfeld Tips und Tricks bei jedem Starten von Word angezeigt werden soll oder nicht.*

Gruppe: Hilfe WordBASIC Dialogbefehl

Syntax:
```
HilfeTipsUndTricks .WordTips%
```

Beschreibung:
Diese Verbundvariable gibt an, ob das Tips & Tricks Dialogfed bei jedem Start von Word angezeigt werden soll oder nicht.

Dialogvariablen:

Name:	Bedeutung
.WordTips%	Legt fest (bzw. enthält) ob das Dialogfeld Tips & Tricks bei jedem Start von Word gezeigt werden soll oder nicht. 0 Tips & Tricks nicht mehr nach jedem Start von WinWord zeigen. <> 0 Tips & Tricks nach jedem Start zeigen.

HilfeVerwenden *Zeigt Hilfe zur Benutzung der Online-Hilfe.*

Gruppe: Hilfe WordBASIC Befehl

Syntax:
```
HilfeVerwenden
```

Beschreibung:

Durch Aufruf dieses Befehls wird eine Online-Hilfe aufgerufen, die zum Thema die Benutzung der Online-Hilfe hat und auch in die grundlegende Benutzung von Windows (Menüs, Tastenkürzel, Mausbenutzung etc.) einführt.

HochFormatUmschalten
Schaltet zwischen Hoch- und Querformat um.

Gruppe: Ansichtsarten   WordBASIC Befehl

Syntax:
```
HochFormatUmschalten
```

Beschreibung:

Dieser Befehl schaltet die Seitenausrichtung der markierten Absätze von Hochformat auf Querformat und umgekehrt um. Allerdings müssen alle markierten Absätze über die gleiche Seitenausrichtung verfügen - ansonsten meldet Word einen Fehler.

Hochgestellt
Versieht die markierten Zeichen mit dem Attribut "Hochgestellt" oder entfernt dieses wieder.

Gruppe: Zeichenformatierung   WordBASIC Befehl

Syntax:
```
Hochgestellt [Aktiv]
```

Beschreibung:

Alle markierten Zeichen erhalten oder verlieren das Format "Hochgestellt". Hochgestellte Zeichen eignen sich zur Darstellung von Potenzen oder hochgestellten Indizes.

Parameter:

Name:	Bedeutung	
Aktiv	Gibt an, wie der markierte Text formatiert werden soll.	
	0	Alle markierten Zeichen verlieren das Format "Hochgestellt".
	1	Die markierten Zeichen erhalten das "Hochgestellt"-Format.
	nicht angegeben	Das "Hochgestellt"-Format wird aufgrund des ersten Zeichens für alle markierten Zeichen umgeschaltet.

Hochgestellt()
Überprüft, ob die markierten Zeichen das Attribut "Hochgestellt" aufweisen.

Gruppe: Zeichenformatierung   WordBASIC Funktion

Syntax:
```
x = Hochgestellt()
```

Beschreibung:

Dieser Funktion ermittelt, ob einige, alle oder keine Zeichen des markierten Bereiches das Zeichenformat "Hochgestellt" aufweisen.

Funktionsergebnis:

Als Ergebnis liefert diese Funktion:

    0   Keines der markierten Zeichen ist hochgestellt.
   -1   Einige der markierten Zeichen sind hochgestellt.
    1   Alle markierten Zeichen sind hochgestellt.

HöherstufenListe   *Setzt die markierten Absätze in einer Liste um eine Ebene höher.*

Gruppe: Aufzählungen und Numerierung   WordBASIC Befehl

Syntax:
```
HöherstufenListe
```

Beschreibung:

Dieser Befehl stuft die markierten Absätze einer mehrgliedrigen Liste eine Ebene höher ein. Die Numerierungen oder Aufzählungszeichen werden dabei umformatiert und umnumeriert. Unterpunkte einer Liste werden also Hauptpunkte der übergeordneten Ebene. Wird dieser Befehl auf Absätze angewandt, die keine Liste bilden, tritt ein Fehler auf. Bsp: Aus der Überschrift "1.2.3 ..." wird die Überschrift "1.3 ...". Alle weiteren Überschriften werden neu numeriert.

HRollen   *Führt einen horizontalen Bildlauf bezogen auf die Dokumentbreite Text durch.*

Gruppe: Bewegen der Einfügemarke und Markieren   WordBASIC Befehl

Syntax:
```
HRollen ProzentHRollen%
```

Beschreibung:

Dieser Befehl verschiebt den sichtbaren Textausschnitt im aktuellen Dokumentfenster so nach rechts oder links, daß der angezeigte Ausschnitt dem angegebenen Prozentwert entspricht. Die Ausschnittposition wird in der unteren Bildlaufleiste angezeigt. Die Einfügemarke wird nicht bewegt.

Parameter:

Name:	*Bedeutung*
ProzentHRollen%	Gibt die neue horizontale Ausschnittposition an.

HRollen()   *Ermittelt Position des horizontalen (unteren) Schiebereglers.*

Gruppe: Bewegen der Einfügemarke und Markieren   WordBASIC Funktion

Syntax:
```
x = HRollen()
```

Beschreibung:

Diese Funktion liefert die prozentuale Position (0-100) des aktuellen Bildschirmausschnitts.

Funktionsergebnis:

Das Ergebnis der Funktion gibt an, welcher horizontale Ausschnitt angezeigt wird. Das Ergebnis wird in Prozent angegeben.

HSeite
Führt einen horizontalen Bildlauf bezogen auf die Dokumentbreite durch.

Gruppe: Bewegen der Einfügemarke und Markieren WordBASIC Befehl

Syntax:
HSeite [Anzahl]

Beschreibung:
Dieser Befehl verschiebt den aktuellen Dokumentausschnitt seitenweise (entsprechend der Fensterbreite) nach links bzw. rechts. Die Einfügemarke behält ihre Position. Der untere Schieberegler zeigt den angezeigten Ausschnitt an.

Parameter:

Name:	Bedeutung
Anzahl	Bestimmt, wieviele Seitenbreiten der aktuelle Fensterausschnitt nach links oder rechts verschoben werden soll:

< 0 Verschiebt Fensterinhalt um angegebene Anzahl von Fensterbreiten nach links.
0   Keine Veränderung des Fensterausschnitts.
> 0 Verschiebt Fensterinhalt um angegebene Anzahl von Fensterbreiten nach rechts.

HZeile
Führt spaltenweise einen horizontalen Bildlauf durch.

Gruppe: Bewegen der Einfügemarke und Markieren WordBASIC Befehl

Syntax:
HZeile [Anzahl]

Beschreibung:
Dieser Befehl verschiebt den aktuellen Dokumentausschnitt spaltenweise nach links bzw. rechts. Die Einfügemarke behält ihre Position. Der untere Schieberegler zeigt den angezeigten Ausschnitt an.

Parameter:

Name:	Bedeutung
Anzahl	Gibt an, um wieviele Spalten und in welche Richtung der Fensterausschnitt verschoben werden soll.

< 0 Verschiebt Fensterinhalt um angegebene Spaltenzahl nach links.
0   Keine Bewegung.
> 0 Verschiebt Fensterinhalt um angegebene Spaltenzahl nach rechts.

If
Fragt eine Bedingung ab.

Gruppe: BASIC-Befehle und -Funktionen BASIC Befehl

Syntax:
If Bedingung Then Anweisung [ElseIf Bedingung2 Then]
[Else Anweisungen][EndIf]

Beschreibung:
Die If-Anweisung steuert den Programmfluß dergestalt, daß die in "Anweisung" angegebene Anweisung nur dann ausgeführt wird, wenn die dem Schlüsselwort If folgende Bedingung wahr ist. Ist diese Bedin-

gung jedoch falsch, wird die dem Else-Schlüsselwort folgende Anweisung ausgeführt (falls angegeben). Auch das Verschachteln mehrer If-Anweisungen (Kaskadierung) ist möglich. Um mehrzeilige Anweisungsblöcke auszuführen, muß ein folgendes Konstrukt verwendet werden:

If Bedingung1 Then

    Anweisungen   'Werden ausgeführt, wenn Bedingung 1 zutrifft

[ElseIf Bedingung2 Then

    Anweisungen]   'Werden ausgeführt, wenn Bedingung 2 zutrifft (weitere ElseIf-Konstrukte können folgen)

[Else

    Anweisungen]   'Werden ausgeführt, wenn keine der obigen Anweisungen zutraf (optional)

Endif   'Beendet If-Anweisung (muß angegeben werden!)

Einfache Anweisungen können wie folgt bedient werden:

If Bedingung Then Anweisung1   ' Ausführen, wenn Bedingung wahr ist

Else Anweisung2   'Ausführen, wenn Bedingung falsch ist

IndexEintragFestlegen *Fügt ein Index-Feld in den Text ein.*

Gruppe: Bearbeiten   WordBASIC Dialogbefehl

Syntax:
```
IndexEintragFestlegen <.IndexEintragAlle> [, .Eintrag$]
[, .AutoTextEintrag$] [, .QuerverweisAutoText$] [, .Querverweis$]
[, .Bereich$] [, .Fett%] [, .Kursiv%]
```

Beschreibung:
Dieser Befehl fügt nach der aktuellen Markierung ein XE-Feld ein. XE-Felder dienen zur Indizierung eines Textes. Dieser Befehl entspricht dem Dialogfeld "Einfügen|Index und Verzeichnisse...|Registerkarte Index".

Dieser Befehl fügt nur die Felder für einen später zu erstellenden Index ein - der eigentliche Index muß gesondert erstellt werden.

Dialogvariablen:

Name:	*Bedeutung*
.Eintrag$	Dieser Parameter enthält den Text, der im Index auftauchen soll.
.AutoTextEintrag$	Hier wird der Name des AutoTextes angegeben, der den Text enthält, der im Index erscheinen soll. Wird .AutoTextEintrag angegeben, so wird .Eintrag ignoriert.
.QuerverweisAutoText$	Dieser String enthält den Namen des AutoTextes der im Index als Querverweis angegeben werden soll. Wird dieses Argument angegeben, wird der Text in .Querverweis ignoriert.
.Querverweis$	Dieser Text wird als Querverweis im Index angegeben.

`.Bereich$`	Wird hier der Name einer Textmarke angegeben, so bestimmt die Seite, auf der diese Textmarke beginnt, welche Seitenzahl im Index erscheinen soll. Wird diese Variable nicht angegeben, wird im Index die Seite angegeben, auf der sich das XE-Feld befindet.
`.Fett%`	Gibt an, ob die Seitenzahl fett gedruckt werden soll. 0 Seitenzahlen nicht fett drucken. 1 Seitenzahlen fett drucken.
`.Kursiv%`	Gibt an, ob die Seitenzahl kursiv gedruckt werden soll. 0 Seitenzahlen nicht kursiv drucken. 1 Seitenzahlen kursiv drucken.

Schaltflächen:

Name:	Aufgabe
`.IndexEintragAlle`	Durch Aktivierung dieser Schaltfläche werden die Index-Felder (XE-Felder) im gesamten Text eingefügt - also nicht nur hinter aktuellen Markierungen. Eingefügt wird das XE-Feld nach jedem Vorkommen des aktuell markierten Textes. Aber es wird nur ein XE-Feld pro Absatz eingefügt. Ohne Aufruf dieser Schaltfläche bleibt es bei der einmaligen Einfügung des Feldes hinter der Markierung.

InhaltsverzeichnisEintragFestlegen
Fügt ein Verzeichnisfeld in den Text ein.

Gruppe: Bearbeiten WordBASIC Dialogbefehl

Syntax:

```
InhaltsverzeichnisEintragFestlegen [.Eintrag$] [, .AutoTextEintrag$]
[, .VerzeichnisKennung$] [, .Ebene$]
```

Beschreibung:

Dieser Befehl fügt ein INHALT-Feld in den Text hinter der aktuellen Markierung ein. Mit deren Hilfe werden Verzeichnisse (nach Kategorien geordnet) erstellt.

Dialogvariablen:

Name:	Bedeutung
`.Eintrag$`	Dieser Text wird im später erzeugten Verzeichnis angezeigt.
`.AutoTextEintrag$`	Wird der Name eines AutoTextes angegeben, wird dieser AutoText im Inhaltsverzeichnis angegeben. .Eintrag wird dann ignoriert.
`.VerzeichnisKennung$`	Dieser Parameter bestimmt die Verzeichnis-Kategorie, zu der der Eintrag gehören soll. Geben Sie hier z.B. "Abbildung" an, um einen Eintrag für ein Abbildungsverzeichnis anzugeben.
`.Ebene$`	Gibt eine Ebene für den Eintrag im Verzeichnis an.

Input
Nimmt Eingaben des Anwenders entgegen.

Gruppe: BASIC-Befehle und -Funktionen BASIC Befehl

Syntax:

```
Input [Aufforderung$,] Variable1[$] [, Variable2[$]] [, Variable3[$]]
[, ...]
```

Beschreibung:

Dieser Befehl nimmt Eingaben des Benutzers entgegen, und weist die durch Kommata getrennten Eingabewerte den einzelnen Variablen zu. Betätigt der Anwender die EINGABE-Taste, wird die Eingabe beendet. Variablen, für die keine Werte eingegeben wurden, erhalten die Werte 0 (numerisch) oder "" (leerer String).

Parameter:

Name:	Bedeutung
`Aufforderung$`	Dieser Text wird in der Statuszeile gezeigt, und dort von einem Fragezeichen gefolgt.
`Variablen`	Beliebige Variablen, denen Werte durch Benutzereingaben zugewiesen werden sollen.

Input# *Liest Informationen aus einer Datei.*

Gruppe: BASIC-Befehle und -Funktionen BASIC Befehl

Syntax:
```
Input #DateiNummer, Variable1[$] [, Variable2[$]] [, Variable3[$]]
[, ...]
```

Beschreibung:

Dieser Befehl liest Daten aus einer mittels Open geöffneten Datei. Diese Daten werden in die angegebenen Variablen geschrieben. Sollen mehr Daten gelesen werden, als die Datei zur Verfügung stellt, werden diese Variablen auf 0 (numerisch) bzw. "" (String) gesetzt. Die einzulesenden Werte werden in der Datei durch Kommata getrennt. Input kann nur Zeichenfolgen mit bis zu 65280 Zeichen in eine Variable lesen. Hat eine Zeichenfolge mehr Zeichen, werden diese abgeschnitten.

Parameter:

Name:	Bedeutung
`#DateiNummer`	Nummer der Datei aus der die Daten gelesen werden sollen. Diese wird von Open() zurückgegeben.
`Variablen[$]`	Liste der Variablen, die mit Werten aus der Datei gefüllt werden sollen. Wollen Sie mehr Variablen mit Werten füllen, als die Datei bereithält, wird ein Fehler ausgegeben.

Input$() *Liest eine bestimmte Anzahl von Zeichen aus einer Datei.*

Gruppe: BASIC-Befehle und -Funktionen BASIC Funktion

Syntax:
```
Input$(AnzZeichen, [#]Dateinummer)
```

Beschreibung:

Dieser Befehl liest die angegebene Zeichenzahl aus einer Datei. Auf die so gelesenen Daten kann über einen String zugegriffen werden. Enthält die Datei weniger Zeichen als gefordert, wird ein Fehler ausgegeben.

Funktionsergebnis:

Der Ergebnisstring enthält die eingelesenen Daten.

Parameter:

Name:	Bedeutung
`AnzZeichen`	Gibt die Anzahl der aus der Datei zu lesenden Zeichen an. Diese darf 65280 nicht überschreiten.
`#Dateinummer`	Gibt die Nummer der Datei an, die die zu lesenden Daten enthält. Das '#' ist optional. Die hier angegebene Nummer ist der Rückgabewert der Funktion Open().

InputBox$()   *Zeigt ein Eingabe-Dialogfeld an.*

Gruppe: Dialogfelddefinitionen und Steuerelemente   WordBASIC Funktion

Syntax:
```
a$ = InputBox$(Aufforderung$ [, Titel$] [, Standardwert$])
```

Beschreibung:
Diese Funktion zeigt ein standardisiertes Dialogfeld mit Eingabefeld zur Eingabe von Strings an. Durch Umwandlung der eingegebenen Strings in numerische Werte (s. String-Funktionen) kann man diesen Befehl zur Eingabe nahezu aller Werte verwenden. Wenn aber nur Werte von 1 bis 10 eingegeben werden sollen, besteht keine Möglichkeit, nur Ziffern zur Eingabe zuzulassen. Eine Prüfung auf korrekt eingegebene Werte muß im Anschluß erfolgen.

Funktionsergebnis:
Der Ergebnisstring enthält die vom Benutzer eingegebenen Zeichen.

Parameter:

Name:	Bedeutung
`Aufforderung$`	Dieser Text wird im Dialogfeld ausgegeben, um dem Benutzer anzuzeigen, welcher Wert eingegeben werden soll (z.B. "Name des Textes:") .
`Titel$`	Dieser Parameter gibt den Fenstertitel des Dialogfelds an (z.B. "Text verschlüsseln").
`Standardwert$`	Dieser String enthält den Standardwert, der im Eingabefeld beim Öffnen des Dialogfeldes angezeigt wird, aber vom Benutzer überschrieben werden kann. Enthält dieser Parameter mehr als 255 Zeichen, meldet Word einen Fehler.

InStr()   *Sucht einen String innerhalb eines anderen.*

Gruppe: BASIC-Befehle und -Funktionen   WordBASIC Funktion

Syntax:
```
InStr([Index,] Quelle$, SuchText$)
```

Beschreibung:
Diese Funktion ermittelt die Zeichenposition, ab der ein zu suchender Text in einem String beginnt.

Funktionsergebnis:
Als Ergebnis liefert diese Funktion:

0	Zu suchender Text ist nicht im Quelltext enthalten.
<> 0	Startposition, an der Suchtext im Quelltext gefunden wurde.

Parameter:

Name: *Bedeutung*

`Index` Dieser Parameter gibt die Zeichenposition im Quellstring an, ab der mit der Suche begonnen werden soll. Mit Hilfe dieses Parameters ist es möglich, auf einfache Art und Weise festzustellen, ob ein Suchtext mehrfach in einem String vorkommt. Durch erneute Angabe des Rückgabewertes dieser Funktion + Len(Suchtext$) für diesen Parameter läßt sich die Suche im verbleibenden Quellstring fortführen.

`Quelle$` Dieser Parameter enthält den Text, der durchsucht werden soll.

`SuchText$` Dieser Suchtext wird im Quelltext gesucht. Nur wenn alle Zeichen des Suchtextes mit den Zeichen des Quelltextes übereinstimmen, gilt der Suchtext als gefunden. Die Groß-/Kleinschreibung wird dabei beachtet.

Int() *Liefert den Vorkommateil einer Zahl.*

Gruppe: BASIC-Befehle und -Funktionen   WordBASIC Funktion

Syntax:
`Int(n)`

Beschreibung:
Diese Funktion schneidet den Nachkommateil einer Zahl ab, und liefert als Ergebnis den ganzzahligen Vorkommateil. (z.B.: Int(12.232) = 12).

Funktionsergebnis:
Der Rückgabewert enthält die ganze Zahl ohne Nachkommastellen.

Parameter:

Name: *Bedeutung*

`n` Wert, dessen ganzzahliger Vorkommateil ermittelt werden soll. 'n' muß in den Grenzen von -32767 und 32768 liegen.

IstDokumentGeändert() *Stellt fest, ob das aktive Dokument seit dem letzten Speichern verändert wurde.*

Gruppe: Umgebung   WordBASIC Funktion

Syntax:
`x = IstDokumentGeändert()`

Beschreibung:
Diese Funktion gibt an, ob das aktuelle Dokument seit dem letzten Speichern verändert wurde.

Funktionsergebnis:
Als Ergebnis liefert diese Funktion:

  0   Dokument wurde nicht geändert.
 -1   Dokument wurde geändert.

IstDokVorlageGeändert()

Stellt fest, ob die aktive Dokumentvorlage seit dem letzten Speichern verändert wurde.

Gruppe: Umgebung   WordBASIC Funktion

Syntax:

```
IstDokVorlageGeändert()
```

Beschreibung:

Diese Funktion gibt an, ob die Dokumentvorlage des aktiven Dokuments seit dem letzten Speichern geändert wurde.

Funktionsergebnis:

Als Ergebnis liefert diese Funktion:

    0   Dokumentvorlage wurde nicht geändert.
  -1   Dokumentvorlage wurde geändert.

IstMakro()

Stellt fest, ob ein durch Fensternummer angegebenes Fenster ein Makrobearbeitungsfenster ist.

Gruppe: Makros   WordBASIC Funktion

Syntax:

```
x = IstMakro([Fensternummer])
```

Beschreibung:

Dieser Befehl ermittelt, ob ein Fenster ein Makrobearbeitungsfenster ist.

Funktionsergebnis:

Als Ergebnis liefert diese Funktion:

    0   Angegebenes Fensters ist kein Makrobearbeitungsfenster.
    1   Angegebenes Fensters ist ein Makrobearbeitungsfenster.

Parameter:

Name:	Bedeutung
Fensternummer	Nummer des Fensters, das untersucht werden soll.

IstNurAusführen()

Stellt fest, ob Makro-Code editiert werden darf.

Gruppe: Makros   WordBASIC Funktion

Syntax:

```
x = IstNurAusführen([Makro$])
```

Beschreibung:

Dieser Befehl ermittelt, ob der Programmtext des angegebenen Makros vom Benutzer geändert werden darf.

Funktionsergebnis:
Als Ergebnis liefert diese Funktion:

    0   Makro kann auch editiert werden.
    1   Makro darf nur ausgeführt werden.

Parameter:

Name:	*Bedeutung*
`Makro$`	Name des zu untersuchenden Makros.

Jahr()   *Liefert eine ganze Zahl von 1899 bis 4095 (je einschl.).*

Gruppe: Datum und Uhrzeit   WordBASIC Funktion

Syntax:
```
x = Jahr(Seriennummer)
```

Beschreibung:
Diese Funktion liefert die Jahreszahl des durch eine Seriennummer beschriebenen Datums.

Funktionsergebnis:
Der Rückgabewert liefert das Jahr des in Seriennummer codierten Datums. Dieses kann Werte zwischen 1899 und 4095 annehmen.

Parameter:

Name:	*Bedeutung*
`Seriennummer`	Diese Seriennummer enthält ein in einer einzigen Zahl codiertes Datum, dessen Jahreszahl ermittelt werden soll.

Jetzt()   *Liefert das aktuelle Datum und die aktuelle Uhrzeit, dargestellt in einer Seriennummer.*

Gruppe: Datum und Uhrzeit   WordBASIC Funktion

Syntax:
```
x = Jetzt()
```

Beschreibung:
Dieser Befehl liefert für den aktuellen Zeitpunkt die Seriennummer. "Aktueller Zeitpunkt" meint damit das aktuelle Datum und die aktuelle Uhrzeit.

Funktionsergebnis:
Das Ergebnis dieser Funktion enthält die Seriennummer für das heutige Datum und die aktuelle Uhrzeit.

Kapitälchen   *Setzt oder entfernt das Zeichenformat "Kapitälchen".*

Gruppe: Zeichenformatierung   WordBASIC Befehl

Syntax:
```
Kapitälchen [Aktiv]
```

31 • Makroreferenz

Beschreibung:

Dieser Befehl versieht die markierten Zeichen im aktiven Dokument mit dem Format "Kapitälchen" oder entfernt dieses wieder.

Parameter:

Name:	Bedeutung
`Aktiv`	Gibt an, ob das Format hinzugefügt, oder entfernt werden soll.
0	Markierte Zeichen verlieren das "Kapitälchen"-Attribut.
1	Markierte Zeichen werden als "Kapitälchen" dargestellt.
nicht angegeben	Anhand des ersten markierten Zeichens wird die Zeichenformatierung "Kapitälchen" gewechselt.

Kapitälchen()   *Überprüft, ob die Zeichen im markierten Bereich als Kapitälchen dargestellt werden.*

Gruppe: Zeichenformatierung   WordBASIC Funktion

Syntax:

`x = Kapitälchen()`

Beschreibung:

Diese Funktion ermittelt ob keines, alle oder einige der markierten Zeichen das Zeichenformat "Kapitälchen" besitzen.

Funktionsergebnis:

Als Ergebnis liefert diese Funktion:

0	Keines der markierten Zeichen ist ein Kapitälchen.
-1	Einige der markierten Zeichen sind Kapitälchen.
1	Alle markierten Zeichen sind Kapitälchen.

Kasten   *Entfernt oder erzeugt einen Kasten um markierte Absätze/Tabellenzellen.*

Gruppe: Rahmenlinien und Positionsrahmen   WordBASIC Befehl

Syntax:

`Kasten [Aktiv]`

Beschreibung:

Dieser Befehl entfernt alle markierten Absätzen/Tabellenzellen aus einem bestehenden Kasten, oder versieht alle markierten Absätze/Tabellenzellen mit einem gemeinsamen Kasten. Dieser Kasten wird außerhalb der Absätze gezeichnet - die Einfügeposition kann nicht in einen Kastenbereich gelangen. Daher werden diese Kästen auch Außenrahmen genannt.

Parameter:

Name:	Bedeutung
`Aktiv`	Gibt an, ob ein Kasten erzeugt oder entfernt werden soll.
0	Entfernt markierte Absätze aus dem Kasten.
1	Zeichnet um alle markierten Absätze einen Kasten. Besitzen einige der Absätze schon einen Kasten, so wird dieser auf die neu hinzugekommenen Absätze erweitert.

Kasten()
Stellt fest, ob sich ein Kasten (äußere Rahmenlinie) um markierten Absatz/Tabellenzelle befinden.

Gruppe: Rahmenlinien und Positionsrahmen   WordBASIC Funktion

Syntax:
```
x = Kasten()
```

Beschreibung:
Diese Funktion gibt an, ob mindestens einer der markierten Absätze bzw. mindestens eine der markierten Tabellenzellen einen Kasten enthält.

Funktionsergebnis:
Als Ergebnis liefert diese Funktion:

    0   Mindestens ein Absatz steht nicht in einem Kasten.
    1   Alle markierten Absätze stehen in einem Kasten.

Kill
Löscht eine Datei.

Gruppe: Dokumente, Dokumentvorlagen und Add-Ins   WordBASIC Befehl

Syntax:
```
Kill Dateiname$
```

Beschreibung:
Dieser Befehl löscht die angegebene Datei. Befindet sich die Datei nicht im aktuellen Verzeichnis, muß der Pfad der Datei angegeben werden. Bezeichnet der in Dateiname angegebene Name eine in einem Bearbeitungsfenster angezeigte Datei, wird ein Fehler ausgegeben.

Parameter:

Name:	*Bedeutung*
Dateiname$	Name der zu löschenden Datei.

KontrollkästchenFormularFeld
Fügt ein Kontrollkästchen-Formularfeld in den Text ein.

Gruppe: Felder   WordBASIC Befehl

Syntax:
```
KontrollkästchenFormularFeld
```

Beschreibung:
Dieser Befehl fügt an der Position der Einfügemarke ein Kontrollkästchen-Formularfeld ein. Diese Kontrollfelder erhalten automatisch die Bezeichner "Kontrollkästchen1", "Kontrollkästchen2", usw.

Konverter$()
Liefert den Namen für ein bestimmtes Dateiformat.

Gruppe: Dokumente, Dokumentvorlagen und Add-Ins   WordBASIC Funktion

Syntax:
```
a$ = Konverter$(Formatnummer)
```

Beschreibung:

Diese Funktion ermittelt den Namen eines Text-Konverters. Word verwendet solche Konverter, um Texte anderer Anwendungen (z.B. Lotus) laden und speichern zu können. Das Fremdformat muß ins Word-Format und von dort wieder zurück ins Fremd-Format konvertiert werden. Im "Datei|Speichern unter..."-Dialogfeld erhalten Sie Einsicht in die verfügbaren Konverter durch Ansicht der Dropdown-Liste "Dateityp".

Funktionsergebnis:

Der Ergebnisstring enthält den Namen des Textkonverters.

Parameter:

Name:	Bedeutung
`Formatnummer`	Nummer des Konverters (s. "Dateiyp"), dessen Name ermittelt werden soll.

KonverterSuchen()   *Liefert Kennzahl für ein bestimmtes Dateiformat.*

Gruppe: Dokumente, Dokumentvorlagen und Add-Ins   WordBASIC Funktion

Syntax:

`x = KonverterSuchen(Formatname$)`

Beschreibung:

Dieser Befehl ermittelt die Nummer eines Konverters (s. Konverter$()).

Funktionsergebnis:

Die zurückgegebene Zahl liefert die Nummer des Konverters, nach dem gesucht wurde. Wird -1 zurückgegeben, beschreibt der in Formatname$ angegebene Name keinen Konverter.

Parameter:

Name:	Bedeutung
`Formatname$`	Name des Konverters dessen Nummer in der Liste der verfügbaren Konverter ermittelt werden soll.

KopfFußzeilenVerknüpfungUmschalten   *Verwendet die Kopf-/Fußzeile des vorherigen Abschnitts.*

Gruppe: Abschnitts- und Dokumentformatierung   WordBASIC Befehl

Syntax:

`KopfFußzeilenVerknüpfungUmschalten`

Beschreibung:

Dieser Befehl erlaubt die Verknüpfung der Kopf-/Fußzeilen eines Abschnittes mit denen des vorherigen Abschnitts. Obwohl sich die beiden Abschnitte ansonsten vollkommen unterscheiden können, verwenden sie dennoch die gleiche Kopf-/Fußzeile. Dieser Befehl aktiviert oder deaktiviert diese Verknüpfung. Die Einfügemarke muß sich bei Ausführung dieses Befehls in einer Kopf-/Fußzeile befinden. Außerdem muß der aktuelle Abschnitt einen Vorgänger haben.

Kursiv
Schaltet das Attribut "Kursiv" für die markierten Zeichen an oder ab.

Gruppe: Zeichenformatierung   WordBASIC Befehl

Syntax:
Kursiv [Aktiv]

Beschreibung:
Die markierten Zeichen erhalten oder verlieren das Zeichenformat "Kursiv".

Parameter:

Name: *Bedeutung*

Aktiv   Beschreibt, ob das Zeichenformat den markierten Zeichen zugefügt werden soll.
    0   Markierte Zeichen verlieren das Zeichenformat "Kursiv".
    1   Die markierten Zeichen werden kursiv dargestellt.

Kursiv()
Überprüft, ob die markierten Zeichen das Zeichenformat "Kursiv" besitzen.

Gruppe: Zeichenformatierung   WordBASIC Funktion

Syntax:
x = Kursiv()

Beschreibung:
Ermittelt, ob einige, keine oder alle Zeichen der Markierung im aktuellen Dokument kursiv dargestellt werden.

Funktionsergebnis:
Als Ergebnis liefert diese Funktion:

    0   Keines der markierten Zeichen ist kursiv.
   -1   Einige der markierten Zeichen sind kursiv.
    1   Alle markierten Zeichen sind kursiv.

LCase$()
Wandelt einen String in Kleinbuchstaben.

Gruppe: BASIC-Befehle und -Funktionen   WordBASIC Funktion

Syntax:
LCase$(Quelle$)

Beschreibung:
Diese Funktion wandelt alle groß geschriebenen Zeichen des angegebenen Strings in Kleinbuchstaben, so daß alle Zeichen des Ergebnisstrings klein geschrieben sind. Auch Umlaute werden korrekt gewandelt.

Funktionsergebnis:
Der Ergebnisstring enthält nur noch kleine Buchstaben.

Parameter:

Name: *Bedeutung*

Quelle$ String, dessen Großbuchstaben gewandelt werden sollen.

LeereTextmarke() — *Überprüft, ob eine Textmarke nur eine Position oder einen Bereich beschreibt.*

Gruppe: Textmarken   WordBASIC Funktion

Syntax:
```
x = LeereTextmarke(Name$)
```

Beschreibung:
Diese Funktion ermittelt, ob die angegebene Textmarke einen Text umspannt (enthält, markiert), oder nur eine Position beschreibt (leer ist).

Funktionsergebnis:
Als Ergebnis liefert diese Funktion:

- 0   Textmarke ist nicht leer bzw. der in Name$ angegebene Name beschreibt keine Textmarke.
- 1   Die angegebene Textmarke umspannt keine Zeichen, ist also leer.

Parameter:

Name:	Bedeutung
Name$	Name der zu überprüfenden Textmarke.

Left$() — *Liefert den linken Teil eines Strings.*

Gruppe: BASIC-Befehle und -Funktionen   WordBASIC Funktion

Syntax:
```
Left$(Quelle$, Anzahl)
```

Beschreibung:
Diese Funktion liefert den linken Teilstring eines Quellstrings, der eine maximale Anzahl Zeichen enthalten soll. Left$ ermittelt die ersten Zeichen des angegebenen Strings.

Funktionsergebnis:
Der Ergebnisstring enthält die ersten Zeichen des Quellstrings.

Parameter:

Name:	Bedeutung
Quelle$	String, dessen Beginn ermittelt werden soll.
Anzahl	Maximale Anzahl der zurückzuliefernden Zeichen.

Len() — *Liefert die Zeichenzahl eines Strings.*

Gruppe: BASIC-Befehle und -Funktionen   WordBASIC Funktion

Syntax:
```
Len(Quelle$)
```

Beschreibung:
Dieser Befehl liefert die Anzahl der Zeichen im übergebenen String.

Funktionsergebnis:
Diese Funktion gibt die Anzahl der in Quelle$ enthaltenen Zeichen zurück.

Parameter:

Name:	Bedeutung
`Quelle$`	Dieser Parameter enthält den String, dessen Zeichenzahl ermittelt werden soll.

Let
Führt eine Variablenzuweisung aus.

Gruppe: BASIC-Befehle und -Funktionen   WordBASIC Befehl

Syntax:
```
[Let] Var = Ausdruck
```

Beschreibung:
Dieser Befehl führt die Zuweisung eines Wertes an eine Variable aus. Das Schlüsselwort Let kann jedoch auch weggelassen werden.

LetztesWortLöschen
Löscht das Wort links von der Einfügemarke.

Gruppe: BearbeitenWordBASIC Befehl

Syntax:
```
LetztesWortLöschen
```

Beschreibung:
Dieser Befehl löscht das vor der Einfügemarke stehende Wort. Worte werden durch Leerzeichen begrenzt. Ist ein Teil des Textes markiert, löscht dieser Befehl nur das letzte Wort vor dem Markierungsbeginn. Befindet sich die Einfügemarke oder der Markierungsbeginn mitten in einem Wort, wird nur der Teil des Wortes gelöscht, der zwischen Wortanfang und Einfügemarke/Markierungsbeginn steht.

Line Input
Liest eine Zeile aus einer Datei.

Gruppe: BASIC-Befehle und -Funktionen   BASIC Befehl

Syntax:
```
Line Input #Dateinummer, Variable$
```

Beschreibung:
Dieser Befehl liest eine ganze Zeile aus einer Datei. Diese Zeile wird in einem String zur Verfügung gestellt. Das Ende einer Zeile wird durch die ANSI-Zeichenfolge Chr$(13) + Chr$(10) beendet. Line Input kann Zeilen mit einer Gesamtlänge von 65280 Zeichen einlesen.

Parameter:

Name:	Bedeutung
`#Dateinummer`	Nummer einer vorher mit Open() geöffneten Datei.
`Variable$`	String-Variable, die die zu lesende Zeile aufnehmen soll.

ListBox
Definiert ein Listenfeld in einem Benutzerdialog.

Gruppe: Dialogfelddefinitionen und Steuerelemente   WordBASIC Befehl

Syntax:
```
ListBox X, Y, Breite, Höhe, Feldvariable$(), .DialogvarName
```

Beschreibung:
Dieser Befehl fügt eine Listbox in einen Benutzerdialog ein.

Parameter:

Name:	Bedeutung
X	Horizontale Position der Listbox (in 1/8 der Systemschriftbreite).
Y	Vertikale Position der Listbox (in 1/8 der Systemschrifthöhe).
Breite	Breite der Listbox (in 1/8 der Systemschriftbreite).
Höhe	Höhe der Listbox (in 1/8 der Systemschrifthöhe).
Feldvariable$()	Dieser Parameter enthält ein eindimensionales String-Array, das die Einträge der Listbox enthält.
.DialogvarName	Eindeutiger Bezeichner der Listbox, um auf diese mit den entsprechenden Dialog-Befehlen zugreifen zu können.

Lof() *Liefert die Länge einer Datei.*

Gruppe: BASIC-Befehle und -Funktionen   BASIC Funktion

Syntax:
Lof([#]DateiNummer)

Beschreibung:
Diese Funktion liefert die Länge einer Datei.

Funktionsergebnis:
Das Funktionsergebnis gibt die Anzahl der in der Datei enthaltenen Zeichen an.

Parameter:

Name:	Bedeutung
#DateiNummer	Nummer der durch Open() geöffneten Datei, deren Länge (Zeichenzahl) ermittelt werden soll. Das Doppelkreuz ('#') kann weggelassen werden.

LöschenAddIn *Entfernt globale Dokumentvorlage/Add-In aus der Liste der geladenen globalen Dokumentvorlagen/Add-Ins.*

Gruppe: Dokumente, Dokumentvorlagen und Add-Ins   WordBASIC Funktion

Syntax:
LöschenAddIAddIn$)

Beschreibung:
Dieser Befehl entfernt eine globale Dokumentvorlage oder eine Word-Add-In-Library (WLL) aus der Liste der globalen Dokumentvorlagen und Add-Ins. Die während des Starts von Word geladenen und somit globalen Dokumentvorlagen können nicht mit diesem Befehl entfernt werden, sondern müssen entweder durch Ändern des Vorgabe-Verzeichnisses STARTUP-PATH (s. ChDefaultDir) oder durch Entfernen der entsprechenden Dateien aus diesem Verzeichnis entfernt werden. In beiden Fällen muß Word erneut gestartet werden.

Parameter:

Name:	*Bedeutung*
AddIn$	Name der Datei (inkl. Pfad) der zu entfernenden Dokumentvorlage bzw. WLL.

LöschenZeichen$()   *Wandelt nicht druckbare Zeichen und spezielle Word-Zeichen in Leerzeichen um.*

Gruppe: BASIC-Befehle und -Funktionen   WordBASIC Funktion

Syntax:
LöschenZeichen$(Quelle$)

Beschreibung:
Dieser Befehl wandelt nicht druckbare Zeichen in einem String um oder entfernt Zeichen.

Funktionsergebnis:
Der Ergebnisstring enthält nur noch druckbare Zeichen.

Parameter:

Name:	*Bedeutung*		
Quelle$	String, dessen Zeichen(folgen) umgewandelt werden sollen. Dabei werden folgende ANSI-Zeichen ersetzt bzw. umgewandelt:		
	1-8	Leerzeichen	
	19	9	
	10	wird zu 13	
	11	Leerzeichen	
	12	Leerzeichen	
	13	13	
	14-31	Leerzeichen	
	160	(Geschütztes Leerzeichen)	Leerzeichen
	172	(Bedingter Trennstrich)	Leerzeichen
	176	(Geschütztes Leerzeichen)	Leerzeichen
	182	(Zeichen für Absatzmarke)	Leerzeichen
	183	(Aufzählungszeichen)	Leerzeichen
	Folge 10, 13	Folge 10, 13 (10 wird nicht in 13 übersetzt, sondern bleibt erhalten.)	
	Folge 13, 7	wird zu 9.	
	WinWord-Feld	Alle Zeichen eines WinWord-Feldes werden durch Leerzeichen ersetzt.	

LTrim$()   *Entfernt führende Leerstellen aus einem String.*

Gruppe: BASIC-Befehle und -Funktionen   WordBASIC Funktion

Syntax:
LTrim$(Quelle$)

Beschreibung:
Mit Hilfe dieser Funktion werden führende Leerstellen, d.h. die Leerstellen am linken Rand des Strings, die dem ersten Zeichen vorangehen, entfernt. Gleichzeitig wird der neue String als Funktionsergebnis zurückgeliefert.

Funktionsergebnis:

Als Funktionsergebnis liefert die Funktion den in Quelle$ angegebenen String ohne die führenden Leerzeichen.

Parameter:

Name:	Bedeutung
Quelle$	Der String, aus dem die führenden Leerzeichen entfernt werden sollen.

Lupe   Verwandelt den Mauszeiger in der Seitenansicht in eine Lupe.

Gruppe: Ansichtsarten   WordBASIC Befehl

Syntax:
```
Lupe [AnAus]
```

Beschreibung:

Innerhalb der Seitenansicht läßt sich der Mauszeiger durch den Aufruf dieses Befehls in eine Lupe umschalten, mit deren Hilfe sich Teile des angezeigten Dokuments vergrößern lassen. Aber auch die Rückschaltung der Darstellung wird durch den Befehl ermöglicht.

Parameter:

Name:	Bedeutung
AnAus	Dieser Parameter entscheidet, ob der Mauszeiger als Lupe oder in seiner gewohnten Form erscheinen soll.

Lupe()   Überprüft, ob der Mauszeiger in der Seitenansicht als Lupe erscheint.

Gruppe: Ansichtsarten   WordBASIC Funktion

Syntax:
```
x = Lupe()
```

Beschreibung:

Im Rahmen der Seitenansicht läßt sich durch den Aufruf dieser Funktion überprüfen, ob der Mauszeiger derzeit in seiner gewohnten Darstellungsform oder als Lupe erscheint, mit deren Hilfe sich Teile des angezeigten Dokuments vergrößern lassen.

Funktionsergebnis:

Als Ergebnis liefert diese Funktion:

    0   Wenn der Standardmauszeiger aktiv ist.
  -1   Wenn der Mauszeiger als Lupe erscheint.

MakroAufzeichnungUnterbrechen   Unterbricht die Aufzeichnung eines Makros oder setzt sie fort.

Gruppe: Makros   WordBASIC Befehl

Syntax:
```
MakroAufzeichnungUnterbrechen
```

Beschreibung:

Durch den Aufruf dieses Befehls wird die Makroaufzeichnung gestopt, sofern sie gerade aktiv ist, und fortgesetzt, sofern sie bislang pausiert hat. Allerdings ist dieser Befehl nicht für den Aufruf innerhalb eines Makros vorgesehen, sondern stellt einen der vielen vordefinierten Befehle dar, die mit Tastencodes, Menüs oder Schaltflächen innerhalb der vielen Symbolleisten verbunden werden können.

MakroBeschr$() *Liefert die Beschreibung eines Makros.*

Gruppe: Makros   WordBASIC Funktion

Syntax:
a$ = MakroBeschr$(Name$)

Beschreibung:

Mit Hilfe dieser Funktion läßt sich die Beschreibung eines Makros in Erfahrung bringen, die innerhalb des Dialogfensters des Makro-Befehls aus dem Extras-Menü in dem Dialogfeld "Beschreibung" angezeigt wird und dort auch eingegeben werden kann.

Funktionsergebnis:

Zurückgeliefert wird die Beschreibung des angegebenen Makros oder ein Leerstring (""), wenn für den Makro bislang keine Beschreibung eingegeben wurde.

Der Makro wird zunächst in der Dokumentvorlage des aktuellen Dokuments und anschließend in der globalen Dokumentvorlage "Normal.Dot" gesucht. Kann er in beiden Vorlagen nicht gefunden werden, löst die Funktion einen Fehler aus.

Parameter:

Name:	*Bedeutung*
Name$	Name des Makros, dessen Beschreibung ermittelt werden soll.

MakroDateiName$() *Liefert Pfad- und Dateinamen der Dokumentvorlage, in der ein Makro gespeichert ist.*

Gruppe: Makros   WordBASIC Funktion

Syntax:
a$ = MakroDateiName$([MakroName$])

Beschreibung:

Mit Hilfe dieser Funktion können Sie den Pfad- und Dateinamen der Dokumentvorlage in Erfahrung bringen, in der ein gegebener Makro gespeichert ist.

Funktionsergebnis:

Als Ergebnis liefert die Funktion den Namen und Pfad der Dokumentvorlage, in der der angegebene Makro gespeichert ist. Zunächst wird der Makro dabei in der Dokumentvorlage des aktuellen Dokuments gesucht, anschließend in der globalen Dokumentvorlage "Normal.Dot". Kann er auch dort nicht entdeckt werden, kommen zunächst die weiteren geladenen globalen Dokumentvorlagen in alphabetischer Reihenfolge dran, und anschließend die eingebauten Befehle. Ist das angegebene Makro auch dort unbekannt, wird ein Leerstring ("") zurückgeliefert, jedoch kein Fehler ausgelöst.

Parameter:

Name:	*Bedeutung*
MakroName$	Der Name des zu suchenden Makros.

MakroKopieren *Kopiert ein Makro aus einer Dokumentvorlage in eine andere.*

Gruppe: Makros   WordBASIC Befehl

Syntax:

```
MakroKopieren [Vorlage1:]Makro1$, [Vorlage2:]Makro2$ [, NurAusführen]
```

Beschreibung:

Aufgabe dieses Befehls ist es, ein Makro aus einer geöffneten Dokumentvorlage in eine andere zu kopieren, die ebenfalls geöffnet sein muß. Als "geöffnet" werden Dokumentvorlagen betrachtet, wenn sie die Dokumentvorlage eines geöffneten Dokuments darstellen, selbst innerhalb eines Dokumentfensters geöffnet sind oder als globale Dokumentvorlagen geladen wurden.

Sind zum Zeitpunkt des Befehlsaufrufs nicht beide Dokumentvorlagen geöffnet, wird ein Fehler ausgelöst.

Parameter:

Name:	*Bedeutung*
[Vorlage1:]Makro1$	Der Name des Makros das kopiert werden soll. Wenn ein Makro mit diesem Namen in verschiedenen Dokumentvorlagen existiert, sollten Sie von der Möglichkeit Gebrauch machen, dem Makro den Namen der Dokumentvorlage voranzustellen. Diese kann einen kompletten Pfadnamen enthalten und muß vom Makronamen durch einen Doppelpunkt getrennt werden. Die Dateierweiterung ".Dot" muß nicht angegeben werden.
[Vorlage2:]Makro2$	Der Name des neuen Makros. Ein bereits existierendes Makro gleichen Namens wird durch das neue Makro überschrieben. Voraussetzung ist allerdings, daß das Makro derzeit nicht in einem Makrobearbeitungsfenster geöffnet ist.
	Die Angabe der Dokumentvorlage, in der das neue Makro abgelegt werden soll, wird nur benötigt, wenn dies nicht in der globalen Vorlage "Normal.Dot" geschehen soll.
NurAusführen	Geben Sie hier den Wert 1 an, wenn das neue Makro nur ausgeführt, nicht aber angezeigt und editiert werden darf. Dadurch verhindern Sie, daß andere in den Besitz des Makro-Quellcodes gelangen. Doch Vorsicht: Diese Einstellung läßt sich nicht rückgängig machen. Vergewissern Sie sich deshalb, daß das ursprüngliche Makro erhalten bleibt.

MakroName$() *Liefert den Namen eines Makros.*

Gruppe: Makros   WordBASIC Funktion

Syntax:

```
a$ = MakroName$(MakroNr [, Kontext] [, Alle] [, Global])
```

Beschreibung:

Mit Hilfe dieser Funktion können Sie nacheinander die Namen aller Makros aus der Dokumentvorlage des aktuellen Dokuments oder der globalen Dokumentvorlage "Normal.Dot" abfragen. Darüber hinaus lassen sich mit Hilfe dieser Funktion aber auch die Namen der vordefinierten Befehle und der Makros aus anderen globalen Dokumentvorlagen und Add-Ins in Erfahrung bringen.

Funktionsergebnis:

Als Funktionsergebnis wird der Name des gewünschten Makros oder ein Leerstring ("") zurückgeliefert, wenn das Makro in dem angegebenen Kontext nicht gefunden werden konnte.

Parameter:

Name:	*Bedeutung*
`MakroNr`	Mit diesem Parameter wird die Nummer des Makros bestimmt, dessen Name geliefert werden soll. Diese Nummer dient als Index in die interne Makroliste des jeweiligen Kontextes, die allerdings nicht alphabetisch geordnet ist.
	Der Wert 1 steht dabei für das erste Makro, der Wert 2 für das zweite usw. Der Maximalwert kann mit Hilfe der Funktion ZählenMakros in Erfahrung gebracht werden, wobei der gleiche Kontext zugrunde gelegt werden muß, wie bei diesem Aufruf von MakroName$().
	Bei Angabe des Wertes 0 liefert die Funktion den Namen des Makros im aktuellen Makrobearbeitungsfenster oder den Namen des Makros, das zuletzt in einem solchen Fenster bearbeitet wurde.
`Kontext`	Bestimmt den Kontext, aus dem der Makroname bezogen wird:
	0 Die globale Dokumentvorlage "Normal.Dot".
	1 Die Dokumentvorlage des aktuellen Dokuments. Handelt es sich dabei um "Normal.Dot", darf für MakroNr nur 0 angegeben werden.
`Alle`	Geben Sie für diesen Parameter den Wert 1 an, wenn in der Liste der verfügbaren Makronamen auch alle Add-In-Befehle und die integrierten Befehle enthalten sein sollen.
`Global`	Wird hier der Wert 1 angegeben, liefert die Funktion nur die Namen der Makros aus den geladenen globalen Dokumentvorlagen und die Add-In-Befehle zurück.

MakroNameAusFenster$() *Liefert den Namen eines Makros in einem Makrobearbeitungsfenster.*

Gruppe: Makros WordBASIC Funktion

Syntax:

`a$ = MakroNameAusFenster$([FensterNr])`

Beschreibung:

Durch den Aufruf dieser Funktion erhalten Sie den Namen des Makros in einem geöffneten Makrobearbeitungsfenster.

Funktionsergebnis:

Als Funktionsergebnis wird der Name des Makros in dem angegebenen Fenster zurückgeliefert. Handelt es sich dabei nicht um ein Makrobearbeitungsfenster, wird ein Leerstring ("") zurückgegeben.

Parameter:

Name:	*Bedeutung*
`FensterNr`	Die Nummer des Makrobearbeitungsfensters gemäß der Auflistung der geöffneten Fenster im Fenster-Menü. Der Wert 1 entspricht dem ersten dort angezeigten Fenster, der Wert 2 dem zweiten usw.
	Bei Angabe von 0 wird auf das aktuelle Fenster Bezug genommen.

MakroSchlüssel$() Liefert die Namen von Makros und integrierten Befehlen, denen eine spezielle Tastenkombination zugewiesen wurde.

Gruppe: Anpassung durch den Benutzer WordBASIC Funktion

Syntax:

a$ = MakroSchlüssel$(Nummer [, Kontext])

Beschreibung:

Mit Hilfe dieser Funktion lassen sich die Namen all jener Makros und integrierter Befehle ermitteln, denen eine Tastenkombination zugewiesen wurde, die nicht ihrer Standard-Tastenkombination entspricht.

Funktionsergebnis:

Der gewünschte Name des Makros bzw. vordefinierten Befehls.

Parameter:

Name:	Bedeutung
Nummer	Die Nummer des Makros bzw. integrierten Befehls mit einer vom Standard abweichenden Tastenkombination, dessen Name ermittelt werden soll. 1 steht für den ersten Makro, 2 für den zweiten usw. Der Maximalwert wird durch das Funktionsergebnis von ZählenTaste() beschrieben.
Kontext	Bestimmt die Dokumentvorlage, auf die bei der Suche nach einschlägigen Makros und Befehlen gesucht wird.
	0 oder nicht angegeben Die globale Dokumentvorlage "Normal.Dot".
	1 Die Dokumentvorlage des aktuellen Dokuments.

Markierung$() Liefert den Inhalt der Markierung aus dem aktuellen Dokument.

Gruppe: BASIC-Befehle und -Funktionen WordBASIC Funktion

Syntax:

Markierung$()

Beschreibung:

Dies ist der zentrale Befehl, mit dessen Hilfe Sie Text aus dem aktuellen Dokument in Ihr Makro holen können, um ihn dort weiterzuverarbeiten.

Funktionsergebnis:

Als Ergebnis liefert die Funktion den Inhalt der Markierung im aktuellen Dokument, allerdings als reinen Text, ohne Formatangaben oder ähnliches. Lediglich einige Sonderzeichen gemäß der folgenden Aufstellung spiegeln die Struktur des Textes wieder.

Maximal ist der zurückgelieferte String 65280 Zeichen lang. Geht die Markierung darüber hinaus, werden die überstehenden Zeichen abgeschnitten.

Beachten Sie bitte, daß entgegen früheren WinWord-Versionen am Ende eines Absatzes jetzt nur noch das Zeichen chr$(13) und nicht mehr die Kombination von chr$(13)+chr$(10) zurückgeliefert wird.

chr$(9)	Tabulator
chr$(13)	Absatzende
chr$(11)	Zeilenschaltung
chr$(30)	geschützter Bindestrich

chr$(31)	Trennvorschlag
chr$(34)	Anführungszeichen
chr$(160)	geschütztes Leerzeichen

MarkierungAktuellAbstand

Erweitert die Markierung, bis ein Absatz mit einem anderen Zeilenabstand gefunden wird.

Gruppe: Bewegen der Einfügemarke und Markieren WordBASIC Befehl

Syntax:
`MarkierungAktuellAbstand`

Beschreibung:
Durch den Aufruf dieses Befehls wird die aktuelle Markierung in Richtung auf das Ende des Dokuments erweitert, bis ein Absatz mit einem anderen Zeilenabstand gefunden wird, als es der Absatz unter der bisherigen Position der Einfügemarke aufweist.

MarkierungAktuellAusrichtung

Erweitert die Markierung, bis eine unterschiedliche Absatzausrichtung gefunden wird.

Gruppe: Bewegen der Einfügemarke und Markieren WordBASIC Befehl

Syntax:
`MarkierungAktuellAusrichtung`

Beschreibung:
Durch den Aufruf dieses Befehls wird die aktuelle Markierung in Richtung auf das Ende des Dokuments erweitert, bis ein Absatz mit einer anderen Ausrichtung gefunden wird, als sie der Absatz unter der bisherigen Position der Einfügemarke aufweist.

MarkierungAktuellEinzug

Erweitert die Markierung, bis ein Text mit einem andersartigen linken oder rechten Absatzeinzug gefunden wird.

Gruppe: Bewegen der Einfügemarke und Markieren WordBASIC Befehl

Syntax:
`MarkierungAktuellEinzug`

Beschreibung:
Durch den Aufruf dieses Befehls wird die aktuelle Markierung in Richtung auf das Ende des Dokuments erweitert, bis ein Absatz mit einem anderen linken oder rechten Einzug gefunden wird, als sie der Absatz unter der bisherigen Position der Einfügemarke aufweist.

MarkierungAktuellFarbe

Erweitert die Markierung, bis ein Text in einer anderen Farbe gefunden wird.

Gruppe: Bewegen der Einfügemarke und Markieren WordBASIC Befehl

Syntax:
`MarkierungAktuellFarbe`

Beschreibung:
Durch den Aufruf dieses Befehls wird die aktuelle Markierung in Richtung auf das Ende des Dokuments erweitert, bis Text in einer anderen Farbe gefunden wird, als sie der Text unter der bisherigen Position der Einfügemarke aufweist.

MarkierungAktuellSatz — *Markiert den gesamten Satz, in dem sich die Einfügemarke befindet.*

Gruppe: Bewegen der Einfügemarke und Markieren   WordBASIC Befehl

Syntax:
MarkierungAktuellSatz

Beschreibung:
Durch den Aufruf dieses Befehls wird der gesamte Satz markiert, in dem sich die Einfügemarke befindet. Ist zum Zeitpunkt des Befehlsaufrufs bereits mehr als ein Satz innerhalb der Markierung enthalten, wird ein Fehler ausgelöst.

MarkierungAktuellSchriftart — *Erweitert die Markierung in Richtung Dokumentende, bis Text in einer anderen Schriftart oder -größe gefunden wird.*

Gruppe: Bewegen der Einfügemarke und Markieren   WordBASIC Befehl

Syntax:
MarkierungAktuellSchriftart

Beschreibung:
Durch den Aufruf dieses Befehls wird die aktuelle Markierung in Richtung auf das Ende des Dokuments erweitert, bis Text in einer anderen Schriftart oder -größe gefunden wird, als sie der Text unter der bisherigen Position der Einfügemarke aufweist.

MarkierungAktuellTab — *Erweitert die Markierung vom Anfang eines Absatzes, bis ein Absatz mit andersartigen Tabstops gefunden wird.*

Gruppe: Bewegen der Einfügemarke und Markieren   WordBASIC Befehl

Syntax:
MarkierungAktuellTab

Beschreibung:
Durch den Aufruf dieses Befehls wird die aktuelle Markierung in Richtung auf das Ende des Dokuments erweitert, bis ein Absatz mit anderen Tabstops gefunden wird, als sie der Absatz unter der bisherigen Position der Einfügemarke aufweist.

MarkierungAktuellWort — *Markiert das Wort, über dem sich die Einfügemarke befindet.*

Gruppe: Bewegen der Einfügemarke und Markieren   WordBASIC Befehl

Syntax:
MarkierungAktuellWort

Beschreibung:
Durch den Aufruf dieses Befehls wird das gesamte Wort markiert, über dem sich die Einfügemarke befindet. Nicht einbezogen wird dabei allerdings das Leerzeichen am Ende des Wortes, das sonst beim Doppelklick auf ein Wort ebenfalls markiert wird.

MarkierungArt   *Bestimmt die Art der Anzeige für markierten Text.*

Gruppe: Bewegen der Einfügemarke und Markieren   WordBASIC Befehl

Syntax:
MarkierungArt Art

Beschreibung:
Mit Hilfe dieses Befehls läßt sich die Darstellung markierten Textes und der Einfügemarke bestimmen.

Parameter:

Name:	Bedeutung
Art	Bestimmt die Darstellungsart. Folgende Einstellungen werden akzeptiert:
	1 Die Standardeinstellung für die Einfügemarke.
	2 Die Standardeinstellung für die Markierung.
	4 Einfügemarke und Markierung werden punktiert dargestellt.
	5 Die Einfügemarke wird gepunktet dargestellt.
	6 Die Markierung wird gepunktet dargestellt.

MarkierungArt()   *Zeigt die aktuelle Darstellung der Einfügemarke bzw. der Markierung an.*

Gruppe: Umgebung   WordBASIC Funktion

Syntax:
x = MarkierungArt()

Beschreibung:
Mit Hilfe dieser Funktion können Sie feststellen, ob derzeit die Einfügemarke oder eine Markierung angezeigt wird, und wie diese erscheint.

Funktionsergebnis:
Die aktuelle Darstellungsform der Einfügemarke bzw. der Markierung, je nachdem, welche von beiden aktiv ist.

1	Die normale Einfügemarke.
2	Die normale Markierung.
5	Eine gepunktete Einfügemarke.
6	Eine gepunktete Markierung.

MarkierungDateiName$()   *Liefert den vollständigen Pfad- und Dateinamen des aktuellen Dokuments.*

Gruppe: Dokumente, Dokumentvorlagen und Add-Ins   WordBASIC Funktion

Syntax:
a$ = MarkierungDateiName$()

Beschreibung:

Mit Hilfe dieser Funktion können Sie den Pfad- und Dateinamen des aktuellen Dokuments in Erfahrung bringen. Dies gilt auch, wenn sich die Einfügemarke in einem Makrobearbeitungsfenster befindet.

Funktionsergebnis:

Der Pfad- und Dateiname der Datei im aktuellen Fenster. Ist die Datei noch nicht gespeichert worden, wird lediglich der Standardpfad, gefolgt von einem Backslash (\) zurückgeliefert.

MarkierungErweitern
Schaltet den Erweiterungsmodus an oder erweitert die Markierung, falls dieser bereits aktiv ist.

Gruppe: Bewegen der Einfügemarke und Markieren   WordBASIC Befehl

Syntax:
MarkierungErweitern

Beschreibung:

Die Arbeitsweise dieses Befehls hängt davon ab, ob zum Zeitpunkt des Befehlsaufrufs im aktuellen Dokument bereits eine Markierung besteht. Wenn ja, wird die Markierung bis zum nächsten Element in der Folge Wort, Satz, Absatz, Abschnitt und ganzes Dokument erweitert.

Besteht allerdings noch keine Markierung, wird der Markierungsmodus aktiviert. Durch einen nachfolgenden Aufruf von BearbeitenSuchen, BearbeitenGeheZu oder eines anderen Befehls, der die Einfügemarke verschiebt, kann die Markierung anschließend von der bisherigen Position der Einfügemarke bis zu ihrer neuen ausgedehnt werden.

MarkierungsbereichBestimmen
Bestimmt den Markierungsbereich in einem Dokument.

Gruppe: Bewegen der Einfügemarke und Markieren   WordBASIC Befehl

Syntax:
MarkierungsbereichBestimmen Start, Ende

Beschreibung:

Aus einem Makro heraus läßt sich mit Hilfe dieses Befehls der Markierungsbereich im aktuellen Dokument bestimmen, um diesen Bereich anschließend beispielsweise mit Markierung$() in das Makro zu holen, über BearbeitenLöschen zu löschen oder eine beliebige andere Textoperation auf diesen Bereich auszuführen.

Befindet sich der zu markierende Bereich außerhalb des aktuellen Bildschirmausschnitts, wird kein Bildlauf durchgeführt, so daß die Einfügemarke scheinbar vom Bildschirm verschwindet.

Parameter:

Name:	Bedeutung
Start	Bestimmt den Start der Markierung und gibt die Nummer des entsprechenden Zeichens an. Der Wert 0 steht dabei für den Anfang des Dokuments, der Wert 1 für die Position hinter dem ersten Zeichen usw. Absatzmarken und verborgene Zeichen werden ebenso mitgezählt, wie alle anderen Sonderzeichen.
Ende	Bestimmt die Endposition der Markierung. Gezählt wird wie beim Start-Parameter, doch der hier angegebene Wert muß in jedem Fall größer sein als Start.

MarkierungVerkleinern   *Schränkt den markierten Bereich ein.*

Gruppe: Bewegen der Einfügemarke und Markieren   WordBASIC Befehl

Syntax:
MarkierungVerkleinern

Beschreibung:
Dieser Befehl verkleinert die Markierung auf die jeweils nächst kleinere Ebene, unabhängig davon, ob der erweiterte Markierungsmodus aktiv ist oder nicht. Vom Dokument gelangt man so zum Abschnitt, vom Abschnitt zum Absatz, vom Absatz zum Satz usw. bis hinunter zu einem einzelnen Buchstaben.

MarkierungZeichnungsElement   *Verändert die Form des Mauszeigers.*

Gruppe: Zeichnen   WordBASIC Befehl

Syntax:
MarkierungZeichnungsElement

Beschreibung:
Durch den Aufruf dieses Befehls wird der Standardmauszeiger in das Symbol zum Markieren von Zeichnungselementen umgeschaltet. Befindet er sich bereits in dieser Darstellungsform, wird wieder das ursprüngliche Erscheinungsbild hergestellt.

Nach Einstellung des Symbols zum Markieren von Zeichnungselementen können diese markiert werden, indem mit dem Mauszeiger ein Rechteck um sie herum gezogen wird.

MenüEintragMakro$()   *Liefert den Namen eines Makros, das mit einem Menübefehl verbunden ist.*

Gruppe: Anpassung durch den Benutzer   WordBASIC Funktion

Syntax:
a$ = MenüEintragMakro$(HauptMenü$, Art, Menübefehl [, Kontext])

Beschreibung:
Mit Hilfe dieser Funktion können Sie die Namen der Makros und vordefinierten Befehle in Erfahrung bringen, die sich hinter den verschiedenen Menüs von Word für Windows verbergen.

Funktionsergebnis:
Der Name des Makros oder vordefinierten Befehls, der mit dem angegebenen Menü verbunden ist oder ein Leerstring, wenn das angegebene Menü nicht existiert oder nicht erkannt wurde. Für Trennlinien wird der String "(Trennlinie)" zurückgeliefert.

Parameter:

Name:	Bedeutung
HauptMenü$	Bestimmt den Namen des Haupt- bzw. Kontextmenüs, aus dem Sie einen Menüeintrag abfragen wollen. Geben Sie hier einen der Einträge an, wie sie in dem Dialogfeld "Menü ändern" auf der Registerkarte "Menüs" im Dialogfenster des Anpassen-Befehls aus dem Extras-Menü erscheinen.

	Das kaufmännische Und-Zeichen (&), wie es zur Markierung der Kurzwahltaste innerhalb eines Menünamens verwendet wird, muß dabei nicht angegeben werden.
	Beachten Sie bitte, daß die in Klammern aufgeführten Listeneinträge wie "(Shortcut)" nicht angegeben werden dürfen.
Art	Bestimmt die Art des Menüs, dem der abzufragende Menübefehl entstammt:
	0 Die Menüleiste, die erscheint, sobald mindestens ein Dokument geöffnet ist.
	1 Die Menüleiste, die erscheint, so lange noch kein Dokument geöffnet ist.
	2 Eines der verschiedene Kontextmenüs.
Menübefehl	Mit diesem Parameter wählen Sie das abzufragende Menü innerhalb seines Hauptmenüs. Es wird durch seine Position innerhalb des Hauptmenüs gekennzeichnet, wobei der Wert 1 für den obersten Menüeintrag, der Wert 2 für den darauffolgenden steht etc. Der Maximalwert kann mit Hilfe der Funktion ZählenMenüEintrag() ermittelt werden.
	Trennlinien zwischen den Menüs werden genau wie Menüeinträge gezählt.
Kontext	Durch diesen Parameter definieren Sie den Kontext, dem die abzufragende Menübelegung entnommen werden soll.
	0 oder nicht angegeben Die Menüstruktur, die in der globalen Dokumentvorlage "Normal.Dot" festgehalten ist.
	1 Die aktuelle Menüstruktur.

MenüEintragText$()

Liefert die Menütexte für die verschiedenen Menüs.

Gruppe: Anpassung durch den Benutzer   WordBASIC Funktion

Syntax:

a$ = MenüEintragText$(MenüName$, Art, Menübefehl [, Kontext])

Beschreibung:

Mit Hilfe dieser Funktion können Sie die Texte in Erfahrung bringen, die für die verschiedenen Menübefehle und vordefinierten Befehle innerhalb der verschiedenen Menüs angezeigt werden.

Funktionsergebnis:

Der Name des Menütextes oder des vordefinierten Befehls, der mit dem angegebenen Menü verbunden ist oder ein Leerstring, wenn das angegebene Menü nicht existiert oder nicht erkannt wurde. Für Trennlinien wird der String "(Trennlinie)" zurückgeliefert.

Für folgende eingebaute Befehle, deren Menünamen sich in Abhängigkeit der aktuellen WinWord-Sitzungen permanent verändern, liefert die Funktion nicht den Menütext, sondern den Namen des dazugehörigen Befehls zurück:

BearbeitenKopieren
BearbeitenEinfügen
BearbeitenWiederherstellenOderWiederholen
BearbeitenRückgängig
DateiSchließen
DateiSchließenOderAllesSchließen

DateiBeenden
DateiSpeichern
DateiAllesSpeichern
DateiSpeichernUnter
FormatGrafikPosRahmen
TabelleLöschenGesamt
TabelleEinfügenGesamt
TabelleInOderAusText
ExtrasDokSchützenEinAus

Parameter:

Name:	*Bedeutung*
`MenüName$`	Bestimmt den Namen des Haupt- bzw. Kontextmenüs, aus dem Sie einen Menüeintrag abfragen wollen. Geben Sie hier einen der Einträge an, wie sie in dem Dialogfeld "Menü ändern" auf der Registerkarte "Menüs" im Dialogfenster des Anpassen-Befehls aus dem Extras-Menü erscheinen.
	Das kaufmännische Und-Zeichen (&), wie es zur Markierung der Kurzwahltaste innerhalb eines Menünamens verwendet wird, muß dabei nicht angegeben werden.
	Beachten Sie bitte, daß die in Klammern aufgeführten Listeneinträge wie "(Shortcut)" nicht angegeben werden dürfen.
`Art`	Bestimmt die Art des Menüs, dem der abzufragende Menübefehl entstammt:
	0 Die Menüleiste, die erscheint, sobald mindestens ein Dokument geöffnet ist.
	1 Die Menüleiste, die erscheint, so lange noch kein Dokument geöffnet ist.
	2 Eines der verschiedenen Kontextmenüs.
`Menübefehl`	Mit diesem Parameter wählen Sie das abzufragende Menü innerhalb seines Hauptmenüs. Es wird durch seine Position innerhalb des Hauptmenüs gekennzeichnet, wobei der Wert 1 für den obersten Menüeintrag, der Wert 2 für den darauffolgenden steht etc. Der Maximalwert kann mit Hilfe der Funktion ZählenMenüEintrag() ermittelt werden.
	Trennlinien zwischen den Menüs werden genau wie Menüeinträge gezählt.
`Kontext`	Durch diesen Parameter definieren Sie den Kontext, dem die abzufragende Menübelegung entnommen werden soll.
	0 Die Menüstruktur, die in der globalen Dokumentvorlage "Normal.Dot" festgehalten ist.
	1 Die aktuelle Menüstruktur.

MenüModus

Aktiviert die Menüleiste von Word für Windows.

Gruppe: Anpassung durch den Benutzer   WordBASIC Befehl

Syntax:

MenüModus

Beschreibung:

Durch diesen Befehl wird die Menüleiste von Word für Windows aktiviert, so daß die verschiedenen Befehle von der Tastatur aus auch ohne Betätigung der <alt>-Taste aufgerufen werden können.

MenüText$() *Liefert den Namen eines Haupt- oder Kontextmenüs.*

Gruppe: Anpassung durch den Benutzer WordBASIC Funktion

Syntax:

a$ = MenüText$(Art, MenüNummer [, Kontext])

Beschreibung:

Anders als mit der Funktion MenüEintragText$() lassen sich mit Hilfe dieser Funktion nicht die Namen der Befehle innerhalb der verschiedenen Hauptmenüs, sondern die Namen der Hauptmenüs selbst ermitteln - und die der verschiedenen Kontextmenüs auch.

Funktionsergebnis:

Als Funktionsergebnis wird der Name des angegebenen Menüs zurückgeliefert, inklusive des &-Zeichens vor der jeweiligen Kurzwahltaste.

Parameter:

Name:	Bedeutung
Art	Betimmt die Art des Menüs, aus dem der Menüname abgefragt werden soll.
	0 Die Menüleiste, die erscheint, sobald mindestens ein Dokument geöffnet ist.
	1 Die Menüleiste, die erscheint, so lange noch kein Dokument geöffnet ist.
	2 Eines der verschiedenen Kontextmenüs.
MenüNummer	Gibt die Nummer des abzufragenden Haupt- oder Kontextmenüs an. In der Menüleiste wird mit 1 beginnend von links nach rechts gezählt. Der Maximalwert läßt sich mit Hilfe der Funktion ZählenMenüs() ermitteln.
Kontext	Bestimmt die Dokumentvorlage, aus der der Menüname ermittelt werden soll.
	0 oder nicht angegeben Die globale Dokumentvorlage "Normal.Dot".
	1 Die Dokumentvorlage des aktuellen Dokuments.

MicrosoftAccess *Ruft Microsoft Access auf und aktiviert es.*

Gruppe: Anwendungssteuerung WordBASIC Befehl

Syntax:

MicrosoftAccess

Beschreibung:

Durch den Aufruf dieses Befehls wird Microsoft Access gestartet und aktiviert. Wurde das Programm bereits zuvor gestartet, wird es lediglich aktiviert.

MicrosoftExcel *Ruft Microsoft Excel auf und aktiviert es.*

Gruppe: Anwendungssteuerung WordBASIC Befehl

Syntax:

MicrosoftExcel

Beschreibung:

Durch den Aufruf dieses Befehls wird Microsoft Excel gestartet und aktiviert. Wurde das Programm bereits zuvor gestartet, wird es lediglich aktiviert.

MicrosoftFoxPro *Ruft Microsoft FoxPro auf und aktiviert es.*

Gruppe: Anwendungssteuerung WordBASIC Befehl

Syntax:
MicrosoftFoxPro

Beschreibung:
Durch den Aufruf dieses Befehls wird Microsoft FoxPro gestartet und aktiviert. Wurde das Programm bereits zuvor gestartet, wird es lediglich aktiviert.

MicrosoftMail *Ruft Microsoft Mail auf und aktiviert es.*

Gruppe: AnwendungssteuerungWordBASIC Befehl

Syntax:
MicrosoftMail

Beschreibung:
Dieser Befehl startet Microsoft Mail, oder aktiviert dessen Applikationsfenster, falls es schon gestartet wurde.

MicrosoftPowerPoint *Ruft Microsoft-PowerPoint auf und aktiviert es.*

Gruppe: Anwendungssteuerung WordBASIC Befehl

Syntax:
MicrosoftPowerPoint

Beschreibung:
Dieser Befehl startet Microsoft PowerPoint, oder aktiviert dessen Applikationsfenster, falls es schon gestartet wurde.

MicrosoftProject *Ruft Microsoft-Project auf und aktiviert es.*

Gruppe: Anwendungssteuerung WordBASIC Befehl

Syntax:
MicrosoftProject

Beschreibung:
Dieser Befehl startet Microsoft-Project, oder aktiviert dessen Applikationsfenster, falls es schon gestartet wurde.

MicrosoftPublisher *Ruft Microsoft-Publisher auf und aktiviert es.*

Gruppe: AnwendungssteuerungWordBASIC Befehl

Syntax:
MicrosoftPublisher

Beschreibung:

Dieser Befehl startet Microsoft-Publisher, oder aktiviert dessen Applikationsfenster, falls es schon gestartet wurde.

MicrosoftSchedule
Ruft Microsoft-Schedule+ auf und aktiviert es.

Gruppe: Anwendungssteuerung   WordBASIC Befehl

Syntax:
MicrosoftSchedule

Beschreibung:

Dieser Befehl startet Microsoft-Schedule+, oder aktiviert dessen Applikationsfenster, falls es schon gestartet wurde.

MicrosoftSysteminfo
Zeigt Systeminformationen an.

Gruppe: Anwendungssteuerung   WordBASIC Befehl

Syntax:
MicrosoftSysteminfo

Beschreibung:

Dieser Befehl zeigt das Word-eigene Informationsfenster. Dieses Fenster gibt Ihnen einen Überblick über den augenblicklichen Zustand Ihres Rechners/Betriebssystems.

Mid$()
Liefert einen Teilstring eines Strings.

Gruppe: BASIC-Befehle und -Funktionen   WordBASIC Funktion

Syntax:
Mid$(Quelle$, Start [, Anzahl])

Beschreibung:

Dieser Befehl extrahiert aus einem gegebenen String einen Teilstring. Dazu wird angegeben ab wo der Teilstring extrahiert werden soll, und wie lang er sein soll.

Funktionsergebnis:

Der Ergebnisstring enthält den gewünschten Teilstring.

Parameter:

Name:	Bedeutung
Quelle$	String, aus dem ein Teilstring extrahiert werden soll.
Start	Nummer des Zeichens, ab der mit der Extraktion des Teilstrings begonnen werden soll.
Anzahl	Anzahl der Zeichen, die der Teilstring enthalten soll. Wird dieser Parameter nicht angegeben, werden alle Zeichen vom angegebenen Start bis zum Ende des Quellstrings zurückgegeben.

Minute()

Liefert eine Ganzzahl zwischen 0 und 59 (je einschl.), die der Minutenkomponente von Seriennummer entspricht.

Gruppe: Datum und Uhrzeit　　　　　　　　　　　　　　　　　　　　WordBASIC Funktion

Syntax:
```
x = Minute(Seriennummer)
```

Beschreibung:
Dieser Befehl gibt die Minute der Uhrzeit zurück, die in Seriennumer codiert ist.

Funktionsergebnis:
Das Rückgabewert beschreibt die Minute der in der Seriennummer codierten Uhrzeit. Der Rückgabewert nimmt die Werte 0-59 an.

Parameter:

Name:	Bedeutung
Seriennummer	Seriennummer einer vorher in eine Seriennummer gewandelten Uhrzeit/Datum (s.Jetzt(), ZeitSeriell(), ZeitWer(), Heute(), DatumSeriell()).

MkDir

Erzeugt Unterverzeichnis.

Gruppe: Datenträgerzugriff und -verwaltung　　　　　　　　　　　　WordBASIC Befehl

Syntax:
```
MkDir Name$
```

Beschreibung:
Dieser Befehl erstellt ein Unterverzeichnis im aktuellen Verzeichnis (ohne Pfadangabe), oder beliebiges Verzeichnis (absolute Pfadangabe).

Parameter:

Name:	Bedeutung
Name$	Name des zu erzeugenden Verzeichnisses - inkl. Pfadangaben. Geben Sie keinen Pfad an, wird ein Unterverzeichnis des aktuellen Verzeichnisses erstellt.

ModusErweitern()

Zeigt an, ob der Erweiterungsmodus aktiv ist.

Gruppe: Bearbeiten　　　　　　　　　　　　　　　　　　　　　　　WordBASIC Funktion

Syntax:
```
x = ModusErweitern()
```

Beschreibung:
Diese Funktion gibt an, ob bei Bewegungen der Einfügemarke auch die aktuelle Markierung geändert wird (s. MarkierungErweitern).

Funktionsergebnis:
Als Ergebnis liefert diese Funktion:

0	Markierungen werden nicht erweitert.
-1	Bewegungen der Einfügemarke verändern die Markierung.

Monat()

Liefert eine Ganzzahl zwischen 1 und 12, die der Monatskomponente von Seriennummer entspricht.

Gruppe: Datum und Uhrzeit   WordBASIC Funktion

Syntax:
```
x = Monat(Seriennummer)
```

Beschreibung:

Ähnlich wie Minute() liefert diese Funktion die Nummer des Monats, des in Seriennummer codierten Datums/Uhrzeit.

Funktionsergebnis:

Das Ergebnis dieser Funktion gibt den Monat des in der Seriennummer codierten Datums an.

Parameter:

Name:	Bedeutung
`Seriennummer`	Seriennummer eines umgewandelten Datums/Uhrzeit.

MsgBox

Stellt Meldungsfenster dar.

Gruppe: Dialogfelddefinitionen und Steuerelemente   WordBASIC Befehl

Syntax:
```
MsgBox Meldung$ [, Titel$] [, Art]
```

Beschreibung:

Dieser Befehl stellt ein Meldungsfenster dar. Dabei können Fenstertitel, Meldung und Art des verwendeten Fensters angegeben werden.

Parameter:

Name:	Bedeutung
`Meldung$`	Text, der im Fenster als Nachricht ausgegeben werden soll. Enthält der String mehr als 255 Zeichen, tritt ein Fehler auf.
`Titel$`	Titel des Meldungsfensters. Geben Sie keinen Titel an, wird der Titel "Microsoft Word" verwendet.
`Art`	Art des verwendeten Nachrichten-Fensters. Diese in diesem Parameter anzugebenden Werte gliedern sich in vier Gruppen: 1) Schaltflächen 2) Symbole 3) Vorgabeschalter 4) Spezialmodi Aus jeder Gruppe darf nur ein Wert angegeben werden. Die Werte der einzelnen Gruppen werden addiert. Um ein Nachrichtenfenster mit Ausrufezeichen und den Schaltflächen "Ja" und "Nein" zu erzeugen, wird der Wert 4 + 48 = 52 angegeben. Wird für Art der Wert 0 angegeben, erzeugt Word ein Nachrichtenfenster, mit der Schaltfläche "Ok". Ohne weitere Angaben wird immer die erste Schaltfläche eines Nachrichtenfensters zur Vorgabeschaltfläche erklärt.

Schaltflächen:
- 0 Schaltfläche "OK" wird gezeigt.
- 1 Schaltflächen "OK" und "Abbrechen" werden gezeigt.
- 2 Schaltflächen "Abbrechen", "Wiederholen" und "Ignorieren" werden gezeigt.
- 3 Schaltflächen "Ja", "Nein" und "Abbrechen" werden gezeigt.
- 4 Schaltflächen "Ja" und "Nein" werden gezeigt.
- 5 Die Schaltflächen "Wiederholen" und "Abbrechen" werden gezeigt.

Symbol:
- 0 Kein Symbol.
- 16 Stopzeichen wird gezeigt.
- 32 Fragezeichen wird gezeigt.
- 48 Ausrufezeichen wird gezeigt.
- 64 Informationszeichen wird gezeigt.

Vorgabeschaltfläche:
- 0 Die erste Schaltfläche ist die Vorgabeschaltfläche.
- 256 Die zweite Schaltfläche ist die Vorgabeschaltfläche.
- 512 Die dritte Schaltfläche ist die Vorgabeschaltfläche.

Spezial:
- -1 Die Meldung wird nicht in einem Meldungsfenster, sondern in der Statuszeile ausgegeben. Diese wird jedoch überschrieben, sobald ein neuer Text in der Statuszeile erscheint.
- -2 Die Meldung wird nicht in einem Meldungsfenster, sondern in der Statuszeile ausgegeben. Diese wird jedoch überschrieben, sobald der Benutzer eine Taste betätigt, oder die Maus bewegt.
- -8 Die Meldung wird nicht in einem Meldungsfenster, sondern in der ganzen Statuszeile ausgegeben. Diese wird jedoch überschrieben, sobald der Benutzer eine Taste betätigt, oder die Maus bewegt.

MsgBox() *Zeigt Nachrichtenfenster und liefert Schaltfläche die Nachrichtenfenster geschlossen hat.*

Gruppe: Dialogfelddefinitionen und Steuerelemente   WordBASIC Funktion

Syntax:
```
x = MsgBox(Meldung$ [, Titel$] [, Art])
```

Beschreibung:

Diese Funktion zeigt wie der Befehl MsgBox ein NachrichtenFenster. Im Gegensatz zum Befehl liefert diese Funktion als Rückgabewert die Nummer der Schaltfläche, die der Benutzer zum Schließen des Nachrichtenfensters betätigt hat.

Funktionsergebnis:

Als Ergebnis liefert diese Funktion:

- -1 Der Benutzer hat die erste Schaltfläche betätigt.
- 0 Der Benutzer hat die zweite Schaltfläche betätigt.
- 1 Der Benutzer hat die dritte Schaltfläche betätigt.

Parameter:

Name:	Bedeutung
Meldung$	Text, der im Fenster als Nachricht ausgegeben werden soll.
Titel$	Titel des Meldungsfensters.

Art   Art des verwendeten Nachrichten-Fensters. Diese in diesem Parameter anzugebenden Werte gliedern sich in vier Gruppen:
1) Schaltflächen
2) Symbole
3) Vorgabeschalter
4) Spezialmodi

Aus jeder Gruppe darf nur ein Wert angegeben werden. Die Werte der einzelnen Gruppen werden addiert. Um ein Nachrichtenfenster mit Ausrufezeichen und den Schaltflächen "Ja" und "Nein" zu erzeugen, wird der Wert 4 + 48 = 52 angegeben. Wird für Art der Wert 0 angegeben, erzeugt Word ein Nachrichtenfenster, mit der Schaltfläche "Ok". Ohne weitere Angaben wird immer die erste Schaltfläche eines Nachrichtenfensters zur Vorgabeschaltfläche erklärt.

Schaltflächen:
0   Schaltfläche "OK" wird gezeigt.
1   Schaltflächen "OK" und "Abbrechen" werden gezeigt.
2   Schaltflächen "Abbrechen", "Wiederholen" und "Ignorieren" werden gezeigt.
3   Schaltflächen "Ja", "Nein" und "Abbrechen" werden gezeigt.
4   Schaltflächen "Ja" und "Nein" werden gezeigt.
5   Die Schaltflächen "Wiederholen" und "Abbrechen" werden gezeigt.

Symbol:
0   Kein Symbol.
16   Stopzeichen wird gezeigt.
32   Fragezeichen wird gezeigt.
48   Ausrufezeichen wird gezeigt.
64   Informationszeichen wird gezeigt.

Vorgabeschaltfläche:
0   Die erste Schaltfläche ist die Vorgabeschaltfläche.
256   Die zweite Schaltfläche ist die Vorgabeschaltfläche.
512   Die dritte Schaltfläche ist die Vorgabeschaltfläche.

Spezial:
-1   Die Meldung wird nicht in einem Meldungsfenster, sondern in der Statuszeile ausgegeben. Diese wird jedoch überschrieben, sobald ein neuer Text in der Statuszeile erscheint.
-2   Die Meldung wird nicht in einem Meldungsfenster, sondern in der Statuszeile ausgegeben. Diese wird jedoch überschrieben, sobald der Benutzer eine Taste betätigt, oder die Maus bewegt.
-8   Die Meldung wird nicht in einem Meldungsfenster, sondern in der ganzen Statuszeile ausgegeben. Diese wird jedoch überschrieben, sobald der Benutzer eine Taste betätigt, oder die Maus bewegt.

NächstenBefehlAufzeichnen
Zeichnet die Anweisung des nächsten ausgeführten Befehls auf.

Gruppe: Makros   WordBASIC Befehl

Syntax:
NächstenBefehlAufzeichnen

Beschreibung:
Dieser Befehl zeichnet den nächsten ausgeführten Word-Befehl im zuletzt aktiven Makrobearbeitungsfenster auf. Der aufgezeichnete Befehl wird an die Position der Einfügemarke eingefügt. Mit Hilfe dieses

Befehls lassen sich umfangreiche Dialog-Aufrufe vereinfachen, in dem dieser Befehl aufgerufen wird und danach das entsprechende Dialogfeld wie bei der normalen Arbeit mit Word geöffnet wird. Der Befehl zum Öffnen der Dialogbox wird dadurch in das Makro eingefügt.

NächsterTab() — *Liefert die Position des nachfolgenden Tabulators.*

Gruppe: Absatzformatierung   WordBASIC Funktion

Syntax:
`x = NächsterTab(Position)`

Beschreibung:
Dieser Befehl liefert die Position des nächsten benutzerdefinierten Tabstops rechts neben der angegebenen Position.

Funktionsergebnis:
Position des nächsten, rechts neben der angegebenen Position liegenden Tabstops. (Einheit: Punkte)

Parameter:

Name:	*Bedeutung*
Position	Position, zu der der nächste Tabstop ermittelt werden soll. Die Einheit dieses Parameters ist Punkt.

NächsteSeite — *Zeigt in der Layoutansicht die nächste Bildschirmseite an, ohne die Einfügemarke zu bewegen.*

Gruppe: Bewegen der Einfügemarke und Markieren   WordBASIC Befehl

Syntax:
`NächsteSeite`

Beschreibung:
Dieser Befehl zeigt den Inhalt der nächsten Seite in der Layoutansicht. Die Einfügemarke wird dabei nicht bewegt. Durch einen nachträglichen Aufruf des Befehls BeginnFenster läßt sich die Einfügemarke allerdings in die linke obere Ecke des Fensters nachziehen.

NächsteSeite() — *Bewegt die Einfügemarke in der Layoutansicht zur nächsten Seite und liefert Erfolgsmeldung.*

Gruppe: Bewegen der Einfügemarke und Markieren   WordBASIC Funktion

Syntax:
`x = NächsteSeite()`

Beschreibung:
Diese Funktion stellt die nächste Bildschirmseite des aktuellen Dokumentes in der Layoutansicht dar. Die Einfügemarke wird dabei nicht bewegt. Durch einen nachträglichen Aufruf des Befehls BeginnFenster läßt sich die Einfügemarke allerdings in die linke obere Ecke des Fensters nachziehen.

Funktionsergebnis:

Als Ergebnis liefert diese Funktion:

    0   Die Einfügemarke wurde nicht bewegt, weil sie sich am Ende des Dokumentes befindet.
   -1   Die Einfügemarke wurde um mindestens eine Zeile weiterbewegt.

NächstesFeld   *Bewegt die Einfügemarke zur nächsten Feldfunktion.*

Gruppe: Bewegen der Einfügemarke und Markieren   WordBASIC Befehl

Syntax:
```
NächstesFeld
```

Beschreibung:

Dieser Befehl bewegt die Einfügemarke nicht etwa innerhalb einer Tabelle zum nächsten Feld, sondern innerhalb eines Dokuments zur nächsten Feldfunktion, wie etwa INHALT oder SERIENDRUCK.

Keine Wirkung zeigt dieser Befehl, wenn sich die Einfügemarke bereits auf dem letzten Feld im Dokument befindet. Außerdem werden Felder folgenden Typs übersprungen: XE (Index), TC (Inhaltsverzeichnis), RD(Dateibezüge). Um die Einfügemarke in ein beliebiges Feld zu bewegen, verwenden Sie den Befehl BearbeitenSuchen.

NächstesFeld()   *Bewegt die Einfügemarke zur nächsten Feldfunktion und liefert Erfolgsmeldung.*

Gruppe: Bewegen der Einfügemarke und Markieren   WordBASIC Funktion

Syntax:
```
x = NächstesFeld()
```

Beschreibung:

Diese Funktion bewegt die Einfügemarke nicht etwa innerhalb einer Tabelle zum nächsten Feld, sondern innerhalb eines Dokuments zur nächsten Feldfunktion, wie etwa INHALT oder SERIENDRUCK.

Keine Wirkung zeigt diese Funktion, wenn sich die Einfügemarke bereits auf dem letzten Feld im Dokument befindet. Außerdem werden Felder folgenden Typs übersprungen: XE (Index), TC (Inhaltsverzeichnis), RD(Dateibezüge). Um die Einfügemarke in ein beliebiges Feld zu bewegen, verwenden Sie den Befehl BearbeitenSuchen.

Funktionsergebnis:

Als Ergebnis liefert diese Funktion:

    0   Die Einfügemarke wurde nicht weiterbewegt, weil sie sich schon auf oder hinter dem letzten Feld befindet.
   -1   Die Einfügemarke wurde auf das nächste Feld gesetzt.

NächstesFenster   *Aktiviert das nächste Bearbeitungsfenster.*

Gruppe: Bewegen der Einfügemarke und Markieren   WordBASIC Befehl

Syntax:
```
NächstesFenster
```

Beschreibung:
Dieser Befehl aktiviert das jeweils nächste Dokument-, Makro- oder Vorlagenfenster, sofern mehr als ein Fenster während der Arbeit mit Word geöffnet wurde. Das nächste Fenster ist das direkt unter dem aktiven Fenster liegende. Das vormals aktive Fenster wird nach dem Aufruf von NächstesFenster von allen anderen Fenstern überlappt. Enthält das Word-Hauptfenster nur ein Fenster, hat der NächstesFenster-Befehl keine Wirkung.

NächstesObjekt *Bewegt die Einfügemarke in der Layoutansicht zum nächsten Dokumentobjekt.*

Gruppe: Bewegen der Einfügemarke und Markieren   WordBASIC Befehl

Syntax:
NächstesObjekt

Beschreibung:
Dieser Befehl verschiebt die Einfügemarke auf das nächste Dokumentobjekt der aktuellen Seite.

NächsteZelle *Bewegt die Einfügemarke zur nächsten Zelle innerhalb einer Tabelle.*

Gruppe: Bewegen der Einfügemarke und Markieren   WordBASIC Befehl

Syntax:
NächsteZelle

Beschreibung:
Innerhalb einer Tabelle entspricht dieser Befehl der Betätigung der <Tab>-Taste. Befindet sich die Einfügemarke nicht innerhalb einer Tabelle, wird ein Fehler ausgegeben.

Die Einfügemarke wird mit Hilfe dieses Befehls innerhalb einer Tabellenzeile in die jeweils nachfolgende Zelle und von der letzten Zelle in die erste Zelle der nächsten Zeile bewegt. Befindet sich die Einfügemarke zum Zeitpunkt des Befehlsaufrufs bereits auf dem letzten Tabellenfeld, wird die Tabelle automatisch um eine Zeile erweitert und die Einfügemarke in die erste Spalte der neuen Zeile bewegt.

NächsteZelle() *Bewegt die Einfügemarke zur nächsten Zelle innerhalb einer Tabelle und liefert Erfolgsmeldung.*

Gruppe: Bewegen der Einfügemarke und Markieren   WordBASIC Funktion

Syntax:
x = NächsteZelle()

Beschreibung:
Diese Funktion bewegt die Einfügemarke auf das nächste Tebellenfeld, und markiert dieses. Diese Funktion entspricht also dem Betätigen der <Tab>-Taste in einer Tabelle. Im Gegensatz zum Befehl NächsteZelle wird die Tabelle nicht erweitert, wenn die Einfügemarke in der letzten Tabellenzelle steht, und diese Funktion aufgerufen wird.

Funktionsergebnis:
Als Ergebnis liefert diese Funktion:

   0   Einfügemarke wurde nicht weiterbewegt, weil sie in der letzten Tabellenzelle (rechts unten) steht.
  -1   Einfügemarke wurde auf die nächste Zelle bewegt.

Name

Benennt Datei um oder verschibt Datei zwischen Verzeichnissen.

Gruppe: Datenträgerzugriff und -verwaltung   BASIC Befehl

Syntax:

```
Name AlterName$ As NeuerName$
```

Beschreibung:

Dieser Befehl versieht die mit AlterName$ bezeichnete Datei mit dem in NeuerName$ angegebenen Namen. Dieser Befehl kann eine Datei auch aus einem Verzeichnis in ein neues Verzeichnis verschieben. Dazu müssen Sie nur in AlterName$ den Namen und Pfad der zu verschiebenden Datei angeben. In NeuerName$ wird dann der neue Pfad (inkl. Name) angegeben. Geben Sie in beiden Parametern kein Verzeichnis an, wird die Datei des aktuellen Verzeichnisses umbenannt (Das ist das Verzeichnis, das nach "Datei|Öffnen..." anfgezeigt wird).

Parameter:

Name:	Bedeutung
AlterName$	Name der Datei, der Sie einen neuen Namen geben wollen.
NeuerName$	Neuer Name der Datei.

NeuBenennenMenü

Benennt Menüeintrag in der Menüzeile um.

Gruppe: Anpassung durch den Benutzer   WordBASIC Befehl

Syntax:

```
NeuBenennenMenü Menü$, NeuerName$, Art [, Kontext]
```

Beschreibung:

Dieser Befehl gibt Ihnen die Möglichkeit, die Menüeinträge in der Word-Menüzeile zu ändern. Dazu geben Sie den Namen des alten Menüs an und legen den Ersetzungstext fest. Achten Sie darauf, daß das Kaufmanns-Und ('&') im Namen des zu ersetzenden Menüs vor dem tatsächlich unterstrichenen Zeichen steht. Auch im neuen Menünamen sollten Sie durch das Kaufmanns-Und die Zugriffstaste festlegen. Die Einträge der Kontextmenüs, die erscheinen, wenn die rechte Maustaste gedrückt wird, können nicht geändert werden.

Parameter:

Name:	Bedeutung
Menü$	Name des Menüs, das geändert werden soll (z.B. "&Datei").
NeuerName$	Neuer Name des Menüs (z.B. "Arch&ive").
Art	Dieser Parameter gibt an, in welchem Zusammenhang die Änderung des Menüs angezeigt werden soll.
	0 Änderung des Menüs gilt nur für den Fall, daß mindestens ein Dokument geöffnet ist.
	1 Die Änderung des Menüs gilt nur dann, wenn kein Dokument geöffnet ist.
Kontext	Dieser Parameter gibt an, in welcher Dokumentvorlage die Änderungen gespeichert werden sollen.
	0 oder nicht angegeben Die Änderungen werden in der Dokumentvorlage "Normal-.Dot" gespeichert.
	1 Änderungen werden in die Dokumentvorlage des aktuellen Dokumentes geschrieben. Diese "lokalen" Änderungen überschreiben globale Änderungen.

NeueSymbolleiste　　　　　　　　　　　　　　　　　　　　　*Erstellt eine neue Symbolleiste.*

Gruppe: Anpassung durch den Benutzer　　　　　　　　　　　WordBASIC Dialogbefehl

Syntax:
NeueSymbolleiste .Name$ [, .Kontext%]

Beschreibung:
Dieser Befehl erstellt eine neue Symbolleiste. Diese enthält noch keine Schaltflächen. Schaltflächen können mit SchaltflächeHinzufügen eingefügt werden.

Dialogvariablen:

Name:	Bedeutung
.Name$	Diese Variable enthält den Namen, unter dem die Symbolleiste angesprochen werden kann und der als Titel im Symbolleistenfenster erscheint, sobald die Symbolleiste nicht in den Word-Hauptfensterrand eingebunden ist, sonder frei bewegt werden kann.
.Kontext%	Diese Variable bestimmt in welcher Dokumentvorlage die neue Symbolleiste gespeichert wird.

　　0 oder nicht angegeben　　Die neue Symbolleiste wird in der Dokumentvorlage "Normal.Dot" gespeichert.
　　1　　Die Symbolleiste wird in der Dokumentvorlage des aktuellen Dokumentes gespeichert.

NumerierungÜberspringen　　*Schließt markierte Absätze von Aufzählungs- und Numerierungslisten aus.*

Gruppe: Aufzählungen und Numerierung　　　　　　　　　　　WordBASIC Befehl

Syntax:
NumerierungÜberspringen

Beschreibung:
Wenn Sie eine Reihe von Absätzen mit einer Numerierung oder einem Aufzählungszeichen versehen, erhält jeder Absatz eine eigene Nummer bzw. ein eigenes Numerierungszeichen. Um aber mehrere Absätze unter der gleichen Nummer/Aufzählung anzuzeigen, müssen diese von der Numerierung/Aufzählung ausgeschlossen bzw. übersprungen werden.

Mit Hilfe des Befehls NumerierungÜberspringen werden die markierten Absätze von der Markierung/Aufzählung ausgeschlossen.

NumerierungÜberspringen()　　*Ermittelt, ob Numerierungs- und Aufzählungszeichen der markierten Absätze in Liste erscheinen.*

Gruppe: Aufzählungen und Numerierung　　　　　　　　　　　WordBASIC Funktion

Syntax:
NumerierungÜberspringen()

Beschreibung:

Wenn Sie eine Reihe von Absätzen mit einer Numerierung oder einem Aufzählungszeichen versehen, erhält jeder Absatz eine eigene Nummer bzw. ein eigenes Numerierungszeichen. Um aber mehrere Absätze unter der gleichen Nummer/Aufzählung anzuzeigen, müssen diese von der Numerierung/Aufzählung ausgeschlossen bzw. übersprungen werden. Diese Funktion ermittelt, ob ein Absatz eine eigene Nummer/Aufzählungszeichen besitzt oder einem vorangehenden aufzählungstechnisch untergeordnet ist.

Funktionsergebnis:

Das Funktionsergebnis gibt an, ob die markierten Absätze bei einer Numerierung übersprungen werden.

- -1 Einige
- 0 Keine
- 1 Alle

OhneRahmenlinien — *Entfernt Rahmenlinien.*

Gruppe: Rahmenlinien und Positionsrahmen WordBASIC Befehl

Syntax:
```
OhneRahmenlinien
```

Beschreibung:

Durch den Aufruf dieses Befehls lassen sich die Rahmenlinien markierter Textelemente wie Absätze, Tabellenzellen oder Grafiken entfernen. Der Befehl wirkt dabei grundsätzlich auf alle Rahmenlinien der markierten Elemente ein. Allerdings darf beim Aufruf des Befehls immer nur eine Art von Element markiert sein, also entweder nur Absätze oder nur Tabellenzellen oder nur eine Grafik.

OhneRahmenlinien() — *Überprüft, ob ein markiertes Element Rahmenlinien enthält.*

Gruppe: Rahmenlinien und Positionsrahmen WordBASIC Funktion

Syntax:
```
x = OhneRahmenlinien()
```

Beschreibung:

Mit Hilfe dieser Funktion können Sie überprüfen, ob ein markiertes Textelement wie Absätze, Grafiken oder Tabellenzellen Rahmenlinien aufweist.

Funktionsergebnis:

Als Ergebnis liefert diese Funktion:

- 0 Wenn das markierte Textelement keinerlei Rahmenlinien aufweist.
- -1 Wenn das markierte Textelement mindestens eine Rahmenlinie aufweist.

OK — *Beendet einen Bearbeitungsmodus.*

Gruppe: Bearbeiten WordBASIC Befehl

Syntax:
```
OK
```

Beschreibung:

Das Ende eines Bearbeitungsmodus, wie etwa das Verschieben oder Kopieren von Textteilen, markiert dieser Befehl, der nur aufgerufen werden darf, wenn tatsächlich ein derartiger Modus aktiv ist.

OKButton *Definiert eine OK-Schaltfläche für ein benutzerdefiniertes Dialogfenster.*

Gruppe: Dialogfelddefinitionen und Steuerelemente WordBASIC Befehl

Syntax:
```
OKButton X, Y, Breite, Höhe [, .DialogvarName]
```

Beschreibung:

Im Rahmen der Definition eines benutzerdefinierten Dialogfensters über den Befehl "Dim Dialog BenutzerDialog" läßt sich mit Hilfe dieses Befehls eine OK-Schaltfläche in das benutzerdefinierte Dialogfenster aufnehmen. In jedem benutzerdefinierten Dialogfenster muß genau einmal dieser Befehl angegeben werden, denn nur über ein OK-Schaltfläche läßt sich ein Dialogfenster schließen. Die Funktion Dialog(), die die Anzeige eines solchen Dialogfensters steuert, liefert in diesem Fall den Wert -1 zurück.

Parameter:

Name:	*Bedeutung*
`X`	Die horizontale Position des Feldes gemessen in 1/8 des Systemfonts.
`Y`	Die vertikale Position des Feldes gemessen in 1/12 des Systemfonts.
`Breite`	Die Breite des Feldes gemessen in 1/8 des Systemfonts.
`Höhe`	Die Höhe des Feldes gemessen in 1/12 des Systemfonts.
`.DialogvarName`	Name der Dialogvariablen, über die das Feld später angesprochen werden kann.

On Error *Definiert das Sprungziel und die Vorgehensweise beim Eintritt eines Fehlers.*

Gruppe: BASIC-Befehle und -Funktionen BASIC Befehl

Syntax:
```
On Error Goto Label
On Error Resume Next
On Error Goto 0
```

Beschreibung:

Mit Hilfe des On-Error-Befehls lassen sich Fehlermeldungen abfangen und die Unterbrechung der Makroausführung bei Auftreten eines Fehlers verhindern.

In der Form "On Error Goto Label" sorgt der On-Error-Befehl dafür, daß alle Fehler innerhalb der Prozedur, in der er eingesetzt wird, einen Sprung zu dem angegebenen Label zur Folge haben. Dort kann der Fehler über die vordefinierte Variable Err abgefragt und entsprechend darauf reagiert werden.

In der Form "On Error Resume Next" wird nicht nur der Abbruch der Makroausführung unterdrückt, sondern auch der Sprung zu einer Fehlerbehandlungsroutine durch die Angabe des Befehlswortes "Resume Next" unterbunden. Die Programmausführung wird also ganz normal fortgesetzt, so als sei kein Fehler eingetreten.

In der Form "On Error Goto 0" dient dieser Befehl zur Wiedereinsetzung der normalen Fehlerbehandlung, so daß nachfolgend eintretende Fehler wieder den Abbruch der Makroausführung zur Folge haben.

Parameter:

Name:	Bedeutung
`Label`	Das Label, ab dessen Zeile die Progammausführung fortgesetzt werden soll.

OnTime *Ruft ein Makro zu einer bestimmten Uhrzeit auf.*

Gruppe: Datum und Uhrzeit WordBASIC Befehl

Syntax:

```
OnTime Startzeit[$], MakroName$ [, Toleranz]
```

Beschreibung:

Mit Hilfe dieses Befehls läßt sich eine Uhrzeit festsetzen, bei deren Erreichen Word für Windows ein bestimmtes Makro aus der globalen Dokumentvorlage "Normal.Dot" automatisch starten soll. Ist WinWord zu diesem Zeitpunkt beschäftigt, weil beispielsweise ein Druckvorgang läuft oder der Anwender Eingaben in einem Dialogfenster vornimmt, wird der Start des Makros verzögert, bis WinWord dafür bereit ist.

Schließt der Anwender WinWord, bevor die Startzeit des Makros erreicht wurde, verliert der On-Time-Befehl seine Gültigkeit und muß beim nächsten Start von WinWord wieder aufgerufen werden, um das Makro zum gewünschten Zeitpunkt automatisch starten zu lassen.

Parameter:

Name:	Bedeutung
`Startzeit[$]`	Dieser Parameter definiert die Startzeit des Makros. Bei einer numerischen Angabe erwartet WinWord die Uhrzeit als Seriennummer, bei einer Stringangabe wir das Format "hh:mm" erwartet, wobei "hh" für die Stunde und "mm" für die Minute steht.
`MakroName$`	Der Name des Makros aus der globalen Vorlage "Normal.Dot", das zur Ausführung gebracht werden soll.
`Toleranz`	Bestimmt die Anzahl der Sekunden, die nach dem Erreichen der angegebenen Uhrzeit maximal verstreichen dürfen, um den Start des Makros einzuleiten. Überschreitet WinWord diese Zeitspanne, weil es mit anderen Aktivitäten beschäftigt ist, wird das Makro nicht mehr ausgeführt.

Open *Öffnet eine Datei.*

Gruppe: BASIC-Befehle und -Funktionen BASIC Befehl

Syntax:

```
Open Name$ For Modus$ As [#]DateiNummer
```

Beschreibung:

Dieser Befehl muß jedem Zugriff auf eine Datei mit Befehlen wie Read, Write oder Input$ vorangehen. Er öffnet die Datei, deren Name im Rahmen des Befehlsaufrufs angegeben ist, je nach gewünschtem Modus zum Lesen, Schreiben oder Anhängen von Daten. Jede Art von Datei läßt sich auf diese Weise einlesen oder beschreiben.

Einem Aufruf von OPEN muß früher oder später immer auch ein Aufruf von CLOSE folgen, damit die Datei wieder geschlossen wird.

Parameter:

Name:	*Bedeutung*
`Name$`	Der Name der gewünschten Datei, auf Wunsch inklusive einer kompletten Laufwerks- und Pfadangabe.
`Modus$`	Bestimmt den Modus, in dem die Datei geöffnet wird und damit auch die Art und Weise, wie anschließend auf die Datei zugegriffen werden kann.
	Input Öffnet die Datei zum Lesen mit Befehlen wie Read, Input und Input$. Die angegebene Datei muß in diesem Fall vorhanden sein, sonst wird ein Fehler ausgelöst.
	Output Öffnet die Datei zum Beschreiben mit Hilfe von Befehlen wie Write und Print. Ist die Datei nicht vorhanden, wird eine leere Datei mit entsprechendem Namen erzeugt.
	Append Öffnet eine bestehende Datei, um an deren Ende Informationen mit Hilfe von Write und Print anzuhängen.
`#DateiNummer`	Eine Nummer zwischen 1 und 4, über die die Datei bei einem nachfolgenden Aufruf von Read, Write, Print etc. identifiziert wird.

OptionButton
Definiert eine Optionsschaltfläche für ein benutzerdefiniertes Dialogfenster.

Gruppe: Dialogfelddefinitionen und Steuerelemente   WordBASIC Befehl

Syntax:
`OptionButton X, Y, Breite, Höhe, Beschriftung$ [, .DialogvarName]`

Beschreibung:
Im Rahmen der Definition eines benutzerdefinierten Dialogfensters über den Befehl "Dim Dialog BenutzerDialog" läßt sich mit Hilfe dieses Befehls eine Optionsschaltfläche innerhalb einer Optionsgruppe anlegen. Dem Befehl muß ein anderer OptionButton-Befehl oder der Befehl OptionGroup vorangehen, damit WinWord die angegebene Optionsschaltfläche als Teil einer Optionsgruppe erkennt.

Parameter:

Name:	*Bedeutung*
`X`	Die horizontale Position des Feldes gemessen in 1/12 des Systemfonts.
`Y`	Die vertikale Position des Feldes gemessen in 1/12 des Systemfonts.
`Breite`	Die Breite des Feldes gemessen in 1/8 des Systemfonts.
`Höhe`	Die Höhe des Feldes gemessen in 1/12 des Systemfonts.
`Beschriftung$`	Der Text, der als Teil der Optionsschaltfläche erscheinen soll.
`.DialogvarName`	Name der Dialogvariablen, über die das Feld später angesprochen werden kann.

OptionGroup
Definiert eine Optionsgruppe innerhalb eines benutzerdefiniertes Dialogfensters.

Gruppe: Dialogfelddefinitionen und Steuerelemente   WordBASIC Befehl

Syntax:
`OptionGroup .DialogvarName`

Beschreibung:
Im Rahmen der Definition eines benutzerdefinierten Dialogfensters über den Befehl "Dim Dialog BenutzerDialog" läßt sich mit Hilfe dieses Befehls eine Optionsgruppe anlegen. Dem Befehl müssen verschie-

dene OptionButton-Befehle folgen, durch die die einzelnen Optionsschaltflächen innerhalb der Gruppe definiert werden.

Parameter:

Name:	*Bedeutung*
`.DialogvarName`	Name der Dialogvariablen, in der die Nummer der vom Anwender gewählten Optionsschaltfläche aus der Gruppe gespeichert wird. Der Wert 0 steht dabei für die erste, nach OptionGroup genannte Optionsschaltfläche, 1 für die zweite usw.

Organisieren
Hilft beim Organisieren der Inhalte von Dokumentvorlagen.

Gruppe: Makros   WordBASIC Dialogbefehl

Syntax:
Organisieren <.Kopieren> <, .Löschen> <, .Umbenennen> [, .Quelle$] [, .Ziel$] [, .Name$] [, .NeuerName$] [, .Registerkarte%]

Beschreibung:
Dieser Befehl dient als Schnittstelle zum Dialogfenster "Organisieren", das über die gleichnamige Schaltfläche "Organisieren" innerhalb des Dialogfensters des Makro-Befehls aus dem Extras-Menü hervorgerufen werden kann. Mit Hilfe dieses Befehls lassen sich alle Elemente von Dokumentvorlagen, d.h. Formatvorlagen, Makros, AutoText-Einträge und Symbolleisten zwischen verschiedenen Dokumentvorlagen austauschen, löschen und umbenennen.

Dialogvariablen:

Name:	*Bedeutung*
`.Quelle$`	Der Name des Dokuments bzw. der Dokumentvorlage mit dem Element, das kopiert, gelöscht oder umbenannt werden soll.
`.Ziel$`	Der Name des Dokuments bzw. der Dokumentvorlage in das das Element kopiert werden soll.
`.Name$`	Der Name des Elements, das kopiert, gelöscht oder umbenannt werden soll. Hier können die Namen von Formatvorlagen, AutoText-Einträge, Makros oder Symbolleisten aus .Quelle angegeben werden.
`.NeuerName$`	Der neue Name für das Element, sofern es umbenannt werden soll.
`.Registerkarte%`	Diese Dialogvariable muß nur angegeben werden, wenn eine Verbundvariable vom Typ Organisieren mit Hilfe des Dialog-Befehls oder der gleichnamigen Funktion zur Anzeige gebracht werden soll. In diesem Fall bestimmt .Registerkarte die Registerkarte, die dem Anwender präsentiert wird: 0 Formatvorlagen 1 AutoText 2 Symbolleisten 3 Makros

Schaltflächen:

Name:	*Aufgabe*
`.Kopieren`	Kopiert das in .Name angegebene Element von .Quelle in .Ziel.
`.Löschen`	Löscht das in .Name angegebene Element aus .Quelle.
`.Umbenennen`	Nennt das in .Name angegebene Element aus .Quelle in .NeuerName um.

Picture
Definiert ein Grafik-Feld für ein benutzerdefiniertes Dialogfenster.

Gruppe: Dialogfelddefinitionen und Steuerelemente   WordBASIC Befehl

Syntax:
```
Picture X, Y, Breite, Höhe, GrafikName$, Art [, .DialogvarName]
```

Beschreibung:
Im Rahmen der Definition eines benutzerdefinierten Dialogfensters über den Befehl "Dim Dialog BenutzerDialog" läßt sich mit Hilfe dieses Befehls ein Grafik-Feld in das benutzerdefinierte Dialogfenster aufnehmen. Die angegebene Grafik wird von WinWord automatisch skaliert, damit sie in das Grafikfeld paßt.

Parameter:

Name:	Bedeutung
`X`	Horizontale Position des Feldes, gemessen in 1/8 des Systemfonts.
`Y`	Vertikale Position des Feldes, gemessen in 1/12 des Systemfonts.
`Breite`	Breite des Feldes, gemessen in 1/8 des Systemfonts.
`Höhe`	Höhe des Feldes, gemessen in 1/12 des Systemfonts.
`GrafikName$`	Je nach dem Wert für den Parameter .Art wird hier der Name einer Datei, eines AutoTextes oder einer Textmarke gespeichert, aus der die Grafik entnommen wird.
`Art`	Bestimmt die Herkunft der Grafik: 0 Die Grafik wird aus einer Datei bezogen, deren Name im Parameter GrafikName$ verzeichnet ist. 1 Die Grafik ist als Teil eines AutoText-Eintrags gespeichert, der neben der Grafik keinen weiteren Text enthalten darf und dessen Name im Parameter GrafikName$ verzeichnet ist. Der AutoText muß dabei entweder der globalen Dokumentvorlage "Normal.Dot" oder der Dokumentvorlage des aktuellen Dokuments entstammen. 2 Die Grafik ist im aktuellen Dokument gespeichert, und zwar an der Textmarke, deren Name im Parameter GrafikName$ verzeichnet ist. 3 Die Grafik wird der Zwischenablage entnommen.
`.DialogvarName`	Name der Dialogvariablen, über die das Dialogfeld angesprochen werden kann.

Print
Gibt Informationen in der Statuszeile von WinWord oder in eine Datei aus.

Gruppe: BASIC-Befehle und -Funktionen   BASIC Befehl

Syntax:
```
Print [#DateiNummer,] Ausdruck1[$]; Ausdruck2[$]; ...
```

Beschreibung:
Mit Hilfe dieses Befehls können sowohl Informationen in der Statuszeile von WinWord als auch in eine zuvor über OPEN geöffnete Datei ausgegeben werden. Welcher der beiden Optionen zum Tragen kommt, hängt davon ab, ob der optionale Paramter #Dateinummer angegeben wird. Durch ihn wird eine Datei als das Ausgabeziel bestimmt, während die Ausgaben sonst in die Statuszeile wandern.

Parameter:

Name:	Bedeutung
`#DateiNummer`	Die Nummer der zuvor mit OPEN geöffneten Datei, falls die Ausgabe in eine Datei erfolgen soll.
`Ausdruck1[$]`	Ein beliebiger numerischer Ausdruck oder ein String-Ausdruck, dessen Ergebnis von PRINT ausgegeben werden soll. Eine beliebige Anzahl dieser Ausdrücke kann, durch Kommata oder Semikola getrennt; im Rahmen eines PRINT-Befehls angegeben werden.
	Bei der Trennung durch Semikola folgen die einzelnen Ausgaben direkt aufeinander, bei der Trennung durch Kommata wird ein Tabstopzeichen zwischen den Ausgaben eingefügt.

PunktiertUnterstreichen

Weist den markierten Zeichen das Attribut "punktiert unterstreichen" zu oder entfernt es wieder.

Gruppe: Zeichenformatierung   WordBASIC Befehl

Syntax:

`PunktiertUnterstreichen [AnAus]`

Beschreibung:

Durch den Aufruf dieses Befehls können die markierten Zeichen im aktuellen Dokument mit dem Zeichenattribut "punktiert unterstreichen" versehen oder von diesem wieder befreit werden.

Parameter:

Name:	Bedeutung	
`AnAus`	Bestimmt, ob das Zeichenformat "punktiert unterstreichen" an- oder ausgeschaltet werden soll:	
	nicht angegeben	Der aktuelle Status in bezug auf dieses Attribut wird umgeschaltet.
	0	Das Zeichenattribut wird wieder zurückgesetzt.
	1	Die Zeichen werden punktiert unterstrichen.

PunktiertUnterstreichen()

Überprüft, ob die Zeichen im markierten Bereich punktiert unterstrichen sind.

Gruppe: Zeichenformatierung   WordBASIC Funktion

Syntax:

`x = PunktiertUnterstreichen()`

Beschreibung:

Mit Hilfe dieser Funktion können Sie feststellen, ob die Zeichen im markierten Bereich mit dem Zeichenattribut "punktiert unterstreichen" behaftet sind.

Funktionsergebnis:

Als Ergebnis liefert diese Funktion:

- 0   Keines der Zeichen in der Markierung weist dieses Zeichenattribut auf.
- 1   Alle Zeichen in der Markierung weisen dieses Zeichenattribut auf.
- -1   Einige, aber nicht alle Zeichen in der Markierung sind mit diesem Zeichenattribut behaftet.

PushButton
Definiert eine Schaltfläche für ein benutzerdefiniertes Dialogfenster.

Gruppe: Dialogfelddefinitionen und Steuerelemente WordBASIC Befehl

Syntax:
PushButton X, VertPos, Breite, Höhe, Beschriftung$ [, .DialogvarName]

Beschreibung:
Im Rahmen der Definition eines benutzerdefinierten Dialogfensters über den Befehl "Dim Dialog BenutzerDialog" läßt sich mit Hilfe dieses Befehls eine Schaltfläche in das benutzerdefinierte Dialogfenster aufnehmen.

Über diese Schaltfläche läßt sich das Dialogfenster bei seinem Aufruf mittels des Befehls Dialog oder der gleichnamigen Funktion vom Anwender schließen. Als Funktionsergebnis liefert Dialog() in diesem Fall die Nummer der Schaltfläche gemäß der Reihenfolge der PushButton-Befehle innerhalb der Deklaration des Dialogfensters zurück. 1 steht dabei für die erste PushButton-Schaltfläche, 2 für die zweite usw.

Parameter:

Name:	Bedeutung
X	Horizontale Position des Feldes, gemessen in 1/8 des Systemfonts.
VertPos	Vertikale Position des Feldes, gemessen in 1/12 des Systemfonts.
Breite	Breite des Feldes, gemessen in 1/8 des Systemfonts.
Höhe	Höhe des Feldes, gemessen in 1/12 des Systemfonts.
Beschriftung$	Die Inschrift der Schaltfläche. Soll die Schaltfläche über eine Kurzwahltaste erreichbar sein, muß dem entsprechenden Buchstaben innerhalb der Beschriftung ein &-Zeichen vorangestellt werden.
.DialogvarName	Der Name der Dialogvariablen, über die das Feld angesprochen werden kann.

QuelleAktualisieren
Speichert die Veränderungen am Text eines EINFÜGENTEXT-Feldes.

Gruppe: Felder WordBASIC Befehl

Syntax:
QuelleAktualisieren

Beschreibung:
Wurden Veränderungen an einem Text vorgenommen, der mittels eines EINFÜGENTEXT-Feldes aus einem anderen Dokument in das aktuelle Dokument eingebunden wird, lassen sich diese mit Hilfe dieses Befehls im Quelldokument speichern. Voraussetzung ist allerdings, daß es sich dabei um ein Word-Dokument handelt.

RahmenlinieInnen
Versieht den markierten Text mit einer inneren Rahmenlinie oder entfernt sie.

Gruppe: Rahmenlinien und Positionsrahmen WordBASIC Befehl

Syntax:
RahmenlinieInnen [AnAus]

Beschreibung:

Mit Hilfe dieses Befehls lassen sich markierte Absätze, als auch markierte Tabellenzellen, mit einer inneren Rahmenlinie versehen oder wieder von ihr befreien. Dazu müssen allerdings mindestesn zwei Absätze oder Tabellenzellen markiert sein, denn im Gegensatz zu RahmenLinieOben, RahmenLinieLinks etc. kann eine innere Rahmenlinie nur mehreren Absätzen bzw. Tabellenzellen zugewiesen werden.

Parameter:

Name:	Bedeutung	
AnAus	Bestimmt, ob eine innere Rahmenlinie angelegt oder entfernt werden soll.	
	nicht angegeben	Schaltet den aktuellen Status um.
	0	Entfernt die innere Rahmenlinie.
	1	Legt eine innere Rahmenlinie an.

RahmenlinieInnen()

Überprüft, ob der markierte Text mit einer inneren Rahmenlinie versehen ist.

Gruppe: Rahmenlinien und Positionsrahmen   WordBASIC Funktion

Syntax:

`x = RahmenlinieInnen()`

Beschreibung:

Mit Hilfe dieser Funktion läßt sich feststellen, ob markierte Absätze bzw. Tabellenzellen über eine innere Rahmenlinie verfügen. Beim Funktionsaufruf müssen dazu mindestens zwei Absätze oder Tabellenzellen markiert sein, denn im Gegensatz zu oberen, linken, rechten oder unteren Rahmenlinien existieren innere Rahmenlinien nur zwischen zwei Absätzen bzw. Tabellenzellen.

Funktionsergebnis:

Als Ergebnis liefert diese Funktion:

	0	Mindestens einer der markierten Absätze bzw. Tabellenzellen verfügt über keine innere Rahmenlinie.
	1	Alle markierten Absätze bzw. Tabellenzellen weisen eine innere Rahmenlinie auf.

RahmenlinieLinks

Fügt den markierten Textelementen eine Linke Rahmenline hinzu oder entfernt sie.

Gruppe: Rahmenlinien und Positionsrahmen   WordBASIC Befehl

Syntax:

`RahmenlinieLinks [AnAus]`

Beschreibung:

Markierten Absätzen, Tabellenzellen und Grafiken kann mit Hilfe dieses Befehls eine linke Rahmenlinie verliehen oder eine bereits bestehende wieder entfernt werden.

Parameter:

Name:	Bedeutung
AnAus	Bestimmt, ob eine linke Rahmenlinie hinzugefügt oder entfernt werden soll:

nicht angegeben	Aktuellen Status in bezug auf die linke Rahmenlinie umschalten.
0	Linke Rahmenlinie entfernen.
1	Linke Rahmenlinie anlegen.

RahmenlinieLinks() — *Überprüft, ob linke Rahmenlinien vorhanden sind.*

Gruppe: Rahmenlinien und Positionsrahmen   WordBASIC Funktion

Syntax:
```
x = RahmenlinieLinks()
```

Beschreibung:

Mit Hilfe dieser Funktion läßt sich feststellen, ob die markierten Absätze, Tabellenzellen oder Grafiken über eine linke Rahmenlinie verfügen.

Funktionsergebnis:

Als Ergebnis liefert diese Funktion:

0	Mindestens einer der markierten Absätze bzw. Tabellenzellen verfügt nicht über eine linke Rahmenlinie.
1	Alle markierten Absätze bzw. Tabellenzellen verfügen über eine linke Rahmenlinie.

RahmenlinienArt — *Bestimmt die Art der Rahmenlinien.*

Gruppe: Rahmenlinien und Positionsrahmen   WordBASIC Befehl

Syntax:
```
RahmenlinienArt Art
```

Beschreibung:

Für einen nachfolgenden Aufruf der Befehle RahmenlinieLinks, RahmenlinieOben, RahmenlinieRechts und RahmenlinieUnten läßt sich mit Hilfe dieses Befehls die Art der zu erstellenden Rahmenlinie einstellen.

Parameter:

Name:	*Bedeutung*
Art	Bestimmt die Art der anzulegenden Rahmenlinie in Form eines numerischen Codes zwischen 0 und 11, der den zwölf verschiedenen Rahmenstärken und Darstellungsformaten entspricht, die in der Rahmen-Symbolleiste angeboten werden. Der erste Listeneintrag wird dabei durch den Wert 0 verkörpert, der zweite durch 1 usw.

RahmenlinienArt() — *Liefert die aktuelle Einstellung für die RahmenlinienArt.*

Gruppe: Rahmenlinien und Positionsrahmen   WordBASIC Funktion

Syntax:
```
x = RahmenlinienArt()
```

Beschreibung:

Mit Hilfe dieser Funktion läßt sich die Art der Rahmenlinie feststellen, die zuvor durch einen Aufruf von RahmenlinienArt für die nachfolgende Erstellung von Rahmenlinien mit Hilfe der Befehle RahmenlinieLinks, RahmenlinieOben etc. eingestellt wurde.

Funktionsergebnis:

Es wird der Code zwischen 0 und 11 zurückgeliefert, der beim vorherigen Aufruf von RahmenlinieArt eingestellt wurde.

RahmenlinieOben
Fügt den markierten Textelementen eine obere Rahmenlinie hinzu oder entfernt sie.

Gruppe: Rahmenlinien und Positionsrahmen   WordBASIC Befehl

Syntax:
```
RahmenlinieOben [AnAus]
```

Beschreibung:

Markierten Absätzen, Tabellenzellen und Grafiken kann mit Hilfe dieses Befehls eine obere Rahmenlinie verliehen oder eine bereits bestehende wieder entfernt werden.

Parameter:

Name:	Bedeutung
AnAus	Bestimmt, ob eine obere Rahmenlinie hinzugefügt oder entfernt werden soll:
nicht angegeben	Aktuellen Status in bezug auf die obere Rahmenlinie umschalten.
1	Obere Rahmenlinie hinzufügen.
0	Obere Rahmenlinie entfernen.

RahmenlinieOben()
Überprüft, ob obere Rahmenlinien vorhanden sind.

Gruppe: Rahmenlinien und Positionsrahmen   WordBASIC Funktion

Syntax:
```
x = RahmenlinieOben()
```

Beschreibung:

Mit Hilfe dieser Funktion läßt sich feststellen, ob die markierten Absätze, Tabellenzellen oder Grafiken über eine obere Rahmenlinie verfügen.

Funktionsergebnis:

Als Ergebnis liefert diese Funktion:

0	Mindestens einer der markierten Absätze bzw. Tabellenzellen verfügt nicht über eine obere Rahmenlinie.
1	Alle markierten Absätze bzw. Tabellenzellen weisen eine obere Rahmenlinie auf.

RahmenlinieRechts
Fügt den markierten Textelementen eine rechte Rahmenlinie hinzu oder entfernt sie.

Gruppe: Rahmenlinien und Positionsrahmen   WordBASIC Befehl

Syntax:
```
RahmenlinieRechts AnAus
```

Beschreibung:

Markierten Absätzen, Tabellenzellen und Grafiken kann mit Hilfe dieses Befehls eine rechte Rahmenlinie verliehen oder eine bereits bestehende wieder entfernt werden.

RahmenlinieRechts()   *Überprüft, ob rechte Rahmenlinien vorhanden sind.*

Gruppe: Rahmenlinien und Positionsrahmen   WordBASIC Funktion

Syntax:
```
x = RahmenlinieRechts()
```

Beschreibung:

Mit Hilfe dieser Funktion läßt sich feststellen, ob die markierten Absätze, Tabellenzellen oder Grafiken über eine rechte Rahmenlinie verfügen.

Funktionsergebnis:

Als Ergebnis liefert diese Funktion:

0	Mindestens einer der markierten Absätze bzw. Tabellenzellen verfügt nicht über eine rechte Rahmenlinie.
1	Alle markierten Absätze bzw. Tabellenzellen weisen eine rechte Rahmenlinie auf.

RahmenlinieUnten   *Versieht die markierten Texte mit einer unteren Rahmenlinie oder entfernt sie.*

Gruppe: Rahmenlinien und Positionsrahmen   WordBASIC Befehl

Syntax:
```
RahmenlinieUnten [AnAus]
```

Beschreibung:

Markierten Absätzen, Tabellenzellen und Grafiken kann mit Hilfe dieses Befehls eine untere Rahmenlinie verliehen oder eine bereits bestehende wieder entfernt werden.

Parameter:

Name:	Bedeutung	
AnAus	Bestimmt, ob eine untere Rahmenlinie hinzugefügt oder entfernt werden soll:	
	nicht angegeben	Aktuellen Status in bezug auf die untere Rahmenlinie umschalten.
	1	Untere Rahmenlinie hinzufügen.
	0	Untere Rahmenlinie entfernen.

RahmenlinieUnten()   *Überprüft, ob untere Rahmenlinien vorhanden sind.*

Gruppe: Rahmenlinien und Positionsrahmen   WordBASIC Funktion

Syntax:
```
x = RahmenlinieUnten()
```

Beschreibung:

Mit Hilfe dieser Funktion läßt sich feststellen, ob die markierten Absätze, Tabellenzellen oder Grafiken über eine untere Rahmenlinie verfügen.

Funktionsergebnis:

Als Ergebnis liefert diese Funktion:

31 • Makroreferenz

0	Mindestens einer der markierten Absätze bzw. Tabellenzellen verfügt nicht über eine untere Rahmenlinie.
1	Alle markierten Absätze bzw. Tabellenzellen weisen eine untere Rahmenlinie auf.

Read   *Liest Informationen aus einer Datei.*

Gruppe: BASIC-Befehle und -Funktionen   BASIC Befehl

Syntax:
```
Read #DateiNummer, Variable1[$] [, Variable2[$]] [, Variable3][$] [, ...]
```

Beschreibung:

Aus einer zuvor mit OPEN geöffneten Datei lassen sich mit Hilfe dieses Befehls Informationen auslesen, die dort beim Erstellen bzw. Beschreiben der Datei mit Hilfe von WRITE abgelegt wurden.

Parameter:

Name:	Bedeutung
#DateiNummer	Die Dateinummer, die zur Identifikation der Datei beim Aufruf von OPEN angegeben wurde.
Variable1[$]	Eine numerische- oder eine String-Variable, die die nächste Information aus der Datei liest. Es kann eine beliebige Anzahl dieser Variablen durch Kommata getrennt angegeben werden.
Variable2[$]	"
Variable3[$]	"

Redim   *Redimensioniert ein Array oder eine Verbundvariable.*

Gruppe: BASIC-Befehle und -Funktionen   BASIC Befehl

Syntax:
```
Redim [Shared] Variable[(Größe)] [, Variable[(Größe)]]
Redim Verbundvariable as Dialogname
Redim Verbundvariable as BenutzerDialog
```

Beschreibung:

Zuvor mit DIM deklarierte Arrays lassen sich mit Hilfe dieses Befehls redimensionieren, d.h. vergrößern oder verkleinern, wodurch allerdings alle Array-Elemente gelöscht werden.

Verbundvariablen lassen sich mit Hilfe dieses Befehls ebenfalls redimensionieren, um in Kontakt mit einem anderen Dialogfenster zu treten.

REM   *Fügt eine Kommentarzeile in ein Makro ein.*

Gruppe: Makros   WordBASIC Befehl

Syntax:
```
REM Kommentar
```

Beschreibung:

Programmzeilen innerhalb eines Makros, die durch das Befehlswort REM eingeleitet werden, betrachtet WinWord nicht als Programmbefehle, sondern als Kommentare und führt sie deshalb nicht aus. Anstelle von REM kann auch das Apostroph-Zeichen eingegeben werde, das sich auf deutschen Tastaturen über dem #-Zeichen befindet. Dieses Zeichen kann auch dem eigentlichen Befehl innerhalb einer Programmzeile folgen, um die Programmzeile mit einem Kommentar abzuschließen.

Right$()   *Liefert den rechten Teil eines Strings.*

Gruppe: BASIC-Befehle und -Funktionen   WordBASIC Funktion

Syntax:
Right$(Quelle$, Anzahl)

Beschreibung:
Mit Hilfe dieser Funktion können Sie Zeichen vom rechten Rand eines Strings isolieren, um sie im Rahmen eines Makroprogramms separat weiterzuverarbeiten. Der String selbst wird dadurch nicht verändert.

Funktionsergebnis:
Ein Teilstring von Quelle$, der die gewünschte Anzahl von Zeichen vom rechten Rand des Strings enthält.

Parameter:

Name:	Bedeutung
Quelle$	Der String, von dessen rechtem Rand ein Teilstring als Funktionsergebnis zurückgeliefert werden soll.
Anzahl	Die Anzahl der Zeichen vom rechten Rand des Strings .Quelle$, die zurückgeliefert werden sollen.

RmDir   *Löscht ein Verzeichnis.*

Gruppe: Datenträgerzugriff und -verwaltung   WordBASIC Befehl

Syntax:
RmDir Verzeichnis$

Beschreibung:
Mit Hilfe dieses Befehls läßt sich ein Verzeichnis auf einem Datenträger löschen. Voraussetzung ist allerdings, daß sich keine Dateien in dem angegebenen Verzeichnis befinden, denn sonst kann es nicht gelöscht werden.

Parameter:

Name:	Bedeutung
Verzeichnis$	Der Name des zu löschenden Verzeichnisses, auf Wunsch inklusive einer Gerätebezeichnung. Es kann ein absoluter Pfad angegeben werden, der mit dem Hauptverzeichnis beginnt, oder ein relativer, der aus dem aktuellen Unterverzeichnis hervorgeht.

Rnd()   *Liefert eine Zufallszahl.*

Gruppe: BASIC-Befehle und -Funktionen   WordBASIC Funktion

Syntax:
Rnd()

Beschreibung:
Mit Hilfe dieser Funktion lassen sich Zufallszahlen im Bereich zwischen 0 und 1 ermitteln.

Funktionsergebnis:
Eine Zufallszahl im Bereich zwischen 0 und 1.

RTrim$() — *Entfernt Leerzeichen vom rechten Rand eines Strings.*

Gruppe: BASIC-Befehle und -Funktionen — WordBASIC Funktion

Syntax:
RTrim$(Quelle$)

Beschreibung:
Während die Funktion LTrim$() die Zeichen vom rechten Rand eines Strings entfernt, lassen sich mit RTrim$() die Zeichen vom rechten Rand eines Strings bis zum ersten Nicht-Leerzeichen entfernen.

Funktionsergebnis:
Als Funktionsergebnis wird der String Quelle$ ohne die Leerzeichen am rechten Rand zurückgeliefert.

Parameter:

Name:	Bedeutung
Quelle$	Der String, von dessen rechtem Rand die Leerzeichen entfernt werden sollen.

RückEinzugAbsatz — *Verschiebt den linken Einzug um einen Tabstop nach links.*

Gruppe: Absatzformatierung — WordBASIC Befehl

Syntax:
RückEinzugAbsatz

Beschreibung:
Durch den Aufruf dieses Befehls wird der linke Einzug der markierten Absätze um einen Tabstop nach links versetzt. Ein evtl. vorhandener Erstzeileneinzug oder ein hängender Einzug werden davon nicht berührt.

RückEinzugSeitenrand — *Löscht oder verschiebt den hängenden Einzug.*

Gruppe: Absatzformatierung — WordBASIC Befehl

Syntax:
RückEinzugSeitenrand

Beschreibung:
Aufgabe dieses Befehls ist es, den hängenden Einzug der markierten Absätze zu verkürzen oder zu entfernen. Welche der beiden Optionen wahrgenommen wird, hängt vom hängenden Einzug im ersten markierten Absatz ab. Ist dieser kleiner oder gleich der ersten Tabstop-Position, wird der hängende Einzug in allen markierten Absätzen gelöscht. Ist der hängende Einzug jedoch größer als die erste Tabstop-Position, bleibt der hängende Einzug erhalten, wird jedoch in allen Absätzen auf die vorhergehende Tabstop-Position zurückgesetzt.

Sammlung

Löscht die markierten Zeichen und kopiert sie in den AutoText "Sammlung".

Gruppe: Bearbeiten WordBASIC Befehl

Syntax:
```
Sammlung
```

Beschreibung:
Der markierte Bereich wird durch den Aufruf dieses Befehls in den vordefinierten AutoText "Sammlung" kopiert und anschließend aus dem Dokument gelöscht.

Sanduhr

Verwandelt den Mauszeiger in eine Sanduhr.

Gruppe: Umgebung WordBASIC Befehl

Syntax:
```
Sanduhr Sanduhr
```

Beschreibung:
Während Ihr Makro langwierige Operationen ausführt, läßt sich der Mauszeiger mit Hilfe dieses Befehls zunächst in eine Sanduhr verwandeln und nach Abschluß der Operation wieder auf sein ursprüngliches Erscheinungsbild zurücksetzen.

Parameter:

Name:	Bedeutung	
Sanduhr	Bestimmt das Erscheinungsbild des Mauszeigers.	
	0	Normal
	1	Sanduhr

SatzLinks

Bewegt die Einfügemarke um einen oder mehrere Sätze nach links.

Gruppe: Bewegen der Einfügemarke und Markieren WordBASIC Befehl

Syntax:
```
SatzLinks [Anzahl] [, Markierung]
```

Beschreibung:
Mit Hilfe dieses Befehls läßt sich die Einfügemarke um einen oder mehrere Absätze nach links bewegen, wobei auf Wunsch eine Markierung angelegt oder eine bestehende Markierung erweitert werden kann. Beim Durchlaufen des Textes betrachtet WinWord auch leere Tabellenzellen als komplette Sätze, genau wie jeden Absatz, auch wenn er kein entsprechendes Interpunktionszeichen enthält.

Parameter:

Name:	Bedeutung
Anzahl	Die Anzahl der Sätze, um die die Einfügemarke nach links wandern soll. Negative Werte bewirken eine Bewegung in die entgegengesetzte Richtung.
Markierung	Wird hier der Wert 1 angegeben, legt WinWord ausgehend von der bisherigen Position der Einfügemarke eine Markierung an oder erweitert eine bereits bestehende.

SatzLinks() *Bewegt die Einfügemarke um einen oder mehrere Sätze nach links und liefert Erfolgsmeldung.*

Gruppe: Bewegen der Einfügemarke und Markieren WordBASIC Funktion

Syntax:
x = SatzLinks([Anzahl] [, Markierung])

Beschreibung:
Diese Funktion arbeitet wie der gleichnamige Befehl, zeigt dem Aufrufer jedoch über ihr Funktionsergebnis an, ob die Bewegung tatsächlich ausgeführt werden konnte oder beim vorzeitigen Erreichen des Dokumentanfangs abgebrochen werden mußte.

Funktionsergebnis:
Als Ergebnis liefert diese Funktion:

- -1 Wenn die Einfügemarke um die gewünschte Anzahl von Sätzen nach links verschoben werden konnte.
- 0   Wenn WinWord vorzeitig auf den Anfang des Dokuments gestoßen ist.

Parameter:

Name:	Bedeutung
Anzahl	Die Anzahl der Sätze, um die die Einfügemarke nach links wandern soll. Negative Werte bewirken eine Bewegung in die entgegengesetzte Richtung.
Markierung	Wird hier der Wert 1 angegeben, legt WinWord ausgehend von der bisherigen Position der Einfügemarke eine Markierung an oder erweitert eine bereits bestehende.

SatzRechts *Bewegt die Einfügemarke um einen oder mehrere Sätze nach rechts.*

Gruppe: Bewegen der Einfügemarke und Markieren WordBASIC Befehl

Syntax:
SatzRechts [Anzahl] [, Markierung]

Beschreibung:
Mit Hilfe dieses Befehls läßt sich die Einfügemarke um einen oder mehrere Absätze nach rechts bewegen, wobei auf Wunsch eine Markierung angelegt oder eine bestehende Markierung erweitert werden kann. Beim Durchlaufen des Textes betrachtet WinWord auch leere Tabellenzellen als komplette Sätze, genau wie jeden Absatz, auch wenn er kein entsprechendes Interpunktionszeichen enthält.

Parameter:

Name:	Bedeutung
Anzahl	Die Anzahl der Sätze, um die die Einfügemarke nach rechts wandern soll. Negative Werte bewirken eine Bewegung in die entgegengesetzte Richtung.
Markierung	Wird hier der Wert 1 angegeben, legt WinWord ausgehend von der bisherigen Position der Einfügemarke eine Markierung an oder erweitert eine bereits bestehende.

SatzRechts() *Bewegt die Einfügemarke um einen oder mehrere Sätze nach rechts und liefert Erfolgsmeldung.*

Gruppe: Bewegen der Einfügemarke und Markieren   WordBASIC Funktion

Syntax:
```
x = SatzRechts([Anzahl] [, Markierung])
```

Beschreibung:

Diese Funktion arbeitet wie der gleichnamige Befehl, zeigt dem Aufrufer jedoch über ihr Funktionsergebnis an, ob die Bewgung tatsächlich ausgeführt werden konnte oder beim vorzeitigen Erreichen des Dokumentendes abgebrochen werden mußte.

Funktionsergebnis:

Als Ergebnis liefert diese Funktion:

- -1   Wenn die Einfügemarke um die gewünschte Anzahl von Sätzen nach rechts verschoben werden konnte.
- 0   Wenn WinWord vorzeitig auf das Ende des Dokuments gestoßen ist.

Parameter:

Name:	Bedeutung
`Anzahl`	Die Anzahl der Sätze, um die die Einfügemarke nach rechts wandern soll. Negative Werte bewirken eine Bewegung in die entgegengesetzte Richtung.
`Markierung`	Wird hier der Wert 1 angegeben, legt WinWord ausgehend von der bisherigen Position der Einfügemarke eine Markierung an oder erweitert eine bereits bestehende.

SchaltflächeHinzufügen   *Fügt einer Symbolleiste eine Schaltfläche hinzu.*

Gruppe: Anpassung durch den Benutzer   WordBASIC Befehl

Syntax:
```
SchaltflächeHinzufügen Symbolleiste$, Position, Kategorie, Name$
[, Beschriftung[$]] [, Kontext]
```

Beschreibung:

Mit Hilfe dieses Befehls läßt sich einer Symbolleiste programmgesteuert eine Schaltfläche hinzufügen, wobei die Position, das Aussehen und vor allem das Element, das mit dieser Schaltfläche verknüpft ist, frei gewählt werden kann. Es können sowohl vordefinierte Befehle, wie auch Makros, AutoText-Einträge, Formatvorlagen und Schriften als Element angegeben werden.

Parameter:

Name:	Bedeutung
`Symbolleiste$`	Hier muß der Name der Symbolleiste angegeben werden, in der die neue Schaltfläche eingefügt werden soll. Der Name muß einem der Einträge entsprechen, die in dem Dialogfenster des Symbolleisten-Befehls aus dem Ansicht-Menü aufgeführt werden.
`Position`	Bestimmt die Lage der neuen Schaltfläche innerhalb der Symbolleiste. 1 steht für die Position ganz links (bzw. je nach Ausrichtung ganz oben), 2 für die zweite usw. Leerflächen und Listenfelder müssen dabei jeweils als eine Position gezählt werden.
`Kategorie`	Die Art von Element, die mit der neuen Schaltfläche verbunden werden soll: 1 WordBASIC-Befehl 2 Makro 3 Schriftart 4 AutoText-Eintrag 5 Formatvorlage

Name$	Der Name des Elements, das mit der Schaltfläche verbunden werden soll. Für eine leere Schaltfläche muß ein Leerstring ("") angegeben werden.
Beschriftung[$]	Dieser Parameter definiert das Erscheinungsbild der neuen Schaltfläche. Wird er in Form eines Strings angegeben, so wird dieser als die gewünschte Inschrift interpretiert. Wird hingegen ein numerischer Wert angegeben, so wird dieser als die Nummer einer der zahlreichen Grafiksymbole verstanden, die zur Auswahl stehen.
Kontext	Bestimmt, in welcher Dokumentvorlage die neue Schaltfläche gespeichert werden soll:
	0 oder nicht angegeben In der globalen Dokumentvorlage "Normal.Dot".
	1 In der Dokumentvorlage des aktuellen Dokuments.

SchaltflächeLöschen *Löscht eine Schaltfläche aus einer Symbolleiste.*

Gruppe: Anpassung durch den Benutzer   WordBASIC Befehl

Syntax:

SchaltflächeLöschen Symbolleiste$, Position [, Kontext]

Beschreibung:

Schaltflächen, die zuvor mit Hilfe des Befehls SchaltflächeHinzufügen in eine Symbolleiste aufgenommen wurden, können mit Hilfe dieses Befehls wieder aus ihr entfernt werden. Dies gilt aber auch für die von WinWord vordefinierten Schaltflächen, die ebenfalls zur Disposition stehen.

Parameter:

Name:	*Bedeutung*
Symbolleiste$	Name der Symbolleiste, aus der eine Schaltfläche gelöscht werden soll. Der Name muß einem der Einträge entsprechen, die in dem Dialogfenster des Symbolleisten-Befehls aus dem Ansicht-Menü aufgeführt werden.
Position	Bestimmt die zu löschende Schaltfläche über ihre Position innerhalb der Symbolleiste. 1 steht für die Position ganz links (bzw. je nach Ausrichtung ganz oben), 2 für die zweite usw. Leerflächen und Listenfelder müssen dabei jeweils als eine Position gezählt werden.
Kontext	Bestimmt die Dokumentvorlage, in der die Änderung gespeichert werden soll.
	0 oder nicht angegeben In der globalen Dokumentvorlage "Normal.Dot".
	1 In der Dokumentvorlage des aktuellen Dokuments.

SchaltflächenSymbolKopieren *Kopiert eine Symbolleisten-Schaltfläche in die Zwischenablage.*

Gruppe: Anpassung durch den Benutzer   WordBASIC Befehl

Syntax:

SchaltflächenSymbolKopieren Symbolleiste$, Position [, Kontext]

Beschreibung:

Soll ein Schaltflächensymbol in einen Text aufgenommen oder mit Hilfe eines Zusatzprogramms weiterverarbeitet werden, läßt es sich mit Hilfe dieses Befehls zunächst in die Zwischenablage kopieren, um von dort an das gewünschte Programm transferiert zu werden.

Parameter:

Name:	Bedeutung
Symbolleiste$	Name der Symbolleiste, aus der das Schaltflächensymbol kopiert werden soll. Der Name muß einem der Einträge entsprechen, die in dem Dialogfenster des Symbolleisten-Befehls aus dem Ansicht-Menü aufgeführt werden.
Position	Bestimmt die Schaltfläche, deren Symbol kopiert werden soll, über ihre Position innerhalb der Symbolleiste. 1 steht für die Position ganz links (bzw. je nach Ausrichtung ganz oben), 2 für die zweite usw. Leerflächen und Listenfelder müssen dabei jeweils als eine Position gezählt werden.
Kontext	Bestimmt, aus welcher Dokumentvorlage die Symbolleiste und die darin enthaltene Schaltflächen-Grafik entnommen wird. 0 Aus der globalen Dokumentvorlage "Normal.Dot". 1 Aus der Dokumentvorlage des aktuellen Dokuments.

SchaltflächenSymbolWählen   *Stellt das Erscheinungsbild einer bestehenden Symbolleisten-Schaltfläche ein.*

Gruppe: Anpassung durch den Benutzer   WordBASIC Dialogbefehl

Syntax:
SchaltflächenSymbolWählen [.Aussehen%], .Schaltfläche% [, .Kontext%] [, .Text$], .Symbolleiste$

Beschreibung:
Mit Hilfe dieses Befehls läßt sich das Erscheinungsbild einer bestehenden Symbolleisten-Schaltfläche einstellen. Dadurch läßt sich einerseits ein neues Grafiksymbol einstellen, während andererseits aber auch die Inschrift einer Text-Schaltfläche geändert werden kann.

Dialogvariablen:

Name:	Bedeutung
.Aussehen%	Für den Fall, daß die Schaltfläche als Grafik-Symbol erscheinen soll, wird hier die Nummer einer der vordefinierten Grafiken erwartet.
.Schaltfläche%	Bestimmt die Schaltfläche, deren Symbol eingestellt werden soll, über ihre Position innerhalb der Symbolleiste. 1 steht für die Position ganz links (bzw. je nach Ausrichtung ganz oben), 2 für die zweite usw. Leerflächen und Listenfelder müssen dabei jeweils als eine Position gezählt werden.
.Kontext%	Bestimmt die Dokumentvorlage, auf deren Symbolleiste Einfluß genommen werden soll: 0 oder nicht angegeben Auf die globale Dokumentvorlage "Normal.Dot". 1 Auf die Dokumentvorlage des aktuellen Dokuments.
.Text$	Falls eine Textschaltfläche gewünscht wird, muß hier der Text angegeben werden. Wird sowohl ein Wert für die Dialogvariable .Aussehen, als auch für .Text angegeben, hat .Text Vorrang, und innerhalb der Schaltfläche erscheint der gewünschte Text.
.Symbolleiste$	Name der Symbolleiste, innerhalb derer das Erscheinungsbild einer Schaltfläche eingestellt werden soll. Der Name muß einem der Einträge entsprechen, die in dem Dialogfenster des Symbolleisten-Befehls aus dem Ansicht-Menü aufgeführt werden.

SchaltflächeVerschieben
Verschiebt oder kopiert eine Symbolleisten-Schaltfläche.

Gruppe: Anpassung durch den Benutzer WordBASIC Befehl

Syntax:
SchaltflächeVerschieben QuellSymbolleiste$, QuellPosition, ZielSymbolleiste$, ZielPosition [, Kopieren] [, Kontext]

Beschreibung:
Mit Hilfe dieses Befehls lassen sich Symbolleisten-Schaltflächen verschieben und kopieren, und zwar sowohl innerhalb ihrer eigenen Symbolleisten, als auch in eine andere.

Parameter:

Name:	Bedeutung
QuellSymbolleiste$	Name der Symbolleiste, aus der das Schaltflächensymbol kopiert oder verschoben werden soll. Der Name muß einem der Einträge entsprechen, die in dem Dialogfenster des Symbolleisten-Befehls aus dem Ansicht-Menü aufgeführt werden.
QuellPosition	Bestimmt die Schaltfläche, die kopiert oder verschoben werden soll, über ihre Position innerhalb der Symbolleiste. 1 steht für die Position ganz links (bzw. je nach Ausrichtung ganz oben), 2 für die zweite usw. Leerflächen und Listenfelder müssen dabei jeweils als eine Position gezählt werden.
ZielSymbolleiste$	Name der Symbolleiste, in die das Schaltflächensymbol kopiert oder verschoben werden soll. Der Name muß einem der Einträge entsprechen, die in dem Dialogfenster des Symbolleisten-Befehls aus dem Ansicht-Menü aufgeführt werden.
ZielPosition	Bestimmt die Zielposition der zu kopierenden oder verschiebenden Schaltfläche, über ihre Position innerhalb der Symbolleiste. 1 steht für die Position ganz links (bzw. je nach Ausrichtung ganz oben), 2 für die zweite usw. Leerflächen und Listenfelder müssen dabei jeweils als eine Position gezählt werden.
Kopieren	Wird hier der Wert 1 angegeben, wird die Schaltfläche nicht verschoben, sondern kopiert.
Kontext	Bestimmt die Dokumentvorlage, in der die Änderungen gespeichert werden.
	0 oder nicht angegeben — In der globalen Dokumentvorlage "Normal.Dot".
	1 — In der Dokumentvorlage des aktuellen Dokuments.

SchattierungsMuster
Stellt eine Schattierung ein.

Gruppe: Rahmenlinien und Positionsrahmen WordBASIC Befehl

Syntax:
SchattierungsMuster Art

Beschreibung:
Markierte Absätze, Tabellenzeilen und Positionsrahmen lassen sich mit Hilfe dieses Befehls mit einer Schattierung hinterlegen.

Parameter:

Name: *Bedeutung*

`Art` Bestimmt die Art der Schattierung. Es stehen 26 verschiedene Schattierungen mit den Codes von 0 bis 25 zur Verfügung. Eine Liste der Schattierungen wird innerhalb der Registerkarte "Schattierungen" im Dialogfenster des Befehls Rahmen und Schattierungen aus dem Format-Menü angezeigt. Der erste Eintrag in dieser Liste korrespondiert mit dem Wert 0, der zweite mit 1 usw.

SchattierungsMuster()   *Liefert die Schattierung des markierten Elements.*

Gruppe: Rahmenlinien und Positionsrahmen   WordBASIC Funktion

Syntax:
```
x = SchattierungsMuster()
```

Beschreibung:
Mit Hilfe dieser Funktion können Sie die Schattierung des markierten Textelements ermitteln.

Funktionsergebnis:
Als Ergebnis liefert diese Funktion:

 1-25 Einer der Codes, die für die unterschiedlichen Arten von Schattierungen stehen. Siehe auch Befehl SchattierungsMuster.
 0 Wenn keines der markierten Textelemente eine Schattierung aufweist.
 -1 Wenn die markierten Textelemente unterschiedliche Schattierungen aufweisen.

Schriftart   *Stellt die Schriftart und den Schriftgrad der markierten Zeichen ein.*

Gruppe: Zeichenformatierung   WordBASIC Befehl

Syntax:
```
Schriftart Name$ [, Schriftgrad]
```

Beschreibung:
Durch den Aufruf dieses Befehls werden die markierten Zeichen innerhalb des aktuellen Dokuments mit der angegebenen Schriftart nebst Schriftgrad formatiert.

Parameter:

Name: *Bedeutung*

`Name$` Der Name der einzustellenden Schriftart, wie er auch in dem entsprechenden Listenfeld der Formatierungs-Symbolleiste genannt wird.

`Schriftgrad` Der gewünschte Schriftgrad in Punkt. Wird dieser Parameter weggelassen, wird der bisherige Schriftgrad beibehalten und nur die Schriftart geändert.

Schriftart$()   *Liefert die Schriftart der markierten Zeichen.*

Gruppe: Zeichenformatierung   WordBASIC Funktion

Syntax:
```
a$ = Schriftart$()
```

Beschreibung:

Mit Hilfe dieser Funktion läßt sich die Schriftart der Zeichen im markierten Bereich bzw. des Zeichens unterhalb der Einfügemarke ermitteln.

Funktionsergebnis:

Die Schriftart der markierten Zeichen oder ein Leer-String (""), wenn die Zeichen im markierten Bereich mit unterschiedlichen Schriftarten formatiert wurden.

SchriftartenErsetzung

Stellt die Optionen für die automatische Ersetzung von Schriftarten ein.

Gruppe: Zeichenformatierung   WordBASIC Dialogbefehl

Syntax:

```
SchriftartenErsetzung .SchriftartNichtVerfügbar$, .SchriftartErsetzen$
```

Beschreibung:

Mit Hilfe dieses Befehls lassen sich verschiedene Schriftarten, die auf dem jeweiligen PC-System nicht verfügbar sind, durch andere ersetzen. Der Befehl dient damit als Pendant zum Dialogfeld "Schriftarten-Ersetzung" auf der Registerkarte "Kompatibilität" innerhalb des Dialogfensters des Anpassen-Befehls aus dem Extras-Menü.

Dialogvariablen:

Name:	Bedeutung
`.SchriftartNichtVerfügbar$`	Name der Schriftart, die ersetzt werden soll.
`.SchriftartErsetzen$`	Name der Schriftart, die statt dessen eingesetzt werden soll.

Schriftgrad

Stellt die Schriftgröße der Zeichen im markierten Bereich ein.

Gruppe: Zeichenformatierung   WordBASIC Befehl

Syntax:

```
Schriftgrad Größe
```

Beschreibung:

Durch den Aufruf dieses Befehls wird der Schriftgrad der markierten Zeichen innerhalb des aktuellen Dokuments auf die gewünschte Größe eingestellt.

Parameter:

Name:	Bedeutung
`Größe`	Die gewünschte Schriftgröße in Punkt.

Schriftgrad()

Liefert die Schriftgröße der Zeichen im markierten Bereich.

Gruppe: Zeichenformatierung   WordBASIC Funktion

Syntax:

```
x = Schriftgrad()
```

Beschreibung:

Mit Hilfe dieser Funktion können Sie die Schriftgröße der markierten Zeichen innerhalb des aktuellen Dokuments in Erfahrung bringen.

Funktionsergebnis:
Zurückgeliefert wird der Schriftgrad der markierten Zeichen in Punkt oder der Wert 0, wenn die Zeichen unterschiedliche Schriftgrößen aufweisen.

SchriftgradAuswahl
Ermöglicht die Auswahl der Schriftgröße für die Zeichen im markierten Bereich.

Gruppe: Zeichenformatierung   WordBASIC Befehl

Syntax:
```
SchriftgradAuswahl
```

Beschreibung:
Durch den Aufruf dieses Befehls wird dem Anwender die Möglichkeit geboten, die Schriftgröße der Zeichen im markierten Bereich einzustellen. Wird die Formatierungs-Symbolleiste auf dem Bildschirm angezeigt, so wird die Einfügemarke innerhalb des entsprechenden Listenfelds positioniert, andernfalls wird automatisch der Zeichen-Befehl aus dem Format-Menü aufgerufen, dort die Registerkarte "Schrift" gewählt und die Einfügemarke im Dialogfeld "Schriftgrad" positioniert.

SchriftVergrößern
Vergrößert den Schriftgrad der markierten Zeichen.

Gruppe: Zeichenformatierung   WordBASIC Befehl

Syntax:
```
SchriftVergrößern
```

Beschreibung:
Trifft dieser Befehl bei seinem Aufruf auf einen markierten Bereich, wird der Schriftgrad der Zeichen in diesem Bereich je nach Schriftart auf die nächsthöhere Größe eingestellt. Ist kein Bereich markiert, nimmt dieser Befehl in gleicher Weise auf die Zeichen Einfluß, die nach seinem Aufruf aus der Einfügemarke hervorgehen.

SchriftVergrößernEinPunkt
Vergrößert die Schriftgröße um einen Punkt.

Gruppe: Zeichenformatierung   WordBASIC Befehl

Syntax:
```
SchriftVergrößernEinPunkt
```

Beschreibung:
Der Schriftgrad der markierten Zeichen wird durch den Aufruf dieses Befehls um einen Punkt erhöht, selbst wenn der eingestellte Drucker die jeweilige Schriftgröße nicht unterstützt.

SchriftVerkleinern
Verkleinert den Schriftgrad der markierten Zeichen.

Gruppe: Zeichenformatierung   WordBASIC Befehl

Syntax:
```
SchriftVerkleinern
```

Beschreibung:

Trifft dieser Befehl bei seinem Aufruf auf einen markierten Bereich, wird der Schriftgrad der Zeichen in diesem Bereich je nach Schriftart auf die nächstgeringere Größe eingestellt. Ist kein Bereich markiert, nimmt dieser Befehl in gleicher Weise auf die Zeichen Einfluß, die nach seinem Aufruf aus der Einfügemarke hervorgehen.

SchriftVerkleinernEinPunkt

Verkleinert die Schriftgröße um einen Punkt.

Gruppe: Zeichenformatierung   WordBASIC Befehl

Syntax:

SchriftVerkleinernEinPunkt

Beschreibung:

Der Schriftgrad der markierten Zeichen wird durch den Aufruf dieses Befehls um einen Punkt reduziert, selbst wenn der eingestellte Drucker die jeweilige Schriftgröße nicht unterstützt.

Seek

Bewegt den Dateizeiger beim Zugriff auf eine Datei.

Gruppe: BASIC-Befehle und -Funktionen   BASIC Befehl

Syntax:

Seek [#]DateiNummer, Offset

Beschreibung:

Beim Zugriff auf eine mit OPEN geöffnete Datei läßt sich mit Hilfe dieses Befehls der Dateizeiger positionieren und dadurch die Schreib- bzw. Leseposition für den nächsten Dateizugriff festlegen.

Parameter:

Name:	Bedeutung
#DateiNummer	Die Nummer der Datei, die beim Öffnen über OPEN angegeben wurde.
Offset	Die Byte-Position innerhalb der Datei, an die der Dateizeiger verschoben wird. Beim nächsten Zugriff auf die Datei über Befehle wie Read oder Write wird die gewünschte Information von dieser Position gelesen bzw. an diese Position geschrieben.

Seek()

Fragt die aktuelle Position des Dateizeigers ab.

Gruppe: BASIC-Befehle und -Funktionen   BASIC Funktion

Syntax:

x = Seek([#]DateiNummer)

Beschreibung:

Mit Hilfe dieser Funktion läßt sich die aktuelle Position des Dateizeigers innerhalb einer über OPEN geöffneten Datei in Erfahrung bringen.

Funktionsergebnis:

Als Funktionsergebnis wird die Position des Dateizeigers innerhalb der angegebenen Datei zurückgeliefert.

Parameter:

Name:	Bedeutung
`#DateiNummer`	Die Nummer der Datei, die beim Öffnen über OPEN angegeben wurde.

SeitenansichtSchließen *Schließt die Seitenansicht und stellt wieder die ursprüngliche Ansicht her.*

Gruppe: Ansichtsarten WordBASIC Befehl

Syntax:
```
SeitenansichtSchließen
```

Beschreibung:
Durch den Aufruf dieses Befehls wird die Seitenansicht in bezug auf das aktuelle Dokument geschlossen und wieder die ursprüngliche Ansicht hergestellt. Befindet sich das aktuelle Dokument zum Zeitpunkt des Befehlsaufrufs nicht in der Seitenansicht, wird ein Fehler ausgelöst.

Sekunde() *Liefert die aktuelle Sekunde aus einer Seriennummer.*

Gruppe: Datum und Uhrzeit WordBASIC Funktion

Syntax:
```
x = Sekunde(Seriennummer)
```

Beschreibung:
Mit Hilfe dieser Funktion können Sie die Sekunden-Komponente aus einer Seriennummer filtern.

Funktionsergebnis:
Die Funktion liefert die Sekunde aus der angegebenen Seriennummer als Wert zwischen 0 und 59 zurück.

Parameter:

Name:	Bedeutung
`Seriennummer`	Die Seriennummer, deren Sekunden-Komponente zurückgeliefert werden soll.

Select Case *Führt multiple Auswahlen aus.*

Gruppe: BASIC-Befehle und -Funktionen BASIC Befehl

Syntax:
```
Select Case Ausdruck
   Case CaseAusdruck
      Befehl(e)
   Case CaseAusdruck
      Befehl(e)
   Case CaseAusdruck
      Befehl(e)
     .
     .
     .
   [ Case Else
      Befehl(e) ]
End Select
```

31 • Makroreferenz

Beschreibung:
Der Select-Case-Befehl bietet unter WordBASIC eine elegante Möglichkeit zur Vermeidung endloser If-ElseIf-Abfragen, wenn eine Variable bzw. ein Ausdruck auf verschiedene Werte hin überprüft werden muß. Das gilt nicht nur in bezug auf numerische Argumente, sondern auch für Zeichenketten. Dabei wertet WordBASIC zunächst den Ausdruck aus, der dem Select-Case-Befehl folgt und vergleicht diesen dann mit allen Case-Ausdrücken, bis es den passenden gefunden hat.

Die Befehle, die hinter dem passenden Case folgen, werden daraufhin ausgeführt. Für den Fall, daß kein passender Case-Ausdruck gefunden wird, werden die Befehle hinter Case-Else ausgeführt, sofern diese optionale Anweisung Teil des Select-Case-Befehls ist. Gibt es kein Case-Else, bleibt die Ausführung des Select-Case-Befehls folgenlos.

SendKeys

Simuliert die Betätigung von Tasten durch den Anwender.

Gruppe: Dynamischer Datenaustausch (DDE)   WordBASIC Befehl

Syntax:
SendKeys Tasten$, Warten

Beschreibung:
Der SendKeys-Befehl bietet Ihnen die Möglickeit, Tastenanschläge des Anwenders zu simulieren, um dadurch die entsprechenden Reaktionen innerhalb von Word für Windows oder einem anderen Programm hervorzurufen. Nachdem sich aber alle Funktionen von Word für Windows über eigenständige Makrobefehle abrufen lassen, bietet sich SendKeys vor allem in Verbindung mit fremden Anwendungen an, die von Word aus sozusagen ferngesteuert werden sollen.

SendKeys muß dabei vor der Aktivierung der jeweiligen Anwendung über AnwAktivieren aufgerufen werden.

Parameter:

Name:	Bedeutung
Tasten$	Ein String mit den Tasten, deren Betätigung simuliert werden soll. Bei Buchstaben, Zahlen und Sonderzeichen muß lediglich das jeweilige Zeichen angegeben werden, bei Steuertasten wie <Enter>, <Backspace> etc. muß ein spezielles Kürzel gemäß der nachfolgenden Tabelle angegeben werden.
	Die einzelnen Zeichen können jeweils mit den Tasten <Umschalt>, <Strg> und <Alt> kombiniert werden, indem der Taste ein spezielles Steuerzeichen vorangestellt wird. Das Pluszeichen (+) steht dabei für die Umschalttaste, das Prozentzeichen (%) für die Alt-Taste und das Potenzzeichen (^) für die Strg-Taste.
	Der Tasten$ "%DL" steht dadurch beispielsweise für <Alt> <D><L>.
	Für die Sondertaste wie <Return>.
	Bei den Steuertaste kann darüber hinaus innerhalb der geschweiften Klammer ein Wiederholungsfaktor angegeben werden, der von der eigentlichen Taste durch ein Leerzeichen getrennt der rechten geschweiften Klammer unmittelbar vorausgehen muß. So simuliert der Tasten$ "{Unten 10}" die zehnmalige Betätigung der <Cursor unten>-Taste.
{Rück}	Backspace-Taste
{Untbr}	Untbr-Taste (Break)
{Feststelltaste}	Shift-Lock-Taste

1337

{Entf}	Entf-Taste
{Unten}	Cursor-Unten-Taste
{Eingabe}	Return-Taste
{Esc}	Escape-Taste
{Pos1}	Home- bzw. Pos1-Taste
{Ende}	Ende- bzw. End-Taste
{Einfügen}	Einfg-Taste
{Links}	Cursor-Links-Taste
{Num}	Num-Lock-Taste
{BildU}	Bild-Ab- bzw. Page-Down-Taste
{BildO}	Bild-Auf- bzw. Page-Up-Taste
{Druck}	Druck- bzw. PrtScr-Taste
{Rechts}	Cursor-Rechts-Taste
{Tab}	Tab-Taste
{Oben}	Cursor-Oben-Taste
{F1}, {F2} etc.	Funktionstasten F1 bis F16

Warten Sind die Tastenanschläge für eine andere Anwendung bestimmt, so kann durch Angabe des Wertes -1 für Warten erreicht werden, daß das Makro erst fortgeführt wird, nachdem die Tasten von der anderen Anwendung verarbeitet wurden.

Seriendruck
Stellt Optionen für den Seriendruck ein und/oder startet den Seriendruck.

Gruppe: Seriendruck   WordBASIC Dialogbefehl

Syntax:
```
Seriendruck [.FehlerPrüfen%] [, .Ziel%] [, .SeriendruckDatensatz%]
[, .Von$] [, .Bis$] [, .Unterdrücken%] <, .Seriendruck> [, .MailBetreff$]
[, .AlsAnlageSenden%] [, .SerienbriefAdresse$]
```

Beschreibung:
Mit Hilfe dieses Befehls lassen sich die verschiedenen Optionen für den Seriendruck einstellen, beispielsweise das Ziel der Ausgabe, die Art, wie mit Fehlern umgegangen wird und der Bereich der zu bearbeitenden Datensätze. Darüber hinaus läßt sich der Seriendruck starten.

Dialogvariablen:

Name:	Bedeutung
.FehlerPrüfen%	Bestimmt, wie mit Fehlern beim Seriendruck verfahren werden soll:

    0   Simuliert den Seriendruck und schreibt die dabei anfallenden Fehlermeldungen in ein automatisch erstelltes Dokument.
    1   Führt den Seriendruck aus und hält bei jedem Fehler an, wobei eine Fehlermeldung angezeigt wird.
    2   Führt den Seriendruck aus und schreibt alle Fehlermeldungen in ein automatisch erstelltes Dokument.

.Ziel%   Legt fest, wohin die Seriendruckdokumente gesand werden sollen:
    0   In ein neues Dokument
    1   Zum Drucker
    2   Via E-Mail verschicken
    3   Via Telefax verschicken

.SeriendruckDatensatz%	Bestimmt, ob alle Datensätze in den Seriendruck einfließen: 0 Ja, für jeden Datensatz ein Seriendokument erstellen. 1 Nein, nur die Datensätze mit den Nummern aus den Dialogvariablen .Von bis .Bis verarbeiten.
.Von$	Falls .SeriendruckDatenstz auf 1 steht, muß hier die Nummer des ersten zu verarbeitenden Datensatzes angegeben werden.
.Bis$	Falls .SeriendruckDatensatz auf 1 steht, muß hier die Nummer des letzten zu verarbeitenden Datensatzes angegeben werden.
.Unterdrücken%	Wird hier der Wert 1 angegeben, druckt WinWord Leerzeilen für leere Seriendruckfelder.
.MailBetreff$	Wird in der Dialogvariablen .Ziel der Wert 2 für "E-Mail" angegeben, muß hier ein Betreff-Text für das Versenden der E-Mails angeführt werden.
.AlsAnlageSenden%	Wird in der Dialogvariablen .Ziel der Wert 2 für "E-Mail" oder 3 für "Telefax" angegeben, kann diese Dialogvariable auf 1 gesetzt werden, um das Seriendokument als Anlage zu senden.
.SerienbriefAdresse$	Wird in der Dialogvariablen .Ziel der Wert 2 für "E-Mail" oder 3 für "Telefax" angegeben, muß hier der Name des Seriendruckfeldes angegeben werden, das die E-Mail-Adresse oder Faxnummer enthält.

Schaltflächen:

Name:	Aufgabe
.Seriendruck	Durch die Angabe dieser Schaltfläche wird der Seriendruck gestartet.

SeriendruckAbfrageOptionen

Stellt Abfrageoptionen für einen Seriendruck ein.

Gruppe: Seriendruck   WordBASIC Dialogbefehl

Syntax:

SeriendruckAbfrageOptionen .SQLAnweisung$ [, .SQLAnweisung1$]

Beschreibung:

Nachdem die Datenquelle eines Seriendrucks mit Hilfe eines der Befehle SeriendruckDatenQuelleErstellen oder SeriendruckÖffnenDatenQuelle geöffnet wurde, läßt sich mit Hilfe dieses Befehls eine Abfrageoption in Form eines SQL-Befehls einstellen. Dadurch werden die Datensätze aus der Datenquelle bestimmt, die für die Erstellung von Seriendokumenten herangezogen werden sollen.

Dialogvariablen:

Name:	Bedeutung
.SQLAnweisung$	Eine SQL-Abfrage zur Einschränkung der Datensätze. Ist der SQL-String länger als 255 Zeichen, muß er in zwei Komponenten aufgespalten und der zweite Teil im Parameter .SQLAnweisung! übergeben werden.
.SQLAnweisung1$	Der zweite Teil der SQL-Abfrage, wenn diese länger als 255 Zeichen ist und deshalb mit Hilfe der Dialogvariablen .SQLAnweisung allein nicht übergeben werden kann.

SeriendruckAnDrucker

Verbindet Datensätze mit dem Hauptdokument und startet den Seriendruck.

Gruppe: Seriendruck   WordBASIC Befehl

Syntax:
SeriendruckAnDrucker

Beschreibung:
Durch den Aufruf dieses Befehls wird der Seriendruck gestartet, wobei die zuvor über den Befehl Seriendruck eingestellten Optionen zum Tragen kommen.

SeriendruckAnfrageChevronsUmwandeln

Stellt Abfrageoptionen für die Umwandlung von Chevrons aus Mac-Dokumenten ein.

Gruppe: Seriendruck   WordBASIC Befehl

Syntax:
SeriendruckAnfrageChevronsUmwandeln [Nachfragen]

Beschreibung:
Für das Laden von Mac-Dateien können Sie mit Hilfe dieses Befehls festlegen, ob Word beim Auftreffen auf Chevrons (<< bzw. >> Zeichen) den in die Chevrons eingefaßten Text automatisch in Seriendruckfelder umwandeln oder zunächst beim Anwender nachfragen soll.

Parameter:

Name:	Bedeutung
Nachfragen	Bestimmt, ob WinWord zunächst nachfragt, bevor es den Text innerhalb von Chevrons in ein Seriendruckfeld umwandelt.
nicht angegeben	Schaltet die aktuelle Einstellung um.
0	Nicht nachfragen, die Umwandlung wird über den Befehl SeriendruckChevronsUmwandeln gesteuert.

SeriendruckAnfrageChevronsUmwandeln()

Liefert die aktuelle Einstellung in bezug auf die Benutzerabfrage beim Vorfinden von Chevrons in Mac-Dokumenten.

Gruppe: Seriendruck   WordBASIC Funktion

Syntax:
x = SeriendruckAnfrageChevronsUmwandeln()

Beschreibung:
Mit Hilfe dieser Funktion können Sie die aktuelle Einstellung in bezug auf die Benutzerabfrage beim Vorfinden von Chevrons in Mac-Dokumenten abfragen.

Funktionsergebnis:
Als Ergebnis liefert diese Funktion:

0	Wenn WinWord den Anwender bei der Umwandlung nicht einbezieht, sondern diese über den Befehl SeriendruckChevronsUmwandeln steuert.
-1	Wenn WinWord dem Anwender beim Vorfinden von Chevrons fragt, ob der darin eingefaßte Text in ein Seriendruckfeld umgewandelt werden soll.

SeriendruckAnsichtDaten

Schaltet zwischen der Anzeige von Seriendruckfeldern und deren Dateninhalt um.

Gruppe: Seriendruck WordBASIC Befehl

Syntax:

`SeriendruckAnsichtDaten [Anzeige]`

Beschreibung:

Innerhalb des Hauptdokuments eines Seriendrucks läßt sich mit Hilfe dieses Befehls zwischen der Anzeige der Seriendruckfelder und den entsprechenden Daten aus dem aktuellen Seriendruckdatensatz umschalten. Handelt es sich bei dem aktuellen Dokument nicht um ein Seriendruckhauptdokument, wird ein Fehler ausgelöst.

Parameter:

Name:	Bedeutung	
Anzeige	Bestimmt, ob anstelle der Seriendruckfelder die Inhalte des aktuellen Datensatzes angezeigt werden.	
	nicht angegeben	Schaltet die aktuelle Einstellung um.
	0	Die Namen der Seriendruckfelder anzeigen.
	1	Anstelle der Namen die Inhalte aus dem aktuellen Datensatz anzeigen.

SeriendruckAnsichtDaten()

Fragt die Einstellung für die Anzeige von Seriendruckfeldern oder deren Dateninhalt ab.

Gruppe: Seriendruck WordBASIC Funktion

Syntax:

`x = SeriendruckAnsichtDaten()`

Beschreibung:

Durch den Aufruf dieser Funktion läßt sich in Erfahrung bringen, ob innerhalb des aktuellen Hauptdokuments eines Seriendrucks derzeit die Namen der Seriendruckfelder oder der jeweils zugehörige Wert aus dem aktuellen Datensatz angezeigt wird.

Funktionsergebnis:

Als Ergebnis liefert diese Funktion:

0	Es werden die Namen der Seriendruckfelder angezeigt.
1	Es werden die Inahlte aus dem aktuellen Datensatz angezeigt.

SeriendruckChevronsUmwandeln

Bestimmt die Umwandlung von Chevrons aus Mac-Dokumenten in Seriendruckfelder.

Gruppe: Seriendruck WordBASIC Befehl

Syntax:
```
SeriendruckChevronsUmwandeln [Umwandeln]
```
Beschreibung:

Wenn ein Mac-Dokument, das Chevrons beinhaltet, geladen wird und die aktuelle Einstellung für SeriendruckAnfrageChevronsUmwandeln 0 lautet, bestimmt dieser Befehl, ob der in Chevrons eingefaßte Text automatisch in ein Seriendruckfeld umgewandelt wird.

Parameter:

Name:	Bedeutung	
Umwandeln	Bestimmt, ob Text innerhalb von Chevrons automatisch in Seriendruckfelder umgewandelt werden soll.	
	nicht angegeben	Schaltet die aktuelle Einstellung um.
	0	Es werden keine Seriendruckfelder angelegt.
	1	Die Chevrons werden in Seriendruckfelder umgewandelt.

SeriendruckChevronsUmwandeln()   *Fragt die Einstellung für die Umwandlung von Chevrons aus Mac-Dokumenten in Seriendruckfelder ab.*

Gruppe: Seriendruck   WordBASIC Funktion

Syntax:
```
x = SeriendruckChevronsUmwandeln()
```

Beschreibung:

Die Einstellung in bezug auf die automatische Umwandlung von Chevrons in Seriendruckfelder, die sich mit Hilfe des Befehls SeriendruckChevronsUmwandeln einstellen läßt, kann mit Hilfe dieser Funktion abgefragt werden.

Funktionsergebnis:

Als Ergebnis liefert diese Funktion:

	0	Wenn keine automatische Umwandlung stattfindet.
	-1	Wenn Chevrons automatisch in Seriendruckfelder umgewandelt werden.

SeriendruckDatenMaske   *Öffnet ein Dialogfenster zur Eingabe eines neuen Datensatzes.*

Gruppe: Seriendruck   WordBASIC Befehl

Syntax:
```
SeriendruckDatenMaske
```

Beschreibung:

Innerhalb des Hauptdokuments eines Seriendrucks, einer Datenquelle oder jedem andern beliebigen Dokument, das Datensätze in Form von Tabellen oder durch Trennzeichen separierte Daten enthält, läßt sich durch den Aufruf dieses Befehls ein Dialogfenster öffnen, in dem ein neuer Datensatz eingegeben werden kann.

SeriendruckDatenQuelle$()
Liefert verschiedene Informationen im Zusammenhang mit einem Seriendruck.

Gruppe: Seriendruck   WordBASIC Funktion

Syntax:
```
a$ = SeriendruckDatenQuelle$(Art)
```

Beschreibung:
Mit Hilfe dieser Funktion lassen sich zahlreiche Informationen abfragen, die in Zusammenhang mit einem Seriendruck stehen, beispielsweise der Name der Datenquelle, der Name der Steuersatzquelle oder eine eingestelle SQL-Abfrageoption.

Funktionsergebnis:
Als Funktionsergebnis wird die durch den Parameter Art bestimmte Information zurückgeliefert.

Parameter:

Name:	Bedeutung	
Art	Bestimmt die Art der gewünschten Information.	
	0	Der Pfad- und Dateiname der Datenquelle.
	1	Der Pfad- und Dateiname der Steuersatzquelle.
	2	Eine als String verpackte Zahl, die anzeigt, woher die Daten stammen. "0" steht dabei für ein Word-Dokument bzw. ein andersartiges Dokument, das über einen Word-Dateikonverter eingebunden wird, "1" steht für DDE mit Microsoft Access, "2" für DDE mit Microsoft Excel, "3" für DDE mit Microsoft Query und "4" für eine über ODBC angebundene Datenbank.
	3	Die Steuersatzquelle, wobei die Information in der gleichen Art zurückgeliefert wird, wie bei Angabe des Wertes 2 für Art.
	4	Die Zeichenfolge, die zum Andocken an eine ODBC-Datenquelle angegeben wurde.
	5	Die SQL-Abfrageoption, sofern eine solche eingestellt wurde.

SeriendruckDatenQuelleBearbeiten
Bearbeitet die Datenquelle eines Seriendruck-Hauptdokuments.

Gruppe: Seriendruck   WordBASIC Befehl

Syntax:
```
SeriendruckDatenQuelleBearbeiten
```

Beschreibung:
Mit Hilfe dieses Befehls läßt sich die Datenquelle eines Seriendruckhauptdokuments bearbeiten, sofern es sich bei dem aktuellen Dokument um ein solches handelt. Wie dies geschieht, hängt von der Art der Datenquelle ab. Handelt es sich dabei selbst um ein Word-Dokument wird dieses geöffnet bzw. aktiviert, wenn es bereits geöffnet ist. Werden die Daten via DDE angeliefert, öffnet und aktiviert Word die jeweilige Anwendung (beispielsweise Access oder Excel) und bringt die Daten darin zur Anzeige.

Werden die Daten über ODBC angeliefert, öffnet Word entweder ein zusätzliches Dokument, in dem die Daten angezeigt werden, oder bietet dem Anwender die Möglichkeit, Microsoft Query zu öffnen, sofern dieses installiert ist.

SeriendruckDatenQuelleErstellen
Erstellt ein Dokument, um darin Daten für einen Seriendruck zu speichern.

Gruppe: Seriendruck   WordBASIC Dialogbefehl

Syntax:
```
SeriendruckDatenQuelleErstellen .DateiName$ [, .KennwortDok$]
[, .KennwortDokVorlage$] [, .Steuersatz$] <, .MSQuery> [, .SQLAnweisung$]
[, .SQLAnweisung1$] [, .Verbindung$] [, .QuelleVerknüpfen%]
```

Beschreibung:
Mit Hilfe dieses Befehls wird eine neue Datenquelle in Form eines Word-Dokuments erstellt, die mit dem aktuellen Dokument verbunden wird. Dieses wird dadurch zum Hauptdokument eines Seriendrucks erhoben.

Dialogvariablen:

Name:	Bedeutung
`.DateiName$`	Pfad- und Dateiname der neuen Datenquelle.
`.KennwortDok$`	Ein optionales Kennwort, falls die Datenquelle bereits besteht und geschützt ist oder die neue Datenquelle geschützt werden soll.
`.KennwortDokVorlage$`	Ein Kennwort zum Öffnen der Dokumentvorlage des angegebenen Dokuments, falls dieses geschützt ist.
`.Steuersatz$`	In dieser Dialogvariable erwartet der Befehl die Feldnamen für den Steuersatz, wobei die einzelnen Feldnamen durch Kommata getrennt werden müssen, also beispielsweise "KundenNr, Name, Vorname".
	Wird diese Dialogvariable nicht angegeben, arbeitet WinWord mit dem Standard-Steuersatz: "Anrede, Vorname, Name, Position, Firma, Adresse1, Adresse2, PLZ, Ort, Bundesland, Land, Telefon_privat, Telefon_Dienst".
`.SQLAnweisung$`	Definiert eine SQL-Abfrage zur Auswahl einer Teilmenge der Datensätze. Ist dieser String länger als 255 Zeichen, muß er in zwei Teile gespalten und der zweite Teil in der Dialogvariable .SQLAnweisung1 angegeben werden.
`.SQLAnweisung1$`	Nimmt den zweiten Teil einer SQL-Abfrage auf, wenn diese länger als 255 Zeichen ist und daher nur der erste Teil in .SQLAnweisung untergebracht werden kann.
`.Verbindung$`	Gibt einen Verbindungsstring zum Andocken an eine ODBC-Datenbank an.
`.QuelleVerknüpfen%`	Wird hier der Wert 1 angegeben, stellt MsQuery eine Verbindung zwischen der neuen Datenquelle und der Hauptdatenquelle her, so daß Änderungen in der Hauptdatenquelle in der neuen Datenquelle reflektiert werden.

Schaltflächen:

Name:	Aufgabe
`.MSQuery`	Ist MsQuery installiert, läßt sich durch Angabe dieser Schaltfläche eine Teilmenge der Datensätze aus der Datensatzquelle selektieren. Gleichzeitig müssen dann aber auch die Dialogvariablen .SQLAnweisung und .Verbindung angegeben werden.

SeriendruckDatensatzGefunden()

Zeigt an, ob der letzte Aufruf von SeriendruckDatensatz-Suchen erfolgreich war.

Gruppe: Seriendruck   WordBASIC Funktion

Syntax:

```
x = SeriendruckDatensatzGefunden()
```

Beschreibung:

Nach einem vorhergehenden Aufruf von SeriendruckDatensatzSuchen können Sie mit Hilfe dieser Funktion feststellen, ob die Suche nach dem angegebenen Datensatz erfolgreich war.

Funktionsergebnis:

Als Ergebnis liefert diese Funktion:

-1	Wenn die Suche erfolgreich war.
0	Wenn der angegebene Datensatz nicht gefunden werden konnte.

SeriendruckDatensatzSuchen

Sucht einen Datensatz innerhalb der Datensatzquelle eines Seriendrucks.

Gruppe: Seriendruck   WordBASIC Dialogbefehl

Syntax:

```
SeriendruckDatensatzSuchen .Suchen$, .Feld$
```

Beschreibung:

Innerhalb der Datensatzquelle eines Seriendrucks läßt sich mit Hilfe dieses Befehls ein ganz bestimmter Datensatz suchen. Ist das Hauptdokument des Seriendrucks zum Zeitpunkt des Befehlsaufrufs aktiv, und werden dort anstelle der Seriendruckfelder die Feldinhalte angezeigt, erscheint dort der gefundene Datensatz. Ist hingegen die Datenquelle in Form eines Word-Dokuments aktiv, markiert WinWord die Tabellenzeile des gefundenen Datensatzes.

Darüber hinaus kann dieser Befehl zur Suche nach Datensätzen in allen Arten von WinWord-Dokumenten eingesetzt werden, die Datensätze in Form von Tabellen oder Absätzen enthalten, in denen die Daten durch ein Trennzeichen separiert werden.

Dialogvariablen:

Name:	*Bedeutung*
`.Suchen$`	Der zu suchende Feldinhalt im Feld .Feld.
`.Feld$`	Der Name des Feldes, in dem der Feldinhalt .Suchen gesucht werden soll.

SeriendruckEinfügenBestimmen

Fügt ein BESTIMMEN-Feld in das Hauptdokument eines Seriendrucks ein.

Gruppe: Seriendruck   WordBASIC Dialogbefehl

Syntax:

```
SeriendruckEinfügenBestimmen .Name$ [, .TextWert$] [, .AutoTextWert$]
```

Beschreibung:

Mit Hilfe dieses Befehls läßt sich an der aktuellen Position der Einfügemarke ein BESTIMMEN-Feld in das Hauptdokument eines Seriendrucks einfügen. Dadurch wird einer Textmarke Text zugewiesen, der über die Textmarke mehrmals innerhalb des Hauptdokuments eingesetzt werden kann.

Dialogvariablen:

Name:	Bedeutung
`.Name$`	Der Name der Textmarke, der Text zugewiesen werden soll.
`.TextWert$`	Der Text, der der angegebenen Textmarke zugewiesen werden soll. Lassen Sie diese Dialogvariable weg, wenn der Text aus einem AutoText bezogen werden soll, und geben Sie statt dessen die Dialogvariable .AutoTextWert an.
`.AutoTextWert$`	Der Name eines AutoTextes, wenn der Text der Textmarke nicht fest vorgegeben, sondern aus einem AutoText bezogen werden soll. Lassen Sie die Dialogvariable .TextWert in diesem Fall weg.

SeriendruckEinfügenDatensatz

Fügt ein DATENSATZ-Feld in ein Hauptdokument eines Seriendrucks ein.

Gruppe: Seriendruck   WordBASIC Befehl

Syntax:
```
SeriendruckEinfügenDatensatz
```

Beschreibung:

Soll die Datensatz-Nummer als Teil eines Seriendruck-Hauptdokuments ausgegeben werden, läßt sich ein entsprechendes Feld mit Hilfe dieses Befehls an der aktuellen Position der Einfügemarke in ein Hauptdokument einfügen.

SeriendruckEinfügenEingeben

Fügt ein EINGEBEN-Feld in das Hauptdokument eines Seriendrucks ein.

Gruppe: Seriendruck   WordBASIC Dialogbefehl

Syntax:
```
SeriendruckEinfügenEingeben [.Eingabeaufforderung$]
[, .StandardEingebenText$] [, .FrageEinmal%]
```

Beschreibung:

Mit Hilfe dieses Befehls läßt sich ein EINGEBEN-Feld in das Hauptdokument eines Seriendrucks einfügen. Aufgabe dieses Felds ist es, dem Anwender beim Seriendruck für jeden Datensatz um die Eingabe einer bestimmten Information zu bitten, die einmal innerhalb des Hauptdokuments erscheinen soll. Muß die jeweilige Information jedoch mehrmals als Teil des Hauptdokuments ausgegeben werden, ist ein FRAGE-Feld vorzuziehen, das über den Befehl SeriendruckEinfügenFrage eingefügt werden kann.

Dialogvariablen:

Name:	Bedeutung
`.Eingabeaufforderung$`	Eine Überschrift für die einzugebende Information, die innerhalb des Dialogfensters erscheint, in dem der Anwender um die gewünschte Eingabe gebeten wird, beispielsweise "Anzahl:".

`.StandardEingebenText$`	Bestimmt den Standardtext, der dem Anwender zur Bestätigung angeboten wird.
`.FrageEinmal%`	Wird hier der Wert 1 angegeben, erfolgt die Abfrage nur beim ersten Datensatz und wird auf alle folgenden Datensätze automatisch übertragen, ohne daß der Anwender erneut eine Eingabe vornehmen muß.

SeriendruckEinfügenFrage

Fügt ein FRAGE-Feld in ein Haupdokument eines Seriendrucks ein.

Gruppe: Seriendruck   WordBASIC Dialogbefehl

Syntax:

`SeriendruckEinfügenFrage .Name$ [, .Eingabeaufforderung$] [, .StandardTextmarkeText$] [, .FrageEinmal%]`

Beschreibung:

Mit Hilfe dieses Befehls läßt sich ein FRAGE-Feld in das Hauptdokument eines Seriendrucks einfügen. Aufgabe dieses Felds ist es, dem Anwender beim Seriendruck für jeden Datensatz um die Eingabe einer bestimmten Information zu bitten, die mehrmals innerhalb des Hauptdokuments erscheinen soll. Die Eingabe des Anwenders wird dazu einer Textmarke zugewiesen, die sich über ein TEXTMARKE-Feld in den Text des Hauptdokuments integrieren läßt.

Dialogvariablen:

Name:	*Bedeutung*
`.Name$`	Der Name der Textmarke, der die Eingabe des Anwenders zugewiesen werden soll.
`.Eingabeaufforderung$`	Eine Überschrift für die einzugebende Information, die innerhalb des Dialogfensters erscheint, in dem der Anwender um die gewünschte Eingabe gebeten wird, beispielsweise "Produkt:".
`.StandardTextmarkeText$`	Bestimmt den Standardtext, der dem Anwender zur Bestätigung angeboten wird.
`.FrageEinmal%`	Wird hier der Wert 1 angegeben, erfolgt die Abfrage nur beim ersten Datensatz und wird auf alle folgenden Datensätze automatisch übertragen, ohne daß der Anwender erneut eine Eingabe vornehmen muß.

SeriendruckEinfügenNächster

Fügt ein NÄCHSTER-Feld in das Hauptdokument eines Seriendrucks ein.

Gruppe: Seriendruck   WordBASIC Befehl

Syntax:

`SeriendruckEinfügenNächster`

Beschreibung:

Durch den Aufruf dieses Befehls wird ein NÄCHSTER-Feld an der aktuellen Position der Einfügemarke in das Hauptdokument eines Seriendrucks eingefügt. Aufgabe dieses Feldes ist es, auf den nächsten Datensatz umzuschalten, um dadurch die Ausgabe von Informationen aus mehreren Datensätzen innerhalb einer Instanz eines Hauptdokuments zu ermöglichen.

SeriendruckEinfügenNächsterWenn

Fügt ein NWENN-Feld in das Hauptdokument eines Seriendrucks ein.

Gruppe: Seriendruck   WordBASIC Dialogbefehl

Syntax:
SeriendruckEinfügenNächsterWenn .SeriendruckFeld$, .Vergleich%, .VergleichenMit$

Beschreibung:
Mit Hilfe dieses Befehls wird ein NWENN-Feld an der aktuellen Position der Einfügemarke in das Hauptdokument eines Seriendrucks eingefügt. Aufgabe dieses Feldes ist es, auf den nächsten Datensatz umzuschalten, wenn eine definierbare Bedingung eintritt, um dadurch die Inhalte des aktuellen Datensatzes zu überspringen.

Dialogvariablen:

Name:	Bedeutung
.SeriendruckFeld$	Der Name des Seriendruckfeldes, das in den Vergleich einbezogen werden soll.
.Vergleich%	Bestimmt den Vergleichsoperator. 0 gleich (=) 1 ungleich (<>) 2 kleiner als (<) 3 größer als (>) 4 kleiner oder gleich (<=) 5 größer oder gleich (>=) 6 leer (="") 7 nicht leer (<>"")
.VergleichenMit$	Der Text, der mit dem Seriendruckfeld .SeriendruckFeld über den Vergleichsoperator .Vergleich verglichen werden soll.

SeriendruckEinfügenSeq

Fügt ein SERIENDRUCKSEQ-Feld in das Hauptdokument eines Seriendrucks ein.

Gruppe: Seriendruck   WordBASIC Befehl

Syntax:
SeriendruckEinfügenSeq

Beschreibung:
Mit Hilfe dieses Befehls wird ein SERIENDRUCKSEQ-Feld an der aktuellen Position der Einfügemarke in das Hauptdokument eines Seriendrucks eingefügt. Durch dieses Feld wird bei der Serienbrieferstellung eine fortlaufende Nummer in jedem Serienbrief angezeigt, wobei mit der Nummer 1 begonnen wird.

SeriendruckEinfügenÜberspringen

Fügt ein ÜBERSPRINGEN-Feld in das Hauptdokument eines Seriendrucks ein.

Gruppe: Seriendruck   WordBASIC Dialogbefehl

Syntax:
```
SeriendruckEinfügenÜberspringen .SeriendruckFeld$, .Vergleich%
[, .VergleichenMit$]
```

Beschreibung:
Mit Hilfe dieses Befehls wird ein ÜBERSPRINGEN-Feld an der aktuellen Position der Einfügemarke in das Hauptdokument eines Seriendrucks eingefügt. Aufgabe dieses Feldes ist es, den Druck des aktuellen Seriendruckdokuments abzubrechen und mit dem Aufbau des Seriendruckdokuments für den nächsten Datensatz zu beginnen, wenn eine definierbare Bedingung eintritt.

Dialogvariablen:

Name:	Bedeutung
.SeriendruckFeld$	Der Name des Seriendruckfeldes, das in den Vergleich einbezogen werden soll.
.Vergleich%	Bestimmt den Vergleichsoperator.

    0   gleich (=)
    1   ungleich (<>)
    2   kleiner als (<)
    3   größer als (>)
    4   kleiner oder gleich (<=)
    5   größer oder gleich (>=)
    6   leer (="")
    7   nicht leer (<>"")

.VergleichenMit$	Der Text, der mit dem Seriendruckfeld .SeriendruckFeld über den Vergleichsoperator .Vergleich verglichen werden soll.

SeriendruckEinfügenWenn   *Fügt ein WENN-Feld in das Hauptdokument eines Seriendrucks ein.*

Gruppe: Seriendruck   WordBASIC Dialogbefehl

Syntax:
```
SeriendruckEinfügenWenn .SeriendruckFeld$, .Vergleich%
[, .VergleichenMit$] [, .AutoTextVorhanden$] [, .TextVorhanden$]
[, .UngültigerAutoText$] [, .UngültigerText$]
```

Beschreibung:
Mit Hilfe dieses Befehls wird ein WENN-Feld an der aktuellen Position der Einfügemarke in das Hauptdokument eines Seriendrucks eingefügt. Bei der Umwandlung des Hauptdokuments in aufeinanderfolgende Seriendruckdokumente wird dieses Feld für jedes Seriendruckdokument ausgewertet und aufgrund des darin enthaltenen WENN-Ausdrucks entschieden, ob der ebenfalls im Feld enthaltene DANN- oder SONST-Text in das Dokument eingefügt wird.

Dialogvariablen:

Name:	Bedeutung
.SeriendruckFeld$	Der Name des Seriendruckfeldes, das in den Vergleich einbezogen werden soll.
.Vergleich%	Bestimmt den Vergleichsoperator.

    0   gleich (=)
    1   ungleich (<>)
    2   kleiner als (<)

	3 größer als (>)
	4 kleiner oder gleich (<=)
	5 größer oder gleich (>=)
	6 leer (="")
	7 nicht leer (<>"")
`.VergleichenMit$`	Der Text, der mit dem Seriendruckfeld .SeriendruckFeld über den Vergleichsoperator .Vergleich verglichen werden soll.
`.AutoTextVorhanden$`	Bestimmt einen AutoText, der eingefügt wird, sofern der Vergleich zutrifft. Soll kein AutoText, sondern ein vorgegebener Text eingefügt werden, muß diese Dialogvariable weggelassen werden.
`.TextVorhanden$`	Definiert einen Text, der eingefügt wird, sofern der Vergleich zutrifft. Soll kein konstanter Text, sondern ein AutoText eingefügt werden, muß diese Dialogvariable weggelassen und in .AutoTextVorhanden der Name des AutoTextes genannt werden.
`.UngültigerAutoText$`	Bestimmt einen AutoText, der eingefügt wird, sofern der Vergleich nicht zutrifft. Soll kein AutoText, sondern ein vorgegebener Text eingefügt werden, muß diese Dialogvariable weggelassen werden.
`.UngültigerText$`	Definiert einen Text, der eingefügt wird, wenn der Vergleich nicht zutrifft. Soll kein konstanter Text, sondern ein AutoText eingefügt werden, muß diese Dialogvariable weggelassen und in .UngültigerAutoText der Name des AutoTextes genannt werden.

SeriendruckErsterDatensatz

Zeigt ein Seriendruckdokument für den ersten Datensatz an.

Gruppe: Seriendruck   WordBASIC Befehl

Syntax:

```
SeriendruckErsterDatensatz
```

Beschreibung:

Sofern die Inhalte der Seriendruckfelder im Hauptdokument angezeigt werden, erstellt dieser Befehl ein Seriendruckdokument für den ersten Datensatz und zeigt dieses an. Voraussetzung ist allerdings, daß zum Zeitpunkt des Befehlsaufrufs das Hauptdokument des Seriendrucks das aktuelle Dokument stellt.

SeriendruckFeldName$()

Liefert den Feldnamen in einer Daten- oder Steuersatzquelle.

Gruppe: Seriendruck   WordBASIC Funktion

Syntax:

```
a$ = SeriendruckFeldName$(FeldNr)
```

Beschreibung:

Mit Hilfe dieser Funktion lassen sich die Namen der Felder aus einer Daten- oder Steuersatzquelle ermitteln. Voraussetzung ist allerdings, daß es sich bei dem aktuellen Dokument um ein Hauptdokument handelt, damit WinWord den Namen der Daten- oder Steuersatzquelle ermitteln kann.

Funktionsergebnis:

Der Name des angegebenen Feldes.

Parameter:

Name:	*Bedeutung*
`FeldNr`	Die Nummer des abzufragenden Feldes. Dabei steht 1 für das erste Feld, zwei für das zweite usw. Der Maximalwert wird durch die Funktion ZählenSeriendruckFelder() bestimmt.

SeriendruckGeheZuDatensatz
Zeigt ein Seriendruckdokument für einen bestimmten Datensatz an.

Gruppe: Seriendruck   WordBASIC Befehl

Syntax:

`SeriendruckGeheZuDatensatz Datensatznummer`

Beschreibung:

Handelt es sich bei dem aktuellen Dokument um das Hauptdokument eines Seriendrucks, läßt sich mit Hilfe dieses Befehls ein Seriendruckdokument für einen ganz bestimmten Datensatz erstellen und anzeigen.

Parameter:

Name:	*Bedeutung*
`Datensatznummer`	Die Nummer des Datensatzes, der angezeigt werden soll. 1 steht für den ersten Datensatz aus dem gewählten Teilbereich der Datensatzquelle, 2 für den zweiten usw.

SeriendruckGeheZuDatensatz()
Liefert die Nummer des aktuellen Datensatzes.

Gruppe: Seriendruck   WordBASIC Funktion

Syntax:

`x = SeriendruckGeheZuDatensatz()`

Beschreibung:

Aus dem Hauptdokument eines Seriendrucks heraus läßt sich mit Hilfe dieser Funktion die Nummer des aktuellen Datensatzes ermitteln.

Funktionsergebnis:

Die Nummer des aktuellen Datensatzes.

SeriendruckHauptdokumentArt
Verwandelt ein Dokument in das Hauptdokument eines Seriendrucks.

Gruppe: Seriendruck   WordBASIC Befehl

Syntax:

`SeriendruckHauptdokumentArt [Art]`

Beschreibung:

Mit Hilfe dieses Befehls läßt sich ein Dokument in das Hauptdokument eines Seriendrucks verwandeln oder wieder auf den Status eines "normalen" Dokuments zurückstufen, sofern es bereits ein Hauptdokument war. Die Verbindung zur eingestellten Datenquelle wird in diesem Fall abgebrochen.

Parameter:

Name:	Bedeutung
Art	Bestimmt die Art der Seriendruckdokumente, die auf der Basis der Hauptdokuments erstellt werden sollen.

0 oder nicht angegeben	Serienbriefe
1	Adreßetiketten
2	Briefumschläge
3	Kataloge

SeriendruckHauptdokumentArt() *Liefert die Art des Hauptdokuments.*

Gruppe: Seriendruck   WordBASIC Funktion

Syntax:

x = SeriendruckHauptdokumentArt()

Beschreibung:

Mit Hilfe dieser Funktion läßt sich einerseits feststellen, ob es sich bei dem aktuellen Dokument um das Hauptdokument eines Seriendrucks handelt. Ist dies der Fall, liefert die Funktion darüber hinaus die Information, welche Art von Seriendruck mit Hilfe dieses Hauptdokuments erstellt werden soll.

Funktionsergebnis:

Die Art des Seriendrucks, der mit Hilfe des Hauptdokuments erstellt werden soll.

-1	Bei dem aktuellen Dokument handelt es sich nicht um das Hauptdokument eines Seriendrucks.
0	Serienbriefe
1	Adreßetiketten
2	Briefumschläge
3	Kataloge

SeriendruckHauptdokumentBearbeiten *Aktiviert das Hauptdokument eines Seriendrucks.*

Gruppe: Seriendruck   WordBASIC Befehl

Syntax:

SeriendruckHauptdokumentBearbeiten

Beschreibung:

Befindet sich die Einfügemarke innerhalb eines Dokuments, das die Daten- oder Steuersatzquelle für einen Seriendruck bildet, wird durch den Aufruf des Befehls das zugehörige Hauptdokument aktiviert. Ist dieses Dokument nicht geöffnet, wird ein Fehler ausgelöst.

SeriendruckInDokument *Druckt einen Seriendruck in ein neues Dokument.*

Gruppe: Seriendruck   WordBASIC Befehl

Syntax:

SeriendruckInDokument

31 • Makroreferenz

Beschreibung:
Handelt es sich bei dem aktuellen Dokument um das Hauptdokument eines Seriendrucks, wird der Seriendruck auf Basis der zuvor gewählten Datensätze gestartet und die resultierenden Seriendruckdokumente in ein neues, automatisch angelegtes Dokument "gedruckt".

SeriendruckLetzterDatensatz *Zeigt ein Seriendruckdokument für den letzten Datensatz an.*

Gruppe: Seriendruck WordBASIC Befehl

Syntax:
SeriendruckLetzterDatensatz

Beschreibung:
Sofern die Inhalte der Seriendruckfelder im Hauptdokument angezeigt werden, erstellt dieser Befehl ein Seriendruckdokument für den letzten Datensatz und zeigt dieses an. Voraussetzung ist allerdings, daß zum Zeitpunkt des Befehlsaufrufs das Hauptdokument des Seriendrucks das aktuelle Dokument stellt.

SeriendruckLösen *Löst die Verbindung zwischen dem Hauptdokument eines Seriendrucks und seiner Daten- bzw. Steuersatzquelle.*

Gruppe: Seriendruck WordBASIC Befehl

Syntax:
SeriendruckLösen

Beschreibung:
Durch den Aufruf dieses Befehls wird die Verbindung zwischen dem Hauptdokument eines Seriendrucks und seiner Steuer- bzw. Datensatzquelle gelöst, wodurch das Dokument seinen Charakter als Hauptdokument verliert und wieder wie ein normales Dokument behandelt werden kann. Voraussetzung für die erfolgreiche Ausführung des Befehls ist somit, daß es sich bei dem aktuellen Dokument um das Hauptdokument eines Seriendrucks handelt. Wenn nicht, wird ein Fehler ausgelöst.

SeriendruckManager *Zeigt den Seriendruckmanager an.*

Gruppe: Seriendruck WordBASIC Befehl

Syntax:
SeriendruckManager

Beschreibung:
Dieser Befehl stellt im Grunde genommen gar keinen Befehl, sondern lediglich den Typ für eine Verbundvariable dar, über die der Seriendruck-Manager in Verbindung mit dem Befehl Dialog oder der gleichnamigen Funktion aufgerufen werden kann. Beispielsweise so:

Dim sd as SeriendruckManager

x = Dialog(sd)

1353

SeriendruckNächsterDatensatz
Zeigt ein Seriendruckdokument für den nächsten Datensatz an.

Gruppe: Seriendruck   WordBASIC Befehl

Syntax:
SeriendruckNächsterDatensatz

Beschreibung:
Sofern die Inhalte der Seriendruckfelder im Hauptdokument angezeigt werden, erstellt dieser Befehl ein Seriendruckdokument für den nächsten Datensatz und zeigt dieses an. Voraussetzung ist allerdings, daß zum Zeitpunkt des Befehlsaufrufs das Hauptdokument des Seriendrucks das aktuelle Dokument stellt.

SeriendruckÖffnenDatenQuelle
Fügt einem Dokument eine Datenquelle zu.

Gruppe: Seriendruck   WordBASIC Dialogbefehl

Syntax:
SeriendruckÖffnenDatenQuelle .Name$ [, .UmwandlungBestätigen%]
[, .Schreibgeschützt%] [, .QuelleVerknüpfen%] [, .ZuletztBearbErweitern%]
[, .KennwortDok$] [, .KennwortDokVorlage$] [, .Wiederherstellen%]
[, .KennwortDokSchreiben$] [, .KennwortDokVorlageSchreiben$] [, .Verbindung$]
[, .SQLAnweisung$] [, .SQLAnweisung1$]

Beschreibung:
Mit Hilfe dieses Befehls läßt sich einem Dokument eine Datenquelle hinzufügen, wodurch es sich in das Hauptdokument eines Seriendrucks verwandelt. Handelt es sich bereits um ein Hauptdokument, wird die alte Datenquelle durch die neue ersetzen.

Dialogvariablen:

Name:	Bedeutung
.Name$	Der Name der Datenquelle. Neben einem Dokumentnamen oder einem DDE-String kann hier auch der Name einer Query-Datei (.QRY) angegeben werden, die mit Hilfe von Microsoft Query erstellt wurde.
.UmwandlungBestätigen%	Wird hier der Wert 0 angegeben, läßt sich WinWord die Umwandlung einer angegebenen Datei aus einem Fremdformat nicht bestätigen, sondern führt sie automatisch durch.
.Schreibgeschützt%	Geben Sie hier 1 an, wenn das Dokument schreibgeschützt geöffnet werden soll.
.QuelleVerknüpfen%	Wird hier der Wert 1 angegeben, führt WinWord die durch die Dialogvariablen .Verbindung und .SQLAnweisung definierte Abfrage bei jedem Öffnen des Hauptdokuments durch.
.ZuletztBearbErweitern%	Wird hier der Wert 1 angegeben, fügt WinWord den Namen des Dokuments zur Liste der zuletzt geöffneten Dokumente im Datei-Menü hinzu.
.KennwortDok$	Hier muß das Kennwort für das Öffnen der Datei angegeben werden, falls die Datei mit einem solchen geschützt wurde.
.KennwortDokVorlage$	Wenn die Dokumentvorlage der Datei durch ein Kennwort geschützt ist, muß dieses hier angegeben werden.

`.Wiederherstellen%`	Bestimmt die Vorgehensweise, wenn der Dateiname aus .Name den Namen eines bereits geöffneten Dokuments darstellt.
	0 oder nicht angegeben WinWord aktiviert das bereits geöffnete Dokument.
	1 Das Dokument wird erneut geöffnet, wobei alle noch nicht gespeicherten Änderungen verlorengehen.
`.KennwortDokSchreiben$`	Das Kennwort, das benötigt wird, um Veränderungen am Dokument vorzunehmen.
`.KennwortDokVorlageSchreiben$`	Das Kennwort, das benötigt wird, um Veränderungen an der Dokumentvorlage des Dokuments vorzunehmen.
`.Verbindung$`	Definiert den Bereich der Datensätze, die zur Serienbrieferstellung herangezogen werden sollen.
`.SQLAnweisung$`	Handelt es sich bei der Datenquelle um eine ODBC-Datenbank, läßt sich über diese Dialogvariable eine SQL-Abfrageanweisung formulieren, um nur eine Teilmenge der Datensätze in die Serienbrieferstellung einzubeziehen. Ist dieser Abfragestring länger als 255 Zeichen, muß er in zwei Teile gespalten und der zweite Teil in der Dialogvariablen .SQLAnweisung1 übergeben werden.
`.SQLAnweisung1$`	Der zweite Teil einer SQL-Abfrageoption, wenn diese länger als 255 Zeichen ist.

SeriendruckÖffnenSteuersatzQuelle

Fügt einem Dokument eine Steuersatzquelle zu.

Gruppe: Seriendruck   WordBASIC Dialogbefehl

Syntax:

```
SeriendruckÖffnenSteuersatzQuelle .Name$ [, .UmwandlungBestätigen%]
[, .Schreibgeschützt%] [, .ZuletztBearbErweitern%] [, .KennwortDok$]
[, .KennwortDokVorlage$] [, .Wiederherstellen%]
[, .KennwortDokSchreiben$] [, .KennwortDokVorlageSchreiben$]
```

Beschreibung:

Mit Hilfe dieses Befehls läßt sich einem Dokument eine Steuersatzquelle hinzufügen, wodurch es sich in das Hauptdokument eines Seriendrucks verwandelt. Handelt es sich bereits um ein Hauptdokument, wird die alte Steuersatzquelle durch die neue ersetzt.

Die angegebene Steuersatzquelle wird anstelle des Steuersatzes in der Datenquelle verwendet. Handelt es sich bei der Datenquelle um ein Word-Dokument, wird die erste Zeile nicht mehr wie bisher als als Steuersatz, sondern als erster Datensatz interpretiert.

Dialogvariablen:

Name:	*Bedeutung*
`.Name$`	Siehe Befehl SeriendruckÖffnenDatenquelle.
`.UmwandlungBestätigen%`	"
`.Schreibgeschützt%`	"
`.ZuletztBearbErweitern%`	"
`.KennwortDok$`	"
`.KennwortDokVorlage$`	"
`.Wiederherstellen%`	"
`.KennwortDokSchreiben$`	"
`.KennwortDokVorlageSchreiben$`	"

SeriendruckPrüfen
Spürt Fehler in einem Seriendruck auf.

Gruppe: Seriendruck WordBASIC Dialogbefehl

Syntax:

SeriendruckPrüfen .FehlerPrüfen%

Beschreibung:

Bevor ein Seriendruck in Gang gesetzt wird, läßt sich mit Hilfe dieses Befehls nach Fehlern suchen, die in einem automatisch erstellten Dokument angezeigt werden.

Dialogvariablen:

Name:	Bedeutung
.FehlerPrüfen%	Bestimmt die Vorgehensweise bei der Prüfung des Seriendrucks:
	0 Der Seriendruck wird lediglich simuliert und die dabei aufgetretenen Fehler in einem automatisch erstellten Dokument angezeigt.
	1 Der Seriendruck wird ausgeführt, beim Auftreten eines Fehlers jedoch unter Ausgabe einer Fehlermeldung angehalten.
	2 Der Seriendruck wird ausgeführt. Beim Auftreten von Fehlern wird er nicht angehalten, sondern die Fehler in einem automatisch erstelltem Dokument protokolliert.

SeriendruckStatus()
Liefert Informationen über verschiedene Einstellungen in bezug auf den Seriendruck.

Gruppe: Seriendruck WordBASIC Funktion

Syntax:

x = SeriendruckStatus(Art)

Beschreibung:

Mit Hilfe dieser Funktion können Sie aus einem Makro heraus Informationen über die verschiedenen Einstellungen in bezug auf den Seriendruck abfragen, beispielsweise über die Art des Hauptdokuments oder das Ziel der Serienbrieferstellung.

Funktionsergebnis:

Je nach dem Wert für den Parameter Art werden unterschiedliche Informationen zurückgeliefert.

Art = 0
- 0: Es handelt sich um ein normales WinWord-Dokument.
- 1: Es handelt sich um ein Hauptdokument, dem bislang weder eine Daten- noch eine Steuersatzquelle hinzugefügt wurde.
- 2: Es handelt sich um ein Hauptdokument mit beigefügter Datenquelle.
- 3: Es handelt sich um ein Hauptdokument mit beigefügter Steuersatzquelle.
- 4: Es handelt sich um ein Hauptdokument mit beigefügter Daten- und Steuersatzquelle.
- 5: Es handelt sich um eine Steuersatz- oder Datenquelle.

Art = 1
- 0: Serienbriefe
- 1: Adreßetiketten
- 2: Briefumschläge
- 3: Katalog

Art = 2	0:	Leerzeilen werden nicht unterdrückt, und es sind keine Abfrageoptionen aktiviert.
	1:	Leerzeilen werden unterdrückt.
	2:	Es sind Abfrageoptionen eingestellt.
	3:	Leerzeilen sind unterdrückt, und es sind Abfrageoptionen eingestellt.
Art = 3	0:	Die zu erstellenden Serienbriefe werden in ein neues und automatisch erstelltes Dokument gedruckt.
	1:	Die Serienbriefe werden auf dem Drucker ausgegeben.
	2:	Die Serienbriefe werden per E-Mail versandt.
	3:	Die Serienbriefe werden mittels eines Fax-Gerätes verschickt.

Parameter:

Name: *Bedeutung*

Art Bestimmt die Art der zurückgelieferten Information:

0   Fragt die Art des aktuellen Dokuments ab.
1   Fragt die Art des Hauptdokuments ab.
2   Fragt die Einstellung der Leerzeilenunterdrückung und Abfrageoptionen ab.
3   Fragt das Ziel der Serienbrieferstellung ab.

SeriendruckSteuersatzQuelleBearbeiten   *Öffnet oder aktiviert die Steuersatzquelle.*

Gruppe: Seriendruck   WordBASIC Befehl

Syntax:

SeriendruckSteuersatzQuelleBearbeiten

Beschreibung:

Durch den Aufruf dieses Befehls wird die Steuersatzquelle eines Hauptdokuments als Datei geöffnet und zur Anzeige gebracht. Ist sie bereits geöffnet, wird das entsprechende Dokument aktiviert. Voraussetzung ist in beiden Fällen, daß es sich bei dem aktuellen Dokument um das Hauptdokument eines Seriendrucks handelt, ansonsten wird ein Fehler ausgelöst.

SeriendruckSteuersatzQuelleErstellen   *Erstellt eine neue Steuersatzquelle.*

Gruppe: Seriendruck   WordBASIC Dialogbefehl

Syntax:

SeriendruckSteuersatzQuelleErstellen [.DateiName$] [, .KennwortDok$]
[, .Steuersatz$] [, .KennwortDokVorlage$] [, .SQLAnweisung$]
[, .SQLAnweisung1$] [, .Verbindung$] [, .QuelleVerknüpfen%]

Beschreibung:

Durch den Aufruf dieses Befehls wird eine neue Steuersatzquelle angelegt und dem aktuellen Dokument beigefügt, das dadurch zum Hauptdokument eines Seriendrucks erhoben wird. Der Inhalt des neuen Dokuments wird anschließend als Steuersatz des Seriendrucks anstelle des Steuersatzes in der Datenquelle herangezogen.

Dialogvariablen:

Name: *Bedeutung*

.DateiName$ Bestimmt den Dateinamen der anzulegenden Steuersatzquelle.

.KennwortDok$ Legt ein Kennwort fest, falls die neue Steuersatzquelle durch ein Kennwort geschützt werden soll.

`.Steuersatz$`	Definiert die Feldnamen des Steuersatzes, die innerhalb des angegebenen Strings durch Kommata getrennt werden müssen, beispielsweise "PrCode, Kategorie, Produkt".
	Wird diese Dialogvariable nicht angegeben, setzt WinWord den Standardsteuersatz mit folgendem Format ein: "Anrede, Vorname, Name, Position, Firma, Adresse1, Adrese2, PLZ, Ort, Bundesland, Land, Telefon_privat, Telefonon_Dienst".
`.KennwortDokVorlage$`	Ein Kennwort zum Öffnen der Dokumentvorlage des angegebenen Dokuments, falls diese geschützt ist.
`.SQLAnweisung$`	Definiert eine SQL-Abfrage zur Auswahl einer Teilmenge der Datensätze. Ist dieser String länger als 255 Zeichen, muß er in zwei Teile gespalten und der zweite Teil in der Dialogvariable .SQLAnweisung1 angegeben werden.
`.SQLAnweisung1$`	Nimmt den zweiten Teil einer SQL-Abfrage auf, wenn diese länger als 255 Zeichen ist und daher nur der erste Teil in .SQLAnweisung untergebracht werden kann.
`.Verbindung$`	Gibt einen Verbindungsstring zum Andocken an eine ODBC-Datenbank an.
`.QuelleVerknüpfen%`	Wird hier der Wert 1 angegeben, stellt MsQuery eine Verbindung zwischen der neuen Datenquelle und der Hauptdatenquelle her, so daß Änderungen in der Hauptdatenquelle in der neuen Datenquelle reflektiert werden.

SeriendruckVorherigerDatensatz

Zeigt ein Seriendruckdokument für den vorhergehenden Datensatz an.

Gruppe: Seriendruck WordBASIC Befehl

Syntax:

`SeriendruckVorherigerDatensatz`

Beschreibung:

Sofern die Inhalte der Seriendruckfelder im Hauptdokument angezeigt werden, erstellt dieser Befehl ein Seriendruckdokument für den Datensatz, der dem aktuellen vorausgeht, und zeigt dieses an. Voraussetzung ist allerdings, daß zum Zeitpunkt des Befehlsaufrufs das Hauptdokument des Seriendrucks das aktuelle Dokument stellt.

SetPrivateProfileString

Schreibt eine Einstellung in eine beliebige Initialisierungsdatei.

Gruppe: Umgebung BASIC Befehl

Syntax:

`SetPrivateProfileString Abschnitt$, Eintrag$, Einstellung$, Dateiname$`

Beschreibung:

Mit Hilfe dieser Funktion können Sie eine Einstellung in eine beliebige Initialisierungs- (INI-) Datei schreiben.

Parameter:

Name:	Bedeutung
`Abschnitt$`	Hier muß der Name des Abschnitts genannt werden, in den die gewünschte Eintrag geschrieben werden soll. Abschnitte werden durch eckige Klammern markiert, die

	den Abschnittsnamen einfassen, beispielsweise [Word für Windows]. Die eckigen Klammern dürfen im Rahmen dieses Parameters jedoch nicht angegeben werden.
Eintrag$	Der Name des Eintrags, der in den genannten Abschnitt geschrieben werden soll.
Einstellung$	Die Einstellung für den angegebenen Eintrag. Innerhalb der Initialisierungsdatei lautet die komplette Zeile dann: Einstellung$ = Eintrag$
Dateiname$	Pfad- und Dateiname der INI-Datei, in die der angegebene Eintrag geschrieben werden soll, beispielsweise "c:\winword \test.ini".

SetPrivateProfileString()   *Schreibt einen Eintrag in eine beliebige Initialisierungsdatei.*

Gruppe: Umgebung   WordBASIC Funktion

Syntax:

x = SetPrivateProfileString(Abschnitt$, Eintrag$, Einstellung$, Dateiname$)

Beschreibung:
Diese Funktion arbeitet genau wie der gleichnamige Befehl, zeigt über ihr Funktionsergebnis jedoch an, ob der gewünschte Eintrag ordnungsgemäß geschrieben werden konnte oder ob ein Fehler aufgetreten ist.

Funktionsergebnis:

Als Ergebnis liefert diese Funktion:

0	Wenn der angegebene Eintrag nicht geschrieben werden konnte, weil die angegebene Initialisierungsdatei schreibgeschützt ist.
-1	Wenn der angegebene Eintrag ordnungsgemäß geschrieben wurde.

Parameter:

Name:	*Bedeutung*
Abschnitt$	Siehe Befehl SetPrivateProfileString.
Eintrag$	"
Einstellung$	"
Dateiname$	"

SetProfileString   *Schreibt eine Einstellung in die Initialisierungsdatei WIN.INI.*

Gruppe: Umgebung   WordBASIC Befehl

Syntax:

SetProfileString Abschnitt$, Eintrag$, Einstellung$

Beschreibung:
Mit Hilfe dieser Funktion können Sie eine Einstellung in die Windows-Initialisierungsdatei WIN.INI schreiben.

Parameter:

Name:	*Bedeutung*
Abschnitt$	Hier muß der Name des Abschnitts genannt werden, in den der gewünschte Eintrag geschrieben werden soll. Abschnitte werden durch eckige Klammern markiert, die

dem Abschnittsnamen einfassen, beispielsweise [Word für Windows]. Die eckigen Klammern dürfen im Rahmen dieses Parameters jedoch nicht angegeben werden.

Eintrag$ Der Name des Eintrags, der in den genannten Abschnitt geschrieben werden soll.

Einstellung$ Die Einstellung für den angegebenen Eintrag. Innerhalb der Initialisierungsdatei lautet die komplette Zeile dann:

                Einstellung$ = Eintrag$

Sgn()   *Liefert das Vorzeichen einer Zahl.*

Gruppe: BASIC-Befehle und -Funktionen   BASIC Funktion

Syntax:

x = Sgn(n)

Beschreibung:

Mit Hilfe dieser Funktion läßt sich das Vorzeichen einer Zahl ermitteln.

Funktionsergebnis:

Als Ergebnis liefert diese Funktion:

        0   Wenn der angegebene Ausdruck 0 ist.
        1   Wenn der angegebene Ausdruck eine positive Zahl darstellt.
       -1   Wenn der angegebene Ausdruck eine negative Zahl darstellt.

Parameter:

Name: *Bedeutung*

n   Der Ausdruck, von dessen numerischem Ergebnis das Vorzeichen ermittelt werden soll.

Shell   *Startet ein anderes Programm.*

Gruppe: Anwendungssteuerung   WordBASIC Befehl

Syntax:

Shell Anwendung$ [, Fensterart]

Beschreibung:

Mit Hilfe dieses Befehls lassen sich aus einem Makro heraus andere Programme starten, beispielsweise, um von ihnen Daten zu übernehmen und diese in die Serienbrieferstellung einfließen zu lassen.

Parameter:

Name: *Bedeutung*

Anwendung$ Der Pfad- und Dateiname der auszuführenden Anwendung, sowie alle gewünschten Schalter, die der Anwendung bei ihrem Start in der Kommandozeile übergeben werden sollen. Für Dokumente, deren Programmdatei innerhalb des Abschnitts [Extensions] aus der Windows-Initialisierungsdatei WIN.INI verzeichnet sind, genügt die Angabe des Dokument-Dateinamens.

                    Um ein DOS-Fenster mit der Kommandozeile anzuzeigen, muß für diesen Parameter der Ausdruck Umgebung$(COMSPEC) angegeben werden, der nicht in Anführungszeichen eingefaßt sein darf.

Fensterart	Bestimmt die Art des Fensters, in dem die angegebene Anwendung ausgeführt wird.
	0 Fenster auf Symbolgröße minimieren.
	1 Normales Fenster.
	2 Nur für Excel: Ein Fenster in Symbolgröße.
	3 Maximiertes Fenster, das den gesamten Bildschirm füllt.

SortDatenfeld *Sortiert den Inhalt eines Arrays.*

Gruppe: BASIC-Befehle und -Funktionen   WordBASIC Befehl

Syntax:

```
SortDatenfeld ArrayName[$]() [, Reihenfolge] [, Von] [, Bis]
[, SortierTyp] [, SortierSchlüssel]
```

Beschreibung:

Mit Hilfe dieses Befehls lassen sich Arrays innerhalb eines Makros automatisch sortieren, wodurch dem Programmierer die Entwicklung einer eigenen Sortierroutine erspart bleibt.

Parameter:

Name:	*Bedeutung*
ArrayName[$]()	Name des zu sortierenden numerischen- oder String-Arrays.
Reihenfolge	Bestimmt die Sortierreihenfolge
	0 oder nicht angegeben Aufsteigend
	1 Absteigend
Von	Nummer des ersten zu sortierenden Array-Elements. Wird dieser Parameter weggelassen, beginnt die Sortierung mit dem ersten Array-Element (Index 0).
Bis	Nummer des letzten zu sortierenden Array-Elements. Wird dieser Parameter weggelassen, endet die Sortierung mit dem letzten Array-Element.
SortierTyp	Wenn es sich bei dem Array um ein zweidimensionales Array handelt, bestimmt dieser Parameter, ob die Zeilen oder Spalten sortiert werden sollen.
	0 Es werden die Zeilen sortiert.
	1 Es werden die Spalten sortiert.
SortierSchlüssel	Wenn es sich bei dem Array um ein zweidimensionales Array handelt, gibt dieser Parameter je nach Einstellung von SortierTyp die Zeilen oder Spaltennummer an, nach der sortiert werden soll.

SpalteMarkieren *Schaltet den Spaltenmarkierungsmodus an.*

Gruppe: Bewegen der Einfügemarke und Markieren   WordBASIC Befehl

Syntax:

```
SpalteMarkieren
```

Beschreibung:

Durch den Aufruf dieses Befehls wird der Spaltenmarkierungsmodus aktiviert, in dem zusammenhängende Spalten innerhalb verschiedener Textzeilen markiert und anschließend bearbeitet werden können. Mit Hilfe von Abbrechen läßt sich dieser Modus anschließend wieder beenden.

Sprache   *Stellt die Sprache für den markierten Text ein.*

Gruppe: Anpassung durch den Benutzer   WordBASIC Befehl

Syntax:
Sprache Sprache$

Beschreibung:

Durch den Aufruf dieses Befehls bestimmen Sie die Sprachformatierung des markierten Textes innerhalb des aktuellen Dokuments. Diese Einstellung hat zwar auf die Darstellungsform des Textes keinen Einfluß, bestimmt jedoch, weil Wörterbrücher bei der Rechtschreibprüfung zum Einsatz kommen und ob eine grammatikalische Prüfung möglich ist.

Parameter:

Name:	*Bedeutung*
Sprache$	Der Name der einzustellenden Sprache in der Originalform, also beispielsweise nicht "Italienisch" oder "Spanisch", sondern "italiano" oder "espanol".

Sprache$()   *Liefert die eingestellte Sprachformatierung der markierten Zeichen oder einen Sprachennamen.*

Gruppe: Anpassung durch den Benutzer   WordBASIC Funktion

Syntax:
a$ = Sprache$(CodeNr)

Beschreibung:

Diese Funktion erfüllt zwei Aufgaben: Zum einen läßt sich mit ihrer Hilfe die Sprachenformatierung des ersten Zeichens aus dem markierten Text ermitteln, zum anderen liefert sie den Namen einer der verfügbaren Sprachen. Welche der beiden Optionen zum Tragen kommt, hängt von dem Wert des angegebenen Parameters ab.

Funktionsergebnis:

Je nach dem Wert für den Parameter CodeNr wird der Name der Sprachformartierung für das erste Zeichen der Markierung oder einer der Sprachennamen aus der internen Liste zurückgeliefert.

Parameter:

Name:	*Bedeutung*
CodeNr	Wird der Wert 0 für diesen Parameter angegeben, liefert er die Sprachenformatierung des ersten Zeichens aus der Markierung zurück. Bei Angabe eines Wertes größer 0 wird hingegen der Name einer Sprache aus der Liste der verfügbaren Sprachen zurückgeliefert. Dabei wird nicht der deutsche Name der Sprache angegeben (beispielsweise Italienisch), sondern der Originalname (in diesem Fall italiano). Der Anzahl der verfügbaren Sprachen und damit der Maximalwert für diesen Parameter läßt sich mit Hilfe der Funktion ZählenSprachen() ermitteln.

StandardFV
Versieht die markierten Absätze mit der Formatvorlage "Standard".

Gruppe: Formatvorlagen WordBASIC Befehl

Syntax:
StandardFV

Beschreibung:
Durch den Aufruf dieser Funktion werden die markierten Absätze mit der Standard-Formatvorlage "Standard" formatiert.

StandardZeichenLaufweite
Setzt die Laufweite der markierten Zeichen wieder auf den normalen Zeichenabstand zurück.

Gruppe: Zeichenformatierung WordBASIC Befehl

Syntax:
StandardZeichenLaufweite

Beschreibung:
Wurden die Zeichen innerhalb der Markierung mit einem explizit eingestellten Zeichenabstand formatiert, setzt dieser Befehl die Zeichenabstand wieder auf das Standardmaß zurück.

StandardZeichenPosition
Hebt die Hoch- oder Tiefstellung von Zeichen auf.

Gruppe: Zeichenformatierung WordBASIC Befehl

Syntax:
StandardZeichenPosition

Beschreibung:
Alle Zeichen innerhalb der Markierung, die mit Hilfe der Einstellungen "Höherstellen" oder "Tieferstellen" aus der Registerkarte "Abstand" innerhalb das Dialogfensters von FormatZeichen über oder unter ihre Grundlinie gehoben wurden, werden durch den Aufruf dieses Befehls wieder auf die Grundlinie gesetzt.

Unberührt bleiben davon allerdings die Zeichenformatierungen "Hochgestellt" und "Tiefgestellt", die weiterhin wirksam sind und nur über die gleichnamigen Befehle bzw. durch Wiedereinstellung des Standardformates aufgehoben werden können.

SteuerungAusführen
Ruft entweder Zwischenablage oder Systemsteuerung auf.

Gruppe: Anwendungssteuerung WordBASIC Dialogbefehl

Syntax:
SteuerungAusführen .Anwendung%

Beschreibung:
Mit Hilfe dieses Befehls läßt sich je nach Wunsch die Zwischenablage von Windows oder die Systemsteuerung aktivieren.

Dialogvariablen:

Name:	Bedeutung
.Anwendung%	Bestimmt, ob die Zwischenablage oder die Systemsteuerung zur Ausführung kommt.
	0 Zwischenablage starten.
	1 Systemsteuerung starten.

Stop
Beendet die Ausführung eines Makros.

Gruppe: BASIC-Befehle und -Funktionen   WordBASIC Befehl

Syntax:
```
Stop [MeldungUnterdrücken]
```

Beschreibung:
Trifft WinWord bei der Ausführung eines Makros auf diesen Befehl, wird die Programmausführung gestopt. Der beigefügte Parameter entscheidet darüber, ob gleichzeitig eine Meldung ausgegeben wird oder der Programmausstieg lautlos erfolgt.

Parameter:

Name:	Bedeutung
MeldungUnterdrücken	Bestimmt, ob ein Dialogfenster mit der Meldung über den Abbruch der Programmausführung erscheint.
	0 oder nicht angegeben Ja.
	-1 Nein.

Str$()
Wandelt eine Zahl in einen String um.

Gruppe: BASIC-Befehle und -Funktionen   WordBASIC Funktion

Syntax:
```
a$ = Str$(n)
```

Beschreibung:
Ein numerisches Argument läßt sich mit Hilfe dieser Funktion in einen String verwandeln, der die entsprechende Zahl beinhaltet.

Funktionsergebnis:
Als Funktionsergebnis wird die umgewandelte Zahl als String zurückgeliefert, wobei der Zahl innerhalb des Strings ein Leerzeichen vorausgeht.

Parameter:

Name:	Bedeutung
n	Numerischer Ausdruck, dessen Ergebnis in einen String umgewandelt werden soll.

String$()
Liefert einen String, der aus der Wiederholung eines einzelnen Zeichens besteht.

Gruppe: BASIC-Befehle und -Funktionen   BASIC Funktion

Syntax:
```
a$ = String$(Anzahl, Quelle[$])
```

Beschreibung:

Möchten Sie sich die Eingabe langer und konstanter Strings wie "*************" innerhalb des Makroprogramms vermeiden, können Sie sich dieser Funktion bedienen, die ein einzelnes Zeichen beliebig oft wiederholt und einen entsprechenden String zurückliefert.

Funktionsergebnis:

Als Funktionsergebnis wird der gewünschte "Wiederholungs-String" zurückgeliefert.

Parameter:

Name:	Bedeutung
Anzahl	Gibt die Anzahl der Wiederholungen des Zeichens und damit die Länge des resultierenden Strings an.
Quelle[$]	Wird hier ein Stringausdruck angegeben, wird das erste Zeichen aus dem String wiederholt. Wird hingegen ein numerischer Ausdruck angegeben, so betrachtet die Funktion diesen als ANSI-Code des zu wiederholenden Zeichens.

Stunde() *Filtert die Stunde aus einer Seriennummer.*

Gruppe: Datum und Uhrzeit WordBASIC Funktion

Syntax:

```
x = Stunde(Seriennummer)
```

Beschreibung:

Liegt eine Zeitangabe in Form einer Seriennummer vor, läßt sich die darin enthaltene Stunde mit Hilfe dieser Funktion ermitteln.

Funktionsergebnis:

Als Funktionsergebnis wird die Nummer der Stunde aus der angegebenen Seriennummer im Bereich zwischen 0 und 23 zurückgeliefert.

Parameter:

Name:	Bedeutung
Seriennummer	Die Zeitangabe, aus der die Stunde gefiltert werden soll, in Form einer Seriennummer.

Sub *Leitet eine Prozedur ein.*

Gruppe: BASIC-Befehle und -Funktionen BASIC Befehl

Syntax:

```
Sub ProzedurName   [Argument1,] [Argument2,] ...
   ...
   Befehle
   ...
End Sub
```

Beschreibung:

Der Sub/End Sub-Befehl übernimmt innerhalb eines Makros die Deklaration eines Unterprogramms, einer sogenannten Prozedur. Der hinter dem Befehlswort angegebene Name steht dabei für den Namen der Prozedur, über den sie innerhalb des Makros aufgerufen werden kann.

Dem Namen der Prozedur können die verschiedenen Prozedurparameter folgen, die durch Kommata voneinander getrennt werden müssen. Für die Unterscheidung zwischen numerischen- und String-Parametern gilt wie bei der Deklaration einer Funktion, daß ein Prozedurargument nur dann als String betrachtet wird, wenn es mit einem Dollar-Zeichen endet.

Beim Aufruf einer Prozedur repräsentieren die verschiedenen Prozedurparameter die Variablen, mit deren Hilfe die übergebenen Parameter abgefragt und in die verschiedenen Befehle einbezogen werden können, die zwischen dem Sub- und dem End Sub-Befehl angesiedelt werden.

Beachten Sie bitte, daß es sich bei Prozedurparametern unter WordBASIC grundsätzlich um sogenannte "Variablenparameter" handelt, die in direkter Verbindung zu den Variablen stehen, die beim Aufruf einer Prozedur als Parameter angegeben werden. Wird für einen Prozedurparameter beim Aufruf der Prozedur also die Variable X eingesetzt, dann wird diese Variable verändert, wenn die entsprechende Prozedurvariable innerhalb der Prozedur modifiziert wird.

SuchenWiederholen *Wiederholt die letzte "Suchen"-Aktion.*

Gruppe: Suchen und Ersetzen WordBASIC Befehl

Syntax:
```
SuchenWiederholen
```

Beschreibung:
Der Aufruf dieses Befehls wiederholt die letzte "Suchen"-Aktion, die über den entsprechenden Menü- oder Makrobefehl in Gang gesetzt worden ist. Der Erfolg dieser Suche läßt sich innerhalb des Makros anschließend mit Hilfe der Funktion BearbeitenSuchenGefunden() feststellen.

SymbolleistenName() *Liefert den Namen einer Symbolleiste.*

Gruppe: Anpassung durch den Benutzer WordBASIC Funktion

Syntax:
```
a$ = SymbolleistenName(LeisteNr [, Kontext])
```

Beschreibung:
Mit Hilfe dieser Funktion lassen sich die Namen der verschiedenen Symbolleisten ermitteln, wie sie beispielsweise im Dialogfenster des Befehls Symbolleiste aus dem Ansicht-Menü aufgeführt werden.

Funktionsergebnis:
Es wird der Name der gewünschten Symbolleiste zurückgeliefert bzw. ein Leerstring, wenn die angegebene Symbolleisten-Nummer über die Anzahl der Symbolleisten hinausgeht.

Parameter:

Name:	Bedeutung
LeisteNr	Die Nummer der Symbolleiste, deren Name abgefragt werden soll. Der Wert 1 steht dabei für die erste Symbolleiste, 2 für die zweite usw. Der Maximalwert wird durch die Anzahl der Symbolleisten definiert, die mit Hilfe der Funktion ZählenSymbolleisten() ermittelt werden kann.
Kontext	Bestimmt den Kontext, aus dem die Namen der Symbolleisten entnommen werden sollen:

31 • Makroreferenz

    0   Es werden die Namen aller verfügbarer Symbolleisten zurückgeliefert, inklusive aller geladenen Globalen.

    1 oder nicht angegeben   Es werden nur die Namen der Symbolleisten zurückgeliefert, die aus dem aktuellen Dokument heraus zugänglich sind.

SymbolleistenSchaltflächenMakro$()
Liefert den Namen des Elements, das mit einer Schaltfläche aus einer Symbolleiste verbunden ist.

Gruppe: Makros   WordBASIC Funktion

Syntax:

```
a$ = SymbolleistenSchaltflächenMakro$(Symbolleiste$, Position
[, Kontext])
```

Beschreibung:

Mit Hilfe dieser Funktion können Sie den Namen des Elements ermitteln, das mit einer bestimmten Schaltfläche aus einer der verschiedenen Symbolleisten verbunden ist. Bei diesem Element kann es sich um einen Makro, einen vordefinierten Befehl, einen AutoText, eine Formatvorlage oder eine Schrift handeln.

Funktionsergebnis:

Der Name des über die Symbolleiste und die Position angegebenen Elements oder ein Leerstring (""), wenn auf eine Leerfläche oder ein Listenfeld verwiesen wurde.

Parameter:

Name:	*Bedeutung*
`Symbolleiste$`	Der Name der gewünschten Symbolleiste, wie er auch im Dialogfenster des Symbolleisten-Befehls aus dem Ansicht-Menü aufgeführt wird.
`Position`	Identifiziert die abzufragende Schaltfläche über ihre Position innerhalb der angegebenen Symbolleiste. 1 steht für die erste Schaltfläche von links (bzw. oben), zwei für die zweite usw. Listenfelder und Leerräume müssen dabei als jeweils ein Element gezählt werden.
`Kontext`	Bestimmt die Symbolleiste, auf die bei der Abfrage Bezug genommen werden soll: 0 Die Symbolleiste aus der globalen Dokumentvorlage "Normal.Dot". 1 oder nicht angegeben Die Symbolleiste aus der Dokumentvorlage des aktuellen Dokuments.

SymbolleistenStatus()
Stellt fest, ob die mit Symbolleiste$ angegebene Symbolleiste angezeigt wird.

Gruppe: Anpassung durch den Benutzer   WordBASIC Funktion

Syntax:

```
x = SymbolleistenStatus(Symbolleiste$)
```

Beschreibung:

Mit Hilfe dieser Funktion können Sie feststellen, ob eine bestimmte Symbolleiste angezeigt wird.

Funktionsergebnis:

Als Ergebnis liefert diese Funktion:

	-1	Wenn die angegebene Symbolleiste auf dem Bildschirm angezeigt ist.
	0	Wenn die angegebene Symbolleiste nicht auf dem Bildschirm erscheint.

Parameter:

Name:	Bedeutung
`Symbolleiste$`	Der Name der Symbolleiste gemäß den Namen, die im Dialogfenster "Symbolleisten" aus dem Ansicht-Menü erscheinen.

SymbolleisteVerschieben *Verschiebt eine Symbolleiste.*

Gruppe: Anpassung durch den Benutzer WordBASIC Befehl

Syntax:

`SymbolleisteVerschieben Symbolleiste$, Anker, X, Y`

Beschreibung:

Eine bereits auf dem Bildschirm dargestellte Symbolleiste läßt sich mit Hilfe dieses Befehls an eine beliebige Bildschirmposition verschieben. Darüber hinaus kann sie an den Rändern des WinWord-Fensters fest verankert werden.

Parameter:

Name:	Bedeutung	
`Symbolleiste$`	Der Name der zu verschiebenden Symbolleiste gemäß den Einträgen im Dialogfenster "Symbolleisten" aus dem Ansicht-Menü.	
`Anker`	Bestimmt die Position der Symbolleiste innerhalb des WinWord-Fensters.	
	0	Die Symbolleiste ist frei beweglich.
	1	Die Symbolleiste wird fest unterhalb der Menüleiste von Word für Windows verankert.
	2	Die Symbolleiste wird fest am linken Rand des WinWord-Fensters verankert.
	3	Die Symbolleiste wird fest am rechten Rand des WinWord-Fensters verankert.
	4	Die Symbolleiste wird fest überhalb der Statusleiste von Word für Windows verankert.
`X`	Je nach der Angabe für den Parameter Anker bestimmt dieser Parameter die horizontale Position. Hat Anker den Wert 2 oder 3 wird dieser Parameter ignoriert.	
	Anker = 0	In diesem Fall gibt X die horizontale Entfernung der oberen linken Ecke des Symbolleiste von der oberen linken Ecke des WinWord-Fensters in Bildschirmpunkten an.
	Anker = 1	In diesem Fall bestimmt X den Abstand zwischen dem linken Rand der Symbolleiste und dem linken Rand des WinWord-Fensters in Bildschirmpunkten.
	Anker = 4	In diesem Fall bestimmt X den Abstand zwischen dem linken Rand der Symbolleiste und dem linken Rand des WinWord-Fensters in Bildschirmpunkten.
`Y`	Je nach der Angabe für den Parameter Anker bestimmt dieser Parameter die horizontale Position. Hat Anker den Wert 1 oder 4 wird dieser Parameter ignoriert.	
	Anker = 0	In diesem Fall gibt Y die vertikale Entfernung der oberen linken Ecke der Symbolleiste von der oberen linken Ecke des WinWord-Fensters in Bildschirmpunkten an.
	Anker = 2	In diesem Fall bestimmt Y den Abstand zwischen dem oberen Rand der Symbolleiste und dem oberen Rand des WinWord-Fensters in Bildschirmpunkten.

Anker = 3	In diesem Fall bestimmt Y den Abstand zwischen dem oberen Rand der Symbolleiste und dem oberen Rand des WinWord-Fensters in Bildschirmpunkten.

SymbolSchriftart

Formatiert Text mit Schriftart "Symbol".

Gruppe: Zeichenformatierung WordBASIC Befehl

Syntax:
SymbolSchriftart [Text$]

Beschreibung:
Mit Hilfe dieses Befehls läßt sich entweder Text in der Schriftart "Symbol" in den Text einfügen oder ein bereits bestehender und markierter Text in dieser Schriftart formatieren.

Parameter:

Name:	Bedeutung
Text$	Bestimmt den Text, der an der aktuellen Einfügemarke in das Dokument eingefügt und in der Schriftart "Symbol" formatiert werden soll. Fehlt dieser Parameter, werden die markierten Zeichen innerhalb des aktuellen Dokuments in dieser Schriftart formatiert. Gibt es keine Markierung, bleibt dieser Befehl wirkungslos.

TabelleAktualisierenAutoFormat

Aktualisiert die aktuelle Tabelle mit den Merkmalen eines vordefinierten Tabellenformats.

Gruppe: Tabellen WordBASIC Befehl

Syntax:
TabelleAktualisierenAutoFormat

Beschreibung:
Dieser Befehl aktualisiert die aktuelle Tabelle - also die Tabelle, die die Einfügemarke enthält. Sie benötigen diesen Befehl um nachträglich eingefügte Tabellenzeilen und -spalten im gleichen AutoFormat wie die restliche Tabelle anzuzeigen.

TabelleAutoFormat

Formatiert eine Tabelle nach einer Vorgabe.

Gruppe: Tabellen WordBASIC Dialogbefehl

Syntax:
TabelleAutoFormat [.Format%] [, .Rahmen%] [, .Schattierung%]
[, .Schriftart%] [, .Farbe%] [, .OptimaleBreite%]
[, .Zeilenüberschriften%] [, .ErsteSpalte%] [, .LetzteZeile%]
[, .LetzteSpalte%]

Beschreibung:
Dieser Dialogbefehl weist der aktuellen Tabelle ein vordefiniertes Format zu. Dieser Befehl entspricht dem Dialogfeld "Tabelle|Tabelle AutoFormat...".

Dialogvariablen:

Name:	Bedeutung
`.Format%`	Diese Dialogvariable gibt die Nummer des zu verwendenden Formats an. Diese Nummer entspricht der Position des Formatnamens im "Formate:" Dialogelement des Dialogfeldes "Tabelle Autoformat".
`.Rahmen%`	Mit Hilfe dieser Dialogvariablen können Sie festlegen, ob um die Tabelle ein Rahmen gezeichnet werden soll. Das Aussehen des Rahmens wird von dem in .Format festgelegten Tabellen-AutoFormat bestimmt. 0 Kein Rahmen. 1 Rahmen um Tabelle zeichnen.
`.Schattierung%`	Diese Dialogvariable bestimmt, ob die Tabelle eingefärbt werden soll. 0 Tabelle nicht einfärben. 1 Tabelle einfärben.
`.Schriftart%`	Gibt an, ob die dem angegebenen Format entsprechenden Zeichenformate in der Tabelle verwendet werden sollen. 0 Standardzeichen in Tabelle verwenden. 1 Tabellen Text und Überschriften in der im Format definierten Schriftart ausgeben.
`.Farbe%`	Gibt an, ob Schattierung oder Rahmen eingefärbt werden sollen. 0 Nicht einfärben, sondern Schwarzweiß lassen. 1 Einfärben.
`.OptimaleBreite%`	Diese Variable bestimmt, ob die Spaltenbreite einer Tabelle dem jeweils breitesten/schmalsten Element einer Spalte angepaßt werden soll. 0 Spaltenbreiten nicht anpassen. 1 Spaltenbreiten anpassen.
`.Zeilenüberschriften%`	Soll die erste Tabellenzeile als Überschriftzeile benutzt werden? 0 Nein 1 Ja
`.ErsteSpalte%`	Soll die erste Spalte der Tabelle besonders hervorgehoben werden? 0 Nein 1 Ja
`.LetzteZeile%`	Soll die unterste Tabellenzeile hervorgehoben werden? 0 Nein 1 Ja
`.LetzteSpalte%`	Soll die letzte Tabellenspalte hervorgehoben werden? 0 Nein 1 Ja

TabelleAutoSumme

Fügt ein =(Ausdruck)-Feld in die Tabelle ein.

Gruppe: Tabellen WordBASIC Befehl

Syntax:

```
TabelleAutoSumme
```

Beschreibung:

AutoSummen werden verwendet, um Spaltenwerte aufzuaddieren. Dazu wird in die aktuelle Tabellenzelle eine Feld eingefügt, das den aktuellen Tabellenwert zu dem des Wertes der darüberliegenden Zelle addiert. Ist in der darüberliegenden Zelle aber kein Wert bzw. Zeichen eingegeben, fügt TabelleAutoSumme ein Feld ein, das die Summe aus aktuellem und linkem Nachbarfeld bildet.

TabelleFormel

Füllt die markierte Zelle mit einem Feld, das eine vorher angegebene Formel enthält.

Gruppe: Tabellen   WordBASIC Dialogbefehl

Syntax:

TabelleFormel [.TabellenFormel$] [, .NumFormat$]

Beschreibung:

Dieser Befehl fügt eine Tabellenformel in die aktuelle Tabellenzelle ein. Dazu wird die Formel in ein =(Ausdruck)-Feld geschrieben. Dieses Feld wird genauso wie im restlichen Text behandelt, so daß Feld und gewöhnlicher Text nebeneinander existieren können.

Dialogvariablen:

Name:	Bedeutung	
`.TabellenFormel$`	Dieser Parameter enthält die einzufügende Formel. Sie können Tabellenzellen addieren, subtrahieren, multiplizieren und dividieren. Darüber hinaus können Sie den Mittelwert über einen Tabellenbereich, sowie Minimum und Maximum eines Tabellenbereichs errechnen.	
	Die Angabe der Tabellenzellen ist durch Angabe der Spalte und Zeile gekennzeichnet (z.B. A1, B2 etc.).	
	nicht angegeben	Wenn sich in der Zelle über aktuellen Zelle ein Wert befindet, fügt WinWord eine SUMME(ÜBER)-Formel ein. Befindet sich jedoch nur links von der aktuellen Zelle ein Wert, fügt Word die Formel SUMME(LINKS) ein. Befindet sich weder über noch links von der aktuellen Zelle ein Wert, so wird ein leeres =(Ausdruck)-Feld eingefügt, was zu einem Fehler in diesem Feld führt.
	sonst	Word fügt die angegebene Formel in das =(Ausdruck)-Feld eine 1 ein.
`.NumFormat$`	In dieser Variablen bestimmen Sie das Ausgabeformat, in dem der Wert der Formel ausgegeben werden soll.	

TabelleGitternetzlinien

Schaltet die Gitternetzlinien um.

Gruppe: Tabellen   WordBASIC Befehl

Syntax:

TabelleGitternetzlinien [Aktiv]

Beschreibung:

Dieser Befehl erlaubt das An- und Abschalten der Gitternetzlinien von Tabellen. Diese Linien werden im Dokumentbearbeitungsfenster angezeigt, um die einzelnen Tabellenzellen voneinander abzugrenzen.

Während des Druckens werden diese Gitternetzlinien nicht gezeigt. Dieser Befehl wirkt auf alle Tabellen des aktuellen Dokumentes.

Parameter:

Name:	Bedeutung
`Aktiv`	Gibt an, ob die Gitternetzlinien an- oder abgeschaltet werden sollen:
	0 Gitternetzlinien ausschalten.
	1 Gitternetzlinien anschalten.
	nicht angegeben Gitternetzlinien umschalten.

TabelleGitternetzlinien()   *Stellt fest, ob die Gitternetzlinien in Tabellen angeschaltet sind.*

Gruppe: Tabellen   WordBASIC Funktion

Syntax:

`x = TabelleGitternetzlinien()`

Beschreibung:

Dieser Befehl ermittelt, ob die Gitternetzlinien der Tabellen angezeigt werden oder nicht.

Funktionsergebnis:

Gibt den Status der Gitternetzlinien an:

           0   Gitternetzlinien nicht sichtbar.
           1   Gitternetzlinien werden angezeigt.

TabelleInText   *Wandelt Tabelle in Dokumenttext um.*

Gruppe: Tabellen   WordBASIC Dialogbefehl

Syntax:

`TabelleInText [.UmwandelnIn%]`

Beschreibung:

Durch diesen Befehl wird die aktuelle Tabelle in gewöhnlichen Text umgewandelt. Das bedeutet, daß z.B. das nachträgliche Einfügen von Zeilen und Spalten nicht mehr so einfach funktioniert, da die Tabelle zwar noch wie eine Tabelle aussieht, aber keine mehr ist.

Dialogvariablen:

Name:	Bedeutung	
`.UmwandelnIn%`	Diese Variable gibt an, welches Trennzeichen zwischen den einzelnen Tabellenzellen verwendet werden soll.	
	0	Die Zellen werden durch Absatzmarken getrennt.
	1 oder nicht angegeben	Die Zellen werden durch Tabstops getrennt. Am Ende einer Zeile wird eine Absatzmarke gesetzt.
	2	Zwischen den Zellen wird ein Semikolon ausgegeben. Am Tabellenzeilenende steht eine Absatzmarke.
	3	Zwischen den Zellen wird das durch den Befehl FeldTrennzeichen festgelegte Trennzeichen angegeben.

TabelleSortieren
Sortiert die Absätze oder Tabellenzeilen.

Gruppe: Tabellen   WordBASIC Dialogbefehl

Syntax:
TabelleSortieren [.NichtÜberschrSortieren%] [, .SortSchlüssel%] [, .Art%]
[, .Reihenfolge%] [, .SortSchlüssel2%] [, .Art2%] [, .Reihenfolge2%]
[, .SortSchlüssel3%] [, .Art3%] [, .Reihenfolge3%] [, .TrennZeichen%]
[, .SortSpalte%] [, .GroßKlein%]

Beschreibung:
Dieser Befehl sortiert die Tabbellenzeilen eine Tabelle, oder die markierten Absätze außerhalb einer Tabelle. (Um die Absätze innerhalb einer Tabellenzelle zu sortieren müssen diese so markiert werden, daß die Zellenendmarke nicht markiert ist.) Sie können bis zu drei Sortierschlüssel angeben, die in absteigender Priorität zur Sortierung verwendet werden.

Dialogvariablen:

Name:	Bedeutung	
`.NichtÜberschrSortieren%`	Diese Variable gibt an, ob die Tabelle eine Überschrift besitzt.	
	0	Tabelle besitzt keine Überschrift, so daß alle Zeilen sortiert werden.
	1	Tabelle besitzt eine Überschrift, so daß die erste Tabellenzeile vom SortierVorgang ausgeschlossen wird.
`.SortSchlüssel%`	Die Nummer des Feldes oder der Spalte (oder des Textes beim Sortieren von Absätzen), nach denen sortiert werden soll.	
`.Art%`	Diese Variable bestimmt, wie die Felder, Spalten und Texte aus .SortSchlüssel verglichen werden.	
	0	Vergleicht den gesamten Text.
	1	Vergleicht nur die Zahlen.
	2	Sortiert anhand des im Feld stehenden Datums.
`.Reihenfolge%`	Bestimmt, ob die Sortierreihenfolge aufsteigend oder absteigend ist:	
	0	Aufsteigende Sortierfolge.
	1	Absteigende Sortierfolge.
`.SortSchlüssel2%`	s. .SortSchlüssel	
`.Art2%`	s. .Art	
`.Reihenfolge2%`	s. .Reihenfolge	
`.SortSchlüssel3%`	s. .Sortschlüssel	
`.Art3%`	s. .Art	
`.Reihenfolge3%`	s. .Reihenfolge	
`.TrennZeichen%`	Bestimmt das Trennzeichen, das die einzelnen Einträge innerhalb eines gewöhnlichen Absatzes voneinander trennt. Aufgrund dieses Trennzeichens ist Word überhaupt erst in der Lage auch Absätze zu sortieren. Im jeweiligen Sortierschlüssel wird dann nämlich die Nummer des "Absatz-Feldes" eingegeben. Dieser Parameter wird nur beim Sortieren von Absätzen benötigt.	
	0	Als Trennzeichen dient das Tabstopzeichen.
	1	Das Semikolon trennt die einzelnen Datenfelder in einem Absatz.
	2	Das durch FeldZeichen bestimmte Zeichen trennt die Absatz-Felder.

`.SortSpalte%`		Gibt an, ob nur die markierte Spalte sortiert werden soll.
	0	Nicht nur die markierte Spalte sortieren, sondern auch die anderen Spalten entsprechend neu anordnen.
	1	Nur die Daten in der markierten Spalte sortieren. Alle anderen Felder werden nicht geändert.
`.GroßKlein%`		Gibt an, ob beim Vergleichen zweier Texte auch die Groß-/Kleinschreibung beachtet werden soll.
	0	Groß-/Kleinschreibung nicht beachten
	1	Groß-/Kleinschreibung beachten.

TabelleSortierenANachZ

Sortiert die Absätze oder Tabellenzeilen in aufsteigender alphanumerischer Reihenfolge.

Gruppe: Tabellen   WordBASIC Befehl

Syntax:
TabelleSortierenANachZ

Beschreibung:
Dieser Befehl sortiert die markierten Absätze bzw. die aktuelle Tabelle in aufsteigender Reihenfolge.

TabelleSortierenZNachA

Sortiert die Absätze oder Tabellenzeilen in absteigender alphanumerischer Reihenfolge.

Gruppe: Tabellen   WordBASIC Befehl

Syntax:
TabelleSortierenZNachA

Beschreibung:
Dieser Befehl sortiert die markierten Absätze bzw. die aktuelle Tabelle in absteigender Reihenfolge.

TabelleSpalteEinfügen

Fügt in die Tabelle eine weitere Spalte ein.

Gruppe: Tabellen   WordBASIC Befehl

Syntax:
TabelleSpalteEinfügen

Beschreibung:
Dieser Befehl fügt links von der aktuellen Einfügemarke bzw. links von der aktuellen Markierung eine weitere, leere Spalte ein. Befinden sich Einfügemarke bzw. Markierung nicht in einer Tabelle, meldet Word einen Fehler.

TabelleSpalteLöschen

Löscht aktuelle Tabellenspalte.

Gruppe: Tabellen   WordBASIC Befehl

Syntax:
TabelleSpalteLöschen

Beschreibung:

Dieser Befehl löscht alle markierten Tabellenspalten bzw. die Tabellenspalte, in der sich die Einfügemarke befindet. Befindet sich die Einfügemarke oder die Markierung nicht in einer Tabelle, meldet Word einen Fehler.

TabelleSpalteMarkieren *Markiert die aktuelle Tabellenspalte.*

Gruppe: Tabellen   WordBASIC Befehl

Syntax:
TabelleSpalteMarkieren

Beschreibung:

Dieser Befehl markiert die Spalte, in der sich die Einfügemarke befindet, oder alle Spalten, in denen mindestens eine Zelle markiert ist. Sind weder Einfügemarke noch Markierung innerhalb einer Tabelle, meldet Word einen Fehler.

TabelleSpaltenBreite *Stellt die Spaltenbreite und den Zellenzwischenraum ein.*

Gruppe: Tabellen   WordBASIC Dialogbefehl

Syntax:
TabelleSpaltenBreite [.SpaltenBreite%$] [, .AbstandZwischenSpalten%$]
<, .VorherigeSpalte> <, .NächsteSpalte> <, .OptimaleBreite>
[, .LinealArt%]

Beschreibung:

Mit Hilfe dieses Befehls lassen sich die Spaltenbreiten der markierten Zellen innerhalb einer Tabelle, sowie der Zwischenraum zwischen den einzelnen Tabellenspalten einstellen. Der Befehl korrespondiert dabei mit den Einstellungen, die auf der Registerkarte "Spalte" innerhalb des Dialogfensters des Befehls Zellenhöhe und -breite aus dem Tabelle-Menü getroffen werden können.

Dialogvariablen:

Name:	Bedeutung	
`.SpaltenBreite%$`	Bestimmt die neue Breite der markierten Spalten. Bei Angabe eines numerischen Ausdrucks wird die Einheit Punkt zugrunde gelegt, bei Angabe eines Strings kann eine beliebige Einheit im String angegeben werden.	
`.AbstandZwischenSpalten%$`	Bestimmt den Abstand zwischen den Spalten. Bei Angabe eines numerischen Ausdrucks wird die Einheit Punkt zugrunde gelegt, bei Angabe eines Strings kann eine beliebige Einheit im String angegeben werden.	
`.LinealArt%`	Diese Dialogvariable legt fest, wie WinWord bei der Einstellung der Spaltenbreiten vorgehen soll:	
	0	Ist eine Markierung vorhanden, wird die Spaltenbreite nur für die markierten Zellen verändert. Besteht jedoch keine Markierung, wird die Breite aller Zellen innerhalb der aktuellen Spalte verändert.
	1	Die gesamte Zeilenbreite wird nicht verändert, sondern die Breiten der Spalten rechts neben der Markierung werden proportional zu ihrer bisherigen Breite so verkleinert/vergrößert, daß die Zeilenbreite letztlich gleich bleibt.

Das Word für Windows Buch

	2	Die gesamte Zeilenbreite wird beibehalten, indem die Spalte rechts von der Markierung entsprechend vergrößert/verkleinert wird.
	3	Die gesamte Zeilenbreite wird beibehalten, und alle Spalten rechts neben der Markierung bekommen eine einheitliche Breite zugewiesen.
	4	Nur für die Zelle, in der sich die Einfügemarke befindet, wird die Breite neu eingestellt, der Rest der Spaltenbreiten bleibt gleich, auch wenn sich dadurch die Breite der jeweiligen Tabellenzeile verändert.

Schaltflächen:

Name:	Aufgabe
.VorherigeSpalte	Durch Angabe dieser Schaltfläche wird die vorhergehende Spalte innerhalb der Tabelle markiert, nachdem die Einstellung der aktuellen Spalten abgeschlossen ist.
.NächsteSpalte	Durch Angabe dieser Schaltfläche wird die nachfolgende Spalte innerhalb der Tabelle markiert, nachdem die Einstellung der aktuellen Spalten abgeschlossen ist.
.OptimaleBreite	Durch die Angabe dieser Schaltfläche wird WinWord veranlaßt, die Breite der markierten Spalten möglichst weit zu verringern, jedoch nur soweit, daß sich der Zeilenumbruch in den Zellen der Spalten nicht verändert.

TabelleTabelleEinfügen

Wandelt markierte Absätze in Tabellen um oder fügt eine leere Tabelle ein.

Gruppe: Tabellen   WordBASIC Dialogbefehl

Syntax:

```
TabelleTabelleEinfügen [.UmwandelnVon%] [, .AnzSpalten%]
[, .AnzTabZeilen%] [, .AnfSpaltenbreite%$] <, .Assistent> [, .Format%]
[, .Anwenden%]
```

Beschreibung:

Sind zum Zeitpunkt des Befehlsaufrufs Absätze markiert, werden diese in eine Tabelle umgewandelt. Besteht hingegen keine Markierung, wird eine neue und zunächst leere Tabelle erzeugt.

Dialogvariablen:

Name:	Bedeutung
.UmwandelnVon%	Bestimmt das Zeichen, das bei der Umwandlung markierter Absätze in Tabellenzellen als Trennzeichen zwischen den verschiedenen Zellen einer Tabellenzeile betrachtet werden soll. 0 Absatzmarken 1 Tabulatoren 2 Semikola
.AnzSpalten%	Bestimmt die Anzahl Spalten der Tabelle.
.AnzTabZeilen%	Bestimmt die Anzahl Zeilen der Tabelle.
.AnfSpaltenbreite%$	Bestimmt die Breite, in der die verschiedenen Tabellenspalten zunächst eingerichtet werden. Bei Angabe eines numerischen Ausdrucks wird die Einheit Punkt zugrunde gelegt, bei Angabe eines Stringausdrucks kann eine beliebige Einheit im Sting angegeben werden.

`.Format%`	Legt das Format für die anzulegende Tabelle gemäß den Formateinstellungen fest, die im Dialogfeld "Formate" innerhalb des Dialogfensters des Befehls Tabelle AutoFormat aus dem Tabelle-Menü angezeigt werden. Der Wert 0 steht dabei für das erste angebotene Format, 1 für das zweite usw.
`.Anwenden%`	Bestimmt, welche Komponenten des in .Format ausgewählten Formats auf die neue Tabelle übertragen werden sollen. Die verschiedenen Attribute aus der folgenden Auflistung können dabei addiert werden, beispielsweise 4+8, wenn lediglich die Schriftart und die vorgegebene Farbe, nicht jedoch die Rahmen und andere Komponenten des Formats übernommen werden sollen.

0	Es wird keine der Komponenten des vorgegebenen Formats übernommen.
1	Rahmen
2	Schattierungen
4	Schriftart
8	Farbe
16	Optimale Breite
32	Überschriftenzeilen
64	Letzte Zeile
128	Erste Spalte
256	Letzte Spalte

Schaltflächen:

Name: *Aufgabe*

`.Assistent`   Durch Angabe dieser Schaltfläche wird der Tabellenassistent gestartet, der den Anwender beim Einrichten der Tabelle und Umwandeln bestehender Textabsätze unterstützt.

TabelleTabelleMarkieren

Markiert die gesamte Tabelle unter der Einfügemarke.

Gruppe: Tabellen   WordBASIC Befehl

Syntax:

TabelleTabelleMarkieren

Beschreibung:

Durch den Aufruf dieses Befehls wird die gesamte Tabelle markiert, in der sich die Einfügemarke befindet. Ist die Einfügemarke nicht über einer Tabelle positioniert, wird ein Fehler ausgelöst.

TabelleTeilen

Teilt eine Tabelle und fügt einen leeren Absatz ein.

Gruppe: Tabellen   WordBASIC Befehl

Syntax:

TabelleTeilen

Beschreibung:

Der Befehl teilt eine Tabelle oberhalb der Zeile, in der sich die Einfügemarke befindet. An dieser Stelle wird ein leerer Absatz eingefügt.

TabelleÜberschriften

Versieht die markierten Zeilen mit dem Tabellenüberschriftenformat oder entfernt es.

Gruppe: Tabellen WordBASIC Befehl

Syntax:
TabelleÜberschriften [AnAus]

Beschreibung:
Durch den Aufruf dieses Befehls lassen sich die markierten Tabellenzeilen als Überschriftszeilen markieren bzw. wieder von dieser Einstellung befreien. Tabellenzeilen, die als Überschriftszeilen gekennzeichnet sind, werden von WinWord am Anfang einer neuen Seite automatisch wiederholt, wenn sich eine Tabelle über das Ende einer Seite erstreckt.

Parameter:

Name:	Bedeutung
AnAus	Bestimmt, ob die markierten Tabellenzeilen als Überschriftszeilen formatiert werden sollen.
nicht angegeben	Aktuelle Einstellung in bezug auf dieses Format umschalten.
0	Keine Überschriftszeilen.
1	Überschriftszeilen.

TabelleÜberschriften()

Zeigt an, ob die markierten Tabellenzeilen Überschriftszeilen darstellen.

Gruppe: Tabellen WordBASIC Funktion

Syntax:
x = TabelleÜberschriften()

Beschreibung:
Mit Hilfe dieser Funktion läßt sich feststellen, ob die markierten Zeilen innerhalb einer Tabelle Überschriftszeilen darstellen.

Funktionsergebnis:
Als Ergebnis liefert diese Funktion:

0	Wenn keine der markierten Tabellenzeilen als Überschriftszeile formatiert ist.
1	Wenn alle markierten Tabellenzeilen als Überschriftszeilen behandelt werden.
-1	Wenn einige, aber nicht alle markierten Tabellenzeilen als Überschriftszeilen gekennzeichnet sind.

TabelleZeileEinfügen

Fügt zusätzliche Zeilen in eine Tabelle ein.

Gruppe: Tabellen WordBASIC Dialogbefehl

Syntax:
TabelleZeileEinfügen [.AnzTabZeilen%]

Beschreibung:
Mit Hilfe dieses Befehls lassen sich zusätzliche Zeilen in eine Tabelle einfügen. Die Einfügung erfolgt dabei oberhalb der markierten Tabellenzeilen bzw. über der Tabellenzeile, in der sich die Einfügemarke

befindet. Ist die Einfügemarke direkt unterhalb einer Tabelle positioniert, werden die neuen Zeilen an das Tabellenende angehängt.

Dialogvariablen:

Name:	Bedeutung
`.AnzTabZeilen%`	Bestimmt die Anzahl der anzulegenden Zeilen. Wird diese Dialogvariable nicht oder der Wert 0 angegeben, werden so viele Zeilen eingefügt, wie die Markierung umfaßt.

TabelleZeileLöschen — *Löscht die markierten Zeilen innerhalb einer Tabelle.*

Gruppe: Tabellen   WordBASIC Befehl

Syntax:
TabelleZeileLöschen

Beschreibung:

Dieser Befehl löscht bei seinem Aufruf die markierten Tabellenzeilen bzw. die Zeile, in der sich die Einfügemarke befindet.

TabelleZeileMarkieren — *Markiert Zellen innerhalb einer Tabelle.*

Gruppe: Tabellen   WordBASIC Befehl

Syntax:
TabelleZeileMarkieren

Beschreibung:

Durch den Aufruf dieses Befehls wird die komplette Tabellenzeile markiert, in der sich die Einfügemarke befindet. Besteht eine Markierung, werden darüber hinaus alle Tabellenzeilen markiert, die einen Teil der Markierung enthalten.

Befindet sich die Einfügemarke zum Zeitpunkt des Befehlsaufrufs nicht innerhalb einer Tabelle, wird ein Fehler ausgelöst.

TabelleZeilenHöhe — *Formatiert die markierten Tabellenzeilen.*

Gruppe: Tabellen   WordBASIC Dialogbefehl

Syntax:
TabelleZeilenHöhe [.LinealArt$] [, .ZeilenabstandArt%] [, .Zeilenabstand%$]
[, .EinzugLinks%$] [, .Ausrichtung%] [, .ZeilenTrennenZulassen%]
<, .VorherigeZeile> <, .NächsteZeile>

Beschreibung:

Dieser Befehl dient als Pendant zum Befehl Zellenhöhe und -breite aus dem Tabellen-Menü. Mit seiner Hilfe läßt sich die Tabellenzeile formatieren, in der sich die Einfügemarke befindet bzw. es werden die Tabellenzeilen formatiert, die Teil der Markierung sind. Befindet sich die Einfügemarke zum Zeitpunkt des Befehlsaufrufs nicht in einer Tabelle, wird ein Fehler ausgelöst.

Dialogvariablen:

Name:	Bedeutung
`.LinealArt$`	Bestimmt die Veränderungen innerhalb der Tabelle, wenn sich der linke Einzug ändert:

    0   Die Zellen werden nach rechts verschoben.
    1   Der rechte Tabellenrand wird nicht verschoben, dafür werden jedoch die Zellen in den markierten Zeilen proportional zu ihrer bisherigen Breite verbreitert/geschmälert.
    2   Der rechte Tabellenrand wird nicht verschoben, und nur die erste Zelle in den markierten Zeilen wird verbreitert/geschmälert.
    3   Der rechte Tabellenrand wird nicht verschoben, dafür werden jedoch die Zellen in den markierten Zeilen auf eine einheitliche Breite verbreitert/geschmälert.

`.ZeilenabstandArt%`   Legt die Regel für die Bestimmung der Zeilenhöhe fest:

    0   Automatisch (die Dialogvariable .Zeilenabstand muß nicht angegeben werden).
    1   Mindestens (die Höhe aus der Dialogvariablen .Zeilenabstand).
    2   Genau (die Höhe aus der Dialogvariablen .Zeilenabstand).

`.Zeilenabstand%$`   Bestimmt den Abstand zwischen den Tabellenzeilen. Bei einem numerischen Argument wird die Einheit Punkte zugrunde gelegt, bei der Angabe eines Strings kann eine beliebige Maßeinheit im String angegeben werden.

`.EinzugLinks%$`   Bestimmt den linken Einzug der Tabellenzeile(n), also den Abstand zwischen dem linken Rand des Textes und dem linken Seitenrand. Bei einem numerischen Argument wird die Einheit Punkte zugrunde gelegt, bei der Angabe eines Strings kann eine bliebige Maßeinheit im String angegeben werden.

`.Ausrichtung%`   Legt die Ausrichtung der Zeilen fest:

    0   Linksbündig
    1   Zentriert
    2   Rechtsbündig

`.ZeilenTrennenZulassen%`   Durch Angabe des Wertes 1 wird WinWord die Erlaubnis erteilt, den Text innerhalb einer Tabellenzelle an einem Seitenumbruch zu trennen.

Schaltflächen:

Name:	Aufgabe
`.VorherigeZeile`	Durch Angabe dieser Schaltfläche wird die vorhergehende Zelle markiert.
`.NächsteZeile`	Durch Angabe dieser Schaltfläche wird die nachfolgende Zelle markiert.

TabelleZellenEinfügen   *Fügt Zellen in eine Tabelle ein.*

Gruppe: Tabellen   WordBASIC Dialogbefehl

Syntax:

TabelleZellenEinfügen [.FelderVerschieben%]

Beschreibung:

Dieser Befehl fügt oberhalb oder links des markierten Zellbereichs neue Zellen in eine Tabelle ein. Befindet sich die Einfügemarke zum Zeitpunkt des Befehlsaufrufs nicht in einer Tabelle, wird ein Fehler ausgelöst.

Dialogvariablen:

Name:	Bedeutung	
`.FelderVerschieben%`	Bestimmt die Richtung, in der die Zellen aus dem markierten Zellbereich verschoben werden.	
	0	Die markierten Zellen werden nach rechts verschoben.
	1 oder nicht angegeben	Die Zellen werden nach unten verschoben.
	2	Es wird eine komplette Zeile eingefügt.
	3	Es wird eine komplette Spalte eingefügt.

TabelleZellenLöschen   *Löscht die markierten Zellen.*

Gruppe: Tabellen   WordBASIC Dialogbefehl

Syntax:

TabelleZellenLöschen [.FelderVerschieben%]

Beschreibung:

Durch den Aufruf dieses Befehls werden die markierten Zellen innerhalb der aktuellen Tabelle gelöscht. Befindet sich die Einfügemarke zum Zeitpunkt des Befehlsaufrufs nicht in einer Tabelle, wird ein Fehler ausgelöst.

Dialogvariablen:

Name:	Bedeutung	
`.FelderVerschieben%`	Bestimmt, was mit den verbleibenden Zellen geschehen soll:	
	0 oder nicht angegeben	Die Zellen werden nach links verschoben.
	1	Die Zellen werden nach oben verschoben.
	2	Die gesamte Zeile wird gelöscht.
	3	Die gesamte Spalte wird gelöscht.

TabelleZellenTeilen   *Teilt die markierten Zellen.*

Gruppe: Tabellen   WordBASIC Dialogbefehl

Syntax:

TabelleZellenTeilen [.AnzSpalten$]

Beschreibung:

Durch den Aufruf dieses Befehls werden die markierten Zellen in mehrere Spalten aufgeteilt, deren Anzahl vom Aufrufer bestimmt werden kann. Befindet sich die Einfügemarke zum Zeitpunkt des Befehlsaufrufs nicht in einer Tabelle, wird ein Fehler ausgelöst.

Dialogvariablen:

Name:	Bedeutung
`.AnzSpalten$`	Legt die Anzahl der Spalten fest, in die die markierten Zellen aufgeteilt werden sollen.

TabelleZellenVerbinden   *Verbindet Zellen aus einer Zeile.*

Gruppe: Tabellen   WordBASIC Befehl

Syntax:
```
TabelleZellenVerbinden
```

Beschreibung:
Durch den Aufruf dieses Befehls werden die markierten Zellen innerhalb einer Zeile zu einer Zelle verschmolzen. Erstreckt sich die Markierung über mehrere Zeilen, werden jeweils nur die Zellen aus einer Zeile zu einer Zelle zusammengefaßt.

Befindet sich die Einfügemarke zum Zeitpunkt des Befehlsaufrufs nicht in einer Tabelle, wird ein Fehler ausgelöst.

TabstopArt()   *Liefert die Ausrichtung eines Tapstops.*

Gruppe: Absatzformatierung   WordBASIC Funktion

Syntax:
```
x = TabstopArt(TabPos)
```

Beschreibung:
Mit Hilfe dieser Funktion läßt sich sowohl die Ausrichtung von benutzerdefinierten als auch die von Standard-Tabstops ermitteln. Der Aufruf bezieht sich dabei jeweils auf den aktuellen Absatz. Sind mehrere Absätze markiert, wird die angegebene Tabstop-Position im ersten Absatz gesucht.

Funktionsergebnis:
Als Funktionsergebnis wird die Ausrichtung des angegebenen Tabstops oder der Wert -1 zurückgeliefert, wenn sich an der angegebenen Position kein Tabstop befindet.

0	Linksbündig.
1	Zentriert.
2	Rechtsbündig.
3	Dezimal.
4	Vertikale Linie.

Parameter:

Name:	*Bedeutung*
TabPos	Bezeichnet die Position des abzufragenden Tabstops. Als Einheit wird dabei Punkt (1 Punkt entspricht 0,376 mm) zugrunde gelegt.

Tag()   *Liefert den Tag aus einer Seriennummer.*

Gruppe: Datum und Uhrzeit   WordBASIC Funktion

Syntax:
```
x = Tag(Seriennummer)
```

Beschreibung:
Liegt eine Datumsangabe in Form einer Seriennummer vor, läßt sich mit Hilfe dieser Funktion der darin gespeicherte Tag des Monats ermitteln.

Funktionsergebnis:
Der Tag des Monats aus der Seriennummer in Form eines Wertes zwischen 1 und 31.

Parameter:

Name:	Bedeutung
`Seriennummer`	Die Seriennnumer, die ein Datum darstellt, aus dem der Tag des Monats gefiltert werden soll.

Tage360() *Gibt die Anzahl der Tage zwischen zwei Datumsangaben an.*

Gruppe: Datum und Uhrzeit WordBASIC Funktion

Syntax:

`x = Tage360(Startdatum[$], Enddatum[$])`

Beschreibung:

Auf Basis eines 360-Tage-Jahres mit 12 Monaten zu jeweils 30 Tagen läßt sich mit Hilfe dieser Funktion die Anzahl der Tage zwischen zwei Datumsangaben berechnen.

Funktionsergebnis:

Als Funktionsergebnis wird die Anzahl der Tage zwischen den zwei Datumsangaben zurückgeliefert. Ist das Startdatum größer als das Enddatum, ist der zurückgelieferte Wert negativ.

Parameter:

Name:	Bedeutung
`Startdatum[$]`	Das Startdatum für die Berechnung, entweder als Datumsangabe in Form eines Datumsstrings oder als Seriennummer.
`Enddatum[$]`	Das Enddatum für die Berechnung, entweder als Datumsangabe in Form eines Datumsstrings oder als Seriennummer.

TastenSchlüssel() *Ermittelt benutzerdefinierte Tastenzuordnung.*

Gruppe: Anpassung durch den Benutzer WordBASIC Funktion

Syntax:

`x = TastenSchlüssel(Zahl [, Kontext] [, ErsteOderZweite])`

Beschreibung:

Jedem Word-Befehl können im Dialogfeld "Extras|Anpassen|Registrierkarte Tastatur" bis zu zwei Benutzertastenkürzel zugewiesen werden, die mit Hilfe dieser Funktion abgefragt werden können.

Funktionsergebnis:

Das Ergebnis dieser Funktion liefert den Benutzer-Tastencode des angegebenen Word-Befehls.

Parameter:

Name:	Bedeutung
`Zahl`	Diese Zahl bezeichnet die Nummer der Funktion, deren Benutzertastenschlüssel erfragt werden sollen. Der Wert 1 bedeutet, daß die Tastenschlüssel des ersten Word-Befehls mit Benutzertasten erfragt werden sollen, 2 steht für den zweiten Word-Befehl mit Benutzertastenschlüssel usw. Zahl kann Werte zwischen 1 und ZählenTasten() annehmen. Andere Werte verursachen eine Fehlermeldung.

`Kontext`	Gibt an, ob die Benutzertasten der aktuellen Dokumentvorlage oder der Dokumentvorlage "Normal.Dot" erfragt werden sollen.
	0 oder nicht angegeben Aktuelle Dokumentvorlage
	1 Dokumentvorlage "Normal.Dot"
`ErsteOderZweite`	Gibt an, ob der erste oder der zweite Tastencode eines Befehls erfragt werden soll.
	1 Erfragt ersten Tastencode.
	2 Erfragt zweiten Code.

Text

Definiert eine Beschriftung innerhalb eines benutzerdefinierten Dialogfensters.

Gruppe: Dialogfelddefinitionen und Steuerelemente   WordBASIC Befehl

Syntax:

`Text X, Y, Breite, Höhe, Beschriftung$ [, .DialogvarName]`

Beschreibung:

Im Rahmen der Definition eines benutzerdefinierten Dialogfensters über den Befehl "Dim Dialog BenutzerDialog" läßt sich mit Hilfe dieses Befehls ein statischer Text in das benutzerdefinierte Dialogfenster aufnehmen, der beispielsweise als Beschriftung für andere Felder dienen kann. Wie auch bei allen anderen Dialogfeldern erfolgt die Anzeige dabei im Systemfont von Windows. Eine beliebige Schriftart und -größe läßt sich nicht einstellen.

Parameter:

Name:	Bedeutung
`X`	Die horizontale Position des Feldes, gemessen in 1/8 des Systemfonts.
`Y`	Die vertikale Position des Feldes, gemessen in 1/12 des Systemfonts.
`Breite`	Die Breite des Feldes, gemessen in 1/8 des Systemfonts.
`Höhe`	Die Höhe des Feldes, gemessen in 1/12 des Systemfonts.
`Beschriftung$`	Der anzuzeigende Text.
`.DialogvarName`	Der Name der Dialogvariablen, über die das Feld angesprochen werden kann.

TextBox

Definiert ein Texteingabefeld für ein benutzerdefiniertes Dialogfenster.

Gruppe: Dialogfelddefinitionen und Steuerelemente   WordBASIC Befehl

Syntax:

`TextBox HorizPos, VertPos, Breite, Höhe, [.Bezeichner[$]] [, Mehrzeilig]`

Beschreibung:

Im Rahmen der Definition eines benutzerdefinierten Dialogfensters über den Befehl "Dim Dialog BenutzerDialog" läßt sich mit Hilfe dieses Befehls ein Texteingabefeld in das benutzerdefinierte Dialogfenster aufnehmen, um alphanumerische Eingaben des Anwenders entgegenzunehmen.

Parameter:

Name:	Bedeutung
`X`	Die horizontale Position des Feldes, gemessen in 1/8 des Systemfonts.
`Y`	Die vertikale Position des Feldes, gemessen in 1/12 des Systemfonts.

Breite	Die Breite des Feldes, gemessen in 1/8 des Systemfonts.
Höhe	Die Höhe des Feldes, gemessen in 1/12 des Systemfonts.
.DialogvarName	Name der Dialogvariablen, über die das Feld angesprochen werden kann, beispielsweise, um den vom Anwender eingegebenen Text auszulesen.
Mehrzeilig	Bestimmt, ob das Eingabefeld einzeilig oder mehrzeilig ausgelegt ist. Bei einem mehrzeiligen Feld wird am rechten Rand des Feldes eine vertikale Rolleiste angezeigt.
	0 Einzeilig.
	1 Mehrzeilig.

TextFormularFeld

Fügt ein Textformularfeld an der Einfügemarke ein.

Gruppe: Felder   WordBASIC Befehl

Syntax:

TextFormularFeld

Beschreibung:

Durch den Aufruf dieses Befehls wird an der aktuellen Position der Einfügemarke ein Text-Formularfeld in das aktuelle Dokument eingefügt.

TextInTabelle

Wandelt Text in eine Tabelle um.

Gruppe: Tabellen   WordBASIC Dialogbefehl

Syntax:

TextInTabelle [.UmwandelnVon%] [, .AnzSpalten%] [, .AnzTabZeilen%] [, .AnfSpaltenbreite%$] [, .Format%] [, .Anwenden%]

Beschreibung:

Durch den Aufruf dieses Befehls wird der markierte Text in eine Tabelle umgewandelt. Der Befehl und seine Dialogvariablen korrespondieren dabei mit dem Befehl "Text in Tabelle" aus dem Tabellen-Menü.

Dialogvariablen:

Name:	*Bedeutung*
.UmwandelnVon%	Nennt das Trennzeichen, das die verschiedenen Felder innerhalb einer Zeile bislang trennt:
	0 Absatzmarke
	1 Tabulator
	2 Semikola
	3 Ein anderes Zeichen, das mit Hilfe des Befehls FeldTrennzeichen eingestellt werden kann.
.AnzSpalten%	Die Anzahl der gewünschten Spalten.
.AnzTabZeilen%	Die Anzahl der gewünschten Zeilen.
.AnfSpaltenbreite%$	Bestimmt die Breite der Spalten. Bei Angabe eines numerischen Ausdrucks wird die Einheit Punkt zugrunde gelegt, bei Angabe eines Strings kann eine beliebige Einheit im String angegeben werden.

	Wird diese Dialogvariable nicht angegeben, wählt WinWord die Spaltenbreite so, daß sich die Tabelle über die gesamte Breite zwischen den Seitenrändern erstreckt.
`.Format%`	Bestimmt das Format der anzulegenden Tabelle gemäß den verschiedenen Einträgen im Dialogfenster des Befehls Tabelle AutoFormat aus dem Tabelle-Menü. 0 steht dabei für den ersten Eintnrag aus dem Feld "Formate", 1 für den zweiten usw.
`.Anwenden%`	Legt die Attribute fest, die aus dem in .Format gewählten Format für die Tabellenerstellung übernommen werden sollen. Die verschiedenen Attribute können dabei addiert werden, beispielsweis 8+32 für die Übernahme der im Format festgelegten Farbe und der Überschriftenzeilen.

0	Keines der Attribute
1	Rahmen
2	Schattierung
4	Schriftart
8	Farbe
16	Optimale Breite
32	Überschriftenzeilen
64	Letzte Zeile
128	Erste Spalte
256	Letzte Spalte

TextKopieren

Kopiert einen Text innerhalb eines Dokuments.

Gruppe: Bearbeiten   WordBASIC Befehl

Syntax:

`TextKopieren`

Beschreibung:

Dieser Befehl ist mit dem FormatKopieren-Befehl vergleichbar, kopiert aber nicht nur Formate, sondern auch den dazugehörigen Text. Der zu kopierende Text muß zunächst markiert und dann der Befehl TextKopieren aufgerufen werden, damit der zu kopierende Text festgehalten wird, ohne allerdings in die Zwischenablage zu gelangen.

Um den Text anschließend in einen anderen Teil des Dokuments zu kopieren, muß die Einfügemarke an die entsprechende Textstelle geführt und daraufhin der OK-Befehl aufgerufen werden. Alternativ dazu kann auch die <Enter>-Taste betätigt werden.

TextkörperUmschalten   *Schaltet die Anzeige der Textkörper in Kopf- oder Fußzeilen an oder aus.*

Gruppe: Abschnitts- und Dokumentformatierung   WordBASIC Befehl

Syntax:

`TextkörperUmschalten`

Beschreibung:

Durch den Aufruf dieses Befehls wird die Anzeige der Textkörper in Kopf- oder Fußzeilen umgeschaltet. Waren die Textkörper bislang zu sehen, werden sie jetzt unterdrückt und umgekehrt. Voraussetzung für die erfolgreiche Ausführung des Befehls ist allerdings, daß sich die Einfügemarke in einer Kopf- oder Fußzeile befindet, sonst wird ein Fehler ausgelöst.

TextmarkeKopieren
Setzt eine Textmarke auf den Start bzw. den Bereich einer anderen.

Gruppe: Textmarken   WordBASIC Befehl

Syntax:
TextmarkeKopieren Textmarke1$, Textmarke2$

Beschreibung:
Mit Hilfe dieses Befehls läßt sich eine Textmarke an den Punkt bzw. auf den Bereich einer anderen setzen.

Parameter:

Name:	Bedeutung
Textmarke1$	Gibt den Namen der Textmarke an, die ihren Bereich bzw. ihre Position behält.
Textmarke2$	Gibt den Namen der Textmarke an, die auf den Bereich von Textmarke1$ gesetzt werden soll.

TextmarkeName$()
Liefert den Namen einer Textmarke.

Gruppe: Textmarken   WordBASIC Funktion

Syntax:
a$ = TextmarkeName$(TextmarkeNr)

Beschreibung:
Mit Hilfe dieser Funktion lassen sich die verschiedenen Textmarken innerhalb eines Dokuments durchlaufen, um deren Namen in Erfahrung zu bringen.

Funktionsergebnis:
Als Funktionsergebnis wird der Name der über ihre Nummer spezifizierten Textmarke zurückgeliefert oder ein Fehler ausgelöst, wenn die angegebene Textmarkennummer über die Anzahl der Textmarken im aktuellen Dokument hinausgeht.

Parameter:

Name:	Bedeutung
TextmarkeNr	Die Nummer der Textmarke, deren Name in Erfahrung gebracht werden soll. 1 steht dabei für die erste Textmarke innerhalb des Dokuments, 2 für die zweite usw. Die Gesamtzahl der Textmarken und damit der Maximalwert für diesen Parameter, läßt sich mit Hilfe der Funktion ZählenTextmarken() ermitteln.

TextmarkenVergleichen()
Vergleicht den Inhalt zweier Textmarken.

Gruppe: Textmarken   WordBASIC Funktion

Syntax:
x = TextmarkenVergleichen(Textmarke1$, Textmarke2$)

Beschreibung:
Mit Hilfe dieser Funktion lassen sich zwei Textmarken innerhalb des aktuellen Dokuments vergleichen. Verglichen wird dabei allerdings nicht der Text, der in die Textmarken eingeschlossen ist, sondern vielmehr ihre Lage innerhalb des Dokuments. Über das Funktionsergebnis erfährt man, ob die beiden identisch sind, ob sie aneinander angrenzen etc.

Funktionsergebnis:

Das Funktionsergebnis drückt das Verhältnis zwischen Textmarke1$ und Textmarke2$ aus:

0	Die beiden Textmarken sind identisch.
1	Textmarke1$ liegt im Text vollständig unterhalb von Textmarke2$.
2	Textmarke1$ liegt im Text vollständig oberhalb von Textmarke2$.
3	Textmarke1$ befindet sich in Textmarke2$ und geht darüber noch hinaus.
4	Textmarke1$ beginnt über Textmarke2$, lappt jedoch in den Bereich von Textmarke2$ hinein.
5	Textmarke1$ schließt Textmarke2$ ein.
6	Textmarke2$ schließt Textmarke1$ ein.
7	Textmarke1$ und Textmarke2$ beginnen an derselben Position, doch Textmarke1$ ist länger.
8	Textmarke1$ und Textmarke2$ beginnen an derselben Position, doch Textmarke2$ ist länger.
9	Textmarke1$ und Textmarke2$ enden an derselben Position, doch Textmarke1$ ist länger.
10	Textmarke1$ und Textmarke2$ enden an derselben Position, doch Textmarke2$ ist länger.
11	Textmarke1$ beginnt unmittelbar hinter Textmarke2$.
12	Textmarke1$ endet unmittelbar über Textmarke2$
13	Mindestens eine der beiden Textmarken ist unbekannt.

Parameter:

Name:	*Bedeutung*
`Textmarke1$`	Der Name der ersten Textmarke, die in den Vergleich einbezogen werden soll.
`Textmarke2$`	Der Name der zweiten Textmarke, die in den Vergleich einbezogen werden soll.

TextmarkeVorhanden()

Prüft, ob eine gegebene Textmarke definiert ist.

Gruppe: Textmarken   WordBASIC Funktion

Syntax:

x = TextmarkeVorhanden(TmName$)

Beschreibung:

Mit Hilfe dieser Funktion können Sie feststellen, ob eine bestimmte Textmarke innerhalb des aktuellen Dokuments definiert ist.

Funktionsergebnis:

Als Ergebnis liefert diese Funktion:

0	Die Textmarke ist unbekannt.
-1	Die Textmarke ist im aktuellen Dokument definiert.

Parameter:

Name:	*Bedeutung*
`TmName$`	Der Name der Textmarke, deren Existenz überprüft werden soll.

TextVerschieben

Hilft bei der Verschiebung von Textteilen.

Gruppe: Bearbeiten   WordBASIC Befehl

Syntax:
```
TextVerschieben
```

Beschreibung:
Mit Hilfe dieses Befehls können Sie innerhalb des aktuellen Dokuments einen Textteil verschieben, indem Sie folgende Schritte nachvollziehen.

Schritt	Aktion
1.	Den zu verschiebenden Text markieren.
2.	Den Befehl TextVerschieben aufrufen.
3.	Die Einfügemarke an die Stelle bewegen, an die der Text verschoben werden soll.
4.	Den OK-Befehl aufrufen oder mit <Enter>-Taste bestätigen.

Ein Verschieben von Textteilen von einem Dokument in ein anderes ist auf diese Art und Weise allerdings nicht möglich.

TieferstufenListe
Setzt die markierten Abätze um eine Ebene nach unten.

Gruppe: Aufzählungen und Numerierung   WordBASIC Befehl

Syntax:
```
TieferstufenListe
```

Beschreibung:
Innerhalb einer mehrgliedrigen Liste werden die markierten Absätze durch den Aufruf dieses Befehls um eine Ebene nach unten versetzt. Der Zeileneinzug der Absätze wird automatisch vergrößert, wenn alle mit Aufzählungs- und Numerierungszeichen versehen sind und sich auf einer Ebene befinden.

Sind die markierten Absätze nicht als Aufzählungs- oder Numerierungsliste formatiert, wird ein Fehler ausgelöst.

TieferstufenZuTextKörper
Verwandelt Überschriften wieder in Textkörper.

Gruppe: Gliederungen und Zentraldokumente   WordBASIC Befehl

Syntax:
```
TieferstufenZuTextKörper
```

Beschreibung:
Mit Hilfe dieses Befehls lassen sich Überschriften wieder in Textkörper verwandeln, in dem ihnen die Formatvorlage "Standard" zugewiesen wird.

Tiefgestellt
Schaltet das Zeichenattribut "Tiefgestellt" für die markierten Zeichen an oder aus.

Gruppe: Zeichenformatierung   WordBASIC Befehl

Syntax:
```
Tiefgestellt [AnAus]
```

Beschreibung:

Mit Hilfe dieses Befehls lassen sich die Zeichen im markierten Bereich mit dem Zeichenattribut "Tiefgestellt" versehen oder wieder von ihm befreien. Tiefgestellte Zeichen werden gegenüber der Grundlinie um einige Punkte nach unten verschoben.

Parameter:

Name:	Bedeutung	
AnAus	Bestimmt, ob das Zeichenattribut "Tiefgestellt" in bezug auf die markierten Zeichen an- oder ausgeschaltet werden soll.	
	nicht angegeben	Aktuellen Status in bezug auf dieses Attribut umschalten.
	0	Attribut ausschalten.
	1	Attribut einschalten.

Tiefgestellt()

Überprüft, ob die markierten Zeichen tiefgestellt sind.

Gruppe: Zeichenformatierung   WordBASIC Funktion

Syntax:

`x = Tiefgestellt()`

Beschreibung:

Mit Hilfe dieser Funktion läßt sich feststellen, ob die Zeichen im markierten Bereich mit dem Zeichenattribut "Tiefgestellt" behaftet sind.

Funktionsergebnis:

Als Ergebnis liefert diese Funktion:

	0	Wenn keines der Zeichen im markierten Bereich über das Zeichenattribut "Tiefgestellt" verfügt.
	1	Wenn alle Zeichen im markierten Bereich mit diesem Attribut behaftet sind.
	-1	Wenn einige, aber nicht alle markierten Zeichen dieses Attribut aufweisen.

Time$()

Liefert eine Zeitangabe aus einer Seriennummer oder die aktuelle Uhrzeit.

Gruppe: Datum und Uhrzeit   WordBASIC Funktion

Syntax:

`a$ = Time$([Seriennummer])`

Beschreibung:

Diese Funktion hat zwei Aufgaben: Zum einen läßt sich mit ihrer Hilfe die aktuelle Uhrzeit ermitteln, zum anderen filtert sie die Uhrzeit aus einer Seriennummer heraus. In beiden Fällen wird die Uhrzeit in Form eines Strings (hh:mm:ss) an den Aufrufer zurückgeliefert.

Funktionsergebnis:

Als Funktionsergebnis wird die in der angegebenen Seriennummer gespeicherte Zeit oder die aktuelle Zeit zurückgeliefert, wenn kein Argument beim Funktionsaufruf angegeben wurde.

Parameter:

Name:	Bedeutung
Seriennummer	Die Seriennummer, aus der die darin gespeicherte Uhrzeit gefiltert werden soll. Wird dieser Parameter nicht angegeben, liefert Time$ die aktuelle Uhrzeit zurück.

ToolsGetSpelling

Füllt ein Array mit Wörtern, die als Korrekturvorschläge für ein falsch geschriebenes Wort dienen.

Gruppe: Editierhilfen   WordBASIC Befehl

Syntax:

```
ToolsGetSpelling Array$() [, Wort$] [, Standardwörterbuch$]
[, Zusatzwörterbuch$]
```

Beschreibung:

Mit Hilfe dieses Befehls lassen sich einzelne Wörter aus einem Makros heraus einer Rechtschreibprüfung unterziehen, wobei dem Aufrufer alle Optionen offenstehen, die auch die eingebaute Rechtschreibprüfung von WinWord bietet.

Parameter:

Name:	Bedeutung
`Array$()`	Ein String-Array, in das die Korrekturvorschläge für das angegebene Wort geladen werden sollen.
`Wort$`	Das Wort, dessen Rechtschreibung überprüft werden soll. Wird dieser Parameter nicht angegeben, bezieht sich WinWord bei der Rechtschreibprüfung auf das erste markierte Wort innerhalb des aktuellen Dokuments, oder das Wort unter bzw. neben der Einfügemarke, wenn keine Markierung besteht.
`Standardwörterbuch$`	Hier kann der Name einer Sprache angegeben werden, um das zur Sprache passende Standard-Wörterbuch anzufordern. Wird dieser Parameter weggelassen, bezieht sich WinWord auf das Wörterbuch der Sprache, in der das zu überprüfende Wort formatiert ist. Wird das Wort nicht aus dem Text bezogen, sondern als Parameter beim Befehlsaufruf übergeben und dieser Parameter weggelassen, greift WinWord auf das deutsche Standard-Wörterbuch zurück.
`Zusatzwörterbuch$`	Über diesen Parameter kann der Pfad- und Dateiname eines Zusatzwörterbuchs angegeben werden.

ToolsGetSpelling()

Füllt ein Array mit Wörtern, die als Korrekturvorschläge für ein falsch geschriebenes Wort dienen.

Gruppe: Editierhilfen   WordBASIC Funktion

Syntax:

```
x = ToolsGetSpelling(Array$() [, Wort$] [, Standardwörterbuch$]
[, Zusatzwörterbuch$])
```

Beschreibung:

Diese Funktion arbeitet wie der gleichnamige Befehl, zeigt ihrem Aufrufer darüber hinaus jedoch mittels des Funktionsergebnisses an, ob das Wort richtig geschrieben war bzw. wieviele Korrekturvorschläge zurückgeliefert wurden.

Funktionsergebnis:

Als Funktionsergebnis wird die Anzahl der Koorekturvorschläge und damit der Einträge im übergebenen Array zurückgeliefert, die mit Korrekturvorschlägen gefüllt sind. Lautet das Funktionsergebnis 0, war das angegebene Wort richtig geschrieben.

Parameter:

Name:	Bedeutung
`Array$()`	Siehe Befehl ToolsGetSpelling.
`Wort$`	"
`Standardwörterbuch$`	"
`Zusatzwörterbuch$`	"

ToolsGetSynonyms

Füllt ein Array mit Synonymen für ein Wort.

Gruppe: Editierhilfen   WordBASIC Befehl

Syntax:

ToolsGetSynonyms SynonymArray$() [, Wort$] [, Standardwörterbuch$]

Beschreibung:

Mit Hilfe dieses Befehls läßt sich die Funktionalität des eingebauten Thesaurus aus einem Makro heraus nutzen. Aufgabe des Befehls ist es, Synonyme für einen angegeben Begriff zu finden und diese in ein String-Array des Aufrufers zu laden.

Parameter:

Name:	Bedeutung
`SynonymArray$()`	Ein String-Array, in das die Synonyme für das angegebene Wort geladen werden sollen.
`Wort$`	Das Wort, für das Synonyme gesucht werden sollen. Wird dieser Parameter nicht angegeben, bezieht sich WinWord bei der Suche auf das erste markierte Wort innerhalb des aktuellen Dokuments, oder das Wort unter bzw. neben der Einfügemarke, wenn keine Markierung besteht.
`Standardwörterbuch$`	Hier kann der Name einer Sprache angegeben werden, um das zur Sprache passende Standard-Wörterbuch anzufordern. Wird dieser Parameter weggelassen, bezieht sich WinWord auf das Wörterbuch der Sprache, in der das zu überprüfende Wort formatiert ist. Wird das Wort nicht aus dem Text bezogen, sondern als Parameter beim Befehlsaufruf übergeben und dieser Parameter weggelassen, greift WinWord auf das deutsche Standard-Wörterbuch zurück.

ToolsGetSynonyms()

Füllt ein Array mit Synonymen für ein Wort.

Gruppe: Editierhilfen   WordBASIC Funktion

Syntax:

x = ToolsGetSynonyms(SynonymArray$() [, Wort$] [, Standardwörterbuch$])

Beschreibung:

Diese Funktion arbeitet genau wie der gleichnamige Befehl, zeigt ihrem Aufrufer jedoch über das Funktionsergebnis an, wieviele Synonyme für das angegebene Wort gefunden werden konnten.

Funktionsergebnis:

Als Funktionsergebnis wird die Anzahl der gefundenen Synonyme und damit auch die Anzahl der mit einem Synonym geladenen Array-Einträge zurückgeliefert.

Parameter:

Name:	Bedeutung
`SynonymArray$()`	Siehe Befehl ToolsGetSynonyms.
`Wort$`	"
`Standardwörterbuch$`	"

Überschreiben   *Schaltet zwischen Einfüge- und Überschreibmodus um.*

Gruppe: Bearbeiten   WordBASIC Befehl

Syntax:

```
Überschreiben [AnAus]
```

Beschreibung:

Mittels dieses Befehls läßt sich vom Einfüge- in den Überschreibmodus und umgekehrt umschalten. Im Einfügemodus werden die eingegebenen Zeichen an der aktuellen Position der Einfügemarke in den Text eingefügt, im Überschreibmodus überschreiben sie die zuvor eingegebenen Zeichen.

Allerdings wirkt sich die hier getroffene Anweisung nicht auf nachfolgende Aufrufe des Befehls Einfügen aus, denn dieser fügt Text grundsätzlich in das Dokument ein, ohne bereits bestehenden Text zu überschreiben.

Parameter:

Name:	Bedeutung	
`AnAus`	Bestimmt, ob der Überschreib- oder der Einfügemodus aktiviert werden soll.	
	nicht angegeben	Schaltet den aktuellen Status um.
	0	Schaltet den Einfügemodus an.
	1	Schaltet den Überschreibmodus an.

Überschreiben()   *Zeigt an, ob der Einfüge- oder Überschreibmodus aktiv ist.*

Gruppe: Bearbeiten   WordBASIC Funktion

Syntax:

```
x = Überschreiben()
```

Beschreibung:

Mit Hilfe dieser Funktion läßt sich feststellen, ob derzeit der Einfüge- oder Überschreibmodus aktiv ist.

Funktionsergebnis:

Als Ergebnis liefert diese Funktion:

	0	Wenn der Einfügemodus aktiv ist.
	-1	Wenn der Überschreibmodus aktiv ist.

UCase$()   *Wandelt die Zeichen in einem String in Großbuchstaben um.*

Gruppe: BASIC-Befehle und -Funktionen   WordBASIC Funktion

Syntax:
```
a$ = UCase$(Quelle$)
```

Beschreibung:
Mit Hilfe dieses Befehls lassen sich die Zeichen innerhalb eines Strings in Großbuchstaben verwandeln.

Funktionsergebnis:
Als Funktionsergebnis wird der angegebene String zurückgeliefert, wobei alle Zeichen in Großbuchstaben verwandelt wurden.

Parameter:

Name:	Bedeutung
`Quelle$`	Der String, der in Großbuchstaben umgewandelt werden soll. Allerdings wird der String selbst nicht verändert, denn die Umwandlung findet lediglich innerhalb des Funktionsergebnisses statt.

Umgebung$()   *Liefert einen Umgebungsstring aus der DOS-Ebene.*

Gruppe: Umgebung   WordBASIC Funktion

Syntax:
```
a$ = Umgebung$(Umgebungsvariable$)
```

Beschreibung:
Mit Hilfe dieser Funktion lassen sich die verschiedenen Umgebungsstrings ermitteln, die innerhalb der DOS-Ebene mit dem SET-Befehl definiert wurden. Dazu gehört beispielsweise die Umgebungsvariable PATH, die den Suchpfad für Dateien enthält und die Variable COMSPEC, die den Namen und Pfad des Kommandointerpreters COMMAND.COM beinhaltet.

Funktionsergebnis:
Als Funktionsergebnis wird die angegebene Umgebungsvariable oder ein Leerstring ("") zurückgeliefert, wenn diese unbekannt ist.

Parameter:

Name:	Bedeutung
`Umgebungsvariable$`	Name der Umgebungsvariable, deren Inhalt abgefragt werden soll, beispielsweise "TEMP" als Pfad für temporäre Dateien.

UmwAlleFußnotenEndnoten   *Wandelt Fußnoten in Endnoten und Endnoten in Fußnoten um.*

Gruppe: Fußnoten   WordBASIC Befehl

Syntax:
```
UmwAlleFußnotenEndnoten
```

Beschreibung:

Durch den Aufruf dieses Befehls werden alle Fußnoten innerhalb des Dokuments in Endnoten verwandelt, während umgekehrt alle Endnoten zu Fußnoten konvertiert werden. Voraussetzung ist allerdings, daß Fuß- oder Endnoten vorhanden sind, denn sonst löst der Befehlsaufruf einen Fehler aus.

Unterstrichen

Schaltet die Unterstreichung für die markierten Zeichen an oder aus.

Gruppe: Zeichenformatierung   WordBASIC Befehl

Syntax:

Unterstrichen [AnAus]

Beschreibung:

Durch den Aufruf dieses Befehls wird den markierten Zeichen innerhalb des aktuellen Dokuments das Zeichenattribut "Unterstrichen" zugewiesen oder wieder entfernt, wenn es zuvor angeschaltet war.

Parameter:

Name:	Bedeutung	
AnAus	Bestimmt, ob das Zeichenattribut an- oder ausgeschaltet werden soll.	
	nicht angegeben	Schaltet den aktuellen Status in bezug auf dieses Zeichenattribut um.
	0	Schaltet das Unterstrichen-Attribut aus.
	1	Schaltet das Unterstrichen-Attribut an.

Unterstrichen()

Überprüft, ob die Zeichen im markierten Bereich unterstrichen sind.

Gruppe: Zeichenformatierung   WordBASIC Funktion

Syntax:

x = Unterstrichen()

Beschreibung:

In bezug auf die markierten Zeichen innerhalb des aktuellen Dokuments läßt sich mit Hilfe dieser Funktion feststellen, ob das Zeichenattribut "Unterstrichen" an- oder ausgeschaltet ist und ob die Zeichen somit unterstrichen dargestellt werden.

Funktionsergebnis:

Als Ergebnis liefert diese Funktion:

0	Wenn keines der Zeichen im markierten Bereich über das Zeichenattribut "Unterstrichen" verfügt.
1	Wenn alle markierten Zeichen mit diesem Attribut behaftet sind.
-1	Wenn einige, aber nicht alle Zeichen unterstrichen sind.

Val()

Wandelt einen String in eine Zahl.

Gruppe: BASIC-Befehle und -Funktionen   WordBASIC Funktion

Syntax:

x = Val(a$)

Beschreibung:

Als Gegenstück zur Funktion Str$() verwandelt diese Funktion einen ihr übergebenen String in eine Zahl. Sie eignet sich dadurch für die Umwandlung von numerischen Benutzereingaben in Zahlen, denn numerische Informationen lassen sich innerhalb eines Makros auf diese Weise besser verarbeiten.

Funktionsergebnis:

Als Funktionsergebnis wird die im String enthaltene Zahl zurückgeliefert oder der Wert 0, wenn das erste Zeichen des Strings keine Ziffer darstellt.

Parameter:

Name:	Bedeutung
`a$`	Der Stringausdruck, der in einen numerischen Wert umgewandelt werden soll.

VariablenAnzeigen

Zeigt während der Makroausführung das Dialogfenster zur Inspektion von Variablen an.

Gruppe: Makros   WordBASIC Befehl

Syntax:

`VariablenAnzeigen`

Beschreibung:

Sollen die Inhalte der verschiedenen Makrovariablen während der Ausführung eines Makros routinemäßig angezeigt werden, hilft Ihnen dieser Befehl, der nicht nur die Makroausführung kurzzeitig anhält, sondern gleichzeitig das entsprechende Dialogfenster zur Anzeige bringt. Die verschiedenen Variablen können dann nicht nur betrachtet, sondern auch in ihrem aktuellen Wert verändert werden, um dadurch auf die weitere Makroausführung Einfluß zu nehmen.

Verbinden

Stellt eine Verbindung mit einem Netzwerk-Laufwerk her.

Gruppe: Datenträgerzugriff und -verwaltung   WordBASIC Dialogbefehl

Syntax:

`Verbinden [.Laufwerk = Nummer,] .Pfad = Text [, .Kennwort = Text]`

Beschreibung:

Über diesen Befehl läßt sich ein Netzwerk-Laufwerk einem Laufwerksbuchstaben zuordnen, damit über diesen im folgenden auf das Netzwerk-Laufwerk und die darin gespeicherten Dateien zugegriffen werden kann. Voraussetzung ist natürlich der Anschluß an ein Netzwerk und die Verfügbarkeit eines Netzwerk-Betriebssystems.

Dialogvariablen:

Name:	Bedeutung
`.Laufwerk%`	Bestimmt die Laufwerksbezeichnung, über die das Netzwerklaufwerk angesprochen werden soll. Allerdings kann hier keine konkrete Gerätebezeichnung angegeben, sondern lediglich bestimmt werden, ob die nächste, übernächste etc. freie Laufwerksbezeichnung gewählt werden soll. 0 steht dabei für die nächste freie Laufwerksbezeichnung, 1 für die übernächste usw. Wird diese Dialogvariable nicht angegeben, wählt WinWord automatisch die nächste freie Laufwerksbezeichnung.

`.Pfad$` — Definiert das Netzwerklaufwerk, an das "angedockt" werden soll. Wie üblich muß zunächst der Server-Name genannt werden, dem zwei Backslash-Zeichen vorausgehen müssen. Daran anschließend folgt der relative Pfad, ausgehend von dem Verzeichnis, für das der Servername steht. Geben Sie also beispielsweise "\\CSX\Briefe" an, wenn der Server den Namen CSX trägt und Sie Zugriff auf das Verzeichnis "Briefe" wünschen.

`.Kennwort$` — Falls das angegebene Netzwerklaufwerk durch ein Kennwort vor unberechtigtem Zugriff geschützt ist, muß dieses Kennwort hier angegeben werden.

Verborgen

Schaltet das Zeichenformat "Verborgen" für die markierten Zeichen an oder aus.

Gruppe: Zeichenformatierung   WordBASIC Befehl

Syntax:
```
Verborgen [AnAus]
```

Beschreibung:
Durch den Aufruf dieses Befehls wird den markierten Zeichen das Zeichenattribut "Verborgen" zugewiesen oder wieder entfernt. Verborgene Zeichen erscheinen auf dem Bildschirm nur, wenn auf der Registerkarte "Ansicht" im Dialogfenster Anpassen aus dem Extras-Menü die entsprechende Einstellung vorgenommen wurde.

Parameter:

Name:	Bedeutung
AnAus	Bestimmt, ob das Zeichenattribut "Verborgen" an- oder ausgeschaltet werden soll:
	nicht angegeben — Aktuellen Status in bezug auf dieses Attribut umschalten.
	0 — Schaltet das Zeichenattribut bei den markierten Zeichen aus.
	1 — Schaltet das Zeichenattribut an.

Verborgen()

Überprüft, ob die Zeichen im markierten Bereich verborgen sind.

Gruppe: Zeichenformatierung   WordBASIC Funktion

Syntax:
```
x = Verborgen()
```

Beschreibung:
Mit Hilfe dieser Funktion läßt sich feststellen, ob die Zeichen im markierten Bereich mit dem Zeichenattribut "Verborgen" behaftet sind.

Funktionsergebnis:
Als Ergebnis liefert diese Funktion:

0	Wenn keines der markierten Zeichen mit dem Zeichenattribut "Verborgen" behaftet ist.
1	Wenn alle markierten Zeichen verborgen sind.
-1	Wenn einige, aber nicht alle Zeichen dieses Attribut aufweisen.

VerknüpfungLösenFelder

Wandelt die markierten Felder in Text um, wobei als Text das Feldergebnis eingefügt wird.

Gruppe: Felder   WordBASIC Befehl

Syntax:
```
VerknüpfungLösenFelder
```

Beschreibung:

Durch den Aufruf dieses Befehls werden die Felder im markierten Bereich durch ihr aktuelles Feldergebnis ersetzt. Die verschiedenen Feldformeln werden also in Text verwandelt, der sich später auch nicht wieder automatisch durch die ursprüngliche Feldformel ersetzen läßt - nur noch manuell.

Es gibt jedoch auch Felder, deren Feldergebnis nicht unmittelbar in einen Text umgewandelt werden kann, beispielsweise ein XE-Feld, das einen Index-Eintrag markiert. Diese Felder bleiben unverändert.

Beinhaltet die Markierung kein Feld oder keines, das sich umwandeln ließe, löst der Befehlsaufruf einen Fehler aus.

VorgabeAbsatz

Entfernt alle Absatzformatierungen, die nicht der Formatvorlage des Absatzes entsprechen.

Gruppe: Absatzformatierung   WordBASIC Befehl

Syntax:
```
VorgabeAbsatz
```

Beschreibung:

Durch den Aufruf dieses Befehls nehmen Sie für die markierten Absätze alle Absatzformate zurück, die nicht der Formatvorlage des Absatzes entsprechen. Haben Sie einem Absatz beispielsweise eine andere Ausrichtung verliehen, weist er nach dem Aufruf dieses Befehls wieder die Ausrichtung auf, die in seiner Formatvorlage verzeichnet ist.

VorgabeAbsatz()

Überprüft, ob die Absatzformatierung eines Absatzes mit der aus der Formatvorlage übereinstimmt.

Gruppe: Absatzformatierung   WordBASIC Funktion

Syntax:
```
x = VorgabeAbsatz()
```

Beschreibung:

Mit Hilfe dieser Funktion läßt sich überprüfen, ob ein Absatz Absatzformatierungen aufweist, die nicht den Einstellungen in seiner Formatvorlage entsprechen. Besteht eine Markierung, bezieht sich die Funktion dabei nur auf den ersten Absatz der Markierung, ist kein Text markiert, wird der Absatz unter der Einfügemarke zugrunde gelegt.

Funktionsergebnis:

Als Ergebnis liefert diese Funktion:

    0   Der Absatz enthält Absatzformate, die von denen seiner Formatvorlage abweichen.
    -1 Die Absatzformatierung entspricht den Einstellungen, die in der Formatvorlage festgehalten sind.

VorgabeFußnotenTrennlinieOderHinweis

Setzt die Trennlinie einer Fußnote, den Fortsetzungshinweis oder die Fortsetzungstrennlinie wieder auf Vorgabe zurück.

Gruppe: Fußnoten WordBASIC Befehl

Syntax:

VorgabeFußnotenTrennlinieOderHinweis

Beschreibung:

Durch den Aufruf dieses Befehls werden die Trennlinie einer Fußnote, der Fortsetzungshinweis oder die Fortsetzungstrennlinie wieder auf ihre Vorgabe zurückgesetzt. Voraussetzung ist allerdings, daß sich die Einfügemarke in einem der Ausschnitte befindet, in dem diese Elemente dargestellt und bearbeitet werden. Nur das aktuelle Element aus diesem Ausschnitt wird daraufhin auf die Standarddarstellung zurückgesetzt.

VorgabeSchaltflächenSymbol

Setzt eine Symbolleisten-Schaltfläche auf ihre ursprüngliche Grafik zurück.

Gruppe: Anpassung durch den Benutzer WordBASIC Befehl

Syntax:

VorgabeSchaltflächenSymbol Symbolleiste$, Schaltfläche [, Kontext]

Beschreibung:

Durch den Aufruf dieses Befehls wird eine Schaltfläche, deren Grafik vom Anwender verändert wurde, wieder auf ihr ursprüngliches Schaltflächen-Symbol zurückgesetzt.

Parameter:

Name:	Bedeutung
`Symbolleiste$`	Der Name der Symbolleiste, gemäß den Namen, die im Dialogfenster des Symbolleisten-Befehls aus dem Ansicht-Menü erscheinen.
`Schaltfläche`	Die Position der auf ihre Voreinstellung zurückzusetzenden Schaltfläche innerhalb der Symbolleiste. 1 steht dabei für die Schaltfläche am linken bzw. oberen Rand der Symbolleiste, 2 für die darauffolgende usw. Beachten Sie bitte, daß auch Leerstellen und Listenfelder jeweils als eine Position gezählt werden.
`Kontext`	Bestimmt den Kontext, in dem die Veränderung gespeichert werden soll.
	0 oder nicht angegeben — In der globalen Dokumentvorlage "Normal.Dot".
	1 — In der Dokumentvorlage des aktuellen Dokuments.

VorgabeZeichen

Nimmt alle manuellen Zeichenformatierungen zurück.

Gruppe: Zeichenformatierung WordBASIC Befehl

Syntax:

VorgabeZeichen

Beschreibung:
Mit Hilfe dieses Befehls lassen sich alle Zeichenformatierungen für die Zeichen im markierten Bereich zurücksetzen, die nicht den Einstellungen in der jeweiligen Absatz-Formatvorlage entsprechen. Die Zeichen erscheinen dadurch wieder in dem durch die Formarvorlage ihres Absatzes spezifizierten Format.

VorgabeZeichen() *Überprüft, ob der markierte Text manuell zugewiesene Zeichenformate enthält.*

Gruppe: Zeichenformatierung   WordBASIC Funktion

Syntax:
```
x = VorgabeZeichen()
```

Beschreibung:
Mit Hilfe dieser Funktion läßt sich feststellen, ob die Zeichen im markierten Bereich Zeichenformatierungen aufweisen, die nicht dem Zeichenformat aus der Formatvorlage ihres Absatzes entsprechen.

Funktionsergebnis:
Als Ergebnis liefert diese Funktion:

- 0 Wenn zumindest eines der Zeichen in der Markierung manuell zugewiesene Zeichenformate enthält, die nicht der Formatvorlage ihres Absatzes entsprechen.
- 1 Wenn keines der markierten Zeichen in bezug auf seine Zeichenformatierung von dem Zeichenformat aus der Absatz-Formatvorlage abweicht.

VorherigerTab() *Liefert die Position des vorhergehenden Tabulators.*

Gruppe: Absatzformatierung   WordBASIC Funktion

Syntax:
```
x = VorherigerTab(Position)
```

Beschreibung:
Aufgabe dieser Funktion ist es, den ersten benutzerdefinierten Tabstop links neben einem angegebenen Tabstop zu liefern, wobei sich die Funktion auf den Absatz unter der Einfügemarke bzw. den ersten Absatz innerhalb einer Markierung bezieht.

Funktionsergebnis:
Als Funktionsergebnis wird die Position des vorhergehenden benutzerdefinierten Tabstops in der Einheit "Punkte" zurückgeliefert.

Parameter:

Name:	*Bedeutung*
Position	Die Position des Tabstops, der dem gesuchten Tabstop vorangeht, in Punkten.

VorherigeSeite *Zeigt vorherige Seite an, ohne die Einfügemarke zu bewegen.*

Gruppe: Bewegen der Einfügemarke und Markieren   WordBASIC Befehl

Syntax:
```
VorherigeSeite
```

Beschreibung:

Dieser Befehl hat innerhalb der Layoutansicht die Aufgabe, einen Bildlauf nach oben durchzuführen, ohne dabei die Einfügemarke zu verschieben. Dies kommt einem Mausklick auf das entsprechende Symbol am oberen Ende der vertikalen Bildlaufleiste gleich.

Befindet sich das aktuelle Dokument nicht in der Layoutansicht, wird ein Fehler ausgelöst.

VorherigeSeite() — *Vorherige Seite anzeigen und Erfolgsmeldung zurückliefern.*

Gruppe: Bewegen der Einfügemarke und Markieren   WordBASIC Funktion

Syntax:
```
x = VorherigeSeite()
```

Beschreibung:

Genau wie der gleichnamige Befehl führt diese Funktion innerhalb der Layoutansicht einen Bildlauf nach oben durch, ohne dabei die Einfügemarke zu verschieben. Während es der Befehl aber dabei beläßt, teilt die Funktion ihrem Aufrufer darüber hinaus mit, ob der Bildlauf durchgeführt werden konnte oder bereits der Anfang des Dokuments erreicht ist.

Funktionsergebnis:

Als Ergebnis liefert diese Funktion:

   0   Wenn der Bildlauf nicht durchgeführt werden konnte, weil bereits die erste Seite angezeigt wurde.
 -1   Wenn der Bildlauf erfolgreich ausgeführt wurde.

VorherigesFeld — *Bewegt die Einfügemarke zur vorhergehenden Feldfunktion im Text.*

Gruppe: Bewegen der Einfügemarke und Markieren   WordBASIC Befehl

Syntax:
```
VorherigesFeld
```

Beschreibung:

Dieser Befehl bewegt die Einfügemarke nicht etwa innerhalb einer Tabelle zum vorhergehenden Feld, sondern innerhalb eines Dokuments zur vorhergehenden Feldfunktion wie etwa {print} oder {date}. Keine Wirkung zeigt dieser Befehl, wenn sich die Einfügemarke bereits auf dem ersten Feld im Text befindet. Übersprungen werden außerdem die folgenden Felder: XE (Indexeintrag), TC (Inhaltsverzeichniseintrag) und RD (Dokument einbinden).

VorherigesFeld() — *Bewegt die Einfügemarke zur vorhergehenden Feldfunktion im Text und liefert Erfolgsmeldung.*

Gruppe: Bewegen der Einfügemarke und Markieren   WordBASIC Funktion

Syntax:
```
x = VorherigesFeld()
```

Beschreibung:

Genau wie der gleichnamige Befehl bewegt diese Funktion die Einfügemarke zum vorhergehenden Feld, zeigt darüber hinaus jedoch über ihr Funktionsergebnis an, ob die Bewegung ausgeführt werden konnte.

Funktionsergebnis:

Als Ergebnis liefert diese Funktion:

- 0   Wenn kein vorhergehendes Feld gefunden und die Einfügemarke daher nicht verschoben werden konnte.
- -1   Wenn die Bewegung wie gewünscht ausgeführt wurde.

VorherigesFenster
Schaltet in das vorhergehende Fenster um.

Gruppe: Fenster   WordBASIC Befehl

Syntax:
VorherigesFenster

Beschreibung:

Dieser Befehl aktiviert das jeweils vorhergehende Text-, Makro- oder Dokumentvorlagenfenster, sofern mehr als ein Fenster vorhanden ist. Handelt es sich bei dem aktuellen Fenster um das erste Fenster aus der Fensterliste im Fenstermenü, wird das letzte dort aufgeführte Fenster aktiviert.

Ist nur ein Fenster geöffnet, bleibt dieser Befehl ohne Wirkung, erzeugt also auch keinen Fehler.

VorherigesObjekt
Bewegt die Einfügemarke zum vorhergehenden Dokumentobjekt.

Gruppe: Bewegen der Einfügemarke und Markieren   WordBASIC Befehl

Syntax:
VorherigesObjekt

Beschreibung:

Dieser Befehl ist nur in der Layoutansicht wirksam und bewegt dort die Einfügemarke zum vorhergehenden Dokumentobjekt. Darunter werden Positionsrahmen, Fußnoten, Tabellenzellen und Textspalten verstanden. OLE-Objekte fallen nur dann in diese Kategorie, wenn sie von einem Positionsrahmen umgeben sind.

Dokumentobjekte werden nur dann optisch sichtbar gekennzeichnet, wenn das Dialogfeld "Textbegrenzungen" auf der Registerkarte "Ansicht" aus dem Dialogfenster des Anpassen-Befehls aus dem Extras-Menü angeschaltet wird.

VorherigeZelle
Bewegt die Einfügemarke zur vorhergehenden Zelle innerhalb einer Tabelle.

Gruppe: Bewegen der Einfügemarke und Markieren   WordBASIC Befehl

Syntax:
VorherigeZelle

Beschreibung:

Innerhalb einer Tabelle entspricht dieser Befehl der Betätigung der <Tab>-Taste in Verbindung mit der <Umschalt>-Taste. Die Einfügemarke wird dadurch innerhalb einer Tabellenzeile in die jeweils vorhergehende Zelle und von der ersten Zelle einer Zeile in die letzte Zelle der vorhergehenden Zeile bewegt. Besteht eine Markierung, wird die Markierung aufgehoben und die erste Zelle aus der Markierung markiert.

Befindet sich die Einfügemarke zum Zeitpunkt des Befehlsaufrufs bereits innerhalb der ersten Zelle einer Tabelle, bleibt der Befehlsaufruf wirkungslos. Befindet sich die Einfügemarke jedoch nicht innerhalb einer Tabelle, wird ein Fehler generiert.

VorherigeZelle() — *Bewegt die Einfügemarke zur vorhergehenden Zelle innerhalb einer Tabelle und liefert Erfolgsmeldung.*

Gruppe: Bewegen der Einfügemarke und Markieren   WordBASIC Funktion

Syntax:
```
x = VorherigeZelle()
```

Beschreibung:
Diese Funktion arbeitet genau wie der gleichnamige Befehl, teilt ihrem Aufrufer darüber hinaus jedoch mit, ob die Einfügemarke tatsächlich in die nächste Tabellenzelle bewegt werden konnte oder bereits in der ersten Zelle der Tabelle stand.

Funktionsergebnis:

Als Ergebnis liefert diese Funktion:

    0   Wenn die Einfügemarke nicht bewegt werden konnte.
    -1   Wenn die Bewegung erfolgreich ausgeführt wurde.

VRollen — *Führt einen vertikalen Bildlauf in bezug auf die Dokumenlänge durch.*

Gruppe: Bewegen der Einfügemarke und Markieren   WordBASIC Befehl

Syntax:
```
VRollen Prozentsatz
```

Beschreibung:
Durch den Aufruf dieses Befehls führt WinWord innerhalb des aktuellen Dokuments einen vertikalen Bildlauf bis zu einer angegebenen Position aus. Dies entspricht dem Ziehen der vertikalen Bildlaufleiste mit der Maus.

Parameter:

Name:	Bedeutung
Prozentsatz	Die Position, bis zu der der Bildlauf durchgeführt werden soll, muß als Prozentsatz in bezug auf die Dokumentlänge angegeben werden. 0 steht für den Anfang des Dokuments, 100 für das Ende und 50 somit für die Mitte.

VRollen() — *Liefert die aktuelle Bildlaufposition.*

Gruppe: Bewegen der Einfügemarke und Markieren   WordBASIC Funktion

Syntax:
```
x = VRollen()
```

Beschreibung:
In bezug auf das aktuelle Dokument läßt sich mit Hilfe dieser Funktion die Position des angezeigten Textauszugs relativ zur Länge des gesamten Dokuments ermitteln.

Funktionsergebnis:

Als Funktionsergebnis wird ein Prozentwert zwischen 0 und 100 zurückgeliefert, der die aktuelle vertikale Position des angezeigten Dokumentausschnitts im Verhältnis zur gesamten Dokumentlänge angibt.

VSeite *Führt einen vertikalen Bildlauf in bezug auf die Größe des Dokumentfensters durch.*

Gruppe: Bewegen der Einfügemarke und Markieren WordBASIC Befehl

Syntax:
```
VSeite [Anzahl]
```

Beschreibung:
Der Aufruf dieses Befehls entspricht einem Mausklick auf die vertikale Bildlaufleiste eines Dokuments, ober- oder unterhalb des Positionsanzeigers. Als Reaktion darauf führt WinWord mehrere Bildläufe in die jeweilige Richtung aus, bis sich der Positionsanzeiger mit dem Mauszeiger deckt.

Parameter:

Name:	Bedeutung
`Anzahl`	Bestimmt die Anzahl der Bildläufe:
	nicht angegeben — Eine Bildschirmseite nach unten.
	Anzahl > 0 — Anzahl Bildschirmseiten nach oben.
	Anzahl < 0 — Anzahl Bildschirmseiten nach unten.

VZeile *Führt einen vertikalen Bildlauf um ein Vielfaches einer Zeile durch.*

Gruppe: Bewegen der Einfügemarke und Markieren WordBASIC Befehl

Syntax:
```
VZeile [Anzahl]
```

Beschreibung:
Der Aufruf dieses Befehls entspricht dem Anklicken eines der Schalter am oberen und unteren Rand der vertikalen Bildlaufleiste. Als Folge wird ein Bildlauf um eine bestimmte Anzahl von Zeilen nach oben oder unten durchgeführt.

Parameter:

Name:	Bedeutung
`Anzahl`	Bestimmt die Anzahl der Zeilen:
	nicht angegeben — Eine Zeile nach unten.
	Anzahl > 0 — Anzahl Zeilen nach unten.
	Anzahl < 0 — Anzahl Zeilen nach oben.

While ... Wend *Leitet eine While-Schleife ein.*

Gruppe: BASIC-Befehle und -Funktionen WordBASIC Befehl

Syntax:
```
While Bedingung1
...
... Schleifenbefehle
...
Wend
```

Beschreibung:

Die Befehle While-Wend markieren den Anfang und das Ende einer Programmschleife, deren einzelne Befehle immer wieder durchlaufen werden. Bereits vor dem ersten Schleifendurchlauf wertet WordBASIC den Ausdruck aus, der hinter dem While-Befehl angegeben wird, und beginnt mit dem Schleifendurchlauf nur dann, wenn dieser Ausdruck ein Resultat ungleich Null und damit TRUE liefert. Genauso verfährt WinWord beim Erreichen des Wend-Befehls: Erneut wird der Ausdruck hinter While ausgewertet und der nächste Schleifendurchlauf eingeleitet, wenn wieder ein Wert ungleich Null berechnet wurde.

Beendet wird dieser Kreislauf, wenn bei einer neuerlichen Auswertung des Ausdrucks Null und damit False herauskommt, weil dies als Abbruchsignal der Schleife verstanden wird. Die Programmausführung wird dann mit dem nächsten Befehl hinter Wend fortgesetzt.

Parameter:

Name:	Bedeutung
Bedingung1	Ein Ausdruck, der am Beginn jedes Schleifendurchlaufs ausgewertet wird und der darüber entscheidet, ob ein weiterer Schleifendurchlauf ausgeführt wird.

WinNachDOS$() *Konvertiert einen String aus dem ANSI- in den ASCII-Zeichensatz.*

Gruppe: Umgebung   WordBASIC Funktion

Syntax:
```
a$ = WinNachDOS$(AnsiString$)
```

Beschreibung:
Zeichenketten, die innerhalb von Windows gebildet werden und daher auf dem ANSI-Zeichensatz basieren, lassen sich mit Hilfe dieser Funktion in den ASCII-Zeichensatz von DOS umwandeln.

Funktionsergebnis:
Als Funktionsergebnis wird der ins ASCII-Format konvertierte ANSI-String zurückgeliefert.

Parameter:

Name:	Bedeutung
AnsiString$	Der umzuwandelnde String im ANSI-Format.

Wochentag() *Liefert den Wochentag aus einer Seriennummer.*

Gruppe: Datum und Uhrzeit   WordBASIC Funktion

Syntax:
```
x = Wochentag(Seriennummer)
```

Beschreibung:
Liegt eine Datumsangabe in Form einer Seriennummer vor, läßt sich der Wochentag des darin enthaltenen Datums mit Hilfe dieser Funktion ermitteln.

Funktionsergebnis:
Der Wochentag aus der angegebenen Seriennummer als Zahl zwischen 1 und 7. 1 steht dabei für Sonntag, 2 für Montag usw.

Parameter:

Name:	Bedeutung
`Seriennummer`	Die Seriennummer aus der der Wochentag gefiltert werden soll.

WortLinks   *Bewegt die Einfügemarke um ein oder mehrere Wörter nach links.*

Gruppe: Bewegen der Einfügemarke und Markieren   WordBASIC Befehl

Syntax:
`WortLinks [Anzahl] [, Markierung]`

Beschreibung:
Durch den Aufruf dieses Befehls bewegt Word für Windows die Einfügemarke innerhalb des angegebenen Dokuments um die angegebene Anzahl von Wörtern nach links und/oder erweitert die Markierung.

Parameter:

Name:	Bedeutung
`Anzahl`	Bestimmt die Anzahl der Wörter, um die die Einfügemarke bewegt werden soll.
`Markierung`	Wird hier der Wert 1 angegeben, legt WinWord ausgehend von der aktuellen Position der Einfügemarke eine Markierung an oder erweitert eine bestehende Markierung.

WortLinks()   *Bewegt die Einfügemarke um ein oder mehrere Wörter nach links und liefert Erfolgsmeldung.*

Gruppe: Bewegen der Einfügemarke und Markieren   WordBASIC Funktion

Syntax:
`WortLinks([Anzahl,] [Markierung])`

Beschreibung:
Wie schon der gleichnamige Befehl bewegt diese Funktion die Einfügemarke innerhalb des aktuellen Dokuments um eine bestimmte Anzahl von Wörtern nach links, zeigt dem Aufrufer über das Funktionsergebnis jedoch gleichzeitig an, ob die Bewegung ausgeführt werden konnte oder zuvor der Anfang des Dokuments erreicht wurde.

Funktionsergebnis:
Als Ergebnis liefert diese Funktion:

0	Wenn die Einfügemarke nicht um die gewünschte Anzahl von Wörtern nach links verschoben werden konnte, weil zuvor der Dokumentanfang erreicht wurde.
-1	Wenn die Bewegung der Einfügemarke vollständig aus-geführt wurde.

Parameter:

Name:	Bedeutung
`Anzahl`	Bestimmt die Anzahl der Wörter, um die die Einfügemarke bewegt werden soll.
`Markierung`	Wird hier der Wert 1 angegeben, legt WinWord ausgehend von der aktuellen Position der Einfügemarke eine Markierung an oder erweitert eine bestehende Markierung.

WortLöschen   *Löscht das Wort unter der Einfügemarke.*

Gruppe: Bearbeiten   WordBASIC Befehl

Syntax:
WortLöschen

Beschreibung:
Durch den Aufruf dieses Befehls löscht WinWord das Wort, das unmittelbar auf die Einfügemarke folgt bzw. das erste Wort, das vollständig oder teilweise in der Markierung enthalten ist.

Befindet sich die Einfügemarke über einem Wort, wird nur der Teil von der Einfügemarke bis zum Wortende gelöscht.

WortRechts
Bewegt die Einfügemarke um ein oder mehrere Wörter nach rechts.

Gruppe: Bewegen der Einfügemarke und Markieren   WordBASIC Befehl

Syntax:
WortRechts [Anzahl,] [Markierung]

Beschreibung:
Durch den Aufruf dieses Befehls bewegt Word für Windows die Einfügemarke innerhalb des angegebenen Dokuments um die angegebene Anzahl von Wörtern nach rechts und/oder erweitert die Markierung.

Parameter:

Name:	Bedeutung
Anzahl	Bestimmt die Anzahl der Wörter, um die die Einfügemarke bewegt werden soll.
Markierung	Wird hier der Wert 1 angegeben, legt WinWord ausgehend von der aktuellen Position der Einfügemarke eine Markierung an oder erweitert eine bestehende Markierung.

WortRechts()
Bewegt die Einfügemarke um ein oder mehrere Wörter nach rechts und liefert Erfolgsmeldung.

Gruppe: Bewegen der Einfügemarke und Markieren   WordBASIC Funktion

Syntax:
WortRechts([Anzahl,] [Markierung])

Beschreibung:
Wie schon der gleichnamige Befehl bewegt diese Funktion die Einfügemarke innerhalb des aktuellen Dokuments um eine bestimmte Anzahl von Wörtern nach rechts, zeigt dem Aufrufer über das Funktionsergebnis jedoch gleichzeitig an, ob die Bewegung ausgeführt werden konnte oder zuvor das Ende des Dokuments erreicht wurde.

Funktionsergebnis:

Als Ergebnis liefert diese Funktion:

0	Wenn die Einfügemarke nicht um die gewünschte Anzahl von Wörtern nach rechts verschoben werden konnte, weil zuvor das Dokumentende erreicht wurde.
-1	Wenn die Bewegung der Einfügemarke vollständig ausgeführt wurde.

Parameter:

Name:	Bedeutung
Anzahl	Bestimmt die Anzahl der Wörter, um die die Einfügemarke bewegt werden soll.

Markierung Wird hier der Wert 1 angegeben, legt WinWord ausgehend von der aktuellen Position der Einfügemarke eine Markierung an oder erweitert eine bestehende Markierung.

WortUnterstreichen

Legt die Einstellung für das Zeichenattribut "WortUnterstreichen" in bezug auf die markierten Zeichen fest.

Gruppe: Zeichenformatierung   WordBASIC Befehl

Syntax:
WortUnterstreichen [AnAus]

Beschreibung:
Mit Hilfe dieses Befehls läßt sich das Zeichenattribut "WortUnterstreichen" in bezug auf die in der Markierung enthaltenen Worte einschalten oder ausschalten.

Parameter:

Name:	Bedeutung
AnAus	Bestimmt, ob das Zeichenattribut an- oder ausgeschaltet werden soll.
0	Schaltet das Zeichenattribut "WortUnterstreichen" aus.
1	Schaltet das Zeichenattribut ein.

WortUnterstreichen()

Fragt die aktuelle Einstellung des Zeichenattributs "WortUnterstreichen" in bezug auf die markierten Zeichen ab.

Gruppe: Zeichenformatierung   WordBASIC Funktion

Syntax:
x = WortUnterstreichen()

Beschreibung:
Mit Hilfe dieser Funktion läßt sich feststellen, ob die markierten Zeichen mit dem Zeichenattribut "Wort-Unterstreichen" behaftet sind.

Funktionsergebnis:
Als Ergebnis liefert diese Funktion:

0	Wenn keines der markierten Zeichen dieses Zeichenattribut aufweist.
1	Wenn alle markierten Zeichen mit diesem Zeichenattribut behaftet sind.
-1	Wenn einige, aber nicht alle Zeichen aus der Markierung über dieses Zeichenattribut verfügen.

Write

Schreibt Informationen in eine Datei.

Gruppe: BASIC-Befehle und -Funktionen   BASIC Befehl

Syntax:
Write #Dateinummer, Ausdruck1[$] [, Ausdruck2[$]] [, ...]

Beschreibung:
Dieser Befehl dient als Gegenstück zum Read-Befehl und ermöglicht es einem Makro, Informationen in eine zuvor über OPEN geöffnete Datei zu schreiben. Diese Datei muß im Dateimodus "Ouptut" oder "Ap-

pend" geöffnet worden sein, damit sie sich nicht gegen die Ausgabe der Informationen sperrt und ein Fehler ausgelöst werden muß.

Parameter:

Name:	Bedeutung
`#Dateinummer`	Hier muß die Dateinummer angegeben werden, die beim Öffnen der Datei über OPEN festgelegt wurde.
`Ausdruck1[$]`	Ein numerischer- oder String-Ausdruck, dessen Ergebnis in die Datei geschrieben wird.
`Ausdruck2[$]`	"

ZählenAddIns()

Liefert Anzahl der geladenen WLL´s und Dokumentvorlagen.

Gruppe: Dokumente, Dokumentvorlagen und Add-Ins   WordBASIC Funktion

Syntax:

```
x = ZählenAddIns()
```

Beschreibung:

Das Ergebnis dieser Funktion gibt an, wieviele Word-Link-Libraries und globale Dokumentvorlagen geladen wurden.

Funktionsergebnis:

Das Ergebnis dieser Funktion gibt an, wieviele Word-Link-Libraries (WLL`s) mit der aktuellen Dokumentvorlage verbunden sind.

ZählenAutoTextEinträge()

Liefert die Anzahl der definierten AutoText-Einträge.

Gruppe: AutoText   WordBASIC Funktion

Syntax:

```
x = ZählenAutoTextEinträge([Kontext])
```

Beschreibung:

Mit Hilfe dieser Funktion können Sie herausfinden, wieviele AutoTexte in einer Dokumentvorlage vorhanden sind.

Funktionsergebnis:

Das Ergebnis dieser Funktion liefert die Anzahl der AutoTexte in der aktiven Dokumentvorlage.

Parameter:

Name:	Bedeutung	
`Kontext`	Dieser Parameter bestimmt, welche Dokumentvorlage(n) bezüglich ihrer AutoTexte untersucht werden soll(en):	
	0 oder nicht angegeben	Die Funktion sucht in der Dokumentvorlage "Normal.Dot" sowie in anderen globalen und geladenen Dokumentvorlagen nach AutoTexten.
	1	Nur in der aktiven Dokumentvorlage nach AutoTexten suchen.

Anmerkungen:
Veranlassen Sie die Funktion ZählenAutoTextEinträge() in der aktiven Dokumentvorlage (Kontext = 1) nach AutoTexten zu suchen und ist die aktive Dokumentvorlage globale Dokumentvorlage "Normal.Dot", liefert ZählenAutoTextEinträge() immer den Wert 0.

ZählenDateien() *Liefert Anzahl der im Datei-Menü verfügbaren Dateien.*

Gruppe: Dokumente, Dokumentvorlagen und Add-Ins WordBASIC Funktion

Syntax:
```
x = ZählenDateien()
```

Beschreibung:
Diese Funktion liefert die Anzahl der Dateien zurück, die im "Datei"-Menü des Word-Hauptfensters angezeigt werden. Standardmäßig werden dort die vier zuletzt verwendeten Dateien vermerkt - diese werden auch beim nächsten Start von Word angezeigt.

Funktionsergebnis:
Anzahl der im Datei-Menü aufgelisteten Dateien.

ZählenExtrasGrammatikStatistik() *Bestimmt Größe des Datenfeldes für ExtrasGrammatikStatistikDatenfeld.*

Gruppe: Editierhilfen WordBASIC Funktion

Syntax:
```
x = ZählenExtrasGrammatikStatistik()
```

Beschreibung:
Diese Funktion liefert die Größe des Datenfeldes (Array), das benötigt wird, um die Daten des Befehls ExtrasGrammatik aufnehmen zu können. Das Ergebnis von ZählenExtrasGrammatikStatistik() muß zur Dimensionierung eines zweidimensionalen Datenfeldes herangezogen werden, das dann an die Funktion ExtrasGrammatikStatistikDatenfeld übergeben werden kann.

Funktionsergebnis:
Das Ergebnis dieser Funktion gibt die Größe des Arrays an, das in Verbindung mit der Anweisung ExtrasGrammatikStatistikDatenfeld zur Ermittlung der Statistiken verwendet werden muß.

Anmerkungen:
Beachten Sie, daß Word für Windows kein deutsches Grammatikmodul beinhaltet.

ZählenFenster() *Liefert die Anzahl der Dokument- und Makrofenster.*

Gruppe: Fenster WordBASIC Funktion

Syntax:
```
x = ZählenFenster()
```

Beschreibung:
Durch Aufruf dieser Funktion wird die Anzahl aller zur Zeit im Word-Hauptfenster dargestellten Fenster ermittelt. Es werden nicht nur die tatsächlich geöffneten Fenster, sondern auch alle zum Symbol verklei-

nerten Fenster mitgezählt. Die zurückgegebene Anzahl entspricht der Anzahl der Fenstertitel, die im "Fenster"-Menü enthalten sind.

Funktionsergebnis:

Anzahl der im Word-Hauptfenster enthaltenen Bearbeitungsfenster (inkl. der zu einem Symbol verkleinerten).

ZählenFormatvorlagen() — *Liefert die Anzahl der Formatvorlagen.*

Gruppe: Formatvorlagen   WordBASIC Funktion

Syntax:
ZählenFormatvorlagen([Kontext] [, Alle])

Beschreibung:

Mit Hilfe dieser Funktion läßt sich die Anzahl der Formatvorlagen eines Dokumentes bzw. einer Dokumentvorlage ermitteln. Dabei können Sie festlegen, ob die vom Benutzer geänderten Formatvorlagen mitgezählt werden sollen, oder ob nur die ungeänderten Formatvorlagen berücksichtigt werden sollen.

Parameter:

Name:	Bedeutung	
Kontext	Gibt an, ob das aktuelle Dokument, oder die aktuelle Dokumentvorlage nach Formatvorlagen durchsucht werden soll:	
	0 oder nicht angegeben	Nur Formatvorlagen des aktiven Dokumentes zählen.
	1	Nur Formatvorlagen der aktiven Dokumentvorlage zählen. Die Formatvorlagen des aktiven Dokumentes nicht berücksichtigen.
Alle	Dieser Parameter bestimmt, ob die vom Benutzer definierten Formatvorlagen mitgezählt werden sollen, oder nicht.	
	0 oder nicht angegeben	Die nicht geänderten vorgegebenen Formatvorlagen werden nicht mitgezählt.
	1	Auch nicht geänderte Formatvorlagen werden mitgezählt.

Anmerkungen:

Bei der Ermittlung aller Formatvorlagen (Alle = 1) ist zu beachten, daß Word über 75 Standard-Formatvorlagen verfügt, die in diesem Fall mitgezählt werden. Sollen nur die geänderten Formatvorlagen gezählt werden (Alle = 0), zählt Word neben den benutzereigenen Formatvorlagen automatisch die Formatvorlagen "Standard" und "Absatz-Standardschriftart" hinzu, die als 'benutzerdefiniert' gelten.

ZählenGefundeneDateien() — *Liefert die Anzahl der mit Hilfe des Datei-Managers gefundenen Dateien.*

Gruppe: Dokumente, Dokumentvorlagen und Add-Ins   WordBASIC Funktion

Syntax:
x = ZählenGefundeneDateien()

Beschreibung:

Word erlaubt die Suche nach speziellen Dateien mit Hilfe des Datei-Managers ("Datei|DateiManager..."). Dort können Sie z.B. nach allen Texten eines Autors suchen, oder alle Dateien die älter als ein bestimmtes Datum sind, suchen lassen. Diese Funktion liefert die Anzahl der zuletzt gefundenen Daten.

Funktionsergebnis:
Die Funktion liefert die Anzahl der bei der letzten Suche mit dem Datei-Manager gefundenen Dateien.

        0   Entweder wurden keine Dateien gefunden, oder der Datei-Manager wurde in der aktuellen Word-Sitzung noch nicht aufgerufen.
        >0   Anzahl der gefundenen Dateien.

ZählenMakros()   *Liefert die Anzahl der verfügbaren Spracherweiterungen (Makros etc.).*

Gruppe: Makros   WordBASIC Funktion

Syntax:
x = ZählenMakros([Kontext] [, Alle] [, Global])

Beschreibung:
Diese Funktion liefert die Anzahl der in einer Dokumentvorlage definierten Makros, Befehle und AddIn-Erweiterungen. Makros stellen dabei die von Ihnen programmierbaren Erweiterungen dar, Befehle repräsentieren den Sprachumfang von Word-Basic und AddIn´s bezeichnen die einer Dokumentvorlage hinzugefügten Funktionssammlungen (Bibliothek).

Funktionsergebnis:
Der Rückgabewert gibt die Anzahl der in der spezifizierten Dokumentvorlage enthaltenen Makros, Befehle und AddIn's an.

Parameter:

Name:	Bedeutung
Kontext	Gibt an, in welcher Dokumentvorlage die Spracherweiterungen ermittelt werden sollen: 0 oder nicht angegeben Sucht in der Dokumentvorlage "Normal.Dot". 1 Sucht in der Dokumentvorlage des aktiven Dokuments.
Alle	Gibt an, welche Spracherweiterungen mitgezählt werden sollen: 0 Zählt nur Makros. 1 Zählt Makros, Befehle und AddIn-Erweiterungen.
Global	Gibt an, ob auch die Makros der globalen und geladenen Dokumentvorlagen gezählt werden sollen. 0 Zählt nur die Makros(AddIn's etc.) der Dokumentvorlage des aktiven Dokuments. 1 Zählt nur die Makros (AddIn's) der geladenen und globalen Dokumentvorlagen.

Anmerkungen:
Wollen Sie die aktive Druckvorlage eines Dokumentes untersuchen (Kontext=1), und ist diese die globale Dokumentvorlage mit dem Namen "Normal.Dot", so liefert die Funktion ZählenMakros() den Wert 0, da beim Suchen in 'lokalen' Dokumentvorlagen (Kontext=1) nicht auf die globalen Dokumentvorlagen ("Normal.Dot" etc.) zugegriffen werden kann.

ZählenMenüEintrag()   *Liefert die Anzahl der Menüelemente im angegebenen Menü.*

Gruppe: Anpassung durch den Benutzer   WordBASIC Funktion

Syntax:
x = ZählenMenüEintrag(Menü$, Art [, Kontext])

Beschreibung:
Mit Hilfe dieser Funktion können die Menü-Einträge eines Word-Hauptfenstermenüs ermittelt werden.

Funktionsergebnis:
Anzahl der in einem Menü verfügbaren Menüeinträge.

Parameter:

Name:	Bedeutung
Menü$	Dieser Parameter bestimmt, für welches Menü die Anzahl der Einträge ermittelt werden soll. Neben den üblichen Namen wie "Datei", "Ansicht", "Extras" kommen auch die Namen in Betracht, die im Listenfeld "Kategorien" im Dialogfeld "Extras|Anpassen..|Registrierkarte Menü" zu finden sind. Beachten Sie, daß einige der in diesem Listenfeld angegebenen Namen Zusatzinformationen enthalten. So finden Sie dort zwei Einträge für den Menüpunkt Datei: eimal "&Datei" und einen weiteren Eintrag der "&Datei (Kein Dokument)" lautet. Der zweite Menüeintrag wird von Word verwendet, um das Dateimenü dem Umstand anzupassen, daß noch kein Dokument geöffnet wurde, so daß z.B. das "Speichern" eines Dokumentes nicht sinnvoll wäre. Da Sie in Menü$ in beiden Fällen nur den Namen "Datei" oder "&Datei" angeben können, wird durch den Parameter "Art" festgelegt, für welchen Umstand (Kein Dokument, oder Dokument geöffnet) die Anzahl der Einträge ermittelt werden soll.
Art	Dieser Parameter bestimmt, für welchen Umstand die Anzahl der Menüeinträge eines Menüs ermittelt werden soll:

    0   Zählt die Menüeinträge, wenn mind. ein Dokument geöffnet ist.
    1   Zählt die Menüeinträge, wenn kein Dokument geöffnet ist.
    2   Zählt die Kontextmenüs (Menüs, die durch Druck auf die rechte Maustaste angezeigt werden, und von der aktuellen Position des Mauszeigers abhängen).

Kontext	Dieser Parameter bestimmt, ob die Menüs gezählt werden sollen, wenn ein Dokument aktiv ist, das die Dokumentvorlage "Normal.Dot" verwendet, oder ob die zur Zeit tatsächlich verfügbaren Menüs gezählt werden sollen:

    0   Zählt Menüs bei Verwendung der Dokumentvorlage "Normal.Dot".
    1   Zählt zur Zeit aktive Menüs.

Anmerkungen:
Die Funktion ZählenMenüEinträge() zählt Trennstriche (Separatoren) mit. Jeder Trennstrich geht als ein Menüeintrag in die Endbilanz ein. Die Menüeinträge des Datei- und Fenster-Menüs, die die geöffneten Dateien einer Sitzung (unterer Bereich des Datei-Menüs) bzw. die geöffneten Fenster bezeichnen (unterer Bereich des Fenster-Menüs), gehen jedoch nur als jeweils 1 Menüeintrag ein.

ZählenMenüs()   *Liefert die Anzahl der Menüs.*

Gruppe: Anpassung durch den Benutzer   WordBASIC Funktion

Syntax:
x = ZählenMenüs(Art [, Kontext])

Beschreibung:
Im Gegensatz zu ZählenMenüEintrag() liefert diese Funktion die in der Menüzeile des Word-Hauptfensters zur Verfügung stehenden Menüs. Bis auf die Angabe des Menünamens, dessen Einträge ermittelt werden sollen, sind die Parameter dieser beiden Funktionen identisch.

Funktionsergebnis:

Anzahl der Menüs in der Menüzeile.

Parameter:

Name:	Bedeutung
Art	Bestimmt, für welchen Zustand die Anzahl der Menüs in der Menüzeile ermittelt werden sollen:
	0 Ermittelt Menüanzahl, wenn mindestens ein Dokument geöffnet ist.
	1 Ermittelt Menüanzahl wenn kein Dokument geöffnet ist.
Kontext	Gibt den Kontext an, für den die Menüanzahl ermittelt werden soll:
	0 Menüanzahl für den Fall, daß die Dokumentvorlage "Normal.Dot" aktiv ist.
	1 Die Anzahl der zur Zeit tatsächlich verfügbaren Menüs.

ZählenSchriftarten()   *Liefert die für den Drucker zur Verfügung stehenden Schriftarten.*

Gruppe: Zeichenformatierung   WordBASIC Funktion

Syntax:

x = ZählenSchriftarten()

Beschreibung:

Diese Funktion liefert die Anzahl der Schriftarten, die mit dem aktuellen Drucker verwendet werden können. Die Anzahl der zur Verfügung stehenden Schriften wird durch Abzählen der Einträge im Listenfeld "Schriftart" des Dialogfeldes "Zeichen" (aufgerufen durch "Format|Zeichen...") ermittelt. Neben den True-Type und Windows-Systemschriften werden auch Drucker-interne Schriften mitgezählt.

Funktionsergebnis:

Anzahl der auf dem aktuellen Drucker verfügbaren Schriftarten.

ZählenSeriendruckFelder()   *Liefert die Anzahl der Felder einer Serienbrief-Datenquelle.*

Gruppe: Seriendruck   WordBASIC Funktion

Syntax:

x = ZählenSeriendruckFelder()

Beschreibung:

Mit dem Hauptdokument, in dem die Platzhalter der einzelnen Serienbrief-Felder (z.B. Name, Strasse, Ort etc.) vorhanden sind, muß auch eine Datenquelle oder Steuerdatei verbunden worden sein, die die Platzhalter während des Ausdruckens durch sinnvolle Werte ersetzt. Um nun die Anzahl der Felder einer Steuerdatei/Datenquelle zu ermitteln, wird diese Funktion verwendet. Ist das aktive Dokument kein Hauptdokument, oder aber besitzt es keine Steuerdatei/Datenquelle, so liefert diese Funktion den Wert 0.

Diese Funktion kann nicht nur auf ein Hauptdokument angewendet werden, sondern kann auch direkt mit einer Steuerdatei/Datenquelle verwendet werden. In einer Steuerdatei werden die zur Verfügung stehenden Felder im ersten Absatz der Datei definiert, deren Anzahl durch ZählenSeriendruckFelder() ermittelt wird. Mit Datenquelle wird eine Word-Tabelle bezeichnet, deren erste Zeile die einzelnen Serienbrief-Felder (Spalte für Spalte) enthält.

Funktionsergebnis:

Anzahl der Datenfelder einer mit einem Dokument verbundenen Datenquelle.

ZählenSprachen()   *Liefert die Anzahl der zur Verfügung stehenden Sprachen.*

Gruppe: Zeichenformatierung   WordBASIC Funktion

Syntax:

```
x = ZählenSprachen()
```

Beschreibung:

Word bietet die Möglichkeit, einen Text auf Rechtschreibfehler, Grammatikfehler, Groß-/Kleinschreibung am Satzanfang etc. hin untersuchen zu lassen. Leider sind diese Prüfungen stark von der Sprache abhängig, in der ein Text verfaßt wurde. Um die Anzahl der Sprachen zu ermitteln, die Word bietet, kann diese Funktion verwendet werden. Dabei werden auch die Sprach-Optionen "Keine Überprüfung" (repräsentiert durch "keine"), sowie das Fehlen jeglicher Sprachformatierung ("0") mitgezählt (s. Menü "Extras|Sprache...").

Funktionsergebnis:

Anzahl der von Word unterstützten Sprachen.

ZählenSymbolleisten()   *Liefert die Anzahl der Symbolleisten im Dialogfeld "Symbolleisten".*

Gruppe: Anpassung durch den Benutzer   WordBASIC Funktion

Syntax:

```
x = ZählenSymbolleisten([Kontext])
```

Beschreibung:

Diese Funktion ermittelt die Anzahl der verfügbaren Symbolleisten im angegebenen Kontext. Verfügbar bedeutet dabei nicht auch gleichzeitig dargestellt, sondern nur mittels des Dialogfeldes "Symbolleisten" (aufgerufen durch "Ansicht|Symbolleisten...") darstellbar bzw. wieder abschaltbar.

Funktionsergebnis:

Anzahl der verfügbaren Symbolleisten.

Parameter:

Name:	Bedeutung	
Kontext	Gibt an, in welchem Kontext die verfügbaren Symbolleisten gezählt werden sollen:	
	0 oder nicht angegeben	Anzahl der zur Verfügung stehenden Symbolleisten, für Dokumente, die auf der Dokumentvorlage "Normal.Dot" basieren.
	1	Anzahl der augenblicklich zur Verfügung stehenden Symbolleisten. Diese Zahl hängt von Benutzereinstellungen und evtl. geladenen und aktiven Dokumentvorlagen ab.

ZählenSymbolleistenSchaltflächen()   *Liefert die Anzahl der Schaltflächen auf einer Symbolleiste.*

Gruppe: Anpassung durch den Benutzer   WordBASIC Funktion

Syntax:

```
x = ZählenSymbolleistenSchaltflächen(Symbolleiste$ [, Kontext])
```

Beschreibung:
Diese Funktion ermittelt die Anzahl der verfügbaren Schaltflächen einer Symbolleiste. Dazu wird der Name der Symbolleiste, sowie der Kontext in dem diese Anzahl ermittelt werden soll, angegeben. Zu beachten ist, daß Listenfelder (z.B. "Schriftart"-Kombinationsfeld in der Formatieren-Symbolleiste) und Abstandshalter (Separatoren) mit in diese Anzahl eingehen.

Funktionsergebnis:
Anzahl der verfügbaren Schaltflächen einer Symbolleiste.

Parameter:

Name:	Bedeutung
`Symbolleiste$`	Name der Symbolleiste, deren Schaltflächenzahl ermittelt werden soll. Eine Liste der zur Verfügung stehenden Symbolleisten erhält man im Dialogfeld "Ansicht|Symbolleisten...".
`Kontext`	Gibt an, für welchen Kontext die Anzahl der verfügbaren Schaltflächen ermittelt werden soll:
	0 Ermittlung der verfügbaren Schaltflächen, wenn ein Dokument auf der Vorlage "Normal.Dot" beruht.
	1 Ermittlung der Anzahl der verfügbaren Schaltflächen für das aktive Dokument.

Anmerkungen:
Beachten Sie, daß der Rückgabewert dieser Funktion stark vom jeweiligen Kontext abhängt. Sollten Sie für einen Kontext eigene Symbolleisten definiert haben (s. SchaltflächeHinzufügen), entspricht der zurückgegebene Wert der Anzahl der in diesem Kontext für eine Symbolleiste angegebenen Schaltfelder.

ZählenTasten()   *Liefert die Anzahl der definierten Abkürzungstasten.*

Gruppe: Anpassung durch den Benutzer   WordBASIC Funktion

Syntax:
x = ZählenTasten([Kontext])

Beschreibung:
Diese Funktion liefert dem Aufrufer die Anzahl der Kurztasten für Makros und Menüs im globalen oder dokumentbezogenen Kontext. Dabei werden jedoch nur die neu definierten Kurztasten gezählt. Schon vorhanden Abkürzungen wie z.B. Alt+F4 zum Schließen der aktuellen Anwendung werden nicht mitgezählt.

Funktionsergebnis:
Anzahl der benutzerdefinierten Tastenkürzel in einer Dokumentvorlage.

Parameter:

Name:	Bedeutung	
`Kontext`	Bezeichnet die Dokumentvorlage, deren benutzerdefinierte Tastenkürzel gezählt werden sollen:	
	0 oder fehlt	Zählt Kürzel in der Dokumentvorlage "Normal .Dot".
	1	Zählt Kürzel in der mit dem aktiven Dokument verbundenen Dokumentvorlage.

ZählenTextmarken() *Liefert Anzahl der Textmarken eines Dokumentes.*

Gruppe: Textmarken   WordBASIC Funktion

Syntax:
```
x = ZählenTextmarken()
```

Beschreibung:
Neben den Standard-Textmarken wie "\Doc", "\Page" etc. haben Sie die Möglichkeit, eigene Textmarken zu definieren, die zum schnellen Auffinden von Textpassagen herangezogen werden können (Textmarken sind eine Art Lesezeichen). Um die Anzahl der in einem Dokument definierten Textmarke zu erfahren, wird die Funktion ZählenTextmarken() aufgerufen.

Funktionsergebnis:
Anzahl der im aktiven Dokument definierten Textmarken.

ZählenVerzeichnisse() *Liefert die Anzahl der Unterverzeichnisse in einem Verzeichnis.*

Gruppe: Datenträgerzugriff und -verwaltung   WordBASIC Funktion

Syntax:
```
x = ZählenVerzeichnisse(Verzeichnis$)
```

Beschreibung:
Diese Funktion ermittelt die Anzahl der Unterverzeichnisse des angegebenen Verzeichnisses.

Funktionsergebnis:
Anzahl der enthaltenen Unterverzeichnisse.

Parameter:

Name:	Bedeutung
Verzeichnis$	Name des nach Unterverzeichnissen zu untersuchenden Verzeichnisses (z.B. "C:\WINWORD6").

ZeichenFarbe *Setzt die Farbe der markierten Zeichen.*

Gruppe: Zeichenformatierung   WordBASIC Befehl

Syntax:
```
ZeichenFarbe Farbe
```

Beschreibung:
Dieser Befehl ändert die Farbe der markierten Zeichen auf den angegebenen Wert.

Parameter:

Name:	Bedeutung	
Farbe	Dieser Wert bestimmt die Textfarbe und darf folgende Werte annehmen:	
	0	Automatische Farbvergabe (entsprechend der Windows-Systemsteuerung)
	1	Schwarz
	2	Blau
	3	Cyan

4	Grün
5	Magenta
6	Rot
7	Gelb
8	Weiß
9	Dunkelblau
10	Türkis
11	Dunkelgrün
12	Violett
13	Dunkelrot
14	Ocker
15	Dunkelgrau
16	Hellgrau

ZeichenFarbe()

Liefert die Farbe des markierten Textes.

Gruppe: Zeichenformatierung   WordBASIC Funktion

Syntax:

```
x = ZeichenFarbe()
```

Beschreibung:

Diese Funktion liefert die Farbe der markierten Zeichen - also den Wert, der vorher mit dem Befehl ZeichenFarbe (oder durch "Format|Zeichen...|Farbe:") geändert wurde. Ist der markierte Text nicht einfarbig, so liefert diese Funktion den Wert -1 zurück.

Funktionsergebnis:

Farbe des markierten Textes:

-1	Markierter Text nicht einfarbig, daher keine Angabe über die verwendete Farbe möglich.
0	Farbe wird automatisch vergeben.
2	Blau
3	Cyan
4	Grün
5	Magenta
6	Rot
7	Gelb
8	Weiß
9	Dunkelblau
10	Türkis
11	Dunkelgrün
12	Violett
13	Dunkelrot
14	Ocker
15	Dunkelgrau
16	Hellgrau

ZeichenLinks

Bewegt die Einfügemarke nach links.

Gruppe: Bewegen der Einfügemarke und Markieren   WordBASIC Befehl

Syntax:

```
ZeichenLinks [Anzahl] [, Markierung]
```

Beschreibung:

Dieser Befehl verschiebt die Einfügemarke die angegebene Zeichenzahl nach links. Dabei kann angegeben werden, ob der überstrichene Text markiert werden soll.

Parameter:

Name: *Bedeutung*

Anzahl Anzahl der Zeichen, die die Einfügemarke nach links verschoben werden soll:

    <= 0 oder nicht angegeben Bewegung um 1 Zeichen.
    > 0 Bewegt die Einfügemarke um die angegebenen Zeichen.

Markierung Gibt an, ob der überstrichene Text markiert werden soll oder nicht. Zu beachten ist, daß das aktive Ende der Markierung bewegt wird (s. Anmerkung).

    0 Nicht markieren
    <> 0 Markieren

Anmerkungen:

Besteht eine Markierung und wird dieser Befehl ohne den Parameter Markierung aufgerufen, wird die bestehende Markierung aufgehoben und die Einfügemarke auf das erste vormals markierte Zeichen bewegt. Erst dann wird die Einfügemarke die dem ZeichenLinks-Befehl übergebene Anzahl von Zeichen bewegt.

Besteht eine Markierung, und soll dieser Befehl zum Markieren eingesetzt werden, ist zu beachten, daß das aktive Ende der Markierung bewegt wird. Unter aktivem Ende der Markierung versteht man die Position, die die Markierung durch Verschieben der Einfügemarke vergrößert bzw. verkleinert. Beim Markieren von "oben nach unten" befindet sich die aktive Markierung am unteren Ende der Markierung und jede Bewegung nach links läßt die Markierung kleiner werden. Beim Markieren von "unten nach oben" ist das aktive Ende der Anfang der Markierung, und jeder ZeichenLinks-Aufruf vergrößert die Markierung.

ZeichenLinks()

Bewegt die Einfügemarke nach links und liefert Anzahl der Bewegungen.

Gruppe: Bewegen der Einfügemarke und Markieren   WordBASIC Funktion

Syntax:

```
x = ZeichenLinks([Anzahl] [, Markierung])
```

Beschreibung:

Diese Funktion hat die gleiche Wirkung wie der Befehl ZeichenLinks. Jedoch liefert diese Funktion als Ergebnis ob die Eingabemarke tatsächlich bewegt wurde. Steht die Eingabemarke z.B. am Beginn eines Textes, kann diese nicht weiter nach links verschoben werden.

Funktionsergebnis:

Gibt an, ob Eingabemarke bewegt werden konnte.

    -1 Eingabemarke konnte um mindestens ein Zeichen verschoben werden.
    0 Eingabemarke konnte nicht verschoben werden (Textanfang erreicht).

Parameter:

Name: *Bedeutung*

Anzahl Anzahl der Zeichen, um die Eingabemarke verschoben werden soll.

    <= 0 oder nicht angegeben Bewegung um ein Zeichen.
    > 0 Bewegung um angegebene Anzahl von Zeichen.

Markierung Gibt an, ob überstrichener Text markiert werden soll.

    == 0 Keine Markierung (Aufhebung von alten Markierungen).

<> 0	Markierung der überstrichenen Zeichen bzw. Bewegung des aktiven Markierungsendes.

Anmerkungen:
s.a. Befehl "ZeichenLinks".

ZeichenRechts *Bewegt Einfügemarke nach rechts.*

Gruppe: Bewegen der Einfügemarke und Markieren   WordBASIC Befehl

Syntax:
`ZeichenRechts [Anzahl] [, Markierung]`

Beschreibung:
Dieser Befehl bewegt die Einfügemarke nach rechts und markiert den evtl. überstrichenen Text.

Parameter:

Name:	Bedeutung	
Anzahl	Anzahl der Zeichen, um die Einfügemarke verschoben werden soll.	
	<= 0 oder nicht angebeben	Bewegt Einfügemarke um 1 Zeichen.
	>0	Bewegt Einfügemarke um die angegebene Anzahl von Zeichen.
Markierung	Gibt an, ob überstrichener Text markiert werden soll.	
	0 oder nicht angegeben	Keine Markierung (evtl. bestehende Markierungen werden aufgehoben).
	<>0	Markierung des überstrichenen Textes bzw. Positionierung des aktiven Markierungsendes.

Anmerkungen:
s. ZeichenLinks.

ZeichenRechts() *Bewegt Einfügemarke nach links und liefert Anzahl tatsächlicher Bewegungen.*

Gruppe: Bewegen der Einfügemarke und Markieren   WordBASIC Funktion

Syntax:
`x = ZeichenRechts([Anzahl] [, Markierung])`

Beschreibung:
Diese Funktion bewegt die Einfügemarke ebenso wie der Befehl ZeichenRechts. Jedoch gibt der Rückgabewert dieser Funktion Auskunft darüber, ob die Einfügemarke bewegt wurde. Ein Bewegen der Einfügemarke über das Textende hinaus ist nicht zulässig.

Funktionsergebnis:
Als Ergebnis liefert diese Funktion:

-1	Einfügemarke wurde um mindestens 1 Zeichen verschoben.
0	Eingabemarke wurde nicht verschoben.

Parameter:

Name:	Bedeutung
Anzahl	Anzahl der Zeichen, um die die Einfügemarke bewegt werden soll.

	<= 0 oder nicht angegeben	Bewegung um ein Zeichen.
	> 0	Bewegung um angegebene Anzahl.

Markierung Gibt an, ob der überstrichene Text markiert werden soll.

	0 oder nicht angegeben	Keine Markierung.
	<> 0	Markierung des Textes bzw. Bewegung des aktiven Markierungsendes.

Anmerkungen:

s. ZeichenLinks.

ZeichnungAbgerundetesRechteck

Fügt ein Rechteck mit runden Ecken als Zeichnungsobjekt ein.

Gruppe: Zeichnen   WordBASIC Befehl

Syntax:

```
ZeichnungAbgerundetesRechteck
```

Beschreibung:

Dieser Befehl fügt ein Rechteck mit abgerundeten Ecken in den Text ein. Dieses Rechteck wird in der oberen linken Ecke der aktuellen Seite plaziert und kann durch die ZeichnungBewegenXXX-Befehle an die gewünschte Position bewegt werden. Nach dem Einfügen steht dieses Rechteck vor dem Text.

Befindet sich das aktuelle Dokument nicht in der Layoutansicht, wird in diese gewechselt.

ZeichnungAmRasterAusrichten

Bestimmt, in welchen Schritten die Position und Größe von Zeichnungsobjekten geändert werden kann.

Gruppe: Zeichnen   WordBASIC Dialogbefehl

Syntax:

```
ZeichnungAmRasterAusrichten .AmRasterAusrichten% [, .XRaster%$]
[, .YRaster%$] [, .XUrsprung%$] [, .YUrsprung%$]
```

Beschreibung:

Diese Funktion definiert ein unsichtbares Gitter, an dem die Zeichnungsobjekte ausgerichtet werden. Die ZeichnungBewegenXXXX-Befehle sorgen dafür, daß eine Zeichnung in der hier angegebenen Schrittweite bewegt wird.

Dialogvariablen:

Name:	*Bedeutung*
`.AmRasterAusrichten%`	Gibt an, ob das Gitter aktiv ist oder nicht.
	0 Ausrichten deaktivieren.
	1 Ausrichten aktivieren.
`.XRaster%$`	Diese Variable gibt die horizontale Gittergröße an. Bei der Bewegung einer Zeichnung wird diese um die hier angegebene Größe verschoben.
`.YRaster%$`	Vertikale Gittergröße (s. .XRaster).
`.XUrsprung%$`	Ursprung bzw. Versatz, der den Abstand des Gitters vom linken Seitenrand angibt. Ein vielfaches von XRaster oder 0 sorgen dafür, daß das Gitter am linken Seitenrand beginnt.

.YUrsprung%$ Ursprung bzw. Versatz des Gitters vom oberen Seitenrand. Ein vielfaches von YRaster oder 0 bewirken eine Ausrichtung des Gitters am oberen Seitenrand.

Anmerkungen:

Die Werte für die Parameter XRaster, YRaster, XUrsprung und YUrsprung können sowohl als numerischer Wert als auch als String angegeben werden. Numerische Werte werden in der Einheit Punkt angegeben (1/72 Zoll), während bei der Parameterübergabe mittels Strings immer das Einheitenkürzel mit angegeben werden muß ("cm", "ib", "pt", "pi").

Die Funktion ZeichnungAmRasterAusrichten ist das Äquivalent zur Auswahl der gleichnamigen Schaltfläche aus der Zeichnung-Symbolleiste.

ZeichnungArtAbfragen()   *Ermittelt Typ eines Zeichnungsobjektes.*

Gruppe: Zeichnen   WordBASIC Funktion

Syntax:

```
x = ZeichnungArtAbfragen([Nummer])
```

Beschreibung:

Diese Funktion ermittelt den Typ eines angegebenen Zeichnungsobjektes im aktuellen Zeichnungsbereich, oder aber den Typ der markierten Zeichnung.

Funktionsergebnis:

Der Rückgaberwert der Funktion gibt Auskunft über den Typ des Zeichnungsobjektes:

0	Nummer wurde nicht angegeben, und ein Zeichnungsobjekt ist auch nicht markiert, so daß der Typ eines Zeichnungsobjektes nicht ermittelt werden kann.
1	Nummer wurde nicht angegeben, und mehrere Objekte sind markiert.
2	Das Objekt ist eine Linie.
3	Das Objekt ist ein Textfeld.
4	Das Objekt ist ein Rechteck.
5	Das Objekt ist eine Ellipse.
6	Das Objekt ist ein Kreisbogen.
7	Das Objekt ist ein Freihand-Objekt.
8	Das Objekt ist eine Legende.

Parameter:

Name: *Bedeutung*

Nummer   Dieser Parameter bestimmt die Nummer des Objektes im aktuellen Zeichnungsbereich, dessen Typ ermittelt werden soll. Diese Nummer kann die Werte 1 bis ZählenZeichnung() annehmen.

nicht angegeben	Ermittelt Typ des markierten Zeichnungsobjektes.
1 bis ZählenZeichnung()	Ermittelt Typ des Zeichnungsobjektes in einem Zeichnungsbereich.

ZeichnungAuflösenGrafik   *Wandelt die markierte Grafik in eine Word 6 - Grafik um.*

Gruppe: Zeichnen   WordBASIC Befehl

Syntax:

```
ZeichnungAuflösenGrafik
```

Beschreibung:
Dieser Befehl wandelt die markierte Grafik in eine Word 6 Grafik um, die mit dem integrierten Grafikprogramm bearbeitet werden kann.

ZeichnungAusrichten *Richtet die markierten Zeichnungsobjekte aus.*

Gruppe: Zeichnen WordBASIC Dialogbefehl

Syntax:

```
ZeichnungAusrichten [.Horizontal%] [, .Vertikal%] [, .RelativZu%]
```

Beschreibung:
Mit Hilfe dieses Befehls werden die markierten Zeichnungsobjekte ausgerichtet. Dabei besteht die Möglichkeit, die Objekte relativ zur Seite auf der sie sich befinden, oder aber relativ zueinander auszurichten.

Dialogvariablen:

Name:	Bedeutung	
`.Horizontal%`	Dieser Parameter gibt die horizontale Ausrichtung der Zeichenobjekte an:	
	0	Keine Ausrichtung. Horizontale Position wird beibehalten.
	1	Linksbündige Ausrichtung.
	2	Objekte horizontal zentrieren.
	3	Rechtsbündige Ausrichtung.
`.Vertikal%`	Dieser Parameter gibt die vertikale Ausrichtung der Objekte an.	
	0	Keine Ausrichtung. Objekte behalten ihre vertikale Position.
	1	Objekte nach oben ausrichten.
	2	Objekte vertikal zentrieren.
	3	Objekte nach unten ausrichten.
`.RelativZu%`	Dieser Parameter gibt an, ob die Objekte bezüglich der Seite, in der sie stehen, oder bezüglich des alle Objekte umschließenden Rechtecks ausgerichtet werden sollen.	
	0	Objekte zueinander ausrichten. Nur sinnvoll, wenn mehr als ein Objekt markiert ist, ansonsten wird der Befehl ignoriert.
	1	Objekte an ihrer Seite ausrichten.

Anmerkungen:
Das Ausrichten von Objekten zueinander geschieht derart, das zunächst das größte umschließende Rechteck aller markierten Objekte ermittelt wird. Dieses Rechteck wird dann zum Ausrichten der Objekte herangezogen. Sollen die Objekte z.B. linksbündig und vertikal zentriert ausgerichtet werden, so wird die linke Koordinate aller Objekte auf die linke Koordinate des alle Objekte umschließenden Rechtecks gesetzt, und die obere Koordinate der Objekte so geändert, daß die vertikalen Mitten der einzelnen Objekte mit der Mitte des umschließenden Rechtecks zusammenfallen.

ZeichnungBereichLöschen *Hebt den Zeichnungsbereich auf.*

Gruppe: Zeichnen WordBASIC Befehl

Syntax:

```
ZeichnungBereichLöschen
```

Beschreibung:

Dieser Befehl hebt einen vorher mittels ZeichnungBereichSetzen erzeugten Zeichnungs-Bereich wieder auf.

ZeichnungBereichSetzen *Legt den Zeichnungsbereich auf eine Textmarke fest.*

Gruppe: Zeichnen   WordBASIC Befehl

Syntax:

```
ZeichnungBereichSetzen Textmarke$
```

Beschreibung:

Dieser Befehl sorgt dafür, daß der aktuelle Zeichnungsbereich auf die angegebene Textmarke gesetzt wird. Zeichnungsbereiche dienen zum Zusammenfassen von Zeichnungsobjekten. Anders als Zeichnungsgruppen, die aus mehreren markierten Zeichnungen bestehen, sind für Zeichnungsbereiche nur die Verankerungspunkte der einzelnen Zeichnungen von Bedeutung. Nur die Zeichnungen, deren Verankerungspunkte innerhalb der angegebenen Textmarke liegen, gehören zum Zeichnungsbereich dieser Textmarke.

Parameter:

Name:	*Bedeutung*
Textmarke$	Dieser Parameter legt fest, über welcher Textmarke ein Zeichnungsbereich erstellt werden soll. Neben benutzerdefinierten Textmarken, sind auch die vorgegebenen Textmarken wie z.B. "\Doc" (gesamtes Dokument) oder "\Page" (aktuelle Seite) erlaubt, um einen Zeichnungsbereich zu bilden.

Anmerkungen:

s. a. ZeichnungZählen().

ZeichnungBewegenNachLinks *Bewegt die markierten Zeichnungsobjekte um 7,5 Punkte nach links.*

Gruppe: Zeichnen   WordBASIC Befehl

Syntax:

```
ZeichnungBewegenNachLinks
```

Beschreibung:

Dieser Befehl verschiebt alle markierten Zeichnungsobjekte um 7,5 Punkte nach links. Ist das Ausrichtungsgitter aktiv, werden die markierten Zeichnungen auf die nächste linke Gitterposition gebracht. Die Objekte behalten dabei jedoch ihre relative Position zueinander.

ZeichnungBewegenNachLinksPixel *Bewegt die markierten Zeichnungsobjekte um ein Pixel nach links.*

Gruppe: Zeichnen   WordBASIC Befehl

Syntax:

```
ZeichnungBewegenNachLinksPixel
```

Beschreibung:

Diese Funktion bewegt die markierten Zeichnungsobjekte um ein Pixel nach links. Ein Pixel ist das kleinste grafische Element (ein Bildschirmpunkt).

ZeichnungBewegenNachOben

Bewegt die markierten Zeichnungsobjekte um 7,5 Punkte nach oben.

Gruppe: Zeichnen   WordBASIC Befehl

Syntax:
```
ZeichnungBewegenNachOben
```

Beschreibung:
Dieser Befehl verschiebt alle markierten Zeichnungsobjekte um 7,5 Punkte nach oben. Ist das Ausrichtungsgitter aktiv, werden die markierten Zeichnungen auf die nächste obere Gitterposition gebracht. Die Objekte behalten dabei jedoch ihre relative Position zueinander.

ZeichnungBewegenNachObenPixel

Bewegt die markierten Zeichnungsobjekte um ein Pixel nach oben.

Gruppe: Zeichnen   WordBASIC Befehl

Syntax:
```
ZeichnungBewegenNachObenPixel
```

Beschreibung:
Diese Funktion bewegt die markierten Zeichnungsobjekte um ein Pixel nach oben. Ein Pixel ist das kleinste grafische Element (ein Bildschirmpunkt).

ZeichnungBewegenNachRechts

Bewegt die markierten Zeichnungsobjekte um 7,5 Punkte nach rechts.

Gruppe: Zeichnen   WordBASIC Befehl

Syntax:
```
ZeichnungBewegenNachRechts
```

Beschreibung:
Dieser Befehl verschiebt alle markierten Zeichnungsobjekte um 7,5 Punkte nach rechts. Ist das Ausrichtungsgitter aktiv, werden die markierten Zeichnungen auf die nächste rechte Gitterposition gebracht. Die Objekte behalten dabei jedoch ihre relative Position zueinander.

ZeichnungBewegenNachRechtsPixel

Bewegt die markierten Zeichnungsobjekte um ein Pixel nach rechts.

Gruppe: Zeichnen   WordBASIC Befehl

Syntax:
```
ZeichnungBewegenNachRechtsPixel
```

Beschreibung:
Diese Funktion bewegt die markierten Zeichnungsobjekte um ein Pixel nach rechts. Ein Pixel ist das kleinste grafische Element (ein Bildschirmpunkt).

ZeichnungBewegenNachUnten
Bewegt die markierten Zeichnungsobjekte um 7,5 Punkte nach unten.

Gruppe: Zeichnen   WordBASIC Befehl

Syntax:

ZeichnungBewegenNachUnten

Beschreibung:

Dieser Befehl verschiebt alle markierten Zeichnungsobjekte um 7,5 Punkte nach unten. Ist das Ausrichtungsgitter aktiv, werden die markierten Zeichnungen auf die nächste untere Gitterposition gebracht. Die Objekte behalten dabei jedoch ihre relative Position zueinander.

ZeichnungBewegenNachUntenPixel
Bewegt die markierten Zeichnungsobjekte um ein Pixel nach unten.

Gruppe: Zeichnen   WordBASIC Befehl

Syntax:

ZeichnungBewegenNachUntenPixel

Beschreibung:

Diese Funktion bewegt die markierten Zeichnungsobjekte um ein Pixel nach unten. Ein Pixel ist das kleinste grafische Element (ein Bildschirmpunkt).

ZeichnungBogen
Fügt "Kreisbogen" in aktuelle Seite ein.

Gruppe: Zeichnen   WordBASIC Befehl

Syntax:

ZeichnungBogen

Beschreibung:

Diese Funktion fügt das Zeichnungsobjekt "Kreisbogen" in die aktuelle Zeichnung ein. Dabei wird automatisch in den Layout-Modus gewechselt, da die Zeichnungsobjekte nur in diesem Modus sichtbar sind und auch nur dort bearbeitet werden können. Ein Standard-Kreisbogen besteht aus dem unteren, linken Viertel eines Vollkreises. Wollen Sie das Zeichnungsobjekt innerhalb der Seite bewegen, müssen Sie sich der ZeichnungBewegenXXX Funktionen bedienen. Der Kreisbogen steht nach dem Einfügen in der linken, oberen Ecke der aktuellen Seite und verdeckt den Text. Wird das aktuelle Dokument nicht in der Layoutansicht gezeigt, wechselt Word in diese.

ZeichnungDrehenLinks
Dreht die markierten Zeichnungsobjekte um 90 Grad gegen den Uhrzeigersinn.

Gruppe: Zeichnen   WordBASIC Befehl

Syntax:

ZeichnungDrehenLinks

Beschreibung:

Alle markierten Zeichnungsobjekte werden um 90 Grad gegen den Uhrzeigersinn gedreht. Beachten Sie, daß nur folgende Zeichnungsobjekte gedreht werden können:

Linie, Textfeld, Rechteck, Ellipse, Kreisbogen, Freihandobjekt, Legende

Eingebettete Objekte - also z.B. MS-Draw oder *.BMP-Grafiken - können nicht von Word gedreht werden, sondern müssen von der jeweilgen Grafik-Anwendung variiert werden.

ZeichnungDrehenRechts

Dreht die markierten Zeichnungsobjekte um 90 Grad im Uhrzeigersinn.

Gruppe: Zeichnen   WordBASIC Befehl

Syntax:
```
ZeichnungDrehenRechts
```

Beschreibung:

Alle markierten Zeichnungsobjekte werden um 90 Grad mit dem Uhrzeigersinn gedreht. Beachten Sie, daß nur folgende Zeichnungsobjekte gedreht werden können:

Linie, Textfeld, Rechteck, Ellipse, Kreisbogen, Freihandobjekt, Legende

Eingebettete Objekte - also z.B. MS-Draw oder *.BMP-Grafiken - können nicht von Word gedreht werden, sondern müssen von der jeweilgen Grafik-Anwendung variiert werden.

ZeichnungEinfügemarkeAnTextfeldSetzen

Setzt Einfügemarke in ein Textfeld-Zeichnungsobjekt.

Gruppe: Zeichnen   WordBASIC Befehl

Syntax:
```
ZeichnungEinfügemarkeAnTextfeldSetzen [Objekt]
```

Beschreibung:
Dieser Befehl bewegt die Einfügemarke in das angegebene Textfeld. Dieses Textfeld ist nicht Bestandteil des eigentlichen Word-Dokumentes, sondern ist ein Zeichnungsobjekt. Beachten Sie, daß vor dem Aufruf dieser Funktion evtl. ein Zeichnungsbereich erstellt worden sein muß (ZeichnungBereichSetzen).

Parameter:

Name:	Bedeutung	
Objekt	Dieser Parameter gibt das Textfeld an, das die Einfügemarke erhalten soll.	
	>0	Ist der angegebene Wert größer als der durch ZeichnungZählen() ermittelte, so gibt Word einen Fehler aus. Auch wenn das angegebene Objekt kein Textfeld bezeichnet, wird ein Fehler ausgegeben.
	0 oder nicht angegeben	Die Eingabemarke wird auf das zur Zeit markierte Textfeld gesetzt. Sind mehrere Zeichnungsobjekte markiert, wird die Einfügemarke in das erste Textfeld unter den markierten Zeichnungsobjekten gesetzt, und alle Markierungen aufgehoben. Befindet sich kein Textfeld unter den markierten Zeichnungsobjekten, wird dieser Befehl ignoriert.

ZeichnungEinfügemarkeAnVerankerungsPunktSetzen

Bewegt die Einfügemarke in den Absatz, in dem sich der Verankerungspunkt des Zeichnungsobjektes befindet.

Gruppe: Zeichnen   WordBASIC Befehl

Syntax:

`ZeichnungEinfügemarkeAnVerankerungsPunktSetzen [Objekt]`

Beschreibung:

Dieser Befehl bewegt die Einfügemarke an den Anfang des Absatzes, der den Verankerungspunkt des angegebenen/markierten Zeichnungsobjektes enthält. Dieser Verankerungspunkt sorgt dafür, daß das Zeichnungsobjekt immer in der Nähe des Absatzes verharrt, in dem es verankert wurde, obwohl dieser innerhalb des Dokumentes durch Einfügungen und Entfernungen anderer Absätze verschoben wurde.

Parameter:

Name:	Bedeutung	
Objekt	Dieser Parameter legt das Objekt fest, dessen Verankerungsabsatz mit der Einfügemarke aufgesucht werden soll.	
	>0	Objekt gibt die Nummer des Objektes im aktuellen Zeichnungsbereich an. Ist die angegebene Zahl größer als die von ZeichnungZählen() zurückgelieferte, meldet Word einen Fehler.
	0 oder nicht angegeben	Bewegt die Einfügemarke auf den Verankerungsabsatz des ersten markierten Zeichnungsobjektes.

ZeichnungEinfügenLinie

Fügt ein Linien-Zeichnungsobjekt ein.

Gruppe: Zeichnen   WordBASIC Befehl

Syntax:

`ZeichnungEinfügenLinie`

Beschreibung:

Diese Funktion fügt ein Linien-Zeichnungsobjekt auf der aktuellen Seite in Ihr Dokument ein. Um das Zeichnungsobjekt zu bewegen, müssen die ZeichnungBewegenXXX-Funktionen verwendet werden. Die Linie steht nach dem Einfügen in der linken, oberen Ecke der aktuellen Seite und verdeckt den Text. Wird das aktuelle Dokument nicht in der Layoutansicht gezeigt, wechselt Word in diese.

ZeichnungEinfügenWordGrafik

Öffnet eine Word-Grafik zum Einfügen in ein Dokument.

Gruppe: Zeichnen   WordBASIC Befehl

Syntax:

`ZeichnungEinfügenWordGrafik`

Beschreibung:

Dieser Befehl öffnet den Word Grafikeditor. Die dort erstellte Grafik wird dann automatisch in den Text eingefügt. Mit Hilfe des Grafikeditors von Word werden die Standard Zeichnungselemente in eine Bitmap konvertiert, die dann in Ihren Text eingefügt wird.

ZeichnungEllipse

Fügt eine Ellipse als Zeichnungsobjekt ein.

Gruppe: Zeichnen   WordBASIC Befehl

Syntax:
ZeichnungEllipse

Beschreibung:
Dieser Befehl fügt ein Ellipse-Zeichnungsobjekt in das Dokument auf der aktuellen Seite ein. Nach dem Einfügen ist die Ellipse jedoch ein Kreis (ein Spezialfall einer Ellipse). Der Kreis steht nach dem Einfügen in der linken, oberen Ecke der aktuellen Seite und verdeckt den Text. Wird das aktuelle Dokument nicht in der Layoutansicht gezeigt, wechselt Word in diese.

ZeichnungFreihandVieleck

Fügt ein Freihand-Zeichnungsobjekt ein.

Gruppe: Zeichnen   WordBASIC Befehl

Syntax:
ZeichnungFreihandVieleck

Beschreibung:
Dieser Befehl fügt ein Freihand-Zeichnungsobjekt in das Dokument auf der aktuellen Seite links oben ein. Ein Freihand-Zeichnungsobjekt besteht aus einer Reihe von miteinander durch Linien verbundenen Punkten (Polygon). Das Freihand-Objekt steht nach dem Einfügen in der linken, oberen Ecke der aktuellen Seite und verdeckt den Text. Wird das aktuelle Dokument nicht in der Layoutansicht gezeigt, wechselt Word in diese.

ZeichnungGruppierungAufheben

Hebt Zeichnungsgruppierung auf.

Gruppe: Zeichnen   WordBASIC Befehl

Syntax:
ZeichnungGruppierungAufheben

Beschreibung:
Alle zuvor zu einer Gruppe zusammengefaßten Zeichnungsobjekte sind nach dem Aufruf dieser Funktion wieder vereinzelt - gehören also nicht mehr einer Gruppe an. Alle Operationen, die auf ein einzelnens Zeichenobjekt angewendet werden können (positionieren, vergrößern etc.) können auch auf eine Gruppe angwendet werden, wobei die jeweiligen Positions- und Größenverhältnisse untereinander erhalten bleiben. Existiert beim Aufruf dieser Funktion keine Gruppe, meldet Word einen Fehler (s. ZeichnungsGruppe).

ZeichnungHinterText

Verschiebt das markierte Zeichnungsobjekt hinter den Text.

Gruppe: Zeichnen   WordBASIC Befehl

Syntax:
ZeichnungHinterText

Beschreibung:
Nach dem Einfügen stehen die Zeichnungsobjekte vor dem Dokumenttext. Um aber die Zeichnungsobjekte z.B. als Seitenhintergrund verwenden zu können, haben Sie die Möglichkeit mit diesem Befehl die markierten Zeichnungsobjekte hinter den Text zu setzen. Dabei werden diese Objekte vor die schon hinter dem Text befindlichen Zeichnungsobjekte plaziert. Die Objekte verdecken sich auch gegenseitig.

ZeichnungHorizontalKippen

Spiegelt die markierten Zeichnungsobjekte an der Horizontalen (Y-Achse).

Gruppe: Zeichnen   WordBASIC Befehl

Syntax:
ZeichnungHorizontalKippen

Beschreibung:
Diese Funktion spiegelt die markierten Zeichnungsobjekte an der Horizontalen (X-Achse). Sind mehrere Zeichnungsobjekte markiert, werden die einzelnen Objekte nicht an ihren eigenen Achsen gespiegelt, sondern an der Achse des alle Objekte umfassenden Rechtecks.

ZeichnungInHintergrund

Schiebt das markierte Zeichnungsobjekt hinter alle Zeichnungsobjekte in einem Stapel.

Gruppe: Zeichnen   WordBASIC Befehl

Syntax:
ZeichnungInHintergrund

Beschreibung:
Diese Funktion überlagert das markierte Objekt mit allen anderen Objekten des gleichen Stapels. Das Objekt liegt also am Boden des Stapels. Stapel bezeichnet dabei alle Objekte vor oder hinter dem eigentlichen Dokumenttext einer Seite, so daß jede Seite 2 Stapel besitzt. Mit dem Befehl ZeichnungInHintergrund verschieben Sie das markierte Objekt nicht vor oder hinter den Text. Seine textrelative Position behält das Objekt bei. Ist kein Zeichnungsobjekt markiert, meldet Word einen Fehler.

ZeichnungInVordergrund

Schiebt das markierte Zeichnungsobjekt vor alle Zeichnungsobjekte in einem Stapel.

Gruppe: Zeichnen   WordBASIC Befehl

Syntax:
ZeichnungInVordergrund

Beschreibung:
Diese Funktion überlagert alle Objekte eines Stapels mit dem markierte Objekt. Das Objekt liegt also auf dem Stapel. Stapel bezeichnet dabei alle Objekte vor oder hinter dem eigentlichen Dokumenttext einer Seite, so daß jede Seite 2 Stapel besitzt. Mit dem Befehl ZeichnungInVordergrund verschieben Sie das markierte Objekt nicht vor oder hinter den Text. Seine textrelative Position behält das Objekt bei. Ist kein Zeichnungsobjekt markiert, meldet Word einen Fehler.

ZeichnungLegende *Fügt ein Legende-Zeichnungsobjekt ein.*

Gruppe: Zeichnen WordBASIC Befehl

Syntax:
ZeichnungLegende

Beschreibung:
Dieser Befehl fügt ein Legende-Zeichnungsobjekt in den Text auf der aktuellen Seite ein. Dieses Objekt wird in die linke obere Ecke der Seite plaziert, und kann mit den ZeichnungBewegenXXX-Befehlen positioniert werden. Eine Legende ist ein aus einer Linie, einem Rechteck und einem Textfeld zusammengesetztes Zeichnungsobjekt. Somit kann der Befehl ZeichnungEinfügeMarkeAnTextfeldSetzen auch auf Legenden angewandt werden. Die Legende steht nach dem Einfügen in der linken, oberen Ecke der aktuellen Seite und verdeckt den Text. Wird das aktuelle Dokument nicht in der Layoutansicht gezeigt, wechselt Word in diese.

ZeichnungLegendenTextfeldAbfragen *Liefert Informationen über ein Legenden-Textfeld.*

Gruppe: Zeichnen WordBASIC Befehl

Syntax:
ZeichnungLegendenTextfeldAbfragen ZweidimensionalesDatenfeld[$]()
[, Objekt]

Beschreibung:
Dieser Befehl liefert Größe und Position des Textfeldes einer Legende. Dazu wird vom Aufrufer ein zweidimensionales Datenfeld (Array) übergeben, das von ZeichnungLegendenTextfeldAbfragen mit den entsprechenden Werten gefüllt wird.

Parameter:

Name:		Bedeutung
ZweidimensionalesDatenfeld[$]()		Dieses vom Aufrufer zur Verfügung gestellte Datenfeld muß wie folgt dimensioniert werden: dim lt(2, 2) oder dim lt$(2, 2). Nach dem Aufruf der Funktion enthalten die einzelnen Elemente folgende Werte:
	lt[$](1, 1)	Horizontale Position relativ zu Legenden-Begrenzungsrechteck (X).
	lt[$](1, 2)	Vertikale Position relativ zu Legenden Begrenzungrechteck (Y).
	lt[$](2, 1)	Breite des Textbereichs.
	lt[$](2, 2)	Höhe des Textbereichs.
Objekt		Gibt die Nummer der Legende im aktuellen Zeichnungsbereich an.
	0 oder nicht angegeben	Der Befehl operiert auf dem markierten Objekt.
	> 0	Der Befehl operiert auf dem durch Objekt bestimmten Zeichnungsobjekt innerhalb eines Zeichnungsbereichs.

Anmerkungen:
Das Datenfeld enthält nach Aufruf des Befehls die jeweilgen Maße in Standardmaßeinheiten. Wird ein String-Array übergeben, enthalten die einzelnen Einträge nach dem Aufruf neben den Werten im Klartext auch das entsprechende Einheitenkürzel. Numerische Datenfelder liefern nur den Wert in Standardmaßeinheiten.

Wird dieser Befehl auf ein Objekt angewandt, das keine Legende ist, meldet Word einen Fehler (556 - Falscher Zeichnungselement-Typ)!

ZeichnungLegendenTextfeldBestimmen

Legt Position und Dimension eines Legenden-Textfeldes fest.

Gruppe: Zeichnen   WordBASIC Befehl

Syntax:
ZeichnungLegendenTextfeldBestimmen ZweidimensionalesDatenfeld[$]()
[, Objekt]

Beschreibung:
Im Gegensatz zu ZeichnungLegendenTextfeldAbfragen setzt diese Funktion die Position und Größe des Textfeldes einer Legende. Dazu wird in einem zweidimensionalen Array die Position des Textfeldes und die Größe des Textfeldes übergeben.

Parameter:

Name:		Bedeutung
`ZweidimensionalesDatenfeld[$]()`		Dieses vom Aufrufer ausgefüllte Datenfeld muß wie folgt dimensioniert werden: dim lt(2, 2) oder dim lt$ (2,2). Nach dem Aufruf des Befehls nimmt das Textfeld der Legende die folgende Position und Größe ein:
	lt[$] (1, 1)	Horizontale Position des Textfeldes (relativ zu Legenden Begrenzungsrechteck)
	lt[$](1, 2)	Vertikale Position des Textfeldes (relativ zu Legenden Begrenzungsrechteck)
	lt[$](2, 1)	Breite des Textfeldes
	lt[$](2, 2)	Höhe des Textfeldes
`Objekt`		Gibt an, auf welchem Objekt der Befehl operiert
	0 oder nicht angegeben	Der Befehl operiert auf dem markierten Objekt. Ist das Objekt keine "Legende", meldet Word einen Fehler.
	> 0	Der Parameter bezeichnet das Zeichnungsobjekt in einem vorher festgelegten Zeichenbereich. Ist die angegebene Nummer ungültig (kleiner 0 oder größer als der Rückgabewert von ZeichnungZählen()) meldet Word einen Fehler.

Anmerkungen:
Das Datenfeld muß die jeweilgen Maße enthalten. Bei Verwendung eines numerischen Feldes müssen Standardmaßeinheiten verwendet werden, bei Verwendung eines String-Datenfeldes müssen die Maßeinheiten im Text angegeben werden (z.B. "2,54 cm" oder " 1in " oder "72 pt").

Wird dieser Befehl auf ein Objekt angewandt, das keine Legende ist, meldet Word einen Fehler (556 - Falscher Zeichnungselement-Typ)!

ZeichnungLinienPunkteAbfragen

Liefert Punkte eines Freihand-Objektes (Polygon-Stützpunkte).

Gruppe: Zeichnen   WordBASIC Befehl

Syntax:
ZeichnungLinienPunkteAbfragen ZweidimensionalesDatenfeld[$]() [, Objekt]

Beschreibung:

Dieser Befehl füllt das übergebene Datenfeld mit den Polygon-Stützpunkten eines Freihandobjektes. Um die Größe des Datenfeldes zu ermitteln, das diese Funktion benötigt, muß die Funktion ZeichnungLinienPunkteZählen() aufgerufen werden.

Parameter:

Name:		Bedeutung
`ZweidimensionalesDatenfeld[$]()`		Dieses Datenfeld nimmt die Koordinaten der Polygon-Stützpunkte eines Freihand-Objektes auf. Achten Sie darauf, daß die Dimensionierung dieses Datenfeldes mindestens der Anzahl der Punkte des Freihand-Objektes entspricht!
`Objekt`	Gibt an, welches Freihand-Objekt ausgelesen werden soll.	
	0 oder nicht angegeben	Die Polygon-Stützpunkte des markierten Freihand-Objektes werden in das übergebene Array kopiert. Ist das markierte Objekt kein Freihand-Objekt, meldet Word einen Fehler.
	>0	Die Nummer des Zeichnungsobjektes, die das auszulesende Freihand-Objekt im aktuellen Zeichenbereich angibt.

Anmerkungen:

Um Fehlermeldungen zu vermeiden, sollten Sie vor Aufruf dieser Funktion die Größe des Datenfeldes ermitteln. Rufen Sie dazu die Funktion ZeichnungLinienPunkteZählen() auf, und dimensionieren Sie das Array entsprechend:

dim Punkte(ZeichnungLinienPunkteZählen(), 2)

Weiterhin ist zu beachten, daß die Elemente dieses Datenfeldes ab dem Index (1,1) adressiert werden. Die erste Koordinate wird also mit:

x = Punkte (1,1)

und

y = Punkte (1,2)

angesprochen.

ZeichnungLinienPunkteSetzen

Setzt die Polygon-Stützpunkte eines Freihand-Objektes.

Gruppe: Zeichnen   WordBASIC Befehl

Syntax:

```
ZeichnungLinienPunkteSetzen AnzPunkte, ZweidimensionalesDatenfeld[$]()
[, Objekt]
```

Beschreibung:

Mit Hilfe dieses Befehls werden alle Punkte eines Freihand-Zeichnungsobjektes neu gesetzt. Dazu wird diesem Befehl ein Datenfeld übergeben, das die neuen Stützpunkte enthält. Die Anzahl der enthaltenen Stützpunkte wird auch übergeben. Die Punkte des Datenfeldes werden nacheinander mit Linien verbunden, so daß ein geschlossener Linienzug entsteht (der letzte Punkt des Datenfeldes wird mit dem ersten Punkt des Datenfeldes verbunden).

Parameter:

Name:	Bedeutung
`AnzPunkte`	Dieser Parameter enthält die Anzahl der Punkte im übergebenen Datenfeld.

`ZweidimensionalesDatenfeld[$]()`	Dieses Datenfeld enthält die Koordinaten der neuen Polygon-Stützpunkte.
`Objekt`	Gibt an, welches Freihand-Objekt ausgelesen werden soll.
	0 oder nicht angegeben Der Befehl operiert auf dem markierten Objekt.
	>0 Die angegebene Nummer bestimmt die Nummer des Zeichnungsobjektes im aktuellen Zeichnungsbereich. Ist die Nummer größer als der Wert von ZeichnungZählen(), wird ein Fehler ausgegeben!

Anmerkungen:

Achten Sie darauf, daß das übergebene Datenfeld tatsächlich soviele Punkte enthält wie in AnzPunkte angekündigt.

ZeichnungLinienPunkteZählen()   *Liefert die Anzahl der Punkte eines Freihand-Objektes.*

Gruppe: Zeichnen   WordBASIC Funktion

Syntax:

`ZeichnungLinienPunkteZählen([Objekt])`

Beschreibung:

Diese Funktion ermittelt die Anzahl der Punkte eines Freihand-Zeichnungsobjektes. Diese Nummer wird benötigt, um ein Datenfeld so zu dimensionieren, daß es die Stützpunkte eines Freihand-Zeichnungsobjektes aufnehmen kann.

Parameter:

Name:	*Bedeutung*
`Objekt`	Nummer des Freihand-Zeichnungsobjektes, dessen Stützpunktanzahl ermittelt werden soll.
	0 oder nicht angegeben Die Funktion operiert auf dem zur Zeit markierten Objekt. Ist das markierte Objekt kein Freihand-Objekt, meldet Word einen Fehler.
	>0 Nummer des Objektes in einem Zeichenbereich. Beschreibt die angegebene Nummer kein Freihand-Objekt, meldet Word einen Fehler.

ZeichnungMarkieren   *Markiert das angegebene Zeichnungsobjekt.*

Gruppe: Zeichnen   WordBASIC Befehl

Syntax:

`ZeichnungMarkieren Objekt`

Beschreibung:

Diese Funktion markiert das angegebene Zeichnungsobjekt und entfernt schon vorhandene Markierungen.

Parameter:

Name:	*Bedeutung*
`Objekt`	Dieser Parameter bestimmt, welches Objekt markiert werden soll. Die angegebene Nummer bestimmt das Objekt innerhalb eines vorher angelegten Zeichenbereichs.

ZeichnungMarkierenNächste
Markiert das nächste Zeichnungsobjekt im Stapel.

Gruppe: Zeichnen   WordBASIC Befehl

Syntax:

ZeichnungMarkierenNächste

Beschreibung:

Dieser Befehl markiert das nächste Zeichnungsobjekt in einem Stapel und entfernt die vorherige Markierung. Wurde das letzte Zeichnungsobjekt eines Stapels markiert, wird mit dem ersten Objekt dieses Stapels fortgefahren. Diese Funktion operiert nicht in einem Zeichnungsbereich, jedoch muß vor dem Aufruf dieser Funktion mindestens ein Zeichnungsobjekt markiert sein, andererseits meldet Word den Fehler 509: Der ZeichnungMarkierenNächste-Befehl ist nicht verfügbar, weil die aktuelle Markierung kein Zeichnungselement ist.

ZeichnungMarkierenVorherige
Markiert das vorherige Zeichnungsobjekt im Stapel.

Gruppe: Zeichnen   WordBASIC Befehl

Syntax:

ZeichnungMarkierenVorherige

Beschreibung:

Dieser Befehl arbeitet wie der Befehl ZeichnungMarkierenNächste bis auf die Tatsache, daß der Zeichnungs-Stapel nicht von oben nach unten, sondern von unten nach oben durchlaufen wird. Wurde das oberste Objekt eines Stapels erreicht, wird wieder mit dem untersten Objekt des Stapels begonnen.

ZeichnungMarkierungAufheben
Hebt die Markierung der Zeichnungsobjekte auf.

Gruppe: Zeichnen   WordBASIC Befehl

Syntax:

ZeichnungMarkierungAufheben

Beschreibung:

Dieser Befehl hebt die Markierung der Zeichenobjekte auf, und setzt die Markierung (Einfügemarke) auf den Beginn des Absatzes, in dem sich die Verankerungsmarke des ersten markierten Zeichnungsobjektes befindet. Ist beim Aufruf dieser Funktion kein Zeichnungsobjekt markiert, liefert Word den Fehler 509: Befehl nicht verfügbar, weil die aktuelle Markierung kein Zeichnungsobjekt ist.

ZeichnungMarkierungErweitern
Markiert ein Zeichnungsobjekt, ohne die Markierung anderer Zeichnungsobjekte zu löschen.

Gruppe: Zeichnen   WordBASIC Befehl

Syntax:

ZeichnungMarkierungErweitern Nummer

Beschreibung:

Dieser Befehl markiert das mit Nummer bestimmte Objekt eines Zeichnungsbereiches. Dabei bleiben vorherige Markierungen erhalten, so daß mit Hilfe dieses Befehls mehrere Objekte markiert werden können. Wurde kein Zeichenbereich mit ZeichnungBereichSetzen festgelegt, oder ist die übergebene Nummer ungültig (kleiner als 0 oder größer als ZeichnungZählen()), meldet Word einen Fehler.

Parameter:

Name:	Bedeutung
`Nummer`	Nummer des Zeichnungsobjektes im aktuellen Zeichnungsbereich.

ZeichnungNachHinten

Verschiebt das markierte Zeichnungsobjekt hinter das vorhergehende Zeichnungsobjekt.

Gruppe: Zeichnen   WordBASIC Befehl

Syntax:

```
ZeichnungNachHinten
```

Beschreibung:

Dieser Befehl sorgt dafür, daß das markierte Objekt hinter seinen Vorgängern im Stapel plaziert wird. Seine relative Position bezüglich des Textes (davor oder dahinter) behält das Objekt aber bei. Ist kein Zeichnungsobjekt markiert, meldet Word einen Fehler.

ZeichnungNachVorne

Verschiebt das markierte Zeichnungsobjekt vor das nächste Zeichnungsobjekt.

Gruppe: Zeichnen   WordBASIC Befehl

Syntax:

```
ZeichnungNachVorne
```

Beschreibung:

Dieser Befehl verschiebt das markierte Objekt vor seinen Nachfolger im Stapel. Seine relative Position bezüglich des Textes (davor oder dahinter) behält es jedoch bei. Ist kein Objekt markiert, liefert Word einen Fehler.

ZeichnungRechteck

Fügt ein Rechteck in das aktive Dokument auf der aktuellen Seite links oben ein.

Gruppe: Zeichnen   WordBASIC Befehl

Syntax:

```
ZeichnungRechteck
```

Beschreibung:

Durch diesen Befehl wird ein Rechteck-Zeichnungsobjekt in die aktuelle Seite eingefügt. Das Rechteck steht nach dem Einfügen in der linken, oberen Ecke der aktuellen Seite und verdeckt den Text. Wird das aktuelle Dokument nicht in der Layoutansicht gezeigt, wechselt Word in diese.

ZeichnungsGruppe

Faßt markierte Objekte zusammen.

Gruppe: Zeichnen   WordBASIC Befehl

Syntax:
ZeichnungsGruppe

Beschreibung:
Durch diesen Befehl werden alle zur Zeit markierten Objekte zu einem Objekt zusammengefaßt. Die so zusammengefaßten Objekte können wie ein Objekt behandelt werden, was z.B. das Verschieben, Vergrößern und Verkleinern mehrerer Objekte vereinfacht.

ZeichnungTextfeld

Fügt ein Standard-Textfeld-Zeichnungsobjekt in das Dokument ein.

Gruppe: Zeichnen   WordBASIC Befehl

Syntax:
ZeichnungTextfeld

Beschreibung:
Dieser Befehl fügt ein Standard-Textfeld in Ihr Dokument ein. Das durch diesen Befehl erzeugte Textfeld ist 6,45 cm x cm (1 in x in) groß. Das Textfeld steht nach dem Einfügen in der linken, oberen Ecke der aktuellen Seite und verdeckt den Text. Wird das aktuelle Dokument nicht in der Layoutansicht gezeigt, wechselt Word in diese.

ZeichnungUmformen

Schaltet zwischen Begrenzungs- und Stützpunktmodus eines Freihand-Objektes um.

Gruppe: Zeichnen   WordBASIC Befehl

Syntax:
ZeichnungUmformen

Beschreibung:
Dieser Befehl schaltet zwischen Begrenzungsmodus und Stützpunktmodus des markierten Freihand-Zeichnungsobjektes um. Im Begrenzungsmodus ist das Freihand-Objekt als ganzes verschiebbar etc., während Sie im Stützpunktmodus jeden Polygonpunkt des Freihandobjektes kontrollieren können.

ZeichnungVertikalKippen

Spiegelt Zeichnungsobjekt an horizontaler Mittelachse.

Gruppe: Zeichnen   WordBASIC Befehl

Syntax:
ZeichnungVertikalKippen

Beschreibung:
Dieser Befehl spiegelt das markierte Objekt an seiner horizontalen Mittelachse. Was im Objekt oben war, ist nach diesem Befehl unten und umgekehrt. Wird dieser Befehl auf eine Zeichnungs-Gruppe angewendet, werden die Objekte bezüglich des die Gruppe umgebenden Begrenzungsrechtecks gespiegelt. Wird dieser Befehl aufgerufen, ohne daß ein Zeichnungsobjekt/-gruppe markiert ist, meldet Word einen Fehler.

ZeichnungVorText *Verschiebt das markierte Zeichnungsobjekt in den Vordergrund.*

Gruppe: Zeichnen   WordBASIC Befehl

Syntax:
ZeichnungVorText

Beschreibung:
Dieser Befehl bewegt das markierte Zeichnungsobjekt in den Stapel der vor dem Text erscheinenden Objekte. Dort wird es außerdem an oberster Stelle gezeigt und verdeckt alle anderen.

ZeichnungWordGrafikVorgabe *Setzt die Begrenzungen für die Aufnahme der Zeichnungsobjekte zurück.*

Gruppe: Zeichnen   WordBASIC Befehl

Syntax:
ZeichnungWordGrafikVorgabe

Beschreibung:
Dieser Befehl stellt während der Arbeit mit dem integrierten Grafikeditor die Grenzen des Word Grafikobjektes so ein, daß alle Zeichnungsobjekte in das so erstellte Objekt passen.

ZeichnungZählen() *Liefert die Anzahl der Zeichnungsobjekte in einem Zeichnungsbereich.*

Gruppe: Zeichnen   WordBASIC Funktion

Syntax:
x = ZeichnungZählen()

Beschreibung:
Viele Zeichnungs-Befehle verlangen als Parameter die Nummer eines Objektes innerhalb eines Zeichnungsbereiches. Dieser Befehl liefert zu diesem Zweck die Anzahl der Elemente in einem Zeichnungsbereich.

Funktionsergebnis:
Anzahl der Zeichnungsobjekte im aktuellen Bereich. Ist kein Zeichnungsbereich festgelegt worden, erzeugt der Aufruf dieser Funktion eine Fehlermeldung.

Zeilenabstand1 *Setzt Zeilenabstand der markierten Absätze auf eine Zeile.*

Gruppe: Absatzformatierung   WordBASIC Befehl

Syntax:
Zeilenabstand1

Beschreibung:
Dieser Befehl setzt den Zeilenabstand aller markierten Absätze auf eine Zeile. Jede Zeile folgt direkt der vorhergehenden, wobei jedoch das größte Zeichen einer Zeile den Abstand zur vorherigen Zeile bestimmt. Das größte Zeichen des Absatzes bestimmt also nicht den Abstand aller Zeilen dieses Absatzes, sondern nur den Abstand der Zeile zur Vorgängerzeile.

Zeilenabstand1()
Erfragt, ob markierte Absätze einzeiliges Absatzformat verwenden.

Gruppe: Absatzformatierung　　　　　　　　　　　　　　　　　　　　　WordBASIC Funktion

Syntax:
x = Zeilenabstand1()

Beschreibung:
Diese Funktion erfragt, ob die markierten bzw. der aktuelle Absatz im einzeiligen Zeilenformat formatiert sind.

Funktionsergebnis:
Als Ergebnis liefert diese Funktion:

- -1　Einige der markierten Absätze sind einzeilig formatiert.
- 0　Keiner der markierten Absätze ist einzeilig formatiert.
- 1　Alle markierten Absätze sind einzilig formatiert.

Zeilenabstand2
Setzt den Zeilenabstand der markierten Absätze auf zwei Zeilen.

Gruppe: Absatzformatierung　　　　　　　　　　　　　　　　　　　　　WordBASIC Befehl

Syntax:
Zeilenabstand2

Beschreibung:
Dieser Befehl setzt den Zeilenabstand der markierten Absätze auf zwei Zeilen. Der Abstand aller Zeilen des Absatzes errechnet sich aus der Größe des größten Zeichens im Absatz zuzüglich 12 Punkte.

Zeilenabstand2()
Stellt fest, ob Absätze zweizeilig formatiert sind.

Gruppe: Absatzformatierung　　　　　　　　　　　　　　　　　　　　　WordBASIC Funktion

Syntax:
x = Zeilenabstand2()

Beschreibung:
Diese Funktion ermittelt, ob die markierten Absätze zweizeilig formatiert sind.

Funktionsergebnis:
Als Ergebnis liefert diese Funktion:

- -1　Einige der markierten Absätze sind zweizeilg.
- 0　Keiner der markierten Absätze ist zweizeilig.
- 1　Alle markierten Absätze sind zweizeilig.

ZeilenabstandEinsKommaFünf
Setzt den Zeilenabstand der markierten Absätze auf 1.5 Zeilen.

Gruppe: Absatzformatierung　　　　　　　　　　　　　　　　　　　　　WordBASIC Befehl

Syntax:
ZeilenabstandEinsKommaFünf

Beschreibung:
Dieser Befehl setzt den Zeilenabstand aller markierten Absätze auf 1.5 Zeilen. Der Zeilenabstand von 1.5zeiligen Absätzen wird durch die Größe des größten Zeichens des Absatzes zuzüglich 6 Punkten bestimmt. Im Gegensatz zu einzeiligen Absätzen haben alle Zeilen eines 1.5zeiligen Absatzes den gleichen Abstand zueinander.

ZeilenabstandEinsKommaFünf()

Ermittelt, ob Absätze einen 1.5zeiligen Zeilenabstand verwenden.

Gruppe: Absatzformatierung   WordBASIC Funktion

Syntax:
`x = ZeilenabstandEinsKommaFünf()`

Beschreibung:
Diese Funktion ermittelt, ob die markierten Absätze 1.5zeilig formatiert sind.

Funktionsergebnis:
Als Ergebnis liefert diese Funktion:

-1	Einige der markierten Absätze sind 1.5zeilig.
0	Keiner der markierten Absätze ist 1.5zeilig.
1	Alle markierten Absätze sind 1.5zeilig.

ZeileOben

Bewegt Einfügemarke zeilenweise nach oben.

Gruppe: Bewegen der Einfügemarke und Markieren   WordBASIC Befehl

Syntax:
`ZeileOben [Anzahl] [, Markierung]`

Beschreibung:
Dieser Befehl bewegt die Einfügemarke um die angegebene Anzahl von Zeilen nach oben.

Parameter:

Name:	*Bedeutung*	
Anzahl	Gibt die Anzahl der zu überspringenden Zeilen an.	
	> 0	Anzahl der Zeilen, die die Einfügemarke nach oben bewegt werden soll.
	<= 0 oder nicht angegeben	Einfügemarke um 1 Zeile nach oben bewegen.
Markierung	Gibt an, ob beim Bewegen der Einfügemarke der Text markiert werden soll.	
	0 oder nicht angegeben	Kein Markieren des Textes während der Bewegung der Einfügemarke. Vorhandene Textmarkierungen werden entfernt.
	<> 0	Markiert den Text, wobei zu beachten ist, daß dieser Befehl das aktive Ende der Markierung bewegt (s. ZeichenLinks).

ZeileOben()

Bewegt Einfügemarke zeilenweise nach oben und liefert Erfolg.

Gruppe: Bewegen der Einfügemarke und Markieren   WordBASIC Funktion

Syntax:
```
x = ZeileOben([Anzahl] [, Markierung])
```

Beschreibung:
Dieser Befehl bewegt die Einfügemarke um die angegebene Anzahl von Zeilen nach oben.

Funktionsergebnis:
Als Ergebnis liefert diese Funktion:

    0   Einfügemarke konnte nicht bewegt werden, weil sie sich schon am Anfang des Dokuementes/Textfeldes befindet.
    -1   Einfügemarke konnte um mindestens eine Zeile bewegt werden.

Parameter:

Name:	Bedeutung
Anzahl	Gibt die Anzahl der zu überspringenden Zeilen an.
	> 1 Anzahl der Zeilen, die die Einfügemarke nach oben bewegt werden soll.
	<= 0 oder nicht angegeben Einfügemarke um 1 Zeile nach oben bewegen.
Markierung	Gibt an, ob während der Bewegung der Text markiert werden soll.
	= 0 Überstrichener Text wird nicht markiert. Vorhandene Textmarkierungen werden entfernt.
	<> 0 Die Funktion bewegt das aktive Ende der Markierung, wobei der überstrichene Text markiert wird (s. ZeichenLinks).

ZeileUnten

Bewegt Einfügemarke um angegebene Zeilenzahl nach unten.

Gruppe: Bewegen der Einfügemarke und Markieren   WordBASIC Befehl

Syntax:
```
ZeileUnten [Anzahl] [, Markierung]
```

Beschreibung:
Dieser Befehl bewegt die Einfügemarke um die angegebene Zeilenzahl nach unten. Dabei kann angegeben werden, ob die Markierung erweiter werden soll.

Parameter:

Name:	Bedeutung
Anzahl	Anzahl der Zeilen, die die Einfügemarke bewegt werden soll.
	<= 0 oder nicht angegeben Einfügemarke wird um eine Zeile nach unten bewegt.
	> 0 Einfügemarke wird um die angegebene Zeilenzahl bewegt.
Markierung	Gibt an, ob während der Bewegung der Einfügemarke die Markierung erweitert werden soll.
	0 Überstrichenen Text nicht markieren. Vorherige Markierung aufheben.
	<> 0 Beim Bewegen den überstrichenen Text markieren.

ZeileUnten() *Bewegt Einfügemarke nach unten und liefert Erfolgsmeldung.*

Gruppe: Bewegen der Einfügemarke und Markieren WordBASIC Funktion

Syntax:

x = ZeileUnten([Anzahl] [, Markierung])

Beschreibung:

Diese Funktion bewegt die Einfügemarke um die angegebene Zeilenzahl nach unten. Dabei kann angegeben werden, ob die Markierung erweitert werden soll. Der Rückgabewert gibt Auskunft darüber, ob die Einfügemarke tatsächlich bewegt wurde.

Funktionsergebnis:

Das Ergebnis dieser Funktion gibt Auskunft darüber, ob die Einfügemarke bewegt wurde.

0	Einfügemarke konnte nicht bewegt werden, weil sie schon am Textende steht.
-1	Einfügemarke konnte mindestens eine Zeile bewegt werden.

Parameter:

Name:	Bedeutung	
Anzahl	Anzahl der Zeilen, die die Einfügemarke bewegt werden soll.	
	<= 0 oder nicht angegeben	Bewegt Einfügemarke eine Zeile nach unten.
	> 0	Bewegt Einfügemarke die angegebene Zeilenzahl nach oben.
Markierung	Gibt an, ob während der Bewegung der Einfügemarke die Markierung erweitert werden soll.	
	0	Markierung nicht erweitern. Bestehende Markierung entfernen.
	<> 0	Den überstrichenen Text markieren.

ZeitSeriell() *Liefert die Seriennummer der angegebenen Uhrzeit.*

Gruppe: Datum und Uhrzeit WordBASIC Funktion

Syntax:

x = ZeitSeriell(Stunde, Minute, Sekunde)

Beschreibung:

Word stellt die aktuelle Uhrzeit als einen Dezimalbruch zwischen den Werten 0 und 0.99998842593 dar. Die Funktion ZeitSeriell() liefert zu einer gegebenen Uhrzeit die entsprechende Seriennummer. Die zu übersetzende Uhrzeit muß zwischen 0:00:00 und 23:59:59 liegen.

Funktionsergebnis:

Seriennummer der übergebenen Uhrzeit.

Parameter:

Name:	Bedeutung
Stunde	Ein Wert oder Ausdruck zwischen 0 und 23 (inklusive).
Minute	Ein Wert oder Ausdruck zwischen 0 und 59 (inklusive).
Sekunde	Ein Wert oder Ausdruck zwischen 0 und 59 (inklusive).

ZeitWert()

Liefert die Seriennummer zu einer gegebenen Uhrzeit.

Gruppe: Datum und Uhrzeit   WordBASIC Funktion

Syntax:

```
x = ZeitWert(ZeitText$)
```

Beschreibung:

Ähnlich wie ZeitSeriell() liefert diese Funktion die Seriennummer zu einer gegebenen Uhrzeit. Jedoch wird die zu übersetzende Uhrzeit nicht in Stunde, Minute und Sekunde aufgeschlüsselt angegeben, sondern als Text angegeben.

Funktionsergebnis:

Der Rückgabewert dieser Funktion enthält die Seriennummer, die der übergebenen Uhrzeit entspricht.

Parameter:

Name:	*Bedeutung*
ZeitText$	Zu übersetzende Uhrzeit. Folgende Beispiele zeigen, welche Textdarstellungen einer Uhrzeit von dieser Funktion in eine Seriennummer übersetzt werden. 23 Uhr 20 23:20:00 pm11:20 am11:20 11:20 Die übergebene Uhrzeit muß im Bereich von 0:00:00 und 23:59:59 liegen!

ZurückEinfügemarke

Setzt Einfügemarke an letzte Bearbeitungsstelle im Text.

Gruppe: Bewegen der Einfügemarke und Markieren   WordBASIC Befehl

Syntax:

```
ZurückEinfügemarke
```

Beschreibung:

Während der Bearbeitung des Textes gibt es immer wieder Phasen, in der kein Text eingegeben, sondern die Einfügemarke einfach nur hin und her bewegt wird. Wird nach einer solchen Bewegung die Eingabe wieder aufgenommen, merkt sich Word diese neue Bearbeitungsposition. Mit dem Befehl ZurückEinfügemarke können Sie sich nun an die vier letzten "Tatorte" begeben. Beachten Sie, daß durch das Einfügen eines neuen Textes nach einer Bewegungsphase die älteste Bearbeitungsposition zugunsten der letzten entfernt wird.

Anhang

Installation auf einem Einzelplatzrechner	Seite	1447
Installation im Netzwerk	Seite	1448
Wartungsinstallation	Seite	1448
Der Agenda-Assistent	Seite	1450
Der Brief-Assistent	Seite	1451
Der Fax-Assistent	Seite	1451
Der Kalender-Assistent	Seite	1451
Der Lebenslauf-Assistent (Lebenslf-Assistent)	Seite	1452
Der Memo-Assistent	Seite	1452
Der Rundschreiben-Assistent (Rundschr-Assistent)	Seite	1452
Der Tabellen-Assistent	Seite	1453
Der Urkunden-Assistent (Urkunde-Assistent)	Seite	1453
Die Dokumentvorlage Konvert.DOT	Seite	1453
Programme löschen	Seite	1455
Inhalt der CD-ROM:	Seite	1456

A · Installation von Word 6 für Windows

Bevor Sie mit der Installation beginnen, sollten Sie von jeder der elf zum Lieferumfang von WinWord gehörenden Disketten eine Sicherheitskopie erstellen. Dies geht am einfachsten mit dem DOS-Befehl DISKCOPY. Wenn sich die Installationsdisketten im Laufwerk A befinden, leiten Sie den Kopiervorgang mit folgender Anweisung ein:

```
diskcopy a: a:
```

Je nach DOS-Version müssen Sie die Disketten während des Kopiervorgangs mehrfach wechseln.

Zur Installation sollten Sie ausschließlich die Sicherheitskopien verwenden.

Installation auf einem Einzelplatzrechner

Die Installation auf einem Einzelplatzrechner gestaltet sich recht einfach. Starten Sie hierzu das Installationsprogramm SETUP.EXE auf der Diskette 1 aus dem DATEI-MANAGER mit DATEI AUSFÜHREN. Zu Beginn werden Sie nach Ihrem Namen und dem Ihrer Firma gefragt, wobei der Firmenname entfallen kann. Da diese Informationen innerhalb von WinWord 6.0 fest gespeichert werden und Sie diese Informationen nachträglich nicht mehr ändern können, müssen Sie ihre Richtigkeit abschließend noch einmal bestätigen. Nun geben Sie den Pfad an, in dem WinWord installiert werden soll. Voreingestellt ist "C:\WINWORD". Dieses können Sie jedoch mit VERZEICHNIS ÄNDERN ([Alt][V]) ändern. Im nächsten Dialogfenster wählen Sie die Art der Installation. Drei Varianten stehen Ihnen zur Verfügung:

STANDARD, VOLLSTÄNDIG/BENUTZERDEFINIERT und MINIMAL. Sollten Sie nicht unter extremen Platzmangel auf Ihrer Festplatte leiden, so nehmen Sie die vollständige oder zumindest die Standard-Installation vor. Die Minimalkonfiguration benötigt zwar nur etwa 6 MB Festplattenspeicher, jedoch stehen Ihnen bei dieser Installation nur die Grundfunktionen von WinWord zur Verfügung. Selbst die Hilfefunktionen und mitgelieferten Dokumentvorlagen werden in der Minimal-Installation nicht auf Ihre Festplatte installiert.

Die Standard-Installation benötigt etwa 20 MB Festplattenspeicher, wobei aber auch bei der Standard-Installation einige Dateien nicht installiert werden, die zum vollen Umfang von WinWord 6 gehören. So werden beispielsweise der Formeleditor und MS Graph aber auch die ODBC-Unterstützung nicht mitinstalliert. Sollten Sie über ausreichende Festplattenkapazität verfügen, installieren Sie WinWord 6 vollständig. Die vollständige Installation benötigt dann etwa 28 MB auf Ihrer Festplatte. Die vollständige Installation leiten Sie ein, indem Sie die vorgegebenen Komponenten unverändert lassen und die Installation mit WEITER starten. Sollten Sie mit dem Spektrum der Funktionen von WinWord vertraut sein, können Sie Veränderungen an den Einstellungen vornehmen. Folgen Sie im Weiteren den Anweisungen des Installations-Programms.

Installation im Netzwerk

Sollten Sie WinWord 6 in einem Netzwerk installieren wollen, so stehen Ihnen mehrere Auswahlmöglichkeiten - abhängig von der Installation von Windows - zur Verfügung.

Die Netzwerkinstallation sollten Sie von Ihrem Server aus mit folgender Anweisung starten:

SETUP /A

Geben Sie nun den Server und Pfad an, in dem WinWord 6 installiert werden soll. Die mitgelieferten Applikationen werden in einem Verzeichnis \MSAPPS auf Ihrem Server gesichert, damit Sie auf allen Arbeitsplätzen über das Netzwerk verfügbar sind.

Um WinWord auf Arbeitsplätzen zu installieren, starten Sie das Setup-Programm, das auf Server liegt, von den einzelnen Arbeitsplätzen aus.

Wartungsinstallation

Um nachträgliche Änderungen der WinWord-Installation vorzunehmen und beispielsweise Textkonverter, Grafikfilter, Wörterbücher, OLE-Server oder andere Programmkomponenten später zu installieren, halten Sie die WinWord-Disketten bereit. Starten Sie im Programm-Manager von Windows in der Programmgruppe MICROSOFT OFFICE - sofern Sie die WinWord-Symbole nicht in einer anderen Gruppe abgelegt haben - die Anwendung WORD SETUP.

Nach dem Start und einem automatischen Systemcheck wählen Sie im Setup-Eröffnungsfenster den Befehl HINZUFÜGEN/ENTFERNEN ([Alt][H]), der für die Modifikation bestehender Installationen zuständig ist. Im Dialogfenster WARTUNGSINSTALLATION markieren Sie unter OPTIONEN ([Alt][N]) die Rubrik, unter der Sie Änderungen vornehmen möchten, und aktivieren über OPTION

ÄNDERN ([Alt][N]) das entsprechende Dialogfenster. Hier markieren Sie in der Liste OPTIONEN ([Alt][O]) die Zeile, die Sie modifizieren möchten. Sollte rechts neben der Liste wieder die Schaltfläche OPTION ÄNDERN im Dialogfenster erscheinen, können Sie Ihre Wahl in einem folgenden Dialogfenster noch weiter spezifizieren. Kreuzen Sie die Kontrollkästchen der Komponenten an, die Sie installieren möchten. Achtung: Wenn Sie bereits angekreuzte Zeilen deaktivieren, werden die entsprechenden Dateien beim anschließenden Ablauf des Setup-Programms entfernt. Wie viele Komponenten Sie bei der Wartungsinstallation hinzufügen oder entfernen, zeigt das Dialogfenster in den beiden Zeilen HINZUZUFÜGENDE KOMPONENTEN und ZU ENTFERNENDE KOMPONENTEN. Links daneben zeigt das Setup-Programm an, welchen Speicherplatz Sie auf dem aktuellen Laufwerk benötigen und welcher Speicherplatz zur Verfügung steht.

Nachdem Sie Ihre Wahl getroffen haben, bestätigen Sie Ihre Eingaben. Sie haben nun direkt die Möglichkeit, andere Optionen zu ändern, also weitere Konvertierfilter oder Programmodule hinzuzufügen oder zu entfernen. Nachdem Sie alle Änderungen vorgenommen haben, bestätigen Sie mit WEITER ([Alt][W]) den Ablauf des Setup-Programms.

Folgen Sie bei allen Installationen immer den Anweisungen des Programms, und legen Sie nach Aufforderung die bezeichneten Disketten ein. Das Setup-Programm richtet die gewählten Optionen ein und aktualisiert automatisch die Dateien WINWORD6.INI und WIN.INI.

B · Die Assistenten

Zum Lieferumfang von WinWord 6.0 gehören neben vorgefertigten Dokumentvorlagen auch neun Assistenten - englisch "Wizards", also Zauberer. Diese Assistenten „zaubern" Ihnen vorgefertigte Dokumente auf den Bildschirm, die nach Ihren Vorgaben erstellt werden. Einen Assistenten rufen Sie wie auch Dokumentvorlagen mit dem Befehl DATEI NEU (Alt D N) auf. In der Liste der Formatvorlagen finden Sie sie als ASSISTENT aufgelistet. Wählen Sie einen der Assistenten an, und befolgen Sie die Hinweise.

Geben Sie in die Eingabefelder der einzelnen Dialogfenster die erforderlichen Informationen ein, und bestätigen Sie jedes Fenster mit WEITER. Mit ZURÜCK können Sie jederzeit in das jeweils vorherige Fenster wechseln, bis Sie wieder im ersten Dialogfenster des Assistenten beginnen können. Mit FERTIGSTELLEN wird ein Assistent schließlich beendet und das entsprechende Dokument generiert. Sie legen abschließend noch fest, ob Sie den Hilfetext zu dem laufenden Assistenten lesen oder nur das Dokument erstellen wollen. Wenn Sie einen Assistenten vorzeitig beenden möchten und ABBRECHEN wählen, so wird der Assistent ohne weitere Abfrage augenblicklich beendet und sämtliche Eingaben gehen verloren. Nachdem einer der Assistenten ein Dokument erstellt hat, sollten Sie das Dokument noch einmal überprüfen und die nötigen Veränderungen oder Ergänzungen vornehmen. Die Assistenten sind - wie der Name bereits andeutet - nur eine Hilfe bei der Erstellung von Dokumenten.

Wenn Sie einen Assistenten mit FERTIGSTELLEN beenden, werden Ihre Eingaben in der Datei WORDWIZ.INI im Windows-Verzeichnis gespeichert. Dies hat den Vorteil, daß Sie allgemeine Einstellungen nicht immer wieder aufs Neue vornehmen müssen; Sie nutzen die gespeicherten Einstellungen, indem Sie im Assistenten einfach FERTIGSTELLEN wählen.

Was die einzelnen Assistenten leisten, ist im folgenden aufgeführt.

Der Agenda-Assistent

Mit dem Agenda-Assistenten erstellen Sie eine Liste von Gesprächspunkten, anhand der Sie beispielsweise den Ablauf von Konferenzen protokollieren können. Wenn Sie alle Abfragen beantwortet haben und die Agenda fertiggestellt ist, können Sie je nach eingestellten Optionen noch die Namenslisten ausfüllen oder Stichwörter in den Kopf der Agenda aufnehmen.

Neben der reinen Liste der Tagespunkte lassen sich auch Protokollformulare erstellen. Für jeden Tagespunkt wird dann ein Abschnitt erstellt, der genügend Platz für Notizen bietet.

Der Brief-Assistent

Mit dem Brief-Assistenten können Sie Geschäftsbriefe, Rechnungen, aber auch Bewerbungen, kurzum beinahe Ihre gesamte Korrespondenz verfassen. Zu Beginn wählen Sie, ob ein vorgefertigter Geschäftsbrief modifiziert werden soll oder ein neuer Geschäftsbrief bzw. Privatbrief zu erstellen ist. Die Themen der vorgefertigten Briefe sind: Angebotsschreiben, Arbeitszeugnis, Bestellung, Bewerbungsschreiben, Einladung zum Vorstellungsgespräch, Kündigung eines Mietvertrages, Lieferverzug, Mahnung, Reklamation und Werbebrief.

Zur Wahl steht, ob Papier mit vorgedrucktem Briefkopf benutzt wird; hier läßt der Assistent genügend Raum für den Briefkopf. Geben Sie nun Empfänger und Absender an, wobei die vorgegebene Absenderadresse der Registerkarte BENUTZER-INFO entspricht, die Sie im normalen Eingabemodus - nicht aber während des Ablaufs eines Assistenten - unter EXTRAS > OPTIONEN modifizieren. Nachdem Sie den Formatierstil des Briefes bestimmt haben, können Sie den Assistenten noch ein Adreßetikett oder einen Umschlag generieren lassen. Benötigen Sie diese nicht, so wählen Sie NUR BRIEF ANZEIGEN. Die Passagen in den vorgefertigten Briefen die Sie ändern müssen, sind entweder in eckige Klammern eingeschlossen oder unterstrichen.

Wenn Sie einen neuen Geschäfts- oder Privatbrief erstellen wollen, so wählen Sie, welche Elemente der Brief beinhalten soll, und ob er auf Standardpapier bzw. Papier mit Briefkopf gedruckt werden soll. Auch neuerstellte Briefe können Sie in einer der drei Stilarten entwerfen und ihnen Briefumschläge bzw. Etiketten hinzufügen.

Der Fax-Assistent

Der Fax-Assistent erstellt Ihnen Deckblätter für ein Telefax im Hoch- oder Querformat. Auch Ihre Fax-Deckblätter können in drei verschiedenen Stilarten erstellt werden. In den weiteren Dialogfenstern geben Sie Ihren Namen und Ihre Anschrift sowie abschließend Ihre Telefon- und Fax-Nummer ein. Nach dem Beenden des Assistenten ergänzen Sie die fehlenden Einträge in Deckblatt.

Der Kalender-Assistent

Mit dem Kalender-Assistenten erstellen Sie Monatskalenderblätter. Wie beim Fax-Assistenten können auch die einzelnen Kalenderblätter im Hoch- oder Querformat angelegt werden. Wählen Sie auch beim Kalender-Assistenten zwischen drei verschiedenen Stilarten, um einen Kalender Ihren Bedürfnissen entsprechend zu entwerfen. Abschließend bestimmen Sie, ob ein leerer Positionsrahmen eingefügt werden soll, damit Sie an dieser Stelle später eine Grafik einfügen können.

Der Lebenslauf-Assistent (Lebenslf-Assistent)

Der Lebenslauf-Assistent - er hilft Ihnen bei der Erstellung von Lebensläufen - ist einer der umfangreichsten Assistenten. Sie wählen zwischen vier verschiedenen Anlässen: Lebenslauf für Berufseinsteiger, internationalem Lebenslauf, praxisorientiertem und akademischen Lebenslauf. Die vier verschiedenen Arten unterscheiden sich in der Aufteilung, da sich die Wertung der einzelnen Betätigungsfelder je nach Art der Bewerbung verschiebt. Der internationale Lebenslauf enthält Beispieldaten, mit denen Sie Ihren Lebenslauf vergleichen können, so daß Sie eine zusätzliche Sicherheit haben. Wenn Sie den Lebenslauf fertigstellen wollen, können Sie auf Wunsch direkt ein passendes Bewerbungsschreiben durch den Brief-Assistenten erstellen.

Der Memo-Assistent

Mit dem Memo-Assistenten erstellen Sie im Handumdrehen Ihre persönlichen Memoranden. Wählen Sie zu Beginn, ob Sie mit Vordrucken arbeiten oder ob Sie ein Memorandum auf Standardpapier erstellen wollen. Wenn Sie eine lange Verteilerliste erstellen, empfiehlt es sich, diese auf eine separate Seite zu setzen. Schließlich wählen Sie aus den aufgeführten Elementen diejenigen aus, die Ihr Memorandum enthalten soll und welche Elemente die folgende Kopfzeile und alle Fußzeilen enthalten sollen. Nach der Elementewahl bestimmen Sie die Stilart des Memorandum und stellen dies fertig.

Der Rundschreiben-Assistent (Rundschr-Assistent)

Der Rundschreiben-Assistent eignet sich weniger für persönliche Rundschreiben als für jene Werbeschriften, die sich täglich im Briefkasten finden. Nachdem Sie sich für den Stil des Rundschreibens entschieden haben, wählen Sie Anzahl der Spalten, Titel und Seitenzahl und abschließend die Elemente, die Ihr Rundschreiben beinhalten soll.

Der Tabellen-Assistent

Mit Hilfe des Tabellen-Assistenten können Sie umfangreiche Tabellen erstellen und formatieren. Wählen Sie zu Beginn das Format aus, das Ihren Vorstellungen am nächsten kommt. Je nach ausgewähltem Format der Tabelle wird eine auf diesem basierende logische Spaltenanzahl zur Auswahl gestellt. Im nächsten Dialogfenster wählen Sie die Optionen für die Überschriften der Tabelle. Weiterhin bestimmen Sie das voraussichtliche Format der Überschriften und der Zelleninhalte der Tabelle, damit diese korrekt ausgerichtet werden können.

Abschließend bestimmen Sie das Seitenformat des Dokuments, das die Tabelle enthalten wird. Nachdem das Dokument erstellt wurde, ruft der Tabellenassistent als letzte Aktion die Funktion TABELLE AUTOFORMAT auf und ermöglicht die weitere Gestaltung der Tabelle.

Der Urkunden-Assistent (Urkunde-Assistent)

Der Urkunden-Assistent erstellt einfache Urkunden. Wählen Sie hierzu eine der vier Stilarten und das Format der Urkunde. Sie können Ihre Urkunden sowohl im Hoch- als auch im Querformat erstellen. Bei Papier mit vorbedrucktem Rand sollten Sie dieses dem Assistenten mitteilen, damit er ihn nicht durch einen weiteren Rand überdruckt. In den folgenden Dialogfenstern geben Sie den Empfänger der Urkunde sowie den Titel und die Unterzeichner der Urkunde an. Wenn Sie die Firma oder Person, die die Urkunde überreicht, mit in die Urkunde aufnehmen wollen, so können Sie dieses im darauffolgenden Dialogfenster tun. Abschließend können Sie noch das Datum und einen kurzen Text eingeben, der mit in die Urkunde aufgenommen werden soll. Mit FERTIGSTELLEN generiert der Assistent schließlich die Urkunde.

Die Dokumentvorlage KONVERT.DOT

Der Vollständigkeit halber sei noch die Dokumentvorlage KONVERT.DOT erwähnt, die sich im Verzeichnis MAKROS befindet. Sie beinhaltet einen weiteren Assistenten, der es Ihnen ermöglicht, Dateiformate zu konvertieren. Anders als bei den übrigen Assistenten müssen Sie hierzu allerdings mit EXTRAS > MAKRO (Alt X K) die Liste der Makros öffnen und das gewünschte Makro starten.

Das Makro BATCHKONVERTIERUNG ermöglicht auf recht komfortable Weise die Konvertierung mehrerer Dateien in das WinWord-6-Dateiformat oder aber aus dem WinWord-6-Format in ein anderes Dateiformat. Welche andere Dateiformate zur Verfügung stehen, hängt davon ab, ob Sie die entsprechenden Filter bei der Installation von WinWord 6 mitinstalliert haben. Wählen Sie den Konvertierungsfilter und die Quelldateien aus. Mit einem Doppelklick auf eine Datei wird diese mit in die linke Liste der zu konvertierenden Dateien aufgenommen. Mit WEITER wird die Konvertierung augenblicklich gestartet. Während der Konvertierung werden Sie auf dem laufenden gehalten, wieviel Prozent der Dateien bereits konvertiert sind.

Das Makro BEARBKONVERTIERUNGSOPTIONEN ermöglicht Ihnen, Einstellungen an den Konvertierungsfiltern vorzunehmen. Diese sollten Sie jedoch nur mit aller Vorsicht vornehmen, da die Änderungen gespeichert werden und hierdurch später Probleme beim Einlesen von Fremdformaten auftreten können. In der Regel brauchen Sie keine Änderungen an den Konvertierungseinstellungen vornehmen, da diese für den normalen Gebrauch bestens konfiguriert sind.

Das Makro PRÄSENTATION wandelt die Gliederung eines WinWord-Dokuments in eine PowerPoint-Präsentation. Hierzu müssen Sie das Makro jedoch aus dem Dokument heraus ausrufen, dessen Gliederung konvertiert werden soll. Kopieren Sie hierzu das Makro PRÄSENTATION in die Dokumentvorlage des Dokuments oder in die NORMAL.DOT. Auf das Kopieren von Makros geht Kapitel 20 ein.

C · Die CD-ROM

Die CD-ROM enthält Programme, Bilder, Fotos und Schriften, die Sie zur Gestaltung Ihrer Dokumente und zur Erleichterung Ihrer täglichen Arbeit einsetzen können. Damit Sie nicht den Überblick verlieren, ist die CD-ROM mit einem Führer ausgestattet, der Ihnen eine Erklärung der einzelnen Inhalte, und, falls nötig, eine Installationsanleitung und einen Herstellernachweis bietet. Nutzen Sie diesen Wegweiser, bevor Sie auf den Inhalt der CD-ROM zugreifen. Installieren Sie ihn dazu nach der folgenden Schritt-für-Schritt-Anleitung auf Ihrer Festplatte.

1. Legen Sie die CD-ROM in das passende Laufwerk Ihres Computers ein.
2. Wählen Sie im Menü DATEI des Programm-Managers von Windows den Befehl AUSFÜHREN.
3. Geben Sie in der Dialogbox AUSFÜHREN im Feld BEFEHLSZEILE folgenden Befehl ein:

    ```
    d:\cdword6\setup.exe
    ```

    Verändern Sie die Laufwerksbezeichnung, falls Ihr CD-ROM-Laufwerk nicht die Bezeichnung d:\ trägt.
4. Die Installationsroutine fordert Sie nun auf, den Installationspfad für den CD-ROM-Führer zu bestätigen, oder einen neuen einzugeben. Bestätigen Sie Ihre Wahl mit OK.
5. Die Installationsroutine installiert nun die Dateien des CD-ROM-Führers und fügt dem Programm-Manager von Windows die Programmgruppe *SYBEX - Das WinWord 6* Buch hinzu. Öffnen Sie diese Programmgruppe und klicken Sie das Symbol *CD-Führer Word6 für Windows* doppelt an.

CD-Führer Word 6 für Windows

Bevor Sie die auf der CD-ROM enthaltenen Schriften installieren, lesen Sie unbedingt den Inhalt der Datei INSTALL.DOC, die sich im Verzeichnis \SCHRIFTE auf der beiliegenden Diskette befindet. Diese Datei läßt sich in Word für Windows laden und drucken.

Programme löschen

Wollen Sie Programme löschen, die Sie von der CD-ROM auf Ihrer Festplatte installiert haben, müssen Sie z. B. auf der DOS-Ebene zuvor das Schreibschutz-Attribut von allen Dateien entfernen.

Inhalt der CD-ROM:

- **askSam für Windows** (Demoversion): Datenbank zur Suche strukturierten und unstrukturierten Textes. Voller Funktionsumfang, jedoch Beschränkung der Datensätze auf 30.

- **combit address manager** (Demoversion): Adreßverwaltungsprogramm mit vollem Funktionsumfang, jedoch Beschränkung der Datensätze auf 2.000.

- **Professionelle Fotos** in zwei Formaten (RGB und JPEG): als Hintergrund und für Ihre DTP-Arbeiten. Die Fotos lassen sich über Einfügen > Grafik direkt in Word 6 für Windows einbinden.

- **Cliparts**: zur Dekoration Ihrer Einladungen, Grußkarten, Faxvorlagen etc. Die Cliparts lassen sich über Einfügen > Grafik direkt in Ihre Word 6 für Windows-Dokumente einbinden.

- **TrueType-Schriften**: zur effektvollen Gestaltung Ihrer Dokumente.

- **Icon Master und Icon Show**: Programm-Ikonen selbst erstellen, verändern und verwalten.

- **Ikonen**: Witzige Programm-Symbole zur besseren Unterscheidung der Programme.

- **Strukturgrafiken**: zum Hinterlegen von Texten und Grafiken.

- **Word 6.0a für Windows**: Update, mit dem einige WinWord-Funktio-nen optimiert werden wie

    – Aktualisierung der OLE 2.0-DLLs (zur besseren Integration in Office)

    – neue Version des Formeleditors 2.0a

    – aktuelle Hilfe-Dateien

    – Optimierung der Assistenten

Stichwortverzeichnis

Symbole
16-Bit-Integer-Wert_ 894
386er 7
486er 7

A
Abbildungstext 513
Abbildungsverzeichnis 666, 667
Abfangen von
 Fehlermeldungen 916
Abfrage
 Sicherheitsabfrage 20, 238, 249, 256, 288, 540, 544, 586, 601, 604
Ablage
 Datei 226, 241, 243, 532, 582, 748
 Zwischen 110, 390, 423, 424, 503, 504, 685
AbrufenDokumentVar$() 908
Absatz
 Absätze nicht trennen 161, 517, 520
 Absätze zusammenhalten 161
 Absatzkontrolle 161, 576
 Absatzmarke 158, 180 ff., 228, 231, 290, 411, 441, 443 ff., , 469 ff., 489, 510, 512, 557, 559, 566 ff., 610, 674, 779
 Absatzweise bewegen 49
 Anfangsabstand 809
 Blocksatz 37, 154 f., 195, 291, 292
 Doppelter Zeilenabstand 164, 195
 Einfacher Zeilenabstand 164, 195
 Formatiert 153, 194
 Formatierte suchen und ersetzen 194
 Formatierung 153, 488
 Formatierung aufheben 160, 195
 Formatierung löschen 197
 Formatvorlage zuweisen 294, 550, 641
 keine Silbentrennung 163, 294
 Kontrolle 161, 576
 Kontrolle beim Druck 161, 576
 links 631
 markieren 101, 104, 678
 positionieren 489
 Schattierung 250, 417, 439, 461 ff., 473, 478, 487, 506, 510, 512, 547, 705, 757, 771, 803
 Seitenwechsel oberhalb 162
 suchen 153, 194
 Textfluß 161 ff., 294, 311, 338, 471 ff., 484, 513, 517, 548
 Zeilen nicht trennen 161
 Zeilennummern unterdrücken 162, 339
Absatzendezeichen 45
Absatzformatierung 160, 195
Absatzkontrolle 161, 576
Absatzmarke 158, 180 ff., 228, 231, 290, 411, 441 ff., 469 ff., 489, 510, 512, 557, 559, 566 ff., 610, 674, 779
Absatzweise bewegen 49
Abschnitt
 Beginn 333
 Umbruch 354, 646, 661
Abschnittformatierung 332
Abschnittsumbruch 183, 314, 331 ff., 652, 660, 736
Abschnittswechsel 181, 239, 311 ff., 331 ff., 343, 344 ff., 645, 717, 732, 742, 762, 763
Abstand
 Seitenrand 321, 360
 vom Seitenrand 321, 360
 Zeile 77 f., 124, 158 ff., 164, 195, 238, 239, 495, 543, 549, 552
 zwischen Spalte 434
Addition 446, 448, 452, 791, 793
Adj 273
Adobe Type Manager 137, 213
Aktivieren
 Lineal 325
Aktivieren einer Datei 327
Aktualisieren
 Feld 251, 518, 710, 712, 782, 799
 Feldfunktion 681, 711, 776
 Verknüpfungen 686
Akustisches Signal 139, 779
Alarmfenster 58, 61
Als Feld einfügen 367 f., 710
Ändern
 Filialdokument 647
 Formatvorlage 563
 Größe 20 ff., 300
Änderungskonsolidieren 625 f., 749
Änderung
 markieren 626
 überprüfen 192, 569 f., 620 f.
Anfasser 475 f., 477, 488, 505 f., 509, 517
Anforderungen 7, 579
Anführungszeichen 599, 795
Angebote 593
Anklicken 16, 18, 21 ff., 28 ff., 609 ff.,
Anmerkung 204, 396, 402 ff., 609 ff.,
 Ausschnitt 609 ff.
 bearbeiten 612
 Fenster 613
 Formatvorlage 613
 Gehe zu 401
 Hinweismarke 610
 Zeichen 181, 402, 610 ff.,
Anmerkungsausschnitt 609, 610, 611, 612, 613, 614, 615, 616
ANSI-Code_ 898
Ansicht
 Absatzmarke 180, 182, 228, 231, 441 ff., 489, 566 ff.,
 Bedingter Trennstrich 181 f.,
 Dokument 221, 629, 777
 Druckbild (alt), siehe Layout 35, 86, 224, 296, 315, 512
 Feldfunktion 251, 359, 669
 Ganze Seite 219 f.,
 Ganzer Bildschirm 85
 Gitternetzlinie 437
 Horizontale Bildlaufleiste 35, 158, 221, 230
 Layout 323
 Leerzeichen 56, 58, 74, 77, 78, 124, 129, 176, 180 ff., 228 ff., 288 ff.
 Mehrere Seiten 85, 219, 323, 400, 513
 Platzhalter für Grafiken 183, 229, 501
 Seitenbreite 219 ff., 341, 417, 435, 465
 Textbegrenzungen 229, 296, 413, 474, 488
 Verborgener Text 90 f., 140, 231, 610
 Verschiedene 16, 284, 362, 690, 809
 Vertikale Bildlaufleiste 35, 230
 Zentraldokument 224, 636, 641 ff., 831
Ansicht-Zoom 323
Anweisung 14
 Liste 772
Anwendung
 Ausgeführt 214
Anwendungsprogramme
 ausgeführte (MS Info) 214
Anzahl
 Seite 85, 513, 603, 794, 796
 Wörter 300
Anzeige
 Dokument zoomen 219
 Druckbild (alt), siehe Layout 6, 46, 84, 327, 577, 806

Feldergebnisse 776
Feldfunktion 359, 368, 450, 501, 610f., 669, 729, 773ff., 837
Formatierung 630
Gliederung 56, 224f., 360, 440, 547, 629ff., 661, 670ff., 756, 844f.,
Konzeptmodus 149, 224, 313, 415
MS Info 214
Apple Macintosh 125
Arabische Ziffern 352
Arbeitsmenü 22
Arbeitsspeicher 211f.
Arbeitsumgebung 9f.
Arbeitsumgebung Windows 9
Arrays_ 899
ASCII-Code_ 898
Assistent 415f., 533
Aufbau eines Makro-Programms_ 890
Aufnehmen
Filialdokument 646
Aufrufen
Hilfe 27, 208
Aufzählung
Zeichen 251, 566ff., 673ff.,
Zeichen und Numerierung 675, 678
Ausgabe Druck 15, 83ff., 92, 137, 208, 223, 327, 354, 472, 594, 615f., 641, 703, 732
Ausgeführte
Anwendungsprogramme (MS Info) 214
Ausrichtung
Absatz 470
Vertikal 335
Ausrichtung, Blatt 328f.
Ausrichtung, hängender Einzug 672
Ausschnitt
Fußnote 377ff.
Auswahl
Drucker für Word für Windows 83
Auszeichnung 139
AutoClose 981
AutoExec 981
AutoExit 981
AutoFormat 209, 226, 245, 415ff., 433, 440, 445, 566ff., 710
Automatisch
Seitennumerierung 90
Silbentrennung 163, 291, 294
speichern 242
trennen 294
AutoNew 981
AutoOpen 981
AutoText, WordBasic 87, 209

B
Backslash 58, 69, 185, 238, 498f.
BASIC_ 861
Bearbeiten
Datei 724
Datenquelle 722, 727, 733f.
Formatvorlage 338, 548ff., 580
Bedienung, Lineal 39
Bedingungsfeld 729, 730, 740ff.
Befehl
wiederholen 55
zurücknehmen 54
Befehlssyntax der Feldfunktion 779
Befehlswahl 17, 23, 33
BEGIN DIALOG 974
Begrenzungsdreieck 158
Begrenzungslinie 230, 378, 556
Begriffssuche 271
Beispiele
Grafik 464
Beispiele und Demos 28, 206, 209f.
Belegung
Tastatur 87, 257, 530
Taste 87, 257, 530
Beliebiges Zeichen 181, 185
Benutzer-Info 617
Benutzerwörterbuch 213, 243, 275, 277, 281ff., 659
Berechnung 364, 446ff., 472, 540, 756ff., 784, 792
Berichtigung 277, 616
Beschriftung
eingeben 515
Bestimmen Formular Feldergebnis, WordBasic 760
Betriebssystem 9, 58, 70, 498
Bewegen, wortweise 49
Bibliothek
System (MS Info) 213
Bild
Erklärung 519
Überschrift 519
Unterschrift 432, 519, 520, 836
Vertikale Bildlaufleiste 35, 230
Bildlauf
Box 35, 36
Bildlauffeld 35, 36
Bildlaufleiste 35f., 63, 69,
Bildschirm 143
Aufbau 14, 39, 501
Darstellung 46, 149, 223, 315, 564, 703, 773
Bildunterschrift 432, 519, 520, 836
binäre Operatoren_ 897
Bindung 322
Bitstream FaceLift 137, 213

Blatt
Ausrichtung 328, 329
Kante 320
Blockmarkierung 102, 107, 454, 562, 585
Blockmodus 107
Blocksatz 37, 154f., 195, 291f.
Bormuth Grade Level 306
Breakpoints 987
Breite 325, 328
Breite der Formatvorlagenanzeige 230, 556
BRF 43, 58, 71, 80, 82, 116, 148, 165, 184, 196f.
Brief
Bogen 270, 540
Papierformat 316, 327, 330, 715, 732ff.
Serienbriefdruck 736
Standard 82
Umschlagformate 716f.
Briefumschlag 87, 316, 327, 330, 715, 717, 732ff.
Buchmanuskripte 529
Buchstaben
Dreher 287
Folge 388
Groß 277f., 294
Kenn 69, 79, 449, 828, 845
Bundsteg 321, 322, 329
BYVAL 905

C
C (Programmiersprache)_ 862
CALL 904
CancelButton 978
Carriage Returns 77f., 123f.
CD-ROM 1455
installierte Programme von Festplatte löschen 1455
CD-ROM-Führer 1455
CheckBox 975
CLOSE 923
Coleman-Liau Grade Level 306
Combo-Boxen 976
ComboBox 976
Comma delimited 441
Courier 292, 320, 552
Cursor 51
bewegen 615
Wortweise bewegen 49
Cursorbewegung 50

D
Darstellung
Bildschirm 46, 149, 223, 315, 564, 703, 773
Date$() 902, 903
Datei
Ablage 226, 241, 243, 532, 582, 748

Stichwortverzeichnis

Angaben 59
automatische Anfrage für
  DateiInfo 59, 122, 131, 591
bearbeiten 724
Datei-Manager 61, 127,
  241, 579, 582, 593, 596 ff.,
  622, 692
Dateiformat 73 ff., 119 ff., 143,
  240, 294, 497, 623, 681,
  683, 812
Dateiname 80
Dateinamen ändern 120
Druckausgabe 89
drucken 89
drucken
  Serientextdatei 821, 830
einfügen 681 f.
Erstelldatum 595, 605
Format 73 ff., 119 ff.,
  143, 240, 294, 497, 623,
  681, 683, 812
Info 59 ff., 82, 87, 90, 121,
  128 f., 165, 236, 500, 533,
  564, 586, 591 ff., 645 ff.,
  722, 772 f., 781, 798, 813,
  827 ff.,
Information 59, 61, 82,
  591 ff., 604 f., 773, 781, 798,
  813, 827 ff., 839 f.
Konvertierung 75 f., 143,
  707, 726
Korrektur 280, 609, 616 ff.,
  753
laden 67, 73, 81, 260, 681
Manager 61, 127, 241, 579,
  582, 593, 596, 598 ff., 692
öffnen 62, 75, 128, 562, 585
öffnen, schreibgeschützt 119
öffnen, schreibgeschützt 604
Originaldatei 120, 122, 127,
  623 f.
Reine Textdatei 123
Rekonstruktion 130
Serientext 821, 830
Sicherung 127
sortieren 89, 454 ff., 605
speichern 121, 259, 747, 755
Statistik 302, 500, 594
  ff., 648, 776, 795 f.,
  804 f., 813, 824, 827,
  829, 839, 840, 856
suchen 68, 600
Text 6, 77 f., 123 ff., 416,
  659, 764
Typ 72, 121 ff., 214, 242,
  495, 531, 574, 578 ff., 623,
  681, 726
Überarbeiten 34, 192, 196,
  226, 235, 616 ff., 749
Umwandlungsliste 76
verknüpfen 496 ff., 552,
  681, 685, 692, 782, 783
verknüpfen mit Datei 496 ff.,
  681, 692
Verwaltung 56

Vorlage 533, 537, 578 ff.
Zugriff 61, 605
Datei-Info, automatische Anfrage
  59, 122, 131, 591
Datei-Information
  Stichwort 202 f., 593, 598
Datei-Manager
  aktivieren 327
  Liste erstellen 600
  Schreibschutz 80 f., 127, 579,
    605, 645, 649 f., 682, 749 f.
  Sortierkriterium 458, 605
Dateiformat 73 ff., 119 ff.,
  143, 240, 294, 497, 623,
  681, 683, 812
speichern 73, 120, 683
Dateiliste
  Wiederherstellen 601
Dateiname 80
Dateinamen 120
Dateistatistik 595
Dateiumwandlungsliste 76
Dateiverwaltung 56
Daten
  Datenbank 77, 706 ff., 724 ff.,
    763, 802 ff., 837
  Datensatz 708 ff., 722 ff.,
    740 ff., 804, 813, 830, 837,
    841
  Datensätze sortieren 709,
    738 f.
  Datensicherheit 56, 129
  Datentypen 685
  In Formularen 91, 764
  Struktur der Datentabelle 724
  verknüpfen 496 ff., 552,
    681, 685, 692, 782 f.
Datenbank 77, 706 ff., 724 ff.,
  763, 802 ff., 837
Datenbank einfügen 706,
  711 f., 725
Datenmaske 710, 722 ff., 727, 733
Datenquell erstellen 721 f.
Datenquelle 238, 706 ff., 720 ff.,
  753, 802, 837
  bearbeiten 722, 727, 733 f.
  importieren 728
  öffnen 707, 721, 726
Datensatz 708 ff., 722 ff., 740 ff.,
  804, 813, 830, 837, 841
  Filtern 708, 738
  filtern 708, 738
  sortieren 709, 738 f.
Datensicherheit 56, 129
Datentypen 685
Datum
  Druck 358, 603, 805
  Erstelldatum 595, 605
  Format 785
  Speicher 600, 603 ff., 856
Datum und Uhrzeit 901
Datum und
  Zeit 358, 359, 367, 785

DatumWert() 902
DDE 690, 707 f., 726, 733, 783
  Dynamic Data Exchange
    707, 726
Dezimal
  Tabulator 167 ff.,
  Trennzeichen 10, 167, 441, 447
Dezimaltrennzeichen_ 951
Diagramm 79, 514 f., 694
  Erstellen 494
  Symbol 79
DIALOG 955
Dialog-Editor 960
Dialog-Editor_
  Bearbeiten von
    Dialogelementen_ 971
  Programmcode an WinWord
    übergeben_ 973
Dialogbefehle 945
Dialogmasken entwerfen 958
Dialogmasken_
  Bearbeiten von
    Dialogelementen_ 971
  durch den Anwender ausfüllen
    lassen_ 953
  per Hand codieren_ 974
Dialogvariablen 949
DIM 899, 953
DIM_ 894
Direktformatierung 135 f.,
  144, 193, 194, 538, 549, 838
Direktionsetage 10
Diskette, Laufwerk 8
DisplayWrite 78
Division 452, 791 ff.
Document Content
  Architecture 78
Document Template 529
Dokument
  Ansicht 221, 224, 629, 636,
    641 ff., 777, 831
  drucken 86
  Filialdokument 641 ff.
  Haupt 712, 720 ff.
  Kennwort 127 ff., 287, 605,
    614, 649, 650, 682, 750 f.,
    763
  Korrekturen 609
  Maximale Anzahl 296
  Mehrsprachig 269
  Menü 22 ff., 62, 260 f.
  Nachbearbeitung 256, 352,
    494, 513, 631
  OLE 113, 114, 686, 694, 843
  Prozentuale Bewegungen 397
  Schreibschutz empfehlen
    127, 750
  Seitenweise Bewegung 399
  speichern 143, 270, 319
  Standard 14, 546
  Statistik 302, 500, 594 f., 599,
    648, 776, 795 f., 804 f., 813,
    824, 827, 829, 839 f., 856

1459

Stichwort 202f., 593, 598
Umwandlung 73, 75,
   235, 238, 240, 444ff., 726,
   811f.
Vorlage 755
Vorlage aktivieren 531
Wörter zählen 231, 400,
   594, 595
Zeilenweise bewegen 401
Zentral 224, 636, 641ff., 831
Ziel 113, 114, 686, 694, 843
Dokument-Variablen 908
Dokumentansichten 221, 629, 777
Dokumentanzeige zoomen 219
Dokumentmenü 22ff., 62, 260f.
Dokumentschutz
   aufheben 614, 763
DokumentVariableBestimmen 908
Dokumentvorlage 755
   aktivieren 531
   Hinzufügen 550, 554, 561, 581
   neu erstellen 572
   Struktur von Word für
      Windows 571
Dollarzeichen 78
Doppelklicken 16
Doppelpfeile 476
Doppelt
   unterstrichen 147, 193, 617
DOS Text 76, 77
Drag & Drop 113 ff.
Drag-and-Drop-Technologie 881
Drop-Down-List-Boxen_ 977
Drop-Down-Listenfelder 968
DropListBox 976
Druck
   Absatzkontrolle 161, 576
   Anmerkungen 15, 87, 90,
      91, 102, 124, 204, 236,
      336, 395f., 401ff., 553,
      609, 610ff., 625f., 650
      ff., 695,
      752f.
   Ausgabe 15, 83ff., 137, 208,
      223, 327, 354, 472, 594,
      615ff., 641, 703, 732
   Ausgabe in Datei 89
   Ausgabe in Datei umleiten 89
   automatische
      Seitennumerierung 90
   Datei 89
   Datei-Information 29, 83ff.,
      166, 206ff., 225, 231ff.,
   Datum 358, 603, 805
   Dokument 86
   Druck-Manager 92, 212
   Druckformat 63, 79, 84,
      122ff., 146, 377
   Einstellungen 82
   Felder aktualisieren 525,
      711, 712, 725, 777, 837
   Informationen einbeziehen 91
   Kommentar 91, 469, 520, 781
   Konzept 90

Konzeptausdruck 90
mehrfache Ausfertigung 88
Orientierung 328
Reihenfolge 90
Serien 238, 246, 712, 719,
   720ff., 753, 773, 791ff.,
   820ff.,
Serienbriefdruck 736
Seriendruckfeld einfügen
   729, 735
Serientextdatei 821, 830
Situation 544
Steuern 729
Struktur der Datentabelle 724
Symbol 86, 87
überprüfen 84
Überprüfung 220
Umgekehrte
   Druckreihenfolge 90
Verborgener Text 90f.,
   140, 231, 610
Druckausgabe 15, 83, 84ff., 137,
   208, 223, 327, 354, 472,
   594, 615f., 641, 703, 732
   In Datei 89
Druckausgabe in Datei 89
Druckausgabe in Datei
   umleiten 89
Druckbild (alt), siehe Layout
   6, 46, 84, 327, 577, 806
Druckbildansicht (alt), siehe
   Layout 35, 86, 224, 296,
   315, 512
Druckdatei 89
Druckdatum 358, 603, 805
Drucken MS Info 212
Drucker 9, 143, 417
   Auswahl mit Word für
      Windows 83
   auswählen 83
   Einzelblatteinzug 326
   HP PCL 9
   installieren 10
   Laserdrucker 9, 136, 326,
      338, 360, 718f., 806
   Modell 330
   PostScript 9, 777, 806,
      807, 808, 809, 810, 814
   Seitendrucker 326
   Tintenstrahldrucker 9
   Treiber 83, 84, 212, 805
   Typenrad 137
   Word für Windows 83
Druckerauswahl mit Word für
   Windows 83
Druckereinrichtung 89, 208, 330
Druckermodell 330
Druckertreiber 83f., 212, 805
Druckformat 63, 79, 84,
   122, 125f., 146, 377
Druckorientierung 328
Druckreihenfolge 90
Drucksituation 544
Durchstreichen 140, 618, 671

E
Editieren, Formel 693
Effekte
   Rahmen 468
EGA 143
EINFÜGEN 932
Einfügen
   Datei 681f.
   Datenbank 706, 711f., 725
   Feld 367f., 665, 710
   Filialdokument 644, 646
   Grafik 497f.
   Objekt 610f.
   Positionsrahmen 470f.,
      482, 757
   Seriendruckfeld 729, 735
   Sonderzeichen 368
   Symbol 109
   Tabelle 411ff., 422, 427,
      441, 445, 472, 756
   Text 406, 775
   Textmarke 448
   Zwischenablage 426
Einfügen Grafik, WordBasic
   493, 496, 498, 518, 690,
   774, 781, 811
Eingabe
   Zeichen 43, 109, 197,
      198, 233, 825
EINGABEUNTERDRÜCKEN 986
eingeben
   Beschriftung 515
Einrichten
   Seite 85, 162, 315ff., 386,
      479, 481, 486, 490, 531,
      566, 573, 580, 653
Einstellen
   Benutzer-Info 60, 226,
      236, 593, 610, 645, 649,
      715, 799
   Grundeinstellung 53, 530
   Maßeinheit 38, 138, 144,
      156, 159, 233, 324f., 344,
      362, 436ff., 479 ff.
   Seitenumbruch im Hinter-
      grund 34, 231, 400
   Standard 87, 358, 717
   Zeilennumerierung 336
Einstellungen 53, 530
   Druck 82
   Konvertier 74
Einzelblatteinzug 326
Einzug
   hängend 672
   Papiereinzüge 330
   Symbol 156
Elektronische Post 737
END DIALOG 974
End Sub 760
EndSub_ 862
Endezeichen, Absatz 45
Endlospapier 319, 326
Endlosschleifen 909

Stichwortverzeichnis

Entfernen
  Filialdokument 644, 651
  Positionsrahmen 486
EOF() 923
Erfassen
  Fußzeile 357
  Serientext 724
  Text 43
Erfassungsmodus 17, 86, 632, 640, 762
ERR 917
Ersetzen
  Formatierte Absätze 194
  Formatierte Zeichen 191
  Zeichen 177, 191, 198
  Zwischenablage 189
Erste Schritte 209
Erste Seite anders 334 f., 352 ff.
Erstelldatum 595, 605
Erstellen
  Datenquelle 721 f.
  Diagrammn 494
  Filialdokument 645, 651
  Hauptdokument 721, 735
  Index 660
  Positionsrahmen 705
  Steuersatzdatei 728
  Verzeichnis 604, 667
  Wörterbücher 282 f.
ERW 34, 420
Erweiterungsfunktion 106
Excel 78, 209, 411, 707 f., 726, 784, 843
Excel 5.0 901
Export
  DisplayWrite 78
  MS Word für Macintosh 77
  MS Works für Windows 695
  Reine Textdatei 123
  Rich Text Format 72, 77, 123
  Standardformat von Word für Windows 2.0 124
  Word für DOS 72, 79, 84, 124 ff., 143, 234, 285 f., 595
  Word für Macintosh 77, 125, 239
  WordPerfect 596
Exposé 375, 593
Extras
  einstellen 426, 501, 530, 751
Extras Weitere Einstellungen,
  WordBasic 74, 256 ff.

F

FALSE 895
Farbbildschirme 143
Farbdrucker 9, 143, 417
Farbe 22 ff., 143, 248, 417, 463 ff., 510, 569, 617, 626, 671 ff., 698 ff., 803
  Blau 569

Füllfarbe 701 f.
Grün 110, 241, 288, 604, 753
Hintergrund 467
Schrift 143, 467
Schriftfarbe 143, 467
Schwarz 239
Vordergrund 466 f.
Weiß 232, 239
Farbige Schriften 143
Fehler
  prüfen 731 ff.
  Suche 806
  Zeichensetzung 609
Feld
  aktualisieren 251, 518, 525, 710 ff., 777, 837
  Arbeit 769
  auswählen 709
  Bildlauf 35, 36
  Dropdown-Liste 211, 246 f., 274, 283, 316, 322 ff., 515 f., 537 ff., 585, 597 ff., 667, 723 ff., 761 f.,
  einfügen 367 f., 665, 710
  Einstellungen 758, 761
  Ergebnisse 230, 519, 776 ff.
  Ergebnisse anzeigen 776
  Feldfunktion aktualisieren 681, 776
  Kontrollfeld 30, 76, 109, 140, 183, 190, 228 ff.
  markieren 219
  Optionsfeld 30, 88, 219, 312, 354, 456, 463, 468, 656 f., 738
  Schattierung 757, 771
  Seriendruckfeld einfügen 729, 735
  Zeichen 769, 773
Feldarten 396, 769 ff.
Feldergebnisse 230, 519, 776 ff., 791
Feldfunktion 251, 359, 669
  aktualisieren 681, 711 f., 776 ff., 799
  Anzeige 359, 368, 450, 501, 610 f., 669, 729, 773 ff., 837
  Befehlssyntax 779
  Syntax 771 ff., 792
Fenster
  Rahmen 17
  Teilung 17
Festplatte 8, 83, 129, 241, 269, 497 ff.
Festplattenkomprimierer 129
Fialialdokument 645
  Erstellen 645
File 695
FILE$() 925
Filialdokument 641 ff.
  Ändern 647
  Aufnehmen 646

einfügen 644, 646
Entfernen 651
entfernen 644, 651
erstellen 645, 651
Schützen 649
Speichern 647
speichern 645
teilen 651
Trennen 651
Verbinden 651
verbinden 644
Filter 77, 259, 493, 495, 496, 707, 738 f.
Grafik (MS Info) 213
Firmenlogo 489, 534
Firmennamen 534
Flattersatz 154, 291
Flesch Reading Ease 305
Flesch-Kincaid Grade Level 305
FOR-NEXT 914
Format
  Bitmap 501, 504, 688
  Datei 73 ff., 119 f f., 143, 240, 294, 497, 623, 681 ff., 812
  Dateiformat 73 ff., 119 f f., 143, 240, 294, 497, 623, 681 f., 812
  Datum 785
  DIN-A-4 326
  DIN-A3 415
  DIN-A4-Blatt 319 f., 358
  DIN-A5-Blatt 320
  Direktformatierung 135 ff., 193 f., 538, 549, 838
  DisplayWrite 78
  Grafik 213, 493 ff., 811
  Hoch 328 f.
  IBM-5520 78
  IBM-5520-Format 78
  MS Graph 367 f., 759
  MS Word für Macintosh 77
  MS Works für Windows 695
  Nummer 519, 674 ff.
  Rahmen 440
  Reine Textdatei 123
  Rich Text 72, 77, 123
  Rich Text Format 72, 77, 123
  Seite 316 f., 431, 718
  Spaltenformatierung 340 ff., 661
  Standard 73, 122 ff., 541, 623
  Standardformat von Word für Windows 2.0 124
  Textdatei im ANSI-Zeichensatz 123 f.
  Textdatei im ASCII-Zeichensatz 123 f.
  Umschlagformate 716 f.
  Vorlage 545 f.
  Word für DOS 72, 79, 84, 124 ff., 143, 234, 285 ff.

1461

Word für Macintosh 77, 125, 239
WordBasic 135, 145, 147, 193, 197, 288, 362, 377, 542ff., 656, 677, 729, 785, 851ff.
WordPerfect 596
Zeichen 191
Zeichenformat der Seitenzahl 362
Formatieren
  Grafik 687
  Legende 700
  Positionsrahmen 250, 478
  Seiteformatierungs-merkmale 320
  Zeichen 135f., 145ff., 191ff., 222, 377, 535ff., 545ff., 614, 630ff., 800, 806, 851f.
Formatierte Absätze 194
Formatierte Zeichen 191
Formatierung
  Absatz aufheben 160, 195
  Absatzformatierung löschen 197
  Abschnittformatierung 332
  anzeigen 630
  Direktformatierung 135f., 193f., 538, 549, 838
  eingeben 192
  Grafik 505
  Leiste 45, 136ff., 146, 154, 365, 370, 630
  Mit WordBasic 15, 27, 37, 72, 80, 135, 140ff., 190ff.
Formatierungen
  suchen 192
Formatierungsleiste 45, 136, 137ff., 154, 365, 370, 630
Formatvorlage 545f., 826, 844
  ändern 563
  Anmerkung 613
  bearbeiten 338, 548f., 551ff., 580
  Breitenanzeige 230, 556
  erstellen über Dialogfenster 543f.
  Verwaltung 543
  zuordnen 555ff.
  Zuweisen 560, 567ff.
  zuweisen 294, 550, 641
Formatvorlage zuweisen 560ff.
Formatvorlagen
  Zugewiesen 566
Formatvorlagenanzeige
  Breite 230, 556
Formel 446
  editieren 693f., 784, 814
Formular
  Grossbuchstaben 758, 851
Formularfeld
  Hilfe 757, 761f.

Kontrollkästchen 30, 37, 75, 80, 88ff., 101, 122ff., 140 ff., 161ff., 184ff.
Makro starten 757
Markiert 251
Maximale Länge 758f.
Tabelle einfügen 411ff., 427, 441ff., 472, 756
Fortsetzung
  Hinweis 382ff.
  Trennlinie 382f.
Fortsetzungshinweis 382ff.
Fortsetzungstrennlinie 382f.
Fragezeichen
  Platzhalter 599
Französisch 235, 298
Freier Rand 484
Fremdsprachliche Texte prüfen 269
Füllfarbe 701f.
Füllzeichen 168ff., 661ff.
Funktion
  erweitern 106
  Gliederung 629ff., 653
  Rahmen 439f., 466f.
  sortieren 454
  Tabellen 167, 411, 432, 440f., 520
Funktionen 903
Funktionsergebnis 906
Funktionsleiste 37, 54, 57, 62, 67
Funktionstasten 68, 144, 257
Fußnote 15, 124, 223, 251ff., 335f., 355, 375ff., 525, 545, 553, 576f., 595, 609ff., 653, 822
  Ausschnitt 377ff.
  Kennung 376
  Notenzeichen vergeben 375
  Trennlinie 382
  Trennlinie zum Text 382
  Verwaltung 610
  Ziffern 375
Fußnotenziffern 375
Fußzeile 124, 223, 321, 331ff., 489, 494, 552, 573, 688, 769, 785ff., 801, 813, 822ff.
  erfassen 357
  Fortlaufende Seitenzahl 358
  Fortsetzungstrennlinie 382f.
  Steuerleiste 205f., 224, 383, 610f.

G

Ganzer Bildschirm 85
Gedankenstrich 181f.
Gegenlesen 275, 613
Gegenüberliegende Seiten 85, 239, 322, 333
Gehe zu 202, 206, 380, 395ff., 518, 615, 668, 731, 823

abschnittsweise bewegen 398
Anmerkungen anspringen 401
Befehlskürzel 401, 403
Prozentuale Bewegungen 397
Zielangaben kombinieren 404
Geöffneter Ordner 58, 68
Geschlossener Ordner 58, 68
Geschützter Wortzwischen-raum 47
Gesperrt 144
GETCURVALUES 954
GETPRIVATEPROFILESTRING$() 925
GETPROFILESTRING$() 925
Gitternetzlinie 437
Gliederung 56, 224f., 360, 440, 547, 629ff., 756, 844f.
  Funktion 629ff., 653
  Modus 224, 457, 629ff., 642
  Textorganisation 639
  Überschriftsebenen mit der Maus 637
Gliederungsebene 352, 631ff., 797ff., 823, 835, 846
Gliederungsfunktion 629, 631ff., 640, 645, 653
Gliederungsmodus 224, 457, 629ff., 642
globale Variablen 907
GOTO 909
Grafik 469
  Beschneiden 508f.
  Datei importieren 495
  einfügen 497f.
  Filter 213, 495, 811
  Format 213, 493ff., 811
  formatieren 505, 687
  Im Dokument speichern 498
  importieren 495
  Layout kontrollieren 513
  markieren 505, 514
  Platzhalter 183, 229, 501
  prozentuale Größenänderung 506
  Rahmen 462f., 501, 506ff.
  Rahmen und Schattierung 250, 439, 461ff., 487, 506, 510, 547, 705
  vergrößern 506, 508
Grafiken in Dialogmasken 971
Grafikfilter 213
Grammatik 141ff., 193, 226, 245, 297, 298, 299ff.
  Kleinschreibung beachten 173, 178, 457, 598
Großbuchstaben, WordBasic 141ff., 193
Größe
  ändern 20ff., 300
  ändern des Fensterrahmens 17
  Ausrichtung 319, 327
GroupBox 977
Grundeinstellung 53, 530

Stichwortverzeichnis

Gültigkeitsbereich von
    Variablen 906
Gutschriften 330, 720

H

Hauptdokument 712, 720ff.
    erstellen 721, 735
Haupteintrag 654ff.
Hauptwörterbuch 278
Herstellerverweis 29
Heute() 901
Hilfe 28, 202ff., 761
    Aufruf 27, 208
    Formularfeld 757, 761f.
    Hilfetext zurückgehen 207
    Hilfethema kopieren 207
    Hilfethema über ein
        Schlüsselwort suchen 205
    Indexebene 655
    Lernprogramm 243
    Lesezeichen 28, 204f., 405
    Programminformation 211, 215
    Themenliste 29, 206
Hintergrund
    Farbe 467
    Raster 466
    Seitenumbruch 34, 231, 400
Hinweismarke 610
Hinzufügen
    Zur Dokumentvorlage 550,
        554, 561, 581
Hochgestellt, WordBasic 143,
    147, 193
Horizontale Bildlaufleiste 35,
    158, 221, 230
HP PCL 9
Hurenkind 161

I

IBM-5520-Format 78
IF-THEN-ELSE 910
Import
    Datenquelle 728
    DisplayWrite 78
    Grafik 495
    Grafikdatei 495
    IBM-5520-Format 78
    MS Word für Macintosh 77
    MS Works für Windows 695
    Reine Textdatei 123
    Rich Text Format 72, 77, 123
    Standardformat von Word für
        Windows 2.0 124
    Textdatei im ANSI-Zeichensatz
        123 f.
    Textdatei im ASCII-
        Zeichensatz
        123 f.
    Word für DOS 72, 79, 84,
        124ff., 143, 234ff., 595
    Word für Macintosh 77,
        125, 239
    WordPerfect 596

Import-Feld 501
Import-Funktion 7
In Formularen nur Daten 91, 764
Index 28f., 205ff., 305, 642,
    653ff., 776, 780, 823ff.,
    848f.
    Ebene 655
    erstellen 660
    Oberbegriffe festlegen 656
Index und Verzeichnisse 653ff.
Indexebene 655
Information 592
    automatische Anfrage für Datei-
        Info 59, 122, 131, 591
    Benutzer-Info 60, 226,
        236, 593, 610, 645, 649,
        715, 799
    Datei 59ff., 82, 87, 90, 121,
        128f., 165, 236, 500,
        533, 564, 586, 591ff., 645,
        648f., 722, 772ff. 813, 827ff.
    Dateistatistik 595
    einbeziehen 91
    Einbeziehen beim Druck 91
    für Benutzer 60, 226,
        236, 593, 610, 645, 649,
        715, 799
    Modifikation 82, 290
    Programm 211, 215
    Schlüsselwörter 60, 598, 832
    statistisch 594
    System 211ff., 259, 269,
        811f., 842
Inhaltsverzeichnis 29, 202,
    203, 207, 224, 354, 631,
    642, 653, 661ff., 828, 845f.
    im Text 665
    Über Einträge erstellen 664
Inhalt CD-ROM 1455
Initialen 236, 487, 610, 799
INPUT# 923
INPUT$() 923
INPUTBOX$() 921
Installation 8, 10, 76, 83, 89,
    122, 211, 242, 493, 495,
    532, 681, 695, 811f.
installieren 10, 137, 297, 495, 694
Integral 817f.
Interface 5, 212, 751

J

Jahreszahlen 367
Jetzt() 901
Joker 71

K

Katalog 564ff., 721, 732, 736
KEINZEIT.DOC 864
Kennwort 127ff., 287, 605, 614,
    649f., 682, 750f.
Kippen 705
Klammeraffen 180, 197
Kolonnen 441
Kombinationsfelder 968

Kommentar 91, 469, 520, 781
Kompatibilität 167, 237ff., 581
Komprimierer
    Festplatte 129
Konfiguration
    System (MS Info) 211
Konstanten_ 897
Kontrolle
    Absatz 161, 576
    Grafikenlayout 513
Kontrollfeld 30, 76, 109,
    140, 183, 190, 228ff.,
Kontrollkästchen 30, 37, 75, 80,
    88, 90f., 101, 122, 127ff.,
    140ff.,
Konvertiereinstellungen 74
Konvertieren
    Wörterbücher 285
Konvertiermodul
    Text (MS Info) 214
Konvertierung
    Programm 708, 811f.
Konzept
    Ausdruck 90
    Modus 149, 224, 313, 415
Koordinatensystem 449
Kopf- und Fußzeile 357
Kopfleiste 17ff., 33
Kopfzeile 23f., 280, 320ff.,
    455, 489, 773, 785, 807
Kopie 129ff.
    Sicherungskopie 129, 290
Kopieren 114, 154, 390,
    423, 562
    markierte Passage 113
Korrektur 280, 609, 616, 618ff.,
    753
    Arbeit 281
    automatisch 286
    Dokument 609
    lesen 162, 275
    Modus 192f., 618ff.
    Rand 320
    Rechtschreibung 549
    Vorschläge 278, 281
Korrespondenz 334, 379, 494, 593
Kürzel, Gehe zu 401, 403
Kurzübersicht 28, 209, 594

L

Labels_ 891
Ländereinstellungen 10, 441,
    447, 760, 764
Laserdrucker 9, 136, 326, 338,
    360, 718f., 806
Laufpfeile 69
Laufweite 144f., 553, 699, 705
Laufwerk 8
    Arten 68
    wechseln 68
Layout
    Zeile 291, 292

Leerer Absatz 567
Leerraum 239
Leerzeichen 56 ff., 74 ff., 124, 129, 176, 180, 181 ff.
Leerzeichen, geschützt 183, 369
Leiste
  Funktion 37, 54 ff., 79, 87, 109, 156, 276, 340, 412
  Fußzeile 205 f., 224, 383, 610 f.
Lernprogramm 243
Lernprogramm, erste Schritte 209
Lesezeichen 28, 204 f., 405
LET-Befehl 895
Lexika 269, 549
Lieferumfang 6, 63, 83, 298, 328, 505, 531, 737, 784
Lineal
  aktivieren 325
  Bedienung 39
  Begrenzungsdreieck 158
  Einstellungsmarke 157
  Maßeinheit 38, 138, 144, 156, 159, 233, 324 f., 344, 362, 436 ff., 479, 481, 485
  Meßskala 170
  Nullpunkt 158
LINEINPUT# 923
Linie
  Farbe 699 ff.
  Format 463
  Fortsetzungstrennlinie 382 f.
  Gitternetzlinie 437
  Rahmen 239, 416, 440, 461 ff., 510
  Seitenansicht von Begrenzungslinien 16, 324
Linking 6, 328, 494, 684, 842
List-Boxen_ 977
ListBox 977
Liste
  Alphabetisch 272
  Dateiumwandlungsliste 76
  Feld 30, 38, 57, 68, 72, 78, 88, 121, 137, 138, 139, 144, 154 ff., 175, 198, 215, 550 ff., 717
  Synonymliste 273
  Textbaustein 58, 538
  Trennzeichen 441 ff., 455, 458, 707, 764, 826
  Typ-Liste 122, 574
  Zeichen 441, 444, 455, 676, 783, 814, 817
Listenfeld
  Dropdown 211, 246, 247, 274, 283, 316 ff., 353, 362, 380 ff., 448, 515 f., 537 ff., 723
LOF() 923
lokale Variablen 907
Löschen 234, 277, 430 f., 541

Absatzformatierung 197
Endgültig 52, 115
markierten Bereich 108
Spalte 431
Vorgang 109, 431, 586
Lupe, WordBasic 84

M

MACRODE.EXE_ 960
Mail 5, 232, 580, 737, 750 ff.
MAIN-Prozedur 894
MAK 34
Makro
  EndSub 760
  Formularfeld 757
  Referenz 448, 654, 659, 759
Makro-Recorder 861, 863
Makro-Symbolleiste 872
Makroaufzeichnungs-Symbolleiste 866
Makrofenster 871
Makros
  _als Bestandteil einer Dokumentvorlage 866
  _Definition einer Kurzwahltaste 875
  _Definition von Direktwahltasten für Menü-Makros 879
  _Einbindung in Menüs 878
  _Einbindung in Symbolleisten 881
  _Entfernen aus Menüs 879
  _Entfernen aus Symbolleisten 882
  _Erscheinungsbild des Mauszeiger 864
  _festverdrahtete 869
  _Groß-/Kleinschreibung von Befehlsnamen 874
  _in Dokumentvorlagen organisieren 883
  _Kurzwahltasten ausdrucken 877
  _MAK-Schaltfläche 864
  _Restriktionen für Makronamen 865
  _Speichern als Textdatei 883
  _Start der Makroaufzeichnung 864
  _Tastenkombinationen für Kurzwahltasten 877
  _Umbenennen von 884
  _Umschaltung zwischen Makro-Fenstern 872
  _Umsetzung von Benutzeraktionen in Makro-Befehle 870
  _Vervielfältigen von 883
  _Verwalten 868
  _vorgegebene Makronamen 865
neue erstellen 873

Makros_
  Aufzeichnen von_ 863
  Ausführung von_ 868
  Editierung von_ 870
  EndSub_ 862
  Kurzer Überblick_ 861
  Makro-Sprache_ 861
Manueller Wechsel 311 ff.
Manuskript 322, 335, 385, 529, 631, 769
Marginalie 485
Markieren
  Absatz 101, 104, 678
  Absätze 101, 104, 678
  Bereich löschen 108
  Blöcke 102
  Blockmarkierung setzen 107
  Dokument 101, 614, 779
  Feld 219
  Grafik 505, 514
  Satz 100
  Tabelle 420, 430, 677
  Tastatur 104
  Text 99, 165, 610, 655, 757
  Wort 100, 276, 545
  Wörter und Absätze 104
  Wörter und Sätze 100
  Zeichen 100
  Zeichen und Zeilen 104
  Zeile 101, 104, 412, 455
  Zeilen 101, 104, 412, 455
Markierung
  Block 102, 107, 454, 562, 585
  einfügen 448
  Erweitern 101, 106, 108
  In Tabelle 63, 101, 106, 299, 423, 425, 523, 562, 603, 656, 775
  Maus 102, 104, 106, 234
  Mit der Tastatur 104
  Passage kopieren 113
  Passage verschieben 112
  Satz 100
  Schritte 105
  setzen 107
  Spalte 104, 455, 457
  Spalten in Tabellen 17
  Tasten 106
  Wort 100, 276, 545
  Zeilen 101, 104, 412, 420, 455
MARKIERUNG$() 932
Maßeinheit 38, 138, 144, 156, 159, 233, 324, 325, 344, 362, 436, 437, 438, 479, 481, 485
Maßeinheiten 156, 159, 233, 316
Matrix 806, 815
Maus
  Logitech 8
  Markierung 102, 104, 106, 234
  Mouse Systems 8
  MS Mouse 8

Maximierfeld 21, 39, 260
Mehrere Absätze
  positionieren 489
Mehrere Seiten 85, 219, 323, 400, 513
Mehrfache Ausfertigung 88
Menü
  Aufruf 26
  Belegung 530
  System 18, 19, 20, 28, 203, 280, 295, 300
  Systemkontrollmenü 32
  Trennlinie 250, 255, 264, 345, 381, 382, 383, 463, 556, 611
Menüs
  Trennlinie einfügen 880
Meßskala 157, 170
Microsoft
  Anwender Journal 187
  Graph 694
  Office 13, 495
Mindestabstand 159, 672
Minimalwert 341
Mischverhältnisse 467
Mittelwert 450, 783, 793
Modus
  Block 107
  Erfassungung 17, 86, 632, 640, 762
  Gliederung 224, 457, 629, 631, 632, 642
  Konzeptmodus 149, 224, 313, 415
  Überschreiben 47, 48, 53, 55, 234, 391, 618
Monatsnamen 367
MS Excel 784
MS Graph 79, 214, 259, 694, 811
  Zeitformate 367, 368, 759
MS Graphic Import Filters 214, 259, 811
MS Info
  Anzeige 214
  Ausgeführte
    Anwendungsprogramme 214
  Drucken 212
  Grafikfilter 213
  OLE-Registrierung 214
  Schriftarten 213
  Sytembibliotheken 213
  Sytemkonfiguration 211
  Textumwandlungs-
    programme 214
MS Windows Paintbrush 505
MS Word für Macintosh 77
MS Works für Windows 695
MS-DOS-Text 76, 77
MSAPPS 495, 694
MSGBOX 920
MSINFO.TXT 215
MSWord Text Converters 74, 75

Multiplikation 444, 450, 452, 791, 793
Muster
  Vergleich 184, 185, 186, 599

N
Nachkommastellen 167, 220, 341, 447, 794, 853, 854
Namen
  Erweiterung 58, 72, 120, 532, 574, 801
  Geben 247, 406, 536, 586, 591, 622, 646
Neue Spalte beginnen 343
Nicht druckbare Zeichen 44, 47
Nie ändern-Liste 277
Normal.dot 290, 530, 537, 540
Norton Utilities 129
Numerierung
  Arten 669
  Automatische
    Seitennumerierung 90
  Funktion 674
  Zeile 162, 336, 337, 338, 339, 347, 545
Numerische Ausdrücke_ 895
numerische Operatoren 895
Nummer
  Format 519, 674, 675, 676
  Position 672, 673, 676
Nutzen
  Zentraldokumente 652

O
Object Embedding 6
Object Linking 6, 328, 494, 684, 842
Objekt
  einbetten 503, 684
  einfügen 610, 611
  Name 396, 691, 692, 842
  Typen 396, 684
Öffnen
  Datei 62, 75, 128, 562, 585
  Datei schreibgeschützt
    öffnen 119
  Datenquelle 707, 721, 726
  Schreibgeschützt 604
OK Button 978
OLE
  Einbetten 6, 494, 611, 684, 685, 692, 693
  Embedding, siehe auch
    OLE, Einbetten 6, 214, 328, 494, 684, 842
  Quelldaten 686
  Registrierung
    (MS Info) 214
  Zieldokument 113, 114, 686, 694, 843
OLE 1.0 6, 684, 693
OLE 2.0 6, 684, 693, 696
OLE-Funktion 328, 469, 706
On Error 917

On Line 87, 92
ON-ERROR 956
OPEN 923
Open Database
  Connectivity 706
Open, WordBasic 706
Operator 185, 186, 187, 708, 738, 741, 743, 744, 782, 791, 792, 794, 847, 848
Option
  Abfrage 708, 710, 732, 738
  Feld 30, 88, 219, 312, 354, 456, 463, 468, 656, 657, 738
  Grundeinstellung 53, 530
  markieren 135
OptionButton 978
Optionen
  Extras 426, 501, 530, 751
OptionGroup 978
Ordnungszahlen 204, 260, 261, 402, 671, 676, 852
Organigramme 440
Originaldatei 120, 122, 127, 623, 625, 626
Orthographie 275, 276, 284

P
Paintbrush 249, 505
Papier
  Einzug 330
  Endlos 319, 326
  Format 46, 316 ff., 479 ff., 652
  Maß 328
  Zufuhr 316, 330 f.
Parallelliste 273
Parameter 13, 807 ff.
Pascal_ 862
Passive Sentences 305
Paßwortschutz 605
Pica 144, 156 ff., 233, 316, 325, 337
Picture 979
Plattenkapazität 8
Platzhalter 71, 73, 183, 229, 469, 495, 501, 599, 712, 741, 758, 847, 852 ff.
  Fragezeichen 599
  für Grafiken 183, 229, 501
  Zeichen 71, 74, 852, 854
Platzhalter für Grafiken 183, 229, 501
Platzhalterzeichen 71, 74, 852, 854
Plazieren einer Seitenansicht 479
Position
  identische auf einer Seite 489
  Nummer 672 ff.
Positionieren
  Tabelle 422
Positionierung von
  Elementen 17, 319, 489
Positions-Form 945

Positionsrahmen 17, 239,
    250, 253, 324, 461 ff.,
    512 ff., 539 ff., 705, 756
  Abstand zum Text ändern 484
  Aufziehen 471 ff.
  einfügen 470 f., 482, 757
  entfernen 486
  erstellen 705
  formatieren 250, 478
  Horizontale Position 478, 486
  Textfluß 161 ff., 294, 311,
    338, 471 ff., 484, 513,
    517, 548
  Vertikale Position 361,
    478, 481, 513, 819
  Voreinstellung des
    Bezugspunkts 481
PostScript 9, 777, 806 ff.
PostScript-Drucker 777, 806, 809
Potenz 452, 791
PRINT 920
PRINT# 923
Programm
  Format 76
  Information 211, 215
  Konvertierung 708, 811 f.
  Lotus 1-2-3 78
  Microsoft Word 6.0-Grafik 696
  OLE 2.0 6, 684, 693, 696
  OLE-Server 328
  Titel 18, 21, 23
  Trennen 46, 291 ff.
  trennen 46, 291 ff.
  Vektororientiertes Zeichen-
    programm 695
  Word für DOS 72, 79, 84,
    124 ff., 143, 234, 285 f., 595
  Word für Macintosh 77,
    125, 239
  Word für Windows 1 337
  Word für Windows 2, 6, 37,
    76, 124, 565, 783, 840
  WordPerfect 596
  Works für Windows 282, 695
  zeichnen 695
  Ziel 122
Programmcode_ 973
Programmiersprache 861
Programmtitel 18 ff.
Proof 213, 282 ff.
Protokoll 210, 986
Prozeduren 806 f., 903
Prozent 211 f., 220, 305,
    452, 507, 791
Prozentuale Bewegungen im
    Dokument 397
Prüfen
  Änderung 192, 569, 570, 620 f.
  Fehler 731 ff.
  Seriendruck 220
Prüfen, fremdsprachliche
    Texte 269
Publisher 695

Punkt 293, 316, 325
  Frequenz 314
  Maß 144, 436
PushButton 980

Q

Quader 76
Quelldatei 82, 496, 604, 625,
    682 ff., 709, 783, 812, 842 f.
Quellenangaben 24, 355, 391
Querformat 316, 328 f.
Querverweis 521 ff., 653, 656, 831
QuickBASIC_ 862

R

Radiergummi 52
Radix 784
Rahmen 439, 461, 469, 756
  ändern mit der Maus 474
  Effekte 468
  Format 440
  Funktion 439 ff., 466, 468
  Gestalten 439
  Grafik 462 f., 501 ff., 512 f.
  Linien 239, 416, 440, 461 ff.,
    510
  Linienformate 463
  Positionsrahmen 17, 239,
    250, 253, 324, 461 ff.,
    512 ff., 539 ff., 547 ff., 705, 756
  Positionsrahmen
    erstellen 705
  Schattierung 463, 465
Rand
  einstellen über das Lineal
    153, 323, 344
  gespiegelt 321
  Korrektur 320
  Korrekturrand 320
  Seite 46, 85, 239, 291, 316,
    319 ff., 333, 340, 357 ff., 436,
    442, 471 ff.
  Seitenränder 46, 85, 239,
    291, 316 ff., 357 ff., 436,
    442, 471 ff., 573 ff., 652, 719
  spiegeln 322
Raster 467, 703 f.
READ 923
Readability Statistics 304
Rechen
  Operationen 448 ff.
  Zeichen 49, 452
Rechenoperationen
  Summe 446 ff., 759, 784 f.
  Wurzel 452, 784, 791 f., 819
Rechnen
  Tabelle 446, 452, 757
Rechnen mit Datumsangaben 903
Rechtschreibprüfung
  Ignorieren der Wörter
    in Großbuchstaben 278
Rechtschreibung 213, 226,
    245, 269, 276, 277 ff., 302

Benutzerwörterbuch 213,
    243, 277 ff., 659
fremdsprachliche Texte
    prüfen 269
Korrektur 549
Korrekturvorschläge 278, 281
MS Info 213
Prüfung 5, 226, 243 ff.,
    269 ff., 684
Prüfung starten 276, 287
Start der Prüfung 276, 287
Symbol 281
verschiedene Wörterbücher
    benutzen 284
Wörter in Großbuchstaben
    277, 278, 294
Wörter mit Zahlen 278
Wörterbücher erstellen 282 f.
Wörterbücher
    konvertieren 285
Redaktion 609
REDIM 901
Referenzparameter 905
Registerkarte 44, 74, 90,
    122, 149, 224, 277 ff.,
    400, 597 ff., 659 ff., 738 ff.
Registrierung
  OLE (MS Info) 214
Reine Textdatei 123
Rekonstruktion einer Datei 130
REM hinzufügen/entfernen 987
REM-Befehl_ 893
Reservoir 154, 287, 529, 541, 578
Revisable Form Text 78
Rich Text Format 72, 77, 123
Rollbewegung 36
Römische Ziffern 352
RTF 72, 77, 123, 685, 783, 842 f.
RTF-Programm 123
Rückgängig 54, 55, 109, 180,
    280, 297, 570 f., 619 f., 772

S

Sammlung 37, 541 f.
Sanduhr, WordBasic 298
Satz
  markieren 100
Satz markieren 100
Schalter
  Symbol 814
Schaltflächen 952
Schattierung 250, 417, 439,
    461 ff., 506 ff., 547, 705, 757,
    771, 803
  Feld 757, 771
  Formularfeld 757
  Grafik 250, 417, 439, 461
    ff., 510 ff., 705, 757, 771,
    803
  Hintergrundfarbe 467
  Mischverhältnisse 467
Schraffuren und Raster
    462 ff., 702 ff.

Stichwortverzeichnis

Schriftfarbe 143, 467
Transparent 467
Vordergrundfarben 466 f.
Schattierungen 417, 462 ff.
Schlagwort 202, 593
Schleifenbefehlen_ 862
Schleifendurchlauf 914
Schleifenvariable 914
Schleifenwiederholungen 915
Schlüsselwort-Form 945
Schlüsselwörter 60, 598, 832
Schlußmarke 15, 107
Schnellspeicherung 129, 130 f., 500
Schnittstelle 121, 706, 727, 751
Schraffuren 462 ff., 702
Schreibfläche 15, 62, 82, 223
Schreibgeschützt öffnen 604
Schreibmaschine 43, 44, 138, 141, 160, 291
Schreibschutz 80, 82, 127, 579, 605, 645 ff., 682, 749 f.
   empfehlen 127, 750
   Kennwort 127, 605, 649 f., 682, 750
Schrift
   Farbe 143, 467
   farbig 143
   gestalten 6, 693
   Grad 138, 139, 145, 147, 148, 293, 549, 552, 671, 677
   Größen 85, 138 ff., 192 f., 293, 370, 377, 761, 801, 838
   Management-Programm 137
Schriftart 10, 84, 136, 137 f., 145 ff., 192 ff., 213, 237, 246, 247, 258, 369 ff., 487, 549, 672, 716, 800, 809, 838
   durchstreichen 140, 618, 671
   MS Info 213
Schriftauszeichnung 139
Unterstrichen 37, 139, 147, 193, 560, 617
Verborgener Text 90, 91, 140, 231, 610
Schriftgrad, WordBasic 138 ff., 293, 549, 552, 671, 677
Schusterjunge 161
Schützen
   Filialdokument 649
SEEK 923
Seite
   Anzahl 85, 513, 603, 794 ff.
   Bundsteg 321, 329
   Definition 317
   Drucker 326
   Einrichten 85, 162, 315, 316 ff., 342, 346 ff., 386, 479 ff., 531, 566, 573, 580, 653
   Format 316 f., 431, 718
   Formatierungsmerkmale 320
   Gegenüberliegende 85, 239, 322, 333

Gegenüberliegende Seiten 85, 239, 322, 333
Gerade 88, 314, 333
gespiegelter Rand 321
Größe und Ausrichtung 319, 327
Korrekturrand 320
Papierbreite 325, 328
Papierzufuhr 316, 330 f.
Rand 46, 85, 239, 291, 316 ff., 340 ff., 436, 442, 471 f., 479 ff., 490, 573, 576, 652, 719
Rand einstellen über das Lineal 153, 323, 344
Rand spiegeln 322
Umbruch 34, 161, 162, 183, 231, 232, 311, 312, 389, 400, 401, 483, 489, 520, 525, 577, 595, 663, 664, 740, 776, 796, 833
Umbruch im Hintergrund 34, 231, 400
Umbruch suchen 34, 161, 162, 183, 231, 232, 311, 312, 389, 400, 401, 483, 489, 520, 525, 577, 595, 663, 664, 740, 776, 796, 833
Ungerade 88
Zahl 219, 314, 334, 337, 351, 352, 353, 354, 358, 359, 362, 364, 395, 403, 523, 524, 656, 659, 661, 668, 669, 776, 782, 786, 794, 826, 827, 833, 846, 848, 849
Zeichenformat 362
Seitenansicht
   Begrenzungslinien 16, 324
   Einsatzbereich 84
   Element plazieren 479
Seitenbeschreibungssprache 806
Seitendrucker 326
Seitennumerierung 90
   automatisch 90
Seitenrand
   Abstand 321, 360
Seitenumbruch im Hintergrund 34, 231, 400
Seitenwechsel, oberhalb 162
Seitenweise Bewegung im Dokument 399
Seitenzahl
   Fußzeile 358
   Zeichenformat 362
SELECT-CASE 913
SENDKEYS 922, 958
serielle Zahl 902
Serienbrief 720
   Druck 736
   erstellen 415
Seriendruck 238, 246, 712, 719 ff., 753, 773, 791, 794 ff., 811 ff., 820 ff., 829 ff., 847 f
Serientextdatei 821, 830
   steuern 729

Struktur der Datentabelle 724
Überprüfung 220
Seriendruckfeld einfügen 729, 735
Serientext 722, 724, 725, 728, 729, 804, 830
   Datei 821, 830
   erfassen 724
SETPRIVATEPROFILESTRING() 925
SETPROFILESTRING 925
SHARE 907
Shortcut
   Mausmenü 16, 37, 111, 135, 245, 248 ff., 359, 380, 383, 388, 389, 417, 424, 433, 451, 461, 478, 487, 502, 504, 506, 510, 518, 519, 524, 669, 687, 688, 701, 704, 706, 756, 774, 777
Sicherheitsabfrage 20, 238, 249, 256, 288, 540, 544, 586, 601, 604
Sicherheitskopie 129 ff
Sichern
   Abfrage 20, 238, 249, 256, 288, 540, 544, 586, 601, 604
   Datei 127
   Daten 56, 129
   Kopie 129 ff., 290
sichtbar machen 611, 615, 621
Signal 139, 779
Silbentrennung 5, 33, 162, 163, 269, 270, 291 ff., 347
   automatisches Trennen 294
   Trennen mit Kontrolle 295
   Zone 292
Software Service 28, 208
Sonderzeichen 45 ff., 52, 70, 78, 141, 181 ff., 246, 258, 283, 287, 289, 313, 368 ff., 387, 406, 408, 544, 568, 624, 671, 673, 674, 676 ff., 758, 769, 838, 854
   einfügen 368
Sortieren 89, 454 ff., 605, 739, 742
   Datei 89, 454 ff., 605
   Datensatz 709, 738, 739
   Funktion 454
   Kriterien 458, 605
   Kriterium 458, 605
   Numerisch 456
   Schlüssel 454 ff., 709, 711, 739
Spalte
   Abstand 434
   Anzahl 341, 413, 415, 427, 432, 433, 444
   beginnen 343
   Breite 340 ff., 413, 415, 418, 427, 430, 433 ff., 442, 445, 465, 466
   formatieren 340, 343 ff., 661
   Gleiche Spaltenbreite 341, 342, 345

löschen 431
markieren 104, 455, 457
Neue Spalte beginnen 343
Satz 334, 339, 343, 344, 487
Spaltensatz 334, 339, 343, 344, 487
Spaltenzahl 337, 340, 344, 443, 825
Umbruch 183, 188, 313, 795
Umbrüche 188, 313
Voreinstellung 90, 226, 302, 319, 335, 377, 481, 818
Wechsel 181ff., 238, 239, 288, 313, 314, 333, 334, 343, 344, 419
Zwischenlinie 342, 464
Speicherdatum 600, 603 ff., 856
Speichern
 alles 530, 537, 561
 automatisch 242
 automatische Anfrage für Datei-Info 59, 122, 131, 591
 Datei 121, 259, 747, 755
 Dokument 143, 270, 319
 Filialdokument 645, 647
 Fremdes Dateiformat 73, 120, 683
 Grafik im Dokument 498
 Medium 8, 500, 651
 Schnell 129 ff., 500
 Schreibschutz-Kennwort 127, 605, 649, 650, 682, 750
 Sicherungskopie 129, 290
 Speicherplatz 212, 500
 Speicherstruktur 130
 Suche 601
 Symbol 57, 119, 121, 573, 575
 Textbaustein 535
 Unter 57, 59, 61, 119, 121, 125, 126, 148, 241, 242, 294, 727, 749, 750, 756
 Zuletzt gespeichert von 604 f
 Zwischenablage 110
Speichern automatisch 242
Speicherplatz 212, 500
Speicherstruktur 130
Spiegeln 322
Spiegeln, Rand 322
Sprache
 English 213
 Format 270
 Seitenbeschreibungssprache 806
 Zuweisung 270, 304, 542, 543, 547, 553
Stammbaum 551
Standard-Index 660
Standard-Listenfelder 968
Standardbriefe 82
Standarddokument 14, 546
Standardeinstellungen 87, 358, 717
Standardformat 73, 122, 124, 126, 541, 623

Standardformat von Word für Windows 2.0 124
Standardschacht 90
Standardtastenschlüssel 109, 110
Standardwörterbuch 275, 284, 286
Starten
 Rechtschreibprüfung 276, 287
 Word für Windows 13, 14
Starten von 28, 243
Statistik
 Datei 302, 500, 594, 595, 599, 648, 776, 795, 796, 804, 805, 813, 824, 827, 829, 839, 840, 856
 Dokument 302, 500, 594, 595, 599, 648, 776, 795, 796, 804, 805, 813, 824, 827, 829, 839, 840, 856
 Information 594
Status Aufgaben der Zeile 33
Statuszeile 33 ff., 53, 55, 61, 81, 91, 103 ff., 113, 114, 179, 201, 234, 276, 315, 336, 354, 395, 397, 399, 404, 420, 617, 762
Sternchen 71, 127, 376, 599, 741, 847
Steuerdatei
 bearbeiten 724
 Seriendruck 238, 246, 712, 719 ff., 753, 773, 791, 794 ff., 811 ff., 820 ff., 829 ff., 837 ff., 847, 848
Steuerleiste 205, 206, 224, 383, 610, 611
Steuersatzdatei erstellen 728
Steuerung
 System 10, 16, 83, 90, 215, 441, 447, 448, 463, 760, 764, 808, 854
Stichwörter 202, 203, 593, 598
Stilelement 342
STOP 917, 987
Stoßkante 322
String-Operatoren_ 898
String-Variablen_ 897
Stringfunktionen_ 936
SUB 904
SubMAIN 760, 894
SubMAIN_ 862
Subs prüfen 986
Subst 273
Subtraktion 452, 791
Suche speichern 601
Suchen
 Abschnittsumbruch 183, 314, 331 ff., 652, 660, 736
 Datei 68, 600
 eingeben von
  Formatierungen 192
 Fehler 806
 Formatierte Absätze 153, 194
 Formatierte Zeichen 191

Geschützte
 Leerzeichen 183, 369
Kriterien 174, 180, 184, 186, 598ff
Mit ASCII- und ANSI-Codes 187
Mit der Zwischenablage 189
Seitenumbrüche 34, 161, 162, 183, 231, 232, 311, 312, 389, 400, 401, 483, 489, 520, 525, 577, 595, 663, 664, 740, 776, 796, 833
Thesaurus 273
Umgekehrte Richtung 175
Wiederholung 175
Zeichen 140, 173, 187, 191, 192
Zirkumflex 182
Suchkriterien 174, 180, 184, 186, 598, 599, 600, 601
Suchläufe 177, 597, 599, 600, 601
Suchrichtung 174, 175, 178, 402, 620
Suchspezifikation 179
Summe 446 ff., 759, 784, 793
Summenzeichen 817
SUPER 984
Symbol
 Ausschneiden 109
 Diagramm 79
 Drucken 86, 87
 Einfügen 109
 Einzug 156
 Geöffneter Ordner 58, 68
 Geschlossener Ordner 58, 68
 Links 154
 Neu 62
 Öffnen 67
 Ordner 70
 Rückeinzug 156
 Schalter 814
 Speichern 57, 119, 121, 573, 575
Synomymliste 273
Synonym
 Wörterbuch 271
Syntax 771, 772, 775, 792
System
 Information 211, 215, 216, 259, 269, 811, 812, 842
 Konfiguration 611
 Kontrollmenü 32
 Menü 18 ff., 28, 203, 280, 295, 300
 Steuerung 10, 16, 83, 90, 215, 441, 447, 448, 463, 760, 764, 808, 854
 Zeit 367, 368, 759, 849
Sytembibliothek
 MSInfo 213
Sytemkonfiguration
 MSInfo 211

Stichwortverzeichnis

T

Tabelle
 Assistent 415, 416, 533
 AutoFormat 209, 416, 417, 433, 445, 710
 berechnen 446, 452, 757
 Bewegungen 32, 397, 418
 Breite der Seite anpassen 430
 einfügen 411ff., 422, 427, 441, 445, 472, 756
 Funktion der Maus 437
 Gitternetzlinie 437
 Grafisch gestalten 440
 In Text wandeln 445
 in Text wandeln 440
 Kalkulation 78, 411, 414, 784
 Koordinatensystem 449
 markieren 63, 101, 106, 299, 420, 423, 425, 430, 523, 562, 603, 656, 677, 775
 markieren von Spalten 17
 Mit Rahmen gestalten 439
 Mittels der Tastatur erstellen 413
 Modus 439
 Ordnungszahlen 204, 260, 261, 402, 852
 positionieren 422
 Spaltenbreite 340ff., 413, 415, 418, 427, 430, 433ff., 442, 445, 465, 466
 Struktur der Tabellenzellen 423, 443
 teilen 419
 Text in Tabelle wandeln 444
 Trennzeichen 428
 Zeilenanzahl 413, 427, 433, 444
 Zwischenablage 110, 390, 423, 424, 503, 504, 685
Tabelle einfügen 411ff., 427, 441, 445, 472, 756
Tabellenfunktion 167, 411, 432, 440, 441, 520
Tabstops u. Leerzeichen 567
Tabulator
 Abstand 156
 Dezimal 167, 169, 170
 Positionen 156, 168, 169
 Setzen über das Lineal 157, 170
 Spezifikationen 175, 418
Tastatur
 Belegung 87, 257, 530
 Funktion 68, 144, 257
 Zeilenendetaste 153
Tastenbelegung 87, 257, 530
Tastenschlüssel zum Menüaufruf 26
Teilmenge 545
Teilung des Dokumentfensters 17
Text
 Abbildungstext 513
 Baustein 535, 536

 Bewegung und Änderungen 48
 DOS 76, 77
 einfügen 406, 775
 erfassen 43
 Formularfeld 757
 Fremdsprachliche prüfen 269
 Gliederung 639
 Hoch- und Tiefstellen 819
 In Tabelle wandeln 440, 444
 Kolumne 469
 Konverter 74
 markieren 99, 165, 610, 655, 757
 mit Format 287, 539
 mit Layout 77, 78, 124
 Positionsrahmen 484
 Revisable Form 78
 Serientext 722, 724, 725, 728, 729, 804, 830
 Tabelle 445
 Umfluß 471, 703, 705
 Verborgen 140, 147, 193, 618
 Verborgener 90, 91, 140, 231, 610
 vergleichen 284
Text danach 671, 673
Textbaustein 535, 536
 definieren 536
 Liste 58, 538
 speichern 535
Textbegrenzungen 229, 296, 413, 474, 488
TextBox 981
Textdatei im ANSI-Zeichensatz 123, 124
Textdatei im ASCII-Zeichensatz 123, 124
Textdateien 6, 77, 78, 123, 124, 126, 416, 659, 764
Textfluß 161ff., 294, 311, 338, 471, 474, 475, 484, 513, 517, 548
Textmarke 204, 205, 395, 397, 403ff., 448ff., 453, 521ff., 657, 658, 668, 683, 690, 730, 740, 743, 758ff., 769, 782, 783, 785, 786, 791, 792, 800, 805, 811, 820ff., 832, 833, 836, 842, 845, 849
 Bezüge 408
 definieren 406
 einfügen 448
Textumfluß 471, 703, 705
Textumwandlungsprogramm
 MS Info 214
Themenangabe 593
Thesaurus 5, 213, 269ff., 297
 Alphabetische Liste 272
 Aufruf 28, 63, 175, 191, 198, 360, 362, 446, 455, 487, 513, 516, 562, 585, 606
 Fenster 271
 Nachschlagen 272, 274
 suchen 273

Thesaurus-Fenster 271
Tiefgestellt 143, 147, 193
Tiefgestellt, WordBasic 143, 147, 193
Time$() 902
Tippfehler 5, 127, 176, 275, 279, 287, 289, 614
Titel, Programm 18, 21, 23
Titel-Zeile 564, 593
Tonerverbrauch 467
Tools 130, 213, 269, 284
Transparent 467
Trennbereich 5
Trennen
 automatisch 294
 automatische Silbentrennung 294
 Filialdokument 651
 Linie 250, 255, 264, 345, 381ff., 463, 556, 611
 mit Kontrolle 295
 Programm 46, 291, 293, 295, 296
 Silbentrennung mit Kontrolle 295
 Silbentrennzone 292
 Trennbereich 5
 Trennlinie 250, 255, 264, 345, 381, 382, 383, 463, 556, 611
 Trennstrich, bedingter 181, 182
 Zeichen 46, 291, 296, 353, 427, 441ff., 454, 456, 516, 668, 708, 712, 727, 760, 826, 845, 846
Trennung
 automatisch 163, 291, 294
TRUE 895
TrueType 83, 137, 145
Typen von Daten 685
Typenraddrucker 137

U

ÜB 34, 48, 53, 55, 234, 618
Überarbeitung 119, 128, 470, 617, 618, 620, 625
Übereinstimmungen hinzufügen 600
Überlagerung 818
Überprüfen des Druckes 84
Überschreiben 47, 48, 53, 55, 234, 391, 618
 Modus 47, 48, 53, 55, 234, 391, 618
Überschreibmodus 47, 48, 53, 55, 234, 391, 618
Überschrift
 Bild 519
Überschriften numerieren 352, 547, 669, 670, 672
Übersicht, kurz 28, 209, 594
Überspringen 730, 744, 773, 804, 837, 841

1469

Umbruch
    Abschnitt 183, 314, 331 ff.,
        354, 646, 652, 660, 736
    Hintergrund 34, 231, 400
    Seite 34, 161, 162, 183, 231,
        232, 311, 312, 389, 400,
        401, 483, 489, 520, 525,
        577, 595, 663, 664, 740,
        776, 796, 833
    Spalte 183, 188, 313, 795
    suchen 34, 161, 162, 183,
        231, 232, 311, 312, 389,
        400, 401, 483, 489, 520,
        525, 577, 595, 663, 664,
        740, 776, 796, 833
    Zeile 44, 291, 471, 485
Umformen 699
Umgebungsdatei
    WIN.INI 908
Umgekehrte Druckreihenfolge 90
Umkehren 156, 341, 379,
    380, 388, 612, 699
Umschlagformate 716, 717
Umwandeln 389, 440, 444,
    445, 636, 684, 687
Umwandlung 73, 75, 235, 238,
    240, 444 ff., 726, 811, 812
Umwandlungsprogramm
    Text (MS Info) 214
Untereinheiten 339
Untereintrag 654, 655
Unterschneidung 144, 145
Unterstreichen 139, 148
Unterstrich 56, 70, 139,
    183, 283, 661
Unterstrichen 37, 139, 147,
    193, 560, 617
Unterstrichen, WordBasic 37,
    139, 147, 193, 560, 617
Unterstützung 181, 328
Untersuchung von Variablen-
    Inhalten 987
Utilities 129, 130

V
Variablen und Ausdrücke 894
Variablen_ 862
Vektor
    Zeichenprogramm 695
Verankern 483, 488
Verbinden
    Filialdokument 651
Verborgen 140, 147, 193, 618
    Text 140, 147, 193, 618
Verborgen, WordBasic 140, 147,
    193, 618
Verborgener Text 90, 91, 140,
    231, 610
Verbundvariablen 953
Vergleich 84, 173, 249,
    284, 623, 624, 708, 709,
    738, 741, 743, 744, 841
Vergleichen 284, 510, 577,
    622, 623

Vergleichsoperatoren 743
Vergleichsoperatoren_ 898
Vergrößern
    Grafik 506, 508
Vergrößerung 221, 321, 476
Verkleinerung 219, 220, 476
Verknüpfen
    aktualisieren 494, 580, 686,
        688, 712, 782, 796, 799, 834
    aufheben 727, 733
    Datei 496 ff., 552,
        681, 685, 692, 782, 783
    gesperrt 689
Verknüpfung 364, 469, 493,
    494, 498, 503, 518,
    553, 683, 684, 686 ff., 727,
    733, 741, 744, 774,
    782, 783, 842, 843
Versalien 141, 142, 178
Verschieben 19, 21, 23, 32,
    112 ff., 248, 262,
    324, 325, 336, 390, 422,
    423, 438, 476, 483, 488,
    513, 514, 616, 639, 776
Version
    Nummer 29, 211, 212,
        214, 603, 840
    Vergleich 623, 624, 626, 749
Versionsnummer 29, 211,
    212, 214, 603, 840
Versionsvergleich 623, 624,
    626, 749
Vertikale Ausrichtung 335
Vertikale Bildlaufleiste 35, 230
Verwaltung
    Fußnoten 610
Verwaltung der
    Formatvorlage 543
Verweis 29, 274, 375, 382,
    384, 449, 450, 453, 493,
    519, 521, 523, 524, 610,
    642, 653, 657, 669, 681,
    786, 822, 835, 836
Verzeichnis 57, 58, 68 ff.,
    80, 84, 119, 129,
    212, 241 ff., 282,
    283, 285, 286, 495, 498,
    531, 532, 545, 565, 574,
    576, 582, 592, 594, 597,
    601, 604, 625, 643 ff.,
    655 ff., 659, 661, 662, 663,
    665 ff., 681, 690, 692, 694,
    726, 747, 748, 751, 780,
    828, 831, 844 ff
Abbildungsverzeichnis 666, 667
    Ebene 58, 68, 661, 662,
        664, 828, 846
    erstellen 604, 667
    Wechsel 71
    Wechseln 119
    Ziel 69
VGA 8, 143
Visual Basic 3.0 901
Vollbild 261
Vordefinierte Befehle modi-
    fizieren 983

Vordefinierte Befehle modi-
    fizieren_ 984
vordefinierte Makros 919
Vordergrundfarbe 466, 467
Vorlage
    Datei 533, 537, 578, 579, 580
    Dokument 755
    Format 545, 546
    Formatvorlage zuweisen 294,
        550, 641
    Global 240, 243, 581, 582, 584
    Liste 63, 531, 532
    Struktur von Word für
        Windows 571
Vorschau 135, 246, 316, 319 ff.,
    333, 340, 351, 416, 417,
    466, 467, 496, 536, 539,
    546, 549, 551, 564, 565,
    602, 603, 605, 617, 618,
    660, 661, 666, 670, 672,
    702, 708, 716, 719, 727,
    729, 730, 731, 733, 837, 838
Vorzeichen 615, 793, 854

W
Wagenrücklauf 44, 52
Wechseln
    Spalte 181 ff., 238, 239, 288,
        313, 314, 333, 334, 343,
        344, 419
    zu 20
Wertebereich_ 894
Wertparameter 905
WHILE-WEND 915
Wiederherstellen 19 ff.,
    54, 142, 260, 711
Wiederholen, letzten Befehl 55
Windows 9
Windows 3.1 9, 137, 184, 505
Windows-Hilfe 202, 204, 208
Windows-Meta-File-Format 695
Word 6.0-Grafik 469
Word für DOS 72, 79, 84, 124 ff.,
    143, 234, 285, 286, 595
Word für Macintosh 77, 125, 239
Word für Windows
    beenden 39, 537, 540
    Druckerauswahl 83
    Start 13, 14
    Version 1 337
    Version 2 6, 37, 76, 124,
        565, 783, 840
WordArt Siehe MS
    WordArt 693, 694
WordBASIC
    _Abfangen von Fehlermel-
        dungen 916
    _AbrufenDokumentVar$() 908
    _Aufruf von Menübefehlen 944
    _AutoClose 981
    _AutoExec 981
    _AutoExit 981
    _AutoNew 981
    _AutoOpen 981

Stichwortverzeichnis

_Befehle und Funktionen 918
_BEGIN DIALOG 974
_Breakpoints 987
_BYVAL 905
_CALL 904
_CancelButton 978
_CheckBox 975
_CLOSE 923
_ComboBox 976
_Date$() 902, 903
_Datum und Uhrzeit 901
_DatumWert() 902
_DIALOG 955
_Dialog-Editor 960
_Dialogbefehle 945
_Dialogmasken entwerfen 958
_Dialogvariablen 949
_DIM 899, 953
_Dokument-Variablen 908
_DokumentVariable Bestimmen 908
_Drop-Down-Listenfelder 968
_DropListBox 976
_Einfügemarke bewegen und Text markieren 927
_EINFÜGEN 932
_EINGABE UNTER-DRÜCKEN 986
_END DIALOG 974
_Endlosschleifen 909
_EOF() 923
_ERR 917
_FALSE 895
_FILE$() 925
_FOR-NEXT 914
_Funktionen 903
_Funktionsergebnis 906
_GETCURVALUES 954
_GETPRIVATEPROFILESTRING$() 925
_GETPROFILESTRING$() 925
_globale Variablen 907
_GOTO 909
_Grafiken in Dialogmasken 971
_Groß-/Kleinschreibung 920
_GroupBox 977
_Gültigkeitsbereich von Variablen 906
_Heute() 901
_IF-THEN-ELSE 910
_INPUT# 923
_INPUT$() 923
_INPUTBOX$() 921
_Jetzt() 901
_Kombinationsfelder 968
_Leerzeilen 892
_LET-Befehl 895
_LINEINPUT# 923
_ListBox 977
_LOF() 923
_lokale Variablen 907

_MAIN-Prozedur 894
_MARKIERUNG$() 932
_MSGBOX 920
_numerische Operatoren 895
_OKButton 978
_ON-ERROR 956
_OPEN 923
_OptionButton 978
_OptionGroup 978
_Picture 979
_Positions-Form 945
_PRINT 920
_PRINT# 923
_Protokoll 986
_Prozeduren 903
_PushButton 980
_READ 923
_Rechnen mit Datumsangaben 903
_REDIM 901
_Referenzparameter 905
_REM hinzufügen/entfernen 987
_Schaltflächen 952
_Schleifendurchlauf 914
_Schleifenvariable 914
_Schleifenwiederholungen 915
_Schlüsselwort-Form 945
_SEEK 923
_SELECT-CASE 913
_SENDKEYS 922, 958
_serielle Zahl 902
_SETPRIVATEPROFILESTRING() 925
_SETPROFILESTRING 925
_SHARE 907
_Standard-Listenfelder 968
_STOP 917, 987
_SUB 904
_Sub MAIN 894
_Subs prüfen 986
_SUPER 984
_TextBox 981
_Time$() 902
_TRUE 895
_Umgebungsdatei WIN.INI 908
_Untersuchung von Variablen-Inhalten 987
_Variablen und Ausdrücke 894
_Verbundvariablen 953
_Vordefinierte Befehle modifizieren 983
_vordefinierte Makros 919
_Wertparameter 905
_WHILE-WEND 915
_WRITE 923
_Zugriff auf ein Dokument 932
On Error_ 917
WordBasic 28, 203, 533, 581
 Ausdruck 184, 274, 448, 841

 Formatierung 15, 27, 37, 72, 80, 135, 140ff., 153, 158, 166, 190ff
 Vergleichsoperator 741, 744
 Zeichenformat 135, 145, 147, 193, 197, 288, 362, 377, 542ff., 555, 559, 560, 656, 677, 729, 785, 851, 852, 855
WordBASIC_
 Arrays_ 899
 Aufbau eines Makro-Programms_ 890
 binäre Operatoren_ 897
 Das Konzept von_ 889
 Dateibefehle_ 926
 DIM_ 894
 Formatierungen_ 938
 Hauptprogramm_ 893
 Interaktion mit dem Anwender_ 920
 Kommentare_ 892
 Konstanten_ 897
 Labels_ 891
 Mehrere Befehle in einer Zeile_ 892
 Numerische Ausdrücke_ 895
 Operatoren_ 895
 REM-Befehl_ 893
 String-Operatoren_ 898
 String-Variablen_ 897
 Stringfunktionen_ 936
 Vergleichsoperatoren_ 898
 Verlängerung von Zeilen_ 893
 Zahlen_ 894
 Zugriff auf Dateien_ 923
WordPerfect 596
Works für Windows 282, 695
Wort
 Anfang 186
 Anzahl 300
 Ende 186
 markieren 100, 276, 545
 mit Zahlen 278
Wörter und Absätze markieren 104
Wörter und Sätze markieren 100
Wörter zählen 231, 400, 594, 595
Wörterbuch 5, 243, 269, 271, 275, 277, 281ff., 297, 659
 Standard 275, 284, 286
Wortlänge 292
Wortweise bewegen 49
Wortzwischenräume 46
WRITE 923

Z

Zahl
 Jahr 367
 Ordnungszahlen 671, 676, 852
 Römische Ziffern 352

1471

Seite 219, 314, 334, 337, 351 ff., 358, 359, 362, 364, 395, 403, 523, 524, 656, 659, 661, 668, 669, 776, 782, 786, 794, 826, 827, 833, 846 ff
Zeilen 336 ff
Zahlen_ 894
Zeichen
  Absatzendzeichen 45
  Anmerkungszeichen 181, 402, 610 ff
  Anzahl 855
  Aufzählungszeichen 251, 566 ff., 673 ff
  Beliebig 181, 185
  Bestimmung 138
  Dezimaltrennzeichen 10, 167, 441, 447
  Dollar 78
  eingeben 43, 109, 197, 198, 233, 825
  eingeben von ANSI-Zeichen 188
  ersetzen 177, 191, 198
  Feld 769, 773
  Folge 100, 173, 179, 186, 189, 190, 198, 272, 288, 289, 535, 536, 538, 541, 563, 583, 741, 758, 759, 847
  Format der Seitenzahl 362
  formatieren 191, 377
  formatierte suchen und ersetzen 191
  Formatierung 135, 136, 145, 146, 147, 153, 191, 193, 222, 535, 538, 545 ff., 552 ff., 560, 614, 630, 636, 800, 806, 851, 852
  Füllzeichen 168, 169, 170, 661, 662, 666
  Gerade Anführungszeichen 290, 568
  Leerzeichen 56, 58, 74, 77, 78, 124, 129, 176, 180, 181 ff., 187, 198, 228, 231, 235, 238, 288, 289, 290, 369, 447, 512, 534, 542, 567, 570, 592, 599, 601, 664, 673, 736, 741, 743, 744, 772, 781, 792, 823, 825, 826, 841, 848, 853, 854
  markieren 100
  Nicht druckbare 44, 47
  Platzhalter 71, 74, 852, 854
  Rechenzeichen 49, 452
  Schlüssel 184, 192
  Setzungsfehler 609
  Sonderzeichen einfügen 368
  suchen 140, 173, 187, 191, 192
  Summe 817
  Symbol 814
  Trennen 428

Trennzeichen 46, 291, 296, 353, 427, 441 ff., 454, 456, 516, 668, 708, 712, 727, 760, 826, 845, 846
Zeichenbestimmung 138
Zeicheneingabe 43, 109, 197, 198, 233, 825
Zeichenformatierung 135, 136, 145 ff., 153, 191, 193, 222, 535, 538, 545 ff., 552 ff., 560, 614, 630, 636, 800, 806, 851, 852
  Aufheben 146, 147, 193
  Standardschrift setzen 145
Zeichenschlüssel 184, 192
Zeichnen 694, 696, 697, 705, 706
Zeichnungselement 469
Zeile
  Abstand 159, 160, 164, 195, 238, 239, 495, 543, 549, 552
  Doppelter Abstand 164, 195
  Einfacher Abstand 164, 195
  Endetaste 153
  Kopf- und Fußzeile 124, 223, 321, 331, 334, 335, 351, 354 ff., 371, 489, 494, 552, 573, 769, 785, 822
  Layout 291, 292
  markieren 101, 104, 412, 455
  nicht trennen 161
  Numerierung 162, 336 ff., 347, 545
  Numerierung beginnen 336, 338
  Numerierung einstellen 336
  Schaltung 43, 44, 49, 50, 154, 165, 182, 288, 457, 610, 715
  Tabelle 413, 427, 433, 444
  Umbruch 44, 291, 471, 485
  Vorschub 159
  Zahl 336, 337, 338
Zeilennummern unterdrücken 162, 339
Zeilenabstand 77, 78, 124, 158 ff., 164, 195, 238, 239, 495, 543, 549, 552
Zeilenendetaste 153
Zeilenlayout 291, 292
Zeilennumerierung 162, 336 ff., 347, 545
  beginnen 336, 338
  einstellen 336
Zeilenschaltung 43, 44, 49, 50, 154, 165, 182, 288, 457, 610, 715
Zeilenumbruch 44, 291, 471, 485
Zeilenvorschub 159
Zeilenweise bewegen im Dokument 401
Zeit 358, 367, 368, 759, 776, 779, 849

Angabe 358, 367, 759, 776, 779
Format 367, 368, 759
Zellbereich 78
Zentimeter 144, 156, 159, 165, 169, 233, 292, 316, 319, 320, 325, 327, 328, 358, 360, 382, 414, 435, 482, 484, 486, 490, 508, 509, 543, 576
Zentraldokument 224, 636, 641 ff., 831
  Nutzen 652
  Verwalten 643
Ziehen-und-Ablegen 390, 422, 475, 489
Ziehpunkte 476, 505, 512, 698, 699, 702
Zieldokument 113, 114, 686, 694, 843
Zielprogramm 122
Zielverzeichnis 69
Ziffern 375
Ziffern, arabische 352
Zirkumflex 182
Zoom
  Faktor 220, 703
Zoomfaktor 220, 703
Zugriff auf Datei 61, 605
Zugriffsgeschwindigkeit 8
Zwei Seiten-Darstellung 322
Zwischenablage
  einfügen 426
  ersetzen 189
  Speicherinhalt 110
Zwischenlinie 342, 464

Tastenschlüssel und Symbole von Word für Windows

Ansicht Zoom

Ansicht Zoom 100

Ansicht Zoom Ganze Seite

Ansicht Zoom Seitenbreite

Bearbeiten Suchen [Strg] [I]

Datei Schließen

Datei Seite Einrichten

Datei Seitenansicht [Strg] [F2] [Alt] [Strg] [I]

Datei Seitenansicht Ganzer Bildschirm

Datei Senden

Datei Verteiler

Datei-Manager

Dialog Editor

Dokument Sperren

Dokumentfenster Teilen [Alt] [Strg] [S]

Doppelt Unterstreichen [Strg] [⇧] [D]

Durchstreichen

Einblenden Nächste Kopf-/Fußzeile

Einblenden Vorherige Kopf-/Fußzeile

Einfügen Datenbank

Einfügen Diagramm

Einfügen Excel Tabelle

Einfügen Feld Datum [Alt] [⇧] [D]

Einfügen Feld Seite [Alt] [⇧] [P]

Einfügen Feld Zeit [Alt] [⇧] [T]

Einfügen Feldzeichen [Strg] [F9]

Einfügen Formel

Einfügen Klang	
Einfügen Positions Rahmen	
Einfügen Sammlung	`Strg` `⇧` `F3`
Einfügen Seitenwechsel	`Strg` `↵`
Einfügen Seitenzahl	
Einfügen Seriendruckfeld	`Alt` `⇧` `F`
Einfügen Spaltenwechsel	`Strg` `⇧` `↵`
Einfügen WordArt	
Extras Briefumschlag Erstellen	
Extras Briefumschlag Und Etiketten	
Extras Datensatz Hinzufügen	
Extras Datensatz Löschen	
Extras Feld Manager	
Extras Größe Anpassen	
Extras Makro	
Extras Makro Aufzeichnen Anfang	
Felder Aktualisieren	`F9` `Alt` `⇧` `U`
Filial Dok Einfügen	
Filial Dok Erstellen	
Filial Dok Öffnen	
Filial Dok Teilen	
Filial Dok Verbinden	
Flilal Dok Entfernen	
Format FüllFarbe	
Format Initial	
Format Linie Farbe	
Format Linienart	